断袖文编

——中国古代同性恋史料集成

壹

张杰 编

天津出版传媒集团

天津古籍出版社

图书在版编目（CIP）数据

断袖文编：中国古代同性恋史料集成 / 张杰编. —
天津：天津古籍出版社，2013.1
ISBN 978-7-5528-0089-0

Ⅰ. ①断… Ⅱ. ①张… Ⅲ. ①同性恋－史料－中国－古代 Ⅳ. ①D691.91

中国版本图书馆CIP数据核字（2012）第307949号

断袖文编：中国古代同性恋史料集成

张杰/编

出版人/刘文君

*

天津古籍出版社出版

（天津市西康路35号　邮编300051）

http://www.tjabc.net

上海世纪嘉晋数字信息技术有限公司印刷

全国新华书店发行

开本787×1092 毫米　1/16　印张 115.5　字数 2280 千字

2013年1月第1版　2013年1月第1次印刷

ISBN 978-7-5528-0089-0

定　价：900.00元（全三册）

编辑说明

一、本书共分六卷，分别为先秦时期、秦汉时期、三国两晋南北朝时期、隋唐五代宋元时期、明代、清代。另设附卷，主要收录民国期间成书的文献。

二、明清两代细分为明代前中期、明代后期、清代前期、清代中期、清代后期。

三、同一时期之内的文献主要是按成书时间排，同时兼顾内容分类，某些文献在排序上存在跨朝代的情况。

四、编辑性质的文献按所收资料的成书时代排。

五、域外文献亦按成书时间归入相应卷期。

六、每种文献首列书名、著者、版本情况，著者项所标年代系指该种文献成书的大致时间。如有必要，对某些书名、著者、版本问题会做简要说明。

七、每种文献所收资料按照先后顺序分条排列，反映同一人物、事件的资料会做适当的集中。

八、某些文献收有一些相对不太重要的内容，这样的资料放在文献后面，只做提要而无原文。而由于时间等原因，法律、小说类文献中的有些重要内容也只做提要。

九、除去明确反映男风同性恋的直接资料，也收录了某些表述模糊的资料，具有同性恋的或大或小的可能性。同时，本书也酌收一些参考性的相关内容，例如反映优伶的妩媚、两性人的性态表现等情况的资料。

十、本书对重点、难点资料会总结其主旨、揭示其价值，对于字词、人物、出处等方面的关键性难点会做注释，而对于不同文献中的相关资料则会做适当的参见。

十一、圆括号（）内是原文自带的注释文字，戏剧中的角色动作说明也用（）括住，方括号［］内是编者所加联系上下文的文字，粗方括号【】内是曲牌名。

十二、校对时会尽量保持文字原貌，除去明显的错别字、异体字，原则上不做径改。

目　录

卷一　先秦时期

尚书/3　　　　　　荀子/21
逸周书/3　　　　　礼记/22
左传/6　　　　　　大戴礼记/23
国语/10　　　　　 墨子/24
诗经/11　　　　　 韩非子/26
管子/17　　　　　 新序/27
汲冢琐语/17　　　 说苑/29
晏子春秋/18　　　 战国策/30
论语/18　　　　　 楚辞/33
孟子/20

卷二　秦汉时期

淮南子/39　　　　 论衡/61
韩诗外传/39　　　 潜夫论/62
史记/40　　　　　 风俗通义/63
汉书/44　　　　　 仲长子昌言/63
后汉书/59　　　　 初学记/64

卷三　三国两晋南北朝时期

三国志/67　　　　 孔丛子/69
阮步兵集/67　　　 晋书/70
孔子家语/68　　　 裴子语林/72

晋阳秋/72　　　　　真诰/84
华阳国志/73　　　　述异记/85
西京杂记/73　　　　六臣注文选/85
搜神记/74　　　　　玉台新咏/90
汉武故事/75　　　　乐府诗集/94
赵飞燕外传/76　　　陈书/102
艺文类聚/76　　　　南史/103
太平御览/77　　　　北史/104
拾遗记/78　　　　　魏书/105
宋书/78　　　　　　十六国春秋/112
世说新语/81　　　　三十国春秋辑本/112
异苑/82　　　　　　水经注/113
南齐书/82　　　　　北齐书/113
俗说/83　　　　　　颜氏家训/115
沈隐侯集/84　　　　周书/116

卷四　隋唐五代宋元时期

隋书/119　　　　　幸蜀记/132
旧唐书/120　　　　阿拉伯人东方文献一种/132
新唐书/122　　　　旧五代史/133
全唐诗/124　　　　新五代史/134
全唐文/126　　　　宋史/136
朝野佥载/127　　　三楚新录/137
教坊记/127　　　　清异录/137
箧中集/128　　　　太平广记/137
天地阴阳交欢大乐赋/128　宛陵集/139
李贺诗集/129　　　春明退朝录/140
明皇杂录/130　　　资治通鉴/140
酉阳杂俎/130　　　褚氏遗书/142
乐府杂录/131　　　括异志/143
玉泉子真录/131　　宣政杂录/143

绿窗新话/144
萍洲可谈/144
懒真子/145
瓮牖闲评/145
清尊录/145
东京梦华录/146
续吕氏家塾读诗记/146
疑狱集/147
梦粱录/148
癸辛杂识/148

金史/149
元史/150
烬余录/150
格致余论/151
真腊风土记/151
草木子/152
至正直记/152
张生煮海/153
水浒传/154
安雅堂觚律/154

卷五　明代

（一）明代前中期

圣迹图/159
孔门儒教列传/159
元宫词百章/160
郁离子/160
历代古人像赞/161
明史/164
菽园杂记/171
猥谈/172
野记/172
滑稽余韵/173
南园漫录/173
暖姝由笔/174
庭闻述略/174
鸿猷录/174
矶园稗史/175
冶城客论/176
名医类案/177

留青日札/177
沙哈鲁遣使中国记/178
都公谭纂/179
治世余闻/179
中国报道/180
中国志/180
庚巳编/181
七修类稿/181
广嗣纪要/182
词品/183
疢丽情集/183
南西厢记/184
南西厢记/184
明珠记/185
怀香记/186
陌花轩杂剧/186

（二）明代后期

- 孔子圣迹图/191
- 圣迹图/192
- 古今禅藻集/193
- 眉公诗钞/193
- 陈子高传/194
- 帝鉴图说/195
- 艳异编/197
- 广艳异编/198
- 情史/199
- 绘图情史/203
- 貂珰史鉴/204
- 国榷/204
- 弇山堂别集/205
- 宪章录/206
- 见只编/207
- 琐闻别录/207
- 戒庵老人漫笔/208
- 见闻杂记/209
- 四友斋丛说/210
- 明实录/211
- 谷山笔麈/211
- 五杂组/212
- 耳谈/214
- 耳谈类增/217
- 狯园/219
- 皇明世说新语/220
- 亘史钞/220
- 潘之恒曲话/222
- 三家村老委谈/228
- 广志绎/229
- 画史会要/230
- 云间据目抄/230
- 岐海琐谭集/231
- 粤剑编/231
- 拙斋笔记/232
- 东西洋考/232
- 小窗自纪/233
- 小窗艳纪/235
- 梅花草堂笔谈/236
- 白石樵真稿/238
- 万历野获编/238
- 花营锦阵/244
- 疑耀/244
- 恬畅斋琐述/245
- 遵生八笺/245
- 景岳全书/246
- 沙弥律仪要略增注/246
- 西窗摭余录/247
- 江湖奇闻杜骗新书/247
- 紫柏老人集/248
- 天主实义/249
- 程氏墨苑/250
- 利玛窦中国传教史/251
- 中国风物志/251
- 七克/252
- 职方外纪/253
- 涤罪正规/253
- 天主圣教十诫/254
- 明宫词/254
- 酌中志/256

耳新/257
湖隐外史/257
琅嬛文集/258
西湖梦寻/259
陶庵梦忆/260
板桥杂记/262
明季北略/263
明季南略/264
郑桐庵笔记补逸/265
燕都日记/265
流寇志/265
万古愁曲/266
剿闯通俗小说/266
启桢野乘/267
松窗梦语/267
名义考/268
漱石闲谈/268
物理小识/269
旧京遗事/269
泉南杂志/270
闽书/270
本草纲目/271
贤博编/271
玉芝堂谈荟/272
稗史汇编/273
迪吉录/273
人谱/274
人谱类记/274
刘蕺山集/274
戒淫十八律/275
大明律例附解/275

洪武正韵补笺/276
皇明诸司公案传/276
郭青螺六省听讼录
　　新民公案/280
官板律例临民宝镜/280
折狱新语/281
明诗纪事/282
王百穀集/283
少室山房集/284
汤显祖全集/288
牡丹亭/292
紫钗记/292
潇碧堂集/293
敝箧集/294
锦帆集/294
解脱集/295
瓶史/296
珂雪斋集/296
快雪堂集/302
幔亭集/302
处实堂集/304
自娱集/306
始青阁稿/309
静啸斋存草/310
识匡斋全集/312
媚幽阁文娱/312
檀园集/315
李太仆恬致堂集/318
味水轩日记/319
隐秀轩集/320
吴歗小草/320

祁忠敏公日记/321	二刻拍案惊奇/388
广陵古竹枝词/322	南音三籁/389
文饭小品/322	石点头/390
中洲草堂遗集/323	警世阴阳梦/403
闲情集/326	禅真逸史/403
痴婆子传/326	禅真后史/405
金瓶梅词话/327	鼓掌绝尘/406
绣榻野史/335	鼓掌绝尘/410
浪史/337	醋葫芦/411
国色天香/338	醋葫芦/412
僧尼孽海/356	宜春香质/413
韩湘子全传/357	弁而钗/421
昭阳趣史/357	龙阳逸史/428
隋炀帝艳史/359	玉闺红/438
海陵佚史/360	型世言/438
欢喜冤家/360	型世言/447
别有香/365	西湖二集/448
醒世恒言/365	醉醒石/449
醒世恒言/368	梼杌闲评/451
警世通言/369	梼杌闲评/452
古今小说/369	豆棚闲话/453
十二笑/370	载花船/454
酒家佣/370	雌木兰/459
太霞新奏/371	歌代啸/459
挂枝儿/375	男王后/461
山歌/376	摘锦奇音/467
笑府/376	博笑记/468
古今谭概/379	红蕖记/470
拍案惊奇/379	修文记/470
拍案惊奇/384	玉簪记/471
二刻拍案惊奇/386	玉合记/471

五闹蕉帕记/472　　洒洒篇/496
群音类选/472　　尺牍争奇/500
续西厢升仙记/474　　如面谈二集/502
醉菩提/474　　尺牍青莲钵/502
西楼记/475　　明公翰墨林/503
曲品/475　　李卓吾先生批点四书笑/504
明曲品/476　　开卷一笑/505
明剧品/476　　笑林评/507
贤翁激婿/478　　续笑林评/508
卖情扎囤/479　　笑海丛珠/508
彩笔情辞/479　　博笑珠玑/508
吴骚合编/480　　大明天下春/509
童婉争奇/481　　大明春/511
童婉争奇/490　　一夕话二刻/512
丰韵情书/491

卷六　清代

（一）清代前期

读诗质疑/515　　永历实录/529
楚国人文宝善集/515　　鞑靼中国史/529
岭云编/516　　黄书/531
博古叶子/517　　日知录/531
陈洪绶集/519　　治家格言绎义/532
无双谱/519　　寓意草/532
渊鉴类函/520　　因树屋书影/533
明武宗外纪/520　　见闻录/534
罪惟录/525　　钝吟杂录/534
列朝诗集小传/526　　天主十诫劝论圣迹/535
江西通志/527　　新刻江湖切要/535
南渡录/527　　康熙字典/536
枣林杂俎/528　　言鲭/536

张氏卮言/537
桐叶偶书/537
稗说/538
词苑丛谈/539
聊斋志异/539
聊斋志异图咏/550
觚剩/554
坚瓠集/556
渔洋诗话/557
池北偶谈/557
居易录/558
救狂后语/558
艮斋杂说/559
广阳杂记/560
清实录/562
清廷十三年/563
滇黔纪游/564
柳南随笔/564
读书堂西征随笔/565
雕丘杂录/565
北游录/566
研堂见闻杂记/566
查东山先生年谱/567
不下带编/567
京师偶记/568
纤言/569
野史无文/569
南疆逸史/570
海寇记/570
台湾外志/570
漫游纪略/571

台湾府志/571
莼乡赘笔/571
旷园杂志/572
仁恕堂笔记/573
述异记/573
峒溪纤志/574
续证人社约戒/574
传家宝/575
太上感应篇注证合编/579
宜麟策/580
太上感应篇图说/580
增补愿体广类集/581
果报闻见录/582
吕祖全书/582
欲海回狂/583
蕉窗十则注解/584
寿世慈航/584
阴骘文像注/585
文昌帝君阴骘文劝戒编/586
遏淫敦孝编/586
大清律集解附例/587
大清律集解附例/587
资治新书/588
巡城琐记/590
定例成案合钞/590
世宗宪皇帝上谕内阁/591
世宗宪皇帝朱批谕旨/592
定例续编/592
槜李诗系/593
吴梅村全集/594
定山堂诗集/596

定山堂诗余/599	警寤钟/641
同人集/599	快心编/642
湖海楼全集/605	林兰香/643
湖海楼诗稿/606	十二楼/645
湖海楼诗集/609	十二楼/657
迦陵词全集/611	连城璧/658
陈检讨填词图卷/615	无声戏/671
迦陵先生填词图/616	肉蒲团/672
读画斋偶辑/617	新刻绣像批评金瓶梅/674
正谊堂文集/617	闲情偶记/675
正谊堂诗集/618	笠翁一家言全集/676
安雅堂未刻稿/619	怜香伴/676
二乡亭词/620	怜香伴/686
已畦集/621	奈何天/687
本事诗/621	凰求凤/689
纳兰词/623	意中缘/690
洪升集/623	比目鱼/691
长生殿/624	十醋记/691
孔尚任诗文集/624	续金瓶梅/692
桃花扇/625	灯草和尚传/696
芦中集/626	桃花影/697
醒世姻缘传/626	春灯闹/700
水浒后传/627	闹花丛/700
玉娇梨/627	浓情快史/700
玉娇梨/629	醉春风/701
玉娇梨/630	巫梦缘/701
人间乐/630	巫山艳史/702
人间乐/632	梧桐影/702
画图缘/633	姑妄言/703
一片情/634	女开科传/705
赛花铃/636	斩鬼传/710

增补如面谈新集/711　　精选侉调时尚歌曲/715
写心集/713　　非想非想非非想/715
分类尺牍新语二编/713　　心斋杂组/715
分类尺牍新语广编/714

（二）清代中期

玉荷隐语/717　　水曹清暇录/766
孟子圣迹图/718　　丹午笔记/767
述古堂文集/719　　皇朝经世文编/768
芥子园画谱/720　　耶稣会士中国书简集/768
百美新咏图传/721　　我看乾隆盛世/769
太上感应篇图说/722　　茶余客话/770
无双谱排律/723　　西域闻见录/772
星宿论解/723　　志异新编/773
癸巳类稿/724　　薄海番域录/774
癸巳存稿/724　　省迷录/774
闽中摭闻/725　　阅微草堂笔记/775
南汉记/726　　小豆棚/786
集异新抄/726　　梦厂杂著/789
锡金识小录/727　　寄闲斋杂志/792
甲申朝事小纪/730　　霭楼逸志/793
吴郡名贤画像/731　　陔余丛考/794
萤窗异草/734　　履园丛话/796
谐铎/745　　闻见晚录/797
夜谭随录/748　　正音撮要/797
秋灯丛话/751　　官话汇解便览/798
柳崖外编/753　　秋室集/799
妾妾录/754　　聊斋续编/799
质直谈耳/757　　挑灯新录/800
广新闻/758　　耳食录/805
六合内外琐言/758　　三异录/805
六合内外琐言/764　　凉棚夜话/806

皆大欢喜/808
邝斋杂记/810
涂说/811
常谈/811
啸亭杂录/812
南浦秋波录/813
粤小记/813
粤屑/815
靖海氛记/816
广东通志/816
俚俗集/817
冶官记异/817
虫鸣漫录/818
香饮楼宾谈/819
雨窗寄所记/820
客窗闲话/823
两般秋雨盦随笔/826
埋忧集/830
常谈丛录/832
纸糊灯龙/832
雨韭盦笔记/833
恐自逸轩琐录/834
箨廊琐记/836
道听途说/837
消夏闲记摘抄/838
乡园忆旧/839
沪城备考/840
秦云撷英小谱/840
三异笔谈/843
画舫余谭/845
秦淮画舫录/845

秦淮闻见录/846
扬州画舫录/846
南野堂笔记/847
玉如意全传/847
杭俗遗风/848
汉口丛谈/849
藤阴杂记/851
燕兰小谱/851
秋坪新语/853
消寒新咏/855
梦华外录/856
檐曝杂记/857
花间笑语/858
春泉闻见录/858
日下看花记/859
众香国/859
听春新咏/860
燕京杂记/861
遣睡杂言/862
金台残泪记/863
燕台鸿爪集/866
辛壬癸甲录/867
长安看花记/868
丁年玉笋志/869
梦华琐簿/869
金屋小谱/873
灵台小补/873
海峰文集/875
闽政领要/875
台案汇录辛集/876
剿平蔡牵奏稿/877

福建通志/877
闽俗录/879
教经堂谈薮/879
荒鹿偶谈/880
浮生六记/880
三十六春小谱/882
番禺县志/882
野语/883
南海县志/883
南越游记/884
劝戒二十四条/884
明斋小识/885
圣帝宝训像注/885
太上感应篇图说/887
太上感应篇图说/889
太上感应篇集传/890
全人矩矱/891
不可录/892
劝孝戒淫宝箴/893
重订解人颐广集/893
立命功过格/895
劝孝戒淫录/896
远色编/897
远色编/899
增订丹桂籍/899
指淫断色篇/900
粤谐/902
家范辑要/902
闺律/904
身世金丹/905
人范需知/905

大清律例/906
大清律续纂条例/906
金吾事例/907
皇朝文献通考/907
大清律例通考/908
刺字会钞/910
刺字条款/910
读法图存/911
乾隆元年山东省刑事
　　案件文钞/911
〔清雍正至乾隆年〕条奏/912
〔奸案〕揭帖/912
事友录/912
驳案新编/913
驳案续编/913
成案备考/913
〔例案〕说帖/914
成案/915
大清律例汇辑便览/915
雪心案牍/916
粤东成案初编/916
大清律例会通新纂/916
刑部说帖揭要/917
重刊补注洗冤录集证/917
北东园笔录/918
大清律例增修统纂集成/919
说帖类编/921
成案新编/921
律例采新全部/921
驳案集成/922
刑部比照加减成案/922

刑部比照加减成案续编/923
洗冤录详义/925
伤痕/926
刑案汇览/926
续增刑案汇览/951
叙雪堂集/957
秋审实缓比较成案/958
郑板桥全集/959
郑板桥文集/961
小仓山房诗集/962
随园诗话/977
小仓山房文集/981
小仓山房尺牍/981
小仓山房外集/985
子不语/986
勉行堂诗集/992
忠雅堂诗集/993
忠雅堂词集/994
两当轩集/996
延芬室集/997
瓯北诗钞/999
赵翼诗编年全集/1002
卷施阁诗/1004
卷施阁文/1006
更生斋诗余/1007
天真阁集/1008
海门诗选/1011
惜抱轩诗文集/1012
烟霞万古楼文集/1012
赏雨茅屋诗集/1014
粤游吟/1015

雪鸿轩尺牍/1015
春草堂集/1016
梦香词/1017
扬州竹枝词/1017
续扬州竹枝词/1018
邗江竹枝词/1018
草珠一串/1019
都门竹枝词/1020
都门纪略/1021
锦城竹枝词/1023
成都竹枝词/1023
汉口竹枝词/1024
杏花天/1025
儒林外史/1026
儒林外史/1030
泰然斋诗集/1031
南唐演义全传/1031
平鬼传/1032
风流悟/1034
歧路灯/1035
岭南逸史/1036
野叟曝言/1040
绿野仙踪/1042
红楼梦/1043
红楼梦/1052
红楼梦图咏/1053
红楼梦说梦/1056
新评绣像红楼梦全传/1057
红楼梦论赞/1060
红楼梦偶说/1061
红楼梦杂咏/1062

红楼梦杂咏/1062
红楼梦竹枝词/1063
红楼梦题词/1063
红楼梦诗/1063
松荫轩稿/1064
红楼梦传奇/1065
红楼梦全部滩簧/1065
红楼梦传奇/1066
绛蘅秋/1067
红楼梦传奇/1067
续红楼梦/1069
续红楼梦/1073
后红楼梦/1074
绮楼重梦/1075
红楼圆梦/1076
红楼复梦/1079
红楼梦补/1081
补红楼梦/1081
金兰筏/1083
圣朝鼎盛万年青/1087
何典/1088
蟫史/1089
蟫史/1098
蜃楼志/1101

闽都别记/1102
海公大红袍全传/1121
妖狐艳史/1124
桃花艳史/1124
怡情阵/1126
痴人福/1127
雅观楼全传/1127
善恶图全传/1129
海游记/1131
三续金瓶梅/1132
品花宝鉴/1134
品花宝鉴/1144
品花宝鉴/1146
缀白裘/1147
业海扁舟/1148
霓裳续谱/1151
白雪遗音/1153
粤风/1154
笑林广记/1154
文章游戏/1155
捧腹集/1159
增补一夕话/1159
唐诗酒筹/1160

（三）清代后期

钦定书经图说/1162
缩本增选多宝船/1163
樊山时文/1163
红藕花轩泉品/1164
缺斋遗稿/1166
列史碧血录/1167

无双谱合刻/1168
清朝野史大观/1169
随园轶事/1170
袁枚全集/1173
见闻杂录/1173
图像劝劝录/1174

雨窗消意录/1175
里乘/1175
扬州梦/1176
金壶七墨/1177
道咸宦海见闻录/1178
琐事闲录/1179
桐阴清话/1180
贼情汇纂/1182
平定粤匪纪略/1184
太平天国野史/1184
金陵杂记/1186
江南春梦庵笔记/1187
盾鼻随闻录/1187
金陵纪事杂咏/1188
金陵省难纪略/1189
金陵癸甲摭谈补/1189
金陵癸甲纪事略/1190
金陵癸甲新乐府五十首/1190
金陵城外新乐府三十首/1191
粤匪杂录/1191
虎穴生还记/1192
越州纪略/1192
平贼纪略/1192
解醒语/1193
邻女语/1193
扫荡粤逆演义/1194
清洪战记革命胎/1195
七克真训/1197
辟邪纪实/1197
反洋教书文揭帖选/1200
十诫/1201

寄蜗残赘/1202
醒睡录初集/1209
客座轩渠/1213
越缦堂日记补/1215
越缦堂日记/1216
清代学者象传/1240
无聊斋杂记/1241
见闻随笔/1242
见闻续笔/1244
试场异闻录/1245
科名宝鉴/1246
夜雨秋灯录/1246
灯余笔录/1250
见闻琐录/1252
记闻类编/1253
右台仙馆笔记/1256
粤游小志/1257
清宫词/1258
柳弧/1259
艳异新编/1260
聊摄丛谈/1261
醉茶志怪/1262
拍案惊异/1265
荻园赘谈/1266
游戏报/1268
笑报/1269
消闲报/1272
庄谐选录/1272
拈花微笑/1274
风流自赏/1276
岭南即事杂咏/1279

吴友如画宝/1284
点石斋画报/1291
时事报馆戊申全年画报/1299
舆论时事报图画/1302
图画日报/1309
民呼日报图画/1318
都门识小录/1319
国闻备乘/1320
南亭笔记/1321
谈笑奇观/1322
妙香室丛话/1322
清稗类钞/1323
异辞录/1331
□清官场百怪录/1332
方言别录/1336
云郎小史/1336
九青图咏/1337
道咸以来朝野杂记/1340
曼陀罗华阁琐记/1341
鸥堂日记/1342
昙波/1343
怀芳记/1343
长安花品二十四联/1345
黔山采兰录/1345
道咸以来梨园系年小录/1346
梨园旧话/1346
梦园丛说/1347
菊部群英/1347
评花新谱/1358
宣南杂俎/1358
侧帽余谭/1362

凤城品花记/1368
燕台花事录/1374
潜庵漫笔/1376
柔桥文钞/1376
谈异/1377
斯陶说林/1377
瑶台小录/1378
椒生随笔/1379
申报图画/1379
北京白话画图日报/1380
北京秘本戏曲图考/1381
余墨偶谈/1382
李春来/1382
畏庐漫录/1384
闻歌述忆/1386
梨园佳话/1390
春冰室野乘/1391
宣南零梦录/1392
鞠部丛谭/1393
旧剧丛谈/1394
梨园轶闻/1394
燕都名伶传/1394
燕归来簃随笔/1395
清代燕都梨园史料/1396
津门杂记/1396
戢影述录/1398
粉墨丛谈/1399
淞南梦影录/1400
莲湖花榜/1402
鳄渚摭谈/1405
返性图辑要宝录/1406

宦游随笔/1406
醒世捷言/1407
无稽谰语续编/1407
闽杂记/1408
赌棋山庄笔记/1409
谭瀛八种/1409
炳烛里谈/1410
新增百美图说/1411
顺德县志/1412
秀容扫琴南音/1413
十思起解心/1416
十思起解心/1417
吴小姐忆母怨夫
　四季解心/1418
七嫁才郎/1420
金叶菊/1421
七夕赞花/1421
打天九歌/1425
逼结金兰/1427
金生挑盒/1429
金兰寄书/1430
日夜时辰/1433
十二时辰/1438
梦兰忆友龙舟歌/1442
五想同心/1446
同心上半年/1447
吹箫忆友/1448
妙容打斋附荐/1450
玉婵附荐金兰/1455
玉蝉叹五更/1461
玉蝉问觋/1463

打烂槅/1468
新婿上厅/1470
拆外母屋/1471
夜谏金兰/1472
打相知/1480
梳头妈自叹/1481
时兴送嫁歌文/1483
奶妈二做侦探/1484
永明县志/1484
救生船/1485
为人必读/1485
玉历钞传警世/1486
陶斋志果/1487
劝善书/1488
文昌帝君功过格/1489
万应灵方/1489
劝世归真/1490
省躬录初集/1490
回头是岸/1491
天律纲纪/1491
爽鸠要录/1493
刑案汇览续编/1493
秋谳辑要/1502
审看拟式/1503
樊山批判/1503
十大名家判牍/1504
刀笔菁华/1504
各省审判厅判牍/1505
读律一得歌/1506
读例存疑/1506
刺字集/1509

大清现行刑律/1510
钦定大清刑律/1510
聊园诗存/1511
聊园词存/1511
樵说/1512
樵说续/1513
未能寡过斋诗初稿/1514
曼天影事谱/1514
樊山续集/1515
二家词钞/1516
燕九竹枝词/1517
燕游草/1518
百戏竹枝词/1518
都门竹枝词/1519
燕台口号一百首/1519
都门竹枝词/1520
余园诗稿/1521
京华百二竹枝词/1522
都门新竹枝词/1522
念堂竹枝词/1523
丙寅天津竹枝词/1524
古今词统/1524
先泽残存/1524
上海县竹枝词/1525
郝仲赵全集/1525
真州竹枝词/1526
瘦松柏斋外集/1526
翠围山房诗集/1527
笨拙俚言/1527
徙阳竹枝词/1527
乌鲁木齐杂诗/1528

澄碧斋诗抄/1529
风物吟/1529
都门纪略/1530
增补都门纪略/1530
〔增补都门纪略〕/1531
朝市丛载/1532
北平梨园竹枝词荟编/1532
京华俗咏/1533
都门赘语/1533
京都新竹枝词/1534
彭刚直公诗集/1534
岭南杂事诗钞/1535
广州竹枝词/1536
南汇县竹枝词/1537
戏园竹枝词/1537
金瓶梅全图/1538
增评补像全图金玉缘/1539
增评绘图大观琐录/1543
红楼梦写真/1545
增刻红楼梦图咏/1548
红楼梦广义/1550
增评补图石头记/1551
红楼梦抉隐/1552
红楼梦抉微/1554
石头记索隐/1554
红楼梦索隐/1555
红楼梦释真/1556
石头记真谛/1557
红楼梦卷/1559
红楼梦本事诗/1560
琧琈山房红楼梦词/1561

红楼梦本事诗/1561
四悔堂诗草别存/1562
红楼梦本事诗/1562
石头记题词/1563
贾政训子/1563
红楼梦说唱鼓词/1564
庚午老人修改本红楼梦/1565
馒头庵/1566
儿女英雄传/1574
新编凤双飞/1575
绘芳录/1596
十粒金丹/1598
永庆升平全传/1598
彭公案/1599
蜃楼外史/1601
跻春台/1603
冷眼观/1607
二十年目睹之怪现狀/1610
官场现形记/1611
官场现形记/1616
负曝闲谈/1617
海上尘天影/1619
九尾龟/1620
无耻奴/1624
孽海花/1625
十尾龟/1629
梼杌萃编/1631
广陵潮/1636
欢喜缘/1638
情海奇缘/1638
梨园外史/1640

桂枝香/1642
梅花缘/1644
二姐逛庙/1644
卖草囤/1648
卖橄榄苏滩/1649
清蒙古车王府藏子弟书/1649
满族说唱文学：
　子弟书珍本百种/1654
俗文学丛刊·说唱类
　子弟书/1657
灵官庙/1657
灯下劝夫/1658
孽姻缘/1658
笑林广记/1659
风月笑谈/1663
天花乱坠/1664
痴婆子/1664
滑稽丛话/1665
滑稽杂志/1666
灯社嬉春集/1667
十五家妙契同岑集谜选/1668
春灯谜汇纂/1669
文虎/1669
隐语鲭腴/1669
龙山社谜/1670
绝妙集/1670
余生虎口虎/1670
鹭江灯谜合刻/1671
新灯合璧/1671
谜拾/1672
四子觳音/1672

百二十家谜语/1673
味腴草堂谜语集成/1674
味腴草堂谜语续集/1674
蔼园谜剩/1674
隐林/1675
谜稿/1675
隅园隐语/1675
二十四家隐语/1676
古今灯谜大观/1676
集西厢酒筹/1677
百花觞律/1677
酒令全篇/1678

附卷

南巡秘纪/1681
十叶野闻/1686
太平天国五王传/1687
太平天国轶闻/1688
〔太平天国〕论著题跋/1693
春晖草堂笔记/1693
清代野记/1694
餐樱庑随笔/1695
眉庐丛话/1695
燕南琐忆/1697
蜷庐随笔/1698
铁笛亭琐记/1699
洪门志/1699
海底/1700
近代秘密社会史料/1700
北平风俗类征/1701
折狱奇闻/1702
故都闻见录/1702
梵天庐丛录/1703
凌霄一士随笔/1706
近代笔记过眼录/1707
清代佚闻/1709
花随人圣盦摭忆/1711
中国黑幕大观/1713
中华全国风俗志/1715
南村草堂笔记/1718
小说考证/1720
春明梦录/1721
话梦集/1722
旧京琐记/1722
伶史/1723
清代野史/1724
菊部丛谭/1724
京华春梦录/1725
戏班/1726
齐如山回忆录/1727
李家瑞先生通俗文学
　论文集/1731
枕流答问/1734
几礼居杂著/1735
切口大辞典/1737
中国戏曲/1738
鞠部丛刊/1739
栖霞阁野乘/1744
东华琐录/1745
汉剧丛谈/1745

梨园感旧录/1746
福建通志/1747
南安县志/1747
洞灵续志/1748
眉语/1748
醒世钟/1749
天律圣典大全/1749

戒淫保寿录/1750
邪淫法戒图说/1750
戒淫文辑证/1751
同治嫖院/1752
心史丛刊/1753
"自梳女"与"不落家"/1756
胡同自拍/1766

附录一　分类书目/1775
附录二　书名索引/1795

卷一 先秦时期

尚书

(唐・太宗)孔颖达等疏
中华书局 1980 年影印
《十三经注疏・尚书正义》本①

卷第八商书・伊训②

成汤既没，太甲元年，伊尹③作《伊训》。十有二月，乙丑，伊尹祠于先王。伊尹乃明言烈祖之成德以训于王④，曰："敢有恒舞于宫，酣歌于室，时谓巫风。敢有殉于货色，恒于游畋，时谓淫风。敢有侮圣言，逆忠直，远耆德，比顽童，时谓乱风。惟兹三风十愆，卿士有一于身，家必丧。邦君有一于身，国必亡。臣下不匡，其刑墨，具训于蒙士。"（《正义》曰："三风十愆，谓巫风二：舞也、歌也，淫风四：货也、色也、游也、畋也，与乱风四为十愆也。"）

逸周书⑤

黄怀信、张懋镕、田旭东汇校集注
上海古籍出版社 1995 年
《逸周书汇校集注》本

（一）卷二・武称解

美男破老，美女破舌，淫图破□，淫巧破时，淫乐破正，淫言破义，武之毁也。

【汇校】王念孙云：美女破舌，于义不可通。"舌"当为"后"。美男破老，美女破后，犹《左传》曰"内宠并后，外宠二政"也。隶书"后"字或作"后"，与"舌"相似而误。段氏若膺《说文注》曰："舌、后字有互伪者，如《左传》舌庸伪后庸，《周书》美女破后伪破舌。"是也。

---

① 据清嘉庆间扬州阮元校刻本影印。
② 《伊训》篇是伪古文，出现于晋代，并非商代的原始文献，不过其中的"比顽童"在后世成为狎玩男宠的代称。
③ 商初贤相。
④ 商王太甲。
⑤ 本书本名《周书》，后来由于五经之一《尚书》中包含着名为《周书》的一部分内容，遂被改称为《逸周书》。

孙诒让云：王①校是也。吴师道《战国策校注》云："《修文御览》引《周书》作'美男破产，美女破车。'"文义皆不及今本之长。

刘师培云：舌、车音殊，奚克通假？盖舌本作居，《修文御览》车则同音借字。破居，犹云毁室。

【集注】潘振云：美男，顽童。老，如方伯称天子之老，大夫称寡君之老，皆是。破老者，邦君国必亡，卿士家必丧也。美女破舌，妇有长舌，维厉之阶也。

陈逢衡云：国君好艾则远弃典型，故破老；国君好内则忠谏塞路，故破舌。

唐大沛云：美少年进则老成人弃矣。破，败坏也。美女在御，则正后失宠。

朱右曾云：舌，谏诤之舌。

（二）卷二·小明武解

怀戚思终，左右愤勇。无食六畜，无聚子女。群振若电，造于城下。鼓行参呼，以正什伍。

【集注】潘振云：子，美男；女，美女。以上皆言攻道也。

陈逢衡云：无食六畜，无聚子女，戒士卒勿掳掠也。

（三）卷三·丰保解

佞人败朴，女货速祸。

（四）卷三·大开武

七失：一、立在废；二、废在祇；三、比在门；四、诏在内；五、私在外；六、私在公；七、公不违。

【集注】潘振云：私在外者，嬖人在关塞也；私在公者，所宠之人专任公事。

朱右曾云：私在外，外宠也；私在公，假公济私也。

（五）卷四·文政解

九过：一、视民傲……三、远慎而近额。

【汇校】王念孙云：额即貌字也。《史记·商君传》："貌言华也，至言实也。"远慎而近额者，远诚悫之士而近虚诞之人也。

【集注】陈逢衡云：远慎近额，谓弃老成而狎便辟也。

---

① 王念孙。

（六）卷五·皇门解

媚夫有迩无远，乃食盖善夫，俾莫通在士王所。

【汇校】王念孙云：引之①曰："媚当为媢字之误也。"媢亦妒也。此媢夫二字非谓其佞媚也。

【集注】庄述祖云：媚，说也。容说之臣有日近无日疏，既掩蔽善臣使莫通，犹未尽其术士事也。

陈逢衡云：媚夫，佞幸之臣。善夫即善臣。

（七）卷六·时训解

芒种之日，螳螂生；又五日，鵙始鸣；又五日，反舌无声。螳螂不生，是谓阴息；鵙不始鸣，令奸壅逼；反舌有声，佞人在侧。

（八）卷七·官人解

其貌曲媚，其言工巧。

【集注】潘振云：其貌曲而不直，亲媚而修容止，聆其言，则工于巧好。

（九）卷七·官人解

华废而诬，巧言令色，皆以无为有者也。此之谓考言。

（十）卷八·祭公解②

公曰："呜呼！天子。汝无以嬖御固庄后，汝无以小谋败大作，汝无以嬖御士疾大夫卿士，汝无以家相乱王室而莫恤其外。尚皆以时中乂万国。"王拜手稽首党言。

【集注】孔晁云：嬖御，宠妾也。固，戾也。

王念孙云：固读为姻，音護。《说文》："姻，嫖也。"《广雅》作"嫭"，云："嫉、嫖、嫭，妒也。"是姻与嫉妒同义。言汝毋以宠妾嫉正后也。姻之通作固，犹嫉之通作疾。下文曰："女无以嬖御士疾庄士大夫卿士"，疾亦固也。

潘振云：以小臣之谋败大臣所作之事。

（十一）卷十·武纪解

币帛之间有巧言令色，事不成。车甲之间有巧言令色，事不捷。

---

① 王引之，王念孙之子。
② 祭，音寨，周公后人的封国，公爵。此祭公为第二代，名谋父。此篇主要记述祭公临终前告诫周穆王之言。

左传

(春秋) 左丘明撰①
中华书局 2009 年
《春秋左传注》本

(一) 桓公十八年②

辛伯③谏曰："并后、匹嫡、两政④、耦国，乱之本也。"周公弗从。

(二) 闵公二年

狐突⑤谏曰："昔辛伯谂周桓公云：'内宠并后，外宠二政，嬖子配嫡，大都耦国，乱之本也。'周公弗从，故及于难。"

(三) 僖公七年⑥

夏，郑杀申侯以说于齐。初，申侯，申出也，有宠于楚文王。文王将死，与之璧，使行，曰："惟我知女。女专利而不厌，予取予求，不女疵瑕也。后之人将求多于女，女必不免。我死，女必速行。无适小国，将不女容焉。"既葬，出奔郑，又有宠于厉公。子文闻其死也，曰："古人有言曰'知臣莫若君'，弗可改也已。"

(四) 定公十年⑦

宋公子地嬖蘧富猎，十一分其室，而以其五与之。公子地有白马四，公⑧嬖向魋，魋欲之。公取而朱其尾、鬣以与之。地怒，使其徒抶魋而夺之。魋惧，将走。公闭门而泣之，目尽肿。母弟辰曰："子分室以与猎也，而独卑魋，亦有颇焉。子为君礼，不过出竟，君必止子。"公子地出奔陈，公弗止。辰为之请，弗听。辰曰："是我迂吾兄也。吾以国人出，君谁与处？"冬，母弟辰暨仲佗、石彄出奔陈。

---

① 本书撰者存疑，可能是战国时期佚名之人。
② (一) (二) 记"两政"、"外宠二政"之害。
③ 周王室大夫。
④ 宠臣与正卿并立于朝。
⑤ 晋国大夫。
⑥ 记申侯与楚文王、郑厉公可能的同性恋关系。
⑦ (四) 至 (七) 记宋景公与向魋可能性较大的同性恋关系，这是一个外宠叛主的事例。
⑧ 宋景公。

（五）定公十一年

十一年春，宋公母弟辰暨仲佗、石彄、公子地入于萧以叛。秋，乐大心从之，大为宋患。宠向魋故也。

（六）哀公十一年

疾臣向魋①，纳美珠焉。宋公求珠，魋不与，由是得罪。

（七）哀公十四年

宋桓魋②之宠害于公，公使夫人骤请享焉，而将讨之。未及，魋先谋公，请以鞌易薄。公曰："不可。薄，宗邑也。"乃益鞌七邑，而请享公焉。以日中为期，家备尽往。公知之，告皇野曰："余长魋也，今将祸余，请即救。"司马子仲曰："有臣不顺，神之所恶也，而况人乎？敢不承命。不得左师③不可，请以君命召之。"左师每食，击钟。闻钟声，公曰："夫子将食。"既食，又奏。公曰："可矣。"以乘车往，曰："迹人来告曰：'逢泽有介麋焉。'公曰：'虽魋未来，得左师，吾与之田，若何？'君惮告子，野曰：'尝私焉。'君欲速，故以乘车逆子。"与之乘，至，公告之故，拜不能起。司马曰："君与之言。"公曰："所难子者，上有天，下有先君。"对曰："魋之不共，宋之祸也。敢不唯命是听。"司马请瑞焉，以命其徒攻桓氏。其父兄故臣曰："不可。"其新臣曰："从吾君之命。"遂攻之。子颀骋而告桓司马④。司马欲入，子车止之，曰："不能事君，而又伐国，民不与也，只取死焉。"向魋遂入于曹以叛。

六月，使左师巢伐之，欲质大夫以入焉。不能，亦入于曹，取质。魋曰："不可。既不能事君，又得罪于民，将若之何？"乃舍之。民遂叛之。向魋奔卫。向巢来奔，宋公使止之，曰："寡人与子有言矣，不可以绝向氏之祀。"辞曰："臣之罪大，尽灭桓氏可也。若以先臣之故，而使有后，君之惠也。若臣，则不可以入矣。"司马牛致其邑与珪焉，而适齐。向魋出于卫地，公文氏攻之，求夏后氏之璜焉。与之他玉，而奔齐。陈成子使为次卿。

---

① 疾：大叔疾，卫国人。臣向魋：做向魋的家臣。
② 即向魋。
③ 向魋之兄向巢。
④ 向魋。

（八）定公十四年①

卫侯为夫人南子召宋朝②，会于洮。大子蒯聩③献盂于齐，过宋野。野人歌之曰："既定尔娄猪，盍归吾艾豭？"④ 大子羞之。

（九）哀公十一年⑤

[在一次战斗中，]公为与其嬖童汪锜乘，皆死，皆殡。孔子曰："[汪锜]能执干戈以卫社稷，可无殇也。"

（十）庄公二十八年⑥

骊姬嬖，欲立其子，赂外嬖梁五与东关嬖五，使言于公⑦曰："曲沃，君之宗也。蒲与二屈，君之疆也。不可以无主。宗邑无主则民不威，疆场无主则启戎心。戎之生心，民慢其政，国之患也。若使大子主曲沃，而重耳、夷吾主蒲与屈，则可以威民而惧戎，且旌君伐。"使俱曰："狄之广莫，于晋为都。晋之启土，不亦宜乎？"晋侯说之。夏，使大子居曲沃，重耳居蒲城，夷吾居屈。群公子皆鄙，唯二姬之子在绛。二五卒与骊姬谮群公子而立奚齐⑧，晋人谓之"二五耦"。

（十一）成公十七年

晋厉公侈，多外嬖。反自鄢陵，欲尽去群大夫，而立其左右。胥童以胥克之废也，怨郤氏，而嬖于厉公。郤锜夺夷阳五田，五亦嬖于厉公。郤犨与长鱼矫争田，执而梏之，与其父母妻子同一辕。既，矫亦嬖于厉公。栾书怨郤至，以其不从己而败楚师也，欲废之。

（十二）昭公九年

晋荀盈如齐逆女，还，六月，卒于戏阳。殡于绛，未葬。晋侯饮酒，乐。膳宰屠蒯趋入，请佐公使尊。许之。而遂酌以饮工，曰："女为君耳，将司聪也。辰在子卯，谓之

---

① 记卫灵公与宋朝的同性恋关系。
② 卫侯：卫灵公。宋朝：宋子朝，宋国公子，在卫国做官，他和南子关系暧昧。
③ 卫灵公之子。
④ 娄猪：求子的母猪，喻南子。艾豭：漂亮的公猪，喻宋朝。在明清时期，这句话常被用来暗指主人的男宠和主人的妻妾奸通。
⑤ 记鲁国公子公为与其嬖童可能性较大的同性恋关系。
⑥ （十）（十一）（十二）记外嬖。
⑦ 晋献公。
⑧ 骊姬之子。

疾日。君彻宴乐，学人舍业，为疾故也。君之卿佐，是谓股肱。股肱或亏，何痛如之？女弗闻而乐，是不聪也。"又饮外嬖嬖叔，曰："女为君目，将司明也。服以旌礼，礼以行事，事有其物，物有其容。今君之容，非其物也，而女不见，是不明也。"亦自饮也，曰："味以行气，气以实志，志以定言，言以出令。臣实司味，二御失官，而君弗命，臣之罪也。"公说，彻酒。初，公欲废知氏而立其外嬖，为是悛而止。秋八月，使荀跞佐下军以说焉。

（十三）僖公二十四年①

郑弃嬖宠②而用三良，于诸姬为近。

（十四）昭公三年

燕简公多嬖宠，欲去诸大夫而立其宠人。冬，燕大夫比以杀公之外嬖。公惧，奔齐。书③曰："北燕伯款出奔齐。"罪之也。

（十五）成公二年④

二年春，齐侯伐我⑤北鄙，围龙。［齐］顷公之嬖人卢蒲就魁门焉，龙人囚之。齐侯曰："勿杀！吾与而盟，无入而封。"弗听，杀而膊诸城上。齐侯亲鼓，士陵城，三日取龙。

（十六）哀公十六年

卫侯占梦。嬖人求酒于大叔僖子，不得，与卜人比，而告公曰："君有大臣在西南隅，弗去，惧害。"乃逐大叔遗⑥。遗奔晋。

（十七）昭公二十年⑦

内宠之妾，肆夺于市。外宠之臣，僭令于鄙。私欲养求，不给则应。民人苦病，夫妇皆诅。

---

① （十三）（十四）记嬖宠。
② 指僖公七年郑国杀嬖臣申侯。
③ 《春秋》。
④ （十五）（十六）记嬖人。
⑤ 鲁国。
⑥ 大叔僖子。
⑦ 记外宠。

（十八）定公六年、哀公二十五年 记有卫灵公外宠弥子瑕的一些情况。

国语

（春秋）左丘明编撰①
台湾商务印书馆 1986 年影印
文渊阁《四库全书》本

（一）卷五·鲁语下②

公父文伯卒，其母戒其妾曰："吾闻之：好内，女死之；好外，士死之。今吾子夭死，吾恶其以好内闻也。"

（二）卷七·晋语一

狐突谏曰："突闻之：国君好艾③，大夫殆；好内，适子④殆，社稷危。"

（三）卷十六·郑语⑤

[郑桓公]曰："周其弊乎？"[史伯]对曰："殆于必弊者。《大誓》曰：'民之所欲，天必从之。'今王弃高明昭显，而好谗慝暗昧；恶角犀丰盈，而近顽童穷固，去和而取同。夫和实生物，同则不继。……夫虢石父谗诌巧从之人也，而立以为卿士，与刬同也；弃聘后而立内妾，好穷固也；侏儒戚施，实御在侧，近顽童也；周法不昭，而妇言是行，用谗慝也；不建立卿士，而妖试幸措，行暗昧也。是物也，不可以久。"

---

① 本书编撰者存疑，可能是战国时期佚名之人。
② （一）（二）论好外。
③ 当为好外。
④ 嫡子，适（適）通嫡。
⑤ 记"顽童"。

诗经

(春秋) 孔丘编①
中华书局 2011 年版

(一) 卫风·芄兰②

芄兰之支，童子佩觿。
虽则佩觿，能不我知？
容兮遂兮，垂带悸兮。

芄兰之叶，童子佩韘。
虽则佩韘，能不我甲？
容兮遂兮，垂带悸兮。

(二) 郑风·遵大路

遵大路兮，掺执子之袪兮。
无我恶兮，不寁故也。

遵大路兮，掺执子之手兮。
无我魗兮，不寁好也。

(三) 郑风·山有扶苏

山有扶苏，隰有荷华。
不见子都，乃见狂且。

山有乔松，隰有游龙。
不见子充，乃见狡童。

---

① 周、鲁乐官对《诗经》的编成也发挥了至关重要的作用。
② 对《诗经》的理解历来众说纷纭，(一) 至 (十九) 这些诗可能与同性恋相关。

（四）郑风·狡童

彼狡童兮，不与我言兮。
维子之故，使我不能餐兮。

彼狡童兮，不与我食兮。
维子之故，使我不能息兮。

（五）郑风·褰裳

子惠思我，褰裳涉溱。
子不我思，岂无他人？
狂童之狂也且。

子惠思我，褰裳涉洧。
子不我思，岂无他士？
狂童之狂也且。

（六）郑风·风雨

风雨凄凄，鸡鸣喈喈。
既见君子，云胡不夷？

风雨潇潇，鸡鸣胶胶。
既见君子，云胡不瘳？

风雨如晦，鸡鸣不已。
既见君子，云胡不喜？

（七）郑风·子衿

青青子衿，悠悠我心。
纵我不往，子宁不嗣音？

青青子佩，悠悠我思。
纵我不往，子宁不来？

挑兮达兮，在城阙兮。
一日不见，如三月兮。

（八）郑风·扬之水

扬之水，不流束楚。
终鲜兄弟，维予与女。
无信人之言，人实迋女。

扬之水，不流束薪。
终鲜兄弟，维予二人。
无信人之言，人实不信。

（九）郑风·野有蔓草

野有蔓草，零露漙兮。
有美一人，清扬婉兮。
邂逅相遇，适我愿兮。

野有蔓草，零露瀼瀼。
有美一人，婉如清扬。
邂逅相遇，与子偕臧。

（十）齐风·甫田

无田甫田，维莠骄骄。
无思远人，劳心忉忉。

无田甫田，维莠桀桀。
无思远人，劳心怛怛。

婉兮娈兮，总角丱兮。
未几见兮，突而弁兮。

（十一）唐风·扬之水

扬之水，白石凿凿。

素衣朱襮，从子于沃。
既见君子，云何不乐？

扬之水，白石皓皓。
素衣朱绣，从子于鹄。
既见君子，云何其忧？

扬之水，白石粼粼。
我闻有命，不敢以告人。

（十二）唐风·有杕之杜

有杕之杜，生于道左。
彼君子兮，噬肯适我？
中心好之，曷饮食之。

有杕之杜，生于道周。
彼君子兮，噬肯来游？
中心好之，曷饮食之。

（十三）秦风·驷驖

驷驖孔阜，六辔在手。
公之媚子，从公于狩。

奉时辰牡，辰牡孔硕。
公曰左之，舍拔则获。

游于北园，四马既闲。
輶车鸾镳，载猃歇骄。

（十四）秦风·蒹葭

蒹葭苍苍，白露为霜。
所谓伊人，在水一方。
溯洄从之，道阻且长。

溯游从之，宛在水中央。

蒹葭萋萋，白露未晞。
所谓伊人，在水之湄。
溯洄从之，道阻且跻。
溯游从之，宛在水中坻。

(十五) 秦风·晨风

鴥彼晨风，郁彼北林。
未见君子，忧心钦钦。
如何如何？忘我实多。

山有苞栎，隰有六驳。
未见君子，忧心靡乐。
如何如何？忘我实多。

山有苞棣，隰有树檖。
未见君子，忧心如醉。
如何如何？忘我实多。

(十六) 陈风·东门之杨

东门之杨，其叶牂牂。
昏以为期，明星煌煌。

东门之杨，其叶肺肺。
昏以为期，明星晢晢。

(十七) 陈风·月出

月出皎兮，佼人僚兮。
舒窈纠兮，劳心悄兮。

月出皓兮，佼人懰兮。
舒忧受兮，劳心慅兮。

月出照兮，佼人燎兮。
舒夭绍兮，劳心惨兮。

（十八）陈风·泽陂

彼泽之陂，有蒲与荷。
有美一人，伤如之何？
寤寐无为，涕泗滂沱。

彼泽之陂，有蒲与茼。
有美一人，硕大且卷。
寤寐无为，中心悁悁。

彼泽之陂，有蒲菡萏。
有美一人，硕大且俨。
寤寐无为，辗转伏枕。

（十九）小雅·隰桑

隰桑有阿，其叶有难。
既见君子，其乐如何！

隰桑有阿，其叶有沃。
既见君子，云何不乐？

隰桑有阿，其叶有幽。
既见君子，德音孔胶。

心乎爱矣，遐不谓矣。
中心藏之，何日忘之。

管子

(春秋) 管仲等撰
台湾商务印书馆 1986 年影印
文渊阁《四库全书》本

(一) 卷十五·任法①

有为枉法，有为毁令，此圣君之所以自禁也。故贵不能威，富不能禄，贱不能事，近不能亲，美不能淫也。而失君则不然，法立而还废之，令出而后反之，枉法而从私，毁令而不全。是贵能威之，富能禄之，贱能事之，近能亲之，美能淫之也。此五者不禁于身，是以群臣百姓人挟其私而幸其主。彼幸而得之，则主日侵；彼幸而不得，则怨日产。夫日侵而产怨，此失君之所慎也。凡为主而不得用其法，不适其意，顾臣而行，离法而听贵臣，此所谓贵而威之也。……美者以巧言令色请其主，主因离法而听之，此所谓美而淫之也。

(二) 卷二十一·版法解②

治国有三器，乱国有六攻。三器者何也？曰：号令也、斧钺也、禄赏也。六攻者何也？亲也、贵也、货也、色也、巧佞也、玩好也。

汲冢琐语

中华书局 1958 年影印
《全上古三代秦汉三国六朝文》本③

师旷御晋平公，鼓瑟。辍而笑曰："齐君与其嬖人戏，坠于床而伤其臂。"平公命人书之曰："某月某日，齐君戏而伤。"问之于齐侯，齐侯笑曰："然，有之。"

---

① 批评"美而淫之"。
② 批评"色"攻、"巧佞"之攻。
③ 据清光绪间广雅书局刻本影印。

晏子春秋

(春秋) 晏婴编撰①
中华书局 1962 年
《晏子春秋集释》本

卷第八·景公欲诛羽人晏子以为法不宜杀②

景公盖姣，有羽人视景公僭者。公谓左右曰："问之，何视寡人之僭也？"羽人对曰："言亦死，而不言亦死，窃姣公也。"公曰："合色寡人也，杀之！"晏子不时而入，见曰："盖闻君有所怒羽人？"公曰："然。色寡人，故将杀之。"晏子对曰："婴闻拒欲不道，恶爱不祥，虽使色君，于法不宜杀也。"公曰："恶然乎，若使沐浴，寡人将使抱背。"

论语

(春秋) 孔丘述
中华书局 1980 年影印
《十三经注疏·论语注疏》本③

（一）学而④

子曰："巧言令色，鲜矣仁。"

（二）公冶长

子曰："巧言、令色、足恭，左丘明耻之，丘亦耻之。"

（三）雍也⑤

子曰："不有祝鮀之佞，而有宋朝之美，难乎免于今之世矣。"

---

① 本书编撰者存疑，可能是秦灭六国之后的原齐国人。
② 羽人对齐景公有同性恋方面的思慕。
③ 据清嘉庆间扬州阮元校刻本影印。
④ 在（一）（二）当中，孔子所言并非针对同性恋而发，不过有一些同性恋者尤其国君的外宠确实是巧言令色之人。
⑤ 从（三）至（八）来看，孔子对当时社会的同性恋情况是有所观察的，参见《孟子》（四）、《新序》（一）等。

（四）雍也

子见南子，子路不说。夫子矢之曰："予所否者，天厌之，天厌之。"

（五）述而

子曰："天生德于予，桓魋其如予何？"

（六）宪问

子言卫灵公之无道也。康子曰："夫如是奚而不丧①？"孔子曰："仲叔圉治宾客，祝鮀治宗庙，王孙贾治军旅。夫如是，奚其丧？"

（七）卫灵公

卫灵公问陈②于孔子。孔子对曰："俎豆之事，则尝闻之矣；军旅之事，未之学也。"明日遂行。

（八）卫灵公

子曰："直哉史鱼！邦有道如矢，邦无道如矢。君子哉蘧伯玉！邦有道则仕，邦无道则可卷而怀之。"

（九）卫灵公

子曰："行夏之时，乘殷之辂，服周之冕，乐则韶舞。放郑声，远佞人——郑声淫，佞人殆。"

（十）季氏

孔子曰："益者三友，损者三友。友直、友谅、友多闻，益矣；友便辟、友善柔、友便佞，损矣。"

---

① 为何不丧失其位？
② 同"阵"，阵战之事。

孟子

(战国)孟轲等撰
中华书局 1980 年影印
《十三经注疏·孟子注疏》本①

(一)梁惠王上②

[孟子]曰:"王③之所大欲,可得闻与?"王笑而不言。曰:"为肥甘不足于口与?轻暖不足于体与?……抑为声音不足听于耳与?便嬖不足使令于前与?王之诸臣,皆足以供之,而王岂为是哉?"曰:"否,吾不为是也。"

(二)梁惠王下

鲁平公将出,嬖人臧仓者请曰:"他日君出,则必命有司所之;今乘舆已驾矣,有司未知所之,敢请?"公曰:"将见孟子。"曰:"何哉?君所为轻身以先于匹夫者,以为贤乎?礼义由贤者出,而孟子之后丧逾前丧,君无见焉?"公曰:"诺。"乐正子见孟子,曰:"克告于君,君为来见也。嬖人有臧仓者沮君,君是以不果来也。"曰:"行,或使之;止,或尼之。行止非人所能也。吾之不遇鲁侯,天也。臧氏之子,焉能使予不遇哉!"

(三)滕文公下

昔者赵简子,使王良④与嬖奚⑤乘,终日而不获一禽。嬖奚反命曰:"天下之贱工也。"或以告王良,良曰:"请复之。"强而后可,一朝而获十禽。嬖奚反命曰:"天下之良工也。"简子曰:"我使掌与女乘。"谓王良,良不可,曰:"吾为之范我驰驱,终日不获一;为之诡遇,一朝而获十。诗云:'不失其驰,舍矢如破。'我不贯与小人乘,请辞。"

(四)万章上⑥

万章问曰:"或谓孔子于卫主痈疽,于齐主侍人瘠环,有诸乎?"孟子曰:"否,不然

---

① 据清嘉庆间扬州阮元校刻本影印。
② 所言便嬖近似于外宠。
③ 齐宣王。
④ 当时善驾车者。
⑤ 赵简子之嬖人,名奚。
⑥ 记孔子及其弟子子路与卫灵公的宠臣弥子瑕、宋景公的宠臣向魋的关系。

也,好事者为之也。于卫主颜雠由。弥子①之妻与子路之妻,兄弟②也,弥子谓子路曰:'孔子主我,卫卿可得也。'子路以告,孔子曰:'有命。'孔子进以礼,退以义,得之不得曰'有命'。而主痈疽与侍人瘠环,是无义无命也。孔子不悦于鲁卫,遭宋桓司马③将要而杀之,微服而过宋。是时孔子当阨,主司城贞子,为陈侯周臣。吾闻观近臣,以其所为主;观远臣,以其所主。若孔子主痈疽与侍人瘠环,何以为孔子!"

(五)万章下④

孔子有见行可之仕,有际可之仕⑤,有公养之仕。于季桓子,见行可之仕也;于卫灵公,际可之仕也;于卫孝公,公养之士也。

(六)告子上⑥

至于子都,天下莫不知其姣也。不知子都之姣者,无目者也。

荀子

(战国)荀况撰
中华书局2011年版

非相⑦

今世俗之乱君⑧,乡曲之儇子,莫不美丽姚冶,奇衣妇饰,血气态度拟于女子。妇人莫不愿得以为夫,处女莫不愿得以为士,弃其亲家而欲奔之者,比肩并起。然而中君羞以为臣,中父羞以为子,中兄羞以为弟,中人羞以为友。俄则束乎有司而戮乎大市,莫不呼天啼哭,苦伤其今,而后悔其始。

---

① 弥子瑕。
② 即姊妹。
③ 桓魋,也即向魋。
④ 记孔子与卫灵公的关系。
⑤ 因国君接待有礼而出仕。
⑥ 记著名的美男子子都。
⑦ 记男子女性化。
⑧ 当为乱民。

礼记

(西汉·宣帝—元帝) 戴圣编
(东汉·桓帝—献帝) 郑玄注
中华书局 1980 年影印
《十三经注疏·礼记正义》本①

(一) 卷第九·檀弓下②

知悼子③卒，未葬。[晋]平公饮酒，师旷、李调侍。杜蒉自外来，闻钟声，曰："安在？"曰："在寝。"杜蒉入寝，历阶而升，酌曰："旷饮斯。"又酌曰："调饮斯。"又酌，堂上北面坐饮之，降，趋而出。平公呼而进之曰："蒉，曩者尔心或开予，是以不与尔言。尔饮旷何也？"曰："子卯不乐。知悼子在堂，斯其为子卯也大矣。旷也，大师也。不以诏，是以饮之也。""尔饮调何也？"曰："调也，君之亵臣也。为一饮一食，亡君之疾，是以饮之也。""尔饮何也？"曰："蒉也，宰夫也。非刀匕是共，又敢与知防，是以饮之也。"平公曰："寡人亦有过焉，酌而饮寡人。"杜蒉洗而扬觯，公谓侍者曰："如我死，则必无废斯爵也。"

(二) 卷第十·檀弓下④

[鲁哀公十一年，齐鲁]战于郎。公叔禺人⑤遇负杖入保者息，曰："使之虽病也，任之虽重也。君子不能为谋也，士弗能死也，不可。我则既言矣。"与其邻重⑥汪踦往，皆死焉。鲁人欲勿殇重汪踦，问于仲尼，仲尼曰："能执干戈以卫社稷，虽欲勿殇也，不亦可乎？"

(三) 卷第五十五·缁衣⑦

子⑧曰："大臣不亲，百姓不宁，则忠敬不足，而富贵已过也。大臣不治，而迩臣比矣。故大臣不可不敬也，是民之表也；迩臣不可不慎也，是民之道也。君毋以小谋大，

---

① 据清嘉庆间扬州阮元校刻本影印。
② 参见《左传》(十二)。
③ 晋大夫荀盈。
④ 参见《左传》(九)。
⑤ 即公叔务人，公为。
⑥ 当为邻童。
⑦ 参见《逸周书》(十)。
⑧ 孔子。

毋以远言近，毋以内图外。则大臣不怨，尔臣不疾，而远臣不蔽矣。"叶公之顾命①曰："毋以小谋败大作，毋以嬖御人疾庄后，毋以嬖御士疾庄士、大夫、卿士。"子曰："大人不亲其所贤而信其所贱，民是以亲失，而教是以烦。"

大戴礼记

（西汉·宣帝—元帝）戴德编
清咸丰元年（1851）南城王氏刻
《大戴礼记解诂》本

（一）卷之三·保傅弟四十八

卫灵公之时，蘧伯玉贤而不用，弥子瑕②不肖而任事，史鳅患之，数言蘧伯玉贤，而不听。病且死，谓其子曰："我即死，治丧于北堂。吾生不能进蘧伯玉，而退弥子瑕，是不能正君者。死不当成礼，而置尸于北堂，于我足矣。"灵公往吊，问其故，其子以父言闻。灵公造然失容，曰："吾失矣！"立召蘧伯玉而贵之，召弥子瑕而退，徙丧于堂，成礼而后去。卫国以治，史鳅之力也。夫生进贤而退不肖，死且未止，又以尸谏，可谓忠不衰矣。

（二）卷之八·子张问入官弟六十五

孔子曰："上者，民之仪也；有司执政，民之表也；迩臣便辟者，群臣仆之伦也。故仪不正，则民失誓；表弊，则百姓乱；迩臣便辟不正廉，而群臣服污矣。故不可不慎乎三伦矣。"

（三）卷之九·四代弟六十九

子曰："慕宠假贵③妨于政，大纵耳目妨于政，好色失志妨于政。"

（四）卷之十一·用兵弟七十五

子曰："夏桀商纣，赢暴于天下。暴极不辜，杀戮无罪。疏远国老，幼色是与，而暴慢是亲。逆乱四时，礼乐不行，而幼风④是御。夭伤厥身，失坠天下。"

---

① 春秋战国之际楚国贵族叶公沈诸梁在临终前曾对楚惠王做出劝告。
② 即弥子瑕。
③ 慕恋外宠，赠与贵爵。
④ 幼艾、顽童、外宠。

墨子

(战国)墨翟等撰
中华书局 2006 年
《墨子校注》本

(一) 卷之二·尚贤中[①]

　　故古者圣王甚尊尚贤而任使能，不党父兄，不偏贵富，不嬖颜色。贤者举而上之，富而贵之，以为官长；不肖者抑而废之，贫而贱之，以为徒役。是以民皆劝其赏，畏其罚，相率而为贤者。以贤者众而不肖者寡，此谓进贤。然后圣人听其言，迹其行，察其所能而慎予官，此谓事能。故可使治国者使治国，可使长官者使长官，可使治邑者使治邑。凡所使治国家、官府、邑里，此皆国之贤者也。

　　今王公大人有一衣裳不能制也，必藉良工；有一牛羊不能杀也，必藉良宰。故当若之二物者，王公大人皆知以尚贤使能为政也。逮至其国家之乱，社稷之危，则不知使能以治之。亲戚则使之，无故富贵、面目佼好则使之。夫无故富贵、面目佼好则使之，岂必智且有慧哉？若使之治国家，则此使不智慧者治国家也。国家之乱，既可得而知已。

　　且夫王公大人有所爱其色而使，其心不察其知，而与其爱。是故不能治百人者，使处乎千人之官；不能治千人者，使处乎万人之官，此其故何也？曰："处若官者，爵高而禄厚，故爱其色而使之焉！"夫不能治千人者，使处乎万人之官，则此官什倍也。夫治之法将日至者也，日以治之，日不什脩；知以治之，知不什益。而予官什倍，则此治一而弃其九矣。虽日夜相接以治若官，官犹若不治。此其故何也？则王公大人不明乎以尚贤使能为政也。

(二) 卷之二·尚贤下

　　而今天下之士君子，居处言语皆尚贤；逮至其临众发政而治民，莫知尚贤而使能。我以此知天下之士君子，明于小而不明于大也。何以知其然乎？今王公大人有一牛羊之财不能杀，必索良宰；有一衣裳之财不能制，必索良工。当王公大人之于此也，虽有骨肉之亲、无故富贵、面目美好者，实知其不能也，不使之也。是何故？恐其败财也。当王公大人之于此也，则不失尚贤而使能。王公大人有一罢马不能治，必索良医；有一危

[①] (一)(二)记墨子反对王公大人"嬖颜色"，"面目佼好则使之"。所谓面目佼好者多是外嬖之流，可能与王公大人存在同性恋关系。

弓不能张，必索良工。当王公大人之于此也，虽有骨肉之亲、无故富贵、面目美好者，实知其不能也，必不使。是何故？恐其败财也。当王公大人之于此也，则不失尚贤而使能。逮至其国家则不然，王公大人骨肉之亲、无故富贵、面目美好者则举之。则王公大人之亲其国家也，不若其亲一危弓、罢马、衣裳、牛羊之财与？我以此知天下之士君子，皆明于小而不明于大也。此譬犹喑者而使为行人，聋者而使为乐师。是故古之圣王之治天下也，其所富，其所贵，未必王公大人骨肉之亲、无故富贵、面目美好者也。

是故昔者舜耕于历山，陶于河濒，渔于雷泽，灰于常阳。尧得之服泽之阳，立为天子，使接天下之政，而治天下之民。昔伊尹为莘氏女师仆，使为庖人。汤得而举之，立为三公，使接天下之政，而治天下之民。昔者傅说居北海之洲，圜土之上，衣褐带索，庸筑于傅岩之城。武丁得而举之，立为三公，使之接天下之政，而治天下之民。是故昔者尧之举舜也，汤之举伊尹也，武丁之举傅说也，岂以为骨肉之亲、无故富贵、面目美好者哉？唯法其言，用其谋，行其道，上可而利天，中可而利鬼，下可而利人，是故推而上之。

今王公大人，其所富，其所贵，皆王公大人骨肉之亲、无故富贵、面目美好者也。今王公大人骨肉之亲、无故富贵、面目美好者，焉故必知哉？若不知，使治其国家，则其国家之乱，可得而知也。

今天下之士君子，皆欲富贵而恶贫贱，然女何为而得富贵而辟贫贱哉？曰："莫若为王公大人骨肉之亲、无故富贵、面目美好者。"王公大人骨肉之亲、无故富贵、面目美好者，此非可学能者也。使不知辩，德行之厚若禹汤文武，不加得也；王公大人骨肉之亲，蘉躄喑聋，暴为桀纣，不加失也。是故以赏不当贤，罚不当暴。其所赏者已无故矣，其所罚者亦无罪。是以使百姓皆放心解体，沮以为善；垂其股肱之力，而不相劳来也；腐臭余财，而不相分资也；隐匿良道，而不相教诲也。若此则饥者不得食，寒者不得衣，乱者不得治。

是故昔者尧有舜，舜有禹，禹有皋陶，汤有小臣，武王有闳夭、泰颠、南宫括、散宜生，而天下和，庶民阜。是以近者安之，远者归之。日月之所照，舟车之所及，雨露之所渐，粒食之民莫不劝誉。且今天下之王公大人士君子，中实将欲为仁义，求为上士，上欲中圣王之道，下欲中国家百姓之利，故尚贤之为说，而不可不察此者也。尚贤者，天、鬼、百姓之利，而政事之本也。

（三）卷之十三·鲁问①

鲁君之嬖人死，鲁君②为之诔，鲁人③因悦而用之。子墨子闻之曰："诔者，道死人之

---

① 记嬖人。
② 当为鲁人。或谓本事见《礼记·檀弓上》："鲁庄公及宋人战于乘丘，县贲父御，卜国为右。马惊败绩，遂死之。公曰：'非其罪也。'遂诔之。"
③ 当为鲁君。

志也。今因说而用之，是犹以来首从服也。"

韩非子

（战国）韩非撰
上海古籍出版社 2010 年
《韩非子校疏》本

（一）卷第一·爱臣①

　　爱臣太亲，必危其身。人臣太贵，必易主位。主妾无等，必危嫡子。

（二）卷第二·八奸②

　　凡人臣之所道成奸者有八术。……二曰"在旁"。何谓在旁？曰：优笑侏儒，左右近习，此人主未命而唯唯，未使而诺诺，先意承旨，观貌察色以先主心者也。此皆俱进俱退，皆应皆对，一辞同轨以移主心者也。为人臣者内事之以金玉玩好，外为之行不法，使之化其主，此之谓"在旁"。

（三）卷第四·说难③

　　昔者弥子瑕有宠于卫君。卫国之法：窃驾君车者罪刖。弥子瑕母病，人间往夜告弥子，弥子矫驾君车以出。君闻而贤之，曰："孝哉！为母之故，忘其刖罪。"异日，与君游于果园，食桃而甘，不尽，以其半啖君。君曰："爱我哉！忘其口味以啖寡人。"及弥子色衰爱弛，得罪于君，君曰："是固尝矫驾吾车，又尝啖我以余桃。"故弥子之行未变于初也，而以前之所以见贤而后获罪者，爱憎之变也。故有爱于主，则智当而加亲；有憎于主，则智不当，见罪而加疏。

（四）卷第七·内储说上

　　卫灵公之时，弥子瑕有宠，专于卫国。侏儒有见公者曰："臣之梦践矣。"公曰："何梦？"对曰："梦见灶，为见公也。"公怒曰："吾闻见人主者梦见日，奚为见寡人而梦见灶！"对曰："夫日兼烛天下，一物不能当也；人君兼烛一国，一人不能拥也。故将见人主者梦见日。夫灶，一人炀焉，则后人无从见矣。今或者一人有炀君者乎？则臣虽梦见

---

① "爱臣"相似于嬖臣。
② "优笑侏儒，左右近习"相似于嬖人。
③ （三）（四）（五）记卫灵公和弥子瑕的同性恋关系。（三）参见《说苑·卷第十七·杂言》。

灶，不亦可乎？"

(五) 卷第十六·难四

卫灵公之时，弥子瑕有宠于卫国。侏儒有见公者曰："臣之梦践矣。"公曰："奚梦？""梦见灶者，为见公也。"公怒曰："吾闻见人主者梦见日，奚为见寡人而梦见灶乎？"侏儒曰："夫日兼照天下，一物不能当也；人君兼照一国，一人不能壅也。故将见人主而梦日也。夫灶，一人炀焉，则后人无从见矣。或者一人炀君邪？则臣虽梦灶，不亦可乎？"公曰："善。"遂去雍鉏，退弥子瑕，而用司空狗。

(六) 卷第十·内储说下①

狐突曰："国君好内则太子危，好外则相室危。"

(七) 卷第十七·说疑②

孽有拟适③之子，配有拟妻之妾，廷有拟相之臣，臣有拟主之宠。此四者，国之所危也。故曰："内宠并后，外宠贰政，枝子配适，大臣拟主，乱之道也。"故《周记》④曰："无尊妾而卑妻，无孽适子而尊小枝，无尊嬖臣而匹上卿，无尊大臣以拟其主也。"四拟者破，则上无意、下无怪也；四拟不破，则陨身灭国矣。

新序

(西汉·宣帝—成帝) 刘向编撰
中华书局 2009 年
《新序校释》本

(一) 卷第一·杂事⑤

卫灵公之时，蘧伯玉贤而不用，弥子瑕不肖而任事，卫大夫史鰌患之，数以谏灵公而不听。史鰌病且死，谓其子曰："我即死，治丧于北堂。吾不能进蘧伯玉而退弥子瑕，是不能正君也。生不能正君，死不当成礼。置尸北堂，于我足矣。"史鰌死，灵公往吊，见

---

① 参见《左传》(二)、《国语》(二)。
② 参见《逸周书》(十)。
③ 即嫡。
④ 即《周书》、《逸周书》。
⑤ 参见《大戴礼记》(一)。

丧在北堂，问其故，其子具以父言对灵公。灵公蹴然易容，寤然失位，曰："夫子生则欲进贤而退不肖，死且不懈，又以尸谏，可谓忠而不衰矣。"于是乃召蘧伯玉，而进之以为卿，退弥子瑕。徙丧正堂，成礼而后返，卫国以治。史鳅字子鱼，所谓"直哉史鱼"者也。

（二）卷第一·杂事

楚共王①有疾，召令尹曰："常侍管苏与我处，常思我以道，正我以义。吾与处，不安也；不见，不思也。虽然，吾有得也，其功不细，必厚赏之。申侯伯与我处，常纵恣吾。吾所乐者，劝吾为之；吾所好者，先吾服之。吾与处，欢乐之；不见，戚戚也。虽然，吾终无得也，其过不细，必亟遣之。"令尹曰："诺！"明日，王薨，令尹即拜管苏为上卿，而逐申侯伯出之境。曾子曰："鸟之将死，其鸣也哀；人之将死，其言也善。"言反其本性，共王之谓也。故孔子曰："朝闻道，夕死可矣。"于以开后嗣，觉来世，犹愈没身不寤者也。

（三）卷第二·杂事②

庄辛谏楚襄王曰："君王左州侯，右夏侯，从新安君与寿陵君同轩，淫衍侈靡，而忘国政，郢其危矣！"王曰："先生老惛欤！妄为楚国妖欤！"庄辛对曰："臣非敢为楚妖，诚见之也。君王卒近此四子者，则楚必亡矣。辛请留于赵以观之。"于是，不出十月，王果亡巫山、江汉、鄢郢之地。于是，王乃使召庄辛至于赵。辛至，王曰："嘻！先生来耶！寡人以不用先生言至于此，为之奈何？"

庄辛曰："君王用辛言，则可；不用辛言，又将甚乎此。庶人有称曰：'亡羊而固牢，未为迟；见兔而呼狗，未为晚。'汤武以百里王，桀纣以天下亡。今楚虽小，绝长继短，以千里数，岂特百里哉？且君王独不见夫青蛉乎？六足四翼，蜚翔乎天地之间，求蚊虻而食之，时甘露而饮之，自以为无患，与民无争也。不知五尺之童子，胶丝竿加之乎四仞之上，而下为虫蛾食已。青蛉犹其小者也，夫黄雀俛啄白粒，仰栖茂树，鼓其翼，奋其身，自以为无患，与民无争也。不知公子王孙，左把弹，右摄丸，定操持，审参连。故昼游乎茂树，夕和乎酸咸。黄雀犹其小者也，鸿鹄嬉游乎江河，息留乎大沼，俛啄鳝鲤，仰奋陵衡，修其六翮，而陵清风，飘摇高翔，一举千里，自以为无患，与民无争也。不知弋者选其弓弩，修其防翳，加缯缴其颈，投乎百仞之上，引纤缴，扬微波，折清风而殒。故朝游乎江河，而暮调乎鼎俎。鸿鹄犹其小者也，蔡侯之事又是也。蔡侯南游乎高陵，北径乎巫山，逐麋麇獐鹿，矿豯子，随时鸟，嬉游乎高蔡之囿，溢满无涯，不以国

---

① 据《左传》僖公七年，共王当为文王。
② 记楚襄王与州侯、夏侯、新安君、寿陵君可能性较大的同性恋关系。

家为事。不知子发方受命宣王①，厄以淮水，填以巫山，庚子之朝，缨以朱丝，臣而奏之乎宣王也。蔡侯之事犹其小者也，今君王之事又是也。君王左州侯，右夏侯，从新安君与寿陵君，淫衍侈靡，康乐游娱，驰骋乎云梦之中，不以天下与国家为事。不知穰侯方与秦王谋，寘之以黾厄，而投之乎黾塞之外。"

襄王大惧，形体悼栗，曰："谨受令。"乃封庄辛为成陵君而用计焉，与举淮北之地十二诸侯。

说苑

（西汉·宣帝—成帝）刘向编撰
中华书局 1987 年
《说苑校证》本

（一）卷第十一·善说②

襄成君始封之日，衣翠衣，带玉璏剑，履缟舄，立于流水之上。大夫拥钟锤，县令执桴号令，呼谁能渡王者。于是也，楚大夫庄辛过而说之，遂造托而拜谒起立曰："臣愿把君之手，其可乎？"襄成君忿然作色而不言。庄辛迁延盥手而称曰："君独不闻夫鄂君子皙之泛舟于新波之中也？乘青翰之舟，极䓲芘，张翠盖，而檥犀尾，班丽袿衽，会钟鼓之音毕，榜枻越人拥楫而歌，歌辞曰：'滥兮抃草滥予昌枑泽予昌州州䱴州焉乎秦胥胥缦予乎昭澶秦逾渗惿随河湖。'鄂君子皙曰：'吾不知越歌，子试为我楚说之。'于是乃召越译，乃楚说之曰：'今夕何夕兮搴舟中流，今日何日兮得与王子同舟？蒙羞被好兮不訾诟耻，心几顽而不绝兮得知王子。山有木兮木有枝，心说君兮君不知。'于是鄂君子皙乃揄修袂，行而拥之，举绣被而覆之。鄂君子皙亲楚王母弟也，官为令尹，爵为执珪，一榜枻越人犹得交欢尽意焉。今君何以逾于鄂君子皙？臣独何以不若榜枻之人？愿把君之手，其不可何也？"襄成君乃奉手而进之曰："吾少之时，亦尝以色称于长者矣，未尝遇僇如此之卒也。自今以后，愿以壮少之礼谨受命。"

（二）卷第十三·权谋③

安陵缠以颜色美壮，得幸于楚共王。江乙往见安陵缠曰："子之先人，岂有矢石之功于王乎？"曰："无有。"江乙曰："子之身岂亦有乎？"曰："无有。"江乙曰："子之贵何

---
① 楚宣王。
② 记鄂君与越人的同性恋关系，也即"鄂君绣被"的故事。
③ 记楚共王与安陵缠的同性恋关系，安陵缠即安陵君。据《战国策·楚一》，共王当为宣王。

以至于此乎？"曰："仆不知所以。"江乙曰："吾闻之，以财事人者，财尽而交疏；以色事人者，华落而爱衰。今子之华，有时而落，子何以长幸无解于王乎？"安陵缠曰："臣年少愚陋，愿委智于先生。"江乙曰："独从为殉可耳。"安陵缠曰："敬闻命矣。"江乙去。

居期年，逢安陵缠，谓曰："前日所谕子者，通之于王乎？"曰："未可也。"居期年，江乙复见安陵缠曰："子岂谕王乎？"安陵缠曰："臣未得王之间也。"江乙曰："子出与王同车，入与王同坐，居三年，言未得王之间乎？以吾之说未可耳！"不悦而去。其年，共王猎江渚之野，野火之起若云蜺，虎狼之嗥若雷霆。有狂兕从南方来，正触王左骖。王举旌旄，而使善射者射之，一发，兕死车下。王大喜，拊手而笑，顾谓安陵缠曰："吾万岁之后，子将谁与斯乐乎？"安陵缠乃逡巡而却，泣下沾衿，抱王曰："万岁之后，臣将从为殉，安知乐此者谁？"于是共王乃封安陵缠于车下三百户。故曰："江乙善谋，安陵缠知时。"

战国策

（西汉·宣帝—成帝）刘向编撰
上海古籍出版社 2006 年
《战国策笺证》本

（一）卷三·秦一·田莘之为陈轸说秦惠王[①]

田莘之为陈轸说秦惠王曰："臣恐王之如郭君。夫晋献公欲伐郭，而惮舟之侨存。荀息曰：'《周书》有言，美女破舌。'乃遗之女乐，以乱其政。舟之侨谏而不听，遂去。因而伐郭，遂破之。又欲伐虞，而惮宫之奇存。荀息曰：'《周书》有言，美男破老。'乃遗之美男，教之恶宫之奇。宫之奇以谏而不听，遂亡。因而伐虞，遂取之。今秦自以为王，能害王之国者，楚也。楚智横门君之善用兵，与陈轸之智，故骄张仪以五国。来，必恶是二人。愿王勿听也。"张仪果来辞，因言轸也，王怒而不听。

（二）卷十四·楚一·江乙说于安陵君

江乙说于安陵君曰："君无咫尺之地，骨肉之亲，处尊位，受厚禄，一国之众见君，莫不敛衽而拜，抚委而服，何以也？"曰："王过举而已。不然，无以至此。"江乙曰："以财交者，财尽而交绝；以色交者，华落而爱渝。是以嬖女不敝席，宠臣不避轩。今君

[①] 记有"美男破老"的故事。

擅楚国之势，而无以深自结于王，窃为君危之。"安陵君曰："然则奈何？""愿君必请从死，以身为殉，如是必长得重于楚国。"曰："谨受令。"

三年而弗言。江乙复见曰："臣所为君道，至今未效。君不用臣之计，臣请不敢复见矣。"安陵君曰："不敢忘先生之言，未得间也。"于是，楚王游于云梦，结驷千乘，旌旗蔽日，野火之起也若云霓，兕虎之噑声若雷霆，有狂兕㸸车依轮而至，王亲引弓而射，壹发而殪。王抽旃旄而抑兕首，仰天而笑曰："乐矣，今日之游也！寡人万岁千秋之后，谁与乐此矣？"安陵君泣数行而进曰："臣入则编席，出则陪乘。大王万岁千秋之后，愿得以身试黄泉，蓐蝼蚁，又何如得此乐而乐之。"王大说，乃封坛为安陵君。君子闻之曰："江乙可谓善谋，安陵君可谓知时矣。"

（三）卷十七·楚四·庄辛谓楚襄王曰

庄辛谓楚襄王曰："君王左州侯，右夏侯，辇从鄢陵君与寿陵君，专淫逸侈靡，不顾国政，郢都必危矣！"襄王曰："先生老悖乎？将以为楚国祆祥乎？"庄辛曰："臣诚见其必然者也，非敢以为国祆祥也。君王卒幸四子者不衰，楚国必亡矣。臣请辟于赵，淹留以观之。"庄辛去之赵。留五月，秦果举鄢、郢、巫、上蔡、陈之地，襄王流掩于城阳。于是使人发驺，征庄辛于赵。庄辛曰："诺。"庄辛至，襄王曰："寡人不能用先生之言，今事至于此，为之奈何？"

庄辛对曰："臣闻鄙语曰：'见菟而顾犬，未为晚也；亡羊而补牢，未为迟也。'臣闻昔汤、武以百里昌，桀、纣以天下亡。今楚国虽小，绝长续短，犹以数千里，岂特百里哉？王独不见夫蜻蛉乎？六足四翼，飞翔乎天地之间，俛啄蚊虻而食之，仰承甘露而饮之，自以为无患，与人无争也。不知夫五尺童子，方将调饴胶丝，加己乎四仞之上，而下为蝼蚁食也。蜻蛉其小者也，黄雀因是以。俯噣白粒，仰栖茂树，鼓翅奋翼，自以为无患，与人无争也。不知夫公子王孙，左挟弹，右摄丸，将加己乎十仞之上，以其颈为招。昼游乎茂树，夕调乎酸咸，倏忽之间，坠于公子之手。夫雀其小者也，黄鹄因是以。游于江海，淹乎大沼，俯噣鳝鲤，仰啮陵衡，奋其六翮，而凌清风，飘摇乎高翔，自以为无患，与人无争也。不知夫射者，方将修其碆卢，治其矰缴，将加己乎百仞之上，彼磻礛，引微缴，折清风而抎矣。故昼游乎江河，夕调乎鼎鼐。夫黄鹄其小者也，蔡圣侯之事因是以。南游乎高陂，北陵乎巫山，饮茹溪之流，食湘波之鱼，左抱幼妾，右拥嬖女，与之驰骋乎高蔡之中，而不以国家为事。不知夫子发方受命乎宣王①，系己以朱丝而见之也。蔡圣侯之事其小者也，君王之事因是以。左州侯，右夏侯，辇从鄢陵君与寿陵君，饭封禄之粟，而戴方府之金，与之驰骋乎云梦之中，而不以天下国家为事。不知夫穰侯

---

① 楚宣王。

方受命乎秦王,填黾塞之内,而投己乎黾塞之外。"

襄王闻之,颜色变作,身体战栗。于是乃以执珪而授之,为阳陵君,与淮北之地也。

(四) 卷二十·赵三·建信君贵于赵①

建信君贵于赵。公子魏牟过赵,赵王迎之。顾反至坐,前有尺帛,且令工以为冠。工见客来也,因辟。赵王曰:"公子乃驱后车,幸以临寡人,愿闻所以为天下。"魏牟曰:"王能重王之国若此尺帛,则王之国大治矣。"赵王不说,形于颜色,曰:"先王不知寡人不肖,使奉社稷,岂敢轻国若此!"魏牟曰:"王无怒,请为王说之。曰:王有此尺帛,何不令前郎中以为冠?"王曰:"郎中不知为冠。"魏牟曰:"为冠而败之,奚亏于王之国?而王必待工而后乃使之。今为天下之工,或非也。社稷为虚戾,先王不血食,而王不以予工,乃与幼艾②。且王之先帝,驾犀首而骖马服,以与秦角逐,秦当时适其锋。今王憧憧,乃辇建信以与强秦角逐,臣恐秦折王之椅也。"

(五) 卷二十·赵三·或谓建信君

或谓建信:"君之所以事王者,色也;茸之所以事王者,知也。色老而衰,知老而多。以日多之知,而逐衰恶之色,君必困矣。"建信君曰:"奈何?"曰:"并骥而走者,五里而罢;乘骥而御之,不倦而取道多。君令茸乘独断之车,御独断之势,以居邯郸。令之内治国事,外刺诸侯,则茸之事有不言者矣。君因言王而重责之,茸之轴今折矣。"建信君再拜受命,入言于王,厚任茸以事能重责之。未期年而茸亡走矣。

(六) 卷二十一·赵四·客见赵王曰

客见赵王曰:"臣闻王之使人买马也,有之乎?"王曰:"有之。""何故至今不遣?"王曰:"未得相马之工也。"对曰:"王何不遣建信君乎?"王曰:"建信君有国事,又不知相马。"曰:"王何不遣纪姬乎?"王曰:"纪姬妇人也,不知相马。"对曰:"买马而善,何补于国?"王曰:"无补于国。""买马而恶,何危于国?"王曰:"无危于国。"对曰:"然则买马善而若恶,皆无危补于国。然而王之买马也,必将待工。今治天下,举错非也,国家为虚戾,而社稷不血食,然而王不待工,而与建信君,何也?"赵王未之应也。客曰:"郭偃之法,有所谓桑③雍者,王知之乎?"王曰:"未之闻也。""所谓桑雍者,便辟左右之近者,及夫人优爱孺子也。此皆能乘王之醉昏,而求所欲于王者也。是能得之

---

① (四)(五)(六)记赵王和建信君可能性较大的同性恋关系。此赵王较有可能是悼襄王,也可能是襄王之父孝成王。
② 指建信君。
③ 桑,一作柔。

乎内，则大臣为之枉法于外矣。故日月晖于外，其贼在于内，谨备其所憎，而祸在于所爱。"

(七) 卷二十一·赵三·卫灵公近雍疽、弥子瑕

卫灵公近雍疽、弥子瑕。二人者，专君之势以蔽左右。复涂侦谓君曰："昔日臣梦见君。"君曰："子何梦？"曰："梦见灶君。"君忿然作色曰："吾闻梦见人君者，梦见日。今子曰梦见灶君而言君也，有说则可，无说则死。"对曰："日，并烛天下者也，一物不能蔽也。若灶则不然，前之人炀，则后之人无从见也。今臣疑人之有炀于君者也，是以梦见灶君。"君曰："善。"于是，因废雍疽、弥子瑕，而立司空狗。

(八) 卷二十五·魏四·魏王与龙阳君共船[①]

魏王与龙阳君共船而钓，龙阳君得十余鱼而涕下。王曰："有所不安乎？如是，何不相告也？"对曰："臣无敢不安也。"王曰："然则何为涕出？"曰："臣为臣之所得鱼也。"王曰："何谓也？"对曰："臣之始得鱼也，臣甚喜，后得又益大，今臣直欲弃臣前之所得矣。今以臣之凶恶，而得为王拂枕席。今臣爵至人君，走人于庭，辟人于途。四海之内，美人亦甚多矣，闻臣之得幸于王也，必褰裳而趋王。臣亦犹曩臣之前所得鱼也，臣亦将弃矣，臣安能无涕出乎？"魏王曰："误。有是心也，何不相告也？"于是布令于四境之内曰："有敢言美人者，族！"

楚辞

(西汉·宣帝—成帝) 刘向编
(东汉·安帝—顺帝) 王逸章句
中华书局 2010 年版

(一) 离骚[②]

惟草木之零落兮，恐美人[③]之迟暮。
……
余固知謇謇之为患兮，忍而不能舍也。

[①] 记魏王和龙阳君的同性恋关系，此王可能是魏安釐王，但根据不充分。
[②] 由 (一) 至 (五) 这几首诗可以看出，作者屈原可能是一位同性恋者，他的眷恋对象是楚怀王。
[③] 屈原自称。

指九天以为正兮，夫唯灵修①之故也。
初既与余成言兮，后悔遁而有他。
余既不难夫离别兮，伤灵修之数化。
……
怨灵修之浩荡兮，终不察夫民心。
众女嫉余之娥眉兮，谣诼谓余以善淫。
……
世溷浊而不分兮，好蔽美而嫉妒。

（二）九章·抽思

心郁郁之忧思兮，独永叹乎增伤。
思蹇产之不释兮，曼遭夜之方长。
悲秋风之动容兮，何回极之浮浮。
数惟荪之多怒兮，伤余心之忧忧。
愿摇起而横奔兮，览民尤以自镇。
结微情以陈词兮，矫以遗夫美人②。
昔君与我诚言兮，曰黄昏以为期。
羌中道而回畔兮，反既有此他志。
憍吾以其美好兮，览余以其修姱。
与余言而不信兮，盖为余而造怒。
愿承间而自察兮，心震悼而不敢。
悲夷犹而冀进兮，心怛伤之憺憺。
兹历情以陈辞兮，荪详聋而不闻。
固切人之不媚兮，众果以我为患。
……
少歌曰：
与美人抽怨兮，并日夜而无正。
憍吾以其美好兮，敖朕辞而不听。
倡曰：
有鸟自南兮，来集汉北。
好姱佳丽兮，牉独处此异域。

---

① 妻子对丈夫的美称，这里指楚怀王。
② 指楚怀王。

既茕独而不群兮，又无良媒在其侧。
道卓远而日忘兮，愿自申而不得。
望北山而流涕兮，临流水而太息。
望孟夏之短夜兮，何晦明之若岁！
惟郢路之辽远兮，魂一夕而九逝。
曾不知路之曲直兮，南指月与列星。
愿径逝而未得兮，魂识路之营营。
何灵魂之信直兮，人之心不与吾心同！
理弱而媒不通兮，尚不知余之从容。

（三）九章·思美人

思美人①兮，揽涕而伫眙。
媒绝路阻兮，言不可结而诒。
蹇蹇之烦冤兮，陷滞而不发。
申旦以舒中情兮，志沉菀而莫达。

（四）九章·惜往日

自前世之嫉贤兮，谓蕙若其不可佩。
妒佳冶之芬芳兮，嫫母姣而自好。
虽有西施之美容兮，谗妒入以自代。

（五）九章·悲回风

惟佳人②之永都兮，更统世而自贶。
眇远志之所及兮，怜浮云之相羊。
介眇志之所惑兮，窃赋诗之所明。
惟佳人之独怀兮，折若椒以自处。
曾歔欷之嗟嗟兮，独隐伏而思虑。
涕泣交而凄凄兮，思不眠以至曙。
终长夜之曼曼兮，掩此哀而不去。
寤从容以周流兮，聊逍遥以自恃。
伤太息之愍怜兮，气于邑而不可止。

---

① 指楚怀王。
② 屈原自称。

卷二 秦汉时期

淮南子

(西汉·文帝—武帝)刘安等撰
中华书局1998年
《淮南子集释》本

卷二十·泰族训

孔子欲行王道,东西南北,七十说而无所偶,故因卫夫人、弥子瑕而欲通其道。此皆欲平险除秽,由冥冥至照照,动于权而统于善者也。

韩诗外传

(西汉·文帝—景帝)韩婴撰
中华书局1980年
《韩诗外传集释》本

卷第七·第二十一章

卫大夫史鱼病且死,谓其子曰:"我数言蘧伯玉之贤而不能进,弥子瑕不肖而不能退。为人臣生不能进贤而退不肖,死不当治丧正堂,殡我于室足矣。"卫君问其故,其子以父言闻。君造然召蘧伯玉而贵之,而退弥子瑕。徙殡于正堂,成礼而后去。生以身谏,死以尸谏,可谓直矣。《诗》曰:"静恭尔位,好是正直。"①

---

① 《诗经·小雅·小明》:"靖共尔位,好是正直。"

史记

(西汉·武帝) 司马迁撰
(南朝宋) 裴骃集解
(唐·玄宗) 司马贞索隐
(唐·玄宗) 张守节正义
中华书局 1959 年版

(一) 卷四十三·赵世家①

烈侯好音，谓相国公仲连曰："寡人有爱，可以贵之乎？"公仲曰："富之可，贵之则否。"烈侯曰："然。夫郑歌者枪、石二人，吾赐之田，人万亩。"公仲曰："诺。"不与。居一月，烈侯从代来，问歌者田。公仲曰："求，未有可者。"有顷，烈侯复问。公仲终不与，乃称疾不朝。番吾君自代来，谓公仲曰："君实好善，而未知所持。今公仲相赵，于今四年，亦有进士乎？"公仲曰："未也。"番吾君曰："牛畜、荀欣、徐越皆可。"公仲乃进三人。及朝，烈侯复问："歌者田何如？"公仲曰："方使择其善者。"牛畜侍烈侯以仁义，约以王道，烈侯逌然。明日，荀欣侍以选练举贤，任官使能。明日，徐越侍以节财俭用，察度功德。所与无不充，君说。烈侯使使谓相国曰："歌者之田且止。"

(二) 卷四十四·魏世家

[魏襄王] 十三年②，魏有女子化为丈夫。

(三) 卷四十七·孔子世家

[鲁国季桓子之] 嬖臣曰仲梁怀，与阳虎③有隙。其秋，怀益骄，阳虎执怀。桓子怒，阳虎因囚桓子。与盟而释之。

(四) 卷五十九·五宗世家④

胶西于王端阴痿，一近妇人，病之数月。而有爱幸少年为郎。为郎者顷之与后宫乱，端禽灭之，及杀其子母。

---

① 记公仲连反对赵烈侯宠遇歌者。
② 前 306 年。
③ 鲁国权臣。
④ 刘端与其爱幸少年较有可能存在同性恋关系。

(五) 卷九十三·韩信卢绾列传①

卢绾者，丰人也，与高祖同里。卢绾亲与高祖太上皇相爱，及生男，高祖、卢绾同日生，里中持羊酒贺两家。及高祖、卢绾壮，俱学书，又相爱也。里中嘉两家亲相爱，生子同日，壮又相爱，复贺两家羊酒。高祖为布衣时，有吏事辟匿，卢绾常随出入上下。及高祖初起沛，卢绾以客从，入汉中为将军，常侍中。从东击项籍，以太尉常从，出入卧内，衣被饮食赏赐，群臣莫敢望。虽萧曹等，特以事见礼，至其亲幸，莫及卢绾。

(六) 卷九十五·樊郦滕灌列传②

高祖尝病甚，恶见人，卧禁中，诏户者无得入群臣。十余日，哙③乃排闼直入，大臣随之。上独枕一宦者卧。哙等见上流涕曰："始陛下与臣等起丰沛，定天下，何其壮也！今天下已定，又何其惫也！且陛下病甚，大臣震恐，不见臣等计事，顾独与一宦者绝乎？"高帝笑而起。

(七) 卷九十五·樊郦滕灌列传④

夏侯婴，沛人也。每过沛泗上亭，与高祖语，未尝不移日也。婴已而试补县吏，与高祖相爱。高祖戏而伤婴，人有告高祖。高祖时为亭长，重坐伤人，告故不伤婴，婴证之。后狱覆，婴坐高祖系岁余，掠笞数百，终以是脱高祖。

(八) 卷九十七·郦生陆贾列传⑤

辟阳侯幸吕太后，人或毁辟阳侯于孝惠帝，孝惠帝大怒，下吏，欲诛之。吕太后惭，不可以言。辟阳侯急，因使人求见孝惠帝幸臣闳孺，说之曰："君所以得幸帝，天下莫不闻。今辟阳侯幸太后而下吏，道路皆言君谗，欲杀之。今日辟阳侯诛，旦日太后含怒，亦诛君。何不肉袒为辟阳侯言于帝？帝听君出辟阳侯，太后大欢。两主共幸君，君贵富亦倍矣。"于是闳孺大恐，从其计，言帝，果出辟阳侯。

(九) 卷一百三·万石张叔列传⑥

郎中令周文者，名仁，以医见。仁为人阴重不泄，常衣敝补衣溺袴，期为不洁清，

---

① 汉高祖刘邦与卢绾"相爱"，有可能存在同性恋关系。
② 记汉高祖与某宦者可能性较大的同性恋关系。
③ 樊哙，汉初重臣。
④ 汉高祖与夏侯婴有可能存在同性恋关系。
⑤ 记汉惠帝的嬖幸闳孺替人说项。
⑥ 记汉景帝与周文的亲密关系。

以是得幸。景帝入卧内，于后宫秘戏，仁常在旁。上所赐甚多，然常让，不敢受也。诸侯群臣赂遗，终无所受。

(十) 卷一百一十九·循吏列传①

郑昭君之时，以所爱徐挚为相，国乱。上下不亲，父子不和。

(十一) 卷一百二十·汲郑列传②

大将军青侍中，上踞厕而视之。至如黯③见，上不冠不见也。

(十二) 卷一百二十二·酷吏列传④

张汤者，杜人也。汤有所爱史鲁谒居，谒居病，卧闾里主人。汤自往视疾，为谒居摩足。赵国以冶铸为业，王数讼铁官事，汤常排赵王。赵王求汤阴事。谒居尝案赵王，赵王怨之，并上书告："汤，大臣也，史谒居有病，汤至为摩足，疑与为大奸。"事下廷尉。〔后来张汤因此事等受到武帝斥责。〕

(十三) 卷一百二十五·佞幸列传

谚曰"力田不如逢年，善仕不如遇合"，固无虚言。非独女以色媚，而士宦亦有之。

昔以色幸者多矣。至汉兴，高祖至暴抗也，然籍孺以佞幸；孝惠时有闳孺。此两人非有材能，徒以婉佞贵幸，与上卧起，公卿皆因关说。故孝惠时郎侍中皆冠鵔鸃，贝带，傅脂粉，化闳、籍之属也。两人徙家安陵。

孝文时中宠臣，士人则邓通，宦者则赵同、北宫伯子。北宫伯子以爱人长者；而赵同以星气幸，常为文帝参乘；邓通无伎能。邓通，蜀郡南安人也，以濯船为黄头郎。孝文帝梦欲上天，不能，有一黄头郎从后推之上天，顾见其衣裻带后穿。觉而之渐台，以梦中阴目求推者郎，即见邓通，其衣后穿，梦中所见也。召问其名姓，姓邓氏，名通，文帝说焉，尊幸之日异。通亦愿谨，不好外交，虽赐洗沐，不欲出。于是文帝赏赐通巨万以十数，官至上大夫。文帝时时如邓通家游戏。然邓通无他能，不能有所荐士，独自谨其身以媚上而已。上使善相者相通，曰"当贫饿死"。文帝曰："能富通者在我也。何谓贫乎？"于是赐邓通蜀严道铜山，得自铸钱，"邓氏钱"布天下。其富如此。

文帝尝病痈，邓通常为帝唶吮之。文帝不乐，从容问通曰："天下谁最爱我者乎？"

---

① 记郑昭君亲任外嬖。
② 记汉武帝与卫青的亲密关系。
③ 汲黯，武帝时敢于直谏的大臣。
④ 记汉武帝时酷吏张汤与鲁谒居可能的同性恋关系。

通曰:"宜莫如太子。"太子入问病,文帝使唶痈,唶痈而色难之。已而闻邓通常为帝唶吮之,心惭,由此怨通矣。及文帝崩,景帝立,邓通免,家居。居无何,人有告邓通盗出徼外铸钱。下吏验问,颇有之,遂竟案,尽没入邓通家,尚负责数巨万。长公主赐邓通,吏辄随没入之,一簪不得著身。于是长公主乃令假衣食。竟不得名一钱,寄死人家。

孝景帝时,中无宠臣,然独郎中令周文仁,仁宠最过庸,乃不甚笃。

今天子中宠臣,士人则韩王孙嫣,宦者则李延年。嫣者,弓高侯孽孙也。今上为胶东王时,嫣与上学书相爱。及上为太子,愈益亲嫣。嫣善骑射,善佞。上即位,欲事伐匈奴,而嫣先习胡兵,以故益尊贵,官至上大夫,赏赐拟于邓通。时嫣常与上卧起。江都王入朝,有诏得从入猎上林中。天子车驾跸道未行,而先使嫣乘副车,从数十百骑,骛驰视兽。江都王望见,以为天子,辟从者,伏谒道傍。嫣驱不见。既过,江都王怒,为皇太后泣曰:"请得归国入宿卫,比韩嫣。"太后由此嗛嫣。嫣侍上,出入永巷不禁,以奸闻皇太后。皇太后怒,使使赐嫣死。上为谢,终不能得,嫣遂死。而案道侯韩说,其弟也,亦佞幸。

李延年,中山人也。父母及身兄弟及女,皆故倡也。延年坐法腐,给事狗中。而平阳公主言延年女弟善舞,上见,心说之,及入永巷,而召贵延年。延年善歌,为变新声,而上方兴天地祠,欲造乐诗歌弦之。延年善承意,弦次初诗。其女弟亦幸,有子男。延年佩二千石印,号协声律。与上卧起,甚贵幸,埒如韩嫣也。久之,浸与中人乱,出入骄恣。及其女弟李夫人卒后,爱弛,则禽诛延年昆弟也。

自是之后,内宠嬖臣大底外戚之家,然不足数也。卫青、霍去病亦以外戚贵幸,然颇用材能自进。

太史公曰:甚哉爱憎之时!弥子瑕之行,虽百世可知也。

【索隐述赞】:传称令色,诗刺巧言。冠鸡入侍,傅粉承恩。黄头赐蜀,宦者同轩。新声都尉,挟弹王孙。

(十四)卷一百三十·太史公自序①

夫事人君能说主耳目,和主颜色,而获亲近,非独色爱,能亦各有所长。

(十五)卷四十九·外戚世家、卷一百一十一·卫将军骠骑列传、卷一百二十·汲郑列传、卷一百二十六·滑稽列传补 记有汉武帝佞幸卫青、霍去病的情况。

(十六)卷一·五帝本纪、卷二·夏本纪、卷十二·孝武本纪、卷五十八·梁孝王世家、卷五十九·五宗世家、卷六十四·司马穰苴列传、卷六十八·商君

---

① 司马迁评论佞幸。

列传、卷一百一十八·淮南衡山列传、卷一百二十六·滑稽列传 有关于佞人、嬖人、嬖臣、幸臣、宠臣的记载。

汉书

(东汉·光武帝—和帝) 班固撰
(唐·太宗) 颜师古注
中华书局1962年版

(一) 卷二十七·五行志中之上

成帝河平元年,长安男子石良、刘音相与同居。有如人状在其室中,击之,为狗,走出。去后有数人披甲持兵弩至良家,良等格击,或死或伤,皆狗也。

(二) 卷二十七·五行志下之上

《史记》魏襄王十三年,魏有女子化为丈夫。京房《易传》曰:"女子化为丈夫,兹谓阴昌,贱人为王;丈夫化为女子,兹谓阴胜,厥咎亡。"一曰:"男化为女,宫刑滥也;女化为男,妇行政也。"

哀帝建平中,豫章有男子化为女子,嫁为人妇,生一子。长安陈凤言:"此阳变为阴,将亡继嗣,自相生之象。"一曰:"嫁为人妇,生一子〔者〕,将复一世乃绝。"

(三) 卷三十五·燕王刘泽传附①

定国与父姬奸,生子男一人。与子女三人奸。

(四) 卷三十八·高五王传

燕王者,与其子昆弟奸,坐死。

(五) 卷三十八·高五王传②

五凤③中,青州刺史奏终古使所爱奴与诸御婢奸,终古或参与被席。事下丞相御史,奏终古禽兽行,悖逆人伦,请逮捕。有诏削四县。

---

① (三)(四)记燕王刘定国与他的子女等人的乱伦行为,其中存在着同性恋的较大可能。
② 记菑川思王刘终古与其爱奴可能性较大的同性恋关系。
③ 汉宣帝年号。

(六) 卷五十三·广川惠王刘越传附①

海阳女弟为人妻，而使［之］与幸臣奸。甘露②四年坐废，徙房陵，国除。

(七) 卷六十八·霍光传③

［大将军霍光死后，其妻显］广治第室，作乘舆辇，加画绣絪冯，黄金涂，韦絮荐轮。侍婢以五彩丝挽显，游戏第中。初，光爱幸监奴冯子都，常与计事。及显寡居，与子都乱。

大将军时，使乐成小家子得幸将军，至九卿封侯。百官以下但事冯子都、王子方④等，视丞相亡如也。

(八) 卷九十三·佞幸传

汉兴，佞幸宠臣，高祖时则有籍孺，孝惠有闳孺。此两人非有材能，但以婉媚贵幸，与上卧起，公卿皆因关说。故孝惠时，郎侍中皆冠鵔鸃，贝带，傅脂粉，化闳、籍之属也。两人徙家安陵。其后宠臣，孝文时士人则邓通，宦者则赵谈、北宫伯子；孝武时士人则韩嫣，宦者则李延年；孝元时宦者则弘恭、石显；孝成时士人则张放、淳于长；孝哀时则有董贤。孝景、昭、宣时皆无宠臣。景帝唯有郎中令周仁。昭帝时，驸马都尉秺侯金赏嗣父车骑将军日磾爵为侯，二人之宠取过庸，不笃。宣帝时，侍中中郎将张彭祖少与帝微时同席研书，及帝即尊位，彭祖以旧恩封阳都侯，出常参乘，号为爱幸。其人谨敕，无所亏损，为其小妻所毒薨，国除。

邓通，蜀郡南安人也，以濯舩为黄头郎。文帝尝梦欲上天，不能，有一黄头郎推上天，顾见其衣尻带后穿。觉而之渐台，以梦中阴目求推者郎，见邓通，其衣后穿，梦中所见也。召问其名姓，姓邓，名通。邓犹登也，文帝甚说，尊幸之，日日异。通亦愿谨，不好外交，虽赐洗沐，不欲出。于是文帝赏赐通巨万以十数，官至上大夫。

文帝时间如通家游戏，然通无他伎能，不能有所荐达，独自谨身以媚上而已。上使善相人者相通，曰："当贫饿死。"上曰："能富通者在我，何说贫？"于是赐通蜀严道铜山，得自铸钱。邓氏钱布天下，其富如此。

文帝尝病痈，邓通常为上嗽吮之。上不乐，从容问曰："天下谁最爱我者乎？"通曰："宜莫若太子。"太子入问疾，上使太子齰痈。太子齰痈而色难之。已而闻通尝为上齰

---

① 记广川王刘海阳与其幸臣可能性较大的同性恋关系。
② 汉宣帝年号。
③ 霍光是西汉昭帝—宣帝时的权臣，他与其监奴冯子都之间存在着可能性很大的同性恋关系。
④ 亦是霍光家奴。

[之],太子惭,繇是心恨通。

及文帝崩,景帝立,邓通免,家居。居无何,人有告通盗出徼外铸钱,下吏验问,颇有,遂竟案,尽没入之,通家尚负责数巨万。长公主赐邓通,吏辄随没入之,一簪不得著身。于是长公主乃令假衣食。竟不得名一钱,寄死人家。

赵谈者,以星气幸,北宫伯子长者爱人,故亲近,然皆不比邓通。

韩嫣字王孙,弓高侯𬯎当之孙也。武帝为胶东王时,嫣与上学书相爱。及上为太子,愈益亲嫣。嫣善骑射,聪慧。上即位,欲事伐胡,而嫣先习兵,以故益尊贵,官至上大夫,赏赐儗邓通。

始时,嫣常与上共卧起。江都王入朝,从上猎上林中。天子车驾跸道未行,先使嫣乘副车,从数十百骑驰视兽。江都王望见,以为天子,辟从者,伏谒道旁。嫣驱不见。既过,江都王怒,为皇太后泣,请得归国入宿卫,比韩嫣。太后繇此衔嫣。

嫣侍,出入永巷不禁,以奸闻皇太后。太后怒,使使赐嫣死。上为谢,终不能得,嫣遂死。

嫣弟说,亦爱幸,以军功封案道侯,巫蛊时为戾太子所杀。子增封龙雒侯、大司马车骑将军,自有传。

李延年,中山人,身及父母兄弟皆故倡也。延年坐法腐刑,给事狗监中。女弟得幸于上,号李夫人,列《外戚传》。延年善歌,为新变声。是时上方兴天地诸祠,欲造乐,令司马相如等作诗颂。延年辄承意弦歌所造诗,为之新声曲。而李夫人产昌邑王,延年繇是贵为协律都尉,佩二千石印绶,而与上卧起,其爱幸埒韩嫣。久之,延年弟季与中人乱,出入骄恣。及李夫人卒后,其爱弛,上遂诛延年兄弟宗族。

是后宠臣,大氐外戚之家也。卫青、霍去病皆爱幸,然亦以功能自进。

石显字君房,济南人;弘恭,沛人也。皆少坐法腐刑,为中黄门,以选为中尚书。宣帝时任中书官,恭明习法令故事,善为请奏,能称其职。恭为令,显为仆射。元帝即位数年,恭死,显代为中书令。

是时,元帝被疾,不亲政事,方隆好于音乐,以显久典事,中人无外党,精专可信任,遂委以政。事无小大,因显白决,贵幸倾朝,百僚皆敬事显。显为人巧慧习事,能探得人主微指,内深贼,持诡辩以中伤人,忤恨睚眦,辄被以危法。初元中,前将军萧望之及光禄大夫周堪、宗正刘更生①皆给事中。望之领尚书事,知显专权邪辟,建白以为"尚书百官之本,国家枢机,宜以通明公正处之。武帝游宴后庭,故用宦者,非古制也。宜罢中书宦官,应古不近刑人。"元帝不听,繇是大与显忤。后皆害焉,望之自杀,堪、更生废锢,不得复进用,语在《望之传》。后太中大夫张猛、魏郡太守京房、御史中丞陈

---

① 刘向原名更生。

咸、待诏贾捐之皆尝奏封事，或召见，言显短。显求索其罪，房、捐之弃市，猛自杀于公车，咸抵罪，髡为城旦。及郑令苏建得显私书奏之，后以它事论死。自是公卿以下畏显，重足一迹。

显与中书仆射牢梁、少府五鹿充宗结为党友，诸附倚者皆得宠位。民歌之曰："牢邪石邪，五鹿客邪！印何累累，绶若若邪！"言其兼官据势也。

显见左将军冯奉世父子为公卿著名，女又为昭仪在内，显心欲附之，荐言昭仪兄谒者逡修敕宜侍帷幄。天子召见，欲以为侍中，逡请间言事。上闻逡言显颛权，天子大怒，罢逡归郎官。其后御史大夫缺，群臣皆举逡兄大鸿胪野王行能第一，天子以问显，显曰："九卿无出野王者。然野王亲昭仪兄，臣恐后世必以陛下度越众贤，私后宫亲以为三公。"上曰："善，吾不见是。"乃下诏嘉美野王，废而不用。

显内自知擅权事柄在掌握，恐天子一旦纳用左右耳目，有以间己，乃时归诚，取一信以为验。显尝使至诸官有所征发，显先自白，恐后漏尽宫门闭，请使诏吏开门。上许之。显故投夜还，称诏开门入。后果有上书告显颛命矫诏开宫门，天子闻之，笑以其书示显。显因泣曰："陛下过私小臣，属任以事，群下无不嫉妒欲陷害臣者，事类如此非一，唯独明主知之。愚臣微贱，诚不能以一躯称快万众，任天下之怨，臣愿归枢机职，受后宫扫除之役，死无所恨，唯陛下哀怜财幸，以此全活小臣。"天子以为然而怜之，数劳勉显，加厚赏赐，赏赐及赂遗訾一万万。

初，显闻众人匈匈，言己杀前将军萧望之。望之当世名儒，显恐天下学士姗己，病之。是时，明经著节士琅邪贡禹为谏大夫，显使人致意，深自结纳。显因荐禹天子，历位九卿，至御史大夫，礼事之甚备。议者于是称显，以为不妒谮望之矣。显之设变诈以自解免取信人主者，皆此类也。

元帝晚节寝疾，定陶恭王爱幸，显拥祐太子颇有力。元帝崩，成帝初即位，迁显为长信中太仆，秩中二千石。显失倚，离权数月，丞相御史条奏显旧恶，及其党牢梁、陈顺皆免官。显与妻子徙归故郡，忧懑不食，道病死。诸所交结，以显为官，皆废罢。少府五鹿充宗左迁玄菟太守，御史中丞伊嘉为雁门都尉。长安谣曰："伊徙雁，鹿徙菟，去牢与陈实无贾。"

淳于长字子孺，魏郡元城人也。少以太后姊子为黄门郎，未进幸。会大将军王凤病，长侍病，晨夜扶丞左右，甚有甥舅之恩。凤且终，以长属托太后及帝。帝嘉长义，拜为列校尉诸曹，迁水衡都尉侍中，至卫尉九卿。

久之，赵飞燕贵幸，上欲立以为皇后，太后以其所出微，难之。长主往来通语东宫。岁余，赵皇后得立，上甚德之，乃追显长前功，下诏曰："前将作大匠解万年奏请营作昌陵，罢弊海内，侍中卫尉长数白宜止徙家反故处，朕以长言下公卿，议者皆合长计。首建至策，民以康宁。其赐长爵关内侯。"后遂封为定陵侯，大见信用，贵倾公卿。外交诸侯牧守，赂遗赏赐亦累巨万。多畜妻妾，淫于声色，不奉法度。

初，许皇[后]坐执左道废处长定宫，而后姊嬟为龙颔思侯夫人，寡居。长与嬟私通，因取为小妻。许后因嬟赂遗长，欲求复为婕伃。长受许后金钱乘舆服御物前后千余万，诈许为白上，立以为左皇后。嬟每入长定宫，辄与嬟书，戏侮许后，嫚易无不言。交通书记，赂遗连年。是时，帝舅曲阳侯王根为大司马票骑将军，辅政数岁，久病，数乞骸骨。长以外亲居九卿位，次第当代根。根兄子新都侯王莽心害长宠，私闻长取许嬟，受长定宫赂遗。莽侍曲阳侯疾，因言："长见将军久病，意喜，自以当代辅政，至对衣冠议语署置。"具言其罪过。根怒曰："即如是，何不白也？"莽曰："未知将军意，故未敢言。"根曰："趣白东宫。"莽求见太后，具言长骄佚，欲代曲阳侯，对莽母上车，私与长定贵人姊通，受取其衣物。太后亦怒曰："儿至如此！往白之帝！"莽白上，上乃免长官，遣就国。

初，长为侍中，奉两宫使，亲密。红阳侯立独不得为大司马辅政，立自疑为长毁谮，常怨毒长。上知之。及长当就国也，立嗣子融从长请车骑，长以珍宝因融重遗立，立因为长言。于是天子疑焉，下有司案验。吏捕融，立令融自杀以灭口。上愈疑其有大奸，遂逮长系洛阳诏狱穷治。长具服戏侮长定宫，谋立左皇后，罪至大逆，死狱中。妻子当坐者徙合浦，母若归故郡。红阳侯立就国。将军卿大夫郡守坐长免罢者数十人。莽遂代根为大司马。久之，还长母及子酺于长安。后酺有罪，莽复杀之，徙其家属[归]故郡。

始长以外亲亲近，其爱幸不及富平侯张放。放常与上卧起，俱为微行出入。

董贤字圣卿，云阳人也。父恭，为御史，任贤为太子舍人。哀帝立，贤随太子官为郎。二岁余，贤传漏在殿下，为人美丽自喜，哀帝望见，说其仪貌，识而问之，曰："是舍人董贤邪？"因引上与语，拜为黄门郎，繇是始幸。问及其父为云中侯，即日征为霸陵令，迁光禄大夫。贤宠爱日甚，为驸马都尉侍中，出则参乘，入御左右，旬月间赏赐累巨万，贵震朝廷。常与上卧起。尝昼寝，偏藉上袖，上欲起，贤未觉，不欲动贤，乃断袖而起。其恩爱至此。贤亦性柔和便辟，善为媚以自固。每赐洗沐，不肯出，常留中视医药。上以贤难归，诏令贤妻得通引籍殿中，止贤庐，若吏妻子居官寺舍。又召贤女弟以为昭仪，位次皇后，更名其舍为椒风，以配椒房云。昭仪及贤与妻旦夕上下，并侍左右。赏赐昭仪及贤妻亦各千万数。迁贤父为少府，赐爵关内侯，食邑，复徙为卫尉。又以贤妻父为将作大匠，弟为执金吾。诏将作大匠为贤起大第北阙下，重殿洞门，木土之功穷极技巧，柱槛衣以绨锦。下至贤家童仆皆受上赐，及武库禁兵，上方珍宝。其选物上弟尽在董氏，而乘舆所服乃其副也。及至东园秘器，珠襦玉柙，豫以赐贤，无不备具。又令将作为贤起冢茔义陵旁，内为便房，刚柏题凑，外为徼道，周垣数里，门阙罘罳甚盛。

上欲侯贤而未有缘。会待诏孙宠、息夫躬等告东平王云后谒祠祀诅，下有司治，皆伏其辜。上于是令躬、宠为因贤告东平事者，乃以其功下诏封贤为高安侯，躬宜陵侯，宠方阳侯，食邑各千户。顷之，复益封贤二千户。丞相王嘉内疑东平事冤，甚恶躬等，数谏争，以贤为乱国制度，嘉竟坐言事下狱死。

上初即位，祖母傅太后、母丁太后皆在，两家先贵。傅太后从弟喜先为大司马辅政，数谏，失太后指，免官。上舅丁明代为大司马，亦任职，颇害贤宠，及丞相王嘉死，明甚怜之。上寖重贤，欲极其位，而恨明如此，遂册免明曰："前东平王云贪欲上位，祠祭祝诅，云后舅伍宏以医待诏，与校秘书郎杨闳结谋反逆，祸甚迫切。赖宗庙神灵，董贤等以闻，咸伏其辜。将军从弟侍中奉车都尉吴、族父左曹屯骑校尉宣皆知宏及栒丹诸侯王后亲，而宣除用丹为御属，吴与宏交通厚善，数称荐宏。宏以附吴得兴其恶心，因医技进，几危社稷，朕以恭皇后故，不忍有云。将军位尊任重，既不能明威立义，折消未萌，又不深疾云、宏之恶，而怀非君上，阿为宣、吴，反痛恨云等扬言为群下所冤，又亲见言伍宏善医，死可惜也，贤等获封极幸。嫉妒忠良，非毁有功，于戏伤哉！盖'君亲无将，将而诛之'。是以季友鸩叔牙，《春秋》贤之；赵盾不讨贼，谓之弑君。朕闵将军陷于重刑，故以书饬。将军遂非不改，复与丞相嘉相比，令嘉有依，得以罔上。有司致法将军请狱治，朕惟噬肤之恩未忍，其上票骑将军印绶，罢归就第。"遂以贤代明为大司马卫将军，册曰："朕承天序，惟稽古建尔于公，以为汉辅。往悉尔心，统辟元戎，折冲绥远，匡正庶事，允执其中。天下之众，受制于朕，以将为命，以兵为威，可不慎与！"是时贤年二十二，虽为三公，常给事中，领尚书，百官因贤奏事。以父恭不宜在卿位，徙为光禄大夫，秩中二千石。弟宽信代贤为驸马都尉。董氏亲属皆侍中诸曹奉朝请，宠在丁、傅之右矣。

明年，匈奴单于来朝，宴见，群臣在前。单于怪贤年少，以问译，上令译报曰："大司马年少，以大贤居位。"单于乃起拜，贺汉得贤臣。

初，丞相孔光为御史大夫，时贤父恭为御史，事光。及贤为大司马，与光并为三公，上故令贤私过光。光雅恭谨，知上欲尊宠贤，及闻贤当来也，光警戒衣冠出门待，望见贤车乃却入。贤至中门，光入閤，既下车，乃出拜谒，送迎甚谨，不敢以宾客均敌之礼。贤归，上闻之喜，立拜光两兄子为谏大夫常侍。贤繇是权与人主侔矣。

是时，成帝外家王氏衰废，唯平阿侯谭子去疾，哀帝为太子时为庶子得幸，及即位，为侍中骑都尉。上以王氏亡在位者，遂用旧恩亲近去疾，复进其弟闳为中常侍。闳妻父萧咸，前将军望之子也，久为郡守，病免，为中郎将。兄弟并列，贤父恭慕之，欲与结婚姻。闳为贤弟驸马都尉宽信求咸女为妇，咸惶恐不敢当，私谓闳曰："董公为大司马，册文言'允执其中'，此乃尧禅舜之文，非三公故事，长老见者，莫不心惧。此岂家人子所能堪邪！"闳性有知略，闻咸言，心亦悟。乃还报恭，深达咸自谦薄之意。恭叹曰："我家何用负天下，而为人所畏如是！"意不说。后上置酒麒麟殿，贤父子亲属宴饮，王闳兄弟侍中中常侍皆在侧。上有酒所，从容视贤笑，曰："吾欲法尧禅舜，何如？"闳进曰:"天下乃高皇帝天下,非陛下之有也。陛下承宗庙,当传子孙于亡穷。统业至重,天子亡戏言!"上默然不说,左右皆恐。于是遣闳出,后不得复侍宴。

贤第新成,功坚,其外大门无故自坏,贤心恶之。后数月,哀帝崩。太皇太后召大司马贤,引见东厢,问以丧事调度。贤内忧,不能对,免冠谢。太后曰:"新都侯莽前以大司马奉送先帝大行,晓习故事,吾令莽佐君。"贤顿首幸甚。太后遣使者召莽。既至,以太后指使尚书劾贤帝病不亲医药,禁止贤不得入出宫殿司马中。贤不知所为,诣阙免冠徒跣谢。莽使谒者以太后诏即阙下册贤曰:"间者以来,阴阳不调,菑害并臻,元元蒙辜。夫三公,鼎足之辅也,高安侯贤未更事理,为大司马不合众心,非所以折冲绥远也。其收大司马印绶,罢归第。"即日贤与妻皆自杀,家惶恐夜葬。莽疑其诈死,有司奏请发贤棺,至狱诊视。莽复风大司徒光①奏:"贤质性巧佞,翼奸以获封侯,父子专朝,兄弟并宠,多受赏赐,治第宅,造冢圹,放效无极,不异王制,费以万万计,国家为空虚。父子骄蹇,至不为使者礼,受赐不拜,罪恶暴著。贤自杀伏辜,死后父恭等不悔过,乃复以沙画棺四时之色,左苍龙,右白虎,上著金银日月,玉衣珠璧以棺,至尊无以加。恭等幸得免于诛,不宜在中土。臣请收没入财物县官。诸以贤为官者皆免。"父恭、弟宽信与家属徙合浦,母别归故郡巨鹿。长安中小民讙哗,乡其弟哭,几获盗之。县官斥卖董氏财凡四十三万万。贤既见发,裸诊其尸,因埋狱中。

贤所厚吏沛朱诩自劾去大司马府,买棺衣收贤尸葬之。王莽闻之而大怒,以它罪击杀诩。诩子浮建武中贵显,至大司马、司空,封侯。而王闳王莽时为牧守,所居见纪,莽败乃去官。世祖下诏曰:"武王克殷,表商容之间。闳修善谨敕,兵起,吏民独不争其头首。今以闳子补吏。"至墨绶卒官,萧咸外孙云。

赞曰:柔曼之倾意,非独女德,盖亦有男色焉。观籍、闳、邓、韩之徒非一,而董贤之宠尤盛,父子并为公卿,可谓贵重人臣无二矣。然进不繇道,位过其任,莫能有终,所谓爱之适足以害之者也。汉世衰于元、成,坏于哀、平。哀、平之际,国多衅矣。主疾无嗣,弄臣为辅,鼎足不强,栋干微挠。一朝帝崩,奸臣擅命,董贤缢死,丁、傅流放,辜及母后,夺位幽废,咎在亲便嬖,所任非仁贤。故仲尼著"损者三友"②,王者不私人以官,殆为此也。

(九) 卷一百下·叙传③

彼何人斯,窃此富贵。营损高明,作戒后世。

---

① 孔光。
② 见《论语》(十)。
③ 本书作者班固评价佞幸。

（十）卷四十二·申屠嘉传①

嘉为人廉直，门不受私谒。是时太中大夫邓通方爱幸，赏赐累巨万。文帝常燕饮通家，其宠如是。是时嘉入朝，而通居上旁，有怠慢之礼。嘉奏事毕，因言曰："陛下幸爱群臣则富贵之，至于朝廷之礼，不可以不肃！"上曰："君勿言，吾私之。"罢朝坐府中，嘉为檄召通诣丞相府，不来，且斩通。通恐，入言上。上曰："汝第往，吾今使人召若。"通至丞相府，免冠，徒跣，顿首谢嘉。嘉坐自如，弗为礼，责曰："夫朝廷者，高皇帝之朝廷也，通小臣，戏殿上，大不敬，当斩。吏今行斩之！"通顿首，首尽出血，不解。上度丞相已困通，使使持节召通，而谢丞相："此吾弄臣，君释之。"邓通既至，为上泣曰："丞相几杀臣。"

（十一）卷四十九·爰盎传②

盎常引大体忼慨。宦者赵谈以数幸，常害盎，盎患之。盎兄子种为常侍骑，谏盎曰："君众辱之，后虽恶君，上不复信。"于是上朝东宫，赵谈骖乘，盎伏车前曰："臣闻天子所与共六尺舆者，皆天下豪英。今汉虽乏人，陛下独奈何与刀锯之余共载！"于是上笑，下赵谈。谈泣下车。

（十二）卷六十八·金日䃅传③

日䃅子二人皆爱，为帝弄儿，常在旁侧。弄儿或自后拥上项，日䃅在前，见而目之。弄儿走且啼曰："翁怒。"上谓日䃅："何怒吾儿为？"其后弄儿壮大，不谨，自殿下与宫人戏。日䃅适见之，恶其淫乱，遂杀弄儿。弄儿即日䃅长子也。上闻之大怒，日䃅顿首谢，具言所以杀弄儿状。上甚哀，为之泣。

……

日䃅两子，赏、建俱侍中，与昭帝略同年，共卧起。赏为奉车，建驸马都尉。及赏嗣侯，佩两绶，上谓霍将军曰："金氏兄弟两人不可使俱两绶邪？"霍光对曰："赏自嗣父为侯耳。"上笑曰："侯不在我与将军乎？"光曰："先帝之约，有功乃得封侯。"时年俱八九岁。

（十三）卷二十七·五行志上④

元帝初元三年四月，孝武园白鹤馆灾。刘向以为先是前将军萧望之、光禄大夫周堪

---

① 记大臣申屠嘉惩治汉文帝的幸臣邓通。
② 记大臣爰盎斥辱汉文帝的幸臣赵谈。
③ 记重臣金日䃅之子与汉武帝可能的同性恋关系，以及其子与汉昭帝的亲密关系。
④ （十三）至（十六）记佞幸石显、弘恭等人的情况。（十三）记石显等人弄权害贤的征象。

辅政，为佞臣石显、许章等所谮，望之自杀，堪废黜。明年，白鹤馆灾。园中五里驰逐走马之馆，不当在山陵昭穆之地。天戒若曰：去贵近逸游不正之臣，将害忠良。后章坐走马上林下烽驰逐，免官。

永光四年六月甲戌，孝宣杜陵园东阙南方灾。刘向以为先是上复征用周堪为光禄勋，及堪弟子张猛为太中大夫，石显等复谮毁之，皆出外迁。是岁，上复征堪领尚书，猛给事中，石显等终欲害之。园陵小于朝廷，阙在司马门中，内臣石显之象也。孝宣，亲而贵；阙，法令所从出也。天戒若曰：去法令，内臣亲而贵者必为国害。后堪希得进见，因显言事，事决显口。堪病不能言。显诬告张猛，自杀于公车。成帝即位，显卒伏辜。

（十四）卷二十七·五行志中之上①

元帝初元中，丞相府史家雌鸡伏子，渐化为雄，冠距鸣将。永光中，有献雄鸡生角者。刘向以为鸡者小畜，主司时，起居人，小臣执事为政之象也。言小臣将秉君威，以害正事，犹石显也。竟宁元年，石显伏辜，此其效也。

（十五）卷三十六·楚元王传②

是以群小窥见间隙，缘饰文字，巧言丑诋，流言飞文，哗于民间。故《诗》云："忧心悄悄，愠于群小。"③ 小人成群，诚足愠也。今佞邪与贤臣并在交戟之内，合党共谋，违善依恶。数设危险之言，欲以倾移主上。如忽然用之，此天地之所以先戒，灾异之所以重至者也。

自古明圣，未有无诛而治者也，故舜有四放之罚，而孔子有两观之诛，然后圣化可得而行也。今以陛下明知，诚深思天地之心，迹察两观之诛，览否泰之卦，观雨雪之诗，历周、唐之所进以为法，原秦、鲁之所消以为戒，考祥应之福，省灾异之祸，以揆当世之变，放远佞邪之党，坏散险诐之聚，杜闭群枉之门，广开众正之路，决断狐疑，分别犹豫，使是非炳然可知，则百异消灭，而众祥并至，太平之基，万世之利也。

臣幸得托肺附，诚见阴阳不调，不敢不通所闻。窃推《春秋》灾异，以救今事一二，条其所以，不宜宣泄。臣谨重封昧死上。

恭、显见其书，愈怨更生等。

（十六）卷七十八·萧望之传④

初，宣帝不甚从儒术，任用法律，而中书宦官用事。中书令弘恭、石显久典枢机，

---

① 记石显弄权的又一征象。
② 记大臣刘向与弘恭、石显等人的斗争。此处是刘氏一篇奏疏的部分段落，主张对弘、石之流加以严惩。
③ 见《诗经·邶风·柏舟》。
④ 记大臣萧望之与弘恭、石显的斗争。

明习文法，亦与车骑将军高①为表里，论议常独持故事，不从望之等。恭、显又时倾仄见诎。望之以为中书政本，宜以贤明之选，自武帝游宴后庭，故用宦者，非国旧制，又违古不近刑人之义，白欲更置士人，繇是大与高、恭、显忤。上初即位，谦让重改作，议久不定，出刘更生为宗正。

望之、堪数荐名儒茂材以备谏官。会稽郑朋阴欲附望之，上疏言车骑将军高遣客为奸利郡国，及言许②、史子弟罪过。章视周堪，堪白令朋待诏金马门。朋奏记望之曰："将军体周召之德，秉公绰之质，有下庄之威。至乎耳顺之年，履折冲之位，号至将军，诚士之高致也。窟穴黎庶莫不欢喜，咸曰将军其人也。今将军规橅云若管晏而休，遂行日仄至周召乃留乎？若管晏而休，则下走将归延陵之皋，修农圃之畴，畜鸡种黍，俟见二子，没齿而已矣。如将军昭然度行积思，塞邪枉之险蹊，宣中庸之常政，兴周召之遗业，亲日仄之兼听，则下走其庶几愿竭区区，底厉锋锷，奉万分之一。"望之见纳朋，接待以意。朋数称述望之，短车骑将军，言许、史过失。

后朋行倾邪，望之绝不与通。朋与大司农史李宫俱待诏，堪独白宫为黄门郎。朋，楚士，怨恨，更求入许、史，推所言许、史事曰："皆周堪、刘更生教我，我关东人，何以知此？"于是侍中许章白见朋。朋出扬言曰："我见，言前将军小过五，大罪一。中书令在旁，知我言状。"望之闻之，以问弘恭、石显。显、恭恐望之自讼，下于它吏，即挟朋及待诏华龙。龙者，宣帝时与张子蟜等待诏，以行污秽不进，欲入堪等，堪等不纳，故与朋相结。恭、显令二人告望之等谋欲罢车骑将军疏退许、史状，候望之出休日，令朋、龙上之。事下弘恭问状，望之对曰："外戚在位多奢淫，欲以匡正国家，非为邪也。"恭、显奏"望之、堪、更生朋党相称举，数谮诉大臣，毁离亲戚，欲以专擅权势，为臣不忠，诬上不道，请谒者召致廷尉。"时上初即位，不省"谒者召致廷尉"为下狱也，可其奏。后上召堪、更生，曰系狱。上大惊曰："非但廷尉问邪？"以责恭、显，皆叩头谢。上曰："令出视事。"恭、显因使高言："上新即位，未以德化闻于天下，而先验师傅，既下九卿大夫狱，宜因决免。"于是制诏丞相御史："前将军望之傅朕八年，亡它罪过，今事久远，识忘难明。其赦望之罪，收前将军光禄勋印绶，及堪、更生皆免为庶人。"而朋为黄门郎。

后数月，制诏御史："国之将兴，尊师而重傅。故前将军望之傅朕八年，道以经术，厥功茂焉。其赐望之爵关内侯，食邑六百户，给事中，朝朔望，坐次将军。"天子方倚欲以为丞相，会望之子散骑中郎伋上书讼望之前事，事下有司，复奏"望之前所坐明白，无谮诉者，而教子上书，称引亡辜之《诗》，失大臣体，不敬，请逮捕。"弘恭、石显等知望之素高节，不诎辱，建白"望之前为将军辅政，欲排退许、史，专权擅朝。幸得不

---

① 史高。
② 许章。

坐，复赐爵邑，与闻政事，不悔过服罪，深怀怨望，教子上书，归非于上，自以托师傅，怀终不坐。非颇诎望之于牢狱，塞其怏怏心，则圣朝亡以施恩厚。"上曰："萧太傅素刚，安肯就吏？"显等曰："人命至重，望之所坐，语言薄罪，必亡所忧。"上乃可其奏。

显等封以付谒者，敕令召望之手付，因令太常急发执金吾车骑驰围其第。使者至，召望之。望之欲自杀，其夫人止之，以为非天子意。望之以问门下生朱云。云者好节士，劝望之自裁。于是望之卬天叹曰："吾尝备位将相，年逾六十矣，老入牢狱，苟求生活，不亦鄙乎！"字谓云曰："游，趣和药来，无久留我死！"竟饮鸩自杀。天子闻之惊，拊手曰："曩固疑其不就牢狱，果然杀吾贤傅！"是时太官方上昼食，上乃却食，为之涕泣，哀恸左右。于是召显等责问以议不详。皆免冠谢，良久然后已。

（十七）卷二十七・五行志中之上①

成帝时童谣曰："燕燕尾涎涎，张公子，时相见。……"其后帝为微行出游，常与富平侯张放俱称富平侯家人。张公子谓富平侯也。

（十八）卷五十九・张汤传附张放传

鸿嘉中，上欲遵武帝故事，与近臣游宴，放以公主子开敏得幸。放取皇后弟平恩侯许嘉女，上为放供张，赐甲第，充以乘舆服饰，号为天子取妇，皇后嫁女。大官私官并供其第，两宫使者冠盖不绝，赏赐以千万数。放为侍中中郎将，监平乐屯兵，置莫府，仪比将军。与上卧起，宠爱殊绝，常从为微行出游，北至甘泉，南至长杨、五柞，斗鸡走马长安中，积数年。

是时上诸舅皆害其宠，白太后。太后以上春秋富，动作不节，甚以过放。时数有灾异，议者归咎放等。于是丞相宣、御史大夫方进奏："放骄蹇纵恣，奢淫不制。前侍御史修等四人奉使至放家逐名捕贼，时放见在，奴从者闭门设兵弩射吏，距使者不肯内。知男子李游君欲献女，使乐府音监景武强求不得，使奴康等之其家，贼伤三人。又以县官事怨乐府游徼莽，而使大奴骏等四十余人群党盛兵弩，白昼入乐府攻射官寺，缚束长吏子弟，斫破器物，宫中皆犇走伏匿。莽自髡钳，衣赭衣，及守令史调等皆徒跣叩头谢放，放乃止。奴从者支属并乘权势为暴虐，至求吏妻不得，杀其夫，或患一人，妄杀其亲属，辄亡入放第，不得，幸得勿治。放行轻薄，连犯大恶，有感动阴阳之咎，为臣不忠首，罪名虽显，前蒙恩。骄逸悖理，与背畔无异，臣子之恶，莫大于是，不宜宿卫在位。臣请免放归国，以销众邪之萌，厌海内之心。"

上不得已，左迁放为北地都尉。数月，复征入侍中。太后以放为言，出放为天水属

---

① （十七）至（二十）记汉成帝和他的幸臣张放、淳于长的情况。

国都尉。永始、元延间，比年日蚀，故久不还放，玺书劳问不绝。居岁余，征放归第视母公主疾。数月，主有瘳，出放为河东都尉。上虽爱放，然上迫太后，下用大臣，故常涕泣而遣之。后复征放为侍中光禄大夫，秩中二千石。岁余，丞相方进复奏放，上不得已，免放，赐钱五百万，遣就国。数月，成帝崩，放思慕哭泣而死。

(十九) 卷八十五·谷永传①

[其一：]

王者必先自绝，然后天绝之。陛下弃万乘之至贵，乐家人之贱事；厌高美之尊号，好匹夫之卑字。崇聚嫖轻无义小人以为私客，数离深宫之固，挺身晨夜，与群小相随，乌集杂会，饮醉吏民之家，乱服共坐，流湎媟嫚，溷殽无别，闵免遁乐，昼夜在路。典门户奉宿卫之臣执干戈而守空宫，公卿百僚不知陛下所在，积数年矣。

[其二：]

祸起细微，奸生所易。愿陛下正君臣之义，无复与群小媟黩燕饮。保至尊之重，秉帝王之威，朝觐法出而后驾，陈兵清道而后行，无复轻身独出，饮食臣妾之家。

(二十) 卷一百上·叙传

自大将军②薨后，富平、定陵侯张放、淳于长等始爱幸。出为微行，行则同舆执辔；入侍禁中，设宴饮之会。时乘舆幄坐张画屏风，画纣醉踞妲己作长夜之乐。

(二十一) 卷二十七·五行志中之上③

哀帝时，大司马董贤第门自坏。时贤以私爱居大位，赏赐无度，骄嫚不敬，大失臣道，见戒不改。后贤夫妻自杀，家徙合浦。

(二十二) 卷二十七·五行志下之上

哀帝建平二年，定襄牡马生驹，三足，随群饮食，太守以闻。马，国之武用，三足，不任用之象也。后侍中董贤年二十二为大司马，天下不宗。哀帝暴崩，成帝母王太后召弟子新都侯王莽入，收贤印绶，贤恐，自杀，莽因代之。

(二十三) 卷七十二·鲍宣传④

[其一：]

---

① 此为大臣谷永向汉成帝所上两篇奏疏的部分段落。
② 王凤。
③ (二十一)至(二十六)记汉哀帝幸臣董贤的情况。
④ 此为大臣鲍宣反对哀帝宠任董贤的奏文。

窃见孝成皇帝时，外亲持权，人人牵引所私以充塞朝廷，妨贤人路，浊乱天下，奢泰亡度，穷困百姓，是以日蚀且十，彗星四起。危亡之征，陛下所亲见也，今奈何反覆剧于前乎！朝臣亡有大儒骨鲠，白首耆艾，魁垒之士；论议通古今，喟然动众心，忧国如饥渴者，臣未见也。敦外亲小童及幸臣董贤等在公门省户下，陛下欲与此共承天地，安海内，甚难。今世俗谓不智者为能，谓智者为不能。昔尧放四罪而天下服，今除一吏而众皆惑；古刑人尚服，今赏人反惑。请寄为奸，群小日进。国家空虚，用度不足。民流亡，去城郭，盗贼并起，吏为残贼，岁增于前。

凡民有七亡：阴阳不和，水旱为灾，一亡也；县官重责更赋租税，二亡也；贪吏并公，受取不已，三亡也；豪强大姓蚕食亡厌，四亡也；苛吏繇役，失农桑时，五亡也；部落鼓鸣，男女遮迣，六亡也；盗贼劫略，取民财物，七亡也。七亡尚可，又有七死：酷吏殴杀，一死也；治狱深刻，二死也；冤陷亡辜，三死也；盗贼横发，四死也；怨雠相残，五死也；岁恶饥饿，六死也；时气疾疫，七死也。民有七亡而无一得，欲望国安，诚难；民有七死而无一生，欲望刑措，诚难。此非公卿守相贪残成化之所致邪？群臣幸得居尊官，食重禄，岂有肯加恻隐于细民，助陛下流教化者邪？志但在营私家，称宾客，为奸利而已。以苟容曲从为贤，以拱默尸禄为智，谓如臣宣等为愚。陛下擢臣岩穴，诚冀有益豪毛，岂徒欲使臣美食大官，重高门之地哉！

天下乃皇天之天下也，陛下上为皇天子，下为黎庶父母，为天牧养元元，视之当如一，合《尸鸠》之诗。今贫民菜食不厌，衣又穿空，父子夫妇不能相保，诚可为酸鼻。陛下不救，将安所归命乎？奈何独私养外亲与幸臣董贤，多赏赐以大万数，使奴从宾客浆酒霍肉，苍头庐儿皆用致富！非天意也。及汝昌侯傅商亡功而封。夫官爵非陛下之官爵，乃天下之官爵也。陛下取非其官，官非其人，而望天说民服，岂不难哉！

［其二：］

侍中驸马都尉董贤本无葭莩之亲，但以令色谀言自进，赏赐亡度，竭尽府藏，并合三第尚以为小，复坏暴室。贤父子坐使天子使者将作治第，行夜吏卒皆得赏赐。上家有会，辄太官为供。海内贡献当养一君，今反尽之贤家，岂天意与民意邪！天不可久负，厚之如此，反所以害之也。诚欲哀贤，宜为谢过天地，解雠海内，免遣就国，收乘舆器物，还之县官。如此，可以父子终其性命；不者，海内之所雠，未有得久安者也。

（二十四）卷八十六·王嘉传①

［其一：］

陛下在国之时，好诗书，上俭节，此天下所以回心也。初即位，易帷帐，去锦绣，

---

① 此为大臣王嘉反对哀帝宠幸董贤的奏文。

乘舆席缘绨缯而已。共皇①寝庙比比当作,忧闵元元,惟用度不足,以义割恩,辄且止息,今始作治。而驸马都尉董贤亦起官寺上林中,又为贤治大第,开门乡北阙,引王渠灌园池,使者护作,赏赐吏卒,甚于治宗庙。贤母病,长安厨给祠具,道中过者皆饮食。为贤治器,器成,奏御乃行,或物好,特赐其工,自贡献宗庙三宫,犹不至此。贤家有宾婚及见亲,诸官并共,赐及仓头奴婢,人十万钱。使者护视,发取市物,百贾震动,道路讙哗,群臣惶惑。诏书罢苑,而以赐贤二千余顷,均田之制从此堕坏。奢僭放纵,变乱阴阳,灾异众多,百姓讹言,持筹相惊,被发徒跣而走,乘马者驰,天惑其意,不能自止。或以为筹者策失之戒也。陛下素仁智慎事,今而有此大讥。

孔子曰:"危而不持,颠而不扶,则将安用彼相矣!"臣嘉幸得备位,窃内悲伤不能通愚忠之信;身死有益于国,不敢自惜。唯陛下慎己之所独乡,察众人之所共疑。往者宠臣邓通、韩嫣骄贵失度,逸豫无厌,小人不胜情欲,卒陷罪辜。乱国亡躯,不终其禄,所谓爱之适足以害之者也。宜深览前世,以节贤宠,全安其命。

[其二]:

会祖母傅太后薨,上因托傅太后遗诏,令成帝母王太后下丞相御史,益封贤二千户,及赐孔乡侯、汝昌侯、阳新侯国。嘉封还诏书,因奏封事谏上及太后曰:"臣闻爵禄土地,天之有也。《书》云:'天命有德,五服五章哉!'王者代天爵人,尤宜慎之。裂地而封,不得其宜,则众庶不服,感动阴阳,其害疾自深。今圣体久不平,此臣嘉所内惧也。高安侯贤,佞幸之臣,陛下倾爵位以贵之,单货财以富之,损至尊以宠之,主威已黜,府藏已竭,唯恐不足。财皆民力所为,孝文皇帝欲起露台,重百金之费,克己不作。今贤散公赋以施私惠,一家至受千金,往古以来贵臣未尝有此,流闻四方,皆同怨之。里谚曰:'千人所指,无病而死。'臣常为之寒心。今太皇太后以永信太后遗诏,诏丞相御史益贤户,赐三侯国,臣嘉窃惑。山崩地动,日食于三朝,皆阴侵阳之戒也。前贤已再封,晏、商再易邑,业缘私横求,恩已过厚,求索自恣,不知厌足,甚伤尊尊之义,不可以示天下,为害痛矣!臣骄侵罔,阴阳失节,气感相动,害及身体。陛下寝疾久不平,继嗣未立,宜思正万事,顺天人之心,以求福祐,奈何轻身肆意,不念高祖之勤苦垂立制度欲传之于无穷哉!《孝经》曰:'天子有争臣七人,虽无道,不失其天下。'臣谨封上诏书,不敢露见,非爱死而不自法,恐天下闻之,故不敢自劾。愚戆数犯忌讳,唯陛下省察。"

(二十五)卷九十九上·王莽传

莽还京师岁余,哀帝崩,无子。太皇太后即日驾之未央宫收取玺绶,遣使者驰召莽。

---

① 哀帝之父。

诏尚书，诸发兵符节，百官奏事，中黄门、期门兵皆属莽。莽曰："大司马高安侯董贤年少，不合众心，收印绶。"贤即日自杀。

(二十六) 卷一百下·叙传①

孝哀彬彬，克揽威神，凋落洪支，底剧鼎臣。② 婉娈董公，惟亮天功，大过之困，实桡实凶。③

(二十七) 卷九十七上·孝武陈皇后传④

孝武陈皇后，长公主嫖女也。曾祖父陈婴与项羽俱起，后归汉，为堂邑侯。传子至孙午，午尚长公主，生女。

初，武帝得立为太子，长主有力，取主女为妃。及帝即位，立为皇后，擅宠骄贵，十余年而无子，闻卫子夫得幸，几死者数焉。上愈怒。后又挟妇人媚道，颇觉。元光五年，上遂穷治之，女子楚服等坐为皇后巫蛊祠祭祝诅，大逆无道，相连及诛者三百余人。楚服枭首于市。使有司赐皇后策曰："皇后失序，惑于巫祝，不可以承天命。其上玺绶，罢退居长门宫。"

(二十八) 卷九十七下·孝成赵皇后传⑤

哀帝既立，司隶解光奏言："臣闻许美人及故中宫使曹宫皆御幸孝成皇帝，产子，子隐不见。臣遣从事掾业、史望验问知状者掖庭狱丞籍武，官婢曹晓、道房、张弃等，皆曰宫即晓子女，前属中宫，为学事史，通《诗》，授皇后。房与宫对食⑥，元延元年中宫语房曰：'陛下幸宫。'后数月，晓入殿中，见宫腹大，问宫。问曰：'御幸有身。'其十月中，宫乳掖庭中官令舍，有婢六人。〔赵昭仪和她的姐姐赵皇后很快就将曹宫母子害死。〕

(二十九) 卷五十三·广川惠王刘越传、卷六十七·朱云传、卷八十六·王嘉传 有关于幸臣、佞臣、宠臣的记载。

---

① 班固评价哀帝和董贤。
② 指哀帝自揽大权，屏抑权臣。
③ 指哀帝想和董贤一起建立功业，结果董氏却不堪大任，自取其祸。
④ 记有陈皇后与楚服的关系，参见《汉武故事》。
⑤ 注意"对食"，这是古代最早的有关女性同性恋的明确记载。
⑥ 唐代颜师古引东汉应劭语注曰："宫人自相与为夫妇名对食，甚相妒忌也。"

后汉书

(南朝宋)范晔撰
(唐·高宗)李贤等注
中华书局1965年版

(一) 卷九·孝献帝纪①

［汉献帝建安七年，］越嶲男子化为女子。

(二) 志·五行五

［汉献帝建安］七年，越嶲有男化为女子。时周群上言，哀帝时亦有此异，将有易代之事。至二十五年，献帝封于山阳。

(三) 卷三十四·梁统传附梁冀传②

［权臣梁冀］爱监奴秦宫，官至太仓令，得出入寿③所。寿见宫，辄屏御者，托以言事，因与私焉。宫内外兼宠，威权大震，刺史、二千石皆谒辞之。

(四) 卷四十八·爰延传④

帝以延儒生，常特宴见。时太史令上言客星经帝坐，帝密以问延。延因上封事曰："臣闻天子尊无为上，故天以为子，位临臣庶，威重四海。动静以礼，则星辰顺序；意有邪僻，则晷度错违。陛下以河南尹邓万有龙潜之旧，封为通侯，恩重公卿，惠丰宗室。加顷引见，与之对博，上下媟嫚，有亏尊严。臣闻之，帝左右者，所以咨政德也。故周公戒成王曰'其朋其朋'，言慎所与也。昔宋闵公与强臣共博，列妇人于侧，积此无礼，以致大灾⑤。武帝与幸臣李延年、韩嫣同卧起，尊爵重赐，情欲无猒，遂生骄淫之心，行不义之事，卒延年被戮，嫣伏其辜。夫爱之则不觉其过，恶之则不知其善，所以事多放滥，物情生怨。故王者赏人必酬其功，爵人必甄其德。善人同处，则日闻嘉训；恶人从游，则日生邪情。孔子曰：'益者三友，损者三友。'邪臣惑君，乱妾危主，以非所言则

---

① （一）（二）记男性变为女性。
② 梁冀和秦宫存在着可能性很大的同性恋关系。
③ 孙寿，梁冀之妻。
④ （四）至（七）记汉桓帝与邓万等人可能的同性恋关系，（四）记大臣爰延谏请桓帝不要宠任邓万。
⑤ 指宋公为强臣所杀。

悦于耳，以非所行则玩于目，故令人君不能远之。仲尼曰：'唯女子与小人为难养，近之则不逊，远之则怨。'盖圣人之明戒也！昔光武皇帝与严光俱寝，上天之异，其夕即见。夫以光武之圣德，严光之高贤，君臣合道，尚降此变，岂况陛下今所亲幸，以贱为贵，以卑为尊哉？惟陛下远谗谀之人，纳謇謇之士，除左右之权，寤宦官之敝。使积善日熙，佞恶消矣，则乾灾可除。"帝省其奏。因以病自上，乞骸骨还家。

（五）卷五十七·刘瑜传①

[刘瑜被举为贤良方正后向汉桓帝上书，谓：]"陛下以北辰之尊，神器之宝，而微行近习之家，私幸宦者之舍，宾客市买，熏灼道路，因此暴纵，无所不容。今三公在位，皆博达道艺，而各正诸己，莫或匡益者，非不智也，畏死罚也。惟陛下从尧舜禹汤文武致兴之道，远佞邪之人，放郑卫之声，则政致和平，德感祥风矣。"

（六）志·五行三

桓帝延熹四年五月，京都雨雹，大如鸡子。是时桓帝诛杀过差，又宠小人。

（七）志·五行四

[桓帝延熹]三年五月，汉中山崩。是时上宠恣中常侍单超等。

（八）卷四十九·仲长统传②

汉兴以来，相与同为编户齐民，而以财力相君长者，世无数焉。豪人之室，连栋数百，膏田满野，奴婢千群，徒附万计。妖童美妾，填乎绮室，倡讴伎乐，列乎深堂。

（九）卷八十二下·郭玉传③

郭玉者，广汉雒人也。和帝时，为太医丞，多有效应。帝奇之，仍试令嬖臣美手腕者与女子杂处帷中，使玉各诊一手，问所疾苦。玉曰："左阳右阴，脉有男女，状若异人，臣疑其故。"帝叹息称善。

（十）卷十九·耿弇传、卷三十七·桓荣传附桓鸾传、卷五十二·崔骃传附崔瑗传、卷五十四·杨震传、卷五十四·杨震传附杨赐传、卷五十八·盖勋传、卷六十一·周举传、卷六十五·皇甫规传、志·五行一、志·五行二、志·五

---

① 记桓帝好微行，这与西汉时的成帝有相近之处。
② 文中与美妾并列的妖童是家主男宠的可能性比较大。
③ 文中的嬖臣有可能与汉和帝存在同性恋关系。

行五 有关于嬖幸、佞幸、宠幸、嬖宠、嬖臣、嬖人、佞媚、外嬖、便辟子弟的记载。

论衡

（东汉·明帝—和帝）王充撰
上海古籍出版社 1990 年版

（一）卷第一·逢遇篇

籍孺幸于孝惠，邓通爱于孝文，无细简之才，微薄之能。偶以形佳骨娴，皮媚色称。夫好容，人所好也，其遇固宜。

（二）卷第二·幸偶篇

孔子曰："君子有不幸而无有幸，小人有幸而无不幸。"又曰："君子处易以俟命，小人行险以徼幸。"佞幸之徒，闳、籍孺之辈。无德薄才，以色称媚，不宜爱而受宠，不当亲而得附，非道理之宜，故太史公为之作传。邪人反道而受恩宠，与此同科，故合其名谓之佞幸。

（三）卷第二·无形篇①

物之变随气，若应政治，有所象为。时或男化为女，女化为男，由高岸为谷，深谷为陵也。应政为变，为政变，非常性也。汉兴，老父授张良书，已化为石，是以石之精，为汉兴之瑞也；犹河精为人持璧与秦使者，秦亡之征也。

（四）卷第二十七·定贤篇

知贤何用？知之如何？以事君调合寡过为贤乎？夫顺阿之臣，佞幸之徒是也。准主而说，适时而行，无廷逆之郄，则无斥退之患。或骨格娴丽，面色称媚。上不憎而善生，恩泽洋溢过度，未可谓贤。

---

① 探究男女互化等的原因。

潜夫论

(东汉·安帝—桓帝) 王符撰
上海古籍出版社 1978 年版

(一) 卷一·贤难①

今世俗之人,自慢其亲而憎人敬之,自简其亲而憎人爱之者不少也。岂独品庶,贤材时有焉。邓通幸于文帝,尽心而不违,吮痈而无怍色。帝病不乐,从容曰:"天下谁最爱朕者乎?"邓通欲称太子之孝,则因对曰:"莫若太子之最爱陛下也。"及太子问疾,帝令吮痈,有难之色。帝不悦而遣太子。既而闻邓通之常吮痈也,乃惭而怨之。及嗣帝位,遂致通罪而使至于饿死。故邓通,其行所以尽心力而无害人,其言所以誉太子而昭孝慈也。太子自不能尽其称,则反结怨而归咎焉。称人之长,欲彰其孝,且犹为罪,又况明人之短,矫世者哉!

(二) 卷三·忠贵②

五代之臣,以道事君,以仁抚世,泽及草木,兼利外内。普天率土,莫不被德,其所安全,真天工也。是以福祚流衍,本枝百世。季世之臣,不思顺天,而时主是谀。谓破敌者为忠,多杀者为贤。白起、蒙恬,秦以为功,天以为贼。息夫、董贤,主以为忠,天以为盗。此等之俦,虽见贵于时君,然上不顺天心,下不得民意,故卒泣血号咷以辱终也。《易》曰:"德薄而位尊,智小而谋大,力少而任重,鲜不及矣。"是故德不称其任,其祸必酷;能不称其位,其殃必大。

(三) 卷八·德化③

世之善否,俗之薄厚,皆在于君。上圣和德气以化民心,正表仪以率群下,故能使民比屋可封,尧舜是也。……治天下,身处污而放情,怠民事而急酒乐,近顽童而远贤才,亲谄谀而疏正直,故能乱其政以败其民,弊其身以丧其国者,幽厉是也。

---

① 同情汉文帝的幸臣邓通。
② 指责汉哀帝的幸臣董贤。
③ 反对君主"近顽童"。

风俗通义

(东汉·灵帝—献帝)应劭撰
中华书局2010年
《风俗通义校注》本

(一) 正失第二·孝文帝

[刘]向曰:"文帝时政颇遗失,皆所谓悔悋小疵耶?……太中大夫邓通,以佞幸吮痈见爱,拟于至亲,赐以蜀郡铜山,令得铸钱。通私家之富,侔于王者封君。又为微行,数幸通家。文帝代服衣䙝,袭毡帽,骑骏马,从侍中、近臣、常侍、期门武骑猎渐台下,驰射狐兔,毕雉刺彘。是时,待诏贾山谏,以为不宜数从郡国贤良吏出游猎,重令此人负名,不称其举。及太中大夫贾谊亦数谏止游猎,是时,谊与邓通俱侍中同位,谊又恶通为人,数廷讥之,由是疏远,迁为长沙太傅。既之官,内不自得,及渡湘水,投吊书曰:'阘茸尊显,佞谀得意。'以哀屈原离谗邪之咎,亦因自伤为邓通等所诉也。"

(二) 佚文·辑事

张仲春,武帝时人也。善雅歌,与李延年同时①。每奏新歌,莫不称善。然不知休息,终至于败亡。以论人之进退,当有节奏。(《御览》五七二)

仲长子昌言

(东汉·献帝)仲长统撰
清光绪九年(1883)长沙娜嬛馆刻
《玉函山房辑佚书》本

卷下·杂篇

董贤之于哀帝,非有骨肉丝发之亲,又不能传其气类,定其继嗣。以丈夫宴接之欢,自成胶漆也。

---

① 或作并时、并侍。

初学记

(唐·玄宗)徐坚等编
台湾商务印书馆 1986 年影印
文渊阁《四库全书》本

卷十二职官部下·侍中第一

胡广①《侍中箴》：

皇矣圣上，神居天处。
勤求俊良，是弼是辅。
昔在周文，创德西邻。
辛尹是访，八虞是询。
降及厉王，不祇不恪。
昵彼荣夷，用肆其虐。
无曰我贤，不选至亲。
无曰我仁，妄用嬖人。
籍闳饰颜，秽我神武。
邓通擅铸，不终厥后。
中书窃命，石弘作祸。
高安断袂，哀用无主。
侍中司中，敢告执矩。

---

① 东汉人。

卷三

三国两晋南北朝时期

三国志

(西晋) 陈寿撰
(南朝宋) 裴松之注
中华书局 1959 年版

（一）卷三·明帝纪①

[裴松之在其注解中记:]《魏略》以孔桂在《佞幸篇》。桂字叔林，天水人也。建安初，数为将军杨秋使诣太祖，太祖表拜骑都尉。桂性便辟，晓博弈、踏鞠，故太祖爱之，每在左右，出入随从。桂察太祖意，喜乐之时，因言次曲有所陈，事多见从，数得赏赐，人多馈遗，桂由此侯服玉食。鱼豢曰：为上者不虚授，处下者不虚受，然后外无伐檀之叹，内无尸素之刺，雍熙之美著，太平之律显矣。而佞幸之徒，但姑息人主，至乃无德而荣，无功而禄，如是焉得不使中正日朘，倾邪滋多乎！

（二）卷五·文德郭皇后传、卷九·夏侯尚传附夏侯玄传、卷四十八·孙晧传、卷六十四·濮阳兴传、卷六十五·王蕃传 有关于嬖宠、宠臣、幸臣、嬖臣的记载。

阮步兵集

(魏) 阮籍著
明天启崇祯间刻本

卷之二·咏怀八十二首

> 周郑天下交，街术当三河。
> 妖冶闲都子，焕耀何芬葩。
> 玄发发朱颜，睇眄有光华。
> 倾城思一顾，遗视来相夸。
> 愿为三春游，朝阳忽蹉跎。
> 盛衰在须臾，离别将如何？

---

① 记魏太祖曹操与孔桂可能的同性恋关系。

驱车出门去，意欲远征行。
征行安所如，背弃夸与名。
夸名不在己，但愿适中情。
单帷蔽皎日，高榭隔微声。
谗邪使交疏，浮云令昼冥。
嬿婉同衣裳，一顾倾人城。
从容在一时，繁华不再荣。
晨朝奄复暮，不见所欢形。
黄鸟东南飞，寄言谢友生。

孔子家语

（魏）王肃注①
台湾商务印书馆 1986 年影印
文渊阁《四库全书》本

卷五·困誓②

卫蘧伯玉贤而灵公不用，弥子瑕不肖反任之，史鱼骤谏而不从。史鱼病将卒，命其子曰："吾在卫朝，不能进蘧伯玉退弥子瑕，是吾为臣不能正君也。生而不能正君，则死无以成礼。我死，汝置尸牖下，于我毕矣。"其子从之。灵公吊焉，怪而问焉，其子以其父言告公。公愕然失容曰："是寡人之过也。"于是命之殡于客位，进蘧伯玉而用之，退弥子瑕而远之。孔子闻之曰："古之列谏之者，死则已矣。未有若史鱼死而尸谏，忠感其君者也，可不谓直乎？"

---

① 本书作者实系王肃本人。
② 参见《新序》（一）、《韩诗外传》。

孔丛子[①]

(秦)孔鲋撰
民国二十五年(1936)中华书局
上海铅印《四部备要》本

(一) 卷第二·杂训

鲁穆公访于子思[②]。子思曰:"愿有惠百姓之心,则莫如一切除非法之事也。毁不居之室以赐穷民,夺嬖宠之禄以振困匮。无令人有悲怨,而后世有闻见,抑亦可乎?"公曰:"诺。"

(二) 卷第二·居卫

子思适齐,齐君之嬖臣美须眉立乎侧。齐君指之而笑,且言曰:"假貌可相易,寡人不惜此之须眉于先生也。"子思曰:"非所愿也。所愿者唯君修礼义,富百姓,而伋得寄帑于君之境内,从襁负之列,荣多矣。若无此须鬣,非伋所病也。人之贤圣在德,岂在貌乎?且吾先君生无须眉,而天下王侯不以此损其敬。由是言之,伋徒患德之不邵,不病毛鬓之不茂也。"

(三) 卷第五·陈士义

子顺[③]相魏,改嬖宠之官以事贤才,夺无任之禄以赐有功,诸丧职秩者不悦,乃造谤言。

[①] 本书系伪书,大致是作于魏晋时期。
[②] 孔伋,孔子之孙。
[③] 孔鲋之父,孔子八世孙。

晋书

(唐·太宗)房玄龄等撰
中华书局1974年版

(一)卷八·废帝海西公纪①

太和六年十一月癸卯，桓温自广陵屯于白石。丁未，诣阙，因图废立。诬帝在藩夙有痿疾，嬖人相龙、计好、朱灵宝等参侍内寝，而二美人田氏、孟氏生三男。长欲封树，时人惑之。

(二)卷二十八·五行中

海西公初生皇子，百姓歌云："凤皇生一雏，天下莫不喜。本言是马驹，今定成龙子。"其歌甚美，其旨甚微。海西公不男，使左右向龙与内侍接，生子，以为己子。

(三)卷二十三·乐下

淮南王篇

淮南王，自言尊，百尺高楼与天连。后园凿井银作床，金瓶素绠汲寒浆。汲寒浆，饮少年②，少年窈窕何能贤。扬声悲歌音绝天。我欲渡河河无梁，愿作双黄鹄，还故乡。还故乡，入故里，徘徊故乡，苦身不已。繁舞奇歌无不泰，徘徊桑梓游天外。

(四)卷二十九·五行下③

孝武太元八年二月癸未，黄雾四塞。是时，道子专政，亲近佞人，朝纲方替。

(五)卷六十四·会稽文孝王道子传

嬖人赵牙出自优倡，茹千秋本钱塘捕贼吏，因赂谄进。道子以牙为魏郡太守，千秋骠骑咨议参军。牙为道子开东第，筑山穿池，列树竹木，功用巨万。道子使宫人为酒肆，沽卖于水侧，与亲昵乘船就之饮宴，以为笑乐。帝尝幸其宅，谓道子曰："府内有山，因

---

① (一)(二)记海西公司马奕与其嬖人可能性较大的同性恋关系，参见《魏书·卷九十六·僭晋司马睿传附司马奕传》。
② "少年"似是一倡优男宠。
③ (四)(五)(六)记司马道子与其嬖人可能的同性恋关系。

得游瞩，甚善也。然修饰太过，非示天下以俭。"道子无以对，唯唯而已，左右侍臣莫敢有言。帝还宫，道子谓牙曰："上若知山是板筑所作，尔必死矣。"牙曰："公在，牙何敢死！"营造弥甚。千秋卖官贩爵，聚资货累亿。

（六）卷七十八·孔愉传附孔汪传

茹千秋以佞媚见幸于会稽王道子。

（七）卷三十七·谯刚王逊传附忠王尚之传①

元显宠幸张法顺，每宴会，坐起无别。尚之入朝，正色谓元显曰："张法顺驱走小人，有何才异，而暴被拔擢。当今圣世，不宜如此。"元显默然。

（八）卷五十九·赵王伦传②

伦嬖人孙秀。

伦素庸下，无智策，复受制于秀。秀起自琅邪小史，累官于赵国，以谄媚自达。

（九）卷七十六·王舒传附王允之传③

允之字深猷。总角，从伯敦谓为似己，恒以自随。出则同舆，入则共寝。敦尝夜饮，允之辞醉先卧。敦与钱凤谋为逆，允之已醒，悉闻其言，虑敦或疑己，便于卧处大吐，衣面并污。凤既出，敦果照视，见允之卧吐中，以为大醉，不复疑之。[其后，王允之告发了王敦之谋，从而受到晋帝的优遇。]

（十）卷九十九·桓玄传④

[桓玄叛乱，东晋将领费恬等]迎击玄，矢下如雨。玄嬖人丁仙期⑤、万盖等以身蔽玄，并中数十箭而死，[随后桓玄也被斩杀。]

（十一）卷一百三·刘曜载记

武功男子苏抚，陕男子伍长平并化为女子。

---

① 司马元显和张法顺之间可能存在同性恋关系。
② 司马伦和孙秀之间可能存在同性恋关系。
③ 王允之和王敦的关系与王确和王僧达的关系有些近似，参见《宋书》（九）。
④ 记桓玄与其嬖人可能性较大的同性恋关系。
⑤ 即《俗说》中的丁期。

(十二) 卷一百六·石季龙载记上①

季龙宠惑优童郑樱桃而杀郭氏②，更纳清河崔氏女，樱桃又潜而杀之。

(十三) 卷二十七·五行上、卷三十三·何曾传、卷三十八·扶风王骏传附歆传、卷四十三·王戎传附王澄传、卷五十九·成都王颖传、卷八十三·王雅传、卷一百一十二·苻生载记、卷一百一十三·苻坚载记上、卷一百一十八·姚兴载记下　有关于嬖人、嬖幸、嬖竖、嬖臣、佞幸的记载。

裴子语林

（东晋）裴启撰
清光绪九年（1883）长沙嫏嬛馆刻
《玉函山房辑佚书》本

卷下③

魏武云："我眠中不可妄近，近辄斫人不觉，左右宜慎之。"后乃阳冻，所幸小儿窃以被覆之，因便斫杀，自尔莫敢近之。（《太平御览》卷七百七）

晋阳秋

（东晋）孙盛撰
（晚清）汤球辑
民国二十六年（1937）商务印书馆上海铅印
《丛书集成初编·晋阳秋辑本》本

卷二④

逖与司空刘琨俱以雄豪著名，年二十四，与琨同辟司州主簿。情好绸缪，共被而寝，中夜闻鸡鸣，俱起曰："此非恶声也。"每语世事，则中宵起坐相谓曰："若四海鼎沸，豪杰共起，吾与足下相避中原耳。"（《世说》注五）

---

① 在明清时期，后赵石虎（字季龙）和郑樱桃之间常被认为存在着同性恋关系。
② 季龙妻。
③ 记魏武帝曹操斫杀所幸小儿。
④ 记（晋）祖逖与刘琨的亲密关系，参见《世说新语·赏誉》、《晋书·卷六十二·祖逖传》。

华阳国志

(东晋)常璩撰
台湾商务印书馆 1986 年影印
文渊阁《四库全书》本

卷三①

武都有一丈夫化为女子，美而艳，盖山精也，蜀王纳为妃。不习水土，欲去。王必留之，乃为《东平之歌》以乐之。无几，物故。蜀王哀之，乃遣五丁之武都，担土为妃作冢。盖地数亩，高七丈，上有石镜。后王悲悼，作《臾邪歌》、《龙归之曲》。

西京杂记

(晋)葛洪编撰②
台湾商务印书馆 1986 年影印
文渊阁《四库全书》本

(一) 卷二③

梁孝王好营宫室苑囿之乐，作曜华之宫，筑兔园。园中有百灵山，山有肤寸石、落猿岩、栖龙岫，又有雁池，池间有鹤洲、凫渚。其诸宫观相连，延亘数十里。奇果异树、瑰禽怪兽毕备。王日与宫人、宾客弋钓其中。

(二) 卷三

文帝时，邓通得赐蜀铜山，听得铸钱。文字肉好皆与天子钱同，故富侔人主。

(三) 卷四

哀帝为董贤起大第于北阙下，重五殿洞六门，柱壁皆画云气花蒴、山灵水怪。或衣以绨锦，或饰以金玉。南门三重，署曰南中门、南上门、南更门。东西各三门，随方面题

---

① 这一男化为女的事例发生在战国时期。
② 关于本书作者，《四库》馆臣谓系假托，余嘉锡《四库提要辨证》卷十七谓确系葛洪。
③ 参见《履园丛话》(三)。

(四) 卷四

韩嫣好弹，常以金为丸，所失者日有十余。长安为之语曰："苦饥寒，逐金丸。"京师儿童每闻嫣出弹，辄随之，望丸之所落辄拾焉。

(五) 卷四

茂陵文固阳本琅玡人，善驯野雉为媒，用以射雉。每以三春之月为茅障以自翳，用䂎矢以射之，日连百数。茂陵轻薄者化之，皆以杂宝错厕翳障。以青州芦苇为弩矢，轻骑妖服，追随于道路以为欢娱也。阳死，其子亦善其事，董司马①好之，以为上客。

(六) 卷六

韩嫣以玳瑁为床。

搜神记

(晋) 干宝撰
中华书局 1979 年版

(一) 卷二②

闽中有徐登者，女子化为丈夫。与东阳赵昞，并善方术。

(二) 卷六③

哀帝建平中，豫章有男子化为女子，嫁为人妇，生一子。长安陈凤曰："阳变为阴，将亡继嗣，自相生之象。"一曰："嫁为人妇，生一子者，将复一世乃绝。"故后哀帝崩，平帝没，而王莽篡焉。

(三) 卷七④

[晋] 惠帝元康中，安丰有女子曰周世宁，年八岁，渐化为男。至十七八，而气性

---

① 董贤。
② 也见《后汉书·卷八十二下·徐登传》。
③ 参见《汉书》(二)。
④ 也见《晋书·卷二十九·五行下》、《宋书·卷三十四·五行五》。

成。女体化而不尽,男体成而不彻,畜妻而无子。

(四) 卷十四①

[晋] 元帝永昌中,暨阳人任谷耕息于树下,忽有一人着羽衣就淫之,既而不知所在,谷遂有妊。积月将产,羽衣人复来,以刀穿其阴下,出一蛇子,便去,谷遂成宦者。诣阙自陈,留于宫中。

汉武故事②

(东汉·光武帝—和帝) 班固撰
台湾商务印书馆1986年影印
文渊阁《四库全书》本

太子③年十四即位,改号建元。长主④伐其功,求欲无厌,上患之,皇后⑤宠亦衰。皇太后谓上曰:"汝新即位,先为明堂,太皇太后已怒,今又忤长主,必重得罪。妇人性易悦,深慎之。"上纳太皇戒,复与长主和,皇后宠幸如初。建元六年,太皇太后崩,上始亲政事。长主自伐滋甚,每有所求,上不复与。长主怨望,愈出丑言。上怒,欲废皇后。曰:"微长公主弗及此,忘德弗祥,且容之。"乃止。然皇后宠遂衰,骄妒滋甚。女巫楚服自言有术能令上意回,昼夜祭祀,合药服之。巫著男子衣冠帻带,素与皇后寝居,相爱若夫妇。上闻,穷治侍御,巫与后诸妖蛊咒咀,女而男淫,皆伏辜。废皇后处长门宫。后虽废,供养如法,长门无异其宫也。

---

① 也见《晋书·卷七十三·郭璞传》。
② 本书实系六朝时人的假托之作。
③ 汉武帝。
④ 武帝姑母。
⑤ 长主之女陈皇后。

赵飞燕外传[①]

（汉）伶玄撰
明万历间新安程氏刻
《汉魏丛书》本

赵后飞燕，父冯万金，祖大力，工理乐器，事江都王协律舍人。万金不肯传家业，编习乐声亡章曲，任为繁手哀声。自号凡靡之乐，闻者心动焉。江都王孙女姑苏主嫁江都中尉赵曼。曼幸万金，食不同器不饱。万金得通赵主，主有娠。曼性暴妒，且早有私病，不近妇人。主恐，称疾居王宫。一产二女，归之万金，长曰宜主，次曰合德。宜主长而纤便轻细，举止翩然，人谓之飞燕。〔飞燕与合德后来分别成为汉成帝的皇后和昭仪。〕

艺文类聚

（唐·太祖）欧阳询等编
中华书局1965年版

（一）卷第三十三人部十七·宠幸

《魏志·曹毗曹肇传》曰："肇纂（按本条不见《魏志》注，肇纂间疑有脱文），明帝宠爱之，寝止恒同。常与帝戏，睹衣物，有不获辄入御帐，服之径出。其见亲宠，类此比也。"

（二）卷第三十三人部十七·宠幸

晋·张翰《周小史》诗曰：

> 翩翩周生，婉娈幼童。
> 年十有五，如日在东。
> 香肤柔泽，素质参红。

[①] 本书系六朝时人的假托之作，"纯为小说家言，不可入之于史部"（《钦定四库全书总目》卷一百四十三）。

> 团辅圆黱①，菡萏芙蓉。
> 尔形既淑，尔服亦鲜。
> 轻车随风，飞雾流烟。
> 转侧绮靡，顾眄便妍。
> 和颜善笑，美口善言。

（三）卷第三十三 本卷所记在编纂者看来均为同性恋人物，其他还有楚文王、郑厉公与申侯，宋公与向魋，卫灵公与弥子瑕，楚王与安陵君，魏王与龙阳君，汉高祖与籍孺，汉惠帝与闳孺，汉文帝与邓通，汉武帝与韩嫣、李延年，汉昭帝与金赏、金建，汉成帝与张放，汉哀帝与董贤，魏太祖与孔桂②，晋·桓玄与丁期。

（四）卷第三十五人部十九·妒

《妒记》曰："泰元中，有人姓荀，妇庾氏，大妒忌。荀尝宿行，遂杀二儿。为屋不立斋室，唯有厅事，不作后壁，令在堂上泠然望见外事。凡无须人，不得入门；送书之人，若以手近荀手，无不痛打；客若共床坐，亦宾主俱败。邻近有年少径突前诣荀，接膝共坐，便闻大骂，推求刀杖。荀谓客曰：'仆狂妇行，君之所闻。君不去，必误君事。'客曰：'仆不畏此。'乃前捉荀手，妇便持杖直前向客。客既大健，又有短杖在衣里，便与手。老妪无力，即倒地，客打垂死。荀走叛不敢还，妇密令觅荀，云：'近遭狂人，非君之过，君便可还。'荀然后敢出。妇兄来，就荀共方床卧，而妇不知，便来捉兄头，曳着地欲杀。方知是兄，惭惧入内。兄称父命，与杖数百，亦无改悔。"

太平御览

（北宋·太宗）李昉等编
中华书局1960年影印本③

（一）卷第二百三十二·太仓令④

《梁冀别传》曰："太仓令秦宫出入冀妻寿所，语言饮食独往独来，屏去御者。"

---

① 黱一作颐。
② 桂一作桂，参见《三国志》（一）。
③ 据民国二十四年（1935）商务印书馆影印宋刻本影印。
④ 参见《后汉书》（三）。

（二）卷第三百四十九·箭上

《桓玄传》曰："达枚、回恬与祐之迎击玄，矢下如雨。玄嬖人丁仙期、万盖等以身蔽玄，并中数十箭而死。"

（三）卷第五百·奴婢

《梁冀别传》曰："梁冀爱监奴秦宫，官至太仓令。得出入妻所，每见辄屏御者，托以言事，因通焉。内外兼宠，刺史、二千石皆谒拜之。"

拾遗记

（前秦）王嘉撰
台湾商务印书馆1986年影印
文渊阁《四库全书》本

卷六

哀帝尚淫奢，多进谄佞幸爱之臣。竞以妆饰妖丽，巧言取容。董贤衣雾绡单衣，飘若蝉翼。帝入宴息之房，命贤卿易轻衣小袖，不用奢带脩裙，欲使宛转便易也。宫人皆效其断袖，又云割裙，恐惊其眠。

宋书

（齐—梁）沈约撰
中华书局1974年版

（一）卷七·前废帝本纪①

帝所幸阉人华愿儿，官至散骑常侍，加将军带郡。

（二）卷九十四·戴法兴传

［前废帝］所爱幸阉人华愿儿有盛宠，赐与金帛无算。

---

① （一）（二）记前废帝刘子业宠嬖阉宦华愿儿。

（三）卷三十·五行一①

魏尚书何晏，好服妇人之服。傅玄曰："此服妖也。夫衣裳之制，所以定上下，殊内外也。《大雅》云：'玄衮赤舄，钩膺镂锡。'歌其文也。《小雅》云：'有严有翼，共武之服。'咏其武也。若内外不殊，王制失序，服妖既作，身随之亡。末嬉②冠男子之冠，桀亡天下。何晏服妇人之服，亦亡其家，其咎均也。"

（四）卷三十四·五行五③

晋孝武帝宁康初，南郡州陵女人唐氏，渐化为丈夫。

（五）卷三十四·五行五④

晋惠、怀之世，京、洛有兼男女体，亦能两用人道，而性尤淫。案此乱气之所生也。自咸宁、太康之后，男宠大兴，甚于女色，士大夫莫不尚之，天下皆相放效，或有至夫妇离绝，怨旷妒忌者。故男女气乱，而妖形作也。

（六）卷四十六·张邵传附张畅传⑤

畅爱弟子辑，临终遗命，与辑合坟，时议非之。

（七）卷五十一·长沙景王道怜传附义宗传⑥

义宗字曰伯奴。元嘉八年，坐门生杜德灵放横打人，还第内藏，义宗隐蔽之，免官。德灵雅有姿色，为义宗所爱宠，本会稽郡吏。谢方明为郡，方明子惠连爱幸之，为之赋诗十余首，《乘流遵归渚》篇是也。

（八）卷五十三·谢方明传附谢惠连传⑦

惠连，幼而聪敏，年十岁，能属文，族兄灵运深相知赏，事在《灵运传》。本州辟主簿，不就。惠连先爱会稽郡吏杜德灵，及居父忧，赠以五言诗十余首，文行于世。坐被

---

① 记魏人何晏其有异装之好，也见《晋书·卷二十七·五行上》。
② 夏桀的女宠。
③ 也见《晋书·卷二十九·五行下》。
④ 记西晋咸宁、太康以来男色兴盛的状况，也见《晋书·卷二十九·五行下》。
⑤ 记张畅与其弟子可能性较大的同性恋关系，也见《宋书·卷五十九·张畅传》、《南史·卷三十二·张邵传附张畅传》。
⑥ （七）（八）记杜德灵与刘义宗、谢惠连可能性较大的同性恋关系。（七）也见《南史·卷十三·长沙景王道怜传附义宗传》。
⑦ 也见《南史·卷十九·谢方明传附谢惠连传》。

徙废塞，不豫荣伍。尚书仆射殷景仁爱其才，因言次白太祖："臣小儿时，便见世中有此文，而论者云是谢惠连，其实非也。"太祖曰："若如此，便应通之。"元嘉七年，方为司徒彭城王义康法曹参军。是时义康治东府城，城堑中得古冢，为之改葬，使惠连为祭文，留信待成，其文甚美。又为《雪赋》，亦以高丽见奇。文章并传于世。十年，卒，时年二十七。既早亡，且轻薄多尤累，故官位不显。无子。

（九）卷七十五·王僧达传①

初，僧达为太子洗马，在东宫，爱念军人朱灵宝。及出为宣城［太守］，灵宝已长，僧达诈列死亡，寄宣城左永之籍，注以为己子，改名元序，启太祖以为武陵国典卫令，又以补竟陵国典书令。孝建元年春，事发，又加禁锢。上表陈谢云："不能因依左右，倾意权贵。"上愈怒。僧达族子确年少，美姿容，僧达与之私款。确叔父休为永嘉太守，当将确之郡。僧达欲逼留之，确知其意，避不复往。僧达大怒，潜于所住屋后作大坑，欲诱确来别，因杀而埋之。从弟僧虔知其谋，禁呵乃止。

（十）卷九十四·恩倖列传序②

夫君子小人，类物之通称。蹈道则为君子，违之则为小人。屠钓，卑事也；版筑，贱役也，太公起为周师，傅说去为殷相。非论公侯之世，鼎食之资，明扬幽仄，唯才是与。逮于二汉，兹道未革，胡广累世农夫，伯始致位公相；黄宪牛医之子，叔度名重京师。且任子居朝，咸有职业，虽七叶珥貂，见崇西汉，而侍中身奉奏事，又分掌御服，东方朔为黄门侍郎，执戟殿下。郡县掾史，并出豪家，负戈宿卫，皆由势族，非若晚代，分为二涂者也。汉末丧乱，魏武始基，军中仓卒，权立九品，盖以论人才优劣，非为世族高卑。因此相沿，遂为成法。自魏至晋，莫之能改，州都郡正，以才品人，而举世人才，升降盖寡。徒以冯藉世资，用相陵驾，都正俗士，斟酌时宜，品目少多，随事俯仰，刘毅所云"下品无高门，上品无贱族"者也。岁月迁讹，斯风渐笃，凡厥衣冠，莫非二品，自此以还，遂成卑庶。周、汉之道，以智役愚，台隶参差，用成等级；魏晋以来，以贵役贱，士庶之科，较然有辨。夫人君南面，九重奥绝，陪奉朝夕，义隔卿士，阶闼之任，宜有司存。既而恩以幸生，信由恩固，无可惮之姿，有易亲之色。孝建、泰始，主威独运，官置百司，权不外假，而刑政纠杂，理难遍通，耳目所寄，事归近习。赏罚之要，是谓国权，出内王命，由其掌握，于是方涂结轨，辐凑同奔。人主谓其身卑位薄，以为权不得重。曾不知鼠凭社贵，狐藉虎威，外无逼主之嫌，内有专用之功，势倾天下，

---

① 记王僧达与朱灵宝、王确的同性恋关系，也见《南史·卷二十一·王弘传附王僧达传》。
② 注意文中的"有易亲之色"、"构于筵（或作床）第之曲"、"纷惑床第"，不过本列传中的人物其同性恋方面的表现并不明显。

未之或悟。挟朋树党，政以贿成，铁钺创痏，构于筵第之曲，服冕乘轩，出乎言笑之下。南金北毳，来悉方艚，素缣丹魄，至皆兼两，西京许、史，盖不足云，晋朝王、庾，未或能比。及太宗晚运，虑经盛衰，权幸之徒，慑惮宗戚，欲使幼主孤立，永窃国权，构造同异，兴树祸隙，帝弟宗王，相继屠剿。民忘宋德，虽非一涂，宝祚夙倾，实由于此。呜呼！《汉书》有《恩泽侯表》，又有《佞幸传》。今采其名，列以为《恩幸篇》云。

……

史臣曰：竭忠尽节，仕子恒图；随方致用，明君盛典。旧非本旧，因新以成旧者也；狎非先狎，因疏以成狎者也。而任隔疏情，殊涂一致，权归近狎，异世同规。虽复汉高之简易，光武之谨厚，犹丰、沛多显，白水先华。况世祖之泥滞鄙近，太宗之拘挛爱习，欲不纷惑床笫，岂可得哉！

（十一）卷三十·五行一、卷四十六·张邵传附张畅传、卷五十二·王诞传、卷八十五·王景文传 有关于幸臣、嬖人的记载。

世说新语

（南朝宋）刘义庆撰
（梁）刘孝标注
台湾商务印书馆 1986 年影印
文渊阁《四库全书》本

（一）卷中之上·雅量①

桓宣武②与郗超议芟夷朝臣，条牒既定，其夜同宿。明晨起，呼谢安、王坦之入，掷疏示之，郗犹在帐内。谢都无言，王直掷还，云："多！"宣武取笔欲除，郗不觉，窃从帐中与宣武言。谢含笑曰："郗生可谓入幕宾也。"

（二）卷下之上·宠礼③

卞范之为丹阳尹。羊孚南州暂还，往卞许，云："下官疾动，不堪坐。"卞便开帐拂褥，羊径上大床，入被须枕。卞回坐倾睐，移晨达莫。羊去，卞语曰："我以第一理期卿，卿莫负我。"

---

① 记东晋权臣桓温与其参军郗超可能性较大的同性恋关系。
② 桓温。
③ 记卞范之与羊孚的亲密关系。

（三）卷下之下·排调①

许文思往顾和许，顾先在帐中眠。许至，便径就床角枕共语。既而唤顾共行，顾乃命左右取杭上新衣，易已体上所着。许笑曰："卿乃复有行来衣乎？"

异苑

(南朝宋) 刘敬叔撰
中华书局 1996 年
《古小说丛刊》本

卷七

朱文绣与罗子钟为友，俱仕于梁。绣既死，子钟哭之，其夜亦亡。梁南七里有鸡山，绣葬于其中。北九里有雉涧，埋钟于其内。绣神灵变为鸡，钟魂魄化为雉，清鸣哀响，往来不绝。故诗曰："鸡山别飞响，雉涧和清音。"

南齐书

(梁) 萧子显撰
中华书局 1972 年版

（一）卷四·郁林王本纪②

昭业少美容止，居常裸袒，好斗鸡。毁世祖招婉殿，乞阉人徐龙驹为斋。龙驹尤亲幸，为后阁舍人，日夜在六宫房内。尝以邪谄自进，每谓人曰："古时亦有监作三公者。"

（二）卷二十·郁林王何妃传③

郁林王何妃名婧英，郁林王即位，为皇后。后禀性淫乱，在后宫，通帝左右杨珉之，与同寝处如伉俪。珉之又与帝相爱亵，故帝恣之。

---

① 记许文思与顾和的亲密关系。
② 记郁林王萧昭业与徐龙驹可能性很大的同性恋关系。
③ 记有郁林王与杨珉之可能性很大的同性恋关系，参见《魏书·卷九十八·岛夷萧道成传附萧昭业传》、《南史·卷十一·郁林王何妃传》。

(三)卷五十六·佞臣列传

有天象,必有人事焉。佞臣一星,列于帝座,经礼立教,亦著近臣之服。亲佞之义,其来已久。爰自衰周,侯伯专命,桓、文霸主,至于战国,宠用近习,不乏于时矣。汉文幸邓通,虽钱遍天下,位止郎中。孝武韩嫣、霍去病,遂至侍中、大司马。迄于魏晋,世任权重,才位稍爽,而信佞唯均。……今立《佞臣篇》,以继前史之末云。①

俗说

(齐—梁)沈约撰
清光绪九年(1883)长沙娜嬛馆刻
《玉函山房辑佚书》本

(一)

桓元②宠丁期,朝贤论事,宾客聚集,恒在背后坐,食毕便回盘与之。期虽被宠,而谨约不敢为非。元临死之日,期乃以身捍刃。(《艺文类聚》卷三十三。《太平御览》卷七百五十八引云:"桓元宠丁牛期,食毕便回盘与之。")

(二)

车武子妇大妒,夜恒出掩袭车。车后呼其妇兄颜熙夜宿共眠,取一绛裙挂著屏风上。其妇果来,拔刀径上床,发欲刃床上人。定看乃是其兄,于是惭羞而退。(《太平御览》卷六百九十六)

(三)

荀介子为荆州刺史,荀妇大妒,恒在介子斋中,客来便闭屏风。有桓客者,时在中兵参军,来诣荀谘事。论事已讫,为复作余语。桓时年少,殊有姿容,荀妇在屏风里,便语桓云:"桓参军,君知作人不?论事已讫,何以不去?"桓狼狈便走。(《太平御览》卷七百一)③

---

① 按照这段话的意思,传中所载诸幸臣似乎相类于邓通、韩嫣。但从具体记述来看,并没有涉及同性恋的内容。
② 桓玄。
③ 参见《艺文类聚》(四)。

沈隐侯集

（齐—梁）沈约著
明末娄东张氏刻
《汉魏六朝百三名家集》本

卷一·忏悔文

弟子沈约稽首上白诸佛众圣。约自今生已前，至于无始，罪业参差，固非词象所算。识昧往缘，莫由证举。爰始成童，有心嗜欲，不识慈悲，莫辨罪报。……又绮语者众，源条繁广。假妄之愆，虽免大过，微触细犯，亦难备陈。又追寻少年，血气方壮，习累所缠，事难排豁。淇水上宫，诚无云几；分桃断袖，亦足称多。此实生死牢阱，未易洗拔，灌志惨舒，性所同禀。迁怒过嗔，有时或然，厉色严声，无日可免。又言谑行止，曾不寻研，触过斯发，动沦无纪。终朝纷扰，薄暮不休，来果昏顽，将由此作。前念甫谢，后念复兴，尺波不息，寸阴骤往。愧悔攒心，罔知云厝。今于十方三世诸佛前，见在众僧大众前，誓心克己，追自悔责。收逊前愆，洗濯今虑，校身诸失，归命天尊。又寻七尺所本，八微是构，析而离之，莫知其主。虽造业者身，身随念灭，而念念相生，离续无已。往所行恶，造既由心，行恶之时，其心既染。既染之心，虽与念灭，往之所染，即成后缘。若不本诸真谛，以空灭有，则染心之累，不卒可磨。今者兴此愧悔，磨昔所染，所染得除，即空成性。其性既空，庶罪无所托。布发顶礼，幽显证成，此念一成，相续不断。日磨岁莹，生生不休，迄至道场，无复退转。又彼恶加我，皆由我昔加人。若不灭此重缘，则来恶弥遘。当今断绝，永息来缘。道无不在，有来斯应。庶达今诚，要之咸达。

真诰

（梁）陶弘景撰
台湾商务印书馆1986年影印
文渊阁《四库全书》本

卷十三

高举方寸物，万吹皆垢尘。顾哀朝生惠，孰尽汝车轮。（女宠不弊席，男爱不尽轮①，

---

① 参见《战国策》（二）。

朝生蜉蝣也，以喻人之在世易致消歇耳。）

述异记

(梁)任昉撰
台湾商务印书馆1986年影印
文渊阁《四库全书》本

（一）卷上

邓通以棹船为黄头郎。曰：土胜水，其色黄。故刺船郎皆著黄帽。

（二）卷下

武都丈夫化为女子，颜色美丽，盖山之精也。蜀王娶以为妻，无几物故，遂葬于武都郭中。以石镜一枚，长二丈高五尺同葬之。

六臣注文选①

(梁)萧统编
(唐·高宗—玄宗)李善等注
民国八年(1919)商务印书馆
上海影印《四部丛刊》本②

（一）卷第二十九·古诗十九首③

> 行行重行行，与君生别离。
> 相去万余里，各在天一涯！
> 道路阻且长，会面安可知？
> 胡马依北风，越鸟巢南枝。
> 相去日已远，衣带日已缓。
> 浮云蔽白日，游子不顾返。
> 思君令人老，岁月忽已晚。

---

① 本书即《昭明文选》。
② 据宋刻本影印。
③ （一）至（七）具有以同性恋为主题的或大或小的可能性。

弃捐勿复道，努力加餐饭。

明月皎夜光，促织鸣东壁。
玉衡指孟冬，众星何历历。
白露沾野草，时节忽复易。
秋蝉鸣树间，玄鸟逝安适。
昔我同门友，高举振六翮。
不念携手好，弃我如遗迹！
南箕北有斗，牵牛不负轭。
良无盘石固，虚名复何益？

孟冬寒气至，北风何惨栗。
愁多知夜长，仰观众星列。
三五明月满，四五蟾兔缺。
客从远方来，遗我一书札。
上言长相思，下言久离别。
置书怀袖中，三岁字不灭。
一心抱区区，惧君不识察。

客从远方来，遗我一端绮。
相去万余里，故人心尚尔。
文彩双鸳鸯，裁为合欢被。
著以长相思，缘以结不解。
以胶投漆中，谁能别离此？

（二）卷第二十九·与苏武诗三首[①]

良时不再至，离别在须臾。
屏营衢路侧，执手野踟蹰。
仰视浮云驰，奄忽互相逾。
风波一失所，各在天一隅。
长当从此别，且复立斯须。

---

① （西汉）李陵作。

欲因晨风发，送子以贱躯。

嘉会难再遇，三载为千秋。
临河濯长缨，念子怅悠悠。
远望悲风至，对酒不能酬。
行人怀往路，何以慰我愁？
独有盈觞酒，与子结绸缪。

携手上河梁，游子暮何之？
徘徊蹊路侧，恨恨不能辞。
行人难久留，各言长相思。
安知非日月，弦望自有时。
努力崇明德，皓首以为期。

（三）卷第二十九·诗四首[①]

骨肉缘枝叶，结交亦相因。
四海皆兄弟，谁为行路人？
况我连枝树，与子同一身。
昔为鸳与鸯，今为参与辰。
昔者常相近，邈若胡与秦。
惟念当离别，思情日以新。
鹿鸣思野草，可以喻嘉宾。
我有一樽酒，欲以赠远人。
愿子留斟酌，叙此平生亲。

黄鹄一远别，千里顾徘徊。
胡马失其群，思心常依依。
何况双飞龙，羽翼临当乖。
幸有弦歌曲，可以喻中怀。
请为游子吟，泠泠一何悲。
丝竹厉清声，慷慨有余哀。

[①] （西汉）苏武作。

长歌正激烈，中心怆以摧！
欲展清商曲，念子不能归。
俯仰内伤心，泪下不可挥。
愿为双黄鹄，送子俱远飞。

（四）卷第二十九·思友人诗①

密云翳阳景，霖潦淹庭除。
严霜凋翠草，寒风振纤枯。
凛凛天气清，落落卉木疏。
感时歌蟋蟀，思贤咏白驹。
情随玄阴滞，心与回飙俱。
思心何所怀？怀我欧阳子。
精义测神奥，清机发妙理。
自我别旬朔，微言绝于耳。
褰裳不足难，清扬未可俟。
延首出阶檐，伫立增想似。

（五）卷第三十·三月三日率尔成篇②

丽日属元巳，年芳俱在斯。
开花已匝树，流嘤复满枝。
洛阳繁华子，长安轻薄儿。
东出千金堰，西临雁鹜陂。
游丝映空转，高杨拂地垂。
绿帻文照耀，紫燕光陆离。
爱而不可见，宿昔减容仪。
且当忘情去，叹息独何为？

（六）卷第三十一·赠别③

昨发赤亭渚，今宿浦阳汭。
方作云峰异，岂伊千里别？

---

① （西晋）曹摅作。
② （齐—梁）沈约作。
③ （齐—梁）江淹作。

芳尘未歇席,泠泪犹在袂。
停舻望极浦,弥棹阻风雪。
风雪既经时,夜永起怀思。
泛滥北湖游,苕亭南楼期。
点翰咏新赏,开帙莹所疑。
摘芳爱气馥,拾蕊怜色滋。
色滋畏沃若,人事亦销铄。
子衿怨勿往,谷风诮轻薄。
共秉延州信,无惭仲路诺。
灵芝望三秀,孤筠情所托。
所托已殷勤,只足搅怀人。
今行崎嵊外,衔思至海滨。
觌子杳未僝,款睇在何辰?
杂佩虽可赠,疏华竟无陈。
无陈心悁劳,旅人岂游遨。
幸及风雪霁,青春满江皋。
解缆候前侣,还望方郁陶。
烟景若离远,末响寄琼瑶。

(七) 卷第三十一·怨别①

西北秋风至,楚客心悠哉。
日暮碧云合,佳人殊未来。
露彩方泛艳,月华始徘徊。
宝书为君掩,瑶琴讵能开?
相思巫山渚,怅望阳云台。
膏炉绝沉燎,绮席生浮埃。
桂水日千里,因之平生怀。

(八) 卷第二十八·塘上行②

江蓠生幽渚,微芳不足宣。
被蒙风云会,移居华池边。

---

① (齐—梁)江淹作。
② (八)(九)两首诗写的是异性恋,不过其中有同性恋的名词典故。(八)系(西晋)陆机作。

男欢智倾愚，女爱衰避妍。
愿君广末光，照妾薄暮年。

（九）卷第二十八·中山王孺子妾歌①

如姬寝卧内，班婕坐同车。
洪波陪饮帐，林光宴秦余。
子瑕矫后驾，安陵泣前鱼。
贱妾终已矣，君子定焉如？

玉台新咏

（梁—陈）徐陵编
（清·康熙）吴兆宜注
中华书局1985年《玉台新咏笺注》本

（一）卷二·咏怀②

昔日繁华子，安陵与龙阳。
夭夭桃李花，灼灼有辉光。
悦怿若九春，磬折似秋霜。
流眄发媚姿，言笑吐芬芳。
携手等欢爱，宿昔同衾裳。
愿为双飞鸟，比翼共翱翔。
丹青著明誓，永世不相忘。

（二）卷六·咏少年③

董生④惟巧笑，子都信美目。
百万市一言，千金买相逐。
不道参差菜，谁论窈窕淑？
愿君奉绣被，来就越人宿。

---

① （齐）陆厥作。
② （一）至（五）写的是同性恋。（一）系（魏）阮籍作，也见《阮步兵集》卷之二。
③ （梁）吴均作。
④ 董贤。

（三）卷七·娈童①

娈童娇丽质，践董②复超瑕③。
羽帐晨香满，珠帘夕漏赊。
翠被含鸳色，雕床镂象牙。
妙年同小史④，姝貌比朝霞。
袖裁连璧锦，笺织细橦花。
揽袴轻红出，回头双鬓斜。
懒眼时含笑，玉手乍攀花。
怀猜非后钓，密爱似前车。
足使燕姬妒，弥令郑女嗟。

（四）卷八·繁华应令⑤

可怜周小童⑥，微笑摘兰丛。
鲜肤胜粉白，慢脸若桃红。
挟弹雕陵下，垂钓莲叶东。
腕动飘香麝，衣轻任好风。
幸承拂枕选，得奉画堂中。
金屏障翠被，蓝帊覆薰笼。
本欲伤轻薄，含辞羞自通。
剪袖恩虽重，残桃爱未终。
蛾眉讵须疾，新妆递入宫。

（五）卷十·咏小儿采菱⑦

采菱非采菉，日暮且盈舠。
峙崿未敢进，畏欲比残桃。

---

① 梁简文帝作。
② 董贤。
③ 弥子瑕。
④ 周小史，参见《艺文类聚》（二）。
⑤ （梁）刘遵作。
⑥ 周小史。
⑦ （梁）刘孝绰作。

（六）卷三·代古①

　　客从远方来，赠我鹄文绫。
　　贮以相思箧，缄以同心绳。
　　裁为亲身服，著以俱寝兴。
　　别来经年岁，欢心不可凌。
　　泻酒置井中，谁能辨斗升。
　　合如杯中水，谁能判淄渑？

（七）卷六·携手②

　　艳裔阳之春，携手清洛滨。
　　鸡鸣上林苑，薄暮小平津。
　　长裾藻白日，广袖带芳尘。
　　故交一如此，新知讵忆人？

（八）卷九·乌栖曲③

　　织成屏风银屈膝，朱唇玉面镫前出。
　　相看气息望君怜，谁能含羞不自前。

（九）卷十·咏繁华④

　　可怜宜出众，的的最分明。
　　秀媚开双眼，风流著语声。

（十）卷三·嘲友人⑤

　　同好齐欢爱，缠绵一何深。
　　子既识我情，我亦知子心。
　　嬿婉历年岁，和乐如瑟琴。
　　良辰不我俱，中阔似商参。
　　尔隔北山阳，我分南川阴。

---

① （六）至（九）很有或较有可能写的是同性恋。（六）系（南朝宋）谢惠连作。
② （梁）吴均作。
③ 梁简文帝作。
④ （南朝）刘泓作。"繁华"具有较浓的同性恋意味。
⑤ （十）（十一）（十二）可能写的是同性恋。（十）系（晋）李充作。

嘉会罔克从，积思安可任。
目想妍丽姿，耳存清媚音。
修昼兴永念，遥夜独悲吟。
逝将寻行役，言别涕沾襟。
愿尔降玉趾，一顾重千金。

(十一) 卷四·赠故人①

寒灰灭更燃，夕华晨更鲜。
春冰虽暂解，冬冰复还坚。
佳人舍我去，赏爱长绝缘。
欢至不留时，每感辄伤年。

(十二) 卷七·有所思②

谁言生离久？适意与君别。
衣上芳犹在，握里书未灭。
腰中双绮带，梦为同心结。
常恐所思露，瑶华未忍折。

(十三) 卷一·羽林郎③

昔有霍家奴，姓冯名子都。
依倚将军势，调笑酒家胡。
胡姬年十五，春日独当垆。
长裾连理带，广袖合欢襦。
头上蓝田玉，耳后大秦珠。
两鬟何窈窕，一世良所无。
一鬟五百万，两鬟千万余。
不意金吾子④，娉婷过我庐。
银鞍何昱爚，翠盖空踟躇。
就我求清酒，丝绳提玉壶。

---

① （南朝宋）鲍照作。
② 梁武帝作。
③ （十三）（十四）两首诗不是以同性恋作主题，不过其中有同性恋的人物典故。（十三）系（汉）辛延年作。
④ 冯子都。

> 就我求珍肴，金盘脍鲤鱼。
> 贻我青铜镜，结我红罗裾。
> 不惜红罗裂，何论轻贱躯！
> 男儿爱后妇，女子重前夫。
> 人生有新故，贵贱不相逾。
> 多谢金吾子，私爱徒区区。

(十四) 卷六·阳春发和气①

> 日净班姬门，风轻董贤馆。
> 卷耳缘阶出，反舌登墙唤。
> 蚕女桂枝钩，游童苏合弹。
> 拂袖当留客，相逢莫相难。

乐府诗集

(北宋) 郭茂倩编
上海古籍出版社 1998 年版

(一) 卷第十七·有所思②

> 薄暮有所思，终持泪煎骨。
> 春风惊我心，秋露伤君发。

(二) 卷第三十·短歌行③

> 长安高城，曾楼亭亭。
> 干云四起，上贯天庭。
> 蜉蝣何整，行如军征。
> 蟋蟀何感，中夜哀鸣。
> 蚍蝣偷乐，粲粲其荣。
> 寤寐念之，谁知我情。

---

① (梁) 费昶作。
② (一) 至 (十七) 具有以同性恋为主题的或大或小的可能性。(一) 系 (梁) 吴均作。
③ (晋) 傅玄作。

　　　　　　昔君视我，如掌中珠。
　　　　　　何意一朝，弃我沟渠。
　　　　　　昔君与我，如影如形。
　　　　　　何意一去，心如流星。
　　　　　　昔君与我，两心相结。
　　　　　　何意今日，忽然两绝。

（三）卷第三十四·豫章行①

　　　　　　轩帆溯遥路，薄送瞰遐江。
　　　　　　舟车理殊缅，密友将远从。
　　　　　　九里乐同润，二华念分峰。
　　　　　　集欢岂今发，离叹自古钟。
　　　　　　促生靡缓期，迅景无迟踪。
　　　　　　缁发迫多素，憔悴谢华辛。
　　　　　　婉娩寡留晷，窈窕闭淹龙。
　　　　　　如何阻行止，愤悒结心胸。
　　　　　　既微达者度，欢戚谁能封。
　　　　　　愿子保淑慎，良讯代徽容。

（四）卷第三十四·相逢行②

　　　　　　行行即长道，首长息班草。
　　　　　　邂逅赏心人，与我倾怀抱。
　　　　　　夷世信难值，忧来伤人，平生不可保。
　　　　　　阳华与春渥，阴柯长秋槁。
　　　　　　心慨荣去速，情苦忧来早。
　　　　　　日华难久居，忧来伤人，谆谆亦至老。
　　　　　　亲党近恤庇，昵君不常好。
　　　　　　九族悲素霰，三良怨黄鸟。
　　　　　　尔来白即赪，忧来伤人，近缟洁必造。
　　　　　　水流理就湿，火炎同归燥。
　　　　　　赏契少能谐，断金断可宝。

---

① （南朝宋）谢惠连作。
② （南朝宋）谢惠连作。

千计莫适从,万端信纷绕。
巢林宜择木,结友使心晓。
心晓形迹略,略迩谁能了。
相逢既若旧,忧来伤人,片言代纨缟。

(五) 卷第三十五·塘上行[①]

芳萱秀陵阿,菲质不足营。
幸有忘忧用,移根托君庭。
垂颖临清池,擢彩仰华甍。
沾渥云雨润,葳蕤吐芳馨。
愿君春倾叶,留景惠余明。

(六) 卷第三十七·却东西门行[②]

慷慨发相思,惆怅恋音徽。
四节竞阑候,六龙引颓机。
人生随时变,迁化焉可祈?
百年难必保,千虑盈怀之。

(七) 卷第四十七·神弦歌

白石郎曲

白石郎,临江居。
前导江伯后从鱼。

积石如玉,列松如翠。
郎艳独绝,世无其二。

采菱童曲

泛舟采菱叶,过摘芙蓉花。
扣楫命童侣,齐声采莲歌。

东湖扶菰童,西湖采菱芰。

[①] (南朝宋) 谢惠连作。
[②] (南朝宋) 谢惠连作。

不持歌作乐，为持解愁思。

明下童曲

走马上前陂，石子弹马蹄。
不惜弹马蹄，但惜马上儿。

陈孔骄赭白，陆郎乘班骓。
徘徊射堂头，望门不欲归。

（八）卷第四十九·拔蒲

青蒲衔紫茸，长叶复从风。
与君同舟去，拔蒲五湖中。

朝发桂兰渚，昼息桑榆下。
与君同拔蒲，竟日不成把。

（九）卷第五十五·梁白纻辞①

朱丝玉柱罗象筵，飞琯促节舞少年。
短歌流目未肯前，含笑一转私自怜。

纤腰袅袅不任衣，娇怨独立特为谁？
赴曲君前未忍归，上声急调中心飞。

（十）卷第五十五·白纻歌②

琴瑟未调心已悲，任罗胜绮强自持。
忍思一舞望所思，将转未转恒如疑。
桃花水上春风出，舞袖逶迤鸾照日。
徘徊鹤转情艳逸，君为迎歌心如一。

少年窈窕舞君前，容华艳艳将欲然。
为君娇凝复迁延，流目送笑不敢言。

---

① 梁武帝作。
② （南朝宋）汤惠休作。

长袖拂面心自煎，愿君流光及盛年。

（十一）卷第六十二·悲哉行①

羁人感淑节，缘感欲回沴。
我行讵几时，华实骤舒结。
睹实情有悲，瞻华意无悦。
览物怀同志，如何复乖别。
翩翩翔禽罗，关关鸣鸟列。
翔鸣常畴偶，所叹独乖绝。

（十二）卷第七十三·秦王卷衣②

咸阳春草芳，秦帝卷衣裳。
玉检茱萸匣，金泥苏合香。
初芳薰复帐，余辉耀玉床。
当须晏朝罢，持此赠龙（一作华）阳。

（十三）卷第七十四·昔思君③

昔君与我兮，形影潜结。
今君与我兮，云飞雨绝。
昔君与我兮，音响相和。
今君与我兮，落叶去柯。
昔君与我兮，金石无亏。
今君与我兮，星灭光离。

（十四）卷第七十四·思公子④

春尽风飒飒，兰凋木修修。
王孙久为客，思君徒自忧。

---

① （南朝宋）谢惠连作。
② （梁）吴均作。
③ （晋）傅玄作。
④ （齐）王融作。

（十五）卷第七十六·携手曲①

    艳裔阳之春，携手清洛滨。
    鸡鸣上林苑，薄暮小平津。
    长裾藻白日，广袖带芳尘。
    故交一如此，新知讵忆人。

（十六）卷第七十七·送归曲②

    送子独南归，揽衣空闵默。
    关山昼欲暗，河冰夜向塞。
    燕至他人乡，雁去还谁国？
    寄子两行书，分明达济北。

（十七）卷第七十七·夹树③

    桂树夹长歧，复值清风吹。
    氛氲揉芳叶，连绵交密枝。
    能迎春露点，不逐秋风移。
    原君长惠爱，当使岁寒知。

（十八）卷第二十八·日出东南隅行④

    女本西家宿，君自上宫要。
    汉马三万匹，夫聟任嫖姚。
    十五张内侍，十八贾登朝。
    皆笑颜郎老，尽讶董公超。

（十九）卷第三十五·长安有狭斜行⑤

    我居青门北，可忆复易津。
    大息骞金勒，中息割黄银。
    小息始得意，黄头作弄臣。

---

① （梁）吴均作。
② （梁）吴均作。
③ （梁）吴均作。
④ （十八）至（二十六）不是以同性恋作主题，不过其中有同性恋的典故名词。（十八）系（梁）萧子显作。
⑤ 梁简文帝作。

三息俱入户，照耀光容新。

(二十) 卷第三十五·江蓠生幽渚①

泽兰被荒径，孤芳岂自通。
幸逢瑶池旷，得与金芝丛。
朝承紫台露，夕润渌池风。
既美修娉女，复悦繁华童②。
夙昔玉霜满，旦暮翠条空。
叶飘储胥右，芳歇露寒东。
纪化尚盈昃，俗志信颓隆。
财殚交易绝，华落爱难终。
所惜改欢昵，岂恨逐征蓬。
愿回昭阳景，时照长门宫。

(二十一) 卷第四十一·怨诗③

退宠辞金屋，见谴斥甘泉。
后薪随复积，前鱼谁复怜？

(二十二) 卷第四十三·宫怨④

窗前好树名玫瑰，去年花落今年开。
重远岂能惭沼鹄，弃前方见泣船鱼。

(二十三) 卷第五十五·白纻辞⑤

董贤女弟在椒风，窈窕繁华贵后宫。
璧带金釭皆翡翠，一朝零落变成空。

(二十四) 卷第七十四·结袜子⑥

谁能访故剑，会自逐前鱼。

---

① （齐—梁）沈约作。
② 娈童。
③ （梁）刘孝威作。
④ （唐）长孙左辅作。
⑤ （唐）崔国辅作。
⑥ （北魏）温子升作。

裁纨终委箧，织素空有余。

（二十五）卷第七十七·桃花曲①

但使新花艳，得间美人簪。
何须论后实，怨结子瑕心。

（二十六）卷第八十四·行幸甘泉宫②

雉归海水寂，裘来重译通。
吉行五十里，随处宿离宫。
幸臣射覆罢，从骑新歌终。
董桃③拜金紫，贤妻侍禁中。
不羡神仙侣，排烟逐驾鸿。

（二十七）卷第八十五·郑樱桃歌④

《晋书·载记》曰："石季龙，勒之从子也，性残忍。勒为聘将军郭荣之妹为妻，季龙宠惑优童郑樱桃而杀郭氏，更纳清河崔氏，樱桃又谮而杀之。"樱桃美丽，擅宠宫掖，乐府由是有《郑樱桃歌》。

石季龙，僭天禄，擅雄豪，美人姓郑名樱桃。
樱桃美颜香且泽，娥娥侍寝专宫掖。
后庭卷衣三万人，翠眉清镜不得亲。
官军女骑一千匹，繁花照耀漳河春。
织成花映红纶巾，红旗掣曳卤簿新。
鸣鼙走马接飞鸟，铜钚瑟瑟随去尘。
凤阳重门如意馆，百尺金梯倚银汉。
自言富贵不可量，女为公主男为王。
赤花双簟珊瑚床，盘龙斗帐琥珀光。
淫昏伪立神所恶，灭石者陵终不误。
邺城苍苍白露微，世事翻覆黄云飞。

---

① 梁简文帝作。
② 梁简文帝作。
③ "董"指董贤，"桃"指弥子瑕的分桃。
④ （唐）李颀作，作者认为郑樱桃是女性。

陈书

(唐·太宗) 姚思廉撰
中华书局 1972 年版

(一) 卷二十·韩子高传[①]

韩子高，会稽山阴人也。家本微贱。侯景之乱，寓在京都。景平，文帝出守吴兴，子高年十六，为总角，容貌美丽，状似妇人，于淮渚附部伍寄载欲还乡。文帝见而问之，曰"能事我乎？"子高许诺。子高本名蛮子，文帝改名之。性恭谨，勤于侍奉，恒执备身刀及传酒炙。文帝性急，子高恒会意旨。及长，稍习骑射，颇有胆决，愿为将帅，及平杜龛，配以士卒。文帝甚宠爱之，未尝离于左右。文帝尝梦见骑马登山，路危欲堕，子高推捧而升。

文帝之讨张彪也，沈泰等先降，文帝据有州城，周文育镇北郭香岩寺。张彪自剡县夜还袭城，文帝自北门出，仓卒暗夜，军人扰乱，文育亦未测文帝所在，唯子高在侧，文帝乃遣子高自乱兵中往见文育，反命，酬答于暗中，又往慰劳众军。文帝散兵稍集，子高引导入文育营，因共立栅。明日，与彪战，彪将申缙复降，彪奔松山，浙东平。文帝乃分麾下多配子高，子高亦轻财礼士，归之者甚众。

文帝嗣位，除右军将军。天嘉元年，封文招县子，邑三百户。王琳至于栅口，子高宿卫台内。及琳平，子高所统益多，将士依附之者，子高尽力论进，文帝皆任使焉。二年，迁员外散骑常侍、壮武将军、成州刺史。及征留异，随侯安都顿桃支岭岩下。时子高兵甲精锐，别御一营，单马入陈，伤项之左，一髻半落。异平，除假节、贞毅将军、东阳太守。五年，章昭达等自临川征晋安，子高自安泉岭会于建安，诸将中人马最为强盛。晋安平，以功迁通直散骑常侍，进爵为伯，增邑并前四百户。六年，征为右卫将军，至都，镇领军府。文帝不豫，入侍医药。废帝即位，迁散骑常侍，右卫如故，移顿于新安寺。

高宗入辅，子高兵权过重，深不自安，好参访台阁，又求出为衡、广诸镇。光大元年八月，前上虞县令陆昉及子高军主告其谋反，高宗在尚书省，因召文武在位议立皇太子，子高预焉，平旦入省，执之，送廷尉，其夕赐死，时年三十。父延庆及子弟并原宥。延庆因子高之宠，官至给事中、山阴令。

[①] 韩子高是陈文帝陈蒨的幸臣，也见《南史·卷六十八·韩子高传》。

(二) 卷六·后主本纪、卷二十九·毛喜传 有关于嬖宠、幸人的记载。

南史

(唐·高宗) 李延寿撰
中华书局1975年版

(一) 卷五·废帝郁林王本纪①

帝少美容止，生而为竟陵文宣王所摄养。矫情饰诈，阴怀鄙慝。与左右无赖群小二十许人共衣食，同卧起。及竟陵王移西邸，帝独住西州，每夜辄开后堂阁，与诸不逞小人至诸营署中淫宴。凡诸小人，并逆加爵位，皆疏官名号于黄纸，使各囊盛以带之，许南面之日，即便施行。［即位后，］多往文帝崇安陵隧中，与群小共作诸鄙亵掷涂赌跳、放鹰走狗杂狡狯。

(二) 卷十·后主本纪②

后主愈骄，不虞外难，荒于酒色，不恤政事，左右嬖佞珥貂者五十人。常使张贵妃、孔贵人等八人夹坐，江总、孔范等十人预宴，号曰"狎客"。先令八妇人襞采笺，制五言诗，十客一时继和，迟则罚酒。君臣酣饮，从夕达旦，以此为常。

(三) 卷四十五·崔慧景传③

东阳女子娄逞变服诈为丈夫，粗知围棋，解文义，遍游公卿，仕至扬州议曹从事。事发，［南齐］明帝驱令还东。逞始作妇人服而去，叹曰："如此之伎，还为老妪，岂不惜哉！"此人妖也，阴而欲为阳，事不果，故泄。

(四) 卷五十一·长沙宣武王懿传附韶传④

韶昔为幼童，庾信爱之，有断袖之欢。衣食所资，皆信所给。遇客，韶亦为信传酒。后［韶］为郢州［刺史］，信西上江陵，途经江夏，韶接信甚薄，坐青油幕下，引信入宴，坐信别榻，有自矜色。信稍不堪，因酒酣，乃径上韶床，践踏肴馔，直视韶面，谓

---

① 记南齐郁林王萧昭业与无赖群小可能性很大的同性恋关系，也见《魏书·卷九十八·岛夷萧道成传附萧昭业传》。
② 记陈后主陈叔宝有"狎客"陪侍。
③ 注意名词"人妖"的一种用法。
④ 记著名文学家庾信与梁宗室萧韶的同性恋关系。

曰:"官今日形容大异近日。"时宾客满坐,韶甚惭耻。

(五) 卷七十七·茹法珍传①

奄人王宝孙年十三四,号为伥子,最有宠。参预朝政,控制大臣,移易敕诏,乃至骑马入殿,诋诃天子。公卿见之,莫不慑息。

(六) 卷三十二·张邵传附张畅传 有关于嬖人的记载。

北史

(唐·高宗) 李延寿撰
中华书局 1974 年版

(一) 卷五十·辛雄传附辛德源传②

德源沉静好学,十四解属文,及长,博览书记。美仪容,中书侍郎裴让之特相爱好,兼有龙阳之重。齐尚书仆射杨遵彦、殿中尚书辛术皆一时名士,并虚襟礼敬,同举荐之。

(二) 卷八十一·张雕武传③

张雕武④,中山北平人也。家世寒微,其兄兰武仕尚书令史,微有资产。故护军长史王元则时为书生,停其宅。雕武少美貌,为元则所爱悦,故偏被教。因好学,精力绝人,负卷从师,不远千里。遍通五经,尤明三传。弟子远方就业者,以百数,诸儒服其强辩。齐神武⑤召入霸府,令与诸子讲说。

---

① 记南齐东昏侯萧宝卷对阉人王宝孙的宠信,参见《南史·卷五·废帝东昏侯本纪》。
② 记北朝裴让之与辛德源可能性较大的同性恋关系。
③ 记北朝王元则与张雕武可能性较大的同性恋关系。
④ 本名当是雕虎,《北史》避唐讳,唐高祖李渊的祖父名虎。
⑤ 北齐高祖神武帝高欢。

魏书

(北齐) 魏收撰
中华书局 1974 年版

(一) 卷十五·秦王翰传附中山王纂传

纂好酒爱佞，政以贿成。世祖杀其亲嬖人。

(二) 卷十五·常山王［拓跋］遵传附［元］绍传①

绍字丑伦，少聪慧，迁尚书右丞。绍断决不避强御。世宗诏令检赵脩狱，以脩佞幸，因此遂加杖罚，令其致死。帝责绍不重闻，绍曰："脩奸佞甚于董贤，臣若不因衅除之，恐陛下复被哀帝之名。"以其言正，遂不罪焉。

(三) 卷六十六·高聪传

赵脩嬖幸。

(四) 卷九十三·赵脩传②

赵脩，字景业，赵郡房子人。父惠安，后名谧，都曹史，积劳补阳武令。脩本给事东宫，为白衣左右，颇有膂力。世宗践阼，仍充禁侍，爱遇日隆。然天性暗塞，不闲书疏，是故不参文墨。世宗亲政，旬月之间，频有转授，历员外通直散骑常侍、镇东将军、光禄卿。每受除设宴，世宗亲幸其宅，诸王公卿士百僚悉从，世宗亲见其母。脩能剧饮，至于逼劝觞爵，虽北海王详、广阳王嘉等皆亦不免，必致困乱。每适郊庙，脩常骖陪。出入华林，恒乘马至于禁内。咸阳王禧诛，其家财货多赐高肇及脩。

脩之葬父也，百僚自王公以下无不吊祭，酒犊祭奠之具，填塞门街。于京师为制碑铭，石兽、石柱皆发民车牛，传致本县。财用之费，悉自公家。凶吉车乘将百两，道路供给，亦皆出官。时将马射，世宗留脩过之。帝如射宫，脩又骖乘，辂车旒竿触东门而折。脩恐不逮葬日，驿赴窆期，左右求从及特遣者数十人。脩道路嬉戏，殆无戚容，或与宾客奸掠妇女裸观，从者噂𠴲喧哗，诟詈无节，莫不畏而恶之。是年，又为脩广增宅

---

① (二)(三)(四) 记北魏世宗宣武帝元恪与赵脩可能性较大的同性恋关系。(二) 也见《北史·卷十五·常山王遵传附绍传》。

② 也见《北史·卷九十二·赵脩传》。

舍，多所并兼，洞门高堂，房庑周博，崇丽拟于诸王。其四面邻居，赂入其地者侯天盛兄弟，越次出补长史、大郡。

脩起自贱伍，暴致富贵，奢傲无礼，物情所疾。因其在外，左右或讽纠其罪。自其葬父还也，旧宠小薄。初，王显祗附于脩，后因忿阋，密伺其过，规陷戮之，而脩过短，都不悛防。显积其前后愆咎，列脩葬父时路中淫乱不轨，又云与长安人赵僧擲谋匿玉印事。高肇、甄琛等构成其罪，乃密以闻。始琛及李凭等曲事于脩，无所不至，惧相连及，争共纠摘，助攻治之。遂乃诏曰："小人难育、朽棘不雕，长恶不悛，岂容抚养。散骑常侍、镇东将军、领扈左右赵脩，昔在东朝，选充台皂，幼所经见，长难遗之。故篡业之初，仍引西禁。虽地微器陋，非所宜采；然识早念生，遂升名级。自蒙洗濯，凶昏日甚，骤佞荐骄，恩加轻慢。不识人伦之体，不悟深浅之方，陵猎王侯，轻触卿相，门宾巷士，拜叩不接，嚣气豪心，仍怀鄙塞。比听葬父，侈暴继闻。居京造宅，残虐徒旅。又广张形势，妄生矫托，与雍州人赵僧擲等阴相传纳，许受玉印。不轨不物，日月滋甚。朕犹愍其宿隶，每加覆护，而擅威弄势，侏张不已。法家耳目，并求宪网，虽欲舍之，辟实难爽。然楚履既坠，江君徘徊；钟牛一声，东向改辔。脩虽小人，承侍在昔，极辟之奏，欲加未忍。可鞭之一百，徙敦煌为兵。其家宅作徒即仰停罢，所亲在内者悉令出禁。朕昧于处物，育兹豺虎，顾寻往谬，有愧臣民，便可时救申没，以谢朝野。"

是日脩诣领军于劲第与之樗蒲，筹未及毕，而羽林数人相续而至，称诏呼之。脩惊起随出，路中执引脩马诣领军府。琛与显监决其罚，先具问事有力者五人更迭鞭之，占令必死。旨决百鞭，其实三百。脩素肥壮，腰背博硕，堪忍楚毒，了不转动。鞭讫，即召驿马，促之令发。出城西门，不自胜举，缚置鞍中，急驱驰之。其母妻追随，不得与语。行八十里乃死。

（五）卷六十七·崔光传①

正始元年夏，有典事史元显献四足四翼鸡，诏散骑侍郎赵邕以问光②，光表答曰：

臣谨按：《汉书·五行志》：宣帝黄龙元年，未央殿路軨中，雌鸡化为雄，毛变而不鸣不将，无距。元帝初元中，丞相府史家雌鸡伏子，渐化为雄，冠距鸣将。永光中，有献雄鸡生角。刘向以为鸡者小畜，主司时起居，小臣执事为政之象也。言小臣将乘君之威，以害政事，犹石显也。竟宁元年，石显伏辜，此其效也。灵帝光和元年，南宫寺雌鸡欲化为雄，一身毛皆似雄，但头冠尚未变。诏以问议郎蔡邕，邕对曰："貌之不恭，则有鸡祸。臣窃推之，头为元首，人君之象也。今鸡一身已变，未至于头，而上知之，是将有其事，而不遂成之象也。若应之不精，政无所改，头冠或成，为患滋大。"是后张角作

---

① （五）（六）记北魏世宗与茹皓可能性较大的同性恋关系。（五）也见《北史·卷四十四·崔光传》。
② 崔光。

乱，称"黄巾贼"，遂破坏四方，疲于赋役，民多叛者。上不改政，遂至天下大乱。今之鸡状虽与汉不同，而其应颇相类矣。向、邕并博达之士，考物验事，信而有证，诚可畏也。

臣以邕言推之，翅足众多，亦群下相扇助之象，雏而未大，脚羽差小，亦其势尚微，易制御也。臣闻灾异之见，皆所以示吉凶，明君睹之而惧，乃能招福；暗主视之弥慢，所用致祸。《诗》、《书》、《春秋》，秦汉之事多矣，此陛下所观者也。今或有自贱而贵，关预政事，殆亦前代君房①之匹比者。南境死亡千计，白骨横野，存有酷恨之痛，殁为怨伤之魂。义阳屯师，盛夏未返；荆蛮狡猾，征人淹次。东州转输，往多无还；百姓困穷，绞缢以殒。北方霜降，蚕妇辍事；群生憔悴，莫甚于今。此亦贾谊哭叹，谷永切谏之时。司寇行戮，君为之不举，陛下为民父母，所宜矜恤。国重戎战，用兵犹火，内外怨弊，易以乱离。陛下纵欲忽天下，岂不仰念太祖取之艰难，先帝经营劬劳也。

诚愿陛下留聪明之鉴，警天地之意，礼处左右，节其贵越。往者邓通、董贤之盛，爱之正所以害之。又躬飨加罕，宴宗或阙，时应亲肃郊庙，延敬诸父。检访四方，务加休息，爰发慈旨，抚赈贫瘦。简费山池，减撤声饮，昼存政道，夜以安身。博采刍荛，进贤黜佞。则兆庶幸甚，妖弭庆进，祯祥集矣。

世宗览之，大悦。后数日，而茹皓等并以罪失伏法。于是礼光愈重，加抚军将军。

(六) 卷九十三·茹皓传②

茹皓，字禽奇，旧吴人也。父让之，本名要，随刘骏巴陵王休若为将，至彭城。是时南土饥乱，遂寓居淮阳上党。皓年十五六，为县金曹吏，有姿貌，谨惠。南徐州刺史沈陵见而善之，自随入洛阳，举充高祖白衣左右。

世宗践祚，皓侍直禁中，稍被宠接。世宗尝拜山陵，路中欲引与同车，皓奋衣将升，黄门侍郎元匡切谏乃止。及世宗亲政，皓眷赉日隆。又以马圈之劳，当拟补员外将军。时赵脩亦被幸，妒害之，求出皓为外守。皓亦虑见危祸，不乐内官，遂超授濮阳太守，加厉威将军。其父因皓讼理旧勋，先除兖州阳平太守，赐以子爵。父子剖符名邦，郡境相接，皓忻然于去内，不以疏外为戚。及赵脩等败，竟获全免。虽起微细，为守乃清简寡事。世宗幸邺讲武，皓启求朝趋，解郡，授左中郎将，领直阁。宠待如前。皓既官达，自云本出雁门，雁门人谄附者乃因荐皓于司徒，请为肆州大中正。府、省以闻，诏特依许。迁骠骑将军，领华林诸作。皓性微工巧，多所兴立。为山于天渊池西，采掘北邙及南山佳石。徙竹汝颍，罗莳其间；经构楼馆，列于上下。树草栽木，颇有野致。世宗心悦之，以时临幸。迁冠军将军、仍骁骑将军。

---

① 石显字君房。
② 也见《北史·卷九十二·茹皓传》。

皓贵宠日升，关与政事。太傅、北海王详以下咸祇惮附之。皓弟年尚二十，擢补员外郎。皓娶仆射高肇从妹，于世宗为从母。迎纳之日，详亲诣之，礼以马物。皓又为弟聘安丰王延明妹，延明耻非旧流，不许。详劝强之云："欲觅官职，如何不与茹皓婚姻也？"延明乃从焉。皓颇敏慧，折节下人。而潜自经营，阴有纳受，货产盈积。起宅宫西，朝贵弗之及也。是时世宗虽亲万务，皓率常居内，留宿不还，传可门下奏事。未几，转光禄少卿，意殊不已，方欲陈马圈从先帝之劳，更希进举。

初，脩、皓之宠，北海王详皆附纳之。又直阁将军刘胄本为详所荐，常感详恩，密相承望，并共来往。高肇素疾诸王，常规陷害，既知详与皓等交关相眤，乃构之世宗，云皓等将有异谋。世宗乃召中尉崔亮令奏皓、胄、常季贤、陈扫静四人擅势纳贿及私乱诸事，即日执皓等皆诣南台。翌日，奏处罪，其晚就家杀之。皓妻被发出堂，哭而迎皓。皓径入哭别，食椒而死。

（七）卷九十三·茹皓传附陈扫静传、徐义恭传①

扫静、徐义恭，并彭城旧营人。扫静能为世宗典栉梳，义恭善执衣服，并以巧便，旦夕居中，爱幸相侔，官叙不异。扫静妻，义恭姊也，情相遗薄，室家不谐。义恭恒忿恨之，亲经世宗，诉其欺侮。世宗以其左右，两护之。二人皆承奉茹皓，亦并加接眷，而扫静偏为亲密，与皓常在左右，略不归休。皓败，扫静亦死于家。义恭小心谨慎，谦退少语。皓等死后，弥见幸信，长侍左右，典掌秘密。世宗不豫，义恭昼夜扶侍，崩于怀中。

（八）卷二十二·汝南王悦传②

汝南王悦，好读佛经，览书史。为性不伦，俶傥难测。悦妃闾氏，即东海公之女也，生一子，不见礼答。有崔延夏者，以左道与悦游，合服仙药松术之属。时轻与出采芝，宿于城外小人之所。遂断酒肉粟稻，唯食麦饭。又绝房中而更好男色。轻忿妃妾，至加捶挞，同之婢使。悦之出也，妃住于别第。灵太后敕检问之，引入，穷悦事故。妃病杖伏床蓐，疮尚未愈。太后因悦之杖妃，乃下令禁断。令诸亲王及三蕃，其有正妃疾患百日已上，皆遣奏闻。若有犹行捶挞，就削封位。

（九）卷八十九·郦道元传

司州牧、汝南王悦嬖近左右丘念，常与卧起。及选州官，多由于念。念匿于悦第，

---

① 记北魏世宗与陈扫静、徐义恭可能性较大的同性恋关系，也见《北史·卷九十二·茹皓传附陈扫静传、徐义恭传》。

② （八）（九）记喜好男色的汝南王元悦。（八）也见《北史·卷十九·汝南王悦传》。

时还其家，道元收念付狱。悦启灵太后请全之，敕赦之。道元遂尽其命，因以劾悦。是时，雍州刺史萧宝夤反状稍露，悦等讽朝廷遣［道元］为关右大使，遂为宝夤所害。

（十）卷三十四·卢鲁元传①

卢鲁元，昌黎徒河人也。曾祖副鸠，仕慕容垂为尚书令、临泽公。祖、父并至大官。鲁元敏而好学，宽和有雅度。太宗时，选为直郎。以忠谨给侍东宫，恭勤尽节，世祖亲爱之。及即位，以为中书侍郎，拾遗左右，宠待弥深。而鲁元益加谨肃，世祖逾亲信之，内外大臣莫不敬惮焉。性多容纳，善与人交，好掩人之过，扬人之美，由是公卿咸亲附之。鲁元以工书有文才，累迁中书监，领秘书事。赐爵襄城公，加散骑常侍、右将军。赐其父为信都侯。从征赫连昌。世祖亲追击之，入其城门，鲁元随世祖出入。是日，微鲁元，几至危殆。从征平凉，以功拜征北大将军，加侍中。后迁太保、录尚书事。世祖贵异之，常从征伐，出入卧内。每有平殄，辄以功赏赐童隶，前后数百人，布帛以万计。世祖临幸其第，不出旬日。欲其居近，易于往来，乃赐甲第于宫门南。衣食车马，皆乘舆之副。

真君三年冬，车驾幸阴山，鲁元以疾不从。侍臣问疾送医药，传驿相属于路。及薨，世祖甚悼惜之。还，临其丧，哭之哀恸。东西二宫命太官日送奠，晨昏哭临，讫则备奏钟鼓伎乐。舆驾比葬三临之。丧礼依安城王故事，而赠送有加。赠襄城王，谥曰孝。葬于崞山，为建碑阙。自魏兴，贵臣恩宠，无与为比。

少子内，给侍东宫，恭宗深昵之，常与卧起同衣。父子有宠两宫，势倾天下。内性宽厚，有父风，而恭顺不及。正平初，宫臣伏诛，世祖②以鲁元故，唯杀内而厚抚其兄弟。

（十一）卷三十四·万安国传③

万安国，代人也。祖真，世为酋帅，恒率部民从世祖征伐，以功除平西将军、敦煌公，转骠骑大将军、仪同三司。父振，尚高阳长公主，拜驸马都尉。迁散骑常侍、宁西将军、长安镇将，赐爵冯翊公。安国少明敏，有姿貌。以国甥，复尚河南公主，拜驸马都尉。迁散骑常侍。显祖特亲宠之，与同卧起，为立第宅，赏赐至巨万。超拜大司马、大将军，封安城王。安国先与神部长奚买奴不平，承明初，矫诏杀买奴于苑中。高祖④闻之，大怒，遂赐安国死。年二十三。

---

① 记北魏世祖太武帝拓跋焘与卢鲁元可能性较大的同性恋关系，以及恭宗景穆帝拓跋晃与卢内的同性恋关系，也见《北史·卷二十五·卢鲁元传》。
② 世祖为恭宗之父。
③ 记北魏显祖献文帝拓跋弘与万安国的同性恋关系，也见《北史·卷二十五·万安国传》。
④ 高祖为显祖之子。

(十二) 卷八十三上·冯熙传附冯诞传①

诞字思政,姿质妍丽。年才十余岁,文明太后引入禁中,申以教诫。然不能习读经史,故并无学术,徒整饰容仪,宽雅恭谨而已。诞与高祖同岁,幼侍书学,仍蒙亲待。尚帝妹乐安长公主,拜驸马都尉、侍中、征西大将军、南平王。又除诞仪曹尚书,知殿中事。及罢庶姓王,诞为侍中、都督中外诸军事、中军将军、特进,改封长乐郡公。诞拜官,高祖立于庭,遥受其拜,既讫还室。

高祖宠诞,每与诞同舆而载,同案而食,同席坐卧。十六年,以诞为司徒。高祖既深爱诞,除官日,亲为制三让表并启,将拜,又为其章谢。寻加车骑大将军、太子太师。十八年,高祖谓其无师傅奖导风,诞深自诲责。

从驾南伐。十九年,至钟离,诞遇疾不能侍从。高祖日省问,医药备加。时高祖锐意临江,乃命六军发钟离南辕,与诞泣诀。左右皆入,无不掩涕。时诞已憔然,强坐,视高祖,悲而泪不能下,言梦太后来呼臣。高祖呜咽,执手而出,遂行。是日,去钟离五十里许。昏时,告诞薨问,高祖哀不自胜。时崔慧景、裴叔业军在中淮,去所次不过百里。高祖乃轻驾西还,从者数千人。夜至诞薨所,抚尸哀恸,若丧至戚,达旦声泪不绝。从者亦迭举音。诏求棺于城中,及敛迭举,高祖以所服衣帢充襚,亲自临视,撤乐去膳。宣敕六军,止临江之驾。高祖亲北度,恸哭极哀。诏侍臣一人兼大鸿胪,送柩至京。礼物辒仪,徐州备造;陵兆葬事,下洛候设。丧至洛阳,车驾犹在钟离。诏留守赐赗物布帛五千匹,谷五千斛,以供葬事。赠假黄钺、使持节、大司马,领司徒、侍中、都督、太师、驸马、公如故。加以殊礼,备锡九命,依晋大司马、齐王攸故事。有司奏谥,诏曰:"案谥法:善行仁德曰'元',柔克有光曰'懿'。昔贞惠兼美,受三谥之荣;忠武双徽,锡两号之茂。式准前迹,宜契具瞻。既自少绸缪,知之惟朕。案行定名,谥曰元懿。"帝又亲为作碑文及挽歌,词皆穷美尽哀,事过其厚。车驾还京,诏曰:"冯大司马已就坟茔,永潜幽室,宿草之哭,何能忘之?"遂亲临诞墓,停车而哭。

(十三) 卷九十五·匈奴刘聪传附刘曜传

曜不抚士众,专与嬖臣饮博,左右或谏,曜怒斩之。

(十四) 卷九十五·徒河慕容廆传附慕容冲传②

[北魏]太祖之七年,苻坚败于淮南。济北王[慕容]泓收诸马牧鲜卑,众至数千,

---

① 记北魏高祖孝文帝元宏与冯诞可能性较大的同性恋关系。
② (十四)(十五)记前秦主苻坚与慕容冲的同性恋关系,参见《北史·卷九十三·慕容廆传附慕容冲传》、《晋书·卷一百一十四·苻坚载记下》。

[起兵背叛苻坚,]坚遣子巨鹿公睿伐泓。泓弟中山王冲,先为平阳太守,亦起兵河东,有众两万。泓大破睿军,斩睿。冲为坚将窦冲所破,弃其步众,率鲜卑骑八千奔于泓军。泓众至十余万。……

泓谋臣高盖、宿勤崇等以泓德望后冲,且持法苛峻,乃杀泓,立冲为皇太弟,承制行事,置百官。冲去长安二百里,坚遣子平原公晖拒之,冲大破晖军,进据阿房。初,坚之灭燕,冲姊清河公主年十四,有殊色,纳之,宠冠后庭。冲年十二,亦有龙阳之姿,坚又幸之。姊弟专宠,宫人莫进,长安歌之曰:"一雌复一雄,双飞入紫宫。"咸惧为乱。王猛切谏,坚乃出冲。及其母卒,葬之以燕后之礼。长安又谣曰:"凤皇,凤皇,止阿房。"坚以凤皇非梧桐不栖,非竹实不食,乃荫梧竹数十万株于阿房城,以待凤皇之至。冲小字凤皇,至是终为坚贼,入止阿城焉。

(十五) 卷九十五·临渭氐苻健传附苻坚传

慕容泓、冲起兵华泽,坚遣子睿、晖前后击泓,为泓所败。长安鬼夜哭三旬。冲又击杀坚将姜宇于灞上,遂屯阿房,进逼长安。坚登城观之,叹曰:"此房何从而出?其强若斯!"大言责冲曰:"尔辈群奴,正可牧牛羊,何为送死!"冲曰:"奴则奴矣,既厌奴苦,取尔见代。"坚遣使送锦袍一领遗冲,使者称有诏:"古人兵交,使在其间。卿远来草创,得无劳乎?今送一袍,以明本怀。朕于卿恩分如何,而于一朝忽为此变?"冲命詹事答之,亦称皇太弟有令:"孤今心在天下,岂顾一袍小惠。苟能知命,便可君臣束手,早送皇帝①。自当宽贷苻氏,以酬曩好,终不使既往之事,独羡于前。"坚大怒曰:"朕不用王景略、阳平公之言,使白虏敢至于此!"

[385年,苻坚为叛将姚苌所杀。第二年,慕容冲也死于部下之手。]

(十六) 卷九十九·私署凉州牧张寔传附张天锡传

天锡骄肆淫昏,不恤民务,元日与嬖人襃饮。

(十七) 卷二十五·长孙道生传附长孙稚传 有关于童侍的记载,注意应当是指婢女。

(十八) 卷四十八·高允传、卷五十四·高闾传、卷七十二·阳尼传附阳固传、卷九十三·恩幸列传、卷九十五·羯胡石勒传附石虎传、卷九十六·僭晋司马睿传附司马奕传、卷一百五之三·天象志三、卷一百五之四·天象志四 有关于帷幄宠臣、嬖人、嬖幸、巧佞、恩幸、幸臣、佞臣的记载。

---

① 前燕主慕容㬂,慕容冲之兄。

十六国春秋

（北魏）崔鸿撰
（晚清）汤球辑
民国二十五年（1936）商务印书馆上海铅印
《丛书集成初编·十六国春秋辑补》本

（一）卷十六后赵录六·石虎

三年，太保夔安等文武五百九十人，上皇帝尊号劝进。于是依殷周之制，以咸康三年僭称大赵天王，即位于南郊，立其郑氏为天王皇后。石虎郑后，名樱桃，晋冗从仆射郑世达家妓也。在众猥妓中，虎数叹其貌于太后，太后给之。（依《御览》三百八十引补）

（二）卷九十九北燕录二·冯跋

太平十七年二月，北部人赵寿女既嫁化为男，娶妻而无子。跋问诸群臣曰："此何祥？"尚书左丞傅权对曰："汉世雌鸡为雄，阴变为阳，君替臣僭之象，卒有妇人专宠，王莽篡逆。今女为男，臣将为君之征。"跋曰："将何以禳之？"权曰："桑谷生朝，太戊修德而殷道以兴。荧惑守心，宋景责躬延龄二纪。唯修身崇善，可以转祸为福。"

三十国春秋辑本

（晚清）汤球辑
民国二十五年（1936）商务印书馆上海铅印《丛书集成初编》本

（一）田融《赵书》

石虎聘崔氏为夫人，无宠。所爱郑夫人有百日女，病。谓崔误与药，以告后石①。虎作威问之，崔言外舍见小子以少唾其容作祟，非药也。后石乃射之，一箭通中而死。（《御览》三百八十七）

（二）王度《二石传》

石虎攻中山，得郑略之妹为妻，至相敬待。［崔氏］无儿，郑复生男。崔求养，郑不

---

① 后赵石虎。

许，一月卒病死。郑谗崔，谓妾多养胡子。虎时踞胡床于庭中，大怒，索弓箭。崔闻欲杀之，徒跣至虎前曰："公勿枉杀妾，乞听妾言。"虎不听，但言促还坐，无预卿。崔便去来，未至，虎于后射之，中腰而覆。（《御览》三百七十一）

水经注

（北魏）郦道元撰
台湾商务印书馆 1986 年影印
文渊阁《四库全书》本

（一）卷六①

水侧有凉堂。结飞梁于水上，左右杂树交荫，希见曦景。至有淫朋密友，羁游宦子，莫不寻梁契集，用相娱慰。于晋川之中，最为胜处。

（二）卷十一②

博水③又东南，径谷梁亭南，又东径阳城县，散为泽渚。渚水潴涨，方广数里，匪直蒲笋是丰，寔亦偏饶菱藕。至若娈婉丱童，及弱年崽子，或单舟采菱，或叠舸折芰，长歌阳春，爱深绿水。掇拾者不言疲，谣咏者自流响。于时行旅过瞩，亦有慰于羁望矣。世谓之为阳城淀也。

北齐书

（唐·太宗）李百药撰
中华书局 1972 年版

（一）卷五·废帝纪④

[废帝高殷做太子时，]令杨愔传旨，谓国子助教许散愁曰："先生在世何以自资？"对曰："散愁自少以来，不登娈童之床，不入季女之室，服膺简策，不知老之将至。平生

---

① 注意"淫朋密友"。
② 注意"娈婉丱童"、"弱年崽子"。
③ 河名，流经今河北省中部。
④ 记许散愁不好男色，也见《北史·卷七·废帝本纪》。

素怀，若斯而矣。"太子曰："颜子缩屋称贞，柳下妪而不乱，未若此翁白首不娶者也。"乃赉绢百匹。

（二）卷二十八·元韶传①

韶性行温裕，颇膺时宠。能自谦退，临人有惠政。文宣帝剃韶须髯，加以粉黛，衣妇人服以自随，曰："我以彭城②为嫔御。"讥元氏微弱，比之妇女。

（三）卷三十一·王昕传③

武帝时或袒露，与近臣戏狎。

（四）卷三十四·杨愔传④

有宫人李昌仪者，坐事入宫。太后以昌仪宗情，甚相昵爱。

（五）卷五十·和士开传⑤

和士开，字彦通，清都临漳人也。其先西域商胡，本姓素和氏。父安，恭敏善事人，稍迁中书舍人。魏孝静尝夜中与朝贤讲集，命安看斗柄所指，安答曰："臣不识北斗。"高祖闻之，以为淳直。后为仪州刺史。

士开幼而聪慧，选为国子学生，解悟捷疾，为同业所尚。天保初，世祖封长广王，辟士开府行参军。世祖性好握槊，士开善于此戏，由是遂有斯举。加以倾巧便僻，又能弹胡琵琶，因此亲狎。尝谓王曰："殿下非天人也，是天帝也。"王曰："卿非世人也，是世神也。"其深相爱如此。显祖知其轻薄，不令王与小人相亲善，责其戏狎过度，徙长城。后除京畿士曹参军，长广王请之也。

世祖践祚，累除侍中，加开府。遭母刘氏忧，帝闻而悲惋，遣武卫将军吕芬诣宅，昼夜扶侍，成服后方还。其日，帝又遣以犊车迎士开入内，帝见，亲自握手，怆恻下泣，晓喻良久，然后遣还，并诸弟四人并起复本官。其见亲重如此。除右仆射。帝先患气疾，因饮酒辄大发动，士开每谏不从。属帝气疾发，又欲饮，士开泪下歔欷不能言。帝曰："卿此是不言之谏。"因不复饮。言辞容止，极诸鄙亵，以夜继昼，无复君臣之礼。至说世祖云："自古帝王，尽为灰烬，尧、舜、桀、纣，竟复何异？陛下宜及少壮，恣意作乐，纵横行之，即是一日快活敌千年。国事分付大臣，何虑不办，无为自勤苦也。"世祖

---

① 记显祖文宣帝高洋将元韶作女性装扮，也见《北史·卷十九·彭城王[元]勰传附[元]韶传》。
② 指元韶，韶在北魏被孝庄帝封为彭城王。
③ 记北魏孝武帝元修与近臣的亲密关系。
④ 记废帝之母李太后与李昌仪的亲密关系，也见《北史·卷四十一·杨播传附杨愔传》。
⑤ 记世祖武成帝高湛与和士开可能性较大的同性恋关系，也见《北史·卷九十二·和士开传》。

大悦。其年十二月，世祖寝疾于乾寿殿，士开入侍医药。世祖谓士开有伊、霍之才，殷勤属以后事，临崩，握士开之手曰："勿负我也。"仍绝于士开之手。①

（六）卷五十·穆提婆传②

穆提婆，本姓骆，汉阳人也。父超，以谋叛伏诛。提婆母陆令萱尝配入掖庭，后主褓襁之中，令其鞠养，谓之干阿奶，遂大为胡后所昵爱。令萱奸巧多机辩，取媚百端，宫掖之中，独擅威福。天统初，奏引提婆入侍后主，朝夕左右，大被亲狎。嬉戏丑亵，无所不为。宠遇弥隆，官爵不知纪极，遂至录尚书事，封城阳王。令萱又佞媚，穆昭仪养之为母，是以提婆改姓穆氏。及穆后立，令萱号曰太姬，此即齐朝皇后母氏之位号也，视第一品，班在长公主之上。自武平之后，令萱母子势倾内外矣。庸劣之徒皆重迹屏气焉。自外杀生予夺不可尽言。晋州军败，后主还邺，提婆奔投周军。令萱自杀，子孙大小皆弃市，籍没其家。

（七）卷二·神武帝纪下、卷八·幼主纪、卷十三·清河王岳传附劢传、卷二十一·封隆之传附封子绘传、卷二十六·平鉴传、卷三十三·徐之才传、卷四十五·颜之推传、卷五十·恩幸列传 有关于嬖幸、嬖臣、佞臣、佞人、佞幸、弄臣、恩幸等的记载。

颜氏家训

（北齐—隋）颜之推撰
台湾商务印书馆 1986 年影印
文渊阁《四库全书》本

卷上·勉学篇③

梁朝全盛之时，贵游子弟多无学术。无不熏衣剃面，傅粉施朱。驾长檐车，跟高齿屐。坐棋子方褥，凭斑丝隐囊。从容出入，望若神仙。

---

① 时在天统四年（568），武成帝年32。武平二年（571），和士开为人所杀，年48。
② 记后主高纬与穆提婆可能性较大的同性恋关系，也见《北史·卷九十二·穆提婆传》。
③ 记梁朝贵家子弟的好修饰。

周书

(唐·太宗)令狐德棻等撰
中华书局1971年版

(一)卷七·宣帝纪

[北周宣帝宇文赟]游戏无恒，散乐杂戏鱼龙烂漫之伎，常在目侧。好令京城少年为妇人服饰，入殿歌舞，与后宫观之，以为喜乐。

(二)卷四十八·萧詧传[①]

詧性不饮酒，安于俭素，事其母以孝闻。又不好声色，尤恶见妇人，虽相去数步，遥闻其臭。经御妇人之衣，不复更着。

---

① 记萧詧厌拒妇人。

卷四

隋唐五代宋元时期

隋书

(唐·太宗)魏征等撰
中华书局1973年版

(一) 卷三十八·郑译传①

郑译,字正义,荥阳开封人也。周武帝时,坐褒狎皇太子,帝大怒,除名为民。太子复召之,译戏狎如初。因言于太子曰:"殿下何时可得据天下?"太子悦而益昵之。及帝崩,太子嗣位,是为宣帝。

(二) 卷五十·宇文庆传②

[宇文皛,]字婆罗门,大业之世,少养宫中。后为千牛左右,炀帝甚亲昵之。每有游宴,皛必侍从,至于出入卧内,伺察六宫,往来不限门禁,其恩幸如此。时人号曰宇文三郎。皛与宫人淫乱,至于妃嫔公主,亦有丑声。萧后言于帝,皛闻而惧,数日不敢见。其兄协因奏曰:"皛今已壮,不可在宫掖。"帝曰:"皛安在?"协曰:"在朝堂。"帝不之罪,因召入,待之如初。

(三) 卷七十四·王文同传③

[炀]帝征辽东,令文同巡察河北诸郡。文同见沙门斋戒菜食者,以为妖妄,皆收系狱。又悉裸僧尼,验有淫状非童男女者数千人,复将杀之。

(四) 卷十三·音乐上、卷十五·音乐下、卷二十二·五行上、卷二十三·五行下、卷四十五·房陵王勇传、卷四十五·庶人秀传、卷六十二·刘行本传有关于幸臣、佞臣、宠臣、嬖人、弄臣的记载。

---

① 记郑译与北周宣帝的亲密关系。
② 记隋炀帝杨广与宇文皛的亲密关系。
③ 注意"非童男女者"。

旧唐书

(后晋)刘昫等撰
中华书局1975年版

(一) 卷五十九·姜谟传附姜皎传①

[姜皎,]长安中,累迁尚衣奉御。时玄宗在藩,见而悦之。皎察玄宗有非常之度,尤委心焉。寻出为润州长史。玄宗即位,召拜殿中少监。数召入卧内,命之舍敬,曲侍宴私,与后妃连榻,间以击球斗鸡,常呼之为姜七而不名也。兼赐以宫女、名马及诸珍物不可胜数。玄宗又尝与皎在殿庭玩一嘉树,皎称其美,玄宗遽令徙植于其家,其宠遇如此。

(二) 卷七十六·恒山王承乾传②

恒山王承乾,太宗长子也,生于承乾殿,因以名焉。武德三年,封恒山王。七年,徙封中山。太宗即位,为皇太子,时年八岁,性聪敏,太宗甚爱之。太宗居谅暗,庶政皆令听断,颇识大体。自此太宗每行幸,常令居守监国。及长,好声色,慢游无度,然惧太宗知之,不敢见其迹。每临朝视事,必言忠孝之道,退朝后,便与群小褒狎。宫臣或欲进谏者,承乾必先揣其情,便危坐敛容,引咎自责。枢机辩给,智足饰非,群臣拜答不暇,故在位者初皆以为明而莫之察也。

承乾先患足,行甚艰难,而魏王泰有当时美誉,太宗渐爱重之。承乾恐有废立,甚忌之,泰亦负其材能,潜怀夺嫡之计。于是各树朋党,遂成衅隙。有太常乐人年十余岁,美姿容,善歌舞,承乾特加宠幸,号曰称心。太宗知而大怒,收称心杀之,坐称心死者又数人。承乾意泰告讦其事,怨心逾甚。痛悼称心不已,于宫中构室,立其形像,列偶人车马于前,令宫人朝暮奠祭,承乾数至其处,徘徊流涕。仍于宫中起冢而葬之,并赠官树碑,以申哀悼。承乾自此托疾不朝参者辄逾数月。常命户奴数十百人专习伎乐,学胡人椎髻,剪彩为舞衣,寻橦跳剑,昼夜不绝,鼓角之声,日闻于外。

[性情乖戾又极度伤心的李承乾对于自己父亲的怨愤愈积愈深,竟至与汉王李元昌、兵部尚书侯君集等人密计谋反。事泄被逮,承乾于贞观十七年被废为庶人,十九年死于徙所。]

---

① 记唐玄宗与姜皎的亲密关系。
② 记李承乾与称心的同性恋关系。

（三）卷八十二·李义府传[①]

李义府，瀛州饶阳人也。贞观八年，剑南道巡察大使李大亮以义府善属文，表荐之。对策擢第，补门下省典仪。黄门侍郎刘洎、持书御史马周皆称荐之，寻除监察御史。

高宗嗣位，迁中书舍人。永徽二年，兼修国史，加弘文馆学士。高宗将立武昭仪为皇后，义府尝密申协赞，寻擢拜中书侍郎、同中书门下三品，监修国史，赐爵广平县男。义府貌状温恭，与人语必嬉怡微笑，而褊忌阴贼。既处权要，欲人附己，微忤意者，辄加倾陷。故时人言义府笑中有刀，又以其柔而害物，亦谓之"李猫"。

显庆元年，以本官兼太子右庶子，进爵为侯。有洛州妇人淳于氏，坐奸系于大理，义府闻其姿色，嘱大理丞毕正义求为别宅妇，特为雪其罪。卿段宝玄疑其故，遽以状闻，诏令按其事，正义惶惧自缢而死。侍御史王义方廷奏义府犯状，因言其初容貌为刘洎、马周所幸，由此得进，言词猥亵。帝怒，出义方为莱州司户，而不问义府奸滥之罪。义府云："王御史妄相弹奏，得无愧乎？"义方对云："仲尼为鲁司寇七日，诛少正卯于两观之下；义方任御史旬有六日，不能去奸邪于双阙之前，实以为愧。"寻兼太子左庶子。

（四）卷八十八·韦思谦传附韦承庆传

[唐高宗之子李贤]颇近声色，与户奴等款狎。

（五）卷一百六·张暐传、王琚传、王毛仲传[②]

张暐，汝州襄城人也。会临淄王[③]为潞州别驾，暐潜识英姿，倾身事之，日奉游处。

王琚，怀州河内人也。……玄宗又曰："公有何小艺，可隐迹与寡人游处？"琚曰："飞丹炼药，谈谐嘲咏，堪与优人比肩。"玄宗益喜，与之为友，恨相知晚，呼为王十一。……琚转见恩顾，每延入阁中，迄夜方出。归休之日，中官至第召之。中宫亦使尚宫就琚宅问讯琚母，时果珍味赉之，助其甘旨。琚在帷幄之侧，常参闻大政，时人谓之"内宰相"。

王毛仲，本高丽人也。……毛仲虽有赐庄宅，奴婢、驼马、钱帛不可胜纪，常于闲厩侧内宅住。每入侍燕赏，与诸王、姜皎等御幄前连榻而坐。玄宗或时不见，则悄然如有所失，见之则欢洽连宵，有至日晏。

史臣曰：张暐、王琚、王毛仲皆邓通、闳孺之流也。

（六）卷一百四十·卢群传

卢群字载初，范阳人。贞元六年，入拜侍御史。有人诬告故尚父[郭]子仪嬖人张

---

① 参见《全唐文》（二）。
② 记唐玄宗与张暐、王琚、王毛仲可能的同性恋关系。
③ 唐玄宗在未登帝位时曾被封为临淄王。

氏宅中有宝玉者，张氏兄弟又与尚父家子孙相告诉，诏促按其狱。群奏曰："张氏以子仪在时分财，子弟不合争夺。然张氏宅与子仪亲仁宅，皆子仪家事。子仪有大勋，伏望陛下特赦而勿问，俾私自引退。"德宗从其言，时人嘉其识大体。

（七）卷一百四十五·吴少诚传附吴少阳传①

吴少阳，本沧州清池人。初，吴少诚父翔在魏博军中，与少阳相爱。及少诚知淮西留守，乃厚以金帛取少阳至，则名以堂弟，署为军职，累奏官爵，出入少诚家，情旨甚昵。少阳度少诚猜忍，惧为所害，乃请出外以任防捍之任。

（八）卷六·则天皇后本纪、卷一百六·杨国忠传、卷一百一十八·元载传、卷一百二十·郭子仪传、卷一百五十四·孔巢父传附孔戣传、卷一百六十二·潘孟阳传　有关于幸臣、宠臣、恩幸的记载。

新唐书

（北宋·仁宗）欧阳修等撰
中华书局 1975 年版

（一）卷九·僖宗皇帝本纪②

［僖宗光启二年春，］成都地震，凤翔女子化为丈夫。

（二）卷八十·常山王承乾传

东宫有俳儿，善姿首，承乾嬖爱。帝③闻震怒，收儿杀之，坐死者数人。承乾内念儿不已，筑室图其像，赠官树碑，为起冢苑中，朝夕祭。承乾至其处裴回，涕数行下，愈怨怼，称疾不朝，累数月。

（三）卷一百四十七·卢群传

卢群字载初，系出范阳。以劲正闻，入为侍御史。郭子仪家与婢人张昆弟讼财不平，又言婢人宅匿珍宝。德宗促按之。群奏言："子仪有大勋德，今所讼皆其家事。且婢人

---

① 记吴少阳与吴少诚可能的同性恋关系，参见《新唐书·卷二百一十四·吴少诚传附吴少阳传》。
② 记女子化男，也见《新唐书·卷三十六·五行三》。
③ 唐太宗。

宅，子仪昔界之，非子弟所宜言。请赦勿问。"从之。人谓群识大体。

（四）卷一百八十一·曹确传①

曹确字刚中，河南河南人。擢进士第，历践中外官，累拜兵部侍郎。懿宗咸通中，以本官同中书门下平章事，俄进中书侍郎。

确邃儒术，器识方重，动循法度。时帝薄于德，昵宠优人李可及。可及者，能新声，自度曲，辞调悽折，京师偷薄少年争慕之，号为"拍弹"。同昌公主丧毕，帝与郭淑妃悼念不已，可及为帝造曲，曰《叹百年》，教舞者数百，皆珠翠褖饰，刻画鱼龙地衣，度用缯五千，倚曲作辞，哀思裴回，闻者皆涕下。舞阕，珠宝覆地，帝以为天下之至悲，愈宠之。家尝娶妇，帝曰："第去，吾当赐酒。"俄而使者负二银榼与之，皆珠珍也。可及凭恩横甚，人无敢斥，遂擢为威卫将军。确曰："太宗著令，文武官六百四十三，谓房玄龄曰：'朕设此待天下贤士。工商杂流，假使技出等夷，正当厚给以财，不可假以官，与贤者比肩立、同坐食也。'文宗欲以乐工尉迟璋为王府率，拾遗窦洵直固争，卒授光州长史。今而位将军，不可。"帝不听。至僖宗立，始贬死。方幸时，惟确屡言之。而神策中尉西门季玄者，亦刚骾，谓可及曰："汝以巧佞惑天子，当族灭！"尝见其受赐，谓曰："今载以官车，后籍没亦当尔。"

（五）卷二百八·刘克明传

［唐］敬宗善击球，于是陶元皓、靳遂良、赵士则、李公定、石定宽以球工得见便殿，内籍宣徽院或教坊，然皆出神策隶卒或里闾恶少年，帝与狎息殿中为戏乐。

（六）卷二百八·田令孜传②

帝冲駚，喜斗鹅走马，与内园小儿尤昵狎。始，帝为王时，与令孜同卧起，至是以其知书能处事，又帝资狂昏，故政事一委之，呼为父。而荒酣无检，发左藏、齐天诸库金币，赐伎子歌儿者日巨万，国用耗尽。

（七）卷一百三十七·郭子仪传、卷一百七十一·曹华传　有关于幸臣、佞人的记载。

---

① 参见《旧唐书·卷一百七十七·曹确传》。
② 唐僖宗为王时，年龄小于12岁，而田令孜又是一宦者，所以两人虽然"同卧起"，但未必有同性恋关系。

全唐诗

(清·康熙)彭定求等编
中华书局 1960 年版

(一) 卷一百五十六·观蛮童为伎之作①

长裙锦带还留客,广额青蛾亦效颦。
共惜不成金谷妓,虚令看杀玉车人。

(二) 卷一百九十九·醉后戏与赵歌儿②

秦州歌儿歌调苦,偏能立唱《濮阳女》。
座中醉客不得意,闻之一声泪如雨。
向使逢着汉帝怜,董贤气咽不能语。

(三) 卷二百二·赠知己③

江南折芳草,江北赠佳期。
美人碧云外,宁见长相思。

(四) 卷二百二·戏赠歌者④

白晰歌童子,哀音绝又连。
楚妃临扇学,卢女隔帘传。
晓燕喧喉里,春莺啭舌边。
若逢汉武帝,还是李延年。

(五) 卷四百十八·估客乐⑤

炎洲布火浣,蜀地锦织成。

---

① (唐)王翰作。
② (唐)岑参作。
③ (唐)杨谏作。
④ (唐)梁锽作。
⑤ (唐)元稹作。

越婢脂肉滑，奚童眉眼明。

（六）卷四百九十二·汉宫词三首①

骏马金鞍白玉鞭，宫中来取李延年。
承恩直日鸳鸯殿，一曲清歌在九天。

（七）卷五百十一·宫词二首②

自倚能歌日，先皇掌上怜。
新声何处唱，肠断李延年。

（八）卷五百四十五·对月寄同志③

霜满中庭月在林，塞鸿频过又更深。
支颐不语相思坐，料得君心似我心。

（九）卷五百六十八·醒起独酌怀友④

西风静夜吹莲塘，芙蓉破红金粉香。
美人此夕不入梦，独宿高楼明月凉。

（十）卷七百二十八·卫灵公⑤

子鱼无隐欲源清，死不忘忠感卫灵。
伯玉既亲知德润，残桃休吃悟兰馨。

---

① （唐）殷尧藩作。
② （唐）张祜作。
③ （唐）刘得仁作。
④ （唐）李群玉作。
⑤ （唐）周昙作。

全唐文

(清·嘉庆)董诰等编
上海古籍出版社 1990 年影印本①

(一) 卷七·废皇太子承乾为庶人诏②

肇有皇王司牧黎庶，咸立上嗣以守宗祧。固本忘其私爱，继世存乎公道。故立季历而树姬发，隆周享七百之期。黜临江而罪戾园，炎汉定两京之业。是知储副之寄社稷，系以安危。废立之规鼎命，由其轻重。详观历代，安可非其人哉！皇太子承乾，地惟长嫡，位居明两。训以诗书，教以礼乐。庶宏日新之德，以永无疆之祚。而邪僻是蹈，仁义蔑闻。疏远正人，亲昵群小。善无微而不背，恶无大而不及。酒色极于沉荒，土木备于奢侈。倡优之技，昼夜不息。狗马之娱，盘游无度。金帛散于奸慝，捶楚遍于仆妾。前后愆过，日月滋甚。朕永鉴前载，无忘正嫡。恕其瑕衅，倍加训诱。选名德以为师保，择端士以任宫僚。犹冀中人之性，可以上下。蟠木之质，可以为容。愚心不悛，凶德弥著。自以久婴沉痼，心忧废黜。纳邪说而违朕命，怀异端而疑诸弟。恩宠虽厚，猜惧愈深。引奸回以为腹心，聚台隶而同游宴。郑声淫乐，好之不离左右。兵凶战危，习之以为戏乐。既怀残忍，遂行杀害。然其所爱小人，往者已从显戮。谓能因兹改悔，翻乃更有悲伤。行哭承华，制服博望。立遗形于高殿，日有祭祀。营窀穸于禁苑，将议加崇。赠官以表愚情，勒碑以纪凶迹。既伤败于典礼，亦惊骇于视听。桀跖不足比其恶行，竹帛不能载其罪名。岂可守器纂统，承七庙之重。入监出抚，当四海之寄。承乾宜废为庶人。朕受命上帝，为人父母，凡在苍生，皆存抚育。况乎冢嗣，宁不钟心？一旦至此，深增惭叹！

(二) 卷一百六十二·劾李义府疏③

臣闻附下罔上，圣主之所宜诛。心狠貌恭，明君之所必罚。是以隐贼掩义，不容唐帝之朝。窃幸秉权，终齿汉皇之剑。中书侍郎、参知政事李义府，善柔成性，佞媚为姿。昔事马周分桃见宠，后交刘洎割袖承恩。生其羽翼，长其光价。因缘际会，遂阶通显。不能尽忠端节，对扬王休。策蹇励驾，祗奉皇眷。而反凭附城社，蔽亏日月。请托公行，

---

① 据清嘉庆间两淮盐政扬州刻本影印。
② 唐太宗撰。
③ (唐)王义方撰。

交游群下。贪冶容之好,原有罪之淳于。恐漏泄其谋,殒无辜之正义。虽挟山超海之力,望此犹轻。回天转日之威,方斯更劣。此而可恕,孰不可容。金风戒节,玉露启途。霜简与秋典共清,忠臣将鹰鹯并击。请除君侧,少答鸿私。碎首玉阶,庶明臣节。伏请付法推断,以申典宪。

(三) 卷七百九十·内侍省监楚国公仇士良神道碑①

[太和]九年五月,拜左神策军中尉兼左街功德使。转左骁卫将军,余如故。既而郑注挺妖,李训附会。列奏伪瑞,固邀銮舆。图害腹心,渐逞奸毒。公先机立断,禁旅遽齐。坐遏凶渠,保护帝辇。指名魁首,俄顷追擒。其余躁竞进取之徒,枝连叶著之党。或志谐狂计,罔自正身。或迹比顽童,居然就祸。莫不尽苞恢网,同抵国章。由是宗社乂宁,中外协睦。

朝野佥载

(唐·武后—玄宗)张鷟撰
中华书局 1979 年版

补辑

[武] 周舒州刺史张怀肃好食人精,唐左司郎中任正名亦有此病。(《说郛》卷二)

内官过武三思宅,三思曲意祗承,恣其所欲。装束少年男子,衣以罗绮,出入行觞,驰驱不食,淫戏忘反,倡荡不归。争称三思之忠节,共誉三思之才贤。(《说郛》卷二)

教坊记

(唐·玄宗)崔令钦撰
台湾商务印书馆 1986 年影印
文渊阁《四库全书》本

坊中诸女,以气类相似,约为香火兄弟。每多至十四五人,少不下八九辈。有儿郎娉之者,辄被以妇人称呼。即所娉者兄,见呼为"新妇";弟,见呼为"嫂"也。儿郎有

---

① (唐)郑薰撰。

任宫僚者,宫参与内人对①。同日,垂到内门,车马相逢,或搴车帘,呼"阿嫂"若"新妇"者,同党求达,殊为怪异。问被呼者,笑而不答。儿郎既娉一女,其香火兄弟多相奔,云学突厥法,又云:"我兄弟相怜爱,欲得尝其妇也。"主者知,亦不妒,他香火即不通。

箧中集

(唐·肃宗)元结编
台湾商务印书馆1986年影印
文渊阁《四库全书》本

原序

元结作《箧中集》成,问曰:"公所集之诗,何以订之?"对曰:"风雅不兴,几及千岁,溺于时者,世无人哉?呜呼!有名位不显,年寿不将,独无知音,不见称显,死而已矣,谁云无之。近世作者,更相沿袭,拘限声病,喜尚形似,且以流易为词,不知丧于雅正然哉?彼则指咏时物,会谐丝竹,与歌儿舞女生污惑之声于私室可矣,若今方直之士,大雅君子,听而诵之,则未见其可矣。"

天地阴阳交欢大乐赋

(唐·德宗—敬宗)白行简著
民国三年(1914)长沙叶氏刻
《双梅景闇丛书》本

……圆圆翠顶,娈臣断袖于帝室。然有连璧之貌,暎珠之年,爱其娇小,或异堪怜。三交六入之时,或搜获□;百脉四枝之内,汝实通室。不然,则何似于陵阳君指花于则,弥子瑕分桃于主前,汉高祖幸于籍孺,孝武帝宠于韩嫣。故惠帝侍臣冠鵕鸃、载貂蝉。传脂粉于灵幄,曳罗带于花筵。岂女体之足猒?是人□之相沿。

---

① 《教坊记》前面曾谓:"妓女入宜春院,谓之'内人',亦曰'前头人',常在上(唐玄宗)前也。其家犹在教坊,谓之'内人家'。每月二日、十六日,内人母得以女对,无母,则姊、妹若姑一人对。"

李贺诗集

(唐·宪宗) 李贺 著
人民文学出版社 1998 年版

(一) 卷三·昌谷读书示巴童

　　　　　　　　虫响灯光薄，宵寒药气浓。
　　　　　　　　君怜垂翅客，辛苦尚相从。

(二) 卷三·巴童答

　　　　　　　　巨鼻宜山褐，庞眉入苦吟。
　　　　　　　　非君唱乐府，谁识怨秋深。

(三) 卷三·秦宫诗（并序）①

　　秦宫，汉将军梁冀之嬖奴也。秦宫得宠内舍，故以骄名大噪于人。予抚旧而作长辞，辞以冯子都之事相为对望。又云昔有之诗。

　　　　　　　　越罗衫袂迎春风，玉刻麒麟腰带红。
　　　　　　　　楼头曲宴仙人语，帐底吹笙香雾浓。
　　　　　　　　人间酒暖春茫茫，花枝入帘白日长。
　　　　　　　　飞窗复道传筹饮，午夜铜盘腻烛黄。
　　　　　　　　秃衿小袖调鹦鹉，紫绣麻瑕踏哮虎。
　　　　　　　　斫桂烧金待晓筵，白鹿清酥夜半煮。
　　　　　　　　桐英永巷骑新马，内屋深屏生色画。
　　　　　　　　开门烂用水衡钱，卷起黄河向身泻。
　　　　　　　　皇天厄运犹曾裂，秦宫一生花底活。
　　　　　　　　鸾篦夺得不还人，醉睡氍毹满堂月。

---

① 参见《后汉书》(三)。

明皇杂录

(唐·宣宗)郑处诲撰
中华书局1994年版

(一)卷一

王毛仲本高丽人,元宗①在藩邸,与李宜得服勤左右,帝皆爱之。每侍宴,与姜皎同榻,坐于帝前。既而贵倨恃旧,益为不法,帝常优容之。

(二)补遗

[唐玄宗]或命壮士举一榻,马舞于榻上。乐工数人立左右前后,皆衣淡黄衫,文玉带,必求少年而姿貌美秀者。

酉阳杂俎

(唐·文宗—懿宗)段成式撰
中华书局1981年版

续集卷之二·支诺皋中

枝江县令张汀,子名省躬。汀亡,因住枝江。有张垂者,举秀才下第,客于蜀,与省躬素未相识。太和八年,省躬昼寝,忽梦一人,自言姓张名垂,因与之接,欢狎弥日。将去,留赠诗一首曰:"戚戚复戚戚,秋堂百年色。而我独茫茫,荒郊遇寒食。"惊觉,遽录其诗。数日卒。

---

① 唐玄宗。

乐府杂录

(唐末) 段安节撰
(清·道光) 钱熙祚校
上海古籍出版社 1988 年版

(一) 舞工

开成末,有乐人崇胡子能软舞,其腰支不异女郎也。[①]

(二) 俳优

弄假妇人。大中以来有孙乾、刘璃瓶,近有郭外春、孙有熊。僖宗幸蜀时,戏中有刘真者,尤能。后乃随驾入京,籍于教坊。

(三) 康老子

康老子者,本长安富家子,酷好声乐。落魄不事生计,常与国乐游处。一旦家产荡尽,[复意外得财。]康得之,还与国乐追欢,不经年复尽。寻卒。后乐人嗟惜之,遂制此曲,亦名《得至宝》。

玉泉子真录

(唐末) 佚名撰
明末清初刻《说郛》本

崔公铉之在淮南,尝俾乐工集其家童教以诸戏。一日,其乐工告以成就且请试焉。铉命阅于堂下,与妻李氏坐观之。童以李氏妒忌,即以数童衣妇人衣曰妻曰妾,列于旁侧,一童则执简束带旋辟唯诺。其间张乐命酒,笑语不能无属意者,李氏未之悟也。久之,戏愈甚,悉类李氏平昔所尝为。李氏虽少悟,以其戏偶合,私谓不敢而然,且观之。童志在于发悟,愈益戏之。李果怒骂之曰:"奴敢无礼,吾何尝如此?"童指之且出曰:"咄咄,赤眼而作白眼讳乎?"铉大笑,几至绝倒。

---

① 此条系钱熙祚辑自《太平御览》卷五百七十四,未作正文。

幸蜀记

(唐末)宋居白撰
清宣统间国学扶轮社上海铅印
《古今说部丛书》本

僖宗聪睿强记，好驰骋。诸色博弄，无不周遍。季年，宠内园小儿张浪狗，好歌能舞，才十六七，能数般马伎。忽一日，浪狗曰："臣无马乘。"僖宗乃密与银一百两，令自买之。其时圣驾自岐阳回，长安少有好马，浪狗于是寻求云阳县买得一匹。浪狗本在宣徽南院安下，僖宗一日独行浪狗院中，自潜行看之。此马又未曾骑习，僖宗巡绕马左右，谓浪狗曰："好马，好马"，称数遍。其马忽尔腾跃，右足踏僖宗左胁，便倒不醒。浪狗惊惶，将数银盂子尿灌僖宗口，良久方苏。归称气疾，召医二十余人候脉用药，皆言是膀胱之气，并无瘳效。其胁痛转巨，卧十二日，崩，本因马踏也。

阿拉伯人东方文献一种①

(阿拉伯)伊本·法基赫(Ibn Al-Fakih)撰

中国人有犯鸡奸罪者，年青男子从事这种职业，起着印度妓女的作用。②

---

① 书名代拟。转引自(法)费琅(G. Ferrand)辑注，耿枞等译《阿拉伯波斯突厥人东方文献辑注》，中华书局1989年版。

② 伊本·法基赫撰于公元902年。原注："苏莱曼说：'中国人犯鸡奸罪，从事这一职业的男子代替[印度]偶像寺庙里妓女的角色。'"见编撰于公元851年的《阿拉伯人、波斯人印度中国游记》第1卷。

旧五代史

(北宋·太祖)薛居正等撰
中华书局1976年版

(一)卷三十二·庄宗本纪第六①

[后唐庄宗]以教坊使陈俊为景州刺史,储德源为宪州刺史,皆梁之伶人也。初,帝平梁,俊与德源皆为宠伶周匝所荐,帝因许除郡。郭崇韬以为不可,伶官言之者众,帝密召崇韬谓之曰:"予已许除郡,经年未行,我惭见二人,卿当屈意行之。"故有是命。

(二)卷三十四·庄宗本纪第八

[庄宗]以乐人景进为银青光禄大夫、检校右充枢密使。进以俳优嬖幸,善采访闾巷鄙细事以启奏,复密求妓媵以进,恩宠特厚。

武德使史彦琼者,以伶官得幸,帝待以腹心之任,都府之中,威福自我。

(三)卷四十九·神闵刘皇后传

庄宗自为俳优,名曰李天下,杂于涂粉优杂之间,时为诸优扑挟捆搭,竟为嚚妇恩伶之倾玷,有国者得不以为前鉴!

(四)卷六十七·豆卢革传

豆卢革,祖籍,同州刺史。父瓒,舒州刺史。革少值乱离,避地鄜、延,转入中山,王处直礼之,辟于幕下,有奏记之誉。因牡丹会赋诗,讽处直以桑柘为意,言甚古雅,渐加器仰,转节度判官。而理家无法,独请谒见处直。处直虑布政有缺,有所规谏,敛板出迎,乃为嬖人祈军职矣。

(五)卷一百三十三·马希范等传②

马希萼既立,不治国事,数与僚吏纵酒为乐。有小吏谢廷择者,本帐下厮养,有容貌,希萼素宠嬖之,每筵会,皆命廷择预坐,诸官甚有在下者。于是众怒,往往偶语曰:

---

① (一)(二)(三)记后唐庄宗与优伶的亲密关系,参见《新五代史·卷三十七·伶官传》。
② 记楚主马希萼与谢廷择的同性恋关系,参见《三楚新录》、《资治通鉴》(八)。

"此辈旧制,有燕会,唯用兵守门,以防他虞,今与我等齐列,何辱之甚耶!"其弟希崇因众怒咄咄,与其党窃发,擒希萼,囚之于衡阳,又自立。

(六)卷一百三十六·王衍传①

[王衍]构怡神亭,以佞臣韩昭等为狎客,杂以妇人,以恣荒宴,或自旦至暮,继之以烛。伪嘉王宗寿侍宴,因以社稷国政为言,言发涕流,至于再三。同宴佞臣潘在迎等并奏衍云:"嘉王好酒悲。"因翻恣谐谑,取笑而罢。自是忠正之臣结舌矣。

(七)卷二十七·庄宗本纪一、卷五十八·赵光逢传附赵光胤传 有关于幸臣的记载。

新五代史

(北宋·仁宗)欧阳修撰
中华书局1974年版

(一)卷三十·后赞传②

后赞,兖州瑕丘人。其母,倡也。赞幼善讴,事张延朗。延朗死,赞更事汉高祖。高祖爱之,以为牙将。高祖即位,拜飞龙使,隐帝尤爱幸之。

(二)卷三十·郭允明传③

郭允明,少为汉高祖厮养,高祖爱之,以为翰林茶酒使。隐帝尤狎爱之,允明益骄横无顾避,大臣不能禁。

(三)卷三十九·王处直传④

庄宗军中阑得一男子,爱之,使冒姓李,名继陶,养于宫中以为子。

---

① 记前蜀后主王衍与韩昭等的亲密关系,参见《新五代史·卷六十三·王衍传》。
② 记后赞与后汉隐帝等的亲密关系。
③ 记郭允明与后汉隐帝等的亲密关系。
④ 记后唐庄宗与李继陶的亲密关系。

(四) 卷五十·王峻传①

王峻字秀峰,相州安阳人也。父丰,为乐营将。峻少以善歌事梁节度使张筠。唐庄宗已下魏博,筠弃相州,走归京师。租庸使赵岩过筠家,筠命峻歌佐酒,岩见而悦之。是时岩方用事,筠因以峻遗岩。梁亡,岩族诛,峻流落民间。久之,事三司使张延朗,延朗不甚爱之。

(五) 卷六十三·王建传②

唐袭,本以舞童见幸于建。

唐袭,建之嬖也,元膺③易之,屡谮于朝。建惧其交恶,乃罢袭枢密使,出为兴元节度使。已而袭罢归,元膺廷疏其过失,建益不悦。[后元膺叛乱,杀死唐袭,他本人也兵败而亡。]

(六) 卷六十三·王衍传④

衍年少荒淫,委其政于宦者宋光嗣、光葆、景润澄、王承休、欧阳晃、田鲁俦等。乾德六年,以王承休为天雄节度使。天雄军,秦州也。承休以宦者得幸,为宣徽使。承休妻严氏,有绝色,衍通之。……以王承休妻严氏故,[咸康元年]十月幸秦州。群臣切谏,衍不听。

(七) 卷六十六·马殷传⑤

初,孙儒败于宣州,殷弟赉为杨行密所执,行密收儒余兵为"黑云都",以赉为指挥使。赉从行密攻战,数有功,为人质重,未尝自矜,行密爱之,问赉谁家子,赉曰:"马殷弟也。"行密大惊曰:"汝兄贵矣,吾今归汝可乎?"赉不对。他日又问之,赉谢曰:"臣,孙儒败卒也,幸公待以不死,非杀身不足报。湖南邻境,朝夕闻殷动静足矣,不愿去也。"行密叹曰:"昔吾爱子之貌,今吾得子之心矣。然勉为吾合二国之欢,通商贾、易有无以相资,亦所以报我也!"乃厚礼遣赉归。殷大喜,表赉节度副使。

---

① 记王峻与赵岩等人的亲密关系。
② 记前蜀主王建与唐袭的亲密关系。
③ 王建次子。
④ 记前蜀主王衍与王承休可能性较大的同性恋关系,参见《太平广记》(一)。
⑤ 记楚之开创者马殷之弟马赉与吴之开创者杨行密之间的亲密关系。

(八) 卷六十八·王鏻传①

　　鏻妻早卒，继室金氏贤而不见答。审知②婢金凤，姓陈氏，鏻嬖之，遂立以为后。初，鏻有嬖吏归守明者，以色见幸，号归郎。鏻后得风疾，陈氏与归郎奸。又有百工院使李可殷，因归郎以通陈氏。鏻命锦工作九龙帐，国人歌曰："谁谓九龙帐，惟贮一归郎。"

(九) 卷六十八·王延羲传③

　　李仁遇，曦甥也。以色嬖之，用以为相。

(十) 卷五·庄宗本纪下、卷三十九·刘守光传、卷七十·刘继元传 有关于幸臣、嬖者的记载。

宋史

(元·顺帝) 脱脱等撰
中华书局 1977 年版

(一) 卷六十二·五行一下

　　宣和六年，都城有卖青果男子，孕而生子，蓐母不能收，易七人，始免而逃去。丰乐楼酒保朱氏子之妻，可四十余，楚州人，忽生髭，长仅六七寸，疏秀而美，宛然一男子，特诏度为女道士。

(二) 卷三百五十六之论、卷三百五十七·谭世勣传、卷四百二十四·徐鹿卿传、卷四百六十八·梁师成传、卷四百七十·佞幸列传序、卷四百七十·曾觌传 有关于嬖幸、幸臣、嬖宠、嬖臣、佞幸、嬖佞的记载。

---

① 记有闽主王鏻与归守明的同性恋关系。
② 王审知，王鏻之父，闽国的开创者。
③ 记闽主王延羲即王曦与李仁遇的同性恋关系。

三楚新录

(北宋·太祖)周羽翀撰
台湾商务印书馆 1986 年影印
文渊阁《四库全书》本

卷一

[马]希萼淫于酒色，多为不道。小门使谢延泽有美貌，希萼嬖幸之，每引延泽入内阁，与妻妾间坐而饮，大为众心所恶。其弟希崇乘其衅而作乱，擒希萼而囚于衡阳。

清异录

(北宋·太祖)陶穀撰①
台湾商务印书馆 1986 年影印
文渊阁《四库全书》本

卷一·蜂窠巷陌

四方指南海为烟月作坊，以言风俗尚淫。今京师鬻色户将及万计，至于男子举体自货，进退恬然，遂成蜂窠巷陌，又不止烟月作坊也。

太平广记

(北宋·太宗)李昉等编
中华书局 1961 年版

(一)卷第二百四十一·谄佞三·王承休

蜀后主王衍宦者王承休，后主以优笑狎昵见宠。有美色，恒侍少主寝息，久而专房。承休多以邪僻奸秽之事媚其主，主愈宠之。与韩昭为刎颈之交，所谋皆互相表里。承休

---

① 关于本书作者，《四库》馆臣等谓系陶穀，宋代陈振孙、今人余嘉锡等谓系假托，陈、余之说见《直斋书录解题》卷十一、《四库提要辨正》卷十八。

一日请从诸军拣选官健,得骁勇数千,号龙武军。承休自为统帅,并特加衣粮,日有优给。因乞秦州节度使,且云:"愿与陛下于秦州采掇美丽。"且说秦州之风土,多出国色。仍请幸天水,少主甚悦。即遣杖节赴镇,应所选龙武精锐,并充衙队从行。到方镇下车,当日毁拆衙庭,发丁夫采取材石,创立公署使宅,一如宫殿之制。兼以严刑峻法,妇女不免土木之役。又密令强取民间子弟,使教歌舞伎乐。被获者,令画工图真及录名氏,急递中途韩昭,昭又密呈少主。少主睹之,不觉心狂,遂决幸秦之计。因下制,布告中外,咸使闻知。由是中外切谏,不从。母后泣而止之,以至绝食,前秦州节度判官蒲禹卿叩马泣血,上表谏曰:……后主竟不从之。至十月三日,发离成都,四日到汉州。凤州王承捷飞驿骑到秦云:"东朝①差兴圣令公,统军十余万,取九月到凤州。"少主犹谓臣下设计,要沮其东行。曰:"朕恰要亲看相杀,又何患乎?"不顾而进。上梓潼山,至剑门,过白卫岭。洎至利州,已闻东师下固镇矣。旬日内,又闻金牛败卒,塞硖而至。其时蜀师十余万,自绵汉至于深渡千余里,首尾相继,皆无心斗敌。遣使臣逼促,则回枪刺之曰:"请唤取龙武军相战,不惟勇敢,况且遍请衣粮。我等拣退不堪,何能相杀?"实无奈何,十月二十九日狼狈而归,却入成都。康延孝与魏王继蹱而入,少主于是树降。东军未入前,王宗弼杀韩昭、枢密使宋光嗣等。王承休握锐兵于天水,兵刃不举。既知东军入蜀,遂拥麾下之师及妇女孩幼万余口,于西蕃买路归蜀。迨至蜀,存者百余人。魏王使人诘之曰:"亲握锐兵,何得不战?"曰:"惮大王神武。"曰:"何不早降?"曰:"盖缘王师不入封部,无门输款。"曰:"其初入蕃部,几许人同行?"曰:"万余口。""今存者几何?"曰:"才及百数。"魏王曰:"汝可偿此万人之命。"遂尽斩之。蜀师不战,坐取亡灭者,盖承休、韩昭之所致也。(出《王氏闻见录》)

(二) 卷第三百二十·鬼五·任怀仁

晋升平元年,任怀仁年十三,为台书佐。乡里有王祖复为令史,恒宠之。怀仁已十五六矣,颇有异意。祖衔恨,至嘉兴,杀怀仁,以棺殡埋于徐祚家田头。祚后宿息田上,忽见有冢。至朝中暮三时食,辄分以祭之,呼云:"田头鬼,来就我食。"至瞑眠时,亦云:"来伴我宿。"如此积时,后夜忽见形云:"我家明当除服作祭,祭甚丰厚,君明随去。"祚云:"我是生人,不当相见。"鬼云:"我自隐君形。"祚便随鬼去,计行食顷,便到其家。家大有客,鬼将祚上灵座,大食啖。合家号泣,不能自胜,谓其儿还。见王祖来,便曰:"此是杀我人。"犹畏之,便走出,祚即形露。家中大惊,具问祚,因叙本末。遂随祚迎丧,既去,鬼便断绝。(出《幽明录》)

---

① 后唐。

(三) 卷第三百八十九·冢墓一·潘章

潘章少有美容仪，时人竞慕之。楚国王仲先闻其美名，故来求为友。章许之，因愿同学。一见相爱，情若夫妇，便同衾共枕，交好无已。后同死，而家人哀之，因合葬于罗浮山。冢上忽生一树，柯条枝叶，无不相抱。时人异之，号为共枕树。

宛陵集

(北宋·仁宗) 梅尧臣著
台湾商务印书馆 1986 年影印
文渊阁《四库全书》本

卷十五·冯子都诗（并序）

汉霍光爱幸监奴冯子都，与梁冀嬖奴秦宫事相对。唐李贺作秦宫长辞，亦云子都当时已有诗，予因补之。

黄金画车屋，韦絮缘车轮。
牵以五采丝，藉以刺绣茵。
出入长信宫，昼夜将谁亲？
所亲美且少，玉颊丹砂唇。
殷罗缝轻襦，明珠攒缅巾。
半醉卧车中，侍婢蹑行尘。
忆昔广明亭，将军爱怜频。
便房不使殉，易宠在兹辰。
嗣侯喜驱逐，平乐多从宾。
青丝穿五铢，累室贮百珍。
欢与子都异，矫与子都均。
用财粪土掷，吐气日月踆。
天地可齐久，祸患岂有因。
秋风茂陵下，苍藓上骐驎。

春明退朝录

(北宋·仁宗—神宗)宋敏求撰
中华书局 1980 年版

下①

上②谓侍臣曰:"昔庄宗可谓百战得中原之地,然而守文之道可谓懵然矣。终日沉饮,听郑卫之声与胡乐合奏,自昏彻旦,谓之聒帐。与俳优辈结十弟兄,每略与近臣商议事,必传语伶人,叙相见迟晚之由。纵兵出猎,涉旬不返,于优倡猱杂之中,复自矜写春秋,不知当时刑政何如也!"

资治通鉴

(北宋·神宗)司马光编撰
(元·世祖)胡三省音注
中华书局 1956 年版

(一)卷二十四·昭帝元平元年③

胶西王有谀臣侯得,王所为拟于桀、纣也,得以为尧、舜也。王说其谄谀,常与寝处。

(二)卷三十四·哀帝建平四年④

郑崇以贤贵宠过度谏上,由是重得罪,数以职事见责,发疾颈痈,欲乞骸骨,不敢。尚书令赵昌佞谄,素害崇;知见疏,因奏"崇与宗族通,疑有奸,请治"。上责崇曰:"君门如市人,何以欲禁切主上?"崇对曰:"臣门如市,臣心如水,愿得考覆。"上怒,下崇狱。司隶孙宝上书曰:"按尚书令昌奏仆射崇狱,覆治,榜掠将死,卒无一辞,道路

---

① 记后唐庄宗宠昵优伶。
② 宋太宗。
③ 记西汉胶西于王刘端与侯得可能的同性恋关系,参见《史记》(四)。
④ 记西汉尚书仆射郑崇因反对哀帝宠遇董贤而冤死,参见《汉书》卷七十七之《郑崇传》、《孙宝传》。

称冤。疑昌与崇内有纤介，浸润相陷。自禁门枢机近臣，蒙受冤谮，亏损国家，为谤不小。臣请治昌以解众心。"书奏，上下诏曰："司隶宝附下罔上，以春月作诋欺，遂其奸心，盖国之贼也，免宝为庶人。"崇竟死狱中。

（三）卷三十四·哀帝建平四年①

上使中黄门发武库兵，前后十辈，送董贤及上乳母王阿舍。执金吾毋将隆奏言："武库兵器，天下公用。国家武备，缮治造作，皆度大司农钱。大司农钱，自乘舆不以给共养，共养劳赐，一出少府。盖不以本臧给末用，不以民力共浮费，别公私，示正路也。古者诸侯、方伯得颛征伐，乃赐斧钺。汉家边吏职任距寇，亦赐武库兵，皆任事然后蒙之。春秋之谊，家不藏甲，所以抑臣威，损私力也。今贤等便僻弄臣，私恩微妾，而以天下公用给其私门，挈国威器，共其家备。民力分于弄臣，武兵设于微妾，建立非宜，以广骄僭，非所以示四方也。孔子曰：'奚取于三家之堂！'臣请收还武库。"上不悦。

顷之，傅太后使谒者贱买执金吾官婢八人，隆奏言："买贱，请更平直。"上于是制诏丞相、御史："隆位九卿，既无以匡朝廷之不逮，反而奏请与永信宫争贵贱之贾，伤化失俗。以隆前有安国之言，左迁为沛郡都尉。"初，成帝末，隆为谏议大夫，尝奏封事言："古者选诸侯入为公卿，以褒功德，宜征定陶王②使在国邸，以填万方。"故上思其言而宥之。

（四）卷一百九十六·太宗贞观十七年③

太子私幸太常乐童称心，与同卧起。上闻之，大怒，悉收称心等杀之，连坐死者数人，消让太子甚至。太子思念称心不已，于宫中构室，立其像，朝夕奠祭，徘徊流涕。又于苑中作冢，私赠官树碑。

上意浸不怿，太子亦知之，称疾不朝谒者动辄数月。[后来再加上其他原因，太子李承乾被废为庶人。]

（五）卷二百二·高宗永隆元年④

太子颇好声色，与户奴赵道生等狎昵，多赐之金帛。司议郎韦承庆上书谏，不听。[后来李贤被废为庶人。]

---

① 记西汉毋将隆反对哀帝宠遇董贤，参见《汉书·卷七十七·毋将隆传》。
② 汉哀帝在被立为皇太子之前是被封为定陶王。
③ 记唐太宗时太子李承乾与乐童称心的同性恋关系。
④ 记唐高宗时太子李贤与户奴赵道生的亲昵关系。

（六）卷二百七十九·潞王清泰二年①

闽主有幸臣曰归守明，出入卧内。闽主晚年得风疾，陈后与守明及百工院使李可殷私通，国人皆恶之，莫敢言。

（七）卷二百八十三·高祖天福七年②

闽盐铁使、右仆射李仁遇，闽主曦之甥也，年少美姿容，得幸于曦（有龙阳之宠也）。十二月，以仁遇为左仆射兼中书侍郎、翰林学士。

（八）卷二百九十·太祖广顺元年③

小门使谢彦颙，本希萼家奴，以首面有宠于希萼（首面，龙阳之色也），至与妻妾杂坐，恃恩专横。常肩随希崇④或拊其背，希崇衔之。故事，府宴，小门使执兵在门外。希萼使彦颙预坐，或居诸将之上，诸将皆耻之。

褚氏遗书

（南齐）褚澄撰⑤
台湾商务印书馆 1986 年影印
文渊阁《四库全书》本

（一）受形

男女之合，二情交畅。阴血先至，阳精后冲，血开裹精，精入为骨而男形成矣。阳精先入，阴血后参，精开裹血，血入居本而女形成矣。阴阳均至，非男非女之身。精血散分，骈胎品胎之兆。

---

① 记闽主王鏻与归守明的同性恋关系。
② 记闽主王曦与李仁遇的同性恋关系。
③ 记楚主马希萼与谢彦颙的同性恋关系。
④ 马希崇，马希萼之弟。
⑤ 本书系伪书，《钦定四库全书总目》卷一百三："疑［北］宋时精医理者所著，而伪托澄以传，然其言可采，虽赝本不可废也。"

（二）问子

今未笄之女，天癸始至，已近男色①。阴气蚤泄，未完而伤，未实而动。是以交而不孕，孕而不育，育而子脆不寿。

括异志
（北宋·神宗）张师正撰
中华书局 2006 年版

辑佚·女子变男②

广州有萧某家者，尝泛舶过海，故以都纲呼之。有侍婢忽妊娠。萧疑与奴仆私通，苦诘之，则曰："与大娘子私合而孕也。"萧有女年十八，向以许嫁王氏子，自十岁后变为男子，而家人不知也。自此始彰焉。吴中舍潜时随兄官番禺，曾假玉仙观为学。萧子亦预焉，好读《文选》，略皆上口。虽须出于颐，然其举止体态亦妇人也。

宣政杂录
（宋）江万里撰
民国二十九年（1940）商务印书馆长沙影印
《景印元明善本丛书十种·历代小史》本③

宣和初，都下有朱节以罪置外州，其妻年四十，居望春门外。忽一夕，颐颔痒甚，至明须出，长尺余。人问其实，莫知所以，赐度牒为女冠，居于家。盖人妖而女胡犯阙之先兆也。

---

① 注意名词"男色"的此种用法。
② 辑自民国十六年（1927）商务印书馆铅印《说郛》卷之四十四。
③ 据明刻本影印。

绿窗新话

(宋)皇都风月主人编
清抄本

卷上·伴喜私犯张禅娘

张寅伯家富,有女名禅娘,年十六。顾得一妾,欲随嫁,名曰伴喜,留在房内令伴寝处。伴喜所为称意,甚爱重,如或沐浴,亦令侧侍。伴喜由是遂启非心。一夕睡后犬吠曰鬼,装一鬼青面掩其身。禅娘骇畏,亟令就床共睡。久乃玩狎,每以异事吓之。一夕共枕,伴喜问曰:"小娘行嫁在迩,罗帏中事还识之否?"答曰:"女工之事一无所识。"伴喜曰:"也要知大纲。妾虽女身,二形兼备,遇女则男形,过男则复成女矣。"因以实教之。禅娘既得所犯,情窦一开,不能自已。后为同房小妾发其事,械送有司,重断而遣之。出《闻见录》。

萍洲可谈

(北宋·徽宗)朱彧撰
台湾商务印书馆1986年影印
文渊阁《四库全书》本

卷三

史载弥子瑕、籍孺、闳孺以色媚世。至今京师与郡邑无赖男子用以图衣食,旧未尝正名禁止。政和①间始立法告捕,男子为娼杖一百,告者赏钱五十贯。

---

① 宋徽宗年号。

懒真子

(南宋·高宗)马永卿撰
台湾商务印书馆1986年影印
文渊阁《四库全书》本

卷二

  天下之事有一可笑者，今辄记之。子路在弟子中号为好勇，天下之至刚强人也。而卫弥子瑕者，至以色悦人，天下之至柔弱人也。然同为友婿。故《孟子》曰："弥子之妻与子路之妻，兄弟也。"弥子谓子路曰："夫子主我，卫卿可得也。"夷考其时，正卫灵公之时，何二人赋性之殊也。《尔雅》曰："两婿相谓为亚。"注云："今江东人呼同门为僚婿。"

瓮牖闲评

(南宋)袁文撰
清刻本

卷二

  梦固有足征者，若汉文帝之梦邓通，岂其然乎？通乃幸臣，文帝欲贵之而恐群臣力争，故托诸梦以为辞，聊以掩一时之口耳。

清尊录

(南宋·高宗)廉布撰
民国间如皋冒氏刻
《楚州丛书第一集》本

  兴元民有得途遗小儿者，育以为子。数岁美姿首，民夫妇计曰："使女也，教之歌舞，独不售数十万钱耶？"妇曰："固可诈为也。"因纳深屋中，节其食饮，肤发腰步，皆饰治之。比年十二三，嫣然美女子也。携至成都，教以新声，又绝警慧，益秘之不使人见。人以为奇货，里巷民求为妻，不可。曰："此女当归之贵人。"于是女僧及贵游好事者踵门一觊面，辄避去，犹得钱数千，谓之看钱。久之，有某通判者来成都，一见心醉，要其父必欲得之。与直至七十万钱，乃售。既成券，喜甚，置酒与客饮，使女歌侑酒。夜半客去，拥而致之房，男子也。大惊，遣人呼其父母，则遁去不知踪迹。告官召捕之，亦卒不获。

东京梦华录

(南宋·高宗) 孟元老撰
上海古典文学出版社 1956 年版

卷七·清明节①

清明节，都城人出郊。四野如市，往往就芳树之下，或园囿之间，罗列杯盘，互相劝酬。都城之歌儿舞女，遍满园亭，抵暮而归。

续吕氏家塾读诗记

(南宋·孝宗) 戴溪撰
台湾商务印书馆 1986 年影印
文渊阁《四库全书》本

卷七·读《郑风》

《山有扶苏》，国人作也。山川草木不改其故，而人物萧然，此有识者所为叹息也。山有扶苏乔松，隰有荷华游龙，此高下所宜，有其贲若多矣。观于朝廷而无可美之人，独见狂狡，使人伤焉。狂狡指忽②共事之人也。（案：《山有扶苏》后当次《萚兮》，今缺。）

《狡童》，群臣作也。《山有扶苏》指狡童为在朝之人，今此诗不当以狡童为昭公。世子忽年既长矣，能帅师以救齐，两却齐侯之昏，岂曰童子？况谓其君为狡童，亦非人情

---

① 记北宋都城汴梁（今开封）有歌儿。
② 郑昭公。

也。三诗皆言狂狡之童，当有用事之臣如董贤者乎？彼狡童尔子与之狎，乃不与我言，何也？子虽不我与，吾维子之故至于不能食，子独不察乎？夫忠臣良士，爱其君而风谏则有之矣，斥其君为狂狡则几于骂矣。忽非有大罪者，国人特闵其微弱，无忠臣良士以助之尔。

《褰裳》，贤者去其君，思而未忘也。惠然思我，则褰裳涉溱而至。子不我思，则去而之他尔。虽然狂童之狂如此，子必不我思，可奈何哉！

疑狱集

（五代）和凝纂辑
（北宋）和㠓附续
（明）张景续辑
清咸丰元年（1851）刻本

卷之八·彭刺二形

宋咸淳间，浙人寓江西，招一尼教其女刺绣，女忽有娠。父母究问，[女]曰："尼也。"父母怪之，曰："尼与同寝，常言夫妇咸恒事。时偶动心，尼曰：'妾有二形，逢阳则女，逢阴则男。'揣之则俨然男子也，遂数与合。"父母闻官，尼不服，验之无状。至于宪司，时翁丹山会作宪，亦莫能明。某官曰："昔端平丙申年，广州尼董师秀有姿色，偶有欲滥之者，揣其阴，男子也。事闻于官，验之，女也。一坐婆曰：'令仰卧，以盐肉水渍其阴，令犬舐之。'已而阴中果露男形，如龟头出壳。转申上司，时彭节斋为经略，判云：'在天之道曰阴与阳，在人之道曰男与女。董师秀身带二形，不男不女，是为妖物。所历诸州县，富室大家作过不可枚举，岂可复容于天地间？额刺二形两字，决脊二十，枷令十日，押下摧锋军寨拘锁，月具存亡申之。'"如其说验之，果然，遂处死。

梦粱录

(南宋·度宗—恭帝) 吴自牧撰
上海古典文学出版社 1956 年版

卷十九·顾觅人力

如府宅官员，豪富人家，欲买宠妾、歌童、舞女、厨娘，亦有官私牙嫂，及引置等人〔代为顾买。〕

癸辛杂识

(宋末元初) 周密撰
中华书局 1988 年版

（一）前集·人妖

赵忠惠帅维扬日，幕僚赵参议有婢慧黠，尽得同辈之欢。赵昵之，坚拒不从，疑有异，强即之，则男子也。闻于有司，盖身具二形，前后奸状不一，遂置之极刑。近李安民尝于福州得徐氏处子，年十五六，交际一再，渐具男形，盖天真未破，则彼亦不自知。然小说中有池州李氏女及婢添喜事，正相类。而此外绝未见于古今传记等书，岂以秽污笔墨，不复记载乎？尝考之佛书，所谓博叉半择迦者，谓半月能男，半月不能男。又《遗像经》有五种不男，曰生、剧、妒、变、半。变、半者二形，人中恶趣也，《晋·五行志》谓之人痾。惠帝时京洛有人兼男女二体，亦能两用人道，而性尤淫乱，此乱气所生也。《玉历通政经》云："男女二体，主国淫乱。"而《二十八宿真形图》所载心、房二星皆两形，与丈夫妇人更为雌雄，此又何耶？《异物志》云："灵狸一体，自为阴阳，故能媚人。"《褚氏遗书》云："非男非女之身，精血散分。"又云："感以妇人则男脉应胯，动以男子则女脉顺指，皆天地不正之气也。"

（二）后集·禁男娼

书传所载龙阳君、弥子瑕之事甚丑，至汉则有籍孺、闳孺、邓通、韩嫣、董贤之徒，至于傅脂粉以为媚。史臣赞之曰:"柔曼之倾国,非独女德,盖亦有男色焉。"闻东都盛时,无赖男子亦用此以图衣食。政和中始立法告捕,男子为娼者杖一百,[告者]赏钱五十贯。吴俗此风尤盛,新门外乃其巢穴。皆傅脂粉,盛装饰,善针指,呼谓亦如妇人,以之求食。其为首者号师巫、行头。凡官府有不男之讼,则呼使验之,败坏风俗,莫甚于此。然未见有举旧条以禁止之者,岂以其言之丑故耶?

金史

(元·顺帝)脱脱等撰
中华书局 1975 年版

(一) 卷六十三·[海陵] 昭妃阿里虎等诸嬖传①

凡诸妃位皆以侍女服男子衣冠,号"假厮儿"。有胜哥者,阿里虎与之同卧起,如夫妇。厨婢三娘以告海陵,海陵不以为过,惟戒阿里虎勿笞箠三娘。阿里虎榜杀之。海陵闻昭妃阁有死者,意度是三娘,曰:"若果尔,吾必杀阿里虎!"问之,果然。阿里虎闻海陵将杀之也,即不食,日焚香祷祝,冀脱死。逾月,阿里虎已委顿不知所为,海陵使人缢杀之,并杀侍婢击三娘者。

(二) 卷一百二十九·佞幸列传序②

世之有嗜欲者,何尝不被其害哉。龙,天下之至神也,一有嗜欲,见制于人,故人君亦然。嗜欲不独柔曼之倾意也,征伐、畋猎、土木、神仙,彼为佞者皆有以投其所好焉。

---

① 记海陵王时,昭妃阿里虎与其侍女的女性同性恋。
② 对"佞幸"进行分析。

元史

(明·太祖)宋濂等撰
中华书局1976年版

(一) 卷一百二十五·铁哥传①

世祖即位,幸香山永安寺,见书畏吾字于壁,问谁所书,僧对曰:"国师兄子铁哥书也。"帝召见,爱其容仪秀丽,语音清亮,命隶丞相孛罗备宿卫。久之,命掌饔膳汤药,日益亲密。

(二) 卷二百五·哈麻传②

哈麻字士廉,康里人。哈麻与其弟雪雪早备宿卫,顺帝深眷宠之。而哈麻有口才,尤为帝所褒幸,累迁官为殿中侍御史。帝每即内殿与哈麻以双陆为戏,一日,哈麻服新衣侍侧,帝方啜茶,即噀茶于其衣。哈麻视帝曰:"天子固当如是耶?"帝一笑而已。其被爱幸,无与为比。

哈麻之妹婿集贤学士秃鲁帖木儿,故有宠于帝,与老的沙、八郎、答剌马吉的、波迪哇儿祃等十人,俱号倚纳。秃鲁帖木儿性奸狡,帝爱之,言听计从。

烬余录

(宋末元初)徐大焯撰
清光绪间吴县谢氏刻民国十三年(1924)
苏州文学山房汇印《望炊楼丛书》本

乙编

北兵③之祸,杀戮无人理。鼎革后,编二十家为甲,以北人为甲主。衣服饮食惟所欲,童男少女惟所命。自尽者又不知凡几。

---

① 记元世祖与铁哥的亲密关系。
② 记元顺帝与哈麻、秃鲁帖木儿的亲密关系。
③ 元兵。

格致余论

(元)朱震亨撰
清光绪间浙江书局刻民国十二年(1923)
北京中医社重修《医统正脉全书》本

受胎论

成胎以精血之后先分男女者,褚澄之论,愚切惑焉。后阅李东垣①之方,有曰经水断后一二日,血海始净,精胜其血,感者成男;四五日后,血脉已旺,精不胜血,感者成女。此确论也。或曰:"分男分女,吾知之矣。男不可为父,女不可为母,与男女之兼形者,又若何而分之耶?"余曰:"男不可为父,得阳气之亏者也;女不可为母,得阴气之塞者也;兼形者,由阴为驳气所乘而成。其类不一,以女函男有二:一则遇男为妻,遇女为夫,一则可妻而不可夫。其有女具男之全者,此又驳之甚者。"或曰:"驳气所乘,独见于阴,而所乘之形,又若是之不同耶?"予曰:"阴体虚,驳气易于乘也。驳气所乘,阴阳相混,无所为主。不可而左,不可属右,受气于两岐之间,随所得驳气之轻重而成之。故所兼之形,有不可得而同。"

真腊风土记②

(元)周达观撰
明刻《古今逸史》本

人物

国中多有二形人,每日以十数成群行于墟场间。常有招徕唐人③之意,反有厚馈,可丑可恶。

---

① 李杲,金代医学家,字东垣。
② 真腊即今柬埔寨。
③ 华人。

草木子

(元末明初)叶子奇撰
明芹城林有麟刻本

卷之三上

至正十一年,京师齐化门达达一妇人生髭须,长一尺余。辛卯①冬至,雷电大雪同至,天下遂兵乱,人民死者大半。

至正直记

(元·顺帝)孔齐撰
上海古籍出版社1987年版

卷之一·徐州奇闻

溧阳同知州事唐兀那怀,至正甲申岁尝与予言一事。徐州村民一妻一妹,家贫,与人代当军役。一日,见其妹有孕,询究其事,不能明,欲杀其妻与妹,邻媪咸至曰:"我等近居,惟一壁耳,终岁未尝见其他也。"考其得胎之由,乃兄尝早行时,与妻交合而出,妹适来伴其嫂。嫂偶言及淫狎之事,覆于姑之身,作男子状,因相感遗气成孕也。噫!防微杜渐之道,可不谨乎?

---

① 至正十一年,1351年。

张生煮海

(元) 李好古著
民国七年（1918）商务印书馆
上海影印《元人百种曲》本①

第三折

（家童云）你看我家东人，兴匆匆的跟着长老入海去了，留我独自一个在这海岸上，看守什么法宝。若是他当真做了新郎，料必要满了月方才出来。我看那小行者尽也有些风韵，老和尚又不在。不如我收拾了这几件东西，一径回到寺里，寻那小行者打闹闹②去也。

张生煮海

---

① 据明万历间吴兴臧懋循雕虫馆刻本影印。
② 进行同性性行为。

水浒传

(元末) 施耐庵
(元末明初) 罗贯中著
中华书局 1997 年版

第四十五回

那和尚①光溜溜一双贼眼，只瞋趁施主娇娘；这秃驴美甘甘满口甜言，专说诱丧家少妇。淫情发处，草庵中去觅尼姑；色胆动时，方丈内来寻行者。仰观神女思同寝，每见嫦娥要讲欢。

安雅堂觥律

(元) 曹绍撰
明末清初刻《说郛》本

(一) 淳于饮酒第二

　　严客饮最少，情欢则倍之。
　　襟解闻芳泽，一石亦不辞。
　　名饮　有饮材而不攀扯人。
　　　　　少年有内外宠者二杯。

(二) 刘宽讯奴第十

　　苍头沽酒迟，客怒骂畜产。
　　宽恐奴受辱，讯使屡往返。
　　累坐　尊客前叱咤奴仆，
　　　　　爱娈童者巨觥。

---

①　海阇黎。

（三）周郎顾曲二十四

鸣筝金粟柱，素手玉房前。
欲得周郎顾，时时误拂弦。
酒鉴　频属宠幸，防人调戏。
　　　多妒忌者罚其与宠幸同饮。

（四）浔阳送客九十三

商妇按琵琶，纵弦声转急。
添酒重回灯，司马青衫湿。
欢候　俊妓传令。
　　　有妓妓饮，无妓娈童饮。

卷五

明代

(一) 明代前中期

圣迹图

（明·正统）张楷编
（明·弘治）何廷瑞续编
中华书局 1959 年影印
《中国古代版画丛刊》本①

同车次乘图

原注："鲁定公十五年丙午，孔子年五十七岁。去卫即蒲，月余返卫，主蘧伯玉家。灵公与夫人同车，使孔子为次乘。孔子曰：'吾未见好德如好色者也。'去之。"

孔门儒教列传

（元末明初）佚名撰
上海古籍出版社 1994 年影印
《中国古代版画丛刊二编》本②

史鱼以尸谏君（卷三）

---

① 据明弘治十年（1497）刻本影印。
② 据明初刻本影印。

元宫词百章

(明·永乐—宣德)朱有燉著
书目文献出版社 1995 年版

八①

尸谏灵公演传奇,一朝传到九重知。
奉宣赍与中书省,诸路都教唱此词。

郁离子

(元末明初)刘基撰
上海古籍出版社 1981 年版

(一)卷上·云梦田

楚王好安陵君,安陵君用事,景睢邀江乙使言于安陵君曰:"楚国多贫民,请以云梦之田贷之耕以食,无使失所。"安陵君言于王而许之。他日,见景子,问其入之数,景子曰:"无之。"安陵君愕曰:"吾以子为利于王而言焉,乃以与人而为恩乎?"景睢失色而退,语其人曰:"国危矣!志利而忘民,危之道也。"

(二)卷上·弥子瑕

卫灵公怒弥子瑕,挞出之。瑕惧,三日不敢入朝。公谓祝鮀曰:"瑕也怼乎?"子鱼对曰:"无之。"公曰:"何谓无之?"子鱼曰:"君不观夫狗乎?夫狗依人以食者也,主人怒而挞之,嘷而逝;及其欲食也,葸葸然复来,忘其挞矣。今瑕君狗也,仰于君以食者也,一朝不得于君,则一日之食旷焉,其何敢怼乎?"公曰:"然哉。"

---

① 写元杂剧《史鱼尸谏卫灵公》在元代的演出情况。该剧鲍吉甫(名天佑)著,赵景深《元人杂剧钩沉》辑有第四折的两段佚曲:【正宫·白鹤子】四边风凛冽,一望雪模糊。行过小溪桥,迷却前村路。【幺篇】行行里心恍惚,前进也意踟蹰。我则道断岸有横舟,却元来野水无人渡。此二曲或为灵公吊丧途中所唱,也可能是蘧伯玉所唱。

历代古人像赞

(明·弘治) 天然编
中华书局1959年影印
《中国古代版画丛刊》本①

黄帝像

参见《阅微草堂笔记》(十七)

汉高祖像

---

① 据明弘治十一年(1498)刻本影印。

汉文帝像

魏太祖像

参见《三国志》(一)

唐玄宗像

参见《旧唐书》（五）

伊尹像

参见《尚书》

明史

(清·康熙—雍正) 张廷玉等撰
中华书局 1974 年版

(一) 卷十六·武宗本纪①

[正德] 二年秋八月丙戌，作豹房。

三年秋七月壬子，命天下选乐工送京师。

九年二月庚子，帝始微行。

十二年秋八月甲辰，微服如昌平。乙巳，梁储、蒋冕、毛纪追及于沙河，请回跸，不听。己酉，至居庸关，巡关御史张钦闭关拒命，乃还。丙寅，夜微服出德胜门，如居庸关。辛未，出关，幸宣府。命谷大用守关，毋出京朝官。九月壬辰，如阳和，自称总督军务威武大将军总兵官。

十三年八月癸丑，敕曰："总督军务威武大将军总兵官朱寿亲统六师，肃清边境，特加封镇国公，岁支禄米五千石。吏部如敕奉行。"

十四年二月己丑，帝自加太师。

十五年八月癸卯，次镇江。九月己巳，渔于积水池，舟覆，救免，遂不豫。

十六年三月丙寅，崩于豹房，年三十有一。遗诏召兴献王长子嗣位。罢威武团营，遣还各边军，革京城内外皇店，放豹房番僧及教坊司乐人。戊辰，颁遗诏于天下，释系囚，还四方所献妇女，停不急工役，收宣府行宫金宝还内库。

赞曰：明自正统以来，国势浸弱。毅皇手除逆瑾，躬御边寇，奋然欲以武功自雄。然耽乐嬉游，昵近群小，至自署官号，冠履之分荡然矣。犹幸用人之柄躬自操持，而秉钧诸臣补苴匡救，是以朝纲紊乱，而不底于危亡。假使乘孝宗②遗泽，制节谨度，有中主之操，则国泰而名完，岂至重后人之訾议哉。

(二) 卷三百四·刘瑾传

刘瑾，兴平人，本谈氏子。依中官刘氏者以进，冒其姓。孝宗时，坐法当死，得免。已得侍武宗东宫，武宗即位，掌钟鼓司。与马永成、高凤、罗祥、魏彬、丘聚、谷大用、

---

① (一) 至 (十一) 记明武宗及其诸嬖幸的情况。
② 弘治帝，正德帝之父。

张永并以旧恩得幸，人号"八虎"。而瑾尤狡狠，日进鹰犬、歌舞、角牴之戏，导帝微行。帝大欢乐之，渐信用。

（三）卷一百八十一·刘健传

刘瑾者，东宫旧竖也。与马永成、谷大用等八人俱用事，时谓之"八党"。日导帝游戏，诏条率沮格不举。

（四）卷一百八十六·韩文传①

韩文，字贯道，洪洞人，成化二年举进士。弘治十六年拜南京兵部尚书，明年召拜户部尚书。

文司国计二年，力遏权幸，权幸深疾之。而是时青宫旧奄刘瑾等八人号"八虎"，日导帝狗马、鹰兔、歌舞、角牴，不亲万几。文每退朝，对僚属语及，辄泣下。郎中李梦阳进曰："公大臣，义共国休戚，徒泣何为。谏官疏劾诸奄，执政持甚力。公诚及此时率大臣固争，去'八虎'易易耳。"文捋须昂肩，毅然改容曰："善。纵事勿济，吾年足死矣，不死不足报国。"即偕诸大臣伏阙上疏，略曰："人主辨奸为明，人臣犯颜为忠。况群小作朋，逼近君侧，安危治乱胥此焉关。臣等伏睹近岁朝政日非，号令失当。自入秋来，视朝渐晚。仰窥圣容，日渐清削。皆言太监马永成、谷大用、张永、罗祥、魏彬、丘聚、刘瑾、高凤等造作巧伪，淫荡上心。击球走马，放鹰逐犬，俳优杂剧，错陈于前。至导万乘与外人交易，狎昵媟亵，无复礼体。日游不足，夜以继之，劳耗精神，亏损志德。遂使天道失序，地气靡宁，雷异星变，桃李秋华，考厥占候，咸非吉征。此辈细人，惟知蛊惑君上以便己私，而不思赫赫天命。皇皇帝业，在陛下一身。今大婚虽毕，储嗣未建。万一游宴损神，起居失节，虽齑粉若辈，何补于事。高皇帝艰难百战，取有四海。列圣继承，以至陛下。先帝临崩顾命之语，陛下所闻也。奈何姑息群小，置之左右，以累圣德？窃观前古奄宦误国，为祸尤烈，汉十常侍、唐甘露之变，其明验也。今永成等罪恶既著，若纵不治，将来益无忌惮，必患在社稷。伏望陛下奋乾刚，割私爱，上告两宫，下谕百僚，明正典刑，以回天地之变，泄神人之愤，潜削祸乱之阶，永保灵长之业。"疏入，帝惊泣不食。瑾等大惧。

时内阁刘健、谢迁等方持言官章不肯下，文疏复入。帝遣司礼太监李荣、王岳等诣阁议。一日三至，健等持益坚。岳素刚直，独曰："阁议是。"是夜，八人者环泣帝前。帝怒，立收岳下诏狱，而外廷固未之知也。明日，文倡九卿科道再诣阙固争。俄有旨，宥八人不问。健、迁仓皇致仕去。八人各分据要地，瑾掌司礼，时事遂大变。

---

① 记韩文与刘瑾等人的斗争。

瑾恨文甚，日令人伺文过。逾月，有以伪银输内库者，遂以为文罪。诏降一级致仕。给事中徐昂乞留文原官，中旨谓显有嘱托，落文职，并除昂名。二年三月榜奸党姓名，自刘健、谢迁外，尚书则文为首，余若张敷华、杨守随、林瀚等凡五十三人，列于朝堂。文子高唐知州士聪，刑部主事士奇，皆削籍。文出都门，乘一蓝舆，行李一车而已。瑾恨未已，坐以遗失部籍，逮文及侍郎张缙下诏狱。数月始释，罚米千石输大同。寻复罚米者再，家业荡然。

（五）卷一百八十六·杨守随传①

杨守随，字维贞，鄞人，举成化二年进士。[韩文]偕九卿伏阙论"八党"，文等既逐，守随愤，独上章极论之曰："陛下嗣位以来，左右近臣不能袛承德意，尽取先朝良法而更张之，尽诬先朝硕辅而划汰之。天下嗷嗷，莫措手足，致古今罕见之灾，交集数月以内。陛下独不思其故乎？内臣刘瑾等八人，奸险佞巧，诬罔恣肆，人目为"八虎"，而瑾尤甚，日以荒纵导陛下。或在西海擎鹰搏兔，或于南城蹑峻登高，禁内鼓钲震于远迩，宫中火炮声彻昼夜。渚杂尊卑，陵夷贵贱，引车骑而供执鞭之役，列市肆而亲商贾之为。致陛下日高未朝，漏尽不寝。此数人者，方且窃揽威权，诈传诏旨，放逐大臣，刑诛台谏，邀阻封章，广纳货赂。传奉冗员，多至千百，招募武勇，收及孩童。紫绶金貂尽予爪牙之士，蟒衣玉带滥授心腹之人。附己者进官，忤意者褫职。内外臣僚，但知畏瑾，不知畏陛下。陛下犹不觉悟，方且谓委任得人，何其舛也。伏望大奋乾纲，立置此曹重典。"疏入，帝不省。瑾辈深衔之，传旨致仕。

（六）卷三百七·江彬传

江彬，宣府人。初为蔚州卫指挥佥事。正德六年，畿内贼起，京军不能制，调边兵。彬以大同游击隶总兵官张俊赴调。过蓟州，杀一家二十余人，诬为贼，得赏。后与贼战淮上，被三矢，其一著面，镞出于耳，拔之更战。武宗闻而壮之。七年，贼渐平，遣边兵还镇大同、宣府。军过京师，犒之，遂并宣府守将许泰皆留不遣。彬因钱宁得召见。帝见其矢痕，呼曰："彬健能尔耶！"

彬狡黠强很，貌魁硕有力，善骑射。谈兵帝前，帝大说，擢都指挥佥事，出入豹房，同卧起。尝与帝弈不逊，千户周骐叱之。彬陷骐榜死，左右皆畏彬。彬导帝微行，数至教坊司；进铺花毡幄百六十二间，制与离宫等，帝出行幸皆御之。

宁见彬骤进，意不平。一日，帝捕虎，召宁，宁缩不前。虎迫帝，彬趋扑乃解。帝戏曰："吾自足办，安用尔。"然心德彬而嗛宁。宁他日短彬，帝不应。彬知宁不相容，

---

① 记杨守随与刘瑾等人的斗争。

顾左右皆宁党，欲籍边兵自固，因盛称边军骁悍胜京军，请互调操练。言官交谏，大学士李东阳疏称十不便，皆不听。于是调辽东、宣府、大同、延绥四镇军入京师，号外四家，纵横都市。每团练大内，间以角抵戏。帝戎服临之，与彬联骑出，铠甲相错，几不可辨。

八年，命许泰领敢勇营，彬领神威营。改太平仓为镇国府，处边兵。建西官厅于奋武营。赐彬、泰国姓。越二年，迁都督佥事。彬荐万全都指挥李琮、陕西都指挥神周勇略，并召侍豹房，同赐姓为义儿。毁积庆、鸣玉二坊民居，造皇店酒肆，建义子府。四镇军，彬兼统之。帝自领群阉善射者为一营，号中军。晨夕驰逐，甲光照宫苑，呼噪声达九门。帝时临阅，名过锦。

［后来在江彬诱导下，正德帝北游宣府、大同，南"讨"宸濠之叛。帝崩，彬被逮，磔于市。］

（七）卷一百八十九·黄巩传①

黄巩，字仲固，莆田人。［正德］十四年三月，有诏南巡，巩上疏曰：……五，去小人。自古未有小人用事，不亡国丧身者也。今之小人簸弄威权、贪溺富贵者，实繁有徒。至于首开边事，以兵为戏，使陛下劳天下之力，竭四海之财，伤百姓之心者，则江彬之为也。彬，行伍庸流，凶狠傲诞，无人臣礼。臣但见其有可诛之罪，不闻其有可赏之功。今乃赐以国姓，封以伯爵，托以心腹，付以京营重寄，使其外持兵柄，内蓄逆谋，以成骑虎之势，此必乱之道也。天下切齿怒骂，皆欲食彬之肉。陛下亦何惜一彬，不以谢天下哉！

（八）卷三百七·钱宁传

钱宁，不知所出，或云镇安人。幼鬻太监钱能家为奴，能嬖之，冒钱姓。能死，推恩家人，得为锦衣百户。

正德初，曲事刘瑾，得幸于帝。性猥狡，善射，拓左右弓。帝喜，赐国姓，为义子，传升锦衣千户。瑾败，以计免，历指挥使，掌南镇抚司。累迁左都督，掌锦衣卫事，典诏狱，言无不听，其名刺自称皇庶子。引乐工臧贤、回回人于永及诸番僧，以秘戏进。请于禁内建豹房、新寺，恣声伎为乐，复诱帝微行。帝在豹房，常醉枕宁卧。百官候朝，至晡莫得帝起居，密伺宁，宁来，则知驾将出矣。

［后来钱宁与宁王朱宸濠相交通。宸濠反，正德帝逮系之，嘉靖即位，磔之于市。］

---

① 记黄巩上疏指斥江彬。

(九) 卷一百八十八·周广传①

周广,字克之,昆山人。弘治十八年进士。历知莆田、吉水二县。正德中,以治最征授御史,疏陈四事,略言:

……

昔禹戒舜曰:"毋若丹朱傲,惟慢游是好。"周公戒成王曰:"毋若商王纣之迷乱,酗于酒德。"今之伶人,助慢游迷乱者也。唐庄宗与伶官戏狎,一夫夜呼,仓皇出走。臣谓宜遣逐乐工,不复籍之禁内,乃所以放郑声也。

陛下承祖宗统绪,而群小献媚荧惑,致三宫锁怨,兰殿无征。虽陛下春秋鼎盛,独不思万世计乎?中人稍有资产,犹畜妾媵以图嗣续。未有专养螟蛉,不顾祖宗继嗣者也。义子钱宁本宫竖苍头,滥宠已极,乃复攘敚货贿,轻蔑王章。甚至投刺于人,自称皇庶子。僭逾之罪所不忍言。陛下何不慎选宗室之贤者,置诸左右,以待皇嗣之生。诸义儿、养子俱夺其名爵,乃所以远佞人也。

……

宁见疏大怒,留之不下,传旨谪广东怀远驿丞。主事曹琥救之,亦被谪。宁怒不已,使人遮道刺广。广知之,易姓名,变服,潜行四百余里乃免。武定侯郭勋镇广东,承宁风旨以白金试广,广拒不受。伺广谒御史,摄致军门,箠系几死,御史救之始解。越二年,迁建昌知县,有惠政。宁矫旨再谪竹寨驿丞。

(十) 卷六十一·乐一②

正德三年,武宗谕内钟鼓司康能等曰:"庆成大宴,华夷臣工所观瞻,宜举大乐。迩者音乐废缺,无以重朝廷。"礼部乃请选三院乐工年壮者,严督肄之,仍移各省司取艺精者赴京供应。顾所隶益猥杂,筋斗百戏之类日盛于禁廷。既而河间等府奉诏送乐户,居之新宅。乐工既得幸,时时言居外者不宜独逸,乃复移各省司所送技精者于教坊。于是乘传续食者又数百人,俳优之势大张。臧贤以伶人进,与诸佞幸角宠窃权矣。

(十一) 卷一百九十一·徐文华传

徐文华,正德三年进士。授大理评事,擢监察御史。帝遣中官刘允迎佛乌斯藏,文华力谏,不报。马昂纳妊身女弟于帝,又疏谏曰:"中人之家不取再醮之妇。陛下万乘至尊,乃有此举,返之于心则不安,宣之于口则不顺,传之天下后世则可丑。万一防闲阔略,不幸有李园、吕不韦之徒乘间投隙,岂细故哉!今昂兄弟子侄出入禁闼,陛下降绌

---

① 记周广与钱宁的斗争。
② 记臧贤得宠。

等威,与之乱服杂坐,或同卧起,坏祖宗法,莫此为甚。马姬专宠于内,马昂弄权于外,祸机窃发,有不可胜言者。乞早诛以绝祸源。"亦不报。文华既数进直言,帝及诸近幸皆衔之。[后帝借故]命下诏狱,黜为民。时正德十一年十月也。

(十二) 卷二十八·五行一①

隆庆二年十二月,静乐男子李良雨化为妇人。

(十三) 卷二百二十四·宋纁传

宋纁,嘉靖三十八年进士。授永平推官,擢御史,出视西关,按应天诸府。隆庆改元,再按山西。静乐民李良雨化为女,纁言此阳衰阴盛之象,宜进君子退小人,以挽气运。帝嘉纳之。

(十四) 卷一百一十六·鲁王檀传

[嘉靖年间,鲁端王朱观㷆]狎典膳秦信等,游戏无度,挟娼乐,裸男女杂坐。左右有忤者,锥斧立毙,或加以炮烙。信等乘势残杀人。馆陶王当漎亦淫暴,与观㷆交恶,相讦奏。帝念观㷆尚幼,革其禄三之二,逮诛信等,亦革当漎禄三之一。二十八年,观㷆薨。

(十五) 卷一百五十一·刘观传②

时未有官妓之禁。宣德初,臣僚宴乐,歌妓满前。

(十六) 卷一百五十八·顾佐传③

顾佐,字礼卿,太康人。建文二年进士。除庄浪知县。端阳日,守将集官僚校射,以佐文士,难之。持弓矢一发而中,守将大服。

永乐初,入为御史。七年,成祖在北京,命吏部选御史之才者赴行在,佐预焉。奉命招庆远蛮,督采木四川,从北征,巡视关隘。迁江西按察副使,召为应天尹。刚直不挠,吏民畏服,人比之包孝肃。北京建,改尹顺天。权贵人多不便之,出为贵州按察使。洪熙元年召为通政使。

宣德三年,都御史刘观以贪被黜,大学士杨士奇、杨荣荐佐公廉有威,历官并著风采,为京尹,政清弊革。帝喜,立擢右都御史,赐敕奖勉。命察诸御史不称者黜之,御

---

① (十二)(十三)记著名的山西李良雨化女事,此事为多种笔记小说所反映。
② 记官妓的情况。
③ 记对于官妓之革发挥了重要作用的顾佐的情况,官妓的革除促进了优伶同性恋的多发。

史有缺，举送吏部补选。佐视事，即奏黜严暄、杨居正等二十人，谪辽东各卫为吏，降八人，罢三人；而举进士邓荣、国子生程富、谒选知县孔文英、教官方瑞等四十余人堪任御史。帝使历政三月而后任之。居正等六人辨诉。帝怒，并诸为吏者悉戍之。既而暄自戍所潜还京，胁他贿，为佐所奏，且言暄谋害己。诏戮暄于市。帝北巡，命偕尚书张本等居守。还复赐敕，令约束诸御史。于是纠黜贪纵，朝纲肃然。

居岁余，奸吏奏佐受隶金，私遣归。帝密示士奇曰："尔不尝举佐廉乎？"对曰："中朝官俸薄，仆马薪刍资之隶，遣隶半使出资免役。隶得归耕，官得资费，中朝官皆然，臣亦然。先帝知之，故增中朝官俸。"帝叹曰："朝臣贫如此。"因怒诉者曰："朕方用佐，小人敢诬之，必下法司治。"士奇对曰："细事不足干上怒。"帝乃以吏状付佐曰："汝自治之。"佐顿首谢，召吏言："上命我治汝，汝改行，吾当贷汝。"帝闻之益喜，谓佐得大体。或告佐不理冤诉。帝曰："此必重囚教之。"命法司会鞫，果千户臧清杀无罪三人当死，使人诬佐。帝曰："不诛清，则佐法不行。"磔清于市。

八年秋，佐有疾，乞归。不许，以南京右都御史熊概代理其事。逾年而概卒。佐疾良已，入见。帝慰劳之，令免朝贺，视事如故。

正统初考察御史不称者十五人，降黜之。邵宗九载满，吏部已考称，亦与焉。宗奏辨，尚书郭琎亦言宗不应与在任者同考。帝遂责佐。而御史张鹏等复劾宗微过。帝以鹏朋欺，并切责佐。佐上章致仕去。赐敕奖慰，赉钞五十贯，命户部复其家。十一年九月卒。

佐孝友，操履清白，性严毅。每旦趋朝，小憩外庐，立双藤户外。百僚过者，皆折旋避之。入内直庐，独处小夹室，非议政不与诸司群坐。人称为"顾独坐"云。然持法深，论者以为病。

（十七）卷二百三十四·雒于仁传①

[大理寺评事雒于仁上疏，谓万历帝]"宠十俊以启幸门，此其病在恋色也"。所云十俊，盖十小阉也。

（十八）卷三百七·佞幸列传序②

汉史所载佞幸，如籍孺、闳孺、邓通、韩嫣、李延年、董贤、张放之属，皆以宦寺弄臣贻讥千古，未闻以武夫、健儿、贪人、酷吏、方技、杂流任亲昵，承宠渥于不衰者也。明兴，创设锦衣卫，典亲军，昵居肘腋。成祖即位，知人不附己，欲以威詟天下，特任纪纲为锦衣，寄耳目。纲刺廷臣阴事，以希上指，帝以为忠，被残杀者不可胜数。

---

① 记万历帝与"十俊"的同性恋关系，参见《明实录》。
② 对"佞幸"进行分析。

英宗时，门达、逯杲之徒，并见亲信。至其后，厂卫遂相表里，清流之祸酷焉。宪宗之世，李孜省、僧继晓以祈祷被宠任，万安、尹直、彭华等至因之以得高位。武宗日事般游，不恤国事，一时宵人并起，钱宁以锦衣幸，臧贤以伶人幸，江彬、许泰以边将幸，马昂以女弟幸。祸流中外，宗社几墟。世宗入继大统，宜矫前轨，乃任陆炳于从龙，宠郭勋于议礼，而一时方士如陶仲文、邵元节、蓝道行之辈，纷然并进，玉杯牛帛，诈妄滋兴。凡此诸人，口衔天宪，威福在手，天下士大夫靡然从风。虽以成祖、世宗之英武聪察，而嬖幸酿乱，几与昏庸失道之主同其蒙蔽。彼第以亲己为可信，而孰知其害之至于此也。至顾可学、盛端明、朱隆禧之属，皆起家甲科，致位通显，乃以秘术干荣，为世戮笑。此亦佞幸之尤者，附之篇末，用以示戒云。

（十九）卷三百八·马士英传

[南明大臣左良玉上疏弘光帝朱由崧，谓：]"陛下即位之初，恭俭明仁。士英百计诳惑，进优童艳女伤损盛德。"

菽园杂记

（明·成化—弘治）陆容撰
中华书局1985年版

（一）卷二①

前代文武官皆得用官妓，今挟妓宿娼有禁，甚至罢职不叙。

（二）卷十②

嘉兴之海盐，绍兴之余姚，宁波之慈溪，台州之黄岩，温州之永嘉，皆有习为倡优者，名曰戏文子弟，虽良家子不耻为之。其扮演传奇，无一事无妇人，无一事不哭。令人闻之，易生凄惨。此盖南宋亡国之音也。其赝为妇人者名妆旦，柔声缓步，作夹拜态，往往逼真。士大夫有志于正家者，宜峻拒而痛绝之。

（三）卷十二

娎，音少，杭人谓男之有女态者。

---

① 记禁官吏宿娼。
② 记男旦女装。

猥谈

(明·弘治—嘉靖) 祝允明撰
清光绪三十一年 (1905) 上海育文书局
石印《烟霞小说》本

《癸辛杂识》载男娼事未尽，暇日阅史，略得数端。或谓《书》"比顽童"盖未必然，而其他尚多可征，亦猥不足陈已。今浙人见于讼牒谓之弄耍，音如少，去声。

野记

(明·弘治—嘉靖) 祝允明撰
齐鲁书社 1995 年影印
《四库全书存目丛书》本①

(一) 三卷②

本朝初不禁官妓，唯挟娼饮宿者有律耳。永乐末，都御史顾公佐始奏革之。国朝于京师官建妓馆六楼于聚宝门外，以安远人，故名曰来宾、曰重译、曰轻烟、曰淡粉、曰梅妍、曰柳翠。其时虽宪法严肃，诸司或朝退，相帅饮于妓楼。群婢歌侑，畅饮逾时，以朝无禁令故也。后乃寝淫放恣，解带盘礴，喧呶竟日。楼窗悬系，牙牌累累，相比日昃。归署半已沾醉，曹多废务矣。朝廷知之，遂从顾公之言。顾公太康人，刚严为朝绅冠，时谓明之包公也。每待漏朝房，诸僚无一人与同坐。比连壁三五室，内皆寂然，畏其闻也。或过门见双藤外立，知是公也，趋而避之。

(二) 四卷

成化初，上元民女张妙清与兄张二、嫂陈之室连壁。兄晨与嫂偶而出，女不胜淫想，呼嫂来同卧问状，且与戏效为之，遂感胎。事闻法司，拟以不应得为之律。后竟生子，犹处女也，官令兄育其子。事与掘多比丘尼阿槃国仙人事相类。宇宙之间，何所不有！

---

① 据明毛文烨刻本影印。
② 记革除官妓的一些情况。

滑稽余韵

(明·弘治—正德) 陈铎著
(明·万历) 汪廷讷订
上海古籍出版社 2002 年影印
《续修四库全书》本①

天净沙·门子②

描眉掠鬓精神，铺床叠被殷勤。献宠希恩事因。虚名承认，看门那里看门？

南园漫录

(明·正德) 张志淳撰
民国三年（1914）刻
《云南丛书》本

（一）卷八·嬖幸

汉哀帝嬖董贤，遂病痿痺而早夭；苻坚嬖慕容冲，遂至丧乱而身死。近见名臣有功业闻望，而或死亡或身后不竞。每求其短，皆坐此③也。可忽之而不戒哉！

（二）卷十·老儿当

正德初，内臣最宠狎者入老儿当。"当"字作去声读，犹等辈也，然实不计老少，唯宠狎是尊。京师称势焰可畏者辄曰："是当里的。"

---

① 据明万历三十九年（1611）环翠堂刻本影印。
② 作为官府里的使役，门子需要经常随侍于官长左右，他们中的乖巧俊俏者容易兼为男宠。
③ 嗜喜男色。

暖姝由笔

(明·嘉靖)徐充撰
清光绪间刻《粟香室丛书》本

张志淳《南园漫录》言:"正德初,内臣最宠狎者入老儿当,犹等辈也。然实不计老少,惟宠狎是尊。"余近访知老儿当皆选年少俊秀小内臣为之,岂闳、籍孺[①]之类欤?

庭闻述略

(明·嘉靖)王文禄述
民国二十七年(1938)商务印书馆
长沙影印《百陵学山》本[②]

武宗初年尝宿豹房,刘瑾等以蚺蛇油萎其阳,是以不入内宫。蚺蛇几年萎如,之后十五年,幸刘妓,甚宠之,呼刘娘娘。阻幸浙,且促回銮,后善终。

鸿猷录

(明·嘉靖)高岱撰
上海古籍出版社1992年版

(一) 第十二卷·刘瑾之变

刘瑾,陕西西安人,幼以阉被选入宫。武宗在青宫时,瑾得近幸。正德初,瑾与马永成、谷大用、张永、魏彬、罗祥、丘聚、张兴等俱以青宫旧阉用事,与上同卧起,得与谋议,中外目为"八党"。瑾尤巧黠,颇涉猎文义,谙世故,而性刚狠。瑾与诸阉导上以鹰犬游猎,时市易、击球、角抵为乐,往往辍朝不视事。台谏交章论之,不报。

---

① 闳孺、籍孺,参见《史记》(十三)。
② 据明万历间刻本影印。

(二) 第十四卷·江彬之变

江彬初为大同游击将军，性暴悍。正德七年，河北盗起，官兵不能制，主者奏檄边兵讨之，彬与许泰等帅兵入讨贼。盗平，彬等大获赏赉。武宗好兵事，左右言边卒精悍可用，欲令边卒以时入卫，而以京营卒出戍边，每岁为践更例。上从之。于是彬与许泰、刘晖等皆率兵入卫，都人称"外四家"兵。诸边将遂皆有宠于上，彬尤近狎用事。上乃于西内练兵，时令彬等率兵入。习营阵，校骑射，或时为角牴之戏。上戎服临之，铳炮之声不绝于禁中。彬等日狎昵，上多留宿豹房，与彬等同卧起，或亲搏虎为乐。又都督钱宁，掌锦衣卫事。彬、泰、晖、宁皆赐姓朱氏，与中贵张永、张忠、卢明、秦用、萧敬等，优人臧贤，表里擅权为奸利。诸司章疏多沮格不上，然诸奸宠皆出彬下。彬等时导上出宫禁，游猎近郊，群臣屡谏，不听。十二年八月，导上出居庸关，至宣府，临塞下。

矶园稗史

(明·正德—嘉靖) 孙继芳撰
民国九年（1920）商务印书馆
上海影印《涵芬楼秘笈》本①

(一) 卷之二

京师士大夫一时好谈男色，恬不为怪，讳之曰"勇巴"。予深丑恶之，不欲其出诸口。有同僚戏予曰："子莫非王学士乎？"问之，则曰："王某守南祭酒，酷好尚此。适诸生有以是相竞者，讼诸王，故为惊讶咤异曰：'世间宁有此事耶？'王尝私嬖一监生某，其人梦鳣出其跨下。人因为句曰：'某人一梦甚跷蹊，黄鳣钻臀事可疑。想是翰林王学士，夜深来访旧相知。'有人倒其韵曰：'某人一梦甚蹊跷，何物钻臀鳣一条。想似翰林王学士，夜深来访旧相交。'"予为之抵掌。然观《汉书·佞幸传》籍、闳孺与上同卧起，苻坚龙阳之姿等类，则事在古已然，不知何谓也。

(二) 卷之三

天台陈选先生督学南畿，夜半阅卷，门子候焉。陈恐其体寒，因抚其背云："衣得无单耶？"门子以为陈有意，遽解衣寝于陈卧内，陈觅见之，促令起，曰："此前辈误尔

---

① 据旧抄本影印。

也。"予笑谓令之起便是陈亦知此事,若某则与之同寝何妨?因论往年奉使关右,道出河南水县。适六月溽暑,中原地氾独卑湿。公馆一门子年几四十,殊粗恶。予恶其传食不洁,欲言之令少避嫌。既而自信予楚人无嫌,乃出谓令:"尔县以此为门子,予则将何物为老人耶?"竟易之。同僚或谓:昔有车御史按陕西某州,爱一拽轿小童,至州署易门子,吏目强应以无。车谓即途之拽轿童,何不可?吏目又谓:"童乃递运所夫。"驲丞解其意,进曰:"童往来亦曾答应上司。"秦藩强长史晟因戏作《拽轿行》曰:"拽轿,彼狡童兮大人要。"末云:"可惜吏目却不知,好个驲丞到知道。"遂相诵一笑云。

冶城客论

(明・嘉靖)陆采撰
民国三十六年(1947)
金陵卢前征献楼刻本

狐哥①

京师王尚书新买宅,有花台碍庭,命毁之。即闻堂隅叹息声,其子四郎者叱曰:"尔何妖,云何而叹?"空中言曰:"我邓通也,前李尚书之仆,无罪为同辈间死。潜栖此庭,昨为相公入宅,令吾失所,是以叹。"四郎曰:"吾无侵于汝,何谓失所?"曰:"吾与狐哥修道于花台上三十年,已濒证果。今相公毁台,吾二人皆失所依。"四郎曰:"吾为汝再建此台如何?"曰:"无益也,吾与狐哥不久当去。然下鬼馋,为公求一杯酒。"四郎即具酒肴于堂隅,俄闻饮食声,有顷盘罄。四郎与谈鬼道事,或答或否。抵暮尚书归,遂不闻声。明旦复言,四郎因问:"汝狐哥是老狐否?"曰:"是,已得道矣。"四郎曰:"传语狐哥,可露形与吾相见。"曰:"我当问之。"良久曰:"狐哥已许诺来,日薄暮于后园瞥见。"四郎依期而往,见草中一老狐,长毫色紫,乘风一掷而隐。四郎又诣鬼言:"狐哥已相见。然吾闻老狐多美女,肯出一示否?"曰:"大难大难,吾试探之。"有顷曰:"可于前处相待。"既而果有群妇靓妆而见,倏忽失去。四郎又诣鬼谢。数日告曰:"今日与狐哥入山修道,不复扰君家矣。"音响寂然。

---

① 似涉同性恋。

名医类案

(明·嘉靖)江瓘编撰
台湾商务印书馆 1986 年影印
文渊阁《四库全书》本

卷一·伤寒

胡文亮年三十五岁,好男色。患伤寒发热,四肢无力,两膀酸疼。小柴胡加四物汤加人参、白术,服之愈。

留青日札

(明·嘉靖—隆庆)田艺蘅撰
上海古籍出版社 1985 年影印本①

(一)品嵩子小传②

既习高阳徒,便能强五斗,几死于醉。妖童艳倡,昼夜裸花下,几死于色。

(二)卷之三·男娼

今吴俗此风尤盛,甚至有开铺者,何风俗浇薄至于此乎?又何怪于淫妇之多也。今京师盛行,名之曰小唱,即小娼也。

(三)卷之七·枕席七蠹

《庄子》:蚊虫嚼肤,通宵不寐。《抱朴子》:蚤虱攻君,卧不获安。是可谓枕席四蠹。又市井居民多生臭虫,名曰壁驼,可谓五蠹。加之以妖童、艳女,共成七蠹也。

(四)卷之八·心、房

星乃阴阳之精,而二十八宿又星之精也。经言心、房二宿具男女二形,是邪气淫曜

---

① 据明万历三十七年(1609)徐懋升刻本影印。
② (明)田艺蘅自撰。

矣，不知造化何以有此。故生人值之，有二形人亦曰两仪人，俗名二纽子。

（五）卷之十九·淫声

今之时曲俚戏，未必皆其辞之鄙悖亵狎而谓之淫也。至使以弋阳之倡优为之，则演者其形淫，唱者其声淫。而人之观者因而惑其心荡其思，则君子不得不禁而绝之矣。

田艺蘅自画像

沙哈鲁遣使中国记

（波斯）火者·盖耶速丁撰
何高济译
中华书局 1981 年版

演员开始表演他们的杂技。先是一群美若月儿的童子，脸象姑娘一样涂成红白色，耳戴珠环，身穿中国织金衣服，手里拿着头上插着用彩纸和绸子制成的各种郁金香和蔷薇花束，开始随中国音乐的节拍跳舞。之后，两个十龄童子在两块木板上翻斛斗，表演各种技巧。①

---

① 所记为明代永乐年间的宫廷演出。

都公谭纂

(明·正德)都穆撰
民国二十六年（1937）商务印书馆
上海铅印《丛书集成初编》本

卷下

吴优有为南戏于京师者，锦衣门达奏其以男装女，惑乱风俗，英宗亲逮问之，优具陈劝化风俗状。上命解缚，面令演之。一优前云"国正天心顺，官清民自安"云云。上大悦，曰："此格言也，奈何罪之。"遂籍群优于教坊，群优耻之。驾崩，遁归于吴。

治世余闻

(明·弘治—嘉靖)陈洪谟撰
中华书局1985年版

下篇卷之三①

时朝政宽大，廷臣多事游宴。京师富豪家揽头诸色之人，亦伺节令习仪于朝天宫、隆福寺诸处，辄设盛馔，托一二知己转邀，席间出教坊子弟歌唱。内不检者，私以比顽童为乐，富豪因以内交。予官刑曹，与同年陈文鸣凤梧辄不欲往，诸同寅皆笑为迂，亦不相约。既而果有郎中黄昈等事发。盖黄与同庚顾谧等俱在西角头张通家饮酒，与顽童相狎，被辑事衙门访出拿问，而曹为之一玷。然若此类幸而不发者亦多矣。

---

① 记弘治年间北京的优伶同性恋。

中国报道[①] （葡）盖略特·伯来拉（Galeote Pereira）撰

我们发现他们当中最大的罪孽是鸡奸，那是极常见的丑行，一点都不稀奇。

中国志[②] （葡）加斯帕·克路士（Gaspar da Cruz）撰[③]

一五五六年中国人受到上帝的惩罚

这支民族除上述的愚昧外，还有一桩肮脏的丑行，那就是他们是那样喜欢搞该死的鸡奸，这在他们当中丝毫不受到谴责。虽然我有时公开或私下反对这种恶行，他们却乐于听我讲述，说我讲得满有道理，而他们从未有人告诉说那是一种罪恶，也不是坏事。看来因这种罪恶在他们那里是普遍的，上帝就在某地区给他们严惩，在全中国这是众所皆知的[④]。

看来这个把消息带来的中国人惊恐到以为整个山西省都荒废了，正如罗特（Lot）的女儿们看到索董（Sodom）和戈莫拉（Gomora）[⑤] 毁坏时以为全世界都毁灭了。

愿上帝以他无边的仁慈打开这些民族因昧于真理而盲目的眼睛，使他们达到对上帝的认识。让我们祈祷上帝向他的奴仆开启一条向这些民族布道的途径，这样使他们获得他神圣教会的酬奖。阿门。

---

① 转引自（英）博克舍（C. R. Boxer）编注，何高济译《十六世纪中国南部行纪》，中华书局1990年版。
② 转引自（英）博克舍（C. R. Boxer）编注，何高济译《十六世纪中国南部行纪》，中华书局1990年版。
③ 撰者系多明我会修士。
④ 当时中国北方发生了一场强烈地震，克路士详记之。
⑤ 索董、戈莫拉或译作索多玛、哈摩辣，城中居民因喜好男色等原因而受到上帝的毁灭性打击。

庚巳编

(明·正德—嘉靖) 陆粲撰
中华书局 1987 年版

（一）卷第三·妇人生须

弘治末，随州应山县女子生髭，长三寸余，见于邸报。予里人卓四者，往年商于郑阳，见人家一妇美色，颔下生须三缭，约数十茎，长可数寸，人目为三须娘云。

（二）卷第四·沈镗

嘉定江东沈镗者，病革时尻后粪出一人，长寸许，两目、手足肢节无不毕具。后数日，镗死。

（三）卷第八·人痾①

弘治中，常熟县民妇生儿，一身两头，出胎即死。

（四）卷第九·奇疾

齐门外临甸寺有僧年二十余，患蛊疾，五年不瘥而死。僧少而美姿貌，性又淳谨，其师痛惜之，厚加殡送。及荼毗火方炽，忽爆响一声，僧腹裂，中有一胞。胞破出一人，长数寸，面目肢体眉发无不毕具，美须蔚然垂腹，观者骇异。其师亲为医者陆度说。

七修类稿

(明·嘉靖) 郎瑛纂
清乾隆四十年（1775）耕烟草堂刻本

（一）卷四十五·二形人

传奇杂记每载人有具男女二形者，奸诈之徒往往欺人致讼，予闻其事未见其人。庠

---

① 注意"人痾"的一种用法。

友苏民词取一妾,下半月女形,上半月则阴户出阳势矣。然后知果有也。昨读《玉历通志》,载心、房二宿具男女二形,又知是亦造化之故之由也。

(二)卷四十八·女须①

洪武初,南京齐化门东街达达妇人有髭须,长尺许。

广嗣纪要

(明·嘉靖)万全撰
中国中医药出版社 1996 年
《万密斋医学全书》本

卷之三择配篇第三

《金丹节要》云:骨肉莹光,精神纯实,有花堪用。五种不宜:

一曰螺阴户,外纹如螺蛳样旋入内。

二曰纹阴户,小如箸头大,只可通,难交合,名曰石女。

三曰鼓花头,绷急似无孔。

四曰角花头,尖削似角。

五曰脉,或经脉未及十四岁而先来,或五十五六而始至,或不调,或全无。

此五种无花之器,不能配合太阳,焉能结仙胎也哉。

男子亦有五种病:

一曰生,原身细小,曾不举发。

二曰犍,外肾只有一子,或全无者。

三曰变,未至十六其精自行,或中年多有白浊。

四曰半,二窍俱有,俗谓二仪子也。

五曰妒,妒者忌也,阴毒不良。

男有此五病,不能配合太阴,乏其后嗣也。

---

① 参见《草木子》。

词品

(明·正德—嘉靖) 杨慎撰
清乾隆嘉庆间绵州李氏刻
《函海》本

卷五·滕玉霄①

元人工于小令、套数而宋词又微，惟滕玉霄集中填词不减宋人之工。有《赠歌童阿珍·瑞鹧鸪》云："分桃断袖绝嫌猜，翠被红裤兴不乖。洛浦乍阳新燕尔，巫山行云左风②怀。　手携襄野便娟合，背抱齐宫婉娈怀。玉树庭前千载曲，隔江唱罢月笼阶。"盖郑樱桃、解红儿之流也。用事甚工，予同年吴学士喜诵之。

奁丽情集

(明·正德—嘉靖) 杨慎撰
清乾隆嘉庆间绵州李氏刻
《函海》本

曼靡

《列子》：郑卫之处子，娥媌靡曼。注：靡曼，柔弱也。《楚辞》：蛾眉曼睩，靡颜腻理。注：曼，泽也；靡，致也。言美女颜容脂致，身体柔滑。《汉书·佞幸传》：柔曼之态，非独女德，亦有男色焉。注：言其质柔而色理光泽也。近日有一士夫，一日观《佞幸传》，不觉色动，曰："是先得于我心矣。"一日席上见歌童以手承其颐，曰："尔何名？"答曰："程婴。"乃笑曰："尔为程婴，我即杵臼。"闻者捧腹。

---

① 滕宾。
② 男左女右，左风意同男风。

南西厢记①

（明·嘉靖）李日华著
中华书局 2000 年
《明清传奇选刊》本

（一）第四出②

（丑上）琴童生得清标，每日街上摆摆摇摇。日间跟随官人出入，夜间与官人撒腰。昨夜与官人同睡，浑身上下把我一浇。我只道葫芦里放出的水，官人原来是个老瓢。

（二）第五出③

（净）我师父说道："独坐禅房静，忽然觉动情。"我说："师父，休得出此语，窗外有人听。"我师父说："出家皆如此，休要假惺惺。开了聪明孔，好念《法华经》。"

南西厢记④

（明·嘉靖）陆采著
山东文艺出版社 1987 年
《西厢汇编》本

（一）第六出⑤

［生到寺中游观。］（相见科）（净）官人何来？（生）张珙西洛至此，一来瞻仰佛像，二来拜谒长老⑥。（净）小僧便是长老。（生）看你的嘴脸。（净）咦！你道我嘴脸不好，做不得长老？我一生亏了这花脸。（生）怎的？（净）和尚不仁，见好的便要欺心。小僧若没有这个花脸，受尽了师父的苦楚。

---

① 《西厢记》由元代王实甫创作，属于北曲杂剧。李日华改之为传奇，以适合南曲的上演，语词变得不甚严肃。
② 写主仆之间的亲密关系，丑角是一仆人，名琴童。
③ 写僧人同性恋。
④ 本剧是《西厢记》的另一传奇改本，较李日华的《南西厢记》在用词上更不严肃。
⑤ （一）（二）写僧人同性恋。净角是法聪和尚，他是外角法本的徒弟，丑角法朗的师傅。生角是剧中主人公张珙。
⑥ 法本。

(二)第七出

（净）徒弟，你在这里做什么？（丑）我扫地。（净）徒弟，扫地有个方。（丑）什么方？（净）别人扫地弯曲了腰，和尚扫地直了腰。（丑）为何？（净）和尚曲了腰，难为小和尚。譬如徒弟曲了腰，教我的小徒孙，在下头荡来荡去也难熬。（丑）师父，我若直了腰，你又不快活哩！（净）直说出本相来。师公来了，闭嘴！

(三)第三十出①

（生）饭不要吃了，打扫房儿，你就在我脚后睡。（净）官人欺心，今夜没了小姐，着俺替。俺还不曾梳栊②，不替！不替！

(四)第三十一出③

（净）盛桓也有了，只有些不雅相。（丑）念来。（净）阳货馈孔子豚，孔子曰："吾老矣，不能用也。"不曰白乎？曰犹白雪之白也。使子路共之，三臭而作。请何向，曰苟错诸地而可矣。始作翕如也，纵之纯如也。不能退，不能遂，突如其来如。子曰："于我如浮云云，吾不知其乘风云而上天也。"子乐。（丑）畜生！侮圣言该死，皂隶与我乱棍打出去。

明珠记

（明·嘉靖）陆采著
天一出版社（台北）1983年影印
《全明传奇》本

第二十五出④

（末）我官人是个心疯的，天下那有这等事。也罢，我除下帽子，梳个髻子，撞入中堂去咱。（净、丑）儿家门户重重闭，春色缘何得入来？你是何人，撞入中堂，有何缘故？（末）小人是茶童。（净）呸！怕没有妇人，要你男子汉入去？（末）你不知，驿中常年是俺煮茶，并没有妇人。（丑）你驿丞的老婆在那里？（末）没有老婆。（净、丑笑）你

---

① 写净角仆人琴童对生角主人张琪的同性恋戏谑。
② 未被主人收为男宠。
③ 净角举人盛桓念给丑角考官听的作文，具有同性恋含义。
④ 写一同性恋戏谑。末奉主人之命欲入驿站中堂打探情况，净、丑当时正在守门。

便是他的老婆了。放你入去,不要则声。(下)(末)好了,吃我漏了进来,只在此间煎茶等候。

怀香记

(明·嘉靖)陆采著
天一出版社(台北)1983年影印
《全明传奇》本

第二出①

【金钱花】(净、丑上)书童生得清标清标,琴童且又蹊跻蹊跻。画堂终日把臀摇,薰风盛忒妆乔。家主见也难饶。

陌花轩杂剧

(明)黄方胤著
民国间刻本

(一)第三折

(大小净携手大笑上)我兄弟二人名唤吴仁、吴义,青春合算一百九十岁。哥哥未见阴人,小子弄些屁股。元宵科敛龙灯,端午龙船捻会。街坊常让三分,官府常拿量地。

(二)第六折

(净扮和尚上)小僧身住永宁禅寺。自幼家师爱我,也不教谙经典,也不教理禅宗。日间同茶同饭,夜里同睡同眠。

(三)第九折②

【一剪梅】(小生扮小官上)南风③日竞赛鸿秋,亲也容留师也容留,招摇市过逗风

---

① 写净、丑两仆人的同性恋科诨。
② 本折名《娈童》。
③ 男风同性恋。

流。张也凝眸，李也凝眸。（作微笑介）割袖欢娱重昔年，风流不独在婵娟。潘鬓沈腰畴不羡，餐桃掷果众争妍。惭予不似六郎貌，错爱虚传较胜莲。旦夕华门惊倒屣，案头堆积识荆笺。堂上笑夸谁快婿，青楼侧目暗情牵。座中莫道容鱼目，下榻须知定凤鹓。只为性驽攻读懒，芸窗随喜结人缘。小生姓皮名嵩，别号三就，年方一十五岁。从师习读，差暗之无。愧姿容虽匪宁馨，喜勇巴①尚堪巨擘。陪张三回李四，常恐李胜于张。辞赵二留王八，又愁王不如赵。恨不得百家姓，个个都成相识。恰争奈一身儿，日日应接难周。只为孔方②念重，不惜遗体遭殃。连日不觉身子好困倦人也，你看阶前花草，芬芳可爱，不免闲步一回，多少是好。

【懒画眉】少年何似半含葩，一种幽香散满衙，风流谁不爱赞夸。折动难容罢，珍重还须赖大家。（作闲步介）（净扮牵头上）近日南风盛，少年不害羞。见钱解裤带，忍痛几回头。小子姓尹名仁，别号善谦。有一个小朋友，名唤皮嵩，油头粉面，卖股生涯。遇爱主做模打样，见强梁脱裤弯腰。我好笑世人放著大路不走，喜抉后门。一旦遇著周而复，几乎冒了一档裤。著甚来由，著甚来由。这也不干我事，只是打各人去与他干事，图些嘴腹。早间有一个福建蛮子，想著买这家货，央我寻个与他，他在酒店中等候。不免前去约声皮嵩，一同上店，吃他些酒食，再作理会。

【前腔】老来无计是生涯，美少年中巧作牙。姻缘撮合后庭花，不减秦楼价，把臂呻吟赛女娲。（作相见介）（净）皮二哥在此看花哩？（小生）连日为因困倦，暂此闲玩。尹兄今日到此，有何见教？（净作笑介）有一个福建客官，尽肯用钱。我说二哥生得标致，他十分仰慕，央我请你酒店中一会，你意下如何？（小生）尹兄差矣。慕名而来，岂无贽见之礼？遽招店饮，视为铺啜之徒。你听我道来。

【前腔】未曾半面慕名佳，何不乘风一盏茶。遽招店饮似轻咱，你漫尔来传话，笑杀伊真井底蛙。我学生困倦，要睡去了，尹兄请了。（小生下介）（净）这小畜生真是轻薄，去不去由你，何故连我讪了？

【前腔】狡童轻薄浪虚夸，忘却当年似雨后花。伶仃朝夕饮寒家，挨了几个冬和夏，渐引成人便负咱。我想这厮，真好恼也。他虽闭门进去，我不免在此题他几句在壁上。（作题写介）可恨皮嵩太负恩，我来撮合反生嗔。看看嘴上胡须现，一帽盆头鬼上门。（净作掷笔行走叹介）（生扮寻小官上介）

【卜算子】（生）乘兴访娈童，不解花间路。只得觅先容，白月迎芒屦。小生姓常，名文史，表字好古。生平癖性，嗜寐娈童。昨日有个小官，打我门前走过。扭头捏颈，一团骚趣，徘徊顾盼，意在撩人。我尾后跟至他家门首探听，姓皮名嵩，颇肯广交。我这等一个人，他若肯与我厚了，莫说别的，一年绸裤绸裙，也送他两条穿穿。访知专是

---

① 男色的隐称。
② 金钱。

尹仁那老粉嘴做牵头，方才去寻他，说到皮家去了。不免迎著他走，呀，远远望见老尹来了。（作相见介）（净）常兄往那里去？（生）特来拜候老兄不遇。（净）有失迎了，不知老兄有何见教？（生）不敢欺兄说话。昨日有个小官，往舍下走过，看他颇通。我随后跟去打听，叫著皮嵩，说与老兄相厚。特来央求，领我小弟拜望他一遭。没奈何，没奈何。（净）这个不难。只是这小官有些好者，又养汉又撒清。方才我正同个朋友去望他，他怪无赘见之礼，就不见他。（生）这也容易的事，我如今包三钱银子、一条汉巾送他便了。（净）这个就够了，包管你就脱裤子。（生）难道老兄在面前看著？（净）岂有此理。老兄如今去望他，定然也买些酒吃。我吃到巨钟，假著撒尿，你亲他一个嘴，他自然顺槽了。（生）恐他父亲一时在家不便。（净）他父亲见人与他儿子相交，他著实的喜欢。（生）这等便好。（净）转弯抹角，前面是皮家门首。老兄略站一会，我先进去通知了来。（净作入门叫介）（小生）尹老兄，你去了罢，又来怎的？（净）二哥快出来，我与你说话。（小生）莫不是福建蛮子来望我了？（净）不是他，又是一个好主儿。（作出见净介）尹兄，此人如何？（净）是个阊门趣人，他包了三钱银子、一条汗巾来拜你。（小生）三钱银子，你去了一钱，不够做甚事。（净）只是你这等拿班子。这是个赘见礼，你与他干一下，他少不得谢你一遭。（小生）这个全在老兄扶持，莫学那人前日打了短去。（净）休说长脚话。你看下好茶，我同他来。（净出迎，生同进相见介）（生）久慕香名，无由进谒。今奉芝宇，实慰鄙心。（小生）深惭年稚，学业无成。浪得虚名，致劳凤辖。（生）奉问尊兄，今青春多少了？

【桂枝香】（小生）时当总角，年方志学。（生）原来才十五岁，可喜可喜。排行第几？（小生）上有居长家兄，弟列排当兄佐。（小生）请问老丈贵乡，在此何干？

【前腔】（生）我学生只因阊门落寞，故此来京都营货。（小生）原来是苏州宝客，在此几年了？（生）寓此五易绨裘。（小生）有宝眷在此么？（生）婢妾全无一个，旦夕赖颜酡，旦夕赖颜酡。梅花酣卧，春风掀播。（小生）这等到快活。（生）我为客在外发消磨。只为岁月怜虚度，乘兴寻卿安乐窝。

（生扯净转身说介）学生备了二钱银子，烦买一壶，借二哥书馆中一叙如何？（净）我正说，你两人说在一家，也不晓得别人肚里饿，这一会才知趣。（接银付小生介）好古兄备些薄意，烦二哥买一壶叙叙。（小生）学生自备罢了。（生）岂有取扰之理。（小生接银转身进介）（净）此子如何？（生）也还去得，只看他作事如何了。（齐笑介）（小生出，末扮家童捧酒上介）（小生）草率无佳酿，情浓饮自浓。（末）也知初会酒，定要赏家童。酒在此了，请相公上坐。（小生、生、净同请介）

【前腔】（小生）蓬窗席幕，新婵窥破。正照著四壁图书，更剩青毡一个。深惭乏酒波，深惭乏酒波。高轩劳过，不觉的光生满座，夜如何？有榻堪留卧，天壶当雅歌。（生）有扰二哥，学生也奉二哥一杯。

【前腔】（生）蒙卿爱错，聆卿玉唾。一霎时白雪阳春，有谁堪和？（生将手摸小生面介）更看含媚两秋波，含媚两秋波。不由的似风乘我，身无安妥。我阅人多，如我二哥好似玉树庭前立，（生将酒奉净介）烦君做斧柯。（净）你这会用的著我，才把钟酒儿我吃哩。皮二哥，夜深了，常兄在此睡罢。（小生扯净转身介）不曾称歇钱哩。（净）我明早来自有处。（小生）见赐些现的罢了。（生作听介）尹老兄，你过来。我这里三钱银子，权作薄敬，明日再谢。（净将银入小生袖介）二哥不必多说了，请用了酒，陪常兄睡罢，我天不亮就来吃早饭了。（小生）怎生起这等早？（净）常兄起早发货，我还要赶第二家吃饭去哩。（生）休得取笑。

　　（小生）草草不堪杯酌，嫦娥对饮醺醺。（生）明早巾车幸过，（净）今宵背后成亲。（齐笑下）

(二)明代后期

孔子圣迹图

李炳卫鉴定
民国二十三年（1934）
北平民社影印本①

灵公郊迎图

原注："孔子至卫，灵公喜而郊迎。闻孔子居鲁得粟六万，致粟亦如其数。夫灵公于孔子接遇以礼如此，于是孔子于卫有际可之仕矣。"

---

① 据明末清初刻本影印。

圣迹图

(明·崇祯) 孔对寰编
明崇祯二年（1629）刻本

习礼树下图

原注："鲁定公十五年丙午，孔子年五十七岁。去卫适曹，去曹适宋，与弟子习礼大树下。宋司马桓魋欲杀孔子，拔其树。弟子曰：'可以去矣。'孔子曰：'天生德于予，桓魋其如予何！'与群弟子习礼于树下，即此地也。"

古今禅藻集

（明）释正勉
（明）释性涵 编
台湾商务印书馆 1986 年影印
文渊阁《四库全书》本

卷二十一·古行路难①

君不见东海怒涛浪如屋，长江万里千里曲。
疾风骤雨只须臾，槿花朝露何戚促。
人心不同有如面，雌黄月旦频相续。
卫君昔爱弥子瑕，甘桃遗君恩偏笃。
爱弛一旦罪残桃，一桃一人分荣辱。
世人之交不如是，裂胆输肝称未足。
倏忽萧朱嫌隙生，绝交已广箴风俗。
劝君论交须择交，莫将轻信频翻覆。

眉公诗钞

（明末）陈继儒 著
北京出版社 2000 年影印
《四库禁毁书丛刊》本②

卷之六·郑樱桃

婉娈郑樱桃，无奈此姣童。
挟弹长安街，卖珠馆陶宫。

---

① （明）释德胜作。
② 据明崇祯间刻本影印。

陈子高传

(明) 李诩著　明刻《绿窗女史》本

陈子高，会稽山阴人也。世微贱，业织履为生。侯景乱，子高从父寓都下。是时子高年十六，尚总角，容貌艳丽，纤妍洁白如美妇人。螓首膏发，自然蛾眉，见者靡不啧啧。即乱，卒挥白刃纵挥间，噤不忍下更引而出之数矣。陈司空霸先时平景乱，其从子蒨以将军出镇吴兴。子高于淮渚附部伍寄载求还乡，蒨见而大惊，问曰："若不欲富贵乎！盍从我？"子高许诺。子高本名蛮子，蒨嫌其俗，改名之。蒨颇伟于器，既乍幸子高，不胜啮被，被尽裂。蒨欲且亡，曰："得无创巨汝耶？"子高曰："身是公身也，死耳亦安敢爱？"蒨愈益爱怜之。子高肤理色泽柔靡都曼，而猿臂善骑射，上下若风。性恭谨，恒执佩身刀及侍酒炙。蒨性急，有所恚，目若虓虎，焰焰欲啖人，见子高则立解。子高亦曲意傅会，得其欢。蒨尝为诗赠之曰："昔闻周小史，今歌明下童。玉麈手不别，羊车市若空。谁愁两雄并？金貂应让侬。"且曰："人言吾有帝王相，审尔当册汝为后，但恐同姓致嫌耳。"子高叩头曰："古有女主，当亦有男后。明公果垂异恩，奴亦何辞作吴孟子耶？"蒨大笑。日与狎，未尝离左右。既渐长，子高之具尤伟，蒨尝抚而笑曰："吾为大将，君副之，天下女子兵不足平也。"子高对曰："政虑粉阵饶孙吴，非奴铁缠槊，王江州不免落坑堑耳。"其善酬接若此。蒨梦骑马登山，路危欲堕，子高推捧而升。将仕用之，亦愿为将。乃配以实力，备心腹。王大司马僧辨下京师，功为天下第一，陈司空次之。于是命僧辨留守石头城，命司空守京口。推以赤心，结廉蔺之分，且为第三子颀约娶司空女。颀有才貌，尝入谢司空。女从隙窗窥之，感想形于梦寐，谓其侍婢曰："世宁有胜王郎子者乎？"婢曰："昨见吴兴东阁日直陈某，且数倍王郎子。"盖是时蒨解郡，佐司空在镇。女果见而悦之，唤欲与通。子高初惧罪，谢不可。不得已，遂私焉。女绝爱子高，尝盗其母阁中珠宝与之，价直万计。又书一诗《白团扇》，画比翼鸟其上以遗子高。曰："人道团扇如圆月，侬道圆月不长圆。愿得炎州无霜色，出入欢袖百千年。"事渐泄，所不知者司空而已。会王僧辨有母丧，未及为颀礼娶。子高尝恃宠凌其侣，因为窃团扇与颀，且告之故。颀怨恨以语，僧辨用他事停司空女婚。司空怒，且谓僧辨之见图也。遂发兵袭僧辨，并其子缢杀之，蒨率子高实为军锋焉。自是子高引避不敢入，蒨知之，仍领子高之镇。女以念极，结气死。司空为武帝，崩，蒨后从犹子入嗣大统。子高为右卫将军，散骑常侍，积功封文招县子。废帝时坐诬谋反，诛，人以为隐报焉。

帝鉴图说

(明·隆庆—万历)张居正，吕调阳撰
齐鲁书社 1996 年影印
《四库全书存目丛书》本①

遣幸谢相图　参见《汉书》（十）

市里微行图　参见《汉书》（十八）

① 据清纯忠堂刻本影印。

嬖佞戮贤图

原注:"哀帝时,侍中董贤姿貌美丽,以和柔便辟得幸于上,贵震朝廷,常与上卧起。诏将作大匠为贤起大第,穷极技巧。赐武库禁兵、尚方珍宝及东园秘器,无不备具。郑崇谏上,上怒,下崇狱,竟死。"

便殿击球图

参见《新唐书》(五)

宠信伶人图

参见《旧五代史》(三)等

艳异编

(明·嘉靖—万历)王世贞编
春风文艺出版社 1988 年版

卷之三十一男宠部①

(1) 宋朝

宋朝,宋公子,名朝。有美色。仕卫为大夫,有宠于卫灵公,遂烝灵公嫡母襄夫人宣姜。已,又烝公之夫人南子。朝惧,遂与齐豹、北宫喜、褚师圃作乱,逐灵公如死鸟。灵公既入卫,与北宫喜盟于彭水之上,公子朝出奔晋。既自晋归宋,灵公以夫人念南子之故,复召朝。太子蒯聩献盂于齐,过宋野,野人歌之曰:"既定尔娄猪,盍归吾艾豭?"太子羞之。②

---

① 本书是一部类书,本卷所记在编者看来均为同性恋的人物故事,反映了当时对于前代同性恋的认识,条目包括:宋朝、向魋、祢(弥)子瑕、龙阳君、安陵君、邓通、韩嫣、金丸、李延年、冯子都、张放、董贤、断袖、董贤第、秦宫、曹肇、丁期、郑樱桃、慕容冲、王确、陈子高、王(萧)韶。

② 按:私通宣姜,发动叛乱的是公子朝,私通南子的是宋朝(子朝、宋子朝),两者并非一人。前事发生在卫灵公十三年(前522),后事发生在卫灵公三十九年(前496)。

（2）向魋

向魋，宋大夫，有宠于桓公①，公以为司马。时公子佗有白马四，魋欲之，公取而朱其尾、鬣以与之。公子怒，使从者夺之。魋惧欲走，公闭门而泣之，目尽肿。

（3）冯子都

大将军霍光监奴冯子都，有殊色，光爱幸之。常与计事，颇挟权倾都邑。光卒，显寡居，与子都乱。显广治第室，作乘舆辇，加画绣絪冯，黄金涂，韦絮荐轮。侍婢以五彩丝挽显及子都，游戏第中②。

（4）郑樱桃

郑樱桃者，襄国③优童也，艳而善淫。石虎为将军，绝嬖之。以樱桃譖，杀其妻某氏。后娶某氏，复以樱桃譖杀之。唐李颀有《郑樱桃歌》，误以为妇人。

广艳异编

（明·万历）吴大震编
上海古籍出版社 2002 年影印
《续修四库全书丛书》本④

卷之七宫掖部·金凤外传

陈后金凤者，闽主王延钧之后，福清万安乡人也。父侯伦，少年美丰姿。唐景福初事观察使陈岩，以色见嬖，居起辄与共，因得出入卧内。其妾陆氏与之私，有娠。未几岩卒，婿范晖自称留后，陆托于范，生一女。其夕梦飞凤入怀，因名金凤，冒姓陈。梁开平三年，审知封闽王。后唐同光三年，审知卒，子延翰继之。次年延翰为周彦琛所弑而延钧立。内侍李仿极誉金凤姿色超绝，延钧封之为淑妃。长兴三年，延钧称帝，进封金凤为皇后。……有小吏归守明，弱冠美晰如玉，延钧嬖之，尝呼为归郎。延钧有风疾，守明日侍禁中，黉夜与金凤通。又有百工院使李可殷，少与归郎昵，因归郎以通于金凤。可殷聪敏有智巧，归郎令造缕金五彩九龙帐于长春宫。织八龙帐外，以延钧为一龙。既

---

① 应为景公。
② 《汉书·卷六十八·霍光传》中的原文是："侍婢以五彩丝挽显，游戏第中。"
③ 后赵都城，今河北邢台。
④ 据明刻本影印。

成进之，极其华靡，延钧欢甚，益昵归郎，数留宿于内不出。国人歌曰："谁谓九龙帐，唯贮一归郎。"初金凤因李仿得进，及为后，仿自矜其功，且微闻九龙帐中事，颇横恣，不为忌。金凤不能堪，令可殷谮之延钧。仿闻之，怨金凤负己，谋所以夺之宠，乃盛饰其妹春燕以进。春燕婉媚绝代，初入宫年才十五，顾盼举止，动移上意，遂大见幸，册为贤妃，封仿为皇城使。擅爱专席，延钧从此不复御九龙帐矣。

情史

(明末) 冯梦龙辑评
浙江古籍出版社 1998 年版

(一) 卷十一情化类·化女

洛中两行贾最友善。忽一年少者腹痛不可忍，其友极为医治，幸不死，旬余而化女。事闻，抚按具奏于朝。适二贾皆未婚，奉旨配为夫妇。此等奇事，亘古不一二见者。万历丙戌年事，见邸报。

既相友善，即夫妇矣，虽不化女，可也。

(二) 卷二十二情外类①

(1) 俞大夫②

俞大夫华丽③，有好外癖，尝拟作疏奏上帝，欲使童子后庭诞育，可废妇人。其为孝廉时，悦一豪贵家歌儿，与其主无生平，不欲令知。每侵晨匿一厕中，俟其出。后主人稍宽，乃邀欢焉，为留三日。主人曰："不谓倾盖之欢，竟成如兰之臭。"俞曰："恨如兰之臭从厕中来耳。"

《谭概》云：俞进士君宣④，于妓中爱周小二，于优童爱小徐。尝言："得一小二，天下可废郎童；得一小徐，天下可废女子。"语本大夫家教来。

---

① 本卷在《艳异编》卷之三十一的基础上增加了一些新的内容，条目包括：丁期、俞大夫、王确、向魋、龙阳君、安陵君、籍孺、闳孺、孔桂、曹肇、周小史、王承休、车梁、梁生、万生、郑樱桃、董贤、张浪狗、襄城君、潘章、申侯、邓通、韩嫣、张放、[汉武帝]弄儿、弥子瑕、王（萧）韶、兵子、任怀仁、李延年、慕容冲、张幼文、宋朝、秦宫、冯子都、陈子高、王祭酒、朱凌溪、全氏子、张氏子、吕子敬秀才。

② 也见《古今谭概·第九癖嗜部·好外》。

③ 华丽，《古今谭概》作华麓。

④ 俞琬纶，字君宣，万历四十一年（1613）进士。

(2) 车梁①

陕西车御史梁，按部某州，见拽轿小童，爱之，至州令易门子。吏目以无应。车曰："如途中拽轿小童亦可。"吏目又以小童乃递运所夫。驿丞喻其意，进言曰："小童曾供役上官。"竟以易之。强景明戏作《拽轿行》云："拽轿拽轿，彼狡童兮，大人要。"末云："可惜吏目却不晓，好个驿丞到知道。"

(3) 梁生

梁生，东粤小吏也，所嬖狡童为邑长俞华麓所夺。俞每出，童乘马随之。梁愤甚，乃挟利刃俟童于路，折胁之，使下，遂挟以西窜。俞抵廨，问童何在，左右以马不进对。久之，徒马耳。俞怒甚，左右亦惊异。询诸途人，言梁生也；而梁生家云生实未归。有司承俞旨索之，不获，乃梏其父而悬重赏购生。生居西粤岁余，闻俞迁去，乃归。有司以俞渔猎外色已甚，颇不直之，以故释生父，而纵生不问。生与童相好如初。

(4) 万生

龙子犹②《万生传》云：万生者，楚黄之诸生也，所善郑生曰孟哥。始遇郑于观优处，垂髫也，未同而言应，进以雪梨，不却。万喜甚，期明日更会于此，将深挑之，而郑不果来。访其耗，则已奉父命从学中州矣。悒然者久之。凡岁余，复遇诸途，则风霜盈面，殊不似故吾。万心怜乃更甚，数从周旋，遂缔密好。邑少年以为，是兔子者，而亦狡童耶？欲相与谪郑以耻万生。万生不顾也，匿郑他所饮食焉。久之，郑色泽如故，稍行都市中，前邑少年更相与夸郑生美，争调之。郑亦不顾，盖万与郑出入，比目者数年，而郑齿长矣。万固贫生，而郑尤贫。万乃为郑择婚，且分割其舍三之一舍之，而迎其父母养焉。万行则郑从，若爱弟；行远则郑为经理家事，若干仆；病则侍汤药，若孝子。斋中设别榻，十日而互宿，两家之人皆以为固然，不之讶。叩其门，登其堂，亦复忘其为两家者也。子犹曰："天下之久于情，有如万、郑二生者乎？或言郑生庸庸耳，非有安陵、龙阳之资，而承绣被金丸之嬖，万生误矣。虽然，使安陵、龙阳而后嬖，是以色升耳。呜呼，情！且夫颜如桃李，亦安能久而不萎者哉？"万惑日者言："法当客死。"乃预属其内戚田公子及其友杨曰："万一如日者言，二君为政，必令我与郑同穴。"呼！情痴若此，虽有美百倍，吾知万生亦不与易矣。郑生恂恂寡言，绝与浮薄子不类，而躯殊渺小，或称之，才得六十斤，亦异人也。

---

① 参见《矶园稗史》（二），也见《古今谭概·第九癖嗜部·好外》。
② 冯梦龙，别号龙子犹。

(5) 张浪狗

唐僖宗宠内园小儿张浪狗。一日以无马告，因密与百金，俾自买之。浪狗求得马，置宣徽南院中，帝因独行往观，绕马左右，连称好马。其马未调，忽尔腾跃，踏帝左胁，遂昏倒。浪狗惊惶，以银盂注尿灌之。良久方苏，伪称气疾，竟以大渐。①

《谭概》评云：其密予百金也，如窃簪珥婢；其独行观马也，如顽童背师；其倒地灌尿也，如无赖吃打。全然不似皇帝矣。②

唐僖宗之痴害己，石虎之痴害人。汉哀效法尧禅舜，其痴也几害于天下。

(6) 邓通

[评：]当时君臣相悦，往往出此道，可笑。

(7) 张幼文

张幼文与张千仞，俱世家子。幼文美如好女，弱不胜衣，而尤善修饰，经坐处，如荀令之留香也。千仞与之交甚密，出入比日。及院试发案，二人连名，人咸异之。既娶，欢好无倦。而妇人之不端者，见幼文，无不狂惑失志，百计求合。幼文竟以是犯血症。千仞日侍汤药，衣不解带。疾革，目视千仞，不能言。千仞曰："吾当终身无外交，以此报汝。如违誓，亦效汝死法。"幼文点头，含泪而逝，时年未二十也。千仞哀毁，过于伉俪。久之，千仞复与朱生者为密约。半载，亦犯血症。千仞之伯父伯起先生③卧园中，夜半，忽梦承尘豁开，幼文立于上。伯起招之使下，幼文答曰："吾不下矣，只待八大来同行耳。"千仞，八房居长，故小名八大也。又曰："欲得《金刚经》，烦楷书见慰。"语毕，忽不见，而叩门声甚急。伯起惊觉，则千仞家报凶信者也。誓亦灵矣哉！伯起为作小传，并写《金刚经》数部焚之。

伯起先生亦好外，闻有美少年，必多方招至，抚摩周恤，无所不至。年八十余，犹健。或问先生多外事，何得不少损精神？先生笑曰："吾于此道，心经费得多，肾经费得少，故不致病。"有倪生者，尤先生所欢，亲教之歌，使演所自编诸剧。及冠，为之娶妻，而倪容骤减。先生为吴语谑之云："个样新郎忒煞矬，看看面上肉无多。思量家公真难做，不如依旧做家婆。"时传以为笑。

(8) 冯子都

[评：]谚云："堂中无俊仆，必是好人家。"信然。

---

① 见《幸蜀记》。
② 见《古今谭概·第三痴绝部·内园小儿》。
③ 张凤翼，字伯起。

(9) 朱凌溪

宝应朱凌溪为山西提学时,较文至泾阳,与一士有龙阳之好。濒归,朱赠以诗云:"欲发不发花满枝,欲行不行有所思。我之所思在泾渚,春风隔树飞黄鹂。"

又吾乡一先达(讳其名)督学闽中。闽尚男色,少年俱修泽自喜。此公阅名时,视少俊者,暗记之,不论文艺,悉加作养,以此得谤。罢官之时,送者日数百人,皆髫年美俊,如一班玉笋。相随数日,依依不舍。归乡不咎失官,而举此夸人,以为千古盛事。

(10)

情史氏①曰:饮食男女,人之大欲。破舌破老,戒于二美,内宠外宠,辛伯谂之,男女并称,所由来矣。其偏嗜者,亦交讥而未见胜也。闻之俞大夫云:"女以生子,男以取乐。天下之色,皆男胜女。羽族自凤皇、孔雀以及鸡雉之属,文彩并属于雄。犬马之毛泽亦然。男若生育,女自可废。"呜呼,世固有癖好若此者,情岂独在内哉?《孔丛子》载:子上见卫君之幸臣,美须眉立于君侧。卫君谓子上曰:"使须眉可假,寡人固不惜此于先生也。"夫至以须眉为幸臣,吾不知其情之所底矣。

---

① 冯梦龙的自称。

绘图情史

(明末)冯梦龙辑评
清宣统元年(1909)北京自强书局石印本

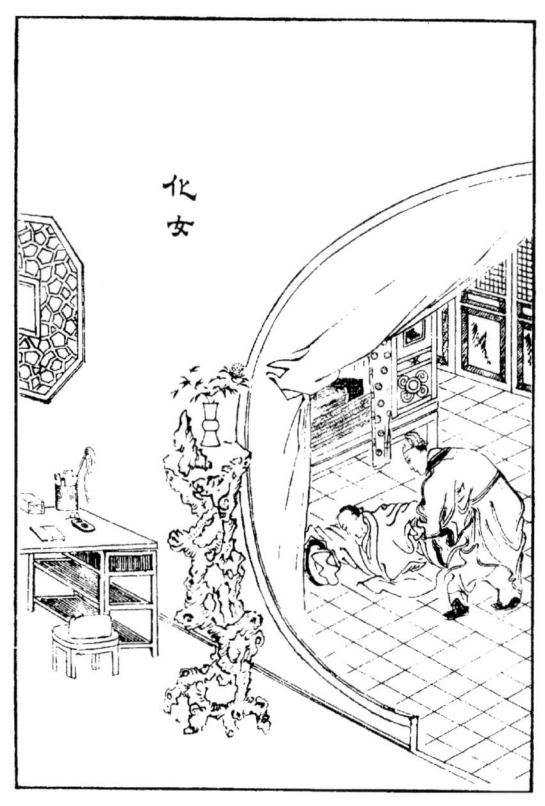

化女

申侯

参见《左传》(三)

貂珰史鉴

(明·万历)张世则撰
齐鲁书社1996年影印
《四库全书存目丛书》本①

卷之三·刘瑾

丘聚,正德时提督东厂。旧为东宫内使,日久侍,与上同卧起。游宴肆意,诛求无所忌惮,人莫不尊崇。

国榷

(明末清初)谈迁撰
北京古籍出版社1958年版

(一)卷四十八·武宗正德七年

九月丙申,赐义子百二十七人国姓,皆中官苍头及市猾,偶当上心,辄云义子。永寿伯朱德都督,朱宁、朱安外、朱国、朱福、朱刚并都督。而朱采、朱静、朱涛、朱恩、朱窥皆亡房,亦至千户。自后赐姓日广。

(二)卷五十一·武宗正德十六年

三月丙寅,上崩于豹房。先一夕,上大渐,惟太监陈敬、苏进侍。

雷礼曰:"……及瑾伏诛,而阉宦又导上召边将江彬等入卫,号义子。与上同卧起,赐国姓,屡导上出宫,游戏近郊。宣大关陕,无不巡幸,中外皆切隐忧。"

---

① 据明万历间刻本影印。

弇山堂别集

(明·嘉靖—万历)王世贞撰
台湾商务印书馆 1986 年影印
文渊阁《四库全书》本

(一) 卷十七·二马都督

天顺间马良者，貌温丽，少以幼童侍青宫。既即位，有龙阳之幸。袭父职为金吾指挥使，累战功为都指挥。南城反正①，召见之，进都督佥事平曹，钦进都督同知。赐绣蟒、衣玉带，凡行幸必从，赏赉不赀。一日上出猎南海子，早朝罢，文武群臣候送午门外。见有乘马从中门诸珰夹而出者，以为上也。最后上骑而出，盖前骑者良也。良丧妇不数月而娶，鼓吹达禁中。上知之，恚曰："奴薄行乃尔耶！"自是不复召。至成化初，坐与中官王纶有连，出广东从大帅自效。良后协赞南京守备镇守广西、贵州，以功名终。

(二) 卷二十三

《宪章录》载马顺害刘忠愍球事。谓持刀小校本卢氏人，与耿九畴邻。九畴素爱其年少俊美，因与往来。后久不至，甚讶之。一日来见九畴，见其貌黄瘠不类，诘之曰："汝无有疾乎？状貌顿异如此。"小校吐实，且曰："迫于势不敢不行，比闻刘公忠臣，吾侪小人无故作逆天理事，死有余罪矣。特来别公，且谢误爱耳。"因恸哭悔恨不已，未几果死。《劳堪类编》亦因之。据此，则小校乃耿清惠素所狎侮者也。耿公正人，岂宜有此？且刘忠愍以正统八年下狱，耿公方为两淮盐运使，原未入京。至十三年讦误被逮赴京，事白即迁刑右侍，刘之死久矣，何尝一相及？而敢于矫诬乃尔！

(三) 卷九十七

[正德]十六年丙寅，上崩于豹房。先一夕，上大渐，惟太监陈敬、苏进二人在左右。……时内臣得幸豹房者，张锐、张雄为首。……苏进、佛保、赵林、马英、刘拳、周昂皆旦夕不离左右，而进尤亲昵。

---

① 指夺门之变后英宗废代宗而复辟。

宪章录

(明·隆庆—万历) 薛应旂撰
上海古籍出版社 2002 年影印
《续修四库全书》本①

(一) 卷第二十五

[正统八年] 六月甲申朔日食，翰林侍讲刘球下锦衣狱。初，球以灾异上疏，中谓太常不可用道士，宜以进士处之。至是编修董璘自陈愿为太常少卿，振因诬球与璘同谋，故先以言为璘地。并逮球下狱，即令其党锦衣卫指挥马顺以计杀球。一日五更顺携一小校推狱门入，球与董璘同卧。小校前持球，球知有变，大呼曰："太祖、太宗之灵在天，汝何得擅杀我！"小校持刀断球颈，流血被体，屹立不动。顺举足踢倒，曰："如此无礼！"遂支解之，裹以蒲包，埋卫后空地。董璘从旁匿球血裙，数日密归球家。家人始知球死，乃以血裙为椟归葬。小校本卢氏人，与耿九畴为乡邻。九畴素爱其年少俊美，因与往来。后久不至，甚讶之。一日来见九畴，视其貌黄瘠不类。惜之曰："汝无有疾乎？状貌乃顿异如此。"小校吐实，且曰："马顺将举事之日密语吾曰：'今夜有事，汝当早来。'至期令怀刃相随，迫于势不敢不行。比闻刘公忠臣，吾侪小人无故作逆天理事，吾殆死有余罪矣。特来别公，且谢误爱耳。"因恸哭悔恨不已，未几果死。

(二) 卷第四十六

[正德十二年] 八月，上出居庸关，至怀来、宣府等处游猎，边将江彬辈导之也。先是，彬与边将许泰、刘晖等皆有宠于上，赐姓朱氏，号外四家。与上在豹房同卧起狎近，而彬宠尤盛，屡导上出宫。游戏近郊至居庸关，巡关御史张钦闭关上疏，不听，遂远出关外。

---

① 据明万历二年 (1574) 平湖陆光宅刻本影印。

见只编

(明·万历)姚士粦撰
民国二十五年(1936)商务印书馆
上海影印《丛书集成初编》本①

卷中②

吾盐③有优者金凤,少以色幸于分宜严东楼侍郎④。东楼昼非金不食,夜非金不寝也。金既衰老,食贫里中。比有所谓《鸣凤记》,而金复涂粉墨,身扮东楼矣。

琐闻别录

(明末清初)宋直方撰
清抄本

徐华亭

徐华亭阶既告归,而高新郑拱以矫制中之(称世宗遗诏也),欲籍其家,如严嵩故事。事颇具,华亭闻大惧,不知所出。常独坐,深念不食。有所爱小使徐童者,年十七,辄前跪而请曰:"主何不食,有忧也,何不告某?"华亭叱曰:"非若所知。"童膝而前曰:"顾主所用之耳,其奚以稚弃?某见主忧若此,请以身死之。"华亭惊起,执其手而熟视之,喜曰:"若相告,若殆可也。"令阖户而告曰:"江陵相(居正时为次辅)与我有故,我欲遣一介候之,而难其人,若能为我行乎?"童曰:"主难其人,岂虑生得失乎?某请独往,主且具书,行在明日。"诘朝,童更蔽衣蹑芒履,如婆人子而前。华亭益喜,出三札授之曰:"若至之日,即以一札致江陵。其明日以一札致新郑,而更投一札与江陵,且令新郑见也。事讫,疾驰而归,慎毋留。"童次第受之,即辞行。[此童未辱主命,张居正受徐阶三万金,尽以进大太监冯保,冯张合力,遂逐高拱出朝。]华亭事既解,后更得

---

① 据明刻《盐邑志林》本影印。
② 记严世蕃与金凤的同性恋关系。此事为多种笔记所反映,也见《因树屋书影》第九卷、《香祖笔记》卷二、《坚瓠集》广集卷之三、《渔矶漫钞》卷十、《陔余丛考》卷二十等。
③ 姚士粦的家乡浙江海盐县。
④ 严世蕃号东楼,曾官工部左侍郎,他是嘉靖朝首辅严嵩之子。

存问，年八十余令终。尝语子孙曰："我家幸得不破，一童力也。"故徐氏世尊其奴如僚友，讫于会元。

戒庵老人漫笔

（明·嘉靖—万历）李诩撰
中华书局1982年版

（一）卷一·歌童书算奇遇

镇江杨阁老邃庵家小仆杨芳，江阴徐葵亭所送歌童也。武宗临幸，见之，问其名，改赐为羊脂玉，携至京，后发回。又有镇江于鹏书算，初字克举，美容仪。是时杨令鹏接待武宗，见而问其名，对曰："于鹏。"赐字曰万里，其图书文曰天赐万里。二人之遭际，何其幸与！

（二）卷一·男子生产

苏州府吴县九都一图人孔方年五十四岁，嘉靖二年十月内晚行旷野，两次闻呼其姓名，视不见人。后每夜睡梦中觉有一小儿在旁，如此数次。至十一月间，腹内觉有肉块日渐长大，嘉靖四年正月内肚腹时加搅痛，至二十四日谷道出血不止。二十六日巳时产下一包，当即晕倒。妻沈氏惊异，随将磁瓦划开，看有一男子小躯在内，身长一尺，发长二寸，耳目口鼻俱全。邻妇徐氏看称怪异，即弃撒太湖中，浮瞟而去。里老宋盛等申呈巡按御史朱实昌，牌仰县丞戴珍拘送体勘。孔方因病于五月二十日该县才申送到府，覆审俱同，实为灾异。具本奏闻，仍引宋宣和六年都城卖青果男子事，以祈修省。

（三）卷四·徐子仁宠幸

武宗召徐霖在临清谒见，欲授霖教坊司官，霖泣谢曰："臣虽不才，世家清白，教坊者倡优之司，臣死不敢拜。"乃授锦衣镇抚，久渐宠幸，至以子仁呼之（霖字子仁）。每进见，必衣破袍，帝以为问，对曰："臣家贫无衣。"乃以斗牛袭衣赐之。至南京，一日入暮，密闻欲幸霖家，霖与近侍谋："夜深不能治具，奈何？"众曰："汝书生，献茶可矣。"乃潜遣人报其家，而以身待。将二鼓驾出，乃召霖，令引至其家。家人罗拜，但嫌其屋小，许至北京赐大第居之。既而设四果进茶，帝曰："人谓子仁标致，乃由茶耶？"霖叩头谢曰："臣不意陛下俯临，无宿具。"帝曰："已有果，但少酒耳。"于是出酒命霖歌，帝亦自歌，群乐并不得和。从容欢燕，四鼓乃罢。

(四) 卷四·海山覆败①

钱侍御海山，其园林亭榭之美，歌童舞女之妖，莫可殚述。

(五) 卷五·男子变女②

隆庆二年，山西太原府静乐县龙泉都民李良云弟良雨忽转女形，见与岑城都民白尚相为妻。先云父李怀生弟雨，怀病故于嘉靖三十一年，雨年二十八岁，至三十七年娶马积都民张浩长女为妻。四十一年间，两相反目，将妻出与本都民高明金。雨无营计，往本县地名也扒村投姐夫贾仲敖家工作。隆庆元年正月内，雨偶患小肠痛，旋止旋发，至二年二月初九日，卧床不起。有本村民白尚相亦无妻，于雨病时，早晚周旋同宿。四月内，雨肾囊不觉退缩入肚，转变成阴，即与白媾配偶。五月初一日经脉行通，初三日止，自后每月不爽。雨方换丫髻女衣，裹足易鞋，畏赧回避不与人知。九月内，云访闻之，令妻南氏探的。十一月初二日禀县，拘雨、相同赴审实，稳婆方氏领至马房验，系变形，与妇人无异。又拘雨出妻张氏勘明，娶后三年内往来交合，但未生息，止缘贫难嚷闹，卖离邻里。姚汉周等执结，与前相同。巡按御史宋纁于十二月二十五日奏闻，称男变为女乃阴盛阳微之兆，以祈修省。

(六) 卷七·释称娼女男色等名

释名娼女曰摩邓迦，男色曰旃罗含。

见闻杂记

(明·嘉靖—万历) 李乐撰
上海古籍出版社 1986 年影印本③

卷十

唐人诗有关世教者尽多，求其痛切民隐者，莫如"昨日到城郭，归来泪满襟。遍身绮罗者，不是养蚕人"。二十年来，东南郡邑凡生员读书人家有力者，尽为妇人红紫之服，外披内衣，姑不论也。余对湖州太守陈公幼学曰："近日老朽改得古诗一首。"太守

---

① 记官员钱海山家乐之盛。
② 记李良雨变女事。
③ 据明崇祯间刻本影印。

曰："愿闻。"余曰："昨日到城郭，归来泪满襟。遍身女衣者，尽是读书人。"时郡中诸公俱作客，余叨陪席，故言此。

四友斋丛说

（明·隆庆—万历）何良俊撰
中华书局 1959 年版

（一）卷之十八杂记

徐髯仙①少有异才，在庠序赫然有声，南都诸公甚重之。然跅弛不羁，卒以罣误落籍。后武宗南巡，献乐府，遂得供奉。武宗数幸其家，在其晚静阁上打鱼。随驾北上，在舟中每夜常宿御榻前，与上同卧起。官以锦衣卫镇抚，赐飞鱼服，亦异数也。后武宗晏驾，几及于祸。赖诸公素知之，力为保全，遂得释放还家。

（二）卷之二十八画一

余家有汉人画，此世之所未见，亦世之所未知者也。其画非缣非楮，乃画于车螯壳上，此是姑苏沈辨之至山东卖画买回者。闻彼处盗墓人每发一冢，则其中不下有数十石，其画皆作人物，如今之春画，间有干男色者，其笔甚拙。夫车螯者蜃也，但不知墓中要此物何用。余观北齐邢子才作《文宣帝哀册文》云："攀蜃辂而雨泣。"王筠《昭明太子哀册文》曰："蜃辂峨峨。"则知古帝王墓中皆用之，盖置于柩之四旁以防狐兔穿穴。其画春情亦似厌胜，恐蛟龙侵犯之也。

（三）卷之三十五正俗二

松江近日有一谚语，盖指年来风俗之薄。大率起于苏州，波及松江。二郡接壤，习气近也。谚曰："一清诳，圆头扇骨揩得光浪荡。二清诳，荡口汗巾折子挡。三清诳，回青碟子无肉放。四清诳，宜兴茶壶藤扎当。五清诳，不出夜钱沿门跄。六清诳，见了小官递帖望。七清诳，剥鸡骨董会摊浪。八清诳，绵绸直裰盖在脚面上。九清诳，不知腔板再学魏良辅唱。十清诳，老兄小弟乱口降。"此所谓游手好闲之人，百姓之大蠹也。官府如遇此等，即当枷号示众，尽驱之农。不然，贾谊首为之痛哭矣。

---

① 徐霖，号髯仙。

明实录

（明）实录馆纂修
台湾"中央研究院"历史语言研究所 1962 年影印本①

《明神宗显皇帝实录》卷之二百一十八

万历十七年，大理寺左评事雒于仁上疏曰："臣入京阅岁余，仅朝见□皇上者三。此外惟见经年动火，常日体软，即郊祀庙享遣官代之。圣政久废而不亲，圣学久辍而不讲。臣以是知皇上之病药饵难攻者也，惟臣四箴可以疗病，请敬陈之。皇上之病在酒色财气者也。……以皇上妃嫔在侧，宜思戒之在色也。何幸十俊②以开骗门，溺爱郑妃惟言是从。储位应建而久不建，此其病在恋色者也。……夫君犹表也，表端则影正。……皇上诚恋色矣，何以禁臣下之淫荡？……四者之病缠绕心身，臣特撰四箴以进对症之药石也，望采纳之。……戒色箴曰：艳彼妖冶，食息在侧，启宠纳侮，争妍误国。成汤不迩，享有遐寿，汉成昵姬，历年不久。进药陛下，内嬖勿厚。……

谷山笔麈

（明·万历）于慎行撰
中华书局 1984 年版

（一）卷之四·相鉴③

游七、宋九，即梁氏之秦宫、霍家之冯子都也。一时侍从、台谏多与结纳，密者称为兄弟。一二大臣亦或赐坐命茶，呼为贤弟。边帅武夫出其门下，不啻平交矣。九之声势稍不及七，而能作字，颇为主人④代笔，其富又过于七。求其所以得宠，皆食桃之欢也。同时有王五者，文雅不及七而富次之。第其主人未甚当事，且以清谨为名，不大烜赫耳。一日，五谓人曰："近日有给舍过我家宋九，适一边帅遣使伺候元老，先通阿九，

---

① 据清初明史馆抄本影印。
② 参见《万历野获编》（五）。
③ 参见《万历野获编·卷九·五七九传》。
④ 万历朝首辅张居正。

给舍问：'此谁也？'九对：'此某边大将，在我相公门下。'给舍即云：'烦兄通息于渠，愿与交欢。'世有此等谏官，向吾辈求荐与边帅游，大可笑也。"以此言之，五之识过七、九远矣。恨嘉靖间鹤山先生不及见后辈人品。东海渔人作《五七九传》志之。

(二) 卷之六·阉伶①

正德中，乐长臧贤甚被宠遇，曾给一品服色，然官名体秩则不易也。未几，上有所幸，伶儿入内不便，诏尽官之，使入为钟鼓司官，后皆赐玉。至今内中诸署，指钟鼓司为东衙门，贱而不居，当以此故耳。

(三) 卷之十五·杂闻

隆庆三年，山西静乐县丈夫李良雨为人佣工，与其侪同宿。一夕，化为女子，其侪狎之，遂为夫妇。守臣以闻，良雨自缢死。

五杂组②

(明·万历) 谢肇淛撰
民国二十四年 (1935) 中央书店
上海铅印《国学珍本文库》本

(一) 卷四③

渡江以北，齐晋燕秦楚洛诸民，无不往泰山进香者。其斋戒盛服，虔心一志，不约而同。即村妇山氓，皆持戒念佛，若临之在上者云。稍有不洁，即有疾病，及颠蹶之患。及祷祠以毕，下山舍逆旅，则居停亲识，皆为开斋。宰杀狼籍，醉舞喧呶。娈童歌倡，无不狎矣。夫既不能脩善于平日，而又不能敬谨于事后。则其持戒念佛，不过以欺神明耳，曾谓泰山不如林放乎④？

(二) 卷五

晋惠帝时，京洛有人兼男女体，亦能两用人道者。今人谓之半男女也。近闻毗陵⑤一

---

① 记明正德帝宠幸优伶。
② 本书亦名《五杂俎》。
③ 记泰山朝拜者的同性恋活动。
④ 语出《论语·八佾》，林放，鲁人，曾问礼于孔子。这句话的意思是说泰山之神必不享非礼之祭，若其享之，则是不如林放也。
⑤ 江苏武进。

缙绅夫人，从子至午则男，从未至亥则女，其夫亦为置妾媵数辈侍之。有伎亲承枕席，出以语人云："与男子殊无异，但阳道少弱耳。"（一云上半月为男，下半月为女，《般若经》载博叉半择迦是也。）

（三）卷五

佛经载人身受淫有七处，前后窍及口与两手、两足弯也。今西北军士，有以足弯当龙阳者。

（四）卷五

国朝周文襄在姑苏日，有报男子生子者。公不答，但目诸门子曰："汝辈慎之。近来男色甚于女，其必至之势也。"

（五）卷八

男色之兴，自《伊训》有比顽童之戒，则知上古已然矣。安陵、龙阳，见于传册。佞幸之篇，史不绝书。至晋而大盛，《世说》之所称述，强半以容貌举止定衡鉴矣。宋人道学，此风似少衰止。今复稍雄张矣，大率东南人较西北为甚也。

今天下言男色者，动以闽广为口实。然从吴越至燕云，未有不知此好者也。今京师有小唱，专供搢绅酒席。盖官伎既禁，不得不用之耳。其初皆浙之宁绍人，近日则半属临清矣，故有南北小唱之分。然随群逐队，鲜有佳者。间一有之，则风流诸缙绅莫不尽力邀致，举国若狂矣。此亦大可笑事也。外之仕者，设有门子以侍左右，亦所以代便辟也。而官多惑之，往往形之白简。至于娟丽儇巧，则西北非东南敌矣。

衣冠格于文网，龙阳之禁宽于狭邪。士庶困于阿堵，断袖之费杀于缠头。河东之吼，每末减于敝轩。桑中之遇，亦难谐于倚玉。此男宠之所以日盛也。

叙女宠者，至《汉事秘辛》极矣。叙男宠者，至《陈子高传》极矣。

邓通之遇文帝，臣不敌君也。董贤之遇哀帝，君不敌臣也。弥子瑕之遇卫灵公，陈子高之遇陈武帝①，君臣敌也。而皆以凶终。夫男色天犹妒之，况妇人乎？

（六）卷八

冯子都宠于博陆②，秦宫幸于梁冀。依凭城社，亦权门之弄臣也。国朝严分宜③当国，家人永年者号鹤坡，招权纳贿，与朝绅往来，无不称鹤翁者，一御史至与之结义兄弟云。

---

① 应为陈文帝。
② 西汉霍光，曾被封为博陆侯。
③ 严嵩，江西分宜人。

后张江陵①相君家奴游守礼势出严上,号曰楚滨。词馆诸君至为诗文赠之,通侯缇帅与往来燕饮,鲜衣怒马,据上坐偃然矣。后事败,俱诛死。嗟夫!权之所在,爱之所偏,即始兴之贤,尚有雷尚书之惑,况其下此者乎?(按:江陵家奴尚有宋九、王五者,九善词翰而权不及游。五颇有识,常笑其侪所为。时有作《五七九传》者,七即游也。)

(七)卷十六

陈晟知隆庆府奉新县。有富人王允升,老而娶妻涂氏,为诸宠所沮,当夜不成婚而成讼。晟判云:"王允升白发幡然,涂氏女青春过了。始焉草草婚姻,终也匆匆聚散。鸳鸯小小思珍偶,输与少年。凤凰寥寥不复闻,遂成一梦。"

耳谈

(明·万历)王同轨撰
中州古籍出版社 1990 年版

(一)卷三·兵子

一市儿色慕兵子,而无地与狎。兵子夜司直通州仓,凡司直出入门者,必籍记之,甚严。市儿因代未到者名,入与狎。其夜月明,复有一美者玩月,市儿语兵子曰:"吾姑往调之。"兵子曰:"可往。"而美者大怒,盖百夫长胤子也。语斗不已,市儿遂殴美者死,弃尸井中。兵子曰:"出时无美者,势必索围中,井尸可立见。君为我至,义不可忘,我当代君死。君可应我名出矣,但囹圄中相愿也。"市儿遂出,而兵子自称杀人,坐死。兵子囚囹圄二年,食皆自市儿所馈。后忽不继,为私期召之,又匿不至。恚恨久之,诉于司刑者。司刑者出兵子,入市儿,逾年行刑。兵子复曰:"渠虽负义,非我初心,我终不令渠死,我独生耳!"亦触木死尸旁。

(二)卷三·感孕②

成化初,上元县细民张妙清,与兄张二及嫂陈氏居壁相连。一日兄与嫂狎,女窥见心动。俟兄出,呼嫂同寝,问状,且身效为之,遂孕。其夫家以闻官。及生子,再审之,仍是处女。官令嫂育其子,女仍归夫。

---

① 张居正,湖北江陵人。
② 记一姑嫂同性恋事例,此事也见《耳谈类增》卷之十八,参见《野记》(二)。

(三) 卷四·湖南别驾①

有任湖南别驾者,佚其名。别驾先生二子,读书修洁,皆以弟子员试高等。别驾死,长子逼其妻与所昵姣童奸。妻不从,缢死。为妻家所讼,家遂破荡。

(四) 卷五·异产②

方玄畅谈:其里有人娶妇甚美,数月犹是处子,以其牝不成人道也。后从其余窍生子,即弗活,形体俱全,自是牝始开。先伯氏理姑苏时,闻门有男子生子,亦弗活。街卒以闻于守徐公,徐故不答。卒屡言之,公第顾诸门子曰:"尔辈慎之。"

(五) 卷九·黄季主、张惟时谑语

黄郡黄解元季主,麻荆州张状元惟时、茂修相聚蓟门。黄少年有貌,而张相君③之子。黄故谑之曰:"思公子兮未敢言④。"张即答曰:"怀佳人兮不能忘⑤。"胡伯良谈:惟时兄弟皆楚才独步,不愧科名。而皆以父相君故,蒙口语人,不过强口施毒耳,名自在千古也。

(六) 卷九·吕子敬秀才⑥

吉安吕子敬秀才,嬖一美男韦国秀。国秀死,吕哭之恸,遂至迷罔,浪游弃业。先是宁藩⑦废宫有百花台,吕游其地,见一人美益甚,非韦可及,因泣下沾襟。是人问故,曰:"对倾国伤妙丽,于我故人耳。"是人曰:"君倘不弃陋劣,以故情视新人,新郎故耳。"吕喜过望,遂与相狎。问其里族,久之始曰:"君无讶,我非人也。我即世所称善歌汪度,始家北门,不意为宁殿下所嬖,专席倾宫。亡何,为娄妃以妒鸩杀我,埋尸百花台下。幽灵不昧,得游人间,见子多情,故不嫌自荐。君之所思韦郎,我亦知之,今在浦城县南仙霞岭五通神庙中。五通所畏者天师,倘得符摄之,便可相见。"吕以求天师,治以符祝。三日,韦果来,曰:"五通以我有貌,强夺我去。我思君未忘,但无得脱耳。今幸重欢,又得汪郎与偕,皆天缘所假。"吕遂买舟,挟二男,弃家游江以南,数岁不归。后人常见之,或见或隐,犹是三人,疑其化去。然其里人,至今请仙问疑,有吕子敬秀才云。

---

① 也见《耳谈类增》卷之四十九。
② 也见《耳谈类增》卷之十八,参见《五杂组》(四)。
③ 相君指万历前期首辅张居正。
④ 此句暗射相(想)君。
⑤ 此句暗射季主(记住)。
⑥ 也见《耳谈类增》卷之四十四。《耳谈类增》叙事之后尚有一段评论:"语曰:'心惑于色,色鬼迷之。'此人已脱死根,复罹祸罟,死固宜。此秀才慧,所为好色而必ící其致,故色唯死慧,不死愚。而释氏尚愚不尚慧,有以哉!"
⑦ 宁王朱宸濠,封地在江西南昌,正德十四年(1519)发动叛乱,兵败伏诛。

(七)卷十四·优诈①

姑苏山塘某寺僧,月夜遇美妇人至曰:"与良人反目,怒归母家。忽迷失道,身无所依,愿得假宿。"僧始拒却,已而心动,曰:"汝但随我影行。"至一庵,盖僧故所居空寂地方。欲解衣,忽其夫率群不逞排闼入,缚僧曰:"贼秃,安得诱良家妇!"至此,僧不能辩,但乞求。旁一人曰:"可尽汝有得释。"僧曰:"有面近百秉,皆出乞化愿以谢过。"面既尽,始罢。后始知妇是狡童,夫与群不逞皆优。尝入寺,垂涎其面而佐此。

(八)卷十四·狐术女变男子②

麻城民李承周女,聘刘氏子矣,为狐所据,其家莫能制,凡数载。刘氏为期迎女,狐语其家曰:"君家女是男子,何嫁为?"视之,形体皆变男矣。遂着巾服,有名字。游行市里,反与妇淫。里人疑之,与偕谒太和山,冀有神谴,往返无异。

万历壬辰,武生毛自龙者以闻于明府文公,逮至,时观者麋集。男子与二三人来,不知为谁,尚从容谈笑。入仪门,始曰:"田二哥,今日不祥。"及庭见,公令人视其私,遂不能变,仍是女子。公怒,置狱中。狐犹于狱中庇女,无形而鬻诸累囚及司圜扉者。无赖,竟得释出。女后改嫁山中民,狐复毙其所适夫。女归,狐始不来。

(九)卷十五·林公大合决狱③

蜀中一小家妇,自母家独行归,避雨一野寺中。寺僧延入,而妇有姿貌,师徒皆欲淫之,乃妇意常在其徒。师怒,杀妇埋园中。次日,母与夫家互寻不得,交相仇,以讼于官。时闽人林公大合为都司断事摄邑,不能决,而疑必有故。适有一门子得罪当谴,公曰:"汝故以得罪逋出,遍践村市,但探出此事,当宥汝。"

久之,门子入此寺,僧师徒以是美男,皆与狎昵。有小沙弥语泄,而沙弥亦不甚悉。入以白公,公曰:"是矣。"翌日,过寺中焚香,频仰首向天自应曰:"臣知道了。"众僧中独一僧色变,公即令缚之,曰:"上天已语我,杀某家妇者,汝也。"一讯吐实,瘗尸出其园中。杀二僧,而二家疑解。至今,其邑人称之。

(十)卷一·陶林隐公 涉及同性恋。

(十一)卷十一·八里冈人 记倭寇中的同性恋,也见《耳谈类增》卷之十一。

---

① 也见《耳谈类增》卷之五十二。
② 也见《耳谈类增》卷之四十七。
③ 也见《耳谈类增》卷之六。

耳谈类增

(明·万历) 王同轨撰
中州古籍出版社 1994 年版

(一) 卷之十八·岳州刘门子成妇

刘门子姣类妇女，人多惑之，比长不下也。又不欲娶，独处一舍，具酒浆招客，客多留宿者。久之肉具渐缩去，实有牝，乃遂穿耳缚足。平江人纳为妾去，闻已生两子矣。世道鬼魅，岂独如妇人？昔子舆氏谓仪衍妾妇，今之世有如仪衍者否？世以心变，而是子以形承，其异独是子妇人耶？出《一松轩醉语》。

(二) 卷之十八·太原李良雨化女

嘉靖末，太原之静乐有男子李良雨，忽肾囊缩入，变成女形，遂去妇，嫁素所美之人为妇。邑以闻，按台行文解验，惭惧缢死。李礼部文虎谈其邻邑事。

(三) 卷之十八·西昌女化男子

西昌治右数百武萧某生一女，六七岁忽小腹常怦怦作痛，久之内实，似有物凸起，未几而阳体成。时张职方大来宰邑，召入，令人验之，果然。欲白当路，而其父独一儿，绝怜爱之，乞哀不已，罢。乃邑某大夫，老独一女，曰："吾女何不然？"夫异可为常乎？

(四) 卷之十八·男子产

宿迁男子张二产一男，落地呱呱。闽中张令之鲁入觐，宿其地所见。

(五) 卷之三十一·虎丘病童子

姑苏徐进士三锡，未第时，家有童，病厉且死。弃虎丘僧舍，仅有余息。周幼海游寺，见之，怜其韵秀，守视调护，稍苏，载归。手供七饵，得不死。宠置斋中，渐通文笔，名曰依仁。时周制新样小素扇，人所嗜。又自写诗其上，至千百，尽以给童，令鬻以自赡，因大饶。徐知，亦不问，以所弃也。一日有小隙，遂攫以归。周大窘，集数百人殴夺，不得。两讼于都台周公，下郡理。时先伯兄理郡，令徐出童，而周纳金百二十作值，已解。会周发言有余愤，而徐益甚，当出童时，剪其发，两家交怨又数年不已。曰"依仁"者，言曩依不仁也，怨已胎矣。

(六) 卷之三十七·梦鳝诗①

《醉语》曰："有王翰林狎一童子，童子语人，夜梦鳝出其胯下。闻者答以诗曰：'小郎一梦甚跷蹊，黄鳝钻臀事可疑。想是风流王太史，夜深来访旧相知。'旁一人又赓曰：'小郎一梦甚跷蹊，何物钻臀鳝一条。想是风流王翰院，夜深来访旧相交。'"

(七) 卷之三十七·黄季主、张维时

黄郡黄孝廉季主，荆郡张殿元维时，相聚蓟门。黄美少年，张佳公子。黄故谑之曰："沅有芷兮澧有兰，思公子兮未敢言。"张即答曰："兰有秀兮菊有芳，怀佳人兮未敢忘。"

(八) 卷之三十八·屠长卿②

屠长卿有青衣渐长，或曰："某须出矣。"长卿曰："西出阳关无故人，其奈之何？"

(九) 卷之三十八·中敬

楚黄陂之段重其，与同社生杨养其交如管鲍，居恒共寝食。乙酉，杨举孝廉，段落第。方同夜坐，市井有以酒食饷孝廉者。段在坐，见其人以肥酒大肉强杨而偏着意，杨不能却，饫结欲呕，段颇厌之。已共被卧，至夜半，杨腹中雷鸣且痛楚，推段觉曰："腹中鸣痛乃尔，君多记方书，能瘳之乎？"段方在觉梦间，即应声曰："卒病有中风、中痰、中气者，兄此病中敬。"杨曰："□□□□□□□，一盂粪，一杯溺，陈君前。"骂曰："汝是卑田院乞儿！"即愈。是后里人见赴席者，即曰"今莫中敬"。此前人所未发也。

(十) 卷之五十二·灵哥神

京师有少年，能变形为女子，假灵哥神，言人祸福，市中人往往惑之。始傱西市，有所狎少妇，月供钱若干缗。久之，人渐觉，乃徙居东。东则咸勋贵所居，其术益易中。所奉养赀予无算，至有迎入邸第相养，或共卧起，往往得行其私。而西市故妇闻之，怒，姑令其夫往索钱，不得。卒自往大诟，为逻者所获，立杖死。

(十一) 卷之五十四·北寺游僧

姑苏城内北寺，适有游僧十许分廊打坐。一少年入而游观，忽一僧起抱住，隔墙掷入别院。一僧自内抱接不堕。是夜，群嬲之。已，又榜挞极毒，始与缁髡为僧矣。相携出亡，住镇江山寺。少年为陈秀才子，出金募捕者，侦之一岁所，一人窥见而貌黧瘠不辩。

---

① 参见《矶园稗史》（一）。
② 屠隆，字长卿，参见《快雪堂集》、《笑府》（九）。

归语秀才，并集徒众往侦之。适僧半出，儿见父泪下，噤不敢语。父瞠视始辨，拉归。众方搜捕，而僧尽至。内外夹搏，竟不胜我众，而亦尽逋莫得也。少年今废业，工绘事，尚丽绝。

狯园

(明·万历) 钱希言撰
清乾隆间刻本

（一）卷十二·五郎神①十三

苏州山塘全大用为象山尉，有赘婿江汉，年弱冠，风仪不下，遂与五郎神遇。绸缪嬿婉，情甚伉俪，其室人竟不敢与夫同宿。江郎病瘠日甚，全氏设茶筵燕之，终不能断。丙午岁②遇异人飞篆禳除，遂尔绝迹。

（二）卷十二·五郎神十九

万历壬寅，苏城查家桥店人张二子年十六，白晰美风仪。一日遇五郎神见形其家，诱与淫乱。大设珍殽，多诸异味，白昼命手力置烧鳗数器，酣燕欢呼，倏忽往来，略无嫌忌。后忽欲召为小胥，限甚促，父母乞哀不许。寻而其子死焉，三月之间人亡家破。

（三）卷十三·黄花舍人

吴郡士人召乩仙，仙至，署曰黄花舍人。问其坊曲氏族，曰："金阊王氏子，因与里中黄生遇春欢好，又一生爱插黄花，人呼为黄花舍人。"问卿是夭死耶？曰："某年十五而夭。"问生安在？曰："相继亡矣，今某与同寝处若人间伉俪也。"众乞下坛诗，曰："忆黄郎尝赠小曲，每句以想杀恁起，余亦有答，请诵之。"遂题曰："忘不了对拢双袖，忘不了佳期月下偷。忘不了柳遮花映黄昏后，忘不了罗帐绸缪。忘不了纱窗风雨清明候，忘不了多病心情懒下楼。"情语繁多，兹不备录。词讫遽求去，问何忙迫如此？曰："黄郎候门外久也。"问何不与俱入？曰："某吴儿已作半天游戏，阿郎未离鬼录，那得来此。"寂然无声，竟不知何风流鬼也。

---

① 当时在江南地区被普遍供奉的神怪。
② 万历三十四年，1606年。

（四）卷十四·狐妖八

癸丑春，杭州猫儿桥有一雄狐，每日至晚变为美少年，迷惑往来淫夫，有独行者便随之去。杭人多好外，见辄引归。淫狎日渐，尪瘵成病，乃知狐祟所为。

皇明世说新语
（明·万历）李绍文撰
齐鲁书社 1995 年影印
《四库全书存目丛书》本①

（一）卷之三·方正

陆文裕公督学山西，时晋王爱幸一乐工，其子学读书，前任督学考送入学。公到任，黜之。晋王言之再四，公云："宁可学校少一人，不可以一人污学校。"

（二）卷之六·宠礼

英宗在房廷，与哈铭同寝。上晨起，谓铭曰："汝昨夜以一手压我胸，我不动，俟汝醒乃下其手。"因言光武、子陵同卧事②，上曰："汝今日与子陵一般。"

（三）卷之八·惑溺

楚中有笃于男色者，见一美姬姿态绝伦，乃叹曰："可惜是妇人耳。"

亘史钞
（明·万历）潘之恒辑撰
齐鲁书社 1995 年影印
《四库全书存目丛书》本③

（一）外纪·雪涛小书·谐史

闽人笃于男色者，见一美姬姿态绝伦，乃叹曰："可惜是妇人耳。"噫！此所谓偏之

---

① 据明万历间刻本影印。
② 见《后汉书·卷八十三·严光传》。严光字子陵，光武帝曾与之"共偃卧，光以足加帝腹上"。
③ 据明刻本影印。

为害也。推而广之，可悟正心之道。

(二) 外纪·妓品卷之五·王琐传①

　　黄玄龙自余病中来视，为言茶湾王琐之钟情于项三也。项三者，新安人，美姿容，自媚而善媚客。客见之，如颓玉山。未冠执业成均，废一博士一郎中，然未与之狎也。谚曰："莫近项三郎，一废车驾吴，再废博士臧。但令倾国与倾城，何必南方与北方。"此万历己卯间事。至乙酉年，王琐始破瓜，而项三壮矣。其风度如少年时，昵琐而琐倾心焉，誓与偕老。项亦挟多金，足庇之。而琐名噪甚，金帛委者填门，父母贪利不能释琐。琐依项不归也，母诈病而迎之。致项讼，竟与绝。时戊子秋，琐得暂出，车马奔集茶湾。其尘障日，余从娄东王氏兄弟一再过之。琐在有意无意间，其况不可尽述。玄龙状之曰："琐所见无非项三也。见庄客，必与侍儿耳语，某似项郎度，某似笑似颦，某得其耳目鼻口之一。而佯喜佯悲，若不能为情者。"人多窃笑以为痴，玄龙最怜之，不谓痴也。时昵好者有二人，孙射父才俊而谨事之，稍得其欢心。程景同貌陋而戆，挟重赀以蛊其母，乘孙间得攫而有之。父母以家微而声特起，势不能支，遂内程聘。孙来，大失望曰："奈何夺我凤凰池而不知！"项三尚踽踽凉凉，作落魄状。以行于市衢，识者曰："子非项君耶，何以至此？"曰："吾失侣而孤栖，求死不得耳。"余曾为访程景同，与游说。而程陋甚，不足与语。报项曰："无庸为谋，君第须之，非久贮阿娇人也。"又三年，而项生消摇于市，车从甚都，貌益腴泽。询之，已诡得琐而遂初盟矣。后十余年，玄龙复遇之留都。则年四十以上，问王姬无恙耶？其宠爱得如前时否？对曰："夫夫宠爱安能衰。余房中所幸者五六辈，皆下陈不足与姬敌也。"玄龙又谓余："向语射父云何？纵强归非其初志矣。如此美合安得不称快事哉！"余病中闻之，霍然有起色，遂为立传。

(三) 杂篇·詹言卷之七·仇爱

　　人情相仇相杀恒在爱中，惟其情深，故易相怨望，惟男奸为尤甚。乙巳夏，在汪公君倩坐。会游公汉龙谈彼治中两门子相妒而推堕水死者，或疑于误，故未正法而轻论之。是年冬，松江府中有白昼杀童子于闾巷之市者。余亲过俞元济、姜神超馆而得其情，大可创惕者。杀人男子曰周四，长洲县人，以毯毺为业。先在乌镇诳一童子呼为周世昌，其真姓名不能知。挈而逃之松江，将二年矣。每居肆，世昌艳夺人目，必有来挑之者。阿四常怒骂而徙之，凡三徙而得一小肆，作徒三四人，始安焉。一日市少张一来买帽子，见而艳之。张一者，上海之媵仆也。识作徒潘凤翔，谋所以诱之者。凤翔言二人相守甚固，不可得间。惟可以淫事携贰之，则治酒娼家蛊周四。周四宿娼，必童子与俱。谋不

---

① 参见《万历野获编》(十三)。

得就,则导之屡去而穷之。四负宿金而贷于张,张佯许之而故弗与也。凤翔居间说曰:"渠有美童子,奚虑不得偿若金?"则以童子立券而得金,仅两许耳。以券故,得数招之,饮食不能禁。世昌遂昵张一,与宿焉。问其所自,曰:"吾乌镇人,为四所诱,有所携橐装尽为用去,令我日操作而夜强求欢焉。欲去之,无繇耳。"张一曰:"吾以为亲昵也者,故畏之。今若此,俟彼来,当面谇而挞之耳。"遂旬日不复归肆中。周四来探,每遭辱去。乃觅得钱数十文,爆竹数十枚,私饷之。世昌勉纳,不与归也。四愤甚,向冶人定一刀,藏之怀,必杀张一而后厌。会往张一酒肆,独童子在房,因求狎,而童子面不肯向四。四曰:"向者爆竹及钱当还我。"世昌曰:"吾固留以还子耳。"就腰中出钱,则裈烨然也。料所从来,必张一与制。因大恨,持刀割裈。童子呼曰:"周四杀人!"遂刺腹,因及其颈。相搏而倒于市,四亦自刎喉,不得断。持刀走,人莫之敢御。行百步,复回抱童子于怀而哭之哀。语市人曰:"吾误杀此子,吾所爱也。"市人执于官,官目喉创甚,不加刑。四就死无他憾,但靳掩覆童子而已。官遂伏四之辜,而坐旦张一。张一故媵姜孝廉,逐而市酒。其父稍有资,专恣意淫荡,乃值此仇报,何幸生哉!

亘史曰:怨莫大于夺所好,莫甚于移所欢。邪淫如鸩毒,不可不慎也。周四之杀,杀于钟情。情之为孽深矣,虽累劫莫能解,戒之哉!(庚戌①夏,南京承恩寺有男子杀娈童事,颇相类。)

潘之恒曲话

(明·万历)潘之恒撰
中国戏剧出版社 1988 年版

(一)上编·神合②

评曰:诸子名家彦士,混于浊世,颇多艳冶之情;浪迹微波,标于清流,亦舒慷慨之节。以行不以字,识者自得之耳。

彭大,气概雄毅,规模宏远,足以盖世。虽捉刀掬泉,其自托非浅。

徐孟,激扬踔厉,声躁而志昂。古来英雄,以暴自锢,一彻而昭,在此观矣。

张大,敷陈应拍,纲领同流,惊四座之雄谈,擅一时之高韵。

周氏父子,一庄以直,一婉以恬,居然方正之风,雍熙之典。

---

① 万历三十八年,1610 年。
② 品评优伶。

小徐，能游戏三昧，时以冷语淡情饮人，为之心醉。

陆三，劲节高韵，登场自喜，千人俱废，似以度胜者。白蘋骋望，殊觉青山撩人。

王四，发音振林，乍见虽潜其光怪，亦足以惊座，夭矫如游龙。

陈九，沉默韫奇，令人自溺。其善为决绝者，非深于情者也，不免令琅玡笑人。

顾四，奋迹淮阴，登场树帜，候度率真，便足令喑呜丧气。酷似其宗兄。携未决游秦淮时，直火攻伯仁耳。

杨四，情钟故耦，感慨化离，敝貂苏季，独不念绣被鄂君耶？

吴己，婉媚修然，有出群之韵。与王小四颉颃林间，一劲而清，一疏而亮，皆后来之隽，在娣姒之间，亦称双美。

王小四，整洁楚楚，有闺阁风。爱其骏者，不爱其妾。所遇既殊，所染亦有渐矣。

朱伏，亭亭濯濯，潇散自如。三珠树为三青鸟所栖，无复有殊音之诮。

丁大金、陆白眉，其北调得真传，而南音亦协和。观者神悚，听者魂消，并有所长矣。

陆四，从銮江飞艇而来。乌江不渡，遂令千古气尽，而伟度侠骨，犹足与要离、专诸为邻。

沈二，翩而有度，媚而不淫。青女可群，蛾眉易妒，亦善自超者。

韩二，嬉笑怒骂，无不中人。惟善说，乃知说难。其纵体逞态，足鼓簧舌，通乎慧矣。

谢、顾两大，能弱能柔，足以胜刚，强其应节，合于桑林。

（二）上编·乐技

徐翩父①，以旦色名。善妖，其当夕②之价，倍于姬姜③。

（三）中编·杜韦传④

郡人袭豪奢，声相尚。出必鲜衣怒马，舞于车上。妖童骈肩而随，簪金玉，膏沐竟女子之丽。

（四）下编·艳曲十三首⑤

从吴越石水西精舍观剧，出吴儿十三人，乞品题。各以名作姓，以字作名，以诸孺作字，得诗十绝，以小序冠之。

蘅纫之，字江孺，有沉深之思，中含悲怨，不欲自陈，知音得之度外，令人神魂飞越。

---

① 女优徐翩之父。
② 陪宿。
③ 南京著名歌妓。
④ 参见《白石樵真稿》。
⑤ 品评优伶。

选得宫莺出上林，凄清江上带余音。
多情何处飘残梦，一段梅花泛古琴。

荃子之，字昌孺，慷慨激烈，觉逸韵迫人，殊无儿女子态，能濯濯自振者矣。
千百场中独擅奇，朱弦珰管杂新词。
谁能一曲偏惊坐？愧杀吴门游冶儿。

茹淡之，字连孺，佻达中每持劲节，曼声亦合宫商，慧性解脱，何必夸毗取媚也。
滑稽不用脂与韦，应响当弦自发机。
翻笑叔敖空相业，尚烦优孟中人微。

蘋羞之，字南孺，眼语眉韵，亦自可人，巧舌弱文，足夸吴趋之艳，吾将索诸神情之间。
吴趋何得太多情，媚眼波人百态生。
总为曼声难自遏，半乘流去半空云。

支翰之，字荪孺，颀颀濯濯，不蕲乎樊中。时其兄来游，乍登欢场，发艳呈秀，令人想觿䚢之丰。倘离芳泽，不将与萧艾同流耶？
蝶径莺林曲度迟，香尘飞处落花随。
因君爱结双童佩，不羡芄兰叶与支。

芜怀之，字益孺，毁容多姿，落英偏艳，苟和璧之足珍，何瑕瑜之易掩？吾得之齼齿折腰间矣。
分林佳色竞邀欢，瑶圃飞英秀可餐。
最喜嫣然含半瓠，懒将温语向人寒。

柄执之，字调孺，俨然大奸，甘心鸩毒，谁云悟主片言，亦可曰死生顷刻。今之院本，欲压弹章，非斯人无幸矣。
霁虹鹛鹖语模糊，翻手倾危一捋须。
满坐悄然更喜怒，谁言颦笑不关渠？

苾达之，字邦孺，曼声既自绕梁，弱态况能倾国，虽蓬山万里，知梦魂之非遥也。
莫凭鸡舌问含香，才近骊渊自有光。

双泪不因何满子，柔情先断使君肠。

蕙树之，字心孺，为人柔顺婉至，颇具情痴，亦多吴韵。登场度曲，虽为曼声，密意倾心，似各有所属者。
> 病后秋林锦色凋，月明澄水夜迢迢。
> 何人为奏湘灵瑟，个是通情第一宵。

茜渐之，字绛孺，与淡之发科取诨，亦复唐突可喜。茹既隐微情，而茜尤多浮态，深浅之间亦各从所尚耳。
> 警策偏怜细语真，似含飞色暂依人。
> 陇山梦断难传语，不问悲欢也怆神。

忠纯之，字臣孺；孝慕之，字子孺。以官、私二外，体具庄严，不刻不纤，而节度繁苛，调实劲捷，可谓刚柔相济，分擅所长，表仪众彦者矣。
> 吴歈元自备宫商，按拍惟宗魏与梁。
> 俚俗不随群雅集，凭谁分署总持场。

兰浴之，字谷孺，视荃伟俊而慧逊之。百度尽可肩随，令狎他场，俱堪雄长。
> 楚楚衣裳一色明，众中争艳最钟情。
> 满堂丝管声俱合，谁辨埙篪弟与兄？

才抡之，字殊孺，具婉弱之质，而气度豪举，视夫以貌取人者，安知真英雄哉！
> 柔情弱质不胜衣，谁道王孙意气微？
> 肯把娉婷赠名士，彩云歌处凤同归。

（五）下编·广陵散二则①

余辛亥仲夏，访李本宁太史于京口，同至广陵。社友汪季玄招曲师，教吴儿十余辈。竭其心力，自为按拍协调。举步发音，一钗横，一带扬，无不曲尽其致。为余具十日饮，使毕技于前。且衣披绡衣，抵旅次，乞诗以示指南。余喜吾乡之有赏音也，欣为之品题。得十三首，以二序冠之。其浓淡烦简，折衷合度，所未能胜吴歈者一间耳。别之五年，季玄且厌去，以赠范学宪长倩，欲终其爱，以进于技，令得列之班行。余谓似当少劲，

---

① 品评优伶。

恨未得再靓，颇怀断袖之思，效前鱼之泣。追述初咏，标为《广陵散》以忆之。

初品云：语有之，礼失而求之野，乐乐其所自生，中古已亡，今何以观哉！季玄间广不慧子，徒寄慨于昔，而未谛审于今。今之乐，犹古之乐。其亡者，音耳，其声未始亡也。审声而知音，审音而知乐，庶几近之。余尚吴歈，以其亮而润，宛而清。乃若法以律之，畅以导之，重以出之，扬袂风生，垂手如玉，同心齐度，则天趣所成，非由人力。惟童子年，其颖易露，其变逾神，诚能恣之以逸，不继以惰，翻然尔思，亦足追古矣。不慧慕古而未能，偶就五生一寓品题，以质于季玄。世有求之法外者，乃可语法中，觉礼乐差去古不远尔。

国琼枝，有场外之态，音外之韵。闺中雅度，林下风流。国士无双，一见心许。

何处梅花笛里吹，歌余缥缈舞余姿。

涉江聊可充余佩，攀得琼台带露枝。

曼修容，徐步若驰，安坐若危。蕙情兰性，色授神飞，可谓百媚横陈者矣。

宛转歌喉态转新，莺莺燕燕是前身。

已怜花底魂销尽，漫向梁间语撩人。

希疏越，修然独立，顾影自赏。叙情慷慨，忽发悲吟，有野鹤之在鸡群之致。

年少登场一座惊，众中遗盼为多情。

主人向夕频留客，百尺垂杨自选莺。

元靡初，云衢未半，秋舟方升。孤月凌空，独传清啸。倘谓同欢毕轮，毋蕲发艳于三岁矣。

黄鹄高飞不可呼，羽衣潇洒髻悬珠。

曾栖句曲三峰顶，肯傍淮南桂树无？

掌翔风，颜如初日，曲可崩云。巫峰洛水，仿佛飞越，岂直作掌中珍耶？

风前垂柳斗腰低，一剪青丝覆额齐。

含意未申心已醉，高云堕砌月沉西。

后品云：乍见定情自媚者为难。况草草品题，不无觖望。然私所属在首举者，国以婉至，慧以格高，才有殊长，何嫌媲美。乃若色失之淫，典失之正，致失之昭，望失之直，权变失之粉郎。余实不敏，于诸技何贬焉！倘有当于心，不妨再续矣。

慧心怜，音叶鸾凤，步骎骅骝，千人中亦见，卓乎超距之士。

音如环转体如弦,个是场中最少年。
莫怪同侪心为折,纵令垂老亦知怜。

瑶萼英,色艳而桃,气吁以畅。如缥缈仙人,乍游林水,而纤尘不染。
美艳由来自有声,众中识曲不知情。
若教蔺子亲操璧,肯博秦庭十五城。

直素如,锦文自刺,冰操同坚。宠或弛于前鱼,怨每形于别鹤。无金买赋,为献长门者接踵。悟后之欢,自溢于初荐尔。
淡泊无由表素心,聊将贞操托孤琴。
相如不浅临邛意,托讽何尝为赐金?

正之反,松筠挺秀,笙簧自鸣。如徒逐靡丽,亦几于玄赏。
松声竹韵杂笙簧,箕踞长林古道旁。
不独尘嚣能尽隔,顿令丘壑有遗光。

昭冰玉,美秀而润,动止含情。水静而心澄,云遏而响逸矣。
一束宫绦一串珠,风前美度擅吴趋。
排空群玉君应见,曲罢湘灵定有无?

续品三首附:
二净,色中之蒜酪也。颦笑关乎喜怒,谑浪亦示微权。古称施、孟能近人情,则二子庶几矣。
解识吴侬善滑稽,憨情软语态如痴。
略加粉色非真面,便放机锋不自持。

和美度,身不满五尺,虹光缭绕,气已吞象,壮夫不当如是耶!
公孙浑脱舞氍毹,气索登场为大巫。
不独喑呜惊客座,生来胆略与人殊。

寰无方,跳波浪子,巧舌如簧,脱逢吴儿,尚当掩袂。
乍作冰山乍火轮,朱唇才启翠眉颦。
古来三语堪为掾,价抵丹楼两玉人。

三家村老委谈

(明末)徐复祚撰
清抄本

(一) 卷三·李赓虞

李景春者,羽林左卫千户,子为李赓虞。景春告老,赓虞应袭,已投牒本兵矣。赓虞年才十八,美如冠玉,京师人称为玉人。有齐伦者,羽林左卫军也,挟一狡童杨五儿。辛丑清明日,伦以肴酒挟五儿出游至昭灵庙,拥之入庙,在旧太仓前。赓虞是日候见户部杨主政,杨方在仓点米未即出,故赓虞亦就庙中坐待。伦虽系赓虞父管辖,寔未相识,而赓虞亦不知其为辖下卒也。伦与五儿正欢饮谑笑,赓虞入,伦恶其来搅乱,刚欲起叱之。忽睹赓虞状貌姣美异常,不觉心动,乃延之同坐。赓虞亦不辞,坐定举酌赓虞,并问何姓,曰李。赓虞亦询其姓及居址,伦未答,杨五儿曰:"此是齐大爷。"伦欲恐喝赓虞,乃曰:"某居宛平县前,现充羽林左卫旗手。若不识我耶?若论我齐大爷威势,不但地方邻佑怕我,即本卫指挥使我亦宾主相往尔,我相呼千百户直奴隶耳。向年白昼打死人,又白占冯皎儿娼妇在家,问刑衙门俱不敢问。"赓虞曰:"亦识李千户否?"曰:"李景春耶?这老子最怕我,如今告老不到衙门来矣。"言已忽询赓虞名字来历,赓虞笑不言。固问,绐之曰:"我亦本卫经历勾当。"伦以为必门役也,大肆亵侮,百般虐戏,欲就求合。赓虞怒欲起,则紧挽之不听起。时伦已大醉,揎袖言曰:"从我则已,不从我莫怪。"赓虞见其势恶,出至庭欲觅便走。伦乃踞坐,令五儿来捉。五儿挺不动,口喃喃曰:"没来头。"伦大怒,起殴五儿。才一拳而五儿倒地立死,伦以其诈,复再乱捶。赓虞得乘间逾墙,亦不及候见杨公,急趋归。伦睹五儿寔已死,用酒沃之不醒,计无所之。挨至昏暮,拖往庙后大井边,挤之下。五儿无父,止有母。贫甚,为人镘洗为活。次日伦呼至家,谓之曰:"五儿昨日不合挺撞我,我已打死。今与汝银一两,可搬到我家来住,吃安乐茶饭。若有声言,须知齐大爷不怕人也。"母已昏耄,又惧伦势,诺诺不敢发一言,事遂寝。赓虞候部札袭替,岁暮始给,乃以次年灯后到任。公座日,卫卒例当参谒。是时伦但知景春老而子袭职,不知新千户乃旧所调戏李氏子也。及参入,始愕然。参甫毕,赓虞即唤伦,诘杨五儿何在。伦曰不知,赓虞曰:"若不记去年清明日昭灵庙中事乎?冯皎儿何在,白昼打死者何人?"伦语塞,但叩头乞死。于是参送法司,转呈御史。出五儿于井,而正伦罪如律。

(二) 卷五·祝京兆

祝希哲（名允明），长洲人。生而右手枝指，因自号枝指生。为人好酒色六博，不修行检。尝傅粉黛从优伶，酒间度新声。侠少年好慕之，多赍金游，允明甚洽。

(三) 卷六·王化

山东解元王化发解时年甚少，不矜细行，绸缪二娼，遂不娶，久之不为人齿。……又一年①赴会试得第，选为御史，巡盐浙江。每赴席，当筵辄狎歌童，或为按拍。其不矜细行，卒不改云。

广志绎

（明·万历）王士性撰
中华书局1981年版

(一) 卷三

汴城②在八郡中为繁华，多妖姬丽童，其人亦狡猾足使。

(二) 卷五

［在四川建昌，］妖童娈姬，比外更胜；山珍海错，咸获先尝。则钱神所聚，无胫而至，大商缘以忘年，小贩因之度日。

---

① 正德十六年，1521年。
② 开封。

画史会要

(明·崇祯) 朱谋垔撰
台湾商务印书馆 1986 年影印
文渊阁《四库全书》本

卷四

周之冕字服卿,号少谷,万历时长洲人。写意花鸟最有神韵,设色亦鲜雅。家畜各种禽鸟,详其饮啄飞止,故动笔具有生意。国朝花鸟家唯陆平叔与服卿洗尽院体俗气,但平叔明秀,服卿遒劲,斯用笔少异耳。喜比顽童,或僧雏道稚,惑以容媚,欣然挥洒,更异凡幅。

云间据目抄

(明·万历) 范濂撰
清光绪间申报馆上海铅印
《申报馆丛书》本

(一) 卷二

予观豪华公子,或昵龙阳或喜优孟。苟可结其欢心,炫其观美,即下体亵服靡非绮縠。而小人遂得恣意暴殄,漫无顾忌。乃志士固穷,悬鹑百结,求一蔽体而不能也。

(二) 卷二

近年上海潘方伯①从吴门购戏子颇雅丽,而华亭顾正心、陈大廷继之。松②人又争尚苏州戏,故苏人鬻身学戏者甚众。又有女旦、女生,插班射利。

---

① 潘允端。
② 松江。

岐海琐谭集

(明·万历)姜准辑撰
民国间浙江省永嘉区征辑
乡先哲遗著委员会铅印本

(一)卷七

　　《周书》曰美男谓之破老，《左传》公子鲍美而艳，孔子曰宋朝之美，龙阳之前鱼，子瑕之啗桃，邓通铜山，董贤断袖，载之书传，甚可丑也。今瓯①俗此风盛行，甚至有斗阋杀伤，讼之于官者。何风俗浇薄，一至于此乎？又奚怪夫淫妇之多也。

(二)卷八

　　永嘉恶少王玄统与杨一鳌有龙阳之契，杨竟背盟绝交，王不堪，具词投告本府城隍以诅咒之，牵友钟文秀为证。嘉靖四十五年三月内，王、杨同日俱死，钟亦于次月继死。以此媟慢之事溷渎明神，俱遭诛殛，不亦宜乎？

(三)卷十三

　　迩闻乐邑富室有髧龀之女受学于垂白之师，卒犯帷薄，以玷壶范。又闻其邑有君姑具牝牡二体，因而通其媳者。是乃闺帏妖孽，世所希觏，不得以常理律之也。

粤剑编

(明·万历)王临亨撰
中华书局 1987 年版

卷之二·志土风

　　穗城②人富而俗侈，设席宴客，日费二三十金。常有荡子以千金买一顽童者，虽稀有之事，其奢淫亦可概见矣。

---

① 温州。
② 广州。

拙斋笔记

(明·万历) 萧良干撰
清嘉庆间泾县赵氏古墨斋刻
《泾川丛书》本

诸暨令谢与思，广东人。弱冠登第，有美才，诗得初唐气骨，楷法亦可观。平居温柔简默若处子，吏材复颖出，予甚爱之。第闻其见门子、优人之类则欢笑纵恣，无复检柙。率于厅事旁密室与门子同宿，或遇有优人美少年，于酒所辄留宿不归。出行见有童姣者，无论富家士人子，必欲强得之以为门子。不从者以法中之，使得罪，由是声闻于上。予初不信，既而查之，果然，遂被论调中州之息县。其在息县犹诸暨也，又复论归。归而遇五日节，出江观竞渡。渠衣紫绋首狎诸少年，坐龙舟击鼓唱歌，驰逐以为乐。须臾舟覆，溺于江，不知所在矣。

东西洋考

(明·万历) 张燮撰
清光绪二十二年（1896）长沙刻
《惜阴轩丛书》本

(一) 卷八·税珰考

[万历时，阉宦高寀为福州税监，骄奢淫纵。] 原奏官魏天爵、林宗文百计媚寀，由是得幸。忽进一方，云生取童男女脑髓和药饵之，则阳道复生，能御女种子。寀大喜，多买童稚碎颅刳脑。贫困之家每割爱以售，恶少年至以药迷人稚子，因而就寀，幸博多金者。税署池中白骨齿齿。嗣买少妇数人，相逐为秘戏，以试方术。歌舞娈童又不下数十人，备极荒淫。

(二) 卷十二·逸事考

吕宋①最严狡童之禁，华人犯者以为逆天，辄论死，积薪焚之。

---

① 菲律宾，当时为西班牙人所占。

小窗自纪

(明·万历) 吴从先撰
齐鲁书社 1995 年影印
《四库全书存目丛书》本①

（一）卷之二·客斋使令

弥子瑕、宋朝，犊鼻裈，虎皮靴，净溺器。

（二）卷之二·戏议前鱼

龙阳君钓十余鱼而泣下，楚王问之，曰："臣始得鱼甚喜，后得益多，而遂欲弃前所得也。今臣得拂枕席，四海之内美人甚多，闻臣得幸，褰裳趋者众矣。则臣亦犹前所得之鱼，且将弃矣。"呜嚎，噫嘻！龙阳自为鱼乎？鱼之相忘于江湖也，纵鬣鼓鳞，浮沉乎鱼乐之国。自是以比目而行，不欲贪其饵以自钓也。故使楚王钓而得龙阳也，鱼何负于钓，唯恐楚王志不在鱼也。志诚在鱼，则独茧之纶，芒刺之钩，剖粒之饵，施于百仞之泉。以龙阳为盈车之鱼矣，临渊之羡止矣。楚王志不在鱼，而龙阳自钓也。余鱼且见之而深入也，宁有以钓为利，而且以恣钓者之弃也。故知龙阳之妒及渊鱼也，鱼乱于下也。贯鱼固入水不濡也，何有前爱而后弛也。海内固多龙阳，水太清则无鱼也。得之何宠，失之何惊？褰裳而趋，必致为鲶余而得还波臣之旧者，几希也。噫！芦苑□水，杨柳溪湾，以沫以濡，载浮载沉。即涸辙自枯，奈何以升斗之水而收渔人之利也。龙阳之泣，其果一泪一珠乎？吾知十幅红绡，岂能尽海内合欢之被，龙阳可无自危也。嗟乎！其未得之也，患得之；既得之，患失之。苟患失之，无所不至，龙阳之谓乎？

（三）卷之二·再议前鱼

既而曰：龙阳之泣，夫何足怪也？龙阳之以色事人也，桃艳于春，兰香于谷，为姿几何。上不能计社稷而泣成败，次不能念友生而泣生死。一朝枯宠，灭亡可待。则今日之旌旗前拥，笙歌振沸者，是以楚王丝也。凤肝龙脑，奇供叠具者，是以楚王饵也。离宫别室，并后匹妃者，是以楚王钩也。其始也，食芳饵而意得，若可以平生矣。既也，攫逆钩而吞之，岂能长逝乎？念及此，而龙阳不得不泣也。然其泣也，则以前鱼丝也。其指前鱼而泣也，则以两目饵也。其饵楚王而以泣也，则将畀之钩使不能他有所嗜也。

---

① 据明万历间刻本影印。

输情投爱，贷媚取怜。其用若巧，而其机不过一儿女子之颦眉扼枕，以腐人之刚肠者耳，夫何足怪也。其可怪者，楚王因其泣而盟日焉、盟石焉，且以土地盟焉。欲令君于楚为方城汉水不拔之计，则王之自堕其术，自罹于机，而非龙阳之所欲施其巧。嗟乎！世之以美男破老者，岂直一楚王哉？明洞阴阳之转运，心盦今古之苞藏，见于未形，图于将及，何其神与？苟有具龙阳之体，不必龙阳之泣，触之而即迷者，是出楚王下已。数数也，龙阳又何足怪也？

（四）卷之三·徐郎小传

自天上降石麒麟，而徐家儿郎相者多取骨胜。若转英异之骨而白面疑若平叔者，则今日之徐芳是。芳固吴儿，父以负奔白门，因倚常侍为命。常侍从来以声歌为生平乐，以紫绔当锦队，遂置芳于屏后。五色衣充部，芳独矜其艳压诸儿，无不似飘风之叶者。好事辈亦因其艳，争艳之，谁谓海棠之无香也。仙郎五如，尝互为媸妍，笑无定情。于午夜令余从紫氍毹窥之，神乎影乎，不可端倪。为笑为颦，几易面目。歌舞之场，情态固多变。而此则于情态外，自为情态，不可知也，矧可度也。夫态至于不可知，不可度，即鬼神亦不必究，且曰白面儿乎？彼自且不能知，不能度，安得不令诸儿步趣其韵乎？仙郎五如，又何必求定情乎？余正作前鱼论，而忽得此节，固知若辈之钟情者，正在泣中之乞怜而酿无穷之情与态也。噫！石麟其灰乎？天何不惜而漫为□锡乎？虽然，天下事尽如戏场小儿，若辈则犹戏中作戏矣，又何论哉！

附俞恩烨《芳郎别传》：岁二月将游白门，过余兄见素别焉。见素曰："金陵诸胜，皆可卧游。所遗恨者，独闻杨常侍有歌儿芳郎。侠者愿以千金袭之，分桃副车，所甘心焉。固知常侍狎以投老，不敢顾也。黄金台徒有甲帐与？明天发日之香在耳。"余怪之曰："何物能尤，使余不得一睹此郎，不复相天下士矣。"入都下即讯之何仙郎，仙郎亦以不多见为恨。第多常侍爱才，或可以宋玉、相如之赋投之。则绝缨之欢，庶可幸致焉。然常侍循例勤王，刻期有日，于是仙郎曰："须以氍毹来之，不得以步帐自幄也。"余亦曰善。于是诸伎咸集，登场引喉。舌分莲片，目转珠光。香屑可支，灯影自顾。风入帘清，雨飞花乱。嬛娟骨秀，荏苒神扬。柯庭敛气，玉笛无声。万籁寂然，百具皆秽。真欲累之神仙，寄迹于宫商，非人世之歌者取怜于尔我。彼何人斯，乃妄生希冀耶？宁野①立缀春词，阴阳其文，情见于外。余以为韵语或能曲尽其致，执笔效颦，列为小传，且以广常侍之能交天下士也。

（五）卷之三·妓虎传

邺下以文章哮吼人，人目之为绣虎。散关以气力呼吸，人人目之为痴虎。千古豪名，

---

① 吴从先，字宁野。

众册著异。有刘秦生者，注名秦淮，私尝曰："金陵风流，六艳六烬。不愿久居此，当在山水间与清风明月博一笑耳。"遂流寓虎林，居秦楼焉。不事膏沐，不雕帏幕，率意任情。或啸歌，或瞑目坐。或狂跳，或亲击棹中流，或居山顶茆棘中。浪飞鹏逝，不易踪迹也。美少年昵就者，见清谭锋立，辄戢景去矣。惟江都遗民，诗才酒兴称敌手也。一时洽应者，武林有何仙郎、王晋公、卓左车，平湖有俞僧蜜，稍未见屈。时虎林虎逸出，行人敛迹。秦生独以得闻虎啸为快，移居葛领之巅，就大树密菜中，始洋洋意得也。一日折束召诸胜，施供具。一殷覆醢，块色非常。客相觑，秦生一手举箸一手持杯，大叫食虎肉。客众胆落，而秦生已食尽矣。□潘子木自新安至，仙郎舫之秦生之居。秦生席大树下，树有五色蔷薇，罗缠树末，青条倒飞，花片风吐。铺叙几床，粲如列锦。秦生辄满席置杯，命行酒。约客各识花色，以花浸为政。于是子木尽欢，日以继夜，曰生平第一豪饮也。客岁游姑苏，有生某来自淮上，慕秦生之风而谒之。秦生亦当意，置酒高会如平原。然秦生已知某为所亲来，行李赍酒，不便即往。秦生一日祖道而遣，某辞以他故，秦生呵之曰："丈夫作儿女态耶？亟去，无恋我。"某以为卖己也，强行焉。及去而探其箧，凡所供用，靡不毕具。某心德之，盟诸独己。比所亲以二十万缗赠，某遑遽持至，酬秦生。秦生意其必报，分其半。悉召平日知己，及有诗酒才者偕集，豪呼痛饮，碎千金而立赠之。潜归虎林，囊无储物。嗟乎！古今人情，见富贵则狎昵之，贫穷不挤亦已厚矣。乃能挥金不顾，不以貌取。赤帻自岸，傍若无人，真有吞吐之胸次。其绣虎耶？痴虎耶？宁野目之曰妓虎。

（六）卷之三·金小品传 写及同性恋。

小窗艳纪

（明·万历）吴从先编
齐鲁书社 1995 年影印
《四库全书存目丛书》本①

辞歌部·长安元夕听武生吴歌②

出不愿金络，青丝踏垂柳。
入不愿绣箔，雕楹对虚牖。
人生不听武生歌，百岁流年空饮酒。

---

① 据明万历间刻本影印。
② （明·万历）屠隆作。

武生眉怃横春云，石家樱桃何足论。
千人楚调谁堪和，一曲吴歈总断魂。
初疑绛河响流月，再听冷风舞回雪。
欲换故迟声转媚，繁音已尽意不歇。
秦家公主吹欲低，洞庭女儿悲乍咽。
鸳鸯渌水浸明霞，蜻蜓暮飞江蓼花。
有时娟娟入庭叶，有时袅袅留空沙。
洛阳误识金吾子，片言不合翻然起。
谁家王孙唤得来，对酒当歌月华紫。
生情生态世所无，却令英雄寸心死。
武生莫惜宛转歌，为君大醉金叵罗。
朱颜皓齿今不乐，白日黄河当奈何？

梅花草堂笔谈

(明末) 张大复撰
岳麓书社 1991 年版

（一）卷一·钦李

长蘅好外，泪湿张筌，曰："舍予无能好张生者。"愚公好内，愁饶冯伴，曰："舍予无能好冯郎者。"异哉两人，自谓子期之耳而郢人之质也，而两人者又更相笑也。此所谓吾辈情深，自是天壤间希遘者耶？而世共痴之而癖之。此系风捕影之流，岂足语于道哉！读《窈窕》、《闲情》诸编，但见性情，不见文字。记此以复两人。

（二）卷三·沈生

少不解事，颇好狭邪游。每与沈生清吹剧饮，往往达旦。有居先生东玉者，年七十余，与生狎，客多笑之。而予独爱其婆婆自喜之状，生或怒，辄与解围。或又笑予："君奈何左袒老人？"予曰："正恐后人复哀后人耳。"众客皆大笑去。今已二十余年，予忽五十。沈生来自吴兴，觞于草堂，坐客几三十余人，无深知者。孺和为歌一绝句云："满堂弦管间清歌，宿昔风流较若何？暗指少年都不识，故交一别已无多。"

（三）卷四·狭邪

某年少时，颇好狭邪游。然未尝不自贵重，所以往往诎其强有力者，而绝未尝有辞色之伤。风花柳月，岂必召侮启羞，时以求为当家，好行小惠，则不免僇辱。不然，倩女歌儿，将成长物也哉！

（四）卷六·八文

谭公亮有歌儿八文，皆极一时之选。后来如马如费，更自遒举。公亮故家法，诸伶歌舞达旦，退则整衣肃立，无昏倚之容；举止恂恂，绝无谑语诙气。考订音律，展玩法书，济如也。

（五）卷六·杜小韦

杜小韦不施膏沐，举止恂恂，殆非风尘中物。所居面锦峰，石骨玲珑细皴，类高房山画。所谓伊人知其所止者也。有至性，孝事其母。会葬，冠盖相望于道。小韦蹣踊如礼，送者肃然。

（六）卷十一·赵必达

赵必达扮杜丽娘，生者可死，死者可生。譬之以灯取影，横斜平直，名相乘除。又如秋夜月明林间，可数毛发。

（七）卷十一·破老

《水浒传》何所不有，却无破老一事。非关缺陷，恰是酒肉汉本色如此，以此益知作者之妙。

（八）卷十一·周仲昭

周仲昭既死，垂二十年，而风度宛然梦寐，可异也。仲昭饶志而多情，见予辄有婉娈之色，望楼迎笑，隔岸依依，此其生平必然之致，即梦神巧于造境，乃至著明亲切尔尔耶！吾春来多梦，所见无非故人。或曰："此老人之常态然。"其果然耶？抑别有征耶？三岁相亲，五更一梦，冷风闲蝶，栩栩魂销。

白石樵真稿

(明末)陈继儒著
北京出版社 2000 年影印
《四库禁毁书丛刊》本①

范牧之外传

华亭世家子,出必鲜怒。锦衣狐裘,舞于车上。童子骈肩而随,簪玉膏沐,如妇女之丽。

万历野获编

(明末)沈德符撰
中华书局 1959 年版

(一)卷三·英宗重夫妇②

有都督同知马良者,少以姿见幸于上,与同卧起。比自南城反正,益厚遇之。驯至极品,行幸必随,如韩嫣、张放故事。一日以妻亡在告,久未入直。上出至内苑,忽闻鼓乐之声,问之,知良续妇,又知为阳武侯之妹。上怒曰:"奴薄心肠乃尔!"自此不复召。盖圣德仁厚,加以中宫钱后同忧患者积年,伉俪情更加笃挚。因推及于臣妾,真帝王盛节也。

(二)卷六·宦寺宣淫③

近日都下有一阉竖比顽,以假具入小唱谷道不能出,遂胀死,法官坐以抵偿。人间怪事,何所不有。

(三)卷六·内庭结好

闽人呼男淫者为契弟兄。

---

① 据明崇祯间刻本影印。
② 参见《弇山堂别集》(一)、《皇明世说新语》(二)。
③ 记宦官玩弄优伶小唱。

(四) 卷二十一·主上外嬖①

赵宋最绝外嬖，至徽宗始有李师师、赵元奴，俱拜才人。

(五) 卷二十一·十俊②

今上壬午癸未以后，选垂髫内臣之慧且丽者十余曹，给事御前。或承恩与上同卧起，内廷皆目之为十俊。上偶托之诇察外事，此辈遂因之为奸利，势张甚。事渐彰闻，上次第按罪杖杀，数年间无一存者。上之英断，非汉武可比也。其时又有一缇帅，为穆庙初元元宰之曾孙。年少美丰姿，扈上驾幸天寿山，中途递顿，亦荷董圣卿之宠。每为同官讪笑，辄惭恧避去。

(六) 卷二十四·京师名实相违

京师向有谚语云："翰林院文章，武库司刀枪，光禄寺茶汤，太医院药方。"盖讥名实之不称也。若套子宴会，但凭小唱。云请面即请面，请酒即酒，请汤即汤。弋阳戏数折之后，各拱揖别去，会得饮趣否？

(七) 卷二十四·小唱

京师自宣德顾佐疏后，严禁官妓。缙绅无以为娱，于是小唱盛行，至今日几如西晋太康矣。此辈狡猾解人意，每遇会客，酒枪十百计尽以付之，席散纳完无一遗漏，童奴辈藉手以免诃责。然诇察时情，传布秘语。至缉事衙门亦藉以为耳目，则起于近年，人始畏恶之。其艳而慧者，类为要津所据。断袖分桃之际，责以酒赀仕牒，即充功曹，加纳候选。突而弁兮，旋拜丞簿而辞所欢矣。以予目睹，已不下数十辈。甲辰乙巳间，小唱吴秀者最负名。首揆沈四明胄君名泰鸿者，以重赂纳之邸第，嬖爱专房，非亲狎不得接席。时同邑陈中允最称入幕，后为御史宋焘所劾，云与八十金赎身之吴秀，倾跌于火树银花之下，仕绅笑之。大抵此辈俱浙之宁波人，与沈陈二公投契更宜。近日又有临清、汴城以至真定、保定儿童，无聊赖亦承乏充歌儿，然必伪称浙人。一日遇一北童，问汝生何方？应声曰："浙之慈溪。"又问："汝为慈溪府慈溪州乎？"又对曰："慈溪州。"再问："汝曾渡钱塘江乎？"曰："必经之途。"又问："用何物以过来？"则曰："骑头口过来。"盖习闻侪辈浙东语，而未曾亲到，遂堕一时笑海。

---

① 所记外嬖为女性。
② 记万历皇帝与十俊及某缇帅的同性恋关系。

(八) 卷二十四·傅粉①

妇人傅粉固为恒事,然国色必不尔,古来惟宫掖尚之。北周天元帝禁人间傅粉,但令黄眉黑妆,已属可笑。但北朝又笑南朝诸帝为傅粉郎君,盖其时天子亦用此饰矣。予游都下,见中官辈谈主上视朝,必用粉傅面及颈,以表晬穆。意其言或不妄。至男子如佞幸籍、闳之属所不论,若士人则惟汉之李固胡粉饰面,魏何晏粉白不去手,最为妖异。近见一大僚年已耳顺,洁白如美妇人。密诇之,乃亦用李、何故事也。昔齐文宣帝剃彭城王元韶须鬓,加以粉黛,目为嫔御,盖讥其雌懦耳。今剑珮丈夫以嫔御自居,亦怪矣。金自章宗后,诸主亦多傅粉,为臣下所窃诮。岂宋世帝王亦有此风,而完颜染之耶?若乃陈思王②粉妆作舞,骇天下之观。李天下③粉墨交涂,分伶官之席,此不过狡狯戏剧耳。

(九) 卷二十四·男色之靡

宇内男色有出于不得已者数家:按院之身辞闺阁,阇黎之律禁奸通,塾师之客羁馆舍,皆系托物比兴,见景生情,理势所不免。又罪囚久系狴犴,稍给朝夕者必求一人作偶。亦有同类为之讲好,送入监房与偕卧起。其有他淫者,致相殴讦告,提牢官亦有分剖曲直。尝见西署郎吏谈之甚详,但不知外方狱中亦有此风否?又西北戍卒,贫无夜合之资,每于队伍中自相配合。其老而无匹者,往往以两足凹代之。孤苦无聊,计遂出此。正与佛经中所云五处行淫者相符,虽可笑亦可悯矣。至于习尚成俗,如京中小唱、闽中契弟之外,则得志士人致娈童为厮役,钟情年少狎丽竖若友昆,盛于江南而渐染于中原。至今金陵坊曲有时名者,竟以此道博游婿爱宠,女伴中相夸相谑以为佳事,独北妓尚有不深嗜者。佛经中名男色为旃罗含。

(十) 卷二十六·瓷器

[余]幼时曾于二三豪贵家,见隆庆窑酒杯茗碗,俱绘男女私亵之状。盖穆宗好内,故以传奉命造此种。然汉时发冢,则凿砖画壁俱有之,且有及男色者。书册所纪甚具,则杯碗正不足怪也。

(十一) 卷二十六·春画

春画之起,当始于汉广川王。后之画者,大抵不出汉广川、齐东昏之模范。惟古墓砖石画此等状,间有及男色者,差可怪耳。

---

① 记男子傅粉。
② (魏)曹植。
③ 后唐庄宗。

(十二) 卷二十六·吴江谑语

己丑岁六月，三吴大旱。吴江令赵瑞明名梦麟者，命主簿入乡勘荒。簿至村落，投宿于车溪寺中。寺久名饶裕，因主之。僧中一少年号传衣者，见门役而悦，诱与为欢，约以丙夜。门役憎其空手来嬲，故绐曰："我榻设在房之南牖，汝瀌下见就可也。"不知此役已先说簿："后窗虽遽而湿，我当移彼中，公老人可卧南牖以纳凉爽。"簿喜从之，比夜饮潦倒就枕。更深后，传衣者洪醉入室，迫床抚尻，乘锐深捣。簿秦人，老岁荐也。梦中受创疾呼，其声四彻。此僧狂走去，诸阇黎皆惊起。簿大怒，谓何物铁锥剚我肠？执縶群髡，将诉之令公，毁寺治罪。髡震惧乞哀，尽出所蓄。不满数，则以粟足之。簿满载归县，则赵令已先知，迎笑曰："三长官暮年，能以后庭博多金，可贺也。"簿不禁羞恶，叩首而已。吴江人作对曰："老主簿巧献屯田，荒岁贡粮加倍入。痴和尚误钻库穴，祖传衣钵尽情抛。"盖以屯为臀，以库为裤也。

(十三) 卷二十六·项四郎

今上乙酉岁，有浙东人项四郎名一元者，挟赀游太学，年少美丰标。时吴兴臧顾渚懋循为南监博士，与之狎。同里兵部郎吴涌澜仕诠亦朝夕过从，欢谑无间。臧早登第负隽声，每入成均署至悬球子于舆后，或时潜入曲中宴饮。时黄仪庭凤翔为祭酒，闻其事大怒。露章弹之，并及吴兵部，得旨俱外贬。又一年丁亥内计，俱坐不谨罢斥。南中人为之语曰："诱童亦不妨，但莫近项郎。一坏兵部吴，再废国博臧。"余不能悉记。臧多才艺，与屠礼部俱浙名流，同时因风流罪过一弃不收。

(十四) 卷二十八·人痴①

人生具两形者，古即有之。《大般若经》载五种黄门，其四曰博叉半释迦，谓半月能男，半月不能男，然不云亦能女也。《素问》有男脉应女脉应之说，遂具两形矣。吴中常熟县一缙绅夫人，亦大家女也，亦半月作男。当其不能女时，稿砧②避去，以诸女奴当夕，皆厌苦不能堪。闻所出势伟劲倍丈夫，且通宵不讫事云。按二十八宿中，心、房二星皆具两形，则天上已有之，何论人世。

(十五) 补遗卷一·老儿当

武宗初年，选内臣俊美者以充宠幸，名曰老儿当，犹云等辈也。时皆用年少者，而曰老儿，盖反言之。其后又有金刚老儿当，其人皆用事大珰，如张忠辈皆在其中。则见

---

① 参见《五杂组》（二）。
② 丈夫。

之弹章者，此则不得其解矣。正德末年，京城内建造镇国府及老儿院等大工，盖又与至尊并列，俱嘉靖初年拆毁。

（十六）补遗卷三·正德二歌者

武宗南幸，至杨文襄一清家，有歌童侍焉。上悦其白晳，问何名？曰杨芝。赐名曰羊脂玉，命从驾北上。芝妻父宋闵，以人命问抵偿，系常州府狱。芝尚未娶，而驾行已迫。巡按御史李东急命常州知府李嵩，唤闵出狱，免罪归家。取女送府，官为具衣饰送之。从上至京师，厚赏而还。先是上出宣府，有歌者亦为上所喜。问其名，左右以头上白为对。盖本代府院中乐部，镇守太监借来供应者，故有此诨名。上笑曰："头既白，不知腰间亦白否？"逮上起，诸大珰遂阉之。盖虑圣意或欲呼入内廷，故有此问。后此优竟不召。同为歌童，而幸不幸至此！

（十七）补遗卷三·周解元淳朴

周用斋汝砺，吴之昆山人，文名藉甚，举南畿解元。久未第，馆于湖州南浔董宗伯家。赋性朴茂，幼无二色。在塾稍久辄告归，主人知其不堪寂寞，又不敢强留。微及龙阳、子都之说，即恚怒变色，谓此禽兽盗丐所为，盖生平未解男色也。主人素念其憨，乃令童子善淫者，乘醉纳其茎。梦中不觉，欢洽惊醒。其童愈嬲之不休，益畅适称快。密问童子，知出主人意，乃大呼曰："龙山真圣人！"数十声不绝。明日其事传布，远近怪笑。龙山为主人别号。自是遂溺于男宠，不问妍媸老幼，必求通体。其后举丁丑进士，竟以好外羸惫而殁。

（十八）补遗卷三·禁歌妓①

太祖所建十楼②，尚有清江、石城、乐民、集贤四名。而五楼则云轻烟、淡粉、梅妍、柳翠，而遗其一，此史所未载者，皆歌妓之薮也。国初临川人揭轨以举明经至京，宴南市楼，有诗云："诏出金钱送酒垆，绮楼胜会集文儒。江头鱼藻新开宴，苑外莺花又赐酺。赵女酒翻歌扇湿，燕姬香袭舞裙纡。绣筵莫道知音少，司马能琴绝代无。"则知不第儒臣锡宴，即举子亦叨圣赐，高会其中矣。今南市楼虽居六院之一，而价在下中，第为商贾所游集耳。至宣德中，以百僚日醉狭邪，不修职业，为左都御史顾佐奏禁。廷臣有犯者至褫职，迄今不改。好事者以为太平缺陷，远逊唐宋。但唐以宜春、教坊二地为内廷供奉之所，如阿布思妻为女优之类，非士大夫所得游。至季年而翰林学士亦得闲入教坊，此僖宗以后事，非盛世之旧也。惟藩镇军府例设酒纠以供宴享，名曰营妓。其知

---

① 记官妓的历史沿革。
② 明初南京官妓的居处。

名者如薛涛、刘采春之属，而京师则无之。宋世朝士各有家姬供客，若官妓不过州郡守倅应奉过客，及佳节令辰侍觞侑酒。与之狎者仍有厉禁，如秦弱兰之制使臣，王宫花之诱勘吏，及南渡大儒之坐唐仲友，皆是物也。则顾佐一疏，保全士人实多。

（十九）补遗卷三·契兄弟

闽人酷重男色，无论贵贱妍媸，各以其类相结。长者为契兄，少者为契弟。其兄入弟家，弟之父母抚爱之如婿。弟后日生计及娶妻诸费，俱取办于契兄。其相爱者，年过而立，尚寝处如伉俪。至有他淫而告讦者，名曰㚻奸。"㚻"字不见韵书，盖闽人所自撰。其昵厚不得遂意者，或相抱系溺波中，亦时时有之。此不过年貌相若者耳。近乃有称契儿者，则壮夫好淫，辄以多赀聚姿首韶秀者，与讲衾裯之好。以父自居，列诸少年于子舍，最为逆乱之尤。闻其事肇于海寇。云大海中禁妇人在师中，有之辄遭覆溺，故以男宠代之，而酋豪则遂称契父。因思孙恩在晋，以诸妓妾随军。岂海神好尚，亦随今古变改耶？但契父亦有所本。嘉靖间，广西上冻州土知州赵元恩者，幼而失父。其母尚盛年，与太平陆监生者私通，久之遂留不去。元恩因呼陆为契父，事之如严君。其尊称与闽寇同，第其称谓之故，大不侔耳。南［朝］宋王僧达族子确，年少美姿，僧达与之私款。后欲逼留之，避不往，乃于屋后作大坑，欲诱确来杀之。男色之嗜，至不避族属尊卑，且行凶忍如此，亦闽俗之祖欤？

（二十）补遗卷四·不男

男子生而隐宫者，内典①以为人中恶趣。有五种不男，曰生、坚、妒、变、半，且有五种不女，曰螺、筋、鼓、角、线，俱终身无嗣育。如古帝王贵人亦有之：晋废帝海西公有隐疾，汉武阳侯樊市人不能为人，元魏仇洛齐生非男，北齐临漳令李庶之天阉，隋大将军杨约之为查所伤，皆是也。本朝藩王则楚王英㷿亦传闻不男，大臣则杨文襄一清、倪文毅岳及近年士人闵工部梦得俱云隐宫无嗣息。

（二十一）卷二十三·山人愚妄　涉及同性恋。

（二十二）补遗卷四·牡猿化牝　记有李良雨化女事。

---

① 佛典。

花营锦阵

(明末)佚名镌
台湾大英百科股份有限公司 2000 年
《思无邪汇宝》之《海陵佚史》附

翰林风①

[图略,图咏云:]

座上香盈果满车,谁家年少润无瑕。
为采蔷薇颜色媚,赚来试折后庭花。
半似含羞半推脱,不比寻常浪风月。
回头低唤快些儿,叮咛休与他人说。

疑耀

(明·万历)张萱撰
台湾商务印书馆 1986 年影印
文渊阁《四库全书》本

卷一·姣童

许鲁斋②在中书日欲买一仆,牙侩以能应对娴礼节者进,辄谢去。最后得蓬首垢面愚骏者,乃用之。或诘其故,许曰:"聪明过我,我反为其所使矣。"旨哉斯言!余见衣冠家畜姣童如龙阳、秦宫辈,非惟能役使主人,且往往能滋物议,乃知鲁斋之言非欺我也。余性绝不喜此辈,交游中尝以为讶,余曰:"许鲁斋聪明人,尚恐为奴仆聪明者所役。余愚骏人也,能堪其役使乎?"

---

① 宋代欧阳修曾用"翰林风月三千首,吏部文章二百年"(《居士外集》卷第七)来称叹唐代李白和杜甫的文学成就。明人截取首句的前三字,"翰林风"成为一个同性恋词汇,广义上可指一般书生当中乃至社会上的同性恋,也可以用来指称肛交。按:科举制度是明代选官的主要方式,当时官僚阶层的主体基本都是进士、翰林出身。"翰林风"的产生,说明以翰林为代表的文士当中存在着比较明显的男色嗜好,以至引起了社会普遍关注,竟创出一个新词加以表示。

② (元)许衡,号鲁斋。

恬畅斋琐述

(明·万历)严澄撰
清抄本

妖童

有童曰翁进,年十四五时,予谛视之,曰:"此妖童也,非吾家所宜有。"遣之去。进之父求复用,不可。父曰:"邑有二豪,方畜声乐。若蒙送与,儿得所矣。"予念此何异嫁金蚕哉。乃二豪闻之,设计争得。一稍黠者先得之,是豪不二年而家荡。郡豪收之,家复荡,今已为前鱼矣。客尚向予曰:"翁进好童,而门下不畜,何也?"予无以应,曰:"我家无福畜此好童耳。"

李[伯挎]评此事:"知道者当之极易,庸众人当之极难。众昵弗昵,众以为异。非此行境,后嗣何观?"

遵生八笺

(明·万历)高濂编撰
台湾商务印书馆1986年影印
文渊阁《四库全书》本

(一) 卷二

不淫妓青是一乐。

(二) 卷十

高子曰:色欲知戒者延年之效有十。
阴阳好合,接御有度可以延年。
毋溺少艾,毋困青童可以延年。

景岳全书

(明末) 张介宾撰
清康熙间刻本

卷三十九·宜麟策·男病疾病

疾病之关于胎孕者，男子则在精，女人则在血，无非不足而然。凡男子之不足，则有精滑、精清、精冷者。或好色以致阴虚，阴虚则腰肾痛惫。或好男风以致阳极，阳极则亢而忘阴。若此者，是皆男子之病，不得尽诿之妇人也。

沙弥律仪要略增注

(明·万历) 释袾宏辑解
(明·崇祯) 释弘赞增注
民国八年（1919）扬州藏经院刻本

（一）卷上

不淫。解曰：在家五戒，惟制邪淫，出家十戒，全断淫欲。但干犯世间一切男女，悉名破戒。〔注：〕干者，即犯也，亦相侵也，是淫欲之别称也。世间，谓众生世间；男女，谓四姓之男女，乃至鬼神畜生男女。于彼大小便道及口三处作不净行，皆得不可悔罪，故曰悉名破戒。若沙弥被他强犯，自心受乐，即犯不可悔罪。心不受乐，罪犹可悔。云何受乐？如饥得食，如渴得饮。云何不受乐？如热铁入身，如刀刺体。经云：有犯斯戒，非沙弥也。

（二）卷下

睡卧。不得与师同室同榻，或得同室，不得同榻。〔注：〕为防恶人，恐有梵行难，故听同室也。亦不得与同事沙弥共枕。〔注：〕同事，谓同沙弥所施行事，或同师学者。如僧护比邱，见地狱二沙弥眠卧相抱，猛火烧身，苦不休息。佛言：迦叶佛时，是二沙弥共一被褥中相抱眠卧。以是因缘入地狱中火烧，被褥中相抱受苦至今不息。

西窗摭余录

(明·万历) 吕维祺撰
清长春室写本

雪浪被逐

雪浪名洪恩，初号三淮，本金陵名家子。弃俗为僧，敏慧能诗，博通梵夹，为讲师翘楚。貌亦顾伟，辩才无碍，多游缙绅间。性佻达，不拘细行。友人辈挈之游狭邪，初不峻拒。或曲宴观剧，亦欣然往就。……曾至吴越间，士女如狂，受戒礼拜者摩肩接踵，城郭为之罢市。雪浪有侍者数人，皆韶年丽质，被服纨绮，即袒衣亦必红紫，几同粉烟之饰。予曾疑之，以问冯开之祭酒，比丘举动如此，果于禅律有碍否？冯笑曰："正如吾辈畜十数婢，他日何害生西方，登正觉耶？"其爱护之如此。

江湖奇闻杜骗新书

(明·万历) 张应俞撰
中州古籍出版社 1994 年版

四卷·二十三类法术骗·摩脸贼拐带幼童

往年京城中有幼童出外，尝被人拐带去，寻之又无踪。后累累有之。人多见一僧摩幼童之脸，则幼童随之而行。既而寻，已失之。故京城盛传谓之"摩脸贼"。特在京僧释人多，未察其孰是也。

忽宓富人，止生一子，出外不返。四下跟寻甚急，各处出偿帖曰："有收留得者，偿银二十两；报信者，偿银一十两。"四处挂帖出偿，终莫得下落。

住宓家小屋人班八，以淘街为生。一日懒去淘街，往城外晦真庵闲游。转入后室，四旁周览，忽破水障中，一小士露头来。班八认是宓家子，忙呼之曰："家中四处寻你，何故在此？"宓子曰："僧闭禁我在此，你快来救我！"班八看房门已锁，恐一人难带此子出，谓之曰："你小心暂在此，吾报你令尊知，即来取你矣。"飞跑而归，报宓老曰："令郎受禁在晦真庵中，速去救之。"宓老即招五十余人，前后到庵。班八引至庵后房中，打开门，认出宓子，又搜出十数童辈。即令众人捆住僧小山，并同庵三人都缚来，状送到官。

官先审问众童曰:"汝等何被引入庵?"众童曰:"和尚以手摩我眼睛,便见两边背后,都是猛虎毒蛇,将来咬人伤人,惟面前一条路清净好行。我辈只向前走,便到此庵,被和尚幽闭住。"又问曰:"和尚留汝等在寺干何事?"众童曰:"可恨这秃子,不拘日夜,将我等做苦春①,极是疼痛。若不从,便将大杖挞打。众人怕他,只得从他所为。"又问曰:"先拐来的,后必长大,都放在何处去?"众童曰:"有病者,有长大者,和尚说放他回去,未知后都回家否?"官再审僧小山曰:"你拐来众童,后病的、长的,都放那里去?"僧不敢应。再问同庵三人,都云:"毒死埋讫。"官闻言大怒,将小山打四十,同庵者各打二十,曰:"此罪不容于死!"令锁出衙门外,许失童之家群聚手殴,打得身无完肤,有割其阳塞于僧口者,半日而死。人莫不恨其淫而快其死!后将其庵焚之,拐带之祸遂息。

按:好男风者,禽犊之行。此僧必有春意之方,非拐诸幼童,无以快其欲。又习得妖法,摩其眼睛,则昏花见怪,故可诱致童男。其罪浮于天矣。积恶贯盈,众戮其身。言之羞口舌,书之污简牍,人谁不切齿之!世有负男子之躯者,其可袭此僧之恶行哉!

紫柏老人集

(明·万历—天启) 释真可撰
台湾文殊文化有限公司 1989 年影印
《禅宗全书》本②

卷九③

学人先要断淫欲。断淫欲之道亦无多岐,但能识破自身,则眼前虽有西施之容、子都之貌,自然忘之矣。然识破是明,能忘是勇。如明而不勇,则多生染习。如油入面,欲使之出亦不易易。且道身如何识破得他?先当推我未生之前,是身果有耶?果无耶?有则何劳父母交姤而生?无则既本原无,如何无中忽有此身?如是推究,推究不已,则此身一旦洞然识破了。自身既识破了,则他身不待破而破矣。自他之身既破,且道将何物为能所淫欲之具哉?若如此推究,未能识破自身。当次观父母交姤时,母心先动耶?父心先动耶?父母心一齐动耶?父母心不动耶?父母心不动,两俱无心,无心则无我,无我谁生淫欲?父母心齐动,齐则一,一则亦无能,所淫心亦不能动。父母先后淫心动,

---

① 鸡奸。
② 据明天启间刻本影印。
③ 论戒断淫欲,注意"子都之貌"。

先不是后，后不是先。本不相待，淫心亦无动。此以理推也，非情计也。又父母交姤时，我无淫心，身因亦无。我有淫心，父母不交姤，身缘亦无。须因与缘三者合方有身。如三者合而果有身者，则父分多少，母分多少，我分多少？如是往复多少推之，推来推去，推去推来。推到情枯智讫处，则是身是有是无，不待问人而自知矣。知则明，明则不惑，不惑则西施、子都皆我得无欲之前茅也。

天主实义

（意）利玛窦（Matteo Ricci）撰①
齐鲁书社 1997 年影印
《四库全书存目丛书》本

下卷

设令绝婚屏色而不倦倦于秉彝之德，岂不徒然乎？乃中国有辞正色而就狎斜者，去女色而取顽童者。此辈之秽污，西乡君子弗言，恐浼其口。虽禽兽之汇，亦惟知阴阳交感，无有反悖天性如此者。人弗耻焉，则其犯罪若何？

---

① 撰者系著名的耶稣会修士，明万历年间在华传教。

程氏墨苑

(明·万历) 程大约编
黄山书社 2009 年影印本①

淫色秽气图（第十二卷）

  图中上帝的使者正在弄迷索多玛男人的眼睛，图后附有意大利传教士利玛窦在明万历三十三年（1605）所写的述评。

---

① 据明万历间新都程氏滋兰堂刻本影印。

利玛窦中国传教史

（意）利玛窦 撰
（比）金尼阁（Nicolas Trigault）编
刘俊余，王玉川 译
台湾光启出版社 1986 年
《利玛窦全集》本

卷一第九章

然而更可悲的，更能显示出这个民族之坠落程度的，是他们以自然方式纵情肆欲犹感未足，且出之于反人性的方式。法律不加禁止，大家不认为非法，也不感到可耻。因此大家公开谈论，到处流行，无人加以阻止。在盛行此种败俗的城市，例如在北京，就有几条大街，满是打扮如妓娼的人妖。也有购买这些人妖，教他们演奏乐器、唱歌跳舞。他们穿上华丽的衣服，也像女人一样涂胭抹粉，引诱人干那可耻的勾当。

中国风物志[①]

（西）包蒂斯塔·罗曼（Juan Bautista Roman）撰

这些中国人除了有一些别的大毛病之外，还有一个洗刷不掉的恶习，即违天［之恶行］。但他们对此并不加以惩罚，反而所有这些大官们全都养着许多［嬖人］为其服务，他们对此极为欣赏。所以，除了享受女色之外，也享受这些下贱的男人提供的色欲服务。

---

① 本书是在 1584 年（万历十二年）撰写于澳门，书中一些内容来自于利玛窦神父与撰者的通信。转引自澳门文化司署编：《十六和十七世纪伊比利亚文学视野里的中国景观》，大象出版社 2003 年版。

七克

（西）庞迪我（Jacques de Pantoja）撰①
齐鲁书社 1995 年影印
《四库全书存目丛书》本②

卷之六·坊淫

　　淫罪多端，男淫最大。我西国凡罪皆名以其罪，独此罪者，名为不可言之罪，示此罪行者污心，言者亦污口矣。罪恶上帝悉恶之，而恶此罪尤甚。经云："杀人、淫男二罪，恒呼天求罚也。"盖乾男坤女，是为生理。一夫一妇，是为人道。淫女者灭人道，罪矣。淫男者反生理，罪中之罪矣。女淫以人学豕，男淫豕所不为，更下焉。经记：昔有琐夺马③国，地丰饶，用力微而生产裕。其人富厚优闲，恣于男色。上帝久俟之，不悛；屡戒之，不听。故厌恶而约罚之。经曰："琐夺马人剧恶于上帝前。"天主亦曰："琐夺马恶声日大，其罪特重，吾欲降视之。"释者曰："此罪甚大，闻者怪异难信。故天主之言，疑而未信，欲降观果否也。"此国之中有一贤士，名曰落德，天主遣神促令出境。遂降大火，草木、室屋、人畜、鸟兽诸物，顷刻煨烬。从此至今三千余载，地不生寸草，山石尚存火迹，遇火辄燃，恶臭不可闻。海不生纤鳞，名为死海，海风中人，辄生诸疾。我西方从此传知男淫之罪，上帝深恶重罚焉。尔犯之而上帝未遂降殃，讵宽尔罪，正俟尔悟改之耳。不悟不改，积怒甚矣。经云："勿谓我已犯罪，今患何在乎？"上帝虽韪忍，必有时而报，目下之迟，卒重补矣。

---

① 撰者系耶稣会修士，明万历年间在华传教。
② 据明末刻《天学初函》本影印。
③ 即索多玛。

职方外纪

(意)艾儒略(Giulio Aleni)编撰①
台湾商务印书馆 1986 年影印
文渊阁《四库全书》本

卷一·度尔格

琐夺马古极富厚,名于西土。因恣男色之罪,天主降之重罚。命天神下界,止导一圣德士名落得者及其家人出疆,遂降火尽焚其国。至今小石遇火即燃,臭恶不可近。产一果如橘柚,形色鲜妍可玩,破之则臭烟而已。

涤罪正规

(意)艾儒略(Giulio Aleni)撰
清刻本

卷之一·天主十诫·第六诫毋行邪淫

天主生人,男女有别。妇止一夫,夫止一妇,正道也,此外即宜别嫌。西国最重男女守贞,终身不嫁娶。其他皆一夫一妻,更无二色。即有子无子者,不得娶妾。妾不可妄娶,而况奸人妻女,宿娼男色,纵欲乱伦,极重大罪乎?总之,夫妻之礼原属正道,自此以外,不问何样,耳目口鼻与夫四体,及心中之一念而乐存想者,皆为邪淫之罪也。

---

① 编撰者系耶稣会修士,明末清初在华传教。

天主圣教十诫

（葡）阳玛诺（Emmanuel Diaz, Junior）撰①
清嘉庆间刻本

六·毋行邪淫

拂性之淫，厥类颇多，恐污人耳，不敢详述。惟男色大罪，人行无忌，弗以为羞，故略揭之。此罪原无本名，西方之人指斯罪者，唯称曰无名之罪。其丑既甚，其招上主严罚可知。上古有名城五，城人甚恶，悉恣男欲。主恶厥臭，降硫火烬之，人与城皆无留迹。圣额我略解曰："主曷以硫火罚兹方哉？硫具臭，火具热，斯罪臭矣，其欲炽矣，厥罚适应厥罪。人畏厥罚，盍避厥罪？"圣基所曰："弗羞天主，弗羞世人，弗羞尔己。尔丑大逾禽兽，禽兽无灵，惟知牝牡之合，尔含灵而拂厥性，曾飞走之不若，为世公羞。作性巨敌，予曷敢正名名尔罪！"

明宫词

（明）朱权等著
北京古籍出版社 1987 年版

《天启宫词》②

        玉阑干畔赌迷藏，虎洞阴深背月光。
        捉得御衣旋放手，名花飞出袖中香。

乾清宫丹陛下有老虎洞，不知所始。洞背为御街，洞中甃石成壁，可通往来。上常于月夕率内侍赌迷藏为戏，潜匿其内。诸花香气，上所笃爱，时采一二种贮襟袖间。故圣驾所至，数武外辄识之，以芬芳袭人也。

---

① 撰者系耶稣会修士，明末清初在华传教近五十年。
② （明·崇祯）秦征兰著，写天启帝不好女色及与太监的亲密关系。按：征兰当为兰征。

西苑冬残冰未澌，胡床安坐柘黄衣。

行行不藉风帆力，万里霜原赤兔飞。

西苑池冰既坚，上命以红板作拖床，四面低阑，亦红色，窄仅容一人。上坐其中，诸珰于两傍用绳及竿，前引后推，往返数里，瞬息而已。

六宫深锁万娇娆，多半韶华怨里消。

灯影狮龙娱永夜，君王何暇伴纤腰。

上不好女色，夜宴既毕，遂陈种种杂戏，宵分始就枕。夹纱灯亦其一也，中所缀有狮蛮滚球、双龙赛珠等像。

琉璃波面浴鸥凫，艇子飞来似画图。

认着君王亲荡桨，满堤红粉笑相呼。

上数偕中官泛小舟于西苑，手操篙橹，去来便捷。

万几余晷建长廊，圣主经营食不遑。

粉臒未干宣十作，庀材重建蹴圆堂。

圣性好营建，回廊曲室，多手操斧锯为之。然喜厌不恒，成而毁，毁而复成，以是累岁卒未竣工。宫中旧有蹴圆亭，上又手造蹴圆堂五间。高永寿①好蹴踘，故怂恿造堂，以习此戏也。未几复毁。

玉兔迎霜秋宴开，花城时伴暂徘徊。

蕙兰香细莺声软，报道高家小姐来。

重阳前后，内官设宴相邀，谓之迎霜宴。席间食兔肉，谓之迎霜兔。好事者绕室列菊花数十层，其座前者轾，后者轩，望之若山坡然。五色绚烂，回环无隙，名曰花城。御前牌子高永寿，年未弱冠，丹唇秀目，姣好如处女，宫中称为高小姐。宴会之际，高或不与，举座为之不欢。

画里明妃绝代无，琵琶番骑拥胡雏。

君王不爱倾城色，只看拏髻揭钵图。

李伯时画昭君出塞大幅，赵子昂画鬼子母揭钵手卷，皆累朝珍藏旧物也。两种并陈，

---

① 一位受宠的太监。

上恒弃此取彼。圣性乐观险怪之状，而厌近女色，略见于此。

酌中志

（明·崇祯）刘若愚撰
清道光二十五年（1845）番禺潘氏刻
《海山仙馆丛书》本

（一）卷之十四·客魏始末纪略①

　　魏忠贤，直隶宁肃县无赖子也。家贫自宫，万历十七年选入。光庙②在青宫淡薄，先帝③既诞之后，生母才人王老娘娘无人办膳。贤遂夤缘入宫，办才人及先帝之膳。其介绍引进者，近侍魏朝。朝乃王太监安名下，光庙久宠信之。安素刚正，主持一宫事。魏朝朝夕誉贤，安为朝所惑，颇信之。朝初与先帝之乳媪客氏暗相厚，以侍安及答应先帝，多不暇。而贤遂乘间亦暗与客氏相厚，分朝爱焉。……光庙升遐，先帝暂居慈庆宫。科臣杨涟时为给谏，疏参逆贤，贤无措，泣恳魏朝，朝在王太监前力营救之，遂得旨著司礼监查明具奏。贤先年原名李进忠，遂将西李娘娘下用事之李进忠算作一人，以欺外廷，其实皆朝力也。朝与贤既客氏私人，曾结盟为兄弟，贤居长，而朝顾次之，称曰大魏、二魏。及先帝即位数月，二人因宠渐相娼嫉，于乾清宫暖阁内醉骂相嚷。时漏将丙夜，先帝已安寝，而突自御前哄起，司礼监掌印卢受、东厂邹义、秉笔王安、李实、王体乾、高时明、沈荫、宋晋等皆惊起。是时逆贤已升秉笔，掌惜薪司印，魏朝已改名王国臣，升乾清宫管事，掌兵仗局，并跪御前听处分，卢受、邹义等侍侧，众咸知愤争由客氏起也。先帝玉旨问客氏曰：“客奶，尔只说尔处心要著谁替尔管事，我替尔断。"客氏久厌国臣狷薄，而乐逆贤憨猛好武，不识字之人朴实易制，遂心向逆贤。而王太监安久中客氏、逆贤谀媚，且心恶名下之人作此丑态，遂打国臣一掌，勒令告病往兵仗局调理，离御前矣。此时逆贤尚名魏进忠，始得专管客氏事，从此无避忌矣。先帝端拱于上，惟客、魏之言是听，而尾大不掉之患成焉。后国臣被斥，逆贤矫旨发凤阳，在逃。复于蓟北山寺中搜获，使人于中途邀截，至献县缢杀之。按：国臣保卫先帝圣躬最先，曾共卧起，颇著勋劳。及登极，晋秩贵近，御笔改复姓赐名，特掌美印，受宠眷不在贤下。嗟哉！

---

① 记有明天启帝与太监魏朝可能的同性恋关系。
② 泰昌帝。
③ 天启帝。

(二) 卷之二十四・黑头爰立纪略

［冯铨谄附魏忠贤，入阁为相。其］嬖妾娈童，清客狎友，殆无虚室。

耳新

(明末) 郑仲夔撰
齐鲁书社 1995 年影印
《四库全书存目丛书》本①

卷之二・三友墓

晋安徐振声与同里吴叔厚、林世和相友。徐、林同时殁，吴为鸠金买山桑溪，共营阡兆，同穴而葬。号三友墓。

湖隐外史

(明末清初) 叶绍袁撰
清抄本

(一) 青衣

盖闻焚香拂扇，时传小青之呼。蹑履提箱，自执平头之役。未逢卫尉，尝困熊翘。定羡萧郎，久留杜亮。郗奴有意，每称修禊之亭。汉史能知，独秉元帏之烛。误作浑瑊之仆，即唤黄芩。终事鲁公之身，原名银鹿。有亦典琴捧剑，拾钗收纶。金井珠帘，忽赋蒲萄之咏。玉肌柔泽，曾夸菡萏之容。斯乃婉娈分桃，菁华汗竹。余无其人，敢窃比欤？李令伯之应门，仅存五尺。王子渊之童约，徒志三年。主命浣衣，或知当白。家无银碗，幸亦不飞尔矣。纪青衣第三十三。

陈暎字玉友，年十四五，随余入都中。学三弦、胡拍、边关北调与吹箫度曲，风致翩翩如也。一日作小词《点绛唇》呈余，余惊喜曰："汝能尔耶？何必欧阳博士家李英，

---

① 据清抄本影印。

然益增我思家之感也。"崇祯庚辰，年二十八，忽辞余去。弃妻子为僧，从云门巨德禅师。

凌珵字六美，性度恬静，韵器闲雅，亦能为诗。

徐龙字虎朋，丰丽明润，灼然姣皙。好吟咏，诗稿成帙也。

金铉字□□，周安期家小史。美姿容，姣白如雪，能诗亦工书。

□□□□，沈青芝家童。姿亦秀雅，工诗，名一山居，草字大有帖法。年十七，一夕无病而死，诗为其父所焚，惜哉。

(二) □□

《周书》曰："美男破老"，《汉书》曰："柔曼之倾意，非独女德，盖亦有男色焉。"园桃可分，前鱼欲泣。天子失其金丸，将军列之绣輓。历征逴牒，由来久矣。《樱桃歌》曰："樱桃美颜香且泽，娥娥侍寝专宫掖。后庭卷衣三万人，翠眉清镜不得亲。"又《陈子高传》："子高年十六，容貌艳丽，鲜妍洁白如美女子。鬌首膏发，自然蛾眉。陈文帝女爱之，画比翼鸟于白团扇遗焉。"故知男以美著，其冶容足娱，不让于金钗翠鬟矣。后主江总诸学士号为狎客，寒村土风敢云客哉。邀花待月，或时相过从焉耳。纪□□第四十。

琅嬛文集

(明末清初) 张岱著
清光绪三年 (1877) 刻本

(一) 卷四·家传·附传

季叔讳烨芳，号七磐。生而跋扈，不喜文墨。招集里中侠邪，相与弹筝蹴鞠，陆博蒲搏，傅粉登场，斗鸡走马。食客五六十人，常蒸一豭飨客，啖者立尽。里中恶少年称曰主公，走赫蹄招之，不辄至，即有以谁何之。王某者，素崛强，又狎其弄儿，叔欲置之死地。某逃过江，至镇海楼下，有狰狞壮士数十人，手持应天巡抚大牌，云是越牢大盗，椎棒交下，立毙之，遽去。

(二) 卷五·墓志铭·自为墓志铭

蜀人张岱，陶庵其号也。少为纨绔子弟，极爱繁华，好精舍、好美婢、好娈童、好鲜衣、好美食、好骏马、好华灯、好烟火、好梨园、好鼓吹、好古董、好花鸟。兼以茶淫橘虐，书蠹诗魔，劳碌半生，皆成梦幻。年至五十，国破家亡，避迹山居。所存者破床碎几，折鼎病琴，与残书数帙，缺砚一方而已。

西湖梦寻

（明末清初）张岱著
浙江文艺出版社 1984 年版

（一）西湖中路·苏公堤①

崇祯初年，太守刘梦谦与士夫陈生甫辈，时至二月，作胜会于苏堤。纱灯几万盏，遍挂桃柳树上，下以红毡铺地，冶童名妓，纵饮高歌。夜来万蜡齐烧，光明如昼。湖中遥望堤上万蜡，湖影倍之，箫管笙歌，沉沉昧旦。

（二）西湖南路·包衙庄②

西湖之船有楼，实包副使涵所③创为之。大小三号，头号置歌筵，储歌童，次载书画，再次侍美人。涵老以声伎非侍妾比，仿石季伦、宋子京家法，都令见客。常靓妆走马，娑珊勃窣穿柳过之，以为笑乐。明槛绮疏，曼讴其下，抶龠弹筝，声如莺试。客至，则歌童演剧，队舞鼓吹，无不绝伦。……西湖大家何所不有，西子有时亦贮金屋。咄咄书空，则穷措大耳。

---

① 注意"冶童"。
② 注意"歌童"，也见《陶庵梦忆》卷三。
③ 包应登，字涵所，曾官福建提学副使。

陶庵梦忆

（明末清初）张岱著
西湖书社 1982 年版

（一）卷四·兖州阅武①

辛未②三月，余③至兖州，见直指阅武。内以姣童扮女三四十骑，荷旃被氍，绣袪魋结；马上走解，颠倒横竖，借骑翻腾，柔如无骨。乐奏马上，三弦、胡拨、琥珀词、四上儿、密失叉儿机、㒇㑊兜离，罔不毕集。在直指筵前供唱，北调淫俚，曲尽其妙。是年，参将罗某，北人，所扮者皆其歌童外宅，故极姣丽。恐易人为之，未必能尔也。

（二）卷四·张氏声伎

谢太傅不畜声伎，曰："畏解，故不畜。"王右军曰："老年赖丝竹陶写，恒恐儿辈觉。"曰"解"、曰"觉"，古人用字深确。盖声音之道入人最微，一解则不能自已，一觉则不能禁也。我家声伎，前世无之，自大父于万历年间与范长白、邹愚公、黄贞父、包涵所诸先生讲究此道，遂破天荒为之。有可餐班，以张彩、王可餐、何闰、张福寿名。次则武陵班，以何韵士、傅吉甫、夏清之名。再次则梯仙班，以高眉生、李岕生、马蓝生名。再次则吴郡班，以王畹生、夏汝开、杨啸生名。再次则苏小小班，以马小卿、潘小妃名。再次则平子茂苑班，以李含香、顾岕竹、应楚烟、杨骎骎名。主人解事日精一日，而傒童技艺亦愈出愈奇。余历年半百，小傒自小而老、老而复小、小而复老者凡五易之。无论可餐、武陵诸人，如三代法物不可复见；梯仙、吴郡间有存者，皆为佝偻老人；而苏小小班，亦强半化为异物矣；茂苑班则吾弟先去，而诸人再易其主，余则婆娑一老，以碧眼波斯，尚能别其妍丑。山中人至海上归，种种海错皆在其眼，请共舐之。

（三）卷四·祁止祥癖④

人无癖不可与交，以其无深情也；人无疵不可与交，以其无真气也。余友祁止祥，

---

① 记歌童扮女。
② 崇祯四年，1631 年。
③ 张岱。
④ 记优伶同性恋。祁豸佳，字止祥。

有书画癖,有蹴鞠癖,有鼓钹癖,有鬼戏癖,有梨园癖。壬午①,至南都,止祥出阿宝示余,余谓:"此西方迦陵鸟,何处得来?"阿宝妖冶如蕊女,而娇痴无赖,故作涩勒,不肯著人。如食橄榄,咽涩无味,而韵在回甘;如吃烟酒,鲠饧无奈,而软同沾醉。初如可厌,而过即思之。止祥精音律,咬钉嚼铁,一字百磨,口口亲授,阿宝辈皆能曲通主意。乙酉,南都失守,止祥奔归。遇土贼,刀剑加颈,性命可倾,阿宝是宝。丙戌,以监军驻台州,乱民卤掠,止祥囊箧都尽,阿宝沿途唱曲,以膳主人。及归,刚半月,又挟之远去。止祥去妻子如脱屣耳,独以娈童崽子为性命,其癖如此。

(四) 卷四·泰安州客店②

客店至泰安州,不复敢以客店目之。余进香泰山,未至店里许,见驴马槽房二三十间;再近,有戏子寓二十余处;再近,则密户曲房,皆妓女妖冶其中。余谓是一州之事,不知其为一店之事也。投店者,先至一厅事,上簿挂号,人纳店例银三钱八分,又人纳税山银一钱八分。店房三等,下客夜素早亦素,午在山上用素酒果核劳之,谓之"接顶"。夜至店设席贺,谓烧香后求官得官,求子得子,求利得利,故曰贺也。贺亦三等:上者专席,糖饼、五果、十肴、果核、演戏;次者二人一席,亦糖饼、亦肴核、亦演戏;下者三四人一席,亦糖饼肴核,不演戏,亦弹唱。计其店中,演戏者二十余处,弹唱者不胜计,庖厨炊爨亦二十余所,奔走服役者一二百人。下山后,荤酒狎妓惟所欲,此皆一日事也。若上山落山,客日日至,而新旧客房不相袭,荤素庖厨不相混,迎送厮役不相兼,是则不可测识之矣。

(五) 卷五·虎丘中秋夜③

虎丘八月半,土著流寓、士夫眷属、女乐声伎、曲中名妓戏婆、民间少妇好女、崽子娈童及游冶恶少、清客帮闲、傒童走空之辈,无不鳞集。自生公台、千人石、鹤涧、剑池、申文定祠下,至试剑石、一二山门,皆铺毡席地坐,登高望之,如雁落平沙,霞铺江上。天暝月上,鼓吹百十处,大吹大擂,十番铙钹,渔阳掺挝,动地翻天,雷轰鼎沸,呼叫不闻。

(六) 卷八·龙山放灯

万历辛丑年,父叔辈张灯龙山。有无赖子于城隍庙左借空楼数楹,以姣童实之,为

---

① 崇祯十五年,1642年。
② 所记优伶有些可能会卖身。
③ 注意"崽子娈童"。

"帘子胡同"①。是夜,有美少年来狎某童,剪烛刿酒,嫕亵非理。解襦,乃女子也,未曙即去,不知其地其人,或是妖狐所化。

(七) 卷八·阮圆海戏②

阮圆海家优,讲关目,讲情理,讲筋节,与他班孟浪不同;然其所打院本,又皆主人自制,笔笔勾勒,苦心尽出,与他班卤莽者又不同;故所搬演,本本出色,脚脚出色,出出出色,句句出色,字字出色。余在其家看《十错认》、《摩尼珠》、《燕子笺》三剧,其串架斗笋、插科打诨、意色眼目,主人细细与之讲明,知其义味,知其指归,故咬嚼吞吐,寻味不尽。至于《十错认》之龙灯、之紫姑,《摩尼珠》之走解、之猴戏,《燕子笺》之飞燕、之舞象、之波斯进宝,纸札装束,无不尽情刻画,故其出色也愈甚。阮圆海大有才华,恨居心勿静,其所编诸剧,骂世十七,解嘲十三,多诋毁东林,辩宥魏党,为士君子所唾弃,故其传奇不之著焉。如就戏论,则亦镞镞能新,不落窠臼者也。

板桥杂记

(明末清初) 余怀撰
上海古籍出版社 2000 年版

(一) 下卷

金陵都会之地,南曲靡丽之乡。纨茵浪子,萧瑟词人,往来游戏。马如游龙,车相接也。其间风月楼台,尊罍丝管,以及娈童狎客,杂技名优,献媚争妍,络绎奔赴。垂杨影外,片玉壶中,秋笛频吹,春莺乍啭。虽宋广平铁石心肠,不能不为梅花作赋也。一声《河满》,人何以堪?归见梨涡,谁能遣此。然而流连忘返,醉饱无时,卿卿虽爱卿卿,一误岂容再误。遂尔丧失平生之守,见斥礼法之士,岂非黑风之飘堕、碧海之迷津乎?

(二) 下卷

曲中狎客,则有张卯官笛,张魁官箫,管五官管子,吴章甫弦索,钱仲文打十番鼓,

---

① 或作莲子胡同,参见《旧京遗事》。
② 记阮圆海即阮大铖家戏之精。

丁继之、张燕筑、沈元甫、王公远、朱维章串戏，柳敬亭说书。或集于二李家，或集于眉楼，每集必费百金，此亦销金之窟也。

（三）下卷

张魁，字修我，吴郡人。少美姿首，与徐公子有断袖之好。公子官南都府佐，魁来访之，阍者拒。口出亵语，且诟厉。公子闻而扑之，然卒留之署中，欢好无间。以此移家桃叶渡口，与旧院为邻。诸名妓家往来习熟，笼中鹦鹉见之，叫曰："张魁官来！阿弥陀佛！"魁善吹箫、度曲。打马投壶，往往胜其曹耦。每晨朝，即到楼馆，插瓶花，爇炉香，洗芥片，拂拭琴几，位置衣桁，不令主人知也。以此，仆婢皆感之，猫狗亦不厌焉。后魁面生白点风，眉楼客戏榜于门曰："革出花面篾片一名张魁，不许复入。"魁惭恨，遍求奇方洒削，得芙蓉露，治除。良已，整衣帽，复至眉楼，曰："花面定何如！"乱后还吴。吴中新进少年，搔头弄姿，持箫挢管，以柔曼悦人者，见魁则揶揄之，肆为觝谋。以此重穷困。龚宗伯奉使粤东，怜而赈之，厚予之金，使往山中贩岕茶，得息又厚，家稍稍丰矣。然魁性僻，尝自言曰："我大贱相，茶非惠泉水不可沾唇，饭非四糙冬春米不可入口，夜非孙春阳家通宵椽烛不可开眼。"钱财到手辄尽。坐此不名一钱，时人共非笑之，弗顾也。年过六十，以贩茶、卖芙蓉露为业。庚寅、辛卯之际，余游吴，寓周氏水阁。魁犹清晨来插瓶花，爇炉香，洗芥片，拂拭琴几，位置衣桁如曩时。酒酣烛跋时，说青溪旧事，不觉流涕。丁酉再过金陵，歌台舞榭，化为瓦砾之场。犹于破板桥边，一吹洞箫。矮屋中，一老姬启户出曰："此张魁官箫声也。"为呜咽久之。又数年，卒以穷死。

明季北略

（明末清初）计六奇撰
中华书局1984年版

（一）卷之十一·郑芝龙小传[①]

芝龙，号飞黄，福建漳州府漳镇人，离府六十里，滨于海。父翔宇，祖寿寰，世府掾。飞黄行居四，三兄亦府掾。飞黄年十八，早缘掾缺上役，已择吉有期矣。父多妾媵，

[①] 记明末郑芝龙与"巨商"、"主寨之贼"可能性很大的同性恋关系。

其生第六子之母，与飞黄构别情。一日，为飞黄理发，飞黄以手插入其裙腰，调情意密。父自后走出，飞黄提缩势急，裙带为绝，父目击，持棍怒逐，飞黄奔上飘洋船，时盖泊其舍傍也。父怒方笃，声言寻出杀之，急切不得归，洋船又刻期挂帆，飞黄恳巨商带往日本。飞黄固姣好色媚，爱之者非一商，遂与俱往。至则各商有发货、置货之烦，飞黄独无所事，日就岛主宴饮歌舞。时岛主家有文君，悦之，即国姓郑成功之母也。赘入为日本人婿。来艘已返，且未归，生一子，国姓也。再一年，前艘与客又至，乃只身附归。至中途，为海盗所劫。飞黄亦随船货作千金，分与主寨之贼，贼嬖之。海盗有十寨，寨各有主。停一年，飞黄之主有疾，疾且痼，九主为之宰牲疗祭。飞黄乃泣求其主："明日祭后必会饮，乞众力为我放一洋，获之有无、多寡，皆我之命，烦缓颊恳之。"主如言，众各欣然。劫四艘，货物皆自暹逻来者，每艘约二十余万。九主重信义，尽畀飞黄，飞黄之富逾十寨矣。海中以富为尊，其主亦就殂，飞黄遂为十主中之一。

（二）卷之二十·廿五癸丑拷夹百官

凡降贼①官有年少面白者，为贼辈戏弄百端，甚至作龙阳。

（三）卷之二十·奸淫

贼初入城，先拿娼妓小唱。良子弟脸稍白者，辄为拿去，或哀求还家，仍以贼随之。

明季南略

（明末清初）计六奇撰
中华书局1984年版

卷之三·声色

马士英听阮大铖日将童男女诱上②。正月十二丙申，传旨天财库，召内竖五十三人进宫演戏饮酒，二十日甲辰，复召内竖进宫演戏。二月二十三日，命礼部广选淑女。

---

① 指攻入北京的李自成军队。
② 南明弘光帝。

郑桐庵笔记补逸

(明末清初）郑敷教撰
民国二十六年（1937）
吴县王氏铅印《丁丑丛编》本

苏有功

毛文龙拥兵皮岛中，有跋扈形，经略袁崇焕绐而杀之。孔有德①者，文龙之嬖童也，据登莱以叛。朝廷捕之急，有德窜身异域。

燕都日记

(明末清初）冯梦龙撰
(明末清初）莫厘山人增补
清光绪间申报馆上海铅印
《申报馆丛书》本

癸丑〔三月〕二十五日

贼②初入城③，先拿娼妓小唱，渐次良家女。良子弟脸稍白者，辄为拿去。妇女淫污死者，井洿梁屋皆满。

流寇志

(明末清初）彭孙贻撰
浙江人民出版社 1983 年版

卷十

〔闯王李自成的军队攻入北京后，闯将〕刘宗敏、李过、田见秀等，呼莲子胡同优伶

---

① 明朝将领，降清后被封为恭顺王、定南王。
② 李自成的军队。
③ 北京。

娈童各数十佐酒。高踞几上，环而歌舞，喜则劳以大钱，怒即杀之。诸伶含泪而歌，或犯"闯"字，立斩筵上。

万古愁曲

（明末清初）归庄著
清光绪三十三年（1907）长沙叶氏刻
《双梅景闇丛书》本

那些不管事的蠢公侯，如羊如豕多押在东城奥，夹拶著追金宝。姣滴滴的女娇娆，白日里恣淫嫖。俊翩翩的缙绅儿，多牵去做供奉龙阳料。更可恨九衢万姓悲无主，三殿千官庆早朝，万劫也难逃。①

剿闯通俗小说

（明末清初）西吴悚道人口授
台湾天一出版社1985年影印
《明清善本小说丛刊》本

第五回②

勋卫常守经，凤阳人，善恢谐。与一小唱孔四郎极相得。四郎绍兴人，因父选四川主簿，未任殁于京，遂失身为小唱。后感常勋卫德己，遂托身常所，为刎颈交。常每出入缙绅家，必携之同往。常虽居武职，然专以打点为事。门路既熟，应接不暇，二年间积累万金，京师人无不慕之。常闻城破，与四郎计议，将金银窖于他所。贼③将官抚民访知，长班招称，守经有银二万。随差贼兵拿常夹三夹，完银四千。又拿四郎，四郎不得已，指示所窖之物，乃得免。仍以常守经解闯贼发落，数日后，同诸勋戚皆斩。官抚民见四郎眉目俊秀，语言聪慧，心甚爱之，遂留于帐下。四郎心忆常某，怏怏不乐。次日，

---

① 所写为李自成军队攻占北京后的情景。
② 此事也见《流寇志》卷十一。
③ 李自成军队，时已攻入北京。

抚民别营醉归，又呼酒酌，命四郎讴歌侑酒。四郎愤极，至夜深，乘抚民睡熟，潜起取刀砍贼。误中其股，贼惊喊。四郎自知不免，乃提刀骂曰："我与常守经恩逾骨肉，誓同生死。你既取其财，又伤其命。我［为］常守经报仇，恨未遂愿。死必为厉，且将扼尔之喉，食尔之心矣！"遂自刎。

启桢野乘 | （明末清初）邹漪撰　巴蜀书社 1993 年影印《中国野史集成》本①

卷十三·孔小优传②

论曰：优以身事人者也，而独不肯事贼，且为守经报仇，身死犹植立，壮矣哉！予谓巾帼怀贞犹称士行，况四郎实男子耶？名之义士，谁曰不宜？况傅粉镊须，泣鱼啮被，今日举世人尽妇女矣，即谓四郎为从一而终之淑媛可也。

松窗梦语 | （明·嘉靖一万历）张瀚撰　中华书局 1985 年版

卷之七·风俗记③

东坡谓："其民老死不识兵革，四时嬉游，歌舞之声，至今不衰。"夫古称吴歌，所从来久远。至今游惰之人，乐为优俳。二三十年间，富贵家出金帛，制服饰器具，列笙歌鼓吹，招至十余人为队，搬演传奇。好事者竟为淫丽之词，转相唱和，一郡城之内，

---

① 据民国二十五年（1936）故宫博物院图书馆铅印本影印。
② 所记与《剿闯通俗小说》同，此处所录是邹氏的评论。
③ 记明代中后期杭州戏业之盛。

衣食于此者，不知几千人矣。人情以放荡为快，世风以侈靡相高，虽逾制犯禁，不知忌也。

名义考

(明）周祈撰
台湾商务印书馆 1986 年影印
文渊阁《四库全书》本

卷五·小幼

歌童俗谓之小幼。柔曼溢于女德，或谓能侑酒为小侑。不知幼之名有自来，即汉之所谓孺也。高之籍孺、惠之闳孺，皆以婉媚与上起卧。籍、闳其名孺，则幼小而可亲慕也。三风顽童亦是此辈。

漱石闲谈

(明·万历）王兆云撰
齐鲁书社 1995 年影印
《四库全书存目丛书》本①

卷下·方山人变形②

万历己亥夏月中，方公寓北都，饮袁曹郎宅，醉后与一小侑同卧。三更时烛尚未灭，小侑见方在榻间，其头渐小如鸡子，身亦渐缩削。小侑惧而喊呼，袁惊问，得其故。然未深信，疑小侑之目眩也。复小卧，小侑又喊呼如故。袁再问之，其答亦如故。乃方犹然齁齁，卧不自已也。卧室仆从亦有见之如小侑所云者。一时都人士尽言方公变形，喧传未已。梅寄中自都下归述此。

---

① 据清抄本影印。
② 参见《珂雪斋集》（九）之（1）。

物理小识

(明末清初) 方以智撰
台湾商务印书馆 1986 年影印
文渊阁《四库全书》本

卷三

白肌法。安福胡同畜小唱白晳，其黑者以糟浸之。

旧京遗事

(明末清初) 史玄撰
北京古籍出版社 1986 年版

唐、宋有官妓侑觞，本朝惟许歌童答应，名为小唱。而京师又有小唱不唱曲之谚，每一行酒止，传唱上盏及诸菜，小唱伎俩尽此焉。小唱在莲子胡同，门与倡无异，其殊好者，或乃过于倡。有耽之者，往往与托合欢之梦矣。倡家见客，初叩头惟谨，今惟小唱叩头，然非朝士亦否也。小唱出身，山东临清、浙江之宁绍。朝士多有提挈者，或至州县佐贰，次则为伶人。

泉南杂志

(明·万历)陈懋仁撰
民国二十五年(1936)商务印书馆
上海铅印《丛书集成初编》本

(一) 卷下①

优童媚趣者,不吝高价,豪奢家攘而有之。蝉鬓傅粉,日以为常。然皆土腔,不晓所谓。余常戏译之而不存也。先是一彪党举此以为伤败风俗,建白当事,据行之。然而此种蓄于有力家,虽禁弗戢,第长彪党之风,则曰:"吾言足以取信当事。"从而伺察人过,动欲检举,设机吓诈,卑官黔细为之不安。余虽白府,竟不我信。已而果验余言。故凡建白,须出更老,要亦事可施行。假公济私,所当深察也。

(二) 卷下②

迎神赛会,莫盛于泉。游闲子弟,每遇神圣诞期,以方丈木板搭成台案。索绚绮绘,周翼扶栏。置几于中,加幔于上,而以姣童妆扮故事,衣以飞绡,设以古玩,如大士手提筐笞之属,悉以金珠为之。旗鼓杂沓,贵贱混并,不但靡费钱物,恒有斗奇角胜之祸。至于宵分鼓死,寂然无声,便是人消物化境界,富贵下场榜样矣。

闽书

(明·万历—崇祯)何乔远纂
福建人民出版社1994年版

卷之三十八·风俗志③

海澄④,有番舶之饶,行者入海,居者附赀。或得窭子弃儿,养如所出,长使通夷,其存亡无所患苦。犀象、玳瑁、胡椒、苏木、沉檀之属,麇然而至。

---

① 记泉州一带优伶的情况。
② 记赛会场面。
③ 参见《闽政领要》。
④ 属漳州。

本草纲目

(明·嘉靖—万历)李时珍撰
清光绪十一年(1885)
合肥张氏味古斋刻本

卷五十二·人傀

夫乾为父，坤为母，常理也。而有五种非男不可为父，五种非女不可为母。何也？岂非男得阳气之亏，而女得阴气之塞耶？五不女，螺、纹、鼓、角、脉也。（螺者，牝窍内旋有物如螺也。纹者，窍小即实女也。鼓者，无窍如鼓。角者，有物如角，古名阴挺是也。脉者，一生经水不调及崩带之类是也。）五不男，天、犍、漏、怯、变也。（天者，阳痿不用，古云天宦是也。犍者，阳势阉去，寺人是也。漏者，精寒不固，常自遗泄也。怯者，举而不强，或见敌不兴也。变者，体兼男女，俗名二形，《晋书》以为乱气所生，谓之人痾。其类有三，有值男即女、值女即男者，有半月阴、半月阳者，有可妻不可夫者。此皆具体而无用者也。）

阳生阴长，孤阳不生，独阴不长，常理也。而有思士不妻而感，思女不夫而孕，妇女生须，丈夫出湩，男子产儿者，何也？岂其气脉时有变易，如女国自孕，雄鸡生卵之类耶？男生而覆，女生而仰，溺水亦然，阴阳秉赋一定不移，常理也。而有男化女、女化男者，何也？岂乖气致妖而变乱反常耶？《春秋潜潭巴》云："男化女，贤人去位。女化男，贱人为王。"此虽以人事言，而其脏腑经络变易之微，不可测也。（我朝隆庆二年，山西御史宋纁疏言：静乐县民李良雨娶妻张氏已四载矣，后因贫出其妻，自佣于人。隆庆元年正月，偶得腹痛，时作时止。二年二月初九日，大痛不止。至四月内，肾囊不觉退缩入腹，变为女人阴户，次月经水亦行。始换女装，时年二十八矣。）

贤博编

(明·嘉靖—万历)叶权撰
中华书局1987年版

山西太原府静乐县民李良云，弟良雨，兄弟俱毕娶，家甚贫。嘉靖四十五年，良雨是时年二十余，忽病心痛，瘥之，因改嫁其妻张氏。良雨有友白尚相，怜其病且贫，就其家扶持之。隆庆元年，良雨阳物忽渐缩入如妇人，俄行月事，病亦愈，遂与尚相通，同卧起如夫妇。其嫂疑之，良雨直以语嫂。嫂言良云，云惊怪告县。县验之，妇人也。因拘其旧妻张氏，问往事。张言前为其妻，实一男子，其阳更壮盛，交接无异，已以家贫夫病而嫁。事闻于朝，时隆庆二年八月十三也。良雨初变妇人，犹羞涩，至闻官，乃妇人妆矣。宋时妇人化男子，今男子化妇人，阴阳侵夺之象也。

玉芝堂谈荟

(明·万历) 徐应秋编
台湾商务印书馆 1986 年影印
文渊阁《四库全书》本

卷十一·女化为男

南〔朝〕宋文帝元嘉二年，燕中女子化为男。宁康初，江陵女子唐氏，刘聪时内史女人。唐光启二年，鄌县女子未字，化为丈夫，旬日而死。庆元三年，袁州黄念四女子，《括异志》广州萧氏女大娘子，宋乾道三年，永州支氏女，俱化为男子。《地志》合州女冠范志立，天宝中任安奉使至，慕之往谒，志立变为男子。嘉靖二十七年七月，大同右卫参军马禄女年十有七，将适人，化为男子。又男化为女者。刘曜时，武功男子苏抚、陕男子伍长平并化为女。国朝隆庆二年五月，山西太原府静乐县人李良雨娶妻数年，以不和离异。后卧病，遂化为女。经脉流行，与同村民白尚相奸配。其弟良云以事上所司，巡按御史宋纁奏闻。谭紫霄《化书》曰："至淫之极，男化为女。至暴之极，人化为虎。"

稗史汇编

(明·万历) 王圻编
北京出版社 1993 年影印本①

卷之一百七十二·人异·女淫女

马瑚陈寿奴本小家女,年十八,已醮矣。一日牝间忽生肉具,自是每月望前为女,望后为男,亦能与女交。初变时,人尚不知,数女为其所污。既而事渐播,郡守禁之狱。验之,果如人言。以为妖祟,不欲上闻,杖而遣之。

迪吉录

(明末) 颜茂猷编撰
明末刻本

(一) 卷之四·家居门

今世风俗,如昌化、万年等处多不育女,而以男为妇,或一妻数夫者。

(二) 卷之八·功过格·奢俭格

破产荡业,恃财淫人妻女,戏妓俊仆在家致启邪淫,百过。

---

① 据明万历间刻本影印。

人谱

(明末)刘宗周撰
台湾商务印书馆 1986 年影印
文渊阁《四库全书》本

记过格·五日丛过,百行主之

　　好色,闺门,畜婢,挟妓,畜俊仆,观戏剧,作艳词。

人谱类记

(明末)刘宗周辑撰
台湾商务印书馆 1986 年影印
文渊阁《四库全书》本

卷下

　　淫罪多端,男淫更大,行者污心,言者亦污口矣。养生家每言男淫损神,尤倍于女。况比顽童者,闺门必多丑声,最宜防戒。(记警畜俊仆。)

刘蕺山集

(明末)刘宗周著
台湾商务印书馆 1986 年影印
文渊阁《四库全书》本

卷五·申明巡城职掌疏(崇祯壬午[①]十一月十一日上)

　　都察院左都御史臣刘宗周等谨题为申明巡城职掌以肃风纪、以建治化事。臣常有感于风纪之说,而知天下之治必有所自始。则京师其首善矣,请遂言所以风京师者。……请自城御史始,举京师之众五方杂处之民尽收之乡保之中,得递相举发。重则题参,轻则拿问,又轻则径行驱逐,不许潜住京师,如私娼、小唱、戏子、游僧、游尼之类。所不令行而禁止者,未之闻也。

[①] 崇祯十五年,1642 年。

戒淫十八律

(明) 赵石麟 著
(清) 龚润森 评
清咸丰间刻本

外宠①

　　姻缘虽巧岂宜男，渔猎纷纷作美谈。
　　淫创乾坤所未有，怒撄神鬼实难堪。
　　赧然对面谁无耻，秽行污身竟自甘。
　　禽兽不如君愧否，双雄相逐恣娇憨。

啖桃断袖，千古尚有余臭。况尔爱其艾豭，彼爱尔娄猪，帷薄之内遂有不可问者矣。

大明律例附解

(明·嘉靖—万历) 陈省 辑
明万历元年（1573）刻本

附录·比附律条

　　将肾茎放入人粪门内淫戏，比依秽物灌入人口律，杖一百。

---

① 据清道光六年（1826）刻保光编撰之《最乐编》卷一，此诗名《鸡奸》，（清）蔡时英作。

洪武正韵补笺

(明·洪武)乐韶凤等编
(明·崇祯)杨时伟补笺
明崇祯间刻本

平声三齐·逸字

娈　大明律有娈奸罪条,将男作女也。用修①谓之娈童崽子。

皇明诸司公案传

(明·万历)余象斗编
天一出版社(台北)1985年影印
《明清善本小说丛刊》本②

(一) 二卷·韩大巡判白纸状③

[高仰寺和尚有奸杀妇人的嫌疑,大巡韩邦域想出了破案的一个办法,他]密嘱门子唐华曰:"曾节妻在路中失落,必高仰寺和尚所奸拐。我明日故革你出去,你可往此寺披剃为侍者,根究出此妇人,再重用你。"次日,韩院故寻小事将唐华责十板革出衙门不用,唐华忿怒,直往高仰寺去,情愿披剃出家。寺主僧真聪信之,收为徒弟。那唐华原是门子人物,标致又伶俐豁达,小心醇谨。真聪爱之无极,寝则同床,出则同伴,一心偏向,把前侍者都丢了。唐华乖巧,又与那[此处有原缺]。[根据唐华的所见所问,韩大巡勘破了案件,淫僧真聪、真慧被处死。唐华则重新蓄发,跟随在大巡左右。]

---

① 杨慎,字用修,明代大学者。
② 据明万历间余象斗三台馆刻本影印。
③ 参见《耳谈》(九)、《拍案惊奇》(一)。

门子唐华入寺披剃

韩院带唐华同入京

（二）二卷·彭理刑判刺二形①

董尼姑教室女刺绣

董尼姑与寡妇念经拜佛

① 参见《疑狱集》。

二稳婆验视董尼姑

囚禁董尼姑于军寨

郭青螺六省听讼录
新民公案[①]

天一出版社（台北）1985年影印
《明清善本小说丛刊》本

卷二·金簪究出劫财

　　[贼人周灵在野外把魏仁杀死，劫取了他的数十两白银和一根金簪。周]遂将十两纹银在海阳南门交结一个小唱，名唤习翠儿。年约二八，十分美丽，善能弹唱，人人爱之，不啻美姬。那翠儿与周灵时常往来饮酒，见周灵头上有一根错银金簪，遂抽去插在头上。时有城中两个帮闲谢良、阴顺，原亦与翠儿相厚。及见他头上那根金簪，遂问曰："谁人送与你的？"翠儿初然不认，谢良再三询究，翠儿报说是相交周灵哥送我的。谢良一向嫌他占了他小唱，常要摆布他无由。及见金簪，即对阴顺曰："此贼今日死在我手中了。"[谢良认出金簪本属魏仁，便告发了周灵，结果周被官判斩绝。而习翠儿则"迁出不问"，未受惩罚，继续小唱生涯。]

官板律例临民宝镜

（明末）苏茂相辑
明崇祯间刻本

卷九·僧道类审语·和尚龙阳

　　审得□和尚等，乃地方无籍恶少。三五成群，暮夜泼撒游荡。途中□遇某课文归晚，典狂强拥，轮奸谷道。不知丱角渺弱之躬，难受降魔之杵；髫龄娇雅之年，不堪螳臂之轮。此时此际，三凶耽乐，一生受苦。汝既以肉麈伤人，吾当以笞杖儆汝。

[①] 著者或为吴迁，明万历间人。

折狱新语

(明末清初) 李清撰①
吉林人民出版社 1989 年
《折狱新语注释》本

(一) 卷四诈伪·强劫事

审得鄞县生员宋承堮之告，盖为逃仆潘彩发也。夫彩一嬖童耳，爱深断袖者，未闻前鱼之获，弃于后钓。而何彩二三其心者，且恝然为离丘之逋狐也。承堮故急之，捕盗陈明故缓之，盖将以迁延为勒索计耳。泣之目尽肿，无乃复蹈前人痴，而恋之怅怅者，故不禁呦呦乎？兹屡提之余，竟同捕风，云彩往姑苏。杨花飘荡，已落南家，负心哉！彩弃越音而吴音矣，牵肠有丝，请抽刀斩。无谓飞燕之衔花，犹入窝有期，而欲再咀余桃之味也。陈明缉捕不力，应杖。

(二) 卷四诈伪·指官事②

审得徐仁叔者，岑江巡司之书手，而董志曾则生员，项鹏程则棍徒也。先因志曾以翩翩隽才，邀前府伯乐之顾。夫风动帐开，邹生可谓入幕之宾③。古来知己尽如此，非独志曾然也。胡仁叔、鹏程辄诬子衿④为嬖人？而借名欺骗。适候任巡简徐廷臣，方愀然兴叹于袍寒，而定海关之验税。志曾之求情，其出于两人口角者，遂不禁热涎汨汨。廷臣十五金之付，譬弃物江海以为廉耳！适志曾以非公不至者，偶执经问字于公庭，而仁叔等遂指之曰："王欢朝暮见，事必济矣。"其实前府不知，志曾亦不知。而不意关税一月之委，又适凑其巧。然于一季十五两之原约，何绝不相蒙乎？宜廷臣以"指官"控也。今召志曾面诘，则假馆闭户，宛如处子守身，而窃效董园之不窥者耳。神通自是两猾胥，于怯怯之书生无与也。徐仁叔作俑于前，项鹏程合围于后，各分别罚惩。虽然，志曾年青秀士耳。请以映月囊萤者，洗仁叔等"一箧之谤书"可也。

---

① 本书是一部判词集，撰者在崇祯年间曾任宁波府推官。
② 记董志曾因与前任知府关系密切而被诬为知府的男宠。
③ 参见《世说新语》(一)。
④ 指秀才、生员，即董志曾。

明诗纪事

（清末）陈田辑撰
上海古籍出版社 1993 年版

己签卷十·徐学谟《头陀生行》并序①

　　头陀生者，故辽藩弄儿，国亡后祝发入道②。为襄阳罗者所得，余哀其穷，释焉。作是篇。

　　　　江陵③昔日重欢宴，侍儿俱在芳华殿。
　　　　酣歌那省风愆篇？狎比惟看佞幸传。
　　　　是时头陀生几年，鬒云缭绕垂两肩。
　　　　宫娥望幸不得前，众中一身当三千。
　　　　自谓秾华可长久，狂飙忽集章台柳。
　　　　天上才飞司隶章，宫中已授邪臣首。
　　　　白马盟寒带砺空，黄龙谶应狐狸走。
　　　　六壬之鬼馁不脯，曳裾宾客为钳徒。
　　　　头陀何物幺麽者，飞身化作昆仑奴。
　　　　袖间金错一匕首，腰下赤羽双仆姑。
　　　　禁门跃出青天杳，白日雄关失万夫。
　　　　往日红颜堪一掷，行云过眼湘江碧。
　　　　黄金散尽舞台倾，青鬓误身真可惜。
　　　　转盼君恩不到头，并刀断送旧风流。
　　　　欲寻云外龙堂寺，不觉秋深燕子楼。
　　　　浮生如露亦如电，流浪年光飙飞箭。
　　　　伤心莫话啭春莺，埋骨堪投定惠院。
　　　　羯来何事逐红尘，犹是从前一幻身。
　　　　香飘腻玉侵罗帟，泪决流波湿汉津。
　　　　紫盂白衲强装束，伶俜还带双蛾蹙。

---

①　写辽王朱宪㸅与头陀生之间的同性恋。
②　辽藩指辽王朱宪㸅，他于隆庆年间以罪降为庶人，国除。
③　辽王的封地在荆州，即古之江陵。

阶下低头望使君①，十年前是荆州牧。
奏当还识圣恩宽，谳书终贷伶官戮。
故国凄凉莫叹嗟，飘零行脚向天涯。
纵然未了三生债，更望何门认主家。

王百穀集

(明·嘉靖—万历) 王穉登著
北京出版社 2000 年影印
《四库禁毁书丛刊》本②

（一）燕市集卷下·除夕赠歌者

除夕萧条忆故乡，天涯憔悴对何郎。
非关傅粉天然白，不待熏衣自有香。
爆竹且为长夜饮，樗蒲暂逐少年场。
巴人未解阳春曲，惭负清音绕画梁。

（二）延令纂卷上·赠歌者陈生

冻云寒树客江天，旅馆萧条夜不眠。
赖有清歌消浊酒，征途逢着李龟年。

（三）广长庵主③生圹志

平生好奇书，喜谈剑术，负气不下，怀千古之慨。释纷死党，屡陷虎口不为悔。少尤好肉，娈童季女不去左右，独不善曲生与阿堵。中年以来，骨肉凋丧，不胜有情之痛。思以禅观消之，遂佞佛，戒杀不近龙阳窈窕，仅有衣篝妾可爬背痒耳。

（四）谋野集卷三·答朱十六

仆十二而游青楼，三十二遂断绝。中间二十载，虽未尝不与此曹燕昵，钗珥纵横，履舄错杂。连袂接枕，迷花醉月。而此心匪石，更不可转。年来既修头陀行，娈童季女之好，寂然不萌。食火吞针，游戏三昧而矣。此不惟家姬儿女及臧获辈所共明知，诸佛菩萨亦相印证。

---

① 本诗作者徐学谟。
② 据明刻本影印。
③ 王穉登，号广长庵主。

少室山房集

（明·万历）胡应麟著
台湾商务印书馆 1986 年影印
文渊阁《四库全书》本

（一）卷七·秦王卷衣[①]

　　　　　　　　春色醉秦楼，秦王夜宴游。
　　　　　　　　銮舆回卤簿，凤管叶箜篌。
　　　　　　　　七宝流苏帐，千金集翠裘。
　　　　　　　　何人最承幸，卷赠龙阳侯。

（二）卷三十七·过苏生期，歌者小谢不至戏作

　　　　　　　　寂寞看花兴，彷徨伐木歌。
　　　　　　　　虚闻莺出谷，未见鹊填河。
　　　　　　　　暮雨当窗断，春星入户多。
　　　　　　　　明朝携小谢，池草梦如何？

（三）卷三十七·赠璚树为顾朗生

　　　　　　　　艳色真琼树，丰肌倍玉环。
　　　　　　　　红妆停夜月，翠黛压春山。
　　　　　　　　飞凤秦台下，游龙洛浦还。
　　　　　　　　相思几攀折，遮莫鬓毛斑。

（四）卷三十七·临淮席上蔡生乞诗作，时王山人在坐

　　　　　　　　龙阳君已贵，一笑眼能青。
　　　　　　　　玉树标前砌，金茎梦后庭。
　　　　　　　　声驰千里骥，歌送五侯鲭。
　　　　　　　　莫以安期旧，揶揄蔡克灵。

[①] 参见《乐府诗集》（十二）。

（五）卷三十九・座中有名莲萼者持扇乞题，即席赋

烂漫芙蓉色，居然似六郎。
朝云团翠盖，夜月舞红裳。
景夺前溪丽，香飞太液长。
空令李供奉，极目紫骝傍。

（六）卷五十八・七月望抵武林，陆履素使君招集湖上。乐人周生瑾者年少善歌，酒酣持扇索题，即席涂抹四韵

华星明月遍西园，皂盖追随识大藩。
南国风流周小史，东吴才望陆平原。
朱弦度曲飞霜丽，玉局观棋坠露繁。
夹岸芙蕖千万朵，归来何异宿桃源。

（七）卷五十八・蔡立夫素不事曲蘖，入都下忽以酒人名。每一举筋辄酣畅累日，夜乃醒，醒则复呼酒，酒已复醉。或至经月始复常，自名连环饮。得歌者苗凤，时置屏障间相酬酢。余甚高其风格，戏赠此章

击筑燕台兴转狂，《离骚》读罢思飞扬。
经时曲阜邀从事，尽日糟丘卧太常。
帐里玉箫传凤吹，筵前珠履集龙阳。
竹林风致看垂尽，儿许频过白面郎。

（八）卷七十二・九日同庄静父、俞羡长登宝所塔（时歌者顾生戴黄花侑酒）

突兀龙山色，登高豁旅愁。
黄花亦无赖，偏逐少年头。

（九）卷七十五・潘张两生小饮舟中，时童子阿四侍侧，众以黄四娘呼之，余赋一绝

骑曹公子各翩翩，黄四娘娇压玳筵。
狂杀杜陵歌扇底，烂烧银烛坐霜天。

（十）卷七十五・赵生以歌者范三至，再乞余诗

淋漓尊酒醉还醒，嘹喨歌声出锦屏。

最爱赵郎情性好，双眸时为万山青。

（十一）卷七十五·再赠小范歌《玉簪》

欲解绨袍换绿衫，梅花明月夜毵毵。
不因赵氏连城在，那得尊前听《玉簪》。

（十二）卷七十六·采菱曲十二章（有序）

采菱者，髫卯事纬真，今长矣。余乃遇于三衢屠，谓余是子知诗，冀一言附集末。追数其旧，为采菱曲十二章。

风情老去似徐娘，犹逐王孙负锦囊。
莫驾轻车残雪里，人间无处觅萧郎。

碧衣长袖伴瑶琴，欲拟方回更自矜。
学得新诗明月底，含羞不肯向人吟。

十院名花院院开，高悬明镜在瑶台。
碧空万里天如洗，飞挟娉婷夜半来。

红颜二八定谁如，三十专房宠未除。
头白楚宫看似旧，登车何用泣前鱼。

风神秋水照华筵，怪得王孙掌上怜。
惆怅后庭花底月，凭阑回忆破瓜年。

绣帽罗衫恰称身，绿丝布裤最撩人。
愁中开府看如扫，梦里司空认未真。

那曾调笑问当垆，惯向书斋直唾壶。
蓦地闲行寻不得，画廊东角斗拏蒱。

焚香懒著鹔鹴冠，长日东君带笑看。
好是绿窗明月夜，潜身行傍曲阑干。

旧识花卿在锦城，相逢高唱少年行。
那堪回首东风恶，吹送青帆入四明。

玉雪肌肤姑射仙，天涯挥手剧堪怜。
明年定挂山阴雪，人在阳明赤水天。

玉树相辉照画屏，朱陈遗事最堪凭。
含啼却笑文君拙，不遣相如聘茂陵。
（是子姓陈，又朱生年差少同事。）

十年声动大长秋，一笑如花越水头。
为有薛家红线在，何须重上木兰舟。

（十三）卷七十六·赠梨园邵生

艳舞娇歌向月明，金钗罗袜斗轻盈。
何缘宝听花卿曲，今日钱塘是锦城。

（十四）卷七十六·幼识歌者何生，一别廿载，相对怃然，为题一绝

回首高阳二十年，何戡重对各潸然。
渭城是处殷勤唱，遮莫明朝送画船。
（俗传有渭河边倚画船一曲。）

（十五）卷七十八·歌者陈、邵两生别余二十余载，忽与遇长安邸中，一曲辞去

廿载桃花瀫水头，腰肢垂老尚风流。
相逢一笑番成别，月落参横下酒楼。

（十六）卷八十·永叔挟小友郑生入都，生年甫十六，美秀工奕。酒中持素册进余乞诗，戏成四绝

石梁天际梦魂劳，双别仙姝渡海涛。
绮阁纱厨春昼永，一枰闲对郑樱桃。

清簟疏帘奕未停，楚江云雨正冥冥。

莫教夜半成虚约,辜负灯花落小亭。

绿发朱颜羡子都,楸枰拂拭倩华襦。
摧锋漫自夸年少,一著还须让老夫。

长铗翩翩海上游,明光谒帝暂依刘。
无劳更赌宣城郡,一局龙阳已拜侯。

(十七) 卷一百十六·与祝鸣皋文学

　　忆尔时长安中伏天,偕足下过某勋戚贵人家。高堂十仞,八窗洞开。酒酣兴发,龙阳君振袂起,歌高氏《小梁州》词。妖姬年十五,吹紫玉箫相逐,清音泠泠,上属云汉。

(十八) 卷一百二十·与黎惟敬秘书

　　每令节芳辰,名园胜墅,靡不折柬追呼,穷极兴会。至于改席悬灯,淫宵彻漏。左龙阳右安陵,前绿珠后静婉。鲁卫新声,宫商迭出。滇闽异味,水陆还陈。

(十九) 卷二·将进酒　写及同性恋。

(二十) 卷二十五·白纻歌二首　写及同性恋。

汤显祖全集

(明·万历)汤显祖著
北京古籍出版社 1999 年版

(一) 诗文卷七·江上逢龙使君话沅辰事有叹

　　绣被同舟可奈何,萋萋吴楚旧经过。
　　秋风北固留长啸,夜月南飞入短歌。
　　涉世始知愁宦拙,过江真作苦情多。
　　深杯莫话壶头事,浪泊回鸢看伏波。

（二）诗文卷七·送臧晋叔①谪归湖上，时唐仁卿以谈道贬，同日出关，并寄屠长卿江外②

君门如水亦如市，真为风烟能满纸。
长卿曾误宋东邻，晋叔讵怜周小史。
自古飞簪说俊游，一官难道减风流。
深灯夜雨宜残局，浅草春风恣蹴球。
杨柳花飞还顾渚，箬酒苕鱼须判汝。
兴剧书成舞笑人，狂来画出挑心女。
仍闻宾从日纷纭，会自离披一送君。
却笑唐生同日贬，一时臧穀竟何云。

（三）诗文卷十八·遣宜伶汝宁为前宛平令李袭美郎中寿，时袭美过视令子侍御江东还内乡四首

赤县琴歌积梦思，宜伶尊酒寄新词。
天中好醉澄潭菊，彭泽登高此一时。

帝台春饮玉浆寒，绀发仙人下碧湍。
大有仙郎云汉里，绣衣长作舞衣看。

长是春陵气色新，鸾歌凤舞不辞频。
初将汝上千龄酒，来醉隆中百岁人。

（四）诗文卷十九·唱二梦③

半学侬歌小梵天，宜伶相伴酒中禅。
缠头不用通明锦，一夜红氍四百钱。

（五）诗文卷十九·听于采唱《牡丹》

不肯蛮歌逐队行，独身移向恨离情。
来时动唱盈盈曲，年少那堪数死生。

---

① 臧懋循，字晋叔，号顾渚。
② 参见《万历野获编》（十三）。
③ 二梦指汤氏所作《南柯记》、《邯郸记》二传奇。

（六）诗文卷十九·越舸以吴伶来，期之元夕，漫成二首

人日期君君有人，石床清泚注宜春。
今宵又踏春阳雪，解傍吴歈记烛巡。

白头情事故乡留，残雪春灯宜夜游。
处处吹箫有明月，相看何必在扬州。

（七）诗文卷十九·伤歌者

聪明许细自朝昏，慢舞凝歌向莫论。
死去一春传不死，花神留玩牡丹魂。

（八）诗文卷十九·偶斋答客

莲社珠灯一佛开，意中空色与徘徊。
分桃掷果都无分，何赖今朝忏悔来。

（九）诗文卷十九·有唱人颇为客苦恼，嘲之

村务何须挡李娃，当时传唱一枝花。
居间纵有多情客，谁解爻摃到狭邪。

（十）诗文卷二十·书郭武郎画扇

冰雪汾阳下越乡，幅巾春雨忆游梁。
曾从粉署移仙尉，似借筹边入武郎。
珠客泪绡分海色，玉人裁素写秋光。
愁予独唱高斋夕，月露风多河汉长。

（十一）诗文卷二十·口号戏赠张正郎

客散红亭酒，天寒云月微。
何来花烛满，不照粉郎归。

（十二）诗文卷二十·雪中同张正郎归思

御沟残雪色，仙署蚤梅花。
似少青绫被，为郎独忆家。

（十三）诗文卷二十六·哀伟朋赋（有序）①

予年未弱冠，有友二人。钟陵饶伯宗苍，临川周无怀宗镐，皆奇士也。同卧处三岁余，前后别去。至同赴南宫，试都下，卧未尝有异衾枕，履袜先起者即是，不知其谁也。后苍死，而镐书散乱尽。所与卧起信宿，掀髯长叹者，又独予一人而已。

（十四）诗文卷四十九·写宜伶罗章二

章二等安否？近来生理何如？《牡丹亭记》要依我原本，其吕家改的，切不可从。虽是增减一二字以便俗唱，却与我原做的意趣大不同了。往人家搬演，俱宜守分，莫因人家爱我的戏，便过求他酒食钱物。如今世事总难认真，而况戏乎！若认真，并酒食钱物也不可久。我平生只为认真，所以做官做家，都不起耳。《庙记》可觅好手镌之。

（十五）诗文卷五十·不有祝鮀之佞②

圣人感于卫事，而叹世之好佞焉。夫祝鮀卫臣之能言者也，而宋朝乃以美色著于卫者也，卒也佞者免焉。世之好佞岂不甚哉。夫子感于卫而深叹之，若曰：夫人之游于世，其遇合岂有常哉。亦视其世之所好如何耳。远乎今而逮夫古，世犹愿也。人在情质之间也。不为容，不修声，远于古而先于今，世则漓也。人在耳目之际也。亦近谀，亦悦色，以吾观于今，则又有异焉者。祝鮀非卫之大祝乎？祝之陈辞，固媚于鬼而非有媚于人也。然有似乎佞者，器数已陈也，犹纷若以道之。惟恐乎神明之不听，明信未孚也，必矫举以祭之，犹幸夫谄媚之有福。以此事神，鮀不得为忠信之史也。以此事人，鮀不能为醇朴之人也。而若夫宋朝者何如哉？淫妇人欲得之以为夫，然已有刺之者也。无道君宠之以为臣，然已有逐之者也。然则有佞如鮀，虽无宋朝之美，其于今之世也必免矣。即美如宋朝，如不有祝鮀之佞，其于人之世也必不免矣。何也？今之人亦无异于今之鬼神也。如其所以陈器数者而使习通道焉，虽纷若人犹听也。如其所以托明信者而委曲陈说焉，虽矫举人犹福也。故宋朝有刺，而祝鮀犹以其才在宗庙之中矣。宋朝见逐，而祝鮀犹以其余从会盟之役矣。今之世岂不大抵然哉？在朝廷，不佞难以终宠。即侪党之间，不佞不足以存其身。处怨敌，不佞难以巧立。即骨肉之际，不佞不足以全其恩。盖至以色事人者，不如以鬼事人者之幸以免也。则世之好佞甚于好色哉。夫佞之于世固无当也，而好之若此者何哉？

---

① 写亲密关系。
② 本文为科举制艺之文，《论语·雍也》："不有祝鮀之佞，而有宋朝之美，难乎免于今之世矣。"

牡丹亭

(明·万历)汤显祖著
文学古籍刊行社 1954 年版

第二十三出①

（净）取男犯四名。（生、末、外、老旦扮四犯，丑押上）（丑）男犯带到。（净点名介）赵大有何罪业，脱在枉死城？（生）鬼犯没甚罪，生前喜歌唱些。（净）一边去，叫钱十五。（末）鬼犯无罪，则是做了一个小小房儿，沉香泥壁。（净）一边去，叫孙心。（老旦）鬼犯些小年纪，好使些花粉钱。（净）叫李猴儿。（外）鬼犯是有些罪，好男风。（丑）是真。便在地狱里，还勾上这小孙儿。（净恼介）谁叫你插嘴！起去伺候。（做写簿介）叫鬼犯听发落。（四犯同跪介）（净）俺初权印，且不用刑，赦你们卵生去罢。（外）鬼犯们禀问恩爷，这个卵，是甚么卵？……（净）咂！还想人身，向蛋壳里走去。（四犯泣介）哎，被人宰了。（净）也罢，不教阳间宰吃你。赵大喜歌唱，贬做黄莺儿。钱十五住香泥房子，准你做个小小燕儿。孙心使花粉钱，做个蝴蝶儿。（外）鬼犯便和孙心同做蝴蝶去。（净）你是那好男风的李猴，著你做蜜蜂儿去，屁窟里长拖一个针。（外）哎哟，叫俺钉谁去？

紫钗记

(明·万历)汤显祖著
人民文学出版社 1982 年版

（一）第十出

［崔某戏言：］邦君之妻曰夫人，夫人自称曰小童。② 但带几个俊童，怕新人吃醋。

---

① 戏写地狱里对好男风者的判罚，净角为判官，丑角为鬼卒。
② 《论语·季氏》："邦君之妻，君称之曰夫人，夫人自称曰小童。"

(二) 第十二出

（秋鸿上）主人性爱秋鸿，身居奴仆同宫，从后脱了主顾，以前布下了春风。自家秋鸿便是，只因人物粗通，伏事李郎客中，一年半载，好不干净。如今配上了霍家小姐，主不顾仆了，叫做失了主顾。虽然如此，霍府少甚丫鬟，东人念旧，少不得秋鸿也配上一个，叫做俺有春风，他有夏雨。这都不在话下了。昨日相公转托韦崔借人借马，荣耀成亲，分付到时好生安顿。可知道哩，奴要白饭，马要青刍，都不备一些子，叫俺管顿，好不颓气也。且看门外如何。（杂扮豪家剪发胡奴一人牵马一匹上）（鸿）好好，人马一齐到，马少一匹。（杂）因何？（鸿）俺家十郎配那家主儿，俺也同这吉日，配上那家一个俊不了的穿房，因此多要一匹。（杂）好命也，才脱了人骑，就要马骑。早哩！

潇碧堂集

（明·万历）袁宏道著
上海古籍出版社1981年
《袁宏道集笺校》本

(一) 卷一·别程彦之归吴

> 无成何用出昭关，眼底浓华阅几般。
> 陆品携来寻白水，谢家将去入名山。
> 缁寮乞作分桃忏，练帢差归掷果湾。
> 七十二峰青朵朵，岚光只在屋楣间。

(二) 卷六·[龚]散木方鳏，誓不娶，诗以嘲之，仍用前韵

> 汉阴无侣灌蔬畦，枯枕寒釭坐晓鸡。
> 未许少汤能沃雪，也知狂絮不粘泥。
> 家奴自伴龟蒙语，野雉聊为牧犊妻。
> 割袖分桃听忏悔，辟将黄叶止儿啼。

敝箧集

(明·万历) 袁宏道著
上海古籍出版社 1981 年
《袁宏道集笺校》本

(一) 卷二·郊外送客即席

> 飞杯客子纷无数,度曲儿童浪有情。
> 人物喧阗烟树里,桃花如锦烂春城。

(二) 卷二·郊外水亭小集

> 清歌袅袅两妖童,尼酒题诗兴转工。
> 拾翠女来虚栏外,分蔬人立小畦中。

(三) 卷二·花朝日呈伯修[①]

> 宛转花如结,差池燕似知。
> 佳人吹寿饼,童子按新辞。
> 珠履散还聚,兰膏尽复炊。
> 青轩红丽蕊,第一好天时。

锦帆集

(明·万历) 袁宏道著
上海古籍出版社 1981 年
《袁宏道集笺校》本

(一) 卷二·光福

　　光福一名邓尉,与玄墓、铜坑诸山相连属。山中梅最盛,有湖在其中,名西崦湖。山前长堤一带,几与湖埒。堤上桃柳相间,每三月时,红绿灿烂,如万丈锦。堤中妖童丽人,歌板相属,不减虎林、西湖。

---

① 袁宏道之兄袁宗道,字伯修。

(二) 卷三·龚惟长先生

真乐有五，不可不知。目极世间之色，耳极世间之声，身极世间之鲜，口极世间之谭，一快活也。堂前列鼎，堂后度曲，宾客满席，男女交舄，二快活也。……千金买一舟，舟中置鼓吹一部，妓妾数人，游闲数人，泛家浮宅，不知老之将至，四快活也。……士有此一者，生可无愧，死可不朽矣。若只幽闲无事，挨排度日，此最世间不紧要人，不可为训。

(三) 卷三·兰泽、云泽叔

金阊自繁华，令①自苦耳。何也？画船箫鼓，歌童舞女，此自豪客之事，非令事也。

(四) 卷三·伯修

弟在此无可乐者。吴依可与语者，徐参议园亭，徐少卿歌儿耳。何物灵异，出此三物，奇哉怪哉！

解脱集

(明·万历) 袁宏道著
上海古籍出版社 1981 年
《袁宏道集笺校》本

(一) 卷一·江南子

蜘蛛生来解织罗，吴儿十五能娇歌。
旧曲嘹厉商声紧，新腔啴缓务头多。
一拍一箫一寸管，虎丘夜夜石苔暖。
家家宴喜串歌儿，红女停梭田畯懒。

(二) 卷四·徐同卿

仆少时曾于小中立基，枯寂不堪。后遇至人，稍稍指以大定门户，始得自在度日，逢场作戏矣。天长人短，鬼多仙少，安得以浮泛不切之事，虚费此少壮日子哉？公欲求定，当识其大者。不然，灿烂名园，粉黛歌儿，俱成剩物矣。如何？

---

① 万历二十三年，袁宏道时为吴县县令。

瓶史

(明·万历)袁宏道撰
上海古籍出版社 1981 年
《袁宏道集笺校》本

夫幽人韵士,屏绝声色,其嗜好不得不钟于山水花竹。
……
十二监戒。
花快意凡十四条:明窗、净几……
花折辱凡二十三条:主人频拜客、俗子阑入、莲子胡同歌童、弋阳腔……

珂雪斋集

(明·万历)袁中道著
上海古籍出版社 1989 年版

(一) 卷之二·咏怀

四时递推迁,时光亦何速。
人生贵适意,胡乃自局促。
欢娱极欢娱,声色穷情欲。
寂寞奇寂寞,被发入容谷。
胡为逐红尘,泛泛复碌碌。

陇山有佳木,采之以为船。
茶铛与酒臼,一一皆精研。
歌童四五人,鼓吹一部全。
囊中何所有,丝串十万钱。
携我同心友,发自沙市边。
遇山蹑芳屐,逢花开绮筵。
兴尽方移去,否则复留连。

无日不欢宴，如此卒余年。

（二）卷之二·戏赠詹生入道

朝花晞露烛残膏，头上浓霜染二毛。
何胤暮年拟断肉，沈郎老去忏分桃。
书来虿尾多禅偈，壁上残碑见汉唐。
却笑当年萧少府，尽除花草种衰杨。

（三）卷之七·步君御韵赠歌者

香浓花艳酒犹清，静听何戡度曲声。
总是凤城春事晚，风前犹自有新莺。

（四）卷之十三·东游记二十二

予少年时，烟霞①粉黛②，互战而不相降。迩烟霞，则入烟霞；近粉黛，亦趋粉黛。中年以后，烟霞趣重，粉黛习轻。一岁中，半住静蓝，常偕清冷，以消烦郁，近来颇觉都无事矣。

（五）卷之十六·万莹传

予里中有万先生者，名莹，字时彻。少工文词，一试有司不酬，即归隐里中教授。为人淳厚，生平无一妄语，亦不知世间何者可好。予族叔辈会饮，有谭及娈童事者，大骇曰："世间乃有此怪事耶？"赪面而走。

（六）卷之十七·李温陵③传

［公］携妻女客黄安。中年得数男，皆不育。体素癯，澹于声色。又癖洁，恶近妇人。故虽无子，不置妾婢。后妻女欲归，趣归之。自称"流寓客子"。既无家累，又断俗缘，参求乘理，极其超悟。……大都公之为人，真有不可知者。本屏绝声色，视情欲如粪土人也。而爱怜光景，于花月儿女之情状，亦极其赏玩，若借以文其寂寞。……公不入季女之室，不登冶童之床。而吾辈不断情欲，未绝嬖宠，二不能学也。

（七）卷之二十二·心律

居士法不断正淫，然邪淫则有严戒，比于沙门之淫。沙门一破淫戒，不通忏悔；居

---

① 游览之兴。
② 声色之好。
③ 李贽，号温陵居士。

十一破邪淫戒，亦不通忏悔。吾生平固无援琴之挑，桑中之耻，然游冶之场，倡家桃李之蹊，或未得免缘。少年不得志于时，壮怀不堪牢落，故借以消遣，援乐天樊素、子瞻榴花之例以自解。又以远游常离家室，情欲未断，间一为之。迄今渐断，自后当全已矣。终年数夕，有乐不久；染指而食，不如不食。倾赀为之，偷淫两犯，为损大矣。若夫分桃断袖，极难排豁。自恨与沈约同癖，皆由远游，偶染此习。吴越、江南，以为配偶，恬不知耻。以今思之，真非复人理，尤当刻肉镂肌者也。世间媚嫠，止以避人耻笑之故，终身索居，忍此难忍。况出世丈夫，前有清净胜妙之乐，持之则可得；后有铁床铜柱之苦，犯之则立至。何不猛将刚刀割此爱缘乎哉！又况未绝姬侍，犹存情欲，有何难也。吾因少年纵酒色，致有血疾。每一发动，咽喉壅塞，脾胃胀满，胃中如有积石，夜不得眠，见痰中血，五内惊悸，自叹必死。追悔前事，恨不抽肠涤浣。及至疾愈，渐渐遗忘，纵情肆意，辄复如故。然每至春来，防病有如防贼。设或不谨，前病复生。初起吐血，渐至潮热咳嗽，则百药不救，奄奄待尽。神识一去，淫火所烧，堕大地狱，可不怖哉！夫致病不在多淫取毙，或以偶值，醉饱寒暑，中之，皆可以丧身失命。一生学道，而以淫死，岂不痛心！古德云："今生不度何生度？"身节啬精神，以养幻躯，令其办道。悟处如百炼金，行处如火销冰。微细流注，荡然不存。更不受分段之身，行游三界，作自在人，神通备足，万劫常存，此何等快活也。贪世间不净，受用无端，打失人身，转头换面。出一孔，入一孔。驴胎马腹如游园，观此又几许苦痛也。莫以些小悟理，欲销此不可思议业力，大难，大难！四十以后，婢妾亦不可置，皆足为老年之累。王摩诘中年丧偶，萧然独处，终日扫地焚香而坐，窃有慕焉。检生平邪淫，多属大醉之后。以后大肆沉湎，即是破戒之因。不得已，微酣辄止，勿至上顿也。

（八）卷之二十五·与钱受之

弟比来不喜饮酒，每饮至十余杯，即半滴不入口，入口便觉不快，亦非有意要禁之也。惟见妖冶龙阳，犹不能无动。然以病躯，不能不为性命自制。所幸入眼多鬼魅，又添我助道品耳。

（九）游居柿录

（1）卷之三①

生平饮酒，不喜昼饮，一饮终日昏倦。夜饮亦不喜多，饮多则梦寝寐不安，次早神思不爽，甚则助发淫嗔。明知其为苦趣，然居人世，亲友以此为礼，见予素有酒名，一席不饮，则主人讶之。不得已强为之饮，饮至渐多，则己先欲饮，又不待主人劝矣，俗

---

① 明万历三十七年（1609），袁中道40岁。

所云"下坡酒"也。

舟次黄家渡，午后发舟，小童盟鹭失脚落浅水中，方持衣而笑，一转盼盘涡中不见矣，伤哉！虽生死有定数，然悼念其不得正命而死，且孤其殷殷从我之意耳。是夜不成寐。

七月初一日，请本山僧为亡童诵经，礼忏施食。觅骸者走两日，舟亦几覆，竟不得。所幸江南北大姓施财摙死骸，无暴露者，当必得沙上一抔耳。

夜梦亡童阿鹭来，貌颇不怡。予问之曰："汝已死，今复来耶？"鹭曰："我虽死，特来随侍。"予因曰："死而不死，亦快人。"觉而自叹梦中之痴也。嗟乎！我非妇人之仁也，徒以飞鸟依人三千里外，一旦失去，真可伤悼。前在丹徒念幽冥之苦，欲于竹林寺中为施灯一年。寺中伽蓝为米元章，予欲作一疏告之，如亡魂可收，望老颠用为侍史。后以行忙不及，行至南都，当竟此念耳。

移居天宁寺西玄上人房，是日得方子公讣。子公名文僎，新安人。甲午，予应试武昌，友人潘景升客焉。子公困极，作景升客，从景升学诗，九月犹衣练衣。予怜之甚。下第后，念中郎①令吴，衙中甚苦无人，子公差文雅，乃以八行附子公。子公遂东下，至吴见中郎，中郎留之衙舍。退食之暇，与弈，稍分俸给之。得金即以治衣裳，市冶童，招客饮，不数月又贫矣。然中郎终怜其人质直无他肠，自丁酉春解官，凡游历皆与俱。新安人见其多缙绅长者游，稍稍礼敬之，乞贷亦有应者。然得即以市酒招客，不宿囊中也。丁酉，予又下第，依中郎于真州，与子公聚甚洽。后同入都，饮兴益豪。己亥之夏，同丘长孺、中郎于崇国寺王章甫寓中，大雨三日，不能出户，日夜沉饮。子公夜拥歌儿入曲房。夜半，歌儿忽大叫曰："救我，救我！"时门已倒扃，急开门，歌儿曰："方先生化为蛇矣！"灯光明灭中，见方首仅如蛇大，上卷复下觑，甚可怖畏。子公亦不为讶。凡子公梦入冥司者，屡矣。中郎集中有之，不悉记也。数年后，病日甚，益不辍饮，故中郎酒评："方子公如游鱼呷浪，喁喁终日。"丁未，复从中郎南归，至仪真僦居。中郎补铨曹，子公抱病往依之。至临清，病不能前，遂卒。

往视丘长孺，时长孺病四十余日，不谷食，惫甚。

……

予曰："病中觉闲时甚适，及已愈，便思热闹，忙于星火，不能时刻停矣。我昔病于疟，热不可支，自誓云：'我病稍愈，即当刺一字臂上，一戒纵饮，一戒邪淫。'傍有一友曰：'何必刺，但节啬便是耳。'予大怒曰：'公不知人情易忘，非刺着肉上，时时见之，久必不复省记。'未数日，疟已愈，往镇江就医，调治舟中，月色甚明，因谓侍儿曰：'为我取酒一盏来。'因对月吞一盏。次夜月愈朗，益之三。抵甘露寺，中秋，遂尽一壶。见寺中寂寞，走维扬。有熟识者治酒，召歌儿，一饮近百杯。未数日，疟复大作矣，悔恨已

---

① 袁中道之兄袁宏道，字中郎。

极,因自叹曰:'此番必死无疑矣!自作之孽,当复尤谁?'后调理亦渐痊。予经此,始知病中之言未可信也。"

钱受之话王逸季事。逸季名士骏,弇州①公季子,有俊才。丁酉春,自治书室修业,夜梦至家园,凡一生所用玩器,并美妓冶童皆在焉。俄见园中有精舍,老僧数人行道其中。一僧谓季曰:"汝过三十日即死矣。"季悸甚。转入一室,见母太夫人述前语。太夫人曰:"儿无忧,当以日为岁耳。"兄澹生从旁曰:"不然。圣僧无诳语,汝殆必死,当奈何?"季复入前精舍礼拜,问何以祈免。老僧长跪佛前,与摩顶受戒,且云:"若破戒,则必不免。"季顶礼而出。俄见所熟狎游者,强令食肉行淫,恍惚间忘前戒,既而大悔。忽一金甲神人,手持铁简曰:"我恃戒神也。汝破戒,吾示汝破戒报。"因以铁简自劈其面,流血遍地;复出袖中铁丸啖之,肌肉焦烂,惨不可状。语季曰:"破戒报若此,能忏悔否?"季惶悚,誓不敢犯,乃已。季既觉,遂誓断酒色。旬日后,友人强之破戒,如梦中所见,一病遂卒。

(2) 卷之五②

中郎以字至云:"贷圃桂开如黄锦幄,有新到吴儿善歌,可急来。"予以事不得往。

中郎言及养生事,云:"四十以后,甘澹泊,屏声色,便是长生消息。四十以后,谋置粉黛,求繁华,便是夭促消息。我亲见前辈早夭人,个个以粉骷髅送死。此后工匠事毕,洒扫楼上,每日坐三炷香,略做胎息工夫。"

(3) 卷之七③

是日,深知一生来受酒之祸!败德伤生,其害无穷。誓从此大加节制,不赴席,不召客。即欲饮时,自酌数杯,亦自畅适。一至沉酣,必动嗔淫,戒哉!戒哉!

是日血痰复作,心悔憾甚。念少时得此病,自甲辰始甚,近日复举发。老年元气日衰,那堪此症。今春发动即止,遂戒饮半年。近日间故态复作,宜其病也。恨不抽刀割肠,吞灰浣胃耳。

(4) 卷之八④

仆阿伦病死,为之悲叹者久之。此仆年五六岁即供役使,长能书,岁所抄书无算。从予南北游最久,司出入绝不苟,有士君子之行。

---

① 王世贞,号弇州山人。
② 万历三十八年,袁中道41岁。
③ 万历四十年,袁中道43岁。
④ 万历四十一年,袁中道44岁。

(5) 卷之九①

风日清美，往游石洲。予趺坐水石间，童子拾得佳者以示予，搏弄少时，仍掷之。已，席地聚饮，命童子歌一曲。日已暮，登舟回。

(6) 卷之十②

赴西城王孙小泉席。王孙家有歌儿，花径药圃具备，汛舟清渠，可数里。夜饮，出小伶演新剧。

诸公共至徐寓演《明珠》，久不闻吴歈矣，今日复入耳中，温润恬和，能去人之躁竞。谁谓声音之道，无关性情耶？

以春来多火病，戒酒，略饮数勺而归。

(7) 卷之十一③

君御讶予不饮，不知予之久戒痛饮也。

二十日，祭先茔，归于乔木堂，与里中诸叔伯兄弟及侄子辈，饮神福酒。五弟携有歌儿一部，丝肉交奏，欢笑如雷。

(8) 卷之十二④

偶病吐，发寒热，甚忧之，恐其为疟也。候之两日不至，乃已。看来我辈火盛阴衰，血气渐耗，决不宜作少年调度，百凡须大有节制乃可。近来情缘尚未见减省，甚愧道人本色。奈何，奈何！

予曰："士大夫茹素自是功德事，但须看脾胃宜与不宜。且必尽戒色欲，减应酬，不然恐不能久。""持戒之事，毕竟宜于山林枯槁之人，士大夫持之便觉不宜耳。若欲持不荤戒酒，全不淫戒乃可。"

重九日，故人艾仲美自秣陵来，相与作登高之会。无高可登，予又戒饮，相对清坐，令侍儿歌郑虚舟翻马东篱"百岁光阴"一曲，稍觉快人。

---

① 万历四十二年，袁中道45岁。
② 万历四十三年，袁中道46岁。
③ 万历四十四年，袁中道47岁。
④ 万历四十五年，袁中道48岁。

快雪堂集

(明·万历) 冯梦桢著
齐鲁书社 1997 年影印
《四库全书存目丛书》本①

《快雪堂日记》卷之五十七②

闰四月二十二。长卿③名为入道，不茹荤。顾特恋诸娈童，所挈群奴有陆瑶、汤科五六辈。而陆瑶特嬖，侍身畔不少离，时时耳畔私语，手过酒肴食之。自言一夕可度十男女，其可笑如此。

九月二十一。夜宿西楼，得一小竖，十岁而肥黙，颇堪应闺。

幔亭集

(明·万历) 徐𤊹著
台湾商务印书馆 1986 年影印
文渊阁《四库全书》本

(一) 卷三·帝京篇

　　文皇定鼎都燕蓟，三辅黄图夸壮丽。
　　……
　　马上佳人金络索，筵前公子玉壶冰。
　　悬得华灯灯七宝，构成绮阁阁千层。
　　中宵露冷罗衣湿，姣童两两当筵立。
　　夜永宁愁凤脑残，宠移岂顾龙阳泣。

(二) 卷三·赠歌者

　　习家池上春昼长，主人爱客飞羽觞。
　　梨园子弟纷成行，少年白皙称陈郎。

---

① 据明万历四十四年（1616）刻本影印。
② 万历二十七年己亥，1599 年。
③ 屠隆，字长卿。

　　　　　　何晏之粉荀令香，技掩秦青音绕梁。
　　　　　　翩翩广袖能回翔，脩眉高髻内家妆。
　　　　　　月中一曲舞霓裳，轻敲檀板按宫商。
　　　　　　顿令四座生辉光，苏州刺史空断肠。
　　　　　　奈何与子非一乡，安得相从乐未央？
　　　　　　人生及时须徜徉，莫令两鬓生秋霜。

（三）卷五·歌者陈郎戏作姬妆即席调赠

　　　　　　梨园推丽质，结束作妖姬。
　　　　　　妙舞风前合，清歌云外迟。
　　　　　　彩衣裁袖窄，翠钿压眉低。
　　　　　　何必悲黄鹄，愁多貌不移。

（四）卷七·赠歌者

　　　　　　莺喉宛转舞蹁跹，唱彻《凉州》第一篇。
　　　　　　缑岭羽衣王子晋，汉宫丽质李延年。
　　　　　　袖当卧处还堪剪，锦掷筵间不用缠。
　　　　　　三过雍门称绝技，可能歌劝上留田。

（五）卷十三·东原别歌者周郎

　　　　　　缥缈尊前一曲歌，相逢其奈别离何？
　　　　　　数声残角霜天晓，马首无情幽怨多。

（六）卷十三·重集谐赏园忆歌者陈情

　　　　　　龙阳窈窕胜蛾眉，埋玉空山是几时。
　　　　　　重到园中听歌舞，不成欢乐却成悲。

　　　　　　陈郎丰度似何郎，长袖蹁跹韵绕梁。
　　　　　　此日重来君不见，舞裙歌扇总凄凉。

（七）卷十四·闽中元夕曲

　　　　　　谁家白皙少年郎，蜀锦吴绫别样妆。
　　　　　　半醉半醒骑马过，最堪魂断是龙阳。

处实堂集

(明·万历) 张凤翼著①
齐鲁书社 1997 年影印
《四库全书存目丛书》本②

(一) 卷之二·戏赠

绝代是龙阳,清辉照屋梁。
惊回窃车者,妒杀棹船郎。
蕙草初销雪,梅花欲断肠。
经时严酒禁,为尔一飞觞。

(二) 卷之四·席上赠别得迁字

出谷新莺喜乍迁,轻黄初着媚罗筵。
明朝奈何江头别,不是情人亦黯然。

(三) 续集卷之一·和刘太学七夕悼亡十二韵

梧叶迎秋落夜堂,天台非复旧刘郎。
绝怜远信迷三鸟,独拥愁心写七襄。
少别竟成旁死魄,大丹那得返魂香?
梦回巫峡空云雨,花老琴台冷凤皇。
七夕自容牛会女,九原宁有鹊为梁。
岂惟望帝能啼血,不待听猿亦断肠。
断袖谁边销鬓绿,擢舡何处睹头黄。
吴歈有恨歌男后,楚些无声起国殇。
恋主讵知翁失马,触藩难免路亡羊。
谩言冥漠应无侣,谬说温柔别有乡。
吊鹤倘重归华表,前鱼不用泣龙阳。
只今犹讶中山醉,莫遣椒浆奠羽觞。

---

① 参见《情史》(二) 之 (7)。
② 据明万历间刻本影印。

（四）续集卷之三·羊郎席上别王生

　　　　衰柳不堪折，临岐愁送君。
　　　　津亭一尊尽，江浦片帆分。
　　　　行色青萍剑，流风白练裙。
　　　　登楼应有赋，何以慰离群。

（五）续集卷之五·闻歌重悼子绳

　　　　新声入耳几何时，寂寞于今起梦思。
　　　　不恨少年辞世早，独嫌老眼识君迟。
　　　　雪消蕙草三春尽，月落空梁五夜疑。
　　　　弦绝已无山水意，异方之乐使人悲。

（六）续集卷之五·纪梦

　　　　当时相对已忘情，此夕相逢意独倾。
　　　　自向梦中酬一诺，不须石上证三生。

（七）续集卷之七·闻莺有感

　　　　珠喉当日度新声，百鸟林间不敢鸣。
　　　　一自仙郎骑鹤去，年年枝上啭流莺。

（八）续集卷之七·忆远

　　　　梦中憔悴使人怜，病里驰驱北到天。
　　　　莫道蓟门成远别，好加餐饭待归年。

（九）续集卷之七·惆怅二首

　　　　交加红紫小楼春，独有琼花解恼人。
　　　　漫说桃园仙路隔，眼前惆怅是迷津。

　　　　漫扶残醉小楼东，不道巫阳有梦通。
　　　　最是夜深惆怅处，满窗明月半床空。

（十）续集卷之七·残梦

　　　　造次空怜梦里身，梦回回首惜余春。
　　　　数峰自在行云散，肠断峰前作赋人。

自娱集

(明·万历) 俞琬纶著[1]
清刻本

(一) 卷五·甘蔗郎 (有序)

横塘甘蔗郎,每午余必以蔗来。稚年可亲,原博有曲志赏。曲文郎不解,予为俚语解之。

君问侬年纪,君问侬不答。
君莫问侬年,春来始垂发。

小小负蔗行,夏月行如火。
蔗则侬与君,君与侬瓜果。

人人饮蔗浆,蔗皮人所弃。
不识君何心,叠叠还堆砌。

他人持蔗来,蔗大君嫌小。
低哑问阿侬,汝可嫌钱少?

他人持蔗来,不许上阶头。
点首呼阿侬,汝可来上楼。

蔗味只如此,君言不可食。
一经阿侬手,便说甜于蜜。
蔗甜侬则苦,起早衣犹湿。

卖蔗虽则苦,此苦犹可当。
阿爷不爱侬,教侬牧牛羊。

---

[1] 参见《情史》(二) 之 (1)。

告君君不肯，坐名甘蔗郎。

　　知君有蔗癖，日到君门首。
　　一日君搂侬，搂侬侬伴走。
　　好心将蔗来，明朝定无有。

(二) 卷六·喜见黄必显

　　花前喜得又相亲，喜极翻疑未是真。
　　但见笑容无半语，看来元是十年人。

(三) 卷八·宛似歌引

　原博之与杨郎善也，起于手语色授，相得于吴舠杯酒间。酒罢，席茵蒐陌，低板轻喉，剪水酬唱。已而唧唧附耳者久之，竟不知作何语。今绎其词意，盖语此后。及期如杨，杨懒容素琴以俟。共载横塘，留三日，辞去，曰："相与之私，何厌久长？然泥尘委质，摇艇月中，当在何时？"周感其言，许荷衣一解，即金屋置君。杨谢曰："愿得一言以券。"乃为是歌备写其初终合离之况云。

(四) 卷九·奠沈文元 (有序)

　歌子①小沈曾为赏心之晤，且手语相订，有玄发欢无白首欢。后[予]读书山坞，不通殷勤。一日过陆处士，叩及此童，陆曰："死且归窆堵矣。"双泪流霰，不能一箸。即复还山，辄梦伫立几侧，短衫螺髻，自言可怜。即醒时亦恍忽颠倒，膈间若有物紧系。乃于某日晨起，乘奴子未觉，将杯水奠之花下，有文：

　嗟夫小沈，芙苔秀颖。一醉不还，一梦不醒。膏发芗销，串珠喉冷。白云断岩，金瓶绝绠。葬玉穷泉，埋香坎井。砌咽春波，花留蝶粉。窗月悬愁，归禽吊枕。狐兔尘封，鹓鹡图屏。舍我归冥，我怀耿耿。幻魂萧骚，梦魂纻缜。吾与子盟，腹心肠肾。子与我俱，坐立行寝。脱欲离子，如欲离影。影有时离，除是身陨。存亡易心，忍与不忍。

(五) 卷九·侯双小照赞

　景升示予一小照，曰："是谁之庞？"予曰："嗟乎！此其侯双宛乎？"其态之妍，色之芳。再视之，如有喘息。再视之，襜褕欲飐。再视之，目睛时一转动。再视之，如浮如凝，微闻幽香。再视之，如含胡欲有语。再视之，若易喜颜而生劳伤。是何照之怪常

---

① 歌童。

也。意！予相忆云长，中心云藏，触于照而神自将乎？嗟乎双郎，云山郁苍矣，江水森茫矣，魂气不可以飞越而胡以能翛然而介吾旁。

（六）诗余·无题

　　黄必显伟然男子矣。然弱年奇丽，非人间所有。后来之秀，复得小徐。予尝言："得一小二，天下可废郎童；得一小徐，天下可废女子。"或谓过赞。小二不知压下，小二更无足述，益令小徐擅场矣。此曲盖为小徐作也，曲成示一友人，友人云："惜未甚工艳，不能为受者生色。"予曰："取其不类赞女子者。"友以为然。

　　【四朝元】粉郎姣丽，云丝覆额时。羡新莺脆语，社燕娇飞，香腻匀肌理。把花容厮比，那花容怎比，堪怜处酒晕双颐。歌敛轻眉，不解妆乔，乱排儇媚。嗔喜都风味。嗏，抹杀那侍屏姬小小青衣。偏胜着练裙溪女，睡眼觑迷离，樱桃笑语微。他是采芳花使，害多少愁愁闷闷，玉楼人意，玉楼人意。

　　【其二】春风摇曳，花间掷果归。看游蜂成队，粉蝶相随，记年华三五初交岁。问春情知未，料知情还未。瘦腰如病，不为幽思。软怯轻风，非关憔悴。怕担不起风流字。嗏，休放过少年时。豆蔻含胎，难得东君有主，纵未许卜花期。先把闲情系，柳丝满怀心绪。低低偃偃，欲言还住，欲言还住。

　　【其三】非桃非李，妆成别样姿。怪天公何事，变作男儿，是男儿越觉怜人意。把千愁付你，费千愁为你。何必弓鞋，自是凌波。不待兰膏，自饶香腻。不画山横翠。嗏，莫说有情痴。看满座琼英，也为你纷纷坠。寒月入罗衣，嫦娥也爱玉肌。促花开连夜，莫老却潜潜等等，弄珠游女，弄珠游女。

　　【其四】红芳初蕊，东风好护持。怪的是游丝拴系。俗子呼卢，嫩柔条偏惹催花雨。愿伊家须记，嘱伊家牢记。休得破颜容易，须着意低回。不是千金，切休卖与。莫爱闲调戏。嗏，占尽了可怜姿。料半世花星，不出身宫里。巧语妒黄鹂，高歌误落梅。怕魂勾春睡，快将青璅，重门深闭，重门深闭。

　　【尾声】愿为君影相依倚，岂忍把风情月思。到莺花老残又付谁？

始青阁稿

(明·万历—天启)邹迪光著
北京出版社 2000 年影印
《四库禁毁书丛刊》本①

(一) 卷之八·友人携所欢诣余草堂看剧有赋

灯檠齐立绛帷施,傀儡筵前坐丽姿。
凝睇不将密意授,惊魂偏作有情窥。
低微笑语和檀板,宛转睛眸傍柘枝。
赢得伥儿无赖子,也梳蝉鬓赛蛾眉。

(二) 卷之八·余有童儿皆黄口也,而能衍剧,觉父以诗赏之,即韵为答

要得清风作上宾,玉荷香畔有香尘。
檀槽按谱何妨旧,翠管填词不厌新。
车子妙年能擅技,延年绝代可惊人。
已教落木盈丹栏,更使行云隔绛津。

(三) 卷之九·立春三日矣雪片不停,寒威愈炽,与客拥炉清歌细舞亦自不恶

飞飙日日打庭柯,莫是东皇妒绮罗。
兽炭炙炉烹雪响,鸾刀切肉带冰多。
当春合作阳阿舞,坐雨翻成水调歌。
宛转送欢殊不恶,请君休问夜如何。

---

① 据明天启间刻本影印。

静啸斋存草

(明末)董斯张著①
北京出版社 2000 年影印
《四库禁毁书丛刊》本②

（一）卷之二·将之闽中别友人

六月空装客剑州，寸心千里一吴钩。
休将离泪轻相赠，匹马看山不浪游。

（二）卷之二·怀长文

弱冠尚奇服，里左竞余忮。
寤言谁可偕，逢君缔幽意。
时登黄公垆，各下古人泪。
握腕无余情，绪怀托文字。
闽山滞行李，兹别若遐弃。
穷年想胜游，空斋日恒闷。
强笑鲜故欢，劳歌自成醉。
形神不复接，当午抱书睡。
策修理无睽，孤闻怀乃至。
中庭树秋橘，柯叶纷可异。
岂无众草荣，奇此不迁志。
浩焉感素交，东云溯归思。

（三）卷之二·送友人归吴

长揖遂言别，北风枯草吹。
以予同客者，送尔独还时。
水涸舟难渡，峰高马更危。
桃花犹隔岁，莫滞六桥期。

---

① 参见《太霞新奏》（三）（四）。
② 据明崇祯间刻本影印。

（四）卷之五·长洪村店有怀

　　　　　　　　石路马既疲，空村瞑方歇。
　　　　　　　　谁言行役苦，还次生离别。
　　　　　　　　残烛乱晨星，寒衾抱春雪。
　　　　　　　　山月宛可怜，仿佛卿眉□。

（五）卷之七·有怀

　　　　　　　　明月明月空在天，秦箫秦箫深自怜。
　　　　　　　　开遍海棠人不睡，春衣泪尽画眉前。

（六）卷之八·苕水舟中戏赠

　　　　　　　　酒尽灯残暗有期，拥衾坐促故迟迟。
　　　　　　　　清溪后日怀人夜，记得芙蓉欲谢时。

（七）卷之十·又代小史分得江字

　　　　　　　　不卧繁华社，觞飞只北窗。
　　　　　　　　藏钩纤手怯，说饼夜寒降。
　　　　　　　　翠袖人凭栏，红梅昨到江。
　　　　　　　　岂令幽事懒，硐碧正淙淙。

（八）卷之十·赠小史二首

　　　　　　　　江头未必有芙蓉，写得烟姿好伴侬。
　　　　　　　　记向方诸馆里见，秋乾香海夜还逢。

　　　　　　　　练裙痕渗墨花初，玉案何能一报渠。
　　　　　　　　便是青童驭鸾去，不忘频寄上元书。

识匡斋全集

(明末)刘康祉著
北京出版社 2000 年影印
《四库禁毁书丛刊》本①

卷之一·小怜歌为吴将军嬖人赋

　　小怜昔日倾人国，断绝肠弦胶不得。
　　今日小怜油幕前，将军终日掌中怜。
　　西第繁华真可羡，选伎征歌促佳宴。
　　八尺屏风纤影来，小童侍立花如面。
　　铃阁杯深万蜡灰，营门角动天未开。
　　绝缨醉客逃金罍，将军送客烛影回。
　　尔时小怜何所似，素腕真同玉麈尔。
　　邺宫樱桃空有名，花底骄奴何足拟。
　　金柝稀从丹徼传，鸡声不向貂帏起。
　　曼睩低帏流盼君，身是公身为公死。

媚幽阁文娱

(明末)郑元勋辑
北京出版社 2000 年影印
《四库禁毁书丛刊》本②

(一) 初集·赋·小嫣赋③

　　天茫茫兮无缝，地悠悠兮少罅。
　　鬼既死兮难话言，人徒生兮不灵化。
　　抱愠忙以莫申，独潺湲而涕下。

---

① 据清顺治十一年（1654）古晋冯如京刻本影印。
② 据明崇祯间刻本影印。
③ (明)张明弼作。

若乃前生琪叶，今世琼枝。

千灵作性，百韵为姿。

出秦宫而萧是，入汉殿而董非。

字樱桃而守礼，题芍药以能诗。

珊树落而为棘，玉荣败而为泥。

当日清门，此时朱阁。

身堕绣阶，影依珠箔。

捧结绿以当琴，掩团红而荐索。

灵竽一飞，活花四舞。

娇逐声流，媚随面吐。

按幽意于长弦，属微怀于柔缕。

庭无司马兮音未扬，座少周郎兮曲偏误。

菖蒲花兮有时荣，明月光兮有时倾。

谁家才子无春思，何处佳人少丽情。

况复宫中诵句，日下知名。

添瑀云以裁赋，扣璧月以寻盟。

侬奚为而受争，君奚事而未鸣。

芝欲销而蕙泣，玉将折而珠惊。

判千秋兮双恨，讵百年兮孤生。

红厅西兮画楼角，上客散兮朱颜渥。

帘檐鹊低，地衣狮弱。

银缸背屏，薰笼横幄。

扣鱼钥以无声，敲兽镮而有诺。

带解葡萄，篸松杜若。

梦涉笑兮靥微开，眠正沉兮鬟未约。

遂乃旌心白水，镂意青天。

鱼非情钓，袖以意镌。

衾裯泪兮剑锋血，士女誓兮英雄言。

刲黄蘗兮染蚕丝，结青麻兮擘鸳肌。

除天上兮无合离，信人间兮多是非。

侬殢谁门，君游何许。

欢绪未裁，离日先举。

月新生而眉愁，山晚去而黛苦。

虽畏众而禁啼，时避人而泗雨。
岐亭烛澹，别幌琴寒。
密约误来易，私书寄去难。
蛾长嚬而翠损，眶无燥而碧阑。
肠千回而牵直，珠万伙而滴干。
絮鲛泪于君衫，书蝇头于君珮。
心已拔而叶存，神既离而蜕在。
檀槽掷而音移，研席虚而迹沫。
乃有客工调达，主好摧残。
护花莫萩，蔓草谁删。
笞痕在背，铭血留肝。
河水深而路涩，白日皎而心寒。
明知麻葛之疏，莫解兰金之恋。
宁受侬以多言，勿期君而不见。
任殁命于九原，终不移其一念。
告灵祇兮鉴此心，央日月兮相照临。
愿为破竹合，不作连枝分。
愿为井底花，不作陌上尘。
愿接翼于衡岫，愿差鳞于湘浔。
愿比目而充膳，愿双丝以制襟。
愿云衣以同驾，愿桑环以再寻。
自是气谊重非，关情好深。
重曰：
欲采芙蓉兮惮水蛟，将拾蘼芜兮畏山咒。
人生有情兮山水可徙，愿倩黄鹄兮以报彼美。

五光徘徊，十色陆离，世有此尤物耶？公亮深于情而滥于选，得无不虞之举？然存此可为按图索骏。

（二）二集·传·吴三娘传① 记述一件因丈夫好男色而引发的家庭惨剧，系《传家宝》（八）之本事。

---

① （明）李清撰。

檀园集

(明末) 李流芳著
台湾商务印书馆 1986 年影印
文渊阁《四库全书》本

(一) 卷一·冬夜书怀

怀人不能寐，起行视天末。
风高夜气爽，空庭贮寒月。
落木何萧疏，纵横影交列。
万籁久逾静，中怀耿不灭。
忆我心所欢，生平矢相结。
嬿婉能几时，一朝悲契阔。
前日送我行，揽衣与我诀。
期我明月夜，翩然履我阈。
将子无愆期，指为三四屈。
管簟既已安，樽罍亦云设。
期逝子不来，音尘望中绝。
川涂非渺邈，江河多舟楫。
岂不顾前好，或以事羁绁。
一心抱终始，怀疑难自决。
团团天上月，光辉有时缺。
蔼蔼庭中树，岂无辞柯叶。
新欢与故知，恐或异凉热。
引领还入房，垂泪空咄咄。

(二) 卷一·将赴白下走笔别荃之

忆昔婉娈时，与子有成说。
悠悠路傍人，使我意不彻。
醒醍不足论，但念子羁绁。
人生非鹿豕，岂难相诀绝。
不忍区区诚，执手即呜咽。

白门河畔柳，句曲邸中月。
维舟复沽酒，与子行相挈。
车尘十尺深，关路百盘折。
奚囊共结束，蹇卫争蹩躠。
村醪解饥劬，松柴憩烦热。
十年谙客味，梦到魂欲裂。
况复与子辞，独行何孑孑。
水行多风浪，陆行畏炎魃。
车行虞虺虺，马行忧蹉跌。
世路皆如此，吾生何屑屑。
白龙百亩山，嘉木荫成列。
朅来偕吾友，掉头意已决。
永怀向子期，遂陋张生舌。
兹游非本情，聊以当一呎。
子如有两意，请与子长别。

（三）卷一·题荃之画兰

我昔学画时，意亦颇浩渺。
不求工形似，但以写怀抱。
十年弄笔研，自顾尚草草。
子真有夙慧，落笔那便好。
疏疏几叶兰，此意亦难了。
墨肥苦无骨，险瘦神亦槁。
纵笔伤婀娜，取态失苍老。
不独烦位置，兼亦贵风藻。
看子意有余，一往何振掉。
著花花离离，著叶叶袅袅。
因风欲翩翩，堕雨故夭矫。
开缄飒生气，嫣然出物表。
始知画有真，俗工徒潦倒。
勉旃自珍重，成名不足道。
因忆吾友言，惜哉笼此鸟。
（闲孟遗荃之诗尝有此句。）

（四）卷一·己酉①春日以看梅到弹山，信宿山阁，读壁间旧题如昨日耳。而当时共事者徐孺穀、张君实与小史荃之皆死矣。怆然兴怀，爰作此诗

> 七载阁中人，重来死亡半。
> 巡览惊孤游，数往疑梦幻。
> 当年诗酒徒，徐生意何悍。
> 小史最清发，与我情婉娈。
> 张生实同调，时亦偕汗漫。
> 一朝俱灰尘，萧条空里闷。
> 不见窗中山，突兀犹在眼。
> 不见门前树，森疏好枝干。
> 山花向我笑，山鸟自相唤。
> 壁间旧题字，墨迹未漫漶。
> 嗟我同游人，一逝不复返。
> 晓日充山舟，夕月铜井院。
> 湖波绿欲皱，杨梅红始绽。
> 曳杖追流云，浮杯激飞淀。
> 此中乐事多，此日欢情变。
> 低回阅身世，生存觍颜面。
> 西州下悲泪，黄垆发浩叹。
> 予怀不可道，松风吹独旦。

（五）卷二·春雪有怀龚三仲和，兼讯刘长卿、张荃之

去岁以是日至武林，大雪。又尝值冬雪，偕长卿、荃之泛舟至石冈，阻冰步归城南。石冈，仲和别业也。

> 去年此日西湖曲，积素千山乱晴旭。
> 今年此日雪复骄，排空匝野欺春条。
> 山楼四望何沉寥，思君遥遥不可招。
> 城南一棹冲寒路，水抱山围石冈暮。
> 酒醒风歇冻不行，著屐归来赏君句。
> 只今春花半含绮，掩映山椒复何似。
> 花开雪落不相待，我愁君病徒为尔。
> 人生发兴真偶然，吁嗟张生与刘子！

---

① 万历三十七年，1609 年。

（六）卷二·重题荃之画兰

秋风兰若长干客，蘽树阴阴小窗碧。
千里间关迟子来，残灯细语为谁剧？
当时子画我作诗，今日开看已陈迹。
我昨送子寒城东，荒草茫茫掩阡陌。
肠摧泪竭无奈何，手泽相夸竟何益。
吁嗟乎！
人生不死空有情，惭愧傍人知爱惜。

（七）卷八·剑蜕斋记

剑蜕，志梦也。往余昵孺縠小史荃之，情好方洽。忽梦荃之过予，袖中瑟瑟若有物，出之一蛇蜕也。其长盈丈，捉而投于予榻。余惧，拔剑拟之，觉而占之曰："蜕者化也，剑者割也。彼且为幻化而吾以慧锷割之，余与荃之之好其不终矣。"因颜其斋曰剑蜕以识之，兼题东坡二语于壁曰："事过始堪笑，梦中今了无。"然余之昵荃之也愈甚，众皆笑之，弗顾也。亡何而荃之以瘵死，孺縠亦暴亡，一恸而悟梦始验矣。始孺縠以八分书斋额岁久蠹坏，今年小葺斋屋，为重书之而叙其事以为记。嗟乎！所谓荃之者，十年以来已不复入吾梦矣。当时绸缪缱绻所为，求致其情而不得者，自今思之余亦自笑其痴，而况于人乎？方余之梦也，固已知其为梦也。知其为梦而不悟，必至于死而始悟，余之剑亦不利矣。虽然，岂无之死而不悟者乎？夫今梦昨梦皆梦也，余其悟而不复梦，斯可以说梦也已。余故记之以自儆，并以告世之寻梦者。

李太仆恬致堂集

（明末）李日华著
北京出版社 2000 年影印《四库禁毁书丛刊》本[①]

卷之九·戏与歌儿

轻衫拂拂杏花烟，唤起黄鹂诉柳绵。
憨态酒情浑不禁，为君几失小乘禅。

[①] 据明崇祯间刻本影印。

味水轩日记

(明末) 李日华撰
民国十二年（1923）吴兴刘承干刻
《嘉业堂丛书》本

（一）卷三·万历三十九年十二月五日

夜赴项楚东别驾招，同坐者许灵长学博、孙鼎石万户。有歌舞侍子妍妙者紫烟、春晖、寒芬、秋声数人，紫烟尤所笃幸者也。征余诗，余戏挥一律云：

　　歌舞当场第一仙，水晶帘影妒婵娟。
　　低腰乍似迎风柳，瞥目浑疑出水莲。
　　宠极不须愁曲误，羞多翻自取人怜。
　　夜来衫袖襟裩甚，偷伴氍毹一醉眠。

（二）卷四·万历四十年二月二十二日

[吴]珍所名正儒，字醇之。丙子乡荐授河南兰阳令，俄罢归。不营俗务，制一楼舫极华洁，畜歌儿倩美者数人，日拍浮其中。每岁于桃花时移住西湖六桥，游观自适，追尝新茶始去。别游姑苏、阳羡诸胜。今年六十有九矣，而饮啖甚健，殆天以闲福奉之也。是夜先生招饮静修僧房，项楚东别驾在坐。项有侍子子延、寒芬、秋声三人，与主人侍子玉润、珠明者夹侍侑觞。又有金陵院姬刘二，亦善调笑。主僧静修酒态狂纵，狎友范三郎君赏者擅新声之妙。曳如缫茧，吐若伏流。清亮孤圆，温涵酝藉。每一**魄**态，令人欲绝。吴歈之伎，平生所未闻也。颓然竟醉而罢。

（三）卷六·万历四十二年正月十四日

夜集吴贞所萍居斋舫。贞所自号无著居士，以乡荐授兰阳令。致政归，即敕断家事，以画舫游江湖间。遇宾客雅集，令家童度新声，或演剧以佐欢笑。超然自得，所谓蜉蝣天地之间，不婴世之网罗者也。

（四）卷七·万历四十三年十一月十一日

黄郎给事陆明府最久，少擅羊车之誉，漫书一笺贻之：

　　入□暖无雪，沙柳半留青。
　　素手长条在，歌眉黛色侵。

驿梅装马背，旅酒吐车茵。
欲识登天乐，黄郎梦里寻。

隐秀轩集

（明末）钟惺著
北京出版社 2000 年影印
《四库禁毁书丛刊》本①

诗月集·彦吉先生席上观剧赠周郎

独丝抽半珣灰过，四坐冥冥但有歌。
一缕风中香欲去，烛灯影里占无多。

乍见声闻好女身，寒空一叶下无因。
可知今夜登场者，却是前生顾曲人？

吴歈小草

（明末）娄坚著
北京出版社 2000 年影印
《四库禁毁书丛刊》本②

（一）卷之四·赠友人青衣四绝句

昨夜分桃梦里身，晓窗初试画眉人。
向来几许娇怜意，学得风流次第新。

争传小史少年场，乐府今翻妩媚娘。
料得夜阑歌舞罢，闺中邀与斗新妆。

池上秋深暗绿萝，清樽妙舞管弦和。

---

① 据明天启二年（1622）虞山沈春泽刻本影印。
② 据清初刻本影印。

莫嫌此夜无明月，为看阳台暮雨过。

频挑曼睩思依依，蹋步灯前试舞衣。
我怯冰霜几回首，更谁容易殢人归？

(二) 卷之四·即事二绝

拂袖鸣弦意态殊，轻拢慢撚唱吴趋。
划然住拨回头顾，得似曹纲右手无？

一尊逃暑半庭阴，送客留髡酒更深。
听罢清商凉吹满，却怜瘦骨侻难禁。

(三) 卷之四·席上有赠

几回轻剪灯前影，百啭徐销梁上尘。
已过雁来蘩菊绽，似闻好鸟哢深春。

祁忠敏公日记

(明末) 祁彪佳撰
民国二十六年（1937）绍兴县修志委员会铅印本

(一)《居林适笔》丙子岁①四月初三日

饭后赴钱麟武、钱德舆招，登小隐山，观《五桂记》。子夜，德舆复出家伶侑觞，晚宿于舟中。

(二)《壬午日历》壬午岁②十月十七日

是日买歌者秦青。

---

① 崇祯九年，1636年。
② 崇祯十五年，1642年。

(三)《癸未日历》癸未岁①十月三十日

薄暮邀王云岫来,为定松间一室之址。举酌咸畅阁,听秦青歌,即留宿阁上。

(四)《甲申日历》甲申岁②正月二十五日

午后延王云岫、潘鸣岐小酌,清唱罢,令止祥兄之小优演戏,乃别。

(五)《乙酉日历》乙酉岁③六月初一日④

薄暮抵寓山,知止祥兄已从南都避难归,亟至旧宅看之。止祥兄尚有歌者携归,时文载弟留酌,遂欲演戏,予力阻而罢。

广陵古竹枝词

(明)佚名著
扬州古旧书店 1961 年抄
《扬州风土词萃》本

将军坟上妖童广,太守堂前妓女多。
撩拨春心收不住,手摇春帕眼摩娑。

文饭小品

(明末清初)王思任著
岳麓书社 1989 年版

(一)卷二·七言绝·蜀口舟中鄂君入梦(素昧平生,妙极)

两眼秋灵妙体裁,乌云一绾玉皑皑。
扁舟那得如青翰,惊诧仙兄觅我来。

---

① 崇祯十六年,1643 年。
② 崇祯十七年,1644 年。
③ 顺治二年,1645 年。
④ 参见《陶庵梦忆》(三)。

(二) 卷二·七言律·赠赖笃生

> 万秀千清更百芬，红霞罩玉出衣云。
> 神仙八素查丹箓，才子三余寄典坟。
> 上苑高眠宜断袖，南窗寄傲愿书裙。
> 越人惯会歌山木，何幸瑶枝一傍君。

(三) 卷二·七言律·赠杨弱生

> 空同天半挹高芬，豹雾山川未出云。
> 眼底千秋谁论世，胸中五岳自生坟。
> 蛾眉不必皆长袖，犊鼻于今暂矮裙。
> 章贡一声飞霹雳，滩头十八尽归君。

(四) 卷二·悔谑

优儿谭惟孝一时艳哄，每戏阕，少年候劳，进参鸭者恐后。某生私之，得出门溲遗，略奉其手。纳金一铤，色犹薄怒。谑庵①闻之曰："所谓南风五两轻②也。"

中洲草堂遗集

(明末清初) 陈子升著
清道光二十年（1840）南海伍氏
诗雪轩刻《粤十三家集》本

(一) 卷之八·城中寄怀某郎

> 想子中洲夜，月斜春帐深。
> 新蛙乱欹枕，起坐空横琴。
> 予实同栖鸟，飞翔惟近林。
> 春潮日来往，因信平生心。

(二) 卷之九·无题

> 桃李自成蹊，婴姆并上堤。

---

① 王思任，号谑庵。
② 见（唐）王维诗《送杨少府贬郴州》。

秦宫花底活，周史月边迷。
乐府能传凤，天河恨报鸡。
因君逢嫁娶，端是不须啼。

不矜交甫佩，不羡莫愁堂。
死认罗浮树，生怜西国香。
老来将药却，忧至倩萱忘。
定有龟台使，余桃泥汉皇。

(三) 卷之九·赋得江海寄情人

平生寥廓意，持此结情亲。
明月隔千里，沧州同几人。
依依寒雁渚，森森落花津。
我独乘桴去，思君愁白蘋。

(四) 卷之九·元夕灯下怀所钦

情人旷颜色，空此九微灯。
今夕始三五，今年思旧朋。
愁听火凤唱，梦到烛龙升。
春雪如相映，山阴棹已乘。

(五) 卷之九·秋日赠别

荆棘参天满，君行思独深。
不穷邹衍口，至慎阮公心。
想到西荆日，登楼罢叹音。
风尘重相见，长袖拂霜镡。

(六) 卷之九·忆别（戏用卦名）

邑井观鱼处，新丰策蹇时。
阿咸挥麈尾，匡鼎解人颐。
荒径暌三益，临风怅别离。
何当同旋雁，过岳复相随。

(七) 卷之九·赤花洲寄朱生

中洲未归客，伫立赤花洲。
日动绿槐影，闻君骄紫骝。
绛纱傅郑子，黄石待张侯。
肯以青云器，随余汗漫游？

(八) 卷之十一·步摇

步摇妆近赵王筵，名列琵琶最小弦。
甓者井头羞上客，卯兮城里愿求仙。
偷来香麝薰周史，戴起金貂学董贤。
犹笑卓家新寡女，远山眉黛画屏边。

(九) 卷之十一·既作前诗，因阅袁公安即事，起语云："个是春江旧舞楼，海棠花下小梁州。"爱其尖丽，复演前意，效而小变焉，题曰"个是"

个是春江绝艳船，芙蓉塘外小游仙。
偶看竹泪回双袖，全谱枫香八四弦。
细马驮来羞虢国，流莺惊起隔韩嫣。
东南亦有秦家女，白日高楼只爱眠。

(十) 卷之二十·赠繁华子

【楚江情】〔香罗带〕双飞未必甘，专房也堪。越裳授车原指南。龙鯪一样合琼函也，繁华特馆，屠苏小庵，巫山旧梦青出蓝。〔一江风〕粲粲朝霞，翻觉秦楼暗。丝丝马与蚕，丝丝马与蚕。卿卿爵是男，进退个觞非滥。

闲情集

（清初）顾有孝原编
（清初）陆世楷增辑
北京出版社 2000 年影印
《四库禁毁书丛刊》本①

（一）卷之四·艳情为灵墟②

　　　　　　十三曾识卖珠名，几度春风醉舞尘。
　　　　　　昨日斗鸡长乐观，文园偷访爱琴人。

（二）卷之五·戏赠歌者王郎③

　　　　　　明瞳寒溜春江水，鬓发油油乱云委。
　　　　　　口脂吹泽花无香，刻玉为人许人倚。
　　　　　　红牙声停哄堂别，绣被香温笑微揭。
　　　　　　兰灯已尽羞无言，难道窥帘怕明月？

痴婆子传

（明·嘉靖—万历）芙蓉主人著
台湾大英百科股份有限公司
2000 年《思无邪汇宝》本

（一）卷上　写主仆同性恋。

（二）卷下　写僧人同性恋。

---

① 据清康熙间刻本影印。
② （明）彭季作。
③ （明）王留作。

金瓶梅词话

(明·嘉靖—万历)兰陵笑笑生著
香港太平书局 1982 年影印本①

(一) 第三十一回②

本县正堂李知县差人送羊酒贺礼来,又拿帖儿送了一名小郎来答应。年方十八岁,本贯苏州府常熟县人,原是县中门子出身。生的清俊,面如傅粉,齿白唇红;又识字会写,善能歌唱南曲。西门庆一见小郎伶俐,满心欢喜,就拿拜帖回覆李知县,留下他在家答应,改唤了名字,叫做书童儿。与他做了一身衣裳,新靴新帽。不教他跟马,教他专管书房收礼帖,拿花园门钥匙。

(二) 第三十四回

书童走在旁边侍立。西门庆见他吃了酒,脸上透出红白来。红馥馥唇儿,露着一口糯粳牙儿,如何不爱?那小郎口噙香茶桂花饼,身上薰的喷鼻香,西门庆因嘱他少要吃酒,只怕糟了脸。书童道:"爹分付小的知道。"[然后西门庆和书童发生了同性恋关系。五妾潘金莲知道情况后,背地里骂西门庆不知廉耻,行为龌龊。]

(三) 第三十五回

[西门庆和书童在书房中狎戏。潘金莲当面埋怨丈夫道:]"贼没廉耻的货。你想有个廉耻,大白日和那奴才平白两个关着门在屋里做什么来?左右是奴才臭屁股钻了,到晚夕还进屋里,还和俺每沾身睡,好干净儿!"西门庆道:"我那里有此勾当?我看着他写礼帖儿来。"金莲道:"巴巴的关着门写礼帖,什么机密谣言。什么三只腿的金刚、两个鲸角的象,怕人瞧见?"[西门庆自觉心虚,为安抚潘氏,只得送她一件不错的衣服。]

……

[潘金莲和西门庆的第三妾孟玉楼闲谈,埋怨西门庆偏宠他的第六妾李瓶儿和书童。]金莲道:"我告诉你,如今这家中,他心肝脑蒂儿事,偏欢喜的这两个人。一个在里,一个在外,成日把魂恰似落在他们身上一般。见了说也有,笑也有。俺每是没时运的,行

---

① 据明万历间刻本影印,图像据明崇祯间刻《新刻绣像批评金瓶梅》(王孝慈旧藏)本影印。
② (一)(二)(三)写西门庆与他的仆人书童之间的同性恋关系。

动就象乌眼鸡一般。贼不逢好死,变心的强盗,通把心狐迷住了。"

(四) 第三十六回①

大厅正面设两席,蔡状元、安进士居上,西门庆下边主位相陪。饮酒中间唱了一折下来,安进士看见书童儿装小旦,便道:"这个戏子是那里的?"西门庆道:"此是小价书童。"安进士叫上去赏他酒,说道:"此子绝妙而无以加矣!"原来安进士杭州人,喜尚南风。见书童儿唱的好,拉着他手儿,两个一递一口吃酒。[宴饮结束后,西门庆陪蔡、安两人游自家花园,然后]从新复饮,书童在旁歌唱。[他]拿住南腔,拍手唱道:

红入仙桃,青归御柳,莺啼上林春早。帘卷东风,罗襟晓寒尤峭。喜仙姑,书付青鸾,念慈母,恩同乌鸟,合风光好。但愿人景长春,醉游蓬岛。

安进士听了,喜之不胜,向西门庆称道:"此子可敬。"将杯中之酒一吸而饮之。那书童席前穿着翠袖红裙,勒着销金箍儿,高擎玉斝,捧上酒去,[又唱了一曲。]

当日饮至夜分方才歇息。西门庆藏春坞、翡翠轩两处俱设床帐,铺陈绫锦被褥,就派书童、玳安两个小厮答应。

(五) 第四十九回

西门庆道:"他南人的营生,好的是南风。"

(六) 第五十五回②

西门庆见两个儿生的清秀,真真袅袅媚媚,虽不是两节穿衣的妇人,却胜似那唇红齿白的妮子。

(七) 第五十六回③

[应伯爵对西门庆道:]"他与我是三世之交。小弟两三岁时节,他也才勾四五岁。那时就同吃糖糕饼果之类,也没些儿争论。后来大家长大了,上学堂读书写字,一般的聪明伶俐,再没些妒忌。日里同行同座,夜里有时也同一处歇。到了戴网子,尚兀是相厚的。因此是一个人一般,极好兄弟。"

---

① 写西门庆在家宴客时,让书童装成小旦,唱曲侑觞的情形。
② 写苗员外送给西门庆的两个歌童的面貌。
③ 隐写帮闲应伯爵青少年时与其同伴水秀才之间的同性恋关系。

(八) 第八十四回

[泰山碧霞宫道士石伯才] 手下有两个徒弟，一个叫郭守清，一个名郭守礼，皆十六岁，生的标致。头上戴青段道髻，用红绒绳扎住总角，后用两根飘带。身穿青绢道服，脚上凉鞋净袜，浑身香气袭人。客至则递茶递水，斟酒下菜。到晚来背地来掇箱子，拿他解馋填馅。明虽为师兄徒弟，实为师父大小老婆。看官听说，但凡人家好儿好女，切记休要送与寺观中出家，为僧作道。有诗为证：

> 琳宫梵刹事因何，道即天尊释即佛。
> 广栽花草虚清意，待客迎宾假做作。
> 美衣丽服装徒弟，浪酒开茶戏女娥。
> 可惜人家娇养子，送与师父作老婆。

(九) 第九十三回①

[陈经济因生活所迫不得不出家做道士，他的师兄金宗明] 不是个守本分的，年约三十余岁，常在酒楼包占乐妇，是个酒色之徒。手下也有两个清洁年小徒弟，同铺歇卧，日久絮繁。因见经济生的齿白唇红，面如傅粉，清俊乖觉，眼里说话，就缠他同房居住。晚夕和他吃半夜酒，把他灌醉了，在一铺歇卧。初时两头睡，便嫌经济脚臭，叫过一个枕头上睡。[接着金对陈进行肛交。] 这经济口中不言，心内暗道："这厮合败，他讨得十分便益多了，把我不知当做甚么人儿。也来扳伏与他个甜头，且教他在我手内纳些败缺。"一面故意声叫起来，这金宗明连忙掩住他口，说："好兄弟，禁声。随你要的，我都依你。"经济道："你既要勾搭我，我不言语，须依我三件事。"宗明道："好兄弟，休说三件，就是十件事我也依你。"经济道："第一件，你既要我，不许你再和那两个徒弟睡。第二件，大小房门上钥匙，我要执掌。第三件，随我往那里去，你休嗔我。"金宗明道："这个不打紧，我都依你。"当夜两个颠来倒去，整狂了半夜。[由此，陈经济靠掌管钥匙的机会盗出钱物去酒楼宿娼，后来事情败露，陈不能在道观中存身，转而流落街头。]

(十) 第九十六回

[一日，陈经济在街头被人欺侮，土作头儿侯林儿把他解救下来，并带他去饭店喝酒。吃喝之间，侯对陈道：] "兄弟，你今日跟我往坊子里睡一夜，明日我领你城南水月

---

① (九)(十) 写西门庆的女婿陈经济落魄之后通过与道士金宗明、土作头儿侯林儿的同性恋关系而得益。

寺那里修盖伽蓝殿并两廊僧房。你哥率领着五十名做工，你到那里不要你做重活，只抬几筐土儿就是了。也算你一工，讨四分银子。我外边赁着一间厦子，晚夕咱两个就在那里歇。家都交与你，好不好？强如你在那冷铺中替花子摇铃打梆子，这个还官样些。"经济道："若是哥哥这般下顾，兄弟可知好哩。"两个说话之间，你一钟我一盏，把两大壶酒都吃了。量酒算账，该一钱三分半银子。经济要会银子，侯林儿推过一边，说："傻兄弟，莫不教你出银子，哥有银子在此。"一面扯出包儿来，秤了一钱五分银子与掌柜的，找了一分半钱袖了，搭伏着经济肩背，同到坊子里，两个在一处歇卧。[后来陈经济被他昔日的异性情人找到，就毫不犹豫地离开了侯林儿。]

（十一）第二十四回　写西门庆的两个丫鬟之间稍带同性恋色彩的戏闹。

（十二）第三十五回　西门庆的仆人用涉及同性恋的言词骂人。

（十三）第三十五回　写有关道士同性恋的笑话。

（十四）第五十回　写西门庆的两个仆人之间带有同性恋色彩的打闹。

（十五）第五十四回　帮闲应伯爵用涉及同性恋的言词嘲弄西门庆的仆人玳安。

（十六）第五十六回　写水秀才好龙阳小厮。

（十七）第五十七回　写僧人同性恋。

（十八）第六十五回　写优伶清弹小唱的情景。

（十九）第七十一回　写西门庆与他的仆人王经之间的同性恋关系。

（二十）第七十六回　秀才温葵轩鸡奸西门庆的仆人画童。

受私贿后庭说事（第三十四回）

西门庆为男宠报仇（第三十五回）

家仆平安把事情告诉了潘金莲，西门庆知道后借故把平安痛打了一顿。

书童儿作女妆媚客（第三十五回）

西门庆在家里请客喝酒，书童男扮女装，唱曲娱宾。

蔡状元留饮借盘缠（第三十六回）

苗员外一诺赠歌童（第五十五回）

扬州苗员外是西门庆故交，把自己的两个歌童送给了西门。西门收下，为他俩取名春鸿、春燕，派在书房侍候。

书童私挂一帆风（第五十五回）

书童与丫鬟玉箫偷情，被潘金莲撞见。书童惧祸，赶紧搭船逃回了苏州原籍。

画童哭躲温葵轩（第七十六回）

秀才温葵轩在西门家做书启西宾，鸡奸了使唤小厮画童，画童哭躲之。西门庆得知此事，又知温葵轩暗中泄露了自己的秘密，乃将温辞退。

陈敬济弄一得双（第八十二回）

图中二女是潘金莲和她的使女庞春梅。

金道士娈淫少弟（第九十三回）

绣榻野史

（明·万历）吕天成著
台湾大英百科股份有限公司
1994年《思无邪汇宝》本

（一）卷之一

话说扬州地方有一个秀才，姓姚名同心。因住在东门，便自家号做东门生。真个无书不读，又晓得佛家的道理，又要做些歪诗，又要吃酒。原是一个没搭煞的人，先娶魏家的女儿做老婆。这魏氏与东门生都是甲子年间生的，容貌十分丑陋，又整日是病，东门生再不得像意戏弄。后来二十五岁死了，东门生恨前妻不好，定要寻一个标致的做继娶老婆。又有一个小秀才姓赵名大里，比东门生年纪小十二岁，生得标致。东门生千方百计说合他，毕竟等东门生哄上手了。日里是弟兄，夜里是夫妻一般。东门生虽则死了老婆，却得大里的屁股顶缸。又过了几年，东门生到了廿八岁了，忽有个姓孙的媒婆来

东门生与赵大里

图据明末醉眠阁刻本影印。

说,隔街琼花巷西首,有姓金的缎铺老儿,生个女儿十九岁,又白又嫩,标致得紧。东门生十分欢喜,便将盛礼定下,拣了上好吉日,娶过门来。东门生见模样真个美貌,一发欢喜得紧。略打听得金氏做女儿时节,和小厮们顽耍,有些不明不白的事。东门生也不计较这样事,便是新婚,又不舍得丢了大里。大里日日在屋下走动,没人疑忌他。大里的娘叫做麻氏,人都顺口儿叫他做麻婆婆。二十岁上守了寡,教大里读书,十分严紧。照管自家身子,着实谨慎。大里供看他,也是极孝顺的。

　　[东门生撮合大里与金氏成欢。]

(二) 卷之二　赵大里使用耍药与金氏欢媾,激烈性交使得金氏下体受伤。

(三) 卷之三　东门生心有不甘,于是夫妻合计,将大里的母亲麻氏请到家中,东门与之淫通。

(四) 卷之四　两家男女在一起淫戏。后来,麻氏、金氏死于淫,大里死于疫,东门生剃度出家。

东门生、赵大里、金氏

图据明末醉眠阁刻本影印。

东门生、赵大里、金氏、麻氏

图据明末种德堂刻本影印。

浪史

(明·万历) 风月轩又玄子著
台湾大英百科股份有限公司
2000年《思无邪汇宝》本

(一) 第二、二十三、二十四、二十七、二十八、二十九回 写浪子梅素先与宠仆陆姝、妹妹俊卿、妻子文妃、安哥等人的同性恋和异性恋。

(二) 第十一回 写俊卿与丫环红叶的女性同性恋。

(三) 第三十九回 写文妃与安哥的女性同性恋。

国色天香

（明·万历）吴敬所编著
时代文艺出版社 2001 年版

（一）第一卷·龙会兰池录

　　世隆病渐痊。主人思古，邀梨园子弟侑贺于西阁。世隆起见，笑曰："此顽童也，生所羞比。"思古曰："何谓顽童？"世隆曰："具载三风十愆中。"思古意犹未解。世隆具以晋羌男破老、汉弄儿来梦儿、太子承乾事告，思古乃出净酒奉喜。

（二）第九卷·金兰四友传

　　时海宇奠安，民物康阜，奎星拱瑞，文学联辉，而崇尚风情雅义者，此时为最。赵州有李生名峤者，字巨山，父岳，任将州刺史，母赵氏怀孕时，梦神人遗双笔而生。九岁能属文，年登二八，而神气英杰，有清高绝尘之姿，有温柔雅淡之态，平易之中涵蓄无穷，真乃无瑕之白璧，出世之丰采，平生不常有者也。且性敏学博，善于诗赋歌调，非天挺人杰者乎！惟目盼者，而倾心爱慕，感欲内交，而不可得焉。

　　有赵州栾城县姓苏者，名易道，字子游，父贤，任凤阙舍人，母林氏，怀孕十二月而生。年弱冠时，貌亦卓雅，赋诗倒三峡之狂澜，议论惊四筵之雄辩。时因访亲，往赵州经过，途遇得睹而切慕之，奈何难以相契。抵家之后，常注心目，瞻仰至极，每怀吟风弄月之思。秋日无聊，独吟一律以自纪云：

　　　　虚庭空翠古秋光，倏忽人间一夜长。
　　　　零露滴开黄菊冷，西风吹散芰荷香。
　　　　孤灯挑尽难成梦，横笛传声易断肠。
　　　　遍倚高楼人不见，寒山月色共苍天。

　　又继之以倦，作《寻芳》词一阕云：

　　　　梧桐泣雨，滴作秋声，小院闲画水。木叶飘黄，正是恼人时候。夜悠悠，心耿耿，懒拈兰麝烧金兽。卷帘儿，正凭高望远，几回翘首。　见愁颜满面，瓦盏金钟，珍珠红酒。半醉醒来，此恨依然还在。泪滴秋衫招舞袖，寒肌弱体仍消瘦。这情怀，诉与谁，问君知否？

既而秋去冬来，天寒地冻，雪滚风生，独坐孤眠，寂寥殊甚。正纳闷间，忽有赵州人姓杜名审言，字必简，原籍湖广襄阳人，祖钦，任赵州刺史，遂世居焉。素有雄才丰雅，长于吟咏，时往乐城县公干，因借宿于店，会道于途。请入中堂，问其姓名、居址，宰鸡为黍以待之。与之论及世故，见其英杰超雅，亦重风情，询曰："贵州有李生名峤者，公曾会否？"言微笑而答曰："是予之表弟也。先生何处会之？"道曰："前因访亲，路经贵州，途次相逢，盼相英容，至今不暇，但未知其人心绪何如？"言曰："丰姿则超越绝尘，高出于斯世。论才思，则挥毫赋就，驰骋于古人。士君子咸见重焉。"道曰："美则美矣，奈何山阻隔，无以相遇。"言答曰："容生回家，偕彼来拜，可乎？"道致恭而谢曰："诚如是焉，犬马当报。"遂口占一歌云：

相思几夜梅花发，瘦影映窗月初白。
帘外谁来扣我门，开窗乃见风流客。
密意难传今有托，眉头清泪都弹却。
一夜相逢百夜心，饮余对月频斟酌。

歌罢，言亦成一绝以戏之：

梅有香兮菊有芳，栽培总不属刘郎。
东风欲借吹嘘力，只恐枝头不放香。

言叹曰："以梅菊比人，以刘郎比我，以东风比己，真可谓吟咏者矣。"越日告别，道以色绢二端、云履一双赠之。谦辞再三，方受。仍置酒饯别。

言抵家，闲步峤馆，将前事备述。峤悦然有偕行之念。

越数日，言与峤同具嘉兴绢二端、绒包二幅、云履二双、罗帕二方，命仆随行，径投乐城来拜。道知，整衣出迎。见其色类潘安，温而柔，和而雅，实盖世之英贤也。峤盼道丰标拔萃，纯厚超群，细而沉，清而淡，诚亘古之君子也。遂延入高轩达礼。接谈之际，道喜容舒畅，勃然踊跃，顾盼无暇。二人将资义恭献，道曰："下顾足矣，敢纳嘉赐乎？"谦让拜领。遂设香醪，列珍馔，极其丰盛。峤见礼义周密，答问恭敬，有缅想之怀。道盼峤风情飘逸，悬切慕之私。

日暮，峤与言告别，道款留甚殷，遂止之。临夜筵散，迎入楼馆。但见琴书悬架，香喷金猊，藤床绣幕，珊枕绫衾。峤曰："闻先生老于诗学，迢迢良夜，见教可乎？"道答曰："鄙陋庸才，不堪上闻。"诘甚，遂吟一绝：

> 对看风月一帘间，杯酒今宵莫放残。
> 千里有缘须共醉，有朝且莫唱阳关。

峤曰："字字铿锵，句句清奇。"道笑曰："勿哂足矣，何劳称羡？"二人款叙更深，不觉樵鼓四余，言辞就寝。峤灯前卸冠挈珮，微露玉骨冰肌，浑白璧之无瑕，恍琏瑚之新琢。道目触感怀，惶惶有失，赴赳然而隔宿也。

越日，二人又告别。道挽手而止之，曰："敝处有景，名曰涧浦，水秀山奇，四时花草，各逞其丽。苍松翠竹，古柏琼枝，足以玩目适情。若不见弃，同与一游，可乎？"峤曰："既有佳景，再停一日何妨。"

次日，命仆具壶觞，邀二客同往观焉。遍历佳景，并履岩岸。言曰："胜会不偶，二公俱优文墨，可无一言以记之乎？"峤曰："百木凋零，香梅独喷，请以梅为题。"道先吟曰：

> 玉骨冰肌绝点尘，岁寒心事寄何人。
> 当时不做东君伴，肯与风流赠小春。

峤曰："子建以七步成诗，公不待七步而成，过于子建多矣。"道曰："献丑！勿讶！"峤曰："岂不涉于戏乎？予当一和之。"吟曰：

> 玉容清致出风尘，更有余香取可人。
> 万紫千红都让后，陇头先放一枝春。

峤诗既成，复顾言曰："吾二人既咏，表兄何默然而已？"言曰："二公以梅为题，我意不欲如是也。"即成一律云：

> 漫携竹杖更芒鞋，笑践天台顶上来。
> 野鸟不惊闲习惯，白云长共赏山怀。
> 怪岭千层峰耸翠，帘前一带水萦回。
> 满天风雨谁收拾，折得梅花两袖回。

道畅然亦成一律云：

帘前景致闻今古，载酒冬游莫话迟。
赖有云山同意趣，岂无梅菊共襟期。
天将好景留人玩，我把风流拉故知。
胜概尽堪重拭目，教人何不强题诗。

又奉酒，醉吟一律云：

凭君满酌酒，听我醉中吟。
客路如天远，侯门似海深。
夕阳侵古道，白发恋颜新。
惟有人间事，须弘济物心。

或谈笑，或吟咏，不觉红轮西坠，杯盘狼籍，乃起而归。

行至城半，峤容含洞口之桃花，脸衬九重之春色，启绛唇，就途以拜别。道答曰："不厌草舍，更以一宿，何如？"峤曰："固所愿也，但恐贻父母之怀。"道闻其言，不敢强留，遂遣仆驰家问老夫人取云绢一匹、朝履二双、川扇四握。须臾，仆赍物至，亲贡之。二人力让不止，方受。乃趋步送别。回家，叹曰："杜子诚有信之士也，若得此子相契，心愿足矣。"因调《踏莎行》词一阕，以娱情云：

春暖征鸿，秋寒归雁，何时再得重相见？闲情俱赴水东流，怪天不与人方便。 新恨重添，旧愁难展，寸心愈报千年怨。不如昨夜莫相逢，山窗寂寂空庭院。

夜深，辗转思慕，又口占一绝云：

寒更承夜永，凉夕向秋澄。
离心何以赠，自有玉壶冰。

道自别峤之后，朝夕企慕，无时少释于怀。越数日，与仆乘舟往赵州回拜。及登岸，辏遇言卿回，挽手问曰："公来何事？"答曰："敬来叩拜，今又值逢，正所谓：天遣香阶静处逢。诚此之谓矣。"言遂延入中堂，设宴西轩相款。

次日，同往李峤馆内来拜，不遇。道入其旧轩，见满架经书，卷插牙签，壁悬焦尾，画挂孤梅，遂援笔题诗于轩而返。诗曰：

十分春色十分香，不属东君与主张。
谁画一枝同玩赏，夜来引月到纱窗。

峤至晚归家，其仆告曰："适有一先生同杜官人来拜，不遇，其人题诗于梅轴而去。问其姓名，笑而不答。"峤曰："人物何如？"仆曰："标格英伟，神气异常，有清高绝俗之规模，风流慷慨之气象。"峤未解意，究其字迹，曰："何人如此之狂妄也？"少顷，一价持柬而至，峤开视之，乃道诗也：

世间会合总由天，千里携琴访少年。
寂寂山窗人不见，一堆黄卷带牙签。

峤曰："你相公来几久矣？"价曰："到此两日矣。"峤笑曰："画中之诗，谅必苏兄所作也。"遂留价和诗，附答诗曰：

两地睽违各一天，寻消问息亦多年。
今朝正是相逢日，却在人间弄酒笺。

价回，将书递上。道得此诗，喜不自胜，风云之志顿释，花月之怀益增。
次日，峤整衣来拜，兼具柬请。见道醉卧于花荫之下，不欲唤醒，乃题《醉花荫》词一阕于壁间，投柬而去。词曰：

孤馆沉沉愁永昼，无奈春寒透。时节欲黄昏，洗盏提壶，饮尽千杯酒。
曲肱醉卧疏篱后，有梅花，盈舞袖。梦里暗生香，好个人来，试问君知否？

道醒，见此词，认其字迹，知峤所作。又检视柬帖，恨不得与峤相会。因作诗一首，遣价送与峤云：

十分消瘦减春光，有恨难除觉夜长。
酒盏未倾心已醉，花荫高卧梦中香。
孰开竹户迎仙客，谁扫苔阶待玉郎？
去后始知君有意，漫题佳句在东墙。

峤见诗，面仆掷地，曰："我也有他意，苏兄何诬人也？"仆回告知，道叹曰："梧桐之拳拳，不足以致凤后之喈。"

次早，峤来催请，道托故不往。正纳闷，见书轩之西有一幅画凤，遂题一绝于上曰：

几回飞梦绕高岚，吹出秦楼夜月腔。
凤鸟不来徒自悼，悲歌一曲断人肠。

自此之后，峤有不悦于道。请不来，约不至。道无如之奈，将此情以告言，曰："生托身门下，将及半月矣。所来实为令表弟故也。夫何向日拜请见，生醒来见诗并束，自谓属意于己，因作一律以戏之，彼乃面仆掷诗于地曰：'何强诬人也？'后请而不来，事有参商。无可奈何，只得归矣。"言止之曰："公既为李子而来，今不见答而去，则后会难期，徒事远劳也。况好事多磨，俗非谬词，人情反覆，理固有然，子何不察？不若暂延数日，待弟少暇，请他与公饮别，然后而归。则今日赴合虽离，而后会之期可约。"道遵依，乃暂止焉。因调《醉东风》词一阕：

津渡难经历，江山非咫尺。几回无路可追寻，思思忆忆。今偶相逢，这番会而又无消息。　低头长叹叩，洒泪点胸襟，可怜好事竟参商。闷闷愁愁，风风雨雨，何时是得！

越二日，不意道父遣价特来促归。言乃设筵，召峤与道饯别。及至，礼毕，道曰："贤弟如何寡情？"峤曰："何以见之？"道曰："向日遗诗于子，而对价掷地，非寡情乎？"峤曰："焉敢如此。乃盛价诬言矣。"道知其掩饰，遂不与辩。三人畅饮。酒至半酣，言曰："今日无可为乐，予表弟最善歌，请以作兴，可乎？"道曰："可。"峤曰："何诗可歌？"言曰："《鹿鸣》、《南山》，不必歌也。贤弟可自制《阮郎归》一曲，甚妙。"峤承命而歌曰：

喜看行色又匆匆，传杯莫放空。珍珠滴破小糟红，明朝又复东。　催去棹，速归篷，梅花两岸风。月明窗外与谁共？相思入梦中。

道见声清而圆，婉而亮，侧耳之余，尘气尽扫，信奇才也。宴罢，道辞别。言具潮纱二匹、牙美人一座，峤具色绫一端、广葛一匹、徽扇四握。二人恭贡，道谦让再三，方收。临舟之际，各有不忍舍之意。道作一律，并《如梦令》词一阕以别峤焉：

双泪樽前别玉郎，东风何处送归航。

月明篷底江风发，梅压枝头两岸香。
密意却从流水去，幽怀只望老天偿。
来朝归却都城市，水远山高几断肠。

又词曰：

托迹重门深处，张起春情愁绪。轻云薄雨，难成佳会，又为虚语。归去，归去，寂寞良宵虚度。

峤见道有眷恋之切，亦增感慨，遂吟五言一律以答焉：

银烛吐青烟，金樽对绮筵。
离堂思琴瑟，别路绕山川。
明月隐高树，长河没晓天。
悠悠歧路去，后会在何年？

言见二人惆怅不已，亦作五言一律云：

相见楚天外，梦绕楚山吟。
更落淮南叶，难为两地心。
衡阳问人远，湘水向君深。
欲逐孤航去，茫茫何处寻？

三人留恋，至晚而别。道抵家，慰安父母，默归书馆。又见尘蒙几案，愈加郁闷。终日惶惶，如有所失，经史无心，惟寻便与峤相会。

一日，偶有赵州人来，道询知，即附一诗与李峤。其人回，即送与峤。峤拆视之，不忍释手。诗曰：

冬冷山头树拂云，布衾难暖梦难成。
寂寥夜夜浑无伴，空有梅花衬月明。

既而冬去春来，鱼沉雁杳，又作诗一律并《一剪梅》词一阕，遣价送去与峤。诗曰：

红满枝头绿满枝，恼人天气正斯时。
寻花无奈香街远，望柳多嫌烟径迷。
密意难凭莺燕诉，幽情谁许蝶蜂知。
何人为我传消息，未赠黄金且赠诗。

词曰：

花有清香月有阴，花影重重，月影沉沉。相思无语只狂吟，愁也难禁，恨也难禁。欲托焦桐诉此情，未遇知音，难遇知音。何时密意共情深，金也同盟，石也同盟。

峤见仆至，甚喜，询及相公起居安泰，遂拆封读之。乃知道心意甚坚，即和诗一律，并绝句以附答云：

倚栏偷泪湿花枝，一日思君十二时。
辗转竹床春梦短，高烧银烛夜眠迟。
心投金石人难识，意托焦桐我自知。
一段好怀无可诉，彩毫题就断肠诗。

又绝句云：

花自舒红柳自青，上林春色又妆成。
于今酿得珍珠酒，来共花荫酌月明。

道见仆归，拆开得此佳句，自谓陈雷之义可踵，鲍管之交可继，奈山川阻隔，切切难合。鸟啼花语，每愁岁月之易迈；物换星移，又恐光阴之虚度，乃调《西江月》云：

记得当初会语，徒劳千里携琴。今朝遗我羽林音，却是多情有分。又值风柔雨重，何堪屐矮泥深。这回无路可追寻，只恐花飞散影。

一日，有崔生者，名融，字安成，亦居宦裔，与道甚契，来拜。款叙间，忽见壁上有《西江月》之词，寻思良久，曰："此词固佳，似有闲情未遂之意。"道以实告之。融曰："此奇遇也。何不图之？"道曰："心绪恍惚，无计可施。兄有高见，请以告我。"融曰："借言赵州求师，此决就矣。"道得其言，大悦，设馔畅饮而别。

次早，告于父曰："儿闻赵州出一名师，欲往求教，可乎？"父曰："分所当然，何必告我。"道得言，益增欣慰。越二日，即整琴剑行装，遣仆前往赵州。

及至，先拜杜审言，曰："予闻贵州有名师，特来请教。"言答曰："有。"道曰："何姓何名？"言曰："姓林，名子山，字汝重。其人精研五经，而老于《春秋》，诚儒门之翘楚者也。今于本州设馆，从游七十余徒，表弟亦居列焉。况兄又治《春秋》，从之岂无所益耶？但未知贵馆在何处？"道答曰："才到，尚未曾定。"言曰："若然，吾有小轩，近在邻间，僻静，最堪寻绎，倘若不弃，可居于此。"道大悦，遂往居住。

越一日，峤衣冠济楚，来拜。各诉间阔之情。道此时不能自警，就挽抠求欢，峤勃然变色。道曰："子之言词，何不相顾耶？"峤曰："何谓也？"道曰："子曩者遗诗于我，一者心投金石，二者意托焦桐。今又如是，与诗大相背矣，非不愿而何？"峤曰："前诗聊解兄愁，岂有他哉？"道曰："然则谓肠断者，何事？"峤含羞不答。眉黛交红，即辞而去，自是不临书馆。

道无可奈何，朝暮长叹而已。言知觉，往视之，见其颜色清减，饮食俱废，恐其成疾，乃谓曰："兄谓择师而来，夫何流连至今，亦已久矣，并不见施行，何也？况槐黄在即，当思际会风云，以拾青紫。大事不图，而慕一少年以成疾，此非大丈夫之所为也，当速改之。"道闻言，愕然惊觉，汗流颊背，拱手谢曰："兄乃金石之言也。"

明早备赘，往拜林子山为师。不意又见峤搬移书箧行囊，在小轩居宿，接近道馆。此时前怀复奋，愈加精神恍惚，思慕之心又能禁耶！窃喜曰："天意果从人愿，今番不愁不谐矣。"

隔日往拜，但见李峤之情顿异，似无相识之意，前事全然不提。道怏怏而归，复添懊闷。

明早峤来拜，见道拥衾而卧，未醒。峤就床而坐，检几上文章朗诵。道俄然惊觉，见峤坐于床前，手足俱震，恍惚未定。少顷，方启言曰："贤弟来几久矣？"峤答曰："半晌矣。"随之又执之求欢，峤不从而去。再三呼之，不止。当此之时，心如刀剜，乃作一绝，遣价送去。诗曰：

几回辜负阮郎来，怪杀桃花不肯开。
一种春心难顿放，百年情意可成灰。

峤见诗，微哂。后二日，复来拜道，言曰："昨承佳句，感荷良多。但白雪阳春，难为和耳。"道曰："木桃琼瑶，敢望报乎？"言语颇顺。道乃进前，抱之求欢。正在犹豫之间，闻窗外足声，遂释，乃仆捧茶而至，竟然又别。道曰："莫怨无情，但以少年不解世事。"亦不甚较，乃于壁间题诗一绝以自警：

> 十处寻芳九处空，花前泣雨洒东风。
> 不如收拾春心绪，频对青灯一点红。

时值春初，道以桃李为题，遂书一绝于先生馆中壁上：

> 桃红李白两三枝，门墙初试未成时。
> 东君领得芬芳去，化作春风次第枝。

先生见诗，问："是谁人而作？"诸子答曰："苏易道所作也。"先生叹曰："学既渊源，貌亦卓雅。此子他日，取青紫如拾草芥矣。"由是诸子咸敬重焉，而李峤复加爱厚如初。时值讲书之际，或以目视，或以言挑，彼此皆有顾盼之怀。

一日，先生设宴以待诸生。峤含笑而言于道曰："兄平日不多饮酒，今日有百杯之量耶？"道戏答之曰："座上若有一点红，斗筲之器饮千钟。"道知峤有复爱之意。次早，遣价送诗云：

> 柴门寂寞锁松萝，孤馆无聊奈君何。
> 三月雨声长不断，一年好景竟如何。
> 不来故旧情怀好，空忆人龙想像多。
> 野鸟不知人意思，时时窗外放声歌。

峤得此诗，叹曰："苏兄何不知音？君子以文会友，何重于此乐乎？"遂和一律附答云：

> 春愁难解似藤萝，仔细思量奈若何。
> 百岁心期还未罄，一年光景又空过。
> 游蜂戏蝶牵情重，浪蝶寻香苦恨多。
> 独坐山空人寂寂，数声啼鸟隔林歌。

峤自和诗回答之后，一日步出馆门，遇道经过，请入书室，对坐，曰："尊兄为何久不下顾？"道曰："子绝我甚，来亦何补？"峤曰："未尝有绝于兄也。"道曰："余自遇贤弟之后，自谓可踵陈雷之后迹、管鲍之骥尾，故魂魄飞扬，心神摇荡，雨泣风悲，猿啼鹤唳，无不牵情。悬以寻问求便，履险涉危，及至于斯。夫何屡次求见于子，而子屡凶拒予？然弟之年少，不解世故。察弟之言，又非无意于予也。今日偶然之遇，实为涉幸。倘若见怜，万祈卸珮一欢，则万幸矣。"峤含羞容答曰："心孚意契，不必追究前愆。但容弟今夜有事，不敢奉命。待明日敬来伴兄同宿，以酬兄昔日之愿，偿弟前朝之失也。"袖中取出白绫画帕一幅，付兄为定。道接帕欣然起谢，曰："果若如是，没世不忘。"遂辞归馆。其心汲汲然，欲今日之去，遑遑然望明日之来，乃调《踏莎行》词一阕，以记其事云：

　　子建雄才，潘安态度，楼台望断寻处。东风吹散柳条烟，桃源定此无迷路。
　　密意难传，幽情即诉，来朝正作孤鸾侣。月明孤馆闭寒窗，海棠枝上娇莺语。

次早，峤整衣冠赴约。忽值母舅至，峤叹曰："乃天也。"不得已，陪侍之至更深，而不能去焉。道馆中预设佳肴，褥铺锦被，凤烛高燃，麝沉满热，拂焦桐于案几，悬古轴于轩辕。候至更深，并无踪影，疑其诳言，怅恨而睡。次日作诗一首，遣价送去：

　　期来何不下山齐，事恐参商意亦乖。
　　半榻尘埃空扫尽，一庭樽酒懒安排。
　　帘卷东风常盼望，推帘明月满愁怀。
　　当初不若无相识，思意何从眼下来？

峤得此诗，叹曰："吾心虽坚，彼所不知。"谨具小启，附价以复云：

　　弟昨日与兄有邂逅之期，自谓千种之怀可遂，一朝之失尽偿。故也，时整衣而行，不期母舅突至，以致事势睽违。如此，身虽在家，而神驰左右。但事既失约，负愧特甚。然好事多磨，理固然也，亦皆天也，岂独兄与弟乎！今再择便，谨伸前约，决不敢爽。草草奏覆，惟谅幸甚！

道得此启，心绪稍安。又有"今日再伸前约"之语，强颜数日，乃得会于馆中。道正挽之怀抱，略有半推半就之意，忽被众友来扣馆扉，遽然阻散。道不觉汗盈腮脸。峤察其意，恐贻其患，归而调《满庭芳》一阕，使人送去，以宽慰之：

　　杨柳堆烟，梨花飞雪，闲庭畔，减春光。愁愁闷闷，无奈日偏长。记得约言难践，成又败，毕竟参商。且忍耐，终须与你，交颈两鸳鸯。　　想是断肠寸寸，流泪双双。怕风生绛帐，雨洒窗棂。只恐佳期未定，早归去，花谢莺愁。情难表，试将秃笔，调个《满庭芳》。

又诗一绝云：

绿树荫浓日影迟，锦堂春晚乱花飞。
仓庚有意回人语，百舌无端绕树啼。

道得此诗，而忿恨渐消，亦作《满庭芳》云：

风扫残红，雨添新绿，深深庭院月清幽。昼长人困，无计可消愁。记得画堂春晓，小窗内，情话绸缪。那知道，狂蜂浪蝶，窥觇我风流。　使百般间阻，语语言言，合下冤仇。一场好事，从此休休。只恐时光虚度，年华老，日月难留。无可奈，但凭尺素，道此因由。

又和诗一绝云：

银灯挑尽夜迟迟，高卷珠帘半掩扉。
久待知音人不到，月明惊起杜鹃啼。

自后峤未伸前约，渐渐生疏。道盼想日切，失意殊深，郁郁成病，数日不能起，饮食俱废，精神恍惚。其仆忙报峤曰："吾大叔病重，数日不能起。客馆悄然，不能医治，如之奈何？"峤大惊，即往视之。道见峤至，强起，执手曰："我被你送了命矣！"俄然而昏绝。峤恐惧，呼之再三，乃苏。峤泣曰："兄何不自保重贵体也。兄若为我损身，我决不能独存。"乃覆询慰，请医调治。越十余日，方愈。

道取蓝绿绢二匹、云履一双，仆赍随，亲往谢焉。峤趋迎，见其精神复原，大喜，即延入西轩，厚款。道乃递上菲仪，峤曰："得兄龙体痊安，实为欣幸，何敢领此佳赐？"辞让再三，方受。道再拜曰："命在须臾，多感扶持之力，荷恩不浅。"峤答曰"今日乃知兄之心坚矣。"道叹曰："徒知亦无益矣。"峤曰："兄贵体新痊，往来颇繁，倘或不弃，草榻一宵，何如？"道欣然从之。是夜，盛设香醪美馔，二人畅饮更阑，道托醉求寝。峤呼仆陪道入同宿，道趋前抱挽而言曰："今夜若不如愿，则前病复作，命必殂矣。"峤笑而答曰："吾试兄之心耳，岂有内宿之理耶？"于是峤挽道出轩，二人对天祝曰："李峤生居人世，年庚一十六岁。今以心孚意契，于乐城县苏生名易道者，共结异姓金兰，生死不忘，存没如一，无负斯心，永终无修。敢有违盟，天神鉴诛。"祝罢就寝，峤谓道曰："予年尚幼，漠然不知，兄当见怜，沾恩厚矣。"道曰："无瑕之白璧，世所罕稀，今得就之，敢不尽心爱护。"此时情到兴浓，恨不得两身合为一体。道曰："吾百计千端，忧思万种，今日始遂，惟万有一。既承雅情，追思昔者，不知贤弟坚执之甚，果何谓也？"峤曰："相思之苦，彼此皆然，但未敢轻视矣。情合这宾，愿成终始，恩爱相关，绵绵不昧，勿以他日有花落色残之叹。"道曰："感荷再生之恩，岂敢忘耶？犬马之报，一息常存，固可结而不可解也。虽海枯石烂，心不可易，志不可移，金石何足言哉！"次早，作诗一绝以谢峤云。道曰：

　　昨宵曾记宿花房，灯烬长檠月满床。
　　自恨晨鸡三唱晓，醒来犹带梦魂香。

峤亦调《一剪梅》以答之：

　　神气标奇入眼中，好个人龙，真个人龙。佳期密约已成空，心也难同，志也难同。　愁未冰消恨未穷，愁锁眉峰，恨锁眉峰。昨宵花蝶两相逢，花领春风，蝶领春风。

自是二人心意相孚，深笃金兰之利；事情浃洽，不啻芝兰之美。信乎如胶似漆，若鱼水之相投，未足以喻其密也。日则谈笑歌乐，夜则交股而卧。又不觉物换星移，西风近起，新秋至矣。

道父染病，价持家书，催归甚紧。道与峤曰："欢会未几，离愁杂至，奈何！奈何！"峤曰："何事？"道乃出家书以示之。峤曰："令尊既在疾，兄宜当速归，切勿忧思，有伤贵体。想天不违人愿，暂别而已，后会固可期焉。"

次早拜辞，言因往庄，未及送行。峤备京缎二匹、云履一双，又设席江边饯别。道见礼物精厚，不敢速受，峤强之再三，乃收。二人挽手，不忍相离，留恋不舍。延至日暮，方能别去。时月朗风清，峤伫立，望舟不见，惆怅而返。因作一绝以纪云：

　　月满江头一派秋，罗衫轻拂上兰舟。
　　孤航远影知何在，只有长江空自流。

峤自别道之后，朝夕期想，顷刻未尝有忘于怀。
道既归家，其父病不数日即愈。道呼天大喜曰："天意不违人愿，诚哉是言也。"遂

修书一封,并词一阕,遣价送去。书曰:

荷爱生苏易道顿首拜启:

即殿元李巨山贤契门下:伏自江边一别,倏尔旬余。灯前之约虽坚,花下之盟未整。刻诸心,镂诸骨,梦寐尝形;念在兹,释在兹,瞑目如见。敬陈尺楮,聊托微衷。伏惟贤弟学贯天人,才高一世之英伟。貌逞奇威,丰姿毓天台之秀丽。诚文苑翰英,士林翘楚者也。生自谓孤立无朋,不意贤弟之见爱,得托身于玉树之旁,虽粉身莫能酬其厚德。是以意气相投,翼乎如鸿毛之遇顺风;肝胆相照,沛乎如巨鱼之纵大海。欢会未几,离愁杂至,盖由高堂有采薪之忧故矣。千愁万忆,自谓后会难期,讵知人有欲而天意果从,椿树敷荣,喜生眉角,佳会又指日而定矣。伏愿青云自励,丹桂兴思,又效彩凤孤栖,无移心志,奇葩欲喷,不憧憧以朋从。则道也生顺死安,无复遗恨矣。幽怀万缕,欢愁即至,故不觉其言之已赘。惟心亮照不宣。外具潞州绸一匹,乃借桃寄意,伏祈笑留。幸甚!

又词曰:

深沉密约,在花下为盟,许诺同心。不想天辜人愿也,便几番虚设。 彩凤分群,文鸾拆侣,此恨何时灭!覆雨翻云,好把相思细说。

峤得此书,不觉手舞足蹈,喜不自胜。将所遗潞州绸收入。修书一封,并《凤凰台上忆吹箫》词一阕及札,付人回答。书曰:

辱爱弟李峤顿首拜书覆:

大国柱苏兄子猷台座前:窃惟人伦有五,友居其一;人性有五,信寓其中。是以人而无朋,则孤陋寡闻;朋而无信,则无益而有损。昔人有闻:一介之士,必有腹心。非谓是欤?然契兄胸涵万顷,笔扫云烟,诚间气之所钟,为当时之硕望也。峤接之始,遂兴山斗之思,既而不厌瓦砾,切蒙雅爱之厚,扪心有愧,揣分奚堪!自谓千载奇逢,喜是情坚胶漆;夫何事关意外,遂成影子形孤。顿使凄楚情怀,每感于衾枕;企仰忆念,恒不离起居。凭栏倚遍,实懊恨乎昼永;仍辗转反侧,又苦恨乎更长。正把柔肠万转,忽惊云翰飞来。踊跃承领,细嚼佳音,足知金石之心,而平生之愿遂矣。兹者,预扫陈蕃之榻,早望鹤驾来临,则倚玉有缘,断金不爽,何幸如之!书难尽叙,并有鄙词二阕录呈。外具沉香线绢二匹,祈盼物想心,笑留幸感。倘暇,乞移玉驾光临。至望!

又词曰:

　　海烟消,江月皎,杨柳头难留归棹。三叠阳关声渐杳,别离知道何时了?
　愁处多,欢处少,独倚孤楼,怕雨鸣池沼。窗外深沉人悄悄,落花满地空啼鸟。

又词曰:

　　南浦花黄,西厢月暗,檀郎独上轻舟。任翠庭尘满,深院闲幽。每怕梧桐细雨,碎滴滴,惊起多愁。身消瘦,非于酒,不是伤愁。　恨冲冲何时尽也,方下眉头,又上心头。念云收雾扫,莫倚危楼。长记深盟厚,何时整百岁绸缪。如鱼水之交欢,金石相投。

　　道得词并绢。次早禀于父母,仍带仆复往赵州,薄暮乃至。
　　峤闻道至,欣然往拜。道邀入书馆中,对会叙久。道曰:"两情间阔,温故可乎?"峤戏答之曰:"温故可当知新乎?"道疑其言,曰:"故虽未温,而子又知新乎?"峤曰:"兄何出此言也?弟自别兄之后,诸事无心,惟兄是念,并无他故。今兄乃有如是之言,使弟失计甚矣!"道曰:"予岂不知贤弟这坚心乎!前言戏之耳。"峤曰:"幽王相戏,使国有失。岂不知弟愚夫,何足戏之?"道遂挽峤求欢。云合之际,峤乃推避逡巡。道曰:"吾意弟惯,今何若是耶?"峤曰:"向日见惯,因兄久别,遂复生疏。"道曰:"姑且试之,庶几又美。"
　　由是道与峤日则同窗,夜则共枕,或并肩于月下,或合胫于罗帏,曲尽人间之乐,无以加矣。是夜,言造拜,道遂整馔畅饮。言醉,拥衾就寝。峤见表兄在彼,即别道回家。
　　一日,道有表弟陈子京,亦少俊之士,因往赵州公干,寄宿道馆三日,然后启行。彼初到之日,峤偶潜入,闻馆中有喧哗之声,偷窥之,见道与少年同坐,峤疑之而归。是夜,遣价问道借琴,探其动静。价返,答曰:"苏相公与一少年正欲就寝矣。"峤曰:"别有人否?"价曰:"无他。"峤又问曰:"别有言否?"价曰:"无片言。"峤见价言,痛心切恨。次日,又使人去请道讲书,又不见至。峤愈加怨恨,由是视道如仇人,凡相会,不与一语。而道问之,亦不入,使价请之,不来。道不知其故,乃吟《忆秦娥》词一阕,遣人送去,以察其意若何。

秋寂寞，梦阑酒后相思着。玉颜花貌，风流闲却。　南来北燕沙头落，幽情密意谁传托？愁肠欲断，饮杯孤酌。

峤见词，即扯破而言曰："何污吾目也！"价归报，道茫然自失，不知何意为怀。次日亲往拜探，以问其故。但闻峤在内高声而言曰："失言无义之人，复来何故？"道惭愧回馆，闷忆殊深，不知其详。

一日偶出，见峤经过，强邀入馆，问曰："弟何背言也？"峤不答。道又问曰："弟何怨我之深耶？"峤忿容曰："厌常喜新，世人常情，予敢怨兄耶！惟刺痛愚衷矣！"道惊曰："我无他事，子何诬人？"峤曰："目击耳闻，非诬也。"道曰："为我白之。"峤不答，惟长吁而已。道曰："弟若不明言，一死在顷刻矣。"峤曰："兄无怒。"道曰："死且不避，奚敢怒焉！"峤曰："弟遇兄后，誓同生死，永结绸缪。不意交欢未久，而兄又弃旧迎新。"道曰："何以见之？"峤曰："前者因表兄醉卧兄馆，弟暂回宿，事绊未临。昔者偶来兄馆，窥见兄与一少年同坐，遂潜而退。至夜，又遣价借琴，实以观兄动静，又见兄与同寝。次早，又使人来请讲书，又不见临。是兄弃我特甚，而弟安敢负盟乎？"道闻言，笑曰："子误矣！前日所遇年少者，乃母舅之子，我之表弟也。因来公干，寄宿生馆，并无一毫私意。弟若不信，予将几上饰玉杯掷地为誓曰：'道若有私心，身如物碎。'"峤乃笑而挽之曰："事迹可疑，人心难信，兄有别遇，弟实伤怀。望兄扩天地之量，勿以前非为恨，幸矣。"道曰："得我贤弟回心，实为获珍之喜，敢抱怨乎？"乃调一词以叙情曰：

枕畔才喜相投，如何又别？寸肠欲裂。百计千愁无处诉，今喜故人重接。满酌霞觞，长歌皎月。与你共欢娱。海誓山盟，大地齐休歇。

自是，二人信其心而不疑其迹，凡有事必先议而后行。言则同心，事则同济，平居闲暇，勤习经史。然形骸虽隔，浑乎一气之贯通，而私爱之密，浃于肌肤，沦于骨髓，信若鸟之鸳鸯，枝之连理也。

厥后苏易道、李峤、杜审言、崔融四人，结为文学四友，同入乡试。道得占魁，抵京联捷，授咸阳尉郎。差人抵家，及临赵州，来接李峤三友，修书差别候。峤因乡试未就，忧闷殊甚，父母代伊求婚，却之不已。时闻价报："苏老爷任上差人来此。"峤唤之，接书开读：

辱爱生苏易道顿首再拜：

大殿元巨山李契弟台左：自别颜范，凤经载余，朝夕企想，但觉昼长夜永，倦理于政务,惟怀携手并肩。今者,忝居是任,实出于贤弟之教诲也。但身居彼地,而神驰左右。今者,特差人来接驾,万祈追念灯前月下、意契心孚,禀达尊翁、尊堂,治装秣马,遥驾光临。生当悬榻预待,倘若见却,生即洗肘挂印,弃职而归,决不爽郎盼想。临书无际,已曾泪染云笺,尚检遗痕可验也。万惟心照赐临,幸甚!

道再顿首

峤见来意殷勤,甚喜。即禀父母,择日同差人起程。越二日方至。

峤嫩质未经远涉,陡觉体倦,暂停行筛,遇宿于陈乡宦宅旁。闲叙之际,店主道曰:"此一派第宅,俱是陈茂春老爷转赁者。亦曾居南京户部尚书之职,但无男嗣,懒于任政,致仕归家。惟有一女,名唤玉英,年登二八,诗词歌赋,无不精通。父母珍惜,如执玉捧盈也。"

不期次早,茂春送客出门,峤趋视之,春得睹其英容异俗,盼其丰采拔尘,即遣仆询其居址。仆回答曰:"此大叔乃赵州李岳老爷之子,名峤,因往苏老爷任,经此暂歇,少舒劳顿。"春闻言,即盛设筵,遣仆来请。峤愕然不知其故,又不敢遽却,只得强而赴之。

春下阶迎接,礼貌甚恭。峤惊悚不已,不敢居上,惟隅坐东焉。春曰:"令尊大人与下官仕途相会,甚为知爱,不意今日得逢足下,实万幸也。"峤方知来历,遂放怀款叙。至暮辞别,春曰:"今日天付奇逢,尚容止数日,方肯于子行矣。"即遣仆搬移行装,收拾池馆一所,玩器兼备,更深延入寝所,命二小童伏侍。

春入内与夫人言曰:"吾观李子有绝世之姿,夺标之志,异日变化,与吾职可并也。若得此子为婿,良愿足矣。"夫人亦大悦。

春遂默修书,遣仆竟投赵州,来见李公,独言亲事。岳接书视之,乃知陈茂春将女许峤。同夫人韦氏大喜,即备表里二端、金钿一对,权为定仪。嘱仆曰:"我大叔往咸阳苏老爷任也,回家即送聘卜娶。"仆回,将书并礼递上,春大悦。

越日,差人催促起行。峤登堂告别。春曰:"倘容一日,再伸款待,方慰愚怀。"峤从之。回馆,吟一律以怀道曰:

> 萧条愁两地,独院隔同群。
> 一夜惊为客,多旬不见君。
> 驰心如白日,牵意若归云。
> 更在相思处,窥声彻夜闻。

峤咏毕，无聊，纵步池畔观莲，见锦鳞逐对，戏濯浮沉。转眼间，俄见饮秋亭畔，太湖石旁有美女，钮环缓步摘花，有沉鱼落雁之容，闭月羞花之貌，恍若天姬临世，浑如月姊离宫。金莲动处，踊起千娇。宝髻云歌，涵生百媚。峤见之，不觉魂飞魄散，不知天耶？人耶？趋前恭揖。其女避之不及，遂和颜敛衽答礼，不能一谈，敛迹而去。峤回馆中，切慕之极，料是无缘再会，聊占一律书壁以记焉：

　　玉貌新妆束，云鬟若点鸦。
　　顾影鸾朝镜，回盼燕蹴花。
　　天姬悉入俗，月姊笑离槎。
　　珍重轻盈态，黄金不惮夸。

玉英自避生归房之后，想："是何人得至池畔游戏？观其英容，虽潘安不能逾也。但寸草虽未沾春，而风情世态，必然尽识矣。"自此，针刺之功顿释，而仰慕之思益增。"若得斯人成匹，虽死亦无遗憾矣。"遂口占一律以自遣焉：

　　一会文君想我怀，胸中愁绪向谁开。
　　题诗不亚相如志，作赋应高子建才。
　　罗帏绣幕重重闭，春色缘何得入来。
　　假饶不遂于飞愿，一点芳心肯作灰。

二人俱不知父母之意，默地相逢，各怀企仰。

次日，峤登堂拜别，春具白金五十两为赆。仍设大宴，请夫人之弟来陪。峤不知其意，只得赴席，见其恭敬亲厚，愧赧无地。酒至半，舅乃言曰："公今日是吾家甥婿也，令尊已行定彩矣。"峤方知其故，心中稍安。款叙至暮，筵散回馆，暗自喜曰："若是前遇之女，诚天赐也。"

黎明告别，春致饯，乃祝曰："秋闱逼近，可速回应试。"峤致恭领诺，拜别。

直抵咸阳。把门人报知，道整冠趋出迎接。延入内衙，慰问劳顿，并询家属。遂设盛筵畅饮更阑。就寝，仍效昔日于飞之乐，其情愈加稠密。峤将陈茂春亲事述知，道称贺至极。凡日行一切政务，先请问于峤，然后施行。故一时政教号令，悉合民心，德泽大著，皆峤之力也。

时道报或北京凤阙舍人，即欲临任。峤告归赴试，道不敢留，谨具白金一百两，又表里等物，差人护送，致酒饯别，遂作五言绝一首，以怀歉云：

君登片航去，我望青山归。
　　云纵从此隔，泪透紫罗衣。

峤曰："不为功名之念，决不敢别于仁兄矣。但期浪暖，必然重整耶。"遂作五言律一首以慰焉：

　　相思春树绿，千里各依依。
　　才得月轮满，如何又带亏。
　　桂花香不落，烟草蝶双飞。
　　一别违消息，桃源浪暖期。

峤别道抵家，将陈茂春亲事备述于父母。父曰："良缘奇遇，门户相当，真可尚也。你能奇标卜娶，方能稳志。"

及时，进值槐黄桂喷，峤与表兄杜审言、契友崔融，三人入试。峤得占魁，二人居于榜列。是时同赴京都，道接见，喜极，列筵，畅饮达旦。

峤荣擢探花，钦赐游街。时乌纱冠顶，金带悬腰，更兼颜华色丽，真飘飘焉当世之神仙也。同僚见者，无不切慕。除授庐州别驾。言擢进士，授温城尉。融擢进士，授袁州刺史。道设宴于会馆饯别，盼想昔时俱以布衣相契，今者俱受天恩宠命，诚为文学四友可夸焉。

后苏易道以文翰显，时至正元年，官拜天官，娶夫人韦氏，生三子一女。李峤以文词鸣世，官拜尚书，娶夫人陈氏，生二男，娶道之女为妇。杜审言，恃才高傲，贬后仍拜修文馆学士，娶夫人蔡氏，生男子。崔融以诗赋鸣时，官拜崇文馆学士，为太子侍读，娶夫人高氏，生一子，仍擢及第。此四友皆得荣超，永垂后世。而心相乎，而德所敬，实为罕见。盖因忠信诚实，而著为后之龟鉴。

僧尼孽海

（明·万历—天启）佚名著
台湾大英百科股份有限公司
2000年《思无邪汇宝》本

（一）乾集·沙门昙献　写有僧人同性恋。

（二）乾集·西天僧西番僧　写有女性同性性行为：鱼游势。

韩湘子全传

(明·万历—天启)杨尔曾编著
上海古籍出版社 1990 年版

第六回

老头儿道:"要知山下路,须问过来人。我少年时节,也曾遇着两个游方的道人,卖弄得自家有掀天揭地的神通,搅海翻江的手段。葫芦内倒一倒,放出瑞气千条;蝇拂上拉一拉,撮下金丹万颗。见我生得清秀标致,便哄我说修行好。我见他这许多光景,思量不是天上神仙,也是蓬莱三岛的道侣,若跟得他去修行,煞强似做红尘中俗子、白屋里愚夫,便背了父母,跟他去求长生。谁知两个贼道都是些障眼法儿,哄骗人的例子,哄我跟了他去。一路里便把我日当官差夜当妻,穿州过县,不知走了多少去处,弄得我上不上,落不落,不尴不尬,没一些儿结果。我算来不是腔了,只得弃了他,走回家来。我爹娘只生得我一个儿,那日不见了我,在家好不啼哭,满到处贴招子寻我,求签买卦,不知费了多少。一时间见我回家,好不欢天喜地,犹如拾得一件宝贝的一般。我爹娘背地里商议道:'这孩子跟了贼道人走出去许多时节,以定被贼道人拐做小官,弄得不要了。他心里岂不晓得女色事情?若再不替他讨个老婆,倘或这孩子又被人弄了去,这次再不要指望他回来了。'连忙的寻媒婆来,与我说亲行聘,讨了房下,生得一个儿子。"

昭阳趣史

(明末)古杭艳艳生著
台湾大英百科股份有限公司
2000 年《思无邪汇宝》本①

卷上②

大汉孝元皇帝在位,天下太平,人民安乐。江都有个王协律的舍人,姓冯名唤大力,在他家中工理乐器事。生下一个儿子,取名叫做万金,聪明伶俐,身材俊雅,十分标致。

---

① 图据明末墨庄主人刻本影印。
② 参见《赵飞燕外传》。

年纪十六七岁就死了父亲，只好戏耍。终日唱曲游戏，踢球打弹，品竹弹丝，无所不通，把那祖传家业都废却了。自己杜撰编习乐声，又亡章曲，任为繁手哀声，自号为凡靡之乐，却也好听，闻者莫不心动。江都中尉赵曼访知他，留他府中承应，最喜欢他。出入跟随，饮食同坐，夜则同衾共枕，打扮得十分华丽，到与妻子疏了。

　　一日，赵曼与万金睡时，对万金道："你这样竭力供我的欲，怎的酬谢你。后日娶个绝风月极美貌的妇人与你为妻，何如？"万金道："妇人虽然貌美风月，终是要我供他的快活。不若我在老爷左右，使小人常得受用，这便是小人终身事了，何必分外要老爷费心。"赵曼说到兴动之际，把个万金紧紧搂定，穷工极巧，弄了半晌。万金尽力凑趣，也不消赵曼费力，得趣异常。自此赵曼分外喜欢他，穿房入户，毫无顾忌。

　　那赵曼的夫人，原是江都王孙女姑苏主。果然生得美貌，丰韵不亚于西子，淫行并肩于则天。只是赵曼宠爱冯万金得紧，一月之间不上到他房中一二次，亦不甚尽其所欲，想这淫行妇人怎当得独守空闺？时常临风对月，浩然长叹。

　　忽一日时值端阳，赵曼家宴，与姑苏主对饮。叫万金坐在横头，歌唱品箫，传杯递盏。姑苏主看了万金这般人物，丰韵嫣然，声音嘹喨，恨不得将万金抱在怀里。少顷只见赵曼对万金道："我已醉了，你可敬夫人一杯。"一边口里喃喃的说，一边已靠在桌子上睡着了。万金即将大杯斟了一杯，双手递与姑苏主，又唱一支曲儿。姑苏主屏退了服侍的丫鬟，便对万金道："你可再斟一杯敬我。"万金又斟一杯，敬将过去。那姑苏主看见万金执着这黄亮亮金杯，照得他十指尖尖如同玉色，更觉可爱。常言道色胆大如天，兼之三杯酒下肚，那里按得住这点欲火。即立起来去接万金的酒杯，连他双手捏住，低声道："我吃半杯你吃半杯，何如？"万金慌忙哺了姑苏主的耳道："夫人休得如此，倘或老爷醒来看见，怎生是好？"姑苏主道："你可奉承得老爷欢喜，夺了我爱，可不奉承我欢喜么？"万金道："夫人有心，我岂无意？但惧耳目众多，故尔不敢造次。"姑苏主道："若得空时，我着丫鬟来唤你，切不可负约。"万金正要说话，只见赵曼睡梦中叫万金："你快扶我房里去睡。"姑苏主笑了一声道："你看他这样醉得紧，怎叫万金扶进房去。"万金红了脸出去了。

　　［不久，万金和姑苏主成奸。］

赵曼南风行乐图

隋炀帝艳史

(明末) 齐东野人著
明崇祯间人瑞堂刻本

第三十三回

　　[隋炀帝因淫欲过度而接受随侍王义之谏去后宫文思殿静养，第二天即把持不住，晚间做一春梦，醒后] 情兴已放，引得满腔欲火，就如烈焰一般，如何按纳得定？就有个要到十六院去的意思。忽抬头只见一个小黄门站在面前，止好有十六七岁，倒生得唇红齿白，有几分俊俏。怎见得？有诗为证：

　　　　妙年同小史，姝貌似朝霞。
　　　　漫道非佳丽，风流实可夸。

　　炀帝忽见小黄门俊俏，心中暗想道："朕闻娈童之妙，从来未试，今日这腔欲火，也说不得了，且借他一泄。"因问道："你叫甚么名字？"那小黄门答道："奴婢叫做柳青。"炀帝道："你会吃酒么？"柳青不知炀帝有意，见问吃酒，慌的不敢做声。炀帝笑道："不要着慌，朕问你乃好意也。"随叫赏他一杯。柳青不敢推辞，忙磕一个头，起来吃了。原来柳青不会吃酒，才吃得一杯酒，早微微的红上脸来。炀帝看了，一发可爱，随亲手将他头上的排帽除去，露出一头乌云般的黑发，直披到肩上，更觉可人。炀帝看了，那里还耐忍得住，随起身将柳青推到龙榻之前，去采取后庭之妙。炀帝不知娈童比不得妇人，也认做一般，竟尽情任性的狂逞起来。柳青虽然秀美，却从未经过龙阳，忽被炀帝捉住，又不敢拗强，弄得他痛不可忍，伏在龙榻上，只是呻吟叫死。炀帝满心快畅，足狂彀多时，方才倾倒。炀帝乐不可言，又将柳青带了来饮酒，左右忙献上热酒，炀帝一连饮了几杯，对柳青说道："朕自今以后，就赏你做个随朝近侍，不许时刻离朕。"柳青就要跪下去磕头谢恩，争奈臀股中伤，一时合拢费力，就要连身蹲下，炀帝看见连忙止住，笑起来说道："汝亦良苦矣。"再赏酒一杯解痛。柳青吃了，也献一杯与炀帝。炀帝看了柳青，左一杯，右一杯，直吃得八分酩酊，方才睡去。正是：

　　　　天生风流，自然消受。不得于前，取偿于后。

炀帝这一夜,也不知有多少胡梦乱梦。到了次日起来,虽然有柳青解渴,毕竟不能曲畅柔情。梳洗毕,也等不得吃早膳,上了香车,竟望中宫而来。王义闻知,慌忙赶来谏道:"陛下潜养龙体,为何又轻身而出?"炀帝忿然道:"朕乃当今天子,富贵无穷,安能悒悒居于此中,此与幽室何异?"王义奏道:"居此静养,可多得寿耳。"炀帝道:"若只是这等闷闷独坐,虽活千岁,亦何为也!"王义默然而退,不敢再谏。

海陵佚史

（明末）无遮道人著
台湾大英百科股份有限公司
2000 年《思无邪汇宝》本

（一）上卷

童儿之少而美者,名曰闺童。与男子交好,情若夫妇。第时时有不洁之物,带于阳物痕内,俗诮之为戴木樨花①。闺童齿渐长,其阳亦渐巨,每与人交合,其阳先坚矗于前,殊不雅观。故闺童之媚人者,先以绸绫手帕汗巾之类,束其阳于腰,不使翘突碍事,亦一好笑也。

（二）上卷 写金代海陵王妃阿里虎与宫女胜哥之间的女性同性恋。

欢喜冤家

（明末）西湖渔隐主人著
台湾大英百科股份有限公司
2000 年《思无邪汇宝》本

（一）第三回

[奸徒章必英因故要谋杀义兄王仲贤,将他推入河中急流。仲贤幸而未死,必英被逮下狱。在狱中,]"牢头见他生得标致,留他在座头上相帮照管,夜间做个伴儿——果然标致的人到处都有便益的事,故此吃用尽有。"[不久章必英纳赎出狱,又去找一个李禁子合谋陷害王仲贤。李禁满口答应,不过提出一个条件:]"今晚陪我一睡。"[章必英毫不迟疑:]"这事何难,今晚陪你一睡,只要尽心图谋。"[是后,二人狼狈为奸,竟把仲

---

① 木樨花即桂花,色黄,隐指大便。

贤诬为罪犯。]

(二) 第四回

[卖珠客丘继修诨名香菜根，他暗羡丈夫在外做官的张夫人之色，于是扮作卖婆去与夫人接近。闲谈时言道：]"我同居一个寡女，是朝内发出的一个宫人。他在宫时，那得个男人如此？内宫中都受用着一件东西来，名唤三十六宫都是春，比男人之物，更加十倍之趣。他与我同居共住，到晚间，夜夜同眠，各各取乐，所以要丈夫何用？"[夫人听后心动，请丘妈睡时一试。经过一番"摸摸索索"，丘妈亮出了三十六宫都是春，却原来就是他的一根阳物。事已至此，夫人先惊后喜，乃与丘继修成其欢好。]

(三) 第十三回

且说浙江杭州府钱塘县，有两个土财主，一个姓朱名子贵，号芳卿，年长二十八岁。正妻早故，止有一妾，乃扬州人，唤名喻巧儿，年方二十二岁，生得天姿国色，绝世无双。一个姓龙名天定，号天生，年长二十六岁。妻亦亡过，因往南京嫖着一个姊妹，名唤玉香，年方二十二岁，乃苏州人，那姿色不须说起，十二分的了。他两家住在浙江驿前冲繁之所，贴邻而居。他二人俱是半文半俗土财主，或巾或帽假斯文。朱子贵又爱小朋友，相与了一个标致小官，唤名张扬，年方一十七岁，生得似妇人一般令人可爱。日逐间接了龙天生，三人做块儿吃酒闲耍，捉空儿便做些风月事儿。龙天生也爱他貌美，几番要与他如此，因朱芳卿管紧了不得到手。就要如此，也不难事，只因两家内人不放松，故此倒也算做一桩难事。

……

自此两家内人相好，你去我来，各不避忌。只因龙天定每每要与张扬结好，朱芳卿亦知其意。一夜，张扬宿于芳卿书房，与芳卿勾当；芳卿说起玉香标致，爱慕之极，不能够如此。张扬说："这事不难。自古道，舍得自己，赢得他人，包你上手便了。"芳卿道："终不然把己之妾换他不成？"张扬笑道："龙天定每每要我和他如此，我因为你，不好又和他上手。这事只须在我身上，便好图之。"芳卿道："你不可视为儿戏。他妇人家不比你，倘然不肯，叫喊起来，体面不像了。"张扬道："自古色胆大如天。这般芥菜子儿大的胆，缘何干得大事。"芳卿说："怎生在你身上便好图谋？"张扬笑道："他管门的老李，是聋而且盲的。此事你可预先闪在龙家门首，待我叩门叫出天生，只说你往某处吃酒，夜间不回了，我倒和他到你房中歇下。你见我进来了，你竟做天定，直进内房。房中没灯火更好。有灯火只须将口吹隐，径进被中，那玉香难道说你是别人不成。你切莫做声，竟到手了，慢慢说也未迟。"芳卿笑道："好计，好计！恐有差池，认出怎好？"张扬道："认出怕他怎的！他无非是个妓女，倒也不放你在心上，又不是贞节的妇女，就是认出,他一发快活了。"芳卿道:"这样,我今晚倒要在巧儿面前说谎,只说和你在书房歇了。"张扬说:"这也做我不着了。"

计议端正,芳卿除巾脱服,等到黄昏时候,同张扬到龙家大门上叩了几下。老李问是何人,张扬道:"是我,要见你主人。"老李道:"大爷睡了。"张扬道:"有要紧的话儿见他,你进去传说便了。"老李开了大门,进去一会,说道:"来了。"芳卿闪在一边。天生出来见了张扬,张扬扯到前边附耳说了,天生欢喜之极。张扬道:"你可悄悄的径进书房,我叫老李栓门便了。"天生进了朱家大门,张扬推了芳卿进龙家,叫老李闭上大门。老李应了一声,把门闭上。

[经过张扬的牵头引线,朱芳卿、龙天生分别暗中与玉香、巧儿成其欢好。后来实情显露,朱、龙两人却并不在意,反而公开地与对方之妾奸通,结果受到了官府的惩办。]

(四)第二十三回

[绍兴书生王国卿去南京国子监纳监。]唤下一只小船,带六百两银子,段匹衣服打点得端端正正。带一老仆王年,又与他使费银二十两,又带小使阿定,一路往西兴而来。……

次早,船已齐开,直至塘栖住船。王年上岸买办肴品,国卿独坐舱中。只听得耳边厢叫一声:"相公,带我前边去也。"国卿抬头一看,见一个十六七岁标致小官,生得一貌如花,十分堪爱,便问:"小友,你要我带你那一边去?"那小官便一脚走上船来,答道:"相公,小可乃吴县人,因初一日与同伙伴在天竺进香,人多推挤脱了,直走到松木场。船多认不出,过了两日并不见影——大分等不见我,先自回了。盘缠、衣被俱在船中,如今身无钱钞,恳求相公附携到舍,船钱饭钱加厚奉还。"国卿道:"原来如此。到苏州正某便路,送你回去不妨。小友姓甚名谁,青春几多了?"小官答道:"梦花生,年长十七岁。因幼年多病,不曾读得几年书便抛弃了,还未有终身艺业。"国卿道:"小友青春美质,还该读书才是。"花生道:"不幸父母双亡,止得一个家姐,今年二十二岁,姐夫又没了。家下无人,姐弟胡乱度日,读书一事,说不起了。"只见王年买办已完,下船看见,心下想道:"那里来这一个标致小官?"问阿定:"他来做什么的?"阿定说:"烧香失了伴,要搭我们的船到苏州去的。相公已许他带去,要请他吃着酒饭哩。"艄公解缆开船,看看离了塘栖。一路上说说笑笑,国卿正是寂寞难过,有了这个小官,就有许多兴趣起来。

到得崇德,天又晚了。王年分付住船,把夜酒摆在船头上,二人对坐而饮。初四夜的月,比初三的又满亮些,二人正说笑高兴,只听得前边高楼上吹起笛来,自觉有趣。花生听了一回,道:"是吹的还未纯熟。"便往里边衣带解下一管笛来,拿在手中吹响。国卿一见,道:"妙人,这人果是趣品!"称赞不已。花生吹得响亮,邻船上俱立出来寂

听,无不称好。国卿大喜,把酒自斟两瓯,与花生对吃。此时,国卿恨不得一口水吞下肚里去。正是:

　　酒逢知己千杯少,话不投机半句多。

　　二人猜拳豁指,吃得十分沉醉。将至月色沉西,下舱脱衣而睡。在梦花生,酒虽醉矣,尤恐国卿要摸手摸脚,留心而待。国卿果然有酒,便有心于此,也不便困。听见船中寂静,起身小解,上床时,便往花生身边捱下。花生只做睡的,国卿渴凤鳏鱼幸逢得意,犹如渴龙遇水,便轻轻凑着润些津唾,一步步直入佳境,不住的动将起来。梦花生假意惊醒,待回身,已被国卿搂紧的,只得凭他像意。有一只曲子名为《江儿水》,单指后庭情趣:

　　玉貌雪为肤,且休夸冯子都。前开后耸强如妇。情投意孚,神交体酥。六龙飞辔何须顾,耳边呼。这般滋味,胜却似醍醐。

　　须臾事毕,各自拭净,搂抱而睡。直至五鼓重到阳台,两意相投。国卿此时便有心要花生同到南京去了,与花生说知,花生说:"蒙你好意。你不要我去,我也要陪你同行,怎生舍得好好的便忍撇开了。"自此,二人行则并肩,坐则合股,胜似夫妇一般。

　　直至初八日,到了苏州。梦花生道:"舍下离此不远,把船摇到河口上岸,到舍下盘桓几日。等到十五月色若好,上虎邱山上一耍,再去未迟。"说话之间已到梦家岸边,花生挽了国卿之手,上岸叩门。只听得里边娇滴滴声音问声:"是谁?"花生道:"兄弟回了。"巫娘一面开门,一面说:"他们初六已自归家,把些衣被送将来了。你在那里耽阁,此时才来?"开门一看,与国卿打个照面,连忙作揖,巫娘回礼,避了进去。国卿一见,魂不在身,想到:"兄弟标致也十二分了,怎生姐姐又高几分,真是天姿国色!我是孤男,他是寡女,这段姻缘岂肯轻轻放过?"举目一看,他房屋虽然窄小,且是收拾得十分精致。苏州人极会装点的,两边壁子上斗方贴满,上边挂一幅姜太公钓鱼的图画,花瓶内插的桃李、木笔、粉团、海棠几种名花,十分精雅。细看姜公图画,写着唐诗集句一首:

　　渭水西风日夜流,子牙曾此独垂钩。
　　钓璜应兆先书吕,受命于姬晚遇周。
　　同载后车尊尚父,封齐列土定诸侯。
　　人生际遇何迟速,八十年来已白头。

正在称赞,花生送出一壶松萝茶来,奉上国卿,道:"今晚舍下小酌,就在后房安歇,把行李拿了上来,好放心吃酒。"国卿见说,道:"怎好相搅,还在船里罢。"花生道:"苏州小菜酒,莫要相消。"国卿忙叫王年与阿定:"把皮箱铺盖取了上来,先与船家酒吃,由他自睡,你且上来。"王年把箱子等物都送到卧房去了。花生着阿定捧出许多精品摆在桌上,请国卿上坐,斟起三杯酒来,二人对酌。这番吃酒不比船里,更觉放心快乐。酒已半醺,国卿取笑道:"贤弟美矣,令姐更美;贤弟就矣,令姐肯就否?"花生笑曰:"说这般话,该打!"国卿道:"果然该打,我说几种该打的替我罢。"

　　白日过街老鼠,顽童懒读诗书。狸猫厨下盗鲜鱼,丑妇堂前对嘴。　猛虎来伤存孝,耕牛懒拽耙犁。前厅拷问杀人的,春日土牛粉碎。

花生道:"真都该打的,说得好,要吃一杯。"国卿道:"我如今说几件不该打的,你也吃一杯如何?"花生道:"你说得好,我也吃你一杯。"〔国卿〕道:

　　日出楼头更鼓,渔翁卷网归家。铁铺改艺作生涯,弹弩无弦高挂。　皂隶修行辨道,油坊改卖芝麻。囚人遇赦放还家,夜静秋千空架。

花生大笑道:"果然都不打的,我吃一杯。"国卿道:"我醉了,要睡矣,可安置我。"花生又灌他两杯,扶他进到后房,上床脱衣而睡。花生着阿定收了,与巫娘料理。二人吃酒完时,着他二人下船去了。

国卿夜间仍与花生干着风流事儿,花生低语道:"轻些,我姐姐卧房贴着此壁,恐他听见不像。"国卿道:"他听见高兴起来,无人搭救怎么好?"花生道:"却不道心痒难挠。"国卿道:"你姐姐寡居,我亦无妇,你与我做媒如何?"花生道:"你自己与他说。"国卿笑曰:"叫我怎样启齿?"花生说:"教我也难开口。"国卿道:"实是你姐姐标致,怎生娶得填房方好,你须为我商量。"花生道:"也罢,我教道一个法儿。你明日只做要买些物件,着我同了王年、阿定摇船到阊门;待我故意担搁些时辰,你在家用些功夫,看是如何?"国卿道:"是虽如此,倘然变起脸来,怎么是好?"花生道:"他为人柔顺温雅,不是那撒泼妇人;就是不谐,必不致于高叫,放心去了。"两人计议已定。

〔王国卿与巫娘成欢,盘桓十来天后离开苏州去南京。梦花生本来说好相随,可巫娘忽得急症,便只好留下。国卿来到南京后,纳监取银时却发现银锭被换成了石头。这才醒悟自己是中了美人计,箱笼在苏州已被梦家姐弟做了手脚。实际上,这对姐弟并非良人,她俩一个是私娼,一个"原在南京做吹唱的"。〕

〔王国卿返回杭州中了浙江第八十一名举人,举家欢庆。〕一到仲冬,国卿上京春试。

尚礼交付千金曰："我儿，这次船中再不可搭人了。"父子大笑。春闱高捷，每于小唱中寻觅梦花生，竟无迹踪。王国卿常常静里思之，不觉呵呵大笑，随笔而书曰：

雪白花银足六百，前后算来十二日。
一夜用银五十金，幸尔饶得一管笛。

别有香

（明末）桃源醉花主人著
台湾大英百科股份有限公司
2000 年《思无邪汇宝》本

（一）第四回 写少年同性恋。

（二）第四回 写僧人同性恋。

（三）第五回 写双性恋群交。

（四）第六回 写同性恋逼奸、诱奸。

（五）第十回 写因同性恋而导致的夫妻反目、主仆同性恋、仆人之间的同性恋。

醒世恒言

（明末）冯梦龙著
江苏古籍出版社 1991 年
《中国话本大系》本

（一）第八卷①

两个闲话一回。慧娘道："嫂嫂，夜深了，请睡罢。"玉郎道："姑娘先请。"慧娘道："嫂嫂是客，奴家是主，怎敢僭先。"玉郎道："这个房中，还是姑娘是客。"慧娘笑道："怎样占先了。"便解衣先睡。玉郎起身，携着灯儿走到床边，揭起帐子照看，只见慧娘

---

① 写孙润（玉郎）因故而男扮女装去替他的姐姐做新娘，新郎的妹妹慧娘则因兄有病而去陪伴"新娘"。新婚之夜，孙润逗引慧娘，慧娘在以为对方是女性的情况下，表现出了一定程度的同性恋反应。

卷着被儿，睡在里床。见玉郎将灯来照，笑嘻嘻的道："嫂嫂，睡罢了，照怎的？"玉郎也笑道："我看姑娘睡在那一头，方好来睡。"把灯放在床前一只小卓上，解衣入帐，对慧娘道："姑娘，我与你一头睡了。好讲话耍子。"慧娘道："如此最好。"玉郎钻下被里，卸了上身衣服，下体小衣却穿着，问道："姑娘，今年青春了？"慧娘道："一十五岁。"又问："姑娘许的是那一家？"慧娘怕羞，不肯回言。玉郎把头捱到他枕上，附耳道："我与你一般是女儿家，何必害羞。"慧娘方才答道："是开生药铺的裴家。"又问道："可见说佳期还在何日？"慧娘低低道："近日曾教媒人再三来说。爹道奴年纪尚小，回他们再缓几时哩。"玉郎笑道："回了他家，你心下可不气恼么？"慧娘伸手把玉郎的头推下枕来，道："你不是个好人！哄了我的话，便来耍人。我若气恼时，你今夜心里还不知怎地恼着哩。"玉郎依旧又捱到枕上道："你且说我有甚恼？"慧娘道："今夜做亲，没有个对儿，怎地不恼？"玉郎道："如今有姑娘在此，便是个对儿了，又有甚恼？"慧娘笑道："怎样说，你是我的娘子了。"玉郎道："我年纪长似你，丈夫还是我。"慧娘道："我今夜替哥哥拜堂，就是哥哥一般，还该是我。"玉郎道："大家不要争，只做个女夫妻罢。"两个说风话耍子，愈加亲热。玉郎料想没事，乃道："既做了夫妻，如何不合被儿睡？"口中便说，两手即掀开他的被儿，捱过身来。伸手便去摸他身上，腻滑如酥，下体却也穿着小衣。慧娘此时已被玉郎调动春心，忘其所以，任玉郎摩弄，全然不拒。玉郎摸至胸前时，一对小乳，丰隆突起，温软如绵，甚是可爱。慧娘也把手来将玉郎浑身一摸道："嫂嫂好个软滑身子。"摸他乳时，刚刚只有两个小小乳头。心中想道："嫂嫂长似我，怎么乳儿倒小？"玉郎摩弄了一回，便双手搂抱过来，嘴对嘴，将舌尖度向慧娘口中。慧娘只认做姑嫂戏耍，也将双手抱住，含了一回。也把舌儿吐到玉郎口里，被玉郎含住，着实唼咂。唼得慧娘遍体酥麻，便道："嫂嫂，如今不像女夫妻，竟是真夫妻一般了。"玉郎见他情动，便道："有心顽了，何不把小衣一发去了，亲亲热热睡一回也好。"慧娘道："羞人答答，脱了不好。"玉郎道："纵是取笑，有甚么羞？"便解开他的小衣，褪下，伸手摸他不便处。慧娘双手即来遮掩，道："嫂嫂休得啰唣。"玉郎捧过面来，亲个嘴道："何妨得！你也摸我的便了。"慧娘真个也去解了他的裤来。

〔结果摸出了一个真男子，慧娘至此也就只好任凭玉郎做为了。姑"嫂"之间的性前嬉戏变成了真正的男女性交，并由此两人矢誓绝不分离。〕

(二) 第十卷①

国朝②成化年间，山东有一男子，姓桑名茂，是个小家之子。垂髫时生得红白细嫩。一日父母教他往村中一个亲戚人家去，中途遇了大雨，闪在冷庙中躲避。那庙中先有一

---

① 参见《蓬窗类记》卷第一、《庚巳编》卷第九。据两书所载，桑茂当为桑翀或桑冲。
② 明朝。

老妪也在内躲雨，两个做一堆儿坐地。那雨越下越大，出头不得。老妪看见桑茂标致，就把言语调他。桑茂也略通些情窍，只道老妪要他干事。临上交时，原来老妪腰间倒有本钱，把桑茂后庭弄将起来。事毕，雨还未止。桑茂终是孩子家，便问道："你是妇道，如何有那话儿？"老妪道："小官，我实对你说，莫要泄漏于他人。我不是妇人，原是个男子。从小缚做小脚，学那妇道妆扮，习成低声哑气，做一手好针线。潜往他乡，假称寡妇，央人引进豪门巨室行教。女眷们爱我手艺，便留在家中，出入房闱，多与妇女同眠。"桑茂被他说得心痒，就在冷庙中四拜投老妪为师。也不去访亲访眷，也不去问爹问娘，等待雨止，跟着老妪便走。那老妪一路与桑茂同行同宿，出了山东境外，就与桑茂三绺梳头，包裹中取女衫换了。脚头缠紧，套上一双窄窄的尖头鞋儿，看来就像个女子。后来年长到二十二岁上，桑茂要辞了师父，自去行动。［桑茂的淫行后来被人告发，结果官府把他凌迟处死。］

（三）第二十三卷[①]

海陵制，凡诸妃位皆以侍女服男子衣冠，号"假厮儿"。有胜哥者，身体雄壮若男子，给侍阿里虎本位。见阿里虎［因宠衰而］忧愁抱病，夜不成眠，知其欲心炽也，乃托宫竖市角先生[②]一具以进。阿里虎使胜哥试之，情若不足，兴更有余。嗣是与之同卧起，日夕不须臾离。厨婢三娘者，不知其详，密以告海陵道："胜哥实是男子，扮作女耳。给侍昭妃非礼。"海陵曾幸胜哥，知其非男子，不以为嫌，惟使人诫阿里虎勿箠三娘。阿里虎怒三娘之泄其隐也，榜杀之。海陵闻昭妃阁有死者，想道："必三娘也。若果尔，吾必杀阿里虎！"侦之，果然。胜哥畏罪，先仰药而亡。阿里虎闻海陵将杀己，又见胜哥先死，亦绝粒不食，日夕焚香吁天，以冀脱死。逾月，阿里虎已委顿不知所为，海陵乃使人缢杀之。

---

① 写金朝海陵王时，昭妃阿里虎与宫女胜哥之间的同性恋，参见《金史》（一）。
② 女子性慰用具，阴茎形状。

醒世恒言

(明末)冯梦龙著
上海古籍出版社 2002 年影印
《续修四库全书》本①

鸳鸯错配本前缘(第八卷)

---

① 据明天启七年(1627)金阊叶敬池刻本影印。

警世通言

(明末)冯梦龙著
江苏古籍出版社 1993 年
《冯梦龙全集》本

(一)第十五卷 门子胡美因为"生得齐整",所以"多有人调戏"。

(二)第二十七卷 某龟精假称自己是仙人吕洞宾,以此身份去勾引某书生,表示若与他相交则可以使人"神完气足,日记万言"。于是书生和龟精发生了同性性行为。

古今小说①

(明末)冯梦龙著
江苏古籍出版社 1993 年
《冯梦龙全集》本

(一)第一卷

[薛]婆子道:"还记得在娘家时节,哥哥出外,我与嫂嫂一头同睡,两下轮番学男子汉的行事。"三巧儿道:"两个女人做对,有甚好处?"婆子走过三巧儿那边,挨肩坐了,说道:"大娘你不知,只要大家知音,一般有趣,也撒得火。"

(二)第九卷 写有汉文帝和邓通的同性恋关系。

---

① 本书亦名《喻世名言》。

十二笑

（明末）冯梦龙著①
浙江古籍出版社 1993 年版

（一）第一笑

［幕客裴肖星］做人十分伶俐，善于凑趣献勤。吹弹伎曲，无所不能。为此游于大老之门，皆喜爱之。正是：

篾片行中推第一，帮闲队里号先锋。
少时出外传衣钵，愿把粗臀奉主翁。

（二）第二笑

明末时，有一个人姓巫名杳，表字晨新，年方二十岁。与一个朋友，姓墨名干，表字震金，年止十九岁。两人皆美貌年少，互相爱悦。大家烧个舍身香，交兑后庭的营生，情意极其亲密，遂结为弟兄。发愿"苦乐同受，不分尔我"，生死之交，对神盟誓。巫晨新娶妻邢氏，墨震金朝夕相见，待之如嫂。及至墨震金新娶妻房空氏，巫晨新初次一见，便为之心醉魂销。［后来这两个人竟然互换妻子。］

酒家佣

（明末）冯梦龙改定②
天一出版社（台北）1983 年影印
《全明传奇》本

（一）第四折③

（旦扮秦宫纱帽紫衣上）不须彩笔似相如，何用身强擘两弧。恩幸子都常自好，时看

---

① 本书作者存疑。
② 本剧据（明）陆弼、钦虹江的旧本改定。
③ 本剧对汉代梁冀和秦宫的关系有所描述，这里选录的是秦宫初次上场时的一段自白。

调笑酒家胡。自家秦宫,本是大将军①府中一个监奴,数蒙恩幸,今已累官太仓令。自家赋质清扬,性多儇利。媚道能倾内外,伥威可胁公卿。直教翻手作云,覆手作雨。挟弹会填洛阳市,卖珠宁数汉宫儿。大将军将次上堂,不免在此伺候。

(二) 第二十六折 写道士、僧人同性恋。

太霞新奏

（明末）冯梦龙辑评
民国间影印本②

(一) 卷一·情仙曲③

某夜视友人召仙,而有王花舍者至。云吴之金阊里人,与黄生遇春善,年十五夭死。因写黄生所赠词四语,今曲中"四想杀您"句是也。已便求去,曰:"吾兄俟吾于门,恐失约。"叩之,则遇春亦死,死复相从,亦大奇矣哉。语云人不灵而鬼灵,余谓鬼不灵而情灵。古有三不朽,以今观之,情又其一矣。无情而人,宁有情而鬼,但恐死无知耳。如有知而生人所不得遂之情,遂之于鬼,吾犹谓情鬼,贤于情人也。且人生而情死,非人;人死而情生,非鬼。夫花舍小竖子,生未尝越金阊数武,而仗此情灵得偕所欢,以逍遥吴越之间,而享仙坛香火之奉,与生人相应答不爽,花舍为不朽矣。鬼能如是乎哉?名之曰"情仙"也亦宜。

【仙吕曲·二犯傍妆台】小书生庞儿齐整,从幼更聪明。双亲爱惜我如花朵,把花舍做乳中名。既愿我生身譬如花易长,又愿我他日攀花上玉京。愧非国瑞,颇传宁馨,不道空花暂现少收成。

【醉归花月渡】叹桃花也犯在男儿命,做杨花飘荡惹丝萦。只为向暖葵花恋多晴,将我心花万种牵缠定。真诚要比黄花久长霜吐英,莲花并头一同枯与荣。桂馥兰馨,肯学那萍花但浮梗。谁想只几阵催花雨,断送得娇花冷。如今个魂断残花蜀帝声,好一似江面浮花灭浪形。

【皂袍公子】懊恨风流花性,尽摇风动月,意态纵横。贪花的空有惜花情,遇春来翻惹伤春病。阊间城,黄昏片月,惨淡鬼门灯。

【解三酲】为情浓每怀耿耿,被情痴引去魂灵。犹记得淋漓裙练词新警,齐唱个《解

---

① 梁冀。
② 据明末刻本影印。
③ （明末）冯梦龙作,参见《挂枝儿》(三)。

三醒》。他道想杀您鸳鸯锦被寒同宿,想杀您孔雀春屏昼共凭。说到情深境,任千官万寿都化做春冰。

【解罗歌】又道想杀您楚水巫山青眼断,想杀您拜佛祈神白首盟。一桩桩、一句句,都是真光景,谁个是假惺惺。想是前生夫妇,做了今生弟兄。似此今生恩爱,未审来生可能。不愁命短,只愿双魂并。春难久,花易零,但能同死胜同生。分明是花重放,春再更,黄泉相见笑相迎。

【感亭秋】免却了人间口舌讥共评,又没个尊长苦相绳。便是铁脸阎罗也把情魄矜,一任我骖鸾跨鹤同驰骋。形虽化,神自清,喜到仙坛净。

【尾声】托乩神把衷肠罄,非关花舍不留停,怎撇下兄长的孤魂在门外等。

事奇序奇词又奇,同时咏歌其事者甚多,惟若木生古风一篇颇佳,因附此:

谁窥玉笈摹雷文,清香夜永驱白云。
须□花□簇仙灵,未通姓氏先氤氲。
元是金闾繁华子,十五丰神净秋水。
一寸柔肠暗殢人,不愿同生愿同死。
东风限短春难驻,冷香狼籍同朝露。
天荒地老情转新,练裙犹忆消魂句。
人生莫讶辞世早,世间离合多草草。
何如一笑化双鸾,朝朝暮暮蓬莱岛。

(二) 卷六·赠外①

【南吕曲·梁州序】三生业镜,十年宿戒,照破余桃情债。今逢新运,花星又惹根荄。最喜江南春早,别馆人闲,邂逅蒙垂睐。盼得个朝云一片飞下楚阳台。又早十谒朱门九不开。这深迷,好难猜。

【其二】又不是不谙情事,又不是将咱嗔怪,又不是无人担带。却是蜂猜蝶妒,无端不放花开。拚取焚舟击楫,夜去明来。打破连环寨,谁想春风来后俏似不曾来。那些个日近日亲情渐谐。没人处,只得问乖乖。

【其三】他道瘦东阳不用疑猜,旧德言誓盟难改。欲求欢须是待咱十载。叹我年逾强仕,若再十年,知是和尚在钵盂在?谁要你怜新弃旧薄劣少恩哉。休把我做拾得个孤儿落得摔。和你共三个,同去誓莲台。

【其四】劝得他笑逐颜开,眼见那愁随容改。霎时将望夫顽石唤下山来。这是心坚穿铁,苦尽回甘,还彻相思债。抵多少蒺藜沙上有日野花开。休虑那泪洒前鱼江上哀,把

---

① (明·万历)沈璟作。

前事撇东海。

原稿尚有尾声云："非是种情偏重色，爱杀你知音的俊才，那更高歌堪畅怀。"色、叶、洒既借北韵，而语弱味淡，使全篇无色。墨憨斋①定本去之，良是。盖一调连用数曲，原可不用尾也。

(三) 卷七·为董遐周②赠薛彦升③

苕溪董遐周来游吴下，偶于歌筵爱薛生，密与订晤舟次。夜半而生冒雪赴约，情可知已。一别三载，遐周念之不释，物色良久，忽相遇于武陵，突而弁矣，丰姿不减。余目击其握手唏嘘之状，因为词述之。

【南吕曲·绣带引】〔绣带儿〕风流性欢山笑海，堪怜俏的身材。当场喜杀儿郎，深闺妒杀裙钗，缘该。〔太师引〕歌残舞罢，把余欢买。肯分地坐儿做一块，情偷送密约暗喈，愁杀人孤舟雪夜把更捱。

【懒针线】〔懒画眉〕绣被香笼早安排，似到还非几浪猜。更深雪重悄寒崖。〔针线箱〕多应他弱体愁尴尬，辜负了子猷思戴。梦惊回舟动声微咳，合唤名儿做薛夜来。相怜爱，把貂裘拥护，我亲手温腮。

【醉宜春】〔醉太平〕舒怀浑忘量窄，取醇醪痛饮拚醉阳台。春生绣帐，似梅花雪里香开。心哀，他冲寒来到恁痴骏。〔宜春令〕这恩德犹如天大，纵有分甘割袖此情无赛。

【琐窗绣】〔琐窗寒〕自当时植下根荄，指望效红飞双鼠偕。忍教他随行逐队玉韫香埋。纵使铜山尽销，依情不改。誓不学那弃鱼无赖。〔绣衣郎〕又谁知妒花风忒歹，又谁知杜鹃声更歹。

【大节高】〔大胜乐〕从别后信断音乖，等闲间便隔一二载。锦营花阵曾去寻欢快。〔节节高〕蜂蝶寨、莺燕窝、鸳鸯派，风云随例青楼态。虚脾争似真心耐。想雪夜孤舟是何人，越教挂却相思债。

【浣泼帽】〔浣溪沙〕他便做柳絮飞，我怎把浮萍待。漫劳人踏破铁鞋向歌云停处探丰采，多管瘦损潘容在天一涯。〔刘泼帽〕他心中料也浑无奈，得再谐恰便似从天赉。

【东瓯莲】〔东瓯令〕吴宫信共越潮来，蓦地相逢真怪哉。依稀总卯风神在，旧日欢还再，百般心话两人皆。〔金莲子〕止不住未开言，一双双情眼泪盈颏。

【尾声】佛面前通诚拜，新欢旧好尽摩揣。那个亏心天降灾。

---

① 冯梦龙，号墨憨斋主人。
② 董斯张，号遐周。
③ (明末) 冯梦龙作。

(四) 卷十·赠王小史①

【商调·二郎神】秋云冷，正扁舟溪寒水静，寂寞林烟栖鸟定。残宵野梦，觉来初断三更。万种愁肠今夜领，忍不过孤形吊影泪珠凝。都为着送暖偷寒，去住关情。

【集贤宾】他如花颜色刚妙龄，恍緱山仙客吹笙。玉骨烟姿谁与并？皎临风翠树葱菁。风流俊颖，更俏眼一江秋映。情愿等，盼不到半霎儿侥幸。

【黄莺儿】乍见喜逢迎，掩书斋不做声，牵衣下跪忙相俉。他心儿欲应，口儿暂停，非关负约只是怜君病。俏卿卿，今朝就死也死在牡丹亭。

【簇御林】宽鸳带，倚雀屏。逗娇羞，倍可矜。鄂君绣被香魂剩，前生冤债今番订。喜还惊，灯前细语怕有外人听。

【猫儿坠】知心解意，真个惺惺惺。一段深情月下盟，前鱼何必泣秋汀。停睛，叹会面无多，别绪纵横。

【尾声】晚钟才报愁难罄，兴味萧然似野僧。待黄菊开时好梦成。

(五) 卷十二·赠童子居福缘②

【仙侣入双调·江头金桂】自叹我蹉跎半老把花月票尽销，真个是看花无语对月忘嘲，数年来束彩毫。那里是技痒思猱妄颦轻笑，自是明珠在掌，一见魂销。这温柔少年在何处讨。他身材小巧，衣衫佶俏恰垂髫。授色双眸俊，藏春片语娇。

【姐姐插海棠】悄把乖乖低叫，何名姓更何生肖？他笑嘻嘻答应，一一供招。年十五，幼字福缘居为姓，梁溪生小。真通窍，这宿世冤家姓名都好。

【玉山供】宜居祓庙，疗相思焰腾腾免烧。更宜居绣被帘栊，又宜居玉笋斑僚。应把铜山相劳，尽行处金丸落鸟。便把前鱼比，总难抛，迷魂一世半丢桃。

【玉枝带六幺】想福缘分晓，两般全才得上交。福多缘少枉心焦，虽会面路如遥。有缘无福魂空吊，有缘无福也魂空吊。

【拨棹入江水】缘若到，更三生福分饶。共伊家同拜青宵，共伊家同拜青宵。敢一例看做青衣小曹。与你儿汝相交，恰似加一道风流官诰。

【园林带侥侥】我衷肠伊应谅着，你中情我也三分料着。合一个青铜相照。只待讨得个东君真消息，便学做鸠儿借鹊巢。

【尾声】十年情种芽重报，这小名儿一似心窝中嵌宝。盼不得暮暮朝朝。

---

① （明末）董斯张作。
② （明末）冯梦龙作。

挂枝儿

(明末)冯梦龙辑评
上海古籍出版社1987年
《明清民歌时调集》本

(一)想部三卷·叫梅香①

相思病害得我魂飘荡,半夜里坐起来叫梅香。你上床来捎起腿,学我乖亲样。梅香道:"姐姐,你也是糊涂的娘。没有那件东西也,怎杀得你的痒。"

(二)隙部五卷·男风

痴心的,悔当初错将你嫁,却原来整夜里搂着个小官家。毒手儿重重地打你一下。他有的我也有,我有的强似他。你再枉费些精神也,我凭你两路儿都下马。

男风之说,《素问》已及之,其来远矣。然破老破舌,分戒男女,未有合而一者。尔年间往往闻女兼男淫,亦异事也。

(三)谑部九卷·小官人②

小官人,在行的,一发测癞。也会妖,也会者③,也会肉麻。也会醋,也会唆,也会说句相思话。衣服儿穿去了,好簪儿抢去插。逢着见钱的,马吊猪窝也,动不动抓一把。

又:

一时间吃这碗饭,难推难却。绰趣的多,使钱的少,也只是没法。每日间清早起,直忙到夜。大老官才放得手,二老官又拖到家。就是铁铸的噇噇,也经不得这般样打。

---

① 元明戏曲小说中用作婢女的通称。
② 所写的小官具有男妓性质。
③ 装模作样,假媚取怜。

山歌

(明末）冯梦龙辑评
上海古籍出版社1987年
《明清民歌时调集》本

（一）卷五·毡毯囝儿①

毡毯囝儿轮蜩行，娼个见子气膨膨。虽然弗是大买卖，再吃个星小猢狲介一枪。

（二）卷五·姹童

献妵个学生新做子亲，辩子新人就要干窟臀。姐儿仔细思量，两件东西侪是郎君个，便得渠留前支后耍正经。

又：

东南风起白迷迷，那哩献妵个家公瞒过子妻。世界翻腾人改变，婆娘家倒要做乌龟。

（三）卷五·风臀

三十年个花树老丫叉，三十年个冬春一把查。三十年个家生也用弗得，那了三十岁个风臀还毡毯。

有好男者，谓三十岁其味始全。见此歌必曰谤臀矣。

（四）卷一·月上 写有一个同性恋情节。

笑府

(明末）冯梦龙辑评
天一出版社（台北）1985年影印
《明清善本小说丛刊》本

（一）卷三·痛

一童子初被诱，痛极，狂奔数百步。因以臀示傍人曰："烦老伯伯一看，卵还在里面否？"

---

① 写娼妓不满毡毯囝儿抢了她们的生意。

(二) 卷三·世袭小官人

有龙阳生子，人谓之曰："汝已作老官人矣，难道还做小官人事？"龙阳指其子曰："深欲告致，只恨替代还小。"

(三) 卷三·夫夫

有与小官人厚者，及长为之娶妻，讲过通家不避。一日撞入房中，适亲家母在，问女曰："何亲？"女答曰："夫夫。"

(四) 卷三·龙阳新婚

一龙阳毕姻后，日就外宿。妻走母家诉曰："我不愿从他了。"母惊问故，答曰："我是好人家女儿，倒去与他做乌龟。"

(五) 卷三·绸衣①

小官人穿新绸衣出，一人见之，曰："此绸异哉！非蚕丝所织，乃蜘蛛丝也。"问其故，曰："根根在屁眼内抽出来的。"

(六) 卷三·寿木②

有好男色者，夜深投宿饭店，适与一无须老翁同宿。暗中以为少童也，调之。此翁素有臀风，欣然乐就。极欢之际，因许以制衣、买鞋，俱云不愿。问所欲何物？答曰："愿得寿板一副。"

有老龙阳泄气，狎客为之叩齿。众问故，答曰："老鸦叫（吴音鸦、𪗱同）。"亦可笑。

(七) 卷三·门子

一按君出巡，言动素极庄严。既卧，偶欲动，厉声唤曰："门子，你上来。"门子跪应曰："嗄。"既登床将合，门子复下跪曰："禀老爷，唾儿一件，还是爷这里用，还是小的自备？"曰："旧规是怎么样的？"禀曰："旧规是协办的。"曰："照前院行事吧。"

又③：

乡间蚊虫最大，有居乡者苦之，迁往城中。至县前，闻有唤门子者，乡人见之大惊，曰："汝城中蚊（门）子怎大，不钉死人乎？"答曰："不然。乡间蚊子是钉人的，城里蚊

---

① 也见《洒洒篇》卷之五。
② 参见《李卓吾先生批点四书笑》（三）。
③ 也见《洒洒篇》卷之五。

子是与人钉的。"

(八) 卷五·传法

老道与小道同睡，小道求传法术。老道云："法术甚多。"小道云："今夜先传些。"老道云："既是要传，你先伏起坛来。"

(九) 卷六·好外①

有好外者见粪船过，以手招风而嗅之。客问其故，答曰："小官人来。"所幸童在侧，愧甚，为之俯首。其人遂谓曰："汝吃醋耶？"

近有盛言男色之妙者，或问曰："姣童犹可，既冠汝犹录之，何也？"答曰："无头发气更佳。"又问曰："古云须出阳关无故人，汝独不怨，又何耶？"答曰："非尔所知也。是名乜柄要紧时，一把须扯住了，怕他不肯？"前辈闻之，叹曰："世道愈坏矣。人身上空，也剩不得一个了。"

(十) 卷六·精童

一人有好外癖。往候一友，友知其性，呼曰："唤精童具茶来。"已而献茶者，乃一奇丑童子也。其人妄意尚有精童，渴欲一见，久坐不起。天且暮矣，谓友人曰："适所言精童者可得见乎？"友曰："前奉茶者是也。"其人曰："似此何名精童？"友曰："你看他可有一些人气么？"（吴语人、银俱读作凝。）

(十一) 卷十·责臀

一官好拿闲人。有行野者，值官来，惶迫无计，欲匿道旁空树中。先有一人在内，乃仅匿其首。官过，命隶擒来，其人死挣不出，遂令掀衣责臀。树中人问曰："官过否？"吃打者曰："莫则声，外边正打闲人哩。"

此人少年定是个幸童，问何以知之，曰："他把屁股只当做别人的。"

(十二) 卷十二·妻给食

一穷汉妇美，颇有调之者，夫不许。然夫每出觅食，辄竟日不归，妇因为私交以自给。一日夫归，呼饿甚，妇曰："前某某愿给我朝夕，汝自不肯耳。"夫悔恨久之，妻知其意急，因使视锅中，则有白米饭及肉在。欣然饱餐，问何从来，妻曰："此即某所遗也。因忍饿不过，姑与私通耳。"夫喜曰："问此人好男风否？"

---

① 也见《洒洒篇》卷之五。

(十三) 卷三之毛胚①、屁眼痒、丢西瓜、戏子，卷五之和尚宿娼②、椿粪、响屁、对穿、天报③、开荤，卷六·搽药，卷九·抹唾，卷十三·金银锭等也是同性恋笑话。

古今谭概④

(明末) 冯梦龙辑评
江苏古籍出版社 1993 年
《冯梦龙全集》本

(一) 第二十二儇弄部·痔字

叶仲子一日论制字之妙，因及"疾病"二字："从丙、从矢，盖言丙燥矢急，燥急，疾病之所自起也。"友人故以"痔"字难之，沈伯玉笑曰："因此地时有僧人往来，故从寺。"众方哄堂，一少年不解，向叶问之。叶徐曰："异日汝当自解。"众复哄堂。

(二) 第二十二儇弄部·比玉居

有王生行一者，美甚，人多嬖之。沈伯玉过其家，见斋额颜曰"比玉居"，伯玉曰："此额殊有意。移比字易出居内之古，分明是屁古二字。玉字亦王、一二字也，分合言之，乃'王一屁古'四字。"

拍案惊奇

(明末) 凌濛初著
江苏古籍出版社 1990 年
《中国话本大系》本

(一) 卷二十六

话说四川成都府汶川县有一个庄农人家，姓井名庆。有妻杜氏，生得有些姿色，颇慕风情。嫌着丈夫粗蠢，不甚相投，每日寻是寻非的激聒。一日，也为有两句口面，走

---

① 也见《续笑林评》。
② 也见《续笑林评》。
③ 也见《洒洒篇》卷之五。
④ 本书亦名《古今笑》。

到娘家去。住了十来日，大家厮劝，气平了，仍旧转回夫家来。两家隔不上三里多路，杜氏长独自个来去惯了的。也是合当有事，正行之间，遇着大雨下来，身边并无雨具。又在荒野之中，没法躲避。远远听得铃声响，从小径里望去，有所寺院在那里。杜氏只得冒着雨，迂道走去避着。要等雨住再走。

那个寺院叫做太平禅寺，是个荒僻去处，寺中共有十来个僧人。门首一房，师徒三众。那一个老的叫做大觉，是他掌家。一个后生的徒弟，叫做智圆。生得眉清目秀，风流可喜，是那老和尚心头的肉。又有一个小沙弥，叫做慧观，止有十一二岁。这个大觉年有五十七八了，却是极淫毒的心性，不异少年。夜夜搂着这智圆，做一床睡了，两个说着妇人家滋味，好生动兴，就弄那话儿消遣一番，淫亵不可名状。是日师徒正在门首闲站，忽见个美貌妇人走进来避雨。正似老鼠走到猫口边，怎不动火？老和尚看见了，丢眼色对智圆道："观音菩萨进门了，好生迎接着。"智圆头颠尾颠，走上前来问杜氏道："小娘子，敢是避雨的么？"杜氏道："正是。路上逢雨，借这里避避则个。"智圆嘻着脸笑道："这雨还有好一会下。这里没好坐处，站着不雅。请到小房坐了，奉杯清茶，等雨住了走路，何如？"那妇人家若是个正气的，由他自说，你只外边站站，等雨过了走路便罢，那僧房里好是轻易走得进的？谁知那杜氏是个爱风月的人，见小和尚生得青头白脸，语言聪俊，心里先有几分看上了。暗道："总是雨大，在此闲站，便依他进去坐坐也不妨事。"就一步步随了进来。

那老和尚见妇人挪动了脚，连忙先走进去，开了卧房等候。小和尚陪了杜氏，你看我，我看你，同走了进门。到得里头坐下了，小沙弥掇了茶盘送茶。智圆拣个好磁碗，把袖子展一展，亲手来递与杜氏。杜氏连忙把手接了。看了智圆丰度，越觉得可爱。偷眼觑着，有些魂出了，把茶侧翻了一袖。智圆道："小娘子，茶泼湿了衣袖，到房里熏笼上烘烘。"杜氏见要他房里去，心里已瞧科了八九分。怎当得是要在里头的，并不推阻，反问他那个房里是。

［结果杜氏与和尚勾引成奸。不过她喜欢年轻的智圆，厌恶年老的大觉。大觉屡受羞辱，盛怒之下把杜氏杀死。］

……

却说那县里有一门子，姓俞。年方弱冠，姿容娇媚，心性聪明。元来这家男风，是福建人的性命。林断事喜欢他，自不必说。这门子未免恃着爱宠，做件把不法之事。一日当堂犯了出来。林断事虽然要护他，公道上却去不得，便思量一个计较周全他，等他好将功折罪。密叫他到衙中分付道："你罪本当革役，我若轻恕了你，须被衙门中谈议。我而今只得把你革了名，贴出墙上，塞了众人之口。"门子见说要革他名字，叩头不已，情愿领责。断事道："不是这话，我有周全你处。那井、杜两家不见妇人的事，其间必有缘故。你只做得罪于我，逃出去，替我密访。只在两家相去的中间路里，不论乡村市井，道院僧房，俱要走到，必有下落。你若访得出来，我不但许你复役，且有重赏。那时别人就议论我不得了。"

门子不得已，领命而去。果然东奔西撞，无处不去探听。他是个小厮家，就到人家去处，绰着嘴闲话，带着眼瞧科，人都不十分疑心的。却不见甚么消息。

一日，有一伙闲汉聚坐闲谈，门子挨去听着。内中一个抬眼看见了，魆魆对众人道："好个小官儿！"又一个道："这里太平寺中有个小和尚，还标致得紧哩！可恨那老和尚又骚又吃醋，极不长进。"门子听得，只做不知，洋洋的走了开来。想道："怎么样的一个小和尚？这等赞他！我便去寻他看看，有何不可？"元来门子是行中之人，风月心性。见说小和尚标致，心里就有些动兴，问着太平寺的路走来。

进得山门，看见一个僧房门槛上坐着一个小和尚，果然清秀异常。心里道："这个想是了。"那小和尚见个美貌小厮来到，也就起心，立起身来迎接道："小哥何来？"门子道："闲着进寺来玩耍。"小和尚殷勤请进奉茶，门子也贪着小和尚标致，欢欢喜喜随了进去。老和尚在里头看见徒弟引得个小伙子进来，道是个道地货来了，笑逐颜开，来问他姓名居址。门子道："我原是衙中门官，为了些事逐了出来，今无处栖身，故此游来游去。"老和尚见说大喜，说道："小房尽可住得，便宽留几日不妨。"便同徒弟留茶留酒，着意殷勤。老僧趁着两杯酒兴，便溜他进房。褪下裤儿，行了一度。门子是个惯家，就是老僧也承受了。不比那庄家妇女，见人不多，嫌好道歉的。老和尚喜之不胜。看官听说，元来是本事不济的，专好男风。你道为甚么？男风免强做事，受淫的没甚大趣，软硬迟速，一随着你，图个完事罢了。所以好打发。不像妇女彼此兴高，若不满意，半途而废，没些收场，要发起极来的。故此支吾不过，不如男风自得其乐。这番老和尚算是得趣的了，事毕，智圆来对师父说："这小哥是我引进来的，倒让你得了先头，晚间须与我同榻。"老和尚笑道："应得，应得。"那门子也要在里头的，晚间果与智圆宿了。有诗为证：

少年彼此不相饶，我听伊先递自熬。
虽是智圆先到手，劝酬毕竟也还遭。

说这两个都是美少，各干一遭已毕，搂抱而睡。

第二日，老和尚只管来绰趣，又要缠他到房里干事。智圆经过了前边的毒，这番倒有些吃醋起来道："天理人心，这个小哥该让与我，不该又来抢我的。"老和尚道："怎见得？"智圆道："你终日把我泄火，我须没讨还伴处，忍得不好过。前日这个头脑，正有些好处，又被你乱炒，弄断绝了。而今我引得这小哥来，明该让我与他乐乐，不为过分。"老和尚见他说得倔强，心下好些着恼，又不敢冲撞他。嘴骨都的，彼此不快活。

那门子是有心的，晚间兑得高兴时，问智圆道："你日间说前日甚么头脑，弄断绝了?"智圆正在乐头上,不觉说道:"前日有个邻居妇女,被我们留住,大家耍耍罢了,且是弄得兴头。不匡老无知见他与我相好,只管吃醋捻酸,搅得没收场,至今想来可惜。"门子道:"而今这妇女那里去了?何不再寻将他来走走?"智圆叹个气道:"还再那里寻处?"门子见说得有些缘故,还要探他备细,智圆却再不把以后的话漏出来。门子没计奈何。

明日,见小沙弥在没人处,轻轻问他道:"你这门中前日有个妇女来?"小沙弥道:"有一个。"门子道:"在此几日?"小沙弥道:"不多几日。"门子道:"而今那里去了?"小沙弥道:"不曾那里去,便是这样一夜不见了。"门子道:"在这里这几日做些甚么?"小沙弥道:"不晓得做些甚么。只见老师父与小师父搅来搅去了两夜,后来不见了,两个常自激激聒聒的一番,我也不知一个清头。"门子虽不曾问得根由,却想得是这件来历了。只做无心的,走来对他师徒二人道:"我在此两日了,今日外边去走走再来。"老和尚道:"是必再来,不要便自去了。"智圆调个眼色,笑嘻嘻的道:"他自不去的。掉得你下,须掉我不下?"门子也与智圆调个眼色道:"我就来的。"

门子出得寺门,一径的来见林公,把智圆与小沙弥话备细述了一遍。〔林公据此假借上天显应勘破了案件,大觉问斩,智圆问徒,俞门子则因功回衙复役。〕

(二) 卷三十四

〔苏州某豪家有一功德庵,庵主善会逢迎,常有女眷前来求子作会,留宿其中。一日,常州袁理刑在豪家借住,偶然间窥见一尼姑与三五个少年女娘"或是搂抱一会,或是偎脸接唇一会",心中甚是疑惑。第二天便携皂隶入庵搜查,结果搜出了上有女子元红的白绫汗巾等疑物,乃将众尼带回衙门检讯。〕

且说理刑到了衙门里,喝叫动起刑来。坚称身是尼僧,并无犯法。理刑又取稳婆进来,逐一验过,多是女身。理刑没做理会处,思量道:"若如此,这些汗巾簿籍如何解说?"唤稳婆密问道:"难道毫无可疑?"稳婆道:"止有年小的这个尼姑,虽不见男形,却与女人有些两样。"理刑猛想道:"从来闻有缩阳之术。既这一个有些两样,必是男子。我记得一法,可以破之。"命取油涂其阴处,牵一只狗来餂食。那狗闻了油香,伸了长舌,餂之不止。元来狗舌最热,餂到十来餂,小尼热痒难熬,打一个寒噤,腾的一条棍子直统出来,且是坚硬不倒,众尼与稳婆掩面不迭。

理刑怒极道:"如此奸徒,死有余辜!"喝叫拖翻重打四十,又夹一夹棍,教他从实供招来踪去迹,只得招道:"身系本处游僧,自幼生相似女,从师在方上学得采战伸缩之术。可以夜度十女,一向行白莲教,聚集妇女奸宿。云游到此庵中,有众尼相爱留住。因而说出能会缩阳为女,便充做本庵庵主,多与那夫人小姐们来往。来时诱至楼上同宿,人多不疑。直到引动淫兴,调得情热,方放出肉具来,多不推辞。也有刚正不肯的,有个淫咒迷了他,任从淫欲,事毕方解。所以也有一宿过再不来的,其余尽是两相情愿,指望永远取乐。不想被爷爷验出,甘死无辞。"

方在供招,只见豪家听了妻女之言,道是理刑拿了家庵尼姑去,写书来嘱托讨饶。理刑大怒,也不回书,竟把汗巾、簿籍封了送去。豪家见了,羞赧无地。理刑乃判云:

> 审得王某系三吴亡命,优仆奸徒。倡白莲以惑黔首,抹红粉以涴朱颜。教祖沙门,本是登岸和尚;娇藏金屋,改为入幕观音。抽玉笋合掌禅床,孰信为尼为尚?脱金莲展身绣榻,谁知是女是男?譬之鹳入凤巢,始合《关雎》之好;蛇游龙窟,岂无云雨之私?明月本无心,照霜闺而寡居不寡;清风原有意,入朱户而孤女不孤。废其居,火其书,方足以灭其迹;剖其心,刳其目,不足以尽其辜。

判毕,分付行刑的百般用法摆布,备受惨酷,那一个粉团也似的和尚,怎生熬得过?登时身死。四尼各责三十,官卖了,庵基拆毁。那小和尚尸首,抛在观音潭。闻得这事的,都去看他。见他阳物累垂,有七八寸长,一似驴马的一般,尽皆掩口笑道:"怪道内眷们喜欢他!"平日与他往来的人家内眷,闻得此僧事败,吊死了好几个。

(三) 卷三十四

那和尚一见了闻人生,吃了一惊。一头下船,一头瞅着闻人生,只顾看。闻人生想道:"我眼里也从不见这般一个美丽长老,容色绝似女人。若使是女身,岂非天姿国色?可惜是个和尚了。"和他施礼罢,进舱里坐定。却值风顺,拽起片帆,船去如飞。

看看天晚,吃了些夜饭,闻人生便让和尚洗澡,和尚只推是不消。闻人生洗了澡,已自困倦,搬倒头只寻睡了。那和尚见人睡静,方灭了火,解衣与闻人生同睡。却自翻来覆去,睡不安稳,只自叹气。见闻人生已睡熟,悄悄坐起来,伸只手把他身上摸着。……那时闻人生正醒来,伸个腰,那和尚放手,轻轻的睡了倒去。闻人生却已知觉,想道:"这和尚倒来惹骚,恁般一个标致的,想是师父也不饶他,倒是惯家的。我便兜他来男风一度也使得,如何肉在口边不吃?"闻人生正是少年高兴的时节,便爬将过来,与和尚做了一头。伸将手去摸时,和尚做一团儿睡着,只不做声。……

[结果闻人生发现这个"和尚"是一女扮男装的尼姑,后来几经周折,两人结为夫妻。]

(四) 卷十七 写道士同性恋。

拍案惊奇

(明末)凌濛初著
上海古籍出版社 2002 年影印
《续修四库全书》本①

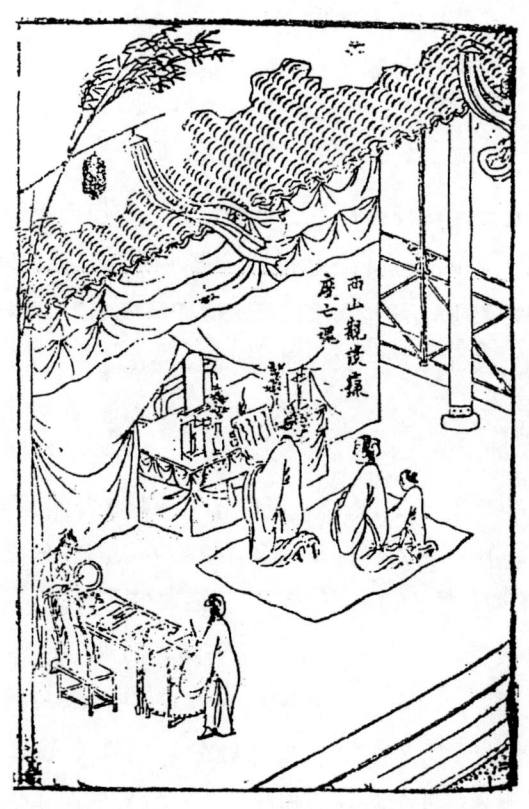

西山观设箓度亡魂（卷之十七）

开封西山观道士黄妙修把两个徒弟收为娈宠，在寡妇吴氏家做法事时又与吴氏私通。图中前跪者是黄妙修，左立者是他的宠徒太素、太清。

---

① 据明崇祯间尚友堂刻本影印。

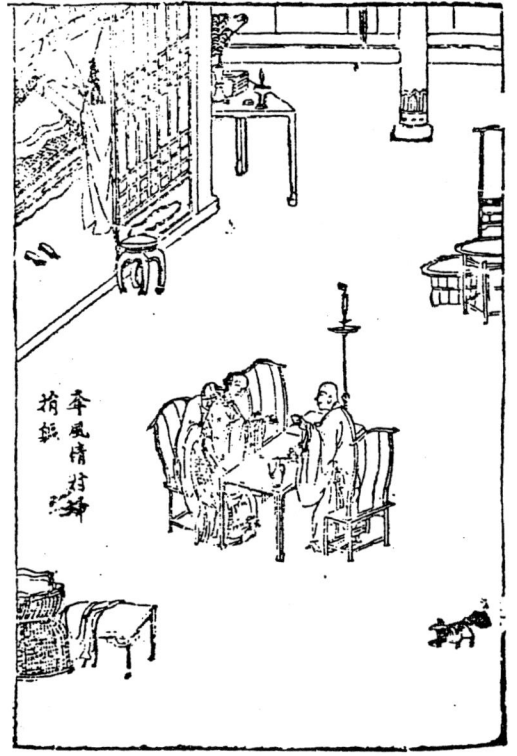

夺风情村妇捐躯（卷之二十六）

假天语幕僚断狱（卷之二十六）

二刻拍案惊奇

（明末）凌濛初著
浙江古籍出版社 2010 年
《古典名著聚珍文库》本

（一）卷十七[①]

他同学朋友，一个叫做魏造，字撰之。一个叫做杜亿，字子中。两人多是出群才学，英锐少年，与闻俊卿意气相投，学业相长，况且年纪差不多。魏撰之年十九岁，长闻俊卿两岁。杜子中与闻俊卿同年，又是闻俊卿月生大些。三人就像一家弟兄一般，极是过得好，相约了同在学中一个斋舍里读书。两个无心，只认做一伴的好朋友。闻俊卿却有意，要在两个里头拣一个嫁他。两个人并起来，又觉得杜子中同年所生，凡事仿佛些，模样也是他标致些，更为中意，比魏撰之分外说的投机。杜子中见俊卿意思又好，丰姿又妙，常对他道："我与兄两人可惜多做了男子，我若为女，必当嫁兄。兄若为女，我必当娶兄。"魏撰之听得，便取笑道："而今世界盛行男色，久已颠倒阴阳，那见得两男便嫁娶不得？"闻俊卿正色道："我辈俱是孔门子弟，以文艺相知，彼此爱重，岂不有趣？若想着淫昵，便把面目放在何处？我辈堂堂男子，谁肯把身子做顽童乎？魏兄该罚东道便好。"魏撰之道："适才听得杜子中爱慕俊卿，恨不得身为女子，故尔取笑。若俊卿不爱此道，子中也就变不及身子了。"杜子中道："我原是两下的说话，今只说得一半，把我说得失便宜了。"魏撰之道："三人之中，谁叫你独小些，自然该吃亏些。"大家笑了一回。〔后来杜子中看出了实情，乃娶闻俊卿为妻。〕

（二）卷三十四

话说宋时杨戬太尉，恃权怙宠，靡所不为。声色之奉，姬妾之多，一时自蔡太师而下，罕有其比。一日，太尉要到郑州上冢，携带了家小同行，是上前的几位夫人，与各房随使的养娘、侍婢，多跟的西去。余外有年纪过时了些的，与年幼未谙承奉的，又身子娇怯怕历风霜的，月信方行轿马不便的，剩下不去。合着养娘、侍婢们，也还共有五六十人留在宅中。太尉心性猜忌，防闲紧严，中门以外直至大门，尽皆锁闭，添上朱笔封条，不通出入。惟有中门内前廊壁间挖一孔，装上转轮盘，在外边传将食物进去。一个年老院奴姓李的，在外监守，晚间督人巡更，鸣锣敲梆，通夕不歇。外边人不敢正眼

[①] 写同学之间的同性恋戏谑，其中的闻俊卿是女扮男装。

觑视他。

　　内宅中留下不去的，有几位奢遮出色，乃太尉宠幸有名的姬妾，一个叫得瑶月夫人，一个叫得筑玉夫人，一个叫得宜笑姐，一个叫得餐花姨姨，同着一班儿侍女，关在里面。日长夜永，无事得做，无非是抹骨牌、斗百草、戏秋千、蹴气球消遣过日。然意味有限，那里当得甚么兴趣？况日间将就扯拽过了，晚间寂寞，何以支吾？

　　这个筑玉夫人，原是长安玉工之妻，资性聪明，仪容美艳。私下也通些门路，京师传有盛名。杨太尉偶得瞥见，用势夺来，十分宠爱，立为第七位夫人，呼名筑玉。靓妆标致，如玉琢成一般的人，也就暗带着本来之意。他在女伴中伶俐异常，妖淫无赛。太尉在家之时，尚兀自思量背地里溜将个把少年进来取乐。今见太尉不在，镇日空闲，清清锁闭着，怎叫他不妄想起来？

　　太尉有一个馆客，姓任，表字君用，原是个读书不就的少年子弟，写得一笔好字，也代做得些书启简札之类。模样俊秀，年纪未上三十岁。总角之时，多曾与太尉后庭取乐过来。极善诙谐帮衬，又加心性熨贴，所以太尉喜欢他，留在馆中作陪客。太尉郑州去，因是途中姬妾过多，轿马上下之处恐有不便，故留在家间外舍不去。任生有个相好朋友叫做方务德，是从幼同窗。平时但是府中得暇，便去找他闲话饮酒。此时太尉不在家，任生一发身畔无事，日里只去拉他各处行走，晚间或同宿娼家，或独归书馆，不在话下。

　　且说筑玉夫人晚间寂守不过，有个最知心的侍婢叫做如霞，唤来床上做一头睡着，与他说些淫欲之事，消遣闷怀。说得高兴，取出行淫的假具，教他缚在腰间，权当男子行事。如霞依言而做，夫人也自哼哼啧啧，将腰往上乱耸乱颠。如霞弄到兴头上，问夫人道："可比得男子滋味么？"夫人道："只好略取解馋，成得甚么正经？若是真男子滋味，岂止如此？"如霞道："真男子如此直钱，可惜府中到闲着一个在外舍。"夫人道："不是任君用么？"如霞道："正是。"夫人道："这是太尉相公最亲爱的客人，且是好个人物。我们在里头窥见他，常自火动的。"如霞道："这个人若设法得他进来，岂不妙哉！"夫人道："果然此人闲着。只是墙垣高峻，岂能飞入？"如霞道："只好说耍，自然进来不得。"夫人道："待我心生一计，定要取他进来。"如霞道："后花园墙下，便是外舍书房，我们明日早起，到后花园相相地头。夫人怎生设下好计弄进来，大家受用一番？"夫人笑道："我未曾到手，你便思想分用了。"如霞道："夫人不要独吃自疴，我们也大家有兴，好做帮手。"夫人笑道："是，是。"一夜无话。

　　［任君用与筑玉夫人等奸通，杨太尉回来后发现了隐情，乃将君用阉割。］

二刻拍案惊奇

(明末) 凌濛初著
上海古籍出版社 2002 年影印
《续修四库全书》本①

同窗友认假作真（卷之十七）

杨太尉戏宫馆客（卷之三十四）

---

① 据明崇祯五年（1632）尚友堂刻本影印。

南音三籁

(明末)凌濛初编
上海古籍书店 1963 年影印本①

散曲上卷·赠小史②

【黄钟·画眉序】人心怎能测,美满前程天妒嫉。恶根苗种不出,欢条喜实。怎讨他吐胆倾心,空博得言甜意蜜。知音何处好寻觅,这滋味教人难吃。

【浣溪沙犯】心如醉,肠似刺,这离愁不关春色。被百磨打散双鹨鹕,并头花蟿手擘。

【啄木儿】好似金瓶落井无消息,打捞起,教人空费力。〔玉漏迟序〕怎禁受形单影只,疗相思,那里有药石?

【三段子犯】追今悼昔,似雷陈胶共漆。寻踪问迹,似参辰南与北。〔绣衣郎〕良缘未绾。龙阳有泪因谁滴,怕前鱼向中道抛掷。端不是残桃爱释。

【滴溜子】销魂处,销魂处,暗里思忆。伤情处,伤情处,明中饮泣。教我寸肠越窄,来眉去眼,心一旦失。追想那相逢地,别离转迫。

【下小楼】痛悲。天津路隔,恶思量无摆划。空劳梦绕楚台侧。谁料天涯咫尺,顷刻存济不得。

【永团圆犯】〔永团圆〕阳关路断谁沾设,揾青衫红泪湿。桃源岂比寻常陌,阮途穷,人共惜,紫肠挂臆。天台不拒重来客,只恐花狼藉。匆匆话涩,从前事转脉脉。〔闹樊楼〕风递马程疾,月送樯乌没。〔望吾乡〕双情系,两下魄,暗数回程日。〔永团圆〕目空盼,水云碧。

【尾声】眼前便是关山隔,这冤债倩谁收拾?怎做得白云飞向绝域。

语尽近本色。惜题是男宠,而前后与闺情无大异,惟三段子数语着题耳。

---

① 据明末刻本影印。
② (明)佚名作。

石点头

(明末) 天然痴叟著
明末金阊叶敬池刻本

(一) 第十四卷[①]

> 红叶红丝说有缘,朱颜绿鬓好相怜。
> 情痴似亦三生债,色种从教两地牵。
> 入内不疑真冶葛,联交先为小潘安。
> 留将浪荡风流话,输与旁人作笑端。

话说自有天地,便有阴阳配合,夫妇五伦之始,此乃正经道理,自不必说。就是纳妾置婢,也还古礼所有,亦是常事。至若爱风月的,秦楼楚馆,买笑追欢;坏行止的,桑间濮上,暗约私期。虽然是个邪淫,毕竟还是男女情欲,也未足为怪。独好笑有一等人,偏好后庭花的滋味,将男作女,一般样交欢淫乐,意乱心迷,岂非是件异事。说便是这般说,那男色一道,从来原有这事。读书人的总题,叫做翰林风月;若各处乡语,又是不同。北边人叫炒茹茹,南方人叫打蓬蓬,徽州人叫塌豆腐,江西人叫铸火盆,宁波人叫善善,龙游人叫弄苦葱,慈溪人叫戏虾蟆,苏州人叫竭先生。《大明律》上唤做以阳物插入他人粪门淫戏。话虽不同,光景则一。至若福建有几处民家孩子,若生得清秀,十二三上便有人下聘。漳州词讼,十件事到有九件是为鸡奸事,可不是个大笑话?

如今且说两个好男色的头儿,做个入话。当年有个楚共王,酷好男色,有安陵君第一专宠。安陵君颜色虽美,年纪却已大了,恐怕共王爱衰,请教于江乙。江乙对安陵道:"你可晓得嬖色不敝席,宠臣不敝轩么?"这两句文话,安陵怎么晓得?江乙解说道:"嬖色就是宫女一般,睡卧的席也未破,皇帝就不喜欢了。宠臣就是宫一般人,皇帝赐你的车子不曾坏,也就疏失了。甚言光景不多时也。"安陵君从此愈做出百般丑媚之态,楚共王越加宠爱,至老不衰。还有一个龙阳君,也有美色。魏王也专好着男色,三宫六院,比不得龙阳君的下乘。一日,魏王与龙阳共坐一只小舟,名曰青鸟,在宫中海子里游戏。见水中金鱼,红的红似火,白的白似玉。龙阳讨过一根钓竿,粘上香喷喷的鱼饵,漾下水去。一钓一个,一连钓了十来个,最后来得了一个大鱼,龙阳汪汪的哭将起来。魏王

[①] 参见《太平广记》(三)。

大骇,问其缘故。龙阳道:"小臣得了大鱼,便要弃却前边小鱼。大王明日得一个胜是小臣的,自然把小臣遗落。触物比类,不繇人不哭。"魏王笑道:"只要你颜色常存,不愁后来人夺你门户。"这正是:

重远岂能惭治鹄,弃前方见泣船鱼。

如此说来,方见安陵、龙阳,是男色行中魁首;楚王、魏王,乃男风队里都头。虽然如此,毕竟楚、魏二王,把安陵、龙阳做个弄臣,并不是有老婆的不要老婆,反去讨一房不剃眉、不扎脚、不穿耳、有阳道的家小。那一个却又戴巾帻、穿道袍,将一个五谷轮回的关头、膀胱泄气的隘口,当了泄火受胎的门户。在当时叫做风流,到后来总成笑话。这人毕竟是谁?原来姓潘名章,字文子,晋陵人氏。其父潘度,结发身丧,娶妾蕙娘。蕙娘生得容貌端秀,嫁潘度时,年方十九岁。潘度晚年娶他,本为生男育女,不一年间有了身孕,生了潘章。九分像母,一分像父,所以他的美貌,是娘胎上带来的。邻里乡党见潘章这样标致,都说道:"潘老儿若养得这样一个女儿,不要说选妃子点宫女,便是正宫皇后,一定司天台上也照着他。"潘章到五六岁,就上学读书。至十二三岁,通晓书义,便会作文。到十七岁上,在晋陵也算做是有名的童生。更兼庞儿越发长得白里放出红来,真正吹弹得破。蕙娘且喜儿子读书,又把他打扮得娇模娇样,梳的头如光似漆,便是苍蝇停上去,也打脚错。身上常穿青莲色直身,里边银红袄子,白绫背心,大红裤子,脚上大红绉纱时样履鞋,白绫袜子,走到街上,风风流流。分明是善财转世,金童降凡。那些读书人都是老渴子,看见潘文子这个标致人物,个个眼里火,闻香嗅气。年纪大些的,要招他拜从门下,中年些的,拉去入社会考,富贵的又要请来相资。还有一等中年妇人,有女儿的,巴不得招他做个女婿。有一等少年女子未嫁人的,巴不得招他做个老公。还有和尚道士,巴不得他做个徒弟。还有一等老白赏,要勾搭去奉承好男风的大老官。所以人人都道他生得好,便是潘安出世一般,就起一绰号,叫他是小潘安。当时有人做一只挂枝儿,夸奖他道:

少年郎,真个千金难换。这等样生得好,不枉他姓了潘,小潘安委实的堪钦羡。褪下了红裤子,露出他白漫漫。虽不是当面的丢番也,好叫他背心儿上去照管。

那知潘文子虽则生得标致风流,却是不走邪路,也不轻易与人交往。因此朋友们总然爱慕,急切不能纳交。及至听见这只曲儿,心中大恨,立志上进,以雪此耻。为这上父母要与他完亲,执意不肯。原来潘度从幼聘定甥女,与他为配。这时因妹夫身故,不曾生得儿子，单单止有此女，妹子又没人照管，要倚傍到哥子身边，反来催促择日成亲，两得其便。怎奈潘文子只是不要，其母蕙娘又再三劝道："男大须婚，女大须嫁，古之常礼。看你父亲，当年无子，不知求了多少神，拜了许多佛，许了多少香愿，积了多少阴德，方才生得你这冤家。如今十六七岁，正好及早婚配，生育儿女，接绍香烟。你若执性不要，且莫说绝了潘门后代，万一你父亲三长两短，枉积下整万家私，不曾讨下一房媳妇，可不被人谈笑。"潘文子听母亲说了这话，便对道："古人三十而娶。我今年方十七，一娶了妻子，便分乱读书功夫。况今学问未成，不是成房立户的日子。近日闻得龙丘先生设教杭州湖南净寺，教下生徒有二三百人，儿子也欲去拜从。母亲可对父亲说知，发些盘费，往杭州读书一两年。等才学充足，遇着大比之年，侥幸得中，那时归来娶妻未迟。今日断不要题这话。"

蕙娘见潘老是晚年爱子，自小娇养，诸事随其心性，并不曾违拗，只得把婚事阁起，反将儿子要游学的话说与老儿。那潘度本不舍得儿子出门，怎当他啼啼哭哭，要死要活，老儿没奈何，将出五十两银子，与他做盘费。文子嫌少，争了一百二十两，又有许多礼物。蕙娘又打叠四季衣服铺程，并着书箱，教家童勤学跟随，买舟往杭州游学。那些轻薄子弟，恨文子不肯与人相交，都颠唇簸嘴的说道："不是去拜师傅讲道学，多半是寻孤老竭先生。"又编下一支挂枝儿道：

> 小潘安，你便到杭州地面。想弥子瑕，还不如董贤，后庭花少不得擂槌楦。你痛的原不是假，他抽的也不道是宽。直弄到力尽筋疲也，少不得把陈公公儿展一展。

看官，你道这陈公公是甚么物件？大凡女人家合欢拭抹的汉巾儿，叫做陈妈妈，若是男风用着汗巾，可不是陈公公？这也是笑话，不想当时把来戏谑潘章。潘文子总来付之不闻。下了船，那消五日，已到杭州，泊船松毛场下。打发船家唤乘小轿，着两个脚夫挑了行李，一径到西湖上寻访湖南净寺。那龙丘先生设帐在大雄殿西首一个净室里，屋宇宽绰，竹木交映，墙门上有个匾额，翠书粉地，写着"巢云馆"三字。潘文子已备下门生拜帖，传将进去。龙丘先生令人请进。文子请先生居中坐下，拜了四拜，送上贽见礼物。龙丘先生就留小饭。当晚权宿一宵，明日另觅僧房寓下。写起帖子，去拜同门朋友，年长的写个晚弟，年齿相仿的称个小弟，长不多年的称侍教弟。那龙丘先生学徒众多，四散各僧房作寓，约有几十处。文子教勤学捧了帖子，一处处拜到。次日众朋友都来答拜，先后俱到，把文子书房中挤得气不通风，好象关王粮的，一进一出。这些朋友都是少年，又在外游学，久旷女色。其中还有挂名读书，专意拐小伙子不三不四的。一见了小潘安这般美貌，个个摇唇吐舌，你张我看，暗暗里道："莫非善财童子出现么？"

又有说："莫非梓童帝君降临凡世？"又有说："多分是观世音菩萨化身。"又有说："当年祝英台女扮男妆，也曾到杭州讲学，莫非就是此人？"也有说："我们在此，若得这样朋友同床合被，不要说暂时应急，就是一世不讨老婆，也自甘心。"这班朋友答拜，虽则正经道理，其实个个都怀了一个契兄契弟念头。也有问："潘兄所治何经？"也有问："长兄仙乡何处？"也有问："曾娶令正夫人？"也有问："尊翁尊堂俱在否？"也有问："贤昆仲几人？"也有问："排行是第一第二？"也有问："见教尊表尊号，下次却好称呼。"也有没得开口的，把手来一拱，说道："久仰，久仰！"也有张鬼熟扯相知的道："我辈幸与老兄同学，有缘，有缘！"你一声，我一句，把潘文子接待得一个不耐烦，就是勤学在旁边送茶，却似酒店上货卖，担送不来。还好笑这些朋友两只眼谷碌碌看着他面庞，并不转睛。混了半日，方才别去。文子依了先生学规，三六九作文，二五八讲书，每夜读到三鼓方睡。果然是：

　　朝耕二典，夜耨三谟。尧舜禹汤文共武，总不出一卷《尚书》。冠婚丧祭与威仪，尽载在百篇《礼记》。乱臣贼子，从天王记月以下，只定春秋。才子佳人，自关雎好逑以来，莫非郑卫。先天开一画，分了元亨利贞。随乐定音声，不乱宫商角徵。方知有益须开卷，不信消闲是读书。

按下潘文子在龙丘先生门下读书不题。却说长沙府湘潭县有一秀士，姓王名仲先，其父王善闻，原是乡里人家，有田有地。生有二子，长子名唤伯远，完婚之后，即替父亲掌管田事。仲先却生得清秀聪明，自小会读书。王善闻对妈妈宋氏道："两个儿子，大的教他管家，第二个体貌生得好，抑且又资质聪明，可以读书。我家世代虽是种田，却世代是个善门积阴德的。若仲先儿子读得书成，改换门闾，荣亲耀祖，不枉了我祖宗的行善，教湘潭人晓得田户庄家也出个儿子做官，可不是教学好人的做个榜样？"宋氏道："大的种田，小的读书，这方是耕读之家。"从此王善闻决意教仲先读书，虽聘下前村张三老的女儿为配，却不肯与他做亲，要儿子登了科甲，纱帽圆领亲迎。为此仲先年已一十九岁，尚未曾洞房花烛。这老儿又道："家中冗杂，向山中寻幽静处，做个书室。"仲先果然闭户苦读，手不释卷。从来读书人干了正经功课，余下功夫或是摹临法帖，或学画些枯木竹石，或学做些诗词，极不聪明的，也要看闲书杂剧。一日，仲先看到《丽情集》上有四句说话云：

　　淇水上宫，不知有几；分桃断袖，亦复云多。

那淇水上宫，乃男女野合故事，与桑间濮上，文义相同。这分桃断袖，却是好男色的故事。当初有个国君偏好男风。一日，幸臣正吃桃子，国君却向他手内夺过这个咬残的桃子来吃，觉得王母瑶池会上的蟠桃，也没这样滋味，故叫做分桃。又一日，白昼里淫乐了一番，双双同睡。国君先醒欲起，衣袖却被幸臣压住，恐怕惊醒了，低低唤内侍取过剪刀，剪断衣袖而起。少顷幸臣醒来知得，感国君宠爱，就留这袖做个表记，故叫做断袖。仲先看到此处，不觉春兴勃然，心里想道："淇水上宫，乃是男女会合之诗，这偷妇人极损阴德。分桃断袖，却不伤天理。况我年方十九，未知人道，父亲要我成名之后，方许做亲。从来前程如暗漆，巴到几时，成名长进，方有做亲的日子。偷妇人既怕损了阴骘，阚小娘又乡城远隔，就阚一两夜，也未得其趣。不若寻得一个亲亲热热的小朋友，做个契兄契弟，可以常久相处，也免得今日的寂寞。说便是这等说，却那里这般凑巧，就有个知音标致小官到手？"心上想了又想，连书也不用心读了。

其年湘潭县考试，仲先空受一日辛苦，不曾取得个名字，叹口气道：

　　　　不愿文章中天下，只愿文章中试官。

方在家中纳闷，不想张三老却来拜望他父亲。仲先劈面撞见，躲避不及，只得迎住施礼。一来是新丈人，二来因考试无名，心上惶恐。三老再三寒温。仲先涨得一个面皮通红，口里或吞或吐，不曾答应一句。话犹未了，王善闻走出来相见，陪着笑说道："张亲家，今日来还是看我，还是问小儿考试的事？"张三老道："学生正有一句话，要对亲家说。我湘潭县虽则是上映星沙，却古来熊绎之国，文教不通。亲家苦苦要令郎读书，又限他成名长进，方许成婚。功名固是大事，婚姻却也不小。今小女年方二九，既已长成，若为了功名，迟误了婚姻，为了婚姻，又怕担阁了功名。亲家高见，有何指教？"王善闻想一想，对张三老道："我本庄户的人家，没有读书传授。今看起来，儿子的文学，一定不济。不如废了书本，完了婚姻，省得亲家把儿女事牵挂在心。"张三老道："读书是上等道路，怎好废得，也不可辜负了亲家盛心。我学生到有两便之策：闻得龙丘先生设教在杭州湖南净寺，四方学者多去相从。他的门人遇了考试，必有高中的，想真是有些来历启发。为今之计，莫若备办盘缠，着令郎到杭州去，相从读书，待他学问成就，好歹去考试一番。成得名不消说起，连小女也有光辉。若依旧没效验，亲家也有了这念头，完就儿女之事，却不致两下担误。"王善闻听见此言，不胜之喜。当日送别了张三老，即打点盘费，收拾行装，令家童牛儿跟随仲先到杭州从学。只因张三老这一着算计，有分教：

　　　　少年郎在巢云馆结了一对雄鸳，青春女到罗浮山配着一双雌凤。

王仲先带了牛儿,从长沙搭了下水船只,直到润州换船,来到杭州湖南净寺。一般修贽礼,写名帖,参拜了龙丘先生。遍拜同门诸友,寻觅书房作寓。原来龙丘先生名望高远,四处来的生徒众多,僧房甚少,房价增贵。因此一间房都有三四个朋友合住,惟有潘文子独住一房,不肯与人作伴。王仲先到此,再没有别个空处。众朋友俱以潘文子一人一室,且平日清奇古怪,遂故意送仲先到他房里来,说道:"王兄到此,诸友房中都满,没有空处,惟潘兄独自一房,尽可相容,这却推托不得。"说便如此说,只道他不肯。那知一缘一会,文子见了王仲先,一见如故,欢然相接,便道:"四海之内皆兄弟也,同住何妨?日用器皿,一应俱备,王兄不消买得,但只置一榻便了。"仲先初见文子这个人物,已自着魂,怀下欹心念头,惟恐不肯应承。及见慨然允诺,喜之不胜,拱手道:"承兄高雅,只是炒扰不当。"即教牛儿去发行李来此。众友不道文子一诺无辞,一发不忿。毕竟揪牛头吃不得草,无可奈何。这才是:

　　有缘千里来相会,无缘对面不相逢。

　　且说王、潘两人,日则同坐,夜则各寝,情孚意契,如同兄弟。然毕竟读书君子,还有些体面,虽则王仲先有心要勾搭潘文子,见他文质彬彬,言笑不苟,无门可入。这段私情,口里又说不出,只好心上空思空想,外边依旧假道学,谈些古今。相处了半年,彼此恭恭敬敬,无处起个话头。一日,同在馆中会讲,讲到哀公问政一章。讲完了,龙丘先生对众学徒道:"《中庸》一部,惟这章书中,有三达德、五达道,乃是教化根本,须要细心体会。"当下众人散去,仲先、文子独后,又向先生问了些疑义。返寓时,天色已暮,点起灯,又观了一回书,方才就寝。睡不多时,仲先叫道:"潘兄睡着了么?"文子道:"还在此寻想中庸道理。"仲先道:"小弟也在这里寻想。"其实王仲先并不想甚么书义,只因文子应了这句,便接口问道:"夫妇也,朋友之交也,这两句是一个意思,是两个意思?"文子道:"夫妇是夫唱妇随,朋友是切磋琢磨,还是两个意思。"仲先笑道:"这书旨兄长还未看得透,毕竟是一个意思。"文子道:"夫妇朋友,迥然两截,如何合得一个意思?"仲先道:"若夫妇箴规相劝,这就是好朋好友;朋友胶漆相投,这就是好夫好妻,岂非一个意思?"文子听了,明知仲先有意来挑拨,正言道:"读书当体会圣贤旨趣,如何发此邪说?"仲先道:"小弟一时狂言,兄勿见罪。"口里便说,心里却热痒不过,准准痴想了两个更次,方才睡去。

　　一日,正遇深秋天气,夜间衾枕生凉,王仲先睡不着,叹了一口气。文子问道:"老兄长叹,必有所为。"仲先道:"实不相瞒,小弟聘室多年,因家父决要成名之后,方得完婚。又嫌长沙地方,从来无有文学的师父,所以令小弟到杭州游学。到了此地,虽则先生这般教训,又蒙老兄这样抬举,那知心神散乱,学问反觉荒疏。料没有出头日子,成不得功名，可不枉担误妻子，所以愁叹。"文子道："一向未曾动问得，却不知老兄也还未娶，政与小弟一般。"仲先道："原来兄长也不曾毕姻，还是未有佳偶，还是聘过未婚？"文子道："已有所聘，到自小弟自家不肯婚配。恐怕有了妻子，不能专心读书。若老兄令尊主意，怪不得有此愁叹。"仲先道："长兄有此志向，非小弟所能及也。然据小弟看起来，人生贵适意耳，何必功名方以为快！古人云：'情之所钟，政在吾辈。'当此少年行乐之时，反为黑暗功名所扼。倘终身蹭蹬，岂不两相担误？总使成名，或当迟暮之年，然已错过前半世这段乐境，也是可惜。假如当此深秋永夜，幸得与兄作伴闲谈，还可消遣。若使孤馆独眠，寒衾寂寞，这样凄凉情况，好不难过！"文子笑道："我只道兄是悲秋，却原来到是伤春。既恁地，何不星夜回府成亲，今冬尽好受用。"仲先道："远水救不得近火。须是目前得这样一个可意种，来慰我饥渴方好。"文子道："若论目前，除非到妓家去暂时释兴。"仲先道："小弟平生极重'情'之一字，那花柳中最是薄情，又小弟所不喜。"文子道："青楼薄幸，自不必说，即夫妇但有恩义，而不可言情。若论'情'之一字，一发是难题目了。"仲先又叹口气道："兄之此言，真可为深于情者也。"遂嘿然而睡。

到了次日，仲先心生一计，向文子道："夜来被兄一言，拨动归思，只得要还家矣。但与兄相处数月，情如骨肉，不忍恝然相别。且兄锐志功名，必当大发，恐异日云泥相隔，便不能今日情谊。意欲仰攀，盟结兄弟，患难相扶，贵贱弗忘，未知吾兄肯俯从否？"文子欣然道："此弟之至愿，敢不如命！但弟至此处，同门虽众，惟与兄情投意合，正欲相资教益。不道一旦言别，情何以堪？"仲先道："弟暂归两三月，便当复来。"当下两人八拜为交，仲先年长为兄，文子年小为弟。仲先将出银钱，买办酒肴，两人对酌，直至夜深方止，彼此各已半醺。仲先原多买下酒，赏这两个家童，都吃个烂醉，先自去睡了。仲先对文子道："向来止与贤弟联床，从未抵足。今晚同榻何如？"文子酒醉忘怀，便道："这也使得。"解衣就寝，文子欲要各被，仲先道："既同榻，如何又要各被？"文子也就听了，遂合被而卧。文子靠着床里，侧身向外，放下头就合眼打鼾。仲先留心，未便睡去，伸手到他腿上抚摩。直至肚腹文子惊醒，说道："二哥如何不睡，反来搅人？"仲先笑道："因见贤弟肌肤柔腻润泽，故此摸一摸，无非亲爱之意。"文子道："休笑话，睡罢。"仲先道："还要与贤弟说句要紧话。"文子道："有话明日讲。"仲先道："此话不是明日讲的。"文子问："甚话如此要紧？"仲先道："实不相瞒，自会贤弟以来，日夕爱慕丰标，欲求缔结肺腑之谊，诚恐唐突，未敢启齿。前日胶漆朋友即是夫妻之语，实是有为而发。望贤弟矜怜愚兄一点爱慕至情，曲赐容纳。"一头说，一头便坐起来搂抱文子。文子推住，也坐起道："二哥，我与你道义之交，如何怀此邪念？莫说众朋友知得，在背后谈议，就是两个家童，并和尚们知觉，也做了话靶。这个决使不得。"仲先此时神魂狂荡，那里肯听，说道："你我日常亲密，人都知道，那里便疑惑到此？纵或谈议，也做不听见便了。"双手乱来扯拽。文子将身一闪,跳下地来,将衣服穿起,说道:"我虽不才,尚要图个出身。若今日和你做此无耻之事,后日倘有寸进,回想到此,可不羞死!"仲先也下床来,笑道:"读书人果然一团腐气。昔日弥子瑕见爱于卫灵公,董贤专宠于汉哀帝,这两个通是戴纱帽的,全然不以为耻。何况你尚未成名,年纪才得十五六七,只算做儿戏,有甚么羞?你若再不从时,只得磕头哀求了。"道罢,扑的双膝跪下,如捣蒜一般,磕一个不止。文子又好笑,又好恼,说道:"二哥怎地恁般没正经,想是真个醉了,还不起来!"仲先道:"若不许我,就磕到来年,也不起身。"文子道:"二哥,你即日回去娶婚,自有于飞之乐,何苦要丧我的廉耻?"仲先道:"贤弟如肯俯就,终身不娶,亦所甘心。"文子道:"这样话只好哄三岁孩子,如何哄得我过?"仲先道:"你若不信,我就设个誓愿。"推开窗子,对天跪下,磕了两个头,祝道:"皇天在上,如王仲先与潘文子定交之后,若又婚配妻子,山行当为虎食,舟行定喂鱼鳖。或遭天殃,身不能归土;或遇兵戈,碎尸万段。如王仲先立誓之后,潘文子仍复推阻,亦遭此恶报。"文子道:"呸!你自发誓,与我何干,也牵扯在内。"仲先跳起来,便去勾住文子道:"我设了这般誓愿,难道你还又推托不成?"大凡事最当不过歪厮缠,一个极正气的潘文子,却被王仲先苦苦哀求,又做出许多丑态,把铁一般硬的心肠,化作绵一般软,说道:"人非木石,兄既为我情愿不娶,我若坚执不从,亦非人情也。慎厥终,惟其始,须择个好日子,治些酒席,权当合欢筵宴,那时方谐缱绻。"仲先笑道:"不消贤弟费心,阿兄预先选定今日,是会亲友结婚姻的天喜上吉期。日间与贤弟八拜为交,如今成就良缘,会亲结姻,都已应验,更没有好是今日。适来小酌,原是合卺杯的筵席,但到后日做三朝便了。"文子笑道:"原来你使这般欺心远计,我却愚昧,落在套中。"仲先道:"我居楚,你居吴,会合于越,此皆天意,岂出人谋?"一头说,一头与文子解衣,拥到床上。文子尚兀假意佯羞,半推半就。被仲先紧紧抱住,肌肉相凑,透入重围。文子初破夭荒,攒眉忍楚,不胜娇怯。仲先逞着狂兴,恣肆送迎。正是:

权将学士风流孔,遂却襄王云雨心。

这一番淫乐,莫说王仲先浑身通畅,便是潘文子也神动魂销,自家惊诧,不道有此妙境,可知女人都好淫乐。自此之后,把读书上进之念尽灰,日则同坐,夜则同眠,比向日光景大不相同。他两个全不觉得,被人看出了破绽,这班同窗朋友俱怀妒意,编出一只挂枝儿来,唱道:

王仲先,你真是天生的造化。这一个小朋友似玉如花,没来由被你牵缠下。他夜里陪伴着你,你日里还饶不过他。好一对不生产的夫妻也,辨甚么真和假。

王仲先、潘文子初时听见，虽觉没趣，还老着脸只做不知。到后来众友当面讥诮，做鬼脸，连两个家童也看不过许多肉麻，在背后议论没体面。只落得本房和尚，眼红心热，干咽涎唾。两人看看存身不住。那知这只挂枝儿，吹入了龙丘先生耳中，访问众学徒，此事是真是假。众学生把这些影响光景，一五一十说知。先生大怒，唤过二人，大骂了一顿没廉耻，逐他回去，不许潜住于此，玷辱门墙。王仲先还有是可，独羞得潘文子没处藏身，面上分明削去了几层皮肉，此时地上若有一个孔儿，便钻了下去。正是：

饶君掬尽钱塘水，难洗今朝满面羞。

文子含着羞惭，辞了先生，与仲先同回寓所。这些朋友晓得先生逐退，故意来探问。文子叮咛了和尚，只回说不在。文子跌足恨道："通是这班嚼舌根的，弄嘴弄舌，挑斗先生，将我们羞辱这场。如今还是怎地处？"仲先道："此处断然成不得了。我想贤弟家中离此不远，不若同到府上，寻个幽僻所在，相资读书，到也是一策。"文子道："使不得，两个家童尽晓得这些光景，回去定然报与老父。或者再传说于外，教小弟何颜见人！我想功名富贵，总是浮云，况且渺茫难必。今兄既为我不娶，我又羞归故乡，不若寻个深山穷谷，隐避尘嚣，逍遥物外，以毕此生。设或饮食不继，一同寻个自尽，做个生死之交，何如？"仲先大喜道："若得如此，生平志愿足矣。只是往何处去好？"文子道："向日有个罗浮山老僧至此，说永嘉山水绝妙，罗浮山隔绝东瓯江外，是个神仙世界，海外丹台。我曾与老僧说，异日或至永嘉，当来相访。老僧欣然领诺，说来时但问般若庵无碍和尚，人都晓得。当时原是戏言，如今想起，这所在尽好避世，且有此熟人，可以倚傍。"计议已定，将平日所穿华丽衣服、铺程之类尽都变卖，制办了两套布衣，并着粗布铺盖，整备停当。仲先、文子先打发勤学、牛儿，各赍书回家，辞绝父母，教妻子自去转嫁。然后打叠行装，别了主僧，渡过钱塘江，从富阳、永康一路，先到处州，后至永嘉，出了双门，鯀江心寺口渡船，径往罗浮山，访问般若庵无碍和尚。

原来这老和尚，两月前已回首去了。师弟无障，见说是老和尚相知，便留寓庵中。文子就央他寻觅个住处，凑巧山下有三间房屋，连着十数亩田，许多山地，一齐要卖。文子与仲先商议，田亩可以赡生，山地可做坟墓，余下砍柴供用，一举两得。遂将五十金买了这三间房屋，正中做个客座，左一间为卧室，右一间是厨灶。不用仆人，两个自家炊爨，终日吟风弄月，遣兴调情。随又造起坟墓，打下两个生圹，就教佃户兼做坟丁。不两月间，事事完备。可惜一对少年子弟，为着后庭花的恩爱，弃了父母，退了妻子，却到空山中做这收成结果的勾当。岂非天地间大罪人，人类中大异事，古今来大笑话！诗云：

从来儿女说深情，几见双雄订死盟。

忍灭天伦同草腐，倚闾人尚望归旌。

话分两头。且说勤学、牛儿两个仆人，奉了主人之命，各赍书回家。牛儿本是村庄蠢人，连夜搭船去了。勤学却是乖巧精细，晓得被龙丘先生斥逐这段情繇，却又不想归家，颠倒将衣服变卖，制办布衣，像要远去的模样。正不知要往何处，心里踌蹰道："须暗随他去，看个着落，方好归家。"因此悄地叮咛了和尚，别了牛儿，潜住在寺里。又想起身上虽平日克剥得些银钱，往来盘缠不勾，也把几件衣服卖与香公凑用。等到文子、仲先起身过江，勤学远远随在后面，下在别只渡船，一路不论水陆，紧紧跟定，直至罗浮山下。打听两人买下住处，方才转身，星夜赶到家中。不想半月前，潘度与文子丈母，都是疫病身亡。其母蕙娘因媳妇年纪已长，又无弟兄亲族，孤身独自，急急收拾来家，使人到杭州唤儿子回来支持丧事，要乘凶做亲。仆人往还十来日，回报："一月已前，和着同读书襄阳姓王的，不知去向。"急得个蕙娘分外悲伤，终日在家啼啼哭哭。正没做理会，恰好勤学到家，只道喜从天降，及至拆书一看，却是辞绝父母，弃家学道，教妻子转嫁的说话。蕙娘又气又苦，叫地呼天的号哭了一回，方才细问勤学的缘故。勤学在主母面前，不好说得小官人许多丑态，只说起初几个月着实用功读书，后来都被襄阳姓王这个天杀的引诱坏了，被先生一场发作，然后生起这个念头，径到罗浮山居住。并说自己暗地随去，看了下落，方才回转。许多话，一一尽言。蕙娘听罢，咬牙切齿，把王仲先千刀万剐的咒骂一场。心里没个主意，请过几个亲戚商议，要去寻他归来。又说："这样不成器的东西，便依他教媳妇转嫁人去，我也削发为尼，到得干净！"内中有老成的说道："不消性急，学生子家，吃饭还不知饥饱。修甚么道，再过几时，手内东西用完了，口内没有饭吃，少不得望着家里一溜烟跑来。如今正在高兴之时，便去接他，也未必肯归，干自折了盘缠。"蕙娘见说得有理，到安心等他自归不题。

且说牛儿一路水宿风餐，不辞辛苦，非止一日。到湘潭家里，取出书来，递与家主。王善闻未及开看，先问牛儿："二哥这一向好么？"牛儿道："不但二哥好，连别人也着实快活。"善闻道："这怎地说？"牛儿将勾搭文子的事，絮絮叨叨，学一个不止。善闻叹口气道："都是张三老送了一个儿子也。"拆开书来看时，上写道：

男仲先百拜：

自别父母大人，前至杭州，无奈天性庸愚，学业终无成就。今已结拜窗友潘文子，遍访名山胜景，学道修仙。父母年老，自有长兄奉侍，男不肖是可放心，父母亦不必以男为念。所聘张氏，听凭早早改嫁，勿得错过青春。外书一封，奉达张三老，乞即致之。

学道男仲先顿首百拜

善闻看罢，顿足叫苦。惊动妈妈，问了这个消息，哭倒在地，说道："好端端住在家里，通是张三老说甚么龙丘先生，弄出这个话靶。如今不知在那个天涯海角，好歹这几根嫩骨头，断送在他州外府了。"善闻即叫牛儿，去请张三老来，把书与他看了。你怨我，我怨你，哭哭啼啼，没个主意。长子伯达走过来劝道："自是兄弟不长进，勿得归怨张三老。倘张亲家令爱肯转嫁，不消说起；若还立志不从，父亲只得同着张亲家，载了媳妇，寻到潘家，要在他们身上寻还这不肖子，那时把媳妇交付与他，看走到那里去。"张三老连声称是。作别归家，与女儿说知，讨个肯嫁不肯嫁的口语。女儿害羞，背转身不来答应。张三老道："这事关系你终身，肯与不肯，明白说出，莫要爱口识羞，两相担误。"女儿被逼不过，方才开口，低低说道："我女子家也不晓得甚么大道理，尝闻说忠臣不事二君，烈女不嫁二夫，女儿只守着这个话，此外都不愿闻。"张三老道："恁样不消说起，明日即去与王亲家商议，同往寻王二哥便了。"女儿又道："王郎不归，孩儿情愿苦守。若说远去跟寻，万无此理，恐传说出去，被人耻笑。"张三老道："守不守繇得你，去不去却要繇我。倘然王郎不归，你的终身，父母养不了，公姑养不了，将如之何！总然有人耻笑，也说不得了。"女儿便不敢言，垂泪而已。

到次日，张三老来与王善闻说知，即日准备盘缠行李，央埠头择便船写了一个稳便舱口，张三老叫女儿收拾下船。这女子无可奈何，只得从着父命。王善闻原带着牛儿同去，翁媳反在舟中见礼，到是一件新闻。从襄阳开船，一路下水，那消二十日，已至京口换船，一日便到晋陵。王善闻同牛儿先上岸访问了潘文子家里，然后同张三老引着媳妇，并行李一齐到他家里。蕙娘蓦地见三个别处人领个女子进来，正不知甚么缘故，吃这一惊不小。及至问时，襄阳乡里人声口，一句也听不出。恰好勤学从外边入来，认得牛儿，方才明白是王仲先父亲、丈人、妻小，与他家要儿子，闹攘攘乱做一屋。文子媳妇在里边听得，奔出来观看，见了张三老女儿，两下各道个万福。问道："你们是那里，为甚事到此喧闹？"张三老上前作个揖，打起官话，说出许多缘故。蕙娘对王善闻道："你我总是陌路相逢，水米无交。你儿子同我不肖子流落在外，说起来，你儿子年长，明白是引诱我不肖子为非，我不埋怨你就勾了，你反来与我要人，可有这理么？如今现住在甚么永嘉罗浮山，你们何不到彼处去寻觅？若并我这不肖子领得归来，情愿拜你两拜。"张三老只管点头道："说得是。既有着落所在，便易处了。"又问道："潘大嫂，此位小娘子是甚人？"蕙娘道："这便是不肖子的媳妇，尚未成婚。"张三老道："原来令郎也还不曾完姻。据老夫愚见，令郎既同小婿在罗浮山中，潘大嫂又无第二位令郎，何不领着令子舍，同我们一齐到那里，好歹交还他两个媳妇，完了我们父母之情。他两个存住不得，自然只得回家了。此计可好么？"蕙娘听了，说道："这也有理。"遂留住在家，王善闻、张三老于外厢管待，三老女儿款留于内室。一个是待婚的媳妇，一个是未嫁的女儿，年纪仿佛，情境又同，因此两下甚是相得。当晚同房各榻，说了一夜说话。只是乡音各别，彼此不能尽懂。

次日，蕙娘收拾上路，自己有个嫡亲哥嫂，央来看管家里。姑媳两人，又带一个服侍的婆娘，连勤学也是四人。唤了两个船只，男女分开，各坐一船，直至杭州过江。水陆劳苦，自不消说起。非止一日，来到罗浮山。不道王仲先与潘文子，乐极悲生，自从打了生圹之后，一齐随得异症，或歌或唱，或笑或啼，有时登山狂啸，有时入般若庵与无障和尚讲说佛法，论摩登迦的因果，似痴非痴，似颠非颠，绝了十数日饮食。一日，忽地请过无障和尚，将田房都送与庵中，所有衣资亦尽交与，央他照管身后墓坟之事。老和尚只道他痴颠乱话，暂时应允。那知是晚双双同逝。正是：

不愿同年同月同日同时生，
但愿同年同月同日同时死。

明日无障和尚来看时，果然并故，却是面目如生。即叫道人买办香烛、纸马、蔬菜之类，各静室去请了几众僧人，择于次日诵经盛殓。这里正做送终功果，恰好勤学引着蕙娘、王善闻一干人来到，见满堂僧众，灯烛辉煌，问说是二子前夜已死。那时哭倒了王善闻，号杀了蕙娘。张三老从旁也哭着女婿，只有两个未婚的媳妇，背着暗暗流泪。盛殓已毕，即便埋葬。

且说张氏女子，暗自思想："迫于父命，来此寻夫，已非正理。若还一齐归去，也还罢了，如今一场虚话，岂不笑破人口。况且去后日长，父亲所言，父母养不了，公姑养不了，到后没有结局。不如今日一死，到得干净，也省得人谈议。"定了主意，等至夜深，人尽熟睡，悄地起来，悬梁高挂。直至天明，方才晓得，把个张三老哭得个天暗地昏，道是自己起这议头，害了女儿，懊悔不尽。王善闻、蕙娘俱觉惨然，勉强劝住了，收拾买棺殡殓。谁知文子的媳妇，也动了个念头，想道："一样至此寻夫，他却有志气，情愿相从于地下。我若腼颜苟活，一生一死，岂不被人议论！红颜命薄，自古皆然。与其碌碌偷生，何若烈烈一死。"到夜半时候，寻条绳子，也自缢而死。蕙娘知觉了，急起救时，已是气断。这番哭泣，更自惨切，引动张三老、王善闻，一齐悲恸。哭儿哭媳哭婿，振天振地，也辨别不清。惊动罗浮山下几处村落人家，并着山中各静室的和尚，都来探问，无不称叹是件异事。又买具棺木，一齐盛殓。又请无障和尚为主，做个水陆道场超度，附葬于王仲先、潘文子墓下。又送数十金与无障，托他挑土增泥，栽松种树。诸事停当，收拾起身，又向墓前大哭一场，辞别还乡。

后人见二女墓上，各挺孤松，亭亭峙立。那仲先、文子墓中，生出连理大木，势若合抱，常有比翼鸟栖于树上。那比翼鸟同声相应而歌，歌道：

比翼鸟，各有妻，有妻不相识，墓傍青草徒离离。比翼鸟，各父母，父母不能顾，墓傍青草如行路。比翼鸟，各有家，有家不复返，墓傍青草空年华。

至今罗浮山中，相传有个鸳鸯冢、比翼鸟，乃王仲先、潘文子故事也。诗云：

比翼何堪一对雄，朝朝暮暮泣西风。
可知烈女无他伎，输却双雄合墓中。

（二）第十卷 写及同性恋。

潘文子契合鸳鸯冢（第十四卷）

警世阴阳梦

(明末)长安道人国清著
春风文艺出版社 1985 年版

卷之一·第三回

那小厮原是郑公子的幸童，叫做馨儿。因[郑公子]爱了[妓女]素娟，就抛了馨儿，这孩子一向碾酸，忍在肚里，便捉了这个破绽①，回去就传个是非。那公子大闹起来，走到素娟家里，把房户打得粉碎，吓得素娟跪着哀哀的哭。不容分辨，拳头脚尖，可怜把一个娇滴滴的美人儿，打得七伤八损，横倒在地，不数日就死。

禅真逸史

(明末)方汝浩著
齐鲁书社 1998 年版

(一) 第十三回

杜子虚呵呵笑道：“俺们穷的道士，另开一条后路。不怕你笑话，我当初进观时，年方一十二岁，先师爱如珍宝，与我同榻而睡。一日先师醉了，将我搂定亲嘴，干起后庭花来。怎当这老杀才玉茎雄伟，我一时啼哭，先师忙解道：'这是我道教源流，代代相传的。若要出家做道士，纵使钻入地裂中去，也是避不过的。太上老君是我道家之祖，在母腹七十余年，方得降生。这老头儿金皮铁骨，精炁充满，善于采阴补阳，百战百胜。后过函谷关，见关吏尹喜丰姿可爱，与之留恋，传他方术修炼，竟成白日飞升。凡道家和妇人交媾为伏阴，与童子淫狎为朝阳，实系老祖流传到今，人人如此。'愚叔只得忍受。这唤做道教旁门，富足的径进正门，不入旁门了。”

(二) 第二十一回

凡美婢俊仆，每能夺主之爱，侵嫡之权，殊当痛革。我乡中有丰裕者，只许蓄邋遢

---

① 馨儿发现素娟又招揽别的客人。

苍头，粗蠢婢子，聊供使令而已。

（三）第二十二回

[杜伏威和裴南峰在途中偶遇，裴对杜很献殷勤。一天晚上，两人在客店喝酒。]数杯之后，裴南峰满满的斟了一杯酒，双手敬与杜伏威，说道："大哥请此一杯。"杜伏威接了，道："小弟与足下相处数日了，何必从新又行此客礼？"裴南峰笑道："小可敬一杯酒，有一句话儿请教，请吃过这杯，然后敢言。"杜伏威心中暗忖："这话却是怎地说？且吃了酒，看他说甚么。"举杯一饮而尽。裴南峰又斟上一杯，陪着笑脸道："妙年人要成双，不可吃单杯，再用一杯成双酒。"杜伏威接过酒来，又一饮而尽，停杯道："足下有何见教？"裴南峰风着脸，一面剔灯，一面低低道："小可生来性喜飘逸，最爱风流，相处朋情，十人九契。有一句心腹话儿，每每要说，但恐见叱；今忝相知，谅不嗔怒，故敢斗胆：自前日晚上和大哥旅宿之后，小可切切思思，爱慕大哥丰姿清逸，标格温柔，意欲结为契友，曲赐一宵恩爱。倘蒙不弃，望乞见容，我小裴断不是薄情无报答的，自有许多妙处。"

杜伏威暗笑："这厮说我的性格温柔，我却也不是善男信女。彼既无状，必须如此如此对付他。"心下算计定了，佯笑道："兄言最善，朋友五伦之一，结为义友甚好。"裴南峰只道有些口风，乘着酒兴，红了脸挨近身来，笑道："没奈何，路途寂寞，小可已情极了，俯赐见怜，决不敢忘大恩！"便将杜伏威一把搂定。杜伏威推开道："这去处众人属目之所，外观不雅，兄何仓猝如是？"裴南峰双膝跪下，求恳道："店房寂静，有谁来窥？小弟欲火如焚，乞兄大发慈悲，救我则个。"杜伏威扶起道："兄不必性急，果有此情，待夜阑人静，伴兄同寝便了。"裴南峰欢喜无限，不觉跳舞大笑，复满斟一杯，敬上杜伏威。候伏威饮毕，双手接杯，忙忙献菜，曲意奉承。裴南峰自己亦吃得酩酊大醉。

又早二鼓，店内人俱寝息，裴南峰数次催逼上床。杜伏威道："待小弟也回敬一杯。"于是满斟一大卮酒，暗暗画符念咒，递与裴南峰道："兄只饮此一杯，即当就枕。"裴南峰接酒，笑道："承恩赐，敢不跪饮？"举卮吃下，一时间不觉眉垂眼闭，四肢如绵，昏昏沉沉睡倒地上。杜伏威笑道："这个才是性格温柔。"独自坐了，将桌上酒肴吃得罄尽，起身剥下裴南峰衣巾鞋袜来束缚了，撩在床头顶；复寻了店老官上帐的旧笔，画符在裴南峰脸上，将他头脸、浑身四肢尽皆变黑；又把头发抖散，打成细辫，倒垂下来，推入床下，然后熄灯就寝。

[结果裴南峰被店家误以为是鬼，受到一番羞侮。]

（四）第二十四回

[帮闲管贤士]年至三旬之外，取得一个妻室，复姓上官氏。这女人貌虽窈窕，性极

淫悍，因管呵脬①和几个旧相处小官来往，每每夫妻争闹。管贤士不听妻言，上官氏寻思：夫既拐得小官，偏我相处不得朋友？即和隔壁富商黄草包通奸，管贤士禁止不得，只索做了开眼龟。这正是祖宗不积，所以男盗女娼。邻居少年见他夫妻每日争锋厮闹，戏编曲儿四只以讥之，曲名《桂枝香》。

代上官氏骂夫：

爱你庞儿俊俏，怪你心儿奸狡。不念我结发深恩，反道那无端恶耍，心旌自摇。心旌自摇，慢骂你薄情轻佻，耽误奴青春年少。暗魂销，几番枕冷衾寒夜，缩脚孤眠独自熬。

代管呵脬答妻：

虽怜你腔儿窈窕，可憎你性儿粗糙。嘴喳喳一味研酸，怎当我心儿不好？更纷纷草茅。纷纷草茅，这些关窍有何风调？那通宵，恁般空阔深如海，争似陆地行舟去使篙。

上官氏又骂夫：

深情厚貌，心同虎豹。只图那少艾风流，全不顾旁人嘲诮，泪珠儿暗抛。泪珠儿暗抛，拼得个今生罢了，两分张各寻巢窠。小儿曹，木樨花戴光头上，受这腌臜惹这样骚！

管呵脬又答妻：

心雄气暴，终朝聒噪。大丈夫四海襟怀，岂屑与裙钗争闹！羡当今宋朝。当今宋朝，愿与他死生倾倒，难回你别谐欢笑。谩推敲，任予延纳三千客，让你黄家一草包。

（五）第四回 写僧人同性恋。

禅真后史

（明末）方汝浩著
上海古籍出版社 1996 年版

（一）第一回

刘浣道："这人姓边名荐，插号叫做筊箕，原籍海州人氏。腹内颇通文墨，在外设

---

① 管贤士的绰号。

帐①十余年了,只为着一桩毛病,往往馆事不终。"瞿天民问那人有什么毛病,刘浣道:"这笾箕倒是个有趣的朋友,酒量好,棋画也好,说科打诨更好,钱财也不甚计较,奈何酷好的是这一着,每每为此事打脱了主顾。目今在耿寡妇家处馆。这耿氏家道富足,且是贤德,丈夫耿鼎早亡,止生一子,将及十岁。馆谷有二十余金,款待甚是殷勤,朝暮酒肴茶饭的齐整,自不必说。这小边看上了他家一个小厮,叫名锦簌——在馆中做伴读的。两个正在花园里行事,被他父亲撞见了,当面饯白了一顿,不容进馆。他如今在这里安身不稳,就欲起程回去,岂不是一场好笑?"

[耿寡妇的父亲]笑道:"斯文中做此道儿的极多,何足为异?"

(二)第五十三回②

[劳氏、王氏、田氏皆为老翁来伟臣的姬妾,劳、王与淫僧稽西化通奸,劳氏又将情形告知田氏。田氏心动,劳氏便与她讲好第二天晚间让自己的侍女小兰陪她去王氏房中暗里窥看,并又与王氏通了消息。明晚,稽西化来到王氏屋里,王将事情告知西化。]二人搂抱说笑,忽听得侧轩门响,只见个女人从侧门里蹑进黑影里,一道烟溜到床后。王氏将西化肩上捻了一把,两个干起事来。和尚分外用力敲排,玉仙故意极声娇颤。田夫人窃听已久,不觉欲心顿发,一把将小兰搂紧,用下身连连的耸叠。用的力猛,将床后桌子上一个粉盒儿震下地来,"当"地响了一声。稽西化乘势跳落卧榻,赤条条走到床后来。田氏慌忙放了小兰,望后倒退数步,站于黑暗处躲闪。[稽西化很容易地将田氏"捉"住,半推半就,田氏遂与他通奸。]

鼓掌绝尘

(明末)金木散人著
春风文艺出版社 1985 年版

(一)第三十三回

[纨绔子弟张秀欲去狎娼,问他的朋友陈通道:]"哥哥,小弟几年不到勾栏里去,不知如今还有好妓女么?"陈通道:"张大哥,你还不知道,近来世情颠倒,人都好了小官。勾栏里几个绝色名妓,见没有生意,尽搬到别处去赚钱过活,还有几个没名的,情愿搬

---

① 做塾师。
② 写有女性同性性行为。

到教坊司去,习乐当官。"不想这张秀也是南北兼通的,又问道:"陈大哥,勾栏里既没有了好妓女,那里有好小官么?"陈通满口应承道:"有!有!旧院前有一个小官,唤做沈七,年纪不过十五六岁,头发披肩,果然生得十分聪俊。更兼围棋、双陆、掷色、呼卢,件件精通。张大哥若是喜他,明日小弟就去寻他到寓所来耍一耍。"张秀见说得标致,一时等不得起来,道:"陈大哥,此去旧院前也不多路,何不就同小弟去访他一访?"陈通道:"使得!使得!"两个欣然便走,竟来到旧院前。

此时正值新正时节,只见那里共有四五个小厮,也有披发的,也有掳头的,一个个衣服儿着得精精致致,头髻儿梳得溜溜光光,都在那斗纸牌耍子。走过几家,只见小小两扇避觑,挂着一条竹帘。陈通把门知叩两下,忽见里边走出一个伴当来,张秀仔细看时,只见他:

眼大眉粗身矮小,发裹珍珠无价宝。
头戴一枝九节兰,一身一件棉花袄。
川绢裙,着地扫,未到人前先笑倒。
年纪足有三十余,指望赚钱还做妥。

张秀见了,吃惊道:"哥哥,这难道就是沈七么?"陈通笑道:"张大哥,莫要着忙,这是他家的伴当,沈七还未出来哩!"张秀笑道:"我也说,终不然这样一个小厮,都要思量赚钱?"说不了,那沈七在帘内走将出来。便与陈通唱喏道:"哥哥,今岁还未来贺节哩!"陈通道:"彼此!彼此!"回见张秀,便问道:"此位何人?自不曾相会过的。"陈通道:"这一位是我莫逆之交,姓张名秀,一向在外作客方回,因慕贤弟丰姿,特地同来相访。"沈七便与张秀唱了喏,同进堂前坐下。张秀仔细偷觑,果然那沈七生得十分标致。只见他:

脸似桃花眉似柳,天生一点樱桃口。
未语娇羞两颊红,小巧身材嫩如藕。
赛潘安,输延寿,国色天姿世罕有。
虽然不是女佳人,也向风月场中走。

张秀看了,暗中喝采道:"果然话不虚传!"只见那伴当捧着三杯茶来。沈七先将一杯递与张秀,便丢了一个眼色。张秀接在手,也把眼儿睃了一睃。陈通在旁,见他两个眉来眼去,只要张秀心内喜欢,开口便道:"我们往那里嬉一嬉去?"沈七道:"哥哥,今日是正月十三,上元佳节,新院前董尚书府中,大开官宴,张挂花灯,承应的乐工,都是教坊司里有名绝色的官妓，何不到那里去走走？"你看张秀听说个官妓，尽着身边还有几十两银子，拴不住心猿意马，跳起身，拽了陈通，就要去看。那沈七虽然年幼，做小官的人，点头知尾，眼睛就如一块试金石头，不知磨过了多少好汉，好歹霎时便识。他见张秀要走，晓得他是不肯在男色上用滥钱的，便改口对陈通道："哥哥，趁早同这一位张兄先去，小弟还有些小事，随后便来相陪。"陈通见他有心推托，一把扯了同走。

三人来到董府门前，正值上灯时候，只见大门上挂着一盏走马灯，挨挨挤挤，围有上千余人。三人挨上前去，仔细观看，那灯果然制得奇巧，四边俱是葱草做成人物，扮了二十八件戏文故事。众人看了，称赞不已。三人走进二门，只见那公堂上遍挂花灯。有几位官长，正在那里逊坐。沈七道："我们看看官妓去！"三人便向人队里挨身进去。果然有三五个官妓，在那里弹丝的弹丝，品竹的品竹，吹打送坐。众官长坐齐，那管教坊司的官儿，领了众官妓过来磕头。原来那内中有一个妓女，叫做王二，却是陈通的旧相处。向在勾栏里住，因没了生意，就搬到教坊司承应过日。起来回身，看见陈通，便招手道："陈哥哥这里来坐坐去！"陈通认得是王二，便唤了张秀、沈七同走。这沈七一向原在王二家走动，因有些口过，两人见面便有些不和。王二看见沈七，悄悄把陈通曳到人后去，对他说道："陈哥哥，你一向怎的再不肯来望我一次？"陈通道："时常要来望你，你晓得我是撇不得工夫的，再没一个空闲日子。"王二又问道："这一位是何人？"陈通道："他姓张名秀，是个大撒漫的财主。"王二听说是财主，便起心道："哥哥，你明日何不同他到我家来耍耍？"陈通满口应承道："使得！使得！"王二道："只是一件，千万莫要带沈七同来，便是个知趣着人的哥哥。"说不了，只见管教坊司官儿又在那里唱名。王二只得撇了陈通，便去答应。原来王二与陈通背地里说的话，一句句都被沈七在后听见。沈七只牢记心头，却不出口。看了半晌，灯阑人散，三人竟转回来。陈通和张秀要送沈七归家，沈七只是推却，各自分路不提。

却说陈通次日侵辰，走到张秀寓所。张秀尚未梳洗，正在那里凿银使用。陈通走来，看见桌上是一包银子，心痒难搔，恨不得抢将到手。便假意道："张大哥，昨日董尚书府中承应的官妓王二，他识得你是个撒漫姐夫。今日侵早，特着长官来对小弟说，要接你去耍一耍。"张秀听说，便去梳洗打扮得齐齐整整。正要出门，对陈通道："哥哥，何不寻了沈七同去？"陈通道："张大哥，你就讲不在行的话，那妓者人家，最恼的是带着小官进门。只是我和你去罢。"张秀见他说得有理，便不回言，携了手，一同来到教坊司里。……

说那沈七坐在家中，看看等到天色将晚，不见他们两个走到，心中思想道："我昨日听得王二曾与他们有约，敢是今日到他家里去了？此时我若撞去，决然在那里吃酒。只是王二昔日曾与他有口过的，今日走上他门，却不反被他讥笑。也罢！且到教坊司里去访个真假，明日只要吃张秀的东道便了。"出得门，一头走，一头想，看看到了教坊司门首。原来那伙踢气球的才散,沈七向前扯住一个问道:"老哥,适才曾见一个胡子,同着一个后生进去么?"这个人就连忙答应道:"有,有,有!都在那挂斑竹帘儿的王二姐家里。"沈七得了实信,也不去扣王二的门,一直竟到教坊司堂上。只见那教坊司官儿,正在那里看灯。沈七上前一把扯住,怒骂道:"你就是管教坊司乌龟官么?"那官儿吃了一惊,见沈七是一个小厮,却不好难为他。只道:"这小厮好没来由,有话好好的讲,怎的便出口伤人?难道乌龟官的纱帽不是朝廷恩典!"沈七道:"不要着恼。我且问你,这教坊司的官妓,可容得他接客么?"官儿道:"这小厮一口胡柴,官妓只是承应上司,教坊司又不是勾栏,怎么容他接客?"沈七道:"你分明戴这顶乌龟纱帽,干这等乌龟的事情,指望那些官妓们赚水钱儿养你么?且与你到街坊上去讲一讲。那王二家的孤老,你敢得了他多少银子?"这官儿说得钳口无言,痴呆半晌,那里肯信。只说:"难道有这样事?"凭那沈七大呼小叫。这官儿却忍气不过,便唤几个乐户,来到王二门前,喊叫道:"要捉王二的孤老!"张秀此时正与陈通掷色赌饮,听得长官来说,门外闹嚷嚷的,要捉甚么孤老哩!张秀那里晓得是沈七使的暗计,只道是洛阳县那桩旧事重发,慌忙丢了酒杯,便把门扇踢倒,抽身就走。陈通见张秀走了,不知什么势头,也慌忙往外一跑。那些乐户一齐拥进房来,看见人都逃散,桌上只剩得三个酒杯。众人拿了,忙来禀上官儿道:"孤老不知实迹,只拿得三个酒杯。"官儿道:"有了酒杯,就有孤老的实迹。快捉王二出来,便有着落!"那王二原躲闪在软门后,听说要捉他出去,惊得魄散魂飞,便往后面灶披上跳出墙去。众乐户寻不见王二,便捉那撑火的长官,送到教坊司来,着实拷打一顿。这回才见得官妓接孤老的真迹,又消了沈七怪王二的夙恨。

(二)第十四回 写僧人同性恋。

(三)第二十六回 讽刺年龄较大的同性恋者:老小官。

鼓掌绝尘

(明末)金木散人著
中华书局 1991 年影印
《古本小说丛刊》本①

乔小官大闹教坊司(第三十三回)

---

① 据明崇祯间刻本影印。

醋葫芦

(明·崇祯) 西子湖伏雌教主著
巴蜀书社 1995 年
《明代小说辑刊》本

(一) 第十一回①

赛绵驹掇起酒杯,骨嘟饮下,想了一会,诌出一套道:

赛绵驹,赛绵驹,肚里原无半句书。半句书,阳关三叠,一曲骊珠。后庭花果万千枝,皮场庙里多精致。多精致,赖有屯田,问津可据。

都飙②道:"这也罢了,只是出口太迟,也要罚一杯。"绵驹道:"酒是去不得了,情愿唱只曲儿当数。"都飙道:"这也使得。"赛小唱道:

论人生,男共女,匹阴阳,前对前,如何后宰门将来串?分开两片银盆股,抹上三分玉唾涎,尽力也筛将满。那里管三疼四痛,一谜价万喜千欢。

(二) 第十三回 写赛绵驹与都飙的同性恋。

(三) 第十三、十四回 写帮闲盛子都与都飙的同性恋。

(四) 第十五回 写及同性恋。

(五) 第十九回 写盛子都与某福建商人的同性恋。

---

① 善于演唱的帮闲赛绵驹自唱其同性恋活动。
② 纨绔子弟。

醋葫芦

(明·崇祯) 西子湖伏雌教主著
中华书局 1991 年影印
《古本小说丛刊》本 ①

成飙（即都飙）浪费继业（第十一回）

---

① 据明崇祯间笔耕山房刻本影印。

宜春香质

(明·崇祯)醉西湖心月主人著
巴蜀书社 1995 年
《明代小说辑刊》本①

(一) 风集

(1) 第一回　书房内明修栈道，卧榻上暗度陈仓。小官孙宜之在学塾中甘被学兄李尊贤鸡奸，自觉畅美，又与家仆筠童相奸，且因筠童而与自己三兄奸。

《宜春香质》风集第一回

---

① 图据明崇祯间笔耕山房刻本影印。

（2）第二回　韦律材痛哭流涕，王谦又卧柳吞花。孙宜之年已十四，去进另一家私塾，自己主动献身于先生钟万禄，后竟一次与十八位同学取乐。事被人知，面觉不雅，便随富商王谦又离开本乡去杭州。

《宜春香质》风集第二回

（3）第三回　孙宜之才名卓荦，虢里蛆巧计迷心。孙宜之在杭州各处嬉游，荡名渐起，与无赖虢里蛆及一群道士混在一处。王谦又醋而离杭，小孙自己则被虢里蛆留下，钱钞渐短，处境渐糟。

《宜春香质》风集第三回

(4) 第四回　杨花趁口遭磨折，太山压顶送残生。为求生活，孙宜之只得去卖唱兼卖身，后又被一群棍徒引至京城，落入圈套，屈死街头。

《宜春香质》风集第四回

(5) 第五回　雪深怨锄强扶弱，报大德转劫投胎。孙之冤魂不解，最终冤情得报。自己投生到已为显宦的王谦又家，得享来生之福。

《宜春香质》风集第五回

(二) 花集

(1) 第一回 薄情子钱塘观相，成阳公幽谷传奇。小官单秀言出身微贱，以卖网巾为生。后因神遇，习得后庭媚人之法。于是便举体自货，为一客商谢公绰所宠。

《宜春香质》花集第一回

(2) 第二回 谢公绰财尽情疏，章方伊忠告善道。谢公绰为单秀言所迷惑，倾其所有以与之。但财殚情绝，单见谢银钱已罄，便不欲相随，谢愤而离去。单秀言游走至山东和凤镇，又以媚术见嬖于亦士亦商的和相公。

《宜春香质》花集第二回

(3) 第三回　弄儿奇计笼彦士，淫妇怀春惜落花。和生因事离开和风镇，单秀言便又投身于一位关外来客铁生。铁生乐此不疲，遂把爱妾艳姬冷落。

《宜春香质》花集第三回

(4) 第四回　柳艳姬输身求乐，汪工丐怜才赠金。单秀言暗里与铁生妾婢奸通。私情败露，单买通官府，将铁生驱逐出境，娶铁之妾婢为妻妾。不久，和生返回和风镇，单秀言闭门不纳。和返乡苦读，中进士入翰林。因山东有乱领兵往剿，铁生、谢公绰等皆在军中。

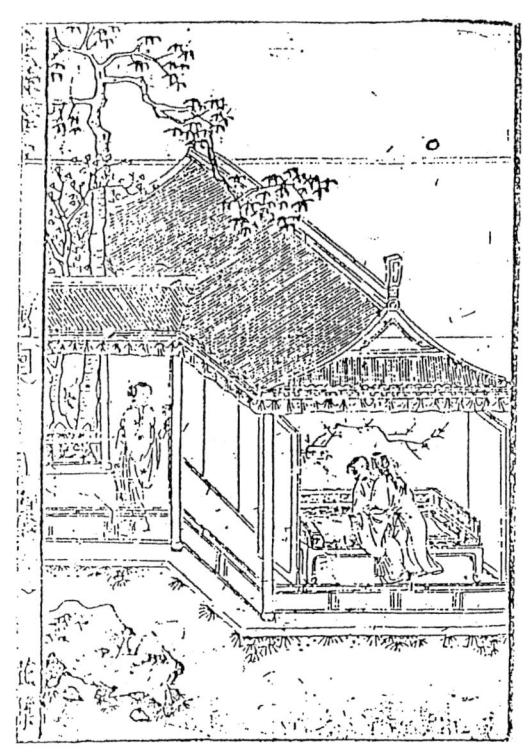

《宜春香质》花集第四回

（5）第五回　熊耳山诛叛伐逆，和风镇报怨酬恩。和公重创贼党后进兵和风镇，单秀言被擒获，遭严刑而死。

《宜春香质》花集第五回

（三）雪集

（1）第一回　要儿谋夺青楼宠，龟奴计采后庭花。小官伊人爱因寻生意而去祁家妓院，为祁龟鸡奸，却甚感惬意。

《宜春香质》雪集第一回

(2) 第二回 伊人爱平康撒奸,祁闺如青楼刮目。前来祁家嫖妓的大老官商新一见伊人爱便为其吸引,两人发生性事。

《宜春香质》雪集第二回

(3) 第三回 商于鼎仗义疏财,伊自取亏心薄幸。伊人爱恃宠骗盗了商新的许多钱财,后来商新复遭兵祸,处境艰难。

《宜春香质》雪集第三回
此图版心题作雪集第四回,误。

(4) 第四回　羽敏朋友且周急，蘋娘骨肉起炎凉。商新向伊人爱求助，伊竟不顾。

(5) 第五回　尘埃中物色英雄，昼锦堂分明德怨。商新考中进士，重新发达。伊人爱则放浪非为，最终穷死。

(四) 月集

(1) 第一回　钮子俏题词问天，圆情老阐明因果。书生钮俊容貌丑陋，为同学所鄙，常自嗟叹。一日梦入如意国美满城，三界提情教主、男情教主等将其转丑为妍。

(2) 第二回　丑汉顿更恶面目，美容便受特封赠。钮俊被送入宜男国，那里男男相配，不见女子。钮先中状元，再成皇后。

《宜春香质》雪集第四回

此图版心题作雪集第三回，误。

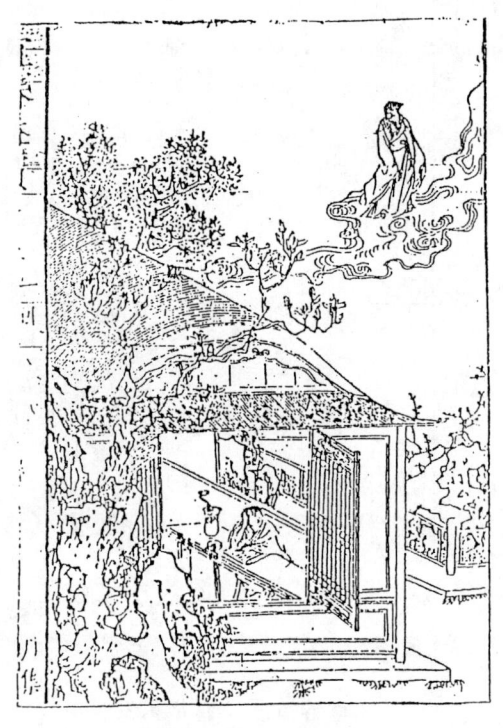

《宜春香质》月集第一回

《宜春香质》月集第一回

(3) 第三回　宜男池求嗣佳遇，虎罗哪救驾逞凶。钮俊去宜男池求子，返回途中为虎罗哪国王劫获，受污几死。

(4) 第四回　毓阴芽颠倒姻缘，呼雷驳无心佳会。钮俊逃到有女无男的圣阴国，大受国中女主宠遇，后因故重返宜男国。

(5) 第五回　迷中不解两世因，觉来顿悟三生迷。钮俊正与国王欢会，突然敌国军队攻入王宫，钮痛遭敌兵一番污辱，满身狼狈，凄切无依。恰与一异人相遇，被引至世尊如来处，洗心革面，万念俱空。忽猛然惊醒，方知前所经历只是一梦。遂看破红尘，入山修行。

弁而钗

（明·崇祯）醉西湖心月主人著
巴蜀书社 1995 年
《明代小说辑刊》本①

（一）情贞纪

(1) 第一回　趣翰林改妆寻友，俏书生刮目英雄。书生赵王孙相貌俊美，经常受人勾引。赵生深感厌恶，为避侵扰，只得离开原来学塾，而拜规矩甚严的秦春元为师。一日，少年翰林风翔偶然遇之，风好男色，一见赵生而神移。为能与赵见面，遂隐瞒身份去做秦春元的学生。晚间思赵而不得，与仆人得芳性交。

《弁而钗》情贞纪第一回

---

① 图据明崇祯间笔耕山房刻本影印。

（2）第二回　赵子交际输赠头，涂生得陇又望蜀。赵生对风翔也有好感，但不想深入。风翔只能暗恋，其间与赵仆小燕发生了性关系。

（3）第三回　酒中诉出风月怀，病里了却相思债。风翔屡次勾引屡不成功，便在侍仆得韵身上泄欲。因长时间思劳过度，又为寒气所侵，竟至得病。赵生前来看望，风半以甘言半以圈套，终于与赵结为契友。

（4）第四回　好先生观文会意，蠢奴才同室操戈。风翔渐使赵生知晓性事之趣，两人情好弥笃。后来隐私泄露，赵被父亲领回家中读书，与风分离。

（5）第五回　风摩天秘迹奇踪，赵王孙玉堂金马。赵生在风翔帮助下，先中秀才再举人再进士。后两人一同辞官，挈家隐居，世世相好。

《弁而钗》情贞纪第四回

《弁而钗》情贞纪第五回

《弁而钗》情贞纪第四回

(二) 情侠纪

（1）第一回　张舍人能文能武，王虎子再战再胜。天津少年张机文武双全，名震地方。

《弁而钗》情侠记第一回

（2）第二回　美丈夫龙争虎斗，难姐妹殢雨尤云。张机比武时战胜了勇士王飞豹及其二女女英、女杰。

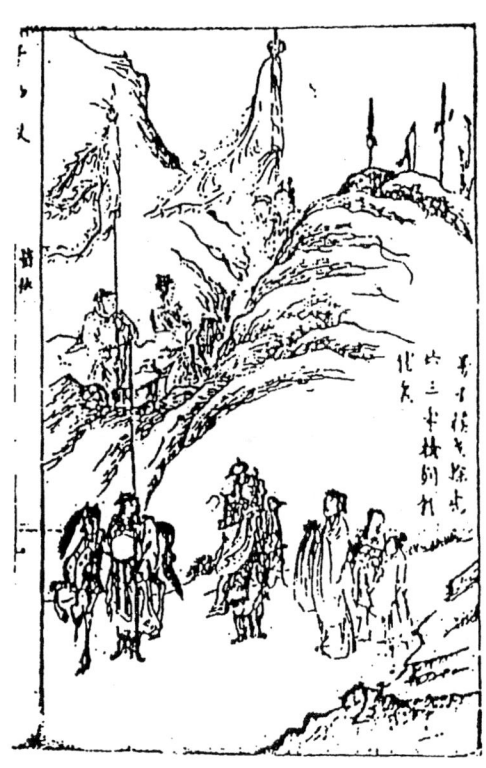

《弁而钗》情侠纪第二回

（3）第三回　钟子智排迷魂阵，张生误入阿鼻城。张机娶女英、女杰为妻，"极好南风"的名士钟图南用计与张生结为契友。

（4）第四回　救相山两好分情，献京师一朝际遇。王飞豹在相山被困，张生领兵往救，与钟图南分离。钟生入京应试，得中二甲，选入翰林。会陕西兵变，钟奉旨往剿。

（5）第五回　为朋情提军破贼，辞圣主弃职归山。几年后张生亦中进士，陕西告急，率军救援，与钟子合力平定叛乱，钟借机与之重申前好。最终两人都辞官归隐，子女互相婚配，世世相好不替。

（三）情烈纪

（1）第一回　成丈人退亲害亲，俏女婿编戏入戏。书生文雅全遭遇家祸，不得已远走南京。盘费将尽，只好入戏班唱旦，受到才子云天章赏识。

《弁而钗》情侠纪第三回

《弁而钗》情侠纪第三回

《弁而钗》情烈纪第一回

(2) 第二回　云天章物色英雄，文雅全情输知己。文生演戏时受到俗客欺侮，且被诬告殴辱斯文，云生赶至县前将其救下。南京难以立足，两人前往扬州。文为报答云之深恩，主动以身自献，又见资囊不裕，便再搭班演唱，以补助云生读书。

《弁而钗》情烈纪第二回

(3) 第三回　狂夫空废百金，烈士甘酬一剑。王府仪宾匕某看上文生，将在己宅唱戏的他强行留下。文生见无法逃脱，便提出条件，要求匕某资助云生进京。匕答应条件，云、文依依惜别。几天后，匕仪宾欲与文生同睡，文自刎明志。魂灵被慈航大士聚形成人，复与云生相聚。

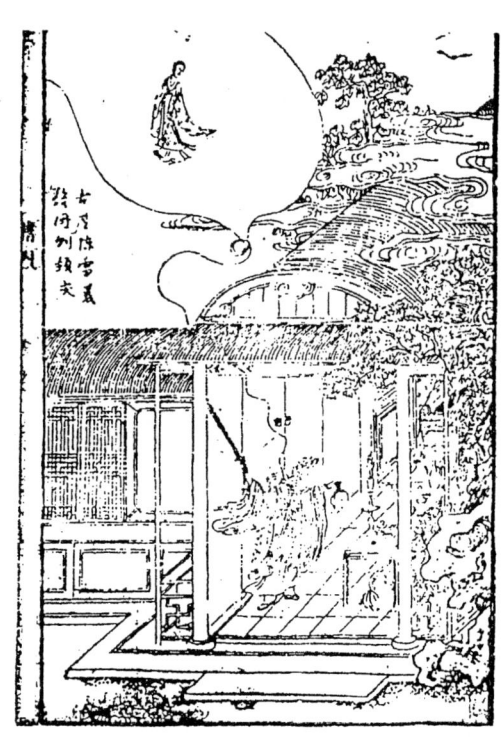

《弁而钗》情烈纪第三回

（4）第四回　情鬼卖尸助友，佳士金榜题名。在"文生"帮助下，云生中进士，娶妻子。

（5）第五回　风流客洞房花烛，志诚种南海成神。"文生"以假身陪伴云生，三年后去做南海水神总管。云生助其雪报前仇，乜仪宾未得好死。

《弁而钗》情烈纪第四回

（四）情奇纪

（1）第一回　陷北京前世因，落南院冤孽债。少年李摘凡为解父难自卖自身，入南院做男妓。

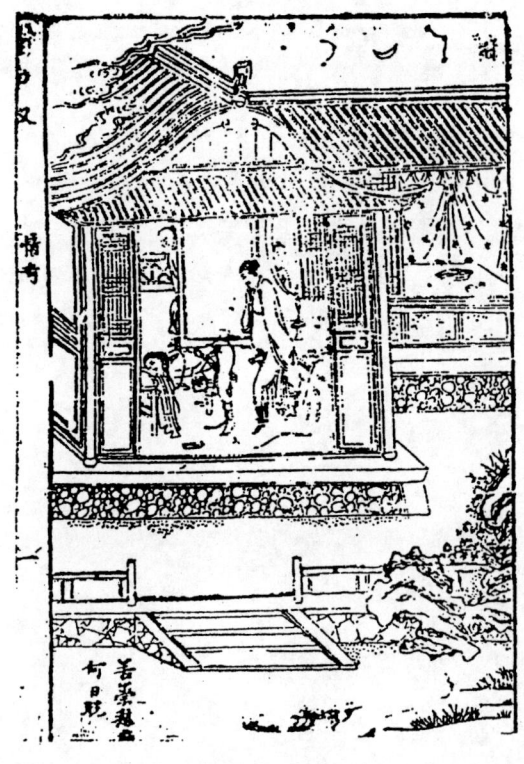

《弁而钗》情奇纪第一回

(2) 第二回　长歌当哭，细语传情。李摘凡名冠南院，其遭遇大为才士匡人傥所同情。李深受感动，自愿陪匡同睡。

《弁而钗》情奇纪第二回

(3) 第三回　任义侠济困扶危，感恩情男扮女装。匡人傥替李摘凡赎身，救之于水火当中。为报深恩，李改女装，以姬妾身份随侍。几年后，匡氏夫妻被诬入狱，李自任保孤育儿之责。

《弁而钗》情奇纪第三回

（4）第四回　李摘凡语参菩提，匡肇新状元及第。十几年后，匡氏之子得中状元，为父洗冤。正当家人重聚时刻，李摘凡忽然不辞而别。

（5）第五回　功成拂袖避世，证果羽化登仙。李摘凡入山修道，他本为玉华真人转世，遂羽化成仙。匡人仗享寿百岁，一日忽谓摘凡差人相请，语毕而卒。

《弁而钗》情奇纪第五回

龙阳逸史

（明·崇祯）京江醉竹居士著
台湾大英百科股份有限公司
2000年《思无邪汇宝》本①

（一）第一回　挥白镪几番虾钓鳖，醉红楼一夜柳穿鱼。洛阳裴幼娘长相十分标致，是小官魁首。一日随舅父医人詹复生郊游，偶遇秀士韩涛及其身边小官杨若芝。韩涛因恋念幼娘之色而相思得病，请詹复生来家医治。詹知病因，乃介绍二人往来。二人去妓家欢会，与妓女卫湘卿同床共寝。詹亦趁机与杨若芝交往。后来韩、杨好言分手，韩、裴自此日夕不离。

《龙阳逸史》第一回

---

① 图据明崇祯间刻本影印。

《龙阳逸史》第二回

(二) 第二回 小做作见面酒三杯,大铺排倒身钱十贯。巴陵李员外让使女李翠儿女扮男装,充当假小官。李员外死,其子李大官人将翠儿配与家童生子小翠。小翠十三四岁时,牵头罗海鳅把他介绍给大老官邵囊。后罗又为小翠介绍新主顾,然而生意并不理想。罗乃做中让小翠复归邵囊,议定了包养费用,"这遭两家才又过得热热落落起来"。

《龙阳逸史》第三回

(三) 第三回 乔打合巧诱旧相知,小黄花初识真滋味。麻阳乔打合以牵头为业,有小官唐半琼托为其弟半瑶寻找主顾。灯节时见半瑶,知他已与徽州富商汪通相处。乔打合为半瑶介绍大老官汤信之,安排两人在陈刺史花园幽会。汪通撞入,惊走汤信之,迫奸唐半瑶。乔打合趁机捉住汪通,责斥他竟敢在刺史空房里拐小官,迫其写伏辨以后不做此样事。汪既气沮,汤、唐两人遂得安心相好。

《龙阳逸史》第四回

（四）第四回　设奇谋勾入风流队，撒华筵惊奔快活场。黄州秀士宝楼酷好小官，家业渐渐败落，妻子丽娘苦劝无效。一次宝楼携带两位小官去长沙府游玩，丽娘心生一计，去信告诉丈夫家里新来了四名标致小厮。宝楼兴冲冲赶回，却见四人实乃形象丑陋的乞丐。急央丽娘遣走，小官之念顿息。丽娘行事有度，主动又为丈夫买来两名好小厮，早晚伏侍。自此，宝楼开始收心顾家，家业重新兴旺起来。

《龙阳逸史》第五回

（五）第五回　行马扁便宜村汉子，判鸡奸断送老扒头。鄞州骆驼村盛出小官，大家团了行，按年龄分为上中下三等。北地商贩郑东在村里搭上了下等老小官刘玉，玩耍之后却不给钱。刘玉愤急，让父亲出名状告郑东活逼鸡奸。州官一向厌恶这些老小官败坏风俗，乃判刘玉有罪，笞责三十，摆站一年。村中其他下等小官见此情形，便都改了行另谋生路。

《龙阳逸史》第六回

（六）第六回　六十载都小官出世，两三年浪荡子收成。开首讲了一个都小官的故事：他是洞玄君之子，因好做小官而被父亲拘闭。于是就化做了一团白气散入空中，自此各处小官之风日盛。正文谓庐陵钱员外一日偶见一绝色小官，追至建宁府瓯宁县终于将他找到。带回家中，开始甚是宠爱，后来因他年龄已大且放荡为非，便让他做了一个干粗活的小厮。

《龙阳逸史》第七回

（七）第七回　扯嘴皮人前撒假清，赌手段当场打死虎。溧阳小官史小乔在杭州被富家子弟姚瑞包养，事为姚妻所知，姚让小乔暂避于徽州人程渊如处。程亦喜好男风，见小乔故作矜持撒假清，便与好友唐尔先合谋，把小乔灌醉后打了一只"死虎"。后来姚瑞得知内情，觉得有失体面，便送些盘缠打发小乔回了溧阳。

《龙阳逸史》第八回

（八）第八回 烟花妓当堂投认状，巡捕衙出示禁男风。南林县刘松衖原为娼妓居住，后来因故遭逐。当地光棍鲁春买得部分房子造了一个小官塌坊，有绝妙小官范六郎做招牌，生意日渐兴隆。诸女妓不胜其愤，因出揭贴骂男妓，双方都去诉告。官府审理后判禁男风，小官星散，妓女重返刘松衖。

《龙阳逸史》第九回

（九）第九回 风流客魂断杏花村，窈窕娘怒倒葡萄架。松江储玉章好拐小官，一次去苏州做买卖，行前妻子范氏劝他不要把心思耗费在小官身上，而应娶妾回来。储在苏州赚到钱后赏识了小官柳细儿，同返松江时让他扮作女人，假充妾侍。不久范氏窥见了二人的"奸情"，立时将细儿赶出家门。玉章相思成疾，范氏只好又把细儿接回。后来玉章、细儿一同去上海经商，讨妾的讨妾，娶妻的娶妻，和乐相处。

《龙阳逸史》第十回

（十）第十回　小官精白昼现真形，网巾鬼黄昏寻替代。西昌城内有个小官营，小官因平蛮有功，争做头目。官府乃建一祠堂，塑小官头目像，遣散众小官。后遭火灾，塑像被埋入地下，成为一个小官精。官家公子卫逵酷喜男风，此精向他讨要网巾戴。卫请道士以法术治之，精怪被制伏，可它头上的网子却又变成了网巾鬼。城中未冠的小官怕鬼来寻替代，皆购网巾上头。

《龙阳逸史》第十一回

（十一）第十一回　娇姐姐无意堕牢笼，俏乖乖有心完孽账。苏州韩玉姝、韩玉仙姐弟一为妓女一为小官，因自己生意清淡，玉姝携弟移至杭州。外郎沈葵爱上了玉仙，走动有两个年头。小官在杭州日渐吃香，见自己没了主顾，玉姝只好重返苏州，玉仙随归。沈葵割舍不下，"带了家小也搬到姑苏。就把玉姝娶在身边，和玉仙开了个老大绸缎铺子，一家过活。两个整整又相处了十多年，方才丢手"。

《龙阳逸史》第十二回

（十二）第十二回　玉林园痴儿耽寡醋，凝芳院浪子斗双鸡。锦江城中新桥街上出了两个小官，一名满身骚一名满身臊。大老官高绰在自家花园先见臊后见骚，更喜欢后者，约定第二天再见。次日二人在园中欢会，臊忽闯入，高亦与交。高绰喜欢的终究是骚，乃花钱将臊打发掉，而与骚合乐相处了八九年。

《龙阳逸史》第十三回

（十三）第十三回　乖小厮脱身蹲黑地，老丫鬟受屈哭皇天。江南老童生郑百廿三官在汉阳刘少台家做塾师，教其子刘珠。有附学生苏惠郎异常标致，刘珠与之相好。一日刘去赴席，郑趁机向苏求欢。欢好之际刘醉酒回家，二人惊散。醉中刘珠把一个老丫鬟误认作苏生，强行与交。后来郑因子死回乡，不久亦死。刘、苏相处不上三年，一闹分手。

《龙阳逸史》第十四回

（十四）第十四回　白打白终须到手，光做光落得抽头。襄城卞若源生前经营小官铺子，死后投胎到濠州潘员外家。小小年纪就开始做小官，父母双双被气死。二十岁上发念出家，为游方和尚，被伙伴当成了尿鳖。来至南京海云寺，拜住持慧通为师，取名妙心，与师傅及师弟妙通、妙悟淫媾。后来离寺返乡，不久病死，也就还完了前生孽债。

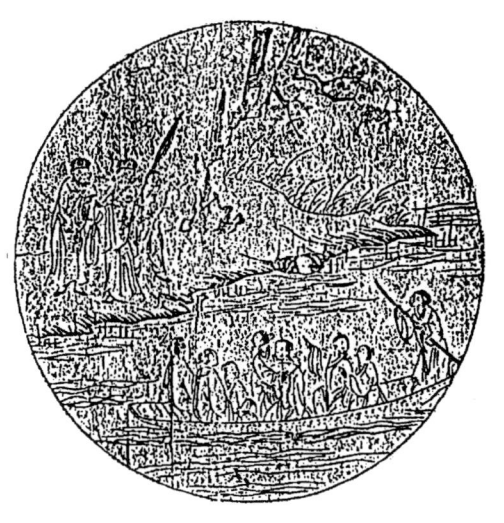

《龙阳逸史》第十五回

（十五）第十五回　十六七儿童偏钝运，廿二三已冠也当时。晋陵崔员外靠贩卖小官发家，六十多岁生子崔英。英三岁时员外死，家产被族人瓜分。至十五岁，崔英随何员外去海外经商。逢海啸，船只漂到了海子湾，巧遇贩卖小官的同乡华思桥，随至汴京准备返乡，却被思桥卖作了小官。

《龙阳逸史》第十六回

(十六) 第十六回 趋大老轻撇布衣贫，献通衢远迎朱紫贵。海州秀才达春因与同窗何冕交好而荒废了学业，岁考时遭宗师降斥，遂出家为道。三年后路遇何冕，何正甚得郯阳大老官唐十万的宠爱，拒绝再续旧情。达弃道而复儒，几年后考中进士，出任郯阳知县。此时唐十万已死，何冕被唐家扫地出门。达春再次路遇之，不计前嫌，把他收留在了身边。

《龙阳逸史》第十七回

(十七) 第十七回 活冤家死里逃生，倒运汉否中逢泰。并州陈员外宠爱小官马天姿，员外夫人吃醋，差点儿把天姿浸死，幸被唐穷救起。唐把天姿卖给了汤监生做家优，监生兄弟汤彪也想得到，唐假装帮忙又从汤彪那里骗得不少银子，然后远逃。陈员外知晓了情况，经过协商把天姿赎回。因怕旧事重演，没过几天天姿也逃到了外地，做了一个戏子。

(十八)第十八回　画招牌小官卖样，冲虎寨道士遭殃。广阳城外紫峰山上有一草寇汗弓孙大王，极好男风。城中小官葛妙儿年龄已大，相貌不美。为招揽生意乃请画工为自己画了一张传真像，挂在门前做小官招牌。洞玄观韩道士买符误入，一见妙儿而爱之，邀请他去道观。路过紫峰山，汗弓孙将妙儿劫留，甚感满意。派人送钱给道士，并接妙儿母亲上山。

《龙阳逸史》第十八回

(十九)第十九回　呆骨朵细嚼后庭花，歪乌辣遍贴没头榜。延安花姿年轻貌美，然而出身低微，与绰号叫做歪乌辣的乌良相交。后遇绰号呆骨朵的大老官范公子，见他有钱有势，立时就投身靠了过去。歪乌辣忿甚，四处张贴没头榜，揭露花小官的底细。范公子感觉不雅，乃将花姿打发出门。几年后在京师偶遇之，"恐他流落异乡，便带了回去。替他上了头，遂留在家中做个门客"。

《龙阳逸史》第十九回

《龙阳逸史》第二十回

（二十）第二十回　没人心剑诛有义汉，有天理雷击没情儿。雎州石得宝长相俊俏，与族叔石敬岩相好，难免要受到父母的责斥。在敬岩唆使下，他出走远方，住到了敬岩姐夫王佛儿家里。在替佛儿经管典铺时贪财忘义，将不义之财暗中运与敬岩。事发，竟将佛儿杀害。自己赶紧逃亡，路上死于雷劈。敬岩闻说悔过从善。

玉闺红

（明·崇祯）东鲁落落平生著
台湾大英百科股份有限公司 2000 年
《思无邪汇宝》本

（一）第四回　写泼皮无赖的同性恋。

（二）第十回　写优伶同性恋、乞丐同性恋。

型世言

（明·崇祯）陆人龙著
中华书局 1993 年版

（一）第二十三回

话说南直隶有个靖江县，县中有个朱正，家事颇颇过得。生一子叫名朱恺，年纪不上二十岁，自小生来聪慧，识得写得，打得一手好算盘，做人极是风流倜傥。原是独养儿子，父母甚是爱惜，终日在外边闲游结客，相处一班都是少年浪子。一个叫做周至，一个叫做宗旺，一个叫做姚明。每日在外边闲行野走，吃酒弹棋，吹箫唱曲。因家中未曾娶妻，这班人便驾着他寻花问柳。一日，三四个正捱着肩同走，恰好遇一个小官儿。但见：

> 额覆青丝短，衫笼玉笋长。
> 色疑娇女媚，容夺美人芳。
> 小扇藏羞面，轻衫曳暗香。
> 从教魂欲断，无复忆龙阳。

那朱恺把他看了又看，道："甚人家生这小哥？好女子不过如此。"那宗旺道："这是文德坊裴小一裘龙的好朋友，叫陈有容，是他紧挽的。"朱恺道："怎他这等相处得着？"姚明道："这有甚难？你若肯撒漫，就是你的紧挽了，待我替你筹画。"姚明打听他是个寡妇之子，极在行的。

次日绝早，姚明与朱恺两个同到他家，敲一声门，道："陈一兄在家么？"只见陈有容应道："是谁？"出来相见了。问了姓名，因问道："二位下顾，不知甚见教？"姚明道："朱兄有事奉渎，乞借一步说话。"三个同出了门，到一大酒店，要邀他进去，陈有容再三推辞，道："素未相知，断不敢相扰。"姚明便一把扯了道："四海之内皆兄弟也。陈兄殊不脱洒。"陈有容道："有话但说，学生实不在此。"朱恺道："学生尽了一个意思，方敢说。"陈有容道："不说明，不敢领。"姚明道："是朱敝友要向盛友裘兄处戥几两银子，故央及足下。足下是个小朋友，若在此扯扯拽拽，反不雅了。"三个便就店中坐下。朱恺只顾叫有好下饭拿上来，摆了满桌，陈有容只是做腔不吃。姚明便放开箸子来，吃一个饱。吃了一会，那陈有容看朱恺穿得齐整，不似个借银的，故意道："二位有约在这边么？"姚明道："尚未曾写，还要另日奉劳。"那朱恺迷迷吐吐，好不奉承，临起身又捏手捏脚，灌上两钟，送他下楼，故意包中打开，现出三五两银子，丢一块与店家，道："你收了，多的明日再来吃。"别了。

次日侵早，朱恺丢了姚明自去。叫得一声，陈有容连忙出来道："日昨多扰。"朱恺道："小事。前日苏州朋友送得小弟一柄粗扇在此，转送足下。"袖中取来，却是唐伯虎画、祝枝山写，一柄金面棕竹扇，又是一条白湖绸汗巾儿。陈有容是小官生性，见了甚觉可爱，故意推辞道："怎无功受禄？"朱恺道："朋友相处，怎这样铢两！"推了再四，朱恺起身往他袖中一塞，陈有容也便笑纳，问道："兄果是要问老裴借多少银子？此人口虽说阔，身边也拿不出甚银子。且性极吝啬，不似兄慷慨。"朱恺便走过身边，附耳道："小弟不才，家中颇自过得，那里要借银子？实是慕兄高雅，借此进身，倘蒙不弃，便拜在令堂门下，与兄结为弟兄。"此时陈有容见朱恺人也齐整，更言语温雅，便也有心，道："不敢仰攀。"朱恺道："说那里话！小弟择日便过来拜干娘。"朱恺自去了。不多时，裘龙走来，见了陈有容，拿着这柄扇子道："好柄扇儿。"先看了画，这面字读也读不来，也看了半日，道："那里来的？"有容道："是个表兄送的。"裘龙道："你不要做他表子。是那个？"道："是朱诚夫，南街朱正的儿子。"裘龙道："哦，是他。是一个浪子，专一结交这些无赖，在外边饮酒宿娼赌钱。这人不该与他走，况且向来不曾听得你有这门亲。"有容道："是我母亲两姨外甥。"裘龙听了，就知他新相与了，也甚不快。从此脚步越来得紧，钱也不道肯用，这陈有容也觉有些相厌。不过两日，朱恺备了好些礼来拜干娘。他母亲原待要靠陈有容过活，便假吃跌收了他礼物，与他往来。朱恺尝借孝顺干娘名色，买些时新物件来，他母亲就安排，留他穿房入户，做了入幕之宾，又假眼瞎，任他做不明不白的勾当。朱恺又因母亲溺爱，尝与他钱财，故此手头极松，尝为有容做些衣服。两个恰以线结鸡，双出双入，真是割得头落。

那裘龙来时，母亲先回报不在家。一日，伺候得他与朱恺吃了酒回来，此时回报不得，只得与他坐下。那裘龙还要收罗他，与他散言碎语，说平日为他用钱，与他恩爱。那陈有容又红了脸道："揭他顶皮。"勉强扯去店中，与他作东赔礼。他又做腔不肯吃，千求万告，要他复旧时，也不知做了多少态，又不时要丢。到后来朱恺踪迹渐密，他情谊越疏，只是不见。及至路上相遇，把扇一遮过了。裘龙偏要捉清，去叫住他，朱恺却又站在前面等。陈有容就有心没相，回他几句话，一径去了。裘龙见了，怎生过得？想道："这个没廉耻的，年事有了，再作腔得几时？就是朱恺，你家事也有数，料也把他当不得老婆。我且看他。"又一回想道："我当日也为他用几分银子，怎就这样没情，便朱恺怕没人相与，偏来抢陈有容。"不觉气冲冲的。

一日，朱恺带着陈有容、姚明一干弟兄在酒楼上唱曲吃酒，巧巧的裘龙也与两个人走来。陈有容见了，便起身。只见裘龙道："我这边也坐一坐，怎就要去？"一把扯住。陈有容道："我家中有事，去去便来。"裘龙那里肯放。朱恺道："实是他家有事，故此我们不留他。"裘龙道："你不留，我偏要留。"一把竟抱来放在膝上。那陈有容便红了脸道："成甚么模样！"裘龙道："更有甚于此者。"朱恺道："人面前也要存些体面。"裘龙便把陈有容推开，立起身道："关你甚事，你与他出色？"那陈有容得空，一溜风走了。朱恺道："好扯淡，青天白日，酒又不曾照脸，把人搂抱也不像，却怪人说？"裘龙道："没廉耻小畜生，当日原替我似这样惯的，如今你为他，怕也不放你在心坎上。"又是一个人道："罢！不要吃这样寡醋。"姚明道："甚寡醋？他是干弟兄，傍观不忿，也要说一声。"裘龙道："我知道，还是入娘贼。"朱恺道："这厮无状，你伤我两个罢，怎又伤他母亲？"便待起身打去。那裘龙早已跳出身，一把扭住，道："甚么无状？"众人见了，连忙来拆，道："没要紧，为甚么事来伤情破面？"两个各出了几句言语。姚明裹了朱恺下楼，裘龙道："我叫你不要慌，叫你两个死在我手里罢了。"两下散了火。

朱恺仍旧自与陈有容往来，又为姚明哄诱，渐渐去赌，又带了陈有容在身边，没个心想。因为盆中不熟，自己去出钱，却叫姚明掷色，赢来三七分钱，朱恺发本得七分，姚明出手得三分。不期姚明反与那些积赌合了条儿，暗地泻出，不该出注，偏出大注，不该接盆，翻去抢。输出去倒四六分分，姚明得四股。却是姚明输赢都有，朱恺只是赢少输多，常时回家索钱。他母亲对朱正道："恺儿日日回家要钱，只见拿出去，不见拿进来，日逐花哄，怕荡坏身子，你也查考他一查考。"果然朱正查访，见他同走有几个积赌，便计议去撞破他。不料他耳目多，赶得到赌场上，他已走了。回来不过说他几声，习成不改，甚是不快。只是他母亲道："恺儿自小不拘束他，任他与这些游手光棍荡惯了，以后只有事生出来。除非离却这些人才好。我有个表兄盛诚吾，见在苏州开段子店，不若与他十来个银子兴贩，等他日逐在路途上，可以绝他这些党羽。"朱正点头称是。〔几天后，朱恺携带银钱去苏州，途中被姚明杀死。姚欲嫁祸于裘龙，但县官勘出实情，姚被处斩。〕

(二) 第二十九回

话说贵州有个都匀府，辖下麻哈州，也是蛮夷地方。州外有座镇国寺，寺中两房和尚。一边东房，主僧悟定。这房是守些田园花利，吃素看经，杜门不出，不管闲事的。西房一个老僧悟通，年纪七十多岁，老病在床不出。他有个徒弟妙智，年纪四十，吃酒好色，刚狠不怕事的。徒孙法明，年纪三十来岁，一身奸狡。玄孙圆静，年纪十八九，标致得似一个女人。他这房，悟通会得经营算计，田产约有千金，现银子有五七百两，因富生骄，都不学好。有了一个好徒弟，他还不足，要去寻妇人。本地有个极狡猾、略有几分家事的土皇帝，叫做田禽，字有获，是本州的礼房吏，常来寺里扯手，好的男风，倒把圆静让他。把一个禅居造得东湾西转，曲室深房，便是神仙也寻不出。

〔圆静后来和田禽的婢妾私通，田禽知道后，使用毒计害死了妙智、法明和圆静。〕

(三) 第三十回

历代尝因女色败亡，故把女色比做兵，道是女戒。我道内政不出壶，女人干得甚事？若论如今做官，能剥削我官职，败坏我行谊，有一种男戒。男戒是甚么？是如今门子。这些人出来是小人家儿子，不大读书，晓得道理，偶然亏得这脸儿有些光景，便弄入衙门。未得时时节，相与上等是书手外郎，做这副腻脸，捱他些酒食；下等是皂隶、甲首，做这个后庭，骗他银子。耳朵里听的，都是奸狡瞒官作弊话；眼睛里见的，都是诡诈说谎骗钱事。但只是初进衙门，胆小怕打，毕竟小心，不过与轿夫分几分押保认保钱，与监生员递呈求见的，骗他个包儿，也不坏事。尝恐做官的喜他的颜色，可以供得我玩弄；悦他的性格，可以顺得我使令，便把他做个腹心。这番他把那一团奸诈藏在标致颜色里边，一段凶恶藏在温和体度里面。在堂上还存你些体面，一退他就做上些妖痴，插嘴帮衬。我还误信他年纪小，没胆，不敢坏我的事。把他径窦已熟，羽翼已成，起初还假我的威势骗人，后来竟盗我威势弄我，卖牌批状，浸至过龙、撞木钟，无所不至。这番把一个半生灯窗辛苦都断送在他手里了。故有识的到他，也须留心驾驭，不可忽他。我且道一个已往的事。

我朝常州无锡县有一个门子，姓张名继良。他父亲是一个卖菜的，生下他来，倒也一表人材。六七岁时，家里也曾读两句书，到了十四五岁，越觉生得好：

　　双眸的的凝秋水，脸娇宛宛荷花蕊。
　　柳眉瓠齿绝妖妍，贯玉却疑陈孺子。

恰也有好些身分，浅颦低笑，悄语斜身，含情弄态，故故撩人，似怨疑羞，又频频拒客。

　　徙倚类无骨，娇痴大有心。
　　疑推复疑就，个里具情深。

可惜一个标绝的小厮，也到绝时年事，但处非其地，也不过与些市井俗流、游食的光棍，东凹西靠，赚他几分钱罢了。不料十五岁上娘亡，十六岁上爷死，这样人家穿在身上、吃在肚里，有甚家事？却也一贫彻骨。况且爹亲娘眷都无，那里得人照管。穿一领不青不蓝海青，着一双不黑不白水袜，拖一双倒根鞋，就是如花似玉，颜色也显不出了。房钱没得出，三餐没人煮，便也捱在一个朋友家里。不期这朋友是有妻小的，他家婆见他脸色儿有些丰艳，也是疑心。不免高兴时也干些勾当儿，张继良不好拒得，浅房窄屋，早已被他知觉，常在里边喃喃骂，道："没廉耻！上门凑！青头白脸好后生，捱在人家，不如我到娘家去，让你们一窠一块。"又去骂这家公道："早有他，不消讨得我。没廉没耻，把闲饭养闲人。"就茶不成茶，饭不成饭，不肯拿出来，还饶上许多絮聒。张继良也立身不住，这朋友也难留得。又捱到一家朋友，喜是光棍，日间彼此做些茶饭儿过日，夜间是夫妇般。只是这人且会吃寡醋。张继良再穷，也便趁着年纪滥相处几个，他知得便寻闹，又安不得身。亏得一个朋友道："锡山寺月公颇好此道，不若我荐你在那边栖身。"便领他去寺中，见月公道："我这表弟十六岁，父母双亡，要在上刹出家，我特送来。"月公道："我徒弟自有，徒孙没有，等他做我徒孙罢。"就留在寺中。这张继良人是个极会得的，却又好温性儿，密得月公魂都没，替他做衣服，做海青。自古道：人要衣装，马要鞍装。这一装束便弄得绝好了。

也是他该发迹。本县何知县忽一日请一个同年游锡山。这何知县是个极好男风、眼睛里见不得人的。在县里吏书皂快,有分模样的便一齐来,苦没个当意的。这时同年尚未来,他独坐,甚是无聊,偶然见张继良一影,他见是个扒头,便道:"甚么人?"叫过来问时,是本寺行童。何知县道:"不信和尚有这等造化,我老爷一向寻不出一个人。"问他有父兄么?道:"没有。"那答应的声儿娇细,一发动人。就道:"你明日到县伏侍我罢,我另眼看你。"他自吃酒去了。月公得知,甚是不快活,道:"仔么被他看见了?父母官须抗他不得。"两个叙别了一夜,只得送他进县,分付他小心伏侍,闲暇时也来看我一看。一进衙门,何知县道:"你家中无人,你就在后堂侧边我书房中歇落。"本日就试他,是惯的,没甚畏缩,还有那些媚态。何知县就也着了迷,着库上与他做衣服,浑身都换了绸绫。每日退堂,定要在书房中与他盘桓半日,才进私衙。他原识两个字,心里极灵巧,凡一应紧要文书、词状简札,着他收的,问起都拿得来,越发喜他有才。

[张继良靠与何知县的关系而招权纳贿,为害一方。]

线索却归豪滑手,三思应也愧生平。

凡是做官,不过爱民礼士。他只凭了一个张继良,不能为民辨明冤枉。就是秀才举监有些事,日日来讨面皮,博不得张继良一句。当时民谣有道:"弓长固可人,何以见君王。"又道:"锡山有张良,县里无知县。"乡官纷纷都要等代巡来讲他是非。亏得一个同年省亲回来的周主事,知道这消息,来望他,见一门子紧捱在身边。他看一看道:"年兄,小弟有句密语。"何知县把头一侧,门子走开。周主事道:"年兄,这不是张继良么?"何知县道:"是。年兄仔么认得?"周主事道:"外面传他一个大名。"何知县道:"传他能干么?"周主事说:"太能了些,几乎把年兄官都坏了。"何知县道:"他极小心,极能事。"周主事道:"正为年兄但见其小心,见其能事,所以如此。若觉得,便不如此了。外边士民都说年兄宠任他,卖牌准状,大坏衙门法纪。"何知县道:"这一定衙门中人怪他,故此谤他。"周主事道:"不然还道他招权纳赂,大为士民毒害。"何知县道:"年兄,没这样事。"周主事道:"年兄,此人不足惜,还恐为年兄害。外面乡绅虽揭他的恶,却事都关着年兄,小弟是极力调停。只恐陈代巡按临,上司有话,怎么处?"何知县颜色不怡,周主事也别了。

只见何知县走到书房中,闷闷不悦。张继良捱近身边,道:"老爷,适才周爷有甚讲?"何知县一把捏住他手,道:"我不好说得。"张继良道:"老爷那一事不与小的说?这事甚么事,又惹老爷不快?"何知县把他扯近,附耳道:"外边乡绅怪我,连你都谤在里边。周爷来通知,故此不快。"张继良便跪了道:"这等,老爷不若将小的责革,以舒乡绅之愤,可以保全老爷。"何知县一把抱起,放在膝上,道:"我怎舍得。他们不过借你来污蔑我,关你甚事?"张继良道:"是老爷除强抑暴,为了百姓,自然不得乡绅意。

要害老爷,毕竟把一个人做引证。小的不合做了老爷心腹,如今任他乡绅流谤,守巡申揭,必定要代巡自做主。小的情愿学貂蝉,在代巡那边,包着保全老爷。"何知县道:"我进士官,纵使他们谤我,不过一个降调,经得几个跌磕,不妨。但只是你在此,恐有祸,不若你且暂避。"张继良道:"小的也不消去,只须求老爷仍把小的作门役,送到按院便是。"何知县道:"我正怕你在此有祸,怎还到老虎口中夺食?倘知道你是张继良,怎处?"张继良道:"不妨。老爷只将小的名字改了,随各县大爷送门役送进,小人自有妙用。"何知县还是摇头。

过了半月,按院巡历到常州。果然各县送人役,张继良改做周德,何知县竟将送进。也是何知县官星现,这陈代巡是福建人,极好男风。那张继良已十七岁了,反把头发放下,做个披肩。代巡一见,见他矬小标致竟收了。他故意做一个小心不晓事光景,不敢上前。那代巡越喜,道是个笃实人。伏侍斟酒时,便低着头问他道:"你是无锡那里人?"道:"在乡。"他脸也通红。代巡道:"你是要早晚伏侍我的,不要怕得。"晚间就留在房中。这张继良本是个久惯老手,倒假做个畏缩不堪的模样,这代巡早又入他彀。

才离越国又吴宫,媚骨夷光应与同。
尺组竟牵南越颈,奇谋还自压终童。

初时先把一个假老实愚弄他,次后就把娇痴戏恋他,那代巡也似得了个奇宝。
〔在张继良的蛊惑下,陈代巡不但没有参纠何知县,反而还举荐了他。后来张继良继续为非行恶,最后未得善终。〕

(四)第三十五回

〔无垢和尚幼年时体弱多病,家人惧其早夭,只得把他送到英山清凉寺,做了远公和尚的徒弟。〕

那师祖定公甚是奇他,到得十岁,教他诵经吹打,无般不会。到了十一二岁,便无所不通。定公把他做活宝般似,凡是寺中有人取笑着他,便发恼,只是留他在房中,行坐不离。喜得这小子极肯听说,极肯习学经典,人却脱然换了一个,绝无病容。看看十三,也到及时来。不期定公患了虚痨,眼看了一个标致徒孙,做不得事,恹恹殆尽。把所有衣钵交与徒弟远公,暗地将银一百两与他,道:"要再照管你几年,也不能彀,是你没福;我看了你一向,不能再看一两年,也是我没福。"又分付徒弟:"我所有衣钵都与你了,只有这间房与些动用家伙,与了这小徒孙,等他在里边焚修,做我一念。二年后便与他披剃了,法名叫无垢。"不数日涅槃了。

转眼韶华速，难留不死身。

西方在何处？空自日修焚。

　　无垢感他深恩，哭泣尽礼。这远公是个好酒和尚，不大重财，也遵遗命，将这两间房儿与他。他把这房儿收拾得齐齐整整，上边列一座佛龛，侧边供一幅定公小像，侧边一张小木几，上列《金刚》、《法华》诸经、梁王各忏，朝夕看诵，超荐师祖。尚有小屋一间，中设竹床纸帐，极其清幽。小小天井，也有一二碧梧紫竹、盆草卷石，点缀极佳。

　　只是无垢当时有个师祖管住，没人来看相他。如今僧家规矩，师父待徒弟极严的。其余邻房、自己房中、长辈同辈，因他标致，又没了个吃醋的定公，却假借探望来缠。一个邻房无尘，年纪十八九，是他师兄，来见他诵经资荐师公，道："师弟，有甚好处，想他？我那师祖，整整淘了他五六年气。记得像你大时，定要我在头边睡，道：'徒孙，我们禅门规矩，你原是伴我的，我的衣钵后来毕竟归你，凡事你要体我的心。'就要我照甚规矩，先是个一压，压得臭死。到那疼的时节，我哭起来，他道：'不防，慢些，慢些。'那里肯放你起来。一做做落了规矩，不隔两三日就来。如今左右是惯的，不在我心上。只是看了一日经，身子也正困倦，他定要缠；或是明早要去看经，要将息见，他又不肯。况且撞着我与师兄师弟众人伙里说说笑笑，便来炒闹。师弟，你说我们同辈，还可活动一活动，是他一缠住，他到兴完了，叫我们那里去出脱？如今你造化了，脱了这苦。又没他来管，可以像意得。"无垢道："我也没甚苦，师祖在时也没甚缠。"无尘道："活贼，我是过来人，哄得的？"就捱近身边去，道："你说不苦，我试一试看，难道是黄花的？"就去摸他。无垢便不快道："师兄，这个甚么光景？"无尘道："我们和尚没个妇人，不过老的寻徒弟，小的寻师弟。如今我和你兑罢，便让你先。"无垢道："师兄不要胡缠。"无尘道："师弟两方便。"又扯无垢手去按他阳物，道："小而且细，须不似老和尚粗蠢。"无垢道："师兄不来教道我些正事，只如此缠，不是了。"无尘道："师弟，二婚头做甚腔？"直待无垢变脸，才走。一日，又来道："师弟，一部《方便经》你曾见么？"无垢道："不曾。"无尘便将出来，无垢焚香礼诵。只见上面写道：

　　如是我闻：佛在给孤独园，比丘、比丘尼、优婆塞、优婆夷，一切天人咸在。世尊放大光明，普照恒河沙界。尔时阿难于大众中，离坐而起，绕佛三匝，偏袒右肩，右膝着地，叉手长跪，而白佛言：我闻众僧自无始劫来，受此色身，即饶欲想，渐染延灼，中夜益炽，情根勃兴，崛然难制。乃假祖孙，作为夫妇，五体投地，腹背相附，一茎翘然，道岸直渡，辟彼悟门，时进时止，顶灌甘露，热心乃死，此中酣适，彼畏痛楚，世尊何以令脱此苦？世尊：阿难，人各有欲，夜动昼伏，丽于色根，展转相逐，悟门之开，得于有触，勇往精进，各有所乐，心地清凉，身何秽浊，积此福田，勉哉相勖。大众闻言，皆忘此苦，皆大欢喜。作礼而退，信受奉行。

无垢念了一遍，道："我从不曾见此经，不解说。"无尘道："不惟可讲，还可兼做，师弟只是聪明孔未开。"又来相谑，无垢道："师兄何得歪缠。我即持此经，送我师父。"无尘道："这经你师父也熟读的。"无垢便生一计，要师父披剃，要坐关三年，以杜众人缠绕。师父也凭他，去请位乡绅，替他封关出示。他在关中，究心内典，大有了悟。因来往烧香的见他年纪小，肯坐关，都肯舍他。

(五) 第三十七回①

举世趋柔媚，凭谁问丈夫。
狐颜同妾妇，猬骨似侏儒。
巾帼满缝掖，簪笄盈道涂。
莫嗟人异化，寓内尽模糊。

我尝道：人若能持正性，冠笄中有丈夫；人若还无贞志，衣冠中多女子。故如今世上有一种娈童，修眉曼脸，媚骨柔肠，与女争宠，这便是少年中女子。有一种佞人，和言婉气，顺旨承欢，浑身雌骨，这便是男子中妇人。又有一种蹐躬蹐步，趋膻附炎，满腔媚想，这便是衿绅中妾媵。何消得裂去衣冠，换作簪袄？何消得脱却须眉，涂上脂粉？世上半已是阴类。但举世习为妖淫，天必定与他一个端兆。尝记宋时宣和间，奸相蔡京、王黼、童贯、高俅等专权窃势，人争趋承。所以当时上天示象，汴京一个女子，年纪四十多岁，忽然两颐痒，一挠挠出一部须来，数日之间，长有数寸。奏闻，圣旨着为女道士，女质袭着男形的征验。又有一个卖青果男子，忽然肚大似怀孕般，后边就坐蓐，生一小儿，此乃是男人做了女事的先兆。我朝自这干阉奴王振、汪直、刘瑾与冯保，不雄不雌的，在那边乱政。因有这小人磕头掇脚、搽脂画粉去奉承着他，昔人道的举朝皆妾妇也。上天以炎异示人，此隆庆年间，有李良雨一事。

……

妖不遽兴，必有其征。今红紫载道，丈夫而女子，其饰妖冶自好，丈夫而女子；其容至谐媚承顺，则丈夫而女子。其心浸而士林，浸而仕路，浸而一雌奸乘政，群雌伏附之，阴妖遍天下矣，而朝野不知羞。使非圣明应河清凤见麟游之期，一新朝宁，妖不胜书也。

---

① 作者陆人龙、评者陆云龙分别感叹明代世风妖柔。

（六）第四回 写僧人同性恋。

（七）第九回 写僧人同性恋。

（八）第二十八回 写僧人同性恋。

（九）第三十四回 写僧人同性恋。

（十）第三十七回 写李良雨化女事。

（十一）第四十回 写主仆同性恋。

型世言

(明·崇祯) 陆人龙著
"中研院"中国文哲研究所 1992 年影印本①

妙智淫色杀身（第二十九回）

---

① 据明崇祯间刻本影印。

偷欢被骂（第三十回）

色身救主（第三十回）

图中左中右分别是何知县、张继良和陈代巡。

西湖二集

（明·崇祯）周清原著
人民文学出版社 1989 年版

（一）第十一卷

妒妇胸中有六可恨。那六可恨？……第三恨道：男子娶小老婆，偷妇人，已是异常可恨之事了，怎生又突出一种"男风"来，夺俺们的乐事，抢俺们的衣食饭碗。这一件事，你道可省得么？所以《牡丹亭记》内李猴儿好男风，冥府判官罚他做蜜蜂，屁窟里长拖一个针。就是这件东西，也是俺们身上所有之物，你若上紧时，俺也肯一揽包收，难道俺们倒不如他不成？那不知趣的男儿，偏生耽恋着男风，就像分外有一种妙处的一般，我断断解说不出。这是第三着可恨之处了。第四恨道：妇人偷了汉子，便要怀孕，生出私孩子来，毕竟有形迹，难以躲闪，就如供状一般。所以妇人不敢十分放手，终究有些忌惮。男子偷了妇人、小官，并无踪影可以查考。所以他敢于作怪放肆，恣意胡为。这是第四着可恨之处了。

（二）第十九卷 写主仆同性恋。

醉醒石

(明末清初)东鲁古狂生著
上海古籍出版社 1985 年版

(一) 第一回

[在明代的南京,]奇技淫巧之物,衣冠礼乐之流,艳妓娈童,九流术士,无不云屯鳞集。

(二) 第四回

[某人]后来中了举,选官出仕,位到同知,究竟内无妾媵,外无娈童。

(三) 第七回

[某书生到省城应试,]三场喜得苟完,就带了清客陪堂,寻些娈童美妓,自去顽要去了。

(四) 第七回

[某女厌恶其夫,见他]也好色,偷丫头,缠小厮。故意丢两个丫头小厮与他,自己另寻风月。

(五) 第八回①

成化年间,有一个王臣,原不知姓甚么名甚么。因十余岁时,投了一个江南大家,姓王,从此叫做王勤。大凡大家,出于祖父,以这枝笔取功名。子孙承他这些荫籍,高堂大厦,衣轻食肥,美姬媚妾,这样的十之七。出于祖父,以这锄头柄博豪富,子孙承他这些基业,也良田腴地,丰衣足食,呼奴使婢,这样的十之三。但贵的多半骄侈而少文,富的多半鄙吝而近朴。有那强脱俗子弟,毕竟结纳些才人墨客,谈诗论古,学文墨。收纳些篦片陪堂,谈琴格物,学清致。更寻几个僧人妓女,探花问竹,学风流。出入小舆画船,华衣丽服,娈童俊仆,务求异人。只是骄侈鄙吝,这习气断断除不尽的。

这王大户,也是个学文墨,学清致,学风流的。见这王勤,人儿标致,言语伶俐,

---

① 写同性恋者王臣的一生。

举动活变,就收在书房中。叫他烹茶洗砚,闲时叫他习字摹帖,服事书房往来朋友清客。到十四五,面首儿好,也充了娈童之数。鲜衣洁食,主翁相待甚好。但只是主翁甚醋,他却多情,甚好结客。主翁知道,打骂无所不至,他却改不来。趁著人要拐他,他也拐人。遇棋客,要他教棋;遇琴客,要他教琴。写的学他写,画的学他画,唱的学他唱,识古董的,学他识古董。吃了主翁闲饭,又得闲工夫,仗著后庭,也弄有一身本事。

　　以其所有,易其所无。
　　纤指调弦,泼墨成图。
　　养就凌霄,岂曰庸奴。

　　[王勤后来与主翁之妾通奸,事情败露,受到严惩,便偷偷从主人家逃出。]
　　夤夜去投平日爱他这几家宦家富室。不期这几家已知他行径,容留不惟体面有伤,抑且那家没有姬妾,肯引狗入寨?都拒绝不留。饭也没讨一碗,他也甚恨这些人情薄。

　　朱门空遍谒,蹴断履头芒。
　　谁作绨袍恋,徘徊落日黄。

　　无可奈何,只得买了床被褥,在姑苏沿途雇船,要寻个显宦家躲雨。年纪儿青,到处有人搭伴。光得著,光人些;光不著,也被人光些。只是说起投靠,人儿聪俊,人也要他。但嫌他没些根蒂,留在家中,住了一两个月,偷了些物件逃去,何处找寻?没个收留的,每日饭店安身。会得唱,跟人去赶唱;会得写,也去与人抄书。看见人编头修脚,也就买副傢伙,编头修脚。撞著风月人,也搭卖。嘴是糊得过,却怕家中知风来缉捉。东飘西荡,不敢停脚。

　　只羽白云边,翩翩影自怜。
　　汀芦栖不敢,几欲落惊弦。

　　幸得主翁知他逃走,捉来必致彰扬。也只出两张招纸,阁起。他在南京饭店,看见个走方弄戏法的,好有摆钱。却也就拜他为师。那人得个老婆,在河南山东混了两年。王勤每自想:自己也是个百能百会人,怎做个方上终身?捉空把这人身边积趱下几两银子偷了,竟到北京。
　　[在京中,王勤被太监王敬认作侄儿,改名王臣。靠着与王太监的关系,他奉差去江南为皇帝采办书画古玩。因对地方骚扰过甚而被拿解回京,钦判斩绝。]

(六) 第十三回

［某人］是个好男风的，见个篦头的小厮好，就搭买了他，常留在寓内歇。

梼杌闲评①

（明末清初）佚名著
齐鲁书社2008年版

(一) 第二回②

那扮旦的③生得十分标致，但见：

> 丰姿秀丽，骨格清奇。艳如秋水湛芙蓉，丽若海棠笼晓日。歌喉宛转，李延年浪占汉宫春；舞态妖娆，陈子高枉作梁家后。碎玉般两行皓齿，梅花似一段幽香。果然秀色可为餐，谁道龙阳不倾国？

(二) 第二回

班里人都在那里斗牌，一个道："蚤辰寻你烧子个利市，何以这样齐整？上街做甚子？这样早独自一个行走，这临清马头是乌豆换眼睛的地方，不要被人粘了去。"云卿道："不妨，他只好粘我去做阿爷。"一个道："不是做阿爷，转是要你去做阿妈哩！"

(三) 第三回　魏与某公子同宿。

(四) 第四回　魏被一群无赖欺侮，受到了公子的保护。

(五) 第七回④

一娘⑤到了前门，见棋盘街上衣冠齐楚，人物喧闹。看了一会，走到西江水巷口，见故衣铺内一个老者独坐柜外，进忠上前拱手问道："借问爷，子弟们下处在那里？"老者

---

① 本书亦名《明珠缘》，主要写明末魏进忠也即魏忠贤的一生所为。
② （一）至（四）写优伶魏云卿的情况。
③ 魏云卿。
④ 写新、旧帘子胡同的情况，参见《旧京遗事》等。
⑤ 魏进忠之母。

道:"一直往西去,到大街往北转,西边有两条小胡同,唤做新帘子胡同、旧帘子胡同,都是子弟们寓所。"进忠谢了,同一娘往旧帘子胡同口走进去。只见两边门内都坐着些小官,一个个打扮得粉妆玉琢,如女子一般,总在那里或谈笑、或歌唱,一街皆是。又到新帘子胡同来,也是如此。进忠拣个年长的问道:"这可是戏班子下处么?"那人道:"不是,这都是小唱弦索。若要大班,到椿树胡同去。"

(六)第四回 写优伶同性恋。

(七)第八、十二、十三、十五回 写有魏进忠与某官员、布商之子、道士、优伶等人的同性恋关系,他是魏云卿之子,后更名忠贤。

梼杌闲评

(明末清初)佚名著
清刻本

魏云卿像

魏忠贤像

豆棚闲话

（明末清初）艾衲居士著
人民文学出版社 1984 年版

（一）第十则[①]

老龙阳

近来世道尚男风，奇丑村男赛老翁。
油腻嘴头三寸厚，赌钱场里打蓬蓬[②]。

（二）第十则[③]

　　[苏州帮闲贾敬山替路过此地的大老官刘公教习女优，骗取了不少好处。]不料此辈钻心极密，看见贾敬山谋身进去有些想头，却又走出一个顾清之来，也在船边伸头探脑。打听得刘公差人去请医生杨冲庵来合药，清之与冲庵也有一面，一口气即奔到杨家求其荐举。冲庵就与他同下船来，刘公接见，说了许多闲话，乘便就把清之赞扬起来。刘公也极蔼然，留待午饭。刘公道："昨日有个贾敬老来相会，我已托他觅了两个女子，就留在他家教曲。尚有几个小价，都不过十五六岁，如今也要叫他学唱，不知可教得否？"清之道："十五六岁的孩子正是喉音开发之际，极不费力，晚生斗胆效劳！"刘公道："贾敬山曾相识否？"清之一边看冲庵在那边写方甚忙，一边低声答道："敬山虽系识认，晚生们从来不便与他同坐。"刘公道："他人品差池，行止有甚不端么？"清之举手便把鼻子摸了一摸，手一做个势子还道："老爷所托他买的女子，也要留心查看要紧。"刘公也就把头点了一点。冲庵将药方过来说了一遍。刘公平素极好男风，那几个要教唱小子就是刘公的龙阳君。清之看见刘公照管得紧，也就要图谋这馆。伴伴的对冲庵道："晚生年纪不多，近来得了痿症，人道俱绝。"刘公信道这话是真，即就托他教那几个小子。一两日间，把这小馆就坐定了。一面就去寻着敬山要看女子，还要分他媒钱。敬山道："是我在刘老爷处荐你教曲。"也要分他束脩。两个鬼吵闹了一场。次日齐到刘公船上坐了一回。早饭已毕，就同随了阊门外买些货物，专诸巷里买些玉器。两边面面相觑，背地里仍旧伸了几个指头。各人悄地讨了趁钱，各自心照去了。刘公抵暮赴席而回，坐着一只小船。敬

[①] 这首竹枝词所写的"老龙阳"具有男妓性质。
[②] 指老龙阳卖身。
[③] 写家优与主人及帮闲的同性恋。

山悄悄渡船赶上，见了刘公开口指道："今日小管家如何不带出门？若单留清之在船上，也要悄悄留心体访。若引诱坏了身子，那喉音再不得亮了。"刘公却是专心此道，极要吃醋的。自听了敬山这句话，就动了觉察的念头，只因他说阳道痿绝不去堤防。那日也是清之合当败露，当着刘公午睡，不听见小子唱响，悄地窥他。只见清之正当兴发……与小子干那勾当。却被刘公看见，即时唤出，将小子打了三十；把清之去了衣巾，一条草绳牵着脖子，只说偷盗银杯，发张名帖送在县里。血比监追，打得伶伶仃仃。直待把自己十五六岁青秀儿子送进宅内，方准问了刺徒，发配京口驿摆站去讫。

(三) 第九则 写及同性恋。

(四) 第十二则 写僧人同性恋。

载花船

(明末清初) 西泠狂者著
江苏古籍出版社 1993 年
《中国话本大系》本

(一) 第十回①

[唐朝时，宫人尹若兰女扮男装，以太监身份到外地为武则天暗访男宠。]

再表建康城中，侨寓着一个才子，乃云间人氏，姓名楚，字縶生，系高宗朝秘书少监于南之子。生而颖异，敏慧绝伦。年方总角，书史过目成诵，无论寒暑阴晴，手中未尝释卷。到得十岁，胸中好生渊博，经类子传，靡不通晓。本郡积学长者，俱目为鸿才巨儒。年未弱冠，乡邑诸臣屡疏荐举。縶生立志贤贞，不屑身侍女主，概辞不就。恐住在家中未免有人缠扰，遂收拾行囊，至建康游学。这縶生生平有一僻性，诗酒外极爱娈童，至于龌龊下贱，又所不屑。因云间少有得意者，此行亦欲乘便访取。建康与云间相隔不遥，郡中文人墨士，暨阀阅冠裳，久企于縶生才名。一闻流寓本城，尽与交游，联盟结社，皆成知己。縶生寓在秦淮河楼之上，留心遍访美洁龙阳，总无有可入选者。

值尹监案临，众友相邀，到三山街酒楼观他节钺。少顷到来，八人轿上，坐着一员如花似玉的宦寺。縶生不觉心动，竟起朵颐之思。回到寓中，常常想慕。建康各乡绅，俱往参贺尹监，又设席演戏相延。宴饮谈吐之次，各各荐扬于楚年少多才，尹监颇欲识荆。众乡绅即与縶生说知备细，劝往一见。于縶生又道："阉宦之流，古昔圣贤所鄙！"推托不允。众乡绅再四怂恿，称说尹监素善词华，颇工吟咏，且人品秀丽，言谈甚饶风

---

① (一)(二) 写一个奇异的"同性恋"故事。

致。粲生遂打动情肠，想起日前途中已曾见过，众人原非虚誉。一则于情不好固执，一则有意相亲，遂欣然投刺参谒。

尹监因世推重，不敢轻亵，请至后堂相见。粲生止行常礼，尹监亦以宾位处之。相见之次，粲生深讶尹监宛然仙子，岂系阉奴，比前愈觉天然艳烨，吾得窃彼后庭，庶不虚此跋跲。这尹监又喜粲生面庞俊雅，举止优闲，存心细观其鼻，却更丰而且直。彼此关情，两下留意，才一会面，便自牵连。尹监道："凤企英名，寐寤渴想，今业枉玉，实切欣幸。"粲生道："鲰生百无一能，辱先达吹嘘，致荷隆厚，不禁愧悚。第恐有防公务，更深罪责耳。"

茶罢两巡，略谈数语，粲生不便久延，起身告辞。尹监谆谆款留，立命厨中设席。粲生不忍便去，也坐下了。须臾酒备，尹监逊坐，止是一宾一主，别无他客，二人举杯对酌。粲生道："久慕尚公长才理剧，听讼若神，不意今日缘众绅士谬录齿牙，始获识荆。亲挹芝颜，更非凡品。诚恨相见之晚！"尹监道："本监离都以来，亦素仰高才为当代伟器。今蒙就见，殊惬鄙怀。尊大人在堂么？贤阃系谁家闺秀？"粲生道："家严因年力衰迈，游处林泉。晚生虽辱知爱议婚，但私心不愿草就，故尚在未聘。"尹监笑道："足下高志固自不凡，但未识欲得怎样女郎，方缔姻娅？或有可意之人，本监当执斧柯。第恐三生石上已订一笑之期，非足下所能择耳。"粲生亦笑道："晚辈虽然陋拙，至于室人，若非才而有貌者，誓不婚娶。若不得其偶，虽终身鳏处，亦所甘心。"粲生又问尹监道："迩来朝政何如？尚公离都未久，必知其详。"尹监长叹道："朝事至此，敝坏极矣！北狐肆毒，蛇蝎附和，正人敛迹，奸佞遍据要津。志士寒心，英雄切齿。本监虽属刑余，日夕为之痛心疾首。足下不慕金紫，达人高蹈，自不可及。"粲生道："闻言及此，眦为之裂！今日且尽樽中佳酿，莫强与他家事。"尹监道："此后再谈朝政，罚以斗酒！"两人相视而笑，又谈些本朝排律名家，且讲论词家切要。

粲生欲取尹监欢心，特把胸中学问透彻开陈。尹监大悦，视为知己，语笑不拘。粲生亦觉情怀舒畅，巨觥连饮，遂至酩酊，离席告止。尹监苦苦相劝，粲生醉眼乜斜，力辞不饮。尹监亦带微醺，笑对粲生道："我有一对，要随口对来，如好免饮，否则听罚。"粲生道："这却使得！"尹监出对道：

木兰代父从军，凛然节操。

粲生对道：

纪信假主诳楚，信矣忠贞。

果是不费思索，洵口而来。尹监连声道："好！好！果是捷才！还有一对，亦须如前对法，不则仍将罚以金谷酒数。"又出对道：

莺藏柳底，只凭声响混雌雄。

粲生对道：

龙伏泥中，伫看变幻兴云雨。

尹监称赞不置，命人撤席罢饮。粲生欲归旅次，尹监道："既辱惠顾，正欲朝夕以聆玄晦。况丈夫四海为家，何地不可栖止，归去则甚？"粲生道："主人情固重，第觉汗颜耳！"自此就留在衙中作寓。尹监着夫役打扫西园，与粲生安歇，拨四宫监伺候。园中器物，美丽无比。粲生所带小童二名，一唤负琴，一唤掌茗，发回旧寓看守。

单身住在衙中，忽已数日，无日不会酒谈文，吟诗作赋。两情欢洽，四目迷留。尹监每与粲生接谈，进内即意乱神昏，魂颠梦倒。因粲生才貌风流，色色可人，甚有求配之意，只是不便明白说出。这粲生酒后狂兴发时，也常以邪言挑逗，尹监怎好率然允许。在粲生还一味认作龙阳，以特命之尊，不敢造次胡弄。遂至时日蹉跎，未成欢好。

时当夏月，炎暑困人。尹监毕了衙事，脱去冠服，带着四个贴身女侍，特到西园纳凉。粲生卧室原在三间水阁之上，四面荷香馥郁，柳色阴浓，只感爽气，不觉炎蒸。尹监就在室中坐下，止着女侍供役，不时进上瓜果。粲生将平素会课请教，内中也有诗词歌赋，也有传记碑铭。尹监捧诵，大加称赏。谈吐之际每及诙谐。粲生不禁技痒，暗自作想："我每今日情意甚孚，怎得机会，遂此后庭之愿，快心极矣！"尹监又私羡粲生，果是才同子建，貌似潘安，托以终身，可称良配。偶然荷池之中一对鸳鸯交颈而卧，尹监向桌间水晶盆内取起一枚沉李，两眼觑定，轻轻打去，却好正着。那鸳鸯分飞而起，藏于芰荷深处。粲生道："你这不做美的公公，怎惊散他好事！"尹监道："可怪此鸟不择地而交，在人眼目之下，恐君睹之，必生落寞之感，故驱之去耳。"粲生道："衾枕独对，形影自怜，每欲一操求凤，苦无文君解心，谁有怜者？"尹监道："若嫌寥寂，明日访一美妓相陪何如？"粲生道："青楼薄幸，文人鄙之，敬辞佳贶。若肯垂怜，咫尺之间，可寻乐地，何必待妓女而后消寂寞耶？"尹监暗自惊讶道："此人已知吾为女身耶？怎言言挑逗？想衙中人必有泄漏矣。万或以无礼相犯怎处？罢罢，萍梗之逢，遂成莫逆，是非天作之合，何以亲昵至此？即以芳躯付之此生，女貌郎才，亦非失所！"粲生言毕，觑定尹监，尹监以微笑应之。

俄顷日暮，皓月初升，微风袭体。尹监命掌灯备宴，就在粲生房中夜酌。饮过数杯之后，尹监道："筵中只有我每两人，若闷闷递相对饮，岂不令姮娥笑为俗子乎？"即令女侍取过色盆，与粲生买快。尹监连输六巨觥，又道："掷色不遂主人敬客之意，猜枚罢。"粲生即便依命对猜，又是尹监两次败北。当夜尹监兴致甚豪，吃个大醉，撑持不定，倒身便睡于粲生床中，霎时鼾齁有声。粲生却早早存心，勉饮数杯，又遇色子、拳头争气，一路得胜，毫无酒意。见尹监睡熟，磨拳擦掌，要干此事。碍着女侍四人，齐齐站立不去，粲生心急无措，设词支分道："你家爷酒后醒觉，必需茶吃，可去烹些龙团、雀舌之类，到来预备。"那女侍里面名唤鸾仙者，心性巧滑，见两人言语相调，已知主人有意于生。今闻粲生之言，明系多我们几人在此，丢个眼色与三人，俱出外厢打盹。粲生急把门闭上，到床中去看尹监时，睡思正浓，身却侧卧。粲生情极不能再待，轻轻用手把尹监翻将转来，覆身睡着。见足下尚穿双靴，欲代为脱去，恐致惊醒，故不敢动。揭起练裙，内中系着一条红纱裤子，粲生暗道："内官妆束，何等严密，如此炎天，兀自身衣重叠。"遂挽手向前，解开带结，扯下纱裤，露出雪白两股，如脂似玉。粲生淫心甚炽，不能止遏，肉具已早翘然而起。正是古词有云：

解带色已战，触手心愈忙。
那识罗裙内，销魂别有香。

毕竟不知尹监肯允从否，且看下回分解。

(二) 第十一回

海天漠漠彩鸾飘，争奈文箫有意邀。
自分不殊花夜合，含香和露乐深宵。

却说粲生见尹监醉后沉睡，发放侍女出房，偷解衣裙，显出雪股。兴不可遏，急跐上床，润以津吐，把具狠顶数下，不能进门。粲生想道："今上不爱男风耶？此监果尔童身耶？"又想道："高宗时他尚年幼，所以未经御用。当今又是女主，自然完璧，我何幸享此。"又用力猛顶几下，一滑，始入龟头。

尹监痛极惊醒，叫道："是谁无礼？"粲生道："莫要高声，不才酒后兴浓，有犯尊体，万乞俯就。"尹监将欲转身，被粲生压定，动侧不得，道："何苦人至此耶！将以尔为才流，必能检束身心，故不避狎昵。今作偷儿行径，何无廉耻？"粲生道："情急矣！勿多责，俟事毕，请罪罢。"遂又把具抵进寸许。尹监道："痛极难忍，君竟不我怜耶？且须暂缓。"粲生兴发，又闻尹监言词和婉，料不至变脸，又用力数顶，竟尔尽根。尹监不觉失声道："内如刀割，诚何以堪！再不略缓，吾其死矣！"粲生少为停止。尹监咬牙熬定，暗想道："天后其欺我耶？备极痛苦，情趣何在？吾即终身不嫁可也。吾既以其后供情事，则前将焉用之？仅给小遗已耶？"尹监因在呆想，伏身不动。粲生徐徐抽提，尹监道："可已矣，何又作进出计？"粲生道："不如此，何以尽兴？"尹监道："不堪甚甚，尚有何兴？"粲生又加唾沫于根，不甚滞涩，抽至百合，尹监觉痛亦少定，乃忍而不动。粲生因香肌雪色白，娇啼动人心，约三百合后，方事毕而起，代为抹拭洁净。

尹监站起，系好小衣，蹙额道："痛未少减，步履不能，奈何？"粲生以脸揾贴尹监香腮，笑道："不才冒犯威严，罪诚重矣！蒙不深责，恩宠无涯，铭心镂骨，断不敢忘。今日之情，愿共珍之。"尹监点头不答，呼女侍取茶。茶罢，粲生道："今夜下榻于此可否？"尹监道："尔尚无厌心耶？"粲生道："一创贵躯，心殊悚惶，来日甚长，今宵何敢再犯？将图抵足，以谈心耳。"尹监不知粲生将他认作男身，满拟已露乔妆，便应道："一发遂你心愿罢！"

叫女侍叮咛道："今夜我就宿在此，不得声扬于外。把内外门户俱依往日照料紧密，违则重责。"女侍领命，旋取浴水进房。尹监逊粲生先浴，命女侍为之代去下衣。这四女侍虽假扮宦官，俱有几分姿色，况年纪总不出二十岁外。粲生见周旋左右，未免有得陇望蜀之思，其具仍前直竖，坐在浴盆内，就像盆中立着个肉棒一般。众女侍掩口而退。尹监看了暗道："据天后之言，此具虽不能名列上乘，亦可录入选场。若非我已失身，拟订终身之托，送至都中，必惬天后仰望。"

粲生浴罢，女侍倾去残水，换上兰汤，请尹监净浴。尹监尚有羞色，要粲生出去。这粲生那里肯走？把女侍推出房外，闭上门窗，径去与尹监脱靴。用力狠扯，再也不能脱下。尹监道："待我自脱罢。"粲生住手，看尹监先将腹上所缠绸片放散，然后脱去皂靴。又解下一二十层缠裹，内中脱出一只三寸金莲。粲生失惊道："尔乃女身耶？又一奇闻矣！"忙依尹监脱法，代他去此一靴，亦是金莲一瓣。粲生喜极，将尹监小衣带结尽皆扯开，替他层层脱净，观彼小腹之下。尹监害羞，以手掩之。粲生亦以手透入相探，小穴通矣。粲生问道："尔为女子，何故乔妆？且旬日之间，绝不向我吐露半语，真忍人也！"尹监道："前日初会，两对之中，已道其详，尔自不解。况予已为尔所猎矣，尚以此说怨谁？"粲生道："吾以尔果阉臣，适所为者，男子事耳。女则交媾于前，妙难言罄，且俟浴过，再叩尔身始末。"尹监害羞，反寻衣穿，那肯就浴。粲生抱到盆中，替他浴完。

［实情既显，两人愈加相恋。不久后双双潜离开建康，去做了一对恩爱夫妻。］

（三）第九、十二回 写及同性恋。

雌木兰

(明·嘉靖—万历)徐渭著
民国七年(1918)武进董氏刻
《诵芬室丛刊·盛明杂剧》本

第一折

（扮二军上云）这里可是花家么？（外①）你问怎么？（军）俺们也是从征的，俺本官说这坊厢里有个花弧，教俺们来催发他，一同去路，快着些。（木）哥儿们少坐，待俺略收拾些儿，就好同行。……（木出见军介，云）大哥们，劳久待了，请就上马趱行。（作上马行介）（二军私云）这花弧倒生得好个模样儿，倒不象个长官，倒是个秋秋②，明日倒好拿来应应极③。

歌代啸

(明·嘉靖—万历)徐渭著
中华书局1983年《徐渭集》本

第一折

〔张、李二僧为师兄弟，张对李讲虽然男女相交符合人道，但僧俗有别，僧人若与妇女奸通，不仅有违佛律，而且事发后还将受官府责罚。〕（李背介）到那时节再做道理。（向介）师兄虽说得是，但既名曰道，便该无物不有，尤该无时不然才是。（张笑介）天下可尽之道尚多，何必拘定此道？（李）此外道复何在？（张）难道李贤弟尚未尽过？岂不闻四书上说得好：瞻之在前，其交也以道；忽焉在后，深造之以道。苟为不得，求之以道；欲有谋焉，得其心有道。非吾徒也，循循善诱人；取诸宫中，绰绰有余裕。如不容，请尝试之；将入门，援之以手。其进锐者，不能以寸已，频蹙曰：有恸乎？徐徐云尔，无所不至，喜色相告：无伤也。及其壮也，故进之，故退之，尽心力而为之，未见

---

① 花木兰之父花弧。
② 龙阳娈童。
③ 即应急。

其止；力不足者，苟完矣，苟美矣，以其时则可矣，将以复进。或问之，乐在其中，有以异乎？曰亦人而已矣。(笑介)得其门，欲罢不能，虽有善者，恶吾不与易也。此道之谓也。(李笑介)妙妙！是或一道也。(背介)原来这贼秃水路既穷，又要走旱路①了。(向张叹介)吾之不得与于彼道，命也！但那些俗子也太便宜了他，既有妻，又有妾；既有妾，又有婢，若与道独亲。那俗妻又吃醋拈酸，偏使他不可以为道，却是为何？(张)这正是他每各尽其道处，一个要博施于人，一个要皆备于我，正所谓道不同不相为谋也。(李笑介)更妙！弟闻人讲道多矣，未有如此痛快者！妙妙！昨又有一事，我从本州衙前过，只见州里太爷衣冠不整，慌慌张张从里面跑将出来，随被奶奶赶上，揪着耳朵儿进去。只听得州爷说："奶奶，还与我留体面。"又听得奶奶说："歪材料，谁教你去偷丫头！"连打带骂，扯进去了。师兄，你说么，道中既有此苦，便不尽他也罢，何必求道太殷？何不望道未见？(张笑介)这还是州爷走的道路差了，他堂上有许多门子，倘肯走我等适间所讲之道，那有此祸？毕竟是我们的道理好，他不能及。(李)他此一道虽不及咱，(伸手抓介)那把刀胜你我多着哩！将回去起屋置田，事事便益，你我拿甚的去比他？(张)任他起甚大房，没有佛殿大；随他置下多少田，没有香火田地多。(李)俺们的香火地在何处？(张唱)

【村里迓鼓】若论起当日田园，可也十分气概，连阡整陌，谁承望一丝不在。(李)却是为何？(张唱)也只因暴殄特多，才生事故，合当颓败。(李)愿闻其详。(张唱)衙一味的酷爱拷掆，太贪杯斝，死恋裙钗。(李)风流呀！(张唱)光头皮，那见他风流骨格？

(李)师兄，适间所讲之道，师傅岂有不知，又去恋那裙钗怎的？(张)他不知如何肯与贤弟盘桓？(李笑介)又写在我的帐上来了，未有弟，先有兄来。(张)你师兄是妻死后出家的，难道递不得这张免票？(李背介)这秃驴不打自招也。(向介)师兄，今日也还想那在家的道味么？(张唱)

【元和令】我只为曾饱尝些滋味来，到如今浑不睬。(李)也亏你忘怀。(张唱)我不是死灰槁木硬心怀，也是没机缘无计策。(李)灰不死，恐还要燃；木不槁，恐还要发。(张)起初尚虑如此，如今手头空了，便要学师傅去恋一恋也难了。贤弟，比当年也觉得苍古了。(李背介)可恶！这秃驴只管打抹我。(张)人都怕你我和尚狠，又不肯送徒弟来了。渐觉得枪也不疾，马也不快，连那一道也觉得淡了。(唱)因此上恪遵戒律苦持斋，倒清闲了这数载。

(李)如此看来，师兄两道俱废也。还是你，我则不能。难说人就没些道气儿？

---

① 肛交。

男王后[①]

(明·万历)王骥德著
民国七年(1918)武进董氏刻
《涌芬室丛刊·盛明杂剧》本

正名

临川王不辨雌雄对，玉华主乔配裙钗婿。
秾桃婢误做女媒人，陈子高改妆男后记。

第一折

（旦扮青衣童子上开云）绿鬓青衫宛自惊，怕君着眼未分明。东边日出西边雨，道是无情又有情。自家姓陈，名子高，小字琼花，江南人氏。向因侯景作乱，幼时随着父亲避难京都，织卖些草屦度日，如今长成一十六岁。近闻得临川王剪平贼党，道路已通，欲待觅个同伴，央及他携带还乡，只索走一遭去。俺家身虽男子，貌似妇人，天生成秀色堪餐，画不就粉花欲滴。我思想起来，若不是大士座前错化身的散花龙女，也索是玉皇殿上初出世的掌案金童。昨日有个相士，说我龙颜凤颈，是个女人定配君王。嗳，当初爷娘若生我做个女儿，凭着我几分才色，说什么蛾眉不肯让人，也做得狐媚偏能惑主；饶他是铁汉，也教软瘫他半边哩！可惜错做个男儿也呵！

【仙吕·赏花时】孔翠雌雄认未真，虚度韶华十六春，都一样翠蛾颦。只争个鞋弓三寸，那里肯妩媚让红裙。

【么篇】绣袂香绡妆束新，一笑花前轻逗引。若借作女儿身，不用些儿胭粉，管娇殢杀有情人！（下）

（丑、末扮卒子上）阃外干戈罢，营中鼓角催。鞭敲金镫响，人唱凯歌回。我们是临川王帐下的小校。俺大王爷战胜班师，命俺军前巡逻。远远望见一个行路小厮，向前拿住则个。（内鸣金鼓，丑、末追下）（旦慌上）呀，前面金鼓连天，不知什么军兵来了。来到此间，无门逃避，怎生是好？（丑、末追上）从君走到焰摩天，脚下腾云须赶上。拿住了！（做缚旦科）〔丑〕咄，这小厮你是何方奸细，拦我马头？（对末）我们将来开刀，赛个行军利市罢。（末）兄弟，看这小厮，一貌如花，倒也不忍害他。（旦叩头）将军饶命！（丑）也罢。兄弟，我和你且饶他性命，留在军中。日间着他打马草，夜间也好当那话儿，大家用用。（末）兄弟，我看这个妖物事，不是我和你受用得他着的。俺大王爷最

[①] 参见《陈子高传》。

爱南风，我们献去做个头功，倒有重重的赏赐哩。（丑）说得有理。大王爷驾到了，和你就送到帐前去。（旦乞哀科）将军可怜！（丑、末押旦下）（净扮临川王引众上）杀气中原黯未收，腰间腥血带吴钩。将军战马今何在，野草闲花满地愁。某家临川王陈蒨是也。近因诛灭侯景，还镇吴兴。小校！传令：就此起驾前去。（众应介）（丑、末押旦上）启大王爷：今日军前拿得个未冠小厮，请大王爷令旨施行。（净）着绑去前营斩首祭旗罢。（旦叫云）大王爷，可怜！（净）这小厮倒娇滴滴好口声音儿，着抬头起来我看着！（旦抬头）（净看惊介）呀，妙哉！你看他唇红齿白，目秀眉清，就是描画成的一般。那家父母生得这们样好儿女来！小校，快去了缚，不要惊他。（众去缚科）（净）小孩子，我且问你：你是什么人？为何到此？从实说来。（旦）大王爷听启，念小的呵！

【仙吕·点绛唇】避乱京华，几年孤寡担惊怕。划地思家，干冒金龙驾。

（净）哦，是避乱还乡的了。你是那里人氏？姓甚名谁？（旦）

【混江龙】是天台山下，桃源溪口第三家。（净）怪见是神仙出世了。（旦）与天家同姓，（净）也姓陈了，姓也姓的好。（旦）名唤琼花。（净）又好个小名儿，果然像朵琼花一般。（旦）闲织青蒲为活计，时编白苎作生涯。（净）就是小人家儿女，倒也不妨。（旦）恨鹡鸰比不得鸳鸯嫁。望大王慈悲些子，当一个虫蚁饶咱。（净云）小孩子，我不害你。你莫慌张，可惜惊坏了你。你且说今年多少年纪了？（旦）

【油葫芦】问碧玉芳年未破瓜，刚二八。你觑双鬟的的尚系红纱。（净）你有什么本事么？（旦）我俏身躯惯把龙媒跨，软腰肢解把鸟号架。小心儿捧宝刀，款性子陪玉斝。闷来时当的个魔合罗闲戏耍。大王爷，小的不敢说，是个可喜杀小冤家。

（净）呵呵，今日我大王爷遇着你，真是个小冤家了。我问你，家中还有什么人？你可撇的下么？（旦）

【天下乐】我是飘泊东风一树花根芽，若问咱只有隔天涯，两边厢爹共妈。别无个姊妹亲，更少个兄弟雅。但得个受恩深，便甘入马。

（净）小孩子，倒也有些缘法。起来站着说，你可要富贵从的我么？（旦叩头介）只怕大王爷见弃，小的情愿伏事大王爷终身。（净）起来说。（旦起立）

【村里迓鼓】我生长在蒺藜丛内，怕近不的牡丹阶下。若得备些使数，供些洒扫，当些应答。少不的享些安逸，着些疼热，饶些打骂。谁承望红锦披、白玉横、黄金挂。（叩头科）则饶我割下些儿那话。

（净）可惜了！我怎么舍得阉割你？我看你模样儿倒像女子，就选你入宫，和这班女侍们伏侍了我。你可肯么？（旦）大王爷：

【元和令】你道我俏婷婷似女侍家，我情愿改梳妆学内宫罢。看略施朱粉上桃花，管教人风韵煞。只双弯一搦较争差，但系长裙辨那些儿真假。

（净）说得着人，说得知趣！左右，先取一件鲜明罩甲和我御用白玉绦环的鸾带一条，与他穿系著。（众应）（旦穿甲系绦科）（净）小孩子，我后宫妃嫔虽多，看来倒没有你这们一个姿色。你明日若当得我意，就立你做个正宫王后。你意下如何？（旦叩头）愿大王爷千岁！古有女主，亦当有男后。只怕臣妾出身寒微，称不得大王爷尊意。

【上马娇】若是比浣纱贮馆娃，与九重天子做浑家。将襕衫改作罗裙嫁，咱省你十斛守宫砂。

（净）说便如此，只是我和你不免有同姓之嫌，怎生是好？（旦）只要大王爷做主，怕那个议论来！古时鲁吴同姓，尚且为婚。大王爷果垂异恩，臣妾做不的吴孟子么？

【胜葫芦】自古朱陈总一家。藕叶抱荷花，比别树枝条赢些亲衬搭。我则愁黄金殿上、珍珠帘下，娇滴滴拜时差。

（净）左右，与这小孩子胭脂马一匹、珊瑚鞭一条，就扈从驾前。传令众将官们，一齐起驾前去！（众应）（旦做上马同行科）（旦）

【后庭花】看胭脂马晃脸霞，珊瑚鞭袅鬓鸦。拂翠袖捎旗画，掠红绡飐剑花。我不惯紫茸甲重重披挂，恰便惊闪杀一捻小香娃。

【柳叶儿】见明晃晃戈矛齐亚，乱纷纷旌旆交加。我是个梓橦神簇拥一队天魔下，则这泥金帕、曲尘纱、俏身子，结束的堪夸。

【寄生草】惭愧个痴儿女，夤缘到帝子家。泣前鱼不数龙阳诧，挟金丸一任韩嫣讶，夺鸳笼尽着秦宫骂。谁言女却作门楣，看生男倒坐中宫驾。

（众）启大王爷，已到吴兴了。（净）住驾。（做升殿科）（净）众将官，各回营治事去。（众应下）（净）小孩子，随我入宫，改换女妆，今夜伏侍我睡罢。（旦叩头）愿大王爷千岁！

【赚煞】改抹着髻儿丫，权做个宫姬迓。只怕见嫔妃羞人答答，准备着强敛双蛾入绛纱。谩说道消受豪华，愁只愁嫩蕊娇葩，难告消乏。拼则个咬破红衾一幅霞，且将樱桃浅搽，远山轻画。谢你个俏东皇，错妆点做海棠花下。

第二折

（丑、贴旦扮宫女上）（丑）覆雨翻云总一般，桃花错做杏花看。（贴）早知不入时人眼，多买胭脂画牡丹。（丑）我们是临川王宫中女侍秾桃、媚柳便是。俺大王爷前日军中带得什么一个妖东西回来，将他改作女妆，好生宠幸。早晨传旨，要立他做正宫娘娘，著我们伏侍他梳妆，只得在此伺候。（笑科）媚柳姐，笑杀笑杀！我和你入宫多年，倒不能勾那件买卖到手，他才则进门就这们作怪。难道世间有这样一个带柄的娘娘在这里？（贴）秾桃姐，你不晓得俺大王爷是个黄鳝，定要寻个泥鳅做对哩。（丑）怪见你这个水蚌，只好替我的淡菜做队哩。（贴）啐！不要闲说，娘娘来了。（旦女妆上）淡妆浓抹也相宜，但插山花是女儿。雪隐鹭鸶飞始见，柳藏鹦鹉语方知。俺家从入宫来，荷蒙大王爷厚恩，宠幸无比。今日有旨，要立我做正宫王后，著我先梳妆等候。看起来世间事也自难料,譬如读书人只要一时间造化际遇,论什么文字高下。如今这六宫姬侍,多少颜色美丽的,倒都不如我了。(丑、贴叩头)秾桃、媚柳叩头。(旦)起去,看妆盒过来。(丑、贴应,供妆具科)(旦临镜科)

【中吕·粉蝶儿】我恰向这金粉纱窗,照菱花学梳宫样。你与我画屏前吹灭了银釭。你看绣帘高,朱阑敞,曙光初晃。忽细缊何处吹香?是俏东风,初过刺桐花上。

(丑)娘娘,贴上这几点翠花钿儿。(旦)

【醉春风】翠钿贴双双。(贴)娘娘,簪上这两股钗儿。(旦)金钗簪两两。(丑)娘娘,戴这几朵花儿。(旦)将嫩花头娇插的绿云斜。(贴)娘娘,玉环儿吊下响了。(旦)听吉丁当玉环儿坠响。(丑)娘娘,穿上这几件衣服儿。(旦)和这细袅袅锦带霞翻,鲜楚楚绣衫月掩,长簌簌彩裙风飏。

(丑)娘娘,今日打扮比闲常又风韵许多了。(旦)痴妮子:

【脱布衫】我俏庞儿原似娘行,难道这些时便胜闲常?只近新来略惯梳妆,比乍见时觉增些娇样。

(丑)看娘娘这们样标致,什么妇人家到得来!(旦)

【小梁州】你妇人家只是涂抹些胭脂学海棠,若不打扮便只寻常。俺则略施粉黛淡涂黄,但偷睛晃,就娇滴滴胜红妆。

(贴)娘娘,今日做了王后,不知古人那一个比得娘娘来?(旦)你说那一个古人比得我么?

【幺】只有汉董贤他曾将断袖骄卿相,却也不曾正位椒房。我如今受封册在嫔妃上,这裙钗职掌,千载姓名扬。

(内传旨科)大王爷传旨:娘娘梳妆完了,请到长秋宫行礼者。(丑)大王爷请娘娘行礼去。(俱暂下)(净引内官、宫女上)新得佳人是六郎,笑他红袖太郎当。大雏飞上梧桐树,一任傍人说短长。呵呵,我临川王是个风流古怪的物事。前日军中带得个美人回来,他模样儿娉婷,性格儿伶俐,倒都不在话下。我平常性子最急,宦官宫女略不像意,一日不知砍下几颗头来!只他在面前,天大的事也都吊在脑后去了。怪物,怪物!今日是个好日头,我就备册玺冠帔,立他做个正宫。左右传旨:快请娘娘升殿。(内官传旨)请娘娘升殿。(旦引丑、贴上)(旦叩头)愿大王爷千岁!(净)起来,生受你。美人,你从入宫禁,承奉小心,后宫数千,无出汝右。今日册你为后,好生在意者。(旦)臣妾荷蒙大王爷过爱,得侍衾裯,已出望外。若正位号,恐妃嫔们见妒,死不敢当。(净)不必固辞,那个敢妒你来!宫监记者:但后宫妃嫔以下,有妒忌娘娘的,即时枭首示众!(众应科)(净)取玺绶礼服过来,就此谢恩。(旦冠帔谢恩科)

【上小楼】念臣妾萍踪流浪,谢圣主恩波浩荡。却将个宋玉东墙,错猜做神女高唐,生扭做飞燕昭阳。恰正好入洞房,唤女郎,妇随夫唱。则愿得待欢娱,万年无恙。

（净）着开宴者。（旦把盏科）

【幺】娇冉冉曳绣裳，滴溜溜捧玉觞。待我这傅粉何郎，做了个结绮张娘。谢你个行雨襄王，且对靓妆入醉乡。浅斟低唱，断送他砑罗裙上。

（净）看座来，娘娘坐着。美人，我看你弱骨轻盈，柔肌娇腻。我夜来多有莽撞，得无创巨汝乎？（旦）臣妾之身，大王之身也。死耳亦安敢自爱？

【满庭芳】你做蜂蝶的从来莽撞，说什么娇花宠柳、惜玉怜香？我虽则是重茵湿透桃花浪，也子索舍死承当。譬如梁绿珠，粉身楼上；楚虞姬，刎首灯旁。也要细袅袅舒咽项，顾不得其间痛痒。如今呵，便受些苦楚又何妨？

（净）说得有趣，只是可惜了你。看巨觞来，我满饮一觞。美人，我看来不但我奈何你的你会承当，便是你奈何人的可也雄壮？吾为大将，汝副之，天下女子兵不足平也！（旦掩扇笑介）正虑粉阵饶孙吴，非臣妾铁缠槊，王江州不免落坑堑耳。

【快活三】你坐中军花柳场，我领前队翠红乡。只粉营双挺绿沉枪，也做得烟花将。

（净）说得快活，我再饮一巨觞。美人，我昨梦骑马登山，路危欲堕。赖汝推挽而升，煞是亏你。今日正位中宫，可也倚仗你不小哩！（旦）臣妾受大王爷厚恩，杀身难报。当鞠躬尽瘁，死而后已，敢不尽心？

【朝天子】敢忘大王一霎鲛鮹帐，便梦随行蚁堕高冈，也索捧红轮上。箒曳练椒房，脱簪永巷，都依旧画葫芦样。我若改装换腔，就当得兜鍪壮。

（净）呵呵，美人，依你说起来，那真的倒只寻常，不如你假的希罕了。我从在军中，久废吟咏。今日遇你这们绝色，可没有一首诗儿赠你么？内侍，彻了筵席，取御用的笔砚过来。美人，就写在你这衣幅儿上罢。女侍们扯着！（做写念介）昔闻周小史，今歌明下童。玉麈手不别，羊车市若空。谁愁两雄并，金貂应让侬。美人，看这首诗儿何如？你好生留著，也当一个恩典。（旦叩头介）臣妾丑陋之躯，得大王爷过赐品题，感激无地。当珍藏笥中，与骨发俱朽。

【四边静】这宫衫新样，御墨淋漓，标题数行。可喜杀字挟风霜，一片珠玑晃。抵多少鸳鸯凤凰，乱洒在冰绡上。

（内鸣朝鼓科）（内侍）启大王爷，鸣朝鼓了。请大王爷升殿。（净）美人，我暂到殿上早朝。众妃嫔们朝贺了娘娘，著准备夜宴伺候者。（旦叩头）拜送大王爷。（净）免了。（内监随净下）（众女侍朝贺科）愿娘娘千岁！（旦）起来！我今日新正位号，诸妃嫔们都要从我约束。违背的，取大王爷令旨施行。（众应科）（旦）

【耍孩儿】我是个金塘小小莲花长，羞杀唤张家六郎。如今被波神移入五云乡，管领您三百红芳。譬如燕莺并宿原相狎，蜂蝶同枝也不妨，恰好相亲傍。这是牡丹虽好，也要绿叶扶将。

女侍们，大王爷分付，准备夜宴，少不得一班歌舞的供奉。你们不要生疏了，试

演习一回儿者。（众应奏乐科）（贴旦）

【三煞】盈盈银烛前，娟娟锦瑟傍，纤纤按拍低低唱。从教选妓随雕辇，一任征歌出洞房。今夕歌相向，是《关雎》一曲，《窈窕》三章。

（小旦舞科）

【二煞】则我这袖梢三尺霞，腰肢一捻香，似俏杨枝风袅在红阶上。这的是蹁跹舞爱前溪渌，恰称那宛转歌怜子夜长，管取围鸾幌。喜杀你个回风赵后，笑翻他个羯鼓唐皇。

（旦）

【一煞】看银河千尺垂，鹊桥一带长，黄姑织女今宵降。蛾眉皓齿人人玉，绣榻金屏处处香。谁承望你个莺花主帅，将我做红粉专房。

众女侍们，暂且退班。待大王爷回宫，伏侍夜宴，不得违误。（众应科）（旦）

【煞尾】准备着翠奁添晚妆，金炉烧夜香。想退朝时月到花梢上，你只听楼角铜壶数声儿响。（下）

"夫妻"初见

兄准配合

摘锦奇音

(明·万历) 龚正我辑
上海古籍出版社 2002 年影印
《续修四库全书》本①

小姑窥嫂（卷之四）

姑嫂通情（卷之四）

在《男王后》第三、四折，陈子高男作女装事被陈蒨之妹玉华公主得知，公主也爱子高美貌，二人相通。不久，陈蒨获悉这一私情，他先虽恼怒，但终究还是有感于"夫妻"、兄妹之情而恩准二人成婚。

---

① 据明万历三十九年（1611）书林张三怀敦睦堂刻本影印。

博笑记

(明·万历)沈璟著
民国二十一年(1932)
上海传真社影印本①

(一)第十五出② 老宰相(净)、小火囤(丑)、能尽情(小丑)三人商量,让一串戏小旦男扮女装假意去道观借宿,从而通过"捉奸"诈取道士的银钱。计定之后,三人去找小旦。

(二)第十六出

(小旦扮男子上)【仙吕过曲·醉扶归】此生幸在繁华地,吾家又喜郡城西。暮管朝弦镇追随,珠歌翠舞偏妍丽。本是梨园风月旧传习,今做了苏台侠少新行艺。(笑介)谁为此厉阶,将男妆作女,半生不长揖,可笑可怜许。自家被人哄诱,做了串戏营生。幸然处处称扬,其实人人怜爱。今日尚早,且在家少坐片时。(闭门介)少停又有人来寻了。(打盹介)(净、丑、小丑上)

【旧传·打枣杆】小官每第一来不要跟人串戏。(二丑)小官每第一来须是跟人串戏。(净)有三兄和四弟,费尽酒和食。(二丑)与三兄和四弟,轮办酒和食。(净)担不得轻,负不得重,一生狼狈。(二丑)担什么轻,负什么重,怕什么狼狈。(净)从他学到老,终是小官每劣气质。(二丑)从前学到老,终成得小官每好气质。(净)打坏了那蓬蓬也,且不要说他起。(二丑)打惯了那蓬蓬也,都是学串戏时节起。(二丑)呸,我每正近那妆小旦的门首,你却句句说那串戏不好,不凑趣。(净)你每不晓得,头里说的,须是一柔一硬。这般一个做歹,一个做好。(二丑)有理。(丑)这里是了,开门开门。(小旦惊白)谁?(净、小丑)倒是妇人声音。(丑)就是他,是我在此。(小旦开门出)呀,小囤那里来?(丑)与这老宰相、能尽情特来寻你。(小旦)请坐。(坐介)(净、小丑)请问足下记得多少戏文?

【北仙吕·寄生草】(小旦)我记得杀狗和白兔。(众)孙华与咬脐郎。(小旦)荆钗、拜月亭。(众)都好。(小旦)伯喈、苏武和金印。(众)妙。(小旦)双忠、八义分邪正。(众)是了。(小旦)寻爹寻母皆独行。(净)寻爹的是周瑞龙。(二丑)寻娘的是黄觉经。(小旦)精忠岳氏、孝休征。(众)精忠记是岳传。(小旦笑白)休征是谁呢?(小丑)嗅

---

① 据明天启三年(1623)茗柯生刻本影印。
② (一)(二)(三)写一个利用小旦诈骗钱财的故事,文中有数处同性恋戏谑,参见《耳谈》(七)。

经么,是我烂熟的。(小旦)又来打诨。(小丑)这是花脸的本等。(净、丑)这个想不起。(小旦)王祥表字休征。(众)是了,卧冰记。再呢?(小旦)还记得彩楼、跃鲤和孙膑。(众)都是妙的,却怎么没有新戏文呢?(小旦)新戏文好的虽多,都容易串,我只在戏房里看一出就上一出,数不得许多。(众)博笑记到有兴?(小旦)还不曾见。(丑)你也迟货宝器了。(小旦)啐!(净、小丑)你方才数的都是南戏,怎么倒把北曲唱他?(丑)你每说差了,他虽是男,如今要他去扮女,正该北曲。(小旦)列位要往那里串戏么?(众各把小旦附耳低言介)(小旦笑点头白)几时去呢?(众)就请你去,有生意的。(小旦)是了,吃了茶去。(众)他那边的茶好少阿。(净)只要你带了丫髻夹圈。(丑)寻了女鞋膝裤。(小丑)戏箱里取一副女衣去。(小旦)晓得,径到道院左近相约,陆续进去便了。(众)正是。

(小旦)偶尔一时戏耍,(净)取些欢喜钱儿。

(丑)明人点头会意,(小旦)愚人棒打不知。

(净、小丑)请了。(小旦)请了,取了行头就来。(下)(众)有兴。(浑笑下)

"美女"计

(三)第十七出

〔老宰相等人的奸计暂获成功,但道人越想越气便去告官,官府审明后判云:〕"老宰相、小火囤、能尽情、小旦儿俱合依恐吓取人财物者,计赃准窃盗加一等,枷号一个月,发配。"

红叶记

(明·万历)沈璟著
文学古籍刊行社 1957 年影印
《古本戏曲丛刊三集》本①

第五出

（小丑扮小童上）小人叫做古怪，江夏古家盛价。从小卖身襄阳，学唱不成无奈。转卖沙市娼家，染得一身疮疥。（内云）只怕不是好疮。（小丑）杨梅疮也何害。后来弃贱从良，兀自有人相爱。（内云）看你这嘴脸，谁爱你哩。（小丑）虽然花嘴花脸，也是熬油生菜。如今年长多须，没个帽儿得戴。算得暴露天庭，（内云）为何呢？（小丑）且与后庭还债。

……

（小丑）你看郑老爹在月下越显得俊俏了。他说要求官求婚，这等人怕不做大官、怕没有好娘子？就是我也看上他了。（末）孩子家，晓得甚么！

修文记

(明·万历)屠隆著
商务印书馆 1954 年影印
《古本戏曲丛刊初集》本②

第五出③

[丑与小丑谈迷淫妇人之事，谓惧怕妙界仙人。]（小丑）他们若来时如何？（丑）他们在天上自有正经事，那里来寻我，我只是一躲。（小丑）躲在那里去？（丑）我躲在粪缸里去。（小丑）臭气难当。（丑）你不知道，我所喜的臭。前生原是好男风的钻心虫托生做狐狸精，所以不惧这般臭气。（小丑）此间两头蛇、三角猫俱乃是道学之士，休得道本相。（丑）咦，道学先生专要做这个事。

---

① 据明刻本影印。
② 据明刻本影印。
③ 丑为通天狐狸精，小丑为五通灵鬼四眼狗。

玉簪记

(明·万历)高濂著
天一出版社(台北)1983年影印
《全明传奇》本

(一)第十三出①

[净让丑去办事,丑表示此事易成。](净)我儿,我儿,你怎么这等会干?(丑)爹爹干得我快活,我也要干得爹快活。

(二)第二十九出

[净想得到美丽的道姑陈妙常,便向天许愿。]老天,今日去请陈妙常。若来,乌猪白羊拜谢。(丑暗上)我帮一只鸭。(净)啐,这小厮专会掉嘴。(丑)若得爹爹讨了陈道姑,免得终朝插我。(净)休得胡说,你跟我到女贞观去。

玉合记

(明·万历)梅鼎祚著
天一出版社(台北)1983年影印
《全明传奇》本

(一)第十七出②

(贴)这小厮,我也唱个曲儿赠你。(丑)也好,也好。(贴)【前腔】小哥哥,后庭花早发,背地和人刮。好处把头抓,忍处将胸掐。几番儿吹地,坌得那双眼瞎。(丑倒地哭科)你脏污我死了。(贴)痴孩子,我打桃子你吃。(丑)要你吃半个,我吃半个。(贴)你还要唊我以余桃哩。

(二)第三十二出

(丑扮道童上)道童道童,剔透玲珑。常参北斗,别号南风。师父稽首。(做醉诨科)

---

① 净、丑分别为主人、仆人。
② 贴、丑分别为丫环、仆人。

(小生）你怎生这般醉了？（丑）师父，小官们那里不吃几杯酒，自古道："南风①之薰兮。"②（小生）师长之前，好生不敬！（丑）自古道："南风不竞。"③

五闹蕉帕记

（明·万历）单本著
天一出版社（台北）1983年影印
《全明传奇》本

第五出①

（丑上）昨宵串戏上高台，无赛。搽脂抹粉恁恢谐，不意。嘴边胡子长出来，改外。这翻有纸没人揩，白带。（净）狗才，你又不是妇人，怎么有白带？（丑）却又来，我又不是个妇人，你半夜三更打门敲户寻我贵干？（净）你随我去请个太医来。（丑）我的痔疮又好了，要那太医何用？（净）呸！奶奶暴疾，故此去请太医。

群音类选

（明·万历）胡文焕编
中华书局1980年影印本⑤

（一）官腔卷二十六·男风记⑥

【梁州序】青春丰韵，黄昏光景，迅速那堪孤冷。书斋独坐，何期文旆相临。况有这丰姿秀丽，体态轻盈，一似墙头杏。使吾心太喜，恋芳卿，妻在兰房且暂停。（合）院宇深，亭台静，须臾意洽谐秦晋。情两好，总前定。【前腔】劳如登岭，艰于穿井，又辱冲寒俄顷。惭无美质，何当幸遇豪英。挤得个捐躯答报，刎颈交游，朝暮来相并。可人知趣者，变常经，随意欢娱尽奉承。（合前）【前腔】市廛间执手陪行，郊野外躬身承应。但得终始不渝，疾徐惟命。强似那婴童狎妇，客旅争娟，阻败阳台兴。古人曾尚此，漫

---

① 此处暗谓男风。
② 《孔子家语·类八·辩乐》："昔者舜弹五弦之琴，造南风之诗。其诗曰：'南风之薰兮，可以解吾民之愠兮。'"
③ 《左传》襄公十八年："师旷曰：'吾骤歌北风，又歌南风。南风不竞，多死声，楚必无功。'"
④ 净、丑分别为主人、仆人。
⑤ 据明虎林胡氏文会堂刻本影印。
⑥ 本剧作者佚名，已佚，仅存两段佚曲。

嫌憎，胶漆陈雷可据凭。（合前）【前腔】坐堂前认作宾朋，归室内充为妾媵。这便宜行事，忻然无竞。却笑他男妆女态，着处污淫，惊恐如投阱。主翁推二理，甚分明，陆路安然水路倾。（合前）【节节高】听他轻轻作风声，正和鸣。高杯满酒深相敬，柔逢硬。把钻钻，将钉钉，前推后拥都相称，想温泉倾泻无余剩。异哉春月遇重阳，使咱们竖起裤中撑。【前腔】屯军守洞庭，战还耕。玉山并处寻门径，真形胜。侧畔光，中央净，当场混杀无奇正。出崑冈染了疯瘫病，只图引水灌低城，不堤防遍体沾泥泞。【尾声】欢娱莫管他人听。这风流今宵再整，只恐你日久情疏又变更。

【北寄生草】中出秽，黄于酱。外加涎，白似浆。解裤靠凳呆形状，腿酸脚软又恐人来撞。怎比我罗衾绣褥起春风，温香腻玉受用多舒畅。【前腔】身赤赤，掀开帐。膝精精，跪在床。面朝脊背无情况，他问言答语须要回头望。怎比我妖娆纤手抱君眠，鸳交灯下笑脸常相向。【前腔】摩两乳，焉能壮。觑双蹄，且是长。腰间厥物坚如戆，总然拴住也有三分强。怎比我兰胸藕腕柳腰肢，金莲小架在朗肩上。【前腔】羹数碗，襟怀旷。酒千钟，体态狂。专收白蜡何争放，些些主意自把真元丧。怎比我上滋下补睡沉沉，阴阳配合久战身无恙。【前腔】毛膀大，如柴戆。肾皮宽，如布囊。木樨花赏番和尚，痔疮作痒每每求人扨。怎比我生成浅暖紧香干，可瞧可嗅可舐都停当。【前腔】年纪大，唇消绛。利名空，脸带疮。髭髯漆黑光儿样，那时丑陋与你难相傍。怎比我花容不老肯从君，大妻小妾到底随夫唱。

(二) 清腔卷二·题情①

【南吕·十样锦】〔绣带儿〕灯儿下低头自忖，消磨了几个黄昏。梦回时残月孤篷，花落后细雨重门。思省。〔宜春令〕是前生做下今生，怕今生又欠来生。愁闷。怎讨得一宵恩爱，暂了半生缘分。〔降黄龙〕难论。无底深恩，月下花前，目成心允。幽期密订，幽期密订，受尽了从前多少寒暄。〔醉太平〕心田。错将红豆种愁根，恶根苗苦萦方寸。思量不尽，这千般旖旎，半天丰韵。〔浣溪沙〕性儿温，性儿顺。最相应暗里温存。可怜冤债告无门，河阳天远难投奔。〔啄木儿〕何日方酬断袖②恩。絮叨叨说与你们，相逢非是言无准。匆匆自恨情难尽，又早是雨打梨花深闭门。〔鲍老催〕此情未伸，花屏雨余都减春，韶光九十无半分。人不见，枉叹息，空劳顿。梦冷巫山一片云。〔下小楼〕便落得些梦中秦晋。早人前商与参，桃源有路欲埋轮。羡杀世人薄幸，倒省得瘦损精神。〔双声子〕水中鱼、沙中雁，怎讨得愁中信。〔莺啼序〕心中事描写在纸上，又相将化作啼痕。其间怎言，自甘心寂寞，卧病文园。

【尾声】缘悭悭尺如天堑，相思一曲学啼猿，又恐路上人闻也断魂。

---

① （明·万历）张凤翼作。
② 《南音三籁》散曲下卷、《吴骚合编》卷之二作"断续"。

续西厢升仙记

(明末)黄粹吾著
天一出版社(台北)1983年影印
《全明传奇》本

第四出

　　[琴童想请法聪和尚做媒,法聪提条件。](聪唱)白镪何从使?(琴云)不要银子,多将布帛与你。(聪唱)缁衣我亦丰。(琴云)我知道了,你只好南风,待我寻一个俊的小厮与你。(聪唱)小徒未老还堪用。(琴云)我知道了,我寻个知己的表子送你。(聪唱)他山懒去攻顽石,我意惟思打现钟。[琴童开始并不愿意,但又没有别的办法。最终表示,若说媒成功,他可以允许法聪和新人有一夜之欢。]

醉菩提

(明末)张大复著
中华书局1996年版

第三出

　　(丑)原来如此。哙,小官是要做,只怕没这大老官。(副)如今世上,老小官倒亦时兴,哈哈哈。

西楼记

(明末)袁于令著
明末虞山毛氏汲古阁刻《六十种曲》本

(一)第二十出①

〔生在书房独坐,忽然灯被吹灭,于是唤道:〕文豹,点火来。(丑上)手铳放不完,朦胧忽睡去。……相公,敢是要我耍子②?(生)哇!火暗了,叫你点火。(丑)炉内有火,待我吹着。

(二)第三十一出

(杂和尚上)【佛赚】西方尽是慈悲佛,那管人间了宿缘。四大部州皆欲界,几曾搬得在西天。南无佛,南无慈悲观世音菩萨。和尚要钱都念佛,面筋豆腐口中啜。谁知背地啖荤腥,后园煨狗松柴罟。味淡又将葱酒泼,张口横吞风卷雪。原来此物最兴阳,好从床上传衣钵。传衣钵,种善根,师父教他开便门。徒弟见说心怖畏,便叫那救命灵山大世尊。师父说,今生苦趣须尝过,免教重做妇人身。南无摩诃萨萨摩诃。

曲品③

(明·万历)吕天成撰

下卷·新传奇·沈宁庵④所撰传奇十七本

《分柑》。

男色无佳曲,此本谑态叠出,可喜。第情境犹未彻邕,不若谱董贤更喜也。

---

① 生为主人,丑为仆人。
② 明刻《剑啸阁自订西楼梦传奇》本作"应急么"。
③ 录自路工撰:《访书见闻录》,上海古籍出版社1985年版,第270页。
④ 沈璟,号宁庵。

明曲品

(明末) 祁彪佳撰
上海出版公司 1955 年
《远山堂明曲品剧品校录》本

（一）具品

《绣被》，金怀玉。

东汉王忳遇金彦于旅邸，邂逅托以生死。忳卒葬彦而却其金，盖大节也。① 奈何以鄙亵传之？令观者如堕云雾中。

（二）逸文

《分柑》。

男宠只方诸生②《男皇后》一剧，自来无全本。拈毫搬弄，备极谑浪之态。但为乐未久，而辄为□□负心，受诸凄冷，觉欢场太短耳。虽状雌雄双飞，竟夺人国，原生以此破家，又何足责哉？

明剧品

(明末) 祁彪佳撰
上海出版公司 1955 年
《远山堂明曲品剧品校录》本

（一）雅品

《男王后》，北四折，王骥德。

取境亦奇，词甚工美，有大雅韵度。但此等曲，玩之不厌，过眼亦不令人思。以此配《女状元》，未免有天巧人工之别。

---

① 事见《后汉书·卷八十一·王忳传》。
② 王骥德，号方诸生。

（二）能品

《媖童公案》，南北八折，吴礼卿。

娈童之曲，《男后》奇也，至《分柑》而畅，此亦可见一斑。曲不无失韵处。真子方泣前鱼，遂尔经雉欢场，止为孽债耳。作者唤醒之思，深矣。

（三）能品

《泣鱼固宠》，南一折。

事尽有逸致，传之尚未委婉，词亦多堆积之病。末逢二姬，何不留以扫龙阳之兴耶？

（四）能品

《分钱记》，南七折。

此是未了传奇，非剧体也。郑生狎朱温①子名友珪者，田令孜②从中帮衬，极龙阳之态，此必有所指。③

（五）具品

《柳浪杂剧》，南北十折，醒狂散人④。

以俗笔为之，虽极摹写，终非雅谑。惟《再醮》、《督妓》二曲，少有余韵，《偷期》内数语可观。至若《娈童》、《惧内》诸折，不如他曲远矣。

（六）具品

《男风记》，南北三折。

数《寄生草》曲，虽觉色相太露，然正自不妨，惟嫌其他调不精切耳。

---

① 后梁太祖。
② 唐末太监。
③ 按：田令孜死时，朱友珪方只四五岁。所以从时间上看，此事不可能发生。
④ 黄方胤，号醒狂散人，参见《陌花轩杂剧》。

贤翁激婿

(明·崇祯)傅一臣著
民国间影印《苏门啸》本①

第二折②

（末、净、丑，二旦扮姣童上，打照面介）（末看一眼下）（净、丑）殊色偏钟姣男子，红颜岂在女娇娥。（进见介）公子若有不豫色，一定是张三翁这老腐儒多口饶舌了，何足介意。（指二旦）一个姓谷，叫谷中秀；一个姓廖，叫廖后芳。公子请看，正可散怀。（生笑向二童）美丽绝胜佳人，艳过弥子。婀娜可方仙女，姣逾子都。果是无双，真称两美。（丑）公子，小可举荐得不差？（净）举才甚当，委堪嘉奖，公子明日送表礼匾额相谢。（生）这也该。小厮，快拿酒来，有此美色，岂可无名酝以配。（杂酒肴上）（各分昭穆）（净、丑左昭，生右穆，二旦夹生坐饮介）

【解三酲】（生）天赐与一双，嫣婉风流态，不减香鬟。（净、丑）公子留连只在书帷伴。朝和暮，尽盘桓。（净、丑招二旦出位轻唱）你两人莫妒相争彼此嫌，只要和气还同一体看。（复转入位）今番谐箨龙阳佳，味胜女色多般。

【前腔】（二旦）蒙不弃粗顽下贱，福星临，贵眼相看。追随只愿无中断。情胶漆，解偏难。（生）我移将锦阵花营在此间，还加惜玉怜香一体看。（生搂二旦）（合前）

（净、丑）公子高兴了，我们且别去，明蚤来扶头。（生）明日叫湖舟，听清夫之箫与二美之曲。（丑）当得，当得。（生携二旦与净、丑分头下）

---

① 据明崇祯间刻本影印。
② 写帮闲赵能武（净）、贾清夫（丑）以娈童诱引宦家公子姚墀（生）。

卖情扎囤

(明·崇祯）傅一臣著
民国间影印《苏门啸》本①

第四折

（净、丑）我你都是客处天涯，既有小恙，一发该消散了。（生）小恙正忌的是酒，纵然强去也不得领情的。（净、丑）酒正不须忌，倒要忌酒字下面的。老兄这尊恙一定是冒了南风，我见与适才这小厮绸缪作别，定有缘故了。南风最狠，又干又涩，一遍就出，极是损人。兄比先前也瘦多了。

彩笔情辞

(明·天启）张栩编
民国间国立北平图书馆摄影本②

六卷·南散套·写恨③

【双调·步步娇】劣冤家多少迷魂处，顷刻难相离，情浓意似痴。暂喜伴噸，乍来忽逝，暗地自支持。恩情但愿常如此。

【江水儿】胜赏观灯夜，佳辰解粽时。含香豆蔻当年事，风前月下相牵系。醉乡醒眼难抛弃，万种离情愁思。回首从前，一一为伊牢记。

【玉山颓】为伊牢记，问伊家还须念兹。拿不住镜里花开，禁不住梦里云携。盈盈一水。侊似回峰迢递，聚首非容易。也应知这翻不是等闲期。

【川拨棹】曾知你杀风景的乖性儿，霎时间覆水难收，霎时间覆水难收。平白地心成死灰。把残桃欲赠谁，泣前鱼也任伊。

【锦衣香】掀翻了鹦鹉杯，颠倒了鸳鸯字。销沉了惜玉心，玷辱了铿金迷。温柔乡与

---

① 据明崇祯间刻本影印。
② 据明天启四年（1624）刻本拍摄。
③ （明·万历）张凤翼作。

合浦蓝田都做丘坻，刘郎敛足武陵溪。路当险处，再不教迷。降魔剑近来都做了百炼钢的。肯教重绕指，东风传示。千金一刻，此后休提。

【浆水令】野花枝东墙树底，没来由西邻鸟啼。箕南斗北各天涯，参商牛女。会合分离，都勾却，休说起。香台礼佛将心誓，愁城下愁城下打破重围。迷津里迷津里问个端的。

【尾声】从教酒价高千倍，不饮须知奈我为。急发盏灯前也是迟。

吴骚合编

（明·崇祯）张楚叔选辑
（明·崇祯）张旭初删定
民国二十三年（1934）商务印书馆上海影印《四部丛刊续编》本①

（一）卷之一·纪情②

【仙吕·醉扶归】喜萍浮一叶相逢乍，感天教两意不争差。露水儿恩情且休夸，风波倒惹动天来大。只道章台弱柳受攀踏，却是余桃苦被人惊讶。

【步步娇】只得强赴征歌向侯门下，请不满风流假。餂他乔坐衙，落得词场添个佳话。留恋着那冤家，明朝忍把孤帆驾。

【园林好】怅逢时情同聚沙，恨别时似风飘坠瓦。何日似当年初嫁，应不久泛星槎，须记取信非遐。

【江儿水】惨淡杯中月、梦里筇，情堪肠断人堪画。层叠叠离愁难禁架，絮叨叨私语无休罢。念念心心牵挂，把袂相看，只落得如痴似哑。

【玉交枝】更深残蜡，乱纷纷情珠似麻。青衫共湿真堪咤，料非关泪落琵琶。一个翻身抱石欲待学浣纱，一个险些又逐江鱼化。惊杀了病休文，腰围瘦么？忙杀了快袁宏，休夸倚马。

【川拨棹】情非耍，胜今宵天一涯。霎时间片片风花，霎时间片片风花。问重逢怕香尘路杂，渴相思怎疗他。怪林梢啼晓鸦。

【尾声】梁溪咫尺非巫峡，只索把剩云相迓。认取桃源万树霞。

---

① 据明崇祯十年（1637）虎林张氏刻本影印。
② （明末）沈伯明作，《太霞新奏》卷一题作《周生别妓赋此纪情》。

(二) 卷之四·为顾旦偶题①

顾郎芙初，眉修蛾绿，眼映波秋。烨烨如待春之华，亭亭若临风之玉。歌飞白雪，蒲东巧啭上林莺。舞飏行云，圣湖惊见章台柳。更情耽问字，与快传觞。既半醉之堪怜，复独醒之可喜。予盟明侯兄与之缠绵凤昔，牵恋非常。旁观共诧其情痴，彼亦自干其鸠拙。乃偶泛苕水之舟，遂不胜各天之痛，情可知已。秋香可挹，南浦堪邀。因代构斯篇，以佐佳话。

【仙吕入双调·桂花遍南枝】〔桂枝香〕前生冤债，今生禁害。眼前花惹祸招非，心上事千魔百怪。〔锁南枝〕乔才，想占却风流寨。直凭的妒杀裙钗，妖冶偏无赛。头缠锦，腰半窄，歌似啭春莺，舞似柳条摆。

【孝南枝】〔孝顺歌〕闲时待，忙里来，撩人促急呆处乖。萧瑟冷书斋，窗前且浮白。休教浪猜，是分定缘该。相怜相爱，在那平地波澜，且自安心耐。〔锁南枝〕难道空消受，风月差。为甚醒时言，常是醉中改。

【锁南枝】想起无聊赖，待丢开难摆划。为甚方才别去，却蚤挂肚牵怀。愁蹙双眉黛。非是痴，还自揣。怕有蝶和蜂，度春色。

【江头金桂】〔五马江儿水〕你须守灯前盟戒，切莫学闲藤缠野荄。多少余桃话柄，玉碎香埋。下场头真可哀。〔柳摇金〕这都是烈火干柴，风尘买卖。牢记江心把舵，勒马临崖，愿伊行自主裁。〔桂枝香〕这情山义海，肯教摧败。莫生尴尬避风台。从今紧扣鸳鸯带，会看牢封锦砌苔。

童婉争奇

(明末) 邓志谟编
天一出版社（台北）1985年影印
《明清善本小说丛刊》本

(一) 卷上·二院丰韵②

元之初兴，夷而幸主中国，礼义之俗坏为淫荡之风。长安③市中，有街曰花柳街，有巷曰胡同巷，立有一男院一女院。男院之门署之曰长春苑，女院之门署之曰不夜宫。盖

---

① （明·崇祯）张旭初作。
② 写男妓和女妓之间的斗气争风，从中可见同性恋在明末相当流行。
③ 实际是指明代的北京。

取坡公所谓"风花并入长春苑,灯火交辉不夜宫"意也。二处之娈童①少女,居则清净,户则幽雅。各焚以异香,奏以细乐。纵步其处者,闻其香辄讶曰:"是广寒宫气味耶?抑夹马营气味耶?"听其乐辄讶曰:"是昭阳殿音韵耶?抑华清宫音韵耶?"长春苑之后秀皆以"少"为号,有少都者,谓少于子都;少朝者,谓少于宋朝;少贤者,谓少于董贤;少玠者,谓少于卫玠;少弥者,谓少于弥子瑕;少龙者,谓少于龙阳君;少衍者,谓少于王衍。以上诸人,态度闲雅,见之者必惊曰:"何物老妪,生此宁馨儿!"琼林瑶树,殆风尘表物矣。不夜宫之佳冶皆以"赛"为号,有赛施者,谓赛于西施;赛真者,谓赛于玉真;赛嫱者,谓赛于王嫱;赛蝉者,谓赛于貂蝉;赛燕者,谓赛于飞燕;赛褒者,谓赛于褒姒;赛莺者,谓赛于崔氏莺莺。以上诸姬,丰神绰约,见之者必惊曰:"胡然而天,胡然而帝。月姊云仙,非尘凡中质矣!"

是二院也,男嬖绝俗,女色超群。游冶之子,或于长春苑中招花弄柳,或于不夜宫中□雨撩云。一刻春宵,抵万金趣甚。第人心□同,好尚或异。爱婉女者若少,恋娈童者颇多。长春之苑更觉繁华,不夜之宫近于寂寞,赛施诸姬不胜其忿。一日有少朝者出于市,赛真见之痛恨于心,乃唱《挂枝儿》一首骂之。其歌曰:

咬银牙却把狡童骂,骂几声没廉耻的小油花。门三户四难找价,孤老是你接,贪恋你后庭花。只为你挣行杂种,我姊妹们都守寡。

时少朝听得此歌,心中出火。亦唱《挂枝儿》一首,答而骂之。歌曰:

听伊言,只得回言道。臭花娘好没分晓,你前我后随人要。我卖的是圆粿,你卖的是肉馓。各自行头,花娘,你休得和俺炒。

少朝、赛真互有歌儿讥诮,痛骂一场。真骂朝曰:"杂种,何等没理。"朝骂真曰:"花娘,何等无知。"不觉哄声四闻,长春苑、不夜宫两院妇男悉至。少朝与赛真骂,赛蝉与少都骂,少弥与赛嫱骂,赛施与少玠骂,少龙与赛燕骂,赛莺与少贤骂。各各搜根剔齿,数白论黄。真问朝曰:"尔名少朝,欲比宋朝乎?"朝曰:"然。"真曰:"好一个南子的奸夫,人有语云:'既定尔娄猪,盍归吾艾豭。'艾豭之丑,敢与吾角胜?"朝问真曰:"尔名赛真,欲比玉真乎?"真曰:"然。"朝曰:"好一个安禄山的蛮婆,人有诗云:'笋根稚子无人见,沙上胡雏傍母眠。'胡雏之丑,敢与我争强?"赛蝉问少都曰:"尔名少都,欲类子都否?"都曰:"便是。"蝉曰:"尔为□庄公嬖臣,被宋公偃杀之。子都子

---

① 小唱之流。

都,你往日之头□在?"都问蝉曰:"尔名赛蝉,欲肖貂蝉否?"蝉曰:"便是。"都曰:"貂蝉是王司徒婢女,被关云长斩之。貂蝉貂蝉,你昔年之颈奚存?"赛嬙问少弥曰:"尔名弥,果欲如弥子瑕?"弥曰:"然也。"嬙曰:"弥子瑕得宠于卫灵公,后灵公罪其啖桃。想尔色衰无旧容,称甚么俊俏?"少弥问赛嬙曰:"尔名嬙,果欲如王昭君?"嬙曰:"然也。"弥曰:"王昭君得侍于汉元帝,后元帝使之和番。想尔上马啼红颊,有甚么风流?"少衍问赛褒曰:"尔欲赛褒姒耶?"褒曰:"便是。"衍曰:"你得宠幽王,举烽火取你一笑。后犬戎至,举烽救兵不至,杀得你好。"赛褒问少衍曰:"尔欲方王衍乎?"衍曰:"果然。"褒曰:"你仕于晋朝,专尚清谈,恃位固宠,营□三窟。被石勒排墙而死,压得你好。"赛施问少玠曰:"尔名玠,欲颉颃卫玠乎?"玠曰:"果尔。"施曰:"你乘羊车入洛阳市,骨瘦如柴,身不满三十岁而死。玠玠,你是个短命鬼。"少玠问赛施曰:"尔名施,欲恍惚西施乎?"施曰:"果若尔言。"玠曰:"你弃浣纱登姑苏台,眉颦若柳,国不过五六载而亡。施施,你是个迷人精。"贤问莺曰:"尔赛莺其名,想尔欲比崔莺莺?"莺曰:"我与莺莺何让?"贤曰:"你与张君瑞清宵赴约,夫人知而不羞,使君瑞奸后成亲,你是个贱货、贱货。"莺问贤曰:"尔少贤其名,想尔欲效董贤?"贤曰:"我比董贤何劣?"莺曰:"你与汉哀帝白昼共寝,宫嫔呼而不醒,使哀帝截袖而起,你是个死狗、死狗。"赛燕问少龙曰:"尔以龙名,果欲与龙阳君俪耶?"龙曰:"果然。"燕曰:"你在赵王圃中泣鱼固宠,生怕夺□你的趣,羞死人也,羞死人也。"少龙问赛燕曰:"尔以燕名,果欲与赵飞燕匹耶?"燕曰:"果然。"龙曰:"你在汉帝台上捉裾留仙,弄出那样假风情,笑杀我矣,哭杀我矣。"

夫此一番厮讲,此谈彼短,彼摘此瑕。嘈杂街衢,观者如堵。且有戏而骂者,辱而骂者。戏而骂者,赛燕谓诸娈童曰:"昔有看相者,谓一后生:'你合挣好大的私房。'其人问:'怎见得?'相者曰:'足下已有千七①,难道你妻子没有二三百私房?'小伙子,你而今有千七了,做甚么行止?"少弥谓诸婉女曰:"昔有一稳婆,谓一少年妇:'你任是荒年,再不着饿。'其妇问:'何谓?'稳婆曰:'你胸前两个大肉包,岂饿了你?'娘子,你如今肉包消了,逞甚么妖娆?"少玠谓弥曰:"弥哥,你与那衙衙骂,怎的恁般宛转?"赛真亦谓燕曰:"燕妹,你与那杂种骂,怎的恁般从容?"

于是,诸童诸女各磨牙利齿,痛骂一场。赛嬙谓诸童曰:"你那臀尖间物件,一团茅草乱蓬蓬。"少贤谓诸女:"你那裙带下货儿,四季水泉流滴滴。"少玠:"花娘,你腰间的物好似松树下开两片寺门,任和尚出出入入。"赛莺:"杂种,你背后的货好似草岸间穿一个洞孔,任泥鳅往往来来。"赛施:"我一女一男,方是阴阳交姤。"少都曰:"我一童一冠,另是风月机关。"赛真曰:"光阴易谢,你这些童子再过二三载,脱衣

---

① "千七"可合为"毛"字,这里指胡须。

卸袄，却是枯树精的身材。"少都曰："岁月难延，你这些女流再过四五春，抹粉施朱，必如鸠盘荼的模样。"赛嫱曰："你小伙子，孤阳岂能育？"少玠曰："贱丫头，你杂阳岂能生？"赛莺曰："你无耻之徒，怎忍得将男作女。"少朝曰："你至污之辈，却难教以贱从良。"赛褒曰："你安排□帽，做不得风流子，一世老婆。"少弥曰："你变诈机关，交没有心腹人，半个孤老。"少衍曰："你蜂□蝶□，何不去富家内做一个传茶丫头。"赛蝉曰："你狗苟蝇营，何不去官府中当一名打扇门子。"少龙曰："你张三是个孤老，李四是个孤老，何曾有结果之缘？"赛真曰："你东边交个情人，西边交个情人，毕竟是虚花之债。"赛莺曰："你而今是小官，转眼是老官，后庭花忽然憔悴。"少都曰："你生为万夫妻，死作无夫鬼，钱树子那里荣华？"赛莺曰："小厮，你与情人作耍，好似打袋□的扑转双阴。"少朝曰："丫鬟，你与孤老交情，好似打铙钹的合成两魂。"赛燕曰："小厮小厮，情人要与你接唇，你伏著头儿向地，有甚么意趣？"少都曰："丫鬟丫鬟，孤老要与你交股，你跷起足儿朝天，弄甚么风情？"少玠曰："你前面是个迷人窟，投了无数的鸡腿，再也塞不平。"赛莺曰："你后面是个陷人坑，倾了许多的水银，何曾填的满？"少龙曰："丫头，你满鸿沟棕毛，染却苋菜汁。"赛嫱曰："杂种，雷鸣谷道，研槌带出木樨花。"

此一场诟骂甚是奇巧，不夜宫诸姬痛心刺肺，长春苑诸娈咬齿嚼牙。于是，以口斗者遂转而为手格。少龙、少都等即用著指甲将诸姬脸上一揸，可惜芙蓉面流出胭脂血，就如汉宫中舞如意，坏了那伤颊的邓氏夫人。赛施、赛嫱等亦伸个巴掌向诸童头上一揪，可惜一窠梳乱了乌云髻，就如昊天上将敕书，现出那披发的玄天上帝。时日色已晡，居民四塞。居民之男子劝少玠、少龙等归长春苑，居民之妇女劝赛真、赛莺等归不夜宫，遂各四散云。

少都之兄弟归于长春之苑，心甚不忿。众共商曰："不告此辈，怎泄此恨！"即命苑中当值者取过兔毫兰纸、鸲眼龙剂陈之几上，时日色已沉，夜深人静，少都点起一枝银烛作一纸状词。其状词悉用曲牌名点缀成之，状云：

　　告状童子少都等为剪菩萨蛮事。女菩萨赛真等点绛唇，穿红衲袄，著红绣鞋，插水仙子一枝花。倚门迎仙客，宿销金帐，唤身交结倘秀才。统集鹧子麻儿郎擒打，打一煞、二煞、三煞、四煞不休。抢去银钮丝扣儿并黄莺儿钗子，喝得胜令归去。下山虎威猛，山坡羊遭残。混江龙势强，水底鱼无命。哭诉衷情，望高阳台上告。

赛施、赛嫱诸姊妹遭少都等殴骂回至不夜之宫，人人忿恨，欲报其仇。时夜已静矣，遂命宫中当值的鸨子取过笔一枝、墨一笏、砚一方、纸一张列于案桌之上。剔起银灯，挥毫染楮，亦作一纸状词，欲往官司告理，以雪前忿。其状悉用骨牌名点缀成之，极是痛切，其状云：

> 告状女妓赛嫱等为剪除秃爪龙事。桃红柳绿，有二士入桃源，觅巫山十二峰云雨。狡童少弥等欲楚汉争锋，领天念三诸人，如正马军、拗马军，双脚挡走来。打破格子眼，推倒锦屏风。扯碎锦裙襕，抢去八珠环。揉碎一枝花，坏乱三纲五常。人和安在，此仇天不问断么？忍痛上告。

彼男女二院写状已毕，虽更漏之长，目不交睫，坐以待旦。女院推赛褒捧所作之状往五城兵马司告理，男院推少龙捧所作之状亦往五城兵马司告理。盖以少龙为长春苑班首，赛褒为不夜宫之班首也。时有张俊者，妙于风情，自号洒洒生。人以其善读书善作文，以风魔张解元目之。尝与男院诸娈童密背腹之好，与女院诸婉女稔膈膜之交。闻得此事，终夜不寝，恐其成崔角之非。黎明即候于兵马司之门外，欲与二院解纷息争。未几，少龙先至，一见俊生即倒于其怀，泣而诉曰："俊哥俊哥，我为不夜宫中诸姊妹所辱，你不与我作一主耶？"生为之歔欷，慰之曰："贤弟不必愁闷。"即将袖中汗巾为之拭干眼泪，且谓曰："我见诸姬，自有区处。"适赛褒亦至，少龙望见，暂趋而避之。赛褒一见俊生，亦倒于怀中哭诉衷肠曰："俊哥俊哥，我为长春苑诸弟兄所苦，无端殴骂，你独不闻耶？"不胜号泣。生亦泪下，慰之曰："贤妹不必吃恼，我见长春苑诸子自有区处。"仍将汗巾为之拭泪。少龙见之，酸心又生，出而喝曰："臭丫头，你做此模样，叫孤老替你出气耶？"然少龙是褒之冤家对头，赛褒是龙之讼狱敌手，一男一女又在俊生之前互相狠殴。俊生一人救之不及，遂抱赛褒于怀，龙谓生曰："尔何厚于褒而薄于我？"愈加气愤，拳之足之。生乃舍褒又抱少龙于怀，褒谓生曰："尔何浓于龙而淡于我？"越憎悖怒，抓之啮之。俊生又只得舍了少龙向赛褒扯一数儿，恳之曰："奶奶，罢。"又向少龙扯一数儿，恳之曰："相公，罢。"于是二人方才歇手。少龙乃就袖中摊出一纸状词，谓赛褒曰："我必告你！"赛褒亦就怀中拿出一纸状词，谓少龙曰："我必告你！"却被俊生左手剿著褒之状，右手抢著龙之状，裂而碎之。共挪成一果，投之水中。嘱曰："这桩事不到兵马司判断，请冯夷神去断罢。"少龙谓俊生曰："你虽裂碎我状子，终不然我就罢手，不告此小妮子誓不转长春苑。"赛褒亦谓俊生曰："你挪烂我状子，终不然我便干休，不告此小伙子誓不转不夜宫。"俊生乃从容谓曰："我与尔言，你二家若要告状，晓得兵马司老爷姓么？"少龙曰："姓雷。"赛褒亦曰："姓雷。"俊生曰："你二人既晓得姓雷，岂不知道他会打人？不论原告被告，每人三十板。长安城中人人号他作雷公，又号他雷打铁。"遂谓褒曰："褒妹妹，你若要去，只愁你嫩嫩的脚儿承不得三十。"又谓龙曰："龙弟弟，你若去告，只愁你滑滑的屁股，亦禁不得三十。"二人听得此言，遂各有怯意，于是口虽硬而脚则软矣。龙乃言曰："我毕竟去告，俊哥不要扯。"褒亦言曰："我毕竟去告，俊哥不要扯。"然不要扯者，正要扯之也。俊生乃以一手拉褒一手挟龙，离了兵马司前，径到疏竹庵中，欲为二家解释其宿怨云。

　　夫疏竹庵者，乃俊生读书处也。俊生携得赛褒、少龙转至庵中，庵中已备有美酒嘉肴。盖生之有意于二院息争，硬邀赛褒与少龙转至此处，寔欲备欢伯以联其欢情也。龙欲引去，生拦之曰："尔忍薄我？"褒亦欲引去，生又拦之曰："尔忍弃我？"龙之与褒虽不忍去，然坐之许久，竟无半言。生于是坐于中间，拉龙与褒近左右坐焉。酒既酌定，龙虽在生之左，褒虽在生之右，生却以右手擎酒于左者饮，左手擎酒于右者饮。褒与龙俱不肯饮，生左顾右盼，曰："请，请。"二人只得略沾其唇。生遂以龙饮者饮褒，褒饮者饮龙。龙乃泼其褒饮之酒曰："谁与这花娘共盏！"褒亦泼其龙饮之酒曰："谁与这杂种同杯！"生叹曰："唉，你一则曰花娘，一则曰杂种，此乃污吾之耳。"龙曰："我恨褒刺骨，还要骂。"褒亦曰："我恨龙入髓，还要骂。"生曰："你二人以口舌争，孰若以笔札竞，更为美乎？"龙曰："形之笔札者，尔欲我诗耶？"生摇首。褒亦曰："尔欲我赋耶？"生亦摇首，徐曰："当今新声代作，你二人精于音律，各作一折乐府罢。"龙曰："褒甚可恨，我就借烽火取笑的事诮之，看他出得头么？"褒亦曰："龙甚可恶，我就借泣鱼固宠的事诮之，看他成得人么？"于是生各与之笔砚，转其舌战者为笔战云。

幽王烽火取笑

……

龙阳君泣鱼固宠

　　（小扮龙阳君上，白介）黄金花簇满庭槐，塞外西风送雁来。一雨洗天残暑退，五云捧日大明开。自家乃赵王殿下一个宠臣，龙阳君是也。今以姿貌得幸，出入宫帏。我王待之甚厚，怎见得厚呵？解衣而衣，推食而食，哺我燠我。促膝而坐，并肩而游，□斯动斯。进见时不必抠衣撂笏，拘君臣冠履之分。绸缪处只知沥胆露肝，笃朋友金兰之好。或题诗遣兴，兴陶陶握手登楼。或饮酒陶情，情款款交唇合卺。更于明月清风夜，卧看牵牛织女星。殿闱鹅鹊，何曾帘远堂高。帐暖芙蓉，最喜夜阑人静。心契合，如易牙见幸于小白。情缱绻，似弥子得宠于卫灵。那曾如屈平得罪于怀王，又岂比燕储致疏于乐毅。今虽得相亲相爱，又只愁日远日疏。若一日不见，便隔三秋。□□蓑不离，乃孚一气。今喜得清秋气爽，不免分付厨丁整排佳宴，请我王一游，以固情好，岂不美也？（请介）

　　（净扮赵王同内臣上）【生查子】（王唱）时光属桂秋，殿角祥云罩。汉水及方域，都是吾家宝。（见介）（王）爱卿，寡人与尔身隔形骸，情孚膈膜。社稷江山，今将与尔同享富贵。（龙）千岁念臣至此，□生死而骨肉者也。万幸，万幸。（王）爱卿，清秋佳景，今日更作何乐？（龙）臣已安排酒筵在绀碧园中，试饮一回。但今日之游，不能穷海之错，尽陆之珍。聊饮数杯，以适赏兴。（王）爱卿，尔之甜意当佛家之波罗蜜，尔之甜言胜王母之□霞浆。更何必海错陆珍，罗列□□。但有长须虾子之恣朵颐，缩颈鳊鱼尽堪适口。正是：座上若无油水梳，烹龙炮凤总是虚。今日有爱卿在座，不必佳肴。（龙）千岁。（王）内臣，尔可□驾前往。（行介）（王）翠浥朱楼玉露，（龙）罗翻绣软金凤。（内）墙外已无鸣鸦，（内）天边恰有归鸿。（王）来至此间，更觉好景。【木兰花】（王唱）园开绀碧，蔼蔼岚光清欲滴。（龙唱）桂吐红黄，馥馥天香味更芳。（王唱）阶前采美竹摇，凤尾因风动。（龙唱）槛外红鲜花蔟，鸡冠带露妍。真个好潇洒也。（奉酒介）

【念奴娇序】（王唱）清秋如水，见井梧院，竹风殿战退炎歊。凉袂翩翩人思爽，满怀俗虑俱消。偏称细品鸾笙，轻弹宝瑟，仙韶一部响云璈。（合）将进酒，待欲倒穿银瓮，沉醉酕醄。

【前腔】（龙唱）清晓海耀，晴曦兰妆。滴露绿鹦鹉，两两啄残红稻。恰好蜜制圆梨，琼分水栗，漫将玉斝注金醪。（合）将进酒，但愿君臣行乐，岁岁今朝。

【前腔】（王唱）年少。我看你嫩质无瑕，清标不俗，却将姿貌比夭桃。潇洒处，一般体态能谁描？惟应是合浦名珠，昆山美玉，夜光方可赛琼瑶。（合）将进酒，待欲倒空银瓮，沉醉酕醄。

【前腔】（龙唱）难报。寸草春晖，长河九澜，乔云千叠庇吾曹。恩浩渺，即如海阔天高。却须是心切二天，骨镂五内，多男多富祝康尧。（合）将进酒，但愿君臣行乐，岁岁今朝。（王）内臣，可移著酒筵向菱荷池边，再饮一回。

【古轮台】（众唱）盼宾鸿一行，界破碧天遥，齐纨勾引新凉到。喜园中嫩红催枣，老绿凝蕉，芙蕖尚有红苞。九十秋光于今未老。怪燕儿何故便辞巢，画栏闲靠。漫凝眸，望江皋东无霾翳，西绝尘嚣，天清莹皎。好比著，冰玉嵌重霄。风光好，佳辰莫负，赏心豪。

【前腔】（众唱）金飙数回，清爽拂红绡。喜君王逸兴飘飘，煮葵燔藻，燔兔烹羔。高阳台不忆巫娇，郢中歌阳春有调，睡魔都在乐时消。那更有邻封交好，密重重社稷坚牢。黎民尽饱，沟渠无殍，黉庠有教。霸业冠中朝，边鄙无烽炮，绮筵常把紫霞浇。

【余文】（众唱）兴来直饮吞三岛，却谓杯儿细小，欲揭长空北斗杓。（王）爱卿酒兴已阑，待与尔立于池沼上观鱼遣兴。（龙）这鱼儿呵，一游一泳，出入碧波。乐哉，乐哉。（王）爱卿，尔非鱼，却何以知鱼之乐？（龙）千岁非我，何以知我不知鱼之乐？（王）内臣，可将那丝杆过来，待寡人试钓几尾。（钓介，不得介）（王）爱卿，池鱼甚多，寡人钓之半响，怎的没有一尾上钩？（龙）碧水溶溶，芳沼中一回扯钓一回空。凡鱼未敢轻天饵，知道君王合钓龙。（王）我儿会讲话。寡人不是那钓鱼之手，卿试钓之。（钓鱼得介）（王）好鱼，好鱼！原是一尾绯□，可以金盆注水养之，以供寡人乐趣。（龙又钓得介）（王）此鱼更妙，原是一尾金鲤，锦□□艳，红尾活泼。前鱼不似此鱼，今只养此鱼，弃了前鱼罢。（龙放竿悲云）后鱼既得，前鱼即弃。感物兴思，不觉泪下。（王）爱卿，我欲弃前鱼，你为甚恁般悲泣？（龙）我王，臣非为鱼而泣，乃为己而泣也。臣今进御于王，本以姿貌见怜。后君有妖姬婉女，美于臣者，臣必然见弃于王。是臣犹前钓之鱼也，臣故悲泣。（王）唉！爱卿好过虑也。寡人金玉于尔，情意之好，将弥久弥坚。假有美色，安肯轻弃于尔？尔且揾干眼泪，不必恁般悲咽。

【青歌儿】（龙唱）今朝试把池鱼钓，恐他日欢娱难保。却教人万感欷歔，泪珠儿湿透著衣袄。我王呵，我怕只怕，从前宠爱水中泡；虑只虑，过后恩情霜里草。

【前腔】（王唱）你天生的十分俊俏，天生的十分娇。你待寡人呵，朝暮的殷勤不了。我爱只爱，你语音夺得莺声巧；喜只喜，你姿容赛过琼花好。（龙）臣今日虽然见宠，倘日后色衰，必然见弃。（王）卿既过虑，待寡人出下令旨，以后国中再不许进献美色以分卿家之宠。（龙谢介）谢我王千岁，千千岁！（内云）宫人传报，宋国诸侯今送一女子，称为宋艳，欲进御主上。（内臣禀介）（王）寡人有令旨，凡贡女色，寡人不纳。今既有女子，只可著他进至此间，待寡人一看。

【滴溜子】（宋艳上唱）姿容媚，姿容媚，嫩桃鲜姣。腰肢细，腰肢细，垂杨轻袅。一种风情犹妙，衣带著紫，香囊浓薰麝脑。俯伏君王，拜瞻天表。（王看介，云）此女子果然生得甚雅，鬓拥如云腻，眉弯似月新。只是寡人有旨不纳。内臣，可将那厚礼遣回。（宋女子下云）自古红颜多薄命，莫怨春风当自嗟。（内云）宫人传报，赵国诸侯选有女子，称为赵娃，亦欲进御主上。（内臣禀介）（王）赵国既有女子，寡人有旨不纳，仍著他进此间一看。

【前腔】（赵娃上唱）眼儿俊，眼儿俊，秋波恁俏。眉儿秀，眉儿秀，春山淡扫。那更石榴裙皱，裙底露金莲，弓鞋窄小。俯伏君王，拜瞻天表。（王）此女子仍生得甚好，黛眉欺柳叶，丽色媚桃花。只是寡人有旨不纳。内臣，你仍将厚礼著送他回去。（赵娃下云）夜静水寒鱼不饵，满舡空载月明归。（王）爱卿，我今日不纳二国的佳冶，你知我心事么？（龙）臣将万感。

【罗帐里坐】（龙唱）光阴易老，日月疾如飞鸟。我只悲惊秋蒲柳，潇潇欲凋。因此上，伤怀抱，泪痕抛。君王今肯垂青照，想不把情澜绝倒？

【前腔】（王唱）你论黄数皂，兀的是增烦受恼。这也难怪你呵，自古道，人心坑窖，陆地波涛。你因此上啼珠落，朴簌簌这遭。爱卿，我真心惟有天知道，怎肯把盟山推倒？

（诗曰）（龙云）钓罢池鱼万感添，（臣云）叹君不必损眉尖。（合云）今宵情意犹加厚，（仝云）月满罗帏风满帘。

时赛褒、少龙各作传奇，笔不停辍，数刻而成。张子索观之，见少龙之作刺褒者锐伐罪之锋，见赛褒之作诮龙者利诛心之斧，乃叹曰："龙诚奇才也，褒诚名媛也。"但褒之与龙犹不相下，各争其所作之美。一则曰："我优尔劣。"一则曰："尔弱我强。"张子曰："皆美。吾辟之春谷之中牡丹赛芍药矣，吾例之秋江之上金菊对芙蓉矣，何必争？"乃谓褒与龙曰："来，予与尔言，予将效宰予昼寝。"遂入于室，与二人言曰："君子无所争,尔二人必以和为贵。在前者进吾后也,在后者予一以贯之。吾不敢谓所恶于前,毋以先后;所恶于后,毋以从前。今将瞻之在前忽焉在后耳。"于是,褒之与龙不藏怒焉,不宿怨焉,忻忻然有喜色而相告曰:"堂堂乎,张也,难与并为仁矣。"时乃元顺帝初年二月初三日事也。

(二) 卷中·怀友①

> 忆别罗江上,于今又隔年。
> 参商分卯西,鱼雁阻天渊。
> 月夕添新恨,风晨忆旧缘。
> 相思惟有梦,几度到君边。

(三) 卷中·答魏友②

别足下常虑其不见,见则又遽归。南浦新词,阳关故调,倍增憔悴。尔双鲤之音以元夕至。见月辄忆故人,恨不共故人婆娑于火树之下。敝乡董子梨园之变,足下狎之如龙阳君,今契阔矣。春之仲都骑倘肯访临敝庐,弟以折柬召之致,艳歌一曲,更不落莫足下。

(四) 卷中·与黄秦卿③

别足下于落梧衰柳时,今且六飞花矣。缅想足下王恭之鹤氅温乎?郑綮之驴子壮乎?党将军之羊羔酒美乎?不知山阴夜棹,子猷之高兴何如耳?明便奉讯,笔冻莫作长语。相思一夜梅花发,影到窗前疑是君。足下谅之不?

---

① (明)吴之秀作,感情深切。
② 这是一封涉及同性恋的书信,百拙生即邓志谟作。
③ (明)邓志谟作,感情深切。

童婉争奇[1]

(明末)邓志谟编

---

[1] 选自阿英撰:《小说闲谈四种》,上海古籍出版社1985年版,图版第5页。

丰韵情书

(明末) 邓志谟编
天一出版社 (台北) 1985年影印
《明清善本小说丛刊》本

卷二金兰丰韵

(1) 许孔情好①

许君信、孔愿之，吴下士也。孔外有小友，内有佳冶，而掌中尚未捧明珠。许作书以谑，而孔有答书，亦心友者也。

许生谑孔书

相如为一文君便害消渴瘦矣，仙郎之为文君者数辈，头颅腰肢当作何状？且也钟爱龙阳君，平分风月。倘亦有泣鱼争宠之事，仙郎将潜入后园花下，以拒众文君乎？抑从蓝田种玉，割断龙阳爱耶？寡欲多子，此四字金丹，吾为仙郎药之。

孔生复许书

入则粉黛，出则龙阳，此属之放浪子，孰谓谨厚者亦复为之耶？所语云云又大不然，截董贤之袖者，婕好岂至无欢？啖弥子之桃者，南子未闻冷落。一天子一诸侯，何尝无储君无世子者？所惠金丹拜而受之曰："某未达，不敢当。"敬复。

(2) 郑熊情好

郑维贞，豫章人。与熊仁所友，共读书福林寺，极相契洽。熊生归，郑思之不置，有书招其来。熊复书云云，亦最知之契也。

郑生与熊书

日前唱《阳关》，一出溪亭，便路岐南北，不觉青衫湿□。彼时分手，曾问来期，兄曰天上有双星，星聚人亦聚。今七夕又过七日矣，明日中元，月光正圆。月圆而人不圆，何耶？伻来可与就道，慰我望怀。不然岂不尔思？窃恐祆庙之火，又在福林矣。一祝。

熊生复郑书

季夏一别，听树上蝉声呜呜咽咽，正为我两人诉怨思也。七夕不果来，正为家事所羁。天上佳期，人间离别，能为情哉？日复一日，恰至中元者，岂不知兄之念弟，弟亦

---

① 也见《折梅笺》卷八、《尺牍类便》卷之三。在《尺牍类便》中，许君信名以忠。

念念于兄,恐冷落促膝处矣。伻来复书订来期,五日为期,勿使兄六日不詹。来时细话离情,兄如怪弟行迟,肩头上挤有兄口痕耳。敬复。

(3)陆何情好

陆文甫,皖城人。与同郡何一张为启,极相眷恋。陆复约其来访,此亦鸡黍之意云。

陆生与何书

会足下于火树下,别足下于梅雨时。今则金飙战叶矣,倏尔聚首,倏尔暌违。思君有梦,常绕通于云山烟水间也。不佞近来学抚冰弦,得越人教数调。除长清、短清外,更有《桃源忆故人》一词。每对风清月白,特鼓之,怀足下耳。小斋初建,隔绝尘嚣,尽可与故人游趄。足下肯顾我乎?此时有长腰□米,缩颈鳊鱼,可饱君一餐。更沽村酿一樽,向梧桐树底,月影扶疏,促膝谭心。通饮到鸡三号漏五点,一洗别离时愁绪。足下以为何如?

何生与陆书

别来人属秋仲,雁阵号风,砧声捣月,浑是恼人情况。恓惶人,恓惶景,不觉恓惶泪矣。足下抚冰弦忆弟,诚然乎?弟不能琴,犹能笛也。亦尝吹关山之曲以悲离别,恨不令足下一听。承约过访,中秋前未遑也。待望后一日,特诣斋头。借绿蚁一樽,坐梧桐树下,促膝谈心。足下好分付姮娥,留十五夜清光,照人一宵清话。谨复。

(4)张夏情好

张元隽与夏孔顺,俱吴中人。两人结为兄弟,极相契洽。时有陈幸所者,又欲与夏生契。张醋之,乃遗书达其意。夏作书复之,遂申前好云。

张生与夏书

弟与兄本异姓也,一邂逅而结为兄弟。心腹之,骨肉之,生死之。鸡坛歃血,上叩皇天,下呼后土。此盟此誓,金镞可朽而心不可坏也。乃者风吹别调,月入邻家。兄有易交之心,厚于幸所而薄于不佞。嗟嗟!兄何以翻手云而覆手雨耶?抑滟滪堆在兄之胸中耶?九折坂在兄之胸中耶?昔孟郊云:"古人形似兽,皆有大圣德。今人表似人,兽心安可测!虽笑未必和,虽哭未必戚。面结口头交,肚里生荆棘。"此莫非为兄言耶?昔者固胶漆,今日相矛盾。孔顺、孔顺,如鸡坛之盟何?上欺皇天,下欺后土。孔顺、孔顺,心术坏矣。虽然,琉璃易脆,彩云易散,事所必然也。弟与兄恩绝矣,情断矣,请勿复敢见矣。书往神驰,不胜泪下。谨白。

夏生复张书

天假以缘,弟得与兄春风握手,夜雨连床。为丹鸡白犬之盟,叩天叩地以为证佐。

嗟乎！海可枯，石可烂，此心那可背哉？弟自是向日葵花，不效随风柳絮。兄乃不谅，遽然谓弟有他肠。弟如皇天何？如后土何？弟恨无秦宫之镜，一照此心之耿耿耳。兄谓请复勿敢见者，斯言诚过也。兄不见弟，弟自见兄。相见时任兄拳之矣，掌之矣，牙之矣，弟不敢恨。弟自谓弟之心肝，太山石、瑶池冰也。兄如不信，请引刀剖胸，与兄一视之，兄当释然。虽然，此必有间之者。隽哥、隽哥，无信人之言，人实诳汝。愿兄诵《采苓》之诗，念弟怀《采葛》之想，则弟死且瞑目矣。谨复。

（5）苏魏情好

苏仁表与魏伯考俱豫章人，相与友情极眷恋。魏馆于闽，苏在外读书。以书相往来，且各寓谑之意，亦所称知己之友者也。

苏生与魏书

昨登浔阳城，见蒹葭苍苍，白露为霜，遣动我有美人兮，宛在水中坻之想。弟别兄后顿沾痰疾，伏枕如饴，今既数月矣，犹未甚愈。新娶阿娇好否？足下不半月遽尔远游，岂伤弓之鸟惊曲木飞者乎？不然，必他乡有心知也。尊嫂独居，宁无悲秋感？弟欲为尊嫂赋《深闺怨》、《薄幸词》，才一伸纸，不胜其惫，容病愈时赋来。他日足下持此归见尊嫂，尊嫂览之，得毋曰："苏生贤乎哉！惜乎予蠢奴不听良言也。"足下又得毋谓："苏生病身，何不病手？"

魏生复苏书

别足下汶溪头，见柳色依依，兄曾谓弟曰："恨随溪水溢，情共柳丝长。"记此时正春之暮也，今不觉秋暮矣。接华翰知兄卧病，病三月犹未起，兄亦善病者哉！此何以故？弟知其客窗孤另，有得意人系虑之耳。弟续娶后不半月而行，岂轻离别哉？不得已也。兄乃欲赋《深闺怨》、《薄幸词》，何不付来一观？兄今外读，交有心知，越数月不一归，尊嫂得无岑寂乎？弟亦欲为尊嫂赋《阮郎归》，又为兄赋《虞美人》之词。倘尊嫂见之，必谓足下曰："蠢奴，我只道尔病身，原来病心也。薄幸相如，何不如颜回短命死哉！"兄无可奈何，必骂曰："魏生，天杀的，弄死人也呵。"

（6）董沈情好

董仲和，新安人。与弱冠沈英发为友，情极款曲。董欲市绢，制衣以赠沈。先达书以问其长短，沈复书云云。

董生与沈书

别足下于藕花池上，今秋风飒飒然。在梧桐树间忆念玉人，衣得无薄乎？兹欲市以色绢一端为裁一服，表鄙人丝丝之爱，亦以见绨袍恋恋情也。但不知长短何如？乞示以尺寸为祷。

沈生复董书

别君数月，木落淮南天际头，倍起悲秋之感。承翰示，欲为弟市绢裁衣。与子同袍，爱何渥者。解衣衣我，惠孰大焉，弟无任感感。但区区问以尺寸，兄忘之耶？今有鄙句，乞详之何如："色绢随兄买，何须问短长。吾身曾抱过，尺寸自思量。"

（7）周杨情好

吴中周尔纯与杨孔昭为友，杨生溺于狡童之爱，又溺于侧室之爱。周作书谑之，杨亦有复书。虽狎友也，其实心交者云。

周生与杨书

一夫一妇，人道大伦。乃足下薄于结发爱，日狎龙阳君，夜则杜秋娘，既瞻之在前，又忽焉在后。惜乎尊夫人不醋之，使其醋，必鸣之公庭，执法者且依律问曰："汝耽于龙阳君，将男作女也，杖九十；汝宠于杜秋娘，以妾为妻也，杖九十。"此风流公案，必不汝逭也。且解汝雁门关外戴一铁帽子，何如？

杨生复周书

承翰示，知君规诫我也。第唐人有云："劝君莫惜金缕衣，劝君须惜少年时。花开堪折直须折，莫待无花空折枝。"此教人行乐也。吾所以行乐者，不负其青春也。况杜秋娘难忘其前情，龙阳君深感其厚意。此可与知趣人儿道，难与固执之士言也。尊语云云，既曰杖九十，复曰杖九十，二九一百八，弟其无完肤乎？然有此古怪律法，无此古怪官长。盖官长内侧室外门子，人人而有也。善酒者不断人以酒，惜花者岂禁人以花？必欲弟之戴铁帽，须足下戴纱帽；若足下戴纱帽，则铁树开花乎？一噱。

（8）吴陈情好

闽中陈纯所与吴会仁契为兄弟，同馆读书。陈往岳家三月未返，吴不胜恋慕，因作书招其回，陈复书云然。真知己之友，一日不见如三秋兮者也。

吴生与陈书

自君之告别，送君溪头。见春草碧色，春水绿波，不胜怅怅。弟曾问君来期，君曰："哉生明。"奈之何月之三弦，而君犹不见哉？君久留岳家，岂岳之家有生漆粘君耶？有丝绳系君耶？不然，若不是有情人恋君，必是君恋有情人。胡不思玉人去后，书斋岑寂，我之梦魂常为君颠倒耶？我不忍一日离君，君乃肯三月离我。我则置君意中，君且置我膜外。是安所称金兰友、胶漆契哉！书至乞早还车，不然君为他人死，我则为君死。离恨天，女娲氏必不能补完之者，君其情谅之，幸焉。

陈生复吴书

溪头判袂,弟曾谓至馆之期哉生明也。今几越而生明,而兄不面弟,宜乎兄之咎弟矣。但岳家有投辖之留,诸戚有传杯之款。日复一日,欲归而不得归。弟敢恋他人哉?又肯为他人恋哉?弟与兄联为胶漆,一而二、二而一者。弟之肉止肯贴兄之肉,兄之心乃能投弟之心,若他人则方凿而圆枘之矣。兄莫疑焉,三日后必归。兄欲握手乎?五日为期耳,更勿使六日不答。书往神驰,今宵有梦难成。落月满屋梁,犹疑照颜色而已。敬复。

(9) 孙冯情好

闽中孙全初与冯玉融为友,情投胶漆。冯有青楼之兴,孙作书诫之,冯有复书,此真知心之友云。

孙生与冯书

前日访足下,奈不面。渴心归去生尘埃,奚啻万斛哉。归家时夜阑不寐,见梁月娟娟,宛然照足下颜色耳。闻足下有情兴,固妙也。弟以为足下握隋侯珠乎?愿以红绡十袭之勿轻掷于桃叶柳枝间,以逢人之按剑。况楚娃宋艳,伐性斧斤。愿足下服上士异床,中士异被,不至于内作色荒耳。晚稻登场,弟酿有薄醪数斗。兄肯顾我,且当剖金柑,切玉藕。夜分坐半日山房促膝谭心,共吸杯中明月。

冯生复孙书

别来忆兄丰韵,五中郁结。前日驾临,乃不等弟一见。使东篱金菊笑人寂寞,弟郁结中更加郁结。黄花似我瘦,我瘦似黄花也。弟近不捡,耽青楼薄幸名,□□此有情何?足下赐之教言,谨当以智慧剑割断此爱欲缘耳。承翰示云云,弟九月之望敬谒山房,相对卮酒,细话生平。喜此时此夜,水与天一色,人与月俱圆。何如、何如?谨复。

(10) 朱谢情好

豫章朱胤秀与谢伯敷为友,甚相爱也。谢有父母□川,因往父任所省之。孙作书以祝其归期,谢有复书云。

朱生与谢书

七夕与足下别矣。昔与周郎别,亦是此夕。周

金兰契友(卷二)

郎曰:"天上会合,人间别离。此两语感怆千古。"不意今日复别足下也。足下此行道抵川中乎?弟愿涉瞿塘如安流,登剑阁如坦途。访相如之琴台,寻杜甫之草堂。或作赋或咏诗,尽可以纾旅况耳。至如问足下之归期乎?岷山上自有子规啼,毋庸弟口舌。但弟辈伤足下之别,自今日始;望足下之归,自明年元旦始。万里关山,勉旃自玉。

谢生复朱书

昨日是七夕也。天上佳期,人间长别,牛女且笑人寂寞哉!弟入川见亲虽则一喜,别友又是一悲。吾想巫山岭上云,将为我结胸中愁思。瞿塘峡中水,将为洒眼里啼珠耳。秋气凄哉,兄无以弟之离别,戚戚然作悲秋态。弟明春早归,计辞亲处只在玉梅谢白之时,会兄处不出锦桃舒红之日。兄谅之、谅之。

洒洒篇

(明末)邓志谟编
台湾天一出版社 1985 年影印
《明清善本小说丛刊》本

(一) 卷之一情传·琥珀杯传

文公名懿,新安人也。有一子曰颖相,以父荫为国子生。娶汪氏,性奇妒,禁制其夫。闺中无半臂,童仆亦无少艾者。颖相素惧内,惟闭关读古人书而已。

(二) 卷之二情札

陈仲相谑李素卿交狡童

闻君新宠龙阳君,得意哉,得意哉!弟以为不若虞美人也。盖虞美人握雨携云时,以心对心,以口对口,龙阳君能然乎否?虽然,抑有可嘉者在恭贺长兄:玉茎头上常带些木樨花耳。一笑。

李素卿答

龙阳君之趣,惟妙人得之,非俗人可与喙也。昔汉文帝宠邓通,赐之铜山。汉成帝①嬖董贤,割断衮袖。彼二君者,三千美女八百娇妹,犹然钟爱此辈,真知趣之君也。足下不入此窠臼,宁知妙趣?宜夫海上人逐臭者反恶香兰也。

---

① 当为汉哀帝。

赵凤岐谑张彦卿小官更互

足下与郑兄俱子都也。譬之花然，春之花其芍药赛牡丹乎？秋之花其金兰对芙蓉乎？今以花易花矣，第不知孰先传焉，孰后倦焉，请问？

张彦卿答

弟与郑兄以萍水投胶漆，以背腹表情私。此可以愚俗子，不可愚智者也。若问先后乎？吾两人者，瞻之在前忽焉在后耳。若足下知所先后，则近道矣。一笑。

赵凤岐又谑张彦卿

足下与郑兄交好，以天为帐，以地为毡。吹灰伏地扑双阴，弗雅也。余馆中绝无俗尘，绝无人迹。两足下来，不佞且具以一卮，聊为合卺，岂不清雅？何必从茂林树底、芳草丛中作风月哉？下榻以俟，不知足下与郑兄肯俨然临之否？

张彦卿答

翰示云云。揣兄之意，抑欲以铜雀春深锁二乔耶？然郑哥知几者，不来。弟亦知己者，亦不来。我与郑哥自当效并头鸂鶒，更不劳足下作延颈鸳鸯。

吴兰卿与友冯可时书

同砚席者年余矣，前以小忿，兄乃浩然而归。窃料之，兄之怪弟者深乎？弟昔者固胶漆，今胡作参商？昔者联金兰，今胡成矛盾？真裂碎不佞之心，笑破傍人之口。今而后，尚乞包涵宿怨，冰释前愆。吞刀剜肠，弟愿效韩退之低头拜孟东野，负荆谢罪。兄岂不效蔺大夫回心礼廉将军哉？萤馆灯火不可冷，雉坛盟誓未可寒。盍归乎来？予日望之。

冯可时答

弟之待兄一意耳，奈兄有二心何？兄所可怪者，食则与俊卿同案，卧则与俊卿共衾，行则与俊卿并肩，坐则与俊卿促膝。若待弟，则如秦人视越人之休戚，漫不加意也。然俊卿昔之薄者，今何厚？弟昔之亲者，今何疏乎？弟始忿然而归耳。虽然，怪兄者，怜兄之情犹在；别兄者，恋兄之意犹深。弟明日来矣，寄声长兄，更莫以旧嘴脸相待。

陈美娇骂洪子秀小伙子

潘郎足下既呼贱妾为心肝，何事又与狡童交背腹？彼狡童兮，乃夺人之趣兮。今有俚词，烦君传去，痛骂狡童一场。潘郎潘郎，知打草惊蛇意乎？词曰："好姐姐，指定小小伙儿骂。骂几声没廉耻小油花，门三户四难找价。孤老是你接，贪恋你后庭花。只为你撺行杂种呵，我姊妹们都守寡、都守寡。"

洪子秀答

潘郎者，你是他表子，他是你孤老。我是他契弟，他是我契哥。表子欲与孤老厚，契弟又可与契哥薄乎？仍有鄙词以复，免致拈酸云。词曰："小官人，听罢回言道：这花娘说的话，好没分晓。你前我后随人要，我卖的是圆果，你卖的是肉饺。各自杭头，花娘呵，你休得和我炒。"

韩瑞心与契弟郁彬文书

向与卿设雉坛之盟，共鸳帏之话，洵有情兮。乃今一卧一月，兄之丰采频入侬之梦魂，侬之梦魂频接兄之丰采。无限牢思，遂成郁结。忆此采薪忧，乃惜花心酝酿之也。惟足下乃散相思使者，更乞过我共话一宵。风流汗兄且为侬出几点，则不药而愈矣。

郁彬文答

雉盟既设，宁敢忘耶？兄抱恙，弟当今夜来一顾。细话里曲，使兄宽心，但莫令外人知耳。虽然，弟龙阳君也，争似楚阳阿？倘兄之贵恙属意于窈窕乎？则弟亦非对症之药耳。

何景吾与方珮我书

与兄共事三年，时不为不久，情不为不笃。兄乃薄于知己厚于不知己，甲既邀饮，乙又拉游。兄且如狐绥绥、鹑奔奔，侬比之风中絮飘泊者何定耶？又譬之水上萍聚散者何常耶？兄何不效中流砥柱，满江风浪不能移耶？兄何不效碧洞乾坤，一室烟霞长是锁耶？劝兄只好寻鸥侣，劝兄不可作雉囮。兄不见伯夷乎？耿耿介介不与乡人处，真千载人也。

方珮我答

领教者三载，蒙爱者三载，弟何敢厚他人薄足下？然弟有青眼无白眼，弟有一心无二心。君谓我狐绥绥、鹑奔奔，过矣，误矣。君不见关某乎？曹公待之甚厚，匹马单刀竟归玄德。弟亦赤胆忠心人也，君勿谓我随风柳絮，君且谓我向日葵心。一复。

阮洁夫与友喻函初书

熊生一我者，态度从容，丰姿婉媚。子都耶？龙阳耶？宋朝耶？余慕之爱之，不意中原逐鹿，先得于兄之奇材捷足。余此心怏怏，兹欲乞惠于兄，平分风月。盖一我者，余爱其肖边之人（俏字），足下者当赐以止下之月（肯字）。一我若与我女边之子（好字），不佞当酬君咸底之心（感字）。不知我丈以为何如？我丈掷下一音否？

喻函初答

一我者，侬心交也。兄欲效轻蝴蝶然，无耻哉，无耻哉！翰教云云，此虽是竹下之犬（笑字），亦用得卞畔之丁（打字）。一我必不滥，足下不必疾。劝君急收乎月一弯而带三星（心字），莫思量崩去山而现双月（朋字）。复书如金如石，君勿如醉如痴。

阮洁夫又与喻函初书

所请云云，何固哉高□乎？独不思党将军以美人赠陶学士，更得为慷慷慨慨丈夫也。

依乞爱一我，他若不半天之月（有字），我那肯四下之能（罢字）。□何不慰我田下之心（思字），更吃甚西边之昔（醋字）。我是紊乱天宫孙行者，搅翻世界大魔王。兄果不允，我将摇动天关，拨转地轴，与兄大闹一场。告一片犬（状字），我且用二寸舌剑左冲右突。谅我必月边之券（胜字），兄将俞畔之车（输字），兄还有嘴脸见我否？

喻函初答

痴解子，是何言，是何言？卧榻之侧岂容他人鼾睡耶？况谚语云："一碗羹那容两双箸，一枝花岂可两人分？"足下真痴解子矣，硬语云云，必交一我。任君一怨无心（夗字），总是只门有木（闲字）。君言摇动天关，拨转地轴。我且以泰山压□，沧海滚沙，还有下落否？任君兴讼，我作应兵大战一场，必问兄车畔悬斤（斩字），去做槐边去木（鬼字）。谨复。

郑企离与友倪利心书

足下乏寡欲道，不龙阳君则绛树女，水陆并进，乐乎、乐乎。弟窃计之，龙阳君谷道也，绛树女水道也。前后不同科，干湿不同等。彼善于此则有之矣，但兄则无差等也。既爱龙阳君，朝造龙阳之馆；又爱绛树女，暮诣绛树之庐。无朝无暮，迭往迭来，何不惮烦？若此，莫若拉龙阳君与绛树女共处，相与笑傲，相与盘桓。以三人聚乐一处，共被同床。两头眠成品字，一头眠成川字，重叠眠成三夹阱。快哉、快哉！

倪利心答

龙阳君吾水米无交，绛树女吾风尘未染。乃足下疑吾俱厚焉，屈杀人也。虽然，两者虽未有也，倘使之有，若从足下谋，误哉、误哉！盖龙阳君娈童也，绛树女少妇也。使之同聚一处，娈童自是爱少妇，少妇自是爱娈童。二人同心，二人合意，尚有吾哉？吾趣味且萧然也。若然，吾必骂足下曰："竖儒哉！败乃公事。"

（三）卷之四韵语·诘顾生①

朝登圯垣上，往事已非今。
新燕舞未歇，前鱼泣不禁。
岂知青眼盼，翻作白头吟。
葑菲拼相弃，何论夙昔心。

（四）卷之四韵语·夏日同友戏②

扁舟荡漾手亲操，共摘莲房对浊醪。

---

① （明）刘元作。
② （明）金端行作。

好语玉郎须着意，他年慎勿比余桃。

(五) 卷之四韵语·赠指环①

赠郎双指环，此意郎知否？
愿逐掌中珍，把握从郎手。

(六) 卷之五哄堂·童精②

女子有病，医者要少男之精和药，乃持□往觅之。遇一美童，告以故，童令以□置地，解袴曰："待我屁股里撒了些去。"医曰："你的精如何在屁股里取？"童曰："出处不如聚处。"

(七) 卷之五哄堂·祭品③

老僧初死，其徒思平日淫己之状而憾之。遂戏露臀向其灵作呗诵声曰："维师在日，酷好此物。死后无以为敬，精臀一枚，伏维尚飨。"正念间，忽有叩门者，忙结绔而应曰："收拾了祭品就来了。"

(八) 卷之五哄堂·石碑

古寺中碑刻甚多，一官员入寺分付曰："寺中但是石碑，我多要打。"僧误听以为要打入臀者，忙应曰："本寺中并无此事，入屁股者或有几个。"

尺牍争奇

(明) 张一中编
北京出版社 2000 年影印
《四库未收书辑刊》本④

(一) 卷一·别丁郎之武陵⑤

足下此行武陵，风景当都贮之胸中，归来时好向枕月轩细讲我听也。

---

① (明) 高迥吾作。
② 也见《笑林广记》卷之七。
③ 参见《笑林广记》(一)。
④ 据明刻本影印。
⑤ (明) 洪时皋作。

(二) 卷一·与王养恬①

忆分袂时，阴云黯淡，垂柳依稀，固自悽惨。即今红杏绛桃，何异张生眼中血也。引领南陌，但见芳草萋萋，未识王孙何日归耶？

(三) 卷一·与陈尔穀②

分袂以来，俄惊岁余。春光明媚，鸟语花香，不得知己晤对为恨。大都离愁别恨，难罄笔底，惟愿杜宇声长在君耳。小诗旌意：动是经年别，浑如瞬息间。桃花仍烂熳，流水自潺湲。驰想书常杳，探奇人未还。登楼遥怅望，愁恨满南山。

(四) 卷一·与张不偏③

一见若同生，一别若异域。情之所钟若我辈，羊左之义，范张之约，又觉等闲也。使归俚语呈政：相别无几日，相思可奈何。自怜三径里，空对白云多。

(五) 卷二·寄萧伯鸾④

别来半载，望隐谷如望三神山。金银楼阙，目可得而睹身不可得而亲也。频接手札，知所谓伊人，犹不忘情于溯洄溯游者。而况兼葭诗客，不更有对霜露而徘徊，盼流波而延伫者乎？

(六) 卷三·与黄荆卿⑤

敝衙有三公廨，弟与何郎各占其一。然弟廨湫隘，甚不逮何郎。每一造之，轩敞幽邃。更翳然林水，禽鸟亲人，竟日坐谈辄忘倦。此时恨不得三郎促膝挥麈，翩翩此中，霏玉屑而坠天花耳。岂天固构此以容痴吏，而我侪臭味固宜休其余荫耶？

(七) 卷三·与秦赞可⑥

沿河汪泻，尚带临岐。泪痕归来，每日寻思。则凝眸远眺，恨不倩一巨灵推倒西山也。仆年来作游客，酷类无林鸟，今急欲一枝栖，不识将军大树肯借否？

---

① （明）张国绶作。
② （明）张国绶作。
③ （明）曾崇正作。
④ （明）钱文荐作。
⑤ （明）刘汝佳作。
⑥ （明）洪时皋作。

如面谈二集

(明·万历—天启)钟惺编
明末刻本

卷之八·丽情门·答情郎书

弟嗜风尘非一朝矣，羡都雅如卿，屈指岂多得哉！幸遇舟中，恍疑仙境，魂逐流水，莫能自制。辱不弃，得傍脂粉，许我佳期，生平之愿足矣。归来遥忆殊情，寤寐不忘，但冗沓纷纭，不克奋飞左右，以写我忧。回首白露横江，兼霞极目，旦夜耿耿，惟天可鉴。弟纵谫行，敢负盟言？秋色凄凉，珍重自保，无以鄙人为深念。

尺牍青莲钵

(明·天启—崇祯)何伟然编
明天启间刻本

(一)卷十二·艳情

予尝谓才士正如佳人，若耶不遇，谁问浣纱。汉宫绝代妃，与射鸟者御耳。迨夫鸾轩既命，翟茀载朝，则震骇殊俗。所以人为情死，恩以知忘。吾兄旗鼓中原，躏轹一世，如所云陟颠嘘云者，正自不难。至惠我阿元数语，虽在弄闲，实经宛委。乃元儿才弱齿稚，第事构缘接，偶与目成。而阴岑多病，邈脉善怀。第其杯底微謦，灯前低哑，天寒翠袖，风飐红衫。未免情深，尤为魂折。何当彩笔传辉，东园镂雪，谓并莲而犹媚，濯冰而逾清也。虽惭薄幸，亦与荣施。伊我同心，如画一石。所恨者，人生多别，才士多贫，握盟誓于河清，劳悲欢于幽梦。倘无负心期，有如此史。二人所系，恃丈如山，宁不眷我余生，顾兹兰质，为金陵旬日之游，毕两心此生之愿乎？宁惟弟念，儿实有心，跂予望之矣。

(二)卷十二·艳情

英与足下才结新盟，便当分别，好事多磨折耳。分手之日，实望寻一静处，与足下将种种情怀，种种嘱语，举杯细说。不意行至碧峰寺，见车马簇拥，意欲前进，恐伺察者知之,只得入寺。又遇他客先在座,苦不可言。候多时,足下至,共出玉鹅髿飡,相视呜咽。共话未终,又即促饮。与足下举杯时,英心魂如醉梦。霎时又促去,听去罢一声,如万针刺我五内。欲随不可,欲舍不能,此时此刻,寸寸柔肠,丝丝痛断。足下别后,又复还席共饮。惟英悲苦难言,见他人冷冷不着痛热的眼,只得以酒自遣,不觉大醉。归家入房,寂寂无声,凄凄尽是离况。既无情当此,能不泪流?思昨与足下促膝谈心,今忽东西相隔,此夜必难成寐,宁不思及我苦况乎?即此夜思量光景,笔不能尽,况其他乎?念七日见雨不止,做一扫晴娘挂窗上,咒之曰:"帚一举,扫尽满空烟雨。见太阳,封汝为扫晴娘。"

(三)卷十二·艳情

汤君高卧禅房,与弟作一夕欢。是时有采陵行酒,汤生淋漓,意色甚嘱仆。大笑揩大眼孔小,见幺麽娈童,便令消魂。笼络英雄,止须此一物足矣。何所贵顾长七尺美男子,足下便何自称之。当是慈明向足下津津不休,渠误认作金台宫中吹紫笙玉童也。

明公翰墨林

(明末)虞邦誉编
明末蒋时机刻本

(一)二卷·馈送类·送桃①

桃实正熟,仆食而甘之。足下道骨不殊曼倩,敬以数枚。幸毋曰:"是啖我以余者。"

(二)四卷·情书类·与契兄②

别足下在落梧衰柳时,今且六飞花矣。缅想足下,王恭之鹤氅温乎?郑綮之驴子壮乎?党将军之羊酒佳乎?第不识山阴夜棹,子猷之高兴何如耳?羽便奉讯,笔冻不能作长语。相思一夜梅花发,影到窗前疑是君。此则弟之念足下者也,足下谅之乎?书往神驰,不胜怅怏。

---

① (明)俞安期作。
② (明)王生作,参见《童婉争奇》(四)。

李卓吾先生批点四书笑①

（明）开口世人辑
（明）闻道下士评
天一出版社（台北）1985年影印
《明清善本小说丛刊》本

（一）邦君树塞门②

一裁衣、一屠户共延师教其子。裁衣者闻读"贫而无谄，富而无骄"③，误谓"裙而无裥，袴而无腰"，曰："此讥我也。"屠户者闻读"大车无輗，小车无軏"④，误谓"大猪无皮，小猪无血"，曰："此讥我也。"各具状讼之官。官阅其姓，一姓邦，一姓管，笑曰："此二人俱放屁不通。"令各以木针塞其粪门，或曰："此何刑也？"官曰："彼引经告状，我引经断狱。邦君树塞门，管氏亦树塞门⑤。"

今之为龙阳者不知姓邦管与否？今之文理不通者不知树塞门与否？下士曰："想不塞门，故尔放满世界也。"

（二）南子

世之好外者名之为南风；晋贾后好淫，亦名南风；卫灵夫人而名曰南子，亦必有谓。不然，何以夫人自称曰小童⑥乎？

（三）一息尚存⑦

云间张姓者，素有龙阳之癖，年已七十而此好不衰。时有一生以姿艳擅誉，张慕之，馈物为质。生笑曰："盛惠之意云何？先生一息尚存耳。"张拱手曰："此志不容少懈⑧。"

有道遇娈童而悦之者，俛友持银延之。友持银先至己家，乃其父颇有好为后庭之癖，见银而问其故，父曰："何不取银而以我应？"曰："彼岂欲汝老翁也。"父曰："至彼只言此童爱羞，不肯来。但止我家中，令昏黑就之。此人只欲干事，昏黑之中其味一也，彼从何辨？"其子如言以往，至夜果来就老翁宿。以为此童也，喜之极，曰："明日当为汝

---

① （明）李贽，号卓吾。
② 也见《洒洒篇》卷之五。
③ 见《论语·学而》。
④ 见《论语·为政》。
⑤ 见《论语·八佾》。
⑥ 见《论语·季氏》。
⑦ 也见《续笑林评》。
⑧ 《论语·泰伯》："死而后已，不亦远乎？"朱熹《论语集注》卷四："一息尚存，此志不容少懈，可谓远矣。"

制鲜衣,买玉簪。"凡可意之物,无不举之。翁曰:"俱非所愿也。"其人曰:"然则汝何所欲?尽为我言,必不汝靳。"翁曰:"但欲得寿木一具耳。"

此二老正堪作合,惜无其媒。下士曰:"其子可任也。"

(四) 夫人自称曰小童①

夫人自称曰小童。有嘲好龙阳者为之破曰:"观夫人之所称,而邦君之好可知已。"

盖卫灵公夫人南子也,却不怕。弥子瑕要争风,夫人曰:"我有宋朝对他。"

开卷一笑

(明·嘉靖—万历)李贽辑
天一出版社(台北)1985年影印
《明清善本小说丛刊》本

(一) 卷之一·帮闲赋②

咄嗟!世道浸衰,时事变易。举世好奉,斯人献谀。岂料游手游食闲徒,竟是坑人溺人厌物。脱空为业,奸诈万端。弄俏为生,暧昧百出。乍会间小心惟恐不及,久处后狡猾渐觉有余。鹁鸽子旺边飞,比方切当。坑缸虫闹里钻,譬喻精祥。捧屁掇臀,酷似掷梭之鸟。捋须䒟嘴,俨如窃食之猫。……生人前睄眼,我怕谁?我仗谁?稀罕谁?私地里结交,我吃你,我着你,全靠你。打听几家新妓,极称苏小之娇。寻绰一个圊童③,备道宋公之美。千撺掇,万撺掇,陪走一遭。你赞襄,我赞襄,请来一会。良家子弟为彼倾囊,见不得六亲骨肉。远路客商因他折钞,还不得千里家乡。……

(二) 卷之三·开男风晓谕

凡京外教坊莲子胡同,奉钦点男色长天下风斋都总管,为选报小唱以便宦游支应事。照得弥子夺卫宫之嬖,传来翰苑清风。董贤分汉闱之娱,酿下琼林别趣。岂阴阳之犯义,非男女之渎伦。年少斯佳,标清益妙。二七以外,二八以内,且及青春。头发齐眉,头发披肩,休教白放。唇若涂朱个个羡,狡童中少艾。面如傅粉人人夸,才子内佳人。……无论僧道风流,半世全凭作妻子。试看士夫旷达,一日不可少此君。晓谕一出,仰各童人等,设遇匿年者合令加冠,倘应出幼者难容漏网。仅与数十皮钱,休云定价。

---

① 也见《洒洒篇》卷之五。
② 讽刺帮闲,写及同性恋。
③ 娈童。

便包一年绮服,莫谓弘恩。两下既已通情,一任便宜行事。……与众通知,各遵晓喻。

(三) 卷之三·禁男风告示

钦差振作民风,干旋阳教,江门道清奸御史某为禁革鸡奸事。照得本院所辖地方,有等无耻恶少,惯一匿年不冠,恃貌娄财。……事关习染,理合作新。自晓谕之后,各应抚髀追痛,回首兴惭。思肠胃乃藏食之区,谷道中岂容着一物?念肛门非受精之所,背皮上何堪载一人?拜下风者终非大丈夫,为双膝者不作奇男子。纵使今时无血色,恣意淫奔。管教他日有鬓眉,何颜相见?彼以肾茎入人粪门淫戏者,伏睹明条中一百之杖,既云确矣。此以粪门受人肾茎淫戏者,尚宜议欤?于各杖之外,更有加焉。鞭背非刑,姑以惩俯背从人之罪。笞臀有律,再以示献臀取辱之羞。须至示者。

(四) 卷之四·倾国生传①

倾国生者,姓姝氏,名丽字冶之,盖西施国人。其始祖俗传为蛇身人首,与伏羲、神农并生,未有族氏。迤逦至倾国生,其世数盖不可考矣。生事历代君,辄遇亡国之祸,故人号为倾国生云。生少有异质,肌态娇婉,美艳绝人。稍成童,遂见器赏于名公巨卿。年十八,举茂材异等。桀时为妹喜郎,一意逢迎,不立名节。桀爱之,言听计从,寝处与俱,遂导桀以荒淫之事。及后南巢之役,桀殒国灭而生独存。当汤世,生降为仆圉,不复得禄位。至纣立,复托散宜生以进。时文王囚于羑里,几见害。纣得生乃喜曰:"此一物足以释西伯。"遂赦文王而出之。文王耻以生免罪,乃作《琴操》曰:"臣罪当诛兮,天子圣明。"盖归德于纣,而不欲使人知由生出狱也。纣得生,嬖宠日隆,自谓相见之晚,拜妲己宫使。生妩媚出群,有巧思。凡纣所做象箸玉杯之属,及酒池肉林,皆生倡之。纣日昏迷不事事,惟生言是听。武王因天下之怨毒,乃率八百诸侯于牧野以歼纣,悬首太白之旗。时太公望欲并诛生,生诡计以免。及武王崩,其孙幽王立,慕生之名,求于有褒得之,用以为相,复相亲昵如桀纣时。生性不好笑,王百端美之,卒不笑。乃无故举烽于骊山,若寇至之状。征诸侯兵,兵至无寇,生乃大笑。王喜曰:"得卿一笑,胜获连城之璧。"生好闻裂帛声,王每取内藏缯,手裂以悦之。太子宜臼素不平,尝谓其傅曰:"他日吾即位,当裂生如裂帛。"生闻,遂谮废宜臼及其母申后。申侯卒召犬戎弑王骊山之下,而西周亡。时生已亡去,入于越王勾践之宫矣。越王被栖于会稽,生乃进言曰:"臣在越不能为越重,在吴则越重。乃为越行成于吴,越用以免。生乃日诱夫差为淫乐,卒为越所吞,而重越之言因以为信云。仲尼尝曰:"吾未见好德如好生者也。"生尝在卫灵公所,欲见仲尼。仲尼亦欲因而告以君子之道,乃见之。子路大以为丑,仲尼

---

① 此文以倾国生为假托,把历代的佞幸比作妲己、褒姒之流。

至矢言以自明,乃已。后又事汉成帝,成帝封为越亭侯,号飞燕将军。日说成帝以醅饮,成帝因此不寿。唐明皇即位,闻之曰:"朝见生,夕死可矣。"其子寿王瑁闻而招致之,献诸皇。皇大喜,即拜平章政事,六宫都提点。遂与高力士、李林甫表里擅权,恣作威福。时安禄山为范阳四镇节度使,生因与交通。明皇自得生,日迷谬乖乱,废正后,杀三子。安禄山反,明皇挈生幸蜀,驻马嵬坡下。军士愤怨生导淫酿乱,不肯行,先诛杨国忠以撼生。明皇乃命缢生于佛堂之侧,下诏暴其罪状,乃启行去。

外史氏曰:"曼柔靡媚之态,其惑人也易入而难除。倾国生亦人耳,而使历代人君容悦听信,殒覆相寻而靡悟。苟非见理明,用心刚,以道自重,以败自惩者,鲜不甘受蛊而沦胥以溺也。倾国生实死于唐,由唐而后,未尝无倾国生也,在人主之所辨耳。士君子毋以生之术佐人主,则天下不患不治;毋以生之佞自污,则身不患不康。倾国生,其贤者之鉴也已。"

(五)卷之二·围童命书 写一相士为一娈童算命。

笑林评

(明·万历)杨茂谦辑评
天一出版社(台北)1985年影印
《明清善本小说丛刊》本

卷之上①

一士夫善谑,偶于席上见一歌童以手承其颐。颔问曰:"尔何名?"曰:"承应。"士夫笑曰:"尔为程婴,我为杵臼。"

须眉而伟然者,男子也;簪珥而嫣然者,妇人也;介于男子、妇人之间者,弄儿也。事既反常,祸害必酷。

---

① 参见《庲丽情集》。

续笔林评

(明·万历)杨茂谦辑评
天一出版社(台北)1985年影印
《明清善本小说丛刊》本

有祖孙浴于河者,孙趁一鰕。鰕或前跳或却走,孙问祖曰:"此物何处是头?"祖云:"有须者是头,无须者是屁股。"

弄儿须出便镊,应是下呼上应。

笑海丛珠

(明)佚名编
天一出版社(台北)1985年影印
《明清善本小说丛刊》本

绮席笑海卷之二·男作女工

有一富家子,因在京遇元宵出街看灯,不觉行入一瓦子内。忽有一少年向前请吃茶,富家子与之素不相识,不甚答之,却不知乃不男之作。其少年看再三,近前曰:"我是男作女工①。"富家子不晓其意,应之曰:"你是男作女工,莫是裁缝待诏?"

博笑珠玑

(明)佚名辑
明刻本

(一) 卷之二·江湖俏语

小厮背着芙蓉叫:梦后庭花。

扯蓬往北:好南风。

---

① 在性关系中充当被动者的角色。

（二）卷之三·笑谈诗选

题阳物

堪嗟一物甚悬悬，一日三时吐白涎。
夜里有情坚似铁，日间无意软如绵。
能开美女胸前井，惯弄顽童背后川。
莫道这些无用物，世间男女是他传。

嘲小官

世上材人有几多，将男作女事如何？
当初结纳为朋友，今日番成当老婆。
伏地恰如牛与马，仰天浑似鸭和鹅。
阴阳不顺当天责，好把雷公打杀它。

（三）卷之四·谈笑门·讥小官卖屁股①

麻苍蝇莫青苍蝇结为兄弟，青苍蝇领麻苍蝇到酒店中，麻蝇恣意饮食，被小厮拿一根竹签签了屁股，把灯心与他使棍，半日才得脱，遇着青蝇泣曰："多承你领我到那里，吃到有得，只是屁股痛。"

大明天下春

(明) 佚名辑
上海古籍出版社 1993 年影印本②

（一）卷之四·新增一封书

张三哥，计较多，专与小官打成伙。东交个，西交个，只望相交当老婆，三分银子舍不得。东走西挨没奈何，问哥哥，笑哥哥，舍不得钱时休想我。

（二）卷之六·新编百妓品评·男色妓

淫巧乱雄雌，启后扉。腰间别有风流处，子瑕是卫姬，董贤是汉妃。不交其面交其

---

① 也见《笑林广记》卷之七。
② 据明刻本影印。

背,岁华飞。起来迟,对镜画蛾眉。

(三) 卷之六·新编百妓品评·小官

谁家俊娃娃,好芳容,似粉搽。冰肌雪肤难描画。六郎不似他,莲花更争差。黄金难买春无价,知音话,劝君开口,休教老了后庭花。

又:

绝色赛娇娘,向书帏,看文章。知心量有情朋伴,垂发不多长,衣裳更素妆。动人眉目春风荡,细思量,则除是文章满腹,夜雨自连床。

又:

平康一俊英,脸桃花,体似银。六街三市闲游戏,乡人也相知,客人也相知。兼爱墨子无差次,得青蚨,酒楼歌肆又饮两三壶。

(四) 卷之七·新增协韵耍儿

桐城小伙好唱哥,声声唱出小登科。不觉秀才知道了,扯到家中当老婆。笑呵呵,我的哥,这样娇娇有几多。

铜陵小伙似白铜,任君敲打面难红。光光滑滑皮肤嫩,锦绣衣裳重复重。笑融融,着实□,比那寻常大不同。

鄱阳小伙娶老婆,问他何事苦吟哦。我们当初结朋友,比你前头少一窝。叫哥哥,莫管他,任是艰难处不过。

徽州小伙似石灰,清清白白自成堆。中间放着些儿水,热气烘烘任你抔。笑嗯嗯,慢慢推,只要哥哥记在怀。

麻城小伙脸衬霞,逢人便把指尖爬。连爬三下肯不肯,何必调情弄齿牙。俊娇娃,两情□,蘸着些儿满体麻。

京山小伙不着惊,朝朝打扮做人情。交趾排草送一两,任你从容打个钉。重与轻,不做声,惺惺自古惜惺惺。

沙市小伙穿绉纱,摇摇摆摆去人家。十分颜色多光彩,好似团团锦上花。抱琵琶,非我夸,出塞昭君难比他。

团风小伙貌堂堂,巧语花言任你盘。逢人谩说三分话,遇着知音便下房。事已完,不要忙,抱住情哥懒下床。

蕲州小伙分外奇,与人方便最多时。任君做到艰难处,喜地欢天不皱眉。哭啼啼,行步迟,扯住君衣不忍离。

漳州小伙有主张,少年辛苦学文章。青灯独坐无人伴,夜半思量实惨伤。这壁厢,那壁厢,成就多少探花郎。

上清小伙生得清，道人见了懒看轻。夜来覆雨翻云后，睡得浓浓到五更。梦已醒，叫几声，莫把奴奴看得轻。

（五）卷之八·江湖方语

卯[①]孙：乃小官也。
牵孙：谓小官交朋友也。

（六）卷之八·通方俏语

朋友换妻子：以前当后。
光棍调小官：穷计较。
小官养娼妓：以后易前。

大明春

（明）程万里辑
上海古籍出版社 2002 年影印
《续修四库全书》本[②]

（一）汇选倒挂枝儿

肌巴儿得病在裤裆里坐，叫一声贤子们我的哥哥。这几日不曾打从毡边过，粗的生得丑，老的毛又多，快寻个屁股答救答救我。

（二）江湖方语

小官宿妓：以后易前。

---

① 卯眼，用以指同性恋关系中的被动、接受方。
② 据明闽建书林金魁刻本影印。

一夕话二刻

(明末清初)咄咄夫编
清初刻本

莺声百啭·男色妓

　　淫巧乱雄雌,要相逢,启后扉。腰间别有风流处,子瑕是卫姬,董贤是汉妃。不交其面交其背,岁华飞。末梢堪叹,对镜摘髭须。

断袖文编 贰

——中国古代同性恋史料集成

张杰 编

天津出版传媒集团

天津古籍出版社

卷六 清代

(一) 清代前期

读诗质疑

(清·康熙)严虞惇撰
台湾商务印书馆1986年影印
文渊阁《四库全书》本

(一)《读诗质疑》提要

《左传》称祭仲有宠于庄公,所谓"宠"者,信任显荣之意,故楚灵王对申叔时自称盗有宠也。虞惇因此一字指祭仲为安陵、龙阳之流,以《山有扶苏》之狡童当之,谓仲虽为卿,诗人丑以进身之始,此不更附会乎?

(二)卷七①

虞惇按:此与《狡童》、《褰裳》三篇疑皆为祭仲足而作。钱澄之云:据《左传》,祭封人仲足有宠于庄公,庄公使为卿,为公娶邓曼,盖嬖幸之臣也。仲虽为卿,诗人本其进身之始而丑之,故曰以狂且狡童。

楚国人文宝善集

(清·康熙)王元士编
清同治十三年(1874)
江夏王景彝刻本

卷十四下孟·弥子之妻 孔子曰有命②

观圣人之拒嬖人,而已知其严于择主矣。夫一主而得卫卿,主莫便于此矣。而孔子犹以有命却之,其择主之严,不已有然哉?且吾与子论孔子之主,亦既知人言之非矣。然或者旅寓之偶然,圣人未尝留意焉,则安知其不主于嬖幸者流?而吾尝遐稽轶事,见有凭藉宠灵,曲为结纳。而圣人卒付之定数不少假借者,以是知圣人之择主,正非苟焉而已也。如孔子主颜雠由矣,夫雠由,卫之良也,而孔子主之者,大抵气类相投,初不假人以为之介绍。亦惟是巾车脂辖,又岂因主而倚为声援。然孔子之适卫,欲仕卫也。

---

① 分析《诗经·山有扶苏》。
② (清·顺治)彭梼作。

雠由之于君也疏，其进见于君也罕。则能言孔子于卫君，而不能必得之于卫君。虽欲孔子之为卿，而不能使孔子之必得卫卿。而卫有嬖人弥子者，其富贵人也易为力，卫人因弥子以富贵者亦多有。雠由苟欲为孔子地，曷不使孔子主卫弥子？孔子即不能自主于弥子，何难因人以求主于弥子？孔子苟因人以求主于弥子，岂其即见拒于弥子？而当日者，卒不闻孔子有主于弥子之事。不惟孔子不主于弥子，而弥子且求主孔子。不惟孔子不因人以求主于弥子，而弥子且因人以求主孔子。不惟孔子不因人以求主于弥子，而不见拒于弥子，而弥子尝因人以求主孔子，而且见拒于孔子。曷言乎弥子之求主孔子也？弥子曰孔子主我，卫卿可得是也。以厚爵诱之者，欲主之之亟也。曷言乎弥子因人以求主孔子也？弥子之妻与子路之妻，兄弟也。弥子以告子路，子路以告孔子是也。藉姻娅以通之者，欲主之之诚也。曷言乎弥子因人以求主孔子，而见拒于孔子也？孔子闻子路之言，闻弥子告子路之言，而曰有命是也。不事烦言，不恶而严者，决不主之之词也。从来奸人之比附，不必于其亲也，稍可引援而即凭之以潜通其声气。假君之灵示己之惠，党援所由成也。故弥子托葭莩之末而即以结贤圣之知，此其植党行私之故智，而不问所植之何人也。宵小之肺肠，大都如是也。而君子之失足，亦不必于其大也。偶事包荒，而或因之以伤于比匪。假一日之知，因丧生平之气节，口实所由滋也。故孔子本时命之言，而即以折权奸之气。虽有贵贱自我之威灵，举无所用，而定数自有其可凭也。持身之严正，何在不然也。孔子在卫之不轻于主也，固已如是。况乎当陁之际，犹有其甚严者耶？

其精神著意在后二比，危论名言，可书诸绅，即其言可以知其人之为端人正士。（王元士）

岭云编

（清·康熙）徐越编
清康熙间刻本

（一）下孟·弥子谓子　有命

大抵小人之心，未尝不自知其羞于君子也。

（二）下孟·孔子主我　得也

嬖臣挟权以要圣，不知谅也。……弥子者，以色嬖于卫灵公。……然而我虽名在侧微之间，而宠或稍属心膂之际。卫君之左右朝夕，非我固无以为悦者也。

（三）下孟·孔子进以　有命

惟弥子无不干也，虽以便辟之取怜，莫必其色衰而得罪。

博古叶子

（明末清初）陈洪绶绘
民国二十九年（1940）中国版画史社
影印《中国版画史图录》本①

断袖图

图中内侍在为哀帝断袖，不当，应是哀帝自断其袖。

---

① 据清顺治间刻本影印。

文帝夜梦图

钳徒相青图

陈洪绶集

(明末清初)陈洪绶著
浙江古籍出版社 1994 年版

卷七·弄儿谣①

驺虞垂幡金银挝,玄豹障泥白鼻䯀。
雕面郎神斗丽华,弄儿行草与踏花。
诸将望尘拜道遮。
金弹飞肉富贫家,彼食天禄等押衙。
弄儿饱死战士夸,战士饥死浮黄沙。
弄儿得宠日未赊,胥涛卷雪鸣悲笳。

无双谱

(清·康熙)金史撰绘
中华书局 1961 年影印
《中国古代版画丛刊》本②

像赞《恐惊寐》:
云阳舍人貌自工,年才二十为三公。
法尧禅舜尚不惜,何况断褎枕席中。
孝武当年称好色,思患预防杀钩弋。
嬖一幸竖忘祖宗,欲绵汉祚何由得。
后人空骂新都贼。

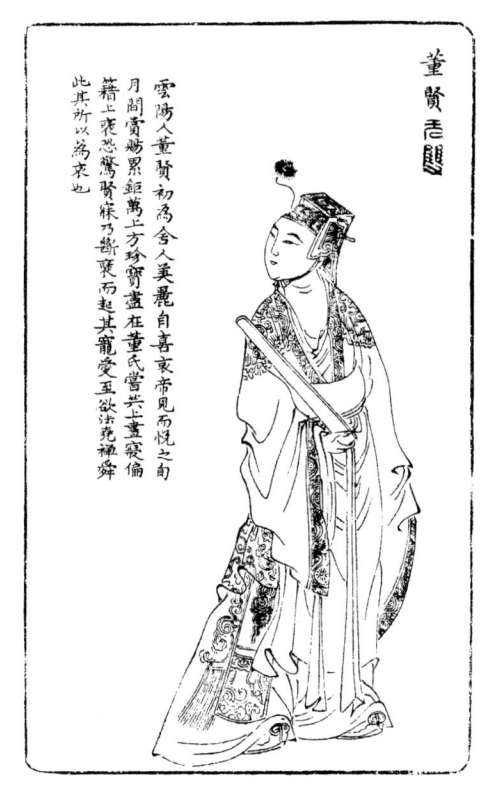

董贤像

---

① 所咏为汉代事,注意"弄儿"、"金弹",参见《西京杂记》(四)。
② 据清康熙间刻本影印。

渊鉴类函

(清·康熙)张英等纂
中国书店 1985 年影印本①

(一)卷一百八十七乐部·淫乐一

宋《中兴四朝乐志·序》曰:"政和间,诏以大晟乐颁之教坊。乐府奏言:乐之诸宫调多不正,皆俚俗所传。及命刘昺辑《燕乐新书》,亦惟以八十四调为宗,非复雅音。而曲燕昵狎,至有援君臣相悦之说以藉口者。末俗渐靡之弊愈不容言矣。"

(二)卷一百八十七乐部·淫乐二

吴趋、楚舞。《宋略》:"周道衰微,失其序次。先之以怨怒,后之以哀思。猱杂子女,荡悦淫心。充庭广奏,则以鱼龙靡曼为瑰玮;会同享观,则以吴趋楚舞为妖妍。"

(三)卷三百十三人部·宠幸二

正德初,刘瑾用事,与上同卧起。中贵皆以贽得出镇,奏置皇庄三百余处。导上以走马击球角牴之乐,辍朝不视事。

明武宗外纪

(清初)毛奇龄撰
台湾广文书局 1967 年版

武宗者,孝宗之嫡子也,母张皇后,以宏治四年九月二十四日,梦白龙据腹生武宗。白者西方色,兵象,故生而好武。

前此三朝所立储皆非嫡,而武宗独后出,且所生辰枝为申酉戌亥。连若贯珠,粹质比冰玉,神彩焕发。自少举止非常,两岁即册立为皇太子,孝宗爱之。

孝宗数幸春坊问所业,太子率宫僚趋走迎送,娴于礼节;每问亲安视膳,恭而有愉色,所至游幸必陪侍,有所见,必随事启迪;为学之暇,或闻其颇好骑射,以为克诘戎

---

① 据清光绪十三年(1887)上海同文书局石印本影印。

兵，亦安不忘危之意，勿之禁也。十五岁即位，明年改元，行大婚礼。宣制，选中军都督府都督同知夏儒长女册为后，随遣礼部上册妃仪，册沈氏为贤妃，吴氏为德妃。上一切行礼册，后受贺，曲中仪法，观者称之。

故事，宫中六局官，有尚寝者，司上寝处事。而文书房内官，每记上幸宿所在，及所幸宫嫔年月，以俟稽考。上悉令除却省记注，掣去尚寝诸所司事，遂遍游宫中，日率小黄门为角牴蹴鞠之戏，随所驻辄饮宿不返，其入中宫及东西两宫，月不过四五日。

尝游宝和店，令内侍出所储摊门，身衣估人衣，首戴瓜拉，自宝和至宝延凡六店，历与贸易持簿算，喧询不相下，别令作市正调和之。拥至廊下家。廊下家者，中官住永巷卖酒家也。筝纂琵琶嘈嘈然，坐当垆妇于其中，杂出牵衣，蜂簇而入，瀎茶之顷，周历诸家。凡市戏跳猿骗马斗鸡逐犬所至环集，且实宫人于勾栏，扮演侑酒，醉即宿其处，如是累日。

乃大起营建，兴造太素殿及天鹅房船坞诸工。又别构院籞，筑宫殿数层，而造密室于两厢，勾连栉列，名曰"豹房"。初日幸其处，既则歇宿，比大内，令内侍环值，名"豹房祇候"。群小见幸者，皆集于此。

有言锦衣卫都督同知于永善阴道秘术，遂召入豹房，与语大悦。永色目人，进言回回女晰润而瑳粲，大胜中土。时都督吕佐亦色目人，永矫旨索佐家回女善西域舞者，得十二人以进，歌舞达昼夜。顾犹以为不足，乃讽上请召诸侯伯中故色目籍家妇人入内，驾言教舞，而择其美者留之不令出。一日永侍饮观舞，酒酣呼永，使即家召其女来，时有言永女殊色，故以召。永诈匿其女，饰邻人白回子女充名以入，上以为真也，悦之。永畏其泄，阳为风痹，固乞去，以其子承袭指挥。诸色目家虽切齿，然无敢发者。

上称豹房曰"新宅"，日召教坊乐工入新宅承应。久之，乐工诉言乐户在外府多有，今独居京者承应不均。乃敕礼部移文，取河间诸府乐户精技业者，送教坊承应。于是有司遣官押送诸伶人日以百计，皆乘传给食，及到京，留其技精者给与口粮，敕工部相地结房室大小有差。

教坊司左司乐臧贤以疾求退，有旨勉起供职，未几即升为奉銮以宠之。

七年，杨一清疏曰："龙舆尝幸豹房，驻宿不去，至后苑训练戎兵，鼓炮之声，震骇城市。"

上夜微行，至教坊司观诸乐所用器物。

上自即位后，每岁宫中张灯为乐，所费以数万计。库贮黄蜡不足，复令所司买补之。至九年，宁王宸濠献新样四时灯数百，穷极奇巧，临献复令所遣人亲入宫悬挂，其灯制不一，多着柱附壁，以取新异。上复于廷轩间，依栏设毡幕，而贮火药于其中，偶勿戒，遂延烧宫殿，自二漏至明，乾清以内皆灰烬矣。当火势盛时，上犹往豹房省视，回顾光焰烘烘然，笑曰："是一棚大烟火也。"

上初好武，特设东西两官厅于禁中，比之团营，后江彬、许泰皆以边将得幸，入豹房。乃立内教场，别为都署，东官厅以太监张忠领之，西以许泰领之。有神周者，尝以罪坐谪，今以附泰复官，得进用。未几，益以刘晖四人者，皆赐国姓为义子，名四镇兵，又名外四家兵，而以江彬兼统之。彬故称朱彬，为总管。上乃自领阉人善骑射者为一营，谓之中军，晨夕下操，呼噪火炮之声达于九门，浴铁文组照耀宫墙间。上亲阅之，其名曰"过锦"，言度眼如锦也。时诸军悉衣黄罩甲，中外化之，虽金绯锦绮，亦必加罩甲于上，市井细民，无不效其制，号时世装。两厅诸领军，则于遮阳帽上拖靛染大鹅翎，以为贵饰，大者拖三英，次二英，尚书王琼得赐一英冠，以下教场，矜殊遇焉。其后巡狩所经，虽督饷、侍郎、巡抚、都御史，无不衣罩甲见上者。

初，江彬密言后军都督府右都督马昂有女弟美艳，时已适毕指挥有娠矣。上令中使迎取之至豹房，弱颜丽质，顾善骑射，解胡乐，能道达语，遂大幸。马氏一门，无大小皆赐蟒衣，内廷大珰皆呼昂为舅，赐第太平仓东，熏灼动京师。言官交章谏，皆不纳。及十一年十月，上每从数骑过昂饮，是日饮酣，召昂妾，昂以妾病辞，上怒而起，昂惧乃请罢，而马氏宠衰。

十二年，上祀南郊毕，即往南海子纵猎，文武大臣扈从者不许入。及晡，始传旨诸大臣先还，候于承天门。夜半驾始入，御奉天殿，群臣行庆成礼。乃以所获獐麋鹿兔赐府部大臣、翰林科道官，而于是有巡行之事。

七月，上私幸南海子，西行经畏吾村大佛寺，以临西山。八月朔，上微服从得胜门出，幸昌平州。阁臣以下皆追至沙河，疏请还宫，不纳，科道交章谏，亦不报。九月，遂驻跸宣府，时江彬宣府人，欲挟上自恣，遂诱为西北之行。既幸宣府，遂营建镇国府第，上居之乐，遂忘归。每夜行，见高屋大房即驰入，或索饮或搜其妇女，居民苦之，至有阴赂彬求免者。后军士樵苏不继，至毁民房屋以供爨，市肆萧然，白昼户闭。

是年冬，立春，上迎春于宣府，备百戏。别饬大车数十辆，杂坐僧人妇女于其中，每辆数十人，合至数百。乃如僧数，悬球于车盖，而敲僧头以当之。车既驰，则头与球触，上视大笑，以为乐。

十三年四月，上幸昌平，诣诸陵，祭告毕，遂幸密云。时民间竞传欲括女子敛财物以充进奉，所至遁匿。独永平知府毛思义下令，以为大丧未举，车驾必不出此，必奸徒矫诈，藉以惑人者。百姓各安业，非有府部抚按官文书，妄称驾至扰民者，悉捕治之。上闻大怒，执思义送诏狱，令法司从重拟罪。当赎杖还职，得旨降三级，为云南安宁知州。

上驻跸大喜峰口，招来朵颜三卫夷人花当把儿孙等，纳质至关，宴劳毕，还京。

初，上幸河西务，指挥黄勋以供应为名，科扰侵盗，巡按御史刘士元按之。勋逃至行在，因嬖幸谮士元，闻驾至，令民间尽嫁其女，藏匿妇人。遂命裸缚士元，面讯之，时野次无杖，取生柳杖四十，几死，囚系于车，驰入京，并执知县曹俊等十余人，下诏狱。太皇太后发纼时，上亲奉梓宫，帅百官衰绖徒步，送至得胜门外。皇亲、群臣、命妇各祭如仪，临祭，上戎服驰马观之。

遣太监萧敬传旨辽东、宣府、大同、延绥、陕西、宁夏、甘肃：特命总督军务威武大将军总兵官朱寿统率六军，或攻或守，即写敕与他。威武将军者，上自称也。是日，左顺门群臣泣谏不纳，既又敕谕加镇国公爵，以报其劳。

上复北幸。黎明，由东安门出，群臣知而送者五十二人。上度居庸关，历怀来、保安诸城堡，遂驻跸宣府。初江彬劝上于宣府治行在，越岁乃成，糜费不可计。复辇豹房所储诸珍宝及巡游所收妇女实其中，上甚乐焉，每称曰"家里"。还京后，数数念之不置。彬亦欲专宠，俾诸幸臣不得近，数导上出。及再度居庸关，仍戒守者毋令京朝官出关。盖上厌大内，初以豹房为家，至是更以宣府为家矣。

上驻跸大同，立券买总兵叶椿第为总督府居之，夺都指挥杨俊所置店二所改为酒坊，且为之榜曰"官食"，亦立券买而皆不予直，曰"官家房"。

凡车驾所至，近侍先掠良家女以充幸御，至数十车，在道日有死者，左右不敢闻。且令有司饩廪之，别具女衣、首饰为赏赉费。远近骚动，所经多逃亡，上不知也。

乃封右都督朱彬为平卤伯，左都督朱泰为安边伯，各食禄千石，世世承袭。彬、泰善伺上意，既诱上再巡边，与寇遇，幸不覆军。上欲自耀武功，乃假重两人，亲为定爵名，驰敕下吏部封之。两人亦自以为功，偃然受焉。

上至绥德州，幸总兵官戴钦第，寻纳钦女。

初，上驻偏头。时大索女乐于太原，偶于众妓中，遥见色姣而善讴者，援取之。询其籍，本乐户刘良之女，晋府乐工杨腾妻也。赐之与饮，试其技，大悦。后自榆林还，再召之，遂载以归。至是随行在，宠冠诸女，称美人，饮食起居必与偕。左右或触上怒，阴求之，辄一笑而解，江彬诸近侍，皆呼之曰"刘娘娘"云。

上自宣府抵西陲，往返数千里，乘马腰弓矢，冲风戴雪，备历险陁，有司具辇以随，亦不御。至是还宣府，阉寺从人皆疲惫弗支，而上不以为劳也。

十四年二月，上自宣府还，文武群臣具彩幛、银币、羊酒迎于德胜门外，如前仪。是日先驻跸外教场，亲简阅所获首卤衣仗，然后入，乃赐内阁及五府六部、都察院、通政司、大理寺堂上官，各衙门正官及科道官银牌、花红有差。

上嗜饮，尝以杯杓随，左右欲乘其醉以自便，复预备瓶罂，故所至辄醉，醒即复进，以为常。

忽降手敕谕吏部：镇国公朱寿，宜加太师；又传旨礼部：总督军务威武大将军总兵官太师镇国公朱寿，令往南北两直隶、山东泰安州等处公干，兼尊奉圣像，供献香帛，祈福安民；又谕工部：今南行巡狩，宜急修黄马、快船以备用。

宸濠反。传旨：宸濠悖逆天道，谋为不法，杀巡抚等官，传闻已至湖口，将犯南京。即令总督军务威武大将军总兵官，后军都督府太师镇国公朱寿，亲统各镇边兵征剿。以侍郎王宪率户、兵二部属各一人随征，以张忠提督军务，朱泰挂威武副将军印，朱晖挂平贼将军印，俱充总兵官，假以节制，其平卤伯朱彬、左都督朱周随驾南征。

命礼部上大驾亲征祭告礼仪，上服皮弁，乘革辂，备六军，祭告天地、太庙、大社及祃飨军牙六纛之神，乃亲征颁诏，发驾京师。

是日，赣抚王守仁已擒濠。捷闻，匿不使下。

十二月朔，至扬州。前此太监吴经先驾至扬州，选民居壮丽者改为提督府，将驻跸焉。且矫上意，刷处女寡妇，民间汹汹，有女家掠寡男配偶，一夕殆尽。乘夜夺门出逃匿，门者不能止。

十五年正月，立春，上迎春于南京，备诸戏剧，魏国公徐俌、尚书乔守等复称贺于行在所。

上挟刘姬遍幸诸佛寺，敕绣大幡幢盖及佛幔经幪等，遍刺威武大将军镇国公某与夫人刘氏施用。

时有物如猪头，堕于上前，其色绿。又拘留妇人之所，满壁累累，一若有人头挂于上者。

八月，江西俘濠至。上令设广场，戎服，树大纛，环以诸军。释囚去桎梏，伐鼓鸣金而擒之，然后复置械，受俘，诏班师。

还至清江，复幸太监张杨第。逾三日，自汛小舟，渔于积水池，舟覆溺焉。左右大恐，争入水掖之而出，自是遂不豫。

十二月，上将还京，先命礼部上献俘礼仪。上常服御奉天门，钟声止，请上乘舆，作乐，登午门楼，升座，乐止，鸣鞭讫，文武百官朝贺，遂献俘。献讫，退。

乃奏提督赞画机密军务，兼提督官校办事后军都督府平卤伯朱彬等，随驾南征，奉总督军务威武大将军总兵官后军都督府太师镇国公朱寿指挥方略，将宸濠等逆党申宗远等十五人，并家属擒捕，乞明正其罪。上批：着论功行赏毕，即将宗远等献俘于阙下，会鞫以闻。

初上北还，每令濠舟与御舟衔尾而行，尝欲放之湖，以待自擒，众谏乃止。至是处置如寘鐇例，令自尽扬灰。

上还京，文武百官迎于正阳桥。是日大耀军容，俘诸从逆者及家属数千人，陈辇道东西。陆完、钱宁等亦皆裸体反接，以白帜标姓名于首。其所俘首级，亦标白帜悬于竿，凡数里不绝。上戎服乘马立正阳门下，阅视良久，乃入。

乃以凯旋诣南郊，再拜，呕血于地，不能终礼，遂大渐。

罪惟录

(清初)查继佐编撰
民国间商务印书馆上海影印
《四部丛刊三编》本①

(一) 志三十二卷之上·弘治逸纪

孝庙登极之时，有掌酒内侍适携弄儿入禁。俄传帝至，惧，猝投之酒瓮糜死。为同辈所讦，或以初践祚乞恩，帝必诛之。

(二) 志三十二卷之上·正德逸纪

十六年二月，卧豹房，罢朝。大渐，唯太监陈敬、苏进二人侍。始追悔前误，不及矣。世庙立，诸佞幸皆被遣，乃无及徐髯仙②者。髯仙故以跅弛不羁，坐革衿。上南巡，至维扬，髯仙献乐府称旨，上数幸其家，亿晚静阁观鱼。随驾至京，宿卫，或共卧起。授锦衣镇抚，赐飞鱼袋。上晏驾，并收，以文名得免。

(三) 列传卷之二十九·刘瑾传

刘瑾，陕西西安人。弘治中，与张永皆给事太子家。太子即位，益亲幸。瑾及永、马永成、谷大用、魏彬、刘祥、丘聚、张兴，号八党，与上卧起，日导帝犬马、鹰兔、舞唱、角牴之好，宴游亡度。

(四) 列传卷之二十九·魏忠贤传③

魏忠贤，初名进忠，直隶肃宁人也。……太监王安素严正，久辅翼太子，有劳，太子以属宫中事。其名下魏朝者，誉进忠于安，安信之。熹宗既立，乳媪客氏封奉圣夫人，尝私朝，与朝对食。进忠间与客氏通，分朝爱。两人至互争客氏于乾清宫之暖阁，夜喧帝起，帝语客氏即何向，朕为汝主之。客氏故向进忠也，进忠寻与客氏矫逐朝凤阳，中道缢杀之。朝素与帝卧起，帝不能庇。

---

① 据海宁查氏手稿本影印。
② 徐霖，号髯仙，参见《戒庵老人漫笔》(三)等。
③ 参见《酌中志》(一)。

（五）列传卷之三十·钱宁传

钱宁者，本镇安人，名茶来。武宗朝事刘瑾，能左右射，知书，尤善揣合。上悦之，赐国姓为义子。瑾败，宁计免。历左都督，掌卫事，权益重。伶人臧贤，回回人于永者善阴道秘戏，若诸番僧为幻咒者，皆由宁入见。请建新寺、豹房，日侍左右。上醉枕宁卧，百官候朝至哺，莫得上起居，但伺宁。

论曰："茶来故自以卧起得幸，掌锦衣。"

（六）列传卷之三十·江彬传

江彬者，山西宣府人。为人黠悍狠忍，谈兵上前，高自称诩。上悦之，以为左都督，赐之国姓。留侍豹房，同卧起。

（七）列传卷之三十·严嵩传附严世蕃传

世蕃以父任为工部左侍郎，狡谲有机智。有鄢懋卿、赵文华数辈，为世蕃狎客。光禄寺少卿白启常者，至以粉墨涂面，供世蕃欢笑。家童年，世蕃所昵，士大夫之无耻者竞呼年别号，称为先生。

列朝诗集小传

（清初）钱谦益撰
上海古籍出版社 1983 年版

（一）丙集·徐髯仙霖

霖，字子仁，其先姑苏人，徙金陵。筑快园于城东，极游观声伎之乐。善制小令，填南北词，皆入律，棋酒之暇，命伶童侍女，被其新声，都人竞传而歌之。武帝南巡，伶人臧贤进其词翰，召见行宫，上屡称善。赐飞鱼服，扈从还京。每夜宿御榻前，与上同卧起。将授官禁近，固辞，会上宾而罢。归里二十余年乃卒，年七十有七。

（二）丁集上·臧博士懋循[①]

懋循，字晋叔，长兴人，万历庚辰进士。风流任诞，官南国子博士，每出必以棋局、蹴球系于车后。又与所欢小史衣红衣，并马出凤台门，中白简罢官。时南海唐伯元上书

---

① 参见《汤显祖全集》（二）。

议文庙从祀，恭进石经《大学》，与晋叔偕贬，同日出关。汤若士为诗云："却笑唐生同日贬，一时臧毂竟何云？"艺林至今以为美谈。

（三）闰集·香奁下·马如玉

马如玉本张姓，家金陵南市楼。徙居旧院，从假母之姓为马。修洁萧疏，无儿女子态，凡行乐伎俩无不精工。熟精文选、唐音，善小楷、八分书及绘事，倾动一时士大夫。而闺秀女瑛与之婉娈，至有截发烧臂，抵死不相舍者。曲中诸媪咸以为异。

江西通志

（清·雍正）谢旻等编
台湾商务印书馆 1986 年影印
文渊阁《四库全书》本

卷七十

章允儒字珍甫，南昌人，万历进士，授华亭令。于谳决尤称神明，上官往往以旁郡狱属之。邑之金家衖有横尸，一老者哭曰："吾子也。"诉之令，贼弗得。或榜片纸道傍曰："薛某杀人。"又从薛所得死者所弄二钱。章允儒诣其地审视，曰："得之矣。"缚库楼独居一佻达子至，曰："汝杀人！"立服。盖死者为娈童，诱狎不遂，因杀之，而以弄钱嫁祸于薛。诸发奸摘伏多此类，用治行异等擢吏科给事中。

南渡录

（明末清初）李清撰
浙江古籍出版社 1988 年版

卷之五

上①燕居深宫，每徘徊诧叹，谓诸卧无肯为我用者，于声色罕进也。然读书少，章奏未能亲裁，故内阉外壬相倚为奸，皆归过于上。如端阳捕虾蟆，此宫中旧例，而加以秽

---

① 南明弘光帝朱由崧。

言①。且谓娈童季女，死者接踵。内外喧谤，罔辨也。及国亡，宫女皆奔入民家，历历吐状，始得其实。又旧辅吴甡寓居溧女，曾见一大珰，询及宫府事，言："上饮酒宴乐有之，纵淫方药等传闻非确，惜为大学士马士英所挟耳。"

枣林杂俎

（明末清初）谈迁撰
中华书局2006年版

（一）仁集·逸典·赵体元

马士英筮仕南京户部主事，书佐赵体元，或云断袖之嬖，历任不弃。从军凤阳，冒功系衔，犹皂帽青衣，给役如故。及入相，体元累都督同知，趋走如舆台。朔望服蟒玉见，仍侍侧。阅章奏，云某某当若何，间从之。用兵部印，直任体元，不亲视也，威柄几等贵阳。②

（二）义集·彤管·女化男

正德七年，平凉府太平桥下女子高四姐化为男子，生须，名高雷。今六十余，有二子。（赵时春《平凉府志》）

崇祯戊辰，华亭莫氏女化为男子，遂儒服裹巾。

（三）义集·纬侯·男产

万历丁巳正月二十八日，奉化县后杨村男子张一产儿，并活无恙。张妻舒氏未妊。[张]同卢某负贩，或曰："儿之孕，卢为之也。"（徐见可《啜墨亭集》）

（四）和集·丛赘·排调

平湖沈萃祯少所狎羽童③补功曹，历长沙卫经历。沈历苏州府，陆员外嗣端改唐诗④嘲之："鹤氅云冠宫样妆，春风一曲度为娘。师公见惯浑闲事，恼乱苏州刺史肠。"

读杜工部诗："入门高兴发，侍立小童清。"⑤ 此君亦有外癖，为之一笑。

---

① 指传说宫中以虾蟆配制春药。
② 马士英系贵阳人，参见《广阳杂记》（一）。
③ 小道士。
④ 见《本事诗·情感》，刘禹锡作。
⑤ 见（唐）杜甫诗《与李十二白同寻范十隐居》。

永历实录

(明末清初) 王夫之撰
岳麓书社 1982 年版

(一) 卷二十五·夏国祥传

夏国祥,直隶宁国人。美姿容,以娈童游狭邪。然稍读书,习制义,应童子试,不得补诸生。闻圣安皇帝①喜外嬖,乃焚书自宫,求入内廷。未及宠用,南都陷。走闽,事思文皇帝②,为少监。已走粤,因庞天寿入内,[侍南明永历帝朱由榔],得补司礼太监。天寿质朴,不习文墨,凡阅发红本,委之国祥。国祥工狐媚,有宠于慈圣,遂骎骎夺大权。外奉天寿,以虚名尊之,实自执政柄,天寿弗能为重轻。

(二) 卷二十六·陈邦傅传 记有南明军队中的同性恋事例。

鞑靼中国史

(比) 鲁日满 (Francisco Rogemont) 撰③
何高济译
中华书局 2008 年版

(一) 第二部

宫廷中出现谣言说皇上④有失尊严,干一些极不正当事。事态十分有害,不祥和侮辱的传闻与日俱增,据说在这场谣传和丑闻中皇帝受到一个著名伴侣⑤的引诱而行为不检。不顾危险,信赖上帝的汤若望神父去见皇上,想据理说动他;全身跪倒在地,双眼流泪,向皇上呈送一份奏章;奏章用真诚和严正的言词指出宫里有关皇上生活作风的传闻,请给予改正。皇上当即明显地脸色改变,羞愧不安,但没有表现出不快。他命令神父起身,

---

① 南明弘光帝朱由崧。
② 南明隆武帝朱聿键。
③ 撰者系耶稣会修士,顺康年间在中国江南地区传教。康熙初年发生历狱案,被押解至京,后又被发遣至广州。汤若望神父是历狱案中最主要的受迫害对象,南怀仁神父为其助手,鲁日满从同乡南怀仁处获知了不少宫廷内幕,而南怀仁的了解有许多是来自汤若望的告述。
④ 顺治帝。
⑤ 当系太监吴良辅。

简短说：事实不如传闻。没有再说，叫神父离开，但此事中他确实变色及沉默，多少做出了很好的回答。

朝廷的一位大员却未能受到这样的接待。归纳起来中国人有三件放纵和行乐之事，这就是肉欲之害、宴飨之乐和赌博游戏。就这样耽于声色歌舞，宫中充满疯狂、淫猥男童的丑行和闹剧。他们得到皇上的宠爱，十分骄狂，丑闻传遍皇宫，直到莫名其妙地传到后妃的宫室。鞑靼人不愿见到这种状态，其中一个大胆的、官阶最高的人，承担起责任向皇上进谏。适值皇上驾临汤若望神父的住宅，在居室内亲切交谈，这个鞑靼人趁机进入，向皇上跪拜，呈上一份奏章。皇上接阅后十分生气，用下面的话作答：你等竟敢以些须小事打扰我！若我有错，这位善良长者作为我之庇护者，向我进言和劝诫，我视彼若我之父。鞑靼人回答说：陛下不止一位臣属，而有许多忠实者。皇帝的话就止于此，不再多说，马上命令他离开御前。

(二) 第二部

北京城里有一个出身于鞑靼大家族的少年，年约二十五岁，备受已故皇帝①的宠幸。其情爱系因他年龄相当，风姿绰约，尤其具有魅力，这些优点使他显得美丽可爱。因此在皇帝死的那天，太后把这个少年叫去，说：好啊，你竟敢活着！不幸的少年脸色苍白，因为他知道太后简短的话是何意，他对皇帝的忠贞需要他去跟死者作伴。〔太后对他说：〕那么，如果你是我子的忠实伴侣，你应勇敢地随他到阴间去，他在等你，不能忍受思恋之苦；你知道鞑靼人的风俗，我想你的爱是真的，所以无需更多的规劝；去替我向你的父母致意，向他们最后辞别。少年跪在地上回答说：谨遵太后旨意。说完返回家里，父母一听这不祥的消息，当时变色，落下眼泪。亲友都因这个消息悲伤地齐聚他的家，有的人劝他高高兴兴赶快去死，他们不敢违背太后的旨意；另一些人相反地同情他花季年龄，尚未享受人生，劝他逃命自救。一整天就在这种争论和悲伤中度过。第二天太后得知可怜的少年还活着，便派手下两个大员携一个镀金盒子，作为礼物，其中盛一根类似鞑靼人携带的弓弦，并且命令他们必须亲手了结此事。终于就在这天少年被绞死在自己父母的家里②，就这样鞑靼和中国最美之花凋谢了。

---

① 顺治帝。
② 此少年当系顺治的御前侍卫傅达理，《清史稿·圣祖本纪一》曾载："顺治十八年四月，予殉葬侍卫傅达理祭葬。"

黄书 （明末清初）王夫之撰　古籍出版社1956年版

大正第六

游佚公子，发其①赢余，买越娃，拥小史②，食游客。长夜酣饮，骤马轻纨，六博投琼而散犹未尽。

日知录 （明末清初）顾炎武撰　上海古籍出版社2006年《日知录集释》本

卷十三·奴仆

《汉书·霍光传》任宣言："大将军时，百官已下，但事冯子都、王子方等。"又曰："初，光爱幸监奴冯子都，常与计事。及显寡居，与子都乱。"夫以出入殿门，进止不失尺寸之人，而溺情女子小人，遂至于此。今时士大夫之仆，多有以色而升，以妻而宠。夫上有渔色之主，则下必有烝弑之臣。清斯濯缨，浊斯濯足，自取之也。是以欲清闺门，必自简童仆始。

---

① 父母。
② 娈童。

治家格言绎义

（清初）朱用纯撰
（清·光绪）戴翊清绎义
清宣统元年（1909）无锡
周氏惜分阴轩石印本

奴仆勿用俊美

奴仆以勤慎老成者为上，然不可多得。此外巧而黠不如直而愚，少而才不如老而钝。盖用以供驱使，非以悦耳目。若好用俊美，其患滋多。若辈居心与婢妾等，专以柔媚取容，其办事未必精能。惟主人有宠爱之心，则事事原谅。即有舛错，亦不忍加以谴呵。其不在主人之前，必骄而且惰。而倚主人之势，在家作弊，在外招摇。旁观知之而不欲言，家人闻之而不敢告也。至若辈出身，半系失业之优者、已长之娈童。其品如斯，其心可问。或私通婢妾，引诱偕逃；或盗窃资财，乘间远遁。至居官者亲信若辈，为患尤深，因之落职破家者往往而见。

寓意草

（清初）喻昌撰
台湾商务印书馆 1986 年影印
文渊阁《四库全书》本

（一）卷一

门人问曰：崇明蒋中尊病伤寒，临危求肉汁淘饭半碗，食毕大叫一声而逝，此曷故也？答曰：蒋中尊者，向曾见其满面油光，已知其精神外用，非永寿之人也。近闻其宦情与声色交浓，宵征海面，冒屡烟蛟雾之气，尚犯比顽①之戒。则其病纯是内伤而外感，不过受雾露之气耳。雾露之邪其中人也，但入气分清道原不传经，故非发表攻里所能驱，惟培元气、厚谷气，则邪不驱而自出。设以其头晕发热认为太阳之症，误表其汗，则内伤必转增，而危殆在所必至矣。且内伤之人一饱一饥即已生患，又误以为伤寒而绝其食，已虚益虚，致腹中馁急，求救于食。食入大叫一声者，肠断而死也。此理甚明，如饥民仆地即死，气从中断不相续也。

---

① 比顽，好男色。

(二) 卷四

故在得志以后，既知此身为上天托界之身，自应葆精啬神以答天眷。若乃女爱毕席，男欢毕输。竭身中之自有，而借资于药饵，责效于眉睫。致宵小无知之辈，得阴操其祸人之术以冀捷获，虽前代有房中秘术而今则断不可矣。盖今者举世尽趋于刻露，人皆无浑和之气，复以躁急之药济之，几何不丧亡接踵乎？此道惟岐黄言之甚悉，但仕宦家不肯细心究讨耳。

(三) 卷四

胡卣臣曰：艰嗣之故有五。一曰性偏刻，好发人阴私。一曰好洁，遇物多不适意处。一曰悭吝，持金钱不使漏一线。一曰喜娈童，非其所用，肝筋急伤。一曰多服热剂，铄真阴而尽之。嘉言此论！曲畅经旨以辟方士之谬而破轻信之惑，真救世之药言也。

因树屋书影

(清初) 周亮工撰
清雍正间刻本

(一) 第一卷

先大人[①]著述甚富，常作《观宅四十吉祥相》，有益于世道人心，备录于此：……外无狡童[②]，内无老婢。无狡童不惟省己防闲，抑且免人疑议。至禁锢老婢，尤伤阴骘。

(二) 第九卷

道人马绣头者，亦异人也。道人修髯伟干，黄发覆顶，舒之可长丈许。下榻不沐，而略无垢秽。自言生于正统甲子，至是约百八十余岁矣。行素女术，所至淫妪鸨姐多从之游。予[③]尝谓道人啸命风雷如反掌，预识休咎如列眉，而独不避秽行，与淫妪游，且比及顽童，曰中有真阴，可采补也。此大悖谬，岂世上自有此一种，如楞严所称十种仙，或唐人所称通天狐属耶？抑天上群仙，亦如人间显宦，不尽皆立品行，纫荪荃者耶？吾又安得叩九阍而问之。

---

① 周文炜，周亮工之父。
② 主人的男宠。
③ 周亮工。

见闻录

(清初) 徐岳撰
清康熙间刻《说铃》本

(一) 宿爱

一仕宦常云："人好男宠，我甚恶之。"一优人年已二十余，班犒之外，复重赏之，每至皆然。余以为必私之矣。最恶之言伪也，察之无有。因询其故，嗫嚅久之，少顷爱子至，宦曰："酷似生此子之小妾耳，且其生年月日正妾亡之日也。更曾见露体演剧，臂有朱斑如半月，又相合。是更怜之耳。"

(二) 男宠

一士夫位已显矣，不近女色，专幸狡童。有最宠者病，亲侍汤药，衣不解带。及童病不起，誓不再近男女。童犹未之信，解所佩刀割其势，为家人所持，不果。又一士夫有宠童死，殡殓之厚，过于子弟。七七大作佛事，以资冥福。为文祭奠，哀毁过情。噫！外宠之好，汉哀几于禅位，苻主竟成敌国，季龙为之杀妻，僧达遂将坑侄。然色衰爱弛，则罪及余桃，此龙阳君有前鱼之泣也。若二君者，情则笃矣，安能免颠倒悖谬之讥乎？然以此笃挚之情，移之君则忠，移之亲则孝，移之兄弟则友，移之妻则义。夫移之友则生死交，岂不为人伦之芳轨欤？奈何溺而不悟也，悲夫。

钝吟杂录

(清初) 冯班撰
清嘉庆十二年 (1807) 虞山张氏刻
《借月山房汇钞》本

卷第二家戒下

有一禅者好狎娈童，又好赌博，我讥之。严武伯酷辨以为禅者不妨，其论甚高，我不习禅，不解也。问之一法师，乃曰："居士视此人所作，是慧是痴？若只是痴，便做不得。"我见其人两目有颣，相法当淫。乃自以为重瞳，思做天子，尤可怪。

天主十诫劝论圣迹

(意)潘国光(Francois Brancati)撰①
清同治八年(1869)慈思堂刻本

(一)卷之六第六诫毋行邪淫·劝论

问：若不可娶妾，则娼妓男淫，想亦大得罪于天主乎？

答曰：然邪色之罪，最能迷人之心，乱人之意。故人陷于邪魔之计，难以脱身而归于正，反以恶加恶，以邪结邪，而干天主之正怒，以降重罚也。若夫守贞者，纯一精洁，能得天主之圣宠，可获天堂之永福。但贞德有三，夫妇之贞，尽人之理，合天主之命，其德美矣。又不如鳏寡之贞，从一而终，至死不二，天主之前能立大功，其德更美。至于童身之贞，超出人类，上配天神，其肉身虽在地下，然纯洁完美，与天神之无形无身者同也。故天主极重极爱童贞者，所以选童贞圣母，而降生于其童身。又于童贞之人，每每显大圣迹焉。

(二)卷之六第六诫毋行邪淫·圣迹·逆性邪淫天主重罚

厄日多国相近地方名索多玛，有五大城。城中之人极富极乐，皆尚男色，永不肯改。忽然天主降罚，从天降火焚之，男女老幼尽成灰烬，五城俱沉，变为大湖，西国称为死海，中国所云弱水是也。天主至今禁人不可犯此罪，又显圣迹，其湖边所生树木甚为茂盛，开花结果，鲜美可爱。若摘之在手，即变为灰。观此即知逆性邪淫所当大戒也。

新刻江湖切要②

(清·康熙)东海卓亭子编

(一)身体类

男风：卯生。

---

① 撰者系耶稣会修士，清初在华传教。
② 录自曲彦斌主编：《中国秘语行话词典》，书目文献出版社1994年版，第506、528页。

（二）人事类

拐龙阳为拿卯。

康熙字典
（清·康熙）张玉书等编
中华书局 1958 年影印本①

丑集下·女部

娶　《字汇补》："居希切，音饥。"杨氏《正韵笺》："律有娶奸罪条，将男作女。"

言鲭
（清·康熙）吕种玉撰
清康熙间刻《说铃》本

（一）卷上·比顽童

明代律有鸡奸之条，然而有莲子胡同之承应。今此风愈盛，至有开铺者，京师谓之小唱，即小娼也，吴下谓之小手。遍天下皆然，非法之所能禁矣。

（二）卷下·齐家之难

汉梁冀爱监奴秦宫，官太仓令，冀妻孙寿私焉；霍光爱幸监奴冯子都，常与计事，及显寡，与子都乱。帝王卿相如此，后人宁可不戒惧乎？信乎齐家之难也。

---

① 据清末上海同文书局石印本影印。

张氏卮言

(清·康熙) 张元赓撰
清道光十三年 (1833) 吴江沈氏
世楷堂刻《昭代丛书》本

叶元礼先生冥缘

松陵叶元礼先生名舒崇,以迎入学,骑马过彩楼下。有闺秀见而慕之,单思染病,临绝始告父母。乃召先生永诀,先生亦呜咽不自禁。十六年后,公车计偕,于途中得一俊童。不告父母,随至辇下,欢爱之笃,过于伉俪。后俊童病亡京邸,先生哭之几绝,未及半年,亦没于都下。一时钟情眷恋,转女成男,尚胶漆相投如此!死时人共见所欢俊童现形至床前,共握手而逝。噫!在叶元礼止一世耳,而此闺秀者已经再世矣。昔为叶死,今又为彼死,忽女忽男,冥缘相续,皆此爱心不忍舍割之所致也。

桐叶偶书

(清初) 俞㮣撰
清乾隆六十年 (1795) 刻本

(一) 卷之四·二形人

二形人世多有之,有雌二形、雄二形之别。《山海经》云:"奇肱之国,其人有阴有阳。"郭注:"阴在上,阳在下。"盖若今婆罗门半释迦者。半释迦种有五,有具男女二体者,有半月为女者,皆偏气所孕。予闻长老言:万历中,吾乡①某宦家娶妇甚美,从以四婢,期年而两婢孕。姑舅以为其子私之,相与叹妇之不妒。乃皆出于妇,讯得其情,始大骇。此能生子者,所谓雄二形也。先严尝为人释假男作女之讼云:"是雌二形,其容貌亦如女子,无甚异也。"予见之。

---

① 浙江秀水。

(二) 卷之八·门子①

公侯适子，将代父当门，《周礼》谓之门子。束晳《补白华诗》："粲粲门子，如磨如错。"以《南陔》诸篇皆燕享诸侯之乐也。《广记》王智兴微时为徐州门子，于古义不同，而启闭是典，则名副其实。今官府各有门子，率以秀艾者充之。居则侍屏帷，行则从车马，因而蒙断袖之爱者十三四焉。其人亦遂以弄童自视，鲜克好修，不知何为得此名。

(三) 卷之二·崔长卿 涉及同性恋。

稗说

（清初）宋起凤撰
江苏人民出版社 1982 年版

(一) 卷一·邓小吏絮铁

林铁崖公，闽人，为岭南罗定监司。海外无事，公时以诗酒自娱。罗有小吏邓某，素驯谨，得公意，因昵焉。公以他事诖误，械之北，邓间关数千里从之。天寒，公时镮首，邓为擘絮衣裹银铛上身，分荷其重。夜则袭公侧，伺动止，未尝少间。事公还南，遣邓归。公有《絮铁歌》行于时，同人嘉其义，多相和。余②见邓吏时，其人已娶，且有子矣。状亦山野，讯往事，犹只㤄忾叹云。

(二) 卷二·夸堂老人

僧正岩，号豁堂，杭郡人，能诗，善画山水。江南好名士多丐其诗画，从之游。交渐众，不暇酬应，欲倩客为之，难其人。会山人某，亦娴诗画兼书，游湖上，与豁公交渐契。延归居密室中，令为捉刀，颇惬豁公意。山人故狷薄好外，挟数少年，皆其嬖童。中有最少者一，方及髫，甚驯。山人令拜豁公，称弟子。豁公名日益重，丹青尺幅购者金一镮。山人窃谓豁公，借名于我，我徒裹腹香积下终老乎？乃求去，实要之也。豁公力不任，听别去。山人出，卖画旋次，画无一售者，穷益甚。向少年迫于饥，私谓曰："尔知我谁氏子耶？我先朝王子耳，流落民间，暂从尔，宁甘长贫贱乎"？乃相与作伪札，鼓惑乡愚。初以救困，未几事露，为江督执下狱。

---

① 参见《滑稽余韵》。
② 宋起凤，曾任广东罗定知州。

词苑丛谈

（清·康熙）徐釚编
清康熙间刻本

卷十一

林铁崖嗣环使君口吃。有小史名絮铁，尝共患难，绝怜爱之，不使轻见一人。一日，宋观察琬在坐，呼之不至。观察戏为《西江月》词云："阅尽古今侠女，肝肠谁得如他。儿家郎罢太心多，金屋何须重锁。　羞说余桃往事，怜卿勇过庞娥。千呼万唤出来么？君曰期期不可。"

聊斋志异

（清·康熙）蒲松龄撰
人民文学出版社1989年版

（一）卷二·侠女

异史氏[①]曰："人必室有侠女，而后可以畜娈童也。不然，尔爱其艾豭，彼爱尔娄猪矣！"

（二）卷三·黄九郎

何师参，字子萧，斋于苕溪之东，门临旷野。薄暮偶出，见妇人跨驴来，少年从其后。妇约五十许，意致清越。转视少年，年可十五六，丰采过于姝丽。何生素有断袖之癖，睹之，神出于舍；翘足目送，影灭方归。次日，早伺之。落日冥濛，少年始过。生曲意承迎，笑问所来。答以"外祖家"。生请过斋少憩，辞以不暇；固曳之，乃入。略坐兴辞，坚不可挽。生挽手送之，殷嘱便道相过。少年唯唯而去。生由是凝思如渴，往来眺注，足无停趾。

一日，日衔半规，少年欻至。大喜，要入，命馆童行酒。问其姓字，答曰："黄姓，

[①] 蒲松龄的自称。

第九。童子无字。"问："过往何频？"曰："家慈在外祖家，常多病，故数省之。"酒数行，欲辞去。生捉臂遮留，下管钥。九郎无如何，赧颜复坐。挑灯共语，温若处子；而词涉游戏，便含羞，面向壁。未几，引与同衾。九郎不许，坚以睡恶为辞。强之再三，乃解上下衣，着裤卧床上。何灭烛，少时，移与同枕，曲肘加髀而狎抱之，苦求私昵。九郎怒曰："以君风雅士，故与流连；乃此之为，是禽处而兽爱之也！"未几，晨星荧荧，九郎径去。生恐其遂绝，复伺之，蹀躞凝盼，目穿北斗。过数日，九郎始至。喜逆谢过，强曳入斋，促坐笑语，窃幸其不念旧恶。无何，解屦登床，又抚哀之。九郎曰："缠绵之意，已镂肺鬲，然亲爱何必在此？"生甘言纠缠，但求一亲玉肌。九郎从之。生俟其睡寐，潜就轻薄。九郎醒，揽衣遽起，乘夜遁去。生邑邑若有所失，忘啜废枕，日渐委悴。惟日使斋童逻侦焉。

一日，九郎过门，即欲径去。童牵衣入之。见生清癯，大骇，慰问。生实告以情，泪涔涔随声零落。九郎细语曰："区区之意，实以相爱无益于弟，而有害于兄，故不为也。君既乐之，仆何惜焉？"生大悦。九郎去后，病顿减，数日平复。九郎果至，遂相缱绻。曰："今勉承君意，幸勿以此为常。"既而曰："欲有所求，肯为力乎？"问之，答曰："母患心痛，惟太医齐野王先天丹可疗。君与善，当能求之。"生诺之。临去又嘱。生入城求药，及暮付之。九郎喜，上手称谢。又强与合。九郎曰："勿相纠缠。谨为君图一佳人，胜弟万万矣。"生问谁。九郎曰："有表妹，美无伦。倘能垂意，当报柯斧。"生微笑不答。九郎怀药便去。三日乃来，复求药。生恨其迟，词多诮让。九郎曰："本不忍祸君，故疏之；既不蒙见谅，请勿悔焉。"由是燕会无虚夕。

凡三日必一乞药。齐怪其频，曰："此药未有过三服者，胡久不瘥？"因裹三剂并授之。又顾生曰："君神色黯然，病乎？"曰："无。"脉之，惊曰："君有鬼脉，病在少阴，不自慎者殆矣！"归语九郎。九郎叹曰："良医也！我实狐，久恐不为君福。"生疑其诳，藏其药，不以尽予，虑其弗至也。居无何，果病。延齐诊视，曰："曩不实言，今魂气已游墟莽，秦缓何能为力？"九郎日来省侍，曰："不听吾言，果至于此！"生寻死。九郎痛哭而去。

先是，邑有某太史，少与生共笔砚，十七岁擢翰林。时秦藩贪暴，而赂通朝士，无有言者。公抗疏劾其恶，以越俎免。藩升是省中丞，日伺公隙。公少有英称，曾邀叛王青盼，因购得旧所往来札，胁公。公惧，自经。夫人亦投缳死。

公越宿忽醒，曰："我何子萧也。"诘之，所言皆何家事，方悟其借躯返魂。留之不可，出奔旧舍。抚疑其诈，必欲排陷之，使人索千金于公。公伪诺，而忧闷欲绝。忽通九郎至，喜共话言，悲欢交集。既欲复狎。九郎曰："君有三命耶？"公曰："余悔生劳，不如死逸。"因诉冤苦。九郎悠忧以思。少间曰："幸复生聚。君旷无偶，前言表妹，慧丽多谋，必能分忧。"公欲一见颜色。曰："不难。明日将取伴老母，此道所经。君伪为弟也兄者，我假渴而求饮焉。君曰'驴子亡'，则诺也。"计已而别。

明日亭午，九郎果从女郎经门外过。公拱手絮絮与语。略睨女郎，娥眉秀曼，诚仙人也。九郎索茶，公请入饮。九郎曰："三妹勿讶，此兄盟好，不妨少休止。"扶之而下，系驴于门而入。公自起瀹茗。因目九郎曰："君前言不足以尽。今得死所矣！"女似悟其言之为己者，离榻起立，嘤喔而言曰："去休！"公外顾曰："驴子其亡！"九郎火急驰出。公拥女求合。女颜色紫变，窘若囚拘，大呼九兄，不应。曰："君自有妇，何丧人廉耻也？"公自陈无室。女曰："能矢山河，勿令秋扇见捐，则惟命是听。"公乃誓以皦日。女不复拒。事已，九郎至。女色然怒让之。九郎曰："此何子萧，昔之名士，今之太史。与兄最善，其人可依。即闻诸姊氏，当不相见罪。"日向晚，公邀遮不听去。女恐姑母骇怪。九郎锐身自任，跨驴径去。居数日，有妇携婢过，年四十许，神情意致，雅似三娘。公呼女出窥，果母也。瞥睹女，怪问："何得在此？"女惭不能对。公邀入，拜而告之。母笑曰："九郎稚气，胡再不谋？"女自入厨下，设食供母，食已乃去。

公得丽偶，颇快心期；而恶绪萦怀，恒蹙蹙有忧色。女问之，公缅述颠末。女笑曰："此九兄一人可得解，君何忧？"公诘其故。女曰："闻抚公溺声歌而比顽童，此皆九兄所长也。投所好而献之，怨可消，仇亦可复。"公虑九郎不肯。女曰："但请哀之。"越日，公见九郎来，肘行而逆之。九郎惊曰："两世之交，但可自效，顶踵所不敢惜。何忽作此态向人？"公具以谋告。九郎有难色。女曰："妾失身于郎，谁实为之？脱令中途雕丧，焉置妾也？"九郎不得已，诺之。公族与谋，驰书与所善之王太史，而致九郎焉。王会其意，大设，招抚公饮。命九郎饰女郎，作天魔舞，宛然美女。抚惑之，亟请于王，欲以重金购九郎，惟恐不得当。王故沉思以难之。迟之又久，始将公命以进。抚喜，前郄顿释。自得九郎，动息不相离；侍妾十余，视同尘土。九郎饮食供具如王者，赐金万计。半年，抚公病。九郎知其去冥路近也，遂橐金帛，假归公家。既而抚公薨。九郎出资，起屋置器，畜婢仆，母子及姊并家焉。九郎出，舆马甚都，人不知其狐也。余有"笑判"，并志之：

男女居室，为夫妇之大伦；燥湿互通，乃阴阳之正窍。迎风待月，尚有荡检之讥；断袖分桃，难免掩鼻之丑。人必力士，鸟道乃敢生开；洞非桃源，渔篙宁许误入？今某从下流而忘返，舍正路而不由。云雨未兴，辄尔上下其手；阴阳反背，居然表里为奸。华池置无用之乡，谬说老僧入定；蛮洞乃不毛之地，遂使眇帅称戈。系赤兔于辕门，如将射戟；探大弓于国库，直欲斩关。或是监内黄鳝，访知交于昨夜；分明王家朱李，索钻报于来生。彼黑松林戎马顿来，固相安矣；设黄龙府潮水忽至，何以御之？宜断其钻刺之根，兼塞其送迎之路。

(三) 卷三·商三官①

故诸葛城，有商士禹者，士人也。以醉谑忤邑豪。豪嗾家奴乱捶之，舁归而死。禹二子，长曰臣，次曰礼。一女曰三官。三官年十六，出阁有期，以父故不果。两兄出讼，终岁不得结。婿家遣人参母，请从权毕姻事。母将许之。女进曰："焉有父尸未寒而行吉礼者？彼独无父母乎？"婿家闻之，惭而止。无何，两兄讼不得直，负屈归。举家悲愤。兄弟谋留父尸，张再讼之本。三官曰："人被杀而不理，时事可知矣。天将为汝兄弟专生一阎罗包老耶？骨骸暴露，于心何忍矣。"二兄服其言，乃葬父。葬已，三官夜遁，不知所往。母惭怍，惟恐婿家知，不敢告族党，但嘱二子冥冥侦察之。几半年，杳不可寻。

会豪诞辰，招优为戏。优人孙淳，携二弟子往执役。其一王成，姿容平等，而音词清彻，群赞赏焉。其一李玉，貌韶秀如好女。呼令歌，辞以不稔；强之，所度曲半杂儿女俚谣，合座为之鼓掌。孙大惭，白主人："此子从学未久，只解行觞耳。幸勿罪责。"即命行酒。玉往来给奉，善觇主人意向，豪悦之。酒阑人散，留与同寝。玉代豪拂榻解履，殷勤周至。醉语狎之，但有展笑。豪惑益甚，尽遣诸仆去，独留玉。玉伺诸仆去，阖扉下楗焉。诸仆就别室饮。移时，闻厅事中格格有声。一仆往觇之，见室内冥黑，寂不闻声。行将旋踵，忽有响声甚厉，如悬重物而断其索。亟问之，并无应者。呼众排阖入，则主人身首两断；玉自经死，绳绝堕地上，梁间颈际，残绠俨然。众大骇，传告内闼，群集莫解。众移玉尸于庭，觉其袜履虚若无足；解之，则素舃如钩，盖女子也。益骇，呼孙淳诘之。淳骇极，不知所对。但云："玉月前投作弟子，愿从寿主人，实不知从来。"以其服凶，疑是商家刺客。暂以二人逻守之。女貌如生，抚之，肢体温奭。二人窃谋淫之。一人抱尸转侧，方将缓其结束，忽脑如物击，口血暴注，顷刻已死。其一大惊，告众。众敬若神明焉，且以告郡。郡官问臣及礼，并言："不知。但妹亡去，已半载矣。"俾往验视，果三官。官奇之，判二兄领葬，敕豪家勿仇。

(四) 卷四·念秧

异史氏曰：人情鬼蜮，所在皆然；南北冲衢，其害尤烈。如强弓怒马，御人于国门之外者，夫人而知之矣。或有劙囊刺橐，攫货于市，行人回首，财货已空，此非鬼蜮之尤者耶？乃又有萍水相逢，甘言如醴，其来也渐，其入也深。误认倾盖之交，遂罹丧资之祸。随机设阱，情状不一。俗以其言辞浸润，名曰"念秧"。今北途多有之，遭其害者尤众。

余乡王子巽者，邑诸生。有族先生在都为旗籍太史，将往探讯。治装北上，出济南，

---

① 写商三官女扮男装，凭"男色"为父报仇事。

行数里，有一人跨黑卫，驰与同行。时以闲语相引，王颇与问答。其人自言："张姓，为栖霞隶，被令公差赴都。"称谓执卑，祗奉殷勤。相从数十里，约以同宿。王在前，则策蹇迫及；在后，则祗候道左。仆疑之，因厉色拒去，不使相从。张颇自惭，挥鞭遂去。既暮，休于旅舍，偶步门庭，则见张就外舍饮。方惊疑间，张望见王，垂手拱立，谦若厮仆，稍稍问讯。王亦以泛泛适相值，不为疑，然王仆终夜戒备之。鸡既唱，张来呼与同行。仆咄绝之，乃去。

朝暾已上，王始就道。行半日许，前一人跨白卫，年四十已来，衣帽整洁，垂首蹇分，盹寐欲堕。或先之，或后之，因循十数里。王怪问："夜何作，致迷顿乃尔？"其人闻之，猛然欠伸，言："我青苑人，许姓，临淄令高蘩是我中表。家兄设帐于官署，我往探省，少获馈贻。今夜旅舍，误同念秧者宿，惊惕不敢交睫，遂致白昼迷闷。"王故问："念秧何说？"许曰："君客时少，未知险诈。今有匪类，以甘言诱行旅，夤缘与同休止，因而乘机骗赚。昨有葭莩亲，以此丧资斧。吾等皆宜警备。"王颔之。先是，临淄宰与王有旧，王曾入其幕，识其门客果有许姓，遂不复疑。因道温凉，兼询其兄况。许约暮共主人，王诺之。仆终疑其伪，阴与主人谋，迟留不进，相失，遂杳。

翼日，日卓午，又遇一少年，年可十六七，骑健骡，冠服修整，貌甚都。同行久之，未尝交一言。日既西，少年忽言曰："前去曲律店不远矣。"王微应之。少年因咨嗟欷歔，如不自胜。王略致诘问，少年叹曰："仆江南金姓。三年膏火，冀博一第，不图竟落孙山！家兄为部中主政，遂载细小来，冀得排遣。生平不习跋涉，扑面尘沙，使人薤恼。"因取红巾拭面，叹咤不已。听其语，操南音，娇婉若女子。王心好之，稍为慰藉。少年曰："适先驰出，眷口久望不来，何仆辈亦无至者？日已将暮，奈何！"迟留瞻望，行甚缓。王遂先驱，相去渐远。

晚投旅邸，既入舍，则壁下一床，先有客解装其上。王问主人，即有一人入，携之而出，曰："但请安置，当即移他所。"王视之，则许也。王止与同舍，许遂止，因与坐谈。少间，又有携装入者，见王、许在舍，返身遽出，曰："已有客在。"王审视，则途中少年也。王未言，许急起曳留之，少年遂坐。许乃展问邦族，少年又以途中言为许告。俄顷，解囊出资，堆累颇重；秤两余，付主人，嘱治肴酒，以供夜话。二人争劝止之，卒不听。俄而酒炙并陈。筵间，少年论文甚风雅。王问江南闱中题，少年悉告之。且自诵其承破，及篇中得意之句。言已，意甚不平。共扼腕之。少年又以家口相失，夜无仆役，患不解牧圉。王因命仆代摄垫豆，少年深感谢。

居无何，忽蹴然曰："生平蹇滞，出门亦无好况。昨夜逆旅与恶人居，掷骰叫呼，聒耳沸心，使人不眠。"南音呼骰为兜，许不解，固问之，少年手摹其状。许乃笑，于橐中出色一枚，曰："是此物否？"少年诺。许乃以色为令，相欢饮。酒既阑，许请共掷，赢一东道主。王辞不解，许乃与少年相对呼卢，又阴嘱王曰："君勿漏言。蛮公子颇充裕，年又雏,未必深解五木诀。我赢些须,明当奉屈耳。"二人乃入隔舍。旋闻轰赌甚闹,王潜窥之,见栖霞隶亦在其中。大疑,展衾自卧。又移时,众共拉王赌,王坚辞不解。许愿代辨枭雉,王又不肯,遂强代王掷。少间,就榻报王曰:"汝赢几筹矣。"王睡梦应之。

忽数人排阖而入,番语啁嗻。首者言佟姓,为旗下逻捉赌者。时赌禁甚严,各大惶恐。佟大声吓王,王亦以太史旗号相抵。佟怒解,与王叙同籍,笑请复博为戏。众果复赌,佟亦赌。王谓许曰:"胜负我不预闻。但愿睡,无相溷。"许不听,仍往来报之。既散局,各计筹马,王负欠颇多。佟遂搜王装橐取偿,王愤起相争。金捉王臂,阴告曰:"彼都匪人,其情叵测。我辈乃文字交,无不相顾。适局中我赢得如干数,可相抵;此当取偿许君者,今请易之:便令许偿佟,君偿我。弗过暂掩人耳目,过此仍以相还。终不然,以道义之友,遂实取君偿耶?"王故长厚,亦遂信之。少年出,以相易之谋告佟。乃对众发王装物,估入己橐。佟乃转索许、张而去。

少年遂襆被来,与王连枕;衾褥皆精美。王亦招仆人卧榻上,各默然安枕。久之,少年故作转侧,以下体昵就仆。仆移身避之;少年又近就之,肤着股际,滑腻如脂。仆心动,试与狎;而少年殷勤甚至,衾息鸣动。王颇闻之,虽甚骇怪,而终不疑其有他也。昧爽,少年即起,促与早行。且云:"君蹇疲殆,夜所寄物,前途请相授耳。"王尚无言,少年已加装登骑,王不得已,从之。骤行驶,去渐远,王料其前途相待,初不为意。因以夜间所闻问仆,仆实告之。王始惊曰:"今被念秧者骗矣!焉有宦室名士,而毛遂于圉仆者?"又转念其谈词风雅,非念秧者所能。急追数十里,踪迹殊杳。始悟张、许、佟皆其一党,一局不行,又易一局,务求其必入也。偿责易装,已伏一图赖之机;设其携装之计不行,亦必执前说篡夺而去。为数十金,委缀数百里;恐仆发其事,而以身交欢之,其术亦苦矣。

后数年,而有吴生之事。

……

邑有吴生,字安仁,三十丧偶,独宿空斋。有秀才来与谈,遂相知悦。从一小奴,名鬼头,亦与吴童报儿善。久而知其为狐。吴远游,必与俱,同室之中,人不能睹。吴客都中,闻王生遭念秧之祸,将旋里,因戒童警备。狐笑言:"勿须,此行无不利。"

至涿,一人系马坐烟肆,裘服济楚。见吴过,亦起,超乘从之。渐与吴语,自言:"山东黄姓,提堂户部。将东归,且喜同途不孤寂。"于是吴止亦止,每共食,必代吴偿值。吴阳感而阴疑之。私以问狐,狐但言:"不妨。"吴意乃释。及晚,同寻寓所,先有美少年坐其中。黄入,与拱手为礼。喜问少年:"何时离都?"答云:"昨日。"黄遂拉与共寓,向吴曰:"此史郎,我中表弟,亦文士,可佐君子谈骚雅,夜话当不寥落。"乃出金资,治具共饮。少年风流蕴藉,遂与吴大相爱悦。饮间,辄目示吴作觞弊,罚黄,强使醋,鼓掌作笑。吴益悦之。既而史与黄谋博赌,共牵吴,遂各出橐金为质。狐嘱报儿暗锁板扉，嘱吴曰："倘闻人喧，但寐无吡。"吴诺。吴每掷，小注则输，大注辄赢。更余，计得二百金。史、黄错囊垂罄，议质其马。忽闻挝门声甚厉，吴急起，投色于火，蒙被假卧。久之，闻主人觅钥不得，破肩起关，有数人汹汹入，搜捉博者。史、黄并言无有。一人竟抅吴被，指为赌者，吴叱咄之。数人强检吴装。方不能与之撑拒，忽闻门外舆马呵殿声。吴急出鸣呼，众始惧，曳入之，但求勿声。吴乃从容苞苴付主人。卤簿既远，众乃出门去。黄与史共作惊喜状，取次觅寝，黄命史与吴同榻。吴以腰橐置枕头，方命被而睡。无何，史启吴衾，裸体入怀，小语曰："爱兄磊落，愿从交好。"吴心知其诈，然计亦良得，遂相偎抱。史极力周奉，不料吴固伟男，大为凿枘，嚬呻殆不可任，窃窃哀免。吴固求讫事。手扪之，血流漂杵矣。乃释令归。及明，史急不能起，托言暴病，但请吴、黄先发。吴临别，赠金为药饵之费。途中语狐，乃知夜来卤簿，皆狐为也。

黄于途，益谄事吴。暮复同舍，斗室甚隘，仅容一榻，颇暖洁，而吴狭之。黄曰："此卧两人则隘，君自卧则宽，何妨？"食已，径去。吴亦喜独宿可接狐友，坐良久，狐不至。倏闻壁上小扉，有指弹声。吴拔关探视，一少女艳妆遽入，自扃门户，向吴展笑，佳丽如仙。吴喜致研诘，则主人之子妇也。遂与狎，大相爱悦。女忽潸然泣下。吴惊问之，女曰："不敢隐匿，妾实主人遣以饵君者。曩时入室，即被掩执，不知今宵何久不至？"又呜咽曰："妾良家女，情所不甘。今已倾心于君，乞垂拔救！"吴闻骇惧，计无所出，但遣速去，女惟俯首泣。忽闻黄与主人捣阖鼎沸，但闻黄曰："我一路祇奉，谓汝为人，何遂诱我弟室！"吴惧，逼女令去。闻壁扉外亦有腾击声。吴仓卒汗如流沈，女亦伏泣。又闻有人劝止主人，主人不听，椎门愈急。劝者曰："请问主人，意将胡为？如欲杀耶，有我等客数辈，必不坐视凶暴。如两人中有一逃者，抵罪安所辞？如欲质之公庭耶，帷薄不修，适以取辱。且尔宿行旅，明明陷诈，安保女子无异言？"主人张目不能语。吴闻，窃感佩，而不知其谁。初，肆门将闭，即有秀才共一仆来，就外舍宿。携有香醪，遍酌同舍，劝黄及主人尤殷。两人辞欲起，秀才牵裾，苦不令去。后乘间得遁，操杖奔吴所。秀才闻喧，始入劝解。吴伏窗窥之，则狐友也，心窃喜。又见主人意稍夺，乃大言以恐之。又谓女子："何默不一言？"女啼曰："恨不如人，为人驱役贱务！"主人闻之，面如死灰。秀才叱骂曰："尔辈禽兽之情，亦已毕露。此客子所共愤者！"黄及主人皆释刀杖，长跽而请。吴亦启户出，顿大怒骂。秀才又劝止吴，两始和解。女子又啼，宁死不归。内奔出妪婢，捽女令入。女子卧地，哭益哀。秀才劝主人重价货吴生，主人俯首曰："作老娘三十年，今日倒绷孩儿，亦复何说。"遂依秀才言。吴固不肯破重资，秀才调停主客间，议定五十金。人财交付后，晨钟已动，乃共促装，载女子以行。

女未经鞍马，驰驱颇殆。午间，稍休憩。将行，唤报儿，不知所往。日已西斜，尚无迹响，颇怀疑讶，遂以问狐。狐曰："无忧，将自至矣。"星月已出，报儿始至。吴诘之，报儿笑曰："公子以五十金肥奸伧，窃所不平。适与鬼头计，反身索得。"遂以金置几上。吴惊问其故,盖鬼头知女止一兄,远出十余年不返,遂幻化作其兄状,使报儿冒弟行,入门索姊妹。主人惶恐,诡托病殂。二童欲质官,主人益惧,唊之以金,渐增至四十,二童乃行。报儿具述其故,吴即赐之。吴归,琴瑟綦笃。家益富。细诘女子,曩美少即其夫,盖史即金也。袭一榍绸帔,云是得之山东王姓者。盖其党与甚众,逆旅主人,皆其一类。何意吴生所遇,即王子巽连天叫苦之人,不亦快哉!旨哉古言:"骑者善堕。"

(五)卷五·封三娘①

范十一娘,曬城祭酒之女。少艳美,骚雅尤绝。父母钟爱之,求聘者辄令自择,女恒少可。会上元日,水月寺中诸尼,作"盂兰盆会"。是日,游女如云,女亦诣之。方随喜间,一女子步趋相从,屡望颜色,似欲有言。审视之,二八绝代姝也。悦而好之,转用盼注。女子微笑曰:"姊非范十一娘乎?"答曰:"然。"女子曰:"久闻芳名,人言果不虚谬。"十一娘亦审里居,女笑言:"妾封氏,第三,近在邻村。"把臂欢笑,词致温婉,于是大相爱悦,依恋不舍。十一娘问:"何无伴侣?"曰:"父母早世,家中止一老妪,留守门户,故不得来。"十一娘将归,封凝眸欲涕,十一娘亦悒然,遂邀过从。封曰:"娘子朱门绣户,妾素无葭莩亲,虑致讥嫌。"十一娘固邀之。答:"俟异日。"十一娘乃脱金钗一股赠之,封亦摘髻上绿簪为报。十一娘既归,倾想殊切。出所赠簪,非金非玉,家人都不之识,甚异之。日望其来,怅然遂病。父母讯得故,使人于近村谘访,并无知者。

时值重九,十一娘羸顿无聊,倩侍儿强扶窥园,设褥东篱下。忽一女子攀垣来窥,觇之,则封女也。呼曰:"接我以力?"侍儿从之,蓦然遂下。十一娘惊喜,顿起,曳坐褥间,责其负约,且问所来。答云:"妾家去此尚远,时来舅家作耍。前言近村者,缘舅家耳。别后悬思颇苦,然贫贱者与贵人交,足未登门,先怀惭怍,恐为婢仆下眼觑,是以不果来。适经墙外过,闻女子语,便一攀望,冀是小姐,今果如愿。"十一娘因述病源,封泣下如雨,因曰:"妾来当须秘密。造言生事者,飞短流长,所不堪受。"十一娘诺。偕归同榻,快与倾怀,病寻愈。订为姊妹,衣服履舃,辄互易着。见人来,则隐匿夹幕间。

[后来封三娘撮合范十一娘与孟生婚配。为能一直相聚,十一娘劝说三娘亦嫁孟生。三娘婉拒,十一娘遂]阴与生谋,使伪为远出者。入夜,强劝以酒。既醉,生潜入污之。三娘醒曰:"妹子害我矣!倘色戒不破,道成当升第一天。今堕奸谋,命耳!"乃起告辞。十一娘告以诚意而哀谢之,封曰:"实相告,我乃狐也。缘瞻丽容,忽生爱慕,如茧自缠,遂有今日。此乃情魔之劫,非关人力。再留,则魔更生,无底止矣。娘子福泽正远,

---

① 狐仙封三娘与女子范十一娘之间的关系可以讲是同性恋。

珍重自爱。"言已而逝。

(六) 卷八·男生子①

福建总兵杨辅,有娈童,腹震动。十月既满,梦神人剖其两胁出之。及醒,两男夹左右啼。起视胁下,剖痕俨然。儿名之天舍、地舍云。

(七) 卷八·化男

苏州木渎镇,有民女夜坐庭中,忽星陨中颅,扑地而死。其父母老而无子,止此女,哀呼急救。移时始苏,笑曰:"我今为男子矣!"验之,果然。其家不以为妖,而窃喜其得丈夫子也。

(八) 卷十一·男妾

一官绅在扬州买妾,连相数家,悉不当意。惟一媪寄居卖女,女十四五,丰姿姣好,又善诸艺。大悦,以重价购之。至夜,入衾,肤腻如脂。喜扪私处,则男子也。骇极,方致穷诘。盖买好童,加意修饰,设局以骗人耳。黎明,遣家人寻媪,则已遁去无踪。中心懊丧,进退莫决。适浙中同年某来访,因为告诉。某便索观,一见大悦,以原价赎之而去。

异史氏曰:"苟遇知音,即与以南威不易。何事无知婆子,多作一伪境哉!"

(九) 卷十一·韦公子②

韦公子,咸阳世家。放纵好淫,婢妇有色,无不私者。叔亦名宦,休致归,怒其行,延明师,置别业,使与诸公子键户读。公子夜伺师寝,逾垣归,迟明而返。一夜,失足折肱,师始知之。告公,公益施夏楚,俾不能起而始药之。及愈,公与之约:能读倍诸弟,文字佳,出勿禁;若私逸,挞如前。然公子最慧,读常过程。数年,中乡榜。欲自败约,公钳制之。赴都,以老仆从,授日记籍,使志其言动,故数年无过行。后成进士,公乃稍弛其禁。公子或将有作,惟恐公闻,入曲巷中,辄托姓魏。

一日,过西安,见优童罗惠卿,年十六七,秀丽如好女,悦之。夜留缱绻,赠贻丰隆。闻其新娶妇尤韵妙,私示意惠卿。惠卿无难色,夜果携妇至,三人共一榻。留数日,眷爱臻至。谋与俱归。问其家口,答云:"母早丧,父存。某原非罗姓。母少服役于咸阳韦氏,卖至罗家,四月即生余。倘得从公子去,亦可察其音耗。"公子惊问母姓,曰:"姓吕。"生骇极,汗下浃体,盖其母即生家婢也。生无言。时天已明,厚赠之,劝令改业。伪托他

---

① 参见《池北偶谈》(一)。
② 写有韦公子与自己儿子之间的同性恋。

适，约归时召致之，遂别去。

……以浮躁免官。归家，年才三十八，颇悔前行。而妻妾五六人，皆无子。欲继公孙，公以门无内行，恐儿染习气，虽许过嗣，必待其老而后归之。公子愤欲招惠卿，家人皆以为不可，乃止。又数年，忽病，辄拇心曰："淫婢宿妓者，非人也！"公闻而叹曰："是殆将死矣！"乃以次子之子，送诣其家，使定省之。月余果死。

（十）卷十二·周生

周生，淄邑之幕客。令公出，夫人徐有朝碧霞元君之愿，以道远故，将遣仆赍仪代往。使周为祝文。周作骈词，历叙平生，颇涉狎谑。中有云："栽殷阳满县之花，偏怜断袖；置夹谷弥山之草，惟爱余桃。"此诉夫人所愤也，类此甚多。脱稿，示同幕凌生。凌以为亵，戒勿用。弗听，付仆而去。未几，周生卒于署；既而仆亦死；徐夫人产后，亦病卒。人犹未之异也。周生子自都来迎父榇，夜与凌生同宿。梦父戒之曰："文字不可不慎也！我不听凌君言，遂以亵词，致干神怒，遽夭天年；又贻累徐夫人，且殃及焚文之仆，恐冥罚尤不免也！"醒而告凌，凌亦梦同，因述其文。周子为之惕然。

异史氏曰："恣情纵笔，辄洒洒自快，此文客之常也。然淫嫚之词，何敢以告神明哉！狂生无知，冥谴其所应尔。但使贤夫人及千里之仆，骈死而不知其罪，不亦与刑律中分首从者，殊多愦愦耶？冤已！"

（十一）卷十二·人妖①

马生万宝者，东昌人，疏狂不羁。妻田氏，亦放诞风流。伉俪甚敦。有女子来，寄居邻人某媪家，言为翁姑所虐，暂出亡。其缝纫绝巧，便为媪操作，媪喜而留之。逾数日，自言能于宵分按摩，愈女子瘵蛊。媪常至生家，游扬其术，田亦未尝着意。生一日于墙隙窥见女，年十八九已来，颇风格，心窃好之。私与妻谋，托疾以招之。媪先来，就榻抚问已，言："蒙娘子招，便将来。但渠畏男子，请勿以郎君入。"妻曰："家中无广舍，渠依时复出入，可复奈何？"已又沉思曰："晚间西村阿舅家招渠饮，即嘱令勿归亦大易。"媪诺而去。妻与生用拔赵帜易汉帜计，笑而行之。

日曛黑，媪引女子至，曰："郎君晚回家否？"田曰："不回矣。"女子喜曰："如此方好。"数语，媪别去。田便燃烛展衾，让女子先上床，己亦脱衣隐烛。忽曰："几忘却，厨舍门未关，防狗子偷吃也。"便下床启门易生，生窸窣入，上床与女共枕卧。女颤声曰："我为娘子医瘠恙也。"间以昵词，生不语。女即抚生腹，渐至脐下。停手不摩，遽探其私，触腕崩腾。女惊怖之状，不啻误捉蛇蝎，急起欲遁。生沮之，以手入其股际，则擂垂盈掬，亦伟

---

① 参见《醒世恒言》（二）。

器也。大骇呼火。生妻谓事决裂,急燃灯至,欲为调停。则见女赤身投地乞命,妻羞惧趋出。生诘之。云是谷城人王二喜,以兄大喜为桑冲门人,因得转传其术。又问:"玷几人矣?"曰:"身出行道不久,只得十六人耳。"生以其行可诛,思欲告郡,而怜其美,遂反接而宫之,血溢殒绝。食顷复苏,卧之榻,覆之衾,而嘱曰:"我以药医汝,创瘠平,从我终焉可也,不然事发不赦!"王诺之。

明日,媪来。生绐之曰:"伊是我表侄女王二姐也,以天阉为夫家所逐,夜为我家言其由,始知之。忽小不康,将为市药饵,兼请诸其家,留与荆人作伴。"媪入室,视王,见其面色败如尘土。即榻问之,曰:"隐所暴肿,恐是恶疽。"媪信之去。生饵以汤,糁以散,日就平复。夜辄引与狎处,早起则为田提汲补缀,洒扫执炊,如媵婢然。

居无何,桑冲伏诛,同恶者七人并弃市,惟二喜漏网,檄各属严缉。村人窃共疑之,集村媪隔裳而探其隐,群疑乃释。王自是德生,遂从马以终焉。后卒,即葬府西马氏墓侧,今依稀在焉。

异史氏曰:"马万宝可谓善于用人者矣。儿童喜蟹可把玩,而又畏其钳,因断其钳而畜之。呜呼,苟得此意,以治天下可也。"

(十二)卷二·侠女 写有狐怪与一书生之间的同性恋。

(十三)卷四·田七郎 写一同性恋事例,称久受宠幸的娈童为"老弥子"。

聊斋志异图咏

(清初)蒲松龄撰
清光绪十二年(1886)
上海同文书局石印本

侠女(卷二)

黄九郎(卷五)

封三娘（卷八）

男妾（卷十三）

人妖（卷十三）

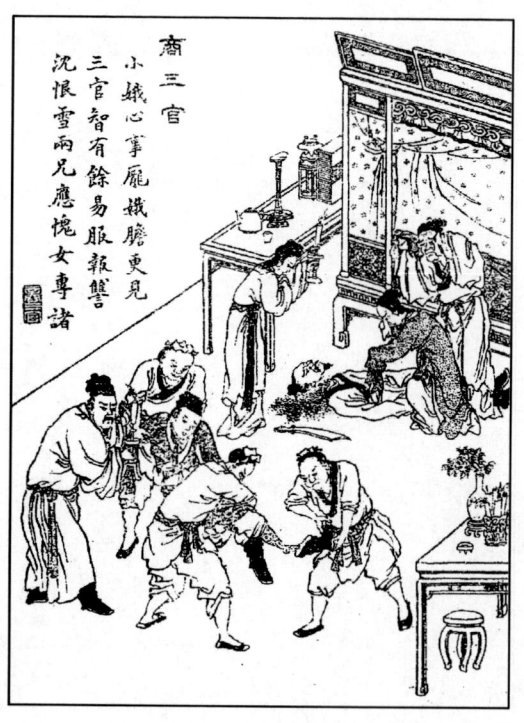

商三官（卷十四）

念秧一（卷十五）

念秧二（卷十五）

觚賸

(清·康熙) 钮琇撰
清康熙间刻本

(一) 卷一·奏毁淫祠①

旧传明祖既定天下，大封功臣。梦兵卒千万，罗拜殿前，曰："我辈从陛下四方征讨，虽没于行阵，夫岂无功？请加恩恤。"高皇曰："汝固多人，无从稽考姓氏，但五人为伍，处处血食足矣。"因命江南家立尺五小庙祀之，俗称五圣祠。是后日渐蕃衍，甚至树头、花前、鸡埘、豕圈，小有菱夭，辄曰五圣为祸。吾吴上方山尤极淫侈，娶妇贷钱，妖诡百出。吴人惊信若狂，箫鼓画船，报赛者相属于道。巫觋牲宰，阗委杂陈。计一日之费，不下数百金，岁无虚日也。睢州汤公巡抚江南，深痛恶俗，康熙乙丑，奏于朝而毁之。奉有谕旨，并檄各省，如江南土木之俑或畀炎火，或投浊流，五圣祠遂斩无孑遗。

(二) 卷二·小杨枝②

如皋冒辟疆③家有园亭声伎之胜，歌者杨枝态极妍媚，知名之士题赠盈卷，惟陈其年④擅长。阅二十年而杨枝老矣，其子亦玉人也，因呼小杨枝。一日燕集，辟疆出前卷相示，虞山邵青门题其后曰："唱出陈髯绝妙词，灯前认取小杨枝。天工不断消魂种，又值春风二月时。"

(三) 卷二·赋梅释云⑤

其年未遇时，游广陵，冒巢民爱其才，延致梅花别墅。有童名紫云者，儇丽善歌，令其执役书堂，生一见神移。赠以佳句，并图其像，装为卷帙，题曰《云郎小照》。适墅梅盛开，生偕紫云徘徊于暗香疏影间。巢民偶登内阁，遥望见之。忽佯怒，呼二健仆缚紫云去，将加以杖。生营捄无策，意极彷徨，计唯得冒母片言方解此厄。时已薄暮，乃趋赴老宅前，长跪门外，启门者曰："陈某有急，求太夫人发一玉音。非蒙许诺，某不起

---

① 记五通 (五圣) 神的情况，参见《狯园》(一)(二)。
② 参见《湖海楼诗稿》(六) 等。
③ 冒襄，字辟疆，号巢民。
④ 陈维崧，字其年。
⑤ 参见《云郎小史》、《湖海楼全集》等。

也。"因备言紫云事。顷之，青衣媪出曰："先生休矣，巢民遵奉母命，已不罪云郎。然必得先生咏梅绝句百首成于今夕，仍送云郎侍左右也。"生大喜，摄衣而回，篝灯濡墨，苦吟达曙。百咏既就，亟书送巢民。巢民读之击节，笑遣云郎。

（四）卷四·姜郎

玉峰姜郎绣者，性柔姿媚，宛然金闺质也。踏青之暇，雅憩山亭，偶歌《步步尘》一阕，珠声圆于莺啭。吴生始至，悦其佳唱，横笛和之。绣凝睇良久，意惬神投。吴携归缔盟，密逾伉俪。时有十八公，风流荣达，心倾于绣，婉转致之门下。分桃断袖，莫逾其宠，视人间丽姝皆为赘物。然绣情终属吴生，虽饷以重宝，配以名姬，非所好也。十八公晋秩北上，偕绣以行。吴生追送湖干，仅于箫鼓官船，黯焉目别，长恸而返，几不欲生。于是日责其妇揣称玉趾，制云兰之履十双，复于鹤市孙家买干䐑十瓶，缠携襁负，徒步入都。露餐风寐者三十余日，始达十八公之第。而朱阁海深，难成良觌。遂手提卧具，夜宿其门。绣闻之，辄为向隅饮泣。十八公廉知其状，愤怜交至，乃褫绣之服，裸而坐之于石，责其忘尊忆贱，恝贵怀贫。绣嘿无一言，娇啼而已。维时红日垂檐，纤肌雪耀，转侧低徊，益增妍艳。十八公翻然心动，随以绣襦覆体，许其与吴生一见。乃有都下婉娈之徒，钦兹情种。蓬池月鹿，以青狐之裘至；柏府云鸥，以紫貂之冠至；韦曲烛奴，以双鸳之被至；杜陵琴客，以五花之裀至。或输钱而僦华屋，或秩俎而进丰肴。韶颜环坐，玉映四筵。既而银蟾入户，角枕灿陈，群髽毕退，二美相携。迨于春明钟动，十八公亟遣健者促绣还第，且将收吴而置之法。忽失所在，遍索九衢，莫知所之矣。

（五）续编卷三·红娘子

陆云士①之宰江阴也，汤西崖②以孝廉来游。有情必达，他则不然，群客交妒西崖。云士曰："公等无多言也，公试观天下有几西崖乎？"是时西崖甫逾弱冠，颜美如玉，而词峰娟秀，所至倾坐。余闻云士盛有男宠，老而艰嗣，畜爱童字鹤书者为子。委以邑政，因致夺秩。云士家于杭，杭人称云士为子梅妻鹤。

（六）续编卷三·嗣姑化男 参见《述异记》（二）。

---

① 陆次云，字云士。
② 汤右曾，字西崖。

坚瓠集

(清·康熙) 褚人获编撰
清康熙间刻本

(一) 五集卷之三·南风

《书》曰："无比顽童。"《逸书》曰："美男破老。"男色所从来远矣。逮汉，昵邓通，嬖闳孺，极而思让帝位，拟立男后，其流祸未有不浸淫乱及于内者。沿至于今，闽广两越尤甚。京师所聚小唱最多，官府每宴，辄夺其尤者侍酒以为盛事，俗呼为南风。《碣石剩谈》：有士夫狎一童，或戏之曰："此有成语，君未知耳。"士夫固问，或曰："不闻右丞诗乎，恶说南风五两轻。"① 众为之绝倒。

(二) 七集卷之一·丈夫化女子

隆庆二年，山西李良甫②侨寓京师。元宵夜看灯，夜静，见一女子靓妆而来，侍儿提灯前导。良甫就戏之，偕至寓留宿，化为白鸽飞去。良甫腹痛，至四月中，肾囊退缩，化为妇人。王凤洲、徐声远有诗以记其事。王云："世事反覆那足数，山西丈夫作女子。朝生暮死不自知，雌伏雄飞定谁是。谢豹谁闻受朝谒，於菟亦会谈名理。至今齷齪不肯去，羞向人间唤丈夫。"徐云："山西丈夫化女子，此事平常何足奇。仪衍从来是妾妇，须眉空自称男儿。司马仲达太畏蜀，奸雄甘受巾帼辱。丈夫意气不慷慨，任尔雄飞是雌伏。请看风俗太委靡，天下何人不女子。"

(三) 续集卷之四·身具二形

《玉历通志》载：心、房二宿，具男女二形。妇人感之而孕，所生亦具二形。《闻见厄言》载：禾郡城隍庙道童阴囊之后，谷道之前又具女形，年长而美，两乳亦发。

(四) 余集卷之四·蓝道婆

《碣石剩谈》：嘉靖中，瑞州府有蓝道婆者，身具阴阳二体，无髭须，因束足为女形，专习女红，极其工巧。大族多延为女师，教习刺绣织纴之类。即与女子昕夕同寝处，初

---

① 参见《文饭小品》(四)。
② 应为李良雨。

不甚觉，至午夜阳道乃见，因与淫乱。后至一家，女徒伴宿，蓝婆求奸，女子不从，寻与父母语其故。因令老妪试之，果然。捕至讯实，以巨枷遍游市里。女子曾失身者缢死甚重，道婆仍杖死。所以人家三姑六婆不许入门，以此。

（五）三集卷之一·改神童诗 记一同性恋事件。

渔洋诗话

（清·康熙）王士禛撰
台湾商务印书馆 1986 年影印
文渊阁《四库全书》本

卷上

余与邵潜夫、陈其年诸名士以康熙乙巳①修禊冒辟疆水绘园，分体赋诗。余戏谓其年曰："得紫云捧砚乃可。"紫云者，冒歌儿，最姝丽者，为其年所眷许之。

池北偶谈

（清·康熙）王士禛撰
中华书局 1982 年版

（一）卷二十四·男子生子

福建总兵官杨富有嬖童，生二子，杨子之，名曰天舍、地舍。近乐陵男子范文仁，亦生子。

（二）卷二十五·女化男

山东济宁有妇人，年四十余，寡数年矣。忽生阳道，日与其子妇狎。久之，其子鸣于官，以事属怪异，律无明文，乃令闭置空室，给其饮食。戊午年事也。

---

① 康熙四年，1665 年。

居易录

(清·康熙)王士禛撰
台湾商务印书馆 1986 年影印
文渊阁《四库全书》本

(一)卷二十八

丁丑①夏五月,有通州渔户张二娶男子王四魁为妇,伉俪二十五年矣。王抱义子养之,长为娶妇。妇归,语其父母,告官事乃发觉。解送刑部,问拟流徒。田纶霞司寇云:"其人已年四十余,面施粉泽,言词行步宛然女子,真人妖也。"

(二)卷二十三 记一个女子化男的事例。

救狂后语②

(清·康熙)潘耒辑撰
北京图书馆 1981 年复印本③

(一)再与石濂书

汝先以优伶一队送彼国④,复将歌童二人送彼主。彼主嫌价重遣还,现在汝方丈内唱曲侑酒。

汝臂带金镯,汝徒亦带金镯。汝常衣红衫着红袴,岂非人妖乎?

(二)二次致书札

方丈侍者无非美貌沙弥,汝徒夜争沙弥,至登屋飞瓦而不闻摈出。

(三)屈翁山复石濂书

兄垢习未除,佯狂自秽。红其小衣,膏其美发。柔声下气,百态逢迎。人以为名妓

---

① 康熙三十六年,1697 年。
② 本书记载了清初僧人释大汕(字石濂)的各种淫纵不法事。
③ 据清康熙间刻本复印。
④ 越南顺化阮氏政权。

者有之，以为妖人者有之。

（四）花怪

屡貌周小史割袖之图，观想精微，通神入妙。使人惊以为老莲①复出，仇英重来。

（五）李莱圃来书

石濂幼无赖而色美，沈朗倩②宠之。朗倩吴下工画者也，故石濂习画士女。复见宠于龚宗伯③，即背朗倩而事龚。迹其出身甚为微贱，何尝读书何尝作诗，安得有佳句哉？

艮斋杂说

（清·康熙）尤侗撰
中华书局1992年版

（一）卷四

今日僧尼，几半天下。然度其初心，愿不及此。其高者惑于福慧之说，下者为饥寒驱迫，不得已而出此。或幼小无知，父母强而使之。及其中道而悔，无可如何者多矣。夫饮食男女，人之大欲存焉。今使舍酒肉之甘，而就蔬水之苦。弃室家之好，而同鳏寡之哀。此事之不近人情者。至于怨旷无聊，窃行非法，转陷溺于淫杀盗之中，不已晚乎？天下之生久矣，今使生男为僧，生女为尼。则上斩祖宗之祀，下绝子孙之传。既伤天地生物之仁，亦非国家养人之道也。且以不耕不织之人，聚族而处，群仰食于士农工贾之家。即令自生自灭，天下亦何用此千百万之罢民哉！愚谓旧制僧尼出家，必从礼部给度牒。今诚令礼部立限，岁给度牒若干人。其无度牒者，勒令还俗弗禁，亦不许私造庵观寺院。如是则人之出家者日少，率天下而为四民，自食其力。则既庶且富，不待教而归于正道。并辟佛之论，可不作矣。

（二）卷四④

吾吴中优人，多至百班。其有名者，常入京师，以声势骄人。中人之家，不易招致，

---

① 陈洪绶，号老莲。
② 沈颢，字朗倩。
③ 龚鼎孳。
④ 参见《心史丛刊》等。

甚或用肩舆往来。酒食稍不如意，辄弃掷于地。至有引之上座，与同杯槃者。其蹇傲之态，亦士大夫酿成之也。予幼时所见王紫稼，妖艳绝世，举国趋之若狂。年已三十，游于长安，诸贵人犹惑之。吴梅村①作《王郎曲》云："宁失尚书期，恐见王郎迟。宁犯金吾夜，难得王郎暇。"而龚芝麓②复题赠云："蓟苑霜高舞柘枝，当年杨柳尚如丝。酒阑却唱梅村曲，肠断王郎十五时。"其倾靡可知矣。后李琳枝③御史按吴，录其罪，立枷死，识者快之。然当时尚有惜其杀风景者。

（三）卷五

古之髯者有髯苏，今之髯者有陈髯其年。其年诗词古文甚富，已为传人。而负才落魄，颓然自放。尝客如皋冒辟疆所，嬖歌童紫云，相好若夫妇。冒遂赠之。画其小影，携之出入，同人题咏甚多。予亦有一绝云："西园公子后庭开，璧月琼枝夜夜来。小部音声谁第一，玉箫先奏《紫云回》。"其后云郎飏去，髯作《怅怅词》忆之。语云"男欢不毕轮，女爱不弊席"，岂不信乎？然其年以前鱼之癖，坐是不得中寿。则又所谓"美男破老，美女破舌"也。

广阳杂记

（清·康熙）刘献廷撰
中华书局 1985 年影印
《丛书集成初编》本④

（一）卷第一

弘光时，兵部职方司刘泌、户部薪饷司王燧，皆马⑤党也。又有王重，字有三，士英将用以掌选。为高杰所参而止，疏中目重为狡童。藩镇骄横至此，从来所未有也。

（二）卷第二

长沙有李氏女，其母尼也，年将二十，已许字人矣。忽变为男子，往退婚，夫家以为诈，讼之官。官令稳婆验之，果男子矣。遂薙发留辫，解足缠，易男子装，学剃头取

---

① 吴伟业，号梅村。
② 龚鼎孳，号芝麓。
③ 李森先，字琳枝。
④ 据民国二十六年（1937）商务印书馆上海铅印《丛书集成初编》本影印。
⑤ 马士英，南明弘光时权臣。

耳以为业。今三年余矣。列肆于市，质人使人招之薙头，不来。盖闻其为当道，寓中人客杂沓，羞赧不前耳。虞臣同紫华、尔声往其肆，令其薙发。归言其声音相貌，举止意态，犹俨然是一女子。因细询其原委，果然也。余忆泰西人身之说，言女变为男，只内肾脱出便是，若男变为女，则决无此理矣。说在《脉络图说》中，可检也。

（三）卷第四①

郑飞虹②幼姣好，其父为府吏时，知府蔡善继，园为荔枝树，飞虹同其弟自墙外以石打荔枝，误中善继之头。善继怒，呼其父子至，一见飞虹而怒解。后飞虹烝其后母某氏，其父欲杀之。逃往海盗李旦舟中，有宠于旦。旦死，欲置主，卜之于神，飞虹十卜皆吉，遂立以为主。

（四）卷第四

赵邻初言：无锡秦留仙之弟，号亦仙，有奴子七人，于甲子年，五人同谋，手刃其主，肢体零落。五人皆逃，一颠死于水中，一死于厕，余三人者，次第擒获。时值捕获法宝，闭城门者四日，而翠华北来，锡人凶惧，奉旨三人凌迟处死。刑毕，刑人之桩已拔置室中矣，其夜忽自起立，如人相杵而行舂者然，下筑于地，周行室中，五日夜而后仆。室中之砖，皆糜碎如粉，亦千古未有之大异也。抑五人之死皆冤乎？而实非冤。邻初言：予闻之其甥，当必不缪也。他日至梁溪，当询之秦雏生也。

邻初又言：秦亦仙有异相，性奇淫，弃其内而狎比顽童，故及于难。七人皆其所宠也。以千金买宝刀二，一挂床头，一置枕畔，时执以自舞，后奴即取此以弑其主焉。有女一人，聪慧绝伦，适陆氏。陆氏丰于财，其夫之文章书法威仪言辞，皆妇自教之，才能为梁溪之冠云。

---

① 参见《明季北略》等。
② 郑芝龙。

清实录

（清）实录馆纂修
中华书局 1985 年影印本①

（一）《圣祖仁皇帝实录》卷之二百三十四②

康熙四十七年戊子九月。丁丑，上召诸王、大臣、侍卫、文武官员等齐集行宫前，命皇太子允礽跪，上垂涕谕曰："朕承太祖、太宗、世祖弘业四十八年于兹，兢兢业业，轸恤臣工，惠养百姓，惟以治安天下为务。今观允礽不法祖德，不遵朕训。惟肆恶虐众，暴戾淫乱，难出诸口，朕包容二十年矣。……若以此不孝不仁之人为君，其如祖业何？"谕毕，上复痛哭仆地，诸大臣扶起，上又谕曰："太祖、太宗、世祖之缔造勤劳与朕治平之天下，断不可以付此人。俟回京昭告于天地宗庙，将允礽废斥。允礽党羽，凡系畏威附合者皆从宽不究外，将索额图之子格尔芬、阿尔吉善暨二格、苏尔特、哈什太、萨尔邦阿俱立行正法，杜默臣、阿进泰、苏赫陈、倪雅汉著充发盛京。"

壬午，上谕领侍卫内大臣、满洲大学士、前锋统领、护军统领、副都统、护军参领、侍卫、满洲侍郎学士、起居注官等曰："朕历览书史，时宊警戒，从不令外间妇女出入宫掖，亦从不令狡好少年随侍左右，守身至洁，毫无瑕玷。见今关保、伍什俱在此，伊等自幼随侍朕躬，悉知朕之行事。今皇太子所行若此，朕实不胜愤懑，至今六日未尝安寝。"上涕泣不已，诸臣皆鸣咽，奏请曰："天下臣民所仰赖者，惟我皇上。伏愿皇上以祖宗弘业为重，暂释痛愤，颐养圣躬。"

（二）《圣祖仁皇帝实录》卷之二百三十五

康熙四十七年戊子冬十月。丙午，上谕诸皇子、大臣、侍卫等曰："允礽自幼朕亲为教养，冀其向善。迨年长，亲近匪类，薰染恶习，每日惟听信小人之言，因而行止悖乱至极。"

---

① 据清实录馆抄本影印。
② （一）（二）（三）所记为康熙帝废黜皇太子允礽事，允礽与其亲近侍从之间可能存在着同性恋关系，这是他见废的一个原因。

(三)《圣祖仁皇帝实录》卷之二百五十三

康熙五十二年癸巳二月。庚戌,谕领侍卫、内大臣、大学士、九卿等:"太子之为国本,朕岂不知。立非其人,关系匪轻。朕将允礽从幼教训,迨后长成变为暴虐,无所不为,不知忠孝,不识廉耻,行事乖戾,有不可言者。推其故,皆由疯狂成疾,迷惑所致。此疾有二十余载矣,凡人醉后伤人,醒时知悔,伊似长醉不醒所为过恶,身不自知。伊之仪表及学问才技俱有可观,今一至于此,非病狂而何?自废而复立以来,朕尤加意教训,心血耗尽。因伊狂疾终不痊愈,故又行废黜。"

清廷十三年

(意)马国贤(Matteo Ripa)撰①
李天纲译
上海古籍出版社 2004 年版

第十五章②

到达北京附近的行宫畅春园的时候,我们怀着巨大的惊恐看到,在正大光明殿前的花园里,八个,或者十个官员,还有两个太监跪在地上,光着头,双手被绑在背后。离他们不远的地方,皇子们站成一排,也是不戴帽子,手则被缚在胸前。不久,皇帝坐着一架敞开的轿子,出了宫殿,来到皇子们正在接受惩罚的地方。到达这一地点后,他的暴怒如老虎般发作了,一顿责骂降临在既定的皇位继承人身上,太子和他的家人及宫人,都被禁闭在自己的府邸。皇帝在随后的公开声明中,以谋反嫌疑废黜了不幸的太子的继承权,并向国人说明他没有统治能力。在其他被控事项中,还有说他残暴地沉溺于冒犯行为,中国的法律虽然由异教者颁布,但却对这类事件③怀有极大的厌恶。

---

① 马国贤,意大利传教士,1710~1724 年在华。
② 记康熙第二次废黜允礽事,时在康熙五十一年(1712)。
③ 指的应是鸡奸同性恋。

滇黔纪游

(清·康熙) 陈鼎撰
清康熙间刻《说铃》本

[贵州] 苗俗，每岁孟春月男女各丽服相率跳月。男吹芦笙于前以为导，女振铎于后以为应。连袂把臂，盘旋宛转，各有行列，终日不乱。暮则挈所私归，谑浪笑歌，比晓乃散。聘赀视女妍媸而定多寡，必生子然后归夫家。惟红苗为甚，每至立春日，择男女之丽者扮各故事，以迎于市为乐。男子之丽者即古之潘安、宋朝有不及焉，女子之丽者汉之飞燕、唐之太真亦无能出其上矣。此种女子欲购之者，牛马当以千计而始首肯。男子皆不乐为龙阳君，有犯之者辄自杀。

柳南随笔

(清·康熙—乾隆) 王应奎撰
中华书局1983年版

(一) 卷一①

古称秀才曰"措大"，谓其能措大事也。而天下之能措大事者惟相，故又呼秀才为"相公"。然今日之秀才，偷愞惮事，无廉耻而嗜饮食，大半皆子游氏之贱儒也，谓之能措大事可乎？吾乡之俗，五十年前，犹有称秀才为"官人"者，《日知录》谓"官人者，南人所以称士"，想前代相沿如此，其名犹为近古。今则一青其衿，便称"相公"，方以为固然矣。至于吏胥之称相公也，不知起于何时。或云：明洪武二十四年，诏岁贡生员不中，其廪食五年者，罚为吏。二十七年，又诏生员食廪十年，学无成效者，罚为吏。人以其曾为秀才，故仍呼为"相公"。相沿既久，遂以相公为吏人之通称。或云自张士诚走卒厮养皆授官爵，至今吴俗称椎油、作面佣夫为博士，剃工为待诏，吏人为相公。二说未知孰是。要之惟名与器，古人不以假人，况"相公"为燮理阴阳者之尊称，岂可加之胥吏？予观《洪武实录》，二十六年十二月丙戌，命礼部申禁军民人等，不得用太孙、

---

① 讨论"相公"这一称呼的使用情况，参见《燕京杂记》。

太师、太保、待诏、大官、郎中等字为名称。推而言之，则"相公"之称，不在所当禁乎！

（二）续笔卷一·李二哇

李二哇，献贼①嬖童也，美而勇，战必突阵先出，锋锐不可当。后为黄得功生擒，亦爱其美，欲与之昵，不从而死。祺芳有诗曰："花底秦宫马上飞，每番先阵突重围。可怜拼得刀头血，不向勤王队里归。"

读书堂西征随笔

（清·雍正）汪景祺撰
民国十七年（1928）故宫博物院图书馆铅印本

（一）榆林同知汪元仕

汪思忠者，扬州人，以色事人者也。总漕家奴某与寝处如夫妇。总漕至陕，家奴挟思忠随行。后家奴于九款内为思忠捐通判，遂于康熙六十一年六月选山东济南府通判。凡进士、举人之鸣琴于济南者，咸束带见之，至今尚无恙也。条奏累累，此等事竟无一人言之，何哉？

（二）张泖、祖泽深之狱　记优伶同性恋、狱中同性恋。

雕丘杂录

（清初）梁清远撰
清康熙二十一年（1682）真定梁允桓刻本

卷十·过庭暇录

宋时男娼有禁，政和中立法告捕，男子为娼者杖一百，［告者］赏钱五十贯。明时有官妓之禁，而男娼则不禁。莲子胡同乃其巢穴，官员设席，或呼一人或二三人，陈馔侑筋，有欲宿者即留宿。其装饰底衣如女子，袭以青绢袍，油头粉面，竟如少艾也。

---

① 张献忠。

北游录

(明末清初)谈迁撰
中华书局 1960 年版

纪邮上

吴人王稼①,本徐勿斋②歌儿也。乱后,隶巡抚土国宝,怙恃自恣。国宝死,逃入燕。今再至,年三十,而江南荐绅好其音不衰。

研堂见闻杂记

(清初)王家桢撰
民国元年(1912)商务印书馆
上海铅印《痛史》本

优人王子玠③,善为新声,人皆爱之。其始不过供宴剧,而其后则诸豪胥奸吏,席间非子玠不欢。缙绅贵人皆倒屣迎,出入必肩舆。后弃业不为,以夤缘关说,刺人机事,为诸豪胥耳目腹心。遨游当世,俨然名公矣。一旦走京师,通辇下诸君。后旋里,扬扬如旧。其所污良家妇女,所受馈遗,不可胜纪。坐间谭及子玠,无不咋舌。李公④廉得之,杖数十,肉溃烂,乃押赴阊门,立枷,顷刻死。有奸僧者,以吃菜事魔之术煽致良民,居天平山中,前后奸淫无算。公微行至其所,尽得其状,立收之,亦杖数十,同子玠相对枷死。当时子玠所演《会真》红娘,人人叹绝。其时以奸僧对之,宛然法聪。人见之者,无不绝倒。

---

① 即王紫稼。
② 徐汧,号勿斋。
③ 即王紫稼。
④ 李森先。

查东山先生年谱[①]

（清·康熙）沈起 编
（清·咸丰）张涛
（清·咸丰）查毂纂注
民国五年（1916）吴兴刘氏刻
《嘉业堂丛书》本

（一）戊寅先生三十八岁

先生妙解音律，家畜女伶，柔些尤擅场。（《词苑丛谈》）家童侍婢解音律者十余人，悉以"些"呼之。（《南烛轩诗话》）案：先生歌姬有十些之目，又有家童云些、月些。

（二）甲午先生五十四岁

（《南烛轩诗话》）先伯曾祖伊璜公书法、绘事并入神品，人争宝贵之。有云些、月些二童，能记诵公诗。所至缣素堆积，人皆乞书其己作。命二童诵而书之，人呼为活锦囊。

不下带编

（清·康熙—乾隆）金埴撰
中华书局1982年版

（一）卷四

宝应乔侍读石林莱有家伶管六郎以姿伎称。己巳[②]春，车驾南巡，召至行在，曾蒙天赐，自此益矜宠。后侍读下世，六郎踪迹不可问矣。查慎行再见于都门筵会，有诗云：

　　一群浓艳领花曹，头白尚书兴最豪。
　　记得送春筵畔立，酒痕红到郑樱桃。

诵之魂消矣。

---

① 查继佐（1601~1676），字伊璜，号东山。
② 康熙二十八年，1689年。

(二) 卷五

钱牧斋①狎一歌童②,甚爱之。一日有诗送其入燕,而洒涕为别。熊侍郎文举次韵以讥之云:

金台玉峡总沧桑,细雨梨花枉断肠。
惆怅虞山老宗伯,浪垂清泪送王郎。

(三) 卷六

康熙初间,海宁查孝廉伊璜继佐,家伶独胜,虽吴下弗逮也。娇童十辈,容并如姝,咸以"些"名,有"十些班"之目。小生曰风些,小旦曰月些,尤蕴妙绝伦,伊璜酷怜爱之。数以花舲载往大江南北诸胜区,与贵达名流歌宴赋诗以为娱,诸家文集多纪咏其事。至今南北勾栏部必有风月生、风月旦者,其名自查氏始也。伊璜下世已久,十些无一存者。庚寅③秋,查太史德尹嗣瑮,偕予饮烟雨楼,述之喷喷,因作八绝句以追艳之。兹录二首:

查氏勾栏第一家,十些新变楚词耶。
骚翁独绝歌郎绝,魂宕风些与月些。

生魂蚤为艳歌招,十色花曹双领曹。
睨杀月些钩乍吐,风些香到郑樱桃。
(风些姓郑,本名阿桃。)

(四) 卷四 记莱州胡氏老枣树家班。

京师偶记

(清·康熙)柴桑撰
民国十四年(1925)北京广业书社铅印
《北京历史风土丛书》本

(一)

近日所尚者,皆百戏杂艺之人,而优伶为最。

---

① 钱谦益,号牧斋。
② 即王紫稼。
③ 康熙四十九年,1710年。

（二）

都下官多钱少，人众食难。有歌童而无名妓，有鼠窃而无大侠，有假名士而无真文章。

（三）

泣童割袖之风，盛行于今。执役无俊仆，皆以为不韵。侑酒无歌童，便为不欢。内府之雕鞍骏马，锦衣绣被，下逮优伶，章服可谓扫地矣。近亦曾禁其服饰，未几而僭侈如故，当途者何不并其人而尽逐之耶？

纤言

（清初）陆圻撰
巴蜀书社 1993 年影印
《中国野史集成》本①

下

郑芝龙，字飞黄，福建泉州人。父绍祖，于万历丁巳戊午间充泉州府库吏。是时泉州郡守蔡继善，辛丑进士也。芝龙年十岁，投石子误中蔡公额。公怒，令伍伯禽治之。见其姿容秀丽，公曰："汝当贵而封王"，因一笑释之。不数年芝龙并其弟芝虎俱被海寇刘香老掠去，香老爱芝龙美，宠贵之。年十八，香老死。部下有十八寨……推［芝龙］为魁首。从此部署诸寨，横行海上，势更大于香老。

野史无文

（清初）郑达编
中华书局 1960 年
《晚明史料丛书》本

卷十二·郑成功海东事·郑成功传

郑成功，字大木，福建泉州府南安县石井人也。其父芝龙也，芝龙少随泉州人李习

---

① 据民国三年（1914）国粹学报社上海铅印《古学汇刊》本影印。

贩货日本国，习与芝龙共卧起。习夜寤，常见有巨人金甲荷戈侍寝所，习自惊疑。后遣芝龙他所寝，寂不见巨人。及芝龙来同寝，复见如故。习怪之，遂抚以为子。

南疆逸史

（清·康熙）温睿临撰
中华书局1959年版

卷五十四·郑芝龙传

郑芝龙，字飞黄，南安之石井人也。长躯伟貌，倜傥善权变。少随大贾李习贩日本，习与同寝，见巨人数十披甲持兵侍列，心异之，抚为义子。

海寇记

（清·康熙）洪若皋撰
清道光十三年（1833）吴江沈氏
世楷堂刻《昭代丛书》本

芝龙字飞虹，福建南安人。万历末年为海寇颜振泉所掠，爱其少艾，有宠。振泉死，众推芝龙为魁，海上无赖奸民咸归之。娶倭妇，于天启四年甲子生子成功。

台湾外志

（清初）江日升撰
上海古籍出版社1986年版

第十一卷

［郑成功之子郑经］聘尚书唐显悦长子之女为妻，端庄静正而不相得，故多外蓄狡童骚妇为乐。

漫游纪略

（清初）王沄撰
清光绪间申报馆上海铅印
《申报馆丛书》本

卷一·闽游

　　优伶之属，泉人称胜，亦犹吴歈之尚昆山也。傅粉珥耳，冶步迟声，土人闻之，莫不鼓掌叹绝。其音侏离，客靡得而辨焉。

台湾府志

（清·乾隆）六十七
（清·乾隆）范咸纂
清乾隆十二年（1747）刻本

卷二十四艺文五·台海竹枝词八首①

　　肩披鬑发耳垂珰，粉面朱唇似女郎。
　　（梨园子弟垂髫穴耳，傅粉施朱，俨然女子。）
　　祖宫前锣鼓闹，咿嘻唱出下南腔。
　　（闽以漳泉二郡为下南，下南腔亦闽中声律之一种也。）

莼乡赘笔

（清初）董含撰
清康熙间刻《说铃》本

上卷·女化男

　　粤东新宁县文村有妇人，其夫出外经商，数月归，妇已化为男子。因别居，后竟娶

---

① （清·康熙）郁永河作。

妻生子。忆前朝吾郡①有莫俨臣者，娶武弁李玉孺女。定情之夕，抚摩不能入，久之，阴户忽长一肉，渐如人势，莫大惊。别居二年，因遣还家。盖李氏具二形，初犹如处子，情兴既发，遂露男形。李翁无子，一旦为更丈夫服，出见宾客。复纳室，生一孙。夫莫生有妻而无妻，李翁无子而有子。李氏始以人为夫，既又夫于人，真天壤间一怪事也。

旷园杂志

(清·康熙) 吴陈琰撰
清康熙间刻《说铃》本

上·女化为男②

当涂杨璜字希周，持己正直，不肯诡随。会兵乱，叹曰："吾祖宗丘垄在焉，安忍弃去？"因匿妻妾与子于林中，以身守垄。兵见墓上有衣冠者，奔执之，杨遂赴水。子甫十龄，自林间见父溺，亦号哭奔投水，时顺治丙戌三月十六日也。久之，父子两尸携手浮出，如曹娥江故事。妻陆氏悲悼欲绝，因妾有遗腹，遂破涕言曰："吾夫庶有后乎？吾死谁为抚？"朝夕饮泣，诵佛号，夜梦佛赐一子，醒而识之。未几妾乃生女，陆谓无复望矣。丁亥春，聚族人分其产，族长不忍议。至小祥作佛事，大会亲族，丁亥三月十六日也。散斋之夕，女呱呱哭不已。妾张氏抱女就枕，张梦魇不醒，陆疾呼，张若无闻。怪而视之，则此女已非女矣。惊呼家人，见其面目身体如故，惟私处已具人道，其旁血痕尚在也。众咸诧异，谓前梦不虚。至佛前胪拜，更名佛赐。次日观者填门，县令张某取儿庭阅之，果真，嘉赏之。计变身之日，即去年父子死难之日，或即十龄殉父之子再现身也。宣城汤君谟目睹其事。

---

① 江苏松江府。
② 也见《原李耳载》卷下。

仁恕堂笔记

(清·康熙)黎士弘撰
清道光间刻本

庄浪红尘驿军庄姓者,有妇而寡,仅生一女,已许字人矣。至十二岁,忽变为男子。女羞不能自明,及就婚之夕,其夫嚷而闻之官。乃断庄姓以聘礼还之,夫家听其别娶。而夫之母怜是女之婉娈也,又以其女字之。今名庄启盛,现为庄浪厅书役。女化为男固为妖妄,而里中咸云:驿卒之妻贫能立节,天盖不欲斩庄氏之嗣也。近丁巳①秋,又有庄浪之女子十五岁,亦化为男。与庄启盛事仅隔十年,俱在庄浪,不知他日应验何属。

述异记

(清·康熙)东轩主人撰
清康熙间刻《说铃》本

(一) 卷二·男子产女

康熙三十三年夏,德清县白云桥地方男子产一女,里邻报县,细审不诬。将男子责十五板以厌其怪,释令宁家。其女寄养亲戚家,至今尚在,亦无他异。

(二) 卷三·女化男二则

渭川孙元芳静庵,丙寅年四月自武昌赴荆州,道出马洋潭。有黄翁者,为人孝义,家贫,为乡塾师。无妻无子,年且六旬,有一女嗣姑,年十四,幼在塾随父读书。尝自绣白衣大士供奉,礼敬甚虔。一日,忽梦大士呼其名,告曰:"汝父孝义,合当有子,奈年老何?汝可变为男。"遂抚其身,啖以一红丸。女觉遍身发烧,昏迷不醒者七日,竟化为男子。翁向以其女许字谭姓,冬将出嫁,因往告之。夫家不信,鸣于官,使稳婆验之,果真。时四方好异者往来云集以观,孙适过此,因往视之。嗣姑出迎,衣男子衣,着靴,而绿鬓耳瑱犹在也。盖县官恐上司知之行查,故不令去妆耳。孙有诗赠之。

---

① 康熙十六年,1677年。

东明县城南十八里曰畸嵶营,居民陈氏兄弟二人俱无嗣。生女共九人,其第九女于康熙三十八年冬出嫁,至三十九年六月,闻雷,因内逼,往后园出恭,归室中,俄雷震一声,已变为男子。举家骇极,其翁姑疑为亲家所绐,然半载伉俪依然,夫妇情好周笃,今其人已归父家。绍兴金克昭往访之,视其乳及下体竟属丈夫,惟足初放,犹以手扪户而逾阈焉。

峒溪纤志

(清初)陆次云撰
清康熙间刻《说铃》本

猓猍人后住元谋。女负担,男抱儿。最洁,日杵米,不食宿粮。其人能咒咀变幻报仇家,又善变犬马诸物,破其法即不验。又有二形人,上半月为男,下半月为女。

续证人社约戒

(清初)恽日初撰
清康熙间刻《檀几丛书》本

纵越败度

多内宠,耽声伎,比顽童,游狭邪,狂饮,荒饮,酒家饮,无故饮,暴天物,侈服饰,淫居处,溽饮食,好博奕,喜稗剧,乐谈闺闱鄙亵,狎昵屠侩隶卒。多内宠至荒饮六条,一事积十过;酒家饮至隶卒十条,一事积五过。

传家宝

（清初）石成金编撰
天津社会科学院出版社 1992 年版

（一）初集卷之一·俚言

世上有几种男人，辜负妻子，必有恶报：即如有不喜自己妻子，反喜攒谋别人家妇女的，又有商贾远出，贪着外宠，经年累月不归家的，又有狂癖男风外宿的。这几种人，总不知唱随相守、琴瑟相调的快乐，致令妻子孤灯独宿，凄惨谁诉，黄昏风雨，情更难堪。这样没良心的人，只怕怨气积聚，鬼神也不肯饶你。

（二）初集卷之一·俚言①

人家有应戒的事，我逐件说与你记着：……不蓄俊仆。

（三）二集卷之四·家训钞

奴仆勿用俊媚，妻妾切忌艳妆。

（四）三集卷之一·吉征

家无俊仆姣童，不惟省自己防闲，且免他人疑议。

（五）初集卷之七·笑得好

有人嬖一美童，一日偶自外回，忽见此童从妻房内慌忙奔出。其人大怒，童曰："男女虽异，爱恶则同。你既然爱我的标致，难道尊夫人就爱不得我的标致吗？"

此童对答之语说得明理词畅，可以诛心，可以服傲。要知美貌少年，人人喜爱，往来有此，必致淫乱。这以前易后的事势所必有，好男风者或有不报于目前，而报于后代子孙者，更惨更狠。

（六）初集卷之七·笑得好

富贵之家，奴婢最多，主人以为下人容易淫乱，殊不知尊卑倒置，果报昭彰，大可

---

① （二）（三）（四）反对家主蓄用俊仆。

畏也。更有仆妇成孕生女，而己子又复交媾，竟是兄妹通奸；如或生男标致，小主狎之，又是弟兄通奸。上下淫乱，禽兽不若。总因主人一时之娱，遂至如此惨害，岂不深可悲痛哉？

（七）二集卷之四·家训钞

家中勿令童仆演学唱戏，盖戏乃是妖冶之态，淫滥之由，习见习闻，令人渐渐惑乱。男子必放荡务外①，妇女或邪心暗动。以致出乖露丑，败坏门风。

（八）三集卷之六·四命冤

明末，扬州有个张老儿，家资富厚，只生一子，名唤隽生，甚是乖巧。夫妇爱如掌上珠。七岁上学读书，预同先生说明，切莫严督，听其嬉戏。长至一十六岁，容貌标致，美如冠玉。大凡人家儿女，肯用心读书的少，懒惰的多，全靠着父兄督责。若父兄懈怠，子弟如何肯勤谨？况且人家儿子十四五至十八九，虽知他读书不成，也要借读书拘束他。若无所事，东摇西荡，便有坏人来勾引他；明结弟兄，暗为夫妇，游山玩水，吃酒赌钱，无所不为。张隽生十六岁就不读书，没得拘管，果然被几个光棍搭上了。那时做人龙阳，后来也去寻龙阳，在外停眠整宿。父亲不知，母亲又为遮掩，及到知觉，觉得体面不雅，儿子也是习成，教训不转了。老夫妇没极奈何，思量为他娶了妻房，可以收拾得他的心。又道：如今大人家，好穿好吃撑门面，越发引坏了他；况且门面大，往来也大，倒是冷落些人家，只要骨气好便罢。但他在外边与这些光棍走动，见惯美色，须是标致的女儿方好；若利害些的，令他惧怕、不敢出门，更好。两人计议了，央了媒妈子各处去说亲。等了几时，门户相当的、有好女子，难得；及至女子好了，张家肯了，那家又晓得他儿子放荡不好，不肯结亲。如此年余，说了离城三里远的一个教书先生吴养醇家女儿。这吴先生才疏学浅，连四书还不曾透彻，全靠着贪谋荐举，哄得几个学生，骗些束脩度日；性喜着棋，又喜饮酒；学生书，放任其偷安，总不教督；又欢喜代人写状词，凡本乡但有事情，都寻他商议，得了银子，小事架大，将无作有，不知害了多少人的身家性命。本乡人远近都怕他。他生的两个极好的儿子，不上三年都死了。只存一女，名三姐，且喜这女性贞貌美，夫妇极爱。因媒来说张家婚姻，吴老自往城中察访。一见此子标致，且又家财富余，满口依允。择日行礼，娶过张门。吴家备些妆奁来，甚是简朴。张老夫妇原因吴养醇没子，又且乡下与城中结亲，毕竟厚赠，到此失望。张隽生也不快，及至花烛之时，却喜女子标致。这番不为张老夫妇喜欢，张隽生也自快意。岂料新人虽有绝世仪容，怎如得娈童、妖妓撒娇作痴，搂抱掐打？张隽生对她说些风流话儿，羞得不敢

---

① 宠爱演学唱戏的童仆。

应，戏谑多是推拒。张隽生暗说，终是村姑。只是张老夫妇见他性格温柔，举止端雅，却又小心谨慎，甚是爱他，家中上下相安。

如此半月，隽生见他心心念念想着父母，道："你这等记忆父母，我替你去看一看。"次日，打扮得端整，穿上一件新衣。平日出入，也不曾对父母说，这日也不说，一竟出门。出了城，望吴养醇家来。约有半路，他常时与这些朋友同行，说说笑笑，远处都跑了去；这日独自行走，偏觉路远难走，看见路旁有个土地祠，也便入去坐坐。只见供桌旁有个小厮，年约十六七岁，有些颜色。这隽生生得一双歪眼睛，一副歪肚肠，酷好男风；今见小厮，两人细谈，见背着甚重行李，要往广东去探亲贸易。隽生便留连不舍，即诌谎说，广东我有某官是我至亲，便勾搭上了；如胶似漆，竟同往广东去了。只是三姐在家，见他三日不回，甚捉不着头路。自想：若是我父母留他吃酒，也没个几日的，如何不回来？又隔两日，公姑因不见儿子，张公不好说甚的，为姑的却对三姐道："我儿子平日有些不好，在外放荡，三朋四友，不回家里。我满望为他娶房媳妇，收他回心，你日后可拘收他。怎这三四日全然不见他影？"三姐道："是四日前他说到我家望我父母，不知因甚不回。公婆可着人去一问。"公婆果着家人去问，吴养醇道并不曾来。回报张老夫妇，道："又不知在那妓者、那光棍家里了。以后切须要拘束他。"又过两日，到是三姐经心要公婆寻访，道："他头上有金簪，身上穿新纱袍，或者在甚朋友家？"张老又各处访问几多日，并不见他。又问着一个姓高的，道："八日前见他走将近城门，与他一拱，道：'到丈人家去。'后不曾相见。"张老夫妇在家着急痴想。却好吴养醇着内侄吴周来探消息，兼看三姐。这吴周是吴养醇的妻侄，并无父母，只身一人。只因家中嫁了女儿，无人照管，老年寂寞，就带来家改姓吴为继子的。这日张老出去相见，把吴周一看，才二十岁，容貌标致，便一把扭住道："你还我儿子来！"这吴周见这光景，目瞪口呆，一句话说不出。倒是三姐见了道："公公，他好意来望，与他何干？"张老发怒道："你也走不开！你们谋杀我儿子，要做长久夫妻，天理不容！"说到这话，连三姐气得不能言语。张老把吴周扭到县里。这县官姓孔，清廉正直，但只是有一件癖处，说人若不是深冤，怎来告状？因此，原告多赢。所以，告的越多。这日张老扭吴周叫喊，县官叫带进审问，张老道："小的儿子张隽生，娶媳方才半月，说到丈人家中去，一去不回。到他家去问，吴周就是小的媳妇吴氏姑舅兄妹。作兄妹的他回说并不曾来，明系他兄妹平日通奸，如今谋杀小的儿子，以图夫妇长久。只求老爷正法！"县官叫上吴周："你怎么谋杀他儿子？"吴周道："老爷，小人妹子方嫁半月，妹夫并不曾来。未尝见面，如何赖小的谋害？"县官又问张老说："你儿子去吴家，谁见来？"张老道："是媳妇说的。"又问："你儿子与别人有仇么？"张道："小的儿子年方十九岁，平日杜门读书，并无仇家。"又问："路上可有虎狼么？"张老道："这地方清净，并无歹人恶兽。"县官想了一想，又叫吴周："你有妻子么？"吴周道："不曾。"县官就点了一点头，又问："家中还有甚人？"道："只有老父老母。"

知县道："且将吴周收监，张老讨保。待拘吴夫妇并媳吴氏至，一同审问。"

不数日，人犯俱齐。知县先叫吴氏，只见美貌，便起疑心，想道："有这样一个女子，那丈夫怎肯舍得？有这样一个女子，那鳏夫怎能容得？奸有十分，谋杀也有八九。"便作色问道："你丈夫哪里去了？"三姐道："出门时原说到我父母家里去。不知怎么不回。"县官道："这句单饶得个不同谋的凌迟！"叫吴夫妇问："你怎纵容女儿与吴周通奸，又谋杀张婿？"吴道："老爷！天理良心！女儿在家读书知礼，他兄妹，女儿在家时，一年相会不过一两次。女儿嫁后，才到我家。张婿从不曾来，怎么平空诬陷？"县官叫吴周问："你这奴才！如何奸了他妻子又谋他命？尸藏何处？"吴周道："老爷！实是冤枉！妹夫实不曾来，求老爷详察。"县官道："你说不谋他，若他在娼家妓馆，数日也毕竟出来。若说远去，岂有成婚半月，舍了这样花枝般妇人远去？把吴媳拶起来，快招奸情！这两个夹起，速招谋杀与尸首！"可怜衙门里不曾用钱，把他三人拶夹一个死，也不肯招。官叫敲，敲了又不招，捱了多时，县官道："这三个贼骨，可是戾气钟于一家。"分付："且放了，将吴媳发女监，吴老、吴周发隔别大监。吴老妇人讨保，到次日另审。"吴老妇人见此冤惨，到家晚夕投井而死。次日审问，又各加夹打，追要尸首，并无影响。吴老因衰年受刑，先死狱中。县官不肯放手，把吴周仍旧拷打，死而后已。只有一个吴媳，才知父母并吴周俱死，叫冤痛哭，晕死复生道："父母死了，叫我倚靠何人？"旁人道："正是。夫家既是对头，娘家又没人，监中如何过也？只有一条死路了。"三姐道："死，我也不怕。只是父兄实不曾杀他，日久自明。我要等个明白才死。"县官送下女监。喜得不多时，官已被议。这孔县官是陕西人，离任回籍。新县到任，事得少缓。只有张隽生，只因一时高兴与小厮去到广东，知无贵亲，将隽生灌醉，把他金簪衣服席卷远去。醒来走投无路，后来遇见一林客人惯喜男风，见隽生年少清秀，便留在身边，贪他后庭。过了年余，身上生了广疮，人都嫌恶不留。隽生自想："我家中富厚可过，娶得妻子才得半月，没来由远来受此苦楚。"沿途乞化回来。乡里不忿，将隽生扭至；新县问出实情，重打四十，将吴媳提监，发放宁家。三姐不肯回去，众邻再三劝他道："你不到张家，到何处去？"三姐道："我原说待事明即死。只是死了，列位葬我在父兄身旁，不与仇人同穴。"众人道："日后埋葬事，自然依你。但你毕竟回张家去为是。"三姐依言回到家中，见了公婆。张老夫妇自己也甚是惭愧，流泪道："都是我这不长进的畜生苦累了你。只是念他是个无心，还望媳妇宽恕。"三姐走到自己房中，张隽生因受刑伤，自睡一处，叫疼叫痛；见三姐到房，又捱起来跪着三姐，思量哀求。这三姐正色道："我与你恩断义绝了！我父兄何辜，你平空陷害他，夹打至死；母亲投井而亡。二年之内，你的父母，上下衙门，城里城外人，那个不说我奸淫？坏我名节！两载牢狱，百般拶打，万种苦楚，害我至此。你好忍心！你就往远处去，何妨留一字寄来，或着一朋友说来，也不致冤枉大害。如何狠心，竟自远去？自己的妻子纵不思想，那有年老的父母全不记念？你不孝不慈，无仁无义的畜生！虽有人皮裹着，真个禽兽不如！"隽生只低着头道："是我不是。"因爬起来，把三姐的手一把捏，三姐把手一挥道："罢了！我如今同你决了！"因不脱衣服，另睡一处。到得夜静，自缢而亡。各乡绅、士夫闻知，才晓得从前不是贪生，要全名节；甚是敬重，都来拜吊。即依遗言，葬于吴老墓旁。吴家合族同乡里公怒，各处擒拿隽生，要置死地。隽生知风，带着棒疮逃难到陕西地方，投某将军麾下当兵，随奉将令于某山埋伏。正在山坡伏处，忽见一人蓬头垢面，披衣赤足，如颠如狂，亦飞奔来，自喊道："我是孔某！在知县任上曾偏执己见，枉害四条人命；而今一个被刑伤的瘸腿老鬼，领着一个淤泥满脸、溺死的女鬼，一个项上扣索、吊死的女鬼，又跟一个瘸腿少年男鬼，一齐追赶来向我讨命。赶到此地，只求躲避一时！"隽生知得此事，正在毒打，恭遇大清兵已至山下，架红衣大炮向山坡伏处，一声响亮，打死几百人。孔县官、张隽生俱在死数，打做肉泥，连尸骸都化灰尘。可知有子不教之父、误人子弟之师、刀笔害人之徒、偏执枉问之官，以及习学下流、邪心外癖、竟忘父母妻室之子孙，俱得如此惨报结局。可不畏哉！

（九）三集卷之六·清夜钟

> 世间好色尽色痴，淫祸如何竟不思。
> 耗我精神痨病染，乱人闺阃杀机随。
> 内多妾媵常生妒，外嬖倡优更损资。
> 即或一身无显报，后来流毒有谁知。

（十）二集卷之七·笑得好　写一同性恋笑话。

（十一）四集卷之四·还玉佩　写某衙门吏书与其上司的同性恋。

太上感应篇注证合编

（清·康熙）王况漕新辑
清道光间山阴赵氏滋德堂刻本

卷之六

陈成卿①色戒语云："淫罪多端，男淫更大。行者污心，言者亦污口矣。养生家每言男淫损神尤倍于女，所当誓绝。况比幸童者，闺门多丑声，最宜防戒。"

---

① 明末学者。

宜麟策

(清) 佚名编撰
远方出版社 2001 年
《中国古代禁书文库》本

续篇·色戒男淫

陈成卿曰:"养生家言男淫损人,尤倍于女。"盖男为阳,两阳相亢,必竭其精,精竭则寒,寒则不能生育,故求嗣者当首戒男淫。且谷道为幽冷秽浊之地,屡屡犯之,气偏为戾。纵阳未衰而有子,非生而不育,即长亦为败家之子。知以后嗣为重者,可不畏乎?况溺于此者,或痿废,或失明,未老先衰,不一而足。是以有子者,亦当深戒也。人能痛自改悔,誓不再踏前非,外资药力,内养生机,久久坚持,阳和渐复,不特宁馨有庆,且康寿可期矣。

太上感应篇图说

(清初) 许鹤沙纂编
(清初) 张锜重编
清同治十一年(1872)刻本

见他色美,起心私之

晋江王武以文名诸生间。携酒饮承天寺,入藏经堂,见少年沙弥某端坐阅经,强令饮酒。沙弥不从,复搂抱调弄之。归家三日,忽掌口自骂,家人不知所谓,啮舌半日而死。

亵狎沙弥图

增补愿体广类集

(清·康熙)史典编辑
(清·康熙)蒋岳增纂
清同治六年(1867)刻本

(一)卷之三·嫖赌章

　　人有一好即有一累,而赌为甚。一入其场,众心欢悦。帮客之逢迎,红裙之诒媚,按摩之小巧,娈童之会意。左右前后,无非吸汝之髓,呼汝之膏者。无论汝之伎俩,不能出人范围。……

(二)卷之四·戒淫文

　　……更有别耽狂癖,贪嗜男风。外借朋友之名,而阴图夫妇之好。人面兽心,乡间共忿。等而下之,狎优童,昵俊仆,心因欲乱,内外不分。我既引水入墙,彼必乘风纵火，其间实有不可知者。……

吴门徐松龄三益氏谨识。

果报闻见录

（清·康熙）杨式传撰
清康熙间刻《说铃》本

亵神之报

宁波天宁寺旁小土室桌上供半尺泥塑关圣一躯，香火冷落。有两少年乘其幽僻，辄就龙阳。事毕，神降二人责之曰："何物狂奴，敢在我前淫秽！俱当立置死地。"同曳袴而狂叫于路，观者如市。其两家父母至土室神前告罪，许愿演戏酬神，二人始醒，神痴者逾月。

吕祖全书

（清·康熙）刘体恕汇辑
（清·乾隆）邵志琳增校
清乾隆四十年（1775）刻本

卷五十一·孚佑帝君警世功过格·过格·行恶

  败一良家妇女节，千过。
  堕一良家子弟行，千过。
  奸淫微贱及原失节妇，三百过。
  蓄俊仆艳婢，致启邪淫，三百过。
  诱一人嫖，三百过。
  虐使仆婢，五十过。
  嫖妓及男淫一次，五十过。
  演淫戏一场，二十过。
  窥探良家子女，二十过。
  留盼男女，五过。

欲海回狂

（清·康熙）周思仁辑撰
民国十六年（1927）铅印本

（一）卷一·劝亲狎妓童者

妓女之流毒甚矣哉！竭人精气，耗人货财，离人夫妇。朴者亲之而淫荡，智者恋之而昏迷。迎新送旧，藏垢纳污，此亦天下之至秽者也。而俗士甘之，奇已。至于龙阳，尤属多事。幸得为男矣，无何被污矣。乃于无可污之处，必求其污之之道，岂非自寻烦恼耶？不知何人作俑，其习至今存也。洁白之士，宜并戒之。

康熙辛亥，山西永宁州银匠张崇义比一顽童武根耳子，寝食与俱。一日张醉，先就枕。根耳子见铺内有物，竟拉杀张，窃之而逃。时适五鼓，逃出东门，门尚未启。次早获之，拟斩立决。

俊童在家，每彰闺丑。张生之变，犹属意外耳。

（二）卷二·居官门

鼓励风俗第二。禁畜娼优。
谨防物议第七。不以美女幼童结权贵，不纳舞女歌童，不赴优觞妓席。

（三）卷二·居家门

杜邪第一。妓女不许入门，梨园不许入门，赌博挟妓者不许入门，师巫不许入门，药婆不许入门，货淫具者不许入门。
远虑第八。不畜美貌乳母，不畜艳婢，不畜俊童。

（四）卷二·广戒门

出外第五。不往茶轩酒肆，不赴娼优席。见妇人不有意整容，不揣度是何人妻女。与男子同被不解下衣，不同浴同厕。

相与第六。毁谤三宝者勿友，编撰淫书者勿友，谈论闺门者勿友，亲狎妓童者勿友，好酒赌博者勿友。持不二色戒，修不净观法。

(五) 卷二·灭罪门

忏除业障第三。忏悔邪淫出家四众之罪，忏悔邪淫朋友妻妾之罪，忏悔邪淫奴仆婢媵之罪，忏悔邪淫歌童妓女之罪。

蕉窗十则注解[①]

（清·康熙）闵鉽注
清光绪二十六年（1900）仪征吴氏刻
《有福读书堂丛刻》本

上·戒淫行[②]

《遏淫说》曰：凡人淫心一起，便思邪缘凑合，设计引诱，钻穴逾墙，杀机旋伏，欺贫侮懦，犯分灭伦。万种恶孽皆由此起，故曰万恶淫为首也。第庸夫俗子，固不知顾忌，而读书文士，乃妄拟风流，侈谈情种。至婢女仆妇，原易狎昵，人皆以此为家常茶饭矣。不知家政不肃，家道不和，莫不由此。或妒妻鞭挞以伤生，或悍仆反唇以叛主。或父子不知而聚麀，或兄弟效尤而争宠。若怀暗昧之胞胎，还属谁人之骨血。若夫贫妇村姑，易于利动，但羞恶之心人皆有之，为其夫者宁甘心而不愤愧乎？更有偏嗜龙阳，侵渔男色，外托朋友之名，狂逞鸡鹜之欲。创天地未有之秽行，蹈神人共怒之淫邪。所谓颠倒阴阳，阴律之所不赦。等而下之，狎优童，昵俊仆，防闲难谨，内外不分。我既引水入墙，彼必乘风纵火，盖有不可知而不可言者。

寿世慈航

（清）常熟顾泾同志氏藏
巴蜀书社1994年影印
《藏外道书》本[③]

（一）卷之五·远色·龙阳六不可

丧威仪：淫污亵狎，颜面有觍。恭敬既丧，羞恶亦殄。

---

① 《蕉窗十则》系假托文昌帝君作。
② 参见《太上感应篇集传》等，注意文字、作者的差异。
③ 据清苏州喜鸿堂刻本影印。

伤夫妇：弃尔结发，嬖彼少年。乖气致异，好恶有偏。
混内外：若辈挑挞，有何行检。窃玉偷香，室人是染。
渎神听：举头三尺，定有神明。嗔怒其秽，降罚非轻。
防不测：律载鸡奸，王法班班。奸又近杀，躯命攸关。
枯骨髓：非求尔后，妄泄尔精。愚哉是役，速戒其生。

（二）卷之六·善过格·性行第五·过款

欲染良家妇人为一百过，成淫加十倍。

欲染室女、孤寡节妇为三百过，成淫加十倍。

欲染倡优为三十过，成淫为百过，男淫同。

不系邪淫，而非其地、非其时为十过。

见美色起心私之，照上例减十之九。

不起心而留盼者为一过。

畜养戏妓俊仆在家，致启邪淫，一日为十过。

阴骘文像注[①]

（清·康熙）赵如升图注
清康熙五十八年（1719）
大兴赵氏刻本

卷三·勿淫人之女妻

明曹状元鼐[②]《防淫篇》

语云天道祸淫，何举世乐淫而不加防耶！若辈有恬不以为罪者，有明知为罪不能自禁者。其间或以势逼，或以利饵，或以情诱。只顾淫欢，不顾阴骘之立丧，良可悲已。至如仆妇之侍侧，乳婢之近帏，行淫至便也。而丧厥阴骘，较寻常不减毫末。又如尼姑之索居，寡妇之孤宿，勾淫至易也。而丧彼阴骘，较寻常更加三等。他如贪迷娼妓，狎弄狡童，染贱类之疮毒，乖人道之常理。秽淫也，而败德不浅。诸如喜谈闺阃，好编艳词，玷良家之门风，引稚子之欲窦。导淫也，而口业尤深。凡此淫行，皆天怒不可测者，可勿防钦！防之者何？视其面，应比我姊之梳妆，我妹之修饰，而淫心为之一消。接其

[①] 本书是对《文昌帝君阴骘文》做加图注解。
[②] 曹鼐，明宣德八年（1433）癸丑科状元。

语,应思我父之临上,我母之来前,而淫心为之一息。就其身,应想灶神之申奏,三尸神之奔告,而淫心为之尽灰。兼之邪径弗由,亵语勿述,则不惟无罪,而阴骘无涯也。然此就未犯者言之耳,若素犯淫行,又有速悔之法在。昔贤云:"天道祸淫,不加悔罪之人。"从此见色力拒,见善力行,久之而色恶抵赎,善量充满,即可以转祸为福也夫。

文昌帝君阴骘文劝戒编

(清·康熙—雍正)洪德元辑注
清嘉庆十五年(1810)刻本

卷之三·勿淫人之妻女

与善堂《保元护命根本说》云:"人有真精,保之则寿,戕之则夭。医家《明堂图》载:肾俞为藏精穴,与心包络相系,上透泥丸髓海,乃人生安身立命之本,一或受伤,其害莫测。每见人家子弟,年方髫稚,情窦初开。或偷看淫书小说,或同学戏语亵秽,妄生相火,寻求伤命之路。或有婢仆之事①而斲丧真元,或无男女之欲而暗泄至宝。渐至肢体羸弱,饮食减少,内热咳嗽咯血,梦遗虚劳等症递见。父母惊忧而无措,汤药救治而难痊。不知皆自作之孽,其事隐微而戕贼其性命者深也。"

遏淫敦孝编

(清·雍正)石璇辑撰
民国十九年(1930)柏香书屋刻本

(一)遏淫篇·随遇致戒·娈童

阴阳交媾,各有元气感通,然过度尚足伤生。况男风一途,初无精气往还,其害命更甚于女色。世人不知,恬不为怪。外借朋友之名,阴图夫妇之好。嬖狡童如处女,狎俊仆若妖姬,优伶贱类,引作知己,群小狎邪,亲于妻妾。无论后庭之戏诚为污秽不堪,适足戕身丧命。亦思内外有别,奚容引贼入室,致使钻穴逾墙,酿成闺丑乎?有犯此者,急宜痛改前非,庶保闺门整肃。

---

① 与婢或仆的性事。

(二) 遏淫篇·随人致戒·富人

　　世之饥不得食，寒不得衣，流离道路终身无室家之乐者，何可胜数。而富厚之人，岂惟无饥，且肥甘足于口；岂惟无寒，且轻暖足于体。华堂峻宇，妾媵满前，所欲靡有不遂。天之厚我，不越他人万万哉。即使日日行善，尚不足以报天之德。顾乃饱暖之余，惟思淫欲。既获家鸡，又钟情于野鹜；乍添雏婢，更溺志于龙阳。遇善事则分毫莫破，为邪缘则千百如挥。通宵燕乐，白昼宣淫。不数年恶贯满盈，狱讼破之，火灾消之，死丧耗之，盗贼夺之，而性命亦随之。人谓是家气运颠倒，不知正彼苍现在之孽报。彼自欲财之立涸，故财欲少留而不得已。然则保富之道奈何？曰：为善戒淫者，不为善而为善者也。

大清律集解附例

(清初) 吴达海等修
清康熙六十一年（1722）刻本

刑部新定现行则例·下卷·杂犯·强行鸡奸

　　凡不肖恶徒伙众将良人子弟抢去强行鸡奸，为首者立斩，为从者俱拟绞监候，秋后处决。如和同鸡奸事发者，照律拟罪。

大清律集解附例

(清·康熙—雍正) 朱轼等修
清雍正间刻本

卷之十八刑律贼盗·白昼抢夺

　　凡恶徒伙众将良人子弟抢去强行鸡奸，为首者斩决，为从者绞监候。和同者，照律拟罪。

资治新书

（清初）李渔编
浙江古籍出版社 1991 年
《李渔全集》本

（一）初集卷八·戮主惨变事①

朱阿宝为俞君檠嬖臣，殆主仆而夫妇者也。君檠以伴宿有人，断弦五年而不续，不可谓非情种矣。其亡妻所遗之物几数百金，既以门内之事委之阿宝，则北门锁钥必非君檠自操，朝侵夕耗，其所由来者渐矣。乃君檠素不堤防，而稽查蓄积于一旦，岂非以色衰爱弛之故，而追咎余桃矫驾之失耶？声言送官而实不送官，盖欲怵之以威使偿所窃，而不知反为召祸之由也。纠集亡命黑夜逞凶，而君檠之头颅立碎矣。受人断袖之恩，报以屠肠之惨，中山狼之奇横果若是哉？尤可恨者，被杀之后，群凶兽散，而阿宝又逃之七百里外，匿于中贵之家，以致漏网四载，悬案不结。池鱼林木之殃，遍及于远宗近族，杖毙者一人，瘐狱者二人。溯其所由，是阿宝不惟弑主，又且弑兄，弑伯，弑大父矣。拟以凌迟，犹觉罪浮于律，但恨法无可加耳。阿龙以十五岁之憨童，菽麦不辨，焉能借箸于人，不过因人长短，及见白刃上手，不觉肌栗胆裂，而抱头窜伏于中庭矣。开以一面，似不为纵。

（二）初集卷十一·活杀女命事②

钱科保行同狐媚，性本豺狼，与陈合浦鸡奸成好，仰食其家，私通刘氏。合浦既为代聘完姻，自当各宜家室，乃因某氏恶其分爱，日加窘辱，遂甘心手刃其妻。伤哉曾氏！以未弥月之新妇，何罪何愆，立殒凶顽之手？更可恨者，科保取刀于某氏床头，某氏恬不劝止，且以两可之言激其一往之气。奇冤惨变，总一淫妒之心所使也。科保故杀无罪之妻，绞抵曷辞？刘氏律以通奸，尤属轻典，应照同谋殴人至死，虽不下手，辱及同行知谋，不行救阻者律，杖一百。陈合浦卧榻之侧，容留匪类，淫妻悍厉，懵然弗知，变生祸作，犹代之刺血伸冤，并加杖治，以儆非夫。

（三）初集卷十一·谋杀事③

看得阴阳位以十五姣童，黄田悦其色，而求与为好。观其导款曲于谢红，候机缘于

---

① 苏州司理倪长玗判。
② 湖西守宪赵进美判。
③ 汀州司理赵最判。

观剧,似非伦父狂且躁率无术者比。即使前鱼惊饵,何至焚鹤碎琴?况位果流水无情,谓当过门不入耳;乃寂寂书斋,双双入幕,月槛春阴,夜方丙矣,而忽作正襟之拒,以恼襄王,当非情理之所有也。且同出不归,红已可疑;捞尸而起,验已非溺。位母不于此时根究,而轻于深瘗;乃旷越经年,方修怨于凤讼之阴明翼,且有财买黄田谋杀之控,此其可疑者一也。鸡人始唱,行者渐稠,舁尸出城,见之者何止一曾天寿?迨事久而寿并游移其口矣,此其可疑者二也。痛殴之时,红宿何所,而不一救援?此其可疑者三也。捞尸之际,衣在何处,而不一致辩?此其可疑者四也。然则腹不胀满,甲无泥沙,累累鳞伤,胡为乎池中?则明翼情书粘单之诉,与其母文会不归之供,更逗一疑绪矣。窃恐少年场不无如田辈者,为之阴构于其间,此前院"应早有凤夜多露"之驳也。是狱也终属疑团,要非铁案,夫谳狱者每于死中求生,未有于矜疑可释之人而反予以死法者。今蒙施祝网之仁,正合赦款改成之例。

(四) 初集卷十一·人命事①

审得傅东之自刎,盖自贻伊戚耳。东与王二有龙阳之好,其后来者,则吴庆也。新之间旧,亦人情乎?东之欲杀欲割,已非一日。某月日夜,赚庆至家,托其写信,甫搦管而秤锤、石块交加,头额破裂,血涌晕地。东惧罪情逼,遂作短计。孰意死者得救复生,而生者死,此鞫之地邻之口,甚真甚确者也。及捕二至,则巍然丈夫矣。龙阳君如此长大,不知逐臭者何所取而昵之,且皆甘为情死也?发难虽不在场,致死实由此孽,量断功果银三两,追给尸亲,以为寡廉鲜耻者戒。

(五) 初集卷十一·妖乱横杀事②

沈一郎以少艾行童,为淫僧洪雪所属意。雪当沉酣之后,求欢不遂,詈殴相加。淫色之戒,雪已自犯。而一郎鼓刀刳腹,初非其意,横逆之来,此际有难顺受耳。过失杀伤,情可矜也。

(六) 二集卷十八·殴死人命事③

看得瞿文英凶残无赖,以鳏居之淫汉,比鲜耻之顽童,醉宿酒店,嗔龙阳高五娃不为温存,故责以铺床叠被。又逢浪子张连升亦来逐臭,遂相与争花闹蕊,顿起凶状,大肆老拳。五娃之琵琶未过别船,连升之鸡肋立毙当下。三检伤真证确,绞抵亦复奚辞?张付寿既为文英寓主,又系连升族叔,情难袖手,谊合撄冠,先打其侄,以销他人之忿,

---

① 福建右藩周亮工判。
② 浙江巡抚秦瑞寰判。
③ 平阳司理毛达判。

所谓助骂乃以止骂，情亦有之。及毙其命以陷自己之身，所谓让尤反以招尤，计何拙也。细审尸父张所真亲供，死男连升素与付寿无仇，迹类助殴，意实解纷，照依悬拟，诚不为纵。高五娃以牛鬼蛇神之恶状，妆狐淫雉孽之奇妖，致毙两命，杖有剩辜。余免拟。

巡城琐记

（清·康熙）陆毅撰
清光绪十三年（1887）刻本

有诉四岁儿被人鸡奸者，怪之，拘以讯据。被犯系邻人，年十四五，平昔往来故无间。是日清晨，儿匿影忽从邻家啼而出，问所苦，以手指患处。验之，血迹森然。邻人坚不承服，既无确证，血痕亦浅淡模糊。再询旁邻，则云："儿啼是实，验迹亦真，其所自来不得而知也。"予曰："是难以律断。盖四岁非受奸之人，特儿童嬉戏云尔。戏不成伤，无罪。但非可戏之具，薄责示惩，仍押迁移，杜两姓嫌隙。"于是旁邻咸服，谓得情法之平。

定例成案合钞

（清·康熙）孙丹书编
清康熙间刻本

（一）卷十九·强行鸡奸被杀成案

康熙二十七年十月，刑部看得黄大搠死蔺大略一案。据江抚洪审拟绞罪，应否比照罪人犯应死罪而擅杀者律拟杖具题。查黄大年未弱冠，黄昏时分路遇蔺大略拔所带小刀强逼鸡奸。黄大畏势允从，大略收刀入鞘，双手脱裤。黄大即乘间夺刀乱搠大略腿肚等处，伤重殒命。黄大因蔺大略强逼鸡奸搠死，黄大应比照罪人犯应死之罪而擅杀律拟杖，事在赦前，应免罪。奉旨依议。

（二）卷二十五·鸡奸（《现行则例》）

凡不肖恶徒伙众将良人子弟抢去强行鸡奸，为首者立斩，为从者俱拟绞监候，秋后处决。如和同鸡奸事发，照律拟罪。

（三）卷二十五·和同鸡奸成案

康熙四十年六月，刑部看得回民陈兆霆等叩阍控告知州一案。据东府仍照原拟等语，据此知州合依官员辄用惨刻刑具致毙三命者，发附近充军律，热审减等杖徒。赵国璧等吓诈银二十四两，应照衙门蠹役恐吓诈银十两以上，并妻子安插奉天例，热审减等杖徒。陈六、孔珍鸡奸王十学，陈六、孔珍应照秽物灌入人口律，杖一百。

世宗宪皇帝上谕内阁

清世宗撰
台湾商务印书馆 1986 年影印
文渊阁《四库全书》本

（一）卷五十八

雍正五年六月十九日奉上谕。田文镜审拟胡大保强行鸡奸勒死曹柱儿一案，依强行鸡奸例将胡大保拟斩立决具题。三法司议覆，以胡大保并未成奸，改依故杀律拟斩监候。夫不肖恶徒将良人子弟强行鸡奸，例应斩决。况因鸡奸不从以致勒死人命，则以强奸之恶徒而兼以杀人之重罪，有何可矜可疑之处而反从末减？若以其未成奸而改为监候，则视鸡奸为重而转视人命为轻矣，有是理乎？此特法司诸臣有意苛求田文镜加以残忍之名，以致轻重颠倒，失其情罪之当而不加察耳。如此存私，奈国法何！设使田文镜果有错误，朕自知之，无俟诸臣如此逐事苛索也。此案田文镜所拟本为合理，伊于刑名事件详慎谙练，法司诸臣中未见有能及之者。若以私心苛求其短，虽极当理之事亦必漫行改驳，岂大臣秉公办事之义！至于刑部衙门为天下刑名之总汇，亦天下刑名之标准。轻重宽严务须持平当理，方能使民协于中。朕曾因该部于外省案件每事驳重，谕以朕非好刻之主，无庸如此迎合。凡事当揆度其理，酌量其人。如督抚之好宽者，则济之以严；督抚之好严者，则济之以宽。盖宽严相济而后得乎理之中也。乃该部甫承谕旨不过一月，即将田文镜此案合理之事故意驳轻。不惟欲以见田文镜之残忍苛刻，又预料驳轻原属非理，朕必不依部议，遂欲并以苛刻之名归之于朕。且必云田文镜素性严刻，今遵旨济之以宽而复不允，愈以见朕之好刻如此。用心诡谲，甚属可恶。此案著九卿问三法司是何意见如此改驳，将此案主稿之员一并详案，另议具奏。

（二）卷一百三十六　雍正十一年十月十九日上谕，言及强行鸡奸罪案。

世宗宪皇帝朱批谕旨

清世宗等撰
台湾商务印书馆 1986 年影印
文渊阁《四库全书》本

卷一百七十四之十

雍正七年十二月初二日，浙江总督管巡抚事在任守制臣李卫谨奏，为奏明拿获奸匪情形请旨差审结案事。……其在嘉定者则有王朝，亦系砑匠，供出南翔镇监生姚秉忠招人散饷，每季给银七两二钱，指称海上领来，有事跟随听用等情。臣咨移苏抚，并差员拿获。讯系姚秉忠为富不仁，专作包娼、鸡奸幼童等事。因而豢养无赖重给资财，以为打降济恶之人。虽每季发银之数各供相同，而通海为匪之事则无确据。此姚秉忠一起之情节，现在各自照律分别定拟可也。

定例续编

（清·乾隆）梁懋修编
清乾隆十年（1745）京都荣锦堂刻本

卷之十一·犯奸·鸡奸幼童

刑部为奏闻事。① 议得安巡徐［本］奏称强行鸡奸一项，有伙众强抢者，有一人强奸者，有因奸将良人子弟杀死者，亦有未死者。向例尚未分晰，各省概将为首之人拟斩立决，觉未平允等语。请嗣后若年十六七岁，尚属童顽，有将未十岁之幼童强行鸡奸者，照一人强行鸡奸已成、未成之例各减一等，杖一百，流三千里。

又称若二人强奸又未杀人，将为首拟斩监候，为从拟绞监候等语。查强行鸡奸已属可恶，若二人强奸，虽未杀人实系轮奸。今将为首拟斩监候不足蔽辜。除伙众抢去止有首犯一人强奸余犯无强奸情事者，首犯照例拟决，余犯发遣外，若系俱曾行奸，将为首拟斩立决，为从拟绞监候。

又称十六七岁尚属童顽，有将幼女强行奸污者，照已成、未成律减一等发落等语。

---

① 雍正十二年二月奏闻。

查犯奸律内未载和同鸡奸之条，嗣后审明实系和同鸡奸者，照和奸律杖八十，枷号两个月。奉旨依议。

槜李诗系

（清·康熙）沈季友编
台湾商务印书馆 1986 年影印
文渊阁《四库全书》本

（一）卷十八·卜秀才舜年①

舜年字孟硕，吴江盛泽人。入籍嘉兴，补弟子员。诗学孟东野，颇饶别趣。字画皆擅名，书佳于画，而诗又次之。眼空气锐，介然有难群之志。自牓其庐曰"乡人皆恶，国士无双"，里中目为狂生。好狎游平康，又多与娈童处，以故早卒。有《绿晓斋稿》。

（二）卷十九·周秀才拱辰②

续娈童诗（有序）

古有《娈童》诗，诠情未畅。戏为续此，当李贺《秦宫》之什。

分明杨柳絮，捏作一妖童。
倚发方萧史，风流轶子充。
袂裁垂手翠，袴剪合欢红。
割袖邀深爱，分桃莫恼公。
香奇疑是窃，憨稚总成聪。
髻幻吴宫女，腰逾楚国娀。
引谓秋露滴，吐气石兰融。
密意遗栀子，幽欢拾鹿葱。
彩球铜沓弄，双陆蜃窗攻。
举袂扶雕辇，盘靴怯宝骢。
乘酣春选梦，余兴夜吹铜。
行雨非巫峡，牵云笑蛳蛛。
前鱼未应泣，怜惜剩秦宫。

---

① 卜舜年系明末人。
② 周拱辰系明末人。

（三）卷二十五·江左天民项隆锡[①]

隆锡字子介，元汴孙。弱冠为诸生有名，徜徉诗酒，自号江左天民，有《天籁阁稿》。尝昵小史昭华，成断句五十四首以自忏云。

昭华曲

簪笔垂囊倚碧纱，看来粉黛失繁华。
移将一树连卷玉，满院春开解语花。

结社兰林燕曲池，名流毕集每追随。
故将险韵书花片，分送尊前索赋诗。

洞庭霜后橘林开，百颗从人走索回。
金壳玉瓢亲自剖，甘酸尝过始传来。

吴梅村全集

（清初）吴伟业著
上海古籍出版社 1990 年版

（一）卷第八·赠妓郎圆

轻靴窄袖柘枝装，舞罢斜身倚玉床。
认得是侬偏问姓，笑侬花底唤诸郎。

（二）卷第九·临顿儿

临顿谁家儿，生小矜白晰。
阿爷负官钱，弃置何仓卒。
给我适谁家，朱门临广陌。
嘱侬且好住，跳弄无知识。
独怪临去时，摩首如怜惜。
三年教歌舞，万里离亲戚。

[①] 项隆锡系清初人。

绝伎逢侯王，宠异施恩泽。
　　高堂红氍毹，华灯布瑶席。
　　授以紫檀槽，吹以白玉笛。
　　文锦缝我衣，珍珠装我额。
　　瑟瑟珊瑚枝，曲罢恣狼藉。
　　我本贫家子，邂逅遭抛掷。
　　一身被驱使，两口无消息。
　　纵赏千黄金，莫救饿死骨。
　　欢乐居它乡，骨肉诚何益。

（三）卷第十一·王郎曲

　　王郎十五吴趋坊，覆额青丝白晰长。
　　孝穆①园亭常置酒，风流前辈醉人狂。
　　同伴李生柘枝鼓，结束新翻善财舞。
　　锁骨观音变现身，反腰贴地莲花吐。
　　莲花婀娜不禁风，一斛珠倾宛转中。
　　此际可怜明月夜，此时脆管出帘栊。
　　王郎水调歌缓缓，新莺嘹呖花枝暖。
　　惯抛斜袖卸长肩，眼看欲化愁应懒。
　　推藏掩抑未分明，拍数移来发曼声。
　　最是转喉偷入破，殢人肠断脸波横。
　　十年芳草长洲绿，主人池馆惟乔木。
　　王郎三十长安城，老大伤心故园曲。
　　谁知颜色更美好，瞳神剪水清如玉。
　　五陵侠少豪华子，甘心欲为王郎死。
　　宁失尚书期，恐见王郎迟。
　　宁犯金吾夜，难得王郎暇。
　　坐中莫禁狂呼客，王郎一声声顿息。
　　移床欹坐看王郎，都似与郎不相识。
　　往昔京师推小宋，外戚田家旧供奉。
　　只今重听王郎歌，不须再把昭文痛。

---

① 南朝诗人徐陵字孝穆，这里指明末徐汧，号勿斋，名伶王紫稼曾为其家优。

> 时世工弹《白翎雀》，婆罗门舞龟兹乐。
> 梨园子弟爱传头，请事王郎教弦索。
> 耻向王门作伎儿，博徒酒伴贪欢谑。
> 君不见康崑峑、黄幡绰，承恩白首华清阁。
> 古来绝艺当通都，盛名肯放优闲多？
> 王郎王郎可奈何！

王郎名稼，字紫稼，于勿斋徐先生二株园中见之，髫而晰，明慧善歌。今秋遇于京师，相去已十六七载，风流儇巧，犹承平时故习。酒酣一出其伎，坐上为之倾靡。余此曲成，合肥龚公芝麓口占赠之曰："蓟苑霜高舞柘枝，当年杨柳尚如丝。酒阑却唱梅村曲，肠断王郎十五时。"

定山堂诗集

（清初）龚鼎孳著
民国十三年（1924）龚氏瞻麓斋刻本

（一）卷二十·为友沂①有赠

> 春云日傍画帘多，垂柳人轻似绮罗。
> 天畔朱楼容断袖，樽前青眼得高歌。
> 衣香绕瑟三更月，花雨浮湘一尺波。
> 莫唱何戡渭城曲，离鸿海燕半愁讹。

（二）卷二十·重为友沂所欢题扇

> 王郎天壤竟情多，宋玉衣香许拂罗。
> 花下每分平叔粉，人间谁记念奴歌。
> 晓风残月春如此，细雨轻帆愁奈何。
> 讶道妆成临镜立，须眉巾帼一时讹。

（三）卷三十七·赠歌者王郎南归和牧斋②宗伯韵

> 盘髻挡筝各斗妆，当筵弹动舞山香。

---

① 赵而忭，字友沂。
② 钱谦益，号牧斋。

　　　　　酒钱夜数留人醉，不是吴姬不可尝。

　　　　　初衣快比五铢轻，越水吴山并有情。
　　　　　一舸便寻香粉去，不须垂泪祖君行。

（四）卷三十七·为沈郎玉卿题便面

　　　　　罗带回风不动尘，留仙一曲绮筵春。
　　　　　扶来七宝莲花步，我见犹怜是美人。

（五）卷三十七·读梅村《王郎曲》

　　　　　急管霜高舞柘枝，当风垂柳尚如丝。
　　　　　酒阑谁奏梅村曲，肠断王郎十五时。

（六）卷三十九·王郎挽歌

　　　　　江左烟花盛绮罗，青春对酒复当歌。
　　　　　白门①病死王郎杀，天宝风流已不多。

　　　　　锦缆横塘系晚春，玉筝弹泪上罗巾。
　　　　　只愁卫玠应看杀，那得焚琴汝辈人！

（七）卷四十一·吊惜郎

　　　　　兰芳菊素立清秋，薄醉难消薄命愁。
　　　　　早信王郎情易死，情多不死不风流。

（八）卷四十一·云郎口号四绝句其年索赋

　　　　　春风丝管扬州路，曾见秦箫最小年。
　　　　　今夕云郎来对酒，长安花月更婵娟。

　　　　　不从水绘园中住，席帽轻衫到国门。
　　　　　自是主人能爱客，三千里外一寒温。

---

① 寇湄，字白门，明末清初南京名妓。

陈郎文采惊天下，作客虽贫材足依。
茶灶药囊秋夜雨，他乡伴好不须归。

云郎态似如云女，缥缈朝云与暮云。
听说绕梁歌绝妙，花前还许老夫闻。

（九）卷四十二·戏代林郎怅别

花气亲沾蛱蝶裙，一弦一思绕春云。
魂销今夜长安月，酒冷香残应忆君。

粉巾红泪湿千行，嘱付更筹一刻长。
愿得黄昏花睡去，画楼偏遣月如霜。

（十）卷二十一·上巳……听王子玠度曲

（十一）卷三十六·戏为吴郎德甫书扇

（十二）卷三十六·口号四绝赠朱音仙

（十三）卷四十·秋夜饮王玉式斋中书吴郎扇

（十四）卷四十一·冬夜观螺浮侍史龙梭演剧戏赠

（十五）卷四十一·戏为韶九张郎二绝句

（十六）卷四十二·春夜歌筵戏为陈郎一绝句

（十七）卷四十二·戏赠周伶一绝句

（十八）卷四十二·戏和檗子赠杨枝

（十九）卷四十三·杨枝有"一泓秋水漾群鹅"之句，喜而和之

（二十）卷四十三·戏送杨枝并简水绘主人

（二十一）卷四十三·寄秦箫

定山堂诗余

(明末清初)龚鼎孳著
民国十三年(1924)龚氏瞻麓斋刻本

(一)卷三·画堂春·和青若赠杨枝韵

　　金沟二月袅鸦黄,扬州人到长杨。丝丝缕缕画柔肠,瘦得神伤。　春色隋堤一片绣帘香,粉千行。相逢飞絮已池塘,误却风光。

(二)卷三·长相思·和其年韵同前

　　倒芳卮,诉芳卮,纵不相怜也莫辞,欢多那易离。　恼杨枝,惜杨枝,对此青青我鬓丝,腰肢问小时。

(三)卷三·玉人歌·再和其年韵同前

(四)卷三·浪淘沙·和纬云韵同前

同人集①

(清初)冒襄编
清康熙间如皋冒氏水绘庵刻本

(一)卷之二·冒巢民②先生暨苏孺人五十双寿序③

　　水绘庵之胜,树木掩映,亭榭参差。尝于其中高会名流,开尊张乐。其所教之童子,无不按拍中节,尽致极研。紫云善舞,杨枝善歌,秦箫隽爽,吐音激越。

---

① 本书所收系冒襄与其友朋的往还酬唱之作。
② 冒襄,号巢民。
③ (清初)王挺撰。

(二) 卷之三·得全堂夜燕后记①

伶人者，即巢民所教之童子也。徐郎善歌，杨枝善舞，秦箫者解作哀音。

(三) 卷之六·和有仲观剧断句十首②

十五徐郎舞袖垂，秦箫歌罢又杨枝。
魏公未是知音者，但有新词付雪儿。

(四) 卷之六·观剧杂成断句呈巢翁先生③

漫教小竖饰云鬟，日夕开樽花月间。
最似风流谢安石，酒棋丝竹卧东山。

歌声宛转落珠玑，放诞风流试舞衣。
可道杨枝都占尽，半妆早已让徐妃。

忽忽令人去欲仙，花情云意自难传。
汉宫若得徐郎入，不把河山禅董贤。

(五) 卷之六·留别巢民先生④

偶然兴到名山水，扁舟直走江千里。
云烟飘渺耳目前，波涛鼓荡心胸里。
风便帆飞射雉城，雉城主人最有情。
一见恰如故相识，意气风流无等伦。
好客不问家生产，买歌不惜千黄金。
雕盘绮食开清尊，吴歌楚舞香氤氲。
秦箫为歌杨枝舞，就中紫云犹媚妩。
红儿雪儿无足数，桃叶桃根如粪土。
低眉敛袖不肯前，如怨如嗔殊可怜。
忽然宛转发清响，月亦为之欲堕不堕悬青天，

---

① （清初）陈瑚撰。
② （清初）陈维崧作。
③ （清初）瞿有仲作。
④ （清初）瞿有仲作。

停云飞尘何足言。
举杯呼问汉天子，当年延年可如此？
胡为金屋复贮他家姊，或曰云阳母乃然。
汉家河山值几钱，把玩玉符竟不传。
紫云紫云真妙绝，情怯心慵歌未歇。
俄而夺春晖，俄而乱白雪。
哀音满座风骚屑，不顾吴侬肠断折。
肠断折，魂飞腾，余时大醉欲作升天行。
挥毫洒落如云崩，浑如太白潦倒天子庭，
玉环捧砚调清平。
乱离欢乐岂长久，人间万事多摧朽。
须臾客散酒杯阑，回头歌舞夫何有。
扬州古称繁华地，阿㜑魂魄狂乎否？
锦帆留得殿脚歌，玉树飘零溪头柳。
谁从别墅覆残棋，草木不灵风鹤走。
明日别君期何处，东西南北惟马首。
君挟东山妓，余牵东门狗。
同是避世人，何计不相负。
丈夫会合总有时，两髀肉生悲老丑。
沉吟此事泪沾襟，壮心击破秦王缶。
何怪嵇康阮籍徒，一饮直倾三百斗。
黯然把酒顾紫云，紫云为我重赓《将进酒》。

（六）卷之六·徐郎曲①

一曲清歌彻夜闻，妆成红袖更殷勤。
殢人也自烟花乱，不敢当筵唤紫云。

灯炧花寒歌板停，曲房深处酒微醒。
堪怜生小江南意，一到文园眼自青。

① （清初）邓汉仪作。

（七）卷之六·杨枝曲①

金城杨柳尽苍茫，张绪风流枉断肠。
不道过江萧瑟后，一枝独自挂斜阳。

阳羡书生促赋诗，竹西渡口欲归时。
主人不用金樽劝，只有杨枝管别离。

（八）卷之七·四集夜游曲②

春灯历乱水萦回，一片星河此夜开。
惊喜分司佳句在，当筵还看紫云来。

（九）卷之七·壬子冬仲再过东皋，承巢民老伯委曲相留，谊逾畴昔……冀先生鉴此鄙衷也③

记作听歌旧末行，有人低唱《贺新凉》。
昵他④帘底翻莺拍，从我天边御虎伥。
再到岂无心一寸，不来多恐法三章。
沉思前事原无负，曾劝衔泥老画堂。

（十）卷之九·定惠寺哭和其年旧诗二首后……复和十八首，幽抑怨断，付之鹍弦铁拨，当知其哀也⑤

水绘来冬过，华筵烛十行。
秦青歌绝调，阿紫舞霓裳。
云集东吴士，书城南面王。
儿曹融水乳，从此遂家乡。

水绘诗千首，园林景物添。
赌吟求互胜，穷岁不为嫌。
博古铭奇异，佳辰写妙严。

---

① （清初）邓汉仪作。
② （清初）毛师柱作。
③ （清初）陈维崧作。
④ 徐紫云。
⑤ （清初）冒襄作。

选声极豪发,图画梦腰纤。
(其年密画紫云小像,遍求题咏成卷。)

(十一) 卷之九·壬戌中元荐其年长兄于定惠寺,追和其己亥中元赋谢原韵以哭之①

萧寺仍齐荐,英魂痛尔添。
千秋成永别,十载幸无嫌。
人事真难料,天心何太严!
紫云应在侍,可复旧纤纤。

(十二) 卷之九·《后演剧行》为巢民冒先生作②……

我昔放浪游东皋,得全堂上红蜡高。
主人喜作西园会,不惜十斛倾蒲萄。
家有歌儿结队出,传头绝妙非凡曹。
时看满眼腾翠袖,惯闻中夜喧檀槽。
一丝婉转归寂寞,万态攸忽奔波涛。
洗钵池头客一月,日在欢场快所遭。
无何宾客渐云散,主人门馆侵蓬蒿。
紫云已逝杨枝槁,陈郎浅土埋樱桃。
剩有秦箫双耳塞,合肥不在形酕醄。
从此华筵罢丝竹,重阳寒食尤萧骚。
或云官长喜诇察,四方群盗且旌旄。
或云里儿原善怒,况闻歌舞群嘈嘈。
以此闭阁计亦得,其如怀抱多**辖辂**。
玲珑幡绰有底急,总为愁人解郁陶。
今秋扬州忽传语,主人呼客还游敖。
更扫后堂理弦索,兼得善本穷纤毫。
吴儿十二最聪慧,便解音律调笙璈。
按拍每使龟年服,顾曲无须公瑾劳。
宝彝染香一炬后,得此意兴殊雄豪。
我久不到射雉路,闻之即欲唤轻舠。

---

① (清初) 冒嘉穗作。
② (清初) 邓汉仪作。

静垂帘幕听妙曲,纤月低映寒凤飔。
恍惚当年酒垆睡,细谈开宝镫重挑,
如君那复心忉忉。
红妆姬能工绘事,绿发儿能歌《浪淘》,
亟须快舞《郁轮袍》。
大夫庙后垂柳外,会买白虾与浊醪。

(十三) 卷之十·乙丑长夏得全堂观剧,留别巢民先生①

名士亭前好夕阳,自教歌舞看登场。
如花簇簇吴儿艳,直听雏莺啭绿杨。

知己能容旧酒狂,几回邀醉坐胡床。
老夫不下岐途泪,肠断魂消是菊郎。

(十四) 卷之十·戊辰仲春偶游雉皋再访巢民先生,蒙枉顾邀赴欢场。是夕演《秣陵春》,达旦始别。殆生平仅见之乐也,率成十绝志感②

江南江北聚优伶,聒耳淫哇几耐听。
不遇冒家诸子弟,梨园空自说娉婷。

(十五) 卷之十一·得全堂席上戏赋赠三小史③

徐雏彬如小字花乳
雏凤当年事可传,雏儿此日倍堪怜。
喉同莺啭声声脆,曲比珠明字字圆。
何必心伤追往昔,总教肠断是当筵。
雉皋若不逢司宪,怎识风流第一仙?

金菊芳男
看遍风前掌上身,果然宜喜复宜嗔。
记来艳曲皆红豆,扫去繁花尽锦茵。
乍见似曾相识夜,细思无可奈何春。
停樽忽忆仙裳句,肠断魂消是此人。

---

① (清初)黄云作。
② (清初)许承钦作。
③ (清初)吴锴作。

（黄仙裳有"肠断魂消是菊郎"之句。）

金二菊韦杜

老年魂梦又扬州，小菊逢场世莫俦。
林泰（飞仙）而今难独步，
王郎（紫芥）当日未风流。
名花倾国香盈座，皎月中天鹤唳秋。
忆得赵家夸姊妹，昭阳合德最温柔。

湖海楼全集

（清初）陈维崧著
清乾隆六十年（1795）商丘陈淮刻本

（一）陈检讨迦陵先生传①

陈维崧，字其年，号迦陵。颇解音律，尝嬖歌童云郎。云亡，睹物辄悲，若不自胜者。

（二）迦陵先生外传②

辟疆③招迦陵读书于家，爱其才隽，为进声伎以适其意。歌者杨枝度曲，紫云吹箫，十年间迦陵诗文益复淋漓顿挫。后紫云从迦陵归，冒弗问也。

先生寓水绘园，欲得紫云侍砚。冒母马太夫人靳之，必得梅花百咏乃可。雪窗一夕，走笔遂成之。文不加点，众惊为神助。

---

① （清·康熙）蒋永修撰。
② （清·康熙）蒋景祁撰。
③ 冒襄，字辟疆。

湖海楼诗稿

(清初) 陈维崧 著
清康熙六十年（1721）宜兴陈履端刻本

（一）卷之一·白石郎曲

　　　　江水碧，歌白石，
　　　　少年作态欹绿帻。

　　　　楚江之滨，无风自波中。
　　　　有妖童，绝世善歌。

（二）卷之三·丁圣瑞丈人招饮即席分赋

　　　　况有秦青歌，歌声入查请。
　　　　徐郎更倾城，我见愁无赖。

（三）卷之三·追昔游仿长庆体

　　　　世事已横流，举国忧心惔。
　　　　而我四五人，狂态殊沾沾。
　　　　自除博士籍，不受文章钳。
　　　　城南亚字墙，墙底鸳鸯帘。
　　　　中有红粉①装，袨服何鬈襳。
　　　　又闻周小史②，容貌殊修纤。
　　　　门前白玉花，夜夜栖双鹣。

（四）卷之四·秦箫曲

　　　　此间秦箫曲中杰，忽然高唱《受降城》。
　　　　须臾如抗复如坠，老马郭索沙场行。

---

① 女妓。
② 男优。

广陵花月不知数，小楼玉笛无朝暮。
几人不听秦箫歌，一生总为秦箫误。

（五）卷之四·徐郎曲

江淮国工亦何限，徐郎十五天下奇。
一声两声秋雁叫，千缕万缕春蚕丝。
涤除胸臆忽然妙，检点腰身无不为。
高才刊曲惊莫敌，细心入破真吾师。
徐郎醉汝一杯酒，汝醉还能作歌否？
请为江南曲，一唱江南春。
江南可怜复可忆，就中仆是江南人。
忆昔江南夜三五，谢家儿郎健如虎。
结发平翻乌角盐，当窗滥作善才舞。
此日当歌便瘦生，此时善舞便相迎。
知音自是缘门第，识曲由来擅姓名。
教成南国无双伎，弹破《凉州》第一声。①
十里倡楼留客住，三更街鼓得人情。
霍王小女家家瑟，杨氏诸姨部部筝。
俱夸玉树华筵坐，不怕金吾大道行。②
二十年来事沾臆，南园北馆生荆棘。
崔九堂前只独怜，奉诚园内无相识。
琵琶斜抱恰当胸，细说关山恨几重。
南曲不传张伯起，北宫谁数沈君庸。
霜天秃发那堪摘，寒夜单衫只自缝。
暗里漫寻前度曲，人前不认旧时容。
谁知老大不自得，却向徐郎叙畴昔。
畴昔烟花不可亲，徐郎一曲好横陈。
干卿何事冯延巳，错谱悲凉感路人。
歌罢谁人击鼍鼓，十万银灯落如雨。
前辈徐郎慎勿轻，君不见，
陈九白头浑脱舞（陈九，徐郎教师也）。

---

① 二句据《同人集》卷之六补。
② 二句据《同人集》卷之六补。

（六）卷之四·杨枝曲

> 人生花月不常有，眼前况见青青柳。
> 人生离别将奈何，可怜复唱杨枝歌。
> 曲尘染就黄金熨，和烟和雨窗前拂。
> 文通久号断肠人，杨枝尔更消魂物。

（七）卷之十二·有怀紫云

> 萧萧驿馆不胜长，枫树如人岸作霜。
> 怪底蓬窗恒侧坐，为临秋水忆清扬。

（八）卷之十二·灯下绝句

> 十载江湖落拓身，徐郎相见即相亲。
> 自从小别三秋后，不信人间有璧人。

（九）卷之十二·赠杨枝

> 灯烛香消酒醒时，殢人阶下索人诗。
> 我诗半是狂言语，莫遣司空此夜知。

（十）卷之十二·别紫云

> 三度牵衣送我行，《并州》才唱泪纵横。
> 生憎一片江南月，不是离筵不肯明。

（十一）卷之十二·赠歌者陈郎[①]

> 天涯踪迹半旗亭，谱遍龟兹不忍听。
> 怜尔小年非失意，逢人也唱《雨霖铃》。

---

① 陈郎名灵雏。

湖海楼诗集

(清初) 陈维崧著
清康熙间宜兴陈宗石忠立堂刻本

(一) 卷一·惆怅词二十首别云郎

作客天涯四载余,江城灯火倍愁予。
一枝琼树天然秀,映尔清扬照读书。

乍见筵前意便亲,今生怜惜夙生因。
莫言自小青衣贱,也是江淹传里人。

命不如人黯自伤,只缘家难滞他乡。
旅窗若少云郎顾,海角寒更倍许长。

中酒将离思不禁,年年桐树碧愔愔。
物犹如此难为别,怊怅无言泪满襟。

记得端阳五月中,君曾薄醉倚疏栊。
分明一幅潇湘水,斜坠明霞数缕红。

三鼓出门乌夜飞,五更还家星宿稀。
水晶楼角几时暖,独坐待君君不归。

不归独坐到天明,斜倚香篝叹息轻。
鼠踏筝弦声窸窣,错疑人叩兽环声。

城南定惠前朝寺,寺对寒潮起暮钟。
记得与君新月底,冰纹衫子捕秋虫。

鹊脑将残酒再斟,此生何以报知音。

断纨碎墨无多语,珍重文人一片心。

征鞍每岁愁中跨,短棹今年病里还。
自是离人无限泪,平添秋水到吴门。

蒋大鸿《怊怅词》序曰:"徐生紫云者,萧郢州尚幼之年,李侍郎未官之岁,技擅平阳,家临淮海,托身事主,得侍如皋。大夫极意怜才,遂遇颖川公子。分桃割袖,于今四年,虽相感微词,不及于乱。若乃弃前鱼而不泣,弊轩车而弥爱。真可谓宠深绿幮、欢逾绛树者矣。维时秋水欲波,玄蝉将咽。公子乃罢祖帐而言旋,下匡床而引别。江风千里,讵相见期,厥有怊怅之篇,曲尽离忧之致。仆岂无情?奚能胜此。伤心触目,曾无解恨之方。拊节和歌,翻作助愁之句。"

(二) 卷一·将发如皋留别冒巢民先生

忆我过如皋,太母正悬帨。
是为戊戌冬,层冰莽寒厉。
……
阿云年十五,娟好立屏际。
笑问客何方,横波漾清丽。
……
荏苒六七年,华轩命予憩。
吁嗟数年中,旧事不堪计。
……
阿云久侍予,怜其母新毙。
坦率易失欢,与人多睚眦。
念此尚难忘,上者那能替。
千秋鲍叔恩,前修以为励。

(三) 卷二·与李瑶田、刘维祺小饮邵生家兼听其弦索,即次刘安刘先生韵

脆管零丝不忍闻,衣香帽影绮窗分。
心情倚醉谁能那,忽忆天涯有阿云。
(结句怀九青①也。)

---

① 徐紫云,字九青。

（四）卷四·怀州岁暮感怀

　　　　　酒尽灯残成角哀，钩帘绕柱只徘徊。
　　　　　枕欹独客眠难着，衣迫长途绽复开。
　　　　　故国愁闻鱼大上，中原喜见雁重来。
　　　　　（九青再至。）
　　　　　凭谁驱使排幽兴，宁郭诗人李杜才。

（五）卷五·冬抄十六日九青风雪入商丘，赋诗怀之

　　　　　鸡鸣白月盱眙县，马滑黄河武陟城。
　　　　　偕汝风涛刚隔岁，累卿冰雪又单行。
　　　　　伯桃作客衣装薄，狐偃从亡骨肉轻。
　　　　　此意凄然吟不稳，粉笺湿透泪盈盈。

（六）卷五·彩云①常戏九青为小钱儿，遂成二绝

　　　　　簌来春昼绿窗便，入手应知似月圆。
　　　　　匿笑也需防口吃，莫将人唤作钱钱。
　　　　　（钱钱，古美人名。）

（七）卷一·书小徐郎扇（云郎侄也）

迦陵词全集

（清初）陈维崧著
清康熙间宜兴陈宗石患立堂刻本

（一）卷一·长相思·赠别杨枝

　　潄金卮，阁金卮，不是樽前抵死辞。今宵是别离。　捻杨枝，问杨枝，花萼楼前宛地垂。休忘初种时。

---

① 陈维崧在商丘娶的妾。

（二）卷三·极相思·夜饮友人所，阿云待余不至，留词而去

如尘如梦如丝，脉脉意谁知？归来恨晚，休摇屈戍，慢叩罘罳。　一阵碧虚窗外雨，三通鼓，人去多时。空留彩句，蜜花笺淡，凤胫灯欹。

（三）卷五·虞美人·过青驼寺感旧，寄示冒子青若①

鲁山更比吴山翠，路入青驼寺。乱峰怪石甃围墙，墙里人家，一半枣花香。　当初有个卿家燕②，与汝天涯见。晓风残月忆从前，不道因循过了十余年。

（四）卷八·江城子·沙随感旧

思量往事极分明。小徐卿③，昵云英，萧寺幽窗檀板劝银罂。两小一双描不尽，红烛下，态盈盈。　西风卷去隔年情。寺钟鸣，记前生，落叶中原恰又趱离程。淡月晓风昏似梦，和泪也，出曾城。

（五）卷十一·满江红·过邯郸道上吕仙祠，示曼殊④

丝竹扬州，曾听汝，临川数种。明月夜，黄粱一曲，绿醑千瓮。枕里功名鸡鹿塞，刀头富贵麒麟冢。只机房唱罢酒都寒，梁尘动。　久已判，缘难共。经几度，愁相送。幸燕南赵北，金鞭双控。万事关河人欲老，一生花月愁偏重。算两人今日到邯郸，宁非梦。

（六）卷十三·满庭芳·纪梦

黄入东风，绿来南内，梦中春水泠瀯。个侬香粉，仿佛也曾经。还是簸钱堂上，当年事，有影无形。高楼外，珠圆莺脆，隔院已闻声。　衷情浑欲诉，新愁点点，旧恨星星。奈一场春梦，不甚分明。此际银灯耿耿，罗衾湿，红泪如冰。难分手，满街细雨，愁煞梦回程。

（七）卷十四·水调歌头·留别阿云

真作如此别，直是可怜虫。鸳裯麝薰正暖，别思已匆匆。昨夜金尊檀板，今夜晓风残月，踪迹大飘蓬。莫以衫痕碧，偷揾脸波红。　分手处，秋雨底，雁声中。回躯揽持，

---

① 冒丹书，字青若，冒襄次子。
② 徐紫云。
③ 徐紫云。
④ 徐紫云，号曼殊。

重抱霄箭怅将终。安得当归药缺,更使大刀环折,萍梗共西东。絮语未及已,帆势破晴空。

(八) 卷十五·天香·中元感旧

夹路幡竿,盈城梵呗,分明元夜灯市。露湿巫箫,秋生赛鼓,头上月轮初霁。金波潋滟,还泻做、万家红泪。天与玉容争淡,烟飘粉裙偏丽。　许多流莺声细,似啼猿,楚峡嚎唳。只有小坟新冢,谁修薄祭。空伴唐陵汉寝,都一样、凄凉野田里。黄土鸦鸣,白杨风起。

(九) 卷十七·解语花·鸣高弟昔年曾与一年少为狎游,昨偶遇市上而此年少已不复相识,归而怅然……因作此词,用调鸣高

柳花似梦,莺语初圆。人遇章台下,旧愁萦惹。记曾与宛转风轩水榭,金丸抛洒。伴不认,隔年司马。恨无情,惆怅归来,拟碎揉花打。……

(十) 卷二十二·喜迁莺·石濂和尚①自粤东来梁园为余画小像,作《天女散花图》,词以谢之

月明珠馆,有帝释鬘陀,身云散满。鲛国旌幢,鲨帆筱吹,万叠雪倾银溅。装罢红棉粤峤,看足苍枫梁苑。饶能事,尽微敫澹抹,黄深绛浅。　篚衍有一卷,细腻凝脂,三尺松陵绢。少不如人,师须为我,画出鬓丝禅板。旁侍湘娥窈窕,下立天魔塞产。人间苦,怅碧桃花谢,洞天归晚。

(十一) 卷二十四·五彩结同心·过惠山蒋氏酒楼感旧 (余昨年与云郎曾宿此楼)

惠山山下,谁氏高楼,记曾借我酣眠。夜半喧山,雨龙峰顶,飞挂百幅帘泉。当时尚有玲珑在,凭阑唱、落叶哀蝉。可惜是声声红豆,忆来大半难全。　如今重经楼下,只水声幽咽,仿佛鸣弦。弹指匆匆,旧时燕子,换做万里啼鹃。当垆莫唤楼前客,应怪我、泪裹红棉。惆怅煞,一天明月,满汀渔火商船。

(十二) 卷二十六·贺新郎·云郎合卺为赋此词

小酌酥酿酿。喜今朝,钗光簟影,灯前溟漾。隔着屏风喧笑语,报道雀翘初上。又悄把檀奴偷相。扑朔雌雄浑不辨,但临风私取春弓量。送尔去,揭鸳帐。　六年孤馆相依傍。最难忘,红蕤枕畔,泪花轻飏。了尔一生花烛事,宛转妇随夫唱。努力做、藁砧模样。只我罗衾浑似铁,拥桃笙难得纱窗亮。休为我,再惆怅。

---

① 释大汕,字石濂。

(十三)卷二十九·摸鱼儿·清明感旧①

　　正轻阴做来寒食,落花飞絮时候。踏青队队嬉游侣,只我伤心偏有。休回首,新添得一堆黄土垂杨后。风吹雨溜,记月榭鸣筝,露桥吹笛,说着也眉皱。　十年事,此意买丝难绣,愁容酒罢微逗。从今纵到岐王宅,一任舞衣轻斗。君知否,两三日,春衫为汝重重透,啼多人瘦。定来岁今朝,纸钱挂处,颗颗长红豆。

(十四)卷三十·瑞龙吟·春夜见壁间三弦子是云郎旧物,感而填词

　　春灯地,拚取歌板蛛萦,舞衫尘洒。屏间乍见檀槽,与秋风扇,一般斜挂。　帘儿罅,几度漫将音理,冰弦都哑。可怜万斛春愁,十年旧事,恹恹倦写。　记得蛇皮弦子,当时妆就,许多声价。曲项微垂流苏,同心结打。也曾万里,伴我关山夜。有客向,潼关店后,昆阳城下。一曲琵琶者,月黑枫青,轻拢细挦。此景堪图画。今日怆,人琴泪如铅泻。一声声是,雨窗闲话。

(十五)卷一·望江南·宛城五日追次旧游漫成

(十六)卷一·望江南·寄东皋冒巢民先生并一二旧游

(十七)卷二·浣溪沙·赠王郎

(十八)卷三·阮郎归·为灵雏题画

(十九)卷五·虞美人·吴门春暮重见杨枝

(二十)卷七·定风波·赠牧仲歌儿阿陆

(二十一)卷七·定风波·又赠歌儿阿增

(二十二)卷八·殢人娇·早过友人斋头书所见

(二十三)卷十·玉人歌·杨枝今岁二十,为于齐纨上作小词

(二十四)卷十六·玉蝴蝶·山游席上书所见

(二十五)卷十七·念奴娇·十五夜……同纬云、鲁望两弟暨曼殊小饮寺寓

---

① 追悼徐紫云。

陈检讨填词图卷^①

（清初）陈维崧辑
（清·乾隆）陈淮续辑
清末民初江阴缪荃孙艺风堂抄本

《浣溪沙》 尤侗：

侧帽轻衫古意多，乌丝栏写《燠侬歌》，红儿解唱《定风波》。　翠管吟残倾一斗，玉箫吹彻敛双蛾，酒阑曲罢奈髯何。

《木兰花慢》 济南王士禛^②：

衣香鬓影共氤氲，吹彻参差入夜分。赢得迦陵新句好，不辞心力事朝云。　玉梅花下交三九，红杏尚书枉擅名。记得微吟倚东阁，梅花如雪扑帘旌。

《金缕曲》 成德^③：

乌丝词付红儿谱，洞箫按出霓裳舞。舞罢髻鬟偏，风姿最可怜。　倾城与名士，千古风流事。低语嘱卿卿，卿卿无那情。

《沁园春》 西湖吴农祥：

柳底吹笙，麈尾乌丝，争侍宾筵。见题诗欲倦，齐留帐下。宿酲微解，恒立床前。掷果丰姿，余桃憨态，任打金铺拥被眠。郎君誓，定今生与汝不罢相怜。　只今追忆蹁跹好，初日容仪比少年。记笑颜抬眼，花难解语。歌喉按指，珠亦羞圆。金马初开，璧人何在，翡翠帘寒易惘然。秋怀苦，似长河不息，膏火同煎。

《醉蓬莱》 沈皞日：

认当年羁旅，踏六街酥雨，对了双鬟。鄂舡绣被，闲他私语。

---

① 此图即《迦陵先生填词图》，康熙十七年（1678）释大汕绘。在图中，陈其年拈髭吟词，徐紫云素指弄箫，一派才子佳人之象。图之题咏者前后共有103位，包括毛奇龄、徐釚、高士奇、朱彝尊、洪升、蒋士铨、王文治、翁方纲、洪亮吉、阮元、王仁俊等。在此所选除李尧栋是乾隆间人，其他均为康熙间人。

② 王士禛。

③ 纳兰性德。

《寄生草》 山阴李尧栋：

词已凡三变，文多似六朝。东华尘土先生老，如何忘了左风①怀，何时重写云郎貌。

迦陵先生填词图②

（清初）释大汕绘

迦陵先生填词图

据清道光二十五年（1845）石刻之石拓本影印。

迦陵先生填词图

据清乾隆五十九年（1794）刻本影印。

---

① 男风。
② 选自姜伯勤撰：《石濂大仙与澳门禅史》，学林出版社1999年版，第277、280页。

读画斋偶辑

（清·嘉庆）鲍廷博等编
清嘉庆间石门顾修读画斋刻本

迦陵先生填词图

正谊堂文集

（清初）董以宁著
清康熙间书林兰荪堂刻本

书·答陈其年书

　　承谕题《九青图》，知足下于小史钟情益甚，此固吾辈失意之人支离潦倒之所托也。仆向者亦常久溺于此，而温艳之体又平日所优为，遂不禁欣然为之。及命笔而儿子牵牛适以所读《孟子》来请讲，不忍叱之去，因与讲《君子以为犹告》一章。讲毕，命之覆讲，颇能记忆不遗。仆喜，与之果饵。次子方三岁，见其兄得食，亦倒持书册向仆咿唔，以冀与食。而苦无字音，仆为之失笑，乃又益喜。有长者过焉，偶以告，随问牵牛年几何矣。曰："是其生也当辛丑之始秋，故以牵牛名，今八岁耳。"长者慨然曰："嗟乎，使尔早生子数年，得入尔父怀抱，其乐不更胜于今日哉？尔惟他有所溺，故得之较晚。然犹幸免于大不孝者，赖吾子勇于自悔耳。"仆因念足下更长于仆五年，于少保公为冢孙，于处士公为冢子。生子事大，虽支离潦倒，不宜更有此无益之好。遂终阁笔，不复为足下题《九青图》。宁顿首复。

此近迂腐，然是肝膈至言。陈、董为一人之交，宜其婉切。亦惟婉切，故不觉其迂腐也。

正谊堂诗集

（清初）董以宁著
清康熙间书林兰荪堂刻本

（一）七古一·对雪歌病中答其年、讦士见赠

茱萸小女捧金钟，笑叠锦褥双芙蓉。
更听清歌入紫宫，圣郎乐府赠妖童。

（二）七绝一·吴兹受先生席上听小史度曲，赋示汉槎

一声河满出屏前，几度横眸向绮筵。
忆遍旧人都不似，销魂莫说李延年。

（三）七绝二·赠江郎

每忆红颜宛在前，忽惊憔悴剧相怜。
原来采石轻分手，不见江郎已十年。

（四）七绝二·山阴吕黍宇自扬州携高小史至，索和红桥词，漫成十二绝

何处还来绣被舟，越人曾到古扬州。
归时学得箫声好，沽酒兰陵恣冶游。

我亦当年旧酒徒，王孙床畔醉呼卢。
　　如今见尔还相忆，拾得金丸酒更沽。

（五）七绝二·吴锦雯席上看登郎重系三弦子歌

　　吴公风雪夜开筵，重看登郎分外妍。
　　一曲清歌争欲听，断人肠是第三弦。

　　腰间珍重系明珠，长伴冰弦一两约。
　　不向紫囊重觅取，肯教容易见罗襦。

安雅堂未刻稿

（清初）宋琬著
齐鲁书社 2003 年
《宋琬全集》本

（一）卷一·题林铁厓絮铁册子①

　　铁厓林公，议屯田失边将心，中危法几死。其被逮也，仆人咸鸟兽散，惟小史邓猷相随不去，至以絮裹铁复以体温絮，奇矣。周元亮为作《絮铁行》，故名之曰絮铁。公属予和者屡矣，予曰："愿一见絮铁，诗乃成。"公期期持不可，闻予履声辄令避去，乃至深扃坚键，若将藏之复壁中者。噫！又奇矣。舣舟将发，书此贻絮铁，并以诮公。

　　林君海鹤姿，负谤中山箧。
　　可怜强项臣，堕此修罗劫。
　　苍头及庐儿，饱飏未转睫。
　　婉娈者谁子？问年方佩韘。
　　九死誓相从，慷慨无嚅嗫。
　　重茧逾万里，哀哀泪盈颊。
　　维时当沍寒，河冰不须楫。
　　琅珰九曲盘，缚公于马鬣。
　　累囚冻欲僵，缇骑仍夜猎。
　　之子解罗襦，缠绵复周浃。

---

① 参见《词苑丛谈》。

> 弗惜束素身，宵分熨以胁。
> 久之铁竟温，适体如衷袯。
> 公非绕指柔，七尺等秋叶。
> 佳哉此孺子，智勇超荆、聂。
> 何人编稗官，借尔光简牒。
> 大书复特书，将以告臣妾。

（二）卷五·为陈其年所欢紫云题像[①]

> 擎箱涤砚镇相随，婉转君前舞柘枝。
> 催促陈思填乐府，曾将红豆谱乌丝。
>
> 蛾眉参意写难工，试比崔徽约略同。
> 我代画师添数笔，玉箫吹罢倚梧桐。

（三）卷五·重题紫云画卷

> 朱唇曼睩映吴绡，犹恐丹青粉易销。
> 他日休歌《何满子》，忆郎佳句《念奴娇》。
>
> 画图冉冉带微颦，只为萧郎被放新。
> 赋奏长门应有日，天寒绣被属何人？

二乡亭词

（清初）宋琬著
齐鲁书社2003年
《宋琬全集》本

（一）卷一·采桑子·赠歌者陈郎并柬西樵[②]

  樱桃时节樱桃郑，改作崔徽。夺得鸾鎞。轻燕翩翩掌上飞。　红牙按罢《黄金缕》，卸却罗衣。一段娇痴。羞杀西楼穆素辉。（是日演《西楼传奇》。）

---

① 参见《九青图咏》。
② 王士禄，号西樵山人。

(二) 卷三·高阳台·为朱鹤庵侍史王郎作

何处逢君？落花时节，嫩杨乍啭莺簧。小阁深沉，鄂君绣被生香。红牙按罢浑无力，倚东风，更换霓裳。背兰缸，横波偷展，低问周郎。　东君为汝彷徨，倩珊瑚作枕，玳瑁为梁。海燕同栖，一时娇艳无双。从此蛾眉参意画，应见惯，不辨鸾凤。漫猜他，佳人碧玉，夫婿王昌。

(三) 卷一·西江月·索林铁崖侍史絮铁不见，作此嘲之

已畦集

(清初) 叶燮著
清康熙间吴江叶氏刻本

卷之九·赠月槎周郎

茅斋剪烛记春慵，入坐明星玉女峰。
留得双蛾频转处，疏帘影里暗香重。

别来枫叶落青溪，惭愧三春乌夜啼。
回首板桥分手处，乱云堆里夕阳西。

本事诗

(清·康熙) 徐釚编
清乾隆二十二年 (1757) 桐乡汪氏刻本

(一) 自序①

歌怜何满，时时误识樱桃；情比鄂君，夜夜偷熏绣被。卧秦宫于花底，错赐缠头；羡霍氏之家奴，无劳半臂。既云钟情，自在吾辈。因传本事诗，愿续断肠句。

---

① 徐釚在序中对同性恋持欣赏态度。

(二) 卷九·与歌儿红树①

　　　　　　碧叶著秋色，夭娇若朝霞。
　　　　　　自贪红树好，不复爱桃花。

(三) 卷十一·赠若耶小史为叶星期作②

　　　　　　画舸乘风一叶轻，红亭相送客相迎。
　　　　　　最怜小史如初日，不劝离筵到五更。

(四) 卷十二·徐郎曲③

……

　　〔徐釚注：〕徐郎名紫云，广陵人，冒巢民家青童。儇巧善歌，与其年狎。尝画云郎小像，遍索题句，新城王阮亭④云：
　　　　　　黄金屈膝玉交杯，坐烬银荷叶上灰。
　　　　　　法曲自从天上得，人间那识《紫云回》？

(五) 卷十二·题《小青飞燕图》⑤

　　娄东崔不凋⑥孝廉为余纨扇上画《小青飞燕图》。花曰小青，开艳者有九，一春燕斜飞其上。题曰"为其年题九青小照后一日作"，意欲拟九青于飞燕也。因题一绝以报孝廉。
　　　　　　嫩色生香赋不成，红襟斜剪茜花轻。
　　　　　　一从图入崔郎手，流遍江南是小名。

(六) 卷十二·枫泾即事同元礼弟戏作⑦

　　　　　　水剪双眸弱不支，风光细腻少人知。
　　　　　　鄂君又向舟中去，绣被香浓好待谁？

---

① （清初）李念慈作。
② （清初）朱彝尊作，叶星期名燮。
③ （清初）陈维崧作。
④ 王士禛，号阮亭。
⑤ （清初）陈维崧作。
⑥ 崔华，字不凋。
⑦ （清初）叶舒颖作。叶元礼名舒崇，参见《张氏卮言》。

纳兰词

(清·康熙) 纳兰性德著
民国二十五年 (1936) 中华书局
上海铅印《四部备要》本

卷一·菩萨蛮·为陈其年题照

乌丝曲倩红儿谱,萧然半壁惊秋雨。曲罢髻鬟偏,风姿真可怜。 须髯浑似戟,时作簪花剧。背立讶卿卿,知卿无那情。

洪升集

(清·康熙) 洪升著
浙江古籍出版社 1992 年版

(一) 卷一啸月楼集·赠歌者陈希三首

紫箫吹罢换新声,生长邯郸最有名。
自是延年难再得,谁能一顾便倾城?

西湖秋月镜中开,惊见妖童艳落梅。
莫是玉关长不闭,焉支小岭亦飞来。

细细青丝挽落云,风流贪着翠罗裙。
情知不是金钗子,那得闺人不妒君。

(二) 卷四集外集·南商调·迦陵填词图题咏

【集贤宾】谁将翠管亲画描,这一片生绡。活现陈郎风度好,拈吟髭慢展霜毫。评花课鸟,待写就新词绝妙。君未老,傍坐着那人儿年少。

【琥珀猫儿坠】湘帘低覆,一叶翠芭蕉。素指纤纤弄玉箫,朱唇浅浅破樱桃。多娇!暗转横波,待吹还笑。

【啄木鹂】他声将启,你魂便消。半幅花笺题未了。细烹来阳羡茶清,再添些迷迭香烧。数年坐对如花貌，丽词谱出三千调。鬓萧萧，须髯似戟，输你太风骚。

【玉交枝】词场名噪，赴征车竟留圣朝。柳七郎已受填词诏，暂分携绣阁鸾交。梦魂里怎将神女邀，画图中翻把真真叫。想杀他花边翠翘，盼杀他风前细腰。

【忆多娇】夜正遥，月渐高。谁唱新声隔柳桥？纸帐梅花人寂寞，休得心焦，休得心焦。明夜飞来画桡。

【月上海棠】真凑巧，画图人面能相照。觑香温玉秀，一样丰标。按红牙月底欢娱，斟绿醑花前倾倒。把双蛾扫，向镜台灯下，不待来朝。

【尾声】乌丝总是秦楼调，宝轴奚囊索护牢。怕只怕，并跨青鸾飞去了。

长生殿

（清·康熙）洪升著
江苏古籍出版社 1998 年版

第五出①

（小生作看丑介）（丑）你怎么只管看我？（小生）我看大姐的脸上，倒有几件宝贝。（净）什么宝贝？（小生）你看眼嵌猫睛石，额雕玛瑙纹，蜜蜡装牙齿，珊瑚镶嘴唇。（净笑介）（丑将扇打小生介）小油嘴，偏你没有宝贝？（小生）你说来。（丑）你后庭像银矿，掘过几多人！（净笑介）休得取笑。

孔尚任诗文集

（清·康熙）孔尚任著
中华书局 1962 年版

（一）卷四·肩上舞行

燕儿靓妆，能在肩上舞，当筵赠之。

一朵彩云花梢吐，娇舒艳卷随花雨。
冉冉渐触水晶屏，亭亭又临碧纱户。

---

① 丑是一丑女，小生是一贵家子弟，净是一村妇，他们在路上相遇。

烟丝雾缕趁灵风，不定急雪春无主。
满座争看蛱蝶裙，瞥眼香泥掠燕羽。
小院垂杨初飞绵，轻盈并作一团舞。
恰值绿珠堕楼时，踏着人肩人不苦。
安得双掌接双鸳，擎向筵前唱乐府。

（二）卷四·兰红小部

小部齐抽玉笋条，相公曲子最魂消。
才开衣箧襟多袿，乍点笙簧字未调。
莺会啭时犹费舌，柳能眠处已成腰。
词人满把抛红豆，扇影灯花闹一宵。

（三）卷四·燕台杂兴三十首（有序）

朱门一出路茫茫，箧里空藏断袖香。
走上氍毹歌一曲，从新人看李修郎。

李修郎声伎擅场，为贵人所宠，人难窥见。后被弃掷，仍到歌场，见者惊为绝艺。

桃花扇

（清·康熙）孔尚任著
江苏古籍出版社 1998 年版

第二十五出①

（场上正中悬一匾，书"熏风殿"，两旁悬联，书"万事无如杯在手，百年几见月当头"，款书"东阁大学士臣王铎奉敕书"）（外扮沈公宪，净扮张燕筑，小旦扮寇白门，丑扮郑妥娘同上）（外）天子多情爱沈郎，（净）当年也是画眉张。（小旦）可怜一树白门柳，（丑）让我风流郑妥娘。（外）我们被选入宫，伺候两日，怎么还不见动静？（净仰看介）此处是熏风殿，乃奏乐之所。闻得圣驾将到，选定脚色，就叫串戏哩。（外）如何名熏风殿？（净）你不晓得，琴曲里有一句"南风之熏兮"，取这个意思。（丑）呸！你们男风兴头，要我们女客何用。（小旦）我们女客得了宠眷，做个大嫔妃，还强如他男风哩。

---

① 沈公宪和张燕筑是串客、清客，寇白门和郑妥娘是娼妓，时当南明弘光时期，他们是被召入内庭演戏。

（丑）正是，他男风得了宠眷，到底是个小兄弟。（净）好徒弟，骂及师父来了。（外）咱们掌了班时，不要饶他。（净）谁肯饶他。明日教动戏，叫老妥试试我的鼓槌子罢。（丑嗤笑，指介）你老张的鼓槌子，我曾试过，没相干的。（众笑介）

芦中集

（清·康熙）王摅著
北京出版社 2000 年影印
《四库未收书辑刊》本①

卷六·诵侯弟家歌儿三宝声技绝佳，自主人之出不知所往，感赋三首

  未及垂髫见艺成，我于尤物最钟情。
  三千里外归来日，何处花间听啭莺？

  花香月色可怜宵，歌舞朱门去已遥。
  为问章台街畔柳，临风谁折最长条？

  憔悴杨朱泣路岐，鸰原南望不胜悲。
  紫荆花下归同醉，肠断当年舞柘枝。

醒世姻缘传

（明末清初）西周生著
中州古籍出版社 1982 年版

第十五回②

  ［男优梁生和胡旦去香岩寺避难。］那和尚把他两个让到里面，安了坐。长老看他两个都是二十岁的模样，那梁生虽是标致，还有几分象个男子，那个胡旦娇媚得通似个女人，且是容貌又都光润。［长老本不想容留这两人，］只是见胡旦生得标致，那个不良的念头未曾割断。［结果，长老让二人削发为僧。］

---

 ① 据民国五年（1916）钱耀伊抄本影印。
 ② 写僧人对优伶的同性恋欲望。

水浒后传

（明末清初）陈忱 著
中华书局 2004 年版

第十七回

那个人姓竺，名大立，是江州一个无赖子弟，倚着母亲有些姿色，有人帮贴，略读几行书。只是唇枪舌剑，覆雨翻云，扎火囤，开天窗，做刀笔讼师，无所不为。更兼好淫，不论男女。那小舍与他邻居，是开赌坊的池大眼的儿子，乳名芳哥，生得眉清目秀，面白唇红，年纪十五六岁，性好顽耍，不肯读书。先生要责罚他，一时害怕，被竺大立哄到双峰庙里，干那没要紧的事务。这道士又是不守本分的，唤做焦若仙，与村中保正袁爱泉交好，就联络了竺大立，拜为兄弟，三个人一串。焦道士察听地方事故，袁爱泉便申报上司，竺大立把持衙门。有些油水，三股均分。当地人无不切齿，叫做"双峰三虎"。那竺大立骗池芳哥到庵中，与道士公用，这不消说得。

玉娇梨

（明末清初）天花藏主人著
春风文艺出版社 1981 年版

第十六回

白小姐见卢小姐①颜色如花，才情似雪，十分爱慕。卢小姐见白小姐诗思不群，仪容绝世，百般敬重。每日不是你寻我问奇，就是我寻你分韵。花前清昼，灯下良宵，如影随形，不能相舍。说来的，无不投机；论来的，自然中意。一日，白小姐新妆初罢，穿一件淡淡春衫，叫嫣素②拿了一面大镜子，又自拿一面，走到帘下迎着那射进来的光亮，左右照看。不料卢小姐悄悄走来看见，微笑道："闺中韵事，姐姐奈何都要占尽？今日之景，又一美题也。"白小姐也笑道："贤妹既不容愚姐独占，又爱此美题，何不见赠一诗，

---

① 两位小姐是表姐妹的关系。
② 白小姐的丫鬟。

便平分一半去矣!"卢小姐道:"分得固好,但恐点污不佳,而失美人之韵,又将奈何?"白小姐道:"品题在妹,姐居然进士,虽毛颜复生,亦无虑矣。"卢小姐遂笑笑,忙索纸笔,题诗一首,呈上白小姐一看,只见上写五言律一首:

美人帘下照镜

妆成不自喜,鸾镜下帘随。
影落回身照,光分逐鬓窥。
梨花春对月,杨柳晚临池。
已足销人魂,何须更拂眉?

白小姐看了欢喜道:"潇洒风流,六朝佳句。若使贤妹是一男子,则愚姐愿侍巾栉终身矣。"卢小姐听了,把眉一蹙,半响不言,道:"小妹既非男子,难道姐姐就弃捐小妹不成?此言殊薄情也。"白小姐笑道:"吾妹误矣,此乃深爱贤妹才华,愿得终身相聚,而恐不能,故为此不得已之极思也。正情之所钟,何薄之有。"卢小姐道:"终身聚与不聚,在姐与妹愿与不愿耳。你我若愿,谁得禁之,而虑不能。"白小姐道:"虑不能者,正虑妹之不愿也。妹若愿之,何必男子;我若不愿,不愿妹为男子矣。"卢小姐乃回嗔作喜道:"小妹不自愧其浅,反疑姐姐深意,真可笑也。只是还有一说,我两人愿虽不违,然聚必有法。但不知姐姐聚之法又将安出?"白小姐道:"吾闻昔日娥皇、女英同事一舜,姐深慕之,不识妹有意乎?"卢小姐大笑道:"小妹若无此意,也不来了。"白小姐道:"以你我才貌,虽不敢上媲英皇,然古所称闺中秀林下风,颇亦不愧。但不识今天之下可能得一有福才郎消你我?"

〔后来,白、卢两小姐一同嫁给了俊雅才子苏梦白。〕

玉娇梨

(明末清初) 天花藏主人著
清青云楼刻本

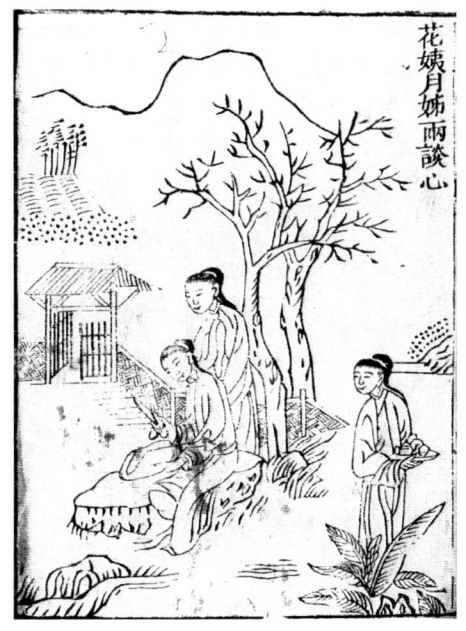

花姨月姊两谈心（第十六回）

玉娇梨

（明末清初）天花藏主人著
清同安徐管城刻本

白红玉像

云（卢）梦梨像

人间乐

（明末清初）天花藏主人著
中国文联出版社 2004 年版

（一）第六回①

　　适值这日，居公子同众秀才来谢宗师。宗师留居公子衙内饮酒，出来恰遇着许绣虎对面而来。直看得许绣虎狐狐疑疑，暗想道："我平日自负秀美天生，当今无两。今若与此生相并，殊觉形秽！"但素不相识，无由接谈，只将手拱了一拱。直看他走远了，尚还立住徘徊，出神凝想。直看到无可奈何之际，方回过身来，因而问人，方知今日是一起松江府新进的秀才来谢宗师的。许绣虎又问道："可知方才过去的这小相公，他是姓甚名

---

① （一）（二）写书生许绣虎倾慕女扮男装的"居公子"，从中可见同性对人的吸引力。不过《人间乐》是才子佳人小说，所以许绣虎虽然一往情深，却不会心涉肉欲，从而表现出的是一种精神同性恋的情形。

谁，住在那里?"那人见问，笑说道："松江秀才，自然是松江人。我不曾与他相熟，那晓得他姓名。"许绣虎听了，遂不再问。欲待再往别处闲走，只觉心中若有所失，游兴索然，只得回寓。到了夜间安寝，谁知就枕之后，将日间所见之人，不觉兜上心来，道："我生了十八年，人人称我为美男子，我亦不自知其美。然我目中所见之人，并无如我之貌，这还是一隅之地。如今出门以来，往往留心，莫说男子中绝少，即妇女中，并不见有甚么倾国倾城的美色。何独今日无意中，遇见这个少年，比花还媚，比柳还柔，而一种幽静恬澹，步履端庄，殊令我见而魂销矣。若据我想来，我这副形骸，尚然被有女之家为人所苦。但不知这位少年可曾受室，亦曾为人所苦否?我今日倒为他担忧。"忽想道："人各有志，难道也似我选择才女。或者他人有所遇，亦未可知，我怎为他担忧?"想罢，欲要去睡，怎奈一时再睡不着。忽又思道："我思天地间造物，有物必有则，有则必有偶，决不独生而使之独往独来。所以同声相应，同气相求之理存焉。我今细细想来，五伦之内，夫妇、朋友皆在其中。我今不得才美之女以成夫妇，莫若有此才美之友以为友，岂不是以美爱美，以才爱才，成天地间造物而有偶矣!他今既在松江，此去不远，我今何不访寻彼地，与此生订一知己之交，何其快也!"一时想得欢然，而甜其寝。

(二) 第十二回

[许绣虎]无聊无赖，难以消遣，因想道："古来文人以填词为胜，我今何不将此一段爱慕想念之情谱成词曲，到也可破一时寂寞。倘或想到无可奈何之时，将曲以消怀，有何不可?"一时想定主意，因见园中几树海棠开得娇艳鲜妍，不胜欣然举笔：

【画眉序】兜底上胸膛，好教我费尽端详。他家何处是?料近天旁。访云间，踏遍街衢，鱼雁杳绝无音耗。只应夙世交情浅，今生里怎结芝兰。
【黄莺儿】羡杀少年郎，美丰姿，意气扬。风流记得娇模样，心怀企仰，何时敢忘。怨天公付我男儿相。细思量，此身速变，下嫁凤求凰。
【集贤宾】非是心中乱想。他若肯换衣裳，不亚当年西子庞。枝头鸟雀争喧嚷，诚求上苍。倘若许我商量，何须长，敢将缺陷自芬芳。
【猫儿坠】两形判久，顶立同天壤，笔□将来友谊长。订交生死有何妨，怎望这种相思担子承当。
【尾声】天教相见非虚谎，若得论心共饮浆。敢怕事到方浓醉海棠。

许绣虎做完，遂自悠扬低唱一番，甚觉解怀。
[几经周折，许绣虎后来终于见到并结交了居公子，居公子后又变成为居小姐，绣虎乃娶小姐为妻。]

人间乐

(明末清初)天花藏主人著
清光绪十九年(1893)石印本

两无意割肚牵肠(第六回)

画图缘

(明末清初) 天花藏主人著
中州古籍出版社 1993 年版

第五回①

花天荷忙笑欣欣迎将出来，只见一个少年，敬立在门外。先定睛一看，只见那少年，生得十分俊雅风流，怎见得？但见：

　　车载谁家白面停，问衣正紫问年青。
　　似将秋水分眉目，宛若春花赋影形。
　　秀气疑从珠玉吐，文心不借剑书灵。
　　若教并立方颜色，卫玠潘安也不宁。

花天荷看见柳青云亭亭玉立，喜之不胜，忙上前半若拱半若携道："柳兄岂从天而降耶？"柳青云道："小弟匍匐而来，今得望见颜色，可谓到天上矣。"

……

二人到了内房，左右备上酒来，二人对饮。饮中先论些文章诗礼，次谈些世务人情，又说些花柳之趣，又讲些山水之情。一问一答，十分讲得投机，直饮到半酣之际，花天荷忽叹说道："小弟有一言，近于唐突，不知可敢请教？"柳青云道："相知谈心，倾倒如此，有何顾忌而不可言？"花天荷道："柳兄既不罪小弟，小弟请妄言之。小弟闻古今文人中美男子，至潘安、卫玠可谓至美矣，以小弟今日看来，那能有柳兄之美？"柳青云叹道："花兄何言之太过，小弟虽感父母遗礼，略似人形，怎敢上比古人？"花天荷道："小弟实不是谀悦仁兄，亦不是亵渎仁兄。但思天地间阴阳之妙，造化之功，至于禀赋仁兄而极矣。古人云：秀色可餐。小弟今日对仁兄饮，而如嚼冰雪，只觉有秀色在内，竟不知醉矣。"柳青云道："小弟闻花兄之言，犹如饮醇，不觉醉心矣，又不胜杯盏，奈何。"二人相顾而笑，洗盏更酌，直饮到酩酊之时。花天荷看着柳青云大叹道："柳兄饮后红潮登颊，白晕侵肤，真所谓天生的好红白！此中定受灵异，有不可以一人事论者。不然，决不能秀美至此。"柳青云此时已入醉乡，不觉失言道："实不瞒兄说，家母怀胎时，曾

---

① 写花天荷倾慕柳青云之美，不过并无同性恋的意向。

梦上帝赐他一个带花的石榴,因受而食之。遂生下愚姐弟二人。"花天荷听了,不禁鼓掌大笑道:"何如?我说是异胎。"因问道:"这等说,还有一位令姐姐了?"柳青云见问,方知失言,因赖说道:"只小弟一人,如何更有一个?"花天荷不在心,只以为听错,也就罢了。柳青云告酒止,花天荷道:"同在客邸,本当抵足,但兄生得太美,恐犯嫌疑,故不敢耳。"因叫人送到书房中去宿,柳青云道:"感兄相谅。"遂去宿了。正是:

> 须知骏马为龙种,早识明珠出蚌胎。
> 不是梦吞花果异,如何生产美人才。

到了次日,花天荷与柳青云说得投机,便行坐相随,一刻也相离不得!或是寓中谈饮,或是郭外闲游。

[花感念柳之俊美,便决心非容貌似柳者不娶,后来果然娶了柳的姐姐为妻。]

一片情

(清·顺治)佚名著
巴蜀书社 1993 年
《明代小说辑刊》本

(一)第十一回

南直隶本府城内糊涂巷,有一[人]姓羊名车,字振玉。这人在地方,也是数得起的人物。只一件,但回到家里,见了妻子,却像小鬼见了阎王。……娶妻郎氏,生得十分貌美,且手里来得,口里道得。你道丈夫要怕他么?只因一怕,羊车的朋友亲戚来,莫说酒,就是一杯清茶,郎氏不肯,羊车也不敢留人。却说羊车有一起□□朋友,一姓巴名高,别号巴不着;一姓箕名远,别号蜜箆箕;一小旦,姓苟名完,字子美。都是一般风流人物,都住在裤子巷右腹内,且吹得、弹得、唱得。一到人家,妇女见了未有不动心的,故老成人断不容此辈上门。

却说苟子美,年十五岁,父亲早逝,止存孀居一母诸氏在家,年仅三十余岁。只瞧他儿子的美处:

> 头发垂肩,乌云覆雪。
> 容光满面,美玉含香。

有如此儿女,则母亲包得是标致的。况苟子美要学巴不着的吹唱,日逐邀在家中,孤既不孤，寡亦难寡。且：

睹风流之种，聆丝竹之音。

犹如舍火箸讨火，未有不着手的。两邻见他哄进哄出，不分内外，却也疑心。一日，巴不着来寻，偶苟子美不在，他便关门上楼。左邻有心，急去挖过壁洞瞧着。[看到巴在和诸氏通奸。从两人对话中可知巴和苟存在同性恋关系。]

[一晚，诸氏和巴不着被邻居捉了奸。天亮后苟子美请来羊振玉调停，羊平息了事态，让巴不着演戏以谢众邻。]

须臾，戏箱发到裤子裆中，众邻里毕集。还有事外看戏的人，挨挤不开，哄动多少人。串友同邻里吃了上场饭，生旦丑净都跄起来，敲动鼓板，搬演一本《拜月亭幽闺记》男盗女娼的戏文。那苟子美做了贴旦，严然是个灯人儿一般，在场上扭捏身躯，一恁做作。引得那羊振玉家中规矩顿忘，窀眭子旧兴复发。见苟子美下场，便一把搂定道："我的心肝，我瞧了你如此态度，不由人魂飞天外！到场毕，凭你怎么样，要了了我心愿去。"那苟子美道："若奶奶知道，你精皮肤将粗棍抽，我来救你不得。你须小心在意！"那振玉道："莫要管他！粗棍抽我，我也将粗棍抽他。"巴不着听见，走拢来道："既承老哥如此解结，要此不费之惠，何难奉承？"苟子美道："只要他一个东道，明朝请我们这几个相知朋友，我就应承。"羊振玉道："明日是我的小东，邀列位去坐坐，决不食言。"苟子美道："他夫人做主的！老箕，你做中。"众人都道："是了！是了！"直待戏完吃了散场酒，苟子美与巴不着同送羊振玉一路回家，已是三更天气。残月朦胧，羊振玉扯住苟子美，落后一步道："我的麻鹊儿杂碎，小心肝儿，完了我的心事去。"苟子美道："到你家扰了东道，自然了你心愿。"羊振玉一把搂定道："你这油嘴小冤家！你晓得我家里做不得这勾当的，故意刁难我么？我偏要与你了了去！"于是扯到廊下，褪了裤儿，将那雪白屁股如式起来。正弄得几抽儿，只见蜜笳箕轻轻掩在侧边道："你们快来瞧，两只狗子恋做一块，快拿些水来！"羊振玉骂道："抗牢的，还不轻些！半夜三更的，搅死了人。"蜜笳箕道："待我撮个头儿罢！"巴不着连忙来拽他道："不要惹厌！"扯得去，不上一会儿，又趓来道："老羊，所说的东道，不要忘了！"羊振玉道："你这涎脸花子，奈何死人！说有是有了。"蜜笳箕道："既有了东道，我儿们好好的入捣，不要入脱了肛门，不干我事。"苟子美道："厌花子，还不快走！"蜜笳箕道："苟儿，你也怪我？我且去，明日与你搭话。"须臾了事，各散回家。

羊振玉到家敲门，丫环腊梅开门。羊振玉问道："妈睡了么？"腊梅道："妈睡了半夜了。"羊振玉忙忙上楼，床内摸一摸郎氏道："我的亲妈，你睡了么？"那郎氏伸手劈脸一掌，道："入你娘眼！这时节多咱时分，才回家来，你不知在外干甚的茧儿？"羊振玉便双膝跪在床面前道:"今日出门,撞着一件希奇的事。"于是把巴不着奸了苟子美的妈诸氏[之事说了,道:]"众人处不倒,我去几句话,说得众人信服,叫小巴弄些酒席,串本戏文,完了事才得回家,并不曾走甚野路。若有虚词,访问出来,随娘处制就是了!"郎氏听了这些风流话,起来坐在床内道:"这是真的么?"羊振玉忙应道:"怎敢调谎。"[但郎氏终究还是发现了羊振玉的"奸情",结果,羊被重责一顿。]

(二)第三回 写僧人同性恋。

(三)第七回 写一同性恋故事。

(四)第九回 写妯娌之间的女性同性恋。

(五)第十回 两个青年士人假装进行异性性行为(其中一人男扮女装)以勾引妇女。

赛花铃

(清初)白云道人著
春风文艺出版社 1994 年版

(一)第五回

诗曰:

> 箫寺冥愁夜独吟,天涯何处少知音。
> 最怜一和箫声后,更把相思寄梵林。

当下红玉仙,自寓在慈觉寺内,倏忽月余。终日凄凄冷冷,那有情怀,把那八股拈弄。每想着方兰窃去诗笺,致遭摈遣,时时浩叹不已。惟托之吟咏,以自消遣。一夕更余时候,红生读罢将睡,推窗一看,只见月朗风清,便把箫儿吹度一曲。既而曲终,忽远远听见隔墙,亦吹得箫声嘹亮。红生伫听久之,朗吟绝句一首道:

> 玉漏迟迟夜未央,远帘花影露凝香。
> 洞箫何处吹明月?不道离人已断肠。

吟罢,听那箫声哀婉,愈觉凄凉。遂步出庭除,向着石栏徙倚者久之。时已夜分,只得进房，和衣而寝。次早起来，梳洗才毕，只见一人，年将三五，唇红齿白，温雅绝伦。把房扉轻轻推启，飘然直入。红生慌忙起身迎进，揖毕坐下。那生细细的先问了红生姓氏，红生随后也询其居址姓名。那生从容笑道："小弟姓何名馥，表字猗兰。敝居即在东村，此去不及五里。为因家下不能静坐，所以同一族兄寓此肄业。昨夜忽闻箫声甚妙，弟亦酷嗜此伎，特来请教。"红生道："俚音污耳，反辱仁兄谬奖。但弟曲终之后，闻得墙东亦度妙音，即是兄否？"何馥道："因闻雅奏，辄敢效颦。所愧音调乖讹，必为大方窃笑。惟籍仁兄，有以教之耳。"停了一会，何生又问道："春王未闻吾兄高辙，今已秋杪，何因到此？"红生道："向来原执贽于曹士彬，在舍肄业。适因进场之后，抱恙回家，弟又遭泖寇焚劫，所以暂寓此地。"何生道："曩年弟亦从着曹师数载，然则与兄虽非共学，实系同门。"红生笑道："既然如此，小弟与兄乃是契友了。不识令兄在馆否？容当奉拜。"何生道："家兄昨日偶因有事归去，想数日后方得到馆。"红生道："寓中更有相知否？"何馥道："并无他友。"红生道："只恐禅寮寂寞，难以独坐，何不过来与弟同榻，以待令兄来时移去，何如？"何馥道："感蒙雅爱，敢不领教。但恐鄙人无似，不足以辱仁兄之知遇耳。"红生抚掌笑道："虽则乍晤，一见吾兄丰庞秀丽，不减美人。倘获并寓，正所谓蒹葭倚玉。惟虑兄意不允耳，何乃过谦如此。"原来何馥发甫复眉，果然生得秀媚无比。所以红生谈笑间颇多属意，而微言带谑以探之。何生意亦领略，微微含笑，遂即起身别去。自此往来数四，相得甚欢。红生相思无限，渴欲以桃代李。何馥含情缄意，应酬若出无心。

一日，红生偶然步去相望，何馥置酒款待。二人杯盘交错，甚是亲狎。正酬酢之间，忽然阴云布密，霎时间落下雨来。红生见雨势骤大，私自喜曰："今夕雨阻，必遂我愿矣。"遂慢慢的且谈且饮，将至黄昏时候，红生假意起身作别道："蒙兄殷殷相劝，弟已不胜酩酊。只是这样大雨，如何过去，可有雨具否？"何馥道："夜深雨阻，古人曾有剪烛西窗之兴，吾兄何不在此联榻谈心，而急于返去耶？"红生听了这一句话，正中机怀，不觉满心欢喜。便即脱巾卸服，又取巨觥斟满，与何馥一连饮了几觥。遂命书童妙才，点灯收拾。霎时间，倏又雨散云收，依旧一天星月。红生恐被后悔，急忙解衣。正欲上床，只听得外面叩门甚急。唤着妙才启门一看，却是何馥的族兄何半虚，满身透湿的踱将进来。何馥忙与他换了衣服，与红玉仙相见。两下通问已毕，何生道："大兄何处来？却是这般夜深？"何半虚道："不要说起，偶被一朋友拉去吃酒，怎奈死留不放，以致夜深，又遇着这样大雨。"红生知不可留，遂即辞别归寓。当夜怏怏而睡，不消细说。

次日，何半虚与何馥同来拜望，把些闲话，谈了半响。何半虚向着袖中，摸出几篇稀旧的烂文章求教。红生看过，不觉暗暗捧腹，只得加上圈点，极口称赞。何半虚见了，十分欢喜，便要与生同寓，以便时常请教。红生欣然应允，遂叫书童打扫东首那一间空室，摆下两张书桌，把文房四宝并行李什物，陆续运至。当晚收拾停当，却因屋窄无处安榻,何半虚向红生床上一看道:"吾兄尊榻颇宽,况近日天气寒冷,三人同睡何如?"红生听说,点头依允。当下整顿已定,吃过夜膳。何半虚先自睡着,红生亦解衣上床。独有何馥,徘徊不进。红生催促几次,只得把条春凳旁着床沿,和衣而睡。红生见了如此光景,心甚不悦。睡到半夜,伸手摸他一摸,那一时恰值初冬天气,夜色甚寒,已是四肢冻得冰冷。遂把自己所盖的红绫绵被,扯出一半,与他盖了。又取枕儿,与他枕着,自却曲肱作枕而睡。何馥醒来,忽见枕被如此停当,明知是红生美意,然佯推不知,并不说破。窥见窗上略有亮光,遂即起身,开门出去。红生只道他即进来,竟不闭门。谁知西风甚急,在那门缝里刮进,吹得毫毛直竖。又因被着何生许多做作,心下十分不快。遂冒了风寒,登时身体发热,饮食不进。何馥见了,也不动问,竟往旧寓安歇去了。

一日清早,何半虚有事出去。红生尚未起身,何馥进来问道:"仁兄尊恙,日来稍觉平安否?"红生道:"我病日复沉重,大半为着吾兄而起。近来亏得令兄相伴,庶慰寂寥。若论猗老这般薄情,早已索我在枯鱼之肆了。"何生道:"弟蒙兄一见如故,岂敢有负雅爱。奈因家兄在此,所以不便捧足。若或遇其他出,小弟即来奉陪。"红生听说,从床上跃起道:"吾兄此言,真耶?假耶?"何生笑道:"一言既出,驷马难追。"红生满心欢喜,顿觉病势去了一半。但心犹怏怏,所虑的只恐何半虚归来。谁想到了晚间,不见动静。遂闭上书房,把些闲事话了一会,又取出紫箫,各吹度一曲。时已漏下二鼓,红生携着何馥之手,低声笑道:"你看月转西轩,夜已深了。日间捧足之言,兄岂相忘耶?"何馥只管翻看经史,沉吟不语。又停了一会,只见妙才走来问道:"大相公不知还来睡否?"何馥逡巡答道:"你且闭门睡罢。"红生听见,信以为实,遂急忙忙卸衣就寝。不提防何馥假推登厕,竟已回到旧寓去了。红生一场没趣,咨嗟不已。遂作词一阕以志恨。其词曰:

孤馆人无寐,霜天籁正清。旅怀难禁许多情,凄楚不堪,雁唤两三声。
剪剪西风急,娟娟皓月明。相思无奈到残更,悔杀当初两下莫牵萦。

——右调《南乡子》

吟罢,依依若失,只得和衣假寐。到得东方才白,即便起身,将夜来所作《南乡子》一词,写在一方笺上,着紫筠送与何馥。何馥随即过来,红生愀然不悦道:"足下言犹在耳,何失信若此。古云'落花有意随流水,流水无情恋落花',询有之乎?"何馥道:"落花固为有意,流水未必无情,但恐隔墙春色,被人猜耳。虽然,弟固不能忘情于兄,兄亦何消如此着急。只在早暮间,弟决有以报兄也。"言讫,向生别道:"弟今日要去望一朋友,至晚就回。"便自趱了出去。红生那一日,愈觉不情不绪,惟拿着一本《艳史》消遣了一回。将至傍晚,悄然步到何馥的寓前一看,只见房门锁闭,妙才亦不在那里。红生看了半晌,心上一计道:"今晚要他到我寓所,只在这锁身上。"遂寻了一根竹片,把那锁门塞满,竟悄悄而归。等到黄昏,只见何半虚吃得烂醉,同着何生来了。红生看见,又喜又气。气的是何半虚同来,面目可憎。喜的是何馥锁门不开,必来同睡。那何半虚已是十分酩酊,进得书房,便立脚不住,跨上床去,倒头而睡。何生竟去点火开门,你道这锁门已经塞满,怎生开得。连声唤问妙才,妙才推着不知。枉费了许多气力,只得回身走进房来。红生徉问道:"吾兄为何还不去睡?"何生道:"书房门锁,平日是极易开的,不料顿然作怪,连那锁匙也透不进了。权借大兄的床上一睡,明早去开罢。"说完,衣也不脱,竟向何半虚的那头睡着了。红生也就上床,只听得半虚鼻息如雷,何馥早已沉沉睡去。便轻轻伸手,将他小衣去下,自却捧足居后。而何生竟若未之觉者。把手去抚摸,只觉浑身细腻,光滑如脂。红生此时,意荡神飞,不能自禁。将把灵犀凑进,又恐惊觉,只得款款而入。那知宽绰有余,已成熟境。那海棠枝上,早已漏泄春光一二分矣。然两不通语,红生犹恐不为指破,后日定要仍前做势。遂百般使之自觉,何生并不做声。将及二鼓,方才事毕,遂并头交股而睡。次早起来,何半虚又有别事,用过早膳,即出门而去。红生与何馥相顾而笑,既而何馥又向着红生笑道:"乘人熟睡,私下三关,仁兄应得何罪。"红生亦笑道:"冒犯之罪,固知莫赎。但为兄紫逗许久,直至昨夜,始遂此愿。窃恐兄之播弄小弟,其罪亦足以相偿也。"言讫,濡毫展纸,题下绝句一首,以赠何生。其诗曰:

昨夜寒蛩不住啾,月明霜冷共悠悠。
西窗幸获同君梦,消却平生万斛愁。

其二:

芸窗日日费相思,天假良缘不自持。
鳌鱼才脱金钩去,又逐风波险处来。

要知后来何如?且待下回细解。

(二)第六回

却说红生与何馥正在谐谑之际,忽于几上拈着一卷《艳史》,取来一看,却是文成与小友唐虞的故事。便掩卷而笑道:"天下果报循环,原来如此迅速。只是文成奸人妻小,后日被人取债,固理所当然。若那唐虞一节实为多事。"红生道:"文成设局奸骗,坏人名节,情实可恨。至于唐虞之事,所谓小德出入可也。"何馥道:"当日也算唐虞的情好,若不肯从他,如何处置。"红生道:"文成这样厚情待他,岂有不感动之理。况此事不比妇人家,怕坏了什么名节。当日文成的小使秀童说得好,今日世间人,那个不如此的。但惜其初会之夜,即为俯就,忒觉容易了些。据着今时相处的朋友看来,再过几月,只怕也难成事理。"何馥道:"莫说几月,唐虞倘或不肯,就过几年何益。只为一时感他情厚,所以半推半就了。"正说话间,恰遇何半虚笑嘻嘻的踱进房来,邀着红生去游太湖,遂即闭了书房而去。三人一路说说笑笑,迤逦而行。

(三)第七回

过了数日,忽闻提学将到,红生遂禀过安人,带了紫筠,仍往慈觉寺里读书。却喜何馥弟兄尚在,三人依前同寓,握手道欢,意殊恋恋。然红生以暂晤,旋当各别,每每向馥叹息。馥亦不禁嘘吁。红生又以春茗一封,金扇一柄,丝带一双,玉环一枚,送与何馥。馥以珀坠、京香答之。生情不获已,复作杂词三首以示馥。其词曰:

□□□重逢,把酒临风。莺声依旧过墙东。却忆当时□□□,尽变芳丛。行色已匆匆,情绪无穷。明年花发向谁红?料得玉楼侬去后,自有人同。

——右调《浪淘沙》

轻云日暮凝寒碧,芳草萋萋,遍南陌。此后相逢浑未得。一番憔悴,满腔萧索。总为伊悲戚。 东君那惜天涯客,浪把殷勤漫相掷。魂梦只愁山水碧。彩笺题遍,青衫泪湿,料得无消息。

——右调《青玉案》

碧天暮冷,想楚风庾月,依然如昨。咫尺天涯成浩叹,总是东君情薄。纸帐寒生,牙床烟锁,辜负当时约。最无聊处,空斋相对萧索。 即有阮籍风流,相如词调,至此还闲却。别后不堪云梦杳,生怕他人轻诺。凤去秦楼,莺离楚树,消息应难托。闲情万斛,请君及早收着。

——右调《念奴娇》

何馥看毕,笑道:"东君固为情薄,然玉楼君去,岂复有人同耶?"二人话得兴浓,适值何半虚不在馆内,即于太湖石畔,竹荫之下,解去褒衣,恣意谐谑了一会。其情款款,绝妙男女欢媾一般,初不知为二男相并也。即而事毕,红生叹息道:"昨闻文宗将到,只在数日之内,弟即束装别去,不知后会有期否?"何馥道:"只在尔我有情,奚虑山遐水阻。愿兄着意功名,不必以后会挂怀也。"遂一同趋进书斋。

警寤钟

(清初)嗤嗤道人著
中央民族大学出版社 2001 年版

(一)第一卷第二回

　　时天气甚暑,至日中时候,越发酷热异常。寂然叫宗无①切了许多西瓜,送上楼与众和尚吃。众和尚见宗无生得标致,魂魄飘荡,恨不得一碗水吞他下去,你一句我一言,你一把我一捏,将他调戏。宗无大怒,含忍在心,守他们吃完,将西瓜皮收拾干净,惺惺的下楼来。恨道:"这班贼秃,如此无礼!待我摆布他一番,才见手段。"遂悄悄将西瓜皮逐个楼梯层层铺满,自己在楼下猛然喊叫道:"不好了,楼下火烧起来也。"吓得楼上众和尚,个个争先飞滚的跑将下来,俱踹着西瓜皮,没个不滑拓,总倒撞的跌将下来,一个个皆跌得头破血淋,抱头而哭。宗无大笑,忙来陪礼道:"得罪,得罪!是我一时眼花,被日光映照,错认火起,致有此失。不妨,不妨。"

(二)第一卷第二回

　　羽冲②道:"胡说,我是好人家儿女,如何肯卖与人?况且将男作女③,一旦事露,岂不连累了我?"孙婆道:"怎的连累你?虽无有前面的,却有后面的,也折得过。"羽冲大怒道:"这老猪狗一发胡言,我与你到官理论。"一头撞去,将孙婆撞倒,如杀猪的一般叫起来。

(三)第一卷第三回

　　戚家吉期已到,花灯鼓乐,火炮连天,好不热闹。娶了桂小姐,到戚家去与大公子花烛拜堂。当饮了交杯,依旧送他在庵中养病。那小姐空担媳妇之名,每日家独守香闺。戚大守见秀童④美貌,不敢叫他在庵中服侍大儿子,却叫他在书房服侍小儿子戚化成读书。

---

① 寂然的徒弟。
② 宗无还俗后复本姓本名,字羽冲。
③ 羽冲被装作了丫鬟。
④ 羽冲被卖到桂府后取名秀童,做了桂小姐的陪嫁小厮。

快心编

(清初)天花才子著
人民文学出版社 1992 年版

(一)三集第二、五、十一回 写喜儿与其主人李再思的同性恋。

(二)三集第十一回

[喜儿后来因故离开李再思,自己去苏州另谋出路。]一日,到了界河地方,一个饭店里住下。同房寓下一个苏州人,身材相貌都好,年纪只好二十四五岁,见了喜儿,甚是温存亲热。喜儿有个苏州在肚里,却不晓得苏州人是何声口。今问起这人说是苏州,原来苏州人说话,这般软款可听。便两下道了名姓,这人叫做吴玉俦。喜儿便把苏州风俗只管动问。吴玉俦便道:"徐兄①,你为何只问敝地?莫非要到那边去投恁贵亲戚么?究竟徐兄你这般青年,为什么独自一个走这般远路,在路上受这般辛苦?却不罪过人!"喜儿乖巧的,顷刻便捏个谎道:"实不瞒长兄说,我也是好人家儿女。只因亲娘早丧,我家爹又娶个继母,把我朝打暮打,是这般不忿气,一时走了出来。向闻得说南直苏州是个繁华去处,可以存身。我今且到那边去住两年,再做算计。"吴玉俦喜道:"原来如此。我今得遇徐兄,真是前生缘法。可恨我有要紧事进京,不得与兄转去。若不然,我便同兄到舍下,竟可以盘桓长住。我有一个敝相知沈仙俦,年纪小我三四岁,大有家私,他却喜风花雪月,做了戏班中一脚旦。做人比我更好,待人接物,着实四海。他如今随着班子在扬州做戏。徐兄若不弃嫌,我荐你到他身边,尽可容留得你,可以长住过活。"喜儿道:"如此却好。"当下吃了夜饭,各自打开铺陈宿歇。吴玉俦道:"徐兄同我一床睡了罢。"喜儿道:"今日天气也还有些热,各自睡了爽快。"

明日四鼓,下起大雨来,行客都不得动身。天明,然后起来梳洗。此时喜儿尚未戴帽,还是孩子家打扮,取出梳具,解开头发,直垂到膝子底下,梳掠一回。四围掠得绝光,毫无一根短发,挽一窝黑油油老大的光髻儿,横插一根双脚知意头银簪,竖插一根象牙气通簪儿。吴玉俦看了,如何不爱?却值雨下得大,一店的人都止住行走,正中玉俦下怀,便去买些菜,打角酒,与喜儿吃。两人便觉熟分了。喜儿又问起沈仙俦来,吴玉俦道:"我写个字儿,你拿去与他,更觉亲切。"便向店主人讨了纸笔,便把"饭店里遇见徐兄,系北直人,少年温和,与我一见如故。徐兄意欲到苏州,图个安身。老弟慷

---

① 喜儿姓徐。

慨仗义,我特荐到尊寓,烦为照拂。我京中事件就绪,即当返舍与诸位相聚也。"当喜儿面写了,喜儿原识字,也有些晓得文理。玉俦又落了名款,把来封好,递与喜儿道:"徐兄到扬州天宁门里,问苏州王府石霞班寓处,一问自知。可将此字当面致与。那班中独有沈仙俦出色标致,到眼便见他梳得一个好头,像徐兄一般样的。他见我字,自然接待,决不使兄落寞。"喜儿当下着实谢了。明日天明雨止,各人分路。吴玉俦与喜儿万千珍重而别。

[喜儿后来与沈、吴结为断袖之友。]

(三)二集第九回 写及同性恋。

林兰香

(清初)随缘下士著
清道光二十七年(1847)寻春馆刻本

宣爱娘像

在清初小说《林兰香》中,宣爱娘对林云屏、燕梦卿皆颇有情,后来三人共事一夫,和睦相处。

林云屏像

  此书第四回,宣、林"二小姐密室谈情",云屏道:"我便称姐姐作玉山玉树何如?"爱娘当然愿意:"妹妹既称我作玉山玉树矣,妹妹岂不是我的玉人儿了?"云屏不想吃亏,乃道:"姐姐若果是个男子,亦还当得,姐姐偏又是女人。倘然我若变了男子,姐姐亦必定以玉山玉树称我。"云屏舅母花夫人见二人形影不离,笑道:"他姊妹好似一对小夫妻。偏都是女子,若不然两位姑母正好再结婚姻,省得又商议选择女婿。"

燕梦卿像

  此书第十一回,宣、燕两小姐花厅谈情,梦卿道:"天下有情人大抵如此。情得相契,则死亦如生;情不能伸,则生不如死。但不知此后是为情死,是为情生,可得与姐姐常通此情否?"爱娘道:"交不能久,则有情反不如无情。妹妹能与我同闲,独不肯与我同事[一夫]乎?"梦卿笑道:"姐姐肯与我同事,则我与姐姐便非两人,更可与林家姐姐合而为一矣。"

(一)第十回 写及同性恋。

(二)第十七回 写市井同性恋。

(三)第二十八至三十回 写婆子李寡妇与丫环红雨之间的女性同性恋。

十二楼

(清初)李渔著
人民文学出版社 1986 年版

(一)萃雅楼

(1)第一回 卖花郎不卖后庭花,买货人惯买无钱货

诗云:

> 岂是河阳县,还疑碎锦坊。
> 贩来常带蕊,卖去尚余香。
> 价逐蜂丛踊,人随蝶翅忙。
> 王孙休惜费,难买是春光。

这首诗,乃觉世稗官二十年前所作。因到虎丘山下卖花市中,看见五采陆离,众香芬馥,低徊留之不能去。有个不居奇货、喜得名言的老叟,取出笔砚来索诗,所以就他粉壁之上题此一律。

市廛乃极俗之地,花卉有至雅之名,"雅俗"二字从来不得相兼,不想被卖花之人趁了这主肥钱,又享了这段清福,所以诗中的意思极赞羡他。生意之可羡者不止这一桩,还有两件贸易与他相似。那两件?

> 书铺,香铺。

这几种贸易合而言之,叫做"俗中三雅"。开这些铺面的人,前世都有些因果;只因是些飞虫走兽托生,所以如此,不是偶然学就的营业。是那些飞虫走兽?

开花铺者，乃蜜蜂化身；

开书铺者，乃蠹鱼转世；

开香铺者，乃香麝投胎。

还有一件生意最雅，为甚么不列在其中？开古董铺的，叫做"市廛清客"，冒了文人，岂不在三种之上？只因古董铺中也有古书，也有名花，也有沉檀速降，说此三件，古董就在其中，不肯以高文典册、异卉名香作时物观也。

说便这等说，生意之雅俗也要存乎其人。尽有生意最雅，其人极俗，在书史花香里面过了一生，不但不得其趣，倒厌花香之触鼻、书史之闷人者，岂不为书史花香之累哉！这样人的前身，一般也是飞虫走兽，只因他止变形骸，不变性格，所以如此。

蜜蜂但知采花，不识花中之趣，劳碌一生，徒为他人辛苦；蠹鱼但知蚀书，不得书中之解，老死其中，止为残编殉葬；香麝满身是香，自己闻来不觉，虽有芬脐馥卵可以媚人，究竟是他累身之具。这样的人不是"俗中三雅"，还该叫他做"雅中三俗"。

如今说几个变得完全能得此中之趣的，只当替斯文交易挂个招牌，好等人去下顾。只是一件：另有个美色招牌，切不可挂；若还一挂，就要惹出事来。奉劝世间标致店官，全要以谨慎为主。

明朝嘉靖年间，北京顺天府宛平县有两个少年：一姓金，字仲雨；一姓刘，字敏叔。两人同学攻书，最相契厚。只因把杂技分心，不肯专心举业，所以读不成功。到二十岁外，都出了学门，要做贸易之事。

又有个少而更少的朋友，是扬州人，姓权，字汝修；生得面似何郎，腰同沈约，虽是男子，还赛过美貌的妇人。与金、刘二君都有后庭之好。金、刘二君只以交情为重，略去一切嫌疑，两个朋友合着一个龙阳，不但醋念不生，反借他为联络形骸之具。人只说他两个增为三个，却不知道三人并作一人。

大家商议道："我们都是读书朋友，虽然弃了举业，也还要择术而行，寻些斯文交易做做，才不失文人之体。"就把三十六行的生意件件都想到，没有几样中意的。只有书铺、香铺、花铺、古董铺四种，个个说通，人人道好，就要兼并而为之。

竟到西河沿上赁了三间店面，打通了并做一间。中间开书铺，是金仲雨掌管；左边开香铺，是权汝修掌管；右边开花铺，又搭着古董，是刘敏叔掌管。

后面有进大楼，题上一个匾额，叫做"萃雅楼"。结构之精，铺设之雅，自不待说。每到风清月朗之夜，一同聚啸其中，弹的弹，吹的吹，唱的唱，都是绝顶的技艺，闻者无不销魂。

没有一部奇书不是他看起，没有一种异香不是他烧起，没有一本奇花异卉不是他赏玩起。手中摩弄的没有秦汉以下之物，壁间悬挂的尽是宋唐以上之人。受用过了，又还卖出钱来，越用得旧，越卖得多，只当普天下人出了银子，买他这三位清客在那边受享。

金、刘二人各有家小，都另在一处。独有权汝修未娶，常宿店中，当了两人的家小，各人轮伴一夜，名为守店，实是赏玩后庭花。日间趁钱，夜间行乐。

你说普天之下那有这两位神仙？合京师的少年，没有一个不慕，没有一个不妒。慕者慕其清福，妒者妒其奇欢。

他做生意之法，又与别个不同：虽然为着钱财，却处处存些雅道。收贩的时节有三不买，出脱的时节有三不卖。那三不买？

低货不买，
假货不买，
来历不明之货不买。

他说："这几桩生意都是雅事，若还收了低假之货，不但卖坏名头，还使人退上门来，有多少没趣。至于来历不明之货，或是盗贼劫来，或是家人窃出，贪贱收了，所趁之利不多，弄出官符口舌，不但折本，还把体面丧尽。麻绳套颈之事，岂是雅人清客所为？"所以把这"三不买"塞了忍气受辱之原。那三不卖？

太贱不卖，
太贵不卖，
买主信不过不卖。

"货真价实"四个字，原是开店的虚文，他竟当了实事做。所讲的数目，虽不是一口价，十分之内也只虚得一二分。莫说还到七分他断然不肯，就有托熟的主顾，见他说这些，就还这些，他接到手内，也称出一二分还他，以见自家的信行。

或有不曾交易过的，认货不确，疑真作假，就兑足了银子，他也不肯发货，说："将钱买疑惑，有甚么要紧？不如别家去看！"

他立定这些规矩，始终不变。

初开店的时节，也觉得生意寥寥，及至做到后来，三间铺面的人都挨挤不去。由平民以至仕宦，由仕宦以至宫僚，没有一种人不来下顾。就是皇帝身边的宫女要买名花异香，都吩咐太监叫到萃雅楼上去。其驰名一至于此。

凡有宫僚仕宦往来，都请他楼上坐了，待茶已毕，然后取货上去，待他评选。那些宫僚仕宦见他楼房精雅，店主是文人，都肯破格相待。也有叫他立谈的，也有与他对坐的，大约金、刘二人立谈得多，对坐得少；独有权汝修一人，虽是平民，却象有职分的一般，次次与贵人同坐。

这是甚么原故？只因他年纪幼小，面庞生得可爱，上门买货的仕宦料想没有迂腐之人，个个有龙阳之好。见他走到面前，恨不得把膝头做了交椅，搂在怀中说话，岂忍叫他侧身而立，与自己漠不相关？所以对坐得多，立谈得少。

彼时有严嵩相国之子严世蕃，别号东楼者，官居太史，威权赫奕。偶然坐在朝房，与同僚之人说起书画古董的事，那些同僚之人，都说萃雅楼上的货物件件都精，不但货好，卖货之人也不俗。

又有几个道："最可爱者是那小店官，生得冰清玉润，只消他坐在面前，就是名香，就是异卉，就是古董书籍了，何须看甚么货？"

东楼道："莲子胡同里面少了标致龙阳，要到柜台里面去取？不信市井之中，竟有这般的尤物。"讲话的道："口说无凭，你若有兴，同去看就是了。"东楼道："既然如此，等退朝之后，大家同去走一遭。"

只因东楼口中说了这一句，那些讲话的人一来要趋奉要津，使自己说好的，他也说好，才见得气味相投；二来要在铺面上讨好，使他知道权贵上门，预先料理，若还奉承得到，这一位主顾就抵得几十个贵人，将来的生意不小，自己再去买货，不怕不让些价钱。

所以都分付家人，预先走去知会，说："严老爷要来看货，你可预先料理。这位仕宦不比别个，是轻慢不得的。莫说茶汤要好，就是送茶陪坐的人，也要收拾收拾，把身材面貌打扮齐整些。他若肯说个'好'字，就是你的时运到了。难道一个严府抵不得半个朝廷？莫说趁钱，就要做官做吏也容易。"

金、刘二人听到这句说话，甚是惊骇，说："叫我准备茶汤，这是本等，为甚么说到陪坐之人也叫他收拾起来？他又不是跟官的门子、献曲的小唱，不过因官府上楼没人陪话，叫他点点货物，说说价钱。谁知习以成风，竟要看觑他起来！照他方才的话，不是看货，分明是看人了。想是那些仕宦在老严面前极口形容，所以引他上门，要做'借花献佛'之事。此老不比别个，最是敢作敢为，他若看得中意，不是'隔靴搔痒'、'夹被摩疼'就可以了得事的，毕竟要认真舞弄。难道我们两个家醋不吃，连野醋也不吃不成！"

私自商议了一会，又把汝修唤到面前，叫他自定主意。汝修道："这有何难？待我预先走了出去，等他进门，只说不在就是了。做官的人只好逢场作戏，在同僚面前逞逞高兴罢了，难道好认真做事，来追拿访缉我不成？"金、刘二人道："也说得是。"就把他藏过一边，准备茶汤伺候。

不上一刻，就有三四个仕宦随着东楼进来，仆从多人，个个如狼似虎。

东楼跨进大门，就一眼觑着店内，不见有个小官，只说他上楼去了。及至走到楼上，又不见面，就对众人道："小店官在那里？"众人道："少不得就来。没有我辈到此尚且出来陪话，天上掉下一位福星倒避了开去之理。"

东楼是个奸雄，分外有些诡智，就晓得未到之先有人走漏消息，预先打发开去了。对着众人道："据小弟看来，此人今日决不出来见我。"众人心上都说："知会过的，又不是无心走到，他巴不得招揽生意，岂肯避人？"

那里知道，市井之中一般有奇人怪士，倒比纱帽不同，势利有时而轻，交情有时而重，宁可得罪权要，不肯得罪朋友的。

众人因为拿得稳，所以个个肯包，都说："此人不来，我们愿输东道。请赌一赌。"东楼就与众人赌下，只等他送茶上来。

谁想送茶之人不是小店官，却是个驼背的老仆。问他小主人在那里，老仆回话道："不知众位老爷按临，预先走出去了。"众人听见，个个失色起来，说："严老爷不比别位，难得见面的。快去寻他回来，不可误事！"老仆答应一声，走了下去。

不多一会，金、刘二人走上楼来，见过了礼，就问："严老爷要看的是那几种货物？好取上来。"东楼道："是货都要看，不论那一种，只把价高难得、别人买不起的取来看就是了。"二人得了这句话，就如飞赶下楼去，把一应奇珍宝玩、异卉名香，连几本书目，一齐搬了上来。摆在面前，任凭他取阅。

东楼意在看人，买货原是末着。如今见人不在，虽有满怀怒气，却不放一毫上脸，只把值钱的货物都拣在一边，连声赞好，绝口不提"小店官"三字。拣完之后，就说："这些货物我件件要买，闻得你铺中所说之价不十分虚诳，待我取回去，你开个实价送来，我照数给还就是了。"

金、刘二人只怕他为人而来，决不肯舍人而去，定有几时坐守。守到长久的时节，自家不好意思。谁想他起身得快，又一毫不恼，反用了许多货物，心上十分感激他，就连声答应道："只愁老爷不用，若用得当，只管取去就是了。"

东楼分付管家收取货物，入袖的入袖，上肩的上肩，都随了主人一齐搬运出去。东楼上轿之际，还说几声"打搅"，欢欢喜喜而去。只有那些陪客甚觉无颜，不愁输了东道，只怕东楼不喜，因这小事料不着，连以后的大事都不肯信任他。这是患得患失的常态。

作者说到此处，不得不停一停。因后面话长，一时讲不断也。

（2）第二回　保后件失去前件，结恩人遇着仇人

金、刘二人等东楼起身之后，把取去的货物开出一篇帐来，总算一算，恰好有千金之数。第二三日不好就去领价，直到五日之后，才送货单上门。

管家传了进去，不多一会，就出来回复说："老爷知道了。"金、刘二人晓得官府的心性比众人不同，取货取得急，发价发得缓，不是一次就有的。只得走了回去。过上三

五日，又来领价。他回复的话仍照前番。

从此以后，伙计二人轮班来取，或是三日一至，或是五日一来，莫说银子不见一两，清茶没有一杯，连回复的说话也贵重不过，除"知道了"三字之外，不曾增出半句话来。

心上思量道："小钱不去，大钱不来。领官府的银子，就象烧丹炼汞一般，毕竟得些银母才变化得出，没有空烧白炼之理。门上不用个纸包，他如何肯替你着力？"就称出五两银子，送与管事家人，叫他用心传禀，领出之后，还许抽分。只要数目不亏，就是加一扣除也情愿。

家人见他知窍，就露出本心话来，说："这主银子不是二位领得出的。闻得另有一位店官，生得又小又好，老爷但闻其名，未识其面，要把这宗货物做了当头，引他上门来相见的。只消此人一到，银子就会出来。你们二位都是有窍的人，为甚么丢了钥匙不拿来开锁，倒用铁丝去捺？万一捺断了簧，却怎么处？"

二人听了这些话，犹如大梦初醒，倒惊出一身汗来。走到旁边去商议，说："我们两个反是弄巧成拙了！那日等他见一面，倒未必取货回来。谁知道'货'者，'祸'也。如今得了货，就要丢了人；得了人，就要丢了货。少不得有一样要丢。还是丢货的是，丢人的是？"

想了一会，又发起狠来，道："千金易得，美色难求。还是丢货的是！"定了主意，过去回复管家说："那位敝伙计还是个小孩子，乃旧家子弟，送在店中学生意的，从来不放出门，恐怕他父母计较。如今这主银子，随老爷发也得，不发也得，决不把别人家儿女拿来换银子用。况且又是将本求利，应该得的。我们自今以后，再不来了。万一有意外之事，偶然发了出来，只求你知会一声，好待我们来取。"

管家笑一笑道："请问二位你这银子不领，宝店还要开么？"二人道："怎么不开？"管家道："何如！既在京师开店，如何恶识得当路之人？古语道得好：'穷不与富敌，贱不与贵争。'你若不来领价，明明是仇恨他羞辱他了，这个主子可是仇恨得羞辱得的？他若要睡人妻子，这就怪你不得，自然拼了性命要拒绝他。如今所说的不过是一位朋友，就送上门来与他赏鉴赏鉴，也象古董书画一般，弄坏了些也不十分减价，为甚么丢了上千银子去换一杯醋吃？况且丢去之后还有别事出来，决不使你安稳。这样有损无益的事，我劝你莫做。"二人听到此处，就翻然自悔起来，道："他讲得极是。"

回到家中，先对汝修哭了一场，然后说出伤心之语，要他同去领价。汝修断然不肯，说："烈女不更二夫，贞男当易三主。除你二位之外，决不再去滥交一人。宁可把这些货物算在我帐里，决不去做无耻之事！"

金、刘二人又把利害谏他，说："你若不去，不但生意折本，连这店也难开，将来定有不测之祸。"汝修立意虽坚，当不得二人苦劝，只得勉强依从，随了二人同去。

管门的见了，喜欢不过，如飞进去传禀。东楼就叫快传进来。金、刘二友送进仪门，方才转去。东楼见了汝修，把他浑身上下仔细一看，果然是北京城内第一个美童。心上十分欢喜，就问他道："你是个韵友，我也是个趣人，为甚么别官都肯见，单单要回避我？"汝修道："实是无心偶出，怎么敢回避老爷。"

东楼道："我闻得你提琴箫管样样都精，又会葺理花木，收拾古董，至于烧香制茗之事，一发是你的本行，不消试验的了。我在这书房里面少一个做伴的人，要屈你常住此间，当做一房外妾，又省得我别请陪堂，极是一桩便事。你心上可情愿么？"汝修道："父母年老，家计贫寒，要觅些微利养亲，恐怕不能久离膝下。"

东楼道："我闻得你是孤身，并无父母，为甚么骗起我来？你的意思，不过同那两个光棍相与熟了，一时撇他不下，所以托故推辞。难道我做官的人反不如两个铺户？他请得你起，我倒没有束脩么？"汝修道："那两个是结义的朋友，同事的伙计，并没有一毫苟且，老爷不要多疑。"

东楼听了这些话，明晓得是掩饰之词，耳朵虽听，心上一毫不理。还说，与他"未曾到手，情义甚疏，他如何肯撇了旧人来亲热我？"就把他留在书房，一连宿了三夜。

东楼素有男风之癖，北京城内不但有姿色的龙阳不曾漏网一个，就是下僚里面顶冠束带之人，若是青年有貌肯以身事上台的，他也要破格垂青，留在后庭相见。阅历既多，自然知道好歹。看见汝修肌滑如油，臀白于雪，虽是两夫之妇，竟与处子一般。所以心上爱他不过，定要相留。这三夜之中，不知费了几许调停，指望把"温柔软款"四个字买他的身子过来。不想这位少年竟老辣不过，自恃心如铁石，不怕你口坠天花。这般讲来，他这般回复；那样说去，他那样推辞。

东楼见说他不转，只得权时打发。到第四日上，就把一应货物取到面前，又从头细阅一遍，拣最好的留下几件，不中意的尽数发还。除货价之外，又封十二两银子送他，做遮羞钱。汝修不好辞得，暂放袖中，到出门之际就送与他的家人，以见"耻食周粟"之意。回到店中，见了金、刘二友，满面羞惭，只想要去寻死。金、刘再三劝慰，才得瓦全。

从此以后看见东楼的轿子从店前经过，就趋避不遑，惟恐他进来缠扰。有时严府差人呼唤，只以病辞，等他唤过多遭，难以峻绝，就拣他出门的日子去空走一遭，好等门簿上记个名字。瞰亡往拜，分明以阳虎待之。

东楼恨他不过，心上思量道："我这样一位显者，心腹满朝，何求不得？就是千金小姐，绝世佳人，我要娶他，也不敢回个'不'字，何况百姓里面一个孤身无靠的龙阳！我要亲热他，他偏要冷落我，虽是光棍不好，预先钩搭住他，所以不肯改适，却也气恨不过。少不得生个法子，弄他进来。只是一件：这样标致的后生放在家里，使姬妾们看见，未免动心，就不做出事来，也要彼此相形，愈加见得我老丑。除非得个两全之法，止受其益，不受其损，然后招他进来，实为长便。"

想了一回，并没有半点机谋。

彼时有个用事的太监，姓沙，名玉成，一向与严氏父子表里为奸、势同狼狈的，甚得官家之宠。因他有痰湿病，早间入宫侍驾，一到巳刻就回私宅调理，虽有内相之名，其实与外官无异。原是个清客出身，最喜栽培花竹，收藏古董。东楼虽务虚名，其实是个假清客，反不如他实实在行。

一日，东楼过去相访，见他收拾器玩，浇溉花卉，虽不是自家动手，却不住的呼童叱仆，口不绝声，自家不以为烦。东楼听了，倒替他吃力，就说："这些事情，原为取乐而设，若象如此费心，反是一桩苦事了。"沙太监道："孩子没用，不由你不费心。我寻了一世馆童，不曾遇着一个。严老爷府上若有勤力孩子，知道这些事的，肯见惠一个也好。"

东楼听了这句话，就触起心头之事，想个计较出来，回复他道："敝衙的人，比府上更加不济。近来北京城里出了个清客少年，不但这些事情件件晓得，连琴棋箫管之类都是精妙不过的。有许多仕宦要图在身边做孩子，只是弄他不去，除非公公呼唤，他或者肯来。只是一件：此人情窦已开，他一心要弄妇人，就勉强留他，也不能长久；须是与公公一样，也替他净了下身，使他只想进来，不想出去，才是个长久之计。"

沙太监道："这有何难！待我弄个法子，去哄他进来。若肯净身就罢，万一不肯，待我把几杯药酒灌醉了他，轻轻割去此道，到醒来知觉的时节，他就不肯做太监，也长不出人道来了。"东楼大喜，叫他及早图之，不要被人弄了去。临行之际，又叮嘱一句道："公公自己用他，不消说得；万一到百年以后用不着的时节，求你交还荐主，切不可送与别人。"沙太监道："那何待说。我是个残疾之人，知道有几年过？做内相的料想没有儿子，你竟来领去就是。"

东楼设计之意原是为此，料他是个残疾之人，没有三年五载，身后自然归我，落得假手于他，一来报了见却之仇，二来做了可常之计。见他说着心事，就大笑起来。两个弄盏传杯，尽欢而别。

到了次日，沙太监着人去唤汝修，说："旧时买些盆景，原是你铺中的，一向没人剪剔，渐渐长繁冗了，央你这位小店官过去修葺修葺。宫里的人又开出一篇帐来，大半是云油香皂之类，要当面交付与你，好带出来点货。"

金、刘二人听了这句话，就连声招揽，叫汝修快些进去。一来因他是个太监，就留汝修过宿也没有甚么疑心；二来因为得罪东楼，怕他有怀恨之意，知道沙太监与他相好，万一有事，也好做一枝救兵。所以招接不遑，惟恐服事不到。

汝修跟进内府，见过沙太监，少不得叙叙寒暄，然后问他有何使令。沙太监道："修理花卉与点货入宫的话都是小事，只因一向慕你高名，不曾识面，要借此盘桓一番，以为后日相与之地。闻得你清课里面极是留心，又且长于音律，是京师里面第一个雅人，今日到此，件件都要相烦，切不可吝教。"

汝修正有纳交之意，巴不得借此进身，求他护法。不但不肯谦逊，又且极力夸张，惟恐说了一件不能，要塞他后来召见之路。沙太监闻之甚喜，就吩咐孩子把琵琶、弦管、笙箫、鼓板之属，件件取到面前，摆下席来，叫他一面饮酒，一面敷陈技艺。汝修一一遵从，都竭尽生来之力。

沙太监耳中听了，心上思量说："小严的言语果然不错。这样孩子，若不替他净身，如何肯服事我？与他明说，料想不肯，不若便宜行事的是。"就对侍从之人眨一眨眼。侍从的换上药酒，斟在他杯中。汝修吃了下去，不上一刻，渐渐的绵软起来，垂头欹颈，靠在交椅之上，做了个大睡不醒的陈抟。沙太监大笑一声，就叫："孩子们，快些动手！"

原来未饮之先，把阉割的人都埋伏在假山背后，此时一唤，就到面前。先替他脱去裤衣，把人道捏在手上，轻轻一割，就丢下地来与獬豸狗儿吃了。等他流去些红水，就把止血的末药带热揾上，然后替他抹去猩红，依旧穿上裤子，竟象不曾动掸的一般。

汝修睡了半个时辰，忽然惊醒，还在药气未尽之时，但觉得身上有些痛楚，却不知在那一处。睁开眼来把沙太监相了一相，倒说："晚生贪杯太过，放肆得紧，得罪于公公了。"沙太监道："看你这光景，身子有些困乏，不若请到书房安歇了罢。"汝修道："正要如此。"沙太监就唤侍从之人扶他进去。汝修才上牙床，倒了就睡，总是药气未尽的缘故。正不知这个长觉睡到几时才醒，醒后可觉无聊？

看官们看到此时，可能够硬了心肠，不替小店官疼痛否？

(3) 第三回　权贵失便宜弃头颅而换卵，阉人图报复遗尿溺以酬涎

汝修倒在牙床，又昏昏的睡去，直睡到半夜之后，药气散尽，方才疼痛起来，从梦中喊叫而醒。举手一摸，竟少了一件东西。摸着的地方，又分外疼痛不过。再把日间之事追想一追想，就豁然大悟，才晓得结识的恩人倒做了仇家敌国，昨日那番卖弄，就是取祸之由。思想到此，不由他不号啕痛哭，从四更哭起，直哭到天明不曾住口。

只见到巳牌时候，有两个小内相走进来替他道喜，说："从今以后，就是朝廷家里的人了，还有甚么官儿管得你着，还有甚么男人敢来戏弄得你？"汝修听到此处，愈觉伤心，不但今生今世不能够娶妻，连两位尊夫都要生离死别，不能够再效鸾凤了。

正在惊惶之际，又有一个小内相走进来唤他，说："公公起来了，快出去参见。"汝修道："我和他是宾主，为甚么参见起来？"那些内相道："昨日净了身，今日就在他管下，怕你不参！"说过这一声，大家都走了开去。

汝修思量道："我就不参见，少不得要辞他一辞，才好出去。难道不瞅不睬，他就肯放你出门？"只得爬下床来，一步一步的挣将出去。挣到沙太监面前，将要行礼，他就正颜厉色分付起来，既不是昨日的面容，也不象以前的声口，说："你如今刀疮未好，且免了磕头，到五日之后出来参见。从今以后，派你看守书房，一应古董书籍都是你掌管，再拨两个孩子帮你葺理花木。若肯体心服事，我自然另眼相看，稍有不到之处，莫怪我

没有面情。割去腰子的人，除了我内相家中，不怕你走上天去！"

汝修听了这些话，甚觉寒心，就曲着身子禀道："既然净过身，自然要服事公公。只是眼下刀疮未好，难以服役，求公公暂时宽假，放回去将养几日；待收口之后进来服事也未迟。"沙太监道："既然如此，许你去将养十日。"叫："孩子们，领他出去，交与萃雅楼主人，叫他好生调理。若还死了这一个，就把那两名伙计割去腰子来赔我，我也未必要他！"几个小内相一齐答应过了，就扶他出门。

却说金、刘二人见他被沙公唤去，庆幸不了，巴不得他多住几日，多显些本事出来，等沙公赏鉴赏鉴，好借他的大树遮荫。故此放心落意，再不去接他。比不得在东楼府中睡了三夜，使他三夜不曾合眼，等不到天明就鞴了头口去接，到不得日暮就点着火把相迎。只因沙府无射猎之资，严家有攻伐之具。谁料常拼有事，止不过后队销亡；到如今自恃无虞，反使前军覆没。

只见几名内相扶着汝修进门，满面俱是愁容，遍体皆无血色。只说他酒量不济，既经隔宿，还情人扶醉而归；谁知他色运告终，未及新婚，早已作无聊之叹。说出被阉的情节，就放声大哭起来。引得这两位情哥泪雨盆倾，几乎把全身淹没。

送来的内相等不得他哭完，就催促金、刘二人快写一张领状，好带去回复公公，若有半点差池，少不得是苦主偿命。金、刘二人怕有干系，不肯就写。众人就拉了汝修，要依旧押他转去。二人出于无奈，只得具张甘结与他："倘有疏虞，愿将身抵。"

金、刘打发众人去后，又从头哭了一场，遍访神医替他疗治，方才医得收口。这十日之内只以救命为主，料想图不得欢娱。直等收口之后，正要叙叙旧情，以为永别之计，不想许多内相拥进门来，都说："限期已满，快些进去服役。若迟一刻，连具甘结的人都要拿进府去，照他一般阉割也未可知。"二人吓得魂飞魄散，各人含了眼泪送他出门。

汝修进府之后，知道身已被阉，料想别无去路，落得输心服意，替他做事。或者命里该做中贵，将来还有个进身。凡是分所当为，没有一件不尽心竭力。沙太监甚是得意，竟当做嫡亲儿子看待他。

汝修起初被阉，还不知来历，后来细问同伴之人，才晓得是奸雄所使。从此以后，就切齿腐心，力图报复。只恐怕机心一露，被他觉察出来，不但自身难保，还带累那两位情哥必有丧家亡命之事，所以装聋做哑，只当不知。但见东楼走到，就竭力奉承，说："以前为生意穷忙，不能勾常来陪伴，如今身在此处，就象在老爷府上一般。凡有用着之处，就差人来呼唤，只要公公肯放，就是三日之中过来两日，也是情愿的。"

东楼听了此言，十分欢喜，常借修花移竹为名，接他过去相伴。沙太监是无腰之人，日里使得他着，夜间无所用之，落得公诸同好。

汝修一到他家，就留心伺察，把他所行的事、所说的话，凡有不利朝廷、妨碍军国者，都记在一本经折之上，以备不时之需。

沙太监自从阉割汝修，不曾用得半载，就被痰湿交攻，日甚一日，到经年之后，就沉顿而死。临死之际，少不得要践生前之约，把汝修赠与东楼。

汝修专事仇人，反加得意，不上一年，把他父子二人一生所做之事，访得明明白白，不曾漏了一桩。也是他恶贯满盈，该当败露，到奸迹访完之日，恰好就弄出事来。

自从杨继盛出疏劾奏严嵩十罪五奸，皇上不听，倒把继盛处斩。从此以后，忠臣不服，求去的求去，复参的复参，弄得皇上没有主意，只得暂示威严，分付叫严嵩致仕，其子严世蕃、孙严鹄等，俱发烟瘴充军。

这些法度，原是被群臣聒絮不过，权且疏他一疏，待人言稍息之后，依旧召还，仍前宠用的意思。不想倒被个小小忠臣塞住了这番私念，不但不用，还把他肆诸市朝，做了一桩痛快人心之事。

东楼被遣之后，少不得把他随从之人都发在府县衙门，讨一个收管，好待事定之后，或是入官，或是发还原主。汝修到唱名之际，就高声喊叫起来，说："我不是严姓家童，乃沙府中的内监，沙公公既死，自然该献与朝廷，岂有转发私家之理？求老爷速备文书申报，待我到皇爷面前，自去分理。若还隐匿不申，只怕查检出来，连该管衙门都有些不便。"府县官听了，自然不敢隐蔽，就把他申报上司，上司又转文达部。直到奏过朝廷，收他入宫之后，才结了这宗公案。

汝修入禁之后，看见宫娥彩女所用的云油香皂及腰间佩带之物，都有"萃雅楼"三字，就对宫人道，"此我家物也。物到此处，人也归到此处，可谓有缘。"那些宫女道："既然如此，你就是萃雅楼的店官了。为甚么好好一个男人，不去娶妻生子，倒反阉割起来？"汝修道："其中有故，如今不便细讲。恐怕传出禁外，又为奸党所知，我这种冤情就不能勾伸雪了。直等皇爷问我，我方才好说。"

那些宫人听了，个个走到世宗面前，搬嘴弄舌，说："新进来的内监，乃是个生意之人，因被权奸所害，逼他至此。有甚么冤情要诉，不肯对人乱讲，直要到万岁跟前，方才肯说。"世宗皇帝听了这句话，就叫近身侍御把他传到面前，再三讯问。汝修把被阉的情节，从头至尾，备细说来，一句也不增，一字也不减。

说得世宗皇帝大怒起来，就对汝修道："人说他倚势虐民，所行之事没有一件在情理之中，朕还不信。这等看来，竟是个真正权奸，一毫不谬的了！既然如此，你在他家立脚多时，他平日所作所为定然知道几件，除此一事之外，还有甚么奸款，将来不利于朝廷、有误于军国的么？"

汝修叩头不已，连呼万岁，说："陛下垂问及此，乃四海苍生之福、祖宗社稷之灵也。此人奸迹多端，擢发莫数。奴辈也曾系念朝廷，留心伺察。他所行的事虽记不全，却也十件之中知道他三两件。有个小小经折在此，都是亲眼所见、亲耳所闻，才敢记在上面。若有一字不确，就不敢妄渎听闻，以蹈欺君之罪。"

世宗皇帝取来一看，就不觉大震雷霆，重开天日，把御案一拍，高叫起来道："好一个杨继盛，真是比干复出，箕子再生！所奏之事，果然一字不差。寡人误杀忠臣，贻讥万世，真亡国之主也。朕起先的意思，还要暂震雷霆，终加雨露，待人心稍懈之后，还要用他；这等看来，'遣配'二字不足以尽其辜，定该取他回来，戮于市朝之上，才足以雪忠臣之愤，快苍生赤子之心！若还一日不死，就放他在烟瘴地方，也还要替朝廷造祸，焉知他不号召蛮夷，思想谋叛？"

正在踌躇之际，也是他命该惨死，又有人在火上添油。忽有几位忠臣封了密疏进来，说："倭夷入寇，乃严世蕃所使，贿赂交通者，已非一日，朝野无不尽知。只因他势焰熏天，不敢启口。自蒙发遣之后，民间首发者纷纷而起，乞陛下早正国法，以绝祸萌。"世宗见了，正合着悔恨之意，就传下密旨，差校尉速拿进京，依拟正法。

汝修等他拿到京师，将斩未斩的时节，自己走到法场之上，指定了他痛骂一顿。又做一首好诗赠他，一来发泄胸中之垒块，二来使世上闻之，知道为恶之报，其速如此，凡有势焰者切不可学他。

既杀之后，又把他的头颅制做溺器。因他当日垂涎自己，做了这桩恶事，后来取乐的时节，唾沫又用得多，故此偿以小便，使他不致亏本。

临死所赠之诗，是一首长短句的古风，大有益于风教。其诗云：

> 汝割我卵，我去汝头。
> 以上易下，死有余羞。
> 汝戏我臀，我溺汝口。
> 以净易秽，死多遗臭。
> 奉劝世间人，莫施刻毒心。
> 刻毒后来终有报，八两机谋换一斤。

评：

凡作龙阳者，既以身为妾妇，则所存之人道原属赘瘤，割而去之，诚为便事。但须此童自发其心，如初集之尤瑞郎则可。东楼不由情愿，竟尔便宜行事，未免过于残忍，无怪小权之切齿腐心。予又笑其泾渭不分，使宫刑倒用，是但有奸雄之势力，而无其才与术者也。若使真正奸雄，必以处小权者处金、刘，使据有龙阳之人顿失所恃，不特自快其心，亦可使倾都人士颂德歌功，谓东楼一生亦曾做一桩痛快人心之事。惜乎见不及此，而使名实俱丧，成其为东楼之恶而已矣。

（二）归正楼·第二回 写及同性恋。

十二楼

(清初) 李渔著
清初消闲居刻本

夏宜楼

　　文中描写女子之间亲密的身体接触:"那些家人之女都是顽皮不过的,内中有一个道:'总则没有男人,怕甚么出身露体?何不脱了衣服,大家跳下水去,为采荷花,又带便洗个凉澡,何等不妙!'这些女伴都是喜凉畏暑,果然不先不后,一齐解带宽裳,做了个临潼胜会。你看我,我看你,大家笑个不住。脱完之后又一同下水,倒把采莲做了末着,大家顽耍起来。也有摸鱼赌胜的,也有没水争奇的,也有搭手并肩交相摩弄的,也有抱胸搂背互讨便宜的,又有三三两两打做一团,假做吃醋拈酸之事的。"

萃雅楼

连城璧

(清初) 李渔著
上海古籍出版社 1992 年版

(一) 申集

从来女色出在扬州，男色出在福建，这两件土产是天下闻名的。

(二) 外编卷之五

词云：

> 南风不识何由始，妇人之祸贻男子。翻面凿洪濛，无雌硬打雄。　向隅悲落魄，试问君何乐？龌龊甚难当，翻云别有香。

这首词叫做《菩萨蛮》，单为好南风的下一针砭。南风一事，不知起于何代，创自何人，沿流至今，竟与天造地设的男女一道争锋比胜起来，岂不怪异？怎见男女一道是天造地设的？但看男子身上凸出一块，女子身上凹进一块，这副形骸岂是造作出来的？男女体天地赋形之意，以其有余，补其不足，补到恰好处，不觉快活起来，这种机趣岂是矫强得来的？及至交媾以后，男精女血，结而成胎，十月满足，生男育女起来，这段功效岂是侥幸得来的？只为顺阴阳交感之情，法乾坤覆载之义，象造化陶铸之功，自然而然，不假穿凿。所以亵狎而不碍于礼，顽耍而有益于正。至于南风一事，论形则无有余不足之分，论情则无交欢共乐之趣，论事又无生男育女之功，不知何所取义，创出这桩事来，有苦于人，无益于己，做他何用？亏那中古之时，两个男子好好的立在一处，为甚么这一个忽然就想起这桩事，那一个又欣然肯做起这桩事来？真好一段幻想。况且那尾闾一窍，是因五腑之内污物无所泄，秽气不能通，万不得已生来出污秽的。造物赋形之初，也怕男女交媾之际，误入此中，所以不生在前而生在后，即于分门别户之中，已示云泥霄壤之隔；奈何盘山过岭，特地寻到那幽僻之处去掏摸起来？或者年长鳏夫，家贫不能婚娶，借此以泄欲火，或者年幼姣童，家贫不能糊口，借此以觅衣食，也还情有可原；如今世上，偏是有妻有妾的男子酷好此道，偏是丰衣足食的子弟喜做此道，所以更不可解。此风各处俱尚，尤莫盛于闽中，由建宁、邵武而上，一府甚似一府，一县甚似一县。不但人好此道，连草木是无知之物，因为习气所染，也好此道起来。深山之中有一种榕树，别名叫做南风树。凡有小树在榕树之前，那榕树毕竟要斜着身子去勾搭小树，久而久之，勾搭着了，把枝柯紧紧缠在小树身上，小树也渐渐倒在榕树怀里来，两树结为一树，任你刀锯斧凿，拆他不开，所以叫做南风树。近日有一才士听见人说，只是不信，及至亲到闽中，看见此树，方才晓得六合以内，怪事尽多，俗口所传、野史所载的，不必尽是荒唐之说。因题一绝云：

并蒂芙蓉连理枝，谁云草木让情痴？
人间果有南风树，不到闽天那得知。

　　看官，你说这个道理解得出，解不出？草木尚且如此，那人的癖好一发不足怪了。如今且说一个秀士与一个美童，因恋此道而不舍，后来竟成了夫妻，还做出许多义夫节妇的事来。这是三纲的变体，五伦的闰位，正史可以不载、野史不可不载的异闻，说来醒一醒睡眼。

　　嘉靖末年，福建兴化府莆田县有个廪膳秀才，姓许名葳，字季芳，生得面如冠玉，唇若涂朱。少年时节，也是个出类拔萃的龙阳，有许多长朋友攒住他，终日闻香嗅气，买笑求欢，那里容他去攻习举业？直到二十岁外，头上加了法网，嘴上带了刷牙，渐渐有些不便起来，方才讨得几时闲空，就去奋志萤窗，埋头雪案，一考就入学，入学就补廪，竟做了莆田县中的名士。到了廿二三岁，他的夫星便退了，这妻星却大旺起来。为甚么原故？只因他生得标致，未冠时节，还是个孩子，又像个妇人，内眷们看见，还像与自家一般，不见得十分可羡；到此年纪，雪白的皮肤上面，出了几根漆黑的髭须，漆黑的纱巾底下，露出一张雪白的面孔，态度又温雅，衣饰又时兴，就像苏州虎丘山上绢做的人物一般，立在风前，飘飘然有凌云之致。你道妇人家见了，那个不爱？只是一件，妇人把他看得滚热，他把妇人却看得冰冷。为甚么原故？只因他的生性以南为命，与北为仇，常对人说："妇人家有七可厌。"人问他那七可厌？他就历历数道："涂脂抹粉，以假为真，一可厌也；缠脚钻耳，矫揉造作，二可厌也；乳峰突起，赘若悬瘤，三可厌也；出门不得，系若匏瓜，四可厌也；儿缠女缚，不得自由，五可厌也；月经来后，濡席沾裳，六可厌也；生育之余，茫无畔岸，七可厌也。怎如美男的姿色，有一分就是一分，有十分就是十分，全无一毫假借，从头至脚，一味自然。任我东南西北，带了随身，既少嫌疑，又无挂碍，做一对洁净夫妻，何等不妙？"听者道："别的都说得是了，只是'洁净'二字，恐怕过誉了些。"他又道："不好此者，以为不洁；那好此道的，闻来别有一种异香，尝来也有一种异味。这个道理，可为知者道，难为俗人言也。"听者不好与他强辨，只得由他罢了。

他后来想起"不孝有三，无后为大"，少不得要娶房家眷，度个种子。有个姓石的富家，因重他才貌，情愿把女儿嫁他，倒央人来做媒，成了亲事。不想嫁进门来，夫妇之情甚是冷落，一月之内，进房数次，其余都在馆中独宿。过了两年，生下一子，其妻得了产痨之症，不幸死了。季芳寻个乳母，每年出些供膳，把儿子叫他领去抚养，自己同几个家童过日。因有了子嗣，不想再娶妇人，只要寻个绝色龙阳，为续弦之计，访了多时，再不见有。福建是出男色的地方，为甚么没有？只因季芳自己生得太好了，虽有看得过的，那肌肤眉眼，再不能勾十全。也有几个做毛遂自荐，来与他暂效鸾凤，及至交欢之际，反觉得珠玉在后，令人形秽。所以季芳鳏居数载，并无外遇。

那时节城外有个开米店的老儿，叫做尤侍寰，年纪六十多岁，一妻一妾都亡过了，止有妾生一子，名唤瑞郎，生得眉如新月，眼似秋波，口若樱桃，腰同细柳，竟是一个绝色妇人。别的丰姿都还形容得出，独有那种肌肤，白到个尽头的去处，竟没有一件东西比他。雪有其白而无其腻，粉有其腻而无其光。在襁褓之时，人都叫他做粉孩儿。长到十四岁上，一发白里闪红，红里透白起来，真使人看见不得。兴化府城之东有个胜境，叫做湄洲屿，屿中有个天妃庙。立在庙中，可以观海，晴明之际，竟与琉球国相望。每年春间，合郡士民俱来登眺。那一年天妃神托梦与知府，说："今年各处都该荒旱，因我力恳上帝，独许此郡有七分收成。"彼时田还未种，知府即得此梦，及至秋收之际，果然别府俱荒，只有兴化稍熟。知府即出告示，令百姓于天妃诞日，大兴胜会，酬他力恳上帝之功。到那赛会之时，只除女子不到，合郡男人，无论黄童白叟，没有一个不来。尤侍寰一向不放儿子出门，到这一日，也禁止不住。自己有些残疾，不能同行，叫儿子与邻舍家子弟做伴同去。临行千叮万嘱："若有人骗你到冷静所在去讲闲话，你切不可听他。"瑞郎道："晓得。"竟与同伴一齐去了。

这日凡是好南风的，都预先养了三日眼睛，到此时好估承色。又有一班作孽的文人，带了文房四宝，立在总路头上，见少年经过，毕竟要盘问姓名，穷究住处，登记明白，然后远观气色，近看神情，就如相面的一般，相完了，在名字上打个暗号。你道是甚么原故？他因合城美少辐辏于此，要攒造一本南风册，带回去评其高下，定其等第，好出一张美童考案，就如吴下评骘妓女一般。尤瑞郎与同伴四五人都不满十六岁，别人都穿红着紫，打扮得妖妖娆娆；独有瑞郎家贫，无衣妆饰，又兼母服未满，浑身俱是布素。却也古怪，那些估承色的、定考案的，都有几分眼力，偏是那穿红着紫的，大概看看就丢过了，独有浑身布素的尤瑞郎，一千一万双眼睛都钉在他一人身上，要进不放他进，要退不放他退，扯扯拽拽，缠个不了。尤瑞郎来看胜会，谁想自家反做了胜会把与人看起来。等到赛会之时，挨挤上去，会又过了，只得到屿上眺望一番。有许多带攒盒上山的，这个扯他吃茶，那个拉他饮酒，瑞郎都谢绝了，与同伴一齐转去。

偶然回头，只见背后有个斯文朋友，年可二十余岁，丰姿甚美，意思又来得安闲，与那扯扯拽拽的不同，跟着瑞郎一同行走。瑞郎过东，他也过东；瑞郎过西，他也过西；瑞郎小解，他也小解；瑞郎大便，他也大便，准准跟了四五个时辰，又不问一句话，瑞郎心上甚是狐疑。及至下山时节，走到一个崎岖所在，青苔路滑，瑞郎一脚踏去，几乎跌倒。那朋友立在身边，一把挽住道："尤兄仔细。"一面相扶，一面把瑞郎的手心轻轻摸了几摸，就如搔痒的一般。瑞郎脸上红了又白，白了又红，白是惊白的，红是羞红的，一霎时露出许多可怜之态，对那朋友道："若不是先生相扶，一交直滚到山下。请问尊姓大号？"那朋友将姓名说来，原来就是鳏居数载、并无外遇的许季芳。彼此各说住处，约了改日拜访。说完，瑞郎就与季芳并肩而行，直到城中分路之处，方才作别。

瑞郎此时情窦已开，明晓得季芳是个眷恋之意，只因众人同行，不好厚那一个。所以借扶危济困之情，寓惜玉怜香之意，这种意思也难为他。"莫说情意，就是容貌丰姿也都难得。今日见千见万，何曾有个强似他的？我今生若不相处朋友就罢，若要相处朋友，除非是他，才可以身相许。"想了一会，不觉天色已晚，脱衣上床。忽然袖中掉出两件东西，拾起来看，是一条白绫汗巾，一把重金诗扇。你道是那里来的？原来许季芳跟他行走之时，预先捏在手里等候，要乘众人不见，投入瑞郎袖中；恰好遇着个扶跌的机会，两人袖口相对，不知不觉丢将过来，瑞郎还不知道。此时见了，比前更想得殷勤。

却说许季芳别了瑞郎回去，如醉如痴，思想兴化府中竟有这般绝色，不枉我选择多年。"我今日搔手之时，见他微微含笑，绝无拒绝之容，要相处他，或者也还容易。只是三日一交,五日一会,只算得朋友,叫不得夫妻,定要娶他回来,做了填房,长久相依才好。况且这样异宝,谁人不起窥伺之心?纵然与我相好,也禁不得他相处别人,毕竟要使他从一而终,方才遂我大志。若是小户人家,无穿少吃的,我就好以金帛相求;万一是旧家子弟,不希罕财物的,我就无计可施了。"翻来覆去,想到天明。正要出城访问,忽有几个朋友走来道:"闻得美童的考案出了,贴在天妃庙中,我们同去看看何如?"季芳道:"使得。"就与众人一同步去。走到庙中,抬头一看,竟像殿试的黄榜一般,分为三甲,第一甲第一名就是尤瑞郎。众人赞道:"定得公道,昨日看见的,自然要算他第一。"又有一个道:"可惜许季芳早生十年,若把你未冠时节的姿容留到今日,当与他并驱中原,未知鹿死谁手?"季芳笑了一笑,问众人道:"可晓得他家事如何?父亲作何生理?"众人中有一个道:"我与他是紧邻,他的家事瞒不得我。父亲是开米店的,当初也将就过得日子,连年生意折本,欠下许多债来,大小两个老婆俱死过了,两口棺木还停在家中不能殡葬,将来一定要受聘的。当初做粉孩儿的时节,我就看上他了,恨不得把气吹他大来。如今虽不曾下聘,却是我荷包里的东西,列位休来剪绺。"

季芳口也不开,别了众人回去。思想道:"照他这等说,难道罢了不成?少不得要先下手。"连忙写个晚生帖子,先去拜他父亲,只说久仰高风,特来拜访,不好说起瑞郎之事。瑞郎看见季芳,连忙出来拜揖。季芳对侍寰道:"令郎这等长大,想已开笔行文了。晚生不揣,敢邀入社何如?"侍寰道:"庶民之子,只求识字记帐,怎敢妄想功名?多承盛意,只好心领。"季芳、瑞郎两人眉来眼去,侍寰早已看见,明晓得他为此而来,不然一个名士,怎肯写晚生帖子,来拜市井之人?心上明白,外面只当不知。三人坐了一会,分别去了。侍寰次日要去回拜季芳,瑞郎也要随去,侍寰就引他同行。季芳谅他决来回拜,恨不得安排香案迎接。相见之时,少不得有许多谦恭的礼数,亲热的言词,坐了半晌,方才别去。

看官,你道侍寰为何这等没志气,晓得人要骗他儿子,全无拒绝之心,不但开门揖盗,又且送亲上门,是何道理?要晓得那个地方,此道通行,不以为耻;侍寰还债举丧之物,都要出在儿子身上,所以不拒窥伺之人。这叫做"明知好酒,故意犯令"。既然如此,他就该任凭瑞郎出去做此道了,为何出门看会之时,又分付不许到冷静所在与人说话,这是甚么原故?又要晓得福建的南风,与女子一般,也要分个初婚、再醮。若是处子原身,就有人肯出重聘,三茶不缺,六礼兼行,一样的明婚正娶;若还拘管不严,被人尝了新去,就叫做败柳残花,虽然不是弃物,一般也有售主,但只好随风逐浪,弃取由人,就开不得雀屏,选不得佳婿了。所以侍寰不废防闲,也是韫椟待沽之意。

且说兴化城中自从出了美童考案,人人晓得尤瑞郎是个状元。那些学中朋友只除衣食不周的,不敢妄想天鹅肉吃,其余略有家事的人,那个不垂涎咽唾?早有人传到侍寰耳中,侍寰就对心腹人道:"小儿不幸,生在这个恶赖地方,料想不能免俗。我总则拼个蒙面忍耻,顾不得甚么婚姻论财、夷虏之道。我身背上有三百两债负,还要一百两举丧,一百两办我的衣衾棺椁,有出得起五百金的,只管来聘,不然教他休想。"从此把瑞郎愈加管束,不但不放出门,连面也不许人见。福建地方,南风虽有受聘之例,不过是个意思,多则数十金,少则数金,以示相求允之意,那有动半千金聘男子的?众人见他开了大口,个个都禁止不提。那没力量的道:"他儿子的后庭料想不是金镶银裹的,'岂其娶妻,必齐之姜'?便除了这个小官,不用也罢。"那有力量的道:"他儿子的年纪还不曾二八,且熬他几年,待他穷到极处,自然会跌下价来。"所以尤瑞郎的桃夭佳节,又迟了几时。只是思量许季芳,不能见面,终日闭在家中,要通个音信也不能勾。不上半月,害起相思病来,求医不效,问卜无灵。邻家有个同伴过来看他,问起得病之由,瑞郎因无人通信,要他做个氤氲使者,只得把前情直告。同伴道:"这等何不写书一封,待我替你寄去,教他设处五百金聘你就是了。"瑞郎道:"若得如此,感恩不尽。"就研起墨来,写了一个寸楮,钉封好了,递与同伴。同伴竟到城外去寻季芳,问到他的住处,是一所高大门楣。同伴思量道:"住这样房子的人,一定是个财主,要设处五百金,料也容易。"及至唤出人来一问,原来数日之前,将此房典与别人,自己搬到城外去住了。同伴又问了城外的住处,一路寻去,只见数间茅屋,两扇柴门,冷冷清清,杳无人迹。门上贴一张字道:

不佞有小事下乡,凡高明书札,概不敢领,恐以失答开罪,谅之宥之。

同伴看了,转去对瑞郎述了一遍,道:"你的病害差了,他门上的字明明是拒绝你的,况且房子留不住的人,那里有银子干风流事?劝你及早丢开,不要痴想。"瑞郎听了,气得面如土色,思量一会,对同伴道:"待我另写一封绝交书,连前日的汗巾、扇子烦你一齐带去。若见了他,可当面交还,替我骂他几句;如若仍前不见,可从门缝之中丢将进去,使他见了,稍泄我胸中之恨。"同伴道:"使得。"瑞郎爬起来,气忿忿的写了一篇,依旧钉封好了,取出二物,一齐交与同伴。同伴拿去,见两扇柴门依旧封锁未开,只得依了瑞郎的话,从门缝中塞进去了。

看官,你道许季芳起初何等高兴,还只怕贿赂难通;如今明白出了题目,正好做文字了,为何全不料理,反到乡下去游荡起来?要晓得季芳此行,正为要做情种。他的家事,连田产屋业,算来不及千金。听得人说尤侍寰要五百金聘礼,喜之不胜道:"便尽我家私,换得此人过来消受几年,就饿死了也情愿。"竟将住房典了二百金,其余三百金要出在田产上面,所以如飞赶到乡下去卖田。恐怕同窗朋友写书来约他做文字,故此贴字在门上,回覆社友,并非拒绝瑞郎。忽一日得了田价回来,兴匆匆要央人做事。不想开开大门,一脚踏着两件东西,拾起一看,原来就是那些表记。当初塞与人,人也不知觉;

如今塞还他，他也不知觉：这是造物簸弄英雄的个小小伎俩。季芳见了，吓得通身汗下，又不知是他父亲看见，送来羞辱他的；又不知是有了售主，退来回覆他的，那一处不疑到？把汗巾捏一捏，里面还有些东西，解开却是一封书札。拆来细看，上写道：

窃闻有初者鲜终，进锐者退速。始以为岂其然，而今知真不谬也。妃宫瞥遇，委曲相随；持危扶颠，备示悃恤。归而振衣拂袂，复见明珠暗投。以为何物才人，情痴乃尔。因矢分桃以报，谬思断袖之欢。讵意后宠未承，前鱼早弃。我方织苏锦为献，君乃署翟门以辞。囊如魍魉逐影，不知何所见而来？今忽鼠窜抱头，试问何所闻而去？君既有文送穷鬼，我宁无剑斩情魔？纨扇不载仁风，鲛绡枉沾泪迹。谨将归赵，无用避秦。

季芳看了，大骇道："原来他寄书与我，见门上这几行谤字，疑我拒绝他，故此也写书来拒绝我。这样屈天屈地的事，教我那里去伸冤？"到了次日，顾不得怪与不怪，肯与不肯，只得央人去做。尤侍寰见他照数送聘，一厘不少，可见是个志诚君子，就满口应承，约他儿子病好，即便过门。就将送来的聘金，还了债负，举了二丧，余下的藏为养老送终之费。这才合着古语一句道：

有子万事足。

且说尤瑞郎听见受了许家之聘，不消吃药，病都好了。只道是绝交书一激之力，还不知他出于本心。季芳选下吉日，领了瑞郎过门，这一夜的洞房花烛，比当日娶亲的光景大不相同。有撒帐词三首为证：

其一：

银烛烧来满画堂，新人羞涩背新郎。
新郎不用相扳扯，便不回头也不妨。

其二：

花下庭前巧合欢，穿成一串倚阑干。
缘何今夜天边月，不许情人对面看？

其三：

轻摩软玉嗅温香，不似游蜂掠蕊狂。
何事新郎偏识苦？十年前是一新娘。

季芳、瑞郎成亲之后，真是如鱼得水，似漆投胶，说不尽绸缪之意。瑞郎天性极孝，不时要回去看父亲。季芳一来舍不得相离，二来怕他在街上露形，启人窥伺之衅，只得把侍寰接来同住，晨昏定省，待如亲父一般。侍寰只当又生一个儿子，喜出望外。只是六十以上之人，毕竟是风烛草露，任你百般调养，到底留他不住，未及一年，竟过世了。季芳哀毁过情，如丧考妣，追荐已毕，尽礼殡葬。瑞郎因季芳变产聘他，已见多情之至；后来又见待他父亲如此，愈加感深入骨，不但愿靠终身，还且誓以死报。

他初嫁季芳之时，才十四岁，腰下的人道，大如小指，季芳同睡之时，贴然无碍，竟像妇女一般。及至一年以后，忽然雄壮起来，看他欲火如焚，渐渐的禁止不住。又有五个多事的指头，在上面摩摩捏捏，少不得那生而知之、不消传授的本事，自然要试出来。季芳怕他辛苦，时常替他代劳，只是每到竣事之后，定要长叹数声。瑞郎问他何故，季芳只是不讲。瑞郎道："莫非嫌他有碍么？"季芳摇头道："不是。"瑞郎道："莫非怪他多事么？"季芳又摇头道："不是。"瑞郎道："这等你为何长叹？"季芳被他盘问不过，只得以实情相告。指着他的此物道："这件东西是我的对头，将来与你离散之根就伏于此，教我怎不睹物伤情？"瑞郎大惊道："我两个生则同衾，死则共穴，你为何出此不祥之语，毕竟为甚么原故？"季芳道："男子自十四岁起，至十六岁止，这三年之间，未曾出幼，无事分心。相处一个朋友，自然安心贴意，如夫妇一般。及至肾水一通，色心便起，就要想起妇人来了。一想到妇人身上，就要与男子为仇。书上道：'妻子具而孝衰于亲。'有了妻子，连父母的孝心都衰了，何况朋友的交情？如今你的此物一日长似一日，我的缘分一日短似一日了。你的肾水一日多似一日，我的欢娱一日少似一日了。想到这个地步，教我如何不伤心，如何不叹气？"说完了，不觉放声大哭起来。瑞郎见他说得真切，也止不住泪下如雨。想了一会道："你的话又讲差了，若是泛泛相处的人，后来娶了妻子，自然有个分散之日；我如今随你终身，一世不见女子，有甚么色心起得？就是偶然兴动，又有个遣兴之法在此，何须虑他？"季芳道："这个遣兴之法，就是将来败兴之端，你那里晓得？"瑞郎道："这又是甚么原故？"季芳道："凡人老年的颜色不如壮年，壮年的颜色不如少年者，是甚么原故？要晓得肾水的消长，就关于颜色的盛衰。你如今为甚么这等标致？只因元阳未泄，就如含苞的花蕊一般，根本上的精液总聚在此处，所以颜色甚艳，香味甚浓。及至一开之后，精液就有了去路，颜色一日淡似一日，香味一日减似一日，渐渐的干瘪去了。你如今遣兴遣出来的东西，不是甚么无用之物，就是你皮里的光彩，面上的娇艳，底下去了一分，上面就少了一分。这也不关你事，是人生一定的道理，少不得有个壮老之日，难道只管少年不成？只是我爱你不过，无计留春，所以说到这个地步，也只得由他罢了。"瑞郎被他这些话说得毛骨竦然，自己思量道："我如今这等见爱于他，不过为这几分颜色，万一把元阳泄去，颜色顿衰，渐渐的惹厌起来，就是我不丢他，他也要弃我了，如何使得？"就对季芳道："我不晓得这件东西是这样不好的，既然如此，你且放心，我自有处。"

过了几日，季芳清早出门去会考。瑞郎起来梳头，拿了镜子，到亮处仔细一照，不觉疑心起来道："我这脸上的光景，果然比前不同了。前日是白里透出红来的，如今白到增了几分，那红的颜色却减去了。难道他那几句说话就这等应验，我那几点脓血就这等利害不成？他为我把田产卖尽，生计全无，我家若不亏他，父母俱无葬身之地，这样大恩一毫也未报，难道就是这样老了不成？"仔细踌躇一会，忽然发起狠来道："总是这个孽根不好，不如断送了他，省得在此兴风起浪。做太监的人一般也过日子。如今世上有妻妾、没儿子的人尽多，譬如我娶了家小，不能生育也只看得。我如今为报恩绝后，父母也怪不得我。"就在箱里取出一把剃刀，磨得锋快，走去睡在春凳上，将一条索子一头系在梁上，一头缚了此物，高高挂起，一只手拿了剃刀，狠命一下，齐根去了，自己晕死在春凳上，因无人呼唤，再不得苏醒。

季芳从外边回来，连叫瑞郎不应。……季芳吓得魂不附体。又只见裤裆之内，鲜血还流，叫又叫不醒，推又推不动，只得把口去接气，一连送几口热气下肚，方才苏醒转来。季芳道："我无意中说那几句话，不过是怜惜你的意思，你怎么就动起这个心来？"说完，搥胸顿足，哭个不了；又悔恨失言，将巴掌自己打嘴。瑞郎疼痛之极，说不出话，只做手势教他不要如此。季芳连忙去延医赎药，替他疗治。却也古怪，别人踢破一个指头，也要害上几时；他就像有神助的一般，不上月余，就收了口。……他起先的容貌体态，分明是个妇人，所异者几希之间耳；如今连几希之间都是了，还有甚么分辨？季芳就索性教他做妇人打扮起来，头上梳了云鬟，身上穿了女衫，只有一双金莲不止三寸，也教他稍加束缚。瑞郎又有个藏拙之法，也不穿鞋袜，也不穿褶裤，做一双小小皂靴穿起来，俨然是戏台上一个女旦。又把瑞郎的"郎"字改做"娘"字，索性名实相称到底。从此门槛也不跨出，终日坐在绣房，性子又聪明，女工针指不学自会，每日爬起来，不是纺绩，就是刺绣，因季芳家无生计，要做个内助供给他读书。那时节季芳的儿子在乳母家养大，也有三四岁了，瑞娘道："此时也好断乳，何不领回来自己抚养？每年也省几两供给。"季芳道："说得是。"就去领了回来。瑞娘爱若亲生，自不必说。

季芳此时娇妻嫩子都在眼前，正好及时行乐，谁想天不由人，坐在家中，祸事从天而降。忽一日，有两个差人走进门来道："许相公，太爷有请。"季芳道："请我做甚么？"差人道："通学的相公有一张公呈，出首相公，说你私置腐刑，擅立内监，图谋不轨，太爷当堂准了，差我来拘；还有一个被害叫做尤瑞郎，也在你身上要。"季芳道："这等借牌票看一看。"差人道："牌票在我身上。"就伸出一只血红的手臂来。上写道：

立拿叛犯许葳、阉童尤瑞郎赴审。

原来太守看了呈词，诧异之极，故此不出票，不出签，标手来拿，以示怒极之意。你道此事从何而起？只因众人当初要聘尤瑞郎，后来暂且停止，原是熬他父亲跌价的。谁想季芳挤了这主大钞，竟去聘了回来，至美为他所得，那个不怀妒忌之心？起先还说虽不能勾独享，待季芳尝新之后，大家也普同供养一番，略止垂涎之意。谁想季芳把他藏在家中，一步也不放出去，天下之宝，不与天下共之，所以就动了公愤。虽然动了公愤，也还无隙可乘。若季芳不对人道痛哭，瑞郎也不下这个毒手；瑞郎不下这个毒手，季芳也没有这场横祸。所以古语道："无故而哭者不祥。"又道："运退遇着有情人。"一毫也不错。众人正在观衅之际，忽然闻得这件新闻，大家哄然起来道："难道小尤就有这等痴情？老许就有这等奇福？偏要割断他那种痴情，享不成这段奇福。"故此写公呈出首起来。做头的就是尤瑞郎的紧邻，把瑞郎放在荷包里，不许别个剪绺的那位朋友。

当时季芳看了朱臂，进去对瑞郎说了。瑞娘惊得神魂俱丧，还要求差人延捱一日，好钻条门路，然后赴审。那差人知道官府盛怒之下，不可迟延，即刻就拘到府前，伺候升堂，竟带过去。太守把棋子一拍道："你是何等之人，把良家子弟阉割做了太监？一定是要谋反了！"季芳道："生员与尤瑞郎相处是真，但阉割之事，生员全不知道，是他自己做的。"太守道："他为甚么自己就阉割起来？"季芳道："这个原故生员不知道，就知道也不便自讲，求太宗师审他自己就是。"太守就叫瑞郎上去，问道："你这阉割之事，是他动手的，是你自己动手的？"瑞郎道："自己动手的。"太守道："你为甚么自己阉割起来？"瑞郎道："小的父亲年老，债负甚多，二母的棺柩暴露未葬，亏许秀才捐出重资，助我作了许多大事；后来父亲养老送终，总亏他一人独任。小的感他大恩，无以为报，所以情愿阉割了，服事他终身的。"太守大怒道："岂有此理！你要报恩，那一处报不得，做起这样事来？身体发肤，受之父母，怎么为无耻私情，把人道废去？岂不闻'不孝有三，无后为大'么？我且先打你个不孝！"就丢下四根签来，皂隶拖下去，正要替他扯裤，忽然有上千人拥上堂来，喧嚷不住。福建的土音，官府听不出，太守只说审屈了事，众人鼓噪起来，吓得张惶无措。你道是甚么原故？只因尤瑞郎的美豚，是人人羡慕的，这一日看审的人将有数千，一半是学中朋友。听见要打尤瑞郎，大家挨挤上去，争看美豚。皂隶见是学中秀才，不好阻碍，所以直拥上堂，把太守吓得张惶无措。太守细问书吏，方才晓得这个情由。皂隶待众人止了喧哗，立定身子，方才把瑞郎的裤子扯开，果然露出一件至宝。只见：

　　嫩如新藕，媚若娇花。光腻无滓，好像剥去壳的鸡蛋；温柔有缝，又像煠出甑的寿桃。就是吹一口，弹半下，尚且要皮破血流；莫道受屈棒，忍官刑，熬得不珠残玉碎。皂隶也喜南风，纵使硬起心肠，只怕也下不得那双毒手；清官也好门子，虽一时怒翻面孔，看见了也难禁一点婆心。

太守看见这样粉嫩的肌肤，料想吃不得棒起。欲待饶了，又因看的人多，不好意思。皂隶拿了竹板，只管沿沿摸摸，再不忍打下去。挨了一会，不见官府说饶，只得擎起竹板。

方才幺喝一声，只见季芳拼命跑上去，伏在瑞郎身上道："这都是生员害他，情愿替打。"起先众人在旁边赏鉴之时，个个都道："便宜了老许。"那种醋意，还是暗中摸索；此时见他伏将上去，分明是当面骄人了，怎禁得众人不发极起来？就一齐鼓掌哗噪道："公堂上不是干龙阳的所在，这种光景看不得！"太守正在怒极之时，又见众人哗噪，就立起身来道："你在本府面前尚且如此，则平日无耻可知。我少不得要申文学道，革你的前程，就先打后革也无碍！"说完，连签连筒推下来。皂隶把瑞郎放起，拽倒季芳，取头号竹板，狠命的砍。瑞郎跪在旁边乱喊，又当磕头，又当撞头，季芳打一下，他撞一下，打到三十板上，季芳的腿也烂了，瑞郎的头也碎了，太守才叫放起，一齐押出去讨保。众人见打了季芳，又革去前程，大家才消了醋块，欢然散了。太守移文申黜之后，也便从轻发落，不曾问那阉割良民的罪。

季芳打了回来，气成一病，恹恹不起。瑞郎焚香告天，割股相救，也只是医他不转。还怕季芳为他受辱亡身，临终要埋怨，谁想易箦之际，反捏住瑞郎的手道："我累你失身绝后，死有余辜。你千万不要怨怅。还有两件事叮嘱你，你须要牢记在心。"瑞郎道："那两桩事？"季芳道："众人一来为爱你，二来为妒我，所以构此大难。我死之后，他们个个要起不良之心，你须要远避他方，藏身敛迹，替我守节终身，这是第一桩事。我读了半世的书，不能发达，止生一子，又不曾教得成人，烦你替我用心训诲，若得成名，我在九泉也瞑目，这是第二桩事。"说完，眼泪也没有，干哭了一场，竟奄然长逝了。

瑞郎哭得眼中流血，心内成灰，欲待以身殉葬，又念四岁孤儿无人抚养，只得收了眼泪，备办棺衾。自从死别之日，就发誓吃了长斋，七七替他看经念佛。殡葬之后，就寻去路。思量十六七岁的人，带着个四岁孩子，还是认做儿子的好，认做兄弟的好？况且作孽的男子处处都有，这里尚南风，焉知别处不尚南风？万一到了一个去处，又招灾惹祸起来，怎么了得？毕竟要妆做女子，才不出头露面，可以完节终身。只是做了女子，又有两桩不便：一来路上不便行走，二来到了地方，难做生意。踌躇几日，忽然想起有个母舅，叫做王肖江，没儿没女，止得一身，不如教他引领，一来路上有伴，二来到了地头，好寻生计。算计定了，就请王肖江来商量。肖江听见，喜之不胜道："漳州原是我祖籍，不如搬到漳州去。你只说丈夫死了，不愿改嫁，这个儿子是前母生的，一同随了舅公过活。这等讲来，任他南风北风，都吹你不动了。"瑞郎道："这个算计真是万全。"就依当初把"郎"字改做"娘"字，便于称呼。起先季芳病重之时，将余剩的产业卖了二百余金，此时除丧事费用之外，还剩一半，就连夜搬到漳州，赁房住下。肖江开了一个鞋铺，瑞娘在里面做，肖江在外面卖，生意甚行，尽可度日。

孤儿渐渐长成，就拣了明师，送他上学，取名叫做许承先。承先的资质不叫做颖异，也不叫做愚蒙，是个可士可农之器。只有一件像种，那眉眼态度，宛然是个许季芳，头发也黑得可爱，肌肤也白得可爱。到了十二三岁，渐渐的惹事起来。同窗学生，大似他的，个个买果子送与他吃。他又做陆绩怀桔的故事，带回来孝顺母亲。瑞娘思量道："这又不是好事了。我当初只为这几分颜色，害得别个家破人亡，弄得自己东逃西窜，自己经过这番孽障，怎好不惩戒后人？"就分付承先道："那送果子你吃的人，都是要骗你的，你不可认做好意。以后但有人讨你便宜，你就要禀先生，切不可被他捉弄。"承先道："晓得。"不多几日，果然有个学长挖他窟豚。他禀了先生，先生将学长责了几板。回来告诉瑞娘，瑞娘甚是欢喜。不想过了几时，先生又瞒了众学生，买许多果子放在案头，每待承先背书之际，张得众人不见，暗暗的塞到承先袖里来。承先只说先生决无歹意，也带回来孝顺母亲。瑞娘大骇道："连先生都不轨起来，这还了得？"就托故辞了，另拣个须鬓皓然的先生送他去读。

又过几时，承先十四岁，恰好是瑞娘当初受聘之年，不想也有花星照命。一日新知县拜客，从门首经过，仪从执事，摆得十分齐整。承先在店堂里看，那知县是个青年进士，坐在轿上一眼觑着承先，抬过四五家门面，还掉过头来细看。王肖江对承先道："贵人抬眼看，便是福星临，你明日必有好处。"不上一刻，知县拜客转来，又从门首经过，对手下人道："把那个穿白的孩子拿来。"只见两三个巡风皂隶，如狼似虎赶进店来，把承先一索锁住，承先惊得号啕痛哭。瑞娘走出来，问甚么原故，那皂隶不由分说，把承先乱拖乱扯，带到县中去了。王肖江道："往常新官上任，最忌穿白的人，想是见他犯了忌讳，故此拿去惩治了。"瑞娘顾不得抛头露面，只得同了肖江赶到县前去看。原来是县官初任，要用门子，见承先生得标致，自己相中了，故此拿他来递认状的。瑞娘走到之时，承先已经押出讨保，立刻要取认状。瑞娘走到家中，抱了承先痛哭道："我受你父亲临终之托，指望教你读书成名，以承先人之志；谁想皇天不佑，使你做下贱之人，我不忍见你如此。待我先死了，你后进衙门，还好见你父亲于地下。"说完，只要撞死。肖江劝了一番，又扯到里面，商议了一会，瑞娘方才住哭。当晚就递了认状。第二日就教承先换了青衣，进去服役。知县见他人物又俊俏，性子又伶俐，甚是得宠。

却说瑞娘与肖江预先定下计较，写了一舱海船，将行李衣服渐渐搬运下去。到那一日，半夜起来，与承先三人一同逃走下船，曳起风帆，顷刻千里，不上数日，飘到广东广州府。将行李搬移上岸，赁房住下，依旧开个鞋铺。瑞娘这番教子，不比前番，日间教他从师会友，夜间要他刺股悬梁，若有一毫怠惰，不是打，就是骂，竟像肚里生出来的儿子。承先也肯向上，读了几年，文理大进。屡次赴考，府县俱取前列；但遇道试，就被攻冒籍的攻了出来。直到二十三岁，宗师收散遗才，承先混进去考，幸取通场第一，当年入场，就中了举。回来拜谢瑞娘，瑞娘不胜欢喜。

却说承先丧父之时，才得四岁，吃饭不知饥饱，那里晓得家中之事？自他说乳母家回来，瑞娘就做妇人打扮，直到如今。承先只说当真是个继母，那里去辨雌雄？瑞娘就要与他说知，也讲不出口，所以鹘鹘突突过了二十三年。直到进京会试，与福建一个举人同寓，承先说原籍也是福建，两下认起同乡来。那举人将他齿录一翻，看见父许葳，嫡母石氏，继母尤氏，就大惊道："原来许季芳就是令先尊？既然如此，令先尊当初不好女色，止娶得一位石夫人，何曾再娶甚么尤氏？"承先道："这个家母如今现在。"那举人想了一会，大笑道："莫非就是尤瑞郎么？这等他是个男人，你怎么把他刻做继母？"承先不解其故，那举人就把始末根由，细细的讲了一遍，承先才晓得这段希奇的故事。后来承先几科不中，选了知县。做过三年，升了部属。把瑞娘待如亲母，封为诰命夫人，终身只当不知，不敢提起所闻一字。就是死后，还与季芳合葬，题曰"尤氏夫人之墓"，这也是为亲者讳的意思。

看官，你听我道：这许季芳是好南风的第一个情种，尤瑞郎是做龙阳的第一个节妇，论理就该流芳百世了；如今的人，看到这回小说，个个都掩口而笑，就像鄙薄他的一般。这是甚么原故？只因这桩事不是天造地设的道理，是那走斜路的古人穿凿出来的，所以做到极至的所在，也无当于人伦。我劝世间的人，断了这条斜路不要走，留些精神施于有用之地，为朝廷添些户口，为祖宗绵绵嗣续，岂不有益！为甚么把金汁一般的东西，流到那污秽所在去？有诗为证：

　　阳精到处便成孩，南北虽分总受胎。
　　莫道龙阳不生子，蛆虫尽自后庭来。

（三）外编卷之二　写一个两性人的故事。

无声戏

(清初) 李渔 著
中华书局 1991 年影印
《古本小说丛刊》本①

男孟母教合三迁（第六回）

《无声戏》后来更名为《连城璧》，前书第六回即后书外编卷之五。

---

① 据清顺治间刻本影印。

肉蒲团

(清初)情隐先生著[①]
台湾大英百科股份有限公司
2000年《思无邪汇宝》本

（一）第一回

　　和尚虽然出家，一般也有去路。远则偷妇人，近则狎徒弟，也与俗人一般，不能保元固本，所以没寿。

（二）第六回　写及同性恋。

（三）第七回　写少年同性恋。

（四）第八回　写未央生与书笥之间的主仆同性恋。

未央生像

据清木活字本影印。

书笥像

据清木活字本影印。

[①]　一般认为，李渔即是情隐先生。

未央生与书笥

据民国三十二年（1943）写春园铅印本影印。

未央生与书笥

据民国三十二年（1943）写春园铅印本影印。

未央生与书笥
据清绘本影印。

新刻绣像批评金瓶梅

（明·嘉靖—万历）兰陵笑笑生著
（清初）李渔评①
浙江古籍出版社 1991 年《李渔全集》本

（一）第三十四回②

方今此道③深好者，方以为如饴如蜜，如芝如兰。此奴④漫云龌龊，大胆放肆。虽然，虚平论之，然乎？否乎？

（二）第三十四回　评论西门庆与书童的性事。

（三）第三十五回　评论西门庆与书童的狎戏。

---

① 评者存疑，本书刻、评于明崇祯年间。
② 评论潘金莲骂西门庆行为龌龊。
③ 男风同性恋。
④ 潘金莲。

（四）第七十一回 评论西门庆与王经的性事。

（五）第七十六回 评论温葵轩。

（六）第八十四回 评论石伯才的两个徒弟。

（七）第九十三回 评论陈敬（经）济与金宗明的同性恋。

（八）第九十六回 评论陈敬（经）济与侯林儿的同性恋。

闲情偶记

（清初）李渔撰
浙江古籍出版社 1991 年
《李渔全集》本

（一）卷二·科诨恶习①

插科打诨处，陋习更多。主人偷香窃玉，馆童吃醋拈酸，谓寻新不如守旧，说毕必以臀相向，如《玉簪》之进安、《西厢》之琴童是也。

（二）卷六·家庭行乐之法

世间第一乐地，无过家庭。"父母俱存，兄弟无故，一乐也。"是圣贤行乐之方，不过如此。而后世人情之好向，往往与圣贤相左。圣贤所乐者，彼则苦之；圣贤所苦者，彼反视为至乐，而沉溺其中。如弃现在之天亲而拜他人为父，撇同胞之手足而与陌路结盟，避女色而就娈童，舍家鸡而寻野鹜，是皆情理之至悖，而举世习而安之。其故无他，总由一念之恶旧喜新，厌常趋异所致。

（三）卷六·一心钟爱之药②

一心钟爱之人可以当药。人心私爱，必有所钟。常有君不得之于臣，父不得之于子，而极疏极远极不足爱之人，反为精神所注，性命以之者，即是钟情之物也。或是娇妻美妾，或为狎客娈童，或系至亲密友，思之弗得或得而弗亲，皆可以致疾。即使致疾之由非关于此，一到疾痛无聊之际，势必念及私爱之人。忽使相亲，如鱼得水，未有不耳清

---

① 李渔认为戏剧当中把主仆同性恋作为科诨内容是一种陋习俗套。
② 注意"一心钟爱之人"包括"狎客娈童"。

目明，精神陡健，若病魔之辞去者。此数类之中，惟色为甚，少年之疾，强半犯此。父母不知，谬听医士之言，以色为戒。不知色能害人，言其常也；情堪愈疾，处其变也。人为情死，而不以情药之，岂人为饥死，而仍戒令勿食，以成首阳之志乎？凡有少年子女，情窦已开，未经婚嫁而至疾，疾而不能遽瘳者，惟此一物可以药之。即使病躯羸弱，难使相亲，但令往来其前，使知业为我有，亦可慰情思之大半。犹之得药弗食，但嗅其味，亦可内通腠理，外壮筋骨，同一例也。至若闺门以外之人，致之不难，处之更易。使近卧榻，相昵相亲，非招人与共，乃赎药使尝也。仁人孝子之养亲，严父慈母之爱子，俱不可不预蓄是方，以防其疾。

笠翁一家言全集

（清初）李渔著
浙江古籍出版社 1991 年
《李渔全集》本

笠翁余集·长调·满庭芳·邻家姊妹

　　一味娇痴，全无忌惮，邻家姐妹双双。碧栏杆外，有意学鸳鸯。不止肖形而已，无人地，各逗情肠。两樱桃，如生并蒂，互羡口脂香。　　花深林密处，被侬窥见，莲步空忙。怪无端并立，露出轻狂。侬亦尽多女伴，绣闲时，忌说高唐。怪今朝，无心触目，归去费思量。

怜香伴①

（清初）李渔著
浙江古籍出版社 1991 年
《李渔全集》本

（一）序

　　蛾眉不肯让人，天下男子且尽效颦，乃欲使巾帼中承乏缁衣缟带之风，非特两贤不相厄，甚至相见辄相悦，相思不相舍，卒至相下以相从，此非情之所必无，而我笠翁文中之所仅有乎？笠翁才大数奇，所如寡遇。以相应求、相汲引而寓言闺阁，此亦礼失求

---

① 本剧写崔笺云和曹语花之间的女性同性恋故事。

野之意，感慨系之矣。嗟乎！自龙蛇惧深，鸰鹩效寡，尹夫人之待邢，桓南郡之待李，几为名姝韵事。不知桓南郡之我见犹怜，其怜之甚，正妒之甚也；尹夫人之自痛不如，其痛之深，亦妒之深也。即赵家姐妹双飞紫宫，且以宠时之比肩，遂忘微时之拥背。歌罢凤来，詈如鼠啮，然则同气分形，且不乐婕妤之体自香矣。况陌路相逢，以美人而怜美人之香，谁则觏之？虽然，当场者莫竟作亡是公看也。笠翁携家避地，穷途欲哭，余勉主馆粲，因得从伯通庑下，窃窥伯鸾，见其妻妾和喈，皆幸得御，夫子虽长贫贱，无怨。不作《白头吟》，另具红拂眼，是两贤不但相怜，而直相与怜李郎者也。嗟乎！天下之解怜李郎者，可多得乎哉！

勾吴社弟虞巍玄洲氏题。

(二) 第一出　破题①

【西江月】(末上) 真色何曾忌色，真才始解怜才。物非同类自相猜，理本如斯奚怪。奇妒虽输女子，痴情也让裙钗。转将妒痞作情胎，不是寻常痴派。

【汉宫春】才女笺云。闻语花香气，诗种情根。愿缔来生夫妇，弄假成真。约为侧室，倩媒言、阿父生嗔。遇岁考，嘱开行劣，范生褫却衣巾。　二女相思莫解，更两家迁播，音耗无闻。泣附公车北访，势隔难亲。为遴闺秀，讳前名、赚入朱门。遇帘试，新收桃李，双双依旧联姻。

<blockquote>
结鸳盟的趣大娘乔妆夫婿，
嫁雌郎的痴小姐甘抱衾裯。
落圈套的呆阿丈冤家空做，
得便宜的莽儿郎美色全收。
</blockquote>

(三) 第二出　婚始　扬州才子范石娶美女崔笺云为妻。

(四) 第三出　僦居　山阴举人曹有容携女儿曹语花路经扬州，暂住在雨花庵中。

(五) 第六出　香咏　崔笺云和曹语花相见相慕，约定过后再会。

(六) 第十出　盟谑②

【越调引子·霜天晓角】(老旦上)《楞严》辍讲，法忏钟初响。曾约双车再柱，安排香积茶汤。

今日十月初一，本庵起建道场，与施主追荐亡灵。徒弟们，预先闹起坛来，待我接

---

① 略言故事梗概。
② 崔、曹在尼庵结盟。

了范大娘、曹小姐就来开忏。(内应,闹坛介)

【南吕过曲·一江风】(旦带丑上)望斋场,幡影龙蛇飏,梵呗声嘹亮。(丑)大娘,你便来了,只怕曹小姐未必能勾脱身。(旦)愿空王,保佑他赚出香闺,早赴诗坛上。我因风忆暗香,因风忆暗香,依稀在那厢,为甚的尾家生不先在桥边望?(老旦见介)

【前腔】(小旦带贴旦上)赴斋场,不为禳灾障,岂是酬恩养?赚高堂,为续诗缘,枉自把神人诳。(贴旦)小姐,你便这等来得早,那范大娘新婚燕尔,此时还未曾起床。(小旦)你道他携云梦未央,携云梦未央,金莲懒下床;我料他厌欢娱等不得东方亮!

(相见各喜介)(老旦)大娘、小姐,宽坐细谈,贫尼去拜忏,少刻有暇,自来奉陪。(旦、小旦)师父请便。(老旦下)(旦)小姐,前日奴家回去,把诗与范郎看,他依韵也和两首。(递诗,小旦看介)风流潇洒,不愧才人。(付还介)大娘,我和你偶尔班荆,遂成莫逆。奴家愿与大娘结为姊妹,不知可肯俯从?(旦)奴家正有此意。只是我们结盟,要与寻常结盟的不同,寻常结盟只结得今生,我们要把来世都结在里面。(小旦)这等,今生为异姓姐妹,来世为同胞姊妹何如?(旦)不好,难道我两个世世做女子不成?(小旦)这等,今生为姊妹,来世为兄弟何如?(旦)也不好。人家兄弟不和气的多,就是极和气的兄弟,不如不和气的夫妻亲热。我和你来生做了夫妻罢!(小旦笑介)

【金络索】〔金梧桐〕(旦)弟兄姊妹行,虽是同胞养,一样天伦,情不关疼痒。君臣隔陛堂。〔东瓯令〕便爷娘,不似夫妻合肚肠,欢同枕簟心才畅。〔针线箱〕生不分离死也双。〔解三酲〕言非妄,〔懒画眉〕不见英台山伯旧同窗?〔寄生子〕便来生不效鸾凰,做一对蝴蝶飞飏,也消却今生账。

(小旦背介)我想神前发誓,不是当耍的。兄弟姐妹还好许得,夫妻怎么许得?

【前腔】神前非戏场,心口闲评量:那见有未赋形骸,先把朱陈讲?也罢,来生不知那个是男,那个是女?或者我做了丈夫,他做了妻子,也不可知。这雌雄尚渺茫,莫愁凰,未必他是梁鸿我孟光。就是他做了男子,只要象今生这等才貌,我便做他妻子也情愿。但愿他来生不改风流样,我便失却便宜也不妨。(转介)大娘,我和你真豪放,你看那龛中弥勒笑人狂。奴家只愁一件。(旦)那一件?(小旦)怕只怕一缕情肠,提起难忘,把隔世相思酿!

(旦)花铃,点起香烛来,待我们结拜。(丑)自古道,装龙象龙,装虎象虎。你两个既要做夫妻,就该做夫妻打扮了拜才是。(旦、小旦)怎么样打扮?(丑)那左边就是相公①的书房,里面衣巾都有,拿来把一个穿了,先做夫妻拜了堂;等菩萨看见,做个证据,后世才悔不得亲。(旦笑介)这个丫头虽是取笑,倒也有理。就依你去取来。(贴旦)这等,还少个掌礼的。(丑)这一发不难,我家父祖几代做宾相,我自小学得烂熟。那书

---

① 范石。

房里头巾、员领现现成成，拿来穿起就是。（取到介）（贴旦）我家小姐做新郎。（丑）我家大娘做新郎。（争诨介）（丑）也罢，衣巾穿了试一试，相称的就做新郎。（小旦穿介）（丑）方巾齐眉，衣服扫地。不称不称。（旦穿介）（丑）你看方巾不宽不窄，衣服不短不长，这才厮象。请拜。（丑戴儒巾掌礼，贴旦扶小旦同拜介）（老旦上，撞见大笑，惊避下。旦、小旦拜完，各笑介）

【三换头】（旦）相看抵掌，这段姻缘奇创。似假生真旦，簇新演戏场。小姐，我痴长一岁，原该是我做丈夫。叨长该做郎。这其间休怪我，不合将风流占强。我虽不是真男子，但这等打扮起来，又看了你这娇滴滴的脸儿，不觉轻狂起来。爱杀人儿也，寸心空自痒。不但我轻狂，小姐你的春心，也觉得微动了。好一似红杏墙头，一点春情难自防。

（小旦背介）你看他这等装扮起来，分明是车上的潘安，墙边的宋玉，世上那有这等标致男子？我若嫁得这样一个丈夫，就死也甘心。

【前腔】装来阿敢，竟是画眉人样。便潘安卫玠，也输他倩妆。（转介）大娘你不但年长该做郎，这其间也让伊，过来人的风流老腔。笑杀人儿也，风流徒自谎。这的是梦里阳台，赢得虚名陪楚王。

我想天下事件件都儿戏得，只有个夫妻儿戏不得。烈女不更二夫，我今日既与你拜了堂，若后来再与别人拜堂，虽于大节无伤，形迹上却去不得了。况我们交情至此，怎生拆得开？须要生一个计策，长久相依才好。（旦应介）有倒有个计策，只是说不出口。（小旦）相知到此，还有甚么芥蒂？（旦）就说了，你也未必肯依。（小旦）自古道，士为知己死。死尚死得，还有甚么依不得？（旦）我如今嫁了范郎，你若肯也嫁范郎，我和你只分姊妹，不分大小，终朝唱和，半步不离，比夫妻更觉稠密。不知尊意若何？

【东瓯令】宵同梦，晓同妆，镜里花容并蒂芳。深闺步步相随唱，也是夫妻样。你若肯依从，莫说不敢做小，就让你做大，我也情愿。自甘推位让贤良，谁道不专房？

（小旦背介）说便是这等说，也要踌躇。

【前腔】休造次，再商量，欲嫁刘郎得阮郎。我看范郎的才，与我两人也堪鼎足，但不知容貌若何？料他当初择配，也决不草草。（叹介）老天！我曹语花遇了知己，此身也不敢自爱了。（转介）大娘，料你相看不比衾裯样，我知己心能亮。两星但愿不参商，便小有何妨！

（旦）小姐就允了，令尊也决不肯。（小旦）若说做偏，家父自然不肯；只说大娘情愿做小，要娶奴家作正。且待进了范门，奴家自当退居侧室。（旦）这等，我两人在佛前盟下誓来。（小旦）三宝在上：曹语花与崔笺云声气相投，愿以身归范氏。如背此盟，难过二八。（旦）曹语花果嫁范郎，崔笺云若以侧室相看，难过二九。

【刘泼帽】（合）神灵赫赫应难诳，负心的自有奇殃。但愿从今世世都相傍，轮流作凤凰，颠倒偕鸳帐。

（内）请大娘、小姐禅堂上拈香。

（小旦）葛藟相结愿为邻，桐叶分封戏作真。

（旦）破格怜才输我辈，从来奇妒属男人。

（丑、贴旦吊场）（丑）他两个既做夫妻，我和你也打不得干铺。趁这付行头在此，不如也拜了罢。（贴旦）既要拜，新郎是我做。（丑）自古道巧妻常伴拙夫眠。你生得好，我生得丑，好的该做妻子，丑的该做丈夫。（贴旦）也罢！养儿须带三分丑，标致从来最吃亏。（拜介）

【前腔】风流也学风流样，解裤衣两阵梅香。缘何没寸梅花棒？丫叉光打光，揉得梅窝痒。

（搂下）

（七）第十二出　狂喜　崔请范娶曹，范欣然表示愿意。

（八）第十四出　倩媒　范托人去说亲。

（九）第十五出　逢怒　因听信谗言，曹有容严拒请婚。

（十）第十七出　遣发　曹有容携女离开扬州。

（十一）第十八出　惊飓　曹语花寄住于山东舅父家，曹有容独自进京。

（十二）第二十一出　缄愁①

【南吕引子·步蟾宫】（外冠带，引众上）公车十上今方售，信大器晚成非谬。胯边人今已上瀛洲，轻薄少年知否？

下官曹个臣，来京会试，忝中高魁。只因圣恩破格，选馆俱用宿儒，不拘年貌，故此下官幸入词林。我想去岁在扬州，那些轻狂小子，欺我老头巾不能发达，要骗我女儿做偏房，岂料我曹个臣还有这个日子！已曾差官往山东迎接女儿上任，怎么还不见到来？（丑冠带上）逢驿催前站，回京缴信牌。禀老爷：小姐到了。

【一枝花】（小旦病容、乘车，贴旦、末随上）舟车迎木偶，骡马驮生枢。全无生气也，怎生久？（贴旦）病入膏肓，静养犹难救；茶汤不进口，枵腹空肠，怎经得碌碌风尘驰骤！

（旦扶出介）（外见惊介）呀，我儿，为何病得这等狼狈？可不惊杀人也。（泪介）你把得病的原由说来我听着。

---

① 曹有容中进士，曹语花因思念崔笺云而致疾。

【过曲·红衲袄】(小旦)虽则是感严亲,问病由;念孩儿口如喑,难自剖。(外)是几时起的?(小旦)这膏肓虽入在三春后,那痞块先成在十月头。(外)还是风寒上来的,还是饮食上来的?(小旦)非关那户迎风,冒冷飕;休猜做口伤身,成疾疚。(外)莫不是为邪气所侵么?(小旦)便做道是月魅花妖暗蚀精神也,为甚的不现奇形眩两眸?

(外)这等,你且把病症说来,待我好延医调治。

【前腔】(小旦)又不为患河鱼,腹病愁,又不是喘吴牛,声苦嗽。(外)可发寒热么?(小旦)又不曾炎蒸思饮三冬溜,又不曾寒栗思披五月裘。(外)可想甚么饮食么?(小旦)一任你把奇鲭,合五侯;怎奈我嗅微腥,肠并呕。(外)这等说起来,又不犯险症,为何这等瘦了?(小旦)多应是命带颜殇罗刹相催也,因此上把香肌暗里偷!

(外见末介)你是杨舅爷的管家,送小姐来的么?(末)正是。(外)有劳你了。(末)小人不久回绍兴。请问老爷可有家书寄去?(外)家中并无亲人,没有家书寄得。(对小旦介)我儿,你好生将息,我差人请太医院看你。(叹介)五穷才得离韩宅,二竖旋来困杜家。(下)(小旦哭介)爹爹,亏你是个读书人,中了进士,入了翰林,一些动静也不谙。都是你害了我的性命,还问我这病从那里来?

【绣太平】〔绣带儿〕都是你生罗刹亲持锁杻,无端把我来勾。到如今做哑装聋,还问我枉死的缘由。到是奴家差了,天下无不是的父母,怎生仇怨着他。〔醉太平〕非仇,生身父母漫相尤,只合叫一声生受。自古道,身体发肤,受之父母。我如今受命而死,只当交还原主。这皮囊虽臭,还喜得未启原封,送还依旧。

(贴旦)小姐,从来害相思的也多,偏是你这一种相思害得奇特。"相思"二字,原从"风流"二字上生来的,若为个男子害相思,叫做牡丹花下死,做鬼也风流,你又不曾见个男子的面。那范大娘是个女人,他有的,你也有;你没有的,他也没有。风不风,流不流,还是图他那一件,把这条性命送了?看来都是前生的冤业。

【宜春乐】〔宜春令〕(小旦)你道是冤无主,债没头,这相思浑同赘瘤。呆丫头,你只晓得"相思"二字的来由,却不晓得"情欲"二字的分辨。从肝膈上起见的叫做情,从衽席上起见的叫做欲。若定为衽席私情才害相思,就害死了也只叫做个欲鬼,叫不得个情痴。从来只有杜丽娘才说得个"情"字。你不见杜家情窦,何曾见个人儿柳?我死了,范大娘知道,少不得要学柳梦梅的故事。痴丽娘未必还魂,女梦梅必来寻柩!我死,他也决不独生。我与他,原是结的来生夫妇,巴不得早些过了今生。〔大胜乐〕相从不久,今生良愿,来世相酬!

(贴旦)杜丽娘虽不曾见男子,还做了个风流梦。小姐,你连梦也不曾做一个,甚么来由?(小旦)你若说起梦来,我比杜丽娘还觉受用。自从别他之后,那一夜不梦见他?戴了方巾,穿了长领衣服,就象那日拜堂的光景。

【太师引】俺和他梦中游,常携手,俏儒冠何曾去头!似夫妻一般恩爱,比男儿更觉风流。丽娘好梦难得又,争似我夜夜绸缪!不要说夜间做梦,就是日里,恍恍惚惚,常见他立在我跟前。我这衣前后,神留影留,不待梦魂中,才得聚首!

（贴旦）小姐,杨舅爷的管家,方才说要回绍兴,少不得从扬州经过,你何不写书一封,央他寄去。

（小旦）说得有理。取笔砚过来。（取到,写介）

【东瓯令】把花笺拂,彩毫抽,一字书成几泪流。情长楮短多遗漏,肠易沥,心难呕。相逢多半在荒丘,认取粉骷髅!

（叹介）书便写了,但不知可等得回书转来?

【刘泼帽】（对贴旦介）倘若是回书来在我归冥后,你与我当纸钱烧向坟头。须知我夜台望信还翘首,休教人盼尽归期,枉自把宾鸿咒!

（付书介）

【尾声】教他把云笺交付纤纤手,早取回音慰病眸,切莫做那有意浮沉的水上邮!

（十三）第二十三出　随车　范石改名石坚在嘉兴中举,然后携妻进京会试。

（十四）第二十四出　拷婢　曹有容为安慰曹语花,准备收几个女门生与她相伴。

（十五）第二十六出　女校　曹有容将假充室女的崔笺云考取为女弟子,接着又收她为义女。

（十六）第二十七出　惊遇①

【南吕引子·薄幸】（小旦病容,贴旦扶上）迹滞人寰,名登鬼簿。似异乡穷国,束装归旅。未偿余债,把身羁住。（贴旦）休凄楚,看顷刻知音相遇,叙衷曲,自宽愁绪。

【浪淘沙】（小旦）神体不相亲,窀穸为邻,清晨白昼总黄昏。梦里不知身尚在,乞取男身。（贴旦）卢扁往来频,徒费辛勤,但能医国不医人。伫看芝兰新入室,香返离魂。小姐,方才院子讲,老爷考中了一个女门生,要领进来和小姐清谈散闷。

【过曲·罗江怨】（小旦）我恹恹已待殂,慵挥晋麈。今生不与人作徒,满怀幽结向谁舒?也俺待向寂寞泉台,等个来生侣。（贴旦）小姐何不将外面考题,也做一首?（小旦）吟诗债已逋,吟诗债已逋,没福和那阳春曲。

【一剪梅】（外上）为选骊黄得牝驹,门下非虚,膝下非虚。（丑随旦上）愿闻《诗》、《礼》借庭趋,《礼》为《婚仪》,《诗》为《关雎》。

（外）我儿,爹爹取了个得意门生,他已拜我为父,你和他是姊妹了。留春,扶小姐下来相见。

---

① 崔笺云和曹语花重会。

（相见，小旦惊介）（背对贴旦介）留春，你看他俨然是范大娘的模样。（贴旦）不但他象范大娘，连那丫鬟也象花铃的嘴脸。

【双调·园林好】（旦）小姐，念奴家风尘贱躯，何缘向齐门滥竽。今日初见呵，便荷你垂青凝觑，况久后更何如，况久后更何如？

（小旦背喜介）不但面貌相同，连声音也无异，一定是他无疑了。我且把几句好话答他，待爹爹去了，问他就是。（向旦作笑容介）

【嘉庆子】姐姐，我和你逼真一见浑似故，不是那套语初交旧不如。我从今呵，愿把腹心相许。何手足敢相殊，何骨肉敢相逾？

（外大笑介）神医，神医！妙药，妙药！我儿到京三载，不曾有个笑容。今日见了他，不但破涕为欢，连气色都转了。爹爹的药方何如？（又笑介）留春，好生服事两位小姐。从今学得医儿法，传与人间父母知。（笑下）（小旦）你可是范家姐姐？（旦）正是。

【哭相思】（旦、小旦）向只道相逢泉路，何幸得重欢晤？

（小旦）姐姐，你从那里飞来？姐夫今在何处？你为何重作女儿打扮？

【尹令】问伊突来何处？问伊良人何许？问伊不筓何故？好教我疑从喜生，莫不是流落天边旅雁孤？

【品令】（旦）娘行放心，并没甚非虞。良人得隽，偕奴上公车。（小旦喜介）原来姐夫中了，可喜可贺！（旦）当初只因说亲一事，触犯尊翁，临行嘱托教官，将范郎申了行劣，革去前程。我两口儿只得移归故里，复姓归宗，范郎侥幸中了解元。我如今若说出原情呵，愁伊阿父，触起从前怒。前车非远，一覆岂堪重覆！因此上卸却云翘，重把儿时小髻梳。

（小旦）你原来如此多情，不负我病得这般沉顿。

【豆叶黄】"情痴"两字，毕竟输我辈裙裾。笑世上薄幸男儿，笑世上薄幸男儿，半路把红颜丢负。不枉了闺中豪杰，女中丈夫。远隔着万水千山，远隔着万水千山，跋涉前来，还趁我残生未殂。

【玉交枝】（旦）都是我将伊耽误，俏身躯全不似初。骤然一见教人怖，喜如今渐觉神苏。（小旦）奴家别后苦情，一言难尽。（旦）你这容颜已写成闺怨图，不须更把衷肠诉。幸相逢把愁眉共舒，幸相逢把愁眉共舒。

（小旦）姐姐，你来便来了，将来怎么样结果？

【江儿水】巧计愁成拙，欢声虑变吁。探珠项下愁龙寤，盗铃耳畔难声护，救人井底将身误。欢处也须回顾，终不然姊妹团圆，拆散夫妻两处。

（旦）且待石郎会试出来，再作道理。我和你苦了三年，今日相逢，且寻乐事，不得又起愁肠。

【川拨棹】休长虑，得相逢，且暂娱。水到处自会成渠，水到处自会成渠。料苍天不终困予,把从前愁尽驱,自今朝乐有余。

【尾文】(小旦)我神清气爽浑如故,竟不识病归何处?(旦)我和你共枕同衾此夜初。

(携手下)

(十七)第三十出　强媒　石坚中进士,房师恰为曹有容。

(十八)第三十一出　赐姻①

【越调引子·祝英台近】(旦上)出奇兵,排险阵,天幸厥功奏。闻说爹行已入巧机縠。(小旦上)那堪妹却先行,姊翻迟嫁,个中事转添眉皱。

(旦)妹子,石郎做了爹爹的门生,岂不是天从人愿!昨日爹爹择婿,又恰好相中了他,倒央张表兄作伐,眼见得这段婚姻成就了也。

【祝英台】把几年愁,三处泪,今日一齐收。安排着十幅锦幡,一炷清香,忙把雨花神酬。妹子,我和你如今事成之后,追想当初结盟的时节,也觉得有好些呆气。回头,倘若是到如今天不从人,难道委实的把来生空守?这痴事,到底全亏天佑。

(小旦)你便替我欢喜,我如今好不替你担忧。

【第二换头】僽愁,怪你善旁观,迷局内,底事君知否?几曾见从井救人,人岸先登,自己反沉中流?这箕帚,我和伊原矢同操,该是谁先谁后?难道教你靠孤枕,晚来卧看牵牛?

(贴旦上)佳期偏迅速,好事不羁迟。小姐,方才张爷来回复,姻事说成了,今晚就要成亲。(旦喜介)谢天谢地,如今再无别虑了。妹子,请梳妆。(小旦闷坐不理介)(旦)怎么?我费了多少心机,才博得这一声喜信。你听了不见欢喜,反做这等愁眉怨态,所为何来?(小旦)我当初原说嫁你,不曾说嫁他;就是嫁他,也是为你。你如今不曾有个下落,教我如何独自先行?(旦)这等说起来,你要怎么样?(小旦)除非和爹爹说明白了,和你一齐……(旦)一齐怎么样?(小旦作羞容,旦笑介)亏你是个极聪明的人,说出这等极没窍的话。你家那个爹爹,可是好与他说得明白的?若要说明,定是从头拗起。(贴旦)时辰到了,快请小姐梳妆。(旦)留春,取妆匣过来,待我替他梳洗。(理发介)

【第三换头】光溜,全不俟膏沐为容,这色泽自如油。你这眉色儿浓淡得宜,不消画得,只替你掠一掠罢了。(掠介)纵有笔底远山,画里修蛾,难上你的眉头!(贴旦下,持衣上)这是新做的吉服。(旦看介)这衣身太做宽了,你那窄窄腰肢,穿来怕不相称。待我略收几针。(缝介)把裙收,记取今日腰肢,好验他年肥瘦!(妆完,看介)细看你这温柔!原合与那人消受!

---

① 石坚入赘曹家。

【前腔】（小旦）听剖，倘那人问你行踪，教我把甚话去相酬？（旦）他若问我，你教他放心，不须忧虑，我自有处。（小旦）难道两字放心，一语休愁，便足解他僝僽？（旦）你也忒多心。他和你新婚燕尔，那有工夫问到我身上来？（小旦）堪丑，怕新的鄙陋堪憎，转念糟糠依旧。姐姐，说便是这等说，你也早些生个计策，大家完聚了，省得牵肠挂肚。劝你返赵璧，早把相如功奏。

【隔尾】（合）对欢容，陪笑口，鬼胎愁担一齐丢。准备着次第于归赋好逑。

【中吕引子·菊花新】（外冠带上）乘龙今喜得良俦，不负从前各彩球。冰玉可相俦，先自愧青居蓝右。

石郎受了兵科，闻得今日命下，赐一品服色，出封琉球。但不知何日起程？且把亲事完了，再作道理。

【前腔】（生幞冠、锦袍，小生、末扮随使官，一捧敕，一持节，众鸣金、鼓吹引上）节旄呼拥出皇州，敢为姻私稍逗遛？三日赐淹留，深感荷圣恩高厚。

（见介）（外）请问贤婿何日荣发？（生）王言不宿，原该命下即行；但因愚婿将毕姻一事，奏过圣上，恩蒙给假三日。（外）这等甚好！（掌礼请介）（小旦上）（行礼照常介）

【中吕过曲·大环着】（合）这良缘天凑，这良缘天凑！姿貌同妍，才思俱新，家声都旧。夫婿少年衣绣，二八新人，早受五花封，七香驰骤。岂世上风尘凡偶？是一对神仙勾漏。欢声沸，贺客稠，看瑞霭呈云，篆烟生籀。

【尾声】纱笼宝炬花如斗，烛画堂有如晴昼，料应这钦赐的良宵有闰筹。

（俱下）（丑吊场）没志气，没志气，失了便宜又坏例。只见卖老婆的贴枕头，不见卖丈夫的当使婢。我家大娘极没正经，好好一个丈夫让与别人受用，还要替他扶头撮脚。如今他两个双双进房去了，你独自个冷冷清清坐在房里，怎生气闷得过？不免请他出来，耍他一耍。大小姐，快来！（旦急上）你大惊小怪，唤我出来做甚么？（丑）二小姐有请。（旦）他请我做甚么？（丑）他两个脱了衣服，爬上床去，"哎哟、哎哟"的叫了几声，忽然爬起来叫花铃：你去对大小姐说，教他一个好人做到底，方才我的头是他替梳，脸是他替洗，衣服是他替穿。如今这样的苦，还去请他来替吃！（旦笑，打介）（丑）不是花铃敢大胆耍你，若不取笑取笑，怎生挨过这一夜？

（丑）侍儿相伴数更筹，失却便宜拾却愁。

（旦）非是矫情甘寂寞，要思越俗擅风流。

（十九）第三十四出　矢贞　曹语花恳请父亲同意崔笺云亦嫁石坚。

（二十）第三十五出　并封　皇帝钦准石坚可以亦娶崔氏，崔曹可以不分妻妾。

（二十一）第三十六出　欢聚　真相大白，圆满收场。

怜香伴

（清初）李渔著
清康熙间刻《笠翁十种曲》本

香咏（第六出）

盟谑（第十出）

缄愁（第二十一出）

奈何天

(清初) 李渔著
浙江古籍出版社 1991 年
《李渔全集》本①

（一）第十四出

〔阙素封形貌极其丑陋，人称阙不全。所娶邹、何二氏因而先后另居静室，持斋礼佛，拒绝与丈夫同宿。二女既共病同悲，所以甚相亲近。本出中她俩初次同居一室，邹氏唱道：〕【前腔】我和你照凄凉，有禅灯共依。少不得话相投，也变愁成喜。伴孤单，有禅床共栖。少不得梦相同也，当鱼沾水。煞强似对村郎，偕俗偶，嗅奇腥，观恶状，把寿命相摧。今夜呵，权收苦泪，且舒皱眉，把香肌熨贴，较瘦论肥。

（二）第十八出

〔阙素封吃醋道：〕他们在静室之中，好不绸缪缱绻。两个没卵的到做了一对好夫妻，叫我这有卵的反替他们守寡。你说从古及今，何曾有这般诧事？

---

① 图据清康熙间金陵翼圣堂刻本影印。

(三) 第二十一出

[阙素封后来又娶一妾吴氏，此妾见他面后也坚决遁入了静室。三女同病相怜，同舟共济，合唱:]【川拨棹】(合) 愿今生得共依，愿来生也不离。

【余文】(合) 今宵又作同心会，禅床上再添一被。竟把普天下的奇冤凑作堆。

逃禅（第六出）

图中邹氏正在静室里参禅修行，阙不全无可奈何。

醉鱼（第十一出）

图中，新婚之夕阙不全在劝何氏吃酒，不吃则打丫鬟，何氏只得勉从。沉醉之后，成了丑夫身下的一条"醉鱼"。

凰求凤

（清初）李渔著
浙江古籍出版社1991年
《李渔全集》本

第三出①

（见介）（副净）赵一姐、孙三姐，今年的生意比往年大不相同，大家商量商量，用个甚么法子，好招揽嫖客？（丑）没生意的原故，我们竟不知道。大家猜一猜，只要猜得着，就好医治了。（副净）我预先就想过了，只为近来的男人都好私偷，不喜明做。如今半开门的女子，倒多似我们。（丑）私窠子虽多，他的嫖钱东道，也替我们一样，还有贵似我们的。更有男风一路，最是惹厌。他的价钱又贱，东道又省，近来的风俗，又作兴

---

① 副净、净、丑是三名妓女。

这一桩。我们若要生意大行,倒不如女扮男装,闭了前门,只开后路。包你钱财广进,主顾多招,不象这般冷淡了。

【前腔】风运太蹊跷,后庭炎热,前庭萧条。无端避湿争趋燥,做个狗尾儿郎去续貂。我和你改换门闾,定在这遭。

(净)没生意的来由,也不单为这两件。只因姐妹里面,假装标致的极多,没有真才实学。那些嫖客都不肯轻易上门,定要访一访名声,方才下手。

意中缘

(清初)李渔著
浙江古籍出版社1991年
《李渔全集》本

(一)第六出①

【梨花儿】(净上)和尚般般都快活,身边只少个消闲货。要好还须真老婆。嗏!徒弟毕竟当不过。

(二)第十五出②

〔副净将小旦掳来,欲以之为书记,旦不得不暂从。净甚高兴,与旦饮酒。〕(小旦)酒多了。(起介)(副净)先生是少年的人,恐怕受不得寂寞,请在这些姬妾之中,选几个去陪宿何如?(小旦)学生极喜独眠,这个断不敢领。(副净苦劝,小旦力辞介)(副净)哦,咱家知道了,我们福建人大概是喜南不喜北的。不如在这军士里面,选几个少年些的去伏事罢了。(小旦)这桩事学生不但不喜,又且深恶而痛绝之,一发不敢领教。(副净)这等说起来,竟是个道学先生了。

---

① 净是一破戒淫僧。
② 小旦和副净分别是一男装女子和一山大王。

比目鱼

（清初）李渔著
浙江古籍出版社 1991 年
《李渔全集》本

第二出①

【不是路】（外、副净扮男子，老旦、丑扮妇人，小旦扮幼童，净扮和尚，一齐挨挤哗噪上）（合）挨挤喧哗，贵贱雌雄没财查。（外偷觑老旦介）（老旦）路又不走，只管瞧我做甚么？休招骂。（外）不是我有心看你，都只为挨肩擦背起情芽。（副净跟小旦背后，挖臀嘻笑介）（小旦）离开些走，不要挨挨擦擦，讨人的便宜，莫搔爬。（副净）我见你挨挤不上，就象推车的一般推你上去，倒说我不好。行迟只为车无把，全亏我这陆路艄公把舵拿。

十醋记

（清初）素泯主人编次
（清初）湖上笠翁阅定②
浙江古籍出版社 1991 年《李渔全集》本

第二十八出

【正宫·四边静】（杂）天恩敕建忠良像，喜得山门壮。只是少相帮，一刻难闲荡。我如今前向，转街过巷，不是买文疏，就是寻岳丈。

（内）出家人有甚么岳丈？（杂）不是这等说。我要寻一个年小的徒弟，必须他的老子肯送出家，方才妥贴。这不是个岳丈了么！（内）这等说，徒弟倒是老婆了。（杂）出家人不将徒弟做老婆，怎么过得日子？贫道乃新建忠义侯庙中一个提点是也，我小道主此庙中，有那一班好名假义的官民，都来题诗作赋，点烛烧香，拜的拜，跪的跪，扬的扬，赞的赞；还有哭的哭，叫的叫，慨的慨，叹的叹，把一个庙宇，弄得十分热闹。只是一件，独我一人在内，粗粗细细，事事亲手行为，实是支撑不过，如何是好？若得一个小徒相帮相帮，日间可以分头做事，夜间可以权当夫妻。

---

① 描写的是散戏后的场景。
② 湖上笠翁为李渔之号。

续金瓶梅①

(清初) 丁耀亢著
齐鲁书社 2006 年版②

(一) 第五回③

且说那潘金莲,从武松杀死,归了枉死城投缳司收魂,不得托生,色心不死,每日与王婆斗牌,与小鬼耍嘴。虽有鬼使日夜监巡,就如阳间坐仓妇人一般,到底无耻,和人嘲惹。……又住不上两个月,又见个女鬼,甚是标致,上下无甚衣服,裹着个红绫抹胸儿,下面用床破被遮了身体走来,也不带绳索。远远望见金莲,上前抱头痛哭。你道是谁? 但见:

恹恹春病,似秋霜打败玉芙蓉;细细楚腰,如夜雨倒垂金线柳。唇嘴儿蜡黄,玉牙不启樱桃颗;眼皮儿淡绿,秋月初弯翠黛梢。系春心,束腰绣帕半露酥胸;散芳魂,带血红绡犹存香露。洛水佳人濯浪出,巫山神女带云归。

金莲细看不是别人,原是我娇娇滴滴、亲亲热热、同心同意、同眠同坐的春梅姐姐:"你在那里来,咱娘儿今日这里相逢?"于是两人大哭一会,哭得狱中鬼使酸心,空外游神落泪。哭毕说道:"怎么得咱娘们在一个司里也罢。"春梅道:"我来了几日,还没有下落哩,着人去清河县查我的事去了。"金莲问道:"你是甚么病死的? 来就一点衣裳也没穿迭?"春梅略笑了一笑,又呜地哭了。原来春梅因贪淫好泄,死在奸夫身上,一泄而亡,男子谓之脱阳,女子谓之失阴。细查枉死城中,再找不出这个司来;又不是阳寿该终,有鬼使拘唤,因此,游魂全无着落。

(二) 第十六回④

却说这洛阳有一富家员外,号翟四官人,在徽宗朝纳粟做到金吾卫千户之职。他家私万贯,富甲一城。为人虽有些浮财,悭吝贪鄙,寻常一个钱不肯使,却有一桩毛病——单好

---

① 《续金瓶梅》是《金瓶梅》的续作,《隔帘花影》和《金屋梦》据之改写而成。
② 图据清初刻本影印。
③ 写潘金莲和使女春梅在阴间重逢,异常亲昵。
④ (二) (三) 写身份为帮闲的双性恋者郑玉卿。

嫖表子，不甚择好歹。家下娶下两三个院里人，也花费几千银子。他生的一脸赤麻，大鼻凹额，一部落腮黄须，五短身材，丰颔大肚，倒是富态像。只言语粗俗，一身厌气，常在巢窝①里走动。这些浮浪子弟有郑千户儿子郑玉卿、王招宣府儿子王三官，这些小帮闲沈小一哥、刘寡嘴、张斜眼子，都日逐陪他们在这巢窝里打成盘。只有郑千户家儿子今年十八了，因他生的白净面皮，苗条儿典雅，从小和这些人们有些后庭朋友，也学了几套南曲，吹的好箫，蹴的好气球，又有一般武艺，打的好弹弓，一日也打十数个雀儿顽要，就是个女色里的班头、帮闲中领袖。

(三) 第二十回

郑玉卿才十八九岁，一手好琵琶，各样子弟六艺无般不会，又惯会偷寒送暖，自幼儿和人磨光，极是在行。人物又好，手段儿又高，汴京巢窝里有名帮闲小官。自从他父母双过了，千金家事嫖得精光，人只叫他作小郑千户。金兵乱后，又袭不得职，终日和人在巢窝里鬼混。

(四) 第三十二回②

却说这黎金桂从那日汴河看见男女行乐，已是春心难按，幸遇着孔家妹子梅玉回来，两人每日一床，真是一对狐狸精。到夜里你捏我摩，先还害羞，后来一连睡了几夜，只在一头并寝，也就咂舌亲嘴，如男子一样。这一夜见他两个母亲吃酒醉了，和守备③勾搭，起来吹灭灯，就把房门悄悄挨开，伏在门外听他三人行事。只见……淫声浪语没般不叫，两个女儿连腿也麻了，险不酥透顶门，跳开地户。到了孔家大战以后……二女疾回，掩上房门，脱得赤条条的，金桂便道："梅玉！咱姊妹两个也学他们做个干夫妻，轮流一个装做新郎。我是姐姐，今夜让我先罢。"梅玉道："你休要弄的我像我妈那个模样儿，倒了不成。"金桂……着梅玉叫她亲哥哥。金桂便叫姐姐妹妹，也学那淫声一样。梅玉用手把桂姐腰里一摸，那知她先动了心，弄着梅玉，自己发兴，那花心香露早已湿透，流了两腿。梅玉大惊，道："你如何流出溺来了！"金桂道："这是妇人的臊水，见了男子就常是这等流的。你到明日，我管弄的你如我一样。"弄了半夜，身子倦了，抱头而寝。如此，夜夜二人轮流，一人在身上……每夜弄个不了。

(五) 第四十一回

[后来梅玉将嫁给金二官人为妾，金桂和她难舍难分。]到了晚间，金桂姐请梅玉去

---

① 妓院。
② (四)(五)写黎金桂和孔梅玉的同性恋关系。她俩分别是潘金莲和庞春梅的转世，幼时常在一起玩耍，曾因金兵之乱分离，后又重新相聚。
③ 李守备，金桂继父，也和梅玉之母奸通。

房中同歇，各叙心情。取了一壶烧酒、两块熏豆腐干，又是一大块猪肠子。金、玉姊妹二人，在炕上腿压着腿儿，把烧酒斟着一个钟里，一递一口儿，吃到乐处，金桂道："梅姐姐！你眼前喜事临门，咱姊妹们会少离多了！"说着话，不觉的流下泪来。梅玉道："咱姊妹两个，自幼儿一生一长，唇不离腮的，长了三四岁儿，各人随着爹娘上了官，也只道不得相逢了。谁想到了十七八岁，回来东京，又住在一处，也是前缘。咱两个从来没有面红面赤的，今日我这件亲事不知怎样结果哩！闭着两个眼儿一凭天罢了。"金桂道："一个北朝的官家，不知他家下性儿好歹。姐姐你也还该慢慢的打听打听，因何一句话就许了。"梅玉道："姐姐你还不知道，我想想咱一个孤儿寡妇，穷了的武职家，将来有甚么好人家来提亲？少不得也是落在那等穷人家去，挣一口，吃一口。到了官宦人家，要有缘法，生下一男半女，还有个起发的日子。"金桂姐眼里流下泪来，把一钟酒放下，也不吃了，便道："姐姐！你顾你去了，撇下我，还不知怎样儿！"梅玉姐道："姐姐！你也不要心急，天生一个人儿自有一个窝等他！谁就知道前后的事，难道天生下咱两个这样一对人儿，单教咱受苦！自幼儿随着爹娘，遇着兵荒马乱，一日好日子没过。如今长成一对人儿，就比着那富贵官宦人家女儿，也不见怎的不如她。只是她们命好，生下来穿绫着锦，偏是有那风流才子、俊俏的书生和他班配。四时八节，有花有酒，夫妻们相亲相敬的，也不枉了托生一个人。似咱们少吃没穿，一尺鞋面布儿，问道谁要！我赌气也不过这样日子，不管他做大做小，是我前生的命！"金桂姐道："只说那金二官人一个好风流人儿，终日在巢窝里包着粉头，想就是个知趣的。你两个配了对儿，到了好处，也不想我了。"说到这里，两人又笑成一块，不觉春心鼓动，犯了从前的病。金桂道："从今年没和你一个被窝里睡，只怕忘了我，又眼前搂着个人儿，我也要咒得你那里肉跳。"说道："咱睡了罢。"各人起来，收了壶盏，使水嗽了口，又取些水，净桶里净了手，换上睡鞋，铺下被窝，把灯一口吹灭。

那时七月，天气正热，把小窗开了，放进月色来。两人脱得赤条条的，四条腿儿白光光的，映着月明如雪藕银条一样。两人原是耍惯了的，搂着脖子，一递一口，亲嘴咂舌，一片声响。这个叫声："我的亲哥哥！亲羔子！"那个也答应，叫道："我的心肝姐姐！"没般不耍到……一翻一覆，顽成一块。那里像是良家女子，就是积年的娼妓也没有这等油滑的。耍得困了，睡到四更，金桂姐淫心大动，搂着梅玉，把两腿一盘，只见淫水直流，梅玉起来用手摩弄，又下的床来，如男人交接，相摩相荡，余津相送，床下淋漓，甚觉有趣。未免隔靴挠痒，不知深入一层。金桂姐道："咱姊妹不久眼下分离，你东我西，不知何年相会，实实的舍不得！咱听得男子人和情人相厚了，有剪头发、灸香瘢的。咱两个俱是女人，剪下头发也没用，到明日夜里灸个香瘢儿，在这要紧皮肉上，不要叫男人瞧见。日后你见了瘢儿，好想我！我见瘢儿，也好想你。"梅玉道："不知使甚么烧，只怕疼起来忍不住，叫得奶奶得见，倒好笑哩！"金桂道："听得说，只用一个烧过的香头儿,似小艾焙大麦粒一般,点上香,不消一口茶就完了,略疼一疼就不疼了,那黑点儿到老也是不退的。你明日先灸我一炷你看看!"笑得个梅玉在被窝里摸着金桂的花儿道:"我明日单是在这上边灸一炷香,叫你常想着我。"金桂姐也摸着她乳头儿道:"我只灸在这点白光光皮肉上,留下你那宝贝儿,眼前就用着快活了。"大家又顽到不可言处,搂到天明,才起来,各人家去梳洗。原是一个门里住着,终夜如此。果然后来二人各烧香一炷,梅玉胆小,点着香手里乱颤,金桂自己把腿擎起,见梅玉不敢点,自使手儿点着,摸弄一番,向白光光、红馥馥、高突突的顶上烧了三炷,口里叫哥哥,两眼朦胧,倒似睡着一般。慌得个梅玉,用口吹、手摸不迭。梅玉只得脱下红纱抹胸儿,露出两朵紧净尖圆、如面蒸的点心一样,金桂低声叫道:"心肝妹妹!你叫着我,闭闭眼,想想情人,自是不疼了。"梅玉果然件件依他,一一听他播弄。金桂用香两炷灸在乳下,疼得梅玉口口叫心肝不绝。二人从此昼夜不离,轮番上下,如鸡伏卵,如鱼吐浆,俱是不用形质,有触即通的。原来这样妙处,一段禅机,待人参悟。正是:

虽无彩凤双飞翼,自有灵犀一点通。
东边日出西边雨,石女逢郎无限情。

又:

天人相合本来亲,两目成交不用身。
待得男来女亦幻,结胎生子是何人。

又:

阴交浓处一阳先,二女成胎自合欢。
收得阴精阳亦出,请君参透老婆禅。

[金、梅二人后来都结局凄凉。]

(六) 第四十九回

这等轮回是一定之案,不是杜撰的。天地间有两等必然的变化,不待佛书古典上说得明白,就是以人情天理论来,也是个铁板的定数。那两等人?一等是贪凶悍淫的奸僧,他吃了十方钱粮,住着名山大刹,避暑在大殿高楼,过冬在暖房火炕,宽床厚被,只少了这一件东西。调养着白光光的小沙弥,结拜几个娇生生的女徒弟。……口里念佛,心里却下了个淫欲的观想。这等一段强悍淫秃，除了变驴，再没有发付他的去处。一等是贪淫的男子妇人……

同床美二女炙香瘢（第四十一回）

灯草和尚传

（清初）云游道人著
台湾大英百科股份有限公司
1995 年《思无邪汇宝》本

第六回

那女子抱起李可白来，自己又仰卧了，道："我问你，大凡男子汉有好男风的，却是为何？"李可白道："我年幼在书房中，曾把个小厮弄起。觉得里面空空荡荡，毕竟不如阴好。"那女子道："不然，若是好屁眼，比阴还好。"李可白道："心肝如何知道？"那女子道："不要管，只在我后户上看看好不好，那时再与你计较。"

桃花影

（清初）槜李烟水散人著
台湾大英百科股份有限公司
2000年《思无邪汇宝》本

（一）第六回

诗曰：

白白红红绚彩霞，牡丹虽好不如他。
无端蜂蝶间相采，此种原来不是花。

右诗是借意咏那老少年之作。昔有做龙阳的，求画于沈石田先生，先生遂画了一本老少年，并戏题此绝。尝想世上，只有男女之间大欲存焉，乃有僻爱的，偏自爱男而弃女。自昔余桃专宠，以至邓通、董贤，虽帝王之尊，犹有此好，怪不得今世纷纷此风弥盛也。

闲话休谈，且说［魏］玉卿因为秋闱在迩，忙令褚贵买舟前往。不一日到了金陵，次日入城寻一寓所，在贡院左首，房主姓丘，号唤慕南。那丘慕南年近三十，家累千金，生得躯干清奇，做人负义好侠。在家不做生理，惟到松江贩布，或至芜湖或至本地发卖。继娶花氏，年方十八，姿色无双。只是慕南天生一件毛病，不喜女色，只恋龙阳。曾有卖瓜的小童，奇世生得清秀，慕南与他绸缪恩爱，不惜白金相赠。所以街坊上编起口号道：

贡院左首丘慕南，不好女色只好男。
家有娇妻独自宿，卖瓜小鬼夜夜欢。

当日慕南一见玉卿，心下暗暗喝采道："怎么科举秀才有此美色！"遂令置酒接风，宾主对酌。饮酒中间，慕南十分趋奉，相劝殷勤。既而夜深席散，慕南也不进房，就秉烛坐在客座，心下不住转道："我丘慕南平昔虽有这件痴兴，也曾不如今日一见那魏秀才，便是这般心心念念，不能撇下，却是为何？"沉吟了一会，又叹息道："若是别的，还可图谋。我看那魏生，行李奢华，必然富足，少年科试，必有才学，怎肯做那件勾当，这也是必难之事了。"又发愤道："我想七尺之躯，遇着这些小事就不能筹画，岂不令人愧哂。"又踌躇了一会，忽然笑道："是了！是了！我想那生年少风流，必然酷慕美色，不若以美人局诱之，事必谐妥。设或侥幸事成，那魏秀才十分发怒，不肯恕饶，便捐躯也可，倾家也可，何足惧哉！"遂抚掌大笑，忙令侍儿进酒满斟数爵，顿足起舞，朗朗的歌那汉武帝《秋风辞》内两句道：

> 兰有秀兮菊有芳，怀佳人兮不能忘。

[丘慕南请玉卿吃酒，玉卿大醉。]不觉头重脚轻，跌倒桌边，沉昏睡去。慕南忙与婢女扶进榻上，移火照时，只见两颊晕红，犹如胭脂点染。又轻轻的把那亵衣解下，露出两股洁白如玉，慕南一见止不住欲火顿炎，遂把唾沫涂满孽根，款款捱进。那玉卿身体便觉一闪，又弄了好一会，方入寸余。幸喜阳具不甚修肥，又值玉卿十分大醉，所以交动移时，不觉尽根。遂急急抽弄数百之外，慕南自觉心醉神怡，平生所遇，未有此乐。又慢慢的往来抽送，足有千余之外，慕南方才完事。揩抹干净，趋进内房，笑向花氏说道："今日得此，平生愿足。只是昨日所言，我诱他美人局。"花氏推却道："君乃醉后戏言，岂有将妻与人相换。"只得再四恳求，花氏笑道："你做事，你偿人，焉有把妻小偿债。"一头笑，一头走出去了。花氏叹道："只因丈夫房事稀少，已属意于龙阳。玉卿初来，在屏后偷觑，看见玉卿未满二十，是个聪明标致后生，怎不动火，所以略无顾忌。"花氏竟入书房，只见烛火将残，玉卿犹在梦中，花氏小心只烹茶以待。俄而玉卿翻身醒来，十分口干，觉得便门隐隐作痛，忽惊醒道："我被那厮侮弄了！"心下勃然大怒，正欲起身诘究，花氏慌忙将茶汤递至。只见云鬓半松，玉容堆俏，便回嗔作喜道："汝是何人，却在此处？"花氏道："拙夫慕南，妾即花氏。"玉卿双眉直竖，咬牙切齿道："我乃科举秀才，汝夫辄敢以酒哄醉侮辱斯文，明日与他讲论，不知当得何罪！"花氏移步近身，再三劝解道："拙夫只因醉后误犯，罪有难逃，所以特命妾来肉袒以谢。"玉卿虽则万分著恼，然以花氏低声俏语，态度风流，禁不住春兴勃然，一把搂住。那花氏也不推辞，便即解衣就榻。……花氏以手抱住玉卿，娇声问道："妾身虽破，未是残花，君乃践踏至此，是可以消拙夫之罪乎？"玉卿笑道："卿既纳款辕门，我当姑宥其罪。"既而罢战。花氏不复进去，就与玉卿并头交股而卧。

次日起来，早膳毕后，花氏含笑向前，从容说道："拙夫要往贵郡生理，就在下午起程。极欲进来一别，唯恐见罪，是以命妾先容。"玉卿笑道："既有贤卿面上，罪应消灭。况我辈襟怀落落，岂复究已往之怨，以失其自新之路。"慕南立在门外，听得玉卿话毕，慌忙趋进，俯首伏罪。玉卿道："丘兄若到云南，有一至亲姓卞，吾有书信一封，相烦带去。"遂展开鸾笺，提笔写道……写毕，即忙封固，付与慕南。临别之际，玉卿笑道："仁兄既作长行，小弟尚留贵宅，不知尊夫人处仍许相见否？"慕南慨然道："大丈夫一言契合，便当肝胆相付。况一女子，岂复吝惜乎？"也不向花氏叮咛一句，竟昂然挥手而出。

(二) 第九回

　　再说魏玉卿，因为春闱已近，只得辞别花氏，即日起身北上。忽一日将到申牌时分，已是天津地方。刚刚歇了驴儿，进入客店，只见一个清秀小童，约有十二三岁，正向外边走进店来。玉卿举目看时，但见那小童，肌清骨秀，面白唇红，生得十分标致，便向店家问道："这个小厮像是南边人，为何得在此处？"店家道："不相瞒，原是直隶长洲人氏，姓孟，名唤关哥。数月前有一松江卢客人，却在汉口带来的，不料卢生忽然害病身亡，那送终物件俱是小店置办，因此同来的朋友就把关哥留下抵偿。倘若相公心里爱他，情愿卖与相公，进京使用。"玉卿大喜，便问多少身价，店主道："据那卢客人，原费身价三十余金，后来抵在小店，只出得二十一两。若是相公果然中意，悉凭见赐罢了。"玉卿就把二十两细丝付与店主，关哥即便欢欢喜喜，随著玉卿。不一日到了京师，赁了一所客寓。俄而三场毕后，玉卿文字甚觉得意。只是夜阑人静，离绪萦怀，正在低头叹息，忽值关哥烹茶捧进。原来玉卿酷爱女色，至于龙阳原不十分著念，当夜熬不过旅邸凄凉，便唤关哥上床同眠。那关哥又是久惯会家，连忙脱了衣物，笑嘻嘻的趋进被窝。玉卿便把双股扳住，耸进孽根，抽弄移时，觉道丫内紧暖，比那妇人更觉有趣。关哥故意呻吟不绝，佯作疼痛难禁之状，又一连抽了二千，将至三鼓，方才罢事。自后每夜同卧，不消细述。候至揭晓，得中二百七十一名进士。

(三) 第十一回

　　当日出得狱门，玉卿已在县前立候。便令烧汤洗澡，改换中服。相见之际，悲喜交集，玉卿细述别后之事，慕南备说狱中之愁。玉卿便著关哥向前，笑对慕南道："弟自前岁公车北上，偶在天津客寓买得此童。彼时就有奉赠之意，不谓迟留数载，直至今日方能会面。细思金银器玩，兄家自有，惟此一物，足以报兄之德矣。幸乞笑收，弗为推却。"慕南便把关哥细看，只见眼凝秋水，脸带桃花，欣然大喜，倒身下拜道："晚家去家迢远，一信难通。本谓毙在囹圄，岂意魏爷恩救，今又受此非常厚赠，真是情逾骨肉。自惭绵力，欲报无能，惟有至家，当以小姬驰送。"玉卿鼓掌大笑，便令放船虎丘，饮酒赋诗，燕欢竟日。临别之时，关哥谢了又谢，含泪而去。〔后来丘慕南将花氏赠与玉卿，自己出外远游。〕

(四) 第七回　写及同性恋。

春灯闹

(清初) 槜李烟水散人著
台湾大英百科股份有限公司
2000年《思无邪汇宝》本

(一) 第一回 写少年同性恋。

(二) 第二回 写某人靠与家主的同性恋来换取与家主妾婢的异性恋。

(三) 第三回 写女性同性恋。

(四) 第四、五回 写匪人同性恋。

闹花丛[①]

(清初) 姑苏痴情士著
台湾大英百科股份有限公司
2000年《思无邪汇宝》本

(一) 第三回 写少年同性恋。

(二) 第六回 写某人靠与家主的同性恋来换取与家主妻子的异性恋。

浓情快史

(清·康熙) 嘉禾餐花主人著
台湾大英百科股份有限公司
1994年《思无邪汇宝》本

(一) 第二回 写唐代武三思、张六郎(昌宗)的同性恋。

(二) 第六回 写武三思与张六郎的同性恋。

(三) 第七回 写武三思与白公子的同性恋。

---

① 本书对《鼓掌绝尘》、《春灯闹》等多有抄袭。

醉春风

(清)江左谁庵著
时代文艺出版社 2001 年版

第三回

有个书房小厮,唤做阿龙,是张三监生跟出跟入的,年方十五岁,极是伶俐。……阿龙先要与秋花①试试,秋花道:"贼囚,怕没有日子么?"阿龙年纪虽小,却是张三监生弄过后庭花的,晓得了几分。搂住秋花亲嘴,又去摸他。

巫梦缘

(清)佚名著
台湾大英百科股份有限公司
2000 年《思无邪汇宝》本

(一)第二回

却说王嵩自从进了学,那些同进的朋友,道他是少年高才,三三两两,请他吃酒或是会文。又有那不学好的,见他生得俊俏,指望骗他做男风的勾当。真正门多车马,户满宾朋。但他心性古怪,若是茶前酒后,那不学好的哄骗他做男风,他便骂起来道:"我又不是小唱,我又不是雇与人家糙秣秣的。这等可恶!"从此就不与这朋友往来了。若是三朋四友,请他到娼楼饮酒,他就飞也似的瞒著母亲去了。

(二)第二回 写少年同性恋。

---

① 张三监生的丫环。

巫山艳史

(清) 佚名著
台湾大英百科股份有限公司
2000年《思无邪汇宝》本

(一) 第七回

　　那梅悦庵乃是苏州望族，续娶昆山萧主事之女为继室，年止二十二岁，艳丽无双。悦庵天性不喜女色，酷爱男风。你道把这如花似玉的美人丢在一边，怎不做出事来。更有一妹，年已十六岁，人物标致不消说得。继室名唤月姬，妹子名唤素英。

(二) 第八回

　　［才子李芳住在悦庵家中。］月姬见了李生风姿美丽，分外标致，好不垂涎。那素英终是个闺女，还不十分搁在心上，惟月姬乃是久旷渴思的艳妇，怎生放遣得下？急煎煎十分动火，千番百计，怎般方法勾得他上手。

　　恰好是夜悦庵与小伙儿缠住了，不得归家，真乃天从人愿。遂同素英吃了夜饭，各自回房安寝。起更之后，独自一人悄悄步出兰房，做那红拂私奔的故事。此时五月中旬，月明如昼，照得园中无微不见。刚到芍药亭边，远远望见一人缓步而来。月姬眼乖，看得亲切，正是己所羡慕之人，满心欢喜。将身闪入花厅，就睡在榻上假寐，以诱其入彀。你道为何有藤榻在此？有个缘故：那梅悦庵因天气炎热，常在厅内纳凉，遇巧即藏匿龙阳，在这厅块做战场。谁知自家妻子，今日亦在此海淫，开门揖盗，可谓口口之报。……

(三) 第九回　写姑嫂同性恋。

梧桐影

(清) 佚名著
台湾大英百科股份有限公司
2000年《思无邪汇宝》本

(一) 第一回

　　和尚虽然出家，一般也有去路。或偷妇人，或狎徒弟，也与俗人一般，不能保元固本，所以没寿。

(二) 第四回

了凡没奈何,走出来打了他一掌。三拙乱叫:"师父饶了咱罢!咱原许夜里的勾当,再大一两年,自然依你。"

(三) 第七回

午牌时分,王子嘉①一乘轿子,果然来了。带十两银子,一匹机纱送他,要他教采战。三拙收了纱,辞了银子,甜言美语,只说须是亲试,才易学会。王子嘉住了两三日,[三拙]骗他做了男风,又只把粗浅的教了他。

(四) 第十二回

若说王子嘉,原是万历年间,东江米巷里,一个有名的小唱。他被大官大商各处的人弄了十年男风,后来娶了妻房,又不管束他。不娼而娼,又被多人淫妬。今世故以良家女子,前生有缘的,把他淫了,以偿前孽。但他不该交通大老,擅递线索,又诱人发妻,以媚显要,自称相公,以乱纲常。故此也在劫数,被名御史打死。他的妻与妾,还要大受人淫辱,报应完了,再得人身。

姑妄言

(清·雍正) 曹去晶著
台湾成易图书有限公司
1997年《思无邪汇宝》本

(一) 卷之一②

那神呈上一册,道:"此董贤父子一案。"只见一个老儿,一个婆子,一个美男,一个美妇,齐跪阶下。王问那神道:"董贤罪犯甚实,有何疑处?"那神禀道:"董贤父子,若谓蛊惑朝廷,几危社稷,则罪擢发难数,然而实未尝杀人害人,若与操、莽等同科,似乎太过。若从轻议处,又无以为后来者戒。所谓罪重而情轻者以此。"王怒道:"董恭夫妇不能训子以义方,反藉子之声势赫奕一时。今把他托生,仍做一个富家翁,还借他族间之声势,享用五旬,可不偿还他不会害人的好处么?却使他妻子淫人而假种,虽有子

---

① 即王紫稼,参见《心史丛刊》等。
② 写汉代董贤,唐代张昌宗、张易之在阴间受到的判罚。

而绝其嗣,这就暗暗的报应了,死后发阿鼻受罪,岂不完他的宿孽么?至于董贤,冶容眩色,几至汉哀帝那昏君有禅代之事,以须眉丈夫而效淫娃举动,情已难恕。且将妻子亦以奉朝廷而博宠荣,此又以龙阳而兼龟子者也。尚列衣冠,晋位司马,更令人发指。仍著他与董恭为假子,使之带一暗疾,专善人淫。其妻以妇人而不知三从四德,乃献媚要君。今还托生为妇人,与董贤仍配为夫妇,授以不男不女之形,奇异宜淫,后使不得其死,以报其夫妇之罪。使他享福者,情轻之故;受恶报者,偿罪重耳,岂非两得乎?"因问那神道:"我断得是么?"那神道:"大王金判,不但小神钦服,即董恭父子夫妇亦无容多喙矣。"王吩咐鬼卒道:"此地有一牛姓,两代刻薄成家,素性阴贼良善。可使董恭为彼真子,董贤为其假孙。董贤虽育多男,俱非真种,后同归于尽,绝其后而两报之。牛、董二家同结此公案可耳。董恭之妻,托生苟姓,仍与作配。"喝一声下去,寂然不见。

王又道:"还有何案?"神道:"汉家只有此二件,唐室甚多,尚求大王区画。"王道:"把唐家的人犯全带上来。"就有许多男妇在丹墀跪下。那神指着一个标致少年禀道:"此张昌宗也,求大王判之。"王神目一睁,呵呵笑道:"莲花似六郎者即尔耶?"又忽然大怒,高声喝道:"尔烝淫母后,已罪不容于死矣。武曌久沦苦海,不必再议。尔尚可末减者,以武氏之淫,不成其为母后者耳。然而尔之罪,亦不容缓,不意尚得悠游于地狱也。"命鬼卒道:"杨国忠本他之遗孽,又几坏唐家。可押他去,仍与杨姓为子,为龙阳一世,以偿臣主宣淫之罪,后残废不得其死。前生面似莲花,再世遍体杨梅,死后再堕抽肠地狱,庶可消此忿恨矣。"王又指着一个道:"这是谁?"那神道:"这便是昌宗之兄张易之也。"王点头道:"他之罪与昌宗等耳。也着他生为龙阳,死于非命,足以报之矣。可押去龙家为儿。"

(二)卷之三 写官员同性恋。

(三)卷之四 谓"近日中华国少年,昼则为男,夜则为女,甚多"。

(四)卷之五 写明初僧人姚广孝的同性恋。

(五)卷之五 写僧人同性恋。

(六)卷之五 写女性同性恋。

(七)卷之五 写主仆同性恋。

(八)卷之六 写优伶同性恋。

(九)卷之六、七、九、十、十二、十六、二十三 写游混公、龙飓、游夏流、杨为英、充好古等人的同性恋。

（十）卷之七　写优伶同性恋。

（十一）卷之八　写魏忠贤之父魏卯儿的同性恋。

（十二）卷之八　写主仆同性恋。

（十三）卷之八　写女性同性恋。

（十四）卷之十三　写主仆同性恋。

（十五）卷之十三　写女性同性恋。

（十六）卷之十四　写女性同性恋。

（十七）卷之十四　写两性人的同性恋。

（十八）卷之十五　写僧人同性恋。

（十九）卷之十八　写女性同性恋。

（二十）卷之十八　写某人靠与家主的同性恋来换取与家主婢女的异性恋、李自成军队中的同性恋。

（二十一）卷之二十一　写士人之间的同性恋。

（二十二）卷之二十二　写张献忠的同性恋。

（二十三）卷之二十三、二十四　写南明弘光帝的同性恋。

（二十四）卷之二十四　写主仆同性恋。

女开科传

（清·康熙—乾隆）岐山左臣著
春风文艺出版社 1983 年版

（一）第五回

诗曰：

虽然南北不同缘，桂窟生涯亦自妍。
混沌分时原有窍，应教凿破个中天。

从来美男姿色，如宋朝、子都、弥子瑕一辈，都是南风的宗派。后世有要从背底营生者，自当供奉三君子，事如神明，尸之祝之，然后可指望尾闾川流，驼峰山压，取之不竭，用之有余。所谓取精多而用物宏耳。照象如今的梨园，都奉什么老郎为优祖。你道老郎是怎样一个人物？实是一个婴儿的塑像。想必他生前原是小官出身，死后升做老郎的。凡是各脚色装扮完了，先要到行头箱上，奉老郎深深一个肥揖，方才上场，声音响亮，舞蹈自如。不然，老郎就要装腔做势起来，等你开不得口，动不得手，露出马脚，一场笑话。竟不知这桩典故，从何处得来？据我胡乱注解，想必老郎原是小官，究竟故此把小官便认作老郎。又闻闽中有一种叫做榕树，凡有小树生长在榕树前边，那榕树必要曲拱老干，斜扑着那小树，勾搭着了，便把枝柯紧紧的缠住在小树身上，小树也渐渐倒在榕树怀里。两树盘结，刀锯不开，因而顾名思义，就取名曰南风树。树既奇特，名复典雅。要晓得，最无情的莫如草木，尚然做出这般榜样，正是：

草木多情尚如此，如何人肯不云云。

近又看《无声戏》中有一秀才，以千金聘娶一个娈童，花烛合卺，俨然夫妇。后因此童年纪渐大，欲窦盛开，恐怕相聚不久，又虑红颜衰落，日夜抱持涕泣。此童亦深体他怜爱已到极处，无可表着自己的贞节，忽然想出一个妙计来，暗地里自加宫刑，竟将一把利刃割去翘然之物，情愿做了司马迁，自下蚕室。你道这等交情还数甚么同衾同穴。后来又因众朋友中不慊气他独占尤物，就乘他阉割的名色出首，说私弄宦官，弄得家私馨尽。直到此呆物故，他还终身扮作女装，柏舟自矢，替他抚养前妻生的儿子。后来其子发了科甲，尚不知抚育之恩反出龙阳之手。有情如此，安得不要借重庠序相公，动张公举，旌奖门闾，以垂不朽。要晓得，人生在世，岂无好尚？意南而南①，意北而北②，任凭那欲魔注定。只这一点念头，就是有回天拔山之力，万不能够牵转他的了。今我有个譬如，譬如美女佳人，只好贮之金屋，谓之房稿可也；娈童可儿正好随我四方，谓之行卷可也。如今做秀才的人，那有只读房稿，不读行卷之理。况且两榜人物，行卷内文字好的，然后想他的房稿。抑且论起理来，老天既生出人这两样东西，同归于妙，原不

---

① 同性恋。
② 异性恋。

曾叫人只取一样的。我见如今的人，好走后路的①，不惜身家，不顾性命，比那走前路的②更凶十倍。但不知此中意味，何独深长，至于如此之极。正是：

只为后庭能遣闷，不因红粉便忘忧。

话说梁、张二公，当初在虎丘寺里恋着一个天下闻名的小官王子弥③，分明是宋朝转世，弥子后身。又与那大来头和尚，叫做三苗，一同在千人石上饮酒时节，相约余丽卿探访花姝。不期这日，梁、张二人撇了王子弥，不带他去，那知正中了三苗这贼秃的机缘，便宜行事。那三苗呵：

挂名佛子，寄迹缁流。专走南北两行，酷好阴阳二妙。假斯文，吟风弄月，认为佛印前身；真大胆，饮酒宿娼，赖做济颠再世。大抵万法同归，独此居然第一。

那和尚原与王子弥两个，是莫逆深交，情同夫妇。那日在席上，见他替几个朋友猜枚行令，勾脚捻手，已是心里十二分不乐，原有些酸缸发作、醋瓮将翻的光景。当时就要思量发作起来，只因在席的都是些相公，无可奈何，勉强含忍。满肚皮只要等他到寺里来的时节，当面与他厮闹一场，也好戒训他的下次。不料到了第二日，影也不见子弥。三苗甚是恼恨不过，只得跑到他家里去寻他。家里回报说道："绝早有人来，同他出门去了。"问他到那里去，却又不肯说。三苗疑心道："是了，毕竟被昨日这一干人相拉去花街柳巷，走脚通风去了。"气得三苗跌天跌地，叫屈叫苦说道："毕竟小官没主意，这一班阿呆，你可是亲近得他的。如今的人不晓得好歹，只说道和尚是不长进的，殊不知，这些阿呆更比和尚又不长进些。那老天已生了这样绝色的女佳人，把你们终年终月终日终夜的弄耍，又可恨认定不许和尚粘着他们的身子，就是和尚背地里相处得几个歪贷，好象做贼的一般。犯将出来，是人是鬼，个个打诈得着。难道我们做和尚的就不是人生父母养的不成？因此这个老天可怜见说道："和尚虽系出家，却与俗人一样，他身上并不曾少生些甚么。既具了五形，便有了酒色财气四件。若说和尚不该擅动色念，就不该把他生这个东西。既把他这个东西，又不许他动起色念，明系是诱人犯法，殊不公道。所以老天还有情分，分下一个南北两路来也，明放和尚这条生路。故此生出这些美妙男儿专付僧人，权为妻小。那晓得这些无耻的秀才偏要撇开自己的老婆，又来与佛门弟子分

---

① 同性恋。
② 异性恋。
③ 即王紫稼。

奇货。想来天也难容，岂非既得陇又望蜀吗？"好笑这个痴和尚，总是不明道理的说。这美少年原是天下的公器，天下之物当与天下共之。况且既不识羞做了小官，自然乐与文人寻花问柳，岂肯守着一个光头？尤可恶者，光头沾着"色"字，不论男女便要做些故事，拿定是不歇不泄的，女人之所甚乐，未必非男子之所甚苦。还有一着，一般妇人养汉被人耻笑，至于与和尚一头尤为人所鄙贱。说道怕没人相交，偏要去打和尚。抑且要做小官的守着一个，万万不能。几曾见贞节牌匾轮得着小官身上。就使覃恩特典，如有小官不滥此道者，一概准给贞节，也断不许恋着和尚的小官滥叨贞节的剳付。就是和尚刮落的小官，被相公弄弄，于和尚的体面有甚损伤？何必逞凶怀忿，好象杀他的父母一般这等伤心。

一日，三苴正在阊门外婊子家里踱将出来，劈头撞着王子弥。一把扯住便开口骂道："你终日同这班书呆走，有甚好处！他不过多得我几根头发，却赶不上我这一身风月。"……

那和尚半说半骂，把王子弥抢白了这一番。那阊门外是个来往通衢，五方杂沓的所在。王子弥仪容一表，衣冠鲜丽，流名天下，举国若狂。那些赠诗求谒的，门外接踵，求一睹面而不可得者不知多少。就如当初入李膺之室者号登龙门，今日想慕王子弥的凤穴而入者，比那登龙门的更难十倍。故此子弥才交卯运的时候，正要结识朋友，相处名公。就是与三苴相交，不过是背地偷情来往，就如今日娼妓人家明公正气开着两扇大门，招接四方，独有和尚也不兜揽，如何子弥肯把人晓得，作承那秃驴三苴。即有晓得的，无非是三尊大佛，五百尊阿罗汉，恰都是些不肯管闲事的好好先生，故此才不隐瞒他。今朝王子弥把这秃驴当街出丑，气得他：

  粉面通红，柔肠百结。泪痕初落，宛如秋露滴新蕖。眉影微攒，却似春山凝远黛。

王子弥心中暗忖道："这秃厮直恁轻薄，可恨之极，不若早早开交，方出我心头恶气。"又想起道："我当日荐举进京的时节，那个司道官儿、乡绅大老，不来送礼逢迎，就是各营头将领，也都来祖道饯行。我如今虽则是做小官的，闲住在家，那些现任父母公祖，都可以名帖往来。不如央个能事管家，送一个帖子到苏州府去，讲这和尚酗酒宿娼。他的不公不法，把柄甚多，我已曾都细开手折，那里还论他平日的交情。就是当日灯前月下设盟发誓，这不过是从古来的旧套子，实从《脱空经》上抄写下来，何曾是我的当真心事。便翻悔这一遭儿，却也不碍我生平名节。"商议停当，公然坐了一乘大轿，抬到本府太爷宾馆坐下，着阴阳生投递一个治下晚学生的名帖，说要面见太爷的。又送阴阳生一个常例纸包，吩咐就禀一声。你道官府衙门传递书帖是个将命之人，如何取名叫做阴阳生？或者昼阳夜阴，是昼夜走动的人；或者内阴外阳，是内外关说的人。总之，此辈不是阳物就是阴物，也不消去穷究他。要晓得从来做阴阳生的都是那些退气的门子，降点调用的，恰与王子弥比并来，都是旧日同僚；况且子弥又有常例送他，不过要他投得一个名帖，禀得一声要见，如何不殷勤奉命。即忙走到转斗边，替他传了名帖。正值太爷要出堂公座，投文签押事完，便叫阴阳生问道："这位姓王的乡绅是甚么样出身，为何我本府宪纲册上不曾有他的名字？"阴阳生不敢隐讳，把他的脚色从头念将出来，说道："他是个有名的龙阳，出格的戏子。一向在京师里行事，近被科道纠参赶逐出来，闲住回籍。为此各衙门老爷一向优礼他，俱用名帖相见。原不曾入在宪纲册内。"太爷喝问："如今这厮要见本府何用？"阴阳生道："他现在寅宾馆里说，要面送什么一个旧相与新恶识的和尚。"太爷听见这句话，便激得他怒形发指，着令拿到堂上来。只见许多皂甲跑进宾馆里来，对王子弥说道："太爷请堂上相见。"那呆小官不识起见，也不看个势头来历，只道还是好意思，慢慢的装出官腔，一摇一摆踱将过去，叉手施礼。太爷高坐公堂，大喝道："好个大胆的奴才！见了本府还如此放肆吗？"子弥正要开口，却被两边皂快齐声吆喝起来。惊得他魂灵半不附体，缩做一堆。太爷道："你将后庭献媚，丧尽廉耻，辄敢在我法堂作怪。"把醒子在案桌上乱拍乱敲，丢下签来，先打三十。两班皂快，登时拖翻，捉头捉脚，褪出妙臀。却与那奉承大老慢慢脱裤温存挼挲的光景大不相同。这些皂快见了子弥白嫩美臀，光柔佳器，那里便忍打将下去。犹如小官们初破那种光景，哀哀的求道："小的实是害痛，饶了这次吧。"太爷回想道："这厮不经敲打，我若登时毙之杖下，反为他遮隐恶名。不若出几角文书，申投院道，历数他大胆无礼的所在，将身肆害的原由，把合郡做小官的看个样子，庶使龙阳无种，狐媚除根，未必非仁人君子之用心也。"因叫左右将子弥暂时带起，锁在一边，听候发落。太爷又诘问道："你这奴才，今日到本府来有何话说？"子弥受吓惊战，一时答应不出，停了一会说道："小的只为淫僧背恩反噬，当街羞辱，愤他不过，只得奔控台前，不期冒犯爷爷，伏乞详情恩释。就是那假官假吏花案一宗，也都是这和尚挑唆撮合，生端起事的。"太爷便问道："那和尚叫甚么名字，如今住在那里？"子弥又禀道："那和尚叫名三苗，现寓虎丘寺中，是江湖野僧，不知籍贯居址。"太爷一面就出签拿三苗，一面起角文书，要将和尚、小官两个一同解到察院。这也是和尚拐小官的现报了，正叫做：

　　恶人自有恶人磨，磨到头来没奈何。

　　[结果，王子弥和三苗在察院受到严惩，王受杖而死。]

（二）第三回　讽刺福建的同性恋者。

斩鬼传

(清·康熙—乾隆)刘璋著
北岳文艺出版社 1989 年版

第九回①

　　这色中饿鬼与这私窠妇人顽了一个时辰，方才云收雨歇。妇人道："你今夜回庵中去么？"和尚道："庵中有钟馗②住着，甚不方便，今晚在这里歇罢。"又饮了几杯美酒，方才抱头交股而睡。这地溜鬼听得是色中饿鬼，慌忙溜将出来。此时已是黄昏时候，所以小和尚也不曾看见。飞走回来，报与钟馗。钟馗听了此话，也不点兵，也不领将，自己提了宝剑，跟了地溜鬼，往这私窠人家来。到了门首，就要进去，这小和尚不肯放入。钟馗大怒，令地溜鬼："锁了牵回庵去，待俺再问他。"地溜鬼牵了小和尚去了。钟馗进门，大喝一声："秃厮何在！"这妇人惊的赤条条跳下炕来，叩头求命。钟馗只见妇人，不见和尚，大惊问道："秃厮那里去了？"妇人道："刚才与小妇人同宿，淫情未厌，如今往别处耍龙阳去了。想他就回来。"钟馗听了大喝一声，手起剑落，砍了两段。心下想道："这秃厮想必还来，不免在此等他。"等勾顿饭其间，只听得色中饿鬼隔窗叫道："亲亲，你睡着了？我好快活有兴，再和你耍耍如何？"钟馗听见是他，提了宝剑，劈头就砍。这色中饿鬼猛吃一惊，脱身就跑。钟馗随后赶来，看看赶上，举起剑来正欲诛他，不觉扑咚一声，跌倒在地。这正是：

　　　　触天怒气高千尺，扑地肥躯跌一堆。

　　原来是醉死鬼吃醉睡在地下，钟馗不防，忽然绊了一跤。当时色中饿鬼得个空儿，竟走脱了。……
　　和尚道："小僧生来带了一点色心，见了妇人就如性命一般，因此人人都叫我色中饿鬼。那日正在一个私窠人家混帐，不知他怎的知道，竟来杀俺。亏的我又混小官去了，回来时妇人已是杀死，他还等我。因此我逃走，他随后赶来，不是遇着吾兄，我这个葫芦此时已零作条了。"……〔钟馗〕进入馆来，亦是当时凑巧，却好遇着色中饿鬼与醉死

---

① 写有鬼僧色中饿鬼的同性恋。
② 民间的打鬼驱邪之神。

鬼在那里一递一碗吃酒。钟馗一见，大怒道："俺只道你逃出天外去了，原来还在此处！"提起剑来，措手不及，将色中饿鬼斩于剑下。

增补如面谈新集

(清初) 李光祚纂注
清黎照堂刻本

(一) 御集·馈送果品门

馈桃子

桃林正熟，绰有仙风。仆食而甘之，不敢独享，思足下道骨不殊曼倩，敬上数枚，幸勿曰："是唊我以余桃者。"

答谢

夏至园林，妆红带绿。惠来五木精，风味甜美，不异武林种也。愧乏琼瑶为报也。

(二) 享集·丰情门

邀约契友

向接芳颜，即蒙殷殷爱厚，真三生有幸哉！尝羡足下时方妙龄，而美容冠玉，风致袭人。徒怀梦想，敬谋一酌于某肆中。把臂交欢，结成知己，自当永矢勿谖。伏惟金诺，专候玉临。

答允

台下天挺人豪，风流标格。乃以蒲柳微姿，谬辱青眼，何缘获此奇遇乎？即欲当侍左右，未敢妄自报谒。适承宠召，幸获交臂谈心，倚荣玉树，深慰平生愿矣。踊跃趋赴，无劳再促。

结盟契友

蒙不鄙谫劣情谊，两相契洽。吐心胆，忘形骸，神魂梦寐不相离，诚千古大快事也。第恐时移事迁，未必常如今日，则肝肠寸寸裂矣。惟愿坚如山，深似海，此情此谊，生死不易，乃足慰吾怀耳。恳乞固结凤盟，无负前好，铭感曷其有极？

答复

幸荷凤缘，同心相契。朝共谈笑，夕联衾枕，即百年犹如一日，何得有初鲜终也。但恐龙阳爱断，不无前鱼之泣。又在台下勿忘旧好，庶使坚如金石，固若胶漆，乃可为刎颈交耳。专此裁复。

思念契友

别我契兄屈指已逾半载，怀想夙昔交欢时，竟不复能聚首。两地相思，末由自解。肠如袜线条条断，泪若泉源混混流矣。第未审契兄胸中亦不忘某生否乎？何时再得会晤，胜如枯木再逢春也。今因鸿便特具鲤篇，少伸问安之忱。尤望早寄鸾笺，慰我悬眸。

答复

自违颜范，志切倾葵。恨不能奋飞左右，话叙阔悰。好事徒从心上积，离魂都向梦中号。足下宁非知我者乎？而乃以无情人视我，过矣！秋风动时，会晤可期，当如花再重开月再圆也。寸楮申候，并谢存问之诚。统惟鉴照。

戏怪契友

忆昔为契兄恋情钟爱，用了无限心思，费尽许多钱财。朝同食，夜同眠，疾病相扶，患难与共。方期海誓山盟，永可不移矣。讵料忽忘恩义，弃旧迎新。数日不睹颜面，顿使我朝思暮想，愁肠莫解。谅契兄素非忍人，何若是恝然也。还望垂念夙爱，早赐降临，凝眸以待。

答复

沐爱数载，情同骨肉，虽金石可销而此义实难磨矣。人非土木，安敢一旦忘情哉！昨因舍亲偶有小事，奉父命代为干理，不得已耽迟数日，未遑陪侍色笑。身虽两地，而心则若在一堂矣。足下乃以负义疑我，甚非知己者所言也。迟一二日即拟趋候，无劳悬念。

托求契友

昨于某处遇某大哥，器度超凡，丰姿绝世，极足快人心目。欲得一会，无由相通。闻足下与渠素相善，倘肯邀至敝斋，剧饮通宵，欢歌谈笑，此亦生平乐事也，幸勿以他辞推却。乃征至爱，乃感厚情，不佞即当置酒拱候。

答复

某大哥体度雍容，资性恬雅，轻不与人交游。足下风流豪旷，亟欲饵以酒食，岂能邀之使来乎？不佞非敢托辞推却，但足下试自裁之，果有若是容易事也？待迟日婉转调停，或可不负所嘱耳。尚容面议一策，倘肯厚谢其媒，不忘引进之功，则事必成矣。呵呵笑也。

碎锦

昨者邂逅相遇，即蒙顾以颜色，吐以心腹，足下真高旷士也。敬谋一酌，屈即枉顾勿却是荷。

一日不见，如隔三秋，信非虚语也。晚间的望驾至，毋使我独宿孤眠，冷冷清清。

幸甚。

适有某人、某人，皆足下素相知者，携一壶在此，敬邀同饮。酒甚甘甜，并无酸味，即共作通宵之乐可也。幸勿畏怯不来是望。

昨对兄言某相公乃风流豪旷，疏财重义之人。约至某馆一会，如得心相契厚，将来必重藉提携，即终身受用不尽也。万无爽约至祷。

某相公素相爱慕，恨未得见一面。但渠既有俯就之心，兄可无仰高之念乎？即望同往拜访是幸。

写心集

（清·康熙）陈枚辑
清康熙间刻本

卷二·感愤类·与兄福持①

人有一定之冠裳，不可相假。惟戏旦则以男子而为妇人之饰，尼姑则以妇人而为男子之饰，阴阳反覆，莫此为甚。昨过两友人，一以夫比顽童而致反目，一以妻信女僧而致仳离，可发一笑。此两种人原为图利起见，而两家之吝财，直从无始以来便有此病根，不知何以到此辈身上反肯撒漫也。

分类尺牍新语二编

（清·康熙）汪淇笺定
（清·康熙）徐士俊同评
清康熙六年（1667）刻本

第十三卷嘲讽类·与林铁崖使君②

春雨膏腻，柴门闲寂。每到黄昏以后，檐溜瀺瀺，碧桃垂丝。开落古巷墙下，废卷而行，百思无着。此时怀人恨事，逞逞生焉。适高子云客走银鹿，胸裹一束败纸。拆其函，朱丝小格，书累累若篆籀。蝇头蚊足，文奇事险。细读之，为先生赋侍史邓猷《絮铁行》

---

① （清初）陆进作。
② （清初）许友作。参见《词苑丛谈》。

也。先生向以情义自持,故所遭奇,宜也。余奔而谓高子曰:"夫铁与絮相悬不啻万层,义之所至,情之所移,遂使絮无异铁。"高子曰:"嗟呼!究且铁化为絮矣。絮不自知其为絮,妄与铁抗,铁势终衰,不复作坚意。"余曰:"不然,是絮化而为铁也。絮之者,铁汉子也。使絮而非铁汉子也,焉能以肤体而絮铁也!"高子曰:"然,铁絮合而千古之谊存焉。今而后知并心一曲,马尾截玉之不诬矣。"亦附一诗请正。

《颜古堂纪》曰:"铁崖被逮北上,时铁索盘项间,苦寒相触。侍史粤人邓猷左右手日夜互举,勿使加项。又裂衣絮铁使温,絮不得温,又引肌体温之。凡五阅月,使君见放,猷当归。猷竟不归,与使君栖迟湖上者数年不忍去。同人义之,为赋《絮铁行》。"

林殿飚曰:"其事可传,其文亦不可及。"

分类尺牍新语广编

(清·康熙)汪淇笺评
清康熙七年(1668)圣雨斋刻本

第十一卷旷达·答林铁崖先生①

先生闻宪臣字童甚多,欲借一人钞写文稿。又恐不相识,向以裴宽见张建封即举船钱帛奴婢相赠事为拟,使某耸动之。但宪老数年前曾携歌童出游,为有力者诱去。一时星散,至今所剩者一花面耳。场上以花面为恶之,而自今看来,花面反为义仆。世事颠倒,可笑可笑。张建封眼前不乏,不知孰为裴宽者,为此停毫想之。

汪憺漪②曰:"今世尽作花面。但得如此花面一人,真所谓中心藏之,何日忘之也。古人啧啧厮养,卒正是此意。宜林英敏之童也。"

---

① (清初)嵇永仁作。
② 汪淇,字憺漪。

精选佾调时尚歌曲

(清初)张子云辑
清刻本

小官

时兴小官造化低,出门撞见巡夜的。拿在铺里,拿在铺里,四马攒蹄高吊起。小兄弟,我不毡你谁毡你。小兄弟,我不毡你谁毡你。

非想非想非非想

(清·康熙)黄周星制
(清·康熙)张潮辑
清光绪十一年(1885)刻本

第三十二笺　好龙阳者巨觥

只道阴阳不颠倒,如何离兑总称男。
射春秋二女人名,各二字。
南子　西子。

心斋杂组

(清·康熙)张潮制
清初刻本

卷下·美人令

宫嫔　张丽华　玉树流光照后庭　有男宠者饮。

(二) 清代中期

玉荷隐语

(清·乾隆) 费源制
清乾隆四十五年(1780)莒南费氏听月楼刻本

余桃谜语（卷二）

此谜谜面为"残桃遗君"，要求打《礼记》中的一句话。谜底"臣先尝之"是用图来表示，按《礼记·曲礼下》："君有疾饮药，臣先尝之。"

孟子圣迹图

（清）佚名绘
清道光间长洲顾氏刻本

嬖人沮见图

参见《孟子》（二）。

述古堂文集

(清·乾隆—嘉庆) 钱兆鹏著
清光绪七年（1881）刻本

（一）卷二·《周史·佞幸列传序》

有鸾凤则有枭獍，有麒麟则有虎狼，有龟龙则有蛇虺。是以共欢与元恺并世，廉来与箕比同朝。谗慝之生，何代无之，患在人主近之而已。故圣人曰："远佞人。"成王以冲龄践阼，周公为傅，召公为保，左右前后莫非端人正士矣。而周公犹惓惓戒于王曰："继自今立政，其勿以憸人。"憸人云者，沾沾便捷，口给御人，诈足饰非，言足拒谏。悦其心则誉桀纣为尧舜，失其意则诬随光为跖蹻。于以颠倒是非，变乱黑白。设一朝得志，则植党营私，贤路壅塞。阳刚之气消，阴柔之象炽焉。此公所以诰诫丁宁，思深而虑远也。厥后厉王说荣夷公而民始扰，幽王任皇父虢石父而政益坏。昧爽丕显，后世犹怠，公已预筹之矣。东迁以来，列国君臣知此义者盖少。于是乎卫有弥子，楚有费无极，吴有伯嚭，宋有桓魋，鲁有臧仓，齐则前有雍巫，后有梁邱据，晋则前有优施、二五，后有胥童、夷阳午、长鱼矫之属。大而身弑国亡，小而身危国削，岂细故哉！嗟嗟，庸主固不足责，贤如齐桓而犹不免此，可见若辈倾巧便给，必有笼络人主固宠希荣之术。一为其所愚弄，则心志蛊惑，举动牵制，虽有善者亦末如之何已。

（二）卷二·《周史·宦者列传序》

宦官之位上应天象，未可废也。指其居次，或在帷薄之内，论其职掌，或闻床第之言。固不可以屈辱俊乂混淆男女。其用奄人，是乃制事之宜矣。然先王不以恩夺义，不以私废公。周公董正治官，凡内小臣、阍人、寺人之属悉统于冢宰。盖阍寺之徒，朝夕左右最易亵近，人主亦易得而宠任之。今既属之冢宰，则人主不得以私意昵，内臣不得以非道干。故侍御仆从罔非正人，此先王治内之严而立法为最善也。

芥子园画谱

(清·嘉庆)丁皋绘
九州出版社 2002 年影印
《中国传世画谱》本①

汉高祖像(第四集)

---

① 据清嘉庆二十三年(1818)刻本影印。

百美新咏图传

(清·乾隆)王翙绘
清乾隆间刻本

陈皇后像

参见《汉武故事》。

太上感应篇图说

(清·乾隆)朱日丰编
清乾隆间歙南朱日丰刻本

断袖图

此图是用来解释《太上感应篇》中"赏及非义"这句话，认为汉哀帝对董贤的赏赐就是属于这种情况。图中董贤在自断其袖，不当。

无双谱排律

(清·道光)王言著
清道光十七年（1837）大兴王言刻本

恐惊寐

渔猎嗤哀帝，连床嬖董贤。
龙衣曾断袖，鸳枕任安眠。
臂藕供斜抱，腮桃压半偏。
燕才偷试剪，蝶已稳成仙。
露肘凭人笑，回头着意怜。
余温留玉腕，旧梦拍香肩。
葑菲无遗采，君王未了缘。
美男忘破老，禅位语尤颠。

星宿论解[①]

(清)佚名撰
清抄本

三垣图并玄武七宿图论解·太微宫星名位数备考[②]

上元太微宫黄帝内座一星，四帝内座四星，幸臣一星（在帝座东北），太子一星（在幸臣内）。

---

① 书名代拟。
② 记幸臣等上应天象。

癸巳类稿

(清·嘉庆—道光) 俞正燮撰
商务印书馆 1957 年版

卷十一·《史记·李延年传》书后①

《史记·佞幸列传》云:"李延年坐法腐,与上卧起,甚贵幸。久之,浸与中人乱。后爱弛,则禽诛延年昆弟。"《外戚世家》云:"李夫人兄延年兄弟皆坐奸,族。后封其长兄广利为海西侯。"所谓"奸"者,巫蛊事,不关与中人乱。《汉书·佞幸传》云:"久之,延年弟季与中人乱。"此疑《世家》"兄弟皆坐奸"之文妄改之。不悟季不腐,无因与中人乱也。延年既腐,能与中人乱者。《史记·封禅书》云:"胶东宫人栾大,武帝妻以卫长公主。"《后汉书·栾巴传》云:"巴好道,以宦者给事掖庭。后阳气通畅,白上乞退。有子贺,官至云中太守。"[接着又举出了其他许多净身不彻底的实例。] 合观之,知《汉书》改《史记》之非矣。

癸巳存稿

(清·嘉庆—道光) 俞正燮撰
商务印书馆 1957 年版

(一) 卷十四·不昵妇人②

《汉书·朱博传》云:"博夜寝早起,妻罕见其面。"《吴志·刘繇传》注引《吴书》云:"顾悌待妻有礼,常夜入晨出,希见其面。"此史传相袭不致思之词,其妻即骄惰,亦不当以妇人日日早寝而晏起,至不见其面也。《南史·徐勉传》云:"勉参掌军书,劬劳夙夜,动经数旬,乃一还家,群犬惊吠。"《北齐书·邢劭传》云:"劭与妇甚疏,未尝内宿。自言尝昼入内阁,为狗所吠。言毕,便抚掌大笑。"《周书·萧詧传》云:"詧性不喜见妇人,相去数步,遥闻其臭。经御妇人之衣,不复更著。"《瓮牖闲评》云:"苏轼与

---

① 作者认为李延年净身不彻底,故能与中人乱。《汉书·李延年传》却改延年为其弟季,误。
② 记一些疏淡女性的男性。

友朋群居，性不昵妇人。"此或由勤于人事，或历忧患，亦或由天性。《南史·何点传》云："感家祸，欲绝婚宦。尚之强为娶琅琊王氏，礼期将亲迎，点累涕泣求执本志，遂得罢。老又娶鲁国孔氏女，点虽婚，亦不与妻相见，筑别室以处之。人莫喻其意。"《魏书·夏侯道迁传》云："父母为结婚韦氏，道迁云：'愿怀四方之志，不愿娶妇。'家人咸谓戏言。及至婚日，求觅不知所在。"《南史》云："齐褚伯玉年十八，父为娶妇。妇入前门，伯玉从后门出，遂山居。"《梁书·刘讦传》云："兄絜为聘妻，刻日成婚，讦闻而逃匿，事息乃还。"《萧视素传》云："妻王俭女，久与别居，遂无子。"王巩《闻见近录》云："李化先少好神仙，父母令娶妇，礼席之日，化先逾垣而走。"此皆畸人也。

（二）卷十四·《魏策》龙阳君正注①

《魏策》龙阳君注云："幸臣。"吴师道正注云："幸姬也，非楚安陵、鄢陵、寿陵，赵建信之比，长孙佐辅、于武陵诗皆以宫人言之。"案：师道以唐诗说《国策》，其证已弱，且唐诗亦有误本。《文选》齐陆韩卿《中山王孺子妾歌》云："子瑕矫后驾，安陵泣前鱼。"泣鱼之事非安陵，乃龙阳也。阮籍《咏怀诗》宋颜延年注引龙阳、安陵事，后云："安陵君所以悲鱼也。"末语有缺文，而相传已久。陆诗盖本颜注，此后诗人相承误为安陵。佐辅《古宫怨》云"弃前方见泣船鱼。"武陵《长信宫》诗云："一从悲画扇，几度泣前鱼。"二诗又本陆氏，谓是安陵。《元和姓纂》云："安陵，小国，其后氏之。安陵缠，楚王妃。"故以为宫人，是也。二诗本说安陵，师道引以证龙阳，其疏一也。师道未读陆诗，若依陆诗，泣鱼必妾，则子瑕亦宫人矣，其疏二也。《楚策》安陵君，正注亦引《姓纂》以为女子。则此正注当云："正楚安陵之比。"乃云："非楚安陵之比。"二处皆名正注，无所适从，其疏三也。

闽中摭闻

（清·乾隆）陈云程撰
清乾隆间刻本

卷一

王审知②有婢陈金凤，鏻嬖之，遂立为后，作九龙帐以居之。初，鏻嬖吏归守明以色

---

① 分析元代学者吴师道对于《战国策》中龙阳君事的注解。
② 闽主王鏻之父。

见幸，号归郎。后鏻得风疾，金凤与归郎通。百工院使李可殷者，又因归郎以进。国人歌曰："谁谓九龙帐，惟贮一归郎。"明范沨作《闽宫词》云："露华如水蘸宫墙，红豆花间荔子香。多少娥眉闲待月，九龙帐底贮归郎。"

南汉记

（清·道光）吴兰修撰
广东高等教育出版社 1993 年版

（一）卷三

汉主①即位之后，大恣荒淫。召伶人作乐，饮酒宫中，裸男女以为乐。东、西两教坊伶官千余人，常昼夜出入宫中。内常侍吴怀恩屡言于汉主曰："禁中箫韶府内乐百余人皆善音律，夜宴用此足矣，焉用教坊？"汉主不听。

（二）卷五

潘崇彻以飞语见疑〔于南汉后主刘鋹。〕汉主遣内侍监郭崇岳往觇其军。崇岳至桂州，崇彻严兵卫以见之，崇岳不敢发，还白汉主曰："崇彻日夕领伶官百余辈，并衣锦绣，吹玉笛，为长夜之饮，不恤军政，非有反谋也。"

集异新抄②

（清·乾隆）李振青编
清乾隆六十年（1795）刻本

（一）卷之四·义猫记

长洲徐存石本贵豪子，而性萧散，喜禽畜，尤癖于龙阳。遇美妇人，辄叹恨曰："惜哉！不男子身而顾令孅鬓也。"凡狗马鸡鹜，以至金鱼蟋蟀之属，动以百千计。尝以一庄供一岁之喂饲。后渐不能给，所居虽数椽，而笼中未尝乏名异。一猫特为驯俊，白质皎

---

① 殇帝刘玢。
② 本书所记均为明朝事。

然，曳尾如纯漆，名之曰雪燕。饮食珍美，必与之俱。童子名龙珠，专掌雪燕，亦狎昵龙珠逾伉俪。每与客博，丙夜浮白，则龙珠点筹行觞。雪燕偎依于傍，息则同寝。及存石病笃绝粒，雪燕亦不食累日。迨于长逝，雪燕羸瘠垂毙矣。邻人汪生怜异之，抱持而归，食以鲜胏，终不肯食。倏焉驰还故处，舐其巾履，衔至昔时寝所，若低回而无从觅索者。已见盖棺张幕，乃踯躅嗥鸣，一夜不绝声，自投于井。龙珠缍而置之，怀悲不自胜。裹以襦，盛笥中，设馔跪而奠之，埋之花砌之下。龙珠竟终身不娶，不茹荤，日暮持西方号。有谭往事者，欷歔承睫也，十余年亦卒。呜呼，玩物丧志，谁谓不然。至诚动物，非欺我也。当徐生轰隐时，姣丽盈前，瑰怪杂沓。一旦秋风入户，而明月箜篌又向他家庭院矣。宁无匹偶，畸弃室家。匪席匪石，永矢弗谖。人固难之，物尤异甚。作《义猫记》。

（二）卷之三·石虎 似涉同性恋。

锡金识小录

（清·乾隆）黄印编撰
清光绪二十二年（1896）太湖王念祖活字本

（一）卷十·前鉴·优童

前明邑搢绅巨室多蓄优童。邹东湖望家二十余辈，柳逢春、江秋水最善。《东湖艳语》谓其尝入留京旧院，诸妓见之皆失颜色，争投香扇玩弄之物以要之。月夜歌于雨花台，赴听者万众，几为魏国公所夺。自后冯观察龙泉童名桃花雨，苗知县生庵童名天葩，陈参军童名玉交枝，曹梅村怀童名大温柔、小温柔，葛救民童名大姑姑、小姑姑，朱玉仲爱奴称六姐，可谓名妖而主人放逸极矣。同时顾惠岩尤多此辈，俞是堂、安胶峰亦称盛焉。

曹氏之二温柔者，宝界山农家子也。有老农真姓李生两儿，姿容丽甚，性聪颖。梅村月夜泊舟山下，闻山麓唱吴歌，声甚清婉。踪迹之，则真氏两儿也。年甫十二，顾影自矜，流目送媚。梅村叹曰："吾家歌儿数十，无若此者。"召其父，则故租户也。捐田十亩买之，教以歌舞。顾惠岩睹而悦之，命长儿曰真温柔，请其次曰无以易二字，当名大温柔、小温柔耳。梅村非二温柔，食不甘寝不安。凡数年而梅村卒，二儿恸哭，呕血不食。长者哭踊断肠死，次儿亦相继死。呜呼，二温柔之报主则忠矣。

葛救民者，都谏芝岩嵩孙也。父为余干令，最有遗赀，救民尽取为声色费。嬖奴号十二钗，而大小姑姑为最。其得小姑姑也，建室若金屋，名曰凝香馆。轩后骤欲加平板，一日不能猝就，截楠木方桌数十面而为之。后两姑姑相继退房，救民已鬻双凤坊世第，犹以数十金纳多美。多美白如腌肫肪，汗中一拭光可鉴物，举三觞而颜色变幻如夕秀朝华。救民与之比目而欢者四五年，而多美玉折。救民摧剥毒楚，不异苟倩。及救民死，而两子不能举后事。

顾惠岩可学家童李玉、李珉俱以声得名，其貌如丰艳妇人耳。顾冶谓二李既老，演《大江东去》，画枣面蚕眉，指点五关千里，绰有英雄真态。又作尉迟敬德送唐三藏，大为增色。最后得何玄朗优奴陈悦，饮醉声益扬。演范睢剧，尤得当年意气。后有杨岳者尽得三人之传，为安、俞二氏教师焉。

俞是堂宪、安胶峰如山皆有龙阳癖，既富且贵，以重赏构得者不可胜计。大都以色不以技也，惟安氏之钱邦宁称色技两绝。有吴江富人朱待用者，见邦宁而魂佚久之。思念成瘵，逡巡二三年，费医药数百金不能愈。后胶峰死而邦宁之年长矣，脱游虎丘，周公瑕知其事，强要之往。待用一见大悦，卒谐所愿，流连月余而疾霍然矣。赠以百金，公瑕亦半之。人之痴迷一至于此！（公瑕，嘉靖间名士。）

胶峰孙绍芳大有祖癖，所昵者曰陆德，貌过邦宁。同时顾友玉有四幸儿，其尤者曰胡美，色与陆德并。均善歌，且善琵琶、箫管诸技。披发时遇一新第建言而归者，骇问之曰："此非胡美，乃狐媚也。"畜爱于中者久之，后卒辞友玉而归新贵焉。

顾泾白、贾宏庵皆事角觚。顾氏优曰草野郎君，贾氏优曰蒋科。人人称善，犹未及安、俞之落脚也。迨邹彦吉迪光兴，无一事不求其至者。妖姬美妾充牣，建十二楼以居之，优童数十，极一时之选。其尤美者曰陈阿圆，早死。

山坝陈尔驭家童最美慧，而故名之曰阿丑。置诸园林邃阁中，日弄之股掌，客不得一窥。会里中有陈道人至，结佛舍甚精巧，尔驭携阿丑共观。道人故浙之大盗也，匿迹此地，藏锭巨万。睹阿丑美而悦之，私与结纳，赠以金钱宝簪。阿丑归进尔驭，尔驭好货人也，明日携庖报饷，故令阿丑调谑之，自是厚昵如昆季。久之事露，悉衷所积金瘗之陈氏鸣玉园。捕至挺身拷掠，以及阿丑，阿丑死杖下。尔驭万金之产、百年家声，冰消瓦解。

顾甄字叔迦，好奇，以嬖奴阿豨为命，非特掌上珍已也。阿豨戏欲甄入水，即解衣就，阿豨抱持之乃起。数年阿豨以享用过度夭，甄旦晚思以身殉。弃其万金产，落发为僧。居久之，失心而颠，乃死。（以上俱散见《梁溪杂事》，余为联络次序之。）

洪宣间，有豪公子丧爱童。既具杪梼，复欲起高冢厚葬。钱汝容往唁之，曰："君胡尚未成服乎？以童之爱何异伉俪，宜行丧妻之礼，命郎君衰杖答吊客，庶几称。"公子大惭，即日葬之。汝容，修撰仲益子也。

（二）卷十·前鉴·声色

[王]召字子行，幼奇颖。年十二补诸生，二十举嘉靖癸未进士。除户部主事，奉使

两淮。窃侯家妖童，为侯所讼，出判禹州。不改放诞，夺官归。

冯夔字廷伯，风流文采，照耀一世。田园宫室、子女玉帛为三吴冠，沉酣黄白、男女之乐者六十年。最喜者，少女秋千，妖童蹴鞠。席间舞剑，庭下斗鸡。分曹歌曲，列伍吹箫。（以上本邑志补遗。）

曹云凤字瑞岐，父奇爱之，纵其所欲。父亡后尽发累世所藏，肆志豪华。建园亭，纳妖姬娈童，置优人数十，鸡鸣狗盗之客满座。不十年而藏金已罄，渐废阡陌，又十年产消十之七。又召工浚池，忽得先世藏金，较父遗十倍。自是豪举亦十倍，尽复前业。往维扬、白下多买美女，而钱塘、余姚歌儿之价遂与妓埒。年七十，风流自喜，无异少壮。矫健无疾，拥一娈儿而逝。子最习勤苦，能守业，绝无父风。

吴敷锡号浃湖，探花公子也。弱冠代父主家，已善挥霍。父亡，遗赀极丰，多招致秀媚男女。十余年赀遂尽，而弟申锡死，无子，于是益纵其欲。无何又尽，而子澄时登进士。浃湖亦老年，逾七望八，沉湎于欢场欲海。饮醇弄娴，六十年未尝一日蹙额也。亦好施，多蒙其惠者。（以上散见《梁溪杂事》。）

（三）卷十·前鉴·邹顾构讼

邹东湖望田三十万余亩，童仆三千人。别墅四十，缺其一。与顾惠岩争新安庄，构讼十余载方得解。其奇谋秘计不能悉详，姑记其二则。始顾有两宠童曰薛夜明、梅三玉，色艳而狡，惠岩嬖之。两童从顾饮惠山，街鼓动始跨马归。邹先醉其执辔者，备骏骑易其马。两童沾醉而登，不觉也。疾驰至梁溪口，挟入飞艇，至塘头别墅。邹整冠带迎水次，群女从之。拥二竖入，东湖告曰："以小事忤大贵人，恨无居间而解者，希借两玉人巨力。"即张绮筵，姬侍捧觞奏曲，二竖益酩酊。酒罢拥入楼船，鸡鸣至泰伯大第。以鲜衣华履易其故，杀二驴裹以二竖衣履，卷以草荐，焚之于野。故遗竖一履，贿假仇持报顾。顾正遍觅无踪，得报大恸，奔诉两台，下之府。而两竖日享珍羞，夜则美女侍寝，与东湖款曲，誓解纷。东湖馈以重宝，二竖愿荐枕席，东湖谢不敢。二竖求归，东湖曰："俟夏阁老札至，二玉人持归益易解。"时府役已捕邹氏干仆，囚狱中。台鞫日先投夏桂洲书，二竖俨然入台，见者大骇。顾仆反坐者数人，惠岩呕血几死。此顾之一负也。……

（四）卷十·前鉴·放利子孙

嘉隆间邑有四娈童，姿色媚丽，歌韵清圆。结为兄弟，坐卧一处，人称四美。吴门显者多嬖之，而周天球、黄姬水、彭年（俱当时名士）各有赠言，以"凤鸣鸾吟"、"金簧玉管"为题。陆师道文嘉亦置笔焉，卷端有四美像。四美皆放利富翁子孙也。

（五）卷十·前鉴·获非分财

茹大成少有宋朝、冯子都之貌，为王长义、王益谦之弄儿。稍长习诸技艺，二王以书荐于顾中丞冲庵，悦其蝇头小楷。尝为失机武弁居间，获千金，貂蝉、币帛半之。甫归，而一子骤死。义子某椎杀裁衣人，千金立尽。义儿抵罪，大成榜掠濒死，赤贫如故。（万历间人。）

（六）卷十二·语隽·弄儿能诗

陈知州贞父有弄儿名陈时，性颖过于诸子。从贞父游华山，得句云："云到岭头懒，人来鹤背轻。"诗人皆赏之，一时名动艺苑。

（七）卷十二·杂言·南风①

何监察太湖在召王台，眷昵优儿何其美。连袂接枕者五六夕，饷以五金。其美不怿，王养默国宾在座，曰："王右丞先说其轻矣，其诗曰恶说南风五两轻。"举座喷饭。

甲申朝事小纪

（清·嘉庆—道光）抱阳生撰
书目文献出版社 1987 年版

（一）三编卷二·献贼娈童②

张献忠有美娈童，名二孩子，年十八，技武绝伦。常与靖南侯黄得功对阵，甫出战，童遽飞矢中其手，黄几败阵。怒甚，伏兵擒之。爱其勇，欲令降；童不应。侯笑曰："闻贼夜卧汝腹上，本镇亦能抚汝，何不速降？"童坚不允，绝其食死。

（二）三编卷八·黍离小志

[李自成军队攻入北京后，]诸贼将挟妓招童③，中夜豪饮，触其锋立死。

（三）三编卷一·桐城事纪　涉及南明军队将领的同性恋。

---

① 参见《文饭小品》（四）。
② 参见《柳南随笔》（二）。
③ 小唱之流。

吴郡名贤画像

(清·道光) 顾沅编
(清·道光) 孔继尧绘
清末拓本

张翰像

参见《艺文类聚》(二)。

申时行像

申时行,嘉靖四十一年(1562)状元,官至内阁首辅。其子用懋,万历十一年(1583)进士,官至刑部尚书。申氏家班在当时"为江南称首"(《坚瓠集·癸集卷之一·周铁墩传》),名优有铁墩、管舍、张三等。张三善于醉中演戏,平时是一"伟然"丈夫,一旦上场则"一音一步,居然婉弱女子",能令人"魂为之销"(《鸾啸小品》卷三)。

王锡爵像

　　王锡爵,嘉靖四十一年探花,官至内阁首辅。其子王衡,万历二十九年(1601)亦中探花。王氏家班也是名班,《春浮园偶录》庚午六月二十六日记:"娄江王相国偶出家乐演此(《牡丹亭》),语周明行中丞曰:'吾老年人,近颇为此曲惆怅。'"家乐的演出能令精通戏曲的王锡爵惆怅,可见水平之高。

张凤翼像

俞琬纶像

徐汧像

徐汧，江苏长洲人，东林名士，清军南下时自杀殉国，名优王紫稼曾经为其家优。

萤窗异草

(清·乾隆) 长白浩歌子撰
人民文学出版社 1990 年版

(一) 初编卷二·白衣庵

贵阳有熟苗,其名曰亚九,姓辜氏,勇力善斗,矫捷绝伦,俨然一苗也。乃其母则非苗,实为江左名娼,有宦于黔者,买以随任,冢室妒不能容,乘官他出,赐配于苗,生一子,即亚九,故其貌不肖父而肖母。及长,色冠一方,美播遐迩。时大理某宦有名班,因唆其父以重金,罗而致之,亚九遂为优于滇;声容并妙,名擅梨园,每一讴,座客争为缠头,诸伶咸愧其不及。

年十七,颇存壮志,不以柔媚自甘。一日,演《泣鱼记》于乡,亚九扮龙阳君,大为假楚王所窘,不胜忿忿;至夜,乘其醉,手刃之,亡命入蜀,转折至秦。每言曰:"大丈夫以须眉之身,为巾帼之态,既已辱人,况复受狂且轻薄耶!"因是不再业歌,人亦无知其优者。资用乏绝,乞食于市,有道者见而愀然曰:"子有大难临身,何犹坦率如此?能从予往,或可以逃。"亚九故弗信,又念黄冠皆鳏处,倘遇如玉之姿,必将染指而后已,遂不答,夷然自行。居无何,群丐悦其色,醉以酒,将共嬲之。亚九素有戒心,因大怒,立毙二人,乘宵遁去。

[亚九后来又因故杀人,遂男扮女装以避祸,最终事情败露,被官府处死。]

(二) 初编卷三·青眉

皮工竺十八,邑之鄙人也。年仅弱冠,貌姣好如女子,虽居市廛,里中美少年莫之能掩,以故有"俊竺"之号。其室曰青眉,色尤姝丽,见者疑为画图。初诘其所自,坚讳不言,后乃稍稍露之,则实北山之狐也。

盖竺少佣于乡,始学裁皮,年甫十六耳。师嗜酒,夜出恒不归,肆中惟竺一人,缝纫至中宵,然后敢寝,率以为常。一夕师又出,竺方夜作,闻弹指声,意为比邻取履者,隔扉询之,则答曰:"侬。"其音绝娇细。竺大骇,且虑为市中恶少,侦其师不在此,寻断袖欢,心益惴惴,乃绐之曰:"已卧矣,客请明日来。"外又曰:"侬非暴客,实邻女也。盍开我,与若一言。"竺不得已,从板缺觇之,果似二八垂鬟,立于檐下,因启之。女径掩笑入。竺视其貌,容光照映斗室,虽少小,心亦不能无动,遂腼然诘所自来。答曰:"家居距此咫尺,缘夜绩,烛为风灭,特来乞子新火,非有他也。"竺素醇谨,慨然与之，不敢交一言。女亦持炬径去。竺虽未通情话，而心颇爱好，冀其复来。

[此女字青眉，是一狐仙。竺十八和她渐相狎近，两人结成为夫妻。]

明年，竺已十七，家小裕，志遂少荒，数从无赖游。女禁之弗听。适常熟有富家子，性佻达，尤好龙阳君，时来肆中市履，见竺之色，深悦之。会竺与无赖交，乃以重金唆诸无赖。值望后，月色甚明，众置酒于邑中慈觉寺，邀竺为长夜饮。竺以他故绐女，遂从无赖行，至则富家子亦在座，极致款曲。竺素限于量，饮未半，已不胜酒力。众引之别室，俾其小憩，实则以计賙之也。竺方转侧欲眠，忽闻人小语曰："舍妾孤栖，君乃在此高卧耶？"竺瞿张目视，则青眉立于榻侧，因诘其何以至此。女曰："君之危若履虎尾，犹问乎？请即从妾归。"竺内惭，因诈以醉辞。女以气噀竺面，冷若霜栗之风，酒顿醒，强起随之行。女曰："君未得其实，归将怨妾。盍少留，当有笑柄，供君解颐。"随捉一矮凳，置床头以待，麾之欻成人形，衣缕面容，与竺无差别。竺亦莫测其意，惟伫伺之。有顷，见富家子与众嬉笑而入，曰："啜醋之鱼可捉矣！"径以手启卧者之衣，潜捋其裤，狎亵之状，不可胜言。竺面赤汗流，始悟众等恶计。女顿以纤腕相握，曰："去，去！"遂悄然出走，恍若梦寐，两身早在室中矣。既归，女延之坐，长跽而数之曰："妾携君远离故里，虽不敢望君大成，亦宜自爱。今君数作游荡，几以丈夫之躯，陷入妾妇之队。使狡谋果遂，不独妾羞为弥子之妻，君又有何面目归向桑梓乎？"语甚悲咽，泣下数行。竺愧悔无以自容，颜色沮丧，莫措一词。女恐其过惭，乃起，以温言慰藉曰："后勿复然，过固贵于能改也。"遂仍欢好，不再言。

乃富家子为欢良久，顿觉有异，视之，则裸伏凳上，竺之迹渺然，大惊，疑竺为妖，与众共首于县。时巴陵苏苾臣以进士宰常熟，素稔富家子有邪行，不欲究其事，然因马朝柱一案，逮捕妖术甚亟，爰命役拘竺。竺至，公见其少小，且事涉暧昧，略加研诘，竟笑遣之。

（三）初编卷四·胎异

粤东①之俗，女生十二三即结闺阁之盟，凡十人，号曰"十姊妹"。无论丰啬，不计妍媸，簪珥相通，衣饰相共，俨有嘤鸣之雅焉。及嫁，缓急相扶持，是非相袒护，凡翁姑之不慈，夫婿之不睦，叔伯妯娌之不相能，父母兄弟所不敢问者，唯姊妹得而问之。故闺门之内，蒂固根深，莫能摇夺；而狮吼之威，即在司牧者，亦为之屏息，矧其下者哉！

某县绅家有女及笄，字于巨族，忽病吞酸，腹亦震动，父母咸疑之。然而家禁森严，内无五尺童子，唯同盟一女弟，系贫无所依者，女白诸父母，留养于家，昼则共一绣筐，

---

① 广东。

夜则同一绣榻，此外别无一人，疑不及此，遂目为疾，延医胗视之，举不能辨。无何而弥月不迟矣，且居然生子矣，众论讻讻，丑扬中冓。婿家巨族，不堪其辱，遂讼于邑宰，欲罢其婚。女家亦惭赧不能白，将致女于死以涤垢，唯姊妹行不忍，具牒于县，言女之诬。娇鸟群啼，哄堂号泣，宰亦无能判决。事闻中丞，委员同鞠，究不能定。

时少司寇某公出司臬事于粤，谙练详核，强记多闻，乃谓其属曰："盍使稳媪相女，若系闺体，则斯狱无难立断矣。"其属窃笑，以为生子者不坼不副，容或有之，未闻既生既育，而犹珠联璧合者也。因奉宪令，勉使验之，果皆以处子报；犹恐其妄，遂各遣其衙眷，同往查勘，又俱以女体为言，始信之，而惑愈滋，因复命于公。公闻之，嘿然良久，遽诘曰："胎岂有异乎？"对曰："向曾视之，虽无生气，具体亦人，但四肢百体，空空然如蝉之蜕，若革之囊，一似全无骨肉者，惟此为疑耳。"公乃太息曰："仕优弗学，几杀人子。诸君固有所不知，此二女同居，重阴交感之象也。"众请其说。公笑而不言，命吏诣库取某年部案，与众观之，中一事若合符节，众乃顿悟。盖女年已长，情事渐知，私与女伴效其状，虽两雌无异，而真气流通，因亦有孕。第无云雨之私，究非絪缊之正，遂令硕果虽结，宛同钻核之李，职是故耳。僚属叹服，乃定案。婿家亦无异言。后数月，迎女于归，倡随无间，至今生子数人，则骨擎肤立，迥非向之仅具皮相者矣。

(四) 二编卷一·崔十三

杭人有卖海鲜者，其名曰李念一，湎酒而渔色，尤好龙阳君。虽产仅中人，而耽耽逐逐，惟此是求，妻子之饥冻弗恤也。同里崔十三恒依之。十三年仅成童，貌逾好女，母早卒，惟父在，又以病废，家綦贫，以故念一尝拮据相助，冀图片刻之欢，而未遂所欲焉。盖十三聪慧，善揣人意中事，虽以家寒亲老，借润匪人，而刻意防之，守身如处子，念一遂不得染指。

癸未夏，念一以事如海宁，往返数日程，力请于十三之父，欲与十三偕，意固将决一死战也。十三之父不欲，曰："童子何知，君亦自往可矣。"念一益固请，而十三弱即好弄，乐于远游，又从中怂恿，父不得已而遣之。濒行，密语十三曰："若人素有轻薄名，儿之家倚之，不得不听汝往。但以全璧去，以全璧归，吾可以见先人于地下，儿亦可谓克孝矣。否则，我人也，或不能知，而鬼则知之，必不容汝入崔氏之庙。"十三领诺，即辞父行。邻比多有窃笑者，以为崔父贫病失心，特置子于虎口之下，其不被啖者，未尝有焉。

乃十三自负己智，欣然与念一同舟，与之饮则饮，与之谑则谑，了无畏忌，即念一亦自谓鱼游釜中矣。舟行至暮，十三出篷底闲眺，时念一酣卧，未暇相从。十三目视水光波流，倏忽上下，忾然曰："人不自立，瞬息下流，殆与此水无异耳！"有触于怀，因窃念曰："今夕与若人同舱，彼若以力，将如之何，岂我一婴童而能与壮夫相抗哉？且适间言语涉邪,几于矫手顿足,我果何策以御之?"筹思无计,因而自悔。方且四顾彷徨,潜然泣下,忽上流一扁舟,御风而行,载一中年妇与一少艾,状类母女,女荡桨而母搬罾,殆渔家也。舟行将近,少艾顾十三而笑曰:"个儿郎只身如叶,陷于泥沙,能效我远避狂暴耶?同病宜怜,母不可不有以拯之。"妇亦笑曰:"儿之言可谓'既登彼岸,不忍溺人'者矣,况是儿亦孝子,不宜坐视。"乃即怀中取一册,其巨如掌,仅十余页,裹以他物,投之十三,曰:"孺子得此,可以保身矣。"舟如奔马,十三惊顾之,早已相去里许,辗转之顷,帆影已没。

十三幼从父读,颇通文,亟启其册而阅之,则皆闺中戏术,无他奇。十三乃攒眉曰:"予焉用此,妪殆绐我为笑乎?"既而思之,若运以机智,术亦良得,遂秘之袖中。而念一已醒,遽呼十三。十三入,诘以焉往,答曰:"适在鹢首观江景耳。"念一乃笑曰:"以汝之容光,不惧蛟龙攫去耶?"因又嘻嘻言曰:"今宵能共榻,当以所得之半赠若以赡亲。不然,三尺水即汝安宅,将葬尔于江鱼腹中,不得复返矣。汝父老病,讵能向我索人?"言之咄咄相逼。十三闻之,甚有惧色,顿忆册中移灯就火之法,颇可以济燃眉,乃朗然曰:"兄之爱我,苟非木石,皆知感。但予稚年,不谙情事,且畏羞,倘得沉醉,任若为之,予亦不惜此身。"念一大悦,慨许之,自出登岸行沽。

十三亟觅楮颖,就烛取册观之,则急口令耳。凡三令,举十数言,备极男女狎昵之语,且令曰:"能诵如流水,而无笑容者,乃免罚。"十三一一书之于笺,而自为默记,亟藏其册。未几,念一复入,置酒将饮,十三曰:"无令不欢,且今日之事,更非可默然相对者。昨自邻家得口令数行,颇可以司觥政,请与若行之。"念一自恃捷给,毅然而应之曰:"诺。"即各满引三爵,索令共观。十三又曰:"若年长我一倍,必不予欺。如不遵予令而索予欢,予宁赴清流,誓不汝从。"念一亦允之无难色。十三始出令相示,约以一大白。念一甫寓目,已笑不能仰。十三又自请先行,每一发声,更故作睥睨以动之。念一之情已荡,心遂无主,不得已而亦诵之,未及一行,早已縈然,十三执觯行罚,又不姑恕;再诵,又复如是;三诵,益不能成,俄顷之间,连釂十余爵。念一既已酕醄,遂不作他想,诵之愈急,愈不能如令,漏下二鼓,念一竟玉山颓矣。十三又连劝二瓨,已不克启吻,知其深入醉乡,心始少放。此盖以所欲荡其心,复以所难钳其口,不必灭烛徙薪,而烈焰顿熄,管子所谓"因祸为福"者也。

十三既以智醉念一,别无忧虞,方能拂榻就寝。忽闻弹指声,自启舱门视之,烛光之下,一人掩笑而入,回顾焉,则顷者所遇之少艾耳,喜而致谢,兼叩其突如之故。女笑曰:"恐君未易办此,故来相助一臂,今既潦倒,此夕无虑矣。明日敬效吾法,必当有验。"

〔此女是一神人,崔十三按照她的计策行事,从而使自己数次化险为夷,未曾被李念一污辱。〕

（五）二编卷四·子都

河南某邑宰，素有龙阳之癖，门役侍从，多择美少年，内署经旬不入，人多病之。辛巳岁，奉宪檄饬委，巡视河堤，凡有余桃爱者，无不携以随行，日惟学魏公子，多饮醇酒，但不近妇人而比顽童，堤之溃与不溃，工之坚与不坚，弗问也。风闻于上官，督诫者屡矣，而不能夺其所好，将行参劾，又事涉暧昧，乃檄守河南吴公，尽拘其厮养，而易以面目可憎者。宰迫于宪命，无如之何，强起视工，借以排遣。一退食，则鳖而黑、麻而胡、篷篠戚施者夹侍左右，较之曲眉丰颊、便体清声，其妍媸尚堪数计耶？于是一石始醉者，一斗亦醉，而潘河阳复为陶彭泽矣。

一夕，新魄悬钩，屏人独步，有酒无欢，顿萌月白风清之感。忽闻丛竹中，吃吃似有笑声，以其地为公廨，或有邮亭女子，虽违心之遇，亦可以舍后而趋前。及拨疏篁视之，则二童子隐身于坛楽深处，挦裤为欢，彼此相嘲，益觉喜动颜色，因悄然而前，思为一箭双雕之计。其一闻脩桊籔籔，知有人来，早苍黄如脱兔，穿竹而遁。其一方俯躬跼蹐，旁若无人，及宰至，始赧颜欲避，则已罹罗不远矣。宰牵其腕，同出琅玕，就月谛观，年可十四五，莲花生面，美玉琢肌，乃大喜，如获珙璧。问厥姓名，俯而不答，径拥至于室。久疏情事，不暇温存，续尾之余，较前鱼尤觉鲜美。益大悦，喜问之曰："彼狡童兮，亦有此乐乎？"赧然答曰："我子都也，君为窬生十世身，故假此以温旧好，岂真有所乐而为之哉！"宰喜其言，益嬖之。至旦辞去，曰："恐贻官箴羞，我且归。"自是无夕不至。与谈东迁事，历历瞭如指掌，愈信其非诬。又询彼童子何人，欲兼致之。对曰："渠为申侯，自楚至此，今归矣。"

后数月，公事告竣，宰将归，童来辞曰："相聚无几，又将判袂，人生固多别离也。愿公毋苦忆予。"宰欲强之同行，童曰："新岁自来望公，今尚不暇。"言已径去，宰遂发。吴公尽还其艾豭，归途不能无事，抵署则形如槁木矣。未几遂病，渐以不起。明年春，忽梦童来曰："卫灵公当交代，可行矣。"宰遂卒。继任某公，亦多断袖之好，尤嬖某班中一旦，人以为子瑕后身云。

……

（六）三编卷二·庞眉叟

闽中素矜男色，诗礼之家，生子而美，其防闲尤甚于闺人。某县一巨绅，生子女各一，皆有殊色。绅故崇尚名教，闲之维则，男女既及冠笄，尚犹中门未出。家之童仆，并未少识乌衣，而红颜者更无论已。一日绅他出，见仆执蒲葵小扇，乘凉于门侧，绅亦漠不关心。阅数日，过女闱中，案头适有此物，取视之，上题五言绝，墨迹犹新，而诗鄙俚可笑，绅心犹未甚疑。及诘其女，则曰："弟适携来，云系某仆者，不知何人所书，读之令人喷饭。父亦曾见之耶？"绅微颔之，而疑乃顿起。时内外隔绝，仆之物无因而至，故以为讶，然思仆之妇服役门中，物或有所自来，遂不复根究。乃父出而子入，姊弟又以为笑柄，评骘许时。女因语弟使更之，弟初不欲，既而念少年章甫，忽等巾帼女流，亦深闭而不得出，不觉抑郁，乃以清水涤其墨，取笔大书一绝，曰：

> 雄飞原有志，雌伏固无妨。
> 倘借春风力，飘摇出画堂。

吟成，姊弟又笑语良久，而惧为父见，遂并是扇藏于中，即绅亦不甚记忆矣。

明年，绅将有远行，以门客某综理外事，即馆于家，其素所亲昵者也。时值溽暑，蚊聚成雷，客索一物为驱逐，乞之于内。绅子无以应，偶见此扇，即以付之，亦顿忘扇头所书矣。客挥箑竟夜，晨起，仆瞥见之，诧为己物，及读诗，则又非是，遂置之。乃客当未冠时，实以色宠于宦，故今犹以家寄托，是日见仆错愕，取扇观之，不觉大惭，遂疑绅子为嘲己，思以报复。及绅归，故以扇置其前，且言公子所赠者。绅本有疑于是，见之大恚。客又言："公子每夜出，未知焉往。忝在腹心，不得不告。"绅益怒，入内呼其子，将施鞭朴。幸女锐身自任，极力辩白，书扇有时，与扇有据，宵行又莫须有之说，绅乃释然，反下令逐客。客遂无颜，鼠窜而去。又逾年，绅为其子缔姻于某宦，既纳采矣。客知之，因衔旧怨，携扇造宦，凿凿言之。宦又迂腐异常者，乃以乞书为名，向婿丐字数行。绅不知，命子与之。宦比观字迹吻合，竟遣媒妁绝其婚。绅不能平，争论数四，遂涉讼。然在主斯狱者，犹以诗有可解，事有可疑，闻之中丞、藩臬，亦命为之调停。而卢适入幕①，见之即笑曰："此地素有此风，已不可长，况绅家而亦为之耶？"因命取扇入署，草书一行于上曰："既甘雌伏，何必雄飞？其人之品从可知，其人之婚理宜绝。但存宦体，仰即断离。"云云。绅得此，惭报无地，归即痛挞其子，逼使成招。子竟无以明，刎脰而死。女恫曰："予实使弟为之，今若此，是予杀之也。"遂亦投缳。绅救之弗及，气忿成疾，竟以病废，而人犹喧传其丑，罕有识其冤者。

（七）三编卷二·续念秧②

《聊斋》言念秧之事，隐括其奸，既已如犀照怪。迄今行旅所传，又有数事，亦足寒跋涉者心，因择其尤奇者，用以当禹鼎之一足，俾客子知所趋避，欲窥全豹犹未也。

浙东某方伯，以引年致仕，时已簪绅济济，诸公子皆宦于京，惟一幼者留奉晨昏，已弱冠有余矣。方伯以功名为重，遣之赴都，与其诸兄谋，将以求仕。濒行，予以千金，

---

① 卢某为臬司即福建按察使的幕僚。
② 参见《聊斋志异》（四）。

仅资路费,以京中所需自足,犹虑其少未更事,嘱之曰:"途次念秧者颇多,汝此行不淫、不赌、不多事,可以无患。切宜慎之!"公子谨受教。纪纲数人,载以巨船,非如一介之士,从以老仆、乘以匹马,可以垂钩而钓者也。行及汉口,弃舟而舆,又已数十程。公子既恪守家训,繁费无多,而公又挂冠未久,门生故吏几遍中途,其饱猪肝而赠缟带者,不一而足,即从者亦益润行色,于是慢藏之戒倍严。将抵京,已使人先往驰报。

公子与其仆驾轻车、跨骏骑,辎重络绎,驰驱于畿南道中,虽非朝发夕至,亦既信宿匪遥,心皆渐放。是夕宿于安肃①小邑也,仆夫卸装,公子散步于旅邸,因与邮亭主人闲诘道里之远近,约数日可达。主人未及对,旁一人华服鲜衣,貌颇修伟,代答曰:"明夕宿涿州,二日可抵都门。贵客按程前进,道亦不远矣。"公子以首颔之,微诘其姓,曰:"田某。"审其音亦浙,公子颇动乡情,方将细询,适仆来请盥濯,遂入室。及昏,田忽以盛馔入,浼仆禀白,言系公子长兄——现今莅某部——斥革之吏,以故闲居在此。倘公子肯为缓颊,仍复厥役,则不啻再造之恩,因敬以盘飧上献。公子颇疑,召入问之,凿凿叙述,则其事甚细,其情可原。及诘其何以出京,又对曰:"吏之兄实亦小吏,现掌案卷于县,故来依之。"公子又私以询仆,则逆旅内外,人多识之,因亦坦然不疑,三辞而后受之,更加慰劳,许为排解。田色似甚喜,顿首至地,感激不胜。公子遂独酌于旅舍。田与群仆呼卢浮白,亦乐而未央。

酒将半,又有客至,人骑喧嘶,遽问公子宿处。主人导以入,其一人须髯如戟,冠服不类齐民;其一则形躯短小,年仅成童,美好如处女。公子私心计曰:"念秧者至矣!"强起询之,髯者操浙音笑曰:"弟与兄同一桑梓,君竟不识耶?某太常为予季父,现任都中,与诸大兄杯酒盘桓,弟不才,亦常叨陪侍。至于浙中故乡,先人之敝庐,与尊府相距只一衣带水耳。弟虽未获识荆,昨闻大兄言,知已北上,不意果得相遭,实出三生之幸。"公子闻其言,仍涉疑忌,而依稀记忆,故里若有其人,因叩其官位,并询以所之。则曰:"弟一武夫,叼登乡榜,因丁艰,未经部选。客岁服阕入京,守候至今,始准保府试用。宦途可谓蹭蹬。然藉此遇兄,颇觉大快人意。"语甚洽比。公子因恍然曰:"君非武孝廉某耶?景慕久矣!"竟与之欢然讲礼,无所疑。盖公子邑中有武科,居虽窎远,曾耳其名,即太常之犹子也,所言吻合,方深信之,且揖以入席。某笑曰:"《易》云'不速之客',殆弟之谓矣。"径就坐。公子又诘少年伊谁,某耳语曰:"此京中一妙龄旦也,弟以数百金致之,故不使离左右。兄前放胆,愿赐一座何如?"公子不拂其意,果命侍坐。少年亦不谢,岸然即席,公子颇怪之。既而睨其貌,较敷粉而增光,视涂脂而益洁,俯仰娇羞,宛一闺中弱质,公子遂信其为优。未几,某之厮养亦入,具白旅中人满,无地可容,谋将他徙。某对公子笑曰:"弟自北来,适遭兄之前驱,知今夕当宿此地,故根

---

① 今河北徐水县。

寻而至，冀得一席之地，可以少领清谈，今竟不能，殊觉怅怅。"言讫，作别欲行。公子不禁动念，窃计同乡，又登仕版，既承物色之殷，更荷流连之雅，一时遂顿忘远虑，慨然曰："弟不图兄至，先占枝头，致兄无地下榻，殊为负罪。然不以褒尊为嫌，弟一人正苦寂寞，何不共居此室，抵足谈心耶？"某大喜，谢曰："暮夜良难转移，但弟武人卤莽，或不便于兄，反取罪戾。既蒙盛谊挽留，弟亦不敢自外，谨受命。"即呼从人将衣装尽卸室内，竟不复迁。公子眄其豪华，迥殊寒素，与己亦不甚相悬，愈无所猜忌，乃洗琖更酌。又有顷，田入行酒，公子之侍从踵至，公子命款某之仆。某又起谢，忽见田，骇曰："二兄何得在此？"公子诘其相识之由，则某之母党远族也。公子推某之爱，亦令与席，田三辞始敢隅坐。某与之闲叙家事，刺刺不休，公子得注视少年，竟不复忆庭训。少年又时时流盼，倍觉销魂，四目交瞩，渐有不可解之势。知已上饵，故飞一觞来曰："兄须尽此爵，是儿有绝技，尚未及一售也。"公子竟满引之。某以箸代板，命少年清讴，初犹腼腆，辞以喉哑，强之而后歌。乃一发声，梁尘簌簌欲动。于是四人豪饮，均已酕醄，邑城早漏下三鼓，田乃辞出。

公子与某皆命仆布衾，各据一榻。少年果随某同卧，俨然伉俪，公子因窃笑之。及寝，某忽发恶欲呕，做诸醉态，故搅清眠。公子本不惯此，加以宿酒在胸，遂不能寐。遥闻骰声清越，唤采夺雉，公子知仆辈共博，亦属长途恒事，漠不关心，而伺彼二人，则已共入睡乡矣。公子转侧亦渐朦胧，闻某又欠伸，仿佛病酒不能即安者；少顷，遽以昵语唤少年，少年弗应；又许时方觉，微问之。某低曰："转背向予，奈何带亦弗缓？"旋闻少年曰："卧榻有人，何又做此态？"某笑曰："渠被酒甚深，此时早应熟寐，何能知？若乃故为阻我。"少年遂不言。须臾，榻上即窸窣作响，枕席亦有声，鼻之呼吸，口之呕哑，皆不止。约略间，公子之情大动，惟恨不舍彼而就此。无何，鼾声聒耳，某似熟眠，且闻少年笑曰："误人黑甜，旋又醉梦，为欢几何！"公子顿思招之，忽忆父命，遂复强忍。铃柝已四敲，因假寐思睡，俄而耳畔有人小语曰："君盍少窹，敬来答垂盼之情。"语未及竟，身已入衾。公子觉肤香袭人，若薰兰麝，及抚其下体，则又如脂如韦，温胜堆绵。值火灾袄庙之时，宁复有舟返剡溪之事？未及片言，山僧早叩门而入矣。少年又极浍泼，百倍闺人，公子初尝试之，能不神魂颠倒哉！事已，共枕交吻，少年始言曰："仆以一时狂瞽，误从此赳赳者，使酒尚气，殊不留人面皮；兼之武勇可憎，倘违逆之，敲扑不远矣。宁得如君辈儒雅，使人乍领，而已为之醉心。"公子已有意于此，乃以言挑之曰："某兄亦甚爱吾子，何遂不满如是？"少年又曰："若人清醒亦极能温存，无如性耽曲糵，醉后益豪，虽当仆役之前，亦强人为此丑态。君知我辈，岂遂无耻至是？即如今夕，与君共室，何可复生欲心，致以猥亵悉入君耳。即此可见一斑。"公子因笑曰："胡不舍之而相随远出，子亦自有所乐者。"少年乃低诉曰："渠止二百金为予偿债，遂诱予相伴，至任再酬十镒。予年幼，误信之，于今甚悔于心，然亦无可如何矣。宵来晤君，不胜仰企,故敢窃以臀馈君。倘留意付渠原金,仆自从君返京,朝夕侍从。我辈中尤有妙者,则汲引同来,不难尽入彀中,岂止仆之一裔哉!"公子见其滑稽,益更适意,径许之。少年亦不复起,竟任公子拥背高眠,不觉东方之已白。

诘朝,公子犹寝,忽闻某诟谇声。及醒,少年已为摔去,将饱老拳。公子心实恻然,乃著衣下榻,赧颜而排解之。某益忿忿,兼詈公子曰:"以若文人华胄,且系乡谊,倍致殷勤,何倚势夺人所爱耶?斯事无足涉讼,予只扑杀此獠!"公子实内怍,某即奋臂毒殴,少年号救,势甚汹汹,邮亭主及两家藏获皆排闼直入。正难解纷,田忽自外来,遽止某曰:"弟毋躁率!公子实予恩主,有言宜缓商。"遂力劝某出。某犹作色,田乃把臂同去,旋复公子曰:"渠实不甘,可若何?"少年又涕泗横流,不愿从某。田因为之居间,劝公子出金相易,公子亦心肯。田与某言,初犹不许,及言之再三,始允从,但索少年衣履并饮食鞍马之需,公子亦靳之,直至日中,甫能定议,以二百四十金付某,某犹恨恨不绝口。公子虽失数百金,然得少年,甚惬所愿,故亦不以为憾。田亦策蹇相送,公子固辞不获,姑听其行。

至某镇,日色将晡,始治餐,田又以盛馔入。公子深感其意,与少年对食于室中,田与仆皆在外也。忽有数人徘徊庭际,皆青衣,状类应捕,嘈杂细语,良久始出。旋见田奔走张皇,入室即言曰:"敝亲诚不肖,又负累公子矣!"因指少年曰:"是儿非别,某王府中之旦也,受王身值若干,惧已浪费,故从敝亲远行。王怒,仰京畿追捕,急如星火。仆误劝公子纳之,今被京差窥见,以公子为逋逃主,将逮去见王。公子宜速为计!"言未已,讻讻者尽入,已至庑下。公子闻王大怖,神色尽失。田又出与众语,安慰之。已有二人牵少年出室,加以肘锁,如重囚。公子益骇,呼田与谋,思所以免祸。田有难色,曰:"此曹眼孔大,区区者何能济事?姑试之。"出,果遭捕人挥斥,且掌其颊,田不敢言。公子又浼之。田往复至三,捕人始有允意,然索重赂,金且论千。公子虽震恐,力实不能,田又为之关说,耐尽叱辱,议至八百,方首肯。公子所携之数,半耗于舟车,前事既已告罄,因以馈赆为苞苴,不敷者更质其衣物,囊橐半空,甫能如数。捕人犹争执不已,田恳之,乃縶少年北行。在公子则已人琴俱往矣,郁郁不快,而天已薄暝,即宿于此地。

翌日启程,田早不辞而去,公子惑焉。视仆之行装,俱若轻减,亟叩其故,多不敢置对,惟一仆答曰:"前夕与某之仆博,独田所负不赀,及田寝,吾侪始落下风。夜间宿此,因共计取偿于田,以报公子。不意局势忽翻,田竟大获,约赍数百金,又不敢闻之公子,遂各泻其装,畀之令去。渠实饱载而归,公子幸无责。"公子闻此,怃然有间,曰:"噫!予知之矣,此真念秧者也!"

(八)三编卷三·龙阳君

黎定国,陇西杰士,勇健有力,常升万仞之山,如履平地。然当其微时,人或与之争,辄敛手避之,曰:"渠非吾敌,毙之则枉杀一命,且误我一世功名。"其志不可量。后入伍食饷,屡著奇绩,以军功擢都阃,莅任粤西,苗人咸慑之。

一日,奉宪檄巡视海洋,乘艨艟,建旗纛,势甚烜赫。夜寝于舟内,漏下三鼓,忽闻唱名曰:"龙阳君谒!"黎疑其梦,然已披衣起矣。侍人明烛如昼,见有整冠服者入拜,衣制甚古,而年且耄耋,拱揖而言曰:"不谷受楚王大恩,位列诸侯之次,虽以色进,亦一时之盛遇也。自殁后,谪居海上,垂今二千余年。近有亡耻少年,冒予名色,蛊惑良人,予已尽拘之来,给以职役。不图南海孽龙,睸其秀丽,辄欲强行夺取。窃恐此辈一散,又将污触天光,浊乱世宙,且隳予之声闻。苟得威力如将军,前往镇抚之,庶几可以无患。"黎闻其语甚诞,乃辞曰:"龙岂可以人力制伏耶?"对曰:"予已设饮宫中,将以大义责之。而予素乏拳勇,虑彼不服,微将军特莅是盟,后必有悔,非敢以戈戟相劳也。倘蒙见助,感戴靡涯。"黎遂慨然许诺,佩剑与行。出舱即有人控骑相候,乘之登岸,约数里,旋见一城,雉堞巍然,而不及一邑之广。入门而东,有栋宇,亦似轮奂,黑暗中都不甚悉。龙阳君先已弃骑,揖之同入,门庭皆燃巨烛,雕楹刻桷,亦在恍惚之间。其居之内外,侍从百数,皆以美童充之,有披发者,有弱冠者,亦有近人装束者,要皆妙龄,无一老丑者。相逊至庭,龙阳君揖黎上坐。席未温,有人遽报曰:"龙主至矣!"龙阳君出迎客,黎亦起立视之。珠灯数对,引一人,冕而盛服,貌绝陋,即如世所绘者,历阶而升,见黎即顾问曰:"客何为者?"龙阳君答曰:"黎都阃适来巡徼,亦奉屈至此。"龙主色似不怿,遽曰:"我辈之事,亦何与于阳官?龙阳君殊多事矣!"龙阳君未及答,黎即正色曰:"普天之下,莫非王土,天子设官,所以治之也。海中一洼水,余得巡查,则公私皆当与闻,岂可以幽明为界,遂谓为农之越畔哉?"龙主闻其言,亟改容致礼,且谢过。因共逊黎首席,而后宾主分坐。

酒行数巡,龙阳君乃言曰:"前承龙主驰谕,欲以海中珍玩易诸童,寡人何敢有违。然自后庭开凿,古圣王列之三风,永垂世戒,后之帝王君公,或以骖乘见讥,或以余桃遗臭,龙主亦何取于此?且计龙主宫中,美人充下陈,狗马实外厩,亦已足以自娱。万望收回成命,无贻海若之羞,波臣之笑,实为厚幸!"言已,龙主艴然不答。黎乃接谈曰:"此论甚正。以余闻之,龙阳君曾泣前鱼,岂不乐后人之继起?今乃涤肤洗髓,思以尽革其余风,意亦綦美。况龙主之职,只宜霖雨苍生,而耽耽于顽童之比,九阍闻之,能无怒乎?即某亦窃为龙主滋惧矣。"龙主又默然。黎遽按剑而起,谓之曰:"君有三大罪,其知之乎?"龙主亦毅然曰:"不知也。"黎曰:"君虽蛰尊水府,实已南面称王,竟不顾大裒体制,而宴然争此娈童,一大罪。龙阳君受封于楚,曾为贵臣,君乃以威势压之,倚众暴寡,恃强凌弱,二大罪。龙阳君尽收陆海,虑人宣淫,而君强竞南风,导人纵欲,非三大罪而何?"语至此,须磔目张,剑已离室,厉声曰:"某受朝廷之职,奉幕府之命,虽居末秩,实仗天威,凡有梗化者,无论鬼神,皆得问罪。矧今日之举,将以扶弱锄强，诛淫去暴，即以三尺之钢，溅汝项血，谅不为过也！"挺剑而前。龙主色挠，长揖而谢之曰："将军坐，何至于此！寡人知过矣。如再思断袖之欢，当遭醢身之祸。所不应者，有如此烛！"黎乃掷剑大笑曰："吾固谓龙主豪杰，必无不断之事也！"龙阳君又请为盟，黎笑而麾之曰："以盟为有益乎？吾恐口血未干，即有龙战之事矣。盟既如此，不如无盟。"龙主亦辞而不歃，遂复坐饮，相对甚欢，直至鸡鸣，龙主先辞去。龙阳君谢黎曰："非借将军神勇，此事正未易决也。"因献明珠一样。黎坚辞不受，依然乘马而归。比及舟中，天已昧旦，从人皆不知黎出，见始骇然。黎询之，对曰："我等闻公命烛，及燃之，公复偃卧，竟未见公他往也。"黎亦笑而不言。

诘朝扬帆，见一蛟蜿蜒海面，从以小鱼约数百，且稽首作谢状。黎知为龙阳君，温言慰之，旋失所在。黎后位至协镇，恒向人述其异如此。

外史氏[①]曰："'蛟'字从'交'，毛诗以狂童为狡，孟氏以艳丽为姣，音虽殊而字形相类，则龙阳君之化蛟也宜矣。但无虎豹之威，不免蛟龙之斗，黎将军侃侃正论，立解其纷，何其豪也！至以中山之魏，为南溟之鲲，似乎寓言。不然，众维鱼矣，何复有漏网者，献笑争妍，致短须眉之气耶？"

（九）三编卷四·卢京

卢京，本名京儿，以妙龄绝色，为优于都中，名噪一时。秀水某孝廉，以候选在都，见而悦之，恒流连不去。孝廉綦贫，囊空如洗，不能出缠头费，惟于演剧处，所携百钱，日往一游，驾言观场，实则意有所为也。京师名园数十处，每以班名揭于市，孝廉侦之，得其所在，辄竭杖头物，奔赴恐后，虽远弗辞。至则息虑凝神，木坐于场侧，卢出则翘首以观，卢入则曲肱以卧。且于其来也，若睹名画，注目弗移；其去也，若送飞鸿，神往不已。场上一嚬，孝廉亦为之一嚬；场上一笑，孝廉亦为之一笑。虽诸伶纷沓盈场，而精神有所专主。耳之所闻，非卢若无闻也；目之所见，非卢若无见也。或问所演何剧，则答曰："予乌能知？"于是戏痴之名，同乡人咸传为笑柄。

乃卢以色艺擅场，自矜得意，目中初未有此一人。比及年余，竟无虚日，其坐则尺寸不移，其态则初终不易，目孜孜而神恋恋，只专注于己身，卢亦微有所觉，始犹窃笑，久而以为奇，益阴伺之。孝廉之若送若迎，直将性命之不恤，卢亦不禁感动，既而不得其名，叩之园主，则笑曰："此戏痴也，随子有年矣，子故未之知耶？"卢深以为异，更物色之，得其详，则虽登桂榜，实守寒毡，非能向梨园中买笑者，心益怜之。踟蹰数日，竟弃其业，席卷所有，归孝廉，见即泣拜于地，请为仆。孝廉虽钟情有素，初不虞其自来，不禁骇然，力辞之，而并诘其故。对曰："非敢有他意，感君之青盼，使人不能自已

[①] 长白浩歌子的自称。

耳。"继以号泣，卒不肯去，孝廉因留之。

卢昼则青衣，若厮养，代孝廉执炊；夜则市斗酒，易女妆，歌舞于氍毹之上，以悦其意；及孝廉将寝，则辞出，曰："非爱此残躯，深虑损公盛德。"孝廉习之已久，亦爱而重之，而赋性聪敏，倚之如左右手。迨选期将届，卢又出己赀数百金，为孝廉营干，得铨大邑。孝廉素鲜积蓄，一切赴官之需，举出于卢，倍深感激。抵任，命总衙务，辄辞不谙，曰："从公本以酬知，若如此，是以为奇货可居也，况优人用事，上宪将为之寒心。"竟不受。故从宦十年，翻不若绮筵数夕。及孝廉卒于官，代纪其家，扶柩归里，临穴一恸，始辞归。晚年至京，贫且老，以教歌为活。有浙人知其事者，或以孝廉语之，辄流涕不止，以为失生平第一知己。

外史氏曰："人谓孝廉为情痴，而不知卢之情痴视孝廉为尤甚。何则？辞纷华之境，甘淡泊之天，唯读书明理者能之，此曹何望焉？乃因一顾之知，从以十年之久，事出优伶，殊为可异。若孝廉者，以青白眼待旦，未闻以青白眼待人，尚不免见笑于步兵。抑余闻之，有陶公名某，以甲科授张掖令，下车之始，谨饬时闻，且年逼耳顺，簿书而外，只以一卷自随，终岁始召优演剧，盖亦周旋僚友之故也。甘郡某班，有旦名悦生，陆姓，貌颇秀美。一日，奏技于署中，公瞥见之，情不能遏，竟留为近侍，朝夕弗离，所赏赉无算。悦生又媚诸公子，中冓喧争，人为掩口。后公将离任，悦生携万金兔脱而遁，公亦因色致疾，几不起。呜呼！不见可欲，使心不乱。如陶公者犹不免于陆沉，岂孝廉之佳遇可以幸致也耶？"

（十）初编卷二·睡姬 写一同性恋故事。

（十一）三编卷三·笑案 写一福建同性恋情杀案件，凶犯因契弟情变竟然割其后庭，烹而食之。

（十二）三编卷四·萧翠楼 写一同性恋故事。

谐铎

(清·乾隆) 沈起凤撰
人民文学出版社 1985 年版

（一）卷一·兔孕

俗传娈童为兔，不知始于何时。襄阳韦生，豪族也。宠姬四人，分四院以居。后眷一童，名粲儿。终年不履内院，日与粲儿坐书室调笑为乐。又得仇十洲所画《左风怀秘戏》，按谱行云，照图作雨。后庭花满，视温柔乡不在钗丛中矣。

西院姬名阿紫，美而黠，与粲儿通，而韦不知也。一日，韦他出，阿紫出帘下招粲儿私语曰："自与君接后，红潮不至者百日矣。主人经年不御，倘一旦临蓐，诸婢子持我短长，宁仰药以求死耳！子盍为我计？"粲儿曰："我筹之熟矣，断不误卿！"

亡何，韦自外归，与粲儿共朝膳。甫一举箸，颦眉捧腹，忽作呕逆状。韦急起拥之，曰："昨晚花阴露坐，脱卿半臂，以致寒侵玉骨耶？"粲儿曰："非也。自蒙君家雅爱，怀娠者三月余矣！"韦大骇，继而笑曰："雄鸡抱卵，牝马生驹，今古未闻。子勿以此相戏。"粲儿曰："君不知耶？我见君中年乏嗣，而又弃彼膏壤，耕我石田，何日芝生兰茁？因私祷诸海棠祠下，愿得转男作女，为君延一线之祧。今果神明鉴察，早晚为君抱子，而犹以我言为戏乎？"韦大喜，拍背而语曰："不入兔穴，焉得兔子？从此守株而待，不必更营三窟矣！"由是日复一日，将及阿紫分娩之期。粲儿曰："生儿外寝，殊不雅观，乞移我于内室。"

韦商诸他姬，皆负气不允。时阿紫托疾卧绣榻中，招韦与语曰："自君贪恋顽童，三年不践闺闼。今急而求之，无怪渠不应也。如欲居我西院，君必裹足如前，无许往来蹀躞，俟彼免身后遣事可也！"韦笑曰："汝摈我作门外汉，意欲藏盗于室乎？"阿紫曰："彼弁而钗者，直可认作姊妹行耳。君如见疑，我亦何必琐琐？"韦出，与粲儿语。粲儿曰："此善策也。男儿生产，本骇听闻。今移我于西院，一旦临盆，假言是紫娘所出，不至纷腾物议，贻后日佳儿之玷。"韦亦拍掌称善，遂移粲儿于西院，自乃独宿外厢。

一夕，传言粲儿腹痛大作，急唤家人往招收产。而呱呱一声，房内诞麟儿矣。越半月，粲儿绷婴孩而出。视其仪容，与粲儿酷肖，呼之曰"似娘儿"，而不知实似其父也。因粲儿无乳，嘱阿紫以米汁饲之。而终日乳香喷溢，韦亦不诘其所自来。一切瑶环绣葆，皆取给于阿紫。偶有微恙，阿紫必令心腹婢抱入闱中，百方调护。韦以为不妒，转羡其贤。尝戏谓粲儿曰："兔生鸟覆，真痴儿之福也！"粲儿亦戏曰："扑朔迷离，雌雄莫辨，君亦顾兔而未能相鸟者矣。"

后韦以淫欲无节，中道而殂，诸姬星散。粲儿与阿紫竟成夫妇。俟儿成立，收其遗产，迁居冠盖里，称富室焉。

铎曰："男子后庭生育，天下可废妇人，俞华麓乃戏言耳。[①] 愚者以戏为真，卒至兔窟初成，鸾巢尽覆。舐豪而孕，实忘蹄者成其狡也。《慎子》曰'积兔于市，过而不视'，其齐家之微义乎？盖因小人难养，况兼女子身来？须知凿井徒劳，还是耕田计稳。毋使艾豭入室，盗我娄猪；以至狡兔突围，牵其犬子。前车可鉴，早提防东阁之奸；后户难开，莫轻启北门之钥。"

---

① 见《情史》（二）之（1）。

(二) 卷六·面目轮回

京江赵生，名曾翼，才华秀美，为艺林器重。而引镜自照，实惭形秽，因题诗于壁曰：

> 投笺我欲问阎君，面目庐山恐未真。
> 若说左思多陋相，道旁掷果又何人？

题毕，愤气而卧，瞀至一处，类王者宫殿。旁有屋三楹，上悬金字匾额，颜曰"面目轮回"。错愕间，一书生高冠道服，携书两册，从内徐步而出。视之，乃故友康锡侯也。康本浙中名士，以丹青作诸侯宾客，赵曾缔杵臼交。相见询赵近状，赵亦诘其踪迹。康曰："兄不知耶？弟厌世久矣！因生前颇善绘事，被转轮王征作幕客。凡一切众生，先绘其耳目口鼻，然后降生人世。"因出手中两册示之，曰："兄观此，即知弟匠心之苦也。"

赵先观第一册，签曰"贵者相"，状貌类皆丑拙，稍次者亦麻胡黑胖。继观第二册，签曰"贱者相"，姣好如妇人女子，眉目间虽乏秀气，而各有一种顾影自怜之态。因艴然曰："兄操造化之权，何贵贱易形，美恶倒置若此？"康哂曰："兄何见之卑也？当世台阁诸公，内美定有可观，岂必藉外貌图尊显？惟贫贱者流，困乏不能自立，俾得一副好面目，上可以沐贵人光宠，下亦插身粉黛场中，窃断袖分桃之爱。此予救世之婆心，造形之善术也！"

(三) 卷十一·恶客除淫

金山寺老僧普静，畜一猴，毛色尽白。日锁诸佛殿上，令听讲。一夕，脱索去。老僧叹曰："业畜淫心未断，必杀身。二十年功行，断送却矣！"

会有陕商某，侨居铁瓮城，好畜美姬，婢女仆妇亦端好。一日，有裼裘少年款其户，自言申姓，因苦尘嚣，愿假园亭以憩。某素有断袖之癖，觊其貌美，许之。夜诣其室，见床无衾褥，笑曰："榻冷如冰，抱衣难卧，如不以贱躯为累，当移襆被来。"少年许诺。某命家奴携锦褥并鹅黄绫被，陈榻上而去。某曳少年同卧，潜私之。少年笑曰："被君轻薄，从此冠而钗矣！"某亦笑曰："汝诚昵我，当厕诸金钗之列，岂敢视为外宅儿哉！"由是，少年出入闺阃，某亦不禁。渐私其婢女、仆妇，继并乱其姬妾。初犹作宵战，后竟白日宣淫，漫无顾忌。某素嬖之，不能骤加呵逐。

一心腹友至，某潜与商榷。友曰："开门揖盗，罪诚在汝。必欲除业种，当先断其淫具。"某曰："宫之乎？"友笑曰："割鸡焉用牛刀。"某固问之，答曰："世有不恃寸铁，而可下人腐刑者，特痴儿不察耳。"某请计，友曰："此间有一倡，小字雪狗，下体发巨毒,盍召之来?"某从之。

亡何,雪狗至,口脂面粉,烟花中主帅也。某藏诸闺阁,夜令就少年寝。少年得雪狗,果大喜。雪狗本倡家妇,素善房术;少年又健战,朝夕攻毒,殊无觉察。不半月,少年两颧渐赤,时以手插裤际,似搔痒状。又半月,双眉顿蹙,呻吟作痛楚声。越数日,辞去。然两三日必一来,来则与雪狗聚。后数日,不能步履,拄杖伛偻而至。与雪狗偎抱,竟夕转侧,不能兴云雨。雪狗故握其茎以掉弄之,砉然而脱。大声呼痛,下床觅杖,踉跄遁去。雪狗就灯下出掌视之,见一具约五寸许,皮肉交粘,血淋淋如涂朱。嗣后竟不复来。

友人至,笑曰:"宫刑已验,但君以绣帏作蚕室矣!"某笑谢,并以百金赏雪狗去。后闻金山塔顶有一白猴,下体溃烂而死。老僧瘗诸塔下,叹曰:"谁家恶毒儿,至此惨杀?然淫根尽拔,可以净体皈三宝矣!"某嘱友隐秘其事,而雪狗反为人详言之。

铎曰:"痴儿噬毒,必至丧身;浪子回头,已成灭鼻。幸制心猿,勿投馋犬。腐刑最下,其共凛之。"

夜谭随录

(清·乾隆)和邦额撰
上海古籍出版社 1988 年版

(一)卷之二·刘锻工

锻工刘姓,汀州连城人。乾隆丙子入都,道经汶上,宿逆旅。适有番禺许生,公车北上。与刘同舍有少年甫弱冠,眉目如画,云是江右人,预委装于室之东北隅。比许至,已无隙地,主人不欲留。许殊窘迫。少年曰:"四海之内,皆兄弟也。店中果无容膝地耶?与小弟同榻可也。"主人乃留之。许目少年,大喜,市酒肉飨焉。刘亦得醉饱。

既就枕席,睡未安,忽闻少年厉声曰:"奈何无礼至此,汝视我为何如人耶!"许悄然不发一语。既而少年作怒咄声曰:"此亦错怪汝,汝未知我之伎俩耳。姑一试,使汝知之。"言未绝,随闻剨然一声,白光如匹练,出自帐中,绕室如飞电,寒侵肌骨。刘汗下如雨,屏息不敢少动。一食顷,少年喝言:"住!"白光旋敛。少年下床结束,曰:"苟非刘丈在室,蛮崽尚得活耶!"更至刘前谢曰:"年少性躁,适间惊扰,方寸不安,少有馈遗,聊赎愆罪。前途尚有锐务,须早发,幸左顾,勿见拒也。"亟委一柿黄布囊于枕畔,启扉径去。良久,刘心始定。呼许询之,许大愧恶,力叩之,乃吐实曰:"初见少年姣好,深慕之。既抵足,肌肤滑腻如脂。试握其足,不动,拊其髀,又不动,不禁心大荡,欲以龙阳君待之,亦酒醉所致耳。讵意其大有神术耶!"

早起,刘怪许无眉,许亦讶刘短须,大惊。及相与束装,毛发适在衾中,方悟夜间白光迅飞时,尽为所削而不觉也。刘私启所委布囊,得白金二笏。至京营运,遂成巨商。许下第,肄业成均,寻病卒。

兰岩①曰:"飞仙剑客,世所恒有,奈何梦梦,欲以龙阳君待之哉?其不为所诛也,亦幸免耳。白面少年,只身逆旅,非大有过人之处,鲜不遭窘辱矣。许生功名念切,甫获一席之安,淫心辄炽,几蹈不测,固亦宜。然独不解少年慷慨之抵足,炫以姣容,亲以柔体,不已冶容诲淫哉?或藉此一示其神术耶?"

(二) 卷之六·异犬

某侯袭爵之前一岁,年甫十七,丰姿如玉,而癖好斗鸡走狗。尝豢一黄犬,甚爱之,至同寝食。至夏日,率犬出东门,游行郊坰。大雨骤至,避一墓门下。墓前有积潦,广袤数亩,芦荻满之。坐未安,复有三恶少,**韝**鹰负弩而至。见侯,各耳语。

侯故白晰,一恶少作韵语曰:"黑者黑如铁也,赤者赤如血也,白者白如雪也。"其二人和之以笑。侯虽微,固世家之裔,且懦弱孤立,闻之大惧,冒雨欲行。恶少挽留甚力,侯大窘曰:"汝等欲何为?"恶少皆笑而不答,但相与拘持之。犬在旁大噪,来啮,恶少以巨石投之,中脑,犬闷绝。乃尽褫侯衣,不留寸缕,缚手足,俯而捼诸草中,欲淫之。侯哭叫声嘶,滚地不定。会有数骑自林间来,恶少仓皇逸去。骑者至,见而诧异,解其缚而询其故。侯猬缩而泣告之。骑者怜其遭,衣而送之家。犬亦跟跄随之归,数日不食,创昏溃而毙。侯大恸,瘗之园中,祝而祭之,如丧良朋也。是夜梦犬作人言谓侯曰:"主人遇我厚矣,将有以图报。主从此出门须慎,苟际危急,我受豢养恩,至时必相救。"乃觉,以为异,谨志之。

一日有事于通州。归而泛舟于大通河,仍见前三恶少,更同二少年,掉臂趁船,咸目侯而笑。侯惧甚。至闸上泊舟,同载者星散,侯混入旗亭,潜视三恶少去远,始觅僻径急行。约里余,猝见三恶少突起黍稷中,捉侯入幽僻处,掩其口,复褫其衣。一少年方欲奸之,忽一巨犬窜出垝垣,直前啮其阴。少年痛绝而踣,犬更追其二人,一落其腓,一伤其臀。侯得无恙,著衣蹑履,蹊田而奔。犬返走,侯尾而唤之,直至一茅舍前,犬蹲于篱落下。就视之,则一病癞黄狗也。意颇恍然。有老妪扫麦于场,谛侯而笑曰:"此吾家老犬也,病癞半年,昨夜死矣。小哥薄而观之,独不嫌其秽乎?"侯漫应之,惓惓而返。

夜复梦犬来告:"主人之恩已少酬报。冥中怜我之忠,行当托生为人。于焉拜辞,再

---

① 本书的评者。

见无由矣。"言讫,涕泣叩头而去。侯深感其义,计犬死期,每七日必设祭于瘗所,至今不衰。后闻知三恶少,二作废人,伤阴者越宿即殒。

(三) 卷之九·三官保

　　三官保,满洲某旗人也。年十七八岁时,皓齿明眸,雪肤华发,言笑妩媚,俨然好女子。且善自修饰,见者靡不流瞩。外秀如此,宜其温文蕴藉,蔼然可亲矣。乃负气凌人,好勇逞力,往往于喧衢闹市间,与人一言牴牾,或因睚眦小怨,必致狠斗凶殴。虽破脑裂肤,终不出一软款语,有北宫黝之风。不知者亲而近之,知者避而远之。邻里畏惮,号为花豹子,以其美而暴戾也。

　　……

　　上元夜,三人踏灯于四牌楼,漏三下,饮于酒家楼。见一人貂帽狐裘,肥胖长大,年约三旬。又一少年约二十许,冠紫貂冠,袭黑羔裘。从八九健仆,对席而坐,频目视保,耳语而笑,笑讫,复视之。保益作媚态,眼波频溜。二人心醉已久,况加酒醉,少年乃出席向保曰:"元夜相逢,缘法前定,曷不同席一饮,快谈衷曲乎?"佟、张怒,勃然欲动。保肘张而蹴佟之足,即趋对席曰:"即蒙垂爱,何幸如之!"二人喜极,拥之入座,狎亵百端。忽少年以所饮余酒犀保曰:"小哥能尽此杯,洵可人也。"保一手接杯,一手握其臂,极力扭之。少年大声呼叫,蹲身凳下。中年者以为戏,方鼓掌而笑,保回肘撞其胸,仰踣于地。佟、张复来相助蹴踢,二人滚地甚苦。众仆乌合攘,三人大挥老拳,势不可当。四座纷纷走散,颠仆狼藉。三人无所伤,径下楼去。比金吾步军来捕,三人已去远,不可踪迹矣。次日,处处相传,某宗室在某酒楼,为匪类所窘辱,亦平日恣横恃势之报也。保闻之,意得甚。

(四) 卷之一·碧碧　写一鬼狐同性恋的故事。

(五) 卷之一·梨花　写及同性恋。

(六) 卷之一·某僧　写一僧人同性恋的故事。

(七) 卷之二·张五　写某人的男宠和他的爱妾私通。

(八) 卷之二·诡黄　写一同性恋故事。

(九) 卷之三·倩霞　写有清初三藩之一靖南王耿精忠之少子与优伶珍儿的同性恋。

(十) 卷之五·麻林　似写常随之间的同性恋。

（十一）卷之六・棘闱志异 写一同性恋故事，内容与《子不语》（三）相似。

（十二）卷之六・白萍 写一福建同性恋的故事。

秋灯丛话

（清・乾隆）王椷撰
清乾隆间刻本

（一）卷五

马桂官，吴郡名优也。长兴蒋某赴苏，见而悦之，倾心相结。马感其情，从之归。蒋惑焉，坐卧不少离，戚友规劝，弗听。其妻患之，无术可遣，诡曰："马子丰姿，濯濯如春月柳，妾见犹怜，无怪君之眷恋也。"蒋闻言大惊，恐妻有异志，乃赠以金帛，涕泣与诀。马讶之，诘其故，以实告。马怃然曰："情好如吾两人，何来此魔障耶？请净身以释君疑。"遂自宫。蒋为延医调治，痊后，情益笃。无何妻殁，誓不再娶，与马寝处若伉俪。蒋饶于财，恶少多挟之以邀重利。有不满其欲者，控蒋私蓄内官。蒋惧，厚赠马，使之潜逸。上下贿托，乃得寝，而赀财亦零替殆尽矣。后应京兆试，入都，遇马于慈仁寺，服饰华丽，握手道故。马欷歔曰："不意君蹉跌至此！吾今给事某王府，幸蒙委任，囊颇丰，君勉志功名，当竭资襄助。倘得善地，旧业可复也。"为蒋援例，除山西某邑令。未几，马缘事为王府遣出，往依蒋，情谊如初。蒋性喜挥霍，座上客常百余人，且簠簋颇不饬，马屡谏弗纳。乃从容谓曰："日不常午，何不预营三窟耶？"蒋曰："诚善，顾安所得腹心之托乎？"马曰："某不可当此任耶？"蒋出金授马，马挟之而遁。留书曰："君危若朝露，燕处自喜，今且别矣。"众咸诮蒋不知人，蒋曰："某之获官此土，马力也！且安知马之终负我乎？"无何，蒋以贪墨败，戚友星散，偕子侨寓僧舍。饔飧不继，而追帑严切，狼狈万状，无过而问者。一日，有僧来访，视之，马也。谓蒋曰："曩不听吾言，预知有今日，余囊中物可稍解目前急。"款曲数日，辞去。逾年，蒋病殁，马来吊，哭极哀。适遇赦援免，乃同蒋子扶柩南回。蒋子隐伤无家，忧形辞色，马曰："公子长兴山中有薄产，何过虑也。"蒋子不解，至则舍宇脩整，沃田数顷，居然康阜。马为之卜地营葬讫，出券契册籍，谓蒋子曰："此公子家物，某历年所生息者，谨以相授。今而后，吾事毕矣！请从此逝。"蒋子谓马将远去，苦留之，马笑而不答。明晨不知所往，遍觅之，见马倚墓树而立，以手牵带置项下，即之，气已绝。拣其底衣，系白绫一幅，书偈其上曰："前世冤家，今生佳话。蚕死丝缠，烟消云化。"蒋子感其义，以礼葬之父墓傍。

(二) 卷十二

张某,吴郡人,美丰姿,善丝竹。而家苦贫,欲北游京师,祈梦韦苏州庙。梦至一宅第,杳无人迹,步入内室,金玉锦绣,充牣其中。顾己身高髻红裙,变为女子相。方自惊骇,忽门外火光赫赫,逼近房闼,窘迫不得脱,闻有呼者曰:"尔丈夫来矣!"倏一人自火中提之出。惊觉,不解所以。未几买舟北上,过维扬,有孝廉汪某来附舟,宛然梦中人也,以为异,遂与同济。汪悦张少美,酒酣烛跋时,辄以言挑之,继以谐谑。张羞涩不自胜,但以梦故弗甚拒,遂成断袖好。抵德州,汪作别访友去。张独行入都,自此不相闻问矣。后张为某制军公子所嬖,囊橐丰裕。而汪亦登第,授某邑宰。谒制军,颇蒙优礼。汪以未有介绍,窃疑讶之。归寓,旋传制幕有故人来访,及见,则张也。备述先容故,并详近况。汪曰:"子遇合诚奇,然此冰山也,一旦崩解,悔无及矣。"张顿悟。告公子曰:"家有老亲,音耗久疏,迩梦多不详,乞暂假归省。"公子许之。悉载所有,迂道避汪署。无何,制军被谪,隶门下者多缘事牵累,而张以见几免。

(三) 卷十三

仁和贾人某,赴苏贸易。过镇江,有少年丰姿韶秀,求附舟。贾悦其美,从焉。言词雅驯,相得甚欢。酒阑时,杂以戏谑,辄含笑不答,贾惑之。晚求同寝,亦不之拒,益欣喜过望。少年坦腹而卧,鼾声震耳。抚其体坚若铁,欲转侧之,重如巨石,不可动移,惊讶莫测其由。翌日问之,惟摇首微哂而已。将抵郡,指岸际竹林深处谓曰:"此余家也,幸赐光临。"贾欣诺。至则门庭雅洁,有士人风,室内空洞无物,惟一剑悬壁间。坐甫定,少年即脱剑起舞,盘旋驰骤,疾如风雨,剑锋时时抵贾须眉,贾震慑莫敢喘息。舞罢以手折之,剑曲如钩,顷复伸之,直如故。贾愕眙欲去,少年止之曰:"尚具薄酌,稍申地主之谊。"乃置酒劝饮,既而进馔,则烹一巨蛇,盘曲盂内,昂首咋舌,狰狞若生,贾狂呼晕仆。少年扶起,笑曰:"好意相饷,何吐弃若是? 如嫌不腆,当更进佳者。"贾力辞出。少年送至河干,谓曰:"念同舟之雅,奉赠良言:君托迹江湖,切戒佻达。幸遇我不与君较,否则危矣!"归舟照视,须眉俱有剑削痕,震悸不宁者累日。比反再往,迹之不得。

柳崖外编

(清·乾隆)徐昆撰
吉林大学出版社 1995 年版

(一) 卷二·二伶

李伶者，燕人，色艺为时所艳赏。浪子某，年弱冠，以财雄都中，出则锦衣怒马，从仆十数辈。一见悦之，脱貂裘乘马杂以金珠赠焉，遂与狎。浪子父闻之怒，鞭箠而闭之室，所以杜将来也。浪子有祖母者，素溺爱，嗔其父曰："汝少年时，不曾作狎邪游乎？吾家雄于赀，今若效汝，纵费千万金何害？况若所爱止一伶，倘延而致诸家，遂若欲，又何求？不然，致若疾病，吾不汝甘也。"浪子父颔焉。浪子遂款李伶于其家，出则同车，入则偕卧，一切箧片客环而趋其门。不数年，浪子祖母及父相继殁，始而金尽，继而产空，萧条落寞，门可罗雀。而李伶者，亦渺乎不知所之矣。一日，浪子衣敝衣，踽踽徒步出前门外，适李伶乘安车，俊仆数辈随后尘，自南来。浪子望尘立道旁，及至，攀辕欲与语，伶不垂一顾，挥车夫使速去。浪子曰："数年交好，今不复相识耶？"伶翻白眼，叱之曰："固然。然久不借君光宠矣。吾今遨游贵胄间，汝衣貌若丐，幸远我，勿辱我！"语罢，挥鞭疾驱去。浪子遂含恨而死。

同时有王伶者，苏人，色艺尤冠绝一时。云南落第举人某，寓京邸，一见倾心，然素谨厚，不能通款洽。每逢茶园酒楼演王伶部，生辄先往，往则择台前最近座坐焉。演毕，众皆散，生立门外不去。候伶出，目瞩登车尾之行，见车止处，立道旁候伶下，目送之，草草就食，候伶出，又尾出送诸寓，然后已。如是者，约一载。王伶心识之，实未尝通一语也。然生已金尽裘敝，面目黧黑，以季子愁而兼屈公病矣。王伶一日演毕，生又尾而送诸寓，伶屏左右，遽进握生手曰："承君子青目久矣，姓氏里居，幸语我。"生形神恍惚，不能语。有顷，期期曰："某地某人，孝廉也。"伶曰："子之爱我，可谓深矣。然半载来，襟裙褛褴异昔日，谅为我故。不嫌辱，盍移而馆诸我，我定报子。"生喜不自胜，遂就伶居。伶濯以香皂，更衣进食。款洽之余，以身附焉。谓曰："君不远万里，抛父母妻子博一官，乃日从事伶伦间。伶人辈岂有真心哉！君纯笃过人，充以学，可以第。盍自黾勉，为见江东父老计？"生泫然泣下，曰："敬受教。"于是，伶晨出暮返，有所获辄遗生，夜则翻曲谱伴生而课其读。生益奋，次年成进士。选县令，偕伶之任，弟呼之而不名。

柳崖子曰："李伶负浪子，人多恨之。予谓世俗常态，勿足怪。彼王伶者，日游京华,不知赚几浪子矣,见孝廉倾肝胆,青灯课读,几与名妓亚仙等,盖孝廉一诚所感也。然使以诚心交士大夫,其德业当更有可观者。顾舍彼而取此,其不为李伶所叱也,幸矣哉。"

(二)卷九·贼笑

有巡城某道长,狎一伶人。伶人家被窃,禀知严缉。贼既获,讯曰:"子何时入某伶家去乎?"小偷曰:"小人入时,都老爷①带醉拍某伶肩方出也。"群役哄笑,道长亦笑,小偷亦笑。笑毕,竟不究而罢。

(三)卷九·二阉

湖广一富人,患阉,而有弥子之疾。同乡农家子,年十六,村塾就学,往来过其门。富人心好之,时赴塾馈饮食,间邀至家,衣帛珍玩惟所欲,且曰:"尔亦知断袖分桃之事乎?余本阉也,爱子,窃自荐。"遂使私焉。后密甚。又数年,其家欲为致室,阉问:"仆之所以承子意者,不能代琴瑟之好耶?吾不知卿之他求也何故。"童子以父母之命对。及婚,阉倾财助之。又二年,童子内涉鸿沟,外蹈枯井,病不起而夭。阉哭之欲绝。殆葬有期,阉遗墓工以金,令少阔其穴,及童子棺至,遂缢以殉。

福建有兴化诸生在侯官设帐者,娶妇生子后,得契弟焉,亦少而阉者也。情密甚。年余,妇死,生亦死,子无所归,契弟遂为妇人妆,闻生家乡尚有薄田数十亩,负其子以归。亲族曰:"贤妇人也。"操井臼力田,茹蘖饮冰,养其子少长,令就塾。塾师曰:"贤妇人也。"其子亦止知其家有姨母,相依为命而已。及子年及冠,将为授室,乃言曰:"吾不可以留,将去矣。"儿骇。亲族、塾师交劝曰:"苦节冰操已至此,乌有中途改志者乎?"备述其故,乃知非妇人也。

柳崖子曰:"二阉一似烈妇,一似节母,然而言之丑矣。或曰:'惜乎不生为女子!'"

妄妄录

(清·乾隆)朱海撰
清道光十年(1830)刻本

(一)卷四·淫鬼妒妻

松江之泗泾有段三倌者,修眉媚目,无技业。年已三十,仍售龙阳。以温饱往来郡

---

① 即北京巡城某道长。

城，住无常址。秋日刈获既毕，泗泾农俗，醵金演剧，为田畯致喜。搭台旷野，每夜三更方散。一夜三倌独往观剧，途中有两三人同行，忽前忽后，顾盼不定。三倌风流自赏，媅光眇视。迨至一僻径，有一人并肩走，阴捻其手。顾月下审视，素未谋面，因问姓名。其人曰："呆子，但认我是孔方兄何妨，与我去看戏何为。"曳之斜走畛畦，顷刻路迷。忽见一小户，拉与俱入。从壁橱中取出酒果数楪，促膝对饮。三倌初见屋宇湫隘，心颇轻之。游言浪谑，勉强酬答。继出白罗二匹，金锭一枚与之。不觉喜出望外，乘酒逞媚。拍腕娇歌间，忽听屏后一妇人厉声诟谇。其人踽踽逡巡，奔走内外数次，谆嘱三倌勿去。坐待更余，诟谇既息，其人复出。勾肩笑语，匆匆登榻。弛服横陈，欢畅未已，妇人持一木杵突出，其人遑遽奔走。三倌方欲披衣逃窜，被妇力捺榻上，插杵肛门，且以污泥满塞其口。遂于门外乱谇之，即昏晕而仆。良久观剧人散，见三倌裸卧塍沟，始救苏。觉肛门大痛，亟自摸之，乃插一道旁系羊小木桩，已血流漂杵。视所与白罗、金锭，俱折纸为之也。徐幼眉闻而笑曰："寄语龙阳君，白罗、金锭之厚赏固非容易得也。"

（二）卷五·铁琴湘瑟

张铁琴彰，吴县诸生，少年颖慧，娟秀丰华，宛如女子。喜狎斜游，尝与妓结十姊妹，到处掷果满车。名优刘湘兰见铁琴于宋光禄网师园中，为之依依。次日登铁琴门，强宿其家。弛服横陈，事如姜婢。有憨奚奴年方十五，宿斋之后轩。窃听喁喁私语，火不可遏，以指自抠其臀，破血遗精，污满簟席。泄其语于同学，莫不哗然。余尝戏作《分桃余话》二十则纪之，盖恐铁琴戕躯致疾，特作谵语规之也。而湘兰自得铁琴擘，改字湘瑟。琴瑟偕鼓，未几即去梨园部。旧狎豪右啖以重金，难得一夜娱。铁琴虽临文宗试，不忍与旦夕离。未一年，铁琴尪瘠死。湘瑟为之缟素，形神惨怛，绻绻相思，一睡即梦见铁琴如平生状。既而恍惚见之，白昼亦见，嬉笑问答，略不避人。医者治以痫，不少痊，两月亦尪死。时有张三妹者，阊门荡河船上女。铁琴尝雇船游虎阜，三妹见而倾倒，每恨不得共欢一夜。停泊河下，人静将睡，忽见铁琴携湘瑟来呼往三浜玩月。亟呼榜人解缆鼓棹，三妹即摒挡酒馔，入舱殷勤把盏。谑浪笑敖间，遇某大僚舟过，金鼓大鸣，二人忽作鬼声而灭。三妹惊仆，裙染酒污。次日告之游客，知铁琴、湘瑟相继死已数月矣。

（三）卷五·仆鬼狗魂

华亭尉梅鹤汀发轫，江西人，有仆张明狡黠阴险，以其韶秀私嬖之。益骄纵，衣服丽都，埒于富室。尽日斐民膏脂，不过供其挥霍而已。后轻主人官卑，投他所去，尉如丧偶。寻患毒疠，因橐尽，复依旧主。尉如获珍，百计瘳其疾，冀作偕老计。而稍有蓄，又投某上官，狐假虎威。尉拂其意，阴致尉奉差，间关远道，以示其权。迨归，家人以尉喜食犬，方屠以进。恍见张明浴血而前曰："庖人杀我！"忽仆地灭。因询张明所在，知于某上官处已盗法瘐死，所屠疑即张明转生。虽衔恨欲食其肉，心悾怯，戒众勿食而瘗之。

（四）卷五·会场孽报

吾乡某年十二入泮，十六领乡荐，才貌兼擅，群相慕悦。为某富室赘婿，妻家尤极偏爱，与其次婿同馆肄业。次婿年十五，丰姿韶秀，宛如璧人。某于酒间语次每调谑之，意颇含愠。以父母推重之，辄复隐忍。某以为可诱，一夜乘其醉卧裸而淫之。及醒羞忿，逃往天台薙发为僧。家中寻得之，誓死不肯返，未久圆寂寺中。后父母知其故，自惜颜面，亦寝其事。某迨会试场中，忽见连衿如同馆时。大喜，竟忘其死，复谑曰："弥子瑕之妻与子路之妻，兄弟也。"遂以前二语大书卷上。后屡试见异，曾未毕三场。幸早岁登科，年方强仕已截取知县。比报到，忽癫痫而死。

（五）卷五·丰城甲

松江娄县令熊贻亭燕，福建人。尝谓余未仕时，丰城来一甲，佣耕其乡。稍有姿，虽胼胝沾泥，后庭花日唱数曲，以是颇积资。适有老妓色衰冷落，遂娶为妇。妓故淫，乡中老幼悉诱与合，放纵无度。逾年，甲与妓相继瘵死，浮厝田塍。鬼尝现形畦畛间，负胆者逐之，辄化小老鼠，遁入棺下。

（六）卷六·龙阳鬼

松江马巢阿月夜往其别墅，遇一少年揖于路，曰："数年不见，渴想已深。天幸解后，望枉玉敝庐。"巢阿曰："贱体健忘，不审从何相识。"少年咄咄曰："缱绻却非一日，爱及肌肤，别即恝然，有情者乃如是哉？"巢阿素有断袖癖，见其韶秀，良已神荡，意谓旧欢，姑作款洽语慰之。问其居，但言不远，遂与偕行。自初更携手同走，月已西落，足趾将破，终不到。一路游言谑浪，欲火如焚，遂共憩树下，邀伏石磴狎之。良久觉阳具痛如棘刺，一人以秽泥腐草捽面而来。细视，乃捧一田间驱雀草人与狎。少年立道旁拍手大笑，复捽秽泥。大怒，裸而逐之，将挥老拳。追至一墟墓间，少年忽灭，闻败冢中言曰："夜长岑寂，聊博一笑。天将明矣，好从旧处觅衣裤穿。"巢阿素有胆，大骂，向冢而溺。冢中忽探一首，大如巨缸，蓝色如靛，碧眼朱唇，若画鬼王状。张口便吞，力挥间身若已吞口内。抠爬跳撞，莫如之何，急极而伏，自分已死。良久，忽听三五人唱山歌而前，睁目视之，乃身卧污泥中。唱歌者盖村人进城卖菜，审与素识，假衣衫蔽臀前后，狼狈而返。

(七)卷七·白屁股

慈溪徐青岩薄游苏州,假馆薛氏扫叶山庄。清夜独酌观书,忽见有物自门隙蠕蠕入。薄如夹纸,飘飘间渐作人形,居然一变童也。徐殊不畏,曰:"奚奴方病,不堪供役,尔来恰好为我斟酒。"不应,盛气咄之。忽披发吐舌,作丑恶状。青岩大怒,拔剑逐之,绕室环走。鬼遽仆,头足俱隐地内,但露一臀,其白如脂。青岩笑曰:"好白屁股,奈我不喜龙阳何?"

(八)卷三·钱将军坟院 写优伶侑酒事。

(九)卷六·鬼忘八 写道士遭鬼强暴。

(十)卷十一·鬼酒令 写酒席上的同性恋戏谑。

质直谈耳

(清·乾隆)钱肇鳌撰
清乾隆间刻本

(一)卷三·水陆遇盗

闻之故老云:前朝衰弊之际,有客自京归杭,囊橐充盈。出都城二日,逢美少年于途,数目逆之,连骑而行,相狎如故,抵暮约共宿一邸。如是者数日,一夕少年曰:"兄情逾骨肉,不敢隐,我绿林中人也。"遂誓为兄弟。明旦少年与客告别,赠以策曰:"去此三宿,必入于凶邸。伺有异,示之以策,当退至淮上。遇掯者即以策投之,后此可无虞矣。异日来京,近都城三十里某村者,予家也,兄乞见访。"遂别去。越三宿,至一邸,见巨石缸覆于地,心诧之,寝而不寐。夜午一人排缸而出,捉刀立床前。示以策,逡巡退。迨晓扬鞭而行,临淮上,见客下马而揖之。忆前言,乃归其策。自是抵家,果无患。三年再入京,近都心忆美少年,迂道访之。至其地,檐宇高敞,牛马成行,村中一巨室也。既见,握手道故,款留逾月始往都门。

(二)卷四·承天寺妖

顾天山与二友偕居承天寺读书,一友与童卧楼上。秋夕露坐,久谈倦,方寝,顾忽闻童喃喃作声云:"如此蚊多,何揭帷为?"顾意友无聊,漫与童昵。方匿笑之,童又厉声云:"若之何压我!"益以为信然也。已而童呼痛不止,友亦惊寤,讯其故,相与讙嚷不已。未几，顾于床头见一物跃窗而出，坠于庭中，两目闪闪有金光，毛长竟体。顾惶遽无措，呼烛至，怪乃隐。随至童卧所迹之，淫液狼藉，臭秽不可耐。自是不复寓，寺亦寻毁。殆不祥之兆也。

广新闻

（清·乾隆）无闷居士撰
清乾隆间刻本

卷二·白生

嘉兴钱千秋字真长，少负才藻，好狭邪游。一日在青楼遇美少年，不知姓氏，呼为白生。千秋一见爱之，挈昵馆舍。白生弹棋蹴鞠，技艺精巧，司巾箱书籍，曲如人意。千秋行则随肩，卧则连被，刻不可离。一日张天师入觐京师，泊舟鸳鸯湖。白生思得玉玺文，则碧落黄泉，横行无碍。乃持文锦浼钱代乞之，钱往乞印，天师疑之。端相锦幅，腥毒逼人。天师以妖语钱，钱转告白，白默然。中夜白呼罗三曰："尔掌我画赴湖中开放。"罗三应声而去。天师卧舟中，忽闻震雷，怒曰："魅敢狎猖！我不殛，后终为患。"次日筑坛建法，白生闻之色沮，向钱曰："我合休矣。"泪雨下。钱大惊，白曰："天师将诛我，罪不可逭。君家白玉瓶希世宝也，可念曩日情，敛骼骷置瓶中，瘗路侧，树以白杨，得润雨露，虽千秋神气不戕。"钱诺之，惋痛殆不可说。急至坛下，得灵蛇骨一具，如所言埋之。

六合内外琐言

（清·乾隆）屠绅撰
清乾隆嘉庆间刻本

（一）卷一·玉兔奔

明玗，蜀童，其母梦玉兔自月殿奔出，走匿其裤中，觉而诞玗，字之曰月骐。生数岁，娟秀如好女，慧质过人。其父故士流，教之成颂，尝谓人曰："兴吾门者，此儿也。"寻以灯节夜游为盗所略，鬻汉中，时年九岁矣。有梨园师见而悦之，从主人乞为弟子，倍鬻直，主人忻然。月骐以色殊，橅郑旦学三月，竿头进焉。诸小伶陈伎广场，未有解语。月骐出,循弦赴管,虽一颦笑,俱妙趣入神。观者叹息,以为琐子骨天成,非凡度也。十四五岁,名甲他部,遂游长安,时声伎标榜,过于学士大夫。京师语曰:"达官挥汗,下车待旦。"月骐虽不喜见贵人,而呼吸承兰息者,日盈其巷,即不妄交接,掷金逾果矣。越人詹生余尹者,少淫于书,嗜欲颇浅。襆被如京,将寄籍冯翊,奋秋翮。或携之城南楼观剧消昼,惟见一闹扫妆者,艳过闺阁,忘乎其为画眉郎也。生归若迷,百想俱废。于后晨餐而往,求昨所阅艳,得半日晤,如遂生平,慰饥渴也。寒炬不殊,风雨亦至,囊资忽尽,时典敝装。然此间米贵,饔飧累人,主者睥睨布衾,将议逐客矣。朔雪飘瓦,生肌栗如缩猬;而登场巧笑,犹引领望焉。无何,见冠鹿皮一童,来询姓名及居停所,生悯然答之。归舍,主者索逋方急,旋一官舆踵门,毡帷穴晶,怒骡冲涾,两奚奴挽主人出,径诣詹生房。生视其容,貂帽褐裘,俨贵公子也。叩所自来,客笑云:"数月觌面,何至遽忘?"生恍焉有思,转不自达。客曰:"明月骐,吾子眼中人也。睹悦己之容,亦念知己之意乎?"生大惊喜曰:"是矣,是矣。"握月骐手,涕泗交颐。月骐曰:"君为名乎?"曰:"然。然今亦困矣,安能自拔耶?"月骐曰:"仆知君困,故相迎耳。"命奴出白镪完生之逋,袖生手,同载去。入室,书舍莹如。为生易狐白裘,并治衾枕,晚荐其寝,曰:"报穷士知我,不敢私其璧。"戒旦起,课生读,如畏友。十日而持一纸至,代生营国子生矣。是岁举子午榜,月骐为生送行卷,执贽遍木天,一战乃捷。试校书馆,五年而筮邑,得中州嵩县。生年三十余,月骐裁二十许,将邀之赴官,月骐辞曰:"仆有父母在蜀,归省未能。徒拳拳于爱我者,如大义何?"生曰:"自豫而归,亦两全也。夫歌台如水沤,人景俱幻。虽韩香何粉,只媚软红。以卿之明,不宜复恋此耳。"月骐悟,衣妇女服,五更潜遁,恐为豪家夺也。既至县,生呼妻子出拜,比雁行焉。月余竟还蜀,访父母,悲恸,倾筐以献。父欲室之,月骐曰:"换形之徒,以五伦为戏,儿又阴人相,动学为人妻。不夫久矣,何乃辱巾帼?"遂不愿娶。一日复之嵩县,与詹余尹别曰:"大千界,一优场也,君功名中人,当可游衍。仆不列四民,无厕身处,闻嵩少多仙人,将寻我契矣。"挥手竟去。三年复见梦云:"比逢月户,遂蹑天根。回忆往缘,都非凡想。仆前生捣药人耳,清虚府中常奉清光矣,愿君不昧也。"詹泣持之,闻鸡惝恍而已。

小山氏曰:"优之伎俩每不足观,以其面目假也。月骐无一诳语,庶几神仙之徒。彼遇奇士而不交,溺名场而不退,庸庸者其不必怪。而红拂之豪,朝云之慧,集于粉郎一身,则尤难能之。然詹生何修,佳话不朽?或曰:'弟为明视,兄则蟾蜍,其穴同也。'信乎!"

玉兔奔

(二) 卷三·孟庸养子

孟庸养子

楚州孟庸人品、官品均猥鄙，某日独行于戚夫人城外，见一老妪得物如木瓜，剖而出一小儿，孟庸夺获之。此儿长大后诡随可爱，助主为奸。庸因索贿将受上司劾责，儿乃舍身求宥。上司心醉其色，诺之。原来此木瓜儿乃赤帝之孙，为汉高祖戚夫人所生。而孟庸前生则是一个宦者，曾经有助于戚夫人，夫人遂遣子来报答前情。

(三) 卷六·短兵

短兵

　　有任公子者，好房中术，名传娼楼。某道士"悦其容首，将狎昵焉。道士云：'工斯术者，视其身如女流，虚而善受，乃体完固，血流通。不然，立见其短折耳。'公子惧，为道士所乘。……公子拜谢去，试其术于青楼，旬日之间毙两妇、病四姬矣"。后公子与一胡氏女子交，结果战败而亡。道士"痛公子之色亡，百计求与女会"，一战而胜之。复会萧氏女，却是败在了她的身下，"堕床下殒，露其尾"。原来这四人"皆狐也。夫生类日繁，自相残贼，狐也岂有幸欤？"

(四) 卷十三·故参军

故参军

山璞字守荆,南宫人。应试不第,四处浪游。在湖南衡阳见女道士李玉枢而悦之,"玉枢颇礼防,而守荆益放诞。一夕乘不意测其幽处,则小男也"。原来玉枢曾遭遇家难,是易装入道。守荆乃令复着男装,"诡云李氏季弟,负笈从其游者。红莲绿渚,爰定其情。后玉枢归南宫,遂冒〔姓〕山氏"。而李玉枢实乃唐代多情多才的女道士鱼玄机的转世。

(五) 卷十三·三郎一妹

三郎一妹

在四川酉阳,善于幻术者能"以术致男女恣淫亵"。童子雷二郎一日独自行路,被幻者施咒,随入林中。幻者欲狎亵之,且"出其所掠男女数人以示宠异"。二郎曾习铜盘吐纳之术,乃"托疾三日,乘间吞男女二人窜迹"。在摆脱了幻师的追杀后,他让两男女歌舞娱人,藉以获利。

（六）卷十七·余半鹤

余半鹤

屈彪为三闾大夫屈原之后，因故得罪了成都青城山幻士余半鹤。半鹤有一婢童贾小将，二人合谋诬害屈彪。彪得虎精之助而幸免于难，半鹤战败显形，飞入云中，原来是一鹤精。

（七）卷十九·盗渠文士服

盗渠文士服

皮翁育有三男三女，均美丽动人。长男、长女为梨园子弟，中男、中女为人男妾、女妾，少男、少女归于曾为盗寇的一文士。就其中男貑儿而言，他"为洛阳大贾习焱所狎。[焱]呼皮为外丈人,皮答之以儿倩。竟为猳作嫁衣裳,而焱迎之入洞户。门前牧竖皆笑,皮故怡然也"。皮翁门风荡佚,此乃其护生庇家、保全于浊乱之世的一种手段。后来皮翁夫妇一夕化去,长男女、中男女也忽然就失去了踪迹。

六合内外璅言

(清·乾隆)屠绅撰
清刻本①

(一) 卷八·二韶

二韶

太原田君好男色,"视艳妾皆非人,骜妖童为厥子"。他曾喜欢两位美女,但不能与交接,险些死于二女之手。又嬖爱一美男,名白郎,将他收为门子。白郎恃宠而骄,在田君衙署甚擅威福。一日"以醉饱独居,忽蝉蜕,衣履在地而失其俊躯",田君哀痛愈常。原来二女是两个狐怪,白郎是一狼怪。最后二女转生为娼妓,白郎则被某判官现形后斩首,化为烟缕。

---

① 图系清刻本,文字系清乾隆嘉庆间刻本。

（二）卷十一·登木歌狸首者

登木歌狸首者

原朒秀才，淇县人，与隐士赤鲜丈人①善。丈人为买奴婢各一，奴名麰儿，婢名小银，均清秀可喜，能识字咏诗。本来原生"孤子如无男女之欲者"，自得二人后却是"放荡无行，如堤冲马逸。于是男女当夕，无所猜忌"。一日，生偶见"小银方与野童狎，大怒，将缚之。小银裸而出，自沉于淇水，麰儿号亦随之"。其实两小儿是一对蟾蜍精，原生有一祖姑通法术，后将二蟾精从水中钓出。

（三）卷十六·阳大夫

胡僧传，闽诸生，放诞过人，尤不矜外行。幼居乡塾中，凡不雕之童，辄饵以为好。有阳生者，未成童而绝丽，真羊车中人。胡以计狎之，涕而合，共被三年。阳生意如倦倦，胡矢以富贵勿忘语。既冠，胡食饩于庠，翮未之摩也。阳生远游，以京兆籍联翮起，不数载由部郎擢台垣，出按南海矣。胡邮以书云："鸡群有凤，同埘㙦者荣之。落魄之夫，壮心遂死。总角交如大夫，爱非膜外，诚不以下体见讥，请以青油幕置吾矣。"阳生答书曰："轺车云远，遂旷风期，每忆联床故人，嗒焉丧偶。若命相思之驾，慰我渴怀，旦旦之词，必有以报也。"胡得书大喜，谓所亲曰："阳大夫情联旧雨，行当竭我股肱，报于知己。一诣都台，身非我有矣。"人颇薄其志得。胡至按君幕，阳生接之，温温如也。为之广陈声伎，醻酒无算。宾醉请休，乃延之寝室，胡狂态失魄，请屏人语，阳生诺之。胡云："君无忘贫贱，仆自念糟糠也。"阳生笑曰："劳卿远来，羞为求牡。然失身久矣，敢为獬豸惜？"嘱胡卧帐中，而自起如厕，胡偃息以待。未几，闻厅事传呼声，如将讯囚

---

① 实际是一鱼精。

者。突有卒士数人,大吼入寝室,云:"急缚帐中贼,勿失。"胡愕然,竟反接而出,掷阶下。阳生大笑曰"汝犯法当斩,复何言?"胡悔甚,声泪俱结。命取上方剑斩之,而窜名于盗。

柳漪氏曰:"苻坚见拒于阿房城,庾信不安于青油幕。此辈得志,必报其前者之辱也。胡僧传淫而肆断袖之情,一朝授首,安得为鬼雄哉?"

阳大夫

水曹清暇录

(清·乾隆)汪启淑撰
清乾隆间刻本

(一) 卷八

曩年最行挡子,盖选十一二龄清童,教以淫词小曲,学本京妇人妆束。人家宴客,呼之即至。席前施一氍毹,联臂踏歌,或溜秋波或投纤指。人争欢笑打彩,漫撒钱帛无算,为害匪细,今幸已严禁矣。

(二) 卷十六

梁家园官房一所,中有晴云阁,俯临积水,地颇幽静。甲午岁,澄园程农部世淳曾寓其处,因拉予下榻焉。苑在秦淮河房,予时携歌者吴门华郎、童郎、沈郎,澄园与其妻弟吴君辛策雅善丝竹，每逢良夜明灯，置酒角韵征歌。西峰张殿撰书勋、雅堂鲍中书之钟、铁箫林秀才森紫、树龚明经怡讷、旂卫上舍德威时同唱和，颇得一时之雅。

丹午笔记

（清·乾隆）顾公燮撰
江苏古籍出版社 1985 年版

（一）不男不女

乾隆三十二年，吴县获一不男不女之人周氏。幼曾适人，夫死为媒婆，出入闺门，奸淫妇女。事败解案验讯，官犹不信。及查《金匮全书》，果有此怪相云云。照光棍例，遣戍。

（二）哭庙异闻①

国初有三妖：金圣叹，儒妖；三折和尚，僧妖；王子嘉，戏妖。三人俱不得其死。

（三）小旦王子嘉

小旦王子嘉，妖艳非常，名噪帝京。明末出都时，缙绅吴梅村等，各赋诗赠行。其在苏也，与华山妖僧三折和尚，宣淫无忌。顺治十年，巡按李公森先访拿二人，重杖，用立枷，并枷于阊门月城而死。死后七日，乃收尸，诚快事也。合肥尚书龚鼎孳闻之，痛哭几绝，作悼亡三十首。龚之人品本不足道，此事尤为无耻。乾隆五十五年蒙圣明洞鉴，与冯铨俱削夺美谥。

---

① （二）（三）记清初名优王子嘉即王紫稼的情况。

皇朝经世文编

（清·嘉庆—道光）贺长龄等编
清道光六年（1826）刻本

卷七十五·论蜀啯噜状①

　　查啯噜种类最伙，大约始乎赌博，卒乎窃劫。中间酗酒打降，勒索酒食，奸拐幼童，甚而杀人放火，或同伙自杀，皆谓红线。下此掏摸掐包剪绺，别为黑线。

耶稣会士中国书简集

（法）杜赫德（P. du Halde）等编
郑德弟等译
大象出版社 2005 年版

第六卷·艾若望先生对其在中国四川省遭受的迫害的叙述

　　［乾隆三十四年（1769）四川荣昌县发生了一起教案，当时天主教已遭禁止，地方官员将教徒视同为准备造反的邪教成员。来自法国的艾若望（M. Glayot）神父是巴黎外方传教会修士，他和他的年轻侍从安德烈·杨（Andre Yang）等人一同被捕。艾若望后来记述杨的受审情形，道：］"老爷无法使他承认我们有什么巫术书籍，可又竭力想把我们当邪教信徒治罪，于是强迫这个孩子承认犯有曾使天使降临索多姆城的那种可耻行为，安德烈·杨坚决拒绝。为惩罚他这一坚定态度，老爷几次命人打他五十耳光。孩子的喊叫声使我心碎，他不久就衰弱不堪了。老爷见状只得停止用刑，将其押回牢房。"

---

①　（清·乾隆）邱仰文撰。

我看乾隆盛世

(英) 约翰·巴罗 (John Barrow) 撰①
李国庆,欧阳少春译
北京图书馆出版社 2007 年版

第四章

禁止跟正派的女子经常性交在这儿不是为了制造一种迫切效果,也不是为了增进情欲,虽然古斯巴达人就是这样被迫私下跟合法妻子偷欢的,因为中国的每一个大城市都有公共女子存在。在中国,提倡这种两性关系似乎有一种相反的效果。作为一种对自然法则的最严重的违反,它应当被认为是最基本的道德犯罪之一,一种使男人堕落得比畜生更低下好几等的性关系。中国人干这种令人憎恶而不人道的事不以为耻,反以为雅,所以清廷的高官显宦会毫不犹豫地公开承认。每个高官都有一个拿烟具的侍童形影不离,这种侍童一般都是 14 到 18 岁大的俊俏少年,总是衣着光鲜。他们在指给我们看各自的侍童时,那种眼神动作的含义是显而易见的。我注意到,那两个在 9 世纪到过中国的穆斯林也观察到了这种情形。我还在随英国使团赴鞑靼的希特纳先生的日记中发现,说到热河的行宫,他写道:"宫里雕像众多,其中有两座是大理石男孩,制作精美。他们的双手双脚都不突出,其姿势让人毫不怀疑邪恶的希腊人确有理由害怕中国人。那个老太监在指给我们看他们时,脸带无耻的淫笑。"

人们注意到,这种不人道的罪行最可能在允许多妻制的国家大行其道。这就是说,在这种国家,女子的情感无足轻重,金钱购买的是她们的身体。这种评论可以导致这样的结论,这与其说是一种因自然或地区性因素而产生的习性,不如说是一种道德的堕落。因为易得,跟女子性交的胃口很快就得到过度的满足,而女性是如此被动,只能从尽责的意义上来接受她们主人的要求,他们的冷酷和无情。这种两性关系的必然后果一定是进一步导致男人的餍足。我想人们已经注意到了,在欧洲,女性一般来说有极大的优势来决定自身的价值,只有那些极端的浪荡子弟:

"——孵在家中无所事事而纵情声色,
逛遍花间柳巷寻找下流的情妇,
从不知道高尚爱情的价值。"

---

① 本书原名:Travels in China。作为英国马戛尔尼(Macartney)使团的一位成员,巴罗于 1793 年 8 月抵达中国北京,1794 年 1 月自广州回国。

才有时候以最令人厌恶的方式寻找这几句诗所暗示的那种新鲜淫乐。（要不是有人怀疑中国存在这种令人作呕的罪恶，又有人把它的存在归罪于错误的原因，我是不会在此加以讨论的。既然我声称要如实描述我所见到的中国人，我就必须努力描画出真实的状况，既不掩饰他们的恶行，也不夸大他们的德行。）

茶余客话

（清·乾隆）阮葵生撰
清光绪十四年（1888）铅印本

（一）卷八

王渔洋谓谏官称杨以斋，御史称李琳枝。琳枝巡按下江，优人王紫稼及三遮和尚淫纵不法，皆杖毙之。紫稼者，即龚芝麓、吴梅村、陈其年所歌王郎、王郎者也。李素豪于饮，家有园名椒雨。椒雨，酒之辛者。

（二）卷八①

近日缙绅先生有三好，曰：穷烹饪，狎优伶，谈骨董。三者精，可抵掌公卿间矣。

（三）卷三②

陈望之③在京师出观《迦陵填词图卷子》，画色剥落，题咏甚夥。就中吴庆伯④题跋尤多，洪昉思⑤题北曲一套，极风流蕴藉。彭羡门调《浣溪纱》云：

一曲乌丝绝代工，碧箫声里见惊鸿。红幺小拨玉玲珑。　几度牵萦蕮薄梦，半生消受桂堂东。教人妒杀画图中。

卷尾漫士⑥先生题绝句云：

少年曾检花间集，最爱迦陵绝妙词。
今日丹青初识面，瓣香真欲奉吾师。

---

① 记江苏一带的风俗。
② 参见《陈检讨填词图卷》。
③ 陈淮，字望之。
④ 吴农祥，字庆伯。
⑤ 洪升，字昉思。
⑥ 裘曰修，字漫士。

> 文如徐庾当时体，诗是苏黄一辈贤。
> 却被晓风残月误，头衔甘署柳屯田。
>
> 百年名辈风流尽，髯也疏豪古丈夫。
> 尔日侍香何女史，惊鸿一瞥世间无。
>
> 卷中诗伯首渔洋，诸子飞腾各擅场。
> 一事难忘惆怅处，不将余沈貌云郎。
>
> 戴笠图成并轶伦，断缣随手逐风尘。
> 中郎莫抱无儿恨，世守芸香大有人。

……蒋大鸿作《惆怅词序》云……一时和者遍江南北。迄今有分桃之癖者，率藉口检讨以解嘲。冒子甚原尝语余云："云郎后随检讨始终，宠不衰。晚归商邱家，充执鞭之役。昂藏高躯，黄须如猬，俨幽并健儿。或烛地酒阑，客话水绘园往事，辄掩耳，泪泛阑如泻瓶水也。

（四）卷十三

叶尔羌①，□部一大城。淫荡喜男色，有相交数十年不绝者。

（五）卷十三

敖罕②，西域大国。在退木尔沙之西，温都斯坦之东。俗淫，男女无别，尤嬖男色，不许他合。

（六）卷十三

辖哩萨普萨在按集延之外，马行三十日。俗淫，好男宠，女子亦效之。

（七）卷十三

巴喇哈，绝域一大国。有赤蟒，空中飞如龙，口喷热风，人触之死。俗淫，重男色。

（八）卷十五

倚墙之树，盗之桥也。倚床之仆，奸之招也。

---

① 今新疆莎车。
② 今阿富汗。

（九）卷十五

武林陆宾之语余曰：李敏达公在杭州获一盗，杖之，杖迸起不著体。敏达后善视之，叩其术，殆服人精云。

（十）卷十六

明末社稿率以三字命名，有类传奇小说。文皆荒唐怪诞，虚渺浅俗。其"弥子之妻"一句题破云："弥子有妻，弥子之色所由衰也。"通篇此篇，是文妖也。

西域闻见录

（清·乾隆）七十一撰
清乾隆间刻本

（一）卷二新疆纪略下·叶尔羌

叶尔羌，□疆一大城也。风尚淫佚，喜男色，有闽广之风。回童少娟秀者，辄不得免。然亦修饰姣媚，与人燕好。

（二）卷三外藩外传上·敖罕

敖罕，一大国也。风俗淫佚，无人伦。尤重男色，人人皆有姣童。童之裤皆紧束，以细锁锁之，以防外遇。

（三）卷四外藩列传下·辖里萨普斯

辖里萨普斯在喀什噶尔之西，马行三十日至其地。人多巧思，且多妖法邪术。风俗淫恶，男女皆龙阳。其塔里扈鲁斯城内有一土阜，居城之中央。他国之人入其城者，一见高阜辄心神恍惚，必欲登临而后快。登之则必欲至其巅，至其巅则瞀不知人。逾时始苏，手握铜钱二文，下体已为人所污。西域□□皆畏而避之，而误入被奸者正复不少，但多讳而不言耳。叶尔羌大阿浑阿布都哈尔、库车回子阿瓦兹皆曾遇此强暴。人问之则怒不可解，而饮酒过醉往往自道其实，闻者无不绝倒。

志异新编

(清·乾隆—嘉庆) 福庆撰
清嘉庆间刻本

(一) 卷之一 异域竹枝词·新疆

绿鞲妖媚俨明妆，殊俗风如闽粤狂。
漫说余欢难敝席，前鱼未解泣成行。

叶尔羌风俗淫佚，喜好男色，有闽广之风。□童少聪俊，辄不得免。然亦修饰妖媚，与人燕好，往往情密至长大而不能绝交。

(二) 卷之二 异域竹枝词·外藩

红头子国少人伦，束腕缠头战斗身。
卖剑更无从买犊，春畴扶象一犁匀。

敖罕，西域一大国也，译言红头子也。……无人伦，不可以言语形容。尤重男色，人人各有俊童同卧起。其幸童之袴紧束而以细锁锁之，虑有外遇也。

(三) 卷之二 异域竹枝词·外藩

以术行淫幻阱机，一墩城内望崔巍。
迷离扑朔浑难辨，傍地雄雌孰是非。

辖里萨普斯者，西域别一种类，在喀什噶尔西。……人多巧思，精于工艺，且习邪僻妖魅之术，而风俗淫恶不可以言语形容。惟男色是好，男女皆为龙阳。其塔里扈鲁斯城内有一墩，高数丈，建于城之中央。他国人入其城，瞻视其墩，心神迷乱，即登其巅。逾时而醒，手握二铜钱，已被鸡奸矣，虽老丑秃髯皆不得免。叶尔羌、库车□□有曾误入其地者，醉后往往自道其详，言之凿凿也。

薄海番域录

(清·道光) 邵大纬编撰
清道光九年（1829）刻本

（一）卷七·边徼·拔达克

在叶尔羌之西，马行三十日至其地。风俗淫佚，无人伦，尤喜男色。

（二）卷十·绝域·巴喇哈

绝域一大国也。风俗淫佚，惟男风是好。语言与西域不通。

省迷录

(清·道光) 马云峰述
民国十二年（1923）云亭马福祥铅印本

（一）

真主命道："他们若不信我的经典，不遵我的命令，不远我的禁止。我要用洪水湮死他们，就相湮死那嗦咳的教生一般。他们干的那将男作女的事情，我要把他们地陷了。"……行奸与将男作女的人……你们不拘那个人，若属于这四十伙大罪人的数内，你们秉这口气在身上的时，急忙归在主的御前，哀怜告饶，做讨白再不复犯。遵圣人的遗言，今世得慈悯与恕饶。

（二）

圣人说，有七样人，到后世之日，主的慈悯不观看他，也不净他们的罪，叫他们进地狱。一是行鸡奸的人，一是情甘受人鸡奸的人，一是手淫的人，一是与畜类行奸的人，一是鸡奸妇人的人，一是与妇人交合同床有大闺女的人，一是奸淫邻居的妇人及强奸妇女的人。（此等人必确实忏悔，誓不再做任何罪孽，且需见善勇为，不遗纤芥之好，然后日夜求真主慈悯，或不至永无超拔之一日也。）

阅微草堂笔记

（清·乾隆—嘉庆）纪昀撰
岳麓书社1993年版

（一）卷二①

乾隆庚午，官库失玉器，勘诸苑户。苑户常明对簿时，忽作童子声曰："玉器非所窃，人则真所杀，我即所杀之魂也。"问官大骇，移送刑部。

姚安公时为江苏司郎中，与余公文仪等同鞫之。魂曰："我名二格，年十四。家在海淀，父曰李星望。前岁上元，常明引我观灯归。夜深人寂，常明戏调我。我力拒，且言归当诉诸父。常明遂以衣带勒我死，埋河岸下。父疑常明匿我，控诸巡城，送刑部。以事无左证，议别缉真凶。我魂恒随常明行，但相去四五尺，即觉炽如烈焰，不得近。后热稍减，渐近至二三尺，又渐近至尺许。昨乃都不觉热，始得附之。"

又言初讯时，魂亦随至刑部，指其门乃广西司。按所言月日，果检得旧案。问其尸，云在河岸第几柳树旁，掘之亦得，尚未坏。呼其父使辨识，长恸曰："吾儿也！"

以事虽幻杳，而证验皆真。且讯问时，呼常明名，则忽似梦醒，作常明语；呼二格名，则忽似昏醉，作二格语。互辩数四，始款伏。又父子絮语家事，一一分明。狱无可疑，乃以实状上闻，论如律。

命下之日，魂喜甚。本卖糕为活，忽高唱"卖糕"一声。父泣曰："久不闻此，宛然生时声也！"问："儿当何往？"曰："吾亦不知，且去耳。"自是再问常明，不复作二格语矣。

（二）卷二

顺治初，有某生者，距余②家八九十里，忘其姓名，与妻先后卒。越三四年，其妾亦卒。适其家佣工人夜行避雨，宿东岳祠廊下。若梦非梦，见某生荷校立庭前，妻妾随焉。有神衣冠类城隍，磬折对岳神语曰："某生污二人，有罪；活二命，亦有功，合相抵。"岳神咈然曰："二人畏死忍耻，尚可贷。某生活二人，正为欲污二人，但宜科罪，何云功罪相抵也？"挥之出，某生及妻妾亦随出。悚不敢语，天曙归告家人，皆莫能解。

---

① 参见《大清律例增修统纂集成》（二）。
② 纪昀。

有旧仆泣曰:"异哉,竟以此事被录乎!此事惟吾父子知之,缘受恩深重,誓不敢言。今已隔两朝,始敢追述。两主母皆实非妇人也。前明天启中,魏忠贤杀裕妃。其位下宫女内监,皆密捕送东厂,死甚惨。有二内监,一曰福来,一曰双桂,亡命逃匿。缘与主人曾相识,主人方商于京师,夜投焉。主人引入密室。吾穴隙私窥,主人语二人曰:'君等声音状貌,在男女之间,与常人稍异,一出必见获。若改女装,则物色不及。然两无夫之妇,寄宿人家,形迹可疑,亦必败。二君身已净,本无异妇人,肯屈意为我妻妾,则万无一失矣。'二人进退无计,沉思良久,并曲从。遂为办女饰,钳其耳,渐可受珥。并市软骨药,阴为缠足。越数月,居然两好妇矣。乃车载还家,诡言在京所娶。二人久在宫禁,并白晳温雅,无一毫男子状。又其事迥出意想外,竟无觉者。但讶其不事女红,为恃宠骄惰耳。二人感主人再生恩,故事定后亦甘心偕老。然实巧言诱胁,非哀其穷,宜司命之见谴也。信乎,人可欺,鬼神不可欺哉!"

(三)卷三

有书生嬖一娈童,相爱如夫妇。童病将殁,凄恋万状。气已绝,犹手把书生腕,擘之乃开。后梦寐见之,灯月下见之,渐至白昼亦见之,相去恒七八尺。问之不语,呼之不前,即之则却退。缘是惘惘成心疾,符箓劾治无验。其父姑令借榻丛林,冀鬼不敢入佛地。至则见如故。

一老僧曰:"种种魔障,皆起于心。果此童耶?是心所招;非此童耶?是心所幻。但空尔心,一切俱灭矣。"又一老僧曰:"师对下等人说上等法,渠无定力,心安得空?正如但说病证,不疏药物耳。"因语生曰:"邪念纠结,如草生根。当如物在孔中,出之以楔,楔满孔,则物自出。尔当思惟,此童殁后,其身渐至僵冷,渐至洪胀,渐至臭秽,渐至腐溃,渐至尸虫蠕动,渐至脏腑碎裂,血肉狼藉,作种种色。其面目渐至变貌,渐至变色,渐至变相如罗刹,则恐怖之念生矣。再思惟,此童如在,日长一日,渐至壮伟,无复媚态。渐至鬘鬘有须,渐至修髯如戟,渐至面苍黧,渐至发斑白,渐至两鬓如雪,渐至头童齿豁,渐至伛偻劳嗽,涕泪涎沫,秽不可近,则厌弃之念生矣。再思惟,此童先死,故我念彼。倘我先死,彼貌姣好,定有人诱,利饵势胁,彼未必守贞如寡女。一旦引去,荐彼枕席,我在生时对我种种淫语,种种淫态,俱回向是人,恣其娱乐。从前种种昵爱,如浮云散灭,都无余滓,则愤恚之念生矣。再思惟,此童如在,或恃宠跋扈,使我不堪,偶相触忤,反面诟谇;或我财不赡,不餍所求,顿生异心,形色索漠;或彼见富贵,弃我他往,与我相遇如陌路人,则怨恨之念生矣。以是诸念起伏生灭于心中,则心无余闲。心无余闲,则一切爱根欲根,无处容著;一切魔障,不祛自退矣。"

生如所教,数日或见或不见,又数日竟灭迹。病起往访,则寺中无是二僧。或曰古佛现化,或曰十方常住,来往如云,萍水偶逢,已飞锡他往云。

（四）卷三

相传某公奉使归，驻节馆舍。时庭菊盛开，徘徊花下，见小童隐映疏竹间，年可十四五，端丽温雅，如靓妆女子。问知为居亭主人子。呼与语，甚慧黠。取一扇赠之，流目送盼，意似相就。某公亦爱其秀颖，与流连软语。适左右皆不在，童即跪引其裾曰："公如不弃，即不敢欺公。父陷冤狱，得公一语可活。公肯援手，当不惜此身。"方探袖出讼牒，忽暴风冲击，窗扉六扇皆洞开，几为驺从所窥。心知有异，急挥之去，曰："俟夕徐议。"即草草命驾行。

后廉知为土豪杀人，狱急不得解，赂胥吏引某公馆其家，阴市娈童，伪为其子。又赂左右，得至前为秦弱兰之计，不虞冤魄之示变也。

（五）卷六

王兰洲尝于舟次买一童，年十三四，甚秀雅，亦粗知字义。云父殁，家中落，与母兄投亲不遇，附舟南还，行李典卖尽，故鬻身为道路费。与之语，羞涩如新妇，固已怪之。比就寝，竟弛服横陈。王本买供使令，无他念，然宛转相就，亦意不自持。已而童伏枕暗泣，问："汝不愿乎？"曰："不愿。"问："不愿何以先就我？"曰："吾父在时，所畜小奴数人，无不荐枕席。有初来愧拒者，辄加鞭笞曰：'思买汝何为？ 愦愦乃尔！'知奴事主人，分当如是，不如是则当捶楚，故不敢不自献也。"

王蹶起推枕曰："可畏哉！"急呼舟人鼓楫，一夜追及其母兄，以童还之，且赠以五十金。意不自安，复于悯忠寺礼佛忏悔。梦伽蓝语曰："汝作过改过在顷刻间，冥司尚未注籍，可无庸渎世尊也。"

（六）卷七

沧州近海处，有牧童年十四五，虽农家子，颇白晰。一日，陂畔午睡醒，觉背上似负一物。然视之无形，扪之无质，问之亦无声。数日后，渐似拥抱，渐似抚摩，既而渐似梦魇，遂为所污，自是媟狎无时。时或得钱物果饵，亦不甚多。

邻塾师语其父曰："此恐是狐，宜藏猎犬，俟闻媟声时排闼嗾攫之。"父如所教。狐欻然破窗出，在屋上跳掷，骂童负心。塾师呼与语曰："君幻化通灵，定知世事。夫男女相悦，感以情也。然朝盟同穴，夕过别船者，尚不知其几。至若娈童，本非女质，抱衾荐枕，不过以色为市耳。当其傅粉熏香，含娇流盼，缠头万锦，买笑千金，非不似碧玉多情，回身就抱。迨富者资尽，贵者权移，或掉臂长辞，或倒戈反噬，翻云覆雨，自古皆然。萧韶之于庾信，慕容冲之于苻坚，载在史册，其尤著者也。其所施者如彼，其所报者尚如此。然则与此辈论交，如抟沙作饭矣。况君所赠，曾不及五陵豪贵之万一，而欲此童心坚金石，不亦颠乎？"语讫寂然。良久，忽闻顿足曰："先生休矣，吾今乃始知吾痴。"浩叹数声而去。

（七）卷七

妖童倡女，本捐弃廉耻，借声色以养生。其媚人取财，如虎豹之食人，鲸鲵之吞舟也。然人不入山，虎豹乌能食？舟不航海，鲸鲵乌能吞？汝自就彼，彼何尤焉？惟淫朋狎客，如设阱以待兽，不入不止；悬饵以钓鱼，不得不休。是宜阳有明刑，阴有业报耳。

（八）卷八

里胥宋某，所谓东乡太岁者也。爱邻童秀丽，百计诱与狎。为童父所觉，迫童自缢。其事隐密，竟无人知。

一夕，梦被拘至冥府，云为童所诉。宋辩曰："本出相怜，无相害意。死由尔父，实出不虞。"童言："尔不相诱，我何缘受淫？我不受淫，何缘得死？推原祸本，非尔其谁？"宋又辩曰："诱虽由我，从则由你。回眸一笑，纵体相就者谁乎？本未强干，理难归过。"冥官怒叱曰："稚子无知，陷尔机阱。饵鱼充馔，乃反罪鱼耶？"拍案一呼，栗然惊寤。

后官以贿败，宋名丽案中，祸且不测。自知业报，因以梦备告所亲。逮及狱成，乃仅拟城旦，窃谓梦境无凭也。比三载释归，则邻叟恨子之被污，乘其妇独居，饵以重币，已"见金夫不有躬"矣。宋畏人多言，竟惭而自缢。然则前之幸免，岂非留以有待，示所作所受，如影随形哉！

（九）卷八

益都朱天门言：有书生僦住京师云居寺，见小童年十四五，时来往寺中。书生故荡子，诱与狎，因留共宿。天晓，有客排闼入。书生窘愧，而客若无睹。俄僧送茶入，亦若无睹。

书生疑有异，客去，拥而固问之。童曰："公勿怖，我实杏花之精也。"书生骇曰："子其魅我乎？"童曰："精与魅不同。山魈厉鬼，依草附木而为祟，是之谓魅。老树千年，英华内聚，积久而成形，如道家之结圣胎，是之谓精。魅为人害，精则不为人害也。"问："花妖多女子，子何独男？"曰："杏有雌雄，吾故雄杏也。"又问："何为而雌伏？"曰："前缘也。"又问："人与草木安有缘？"惭阻良久，曰："非借人精气，不能炼形故也。"书生曰："然则子仍魅我耳。"推枕遽起，童亦靦然去。

此书生悬崖勒马，可谓大智慧矣。其人盖天门弟子，不肯举其名云。

（十）卷九

伶人方俊官，幼以色艺擅场，为士大夫所赏。老而贩鬻古器，时来往京师。尝览镜自叹曰："方俊官乃作此状！谁信曾舞衫歌扇，倾倒一时耶？"倪余疆《感旧》诗曰："落拓江湖鬓欲丝，红牙按曲记当时。庄生蝴蝶归何处？惆怅残花剩一枝。"即为俊官作也。

俊官自言本儒家子，年十三四时，在乡塾读书。忽梦为笙歌花烛拥入闺阃，自顾则绣裙锦帔，珠翠满头，俯视双足，亦纤纤作弓弯样，俨然一新妇矣。惊疑错愕，莫知所为。然为众手挟持，不能自主。竟被扶入帏中，与一男子并肩坐。且骇且愧，悸汗而寤。后为狂且所诱，竟失身歌舞之场，乃悟事皆前定也。

余疆曰："卫洗马问乐令梦，乐云是想。汝殆积有是想，乃有是梦。既有是想是梦，乃有是堕落。果自因生，因由心造，安可委诸夙命耶？"余谓此辈沉沦贱秽，当亦前身业报，受在今生，未可谓全无冥数。余疆所言，特正本清源之论耳。后苏杏村闻之，曰："晓岚以三生论因果，惕以未来；余疆以一念论因果，戒以现在。虽各明一义，吾终以余疆之论，可使人不放其心。"

（十一）卷九

族祖黄图公言：尝访友至北峰，夏夜散步村外，不觉稍远。闻秋田中有呻吟声，寻声往视，乃一童子裸体卧。询其所苦，言薄暮过此，遇垂髫艳女。招与语，悦其韶秀，就与调谑。女言父母皆外出，邀到家小坐。引至秋叶深处，有屋三楹，阒无一人。女阖其户，出瓜果共食。笑言既洽，弛衣登榻。比拥之就枕，则女忽变形为男子，状貌狰狞，横施强暴。怖不敢拒，竟受其污。蹂躏楚毒，至于晕绝。久而渐苏，则身卧荒烟蔓草间，并室庐失所在矣。盖魅悦此童之色，幻女形以诱之也。见利而趋，反为利饵，其自及也宜矣。

（十二）卷十一

陈太常枫厓言：一童子年十四五，每睡辄作呻吟声，疑其病也。问之，云无有。既而时作呓语，呼之不醒。其语颇了了，谛听皆媟狎之词，其呻吟亦受淫声也。然问之终不言。知为魅，牒于社公。夜梦社公曰："魅诚有之，非吾力所能制也。"乃牒于城隍。越一宿，城隍祠中泥塑控马卒无故首自陨，始悟社公所谓力不能制也。然一驺耳，未必城隍之所爱。即城隍之所爱，神正直而聪明，亦必不以所爱之故，曲法庇一驺。牒一陈而伏冥诛，城隍之心事昭然矣。彼社公者乃揣摩顾畏，隐忍而不敢言，其视城隍何如也！城隍之视此社公，又何如也！

（十三）卷十一

有好娈童者，悦一宦家子。度无可得理，阴属所爱姬托媒妪招之，约会于别墅，将执而胁污焉。届期，闻已至，疾往掩捕。突失足堕荷塘板桥下，几于灭顶。喧呼掖出，则宦家子已遁，姬已鬓乱钗横矣。盖是子美秀甚，姬亦悦之故也。后无故开阁放此姬，婢妪乃稍泄其事。阴谋者鬼神所忌，殆不虚矣。

（十四）卷十一

自黄村至丰宜门，凡四十里。泉源水脉，络带钩连，积雨后污潦沮洳，车马颇为阻滞。有李秀者，御空车自固安返。见少年约十五六，娟丽如好女，蹩躠泥途，状甚困惫。时日已将没，见秀行过，有欲附载之色，而愧沮不言。秀故轻薄，挑与语，邀之同车，忸怩而上。沿途市果饵食之，亦不甚辞。渐相软款，间以调谑，面赪微笑而已。行数里后，视其貌似稍苍，尚不以为意。又行十余里，暮色昏黄，觉眉目亦似渐改。将近南苑之西门，则广颡高颧，鬖鬖有须矣。自讶目眩，不敢致诘。比至逆旅下车，乃须鬓皓白，成一老翁。与秀握手作别曰："蒙君见爱，怀感良深。惟暮齿衰颜，今夕不堪同榻，愧相负耳。"一笑而去，竟不知为何怪也。秀表弟为余厨役，尝闻秀自言之，且自悔少年无状，致招狐鬼之侮云。

（十五）卷十一

文安王岳芳言：有杨生者，貌姣丽。自虑或遇强暴，乃精习技击，十六七时，已可敌数十人。会诣通州应试，暂住京城。偶独游陶然亭，遇二回人强邀入酒肆。心知其意，姑与饮啖，且故索珍味食。二回人喜甚，因诱至空寺，左右挟坐，遽拥于怀。生一手按一人，并蹹于地，以足踏背，各解带反接，抽刀拟颈曰："敢动者死！"褫其下衣，并淫之。且数之曰："尔辈年近三十，岂足供狎呢？然尔辈污人多矣，吾为屠弱童子复仇也。"徐释其缚，掉臂径出。

后与岳芳同行，遇其一于途，顾之一笑。其人掩面鼠窜去。乃为岳芳具道之，岳芳曰："戕命者使还命，攘财者使还财，律也，此当相偿者也。惟淫人者有治罪之律，无还使受淫之律，此不当偿者也。子之所为，谓之快心则可，谓之合理则未也。"

（十六）卷十二

某公眷一娈童，性柔婉，无市井态，亦无恃宠骄纵意。忽泣涕数日，目尽肿。怪诘其故，慨然曰："吾日日荐枕席，殊不自觉。昨寓中某与某童狎，吾穴隙窃窥，丑难言状，与横陈之女迥殊。因自思吾一男子，而受污如是，悔不可追，故愧愤欲死耳。"某公譬解百方，终怏怏不释，后竟逃去。或曰："已改易姓名，读书游泮矣。"

(十七)卷十二

杂说称娈童始黄帝（钱詹事辛楣①如此说。辛楣能举其书名，今忘之矣），殆出依托。比顽童始见《商书》②，然出梅赜③伪古文，亦不足据。《逸周书》称"美男破老"，殆指是乎？《周礼》有不男之讼，注谓天阉不能御女者。然自古及今，未有以不能御女成讼者。经文简质，疑其亦指此事也。

凡女子淫佚，发乎情欲之自然。娈童则本无是心，皆幼而受绐，或势劫利饵耳。相传某巨室喜狎狡童，而患其或愧拒，乃多买端丽小儿未过十岁者，与诸童媟戏时，使执烛侍侧，种种淫状，久而见惯，视若当然。过三数年，稍长可御，皆顺流之舟矣。有所供养僧规之曰："此事世所恒有，不能禁檀越不为，然因其自愿。譬诸挟妓，其过尚轻；若处心积虑，凿赤子之天真，则恐干神怒。"某不能从，后卒罹祸。夫术取者造物所忌，况此事而以术取哉！

(十八)卷十二

某御史尝问所昵伶人曰："尔辈多矣，尔独擅场，何也？"曰："吾曹以其身为女，必并化其心为女，而后柔情媚态，见者意消。如男心一线犹存，则必有一线不似女，乌能争蛾眉曼睩之宠哉？若夫登场演剧，为贞女则正其心，虽笑谑亦不失其贞；为淫女则荡其心，虽庄坐亦不掩其淫；为贵女则尊重其心，虽微服而贵气存；为贱女则敛抑其心，虽盛妆而贱态在；为贤女则柔婉其心，虽怒甚无遽色；为悍女则拗戾其心，虽理诎无巽词。其他喜怒哀乐，恩怨爱憎，一一设身处地，不以为戏而以为真，人视之竟如真矣。他人行女事而不能存女心，作种种女状而不能有种种女心，此我所以独擅场也。"

(十九)卷十三

牛犊马驹，或生鳞角，蛟龙之所合，非真麟也。妇女露寝，为所合者亦有之。惟外舅马氏家，一佃户年近六旬，独行遇雨，雷电晦冥，有龙探爪按其笠。以为当受天诛，悸而踣，觉龙碎裂其裤，以为褫衣而后施刑也。不意龙掀转其背，据地淫之。稍转侧缩避，辄怒吼，磨牙其顶。惧为吞噬，伏不敢动。移一二刻，始霹雳一声去。呻吟塍上，腥涎满身。幸其子持蓑来迎，乃负以返。初尚讳匿，既而创甚，求医药，始道其实。耘苗之候，馌妇众矣，乃狎一男子；牧竖亦众矣，乃狎一衰翁。此亦不可以理解者。

---

① 钱大昕，号辛楣。
② 《尚书》之《商书》。
③ 东晋人，被认为是《尚书》伪古文的撰制者。

（二十）卷十四

一士人北上，泊舟北仓、杨柳青之间。时已黄昏，四顾森漫。去人家稍远，独一小童倚树立，姣丽特甚，然衣裳华洁，而神意不似大家儿。士故轻薄，自上岸与语。口操南音，自云流落至此，已有人相约携归，待尚未至。渐相款洽，因挑之微词，解扇上汉玉佩为赠。赧颜谢曰："君是解人，亦不能自讳。然故人情重，实不忍别抱琵琶。"置佩而去。士人意未已，欲觇其居停，蹑迹从之。数十步外，倏已灭迹，惟丛莽中一小坟。方悟为鬼也。

女子事夫，大义也，从一则为贞，野合乃为荡耳。男子而抱衾裯，已失身矣，犹言从一，非不揣本而齐末乎？然较反面负心，则终为差胜也。

（二十一）卷十六

李蟠木言：其乡有灌园叟，年六十余矣。与客作数人同屋寝，忽闻其哑哑作颤声，又呢呢作媚语，呼之不应。一夕，灯未尽，见其布衾蠕蠕掀簸，如有人交接者，问之亦不言。既而白昼或忽趋僻处，或无故闭门。怪而觇之，辄有瓦石飞击。人方知其为魅所据。

久之不能自讳，言初见一少年至园中，似曾相识，而不能记忆，邀之坐，问所自来。少年言："有一事告君，祈君勿拒。君四世前与我为密友，后忽藉胥魁势豪夺我田。我诉官，反遭笞。郁结以死，诉于冥官。主者以契交隙末，当以欢喜解冤，判君为我妇二十年。不意我以业重，遽堕狐身，尚有四年未了。比我炼形成道，君已再入轮回，转生今世。前因虽昧，旧债难消，夙命牵缠，遇于此地。业缘凑合，不能待君再堕女身，便乞相偿，完此因果。"我方骇怪，彼遽嘘我以气，惘惘然如醉如梦，已受其污。自是日必一两至，去后亦自悔恨，然来时又帖然意肯，竟自忘为老翁，不知其何以故也。

一夜，初闻狎昵声，渐闻呻吟声，渐闻悄悄乞缓声，渐闻切切求免声。至鸡鸣后，乃嗷然失声。突梁上大笑曰："此足抵笞三十矣。"自是遂不至。后葺治草屋，见梁上皆白粉所画圈，十圈为一行。数之，得一千四百四十，正合四年之日数，乃知为所记淫筹。计其来去，不满四年，殆以一度抵一日矣。

或曰："是狐欲媚此叟，故造斯言。"然狐之媚人，悦其色，摄其精耳。鸡皮鹤发，有何色之可悦？有何精之可摄？其非相媚也明甚。且以扶杖之年，讲分桃之好，逆来顺受，亦太不情。其为身异性存，夙根未泯，自然相就，如磁引针，亦明甚。狐之所云，殆非虚语。然则怨毒纠结，变端百出，至三生之后而未已，其亦慎勿造因哉！

（二十二）卷十六

杨雨亭言：登莱间有木工，其子年十四五，甚姣丽，课之读书，亦颇慧。一日，自乡塾独归，遇道士对之诵咒，即惘惘不自主，随之俱行。至山坳一草庵，四无居人，道士引入室，复相对诵咒。心顿明了，然口噤不能声，四肢缓軃不能举。又诵咒，衣皆自脱。道士掖伏榻上，抚摩偎倚，调以媟词，方露体近之，忽蹶起却坐曰："修道二百余年，乃为此狡童败乎？"沉思良久，复偃卧其侧，周身玩视，慨然曰："如此佳儿，千载难遇。纵败吾道，不过再炼气二百年，亦何足惜！"奋身相逼，势已万万无免理。间不容发之际，又掉头自语曰："二百年辛苦，亦大不易。"掣身下榻，立若木鸡，俄绕屋旋行如转磨。突抽壁上短剑，自刺其臂，血如涌泉。欹倚呻吟，约一食顷，掷剑呼此子曰："尔几败，吾亦几败，今幸俱免矣。"更对之诵咒。此子觉如解束缚，急起披衣。道士引出门外，指以归路。口吐火焰，自焚草庵，转瞬已失所在，不知其为妖为仙也。余谓妖魅纵淫，断无顾虑。此殆谷饮岩栖，多年胎息，偶差一念，魔障遂生；幸道力原深，故忽迷忽悟，能勒马悬崖耳。老子称不见可欲，使心不乱；若已见已乱，则非大智慧不能猛省，非大神通不能痛割。此道士于欲海横流，势不能遏，竟毅然一决，以楚毒断绝爱根，可谓地狱劫中证天堂果矣。其转念可师，其前事可勿论也。

（二十三）卷十七

青县有人陷大辟，县令好外宠，其子年十四五，颇秀丽。乘其赴省宿馆舍，邀之于途，托言牒诉而自献焉。狱竟解。实为娈童，人不以娈童贱之，原其心也。

（二十四）卷二十

李南涧言：其邻县一生，故家子也。少年佻达，颇渔猎男色。一日，自亲串家饮归，距城稍远，云阴路黑，度不及入，微雪又簌簌下。方踌躇间，见十许步外有灯光，遣仆往视，则茅屋数间，四无居人，屋中惟一童一妪。问："有栖止处否？"妪曰："子久出外，惟一孙与我住此。尚有空屋两间，不嫌湫隘，可权宿也。"遂呼童系二马树上，而邀生入坐。妪言老病须早睡，嘱童应客。童年约十四五，衣履破敝，而眉目极姣好。试挑与言，自吹火煮茗不甚答。渐与谐笑，微似解意。忽乘间悄语曰："此地密迩祖母房，雪晴当亲至公家乞赏也。"生大喜慰，解绣囊玉玦赠之，亦羞涩而受。软语良久，乃掩门持灯去。

生与仆倚壁倦憩，不觉昏睡。比醒，则屋已不见，乃坐人家墓柏下。狐裘貂冠，衣裤靴袜，俱已褫无寸缕矣。裸露雪中，寒不可忍。二马亦不知所在。幸仆衣未褫，乃脱其敝裘蔽上体，蹩躄而归，诡言遇盗。俄二马识路自归，已尽剪其尾鬣。衣冠则得于涸中，并狼藉污秽。灼然非盗，无可置词，仆始具泄其情状，乃知轻薄招侮，为狐所戏也。

（二十五）卷二十二

又有依傍史文，穿凿锻炼。如《汉书·贾谊传》有"太守吴公爱幸之"之语，《骈语雕龙》遂列长沙①于娈童类中，注曰："大儒为龙阳。"

（二十六）卷二十二

郭石洲言：河南一巨室，宦成归里，年六十余矣。强健如少壮，恒蓄幼妾三四人；至二十岁，则治奁具而嫁之，皆宛然完璧。娶者多阴颂其德，人亦多乐以女鬻之。然在其家时，枕衾狎昵，与常人同。或以为但取红铅供药饵，或以为徒悦耳目，实老不能男，莫知其审也。后其家婢媪私泄之，实使女而男淫耳。有老友密叩虚实，殊不自讳，曰："吾血气尚盛，不能绝嗜欲。御女犹可以生子，实惧为身后累；欲渔男色，又惧艾豭之事，为子孙羞。是以出此间道也。"此事奇创，古所未闻。夫闺房之内，何所不有？床笫事可勿深论。惟岁岁转易，使良家女得再嫁名，似于人有损；而不稽其婚期，不损其贞体，又似于人有恩。此种公案，竟无以断其是非。戈芥舟前辈曰："是不难断，直恃其多财，法外纵淫耳。昔窦二东之行劫，必留其御寒之衣衾、还乡之资斧，自以为德。此老之有恩，亦若是而已矣。"

（二十七）卷二十三

老儒刘泰宇，名定光，以舌耕为活。有浙江医者某，携一幼子流寓。二人甚相得，因卜邻。子亦韶秀，礼泰宇为师。医者别无亲属，濒死托孤于泰宇，泰宇视之如子。适寒冬，夜与共被。有杨甲为泰宇所不礼，因造谤曰："泰宇以故人之子为娈童。"泰宇愤恚。问此子，知尚有一叔，为粮艘旗丁掌书算。因携至沧州河干，借小屋以居。见浙江粮艘，一一遥呼，问有某先生否。数日，竟得之，乃付以侄。其叔泣曰："夜梦兄云侄当归，故日日独坐舵楼望。兄又云：'杨某之事，吾得直于神矣。'则不知所云也。"泰宇亦不明言，悒悒自归。迂儒拘谨，恒念此事无以自明，因郁结发病死。

灯前月下，杨恒见其怒目视。杨故犷悍，不以为意，数载亦死，妻别嫁，遗一子，亦韶秀。有宦室轻薄子，诱为娈童，招摇过市，见者皆太息。

（二十八）卷二十四

姜慎思言：乾隆己卯夏，有江南举子，以京师逆旅多啾唧，乃税西直门外一大家坟院读书。偶晚凉树下散步，遇一女子，年十五六，颇白晰。挑与语，不嗔不答，转墙角自去。夜半睡醒，似门上了鸟微有声，疑为盗。呼童不应，自起隔门罅窥之，乃日间所见女子也。知其相就，急启户拥以入。女子自言："为守坟人女，家酷贫，父母并拙钝，恒恐嫁为农家妇。顷蒙顾盼，意不自持，故从墙缺至君处。君富贵人，自必有妇。傥能

---

① 贾谊曾任长沙王太傅，世称贾长沙。

措百金与父母，则为妾媵无悔。父母嗜利，亦必从也。"举子诺之，遂相缱绻，至鸡鸣乃去。自是夜半恒至，妖媚冶荡，百态横生，举子以为巫山洛水不是过也。

一夜来稍迟，举子自步月候之，乃忽从树杪飞下。举子顿悟，曰："汝毋乃狐耶？"女子殊不自讳，笑而应曰："初恐君骇怖，故托虚词。今情意已深，不妨明告。将来游宦四方，有一隐形随侍之妾，不烦车马，不择居停，不需衣食，昼可携于怀袖，夜即出而荐枕席，不愈于千金买笑耶？"举子思之，计良得。自是潜住书室，不待夜度矣。然每至秉烛，则外出，夜半乃返，或微露鬓乱钗横状，举子疑之而未决。

既而与其娈童乱；旋为二仆所窥，亦并与乱；庖人知之，亦续狎焉。一日，昼与娈童寝，举子潜扼杀之，遂现狐形，因埋于墙外。

半月后，有老翁诣举子曰："吾女托身为君妾，何忽见杀？"举子愤然曰："汝知汝女为吾妾，则易言矣。夫两雄共雌，争而相戕，是为妒奸，于律当议抵。汝女既为我妾，明知非人而我不改盟，则夫妇之名分定矣。而既淫于他人，又淫于我仆。我为本夫，例得捕奸，杀之又何罪耶？"翁曰："然则何不杀君仆？"举子曰："汝女死则形见，此则皆人也。手刃四人，而执一死狐为罪案，使汝为刑官，能据以定谳乎？"翁俯首良久，以手拊膝曰："汝自取也夫！吾诚不料汝至此！"振衣自去。

举子旋移居准提庵，与慎思邻房。其娈童与狐尤昵，衔主人之太忍，具泄其事于慎思，故得其祥。

（二十九）卷二十四

吉木萨（乌鲁木齐所属也）屯兵张鸣凤调守卡伦（军营了望之名），与一菜园近。灌园叟年六十余，每遇风雨，辄借宿于卡伦。一夕，鸣凤醉以酒而淫之。叟醒大恚，控于营弁。验所创，尚未平。申上官，除鸣凤粮。时鸣凤年甫二十，众以为必无此理。或疑叟或曾窃污鸣凤，故此相报。然复鞫两造，皆不承，咸云怪事。有官奴玉保曰："是固有之，不为怪也。曩牧马南山，为射雉者惊，马逸。惧遭责罚，入深山追觅。仓皇失道，愈转愈迷，经一昼夜不得出。遥见林内屋角，急往投之；又虑是盗巢，或见戕害，且伏草间觇情状。良久，有二老翁携手笑语出，坐磐石上，拥抱偎倚，意殊亵狎。俄左一翁牵右一翁伏石畔，恣为淫媟。我方以窥见阴私，惧杀我灭口，惴惴蜷缩不敢动。乃彼望见我，了无愧作，共呼使出，询问何来；取二饼与食，指归路曰：'从某处见某树转至某处，见深涧沿之行，一日可至家。'又指最高一峰曰：'此是正南，迷即望此知方向。'又曰：'空山无草，汝马已饥而自归。此间熊与狼至多，勿再来也。'比归家，马果先返。今张鸣凤爱六十之叟，非此老翁类乎？"据其所言，天下真有理外事矣。惟二翁不知何许人，遁迹深山，似亦修道之士，何以所为乃如此？《因树屋书影》记仙人马绣头事，称其比及顽童，云中有真阴可采。是容成术非但御女，兼亦御男。然采及老翁，有何裨益？

即修炼果有此法，亦邪师外道而已，上真定无此也。

（三十）卷五 写书生之间的同性恋。

（三十一）卷六 写清初台湾同性恋。

（三十二）卷七 嘲讽某男优似女而实非。

（三十三）卷七 写福建同性恋。

（三十四）卷十 写狐怪与某盲人可能的同性恋。

（三十五）卷十 写军队中可能的同性恋。

（三十六）卷十六 写狐怪与一群无赖子弟的同性恋。

小豆棚

（清·乾隆—嘉庆）曾衍东撰
齐鲁书社 1991 年版

（一）卷三·男女变易

嘉庆十一年丙寅二月，余①代理湖北江夏事。廿三日，有城外金沙州民人熊万兴呈称：其长女金姑，年十七岁，许字城内李宏声之子为妻，忽于十八日变为男子。熊故无子，止二女，恐李戚诬以赖婚，且此事合郡皆知，报明在案耳。余曰："此事之异，亦人之妖也，毋庸报。如尔等系念姻娅，何不以未字之次女续之耶？"熊叩头欣谢，撤其报呈而去。

（二）卷十三·聂小玉

聂小玉，蜀人也，为优伶游京师。艳绝，眉间有媚风，姣女子不及其冶。所演多秦腔，即村俚剧唱，登场必另开生面，于是群噪一时。王孙贵戚，相与持赠，缠头盈千累万。人不愿封万户侯，但愿一登首邱而死也。

苏州翟秋山，以不第留滞京都，名士也。日者观剧，见聂心喜。归寓，驰想不置。由是戏上有聂，园中有翟。聂出而翟则昂首而盼，聂入而翟则掩面而卧。如是者非一日。

---

① 曾衍东。

聂于场上，未尝不转盼留神，异其钟情之独挚。某日演戏于翡翠园，日未昃，聂入，见翟已徘徊于众几间。聂前致词曰："晨餐也未？何来恁早耶？"翟欣然答曰："秀色可疗人饥，恐迟一刻少见一刻耳。"遂告姓氏居址。

曲终人散，翟归。晚闻剥啄声，则一车在门，毡帏晶窗，驾以骏骡。门焉者以为贵公子，及下车登堂，翟始知其为聂。聂则貂冠狐裘，翟颇形寒俭。聂曰："郎君旅馆亦寂寞否？"翟曰："客邸萧条，大抵如是。"聂曰："长安米不易索。我意屈驾过我屋，颇不僿；而饮食调护，自以为颇不粗粝。将请励志攻苦，来春雷甲可乘也。"翟起谢曰："邂逅相逢，过蒙不弃，何敢居停坐扰？"聂再三致请。坐良久，嘱以明辰来枉驾也，遂登舆去。

次早，车已在门，翟即收拾书剑随往。至大宅，聂出延入。书舍潇洒精致，铺陈皆细软。辰餐美馔。食罢，聂出门去。晚归已带微醺。烹苦茗夜谈，细诉衷曲，彼此爱慕。深更人退，聂复晚妆如妇人，同翟共寝。翟假抱温柔，如怀至宝。聂之娇容媚态，肌肤滑泽，更非脂粉裙钗所得方其万一。从此二人厮守，如夫如妇。有人为聂言婚，聂笑曰："我赋男形，寔有女心，乾道变化，将不知其已也。"悉却之。

翟于是往来声气，聂与有力焉。逾年成进士，胪唱第一人。后聂亦弃其业。翟以观察滇南，聂随往。燕台当道，祖饯相望，不知者以为为翟也，其知者以为为聂耳。抵任后，内外事悉决于聂。会边戍，聂随之军需。旁午时，野人居一带土酋结连缅匪入寇，抵铁门关。翟率偏师袭之，深入重地，为酋所获，聂亦被虏。缅酋女长也，悦聂美，因说聂降而释翟。聂大骂请死。女酋怒，二人遂与难。死之日，聂大呼曰："吾得与秋山死，死得所矣！"

（三）卷十四·褚小楼

褚小楼，名宇。美丰仪，儇薄不谨，称之狡童。善度曲，工笛，江宁人。父母早逝，纳粟成均。有其外祖姑之从侄李某，官于杭，往依之。

李见褚才而美，叙中表，通于内，颇见亲昵。一月之后，衣服鲜好，入则群婢星从，出则众仆鹄立，固翩翩佳公子也。无事则夫人令谈故事消闲，或于良夜月明酒阑更尽时，令吹笛按曲，至乐也。

当褚初至，志不过温饱。今温饱矣，又思逸乐。署有婢微云，年十六，丰颐颊。李每欲私之，时见嫉于夫人，隔而不通。婢固黠甚，见褚少，尝立夫人后，目憨憨视，褚惑之。无人处褚招云，云即近褚。褚甫欲昵云，云辄批褚颊而去，清越有声，遥指而笑，胡卢不止。是云之恶谑，每以是给其主人翁，而李且无奈伊何。

[后来微云假装同意可以和褚在衙署中的橄榄轩幽会。]夜深，褚潜至。是时月色微茫照室中，褚视榻间一人脱衣莹白而卧，以为是云。褚乃解衣来就偎，而榻上人已来抱

褚。忽惊释，曰："尔为谁？"褚知是李，不得已曰："小子蒙尊丈豢养过厚，无物可报，谨以粗豚为寿。望笑而纳之。"李固有余桃好，以亲串故不敢唐突。今既自投，乐甚。褚本个中人，颇能曲体上意，可以不劳凿枘。

先是李招云，云不就。因褚要盟，于是乎一转移间，先约褚，继又约李。而云固知李之必上小楼也。

后李与褚密，颇就外寝，家人衔之，诉于夫人。夫人一日与云潜出轩外，舐窗而视良久。归曰："毋怪乎今人爱男子而薄妇人也。今观小楼之鞠躬尽瘁，摇尾乞怜，两人复上下其手，吐而仍茹，诚有味乎其津津也！不然，我何以实染指于鼎乎？"遂恶褚不容于署。

李私以百金遣之。小楼归，金尽而贫，遂为伶。年四十，犹有人见其傅粉登场，娉婷昵人云。

（四）卷十六·郑板桥

板桥郑燮，兴化人也。康熙秀才，雍正举人，乾隆进士。工诗，有别裁。善画兰竹。精书法，隶草相杂，号"六分半书"。观者谓其创，而实则因钟繇碑而广之，唐时已有草隶之说，此类是也。性倜傥，好为苟难奇僻之行，又尝不矜小节，洒洒然狂达自放。如板桥者，使之班清华，选玉堂，摘词绘藻，相与鼓吹休明，岂不甚善？奈之何加以民社之任，颠倒于簿书鞅掌中哉！呜呼！造物生才不偶，有才者不能见用，用矣又违其才，均可惜也。

后出宰范邑，自范而潍，每多废事。莅任之初，署中墙壁悉令人挖孔百十，以通于街。人问之，曰："出前官恶习俗气耳。"郑素有余桃癖。一日听事，见阶下一小皂隶执板遥立，带红牙帽，面白衣黑，颇觉动人，遂见爱嬖。有友戏问曰："侮人者恒受侮于人。使其行反噬之谋，倒戈而相向焉，何以御之？"郑曰："斯受之耳，亦未必其血流漂杵也。"其书室一联最可笑，云："诗酒图书画，银钱屁股屎。"

邑之崇仁寺与大悲庵相对，有寺僧私尼，为地邻觉，缚之官。郑见僧尼年齿相若，令其还俗配为夫妇。有诗云：

> 一半葫芦一半瓢，合来一处好成挑。
> 从今入定风规寂，此后敲门月影遥。
> 鸟性悦时空即色，莲花落处静偏娇。
> 是谁勾却风流案，记取当年郑板桥。

郑尝因公晋省，各上司皆器重之。一日，会宴趵突泉，属诗于郑，郑应作曰：

原原有本岂徒然，静里观澜感逝川。
流到海边浑是卤，更谁人辨识清泉？

　　诗成，满座拂然，金谓郑讪诽上台。后因邑中有罚某人金事控发，遂以贪婪褫职。嘻，板桥非百里才也，其贾祸以才故，而乃诬之以贝，冤矣！

　　当其去潍之日，止用驴子三头。其一板桥自乘，垫以铺陈；其一驮两书夹板，上横担阮弦一具，其一则小皂隶而变童者，骑以前导。板桥则风帽毡衣出大堂，揖新令尹，据鞍而告之曰："我郑燮以婪败，今日归装，若是其轻而且简。诸君子力踞清流，雅操相尚，行见上游器重，指顾莺迁。倘异日去潍之际，其无忘郑大之泊也。"言罢，跨蹇郎当以行。

　　后寓维扬，以书画称，搢绅争为延誉，名重一时。

梦厂杂著

(清·乾隆—嘉庆) 俞蛟撰
文化艺术出版社 1988 年版

（一）卷一·楚伶传①

　　王桂，湖北沔阳人也。娟好若女子，入萃庆部。清歌妙舞，名冠梨园。尝学画兰于余秋室太史，都人士得其片纸为幸。余见所绘便面，虽不甚佳，亦楚楚有致。因题《祝英台近》一阕云："贮黄瓷，滋九畹，幽谷素香软。修禊良辰，采向竹篱畔。输他子固多情，芸窗移对，时付与写生斑管。　楚天远，偏来湘浦雏伶，濡毫运柔腕。雨叶烟丛，知有墨花浣。但教枕上轻挥，余芬微度，也赢得梦魂清婉。"

　　施学濂侍御与有断袖之好，寝食必俱。以其楚产，字之曰"湘云"。大兴诸生方惟翰者，作《湘云赋》，倩人持赠之。桂装潢锦轴，悬之室中。方时屡踬场屋，抑郁无聊赖，喟然叹曰："主司不赏余文，棘围可以绝望。优人能读余赋，梨园转有知音。夫人生最难遇、而最可感者，惟知音耳。优人与主司，贵贱虽殊，其为知音，则一也。乌可以优人而忽之？"于是执贽踵门如弟子礼，都人咸笑其妄，而不知其有托以讽世也。虽然，欲抒一时之愤，而不顾身名之污，亦无谓甚矣。

---

① 参见《燕兰小谱》卷之二。

(二) 卷一·陈银遇盗记

蜀伶陈银，走数千里来京师，入宜庆部。短小精悍，顾盼自喜。演剧时，虽傅粉调脂，弓鞋窄袖，效女子妆束，而科诨诙谐，亵词秽语，丑状百出。屠沽及舆抬隶，往往拍案狂叫，欢声雷动，其臭味相投所宜然也。久之，士大夫亦群起叫绝，剧中无陈银，举座不乐。数年间，侑觞媚寝，所得金绮珠玉累数万。陈银于是居奇炫异，谓京国好尚者如此。凡踵门求款曲者，无缠头之赠，赠或不丰者，皆拒不纳。

一日，日既暮，有客乘后轮车，被服炫丽，仆从如云，云粤西参议，计偕来京。握手道相见之晚，语次颐稍动，一健仆奉千金至，曰："聊以表数年来万里思卿之意，待公事毕，尚拟略尽绵薄。"语毕辞去。陈银私谓此人真奇货，持其裾欲留信宿，以罄其囊橐。客沉吟再四，曰："余甫入都门，诸事猬集。无已，明晚当就教，过此无隙矣。"

次日，陈银设盛筵，并出其妻妾，艳妆侑酒，履舄交错，杯盘狼藉。客令群仆返寓，而屏诸侍席者于重门之外。夜分人寂，潜以迷药入酝中，遍觞诸人，少选皆昏仆。客一声呼啸，群仆从屋上跃下，陈银数年所蓄，侑觞媚寝之资，倾筐倒箧而去。

(三) 卷一·玉儿传①

李重华，江左诸生也，纳雍赴北闱。时都下乐部中有李玉儿者，色艺双绝，名冠梨园。达官巨贾，或纨袴儿，如蝇蚋趋膻秽，日相征逐。他人惟凝睇而望，不敢近。欲登其堂，必执贽；贽不丰，相接亦落落，茶一盂，寒暄数语即退，不能腼颜久踞宾座也。生偶过歌楼，见之，神魂飞越不能制。思与握手道款曲，而客囊羞涩，莫尽绵薄。惟日携杖头钱，往院中观演剧。久之资尽，典质亦空，不能作顾曲周郎矣。因访其居址，日伺门外，俟登车，即先于其所往候之。如是半年，玉儿窃怪于中，欲询之而未发也。

一日，大雪迷漫，赴显者之约。玄阴昼晦，衢路人稀。而平日之踯躅道周、眈望颜色者，又冲寒冒雪，侍立车侧矣。玉儿问曰："君何为者？"生泪涔涔下，呜咽不能语。邀之入室，叩知其故。玉儿笑曰："君既读书，当思奋迹云路，以图进取。不宜妄自菲薄，瀸落至此。虽然，士为知己者用，女为悦己者容，足下我之知己也。请为君作居停主人，勉供膏火，复理慧业，何如？"生唯唯。适某显者诞日，玉儿属生赋诗百韵以进。时祝嘏者联幛累轴，而名作独推生，显者大悦。由是玉儿益爱敬生，联床语夜，隔座衔杯，凡可以娱生意者，靡不尽。

逾年，秋闱报捷，继登进士，入翰苑。重华属卮酒，抚玉儿肩曰："余向者丧志落魄，几堕泥涂，微卿何以有今日！敢叙雁行，用答高义。"玉儿因呼生为兄。凡平日相与

---

① 参见《随园诗话》（一），实际生活中李重华是辅佐其子出外做官。

往来之达官巨贾及纨袴儿，皆谢绝不复与通。后生出知某州，既典郡，自簿书外，皆玉儿一人总持之。相从数十年，交情不替如一日。重华卒于官，复经纪其丧，抚其幼子若犹子焉。

嗟乎！天下之至微极贱者，莫优伶若矣！乃亦知有知己之感，引手穷途。及知其怀才不偶，虽衣敝履穿之士，亦敬奉之不敢忽，若预料其能发迹于异日者，孰谓伶人也而可忽诸？

（四）卷二·聋隶

直隶河间府献县城隍庙，泥塑皂隶，昂首注目，状若倾耳而听。相传隶两耳无闻，喜为人作龙阳之媒。焚楮锭，附耳私语者，实繁有徒。

有戈姓者，悦邻人子，谋之岁余而莫谐。或谓邻子曰："戈某属意孺子久矣，子饥推食而食，子寒解衣而衣，其通殷勤、竭诚款者非一日。而子守身如执玉，拒之实严。闻某将祷于城隍庙之聋隶，吾悯子之无知也，而虞子之终不免也。"邻子笑曰："吾必有以遂其欲，子静伺之，当有所闻。"

一日，日既暮，戈某入庙对隶长揖。未及致祷，忽暗中一人突起杀之，并毁隶像，纵火焚庙，有司捕之不获。余客乐城，土人为余语之如此。今庙中复塑聋隶，侧其首，目睨视，作倾听状，而祷之者殊罕。岂经邻子杀人焚庙之后，城隍神能戒饬其隶，不复使作奸犯科于殿庑间乎？抑土偶之隶，前此狐鬼所凭，以博楮锭、牲醴之奉，而庙中赫然危坐之城隍，虚有其像，灵爽固未之式凭乎？是俱不可解也，亦存而不论可也。

岭南潮州揭阳城隍庙，亦有聋隶，人俱呼为"三官"。有谋娈童不得者，焚香隶前，以指抉其耳窍，吻近窍，密祷之，事无不谐。谐后，酬以牲醴。肩摩踵接，日夕不休，若忘其有城隍神，垂绅正笏，危坐于上者。或曰：城隍最灵异，凡入庙不诚者，殛无赦。所以有求于隶，必吻接其耳，虞城隍神之有所闻也。

夫城隍载入祀典，非寻常淫祠可比也。其神必聪明正直，所辖邑内，极穷乡僻壤，善良奸佞，不能逃其鉴察。非如人世邑宰，耳目有所不及，辄受吏胥欺蔽也。乃殿庑之间，相离咫尺，终日任其交头接耳而不疑，视牲醴香楮之献而不问。隶果耳聋，神则聋且瞆矣。

（五）卷四·张吉

孙奎，浙人，官于闽。下车之日，有讼其隶张吉，占屋十余年不迁者。呼隶前询之，对曰："小人非恋此居也，实舍此无可居，故十年来，增其租三倍矣。"因询："有父母兄弟乎？"曰："无有。""有妻子乎？"曰："无有。"孙曰："既无亲属，则孑然一身，随地可栖，何必占屋十年之久，增三倍之租，且令居停主人哓哓致讼耶？"隶曰："小人有总角友，相随形影，不幸夭殂。葬诸原野，荒烟蔓草，虞孤魂之无依也；若移居他所，又不能入槟。此所以转辗图维，而莫可如何者也。"孙曰："汝父母今葬何处？"答在某邱。孙曰："某邱非原野乎？何以忍令魂魄，长依荒烟蔓草而不一顾也。且古今来，人死无不葬，汝独拥槟十载，挟不近人情之说，以图鸠占。"因杖之，勒令迁居。舁棺葬毕，号泣终夜，自缢墓间。盖死者其生前与隶有断袖之好。卒后，每食必旁设杯箸，寝则依于棺，积十余年不离如一日。昔卫灵爱弥子色美，至食其余桃不为亵。及弥子色衰，即引以为罪而诛之。夫朝夕相依，一旦色衰，即前情尽弃。若溘然而逝，形销骨化，宜更易于忘情。乃张吉至十年之久，犹寝食不置，至殉之以身。古来愚忠愚孝，每出至微极陋之人，良有以也。

（六）卷八·毛毕　写妖狐同性恋。

寄闲斋杂志

（清·乾隆—嘉庆）朱淞撰
清嘉庆二年（1797）刻本

（一）卷四·和尚娶妻

秦州僧某拥厚赀而性淫，与其嬖童谋，诈认为侄，借名聘妇。许既娶之后，轮流入宿，童诺之。遂央媒聘某姓女，及合卺之夕，令童与之成礼而不许入宿。夜深，僧改装入房，女不知，竟为淫污。向晓即出，唤童入。将钱酬送嫁娘，令之归。童故美风姿，女悦之。抵暮送嫁娘去，僧复入。女骇甚，僧言借名聘娶并改装入宿之事。女闻涕泣欲死，僧甘言劝之。女欲图泄恨，勉强允从。僧喜，待女甚厚而负童前约，防闲甚严，童露不豫之色。僧恐童之泄其事也，以钱与之，使往博场散闷。童博输，寻僧索钱。入寺不见，至女所问之。女见童入，笑颜迎之，曰："我与汝夫妇也，而不得相近，被僧强占，汝心甘乎？"童泣不语。女教之首官，知州某立差人拘僧，用刑严讯，僧吐实，详请诛之。女欲与童合，女之父以童甘为僧用，亦非善类。情愿领女归家，再为择配。官从之。

（二）卷四·董超瑕

董超瑕，字胜弥，龙阳人。年少时貌甚美，不事生业，绮襦纨袴，日游市中。同里某少年见而悦之，拉之游宴。日未浃旬，糜金不少。料超瑕心德之，诱入密室，醉之以酒而私焉。超瑕本以娇丽自喜，被污之后，饰貌修容，长傅何郎之粉。窄襟小袖，常薰荀令之香。一时有好外癖者，咸欲邀至之。甚至五陵侠少，四姓小侯，亦折简相招，遣车争迓。时而春也，同赏古寺之莺花。岁云秋兮，共醉名山之萸菊。而超瑕声价自矜，苟非心之所好，即囊珠箧绮，稠叠赠遗，未肯以身事之也。既而年长色衰，悦之者少。春风陌上，虽乘叔宝之羊车。夜月楼中，罕入仲先之鸳被。受人钱帛渐不足供衣食需，于是效倚门市倡，时以眉语撩人。往日交游闻而贱之，皆不屑与之寻旧好。不数年间，钱涩阮囊，鱼生范釜。衣若西华公子，寒少人怜。履如东郭先生，曳将谁谒。惟日至蒲博之场，强索数文为糊口计。作沟中瘠，真日暮间事耳。世之以柔曼悦人，作女子态无丈夫气者，盍以超瑕为鉴哉！

（三）卷七·性空

性空，吴中某寺僧也。受浙西无外禅师戒，誓不近色，不啖酒，不茹荤。日持《金刚经》数卷外，常焚香静坐，足不入市。槎南陆某素敬之，某延名僧数辈，礼梁皇忏七昼夜，请性空主坛事。即借其所主庙宇，洒扫建坛。某于半月前持斋，至礼忏日，身入斋坛，陪群僧礼诵。礼至第三日午后，偶至僧房少憩。方登床欲睡，见性空忽遽而入，大声呼侍者。侍者同一童子入，年十六七，貌甚美，装束若戏班小旦状。性空令之按摩，俄问酒肉何在，侍者启经厨出之。性空狂饮大嚼，令童子歌以侑酒。童子歌毕而出，性空目送之，曰："夜间早些来。"童子既去，侍者微笑曰："适奉大师命，将某家所送忏银往赠某妓作脂粉钱，某姓请大师乘暇一往。"性空曰："连日少暇，奈何！"因大骂陆某不良，作此恶剧，还要耐他四日。侍者促之曰："大师宜出礼忏矣。"性空欠伸徐起，恨恨而出。某从帐中目击其状，亲聆其言，始悟释氏戒行皆伪饰以欺人。俟性空出，即至坛中，命将经卷收拾，不必礼诵。群僧咸骇问故，某述适所见闻如此。性空惶恐谢罪，坚请完满佛事，逝不取偿。某不顾而去，戒子孙世世不作佛事。

霭楼逸志

（清·乾隆—嘉庆）欧苏撰
清嘉庆三年（1798）刻本

（一）卷之一·女变男

邑①之章阁乡妇女不缠足，村民杨姓有女名阿新，长成已嫁夫矣。夫怒其石，摈不归寝。邻有少妇，其夫贸易于外，时招阿新同榻，相得甚欢。一日阿新肩重负，过于用力，

---

① 欧苏的家乡广东东莞。

下阴崩裂,昂然一具。新掬之,触手盈握,秘之而不以告人也。是夕与妇寝,因戏为交媾之状。妇初任之,不意其即真焉。惊问得其由,妇使新仍女妆,往来伴宿。岁余妇孕,夫归究诘,具道变男之异,一时传播远迩。新父母招回,为其娶妇。新生时胎衣包郁其阳,只得小隙泻便。后因用力,遂至突出,亦奇也。此乾隆中年事,今现在观澜墟卖猪肉,年五十余矣。

(二) 卷之一·黄阿极

闺秀黄阿极,邑之鸡啼冈人也。貌娟丽,晓文义,与同族姊妹数人,慕仙姑清修,希冀玄妙,常诵"深通佛法浑忘欲,恪守禅心不画眉"之句,共矢不嫁。日闭静室,礼梵空王,父母弗知也。围右有寺,是男僧梵修之所。极等瞰其亡,齐至佛前解闹,归而尽秃之,片时改装僧服。寺侍者惊闻于各家,父兄皆督归,诟之。随以髢饰,刻期嫁之。惟阿极夫翁李霍林谓已祝发空门,不利婚媾,呈于县,欲离异之。[县令丁公不准,阿极遂嫁于李家。]

(三) 卷之二·白日赴水

同乡袁时遇先生嗣君耀邦娶于沙腰际,甲午馆谷于斯,教所与翁媪止隔一垣。宵中邦见四五娇娃趋近榻畔,群呼邦名,牵揽邦袖,约与同行。邦性刚鲠,怒而麾之。蓦然如崩崖落石,响振双扉。邦摸之,身已坠地,离榻甚远。翁媪惊醒,讶问何故,邦述其异。越夕,媪为设米筛之祭。邦因病归,言于妻,妻云:"姊妹五人,矢志清净,联绸缠臂,共相投塘。教所即其闺阃也。"邦知诸姨作戏,颇不为骇。比至秋深,东家觞客,邑城温绍基同邦俱列上席。时白壁还照斜阳,温忽离坐,邅道来来,趋出馆门。同席皆怪,缀而尾之。温到池边,飞跑而下,碧波荡漾,衣袜胥沉。众乃下塘捞救而起,唤噉良久,忽告梦觉。少定,询其何为,温道四五仙姬招携游玩,不觉迷惘。幸蒙相活,因拱谢之。

陔余丛考

(清·乾隆—嘉庆)赵翼撰
河北人民出版社 1990 年版

(一) 卷四十二·女扮为男[①]

古来有女装为男者。乐府木兰从军,小说家祝英台,其最著者也。其见于史传者,

---

① 记具有男子气概的女性。

《宋书》晋熙王昶谋叛，事泄奔魏，携妾吴氏作丈夫服，亦骑马自随。《南史·崔慧景传》：东阳女子娄逞，变服为丈夫，能棋解文义，遍游公卿间，仕至议曹从事。事发，始作妇人服而去，叹曰："如此伎俩，还为老妪，岂不惜哉！"《北史》：魏太武令古弼征冯弘，弘令妇人被甲居中，精卒阵于外，东奔高丽。杨大眼妻潘氏，当游猎之际，亦戎服，与大眼并驰。及还营，同坐幕下，对诸僚佐。大眼指谓诸将曰："此潘将军也。"《唐书》：谢小娥以父与夫俱为盗申兰、申春所杀，乃诡为男子服，佣兰家，伺隙杀春。《太平广记》：张詧为郭汾阳所任使，詧既殁，其妻貌与詧极相类，乃伪为丈夫衣服，称詧弟，上谒。汾阳喜之，令居詧职，累兼御史大夫。汾阳薨后，乃弃职嫁潘老为妻。五代西蜀女子黄崇嘏，亦诈为男入仕宦。元人有《春桃记》传奇，崇嘏曾登第为状元。王弇州《艺苑卮言》以为崇嘏仕至司户参军。此皆女诈为男入仕者也。至如金海陵王，令诸妃位下皆以侍婢服男子衣冠，号假厮儿。金之将亡，宗室承宗女阿鲁真寡居，有众千余。蒲鲜万奴来攻，阿鲁真衣男子服，督众力战，破之。哀宗在蔡州被攻，括妇人壮健者，假男子衣冠，运石上城。此亦假男之事。若汉末东海吕母称将军，晋末王恭起兵，王廞聚众应之，以女为贞烈将军，悉以女人为官属，顾琛母孔氏为之司马。此或假男子官号，未必诈为男子。唐初柴绍妻起兵，号娘子军。史思明之乱，卫州侯四娘、滑州唐四娘、青州王二娘，相与歃血，赴行营讨贼。崔宁自蜀入朝，杨子琳乘间攻成都，宁妾募勇士千人，自将以进，子琳退去。此并不假男子官号，直以女子自将矣。

（二）卷四十二·男子称佳人

男子有称美人者。《诗》"彼美人兮，西方之人兮"，少陵诗"美人何为隔秋水"，东坡《赤壁赋》"望美人兮天一方"之类是也。男子亦有称佳人者。《楚词》"惟佳人之永都兮"，注：佳人指怀王。后汉尚书令陆宏，姿容如玉，光武叹曰："南方多佳人。"魏曹爽从跸谒高平陵，司马懿闭城拒之，桓范劝爽挟天子诣许昌发兵，爽不从。范哭曰："曹子丹佳人，生汝兄弟**独**犊耳！"又苻秦时，窦滔妻苏蕙作《璇玑图》，读者不能尽通。苏氏叹曰："非我佳人，莫之能解。"是皆男子称佳人也。

履园丛话

(清·乾隆—道光)钱泳撰
中华书局1979年版

(一)卷二十一·五两轻①

国初有某监察眷恋一优儿,连袂接枕者五六夕,赏以五金,其人不怿。一客闻之笑曰:"此唐时王右丞有诗已说其轻矣。"问何诗?曰:"恶说南风五两轻。"

(二)卷二十一·溺于声色②

乾隆中,有某太守告老归田,溺于声色。慕西湖之胜,借居曲院荷风,日与梨园子弟、青楼妓女征歌度曲,为长夜之饮。遂收梨园为义子,青楼为义女,无分上下,合为一家。有轻薄少年书东坡和文与可《洋州园池诗》二首云:"烟红霞绿晓风香,燕舞莺啼春日长。谁道使君贫且老,绣屏锦幛咽笙簧。"其二云:"日日移床趁下风,清香不断思何穷。若为化作龟千载,巢向田田乱叶中。"太守闻之,即移寓去。

(三)卷二十一·打兔子③

毕秋帆④先生为陕西巡抚,幕中宾客大半有断袖之癖。入其室者,美丽盈前,笙歌既叶,欢情亦畅。一日先生忽语云:"快传中军参将,要鸟枪兵、弓箭手各五百名进署伺候。"或问何为?曰:"将署中所有兔子,俱打出去。"满座有笑者,有不敢笑者。时嘉定曹习庵⑤学士以丁内艰,为关中书院山长,与先生为亲戚,常居署中。先生偶于清晨诣其室,学士正酣卧尚未开门也,见门上贴一联云:"仁虎新居地,祥麟旧战场。"先生笑曰:"此必钱献之⑥所为也。"后先生移镇河南,幕客之好如故,先生又作此语。余⑦适在座中,正色谓先生曰:"不可打也。"问何故?曰:"此处本是梁孝王兔园。"先生复大笑。

---

① 参见《锡金识小录》(七)。
② 注意优伶与妓女并列。
③ "兔子"指娈童男宠。
④ 毕沅,号秋帆。
⑤ 曹仁虎,号习庵。
⑥ 钱坫,字献之。
⑦ 钱泳。

(四) 卷二十三·五云

五云者，丹徒王梦楼①太守所蓄素云、宝云、轻云、绿云、鲜云也。年俱十二三，垂髫纤足，善歌舞。余时年二十五六，犹及见之。越数年，五云渐长成矣，太守惟以轻云、绿云、鲜云遣嫁，携素云、宝云至湖北送毕秋帆制府，审视之，则男子也。制府大笑，乃谓两云曰："吾为汝开释之。"乃薙其头，放其足，为童仆云。

闻见晚录

（清·嘉庆）邵棠撰
清嘉庆二十年（1815）刻本

卷下·男宠

古今男宠之风日甚一日，今谓所欢之子或曰卯官或曰兔儿，终莫知其取义。按刘氏《正历》谓："房宿体具男女二形，男宠之人值男可以为女，值女则仍为男，亦犹房宿之具有二形耳。"按房宿躔在十二支之卯位，演禽为兔，人或以男宠类之。故隐其名，有卯官、兔儿之称。

正音撮要

（清·嘉庆）高静亭编
上海古籍出版社 1989 年影印
《明清俗语辞书集成》本②

(一) 卷二·笑人骂人

当兔子的。

溜沟子。

舔眼子的。

契弟。《红楼》九回，此名少叫。

---

① 王文治，号梦楼。
② 据清道光十四年（1834）学华斋刻本影印。

唆肌肌的。

捱臊的。

(二) 卷三·非为

带兔子。娈童。

当小朋友的。当兔子。

官话汇解便览[1]

(清) 蔡奭编
上海古籍出版社 1989 年影印
《明清俗语辞书集成》本[2]

(一) 卷上·身体举动

　○干肜川　正：弄屁股。

(二) 卷下·衙门讼狱

　○奸小子　正：鸡奸。

(三) 卷下·戏耍詈骂禁赌语

　弄你们屁股。

　揸我的肌肌旦。

　卖屁股的小官子。

---

[1] 本书是把浙江白话（"○"开头）与官话（"正"开头）相对照。
[2] 据清末霞漳颜锦华刻本影印。

秋室集　（清·嘉庆）杨凤苞撰　清光绪间湖州陆氏刻本

（一）卷五·书李元旦事

　　李元旦，如皋人，[前明]侍郎之椿子也。鲁监国①时为御史，时入中土为间谍。有谢庭兰者，娈童也，与元旦嬖妾通，李觉而毒杀其妾。庭兰跳身京师，鬻于内府为银工。[乃告发李元旦通海为乱之事。]事下所司，与元旦同僇者四十八人，皆庭兰所举发也。

（二）卷五·书孔孟文事　记清初一僧人同性恋事例。

聊斋续编　（清·嘉庆）柳春浦撰　清道光十年（1830）钱塘洪涛扬州秋声馆刻本

卷七·洪省斋

　　洪省斋，太原人，襟怀磊落，雅不欲与俗人伍，结庐山谷，以绝应酬。居恒独处不出入，人亦无有造谒者。一日薄暮闻剥啄声，觇之，一士人，年可十八九，丰神秀丽，姣若好女，知为佳士，遂迎入。[生谓自己姓魏，字介生，号惺夫。]谈论间经史子集奔放喉舌，洪慕其博洽，遂订为知交，由是日益密。然来必以夜，洪每欲往则力止。洪大惑固诘，介生曰："实告君，仆非人也。"洪曰："然则鬼与？"曰："非鬼亦鬼。"曰："岂狐与？"曰："非狐亦狐。"曰："岂如晓岚先生所纪之狐而鬼与？"曰："仆非狐而鬼，乃鬼而狐也。"洪曰："晓岚先生所纪之狐鬼已属创闻，今君鬼而狐，真闻所未闻矣。"介生曰："仆本文士，屡试不售，益励志攻苦不稍懈。后贫死沟壑，冥司悯其苦，著仍返生。乃至尸所而肌肉已朽，无可依附。适尸旁有狐遭雷劫者，体尚温，魂不觉冥然与之合。蹶然兴，俨然狐也。狐固通灵能幻形，仆又历知其已往事，遂安之。奈所附者为牝狐，以男子而托巾帼之质，不无介介耳。"始知所称魏姓乃寓言鬼狐，介生乃寓言鬼狐之间也。

---

① 鲁王朱以海，南明弘光帝之后在浙东被拥立为监国。

洪因交厚，亦无猜忌。尝谓介生曰："君既堕此，将若何？"介生曰："鬼邻于人者也，以鬼返人已属大难，狐则去人愈远矣。惟刻刻警惕，无忘本来，功成后或可复返为人。苟任其后来之质，肆行无忌，将求其为鬼而不得，安能为人？此仆所以以惺夫自名也。"洪戏曰："闻狐善媚，君亦尝媚人否？"曰："媚则未也，然此念总不能无耳。偶逢佳士，辄自忘其身为男子，猛然自省乃止，不则不可究诘。今见君秀隽，此心已数萌矣。"言至此，洪颇有惧色。介生善引导，屡劝洪偕去。洪以善媚是惧，不果。介生曰："忠而见疑，惜哉！"浩叹而去，后竟不至。介生刻刻警惕，或得复返为人，亦未可知。惊惧生则夜气存也，夫稍不自省，即昧却本来，独魏介生为然哉？

挑灯新录

（清·嘉庆）吴荆园撰
清咸丰十年（1861）刻本

（一）卷之二·送裤

李某，邑①之北郭人，市侩也。颇积微资，图为娶妻之用。邑之成例，每于三月中旬倩优人于各神庙俳优庆祝。适班内小包头孙五资容可观，李见悦之，亟欲一聚。苦为恶少所据，惓惓莫伸。无已重结恶少，遂得与孙通情。多方巴结，图悦孙心。孙见李容既鄙陋，性复粗顽，非心好也。但利其不惜糜费，亦佯为深交者。往来密迩，不觉已逾蒲节。李之囊橐亦已呼空，终不忍舍，乃变房以继。孙微知之，假为不觉。会戏尽，各优欲归。李与孙将别之前夕，不禁号啕，如丧考妣，孙亦伪作戚容。次日就道，李竭力营办，馈遗甚厚。先施祖饯于长亭，与孙叙别。分袂之际，坚执孙手，含泪语曰："仆有一言，倘蒙见诺，死亦情甘。"孙请何谓，曰："幸无移此爱于他人，则我心慰耳。"孙苦其缠扰，遂给曰："终身誓不外交，以报尔情。"脱手而去。李视之留连，仍随上岭头，远视孙行里许，忽回头掀开上衣，挺以向李。盖笑李愚，谓过此以后，将以玉茎敲其脑也。李睹不觉，意孙必有所更求。忽忆己有蚕裤一事，前曾约送与孙。因别绪缭乱不复记忆，今必以兹责我无信矣。遂火急回家，捡裤仍复驰追。途间已无踪兆，意住处必然可获。及瞑黑至旅店，复遇孙，因举裤向孙曰："尔一掀衣，我即会意。今特送来，幸勿嗔迟也。"孙笑受之。是晚托奔驰困殆，使李异榻。李竟信为然，草眠而归。微积已尽，鳏苦终身，恬然不觉，每犹举以此夸人。今李死矣，好事者传以为笑云。

---

① 吴荆园的家乡福建连城。

近有某甲，每于优旦极力周旋，呼朋引类，陪旦坐饮。己则躬身庖厨，惟席终时出坐。沃以残汁，立吃一饭。相处累月，优旦惟知在席诸人姓名，其所费反疑系在席者所措。自始至终不知某之名姓，此亦与李之呆笨一样可笑也。

荆园氏曰："李之待孙虽云痴子憨情，顾亦血性发出，世上此等人正不易得。何物优贱，竟一味伪局过之，铁石心肠哉！谚云：妓女无情，优伶无义。于兹益信矣。"

(二) 卷之三・涂塘二少

龙岩属乡涂塘甲乙二少年者，丰姿艳丽，世罕其俦。两美相怜，遂相交好。常私相许，谓期死同穴。自总角而至弱冠，俨如夫妇。而甲家贫于乙，旋乙因其兄父辈谓甲素浮荡无行，恐将诱子不善，嘱乙宜与之绝。初乙未尝听也，迨训言日逼，遂渐与甲疏。其往来或途间相值，亦只如常人之问询而已。盖恐家人知觉，复遭庭谴也。然外虽如此，中心实无时不为甲念。甲不知其由，反疑乙有私意而疏于己，不胜愤恨。自度势悬殊，究莫可奈何。如是者数月，遂决计共乙共死。乙为庭训所拘之后，外游既少，会面愈稀，遽难下手。一日乙偶出门外，为甲所窥。甲乘四顾无人，因前引手僻处，流泪曰："仆虽一介贫儒，然与子交有年，颇云莫逆。乃迩日相待之情顿异曩昔，自度无毫纤获咎，何见弃之深也！"乙亦泣曰："要有隐衷，言之甚长。非我之不情也，实有所不得已。容有隙时，当与竟日夜言之，以剖寸心。"甲积愤既久，亦未审其何谓，唯心欲其同死，因绐之曰："谅薄命人，顾亦何敢久攀贵介。然仆不日将作远行之计，欲一言与子相决。明日拟借猎禽，与子深山一话。于某处专候同行，万勿见却。"乙信为实，遂诺之。次早甲服毒下腹，携鸟枪往待。逾时乙来，遂同往。至山僻处，猛曰："彼处有狐甚伟。"绐乙回头，因下火，遂中乙之脊背。铁子贯入，痛滚于地，犹谓甲误伤也，大声呼曰："已伤我背，快来相援。"言未已，痛极莫忍，乱滚下坑，须臾气绝。甲视既死，遂急丢下鸟枪，疾忙回家。觉口中渴甚，呼水饮之。甫下喉，腹痛如剜，旋亦身死。家人谓其暴亡，尚未知其服毒也。其夜乙家觅乙，不知去向，且闻甲暴亡之事。正在惊疑间，忽有樵者至门，谓乙死于岩下，衣裳破碎，遍体发黑。其父急往视之，见乙背数孔，皆流血水。不觉大恸，仰头见鸟枪于树阴之下，趋往认之，乃甲所常用物。始悟甲毙男死，惧罪自毙，不胜怨恨。然甲已死而家又甚贫，只有老母颠病可怜。即鸣之官，谅亦无益。遂将乙尸收殓，葬于岩下。是日甲母亦埋甲于斯山，两人相遭，惟各相感而已。攒毕各归，其事遂寝。自后每于天阴傍夜，人常见甲乙二人盘旋山内。携手欢笑，宛若生时。逼近则无，略远则见，如是数年始绝。其同里人见述甚详。

荆园氏曰："情不极则怨不深，古人以恩情与仇怨一例并观，良然。夫谓甲不行，则乙之父母宜早为之坊范。迨其交既深，爱既笃，而忽欲使之绝。即甲不致乙于死，斯亦两怀相思，必有憔悴病瘐之事。乃计不及此，以无益之防闲，送两少之性命。是乙之父欲戒其子，而反速之死，谁实为之？然乙非薄情者流，特为父兄所逼耳。观其引手之语，娇稚缠绵，皆足使人泪下。而甲付之不辨，遽以措大莽气，死情种于非命。即以身从，岂能释恨？鬼而有知，当骂甲。顾反与之携手欢笑，有若生时，非死后无恨也，实其情有乐于死也。清歌妙舞，美艳红妆，原以及时适意而行其乐。乃人世缚以礼义，动多拂怀，不若地下之无拘，得以随吾所欲。彼两人者，盖知此意而相乐于地下乎？"

（三）卷之四·罗姓少年

罗姓少年者，鄞江之东郭人。雅度风流，杰出世表。娇婉温和，见者罔不为惑。近村陈某商贾中人，富于财谷。会游神处与罗相遇，悦其姣好，引与谈论。出语吐词，颇极丰雅，益爱之，乃留入家，殷勤治具以款，临行又赠以香珠金镯等事。自是罗感之，暇辄一来。久而积熟，陈调以微词，但笑而不答。陈拥抱之，不甚拒，遂私焉。[罗出入陈家无避忌，与陈女私通，而陈已许婚郑家。私情后为郑家所知，遂将罗、陈告官。官]判曰："陈女即为罗妇，罗子即为陈婿。至陈某帷薄不修，致有闺门之玷。量加轻惩，仍追财礼还郑，俾其另婚名门。"判词既下，录之呈堂。府尊阅毕，如详饬遵。遂令罗与女花烛当堂，以鼓吹送还偕老焉。

荆园氏曰："陈某不引娈童入室，则闺阃之玷何由而生？而私爱缠绵，如胶投漆。迨事发到官公庭之讯，幸而问官矜全，风流断合。虽曰乐及悲生，悲尽复乐，然亦行险徼幸矣。噫！娈童入室，靡所不至。尔爱其艾豭，彼爱尔娄猪，不可不惧也。"

（四）卷之四·胡司空

胡公冠龙，三楚人，故观察应元公子也。襁褓失怙，家巨富，美仪容，绝聪慧。年十九，与同砚生李成赴郡应试，场中随众领卷，见堂上文宗青年美质，世无其俦。注目久之，心窃倾慕，甚涉遐想，而堂上人不觉也。公怀卷就号，心如丝乱，无暇揣摹，草草出场。榜发后，公名落于孙山之外，成以第二入泮。公遂别先归，殊不以功名得失为意，唯堂上人刻不能置也。想思百结，伏枕而病。母问之，不语。与之食，亦不食，甚忧之。会成自郡归，念成故与儿善，嘱细诘之。成临榻细询，公曰："衷怀痴想，唯弟可告。但沟虾蟆妄作天鹅肉想，总属无济，惟有死耳。"因屏人语成。成怜其病，又笑其痴。踌躇片响，忽生一计，绐之曰："此亦大易。以兄门第才品，岂同凡下。且青年妙丽，旷世无匹。文宗虽暂在兄上，亦未必敢高自位置。第请宽意加飧，目今考事已竣，文宗旋省。弟请得数千金如垣寻隙，倘得阶进，自当乘便婉致，不愁不遂兄愿也。"公闻不觉大喜，痴想既久，亦不遑审其难易，极称甚善。母止此儿，爱若珍宝，惟恐少拂，急命治装付金而去。自成出门，公病顿减，即可略进饮食矣。盖成欲用易帜计，思得一貌同文宗者，假冒以进，俾遂公痴念，免其沉顿。一日于会垣观剧，见优内小旦确肖文宗，喜计可行。询系姓黄名三官，遂与伊师关说，以三百金聘来。于路教应对，使无露迹。又购得名士窗稿数百篇，嘱黄成事后如此如此。及抵本境，将黄安旅舍，策马先归。公度日如岁，一见惊喜。不暇他及，便问所谋如何？成已于途间探知，文宗张公丁艰旋里，愈莫可查其伪。笑曰："幸不辱命。弟抵省垣，正图寻机，不期天从人愿，文宗适丁母艰，又官廨遭回禄，宦囊如洗。弟乘其窘，献千金，托门生阶进。因告以兄思慕殷切，便邀枉顾，又述兄磊落慷慨。文宗少年心性，亦为欣动，小妆同来。弟暂安旅舍，先以喜信报兄知。可备暗舆一乘，夜间弟往接来。席间劝令尽醉，窥机而行。其间婉转，兄自能会意，不须弟多晓矣。"公闻喜溢眉宇，殷殷称谢。成曰："尚未，尚［未］。"旋以舆去，少时同来。公趋迎入，烛光之下，果昔日峨冠博带坐堂上者。然小帽青衣，寻常妆束，较昔尤加艳丽。欢喜若狂，语曰："山城草舍，久绝贵人车马。今夕得睹名流，顿使蓬荜生辉，山川增色，何幸如之。"黄云："虽忝衡文末职，实乏冰鉴之明。致令大才有屈，和玉埋沉。往昔虽可邀容，中心殊切惶愧。只以李兄备述高怀，不嫌拙陋，故为此忘形之游耳。"谈次童白酒便，遂各就席。酒半酣，成曰："敝友书舍颇不窄陋，幸逢佳宾，请移其中，亦可稍添酒兴。"黄称善，遂移其中。黄仰视四壁铺设，罔不精洁，果是人间天上，羡曰："雅人深致，信不诬也。"公极称过誉。俄而成伪醉，告辞先去。黄亦云不胜酒力，撤席进茗毕，公命拂床待客。挑灯共话，黄温若处子，唯唯而已。少时假困思眠，童伏就枕。公伺其睡熟，辄向搅颈接吻。黄故作惊觉状，大言何敢尔尔！公拜伏床下不起，哭诉积慕之由。黄曰："君固错爱，但弟官身，恐难奉命。抑此声息远扬，岂能再立人世，且相爱何必在此？"公再三哀求，且言不谐定即寻死。黄笑曰："君亦无赖矣，几曾见以性命博此无益之事，可恨李成卖我。请无作态，愿如所欲，但要慎密，全予官箴。"公跃起，如奉丹诏，上床极意绸缪。黄固惯家，强妆痛苦，事竟各皆睡去。迨曙色侵窗，黄亟起曰："贪欢忘晓矣。"公亦随起谢罪，黄执手曰："感君情好，不觉忘形。然事已至此，自当速去，以免晓晓之口远扬。积有窗课一卷，颇为得意。今捡相赠，倘能垂意玉堂仙署，尚可图后会也。"遂探囊取付，公拜而受。再三苦留，黄必不允。少时成亦来作别，饭后黄亦仍以暗舆去。公送别后，追念甚切，捧卷如对良友。昼夜无停，闭门研读，文思大进。新学使郭公奇其文，以第一游泮。逾年乡捷，俄而联捷，登进士入词林。献《太平赋》，得上悦，赐锦袍、玉带、名马等事，旋擢监察御史。满朝公卿慕其才品，争相延誉，名重于时。及侦原楚学张某，则视学浙西，归期尚远。正图修函专问，忽抱沉疴，捱延未果。逾时少愈，往访司冠穆公，适见案头一疏，览其略则浙抚弹浙江督学张纲乳臭衡文，场规不谨，婪赃卖爵，乞革职儆戒云云。公不觉神色变异，饰问曰："张某何如人也？"穆曰："此兄青年高第，在都时亦与弟云莫逆。其情性颇骨鲠，不知其何故骤然改操。"公曰："如君所言，宁非敝省原任督学张公耶？"穆曰然，公曰："此君虽曾落第于孙山之外，然其操守尚谨，似不至此。其中不无别故，宜为明察以昭公道。"穆曰诺。越旬，公得穆报，张已同浙抚入都，发刑部监候审讯。公益不平，因上一疏，其略云："据称张纲乳臭衡文，张纲之官朝廷明旨所授，该抚俨布不经之言，置圣明于何地耶？且婪脏卖爵，应指实首告之人。岂得无证无凭，以一面之词妄行渎听莫须有三字，遂入人罪。其中不无挟仇陷害，伏乞委大臣严加勘奏，毋许枉纵以昭公道。臣职司谏议，冒死陈奏。"云云。上阅，深然其说，谕公协刑部穆公提抚与张，会讯确情拟覆。公与穆发檄提勘，一讯遂服。盖浙抚为其门生营求入泮，恨张梗抗拂意，因而诬奏云。录情习覆，旨下，以浙抚挟恨妄大臣，本应正法。姑念修黄河微功，发云南充军。张纲少年强项，因而被诬，情实可矜，加□级留京听用。初张在狱，自分必死。昭雪后知解救者皆公力，不解所自，亲诣拜谢。公会而俨逢故旧，即命置酒。张曰："得蒙拔救，已生死人而肉白骨。反加盛设，实不敢当。"公笑曰："故人相逢，何作客态？"遂拉而入。张自念生平无素，然新受庇荫，不敢置辩，惟有唯唯。倏而黄昏，公命继烛夜宴，饮次公曰："自舍间一别，动觉数秩，而君芝颜犹昔，可知调摄有方。"张此际酒已半酣，更不能忍，遂曰："感公覆载，尚当衔环。但谕旧交，何处会来，实不记忆，仍望指示，以豁迷闷。"公愕然曰："竟忘之乎？不情甚矣！真耶？戏耶？"因将前事一一叙述。语至交情赠课，张不觉羞惭形面，曰："君误矣！曩年考竣，弟登慈艰诚有之，斯时弟抱恨终天，回梓守制。衰绖之中，岂有浪游之事？弟即不才，忝为文章司命。素昧生平之人，一席之间亦何肯如斯草草？公乃达人，仰何不谅？"公虽点首，但忆交欢言笑依然在目，不解其故，遂检向赠之课示之曰："无此则弟焉有今日？"时张已醉，观公容貌如仙，心亦倾向，笑曰："文诚妙作，但非弟笔。然空劳拳拳，弟齿长矣，奈何？不则即此何妨以酬大德？"公曰："向日之举，原属孟浪。幸而错认，尚可补过之半。一误已甚，岂宜再误耶？倘叼不弃，愿得仝榻一宵，俾亲香泽，以了宿怀。实不敢又作他念。"遂仝榻而眠，备极笑谑，但不及于乱耳。嗣而无日不会，然终莫测向之假冒为谁。适成入都会试，寓公府中，公因与张同问其故。成笑述之，且曰："设非弟用此谋，焉得有今日，当谢冰人矣。"言罢皆大笑，始如梦觉。公遂遣纪纲、胡贵回楚，命踪迹向日伪者而厚赠之。及贵抵楚垣，黄适于前一日死。家贫母老，尸厂暴露。贵出金购材，又为觅地埋葬，厚遗其母。回覆主命，公与张感伤不已。公升大司空，张亦擢吏部侍郎，始致仕归。公一子曰纯，张二子曰礼曰信，偕负文名，仕进有声。

荆园氏曰："一介书生，妄希衡文主司，痴孰甚焉。乃沉疴之余，得有良友，以李代桃，移花接木，一腔热念，幸以消涤。极猥亵事，翻成一片光明世界，奇事奇情。然可以传者，赖有终能悔过耳。"

耳食录

(清·嘉庆) 乐钧撰
时代文艺出版社 1987 年版

(一) 初编卷八·阿惜阿怜

[书生萧某的妻子阿惜是一狐仙，谓自己可以由女变男。] 生以情亲，竟不惧，乃更戏之曰："卿试为男。"惜曰："是何难，但以被覆我，我呼乃启之。"如其言，果作翩翩变童也。施双角髻，衣绿罗衫，浅绛吴绫袴，美如冠玉，楚楚动人。生抚之曰："古所称奉余桃泣前鱼者，殆不子过。"惜曰："是何足道，但犬子辈所为，每不屑耳。彼既具男子之形，复享妇人之奉，阴阳淆乱，雌雄倒置，莫此为甚。妾之以女见不以男见者，诚羞耻而贱恶之也。欲以信君，姑为此态，固已辱矣，愿还本形。"生然之，覆被如前，复成阿惜。

(二) 初编卷九·方伯娈童冢

有武人猎山谷中，得双兔，系之马后。时日已昏黄，过松桧之林，忽有物攫双兔以去，索之不得。且怒且怖，前行数十武，遥见山角宿莽中，一物甚白，隆起二尺许。瞪视久之，辨有双脚拄地，状如耸臀。武人知为鬼物，引弓射之，正中其窾，有声吷然，带羽而没。遂驰马而归。次日至其处，得箭于小冢上，已半折矣。询之居人，言某方伯一娈童，三年前葬于此。

三异录

(清·嘉庆) 感春子辑撰
清嘉庆五年 (1800) 刻本

(一) 卷六·一见生怜

有一仕宦常云："人好男宠，我甚恶之。"一优人年已二十余，班犒之外，复重赏之，每至皆然。一日乞将厅官二名，可得数百金，亦从之。人以为必私之矣。最恶之言伪也，察之无有，因询其故，嗫嚅久之。少顷爱子至，宦曰："酷似生此子之小妾耳，且其生年月日正妾亡之日也。更曾露体演剧,臂有朱瘢如半月,又相合。是更怜之耳。"

(二) 卷六·男子孕

一梨园子弟腹渐果,时时转动,宛如怀孕。一日正演剧,腹痛甚,下一胞,中有肉长四五寸,略似人形,其人以痛楚卒。康熙间,德清县白云桥地方男子产一女,里邻报县,细审不诬。将男子责十五板,以厌其怪。其女寄养亲戚家,后亦长。此又产而大小无恙也。

(三) 卷七·雌道士

郡庙道士沈求汉,其容貌举止男子也。年二十六岁,一日被仇首是女子。拘至县庭,令稳婆探其私,具男女两体。乃鞫得素所通奸道士数人,俱置于法,其师问配蓬莱驿。时人称为雌道士,后回父家不嫁,仍为火居道士。

凉棚夜话

(清·嘉庆) 方元鹍撰
清道光十九年(1839)七映堂刻本

(一) 续编卷上·膘公子

某官子倚势而骄,酒市伶场,日与慕膻者相征逐。高轩辚辚,三品官不是过也。或呼曰膘公子,公子乐其拥膘名也,亦时自呼之。一日方醉卧,忽有二人如县役状,持票来拘。公子大怒曰:"何官之役,而敢拘膘公子耶!"二人曰:"阳官惧膘公子,阴官不惧也。"竟以索系其颈而出。公子攘臂叱咤,俄至一虎头门,见有披牛马羊豕之皮者数十,鱼贯而出,唯面目未变。其一披牛皮者,亦某官子,其素交也。公子惊问故,其人泫然曰:"凡此累累者,皆我辈也。或倚托父兄之势,傲物轻人;或荡费祖宗之财,闹优宿妓。以为生前喜得膘名,死后令硕大肥腯,恣屠人脔割耳。"言未已,忽有鬼卒持铁蒺藜麾之去。公子闻言始悚然惧。复至一处,有石牌坊,上榜曰"丰都府"。一阴官铁面虬髯坐堂上,牛头鬼卒侍立者无算。公子惕息伏堂下,阴官曰:"尔膘公子耶?尔等生长富贵之家,文绣膏粱已为逾分。缘尔前生薄有福缘,故令生兹乐土。正宜谦恭循谨,接武前人,尚恐不及。何得视祖宗作牛马,用金贝如泥沙。比昵顽童,交游匪类。败化伤风,皆由尔等。且阳法既不能及,尔复令逃阴官之三尺。则狂夫荡子,更何所惩。而穷巷寒门之士,日吁天肆怨,不益重阴曹过耶?"乃命判官检其禄籍,判官曰:"此人阳寿未终,且上世阴功尚大,不可遽斩其嗣。"阴官曰:"若然,则令现受宰割之苦,即放还阳,俾将来知儆耳。"随有二鬼舁之行十余里,仿佛至菜市口。见屠家方缚一猪,即推置凳上,恍然身与之合。刀著于颈,痛极声嘶。良久置镬汤中,遍身糜烂。既而刳腹剖肠,痛楚缕缕。二鬼笑曰:"能复膘乎?"复舁之行,至家门,见已尸卧床上。二鬼遥举掷之,倏然而寤,盖醉死已半日矣。

(二)续编卷上·无边孽海

[某人魂游地狱。]至一处曰剥皮狱,壁上挂人皮数十张,众囚赤身浴血,皆以铁钩钩其谷道。视其面皆姣好,[一地狱之洒扫者]曰:"此辈优伶也。以色渔财,恣意暴殄。轮回道中罚令为羊,寝皮食肉以偿凤债。且生大尾,令自掩其后耳。"又至一处曰炮烙狱。室中安大火盆数十,蒙以铁网,鬼卒各持叉卓一娈童,反覆炙之。曰:"此俗所称档子者。轮回道中罚令为兔,薰皮烙骨,佐人下酒物也。"

(三)续编卷下·魑魅借形

某氏子饶于财,其父以千金令入都就学。某恣意荡费,眷一少年伶,赠遗无算。某园某楼,伶在无日不相随也。父知之,命老仆监之南归。某甚彷徨,以伶亦南人,约与俱行。伶佯应之,而实无意也。仆再三促之起程,某不得已,往别伶。伶托以他适,不见。怏怏而行,出都数十里,宿良乡旅店。忽见伶徒步而来,问故,曰:"余为掌班所禁,不得一晤。因抛弃所有,脱身相从也。"某狂喜,日则同车,夜则同榻,伉俪之爱不啻过之。数日后,仆觉其神色渐异,喜怒不常。旋抵山东某逆旅,约以明日四更早发。仆欲待他车,勿许。行五六里,伶忽言有腕钏遗土炕上,邀某往取。仆不敢阻,停车待之。既而天明,不至,乃复往逆旅问耗,则言并未见二人来。急募人四路寻觅,得其衣履于数里外。寻至一荒冢中,唯骸骨一具,血一泊存焉。仆大恸,以为俱饱豺虎。后至京访此伶,则日在优场中,并未他出。因悟为魑魅借形,或者天怒浪子,即假是以行诛耶?

(四)续编卷下·城隍焚册

婺邑某氏子,韶龄美姿,人咸以龙阳君畜之。长而取妻,复美,乃更为倚门之业。一日值城隍圣诞,其妻方行巫山之云,不洁身而入庙。某夜梦被神捉去,责其纵妻秽渎,欲加杖朴。旁有判官持一册进曰:"此人来头甚大,须关会真武神、太阴君两处方可加刑。"神问何故,曰:"近世男风盛行,私窝遍满。阳间勾到人犯,十分中只主张得五分。余五分一半在元武龟将军辖下寄名,一半归月宫兔儿神帐前效用。今此人两边注册,尤非他比。若遽断以鬼薪,恐其夤缘当事,致干未便。"神曰:"然则我阴官不能抗耶?"

曰："此辈不耕而富，不仕而贵。仗龟之灵，营兔之窟。钱神听其驱使，吉曜为之护持。一顶绿头巾直欲撑破九霄，一枝后庭花便可游行三岛。我阴司不过于勾到之日奉行点鬼故事而已，安敢抗哉？"城隍神拍案大怒曰："堂堂地府，凛凛阴条。我不惯与龟兔作缘，今后尽将此辈除名，宁听其在阳间多福多寿，不愿其在阴曹为鬼为蜮也。"竟焚其册，杖而释之。

皆大欢喜

(清·嘉庆) 佚名撰
清道光元年 (1821) 刻本

（一）《韵鹤轩杂著》卷上·《南风竞》传奇引

一重公案，乍阴乍阳。两度私情，不离不即。奏南风之曲，叹发愤而奚雄。听下里之歌，笑引商而独刻。爰有人来钟阜，家擅铜山。载画舫以征歌，开琼筵而选技。看遍秦淮秋色，只怜垂柳遮楼。来寻茂苑风光，不啻种花满县。腰缠十万，略同骑鹤之游。黛扫三千，未惬惊鸿之愿。叹极妍而尽态，女不如男。况说法而现身，歌何及舞。乃移情于菊部，因属意于梨园。西月刚生，已命斑骓驾陆。东风得意，更思铜雀藏乔。庶两美之能并，熊鱼并驾。讵二难之必竞，陇蜀难兼。酸伤梅子之心，变启樱桃之口。黄蜂蕴毒，尾上留针。玉兔通灵，眼中生刺。今行调笑，始将酒以欢人。曲犯玲珑，终借花而献佛。玉山自倒，由醉乡而入睡乡。珠穴潜探，从梦境而成幻境。羊肠九曲，方暗渡而明修。鸟道千盘，竟出奴而入主。枉诩蟠根，家世不解温存。直教断袖，风情者般唐突。由是羞怀同辈，愤切诸伶。细思此事，分明须待平章风月。傥作异时，故实几乎玷辱烟花。是后庭之玉树将残，即南国之甘棠可翦。狐悲其类，义欲迁乔。鱼泣于前，誓将报李。诉柔情于纸上，宁辞忍垢而含污。述往事于堂前，不觉穷形而尽相。未覆鄂君之被，便若挽而若推。空分弥子之桃，已再接而再厉。巧甚中能善叠，难逃累卵之危。幸哉钻则弥坚，不啻凿坯而遁。虎真不咥，履尾何伤。鸟身争栖，折腰可惧。此讼开雀角，狱乃肇于觥筹。妒起蛾眉，衅寔生于枕席者也。方其诉由肤受，听亦魂销。争传鹤市新闻，难秘兔园旧册。入才人之笔，知有色之皆空。占男子之祥，笑无奇而不偶。到底是谁薄幸？试看若个轻狂。择可翘而翘之，聊复尔尔。亡于理之理也，如是云云。

（二）《韵鹤轩笔谈》卷上

王蜀①时司户参军黄崇嘏寔女子也，周庠欲以女妻之，乃贡诗一律以自明，其结句云："幕府若容为坦腹，愿天速变作男儿。"亦戏言耳。孰知数百年后竟有黄姓女子变作男儿之事，如《万玉山房杂记》所载者。景陆麻洋潭康熙己巳有黄天泰，小字喜生。其父绮文年七十二，母六十九。家甚贫，颔下有颏骨，声音举止居然男子矣。但细观眉妩，犹有闺秀气。绮文出《小引》，略曰："予家世业儒八代矣，爰及我躬，艰于时命，屡试不能采一芹。初婚马氏，复娶沔属李氏女为妾，生二子三女。不意二子均未三岁殇，长女归张，次女归梁，季女名辞姑，许字聂。甲子李氏病故，家益贫。今乙丑岁，辞姑十四龄矣，意欲于冬归聂。三月望日，女忽身热发痛，夜梦神人曰：'汝不久将作男。'晨告余，余以为梦，漫不记忆。不意是月尽，徽天之灵，女果突以男形相示，事出望外。"且述退婚成讼，邑令审验及太守各宪唤见，与某观察赐名易衣冠，月日娓娓甚悉。时此子已十八，诵《毛诗》矣。乃作短章赠之：

      幼读《山海经》，往往爱神异。
      寡见复眇闻，翻笑《齐谐记》。
      放船汉水清，歇雨篷烟细。
      人传德祖家，咄咄多怪事。
      沿柳转花篱，披香过荷芰。
      令子出揖客，眉目远清丽。
      昔为明月珠，今为珪璋器。
      德厚形亦化，诚动福自至。
      乃知天地心，枢纽易移易。
      握手细端相，殷勤赠名字。
      落日照苍波，一望前林翠。
      沙头更解缆，怅怅如有失。
      世间何事无，可以发神智。

遂字其子曰仙根，而书诸扇头。

（三）《韵鹤轩笔谈》卷下

相公之称，古人以呼阁老，今以呼梨园之装旦者，其颠倒如此。

---

① 五代十国之前蜀。

(四)《韵鹤轩笔谈》卷下

周竹君作《人龟辨》一首,以龟为神灵之物,若寡廉鲜耻之辈不宜冒此美名,遂以乌龟为污闺之诮,究是臆说。余尝寻绎其意,曳尾之喻,此即龟之辱而乐也。藏六之喻,此即龟之忍而缩也。至世称男色为风,必本《伊训》三风之义,比顽童者为乱风耳。及观汤临川《牡丹亭》冥判一出,使李猴儿转生为蜂,以彰果报,是风又可云蜂矣。《博物志》云:"大腰无雄,龟类是也。细腰无雌,蜂类是也。"夫龟非无雄也,特雄而不雄耳。蜂非无雌也,特不雌而雌耳。雄而不雄者,其谓之龟也固宜。不雌而雌也,其谓之蜂也亦宜矣。虽然,罪过罪过。

邝斋杂记

(清·嘉庆—道光)陈昙撰
清道光间东莞陈汝亨刻本

(一)卷七

顺德张药房锦芳编修与弟玉洲锦麟孝谦友爱,兄弟合坟。编修妇潘宜人与孝廉妇旌表节孝冯孺人娣姒亦合坟。考《宋书》:张畅爱弟①辑,临终遗命,与辑合坟。宋刘翚家娣姒合坟。可知今人行事暗合古人者多矣。

(二)卷七

海阳附潮,郡郭界连八闽,俗有断袖之好。邑之城隍庙东庑塑泥隶一躯,形貌猥琐而两耳窍大可容盏。询之土人,云:隶名某少,为县役耳。素聋,酷爱男色。生前常愿舍身为神役,死后其党塑其像于庑下。凡渔色之徒,窥人子弟少年娟秀者,垂涎不得近,则具牲醴祷于隶前。以指抉其两耳,接吻于窍,喁喁耳语,罔弗谐者。后县门役某亦年少丰韵,恒夜梦为隶所魇,觉而扪其谷道,有黄土抵焉。乃诉于邑宰,沉其像于河。

---

① 应为弟子。

涂说

(清·嘉庆—道光)缪艮撰
清道光八年(1828)刻本

(一) 卷之四·摸腿诗

竹严小仆某浮躁多言,发际有青疤一块,中生白发。一夜卧舟中,篙工摸其大腿,因疾声而呼。竹严邀予赋其事,予戏占云:"头上青疤白发多,心粗性急话噜哝。却怜大腿肥而白,惹得船家黑夜摸。"

(二) 卷之四·女化男

予于丁丑①春薄游惠州,里人殷耕野偕至丰湖黄塘寺,见一僧人貌似女尼。耕野谓予曰:"渠本某庵女尼,十六岁时忽化为男,因移住此寺为僧,今年近三十矣。"又《旷园杂志》亦载有当涂杨璜之子女化为男事。

常谈

(清·嘉庆—道光)玉书撰
清光绪二十五年(1899)辽阳达斌刻本

(一) 卷二

有论嗜好不同者曰:"非学人不知诗书之乐,非幽人不知山水之乐,非热人不知应酬之乐,非市井不知征逐之乐。"皆赋性相近故尔,苟非其人,反以为苦矣。佟济泉曰:"非龙阳君亦不能知男风之乐。"时座中适有嗜此者,众为之哄堂。虽谑而近于虐,然亦不能以理罪之。犹忆语录一则云:佛不解蛆在粪坑其乐何如,遂现身为蛆入粪坑,与群蛆游,甚觉适意。固知天下事非现身说法,多不得其旨。

---

① 嘉庆二十二年,1817年。

(二) 卷三

汉室家法不正，故诸王妃主多荡检败常，犹不为奇。而江都王请得归国入宿卫，比韩嫣（嫣，帝之娈童），以亲贵之尊欲与娈童争宠比幸，忝不知耻，怪事怪事。而当时风化，可从而知矣。

啸亭杂录

（清·嘉庆—道光）昭梿撰
中华书局1980年版

（一）卷一·用洪文襄①

松山既破②，擒洪文襄归。洪感明帝之遇，誓死不屈，日夜蓬头跣足，骂詈不休。上③乃亲至洪馆，解貂裘与之服，徐曰："先生得无冷乎？"洪茫然视上久之，叹曰："真命世之主也！"因叩头请降。乃毛西河④谓洪初不降，继命优人诱惑。洪故闽人，夙习好男宠，因之失节。何厚诬之甚。

（二）续录卷二·稗事数则

赓阁学泰，满洲人，与人言习语"可不是"三字，人以"赓可不"呼之。宗室辅国公晋隆，性滑稽，一日于座中骤问赓曰："今日天气甚寒。"赓习以可不尽之。又云："君观某大臣貌，可作龙阳否？"赓亦漫应之。为某大臣所责，至跪谢乃已。

（三）续录卷四·檀栾卿

春□部有花旦檀栾卿之馨者，姿容艳丽，性格柔婉。所演剧甚多，俱能体贴入妙，时有"花王"之称。又善楷书，所临《黄庭》、《洛神》，殊多丰韵。与龙殿撰汝言⑤最善，殿撰非栾卿不能安寝。寓玉皇庙道院中，四壁纷披，皆词林投赠之作。烹茶挥麈，谈锋敏捷，人皆为之倾倒。

---

① 洪承畴，谥文襄。
② 松山之役发生在1641～1642年，清胜明败。
③ 清太宗皇太极。
④ 毛奇龄，号西河。
⑤ 龙汝言，嘉庆十九年（1814）甲戌科状元。

(四) 续录卷四·陆侍御

陆侍御泌，钱塘人，中己未进士。颇好声色，与王郎桂林朝夕狎昵。尝调龚郎墨痴，致伤其腕，亦不督责，人争鄙之。

(五) 卷三·李壮烈战迹　记福建海寇蔡牵有娈童，参见《寄蜗残赘》(十)。

南浦秋波录

(清·嘉庆—道光) 张际亮撰
清刻本

(一) 第三·琐事记

顽童始见于《尚书》，大淫于六朝。至近代则皆谓闽粤尤尚此习，然都下亦不减闽粤也。此事最足伤人，狎之甚者必得目疾，老则盲，或阳痿不能生子。是故与其男淫，毋如游狎邪①也。狎邪之游亦宜择其负声价而年少者。年少则无疾，声价高则客稀而少毒也。

(二) 第三·琐事记

晋惠帝时，有人兼男女体，能两用人道。明季毗陵一缙绅夫人，从子至午则男，从未至亥则女。其夫为置妾媵数辈，亲承枕席者出以语人，谓与男子无异，但阳道小弱耳。② 向年浦西诸姬有名春香四者，与此夫人正同，亦尝出宿他姬家焉。

粤小记

(清·嘉庆—道光) 黄芝撰
广东中山图书馆1960年油印本

(一) 卷四

番禺黎美周遂球，建有莲须阁，今已失所在。其自题小像曰："状貌若妇人，力能挽

---

① 狎女娟。
② 参见《五杂组》(二)。

强弓。岂是木兰女，无劳问雌雄。"

（二）卷四

邑有民家女能自牝牡，后易男服为人赁舂。好事者与之钱，则脱裤相示，宛然女也。以犬舐其阴，挺出如男子势。《青湘杂记》云：明番禺有女子能牝牡，验之则女子，不得其实。有老妪教以盐水沃之即挺出，试之果然。官以为妖，杀之。余谓此类皆阴阳妖气所钟也。

（三）卷四

广州村落女子，多以拜盟为姊妹，名曰相知，父兄不能禁。出嫁后即归，恒不返夫家，至有未成夫妇礼，必俟同盟姊妹嫁毕，然后各返夫家。若促之过甚，则众姊妹相约自尽。此等弊习，南、顺①两邑乡村居多。昔贤县令曾禁之，众女闻知，以为闺阁私事扬之公庭，殊觉可耻，一时相约自尽无算，弛其禁乃已。有番禺某，为其子就昏于顺邑龙江乡张氏，昏之明日女与一老妪擎伞步归矣。屡促不返，某携子归。年余复促之，渐加诮诋，女答明日早行，是夜自缢。后附魂于其寡嫂，拉父衣言曰："儿昔时不智，愤气自尽。愿告阿翁家为儿立主，不致游魂无所也。"张致书于某，言其故。而某固儒者，以为诬幻，不从。张愤谓曰："彼既不为汝立主，我为汝立之。"鬼泣曰："始回家时，宗祖皆促儿出，谓生为某也妻，死为某也鬼，不当回吾家，儿恳之再方许入。父即立主，儿何能依？"张曰："若是何不附魂于汝婿？"鬼曰："本欲相附，奈渠阳气太重，方欲近之，婿回首与人言，被辫发击我，故不能近也。"自此寡嫂恒不饮食，唯呜呜作女泣，日将就毙。张不得已，携嫂至某家恳之。寡嫂作女言自明悔恨，某始许允。张既返，未数日寡嫂忽作女言曰："婿已为儿立主，从此幽魂得所。儿去矣，愿诸姊妹勿效所为，甚无益徒自苦耳。"敛衽与众作别，遂仆地半响方苏。张使人问之，果符鬼言。

近年更有传习巫蛊术，厌制新郎以致陨命者，良有司不可不严为之禁。

---

① 南海、顺德。

粤屑

（清·嘉庆—道光）刘世馨撰
清刻本

（一）卷四·石濂和尚①

石濂和尚名大汕，俗姓徐，苏州人。少美色，沈朗倩②宠之。朗倩吴下工画者，故石习画士女。后见宠于龚芝麓③宗伯，即背沈事龚。始入粤，称浪觉④师嗣，为龚芝麓犹子。住锡羊城西门外长寿院，不剃发，不奉经，不持咒，室中亦未尝蓄铙鼓。能祈雨，间有验者。嗣大修洋船出海，货通外国，贩贱卖贵，往来如织。于是长寿院富甲一时，建院宇，穷极土木。绀殿禅房，器具什物，歌童舞女，无不悉备。上自大宪以至州县皆与往还，声势赫奕。石善画春宫以媚权要，又教俊伶一部送交趾。为人鄙不文，好假托翰墨，广邀名誉，故喜与名士游。[后与名士潘耒交恶]，潘去粤，归途遇吴留村任广东廉使，于是将其[攻石之]书付吴，又面诉之。吴甫下车，即亲诣长寿院，封其佛殿正梁，又遍搜院内娈童妓女、犯禁之物、外国之宝不计其数。幽之囹圄，欲置重典。因省中各大吏皆为救援，卒从宽减，仅押解回籍而已。⑤

（二）卷五·妓男

有打辫子者⑥，顺德某生宠之，河上逍遥皆主其寮。生旋以事不至省者半年，妓忽染病，沉绵一月，极危笃。夜梦人与药一丸，拍令吞之，迷憧中觉热气一缕自胸直冲隐处。忽然股间蠕动，门遂合而卵生焉，一物挺出，昂然翘举……遂变成男，骇极而病亦瘳。嗣技痒，私其同群，发硎新试，熊鱼之味得兼尝焉。即播闻于鸨母，母不信，捻之确，怅然曰："怪哉！金穴顿生玉杵矣。"令易男服，杂走堂役使。无何，顺德生来，见而讶之，妓羞无语。群笑曰："彼雌而雄矣。"生抱探袴间，触手累累，亦伟器也。生素有断袖癖，又以续龙阳之好焉。妓既男矣，留寮无用。生携之去，出赀使设肆于柳坡涌，与

---

① 参见《救狂后语》。
② 沈颢，字朗倩。
③ 龚鼎孳，号芝麓。
④ 当为觉浪，释道盛之号。
⑤ 按：捕放石濂者实系广东按察史许嗣兴，其时是在康熙四十三年（1704）。吴留村名兴祚，康熙二十至二十八年（1681～1689）间任两广总督，石濂与之曾有交接。
⑥ 广州人对十五六岁船妓的称呼。

同栖止，不以前后易其好也。

（三）卷六·二形人

增城有娶外方携来一女为妾者，上有阳物，其卵则生成阴穴……电白有妓名阿兰者，丰姿绰约，好女子也。能画鱼，为崔幕客所眷。言其阴户之内有时亦又出阳具，亦常与女伴交接，但不甚坚云。

靖海氛记[①]　（清·嘉庆—道光）袁永纶撰

张保，新会江门渔人子。十五岁，随父在舟中取鱼，遇郑一游船至江门劫掠，保遂为所掳。郑一见之甚悦，令给事左右。保聪慧，有口辨，且年少色美，郑一嬖之。[郑一死后，张保成为海盗新首领，横行洋面，后于嘉庆十五年（1810）被两广总督百龄招降。]

广东通志　（清·道光）阮元等修
（清·道光）陈昌齐等纂
清同治三年（1864）刻本

卷九十三[②]

子弟之坏，务奢侈，比顽童，樗蒲歌舞，傅粉嬉游，于今渐甚。其声歌轻婉，闽广相半。中有无其字，而独用声口相授，曹好之，以为新声。大都君子外质而内慧，小人外谨而内诈。其风气近闽，习尚随之，不独言语相类矣。（《金志》）

---

① 录自香港科技大学华南研究中心等编：《田野与文献：华南研究资料中心通讯》第四十六期，2007年1月15日，第10页。

② 记广东潮州风俗。

俚俗集

（清·道光）福申辑
书目文献出版社 1993 年影印本①

卷十八·男风

《韵鹤轩笔谈》：世称男色为风，本《伊训》三风义，比顽童者为乱风耳。又晏殊《类要》有左风怀、右风怀两类，男为左女为右，俗省"怀字"言之。

冶官记异

（清·道光）王侃撰
清道光二十六年（1846）刻本

（一）卷六·二小狐

营经某寺佣人于后山探穴，得二小狐。系之数日，奄奄欲毙。返于其穴，狐不肯受，言必有以报之。毙后数日，见二童子美好过于妇人。心动，分诱僻处，玩其后庭。事发被讼，验讯得实。谳定后乃觉二童非美前日之美，疑狐所为也。

（二）卷六·推门少年

成都某寓一客学弹琵琶唱小调，三更不已。忽有少年推门入，容服俊俏。自言本城人，索琵琶轻拢慢捻，手法娴熟。趣令发声，谦让为唱勾调。宛转高下，悦耳动心。客称赏不置，笑曰："此何足言。麒胜班某生脚无调不工，现在某家演剧，将下场矣。何不邀其来此，以尽一夜之欢？"客大悦，嘱主人虚掩其门，与之同行。少年握其腕，腻手著肤欲苏，与狎不拒，转嫌笼烛相过者也。既而灯火疏疏，其光惨碧。心疑间，同登一楼。念通衢何有此楼？以问，答曰："是人家园宅，非通衢也。"俯视有梯，少年先下数级，以手招之。迟疑不从，遽抱其足拽之。一声惊号，眼光顿黑，不知身碍何物。拽之不下，呼撒者挑镫近前，乃始释手。自顾足从井椁中出，幸井椁关锁甚固，井栏亦下管钥。其高及丈，不识何以逾越而入也。

---

① 据清抄本影印。

虫鸣漫录

（清·道光）虫鸣子撰
清光绪三年（1877）申报馆
上海铅印《申报馆丛书》本

（一）卷一

彰德府出一邪教案，首犯某年止十九。始而诱人持斋散财祈福，继云有密术，须同寝方授，幼男妇女胥被淫污。

（二）卷一

京都幼伶，每曲部俱十余人，习戏不过二三折，务求其精，杂以诙谐，故名噪甚易。至眉目美好，皮色洁白，则别有术焉。盖幼童皆买自他方，而苏杭皖浙为最。择五官端正者，令其学语学视学步，各尽其妙。晨兴，以淡肉汁盥面，饮以蛋清汤，肴馔亦极酞粹。夜则药敷遍体，惟留手足不涂，云泄火毒。三四月后，婉娈如好女，回眸一顾，百媚横生，虽惠、鲁亦不免消魂矣。惟声之清浊秉赋不同，各就音相近者习焉。余见三庆部生末净丑，年皆十四五，曲罢侑觞，轻绡窄袖，楚楚可人，不必尽旦脚也。

（三）卷一

曲部优伶，凡旦脚均有同班人结伉俪之欢。然皆随遇而合，配耦无常。金陵有一旦童姓，与老生浦姓相契，凡入班伙俱同来同去，终身不离。曲部中聘之者皆兼致焉，缺一即不至也。在此辈亦仅事矣。

（四）卷一

金陵朝天宫就山而建，飞甍画阁，参差叠映，颇为宏丽。道士居焉，其徒皆觅构端丽小童为之。修饰容貌，略如京都幼伶，服饰则作道士装。剪刻绮罗，穷极奢靡，轻裾长袖，颇足动人。酒阑灯灺，实可消魂。然声价甚高，不轻与人交接，本处人有以此辈入门庆吊为荣者。惟扬州盐商至必寓此，承奉惟恐不至，盖利其挥霍耳。每年三月中旬，老君会作醮事，合宫道童升殿奏乐，即素不见人者，此日亦必出。笙歌缭绕，可遏行云，星冠羽衣，灿如碎锦，真令人目不暇赏。此又出于娈童歌伎之外，其蛊惑取财，则有过焉。而人多敬若上宾，不敢以下贱目之，岂其依托元门，遂足骇人闻见耶？

(五) 卷一

屠贾某诱邻童甫十一岁者，登楼狎之。同伴中但闻楼板蟋蟀声，如相拥而行者。少顷寂然，登楼视之，邻童已瘫于板上，不能起立。盖屠故伟男，童不能容，被创行避。屠拥而迫之，勉尽其具，蹂躏不已。遂致童两胯骨解而散，遂成废人。邻欲讼之，贿以金方罢。

(六) 卷一

江宁某方伯有断袖癖。初莅任点卯时，见一吏少年貌美，呼至案前，书一"肯"字，问其识否。吏悟而避之，终其任不敢入宅门。

(七) 卷一

梅厚斋言：有人居京师贸易，与内监某善，互相戏谑。偶言欲狎其后，内监笑曰："吾臀曾受龙精一次，不可犯也。"人传以为笑。

(八) 卷二

蒋矩亭谓："双窍单用，单窍双用。如耳听、目视、鼻嗅，只有一能。口能言而兼饮食，肾小便而兼生育。维谷道虽一用而可作龙阳，亦属双用。"用语亵而却有至理。

香饮楼宾谈

（清·道光）陆长春撰
清光绪三年（1877）申报馆
上海铅印《申报馆丛书》本

卷二·蔡三

蔡三，南浔人，饮博无赖，贫不聊生。与比邻朱廷焕善，朱亦浮荡不事生产，共谋窃近寺铜佛，镕铸小钱，转相售卖，获利甚厚。会两人有隙，分银各营生理。蔡以银贷人，取倍称息，家日以裕。而朱日事游赌，所蓄荡然，常挟前事告贷于蔡，诛求无厌。蔡虑其终为己害，欲杀之而未有间。会除夕风雪，遇朱于城隍庙前，复牵衣求助。蔡忿起，抽佩刀刺杀之，委尸道旁而去。朱既无亲属，邻保鸣于官。官来验视，命盛殓而已。初里中有谭小猫者，貌皎好，蔡以娈童畜之，比长命司会计。是日蔡归，见其衣有血渍，惊问其故。蔡以实告，且戒其勿言，当为尔娶妇，遂以血衣命之湔洗，谭诺之。久之责偿前约，蔡不得已，出数十金为之娶妇。妇甚美，蔡自纳为妾而许谭以别娶。谭怒其夺己妇，扬言欲发其杀人事。蔡患之，伺其睡遂手刃之。顾自念杀谭必获罪，因宠妾而憎其妻，遂诬妻与谭私，并杀妻而首于官，官不之罪。妻兄弟廉得其情，控县及府，蔡俱以贿免。乃诉诸抚院，中丞某公前夕梦一妇人被发浴血，似诉冤状。诘旦阅其词，忽忆前梦，檄县捕蔡至省，讯以刑，尽吐其实。两案并发，乃雪妇之冤而置蔡于理。

雨窗寄所记

（清·道光）谢堃撰
清光绪六年（1880）刻本

（一）卷一·谢肇瀛

浙人谢肇瀛宰丹徒，颇以酷吏称。凡遇奸盗邪淫之案，动以荆条笞至数百，狱具乃止，故又称之曰谢八百。其时丹徒竞尚男风，虽士大夫弗能免。肇瀛深恶之，侦有所得，以峻法治之，斯风稍靖，邦人称焉。所称者性虽酷而不贪，言虽巧而不阿。

（二）卷一·洁癖

丹徒周少谷言：同乡某有洁癖，丰于财，畏近女色。非慕柳下惠之为人，实畏其不洁也。性好居楼，凡遇大节令家祭乃下楼。拜跪毕，易履而返，一饭一食皆由楼窗系绳而上。楼之所设桌椅帏帐，每日非洒扫而不能坐卧。喜观道书，所与接谭者，桌椅设楼下，某俯伏楼栏，互相问难以为常。或有劝其觅室，以不孝有三为责。某曰："非不知也。妻，匹配也。一索而得男，幸矣。如其不然，同居而异室，岂情也哉？"曰："置妾何如？"于是买良家子，择日过门。某预置浴盆于楼侧，使二三妇人俟其来，贮水为女洗沐更衣。夜既深，亲友于楼之下曰："我等峙矣。"某始阅女，心颇喜，以手抚其鬓而嗅之，似有腻滓欲幽而不可者。再命妇人代女散发梳沐，然后登床。妇人辈知有洁癖，解女衣时薰香入怀。某觉其体犹有浊气，仍呼澡沐，妇人已生厌矣。又为女通体揩抹良久，方始登床。未移时，自觉身堕污泥中，有不可忍之状。急呼水来，自濯其体。且濯且悔，且怨亲友，喃喃不休。女本良家之子，因贫寒所使。口虽不语，情实难堪。自思初度如此，往后光景可知。愈思愈愤，伤心之至。剧以剪刀分股而刺其颡，血染衣衾而毕命焉。某一见狂奔，大叫诸公害我，欲寻短见。因劝而止，遂病。不数月粪桶自屋而下，臭不可近。闻空中若有人自称胡大仙，见女惨死，代为覆雠等语。某病悖，又因不洁之甚，数日后死。遍身血粪，或以大洁之报云。

（三）卷一·幺二三

扬郡有女光棍幺二三者，常著男子衣服，首不挽髻，薙发留顶为辫，戴帽游于市。通身男像，惟足三寸许。爱蓄画眉鸟，笼而携之于茶坊酒肆，与无赖辈称兄唤弟。以至斗鸡走狗，聚赌窝娼，无恶不作。官或访拿到案，枷责亦不畏。凡同类遇有患难，未尝不赴汤蹈火以相援救，故同类深相敬爱。虽与同类行吃坐唳，然绝无苟且之行，同类亦不敢相犯。常蓄二少年，学秦良玉所为，呼之曰男妾。

（四）卷一·仇八姑娘

仇八姑娘者，龙阳君之苗裔也。其父母连产八胎，四兄三姐，此其八也。四兄皆殇，三姐俱存。盖近暮年产子，仍恐其殇，匿之曰女，故以八姑娘呼之。幼随诸姊傅粉涂脂，五六岁学诸姊裹足，不与裹则痛哭不止。父母既溺爱，听之而已。教之读则一字不能识，教之绣刺则一见而精。十三四尤爱挽髻，著妇人服。尝随诸姊出游，虽至戚亦莫能辨其为男也。不数年，父母相继殁，诸姊出嫁。家虽不乏衣食，然寂寞门庭，实难存活。不得已，招表兄同住。表兄丁素无赖，乡里所不齿者，闻招即至。一日谓其表兄曰："昨夜梦甚奇，梦花轿鼓乐，言富室娶我为妇。不能自主，过门行夫妇礼。合卺后偷觑其人，黑胖麻胡，不胜惊惧。及解衣就枕，任其无礼，谷道至今犹津津焉。"丁本酒色之徒，闻淫艳之词，见柔媚之色，欲火延烧，无复顾名思义，登时与之作后庭之乐。从此则夜无虚度，树欲静而风不宁矣。复招三五少年，日与之博，夜与之寝。一夕少年笑曰："观卿有天人姿，惜多一赘瘤耳。"仇即回眸睨其少年曰："侬欲去此久矣，曷不设法去之？"少年曰："恐卿害痛。"曰："宁受痛，愿去此物，转觉畅适。"少年为觅麻肺汤、定疼散，并缚网利刃。是夕饮麻肺汤，于神色昏迷之际，少年遂持刃宫之。血乍出，急以定疼散糁之。数日后始能起立，数月后始得平伏，其光景真妇人矣。少年约仇观剧于市，适有司过，见仇而大惊曰："焉有女人而有瘠喉者，此必人妖。"旋击贷堂讯，供称女人。传邻舍问，皆曰女人。复传稳婆试之，果然，始得释。虽释而肝胆碎裂，病焉。丁见病深，席卷而去。无何病已，恶疮举发，有人人掩鼻之惨。形貌既衰，衣食不敷，后遂为人缝裳执爨而已。

记所记曰："阳化为阴，六爻成否。家门不幸，否之极矣，然亦未尝非祖宗失德之所至也。当有司案治之时，转赖宫其势而获安，皆以为孽之幸。非幸也，余殃所未尽也。及丁之所攫孽，为爨婢遗臭又十余年，岂非数哉！观其所由，积功德于子孙者，胜银钱田产竟不知几十倍矣。"

（五）卷三·虞联生

宝应北湖人虞姓，名联生。家世商贩，常随父伙王某贾于金陵、苏常等郡。时近重五，舟泊龙潭镇，王贳雄黄、蒲艾等物以从俗。午饮毕，命舵工某携生游于市。盖江左以重五为大节，俗制龙舟于夹江之内河，为水嬉之戏。或扮钟馗于市，作《嫁妹》、《闹判》诸剧。鸣钲者，击鼓者，跳跃歌唱者。生与舵工游毕，将归，舵忽绐生曰："去此不远有水嬉之戏，曷往观之？"生随往，约行里许，见塘水一泓，无龙舟之戏，惟线柳绒葵，微风漾波而已。生兴尽，思返。倦憩树傍石上，挥汗不语。舵蓄不良既久，见左近无人，而淫心顿发，乃谓生曰："如此清流，何妨一浴？"生不可，舵欺生懦，代解衣履，拥抱水次。生挣扎不得，任其强暴，舵兴未尽而生已晕绝矣。舵始骇，推生入水，埋其衣履而遁。王待生至夕不至，察访数日，绝无影响。然后鸣官存案，解维而去。先是生被鸡奸之际，闷绝不能言，恍惚见柳葵丛畔一带疏篱，朱门半掩，挨身而入。……引谒妇人。礼毕，命生坐而言曰："汝受舵工业报，事非偶然。汝前身父为长沙守，汝为公子时性渔男色。凡遇幼童稍有姿者，靡不被汝淫污。舵之前身系替人祝发者，汝复诱而奸之。渠父母寻找不与，幽渠暗室，一载有余。虽不致死，罪亦大矣。而长沙守既贪且酷，汝又不近女色，故得斩嗣之报。汝今生父母虽云贾贩，尚具天良。现因觅汝无踪，恺郁而死。"

（六）卷四·咬舌

广东某生拔贡生也。读书好自负，目空一切。未拔贡时，读袁子才[①]诗，每读每骂，骂其品行不佳。既拔贡后，惟娈童是好，深悔前骂之非。每读一篇，甚欲焚香顶礼。读至《李郎歌》[②]，自以为为毕宫保[③]不难，得李郎难。书童李七有中人姿，本苏郡人。其父演剧殁于广州，七与其母流落不能归，佣工于某。母本倡家子，且随七父朝歌莫舞，夫妇皆伴客。夫死不能安于贫，遂失节。十三岁为某书童，颇聪慧。闻某所言，乃曰："相公能为宫保，何患世之无李郎耶？"言终一笑，百媚俱生。某见之，情不能奈，挽七坐怀，订无双之约。登床后一举一动，未有不谋于七者也。虽夫妇床第之言，七亦能知。虽然，七无专房之妒，无恃宠之骄，遂能得闺阃之欢。久之有辟阳之幸，恂恂然无间言及。某缘例获令江左，七司阍。事无巨细，七行则行，七止则止，某不能专为之主。候补时奉差吴陵，七在省会夤缘一切。七命娈童魏小三随行，公事毕，回舟寥寂，乃命魏司兰州烟。吸际，弄魏两颐，魏目送情。某以为可，且知魏乃七之弄者，遂抱至膝上，细加摩弄。将彻底衣，童拒甚峻，某怒曰："我不及李七耶！"童乃泣谢曰："儿非绝拒，奈与七郎定盟，誓不二心。"某怒甚，推魏于地，以靴踢数下，曰："我弄李七尚不能辞，况汝为李七弄耶！"魏惧，伏地叩首请饶。呼之起，魏起重侍饮馔。毕将寝，复呼魏启舱

---

① 袁枚，字子才。
② 见《小仓山房诗集》（十）。
③ 毕沅。

窗，曰："如此好月，奈何虚度？"不移时淫心炽甚，复搂魏颈，亲其口，曰："汝从我，岂不胜李七十倍耶？"魏知不能拒，乃谓某曰："必欲我从，舌须递我。"某闻是语，乐不可支，急以舌递魏口。魏乃极力一咬，幸中舌尖，咬落蚕豆大一片。鲜血喷溅，衣为之赭。某护痛，两手捧颐。魏乘势一窜，由窗入水。它役闻水声，争起相视，莫识其故，仓皇失措。某索笔书以示众，伪言魏童戏水失溺，己因在魏待呼，齿伤舌尖，负痛云云。它役唯唯，觅外科用象皮膏敷之而愈。打捞童尸报验，同寅代为申达，事始得寝。

记所记曰："闽粤南风甚厉。然既身为宰牧，不当仍复尔尔，咬舌之报宜焉。余居扬时，亲见甘泉县令受属伪详，岂复成世界耶？旋闻李七为某夤缘得宰宜兴，宜兴之民知有李而不知有某。遂使周孝侯祠壁，有赤练之谣。山西张某宰获鹿，悦门子妻，权遂由门子出。民知有门子，而不复知有张矣。乌虖！守土之官不重民而重色，乌可得而治哉！近闻张虽黜职，某已升州，此又夤缘之善不善也。"

东门氏曰："人多言若辈中必无血性，予窃以为不然。天之降才无殊，伎女中有贞节，岂娈童中必无义烈哉？观某宰数语，蠢恶已极。又乌知各天所天者，原不以富贵贫贱异耶？其人之不能为循吏也，岂待问哉！惜哉，小三千古冤狱，谁能偿其命者。而小三虽死，不悔矣。自来忠臣烈女，其所以百折百回而卒完其名节者，同此心志耳。若使易李七为小三，断不至赤练之兴谣矣。虽然，溺爱不明，人岂易言知哉！"

客窗闲话

(清·道光) 吴炽昌撰
中州古籍出版社 1992 年版

（一）第三卷·淮商宴客记①

［某淮商设宴娱宾。］每客侍以娈童二，一执壶浆，一司供馔。

（二）第四卷·和阗玉鼠

［某官］命女仆娈童，较准洋表时钟，守报时刻。

（三）续第一卷·祝由科

凡发匠，吾乡呼曰"待诏"。有小待诏者，龙阳君也，方与一客用小刀取耳，有棍徒

---

① （一）（二）中的娈童仅是指美貌男仆。

以手挖小待诏之臀。出其不意，待诏惊耸失手，刀尖直刺客脑，客倒地而毙。

（四）续第五卷·妖人邢大

燕人邢大，幼失怙恃。年十七，艳丽过好女，因无事业，偃蹇不堪。里有洪大者，家小康，有龙阳之癖，亦无父母妻子。途遇邢，目逆而送之曰："此天下尤物，可遇而不可求者。"尾至其家，见颓垣败室，虚寂无人，入门唁之。邢见洪来，羞涩之态，亦若女子之初见良人者。洪讯得困苦状，不胜怜悯曰："弟若肯随至家，我能温饱之。"邢本无能，腆然随去。洪为置鲜衣，给美食，抚养周至。邢实心感。一日，饮内室，薄醉，邢颜色焕发，洪不能复忍，拥之求欢。邢曰："弟受兄德泽，无以加矣，身非草木，焉得无情，以身报之，固所愿也。但日后色衰爱弛，弟仍落魄无依，徒贻失身之诮，不如其已。"洪曰："我只图好色，不分牝牡。弟若蓄发披鬓，终身相从，即我妻也，决不再娶，誓无异心。"邢遂与同宿，两情益密。邢从此养发贯耳，作旗装，俨然国色，且习女工针黹，刺绣甚巧，洪嬖爱益甚，所欲无不顺从。服饰之珍，饮馔之腴，甲于贵胄。夫好男色者，必病股与目，况旦旦而伐之，有不速毙者乎！三年，洪业渐败，目既眊而半身不遂矣。先有刘六者，亦美男子。洪与结为昆季，恒引至家与邢相见，则曰："我妹也。"刘见其娟美，亦爱恋之。洪已有交易之心，而邢不许，故每见刘，则一礼而退，刘亦无可如何。值洪病革，刘愿以重聘婉求其妹为妻，洪与邢谋曰："我病不能复起矣，今汝已习女装，声容举止宛然好女。本相订终身，不意半途抛撇。若恋我，则无男子守节理，若仍改男装，则已失本来面目，又未习丈夫事业，后作饿殍，皆我累汝矣！汝纵无怨，我在九泉，亦不瞑目。不如因刘子之好，嫁之。我得财礼，可藉以饰终，汝亦得其所矣。"邢曰："我非真女，彼娶而后觉之，能相容乎？"洪曰："世无不好色者，彼若觉察，汝须善为调停，溺爱之人，决无偾事。况刘之为人，与我相同，我故愿托之也。"邢诺。洪以告刘，遂转告父母，邀媒行聘，择吉娶之。父母亲戚，见新妇婉娈柔顺，与其夫一对玉人，交相庆慰。〔刘与邢亲热后，发现他是一男子。〕刘不禁骇异，邢拥刘尽媚而实告之曰："尔若舍我，恐女子中未必有胜我者。"刘曰："我固不忍舍汝，但娶妻为子也，汝能生育乎？况我家不过仅可度日，无余资再娶，不误我后嗣耶？"邢曰："毋恐。我有祖传符箓，能看香治病。尔倩人绘女仙像供养，我将有仙人附体，治病神效。传播人知，业必兴隆，得财后再置妾媵，不尔禁也。"刘曰："为我谋则善矣。但汝以男子身而为此，何能忍乎？"邢益媚妩之曰："此事始虽楚而后乐，恐天下男子知此味，人人欲嫁丈夫。世间甘为此者，非我一人也，尔如不信，请尝试之。且闺中事，外人不知，何妨互相为乐耶？"刘亦迷而顺之。从此夫其夫而亦妇其夫，妇其妇而亦夫其妇，两美交融，眷恋之情益切。刘发财心胜，告于父母，别居附近乡屯，传播仙姑治病之说。人见以美妇行医，争相延请，日得时钱数贯。一番役垂涎妇色，诈病唤邢去。入室，突拥而抚其下体。出其不意，不及掩饰，居然伟男子也。役缚而讯之。邢哀求包容，愿任鸡奸，而多与之贿。役曰："村中不乏少女妇女，非亲即故，容汝在此，皆不得作完人矣。且我获妖人，官赏必厚，岂贪汝贿，自贻伊戚耶！"并获刘六，送坊转入秋部鞫实。于左道惑人本罪上，加重问拟缳首，即行正法。刘六照为从例，刺配黑龙江，给索伦达呼尔为奴。此嘉庆十二年四月案。有友任刑曹者，录出原供如是。

芗厈①戏判曰："看得邢有宋朝之美，洪生卫灵之心。食我余桃，既若情谐合卺；报其断袖，何妨长与同衾。倘暂解弁冕，以披髻鬟，时之所有；乃永谢衣冠，而为巾帼，古之所稀。创新法于狂童，应遭冥殛；使旧龙为归妹，随肆奇情。彼刘六者，既经明辨雌雄，当发电闪雷轰之怒，何竟互为牝牡，反逞云翻雨覆之能？彼丈夫，我丈夫，阴阳敌体；出乎尔，反乎尔，前后相偿。从此潜迹闺门，法犹可避；竟敢炫奇闾里，情无可原。立异者，律以妖人，允宜缳首；为从者，配充奴子，投彼索伦。此判。"

（五）续第八卷·转女为男

姑苏有老翁，富而无嗣。仅生一女，及笄病笃，医皆束手。翁不惜重资，聘名医叶天士诊视，笑曰："是非病也。肯以若女为我女，且从我游百日后，还阁下以壮健者，非复娇弱之态矣。如迟疑不决，是翁自杀之，死非正命，良可哀也！"翁诧曰："诚如是，愿以千金送膝下。"天士携归，另洁密室，选婢之美而艳者使伴女宿，嘱曰："此汝姑也，终身依倚，在是顺姑无违。稍有拂逆，致增其病，惟汝是问。"于是日给药饵，恒往观之，见女体渐壮，颜渐舒，与婢情好日密，形影相随。知事已遂，遽入其室，追喝婢曰："汝与姑所作何事？我窥觇洞彻，必尽言之。如敢隐讳，将以刑求，毋自苦也。"婢视女而泣，女忸怩曰："婢之伴我，翁之严命，如违应责，顺何罪耶？"婢因曰："是主陷奴耳，以郎君伪称义姑，而使奴同衾枕。违既不敢，从又获咎，使奴置身何地？"天士大笑曰："已顺从姑夫耶？方为汝喜，岂汝责耶？"速女改装，去发而办之。以药展其弓足，衣冠履舄，居然美男子。延其父至，告曰："阁下以子为女，伪疾诳我，误使义女伴之，今为所乱，将如之何？"翁愕然不解所谓，乃使小夫妇出拜，翁顾而大乐，愿以婢为儿妇，与天士结为姻娅，往来无间。

芗厈曰："变女为男之法，见于医经史，以盛德而遇良医，理所应得，无足怪者。惟叶所治之女，其医经所载之五不男耶？名曰：天、捷、妒、变、半。任冲不盛，宗筋不成，曰天；值男即女，值女即男，曰捷；男根不满，似有似无，曰妒；半月能男，半月能女，曰变；虽有男根，不能交媾，曰半。此五等人状貌、血气本具男形，惟任冲二脉不足，似男而不成其为男。为父母者误认作女，年至十六，气足神旺，阳事兴矣！郁不

---

① 吴炽昌，号芗厈。

得发，是以病笃。幸遇名医，充以妙药，诱以所欲，自然阳茎突出，不复女矣！吾意五不男中，除天阉外，皆可以药救也，故见于医经。奈世鲜精其技者，叶天士医学名家，固其宜也。"

两般秋雨盦随笔

（清·道光）梁绍壬撰
上海古籍出版社 1982 年版

（一）卷一·世俗诞妄

汲县有纣王庙，凡龙阳胥祷于是。颍之卫灵公庙、闽之吴天保庙，亦然。

（二）卷一·无题诗

余在京师，凡遇诸伶侑座，酒阑灯灺，往往漠然。人或以矫情讥，或以木石诮，迨然不顾也。一日见某部某郎，不觉倾倒，形输色授，颇难自持，然独蚕抽丝，无由作合也。因赋无题二章云：

寻到蓬山别有春，好将绮笔写芳因。
钩辀格磔浑难语，扑朔迷离两不真。
愿作鸳鸯申后约，化为蝴蝶梦前身。
玦镮消息全无准，肠断愁红闷翠人。

不沾情处惹情魔，如此相思可奈何？
后落梅花酸意透，倒垂莲子苦心多。
鸟因衔恨思填海，狐为生疑怕渡河。
欲托微波通一语，生防前面有鹦哥。

（三）卷四·韵兰

韵兰者，京师春台部中名旦也。色艺冠绝一时，顾性傲睨，少所青眼。孝廉某君，极眷恋之，形相色授，颇见妒于同侪。而捉月盟言，誓同枯菀，盖不仅被中之鄂，花底之秦焉。年十九，以瘵卒。某君哭之恸，赋《惜兰词》二十章，征同人哀诔，而属余为之序云："桃开千岁，人间为短命之花；昙现刹那，天上乃长生之树。从来朝露，本苦无多，况属彩云，尤其易散。然而水莲泡幻，达观久付虚空；泥絮沾濡，情种能无抑郁也乎?如春台部兰郎者,泥巢乳燕,花苑灵狸。家住玉钩斜,骑鹤下翩翩之影;善歌《金缕曲》,啭莺闻呖呖之声。芳名则雅爱兰香,绝调已盛传杨叛,固已蜚声乐籍,驰誉燕台矣。爰有浙西名士,久噪雕龙,日下寓公,新来鸣鹤。偶顾绿幺之曲,顿生红豆之思。于是众里目成,暗中心许。赭白马城头蹀躞,公子相逢;金错刀袖底铿锵,美人赠我。每见潘车掷果,携手相将,保毋鄂被薰香,销魂真个。妒之者以为失身之凤,爱之者以为比翼之鹣。而乃长乐难期,短缘已促。杏林深处,难探及第之花;芍药开时,原是将离之草。于是数声杜宇,一阕阳关,方期玉玦之分,以冀金环之合。孰意杨花命薄,桐树生孤,莲苡依心,菖蒲郎面。此也秋雨卧相如之病,彼也春风作王粲之游。既而长剑归时,大刀唱后。不惜黄金似土,来作缠头;岂知紫玉成烟,已伤委骨。用是怆怀珠璧,堕泪琼瑰。犹思人约黄昏,去年元夜;依旧门临碧水,今日桃花。早已平量恨海之波,待涸爱河之水矣。然而空谁非色,短岂殊修,使问天果属有情,得知已死可不恨。向使郎果金台终老,落拓梨园,玉籍长留,沉浮菊部。将春残杨柳,飘零京兆之眉;秋后莲花,憔悴昌宗之面。未必鬖鬖潘貌,能消黯黯江魂。则与为弥子瑕之色衰,毋宁作卫叔宝之看杀。而况樱桃一曲,芳名总在人间;霓羽千秋,旧谱已归天上。以视桃笙秋老,断袖先凉,萧瑟风悲,买丝谁绣者,一则名花似草,一则弱絮留萍,如彼如斯,孰得孰失?乃我友怜香情重,破璧神伤,缠绵则玉藕牵丝,惆怅而金荃赋什。顾或者谓终宵角枕,空生秋士之悲;一集香奁,究损冬郎之德。既蜂腰之中断,何雀脑之思深?岂知钗挂臣冠,宋玉原非好色;酒黏郎袖,欧公亦自多情。而况书剑飘零,檀槽知遇。岂有生前倚玉,曾留春帐之情,殁后沉珠,不吊秋坟之魄者乎?由是敷陈丽藻,抒写哀思,乞我弁言,题之卷首。化笔墨烟云而如画,请看北苑春山;悟迷离扑朔之非真,试读《南华·秋水》。"

(四)卷四·金兰会[①]

广州顺德村落女子,多以拜盟结姊妹,名金兰会。女出嫁后归宁,恒不返夫家。至有未成夫妇礼,必俟同盟姊妹嫁毕,然后各返夫家。若促之过甚,则众姊妹相约自尽。此等弊习,虽贤有司不能禁也。李铁桥廉使沄令顺德时,素知此风,凡女子不返夫家者,以朱涂父兄目,鸣金号众,亲押女归以辱之。有自尽者,悉置不理,风稍戢矣。

(五)卷五·潮州乐府

粤俗以潮州为最坏,黄霁青太守作乐府十首。……八曰《阿官崽》,讽游冶也。(潮俗富家子弟习于浮薄,好弄斗靡,争妍取怜,恬不为怪,土人目之为阿官崽。阿官者,

---

① 参见《顺德县志》(二)。

少不更事之谓,是可讽也。)

> 阿官崽,荒于嬉,赵先生,难为师。
> 搔头弄姿兀自喜,柳巷穿来又花市。
> 千金结交游侠儿,六篷密昵婵娟子。
> 香囊紫,袴褶红,金环饰耳摇玲珑。
> 危哉呼娘复呼妹(潮俗小名率以某娘某妹相呼,
> 若忘其为男子也),好色寡人防抱背。

(六)卷六·燕台小乐府

京师奢靡,甲于天下,而诈伪亦甲于天下。余尝作燕台小乐府五首,《梨园伶》云:

> 软红十丈春风酣,不重美女重美男。
> 宛转歌喉袅金缕,美男妆成如美女。
> 楼台十二醉春风,过午花梢日影红。
> 此际香车来巷陌,此时脆管出帘栊。
> 帘栊掩映娇妆束,场屋频频滚弦索。
> 须臾花枝照眼明,飞上九天歌一声。
> 歌声未罢欢声满,就中谁得秋波转?
> 曲罢翩然下坐旁,犹留粉晕与脂香。
> 凭将眉语通心语,好把歌场换酒场。
> 酒楼携得人如玉,自占藏春最高阁。
> 闲泛鹅儿弄犀尊,不容鹦母窥帘幕。
> 承颜伺色最聪明,射覆藏钩靡不精。
> 却即偏离抛又近,情无情处动人情。
> 情多不及黄金贵,几束吴绫谋一醉。
> 梦里温柔镜里人,甘心竟为他憔悴。
> 憔悴青衫兴已阑,一鞭又跨别人鞍。
> 试看花底秦宫活,谁念车傍范叔寒。

《八角鼓》云:

> 十棒花奴罢歌舞,新声乃有八角鼓。
> 一木一扇一氍毹,演说亡是兼子虚。
> 虚中生实无生有,别是人间一谈薮。
> 操成北地土风音,生就东方滑稽口。

有时按曲苏昆生，有时说书柳敬亭。
有时郝隆作蛮语，有时公冶通鸟声。
有时双盘旋空际，公孙大娘舞剑器。
有时累丸掷空中，痀瘘丈人承蜩功。
须臾座中响弦索，引上雏儿一双玉。
不习梨园旧谱声，自调菊部新翻曲。
曲边人物尽风流，燕样身材莺样喉。
入局先输钱买笑，当筵又费锦缠头。
眼波眉语通消息，别有温柔描不得。
巧谑新谐倍有情，秾歌艳舞都无色。
由来此戏五方同，不及京师技最工。
此辈亦须官样好，马伶无怪客严公。

（七）卷七·馁优诗

梁石痴，顺德人。所识孔生，拉往珠江花舫，则与优人馁。优，衡阳人，依孔三载，至是言旋。或曰："今日之酒不可无诗，无则不许入席。"梁曰："诗亦非难，但论工不工耳。余不工，故不作。今必欲强就，子不我工，亦不得入席。"因援笔立成四句曰："昔自衡阳来，今返衡阳去。风送衡阳舟，目断衡阳树。"于是众瞠眙而俱搁笔。

（八）卷八·愿为人妇

船山①先生诗才超妙，性格风流，四海骚人，靡不倾仰。秀水金筠泉孝继，忽告其所亲，愿化作绝代丽姝，为船山执箕帚。又无锡马云题灿赠诗云："我愿来生作君妇，只愁清不到梅花。"以船山夫人有"修到人间才子妇，不辞清瘦似梅花"之句也。其倾倒之心，爱才而兼种情，可谓至矣。先生戏成二律以谢云："飞来绮语太缠绵，不独青娥爱少年。人尽愿为夫子妾，天教多结再生缘。累他名士皆求死，引我痴情欲放颠。为告山妻须料理，典衣早蓄买花钱。""名流争现女郎身，一笑残冬四座春。击壁此时无妒妇，倾城他日尽诗人。只愁隔世红裙小，未免先生白发新。宋玉年来伤积毁，登墙何事苦窥臣。"亦词坛一则雅谑也。

---

① 张问陶，字船山，乾嘉时期著名诗人。

埋忧集

(清·道光)朱梅叔撰
岳麓书社1985年版

(一) 卷三·春江公子①

《随园诗话》载：春江公子，貌如美妇人，而与妇不睦。好与少俊游，或同卧起，不知乌之雌雄。尝赋诗云："人各有性情，树各有枝叶。与为无盐夫，宁作子都妾。"其父中丞公见而怒之，公子又赋诗云："周公所制礼，立意何深妙！但有烈女祠，而无贞童庙。"中丞笑曰："贱子强词夺理至此耶！"乙丑入翰林，尝观剧于天禄庙，有参领某，误以为伶人而调之。人为不平，公子曰："夫狎我者，爱我也。子不见《晏子春秋》诛圉人事乎？惜彼非吾偶耳，怒之则俗矣。"可谓善于解嘲。然此事不知是何趣味，若辈究不知是何肺肠也？因戏作判语曰：

自古男女居室，为人之大伦；夫妇媾精，有家之正则。而乃以石田为可垦，舍正路而不由，召僚友而娶契弟，征优伶以作弄儿。遂有巾帼须眉，甘为兔伏；不知顾瞻肩背，愿效龙阳。辟此蚕丛，自必开山力士；凿将鸟道，竟来问渡渔翁。臀也忽生镶柄，定教其行咨且；头乎应戴木樨，想见不可向迩。沟边城阙（程绵庄注《郑风·子衿》一章，谓是两男子相悦之诗），何妨布雨兴云；花底舆中，不惜诲淫引盗（"花底"用秦宫事，"舆中"用冯子都事，皆内外兼宠者也）。小则督学罢官，大则断袖倾国。好恶拂人，阴阳易位，于是极矣。夫淫同非法，何如以手出精；并是两雄，谁谓不毛可入？《聊斋》云："是宜断其钻刺之根，兼当塞其送迎之路。"老吏断狱，处决了然。窃谓既好外矣，将空房难守。亦有鹊巢，宜令鸠处。彼狡童兮，或奇痒难熬，可带蜂刺，以代蝇钻。则野鸳社里，庶几龟鉴常昭；黄鳝梦中，无劳鸡奸访旧矣。

(二) 卷五·药渣

京师有富家子周某者，娶妻某氏，有殊色，情好颇笃。其后专务娈童，常数月不进内。妻为之饮食俱废，恹恹寝疾，某始入视，命召大夫视之。

大夫至，某适他往，一老妪导之入房。诊视毕，出语妪曰："病由幽闭日久，郁火不舒，治宜越鞠丸以发其郁。但其始并非由外感寒湿积食所致，必得精壮少年侍之。俾悦

---

① 参见《随园诗话》（四）。

而好之，以快其气；融而化之，以调其血；投以所好，以悦其胃；畅其所欲，以夺其火。然后导之于窍，以利其湿；补之以阳，以解其寒。半月后，病当自愈。此真万金良药也。不然，恐非丸散所能奏功。"言毕，更不书方而去。姁反述于其妻，妻以为然，密倩姁觅得少年数辈，如法治之，病若失。

月余，某入，见其妻光艳焕发，如晨葩著雨，神采倍常，大喜。拥之入帷，将与之狎，忽见帐后数人，皆面黄肌瘦，形如枯腊，骈肩而立。惊问若辈何来，其妻逞遽对曰："药渣药渣。"

外史氏①曰："此事余尝闻之友人，偶忆及，遂书之。或言已见昔人小说，余初未寓目也。余述此事，盖为昵比顽童而广田自荒者戒，非敢拾他人牙慧也。故复存之。"

（三）卷六·射兔②

泰安富室周某者，性好外。尝蓄一娈童，姿极妖媚。与周寝食必俱，情好颇笃，呼为张毛弟。未几张死，周为瘗于秦观峰侧。数年后，有猎者持弓矢入山射猎，遥见残雪中，一兔方与狐交。逐而射之，中其尻。兔带箭而逃，入一破棺中。即之，竟不见，但存一枯骸而已。或言此周氏所蓄张童之冢也，今固应与狐魅为偶矣。猎者悚然，投弓矢而返，自是遂不复猎。

（四）卷十·剪舌

邑中沈某者，尝游幕，以刑名致富千金，援例分发东河县丞。性喜娈童。一童素以少俊得幸，后以恃宠忤意斥出。童衔恨，倩人求复入服役，某许之。遂入，长跪谢罪，某视其婉媚可怜，搂入怀中。童故与缱绻，索其舌啮得其半，某昏绝于地。童出至署外，声言某官欲行强奸，已不胜忿，故啮其舌。遂赴黄河死。某以有玷官箴革职，然未死也。

此嘉庆戊寅事也。

---

① 朱梅叔的自称。
② 参见《耳食录》（二）。

常谈丛录

(清·道光) 李元复撰
清道光间刻本

(一) 卷三·米伶有名

京师优部如春台班其著者也,二十年来要皆以米伶得名。米名喜子,自幼入班习扮正生。班中以其老成也,呼为米先生,都人亦相随以是为称,其见赏重如此。凡伶工恒购蓄狡童充小旦以渔利。米性近方严,绝不为此,是亦若辈中之铮铮者。

(二) 卷六·谭孙妇须

宜黄谭襄敏公纶之孙妇邹氏生有奇姿,修干而有须髯,博学工诗,早为其夫置妾媵而别室屏居,诵读不辍,晚自号涵光老人。《蔡雪余集·涵光老人传》言老人通经史百家,曾上书怀宗[①],入本朝为尼,深以节概相矜尚,而不载其有须髯。

纸糊灯龙[②]

(清·道光) 不能道人撰
民国二十一年(1932)聚文社刻本

(一) 吃像饭

凡相公小旦,顽童跟役,皆系前人失德,后人丧德。父母遗体不顾,将男作女,廉耻全无。此等人有多少的门头,或身背包袱,假说会人在店住扎,每言原说在此等候,为甚不来。一天与人假相亲爱,弹琴吹唱,相交甚浓。日以饮酒猜拳为事,夜则假留你宿。若宿之时,自卖风流,假意带酒,倒身挨拭,说些无耻之言,做出妇人的情状,使你动心收束。就在此际,你若心动,俗云尼姑背包袱,就要下山。行奸之时,百般柔态。云散雨收时,假意哭诉,言道你敢坏我,我无面见人,死而已。哄得空子心上心下,千

---

① 明崇祯帝。
② 本书原名《救世新编》。

般的好话，从今以后你要哚有哚，恶裁心肝都莫说的。此时就开黄皮缝穿带，办酒肴，送银回家供养者。小使你力尽汗干，背时倒灶，与你不但利皮，反辱骂你祖宗无德。你若回嘴言说，你夜我若干。他言你教我搞一吓，我退你就是了。富贵钱落薄，受此言语，无言回□。慎之勉之。

(二) 江湖

四川会匪之属均言仿古，效法桃园，敬奉关圣帝君，持咒砚香，拜榜盟誓。候后做些事情，伤天害理，越规犯法，无所不有。……若子弟轻微有点伴像，或收为殿下名曰投□某人，或收为义弟名曰恩拜兄，其实想到屁股在。白日随侍跪窜，晚来共枕同床。虽是男子，犹如妇人一般。入此门者，就叫自妆龟子佥的。街乡子弟，何不耕读守旧，为第一人品耶？

雨韭盦笔记

(清·道光—咸丰) 汪鼎撰
清咸丰间山阴汪氏刻本

卷二·白莲教

嘉庆中，江右弋阳县汪振旸倡〔白莲〕教，有夏老四者，因其全家皆入教，思有以破之，乃亦投入之。知其教先洗目后饮水，其惑人在此。乃仅洗一目，水诈饮密吐之。以洗目视之，屋宇辉煌，妇女皆妖淫绝艳；以不洗目视之，一切如故。至晚，男妇老幼同卧一室，谓之睡大被觉。亲见其父兄淫人妻女，又亲见其母妻嫂妹为人所淫，彼此以为笑乐。于是大怒，首于官，殛之。川省有教匪徐二寡妇者，聚众谋逆，为官兵所困。自知不免，冀以乐死。于贼寨中白昼遍淫数十人，令男妇四围鏖战以恣其欲，谓之肉玲珑。男子之不能再举者，辄为龙阳，谓之肉连环。乃竟不死于淫，卒伏法。其人皆白莲教也。

恐自逸轩琐录

(清·道光—咸丰) 彭昌祚撰
清咸丰三年（1853）刻本

（一）卷二·陈相公

京师优童扮旦者呼为相公，不知何昉。或曰：相工，言其工于饰品相也。或曰：象恭，言其貌为卑逊，巧致人财，心固滔天而不可问也。二说究皆穿凿。有陈相公者，不详何许人。名冠一时，积赀巨万，慕扬州风土之美，遣人建夏屋，辍业往居之，颇倾倒愚众。值其生辰，来贺者云集，红氍帖地，设席肆筵。俄有青衣人数十，执通家晚生刺来谒。询之，乃官衙代人受杖者。诘以何为通家，何又自谦晚生？众代杖者曰："与相公佥以谋生计拙，不爱体肤，表里虽殊，其占臀困一也。然相公与贵人亲在衽席之上，吾辈与贱隶伍在泥涂之中，固当自降称谓。"相公悦而颔之，各赠以金，醉饱去。俄又有于思沾涕唾者、裹毡露臂战战作寒虫号者、黄瘦见骨者、麻疯肿面者、疥者、癞者、平鼻者、烂臁者、折足以膝行以手按地坐而行者，约百余人。言吾辈三五少年时，姿容美好，或业薙发、或随从显官、或在官充门子役、或执注水器燃烟草授人呼吸、作丁东声往来旅邸歌场之地。相公可意会为侪侣。当其翩翩纨袴，有及相公之豪，有不及相公之豪，俛仰韶华，自矜难老。不幸时乖金尽，衰丑逼人。凤好相逢，不与我言，不与我食，颠连疾病，醒醒如斯。幸相公具收帆勒马之慧心，愿推广垂怜代杖之高谊。慈悲益算，惟生死而骨肉焉。相公喟然长叹曰："有是哉！昔闻巨室专房，妒吾曹分其宠，詈曰：'若辈生必穷饿沟壑死，死必入阿鼻狱。转轮为蟾蜍，令完无后窍，粪自口出。为螃蟹，八足像两人贴负形。不然为蝇，小儿取竹刺穿其腹末，戏弄以芥。不然为蛆，钓人钩其尾，投水以饵鱼。'其言足寒心刺骨。不图公等生受阿鼻之苦，吾何惜此财，使为道殣中彼妇口耶？"尽散其有于众，而自削发入山为佛门弟子以卒。

（二）卷三·金爱青

苏州金爱青，年未及冠，明眸皓齿。读书于僧寺，有至寺闲游者，龄齿与相若，而都丽尤胜。金见之，神魂飞荡。延入书室小憩，询其姓名里居。为杨慕能，闽中秀才也。访戚至苏，侨寓于阊门逆旅。越日金往拜谒，谈论经史，更仆不忍去。自是往来甚密，酒食迭为主宾。金每独处，嗅衣袖间饶杨臭味。行吟阶砌，见树木交阴，花光作态，则杨之言笑举止如在目前。夜梦与杨狎，为栖乌啼月惊醒，开户徬徨。闻东厢老僧与其徒低声絮语，隐约不可辨。返而就寝，益不能安。旦日晤杨，思以戏语微挑，睹其色庄，又不敢妄发。遂成疾，饔飧渐废，肌肉顿消。杨来临视，叩其致疾之由，金微笑曰："误我者，君也，援我亦在君。"扶枕就耳唧哝，杨面赤，怜其痴，姑答曰："来夜初更人定时，力疾过我，我虚掩宿处门扉以待。但两人睹面，何能做此丑状以愧影衾，须熄灯不交一言而后可。"金忻然坐起。至期，杨别遣顽童代己，金疾遂以瘳。一日坚请复之，杨憎其无厌，伪许迟二夕。乃迁榻于邸之他所，同邸客山西人，面麻多髭须，喜杨原宿处较宽，亦迁其榻。客性既昏，便息时值暑夜，悉敞门牖。嫌蚊扰寐，灭烛入帷。金潜至，摸其门敞，窃喜杨不负约。搴帷耸身榻上，以面相帖。于思刺肤，客大惊，猛推坠地，手持其足。大呼旅邸主人，速秉烛来烛之。因问曰："若行刺乎？"曰："与君无仇，我亦无刀。""然则行窃乎？"曰："行窃何肯惊君。""然则鬼怪作祟乎？"曰："不能遁，焉得为鬼怪。"问究欲何为，金词塞，慢曰："久病丧心，力不自禁。任君摧辱，乞勿声张。"客褫其衣裤，向之唾溺，麾诸大门之外。杨心恻然，授以上下蔽体衣一袭。诘朝遣人致书曰："少年意气相投，亲于骨肉。若孙伯符之于周公瑾，古人往往有之。未闻外托朋友之名，内图夫妇之好，以龙阳邓董待孔孟门徒。此市井无赖之尤，士夫庸有是哉！君试平心，倘酬觯返戈，亦何颜对青灯黄卷。前者桃僵李代，不过拯救情切，计出权宜。何出陇蜀望赊，玉剑叠索。自贻伊戚，其谓君何？大诚或藉小惩，回头即是彼岸。仆行矣，后晤可卜，诸惟珍重。"金得书，力学改行，卒能自立于儒林。

（三）卷三·粤东三异

客有自齐鲁间来粤东者，问土俗于亡是公。亡是公曰："粤东有三异，以语子，诚属创闻。……吾闻廉耻之丧，莫甚于淫乱。自古桑间濮上及龙阳董贤之属，纵乖于正，犹在人情之中。今之为桑间濮上龙阳董贤者，吾不谓无独粤东以女悦女，称为拜相知，竟有处女相守不嫁，其情浓意密倍于夫妇床笫之秽亵者。向所闻顺德十姊妹，初不逮此。不更可大异乎？"客闻三异之言，伸舌久不得缩。已而曰："是在掌转移风化之有其德与才者。"

（四）卷四·七七

某邑名隐珍者，不详其姓氏。有中人产，夤缘中乙科。性好男色，受雇少仆花貌雪肤，恒出入帏闼无忌隐，珍妻每注目焉。有女夭夭年十五。元夕举家出外户观灯火，夭夭托故不从，与仆成奸，怀孕在身。隐珍子七七长夭夭十岁，曾举秀才。察知夭夭事，恼羞痛恨，阴置毒食物中，毙夭夭命。隐珍与妻哭之哀，惧外人知，诡言得急症。殉殓以金器，葬诸十里外。盗发其棺，取金器去。初未敢鸣官也，仆不自安，隐珍无奈，听其他往。是年七七赴科场，梦鬼卒二人曳至森罗殿，坐殿上冕服者叱之曰："尔女弟控尔，尔知罪乎？夫引盗者，尔父也。诲淫者，尔母也。于童年蠢女，原属可矜。且阳世和奸罪止枷杖，尔不闻于父母，擅戕骨肉。本有禄籍寿考，今皆削夺，使尔穷饿凶短以死。法以从宽，尚冀科目耶？"七七惊醒，心惕惕乱跃不止。以梦中见闻书诸卷端，被贴出。隐珍寻卒于恶疾，火焚其屋。七七力难养母，屡空不举炊烟。窃人所种薯芋，追者殴击其腰背，呕血数月而亡。

筸廊琐记

（清·道光—咸丰）王守毅撰
清咸丰间刻本

（一）卷一·记浪子

州牧子某少食廪饩，入赀为广文，就铨赴都。初入彰义门，见车马轰驰，红尘丈起，叹曰："如此世界，岂复堪人居住。"策驾而归。歌者玉龄，游倡也，广文见而悦之，为筑迷香，制舞衣，费缠头日给钱数千供旅飧。苟有当意者，咄咄立办。产业岁进谷数千石，不几年荡然尽，翟公之门馆变为它姓。然本阀阅巨族，己虽落，其以豪富鸣里中为显宦者尚十余房，向之沾匄者亦有人。窘且极，投刺贷千钱，谢弗通也。茆屋支撑，仅蔽风雨。日食不再继，困迫有不忍言。而广文昏不悟，衣厌布，素有故家态。

记曰："今之不肖子，淫赌冶游破家，俗谓之浪子，广文近之矣。方广文盛时，门庭赫奕，干进者趑趄不敢前。萧条溘至，刍狗犹笑之，何论桃梗。乌虖，人生富厚盖可忽乎哉？夫财物聚散，盛衰若循环，惜乎其未知所用也。累千万家业荡尽，而无一人感其恩者，其所设施可知矣。谚云：千金之子死于盗贼。若广文者，千金云乎哉？盗贼云乎哉！"

（二）卷三·记美男

六安某氏子，少年风标，性耽远游。逆旅栖泊，终岁不归。晚则专房独宿，梳云鬟高髻，掠蝉翼鬓，涂粉染脂，宛然好女子也。对镜劝觞，顾影自怜，亦或呢呢笑语。客有过其户者，闻人语声窥之，见美妇人，疑其私倡，剥啄了鸟。少年惊惶，除簪珥华称涤去粉脂，启扉辟而出，则翩翩一少年也。客悟，大噱而去。

记曰："凡物负瑰丽之质，裹裹奇货者，莫不私心矜持。故象宝其齿，豹隐其皮，麝护其香，蛇惜其胆，蜂囮其味，鹇珍其翠。狌狌怪其血，山鸡爱其毛，男女悦其色，其情一也。"

道听途说

(清·道光一咸丰)潘纶恩撰
黄山书社 1998 年《安徽古籍丛书》本

(一) 卷十·江昌奇

　　江西星子县书吏江昌奇,娶妻范氏,南昌书吏之女也,容色美丽。……范女之归江也,江虽心好之,而素有断袖之癖,外宠颇多。其岁,因办试差,遇有同邑武童管某,纤秀若好女,遂缔交为忘年友。延至其家,出室人以饵之。管遇仙姝,一顾魂消。然虽旦暮昵而江不稍离左右,眼角眉梢,互通诚款而已。乃往来且匝月,江屡以意挑管,而管卒不允。

　　一日,江又向管求合。管曰:"必欲得赵璧,愿以十五城为请。"江曰:"吾知汝两人之属意久矣!然而十五城亦吾宝也,若必欲为许田之易,请先璧而后城。"管曰:"驷不及舌,璧去而城不入,将若君何?"江曰:"有如皦日!"管遂失身于江,而江有强秦欺赵之意。管曰:"食言者,其可能肥?桃源路既不许问津,后庭花又谁甘纳款?人各有宝,请从此辞。"江不得已,许之,曰:"古人能为情死,况舍一丽人乎?一顶绿头巾,今拌为君戴之!"乃趑趄而出。

　　管、范两人,每日垂涎相对,渴想甚深。一旦真个消魂,人世快心事,应无有逾于此者矣。江虽出,意甚不惬。时邑之土豪,结有樗蒲局,恒达旦不寐。计其地可以度宵,因探就之。不谓朽骨有灵,老财神亦喜奖新进,连掷得枭,满收巨注,赢筹堆积如塔,兴高采烈,意欲乘胜罢休。输折家牵云搜雪,必请再决胜负。江以富于腰缠,自是气豪胆壮,屡战不下。即偶有不利,亦随失随复。留三日博,卒囊资以归。

　　归时,红日已升,空庭寂寞,婢媪甫晨兴。于是,直诣寝门,启幕探视。两人头枕藕腕,吻接樱唇,春梦缠绵,犹自酣甜未醒。江愤焰中燃,妒情毕露,即欲索刃相仇。转念咎由自取,转圜过速,未免不情。只得含糊隐忍,徐徐声唤。两人星眸乍启,见江已立榻前,遂乃揽衣推枕,结束匆匆。

　　江退坐镜台前,悻悻作恶态。两人皆心悸,乃故意殷勤,问何数日不返。江默无一语。颖悟人不必明言,寸念早窥其隐。因俱作涎脸憨态,昵坐江怀,必欲索江一笑。江溺于色,情不忍拂,推手笑曰:"似此假腔调,谁甚顽昧,容汝欺瞒耶?小妖魅勿过作耗,余恣连夜博,意颇烦怠。起视茗炉火候,满捧一瓯来!"两人俱起,烹泉以进,渐觉狂奴怒解。然自是耳目所及,处处关防。两人鸾凤之好,所聚弥难,所爱弥笃。

初，江为博徒约，十请必当五赴。及后嫌忌之深，而博局之赴，十不得一焉。两人无隙可蹈，而情切求合，遂并无违顾忌。一夕，俱侍江侧，再三恳乞，恩赐一宵之欢。江缄口不一应，两人淫心火炽，不待禀诺，竟携袖偕归私室，闭门灭烛矣。江情不能堪，忿还思难，起而复罢者三四，逡巡走阶上。更漏再转，忽拍案狂叫，曰："第甘作无头鬼，不能使抱中人常为他人雌伏也！"即起握刃以奔，忽又念："婢媪辈耳目具在，今日管为我刃，明日我为管因矣。不如姑缓须臾，筹以万全之策。"遂复罢。

翌日托故，分遣婢媪远出。宅之西舍，与邻人之废院接壤，地极荒僻。乃诱管至其处，袖出利刃，背砍其颅。仆，更连数砍，而首以堕。犹恐尘埋不深，踪迹易于败露，乃召范而示之尸，且戒之曰："苟泄其事，则刃汝亦如管！余惫矣，尚希一臂之助。"授之锄，使就舍内坎地而瘗之。范惊怖胆裂，脚膝摇簸，得锄辄堕。江知其不可用，仍自穴地成坎。深及数尺，而窄不足以容尸，遂支解以掩之。

明日，婢媪归，不见管，只谓不容于主翁，已作秦庭逐客耳。管家属本来零丁，兼管平素不习上进，归家之日恒少。所由冤闭重泉，无人过问。

〔后来官府勘出实情，江被处死。〕

（二）卷十一·白衣蓝 涉及优伶同性恋。

消夏闲记摘抄

（清·乾隆）顾公燮撰
（清）佚名摘抄
民国六年（1917）商务印书馆
上海铅印《涵芬楼秘笈》本

卷下·梨园佳话

国初名优周铁墩，住小市桥。金太傅之俊曾为题照，但记起句云："铁墩铁墩，笑傲乾坤。"周演写本，金公嘱其能打诨否，周唯唯。既而杨夫人上场，谓周曰："相公，铁墩在此。"盖与妾身同音也。周答曰："原来是风臀。"盖与夫人同音，且缘正旦犯此病也。……

大净李文昭，力举千金，兼为打降。其头上竖毛，或直或曲，或自下曲而上。头中有力，不可学而至也。后因强奸幼童，长邑宰梁公毙之狱中。

乡园忆旧

(清·道光) 王培荀撰
清道光二十五年 (1845) 刻本

(一) 卷二

国初时,青州有歌儿胡文玉,为无锡黄心甫所昵。心甫有仆利其橐中赀,夜持刀斫之。文玉以身遮护,刃入肤数寸。刘将军出奇方救之,得不死。王昊庐泽宏为作诗以表之:

梁溪高士冰雪姿,著书兀兀恒苦饥。
客游齐鲁何寂寞,忽感歌者相追随。
黄河以北嗜北调,青州亦住宣州儿。
妙年颜色天然美,艳妆不学俗女子。
一夜歌声绕屋梁,满堂泪下如铅水。
相怜悔不早同生,那期只欲从君死。
先生有仆不安贫,不识博奥之主人。
拔刀作逆胡为尔,天涯安得金绕身。
最恨有刀不铸眼,如花忽作看秋薪。
虎狼自门入,煎逼何太急!
短袖甘为倚柱笑,一身却似当熊立。
少年义侠谁不怜,忍痛无声暗悲泣。
此身一死奚足云,高义偏感刘将军。
脱赠奇方出金石,先生捣药何殷勤。
古人深情各有托,绣被安可方红裙。
先生自叹知音寡,我亦有生深情者。
为仆受恩反负恩,如君萍梗交乃肯。
誓死如飘瓦我愿,他日乘车相逢揖。

(二) 卷三①

济东道孙公星衍不近女色,酷好男风。有仆名郭芍药,常侍宴饮。

---

① 参见《南亭笔记》(三)。

沪城备考

(清·乾隆) 褚华撰
民国二十五年 (1936) 上海通社铅印
《上海掌故丛书第一集》本

卷六·楼观察俨

楼俨字敬思，浙之余姚人。积官至江西按察使①，丰裁甚峻，为廉吏第一。手书厅事一联云："受一文钱天诛地灭，听半句话男盗女娼。"有歌童极爱幸，常为某官通关节，立毙杖下，墨吏悚息。

秦云撷英小谱②

(清·乾隆) 严长明等撰
民国六年 (1917) 长沙叶氏刻
《双梅景闇丛书》本

（一）祥麟③

申生祥麟者，小字狗儿，居渭南，故农家子。状妍媚，性谌挚。乾隆乙未岁④，余客长安。物色之时，年已二十余，容貌中人耳。然至逢场角艺，姿态横出，精彩相授。余学道且老，尚自觉瞿然失据，斯其服媚固有术哉！丙申⑤南归，欲挈以往，重利啖之，以亲老固辞。归后得旧游书，具道祥麟感余厚意，每言及，必太息再四，至双泪交睫。信乎！其至性有过人者。

（二）三寿⑥

余引寓青门，于丁酉七月遇三寿于田商山太守署中。时始学为秦声，见人悚恶不敢

---

① 雍正八至十年在任。
② 本书记乾隆年间陕西西安优伶事，撰者为毕沅幕客。毕氏诸幕多有龙阳之好，参见《履园丛话》（三），因此本书内容值得注意。
③ （清）严长明撰，参见《随园诗话》（七）。
④ 乾隆四十年，1775年。
⑤ 乾隆四十一年，1776年。
⑥ （清）曹仁虎撰。

前，初未之异也。明年二月，复于宋慎亭臬使座上见之。是时年十六矣，不施脂粉，而天然妍媚，迥异曩昔。少顷登场，曼声徐引，四座尽倾。余稍稍心动，三寿亦于稠人中数目余，然实未接一言也。逾月，中丞节署演剧，三寿与焉，始造余斋。与之谈，楚楚可听，因得悉其出身始末。……每至余斋，依依不舍去，捧书拂纸，执役如童仆状。偶酬以金，辄辞，问所欲，则曰："吾母在德阳，而吾随人至此，欲归既不能，习为伶，实非愿也。且人方以吾渔利，而又虐以求之，吾何以堪？计可脱吾于苦海者，惟主人耳。倘蒙主人恩许，相随至京，虽死无憾。"言已，泪涔然下。余婉言慰之。自是每相见，必以此要余。余萍踪偶寄，行且俶装归，而三寿方以色艺称于时，余自度力不足以致三寿，恐终虚其愿，而又不欲没其意也，为记其实如此。戊戌①端午节后三日，寓西安使署之静寄园书。

（三）银花②

银花，姓张氏，陇西人，家贫，父母早丧。年十二，咸阳张某鬻为假子，将往成都，挈以西南行，时乾隆三十六年也。银花性荡逸，工弦索，张亦习秦声。时方用兵金川，张以其地人众，可渔利，因居奇为干没计，并市金珠，盛服饰银花，以为饵。夤缘附东南两路大营，比至，众果悦之，流转军中五载，而后得归。余再至西安之明年戊戌三月，偶与严冬友③侍读观剧节署，有演琴操春游事者，举止娴雅，意赏之，唤以来言，讷讷若不出口。翼日，复来谒，则屦服褴褴然，畀之衣，不受。讶之，冬友笑谓余曰：此子盖随某统军来者，闻其在宜喜时，居区脱中，辄傅粉施小，朱衣锦裙，缨络承之，辫发双委地，缀以明珠，贯镠金约腕累数十。每营门月落，谯斗无声，则延缘鹿角，奏蛮中歌曲，杂筝杷。音调凄婉，闻者泣下，军中比之唐时李可久云。余骇，勿信，因询以彼中地域，自宜喜以东至达尔图当噶山，北至日旁山楸底，凡山梁碉卡，所设险要，按图皆合。银花言军中每食面，斤钱千，食馎，馎一钱百布，粟贵金帛贱，所有什物皆随手散落。张复先弃之归，故卒至无聊赖。丙申正，噶喇伊破，统军先露布行，从至秦，戒曰："汝义父在，可留此。"此银花所由至西安也。银花貌不过中人，恂恂有儒士风，不意所历奇崛若此。士人守专室，执槁简呻吟，穷思幽窅，钩心险仄，自谓于世无不可知。得银花之说，又渺若河汉矣。因泚笔付之。

（四）琐儿④

曲部中以色擅长者，曰琐儿。余幼耽冶习，中岁薄游吴越、维扬十余载，访艳征歌，

---

① 乾隆四十三年，1778年。
② （清）钱坫撰。
③ 严长明，字冬友。
④ （清）严长明撰。

殆无虚日。然究不知檠古所称映珠冠玉,乘羊车,执麈尾者,果何如其人也。及年逮中阴,精胆销铄,爱流已涸,情网不萌。比岁游秦,益增罔沕,称贞缩屋,春非我春。间有契好以顾曲相邀者,则以陈思王语婉谢之曰:"予愿清虚,未暇此游也。"一日者,偶与梦楼太守饮节署之四来堂,颂酒之暇,傒举杯相属曰:"足下以解脱因缘,铲除结习,诚善变矣。然此间曲部中有三绝,亦不可不知也。"叩之,曰:"有祥麟者,以艺擅绝技也;小惠者,以声音擅绝唱也;琐儿者,以姿首擅绝色也。"余以梦楼斯道总持,所言应不谬,姑听之,请先观琐儿。是时方用兵西徼,秦中当两川孔道,辎轩络绎,燕会频烦,须琐儿来往,承直其间,以故数月中卒不得一见。又一日,中丞偶邀观剧,即琐儿所领曲部也,谆命之,务期其来。余私心喜,至日辨明起,盛服以待。此日午不至,问之,则戟辕将士方拥之相酬酢也。又数刻不至,则莲幕友人方礴之道契阔也。余薄怒,谓来告者曰:"此子固天上人耶?余尘土友,请弗敢见。"少顷登场,亦以病辞,不复出。逾半载,秋气浸深,余方苦寥沉躅步墙东,傒毕上舍道先偕一少年姗然至止,惊视之,神姿高澈,如琼树瑶林出风尘外,因亟前揄袂相语曰:"子其琐儿耶?"曰:"然。"曰:"胡为来者?"乃跽而请曰:"君与盩厔令相善乎?"曰:"故交也。"曰:"余固盩厔农家子,姓桃,名朱。有小弱弟,父母以食贫故,鬻村中某为子,闻近以奴畜之。心不忍,欲赎前所得十倍偿之。但事已十载余,必得县令一言而后可。"余曰:"此友爱事也。"适徐元九文学至,因致语。未几札来,曰其弟已在,可亲领之。琐儿因是还盩厔,时方九日,车骑入城,闲雅甚都。城中群聚观之,或数十人,至数百人,遮马首不得前。比入署,人益众,拥门外,渐及堂庑!如堵墙,不能复出。盩厔令忧之,亟遣壮丁十余辈,以兵卫送,去城三十里,至黑水峪始得还其家。琐儿性故恬憺,虽习处华靡,非所乐。归后留乡村,日与农人共事力作。然容色之皎丽,服色之鲜华,田中刈获时,两臂金玉腕阑尚著至数十串。乡里咸讶之,日往观,渐至邻近数十村落,转相告语,挐䟫眙仁。不胜烦苦,因于丙申冬复至长安。时余将南返,匆匆不获相见。戊戌再入关,询及琐儿,时方膉消渴疾,呼之至,则神蕊形菇,似不任乎罗绮。虽静好有余,而映丽亦少减矣。

(五)色子①

色子,姓岳,名森玉,长安人,以小字行。艺少不及祥麟,声少不及小惠,色少不及琐儿,而能奄有诸人之胜,曲部中之刘真长也,以故名噪一时。所至咸欲下交之,不数年,席厚赀,为富家子。色子固与三寿同部,因三寿往往过余斋通款洽,如平生欢。一日来过,神色凄惋,曰:"余将与公别。"叩以故,则随庄虚庵诣某大藩也。余曰:"某大藩,余同年友,清介素著,未闻与子周旋。庄公赋性妍华,然近于积习,颇事屏除,

---

① (清)曹仁虎撰。

恐于子事未能大有济也。"色子泫然曰："如公所言，固人情之常，必荐枕而后为欢，挂冠而后为密者也。岂知天下相感，固有在语言形迹之外者，非我解人，莫之能识也。"时意其妄言，亦姑妄听之。未几，其所领部至节署演剧，色子不与，呼三寿询，则已随虚庵南出关三日矣。

（六）金队子、双儿、拴儿①

西安乐部著名者凡三十六，最先者曰保符班。保符班有太平儿，姓宋，名子文，色艺素佳。余至关内时，以年长不复登场。小惠、琐儿、宝儿、喜儿皆隶江东班。双赛班故晚出，称双赛者，谓所长出保符、江东上也。后以祥麟、色子至，又称双才班。南如（三寿字）、友泉（银花字）义兄弟，来最后，亦同在此部。及色子赴浙中，众又戏呼南如为赛色子，云惟是色艺难兼，性行各异。余初至时，有四两（去）者，临潼人，色差逊于琐儿。后又有豌豆花者，三原人，声差逊于小惠。至艺，均可步祥麟后尘。二子留会城，惜皆不久，去。金队子者，姓刘氏，醴泉人。双儿者，姓白氏，咸阳人。所隶名锦绣班，小有色艺，然固泾阳曲部也。以余辈赏之，遂留西安，不复归。又拴儿，居富平某部署中。贾拜三上舍常称之，后庄虚庵署令时挈以至西安。数子皆一时之选也。昔潘之恒《金陵妓品》有"前辈风高"、"闭门未面"、"远游他适"三等，则此外当复大有人焉。然而繁华流荡，君子弗钦，余虽雅志闲情，亦在所不敢请已。

三异笔谈

（清·嘉庆—道光）许元仲撰
清道光间刻本

卷二

江右孝廉徐某，以大挑试用长安。有雏伶杨花者年十四，一见目成，以三百金售焉。逾年教匪②起，徐捧檄催趱粮运，杨花能左右之。畜青骡，一日行二百余里，常乘以从。丁巳，寇乱方炽，徐催运至邰阳驿，卒遇高均德股匪。杨乃教徐伪作贼探马状，持箭乘青骡逸去。杨乃下马往馆舍，贼目有识之者，谓："杨掌班闻已跟官，何忽在此？"答曰："吾代主催饷，俟此数日矣。"贼目顾其党曰："聆其言，似饷尚未来，且遇旧知，今晚当

---

① （清）严长明撰。
② 指嘉庆年间的白莲教教徒。

留此。"即置酒聚饮，令杨歌曲。杨略不抗拒，尽献所长，且流目送媚，以醉贼目。度已沉酣，猝掣贼佩刀刺之，应手而中。贼党惊，群起刃之。贼亦败兴，逡巡委去。居人重其义，筑土葬之，树碣曰："义伶杨花救主处。"予友孟九我廷烺于役过此，作记颇详，复写《杨花救主图》示予。予为作长歌以纪云：

  诗人孟浩然，示我《杨花传》。
  为写《杨花救主图》，贞心侠骨千秋见。
  每从花底说秦宫，幕置青油变态工。
  自向梨园传艳节，不教断袖没英雄。
  杨花旧隶华林部，小队《梁州》按歌舞。
  垂杨婀娜不禁风，落花飘泊还无主。
  破镜徐郎意气豪，量珠携得郑樱桃。
  当筵独谱秦风壮，倚帐同看塞月高。
  一朝忽唱从军乐，细马驮来增绰约。
  射虎晨随绣纛弛，飞鸿暮逐金丸落。
  那知记室走孤城，正值风高夜劫营。
  子弟八千人散尽，眼前惟见贼纵横。
  可怜生小娇无力，手挽徐郎出荒驿。
  牵到青骡让主骑，幸郎得免侬何惜。
  战场生缚献诃摩，千队楼罗一笑哗。
  满面怨愁双雨泪，争教掩得貌如花。
  轩眉嗔目呼狂贼，身坠污泥心白璧。
  只愿魂依厉鬼雄，久拚血化苌宏碧。
  叹息无情渭水寒，吊花鸳冢泪阑干。
  怜他捍刃真情种，殉主还输脱主难。
  君不见如荼如火军千屯，望尘拜寇何殷勤！
  国殇独有汪锜在，一片杨花气薄云。

此郎芳节，更胜丁期。较之《琐蛣杂记》所载白狼主人事①真大相反也。白狼冢在华阴，亦有碣，故附论之。其碣在大道旁，众所共见，不具录。

---

① 参见《六合内外琐言·卷八·二韶》。

画舫余谭

(清·嘉庆) 捧花生撰
清道光六年 (1826) 刻本

小伶朱双寿，韶颜稚齿，弁而钗者也。早驰声于梨园菊部间，所演《絮阁》、《藏舟》、《打番儿》、《雪夜琵琶》诸出，观者莫不心醉。本隶金阊①籍，近亦河湄僦屋，轮奂一新。间与小酌清谭，足令樱桃减色。去年木犀开时，同子白、湘亭、药谙、练塘游西城山中。适双寿亦携其妇桂枝来，薜苟相遇，即买画舫同泛青溪。当时有联句诗纪事，子白云："珮环缥缈神仙眷"，正指此也。②

秦淮画舫录

(清·嘉庆) 捧花生撰
清道光六年 (1826) 刻本

(一) 卷上·王小苓

王小苓，字倚红，瑶雾阁艳雪女也，适伶人郭兰。年十七，美丽不逊其母，而冷隽处或又过之。盖艳雪早与韵秋、春痕、秋影诸人角胜花场，小苓渐染既深，动止自无俗态耳。

(二) 卷上·桂枝

桂枝，小伶朱兰云童养媳也，卜居板桥前双柳草堂。𩬊发垂云，明眸剪水，时或瓠犀微露，吹气胜兰。兰云名双寿，亦娇憨如小女子。此时阙待鸳鸯社，互敛琼蕤。他日双栖玳瑁梁，交怜玉树。迷离扑朔，谁其猝能辨之？

---

① 苏州。
② 由上面所记，可见南京有优娼互相婚配，并同时卖色的情况。

秦淮闻见录

(清·道光)雪樵居士撰
清道光十八年(1838)刻本

下卷

[南京]贡院前元宝官教习小部清音,余爱其雏伶胡长生,邀陪郑僧如,胡云明辰即返苏州。郑爱其纤弱柔媚,书纨扇以赠云:"识面因何即别离,无多绸缪亦相思。天涯处处催人去,自笑前身是子规。"

扬州画舫录

(清·乾隆)李斗撰
江苏广陵古籍刻印社1984年版

卷五①

正旦史菊观,演《风雪渔樵记》在任瑞珍之上。瑞珍口大善泣,人呼为阔嘴。幼时在沈阳从一县令,会县令被逮,瑞珍左右之。县令死,瑞珍经纪其丧,始得归里。

马纪美年九十为小旦,如十五六处子。王四喜以色见长,每一出场,辄有佳人难再得之叹。

小旦杨二观,上海人,美姿容。上海产水蜜桃,时人以比其貌,呼之为"水蜜桃"。家殷富,好串小旦,后由程班入江班,成老名工。

刘天禄小唱出身,后师余维琛,为名老生。兼工琵琶,其弹词一出称最。

仪征小鄢,本救生船中篙师之子,生而好学妇人。其父怒投之江,不死,流落部中为旦。后舍其业贩缯,死于水。

郝天秀,字晓岚,柔媚动人,得魏三儿之神。人以"坑死人"呼之,赵云崧②有《坑死人歌》。

---

① 记乾隆年间扬州优伶的一些情况。
② 赵翼,字云松、云崧。

长洲杨八官作盛夏妇人私室宴息,迫于强暴和尚,几为所污,谓之"打盏饭"。

谢寿子扮花鼓妇,音节凄婉,令人神醉。陆三官花鼓得传,而熟于京秦两腔。

四川魏三儿,号长生,年四十来郡城投江鹤亭,演戏一出,赠以千金。尝泛舟湖上,一时闻风,妓舸尽出,画桨相击,溪水乱香。长生举止自若,意态苍凉。

南野堂笔记

(清·乾隆—嘉庆)吴文溥撰
民国元年(1912)中华国粹书社石印本

卷四

曩在虎邱舟中,赠歌者王菘儿小赋一首,书便面与之,云:"吴中歌者菘儿,便嬛妙齿,蜿蟺工讴。乃沙棠兮共泛,药玉兮同浮。甫停舸而揄袂,乍启辅以舒喉。于是列座倾心,一声动色。先奏绿水,后歌白雪。则见其举体如仙,当眉若刻。既掩抑其多姿,亦宫商之赴节。不胜幼眇之音,弥著恢矣之质。极胜韵于广场,揽风流而欲绝。迨夫绮筵散影,华烛凄烟,兰桡逝矣,绣被杳然。落花无声,明月自怜。目成余兮忽远,心悦君兮未言。得同舟兮今夕,思携手兮何年。嗟乎,声音之道,感人深兮。昔桓子野每闻清歌,辄唤奈何。况复曲终言别,倍难为怀。我亦安能作太上忘情哉!"又二绝句云:"红牙碧玉早春天,凡髻风流最妙年。恰好依人行坐处,山南山北草如烟。"(其一)"歌喉清切神仙下,舞袖霏微烟雾回。愁杀娟娟映江月,画船衔尾一时开。"(其二)集中不录。

玉如意全传

(清·嘉庆)严振先著
清同治十三年(1874)刻本

第十三回①

[败家子邬用被滑油鬼等篾片帮闲诱引寻欢。]邬用本是败家子,父亲死后没正经。又兼倚着官到手,洒落逍遥更放心。结交都是坏朋友,朝朝三五结成群。

---

① 注意小旦、档子。

滑油鬼来说道:"大爷,西湖上面某花院里有个粉头实在好哩。"

花魁娘子赛不过,车马朝朝挤破门。
一掷千金争买笑,无非是风流公子富王孙。

邬用听了欢喜,和他们去玩耍了一日。刁钻生又来说道:"大爷,西湖上面某戏院里有个小旦实在好哩。"

杭州昆班几十副,压班数他第一名。
晚来灯火打飞轿,都进的旧家子弟大墙门。

邬用听了欢喜,和他们又玩耍了一日。赖皮子又来说道:"大爷,西湖上面某唱馆里有个档子实在好哩。"

十一二岁小孩子,男扮女妆唱童音。
多少官场大筵席,没有只两个妖儿不开樽。

邬用听了欢喜,和他们玩耍又一日。
……
邬用如此作乐,真真嫖赌逍遥件件全了,家业焉得不坏?

杭俗遗风

(清·道光—同治)范祖述撰
清同治六年(1867)刻本

声色类·堂名

堂名即清音班,多自姑苏来者,共有一二十班,有万福、全福、增福、增庆、双寿、双桂、福寿、荣华、秀华等名。每班以十岁以上至十五六岁孩子八人一式打扮,四季衣裳均皆华丽。吹弹歌唱各出戏文,昆腔居多,近今亦会唱徽调,敲打各种十番、闹龙舟等。锣鼓惟荣华、秀华两班,每班均有三四十人,亦有演戏行头,又称堂名班。如遇大满篷,亦可分作三四班。清音堂名有架以八仙桌两张,直长聘摆,四角缚柱,高丈余。……八孩分坐两横，后面帏屏之后坐教师先生一人，管班一人。凡灯屏匾扇等物，均是五彩绘画各式全本戏文，如《白蛇传》、《西游记》之类。晚间点灯点满，须烛百枝。如行花轿送丧用以上街，则如清吹一起。阉钱三洋，饭钱一洋，手本插烛等一洋，点心钱两餐。再如上街坐衙以及各样阵场，须与鼓手行秤钱各二百文。

汉口丛谈

（清·嘉庆—道光）范锴撰
湖北人民出版社 1999 年
《汉口丛谈校释》本

（一）卷二

> 娈童俊仆更优俳，五五三三处处偕。
> 白纸扇头行草字，吴绫套裤锦镶鞋。①

（二）卷六②

余曩见江右义宁州虞常泰所作《李翠官小传》云：李翠官，鄂之通城人。幼习时曲于岳郡，居楚玉部，名噪湖之南者数年。去而来汉，年二十许矣，隶荣庆部。李貌不逾人，然每妆饰登场，观者咸啧啧称赏。迨转喉发声，清圆明秀，高入云表，场下数千人，无或哗者，出则目迎之，入则目送之，以是李名愈重焉。初，荣庆部有台官者，皖人，容色姣好，善为跌宕跳掷之剧，名擅江汉间，而李以妩媚风流之技匹之，一时号两美云。尝见其演《杨妃醉酒》、《潘尼追舟》，不独丰致嫣然，且酒后娇憨，船中侄偬之态，描摹毕肖。而《玉堂春》一剧，悲啼与妩媚俱生，尤臻绝妙。尝谓人曰："闻诸读书者云：'作文须代圣贤立言。'戏虽小道，亦代古人传神也，故必以悲欢离合之情，若身历其境者，其庶乎神可传矣。"噫！倘所谓以文为戏者耶！在汉十余年，所获颇丰。归里奉其父以终老，曰："吾少而外出，不得奉甘旨者几三十年，今父老矣，幸有薄产，可复趋蝇末而废侍养耶？"诸部竞延之，卒不出。父殁，乃教弟子为小部，出其门者亦颇有称。今荣庆部已散，李亦久死，而翠官名，江汉间犹有道之者。

双红者，隶存雅部，貌明艳而性温存。演剧非其所长，然妆束登场，一种妖娆旖旎之态，真是扑搠雌雄浑不辨矣。白舫尝有诗词纪事，余仅记其一绝云："月痕初上小楼

---

① （清）徐鹄《汉口竹枝词》之一。
② 记汉口优伶的情况。

东,翠縠衫纹影碧桐。花底唱斟三爵后,一时蓉脸晕双红。"初名双喜,因此诗传诵江之东西,遂以名双红云。

韵卿者,林姓,行三,吴人。年十有五,绰约如好女子,曼声一曲,足令荡人心魄。白舫《倡韵卿诗三十六韵》,其警句云:"清歌征法曲,玉貌出书幨。绣帽红垂缨,纹衫翠露襮。巡阶来缓缓,拂座进渐渐。束发梳云湿,修眉扫黛纤。肤凝脂细腻,手弄柳柔掺。骤见俜窥扇,相呼泥隔帘。娇偏多妩媚,憨偶学喁唵。本是生香体,何须饰粉奁!"由远而近,由生而熟,描画尽情,真是写生妙手。又云:"放诞由人说,诙谐不我嫌。琼腰因底瘦,樱口为谁甜?韵绝真难似,卿当莫自谦。"此作游戏语,又是繁花妙舌,一时名流争赋诗歌以赠,韵卿之名益著。余为裒集成卷,题二十字云:"芍药裁篇赠,珊瑚架笔红。同时玉台体,都为个侬工。"

先是双红与韵卿齐名,时有文武状元之目,盖以双红为武也。迨后诸名士共为品评,而韵卿声价高出数倍,日夕供奉于贵人之席。瘦岛寒郊之士,罕得见其面,人皆以咎白舫,白舫笑曰:"双红尚在,人自趋炎耳。"

金粟影庵主人,有昌恕斋太守,属赋韵卿歌云:"金闾水流脂粉香,苏台垂柳还垂杨。依依杨柳学眉黛,风流惟有林家郎。林郎破楚门东住,九皋为名未有字。鸣鹤初飞一一声,娇莺且学红红记。记曲心情强自怜,新调雁柱十三弦。婷婷袅袅芳时节,抚笛从师汉水边。岂有明珠赠交甫,空劳金弹逐韩嫣。欢场自悔投身早,柔橹一枝归去好。东风红豆不成花,南浦绿波频梦草。重来声价顿然增,籍甚三郎唤小名。为取韵卿题作字,卿须怜我我怜卿。太守相怜会相见,班春排日开春宴。两行红袖妒琼枝,一朵仙云笼娇面。仙云酿雨雨忽来,雨过正值名花开。容光能助花颜色,一笑嫣然一举杯。例与诗人传彩笔,合教仙子住瑶台。瑶台十二古时春,收拾华胥梦里因。秋水名篇原绰约,春山入画故精神。变幻偶为男子相,居然清净女儿身。风前不启葳蕤锁,月下犹含豆蔻仁。忘情最是多情处,情不能忘闲觅句。锦瑟从来索解难,《金荃》谁顾《花间》误。长康也是有情痴,学谱红情绿意词。更愿将身作纨扇,便卿日日手中持。"又题余《沤舫诗存》册子,其三云:"清扬楚调吴侬让,及见吴侬又若何?寄语双双小红豆,可来此处舞婆娑。"(谓韵卿、双红。)又《汉上小住,同人赋新雨诗十绝》,其五云:"夜话联床有所思,风怀闲唱紫云词。春江便欲迎桃叶,正是迷离烟雨时。"(韵卿以雨阻不及渡江。)读诸诗,其惓惓于韵郎,较白舫吟句益甚矣!一笑。

(三)卷二 记歌郎韵卿陪游陪酒。

藤阴杂记

(清·乾隆)戴璐撰
北京古籍出版社 1982 年版

(一) 卷五[1]

《如是我闻》载倪少宗伯承宽《感旧为方俊官作》诗云:"落拓江湖鬓欲丝,红牙按曲记当时。庄生蝴蝶归何处?惆怅残花剩一枝。"诗末有注:"俊官名兰如,吴人。为庄本淳[2]学士所狎,有状元夫人之号。己卯入都,学士已殁,憔悴自伤,门前冷落。"宗伯诗语无泛设。嗣后南部李桂官方至,后依秦中幕府,较方为优。

(二) 卷五

祝豫堂中翰维诰作《燕台新乐府》,如太平鼓、兔儿爷、响盏、缝穷妇之类是也。蒋太史士铨亦有十四首,如弄盆子、画眉杨、象声、兔儿爷、戏园、鸡毛房、泼水卒、堆子兵、摇铃卒、唱估衣、缝穷妇、唱南词;其档子尤为悚切,足以警世,诗云:"……"[3] 花档子散处前门左右,鲜衣美食,一无所能。色衰音变,则为弹手,教演幼童。若无资,即执鞭赶车,否则入鸡毛房矣。

燕兰小谱

(清·乾隆)吴长元撰
中国戏剧出版社 1988 年
《清代燕都梨园史料》本

(一) 卷之三

魏三(永庆部),名长生,字婉卿,四川金堂人,伶中子都也。昔在双庆部,以《滚楼》一出奔走,豪儿士大夫亦为心醉。其他杂剧子胄无非科诨、海淫之状,使京腔旧本

---

[1] 参见《阅微草堂笔记》(十)。
[2] 庄培因,字本淳,乾隆十九年(1754)甲戌科状元。
[3] 见《忠雅堂诗集》。

置之高阁。一时歌楼，观者如堵。而六大班几无人过问，或至散去。白香山云："三千宠爱在一身，六宫粉黛无颜色"，真可为长叹息者。余谓魏三可称野狐教主。

　　　　媚态绥绥别有姿，何郎朱粉总宜施。
　　　　自来海上人争逐，笑尔翻成一世雌。

　　　　镜殿春风作意描，阿翁瞥见也魂消。
　　　　十香词好从儿唱，赢得罗裙几度娇。

（二）卷之五

　　友人言：苏伶有号"碧成夫人"者，姓李名桂官，字秀章，吴县人。昔在庆成部，名重一时。尝与某巨公①乡谊，时佐其困乏，情好无间。后巨公莅外省，桂官亦脱身同往，于今十数年矣。

　　友人云：京旦之装小脚者，昔时不过数出，举止每多瑟缩。自魏三擅名之后，无不以小脚登场，足挑目动，在在关情。余曰："闻昔保和部有苏伶沈富官，容仪娇好，缠足如女子，但未知横陈否耶？若偶渔婢，当有可观。"相与大噱。

　　友人言：近日歌楼演剧冶艳成风，凡报条有《大闹销金帐》者，坐客必满。魏三《滚楼》之后，银儿、玉官皆效之。又刘有《桂花亭》，王有《葫芦架》，究未若银儿之《双麒麟》，裸裎揭帐令人如观大体双也。未演之前，场上先设帷榻花亭，如结青庐以待新妇者，使年少神驰目眴，罔念作狂，淫靡之习，伊胡底欤？

　　友人言：近时豪客观剧，必坐于下场门，以便与所欢眼色相勾也。而诸旦在园见有相知者，或送果点，或亲至问安，以为照应。少焉歌管未终，已同车入酒楼矣。鼓咽咽醉言归，樊楼风景于斯复睹。

　　闻昔年，某伶于戏园遇一贵客，邀往酒楼，赞其色艺之妙，命仆携两元宝赠之。叩其寓，不告，云是粤省太守来京补观察者，不日即出京，毋庸往还也。次日，伶在别园，其客亦至焉。复招饮，赠银如前。将别，伶固请某日过寓午饭，其人沉吟再四，嘱以不须多费，只一二肴叙谈可也。是日，其人盛从而来，持赠千金，抵暮欲去，固留宿，乃遣仆返。曰："明日不须早来。"伶延入卧室，与谈甚洽，凡箱柜所有悉告之。更余，举家皆寝，二人尚喋喋不休。次早家人起，见门牖箱柜俱开，惟伶独卧榻上，唤之迷闷不醒，亟以水解之，乃觉，方知为盗席卷逾垣而去。余曰："斯伶亦盗也，以盗捐盗，讵知彼盗之巧哉！"

　　金陵富商某者，于癸巳年在京捐纳别驾。初时爱玩玉器，无他好焉。不数月，于戏园相识二人，俗名"拉纤者"，招伶来寓，日引日多，家人以二鬼目之。于是富商豪情顿

---

① 毕沅。

起，酒肴车马，率以为常，昼则歌楼酒馆，夜则豪饮呼卢，每晚必留一旦在寓同宿。继为娶亲买屋，衣服器具皆备，一人不下千余金。凡五阅月，已为三人娶矣。都中之资既竭，复往家取。其子来京，劝以南返，不听，而阿堵物不能裕如也。后一伶索三百金，期彼数日，不能如约，其人在寓门诟詈，即前所与娶妇者。商闻之怨悔羞忿，至夜而缢。约计不及一年，所费万金以外。其子欲讼之官，乡人劝以勿彰父过，为之吞声隐泣。嗟乎！谁实致之？皆二鬼焉！居长安道者可不慎所交哉！余闻之富商之邻，为所目击，因讳其姓氏，书之以为殷鉴。

秋坪新语① （清·乾隆）天汉浮槎散人②撰

（一）假官骗

蜀伶陈渼碧③在宜庆部，色艺倾都下。日久，缠头所入资累巨万，遂于孙公园置产造屋，廊庑器具靡不华好，一时士夫巨贾靡然从风，以不得入其室为耻。一日，演剧梨园，既卸装，丰貂玉佩，素面朱唇，登楼酬应所素识。忽一日，客蓝顶腰金，仆侍赫奕，出座执其手曰："睹子声容，殊堪绝世，真色真香，觉天下妇人可废矣。盍共往酒楼一酌耶？"陈以素昧平生，辞弗往，客强拉之去。陈心艳其贵，未能力却，遂造金陵楼，珍错毕陈，欢谑尽醉，临别命仆携二元宝赠之。叩其寓不告，但云："某粤省太守，来京补观察，不日出京，毋庸还往也。"越日，陈在别园，贵客亦至。既曾相识，欢洽倍常，爰复招饮赠银如前。濒去，陈握手请曰："荷公倾盖，垂爱逾格，即行李匆匆，宁不少尽斯须欢？蓬荜虽陋，某午当备粗酌，幸车骑惠临也。"其人力辞，陈请益坚。沉唫再四，嘱以毋多费，只一二肴品叙谭可也。至日，华车耀日，俊仆屯云，蹴踏而来，复持千金为赠。陈喜跃靡极，亦盛列酒馔，自歌侑觞，欢宴至暮。起欲去，陈固留宿，不得已乃遣仆返曰："诘朝来，勿须早也。"遂携手入卧室中，绛蜡双然，翠帷低掩，于是并坐纱幮中，交股接唇，谐谑无度。已而弛衣登床，致其缱绻。漏三下，举家皆寝，犹隔壁闻床戛戛作声，二人笑语呢呢不休。翊晨，家人起，则门窗洞辟，入室启帷，见陈偎枕拥被，沉沉

---

① 转引自张江裁辑《清代燕都梨园史料·北京梨园掌故长编》，中国戏剧出版社1988年。参见《梦厂杂著》（二）及《清代燕都梨园史料》第318、367页等处。
② 张景运，号天汉浮槎散人。
③ 陈银儿，字渼碧。

卧榻上，唤之不醒，亟以水解之乃觉。急披衣起视，囊箧俱空，方知为盗席卷而去。陈惭愤切齿，鸣之官，无从踪迹矣。

浮槎曰："陈本欲假途灭虢，讵知开门揖盗，巧偷豪夺，行异而情实均。安乐山樵句云：'青蛇有意敌黄蜂。'蜂尾蛇口，皆最毒物，可为罕譬矣。"

（二）《西川海棠图》

《西川海棠图》，合浦孝廉李载园①为优人银儿作也。美人是花真身，花是美人小影。图意如此云。银儿陈姓，籍蜀之成都，年十七，利齿轻躯，面目光泽，来京师从双庆部魏长生学秦腔。长生者，亦蜀人，故曲中翕然推为"野狐教主"魏三者也。陈尽得其技，声容之外，兼通幻戏，遂以色艺倾都下。方是时，刘芸阁之峭、王湘云之媚、刘桐花之捷给，各擅其部，以相争长。然以当陈，皆下驷矣。故《燕兰小谱》中称其"如鱼戏水，如蝶穿花"。湘皋《渼碧行》云："垂髫狐子比妖娇，剪舌鹦哥逊□□。"盖实录也。乃入宜庆部，拔载自成一队，遂以出蓝誉夺其师之帜。载园之初入都门也，虽耳陈名，固未之识。一但友人偕造其寓，陈一见倾心，捉臂言欢，如旧相识，呫嗫命酒，珍错毕备。饮酣，自起侑觞，曼态娇声，浅斟低唱，扇影灯光之下，掩映生姿。载园不禁为之心醉，自是往来莫逆。每值梨园演剧，载园至，陈必为致肴核，数下场周旋，观者万目攒视，咸啧啧叹羡，望如天上人。或陈赴他召，闻载园来，亟脱身至，其相契殆有至深者焉。载园既数与余相过从，暇尝叩之曰："子与陈之沦浃，固知之矣。然倾倒何遽至是？"载园笑曰："唉，是正如山谷无题诗，尽空中语耳。外人皆以吾情逾断袖，实乃妄堕绮语障，子知我者，奚亦问为？"予曰："是何也？"曰："渠至吾寓惟茗话手谈，往往夜分不去。予促之归，则眠帏昵枕，宛转相就，若飞鸟之依人，大动人可怜色。故交颈促膝，无所不至。虽触体皆靡，而终不及乱。渠未尝不诧予之忍，予初不易我之介，所交如是而已。"予笑不复问。先是有好事者为湘云作图，复有为芸阁作赋，都下一时传诵。载园乃倩名手，为绘《西川海棠图》，遍征题咏。予为题二绝云："细腰千载说横陈，俗艳休争别样春。可是霓裳泥沉醉，华清宫外月如银。""翠拂修蛾霞点腮，锦官城畔几经开。春风帝里花如海，争买胭脂学样来。"亦可谓露华拂槛，仿佛闻香矣。岁丙午，载园试宰直省，向因挥霍，负欠累累，竟难出春明。陈为之广张华筵，演剧于宜庆堂中，大招宾客，无不乐为解囊，遂获千金。又出己资，代偿债家数处，载园乃得脱。然去去之时，祖道广渠门外，执手缱绻，语刺刺不休，西山翠色，如与眉间浅黛遥为结恨。已而夕阳在树，风荻萧萧，暮色自远而至，不得已而后行。自是陈声名愈盛，日不暇给。梨园别部演剧，观者恒寥落如曙星，往往不终剧而罢，众深嫉之。有大力者谮之要津，谓其妖淫惑众，

---

① 李符清，字载园。

且多狂诞不法。而陈又适以误触巡城御史车，因逮送秋曹，决三十，使荷校徇五城，将问遣。陈多方夤缘，乃得薄责，递回原籍，然已狼狈如幼芳矣。载园时摄篆保定，再署满城、清苑，闻其事，亟遣力致助，隐为周旋。及题授鹿城，陈以递籍迂道至，一见握手，悲而喜，喜而复悲，不知啼笑之何从也。居数日，为治行李甚备，厚有赠贻，具舆马，送之十里外，殷勤后期，痛哭而别。知其事者无不叹为两情相与，各尽其义云。予己酉自浙归，过鹿城，晤载园话旧，酒阑灯炧，载园出海棠卷副本，指谓余曰："花枝依旧，子亦忆卷中人乎？"

浮槎散人曰："陈银，吾素稔其人，虽色艺足称，而交尽金夫，非炙手可热，鲜不遭嗣宗之白。然以利则如载园，董固有加数倍、数十倍不翅也，何遽倾心如是耶？毋乃数有前定，情不自知，抑所谓水光山色，有以日酣其性者乎？虽然凶终隙未，豪杰不免；有始有卒，若辈或一遇之耳。噫！"

消寒新咏

(清·乾隆) 铁桥山人
(清·乾隆) 问津渔者
(清·乾隆) 石坪居士撰
清乾隆六十年（1795）三益山房刻本

（一）卷之三

京腔演戏，生旦诨谑，搂抱亲嘴，以博时好。更可恨者，每以小丑配小旦，混闹一场，而观者好声接连不断。呜呼！好尚至此，宜昆班之不入时俗矣。

（二）卷之四

王德官，宜庆部小旦。演《巧配》一出，何必袒裼裸裎，露瑞雪于胸中，蹴金莲于帐外，始为逼真？与庆和部小旦，不必道其名，演《狐狸偷情》一出。场上预设纱幕，至其中以锦衾覆半体，假出玉笋双峰，矗然特立，而台下好声接连不迭。呜呼！好尚竟至此哉。

（三）卷之四

高月官，安庆人，或云三庆徽掌班者。在同行中齿稍长，而一举一动，酷肖妇人。扮勾栏院妆，青楼无出其上者。若《寄生草》、《剪靛花》，淫靡之音，依腔合拍。所谓入烟花之队，过客魂销。喷脂粉之香，游人心醉者矣。

（四）卷之四

世人最不可交者，梨园子弟也。衣极其华，食极其美，其果力之所致欤？要不过以媚骨谄容,窃人之物而不觉耳。堕其中者,见则生怜,倾囊而与,尤恐不得其欢心。是以悟之者鲜。

(五) 消寒集咏

小旦中多用金管指甲,彼①独以玉为之,更觉雅致宜人。

梦华外录②

(清·乾隆—嘉庆)南湖渔者撰
清嘉庆间刻本

(一) 丙部

李福林,名祖送,安庆人,小伶中之有做手者。京师诸伶中声价略高者,皆以卖笑为耻。而福林之父以为非此不能骤富,故妆浓抹艳,色授魂与,虽交多市井,亦未见遂能令人大解腰缠也。

天寿,姓程氏,字兰卿。肉胜于骨,而性情和雅,故结交甚广,戏亦佳,誉之者比之温柔乡,未敢信以为然也。明窗净几,促坐论心,读画评诗,韵随风发,在曲部中不多觏也。此人将来年长,尚不至恃倚门为活计。誉者毁者皆非确论。

潘福林,和秀部,安庆人。方面晰润,貌居中上,惜以病齿久不做剧,故无人识之。然衣服甚丽,和秀部皆善于应接,或亦取之有道耶?

双寿,姓潘氏,安庆人,以武戏见长。眼角微斜,稍有风致,大都非妙品,然竟有宠之专房者。

此部掌班潘姓,采择不计精粗,技艺更所不论,专督责其修眉掠鬓。故旦色约十余人,午后皆分道而出,晚间收其侑酒之资,每不下数十金,以此致富。惟双寿因有所属,故在寓之日尚多,犹得长时一面也。

响林,三庆部,安庆人。始为大腹贾所据,不复求人,故访之者无论文人辄遭抢白。近因解散,始接士夫。然貌既不佳,技又草草,故知交终于寥落。

张福林,吴人。眉目明画,科白清顺,居前门外丝行中。无求于人,故外人希得面。今夏忽有人高冠雄服,自称富贾,与福林绸缪。仅半日,取其金钏、洋表,玩弄后即置

---

① 李玉龄。
② 本书主要是品评嘉庆初年的北京旦角优伶。

腰腕间。福林为其所薰，亦不敢问，明早已不知去向，亦是探囊胠箧之别才矣。

祥林，和秀部，姓潘氏。年最稚，戏极多，但过于短肥耳。此部专以应酬为事，曰为学艺者，祥林而已。别有丑角名淮狗，亦善于场上谐谑。将来不致流落无依者，不过此二人。

增禄，富华部，吴人。身长善讴，作《夜怨》诸剧工甚。苏州诸部以技不以色，若京都则全相反矣。用违其地，惜哉！

五福，姓陈氏，吴人。初颇有名，后年长色衰，又不善治生，故贫困日甚。与之谈往事，感盛年之不再，叹知己之无人，真有"梦啼妆泪红阑干"之恨。近闻与文士同居，且作归计，不至流落矣。

彩林，姓王氏，安庆人。无技无色而状貌肥晰，故皮相者亦颇留意。专于佐酒，此外无它长，登场不过供杂役而已。

（二）丁部

禄官，京都人，初见之疑为小部出身。貌肥泽，不知作戏，盖专供佐酒者。

小翠，姓丁氏，安庆人。不知作戏，且卤莽太甚，又与本班人私交为酒食计，故不为人所齿。

檐曝杂记

（清·乾隆—嘉庆）赵翼撰
中华书局1982年版

卷二·梨园色艺[①]

京师梨园中有色艺者，士大夫往往与相狎。庚午、辛未间，庆成班有方俊官，颇韶靓，为吾乡庄本淳舍人所昵。本淳旋得大魁。后宝和班有李桂官者，亦波峭可喜。毕秋帆[②]舍人狎之，亦得修撰。故方、李皆有状元夫人之目，余皆识之。二人故不俗，亦不徒以色艺称也。本淳殁后，方为之服期年之丧。而秋帆未第时颇窘，李且时周其乏。以是二人皆有声缙绅间。后李来谒余广州，已半老矣。余尝作《李郎曲》赠之。

---

① 记状元夫人故事。
② 毕沅，号秋帆，乾隆二十五年（1760）庚辰科状元。

花间笑语

(清·嘉庆) 酿花使者撰
清嘉庆间刻本

卷一

京师歌楼名伶盛衰不同，良可慨也。国初王紫稼与合肥龚芝麓宗伯交好，事载《梅村集》、《本事诗》。雍正间刘三侍李玉洲太史，助张少仪观察救父。乾隆间李秀章识毕秋帆尚书于风尘，约同居处，报捷鼎元，都人以"碧岑夫人"呼之，事载《随园集》、《燕兰小谱》。此外如庆成部唐玉林任侠，侍方毓川中丞，方兰如识庄本醇殿撰于未第。李郎现在近耄，尚在吴中。自乾隆己亥魏婉卿来京，大开蜀伶之风，歌楼一盛。……

春泉闻见录

(清·嘉庆) 刘寿眉撰
清嘉庆五年（1800）刻本

卷四

给谏某公性恬退，少嬉游，谦和下士，学问文章饶有可观。他无所好，惟爱石，多方购求，不惜重费。位置一室，日逐把玩。年逾五旬，淡泊自甘。每遇公务，辄以无足轻重为辞。及亲听断，率皆模棱，书谳批词，每致张冠李戴。人咸慕其风雅，乐与之游。公亦无所可否，恬漠置之。偶有谈优伶色技者，掩耳走避，殊不愿闻。一日友人招饮，命优童进觞。公醉而抚之曰："分桃之趣，固如此乎？"由是翻然而改，物色几遍。独钟其一，形影不离，更深于好石之癖。清俸无多，不足填无底之窦。又辗转称贷，以博一笑之欢。未久病笃，犹执手垂涕，难于割舍。故后贫不能殓，优以重资为赒，公子深德之。又孝廉某见其兄喜优童，深恶痛绝，苦口谏阻，大伤手足之谊。及身任司马，辄改其行，好与兄等。迨后官愈显资愈厚，好亦愈笃。又一寒士舌耕为活，救死犹恐不赡。一旦成进士授京职，即有断袖之癖。故旧规谏，怒不可忍。奉差回京，薄有所获。解装之夕，先竭力持赠优伶，惟恐不欢。更有一故家子，娶妇颇佳，终身未同衾枕。日进娈童，竟致绝嗣，尤出情理之外。四事皆亲见，其他不可枚举。笔以讽世，即干好者之怒，不恤也。

日下看花记

（清·嘉庆）小铁笛道人撰
中国戏剧出版社 1988 年
《清代燕都梨园史料》本

卷四

春林，姓程，字杏村，年二十九岁，安庆人。体貌丰腴，玉蕊琼姿，已动春色飘零之感，然横波流媚，一笑嫣然，犹带曩时风韵。性嗜酒，一中狂药，指挥如意。复喜游狭斜①，晓妆红粉，夜宿青楼，卖笑之金，仍以买笑了之。卿真达者，远胜狡童。

众香国

（清·嘉庆）众香主人撰
中国戏剧出版社 1988 年
《清代燕都梨园史料》本

（一）媚香

朱麒麟（字素春，现在三多部）。素春精于昆剧，演《红楼梦》全本，颦蛾剑黛，旖旎娇羞，宛潇湘妃子后身也。其《独占》、《藏舟》诸出，俱极弓燥手柔之妙。尝偕饮，嫣然媚态，尤觉怡人。盖侑酒征歌，两臻其胜矣。

管庆林（字香岑，现在三庆部）。香岑长于风趣，其流眉送眼，最易撩人。演《花鼓》、《算命》、《碧玉钏》诸出，丰神绰约，妖冶绝伦，是媚而荡者。

鲁龙官（字云卿，现在三庆部）。余壬戌入都，时梨园之最著者，刘朗玉而外，竞推云卿。演《玉堂春》、《背娃》、《打缸》诸出，横波流盼，百媚俱生。闻山右某公子，一见而挥数千金，其能令人倾倒如此。

（二）幽香

王桂林（字浣香，现在三庆部）。貌不异人，而能倾倒王公贵客。盖远而望之，似有不可狎者。近即之，则吹气如兰，芬芳可袭也。演《跪池》、《剔目》、《埋玉》诸出，声

---

① 狎女妓。

情刻露，顿挫悠扬。又善琵琶小曲，往往低唱浅斟，一弹再鼓，玉指珠喉，荡人魂魄。

（三）别有香

蔡三宝（字莲舫，现在春台部）。莲舫演剧，力趋骚亵一派。其于儿女私情，闺中丑态，无不刻画尽致，亦写生之别技也。闻莲舫初入都时，年已二十余，不数年间，博取几致万金，岂偶然欤？

听春新咏

（清·嘉庆）留春阁小史辑撰
中国戏剧出版社 1988 年
《清代燕都梨园史料》本

（一）徽部

小庆龄，姓赵，字仿云，又字小倩，年十八，扬州人（三庆部）。色秀貌妍，音调体俊。霏霏白雪，匀来两颊之春；点点青螺，堆作双蛾之黛。曲艺本工，近得吴下名师张莲舫留心问业，更益精纯。故《思凡》、《藏舟》、《佳期》等剧，宫商协律，机趣横生。《春睡》一出，星眼朦胧，云罗掩映，尤得"半抹晓烟笼芍药，一泓秋水浸芙蓉"之妙，转觉卿家燕瘦，较胜环肥矣。寓居樱桃斜街之贵和堂，座无俗客，地绝纤尘，玉轴牙签，瑶琴锦瑟。见者正不得以菊部目之。或茶熟香清，或灯红酒绿。盈盈入室，脉脉含情。花气撩人，香风扇坐。即见惯司空，总为恼乱。拟诸巧笑之章，尚嫌未尽。冠彼撷香之册，夫岂偶然。

桂宝，姓郝，字秋卿，又字丛香，年十八，皖江人（四喜部）。芳姿独绝，秀骨天成。琼树一枝，英英玉立。珠尘十斛，冉冉波生。唯清标艳质之兼优，斯浓抹淡妆之俱称。至其丹唇外朗，皓齿内鲜，意有所得，则嫣然一笑，令人绪乱心迷，不自知情之何以忽荡也。《盘殿》、《四门》、《烤火》、《番儿》诸剧，虽并臻妙品，然秋卿佳处在生质不在人工，是以杏苑争春，止让梅花第一。

春史氏曰："秋卿善手谈，寓八角琉璃井之春福堂，与章杏仙为近邻。今年春，余偶至其处。回廊曲槛，檐马丁东。庭栽盆树二株，修竹十数竿。室名金粟仙馆，一尘不染，万景俱清，与广寒不异焉。时卿患目疾，犹坐对一枰，丁丁落子，其酷好有如此者。芳草词人素称能手，对奕辄负，非国色之迷人，实慧心之制胜也。近又学画墨兰，颇得管夫人笔意。"

(二) 西部

　　双保，姓许，本姓王，字莲生，又字月卿，年十五，本京人（大顺宁部）。秀骨珊珊，清姿濯濯。环垂左耳，徐妃半面之妆；响入行云，子野一声之笛。秋水共春山并秀，眉目含情；环肥与燕瘦平分，浓纤合度。临风摇曳，二月柔条；斗雪精神，先春绿萼。《赐环》、《胭脂》、《梅降雪》诸剧，梁间韵绕，槛外云停，真有清风徐来之致。至若分曹角酒，频倾北海之尊；剪烛清谈，似挹西山之爽。是何弱质，具此豪情！

　　双凤，姓居，字星环，年十七，本京人（双和部）。气格清腴，腰肢袅娜，眉目之秀近于甲寅，而蔼若春云，皎如秋月，一灯相对，更觉可怜。自李香荄回籍后，咸谓《香山》一剧已成《广陵散》矣！而星环继起，杨枝一捻，玉藕双弯，与李郎悉敌。盖西部《香山》与徽部稍异。徽部服饰庄严，西部则止穿背甲，非雪肤玉骨者，不轻为此。故必星环登场，始足令人情荡也。

燕京杂记

（清·嘉庆）佚名撰
北京古籍出版社 1986 年版

　　呼优童为相公，故大家子弟其隶仆无称相公者。

　　京师优童甲于天下，一部中多者近百，少者亦数十。其色艺甚绝者名噪一时，岁入十万，王公大人至有御李之喜。优童大半是苏、扬小民，从粮艘至天津，老优买之，教歌舞以媚人者也，妖态艳妆，逾于秦楼楚馆。初入都者，鲜不魂丧神夺，挟资营干，至有罄其囊而不得旋归者。

　　达官大贾及豪门公子挟优童以赴酒楼，一筵之费，动至数百金。倾家荡产，败名丧节，莫此为甚。都中恬不为怪，风气使然也，良可慨夫！

　　南省优童，梨园部用钱雇之。京师不然，与钱部中方得挂名，常有挂名两三部者。衣服装饰等物俱是自置，至有演剧一出，衣装值千金者。

　　老优蓄童，视之如子。蓄有数人，则命名成派，视如兄弟。中有享盛名者，其余亦易动人，咸谓某优之徒、某童之兄弟便增声价，有如父兄为达官子弟易得科名者然。世情一辙，良可浩叹。

　　优童成名，享之不过数年。大约十三四岁始，十七八岁止，俟二十岁，已作浔阳妇，而门前冷落鞍马稀矣。竭力修饰，殚力奉承，菁华既消，憔悴立至。寓京都数年，多有目击其盛衰者矣。

优童之居，拟于豪门贵宅。其厅事陈设光耀夺目，锦幕纱厨，琼筵玉几，周彝汉鼎，衣镜壁钟，半是豪贵所未有者。至寝室一区，结翠凝珠，如临春阁，如结绮楼，神仙至此，当亦迷矣。嘤然一声，侧足侍，掩口问者，不知几辈。出门则雕车映日，健马嘶风，裘服翩翩，绣衣楚楚，浊世佳公子固不若也。

优童有盛名者日陪数筵，酒一巡即登车驰去，人不得留之也。每陪一筵，或酬十金，或酬数金，至赏赐之物，金玉珠翠，貂袍麝锦，莫知其数。

优童自称其居曰下处，到下处者谓之打茶围。置酒其中，歌舞达旦，酣嬉淋漓，其耗费不知伊于胡底。

风流好事者撰曰下名花册，详其里居姓字，品其色艺性情，各系以诗词，如史体之传赞。寻香问玉者，一览已得之矣。间岁一登，可拟于《缙绅便览》一书。

《五杂俎》云："物无所不有，人无所不为，不如是不足为京师。"信然。

优童外又有剃头仔，名曰远蓬①，又有顿子房，惑人者不一而足。常言男盗女娼，今则男娼女盗。

京师奸诡百出，外省人买妾常有饰佳丽以替代，及洞房则面目全非者。更有洞房之夕乘人睡乏，盗其赀深夜逃去，欲追问所从之处，则徙已多时。女之为盗，巧至于此。

京师娼妓虽多，较之吴门②白下③，邈然莫逮。豪商富官，多蛊惑于优童，鲜有暇及者。至金鱼池、青草厂等处，连居比屋，当户倚门，过而狎者，尤为下流无耻。

遣睡杂言

(清·嘉庆) 黄凯钧撰
清嘉庆二十年（1815）刻本

卷三·称呼之滥

我浙见稍具衣冠之辈，动称相公，斑白布衣则称为老相公。近时京师及苏州优人，凡属旦角亦称相公。尝见唐宋传记，惟宰辅始称相公。

---

① 即软篷。
② 苏州。
③ 南京。

金台残泪记

(清·道光) 张际亮撰
中国戏剧出版社 1988 年
《清代燕都梨园史料》本

卷三

宰辅曰"相公"，援公孤之义；秀才曰"相公"，援宰辅之义，其来久矣。北方市人通曰"爷"，讯其子弟或曰"相公"；南方市人通曰"相公"，吴下自呼其子弟亦曰"相公"。京师梨园旦色曰"相公"，不知何时始，意亦子弟之义邪？

群趋其艳者，曰"红相公"；反是，曰"黑相公"。缘京师居势要者曰"红人"，尤者曰"红人头儿"；反是，曰"黑人"故耳。近日势要转曰"阔人"，反是，曰"糜"（腐义，煤声），而"相公"或曰"先生"矣。

南方梨园，旦色半曰"某官"。考《燕兰小谱》所记，京师昔亦然矣。当时又有曰"某儿"者，今皆去朴而文，风尚可叹！

《燕兰小谱》所记诸伶，太半西北。有齿垂三十，推为名色者，余者弱冠上下，童子少矣。今皆苏、扬、安庆产，八九岁。其师资其父母，券其岁月，挟至京师，教以清歌，饰以艳服，奔尘侑酒，如营市利焉。券岁未满，豪客为折券析庐，则曰"出师"。昂其数至二三千金不等，盖尽在成童之年矣。此后弱冠无过问者。自乙巳至今，为日几何，人心风俗转变若此！青芗言其离家亦九岁，其父引至阊门茶园，其师先在，出十数缗，署券即行，不以别母，心尝惘惘然。

西北早寒，凉秋九月，草上霜（裘名）翩然来矣。此后骨种、羊灰、鼠脊、猧犰腿、猞猁狲，因时递进。若乃风天倚笛，雪地传花，水獭、海龙，如云低亚。太史紫貂、宰相元狐，不足言焉。惟长夏水亭，芙蓉红飐，朱阑五六，照映玉颜，则尽以白祫侍青樽也。今春特禁服色，旬月间汰侈少减。

王桂官居粉坊街，又居果子巷。陈银官尝居东草厂。魏婉卿尝居西珠市。今则尽在樱桃斜街、胭脂胡同、玉皇庙、韩家潭、石头胡同、猪毛胡同、李铁拐斜街、李纱帽胡同、饭子庙、陕西巷、北顺胡同、广福斜街。每当华月照天，银筝拥夜，家有愁春，巷无闲火，门外青骢鸣咽，正城头画角将阑矣。尝有倦客，侵晨经过此地，但闻莺千燕万，学语东风，不觉泪随清歌并落。嗟乎！是亦销魂之桥，迷香之洞邪？

右安门俗曰南西门，陶然亭在门内一里许，康熙间江某所建。尺五庄在门外一里许，乾隆间旗员所建。秋前春后，庄角亭头，水碧衣香，花酣马醉，殆无虚日。庄外宴游之地，即小有余芳，水榭竹篱，颇似江南村落。每于东风三月，游丝送燕，碧荷一雨，返照传蝉，使人渺然有天涯之感。谁家团扇，几日冰盘？回头若梦，岂必在长板桥边、丁字帘下邪？

去小有余芳一里而近，三官庙在焉。海棠十四五株，高四五丈。花时移尊，半士大夫。若乃香车载至，绛云堕衣，风燕亦双，洞箫不独，烂醉司空，固亦闲事。有醒眼而过之者，倍增惆怅耳。

凡茶园皆有楼，楼皆有几，几皆曰"官座"。右楼官座曰"上场门"，左楼官座曰"下场门"。狎旦色者，曰"斗"，争坐下场门。楼下左右前方曰"散座"，中曰"池心"。池心皆坐市井小人。凡散座一座百钱，曰"茶票"。童子半之，曰"少票"。池心无童子座，署曰"池心不卖少"。乐部登场，坐者毋许径去，署曰"开戏不倒票"。官座一几，茶票七倍散座。二"斗"每据一几，虚其位，待旦色入座问安，立于仆竖之间。无茶票者曰"听阑干戏"。

茶园左右前后，皆有酒馆，又曰酒庄。一食万钱，诚销金帐邪（谓赊酒曰"记帐"）。嘉庆间曾禁挟优入馆，未几复故。

京师乐部登场，先散演三四出，始接演三四出，曰"中轴子"。又散演一二出，复接演三四出，曰"大轴子"。而忽忽日暮矣。贵人于交中轴子始来，豪客未交大轴子已去。《都门竹枝词》所云"轴（读纣）子刚开便套车，车中装得几枝花"者是也。《燕兰小谱》作"胄子"，误，宜作"轴"。

地安门外茶园一，宣武门外茶园一，崇文门外茶园一，正阳门外东茶园四，西茶园七（大栅栏凡五园，即正阳门之西也）。

《燕兰小谱》据元院本色目云："旦之命名，义取于狙，盖狐之淫者。"余忆唐乐部称天子为"崖公蚬斗"，殆豪客称"斗"之滥觞邪？

《燕兰小谱》记甘肃调即"琴腔"，又名"西秦腔"。胡琴为主，月琴为副。工尺咿唔如语。此腔当时乾隆末始蜀伶，后徽伶尽习之。道光三年，御史奏禁。

《燕兰小谱》记京班旧多高腔。自魏长生来，始变梆子腔，尽为淫靡。然当时犹有保和文部，专习昆曲。今则梆子腔衰，昆曲且变为乱弹矣。乱弹即弋阳腔，南方又谓"下江调"。谓甘肃腔曰"西皮调"。

嘉庆间，御史某车过大栅栏，路塞不前。见美少年成群，疑为旦色，叱之。群怒，毁其车。今大栅栏，诸伶之车遍道，几不可行。

乾隆末，魏长生车骑若列卿。出入和珅府第，遇某御史，杖之途。此风因息。今车行皆障以青帷。

魏长生旧宅，在西珠市口。今为梨园馆，士大夫于此宴会焉。

魏长生于和珅有断袖之宠，《燕兰小谱》所咏"阿翁瞥见也魂消"是也。长生，金堂人。其徒陈银官，成都人。故当时蜀伶而外，秦、楚、滇、黔、晋、粤、燕、赵之色，萃于京师，化二人也。

数年前，有某伶为满洲二等侍卫某所宠。一夕在侍卫宅侑酒，问伶嗜何食物？伶戏云："嗜二等虾耳。"侍卫怒，遽令家奴数辈掖出递污焉。故诸伶自矜惜者，多讳言入内城。内城即正阳门内四隅也，多满洲贵家。蕙香善满郎中某，予画十数幅，每幅下蝇头楷书署曰"臣某恭进"，盖皆乾隆间内府所藏。

先朝诸王多畜乐部，父老云然。考《燕兰小谱》，有所云"王府大部"者。可见数十年来，此风已息。近年嵩祝部习小生某郎，有宠于□□王，王今薨矣。

丙戌冬，内务府散供奉，梨园南返。有不返者，仍入春台诸部。今春余居樱桃斜街，三月望夜，招□□□□饮寓庐。携某郎来，即其未返者也。

纫香居小火神庙，□殿撰署其卧室曰"葆贞"。

韵香居陕西巷，室无纤尘。名书法画外，古琴一、洞箫一、自鸣钟一而已。

三月十八日，诸旦色赛会迎神，曰"相公会"。

四月初一日，礼神于通州丫髻山。

□□□太史，书法名一时。诸伶必宛转求得之。少陵云："贵戚侯门得笔迹，始觉屏障生光辉。"岂独有井水处争唱柳屯田哉。

嘉庆初，四喜部旦色某郎，何姓，绝艳。长芦盐贾查友圻①，岁予万金。约以值查侑酒，毋许先客罢。时□□殿撰方年少，见而悦之。招之至再，何怅然曰："君京朝士大夫子弟，安所得阿通铜山？此后毋庸，但见手书，来矣。"每在查所，□□招即去。查怪之。而两人暇则相要致，出入饮食如家人焉。查转辗讽□□父□□□□。一日何使人要□□，遇□□于门，始询其实。怒甚，持其人徒步至何寓。何出见□□，瞠视不能言。乃归痛笞□□。何使人探知，大恸。贻书自引咎，且劝学辞甚挚。□□感动，后竟及第。查以亏帑数百万，入狱。查未及四十之年，耗白金至二千万。天下称"查三标子"。自大学士□文端以下，多与通儿女姻。

文端居内城，查尝饮于其宅。日夕矣，查令仆告正阳门守役，迟一时下钥。次日为御史所纠。乃言因某事欲助帑数十万，是日不出城则不得资也。其所为多类此。

韵香送余于小有余芳云："达人不作痴想。"

小郄尝坐而叹息，余偶问："何叹？"即应曰："彼此同叹。"

道光三年，御史□□□奏永禁京师乐部。余窃谓教坊歌舞，唐代已详；院本流传，元人最著。然宋有营伎，明有乐户。故前朝达官侑酒，狎客看花。对泣青衫，总怜红粉。于优伶助谐谑而已。

---

① 当为查有圻。

本朝脩明礼义，杜绝苟且。挟妓宿娼，皆垂例禁。然京师仕商所集，贵贱不齐，豪奢相尚。赵李狭斜，既恐速狱；田何子弟，乃共嬉春。盖大欲难防，流风易扇。制之于此，则趋之于彼。政俗递转之机，即天地自然之势。今欲毁竹焚丝，凭权藉力未尝不行，然以数十里之区，聚数百万之众，游闲无所事，耳目无所放，终日饱食，诲盗图奸，或又甚焉。故圣人之为治也，尝顺人情、驯民气、忍细故、全大体。夫优伶如海焉，狎者或溺，涉者或沉。虽无禁令，智者不褰裳焉。若以之纳沟渎之污，混鳞介之肆，则亦文武弛张之道，老氏豀谷之旨也。况大德曰生，习而相安，固贱贫自养之业；与民同乐，降而虽下，犹市井咸若之娱邪？今天下大计，在用申韩之法，核名实、严刑赏；用管商之法，理财用、强军国。若家习节俭，人怀教富，则本振而末无不毕，源澄而流无不清。蠹政者皆将自革，何待动白简哉？从前伯相（即和珅）贪擅，婉卿妖淫。《燕兰小谱》一书虽侈狐媚，可征龟鉴。及今利权，视昔敛抑。然汰侈未革，故余深致讥词；风俗所存，故余闲为纪录。若其无聊之语，有会之作，皆藉以写其抑塞之怀，消其豪宕之性。存而不废，天下可共知其过；婉而多怨，天下可共原其情。嗟乎，□君之意，未始非君子，惜未及大端，尚多急务；余之此编，未始非不肖，然新书犹在，罪言久缄。穷者，时也；困者，命也。酣嬉以保其生者，酒场歌板也。感激而出之予者，谁为为之邪？嗟乎！嗟乎！

燕台鸿爪集

（清·道光）粟海庵居士撰
中国戏剧出版社 1988 年
《清代燕都梨园史料》本

四月十五夜宝岩邀同藜仙及曼卿、韵兰、珊珊、一香饮稚琴宅席间赋

　　劝君满酌金屈卮，听我狂歌《金缕衣》。
　　如此良宵如此酒，人生能得几多时？

辛壬癸甲录

(清·道光)杨懋建撰
中国戏剧出版社 1988 年
《清代燕都梨园史料》本

(一)

杨法龄,字薰卿。早脱乐籍,买屋石头胡同,杜门却扫,不蓄弟子。曰:"吾备尝种种苦趣,受无量恐怖烦恼,幸得解脱,登清凉界。彼呱呱小儿女何辜,奈何复忍遽令著炉火上耶?"

(二)

双桂,字韵兰。道光七八年间,余尚未入都也。是时粤中名部,曰绮春,曰桂华。时双桂新从京师来,声色既迥出辈流,出其余技,复足惊座人,于是时望翕然归之。而德化相国①方由楚帅持使节移督两广军,颇眷双桂,遂入侍相公起居。侯门深如海,外间人真乃如海上望三神山。山在虚无缥渺间,但见云气往来,可望而不可即矣。壬辰,德化相成新疆,闻双桂执鞭弭、属櫜鞬,从荷戈周旋万里。至赐环,乃复间关从入玉门关。此在公门桃李,犹难言之。况杨花轻薄,顾安敢望其为冬青郁郁哉?呜呼,是诚不可及已。

(三)

[陈]长春,字纫香。春福堂主者,道光年所称"状元夫人"是也。海盐朱九朵山②以癸酉拔萃为户部郎。眷长春甚,几于非是食不饱、寝不安。英四相公管度支,朵山兼捐纳房。于时长春长袖善舞,筑室畜弟子、教歌舞,赚游狭儿金自娱乐。而朵山于乙酉、丙戌联捷,廷对魁天下。世遂以状元夫人目长春。③

(四)

庆龄能弹琵琶,名琵琶庆,男子中夏姬也。嘉庆间即擅名,至今几三十年。年过不惑,而韵颜稚态,犹似婉娈。为男子装,视之才如弱冠。至若垂鬟拥髻,扑朔迷离,真

---

① 李鸿宾,江西德化人。
② 朱昌颐,号朵山,道光六年(1826)丙戌科状元。
③ 参见《清代燕都梨园史料》第 231、244、251、318、365、584 页等处。

乃如卢家少妇，春日凝妆。岂楞严十种仙中，固有此一类耶？酒人中推为大户，巨觥到手，如骥奔泉，未尝见其有醉容。又吸阿芙蓉膏①，日尽两许。世传此为罂粟液合诸药所制，能铄肌肤、损颜色，服之者容光锐减。庆龄吸此廿余年，而面目丰腴润泽，视畴昔少好时，容华不少衰，询是奇事。或谓其得斟雉之术，理或然也。见其《荡湖船》小曲，抱琵琶出临歌筵，且弹且歌，曼声娇态，四座尽倾。烛影摇红之下，钏响钗光，鬟丝鬓影，无不入媚。盖其平居，入夜辄卧对一灯，往往申旦。朝曦已上，始拥被酣睡，亭午犹息偃在床。酒楼指名坐索，必俟日晚始徐徐而来。故茶园征歌，久不与列。而酒后灯下看美人，适得其妙，几忘其为东涂西抹阿婆矣。

长安看花记

（清·道光）杨懋建撰
中国戏剧出版社 1988 年
《清代燕都梨园史料》本

（一）

联桂，黄姓，字小蟾，世俗所称"状元夫人"长春弟子也。吾乡黄镜生孝廉，丙申春试后，偕余及冯朗崖访小蟾，一见如旧相识。至夜分，余辈散去，小蟾独拉留镜生，命酒更酌，烧灯相对，诉款曲。红日上窗，犹言刺刺不休。自后友朋酒座，必相将俱来，二人无日不见面。或余辈故强镜生他赴，则春元堂②使者相错于道。殆食息相随，如形影然矣。榜发，镜生报罢。小蟾固要，不令南归，隐然以秋帆尚书相待。③佛言"一切众生各有因缘"，于兹益信。④

（二）

小天喜，字秋芙，扬州人。以《卖胭脂》、《小寡妇上坟》二出得名，谑浪笑傲，冶容诲淫。浮梁子弟靡然从风，一倡百和，几有若狂之叹。

---

① 鸦片。
② 小蟾所在堂名。
③ 希望黄镜生能像毕沅毕秋帆那样得中状元，自己能够成为状元夫人。
④ 参见《清代燕都梨园史料》第 584 页。

丁年玉笋志

(清·道光)杨懋建撰
中国戏剧出版社1988年
《清代燕都梨园史料》本

（一）

　　爱龄，字小香，亦后来之秀也。演《邯郸梦》为打番儿汉，绯缨绣袍，结束为急装，舞双枪如梨花因风而起。浏漓顿挫，有此妙手。虽习武小生，而对人宛转如意，无介胄容，亦无脂粉态。大抵柔媚是吴儿本色，小香则别饶清致，秀外慧中。茶筵酒座，苾泽微闻，其风味如佛手柑。清夜静对妙香，可以忘言。纱厨窣地，桃笙腻滑，执狐瓠罕，品梅花雪水，但觉清气袭人，不知身在瑶台第几层矣。古称可人，又曰可儿，小香有焉。潇湘馆中紫鹃也。闻小蟾言，曾有伧父以多金唼小香，屡逼之。小香如墨翟守宋，不穷于应。最后且恚且胁，不胜其嬲，痛哭而罢。后来之秀，守身如玉，岂寻常叠被铺床者所敢望其肩背哉。

（二）

　　鸿喜，字雨香。其师檀天禄，春台部掌班也。天禄少负盛名，缘事论城旦，归京师复理旧业。得鸿喜，宛转如意，姿首清洒，而意趣秋郁如茉莉花。每当夏夜，湘帘不卷，碧纱四垂，柳梢晴碧，捧出圆月。美人浴罢，携小蒲葵扇子，著西洋夏布衫，花影满身，纳凉已足，就曲栏花下，设麋鹿竹小榻，八尺红藤簟。开奁对镜，重理晚妆。以豆青瓷合装茉莉蕊，攒结大胡蝶二支，次第安戴鬓旁。补插鱼子兰一丛，乌云堆雪，微掺金粟。顷之媚香四溢，真乃竟体兰芳矣。坐对雨香，有此风味。

梦华琐簿

(清·道光)杨懋建撰
中国戏剧出版社1988年
《清代燕都梨园史料》本

　　乐部各有总寓，俗称"大下处。"春台寓百顺胡同，三庆寓韩家潭，四喜寓陕西巷，和春寓李铁拐斜街，嵩祝寓石头胡同。诸伶聚处其中者，曰"公中人"。聘歌师，食用俸者，曰"拿包银"。司事者曰"管班"。管班职掌分为三：曰掌银钱，曰掌行头，曰掌派戏。生旦别立下处，自称曰"堂名中人"。堂名中人初入班，必纳千缗或数百缗有差，曰"班底"。班底有整股，有半股。整股者四日得登场演剧一出，半股者八日，曰"转子"。诸部周流赴戏园，大园四日、小园三日一易地，亦曰"轮转子"。堂名中人有班底者，许偿其值相授受。其堂名多承袭前人旧号，彼往此来，鹊巢鸠居。虽系以姓氏，不嫌张冠李戴。也间有自立门户，别命堂名者，曰新堂名，必其人能自树立，到处知名者矣。然自纳班底外，宴部中父老及诸钟磬笙笛师，所费不赀。不如顶堂名者，有班底及一切屋宇器用，俱坐享其成，可免劳民伤财也。间亦有裹头居大下处者（俗呼旦曰"包头"），大抵老夫耄矣。然吾尝见三庆部演《四进士》大轴子，其殷渔家蚬妹者，乃艳如芍药、光采动人，约其年，当才二十许人耳。雨初云"此大下处中人"，并以其名告，余忘之矣。后问安次香，言其人即李寿林。计其年齿不相当，恐未必然。

　　四徽班各擅胜场。四喜曰"曲子"。先辈风流，饩羊尚存，不为淫哇，春牍应雅。世有周郎，能无三顾？古称清歌妙舞，又曰"丝不如竹，竹不如肉"。为其渐近自然，故至今堂会终无以易之也。三庆曰"轴子"。每日撤帘以后，公中人各奏尔能。所演皆新排近事，连日接演，博人叫好，全在乎此。所谓巴人下里，举国和之。未能免俗，聊复尔尔。乐乐其所自生，亦乌可少？和春曰"把子"。每日亭午，必演《三国》、《水浒》诸小说，名"中轴子"。工技击者，各出其技。痀偻丈人承蜩弄丸，公孙大娘舞剑器浑脱，浏漓顿挫，发扬蹈厉，总干山立，亦何可一日无此？春台曰"孩子"。云里帝城如锦绣万花谷，春日迟迟，万紫千红，都非凡艳。而春台则诸郎之夭夭，少好咸萃焉。奇花初胎，有心人固当以十万金铃护惜之。嵩祝在当日，以韵香一人照映一时。石韫玉而山辉，水含珠而川媚。日午当天塔影圆，几令人有夔一之足思。今虽少佳品，犹能与四徽班抗颜行，非第一仙人一点灵光所照，不及此。

　　戏园客座，分楼上、楼下。楼上最近临戏台者，左右各以屏风隔为三四间，曰"官座"，豪客所集也。官座以下场门第二座为最贵，以其褰帘将入时便于掷心卖眼。《竹枝词》："楼头飞上迷离眼，订下今宵晚饭来。"正如白乐天《长恨歌》所云"回头一笑百媚生"，梁武帝《晋白纻舞歌》所云"含笑一转私自怜"，汤惠休《白纻歌》所云"流目送笑不敢言"者是矣。官座而前，短几鳞次，曰"桌子"。渐远戏台，价亦递杀。惟正楼不横桌，盖旧例也。楼下周回设长案，观者比肩环坐，曰"散座"。其后亦设高座，倚墙矫足，可以俯视中庭。设案如楼下。而坐者率皆市井驵侩，仆隶舆儓，名之曰"池子"。余尝谓，此万人海，真乃众维鱼矣。从楼上凭栏，俯临下界，长几列如方罾，大似白袍鹄立。橐笔试有司时，特不能衔枚静无哗耳。夹台基曰"钓鱼台"，亦以下场门为贵。至于上场门，鸣钲喤聒，目眩耳聋，客不愿坐也。

　　《竹枝词》云："园中官座列西东，坐褥平铺一片红。"案：红色为一、二品官坐褥。

今园中惟用蓝布坐具。庆乐园新葺，最华眩，亦止用回回锦。士大夫惟戏庄公宴，尊卑咸集；至于茶园嬉戏，说平等法，贵官例得用红坐褥者，亦当持体，不便降尊从诸侠少冶游矣。即如长安酒家速客者，在酒庄则达官贵人，鸣驺张盖来会。若酒馆小集，从无公卿效袁尹屏车骑看竹者。盖脱巾独步，买醉数钱，情之所钟，正在我辈。大僚顾惜官箴，动以恒舞酣歌、沉湎冒色为戒。"长安市上酒家眠"，不得不让"谪仙人"矣。豪客车中，皆自携坐具。官座倚阑干，前设短榻，后列高几，各施锦褥，别于客座。后设高座，以坐仆从。撤园中蓝布坐具，施之其散座，则座儿钱外加坐褥、茶壶钱百二十。又《竹枝词》云："三寸红笺窄戏单。"案：今戏园无戏单，诸伶或书片纸置怀袖，备相识者顾问。惟堂会仍用红纸戏目。"堂会"，谓戏庄公宴及第宅家宴、会馆团拜也。堂会点戏、放赏，仍用短足炕几昇钱陈筵前。戏园亦偶有点戏者，但以一纸钱帖界之而已。

《竹枝词》云："双表对时刚未正，到来恰已过三通。"此嘉庆年事也。余案：红豆村樵《红楼梦传奇》凡例云："丝竹之声哀，不可无金鼓以震荡之。"此言殊近理。今梨园登场，日例有"三轴子"："早轴子"，客皆未集，草草开场。继则三出散套，皆佳伶也。"中轴子"后一出曰"压轴子"，以最佳者一人当之。后此则"大轴子"矣。大轴子皆全本新戏，分日接演，旬日乃毕。每日将开大轴子，则鬼门换帘，豪客多于此时起身径去。此时散套已毕，诸伶无事，各归家梳掠薰衣，或假寐片时，以待豪客之召。故每至开大轴子时，车骑蹴踏，人语腾沸，所谓"轴子刚开便套车，车中载得几枝花"者是也。贵游来者皆在中轴子之前听三出散套，以中轴子片刻为应酬之候。有相识者，彼此互入座周旋，至压轴子毕，鲜有留者。其徘徊不忍去者，大半市井贩夫走卒。然全本首尾，惟若辈最能详之。盖往往转徙随入三四戏园，乐此不疲，必求知其始讫，亦殊不可少此种人也。今日开戏甚早，日中即中轴子，不待未正。无为李小泉言："嘉庆初年，开戏甚迟，散戏甚早。大轴子散后，别有清音小队，曰档子班，登楼卖笑。浮梁子弟迷离若狂，金钱乱飞，所费不资。"今日虽有档子班，但赴第宅清唱，如打软包之例，不复赴园般演矣。（京城旧日顿子房皆打软包赴人家，保定则班中诸伶亦打软包。）又近来诸部大轴子恒至日昳乃罢，惟四喜部日未高舂即散，犹是前辈风格。内城无戏园，但设茶社，名曰杂耍馆。唱清音小曲，打八角鼓、十不闲以为笑乐。南城外小戏园或暇日无聊，亦有档子赴园。然自是杂耍馆之例，非复当年大戏散相继登场意思也。

京城极重"马头调"，游侠子弟必习之。硁硁然、断断然，几与南北曲同其传授。其调以三弦为主，琵琶佐之。南中歌伎唱马头调，皆小曲。北道邮亭抱琵琶入店小女子，唱"九连环"，带"都鲁"。每卸装，酤村酿解乏，听之亦资笑乐。皆与京城马头调不同也。

伶人序长幼，前辈、后辈各以其师为次。兄、叔、祖、师，称谓秩然，无敢紊者。如沙门法嗣然。堂名中人主家为事者，其僚仆呼之曰"当家的"，或曰"老板"。对之肃肃然如主人翁。檀天禄尝于酒座遇秋芙，沉醉，侧戴花边小毡帽，蟠大发辫于顶，披衣跋鞡，作软棚装。称妮而前，笑曰："檀师爷看我竟当何如？"天禄噤不能言，良久但期期曰："我长汝师傅一辈，奈何取笑。"彼中人长幼之别盖如此。

堂名中人，其徒皆称之曰"师傅"。师傅有内行、外行之别，如翰林诸公之分内班、外班也。翰林以起家不由庶吉士官编检，径由别衙门转入者，为外班。后辈待之，但视庶常前辈，用红侍生帖。乐部中师傅，如秋芙之师李三，故竹香仆，是外行也。即檀顺林之父，本非京城歌楼中人，自南中携其子北来，纳班底钱入三庆部。如是者，亦外行也。

乙未冬，夜过日新堂，值其前厅事大会。从窗隙窥之，广筵肆设。一中年白晰人据上座，部中父老如李六儿、范四宝，及国香堂主人檀天禄、遇源堂主人琵琶庆、日新堂主人殷采芝、敬义堂主人董秀蓉、宝善堂主人陈金彩、耕斋主人吴震田八九人，皆与焉。翠香、三元、宝龄（宝龄久不登场，但侍采芝起居饮食而已）及名下后生凡十二人环侍左右。问玉仙，答曰："此吾师爷辈，落籍后去为长芦盐商。今来京师从故人饮耳。"

俗呼旦脚曰"包头"。盖昔年俱戴网子，故曰"包头"。今则俱梳水头，与妇人无异，乃犹袭"包头"之名，觚不觚矣。闻老辈言：歌楼梳水头、踹高跷二事，皆魏三作俑，前此无之。故一登场，观者叹为得未曾有，倾倒一时。今日习为故常，几于数典而忘其祖矣。

伶人中如卢蒲嫳易内而饮酒者，最初惟五柳堂陶月仙一人。曩时最为奇货，今自相窃妻妾，已成风俗。入其家，群雌粥粥，动曰"师娘"、"师姊妹"矣。然若辈中稍自顾惜者，犹屏弗与齿。故其徒仅窜名小班中，今则浸淫入和春、嵩祝矣。琵琶庆豁达大度，如杨越公不问红拂伎行踪，开阁遣去骆马、杨枝之流以数十计，独不许冯子都当垆调笑，亦一奇也。其尤阴贼险狠者，莫如赵悬郎，即玉喜也。广设罟擭陷阱，雉媒鱼饵，日日含沙，伺射人影。中伤者踵相接也，今过其门者犹惴惴有戒心。

入伎馆闲游者，曰"打茶围"。赴诸伶家闲话者，亦曰"打茶围"。有改"一去二三里"诗者曰："一去二三里，堂名四五家。灯笼六七个，八九十碗茶。"伶人家备小纸灯数百。客有徒步来者，临去则各予一灯，囊火以行。中北城所属胡同，入夜一望，荧荧如列星，皆是物也。余戊戌春灯谜有俗语一条，隐《四弦秋》曲子一句曰"到相公下处空坐不摆酒"，隐《茶别》出"这村夫不过是茶客！"谑也而虐矣。

有"歌楼一字诀"：曰"瞧"（叶音"悄"），翔而后集也。曰"好"（叶去声，谓"叫好"），兼所爱也。曰"要"，定于一也。曰"叫"，来何暮也（此有二义：一则恨相见晚，所谓"一日三秋"也；一则翾何来迟，所谓"千呼万唤"也）。曰"闹"，情所钟也。曰"溺"（音"鸟"，去声，京师谓任性曰"溺"），怜生畏也（又即"不是冤家不聚头"之意）。曰"戳"（音"憏"），及于乱也。曰"跳"（得新弃旧，名为"跳槽"），见异思迁也。曰"漂"（去声，京师谓逃债弗偿曰"漂"。《竹枝词》所谓"一回漂惯两三回，包管从今叫不来"是也），难为继也。斯事始终，八字尽之。事有相因，势有必至。此欲觉晨钟也。

金屋小谱

(清·道光) 咏霓居士撰辑
清道光间抄本

(一)

芝兰,号霓仙,余庆堂。

花晨月夕正飞觥,阅尽繁华费品评。
未必玉人多薄命,从来名士最钟情。
订交早共鸥盟结,惜别频将蝶梦惊。
此去乡关莫惆怅,好留健羽待飞鸣。

——横梁山人

(二)

天禄,号品香,福盛堂。

品出新茶劝客尝,举杯同饮胜琼浆。
最怜把酒难为别,临去犹留冒颊香。

品香与余同饮,常劝以茶解醉。临去时颇有依依莫释之意,必款语片时始散也。

——咏霓居士

灵台小补

(清·道光) 悟梦子撰①
清道光十二年(1832)刻本

(一) 序②

客曰:"尔诗中所赋'更有邪淫不忍闻,清夜扪心当自愧'诸句,此何意也?"余曰:

---

① 悟梦子即绵恺,道光皇帝同父异母弟。
② 以问答形式劝诫人们不要昵比优伶。

"足下果不知乎？或有心故问耶？《书》曰：'顽人丧德。'又曰：'比顽童实为乱风。'注云：'比，昵也，倒置悖理曰乱。'夫《诗》载《墙有茨》① 三章，其首章云：'墙有茨，不可埽也。中冓之言，不可道也。所可道也，言之丑也。'次章云：'墙有茨，不可襄也。中冓之言，不可详也。所可详也，言之长也。'三章云：'墙有茨，不可续也。中冓之言，不可读也。所可读也，言之辱也。'今姑言其概，亦不必撰文套语。大都好男风者，居此梨园多半。只此一言而尽，尚待余饶舌耶？余窃料今之贵家公子观诸《感应篇》、《丹桂籍》、《配命录》、《敬信录》等等劝善戒淫诸书，能不摇头吐舌、通身汗下者能有几人哉？况亦未必观也，今足下诚能自许衾影无愧乎？且孰无子弟，能保身前恐难保身后耳，再出乎尔者反乎尔者也。《悦心集》所载无名氏仿邵康节先生《醒世诗》曰：'各自回头看后头'之句，善哉！斯言意味深长也。今之时不犯此戒者几希，况鸡奸幼童，律应斩，此实伤天害理、丧德败度之恶习。且彼此俱损，人我何益？只图片刻之欢娱，误尽平生之品行。孰轻孰重，孰暂孰长，敢请足下细酌。夫万恶淫为首，吾窃恐无间地狱有待斯人也。"

（二）梨园粗论

　　余平生最恶，莫甚梨园，比诸孽海万丈深渊，从古至今，为患久矣。陷人子弟，误人功名，邪人心术，败人家风，引人为非，诱人不法，悖理乱常，莫此为甚。

（三）梨园粗论·附录七截八首

徽班卑鄙叹成群，更有邪淫不忍闻。
清夜扪心当自愧，迂言逆耳劝诸君。

征歌选舞乐升平，既乐升平放郑声。
淫乱奸邪真恶态，寿筵开处尚称觥。

---

① 在《诗经·鄘风》。

海峰文集

（清·乾隆）刘大櫆著
清同治十三年至光绪元年（1873—1874）
桐城刘继重邢邱刻本

卷六·郑之文传

福建泉州民郑芝龙者，年少美姿貌，为海寇所获。由是往来海中，尽知其俗尚人情，而诸盗奉以为渠帅。

闽政领要

（清·乾隆）德福编
（清·乾隆）颜希深续编
清乾隆间刻道光、同治间递修
《武英殿聚珍版书》本

卷中·民风好尚

闽省积习淫靡，漳泉为甚，采兰赠芍之风恬不为怪。且不论绅庶，群尚俊重①，俗呼契弟。甚有良家子弟亦不免于为匪人所诱，以致失身者。殷富之家大都以贩洋为业，而又不肯以亲生之子令彼涉险，因择契弟之才能者螟蛉为子，给以厚资，令其贩洋贸易，获有厚利则与己子均分。在富者则以他人之子驱之危地，利则归我，害则归人。在贫者则藉此希图致富，是以贫者之父母兄弟不以契弟之称为可耻，而反以此夸荣里党。若此有关风俗人心者甚大。

---

① 即俊童。

台案汇录辛集[①]

百吉等编
台湾大通书局1987年版

（一）卷一·刑部为内阁抄出浙江巡抚阮奏移会[②]

内阁抄出浙江巡抚阮奏挈获在洋肆劫拒捕盗犯郭妈等，分别审拟治罪一折，嘉庆八年五月二十六日奉朱批：刑部核拟具奏，钦此。……又郑腾、李秋水、王介、曾暖、李阿卢被掠上船，逼胁鸡奸。……郑腾、李秋水、王介、曾暖、李阿卢等五犯被胁鸡奸，均照例杖一百，徒三年。——录自《明清史料》戊编第五本四六九～四七○页。

（二）卷三·兵部为内阁抄出闽浙总督阿林保等奏移会[③]

闽浙总督臣阿林保、福建巡抚臣温承惠跪奏为拿获朱濆帮盗匪及蔡牵贼党并在洋行劫接赃服役各犯，审明分别定拟具奏，仰祈圣鉴事：……罗琳、董添已、陈贵、王山、李弄、黄长、江及、廖商八犯，各供认被蔡牵、朱濆各帮匪伙朱留等及土盗陈德盛抢掳上船，逼胁鸡奸，并无从逆行劫。……被胁鸡奸之罗琳、董添已、陈贵、王山、李弄、黄长、江及、廖商八犯，均照例杖一百，徒三年。——录自《明清史料》戊编第六本五一七～五一九页。

（三）卷四·刑部为内阁抄出闽浙总督阿林保等奏移会[④]

内阁抄出闽浙总督阿等奏拿获从逆伙党并在洋叠劫拒捕及接赃服役窝盗各犯卢聚等，审明分别治罪一折，嘉庆十二年四月二十日奉朱批：刑部议奏，钦此。……张歪、林神庇、陈邱、许阿掌、洪彩、王添、林独七犯供被蔡牵、朱濆、伍松及凤尾帮伙盗掳捉上船，逼胁鸡奸。……被胁鸡奸之张歪、林神庇、陈邱、许阿掌、洪彩、王添、林独七犯均照例杖一百，徒三年。——录自《明清史料》戊编第六本五三二～五三四页。

（四）卷一·兵部为内阁抄出闽浙总督玉德等奏移会、卷一·兵部为内阁抄出

[①] 本书资料系选自中国台湾"中研院"历史语言研究所编《明清史料》戊编，主要反映嘉庆年间平剿福建海盗时的各种情况。
[②] 嘉庆八年六月初九日。
[③] 嘉庆十一年九月。
[④] 嘉庆十二年五月二十九日。

福建巡抚李殿图奏移会、卷一·刑部为内阁抄出浙江巡抚阮元奏移会、卷二·浙江巡抚阮元奏折、卷二·兵部为内阁抄出台湾总兵爱新泰等奏移会、卷二·刑部为内阁抄出闽浙总督玉德等奏移会、卷二·闽浙总督玉德奏折、卷三·兵部为内阁抄出浙江巡抚清安泰奏移会、卷三·刑部为内阁抄出闽浙总督阿林保奏移会、卷四·刑部为内阁抄出闽浙总督阿林保奏移会、卷四·内阁抄出福建巡抚张师诚奏折、卷五·内阁抄出浙江巡抚蒋奏折 也有类似内容。

剿平蔡牵奏稿

(清·嘉庆)玉德等奏
清抄本

[嘉庆十一年]三月十二日奏为拿获从逆贼党及在洋行劫接赃服役各犯,审明分别办理,恭折具奏事

……黄回、张铜二犯供认被朱渍掳上盗船,逼胁服役,又方狮、郑阿贵、李廷佐、王满四犯各俱认被盗逼胁鸡奸,亦未随同岸打仗。……黄回、张铜二犯系渍帮为盗服役之犯,应与被胁鸡奸之方狮、郑阿黄、李廷佐、王满四犯均杖一百,徒三年。

福建通志

(清·道光)孙尔准等修
(清·道光)陈寿祺等纂
(清·道光)程祖洛等续修
(清·道光)魏敬中等续纂
清同治七至十年(1868~1871)刻本

(一)卷之五十五·风俗

乾隆间,[福建]粮道摄[福州]知府朱珪尝毁淫祠牛马诸像,后复如故。

朱珪禁淫祀文

照得闽人好鬼,习俗相沿;而淫祀惑民,王法必禁。本道访闻省城有淫祠二种,其一名胡田宝。塑为两人相抱,一面稍苍,一面嫩白,俗称小官庙。凡无耻淫荡之徒,见少年子弟欲图苟合,即向泥像祷求。于是设计勾诱,得遂所欲,谓是胡田宝之默佑,随

用猪大肠及馎涂泥像之口以为谢。不知有廉耻者，虽百胡田宝不能被诱；无廉耻者，何必胡田宝始堪作合哉？乃竟淫邪相导，习为固然。若犹具有人心，宜悔宜痛！此其一也。其一名牛头愿……本道既有访闻，即委员差役于东门外易俗里康山庙搜出胡田宝泥像、木牌，带至署中，当堂劈分为两。一投诸洪山桥下，一投诸南台大桥下。……昔人有言曰："吾有二乐。人贵而物贱，吾幸为人；男贵而女贱，吾幸为男。"今既为男矣，乃甘为人所淫；幸为人矣，乃甘奉祀兽畜。岂非无人开导，陷于不知乎？羞恶是非之心人皆有之，本道实哀怜恻怛，出于至诚。合行出示晓谕，为此示谕尔百姓知悉。有能识字粗通文义者，细释示言，转相告述，咸使听闻。若其愧悔愤怒，即属天良发见，可与为善之本心。若恬不知怪，甚且窃笑其迂，或思巧变其术，本道法在必行，刑兹无赦。此等奸民，即或丧其廉耻，尚思各保性命。毋悔！

吴荣光禁淫祀邪术示

为申明律例，严禁淫祀邪术以正人心风俗事。本司三莅闽省，备见闽人读书循礼，知义好善，民俗愈进愈淳。惟是旧俗相沿尚鬼，其胡田宝之淫祀，牛头愿之邪术，乾隆年间经大学士朱文正公前任督粮道时查明毁禁，剀切晓谕，迄今又越七十余年。本司职承宣化，访得乌石山白马王庙及东门外中山境康山都统祠等处，曾有供此邪像者。除饬地方官会同委员，普行分别拆毁严禁外，合行出示，并饬各属自行查办禁止，不得骚扰。前道喻以情理，本司儆以律例，愿人心普正，风俗通淳。当月吉布令之始，为尔军民悚切言之。

一名胡田宝。凡无耻之徒勾诱少年子弟，向像祷求，既成报谢。查例载：强奸十二岁以下幼童者拟斩，和奸者拟绞。即非十二岁以下，和同鸡奸者亦杖一百，枷号一个月。此等人即不顾廉耻，亦当爱惜身命。何得纵一日之欲，犯三刑之诛？而胡田宝导淫受谢，即应律以教诱人犯法，与人同罪之条。现据闽、侯两县查禀，业经祠像拆毁。惟恐故习复萌，此后如有复行塑供者，许尔等首报到官，从优酌赏。

一名蝴蝶母。

……一尼姑庵。

……一名牛头愿。……

以上四条，本司闻见较确。除俟查明有实犯凭据，按律治罪。如仅只供像铸形，尚无被害被诱之人，姑念愚民无知，从宽分别拆毁严禁，以挽陋俗。因思闽省世家望族及稍有知识之人，断不蹈此恶习。然家传后代安能辈辈皆贤，村落众多岂尽人人有识？为父兄及乡望所归者必应约束子弟，箴儆愚顽。或载为家规，或立为乡禁，使风淳俗美，永不犯法，长作太平之民。本司实有厚望焉。

案：经道光十八年四月十九日详请总督钟祥、巡抚魏元烺奏明立案。奉朱批：如此留心整顿，不愧简任。朕曷胜嘉悦之至，依议妥办。钦此。并经通饬各府州遵照在案。

（二）卷之百四十·宦绩

朱珪，字石君，顺天大兴人，乾隆戊辰进士。于乾隆三十年间来督粮储道，毁胡田宝、牛头愿两淫祀，投像于水，械庙祝于通衢。闽人感化之，于鳌峰、嵩山两书院士多所造就，兼权福州守篆。

闽俗录

（清·道光）陈盛韶撰
清道光间刻本

卷三·七子班

［仙游县民］俗喜歌舞，春秋社及神诞、里巷昏丧靡不演剧而价亦廉。合邑六十余班，每班七八人，闽人通称曰七子班。乐操土音，别郡人终日相对不达一语。婉娈总角，多习淫词，悬灯歌舞，卜昼卜夜，靡靡之音，惑人听闻。梨园子弟，乐教之支流。昔人制为江湖十八曲，演忠孝节义事，使民观感而兴起，未始非风教之助也。淫声夜曲，风俗之蛊可不禁与？

教经堂谈薮

（清·乾隆）徐书受撰
清刻本

卷五·黄门

予少时在江阴见一老农，盖昼如女而夕便如男。然不通人道，雌雄并无所施，亦不生须。则其任冲不盛，唇口不荣，无他异也。

荒鹿偶谈

(清·嘉庆) 徐卓撰
清嘉庆二十二年（1817）刻本

卷四·女变为男

康熙六十年，滑县城南刘瑞甫生四子，其第四子早卒，妻王氏抚一女守节。及女年十七，许聘胡士民。婚有期矣，欲卖树以为嫁资，其家不许，母女愤相对泣。女遂染病，昏迷不省人事。追醒，忽曰："我已变为男矣。"母视之，果然。邻里亲族俱以为异，闻诸官，邑令王士炳勘验得实，乃命名刘奇中。娶赵氏女，生男女各一。

浮生六记[①]

(清·乾隆—嘉庆) 沈复著
清光绪四年（1878）申报馆
上海铅印《申报馆丛书》本

（一）卷一

乾隆甲寅七月，余[②]自粤东归，有同伴携妾回者，曰徐秀峰，艳称新人之美，邀芸往观。芸他日谓秀峰曰："美则美矣，韵犹未也。"秀峰曰："然则若郎纳妾，必美而韵者乎？"芸曰："然"。从此痴心物色，而短于资。

时有浙妓温冷香者，寓于吴，有咏柳絮四律，沸传吴下，好事者多和之。余友张闲憨素赏冷香，携柳絮诗索和。芸微其人而置之；余技痒而和其韵，中有"触我春愁偏婉转，撩他离绪更缠绵"之句，芸甚击节。

明年乙卯秋八月五日，吾母将挈芸游虎邱，闲憨忽至，曰："余亦有虎邱之游，今日特邀君作探花使者。"因请吾母先行，期于虎邱半塘相晤。拉余至冷香寓，见冷香已半老，有女名憨园，瓜期未破，亭亭玉立，真"一泓秋水照人寒"者也。款接间，颇知文

[①] 本书当中，陈芸对她丈夫沈复的感情非常真挚，所以很难讲她会有同性恋倾向。不过陈氏与妓女憨园的关系也确实有些稍逾常格。

[②] 沈复。

墨。有妹文园尚雏。余此时初无痴想,且念一杯之叙,非寒士所能酬,而既入个中,私心忐忑,强为酬答。因私谓憨憨曰:"余贫士也,子以尤物玩我乎?"憨憨笑曰:"非也。今日有友人邀憨园答我,席主为尊客拉去,我代客转邀客。毋烦他虑也。"余始释然。

至半塘,两舟相遇,令憨园过舟叩见吾母。芸、憨相见,欢同旧识,携手登山,备览名胜。芸独爱千顷云高旷,坐赏良久。返至野芳滨,畅饮甚欢,并舟而泊。

及解维,芸谓余曰:"子陪张君,留憨陪妾可乎?"余诺之。返棹至都亭桥,始过船分袂。归家已三鼓,芸曰:"今日得见美而韵者矣,顷已约憨园,明日过我,当为子图之。"余骇曰:"此非金屋不能贮,穷措大岂敢生此妄想哉!况我两人伉俪正笃,何必外求?"芸笑曰:"我自爱之,子姑待之。"

明午憨果至。芸殷勤款接,筵中以猜枚赢吟输饮为令,终席无一罗致语。及憨园归,芸曰:"顷又与密约,十八日来此结为姊妹,子宜备牲牢以待。"笑指臂上翡翠钏曰:"若见此钏属于憨,事必谐矣。顷已吐意,未深结其心也。"余姑听之。

十八日大雨,憨竟冒雨至,入室良久,始挽手出,见余有羞色,盖翡翠已在憨臂矣。焚香结盟后,拟再续前饮,适憨有石湖之游,即别去。

芸欣然告余曰:"丽人已得,君何以谢媒耶?"余询其详。芸曰:"向之秘言,恐憨意另有所属也。顷探之无他,语之曰:'妹知今日之意否?'憨曰:'蒙夫人抬举,真蓬蒿倚玉树也。但吾母望我奢,恐难自主耳,愿彼此缓图之。'脱钏上臂时,又语之曰:'玉取其坚,且有团圞不断之意,妹试笼之,以为先兆。'憨曰:'聚合之权,总在夫人也。'即此观之,憨心已得,所难必者冷香耳,当再图之。"余笑曰:"卿将效笠翁之'怜香伴'耶?"芸曰:"然。"

自此无日不谈憨园矣。后憨为有力者夺去,不果。芸竟以之死。

(二)卷三

芸素有血疾,自识憨园,年余未发。余方幸其得良药,而憨为有力者夺去,以千金作聘,且许养其母,佳人已属沙叱利矣。余知之而未敢言也。及芸往探始知之,归而呜咽,谓余曰:"初不料憨之薄情乃尔也!"

余曰:"卿自情痴耳。此中人何情之有哉!况锦衣玉食者未必能安于荆钗布裙也。与其后悔,莫若无成。"因抚慰之再三,而芸终以受愚为恨。血疾大发,床席支离,刀圭无效。时发时止,骨瘦形销。不数年而逋负日增,物议日起。老亲又以盟妓一端,憎恶日甚。

[陈芸病中呓语],或呼:"憨何负我!"病势日以增矣。余欲延医诊治,芸阻曰:"妾病始因弟亡母丧,悲痛过甚。继为情感,后由忿激。"

[陈芸四十一岁时,在贫病中去世。]

三十六春小谱

<small>（清·嘉庆）捧花生撰
民国十七年（1928）扫叶山房
上海石印《秦淮香艳丛书》本</small>

孟册·陈喜林①

陈喜林，寓沉香街南。明眸而善笑，广座中亦自不禁，故能令见者生欢喜心。向闻有［狐仙］阿紫者，与之同卧起，姣丽不下于姬，一切如常人。姬亦不之惧，他人则不见。余固谓姬姗姗无尘韵，自不乏瑶台旧侣相从游戏也。

番禺县志

<small>（清·乾隆）任果等修
（清·乾隆）檀萃等纂
清乾隆三十九年（1774）刻本</small>

卷之十七风俗·壶教

粤中士大夫家壶教最修。［宋］时南海梁观国撰《壶教》十五卷，授其女弟为师，使训闾巷童女以守礼法。真德秀、胡寅常称其书。［明］归善叶时又尝著《阴礼书》以教女，一时俗化。香山黄佐有《母训》一书，以内则、曲礼、诗传为主，而《列女传》、《女戒》、《家范》皆采入焉。然其俗尚习矜，往往厉奇节至于过中。国朝百年来，番禺一邑其所称贞女者志不绝书，而其甚者相约不嫁，联袂而死。城峭则崩，岸峭则陡，其俗厉之使然也。

---

① 南京的一位娼妓。

野语

(清·嘉庆—道光)伏虎道场行者撰
清道光十二年(1832)刻
二十五年(1845)增刻本

卷二·十姊妹

粤东近俗，处女喜结十姊妹。聚相得者十人，叙齿结拜，年长居首，对神设誓，历久不渝。凡言动必以礼，女红妆束及梳头缠足之事一听长者指扚。无待保姆之教，自娴闺范。惟出嫁必让长者居先，无敢挨越。或迫于父母之命，幼者先嫁，亦不与新郎同宿。强之辄以死拒，如御强暴。必待长于己者嫁讫，方成燕好。

南海县志

(清·道光)潘尚楫等修
(清·道光)邓士宪等纂
清同治八年(1869)刻本

卷八舆地略四·风俗

广州女子多有结金兰会，誓同日嫁一夫者。相依为恋，不肯适人。强之，则归宁久覆，不复归其夫家。其夫或家贫貌陋或相谇诟，从而自缢自溺不可胜数。甚至习为巫蛊之术，新昏夕，瘗木偶于床帐间，持髑髅以诅其夫。立使昏迷，旬日多死，了无证验。此风惟顺德为最，沙头各堡与相毗连，间亦染其颓风，守土者亟当严禁。(据《顺德县志》、《赏雨茅屋集》诗注、采访册参修。)

南越游记

(清·道光)陈徽言撰
清咸丰七年(1857)刻本

卷二·闺闱敝风

　　顺德女子幼时与里中女伴结金兰会,歃血会盟,誓待同盟者嫁毕始各返夫家。波靡相从,父母、翁姑莫之能禁。其先字人者,花烛届期,所衣袭服诸女为之缝纫。上下密联,使难解脱,虑其与夫相昵致背盟也。于归礼毕,夜漏尽即返故居。自此夫妇隔绝,罕能觌面。诸女一一毕婚,乃各归焉。甚至有终身不能完聚者,亦有夫先置媵而后归者。曩一家郎妇新婚,入帏两情款洽,竟破女衣而合欢焉。旦返,诸女大恚,争以快剪搠之垂死,身无完肤。两姓父母鸣之官,官置数人于法。嗣是厥风少变,于归者袭服不复缝纫。惟诘朝仍还故居,弗少羁留。亲迎之夕,夫妇共枕,有娠旋可归主中馈。每节序喜庆良辰,女来信宿亦如之。不则一仍其故,结习未尽破除也。

劝戒二十四条①

(清·道光)翁心存撰
清刻本

(一)

　　狎游不可不防也。人之异于禽兽者,知羞耻耳。娼女优童,目挑色授,彼之不识羞耻,亦何足责。而尔生童,习于父师之教,明于人禽之分,[应]以礼为坊,慎守此人禽之界。

(二)

　　粤东地方,地处边隅,尤失交道。其男子以奸邪相诱,至有添弟会②之名;其女子以生死相要,亦有十姊妹之拜。维尔生童,固不容有此败类。

---

① 本文是作者在其广东学政任内向粤省文武生童所发的劝谕。
② 天地会。

明斋小识

(清·道光) 诸联撰
清道光间刻本

卷十二·二女同死

海盐祝公掌教上海书院,挈爱妾偕至。居相近,有待字之女,弱态盈盈,能诗善绣,为芳闺良友。未几女适人,倡随不笃,愿空房伴孤帐,谨守女箴。持斋礼佛,暇或诣祝。挑镫款语,恒至丙夜,绵绵不寐。九月中,忽于人定后启户齐出,驱口冥搜无迹。凌晨浮于河,两女犹紧相偎抱。时瞿子冶应绍有小传,备载端委,语多奇丽,可新耳目。

圣帝宝训像注[①]

(清·乾隆) 佚名编
清乾隆间刻
嘉庆二十一年(1816)补刻本

(一) 卷一

明张玉奇,永平府人。性好淫,见有美少年,必多方勾引,□博淫趣。年逾四旬,染瘫痪症,不能动履,百药罔效。因谒了缘大师,入冥查之。师趺坐良久,醒叱奇曰:"冥册载尔数淫男色,故受此罚,莫能逃也。"奇惭恨不敢辨。未半载,口不能言,闷闷而死。

---

① 目录及版心题《关帝宝训像注》。

男淫受罚

(二) 卷一

明程珩,湖州人,平生以道学自命。窗友欲破其戒,以博一笑。初以男色试之,不动。又选一美伶使挑之,珩怒曰:"禽兽至贱,尚不男与男交。我戴天履地之人,岂禽兽之不若乎!"知为窗友戏弄,遂与绝交。后邻居失火,空中有神曰:"勿犯避男色程家也。"须臾四邻俱毁,程家独存。

神庇不淫男色者

太上感应篇图说

（清·乾隆）黄正元等辑注
清同治八年（1869）刻本

（一）是以天地有司过之神，依人所犯轻重以夺人算

祁天宗恃才放诞，逢人自夸理学，而所为皆诡僻不经。尤不信鬼神，常肆谩骂。读书僧寺，天雨薪湿，呼童劈木身灵官作爨。年逾四十，心志荒迷，贪酒恋色，无所不至。有名家少年子，强诱鸡奸。岂知引水入墙，少年转通其媳，致帷薄贻讥。一日白昼见二

阴役持巨锁锁去，带至东岳府，发罚恶司议罪。司官检阅冥簿：天宗二十九岁应得举，三十岁成进士，官二品，七十八岁善终。因其少年狂荡，减消其算。晚年以举人为司铎，转知县，官五品，年五十四卒于官。缘四十以后作恶万端，日甚一日，上帝震怒，尽夺其算。罚入九幽之狱，万劫不许超生。天宗醒告家人，大呼曰："悔无及矣！"遂呕血而死。遗有二子，长歪嘴斜眼，形如鬼类。次子瘸腿折臂，废疾无用。不数年而家荡然矣。

祁天宗受罚图

（二）巧诈求迁

昔南方有一士，姓吕名种，才貌兼全，望之如神仙中人。但赋性放荡，所癖者子都、宋朝，所不留意者王嫱、西子。虽有艳妻潘氏，吕视之淡如也。登甲后选湖广孝感县，偕妻赴任。至苏州，见优人贾文与己面貌印板无二。吕大喜，邀之同行。日则共食，夜则共寝，余桃断袖，莫能逾也。妻见贾事事可人，亦有意属之。一日舟次汉江，吕酒后不谨，感染伤寒暴卒。妻与仆计曰："官人中道身亡，我等进退两难。吾见贾某面貌相同，若冒充到任，决无人认得。"仆以语贾，贾允从。是晚妻召贾议事，遂成伉俪。[后来隐情败露，贾被处斩，潘氏与众仆俱受绞刑。]

(三) 行多隐僻

庠生李某，工诗善文，年逾五十，屡荐不中。因请乩，鹤衣童子判曰："子平生好鸡奸，上帝命添两翼矣。"李愧而不信。自后亦书戒男色事警世，求免堕畜生道。后竟作鸡鸣而死，无子。（《增广觉世编》）

[眉评]：犯男淫者，虽忏悔亦必受报。人果何心，自甘堕入畜生道乎？

(四) 附·太微仙君善过格

(1) 伦常第一·子侄
为师引诱一顽徒，一日十过。

(2) 节忍第五·女色
淫一室女、孀妇、尼姑，三百过。
谋占人妻女、淫一良家妇、坏一女婢，百过。
奸一原失节妇，五十过。
蓄一戏妓、俊仆在家，二十过。
宿一娼，十过。
私窥人妇女、评戏一美色、遇一美色留盼、居家淫亵非时，五过。

太上感应篇图说

（清·乾隆）黄正元等辑注
（清·同治）毛金兰增辑
清同治七年（1868）刻本

(一) 礼集·见他色美起心私之

戴湘圃殿撰①戒淫七律三十首

岳岳金华一样冠，余桃相识得君欢。
十鱼大小伤怀易，双兔雌雄辨色难。

---

① 戴兰芬，号湘圃，道光二年（1822）壬午恩科状元。

若辈何常殊子弟，此情可复有心肝。
好还天道休迟误，花里秦宫尔试看。

(二) 廉集·无行于妻子

富家子弟或纵之演戏唱曲与优人往来，最为败家之道，不可不严禁，况以身为倡乎？

太上感应篇集传

（清·乾隆）惠栋笺
（清·嘉庆—道光）姚学塽注
（清·同治—光绪）俞樾缵义
巴蜀书社 1994 年影印《藏外道书》本 ①

卷弟三·见他色美起心私之

缵义曰：美男破老，美女破舌，古人所戒也。见人色美而遽起私之之心，此心一萌，易内窃妻，不知其所终极矣。老子曰："不见可欲，使心不乱。"《南史·沈宪传》则曰："目见可欲，心能不乱。"圣人以礼防民，宜用老子之言。是故深宫固门，阍寺守之。男不入，女不出。君子以礼制心，宜用《南史》之言。故曰："美者自美，吾不见其美。"

附录颜茂猷《遏淫说》曰：诸恶业中惟淫为最。盖淫念一萌，便思邪缘凑合，生幻妄心；设计引诱，生机械心；少有阻碍，生嗔恨心；忌人之有，生妒毒心；夺人之爱，生杀害心。种种善念由此消，种种恶业由此起。此森罗铁榜，必以淫为万恶首也。然而庸夫俗子，显蹈明行，罔知顾忌。至学士文人，诵习圣贤，竟尔自号风流，侈谈情种。……至若婢女仆妇，尤易行奸。不知家政不肃，家道不和，大都由此。或妒妻鞭挞以伤生，或悍仆反颜以叛主。或父子不知而聚麀，或兄弟交游而荐寝。甚者以骨肉胞胎，沦为贱媵。后人无知，误行亵狎。明为主仆之分，阴有兄弟之戚。伤风败俗，所不忍言。更有别种狂且，渔猎男色，往往外借朋友之名，而阴图夫妇之好。彼既见鄙于众人，我亦不齿于正士。且若彼惟慕少年，顿忘齿谊。淫其幼者，何异于吾子吾孙？淫其稍长者，何异于吾弟吾侄？父事兄事之谓何，而沦污若此。稍知礼义者，当必汗流浃背，翻然愧悔矣。等而下之，狎优童，昵俊仆，心因欲乱，内外不分。我既引水入墙，彼必乘风纵火，其间盖有不可知者。

---

① 据清光绪间刻本影印。

全人矩矱

（清·乾隆）孙念劬编
巴蜀书社 1994 年影印
《藏外道书》本①

（一）卷二戒淫集说·先儒论说·颜光衷《遏淫说》

颜茂猷《遏淫说》曰：诸恶孽中惟淫孽为最。盖淫念一萌，便思邪缘相凑，生幻妄心；设计引诱，生机械心；少有阻碍，生嗔恨心；忌人之有，生妒毒心；夺人之爱，生杀害心。种种善愿由此消，种种恶孽由此起。此森罗铁榜，必以淫为万恶首也。然而庸夫俗子，显蹈明行，甘同禽兽。至学士文人，诵习圣贤，竟尔自号风流，侈谈情种。……至若婢女仆妇，尤易行奸。不知家政不肃，家道不和，强半由此。或妒妻鞭挞以伤生，或悍仆反颜以叛主。或父子不知而聚麀，或兄弟交迷而荐寝。甚者以骨肉胞胎，沦为贱媵。后人不知误狎，明有主仆之名，阴有兄妹之戚。伤风败俗，所不忍言。更有别种狂痴，渔猎男色，往往外借朋友之名，阴图夫妇之好。彼既不齿于众人，我亦见鄙于正士。夫女淫以人学豕，男淫豕所不为。创天地未有之奇淫，蹈神人共愤之秽行。稍知礼义者，决不出此。等而下之，狎优童，昵俊仆，心因欲乱，内外不分。我既引水入船，彼必乘风纵火，其间盖有不可知之事。

（二）卷二戒淫集说·先儒论说·戒狎顽童说

男淫恶孽，不知创自何人。既非阴阳配合之宜，又无莲步云鬟之媚。乖人夫妇（偏爱宠童者，必夫妇失好），奸人妻女（内外不分者，必男女相窃），耗人精血（亢阳极伤精血，且秽气入肾必成瞽疾），绝人子嗣（好此者精冷无子），为害不小。若官役苟交，主仆求合，恃宠擅权，致祸尤烈。历有明验，人亦何苦而好之哉！若夫青年俊士，一时失足，即遗臭终身。不齿于士林，见讥于乡党，玷辱于父母，惭愧于子孙，人又何忍而造此孽哉！陈成卿曰："养生家每言男淫损人尤倍于女，所当誓绝。况主人狎比狡童，多至阃范内乱，更宜防戒。"昆山诸景阳作书规俞门士曰："精为至宝，施之于人，尚能生人。留之于身，岂不自生。况施与女人，犹可生人，若施于男子，倍觉可惜。"俞不能从，卒至于夭，嗟乎！狗彘相交，尚循牝牡，人求苟合，不辨雌雄，怪乎不怪？先儒云："女淫以人学豕，男淫豕所不为。"此言真堪警醒。

---

① 据清道光二十三年（1843）京都许氏刻本影印。

（三）卷四·功过格分类汇编

（1）敦伦格·主仆

能立家法，不用俊仆强仆，惟用朴诚忠厚者，一人三十功。

（2）修身格·遏邪

路遇美人熟视，一次一过，动心加倍。

展转一淫念，一时一过。

宿娼比顽、染一本淫妇，俱十过。

淫一失节妇，五十过。

淫一女婢，百过，强者加倍。

欲染良家妇，百过，成淫十倍。

欲染室女、孤寡节妇，三百过，成淫十倍。

不可录[①]

民国十三年（1924）
上海善书流通处石印本

戒淫格言

汪舟次曰：诸恶业中惟色易犯，败德取祸，亦莫过此。常即万恶淫为首一语思之，世间恶业无穷，何至以淫为最？盖淫念一生，诸念皆起。邪缘未凑，生幻妄心；勾引无计，生机械心；少有阻碍，生怨恨心；欲情颠倒，生贪着心；羡人之有，生妒毒心；夺人之爱，生杀害心。廉耻尽丧，天理俱亏。种种恶业从此而起，种种善愿从此而消，故曰万恶淫为首。夫一动淫心，未必实有其事，已积恶造业如此。况显蹈明行，罔知顾忌者乎？世有忠厚善人，而身后不昌；才士文人，而终身潦倒者，其病皆由于此。……更有别种狂痴，渔猎男色，外借朋友之名，隐图夫妇之好。彼既见鄙于众人，我亦不齿于正士。等而下之，狎优童，昵俊仆，心因欲乱，内外不分。我既引水入墙，彼必乘风纵火，其间盖有不可知者。

[①] 据"自记"所述，本书曾于清嘉庆十五年（1810）由陈海曙出版，其前万九沙（万经，1659～1741）亦曾刊刻。

劝孝戒淫宝箴

佚名编
民国间北京天华馆铅印本

关圣帝君遏淫说

诸恶业中惟淫业为最。盖淫念一萌,便思邪缘相凑,生幻妄心;设计引诱,生机械心;少有阻碍,生嗔恨心;忌人之有,生妒毒心;夺人之爱,生杀害心。种种善愿由此消,种种恶业由此起。此森罗铁榜,必以淫为万恶首也。然而庸夫俗子,显蹈明行,罔知顾忌。至学士文人,诵习圣贤,竟尔自号风流,侈谈情种。……至若婢女仆妇,尤易行奸。不知家政不肃,家道不和,大都由此。或妒妻鞭挞以伤生,或悍仆反唇以叛主。或父子不知而聚麀,或兄弟交游而荐寝。甚者以骨肉胞胎,沦为贱媵。后人无知,误行亵狎。明为主仆之分,阴有兄弟之戚。伤风败俗,所不忍言。更有别种狂痴,渔猎男色,往往外借朋友之名,而阴图夫妇之好。彼既见鄙于众人,我亦不齿于正士。且若辈惟慕少年,顿忘齿谊。淫其幼者,何异于吾子吾孙?淫其稍长者,何异于吾弟吾侄?父事兄事之谓何,而沦污若此。稍知礼义者,当必汗流浃背,翻然愧悔矣。等而下之,狎优童,昵俊仆,心因欲乱,内外不分。我既引水入墙,彼必因风纵火,其间盖有不可知者。

重订解人颐广集

（清）胡澹庵定本
（清·乾隆）钱德苍重订
清乾隆五十年（1785）金陵三德堂刻本

卷之八·游戏集·风流焰口①仪范

【佛前香赞】

炉香乍爇,法界蒙薰,诸佛海会悉遥闻。诚意方殷,诸佛现金身。南无香云盖菩萨摩呵萨!（三称。）

---

① 僧人设斋向饿鬼施食,使其超度,叫作放焰口。

【接引佛上坛】

阿弥陀佛生金色，向好光阴无等伦。白毫婉转五须弥，甘目澄清四大海。光中他物无数境，化菩萨众亿无边。四十八愿度众生，九品莲花登彼岸。南无西方极乐世界，大慈大悲阿弥陀佛！

【动钟鼓】

南无香云盖菩萨摩呵萨！

色界轮回总是空，万缘纷扰欲为宗。

凡心一入迷魂阵，似溺无边苦海中。

大众听者：这焰口施食道场，是我佛如来慈悲设教，救度冤魂。众生起悟灵明正觉，百般冤孽仗此往生。一以悉登彼岸，惟有色欲幽魂，急切难离苦海。我今特发虔诚，另设慈悲科法，专度风月幽魂，不许诸魂杂遝。一齐静听宣扬，无得喧哗哫嗒。咦！

一粒米胜似须弥，千万饿鬼皆饱酌。

四大部洲皆欲界，茫茫苦海暗似漆。

安得中山萤火光，普天照耀光明国。

我今虔诚而奉请，唯愿慈悲乘感格。

……

【一心召请】

不须媒妁，能邀鱼水之欢；何用逾墙，可赴丘中之约。偎红倚翠，谁知以弁而钗；凤倒鸾颠，孰料将男作女。食余桃，声贺君，乘色乘爱。呜呼：

年登二十未曾冠，犹是娇痴效海棠。

袅袅风前频尽发，修成青鬓妒红妆。

若有青年子弟，献卖风情之流。构媚幽魂，此夜今宵，一同来受甘露味。

【一心召请】

已归五戒，由然酒色怡情。既受三皈，还向花丛觅翠。锦袈裟，阵阵时开脂粉气；毗卢帽，朝朝偏惹麝兰香。凡心一动，五姑娘权做娇妻；欲念生焉，小徒弟将来煞火。慧眼番成色眼，那怕佛祖生嗔；禅心变作淫心，何惧伽蓝加责。呜呼：

生怕逢辰落释门，惟有钟鼓伴黄昏。

凡心一动津难咽，撇却从前清静心。

若有佛门弟子，沉埋欲海之流。堕落幽魂，此夜今宵，一同来受甘露味。

……

【法白动钟鼓同念】

献媚龙阳，终日街前戏。撞着油花，骗入深房内。解裤掀衣，两脚高提起。弄死孤魂，来受甘露味。

无耻淫僧，没计偷婵媚。欲火难禁，狠把牙关闭。搂定沙弥，权当娇娥戏。极死孤魂，来受甘露味。

……

【白打木鱼念】

宣扬已毕，魔鬼升天。周圆功德，众等离筵。从今去后，无罣无牵。西方常住，极乐游闲。一朵莲花，脱化人间。我与众等，漠不相关。祥云五彩，随风而散。

【法师念】

南无皈依佛。南无皈依法。南无皈依僧。

皈依佛，不堕色鬼。皈依法，不堕地狱。皈依僧，不堕畜生。

【白文打钳鼓念赞】

手捧香花，诸佛拥金华。忏悔无差，朵朵生足下。

南无清凉，上下龙华会。甘露王菩萨摩呵萨。

【法师念】

尔等听者：阴限急迫，毋容久延；阳令森严，宜当速退。急急回头，勿得重入烟花里；忙忙退步，无教复溺欲波中。

从前作过风流债，今日承恩一旦消。
超出孽尘从此去，鹤上青云鸣九皋。

唵嘛呢叭咪吽。（凡数十遍下坛。）

立命功过格

（清·乾隆）徐心耕等编
清光绪间刻本

（一）卷一·婢仆

百功：贵族大家立家法，不用一俊仆，不用一强仆，惟用朴诚忠厚勤慎准绳之人，使子孙世守。

（二）卷二·色欲

三百过：破一妇女节。

百过：欲染人家妇女。

五十过：纵欲堕胎。

三十过：士庶人妻已生子而复置宠妾。

十过：宿一娼。

五过：与优童家仆淫亵非礼。纂：淫亵一良家子弟加十倍。

劝孝戒淫录

（清·光绪）吴兆元辑
民国十九年（1930）
柏香书屋刻本

（一）文昌帝君天戒录①

吾奉金阙至尊之命，于每月寅卯日按行丰都地狱，考定天下有罪人民事实。见夫黑籍如山，皆世人一生孽案。诸罪之中，惟淫为首，天律最严。奸人妻女玷人闺门，在地狱中受苦五百劫，方得脱生为骡为马，又五百劫乃复人身为倡为优。……更有造作淫书，坏人心术。死入无间地狱，直至其书灭尽。因其书而作淫恶者，罪报满后方得脱生鬼国。幽幽冥冥，不见三光。餐风卧冰，皮肤惨裂。虽遇仙佛，不能救度。淫书之为害世人，不知其祸甚大。若夫巧作传奇，嬖童当场演出，观者熟视淫态，乱人清操，其罪尤重。职其所由，皆淫书之为害也。[注：]传奇，戏剧也，此淫书之尤著者。夫淫书之害人已极矣，然不识字者无从陷而溺之也。至于传奇，则摹神绘意，现前做出，令人熟看，虽至愚至蠢之人亦无不心解神会。嬖童，优伶也。犹是童也，人皆有佛性，此童何独无之？而乃教之使习，习而成之，违天害人，何罪如之？况士大夫见此妖姿，从而嬖幸，平日清操因之顿丧。以一身之乱而言，则精神耗散，志气昏颓，所为于是乎颠倒。由是而乱及一家，则能文子弟从此效尤。甚且乱及闺闱，则艾豭娄猪，通功易事，此际尚可问哉？而从其本而论之，清操之乱由于嬖童，童之可嬖由于学优，优之所以学由于作传奇者启其衅也。祸比淫书更烈，则罪比淫书加等。宜哉！宜哉！

（二）茹状元棻②戒淫十咏果报四咏·伶人

错开情窦到梨园，色艺能教智者惛。
同体何堪成伉俪？娇妆偏尔爱温存。

---

① 莲池大师（明·释袾宏）注。
② 茹棻，乾隆四十九年（1784）甲辰科状元。

尽怜幼艾将金掷,肯为余桃恋我恩?

歌舞现身会说法,请看果报莫销魂。

远色编

(清·康熙)佚名编
(清·乾隆)陈瑛重编
清道光十八年(1838)钱塘项尔康刻本

(一)卷上·经籍垂训

王大契问莲池大师:"弟子自看师《戒杀文》,遂持长斋。惟是色心炽盛,不能灭除,乞师方便教诲,使观欲乐一如杀生之惨。"师答云:"……若夫巧作传奇,当场演出,教习嬖童,熟视淫态,乱人清操,不可胜数。职其所由,皆淫书之为害也。奈何士子以夙世之慧根,握七寸之管。不思有功于世,积福于身,徒造无穷之孽,干上帝之怒,自蹈于冰渊火坑而不恤。深可悲也。"

(二)卷上·先正格言

施愚山①曰:"淫之作孽甚矣哉!……或主人狎比姣童,多致闺范内乱,贱类缵宗。为先世之罪人,尤属可危。吾愿后人刻骨誓肌,共图湔濯也。"

(三)卷上·严戒渔色·男色

男女奸淫,已同禽兽。或更比匪娈童,以同形同体,巧为淫合。清夜自思,成何面目?且群小狎邪,有乱家规,引狼入室,害有不可胜言者。

(四)卷上·肃清闺阁

黄藜乙《闺箴》曰:"妇女邪淫,每由三姑六婆、乳媪侍儿所诱,或由娈童俊仆出入内室及男亲女戚往来宿歇,并入寺游山、参僧礼道而起。为夫若妇者严行禁绝,邪淫之窦亦少塞矣。尤在男子不狎娈童,不私仆婢,使床笫之间情好无间。且平日语言举止毫无亵慢,淫艳之书不置案头。一以古今节烈之事演述化导,令所见所闻皆有规矩。此又端本澄源之道也。"

---

① 施闰章,号愚山。

（五）卷上·肃清闺阁

《不可不可录》曰："妻之悍于夫，虐于妾，亦夫有以教之。少年浪荡，迷恋他人。或嫖荡异乡，经年不返；或逼污侍婢，苦劝不止；或私比狡童，轻财相赠。我既钟情花柳，弃彼芳年。独宿空房，衾影自伴，此其痛入心脾，冤缠肺腑。本贤德亦必变为狠妒，本慈悲亦必变为刚戾。女德无极，妇怨无终，嗔恨积年，发抒一旦。此其刚虐，何足怪哉？"

（六）卷中·考验功过

起心私一女，十过。
淫一良家妇，三百过。
淫一室女、节妇、尼姑，六百过。
污一婢，百过。
蓄戏子、妓女、俊仆在家致启邪淫，一日为十过。
蓄淫书淫画，一日为十过。
作淫书淫画，流传天下后世，坏男女心术节操，无量过。

（七）卷中·劝戒条目·杜邪

不蓄俊丽虚花之仆。

（八）卷下·宣淫门

《坊淫编》曰："明末时一生比一俊童，与妻失欢。童潜通生之妻，值鼎革避难，童挈生之妻而逃，不知所之。生遍求不得，惭愤而死。"

远色编[①]

(清·康熙)佚名编
(清·乾隆)闵补篱重编
(清·道光)白良弼
(清·道光)渠绍仑评注
清道光十年(1830)刻本

严戒渔色·男色

……

按：医经肛门居至阴之地，丝系于心，为大肠出粪之所。若恋此不禁，无论天神必有报应。而且秽浊之气暗薰肾茎，两目终必枯瞎，阳具亦渐痿矣。戒之。(白良弼附。)

增订丹桂籍

(明·成化)颜正笔注
(清初)颜文瑞案证
(清·康熙)颜章敬增润
(清·嘉庆)王定柱等增订
清嘉庆二十三年(1818)
鹤阳杨运昌云南刻本

(一) 卷八·汇纂功过格·色欲

破一妇女节、淫一室女节妇尼僧，以上三百过。

谋占人妻女、淫一良家妇、坏一女婢，以上百过。

蓄一美妓顽童在家、奸一原失节妇、纵欲堕胎，以上五十过。

宿一娼、士庶人妻已生子复娶妾，三十过。

起心私一美色、修合房术、与优童家仆淫亵非礼、与妇女相对任意戏谑、私窥人家妇女，以上一次十过。

展转一淫念、路遇妇人留盼、收藏淫书淫画，以上一次一过。

(二) 卷十一·劝戒条目

(1) 杜邪

狎妓者不友。

---

① 与道光十八年(1838)钱塘项尔康刻本相比对，本书收入了项刻的第(一)(二)(三)(四)(六)(七)条，无第(五)(八)条。

不蓄俊丽虚花之仆。

(2) 宴会
不演淫戏。
不用妓女及优人侑酒。

(三) 卷十一·戒淫十正歌

……

你莫比狡童，狡童刁且猾。狐行内外通，情爱胜妻妾。使心狠，下手辣，离间谗言君不察。戒尔勿作弄儿看，背尔还能乱家室。

(四) 卷十一·戒淫证验

康熙庚午，知绍兴事李公铎。有一少年入寺游玩，为僧诱住轮奸，仅存一气。邻舍觉而捕之，送府。每僧杖八十，枷号绝食而死。入僧舍者可以为戒。

傅青野曰："我朝鸡奸拟光棍例，立斩。盖于无可污者而必欲污之，诚神人共愤，不特阴律之所不赦也。况男女成奸，彼此咸甘污下。至于幼童，原属无知，而必欲诱之蒙垢，使其长大悔恨无穷，即乃父乃兄有不怒入骨髓者哉！兼之凿破天良，损德损寿，自我玉成，罪实奚逃。养生家云：'男淫损神，尤倍于女。'谚云：'狎比狡童，必多内乱。'吾愿人之刻骨铭心，勿寻烦恼也。"

指淫断色篇

(清·嘉庆) 董清奇撰
巴蜀书社 1994 年影印
《藏外道书》本①

第四

昔有一学生，父母、先生严谨，忍受不住，奔走在外。离他家有五百里地，有他个亲戚，他投到那里去。那亲戚搬移别处去了，把他困在此处，不敢回去。欲想回去，又怕挨打。万般出于无奈，把衣服行李都当卖尽了。这学生才交十六岁，生的像貌出众，本处有个光棍就要霸占这学生。学生不依，二人争吵。恼怒了本处一个豪杰，把光棍痛

---

① 据清嘉庆间汉阳栾惟真刻本影印。

打了一顿，那光棍得便起来跑了。这豪杰就问学生，你是那里人氏，姓甚名谁，我好送你回去。这学生把家乡地里姓名细说了一遍，豪杰说："离此处有五天路，用盘费若干，都是我的。"学生说："我的行李铺盖尽行当了。"豪杰说："当了，我与你赎出来。"次日两人起身，径往他家里走。走了三日，学生说："离我家只有两天路了。"此日晚上下了店，遇见豪杰一个故友，请他们二人吃酒，直吃到二更天才歇了杯。这豪杰吃醉了，学生也吃醉了。二人同床，盖着一个被儿打脚蹬。才睡下，扬风搅雪，飘到学生脸上。学生说："这头睡不得了，雪只往脸上飘。"豪杰说："你把头蒙住。"学生说："我蒙不惯头，蒙住再睡不着。"学生又问："你那一头有雪没雪？"豪杰说："雪飘不到这里来。"学生说："不然，我合你睡在一头儿。"睡到半夜，豪杰淫心动了，伸手摸挲学生，学生亦摸挲豪杰。豪杰引诱学生，学生就从。二人行了苟且，才把此事做毕，豪杰忽然省悟了。

情里包着欲，情欲紧相连。
本来没有欲，欲动是情感。

话说这豪杰第二日起身，骑在牲口上不住的咳声叹气，自恨自怨。口中不言，心里暗想，这做了一场何事？对着学生也不敢说出口，学生自觉得脸上羞骚。二人走了两天，来在学生家门首。常工看见学生回来了，紧跑了几步接上。这学生家丰富，弟兄三人只有这一个儿子，看的如同掌上明珠一般。自从那一日他走出门去，他那父母直哭的连饭也吃不下去，拿出几百两银子，雇人找寻。今日忽然还家，就像空中吊下的一般，合家老幼都与豪杰叩头。那家把学生就拜亲给这豪杰，两家又是亲戚。留他住了半年，临走，他亲家送的马匹衣服、银钱彩缎。那豪杰在这个地方上勉强昧着心，脸上却不肯带出后悔的容颜，恐怕旁人看出意思。今日出了这个地方，途路以上细思想起来，说："我平日好打不平，那好打不平的人算是个正人。我因光棍无理，我将他打跑了，夺回学生，我反合学生行了苟且。我还算是个正人么？是个坏人呢？我把学生送回去，他合家老幼都与我叩头，都称我是义士君子。正人都做出这样的事来了，古人云：不能正己，焉能正人？我这样的人，活在世上真乃愰世。"想到这里，后悔的连饭也吃不下去，一路上只是怀恨自己。一日到了家里，本家合邻居亲友一齐都来探望。说恭喜你回来了，你做了一件好事。众亲友说出此话，他心上更觉惭愧。回家有许多日子，轻易也不出门，也不与人说话。〔经过一位道人的指点，豪杰诚心忏悔改过，后来跟着道人出了家。〕

粤谐

（清·嘉庆—道光）黄芝撰
广东中山图书馆1960年油印本

南雄人言，昔有刘翁自言能记三世事。初世为童子师，悦男色，一生貌极美，某以酒醉生污之。生愤甚，投缳死，无何某亦以疫疾死。气初绝，有二鬼摔至一官府如王者居，见投缳生及平昔所污者，揶揄阶下。既而王者出，传言某既为人师，所学何事，乃不自重，可谓衣冠禽兽。科其罪罚作女子身，命鬼押出。众请曰："须去其阳具为淫孽报。"王允之，命鬼褫其袴，割之痛入心坎，沥血鸣嘶，众方散去。鬼神押至山东为贫家女，及笄，归一龌龊子。日与之淫，稍不从则榜掠数四，故放荡无节，以瘵死。某念前生事，不敢他望，守志自忏。未几流贼肆起，掳掠村民，各鸟兽散。某奔至一村，有妪方炊，泣诉苦楚。妪怜之，食以脱粟。无何一男子入，频频眈视，问妪何人，妪言此前村寡妇也。某偷视之，俨然投缳生。惊甚，惧报前孽，欲再奔，恐为贼得，心殊忐忑。是夜男子至求狎，某不从，男子怒缚某椅上，肆淫而去。某念前世事，彼为男子被污而死，诉之冥间，罚我受苦，我当报之，乃绝吭而死。复至前官府处，以强奸寡妇致死为词。王不答，命吏稽妪子寿，旁有长髯人捡籍视，白曰："尚有二十五年。"王曰："汝为女子，尚能矢志自忏，准复男身。俟彼二十五年后为尔子，以解前孽。"遂投生于粤，是为刘翁。年十八受室，恒不育，七年后举一子。知投缳生至，取名曰解吉。既长，多好狎邪游。一日欲私其父妾，妾怒奔告刘。刘大笑，为置侧室，解吉由此悔过。自后见父妾在辄走避，人咸谓刘姑息而不知有以也。

家范辑要

（清·道光）邓淳编
清咸丰五年（1855）水云山房刻本

（一）卷十三·痛戒邪淫

渔猎男色，其不可者五。一曰乱朋友之伦。交友本以辅德，乃今淫污亵狎，秽不可言。迨夫色衰爱弛，于情何有？是谓恩义两亏，一不可也。一曰伤夫妇之爱。阴阳和而雨泽将，夫妇和而家道成。乃若割袖分桃，欢同女子。鸣琴举案，视若路人。是谓好恶颠倒，二不可也。一曰紊老少之序。乡老达尊，忘年下比。观其齿，真足为子为孙。视其状，不啻如兄如弟。是谓老而无耻，三不可也。一曰忘贵贱之等。昵俊仆，狎优童，嬖门役，坐立忘形，甘汝甘受。置冠于履，混鼠于猫。是谓自亵其贵，四不可也。一曰无内外之别。若辈有何行检，乃因胶漆之投，遂忘瓜李之忌。视若一家，疏于防范。窃玉偷香，奚所不至。是谓自速其报，报以妻女而不知羞，五不可也。（《不可录》）

（二）卷十三·痛戒邪淫①

雍正间，江南乡试，有常熟某生，第三场入宿字号。前二场颇得意，兴致甚高。中秋夜与相识玩月，分韵作诗，有"皓月中霄满，红颜往日残"之句。众索其解，生凄然曰："诸君同类，无妨吐实也。忆昔游吴门时，馆于某缙绅家。弟子四人，悉主人子侄。有柳生者，主人内侄也。丰姿如玉，予挑之数四，佯若不知。适值冷节，诸生皆给假展墓。唯与柳生相对，遂作诗挑之曰：'绣被凭谁覆，相逢自有因。亭亭临玉树，可许凤栖身？'柳得诗，面发赪，团而嚼之。意谓可动，强柳生饮而醉之，遂得一遂所欲。柳醒后知已被污，竟投缳内寝，举家莫测其故。予不敢言，饮泣而已。主人构讼半年始解。今对此月色，想及当年，不禁痛心耳。"言讫泪涔涔下。众异其人，陆续散去。五更后，忽人声喧沸，曰："有人缢死屎号中矣。"验之，则常熟生也。（《夜谈录》）

（三）卷十七·禁演戏剧

《戏剧论》曰："唐虞三代之隆，未有戏也。至唐采子弟入梨园，后乃传为盛事，遂举天下而皆戏矣。夫至天下皆戏，将乌乎止？此其病有八，请陈其略。一为慢神惑众，二为贼人子弟，三为伤财病民，四为慢游旷业，五为体统有失，六为伤风败俗，七为万恶之媒，八为生祸之阶。……今之广州近地佛山一镇，戏船不下三四百号，每船不下七八十人，计三万余人矣。一州如此，全省之地十倍，其数可知，计人已三十余万矣。环海之内，百倍其数，又可知矣。夫聚群不教之人，以日耗蒸黎之积蓄，已非国家令典，况众至数百万乎？此所谓伤财病民，其病三也。……《书》曰：'敢有恒舞于宫，酣歌于室，时谓巫风。'而《五子之歌》亦以色荒嗜音为必亡之兆。乃士夫以听戏为豪华，以侑筋为爱敬。藉口于太平点缀，而积习既深，或至显狎傀儡，暗蓄优童。其尤甚者，学校明伦之地，亦为此百般丑态，不且五经扫地乎？士夫宣淫，民无所效，是皆戏之流祸，烈也。此所谓体统有失，其病五也。……昔有来问者："甚矣，戏子之无耻也。"予曰："能看者便能做，不可谓看戏诸人皆有耻也。"（《麦稷亭文集》）

---

① 原文见《夜谭随录·卷之六·棘闱志异》。

(四) 卷十七·禁演戏剧

余读《五代史·伶官传》，而叹欧阳公特立此传，为戒于后世者深也。后世士大夫，每好狎俳优，比顽童。夫以君子之尊而至下侪于小人之贼，是阳替而阴乘，乌知其不启乱源乎？《易》曰："履霜坚冰至。"圣人之教，在于防微。（《云泉随札》）

闺律

（清·道光）芙蓉外史撰
清宣统二年（1910）国学扶轮社
上海铅印《香艳丛书》本

刑律凡七条

凡娈童兔客以及年少优伶，概不准交接。违者照结纳匪类例，杖一百，罚倒马桶一个月。与文人往来，听。

判曰："花阴解佩，私邀断袖之欢。席畔飞觥，邃密分桃之爱。别有兔园可入，居然鸟道能攀。洞许寻源，不顾阴阳颠倒。战夸背水，任教云雨掀翻。只因恋彼后庭，遂至虚侬前席。事同胯辱，罪合肉刑。既喜纳污，宜令涤厕。倘使交来文字，提麈谈诗，不妨款以壶浆，杀鸡为黍。无庸鼓瑟，速遣调羹。"

凡外间使令皆用苍头，不得私蓄俊仆。违者无论有无情弊，俱照鸡奸例，杖八十，枷号一个月，该仆逐出。

判曰："忍笞不去，难求颖士之收。饮水偏甘，谁似子渊之仆。只要履箱解捧，垢面何妨。但期诗料能驮，蓬头亦可。只是寻常之役，何须婉娈之童。分明爱彼卯宫，遂欲藏诸甲帐。薰香婢周防有我，免尔探花。读书堂照顾无人，任伊钻李。既贪乌合，须置象刑。先挞尻轮，次加颈木。乱风必儆，祸水速除。"

身世金丹

(清·道光)读我书居士辑录
民国十四年(1925)上海宏大善书局石印
《玉历金丹劝世合编》本

戒淫诗·男宠

雨云欢会岂宜男，断袖分桃世竟耽。
兽行明条原不赦，鸡奸淫孽更何堪。
正人不齿彼蒙耻，下贱为侪我亦惭。
渔猎定璎神鬼怒，犬心人面为君参。

人范需知

(清·道光—同治)盛隆编
清同治二年(1863)晋陵盛氏刻本

(一) 卷三修身格·戒色

于铁樵又曰："男女奸淫，已同禽兽。或更比匪娈童，以同形同体，巧为淫合。清夜自思，禽兽不若。且群小狎邪，阶乱家规，引狼入室，害有不可胜言者。"

(二) 卷三修身格·戒色

新乡金大使，性好龙阳，年七十无子，尚不悔改。狎一少年沙弥，任其穿房入闼。以致潜通二女，丑声外播。乾隆庚辰仲冬，大使暴卒，沙弥挈二女远遁，不知所往。后十余年，人有见其在京为倡焉。

大清律例

(清·乾隆)徐本等修
清乾隆初年刻本

卷三十三刑律犯奸·犯奸

恶徒伙众将良人子弟抢去强行鸡奸者,无论曾否杀人,仍照光棍例,为首者拟斩立决,为从若同奸者俱拟绞监候,余犯问拟发遣。其虽未伙众,因奸将良人子弟杀死及将未至十岁之幼童诱去强行鸡奸者,亦照光棍为首例斩决。如强奸十二岁以下十岁以上幼童者,拟斩监候,和奸者,照奸幼女虽和同强论律拟绞监候。若止一人强行鸡奸并未伤人,拟绞监候,如伤人未死,拟斩监候。其强奸未成者,杖一百,流三千里。如和同鸡奸者,照军民相奸例,枷号一个月,杖一百。倘有指称鸡奸诬害等弊,审实,依所诬之罪反坐,至死减一等。罪至斩决者,照恶徒生事行凶例发遣。

大清律续纂条例①

(清·乾隆)允禄等纂
清乾隆间刻本

卷二刑律犯奸·犯奸②

川省啯匪有犯轮奸之案,审实,照强盗律不分首从皆斩。其同行未成奸者,仍依轮奸本例拟绞监候。如因轮奸而杀死人命者,无论成奸与否,俱照强盗杀人例奏请斩决枭示。(此条系乾隆二十三年十一月四川按察使吴士端条奏。)

---

① 本书所收条例修定于乾隆二十一至二十五年。
② 参见《皇朝经世文编》。

金吾事例

(清·咸丰)载铨等编
清咸丰元年(1851)刻本

章程卷五·赌娼房间入官

嘉庆十六年六月,步军统领吉等条奏,请将出租开设赌局之房间棚座入官惩创一折。奉旨:著交刑部议奏,归入条例,钦此。嗣经刑部议奏,京城内外拿获赌博,讯系开场聚赌经旬累月,窝娼软棚月日经久者,均将房屋棚座一概入官,房主铺户均照容留例,初犯杖八十,徒二年,再犯杖一百,徒三年。如交家人出赁,伊主不知情者,罪坐经手之人。倘系官房,即将知情租给之人照前例治罪等因具奏。奉旨:依议,钦此。

皇朝文献通考

清高宗敕撰
台湾商务印书馆1986年影印
文渊阁《四库全书》本

(一)卷一百九十七

[雍正]十二年严强行鸡奸律。刑部议准:嗣后凡有恶徒将良人子弟强行鸡奸者,无论杀人与未杀人,俱照光棍例,为首拟斩立决,为从拟绞监候。虽未伙众,实因奸而致死良人子弟,及至良人未至十岁之幼童诱出强行鸡奸者,亦照光棍为首例,拟斩立决。如强奸十二岁以下十岁以上幼童者,拟斩监候,和奸者,照强奸幼女虽和同强论律拟绞监候。若止一人而未伙众又未伤人者,拟绞监候,伤人未死者,拟斩监候。未成奸者,杖一百,流三千里。其二人强行鸡奸并未杀人者,照轮奸是实依光棍例分别首从定拟。从之。

(二)卷二百八

乾隆四十八年定详察拒奸杀命罪情。时奉天题奏:民人张成功挤死柴明玉、姜连,殴死吴麻子,因强行鸡奸起衅致死,问拟斩候。原案未经声叙死者生前确供,又无旁人证见。奉谕:嗣后各省遇有拒奸杀命之案,该地方审讯时必须将凶手与死者年齿详悉核对。如死者年长于凶手十岁以下者，则欺其稚弱，图奸自属情理。若年岁相等，或仅大三五岁，又安知非凶手图奸因而致死灭口，恃无见证图赖死者，希冀卸罪乎？将此宣谕问刑衙门知之。

大清律例通考

（清·乾隆）吴坛撰
中国政法大学出版社 1992 年
《大清律例通考校注》本

（一）卷四名例律上·流囚家属

第十条例文。

八旗发遣人犯内，如伙众抢去良人子弟强行鸡奸之余犯问拨者；指称鸡奸诬告人，至死罪未决者。此等情重各犯在遣所病故，所有妻子概不准携骸回籍。

谨按：此条系乾隆二十年六月内，刑部会同八旗都统议准条例，乾隆二十一年馆修附律。

（二）卷二十四刑律贼盗中·白昼抢夺

已删例文。

恶徒伙众将良人子弟抢去强行鸡奸，为首者斩决，为从者绞监候，和同者照例拟罪。

谨按：此条系康熙年间现行则例，雍正三年律例馆奏准附律。乾隆五年馆修①，以此条系犯奸专条，应移入犯奸律后。但又有雍正十二年新定例款，较为详悉，此条无庸移入，应删。

（三）卷二十六刑律人命·杀死奸夫

第二十条例文。

凡男子拒奸杀人之案，除事后指奸并无实据者，仍照谋、故、斗杀本律定拟外，如当场见证确凿及死者生供有据，或尸亲供认可凭者，照斗杀律减一等，拟杖一百，流三千里，奏请定夺。

谨按：男子拒奸杀人，向无治罪专条。乾隆二年二月内，据山西按察使元展成条奏，请照夜无故入人家已就拘执而擅杀律，杖一百，徒三年。经刑部核拟，以奸情暧昧，最易捏饰，若辄拟以杖徒，则怀挟夙嫌而蓄意阴谋者，皆得捏奸以戕命。如果情可矜疑者，

---

① 馆指律例馆，属刑部，负责编修法律。

自可随时酌量援例减等，奏请定夺等因，奏准在案。近年刑部核覆男子拒奸杀命之案，如遇图奸有据，证佐确凿者，即随时斟酌，援引从前原奏请旨减等，拟以满流办理。虽无歧误，然此等案件事所常有，如每遇一事即援引多文，于案牍未免繁琐。乾隆四十三年馆修摘纂入例，以归简易，以便遵行。

（四）卷三十三刑律犯奸·犯奸

第三条例文[①]。
……
谨按：此条康熙十八年先经议准，凡恶徒伙众将良家子弟抢去强行鸡奸，为首者立斩，为从者俱拟绞监候。若系和同者，照律治罪。又，四十六年覆准，奸幼女，照光棍例拟斩立决。兹雍正十二年二月，又经刑部议覆安徽巡抚徐本条奏，详定例款。乾隆五年馆修，查原议内：年至十六七岁已属成丁，嗜欲日强。至强奸幼童、幼女，法律尤严。若从而减等，无以示儆。又据江西按察使凌燽条奏：名例，七十为老，十五为幼。十五岁以下十岁以上犯死罪，不准收赎。而十六七岁强奸幼女，犹为减等，似非所以戢淫暴等语。应如所奏，将原议"十六七岁减等"之处删除，纂如前例，入律。

（五）卷三十三刑律犯奸·犯奸

第九条例文。
凡强奸十二岁以下幼女、幼童未成，审有确据者，将该犯发遣黑龙江。
谨按：此条系乾隆十四年十一月内，刑部审拟廖以仪强奸十二岁幼女未成一案附请定例，乾隆十六年馆修入律。其原例内"幼女"下无"幼童"二字，乾隆三十二年馆修，以强奸幼童已成定例，与强奸幼女一同治罪，则强奸未成者自当照例一体发遣。故于此条"幼女"下添入"幼童"二字，以便引用。合并声明。

（六）卷三十三刑律犯奸·犯奸

第十三条例文。
凡强奸杀死妇女及良家子弟，仍按例问拟斩决外。其有先经和奸后因别故拒绝，致将被奸之人杀死者，俱仍照谋、故、斗殴本律定拟。
谨按：此条系乾隆四十年十月内，刑部因各省和奸杀命之案有拟斩决者，有拟监候者，办理多未画一。是以申明例意，奏准定例，乾隆四十三年馆修入律。

---

① 恶徒伙众将良人子弟抢去强行鸡奸例。

刺字会钞

(清·嘉庆)王有孚编
清嘉庆十二年(1807)刻本

犯奸门

恶徒伙众将良人子弟抢去强行鸡奸者,无论曾否杀人,照光棍例为首斩决,为从同奸者绞候,均左面刺"奸犯"二字。余犯发遣,如年力强壮,金妻发往乌鲁木齐给种地兵丁为奴。左面刺"奸犯"二字,右面刺"外遣"二字,解赴甘督衙门补刺地名。如年在五十以上,精力就衰,实发云贵、两广极边烟瘴地方充军,左面刺"奸犯"二字。其虽未伙众,因奸将良人子弟杀死者,斩决,左面刺"凶犯"二字。其将未至十岁之幼童、幼女强行奸污者,照光棍例斩决。如强奸十二岁以下幼童、幼女者,斩候,和者同强论。其止一人强行鸡奸并未伤人者,绞候。如伤人未死者,斩候。均左面刺"奸犯"二字。

刺字条款

(清)佚名抄
清抄本

犯奸

强奸十二岁以下幼女、幼童未成,发黑龙江给披甲人为奴,照新例改为实发云贵、两广。左面刺"奸犯",右面刺"改发",各二字。

恶徒伙众将良人子弟抢去强行鸡奸,无论曾否杀人,为首者应斩决,为从同奸者应绞候,均左面刺"奸犯"二字。余犯发黑龙江给披甲人为奴,左面刺"奸犯"二字,右面刺清、汉"黑龙江"各三字。虽未伙众,因奸将良人子弟杀死者,应斩决,左面刺"凶犯"二字。将未至十岁以下之幼童诱去强行鸡奸者,应斩决。强奸十二岁以下十岁以上幼童者,应斩候,和奸者应绞候。一人强行鸡奸,并未伤人者,应绞候。伤人未死者,应斩候。均左面刺"奸犯"二字。

读法图存

（清·道光）邵绳清编
清咸丰十年（1860）
常熟邵氏刻本

卷二·奸情·鸡奸之图 详列有关鸡奸犯罪的法律规定。

乾隆元年山东省刑事案件文钞[①]

（清）佚名辑
清抄本

  为报呈事。据该府呈解蒙阴县田仕等殴伤赵二文身死一案，招由到司。据此除详批发外，为照谳狱贵乎得情，拟罪必须平允，方可以定爰书。断未有口供游移，援引不当，率尔成招者也。如此案，田仕初供因赵二文将奸情禀告师傅打俺，那日乘摘枣之便，把二文推倒，叫众学生殴打之后，小的使石头打他头上一下，不想他就死了等语。似属有意殴打，无心致死。乃该县覆讯，又以许佐舟们先把他打伤血出，后来小的想不如打死了他罢。据此供情，则又近乎故杀。及察核府审，又不供出临时有心与无心，只云小的末后打了他一石头就死了。供情屡审屡易，难成信案。该县府并不详审确拟，遂照故杀问斩，似未妥协。再田仕因鸡奸赵二文未成，怀挟禀师之嫌，欲殴二文，情或有之。而许佐舟等均与二文谊属窗友，并无怨尤，何故辄听田仕使令，各持石砖照二文脑后致命等处攒殴致毙，其中明有伙众希图鸡奸别情。即或审无其事，但听从田仕主使，殴有致命重伤，似应拟遣。今概照余人，更属不合。案关题达，不便率混照转，合行驳勘。为此牌仰该府官吏，照依所驳情节讯取切实口供。详核律例，分别首从妥拟，另招解审。勿得仍前草率混覆，致干未便。速速！

  乾隆元年 初八日行沂州府。

[①] 书名代拟。

〔清雍正至乾隆年〕条奏[①]

(清) 佚名编
清抄本

第九册　拒奸殴伤身死定例。 淡零儿—徐大礼，比照本夫于奸所亲获奸夫登时杀死者勿论律，徐大礼免罪，乾隆九年案。

〔奸案〕 揭帖[②]

(清) 佚名抄
清抄本

第一册　因被鸡奸，羞忿自缢身死。高洪义—马四，乾隆九年案。

事友录

(清·乾隆) 潘相撰
清乾隆间安乡潘承炜刻本

卷之四居卫录　奸杀幼童，冀收—关模案。

---

① 书名部分代拟。
② 书名部分代拟。

驳案新编

（清·乾隆）全士潮等编
清光绪间图书集成局铅印本

（一）卷十一刑律人命　男子拒奸扎伤，越十日后自碰身死。任谈成—逯广，乾隆间案。

（二）卷十一刑律人命　男子拒奸擅杀。李天锡—鲍成起，乾隆间案。

（三）卷二十九刑律犯奸　鸡奸兄弟二人，致使十一岁之幼弟染毒身死，比照因奸将良人子弟杀死例拟斩立决。任富库—雷吉明、雷二哥，乾隆间案。

（四）卷二十九刑律犯奸　鸡奸擅杀并无实据者，驳改本律。刘常在—刘金花，乾隆间案。

驳案续编

（清·嘉庆）佚名编
清光绪间图书集成局铅印本

卷三　男子和奸羞愧，拒奸擅杀。李亨锡—孙双喜，乾隆间案。

成案备考

（清·嘉庆）沈廷瑛编
清嘉庆十三年（1808）刻本

（一）嘉庆十年　图奸刃伤男子比例拟绞。杨茂怀—邢改门儿案。

（二）嘉庆十年　男子拒奸杀人，死者虽有穿伊衣服不跟伊睡之语，究非生供，应照擅杀拟绞。杨仓—马长娃案。

〔例案〕说帖①

(清）佚名编
清抄本

（一）名例律·犯罪自首　图奸砍伤拒奸之人毙命，经兄首告得免所因，仍依故杀律问拟。张钧—谢伯法，嘉庆六年山东司案。

（二）刑律人命·杀死奸夫　男子悔过拒绝杀死逼奸之人寔有确据者，照擅杀罪人律拟绞。阮牛子—原虎娃，嘉庆七年山西司案。

（三）刑律人命·杀死奸夫　被奸隐忍，后途遇戏骂，杀死行奸之人，应照擅杀律拟绞。杨仓—马长娃子，嘉庆九年案。

（四）刑律人命·杀死奸夫　男子被诱成奸后经悔过拒绝杀死行奸之人，应照妇女悔过拒奸之案比例问拟。郝老二—张二则，山西司案。

（五）刑律人命·杀死奸夫　男子先因酒醉被欺，后由吓制勉从，并非贪图财物甘心被污，杀死行奸之人，仍以拒奸论。原复泰—闫金元，嘉庆二十二年山西司案。

（六）刑律人命·杀死奸夫　男子拒奸杀死年长凶手十岁之案，尸亲事后闻奸起衅并非当时听闻，不得率行减流。汪五—余文翠，嘉庆二十二年河南司案。

（七）刑律人命·杀死奸夫　男子拒奸虽有尸子供认可凭，第事隔一年复因强奸杀死，尸子并未知情，既无当场供证，仍以擅杀拟绞。蒲泳贵—吴来保，嘉庆二十二年四川司案。

（八）刑律人命·杀死奸夫　男子拒奸，死者年长凶手不及十岁，虽无死者生供而有供认可凭，亦得科以擅杀。梁亚四—杨志林，嘉庆二十二年广西司案。

（九）刑律人命·杀死奸夫　男子和奸后悔过拒奸身死，必寔有悔过确据方以拒奸论。练有金—练才旺，嘉庆二十三年山西司案。

---

① 书名部分代拟。

成案

(清) 佚名编
清抄本

(一) 第一册　图奸幼童未成，推入井中身死。范老道—施起良，乾隆间案。

(二) 第五册　鸡奸砍伤因风身死，并无悔拒情形。许志申—袁三黑子，嘉庆廿三年山西河曲县案。

(三) 第五册　徒弟被人吓逼鸡奸后杀死，其师谋杀奸夫。吴马海—宋蝎虎，嘉庆廿三年山西临汾县案。

(四) 第五册　图奸男子以致自尽。赵保儿—马六儿，嘉庆十六年直隶定州案。

(五) 第五册　强奸雇主大功服弟未成。姜州—宋思涵，嘉庆十六年直隶泾州案。

大清律例汇辑便览

(清·同治) 湖北藩局编
清同治十一年（1872）
湖北藩局刻本

卷三十三刑律犯奸·犯奸

嘉庆二十二年四月十六日奉旨：此案马庭玉起意约同林喜儿、马庆儿强奸王丁儿。迨刘思正路遇理劝不从，往邀村众捕捉。林喜儿辄听从马庭玉指使，持刀赶往，将刘思正砍死，又首先将王丁儿奸污。是马庭玉固系首恶，林喜儿同恶相济，情罪亦重。马庭玉著即处斩，林喜儿著改为绞立决，余依议。钦此。

雪心案牍

(清) 佚名编
清抄本

曹州府嘉庆二十三年分 巨野县民张大潍抢夺优伶郭来富鸡奸一案。

粤东成案初编

(清·嘉庆—道光) 朱橒编
清抄本

（一）卷六 强奸幼孩已成，故杀灭口，复行残毁尸身，拟斩立决。李阿擎—李阿业，嘉庆间案。

（二）卷九 胞侄被诱鸡奸，事后纠众捉拿，致纠往之人将其殴毙，照擅杀科断。①

（三）卷二十 抢捉良人子弟强行鸡奸，复逼写卖田契约，斩决枭示。卢潮楷—卢沅英，嘉庆间案。

大清律例会通新纂

(清·康熙) 沈之奇原注
(清·嘉庆—道光) 金瑞封增辑
清道光间钱塘杨本仁刻本

（一）卷十五礼律祭祀·禁止师巫邪术 男扮女装，嫁作人妻，假称狐仙附体在家中为人看香治病。洪大、刘六—刑大，嘉庆十二年案。②

---

① 此条有目无文。
② 参见《客窗闲话》（四）。

（二）卷二十二刑律贼盗上·强盗 被浙江贩私出洋者胁迫鸡奸。陆亚美，嘉庆十八年案。

（三）卷二十五刑律人命·杀死奸夫 强奸杀死非良人子弟，需验明粪门是否宽松，以确定是否已非良人。刘二—林罗妹，乾隆五十二年案。

（四）卷二十五刑律人命·杀死奸夫 男子拒奸杀人之案，量刑时需确定拒奸者是否为良人子弟。詹伟—冼洪照、阮牛子—原虎娃，嘉庆八年御定案。

（五）卷二十五刑律人命·威逼人致死 男子遭人图奸，羞忿自尽。冯胖—丰朴，乾隆二十五年案。

刑部说帖揭要

（清·嘉庆—道光）胡调元编
清道光十三年（1833）金匮张氏刻本

（一）卷十四人命 贼犯杀死吓逼鸡奸之捕役，与别项凌虐罪囚不同，仍照拒奸杀人本例拟流。周升—吴老喜，湖广司嘉庆元年案。

（二）卷十六人命 男子拒奸杀死尊长应否声请末减，视拒杀平人罪名是否例得减流分别办理。陕西司道光二年案。

重刊补注洗冤录集证

（宋·理宗）宋慈撰
（清·乾隆—嘉庆）王又槐增辑
（清·乾隆—嘉庆）李观澜补辑
（清·嘉庆—道光）阮其新补注
清道光二十四年（1844）刻本

卷一

附二形人。吴县民马允升妻王氏与金三观妻周四姐奸宿一案。验讯周四姐产门内从小生有软肉桩一条，与丈夫交媾并不关碍。肉桩举发即伸出，长有二三寸，粗如大指，可与妇人通奸。①

鸡奸被殴身死。验得仰面，致命额颅一伤，围圆三寸六分，左太阳一伤，围圆三寸七分，均去粗皮，系砂石擦伤。不致命左手腕接连䏶䐐一伤，长九寸宽三分，微红色，系压伤。致命胸膛接连右肋一伤，横长九寸宽三分，微红色，系垫伤。合面、谷道破损血出，余无别故。

鸡奸已成。查验谷道开，内里红肿，委系鸡奸已成。

久被鸡奸。查验某粪门宽松，并不紧凑，与屡次被奸情形相符。

又附鸡奸不验粪门驳语。梁六保果与许廷献鸡奸日久，何至因许廷献不买草帽微嫌，辄尔坚拒，至死不从。且查乾隆五十三年刑部议覆广东鸡奸被杀案内，律例虽无查验曾被鸡奸之人粪门明文，但强奸处女，则有验明阴户是否处女之例，已可类推。且死者既无生供，则必验明死者粪门是否宽松，方可为通奸之据等语。今梁六保粪门曾否验明宽松未据报叙，殊属率混，饬再研审勘。

北东园笔录

（清·道光）梁恭辰编撰
清同治五年（1866）刻本

初编卷第三·山阳大狱

王毂先任德州知州，时有二童子，一年十二一年十三，在塾中戏相鸡奸，为人所见。两家父兄羞忿互讼，毂竟问实。律凡奸十二岁以下，无问男女皆论死，十二岁以上仅科奸罪。于是十二岁童子以薄责发回，十三者论如律，瘐死狱中。后数年，十二岁者已及冠，出赴试。为十三岁之父兄所控阻，以为彼尝受污于我子，我子已问罪如律，彼何得复玷胶庠。十二岁者羞不自容，竟自戕死。其实两家童子当时皆知识初开，不必果有其事。两家父兄迫于人言嘲笑，愤而具控，亦不乐官之证实也。使当官者以两儿嬉戏，验讯无据，呼其父兄自行领回训责，不为纵法而所全不已多乎？盖毂之天性刻薄如此。时孙渊如先生星衍为德州粮道，目击其事，甚为不平。后闻山阳案发②，慨然曰："若王毂者，虽无此事，死亦晚矣。"

---

① 参见《丹午笔记》（一）。
② 王毂在此案中因罪坐斩。

大清律例增修统纂集成

(清·道光)姚润纂辑
清道光九年(1829)刻本

(一)卷四名例律上·常赦所不原

乾隆元年恩诏不准援免各犯罪名：
恶徒伙众抢去良人子弟强行鸡奸为首者。
……

(二)卷五名例律下·犯罪自首

乾隆十九年刑部现审勤政殿遗失陈设案内，提犯常宁刑讯。常宁忽然昏迷，口称"我名二格，在海甸居住。那一年常宁要鸡奸我，不从，将我勒死"等语。当将已故二格之父刘兴圣传讯，据供：伊子被人谋害，报官验缉有案。覆讯常宁，据供：图奸二格不从，勒死。如今因另案在官，审讯我。昏梦中像有人教我说的一般，不知不觉将从前的命案据寔供出，想必是二格的冤魂缠着我应承等语。查常宁漏网已经八载，未便以所供出自该犯之口，依自首律免其所因，仅拟斩候。应依强奸杀死例，斩决。

(三)卷二十六刑律人命·杀死奸夫

部驳陕督题马见龙拒奸扎伤尚正义身死一案。查例载男子拒奸杀人，死者年长凶手十岁以外而又当场供证确凿及死者生供可据，依例拟流等语。详核例文，指系或有当场确证或有死者生供而言。有一于此，即应按例拟流。此案马见龙拒奸扎伤尚正义身死，前经臣部查尚正义年长马见龙十二岁，马见龙扎伤尚正义时，铺主苏如英等闻声趋视，问悉情由，尚在登时。即属当场供证确凿，自应拟流，驳令另拟。今该督等以拟流之条必须当场供证与死者生供兼备方可援引定拟，已属误会例义。至称苏如英等听闻趋视已在尚正义不能语言之后，不得拘为当场供证，更属错误。盖奸情暧昧，恒恐人知，断不在众人属目之地。此等案内所称见证多属闻声趋视，若必目击图奸拒杀方为当场确证，殊非情理。应将马见龙即改依男子拒奸杀人，死者年长凶手十岁以外，而又当场供证确凿拟流例，杖一百，流三千里。事犯清刑以前所改流罪，应准其减徒。今后遇清刑应照犯罪得累减之例，再减为杖一百，折责发落。嘉庆三年案。

嘉庆十五年九月十二日奉上谕：钱楷奏候选卫千总莫奇荣因强奸不遂杀死莫刘富一

案。莫奇荣身系武弁,图奸良家子弟不遂,辄起意杀死灭口,淫凶已极。无庸再交部议,莫奇荣着即处斩,该部知道。钦此。

晋昌等奏:据抚民同知达尔扎禀称,准护理巴燕岱营都司张天王报称营兵冯育潍因拒奸扎伤革兵马扳云身死,自行首报一案。查嘉庆三年刑部核议具奏甘肃民人马见龙拒奸扎死民人尚正义一案,系以供证确切照例减流在案。此案凶手冯育潍年二十一岁,死者马扳云现年三十五岁,长于凶手十四岁。尸兄马扳隆供明曾经亲向伊胞弟马扳云问明奸情是鸡奸一层,有尸兄供证可凭。……冯育潍一犯应照男子拒奸照斗杀例减一等,杖一百流三千里例奏请定夺等因。嘉庆十六年九月初七日邸抄。

嘉庆二十二年六月十四日奉旨:此案张成标因图奸张盘沅不从,起意杀死。复将盘沅尸身用水浇荡,刮去皮肉,剖开胸腹,挖出五脏饲犬,残忍已极。仅照因奸杀死良人子弟例问拟斩决,尚觉情浮于法。张成标着即处斩,再加枭示。将该犯凶残情节于榜示内载明,俾众共知警惕。嗣后斩决之犯有情节凶残似此者,俱照此例办理。余依议。钦此。

(四)卷三十三刑律犯奸·犯奸

乾隆三十二年案。律注强捉问流系指预商同奸,嗣仅擎按,未及成奸而言。今李八儿因堂叔李三强奸幼童李祥儿,吓逼帮夺。未便一律拟流,量减一等满徒。

屡次图奸不休,照凶恶棍徒例问拟。乾隆十四年浙江方广庆等图奸李福贵未成案。

任富库诱拐幼童雷吉明、雷二哥鸡奸,后复又典当。又因该犯患疮,至雷二哥传染中毒身死。将任富库依光棍例斩决。乾隆三十二年直隶案。

嘉庆十一年七月十六日奉上谕:方维甸奏,拿获脱逃轮奸首犯审明定拟斩决一折。此案秦蝉儿系无赖□民起意纠约,将张锁儿用刀吓扎轮流强奸,淫凶已极。其罪本应斩决,复又脱逃多年稽诛日久。今既经缉获,该抚于审明后自应恭请王命,即行正法。乃方维甸仅止按例定拟斩决,犹待部议。寔属拘泥,未免又存姑息矣。方维甸着传旨申饬,所有秦蝉儿一犯着即处斩。钦此。

嘉庆十七年三月十五日奉旨:此案四川省彭任荣强奸幼童胡留春已成,经该督照例拟以斩决,声明该犯童稚无知,与淫凶光棍有别。经刑部拟以律内并无十五岁以下强奸幼童夹签声明之条,仍照本律办理,所驳甚是。彭任荣一犯虽系十五岁,如被奸之人年齿较长,该犯尚可以年未成丁末减。今被奸者系止九岁,被该犯强胁已成,是其以长奸幼,不得谓童稚无知。彭任荣着照部议即行处斩。钦此。

说帖类编

（清·道光）律例馆编
清道光十五年（1835）刻本

卷三十三·刑［律］犯奸　先经和奸，后因别故拒绝，致将被奸之人杀死。郑相功、李三成—赵兵儿，河南司道光九年案。

成案新编

（清·道光）律例馆编
清道光二十九年（1849）刻本

卷十三刑律斗殴·斗殴

安徽司道光十四年。安抚咨：颍属凶徒陶香纠众滋事案内之顾火头，讯无随同滋挠情事。惟与陶香鸡奸，贪其衣食，甘为服役，寔属自甘下贱。该抚将顾火头比照卖烟伙党自甘下贱，助势济恶例量减一等，杖九十，徒二年半。本部查顾火头既据该抚讯明并无随同滋事，即与卖烟伙党助势济恶者不同，自应仍照和同鸡奸本例问拟。将顾火头改依军民相奸例，枷号一个月，杖一百。

律例采新全部

（清末）佚名编
清末抄本

（一）第一册　刁徒污人清白，向其索诈，致令自尽。吴家成—郑允镕，湖广司道光十九年案。

（二）第一册　恶徒鸡奸幼女，致令气闭身死。王十一—顺儿，直隶司道光十九年案。

驳案集成

（清）佚名编
清抄本

卷十八刑律人命·威逼人致死 奸匪因被奸之人拒绝拔刀吓扎，致误毙被奸之人亲属。李大志—邓添爵，道光二十二年说帖。

刑部比照加减成案

（清·道光—咸丰）许梿
（清·道光）熊莪编
清道光十四年（1834）刻本

（一）卷十六刑律人命·威逼人致死

直隶司道光元年，直督咨：曾兴儿因向梁兴旺续奸不允，用言吓唬，致梁兴旺服毒自尽。查梁兴旺系因索钱不给拒绝，并非悔过自新。比照因奸威逼人致死斩候律上量减一等，满流。

陕西司嘉庆二十四年。陕督题：赵德刚因图奸岳赖狗子不从声喊，该犯虑人听闻，顺用镰刀吓砍，致伤岳赖狗子，越八日身死。将赵德刚比照强奸未成，将本妇殴伤越数日后因本伤身死例，斩监候。

（二）卷十八刑律斗殴·斗殴

陕西司嘉庆二十年，陕督咨：回民马文世因见陶富全年轻，向其戏谑，彼此争吵而散。迨数月后，陶富全在茶馆坐歇，该犯见而冷笑。陶富全触起前嫌叫骂，并欲揪拉到官。该犯情急，拔刀划伤陶富全，限内平复。该督将该犯依棍徒扰害例拟军咨部。经本部核其起衅情节，是否马文世有意图奸，抑止于语言戏谑？如果衅起图奸，又刃伤陶富全，罪已不止拟军。倘仅止戏谑，应即照刃伤本律科断，与棍徒扰害之例未符，等因。咨驳去后，续据该督覆讯，马文世实止戏谑，并非有意图奸。将马文世改依刃伤人律，杖徒。限内平复，减二等发落。

（三）卷二十二刑律诉讼·越诉

山东司嘉庆二十一年，提督咨送：王四因酒醉捏说玉庆之妻那氏素不正经，向伊素与鸡奸之吉勒杭阿告知。至吉勒杭阿听信图奸，致滋事端。该犯与那氏素无嫌隙，并非报复私仇，应酌减问拟。将王四依奸脏事情，污人名节军罪例上，量减拟徒。

（四）卷二十八刑律犯奸·犯奸

奉天司嘉庆二十四年，提督咨送：吉林阿因扎布占等将伊奸好之广宁揪去，并向伊詈骂，遂忿恨捏词呈控扎布占等将伊钱票抢去等情。查扎布占因知广宁与人有奸，嗣见广宁与吉林阿在茶馆喝茶。即起意商同吉勒彰阿等将广宁揪出茶馆，吉林阿不依，扎布占嚷称殴打，将广宁带回家内，与陈虎儿三人轮奸。将扎布占比照轮奸已经犯奸妇女已成例拟遣。随同鸡奸之吉勒彰阿、陈虎儿均照为从同奸例满流。系旗人，实发驻防当差。吉林阿因扎布占等将广宁拉去鸡奸，并向伊詈骂欲殴，即捏以抢夺具控。如所控得实，扎布占等罪应拟徒。今扎布占等罪应拟流，与诬轻为重不同，自未便以诬告定拟。应与广宁依和同鸡奸例，枷号一个月，杖一百。广宁系正身旗人，屡次与人鸡奸，实属寡廉鲜耻，应消除旗档。

安徽司嘉庆二十四年。提督咨送：赵八稔知喜禄曾与蒋禄儿奸好，该犯亦欲将其鸡奸。嗣因喜禄不允，将其牵跌倒地，拉裤尚未成奸即被拿获。查律例并无强奸非良家子弟未成专条，将赵八依强行鸡奸未成者满流例上量减一等，满徒。

刑部比照加减成案续编

（清·道光—咸丰）许梿编
清道光二十三年（1843）序刻本

（一）卷三户律婚姻·强占良家妻女

山西司道光四年，中城察院移送：王牛子喊告秦大等进屋殴抢。查秦大起意图奸王牛子，邀同麻九儿往抢。适遇周顺儿向麻九儿讨取借衣，该犯等亦冀邀往助势，捏称至王牛子家取给，令其同往，即与聚众伙谋无异。惟王牛子曾与李大鸡奸，该犯等前往伙抢，尚未抢带出门，自应照抢夺犯奸妇女未成例问拟。秦大除与李大争殴，乘便抢夺绵被及殴打坊役梁大，讯系口角起衅，轻罪不议外，比照聚众伙谋抢夺犯奸妇女未成首犯杖一百，流三千里例，杖一百，流三千里。

(二）卷九刑律贼盗・恐吓取财

陕西司道光五年，陕督咨：山丹县回民蓝士才和诱何六五子鸡奸，复敢逞凶拒捕，将何兴海殴伤，情类棍徒。若仅照军民相奸例加拒捕罪二等，似觉情浮于法，自应酌量问拟。蓝士才除诱奸拒捕轻罪不议外，应于棍徒行凶挠害例上量减一等，拟杖一百，徒三年。

四川司道光七年，川督题：李文德因见刘帼爵与刘喜鸡奸，向刘帼爵索诈，实属事出有因，并非无端肇衅。第李文德并非例应捉奸之人，辄将刘帼爵殴打，肆行吓逼，致刘帼爵窘迫自缢身死。查律例并无治罪明文，自应酌减问拟。李文德应依刁徒无端肇衅，凭空讹诈，致被诈之人因而自尽绞候例上量减一等，杖一百，流三千里。

(三）卷十三刑律人命・杀死奸夫

河南司道光九年，河抚题：李泳康因刘得腊图奸其义父李沅士幼子李僧子未成，听从李沅士寻殴刘得腊泄忿。该犯用铁铜殴伤刘得腊右臁胁身死。该犯与李僧子系义合弟兄，虽不得与有服亲属同论，第为李僧子之父李沅士纠往下手致毙，自应照例问拟。李泳康应照有服亲属杀死图奸未成罪人，无论是否登时，照擅杀人律，拟绞监候。

（四）卷十八刑律人命・威逼人致死

河南司道光九年，河抚题：鹿邑县赵骆驼图奸同姓不同宗之男子赵潮未成，致令羞忿自缢身死。例无治罪明文，惟图保名节被辱捐躯，男女情无二致，自应比例问拟。赵骆驼应依但经调戏本妇羞忿自尽例，拟绞监候。

浙江司道光八年，浙抚题：僧楚良强奸汤呈武未成，致令羞忿自缢。例无治罪正条，自应比例问拟。僧楚良应比照但经调戏本妇羞忿自尽例，拟绞监候。

四川司道光十四年，川督咨：忠县李帼沅因哄诱刘金沅鸡奸败露，以致刘金沅羞愧自缢身死。例无治罪明文，惟刘金沅甘被鸡奸，即与和奸之妇无异，自应比照问拟。李帼沅应照和奸之案，奸妇因奸情败露羞愧自尽者，奸夫杖一百，徒三年例，拟杖一百，徒三年。

（五）卷二十八刑律犯奸・犯奸

河南司道光五年，河抚咨：鹿邑县王铁蛋强奸石牛未成，用铁镲将石牛殴伤。例无强奸男子未成，伤非金刃，作何治罪明文。既未便照金刃戳伤之例，拟以极边充军；又未便仅照强奸未成例，问拟杖流，置殴伤于不论。自应比例问拟，王铁蛋应比照强奸妇女，伤非金刃凶器未成奸者，发边远充军。

山西司道光七年，提督咨送：段二等因知陈套儿曾被人鸡奸，辄起意将其拉至王玉儿住处，并主令将其捆按，与王玉儿轮流鸡奸，自应以该犯为首。查轮奸犯奸男子，例无专条，自应比例问拟。段二应比照轮奸已经犯奸妇女已成者，为首发云贵、两广烟瘴地方充军。王玉儿照为从同奸，杖一百，流三千里。

奉天司道光七年，步军统领衙门咨送：刘四等轮奸年已十二之孙四辈已成，惟孙四辈先经犯奸。例无轮奸犯奸男子已成，作何治罪明文，自应比例问拟。刘四应比照轮奸犯奸妇女已成者，为首改发云贵、两广烟瘴地方充军。张大应照为从同奸，杖一百，流三千里。

山西司道光六年，提督咨送：胡二因铺伙范洪云年轻，辄乘其熟睡欲行鸡奸。事虽未成，究属不合。查律例内并无欲图鸡奸未成治罪明文，自应比照图奸未成，酌量情罪轻重枷杖之例定拟。胡二应照不应重律，杖八十。该犯向范洪云图奸未成，致范洪云羞忿欲行自尽，几致酿命。情节较重，应酌加枷号一个月。

（六）卷二十八刑律犯奸·买良为娼

河南司道光十三年，提督咨送：苏桃先因曹二林穷苦无依，收留为徒，哄诱鸡奸。复开设软棚，窝顿曹二林、孙四儿、何保儿卖奸渔利，即与窝娼无异。苏桃应比照无籍之徒窝顿流娼土妓月日经久例，杖一百，徒三年。

（七）卷三十一刑律捕亡·罪人拒捕

陕西司道光十一年，陕抚咨：民人赵百进因见伊子赵歪子被石祥儿搂抱强奸，登时将石祥儿殴伤身死，自应比例问拟。赵百进应比依强奸未成罪人，被本妇有服亲属登时忿激致死者，杖一百，徒三年。

洗冤录详义

(清·道光—咸丰) 许梿辑撰
清光绪二年（1876）吴县潘氏刻本

卷一

男子被人鸡奸，须视粪门有无折痕。

伤痕　（清）佚名编　清抄本

鸡奸

查验某粪门宽松，并不紧凑，与屡次被奸情形相符。英德刘二驳案。

刑案汇览　（清·道光）祝庆祺　（清·道光）鲍书芸编　法律出版社 2008 年《刑案汇览全编》本

（一）卷八·强占良家妻女

（1）伙抢被奸男子已成，旋被夺回

东抚　咨赵二纠抢犯奸幼童王小已成一案。奉谕查案比核。职等查抢夺良家子弟与抢夺曾经犯奸之幼童，例无比照抢夺良家妇女与曾经犯奸妇女治罪明文，详细检查亦无似此办过成案。窃思抢夺必有所由，而罪名即因之以定。如因图奸而抢，则有将良人子弟抢去强行鸡奸首犯斩决、从犯绞候之条。如因勒赎而抢，则有捉人勒赎初犯斩候、再犯斩决之条。如因图卖而抢，在云贵、四川则有捆掳子女贩卖分别斩决、斩候之条。若系他省民人略卖者例无子女之分，则抢卖良人子弟者亦当与妇女并论。至抢夺曾经犯奸幼童，虽无专条可引，特和同鸡奸定例与奸妇女者同罪，即强奸、和奸幼童亦与强奸、和奸幼女者同科，则抢夺犯奸之幼童自可比照抢夺曾经犯奸妇女例拟断。细绎例内"抢夺曾经犯奸妇女"句，似指妇女曾与别人通奸，该犯因而抢夺者而言。若本犯先与妇女通奸，后复纠人伙抢，与例意不甚恰合。惟检查嘉庆二十二年河南省咨周家恒纠抢犯奸之妇周氏一案，该犯先与周氏通奸，因周氏改嫁，随纠众将其抢夺。该省将周家恒依聚众伙谋抢夺犯奸妇女本例拟军，经本部照覆在案。此案赵二先令年已十三之王小随同讨乞，与之鸡奸，王小不愿即逃，依王立业为义子。该犯气忿，纠同国成元等将王小抢出，旋被夺回。是该犯抢夺曾与鸡奸之幼童，固未便照抢夺良家子弟强行鸡奸例拟以骈首，其因被奸之人逃走气忿纠抢亦与捉人勒赎及掳人贩卖之案迥别。惟例内鸡奸十三岁以上之幼童既与和奸妇女罪名无分轩轾，而妇女先奸后抢既照抢夺曾经犯奸妇女办理，亦有办过成案。该省将赵二依抢夺曾经犯奸妇女例拟军，国成元等分别拟以流徒。再四商酌，似亦只可照覆。嘉庆二十三年说帖。

(2) 恋奸抢夺犯奸年甫十二优伶

江督　奏：王忠贵因在家演戏，将戏旦苏翠林鸡奸，复率众在途将苏翠林抢夺。苏翠林年止十二，惟系优伶下贱，且被人奸宿在先。若于和奸幼童绞罪上量减一等罪止拟流，应从重将王忠贵比照强抢犯奸妇女已成首犯发烟瘴充军。道光二年案。

(二) 卷十·禁止师巫邪术

(1) 男扮女妆符咒治病，与人妆奸

北抚　题彭自仁男扮女妆与王卢氏等通奸并学习符咒行医骗钱暨被王士现鸡奸同行一案。查律载：师巫假降邪神、书符咒水一应左道异端之术，煽惑人民，为首者绞监候。又例载：一切左道异端之术煽惑人民，为从者改发回城为奴各等语。又检查嘉庆十二年本部审拟邢大假扮妇人看香骗钱一案，该犯仅止与刘六互相鸡奸，并无奸淫妇女情事。因男扮女妆假称狐仙，捏造图像看香治病，骗钱惑众，审依左道惑众为首例拟绞，请旨即行处决，并将收留鸡奸听从惑众之刘六照邪教为从例发遣等因在案。此案彭自仁男扮女妆学习符咒，行医骗钱，又与王卢氏、陈贾氏通奸，诱拐王卢氏未成，嗣被王士现看出改妆，该犯愿听鸡奸，认为夫妇同行，旋被拿获。是该犯男扮女妆既经学习符咒骗钱惑众，又复奸人妇女，较之邢大并未奸淫妇女者为重。该抚将彭自仁依师巫假降邪神、书符咒水煽惑人民为首律拟绞监候，应请照邢大之案请旨即行处决。至王士现一犯明知彭自仁男扮女妆，辄敢图与鸡奸，认为夫妇，结伴同行，亦属不法。该抚审照邪教为从例拟发回城为奴，只可照覆。嘉庆二十三年说帖。

(2) 和尚被人鸡奸，改扮女妆

提督　奏送：僧人增亮被僧人戒宽并吕玉山先后鸡奸，因将戒宽殴伤，听从吕玉山改扮女妆私逃，并听嘱如被控到官即捏称于十二岁时被戒宽鸡奸，图减罪名。查向来办理男扮女妆之案，如审有奸淫妇女、惑众敛钱，均照左道惑众律拟绞。今增亮并无图奸妇女及惑众敛钱情事，惟以僧人甘受污辱，故为诡异。应将增亮依左道惑众绞罪上量减一等，拟杖一百，流三千里，仍尽本法枷号两个月，勒令还俗。吕玉山与增亮鸡奸，复主使改妆，并教令到案捏供。如果增亮十二岁时被戒宽鸡奸属实，戒宽罪应拟绞，应将吕玉山依教唆词讼，以主唆之人为首诬轻为重至死罪未决律，拟杖一百，流三千里。嘉庆二十四年奉天司现审案。

(三) 卷十四·强盗

始虽图奸终系强劫，驳令严拟

广东司　查图奸逼命之案，必始终俱系图奸并无别情，方得引因奸致死之律科断。若事起图奸而终成强劫者，谳狱者必重究其强劫之罪，而置图奸起衅之轻情于不议，则论断斯无枉纵。此案该抚既称郑兴祖图奸张阿番不遂，起意纠允郑双目等抢毁张阿番铺内货物，挟制图奸。是夜三更一共五人齐抵该铺，诓开铺门进铺，将货物抢毁跑走。张阿番追赶不及，转回忿急，自缢身死。臣等详核案情，郑兴祖如果意在图奸，当进门之时自必先向求奸，因其不从始行打毁器具以为挟制。何以进铺后并无提及图奸一语？迨抢得银两入手即行跑走，亦不记及伊等因图奸而来。供招内该犯往邀郑双目等亦只云前往毁抢得赃分用，并不提及图奸挟制情由。是郑兴祖等专为强抢而并非图奸已可概见。时当半夜，同伙五人肆行打抢，致令事主自缢，显系图得财物伙众强劫。承审官明知盗犯不分首从皆斩，重于因图奸威逼之条。遂因该犯前有图奸之供，后有如不从奸再来毁抢之语，曲为迁就，科以因奸威逼。以致案情未确，罪有枉纵。应令研讯确情，另行妥拟。嘉庆十一年说帖。

(四) 卷二十七·杀死奸夫

(1) 托管幼孩被人强奸，忿激杀奸

四川司　查例载：非应许捉奸之人有杀伤者，各依谋、故、斗杀伤论等语。此案张沇兴因邻近交好之周尤贵将子周盈顺引至余时清盐井工作，周尤贵因子年幼，即托张沇兴照应管教，张沇兴视同子侄。嗣周盈顺在房睡熟，有任伦富潜往，用棉絮将周盈顺两手裹住，强行鸡奸。周盈顺惊觉声喊，张沇兴闻声趋视，即用木棒连殴任伦富右臂膊、左后肋倒地，因其漫骂，张沇兴气忿，又用木棒头筑伤任伦富胸膛右乳，移时殒命。该督以周盈顺之父将子托张沇兴照管，叔侄相称，即属休戚相关，谊同瓜葛，杀由义忿，将张沇兴照罪人不拒捕而擅杀律拟绞监候等因具题。臣等查，周盈顺虽经其父托该犯照管，只系邻佑交好，并非本宗及外姻有服亲属。今因任伦富将周盈顺强行鸡奸气忿，将任伦富殴毙，非例许捉奸之人，自应按例仍依凡斗科断。该督将该犯依擅杀罪人律拟绞监候，殊未允协。至该犯气忿，叠殴任伦富身死，是否有心欲杀，亦未据讯明。应令该督复加研审，按例妥拟。道光九年说帖。

(2) 男子拒奸，转述生供不能为据

北抚　题贾正拒奸扎伤李和尚身死一案。查嘉庆二十三年，本部因各省办理男子拒奸杀人之案，竟有以在场证佐以死者生前所告之言到官转述者即为死者生供，援例减流，

不惟于"生供"二字字义未协，亦与例内当场供证确凿句牵混为一。且以两相告述之传言，即为死者无可对证之生供，恐将来凶犯于杀人后贿串诈捏，扶同硬证，转易启残杀之端，不可不防其渐。酌议：嗣后男子拒奸杀人之案，必报案后经官向死者讯有供词，方以生供足据定拟。如未讯取生供，则当以尸亲之供为据，不得以旁人到官转述死者生前之言即为生供等因通行在案。此案贾正因被李和尚揪发拉裤，欲行强奸，用刀将李和尚扎伤，经李和尚素识之王老二踵至劝散，向李和尚询据承认图奸不讳，李和尚移时殒命。该省以已死李和尚年已三十六岁，贾正年止二十一岁，死者年长凶手十岁以上，并有王老二供证可凭，将贾正依男子拒奸杀人，死者虽无生供而年长凶手十岁以外，拒奸供证可凭者，凶犯年在十六岁以上，无论登时与否，照擅杀罪人律拟绞监候等因。查李和尚被贾正拒奸扎毙，虽有王老二到官转述死者之言，只可谓之供证可凭，不得谓之生供足据，未便援三项兼备之例遽予减流，致与通行未符。该省将贾正依擅杀拟绞，系属照例办理，应请照覆。道光五年说帖。

[眉批:]河抚题余文翠拒奸戳死汪五一案，死者年长凶手十岁以上，惟所叙死者生供系向魏进忠告述之词，并非到官自行供认。至尸兄到案供明，亦系事后出于魏进忠之口，不得谓之三项兼全，驳令照例拟绞。嘉庆二十二年说帖。

（3）男子拒奸杀死有服尊长

广东抚　题李泳茂拒奸致伤缌麻服叔李枝秀身死一案。前奉堂谕交馆核，经职等以此案仅止死者年长凶手十岁以外，当场供证确凿，并未讯有死者生供及尸亲供认可凭，仍应依殴死缌麻尊属本律斩候，呈请照覆。兹复奉钧批：现又查出四川司杨家娃、梁幅举二案，死者生前有言自认奸情，即作生供论，不必到官谓之生供。此案情节相同，惟服制攸关，应作何声叙，再交馆核等因。随查案比核，悉心酌议。律例凡称"供"字，均系到官讯取之词，如本条例内供证确凿与尸亲供认可凭句皆是。若两相告语，似不得谓之供。即例所称供证确凿者，非得自目睹之亲，即闻自死者之口，如见证所闻，即可谓死者供词，则凡有旁人见证者，大半皆是死者生供。且谚语云耳闻不如目见，闻死者之言，似尚不若得之目睹尤为真切，如此则一供证足矣，何必又赘言死者生供足据耶？由斯以推，凡凶犯因他事杀人后贿嘱见证，谎言死者曾向告述，到官扶同饰认，即可从轻减罪。是凶犯生死所关，悬于证佐者无凭之口，其弊恐靡所底止。职等再四思维，似应以死者生前曾经官收供词为生供较为信而可征。此案李泳茂先被长伊十岁以上之缌麻服叔诱奸数次，迨后悔悟拒绝，将其砍戳殒命。有当时劝阻之吴国华询问，死者自认逼奸属实，惟并未到官讯取生供，又无尸亲供词。在平人应照擅杀问拟，况死者系缌麻尊长，该省将该犯仍照服制科断，洵为允协。至拟流之梁幅举等二案，当时照覆错误，未足为据，应请仍照职等原议办理。嘉庆二十二年说帖。

［眉批：］川督题廖谷富故杀欧金相一案。查该犯如果事后指奸，自应拟斩。详阅供招，当廖谷富拒奸吵嚷，戳伤欧金相倒地之际，许长春等开门查问，廖谷富即将拒奸情由说出，维时欧金相虽不能言语，尚未身死，廖谷富必不能于迫不暇择之时捏造情节，当面诬赖。尸父欧阳明亦据许长春之言当堂供吐，是不得谓之旁无确证。应驳令按例拟绞。嘉庆十四年说帖。

陕督　咨郭石氏拒奸殴死夫之大功兄郭登务，咨请部示一案。当经职等详议，缮呈说帖。奉批：自应比附随案声请为允，至或军或流，在妇女总归收赎。若男子拒奸之案，死系尊长，亦能声请量减否？等因。职等检查嘉庆二十二年广东省题李泳茂拒奸致伤缌麻服叔李枝秀身死一案，该省因并无死者生供及尸亲供认可凭，仍将该犯依卑幼殴本宗缌麻尊属本律拟以斩候等因，核覆题结在案。复悉心酌议，嗣后设有男子拒奸杀死尊长之案，如核其情节在平人例得减流者，尚可量从末减，傥在平人应照擅杀拟绞者，即应仍照殴死尊长各本律定拟。道光二年说帖。

（4）男子拒奸杀人并无证见生供
四川司　查唐元星与已死周正荣年俱二十八岁，唐元星因与周正荣在船歇宿，周正荣将其搂抱欲与鸡奸，唐元星不从，将周正荣推跌跪伤身死。系据唐元星一人供词定案，既无死者生供足据，检查原揭，讯之约邻、地主、尸亲人等，均系事后听闻凶犯告述，并无当场见证。该省将唐元星依斗杀律拟绞监候，尚属允协，应请照覆。嘉庆十九年说帖。

（5）被人乘睡鸡奸，事后杀人无据
直督　题许芳谋砍许鸭身死一案。此案许芳因族侄许鸭乘伊睡熟将伊鸡奸，该犯惊醒喊嚷，许鸭逃逸。该犯因系丑事，未敢声张。迨后许鸭屡以被奸之言讥诮，该犯益觉无颜，蓄意将其致死泄忿。嗣该犯见许鸭往向场院睡宿，顿触前嫌，即携刀贪夜潜往，见其仰面鼾睡，用刀将许鸭砍扎殒命。查许芳因被族侄许鸭乘伊睡熟鸡奸，事隔四年之久，该犯触及前嫌，将其谋砍毙命。死者既无生供，而该犯当时拒奸又无供证可凭，且已死许鸭仅止年长四岁，其事后指奸实属无据，自应仍照谋杀本律问拟。该省将许芳依谋杀人造意律拟斩监候，查核情罪相符，应请照覆。嘉庆十八年说帖。

（6）因醉被奸后复逼奸，将其杀死
陕抚　题李岐奉拒奸砍伤李六身死一案。奉批：先经被奸隐忍不言，即使强奸属实，亦已强合和成，似未便引拒奸杀人之例，交馆商之等因。查此案李岐奉自外醉归，路过李六，将伊拉至麦地扯裤欲奸，该犯喊叫，李六拔出小斧吓逼，该犯酒醉身软，不能挣脱，被其奸污而逸。该犯回至寄住之刘三贵家，向其弟刘三多诉悉情由，刘三多因系丑事，又以李六凶横，劝慰隐忍。嗣该犯途遇李六带醉，复拉该犯续奸，该犯力挣，将其推跌，李六拔出身带小斧，该犯夺过，一时忿恨，起意杀死，随用斧连砍其顶心偏左等处殒命。查该犯先因饮醉被李六强奸一次，当即往诉刘三多，经劝隐忍，并非甘心被污，与强合成者不同。继复路遇李六，又被拉住逼奸，一时忿恨，夺斧砍伤李六毙命。时有王李氏经见，当时问明其为拒奸起衅，似尚可信。死者年长凶手十岁以外，因死者并无生供，照例拟以绞候，情罪相符，应请照覆。嘉庆二十年说帖。

（7）图利被奸后因败露拒奸杀人

陕抚　题罗幅存子拒奸殴伤杨世全身死一案。查男子先经和奸，后经悔过拒绝杀人之案，如系醉后被欺或系畏其凶横吓制勉从，并非贪图钱物甘心被辱者，尚可原情以拒奸杀人论。此案罗幅存子贪图钱物，与杨世全鸡奸不记次数，后因败露，始行拒绝。迨杨世全复向续旧不从，将其殴伤致毙，与醉后被欺、吓制勉从并非图财被污者不同，自应仍按本律科断。该省将该犯照斗杀拟绞，尚属允协，应请照覆。嘉庆二十二年说帖。

（8）和奸悔过拒绝必须确有证据

陕抚　题赵连拒奸勒死郝金一案。查男子拒奸杀人之案，如果甫被图奸即将其拒杀身死，固应照例查其年岁、生供、证据，分别科罪。即先经被诱吓逼成奸，实系出于无奈，并非该犯情愿，迨后悔过拒绝，供词确凿，复被缠扰不休，因而气忿致死，虽与初次拒奸者不同，原其被逼无奈之情，亦尚可量从宽典。若和奸已久，忽思拒绝，又无拒奸证据，自应仍按谋、故、斗杀本律科断。检查嘉庆二十年山西省张二则故杀郝老二身死一案，因先被郝老二灌醉，哄诱成奸，后复续奸二次，旋即悔过拒绝。嗣郝老二又图续奸，张二则不允，将其扎伤，复故杀毙命。有赵青柱等听闻，供词可据。该省将张二则依故杀律斩候，经本部驳改擅杀题结。又二十二年山西省阎金元故杀原复泰身死一案，因先被原复泰灌醉鸡奸，后复被挟制续奸二次，旋即悔过拒绝。嗣原复泰又图续奸，阎金元气忿，将其故杀毙命。有刘小班目击，供词可据。该省将阎金元减等拟流，经本部驳改擅杀题结。此二案均因被逼鸡奸，拒绝有据，是以将凶犯科以擅杀。此案赵连被郝金哄诱鸡奸，后非一次陆续给与钱文，已有十余年之久。嗣该犯因年长拒奸，复被挟制续奸一次，因郝金屡次缠扰，将其谋杀毙命。是该犯先经和奸多年，并非出于无奈，其悔过拒绝，只系该犯一面之词，并无旁人见闻。且拒绝后又与续奸一次，所称拒绝之语，更不足凭，与张二则、阎金元二案之有当场供证者不同。今该省将赵连仍照谋杀本律拟以斩候，情罪尚属允协，应请照覆。嘉庆二十二年说帖。

(9) 年止十八拒杀年逾五十之人

晋抚　题薛世成拒奸扎伤郭昌身死，该省因并无生供证佐，照例拟绞一案。山西道以死者年逾五旬，凶犯年止十八，血气方刚，若以年长十岁以外即为拒奸确据，实难凭信等因签商前来。查死者年逾五旬，并非年老力衰，且年逾五十因图奸被杀者，本部历有成案，并非从不经见之事。无可驳饬，应行签覆。嘉庆二十年说帖。

(10) 男子拒奸杀人，死者年岁不确

奉天司　查例载：男子拒奸杀人，死者虽无生供而年长凶犯十岁以外，确系拒奸起衅，别无他故，凶犯年在十六岁以上，无论登时与否，均照擅杀罪人律拟绞监候；如死者与凶犯年岁相当，或仅大三五岁，审系因他故致毙人命，捏供拒奸狡饰者，仍分别谋、故、斗杀，各照本律定拟，秋审实缓照常办理；若供系拒奸，并无证佐及死者生供，审无起衅别情，仍按谋、故、斗杀各本律定拟，秋审俱入于缓决等语。此案刘起因路遇素不认识之杨姓，彼此闲谈，告知寻觅佣工，杨姓许伊代觅雇主，刘起随同前往信存幅家闲房，存住两日。杨姓令刘起同赴他处觅工，行至黄幅均空闲房内存宿，嘱令刘起同睡鸡奸。刘起不依，取衣欲跑，杨姓将其发辫拉住，声言刘起今夜不能走脱。刘起气忿，顺持水车梯吓殴一下，杨姓释手喊詈，刘起复连殴其左额角等处，房主黄幅均等闻声趋视，杨姓已不能言语，旋即殒命。该将军将刘起依男子拒奸杀人，死者虽无生供而年长凶犯十岁以外，确系拒奸起衅，别无他故，凶犯年在十六岁以上，无论登时与否，照擅杀罪人律拟绞监候等因咨部。臣等查阅原揭，刘起供年二十三岁，已死杨姓约年三十余岁，死者虽无生供，又无尸亲证佐可凭，死者是否年长该犯十岁以外，原讯并无确凿，何得以约计之年含混定案？且该犯与杨姓初不认识，猝遇闲谈，乃因许代觅工一言，辄即跟同睡宿，该犯已非善类。况杨姓被殴后，业经释手，该犯并无急情，辄连殴其头面多伤，重至损碎脑出，难保无先被鸡奸，后因他故拒杀，及另有衅端，捏供狡饰别情。即谓确系拒奸，审无别故，而死者年岁既无确凭，亦应各按本律问拟，不得率引擅杀之例。该将军于案内情节及死者年岁并未研讯明确，率以擅杀定案，罪名出入攸关，应令该将军另行研讯，务得确情，按律妥拟。道光十一年说帖。

(11) 男子拒奸杀人，分别治罪

广东司　查妇女拒奸登时杀人审有确据者，例得勿论；非登时而杀，例得分别强奸、调奸，拟以徒流，照律收赎。而男子拒奸杀人，则分别谋、故、斗杀及擅杀并减等拟流为三等。推原例意，自以奸情多涉暧昧，而男子群游聚处，又与妇女本应远嫌者有别，恐凶徒于杀人后饰词狡卸，以图避就。故男子拒奸毙命，必须以年岁供证分别有据无据定拟，不与妇女同科，本属杜奸防诈，慎重民命之意。惟臣等详核例案，男妇虽有不同而守身殊无二致，当其猝遇强暴，终身名节判于俄顷。在妇女图全节操，自宜奋力相拒，而男子稍有人心，亦断不能甘心顺受。其男子被人调奸之案，并非事在急迫，尚可脱身走避，原不必斗事殴打。若被搂抱按捺，强欲奸污，则确有不得不拒之势，或年岁尚属幼稚，不得已而拒奸毙命，其情尤觉可原。今例内妇女拒奸，审有确据，登时杀死者勿论。而男子拒奸，如死者年长凶手十岁以外，而又当场供证确凿及死者生供足据或尸亲供认可凭，既已三项兼备，拒奸确乎无疑，仍不分是否登时并拒奸毙命之人是否幼稚，一概拟流。揆之情法，似未允协。其照擅杀定罪之犯，秋审时尚可以义忿入于可矜，至事后指奸无据，即审无起衅别情，仍照谋、故、斗杀定拟各犯。臣等办理秋审章程，以斗杀定拟者酌入缓决，以谋、故杀定拟者即应入于情实。在逞凶毙命事后捏奸狡饰之徒，固无足惜。如实系衅起拒奸，既审明无他故，事后又无图财等项情节，而死者与凶犯年岁相当，又即时殒命，不能取有生供，当时又别无证佐可凭，因格于定例，即俱以事后指奸论罪，照谋、故杀问拟斩候，竟入情实，请旨勾决。是欲守身而拒奸，因拒奸而转致被戮，殊为可悯。且较之妇女拒奸毙命，其情同一拒奸，其罪则生死出入，太觉悬殊。臣等悉心核议，原例既有未协，自应酌量变通修改。惟男子究力强于妇女，且群萃而处，本无远嫌之别，即偶尔戏谑，亦事所常有，自应较妇女拒奸之案稍为从严，以昭平允。应请嗣后男子拒奸杀人之案，凡死者年长凶手十岁以外，而又当场供证确凿及死者生供足据或尸亲供认可凭，以上三项兼备，无论谋故斗殴，如凶犯年未成丁，年在十五岁以下，杀系登时者勿论，非登时而杀，杖一百，照律收赎；年在十六岁以上，登时杀死者，杖一百，徒三年，非登时而杀，杖一百，流三千里。至死者虽无生供而年长凶手十岁以外，确系拒奸起衅，别无他故，或年长凶手虽不及十岁，而拒奸供证可凭及死者生供足据，三项中有一于此，如凶犯年在十五岁以下，登时杀死者，杖一百，徒三年，非登时而杀，杖一百，流三千里，依律收赎；若年在十六岁以上，即无论登时与否，均照擅杀罪人律拟绞监候，秋审时入于可矜。至死者与凶犯年岁相当或仅大三五岁，应令承审官于获犯到案后悉心研究，其实因他故谋、故杀人或事后攫取财物捏供拒奸，以图狡饰，即照谋、故本律定拟，秋审入于情实。若供系拒奸并无证佐及死者生供，而审明实无起衅别情，杀人后亦无图财等项情节，定案时仍按谋、故本律定拟，秋审俱入于缓决，以符罪疑惟轻之义。如此酌改，于情法似得其平，而捏奸狡饰之凶徒仍不致幸漏法网。如蒙俞允，现有广东省具题杨阿猴拒奸致伤张阿来身死一案，查系死者年长凶手十岁以外，而又当场供证确凿，尸亲又供认可凭，三项兼备。该抚照原例将杨阿猴拟流，臣等详核此案，杨阿猴年十六岁，因被死者推按图奸，登时将张阿来戳伤身死，应即按新例改拟满徒，另行咨覆等因。奏准。道光三年通行已纂例。

(12) 和奸拒绝复被逼奸，杀死奸夫

晋抚　题：贾根应儿先被韩幅有哄诱鸡奸，乘隙续奸不记次数，仅与酒食，并未给过银钱。后经贾根应儿之母贾段氏闻人谈论，向伊子盘出奸情殴詈，贾根应儿即愧悔拒绝。嗣韩幅有往找，贾根应儿外出，经贾段氏回覆，韩幅有即向贾段氏调戏，被骂逃避。贾段氏欲控，经郭根劝住，令韩幅有磕头陪礼，贾段氏声称韩幅有以后不许再与伊母子缠绕，各散。迨后韩幅有因见贾根应儿在铺前经过，邀令进铺饮酒，欲行续奸。贾根应儿嚷骂，韩幅有取刀扑砍，贾根应儿闪避，夺刀砍伤韩幅有额颅倒地。韩幅有声言伤痊定行设法强奸，贾根应儿气忿，起意致死，将韩幅有叠砍致毙。该抚将贾根应儿依男子拒奸杀人，死者虽无生供而年长凶手十岁以外，确系拒奸起衅，凶犯年在十六岁以上，无论登时与否，照擅杀罪人律拟绞监候，声明入于可矜等因。臣等查，男子拒奸杀人分别年岁照擅杀罪人拟绞监候之条，系指未被奸污之男子拒毙图奸未成罪人而言，若已被奸在先，后经悔过拒绝，后被逼奸，将奸匪杀死，即不得与未被奸污之男子拒奸致毙者并论。第既悔过自新，若仍依谋、故、斗杀本律问拟，则与未经悔过拒绝，恬不知耻者无所区别。衡情定谳，自应照擅杀罪人律科断，以昭平允。至擅杀虽包谋、故，而秋审时擅杀中则谋、故杀之案例不拟矜，止应入缓。今该抚将该犯依男子拒奸杀人例问拟，罪名虽无出入，引断究未允协。应将贾根应儿改依罪人不拒捕而擅杀以斗杀论，斗杀者绞监候律，拟绞监候。所有该抚声明将该犯入于可矜之处，应毋庸议。臣等再查，男子悔过拒奸，例无治罪专条，各省办理难免两歧。应俟命下，即于例内添纂明晰，以资引用等因。题准。道光四年通行已纂例。

(13) 年虽十五死者相等，拒奸无据

黑龙江将军　咨程义思拒奸戳伤张祥身死一案。查男子拒奸杀人，死者与凶犯年岁相当或仅大三五岁，事后指奸无据者，仍照谋、故、斗杀本律定拟，旧例内载有明文，而通行新例仅言仍按谋、故本律定拟，秋审入于缓决，并无"斗杀"字样。是照谋、故杀拟斩者既得入缓，则照斗杀拟绞者断无入实之理，且此条旧例尚存，将来修例时通加纂辑，断不能将旧例内"斗杀"字样删去，通行系略而不叙，非罩漏也。此案程义思因张祥乘伊出恭，持刀欲行强奸，该犯喊骂逃跑，张祥弃刀将该犯抱住按倒，拉下中衣，该犯拾刀戳伤张祥肩甲等处殒命。查该犯虽年止十五岁，而已死张祥亦年止二十二岁，死者年岁非长于该犯十岁以上，并无生供足据，又无当场见证可凭，与例内"五项中有一于此"之语不符，既不得以该犯年仅十五岁拟以满流满徒，自应仍照斗杀拟绞。奉天司将程义思依男子拒奸杀人，死者仅大三五岁，事后指奸无据者，仍照斗杀本律拟绞监候，系属依例定谳，并无舛错，应请照覆。道光四年说帖。

(14) 请改男子拒奸条例，部议不准

大理寺卿　奏请更定男子拒奸杀人条例一折，道光五年五月二十六日奉旨："著刑部覆议具奏。钦此。"原奏内称：例载妇女拒奸杀人之案，审有确据，登时杀死者，无论所杀系强奸、调奸罪人，本妇均勿论。若杀非登时，分别调奸、强奸，拟以流徒收赎。臣思，男子与妇女不同，而全节守身，实无二致。男子拒奸杀人之罪则件件足证，犹拟满流，稍有不符，即予缳首，与妇女拒奸之例轻重大相悬殊。现经刑部会题陕西省民人陶四娃拒奸扎伤张佩身死一案，据陕甘总督疏称，缘陶四娃与已死张佩均在胡泳贵毡铺内受雇生理，同房分铺睡宿，平日和好无嫌，亦无戏谑情事。道光四年七月初八日夜，张佩赤身前赴陶四娃睡铺，搂住求奸。陶四娃推脱不开，生气嚷骂，用手抓伤张佩咽喉。因不肯松手，恐被奸污，陶四娃一时情急，摸取案上小刀扎伤张佩左手背，张佩释手，陶四娃又复转身冒扎，不期扎伤其胸膛，声喊滚跌倒地。经同房睡宿之吴作索听闻，点灯查看，张佩移时殒命。将陶四娃依例拟绞监候等因会题在案。臣思，立法必当原情，定案斯能平允。男子与妇女守身不辱，情本一致，律当从同。如谓男子力能拒奸，与妇女异，抑思图奸之徒必系凶横，而被奸之人多属稚弱，其污辱迫于俄顷，与其被奸，不如杀奸，此人心廉耻之所以激发，贞义之所必忿也。乃通行例文以凶犯年在十六岁以上，即无论登时与否，均照擅杀罪人科断。臣查此案，陶四娃年仅十九岁，而张佩年已四十岁，其强弱不辨而知，昏夜猝来，岂能力御？臣思拒奸而能以杀人者，惟年在十六岁以上尚有此事，若年仅十四五岁以下者，纵思拒奸，必不能杀人。是此例一行，凡拒奸杀人者皆定遭缳首矣。且必以守身不辱之人为淫凶无赖之徒偿以缳首，于情理实未允协。总之，人命重案，要在虚心研鞫，务得情实，定罪斯无枉纵，不得以私臆滋疑，预立科条之刻。臣以男子拒奸杀人，或年力相等，情止调戏，及已拘执杀非登时，或被杀未死时并无生供又无当场供证者，自应照例定拟。若系凶徒强横，仓猝相迫，且时当昏夜，其男子实难脱身，激于义忿，不得已而情急拒杀，虽死者猝然殒命，并无生供，当场确有供证者，似宜原情定律，置以宽条。臣思，此等案情非现理者之失平，乃定例者之未当。臣职司三法平情，按例反覆思维，于心实觉未安。相应请旨饬交刑部堂官，悉心核议，更定例文，以归平允等因。

臣等①检阅男子拒奸杀人原定例文，事后指奸并无实据者，仍照谋、故、斗杀本律定拟。如当场见证确凿及死者生供有据或尸亲供认可凭者，照斗杀例减一等，杖一百，流三千里。迨于乾隆四十八年十月初六日奉上谕："拒奸杀命之案，该地方官审讯必须将凶手与死者年齿详晰核对。如死者年长于凶手十岁以外，则欺其稚弱图奸，自属情理。若

---

① 系刑部官员。

死者与凶手年岁相当，或仅大三五岁，又安知非凶手图奸不遂，因而致死灭口，恃无见证，图赖死者，希冀卸罪乎！特明晰宣谕，内外问刑衙门一体留心谳狱，以期无枉无纵而昭平允等因。钦此。"嗣经臣等节次修例，将前条例文改为："死者与凶犯年岁相当，或仅大三五岁，事后指奸无据者，仍照谋、故、斗杀本律定拟。如死者年长凶手十岁以外，而又当场供证确凿，及死者生供足据或尸亲供认可凭者，无论谋故斗殴，俱照斗杀例减一等，杖一百，流三千里，奏请定夺。如死者虽无生供而年长凶手十岁以外，确系拒奸起衅，别无他故者，或年长凶手虽不及十岁，而拒奸供证可凭及图奸生供可据，无论谋、故、斗杀，均照擅杀罪人律拟绞监候。"奏准，载入例册遵行。至道光三年三月，臣部因旧例尚未详尽，奏请修改，分别年岁、证佐、生供，酌拟绞、流、徒、杖、勿论等因通行在案。随将大理寺卿原奏各情逐加详核，大抵以科条近刻，议请更定。查男子与妇女守身不辱，其事固无二致，其情实有不同。盖男女不亲授受，匪为不可手足相戏，亦不得语言亵狎。故妇女拒奸定例，杀在登时即予勿论，杀非登时，调奸者罪止拟流，强奸者罪止拟徒。而男子群游聚处，无嫌可远，或同室而居，或联床共宿，事所恒有，奸情又多出暧昧，易于狡饰。若竟与妇女一例办理，则凡逞凶杀人各案，势必纷纷借口杀奸，图脱重罪，奸伪百出，何所底止。臣部纂定条例，自应于矜恤之中仍各予以限制，庶足以儆奸邪而杜流弊。兹查新旧各例，总以死者年长十岁，当场供证确凿及死者生供或尸亲供认可凭三项为断。旧例三项兼备者一概拟流，新例则分别拟以流、徒、杖责，最轻者直予勿论。旧例三项有一者概照擅杀拟绞，新例则分别拟以流、徒，最重者亦止照擅杀拟绞，秋审时仍得按照向例原其义忿之情，分别拟以矜、缓。是男子被强横凶徒仓猝相逼，忿急拒杀，未尝不原情定谳，置以宽条，所以供矜恤也。新条较之旧例虽愈改愈宽，皆系就三项中情节区分轻重，三项有一者则较三项全者稍严，三项全无者又较三项有一者稍严。要不能不加区别，概于定案时一例宽贷，所以严限制也。且现行新例内既分别情节，或予勿论，或拟杖责，或拟徒、流、绞候，则拒奸杀人者亦不致皆遭缳首，似难于宽减之中再议宽减，致滋流弊。所有大理寺卿原奏所称定例未当，似宜原情酌拟宽条之处，应毋庸议。至陕甘总督题陶四娃拒奸扎毙张佩一案，臣等查，此案死者年长十岁，其拒奸一节，有同房住宿之吴作索供证确凿，惟并无死者生供，未便与三项兼备者一例随案减等。该督将陶四娃照例依擅杀律问拟绞候，将来秋审时仍得入矜减流，应如该督所题办理。除另行具题外，谨将覆议缘由具奏等因。道光五年六月初七日奉旨："依议。钦此。"说帖。

(15) 男子拒奸，误伤旁人身死

直督　题：张林因与李月重、王亮同炕睡宿，李月重揭开棉被潜向图奸，张林惊觉起拒，被推下炕，摸取木棍于黑暗中向殴。不期王亮惊醒坐起，以致误伤王亮脑后毙命，实属拒奸误杀旁人。张林应比照本夫登时捉奸误杀旁人例拟绞监候,李月重照本夫捉奸误杀旁人案内之奸夫例拟以满流。道光三年案。

(16) 男子拒杀强奸刃伤之人

盛京刑部　咨王广义拒奸戳死赵双喜一案。查例载:男子拒奸杀人,死者虽无生供而年长凶犯十岁以外,确系拒奸起衅,别无他故,凶犯年在十六岁以上,无论登时与否,照擅杀罪人律拟绞监候。又律载:罪人本犯应死而擅杀者,杖一百。注云以捕亡一时忿激言,若有私谋另议各等语。此案王广义与赵双喜同炕睡卧,半夜时被赵双喜搂抱,欲与鸡奸,王广义不依坐起。赵双喜用刀戳伤王广义脚心脚面,王广义夺刀戳伤赵双喜脸上身上数下,赵双喜声言俟伤痊定欲强奸。王广义气忿,起意将赵双喜致死,用刀将其乱戳殒命。该侍郎以王广义可否比照杀死强奸刃伤本妇应拟绞候罪犯应死之人而擅杀者律,杖一百,抑或照男子拒奸杀人本例定拟,咨请部示。经该司将王广义照擅杀罪人拟绞律量减一等拟流,缮稿呈堂,奉谕交核。职等查,擅杀应死罪人之律,系指犯罪逃者被官司差人追捕,一时忿激致死而言,其余别项拒杀非律例指明应照此条定拟之案,即不得滥行援引。且此案王广义拒奸戳伤赵双喜身死,既无生供可凭,又无当场尸亲证佐足据,是死者生前将该犯戳伤,果否因强奸而戳,抑系因图奸拒捕,均系该犯一面之词。惟既据讯明死者年长凶犯十岁以外,确系拒奸起衅,自应照男子拒奸本例拟绞监候,不得将并无生供证佐之案,任听该犯事后供词,遽科死者以罪犯应死之例。应行令该侍郎按例妥拟具题。所有该司拟以量减拟流之处,应毋庸议。道光七年奉天司说帖。

(五) 卷三十三·威逼人致死

(1) 鸡奸情热逼妻同奸,不从自尽

江西抚　题熊文杰逼勒伊妻小张氏与熊荷珠仔通奸不从,致氏服毒身死一案。查律载:因奸威逼人致死者,斩监候。又例载:本夫抑勒卖奸故杀妻者,以凡论。又妇女令媳卖奸不从,折磨殴逼致媳情急自尽者,拟绞监候各等语。又检查嘉庆十三年,本部核覆凉州副都统具题,忠庆光将四十九鸡奸,复主令四十九冒奸伊妻敖氏未成,致氏羞忿自尽一案。比照奸妇抑媳同陷邪淫致媳自尽例,发伊犁为奴等因在案。此案熊文杰因与无服族侄孙熊荷珠仔鸡奸情热,主令熊荷珠仔屡向伊妻小张氏调奸,希图彼此常相奸宿。迨小张氏不从,即屡行打骂逼勒,以致小张氏不甘失节羞忿自尽,实属淫邪无耻,夫妇恩义已绝。若比照凡人因奸威逼律拟斩,与本夫抑勒卖奸故杀者,以凡论拟斩之例无所区别。查主令被伊鸡奸之人冒奸伊妻未成致妻自尽,既有比照奸妇抑媳同陷邪淫例定拟成案,则令妻 [与] 被伊鸡奸之人通奸不从,逼勒轻生自尽,应比照姑令媳卖奸不从殴逼自尽例科断。该省将熊文杰比照妇女令媳卖奸不从折磨殴逼,致媳情急自尽例,拟绞监候，听从图奸之熊荷珠仔依为从减一等，拟以满流。查核情罪尚属允协，应请照覆。奉批尚未允协，令平心酌议等因。职等伏查，凡人因奸不从杀死本妇例应斩决，若因奸威逼致令自尽律应斩候。至本夫抑勒其妻卖奸不从故杀例应斩候，盖抑妻卖奸已失夫妇之义，故照凡人故杀律问拟，然不与凡人因奸不从杀死本妇同科斩决者，因究属夫妇，于惩创之中仍示区别之意也。此案熊文杰因逼勒伊妻小张氏与伊奸好之无服族侄孙熊荷珠仔通奸，致小张氏不甘失节羞忿自尽，固属淫邪无耻，若即比照凡人因奸威逼律拟斩，是以本妇捐躯自尽之案，而与手刃其命者同一罪名，究觉无所区别。且查本夫因别事逼迫其妻自尽律得勿论，即殴有重伤亦只拟杖，今因逼勒伊妻与人通奸不从致令自尽，以例无明文，比照姑令媳卖奸不从殴逼自尽例，拟绞监候，以抵伊妻之命，亦足以蔽厥辜，应仍请照覆。嘉庆十七年说帖。

(2) 鸡奸雇工逼妻同奸，不从自尽

刑部　奏奎明逼勒伊妻与雇工通奸不从，致妻自尽一案。此案奎明与雇工伊览鸡奸情密，辄思诱令伊妻图博特氏亦与伊览奸宿，因其不从，两次逼勒，以致伊妻抱忿轻生。遍查律例，并无本夫陷妻邪淫致令自尽作何治罪明文，该犯以职官鸡奸雇工已属有玷官箴，复商令伊览图奸主母，灭伦坏纪，莫此为甚。若因该犯并无殴打别情，仅照奸妇抑媳同陷邪淫致媳自尽例拟遣，尚觉情浮于法，不足以儆官邪而维风化。奎明应比照妇女令媳卖奸不从折磨殴逼致媳情急自尽例，拟绞监候。伊览当奎明商令往与图博特氏奸宿，该犯虽未同往，惟并不立时阻止，即隐有图奸主母之心，应照雇工调奸家长之妻未成例，发烟瘴充军。查图博特氏之死，由于奎明之逼勒，而奎明之逼勒实因与该犯通奸情密所致。该犯以雇工与家主通奸，致酿主母一命，情节较重，伊览应即发往回城给□□为奴，照例刺字解交陕甘总督转发。图博特氏捐躯明志，节烈堪嘉，附请旌表。道光四年河南司现审案。

(3) 鸡奸其夫逼奸其妻，致妇自尽

直督　奏：王济众向开饭铺生理，因同村素识之李圮元向伊借钱，遂与调戏成奸，后又给钱续奸数次。嗣李圮元伴送伊妻慕氏归省，道由铺前经过，王济众意图挟制向索借欠，李圮元央缓，王济众声言如令慕氏与伊奸宿，即不必措还。李圮元被逼，遂以与妻商量之言答覆。王济众屡向询问，李圮元用言支吾，王济众斥其有意哄骗，逼令偿欠。李圮元许即回家商量并借钱三百文，即携回家内，旋向慕氏告述前情。慕氏不依村斥，李圮元虑其声张，用言掩饰。更余时，赴学房睡宿，经由饭铺，王济众见而复询。李圮元虑其索钱，捏称已与伊妻说知，尚未全允。王济众因其兄嫂俱不在家正可行事，即逼令李圮元引往，李圮元始犹不允，继被王济众缠扰，遂引王济众到家。拨开大门二门进院,同至卧房门首,声言无颜进内,令王济众自行入室,伊即回学堂就寝。其时房门虚掩,王济众推门潜进,慕氏喝问,王济众告以伊夫李屺元借用伊钱令我前来。慕氏大声喊骂,王济众恐有人听闻,顺摸炕上衣服缠裹慕氏口颈,慕氏声喊不响,用手抓伤王济众腮颊,王济众即将慕氏揿倒拉裤行强。慕氏恐被奸污,佯为依允央令释手,王济众松放裹口衣服。慕氏坐起喘气并称欲赴厕出恭,王济众恐其脱逃,令其脱衣再去。慕氏并不回答,王济众即将其衣裤全行脱下,慕氏起身下炕,王济众犹不放行。慕氏复以此等模样如何见人,岂能脱逃之言向谎,始允走出。王济众坐待片刻,转生疑虑出而窥探,见慕氏跑出街门,即行追赶。见慕氏奔往屋西投入井内,赴救无及。因慕氏赤身投井,惟恐破出奸情,即回取慕氏衣裤撩入井内,假装自行投井冲脱衣服情形。旋赴李屺元学房告述,并向央恳捏以夫妻口角自尽,毋庸报验。若露其情,伊即以鸡奸情事说出,亦无脸见人之言向吓,李屺元应允。旋被尸母窥出尸伤报验,审悉前情。将王济众依因奸威逼人致死律,拟斩监候。李屺元比照奸妇抑媳同陷邪淫致媳自尽例,拟发伊犁为奴。嘉庆九年九月二十八日奉旨:"颜检奏审拟王济众图奸李慕氏,威逼致死一案。王济众先经鸡奸李屺元,后复因李屺元借贷不还,有心挟制图奸伊妻慕氏,以致慕氏情急投井身死,淫恶已极,不可一日姑容,王济众著即处斩。至李屺元因贪图借贷甘受鸡奸,复听从王济众图奸伊妻身为导引,以致慕氏窘辱投井身死,犹复听嘱自认,不肯据实呈控,忍心无耻,莫此为甚,著即发往伊犁给兵丁为奴。李慕氏被王济众揿按行强,设计脱身,捐躯明志,节烈可嘉,著照所请,准其建坊旌表,以维风化。余依议。钦此。"《所见集》案。

(六)卷三十五·威逼人致死

(1)图奸男子不遂,殴伤越日身死

奉尹 题:张均瀤因向宋克勤求奸被骂扑殴,该犯用刀将其戳伤越二日身死。将张均瀤比照强奸未成,将本妇殴伤越数日身死例,拟斩监候。嘉庆二十一年案。

(2)强奸男子不从,致令羞忿自尽

东抚 题:林大因强行鸡奸王三不从,致王三羞忿自尽。应比照强奸未成本妇羞忿自尽例,拟绞监候。道光元年案。

(3)男子被人拍腿相谑,羞忿自尽

山西司 查此案高建顺开靴铺生理,雇杜万仓在铺做饭,并无主仆名分,素日和好彼此玩笑。杜万仓与铺伙鱼得水同屋睡宿,高建顺至杜万仓屋内闲坐,见杜万仓业已睡歇,鱼得水尚未就寝。高建顺声言时候尚早,令杜万仓起谈,即揭开杜万仓被盖,用手

戏拍其腿，并以好白腿臀之言相谑。杜万仓生气坐起，声称高建顺不应如此戏谑，给伊无颜嚷骂，经鱼得水解劝并令高建顺服礼寝息。嗣鱼得水将高建顺与杜万仓戏谑之事向吕泳真告述，随口耻笑。杜万仓听闻追悔翻闹，声称高建顺将其欺辱致被人耻笑，气忿乘空自刎身死。该抚将高建顺照调奸妇女未成，和息后因人耻笑本妇追悔自尽，满流例上量减一等，杖一百，徒三年。吕泳真、鱼得水照不应重律，杖八十等因咨部。查男子与男子群居共处，无嫌可避，故互相戏谑亦事所恒有，非若妇女之礼应远嫌，与男子不亲授受者可比。故妇女被男子秽语亵狎致令自尽，例有治罪明文，而男子除调奸之外并无秽语亵狎致令自尽之条。今杜万仓在高建顺靴铺佣工，既与高建顺素日玩笑，高建顺戏拍其腿用言相谑不过语言轻薄，且其时尚有鱼得水在旁目睹，可见高建顺并无图奸之心。迨后杜万仓因鱼得水向人谈及耻笑，追悔自尽，尤非高建顺意料所及。即谓高建顺戏语酿命，科以不应重杖酌加枷号已足蔽辜。抚将高建顺比例量减拟徒，殊未允协。高建顺应改依不应重律，杖八十，酌加枷号一个月。道光十年说帖。

（七）卷三十六·威逼人致死

鸡奸败露，被奸之人自尽

陕督　咨：李万年与徐生旺鸡奸败露，致徐生旺羞愧自尽。将李万年比照和奸之案，妇因奸败露羞愧自尽例，拟以满徒。道光三年案。

（八）卷三十七·斗殴

割落茎物伤系罪人，不必断产

直隶司　查律载：毁败人阴阳，以至不能生育者，杖一百，流三千里，仍将犯人财产一半断付被伤笃疾之人养赡等语。至现在新纂条例内，殴伤奸盗罪人至笃疾者，毋庸断付财产养赡，系指平人殴伤奸盗罪人至笃疾者而言。若先经和奸，后因借贷不遂致伤笃疾，自应仍按本律办理。此案李有亮先与高廉鸡奸，嗣因向高廉借贷不给，被其村斥，起意诱令高廉续旧，用刀将其茎物割下。将李有亮依毁败人阴阳不能生育律，杖一百，流三千里，断付财产一半养赡。职等详加查核，李有亮与高廉和同鸡奸，均系罪人。其因借贷不遂，起意将高廉茎物割下，系图泄私忿所致，并非顾惜颜面所致。与平人怀挟公忿致伤奸盗罪人至笃疾者不同。该省拟以断付财产一半养赡，尚属平允，似可照覆。奉批：所伤既系有罪之人，即不应断给财产。况高廉先既诱奸良人子弟，后又吝财不给，致被割毁，是高廉之孽由自作。若再断给财产养赡，致与平人被毁败者无所区别。虽李有亮非因悔过拒奸而割，原与无罪之平人不同，追断财产固无不可，而淫恶作孽之高廉则断不可给与承受。似应驳令毋庸断给财产，以为贪淫遭害者戒，亦明刑弼教之一端也。乾隆六十年说帖。

(九) 卷三十八 · 殴授业师

弟子刃伤儒师，情节支离驳审

律例馆　查例载：谋故殴杀及殴伤受业师者，业儒弟子照谋故殴杀及殴伤期亲尊长律治罪。如因弟子违犯教令，以理殴责致死者，儒师照尊长殴死期亲卑幼律，杖一百，徒三年。若因奸盗别情谋杀弟子者，无论已伤、未伤、已杀、未杀，悉照凡人分别定拟等语。是儒师之于弟子互相杀伤，必须教之以正，责之以理，方以期亲论。若因奸盗别情，师徒名分已乖，自应照例以凡人科断。谳狱者必究明起衅缘由，方可依例拟罪。得不稍事含混，致滋出入。此案周思义因与赖以安、戴邦光均从钟毓英受业，即在学馆与钟毓英同房歇宿。周思义因家中有事，先行放学搬回。钟毓英即令伊子搬至周思义床上歇宿，嗣周思义前往学馆看望钟毓英，因赖以安等均于次日放学，即行沽酒，邀周思义与赖以安等同饮。周思义等酒醉，钟毓英先令伊子睡卧。适钟毓英之子已经回家，周思义即在伊床上歇宿。钟毓英往看戴学正家内念经，戴学正复邀同饮。钟毓英大醉回馆睡卧，走至房内灯亮已熄。钟毓英摸至床边，解脱衣裤，揭开铺盖上床，不期误摸周思义床上。周思义惊觉，摸系赤身男子，料系前来图奸，即起身摸取桌上小刀乱砍、乱划。钟毓英听闻周思义起身，始知错误，亦即下床声喊。周思义听是钟毓英，因一时忿激糊涂，不及计晰查问，复用刀乱砍，先后致伤钟毓英顶心等处。时赖以安等惊醒喝阻，报验审悉前情。钟毓英伤轻平复。该督将周思义依殴伤受业师，照殴期亲尊长律，刃伤期亲尊长，讯非有心干犯例，拟绞监候等因具题。臣等详核案情，周思义与赖以安等均从钟毓英读书，同房歇宿。当岁暮放学之时，周思义既因有事先行放学搬回，何以挨晚复来书馆住宿？且钟毓英如果师道自居，岂肯邀同饮酒，又复任其沉湎，已属可疑。钟毓英于周思义等睡后，复行出门，夤夜醉归，脱衣睡卧。彼时灯亮虽熄，惟系常处之室，床铺分列之所自应熟悉，何为误摸周思义床上？且既揭开铺盖，自知铺内有人，迨被周思义手摸，更应引身而退，何以直至周思义取刀砍划后，始行下床？况时值严寒，披衣入被尚恐不暖，焉有未入被而先行赤身之理。至周思义如果确系疑奸，亦应有声喊急迫之情；乃即摸刀乱砍、刮划，时当黑夜，该犯又何以思及刀在桌上？且该犯叠砍之后，既经听闻钟毓英声喊，即应歇手，何以复行乱砍，伤至十处之多？其时同室有赖以安等二人，闻声即时往救，断不致钟毓英受此多伤。是此等情节种种支离，若非钟毓英图奸被伤，即系周思义挟嫌恃醉，有意逞凶。必须根究明确，以成信谳。乃该督率听该犯等事后狡饰之词，遽行定案。罪关出入，应令该督另派贤员研讯确情，按例妥拟，到日再议。道光九年说帖。

(十) 卷四十三·殴期亲尊长

听从鸡奸之人谋杀胞弟灭口

陕督　题岳存弟因与张榆鸡奸败露，商谋致死张三双子灭口一案。查律载：谋杀人，造意者斩监候，从而加功者绞监候等语。此案岳存弟与张三双子胞兄张榆鸡奸，被张三双子瞥见詈骂，并向伊母告知。张榆因奸情败露无颜为人，商与岳存弟逃走。岳存弟起意将张三双子致死灭口。张榆将张三双子引至庄外，与岳存弟将张三双子狠殴毙命。查张榆因奸听从谋杀伊弟，律例内虽无治罪专条，惟该犯被奸无耻，复因胞弟窥破奸情，听从奸匪致死灭口，实属义绝情惨，无复伦理可言。该省将该犯照凡人谋杀加功律，拟绞监候。查核情罪相符，应请照覆。嘉庆十七年说帖。

(十一) 卷四十五·越诉

张扬诱奸情事，致人忿激杀人

直督　题：张洛花被魏洛仁诱奸未成。嗣魏洛仁另挟别嫌，欲使张洛花无颜，以张洛花被奸未成之言，向张金和告知，致张洛花砍伤张金和身死。将魏洛仁比照奸赃污人名节拟军例上，量减一等满徒。嘉庆十八年案。

(十二) 卷四十九·子孙违犯教令

子犯鸡奸，致义父被奸夫杀死

苏抚　题：倪连沅因与俞衮受义子俞传宗鸡奸，被俞衮受撞破斥骂，倪连沅将俞衮受故杀。比照奸夫杀死亲夫例，斩决。俞传宗因奸致义父被杀，该犯过继在十五岁以前，恩义已久，照子孙犯奸父母并未纵容被人谋故杀害例，拟绞立决。道光元年案。

(十三) 卷五十二·犯奸

(1) 诱奸九岁幼童已成

云南司　查例载：将未至十岁之幼童诱去强行鸡奸者，照光棍为首例斩决等语。推原例意，盖十岁以下之幼孩童稚无知，既系诱同成奸，即属以强相逼，较之十二岁以下十岁以上知识渐开者不同，故有犯即拟斩决，不得依虽和同强论拟绞。检查乾隆五十年广东司审办幅山鸡奸六岁幼孩喜儿已成一案，又五十七年四川省审题蒋星玉鸡奸七岁幼童刘冬儿已成一案，俱照将未至十岁幼孩诱去强行鸡奸例，拟斩立决，题结各在案。今云南司审办王四儿鸡奸九岁幼童格绷额已成一案，将王四儿审照恶徒将未至十岁幼童诱去强行鸡奸，照光棍为首拟斩立决。核与定例及成案相符，似可照办。嘉庆元年说帖。

(2) 强奸幼童未成，幼童被父勒死

河抚　奏：苏勇木强奸苏逢甲九岁幼子苏丙仁未成，按例应发烟瘴充军。惟该犯因苏逢甲向伊父告知，将伊斥骂，复至苏逢甲门首辱骂，以致苏逢甲忿恨将其子苏丙仁勒毙。实由该犯强奸起衅，将苏勇木从重发新疆为奴。道光二年案。

(3) 奸十一岁幼童未成，刃伤亲属

江西司　查已入朝审绞犯梁勇常原拟罪名错误一案。查律载：强奸者绞监候，未成者杖一百流三千里，奸幼女十二岁以下虽和同强论。又例载：强奸十二岁以下幼童者斩监候，和奸者照虽和同强论律拟绞监候。又：强奸执持金刃凶器戳伤本妇及拒捕致伤其父母有服亲属，已成奸者拟斩监候，未成奸者拟绞监候各等语。是奸幼女虽和同强论之律系统承已成、未成而言。例内添出幼童一条，即系照幼女律办理。此案梁勇常与年甫十一之六十九同炕睡卧，该犯顿萌淫念，挨近六十九身旁，图向鸡奸未成。六十九惊醒哭喊，其母王氏听闻进内问知，取刀向砍，被该犯夺刀拒捕，砍伤额颅等处。查该犯乘睡图奸，迹近于强，且六十九年在十二岁以下，虽和应同强论。该犯强奸未成，复持刀拒捕砍伤其母，自应照强奸执持金刃拒捕致伤其有服亲属，未成奸者绞例，拟绞监候。该司前引奸夫拒捕刃伤应捉奸之人例，系指已成奸者而言，与审定情罪不符。惟两例同一绞候，罪名尚无出入，似可毋庸更正。嘉庆十七年说帖。

(4) 鸡奸十二岁幼童未成

安徽司　审拟拉柱等强奸钟儿未成一案。查拉柱与钟儿素不认识。嗣该犯与富明奉派赴贡院外围巡逻，同至酒铺沽饮，适钟儿向其讨吃。该犯见其伶俐，言明差竣雇其服役，钟儿应允。拉柱令富明借给钟儿布裤，一同行至贡院地方，时已昏黑，找觅派巡地段无著，商俟次日再找。该犯当与富明相商欲向钟儿鸡奸。富明因畏该犯素来强横，不听人劝，未向阻止，即在不认识人家大门洞内睡宿。该犯乘钟儿睡熟，将其裤子拉下欲行鸡奸，钟儿惊醒不依，该犯抱住仍欲行奸。钟儿喊叫，未经成奸即被拿获。职等详核案情，该犯之鸡奸钟儿，虽未毁裂衣服，惟钟儿年甫十二，无论成奸与否，律同强论。该司将该犯依强奸十二岁以下幼童未成例，系旗人发黑龙江当差，情罪尚属允协，应请照办。嘉庆二十一年现审案。

提督　咨送王步廷鸡奸幼童朱虎儿未成一案。此案王步廷与年甫十二岁之幼童朱虎儿素日认识，嗣王步廷见朱虎儿在地安门外顽耍，顿萌淫念，起意鸡奸。谎称代找佣工地方，随带朱虎儿先至铺内吃面，并诱其至伊所住屋内，令朱虎儿坐在炕上。该犯乘院内无人，即近前将朱虎儿抱住，用左手按住上身，右手拉下裤子。朱虎儿不依喊嚷，该犯畏惧松手，尚未成奸，即经看街兵闻喊往查，询知情由，将犯获送。王步廷合依强奸十二岁以下幼童未成例拟遣，据供父老丁单，饬查取结核办。

（5）和尚鸡奸业已犯奸十岁幼僧
提督　咨送僧人幅山鸡奸伊徒何招儿一案。查幅山将年甫十岁之幼徒何招儿哄诱鸡奸。既据何招儿供称，先于上年五月业已被人鸡奸属实。虽首先诱奸之丐伴姓名住址，何招儿因年幼糊涂不能记忆，而先经被奸之处已据供认确凿。是该犯并非首奸之人，尚属可信，似未便照虽和同强律，拟以缳首。惟此等鸡奸幼童淫徒，若仅以僧道犯奸例加等拟徒，未免情重法轻，应酌减问拟。僧幅山除违例收徒及殴烫何招儿轻罪不议外，应勒令还俗，于奸十二岁以下幼童照虽和同强绞监候律上量减一等，杖一百，流三千里，仍尽僧道犯奸本法，于寺门首枷号两个月。何招儿年未及岁，贪图食物被诱鸡奸，应免置议。道光四年奉天司现审案。

[眉批：]图奸男子金刃戳伤，虽例无专条，应比照图奸妇女未成刃伤本妇例一律同科。嘉庆九年晋省杨茂怀案说帖。

（6）强奸曾经犯奸之男子
晋抚　题：李楞三强奸郭争气子已成，罪应拟绞。惟郭争气子先被赵学子奸污，业据自认不讳，与良人有间。应将李楞三照强行鸡奸并未伤人拟绞例上量减一等，杖一百，流三千里。郭争气子依和同鸡奸例枷杖。赵学子早经物故，勿议。嘉庆二十年案。

提督　咨送：赵八强奸曾被蒋禄儿鸡奸之喜禄未成，应将赵八照强行鸡奸未成拟流例量减一等，杖一百，徒三年。嘉庆二十四年安徽司现审案。①

（7）强奸男子捆殴致伤未经成奸
陕抚　咨：李雪些用强鸡奸王岳保子未成，辄用柴块殴伤其两臂膊，并绳缚其两手，未经成奸。将李雪些比照强奸妇女伤非金刃未成奸例拟军。道光三年案。

（8）轮奸男子未经成奸
晋抚　咨：路四科儿见李进宝铺内学徒高木林少艾，起意轮奸，随商允贾红桃将高木林拉至空地，按倒拉裤欲奸，经李进宝赶至喝散。将路四科儿比照轮奸良妇未成为首例拟遣。嘉庆二十二年案。

---

① 参见《刑部比照加减成案》（四）。

(9) 轮奸男子抠伤谷道

河抚　咨：李华容因见现年十六岁之曹牛年轻，随与在逃之罗东峰商允，将曹牛拉进屋内按倒床上，拉脱裤子，用手指抠伤其谷道。曹牛喊骂，经邻人趋视，未经成奸。将李华容比照轮奸良妇未成为首例拟遣。道光三年案。

(10) 轮奸犯奸男子已成

提督　咨送：吉林阿因扎布占等将伊奸好之广凝揪去，遂忿恨捏控扎布占等抢夺钱票。查扎布占明知广凝与人有奸，将广凝带回家内，与吉勒彰阿、陈虎儿三人轮奸。将扎布占比照轮奸已经犯奸妇女已成例拟遣，吉勒彰阿、陈虎儿照为从同奸例拟流。系旗人，发驻防当差。吉林阿因扎布占等将广凝拉走，捏告抢夺，今扎布占等罪应遣流，与诬轻为重不同，吉林阿应与广凝俱仍照和同鸡奸例枷杖。广凝销除旗档。嘉庆二十四年奉天司现审案。①

(11) 轮奸十二岁幼童已成

直督　题：张汶通因见年甫十二之赵啕气儿面貌清白，商同石进财将其轮奸已成。将张汶通比照轮奸良人妇女已成为首拟斩立决，石进财照为从同奸拟绞监候。嘉庆二十四年案。

(12) 乘睡刁奸男子，惊醒央求寝息

提督　咨送：李靠山与同主雇工二格同炕睡宿，乘其睡熟，即行鸡奸。二格惊醒不依，央求寝息，嗣欲续奸不允，喊告被获。将李靠山依刁奸杖一百，加枷号一个月。二格系睡熟被奸，嗣因李靠山向其续奸即行拒绝，且年甫十五，应免置议。嘉庆二十年山西司现审案。

(13) 容止人在家通奸

福抚　题王腾标致伤蓝朝朝身死一案。查律载：和奸者杖八十，容止人在家通奸者减犯人罪一等。又例载：和同鸡奸者照军民相奸例，杖一百，枷号一个月。又名例载：称减者就本罪上减轻各等语。是律称减等，只应就律内本罪上减等，不得于例内罪名上议减。所谓同律不同例也。检查十四年广西省何氏容止吴氏在家与人通奸，即照和奸本律减一等拟杖，议结在案。此案王腾标与蓝朝朝在黄香香家鸡奸，黄香香知情容止，自

---

① 参见《刑部比照加减成案》（四）。

应照和奸本律上减等问拟。该省既将黄香香援引容止通奸本律，复于军民相奸杖枷例上减一等，科以杖九十，枷号二十五日，殊属错误。应将黄香香改依和奸杖八十本律上减一等，拟杖七十。嘉庆十七年说帖。

(14) 儒师鸡奸学生并僧奸徒弟

北抚 咨已革教谕卢嘉会鸡奸弟子卢莲舫，复藉端呈控卢莲舫之父异姓乱宗，希图挟制仍与奸好一案。职等查，儒师鸡奸弟子，例无治罪明文。惟弟子殴受业师，律载加凡人二等，例内则以师弟互犯杀伤分别治罪，系儒师照殴伤期亲尊长卑幼律，原以师之于弟无服制而有名分。弟子不得干犯师，故照凡斗从重。师可以训责弟子，故照凡斗从轻。例系比照期功定罪，非即与期功服制并论也。若亲属相奸，律内期服，如奸姊妹、子妇、兄弟之女等项，奸夫奸妇各决斩；功服，如奸从父姊妹、兄弟妻、兄弟子妻等项，奸夫奸妇各决绞，强者奸夫各决斩。于犯奸律中罪名綦重，原以服制最恶乱伦，有犯即干十恶，故特立专条，似不得以犯奸无关服制之案率行牵附，致滋出入。今卢嘉会鸡奸弟子，该省以儒师殴伤弟子定例，照期亲科断，比引奸期亲服制之律。而又声明师弟究以义合，与本宗服制有间，将该犯于奸兄弟妻、兄弟子妻各绞律上减一等，拟以满流。殊不思儒师之奸弟子，固例无明文，而僧道之奸弟子则事所常有，向俱照僧道犯奸本律枷杖，从未闻有照奸大功服制于绞决上减等者。若如该省所议，则僧道鸡奸弟子亦当比拟满流，殊多窒碍。即儒师殴弟子例准照期亲服制者，亦系指以理殴责而言。故故杀及执持金刃凶器非理殴扎致死，应同凡论，非如本宗期亲，无论谋故及所殴器械，皆与凡人殊也。殴杀即不尽照服制，而谓犯奸竟以服制论，可乎？且师弟虽无服制，按礼经事师心，心丧三年。其恩义与父子等，若竟以服制论，又当如何比拟乎？检查十三年直隶省马榕奸拐学徒之妻王贾氏一案，依凡人和诱知情为首例拟军，从重改发黑龙江。又二十一年山西省魏懋书强奸十岁弟子已成一案，依凡人强奸十岁以上幼童例斩候。均未照奸期亲之妻及强奸期亲服属律科罪。以彼证此，可以隅反。第师弟和同鸡奸，罔顾名义，亦未便竟同凡论。职等悉心参核，儒师之为人师表，与本管官之为民父母者相同。律载军民殴本管官，但殴即科满徒，其罪重于殴期亲尊长。而本管官奸军民妻女，则律内载明加凡奸二等，立有专条，似可比照办理。按其相奸之罪，只应于和同鸡奸枷杖例上再加二等。惟该犯以举人诱奸习儒弟子已属无耻，复因其另行从师，妄控其父异姓乱宗，希图挟制仍与奸好，情同恶棍，应加重改照棍徒扰害例拟军，以昭炯戒。至被奸之卢莲舫年甫十四，本属幼稚无知。该省声明与卢嘉会同科杖流收赎，亦未允协。卢莲舫应改照和同鸡奸例，杖一百，枷号一个月，仍依律收赎。谨酌拟稿尾。

稿尾：此案已革举人卢嘉会诱奸年甫十四之学徒卢莲舫已成。卢莲舫因学无长进另行从师，该犯随藉端呈控其父卢宗英异姓乱宗，希图挟制卢莲舫仍与奸好。审悉前情，该抚将卢嘉会比照奸期亲服属律，于奸兄弟妻、兄弟子妻各绞决上减一等，拟以满流等因咨部。查亲属相奸律内绞决斩决各条，以其内乱渎伦，罪干十恶，故罪名綦重，似不得以无关服制之案率行牵引。且师弟互犯杀伤，系儒师照期亲服制，系僧道照大功服制，本属同例。儒师鸡奸弟子，虽例无明文，而僧道鸡奸弟子则事所常有，向来悉照僧道犯奸本例科以枷杖，从无比引大功服属相奸办理之案，未便一例两歧。惟儒师与弟子和同鸡奸，亦未便竟同凡论。查儒师之为人师表，与本管官之为民父母者相同。本管官奸所部民妻女，律加凡奸二等。则儒师鸡奸弟子似亦只可比引此律，加凡人鸡奸二等科断。该犯卢嘉会以举人诱奸习儒弟子已属无耻，复因另行从师，藉端呈控其父异姓乱宗，希图挟制仍与奸好，情同恶棍。卢嘉会应照棍徒扰害例，发极边足四千里充军。被奸之卢莲舫年甫十四，本属和同鸡奸。该抚拟与卢嘉会同科满流，亦未允协。卢莲舫应改照和同鸡奸例，枷号一个月，杖一百，年未及岁，照律收赎。嘉庆二十三年说帖。

[眉批：]查此案既验明粪门宽松，并不紧凑，与屡次被奸情形相符，若填明尸格亦可为通奸之据。乃拘泥《洗冤录》并无相验粪门法则，未经详报，究属遗漏。乾隆五十三年，《所见集》广东省刘二案。

四川司　此案戴潮青鸡奸弟子冯帼庆，后冯帼庆因病身死，有冯兆文等挟嫌唆使冯帼庆之母冯龚氏诬控等情。该督以案情无论虚实，自应先定业师鸡奸弟子之罪，方能科断。遍查律例，并无治罪专条。惟名例载：弟子与兄弟之子同。若照奸兄弟妻办理，将师弟同拟缳首，究非一本至亲，与实在有服亲属内乱不同。若竟以凡论，是恃尊狎行之儒师与甘心被奸之弟子仅拟枷杖，又复失之过轻，不足以维风化。衡情酌断，业师鸡奸弟子可否比照奸缌麻以上亲，奸夫拟军例，发附近充军。被奸之弟子比例拟徒，抑或即照期亲拟以缳首之处，咨请部示。查亲属相奸律内绞决斩决以及例内军成各条，因其内乱蔑伦，罪干十恶，故罪名綦重，不得以师徒义合无关服制之案率行牵引。而师弟相奸与互犯杀伤之案尤不得强为比附。以杀伤而论，儒师系照期亲服制，僧道系照大功服制。以奸而论，儒师鸡奸弟子虽例无明文，而僧道鸡奸弟子向俱照僧道犯奸本例科以枷杖，从无比引大功服属相奸之案。则儒师鸡奸弟子亦不能援照期亲服属相奸之例，可以类推。检查二十三年湖北省已革举人卢嘉会鸡奸弟子卢莲舫一案，本部议将卢嘉会照本管官奸部民妻女律加凡奸二等，卢莲舫仍照和同鸡奸本例办理。核与此案情事相仿，应行令循照办理。道光九年说帖。

(15) 职官鸡奸剃头之人，妒奸纠殴

浙江司　审奏：已革吏部额外司务韩元培平时蓄养素习拳棒匪徒跟随游荡，嗣又与剃头之王二格鸡奸，复因妒奸挟嫌纠众持械将范七叠殴多伤，情同凶恶。未便仅照他物殴人成伤及和同鸡奸本律例定拟，应请旨发往乌鲁木齐充当苦差。朱五等素习拳棒，本系匪类，听从韩元培将范七毒殴多伤，实属助势济恶。将朱五等于韩元培遣罪上减一等，拟以满徒，再加枷号两个月。开剃头铺之陈开纵容王二格卖奸，比照窝顿流娼月日经久例，杖一百，徒三年。嘉庆二十四年现审案。

（十四）卷五十三·奴及雇工人奸家长妻

雇工拒奸无据，踢死雇主

东抚　题邵兴拒奸踢伤雇主潘浚亭身死一案。此案邵兴受属与潘浚亭家佣工，是潘浚亭系该犯家长。该犯用脚踢伤潘浚亭肾囊致毙，按律罪应斩决。该抚因衅起拒奸，援引成案，将邵兴照斗杀拟绞等因。查邵兴年二十二岁，潘浚亭年四十九岁，虽长于该犯十岁以外，但该犯踢伤系黑夜在潘浚亭房内。其时房内虽无他人，尚有其子潘治平等在家。该犯如果被潘浚亭拉奸不从，挣不脱身，不难疾呼求救，何至默无声息，辄踢其肾囊致命处所，始行逃逸？则所称拒奸踢伤致毙之情只该犯事后一面之词，并无旁证。且该犯受雇其家已及两载，比时邵兴之年更少，潘浚亭如果蓄意图奸，其平日必有向该犯戏谑勾引情事，潘浚亭家内岂无一人见闻？虽此案曾经该臬司拟及该犯诬执主奸以出己罪，委员覆讯并非诬奸，尸子亦供无另有起衅别情。但潘浚亭不调奸于邵兴初来之时，而图奸于受雇二年之后，其平日有无向该犯戏谑勾引之处，总未讯明。则所称因奸起衅情由，当场既无确证，死者亦无生供，平日又无形迹，自难遽为信谳。即因其子潘治平有询问伊父有"自己原也不好"之语，信为调奸被其拒杀实据，案无可疑。而雇工踢死雇主亦应仍照本律定拟。声明因奸拒死缘由，恭候钦定，未便遽照斗杀科断。至该抚所引乾隆十二年侍卫厄林保图奸仆妇白姐，被白姐割伤茎物，将白姐减等拟流一案；又五十一年赵群儿因妻关氏被伊主六十四奸占，谋毒六十四未死，按律问拟斩决，奉旨改为绞监候一案，比较定拟。无论此案未经通行，例不准引。即如白姐一案系伤而未死，赵群儿一案系按本律拟斩，钦奉谕旨改为绞监候，亦不得援以为例。今以雇工殴死家长之案，而引平常斗杀人之律，名分攸关，罪名悬殊，应令另行研讯妥拟。去后旋据遵驳覆审。查邵兴受雇两载，初因内外隔绝未曾近身，是以向无戏谑勾引情事。迨潘浚亭因修理内室移居二门外客屋，昏夜独处，众工人俱已下乡收麦，令邵兴进屋开铺，醉后忽萌淫念，拉膊图奸。该犯挣不脱身，因顾惜颜面未及喊救，一时情急举足踢伤。潘浚亭于受伤后，经伊子再三查问，只称自己不好，总未吐出衅端。其为图奸被踢，难以明告其子。故出此后悔之语，真情业已毕见。则该犯之向踢致毙，实由拒奸，别无他衅，似无疑义。惟是当场究无见证，死者亦无讯取生供。雇工踢死雇主，名分攸关，诚如部驳，未便依常人拒奸而杀之例拟以绞候，致滋轻纵。将邵兴改拟斩决等因具题，经刑部照拟核覆。奉旨："九卿定议具奏。钦此。"经刑部等衙门会议，查邵兴被雇主潘浚亭拉奸，挣不脱身，情急一踢适毙。既有尸子问明其父生前之言足据，是该犯实系拒奸图脱，并非无故逞凶干犯，自应量予末减。将邵兴改为斩候。奉旨："邵兴依拟应斩，著监候，秋后处决。钦此。"嘉庆三年案。照《驳案新编》录。

（十五）卷五十三·官吏宿娼

职官挟优饮酒，醉毙优伶

刑部　奏候选知县曹六典挟优饮酒，醉毙优伶，私抬出城，隐匿不报等情一案。道光八年①十二月初七日奉旨："此案候选知县曹六典以职官挟优饮酒，有乖行止。复于该优人醉毙之后，贿嘱官人隐匿不报，希图掩饰，尤为荒谬。著即革职，发往军台效力赎罪。曹堃以候选道员不知检束，狎比优伶，实属有玷官箴，著即革职以示惩儆。余依议。钦此。"邸抄。

（十六）卷五十三·买良为娼

（1）雇觅良民引诱鸡奸复令卖奸

晋抚　咨：田玉雇觅良民靳自来子等引诱鸡奸，复窝留卖奸渔利。将田玉比照诱买良家之子为优例，枷号三个月，杖一百，徒三年。嘉庆二十一年案。

（2）开设浴堂雇觅良家子弟卖奸

晋抚　咨：张添佩开设浴堂，商同刘珍等雇觅赵甫则等卖奸渔利。赵甫则等本系良民，将张添佩比照诱买良家之子为优例，枷号三个月，杖一百，徒三年。刘珍等依为从减一等，枷号两个月，杖九十，徒二年半。嘉庆二十二年案。

（3）开设剃头铺纵令铺伙卖奸

提督　咨送：李常开设剃头铺，雇李顺儿作伙。嗣李顺儿被人鸡奸，将所得钱文分给李常，即图利纵容卖奸。将李常比照窝顿流娼月日经久例，杖一百，徒三年。嘉庆二十四年广西司现审案。

（4）开剃头铺鸡奸徒弟复令卖奸

提督　奏送：陈大、王玉兴各自开设剃头软棚，先将学徒铺伙自行鸡奸，复令其卖奸，分使钱文。将陈大、王玉兴均照窝顿流娼月日经久满徒例再加一等，拟杖一百，流二千里。房主并不知情，照例不坐，并免入官。嘉庆二十四年奉天司现审案。

---

① 据《清实录》之《宣宗成皇帝实录》卷一百三十一，八年当为七年。

(5) 客店容留男子鸡奸

提督　咨送：黄七儿等开张客店容留剃头人在店卖奸，即与窝顿无异，应比照窝顿流娼系偶然存留例，枷号三个月，杖一百。嘉庆二十五年贵州司现审案。

(十七) 卷五十六·罪人拒捕

因斗吓欲鸡奸，未便以奸匪论

奉天司　查擅杀罪人之案，必死者实系罪人，凶手洵属无辜受害，方得照擅杀定拟。若死者与凶手俱系罪人，或死者偶然逞强欺辱因而挟嫌致毙，俱仍应照谋、故、斗杀各本律例定拟，不得滥引擅杀之条。此案李从喜与甄瑞素相认识。甄瑞先与张张氏通奸，李从喜因雇给满景业店内煮饭，亦引满景业与张张氏奸宿数次。张张氏因病乏钱，恳李从喜向满景业借钱，满景业乘夜自往说话，适甄瑞踵至，满景业即行躲避。甄瑞至张张氏屋内饮酒，李从喜进屋坐歇，满景业乘空走回。甄瑞斥李从喜系伺候之人，何得与伊对坐，致相争骂。甄瑞揪住李从喜发辫，用脚乱踢，并斥张张氏不该留煮饮人存住。张张氏答以留住满景业，现在东屋。甄瑞找满景业不见，将李从喜揪回按地，声言张张氏有病，不能与伊同睡，定欲将李从喜鸡奸，将李从喜裤腰往下拉拽。张张氏央劝，李从喜亦再三央求，甄瑞始行松放。李从喜被辱不甘，邀允伊兄李从义分持铁通条、枪头，前往共殴甄瑞右眉、右胳肘、囟门额颅。因枪柄断折，李从喜复用通条、石块殴砸其左右臁朋、两脚腕，致将两脚腕骨殴折。甄瑞因被李从喜所殴伤重，旋即殒命。该侍郎以甄瑞系强奸未成罪人，李从喜将其按倒并不捆缚送官，辄复叠殴致毙，实属擅杀，将李从喜依罪人不拒捕而擅杀律，拟绞监候等因题奏。臣等计核案情，甄瑞既因李从喜系伺候之人不应与伊对坐，向其斥骂揪踢，何以于争斗之时忽起图奸之意？是原题所称甄瑞拉拽该犯裤腰，欲行鸡奸等情已属不近情理。且满景业至张张氏家说话，何以一闻甄瑞进门即行躲避？李从喜与甄瑞既无深仇宿怨，何以叠肆毒殴，重至骨损骨碎立毙其命？种种情节支离，难保无先因争角，旋复主使寻殴泄忿及因妒奸蓄意谋害情事。即使现在所供属实，甄瑞固属奸匪，李从喜媒合满景业与张张氏通奸，亦非善类。其甄瑞欲拉该犯裤腰鸡奸，自系忿争互詈之语，不便遽指为强奸确据，率科以擅杀之罪。案情既多疑窦，引断亦未允协，应令研究确情，按律妥拟。道光五年说帖。

续增刑案汇览

(清·道光)祝庆祺编
法律出版社 2008 年
《刑案汇览全编》本

(一)卷二·徒流人又犯罪

免死盗犯在配拒杀人

乌鲁木齐都统　咨：遣犯钟亚木因同配遣犯黄亚古向伊搂抱欲行鸡奸，该犯情急用刀扎伤黄亚古左肋等处殒命，是拒奸供证可凭及死者生供足据。惟该犯年在十六岁以上，已死黄亚古仅长该犯二岁，按例罪应绞候。该犯系粤省免死减等发遣盗犯，在配复犯绞罪，例应斩决。惟已死黄亚古亦系粤省免死遣犯，因向该犯图奸，致被该犯冒扎身死，系因拒奸擅杀，较之谋、故、斗杀情稍可原。若仍拟以斩决，是与怙恶逞凶者无所区别。钟亚木应于免死减等发遣盗犯在配杀人罪应绞候者，定拟斩决例上量减为斩监候。道光五年陕西司案。

(二)卷六·恐吓取财

安省匪徒携带烟童仅止装烟

安徽司　咨：吴二贤带同陈二等装卖水烟得钱食用，讯无鸡奸及纵令卖奸，并挺身架护情事。应于安省匪徒携带烟童卖奸架护拟军例，量减一等，杖一百，徒三年。道光十一年案。

(三)卷七·略人略卖人

诱拐男子强行阉割

都察院　奏送：李三诱拐李中儿，强勒阉割，按诓骗强勒阉割例，止拟流。应从重，照和诱知情为首例，拟军。该犯起意和诱于前，复强行阉割于后，致令孀妇独子绝嗣，情殊可恶。亲老应不准留养，到配加枷号三个月。道光十二年贵州司案。

(四)卷八·杀死奸夫

(1)鸡奸败露，致被奸人被父殴死

安徽司　咨：孟开与孟小破和同鸡奸，被孟小破之父孟营傅查出奸情，心怀忿恨。嗣见孟开复与孟小破密语，触起前忿，将孟小破殴死。将孟开比照闻奸数日将奸妇杀死，

奸夫拟徒例，杖一百，徒三年。道光四年案。

（2）因子被人图奸，杀死图奸罪人
安徽司　题：张狗孜因高维良向伊年甫十五之子张仁孜图奸未成，张仁孜回向告知，该犯气忿寻殴，将高维良砍伤身死。查杀死图奸伊女未成罪人，向系援照有服亲属杀死图奸未成罪人之例办理。子女被人图奸，事同一律，将张狗孜照有服亲属杀死图奸未成罪人，无论登时事后，俱照擅杀律拟绞监候。道光十四年案。

（3）男子因无钱资助拒死奸夫
河抚　题：赵小兵始因贪利与刁思玉鸡奸，后因无钱资助，即向拒绝。嗣刁思玉与该犯续奸不允争殴，致被该犯推跌，痰壅身死。例无专条，应即照妇女贪利与人通奸，后因无力资助，拒殴致死者，各照谋故斗殴本律定拟，斗杀者绞律，拟绞监候。道光四年案。

（4）男子拒奸伤人，越日抽风身死
陕抚　咨：赵雄儿拒奸戳伤王惟新，越二十九日零七时因风身死。查王惟新年长赵雄儿十岁以外，又有当场干证胡明供词确凿，尸弟王惟成转述伊兄生供可凭。该犯衅起拒奸，杀系登时，惟因风身死，例无专条。赵雄儿应依男子拒奸杀人，死者年长凶手十岁以外，而又当场供证确凿，及尸亲供认可凭，三项兼备，无论谋、故、斗杀，凶犯年在十六岁以上，登时杀死者，杖一百，徒三年例酌减一等，杖九十，徒二年半。道光十三年案。

（5）男子拒奸杀人，尸亲供认可凭
河南司　查例载：男子拒奸杀人死者，年长凶犯虽不及十岁，而尸亲供认可凭，凶犯年在十六岁以上，无论登时与否，均照擅杀罪人律，拟绞监候。若供系拒奸，并无证佐及死者生供，审无起衅别情，仍按谋、故、斗杀各本律定拟，秋审俱入于缓决等语。此案杨安因与朱山在场地同宿，看守麦禾。夜间朱山潜向杨安求奸，杨安不依嚷骂，顺取桑叉殴伤其左额角、右乳。朱山逃走回家，杨安追往喊骂，经其弟朱敬询知，赔礼劝归。杨安羞忿莫遏，次早纠允堂兄杨汰帮殴，伺朱山走出，杨安等辱骂，朱山用铲殴伤杨安右额角，杨安夺铲扎砍其右腋肋等处倒地。杨汰亦刀砍其左胳肘。朱山滚骂不休，杨安忿起杀机，复用刀乱砍其发际等处殒命。该抚将杨安依男子拒奸杀人并无证佐，审无起衅别情，仍按谋、故、斗杀本律定拟例，依故杀律拟斩监候。帮殴之杨汰依刃伤人拟徒等因具题。臣等查杨安于死者朱山图奸之时当即嚷骂赶殴，经其弟朱敬询知赔礼，现在朱敬到案供明，即属尸亲供认可凭。自应照例依擅杀拟绞。帮殴之杨汰亦应依擅杀余人例,拟以满杖。乃该抚将确有尸亲供认拒奸之案,援引拒奸并无证佐之例,将杨安依故杀律拟斩,帮砍之杨汰依刃伤人律拟徒,系属错误,应即更正。杨安应改依男子拒奸杀人,死者年长凶犯虽不及十岁,而尸亲供认可凭,凶犯年在十六岁以上,无论登时与否,均依擅杀罪人律,拟绞监候。杨汰改依余人例,杖一百。道光十一年说帖。

(6) 男子被奸拒绝,他故杀死奸匪

陕西司 查例载:先被鸡奸,后经悔过拒绝,确有证据,复被逼奸,将奸匪杀死者,无论谋、故、斗杀,不问凶犯与死者年岁若干,悉照擅杀罪人律,拟绞监候。其因他故致毙者,仍依谋、故、斗杀各本律问拟等语。此案谈世景借欠晁云钱文,晁云许其不必归还,仍复资助,欲与行奸。谈世景贪利允从,迨谈世景向晁云借银寄家,晁云支吾不给,谈世景嗔其啬吝。嗣晁云屡次欲与续奸,谈世景推病不从。晁云复向缠扰,并持刀吓逼。谈世景情急,诓取小刀将晁云左颧戳伤。晁云扑扭,该犯恨其并不资助,又时常缠扰,忿起杀机,复用小刀叠戳其脊背等处殒命。查核情节,系因他故致毙,与悔过拒绝不同,应仍按例照故杀本律问拟。应如该参赞大臣所奏,谈世景合依故杀律,拟斩监候。道光十五年说帖。

(五) 卷九·威逼人致死

(1) 首伙强行鸡奸,致被奸人自尽

安徽司 题:杨聚得因见高得青年轻,起意强奸,令李金斗帮同捆按,将其强行鸡奸,以致高得青羞忿自缢身死。将杨聚得比照强奸已成,本妇羞忿自尽例,拟斩监候。李金斗虽无图奸之心,第听从帮同捆按,以致高得青不能力拒,被杨聚得强行奸污,因而自尽,实属助势济恶。若照为从减等拟流,核与被奸之人未致自尽者无所区别。将李金斗比照恶徒伙众将良人子弟抢去强行鸡奸之余犯,改发云贵、两广烟瘴地方充军。道光九年案。

[眉批:]调奸男子未成羞忿自尽,比照调奸妇女羞忿自尽拟绞。道光九年河抚题赵骆驼案。

(2) 调奸男子未成,追忿自尽

河抚 咨:余得耀向田黑汉调奸未成,业向服礼寝息。嗣张光修查知耻笑,适被田黑汉听闻,当时哭骂不依,旋即追悔自缢身死。例无调奸男子未成,和息后因人耻笑致令追悔自尽治罪明文。第图保名节被辱捐躯,男女情无二致。余得耀应比照调奸妇女未成,和息后因人耻笑本妇复追悔抱忿自尽,将调奸之犯拟流例,杖一百,流三千里。道光九年案。

(3) 将人鸡奸复行张扬，致人自尽

陕抚　咨：宋普儿与彭太平商换鸡奸，彭太平还奸未遂斥骂，经雇主将宋普儿逐出，宋普儿被逐不甘，在外扬言，以致彭太平自戕身死。若仅照寻常妇女和奸败露羞愧自尽，奸夫满徒之例问拟，殊觉轻纵。例无专条，将宋普儿比照和奸之案，奸妇因奸情败露羞愧自尽，奸夫满徒例酌加一等，杖一百，流二千里。道光十一年案。

(六) 卷十四·犯奸

(1) 世袭骑都尉鸡奸犯奸男子

东城察院　移送：松山家人姚七十先与孟三儿鸡奸，后将孟三儿引给与松山奸宿，即与宿娼无异。惟松山系世袭骑都尉，自应比例问拟。松山应比照官吏宿娼律，杖六十，交兵部议处。道光六年山西司案。

(2) 亲王将学戏幼童奸宿

宗人府　会奏民人贾玉呈告伊子贾花亭在庄亲王府内学戏，致被奸宿一案。此案庄亲王契典年已十三之幼童贾花亭在府内演唱清音，与贾花亭奸宿，合依和奸律，杖八十。照官员犯私罪例，降三级调用，折罚亲王半俸九年，不准抵销。贾花亭幼稚无知，从宽免议，交伊父领回等因。奉旨："本日宗人府会同刑部奏贾玉呈控一案。庄亲王奕窦拟折罚亲王半俸九年，自系照例办理。惟情节甚属卑鄙，奕窦著实罚亲王俸五年，以示惩儆。钦此。"道光十七年云南司案，见邸抄。

(3) 委参领将护军鸡奸

刑部　奏：护军德子与嵩山鸡奸，被张三窥见，屡向讹钱。该犯起意纠殴，致杨三等共殴张三身死。将德子从重照原谋律拟流，销除旗档。委参领嵩山将护军德子鸡奸，现经行查，德子并非嵩山本管。惟身任职官，辄将德子鸡奸，应比照职官奸军民妻例，革职，杖一百。惟于德子等将张三殴打之后，嘱令到案隐匿实情，应酌加一等，拟杖六十，徒一年，照例折枷发落。道光十八年五月安徽司案，见邸抄。

(4) 儒师鸡奸学徒

晋抚　咨：祁兴成年已十三岁，被李长青哄诱鸡奸，当时并未喊叫，亦无损肤裂衣情事，固非吓逼强奸。但李长青开馆教读，辄敢鸡奸学徒，应将李长青比照本管官奸所部妻女加凡奸罪二等，于军民相奸枷号一个月，杖一百例上加二等，杖七十，徒一年半，仍先枷号四十日。道光十四年案。

(5) 同伙二人各抢优人强行鸡奸

陕抚　题：张来娃、王得玉商同各持刀棍将小旦王科儿等中途截抢吓逼强奸，与纠众强抢鸡奸者不同，且王科儿等系属优人，亦难与良人子弟并论。张来娃、王得玉同时起意，各奸一人，应各科各罪。均比照恶徒将良人子弟抢去者，若止一人强行鸡奸并未伤人绞候例，量减一等，各杖一百，流三千里。道光四年案。

(6) 图奸男子未成，拒伤男子

河南司　查例载：强行鸡奸并未伤人拟绞监候，如伤人未死拟斩监候等语。此指强奸男子已成者而言。至强奸男子未成，执持金刃凶器戳伤良人子弟，例无治罪明文。本部检查远年办过成案，有即比照强奸妇女未成，执持金刃凶器戳伤本妇之例，问拟绞候者。在淫凶之徒固宜从严惩创，惟查例载：妇女拒奸登时杀死者，无论强奸、调奸罪人，均勿论。若杀非登时，系调奸罪人，杖一百，流三千里；系强奸罪人，杖一百，徒三年，均照律收赎。而男子拒奸杀人必须死者年长凶手十岁以外，而又当场供证确凿，及死者生供足据或尸亲供认可凭三项兼备，始拟杖一百，徒三年。非登时而杀，杖一百，流三千里。如三项中有一于此，均照擅杀罪人律拟绞监候。是男子拒奸杀人与妇女拒奸杀人，拟罪轻重悬殊。诚以妇女身力孱弱，猝难抵御男子，力足拒敌，强弱本自不同，且男女授受不亲，礼贵别嫌。而男子群居萃处，无嫌可别，偶因戏谑争斗，事所恒有，非若妇女潜居独处，不得语言亵狎可比，是以定例男子拒奸杀人之罪较妇女拒奸杀人之罪为严。男子拒奸杀人既与妇人有别，则强奸、图奸男子未成，执持金刃凶器戳伤，即未便与拒伤妇女者并论。本部参酌定拟，如图奸男子未成，但止刃伤者，应仍依罪人拒捕律加二等问拟。若强奸男子未成，执持金刃凶器戳伤未至残废笃疾者，应比照凶恶棍徒生事行凶例拟军。如拒伤良人子弟至残废笃疾，按其伤罪在满徒以上者，无论金刃、手足、他物及强奸、图奸，均照殴所捕人至折伤以上律，拟绞监候。至男子拒奸擅杀强奸未成之奸匪，应视死者是否罪犯应死，分别科断。若死者仅用金刃拒戳，按其伤罪未至满徒，按例止应以罪人拒捕论，并非罪犯应死，则擅杀之犯仍概依拒奸杀人本例定拟。如被奸匪强奸未成，复被拒伤至残废笃疾，是死者已属罪犯应死，则擅杀之犯自应即照擅杀应死罪人律，拟杖一百。应咨覆该抚查照办理。道光四年说帖。

(7) 将六岁幼孩强行奸污致毙

河抚　题：张北元儿因见年甫六岁之幼孩张保命儿独在河畔啼哭，起意鸡奸，将张保命儿抱至空窑，强行奸污，致张保命儿被奸殒命。核其惨忍情形，与因奸谋毙幼孩无异，未便仅依强奸拟斩，置人命于不论，应即照因奸将十岁以下幼孩逞忿谋杀例，拟斩立决,枭示。道光九年案。

(8) 鸡奸不遂,杀死九岁幼僧

晋抚 题:僧人祖辉欲鸡奸九岁幼僧安庆不遂,用棍叠殴致毙。将祖辉照因奸将良人子弟杀死者照光棍例,拟斩立决。道光五年案。

(七) 卷十四·亲属相奸

鸡奸年甫十二同母异父之弟

提督 咨送杜住儿鸡奸范二格一案。此案杜住儿系范二格同母异父之兄。范二格年甫十二岁,曾被无名乞丐首先鸡奸,后经杜住儿鸡奸。查首先鸡奸十二岁以下幼童之犯拿获时,照例应拟绞候。则鸡奸曾经犯奸幼童者,应量减一等拟流。惟范二格系杜住儿同母异父之弟,按奸同母异父之姊妹例,应附近充军。范二格虽曾经犯奸,究系年在十二岁以下幼童,应酌加一等,将杜住儿拟发近边充军。道光十二年奉天司案。

(八) 卷十四·官吏宿娼

聚集优伶家饮酒吸食鸦片烟

北城察院 奏送陆昉等夤夜犯科一案。此案优伶陈小云买徒教戏,容留多人饮酒听曲,复藏匿鸦片烟袋供人吸食,应比照食烟人不指出贩卖之人例,杖一百,徒三年。虽亲老丁单,系私藏烟具与人吸用之犯,毋庸查办。任兰凤、孟琴吸食鸦片烟,应各杖一百,枷号两个月。书吏陆昉等集会优伶家饮酒听曲,例无专条。惟夤夜挟优饮酒被获后,复捏报姓名,巧为图脱地步,若仅照犯夜律拟笞,尚属轻纵,应比照官吏挟妓饮酒律,杖六十,革役。车夫陈大于该御史查问时辄敢回言不逊,应比照骂本管五品以上官律,杖一百,酌加枷号一个月。道光十七年十二月邸抄。

(九) 卷十四·买良为娼

和同典买良家之子,转典为优

安抚 咨:郑善美因何安澜自愿将伊子何三戴典给该犯,转交与郑芳林为徒学戏。该犯起意转典渔利,此系何安澜出于情愿,与设计诱买良家之子为优者不同,例无和同典买良家子弟转典为优治罪明文。将郑善美比照设计诱买良家之子为优,枷号三个月满徒例量减一等,枷号两个月,杖九十,徒二年半。道光九年浙江司案。

(十) 卷十五·罪人拒捕

(1) 罪人持铳绊跌,不期铳毙罪人

广西抚 题:莫桂友因周全陇藉奸讹诈,强牵牛只,该犯携铳赶向拦捕。周全陇持棍殴打，该犯畏惧负铳跑避，不期被石绊跌，碰动火机，以致铳伤周全陇身死。查周全陇与莫桂友一则抢诈拒捕，一则被诱成奸，彼此均属罪人，未便以擅杀科断，其碰动火机适伤，并非有心施放，亦不得谓为故杀。但当时已有争斗情形，莫桂友应照斗杀律拟绞监候。道光十二年案。

(2) 杀死强奸伊子未成之罪人

东抚　题：杜大眼因孙闯强奸伊子杜秋未成，被辱气忿，携刀往寻未遇。嗣见孙闯在桥下熟睡，乘机用刀将其谋砍致死。将杜大眼比照强奸未成，罪人被本妇有服亲属忿激致死杀非登时例，拟绞监候。道光十一年案。

叙雪堂集

(清·道光—同治) 英祥编
清抄本

(一) 亨集·因奸门·犯奸

十年陕西省，张捉狗。诱奸十一岁幼童已成，改实。

十七年湖广省，何孟幅。图奸用酒灌醉，因力软不能撑拒，致被奸污。被奸之人业已十八，旋因醉身死。依一人强行鸡奸例定拟，照实勾决。

(二) 亨集·因奸门·男子自尽

调奸男子羞忿自尽之案，有比照强奸未成致令自尽例，或比照本妇羞忿自尽例定拟。向亦有仅止语言调戏入缓者，近年俱入情实。其免勾与否，仍与妇女羞忿自尽之案一则，分别有无手足勾引。

九年奉天省，张朝刚。照实。

三年新疆，马锡川。入缓。

十六年直隶省，董勋。拉手亲嘴，榜示上时，钦改拉手勾决。

(三) 亨集·因奸门·杀死被奸之人

十八年江苏省，金胜。年岁相等，死者因业已娶亲不允续奸，以顾惜颜面之言拒绝。夺刀一划，又戳致命一伤，立毙。情殊凶淫，与杀死悔过拒奸之妇无异，实。

十五年陕西省，王才。死者因业已年长，不允续奸。该犯身受一伤，夺械后复被口咬不放。石殴致命四伤，改实。

（四）贞集·擅杀门·男子拒奸

男子拒奸之案，凡年长十岁，确系拒奸起衅及年长未及十岁而供证确凿，以擅杀定拟者，俱可酌拟入矜。

十四年安徽省，俞良存。死者尚能言语，再三盘问，并未说出图奸情由。惟年长十岁，改矜。

十四年安徽省，胡魁。年长十岁，当场有据。事越三日，死者路遇向骂，系同图奸不遂。原题斗杀，部改擅杀。杀非当时，死系图奸罪人。改矜。

十年四川省，夏文伸。优伶图奸优伶，年长十岁，当场有据，复持刃追砍。改矜。

十五年陕西省，赵庚申儿。死者年长十岁，两次吓逼成奸，忿恨谋杀。原题以强合和成，与拒奸不同谋杀定案。部改擅杀，照缓。

十六年四川省，廖谷富。年长十岁，无生供。惟有人查问，该犯即将图奸情由冲口说出，尚在受伤未死以前。原题故杀，驳改擅杀，照缓。

十七年陕西省，朱兴。年长十岁，无生供证据。因该犯嚷骂，抓伤死者，并不言语。以擅杀定案，照矜。

十七年山西省，武才元。年长十岁，无生供证据。同赌在先，后死者挟制图奸，气忿殴死。照缓。

十八年河南省，张六。年岁相等，吓逼成奸。旋向死者之父告知，复被逼奸，故杀。以擅杀定案，照缓。

秋审实缓比较成案

（清·道光—同治）英祥编
清光绪二年（1876）刻本

（一）卷五 男子拒奸杀人。道光二十七年齐和案，同治八年张泳路案，同治八年钟小松案。

（二）卷十八 奸匪毙命。道光二十九年陈阿大案，道光二十九年杨交儿案。

（三）卷十八 奸匪杀死悔过拒绝之幼孩。道光二十年张狂七案。

（四）卷十八 奸匪刀毙被奸之人。咸丰三年齐扬管案。

（五）卷十九　轮奸为从及强奸已成。道光二十五年黄狗案，同治九年金添保案。

（六）卷十九　男子被调奸自尽。道光二十七年韩乐幅案，道光二十八年谢汝鞍案。

（七）卷二十三　情近擅杀。道光二十九年妥如云案，死者听从哄诱妥如云之子被人奸污。

郑板桥全集

（清·雍正—乾隆）郑燮著
中州古籍出版社 1992 年影印本①

（一）诗钞·晓行真州道中②

童仆飘零不可寻，客途长伴一张琴。
五更上马披风露，晓月随人出树林。
麦秀带烟春郭迥，山光隔岸大江深。
劳劳天地成何事，扑碎鞭梢为苦吟。

（二）诗钞·秦宫诗后长吉作③

方庭四角烧艳香，酒阑妓合灯煌煌。
金舆翠幰贵人散，只有秦宫入画堂。
南堂夫人赐金咒，北堂相公同绣被。
未识欢哥一片心，平分偏向知何寄。
内宠外宠重复重，昼有微眠夜无寐。
自古淫花荡风雨，海棠不得辞憔悴。
天生桀黠奴非众，柔软娇憨复骁勇。
鹡鸰承明百尺墙，斗上平翻燕赤凤。

（三）诗钞·县中小皂隶有似故仆王凤者，每见之黯然④

喝道前行忽掉头，风情疑是旧从游。

---

① 据民国二十四年（1935）上海世界书局影印本影印。
② 注意"童仆飘零"。
③ 参见《李贺诗集》（三）。
④ 郑板桥与王凤存在同性恋关系。

问渠了得三生恨？细雨空斋好说愁。

口辅依然性亦温，差他吮笔墨花痕。
可怜三载浑无梦，今日舆前远近魂。

小印青田寸许长，抄书留得旧文章。
纵然面上三分似，岂有胸中百卷藏。

乍见心惊意便亲，高飞远雀未依人。
楚王幽梦年年断，错把衣冠认旧臣。

（四）诗钞·止足

年过五十，得免孩埋。
情怡虑淡，岁月方来。
时时作画，乱石秋苔。
时时作诗，写乐鸣哀。
闺中少妇，好乐无猜。
花下青童，慧黠适怀。

（五）词钞·柳梢青·有赠①

韵远情亲，眉梢有话，舌底生春。把酒相偎，劝还复劝，温又重温。　柳条江上鲜新，有何限莺儿唤人。莺自多情，燕还多态，我只卿卿。

（六）词钞·虞美人·无题

盈盈十五人儿小，惯是将人恼。撩他花下去围棋，故意推他勍敌让他欺。　而今春去花枝老，别馆斜阳早。还将旧态作娇痴，也要数番怜惜忆当时。

（七）词钞·满庭芳·赠歌儿

玉笛声迟，琵琶索缓，几回欲唱还停。捻花微笑，小立绣围屏。待把金尊相劝，又推辞宿酒还醒。秋堂静，露华悄悄，银烛冷三更。　轻轻喉一转，未曾入破，响进秋星。又低声小叠，暗袅柔情。试问青春几许，是莫愁未嫁芳龄。吾惭甚，髭黄鬓苦，未敢说消魂。

---

① 据《郑板桥行书真迹》，此词系赠与"裙郎"。

郑板桥文集

(清·雍正—乾隆) 郑燮 著
巴蜀书社 1997 年版

（一）书札·与豸青山人

刑律中之笞臀，实属不通之极。人身上用刑之处亦多，何必定要责打此处？设遇犯者美如子都，细肌丰肉，堆雪之臀，肥鹅之股，而以毛竹板加诸其上，其何忍乎？岂非大杀风景乎！夫堆雪之臀，肥鹅之股，为全身最佳最美之处，我见犹怜，此心何忍！今因犯法之故，以最佳最美最可怜之地位，迎受此无情之毛竹大板，焚琴煮鹤，如何惨怛？见此而不动心怜惜者，木石人也。女人之两只乳，男子之两爿臀，同为物之最可爱者。人无端而犯法，其臀则未尝犯法，乃执法者不问青黄皂白，动辄当堂吆喝，以笞臀为刑罚之第一声，此理实不可解。我又不知当初之制定刑律者，果何恶于人之臀，惩罚时东也不打，西也不打，偏欲笞其无辜之臀也。臀若有口，自当呼冤叫屈。昔宰范县时，有一美男犯赌被捉，问治何罪，按律须责四十大板，当堂打放。余谓刑罚太重，曷不易之？吏对不可。余无奈坐堂，但闻一声呼喝，其人之臀已褪露于案前，洁如玉，白如雪，丰隆而可怜。笞责告终，几至泪下。人身上何处不可打，而必打此臀，始作俑者，其无后乎！足下尝谓犯法妇女之捆颊掌嘴，最为可怜可痛。桃腮樱口，岂是受刑之所在乎？板桥则谓男子笞臀，尤可痛惜。圣朝教化昌明，恩光普照，将来省刑薄税，若改笞臀为笞背，当为天下男子馨香而祝之！

（二）序跋碑记文·板桥偶记

常二书民有园，索板桥题句。题曰："怜莺舌嫩由他骂，爱柳腰柔任尔狂。"常大喜，以所爱童赠板桥，至今未去也。

乾隆十二年岁在丁卯，济南锁院，板桥居士偶记。

（三）序跋碑记文·板桥自叙

板桥居士，姓郑氏，名燮，扬州兴化人。酷嗜山水，又好色，尤多余桃口齿及椒风弄儿之戏。然自知老且丑，此辈利吾金币来耳。有一言干与外政，即叱去之，未尝为所迷惑。

小仓山房诗集[①]

（清·乾隆）袁枚著
上海古籍出版社 1988 年
《小仓山房诗文集》本

（一）卷二·赠歌者许云亭

皮弦金柱小琵琶，上巳浮桥阿子家。
引得周郎屡回顾，长安春在一枝花。

霓裳曾已列仙班，天上重来解珮环。
应是玉皇怜绝艺，特留一阕在人间。

（二）卷五·秦淮小集座有歌郎，上元许令目慑之，郎亟引去，余迂许怜郎而调以诗

五月蟠桃花事新，众仙同日咏宜春。
传呼惊听刘安到，口斥嫦娥避寡人。

金灯红照柳千行，风动珠帘鸟忽翔。
惆怅秦淮花两岸，南河春色北河霜。

（三）卷五·董贤玉印歌

董侯夜醉麒麟殿，汉王传玺不传印。
玺坠千年印独存，传观犹带桃花晕。
双螭戌削阴文裂，卫将军董字堪识。
想见郎官美丽时，人面玉颜如一色。
郎官传漏殿上行，顾盼能使椒风清。
高皇天下一笑与，乃祖转愧铜山轻。
并后匹嫡一身兼，三十六宫难为情。
大贤居位美如许，孔光俯伏单于舞。

---

① 参见《随园轶事》。

莫道和柔侍禁中，亦颇知贤荐何武。
一朝龙去鼎湖天，顿首东厢状可怜。
熏香傅粉人归矣，露眼嘶声贼俨然。
传呼收印印早交，委命岂待金吾刀！
绝胜汉家老寡妇，两手握玺徒切切。
汉朝家法良草草，外戚横行母后老。
不容旧宠戏金丸，翻许新皇铸刚卯。
摩君玉玺不胜情，怜君福过使灾生。
当时用印诛贼莽，未必书传佞幸名！

（四）卷七·朱长官歌

一江春水秦淮香，一春情绪谁家长？
陌上乱飞雄蛱蝶，情长谁比朱家郎？
朱郎窈窕歌清曲，小字长春人似玉。
生来兰质妒红鸾，弹罢鹍弦吹紫竹。
召平捧檄过江东，欲采芙蓉露正浓。
半夜绿鞲呼董偃，一生花底活秦宫。
缠头便与教师说，书券亲同阿母封。
使君出宰河阳土，子都骖乘调鹦鹉。
拥髻初愁离别难，双栖那识风霜苦！
可惜花封百里遥，桑麻不种种樱桃。
秃巾小袖春骑马，水榭风廊夜听箫。
行乐竟忘公府召，多情且把一官抛。
人生祸福真难定，饮章先有郎君姓。
逻骑争为瓜蔓抄，龟头不顾青铜印。
公家簿录到园田，大索横搜信入燕。
南北竟张四面网，将军不值一文钱。
岂有胡椒倾八百，但闻珠履掷三千。
街头争卖夗央牒，市上传观七宝鞭。
使君官罢返秦淮，满目河山玉笛哀。
汉帝有怀寻故剑，楚襄无梦恋阳台。
巫云晓散留难住，旧雨门关打不开。
惟有朱郎如落叶，破船尾上载归来。

　　　　　三年重过板桥头，杨柳霜经几度秋。
　　　　　往日儿郎多取妇，旧时火伴半貂裘。
　　　　　琴声都唱《秋胡怨》，请郎别索同行伴。
　　　　　谁识心同古井深，肯教柱促朱弦断。
　　　　　当时舞罢旧霓裳，且付长沙库内藏。
　　　　　上供憔悴青衫客，下养婆娑白发娘。
　　　　　乌鸦声逐金丸冷，紫竹床悬断袖凉。
　　　　　燕子不惊三瓦漏，芙蓉同死一天霜。
　　　　　官场相聚论纷纷，羡杀江头白使君。
　　　　　不见雕栏搜绛树，居然海上伴朝云。
　　　　　君不见五侯门前车似雾，朝秦暮楚人无数。
　　　　　将军府第略萧条，几个任安能不去？

（五）卷十一·王郎诗（并序）

　　温皆山吏部爱歌者王郎，嫌贤弟宰上元，关防拘阂。其同年庄念农儗河房近郎，戏曰："从我而朝少君。"温喜甚，邀余与吴兰臣、汪秋畚等称媲前行且饮，申旦后止。温书诗册如蚕眠，纳王郎袖，诸公酬之。

　　　　　一树凉灯万瓦霜，四年重到旧歌场。
　　　　　板桥添个旗亭事，齐唱《王郎曲》四章。

　　　　　自是王孙解爱才，故教双姓使君猜。
　　　　　（郎姓王，又姓孙。）
　　　　　衍波笺纸真珠字，便是温家玉镜台。

　　　　　青溪咫尺路难通，阿弟琴堂最恼公。
　　　　　苦劝庄生居北郭，王昌消息近墙东。

　　　　　我有闲情海内知，连宵偏和国风诗。
　　　　　紫云艳极红牙脆，那可旁无杜牧之？

（六）卷十五·子才[①]子歌示庄念农

　　　　　子才子，顾而长。

---

① 袁枚，字子才。

牵鄂君衣,聘邯郸倡。

长剑陆离,古玉丁当。

藏书三万卷,卷卷加丹黄。

(七) 卷十七·题树斋赠别胡郎诗后

听唱骊歌别阿侬,摇鞭无奈管弦终。
桃花昨夜相思泪,背看春山独自红。

花满春堤月满楼,红儿相送小长干。
老夫万种风怀淡,只觉人间别最难。

(八) 卷十八·小仆琴书事我有年,今年赎券去,跪辞泪下,作诗送之

都儿洒泪别阳城,来是垂髫去长成。
人好才能八年住,春归那忍一朝行。
交还锁钥知谁托,欲扫楼台误唤名。
总为香山居士老,杨枝骆马倍关情。

(九) 卷十八·代琴书答

画梁春燕去犹悲,况是奴星别主时。
洒扫应教新隶学,性情惟有旧人知。
书防起蠹勤翻页,花为宜瓶巧折枝。
神爵三年买奴券,袖中擎出泪如丝。

(十) 卷二十一·李郎歌(郎名桂官,将往甘肃,作歌送之)

我闻李郎名十年,去年吴下才交言。
今年李郎来见访,握手方知郎果贤。
李郎色艺梨园中,李郎行事梨园外。
不为李郎歌一篇,那知大有传人在?
郎家旧住阊闾城,折取天香作小名。
抚笛不吹银字管,歌唇时带读书声。
受聘南州季姓家,缠头教舞玉鸦叉。
只屦偶停游子足,三春羞杀此邦花。
镜中自惜红颜好,西施不肯西溪老。

直走长安隶太常，万人如海知音早。
上公乐部正需人，选入仙班宠赐频。
燕栖金屋难轻出，花傍高楼易得春。
偶然城外笙歌集，天上人来地上立。
分得星眸一寸光，顿增酒面千灯色。
秋帆舍人二十余，玉立长身未有须。
把盏唤郎郎不起，怒曳郎裾问所以。
郎言侬果博君欢，寸意丹心密里传。
底事当场为戏谑，竟作招摇过市看。
一言从此定心交，孤馆寒灯伴寂寥。
为界乌丝教习字，为熏宫锦替焚椒。
延医秤水春风冷，嘘背分凉夜月高。
但愿登科居上上，敢辞礼佛拜朝朝。
果然胪唱半天中，人在金鳌第一峰。
贺客尽携郎手揖，泥笺翻向李家红。
若从内助论勋伐，合使夫人让诰封。
溧阳相公闲置酒，口称欲见状元妇。
揩眼将花雾里看，白发荷荷时点首。
君卿何处最勾留，毕蒋熊姜当五侯。
（蒋御史用庵、熊比部蔗泉、姜明府某。）
四子非为讲德论，三生同上一钟楼。
郎名此际虽风动，郎心镇日如山重。
一诺从无隔宿期，千金只为多情用。
岳岳高冠士大夫，乔松都要女萝扶。
日中原涉来营赗，千里奥骈代送孥。
岂徒周雅称将伯，直可东京唤八厨。
笑他儿辈持钱易，纷纷多作无名费。
谁肯如郎抱侠肠，散尽黄金偏市义。
再入长安万事非，晨星零落酒徒稀。
惟有状元官似故，锋车又向陇西飞。
年华弹指将三十，身世苍茫向谁说。
誓走天涯觅故人，拼将玉貌当风雪。
会迟别早我神伤，此后相思路阻长。

倘得令君香再接，定倾老耳听《伊凉》。

(十一) 卷二十三·赠李郎

　　郎为尹文端①公从者，别七年矣。入山感旧，检文端公手迹，皆郎当年所持来者。于邑不已，因口号三绝句赠之。

　　　　　　未入门先两眼红，知卿感旧意忡忡。
　　　　　　十年重到前游处，可是山中是梦中？

　　　　　　风台月榭几回新，世事沧桑那可论！
　　　　　　一个渔郎比前老，桃花相见也消魂。

　　　　　　上相当年赐和章，是谁骑马替传将？
　　　　　　而今同启纱笼看，一纸云烟泪万行。

(十二) 卷二十三·席上赠杨华官（郎小字华官，沈文悫公字曰澧兰）

　　　　　　一曲歌成《杨白花》，生男从此重杨家。
　　　　　　泥金替写坤灵扇，当作三生系臂纱。

　　　　　　幽情真个澧兰如，前辈标题字岂虚。
　　　　　　检点侍儿小名录，不禁肠断沈尚书。

　　　　　　美如任育兼看影，清比荀郎似有香。
　　　　　　禁得风前诉幽咽，华清阁下咏《霓裳》。
　　　　　　（方演《长生殿》）

(十三) 卷二十四·同桂郎寻春仪征泊舟燕子矶，有怀熊蔗泉观察，赋诗却寄②

　　　　　　六十明年届，三春敢不游！
　　　　　　闲情拾芳草，打桨下真州。
　　　　　　柳絮风初软，桃花水乱流。
　　　　　　日长人渡缓，萧寺且勾留。

---

① 尹继善，谥文端。
② （十三）、（十四）写与桂郎的交往。

小字桂枝仙，钱郎剧可怜。
肯歌周史曲，同泛鄂君船。
挽手胜扶杖，吹箫屡拍肩。
妙莲花不染，恰是并头眠。

燕子矶边泊，黄公垆下过。
摩挲旧碑碣，惆怅此山阿。
（山有尹文端公勒石诗。）
短鬓皤皤雪，长天渺渺波。
江神如识我，应送好风多。
（同年裘文达公自言为燕子矶水神。）

江左熊观察，当今白傅才。
别来才两日，相忆已千回。
步月筇应健，看花眼可开。
（公病后，足跛目盲矣。）
瑶华托谁寄，仍遣玉人来。
（信托桂郎带回。）

（十四）卷二十四·桂郎归后是夕客寓怦然不能成寐

春未归时花已归，落花那识晚春悲。
分明一样灯前坐，斗觉寒生恰为谁？

浮生聚散苦情多，五日缠绵奈汝何。
今夜江城月如雪，玉人何处一声歌？

（十五）卷二十四·吴门返棹曹郎玉田仿桂生故事送余京口[①]

不肯离花过一宵，花迎花送两回潮。
桂枝月下香才谢，玉树风前影又飘。

何必吴娘夸打桨，但逢子晋便吹箫。

---

① （十五）（十六）写与曹郎的交往。

笑侬雅抱生春手，到处鸾弦续断胶。

（十六）卷二十六·景阳阁席上题扇赠歌者曹郎

角巾珠履貌莲花，邂逅相逢羽士家。
疑是仙人王子晋，吹笙招我泛流霞。

吾家临汝最情多（春圃），手拨檀槽耳听歌。
要试步虚声一曲，景阳高阁舞曹婆。

萍逢不厌白头狂，恰恰身材似我长。
并坐灯前堪入画，一枝琼树倚斜阳。

平生不饮沾唇酒，此夕郎教代数卮。
惹得归来红袖问，为谁沉醉夜深时？

能工楷法写丹青，不愧张文唤小生。
只为髫年曾上学，歌唇时带读书声。

三更分手话依依，道返吴江见面稀。
且把深情托纨扇，满怀风送玉人归。

（十七）卷二十四·吴下歌郎吴文安、陆才官供奉大内已有年矣，今春为葬亲故乞假南归，相遇虎丘略说天上光景，且云此会又了一生。余亦悯悯情深，凄然成咏

宜春苑里归来客，三十年前识面多。
绝代何戡都白发，贞元朝士更如何？

握手临岐话再逢，泪痕吹下虎丘风。
自言身比天花坠，一到人间一世终。

（十八）卷二十五·赠庆郎①

寂寂朱门当馆娃，行行珠字傍窗斜。

---

① （十八）（十九）写与庆郎的交往。

世间只有张公子（竹斋），解采华林（班名）第一花。

蛱蝶雌雄且莫分，女儿香赠女儿熏。
遥知烧处双烟起，化作仙童一朵云。

欲试芙蓉雨后妆，青溪同浴两鸳鸯。
分明一掬僧房水，抵得华清第二汤。

客窗寒重夜眠迟，赠汝吴棉有所思。
愿得他生为翠被，鄂君身上覆多时。

（十九）卷二十五·再赠庆郎

三月春光上巳浓，笙歌人集水西东。
树梢挂起灯如海，照得红儿分外红。

卷帘招月坐萧斋，意欲留春事竟谐。
寄语阿瞒私誓了，他生争及此生佳。

为侬指引若耶溪，笑上妆楼蹑小梯。
夺婿吴娘真有福，吹箫同住板桥西。

开过红榴鸟欲飞，相思能不梦依依！
愿卿身似春潮长，早到胥江晚即归。

（二十）卷二十八·赠刘霞裳秀才约为天台之游[①]

觥觥问字子云家，奕奕风神动绛纱。
似汝琼枝来立雪，一时愁杀后堂花。

能界乌丝写洛神，解吟红豆学西昆。
灵和殿里风流树，曾惹萧郎一断魂。

[①] （二十）至（三十三）写与刘霞裳的交往，霞裳名志鹏。

未免多情枉费才，狎游颇被里人猜。
　　须知玉貌张雕武①，终向《儒林传》上来。

　　老我颓唐色界天，熏香傅粉忆当年。
　　自怜一往情深处，也是楞严十种仙。

　　空山岂是少年场，偶置花前酒一觞。
　　多谢严陶两公子，替他代馈束脩羊。
　　（子进、怡园屡惠珍羞。）

　　负笈从师意颇殷，向禽心愿许平分。
　　天台倘共刘郎去，定有桃花认得君。

（二十一）卷二十八 · 戏霞裳

　　一盏琼浆一手扶，刘郎安稳阮郎孤。
　　不知一夜桃花笑，果是天台玉女无？

（二十二）卷二十八 · 晚宿寺中同霞裳步铁城障，认一线天

　　游山惜寸阴，得暇即寻讨。
　　步入铁障城，城高天渐小。
　　打头洒珠玑，湿我縑单衣。
　　似雨恰非雨，濛濛山溜飞。
　　诸洞空中悬，道是猿猴宅。
　　颇有高人风，呼之不肯出。
　　踏湿两芒鞋，流连那肯回。
　　一线天未过，一线月又来。

（二十三）卷二十八 · 至却金馆霞裳悦金凤，为留一宿

　　蝴蝶爱花香，花爱蝴蝶小。
　　底事不吹开，春风也道好。

---

① 参见《北史》（二）。

元珪大师言，万事莫为己。
成就野苑央，诸天色欢喜。

（二十四）卷二十九·霞裳就婚汪氏已五朝矣，芳讯杳然。赋诗调之，兼呈新妇

昨年远走天台路，此日真攀玉洞花。
从古刘郎为婿乐，胡麻饭吃女儿家。

八载青衿入泮池，婚期太觉阮修迟。
随园鸟鹊争填路，助汝银河唤渡时。

入市羊车久擅名，今宵灯下见卿卿。
佳人不语低头喜，消受檀奴过一生。

杏花红嫩柳条粗，点缀妆台入画图。
底事清明尚飞雪？想同仙子斗肌肤。

五日惸惸住洞房，定知努力作鸳鸯。
藁砧滋味亲尝后，示我房中曲一章。

《关雎》弹出正声希，回首桑间事事非。
从此仓山桃李树，好花不逐乱风飞。

绣被原该覆鄂君，书来何必借殷勤。
只嫌山里名香少，还倩荀郎身上熏。
（霞裳来借锦被。）

戏题花叶寄妆楼，好作羹汤代束脩。
莫恼袁丝太无赖，夺人夫婿出山游。
（约弥月后同游黄山。）

转眼秋风桂影高，明春郎赋《郁轮袍》。
断机劝学何人事，应替先生一半劳。

（二十五）卷二十九·同霞裳游黄山，过采石登太白楼

霞裳美少年，绝似崔宗之。
携登谪仙楼，怀古有余思。
春树尚披锦，江声学咏诗。
重重碑题满，继响知为谁？
惟有萧生画，挥毫得天倪。
岁久壁泥蚀，我来见已迟。
昔人不可作，后来孰与期？
急沽斗酒至，临风两手持。
仰呼太白星，下来饮一卮。

（二十六）卷三十·舟中赠霞裳

一枝玉树当篙扶，临水登山兴不孤。
不是子春高弟子，琴声能入海天无？

挂榜匡名恼秀才，丫叉双髻是谁裁？
绿章我欲天公奏，乞汝三峰架笔来。

滩急声喧鸟不闻，猢狲满树啸成群。
与君赌向船头数，一个峰头几朵云？

传世文章岂易描，会须笔下起波涛。
水堪招隐都缘曲，山到成名毕竟高。

附霞裳诗：

压船山影十分险，洗月江光万派清。
夜半联吟同剪烛，人间应少此师生。

饭后围棋例几回，私心不敢把窗开。
昨宵底事输先著，为有奇峰数朵来。

船行船止任风吹，九节吟筇是我持。
望见前村烟树好，先生又是上山时。

一双孔雀一猢狲,相伴船头共作群。
啼啸似知山水乐,居然清福与人分。

(二十七)卷三十·再赠霞裳

孟喜传经枕膝时,田何双鬓已如丝。
夕阳花影更深月,既得相逢又恨迟。

老我颓唐梦不成,多君劝学有心情。
湘江篷小灯如雪,漏尽犹闻放笔声。

(二十八)卷三十一·袁郎诗为霞裳补作(有序)

在粤东时,袁郎师晋年十七,明慧善歌,为吴明府司阍。乍见霞裳,推襟送抱,苦不得一沾接。再三谋得,私约某日两情可申。忽主人奉大府檄,火速啟行,郎不得留,与霞裳别江上,涕如绠縻。余思两雄相悦,数典殊希,为补一诗,作桑间濮上之变风云。

珠江吹断少男风,珠泪离离堕水红。
缘浅变能生顷刻,情深谁复识雌雄?
鄂君翠被床才叠,荀令香炉座忽空。
我有青词诉真宰,散花折柳太匆匆。

(二十九)卷三十二·送霞裳之九江

十年前是相逢日(十月十八日),今唱骊歌亦此时。
似是安排天早定,不须惆怅为分离。

翩翩书记驾香骢,多少诸侯拜下风!
只有衰年张禹苦,彭宣一去后堂空。

负笈同游万里来,名山处处费诗才。
而今失却刘郎伴,再到天台花不开。

新共扬州看月明,谁知转眼赋《西征》。
残棋再着知何日,怕听秋藤落子声。

少年直可贾生看,我愧吴公作奏难。

> 不荐朝廷荐观察，为君几度废书叹。

> 每到论诗两莞然，风人妙悟本通禅。
> 支公当日精神减，总为身边丧法虔。

> 夜半传衣事已非，临歧握手尚依依。
> 生憎天上多情雪，偏向程门立处飞。

> 函丈原非日日亲，在家恰也手常分。
> 如何一说天涯别，转觉时时想着君？

> 此去浔阳江上舟，芦花枫叶正当秋。
> 琵琶弹罢佳人去，知否香山泪尚流？

（三十）卷三十三·寄霞裳

> 记得离筵烛影孤，两人倚枕听啼乌。
> 无端忽下伤心泪，洒向君衣干也无？

（三十一）卷三十四·到华顶有怀霞裳

> 贾勇登华顶，无言度石梁。
> 桃花含薄怒，向我索刘郎。

> 问得张思曼，何如刘阿称？
> 衰年贪有伴，古佛也传灯。

（三十二）卷三十六·荐霞裳与扬州转运曾宾谷先生，附之以诗

> 大雅扶轮力有余，东南转运继鲜于。
> 公追《汉上题襟集》，我献昌黎《荐士书》。
> 天际众星原拱月，人间化雨也随车。
> 三江桃李栽千树，只恐欧门尚不如。

（三十三）卷三十七·谢霞裳寄药方兼讯病中光景

> 多谢良朋寄药方，教将病态说周详。

花经雨后香微淡，松到秋深色尚苍。
镇日翻书寻本草，几番偷眼看斜阳。
英辞妙墨三千卷，便是张衡不死床。

（三十四）卷三十六·哭王西林秀才（有序）

西林名汝翰，其父廷泰，余试童子时之案首也。西林才过其父，而溺苦于学，以咯血亡，年才二十六岁。

曾见而翁美少时，卌年又见小琼枝。
老夫当作鸾雏待，争奈偏教鵩鸟知！

殿前杨柳张思曼，天上瑶金刘叔琳。
一旦惊风摧玉树，不知造化是何心！

记否同眠水竹居？风檐残烛夜窗虚。
梦回千树梅花下，赌背儿时旧读书。

也曾学佛拜天尊，也爱弦歌入圣门。
今日西天与东鲁，教人何处与招魂？

（三十五）卷三十七·赠计赋琴

令君人去香犹在，任育生来影亦佳。
莫更披衫临水坐，恐教羞杀六郎花。

（三十六）补遗卷一·丹阳道上留别双郎

姑苏春水一帆斜，惆怅丹阳两岸沙。
争奈行船换鞍马，淡烟疏雨别梅花！

蝶枕鸳衾梦不成，灯花如雪夜分明。
两行泪落吴江水，爱有芙蓉处处生。

十三名字冠扬州，腰带犹存玛瑙钩。
记否空江篷背冷，新年听雨木兰舟？

当筵怕唱六幺终,顷刻回头梦已空。
寄语篙工缓摇桨,千金难买石尤风。

赢得芳名唤满窗,枝头乳燕语双双。
情知送我终须别,留下香囊伴过江。

珍重梨园檀板余,几时重访范庄居。
三秋忆着休贪懒,才歇笙歌便寄书。

随园诗话

(清·乾隆)袁枚著
人民文学出版社 1960 年版

(一)卷四·三十九

雍正间,京师伶人刘三,色艺冠时,独与翰林李玉渊①先生交好。苏州张少仪观察为诸生时,封公谪戍军台,徒步入都,为父赎罪。一时有三子之称,盖云公子、才子、孝子也。沿门托钵,尚缺五百余金。偶于先生席上言及此事,刘慨然曰:"此何难?公子有此孝心,我能相助。"遂遍告班中人云:"诸君助张,如助我也。"择日,设席江南会馆,请诸豪贵来,已乃缠头而出,一座倾靡,掷金钱者如雨,果得五百余金。尽以与张,而封公之难遂解。余丙辰入都,在先生处见刘,则已老矣。但闻先生未第时,甚贫,刘爱其才,以身事之。余疑而不信。偶过薙发铺壁上,无名氏题云:"欲得刘三一片心,明珠十斛万黄金。一钱不费偏倾倒,妒杀江南李翰林。"方知果实事也。

(二)卷四·四十

乾隆己未,京师伶人许云亭名冠一时。群翰林慕之,纠金演剧。余虽年少,而敝车羸马,无足动许者。许流目送笑,若将昵焉。余心疑之,未敢问也。次日侵晨,竟叩门而至,情款绸缪。余喜过望,赠诗云:"笙清簧暖小排当,绝代飞琼最擅场。底事一泓秋水剪?曲终人反顾周郎。"

---

① 当为玉洲,吴江李重华之号。

(三) 卷四·四十一

李桂官与毕秋帆尚书交好。毕未第时，李服事最殷，病则秤药量水，出则授辔随车。毕中庚辰进士，李为购素册界乌丝，劝习殿试卷子，果大魁天下。溧阳相公①康熙前庚辰进士也，重赴樱桃之宴，闻桂郎在坐，笑曰："我揩老眼，要一见状元夫人。"其名重如此。戊子年，毕公官陕西。李将往访，路过金陵，年已三十，风韵犹存。余作长歌赠之，序其劝毕公习字云："若教内助论勋伐，合使夫人让诰封。"

(四) 卷四·六十三

春江公子，戊午孝廉，貌如美妇人，而性倜傥，与妻不睦。好与少俊游，或同卧起，不知乌之雌雄。尝赋诗云："人各有性情，树各有枝叶。与为无盐夫，宁作子都妾。"其父中丞公见而怒之，公子又赋诗云："古圣所制礼，立意何深妙！但有烈女祠，而无贞童庙。"中丞笑曰："贱子强词夺理，乃至是耶！"后乙丑入翰林，妻杨氏亡矣。再娶吴氏，貌与相抵，遂欢爱异常。余赠诗云："安得唐宫针博士，唤来赵国绣郎君。"尝观剧于天禄居，有参领某，误认作伶人而调之，公子笑而避之。人为不平，公子曰："夫狎我者，爱我也。子独不见《晏子春秋》谏诛圉人章乎？惜彼非吾偶耳，怒之则俗矣。"参领闻之，踵门谢罪。

(五) 卷九·七十四

兴化郑板桥作宰山东，与余从未识面，有误传余死者，板桥大哭，以足蹋地。余闻而感焉。后廿年，与余相见于卢雅雨席间。板桥言："天下虽大，人才屈指不过数人。"余故赠诗云："闻死误抛千点泪，论才不觉九州宽。"板桥深于时文，工画，诗非所长。佳句云："月来满地水，云起一天山。""五更上马披风露，晓月随人出树林。""奴藏去志神先沮，鹤有饥容羽不修。"皆可诵也。板桥多外宠，尝言欲改律文笞臀为笞背。闻者笑之。

(六) 卷十三·五十一②

海盐马士荣，字焕如。所著诗集，有《白生歌》云："白生者，蛇精也，化美男子，为钱千秋孝廉所狎。孝廉谪戍出塞，白与偕行，情好绸缪。后遇赦归。钱官司李，白以手帕托钱求张真人用印，事破受诛。乃乞钱以玉瓶装其骨，道百年后，可仍还原身。"事甚诡诞。而马乃理学人，非诳语者；惜诗有百韵，不能备录。

---

① 史贻直，江苏溧阳人。
② 参见《广新闻》。

(七) 卷十四·三

冬友①侍读昵伶人登元,将之陕西,未能携去。路上见笼中卖相思鸟者,戏题云:"同眠复同食,何处号相思?"

(八) 卷十四·十六

余游武夷,过浦城,遇钮明府之弟阆圃,有诗三册求阅。《七夕》云:"黄昏无伴说牵牛,独对江山半壁愁。今夕卢家楼上月,莫愁未必不知愁。"又句云:"星沉残水鱼吞饵,月上空廊犬吠花。"皆可诵也。余按宋曾三异云:"莫愁乃古男子,神仙隐逸者流,非女子也。楚石城有莫愁石像,男子衣冠。见刘向《列仙传》。"语虽不经,亦可存此一说。犹之龙阳君、郑樱桃,古皆以为女妃:一见《国策》鲍注,一见《十六国春秋》。

(九) 卷十六·九②

国初说书人柳敬亭、歌者王紫稼,皆见名人歌咏。王以黯昧事,为李御史杖死,有烧琴煮鹤之惨。顾赤方哭之云:"昆山腔管三弦鼓,谁唱新翻《赤凤儿》?说着苏州王紫稼,勾栏红粉泪齐垂。"王送公卿出塞,必唱骊歌,听者不忍即上马去;故又云:"广柳纷纷出盛京,一声呜咽最伤情。行人怕听《阳关曲》,先拍冰轮上马行。"悼王郎诗,只宜如此,便与题相称。乃龚尚书③竟用"坠楼"、"赋鹏"之典,拟人不伦,悖矣!御史名森先,字琳枝,性虽伉直,诗恰清婉。《过云间亭》云:"空亭积水松阴乱,小阁张灯夜气清。"卒以忤众罢官。

(十) 补遗卷一·二十二④

近来习尚,丈夫多臂缠金镯,手弄椰珠。余颇以为嫌。而谨厚者,亦复为之。陆⑤作诗刺之云:"我闻远贾多艰虞,缠金或以资穷途。途穷未必非怀宝,怀藏亦足来萑苻。世人金多挥不足,举袖满堂黄映肉。指环臂钏乃女子,男化女儿何日始?南方草木椰最久,实大如瓜浆作酒。何年落子比元珠,一串摩尼时在手。有手不弄琴与书,有手不把犁与锄。可惜白日空摩挲,不有博弈犹贤乎?"

---

① 严长明,字冬友。
② 记清初名优王紫稼的情况。
③ 龚鼎孳。
④ 记乾隆间某些男子的柔性表现。
⑤ 乾隆间诗人陆飞。

(十一) 补遗卷九·三十三

伶人天然官,色艺俱佳,而天性跳荡,如野马在御,踸踔不能自止。余赠云:"何必当筵舞鬓斜,但呼小字便妍华。万般物是天然好,野卉终胜剪彩花。""我欲怜卿先自怜,春蚕老去枉缠绵。摩挲便了三生愿,与汝同超色界天。"

(十二) 补遗卷九·三十九

两雄相悦,如变风变雅,史书罕见。余在粤东,有少艾袁师晋,见刘霞裳而悦之,誓同衾枕;忽为事阻,两人涕泗涟如。余赋诗咏之。不料事隔十载,偕严小秋秀才游广陵,遇计五官者,风貌儒雅,亦慕严不已,竟得交欢尽意焉。为严郎贫故,转有所赠。余书扇赠云:"计然越国有精苗,生小能吹子晋箫。哺啜可观花欲笑,芳兰竟体笔难描。洛神正挟陈思至,严助刚为宛若招。自是人天欢喜事,老夫无分也魂消。"临别,彼此洒泪。小秋作《离别难》词云:"花落鸟啼日暮,悲流水西东。悔从前意挚情浓。问东君仙境许依通。为底事玉洞桃花,才开三夕,偏遇东风。最堪怜,任有游丝十丈,留不住飞红。 春去也,五更钟。隔云烟,十二巫峰。恨春波一色摇绿,曲江头明日挂孤篷。偏逢著杜宇啼时,将离花放,人去帷空。断肠处,洒尽相思红泪,明月二分中。"

(十三) 附:《批本随园诗话批语》①

板桥时文新奇,画并不佳,诗却在子才之上。惟好男风,是其劣迹。

毕秋帆高身长面,类山东人。最爱演剧,署中仆从官亲,即戏班角色,而小旦犹多,皆其姬妾之戚也。

和希斋大司空和珅,是满洲正红旗人,钮古鲁氏。此氏以厢黄旗爱都巴图鲁开国元勋为大族。其正红、厢红两旗之钮古鲁氏,皆小户不同宗者也。和珅起自寒微,其家虽有轻车都尉世职,其父长保,曾为福建副都统,累世武秩,皆无蓄产。和珅袭职后,充当上虞备用处侍卫。家贫而貌美,性淫,为同人所不齿。侍卫例有帮御轿左杆之差。一日,纯皇帝②因官事,自诵《论语》云:"虎兕出于柙,龟玉毁于椟中,是谁之过欤?"问之随从大臣,皆不能对。和珅率尔而奏曰:"典守者不得辞其责。"上大悦,立挑入御前侍卫。此乾隆四十三年事也。未半载,即用为御前大臣、户部侍郎、九门提督。五年之内,赐伯爵,官至大学士,掌翰林院。其声势之大,虽福康安不能过也。睿皇③柄政五日,而和珅赐死,家产籍没,子孙绝嗣,一败涂地。和珅为人,身材停妥,粉面朱唇,声音诡亮,不矜威仪,喜诙

---

① 批语作者似为满洲伍拉纳之子舒仲山,嘉庆间人。
② 乾隆帝。
③ 嘉庆帝。

谐，内外如一，无一毫妆模作样之处。其侍上左右，记性极好，应对如流，虽在天威咫尺之前，而举止自在，上视之亦如婴儿，不甚拘束之也。①

小仓山房文集

（清·乾隆）袁枚著
上海古籍出版社 1988 年
《小仓山房诗文集》本

卷一·朱栩赞②

汉有朱栩，为董贤吏。贤既倮尸，栩独收视。犯莽有祸，葬董无名。栩岂不知，而捐其生？栩曰不然，吾行吾情。圣卿虽佞，媞媞可矜。巨君作贼，篡汉有形。哀贤毒莽，识所重轻。借曰私恩，愈见至诚。

呜呼世人，惟势是附。窦其、翟公，客所景慕。势盛势衰，客来客去。来时何恩，似似驰骛。去时何仇，悠悠陌路。但有避趋，而无好恶。奚况于贤，伊谁肯赴？栩之所为，义同栾布。班史大书，子浮隆隆。当建武时，为大司空。惟人至庸，惟天至公。呜呼世人，鉴此高风！

小仓山房尺牍

（清·乾隆）袁枚著
江苏古籍出版社 1993 年
《袁枚全集》本

（一）卷二·乞上元令李竹溪释枷犯③

从尊署归，过北门桥，见荷校者，嫣然少年，饶有姿媚。问："何修而获此？"曰："为赌博耳。"仆记《汉书·列侯功臣年表》，以博掩失侯者，十余人。可见天性好赌，自古有之。王侯将相且然矣，况里巷子弟乎？且造物虽巧，生人易，生美人难。谈何容易，于千万人中，布置眉目，略略妥当。而地方官不护惜之，反学牛羊，从而践踏之，忍乎

---

① 参见《清朝野史大观》。
② 朱栩为董贤属吏，《汉书》中作朱诩。
③ 文中的枷犯是一个具有男妓色彩的剃头匠，袁枚对他怀有它意，参见《随园轶事》（十四）。

哉？问："何业？"曰："修发匠也。"余发如此种种矣，可速释之，命原差送来一试其技。唐人诗曰："休将两片木，夹杀一枝花。"敬诵之替若人请命，何如？

又：

荷校者来，仆拥髻而出，急令沐薤，谁知奏刀茫然，发未落而头先伤，竟是以怨报德！方知彼固店家之酒旗，以貌招，以体荐，而非以伎奏者也。磁能引铁，而欲其牵瓦也，不亦难乎？且谛视之，貌亦不佳，自觉前书之无谓。虽然，彼虽伎不佳，貌不佳，而能遇雾里看花之老叟，又能遇肯听下情之好官，则其流年月建，固已佳矣！顺天者昌，于余心终无悔焉。特再布知，同为一笑。

（二）卷七·答杨笠湖①

香君②虽妓，岂可厚非哉！当马、阮③势张时，独能守公子④之节，却金人之聘。此种风概，求之士大夫，尚属难得，不得以出身之贱而薄之。昔汪锜嬖童也，能执干戈以卫社稷，孔子许其勿殇；毛惜惜⑤妓女也，能骂贼而死，史登列传。

（三）卷九·答朱石君尚书⑥

香亭⑦弟寄到手书，见和寿言十三首，富哉言乎！奥旨内蕴，精文外昭。虽庞士元称引人才，往往有逾其分；而出于大贤君子之口，传之千秋。枚如伛偻升高，荣胜于庐山之九锡矣！公在岭南，持督、抚二篆，王事如麻，犹能通书礼士，拄笏吟诗，真古大臣中所罕见。惟是熟读来书，谆谆规勉，教将集中华言风语，大加删削，似乎尚书爱枚过深，而知枚转浅。窃思古人所贵乎知己者，非徒知其长，兼知其短也。枚本无长，其短处公固知之，而所以不讳其短之故，公尚未知；则不得不布露所蓄，直陈于大君子之前。

枚今年八十一矣，夕死有余，朝闻不足，家数已成。试称于众曰"袁某文士"，行路之人或不以为非；倘称于众曰"袁某理学"，行路之人必掩口而笑。夫君子之所以比德于玉者，以其瑕瑜不相掩故也。如必欲匿其瑕，皇其瑜，则玉之真者少矣！良医之所以不治疥癣者，以其无伤大体故也；如必攻治之，恐转为心腹之忧矣！孔门四科，因才教育，不必尽归德行，此圣道之所以为大也。宋儒硁硁然，将政事、文学、言语一绳捆束，驱而尽纳诸德行一门，此程朱之所以为小也。王粲《吴雄记》，无一人在三君、八顾中，盖

---

① 提及汪锜，参见《左传》（九）。
② 李香君，南京名妓。
③ 马士英、阮大铖，南明权臣。
④ 侯方域。
⑤ 南宋时人。
⑥ 朱石君即朱珪，时任兵部尚书、两广总督兼广东巡抚。他致函袁枚，对袁氏与刘霞裳的关系进行指责，袁枚复函回辩。
⑦ 袁树，字香亭，袁枚堂弟。

建立事功，非规行矩步者所能。锯齿不斜，不能断木，此圣人所以欲举贤才，先赦小过也。吾家中郎①治行可观，若论其文章，根柢浅薄，庞杂异端。蒙公举以相拟，得毋有"彼哉彼哉"之叹乎？

公自谦迂拘，而不知枚之迂拘，更有十倍于公者：雅不喜三教同源之说，以为此中界限不清，终是有所慕于彼者，无所得于此故也。学仙贪长生，即戒之在得之一端。敬鬼神而不远，则夫子以龟兆多少，定臧氏之贤否。三世其义何在？司马温公曰："其微言不能出吾书，其诞吾不信也。"公品望不在温公下，惟此处见解小异，故鸡口难耐，献薋人夜诵之音。枚尤不可解者，公游峡山，有刻枚诗者，并刻同游人姓名，公一见勃然，急横抹之，云为贤者讳过。枚初薾然不解，徐思之，似指门下刘霞裳秀才，则公误矣。夫游亦何过之有？若云师弟不可同游邪，则樊迟不应从游于舞雩之下；若云年少不可同游邪，则曾点"浴乎沂，风乎舞雩"，不偕年高有德之人，乃与童冠同游，反为夫子所与者，何也？若以刘生非端人邪，则公在六千里外，未见其人，未闻其语，未考其居乡事迹，而毅然疾恶如仇，举笔涂抹；然则使互乡童子洁己以进，圣人其将掩面不视，遽命小子鸣鼓而攻之邪！凡"疑"之一字，由人心生也，人心有定而无定。假使枚与然明游，公不疑也；与宋朝游，公遽疑之。是不肖之心从公生，不从枚起。以"想当然"三字，学皋陶断狱，四方闻之，必以刘生有大过恶，故正人君子不许留姓名于集上。而不知渠乃刘念台②先生之曾孙，居家孝友，诗文清妙，实佳士也。其大不是处，在初生时不求造物，与一丑面而来，致生物议。然此权乃女娲氏黄土所抟，非渠所能自主。随园粲粲门子尚有五六人，如陈梅岑、周青原辈，皆是也。得闻此信，人人自危。霞裳何负于公，而使之独蒙恶声？枚又何德于公，而为之欲盖弥彰哉？恐贤者之过将有所归，枚不能为公讳也。

昔者舜取人以貌，禹取人以言，文王取人以声，汉选博士弟子，取仪状端正者，古之人未尝不以貌取人也。公本大儒，登朝之后，仁义其身，礼乐其民，以忠诚结主知。现在枚卜之期指日可待，天下无智愚、贤不肖，皆在钧陶器使之中。倘但知同体之善，而忘异量之美，又或听言太广，所见太狭，皆非为国家爱惜人材之道。何况风情黯昧，悠悠之谈，宜绝智者之口。贾生，王佐才也，吴公为汉时第一循吏；乃太史公称生年十八，受吴公知，召置门下，最爱幸。夫爱可也，幸不可也。然而二千年来，不以此疑二公也。费祎少年，为孔明骖乘，当时但惊其宠，不以为疑。古礼最严男女之别，乃朝廷制律，不以风闻定案。忠厚之士，不谈闺阃，且有明犯瓜李之嫌，而坐怀不乱者有之；侍婢多年，完然处子者有之。处人人可疑之地，而尚且有万万不可疑之人，何况觥觥大男子？师弟传经，李固负笈以从；田何枕膝，而授无所为非。即果有情欲之感，亦必须

---

① 袁宏道，字中郎，明代文学家。
② 刘宗周，号念台，明末大儒。

捧匜之妾，涤溺袴之童，方能探风影以相诬。达官长者，何由探知？于自家身分，不无小损。且天下之至可信者，目也。然孔子见颜渊拾尘，疑为窃饭。见而知之，尚且误矣，而况闻而知之者乎？枚幼尝病魔，太母抱置怀中，弱冠甫离，自后不能孤眠。故香亭、阿迟、一弟、一儿，皆同卧起，即问香亭，可知也。俗子不读史书，便生物议，可知汉武与卫青、霍去病同卧起乎？光武与严子陵同卧起乎？关忠武与刘先主、张桓侯同卧起乎？然此犹云英主贤臣、年长者事也。《三国志》载孟宗之母，为长枕大被，招致四方文士，教儿同卧起，以求气类之亲，卒能致官司空，名传贤母。当其时宗尚少年，使生于今之世，则轻薄儿必造出无数谰言，将并其母而污之矣！圣人《系辞》云："窥观女贞，亦可丑也。"言闭户而窥，在女为贞，在男子则为丑也。枚犬马齿载，久读孔子闭房之记矣，非有心阑禁也。血气渐衰，止乎其所不得不止也。

　　追溯平时跅弛处，东山所挟，记忆难清；元则所怜，丝毫无染。皇天后土，实闻此言。惟其无所愧于心，是以无所择于口，风流自赏，言过其实，惟恐人不知，是则枚之过也。然而桑间濮上，圣人不删；前言戏之，子游不愠。屈原以美人比君，苏武以夫妻喻友，卮言十出，岂可据为口实哉！大抵才人读诗，爱《国风》，学人读诗，爱《雅》、《颂》，不知二者不可偏废。尚书学人也，贵人也，有主持名教之责，又天性严重，故不识筝琶，专弹古瑟。所谓子政论文，必衷诸圣；稚圭劝学，必奉于经：理当然也。若枚则山泽之癯，游戏人间，有何挂碍？《易》称"仁者见之谓之仁，智者见之谓之智"，其大德不逾处，宜争其小德出入处，故宜阔略也。管公明曰："忠孝人之根本，廉介人之小善焉。"能舍江海之流，而为激石之清乎？且《国风》之好，究与人品无干。传鹣觚善言儿女之情，而侃侃直节，台阁生风。徐摛宫体华艳，而于殿上危急时，能挫侯景之威。寇莱公、赵清献、文潞国皆一代名臣，而诗多香奁，袭西昆体格；惟沈休文辱身三朝，晚节不终，乃逃归净域，思为绮语之忏。本不足而求诸末，此君子小人之明效也。杜牧之骂白居易诗纤艳不逞，为名教罪人。然皇上选《唐宋诗谆》，俾与韩、杜同列，不肯夺其一席。吾乡赵学斋副宪，督学江西，令兄竹君学士，督学皖江，所取皆美秀少年，一时不逞之徒，造作蜚语，二先生夷然，绝不介意。不到十年，所识拔者，尽登朝宁，如麟凤群翔；而腾谤者，久已化作寒蝉，烟消灰灭。枚作《赵公墓志》，曾发愤一道，非为两贤雪冤，亦为世道人心起见也。公道竹垞先生不删《风怀二百韵》①，以为恨事，至于痛哭流涕，枚又不以为然。竹垞之不删《风怀》诗，即昌黎之不删《三上宰相书》，所以存其真也。《陈仲弓墓碑》直书先生，不饰廉隅，不修细行，亦所以存其真也。道家画八仙，必画李跛，非仙人不能医其跛也，亦所以存其本来面目也。以千金之珠，易鱼之一目，而鱼不愿者，以珠贵而伪，目贱而真故也。君子之过也，如日月之食焉，人皆见之。

---

① 朱彝尊，号竹垞，著有《曝书亭集》，所收《风怀二百韵》皆为风情之诗。

倘彼时竹垞竟行删去，亦未必能与元、明陋儒分享特豚之馈，而先已居心不净，掩不善以著其善，就阑入圣门，必为子路所呵逐无疑矣！《文苑》、《儒林》，本无甲乙，《道学》一传，尤属赘瘤。一部《十七史》，安放竹垞先生自有处所，不必公为过虑而痛哭也。惟是《礼经》云："七十非人不暖。"枚小星凋谢，无所取诸，不得已而求诸气类相同者；嗣后将访求古所称盲秃、伛疣、仇麋、敦洽之徒，与同宴游，以省浮言，又恐非人情，不可近。老泉曾言之，"避嫌之事，贤者不为"，伊川先生曾言之，"卢杞面蓝，亦复奸邪"，更觉逡巡两难矣。还望尚书有以教我。

附来书：

不晤光霁者，十年矣！甲寅秋，珪当有江宁监临之役，以为坐随园有竟日欢，而竟不果，其缘悭邪！令弟①重来粤中，出手书并《自寿》诗相示，不禁神往。海内灵光落落，况如先生之函盖一切，玉山颓唐，笼罩意气，可想可慕。然窃疑先生游戏如曼倩，即如公家中郎，尚有诗文流弊，然其专心净土，实足荡涤绮语，独透光明。先生又另树一帜，久而论定，不可不防其滥觞也。珪游峡山，见有人刻先生之诗，并及同游人姓名，珪不觉大叫，曰："先生何负于汝，而不为贤者讳过乎？"急取笔抹去。珪实敬爱大贤，故敢献此狂愚，祈恕之。《竹垞先生集》不删《风怀二百韵》，岂非孝子慈孙之恨？好事者又从而实之，可为痛哭流涕。先生得不以珪为大迂邪？谨和原韵录呈，珪不敢言风雅，然其意则可质神明。先生他日当思我言。呵呵，干冒前辈，死罪！死罪！

小仓山房外集

（清·乾隆）袁枚著
上海古籍出版社 1988 年
《小仓山房诗文集》本

卷四·上台观察书②

枚闻夏后上三嫔而得《九辨》，板板非上帝之心；周官操六计以驭群才，休休乃用人之道。是以情在理先，圣人且以为田矣；瑜不瑕掩，良工乃以观玉矣。枚赤紧滥膺，丙丁趋走。深虑莱芜不能辟，丝灼不能清，悼耄不能仁，强宗不能拔。故前者三肃崇阶，五内震动。恐诸葛垂问，何祗之吏事不修；曹公共谈，子扬之精神未葳。不意明公宽负子之责，入飞耳之谈。怒枚剔蟛歌郎，抵触金布。枚始而惊，继而喜。惊者，惊公于东

---

① 袁树。
② 台观察认为袁枚"剔蟛歌郎"的行为"亦伤盛德"，袁做回辩。

方未明之时，容光必照；喜者，喜枚于《国风》好色之外，余罪无他。不敢抵拦，不求道地。但愿陈其悃愊，请一考之诗书。

昔李西平，郡将也，而营妓自随；白太傅，司马也，而商妇度曲。颇逾规矩，难律官箴。乃其人皆功在山河，名香竹素。枚自莅官以来，未尝一刻忘简书，不肯一言枉讯刺。待至五花判毕，四郊雨甘。乃敢弹筝酒歌，掎裳月坐。爱鄂君而流连翠被，赋《洛神》而惆怅惊鸿。事有甚于画眉，盗非同于掩耳。盖以为靖节闲情，何瑕白璧；东山女妓，即是苍生。连茷无伤，小德出入可耳。不图阁内之悍妻见敕，闺中之妒妾包容；而转蒙大府搜牢，长官狙伺。嘻，过矣！夫采兰赠芍，不见削于宣尼；闭阁尊经，翻自附于新莽。余中请禁探花，而以赃败；傅玄善言儿女，而以直闻。张翰有小史之诗，高风岳峻；卢杞无侍儿之奉，丑迹风驰。昊卿忠臣，征求花粉；辅国逆竖，静学沙门。古来君子之非，贤于小人之是。布在方策，偻指难陈。枚所仰止高山，耻居下流者，盖有在矣。

然明公必以两庑相期，一流见待。谓破老亦伤盛德，瞀淫何以斋心。则枚虽不迷复于此时，亦必昧回于他日。若徒铺张令甲，震耀风闻。舍簿领而诇阴私，谈床笫以为恫喝。则萧何律上，不禁笙歌；宓子堂前，岂无琴瑟？而况李元忠不以饮酒易仆射，徐骑省肯以歌曲换中书。人孰无情，士各有志。黄鹄举矣，青天廓然。丈夫溺死何妨，而拘游哉？公幸毋以寻约之绳，困奇俍之士也。

子不语

（清·乾隆）袁枚撰
上海古籍出版社 1986 年

（一）卷二·滇绵谷秀才半世女妆①

蜀人滇谦六，富而无子，屡得屡亡。有星家教以厌胜之法，云："足下两世命中所照临者，多是雌宿，虽获雄，无益也；惟获雄而以雌畜之，庶可补救。"已而绵谷生，谦六教以穿耳、梳头、裹足，呼为小七娘。娶不梳头、不裹足、不穿耳之女以妻之。果长大，入泮，生二孙。偶以郎名孙，即死。于是每孙生，亦以女畜之。绵谷韶秀无须，颇以女自居，有《绣针词》行世。

---

① 记滇绵谷的女性化。

(二) 卷二·董贤为神

康熙间，从叔祖弓韬公为西安同知，求雨终南山。山侧有古庙，中塑美少年，金貂龙衮，服饰如汉公侯。问道士何神，道士指为孙策。弓韬公以为孙策横行江东，未尝至长安，且以策才武，当有英锐之气，而神状妍媚如妇女，疑为邪神。会建修太白山龙王祠，意欲毁庙，拆其木瓦，移而用之。是夕，梦神召见曰："余非孙郎，乃汉大司马董圣卿也。我为王莽所害，死甚惨。上帝怜我无罪，虽居高位，蒙盛宠，而在朝未尝害一士大夫，故封我为大郎神，管此方晴雨。"弓韬公知是董贤，记贤传中有"美丽自喜"之语，谛视不已。神有不悦之色，曰："汝毋为班固所欺也。固作《哀皇帝本纪》，既言帝病痿，不能生子，又安能幸我耶？此自相矛盾语也。我当日君臣相得，与帝同卧起，事实有之。武帝时，卫、霍两将军亦有此宠，不得以安陵、龙阳见比。幸臣一星原应天象，我亦何辞？但二千年冤案，须卿为我湔雪。"言未毕，有二鬼獠牙蓝面者，牵一囚至，年已老，头秃而声嘶，手捧一卷书。神指之曰："此莽贼也。上帝以其罪恶滔天，贬入阴山，受毒蛇咀嚼久矣。今赦出，押至我所，司溷圊之事。有小过，辄以铁鞭鞭之。"弓韬公问囚手挟何书，神笑曰："此贼一生信《周礼》，虽死犹抱持不放，受铁鞭时，犹以《周礼》护其背。"弓韬公就视之，果《周礼》也。上有"臣刘歆恭校"等字，不觉大笑，遂醒。次日，捐俸百金，葺其庙，祀以少牢。又梦神来谢，且曰："蒙君修庙，甚感高义，但无人配享，我未免血食太孤。我掾史朱栩，义士也，曾收葬我尸，为莽所杀。我感其恩，奏上帝，荫其子浮为光武皇帝大司空，君其留意。"弓韬公即塑朱公像于董公侧，而兼塑一囚为王莽状，跪阶下。嗣后祈晴雨，无不立应。

(三) 卷六·常熟程生

乾隆甲子，江南乡试，常熟程生年四十许，头场已入号矣。夜忽惊叫，似得疯病者。同号生怜而问之，俯首不答。日未午，即收拾考篮，投白卷求出。同号生不解其意，牵裾强问之。曰："我有亏心事发觉矣。我年未三十时，馆某搢绅家。弟子四人，皆主人之子侄也。有柳生者年十九，貌美，余心慕，欲私之不得其间。适清明节，诸生俱归家扫墓，惟柳生与余相对。余挑以诗曰：'绣被凭谁寝，相逢自有因。亭亭临玉树，可许凤栖身？'柳见之脸红，团而嚼之。余以为可动矣，遂强以酒，俟其醉而私焉。五更，柳醒，知已被污，大恸。余劝慰之，沉沉睡去。天明，则柳已缢死床上矣。家人不知其故，余不敢言，饮泣而已。不料昨进号，见柳生先坐号中，旁一皂隶，将我与柳齐牵至阴司处。有官府坐堂上，柳诉良久，余亦认罪。神判曰：'律载：鸡奸者，照以秽物入人口例，决杖一百。汝为人师而居心淫邪，应加一等治罪。汝命该两榜，且有禄籍，今尽削去。'柳生争曰：'渠应抵命，杖太轻。'阴官笑曰：'汝虽死，终非程所杀也。倘程因汝不从而竟杀汝,将何罪以抵之?且汝身为男子,上有老母,此身关系甚大,何得学妇女之见,羞忿轻生?《易》称:'窥观女贞,亦可丑也。'从古朝廷旌烈女不旌贞童,圣人立法之意,汝独不三思耶?'柳闻之大悔,两手自搏,泪如雨下。神笑曰:'念汝迂拘,着罚往山西蒋善人家作节妇,替他谨守闺门,享受旌表。'判毕,将我杖三十放还魂,依然在号中。现在下身痛楚,不能作文,就作文亦终不中也,不去何为?"遂呻吟颓唐而去。

(四)卷十七·木皂隶

京师宝泉局有土地祠,旁塑木皂隶四人,垆头铜匠咸往祀焉。每夜众匠宿局中,年少者梦中辄被人鸡奸,如魇寐然。心恶之,而手足若有所缚,不能动,亦不能叫呼。且起摸谷道中,皆有青泥。如是月余,群相揶揄,终不知何怪。后祀土地,见一隶貌如夜间来淫人者,乃诉之官,取铁钉钬其足,嗣后怪绝。

(五)卷十九·兔儿神

国初御史某,年少科第,巡按福建。有胡天保者,爱其貌美,每升舆坐堂,必伺而睨之。巡按心以为疑,卒不解其故,胥吏亦不敢言。居亡何,巡按巡他邑,胡竟偕往,阴伏厕所窥其臀。巡按愈疑,召问之,初犹不言,加以三木,乃云:"实见大人美貌,心不能忘,明知天上桂,岂为凡鸟所集?然神魂飘荡,不觉无礼至此。"巡按大怒,毙其命于枯木之下。逾月,胡托梦于其里人曰:"我以非礼之心,干犯贵人,死固当。然毕竟是一片爱心,一时痴想,与寻常害人者不同。冥间官吏俱笑我,揶揄我,无怒我者。今阴官封我为兔儿神,专司人间男悦男之事,可为我立庙招香火。"闽俗原有聘男子为契弟之说,闻里人述梦中语,争酿钱立庙,果灵应如响。凡偷期密约,有所求而不得者,咸往祷焉。程鱼门曰:"此巡按未读《晏子春秋》劝勿诛羽人事,故下手太重;若狄伟人先生颇不然。相传先生为编修时,年少貌美。有车夫某,亦少年,投身入府,为先生推车,甚勤谨,与雇直钱不受,先生亦爱之。未几病危,诸医不效,将断气矣,请主人至,曰:'奴既死,不得不言。奴之所以病至死者,为爱爷貌美故也。'先生大笑,拍其肩曰:'痴奴子!果有此心,何不早说耶?'厚葬之。"

(六)卷二十一·石男

扬州严二官,貌甚美,而无人与狎。其谷道细如绿豆,下秽如线香。昼食粥一盂,酒数杯,蔬菜些须而已。多则腹中暴胀,大便时痛苦异常。

(七)卷二十三·双花庙

雍正间,桂林蔡秀才年少美风姿。春日戏场观戏,觉旁有摩其臀者,大怒,将骂而殴之。回面则其人亦少年，貌更美于己，意乃释然，转以手摸其阴。其人喜出意外，重整衣冠，向前揖道姓名，亦桂林富家子，读书而未入泮者也。两人遂携手行，赴杏花村馆燕饮盟誓。此后，出必同车，坐必同席，彼此熏香剃面，小袖窄襟，不知乌之雌雄也。城中恶棍王秃儿伺于无人之处，将强奸焉。二人不可，遂杀之，横尸城角之阴。两家父母报官相验，捕役见秃儿衣上有血，擒而讯之，吐情伏法。两少年者，平时恂恂，文理通顺，邑人怜之，为立庙，每祀必供杏花一枝，号"双花庙"。偶有祈祷，无不立应，因之香火颇盛。数年后，邑令刘大胡子过其地，问双花庙原委，得其详，怒曰："此淫祠也。两恶少年，何祀之为？"命里保毁之。是夜，刘梦见两人，一捽其胡，一唾其面，骂曰："汝何由知我为恶少年乎？汝父母官，非吾奴婢，能知我二人枕被间事乎？当日三国时周瑜、孙策，俱以美少年交好同寝宿，彼盖世英雄，汝亦以为恶少年乎？汝作令以来，某事受枉法赃若干，某年枉杀周贡生某；独非恶人，而谓我恶乎？吾本欲立索汝命，因王法将加，死期已近，姑且饶汝！"袖中出一棍，长三尺许，系刘辫发上，曰："汝他日自知。"刘惊醒，与家人言，将复建庙祀之，而报于发言。未几以赃事被参，竟伏绞罪，方知一棍之征也。

(八) 卷二十三·假女

贵阳县美男子洪某，假为针线娘，教女子刺绣，行其伎于楚、黔两省。长沙李秀才，聘请刺绣，欲私之，乃以实告。李笑曰："汝果男耶？则更佳矣。吾尝恨北魏时魏主^①入宫朝太后^②，见二美尼，召而昵之，皆男子也，遂置之法。蠢哉魏主！何不封以龙阳而畜为侍从，如此不独己得幸臣，且不伤母后之心。"洪欣然就之，李甚宠爱。数年后，又至江夏，有杜某欲私之。洪欲以媚李者媚杜，而其人非解事者，遂控到官，解回贵阳。臬使亲验之，其声娇细，颈无结喉，发垂委地，肌肤玉映，腰围仅一尺三寸，而私处棱肥肉厚，如大鲜菌。自言幼无父母，邻有孀母抚养之，长与有私，遂不剃发，且与缠足，诡言女也。邻母死，乃为绣师教人。十七岁出门，今二十七岁，十年中所遇女子无算。问其姓氏，曰："抵我罪足矣，何必伤人闺阃？"讯以三木，始供吐某某。抚军欲拟长流，臬使争以为妖人，非斩不可，乃置极刑。死前一日，谓狱吏曰："我享人间未有之乐，死亦何憾！然某臬使亦将不免。我罪止和奸，畜发诱人，亦不过刁奸耳，于律无死法。且诸女子与通奸皆暗昧不明之事，尽可覆盖，何必逼我供招，宣诸章奏，各拟重杖。使数十郡县富贵人家女子，玉雪肌肤，困于朱木乎？"次日，赴市受戮，指其跪处曰："后三年，讯我者在此矣！"已而臬使果以事诛，众咸异焉。余谓此事与《明史》所载嘉靖年间妖人桑翀相同，桑不报仇，而洪乃报仇，何耶？

---

① 应为北齐时齐后主。
② 胡太后。

（九）续卷六·多官

多官，闽莆田人。襁褓失怙，恃嫂郑氏乳之，长而美丽，兄嫂皆爱之。兄远贾外出，或经年不归，嫂常居母家，携叔去，令出就外傅。邑有叶先生授徒于家，多官往学焉。江西陈仲韶，贵公子也，年十八举于乡，兄宦闽，以丧偶故往省。路出莆田，值雨，遭多官于道，神为之夺，下舆随行。多官回顾，见其抠鲜衣，曳粉靴，走泥淖中，状若狂痴，心颇疑之。仲韶卒尾至其家，苦不得入。访于邻，始知为多官，自书塾归，乃至其嫂家也。仲韶抵兄署，与其嬖京儿谋，欲得多官。京曰："子盍以游学请诸兄？允则事济矣。"兄果喜仲，托莆令修厚贽于叶。叶馆以公子礼，不知为先达也。仲遍谒同学，多官出见，骇然良久，心知客为己来，自是绝不过从，惟扃户而读。居匝月，终无由通款。一夕，闻多官呻吟声，瞰之，病卧在床。叶偕医来诊其脉，曰："虚怯将脱，非参四两不治。"叶闻，欲送之归，仲韶勃然曰："渠家贫，安能办此？即归亦死耳。"立启箧出金授医，复语叶曰："有故悉我任。"遂亲侍汤药，衣不解带者半月有余。多官旋愈，深德仲韶，于是来往颇密，然终无戏容。仲无间可入，复谋于京儿。京曰："吾知其感公子矣，不知其爱公子否？可佯病试之。"如其言，多官来，亦如仲之侍己疾者。京儿贿医诡云："药中须人臂血，疾始可治。"命京，京佯不可，多官在旁无语，至暗中乃刺血和药以进。仲知之，大喜，以为从此可动也。适兄膺荐入都，招仲偕往。多官闻之，乃夜就仲室曰："曩者公子倾金活我，非爱我故耶？今行有日矣，义不忍负公子，请缔三日好，誓守此身以待。"即宿于仲所三日，仲乃行。叶有甥名淳者，性淫恶而颇饶膂力，涎多官美，欲与狎，不可。一日，仲韶使至，多官置来书案上，出询仲起居。淳潜入，见仲书多亲昵语，喜曰："是可劫也。"多官来，袖书示之曰："汝从陈公子，独不可从我乎？"多官初欲拒之，已而思有书在，虑不能灭其迹，复佯笑曰："若还吾书，今夕当从汝。"淳喜，还书而出。多官焚之。乃作二札，一与仲诀，一以告嫂，纳诸箧，即取所佩刀自刭。嫂闻信至，启箧得书，讼其事。淳瘐死狱中。仲韶归，见所遗书，一恸几绝，感其义，誓不再娶。一夕，梦多官来，曰："不可以我故废君祀。君娶，我将为君后。"从之，果举一子，眉目绝似多官，因名喜多。先是，京儿与谋时曰："多官洵美，但眉目间英气太重，充其量可以为忠臣烈士，虑不善终耳！"后果如其言。

（十）续卷六·徐明府幕中二事

徐公名振甲，初宰句容。后徐调任清河，赴省，过余，留饮。语余曰："余幕中诸友多有外癖，家人辈有拂其宠童之意者，幕友即欲辞去。以此小事，甚费周旋，以致此风大炽。署中诸犬效之，两雄相偶，岂非绝倒！"座中广文孙公曰："此何足异。余家牝鸭与牝鸡，每作雌雄相偶之状，更可嗤也。"

（十一）续卷六·夜航船

　　柴东升先生搭夜航船往吴兴，船中老少十五人，船小客多，不免挨挤而卧。半夜忽闻一陕西声口者大骂："小子无礼！"擒一人，痛殴之，喊叫："我今年五十八岁了，从未干这营生。今被汝乘我睡熟，将阳物插入我谷道中，我受痛惊醒。伤我父母遗体，死见不得祖宗！诸公不信，请看我两臀上他擦上唾沫尚淋漓未干。"被殴者寂无一语。柴与诸客一齐打火起坐，为之劝解。见一少年羞惭满面，被老翁拳伤其鼻，血流满舱。柴问："翁何业？"曰："我陕西同州人，训蒙为业。一生讲理学，行袁了凡功过格，从不起一点淫欲之念。如何受此孽报！"柴先生笑曰："翁行功过格，能济人之急，亦一功也。若竟殴杀此人，则过大矣。我等押无礼人为翁叩头服罪，并各出钱二百买酒肉祀水神为翁忏悔。何如？"翁首肯之，始将少年释放。天明诸客聚笑劝饮，老翁高坐大啖，被殴者低头不饮。别有一少年笑吃吃不休，装束类戏班小旦，众方知彼所约夜间行欢者，乃此人也。

（十二）卷二·白二官　写及优伶同性恋。

（十三）卷五·羊践前缘　写及同性恋。

（十四）卷六·鸭嬖　写及同性恋。

（十五）卷六·义犬附魂　同性恋故事，内容与《夜谭随录》（二）相似。

（十六）卷十五·小芙　似乎写及女性同性恋。

（十七）卷十五·尸香　写及同性恋。

（十八）卷十七·清凉老人　写僧人同性恋。

（十九）卷十七·女化男　写耒阳薛姓女子化男事。

（二十）卷二十一·蔡京身后　写及同性恋。

（二十一）卷二十三·风流具　写及同性恋。

（二十二）续卷七·通幽法　写及同性恋。

勉行堂诗集

(清·乾隆) 程晋芳著
清嘉庆二十三年(1818)刻本

卷六·董贤玉印歌①

雄狐化雌气不振,荣落匆匆抵朝蕣。
汉家曾铸邓通钱,后代犹传董侯印。
龟衔方钮二寸盈,大司马董不记名。
篆文遒劲类披髽,四规汗血红丝縈。
牢耶石耶绶若若,后来年少仍高爵。
避尘拜谒有孔光,何事单于偏错愕。
赐珍赐第未足酬,便房窈窕身后谋。
若教禅授法尧舜,国玺奚待文母投。
反肤高视者谁子,胸藏铦刀暗相拟。
免冠收绶太仓皇,断袖恩深为君死。
君不见将军猿臂力挽强,冯公白首还为郎。
乘珪列爵天所吝,翻使若辈悬青囊。
我闻卫青玉印元朝出,古物斑烂钟鼎匹。
已惊高冢失祁连,尚有丰功传巨笔。
吁嗟此玉何不辰,秽名镂刻垂千春。
桓魋之马申侯璧,一笑迷途纷接迹。

---

① 《水曹清暇录》卷十二:"曩年客邗沟,曾见董贤小玉印,思作一歌。适被催租人败兴。顷从鱼门(程太史晋芳)集中见有此题诗,极博雅,议论纯正。"

忠雅堂诗集

(清·乾隆) 蒋士铨 著
清嘉庆三年（1798）扬州刻本

卷八·京师乐府词十六首

唱档子

作使童男变童女，窄袖弓腰态容与。
暗回青眼柳窥人，活现红妆花解语。
憨来低唱《想夫怜》，怨去微歌奈何许。
童心未解梦为云，客恨无端泪成雨。
尊前一曲一魂销，日成眉语师所教。
镫红酒绿声声慢，促柱移弦节节高。
富儿估客逞豪侠，铸银作钱金镂屑。
一歌脱口一缠头，买笑买嗔争狎亵。
夜阑卸妆收眼波，明朝酒客谁金多？
孩提羞恶已无有，父兄贪忍终如何！
君不见莺喉一变蛾眉蹙，斜抱琵琶定场屋。
不然去作执鞭人，车前自理当年曲。

戏旦

朝为俳优暮狎客，行酒镫筵逗颜色。
士夫嗜好诚未知，风气妖邪此为极。
古之嬖幸今主宾，风流相尚如情亲。
人前狎昵千万状，一客自持众客嗔。
酒阑客散壶签促，笑伴官人花底宿。
谁家称贷买珠衫，几处迷留傫金屋？
蛞蜣转丸含异香，燕莺蜂蝶争轻狂。
金夫作俑愧形秽，儒雅效尤惭色庄。
靦然相对生欢喜，江河日下将奚止？
不道衣冠乐贵游，官妓居然是男子。

戏园

三面起楼下覆廊，广庭十丈台中央。
鱼鳞作瓦蔽日光，长筵界画分畛疆。
童仆虎踞豫守席，主客鱼贯来观场。
充楼塞院簪履集，送珍行酒佣保忙。
衣冠纷纭付典守，酒胡编记皆有章。
砧刀过处雨毛血，酒肉臭时连士商。
台中奏伎出优孟，座上击楪催壶觞。
淫哇一歌众耳侧，狎昵杂陈群目张。
雷同交口赞叹起，解衣侧弁号呶将。
曲终人散日过午，别求市肆一饭充饥肠。
我闻示奢以俭有古训，惰游侈逸不可无堤防。
近来茗饮之居亦复贮杂戏，遂令家无担石且去寻旗枪。
百日之蜡一日泽，歌咏劳苦岁有常。
有司张弛之道宜以古为法，毋令一国之人皆若狂。

忠雅堂词集

（清·乾隆）蒋士铨著
清嘉庆三年（1798）扬州刻本

（一）卷下南北曲附·题《钿郎花阴抚笛图》为梦楼太守作①

【香遍满】柳绵初定，白玉阑干几折横，倚着个人儿花现影，是秦青。红牙板暂停，乌阑谱乍成，不语把东风凭。

【懒画眉】霜筠尺半捻来轻，纤指偷藏七点星，移宫换羽太聪明。他生来占就香为姓，还爱把紫玉钗儿做小名。

【二犯梧桐树】能歌绛树声，怕比樱桃郑。随侍仙官，把法曲商量定。做一个芸窗辟蠹熏衣鼎，做一个雪案司书照字萤。为甚么些时画里人孤另？敢立尽花阴，把探花郎等。

【浣纱溪】栏偎镜，柳蘸萍，好风怀年光乍经。是滇南万里官衙静，是湖上三更月榭清。心暗省，待将马淑风流问李卿，柳宗元真个多情。

① 梦楼太守指时人王文治，钿郎为其家优。

【刘泼帽】唤丹青添上个官人情,教你画儿中减字偷声。若得嫩芭蕉,几滴雨同听,便和你剪红镫,重谱个《相思令》。

【秋夜月】风送迎,一字字调和正。似朝元散序依墙听,似龟兹入破当筵胜。把花魂吹醒,把花心吹定。

【东瓯令】莺低啭,龙怒鸣,一缕情丝去又停。非花非雾将人凝,在玉指中间迸。须臾裂竹两三声,林际数峰青。

【金莲子】谁似卿?漫说那紫云婀娜杨枝倩,合让这男贞似女贞。辛苦他种花人,却朝为颖士暮康成。

【尾声】浸雕檐月影移花影,怕有个玉堂人愁听过墙声,孤负了这花月阑干不共凭。

(二) 卷下南北曲附·题《陈其年先生填词图》[①]

【粉蝶儿】黯澹冰绡,卷中人一双遗照,尽流传把玩魂销。后视今,今视昔,不胜凭吊。莽风流大抵无聊,写生时已曾知道。

【叫声】当日个低回处倩人描,细瞧、细瞧,看风鬟云鬟袅。待填成绮丽数篇词,便留下风情一幅稿。

【醉春风】乌阑纸,漫铺开;锦地衣,平展著。玉人此处教吹箫,到如今可也老老。莽添来白发萧条,厮赶上红颜悴憔,都并入丹青枯槁。

【迎仙客】千金字,五色豪,细认诗人陈检讨。比东坡对琴操,月夜花朝,消受风光饱。

【红绣鞋】把笔处掀髯微笑,构思时吟鬓斜搔,移宫换羽自推敲。歌来仙吏校,传去解人钞。付卿卿共评度。

【普天乐】想当初复璧赵岐藏,别舍程婴保。亡命在书城笔阵,锦雉如皋。廿年家埋头伴蠹鱼,一旦的曳履游蓬岛,中间吴市学吹箫。携著个小云郎,天涯流落,不多时燕子归巢。又引出新诗助美,多谢梅梢。

【石榴花】玉堂偎傍可儿娇,不但郑樱桃。把酸寒风味变清豪。婵娟同坐了,双颊红潮,一声声低和迦陵鸟。酒醒来何处今宵?助风魔狂煞诸诗老。问髯翁,艳福怎能消?

【剔银镫】片时石光火摇,多时粉黛容凋。转瞬间诗翁题品诗翁吊,捧琅函仗后人守护坚牢。一任把香篆烧酒盏浇,可还有低拍红牙按《绿幺》?

【苏武持节】一样古人才调,甚富贵难相较?浑不是、写麟台容貌,画凌烟脸脑。烛三条,冰一条,谁家史席红妆绕,甚处经帷女乐飘?愁鬓刁骚,半生来《送穷文》十易稿。

[①] 此曲是蒋士铨为《填词图》的收藏者陈其年之侄孙陈淮所题。

【红衫儿】生逐莺花老,死凭风月吊。魂枉劳,梦枉劳,幻泡从何找?愁也抛,恨也抛,一代才华过了!

【煞尾】画图魂难将前辈招,史书堆且睡书呆觉。可怜他冷风烟,埋灭尽诗人照。丁属你个太守①收藏,莫令这幻影儿都亡了。

两当轩集

（清·乾隆）黄景仁著
上海古籍出版社 1983 年版

（一）卷第十九·风流子·怀钱三梦云滁州

去年当此日,秋城内,传语秀才康。却南巷逢君,短衣绔袴;西泠载我,素舸轻装。相将去,登山倾一恸,入市倒千觞。词客生平,大都萧瑟;酒徒散后,两地颠狂。 环滁皆山色,朝朝画阁,掩映新妆。可念旧时游伴,添鬓苍苍。记鄂舟雨夜,同眠绣被;彭城佛寺,相赠槟榔。莫话十年前事,倍惹凄凉。

（二）卷第二十二·褚五郎行

廿条银烛高崔巍,筵前羯鼓纷喧阗。
主人爱客客满座,相逢四海倾瑶杯。
上座听歌气如虎,有客停杯惨无语。
往事杨枝裛绿烟,故家燕子愁红雨。
褚郎十五记将迎,袴褶妆成锁骨轻。
故缓红牙偷入破,惯抛珠泪得人情。
徘徊舞榭兼歌榭,飘泊山城更水城。
逢渠犹记花开夕,谢家子弟争移席。
一啭轻喉发曼声,吴侬相顾皆无色。
前辈风流酒作池,后堂丝管春成国。
脱帽翻尊夺锦茵,就中狂杀江南客。
江南一别又经年,西风吹梦寻无迹。
顾曲周郎鬓渐星,多愁白傅衫常湿。

---

① 指陈淮。

崔九堂前有旧人，奉诚园内无新识。
　　三千里外楚王台，蓦地重逢醉眼开。
　　惊定相看翻似梦，关山知否得曾来？
　　此际歌场正嘹唳，晴丝作阵空中飔。
　　钿合方看订再生（时演《长生殿》），
　　《霓裳》已见归天上。
　　背人脉脉送横波，似曾相识惊无恙。
　　舞罢更妆向画筵，尊前细诉飘零状。
　　问讯同游几辈存，羊昙华屋增悲怆。
　　感时怀旧更长吁，我亦风尘无事无。
　　肯把鼙婆通贵戚，不堪铁笛老江湖。
　　褚生饮汝一杯酒，酒尽犹能进歌否？
　　人世悲欢转眼非，青衫失路嗟何有？
　　落魄空沾淮海尘，相思为怨金城柳。
　　莫作《伊凉》变征歌，酒阑萧瑟断肠多。
　　他年此会知何日？月落乌啼奈尔何！

延芬室集

（清·乾隆）永忠著
上海古籍出版社 1990 年影印本①

（一）乾隆三十四年己丑稿·幻翁宅即席戏赠歌郎②

　　两颊如花唇抹丹，春星俊眼好波澜。
　　暗香仿佛来檀口，不负佳名是馥官。
　　　　　　　　　　　　馥官

　　敛眉侧立不胜情，唱到多情顾盼精。
　　何必将心思小月，此儿真个大憨生。

---

① 据著者稿本等影印。
② 亦名《幻翁宅听南曲戏各有赠》。

升官

一串珠喉字字安,玉箫吹彻韵姗姗。
牡丹亭里加装束,便是风流胡判官。

昭龄

(二)乾隆三十四年己丑稿·多丽·幻翁宅作

月娟娟,一杯春露留仙。最堪怜,人儿娇小,才过二六华年。倚参差,斜吹玉笛映联翩。缓拨冰弦,飞絮成团。落花堆雪,柔丝一缕与情连。展歌喉,雏莺声巧,玉润更珠圆。银烛下,眼波抹媚,眉黛横鲜。　莫相忆故乡风景,此中仅可盘桓。得贤主惜花同命,是知音爱亦如莲。绣幕围红,琐窗叠翠,真成金屋贮婵娟。谢老人多情风雅,暂许到身边。谁想到天台误入,有此奇缘。

(三)乾隆三十四年己丑稿·解语花·幻翁宅听歌作

沉烟乍散,灯影才红,户外春寒浅。东风如剪,看名花一一吹香送暖。芳情静婉,细领略红娇翠软。见犹怜,个侬憨立,不似蕉心展。　笑靥频开,桃脸问何缘。错爱客中贫俭,横波羞转。低声道,案上钟鸣八点。歌重衍,小意儿假真难辨。恨今宵两地回肠,薄幸讥何免。

(四)乾隆三十五年庚寅稿·赠幻翁家佩香小史陈瑶卿

花非花,色非色,异样柔情争解得。
芳年十五小腰身,一笑亦足倾人国。
吴头楚尾别儿家,北上轻帆五两斜。
深入侯门供小部,新声肯让《后庭花》。
主人多艺复多情,爱写湘兰不著名。
十日学来能把笔,疏花淡叶署瑶卿。
不嫌墨污柔荑手,又拍红牙和凤笙。
主人爱客情偏切,后堂屡醉评花月。
一枝琼树出东厢,两点春星映晴雪。
欲进不进身迟回,若远若近烦疑猜。
道人已是无情物,转使心花为汝开。

(五)乾隆三十五年庚寅稿·殢人娇·题画梅赠幻翁家歌儿

月下香繁,风前雪皎,乍相逢已堪倾倒。一枝疏影,天然轻巧,晓清清把笔重临腹稿。 熟处难忘，前缘未了，只好向梦中寻讨。春信先传，花颜易老，祝东君莫待青梅娇小。

（六）乾隆三十五年庚寅稿·浣溪沙·戏赠□□□

酒间一别五年余，忽地相逢怨会疏。临风握手快何如。 濯濯当年春月柳，依依此日褪红蕖。笑持便面殢人书。

天街马滑要同车，腻意萦人醉眼斜。好风双送到他家。 棐几候茶闲展画，素笺乘酒乱涂鸦。那能下笔走龙蛇。

瓯北诗钞

（清·乾隆—嘉庆）赵翼著
民国二十四年（1935）商务印书馆
上海铅印《万有文库》本

（一）七言古二·李郎曲①

李郎昔在长安见，高馆张灯文酒燕。
乌云斜绾出场来，满堂动色惊绝艳。
得郎一盼眼波留，千人万人共生羡。
人方爱看郎颜红，郎亦看人广座中。
一个状元犹未遇（秋帆时为舍人），
被郎瞥睹识英雄。
每当舞散歌阑后，来伴书帏琢句工。
毕卓瓮头扶醉起，鄂君被底把香烘。
但申啮臂盟言切，并解缠头旅食供。
明年对策金门射，果然榜发魁天下。
从此鸡鸣内助功，不属中闺属外舍。
五花官诰合移封，郎不言劳转谦谢。
专恩肯作郑樱桃，尽许后房多粉靥。
状元官贵拥高牙，匹马相从万里赊。

---

① 写毕沅与李桂官之事。

为听甘凉边曲好（相从皋兰官舍），
当筵改学拨琵琶。
主人酬赠千金橐，幸客庄严七宝车。
送上云程心事了，忽伤老大苦思家。
思家泣与东君别，归到姑苏百花宅。
旧时同伴见资多，谁不咨嗟眼光赤。
岂知游兴犹未已，尽倒囊金买瑶碧。
捆载巾箱过岭来，
昔是玉人今玉客（时贩玉玩至粤）。
谒侬恰趁放衙早，不觉相迎屣为倒。
通词曾记托微波，欲即仍离郎太狡。
往日挑琴未目成，今朝拥楫偏人老。
西子重逢范大夫，非复当时浣纱好。
成阴树已感司勋，轹釜声兼记邱嫂。
回忆华年澹泊遭，褊衷那禁私相恼。
生平不吃懒残残，偏是人间禁脔难。
初日杲莲虽已褪，晚风绪柳尚堪攀。
樽前软语聊调笑，李下何妨一整冠。

（二）七言古四·万安桥畔有夏将军庙，即传奇所称入海投文之醉隶夏得海也，事见《明史·蔡锡传》中，戏书其事于壁[1]

堂上方呼下得海，小吏应声某斯在。
遂令赍檄赴海投，官已签名不可改。
归来先学鲸吸川，一口直欲干渤澥。
黑风任堕毒龙国，白浪何须水犀铠。
正潮来处企脚眠，跷出刘唐尺八腿。
是人非人鬼非鬼，巡洋夜叉见而骇。
急白鳞堂广利王，有个糟豚可作醢。
岂知明神助利涉，特作报章答守宰。
乘酒而出得醋还，酉月廿一址堪垒。
遂成鼍梁亘万丈，雄跨鲛浦屹千载。

---

[1] 写夏得海事，参见《野叟曝言》（一）。

蔡公祠旁严像设，易换头衔发光彩。
生为贱隶死将军，香火至今云叆叇。
始知从古成名人，总出痴呆气不馁。

（三）七言古五·计五官歌

紫稼歌残蓟苑霜（吴梅村集有《王郎曲》，郎名紫稼），百年曲部黯无光。
天公怕断烟花种，又出人间计五郎。
计五生来好姿首，家近虞山黄子久。
竟体香分景涤兰，纤腰软入灵和柳。
天风吹落到扬州，一日声名不胫走。
冠盖西园夜赏花，笙歌北里朝酣酒。
偶然斜睇眼波横，勾尽满堂魂不守。
座中耆宿也发狂，帘内婵娟自嫌丑。
无人不爱郑樱桃，只是有心难出口。
扬州乐府聚风华，陈宝（陈大宝）
秦坑（郝金官有坑人之称）人共夸。
绝调能翻《金缕曲》，丰容雅称玉钩斜。
小垂手博缠头锦，初上头添系臂纱。
计郎一出争相恼，敛避都甘作房老。
尹邢岂但怕相逢，元白已皆惭压倒。
若非占得十分妍，妒口如何亦称好。
乃知一样眉目清，天独为他陶铸巧。
我来作客十余年，看尽梨园舞袖翩。
太息选仙空彩格，老来方遇鄂君船。
鬓丝禅榻茶烟飏，肠断春风拥楫怜。

赵翼诗编年全集

（清·乾隆—嘉庆）赵翼著
天津古籍出版社 1996 年版

（一）卷三十·坑死人歌为郝郎作①

孔雀东南飞，共爱毛羽好。
其雌但涂氉，五采必雄鸟。
乃知男色佳，本胜女色姣。
扬州曲部魁江南，郝郎更赛古何戡。
出水杲莲初日映，临风绪柳淡烟含。
广场一出光四射，歌喉未启人先憨。
铜山倾颓玉山倒，春魂销尽酒行三。
遂令天下父母心，不重生女重生男。
以是得佳号，"坑死人"满城噪。
胭脂阵上倒马关，花月场中陷虎窖。
坑纵不死死亦拼，深阱当前甘自蹈。
古来掘地作堑坑，或杀腐儒或降兵，
不谓烟花有长平！
以此类推之，妙悟触绪生。
宋坑可作宋朝谥，秦坑应换秦宫名。
老夫老来怕把坑字说，况闻美男能破舌。
兢兢若将坠诸渊，惴惴惟恐临其穴。
岂知一见也低迷，不许广平心似铁。
目成几忘坎窖凶，有人从旁笑此翁。
驱而纳之莫知避，教书人未读《中庸》。

（二）卷四十三·石女歌为翁悟情作，兼柬佩香②

化工炉鞴谁能识？一样胚胎挢活脱。

---

① 歌咏优伶坑死人，参见《扬州画舫录》。
② 歌咏石女翁悟情。

偏有金刚不坏身，幻出婵娟锁子骨。
禁坑空期有路通，台洞偏苦无门入。
可惜修眉曼睩姿，外是玉人中是石。
生小扬州邗水滨，曾随阿姊入朱门。
（其姊为和督妾，因随入京。）
缥缃插架闲供读，纨绮裁衣稳称身。
留取待年娇养惯，销金锅里九年春。
自知不中采葑菲，一片雄心终不已。
既负奇躯要出奇，芙蓉面粉从今洗。
曾闻潘姥称将军（杨大眼妻，见《北史》），
何必木兰让男子？
遂抛巾帼改衣冠，夜习韬钤昼矛矢。
彩裙脱去著绣裆，缠足放开穿革履。
公孙剑器蠕蠕弓，跨马疾驰三百里。
破贼思随娘子军，守城好助夫人垒。
谁知有志竟无成，朱门忽倾阿姊死。
南还故里已无家，踪迹飘零似落花。
已作健儿缚裤褶，肯同商妇抱琵琶？
只有空门堪送老，拟飯净业诵《楞伽》。
一朝邂逅吟红女，莫逆论交水投乳。
小姑居处本无郎，正少孟光来赁庑。
画船同载过江来，茗碗筠炉共环堵。
（佩香招与同居京口。）
若论平日粗豪气，也愁变作胭脂虎。
岂知风雅有夙缘，已自好文不好武。
巧思原工织锦机，师资更得修月斧。
闲陪拈韵墨花鲜，兼学画兰风叶舞。
对局围棋午一枰，分灯绣佛宵三鼓。
天上嫦娥暗羡他，广寒无此好侪侣。
从此清凉过一生，不知何物是风情。
遂把俗缘勾一笔，悟情两字换芳名。
我来相遇京江浒，石不能言乃倾吐：
本非望夫所化成，甘此硁硁竟终古。

我闻石亦有点头，未必胚胎尽顽鲁。
譬汝丰肌弱骨身，一旦改妆即伧楚。
试学女娲练石功，凡有缺陷皆堪补。
异时倘应长吉诗，石破天惊逗秋雨。

卷施阁诗

（清·乾隆—嘉庆）洪亮吉著
清乾隆六十年（1795）刻
《洪北江全集》本

（一）卷第三·二月十四日自西安送蒋三知让至临潼……口占送之

马头明日落花片，指点别路愁孙郎。
城南小史翩翩影（谓郭勺药），
别有春人梦难醒。

（二）卷第十一·岁除以酒炙酹亡仆窥园并系以诗

自余为诸生，汝即侍左右。
皖江随学使，姑熟依太守。
两年居白下，一载住京口。
逮擢明经科，相从浙东走。
穷冬遭大故，九死返林薮。
汝也痛哭随，衣穿露跟肘。
经年垩庐内，料理及糟涘。
一仆乘间逃，蓬门汝兼守。
余心感其义，待汝乃不苟。
除丧来日下，百事益纷糅。
春秋两闱试，十上九颠踣。
屈指十五年，所值苦不偶。
亲知久相弃，汝乃誓不负。
落落十数州，商量觅升斗。
游梁才匝岁，客陕时最久。
中谋金半百，为汝归娶妇。

南下不半年，长饥妇先诟。
跟跄复追及，讦室有病母。
汝才工料事，兼复习科蚪。
每写百幅书，人疑出余手。
余交遍区宇，能一数某某。
孙黄暨崔赵，识我交最厚。
不来同我忆，来即具尊酒。
各能谙食性，默为理菘韭。
武昌城郭外，客岁历申酉。
地也南北冲，村墟杂花柳。
平生汝颇谨，苦被僚仆诱。
到此亦有由，都缘妇奇丑。
妄心希外遇，或可副箕帚。
放艇夜渡江，时时逐鸡狗。
衙推频乘隙，间值墨尿殴。
有时方纵笑，遭我出行陡。
厉色一禁之，鞭笞愿甘受。
扶疴方就道，风雪复连喽。
余来幸通籍，解汝颜色愀。
遣归迎眷属，兼为觅粮糗。
汝时虽已病，闻语尚抖擞。
今年附舟至，面色益昏黝。
殷勤觅医药，病早医乃后。
短至节气长，时时伏床呕。
屏除诸食品，日仅啖菱藕。
沉疴由自取，将死乃一剖。
弥留三两日，作札呼汝舅。
瞠目不得言，头从枕边叩。
卅年为一世，谁识汝不寿？
汝行虽厮仆，汝义实兼友。
汝不善摄生，吾行又谁咎。
急为驰恶耗，书至月已九。
汝母哭定痴，汝父颜亦叟。

> 伶仃遗弱女，学语未离彀。
> 一棺虽草草，必为枕邱首。
> 除夕醑一杯，伤心汝知否？

（三）卷第十五·岁莫怀人二十四首·孙比部星衍①

> 郭芍药诗成本事，郑樱桃室作安居。
> 奇寒可忆茅山夜，两客同驱一蹇驴。

（四）卷第十七·常德胡同年文铨招饮郡斋赋赠

> 十年前事重徘徊，曾醉梁王百尺台。
> 未觉壮怀输少日，不妨闲里斗深杯。
> 扫除砚北横经席，料理城东小史来。
> 清兴到今仍未减，春风先为拆疏梅。

（五）卷第十六·思州并寄姜兵备开阳甘肃 写及同性恋。

卷施阁文

（清·乾隆—嘉庆）洪亮吉著
清乾隆六十年（1795）刻
《洪北江全集》本

乙集卷六·《芍药本事诗》序

  《芍药本事诗》者，吾友蒋大令玉予及孙君季逑②忆旧之所作也。探春北墅，言歌郑国之风。修禊曲江，遂值郭虞之袚。莺娇待至，马细驮来。盖螯屋郭郎名喜者，二君所眷也。看花客倦，回面而引襟裾。听鸟歌阑，抗喉而申宫羽。于是蒋君举《灵飞经》有仙人郭芍药者告坐客曰："是亦一芍药也。"固知多年入道，难忘绮丽之名。一日同舟，雅有神仙之望。然而新蕖之生下泽，已厌淤泥。灵鹤之出空庭，不工颒仰。矫矫乎有拔俗之心焉。故振其孤花，方移姿夫露槛。而挺兹弱植，忽高举乎风埃。春燕正浓，玉人告去。蒋君举觞而思良会，写影而绍余欢。此则阳春屡咏，初移齐右之风。而夏五遂书，已应郭亡之谶者矣。无何远递鱼笺，寄定情之金钏。误传鹊语，迎别馆之琼枝。盖桃思

---

① 参见《乡园忆旧》（二）。
② 孙星衍，字季逑。

代李，虽怜根叶之同。而燕不逢鸿，如学尹邢之避。时值河东曲部，籍甚关中。新声围羊侃之筵，妙舞乱周郎之顾。翩有丽人，忽焉倾坐。召而问焉，尤可异者。东郭西郭，隔河水而同源。南枝北枝，待春风而欲合。拈珠纪岁，既已齐龄。映玉争妍，尤堪并蒂。孙君于是撰将离之谱，昔梦方殷，欣如愿之逢亚枝。更续蒲州郭郎名双者，并枝芍药图所复作也。预斯集者，咸美而赋诗。穷窈窕含睇之情，极旖旎从风之致。予授简之下，又有感焉。昔春卿开径，羊仲频来。子荆赋诗，马公首和。款淳于之燕，烛幸高烧。赠小史之篇，笺曾屡易。筵长未接，先知越客之心。袖冷思温，已进襄成之手。未尝不叹其同饶慧业，共厥仙源。一则泠泠善语，垫巾余名士之风。一则宛宛依人，挥麈有清流之习。虽子元之注《蒙叟篇》，终而竟窃马蹄。文举之依茂宏会，始而犹披鹿褐。标举所在，有不同矣。离合之致，洵可言与？夫今夕何夕，星明照邂逅之期。新人故人，道远致殷勤之问。可知赏真者不嫌乎兼美，情挚者靡遗乎自昔也。爰不辞而为之序。

更生斋诗余

（清·乾隆—嘉庆）洪亮吉撰
清嘉庆七年（1802）刻
《洪北江全集》本

卷二·金缕曲

童窥园从予八年矣，体弱善病。今年予秋试被落，忽尔辞去。

念事伤离，不能无作，命沽酒歌此调以送之

衣薄还如纸，最凄凉前宵瑁璨，今宵送尔。八载追随无别事，伤病伤离伤死。总误尔，朝饥饮水。苦访虫鱼摩篆籀，但论才尔便成佳士。休更作朱门使。　无家我共僧居寺。只萧萧，寒云丙舍，尚堪南指。入梦总从吾父母，醒处怕逢妻子。况薄命久无人齿。明日出门谁念我？就飘蓬断梗商行止。尔去矣，泪流驶。

前调·重九日陶然亭作

车马长安道，有谁怜中秋雨暗，重阳花少。尺五闲亭三径柳，亭径尚余秋草。更难得，红尘似扫。半舫斜阳新月影，借团蒲稳梦仙人岛。算怀抱此时好。　玉山莫向垆前倒。只空囊，俸钱难假，酒钱输了。门外钟声催客去，衣上薄寒清峭。料理是铺糟代饱。无数楼台凝醉眼，讶篱头果大星辰小。归尚有，未栖鸟。

前调·童得前词泣不忍去，复成此阕

暗里惊闻泣，一声声无端惹我，青衫又湿。多病经旬谁得似，欲共候虫秋蛰。尔似

燕，旧巢还入。典尽衣裘频拥絮，更同扶瘦影当风立。浑不怕霜华袭。　八年侍我肩差及。笑囊空，新诗屡付，佣钱未给。费尔一杯村落酒，为我解除狂习。说月好今宵初十。楼上三更云气净，看星辰如豆天如笠。吟正远，催归急。

天真阁集

（清·乾隆—嘉庆）孙原湘著
清嘉庆道光间刻本

（一）卷五·吴趋吟十首·名优伶

　　生不识布与粟，膏粱文绣金珠玉。
　　生不识耕与犊，樗蒲腽脖丝竹肉。
　　雏喉宛转学出声，娇若处女清如莺。
　　登场结束备妖态，春风一日驰歌名。
　　五陵年少夸游冶，争愿结交致门下。
　　春花秋月赏宴同，入则连床出连马。
　　堂堂使者持节来，高牙大纛城门开。
　　太守除道迎中丞，晋谒局促不自宁。
　　百官肃告退，使者坐郁鮞。
　　俳儿优子各以杂剧进，独见此子大欢悦。
　　传呼饬中厨，咄嗟办果酒。
　　引吭发新声，按拍妍素手。
　　此曲京师未曾有，吾愿得子以为友。
　　明朝饬县令，为制紫貂裘。
　　赐以款段马，绿袴真珠鞲。
　　出门导从满街路，马前行人争却步。
　　故人相遇金阊门，挥鞭掉头不肯顾。

（二）卷十一·牂牁悼玉歌

　　和蒋侯励宣作也。侯令元和，爱徐郎名玉者，出入必偕。奉使滇南，携至牂牁郡，以不习水土死。侯哀思不置，为作是歌，属好事者和之。

　　春花不落日以槁，美人不死日以老。

　　　　与为爱弛弥子瑕，宁为看杀卫叔宝。
　　　　徐郎玉貌复玉名，璠玙声价轻连城。
　　　　蒋侯抱之若拱璧，不羡弄玉兼飞琼。
　　　　一朝堕地玉光碎，相如失色下和泪。
　　　　不合携花徼外来，可怜人命琉璃脆。
　　　　万里牂牁水呜咽，青天玉化苍烟灭。
　　　　一曲哀弦唱未终，两鬓萧骚白如雪。
　　　　我道郎真了死生，早拚埋玉博深情。
　　　　他时玉貌鬒鬒有，未必如斯切念卿。

（三）卷十四·下第后戏赠霍郎小玉

　　　　尹邢终究孰娉婷，评点妍媸带泪听。
　　　　同受人间颠倒杀，下场举子上场伶。

　　　　遏云清响绕空梁，燕雀无声坐满堂。
　　　　唱杀碧云天一曲，北人都不爱《西厢》。

　　　　双鬟颓云两眼星，长亭哀怨唱旗亭。
　　　　明朝我亦登车去，如此凄声不忍听。

　　　　如雪如花日炙消，劝郎归趁大江潮。
　　　　如何苦恋黄衫客，日看杀咤气色骄。

　　　　一斛珍珠百绮罗，泥郎行酒索郎歌。
　　　　郎心莫似钗裙软，世上相逢李益多。

　　　　爱郎心似爱才心，未必郎知我意深。
　　　　清夜忽然双泪落，平生我亦负知音。

（四）卷十七·戏题瞿菊亭孝廉颉《紫云回》乐府

　　　　扑朔迷离久乱真，还他本色转醺新。
　　　　特为菊部开生面，却遣梨园自见身。
　　　　叔宝羊车香入市，鄂君翠被暖生春。

怜君脱尽陈窠臼，才有当场动目人。

菊亭自题落卷云："惭无牛鬼蛇神笔，那得当场动目来？"戏用其语。

（五）卷五十·祭张子和观察文

君状短小，精悍有神。
清脩慎欲，寡疾谨身。
娈童崽子，远而勿亲。
云母钟乳，退屏勿陈。

（六）外集卷四·有两美人见小影而相爱者

松欢柏悦总前因，心自相亲迹未亲。
我见犹怜何况汝，卿如欲下定疑神。
湘云湘水原同梦，秋月秋河是比邻。
认得邢家真国色，从来只有尹夫人。

（七）外集卷六·沪城花事绝句

小队羊车窄袖身，银灯照耀玉精神。
张家世有莲花貌，也入花丛斗早春。

张氏子名湘春者，风致绝韵，诸公宴赏必及焉。

小部霓裳舞柘枝，春灯斜映断红姿。
替他小史然眉急，偏是英雄李药师。

庆升部小伶崔松味，庄观察所赏。演灯剧火然其眉，公为之疾呼。

（八）卷二·家渊如茂才星衍《双芍药图》，用兰韵轩主人韵 参见《卷施阁文》。

（九）卷三·遣童 写亲近的主仆关系。

（十）卷三十·今昔辞 写京城名优陈银、王桂之事，参见《梦厂杂著》（一）、（二），并感叹浙伶周喜庆的生不遇时，名声不显。

（十一）卷三十·今昔赘辞 赞赏喜庆性格特傲，不侑酒觞。

海门诗选

(清·乾隆—嘉庆）李符清著
清嘉庆十一年（1806）吴门刻本

（一）卷一·植棠院海棠（并序）①

　　院内海棠一株，为余前宰鹿城时手植，五年未著花，今春盛开，而树已寻丈。不胜江陵人木之感，因成四绝句。中及海棠图，殆有所触也。

前度刘郎手自栽，五年邀勒待重来。
卷帘相对还相识，故遣枝头烂漫开。

轻红一抹睡痕新，细雨冥冥小院春。
记得长安三月半，粉坊夜醉月如银。

西蜀名花尚有图，图中花与此花殊。
花前试向图中问，能似当年解语无？

一枝高出院墙南，刮目看时酒共酣。
转似金城堤畔柳，树犹如此我何堪。

（二）卷一·忆海棠

黄金声价重当时，绝代风流绝代姿。
描得花神题小卷，都人齐唱海棠词。

歌管飘零散艳妆，旗亭人去酒樽凉。
如何晚向空阶立，不是秋风亦断肠。

一帘花月暎云屏，楼畔全非昨夜星。
休唱当年供奉曲，最难听是《雨淋铃》。

---

① 参见《秋坪新语》（二）。

浣花何处访荒溪，剩有黄鹂自在啼。

蜡泪蚕丝情未了，摊笺研墨写无题。

惜抱轩诗文集

（清·乾隆—嘉庆）姚鼐著
上海古籍出版社 1992 年版

诗集卷二·董贤银印歌（为严东有作）

渭南城郭都非故，南对南山止陵墓。

书生嗜古宝残余，亡却兴悲启幽户。

小篆镂银印纸红，土花新洗到关东。

回头秦岭伤心碧，袖里金貂汉侍中。

烟霞万古楼文集

（清·嘉庆）王昙撰
中华书局 1985 年影印
《丛书集成初编》本①

卷一·汉高安侯董贤庙碑②

读《汉书》至董偃令终，邓通强死，未尝不废书叹也。醋痈小忌，乃积怒于青宫。含桃余甘，不操刀于太子者，岂无术哉！予登华山，遍游秦中，求唐陵碑版。至杜鄠，见有汉高安侯董贤庙焉。堧垣聿兴，榱桷胼饰。曰：异哉！此道州有鼻之祠，常山董卓之庙乎？曹操庙于夷陵，而申屠撤之。王敦像于武昌，而温峤去之。此无怪秦桧之血食于温，吴元济之俎豆于蔡也。遂下马，见堂庑树碑，大书以辨哀帝卧起之妄。其文甚美，因揖神而告曰：

呜乎圣卿，君侯奚见辨之小也。君臣鱼水，何鳃鳃于卧起不卧起哉。昔马援与隗嚣同卧，鲁肃与孙权同榻。关、张国士也，于先主同床。卫、霍大将也，而茂陵外嬖。为大臣者感幸臣一星之恩，割袖藉眠之爱。内平四母之争，外攘五侯之横。撤帘而太后入

---

① 据民国二十四年（1935）商务印书馆上海铅印《丛书集成初编》本影印。

② 参见《子不语》（二）。

于云台，徒薪而将军止于画室。一河带砺，九庙磐桑。虽首枕帝膝，股加帝腹，良史美谈也。而彪、固不为君侯佳传者，以侯有大司马之权，不早除一王莽尔。莽不夺侯之印，则新都之功不侯。莽不斫侯之棺，则丁、傅之尸不戮。是君侯假司马，而新莽真皇帝也。侯自谓居高位，蒙盛宠，不害一士大夫，诚盛德也，然某窃为侯罪也。侯不请斩马尚方之剑杀张禹，乞养牛上尊之酒杀孔光。牦缨白冠，槊水而赐巨君，而侯公宾渐台，汉不得厝太山之安矣。谓侯无罪，某请以有罪数侯可乎？汉郎侍中官，皆傅粉贝带冠鵕鸃。而侯传漏黄门，不奢领修裙，衣小袖。不敬，其罪一。延年始幸，仅给事狗监新声协律。而圣卿初拜，即驸马都尉侍中骖乘。不让，其罪二。稆侯以弄儿壮大，拥项而诛之。而董恭以男妾国𦿉，尻带而贵之。不孝，其罪三。淳于乱长定宫，不谨身与嬿外交。而昭仪入椒风舍，且旦夕与妻上下。不别，其罪四。邓氏布天下钱，死不着身一簪。而县官没董氏财，卖且四十亿万。不忠，其罪五。韩嫣徒以先趋副车，江都王惊为天子。而高安乃以后穿登天，麒麟殿传为尧舜。不道，其罪六。富平仪比将军，不过走马斗鸡长杨五柞。而高安食邑千户，遂致五殿六门连甍北阙。不制，其罪七。宠已在丁、傅之右，而代明位为大司马。事已误东平之狱，而借云祸为高安侯。不次，其罪八。识温室省中之树，丞相拜于车前。欺匈奴孤愤之君，单于拜于殿上。不耻，其罪九。至于便房题凑，茔冢僭于义陵。玉柙珠襦，禁兵索于武库。不反地上反地下也，其罪十。如是诸罪，为君侯口实也。虽然，某数侯之善。昔卫青不举士，而君侯实荐何武。石显害名贤，而君侯不仇师丹。王嘉呕血，侯无杀望之之心。郑崇上书，侯亦无沉废更生之意。大行在殡，张放之泪不干。山陵未成，向魋之目尽肿。王莽神奸，而仅责尚方医药之弗亲，东厢丧事之不治。则可知籍、闳婉媚，别无材能。安陵蓐身，但知蝼蚁。侯之无罪，万岁千秋也。夫凤凰负义，则反苻帝于阿房矣。艾豭忘恩，则逐灵公于死鸟矣。使侯当日者，承执中受命之诏。不屑共鲧，居然羿奡。释子贡妇人之衣，成妹喜丈夫之志。以雌风而竟薰重华之宫，以男子而竟作女娲之帝。借炎汉之金椎，碎亡新之威斗。铜山久已自铸，黄袍早可加身。则斩蛇之天下，安知不为扰龙氏之天下也。呜呼！光武与严光共寝，谁见星文。邓万与桓帝同床，何干天变。君臣之交，何鳃鳃于卧起不卧起哉。飞来大鸟，谁似埋尸朱诩之忠。死后前鱼，宜必有欢兜崇州之庙。

附录袁弓韬董贤庙碑原文（此碑已载毕弇山①制府所修《西安府志》第七十九卷）：

钱唐袁弓韬，以西安郡丞奉檄祷雨于终南之太乙灵湫。经杜鄠，有神祠焉，神金貌华衮，如汉上公服。问土人，曰府君庙也。弓韬时修太白神祠，意欲移其垣栋。是夕宿侯馆，梦神召见曰："余非唐崔府君，乃汉大司马高安侯董圣卿也。哀帝末造，为贼臣王莽所害。天帝谓予在朝虽居高位，蒙盛宠，未尝害一士大夫。不合裸尸埋狱，且遭发棺

---

① 毕沅，号弇山。

之惨。命予署西极郎位，专司此方雨旸。"弓韬见神妍媚，因忆贤本传有"美丽自喜"之语，谛视不止。神有赧色，旋转怒曰："汝毋为班固所欺也。固作《哀帝纪》，谓帝雅不好声色。时览卞射武戏，即位痿痹，末年浸剧。贤本传中，亦有主疾无嗣之语。如此，安能复幸我邪？当日君臣相得，与上同卧起。事实有之，此是汉家故事。孝武时，卫青、霍去病两大将亦蒙此宠，可以安陵、龙阳例视邪？容貌华丽，天所赋也，非貌美者必僻行。且幸臣一星，上应天象。此我二千年难明之案，子为我昭雪之。"言未毕，有鬼卒二牵一囚，声嘶头秃，捧一卷书至墀下。神指曰："此莽贼也。上帝以其罪恶滔天，监置寒门为毒蛇啮嚼。今始赦出，为我司溷圊。犯小过，辄以毒草鞭鞭之。"弓韬因问囚手何书，神笑曰："此贼酷好《周礼》，至今抱持。每受鞭，尚以护背。"弓韬就视，果《周礼》，犹有"臣刘歆恭校"字。不觉失笑而寤。次日祷毕，议新其庙，复梦神谢曰："蒙君修庙，甚感，但思一人配食。吏朱诩者，曾为我自劾，去大司马府收葬我。我诉于帝，帝嘉诩义，命子浮为光武大司马云。"弓韬归西安，捐俸为倡。数月庙成，旁塑朱诩像，并塑一囚，为莽持书跪阶下，如梦见状。署门为汉大司马高安侯董府君之庙。而刊之石。

赏雨茅屋诗集

（清·嘉庆）曾燠著
清嘉庆间刻本

卷之十二·绿郎曲

广州女子年及笄，多有犯绿郎以死者。以师巫茅山法治之，多不效。盖由嫁失其时，情欲所感，致为鬼神侵侮。

谁家小姑方独处，玳瑁为梁绮为户。
庭中红紫逐年春，满眼芳华心自苦。
心徒自苦无人知，脉脉幽愁当语谁。
惨绿少年如有期，依依可爱春柳姿。
前导朱麟后斑貔，左倚采旄右桂旗。
来如飘风入罗帏，去如流云向天涯。
家人何必相惊疑，箫史等辈多如斯。
斯时依活为谁施，化为孔雀东南飞，
寄语金兰诸姊妹，平生意气当同归。

广州女子多有结金兰会，誓同日嫁一夫者。

粤游吟

（清·嘉庆）陈本直著
清同治十二年（1873）广州刻本

赠歌伶

蹁跹宛现掌中身，一串珠含别样春。
唱出王郎新乐府，双鬟未是可怜人。

半欹花帽蹴蛮靴，酒上桃腮晕浅涡。
侬是江南未归客，鹧鸪虽好不须歌。

雪鸿轩尺牍

（清·嘉庆—道光）龚萼著[①]
湖南文艺出版社 1987 年版

第九类·一一九 答友

仆在直[②]几三十年矣！一贫如故，十口难归。如果平日华美彰身，肥甘适口，高门大厦，骏马轻裘，或纵酒，或呼卢，或昵童，或挟妓，此皆自处于穷，夫复何憾；而一身迁谨，俭约自守，羊裘蔽体，徒步当车，不饮酒，不杀牲，征歌选舞之场，富室贵游之地，足迹不一至也。此足下之所目见而耳闻之者。

[①] 著者曾长期做幕客。
[②] 直隶，今河北。

春草堂集

(清·道光) 谢堃著
清道光间刻本

卷二·李玉郎歌（并序）

　　李玉郎者，安徽怀宁人也，以色艺随桐城方君之任山左。余耳玉郎名久矣，今年秋来依上公，玉郎先在府第，盖方君与伯瀚储公秦晋也。特遣侍之，余得瞻其容色。虽不及府第诸伶，然近日亦罕见者。不无叹赏，储公命赋长句，并纪其颠末云。

江南江北樱桃花，含风向晓枝枝斜。
地近龙眠山色好，匀圆万颗红儿家。
儿家旧住龙眠侧，青螺遥映云鬟湿。
长成声价重梨园，我昔相思未相识。
龙眠公子绣衣郎，二十专城宰寿张。
携将麴部龟年裔，来赠琅玡大道王。
上公府第今梁园，鲁国诸生半在门。
扬雄奇字朝题策，张泌新词夜倚声。
扬雄张泌才无匹，堃也叨为座上客。
几番公燕许追陪，不赋长杨赋长篴。
长篴一声万花舞，玉郎笑掷珊瑚树。
舞罢浑疑花片飞，歌停恍似莺声住。
绛烛千条彻夜烧，珍珠乱洒紫檀槽。
停歌罢舞邀相见，果然玉立丰姿艳。
垂手参差玉珮鸣，步摇错杂金钗颤。
金钗玉珮好腰肢，杨柳风回太液池。
屈伸玉指擎杯际，潋滟星眸欲醉时。
此时万楚心将死，此时杜牧狂难已。
能令相如渴疾消，一杯除是天河水。
君不闻辟疆园，云郎姣好颜如仙。
有客有客陈其年，梅花一夜诗百篇。
又不闻小仓山，状元夫人李桂官。

一生知遇毕宫保,跋涉追随万里道。
即今若辈岂无人,愧我才非毕与陈。
拟将宋玉《高唐赋》,写赠云英掌上身。

梦香词

（清）费执御著
扬州古旧书店 1961 年抄
《扬州风土词萃》本

扬州好,银鹿总妖娆。乱撒银钱贪结束,慢随兰笋斗身腰,误认郑樱桃。

凡随舆轿,辄多好面首少年,名曰小妖儿。诗有云:"题诗却笑新乡尉,错把樱桃当美人。"郑樱桃,盖龙阳君也。

扬州竹枝词

（清·康熙—乾隆）董伟业著
扬州古旧书店 1961 年抄
《扬州风土词萃》本

不惜黄金买姣童,口含烟送主人翁。
看他呼吸关情甚,步步相随云雾中。

娇歌连像动人心,流水高山没赏音。
寄语生儿工傅粉,不须古调学弹琴。

小老妈怀抱小官,小朝奉大小爷欢。
扬州时道当群小,戏子灯笼小乱弹。

梵觉僧房寓楚狂,当年灯火记联床。
青童散去黄金尽,何地淹留忘故乡。

续扬州竹枝词

(清·乾隆—嘉庆) 林苏门著
扬州古旧书店 1961 年抄
《扬州风土词萃》本

老昆小旦尽东吴，一色浓妆艳紫朱。
张二官偕陈大保，思春狐狸叫姑姑。

乱弹谁道不邀名，四喜齐称步太平。
每到彩舫宾客满，石牌串法杂秦觳。

世故周旋总是和，逢场作戏近来多。
十番大小男为女，不必三姑与六婆。

邗江竹枝词

(清) 佚名著
扬州古旧书店 1961 年抄
《扬州风土词萃》本

标品跟班气象雄，主人得用不相同。
其中骨病何能识，俱本平时救急功。

走班小旦寔风骚，打扮穿衣媚且娇。
装出百般流动戏，盐台焉得不魂消。

草珠一串①

(清·嘉庆) 得硕亭著
清刻本

(一) 商贾

饭馆俱将雅座添，间间独屋挂湘帘。
人非断袖休来此，博士无言已暗嫌。

(二) 市井

茶园②楼上最消魂，老斗③钱多气象浑。
但得隔帘微献笑，千金难买下场门。

班中昆弋两蹉跎，新到秦腔粉戏多。④
男女传情真恶态，野田草露竟如何？

徽班老板鹜龙阳，傅粉熏香坐客傍。⑤
多少冤家冤到底，为伊争得一身疮。

猛听楼头喝一声，迷离眼色认多情。
夜来说尽温柔趣，岂只兰陵解宿酲。

名班小曲最迷人，一转秋波万象春。
岂止有情腮上笑，绝风流处善能颦。⑥

---

① 本书亦名《京都竹枝词》。
② 演戏之所。——原注。本书所有注解均为原注，下同。
③ 小旦呼悦己者曰老斗。
④ 近时班中多写新到秦腔。
⑤ 甚于当年囤子。
⑥ 如唱至"两泪偷弹"等句，则眼中堕泪，声若断肠，真绝技也。

秦楼赶座不堪夸①,定府庄中数几家。
不及寒暄通姓字,见人声已入琵琶。

一闻沟调②便开颜,无《绣荷包》不算班。
更爱舌尖声韵碎,上场先点《九连环》。③

顽笑人④能破酒颜,无分籍贯与京蛮。
而今杂耍风斯下,到处俱添十不闲。

几番禁止受虚惊,又去修容到软棚。⑤
运蹇一时同被执,也将鸟道验分明。⑥

都门竹枝词

（清·嘉庆）佚名著
民国间抄本

（一）街市

聚赌严拿与宿娼,软棚一律入弹章。
裤裆扯却当堂验,底事便宜顿子房。

（二）候选

捐班初到爱观游,戏旦连朝闹不休。
何日到班何日选?夜深潜已渡芦沟。

（三）观剧

园中官座列西东,坐褥平铺一片红。

---

① 小曲之下贱者。
② 此调始自热河西沟,故云。
③ 此曲每折将终,必作滚舌香以擅长。
④ 说音唱曲以及戏法等辈曰顽笑人。
⑤ 剃头又有小郎处。
⑥ 官禁软棚,有不应小郎者皆验之。

双表对时刚未正，到来恰已过三通。

坐时双脚一齐盘，红纸开来窄戏单。
左右并肩人似玉，满园不向戏台看。

帘子才掀未出台，齐声唱采震如雷。
楼头飞上迷离眼，订下今宵晚饭来。

轴子刚开便套车，车中载得几枝花。
前门一带都该帐，恒德堂中尚可赊。

干爹①爱吃南边菜，请到儿家仔细尝。
每味上来夸不绝，那知依旧庆云堂。

典到无衣兴未衰，三分九扣借将来。
可怜短票都花尽，暂向今宵漂一回。

泄底依然不下台，一回漂惯两三回。
明朝说补何曾补，包管从今叫不来。

都门纪略

（清·道光）杨静亭撰
清道光间刻本

都门杂咏

（1）风俗门

司坊

崎岖小巷路途生，醉眼迷离记未清。
不便向人称领教，喃喃月下找堂名。

---

① 老斗、恩客。

（2）对联门

门封
描来封诰贴新春，却与私坊细局邻。
非向人前夸阀阅，夜深恐误叩门人。

（3）技艺门

莲花落
轻敲竹板弄歌喉，腔急还将气暗偷。
黄报遍粘称特聘，如何子弟也包头？

（4）词场门

观剧
茶园楼上列纷纷，宦款游来气焰熏。
座褥横铺盘腿坐，手摇团扇假斯文。

公子
翩翩公子甚斯文，也向楼头惯解醺。
左右玉人肩并倚，不知谁是小郎君？

老斗
面目何分黑与麻，衣裳总是要豪华。
身无百万黄金铤，老斗名难买到家。

官座
捐班新到快嬉游，戏馆连宵醉不休。
博得黄金买歌舞，终归潜夜渡芦沟。

卖艺
歌童粉旦妙娉婷，小戏多从嵩祝听。
卖艺最宜灯下演，夜间看耍火流星。

锦城竹枝词

(清·嘉庆)杨燮著
(清·嘉庆)三峨樵子注
四川人民出版社1982年
《成都竹枝词》本

府尊考十六州县，中有佳儿传不讹。
男子宁惟女人爱，美童身上眼光多。

（王介甫诗："我曾为牛马，见草豆欢喜。又曾为女人，欢喜见男子。"）

见说高腔有苟莲，万头攒看万家传。
生夸彭四旦双彩，可惜斯文张士贤。

苟莲官在乡班中，每一进省，则挤墙踏壁，观者如云。其实貌亦中人，艺特超超耳。彭四扮生丑戏，机敏圆活。随侍前任保制台至伊犁数年，还省后仍技痒度曲，不惯闲也。曾双彩初出台时，貌美如花，一时无两，亦颇能画山水花草，见者欲以八百金买出之，班主不从。今彭、曾俱在舒颐部中。张士贤在上升班，扮净，唱胡琴腔一气可作数十折，吞吐断续往往出人意外。性好读书，亦知作诗，因有"张斯文"之目。

耍狗蝇藏黄鳝尾，大毛辫贴太阳膏。
醉归舍物嫖包月，闲约窝家赌烫毛。

俗指泼皮为耍狗蝇，似本前人"狗苟蝇营"语意，腰下暗藏小尖刀，名黄鳝尾。又浓发少年与龙阳等者，名大毛辫子娃娃，两鬓旁用红缎剪膏药如围棋子大，贴以助媚，谓之太阳膏。呼妓为舍物，包月亦俗语。诱人局赌名烫毛。

成都竹枝词

(清·嘉庆)定晋岩樵叟著
四川人民出版社1982年
《成都竹枝词》本

当年后主信神巫，今日端公即是徒。
锣鼓喧天打保福，包头①斟酒会招呼。

---

① 男旦。

公馆衙门宴宾卮，玉芳玉顺总当时。
包头略有三分色，便吃皮杯①拜义儿。

汉口竹枝词

(清·道光) 叶调元著
湖北人民出版社 1985 年
《汉口竹枝词校注》本

(一) 卷三后湖

芦棚试演梁山调②，纱幔轻遮木偶场。
听罢道情看戏法，百钱容易剩空囊。

梁山调所扮皆淫媒之事。

(二) 卷五杂记

洋蓝褂子白缣裙，杨柳腰肢叹十分。
一剪秋波飞座上，侬非老斗亦销魂。

花旦张红杜，俗呼人参叶，叶双凤俗呼黄安，皆能以媚眼撩人。

座有歌郎酒易干，应酬却比上台难。
风流蕴藉谁称最，惟有湖南高十官。

嫣然一笑总胡卢，春笋尖尖捧玉壶。
长爪倘容搔背痒，蔡经何必羡麻姑。

湖南人和班高十名秀芝，美目巧笑，爪长五六寸。善饮不乱，应酬酒席，雅静宜人。

昼入飘行夜出堂，万年台上学鸳鸯。
一千二百风流价，落得他人吃肉汤。

薙发者俗呼飘行，侍客曰出堂，床上曰万年台，得价千二必请同店食肉。

---

① 嘴对嘴将口中酒请对方喝下。
② 一地方剧种。

杏花天

(清) 古棠天放道人著
台湾大英百科股份有限公司
2000 年《思无邪汇宝》本

(一) 第一回

却说［蓝］珍娘之婿傅贞卿，为人清雅，年逾二九，有翰林遗风。恁龙阳如漆投胶，遇女色倒窟拔蛇。惟女色乃人人深喜，独贞卿厌恶其前，而视后庭如蜂如蜜，百样钻求，不论银钱。佳人如嫦娥，亦不着眼。女子见他丰姿，倒贴私金，彼亦不受。可笑是这一件癖病，常自言道："恨父母与我结了鸳债，到今日拆不开这鸾钗。我今无拘无束，终日迟归晚回，包小官作龙阳，岂不快畅？何苦要这浑家何事！"想到此际，无法可弃，只得放下心肠。

再说傅贞卿包一小官，姓花字俊生，生得无异女子。但见姿色肌腻，言语清亮。弹唱音乐，掷色投壶，皆通称绝。风流娇媚，情态轻浮。傅贞卿暗想道："我若得与此君共乐，胜于佳人并枕。"遂千方百计，买通伊父花春宇，方得俊生到家。二人饮酒更阑，俊生装出勾人的情样，双手忙来抱住贞卿面庞。贞卿趁酒兴双手搂住，两人作了个吕字。……自此两人朝朝同食，夜夜同眠，情深意厚，永不相离。

［蓝家请人来议亲，贞卿推托不下，只好答应。］

贞卿回至内室，俊生接见道："兄洞房花烛在迩，致弟于何所？"贞卿抱住道："小哥哥，我素不好与女人相亲。如兄这样才貌情趣，超出女人百倍。……今与你设誓盟神，永不相离。"花俊生道："如此甚妙。"二人遂焚香拜祝天地，齐跪下道："愿步步相随，生同床死同穴，永不相别。"贞卿道："盟弟，吾入赘过半月即来。半月后日间同你嬉耍，夜归蓝宅歇宿。今屈吾兄在这里住下，你家费用着存童送去，以便安心久处。"俊生听言有物送与父母，亦不挂虑，输心乐意而住。

［贞卿入赘蓝宅，与珍娘成婚。因仍爱俊生，结果夫妻反目。后来他在外死于非命，珍娘则另嫁他人。］

(二) 第六回 写女性同性恋。

儒林外史

(清·雍正—乾隆)吴敬梓著
江苏古籍出版社 1989 年版

(一) 第三十回①

当下收拾酒,留季苇萧坐。摆上酒来,两人谈心。季苇萧道:"先生生平有山水之好么?"杜慎卿道:"小弟无济胜之具,就登山临水,也是勉强。"季苇萧道:"丝竹之好有的?"杜慎卿道:"偶一听之,可也;听久了,也觉嘈嘈杂杂,聒耳得紧。"又吃了几杯酒,杜慎卿微醉上来,不觉长叹了一口气道:"苇兄,自古及今,人都打不破的是个'情'字!"季苇萧道:"人情无过男女,方才吾兄说非是所好。"杜慎卿笑道:"长兄,难道人情只有男女么?朋友之情,更胜于男女!你不看别的,只说鄂君绣被的故事。据小弟看来,千古只有一个汉哀帝要禅天下与董贤,这个独得情之正;便尧舜揖让,也不过如此,可惜无人能解。"季苇萧道:"是了,吾兄生平可曾遇着一个知心情人么?"杜慎卿道:"假使天下有这样一个人,又与我同生同死,小弟也不得这样多愁善病!只为缘悭分浅,遇不着一个知己,所以对月伤怀,临风洒泪!"季苇萧道:"要这一个,还当梨园中求之。"杜慎卿道:"苇兄,你这话更外行了。比如要在梨园中求,便是爱女色的要于青楼中求一个情种,岂不大错?这事要相遇于心腹之间,相感于形骸之外,方是天下第一等人。"又拍膝嗟叹道:"天下终无此一人,老天就肯辜负我杜慎卿万斛愁肠,一身侠骨!"说着,掉下泪来。

季苇萧暗道:"他已经着了魔了,待我且耍他一耍。"因说道:"先生,你也不要说天下没有这个人。小弟曾遇见一个少年,不是梨园,也不是我辈,是一个黄冠②。这人生得飘逸风流,确又是个男美,不是像个妇人。我最恼人称赞美男子,动不动说像个女人,这最可笑。如果要像女人,不如去看女人了。天下原另有一种男美,只是人不知道。"杜慎卿拍着案道:"这一句话该圈了!你且说这人怎的?"季苇萧道,"他如此妙品,有多少人想物色他的,他却轻易不肯同人一笑,却又爱才的紧。小弟因多了几岁年纪,在他面前自觉形秽,所以不敢痴心想着相与他。长兄,你会会这个人,看是如何?"杜慎卿道:"你几时去同他来?"季苇萧道:"我若叫得他来,又不作为奇了。须是长兄自己去访着

---

① 写贵公子杜慎卿对男色的偏好。
② 道士。

他。"杜慎卿道："他住在那里？"季苇萧道："他在神乐观。"杜慎卿道："他姓甚么？"季苇萧道："姓名此时还说不得，若泄漏了机关，传的他知道，躲开了，你还是会不着。如今我把他的姓名写了，包在一个纸包子里，外面封好，交与你。你到了神乐观门口，才许拆开来看，看过就进去找，一找就找着的。"杜慎卿笑道："这也罢了。"当下季苇萧走进房里，把房门关上了，写了半日，封得结结实实，封面上草个"敕令"二字，拿出来递与他，说道："我且别过罢。俟明日会遇了妙人，我再来贺你。"说罢，去了。

杜慎卿送了回来，向大小厮道："明早叫轿夫，我要到神乐观去看朋友。"吩咐已毕，当晚无事。次早起来，洗脸，擦肥皂，换了一套新衣服，遍身多薰了香，将季苇萧写的纸包子放在袖里，坐轿子一直来到神乐观。将轿子落在门口，自己步进山门。袖里取出纸包来拆开一看，上写道：

至北廊尽头一家桂花道院，问扬州新来道友来霞士便是。

杜慎卿叫轿夫伺候着，自己曲曲折折走到里面，听得里面一派鼓乐之声，就在前面一个斗姆阁。那阁门大开，里面三间敞厅：中间坐着一个看陵的太监，穿着蟒袍；左边一路板凳上坐着十几个唱生旦的戏子；右边一路板凳上坐着七八个少年的小道士，正在那里吹唱取乐。杜慎卿心里疑惑："莫不是来霞士也在这里面？"因把小道士一个个的都看过来，不见一个出色的。又回头来看看这些戏子，也平常，又自心里想道："来霞士他既是自己爱惜，他断不肯同了这般人在此，我还到桂花院里去问。"

来到桂花道院，敲开了门，道人请在楼下坐着。杜慎卿道："我是来拜扬州新到来老爷的。"道人道："来爷在楼上。老爷请坐，我去请他下来。"道人去了一会，只见楼上走下一个肥胖的道士来，头戴道冠，身穿沉香色直裰，一副油晃晃的黑脸，两道重眉，一个大鼻子，满腮胡须，约有五十多岁的光景。那道士下来作揖奉坐，请问："老爷尊姓贵处？"杜慎卿道："敝处天长，贱姓杜。"那道士道："我们桃源旗领的天长杜府的本钱，就是老爷尊府？"杜慎卿道："便是。"道士满脸堆下笑来，连忙足恭道："小道不知老爷到省，就该先来拜谒，如何反劳老爷降临？"忙叫道人快煨新鲜茶来，捧出果碟来。

杜慎卿心里想："这自然是来霞士的师父。"因问道："有位来霞士，是令徒？令孙？"那道士道："小道就是来霞士。"杜慎卿吃了一惊，说道："哦！你就是来霞士！"自己心里忍不住，拿衣袖掩着口笑。道士不知道甚么意思，摆上果碟来，殷勤奉茶，又在袖里摸出一卷诗来请教。慎卿没奈何，只得勉强看了一看，吃了两杯茶，起身辞别。道士定要拉着手送出大门，问明了："老爷下处在报恩寺，小道明日要到尊寓着实盘桓几日。"送到门外，看着上了轿子，方才进去了。杜慎卿上了轿，一路忍笑不住，心里想："季苇萧这狗头，如此胡说！"

[杜慎卿受了季苇萧的戏弄，但未介意。过了一段时间，他们又邀集南京各个戏班的旦角在莫愁湖湖亭会演，以品评高下。]

诸名士看这湖亭时，轩窗四起，一转都是湖水围绕，微微有点薰风，吹得波纹如縠。亭子外一条板桥，戏子装扮了进来，都从这桥上过。杜慎卿叫掩上了中门，让戏子走过桥来。一路从回廊内转去，进东边的格子，一直从亭子中间走出西边的格子去，好细细看他们袅娜形容。

当下戏子吃了饭，一个个装扮起来，都是簇新的包头，极新鲜的褶子，一个个过了桥来，打从亭子中间走去。杜慎卿同季苇萧二人，手内暗藏纸笔，做了记认。少刻，摆上酒席，打动锣鼓，一个人上来做一出戏。也有做《请宴》的，也有做《窥醉》的，也有做《借茶》的，也有做《刺虎》的，纷纷不一。到晚上，点起几百盏明角灯来，高高下下，照耀如同白日；歌声缥缈，直入云霄。城里那些做衙门的、开行的、开字号店的有钱人，听见莫愁湖大会，都来雇了湖中打鱼的船，搭了凉篷，挂了灯，都撑到湖中左右来看。看到高兴的时候，一个个齐声喝采，直闹到天明才散。那时城门已开，各自进城去了。

过了一日，水西门口挂出一张榜来，上写：第一名，芳林班小旦郑魁官；第二名，灵和班小旦葛来官；第三名，王留歌。其余共合六十多人，都取在上面。鲍廷玺拉了郑魁官到杜慎卿寓处来见，当面叩谢。杜慎卿又称了二两金子，托鲍廷玺到银匠店里打造一只金杯，上刻"艳夺樱桃"四个字，特为奖赏郑魁官。别的都把荷包、银子、汗巾、诗扇领了去。

那些小旦，取在十名前的，他相与的大老官来看了榜，都忻忻得意，也有拉了家去吃酒的，也有买了酒在酒店里吃酒庆贺的。这个吃了酒，那个又来吃，足吃了三四天的贺酒。自此，传遍了水西门，闹动了淮清桥，这位杜十七老爷①名震江南。

(二) 第四十二回②

[贵公子汤大爷、汤二爷招优演戏。]戏班子发了箱来，跟着一个拿灯笼的，拿着十几个灯笼，写着"三元班"；随后一个人，后面带着一个二汉，手里拿着一个拜匣。到了寓处门首，向管家说了，传将进去。大爷打开一看，原来是个手本，写着："门下鲍廷玺谨具喜烛双辉，梨园一部，叩贺。"大爷知道他是个领班子的，叫了进来。鲍廷玺见过了大爷、二爷，说道："门下在这里领了一个小班，专伺候诸位老爷。昨日听见两位老爷要戏，故此特来伺候。"大爷见他为人有趣，留他一同坐着吃饭。过了一回，戏子来了。大爷、二爷、鲍廷玺共三人，坐了一席。

锣鼓响处，开场唱了四出尝汤戏。天色已晚，点起十几副明角灯来，照耀的满堂雪

---

① 杜慎卿。
② 注意葛来官具有男妓的特征。

亮。足足唱到三更鼓，整本已完。鲍廷玺道："门下这几个小孩子跑的马倒也还看得，叫他跑一出马，替两位老爷醒酒。"那小戏子一个个戴了貂裘，簪了雉羽，穿极新鲜的靠子，跑上场来，串了一个五花八门。大爷、二爷看了大喜。鲍廷玺道："两位老爷若不见弃，这孩子里面拣两个留在这里伺候①？"大爷道："他们这样小孩子，晓得伺候甚么东西。有别的好顽的去处，带我去走走。"鲍廷玺道："这个容易。老爷，这对河就是葛来官家，他也是我挂名的徒弟，那年天长杜十七老爷在这里湖亭大会，都是考过，榜上有名的。老爷明日到水袜巷，看着外科周先生的招牌，对门一个黑抢篱里，就是他家了。"二爷道："他家可有内眷？我也一同去走走。"鲍廷玺道："现放着偌大的十二楼②，二老爷为甚么不去顽耍，倒要到他家去？少不得都是门下来奉陪。"说毕，戏已完了，鲍廷玺辞别去了。

次日，大爷备了八把点铜壶、两瓶山羊血、四端苗锦、六篓贡茶，叫人挑着，一直来到葛来官家。敲开了门，一个大脚三带了进去。前面一进两破三的厅，上头左边一个门，一条小巷子进去，河房倒在贴后。那葛来官身穿着夹纱的玉色长衫子，手里拿着燕翎扇，一双十指尖尖的手，凭在栏杆上乘凉，看见大爷进来，说道："请坐。老爷是那里来的？"大爷道："昨日鲍师父说，来官你家最好看水，今日特来望望你。还有几色菲人事，你权且收下。"家人挑了进来。来官看了，喜逐颜开，说道："怎么领老爷这些东西？"忙叫大脚三："收了进去。你向相公娘说，摆酒出来。"大爷道："我是教门，不用大荤。"来官道："有新买的极大的扬州螃蟹，不知老爷用不用？"大爷道："这是我们本地的东西，我是最欢喜。我家伯伯大老爷在高要带了家信来，想要不的，也不得一只吃吃。"来官道："太老爷是朝里出仕的？"大爷道："我家太老爷做着贵州的都督府。"说着，摆上酒来。对着那河里烟雾迷离，两岸人家都点上了灯火，行船的人往来不绝。

这葛来官吃了几杯酒，红红的脸，在灯烛影里，擎着那纤纤玉手，只管劝汤大爷吃酒。大爷道："我酒是够了，倒用杯茶罢。"葛来官叫那大脚三把螃蟹壳同果碟都收了去，揩了桌子，拿出一把紫砂壶，烹了一壶梅片茶。两人正吃到好处，忽听见门外嚷成一片。葛来官走出大门，只见那外科周先生红着脸，腆着肚子，在那里嚷大脚三，说他倒了他家一门口的螃蟹壳子。葛来官才待上前和他讲说，被他劈面一顿臭骂道："你家住的是'海市蜃楼'③，合该把螃蟹壳倒在你门口，为甚么送在我家来？难道你上头两只眼睛也撑大了？"彼此吵闹，还是汤家的管家劝了进去。

［稍过一会儿，汤大爷因汤二爷忽然惹祸而只好离开葛家。］

（三）第四十七回 优伶侑酒时有秽亵行为。

---

① 意思很可能就是侍寝。
② 指南京的妓院。
③ 暗指葛来官的营生让人感到暧昧。

儒林外史

(清·雍正—乾隆)吴敬梓著
民国十三年（1924）上海海左书局石印本

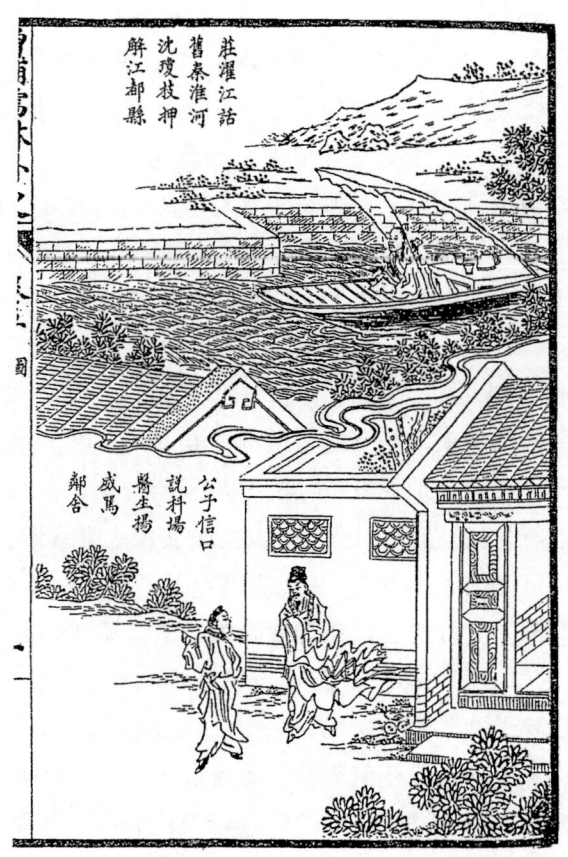

医生扬威骂邻舍（第四十二回）

本图上半部描绘的是第四十一回的内容。

泰然斋诗集 （清·雍正—乾隆）金榘著[1]

卷二附[2]

为敏轩三十初度作[3]

外患既平家日削，豪奴狎客相钩探。
弟也跳荡纨袴习，权衡什一百不谙。
一朝愤激谋作达，左骐史妠恣荒耽。
秃衿醉拥妖童卧，泥沙一掷金一担。
老子于此兴不浅，往往缠头脱两骖。
香词唱满吴儿口，旗亭法曲传江潭。
以兹重困弟不悔，闭门嘤喑长醲酣。
国乐争歌《康老子》，经过北里嘲颠憨。

金两铭和作

迩来愤激恣豪侈，千金一掷买醉酣。
老伶小蛮共卧起，放达不羁如痴憨。

南唐演义全传[4] （清·乾隆）如莲居士著
清乾隆间刻本

第二十八回

再说武氏自篡位之后，淫心日炽，凡旧时相与且皆不如意。每夜要人行事，少不称

---

① 录自何泽翰撰：《儒林外史人物本事考略》，上海古籍出版社1984年版，第136、143页。
② 从所录两首诗来看，《儒林外史》的作者吴敬梓具有男色之好。
③ （清·雍正—乾隆）吴檠作。吴敬梓，字敏轩。
④ 本书即《反唐演义传》。

心即令绞死，一夜之中死者甚多，淫心终不能止。惊动上界太白金星奏达天庭，玉帝下旨发西方白叫驴下来，一时投胎不及，欲附人身，未得其便。不想长安城中有一个浪荡子弟，年纪不多，姓薛名敖曹。自幼父母俱亡，家私消耗，不务生理，终日赌博，与一班光棍往来。因他有几分颜色，屡屡被人鸡奸。他吃惯了嘴皮，荡惯了身子，也不分皂白，凡僧道盗贼俱皆相好。故后庭被人日夜耸弄，竟把一个阳物耸得极长极大起来。挂斗粟而不垂，形如剥兔，摇赴惊人。因有两个光棍争风没处出气，骗了薛敖曹到无人旷野之处，请他吃个烂醉，就把他活活绞死，弃在荒郊。那西方白叫驴子一道灵魂便附在敖曹身上。活将转来已是黄昏时候，闯来闯去走到一个去处，只见一队人拥着一个官儿，把火把一照，拿过去禀道："启千岁，拿得一个贼在此，请千岁发落。"原来这官儿是武三思，当时带住了马，在火光之下看了薛敖曹，喝道："你小小年纪，为何做贼！"薛敖曹答应不来，旁边一个军士跪下道："启千岁，这个人是小的紧邻，叫做薛敖曹。因他没了父母，日日在外游戏，不是做贼的人，小的敢保。"武三思道："既不是歹人，又没亲人，我带你回府去做亲随。"薛敖曹允诺，就随三思回到府内。三思见他生得白净，一时心动，是夜就叫他同睡，弄他后庭，十分中意。又见他的阳物足有一尺长大，从无见过，心内大喜。到五更朝罢，随驾入宫，奏知武后，将薛敖曹送进内宫。武后大喜，当日试之，果然如意，封为如意君，许三思承立东宫。次日御殿，又改元为如意元年。自此武后得了薛敖曹，如获珠宝。

平鬼传

(清·乾隆) 云中道人著
长江文艺出版社 1980 年版

(一) 第二回[①]

[巫婆溜搭鬼去看望她生病的奸夫色鬼。] 及至进了色鬼的大门，来到色鬼的卧房，看见色鬼面如金纸，瘦如干柴，遂问道："色哥，你的病体好些么？"色鬼一见溜搭鬼，不觉满心欢喜，问道："情人为何许久不来？"溜搭鬼道："家里事多，总不得闲。"说着就在色鬼床沿上坐下。见一个年幼家童，送茶过来，年纪不过十六七岁，白面皮，尖下巴，两个眼如一池水相似。溜搭鬼接茶在手，遂问道："这个孩子是几时来的？"色鬼道："是前月新觅的，名叫小低搭鬼。"溜搭鬼笑道："无怪你的病体直是不好。"色鬼道："实

---

① (一)(二)写有色鬼与小低搭鬼的同性恋。

因无人扶侍,并无别的事情。"溜搭鬼目触心痒,不觉屡将眼去看他。小低搭鬼也用眼略飘了两飘,只是低着头微笑不语。溜搭鬼向色鬼道:"病体如此,也该请位郎中看看才是。"色鬼道:"此地并没位好郎中。"溜搭鬼道:"眼子市里街西头流嘴口,胡诌家对门,有一位郎中,是南方人,姓贾,号在行,外号是催命鬼。新近才来,却是一把捷径手,何不请他来看看?"色鬼听说,喜之不尽,遂差小低搭鬼牵了一匹倒头骡子,前去请催命鬼。

(二) 第三回

[小低搭鬼请来了催命鬼。] 贾在行遂将药箱打开,取了一个小磁瓶出来,说道:"此瓶名为'掉魂瓶',里面盛得是'绝命丹'。药书上说得明白:

绝命丹内只五般,牛黄狗宝一处攒。
冰片人参为细末,斗大珠子用半边。
王母取下天河水,老君房内炼成丹。
灵芝仙草作引子,吃上三服病立痊。
若问修炼多少日?手忙脚乱八百年。

这药一治胸膈饱满,二治内热外寒。可惜你把病害错了,空有好药,用他不着。"小低搭鬼在药箱内拿出一瓶道:"这里边是甚么药呢?"贾在行接在手内道:"不可乱动,倘然弄错,性命相关。"遂用手倒出瓶中的丸药来,一看说道:"此丸名为'九蒸八晒的疗瘩丸'。一治癣疮疥疮,脚鸡眼茨猴子,又治腰疼腿酸,劳伤失血。色爷,你若将此药用滚白水送下,稳稳的睡倒,药力行开,便能串肠过肚,滋阴降火,宁吐止血,不日即可痊愈。"小低搭鬼又插口道:"先生有痔疮药否?"贾在行道:"可是足下?"小低搭鬼道:"正是。"贾在行道:"若是酒色过度,饥饱劳碌得来,不治久则成漏。足下是因聚精养锐上得来的,不早治恐成终身之累。"小低搭鬼道:"如何成终身之累呢?"贾在行笑而不答。溜搭鬼道:"求明白赐教!"贾在行笑着向溜搭鬼耳边说道:"恐成脏头风。"溜搭鬼用手中扇子,在贾在行头上轻轻打了一下,说道:"他是真心求教,你偏有这些胡言乱语的!"

风流悟

(清) 坐花散人著
中州古籍出版社 1993 年版

(一) 第一回①

[秀才曹孟瑚因嫌自己妻子粗蠢而想另觅新欢,便请帮闲许弄生相助。]却说那许弄生,是个最不正路的人,听了这句话儿,他留心要弄曹孟瑚几两银子度日。他一头走,一头想,心上就生一计出来,暗笑道:"妙!妙!"一走就走到一个小朋友家去。那小朋友姓孙,名韵士,年纪十七岁,生得眉清目秀,原与许弄生有一手的。见了弄生,道:"老兄何来?"许弄生醉醺醺的道:"扰了老曹,特来讨口茶吃。"韵士道:"且坐,待我拿茶与你吃。"弄生嘻着脸道:"我有桩银子作成你,赚来买东西吃可好么?"韵士道:"老兄作成,极妙了。"弄生扯住他,在耳边低声道:如此如此,这般这般说了一回。韵士大笑道:"这甚使得,只是作事不可相背便好。"弄生道:"这个自然。"两个作别了。

到了明日,只见许弄生又走到曹孟瑚家来,道:"孟老,夜来多扰。我看今日如此春天,风和日暖,一路桃花乱放,我意欲同吾兄去闲步步,可得暇否?"孟瑚道:"我没甚忙。"弄生道:"闻得南园二郎庙烧香的女客,这两日盛得紧,我们同去看看何如?"孟瑚道:"使得。"两个携了手,一路看去,只见二郎庙前的烧香船,若大若小,拥挤无数。那些年少的妇人,轻盈袅娜,如花似玉。曹孟瑚看得眼也花,脚也酸。正看得高兴,只见又一只小鱼船来,中间坐着一个缟素妇人。你道生得如何:

妖冶风情天与措,青瘦香肌冰雪妒。滴滴樱桃红半吐,一树梨花初著雨。海燕空惊无处去。含情凝睇倚江滨,疑是洛川神乍起。

——右调《小梁州》

那许弄生远远望见,慌忙报与曹孟瑚道:"又有一个绝色妇人来了。"孟瑚似失心疯的飞奔,去看他上岸。谁知只因这一奔,众人便拥满在岸边,跳板也没处放了。只见那船中那个妇人,牡丹头,白春罗细纱花的袄儿,臂上金镯露出。两个丫环扶着,欲起船来,见岸上人太多,道:"不要上岸了,等人散一散再处。"口中说着,将金扇掩了口,

---

① 写娈童孙韵士男扮女装以讹人钱财。

坐而不动。那许弄生与曹孟瑚看得忒肉麻了。那妇人见了不觉笑了一笑，对家人道："你在庙中去拜拜，点了香烛，化了纸马回去罢。"把髻儿掠一掠，将孝色头上密嘴金结一结，又往外一张坐了。只见家人庙中烧了香，下船来回复道："香烛点了，纸马化了。"妇人道："如此叫船家开船罢。"那船家竟撑开船去了。弄生同着孟瑚烟也似沿河而奔。那妇人见他随着船走，又笑了一笑，伸手把帘儿垂下。

［后来，曹在许的安排下与"妇人"幽会，结果被当场"捉奸"，讹去上千两银钱。］

(二) 第七回①

那山右玉是个年少，随唤家人打轿，到李状元寓所来。茶罢，［李又明］遂拉山右玉到花前赏花，两人说说笑笑。右玉爱又明是少年鼎甲，又明爱右玉是少年翰林，两个渐渐相狎起来。始称年翁，继呼老李，谑浪笑傲，无所不至。又明遂将手勾了右玉亲道："我若得你这样美人为妻，便牡丹花下死，做鬼也风流。"右玉也反手将又明一辫道："我若得你这样人为妻，愿以金屋贮之。"［当晚，两人和一妓女同睡，发生了同性和异性性行为。］

(三) 第二回 写两位女仆以同性恋语言互相取笑。

(四) 第四回 写一位库吏和一位门子之间的同性恋。

歧路灯

（清·乾隆）李绿园著
中州书画社1980年版

(一) 第二十一回②

［谭绍闻应邀赴宴看戏。］须臾，肴核齐上，酒肉全来。戏班上讨了点戏，先演了《指日高升》，奉承了席上老爷；次演了《八仙庆寿》，奉承了后宅寿母；又演了《天官赐福》，奉承了席上主人。然后开了正本。先说关目，次扮脚色，唱的乃是《十美图》全部。那个唱贴旦的，果然如花似玉。绍闻看到眼里，不觉失口向夏逢若道："真正一个好旦脚儿。"那戏主听的有人夸他的旦脚，心窝里也是喜的，还自谦道："不成样子，见笑，见笑。既然谭兄见赏，这孩子就是有福的。"一声叫班上人。班上的老生见戏主呼唤，还

---

① 写状元李又明和进士山右玉的同性恋关系。
② 写富家子谭绍闻与贴旦九娃的初次见面。

带着网巾,急到跟前,听戏主吩咐。茅拔茹道:"叫九娃儿来奉酒。"绍闻还不知就是奉他的酒,也不推托。其实就是推托,也推托不过了。只见九娃儿向茶酒桌前,讨了一杯暖酒,放在黑漆描金盘儿里,还是原妆的头面,色衣罗裙,袅袅娜娜走向戏主席前。戏主把嘴一挑,早已粉腕玉笋,露出银镯子,双手奉酒与谭绍闻。娇声说道:"明日去磕头罢。"绍闻羞的满面通红。站起来,不觉双手接住,却又无言可答。逢若接口道:"九娃,你下去罢,将次该你出脚了。明日少不了你一领皮袄穿哩。"九娃下去。绍闻脸上起红晕,心头撞小鹿,只是满席上都注目私语。

(二) 第二十二至二十四回 谭绍闻和九娃逐渐稔熟,乃至九娃有了"断袖之宠"。

(三) 第七十七回

  [某人] 公子性儿,闹戏旦子如冉蛇吞象一般,恨不的吃到肚里。

(四) 第九十五回

  [某官] 素性好闹戏旦,是个不避割袖之嫌的。

(五) 第三十四回 写同性恋戏谑。

岭南逸史

(清·乾隆) 花溪逸士著
清嘉庆间文道堂刻本

第十一回

  [梅小姐女扮男装去寻找自己的丈夫,途中在一客店住下。] 见店中先坐着一个秀才,身长膀阔,满口胡须,头戴万字巾,身穿千金裘,把梅小姐上下一看。但见:

  鼻倚琼瑶,眸含秋水。眉不描而自绿,唇不抹而自红。杜乂凝脂,尚输一天风韵;何郎傅粉,难同两朵桃花。更兼妆体风流,真个令人骨碎。

  那秀才看见魂不附体,忙出位向梅小姐作揖下去,梅小姐忙回礼相逊至客座坐下。拱手问道:"仁兄高姓大名,贵干何处?"黄汉①从旁代答道:"我相公姓黄名玉山,要到

---

① 梅小姐的仆从。

惠州梅花村访亲。"那秀才哈哈大笑道："小弟与仁兄恁般有缘。"黄汉道："怎么说？"秀才道："小弟姓钱，名子干。生平好习武，前科蒙张大宗师取八批首。去岁有个舍亲住在惠州府城外，屡次着人来请小弟，到彼教他儿子武艺。因小弟是个清闲惯的人，经不起那道途的跋涉，屡辞不往。近日又着一个家人具了百金来请，不得不去。思量邀个读书中朋友相伴同行，但今隆冬时候，各各思量暖妻抱子，那个肯出来冲风冒雪。因此闷闷不乐，信步到此撞撞，或者遇到惠州朋友要到家去的，就便搭伴同行，也免得去时的冷淡。不意就遇着仁兄，岂不是有缘么？"黄汉道："原来如此，钱相公今在何处？"子干道："就在前面，去此不远。今夜要扳仁兄主仆到舍下歇息，明日作伴同行了。"黄汉把眼来看着梅小姐，梅小姐道："承兄雅意。既要小弟同行，兄回去作速打叠，小弟就在此候兄便了。"钱子干那里肯，三回五次苦苦相邀，梅小姐总不肯去。王小二①听见，走前来相劝道："既钱大秀有此美意，黄相公不可不去。三位不知，我这钱大秀做人极好哩。家中有十余万家赀，极肯救济贫人，交结豪杰。又学得一身武艺，百十人近他不得，真是当今一个豪杰。他肯相留黄相公，当即命驾为是。"原来梅小姐也是不怕人的，今又改了妆，暗自忖道："只要自己论点些，料他一时看不出来。店中也是男人所在，就到他家一走有何妨碍？"梅小姐遂起身道："既然如此，就去罢。"钱子干见梅小姐允了，不胜大喜，相拱出了店门，请梅小姐上马。梅小姐道："府上既不远，就与兄步行罢。"钱子干苦苦请梅小姐上马，梅小姐只得上马，跟着钱子干缓缓而行。到了一所绝大的庄前下马，相逊至厅上，见摆设得极其雅致，两廊放着许多弓箭刀石，梅小姐却也不放在眼上。宾主相逊坐下，献茶毕，钱家小厮掌上灯来，钱子干进内一时，左右摆上席来，请梅小姐坐了客位，殷勤劝饮。梅小姐拿定主意，只惟素性不饮，不肯多吃。酒至数巡，食供数套，钱子干斟上一杯酒，满目堆着笑道："仁兄路途辛苦，今夜在小弟敝庄不妨多饮数杯，明日路上不要饮罢。"梅小姐道："承兄雅意，小弟寔寔不能饮了。"钱子干见梅小姐十分不饮，只得开上饭来，用了撤席，官置不题。看官你道这个钱子干真个要往惠州么？尔不知这个钱子干真有泼天的家私，只有个毛病儿，专一喜欢男人的后庭花，家中的许多美姬美妾，他见了就如眼中生出个钉来一般；见了少年子弟，不问白的赤的，便就一身都酥麻起来。正合着不才两句诗儿道：

酒不辨清浊，花不择好丑。

今日见了梅小姐这个天上有地下无的面孔，怎不令他魂灵儿死去半天？只是道路偶逢，又见梅小姐行装炫耀，知非平常人家子弟容易到得手的，必须下段磨铁成针的细嫩

---

① 客店伙计。

工夫方有巴鼻。因黄汉说出要往惠州梅花村，他就趁势说也要到惠州城外，思量在路上细细来缠他，不怕他不入吾彀中的意思。灵思猝计，也算一个偷龙阳的老手班头。在梅小姐，因自家扮了个男妆，只道男人见了个相爱男人，就如女人见了个相爱女人一般，怪不得他亲热，绝想不到男人对男人还有个足令人骨醉魂销的后路，故此慨然许他同行。黄汉又是个老寔头，故此主仆三人就到子干家住了一夜。次日起来，用了早饭，钱子干换了簇新一套衣服，也带个小厮牵马，一个健仆挑担，同梅小姐一行人起程到惠州来。一路上把马挨近梅小姐身边细语，亲亲热热的走。怎奈梅小姐终是个女人，见钱子干涎着面亲热得不像样，心中未免不好意思，把头掉开，若不看见的一般，又时时叫黄聪①贴近身傍走。故此，钱子干虽心热如火，总不敢多说一句心腹话儿。行了数日，已到三水，子干忽又想道："终日路上走，他的童仆紧紧跟随，叫我如何开口？必须雇个七舱船来，有门有户，又可终日促膝，方可乘空恳求。"想定计策，因对梅小姐道："近日海风正大，仆人挑了担儿走十分辛苦，不如待小弟雇个大七舱船来。船轻风紧，怕不一日走得两三日的路来？何苦在马上受此风霜。"梅小姐想道："若是我三人走得快时，就入舱也好。今既多了这人姓钱的，一至船中就点检不得许多，只是路上走的好。"因笑道："兄长若怕风霜，请便，小弟是不怕风霜的。"钱子干道："小弟与仁兄情同骨肉，若仁兄有用得小弟着时，死且不避，何怕风霜。特念仁兄娇姿贵质，受此凛冽，小弟心中着寔不安耳。"梅小姐笑而不答。子干无可奈何，只得跟了梅小姐走。梅小姐渐渐觉得他的心术不正，便或前或后终日不与他交一言，正合着笠翁《采莲曲》末一句道：

　　只许郎看不近郎。

钱子干见梅小姐扬着鞭不俯不睬，愈觉魂消意沮。渐渐茶不思饭不吃，一日甚似一日。不觉间又走了数日，子干仆人道："相公身子不快，今夜到了博罗，拈剂药来试服如何？"子干骇然道："今夜就到了博罗？"惊得几乎坠下马来，因想道："今夜若不老着面恳求，明日到惠州就要分散，我钱子干这条性命就要断送在他身上了。也罢，到了博罗，且在城外寻个僻静店儿，遣开他的仆人，备些酒食求他救救性命。他若不允，倚着我一身武艺，用强也要取他些滋味回去，庶免丧此残生。"想定主意，就叫健仆前来，悄悄与他说明，教他如此如此。仆人领命先去寻下歇店，回至街口，接到店中。多把银子与店家，办了一个正席摆在梅小姐房中，一个回席摆在外面。梅小姐道："兄长何故备此盛席？"子干笑道："与仁兄同行了许多时，情同胶漆。明日弟要与仁兄分手，故略备薄酌，与仁兄畅饮几杯，小解离情。"梅小姐是个侠义女子，闻他明日要分别，也就和颜悦色的

---

① 梅小姐的仆从。

道："兄长明日要相别而行，则此酒还当小弟设来与兄长钱行才是。"子干道："吾二人虽形分尔我，而情实无彼此，何须说出尔酒我酒来。"说毕定坐而饮。黄聪紧紧贴在梅小姐身边，子干顾小厮道："外面还有一席，尔可邀黄管家也去相饮几杯。明日一别，相见不知何日，尔等独能恝然乎？"钱家小厮遂来扯黄聪去，黄聪道："我要在此伺候相公。"梅小姐道："既钱相公如此盛情，不可不去。"领了黄聪，只得出来。子干见童仆俱去，笑吟吟道："小弟不知怎的，自见了相公就如醉如痴，夜夜梦魂都缠在仁兄身上。"梅小姐见他说出这话来，只道被他识破自己是个女子了，把两脸通红起来，道："兄长敢是醉了？"子干道："未饮心先醉。"说毕斟上一杯酒来，奉至梅小姐面前道："仁兄若肯相怜，救钱子干这条性命，请饮此杯。"梅小姐见他渐渐不雅起来，遂大叫道："黄聪取茶来。"原来黄聪二人已被钱家小厮与店主商量移席，在对面店里饮酒去了。梅小姐连叫数声，总不见答应。梅小姐焦躁，起身要出去，道："奴才怎敢连呼不应！"钱子干急了，连忙出来拦住道："仁兄可怜钱子干特为仁兄相跟至此，今童仆皆往别店饮酒去了，望仁兄赐子干片刻之欢，救此残生。"梅小姐勃然大怒道："尔放什么屁来！"子干情急了，见梅小姐已发了怒，因想道："一不做二不休！"也不由得梅小姐肯不肯，一把向梅小姐身上抱去。梅小姐大怒道："畜生，何敢无礼！"一拳打来，扑的一声，一个乌鸦晒翼，跌出房外去了。梅小姐抢上前来，踏住胸膛，摄起粉团般一个拳头，向胸前打下，就如八十斤银锤也无这等利害。只一拳打得钱子干口吐鲜血在地下，雷一般的吼，却再挣不起来。店主听见消息不好，急叫四仆进来，黄聪忙扯开了梅小姐。钱子干跳起来，羞□成怒，一个黄龙出洞向梅小姐钻进来。梅小姐眼明手快，搭住他的拳头，拽开脚向后一扑，一个燕子衔泥，跌在地下，满胡子都是鸡屎，连鼻子尖也擦去了一大块。店主见打得狠，恐怕打死人命，忙叫进伙家把钱子干扶出外面来，劝道："相公是个读书人，又系同伴，怎好相打。"钱子干羞得一句话也说不出来，钱家二仆取巾与他拭去面上尘灰，抹净血迹。收拾铺盖，算还店钱，连夜扶子干上马出店而去。正是：

漫拟后庭花下，咨意做个神仙。
怎奈主人不肯，一拳打破情圈。

黄汉问道："怎么就把钱相公打起来？"梅小姐微微而笑道："可恶这畜生敢走在我跟前无礼。"黄汉闻言也就不问，取茶进，亦安置而去。次日算还饭钱，梅小姐出至店前上马。对面店主走来，悄悄问这边小二道："昨夜打那姓钱的，就是这个小相公么？"小二点头道："是。"店主把舌乱伸道："这个小相公，花枝般一个人材，有这样本事，把金刚般的汉子就如打只雌鸡般仰前倒后，招架不来，大是奇事。"梅小姐闻言，只是暗笑。

野叟曝言

（清·乾隆）夏敬渠著
吉林文史出版社 1994 年版

（一）第六十六回①

　　飞熊直跳起来道："我想了文爷②两年，还不许我留一月半月，说着明日起身的话！年近岁逼，这里没有霜雪，若到路上，不怕冻坏了人么？文爷事大，也不敢多留，大年初六有个极盛的盛会，普天之下没有第二个的，要留你看了会，初七日起身。横竖只十多日了，你莫拗我，惹我性发起来！"素臣微笑道："性发便怎样，敢要和我打架么？"飞熊道："文爷是杀夜叉的人，我和你打架！我若性发，就一头撞死，看文爷过意得去，过意不去？"素臣笑道："人命关天，依你依你，却不可反悔！"飞熊道："我生平不会改口，若初七日不送文爷起身，我就是夜叉，把我一刀两段！"素臣大笑。因问："初六出会，是何神道？怎样盛法，竟至天下没有第二？"飞熊道："这会说来好笑，是个屁眼会。闽人所好者，钱眼合屁眼。初五日出杜相公会，是钱眼会；初六日出夏相公会，是屁眼会。究竟好屁眼的利害，钱眼会有一万人，屁眼会足有三万人哩。"素臣骇然道："只知闽人酷好南风，却不知有屁眼会之事。杜相公是五路了；这夏相公是何人？怎出会的人，竟至三万之多呢？"飞熊道："夏相公就是夏得海，他是好南风的祖宗，他这庙一年祭赛不绝。凡是要买屁眼卖屁眼的，都到庙里许愿，买卖俱得速成；买卖成了，再去还愿。若是两相情愿，买卖已成的，也要到庙中祭赛，便没变改。祭毕，都要把肉在夏相公嘴上揩抹，那日出会时，你看夏相公嘴上可纯是油，就知道了。相传初六是夏相公生日，大家小户，都出分赀，替他出会。合城合乡的契哥、契弟，都在会中拈香托盘，装扮太保。衙门中公人兵厮，那一日俱要告假；开店的都紧闭店面；那教学的都散生徒；连营里的妓女，那一日都不去承应官府，接留客人，总要来与夏相公上寿：所以有三万之多。"素臣道："这又奇了！南风多是男子，这妓女如何也去上寿？"飞熊道："闽人走旱不走水，妓女都没人嫖，便都装着小厮，闭了前门开后路，迎接客人，故此妓女也须上寿。"素臣叹息道："五方风气，贞淫不一，未有如此之甚者！何以历来官府，不知禁约，听其公行无忌？"飞熊道："那是天地山川生就的，人力如何挽回得来？只不要随乡入乡，保得自

---

① 写福建男风之盛。
② 文素臣，侠士。

己就够了。"素臣笑道："吾兄到此数年，可曾随乡入乡呢？"飞熊指着那小厮道："文爷只问他，也几乎被他强奸了去！不是我夸口，若是第二个，也就入了乡了！他这里小厮雇出来，若不给他干点事儿，他父母就来发作，说是沦贱了人家孩子，就不肯雇在你家。这小厮初来，夜里几番上床，鞠着屁眼来凑就我，都被我推下床去。他回去告诉了父母，走来大嚷大闹，邻舍们出来调停，另外加了五钱银子一月，做遮羞钱，才得无事。小厮现在跟前，我好说谎？爷带有这晦气色脸的尊价，又有力气，这小厮才不敢来惹，不然，敢情昨日就爬文爷床上来了。"素臣道："兄怎不顾人面皮？当面就说这话，不怕他讪得慌吗？"飞熊道："他若知道讪，我可不说了！他们这里，当着是家常茶饭，小厮们若没有契哥，便是弃物。爷只看他脸上，讪也不讪？"素臣看那小厮，真个面不改色，怡然而听。

……

早饭方过，会已到门。衙里书识兵目及内班伴俏并那小厮，俱已告假，只剩飞熊陪着素臣，坐在大门台阶之上，辕门大开，由着那会挨排而过。见几对头行牌上，四扇是"肃静回避"，四扇"代天宣化，为国和民"。两对铺兵锣开导后，便是金瓜，黄钺，绣旗，锦伞诸般仪仗，间着鼓吹，走跳台阁故事，高跷秧歌各色演扮，足有半个时辰方才过完。又是四扇腰牌，两扇是"德播阳春，泽周童稚"，两扇是"纯阳侯"。腰牌过去，十匹高头骏马，锦鞍金勒，上坐十个美童，扮着五方符使，披红簪花，各按东西南北中方位，每方两使，腰悬金牌，上刻某方采访使字样。随后锡戳藤棍，竹板皮鞭，捆绑刽子，历碌而过。又是两匹白马，也是美童扮演，一个背着印匣，一个背着敕书，一色的纱帽圆领，象笏金带，脚下蹬着乌靴，印色上朱标"纯阳侯正月初六日封"字样。然后一对一对的，俱是搽脂抹粉，描眉画眼，装腔做势，扭捏婀娜而来。自十岁以上，二十以下，一般的勒发披肩，插花带朵，穿着大红绉纱五色洒线，鹅黄、水绿、嫩紫、娇红，蜀锦杭绫诸色裤子，曳着汗巾，挂着香袋。有拈香的，有托盘的，有提炉的，有执龙头香斗的，有挽九狮喷壶的，都是遍体绫罗，浑身兰麝。每人身边，俱有人帮着添香换火，整衣易裤，理发拂尘，这便是那龙阳君的契哥。中间夹着马道伞扇，豹尾龙缨，各种器械。飞熊指与素臣看道："那一队便都是营妓。"素臣看时，果然是女子身量，不似男人，却一般剪发披肩，红鞋锦袜，照着娈童样范。挤挤擦擦的，足足过有一个时辰，方是几十个太保，执着黄旗，摇着金铃，簇拥水牌签筒，衣箱带盒，帽笼掌扇过去。才见一乘显轿，八个轿夫扛抬着，十六个美童，八个装着太监，八个装着宫女，扶绰夏相公而来。素臣远远看去，见那夏相公头戴泥金皂隶帽，插着翠羽，簪花披红，蟒袍玉带，一撮短须，露出一张阔嘴，亮晶晶的，果然油滑无比。

［结果，文素臣用神力把塑像打得粉碎。］

（二）第十回 写尼姑之间的女性同性恋。

（三）第十二回　写僧人同性恋。

（四）第二十七回　写道士同性恋。

（五）第五十一回　写僧人同性恋。

（六）第六十五回　写福建同性恋。

（七）第六十七回　写道士同性恋。

（八）第六十八回　写福建同性恋。

（九）第七十三回　用阴阳观点把异性恋和同性恋进行比较，认为男女之间的阳气和阴气可以交感互通，合二为一，而男子之间的两阳之气则不能如此。

（十）第七十七回　写女性同性恋。

（十一）第九十八回　写一同性恋事件。

（十二）第一百三十二回　写一鸡奸事件。

（十三）第一百三十三回　写一鸡奸事件。

（十四）第一百四十回　写福建同性恋。

（十五）第一百四十六回　写福建同性恋。

绿野仙踪

（清·乾隆）李百川著
岳麓书社 1993 年版

（一）第四十回①

　　谷大恩是个小官出身，幼年时与尤魁不清楚，如今虽各老大，到的还是知己。［这两个人合伙骗人钱财，并且还结成了儿女亲家。］

（二）第六回　写及同性恋。

---

① 所写"小官"明显地是指同性恋者。

红楼梦

(清·乾隆) 曹雪芹著
(清·乾隆) 高鹗续
岳麓书社 1987 年版

(一) 第五回①

忽警幻②道:"尘世中多少富贵之家,那些绿窗风月,绣阁烟霞,皆被淫污纨袴与那些流荡女子悉皆玷辱。更可恨者,自古来多少轻薄浪子,皆以'好色不淫'为饰,又以'情而不淫'作案,此皆饰非掩丑之语也。好色即淫,知情更淫。是以巫山之会,云雨之欢,皆由既悦其色,复恋其情所致也。吾所爱汝者,乃天下古今第一淫人也。"

宝玉听了,唬的忙答道:"仙姑差了。我因懒于读书,家父母尚每垂训饬,岂敢再冒'淫'字。况且年纪尚小,不知'淫'字为何物。"警幻道:"非也。淫虽一理,意则有别。如世之好淫者,不过悦容貌,喜歌舞,调笑无厌,云雨无时,恨不能尽天下之美女供我片时之趣兴,此皆皮肤淫滥之蠢物耳。如尔则天分中生成一段痴情,吾辈推之为'意淫'。'意淫'二字,惟心会而不可口传,可神通而不可语达。汝今独得此二字,在闺阁中固可为良友,然于世道中未免迂阔怪诡,百口嘲谤,万目睚眦。"

(二) 第九回③

原来这学中虽都是本族人丁与亲戚的子弟,俗语说的好:"一龙生九种,种种各别。"未免人多了,就有龙蛇混杂,下流人物在内。自宝、秦二人来了,都生的花朵儿一般的模样,又见秦钟腼腆温柔,未语面先红,怯怯羞羞,有女儿之风;宝玉又是天生成惯能作小服低,赔身下气,情性体贴,话语绵缠,因此二人更加亲厚。也怨不得那起同窗人起了疑,背地里你言我语,诟谇谣诼,布满书房。

原来薛蟠自来王夫人处住后,便知有一家学,学中广有青年子弟,不免偶动了龙阳之兴,因此也假来上学读书。不过是三日打鱼,两日晒网,白送些束脩礼物与贾代儒,却不曾有一些儿进益,只图结交些契弟。谁想这学内就有好几个小学生,图了薛蟠的银钱吃穿,被他哄上手的,也不消多记。更又有两个多情的小学生,亦不知是那一房的亲眷,亦未考其名姓,只因生得妩媚风流,满学中都送了他两个外号,一号"香怜",一号

---

① 论贾宝玉的"意淫"。
② 贾宝玉梦中所见仙人。
③ 写贾宝玉和秦钟在贾家学塾中的经历。

"玉爱"。虽都有窃慕之意,将不利于孺子之心,只是都惧薛蟠的威势,不敢来沾惹。如今宝、秦二人一来,见了他两个,也不免绻缱羡慕,亦因知系薛蟠相知,故未敢轻举妄动。香、玉二人心中,也一般的留情与宝、秦。因此四人心中虽有情意,只未发迹。每日一入学中,四处各坐,却八目勾留,或设言托意,或咏桑寓柳,遥以心照,却外面自为避人眼目。不意偏又有几个滑贼看出形景来,都背后挤眉弄眼,或咳嗽扬声,这也非止一日。

可巧这日代儒有事,早已回家去了,只留下一句七言对联,命学生对,明日再来上书;将学中之事,又命贾瑞暂且管理。妙在薛蟠如今不大来学中应卯了,因此秦钟趁此和香怜挤眉弄眼,递暗号儿,二人假装出小恭,走至后院说梯己话。秦钟先问他:"家里的大人可管你交朋友不管?"一语未了,只听背后咳嗽了一声。二人唬的忙回头看时,原来是窗友名金荣者。香怜有些性急,羞怒相激,问他道:"你咳嗽什么?难道不许我两个说话不成?"金荣笑道:"许你们说话,难道不许我咳嗽不成?我只问你们:有话不明说,许你们这样鬼鬼祟祟的干什么故事?我可也拿住了,还赖什么!先得让我抽个头儿,咱们不言语一声儿,不然就大家奋起来。"秦、香二人急的飞红的脸,便问道:"你拿住什么了?"金荣笑道:"我现拿住了是真的。"说着,又拍着手笑嚷道:"贴的好烧饼①!你们都不买一个吃去?"秦钟香怜二人又气又急,忙进去向贾瑞前告金荣,说金荣无故欺负他两个。

原来这贾瑞最是个图便宜没行止的人,每在学中以公报私,勒索子弟们请他;后又附助着薛蟠图些银钱酒肉,一任薛蟠横行霸道,他不但不去管约,反助纣为虐讨好儿。偏那薛蟠本是浮萍心性,今日爱东,明日爱西,近来又有了新朋友,把香、玉二人又丢开一边。就连金荣亦是当日的好朋友,自有了香、玉二人,便弃了金荣。近日连香、玉亦已见弃。故贾瑞也无了提携帮衬之人,不说薛蟠得新弃旧,只怨香、玉二人不在薛蟠前提携帮补他,因此贾瑞金荣等一干人,也正在醋妒他两个。今见秦、香二人来告金荣,贾瑞心中便更不自在起来,虽不好呵叱秦钟,却拿着香怜作法,反说他多事,着实抢白了几句。香怜反讨了没趣,连秦钟也讪讪的各归坐位去了。金荣越发得了意,摇头咂嘴的,口内还说许多闲话,玉爱偏又听了不忿,两个人隔座咕咕唧唧的角起口来。金荣只一口咬定说:"方才明明的撞见他两个在后院子里亲嘴摸屁股,一对一肏,撅草根儿抽长短,谁长谁先干。"金荣只顾得意乱说,却不防还有别人。谁知早又触怒了一个。你道这个是谁?

原来这一个名唤贾蔷,亦系宁府中之正派玄孙,父母早亡,从小儿跟着贾珍过活,如今长了十六岁,比贾蓉生的还风流俊俏。他弟兄二人最相亲厚,常相共处。宁府人多

---

① 暗指相互肛交。

口杂,那些不得志的奴仆们,专能造言诽谤主人,因此不知又有什么小人诟谇谣诼之词。贾珍想亦风闻得些口声不大好,自己也要避些嫌疑,如今竟分与房舍,命贾蔷搬出宁府,自去立门户过活去了。这贾蔷外相既美,内性又聪明,虽然应名来上学,亦不过虚掩眼目而已。仍是斗鸡走狗,赏花玩柳。总恃上有贾珍溺爱,下有贾蓉匡助,因此族人谁敢来触逆于他。他既和贾蓉最好,今见有人欺负秦钟①,如何肯依?如今自己要挺身出来报不平,心中却忖度一番,想道:"金荣贾瑞一干人,都是薛大叔的相知,向日我又与薛大叔相好,倘或我一出头,他们告诉了老薛,我们岂不伤和气?待要不管,如此谣言,说的大家没趣。如今何不用计制伏,又止息口声,又伤不了脸面。"想毕,也装作出小恭,走至外面,悄悄的把跟宝玉的书童名唤茗烟者唤到身边,如此这般,调拨他几句。

这茗烟乃是宝玉第一个得用的,且又年轻不谙世事,如今听贾蔷说金荣如此欺负秦钟,连他爷宝玉都干连在内,不给他个利害,下次越发狂纵难制了。这茗烟无故就要欺压人的,如今得了这个信,又有贾蔷助着,便一头进来找金荣,也不叫金相公了,只说"姓金的,你是什么东西!"贾蔷遂跺一跺靴子,故意整整衣服,看看日影儿说:"是时候了。"遂先向贾瑞说有事要早走一步。贾瑞不敢强他,只得随他去了。这里茗烟先一把揪住金荣,问道:"我们肏屁股不肏屁股,管你鸡巴相干,横竖没肏你爹去罢了!你是好小子,出来动一动你茗大爷!"唬的满屋中子弟都怔怔的痴望。贾瑞忙吆喝:"茗烟不得撒野!"金荣气黄了脸,说:"反了!奴才小子都敢如此,我只和你主子说。"便夺手要去抓打宝玉秦钟。尚未去时,从脑后飕的一声,早见一方砚瓦飞来,并不知系何人打来的,幸未打着,却又打在旁人的座上,这座上乃是贾兰贾菌。

这贾菌亦系荣国府近派的重孙,其母亦少寡,独守着贾菌。这贾菌与贾兰最好,所以二人同桌而坐。谁知贾菌年纪虽小,志气最大,极是淘气不怕人的。他在座上冷眼看见金荣的朋友暗助金荣,飞砚来打茗烟,偏没打着茗烟,便落在他桌上,正打在面前,将一个磁砚水壶打了个粉碎,溅了一书墨水。贾菌如何依得,便骂:"好囚攮的们,这不都动了手了么!"骂着,也便抓起砚砖来要打回去。贾兰是个省事的,忙按住砚,极口劝道:"好兄弟,不与咱们相干。"贾菌如何忍得住,便两手抱起书匣子来,照那边抡了去。终是身小力薄,却抢不到那里,刚到宝玉秦钟桌案上就落了下来。只听哗啷啷一声,砸在桌上,书本纸片等至于笔砚之物撒了一桌,又把宝玉的一碗茶也砸得碗碎茶流。贾菌便跳出来,要揪打那一个飞砚的。金荣此时随手抓了一根毛竹大板在手,地狭人多,那里经得舞动长板。茗烟早吃了一下,乱嚷:"你们还不来动手!"宝玉还有三个小厮:一名锄药,一名扫红,一名墨雨。这三个岂有不淘气的,一齐乱嚷:"小妇养的!动了兵器了!"墨雨遂掇起一根门闩,扫红锄药手中都是马鞭子,蜂拥而上。贾瑞急的拦一回这

---

① 秦钟是贾蓉内弟。

个,劝一回那个,谁听他的话,肆行大闹。众顽童也有趁势帮着打太平拳助乐的,也有胆小藏在一边的,也有直立在桌上拍着手儿乱笑,喝着声儿叫打的。登时间鼎沸起来。

(三) 第十五回①

[秦钟与庵尼智能偷欢。]正在得趣,只见一人进来,将他二人按住,也不则声。二人不知是谁,唬的不敢动一动。只听那人嗤的一声,掌不住笑了,二人听声方知是宝玉。秦钟连忙起来,抱怨道:"这算什么?"宝玉笑道:"你倒不依,咱们就叫喊起来。"羞得智能趁黑地跑了。宝玉拉了秦钟出来道:"你可还和我强嘴?"秦钟笑道:"好人,你只别嚷的众人知道,你要怎样我都依你。"宝玉笑道:"这会子也不用说,等一会睡下,再细细的算帐。"

一时宽衣安歇的时节,凤姐在里间,秦钟宝玉在外间,满地下皆是家下婆子,打铺坐更。宝玉不知与秦钟算何帐目,未见真切,未曾记得,此系疑案,不敢纂创。

(四) 第二十八回②

少刻,宝玉出席解手,蒋玉菡③便随了出来,二人站在廊檐下。宝玉见他妩媚温柔,心中十分留恋,便紧紧的搭着他的手,叫他:"闲了往我们那里去。还有一句话借问,也是你们贵班中,有一个叫琪官的,他在那里?如今名驰天下,我独无缘一见。"蒋玉菡笑道:"就是我的小名儿。"宝玉听说,不觉欣然跌足笑道:"有幸,有幸!果然名不虚传。今儿初会,便怎么样呢?"想了一想,向袖中取出扇子,将一个玉玦扇坠解下来,递与琪官,道:"微物不堪,略表今日之谊。"琪官接了,笑道:"无功受禄,何以克当!也罢,我这里得了一件奇物,今日早起方系上,还是簇新的,聊可表我一点亲热之意。"说毕撩衣,将系小衣儿一条大红汗巾子解了下来,递与宝玉,道:"这汗巾子是茜香国女国王所贡之物,夏天系着,肌肤生香,不生汗渍。昨日北静王给我的,今日才上身。若是别人,我断不肯相赠。二爷请把自己系的解下来,给我系着。"宝玉听说,喜不自禁,连忙接了,将自己一条松花绿的汗巾解了下来,递与琪官。

二人方束好,只听一声大叫:"我可拿住了!"只见薛蟠跳了出来,拉着二人道:"放着酒不吃,两个人逃席出来干什么?快拿出来我瞧瞧。"二人都道:"没有什么。"薛蟠那里肯依,还是冯紫英出来才解开了。于是复又归坐饮酒,至晚方散。

(五) 第四十七回④

[贾宝玉、贾珍、薛蟠等人应邀去赖大家喝酒。]赖大家内也请了几个现任的官长并

---

① 写宝玉与秦钟的暧昧情事。
② 写贾宝玉和优伶蒋玉菡初次见面时的情形。
③ 在某些版本中"菡"作"函"。
④ 写贾宝玉和柳湘莲关系密切,也写薛蟠因对柳湘莲有狎侮言语而被殴。

几个世家子弟作陪。因其中有柳湘莲，薛蟠自上次会过一次，已念念不忘。又打听他最喜串戏，且串的都是生旦风月戏文，不免错会了意，误认他作了风月子弟，正要与他相交，恨没有个引进，这日可巧遇见，竟觉无可不可。且贾珍等也慕他的名，酒盖住了脸，就求他串了两出戏。下来，移席和他一处坐着，问长问短，说此说彼。

那柳湘莲原是世家子弟，读书不成，父母早丧，素性爽侠，不拘细事，酷好耍枪舞剑，赌博吃酒，以至眠花卧柳，吹笛弹筝，无所不为。因他年纪又轻，生得又美，不知他身分的人，却误认作优伶一类。那赖大之子赖尚荣与他素习交好，故他今日请来坐陪。不想酒后别人犹可，独薛蟠又犯了旧病。他心中早已不快，得便意欲走开完事，无奈赖尚荣死也不放。赖尚荣又说："方才宝二爷又嘱咐我，才一进门虽见了，只是人多不好说话，叫我嘱咐你散的时候别走，他还有话说呢。你既一定要去，等我叫出他来，你两个见了再走，与我无干。"说着，便命小厮们到里头找一个老婆子，悄悄告诉"请出宝二爷来"。那小厮去了没一盏茶时，果见宝玉出来了。赖尚荣向宝玉笑道："好叔叔，把他交给你，我张罗人去了。"说着，一径去了。

宝玉便拉了柳湘莲到厅侧小书房中坐下，问他这几日可到秦钟的坟上去了。湘莲道："怎么不去？前日我们几个人放鹰去，离他坟上还有二里。我想今年夏天的雨水勤，恐怕他的坟站不住。我背着众人，走去瞧了一瞧，果然又动了一点子。回家来就便弄了几百钱，第三日一早出去，雇了两个人收拾好了。"宝玉道："怪道呢，上月我们大观园的池子里头结了莲蓬，我摘了十个，叫茗烟出去到坟上供他去，回来我也问他可被雨冲坏了没有。他说不但不冲，且比上回又新了些。我想着，不过是这几个朋友新筑了。我只恨我天天圈在家里，一点儿做不得主，行动就有人知道，不是这个拦就是那个劝的，能说不能行。虽然有钱，又不由我使。"湘莲道："这个事也用不着你操心，外头有我，你只心里有了就是。眼前十月初一，我已经打点下上坟的花消。"

宝玉道："我也正为这个要打发茗烟找你，你又不大在家，知道你天天萍踪浪迹，没个一定的去处。"湘莲道："这也不用找我。这个事不过各尽其道。眼前我还要出门去走走，外头逛个三年五载再回来。"宝玉听了，忙问道："这是为何？"柳湘莲冷笑道："你不知道我的心事，等到跟前你自然知道，我如今要别过了。"宝玉道："好容易会着，晚上同散岂不好？"湘莲道："你那令姨表兄还是那样，再坐着未免有事，不如我回避了倒好。"宝玉想了一想，道："既是这样，倒是回避他为是。只是你要果真远行，必须先告诉我一声，千万别悄悄的去了。"说着便滴下泪来。柳湘莲道："自然要辞的。你只别和别人说就是。"说着便站起来要走，又道："你们进去，不必送我。"

一面说，一面出了书房。刚至大门前，早遇见薛蟠在那里乱嚷乱叫说："谁放了小柳儿走了！"柳湘莲听了，火星乱迸，恨不得一拳打死，复思酒后挥拳，又碍着赖尚荣的脸面，只得忍了又忍。薛蟠忽见他走出来，如得了珍宝，忙趑趄着上来一把拉住，笑道：

"我的兄弟，你往那里去了？"湘莲道："走走就来。"薛蟠笑道："好兄弟，你一去都没兴了，好歹坐一坐，你就疼我了。凭你有什么要紧的事，交给哥，你只别忙，有你这个哥，你要做官发财都容易。"湘莲见他如此不堪，心中又恨又愧，早生一计，便拉他到避人之处，笑道："你真心和我好，假心和我好呢？"薛蟠听这话，喜的心痒难挠，乜斜着眼忙笑道："好兄弟，你怎么问起我这话来？我要是假心，立刻死在眼前！"湘莲道："既如此，这里不便。等坐一坐，我先走，你随后出来，跟到我下处，咱们索性喝一夜酒。我那里还有两个绝好的孩子，从没出门。你可连一个跟的人也不用带，到了那里，伏侍的人都是现成的。"薛蟠听如此说，喜得酒醒了一半，说："果然如此？"湘莲道："如何！人拿真心待你，你倒不信了！"薛蟠忙笑道："我又不是呆子，怎么有个不信的呢！既如此，我又不认得，你先去了，我在那里找你？"湘莲道："我这下处在北门外头，你可舍得家，城外住一夜去？"薛蟠笑道："有了你，我还要家做什么！"湘莲道："既如此，我在北门外头桥上等你。咱们席上且吃酒去。你看我走了之后你再走，他们就不留心了。"薛蟠听了，连忙答应。于是二人复又入席，饮了一回。那薛蟠难熬，只拿眼看湘莲，心内越想越乐，左一壶右一壶，并不用人让，自己便吃了又吃，不觉酒已八九分了。

湘莲便起身出来，瞅人不防去了，至门外，命小厮杏奴："先家去罢，我到城外就来。"说毕，已跨马直出北门，桥上等候薛蟠。没顿饭时工夫，只见薛蟠骑着一匹大马，远远的赶了来，张着嘴，瞪着眼，头似拨浪鼓一般不住左右乱瞧。及至从湘莲马前过去，只顾望远处瞧，不曾留心近处，反蹿过去了。湘莲又是笑，又是恨，便也撒马随后赶来。薛蟠往前看时，渐渐人烟稀少，便又圈马回来再找，不想一回头见了湘莲，如获奇珍，忙笑道："我说你是个再不失信的。"湘莲笑道："快往前走，仔细人看见跟了来，就不便了。"说着，先就撒马前去，薛蟠也紧紧的跟来。

湘莲见前面人迹已稀，且有一带苇塘，便下马，将马拴在树上，向薛蟠笑道："你下来，咱们先设个誓，日后要变了心，告诉人去的，便应了誓。"薛蟠笑道："这话有理。"连忙下了马，也拴在树上，便跪下说道："我要日久变心，告诉人去的，天诛地灭！"一语未了，只听"噌"的一声，颈后好似铁锤砸下来，只觉得一阵黑，满眼金星乱迸，身不由己，便倒下来。湘莲走上来瞧瞧，知道他是个笨家，不惯捱打，只使了三分气力，向他脸上拍了几下，登时便开了果子铺。薛蟠先还要挣挫起来，又被湘莲用脚尖点了两点，仍旧跌倒，口内说道："原是两家情愿，你不依，只好说，为什么哄出我来打我？"一面说，一面乱骂。湘莲道："我把你瞎了眼的，你认认柳大爷是谁！你不说哀求，你还伤我！我打死你也无益，只给你个利害罢。"说着，便取了马鞭过来，从背至胫，打了三四十下。薛蟠酒已醒了大半，觉得疼痛难禁，不禁有"嗳哟"之声。

湘莲冷笑道："也只如此！我只当你是不怕打的。"一面说，一面又把薛蟠的左腿拉起来，朝苇中泞泥处拉了几步，滚的满身泥水，又问道："你可认得我了？"薛蟠不应，只伏着哼哼。湘莲又掷下鞭子,用拳头向他身上擂了几下。薛蟠便乱滚乱叫,说:"肋条折了。我知道你是正经人,因为我错听了旁人的话了。"湘莲道:"不用拉别人,你只说现在的。"薛蟠道:"现在没什么说的。不过你是个正经人,我错了。"湘莲道:"还要说软些才饶你。"薛蟠哼哼着道:"好兄弟。"湘莲便又一拳。薛蟠"嗳哟"了一声道:"好哥哥。"湘莲又连两拳。薛蟠忙"嗳哟"叫道:"好老爷,饶了我这没眼睛的瞎子罢!从今以后我敬你怕你了。"湘莲道:"你把那水喝两口。"薛蟠一面听了,一面皱眉道:"那水脏得很,怎么喝得下去!"湘莲举拳就打。薛蟠忙道:"我喝,喝。"说着说着,只得俯头向苇根下喝了一口,犹未咽下去,只听"哇"的一声,把方才吃的东西都吐了出来。湘莲道:"好脏东西,你快吃尽了饶你。"薛蟠听了,叩头不迭道:"好歹积阴功饶我罢!这至死不能吃的。"湘莲道:"这样气息,倒熏坏了我。"说着丢下薛蟠,便牵马认镫去了。这里薛蟠见他已去,心内方放下心来,后悔自己不该误认了人。待要挣挫起来,无奈遍身疼痛难禁。

谁知贾珍等席上忽不见了他两个,各处寻找不见。有人说:"恍惚出北门去了。"薛蟠的小厮们素日是惧他的,他吩咐不许跟去,谁还敢找去?后来还是贾珍不放心,命贾蓉带着小厮们寻踪问迹的直找出北门,下桥二里多路,忽见苇坑边薛蟠的马拴在那里。众人都道:"可好了!有马必有人。"一齐来至马前,只听苇中有人呻吟。大家忙走来一看,只见薛蟠衣衫零碎,面目肿破,没头没脸,遍身内外滚的似个泥猪一般。

贾蓉心内已猜着九分了,忙下马令人搀了出来,笑道:"薛大叔天天调情,今儿调到苇子坑里来了。必定是龙王爷也爱上你风流,要你招驸马去,你就碰到龙犄角上了。"薛蟠羞的恨没地缝儿钻不进去。

(六)第五十八回①

这里宝玉和他只二人,宝玉便将方才从火光发起,如何见了藕官,又如何藕官叫我问你,从头至尾,细细的告诉他一遍,又问他祭的果系何人。芳官听了,满面含笑,又叹一口气,说道:"这事说来可笑又可叹。"宝玉听了,忙问如何。芳官笑道:"你说他祭的是谁?祭的是死了的菂②官。"宝玉道:"这是友谊,也应当的。"芳官笑道:"那里是友谊?他竟是疯傻的想头,说他自己是小生,菂官是小旦,常做夫妻,虽说是假的,每日那些曲文排场,皆是真正温存体贴之事,故此二人就疯了,虽不做戏,寻常饮食起坐,两个人竟是你恩我爱。菂官一死,他哭的死去活来,至今不忘,所以每节烧纸。后来补了蕊官,我们见他一般的温柔体贴,也曾问他得新弃旧的。他说:'这又有个大道理。比如男子丧了妻,或有必当续弦者,也必要续弦为是。便只是不把死的丢过不提,便是情

---

① 写贾府家班女乐藕官与菂官之间的女性同性恋。
② 在某些版本中"菂"作"药"。

深意重了。若一味因死的不续，孤守一世，妨了大节，也不是理，死者反不安了。'你说可是又疯又呆？说来可是可笑？"

(七) 第七十五回①

原来贾珍近因居丧，每不得游顽旷荡，又不得观优闻乐作遣。无聊之极，便生了个破闷之法。日间以习射为由，请了各世家弟兄及诸富贵亲友来较射。这些来的皆系世袭公子，人人家道丰富，且都在少年，正是斗鸡走狗、问柳评花的一干游荡纨袴。因此大家议定，每日轮流作晚饭之主——每日来射，不便独扰贾蓉一人之意。于是天天宰猪割羊，屠鹅戮鸭，好似临潼斗宝一般，都要卖弄自己家的好厨役好烹炮。

贾珍之志不在此，再过一二日便渐次以歇臂养力为由，晚间或抹抹骨牌，赌个酒东而已，至后渐次至钱。如今三四月的光景，竟一日一日赌胜于射了，公然斗叶掷骰，放头开局，竟夜赌起来。家下人借此各有些进益，巴不得的如此，所以竟成了势了。外人皆不知一字。

近日邢夫人之胞弟邢德全也酷好如此，故也在其中。又有薛蟠，头一个惯喜送钱与人的，见此岂不快乐。邢德全虽系邢夫人之胞弟，却居心行事大不相同。这个邢德全只知吃酒赌钱、眠花宿柳为乐，手中滥漫使钱，待人无二心，好酒者喜之，不饮者亦不去亲近，无论上下主仆皆出己意，并无贵贱之分，因此都唤他"傻大舅"。薛蟠早已出名的呆大爷，今日二人皆凑在一处，都爱"抢新快"爽利，便又会了两家，在外间炕上"抢新快"。别的又有几家在当地下大桌上打公番。里间又一起斯文些的，抹骨牌打天九。

此间伏侍的小厮都是十五岁以下的孩子，若成丁的男子到不了这里，故尤氏方潜至窗外偷看。其中有两个十六七岁娈童以备奉酒的，都打扮的玉琢粉妆。今日薛蟠又输了一张，正没好气，幸而掷第二张完了，算来除翻过来倒反赢了，心中甚是兴头起来。贾珍道："且打住，吃了东西再来。"因问那两处怎样。里头打天九的，也作了帐等吃饭。打公番的未清，且不肯吃。于是各不能顾，先摆下一大桌，贾珍陪着吃，命贾蓉落后陪那一起。薛蟠兴头了，便搂着一个娈童吃酒，又命将酒去敬邢傻舅。傻舅输家，没心绪，吃了两碗便有些醉意，嗔着两个娈童只赶着赢家不理输家了，因骂道："你们这起兔子，就是这样专洑上水。天天在一处，谁的恩你们不沾，只不过我这一会子输了几两银子，你们就三六九等了。难道从此以后再没有求着我们的事了！"众人见他带酒，忙说："很是，很是。果然他们风俗不好。"因喝命："快敬酒赔罪。"两个娈童都是演就的局套，忙都跪下奉酒，说："我们这行人，师父教的不论远近厚薄，只看一时有钱势就亲敬；便是活佛神仙，一时没了钱势了，也不许去理他。况且我们又年轻，又居这个行次，求舅太

---

① 写娈童优伶陪伴贾珍、薛蟠等人玩乐的情景。

爷体恕些我们就过去了。"说着,便举着酒俯膝跪下。邢大舅心内虽软了,只还故作怒意不理。众人又劝道:"这孩子是实情话。老舅是久惯怜香惜玉的,如何今日反这样起来?若不吃这酒,他两个怎样起来。"邢大舅已掌不住了,便说道:"若不是众位说,我再不理。"说着,方接过来一气喝干了。又斟一碗来。

……

正值打公番者也歇住了,要吃酒。因有一个问道:"方才是谁得罪了老舅,我们竟不曾听明白,且告诉我们评评理。"邢德全见问,便把两个娈童不理输的只赶赢的话说了一遍。这一个年少的纨袴道:"这样说,原可恼的,怨不得舅太爷生气。我且问你两个:舅太爷虽然输了,输的不过是银子钱,并没有输丢了鸡巴,怎就不理他了?"说着,众人大笑起来,连邢德全也喷了一地饭。尤氏在外面悄悄的啐了一口,骂道:"你听听,这一起子没廉耻的小挨刀的,才丢了脑袋骨子,就胡吣嚼毛了。再肏攮下黄汤去,还不知吣出些什么来呢。"

(八)第四回 小乡绅之子冯渊"长到十八九岁上,酷爱男风,最厌女子"。可当他看到被拐卖的女子英莲后,却"立意买来作妾,立誓再不交结男子"。

(九)第二十一回 贾琏"离了凤姐便要寻事。独寝了两夜,便十分难熬,便暂将小厮们内有清俊的选来出火"。

(十)第三十三回 琪官蒋玉菡是"忠顺王爷驾前承奉的人",可他与贾宝玉又常相往还,过从甚密。王爷派人到贾府索要琪官,为此贾政以"流荡优伶,表赠私物"的罪名把宝玉痛打了一顿。薛蟠则醋溜溜地言道:"怎么不怨宝玉外头招风惹草的那个样子?"(第三十四回)

(十一)第五十三回 贾珍训斥贾芹:"你还支吾我!你在家庙里干的事,打谅我不知道呢。你手里又有了钱,离着我们又远,你就为王称霸起来,夜夜招聚匪类赌钱,养老婆小子。"文中的"小子"是指娈童。

(十二)第六十五回 贾珍、贾琏的仆人喜儿、寿儿、隆儿在一起喝酒,喜儿醉后谓:"咱们今儿可要公公道道的贴一炉子烧饼。""贴烧饼"是隐语,指交互进行的同性性行为。

(十三)第八十回 贾宝玉让道士王一帖猜病,这时,宝玉的贴身侍仆茗烟"手内点着一枝梦甜香,宝玉命他坐在身旁,却倚在他身上。王一帖心有所动,便道:'我可猜着了。想是哥儿如今有了房中的事情,要滋助的药,可是不是?'"王一帖之所以这样猜,一种可能是他看到宝玉和茗烟的亲近关系后,怀疑前者把后者收为了男宠,沉溺于中,因而身体虚弱。

（十四）第八十六回　薛蟠偶遇蒋玉菡，便"同他在个铺子里吃饭喝酒。因为这当槽的尽拿着眼瞟蒋玉菡"，薛蟠便大为不快，第二天竟在气怒之下把当槽的打死。

（十五）第一百十九回　贾芸等"赌钱喝酒闹小旦，还接了外头的媳妇儿到宅里来"。文中的"闹小旦"事涉狎邪。

红楼梦

（清·乾隆）曹雪芹著
（清·乾隆）高鹗续
北京图书馆出版社 2001 年影印本①

贾府女乐

---

① 据清乾隆五十六年（1791）程伟元、高鹗木活字本影印。

红楼梦图咏

(清·嘉庆—道光)改琦绘
河北美术出版社 1996 年影印本①

贾宝玉像

---

① 据清光绪间刻本影印。

柳湘莲像

秦钟像

图咏云："女婴本是貌倾城，玉树天然作对生。从此书斋添胜友，宵深犹复唤鲸卿。""绝世丰神冠众芳，出游掷果倩车量。钟情偏在优尼辈，野草闲花别有香。""娇小痴儿弱不支，也寻瑶岛费相思。通灵自有三生契，分付春风好护持。""自怜纨袴隔云泥，颠倒情怀恨不齐。检点琴书来伴读，那知莺燕互猜疑。"按：秦钟字鲸卿。

蒋玉菡像

图咏云:"翩尔惊鸿求供奉,樱桃只合檀郎宠。过后相思马耳风,依稀花底活秦宫。"

红楼梦说梦

(清·嘉庆)蔡家琬撰
清嘉庆十七年(1812)刻本

(一)

警幻仙姑谓宝玉为意淫,索解人不易得也。盖色授魂与,竟体生春,非温柔乡之深处而何?若必待肌肤之亲,始入佳境,正谦其俗道耳。

（二）

"女儿是水做的骨肉，男人是泥做的骨肉。"此宝玉奇论也，乃宝玉欺人语也。秦钟、蒋玉函之骨肉，还是泥做的？还是水做的？若谓是泥做的，宝玉固爱之如女儿；若谓是水做的，秦、蒋之子固伟男也。予特兼而名之曰"泥水匠"。

新评绣像红楼梦全传

（清·乾隆）曹雪芹著
（清·乾隆）高鹗续
（清·嘉庆—道光）王希廉评
清道光十二年（1832）双清仙馆刻本

（一）第七回①

秦钟与宝玉一见，便彼此胡想，冶容富贵，动人如此。纨绔公子慎之思之。

（二）第九回

宝玉于女色，自幼亲近，且自秦氏②房中暂睡、袭人③试演一番，已深知其味；而于男色，尚未沉溺，又有秦钟同学，从此男女二色皆迷入骨髓矣。

宝玉男女二色，皆由秦而起，此秦氏④所以为宁府之罪首也。

（三）第十五回

秦钟与智能偷情及与宝玉苟且情事，是夭亡根据。妙在一是明写，一是暗写。

---

① （一）（二）（三）系王希廉对《红楼梦》某些内容的评论。
② 秦钟的姐姐秦可卿。
③ 贾宝玉的贴身侍婢，贾家败落后嫁给了蒋玉菡。
④ 指秦可卿、秦钟姐弟二人。

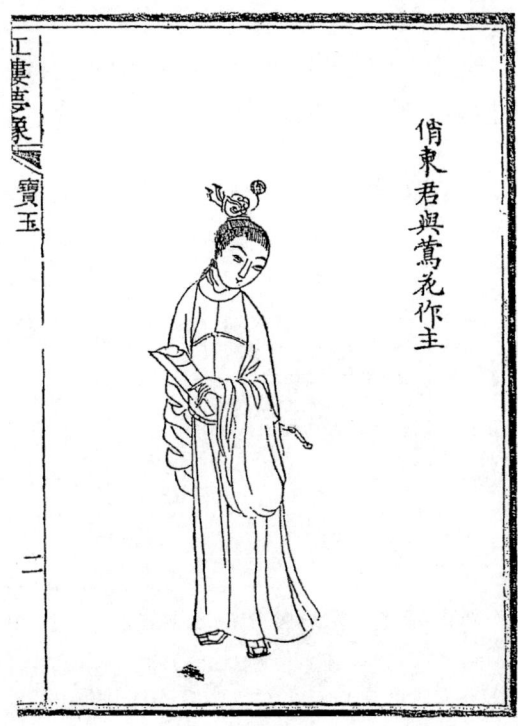

贾宝玉像

藕官像

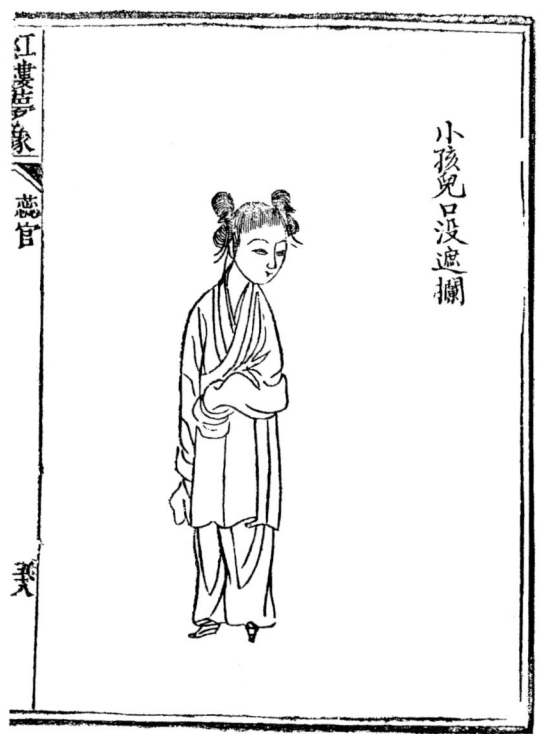

蕊官像

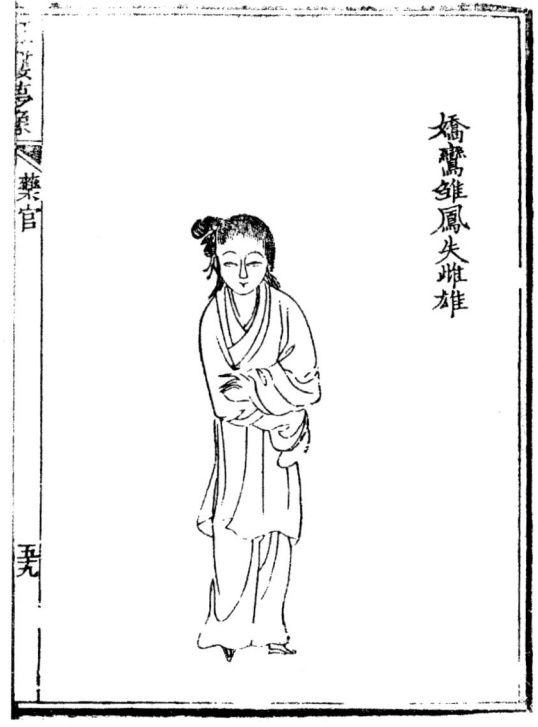

药(葯)官像

红楼梦论赞

(清·道光)涂瀛撰
清道光二十二年(1842)养余精舍刻本

(一)藕官赞

以真为戏,无往而非戏也。以戏为真,无往而非真也,惟在有情与无情耳。藕官多情,故以戏情为真情,因是由戏入真,由真入魔,由魔入恶,而患且不测。非遇多情公子,其能已于祸耶?夫人不幸而多情,又不幸不获多情相与言情,则宁无情而已矣。然岂我辈之所为情哉?

一片天机,一点真机,一味道机,佛法不与焉。(梅阁)

(二)蒋玉函赞

宝玉动谓男子为浊物,度一面目黧黑于思于思者耳。使温润如好女,未尝不以脂粉蓄之,然未有缠绵如蒋玉函者。岂从来冤家,大抵由欢喜结来耶?巾之持赠也,玉实主之矣。袭人之嫁,玉函之娶,或无憾焉。

(三)秦钟赞

秦钟者,情种也。为钟情于人之种耶?为人钟情之种耶?为钟情于人之种,斯为风流种。为人钟情之种,则为下流种。然为钟情于人,固不得不为人钟情之人。则合风流下流二种而为种,斯为真情真种。其于智能也,莫为之前,虽美勿彰。其于宝玉也,莫为之后,虽盛莫传。然顾前不顾后,其象为夭,故不永所寿云。

如是我佛说偈曰:女欢男爱,无罣无碍,一点生机,成此世界。用为斯文持赠。(梅阁)

红楼梦偶说

(清·道光) 旭舻撰
清光绪二年（1876）簠覆山房刻本

（一）上卷·宝玉初入家塾

……宝玉作辞黛玉，黛玉所云蟾宫折桂①数语，暗伏下与秦钟、香怜、玉爱诸儿一番乐群。

（二）上卷·作者谓宝玉是天下第一淫人

作者谓宝玉是天下第一淫人，天下亦知书中人惟宝玉之淫。第一而其人之所以淫者，淫之于酒色财气而已。试观宝玉醉后泼茶，酒之始；梦后试花，色之始。……紫英席上行令，酒场一变而一乱；鲸卿榻间算帐，色界一变而一奇。……故曰：宝玉之为淫人，酒色财气淫之也。能入乎酒色财气之中，而出乎酒色财气之外，宝玉故为天下淫人第一也，宝玉实又为天下终不讳淫之第一人也。

（三）下卷·香怜等辈

香怜等辈，为薛蟠哄于塾中。湘莲出群，将薛蟠哄于城外。前后之所遇，人嫌名交互，而责实迥殊。情欲之私，情误之苦。一损一亏，情事相连，令人失惊失笑。抑且为湘莲辱没了一时，而喜逢玉菡场面。将英莲辱没了一世，而苦受金桂闺威。此其或为冤家或为业障，或为情魔或为怨耦。日日使滥情颠倒，时时与戾气乘除。薛蟠于此，亦可知乐不可极，欲不可纵，而悔悟稍开，淫荡稍戢矣。乃其后卒为居奇约伴，挟优招妓，而殴店伙至死。一时犯君子之三戒，因而毁其家财，陨其妻命，几使一身不保。色荒之报更惨矣。

（四）下卷·薛蟠有苇塘之辱

薛蟠有苇塘之辱，香菱有草洼之污。其拖泥带水之情状，或遇习为优伶之柳郎败焉，或遇甫免优伶之荁官弱焉。明明是为人所戏也，然非薛蟠萍水相逢调戏而贪花无眼，非香菱蕙风留转嬉戏而斗草有情，人亦何从而戏之。乃至母猪驸马，揶揄焉而极意形容。

---

① 蟾宫指月亮，传说月上有桂树、白兔。折桂暗指获兔，而兔子是娈童的俗称。

汉子夫妻，指摘焉而尽情嬉笑。甚矣！人之好戏也，未能戏人，反为人戏。甚矣！人之不可戏也。

红楼梦杂咏

<small>（清·嘉庆—道光）蒋如洵著
清光绪间申报馆上海铅印
《申报馆丛书》本</small>

秦家小子亦英英，叔宝风神玉样清。
解识相偎相抱意，同车何不共鲸卿。

小坐清歌酒数巡，余音未散绕梁尘。
便无扇坠亲持赠，也解香罗一幅巾。

演戏闲来风月场，柳儿伉爽性逾常。
都因误下风流棒，鞭扑难饶呆霸王。

红楼梦杂咏

<small>（清·嘉庆—咸丰）黄金台著
清光绪间申报馆上海铅印
《申报馆丛书》本</small>

秦钟
绰约丰神绝世容，生憎絮语小堂东。
香怜玉爱知何处，赢得多情惜落红。

优昙无福被风摧，泣露啼烟柱自哀。
只有青青坟上草，放鹰犹见故人来。

藕官
多情假凤祭虚凰，偷向花丛泪数行。
想见温柔呼欲出，纸钱风送暮天凉。

红楼梦竹枝词

（清）卢先骆著
清宣统二年（1910）国学扶轮社
上海铅印《香艳丛书》本

秦家小子太憨生，绝世温柔玉性情。
不是同车恩义重，也应分爱到鲸卿。

红楼梦题词

（清）周绮著
杭州图书馆1984年
扫描油印《红学丛钞》本

附大观园影事十二咏

藕官焚纸

逢场作戏历年年，优孟衣冠亦偶然。
岂料痴心成幻想，错疑结发缔良缘。
魂消夜月埋香玉，肠断春风泣纸钱。
扑朔迷离浑莫辨，鸾胶今尚续新弦。

红楼梦诗

（清·道光）姜祺著
清道光间刻本

藕官

斜阳宿草杏花尘，蝴蝶灰飞泣暮春。
旧日痴情浑未了，又来怜取眼前人。

与宝玉恨不作女儿同心，故曰一流人。侍黛玉。

秦钟

风流腽腯胜婵娟，扑朔雌雄别有缘。

良会都生欢喜地，优尼戏罢伴僧眠。

"僧"谓宝玉，盖讨智能之便宜，以供宝玉之算帐也。

香怜

后庭花满卯宫前，易弁而钗剧冶妍。

若使蛾眉捐嫉妒，也堪我见尚犹怜。

玉爱

迷离莫与辨雌雄，玉兔春怀秘左风。

人啖余桃卿报李，前身端合是王戎。

"玉兔"字雅切。

蒋玉菡

罗巾早系百年姻，吸髓缠头胯下身。

笔底神通游戏毕，请君来作下场人。

恰好脱稿，终之以玉菡，所谓戏也。

松荫轩稿[①]

（清·道光）雪平主人著
清道光间刻本

笑薛蟠

谁锡嘉名是霸王，野心直合号豺狼。

千金不惜输双陆，一饮还须累十觞。

负性似牛殊蠢蠢，丧家如犬亦茫茫。

尤怜断袖平生癖，为饱尊拳识柳郎。

[①] 本书亦名《红楼新咏》。

红楼梦传奇

（清·乾隆—嘉庆）仲云涧著
清嘉庆四年（1799）刻本

第二十出 失玉

　　[妖道涵虚（副净）与妖僧志九（净）商量，欲去投靠海上潘王。]（净笑介）此事我已留心久了。只为此去要建奇功，须凭两个阵法，用着些人，一时没有全备。（副净）那两个阵法？（净）一个迷魂阵，一个勾魂阵。（副净）用些什么人呢？（净）那迷魂阵用三百二十名美女。（副净笑介）那美女娇娇怯怯，那里拿得动刀，使得动枪？（净笑介）如今人见了美女怕不丧魄销魂，还待动刀动枪么？（副净）虽是如此，那里拐逃得这许多？（净）只要摄了魂来就是了。（副净）那勾魂阵呢？（净）那勾魂阵要二百八十名美男。（副净）要他做甚？（净）天下还有不好女色，专好男色的呢。迷魂迷不得他，少不得勾魂也勾了他，这不一网打尽了么？（副净）请问师兄，这美男也摄魂么？（净）这却要生人的。（副净）怎么又要生人呢？（净）以阳勾阳，犹如以毒攻毒，全要阳盛才送得死他。若是魂魄，就大半阴了。（副净）领着许多人，不怕关津隘口盘诘么？（净）我闻得潘王有十万军兵，可以到彼挑选。只是领队之人须得一个绝色，还要有些根器才好。怕他那里没有这样人，却是带了一个去的妥当。[奸僧、奸道选中了贾宝玉，将他拐出南来，走至毗陵驿恰为贾政所见。宝玉得救，僧道被送交毗陵县，按律处死。]

红楼梦全部滩簧①

（清·嘉庆）赧生居士著
1960年代江苏泰州市古旧书店抄本

第十八出 失玉

　　[妖道涵虚（副）与妖僧志九（净）商量，欲去投靠海上潘王。]（净）吓，此事我已留心久了。只是要建奇功，须凭两个阵法。（副）那两个阵法？（净）一个迷魂阵，一个

---

① 本剧系改编自仲云涧《红楼梦传奇》。

勾魂阵。那迷魂阵用三百二十名美女。（副）吓，师兄，那美女娇娇怯怯，那里拿得动刀，使得动剑，要他做什么？（净）吓，道兄，他自有利害。还待动刀动剑么？……（副）那勾魂阵呢？（净）那勾魂阵要二百八十名美男。（副）要他做甚？（净）吓，天下还有不好女色，专好男色的呢。

自古风情让宋朝，孔圣人曾把他姓名标。莫说后庭个个将花爱，便是夫人见了也痒难挠。后来子都又生得庞儿俊，孟夫子也曾极赞姣。儿曹大抵龙阳生就如花貌，美男儿更比美人高。

道兄，就是迷魂阵迷不得他，少不得勾魂阵也勾住他，这不是一网打尽么？……（净）吓，道兄，我闻得潘王有十万军兵，可以到彼挑选。只是领队之人须得一个绝色，还要有些根器才好。他那里只怕没有，须是带一个去才妥。［奸僧、奸道选中了贾宝玉，将他拐出南来，走至毗陵驿恰为贾政所见。宝玉得救，僧道被送交毗陵县，按律处死。］

红楼梦传奇

（清·嘉庆）石韫玉著
清嘉庆间吴门刻本

第六出 庭训

（丑扮王官上）近日有革一件齟齬事体，王府班里有一个小旦叫做蒋琪官，是王爷的心肝宝贝。吃饭无子蒋琪官吃弗饱，困觉无子蒋琪官困弗著。那里晓得前日子告假省亲，一去杳然。王爷差我到伊下处问问，说道搬到乡间去了。王爷听得子这句话暴跳如雷，著落我身上，必要寻著丢。今朝有个人说，伊和荣国贾府宝玉公子相好，手中拿的一个玉扇坠还是宝玉赠他的。我想戏子与娼妓一般，迎新送旧是其常事，或者撇却王府，投在他家也未可知。……［丑见外①，唱：］

【谒金门】年垂暮，教就一班歌舞。（外）天潢富贵之家，原该及时行乐。（丑）碌碌粗材何足数，单则爱后庭一枝玉树。（外）嗄，有一个钟爱的。（丑）贾爷听启，那班中虽有几个子弟，王爷也都不在意。止有一个装旦的脚色，姓蒋名琪官，王爷十分欢喜。（外）贵人抬举，是他的造化了。……

---

① 贾政。

绛蘅秋

(清·嘉庆) 吴兰征著
中华书局 1978 年
《红楼梦戏曲集》本

(一) 湿帕①

(贴扮林黛玉愁容上)

【海棠春】谁堪还惹伤心事！一阵阵忧煎如织。怎样不关情，几度心疼死。

奴家黛玉。闻得舅舅昨将宝玉哥哥唤至书房，极力训责。私忖不过是管教一番，谁知夏楚无情，不比蒲鞭轻示。直恁心乎太忍，几教身无完肤。后来打探情由，却是为甚忠顺府的蒋琪官互赠汗巾事。嗳！宝玉呵！偏是你的事不得清也！

【一枝花】优伶系甚思？私赠无回避。余桃断袖，知他虚实？莫辩雄雌爱博知，谁是心分多自驰。一点情痴，怎散做万缕千丝——。

嗳！想他孽由自作，又殊为堪恨也。

【二犯香罗带】私心只自知，幽情还自揣。宝玉呵，你自小牵连粉共脂，又何堪添个蒋家琪也。嗳！虽说如此，却又堪怜他处处情痴也。半晌多猜疑，冷眼窥可知。他生来心重觅秋期，拼着他钟情宋子。便一例儿无是无非，则愿你有点参差。

(二) 呆调　写呆霸王调情遭苦打。

红楼梦传奇

(清) 陈钟麟著
清道光二十六年 (1846) 长沙刻本

(一) 卷一·闹学

(宝同茗上，见介。宝) 鲸卿，今日已交巳牌，我与你同到塾中，拜见先生去。(携手行介)(同唱)

【前腔】文章跌荡，且学书生样，雪花也当梅花赏。慧业三生，尘缘万状，我与你只

---

① 参见《红楼梦》第三十四回。

索要推敲细商。

（茗）爷们快快走罢。（下）（外贾代儒上）老夫贾代儒，叨居荣府宗支，幸列黉门耆宿。白丁幸免，尚承诗礼仪型；黄甲难登，依旧科名氄氄。眼下已过七秩，膝前仅有一孙。他只因家塾无师，我仍以课徒为业。今日闻宝玉、秦钟二人上学，不免到书斋中去。（宝、钟同茗上）先生，弟子宝玉、弟子秦钟拜见。（儒）不消了，常礼罢。里面众学生，都出来相见。（旦香怜、贴玉爱、小丑金荣、生贾蔷上）（儒）你们各见个礼，分位坐下。（场设桌三张，中儒，东宝、钟，横蔷，西怜、爱，横荣，同坐介）（儒）你们众学生年纪尚轻，既到塾中，须得专心攻苦。作文呢，要如雕龙绣虎；默坐呢，不可意马心猿。今日初到学堂，听我教训一番。

【掉角儿】老世家，裁成有方；六经内，许多蕴酿。敦素品恭俭温良，结密友多闻直谅。休学那俊相如调绿绮，俏张生弹玉局，抹煞书香。（宝、钟）学生晓得。（同唱）谨遵礼数，猥侍门墙。小娃娃坐春风三月，饱习青箱。

（儒）如此甚好。（丑贾瑞上）（儒）众学生！我今日有事外出，出一对子，与你们对去。吾儿，你在此权看片时，不可吵闹。（瑞）晓得。（儒下）（宝）先生出了一对，是"点头顽石生公法"七字，苦无现成对的。（钟与怜努嘴同下）（荣随下）（宝向蔷）我已有了，"濯足沧浪孺子歌"。（蔷）叔叔对得好，我还对不出来呢。（荣拍手笑上）话靶话靶，被我拿着了。（爱）你说什么话？（荣）我跟他二人进去，见秦钟同香怜二人亲嘴摸屁股，哈哈！笑话笑话！（爱）你休得胡说！（荣）我逼逼真真看见的。（钟、怜同上）我们被金荣欺负，说了多少不干不净的话。（瑞）俗话说得好，篱笆夹得紧，那怕野狗钻。你们鬼鬼祟祟，自然被人疑心，还不坐下。（蔷下）（茗上）那里有撒野的杂种，欺负我们。（扭荣要打介）（瑞）反了反了！奴才敢如此无礼！（茗）我也不问你，且把金荣打死了，偿他的命！（瑞向宝作揖介）好兄弟，你且喝住了他，我自有道理。（宝喝介）茗烟，不得无礼！（茗放手介）我们回去告诉告诉老太太去。（宝）休得胡说！只是一件，今日第一天到学，即如此光景，将来日久天长，人多口杂，造言欺负，何以为情！只好多多回覆先生，明日我两人就在家中读书了。（瑞）好兄弟！休要生气。千不是，万不是，总是我的不是。今日祖老出门，忽然闹事，你们又要回去，祖老必定将我不依，岂不连累于我。（宝）连累亦说不得了。只是你为何偏心，帮着金荣以无作有，坏人名节？（瑞）都是我一时糊涂。（向钟介）好兄弟，求你向宝兄弟说一个情，多多感谢。（宝）也不必说情，只是金荣太觉欺人，须要向他二人赔个不是，方肯干休。（瑞扯荣，荣不肯介）（瑞）我方才尚且作揖，今日的事，原是你闹出来的，来来！你须赔一个礼，以好日后见面。（荣作揖介）（宝）事虽如此，但已后金荣只可在内读书，不得同席而坐。（瑞）晓得。（宝）天色已晚，我们都去罢。（绕场走介）（瑞、怜、爱、荣同下）（宝）鲸卿，今日初到此间，惹此一场闲气。（钟）宝二叔，不必提了。（宝）

【前腔】没来由,东风弄狂。须忍耐这般卤莽。先生呵,装假面傀儡登场;学生呵,掉谗舌风流冷棒。只可怜香、爱二人,气得脸涨青霞,吓得他面成黄腊。翻学了气周郎惊坠马,痴晋卿逃嗾犬,特地郎当。鲸卿,我与你明日上学,须要安慰他二人一番为是。(钟)言之有理。我呵,衔泥燕子,暂借雕梁。羡卿卿把奚童分咐,莫打鸳鸯。(宝)来此已是家门口,你且回到东府,明日再会罢。(下)

(二) 卷三·藏发

(贾琏上)我贾琏只因巧姐出花,搬在外书房一人独宿,好不寂寞,只等小厮来玩耍一回。(俊童上)二爷,何为一人在此,清清冷冷的。(琏)你来得巧,我因巧姐出花搬在外边,甚属无聊。我几日不见你,越发标致了,今夜欲与你叙叙旧情。(扯介)你来坐在我腿上,说说话儿。(童)清天白日,二爷不要胡闹。我倒有巧宗儿,不告诉你。(琏)如何是巧宗儿?(童)常言道:妻不如妾,妾不如婢,婢不如偷。难道这"偷"字还不晓得?(琏)叫我何处偷去?(童)我不告诉你,你是过桥拆桥的。上回许我的金镯子,许我的衣服,至今没有见面。(琏褪镯介)好兄弟,我手上的镯子先送给你,你总要作成儿这件好事。(童)二爷,那偷人的滋味与别样不同。(琏)我还没问你,此人是谁的老婆?(童)这大厨房里有个多混虫,他的老婆叫多姑娘,是千娇百媚的。(琏)哑,就是他。你替我说说,我今夜到他屋里去。(童)如何谢我呢?(琏)不消说得,总要谢媒的。(浑下)

续红楼梦

(清·嘉庆)秦子忱著
山西古籍出版社1998年
《红楼梦丛书全编》本

(一) 第二十三回

袭人回到自己的房内,前思后想,愧恨万端。想起:"从前和宝玉是怎样的恩爱来,如今偏又嫁了人。虽说蒋玉函模样儿风流,性格儿柔媚,床笫之间,虽有无限的温存,到底终觉下贱。况且他原是跟着人睡的人,如今,我又跟着他睡。这就保不住他高兴了把我枕席间的光景,告诉了他的相好知道,还有个什么趣儿了呢。罢了,宝二爷若不回来,只算我命该如此,我也就死心塌地的了。偏偏的他又回来了,林姑娘和晴雯他们也都回了生了,我这会子心里就像热锅上的蚂蚁一般,到底不知怎么着才好。嗳,老天爷!我仔细想来,如今宝二爷晚上睡下,左边是宝姑娘,右边是林姑娘,头直里是晴雯、金钏儿,脚底下是紫鹃、莺儿,他那里还想得起他当日的那个袭人姐姐来呢!即或二爷明儿见了汗巾,想起我来,我如今已是嫁了人的人,他如何肯把我重新赎了回去呢。——权当二爷肯了,老爷、太太也断然不肯的;权当老爷、太太都肯了,把我赎了回去,别人还罢了,晴雯这个蹄子,嘴就和刀子一般,我这不一辈子死到他的舌根底下了吗!众人一齐作践起来,就是我那个心坎儿上的爷,也就未必能像从前那样的疼我了;权当我那个爷想念前情,仍旧把我姐姐长、姐姐短的叫一个杠口儿甜,没主意、没造化的蹄子,你跟着蒋玉函睡了将近一年了,还有什么脸儿答应人家呢。"想到这里,不觉五内崩然,泪如雨下,情绪悢悢,如痴如醉的也无心茶饭。

　　将及黄昏掌灯之候,老婆子进来说道:"奶奶,爷回来了。"只见蒋玉函自外走了进来,脱了毡衫,怀内掏出个包儿来,笑嘻嘻的递与了袭人,道:"姐姐,你带着试一试,看好不好?这个东西正配你那个雪白的膀子。"袭人接来,打开一看,见是一副镶金碧霞玺的手镯。看了一看,仍旧放下,不觉泪流满面。蒋玉函见了,不胜诧异,忙搂在怀内,问道:"你又怎么了?想是家下的服侍你不周到,得罪了你么?"袭人把脸一扭,道:"我几时和他们这样难缠过来?"蒋玉函笑道:"不然,可又是为什么呢?"袭人不答,只是流泪。

　　蒋玉函不悦道:"你自从进了我家的门,我那一样儿待你不好!真是'心坎儿上温存,手掌儿上奇擎,眼皮儿上供养',那一天晚上又不是'脸儿相偎,腿儿相压,手儿相持'呢?我想就是宝二爷当日也未必把你如此的看待。你说宝二爷当日总是把你姐姐长、姐姐短的称呼,我这如今,也是成日家把你姐姐不离嘴儿的叫。你总是不舒服,难道教我把你叫妈妈不成?"袭人道:"你不用怄人了。我有件事要问你,你可不许哄我,若肯据实的告诉了我,我才信你疼我是真心实意呢。"蒋玉函笑道:"我的姐姐,我到底那一件事儿哄过你呢?"袭人道:"我想你成日家在城里演戏,这件事你必然是知道的。我听见说,如今宝二爷回了家了。前儿七月十五,在铁槛寺僧、道作法,回生了好些人,这可是真事么?"蒋玉函听了,呆了半响,忽然笑道:"这是你在那里听来的谣言?难为你也是极聪明的个人儿,你也想想,世上也有个人已经死了,又会活了的道理?"袭人道:"外头人人都是这样说,还说宫里的娘娘也回了生了,林姑老爷也做了城隍了,怎么你还哄我呢!"蒋玉函道:"罢哟,我劝你喝口凉水,把这种妄心打退了罢。你原是我明媒正娶之妻,并不是我抢夺来的,权当宝二爷认真的回了家,他还能够赎你回去么?况且他如今现有娇妻美妾,逐队成行,也断然不肯要你这个破货的了。权当他想念前情,还肯要你,你也该打打细算盘才是。我想你若依旧到他跟前,不过一个月里头轮着你陪伴他一遭儿,还算是你的造化。那里如跟着我,夜夜不脱空儿的舒服呢。书上说的好,大丈夫'宁为鸡口,勿为牛后'。难道你连这两句话也不懂得么?"袭人道:"我也不懂得什么书上的话,据我想来,你才真是个'牛后'呢。"蒋玉函听了,笑道:"到底你没读过书,竟将这两句话的意思讲颠倒了。"袭人道:"我可懂得什么书呢!你只自己回过手去,摸摸你那个'后',只怕也和牛的差不多儿了罢。"说的蒋玉函红云满面。正待发作,瞧了瞧袭人,又怪舍不得的。

只见老婆子进来,问道:"爷还吃饭不吃了?"蒋玉函道:"我已经在城里吃过饭了。你奶奶吃了饭没有?"老婆子道:"奶奶今儿也不知是怎么了,只吃了半碗儿饭呢。"蒋玉函道:"既是这样,你去烫壶热酒来,再拿几碟干果子,我和你奶奶消消夜、打打寒气。"老婆子听了,忙去取了酒果来,摆上炕桌儿,夫妻对饮。袭人那里还有心肠饮酒,无如蒋玉函柔情媚语,放出他小旦的身分来,弄的个袭人没了法儿,只得以酒浇愁。约有一个时辰,竟至陶然大醉。蒋玉函将他抱入鸳衾,双双安寝。[蒋玉菡睡熟之后,袭人愧悔自尽。]

(二) 第二十四回

到了晚上席散,煞了戏文,甄宝玉欲教蒋玉函见见贾宝玉,所以又留下冯紫英和薛蟠,于客散后在内书房小饮。贾宝玉与蒋玉函相见,蒋玉函才跪了下去,贾宝玉便双手搅了起来,各道契阔,欢若平生。然而各有隐曲,四目相视,大难为情。又散坐着吃了会子茶。

茶罢,此时正值皓月当空,天气和暖。甄宝玉乃命人将一张团圆桌子放在天井内,桌上摆了一个攒盒儿,宾主五人团圆列坐。蒋玉函提壶每人面前斟了一杯,然后谢了坐,坐在下首。酒过了三巡,蒋玉函又站起来,向贾宝玉笑道:"二爷,小的闻台驾回府,久欲造府叩见,总因上年老大人盛怒,二爷为小的受了委屈,所以不敢轻举妄动。今幸在此处再仰丰仪,小的无以为贺,愿手奉一杯,以伸积悃。"宝玉听了,忙将自己的杯儿端了起来,一口饮干,递了过来。甄宝玉忙道:"你既要敬宝二爷酒,就该弹起琵琶来,唱个小曲儿才是,那里有单敬酒的理呢。"蒋玉函听了,才要去取琵琶,只听薛蟠道:"又闹什么曲儿,哼哼唧唧的。不如教他敬宝兄弟一个皮杯儿,岂不剪绝些儿呢。"冯紫英哈哈的笑道:"薛老大,你真是个大草包。宝兄弟是你的表弟,又是你的妹夫,你怎么说出这个话来了,你说该罚不该罚?"薛蟠听了,自己打嘴道:"该打,该打。拿琵琶来,我替他弹,教他学档子上的孩子们,在地下扭捏着唱个《马头调》儿,我们也看他个手眼身法儿,何如?"众人听了,都说使得。蒋玉函听了,只得拿了个手帕,先走了个身式,向宝玉飞了个眼儿,唱道:

冤家冤家你真胆大,跟随了僧道竟去出家!大荒山亏了仙师亲点化,太虚境留下了一段风流话。蓦地归来臊坏了我们的那个他。暗投缳三更半夜在床头挂。恨起来,恨不能一口凉水把你囫囵吞下。

众人听了,一齐大笑道:"唱的好,恰当切题。宝兄弟这可该喝一盅了。"宝玉听了,忙将杯子递了过去。蒋玉函满斟了一杯,宝玉接来,一气饮干。虽然同众欢笑,细听曲中言语,终觉感慨,心中一动,不觉酒上心来,连忙将筷子担在酒杯上,道:"暂且告便。"说罢出席,竟到后院去了。蒋玉函见了,便也随了出去。薛蟠楞楞怔怔站起来,也要跟了去,早被冯紫英一把按住。

且说宝玉正在后院小解,忽听身后有人走的脚步响。回头一看,见是蒋玉函。忙掖起衣裳,笑道:"你也小解么?"蒋玉函低声道:"适才席上不便细陈隐曲。自从二爷去后,小的无意中娶亲,实不知是二爷房里的旧人,后悔不及。前日闻得二爷回府,他就愧悔莫当,半夜投缳自缢。小的不但无颜见二爷的金面,抑且落了个人财两空。"说着,就流下泪来。宝玉道:"你不必伤心,这个人我已经把他救活了。但他原是我的旧人,未便仍归于你,我另替你娶一房妻子也就是了。我想,你也常在我们家唱戏,我们女班子里有个芳官、藕官,你也是见过的,就把他两个都给你,如何?"蒋玉函听了,连忙打了个千儿道:"谢谢二爷。"忙将腰间所系的茜香罗汗巾解了下来,递与宝玉道:"这原是小的当日孝敬二爷的东西,前日忽又陪嫁过来,今仍完璧归赵,惟求二爷赏脸。"宝玉笑着接来,忙将自己系的一条玉色洋绉旧汗巾解了下来,两相对换。

(三) 第二十七回

这一日打醮演戏。到了晚上,薛蟠又备了酒席,请贾琏、宝玉、湘莲等诸人看夜戏。便命人封了山门,不许外人出入。薛蟠此时已入醉乡,并不知史湘云又留下众姊妹看夜戏,他便肆无忌惮的叫了蒋玉函来,点了几出风月戏文,无非《买胭脂》、《送枕》等类。唱到惊心动魄之时,不禁狂呼大叫喝起采来。……凤姐笑道:"你估量他们爷们家到了一块儿,那里还肯点什么好戏呢?"探春笑道:"戏文内科白打诨原是取笑儿,若闹得太没人样了,也有伤雅道。难为这一个唱小旦的怎么学来,难道就连一点臊儿也不害么?"凤姐笑道:"你看你说的这个话。他若知道害臊,他可又仗着什么哄人家的钱呢?"

续红楼梦

(清·嘉庆)秦子忱著
民国十年(1921)上海大成书局石印本

《续红楼梦》卷二十三、二十四

图中上吊者是袭人,下层左右是贾宝玉,右二是蒋玉函。

后红楼梦

(清)逍遥子著
山西古籍出版社 1998 年
《红楼梦丛书全编》本

第二十五回①

　　这里平儿在黛玉房里悄悄细讲,原来就说的贾环。平儿悄悄地道:"大姑娘,今日来告诉你,不为别的,你的耳目原也长。你前日请琏二爷过来,查查环兄弟,琏二爷随即出去查查,果真的闹得不像样了。这几天,咱们府里恍恍的也有些人知道,单则瞒了上头。琏二爷倒也臊得很,说一个兄弟管不来,倒等大姑娘察访出来。而今饥荒也多得很呢。"黛玉道:"我呢,同着姊妹们在里头,也不知道什么。只是两个月来瞧他失魂落智的,我就叫人悄悄的查他的牲口车子,长久不在家。也叫探妹妹留着心,也说他乱得很。他又不当什么差使,上头又没有事情使唤着他,他忙得那么着,不闹饥荒闹什么。你且告诉我,他近日到底干了些什么事情?"平儿道:"告诉你知道,你不要气坏了。原是芸儿这个没料儿的,从前琏二奶奶在日,贪他些小物事,闹进府来,往后也闹出无数花色儿,叫咱们琏二爷咬牙切齿,不许他跨进这条门槛。他就没猴子弄了,就勾出这位爷去,往前门外听档儿。"黛玉点着头笑道:"是了,他开手,这空心大老官怎么上场呢?"平儿道:"说来也气死人,他跟了芸儿这个没料儿的,先到本部书办人家去,不知编什么谎,诳了几百银。"黛玉惊骇道:"这小子该死了,咱们老爷连分内的饭食银也不要,也分给司官老爷们,这小子反到书办那里谎骗去,该死!该死!"平儿道:"他两个得了这个手,就闹得大了。在什么档儿下处租了房子,也弄些铺设,遇空就去听小曲玩儿,干儿子认了无数。"黛玉就啐了一啐。

---

① 注意"干儿子认了无数"。

绮楼重梦

(清·嘉庆) 王兰沚著
山西古籍出版社 1998 年
《红楼梦丛书全编》本

第三十九回

小钰①听是太太唤他，就忙到上房来。只见一个三十上下年纪的俏女人，同着一个十四五岁的俊秀女孩儿站在太太旁边，见小钰进来，就一齐跪下磕头，又打跧请了安。王夫人说："这是当年伺候你父亲的丫头，名叫袭人，嫁给戏旦蒋琪官，生这个女儿。如今琪官痨病死了，家里艰难，要把这女儿卖在我府里，特叫你来瞧瞧，要他不要？"李纨笑道："这样俊人儿，再十个也不嫌多，怎么不要？"小钰问："多少身价？"袭人说："凭二爷赏就是，那里敢论价。"小钰就叫香玉去兑了一千银子，同他母亲去写了一张身契，留在怡红内房伺候。太太、奶奶又各赏了袭人几两银子，留他吃了酒饭回去。

到了晚上，这夜轮该娟娟、跹跹、春苕、芳荑值班，上了炕就叫那新来的丫头陪睡。谁知摸了一摸，竟是没有前窍的。便叫拿火来。娟娟把蜡烛一照，只有后面一个窟窿，比别人的略开阔些，前面是光光的。众人都笑道："奇怪，你难道不溺小便的？"他红着脸回说："外面是总共一窍，里边却分个前后两处的。"春苕笑道："是了，他父亲是做戏旦的，自然用着后窍；母亲是用前窍的。如今合成一孔，南北两便。二爷好运气，买了一个丫头，却带了一个兔子来哩。咱们把炕幔放下，由着二爷上前落后，一箭双雕罢。"不一会，内外房都睡静了，只听得这丫头哭着求告道："二爷开恩饶了罢！往前还疼得略差些，往后更疼得受不住了。"小钰笑道："我替你取个名，就叫做双双，派你明儿在外房该班罢。"一面叫芳荑上炕去换了他下来。可怜路也走不动，捱墙摸壁，挣到外房，和一个丫头同睡了。众人都来瞧他那话儿，笑道："果然奇怪，又不是石女，又不是二雄人，不知将来会受胎不会？"芳荑问小钰道："他一而二，二而一，好不便当，怎又叫他该外班呢？"小钰笑道："到底是各样的，自然是分门别户的才妥当。"

到了第二天早晨，传将开去，连上房通知道了。传灯在西庵闻知这事，便说："这是母亲造下的孽，才有这恶报。当年袭人姐在太太跟前笪了许多闲话，害黛姑娘气病死了。如今生这样形体不全的女儿，叫人三三两两的笑话。"淡如和瑞香听见了，就同到怡红，硬硬捉住他，脱下裤子细细瞧了一回，笑个不住。瑞香就仿着骚体做了一首歌儿，道：

---

① 小钰是贾宝玉之子，也是他的转生。

彼婵媛兮，邯郸倡。采葑菲兮，聿乖常。窍孤生兮，淯涸阴阳。父风母气兮，二而一。前涂块兮，后径仄。荃荒芴其安适从兮，歧路徘徊。雨翻云覆兮，巫之台。骋北辔兮，俄南辕。形劳劳兮，中烦冤。既干进而务入兮，羌错趾于中道。姣将愉兮天君，夫告余以不好。体不备兮，恩易绝。敛余股兮，曳余褋。屏闲房兮，赠余玦。寒谁留兮，彷徨。怨公子兮，泪浪浪。

金荃、盈盈本很通文理的，瞧了笑道："题目本新，这歌儿恰做得离奇光怪得很。"小钰也笑道："瑞妹妹，你病刚好了些，又来造这些口头孽。"

红楼圆梦

（清·嘉庆）梦梦先生著
山西古籍出版社 1998 年
《红楼梦丛书全编》本

（一）第六回

[宝玉梦中见到晴雯，晴雯]因道："我同你看一人去。"随到一所在。只见袭人披了头发，光着身子，死白狗似的仰面躺着和蒋玉函在那里干这警幻教导的事。只见袭人道："你们做小旦的动不动献后庭花，那个也同前面一样么？"玉函道："一样不一样，你就试试。"晴雯忽将床上挂的茜香罗汗巾抽来，在琪官项脖上绕了一转，拉着宝玉就走，说："三元甲子之后自有效验。"宝玉惊醒。

（二）第十一回

却说当今接了宝玉奏折，除依议外，适江南甄制台之子甄宝玉以去年议叙调取来京升用，路上雨雪且又同了李绮来的一发难走，直至上元才到。开印引见，却值长芦缺出，遂以四品京衔管理关部盐政。又推贾政之功，将贾琏放天津道，薛蝌升了天津府，湘莲补风化店参将以酬其功。旨意一下，大家多忙着道喜。甄、贾二姓本属世家，倒还看淡，独有薛家虽称豪富，但不过倚仗有钱，结交几门贵显亲戚，实在没有做官的人。如今猪堆里跳出象来，竟是黄堂太守，不说别人，就是那呆子也扬扬得意，竟是一位大大老爷。适这日冯紫烟与贾、甄二位饯行，请他做陪。他是无事人，过午便到。坐定后，门上递一手本，进来要见。薛蟠便问是谁，冯紫烟道："是蒋玉函。"薛蟠知是袭人当家的，就命叫他进来。琪官见了便向二人打千请安。冯紫烟便道："来有甚事？"琪官道："小的现在新收了一个徒弟。新任天津盐台，却是爷们世交，求爷荐荐。"薛蟠不等冯紫烟开口，便道:"今日正请他,等他来就和你说。"蒋琪忙打千道谢。正说着,甄、贾二公也到了,便吩咐摆席。贾琏见了琪官便问道:"他为甚在这里?"薛蟠道:"我留他在这里的。"便招手道:"快来!"琪官忙上来请安。甄宝玉道:"尊姓?"琪官道:"小的蒋琪。"甄宝玉道:"久慕久慕,小旦曲子六府班独绝的,好请教么?"蒋琪忙打千道:"求大人赏点!"遂点了一出《花魁》。蒋琪顿开喉咙,真有绕梁之韵。甄宝玉大喜,赏了个荷包并锞子。薛蟠便道:"琪官家还有个年轻的更好,况他家里也是好人,明日就是坐上人往他家乐一天,若不赏脸就拿大人们架子了!"众人皆知呆子脾气,说多来,席间便将蒋琪所求之事说了。甄宝玉道:"这本不值什么,但如今长芦窘乏异常,商人中有家私的只一姓木的,也狠难缠。到那里看罢了。"说罢散了。

次日薛蟠便到蒋家见了琪官。琪官道:"我正自己要去问那姓马的,薛大老爷里面请坐。"遂同到了上房。只见袭人穿着银红袄儿青缎子背心,白绫细折裙,正在摆果碟,便道:"薛大爷请坐。"薛蟠道:"今儿难为你。"袭人道:"这算什么。"琪官送了茶自去了。薛蟠坐着吃烟,忽想起来道:"花姑娘,宝二爷回来到过你家没有?"袭人含着泪摇头。薛蟠道:"了不得,我见了不依他。他如今二妻六妾,好不快活。"正说着,蒋琪领着那人来了。薛蟠看时,脸圆秋月眼掷春星,不瘦不肥十分娇媚。头上戴一顶紫呢结金线骨种羊秋帽,身穿着三蓝洋灰鼠袍,跐着福色蝴蝶履,斜着打了半个千,早把薛蟠魂灵摄去。隔了半日方问道:"你几岁了?姓甚名谁?"那小厮道:"我是属兔的,姓马行二,他人说马二是冯,送小的号叫小怜。"他见桌上有水烟袋,就拿来先把烟灰吹了,点着纸卷子,装了烟送将上去。薛蟠吃了几管,便不要吃了。小怜又装与袭人道:"蒋嫂子你吃。"袭人欠身吸了,他方装来自吃。外面报冯紫烟到了,大家出来,客位里坐定。不一时甄公子亦来,命去催贾琏,一面坐席。去的人不一会同焙茗来道:"琏二爷叫道谢,实在有事。"……

这里席散,甄公子一样三个赏封蒋家夫妇和马二的,薛蟠给了卅两席费,又银十两,嘱明日同马小怜成全好事。琪官允了。到了次日午后,琪官同小怜来呆子处请安,薛蟠便留住吃夜饭。初时尚猜拳赌唱,后来索性通了,蒋琪抬起轿来,把那小怜脸晕晴霞体融暖雪,大醉如泥,不省人事。琪官忙帮着替他脱了外衣,拉了鞋袜,连一条水绿绸中单也轻轻褪去,只留着一件大红里月白面天鹅绒厢的紧身遮体,愈显得唇红脸白。薛蟠见了欲火烧心,便对蒋琪道:"奇功已奏,就请回营。"遣他去了,便关门一觉。佛家说"孽者障,障者孽",不知是那一条了。次早醒来,海誓山盟。薛蟠便要小怜家里来住,道:"你在饭店又不方便,又要花钱,不如我这里住罢。"小怜道:"我闻得你家二老爷和柳大老爷日内进京,我在此算什么?不如等他们去了再来。但你不在家,叫我找那个呢?"薛蟠一想道:"也罢,我同进去见见你姊子,你来我不在家找他便了。"说着便同他往里走。

却说宝蟾见呆子昨晚所为正不耐烦，忽见得一个小后生来，比蚪二爷好的多，便回嗔作喜道："你同来的什么人？"薛蟠道："这是我新认的干侄儿，他来我不在家，你照应些儿。"宝蟾堆下笑来，道："这个自然。"忙叫丫头倒茶。又向薛蟠做鬼脸道："要吃扶头酒么？"薛蟠道："也好。"于是三人就在上房吃了早饭才散。小怜看见那妇人打扮妖精似的，十分狐媚，便三月三荠菜起了心了。……

（三）第十二回

如今且说小怜，自薛蟠出门后他以照应门户为名，搬在薛家居住，与宝蟾恣意淫乐，无所不为。一日忽想出去逛逛，饭后随到前门听戏。方到戏馆门首，忽撞着琪官，道："那一处不寻你，且同我到茶馆里坐。"小怜便问何事，琪官道："昨日卜世仁来说，天津海盗案内有一同行姓张的被他抓了要问死罪，他情愿倾家买命，你办得么？"小怜道："这又何难？但肯出多少？"琪官这方要说，只见薛蟠急火撞来，抓住小怜领子发狠吼道："你来这里做什么？"小怜情急计生道："我要去逛小市，来问姊子可要买什么？"薛蟠道："放你妈的屁，逛小市赤着脚去么？"小怜怔了半日道："一双靴忘在外面正要找去。"便守门走了。撕撕扯扯已来至宝蟾门首，琪官也早吓跑了。此时宝蟾只装假睡，薛蟠进房骂道："淫妇干得好事！"宝蟾一翻身道："谁骂人？"薛蟠道："大清早晨把小怜藏在屋里做什么？"宝蟾道："小怜早到小市去了，在这里寻？"薛蟠见了宝蟾本自心软，今见二人说话相同，便道："我去问准了他再问你。"顺手抽了根鞭子到书房里，道："小怜，你该打多少？"只见小怜衣服也没穿好，躺着发怔，见薛蟠来使性子，便哭着道："上房是你叫我进去的，这里住是你叫我住的，我有什么不是？吃了你几天饭就拿出主子腔儿打起来了。"一面便自己把上下衣服褪下，光身体合扑着道："请打，请打！"那薛蟠见了这一身雪练似的白肉，按捺不住，把一根竹鞭子丢了，结结实实教训了一顿。那小怜此时也顾不得廉耻，顾不得疼痛，闹了半天，便把呆子说转了，道："罢呀，下遭撞着仔细白刀子进去红刀子出来，此刻且跟我和你姊子执证去！"说着先向上房去了。那小怜无奈，老着脸穿了衣服也跟进来。两边人看见他都抿着嘴笑。到了窗前，只听得宝蟾道："好爷们，一到就闹着没人样的事！"薛蟠道："难道只许你乐，不许我乐么？"小怜知云头已散，便挨进去道："事已明白，怪臊的，还说他怎甚？"宝蟾心虚，也不再提，便问了一回姨妈妈的话。薛蟠便催饭，家人放桌子，问几位同吃？薛蟠道："他们两个配同我吃不配？快拿来我先吃。"吃完套上车到贾府并各处送信。钗、琴等兄妹相见自有一番情话。

却说薛蟠车上想起小马这事，留呢留不得，舍又舍不得，要告诉两府里，又怕他们笑话。因思本是蒋玉函来头，拜完客后便到蒋家与他商量。琪官一见，忙道："爷来了，还没来给爷请安，倒蒙光降。了不得。"薛蟠道："有话和你说。"就将小马心事告诉他。琪官呆了一响，道："不难。只叫小怜写一张不叫不许来的伏辩，爷叫不怕他不来，不叫也不怕他敢来，不好么？"呆子道："很妥，你就去办。"琪官去了半日，来道："事已办妥，明早亲自来递。但天已晚，出城不及了，就是小的这里住了罢。"薛蟠只得住下。

且说宝蟾见呆子去后，便道："这事被他看破，终有些不妥。"小怜道："可不是，刚才不是这条苦肉计还了得么？但当着人被他那样糟蹋还有脸来走动么？"宝蟾道："我也还有脸么？三十六着走为上着。现有五十金子，他的行李并拢来也有二三百银子，收拾收拾，趁个空儿走了倒妥。"正商量间，琪官又来说这话。那小怜千央万告求他留住薛蟠一夜，他明早来再商。一面买些酒食来买住众人，自己却和宝蟾收拾了半夜。诸事停妥，黎明街头叫乘乡车出城走了。

却说薛蟠在蒋家睡到天明，催玉函问讯。玉函道："天气还早。"那知薛家小厮已赶来说："奶奶和马相公走了，东西值钱的都拿了去。"呆子一惊不小。……

（四）第二十二回

宝玉一路驰驿到了镇江，宝玉见过官后，就打轿到常镇道署中，先到岫烟里边说了会家常话。郎舅至亲，别无他客。随即开筵唱戏，内中一个小旦丰韵颇佳，宝玉问叫什么名字，薛蝌道："混名赛潘安。"因命他上来劝酒。宝玉拉他手问道："你姓什么？多少年纪？"他道："小的姓蒋，叫瑶官，今年十五。"宝玉心动，便问："京师有个蒋琪官，是你什么人？"他道："是堂兄。"因问他在班里多少钱一年，瑶官道："只四十金一年。现在因行头主淘气，即日要散，散后还得另寻头脑。"宝玉听了大喜道："如此太妙。你今日就做了我跟班，我自看顾你。至管班我嘱薛大老爷替他说便了。"瑶官忙磕头谢了。薛蝌就传管班来吩咐。两位大人的话谁敢不依？瑶官随即跟下船去。

红楼复梦

（清·嘉庆）小和山樵著
山西古籍出版社1998年
《红楼梦丛书全编》本

（一）第五回

贾琏笑道："你别管我喝茶，你到把配的药酒喝口儿去睡罢，同徒弟慢慢算帐。"法本笑道："仔吗今日二爷同我过不去，等着后日二奶奶来了，咱们评评这个理。"贾琏笑道："使得。"贾琏在方丈里与老僧同榻，一宿晚景不提。

(二) 第十五回①

[众官请松柱松大人和其婿祝梦玉在平山堂饮宴。]梦玉见听差的来请,只得急忙忙来到花厅,松大人们早已坐席,就在松节度下首空着一席,等候姑爷。众官见梦玉进来,起身让座,梦玉到各官席前告过罪,又至松大人面前告座,才向本位正襟坐下。众官儿们让了酒,场面上正唱着《梳妆跪池》,扬州汪太守笑道:"祝世兄在此,不该唱这样俗戏才是。"松柱笑道:"这是陈季常风流佳话。"众官吩咐请姑老爷点戏,就有个十三四岁的小旦,包着头,穿件大红衫子,捧着牙笏走到姑老爷面前打千儿,送上牙笏请点。

梦玉站起身来向着众位老爷再三推让,松柱道:"不必过谦,领诸位大老爷盛意罢。"梦玉领命,向着松大人同各位老爷们告过罪,接笔在手,将牙笏放在面前。且不点戏,看那小旦生得眉目含情,风流娇媚,令人可爱,心中十分欢喜,问道:"你叫什么?今年几岁?"小旦答道:"今年十四,名叫宝官。"梦玉笑道:"你的名字加我一个名字,合成是一个古人。"宝官道:"是那个古人?"梦玉笑道:"荣国贾府有个二爷,名宝玉,得第后出家成仙得道,不在世上就是古人。"宝官笑道:"请姑爷点戏罢。"梦玉道:"那是你的戏?"小旦用手指道:"这是我的,这几出也是我的。"梦玉细看,点了《草桥惊梦》,又问道:"唱《跪池》的小生叫什么?"宝官道:"叫做锦官。"梦玉赞道:"很去得。"又点他一出《拾画叫画》,说道:"唱完了再来点罢。"宝官答应,接着牙笏到松大人同各位大老爷席上,回明祝姑爷所点之戏,众位官向着松大人赞道:"祝世兄乃风雅中人,将来定是词林班首。"松柱心中甚是欢喜,笑道:"膏粱子弟,到还不俗。"众官们称赞一回,伺候的家人轮着上菜换酒。

宝官已装扮上场,抖起一段精神,将那一出《草桥惊梦》唱的入情。松大人们夸赞很好,吩咐放赏。梦玉席前也放了二十吊钱,贴旦上来磕头领赏。席面上又上了些山珍海错,殷勤让酒。宝官唱完《惊梦》,接着就是锦官《拾画叫画》上场。宝官带着装上来敬酒,松大人饮了一大杯,过来给姑爷敬酒。梦玉看他就活象美貌女儿,拉着他的手叹道"你",才要说出口来,忽然顿住,接了他的酒一饮而尽。宝官道:"再敬姑爷一杯。"梦玉点头,宝官又斟一杯,双手举在梦玉口边,梦玉一口饮干。宝官去各位大老爷席上敬酒,此时正上着烧煮,家人们各席上菜,十分热闹。

(三) 第七十八回②

原来又是一个大院子,里面尽是后生男子,身上都穿妇人的衣服。看那些人的品貌,很俊的没有几个,其余都不过是些白面后生,也还有黑麻蠢胖、黄瘦郎当的。柏夫人十

---

① 写优伶唱戏侑酒的场景,祝梦玉是贾宝玉的转生。
② 写柏夫人魂游阴司之所见。

分不解,说道:"怎么这些后生都是妇人妆扮?"甄判笑道:"此处名分香狱,系厕神所管。世上有几项人以男子而行妇人之事者,俱入此狱。如绣花匠、成衣作、香粉工、扎花匠之类,穷其精巧使妇人得以妆扮逞媚惑人,造出多少风流冤孽。因此将这些人仍转男世,令做龙阳,以代妇人之职,使他非阴非阳混沌于世。死后不归阎王所管,特派厕神收放,听其脱生而已。夫人看那边来的一堆人,也是风流孽障。"柏夫人走上前去,见无数男女老少不一,每人都是簪花扑粉含笑而去。甄判道:"这些是合媚药、卖春方的医生,同那勾引局骗作牵头的妇人转生人世去作娼妇,以还孽报。"柏夫人叹道:"何苦世人各样造孽,谁知阴司里没有不报的因果。"甄判道:"阴司报应从来没有错过。"

红楼梦补

(清·嘉庆)沈懋德著
春风文艺出版社 1987 年版

第三十五回

[贾府为薛姨妈庆寿,]梨香院的戏班早来伺候点戏。贾母道:"今儿有外头的班子瞧,你们只拣好的戏唱,别丢脸。"蕊官便指藕官道:"《王十朋祭江》是他的拿手戏,唱得好。"薛姨妈听了,便叫藕官唱《祭江》。藕官下去扮了王十朋上场,唱了第一支"一从科弟凤鸾飞",抑扬顿挫,意致缠绵,出场便好。原来钱玉莲一脚,向来是小旦药官扮的。他们两个人戏场上的夫妻以假作真,十分亲热。药官死后,藕官犹忘不了他,时时追念前情,偷向没人处掉泪。从前芳官还把他的心事告诉过宝玉。今点了这戏,便借戏中关目发泄自己私情,曲曲摹神,竟忘了是唱戏,倒象场上的身子就是王十朋,哭得来哀猿断肠,铁人下泪,看戏的人个个伤心。

补红楼梦

(清·嘉庆—道光)娜嬛山樵著
山西古籍出版社 1998 年
《红楼梦丛书全编》本

(一)第十三回

[薛蟠、贾蔷、贾芹去锦香院嫖娼,遇到恶客而出。]薛蟠道:"除了他这里就没处逛

吗？前儿蒋玉菡来了，说他又领了一起档子班儿来了，寓在小花枝巷里头，请我无事到他那里坐坐去呢。今儿也不知道他在家不在家？咱们横竖闲着，就往小花枝巷里头看看去，使得吗？"贾蔷道："也好，小花枝巷的路也不多远儿，转两三个湾子就是了。"

于是三人又转到小花枝巷内，只见一家门首写着"三台小班寓"。三人便走进门去，恰值蒋玉菡出来，见了三人忙笑道："薛大爷同二位贾大爷请里头坐。"三人进到里边，小小客坐，颇也收拾的精雅。三人坐下，底下沏上茶来。薛蟠道："你今儿没出门么？"蒋玉菡道："昨儿在临安伯府里，今儿没出门。"薛蟠道："你来了有多少时了？"蒋玉菡道："我来了才得十来天呢。"……[薛蟠]因说道："我听见你买了房子，说是又开了铺子了。你的事情也就很够过了，又还领这班子做什么呢？"蒋玉菡道："我买了几间房子是好久的话了，也置了一点子地，又开了一个铺子。那铺子里头都有伙计，我也不管那里的事。左右闲着，所以又弄了几个孩子们，出门到各处混混罢了。"薛蟠道："我是前儿听见你说了，今儿没事闲逛，特来瞧瞧你们这里的孩子们的。"蒋玉菡道："我叫他们出来给爷们请安。"只见上来了三个粉妆玉琢的孩子，给三人打千儿请了安。薛蟠道："一个个的都很好。叫什么名字？十几岁了？"蒋玉菡道："这个叫福儿，十五岁了；这个叫禄儿，也是十五岁了；这个叫寿儿才十四岁。今儿是我备个小东，请三位爷们听听他们的嗓子，看怎么样？"薛蟠道："怎么，又扰你吗？这么着，叫他们也不用包头，就是随身的衣服儿，只算唱个帽儿戏罢。"蒋玉菡答应道："薛大爷吩咐了，你们就这么样唱罢。"不一时，摆上果碟酒菜。福儿便上来给薛蟠斟酒，禄儿、寿儿便给贾蔷、贾芹斟了酒。教师上来弹着弦子，三个孩子各拿了一把纸扇儿、一条手绢子，在席前扭捏着身子两头走着，唱的声嗓娇媚可人，抑扬宛转，真是遏云绕梁之音。内中福儿更觉体态轻盈，面目俏丽，向着薛蟠丢了几个飞眼儿。薛蟠大喜，点头儿叫他过来，便重新敬酒，拜了阿妈。薛蟠大乐，赏了十两银子，贾蔷、贾芹两个人也赏了六两银子。三个孩子上来谢了。薛蟠还说："明儿闲了到我们家里唱去。"蒋玉菡道："改日带了他们到阿妈府上来请安。"

（二）第十五回

[袭人到荣国府请安，与薛宝钗闲话，说及蒋玉菡。]宝钗道："如今开了铺子，自然改了行业了？"袭人道："铺子里有伙计经营。他如今虽不唱戏，还领了一起档子班儿做买卖呢。我说：'你家业已有了，何必还做这下流的生意做什么？'他说：'别的买卖都没这个赚的钱大呢。'奶奶你说可叫人生气么！"宝钗笑道："这个利上的贪心是人都有的，只要看的破就好了。"

金兰筏

(清) 惜阴堂主人著
三秦出版社1998年
《中国古代小说珍秘本文库》本

第一回①

话说明朝万历年间,浙江杭州府有一个乡宦,姓田名华号实君。乃乙未进士出身,初授山东青州府理刑,后升到江南江苏布政,宦囊丰富,真是堆金积玉,贯朽米烂,部里见他如此殷实,便内升了他都察院副都御史。田实君见内升显要甚是欢喜,带夫人乔氏一同进京赴任,家中事业交付与公子收管。这公子名中桂号月生,年方二十,娶了虞按察的女儿为妻。田公子为人伶俐聪明、多才好义,性喜结交、更能扶危济困,人号做小孟尝。只是凡事好胜,专务豪华。因父母进京去了,他便在家中任意挥洒,朝朝宴饮,夜夜笙歌。那西湖上,他家有一座花园名为"万花园",里边朱槛画槛,舞榭歌台,不异蓬莱阆苑,田公子常常到里面赋诗。

一日正值季春天气,风光明媚鸟语花香。田公子带了几个家童,携了游具到万花园来顽耍,家童将酒肴摆设路立两傍。田公子独自一个,满饮香醪,开怀玩景。看官你道田公子这般富贵,为何无一个相好的朋友大家游玩?有个缘故,原来田公子年纪幼小一向随父母在任上,所以这本地并无朋友。那日田公子坐了半日,忽然长叹,郁郁不乐。家童中有一个敢言知事的叫做可郎,便上前问道:"大爷有何心事,这般忧闷?老爷做了这等大官,家私百万,还有什么不称心处,自惹愁烦。求大爷对小人说知,或者可以分忧,也不可知。"田公子把双眉一皱,又叹一口气道:"我想士农工商,各有其类。那读书的,就是箪瓢陋巷,也有几个同志的课文讲业。那种田的,就是茅檐草舍,也有几个同伴的耕耘收获。至于做手艺的,为客商的,就是在本地、在异乡,也一定有几个同事的,聚会在一处说说笑笑。可见世上的人,没有一个独处的。独我田月生空读了满腹诗书,竟不曾交得一个朋友,岂不是个呆公子了?因此恼闷,不觉长叹。"可郎见公子说出心事,便应道:"这个怪不得大爷烦恼。小的如今有一个妙法在此,未知大爷意下如何。"田公子便问道:"你有什么妙法可快说来,若是合得我意,能解得我忧闷,我便重重赏你。"可郎道:"小的向日在书房中跟随大爷读书的时节,闻得师爷道,古人会朋友、做诗作文,立一个社,传一个启,便大家一齐来。如今大爷有这声势,那一个不奉承、那

---

① 写险恶帮闲仇人九、翟有志等以男色诱惑贵公子田中桂的前后经过。

一个不钦仰。大爷若嫌朋友少，只消立起一个社来，传出一个启去，包管众朋友一齐来到。"田公子听了喜得眉花眼笑，拍手大赞道："此计甚妙，依你依你。只是社有社名，今日此社叫做什么社好？"想了一会道："有了，我闻得《易经》上说，朋友相与，有金兰之契，我此社原是为朋友立的，就叫做金兰社便了。"可郎赞道："好一个金兰社，名字甚是好听，只是还要做一启传出才好。"田公子是个有才的人，因说道："这个不难，斟酒来，我一面饮一面做便了。"众家童斟酒起来，也有取笔的，也有捧砚的，也有研墨的，也有裁纸的，忙做一堆。田公子饮了几杯酒，思想了片刻，便提起笔先书"金兰大社启"五字，后写道：

盖闻人伦初定，友道先开，往来酬酢，本乎民彝。物则之良，契合绸缪，等夫地义天经之大。是以欲通声气，端赖良朋，思淑性情，务须好友。桂也不才，风尘碌碌，久随父训，未谙交情。当此绿柳黄鹂之日，酒切苍烟白露之思，敬扫荒园，特兴大社，谨选本月十三日。不羞鄙陋庸才，敢屈贤豪至止，或作诗歌，或宣丝竹，茶烹雀舌之青，酒煮梅花之碧。金兰启出，倘期惠然有来，幸勿或我遐弃。

月生田中桂拜传

田公子做完了启，对可郎说道："你是一个有识的，这件事便差你去做。你可将这启儿，到刻字店中刻成一块板儿，诗上好花笺印下，或贴通街路口，或贴庵观寺院。今日是初五了，到十三尚有八日。你可分付官厨，准备酒筵，随时听用，不可有误。"可郎应诺而去。田公子此时开怀畅饮，饮了半酣，起身引众家童回府，专等十三日开社不题。正是：

细听春树嘤嘤鸟，语语皆成求友声。

话说田公子叫可郎将金兰社启刻成刷印了，两三日满城贴遍，都知道田公子开社会友。那杭州城中，也有富贵子弟的，也有中等人家的，也有腹内粗通的，也有一技之长的，纷纷传说，皆欣然欲去结交他。也是田公子合有魔头，不期传说到一个人耳朵里去，这人是谁？乃是杭州城中的光棍，姓仇名人九，自小是龙阳出身。后来年纪长大，生得赤面多须，龙阳之道不行，因而代后辈龙阳做些牵头，赚些钱钞觅些酒食。不但龙阳，就是官妓私娼，无一个不熟，所以贵家公子、富家浪子，但是好此道的，无人不去寻他。因他胡须，人都不叫他仇人九，只叫他做仇胡子。这仇胡子当日看见那金兰社启上，有"或宣丝竹"一句，便大喜道："好了好了，我老仇在此一句上，有些机会了。"便对一个同伙姓翟名有志商议道："翟兄弟，如今田公子开金兰大社，我们可去走走。"翟有志道："仇哥，说那里话。我这杭州城中，如田公子这样富贵能有几家，一向要去会他无门可入，如今他开这金兰大社，正是我弟兄的机会，怎么不去走走。"仇人九故意慢慢说道："不是我懒怠去，我想田公子乃是个富贵人家，他相与的毕竟也是富贵人家。今你我又没文才，又没钱财，恐怕攀他不上。"翟有志道："仇哥你错了，我们二才俱无的人，全看相识几个大老官提携带挈。我想田公子这样富贵，他若双手推我们出来，我还要老着些脸儿捱进去哩。我们到那里，只消把四句秘诀记清了，便是进身之计。"仇胡道："是那四句？"翟有志念道：

声色场中引诱他，犹如锦上又添花。
书生隔绝还防直，莫让清闲坐在家。

仇胡子听了问道："翟兄弟，你这四句到也好听。只是我才学浅，讲说不透，求你分解分解。"翟有志道："这是照望祖师当日留下来的格言，我讲讲你听。'声色场中引诱他'是将声音美色去勾引那富贵人家的子弟，'犹如锦上又添花'是说那富贵的人家已是闹热好看，我们遇他只把那闹热好看的事去撮弄他。就如嫖官妓、包私娼、弄小官、学拳棒、斗鹌鹑、养蟋蟀、买鹰犬、制行头、打马吊、掷骰子，但凡热闹的事就去勾引他。若是买田置地，读书作文的事，切不可说与他听。为何说'书生隔绝还防直'？天下惟有书呆子可厌，动不动谈诗讲文，那富贵的人，一好了诗文，那些声色的事便讲不入了，所以说'书生隔绝'。怎么说'还防直'？天下又有一等直人，见富贵人做些有趣的事，便不顾惹厌，只是说做不得，将我们的衣食饭碗，被他三言两语就打破了，这样人须要用计防他。末一句说'莫让清闲坐在家'，是说他们要引诱富贵人家，切不可放他清清闲闲坐在家中，须要把那些闹热的事，日日夜夜去舞弄他，自然没工夫去谈诗讲文，说古论今了。"仇胡子听了连连赞妙，说道："好兄弟，今日请教了你，长了许多智谋，田公子这件事随你调度便了。"翟有志道："我有一个绝妙的安排在此。那田公子是富贵之人，再无不好声色的，那金兰启上明明说道或宣丝竹，我们这一班兄弟里面，如卜三哥是绝好的琵琶，阮九官是上样的弦子，凌二官的笛，殷大官的箫都是在数的了。我们今日便去约齐了，到十三日，大家同去，吹弹起来不怕他不欢喜。"仇胡子道："我们两个人去做什么？"翟有志道："我的十八腔，你的陈隋调，都是好的，他们吹弹，我们唱罢了。"仇胡子道："说得有理，只是还有一个人，还是叫他去不叫他去？"翟有志道："是那一个？"仇胡子道："阎文儿这厮可带他去否？"翟有志道："要带要带，那田公子是个少年人，岂有不好标致小官的，一定要带他去。我们两个不要说闲话，就去约这班人才好。"仇胡子道："说得是，我和你同去。"二人遂起身出门同去约人不题。正是：

只因一个金兰社，奸宄贤人接踵来。

话分两头，天下有小人又有君子，有奸宄又有豪杰。此时有一个姓元名庆，号正文，是河南洛阳人，年方二十四岁。多才博学，词赋似珠玑，文章如锦绣，且肝胆映雪，义气凌云。因游西湖寓在昭庆寺内，当下见了金兰社启，遂欣欣说道："如今这些纨袴之子，只晓得自己尊大，就有几个同伴，不过都是些帮客之流，谁肯虚怀若谷借交有道。这田月生做了贵介公子，还肯出启会友，可见在交道上也是讲究的了。我元正文既到此间，又逢开社之时，岂可不去赴社？待等十三日须索去走一遭。"

光阴迅速，瞬息是十三。田公子清晨起来梳洗毕，就到万花园来，只见那园门大敞，里边结彩为棚，张锦为幔，花柳争妍，沉檀扑鼻。满园都是花梨紫檀，十分齐整。家童小厮，管茶的管茶，值酒的值酒，分拨已定，专候赴社的到来。再说元正文自见了金兰社启，便心心念念要会晤田月生，到了十三日，早早起来梳洗了，就带一个小厮走到金兰社来。门上人见赴社的到了，忙报知田公子，田公子出来迎接进去。行礼坐下，大家叙了寒温，问了姓氏，一见如故，颇有相爱之意。田公子诗兴发作，便问道："元年兄如此丰采，定是风雅中人，不知今日有兴做诗否？倘惠我珠玉，足征眷爱。"元正文道："小弟此来原因赴社而至，况如此良辰美景，岂有无诗之理。但是以何物为题，幸求明示。"田公子想了一会，因说道："元年兄，小园此堂名为'长松堂'，因有大松二株所以即此命名。年兄不弃，请以长松为题何如？"元正文道："领教，领教。"家童听见说要做诗，就将文房四宝排上。元正文提笔写道：

养成鳞甲势参天，肯与群芳斗小妍。
劲节岂因风雨节，苍颜不受雪霜怜。
能容高士长箕踞，惟有奇峰作比肩。
寄语主人休爱惜，化龙飞去在今年。

元生题毕递与田公子看，田公子看完满口称羡，连声道妙，恨不得低头下拜，因说道："我小弟不枉今日开社一番，得了如此佳句，真是翰苑仙才，敬服，敬服。"正欲和韵，只见那些起社的，接踵而来，慌得田公子应酬不迭。最后一班携了琵琶、弦子、箫、笛、鼓板，也朝上作了一个圈子揖，团团坐下。你道这些人是谁？便是仇人九、翟有志、卜三哥、阮九官、凌二官、殷大官、阎文儿等共是七人。众客茶过三巡，摆开酒席约有一二百人，田公子要在人面前卖弄元生的诗才，便对众客道："诸位社兄在此，小弟今日开社之意，原欲请教珠玉。不期第一位就遇见这位元年兄，长松为题做得七言律一首，真是字字珠玑，小弟衷心拜服。正欲奉和一首，不期群贤毕至，可谓一时胜举，诸位社兄有同志的，大家和一首何如？"说罢便把元正文的诗笺放在案上。众人听见田公子的话，先前多有欲和韵的，及至看了原唱，便不敢举笔。就有几个欲构思的，当不得仇人九有"书生隔绝"四字预先打点,便高声说道:"田大爷今日此举原是会友不是会诗,因尊启上有或宣丝竹之谕,诸敝友特携乐具欲污清听,不知尊意何如?"众人见诗难和,又有丝竹可听,便齐声应道:"愿闻,愿闻。"田公子是个少年情性,起初见了诗便欲和诗,如今见众人欲听丝竹,便丢开了诗也说愿闻愿闻。仇人九见田公子也说愿闻,就叫同伙的人把琵琶、弦子、箫、笛、鼓板吹弹起来,真是靡靡之音偏能悦耳。阎文儿竟像做主人的一般,满斟美酒,连连奉与田公子饮。田公子听了如此声音,又见美童在座奉酒,真如羽化登仙。酒至半酣,也顾不得宾客,便携阎文儿手问道:"你今年十几岁了,为何生得如此标致?"阎文儿道:"十五岁了。"田公子道:"可有父母么?"翟有志见田公子爱他,便替他应道:"阎文官只有寡母,并无父亲。大爷欢喜他,便留他在此陪伴大爷。"田公子道:"如此甚好。着人送二十两银子与他母亲日用,说我留他在此顽耍。"元正文见田公子这般行径,叹口气对众人道:"恶紫夺朱,郑声乱乐。"遂带了小厮不别而行,众客亦渐渐散去,只有仇胡子一伙人围着田公子吹弹饮酒。田公子吃得大醉,也不送客,也不回家,带了阎文儿到长松堂边书房里安歇,免不得后庭花取乐。仇胡子等六人见田公子走入圈套,欢欢喜喜出了万花园,都到阎文儿家里。见他母亲说,田公子喜欢文儿留他住宿,又送二十两银子与你日用。就把银子交与文儿母亲。那母亲原是叫儿子做生意的,今听了这话,又见有银子,好像他女儿有了人家的一般,十分喜悦,就拿六两银子分与六个人,说道:"我家儿子小,后来的事全仗列位叔叔照看。"翟有志等人满口应承,各自回去。只见那翟有志又对五人说道:"我有一个妙用在此。每人把这一两银子寻出他几百倍来,不知众位兄弟意下如何?"仇胡子等人听了这话一齐动问,未知翟有志说些什么,且听下回分解。

〔后来仇人九等因故毒死了阎文儿,诬告是田公子鸡奸致死,险些将公子送入绝路。幸好阎文儿冤魂不散,附体于仇、翟之口说明了实情,公子方才摆脱大难。〕

圣朝鼎盛万年青①

(清)佚名著
北京师范大学出版社 1993年版

(一)第十八回

圣天子独自一人出游夜市。是时,六街三市一齐点着各式各样玻璃洋灯,五彩辉煌,

---

① 本书又名《万年青奇才新传》、《乾隆巡幸江南记》。

如同白日。每店排列三层花样,颜色各自不同。大店铺每层用灯五六十盏,小店铺亦有二十余盏,斗巧争奇,彼此赌赛。就那剃头铺点得如灯店一般,间间都是上中下三层坐满了人,剃头招牌上写着"向阳取耳,月下剃头"字样。圣天子心中诧异,难道这苏州地方,日里都不剃,定要晚间剃的么?随向傍边一位老翁请教这个缘故,老者道:"原来客官初到敝地,不晓我们此处晚上剃头的规矩,待老拙说与你知道。这苏州日间剃有两等行情:若剃荤头,都是那班相公们做摩骨修痒的工夫,把客人的邪火摩动,就是妓女一般,做那龙阳勾当,所化的银子,或数两或一二两不等;若剃素头,剃头打缏、取耳、光面、摩骨修痒,五个人做五层工夫,最省不过也须每人给钱五十文,手松些的或一百或二百不等。所以动不动剃一回头,费却一千八百,不以为奇,故而日间剃者甚少。这晚上不论贵贱,都是十六个铜钱剃一个头,打一条辫,其余一概不做,故而这些人均是晚上剃的居多。"圣天子闻言,点头微笑,拱手道:"多蒙指教!"转身向着那边走来,更加热闹。

(二)第三十八回①

世有别种狂痴,渔猎男女,往往外借朋友之名,阴图夫妇之好,以同形体,创天地未有之杀。淫其幼者,何异吾子吾孙?淫其稍长者,何异吾弟吾侄?兄与之谓何,而沦污若此。而稍知礼义者,当必翻然改悟矣。夫男女私媾,已同禽兽。或更比昵娈童,以同形体,巧为淫合,倘私心窃思,成何面目?且群小狎邪,变乱家规,引狼入室,害更有不可胜言者。

何典

(清·乾隆—嘉庆)张南庄著
人民文学出版社 1981 年版

(一)第二回

那土地饿杀鬼非但贪财,又极好色。他手下有个门子,叫做刘打鬼,当官名字又叫做刘莽贼,年纪不多,生得头端面正。他的母亲刘娘娘,也生来细腰长颈,甚是标致。娘儿两个,都是这饿杀鬼的婊子。

---

① 参见《蕉窗十则注解》等。

(二) 第四回

[寡妇雌鬼对媒人]道："闻说这刘打鬼是土地老爷的汤罐弟弟，自身顾弗周全，还做别人的老婆；我去做那老婆的老婆，岂不是小老婆了？"

[形容鬼对他的姐姐雌鬼]道："你是个好人家囡大细，家里又弗愁吃，弗愁着，如何想起这条硬肚肠来？即使要再嫁，怎么想嫁那刘莽贼？他是个千人骑，万人压的，有甚好处？虽然晚嫁人，若嫁老公弗着起来，也是一世之事，将来弗要懊恼嫌迟。"

[雌鬼不久还是和刘打鬼结成为夫妇。]

蟫史① (清·乾隆—嘉庆) 屠绅著
人民文学出版社 1992 年版

(一) 卷之二②

参议以中丞令，檄甘指挥进捣。初，石湾贼党，大半胁从。参议问左右曰："郡中人有能入贼中，挟饼金以赂贼党者乎？"左右曰："曹镇，郡之名捕也，只其人可任使。"遣曹至受密计，携三千枚饼金入贼中。有邝天龙之妖童渠灌儿者，年十六，为天龙所狎，其父兄皆被害，忍而遭淫，实未尝须臾忘报也。是儿有力善斗，火攻之术，亦受之娄仙。是时曹镇伪为投纳者，入见邝之两伪将曰："大王事成，君等皆公侯矣。亦提携曹某否耶？"两人曰："汝常在广州，扬言擒吾辈如捕鼠者；今竟何如，抑别有诈也？"镇曰："我将以全家为托，各馈五百枚，何言诈也。"即分送其物。两人曰："陈于大王乎？或拜赐而嘿嘿乎？"镇曰："嘿乃甚善！陈则令大王疑。但得寄居所，当续有所进。"两人喜，置之密室中。

一日邝与娄计事，灌儿出视二将，忽闻别室中小语，往窥之，见儳言者复有野客。闯然入谓二将曰："彼何为者，公等有外交耶？"二将遽窘促不能答。镇故机警，即大声曰："轩轩霞举，得非反颜事仇之渠郎！"灌儿诧曰："尔何以知吾而詈之也。"镇曰："揭日月之仇，无人不愤；夺风云之色，望气可知。我犯难此来，为保全几片美玉，毋使与顽石同焚耳。曹捕长大名，广州小儿，闻声不敢啼哭。君等终为贼徒，则请缚吾；终为壮士，则盍从吾？"二将曰："从之若何？"镇曰："便缚渠郎。"灌儿大恸曰："小子为无

---

① 本书以清代中期的社会现实为背景，语言涩奥，是一部风格独具的神魔小说。
② 写邝天龙为其嬖童所擒事。中丞、参议、甘指挥（甘君）、矮道人等属官军，邝天龙、娄万赤等属敌军。

口匏久矣。椎心泣血，不死有待也。亦惟捕长之命是从耳，何为缚乎。"镇曰："苟如是，吾亦以五百枚压惊，有事共议，泄漏者将吾头去。"于是灌儿与二将皆啮臂出血，盟曰："苟不听捕长驱策者，遭神殛。"各泣拜而退。时距起事日，已自壬及戊矣。甘指挥率五十人持短兵入，娄万赤以火军三百人迎敌，衣帽皆赤，呼声若鬼车。五十人接战，如入燎原也。……

万赤化雌霓遁去。指挥入贼巢，则邝贼已为渠灌儿所擒，两伪将违曹镇约，将以兵救，霹雳起天半，俱击死。——是矮道人坐鸱尾上作法诛之。指挥凯旋，则庚申日早也。参议请于中丞，献俘南门阙。临刑，邝贼叹曰："吾杀人也多矣，有不亡之广州王乎？"灌儿在旁詈曰："贼以土狗，伪称天龙。烬人之庐，夷人之墓。脔我父兄，圬我家室。淫凶以族，劫杀为墟。发上指而罪纪天庭，心中焚而冤连地轴。幸垂死之孤儿，受成谋于捕盗。假陈兵谏，潜用火攻，以妖治妖，不缚自缚。今将寸磔，早欲分臡。三十里之鼓鼙，行堪洗耳；四千家之膏血，胡勿燃脐。"监刑者为木守。令灌儿戴花引巨觥，以扬其擒贼之功。曹镇亦次赏。然后割天龙肉，仇家啖之立尽。

（二）卷之三①

大溜曰："老鲁近日贪淫倍常。恃其泊舟处得海中地利，以五十巨舰，联为伪宫室，居其中，自置门户，单楗双楗之船，日夜巡警。以蛳眼代角，鼋壳代鼓，西南两镇兵士受缚者，将及百人矣。乞帅示令。"指挥与蠋生计，蠋生曰："货奇色艳，贼必堕术中。仆与大溜为番贾，以三海鳅下南交，上列假洋物，下伏甲士，俟贼来劫，从舱底飞出。上斫之，可歼其精锐。命小溜亦载美男女三艇，饰服色以献，贼争夺男女，得以行反间也。"指挥从其议，潜以盾士二百，驾四艇为之接应。……

大溜命舟人折帆前进，将及贼艇，见小溜以三船男女献。老鲁方与交人宴，小溜进曰："某知大王享客，敬以美人助一觞。"老鲁狂喜曰："何方民？如是恭顺！"小溜曰："某亦大王之乡人也，是物将不腆耳。"老鲁命美人进见：男十人，俱潮童；女十二人，多扬州产，而饰为蛋女者。交人即携一潮童手，问姓名，但摇首，盖不解语故。老鲁通其义，童曰："吊狞光。"交人亦摇首，老鲁代之答曰："张银官！"于是蛋女皆笑，拥地都坐。

十二蛋女齐声更唱，交人击节，酪酊后辞去。及夜，老鲁先命潮童十人荐寝，居蛋女于隔户，以伪左军白虾须一名老段者关钥之。老段旧常充蛋船庖人，寒娘柔娘，向在花艇中目逆而送之久矣，以贱者不敢冀染指。今也宛在海中央，又伪职颇耸动，暗嗬二女曰："娘等此行，亦知入吾网罗否？"二女曰："慕左军才望，匪朝斯夕矣。愿托巾栉，

---

① 写官军利用美男美女对敌进行离间。桑蠋生、大溜、小溜等属官军，老鲁、老段等属叛军。

且有所求。"老段喜曰:"巾栉则以侍大王,我如韩寿足矣。苟有事相计,敢不竭忠!"

是夕,老段即邀金、铁二女至密室同卧,而戒十女:"毋得妄言,尽视吾剑。"夜半,十女方窃窃私语,闻隔舍呼曰:"大王何弃吾两人之甚也!"盖潮童十人:张银官、弓亚六、舒小团、谷应儿、道云云、满精、路交、庆丰、黄雀、花妖,老鲁已淫过张、弓等八人,而黄、花不与接,是以积忿发声也。老鲁旧契弟老龙,因拉二童去,代钻穴焉。老鲁醒,索二童不见,大怒,呼从贼取黄、花两头来。老龙闻而更怒,掣剑出曰:"兽兄敢作威福耶!吾剑方利,决不使鱼头声势,行于黄雀、花妖也。"老鲁曰:"兽弟何为然,方将富贵与共,男女之欲,何嫌何疑,请分半以赠!"老龙掷剑曰:"自此男得其五,女得其六,少而断袖,长而分金,交道当如是矣!请拜赐。"越宿,老鲁入蛋女室,计不见金、铁二人。问十女,俱笑而不言,引入老段密寝,闻金寒娘云:"左军善战,比大王何如?"老段云:"彼尾大不掉,故为大王;吾器小易盈,故为左军也。"老鲁排户入,见一男二女,纵横跌宕,铁柔娘坐老段旁,两手擒毒龙而肆其唇枪舌剑。老段大呼:"奇才!"寒娘批其颊云:"何奇?人食汝肉为贪,汝探其喉为很,小丑事耳。且铁姊已食吾余,何徒叹赏于后来也!"老鲁徐言曰:"左军乃先进食器哉。"十女并掩口。老段脱于虎口,始伏地请死。老鲁曰:"熊旅绝缨之会,无使专美于前。兹二妹以事左军耳,但妇舌可畏,奚而不报之?"老段命柔娘仰盂,竟为舐痔。刚吐柔茹,下焉者勿克承也。云液散注,亦黯然而销魂。老鲁携老段手,出帐中。伪右军黄蟹头,一名老解,进曰:"有三番舶将近龙舟,似可劫也!"老鲁命左右军齐出。时大溜伪为洋贾,跪言曰:"诸君勿卤莽,愿献其物。"老解等所部骁贼四十人,纷然入舟取物。舱底甲士突出奋击之,四十贼皆死,左右军仅以身免。老解将以战败归告,老鲁已入内,不及见。老段入内觇之,则黄、花二童,殆创巨痛深焉。老鲁裸而笑,方陈兵事,忽老龙曳剑奔入曰:"分半之言犹在耳,而我之二童,狼狈此极,惜死何为?"以剑拟老鲁,劈其势。老段亦进视金、铁二女,皆哭云:"左军不庇妾等,致为大王所辱,人之无情,皮肉如猬,请自绝。"老段勃然曰:"吾当割鱼头以报娘等!"出视老鲁,血流渍两胯,痛极不能语,便斩其首。偕老龙出帐外呼曰:"老鲁失伦理,淫人之男女,吾辈诛之。"二溜闻变,入扬言曰:"我常越沙明,以甘指挥檄,来收汝等,可就抚乎?"老龙、老段率伪倭党,咸大呼曰:"愿降国家。"遂降其众五百人,拆其伪宫室,仍五十舰,指挥之盾士未至,而二溜已献捷矣。

(三) 卷之十一①

军士耳语,有苗男女数十,修容极冶,闻侯之两蜀童歌,如有忻羡者。侯命罗致之。男十三人,女十五人,颇解汉辞,娴汉礼。侯以男女各二侍李、郭,其十四男女,直宿

---

① 写苗人以美男美女蛊惑官军。斛斯侯(斛斯贵),李、郭两节使都是官军统领。

帐中焉。侯将寝,以金叵罗酌秫酒,置男女于左右,而互饮迭淫,中宵无倦意。

明日,其男皆逃,女七人,争为长枕大被之乐。侯之视女,如无物也。然七人交持之,勿使息肩,至五日惫矣。两节使问疾,侯曰:"头风方剧,肺病转深,未免以军事累两制置使也。"两节使曰:"合营将士,俱得奇疾。一昼夜停支军糗者,将及五十人矣。"

［斛斯侯的疾病后被甘君治愈。］

(四) 卷之十六①

二师自外入,侯迎问余君安在?二师曰:"刚和尚腹中香烟,能开谊士之风怀,引达人之绮思。彼遁去,未敢摄抚军也。抚军闻香心动,欲访三生之人,以致神不守舍,遍游鸡笼城而得之,相与绸缪道故耳。"侯诘其三生何人,甘为情死?答曰:"解歌儿者,名鱼,龙阳人也。先一世为巴童角儿,抚军为余美,邑之名诸生,见而悦之,与同寝处者十年。童以瘵疾死,美殉之。再一世为燕女牛氏,抚军为金坚,其中表也。少相狎,长相怜,得遂其私,亦恶于前而乐为之后者也。金坚以嗜痂癖,沦其精髓,先牛氏卒,牛亦以身殉。坚才略过人,为府君推重,置宾客第一。适冥中增筑柱死城,鬼徭既繁,謣谤乃起,坚条陈事宜,应免入柱死城者三策。……府君以其说达天帝,奉俞允。坚能洞彻幽明,注二品秩,以哭泣过伤卒,转生河东,嗣外族,即今抚军也。牛氏见金坚出世,迨三十年,投牒主者云:

伏念牛氏先幻角儿,衣冠为友,非同曲里樱桃。金坚旧因余美,杵臼学仙,窃比图中蛱蝶。始则无端求牡,溺志于山下之泉;继乃有意守雌,倾心于道旁之孔。盖顽虽致微,不戒于宦;奁即兴歌,犹忘其弁。谁能破老,都归傅粉之郎;所谓佳人,迥异分香之妓。故扑朔之兔,相驯焉而学妇随;虽毕罗之鸢,过狎者或为朋比。坚当吾始殁,枕股而哭,伤神不言,令人增分桃之义;氏及彼先亡,黄头毁形,青翰沉影,与世矫置幕之风。阴氏之还尸,仍不关阴;尾生之守死,多因为尾。名为伉俪,真觉绝伦;例以漆胶,若堪终古。乃坚已降为嘉种,尚书郎贵不易交;氏犹隔是众生,薄命妾冥无堕行。固其所也,抑有求焉:或其柳毅归来,结前缘于卢氏;韦皋老去,感再世之玉箫。否则酬蕴结之心,君甘绣被;入迷离之眼,奴愿青衣。苟遂意于三生,敢孤恩乎两大。

主者悯之,请于天曹,仍复其男质,生龙阳民家,为歌儿解鱼。自饰容首,不殊巴童角儿也。年十六,梦金坚来觐,恍然忆夫君下地四十余年。深恐情人既为显者,华屋

---

① (四)(五)(六)写解鱼与余抚君(余述祖)的同性恋关系以及他帮助官军平乱的故事。余君、针、砭二师、木兰等属官军,刚和尚、梅飙彩等属叛军。

难寻。贱子初隶伶官，冶容易歇。乃放游两京，及秦晋洛蜀之都，冀有所遇。卒不知坚之后身，居何等官，能不忘三生人否？且区区之诚，抑郁谁语，正如临邛道士，碧落黄泉，茫茫两处矣。迨粮官幕陈三台赴闽，以乡人从之游，闻闽抚军年四十六，念金坚先彼三十年托生，忻忻若有所得，随海舶至岛中，舍楚人戌又连逆旅。天将晓，有叩扉者，启之入，即抚军也。似曾相识，殊不能言。抚军早知其为解鱼，前生为牛氏，又前生为角儿。是刚和尚腹中之香，开其神智。鱼问客何方来？抚军曰试吟之：

予犹开府癖①，子果弄儿身。
散步偶相访，闻言多自亲。
冥缘同一笑，天运长三旬。
富贵岂能恋，与之因夙因。

鱼诵诗毕，持抚军而泣曰：'自小子之失丈夫，如盲人而骑瞎马，栖栖靡所，蔼蔼常怀。岂谓乌台贵人，犹然白袷名士，方求燕婉，遂睹鸿仪。悲不尽于陈言，骄辄生于故宠，愿作济盈之雉，无伤淇厉之狐矣。'抚军亦昵之言曰：'歌者惟恋缠头，鄙夫亦期食肉，何能爱鼎，而待还珠乎？'鱼曰：'人固不能忘情，奴实未敢奉命，神护双飞之翼，数悭三接之香也。'于是抚军喟然曰：'嗟乎！此情种不可失，虽复鬼瞰其室，终当吾老是乡。'因问鱼前世事，鱼答曰：'初时若可追忆，故寻其端，往往甚杳，此性之浊也。'抚军一一语之，鱼如梦大觉，喁喁儿女，皆不胜情。吾辈不难以术致抚军归，恐正人之魔，骤难消减。俟解鱼随抚军还，公忠善谋，必能用之以破贼，只须为军中庆得人耳。"

斛斯侯曰："从二师之言，吾自引诸将迎余君乎？"二师曰："迎之，则抚军又难为情也。盍俟诸？"木兰进帐曰："余抚军以一白晳人归矣。"侯出帐迓余君曰："刚和尚香烟缥缈，吾抚军意态翩翻，彼何人斯？伊其相谑。"余君曰："龙阳人解鱼，与仆有数世之缘，提携以归，共此晨夕，侯得毋罪仆之深耶？"侯曰："君方舒国家之忧，而适有城阙之喜，贺且不暇，奚敢罪焉！"求博士见解鱼，哑然笑曰："犹忆前年，各梨园以嵩呼节庆，辐辏至京，得见吾子。维时承下风，希宠贵者，名公卿殆无虚夕。而吾子夷然不屑，别有兴怀，诸部中莫能尚也。"鱼答曰："昔司成欲甘心于君，奴为解纷者再，岂知奔走戎行，故人邂逅。如夫天畔振翮，水中游鳞，无相与之相与是已。"

……

(五) 卷之十七

[余君想让解鱼去迷惑梅飒彩。] 退入密室，呼解鱼告之曰："吾今世为大臣，来赴国

---

① 北周庾信曾官开府仪同三司，世称庾开府，其男色之好见《南史》(四)。

难，汝当勉图报国，方不负吾。"鱼悯然曰："奴以身事主，不敢贰心。虽工妍笑，未亲叱咤之项王；亦解清讴，不隶雅歌之征虏。荷戈则无力，草檄则无文，何以教之？俾溲勃之弃秽，见蓄医人；樗栎之芟株，受裁匠氏也。"余君曰："闻梅贼喜新声，耽外嬖，汝能潜入贼巢，间贼心腹，令彼为处堂之燕雀，失水之蛟螭，吾自有策护汝还，不为贼害耳。"鱼跃起，拜而言曰："是则所能也，且不至失身。"余君曰："国事至重，小节何兢兢耶。"遂出，送二师及木兰师弟，指解鱼谓木兰曰："是儿亦吾用计人也，天女盍护之往来，如两高弟乎？"木兰诺曰："昔范蠡存于越之宗，陈平解荥阳之厄。不出美人，中丞则不施阋伯之罋，兼藉伍参之肉。攻瑕之胜算，投饵之玄机，敢勿尽心，以期援手。"遂辞斛斯侯、余君及幕客，偕二师去。

出戟门，解鱼请曰："阿鱼苦非健步，遑及神轮，有所以善追随者，则幸矣。"针师曰："是何难？但入吾袖中，悲歌一曲，不翅御风行也。"鱼视师袖中，仿佛入径，牵裾延缘而入，即在山溪间。小憩石磴，见余君与求博士自林中出，谓曰："吾与博士制新曲，须《大石调》歌之。"出谱相示，题曰《哭荆高》。博士囊中铁笛一，弄音特高，鱼按谱而讴云：

万古听风箫，太无聊，仰天而啸。樊於期仇也难报，太子丹心也徒劳，只博得燕人血染秦庭草，寒水滔滔。热肠尽洗天将老，莫夸年少，坐上衣冠都白了，竟千年变征哭荆高。虎狼当日相遭，奈何尝试屠狗刀，掷龙泉剑读《龙韬》，便教舞阳亦作好儿曹。

歌毕，闻针师呼曰："歌剧好，请出袖中矣。"余君、博士俱不见，踊身一跃，仍在针师前。木兰曰："吾送汝至梅贼营，当呼为教师。"鱼唯唯。木兰变男形为梨园部长，挈解鱼行。至显教城，投逆旅，主人问："何方佳子弟？来此都作吹箫客耶？"木兰曰："远道之人，闻大元帅延揽秀灵，故不惜希光望泽，甘蹈贸贸然之讥。"主人曰："若以此儿进献，如照十二乘之珠，易七城之璧。不世珍宝，悦目艳心，大元帅乐不可支，见犹恨晚矣。某当为先容，得意时幸毋忘雄荐耳。"木兰曰："小弟子得伴食于群儿，贤居停当腾声于东道，倘邀一顾，终感三薰也。"其明日，主人诣梅言曰："元帅为叶公之好龙耶！有龙阳之秀解鱼，未能罗而致之也，恐天下美人，皆为鱼泣矣。"梅色动曰："设命之来，而美不过人，汝不畏笞戮乎？"则叩头曰："人过美，荐贤者何以赠之？"梅曰："免门户之徭，进咽喉之职，何如？"乃出引解鱼入谒，将至虎皮座前，梅跃出，携其手曰："郎从几重天上来，毋弃我，随风堕黑狱底，令我搔爬不着。"鱼谢曰："楚南之鄙人，少习声调，规模粉娘，仰大元帅嘘植秾华，敢以微躯为托耳。"梅曰："是何解人，携郎来岛？"对曰："故教师东门梏，导之诞登，奴得所师，自还中原也。"梅以金帛数事，命鱼酬教师，因与为别。鱼至逆旅，陈梅蛊惑状。木兰笑曰："阿鱼好为之，吾自去策两弟子。"出芦管一枚，授鱼曰："事脱有急，向管中诉，吾自知之。"鱼跪请曰："阿鱼以不贰之身侍中丞，永矢无玷，师有术相援否？"木兰曰："夫心，身之君也。心常清，身自宁。故神仙有窒欲之丹，无避淫之箓。"鱼叩别，入梅帐中，来敦促者已数四矣。

……

（六）卷之十八

梅贼在显教岛城，惟惑乎契童，但竭生平欢，身命付之度外耳。解鱼谐媚，可谓无双，而交接之场，不尽如梅意。有连珠儿者，其身善掌中舞，叠股伎俩，能人之所不能，梅嬖之，视解鱼有过无不及也。盖解鱼宠专房，名藉海宇。珠儿故庐江郡人，本陈姓，世奉朝请，其翁以贪墨败。珠儿十五岁，浪游入粤，为艇客椎凿，习时俗讴调，泛海投岛中，亦由解鱼逆旅人以进，至是献谀于梅。……梅闻言，毛发倒立曰："呸！无怪斯蛋之左撑右拄，不畅吾欲也。"呼使促之来。鱼方念余君，泪承于颐，见梅不及饰。梅怒诘曰："此急泪为谁设耶？"鱼婉陈曰："偶忆乡里，不能忘儿女情怀。大元帅爱甚掌肉，有何不遂，而为恓惶之形？"梅曰："臭奴！既不恋我，亦不思家。"命左右褫其鲜衣艳裤，逐去之。鱼殊出不意，暗取芦管，诉其事于木兰。闻遥答云："未可便归，求佩刀自刺，彼必固留。曲意绸缪之，尽得其虚实以报，吾自策汝归也。"鱼乃号泣堕地，呼曰："儿不能得元帅欢，以遭放弃。天下大矣，再无怜我之人，不如速死！"径自脱衣裤，莹体耀眸，就掣梅佩剑，左手欲刎。梅惊且痛，夺剑掷地，抱鱼置怀中而泣曰："憨奴！爹自假嗔耳，乃求死切切，视短小性命若儿戏耶！"回睇连珠儿曰："庐江小儿，几以舌剑杀汝龙阳兄长矣。"珠儿笑曰："解哥自元帅肠胃中人，予知其根深蒂固，而姑以蜚语中伤之，冀有所撼，今而知不自量也。"向鱼叩头，谢鱼曰："弟潜兄，兄亦不怨。嗣后合欢床中，不分畛域，同倾心事主。不得当者，如兄自杀之例。"梅大悦，拥两小于膝，命曰："二子协和，吾早晚死亦可矣。"

是夕，为长枕大被之乐，梅谑珠儿曰："鱼儿来归，混沌之窍，自我而凿；汝犹小年，若驷马之轻车熟路。则先我尝试者，已有几贤？"珠儿昵曰："解哥未尝遇仙也，故元帅得其元。儿在粤东，曾为仙者所狎，故初与元帅接，不复作羞涩之态，实则一贤耳。"鱼问："第所遇仙者，其器用如常人否？"珠儿曰："视元帅战械，直可包络其二三，然稍得亲炙，弥觉其甘。不似吾哥，每举必涕泗。"梅抚床而叹曰："嗟乎！吾不得仙术，博二子之甘，宜为所鄙夷也。第仙者交珠郎，亦知珠郎为吾所交否？"珠儿曰："奚不知也。仙者姓名为连尾生，往来粤东西，楚南北，求得真龙而佐之，谓儿当承第一贵人精气，官至侍中。故传其地户阖辟之能，名曰裴航曰，爱儿而子之，爱易连姓。"鱼献谋曰："连仙既知元帅为第一贵人，何不因珠弟以求其踪，得奉为国师，拒征岛之将。何忧乎斛斯、贺兰？何畏乎木兰点金点石？"梅大喜，拥鱼而赞曰："佳儿一言，助爹成伯王之业，且因是厉吾战械！"珠儿曰："厉械而不为所包络，仙者当有真传。如解哥之说，旁求此贤，儿亦有蹊径。"梅复拥珠问曰："何言之？"珠儿曰："仙者送儿来岛中，曾云元帅知我，不当向草庐三顾，从静夜焚心香，我可自至。"梅曰："吾心中那得好香？即有，如何剖心出之？"珠儿曰："仙者自授儿以心香三瓣，云急而求仙援，此香尽人可焚也。故儿在兵戈中，不惧戕害。"鱼问曰："今夕何不取香焚之？俾兄亦遇仙，或亲炙焉，丐其甘处。"梅曰："既有心香之举，吾先洗兵，二子亦涤器。"于是各推枕起，沐浴逾时。俱著净服，珠儿探胸前丝囊拈出黑丸一。梅向空跪祷，然后焚于兽炉。又移时，天将曙矣，一鹤飞至，衔书一缄。珠儿开视之，云："儿主人需阿父甚殷，寅刻便来。帐中不宜嚣矜，令敌窥测。"珠儿以示梅，岛中号令如常，头目无迓国师者。临时，一冶容少年，姿致妩媚，纡步入帐。梅俯身门左，少年扶起，携手入内寝。珠儿笑迎曰："仙父，来何迟迟耶？"少年曰："小儿饶舌。元帅心香密传，尾生贸然之来，深恐误军旅大事。"梅跪拜致词曰："㒎肆小夫，为岛民拥戴，前部战毙，不旋踵将亡。先生幸有以教之，救其水火，固其宗祊，岛中额庆无任矣。"解鱼亦稽首，执犹子礼。少年曰："海上盛传鱼美人，见面尤信。"鱼赧然曰："珠弟秀惠，鱼何足跂之？"梅拜问先生渊源，及道法所际。少年曰："尾生师张骟山人，为五斗正门，远祖道陵，近宗张鲁。至尾生自习之神智，虽师门有所不知不能。一则曰掌上九河，二则曰胸中五岳，三则曰一发千钧担，四则曰八荒吾闼图，精微广大，庶几为宏道之人。建侯行师，无异牛刀之一割。元帅礼遇独隆，略陈其概，幸无泄焉。"鱼闻言忖曰："连尾生之道高若是，吾抚军何以胜之？"取芦管告木兰。闻管中答曰："亦与绸缪之，问其所忌惮。"鱼私告于梅曰："儿愿以身侍国师，令其用法退敌，且传枕间秘也。"梅曰："善乎儿之慧且劳也，爹何忍忘乎？"谈次谓尾生曰："鱼也望先生如老子之龙，乞其云雨，令威之鹤，愿学和鸣。若比于珠儿，赐之玉杵，使彼知鱼之乐，而吾效雀之驱矣。"尾生喜曰："珠还或可收焉，鱼跃如何羡也。然野人之芹，非以云报；舅氏之赠，亦将致诚。请试其山中之技，复亲于榻侧之仁。以今夕行之，于毕生足矣。"

……

梅自引珠卧，鱼捧尾生颐，笑而不欲入被。尾生曰："鱼儿岂惧吾耶？"鱼昵声曰："惧不敢也，爱亦不知。"尾生拥之卧，炊息如无，潜龙殊不可拔，鱼私谓珠言不信矣。顷之，觉有丝缕中贯者，凝神会之，气自外铄，情乃旁融。鱼之身，渐黏乎仙腹；仙之骨，将据乎鱼肠。俯仰自如，进退维谷，鱼若遗若忘，亦醉亦醒。时则尾真无尾，连则皆连。回身向抱，呼仙父皆断续之声；降心相从，玩鱼儿尽往来之态。尾生问曰："儿甜乎？"鱼对曰："父毒矣。"爱唤珠弟，闯然而来，珠遂夺柄。鱼让之，尾生接珠，而自与鱼耳语曰："彼谑浪，吾挫折之。若湛汪之泽，以待善承之人耳。"鱼曰："速遣之，儿不欲望梅矣。"尾生暗令珠儿去，径接鱼，始如鳞游之瀺灂，继乃腹胀之膨脝。鱼亦倾筐倒箧，出性命偿之矣。尾生感其诚，虚与委蛇而后已。鱼问曰："泽未下也，意有余乎？"尾生曰："志得意满，而喜心溢焉。吾所为泽，不似常人之败血泛滥也。"梅呼尾生曰："先生之豢群儿也，形气之故，可得闻乎？"尾生曰："纳气于顶，敛形在根，存想妍质，摩挲妙门，但息半谷，莫窥中原，俟彼肆志，与之销魂。"梅忻然曰："谨受教矣。"珠吃吃笑曰："一喷一醒，然再接再厉，乃何可当也。"鱼乞尾生步崆峒言，尾生携之起，鱼从容问曰："儿托身于仙父，能令颜色常好，永奉父欢耶？"尾生曰："吾授儿以养艾丸三十六枚，癸亥日服。一年后，永不改颜色也。"鱼曰："儿蠢愚，不识仙父为天上之人乎？人间之人乎？"尾生曰："人间之物也。"鱼骇曰："在人为仙，在物为怪。且禽兽皆物，奈何自辱焉？"尾生曰："人之仙难遇，物之怪易逢。儿叩我，我不忍欺。即物亦何伤乎？若禽兽之伦，不同群也，姑勿疑我。"鱼曰："物之灵者无过于龙，父为龙而子为鱼，则有幸矣。"尾生曰："儿鱼，我亦鱼也，但较大耳。"鱼曰："父无腥闻之德，为鱼其孰信之？"尾生曰："庄叟言化鹏之鲲，乃鱼之儿孙，寓言弥小弥大也。我之名齐于鲤，鲤或化龙，而我自为我，乃混浊不分之鲢耳。"鱼曰："是何精修，而道行至此？且鲢也者，齐风仅比于鲂鳏，郭赋不先于鲮鲤，连行虽有相知之雅，出水初无久视之方。父道固高，儿何能践形惟肖矣？"尾生曰："昔洪水为虐，泽国徙高陵。庸氏第以大首遭烹，方家姻以扁身致醢，我杂处其间，涵育无患，藉龙蛇之力，窜入羽渊。伯鲧之化黄熊，食渊鱼且尽，我悲夫子孙之无遗类也。暴鳍扬鬐，以与彼战。彼乃为汩陈五行之阵以困我，我因水漫土上，转入土避之。土下逢木，质为木坏，木下逢金，气借金敛。金下逢火，精神从火返。适尾宿下世，扶其精气神而收畜之，炼他人为质，以为子嗣，故名曰'连尾生'也。夏商之代历鬼劫，秦汉之时历仙劫，俱不能坏我炼质。张鵩山人出，从之学幻术。数合傅今元帅，而不保其有终。儿幸秘之矣。"鱼曰："然则父之物，胜于人之仙也。闻汉营仙士孔多，能无意外之虞否？"尾生曰："五行中惟不利于木，我戴水而不能生，履金而不能克，客木犹不惧也，主木至则遁耳。"

语毕，仍携手入被。鱼复致悃款后，潜以所语向芦管告木兰。自此梅敬奉尾生，以珠为雉之执，以鱼为饵之投。夕则宗内视之传，日则藉中权之辅。将及旬，乐可知矣，灾乃至焉。

［官军通过解鱼洞悉了敌情，从而在后来的战斗中取胜。梅飒彩被杀，连尾生逃遁，连珠儿赴海投水死。而解鱼不幸也死于乱军之中，余抚军哀恸不已，呕血亦亡。］

（七）卷之一　写及同性恋。

（八）卷之十七　写及同性恋。

蟫史

(清·乾隆—嘉庆) 屠绅著
清嘉庆间庭梅朱氏刻本

渠灌儿像

邝天龙像

老鲁像

十潮童像

老龙、老段像

斛斯贵像

梅飒彩、严多稼像

梅、严二人是福建海寇，据海岛为乱。后两人因争娈童而内讧，互不统属，不相倚援，致被官军分别击败。严多稼败后曾言："闽人嗜男窟，不及北人之兼收。"（卷之十七）

原子充像

原子充曾是严多稼的男宠，却给官军做内应，通风报信。多稼败后骂子充不忠，官军乃"用贯耳箭之半插其臀孔"（卷之十七），来为子充雪辱。

解鱼像

余述祖像

连珠儿像

连尾生像

蜃楼志

(清·乾隆—嘉庆) 庾岭劳人著
山西人民出版社 1993 年版

(一) 第一回①

　　[杜宠有事去禀告赫广大，他] 悄悄的走上三堂左厢，转至西书厅，只见跟班坐的、立的，都在门外伺候。这杜宠笑嘻嘻的问道："老爷可在书房么?"原来杜宠是十七八岁的小子，十分乖巧，是进才的弄童，除进才外毫不与人沾染，这些人都叫他"杜一鸟"。这日上来打听，一个卜良走来搂住说道："一鸟官，老爷正在这里唤你。"杜宠道："老爷从不唤我的。"卜良道："任鼎在书房中干事……[老爷]叫你去补数。"杜宠笑道："好爷，不要耍，停一会书房无事了，给我一个信。"卜良还要燥脾，众人道："不要混他，老包要作酸的。"这杜宠一溜烟走了。

　　却说老赫这日午后在小妾品娃房内吃烧酒、尝鲜荔枝，吃得高兴，狂荡了一会。踱至西书厅，任鼎走上递茶。老赫见这孩子是杭州人，年方十四，生得很标致，叫他把门掩了，登榻摇腿。这孩子捏着美人拳，蹲在榻上一轻一重的搥。老赫酒兴正浓，厥物陡起，叫他把衣服脱下。这任鼎明晓得要此道了，心上却很巴结，掩着口笑道："小的不敢。"老赫道："使得。"……任鼎扶着桌子站了一站，方去开门拿洋攒镀金铜盆。走下廊檐，众人都对他扮鬼脸。这孩子满面红晕，一摆两摆的走出，叫茶房拿了热水自己送上，栏干外取进洋布手巾。

(二) 第七回

　　时帮臣本系苏州的告老小官②，流寓省城，会唱几套清曲，弹得一手丝弦。是赌博队里的陪堂，妓女行中的篾片③。一见笑官，认定他是个道地阿官仔④，尽生平伎俩尽力奉承，笑官也就认做他是有趣朋友。

(三) 第十五回　写及同性恋。

---

① 写衙门总管包进才与衙役杜宠，高官赫广大（文中称为老爷、老赫）与其侍仆任鼎之间的同性恋关系。
② 年轻时是小官变童。
③ 帮闲。
④ 纨绔子弟。

闽都别记①

(清·乾隆—嘉庆) 里人何求编著
福建人民出版社 1987 年版

(一) 第十一回②

周拱半推半就，一气饮了十杯酒，大女亦饮了三杯。那时周拱入于迷魂阵，借醉意，胆就大了，双眼观定七女，不断微吟云："眉黛夺将萱草色，红裙妒杀石榴花。"七女因被观得利害，手便搭在大女的肩上，曰："那儿郎眼灼灼似贼，今夜大家务要谨慎些。"周拱答曰："此贼不偷别的，专会偷营劫寨。"七女曰："奴家的营寨难劫，俱是金斗铜关。"周拱曰："铜关虽固，怎当一炮直攻！"大女便忙曰："小猴儿与周郎捣什么鬼令，可叫五妹讲一截笑话佐酒。"五妹因闻周拱与七妹相谑，欲讥之，曰："不说令，先说一截新闻。有吉家兄弟三人，拆散各自投奔。吉大投在茄树顶上，称'嘉宾'，吉二投在黑峰山旁，称'黠客'，惟吉三没处投，欲借丝家半爿为'结居'。丝家曰：'我兄弟正在混乱，未曾解清，你再来帮住，越凑乱。今教你，同家偺大房屋，三面围墙，只有一口，极是孤栖。你有十一口，投入同房，以多补少，岂不两美！'吉家随到同家告借，同氏曰：'我老大只一人，正要找一口，去上下相帮，今堂屋借你十一口儿去住，不可糟蹋。'吉三喜甚，同氏遂将一口搬到老大家，上下帮扶，有二人口称'吞氏豪族'。吉三遂将十一口搬进同家空屋，谓'岐州世裔'。那老大得了一口儿，欲吞并，乡邻俱向一口潜之曰：'堪笑一口未同心，有屋不住乞别人。口荐人之跨脚下，说话放屁声相连。'一口闻此，即与吉氏要屋自住。吉三曰：'你被人取笑犹可，我更难堪！'他问曰：'姓周，你莫夸，借住别人家，口压屁股下，只晓傍肌巴。'这个取笑更狠狠。而今只要住口安稳，管伊不去取笑。一口被说开，亦不理会，屋仍借与周氏，竟然得意。造细缉来佐绸衣，只遗空'田'，偷凤鸟来作'雕'翎，惟剩'几'笼，遂周游天下，却被'细'之空'田'、'凤'之'几'笼寻还。适遇时来鸟夺回，因无饰，不得再游，屈之难堪，竟将屋脊凿破，将头伸出周玩，以代周游。原屋主一口儿闻脊被凿破，将吉氏逐出，自搬进住，仍是还'同'。吉氏十一口，依旧无处倚傍。适有'买皮十'寻人相帮，遂约吉氏将'士'安'买'字头上，'口'安'十'字脚下，却是姓周之子弟'卖皮古'哩。"讲完，诸女

---

① 本书属于民间文学，系说书艺人根据本地传说，参考历史史实编纂而成，具有福建地方特色。
② 讽刺周姓之人为卖身龙阳的文字游戏。

(二) 第三十二回①

得兴曰:"实不相瞒,我二人都是十五六岁时,并在福州鼓楼前药材店学艺,日夜无比相爱。遇闽王新建鼓楼,柴配任人拾去,店主亦命我二人日日去,拾来炒药起火。他被木料压死,抬回店中,我誓他死我亦死。幸渐渐复活,我遂废寝食,日夜伏伺,医治过月余始愈。二人加倍亲爱。"

(三) 第三十七回②

[黄甫驾船回家时,从水中救起一人,问其何故如此?此人] 应曰:"姓辛名喜,年十八岁了,因好玩游,不肯随父兄行船经纪,被父兄逐出,不许入家。至无食,在外偷窃小可财物度饥,被人侦获,送还父兄。父怒,将手胶捆缚,交兄带落船去,丢入水中。幸遇搭救,感恩不浅。"黄甫曰:"是你自己不正,难怪父兄,今既救活了,可回去不敢?"辛喜曰:"如回去,不再丢落水,一定立刻打死。"又问曰:"不回去,何往?"答曰:"只求救人救到底,收留船中,愿作犬马报答。"曰:"收留容易,恐僻性不改,又同家中行为,怎处?"答曰:"自今改过自新,再如是,愿仍丢入水中,死而无怨。"黄甫遂收纳在船,为取衣服与之,又变一人样。黄甫甚喜,寝食不离,宛如夫妇。

(四) 第五十二回③

田呆家产充足,妻褚氏,未有男女。交一朋友,姓归名玉,各自十五六岁同窗交纳起,今俱三十一二岁,犹不相离,人皆称之重生管鲍,再世左羊。因归玉家极清淡,都在田家后园书房读书。有一日归玉回家,家中有美画眉一笼,携至书房,挂在门前赏玩。归玉又回家去取书,适田呆出来,见画眉,问是谁的。文箎④曰:"二官⑤家中携来的。"田呆以画眉被尾坠住,跳不能捷,即将抓出,把尾尽行撮去,仍挂门前。但画眉无尾,只剩一榾柮,还看得么?至归玉又至,见画眉无尾,唬甚,问:"那一个敢将尾撮去,还了得?"文箎答:"不是一官⑥,还谁敢撮也?"归玉因闻是田呆撮,怒遂转喜曰:"画眉撮尾,加倍便式。"须臾田呆出来,问曰:"尾撮去何如?"归玉笑曰:"才说不知画眉撮去尾务此便式,今日与兄撮了方知。可交与文箎小心看管,莫被人偷去也。"二人睡俱在楼

---

① 写徐得兴与其同伴之间的同性恋关系。
② 写黄甫和辛喜之间的同性恋关系。
③ 用含蓄方式写田呆和归玉之间的同性恋关系。
④ 田呆的家仆。
⑤ 归玉。
⑥ 田呆。

上,一人一张床铺,吃饭俱在楼下。那日,二人上桌吃至中间,归玉忽放箸上楼去,忽然楼板缝有水流落桌上,田杲忙取空碗承接半碗。至归玉下来,问曰:"楼上什么水流落下来?"归玉笑曰:"弟尿急,赶上去撒尿,不觉顾把尿壶打倒,尿撒满楼板,流下也。"田杲曰:"原来是弟尿流下来,造化都承接在碗。愚兄近时得肺燥之病,人说吃回龙水始愈。幸喜今日天赐弟之回龙,不吃还吃谁的?"田杲将半碗尿饭吃矣。一个画眉撮尾便式,一个尿调得饭吃,可见二人异样交厚。

(五)第五十八回①

[阙氏是王延翰、延钧兄弟的乳母,归守明的养母。王延翰当政时荒淫无道,阙氏进行规劝,反被逐出宫外。其义女,前王王审知的侍婢陈金凤随她而出,因与归守明相通。及王延钧取代王延翰,]阙氏带一男一女朝见延钧,延钧喜而纳之,俱大宠幸。此二人那里有宋玉、西子之美?一进见延钧即宠幸,一为男皇后,一为女皇后,可笑之极!原来那归守明乃阙氏乞养子,先与百工局李可殷不洁。适延钧有公务全闽,李可殷留饭,令守明陪饭。席上与延钧戏谑,无所不至,可殷妒之。延钧知之,侦可殷不在,守明如厕,即往厕中立誓:"若有富贵,生死共之!"遂行苟且。故一见即宠之,此乃归守明已预定为男皇后也。

(六)第九十七回

福州闽王璘②,将立吴瑶琴为西宫,而瑶琴缢死,再立无一个相似,因此惆怅不乐。陈金凤嘱归郎寻奇异之物进献解闷,乃归郎转嘱李可殷。可殷乃百工院使也,与归郎心腹,知归郎与陈后私通,欲夤缘进宫为欢。适嘱寻奇物,喜甚,不惜多资,精制一架镂金五采九龙帐,只织八龙于帐外,内以闽王为一龙也,极其华丽,与归郎献进。陈后喜甚,询问:"何人所进?"归郎答:"乃百工院使李可殷,是弟之中表。此帐贡与皇帝,另有别贡与皇后,欲面陈,现在宫门候旨。"陈后曰:"既属吾弟之表亲,与姐何异,可召进相见。"归郎遂引李可殷进,朝见陈后,随献上绸缎珠玉之服饰。陈后喜纳之,曰:"卿乃归郎表亲,即朕中表之姊弟,以后进宫往来,勿行君臣礼,只作姊弟之礼。"可殷喜甚。命宫中设宴,命归郎代陪,宴罢退出。闽王璘见帐奇美,因问:"何来?"陈后曰:"臣妾之表弟、百工院使李可殷贡进。"闽王大悦,加封可殷内院使。自此可殷亦出入无忌矣。其龙帐惟归郎常寝,不伴闽王,便伴陈后,中外皆知。国人歌曰:"谁知九龙帐,惟贮一龟郎。"

---

① (五)(六)写王延钧(王鏻)、归守明、陈金凤、李可殷之事,参见《新五代史》(八)。
② 璘当为鏻。

(七) 第六十九回①

[杨柳月] 年二十四岁，家道富足，性亦谦和。惟好渔色，不惜财费。其妻母侯氏孀居，长女配柳月，长子名牧锦，十四岁，次子名牧绣，十三岁，皆秀美如子都。柳月初娶妻过门，即欲谋妻弟为龙阳君，先赂以珠宝金银，二兄弟不动心，又诱以古董玩物，亦不要。日日都在他书房玩耍。那日，同杨柳月在书房，忽有当店中人送信来，中间写云："红猫、红犬买不买？"兄弟看了曰："天地间那有红猫犬？"柳月曰："此红猫犬乃外洋番国来的，已出他八百两银了，他要卖一千银。据此番仔说：'红猫放在房门外，夜叫数声，随近之鼠都赶来他嘴边与食；犬只放房门外，如有贼来，只叫数声，其贼即自发瘟倒地，价才值千金也！'其毛大红色，如羽毛呢发亮的。"二兄弟毕竟孩子气，闻有此异，心便好之。柳月将字尾把笔写二句道：

红猫红犬真奇物，买来相送要留情。

递与二兄弟看了，因心甚喜爱，亦持笔接二句曰：

猫有大红当承受，犬果奇红怎敢推？

柳月看了喜曰："都肯应承，即当买来奉送你。"即写回字："叫他牵来验看。"那人去了一会，便牵猫、犬来，果然大红色如呢呀，可爱之极！二兄弟喜之不胜。柳月曰："且关于内房，明日送与。"二兄弟不忍放手，至夜与柳月同床，不知乌之雌雄矣。原来此红猫犬那里是番国来的，乃柳月使人以白毛猫、犬，日日以茜草染之，染之又染，则红色如缨可爱。二兄弟日日抱住，以手摸来牵去，不及一个月，那毛渐渐退去，露出白来。再过几时，依旧变出白猫、白犬。二兄弟夜夜将猫系在房内，验其叫，来看有鼠赶来否？谁知并不见一鼠到他嘴边，仍是满房皆有鼠，作吵如故。那犬无贼不能试验。今猫、犬都变白了，与寻常无异，二兄弟气的凸嘴凹鼻，问于柳月。柳月哄之曰："番仔说不可荤味与食，你日日以鱼饲之，故都变了。"二兄弟知被其骗，将白猫、犬丢还，流泪欲告母亲。柳月拉住笑曰："莫气！再赔你一千金，讨美妻来作伴，岂不胜于猫犬耶？"即于荷包内取出千金之钞票，递存于锦绣怀内，于是二兄弟始不生气。即此可见杨柳月渔色之处。因此男风，以宝玉金珠局之不动，乃妆作红猫犬骗之顺意，用尽心机。若是有美色之女，更可知也！

---

① 写杨柳月与其妻弟之间的同性恋关系。

(八)第一百九回①

林与乃宁德县人，小家子弟，貌如妇人，又不是妇人，乃是半男半女之身，俗呼快叫做"半褴缕"。至十四五岁时，父母俱亡，依傍于邻居寡妇。那寡妇将伊装作妇人，易入于闺阁、大宦乡绅家行走，又交结奴婢辈，以"后庭花"交宿，故人人皆知其半男女之身。后因至一绅士家，遇一好色公子、贪淫之子弟迷恋，被其父兄知，凌辱逐出，不许进门。因此改作男装，流落至福州，投入宝皇宫为道徒。林与善趋承，言媚动人，爱弈，与延武、延望②二兄弟相得。未几专宠，被正宫李春燕宠爱，为替道。至三清殿建竣，升林与为承宣真人。王昶大小政事皆决问于神，俱由林与口中传宣。其延武二兄弟因林与专宠于王昶，屡次唤续旧好不至，妒甚。侦林与在别宫奸宿，令人拿获送至，削木杵塞其肛门放之，肛裂血流，不敢声言，恨甚。适王昶问神，查杀渠耿、开王墓者何人，林与遂害延武、延望二人诛灭。

(九)第一百十八回

张音、梁韵同年同月同日同时出世，品貌皆美，总角时寝食不离。其父母早为其同日婚娶，张音娶梁氏，梁韵娶张氏，归房只三夜，出仍同榻，其父母亦无奈之何。二人将出外经商，父母恐其年轻未识，谁知更胜老客，大得利。而父母前后皆以寿终，二姓竟同合爨。二人之品行虽好，惟好男风。有个戏子姓易名如愿，眉目风流，喜之。遂捐金代其赎身，日则伺候，夜则三人共枕。那音、韵二人贪骑别人马，失却自己牛，其妻张、梁二氏与如愿私通，犹不知也。

……

(十)第一百三十四回③

福州北关外地方，有二家半耕半读。一姓阮，女名梅萼；一姓马，女名柳枝。六七岁时，阮家有先生教读，二女同学堂读书，柳枝便不回去，与梅萼寝食不离，谊为生死姐妹。共联句一诗。

梅萼先起句云："前生未悉两何为。"

柳枝接曰："今世相逢死不离。"

梅萼又接云："鱼水夫妻应不异。"

柳枝又接云："金兰姐妹更称奇。"

---

① 写两性人林与的经历，时在五代十国时期，闽王为王昶。
② 王延武、王延望为王昶叔父。
③ 写两位女子之间异常亲密的关系。

梅萼续云："心同坚玉焚难尽。"
柳枝对云："身共清水涅不缁。"
梅萼又续云："但得灵光双不昧。"
柳枝结云："千年万载永追随。"

二女之父兄见此诗，惊甚，以此二女贞烈，恐将来不得其死，魂仍相随也。二女至十八岁，不肯嫁人，欲结茅庵山上，同去修真养性，父兄亦无奈其何。讵二家父母相继而亡。王延政兴兵将至讨李恒义，近村人家皆走，阮、马二家一同挈眷而走。李恒义闻报各关外百姓挈眷逃走，即令将校，查如老弱者、妇女，任他逃走；若是青年雄壮之男子，拿回为兵。北关外乃张显、李应带兵追拿，陆续解进，阮、马二女之兄长在少壮之内，并与他拿去。因见二女甚美，李、张亦将他拿回为妾，诸人听之自去。二将进城办完了公事，一人分一个。二女怎肯从之？任打犹骂不住口。各磨灭三日，彼此皆曰："容姐妹相见一面相从。"李、张遂许之。姐妹同在一处，一见面即抱紧大哭。二将在旁问曰："许汝见面了，可愿么？"二女同骂曰："癞蛤蟆想食天鹅肉，黄犬仔想食豆腐骨！今惟一死，将我尸首同埋一处罢！"张、李怒骂曰："汝两个不是结发夫妻，不过异姓姐妹，把我看不上眼，比作犬仔、蛤蟆。汝要死一堆，我偏要汝各死一处！"拿下一人拖去后园烧死，一人抬去前山活埋。二女大骂曰："二犬仔如此狠恶，我姐妹生不能咬汝肉，死必断汝头！"二将令将阮氏去活烧、马氏去活埋。

梅萼被烧死，惟心一丸总不化。家将因拨看有一物包住，再拨现出天然一个玉美人，高有四寸长，其色洁白，体态如活，送与二将。看之异甚，相谓曰："此是姐心结有美人，料妹心亦必结有，可将活埋死的那一个亦来烧，一定亦有。"令人将死的掘出来烧，果心亦不化，亦结一玉美人。再以水洗净，比良工巧匠更胜于琢，其体态形状如生。二将喜甚。时李恒义正访寻奇珍异宝、玩物古董进献于南唐，不吝厚价。二将即将此一对玉美人献与李恒义，不敢实言，只说是山石结精的，因开山得之，献为贡品。恒义大悦，以千金赏之，又加二将官爵。制木锦匣，将此玉美人并排匣内，实以丝棉塞固，写便表章，即令二将为使，赴南唐进献，并求保福州。

张、李赍至金陵，表章锦匣进殿恭献。唐主拆看了表文，即开锦匣。那里是玉美人？乃二块污血排连匣内，蛆聚无数，异臭不堪。大怒曰："你敢将此污秽之物假作玉美人进来侮弄！"即查讯使者因何欺弄情由。张显、李应犹辨："实是眼见装贮玉美人，并非欺弄。"令自看匣中之污血，二将才惊讶无言。唐主怒甚，严刑究问，二将难受，始供二女之结心情由。南唐王曰："你二个恶深罪重，被二女咦弄不知，拿来弄孤。今代二女报仇，先斩汝二人，后再兴兵攻讨恒义。"遂斩张、李二使者，行檄文饬知李恒义纵使殃民，进污欺弄等罪。递至关，恒义接着，惊甚，唤至张、李之家人查询玉美人之出处。家人不敢隐瞒，直说二女之情节。恒义始知二女惨死，骂曰："二贼残暴，更甚于王延翰，活烧活埋，又加开出重焚！恨不得亲杀之！"即抄没其家产，特建一庙，塑梅柳二像供奉，封为北山二夫人。远近闻此奇事，不胜惊异！或以二女不能报仇，故变此物弄之，进献化为污血，借刀报之也。其实是二女之坚心，姐妹时刻不离，一旦拆开，虽死其心不改；姐结妹之形，妹结姐之形；于心同放在匣，又在一处，两心遂愿而化去了。

再说二女死魂亦相随同至阴间，阎君怜之，不收入狱，令自去投胎。二魂投于梅柳树，与名相符，又有形迹。至家探望，屋宇已毁，兄去作兵，诸嫂侄儿不知去向。无家可归，隐于山中，至设庙塑像，即附之为神矣。有神庙便有人来祈祷，亦施灵应，惟求子嗣无从抱送，遂有六个野婆神来投门下，自称能至百花桥抱送人间子嗣。二夫人喜而纳之，以为抱送婆官。香烟亦盛，谢神许愿来往不绝，人皆称为北山梅柳二夫人也。

（十一）第一百五十一回^①

[万兵部请男扮女装的鹿韭在家管教他顽皮的女儿一枝。]自此鹿韭留在万府，与一枝寝食皆同，婢仆伏伺。起先一枝如学女，敬奉先生，不敢一点放涎。至数日渐至无忌，或搭肩摄腿，或以粗卤之话拨之。鹿韭屡喝斥之不悛，恐被撩出马脚，夜间防备甚紧。再数日更狼狈，鹿韭喝曰："再如是，令尊付托必箠楚矣！"一枝曰："莫箠楚。想是公主之驸马不在身边，心焦，今夜来演戏解闷，便不心焦矣。"是夜因父不在，令诸丫头备行头，在前房伺候。至夜膳了，邀鹿韭至房，谓曰："做别出与公主解不得闷，今作张生会莺莺可也。"随取生巾蓝衫与鹿韭穿带。鹿韭将衣巾夺丢于地，骂曰："怎不好打！"一枝曰："拷打红娘待下出来作，待奴家先装别脚，做与公主看作样好么？"即将三石妆扮作罗卜往西天救母上台，一枝掌鼓板，众丫环掌锣铙自唱。"抛离乡土"起有介有调，有高山流水，至死到阴司也寻见母止，全出唱完落台，并无一句失板失介。一枝谓曰："公主休见笑，儒林无节也。"鹿韭讶甚，问诸丫环："何处传授？"诸丫环答："乃小姐看曲本，自行教演，并无别人传授也。"鹿韭异甚。一枝曰："公主看一出，还不十分理会，待奴再演与看。"遂自扮作尼子思凡，妆束头带小檐巾，身穿万字衫，执拂，诸丫环掌锣鼓，上台踏介而唱。鹿韭任其去做，唱至与丈夫云雨，作出思春形状，鹿韭羞之曰："未出嫁之闺女，敢演此戏？汝做不知羞耻，我看羞无地矣！"遂将一枝身上行头剥下，把三石诸丫环逐出，拉一枝进房去睡。一枝骂曰："实是杀风景，俗人演戏都有这忌讳，把人兴根打断！今即在此，不用锣鼓更有趣，且作一出赏花。公主为小姐，奴作梅香，此处无人，便不畏羞了。"一枝遂踏介，唱至"蝼蚁也知春色好，贪花难怪少年郎"，那鹿韭又羞之。一枝曰："此出不好，就再一出。"又作杨妃醉酒，把鹿韭按住唱曰："汝若遂我心来合我意，来朝上本奏丹墀，管教汝官上加官。"被鹿韭一推跌倒，爬起曰："此出作不好耶？

---

① 写一枝对鹿韭的狎昵戏弄。

今再作一出观音戏罗卜。"鹿韭笑曰:"由汝戏,总不动。"一枝曰:"心不动便不作,来作姑伴嫂眠可好么?"鹿韭曰:"亦不动。"一枝曰:"再扪之即动矣。"鹿韭躲不及,被一枝蹲着,手入裤胶里,抓出马脚。笑曰:"假姑伴嫂眠,今变出真来。今得了宝贝,快说出实情来定夺!"鹿韭惊得魂不附体,无可掩饰,遂说乃前王尚妃之弟,名鹿韭。前王以貌似谊公主,遂改为女妆,作两庆云。宫内兵变逃出下渡,借名来游玩等情,求勿出破。

(十二) 第二百八十四回①

[郑唐]若见俊俏子弟便尖钻谋换。别事一毛不拔,惟男风挥金如土,所得之财因此花耗。妻陈氏贤德,任其所为,并无一语。时有一卖鸭蛋之青年子弟,生极俊俏,鞋、袜、帽,肩担鸭蛋,人将呼为卖蛋弟,不知姓何名谁。人皆称羡其美。只是蛋价贵过别人,买的少,打价的多。惟郑唐日日与买,价钱无论,常叫入食茶,皆不肯入。那日,吩咐明日要蛋二百粒,即令下午挑来,切莫迟误。其蛋弟下午挑蛋至,郑唐看了曰:"个个都是番黄臭冈,快挑去换好来!"蛋弟曰:"奴的货无呆,请了别人再看,若有番黄尽送与汝!"郑唐曰:"人齐货皆齐?我看都是番黄的。汝讲都是好,务要逐个照过。但此无桌可放,进内厅才有桌排放。"此时蛋弟不得不挑进内与照。郑唐遂引入内书房,将蛋取出,以手遮向日影照看,令排叠桌上。讵桌是油漆的,八仙脚垫高低不平,蛋放上便滚下来。郑唐曰:"尔不防护,打破算汝的!"蛋弟遂把两手遮住,排叠至二百个,蛋弟竟把身扑在桌墘,两手围抱着蛋,只恐滚落。郑唐既照完,曰:"果然人齐整货亦齐整!待我去取竹篮来贮。"又言曰:"身不可动,一动便滚落地,吾弟之本利无归!"郑唐说了,进去取二十两锭银出来与看,笑曰:"今可与哥为朋友,此二十两银先为定聘礼,相好了,蛋不要,仍与挑回,另日要用若干,再来言之。"便拢附身。蛋弟欲喊救,郑唐以一锭银硬塞口内。此时蛋弟身若动,怕蛋滚下;口欲喊,又被银塞,即不顺从,亦须听他所为。方知郑唐设此抱蛋之计,令其排就身势,不用拖扯,与之行事。既完了,郑唐遂把二百个蛋捧还箓中,蛋弟两手始能收回,将口中银掷于地下,空手欲去。郑唐扯住曰:"弟莫嫌少。"蛋弟骂曰:"你做得好匡套,叫人怎愿?谁要你银!"郑唐曰:"今不要银,只重情义,且同进去饮酒数杯,与弟买了心愿再讲。"蛋弟不入,却被硬扯至后厅,酒肴已排便,酬上一杯酒劝之饮。此时蛋弟落局,又见儒雅,心便回些,持杯饮酒。饮了几杯,郑唐问曰:"人人都识我弟为卖蛋弟,无人知弟之姓名。但吾弟曾否读书,年纪几何,家有何人?"蛋弟曰:"姓云名中凤,年十九岁,只有母、兄,无嫂。"唐曰:"怪道是才有如此整雅,何不开店养家?"中凤答曰:"缺本。"唐曰:"弟若有本,会开何店?"中凤曰:"家兄曾开过米店,因父死才歇。"唐曰:"弟今回去,寻有市头,即管来

---

① (十二)至(十七)写秀才郑唐的同性恋活动。

取本，与令兄同开米店。"答曰："蒙君美意，有不承情？只是君看那部兵书，能施此抱蛋奇计？"唐笑曰："不施抱蛋计，怎教飞凤伏？"中凤亦笑曰："此计莫说飞凤伏，即飞豹亦伏！"二人同掩口而笑。饮饮谈谈，不觉上灯已久。凤欲辞回，唐笑曰："城门已闭。就未闭，鸭蛋原担挑回，亦被家中犯疑。且宿一宵，明日挑去卖，卖完了回去。只说等此蛋钱至更静，在饭店歇宿，便无疑矣。"又欲留贴肤一夜。次早便起，将银塞怀内，仍挑蛋去卖矣。未数日，便来取银开米店，郑家遂付五十两银与之。未数月来报母死，又付银五十两与其丧费。又过数日来说店本不敷，唐又付五十两与之凑本。又过数月来说米店亏本，欠米客百金不能还，被告在官，恐有县差拘拿，奔来存躲。唐曰："此城内公差还会进来搜拿，可改作女妆为兄小妾，改名为一凤，谁敢来捕？此计何如？"中凤曰："既出不得，由兄行为。"遂将中凤男假女妆。且本人娇媚，再加涂抹花粉，胜过西子、昭君！不与入内，只在外书房玩。唐之墙屋极深，前门朱紫坊，后坐花园街。其妻在尾落，无出外书房，任之行为也。

因朱紫坊尾有一学堂，日日早晚皆有官家子弟由门前经过去读书。郑唐日在门前，见几个学生皆美。时乃大暑，适有李绅之子行过，身穿缟白纱衫。郑唐捧一碗墨水，由背后泼出去，把纱衫污了半截。李生回看欲骂，郑唐赶至施礼赔笑曰："写大字用剩墨汁，不觉泼汝长衫，罪该万死！有敢不赔之理？且请进舍下食茶，即买衫照式赔还！"许时，李生身上纱衫被墨水染乌，怎得行回家？不得不进书房。郑唐即向解扣，把污衣脱下，叫出一凤谓曰："此位李相公纱衫被我墨水泼污，今我赶去绸缎店照样买赔，你可捧茶陪奉公子。"李生曰："有旧衫借一件穿回，连步送还，此污衣带回自洗，何敢要会伯赔还之理？"郑唐曰："污缟只大，怎能洗得清净？即污数点，亦不能洗去。古诗云：一点墨珠污白丝，斑斑驳驳使人疑。纵饶洗过千江水，难似当初不污时。此衫既污只大，岂能洗净？总要赔还。"又指一凤曰："此个是小妾，代为陪奉，弟赶去南街绸缎店就来。"言毕，把污衣将门倒搭而去。此时李生只得静坐以待，一凤便笑盈盈捧茶来，递接了，随问曰："公子尊处？贵姓大名？因甚衣衫被相公泼污？"李生答曰："小生寒舍南街，姓李名金蛟，年十九，因行过，不觉泼污。"一凤笑曰："若被别人泼污，亦无许快赔还。惟奴相公赔之甚易，刻去古楼前选买，尚未即行回，可请后房密谈心事么？"李生面红，答曰："小生无做刻薄事！"一凤笑曰："读书哥无一个不是慌木虱，都做假至诚模样。"随口云：

　　有花堪折须当折，莫待无花空折枝！
　　相逢不折空回去，洞口桃花亦笑人！

一凤遂抱李生进房。李生心被摇动，便软软抱进房内。正欲闭门，谁知串成圈套，郑唐只在外厢取出二匹白纱，在门缝里瞧，二人进房，便门踏入。李生魂魄惊散，一凤跪哭曰："贱妾奉命捧茶伺候，奈公子见色忘义，先以言词调戏，因不顺从，遂抱进房行强。正无摆脱，幸相公救之，如迟，命亦休矣！"郑唐问李生曰："你怎说？"金蛟哭曰："晚生读圣贤之书，有敢如是？奈贵宠硬拖进房，有翅难飞，今既出破，又这等诬说，望祈明察！是女强男，男强女？自有分别定罪！"唐曰："我无夹棍拶指，怎能察此奸情？可缚送县堂严刑鞫讯，始得实情！"郑唐即取二条小绳，把金、凤二人缚住，欲叫人来帮送。一凤向金蛟曰："你会风流，到堂前奴亦如前供诉，任有口难辩！况奴乃贱妾，沿街缚送不妨；你乃贵公子，不特官刑难受，况且一男一女缚送出街，人必争看，不独自己无脸，犹败父兄之门风。还早恳求奴相公饶恕免送，从中再议私休。若帮送之人至，万难挽转也！"金蛟闻说，便跪下哀求免送。郑唐曰："免送不难。若认是男强女，便可私休；不愿认，送到官才得分明！"金蛟又求曰："若不送官，便认是男强女，求要私休调处！"郑唐曰："愿私休便罢，可晓得是什么私休？"答曰："不知。"郑唐曰："此私休不过风流讨得风流而已！"金蛟面红不答。一凤曰："船过水无痕之小事，买释还不为？必要为辱其身败及家门之大波浪也？"金蛟只得头点点。郑唐曰："此头点点是强勉，不是愿意，还要对天誓了有始有终之愿方信。"金蛟恐帮送之人至，急了，只得出户对天跪地誓之曰："李金蛟与郑唐为朋友，半途而废者，终身不第！"郑唐笑扶入内房，解绳而遂情矣。同出至外书房，金蛟曰："去解姐姐绳。"郑唐笑曰："弟解了就好，莫管绑死小贱人！"谁知一凤早被自解矣。欲留金蛟饮酒压惊，金蛟曰："另日留得长长食之。今要赶回，再迟恐家中必疑。"郑唐曰："亦是。"即将二匹新纱带回，为索偿而来，旧污衣亦与带回为凭据，又塞银二锭于怀，以为贽礼。金蛟不肯收银，硬被郑唐推出户外。闭门而入，笑问一凤曰："设此计妙不妙？"一凤答曰："无陈子高，虽妙亦难遂矣！"正是：不教彩凤为媒妁，安得金蛟作友朋？欲知后事如何，且看下回分说。

（十三）第二百八十五回

却说郑唐泼墨汁饵上金蛟，被学友顾里兴疑之，遂访诸乡邻，始知那日衣被郑唐墨水泼污，遂被扯进内而背地受贿上饵，至暮挟二匹新纱出去，污衣犹与带回，还贿有银，自此往来不断等情。里兴即至学堂与众友曰："李金蛟平素硬嘴，近日上郑唐之饵了。"众问其故，兴曰："那郑唐是什么胶武，都务九乞人凿？前日金蛟行过，身穿纱衫，郑唐墨水泼污，将金蛟扯进内面，门关紧梅洗，至晚遂抱出新纱二匹，旧衣犹与带回，密赠若干银两，自此常留住宿不回。你们想是上了饵不是？"众友曰："真是上人饵不错！只几日，穿新纱衣来摇摆排场，竟被尔访知，可慢慢来嘲刺，看他有脸无脸。"时先生卧病在内未出。诸学生次日俱来，宋万里取出一张对句曰："先生发出来与我们对。"对云：

箫音引玉凤，

众尚未对，理兴提笔便对云：

墨汁饵金蛟。

金蛟犹不觉理兴嘲己。众驳曰："箫音引凤，出秦穆公女弄玉之故典。墨汁饵金蛟，出何代故典？"兴曰："此典无人知，唯我知之。春秋时，桥下有美金蛟，郑伯设网获之，奈沉而不浮，投诸饵引皆不起，以墨汁泼水面，便抢入网，遂变为美少年。郑伯带回为幸童，宠甚，穿着皆奇异纱缎。"众曰："纱缎只有好低，那有奇异？"理兴曰："人穿之纱罗绸缎不过蚕茧与蜘蛛二丝，有何异处耶？蚕丝条条从口中吐出，唯蜘蛛丝条条由古川抽，故此为异。"众摄鼻而笑曰："身上衣由古川抽，任甚华丽，大不清香也。"金蛟被其嘲，忿甚，便抽身走出。兴笑谓众人曰："如何？别人都不失色而走，唯他身上衣是屁股换来的，才没脸走躲也。"众笑曰："也是你刻薄仔，做出故事来点六脉，怕他不走？此数日必不敢来学。"理兴笑曰："他若不来，我会去郑家门首侦他。如在内，我便喊曰：'李金蛟，蜘蛛丝纱衫穿出，人皆知了，何不脱还？'"众笑曰："被你再加此一喊，入地无孔矣！"

谁知金蛟被嘲，忿甚直跑去告诉郑唐，如此被学友不堪言语，刺入心肝，去不得学堂，便路遇亦没脸见之。郑唐曰："是那学友作此怪，也要拿他来塞口，看他会作怪不会作怪！"金蛟曰："不知怎样被顾理兴知之。"唐问："他家事如何？"答曰："平常独他束脩未还，先生因病要用，一日挨过一日，云说要待典当才有。"郑唐曰："此更易塞嘴。尔今只在此待他上饵，与尔盘出消恨。"郑唐遂出门侦之，等至黄昏黑夜无过，遂入食晚饭。刚入门户，外便有人呼李金蛟。郑唐即出门前看之，原来即理兴，笑问曰："叫那个？"兴答曰："叫金蛟。"唐曰："金蛟未来。"理兴将去，唐便扯住，问曰："只暗去何处？"答："送束脩与先生。"又问曰："束脩日不送，至夜送，必定来讨金蛟同去草鞋巷做二使。"兴将束脩献出看，曰："岂有说假！"郑唐将束脩接过，托托笑曰："只里是砖头石头，假作银包去骗谊妹的。"里兴答："不是银，只是十二两白丝。"郑唐又把两手托托，笑曰："只轻，那有十二两？犹说不是石块，不丢入江，必被鸦拿去插尾。"郑唐辄取一包丢入江心。里兴吓甚，问曰："束脩丢入水，无银送先生，怎处？"唐曰："我所丢是石块，谁丢尔束脩？快去做二使，我要进去食夜饭。"一面说，一面走入内，把门关了。里兴紧追排闼入，扯之泣曰："无故把十二两束脩银丢入水，不管人生死，闭门而入，天理何存也？"郑唐一面行入，一面答曰："谁见你什么银，今齐去见尔父，告诉尔昏夜来扣我门，寻讨金蛟同去草鞋巷做二使。我答无来，便跑去，路上怎样跑而怀中银跑堕落地被人拾去，回头来图赖我抢去丢落水。若真是银，我便抢来存用，又平素与尔无仇，抢丢落水，有谁证见？唯尔来叫李金蛟同去做二使时，适本铺保长公行过作证。"里兴扯衣后随云："此等说，吓死人，郑先生不是番仔说番话耶？"唐答曰："若好讲，便不是番仔；若硬打硬，便是吕宋加溜巴。"

时已同至内书房，灯已点亮，唯寂而无人。里兴因又听此等说，不得不以实情告之曰："俯念晚生家贫，先生束脩挨延至今，未能清送。因先生病泻，讨取甚急，把首饰典当银两，漏夜送先生，却被郑先生戏丢落水。在尊处，数十两看不上眼，怎知晚生拮据，此银十二两不但落空，且再寻不得。如不见怜，都学先生前说之番话，学生不去别死，就死在先生面前。"唐笑曰："怎样死在我面前，先做个样式来看。如是真可怜情形，慢说赔银，还有金条赠之，幸此时寂静无人，演看了赶送银子去学堂未迟。"里兴见郑唐笑，亦自笑，脱帽曰："即撞死尔身上，看尔将收煞？"即将头撞去，却被郑唐拦腰抱住曰："真可怜之甚，不动情非人也。"遂抱坐膝上，手向头面扪起，扪至下体。里兴将挣却，郑唐笑曰："既来则安，尔何必拔盆，挨延自误！"里兴听其所为。遂挟入边房，塞了嘴，取银十二两赔作束脩，又以金条赠之为记。

二人刚出边房，却被金蛟在门外堵获，把巴领扭住曰："顾里兴，黉夜与我先生无火在房内，作暧昧勾当！"兴曰："此处是尔快活窝，谁敢来？我因束脩被先生戏丢落水，才进索赔，既赔了便去，有夺你位处，使你狐假虎威何事？"金蛟曰："捉奸逢人都捉得，怎的狐假虎威？索赔不在前厅明说，何暗处调停！两手之金银何来？"兴曰："都是赔的。"金蛟曰："银赔十二两足了，此金还赔什么？"里兴："既被汝撞着了，凭你说话，赔什么便是赔什么。"金蛟曰："银是赔束脩，金是补屁股的。"里兴答曰："是。"金蛟又曰："你早在学堂说我所穿纱衫是蜘蛛丝织的，无人见过，今夜你手中之金银，有人在门外瞧听，一条条都是古川门抽出，有冤枉你么？"答曰："果有，并无冤屈。"蛟又问曰："今还敢在外诽谤外人么？"里兴又答："自己有短，被人拿住，怎敢妄谤他人。"金蛟还要问，郑唐在旁笑曰："盘本塞嘴，现都承认愿伏了。"便笑喝曰："军既降，杀之不祥。今问都认了，不放去赶送束脩，更待何时？"

金蛟遂将巴领放开。里兴便赶出门，时已二鼓，正行几步，后面有人喊曰："里兴，我二人四处讨尽，却原来尔存做其事。"兴回头看，却是邹化里、宋万里两个学友。因先生叫去顾家取讨束脩，家中云已送去矣。回至学堂，查之未见，又去各学友家寻讨，皆说无来。又回去学堂，由河墘经过，忽见里兴由郑家钻出，二人见了便叫之。里兴答曰："闻金蛟在内玩耍，一撞进去便撞着，嘲了几句，将走出。不意被郑先生关住，硬拖食饭，已有数人在坐，既走不出，便随众饮了酒，即便跑出来。束脩我总会送出，何用尔来追也。"万里答曰："先生指名叫我，我不得不寻讨。我以尔嘴巴巴说别人，今夜做金苍蝇贪食，被人拿去插尾，明日必被别人说。"兴曰："我都比别人贪食插尾？"化里曰："有许多人同食，又先走出，必不至误事。"万里又曰："还不知郑唐绰号香鼻猫，最能侦鼠。有此幼嫩之貌，既自投入口，怎不吃而纵之也？任挑大江之水，洗亦难清！"里兴被嘲，忿甚曰："无耳听犬吠。且去送束脩，明日再看谁清谁浊。"里兴去送，宋、邹二人亦回去矣。原来郑唐闻里兴欲送束脩，遂拾石包假束脩，预存怀中，候其经过，接包故来托看，时黑不见，将真插入，换假投水。里兴被诱入网，金蛟左右侦瞧，待至事成擒拉，俾免再谤。果香鼻猫入口，有人无出也。

次日，金蛟放胆来学，时众学生俱在，先生虽病，大学生自读，小学生以大学生教之。宋万里谓里兴曰："闻你昨天说墨汁饵金蛟之故事，我听忘记，可再说来。"里兴答："只有一次，无二次，傀儡重挑不好看。"万里曰："不是重挑不好看，只因昨夜也上了饵，不敢说。"里兴不答，只开口读文章。万里遂吟四句嘲之云：

欲为谊弟心惊疑，未有那人此厚皮。
墨汁饵蛟谁得见，上门梟米我先知。

万里把四句吟之，又教小学生来同念。里兴走去。万里遂告金蛟曰："他说昨夜在香鼻猫食酒，可有是事么？"金蛟捏曰："我只几日心中不爽，在家未出门，不知下渡米上门梟耶。"万里遂将昨夜得遇，由郑家出来情况说之。金蛟又问曰："还晓他因甚投网之来由？"众答不知。蛟曰："我清早来学，遇郑家一孙童对我说，那人昨夜送束脩来，郑秀才在门口，他撩标将束脩递与观看，却被丢入水。他遂索赔，见入不见出，势必上了饵，赔束脩出门遇你们也。"万里笑曰："香鼻猫果利害，不投会自投，从今戒你们，不可再由他处经过，过必自投入网。"众问："你怕不怕？"万里答曰："我一者回家不由那路过，二者我镇盘心把得正，三者财宝打我不动，任他香鼻猫，其奈我何？再不至墨汁染衣因色玷，束脩投水为财成。"金蛟曰："嘴莫太高。不看顾里兴，昨日满口倒流三峡水，今朝一丸封塞五函关。"万里曰："我口阔如天，何丸塞得满。"蛟曰："且看塞得满不满。"二人盘了，便俱归食午饭。正是：大言须让无瑕璧，冷笑还防有靠山。欲知后事，且看下文分解。

（十四）第二百八十六回

却说李金蛟在学堂与宋万里盘了后，打算往郑唐家。谁知里兴已先至，告诉被万里调刺何以处之。郑唐笑曰："怕之则甚，在此食了午饭再论。"二人正对饮间，金蛟又至，便坐同饮，亦说万里夸口，设饵钓来塞口，始得安静。唐笑曰："欲并钓之何难！"金蛟曰："唯他不易。他自说一者回家不由此行，二者镇盘心把得定，三者任甚财宝打他不动，号君为香鼻猫，个个自投网内受污，唯他自得，慢慢作耍。"唐笑曰："一样鱼下一样钓饵，似此诡黠之鱼，必下毒饵方钓得来。有药粉带存身中，只用半茶匙暗洒他面巾里，看自投不自投！"郑唐遂入，取一小包药末，只取半茶匙交与里兴收存去洗。谁知郑唐秘得一方，寻拿地板下形如蠹鱼紫色之虫，和别药制为粉末，只些须沾人体，顷刻起泡肿烂，无药可治，唯自制之草药膏一涂便愈。里兴便带药粉至学堂，头仆下读书，任万里热言冷语笑骂，侦他去小解，汗巾放在桌上，赶将药粉尽洒汗巾，并无人见得。时乃盛暑，万里小解入，即拭汗巾。立刻泡起满面，遂回家请外科医治。头肿如猪头一般，服药无效，祷神无应，至月余皆如是。父母惊甚，早有人言此症神仙不能治，唯朱紫坊郑唐专治此症，下药立刻见功。万里不肯与医。其父乃举人，自押子至郑家求医。

［郑唐便借医病的机会，把宋万里引诱到手。］

(十五) 第二百八十七回

却说宋万里既愿降服了，郑唐曰："吾弟既体复原，可回府么？"万里笑曰："许没情，有就去之理？可先打发小价回去，报知二大人，可安其心。"郑唐即叫老家人入，谓曰："你先回去，报知你公子浑身疮皆好，恐又复发，且再留数日，待无发了送回。前所贴伙食之银我许赏汝，或回去缴还，凭在你。今又另赏五两，为我看门之酬劳。"其老家人在二门口，三顿酒肉食，至今又赏银五两，喜之不胜，回去报知矣。

金蛟、里兴二人侦至万里已降，遂日日俱至陪饮。一日饮时桌中吟句。金蛟起句曰："口大如天塞不满。"

里兴接口曰："缘何亦坠沉毛江？"

万里答之曰："严颜本是忠臣辈。"

郑唐见答此句，笑曰："严颜果是断头将军，吾弟果是坚志公子！其奈严颜被张飞局降，吾弟因夸口至此。尾句须我来结，方和平无隙。"遂结句曰："却被张飞局始降。"

三生自此应答后，并无再相讥刺，遂同安乐无忌。郑唐因自思，前诱李、顾二生，犹无甚受亏，唯诱此生，受毒损身，大不过意。赠金银不在他眼上，闻他喜箫管，遂在安泰桥玉器古玩店，以八十两银买一碧玉箫回来，说自己的，与万里试吹，大合其意，日夜称羡不已。身体既愈，又盘桓了一月，此时不得不归，频言归了再来。郑唐将箫赠之，喜道谢不尽，归矣。

郑唐那日无事，尚有玉箫钱尾未找还店，称银送去。谁知学堂中邹化里、高冠里两学生，同年十六岁，放午回家时，因雨方晴，各穿雨鞋执雨伞同行至安泰桥。冠里撩标，把化里古川抠一下。化里将伞柄向打，冠里走躲玉器店内。化里赶至，举起伞柄照头敲下。讵敲不着，即误把悬挂一玉磐敲破落地。冠里恐打，将身一闪，因雨鞋底滑，遂跌架旁，把一架玉磁器碍倒掷碎满地，又兼一大磁缸震破。店主把二生拘留，令赔。人拥看无数。二生惊了，只是哭。旁人曰："打破此多件玉器，价不止千两，不知此二后生家事如何？有家事赔银，无家事赔人。"或答曰："二个男童便值千金？"或又曰："二个有此好店面，故不止值千金。"又有人曰："即有家事，虽赔亦不能周全。若无家事，宁打死子，肯以子赔偿？总是店家毛时破财也。"

店主人众正在评论间，郑唐送还钱尾，忽至，克入店内，见架倒物碎，讶问曰："何人来打店，如此狼狈？"店主曰："谁人敢打？今日被二个后生入店打此地步。今原样不动，待其父兄来看处置。"唐曰："现在二后生在何处？"店主指曰："拘留在后进内厅。"唐入看，便认得是金蛟等学友。二生亦识。唐问故，化里泣答曰："都是冠里抠晚生古川，才拿伞柄打之。他走进店内，打他不着误破玉磬。晚生只破一玉磬，余皆冠里跌倒，将架翻动打坏的。"冠里亦泣答曰："晚生不过与他玩笑，他便恼，举伞柄赶打。既走躲店内，还来敲打，因急躲，被雨鞋滑跌，致碍架倒，打碎许多玉器。"二人遂同哭曰："而今怎处？必被父兄打死矣。"郑唐曰："这般小事，何必惊怕？你仍在此坐，待我与你料理，管叫你无事回去。"

[郑唐妥善处理了此事，邹、高二生甚为感激，自愿做了郑的契弟。]

（十六）第二百八十八回

却说郑唐好男色，图谋前之美少年，费不尽心机，花了若干银钱，才得成事。唯此邹、高二生，无些蓄意，忽然间得千金之横财，并得双绝之美色。盖朱紫坊学堂中，只有此五里，尽归郑唐家快活窝，日夜纵意玩乐。因一名高冠里，一名邹化里，一名宋万里，一名顾里兴，一名李金蛟，五个人中，不名里亦姓李。郑唐遂号为五里仙郎。并得一凤，号为一凤神女。未几学堂中先生病卒，诸父兄欲送去别学堂接读。五里议齐，与父兄说去郑家攻读，不取束脩了，犹捐赔伙食。自此，五里总归郑唐。唐日间乃令读书作课，文字佳者列等第赏银，其不堪者以墨涂面，宛若严师。惟至夜团饮一席，席中排一盘银，每块一两至四五两不等，亦先分韵作诗，好者赏银，呆者罚酒。诗毕遂教唱昆腔生旦风流曲。起初学演，无甚采趣。至演熟，便有那风花雪月，目采动人。唯郑唐掌板教唱，截截赏银不断。五里初至时，非言不出，面皮薄如纸，却被郑唐酒后引诱，渐似梨园子弟，斗唱争妍，皮厚如瓦。究竟一者酒令人颠，二者财动人心，三者以色慕色，任甚金玉公子，溺于酒色者，有不改移心志也？夜夜不至一盘银空不止，五更鸡唱不煞矣！各另有房间、床铺、书笼，如是才数月，各书笼内皆有银百两。

谁知却被一个人瞧见生妒，欲觊觎各笼内之银矣。原来郑唐用一童，年十八岁，亦是十分麻俐，内外买办煮食，银钱任之出入，到也停当，夜膳后便睡，不瞧预乐事。随有假妾卖蛋弟一凤，在内房寂闷无聊，夜夜皆从暗处偷看五里酒乖卖笑演剧，亲近美色又连得赏银，便妒之不胜，遂蓄意谋色并谋银矣。一日，有学友来说，长乐某富家兄弟分家财。兄庶出，弟嫡出，争起长子长孙份下不决。其弟托寻有能以理助嫡子者，愿送千金，俾免控告，被官食更不止千金。郑唐曰："能。"即欲同去，嘱咐五里曰："日时读书爱来不来无妨,惟夜各归宿,待我回时再来。"唐遂去长乐。于是五里日间或来或未来。

那日,高冠里去亲戚家送新人轿出门,食午饭回来,顺路入学堂中,因无人,遂仆桌上睡。一凤出见,即把前后门关闭,来至冠里坐椅后,将左胶提敲起,把鞋连袜倒脱下一只,犹未醒,因抓其胶底始醒。低头看,靴无一只,再回头看,一凤一手抱靴,一手招之。冠里因慕其娇媚,常系情,见招喜甚,遂赤一脚随入内房,便搂抱求欢。一凤推之曰:"且慢,有话说了,再为未迟。"冠里问:"何话?"一凤取诗与观看。诗曰:

郎君有意妾有心,千年难遇一知音。
惟求代解玉笼锁,后鼓和谐古瑟琴。

冠里看诗罢,问曰:"何谓玉笼锁,怎处解求教?"一凤曰:"此诗付君为据,另有衷情告之。念奴并非贱婢,乃云姓室女。因兄在此借银开米店,无何遭火灾,又来借凑重整,未几又被贼盗罄空。二次借银六百两另无还了,犹欠米客银四百余两,米客控县,出票拘比。兄走躲,奴奔投此地,郑相公欲纳为妾,奴以作妾贱终身,不愿依从。相公曰:'今且暂为,待有银六百两还清,听汝去嫁。'一时无银,不得已暂从之。至此年余,已陆续借备四百两,尚少二百两无处再借。因见郎君乃风流才子,惟祈见怜,赠凑赎身,始得解开金锁放出笼凤,随君以永谐琴瑟矣。如见怜祈交银,今夜即留此共枕何如?"冠里笑曰:"原来有此缘故。只二百两亦易,现只有百四五两,且收去,另日再凑足可好么?"一凤答曰:"亦可。"时五里得银容易,并不心痛,不管久后如何,只图眼前遂得娇娇美色。便喜出望外,遂走至书房开笼取银,总共一百四十五两,抱进房交一凤收存了。一凤欲捧饭来同食,冠里辞不食,欲闭户。一凤笑曰:"不闻苏东坡曾言,大口嚼江油桂,见绝色美女抱而便睡,上干天条,下犯地谴。今事已言定,酒肴既便,叙谈后再寝未迟。"冠里遂与共坐并饮。原来一凤之伙食皆童儿供进,自行烹煮不与外并。一凤执壶劝饮,冠里连饮数十杯,把酒壶夺起,挟抱一凤,同入罗帐,颠鸾倒凤。

……

其奈一凤之媚态胜过真女,被其曲意绸缪,讲答敏捷,怎不听之所欲?两情并合,又起来重整杯盘,遂畅饮谈叙。因问何故以男假女?一凤以实情告之,冠里方知是卖蛋弟躲告案改妆情节。叙了又睡至天明,冠里遂去。五里中既被一凤倒脱靴勾去一里,局银并局其色,还有四里,不数日亦皆被一凤如前勾去,并局银色。亦尽知下渡卖蛋弟,皆喜而不悔。日间五里来朝凤,只愁郑唐回来。盖一凤年最大,已二十岁,五个才十六七八岁,皆年幼,又是官家子弟,不比等闲,犹眷恋不舍,何也?殊不知一凤以男作女,如行时之小旦,豪家子弟花去冤银无算,无有不做肝反被肺压,皆得意之甚。遂同共议,如郑唐回时，必须如此如此，管教凤亦来陪里耍乐也。

次日，郑唐又得千金回来。原来长乐其家有百万家财，因分产，嫡庶相争长，郑唐以通族请去决断。唐谕之曰："商朝帝位，传末子受辛，不传微子，自古以来，立嫡无有异议也。"于是遂得嫡子暗谢千金，又得公之明酬数百，共得千余，凑之挥洒作乐。家中忽听将回，五里皆走回去，一凤仍归内室。郑唐至家，五个仍陆续来至，夜仍六人坐饮一席。饮酒中间，唐笑曰："究竟是鲤胜凤，凤胜鲤耶？"六人曰："鲤为诸鱼之长。"唐曰："凤乃百禽之尊。"遂以鲤凤联句。唐先起两句，五个续了八句，遂上纸云：

  鲤鳞三十六阴数，颜色还须逊凤毛。
  五鲤扬波犹胜虎（里兴），抓鸾幽室费如猱（化里）。
  巧装下渡云蛋弟（万里），妒杀六朝陈子高（冠里）。
  不放凤来同鲤乐，区区金谷岂能牢（金蛟）。

郑唐见此诗后，讶问曰："尔怎知一凤是卖蛋弟耶？"里兴曰："早知是男假女，惟不知其由，至前日方周知。"又问曰："前日怎的周知？"里兴答曰："初墨汁染蛟，以凤为媒时，马脚已露，但疑不敢言。前冠里去下渡亲戚家食娶亲酒，闻人说卖蛋弟因告钱债案，躲朱紫坊郑家，以借银开店无还，留住改妆为妾，伊兄不日备银来赎弟。冠里回来说，始知周详。今日不以鲤凤来联句，犹不言出。今已知了，可放出来齐乐，若仍匿不放，一同攻入金谷，能长保无恙耶？"唐笑曰："我之金谷不比石崇，任他千军万马攻之不破。不知便罢，既知了，漫道是男，即是女即须献出同乐也！"五里笑曰："原来先生有此洒脱，欲请先生母出来，必定亦肯。"唐曰："他比我更爽快，一叫便出，再不畏缩也。"谁知一凤已在房门口，听说便出来，笑曰："难怪汉哀帝欲将天下让与董贤，此今朝公既允将妾放让众友，还要正妻再让之，绿帽要戴几顶？"此乃一凤故意带笑说之，便无疑也。众笑曰："关老爷卖马，周仓不肯画号。"唐笑曰："汉哀帝乃万乘之尊，都肯让天下。唐明皇亦万乘之君，宠安禄山，娇妻杨贵妃让与了，犹欲夺江山。我乃一书生，怎悭吝过天子？绿帽戴也无妨，但我老婆比我洒脱更甚，什么粗话都讲得出，文才比我更高，一出题恐你们都走无门矣！"五里共曰："不知先生母有此高才，快请出领教。"唐曰："今且慢叫他出来，只出一题目送进去，与之做诗赋，便知其才，何如？"金蛟曰："出题考师母耶，不敢不敢。"唐又曰："不出题，不拘有什么东西，寻一件与之题赞亦可。"

五里便向各处搜寻有可题赞之东西。化里遂于桌屉中搜出男春宫图，笑曰："此图送与题赞好么？"金蛟等笑曰："此件焉敢送进去，师母一见即把醋瓮打碎，必将此图批骂之。"唐曰："此图送与题赞甚妙，始显他的奇才，即管送去，连骂都不会。"众曰："若骂，罚什么？如批骂一人，银抱一百去。"里兴曰："一抱便六百，心勿痛也。"唐又曰："六百就六百，什么相干。"遂把男春宫加纸卷封，外写学友送诗题赞，叫童儿交与送进。时已叫出一凤在座同饮酒，未饮数杯时，童子已拿出图来。众问："送入怎说？"童儿曰："相公娘已睡，敲门方起，接入无言，只听动笔之声，未一会遂将此卷交出，令送还书房。"童儿说了，郑唐即令去睡。金蛟等笑曰："批骂必难免也。"一同开看，中间乃二男交合形状，上截空白题云：

男女居室，为夫妇之大伦；燥湿相通，乃阴阳之正窍。迎风待月，尚有荡检之讥；断袖分桃，难免掩鼻之愧。人必力士，鸟道方可口开；洞非桃源，渔篙宁容误入？今某从下流而忘返，舍正路而不由；云雨未兴，辄尔上下其手；阴阳反背，居然表里为奸。华池实无用之乡，谬说老僧入定；蛮洞乃不毛之地，遂使眇帅称戈。系赤兔于辕门，如将射戟；探大弓于国库，直欲斩关。或是监内黄鲤，访知交于时夜；分明王家朱李，索赞报于来生。彼黑松林戎马频来，固相安矣；设黄龙府潮水急至，何以御之？宜断其钻刺之根，兼塞其送迎之路矣。①

金蛟等看了，笑曰："何如？骂矣！"郑唐曰："笔墨极佳，何骂之有？"金蛟等又曰："固知甚佳，其奈无句不是讽刺，不但只骂，犹令断除其前，塞绝其后。割去前犹可活，塞其后蔽而不通，岂能活耶？"唐笑曰："此骂乃风流，不是忿骂，犹可也。"金蛟等又曰："风流骂、忿怒骂，皆是骂，六百总难免出柜。"六人同拥入书房，揭开银柜，各携一包归入箱内矣。唐曰："只要田园大熟，鸟鹊能食几多？只是一凤大造化，初出便得百两压腰。"一凤笑答曰："此不多谢奴相公，多谢大慈大悲阿弥陀佛观世音菩萨。不碎醋缸碎银缸，斥逐众妾，犹令个个得大财也。"郑唐笑曰："我的银缸已满甚，不摔亦自涨破，无人敢拾，亦是你们得之也。"正是：忽有忽无大圣棒，易来易去郑唐银！且看下文分说。

（十七）第二百八十九回

却说郑唐之银被此六人抱去六百，亦不心痛。只不知与妻题赞会骂不会骂，亦敢与人赌输，以致输去白银六百，并不见痛。自此夜深，添一凤来同五里演唱风流曲。谁知一凤曾学过儒家戏，所有曲介无不通晓，五里扎脚更见风流，赏银愈多。那郑唐虽然放荡，犹有可取之处，其师生之际，规矩乃循，令诸学生归位读书，无不尽心教训。自古

---

① 见《聊斋志异》（二）。

严师不如益友，未几二里入泮，再一年三里亦入泮，随后各回家娶亲。一凤亦要回下渡娶亲，重整旧业，再开米店。其童儿见其银两花尽，立意要去，再也不来。可怜郑唐头尾只五年，囊橐一空，人财俱去，郑家门前长青草，甑内生灰尘矣。前置有披榭连十数间，因纳五里一凤住内戏玩，外才不知。至财散，披榭亦陆续卖去，唯余二三进粗房。家中只有一妻二子，并自己共四人。其当家比从前更省，尤常釜底游鱼。郑唐自常叹曰：

　　　　酒残花谢黄金尽，花不留人酒不赊。

（十八）第二十八回　写道士同性恋。

（十九）第三十六回　把人阉割以为男妾，事类《聊斋志异》（十一）。

（二十）第五十六回　写及同性恋。

（二十一）第九十六回　写僧人同性恋。

（二十二）第九十八、九十九回　写优伶同性恋。

（二十三）第一百六、一百七回　写道士同性恋。

（二十四）第一百八回　写及同性恋。

（二十五）第一百十一回　写僧人同性恋。

（二十六）第一百二十回　写及同性恋。

（二十七）第一百三十三回　似写同性恋。

（二十八）第一百四十回　写同性恋调谑。

（二十九）第一百四十九回　写及同性恋。

（三十）第一百五十回　写及同性恋。

（三十一）第一百六十四、一百六十五回　写一个同性恋故事。

（三十二）第一百六十七至一百六十九回　写海寇同性恋。

（三十三）第一百七十二回　写及同性恋。

（三十四）第一百七十五、一百七十六回　写海寇同性恋。

（三十五）第一百八十三回　写一个同性恋故事。

（三十六）第一百八十八、一百八十九回　写一个同性恋故事。

（三十七）第一百九十八、一百九十九回　似写同性恋。

（三十八）第二百一回　写一个同性恋故事。

（三十九）第二百二十九回　写海寇同性恋。

（四十）第二百三十回　写僧人同性恋。

（四十一）第二百二十九至二百三十一、二百三十三至二百三十五回　似写同性恋。

（四十二）第二百九十三回　写优伶同性恋。

（四十三）第三百四回　写一个同性恋故事。

（四十四）第三百四十八至三百五十回　写一个同性恋故事。

（四十五）第三百六十一回　写及同性恋。

海公大红袍全传

（清）佚名著
上海古籍出版社1993年版

（一）第五十一回①

　　定亲王朱宏谋有一内侍任宽，偶出王府闲游，恰当世蕃退朝，在轿内看见，不觉神魂飘荡，在轿内自思道："天下那有这样的绝色男子！但不知彼何人斯，生得这般美貌？倘得同他一夜之乐，奚啻身入仙界？"一路思想不置。回到府中，只是默默思念，连饭也不要吃。

　　那家奴任吉看见主人这般烦恼，连饭也不要吃，便问道："老爷每日退朝，纵有什么大事，都不在意，多是欢天喜地的，今日回府，如何这般闷闷不乐之色？莫非朝中有大事故么？"世蕃笑道："吾父在朝权秉钧衡，在皇上跟前，言必听，计必从。我又同王内监情同骨肉一般，即有什么弥天大祸，有此二人保镖，还怕甚么大事！只因我有一件心事，只是难言，所以闷闷不乐。"任吉道："老爷有甚心事，只管向奴仆们说知，何必闷

---

① （一）（二）写明代严世蕃骗奸定亲王男宠。

闷若此？或可代老爷分忧。"世蕃道："适才退朝，在大街上偶然见了一个绝色的少年，果然夺人魂魄，但不知他是何人之子，似此又不知其姓名，只可冥想，故此闷闷不乐。"任吉道："老爷，莫非在那翠花胡同见的那一个穿绣衣直裰的小后生么？"世蕃道："不错，不错，就是那个人。"任吉道："小的只道老爷看见了什么再世的潘安、复生的宋玉，谁知就是这个。不是别人，就是小的同宗，他的名字唤做任宽，今年才一十七岁，现在定亲王府中充役。这定亲王就是朱宏谋，乃先朝王爷兄弟。只因这位王爷性好男风，不理政务，所以朝廷不肯封藩，将就封为定亲王，使其在京居住，只此以乐余年。他府中的少年约有四十余人，俱是十六七岁的，个个美貌如花。这定亲王分他们为四班，每班十人，每五日一换。个个皆晓得歌唱，更能效女妓婆娑之舞。四十多人中，惟任宽最是定亲王之宠爱，比他人更加十倍。昨日老爷所见者，即此人也。"世蕃道："你既知是一个王爷的亲随，又与你同宗，大抵与你相知，你可能招致来否？"任吉道："他是小的同姓兄弟，彼此往来甚密。老爷若要他来，这是何难之有？待小的明日自去拉他到来吃酒，那时老爷撞将出来，见机而行就是。"世蕃道："你若引得他来，我却有重重的赏你！"任吉说："小的明日引来就是了。"世蕃大喜。任吉即便前去干事不题。

再说定亲王朱宏谋自受封以来，却未曾出镇，只是在京闲住，终日只以男风为事。皇上念他是个皇叔，况且他不理政事，惟此醉好后庭花，所以不去理会。这定亲王日与一群少年取乐，惟任宽美而多诈，百事承顺，善宽主人之意，所以定亲王再不能离任宽片刻。正所谓食则同器，寝则同床。任宽自恃宠幸，有母现在内城居住，定亲王爱其子，兼爱及其母，即赏赐他一间宅子，其日用薪水，一切皆代为给办。任宽虽属长随，然门庭光彩，以及宅内所用一切器皿，皆与公侯相等，只因俱是王府分给来的。

这一日，任宽适而到外边游玩，不料为世蕃看见，彼却不知，仍回王府而去。次日，忽见任吉来访，彼此相见，略叙寒温。任吉道："贤弟近日何如？"任宽道："近日天气炎热，少到外边，只在府中避暑，所以许久不曾见兄。老兄近日可好么？"任吉道："愚兄只是终日忙忙碌碌的，不曾得半刻的空闲，所以少候多时。今日偷空特来看看我弟。"任宽道："多谢我兄关照。如此天热，我们到那里去乘凉好？"任吉道："这城内那一处不是如火热的？惟有我们府里新起的凉亭，甚是凉快，内中花柳森森，前面荷花霭霭，洵足一乐。我们何不到那里走走，谈谈心事罢。"任宽道："甚好，甚好！"于是二人出了王府，直至严府世蕃宅中而来。

任吉引他进到里面，来至花亭，果是花木阴翳，金碧辉煌。玉石栏干之外，就是荷花池。那池中的荷花红白相间，花下数对鸳鸯，戏于水上，果然清幽雅致。香风徐来，沁人心骨。当下，任吉请他到亭子上坐着。随即有两个小厮上来伺候，献过香茗。任宽饮了两口，只觉香气异常，那茶色碧青。任道："小弟在王府三载，所有各处茗茶，也亦尝过，惟此种茶，却不知名。"任吉道："不瞒弟说，这茶并不是日常杂用的茗叶，此乃皇上所用的玉泉龙团香茗。其茶出于栈道之玉泉涧，涧甚深，内黑，多巉岩怪石，且深不可测，人难得到。涧内出茶树，乘雾而生，人固不能往采。惟涧中有白猿作乐，人若采叶，即到涧边坐下，以鲜果掷去，与猿相换，方才到手。涧中所产无多，每年地方官只贡十余斤。这是御用之物，天子赐与太师的，家老爷是太师那里得来的。昨日愚兄值日，恰好王内监到来，家老爷命我煮此御茗，所以才偷些出来。恰好贤弟今日来此，此亦我弟有口福也。"任宽道："多蒙我兄见爱，只恐没福消受。"任吉道："舍得在这严家，怕没得御用之物？"

旋有一小厮，捧着一个果盒进来。任吉便令将一张八角桌子儿，靠在玉石栏干摆着。小厮把果盒放下，将一对玉杯，两双玉筷，对面安放。任吉便让任宽坐下，二人对酌。任宽本来量小，略饮几杯，便觉昏昏不能安坐，便要告辞。任吉道："人世几何？酒杯在手，对此良辰美景，若不畅饮几杯，岂不被花鸟所笑乎？"遂再三苦劝。任宽却情勿过，又饮几杯。此际真是酩酊，人事不知矣，伏在桌上。任吉恐他呕吐，便令小厮将他扶到亭子内凉床睡了。任宽醉得狠了，依着枕头便睡；鼻息呼呼，已入睡乡矣。任吉看见了是个真醉，即便来到世蕃内宅。

此时世蕃专听佳音已久，见任吉到来，不胜欢喜。忙问道："事情究竟办好否？"任吉道："那任宽早已睡倒了。"世蕃即问道："任宽现在睡在哪里？"任吉道："就睡在荷花亭内凉床上，真醉睡着了呢！"世蕃大喜道："你在屏门外守着，不许闲人入内。"任吉答应一声，即到园门口守着，自不必说。

世蕃此际，恰似拾得活宝一般，喜孜孜的来到花园内，走上荷花亭子来，只见那凉床上，任宽朝外睡着。那任宽脸上两颊红晕，恰如桃花著雨、海棠初睡一般，一见令人魂飞魄散。此际意马心猿，牵制不住，急急宽褪衣服，其玉茎不觉昂然怒立矣。渐来下了任宽的下衣，于是乎有此一端。正是：

  不向桃源洞，偏从峻壁穿。

毕竟世蕃与任宽如何，且看下文分解。

(二) 第五十二回

却说严世蕃乘着任宽醉中，竟不顾得嫩蕊姣花，只自风雨摧残。那世蕃之具，倍巨于定亲王几倍，所以大为凿枘。任宽在醉梦之中痛醒，急欲转身，却被世蕃紧紧搂定。开目看时，方才得知是世蕃。此际挣扎不得，复兼酒醉身子瘫软的，只得任其所为。事毕，世蕃起来，那任宽下面已不胜其楚矣。当下任宽勉强起来，觉得肛门肿起，不觉掉下泪来。世蕃着意抚慰道："卿勿怪唐突，只缘卿冶容迷人魂魄也。"任宽带怒说道："侍郎何欺人太甚！即小人不堪怜惜，亦当体念俺家王爷才是。"世蕃道："我只爱卿，卿何必以王爷压我？我岂惧此，而断爱卿之心哉！"大笑不止。

任宽带怒而出，路至园门，恰见任吉在此。此际更加气怒，乃骂道："我当日以你为好人，故此认为兄弟。谁知汝却是这般不堪之辈，亏我瞎了双眼，不识歹人。"一路大骂而去。任吉自觉惭愧，无言可答，只得来见世蕃。未及开口，世蕃先说：'任宽如此矫强，你有何计可使他常在我处？"任吉道："适间小的正在园门，与他相遇，却被他抢白了一场，悻悻而去。料彼此去，必对王爷说知，因这小事，却要惹出大事来。"世蕃道："你且宽心。即使定亲王知觉怒了，我亦不惧的。有了我父亲及王公公，还怕甚么？"遂不以为意。

（三）第二十一回 所写"娈童"仅是指美貌的仆役。

（四）第三十二回 写一同性强奸事例。

（五）第四十九回 写一同性强奸事例。

（六）第五十三、五十四回 写严世蕃骗奸其幕宾。

妖狐艳史

（清）松竹轩著
台湾大英百科股份有限公司
2000年《思无邪汇宝》本

（一）第一回 写江西学塾中的同性恋。

（二）第二回至第五回 写公狐精到口酥与海里娃之间的同性恋。

桃花艳史

（清）佚名著
台湾大英百科股份有限公司
2000年《思无邪汇宝》本

（一）第十二回

这李辉枝晓行夜住，那日就来到京城以内，看了一座店房住下。等到会试之期，提着文具进场。三场已毕，又中式第十名进士。是岁等候殿试不第，复候挑选散进士。但凡会场中式十魁中者，即以知县任用。举场中式十魁中者，即以教授职用。且话李辉枝中式第十名进士，人品美丽，年力精壮，及至到了挑选之期，有一吏部左侍郎张耀德，见他人品端方，年力精华，遂有羡慕他的光景。欲待留他做京都的首县，现今又无缺分；欲待发往外边州县任用，心中又不愿意。迟了几日，将别的进士、举人尽皆发落，惟留下李辉枝在京都试用，有缺即补。

且说李辉枝生的本来标致，又值年少登第，心中如意，春光颜色，面目上更加十分的美丽。所以张吏部一见，就如南风拂面，温气异常，遂起了一片羡慕之想。虽是时常与李辉枝见面，又不便留他酒食，又不能说些别话。住了几日，心生一计，把本京的知县正往外边知州，遂将李辉枝任补。京都城中就是老练的宿官，尚且不能胜任，那有年少初任就有此等的美缺。就是费多少银钱、求多少人情，犹不能得。这李辉枝首任此缺，竟这等容易。

你说这李辉枝自上任之后，不时的往张吏部衙门请安，那张吏部也不时的留席饮酒。不知不觉三月有余，那一日，张吏部因上朝回衙，独约李知县饮酒。那李知县尚未赴别处请安，欲待面辞，又不敢出口，遂勉强随着张吏部来到衙门。入进书房，不用从人伺候，唤出两个侍女劝酒，你一杯，我一杯，吃了一天。到晚把一个小小的知县，灌了个酩酊大醉。你说张吏部这个老畜生，见李知县酒厚，遂退去了侍女，向前调戏说道："李贵县，你的才学在县官之首，你的容貌也在县官之上，所以本部甚是敬慕。"李知县听说这话，睁开醉眼答道："大人，休得过奖取笑。敝县年幼无知，得蒙大人荐拔，毕生难忘。"张吏部又心生一计，遂口问道："凡人貌美者主淫，不知贵县也好色否？"李知县笑了一笑，说道："美色人人好，不可胡乱淫。"张吏部只当他说的有心之谈，又向前戏笑道："我今日爱上你的美色，也不敢胡乱行淫，望贵县容纳。"说话之间，就抱住李知县亲嘴。李知县用手推开，决不允从，反把那张吏部将古比今说了一遍。也顾不得醉后失仪，奔奔跄跄，并不辞别，出往回衙去了。那张吏部见他醉怒而去，恐怕事情败露，即晚议出一条贪酒误公的缘由，理合罢职摘印。那李知县到了异日，见有公文赍至，罢职摘印。情知是吏部所为，并不分辩，因想到做官一道，一则会逢迎，二来又得银钱使费，可见古道无存，不如归家。论至其间，遂收拾了行李，雇了几辆车子，就回苏州而来。

（二）第一回至第六回 写姜够本、宋上门与白公子之间同性恋的爱与恨。

怡情阵[①]

(清) 江西野人著
台湾大英百科股份有限公司
2000年《思无邪汇宝》本

(一) 第一回

话说隋炀帝无道，百般荒淫，世俗多诈，男女多淫。天下四海九州，别的去处还好，惟有扬州地方，山明水秀，人物美丽，人情大是不古。有一件故事，这件故事就在扬州府兴化县城内，有一秀才他姓白名琨字如玉，真个无书不读，无字不识，更兼一表人才，生得眉清目秀，齿白唇红。娶妻殷氏，十分丑陋，二十岁上就亡故了。白琨恨前妻不好，立志要寻一个标标致致女子做续娶老婆。

再说这白琨有个窗弟姓井名泉，比白琨少了八岁，也是个秀才。井泉虽是男子，其俊俏风流比妇人还觉可爱，所以这白琨见他有些情景，千方百计哄上了手，日里是窗友，夜里是两口子一般。白琨把井泉的屁股弄了几年，如今已二十六岁了。

有个媒婆来说，本街上开银铺李老实的女儿年纪十七岁，生得袅袅婷婷，娇娇娆娆，标致得紧。白琨听说，喜的把心花都开了，遂拣了上好吉日子娶过门来。白琨因妻子美貌，略打听得李氏有些偷偷苟合的风声，也就不计较这样事。这井泉的屁股，白琨弄熟了，通像这白琨是他的汉子，他是白琨的老婆。他却日日在屋中走动，白琨通也不忌疑他。

(二) 第二回至第六回　在白琨的安排下，井泉与李氏成欢。

(三) 第六、七回　经白琨允许，邻人蓝应贤与井泉成欢。井乘机私偷蓝妾玉姐，不久蓝病死，井娶玉姐为妻。

(四) 第八、九、十回　白、井两家男女在一起淫戏。后来，井泉、玉姐、李氏皆死于淫，白琨乃悔罪出家。

[①] 本书人物情节与《绣榻野史》多有相似之处。

痴人福

(清) 佚名著
中华书局1991年影印
《古本小说丛刊》本①

第三回

[唐子才将赴外任，临行前与一妻两妾在一起宴饮。宴罢，]夫人道："丫鬟，掌灯进房。"扯住子才的手，一面走一面说道：

今宵还与君共枕，明朝夫君便登程。
莫把良宵耽误过，同我上床好饯行。

子才便回顾周氏、吴氏，被夫人扯进房里去了，不得与二人交欢行乐。周氏对吴氏道："他二人闹闹热热进房去，饯行去了，丢你我二人在外冷冷淡淡，如何是好？"吴氏道："不要怪他，我们有了这种姿容，原该受苦；若还也像那副嘴脸，自然有好日子过了"。②周氏道："也说得是。"吴氏道："姐，如今晚不如到我房里来去睡，还有闹热之处。"周氏道："你也是个女子，有何闹热之处？"吴氏道："我有一件东西，同那话儿差不多，大家来去闹热。"周氏道："如此我又来分惠了。"二人也相搂入房去了。

雅观楼全传

(清) 檀园主人著
清道光元年（1821）扬州同文堂刻本

（一）第九回

[暴发户之子钱观保建一新宅，工毕请客。]摆酒雅观楼下，有十番增福、增寿二旦

---

① 据清嘉庆十年（1805）云秀轩刻本影印。
② 唐夫人既丑且妒。

敬酒，这饮到尽欢更阑方散。以后凡遇饮酒，都在雅观楼下，与两番轩套房。尤进缝①又代他觅了两个小妖，不过十三四岁，一名玉郎，一名桂郎。两名贴身伏伺，在套房安宿。观保到套房，这两个小厮侍立，无非茶烟微事。尤又知他鸦片有瘾，又代办了鸦片一套物件，教这两个小厮伏伺。这一番大宴，外面人背后也不称他小钱，也不叫他乳名，直以"雅观楼"三字作他的外号。遂传一传百，无人不唤。到十五日，请的是费、尤两家女眷，陈一娘②认费大娘为干娘，一仝到了钱家看新房，游花园。时桂花正放，诸女眷坐桂花厅，听十番唱曲，打嘉兴锣鼓弦词，说《玉蜻蜓》小说等书。晚间席散颇早，各人回家敬月。惟陈一娘不回，要与凤姐③月下拜为姊妹，还要同凤姐进假山石洞、阳春曲径、迷香深处耍子。日间未曾游到，上雅观楼玩月，然后才回。这是一娘用的鬼计，他日间见雅观楼刻刻与增福、增寿在一处，又见贴身有两个小妖，知雅观楼又有左癖。尤凤姐虽是件尤物，到底是良家女子。一娘是歌舞中人，况又尖伶，一见便知。此时凤姐不能却他，与他月下拜为姊妹。一娘大两岁为姊，姊妹称呼。更余同携手慢步，到假山石洞。这一天女眷席，不用增福、增寿敬酒。雅观楼自备一席，摆在套房，有费、尤并二旦一桌。雅观楼微饮即醉，酣时连玉郎、桂郎都在一桌，也就无言不谵。不料凤姐与一娘在帘外看得明白。一娘不悦，凤姐说："姐姐，他们闹酒，我陪姐姐雅观楼看月。"是日月色如银，一娘与凤姐慢慢步上楼来。四面短窗，推开一望，真一大观也。两下看了半晌，一娘要回去，凤姐仍留他过宿。说："是了，今日佳节，姐夫要与姐姐团圆。"一娘说："我是守寡的人。"凤姐惊问说："姐夫怎么不待你好？"一娘道："贤妹不知，他终日在外寻花问柳，还与恶少狎昵，干不洁勾当。这样下作，我能与他好么。"凤姐点点头说："怪不得姐姐心冷。"说罢作辞，凤姐著家中妈妈送他回去，仍约菊花开时，还请来园赏菊。一娘多谢回家。是晚，雅观楼大醉，费、尤扶他在套房榻上睡，叫二小厮伏伺。家中人照料灯火毕，各自回家。一娘回到家中，心内暗忖道："小钱子如此负心，前月来说告假一月搬家，我道是真话，如何能拗他。那知假山石洞内，添了这些妖精缠住，那有心肠记罣著我？我年纪尚小，料不能终我身了。况我来跟他，曾与我男的说明，他叫我来看光景若何，终须叶落归根。"〔在第十回，陈一娘得到一笔银钱后重新做妓。〕

（二）第十四回

也是乐极悲生，不知下部怎么起了个鱼口，疼得钻肌入骨，茶饭不沾。……此事有费人才④说合，五百两银子包医。当兑一百两合药，完口后要一百天不近男女二色，犯者

---

① 是一帮闲。
② 钱观保妾，原为有夫的妓女。
③ 钱观保妻，不知一娘的实情。
④ 是一帮闲。

性命不保。赖氏叮嘱儿子，切不可有犯。雅观楼疼得难当，说我若逃出条命来，从此诸事都戒。赖氏说："好乖乖，你已诸事见过识面，那件事你没有顽过，不过如此而已。我代你各处许下多少愿来，好了代你唱戏谢菩萨。"雅观楼说："我今上了药，觉疼得轻些。我到花园套房，说住家中颇为不静。"赖氏不能拗他，只得让他在花园养病，贴身惟玉郎、桂郎二人伏侍。外科一天看两回，指望收功，好得找项。无如两个怪物在他左右，不无有了余事，暂时疮口迸裂，疼昏过去。赖氏唬得浑身发抖，即请外科来看。外科说："我与费公说过，百日内不犯色欲。女色犹可，况系男色。非我误事不能医好，速将药本找项见赐，所办药料即刻送到尊府，听府上斟酌。"此刻赖氏惟有磕头，求他想法。他故意沉吟说："目下非人参八宝不可，若无人参，此人不过今夜。还是府上办参？委我代办？"赖氏说："都托太爷。""如此，先兑出一千两银子，送到我家，我即刻带药来，迟则难保。"赖氏即著人挑一石银子，送到外科家中。不多时，送了药来。果然药效通神，登时便转。赖氏此刻无法，只得昼夜在他榻旁坐卧。

善恶图全传

（清）佚名著
中央民族大学出版社 1994 年版

（一）第一回[①]

江南出了一个恶人狠极了顶，人都称他为活阎罗的李雷李大麻子。真乃是：

奸淫不论男女，惨杀无分老幼。

（二）第四回

李雷问："何事？"

"小的是园丁苏胖子，适才查点门户，只见两个公子在内。小的问他，他说住在南门大街，闻大人的公子，看做獬被人挤进来的。此时还是开门放他去？所以请大老爷示下。"

李雷闻听，说："开了园门放他去罢。"蓄生脸说："不要！"乃向苏胖子道："你去把二人请进来。"答应一声复至花园说："大老爷有请。"二人闻听，跟了园丁来至大厅，望

[①] （一）（二）（三）写恶人李雷的淫行。

着李雷打一躬说："老先生呼唤学生，有何分付？"李雷请二人入席，添两双杯箸，邵青斟了酒。李雷这个贼见了二人眉清目秀，心中起了不良之念，开言陪笑，叫声："二位公子，今日我们幸会，何不作诗一首，以为消遣？请教请教！"

"不敢，老先生分付，何敢不遵？先请老先生高才，然后学生奉陪。"

李雷听说，叫一声说："二位不要见笑，献丑了。"说罢指着大公子道：

眉清目秀俊生成，齿白唇红满面春。
貌比潘安犹堪美，叫人不恋女裙钗！

大公子听罢心中大怒，知道诗中调戏与他，忙在腰内拔出解腕刀，战惊惊站起身来，望着李雷顶上刺来。李雷看得明白，说"不好！"把头一让，用左手把他右手一扔，只听得当啷一声响，刚刀落地。李雷拾将起来，心头火起，骂道："该死的狗头，大老爷抬举你，你擅自逞凶。人来，把这死囚推下火牢。"只听得答应一声，拥上多人，登时间鹰拿燕雀，将大公子招进东园，推下火牢，绝了性命。

且说二公子一吓，连忙跪下说："求大老爷看我薄面，饶了我哥哥罢。"李雷道："你不要求，若是依了我，与你无事。"李雷此刻吃得半酣，起身搀了二公子，一直奔西洋套房而来，叫人退去，闩了房门，叫声："小闻你过来。"二公子不解意，走到跟前。李雷把他朝怀内一搂，伸手去解裤带。二公子知道他起了歹意，就用手朝他脸一把抓来，几条血痕。李雷大怒，用手一推，叫人将他拿下火牢。说罢出了西洋套房，来到外面，叫声："老邵，这个人不识抬举，小畜生将我脸上抓破，十分可恶。叫人将他推下火牢。"邵青道："不可！你大老爷不用性急，将他关好，美饮食与他吃。如今要打造一件好东西，那时大老爷自然受用。"李雷便问打什么东西，邵青道："打他一张太平如意相思椅。"说："老邵呀，我不识此名字。"邵青道："又叫做屁拿子，打一张挨的，打一张活的。"

"要多少银子？""要七百两银子。"

"几天成功？""十天可成。"

李雷道："你去帐房里兑银子，与我速办。"邵青去了，置办屁拿子。

（三）第五回

且说李雷全了邵青进了西洋套房，看见如意相思椅，心中大喜，分付将闻二公子带来试验试验。邵青说与那家人，必须如此如此说法。家人领命，即刻将闻二公子带至面前。李雷分付众人过去，自己闩上西洋套房门，将闻公子一把搂住来脱底衣，只听得半空中一声喊说："恶人往那里走！"李雷抬头一看，只见一位英雄手持利刃，迎面而来。

唬得魂不附体，一跌在地，称势滚进暗门，爬将起来闩好暗门。

(四) 第十一回

［高］公子用过早膳，迈步出了店。明不知路径，信步而行，要赶热闹之处。天色才大早，并不见一人，只见远远来了一个人，身挑一担稻草，后面跟了两担。此人是溧水乡间一个坏鬼，叫做双古牛，其人力大无穷，奸盗邪淫无所不至，生得恶眉四眼，一嘴短胡须。公子上前说声："借问声，此地那里有热闹之处，望乞指示。"双古牛见公子年轻，又且生得眉青目秀，满面陪笑叫声："兄弟，你在此等我一等，到堂子里内把担稻草送与他，与你到城里关帝庙看戏，回来进杏花楼吃酒饭，到晚同你洗个澡，回家与你同睡。"公子一听，心头火起，大喝一声："呔！囚囔的，你把爷当着甚人？"用二指将他肩头一点，说"去罢"，双古牛哎哟一声跌将过去，扒不起来。公子举拳要打，还亏后面两个人再三劝住，公子才放手说："既是二位说情，便宜他了。倒要请问二位，那里热闹？"二人说："城里关帝庙是第一热闹处。"高爷听罢进城去了。双古牛为人不好，天遣高爷指伤了肩膀，不能挑柴，半边身子都麻了，回家足足医治了半个多月才好。

海游记

(清) 佚名著
清刻本

(一) 第十回

［臧居华因骗人而遭打。］众把臧居华抬入土神庵，庵中和尚最好龙阳，留作道人。

(二) 第二十九回①

居四娘为娼时与臧居宰交厚，臧居宰探得鉴清久不回家，乃去看姑母。贵儿令居思学去买菜，居安又在笔店，遂与四娘叙旧。贵儿看见道："侄儿有此手段，却便宜外人。"便三人一床。思学回来见是臧居宰，无可发泄，乃用他后庭，四人睡着。鉴清回家，忙到厨下取炭火烧铁各人股上一烙。臧居宰忍痛回家，买麻油调大黄末托母亲思宝敷。思宝道："此油如此好。"臧居宰道："施药局鸡瓜葵浸的油更好。"思宝道："何不问母舅要？"臧居宰道："伤是母舅烙的。"将前事细说。思宝心动，竟乱了伦。臧居华回家，见

---

① 写同性、异性之间的乱伦。

二人睡着,臧居宰后门大开,便道:"你不顾母子,我也不顾父子了。"遂成一串,因此二人无忌。

三续金瓶梅①

(清·道光)讷音居士著
中州古籍出版社 1993 年版

(一) 第八回②

官人③往书房中来,走至窗下,听得屋内嬉笑之声。官人也不言语,从窗缝往里一看,只见春鸿把文珮按在床上,倒撅着。西门庆也不作声,见春鸿说:"小淫妇,我发了财了。好好的叫我一声,我饶了你。"文珮说:"回来你也照样,不就不叫了。"春鸿说:"依你就是了,你可要留情。"[西门庆看后与春鸿发生了性关系,他只施不受。]

(二) 第十五回

官人在书房闷坐,叫文珮篦头,觉身上拘紧,说:"你给我捶一捶。"文珮答应,取了梳子、篦子、刮子、刷子,把头发打开,将袖子挽起来,露出了雪白藕棒子一般的小胳膊,戴着个银镯子。[文珮]挦起了头发,先梳通了,慢慢的篦着,问官人:"痒痒不痒痒,舒服不舒服?"西门庆笑了说:"你还唱着梳。"文珮果然唱着篦了半日,官人甚喜。

拢起头发来,文珮拿了高凳、睡凳来,说:"净修养,还是放睡?"官人道:"身子拘紧,放放睡才好呢。"文珮答应,把官人扶在高凳上。先捶了一回。复搁腰抱起来,放在睡凳上,一腿垫着腰,从胸膛揉起,揉至肚皮。揉了一回,把官人扶起,爬在高凳上又捶了一回。使了个丹凤朝阳的架式,把西门庆抱起,一手托着脊背,一手托着腿,只一转,官人觉惚惚悠悠似睡着了一般,周身通泰。少时,扶住坐下,又捶了一回,用斜肩背跨之功,舒其两膊,只听骨节乱响。又捶了一回,觉满身发热。又叫官人爬扶在凳上,拽起衣襟,露出了绣花汗巾,从脊背捶至腰间。捶了几回,只见文珮在腰眼上掐了两把,官人时下邪火上升,按捺不住,站起来说:"小油嘴使起坏招儿来,饶不了你。[你]是卖盆的自寻的。"于是把文珮拉到屋中,叫春鸿按着,不容分说,殢云尤雨,狂了个不亦乐乎。

---

① 本书是《金瓶梅》的一种续书,谓西门庆死后还阳,写其复活后的诸种所为。
② 描写西门庆的两个家蓄优童春鸿和文珮互相肛交,这种性交方式是同性恋双方在性和社会关系上处于平等地位的一种体现。
③ 西门庆。

(三) 第二十七回①

　　二人来至聚景堂,官人让上座,舍人执意不肯,二人对坐了。台上开了大戏,唱的是《六国封相》。上了十二海碗的筵席,尽是海参、燕窝、鱼翅等等。舍人说:"太胜设了。"官人说:"下次就是家常饭,不敢违命。"说着,春鸿又巡酒来。舍人见他眉清目秀,粉嘴粉脸的,问:"多大了?"春鸿答道:"十九岁了。"说着,文珮也来巡酒。世贤举目一看,这一个也是白面红唇,俊俊俏俏的,就知是两个小官。又问文珮:"你多大了?"文珮说:"小的十八岁了。"说:"你是那里人氏?"答道:"小的是安徽人。"舍人点头不语。原来蓝世贤最好小,说着话目不错珠,只是端详他二人。官人见他看上春鸿、文珮,说:"大人的内司辛苦了,你二人晚夕就在此服侍大人。他们还会唱南曲词呢。"一面要了鼓板来,叫两人唱了两支南词,把蓝舍人喜得眉开眼笑。舍人说:"谁会《南叠落》?"二人答应说:"小的们都会。"于是,二人合唱了一回。舍人连声喝彩,说:"你们会《锁南枝》不会?"二人答道:"小的们更熟了。"说罢,又合唱了一折,把蓝舍人都听呆了。唱毕,上了羹汤凉菜。吃了饭,又看了一回戏。天有起更时候,官人往春鸿、文珮使一眼色,说:"老弟乏了,可以随便歇歇吧。我到前面,暂且失陪。"言罢,出门去了。

　　这里,春鸿、文珮铺了床,蓝世贤又坐了一回。天交二鼓,二人与他脱了衣服,打发他上了床,放下帐子来。春鸿、文珮与他捶腿,一面捶着,一面眉来眼去嘲他。蓝世贤最好男风,又有了酒,三人在一个帐子里〔发生了性关系。〕

　　〔西门庆让春鸿和文珮服侍了蓝世贤十天,蓝颇觉满意,过后对西门多有庇护。〕

(四) 第二十八回　写一个同性强奸事件。

(五) 第三十二回　写西门庆与他的仆人胡秀之间的同性恋关系。

---

① 写西门庆让春鸿和文珮去侍奉巡按大人蓝世贤(文中亦称舍人),以博取他的欢心。

品花宝鉴①

(清·道光) 陈森著
文学古籍刊行社 1987 年影印本②

(一) 第一回③

一路思想，忽到一处挤了车，子玉觉得鼻中一阵清香，非兰非麝，便从帘子上玻璃窗内一望，见对面一辆车，车里坐著一个老年的，外面坐了两个妙童，都不过十四五岁。一个已似海棠花，娇艳无比，眉目天然。一个真是天上神仙，人间绝色，以玉为骨，以月为魂，以花为情，以珠光宝气为精神。子玉惊得呆了，不知不觉把帘子掀开，凝神而望。那两个妙童，也四目澄澄的看他。那个绝色的④，更觉凝眸伫望，对著子玉出神。子玉觉得心摇目眩，那个绝色的脸上似有一层光彩照过来，散作满鼻的异香。

(二) 第六回⑤

上场门口，帘子一掀，琴官已经见过二次，这面目记得逼真的了。手锣响处，莲步移时，香风已到。正如八月十五月圆夜，龙宫赛宝，宝气上腾，月光下接，似云非云的，结成了一个五彩祥云华盖。其光华色艳，非世间之物可比。这一道光射将过来，把子玉的眼光分作几处，在他遍身旋绕，几至聚不拢来，愈看愈不分明。幸亏听得他唱起来，就从"梦回莺啭"一字字听去，听到"一生爱好是天然，良辰美景奈何天"等处，觉得一缕幽香，从琴官口中摇漾出来，幽怨分明，心情毕露，真有天仙化人之妙。再听下去，到"一例一例里神仙眷，甚良缘，把青春抛的远"，便字字打入子玉心坎，几乎流下泪来，只得勉强忍住。

(三) 第十回⑥

那镜屏仍复掩上，屋内止胜子玉、琴言两人。琴言让子玉榻上坐了，他却站在子玉身旁，目不转瞬的看著子玉，倒将子玉看得害羞起来，低了头。琴言把身子一歪，斜靠

---

① 本书对清代中叶北京相公优伶的生活进行了详细描述，其中多有男色同性恋的情节。
② 据清道光二十八至二十九年 (1848~1849) 幻中了幻斋刻本影印。
③ (一) 至 (十一) 写贵公子梅子玉与名优杜琴言之间的精神恋爱。(一) 写梅杜初次见面的情形。
④ 杜琴言。
⑤ 梅观看杜的表演。
⑥ 梅拒绝假琴言的挑逗，对此真琴言深受感动。

著炕几,一手托著香腮。娇声媚气的道:"梅少爷,大年初六那天,你在楼上看我唱戏的不是?"子玉把头点一点。又道:"你晓得我想念你的心事么?"子玉把头摇一摇。琴言用一个指头,将子玉的额抬起来道:"我听得宝珠说,你背地里很问我,我很感你的情。今日见了面,这里又没有第三个人,为什么倒生分起来?"子玉被他盘问得没法,只得勉强的道:"玉侬①,我听说你性气甚是高傲,所以我敬你。为什么到京几天,就迷了本性呢?"琴言道:"原来你不理我,是看我不起,怪不得这样不俅不睬的。只是可惜我白费了一番心。"说著脸上起了一层红晕,眼波向子玉一转,恰好眼光对著眼光。子玉把眼一低,脸上也红红的,心里十分不快。琴言惺忪忪两眼,乘势把香肩一侧,那脸直贴到子玉的脸上来。子玉将身一偏,琴言就靠在子玉怀里,嗤嗤的笑。子玉已有了气,把他推开,站了起来,只得说道:"人之相知,贵相知心,你这么样?竟把我当个狎邪人看待了。"琴言笑道:"你既然爱我,你今日却又远我。若彼此相爱,自然有情,怎么又是这样的?若要口不交谈,身不相接,就算彼此有心,即想死了,也不能明白。我道你是聪明人,原来还是糊糊涂涂的。"子玉气得难忍,即说道:"声色之奉,本非正人。但以之消遣闲情,尚不失为君子。若不争上流,务求下品,乡党自好者,尚且不为。我素以此鄙人,且以自戒,岂肯忍心害理,荡检逾闲。你虽身列优伶,尚可以色艺致名,何取于淫贱为乐?我真不识此心为何心!起初我以你为高情逸致,落落难合,颇有仰攀之意。今若此不特你白费了心,我亦深悔用情之误。"说著,气忿忿的要开镜屏出去。那晓得摸不著消息,任你推送,只是不开。

　　正急的无可如何,只听得镜屏里轻轻的一响,子云②、次贤③、宝珠④,都在镜屏之外!迎面笑盈盈的走进来。那琴言一影就不见了,把个子玉吓得迷迷糊糊的,只听得子云笑道:"好个坐怀不乱的柳下惠,失敬失敬。"子玉一回转头来,那知众人都在镜屏对面套间之内,子玉与次贤见了礼,却向子云告辞道:"今日出门,忘了一件要事,只好改日再来奉扰。"子云笑道:"庾香⑤兄必是因适才唐突,见怪小弟。里间屋内,酒席已经摆好,请用一杯,容小弟负荆请罪。"宝珠一手拉著子玉,进套间屋内道:"你且再看看你的意中人,不要哭坏了他。"子玉见一人背坐著,在那里哭泣。只道就是刚才的那个琴言,因想他既知哭泣,尚能悔过,意欲于酒席中间,慢慢的用言语感化他。那晓得他一转过脸来,用手帕擦擦眼泪,看著子玉道:"庾香,你的心我知道了。"子玉听这声音,似乎不是琴言,子细一看,只觉神采奕奕,丽若天仙,这才是那天车中所遇,戏上所见的这个人。子玉这一惊,倒像有暧昧之事被人撞见了似的,心里突突的止不住乱跳。觉

---

① 杜琴言字玉侬。
② 徐子云,名士。
③ 萧次贤,名士。
④ 袁宝珠,名优。
⑤ 梅子玉号庾香。

得有万种柔情，一腔心事，却一字也说不出来。

(四) 第二十二回①

　　当下船已走了三四里，三人静悄悄的清饮了一回。子玉一面把著酒，一面看那琴言，如蔷薇濯露，芍药笼烟，真是王子乔、石公子一派人物。就与他同坐一坐，也觉大有仙缘，不同庸福。又看素兰②另有一种丰神可爱，芳姿绰约，举止雅驯，也就称得上珠联璧合。今日这一会，倒觉是绝世难逢的。便就欢乐顿出，忧愁渐解。琴言看子玉是瑶柯琪树，秋月冰壶，其一段柔情密意，没有一样与人同处。正是傅粉何郎，薰香荀令。休说那王谢风流，一班乌衣子弟，也未必赶得上他。若能与他结个香火因缘，花月知己，只怕也几生修不到的。虽只有这一面两面的交情，也可称心足意了。渐渐的双波流盼，暖到冰心。这素兰看他二人相对忘言，情周意匝。眉无言而欲语，眼乍合而又离。正是一双佳偶，绾就同心，倒像把普天下的才子佳人，都压将下来。难怪这边是暮想朝思，那边是忘餐废寝。既然大家都生得如此，自然天要妒忌的，只有离多会少了。若使他们天天常在一处，也不显得天所珍惜，秘而不露的意了。

(五) 第二十九回③

　　子玉正在半睡，叫了两声，似应似不应的。琴言便走近床边，就坐在床沿之上，举目细细看时，只见子玉面色黄瘦，憔悴了许多。琴言凑近枕边，低低的叫了一声，不觉泪如泉涌，滴了子玉一脸。只见子玉忽然的呵呵一笑道："'七月七日长生殿，夜半无人私语时。'正是此刻时候。"便又接连笑了两声，琴言知他是呓语，心中十分难受，在他身上拍了两下。因想颜夫人④在外，不好叫他庾香，只得改口叫了声"少爷"。此时子玉犹在梦中，道是到了七夕，已在素兰处会见琴言，三人就在庭心中，摆列花果，煮茗谈心，故念出那两句《长恨歌》来。魂梦既酣，一时难醒。琴言又见他笑起来，又说道："我当是'黄泉碧落两难寻'呢。"说到此将手一拍，转身又向里睡著。琴言此时眼泪越多了，只好怔怔的望著，不好再叫。……聘才⑤也只得走到床前，叫了几声："世兄，你心上的琴言特来看你，我扶起你来坐坐，你们说说话就好了。"聘才叫云儿拧块热手巾来，替他净了脸，擦了擦眼睛，扶他坐起，把床锦被叠了在背后靠著。颜夫人倒不肯进来，恐怕儿子心上愧惧，魏聘才也离得远远的。子玉坐起后，精神稍觉清爽，猛然眼中一清，见琴言坐在旁边，便问道："你是谁？坐在这里。"琴言带著哭道："怎么连我也不认得了？"琴言见

---

① 梅杜等人在运河上游玩。
② 名优。
③ 杜琴言去看望因思念他而得病的梅子玉。
④ 梅子玉之母。
⑤ 魏聘才，他安排杜琴来看望梅。

窗户未开,且系背光而坐,自然看不明白。便挪转身子向外坐了,侧了一半脸,望著子玉道:"我是玉侬,太太特叫我来看你的。不料十数天,就病到这样。"说著又呜咽起来。子玉听得分明,心中一跳,便把身子挣了一挣,坐直了看了一回道:"你是玉侬,我不信,你怎么能来,莫非是梦中么?"琴言忍住哭道:"我是琴言,是太太叫我来的,你为何病到如此?"子玉便冷笑了一声道:"真有些像玉侬。"颜夫人听了,对著聘才道:"此话说的奇怪。"又听琴言道:"我是为著你的病来的。"子玉笑道:"你真是玉侬,如何得来?就算你愿意来,人家如何肯放你来?"琴言道:"我真是玉侬,我已来了多时。是奉太太之命叫我来看你,又亏魏师爷带我上来。我劝你自己宽心,不必忧郁,身子要紧。快养好了病,我既来动了,就可以常来的。"说著又滴下泪来。

颜夫人见子玉清爽些,便有些欢喜,叫丫鬟移张椅子在帘子外坐了。聘才就站在颜夫人背后。子玉此时又清爽了几分,便凑近琴言,细细一看,笑道:"玉侬你当真来了,不是假的。"琴言回转头来,对著子玉要回答时,又咽住了,只是哭。聘才在外低低说:"玉侬扎挣些,倒不要引起他的哭来。"琴言只得把帕子掩了脸,用力迸出一句话来道:"是真的。"子玉道:"果然是真的。"琴言道:"真真是真的。"子玉便狂笑一声,往前一撞,却好扑在琴言肩上,犹是咯咯的笑个不住。聘才见了忍不住的笑,那些丫鬟仆妇也无人不笑。颜夫人点头叹息,见子玉两手扶著琴言的肩,要坐起来,先笑了一回。琴言道:"你到是什么病?我劝你不要病了。从今日就好了罢,省得多少人为你苦,更招太太心里不安。"说著遂又滴了些泪。子玉笑道:"我有什么病?我这个病,要他来就来,要他去就去,原不要紧的。"琴言道:"休说不要紧,你这病不比从前,也添了满面的病容。千万句并作一句:放宽了心。你从前说自己会宽解,看得破,怎么今日又不会宽解,看不破了呢?"……〔经过杜琴言的一番劝慰,梅子玉病意全消。〕子玉竟慢慢的跨下床来,琴言扶著走了两步,觉得脚软神虚,便又笑道:"我已好了,我原没有什么病,不过受了些暑气,有些头闷神昏,他们便当我是大病,把些药来我吃。愈吃愈闷,闷也闷极了。"便叫云儿道:"我觉饿了,有什么吃的快拿些来。"

颜夫人听了,即轻轻的走出,聘才等亦都跟了出来。颜夫人道:"怪事怪事!直看不出他们什么意思来。这一对小人儿,却真也奇怪。今日实实亏了琴言,我倒要重重的赏他。"

(六)第四十五回①

书童引路,送子玉到了海棠春圃。望见琴言穿著随身的月白夹袄,脚上是双大红盘花珠履,倚著海棠花树,对著块太湖石,在那里凝思。书童咳嗽一声,琴言回头,见了

---

① 梅杜一同赏花。

子玉,便笑盈盈的迎上来,说道:"来得正好,你看夕阳欲下,映著这些花,分外好看,快来看罢。"子玉笑著走过来,二人倚著栏干同玩。琴言道:"人说海棠有色无香,你不闻见香么?我觉得比别的花还香些。"子玉笑道:"已经占了国色,何必还要占那国香。这香只怕是那边丁香的香,若说海棠的香无此浓厚。他也有一种香气,是藏在花肌肤里、颜色中,不肯轻易吐出。要人将花凝眸谛视,良久良久,他那一种清香,自然随人的心上到鼻孔中来。也不是人人闻得出来的,你不信你就将那一枝垂下来的,细细的闻闻,管保不是方才吹来的那种香气。"琴言果然走上台阶,手扳一枝海棠,看了一会,又闻了一回,点头微笑道:"果然果然!你真是细心人。这香就像与花的颜色一样,说他不香,却真有香。说他香,又不像别的花香,真正恰是海棠的香。"子玉笑道:"此所谓心香,如何可以比得别的花香呢?岂有娇如海棠,而云其一无香气,此真为唐突名花了。"

(七) 第四十八回①

子玉一面闲谈,一面著想,即成了一阕。写了出来,琴仙②念道:

何事云轻散?问今番,果然真到,海枯石烂?

南湘③道:"一开口就沉痛如此,倒要看看底下怎样接得来。"琴仙念了一句,已经哽塞住了。到"海枯石烂"四字,便接连流下几点泪来。再读时,声音就低了好些。停了一停,又念道:

离别寻常随处有,偏我魂消无算。已过了、几回肠断。只道今生长厮守,盼银塘不隔秋河汉。谁又想,境更换。

琴仙到此,忍不住哭了。金粟④道:"这是庾香不好,谁叫他做得如此伤心?倒不怪玉侬要哭。"子玉也落下泪来,只得忍住要劝琴仙。琴仙又要哭,又要看,拿著那词稿,被眼泪滴湿了一半。南湘道:"我念给你听,你也念不来了。"琴仙犹带著泣,听南湘念道:

明朝送别长亭畔。忍牵衣,道声珍重,此心更乱。

---

① 杜琴言被老名士屈道生收为义子后将离京去江西,梅子玉作词相送。
② 杜琴言号琴仙。
③ 史南湘,名士。
④ 名士。

南湘念到此，也几乎念不出来。金粟听了，也觉惨然难忍，琴仙已放声大哭。南湘勉强又念道：

> 门外天涯……

将词稿放下道："我不念了。"斟了一杯酒，喝了便跂脚而卧。口中吟道："一声《河满子》，双泪落君前。哀猿夜吟，令人肠断。"琴仙痛哭了一会，子玉勉强劝住了，把绢子替他拭了眼泪。琴仙还望著那词稿，想人念完了。金粟只得念道：

> 门外天涯何处是？但见江湖浩漫。也难浣、愁肠一半。若虑梦魂飞不到，试宵宵彼此将名唤。墨和泪，请君玩。

琴仙哭了一个发昏，把个子玉哭得柔肠寸断。

（八）第五十三回①

及看与子玉的信，是和的《金缕曲》，只见写著是：

> 岂料真如此。只朝朝泪珠盈把，袖痕凝紫。烟水孤村何处也，回首迷离难视，又雨细斜风不止。若果梦魂飞到，望长天早趁江云驶。须一刻，走千里。
> 报君近事心先喜。纵生离只身还在，自应胜死。勉强加餐期日后，要使形骸尚似，居两地从今伊始。自古多情成积恨，恨东流不接西流水。肠断矣，写此纸。

（九）第五十六回　屈道生在南京去世。

（十）第五十九回　杜琴言被梅子玉的父亲带回北京，梅杜重新见面，一起读书，自此可以长相厮守。

（十一）第六十回

［梅子玉］内有韵妻，外有俊友，名成身立，清贵高华，好不有兴。

（十二）第三回②

年纪不过十五六岁，一个瓜子脸儿，秀眉横黛，美目流波，两腮露著酒凹，耳上穿

---

① 杜寄梅和词。
② 写相公蓉官的面貌打扮。

著一只小金环，衣裳华美，香气袭人。

（十三）第十回①

　　大家看这只手，丰若有余，柔若无骨，宛然玉笋一般。任你铁石心肠，也怦怦欲动。

（十四）第十一回②

　　子云与他夫人讲起琴言、子玉的事来，又羡慕他们缱绻的情致。袁氏夫人微笑，即问道："这些相公对了你们怎样的光景，倒底有甚好处？"子云笑道："这些人你都见过，也听过他们的戏，难道还说不好？"袁夫人道："我见他们唱戏时，也不过摹拟那闺阁的模样，至于下装时也还生得清清秀秀，若要说他是无价的至宝，我就不知。据我看来，似乎还不及我这几个丫头。"子云道："你们眼里看著自然是女孩子好，但我们在外边酒席上，断不能带著女孩子，便有伤雅道。这些相公的好处，好在面有女容，身无女体，可以娱目，又可以制心，使人有欢乐而无欲念，这不是两全其美么？"袁夫人笑道："说却说得冠冕。"子云也笑道："我是心口如一的，生平总没有说过违心话。"袁夫人道："就算你如此，难道你那些朋友也是这样么？"子云道："他们若不是这样，就与我冰炭不入了。"

（十五）第十二回③

　　此地的妓女，生得不好。扎着两条裤腿，插着满头纸花，挺着胸脯，肠肥脑满，粉面油头。吃葱蒜，喝烧刀，热炕暖似阳台，秘戏劳于校猎。

（十六）第十二回④

　　春航道："纵横十万里，上下五千年，那有比相公好的东西？不爱相公，这等人也不足比数了。若说爱相公有一分假处，此人便通身是假的。于此而不用吾真，恶乎用吾真？既爱相公有一分虚处，此人便通身是虚的。于此而不用吾实，恶乎用吾实？况性即理，理即天，不安其性何处索理？不得其理何处言天？造物既费大气力，生了这些相公，是造物于相公不为不厚。造物尚于相公不辞劳苦，一一布置如此面貌，如此眉目，如此肌肤身体，如此巧笑工颦，娇柔宛转，若不要人爱他，何不生于大荒之世、广漠之间，与世隔绝？一任风烟磨灭，使人世不知有此等美人，不亦省了许多事么？既不许他投闲置散，而必聚于京华冠盖之地，是造物之心，必欲使缙绅先生及海内知名之士，品题品题，

---

① 写杜琴言之手。
② 写名士徐子云等人对相公的尊重态度。
③ 写北京妓女之劣。
④ 书生田春航赞美相公。

赏识赏识，庶不埋没这片苦心。譬如时花美女，皎月纤云，奇书名画，一切极美的玩好，是无人不好的。往往不能聚在一处，得了一样，已足快心。只有相公，如时花却非草木，如美玉不假铅华。如皎月纤云，却又可接而可玩；如奇书名画，却又能语而能言；如极精极美的玩好，却又有千娇百媚的变态出来。失一相公，得古今之美物，不足为奇；得一相公，失古今之美物，不必介意。《孟子》云：'人少则慕父母，知好色则慕少艾，仕则慕君。'我辈一介青衿，无从上圣主贤臣之颂，而昊天燕地，定省既虚，惟少艾二字，圣贤于数千载前，已派定我们思慕的了。就是圣贤亦何常不是过来人，不然那能说得如此精切？我最不解今人好女色则以为常，好男色则以为异，究竟色就是了，又何必分出男女来？好女而不好男，终是好淫而非好色。彼既好淫，便不论色；若既重色，自不敢淫。"

(十七) 第十二回①

　　天又濛濛的下起细雨来，春航也无心再看，付了戏钱，出得门来，地下已滑得似油一样。不多几步，只见全福班的翠宝，坐著车劈面过来，见了他，扭转了头，竟过去了。春航心里颇为不乐，只得低著头，慢慢找那干的地方。谁料这街道窄小，车马又多，那里还有干土？前面又有一个大骡车，下了帘子，车沿上坐著个人，与一个赶车的，如飞的冲过来。道路又窄，已到春航面前，那骡子把头一昂，已碰著春航的肩。春航一闪，踏了个滑澳，站不牢，栽了一交。这一交倒也栽得轾巧，就沾了一身烂泥，脸上却没有沾著。车内人②见了，嚇了一大跳，忙把帘子掀起，探出身子来，莺声呖呖道："快拉住了牲口，搀起那人来。"赶车的早已跳下来，把牲口勒住了。跟班的也下来，扶起春航。春航又羞又怒，将要骂那车夫，只见那坐车的陪著满面笑，从车中探出身子说道："受惊了。赶车的不好，照应不到，污了衣裳怎么好？"即把赶车的骂了几句。

　　春航一见，原来是个绝色的相公，就有一片灵光，从车内飞出来，把自己眼光罩住。那一腔怒气，不知消到何处去了。只见那相公生得如冰雪抟成，琼瑶琢就，韵中生韵，香外含香。正似明月梨花，一身缟素，恰称兰心蕙质，竟体清芬。春航看得呆了，安得有卢家郁金堂、石家锦步幛，置此佳人？就把五百年的冤孽，三千劫的魔障，尽跌了出来。也忘了自己辱在泥涂，即笑盈盈的把两只泥手扶著车沿，说道："不妨不妨！这是我自不小心，偶然失足，衣服都是旧的，污了不足惜，幸勿有扰尊意。"说罢在旁连连拱手道："请罢请罢。"那相公重又露出半个身子，陪了多少不是而去。春航只管立著，看这车去远了，方转过身来。行路人见了，掩口而笑。

---

① 本书第十二、十三、三十二、四十八回等处写有田春航和名优苏蕙芳之间的交往。此处所录是第十二回中田苏初次见面的情景，当时田还只是一位困顿书生。

② 苏蕙芳。

(十八) 第十八回①

　　大凡做戏班师傅的，原是旦脚出身，三十年中，便有四变。你说那四变？少年时丰姿美秀，人所钟爱，凿开混沌，两阳相交，人说是兔。到二十岁后，人也长大了，相貌也蠢笨了，尚要搔头弄姿，华冠丽服。遇唱戏时，不顾羞耻，极意骚浪，扭扭捏捏，尚欲勾人魂魄，摄人精髓，则名为狐。到三十后，嗓子哑了，胡须出了，便唱不成戏。无可奈何，自己反装出那市井模样来。买些孩子，教了一年半载，便叫他出去赚钱。生得好的，赚得钱多，就当他老子一般看待；若生得平常的，不会哄人，不会赚钱，就朝哼暮喂：一日不陪酒就骂，两日不陪酒就打。及至出师时，开口要三千五千吊，钱到了手，打发出门，仍是一个光身，连旧衣裳都不给一件。若没有老婆，晚间还要徒弟伴宿。此等凶恶棍徒，比猛虎还要胜几分，则比为虎。到时运退了，只好在班子里，打旗儿去杂脚，那时只得比做狗了。此是做师傅的刻板面目。

(十九) 第二十五回②

　　撤了席，华公子③起身道："本为逛园而来，今日又来不及了，但是荷花是要看的。"子云命将席挪到吟秋水榭。一面预备采莲船，就命十旦扮作采莲女子，下池荡桨，一面让客到水榭来。华公子等进了水榭，一望尽是荷花，红香芬馥，翠盖缤纷，好个色天香界。遂又入席坐定，只见四五个小舟，荡入池心。坐著一班名旦，扎扮得长裙短袖，称著莲脸桃腮，穿入花中。一个个娇面花容，模糊难辨。那边靠岸泊著一舟，锦帆丝缆。中间一班人，在内打起丝竹十番，这些采莲人，便唱起《采莲歌》。娇声婉转，听之如子夜清歌，望之如湘君游戏，好似张丽华装成仙子，朱贵儿扮作嫦娥，大家各极欢喜。人人将至玉山颓倒，只有华公子豪兴愈加，便对子云道："方才的戏都没唱完，那出戏就去了半日。何不重歌《金缕》，再舞《霓裳》，把各人的才艺，略见一斑，始不负仁兄选色别声之意。彼诸伶亦可各尽其所长，也不至当场埋没，不知可否？"子云笑道："正合鄙意。"就将群旦叫上来。群花听了，即荡动兰桨，往水榭边来，上了岸，在阑外雁排侍立。公子便指名叫了四个进来——蕙芳、琴言、宝珠、素兰。华公子对著四旦说道："方才峨嵋山群仙一出，虽全部出场，未尽态度。你们可将各人得意之戏说一出来。"四旦听了，想了一想，各说了一出。……

　　子云即传与戏班，在两厢伺候。又命把桌子往上挪了，宝珠、琴言出去上妆。不多一回，听得豪竹哀丝，铮钹嘹喨。华公子看时，只见琴言从东边走出来，好似华月初升，

---

① 写某些优伶的人生历程。
② 写杜琴言等名优陪徐子云等名士游乐的情景。
③ 贵公子，名光宿。

好风送起。这几步就像春云冉冉,直到离恨天边。又见宝珠从西边走出来,好像娇花欲放,晓露犹含。那几步路就像垂柳纤纤,漾到软红深处。再听两人唱起来,却同是娇柔宛转,溜脆清圆,碧梧翠竹之中,幺凤雏凰相和,一字字香浓玉暖,一声声魂断肠回。一个是秋波慵转,粉颈频低;一个是远黛含颦,春星乍合。看得合席的人,神迷目荡,意满志移。子云只顾点头微笑,华公子拍案叫绝道:"快哉,快哉!我今日始信,人间真有绝色。"

(二十) 第三回 写同性恋秽语。

(二十一) 第七回 写同性恋戏语。

(二十二) 第八回 写姑嫂同性恋。

(二十三) 第八回 写同性恋秽语。

(二十四) 第十二回 写相公与老斗之间语义暧昧的对话。

(二十五) 第十三、十九回 写苏蕙芳两次用计摆脱富商潘三对自己的纠缠。

(二十六) 第十九回 写纨袴子弟奚十一对相公的摧残。

(二十七) 第二十二、三十六回 写同性恋秽语,奚十一对杜琴言。

(二十八) 第二十二回 写潘三与相公游玩时的秽亵举止。

(二十九) 第二十三回 写幕客姬亮轩与剃头徒弟巴英官的同性恋。

(三十) 第二十三回 写同性恋秽语。

(三十一) 第二十七回 写奚十一与相公春兰及巴英官的同性恋。

(三十二) 第二十七回 写奚十一在相公堂吸鸦片时的秽亵举止。

(三十三) 第三十二回 讽刺一同性恋者。

(三十四) 第三十三回 写同性恋戏语、秽语。

(三十五) 第三十四回 写奚十一、潘三与剃头徒弟卓天香、张翠官、小和尚得月等集聚在一起时的秽亵言行。

(三十六) 第四十回 写卓天香与一少年的同性恋。

(三十七) 第四十回 写奚十一与卓天香的同性恋。

(三十八) 第四十回 写潘三奸污他的徒弟。

（三十九）第四十七回 写潘三与相公桂枝及卓天香的同性恋。

（四十）第五十一回 写秀才李元茂与相公二喜的同性恋。

（四十一）第五十六、五十九回 写侯石翁对杜琴言的目的不纯的关照，杜拒之。

（四十二）第五十八回 写巴英官与春兰的同性恋。

（四十三）第五十八回 写奚十一与巴英官的同性恋。

（四十四）第五十八回 写潘三与得月的同性恋。

品花宝鉴[①]

(清·道光) 陈森著
清末民国间石印本

侯太史、华公子像

侯太史年逾古稀，鸡皮鹤发，对杜琴言心怀觊觎，屡示关爱。结果是被琴言拒绝，自讨了许多无趣。

奚十一、巴英官像

奚十一是《品花宝鉴》着力刻画的一个反面人物，他用恶毒粗俗的手段对待相公优伶，后来阳物染毒受伤，再也不能行淫。

---

① 卷端题《怡情佚史》。

颜仲清、王恂像

苏蕙芳、陆素兰像

梅子玉、徐子云像

杜琴言、袁宝珠像

品花宝鉴

(清·道光) 陈森著
清末民初石印本

书前冠图

缀白裘

(清) 玩花主人辑
(清·乾隆) 钱德苍增辑
清乾隆四十七年（1782）金阊学耕堂刻本

十一编·方集·请师①

[周德龙（旦角）家中闹鬼，来请王法师（付角）降拿。周叫门，]（付内）不在家里。（旦）明明是王法师的声口，怎么说不在家？（付内）口在人不在。（旦）休得取笑，快些开门。（付上）来哩。

【急板令】家住杭州鼓楼前，靠山。一生屁股惯朝天，要钱。赌钱吃酒括小官，撒漫。谁人门外叫声喧？开看。原来是周小官，翻板翻板。

（旦）耍子翻板？（付）乌龟嚜翻板。我说你做小官的好屁眼，会赚钱！（旦）休得取笑。

……

[旦请付到自己家。]（旦）到了，待我开了门。（开门介）（付）阿嘎！好骚气！（旦）敢是妖气？（付）不错的，是妖气。（旦）王法师，你看是什么妖怪？（付）臭得紧，是个屁精。（旦）嗳、嗳、嗳！屁那里有什么精的？（付）咳！你不晓得。小官家相与得大哥哥，多受这些精华，肚皮里结成了胎，养出一个兔子来，就变了个妖怪了吓。（旦）休要取笑。

……

[付作法。]（付）待我来拿了这把可怜。（旦）啥子可怜？（付）可怜就是剑哩，跟我来。（付一面哼，一面踏罡步。旦跟付走，付又做鬼脸，旦拜介）（付作仰困在地介）（旦）王法师，你在那里做什么？（付）伏阳。（旦）只有伏阴，那里有什么伏阳的？（付）你不晓得，以前原是伏阴的。我有个徒弟到人家去做做法事，在那里伏阴，不道他是苏州人，爱男风的，看见我那徒弟的屁股鞠在那里，竟被他打了个死老虎去。因此我们道士行中齐了行，大概是伏阳的哩。（旦）元来如此。

……

（付）如今要画符哩。（旦）吓，画符。（付）我奉太上老君急急如律令，敕！拿去贴在大门上。（旦）吓，大门上。（付又画介）敕！贴在二门上。（旦）吓，二门上。（付）

---

① 本剧属于梆子腔。

救！后门上。(旦)我家没有后门的。(付)姐的做小官没有后门的？(旦)不要取笑。
……
[最终付也未把妖精拿住。]

业海扁舟

(清·道光)友月居士著①
清道光间抄本

第四折·新词申警②

(外扮老者携琵琶上，白)老汉乃江苏人氏，自幼流落京师，疏懒成性，鲠直常怀，一个蠢笨庸夫是也。慈悲为念，恻隐为心，不忍见那些痴迷人沉溺苦海。不辞舌疲唇焦，欲行劝化。……

【南宫调套曲·一枝花】可叹那愚人直恁迷，摆弄得风俗遭颓败。俺不惮苦口分腮，抱著这琵琶在。特特的上长街又过短街，须不是高渐离击筑悲歌，休猜做伍子胥吹箫也那乞丐。(下)

(末、生、小生、副净扮游人上，一游人白)列位请了，闻得有一老者怀抱琵琶在稠人广座中弹唱新词，何不大家去消遣一回？(众游人白)有理，大家同去。(仝作绕场科，白)相逢不用通名姓，俱是升平世上民。(到科，白)那老者早已来了。(老者上，白)列位请了，敢是来听老汉弹唱么？(众游人白)特来领教。(老者白)如此请坐了，待老汉唱来者。(各坐科，老者弹唱)

【南宫调套曲·九转货郎儿第一转】唱不尽人生梦幻，弹不尽悲伤感叹，感叹那痴人贪鄙恣凶残。俺则待拨繁弦申警劝，翻别调诫愚顽，慢慢的把那造孽师徒的苦乐弹。(游人仝白)那造孽师徒不知是何等样人？(老者白)列位不知么？有一等伤风败俗忘廉丧耻之人，将良家子弟弄来做香饵，哄骗那些浪子的钱财，名为私徒弟、私相公者是也。(游人白)徒弟则徒弟矣，相公则相公矣，著这一个"私"字便不是冠冕堂皇之事，其丑可知矣。但此类盛兴，已非一日，有增无减，却也奇怪。(老者白)列位有所不知。(唱)

【第二转】喜恭逢大清朝太平天下，那罔利徒把天良抹杀。有孩童生长在寻常百姓家，自生来端的是玉无瑕。那利徒一见了就欢无那，把几串糟钱投纳，包来做诱人解语花。(游

---

① 著者实即悟梦子也即绵恺，参见《灵台小补》。
② 本折对北京的相公业进行批判，指出其中有卖身行为。

人白）那孩童自然生得俊美，所以那利徒肯用钱去弄他来。（老者白）听者。（唱）

【第三转】那儿郎生得来是端庄相貌，勒令他娉婷窈窕。镇日价关门教演受捶敲，教他学昭君上马态，效西子捧心娇。遇官人传情卖俏，对浪子撒痴肆刁。备珍馐酒肴，银烛高烧。欢娱洒落，那里管泉下先灵暗恸号。（一游人白）我见那些私相公绫罗裹体，出入轻车，扬眉吐气，得意得紧哩。（一游人白）这是那私相公有老斗中了意，肯花银钱，一应的吃穿，比那贵家公子还奢华富丽，无非尽是老斗的糟钱而已。（一游人白）我想那老斗将他祖、父不知怎么样千辛万苦冒雨冲风积下的银钱，供著他狎邪近秽，乱作胡为，买那"老斗"二字的美名。所谓冤种者，此辈也。（老者白）列位不知。若是那徒弟不会哄人，赚不得银钱到家，那师父便朝暮凌逼，百般打骂，没些儿好气与他；若是那徒弟会得哄人，赚得银钱到家呵。（唱）

【第四转】那师行看承得似明珠没两，破殷勤高擎在掌，还把那坑人下处巧装潢。只看那紫檀几陈宝玩，花梨案古器铺张。销金床帐，勾引得那官人丢不得舍不得，那半刻心儿上。慷慨倾囊，拚弃田庄。恶师家写不了来钱帐，管他甚臭与香。积攒得家园富广，定没有孝子贤孙能受享。（一游人白）闻得那私下处妆点得如仙宫仙殿一般，那铺排陈设极其华丽。（一游人白）若不华丽怎能勾引得那些撒冤的浪子来呢？（一游人白）那些私相公学的技艺都也哄得动那些花钱的老斗，那段工夫谅非一日的辛苦。（老者白）这是那孽师呵。（唱）

【第五转】常日个聘教习在房中把昆腔细按，谱新声将二簧调翻。出门时服饰巧庄严，备轻车唤跟班，一径的向广德、庆春戏馆间。恰便似宦室朱门子侄男，恰便似驰公干不延耽。到戏园停车招得人争看，进戏房施脂粉梳妆打扮。或值著隆冬候三九严寒，脱重裘难禁战栗怯衣单。央及了梨园部众老班，向戏台中高演一剧《寡妇上坟》真乱弹。（游人白）我们也闻得私相公上台须央班中人配搭，老丈唱的一些也不错，散戏后那些私相公还有许多可羞可厌的事故哩。（老者白）说起这事儿，真个令人可厌。列位不嫌絮烦，待老汉再唱来。（游人白）请教。（老者唱）

【第六转】恰正好忙忙碌碌，戏场歌舞。不觉的日色沉沉，停锣住鼓。早则是慌慌急急、纷纷乱乱上飞车，赶到那有名的大饭铺。寻著那大大方方、撒撒漫漫、呆呆傻傻、惑惑突突出钱的主顾，堆笑脸张张罗罗，劝酒持壶。得了些铜铜铁铁的银，唱了些淫淫艳艳的曲，闹闹吵吵、挨挨挤挤各整归途。很孽师搜搜检检，悲悲切切和盘托出。霎时间换上了一身褴褴褛褛粗布衣衫随便服。（游人白）细想起来，那些私相公也甚是可怜，不知前世作何罪业，今世受这样苦楚。（老者白）此时的苦楚还算不得苦楚，到后来的苦楚，（作跺足发恨科，白）咻！更有羞向人言之苦，难形笔墨之苦，种种暗昧不忍见闻之苦。这些私相公自知，教老汉实难启齿。请列位细思老汉实难启齿之意，再替这些青年子弟设身处地之际，慢慢的想去，才是十分苦到极处哩！（游人白）既是后来更受许多忍辱包羞之苦，为何迷而不悟，还不趁早改行呢？（老者白）此有两样情形，不可执一而论。有一种人实非自己情愿，皆因前生造孽深重，投在很爹娘手里。或是又兼连年旱涝饥寒无告，窘迫难堪卖男卖女，只图眼前救急，庶免中途饥莩，那管日后荣辱高低，此所谓只求朱门就食而已。当此地位，尚敢望赎身自便，各遂男儿志向么？真个是心有余而力不足，又道心似天高命如纸薄，实切成语两句。一失足成千古恨，再回头是百年身。此中或因父母早亡，零丁孤苦，随著伯叔兄舅。或遇继母孀居，或系随娘另嫁。少疼缺热，陷入污泥，即欲早早改行，岂得能彀？真是挟泰山趋北海的彀当，所谓是不能也非不为也。不但可恕，倘有仁人君子仗义疏财慨然乐善，量力而行，尚应设法拯救涸辙之厄。诚然可悯、可怜、可叹也！（唱）

【第七转】这是他前生罪业，恶生涯似青楼妓者。一瞬浮华易消灭，终身遗恨向谁分说？看看的年齿增些，潘安貌又将枯竭，再无人来著疼热。嗳！年满时所有被师全劫，可怜那抱悲怨的孤身，盼不见父母与家乡何处也。（游人白）果然后来比此时更加受苦。尚要请教，还有那一种是怎么样？（老者白）那一种人么，不说也倒罢了，说起来令人有气。他是自以卑贱为荣，饱食暖衣，出乖卖俏。得意洋洋，觍不知耻，迷而不悟，不肯改行。深堪痛恨，可恶之极。此等恶少必应严加惩治以警将来，实属卑鄙不堪，可憎可嫌可恶。像此等挥金似土、进退自由之子弟，改业何难？真是为长者折枝的彀当，他偏不肯自爱。所谓是不为也，非不能也。他若肯回头醒悟，及早跳出樊笼，毫不费力。这岂不是有大智慧、大造化的人了？他偏贪利忘害，自误终身。无可怜惜，说他则甚！（一游人白）我闻得养私徒弟的师家，原都是私徒弟出身，因年纪大了些，哄不动银钱，所以也养几个私徒弟报复从前之怨，且图晚年快乐。那些私相公必然也要效尤哩。（老者白）若是如此，尤其可恶了。自身既堕迷津，又诱人投苦海，有心作孽，怙恶不悛，是罪上加罪了。老汉又有一曲唱来，与列位听者。（游人白）愿闻。（老者唱）

【第八转】罪和孽前生既召，冤和债今生未了。何当又蓄此心苗，这愆尤怎消、怎消？阿鼻城专为伊行造，无间狱鬼判文书到。唤伊曾也么哥，写供招也么哥，罪状儿焉逃。剑树刀山，碓磨桩烧，要偿还恶报、恶报。铁面阎王不肯轻饶，滞重泉惟有青磷吊。惘悲号也么哥，悔不早也么哥，改过回头是俊豪。（一游人白）那《太上感应篇》说道："祸福无门，惟人自召。善恶之报，如影随形。"造了这样罪业，若无报应，是天地为虚设，神灵为妄诞也。人既切齿，神佛自应倍加痛恨，岂得无报应之理，只是迟早不同耳。……（老者白）若像那些苟且从事，乱作胡为，谓之偷生，可不辜负了这张人皮也。（唱）

【第九转】论人生在两间顶天立地，须扶持著那纲常伦理。体贴那仁慈敬爱正和直，做一个淳良人蹈矩更循规。好心田著力去滋培，俯仰处中心得个无愧，皇天呵自然加护庇。那利徒甘自把名亏行亏，他呵毕竟的落得么便宜。到头来昭彰恶报入泥犁，留下臭名儿百年还话起。俺只为哀怜悯痛痴迷辈，因此将新词弹唱在稠人地。莫嫌俺絮叨叨苦论是和非，乞望众明公涵养我狂言如梦呓。

［众人对老者甚感敬佩，相约一同去饮酒续谈，剧终。］

霓裳续谱

（清·乾隆）王廷绍编
上海古籍出版社 1987 年
《明清民歌时调集》本

（一）序[①]

京华为四方辐辏之区，凡玩意适观者，皆于是乎聚，曲部其一也。妙选优童，延老技师为之教授，一曲中之声情度态，口传手画，必极妍尽丽而后出而夸客。故凡乘坚策肥而至者，呼名按节，俾解缠头。红氍匝地，灯回歌扇之光；采袖迎人，声送明眸之睐。朱缨白纻，与晓风残月争妍，亦所以点染风光，为太平之景色也。其曲词或从诸传奇拆出，或撰自名公巨卿。逮诸骚客，下至衢巷之语，市井之谣，靡不毕见。以征歌者，不尽文殿。诸师皆以口相授，相沿既久，或习其调而忘其辞，或习其词而讹其字，或调与词并失传。许多名曲，因无蓝本，渐归湮没，诸部甚憾之。三和堂颜曲师者，津门人也，幼工音律，强记博闻，凡其所习，俱觅人写入本头。今年已七十余，检其箧中，共得若干本。不自秘惜，公之同好。诸部遂醵金谋付剞劂，名曰《霓裳续谱》。因多舛误，请订于余。……当红豆花开之下，绿窗人静之余，手把是编，旋呼名部。循声核字，邕我天怀，欲为顾曲之风流，固不必远向江南，访龟年与李谟矣。是为序。

乾隆六十年岁次乙卯，秣陵楷堂王廷绍撰。

（二）卷一·神魂困倦

神魂困倦，闷倚鸳枕，梦魂寻梦。猛听见咳嗽一声，恰似才郎，奴这里笑脸相迎。则见他体瘦形衰。恼恨全消，怎不教人悲恸。终待要挨肩携手，共入罗帏，与郎同诉别后离情。又被那窗外铁马，惊散了鸳鸯梦。痴呆呆杏眼微睁，醒来锦帐依旧空。霎时间软玉温香，反作了巫山几万重。（叠）无限伤情。怨一番窗外檐铃，骂一声负心薄幸。（叠）

（三）卷一·娇滴滴玉人儿形容

【黄沥调】娇滴滴玉人儿形容可爱，软莲花藕半开。粉脸桃腮，似这等芙蓉未足比娇

[①] 由此序可见，《霓裳》诸曲是由优童演唱。因此，即便唱的是异性恋，某些听客也可能产生别的念头。

娆体态。故意的又把风流卖,俏立花阴自徘徊。【折桂令】好一似玉天仙在何处飞来,他鬒挽乌云,鬓嵌鸾钗。爱煞我似蝶引蜂采,花枝般似燕子形骸。好一似紫鸾箫,吹出凤台。恰便似白羽扇,飞下瑶阶。打动我的情怀,牵惹我的情怀,教我如醉如噎,紫游江误入误入到天台。【黄沥调尾】探香肩折取花枝,细腰儿好似杨柳随风摆。

(四) 卷四·濛淞雨儿下的细

　　【寄生草】濛淞雨儿下的细,相交何在这一时。恩和爱,彼此都在心头记。咱二人,你有情来我有意,人多眼杂懒会佳期。要佳期,另择个日子,随你的意。(重)

(五) 卷四·我想你来谁知道

　　【寄生草】我想你来谁知道,我想你来对谁说。我想你,只有哭来那有笑,我想你,想你今日到。白日想你还有旁混着,到晚来一想,想你一个鸡儿叫。(重)

(六) 卷六·解的开的连环扣

　　【番调】解的开的连环扣,放的下的挂心钩。钝刀儿割的断的连心肉,咱二人虚情假意全都透,海誓山盟尽付与东流。实对你说罢,再要想我来,也是不能彀。(重)

(七) 卷六·一见多娇我的魂魄儿飘摇

　　【平岔】一见多娇,我的魂魄儿飘摇,想起你那会人的方法果然的高。教我心儿里痒痒,甚是难熬。越瞧越看我干急燥,恨不能这一会与你打个交道,我今偏要想个法儿和你对的着。

(八) 卷八·听说离别

　　【垛字寄生草】听说离别我的魂不在,叮咛着我那情人,嘱咐着我那情人,你可早去早来。你去了留下相思,你可教谁害。害相思,难割难舍多恩爱。想当初咱们爷俩相交,可是俺赶着你来,可是你赶着俺来,可是谁赶谁来?为什么小小的人儿,你把良心坏。坏良心,头上自有青天在。

(九) 卷八·门楼儿高来门楼低

　　【粉红莲】门楼儿高来门楼儿低,门楼底下遇见了你,见了情人我作揖。(重)我这里作揖,你那里笑嘻嘻。骑大马的,坐大轿的,人人都说我眼里有了你。骑大马的,坐大轿的,人人都说我眼里有了你。

白雪遗音

(清·嘉庆)华广生编
清道光八年(1828)刻本

(一) 卷一·草桥惊梦①

赴考的君瑞，别了蒲东，来在草桥。旅馆良宵，做了一个风流梦。[梦见与崔莺莺欢会。]谁成望，残灯旅馆，还是有呵有呵有我张生。兄妹真有情。说不尽梦里半推半就，蜂迷蝶恋花心动。受怕又担惊。猛然间，金鸡唱晓，白马嘶风，疏星落月斜照窗棂。好梦惊回，这时节怎生消遣那风魔性？眼睁着小琴童。

(二) 卷二·一口一口

一口一口长叹气，不叹别人，叹我自己。叹自己，那有一个疼我的？疼我的人，不知流落到何方去。刀尖上的日子，能过几时？为甚么拿着真心换假意，大丈夫为何受着兔孩们气。

(三) 卷三·姑嫂陶情

年轻姑嫂倚纱窗，折趣陶情论短长。嫂嫂吓，你看一天新燕呢喃语，满园春色动人肠。阳春烟景如图画，翠色垂杨到处狂。含腮芍药迎风舞，粉面梨花带露香。对对黄鹂鸣翠柳，双双粉蝶舞匆忙。鸳鸯交颈池塘嬉，游蜂爱色采含芳。卵生尚且贪风月，莫怪嫂嫂忆情郎。咦，我与你，二人好比鲜花样，两朵开时你道那一朵香？嫂嫂，你好比那夜来香，小奴好比秋海棠。怎见得？嫂嫂吓，夜来香香得人人爱，奴是秋海棠儿怕日光。姑娘吓，寒露探花嫩蕊好，佳人二八配才郎。嫂嫂吓，穿旧花鞋行步稳，池内荷花开的香。姑娘吓，盘中果子新鲜好。嫂嫂吓，老头甘蔗蜜如糖。姑娘吓，人老珠黄钱不值，你是含蕊将开分外香。嫂嫂吓，你是雪里梅花能练久，并且佳人半老更情长。咦，小油嘴，会装腔，奴家尚且爱姑娘。勾粉颈，摸胸膛，含羞淑女掩纱窗。风流到底是姑娘，双双同进房。

---

① 写《西厢记》中张君瑞夜梦崔莺莺的情景，注意其中的"眼睁着小琴童"。

（四）卷二·四书注 似写同性恋。

（五）卷二·好放屁的 似写同性恋。

（六）卷四·十字排 写及同性恋。

粤风

（清·乾隆—嘉庆）李调元辑解
清乾隆间刻《函海》本

卷一·杂歌

撑伞去盖凉亭住，作过风流人知音。
兄担红豆北京卖，相思路远弟来寻。

笑林广记

（清）游戏主人纂辑
台湾天一出版社1985年影印
《明清善本小说丛刊》本

（一）卷之八·祭器

僧临终嘱其徒曰："享祀不须他物，只将你窟臀供座上足矣。"徒如命，方在祭献，听见有人叩门，忙应曰："待我收拾了祭器就来。"

（二）卷之八·祈雨

官命道士祈雨，久而不下。怪其身体不洁，亵渎神明，以致如此。乃尽拘小道，禁之狱中，令其无可掏摸。越数日，狱卒禀曰："老道士祈雨，小道士求晴，如何得有雨下？"官问何故，狱卒曰："他在狱念道：但愿一世不下雨，省得我们夜夜去熬疼。"

（三）本书卷之二·教法，卷之六·齷齪，卷之七·兑车、挤进，卷之八·问秃等也是同性恋笑话，另外一些已见于《洒洒篇》、《博笑珠玑》等书，尤其与《笑府》有较多重复。

文章游戏

(清·嘉庆—道光)缪艮编
清嘉庆道光间刻本

(一)初编卷之一·琴书传①

琴书者何?非琴与书也,乃琴而兼书者也。知非真琴书也,乃似乎琴与书者也。夫琴以怡情,书以娱目,爱琴与书者,常抱之而眠,枕之而卧,不啻如名姝如密友。然琴之无异于书,犹书之无异于琴,可以永朝而永夕者,此也。然琴则吾指之为琴,书则吾指之为书,琴则不能为书,犹书之不能为琴也。琴而兼书者孰谓?谓知心青衣也。知心青衣曷为谓之琴书?曰此章子剑华枕之而眠,抱之而卧,而乐而消忧者也。盖其命名时,意有托矣。

琴书姓吴氏,本名士贤,淮阴人。少失恃,父老而穷,佣于人。士贤寄食于舅氏,舅亦生计拙薪水不能支,士贤乃择主觅食。适章子客淮南郡守署,购小奚给使令。有介绍士贤来者,章子一见悦焉。士贤貌不逮中人,顾恂恂然如不胜衣,问之语,羞涩殊可怜。发多而长,体虽癯肤足掩骨,善作态。章子默然喜曰:"吾寂处,此一物足消我忧矣。"问其年,甫弱冠;问其值,岁四金。章子勉力许之,更名曰琴书。琴书在侪伍中少而柔,群思染指焉。以言挑之,佯不解,终不答。不逞者思强鱼肉之,辄击手而去。主人微伺焉,谓其介,未敢犯,恐遭投梭拒为耻。追随数月矣,同起居一室中,惟心怜之,恒为之下帷覆被,以将其爱。琴书防外侮,自扦甚严,虽暑夜不解裈而寝。一夕月色入棂,光照四壁。琴书骞帷熟睡,体与月映,玉润莹然。章子自外入,见之不胜情,微抚之。琴书自梦中惊跃,章即抱持之,接以唇,唧唧有声。琴书正色曰:"相公何为者?请自重,无为旁人窥。琴书何足惜,得不为相公声名累乎?"章子跽而请曰:"自子来,吾即有心怜子久矣。今发乎情,子忍漠然相抑耶?"曰:"相公起,人非草木,岂竟无知。自某侍左右,相公未尝以疾言遽色加我。岂真我善事主人,不遭谴责哉?特相公姑息含容之耳。且某有时无礼,语不逊,相公若不闻。平日加惠于琴书者甚渥,相公家某稔知素贫,书记之禄又薄,日用费寻常虽一钱不轻使,顾琴书有所请,必勉强以徇。匪独相公念琴书,琴书亦为相公心死矣,思有以报主恩而未得当也。卑贱陋恶之躯,胡足酬德,宁敢自惜?特恐为相公累耳。"章子曰:"子真可儿哉!聆子言,两情默契足矣。第此中怦怦动,何以慰我调饥耶?"琴书低头不语,主人抱而接之。从此寝处在一榻,其所以固

---

① (清)徐忠作。

结主心曲尽绸缪者，章子不忍言，余亦不得而知也。无何章子之妻死，踉跄奔丧归，势有不可挈以偕行者。因与约一月为期，给之费。时郡守方入觐就铨部候别补，瓜时尚有待。琴书计曰："相公待不来矣，而琴书之父若舅，又皆不能存。"琴书不获已，委身商家。商故大猾，以赀自雄。驱策追随，日不暇给。未几章至，闻琴书别有主，神魂黯然，寝食交废。或解之，章曰："吾素知琴书此不得已而去，我负若，若不我负也。"日造新主所访之，不遇。遇诸途，主人在焉，不得交一语。章遣人致殷勤，琴书凄然对使者曰："君为我好语相公，相公不言，某宁置之。且主人枉驾临我，我反不一顾，天下有此礼乎？我所不得去者，迫于威也，吾必以计出。某日请无他适以待我，此一刻千金时也。"届期果至，耳目众，难深言。相率往萧寺中叙契阔，章子赠以貂领一，手记二，佩帨之属种种。曰："吾今与子已矣，惟缔来世缘耳。睹此领与手记，庶几念吾交颈携手时乎？善事后人，从此永诀。"琴书呜咽不能言，旋自解其发，且解且泣，遂拔所佩刀截一缕以赠。曰："平素相公爱吾发，今无以为别，惟此为父母遗，聊表吾意。相公请自宽，某此心惟天可表，虽海枯石烂必不相负。倘得机缘，寸札相招，我立至。睹物思人，永订后期。"言讫泪如雨下。古人云："一声何满子，双泪落君前。"谁谓男子之情异乎？章子归而惆怅失次者无虚日。盖始而恋恋，中而皇皇，终而惓惓。恒托之歌咏以见志，每一篇之中三致意焉。余怜其笃，哀其屯也，因其请为之传。嗟夫，琴书本乐以消忧者也，今反以滋忧乎？吾未知抱之而卧、枕之而眠以永朝永夕者，又在何日也。

有情有景，有声有色。青衣得此，乌可不曲曲传之？（缪莲仙①）

（二）二编卷一·嘲京署长随诗

麂皮靴子画眉笼，罗帐高悬滴水红。
摆款头歪颠绺帽，装腔手挤架烟筒。
咱们脸面帮官府，你老糊涂闹相公。
翻转马橛骑马去，打跧回话本来工。

（三）二编卷五·兄私弟仆判②

勘得古有行之推梨让枣，此何事也，李代桃僵。窄襟短袖，固由冶容取怜。饮糟啜铺，未免笃伦太甚。白璧本有微瑕，一误再误。狡兔那无三窟，何去何从。岂阿兄老而无妾，急不暇择。抑乃弟幼而盗嫂，过以相偿。总之，私仆尚非大德之逾。

兄弟忝同胞之爱。此判。

妙语解颐。（缪莲仙）

---

① 缪艮，号莲仙。
② （清）吉惠作。

(四) 二编卷五·仆妾争宠判①

勘得金屋藏娇,人生乐事。后庭度曲,绝世风流。始也得陇望蜀,心则大奢。继也逐北征南,力有不足。洞口桃开,无复渔舟问讯。炉中丹洽,空劳绣被熏香。此所以内外交疑,而争端百出也。打草惊蛇,活孤霜徒自苦耳。守株待兔,喜菩萨善自图之。家主不善于调停,阉割敢贻夫后悔。此判。

娄猪艾猪,所自来矣,慎之哉!(缪莲仙)

(五) 二编卷五·朋友相晏奸判②

勘得朋友主敬,不出戏言。晏奸宜答,向有成谳。乃把酒论文,竟作合欢之地。翻云覆雨,频牵巫峡之魂。情之所钟,□成狼狈。交相为用,莫辨雌雄。此时顾影共怜,红灯绿鬓。他日回眸一笑,鹤发鸡皮。但依样葫芦已经画就,则寻常琼李尽可投来。只宜守交易之公,毋许启欺凌之渐。此判。

描摹殆尽。(缪莲仙)

(六) 二编卷六·灯诗③

任君夸富如刘④通　县名　铜山。

(七) 二编卷六·衙门焰口经召请·跟班

一心召请,痴肥健汉,俊俏顽童。出门鞭凳追随,会客烟茶递送。大头阔脖,往来名帖先投。窄袖短衫,伺候卧房不禁。呜呼派曰:轮流供指使,帖身服侍效殷勤。如是一呼百诺之流,一类奔魂等众。惟愿乘三宝力,仗秘密言。此夜今时来临法会,受此无遮甘露法食。

(八) 二编卷八·杭州俗语杂对⑤

鼠鼠　鸡奸。

(九) 四编卷五·珠江观剧记⑥

香熏鄂被,烛灭髦筵。似此情肠,实趋孽海。惟领略当前机趣者,自能相感于无形。

---

① (清)吉惠作。
② (清)吉惠作。
③ (清)汤诰制。
④ 刘当为邓。
⑤ (清)汤诰作。
⑥ (清)嵇致亮作。

嘉庆庚辰暮春，观剧散闷。添福菊部凤郎，为余所赏。索团扇拂暑，急允其索。因与缪莲仙合题诗于扇面云："客邸无聊唤奈何，逢场相约听清歌。凤郎一曲移情甚，眉有春痕眼有波。""珠江雅集奏云璈，梁绕余音格调高。斜日氍毹翻舞袖，可怜人似小樱桃。"凤郎姓周，楚南人，又名双凤。粤东梨园不乏佳丽，而添福菊部尤著于时。昔年余随任江右，得苏州裴四荔为侍者，娇小静秀，能诗，有"自怜如雪梅花好，素手擎来看不明"之句，试问凤郎何如也？

(十) 四编卷五·温柔乡记①

极乐天之西为安乐国，安乐国国西为桂林郡，郡西折为醉乡，又折而西有温柔乡焉。乡毓西兑少女之气，风气柔弱，故以温柔名。……其或兴阑趣索，意倦神疲。便道一游睡乡，复精神奕奕。少年慕其风，尤而效之。得其貌，似亦足蛊人。董贤、邓通、韩嫣、郑樱桃、弥子瑕辈，丰致翩翩，绰约如处子，最得风气先。识者见其男不男、女不女，知廉耻道丧矣。……恶阉宦，相传唐李三郎访杨玉环，夜憩是乡。乡人瞥见高力士，佥曰："夫夫也。人道灭绝，适从何来？遽集于此，何不扑杀此獠！"群挤而逐出境外。

(十一) 四编卷八·黄郎曲（时在山东曹州）②

  爱河渡慈航，大地风情扇。
  美恶无定姿，所好日皆眩。
  怀宁黄凤林，名震曹南院。
  疑从金粟界，受谪人天谴。
  轻如乳燕飞，态比娇荷颤。
  步屧红氍毹，惊鸿识一面。
  巧笑不须多，妙舞昙云现。
  迟迟媚愈生，艳艳魂离倩。
  谁为赏音者，顾曲长独擅。
  太守嵇善人（承群），宴客客情恋。
  是轩（太守从侄至亮）儒雅才，私语纱窗茜。
  知味拟唉蔗，贱却官厨膳。
  愧我亦痴豪，未辨素与绚。
  颠倒孰假真，喜看钗而弁。
  追想少年时，狂纵何知倦。

---

① （清）梁国正作。
② （清）冯立卓作。

过眼尽成空，愁绪针萦线。
　　幻境悟欢场，循转宫商变。
　　放衙午梦回，泪染河东绢。
　　静坐近山居，日听黄莺啭。

无锡嵇是轩公子，玩花不着色相。昔年从者苏州裘郎四荔，骨秀神腴，余谓此诗亦骨秀神腴也。公子在粤东，赏识小伶周双凤之丰神，又悦名妓某，皆一时之美。不轻往见，见必酌量赐银，笑曰："有因则有果，若辈茶何可空饮耶？"（白庵吴照）

捧腹集

（清）郭尧臣著
民国六年（1917）扫叶山房上海石印
《娱萱室小品六十种》本

赋得和尚讨家婆

　　双燃法炬庆良辰，和尚居然竟作亲。
　　四大皆空参本相，一丝不挂认前因。
　　小僧从此非光棍，徒弟而今有替身。
　　还愿佛爷来保佑，明年送子上麒麟。

增补一夕话

（明末清初）咄咄夫原编
清道光十二年（1832）大兴堂刻本

卷之六·字谜类

　　谁敢侮之　　老虎买①屁股。②

---

① "买"当为"卖"。
② 此谜系属增补。

唐诗酒筹

(清) 佚名制
清刻《巾箱小品》本

岂宜重问后庭花　　新留须者饮。
与君便是鸳鸯侣　　同坐饮。
养在深闺人不识　　初会者饮。
巫云楚雨云相接　　同居者饮。
丈夫好新多异心　　有美仆者饮。
云雨巫山枉断肠　　爱旦者二杯。
有时颠倒著衣裳　　好外者饮。
坐间恐有断肠人　　貌美者饮。
不许文君忆故夫　　移坐别席又复本席者饮。
惟将旧物表深情　　久别不会者对饮。
玉兔有情应记得　　有仆、侍妾者饮。

断袖文编
——中国古代同性恋史料集成

叁

张杰 编

天津出版传媒集团
天津古籍出版社

(三)清代后期

钦定书经图说

（清·光绪）孙家鼐
（清·光绪）徐郙等纂集
（清·光绪）詹秀林等绘图
安徽美术出版社 2002 年影印《中国清代宫廷版画》本①

图中右上部的扭捏少男是一顽童，参见《尚书》（一）。

恒舞酣歌图

---

① 《书经》即《尚书》，据清光绪三十一年（1905）总理衙门石印本影印。

缩本增选多宝船

（清·光绪）点石斋主人增选
清光绪八年（1882）点石斋上海石印本

（一）孟子·万章·于卫主颜雠由至孔子曰有命①

不有贤臣，不足语圣人作合之正。不有幸臣，尤不足见圣人拒绝之严。

（二）孟子·万章·弥子之妻与子路之妻②

弥子与子路，一则余桃恃宠，蛾眉极买笑之欢。一则负米分劳，蓬首忍斯饥之泣。……弥子与子路，一则丑同炀烛，蒺藜有据石之嫌。一则道寄干城，榛栗有承篚之喜。

（三）孟子·万章·弥子之妻③

若弥子者，矫驾以为孝亲，余桃以为爱君，丈夫而为妾妇之羞，何能庇其伉俪。……小人而乘君子之器，谁复知其雌雄。

樊山时文

（清末民初）樊增祥著
清光绪二十年（1894）恩施樊增祥
渭南官舍刻本

孔子主我卫卿可得也④

以卫卿饵圣人，幸臣之巧于自市也。夫使果得卫卿，孔子之愿，亦子路之愿也。而弥子以主我要之，抑何巧于自市乎？谓子路曰："吾子从孔子至卫，而主于颜雠由。夫雠由者，论其地望则无荐剡之权，考其生平则有拘囚之辱。岂因不失亲之语，子与子之师

---

① （清）刘汝霖作。
② （清）周镐作。
③ （清）佚名作。
④ 本文为著者潜江县课士文。

皆未之闻乎？抑以卫国褊小，不足藉手而有为也。吾今不怪雠由，而独怪孔子之漠然于我也。诸邦历聘，原非无意于功名。而何以鄌郚来游，竟坐昧攀援之路。亦不怪孔子之不我主，而独怪吾子之愬然于我也。妻族相依，亦非忘情于姻娅。而何以邢谭幸附，转不邀剑佩之临。夫国中赐第，辱车辙而有余。幕下宾朋，望先生而若渴。在孔子枉敝庐之驾，则鸣钟列鼎，旅食无忧。在吾子托友婿之亲，则拜母升堂，起居尤便。此主雠由之不如主我也。然我之欲得孔子者，更有进。从来君子择交，必严品节，然媒孽亦何可信也。忆昔余桃啖主，只自舒忠爱之忱。孔子之先饭先尝，非此类乎？乃小人妒宠，竟肆其蛾眉谣诼之谈，非吾子莫能察也。问我心而清白何伤，为我友而声华何玷。光仪可接，固将携手而庆弹冠矣。从来儒生遇主，竞倚阶梯，然因依亦何容滥也。我观如矢兴嗟，曾误致绸缪之雅。吾国之贪人败类，非此曹乎？今佞骨已寒，复惑于五十知非之士，惟吾子为能谏也。失所主而穷愁何恤，得所主而巷遇何难。富贵逼人，无庸闭门而伤击磬矣。论荐贤之义，孔子即不我主，亦当曲致夫明扬，然而我不能也。荷蒉封人，今亦同居国内。假令执途人而推荐，则觍躬亦不胜其烦。遇忌克之流，孔子苟不我主，必将阴行其谮说，此则我不为也。子西平仲，今虽不患重逢。何妨托雅谊于居停，使一旦得自行其志，在孔子授餐有主。而忽焉改馆，或恐生东道疑。然雠由谊属婚姻，即主客偕来，亦可同栖于门馆。设异日青云立致，而缧绁之士，得如越石之同车。此岂独孔子之幸乎？吾子以床第私亲，而率尔求迁，或恐召师门之哂。然孔子深明时务，苟要津可据，岂容自阻其遭逢。设他年函丈行师，而暴虎之材，得与颜回而并用，又岂非吾子之幸哉？孔子主我，卫卿可得也，子盍为我言之？"

　　涉笔成趣，可以开导初学心思。（自记）

　　描写佞人肺肠极假，描写佞人口吻极真。（弟坤拜读）

　　荆本彻作公伯寮语，为仲夫子所恶，君独不畏蘧、史见怪耶？笑笑。（吴介唐）

红藕花轩泉品

(清·道光—咸丰) 马国翰撰
上海古籍出版社 1992 年影印
《中国钱币文献丛书》本①

> 紅藕花軒泉品　卷四　二
>
> 右鄧通半兩錢漢鄧通爲鑄二品皆準古尺徑一寸一分弱重八分銅色純赤面背肉好皆無輪郭文曰半兩篆書其兩字一作亦一作币史記佞幸列傳於是鄧通蜀嚴銅山得自鑄錢鄧氏錢布天下張守節正義引錢譜曰文字稱兩同漢四銖錢葛洪西京雜記文帝時鄧通得賜蜀嚴道銅山聽自鑄錢文字肉好皆與天子錢同故富侔人主洪志僞品載有鄧通半兩錢葛洪案鄧通錢與漢四銖錢同殊難區別此二品余從川客貨黃連者購得云雅安鄉民掘土獲之甚多形製稱兩與漢錢相等唯字畫不具銅質赤色爲異効古嚴道今滎經縣與雅安並屬雅州府相去僅數十里雅州見有銅場其銅色赤以此爲驗信爲鄧通錢矣兩作亦币故缺筆以別於官鑄歟前人云文字同者謂半兩之文同也

邓通钱及清人马国翰的说明（卷四）

　　邓通钱与当时通行的天子四铢钱殊难区别，图中之钱系四川当地出土，与官铸略有不同，故可能是为邓氏所铸。

---

① 据清同治间刻本影印。

缺斋遗稿

（清·光绪）傅维森著
民国十一年（1922年）铅印本

申屠嘉召邓通论

盖闻正身奉法，则清直一节。摧坚肃物，则权贵敛迹。邓通将顺导谀，容悦取媚。都尉之爵高于赏、建，贵幸之遇比于籍、闳。王繇居市令之官，冯权有银靴之赐。穆提婆之入侍本无技能，梁师成之遇主畜以舆隶。徒以席宠惟旧，小心固恩。张放之服饰兼陈乘舆，雀圆之供张宿设殿宇。甲第止辇，膳厨赐钱。既求左藏之库绫，辄列四床之宝物。犹复恃宠废礼，逾赵谈之参乘。背坐受食，过丁期之回盘。权怀恩不及创惩，王义方未随左右。佞人莫斥，任工嘉木之词。朝仪日蔑，有甚裂冠之戏。丞相申屠嘉，刚媲祢衡，憨如汲黯。罗贯作令，早绝请托之私。元风在朝，不愧清忠之奖。董少平之叩马画地，大言高之恭之棒车。秉法无忌，司棣校尉敢行黩吏之诛，御史中丞不宥贵戚之罪。朱虚侯以军律行酒，叔孙通以绵蕞定仪。戒庙堂跛倚之容，存衣冠涂炭之惧。再思舞殿，诃谴必加。屡温挽车，嫉恶殊甚。而通乃傲睨自若，怙侈不悛。弥瑕之命车驾，坐忘僭逾。曹肇之入御帐，蔑视礼法。夫桓典乘骢，尚辟行道。太宗怀鹞，犹避直臣。况以击述周宝，断袖董贤，特侍席之优容，纵陪乘之娱乐。莫辨天泽，敢陵宰臣。宜乎晁错被罪，比穿太庙之垣。秀实惩奸，欲奋大廷之笏。已而说者谓倨傲以见权要，犹有速祸之虞。敕诏虽违至尊，勿触舍人之怒。故屈膝于执政，由窦出于《尚书》。伶官若兄，堂吏称叔。师霁之媚佐胄，低首降心。彭逊之事李宪，卑躬忍辱。申屠嘉刚劲成性，孤特寡援。祖背之诉苟行，折槛之怒不解。则善伺主意，杨戬愈得进谗。请黜幸臣，鲍宣无难获戾。不知包拯立朝，宦戚之手早敛。李彪进谏，孝文之宠更深。三旨徒奉既殊，王珪一策不建。尤异邦彦词吐廉锷，令如风霜。观于犯南衙之宰相，切戒阿师。杖神策之小军，警及近侍。君上有严惮之意，豪右无偃蹇之形。则赵脩之爱遇虽隆，禄山之骄盈不启。而况赵抃铁面，素无瞻徇。游肇直笔，难令曲恕。斯又金玉不变，雷霆弗惊。论其志节，宋师回逊此坚贞。表厥威望，毛孝先同兹严峻者矣。

列史碧血录

(清·咸丰)庄仲方撰
清咸丰间木活字暨刻本

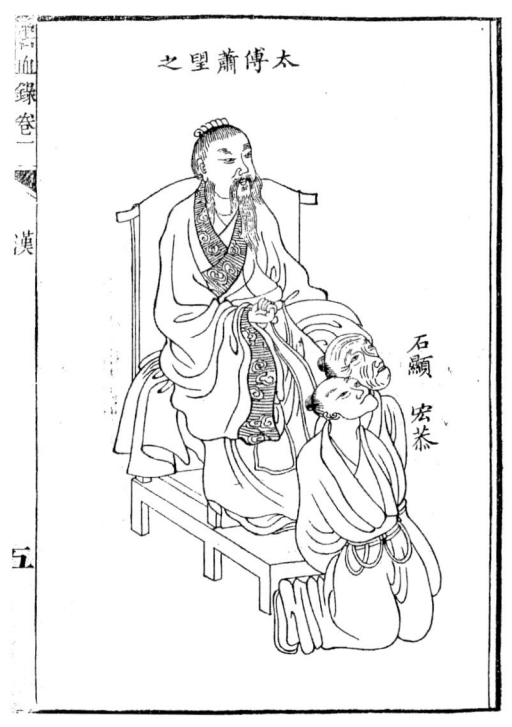

萧望之与宏(弘)恭、石显(卷一)

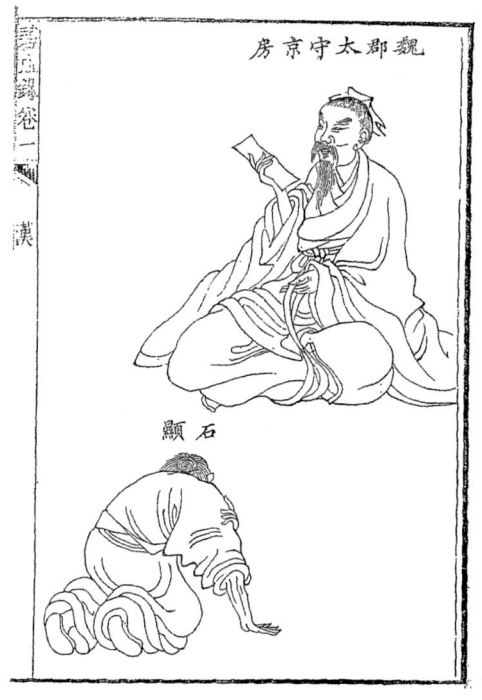

京房与石显(卷一)

无双谱合刻

（清·同治）陶然
（清·同治）凌泗著
清同治十一年（1872）刻本

（一）断袖宠①

　　压住君王袖，娇童宠百般。
　　龙衣如引出，蝶梦定惊残。
　　就此抽刀断，由他倚枕安。
　　恩联新鄂被，爱割旧齐纨。
　　酣态全神注，痴情半臂寒。
　　裳原颠倒惯，衮却补修难。
　　睡柳迷春色，分桃缔古欢。
　　便将天下让，敝屣弃犹拚。

（二）断袖宠②

　　一枕曲肱支，朦胧压袖时。
　　恩深防梦断，宠极见情痴。
　　柳起方催我，花眠却听伊。
　　禁声须悄悄，割爱到丝丝。
　　阳暖身犹恋，新寒臂不知。
　　恐惊联被鄂，甘作新祛披。
　　宫有捐纨怨，朝无补衮诗。
　　东厢才唤醒，掩面忍重思。

---

① （清）陶然作。
② （清）凌泗作。

清朝野史大观

(清末民初)徐珂编
江苏广陵古籍刻印社 1998 年影印本①

卷一清宫遗闻・和珅获宠原因

　　和珅在乾隆朝为第一权臣,骄横跋扈,天下皆知。岂以高宗之英明老练,而反不觉其奸。直至嘉庆四年,高宗既殁,始由仁宗正其罪哉?此其间盖有故焉。当雍正时,世宗有一妃,貌姣艳。高宗年将冠,以事入宫,过妃侧。见妃方对镜理发,遽自后以两手掩其目,盖与之戏耳。妃不知为太子,大惊,遂持梳向后击之。中高宗额,遂舍去。翌日月朔,高宗往谒后。后瞥见其额有伤痕,问之,隐不言。严诘之,始具以对。后大怒,疑妃之调太子也,立赐妃死。高宗大骇,欲白其冤,逡巡不敢发。乃亟返书斋,筹思再三,不得策。乃以指染朱迅往妃所,则妃已缳帛,气垂绝。乃乘间以指朱印妃颈,且曰:"我害尔矣,魂而有灵,俟二十年后其复与吾相聚乎?"言已,惨伤而返。迨乾隆中叶,和珅以满洲官学生在銮仪卫选舁御舆。一日驾将出,仓猝求黄盖不得。高宗云:"是谁之过欤?"和珅应声曰:"典守者不得辞其责。"高宗闻而视之,则似曾相识者。骤思之于何处相遇,竟不可得,然心终不能忘也。回宫后,追忆自少至壮事,恍然于和珅之貌与妃相似。因密召珅入,令跪近御座,俯视其颈,指痕宛在。因默认珅为妃之后身,倍加怜惜,遂如汉哀之爱董贤矣。不数年间,由总管仪仗而骤跻相位。故珅之贪恣,高宗虽知之,亦不加责焉。迨高宗将归政时,谓珅曰:"吾与汝有宿缘,故能若是,后之人将不汝容也。"未几祸作。

---

① 据民国二十五年(1936)中华书局上海铅印本影印。

随园轶事

(清·同治)蒋敦复撰
清末抄本

(一)序①

随园先生年少登科,壮岁归隐,享园林之乐,极声色之娱。桃李门墙遍及巾帼,王侯为之倾倒,走卒识其姓名。文采风流,论者推为明代第一人,非过语也。

(二)卷一·手札召歌郎

先生宰江宁时,而宰上元者许令也。同官一处,相得甚欢。许以道学自矜,屏绝声色。一日,秦淮小集,坐有歌郎,许目慑之,郎即引去。先生迂许怜郎,而格于同在官场,不便诮让。未终席,先生先回署,遣人招郎至。郎误先生犹许意也,不敢来。先生手书小札贻郎,自明其相慕之意,郎乃至。郎固花容月貌,韶秀有姿者,先生大悦之。由是郎出入衙署,习以为常。人谓先生与许同是县官,同有政声,而志趣则两不相同,先生更不愧风流令尹也。

(三)卷一·张郎

苏州韦畴五副戎率公子饮先生于虎邱,先生将归白下②,韦遣歌者张郎送之行。韦虽身列戎行,不可谓非善于解事也。时值仲冬,先生欲留郎住随园度岁,郎以有母在苏,不之可。住十日,行将行,先生赶制宁绸灰鼠裘一袭为赠。妃红蜜绿,分配鲜明,缔袍之暖,缠头之锦也。郎称谢不置,先生曰:"桃花潭水深千尺,不及汪伦送我情。论礼尚往来,再当同到苏州。然则拔来报往,其何已时耶?"而握手江干,依依不尽矣。

(四)卷二·尹文端③公侍者李郎

李郎者,尹文端公侍者也。公督两江时,与先生唱和,每一诗成,必为郎所持来。积日既久,始而稔熟,继而狎昵。盖李郎年轻而貌俊,为先生刮目也。为文端所知,驰书让之曰:"子真如水银泻地,所谓无孔不入者。"而书则仍倩李郎走送,在文端固并无

---

① 赞羡袁枚。
② 南京。
③ 尹继善,谥文端。

妒意。先生对李郎启书读之,不禁匿笑。李郎问故,先生告之。李郎惶愧交集,先生为之慰藉久之。及文端移节去,先生与李郎阔别者多年。某年李郎重来白下,文端已归道山。李郎住随园数月,先生与之检文端手迹,所赠诗章简札庋积如束笋。感触前情,相与于邑不已。

(五) 卷二·郑板桥

郑板桥工诗善画,精书法,时人以郑虔三绝称之。然先生尝曰:"板桥深于时文,能绘事,而诗非所长。"又目其书为野狐禅。盖以诗多率直语,而书更出于范围之外也。惟板桥多外宠,则与先生有同嗜,余桃断袖中自无不可引为知己。板桥尝欲改律文笞臀为笞背,闻者皆笑之。先生语人曰:"郑大有此意,惜断不能办到。然其所以爱护金臀者,则真实获我心矣。"

(六) 卷四·娈童之自始

或问先生娈童始于何时,先生曰:"《周礼》有不男之讼,盖即此也。"其人曰:"《周礼》注谓天阉不能御女者,殆即娈童之谓?"先生曰:"自古及今,未有以不能御女成讼者。经文简质,注者穿凿,实则指此事而言,无足疑也。《商书》'比顽童'一语出梅颐①伪古文,不足为据。《逸周书》称'美男破老',则亦于此事为近。然则娈童盖自周始,周以前未之前闻,自周以后著为令典矣。"其人颔而笑之。先生平生好男色,故其人举以相诘,而先生所答之言乃确有可征,其人遂不更有言也。有某客在座,顾先生而笑曰:"君真可谓数典不忘。"

(七) 卷四·歌郎送别

先生在都中时,有歌郎吴文安者,苏州人也。年少美丰姿,供奉大内,声名藉甚,先生与之甚契。吴亦以先生为南人,颇以萍水相逢为乐,时来先生寓中。每遇考试,吴为吮笔磨墨,摒挡周至。及先生成进士,入词林,吴为之欣喜者累日。嗣后先生以知县出都,吴送至紫竹林而别。河梁携手,不尽依依。所谓"桃花潭水深千尺,不及汪伦送我情"也。

(八) 卷四·吴下重逢两供奉

都中名伶陆才官者,亦苏州人也。供奉大内,色艺与吴文安埒。先生先识吴后识陆,陆齿略稚于吴。两人时来先生寓中,时人目为双璧。及先生外用出都,遂相契阔。三十余年后,先生游吴中,忽遇两人于虎阜。初皆不相识,可中亭司客者以彼此皆盛名鼎鼎,两为通

---

① 即梅赜,东晋人。

姓名，乃各恍然。时陆年已近五十，吴更五十外，先生则六十余岁矣。吴陆俱以葬亲归里，不复再作京师游。先生则春明旧梦，握手歔欷，回首前尘，不胜故人何戡之感。

（九）卷五·金凤

先生好男色，如桂官、华官、曹玉田辈不一而足。而有名金凤者，其最昵爱也，先生出门必与凤俱。某年游天台，凤亦同行。刘霞裳秀才，先生弟子也。时刘亦同在舟中，一见凤而悦之。刘年少美风姿，凤亦颇属意。先生揣知两人意，许刘与凤宿。作诗有"成就野鸳鸯，诸天色欢喜"之句，此可以见先生之风流自在者矣。

（十）卷五·桂官

先生之昵桂官，不亚于金凤。桂官姓钱，故有"小字桂枝仙，钱郎剧可怜"之句。一日先生寻春扬州，与桂偕行。桂善歌，舟中为先生度曲，先生以洞箫和之。有"姜石帚小红，低唱我吹箫"之趣。先生时年六十余，行市中不扶杖，而桂为之挽手。市中人观而羡之，目为神仙焉。

（十一）卷五·华官

华官姓杨，沈文悫公字之曰澧兰。先生始遇于吴门，极爱慕之意。时华演《长生殿》，先生以二十金作赏赉费。先生看花不轻解囊，此其破格也。华以先生为知己，愿随之归，后居随园数年。

（十二）卷五·曹玉田

曹玉田者，吴门歌伶也。先生游吴门，亦与桂官俱。桂官便道请假省亲，盖桂亦苏州人也。先生倦游将归，而桂犹未来。先生不能待，思挟华官同行。华又以勾当未了，一时不能即行。而先生固自谓不肯离花过一宵者也。先生反棹，玉田送之京口。先生大喜，有"桂枝月下香何处，玉树风前影又飘"之句。先生年已六旬外，人谓其老兴正复不浅，而比玉田为太白之汪伦云。

（十三）卷五·吴文安、陆才官

吴下歌郎吴文安、陆才官者，供奉大内有年。先生在京时，与之甚契，论者比之李玉桂之于毕制军①。吴性甚孤特，娶妻一夕即离。陆则一妻二妾，貌并姣好。先生归隐仓山，尝携之而至，流连风景颇有终焉之志，嗣以太夫人命遣之而去。

---

① 李桂官与毕沅。

（十四）卷六·乞释修发匠之归束

先生乞上元令李竹溪释枷犯一事，两函皆刊尺牍中，惟不载枷犯姓名，及托业修发而非真有修发伎者，先生所谓店家之酒旗，以貌招以体荐而非以伎奏者也。则此后改作何业，其归束尤不可知。闻使者先生文孙又村明府云："此人姓陈名全宝，善唱青衫。释放之后住随园数月，无赖如故，戒之屡不悛，后逃入某盐商家戏班中为私家供奉"云。

袁枚全集

（清·乾隆）袁枚著
王英志主编
江苏古籍出版社 1993 年版

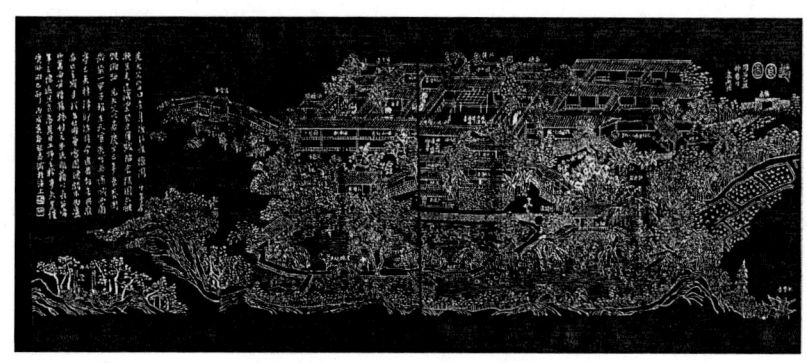

随园图　（清·同治）袁起作

袁枚壮岁归隐，无意宦达，乃于南京小仓山下筑随园而居之，前后近五十年。此园也就成为诸多风流韵事的发生地，世称袁枚为随园先生。

见闻杂录

（清·光绪）羊城日报社编
清光绪三十一年（1905）羊城报局铅印本

卷二·袁子才轶事十四则

袁与尹文端公子名似村者有杜甫—严武之爱，似村貌妩媚如好女子，袁尝以此事夸耀同侪，闻其语者无不鄙之。

　　与袁同时有屈悔翁者，顾而髯，淫于诗，诗格高超，袁叹勿及。《秋草》十律最传诵当时，有屈秋草之目。性爱洁，早岁丧其偶，遂不复娶。年七十游都下，名公巨卿争相延揽。伶人玉侬者，貌美而能诗，为某邸外宠。时屈亦为某邸客，某邸善扶箕之术，言玉侬前生为屈悔翁子，今生仍需为屈作嗣。某邸遂命玉侬父屈，玉侬亦喜。未几屈携玉侬南归，某邸厚赆之。舟泊秣陵，屈与玉侬同访袁随园。袁见玉侬，以为艳绝。私投以诗，诗多调谑语。玉侬愠甚，逃席遁去，以被蒙面而泣。屈归，具以告，且劝屈绝袁交，屈颔之。后屈病竟死，袁不能忘情于玉侬，计取豪夺将甘心焉。幸某邸以书召归，始获无恙。近人《品花宝鉴》一书详载其人，袁作侯石翁。集中有"云郎捧砚手应寒"一诗堪证，题为《赠某郎》。

图像劝劝录

（清·光绪）朱超然编
清光绪间杭州同善斋善书局刻本

幻女诱童（利集）

参见《阅微草堂笔记》（六）。

淫奴子报（利集）

参见《阅微草堂笔记》（五）。

雨窗消意录

(清·光绪)朱克敬撰
岳麓书社 1983 年版

甲部卷一

道光壬寅年①英夷犯广东,果勇侯杨芳为参赞。因夷人炮利,下令收粪桶及诸秽物为厌胜计。和议成,遂不果用。有无名子嘲之曰:"杨枝无力爱南风②,参赞如何用此公?粪桶当年施妙计,秽声长播粤城中。"

里乘

(清·道光—同治)许奉恩撰
齐鲁书社 1988 年版

(一)卷四·某太史鬼求代

京师某太史,情重前鱼,终岁不御妻妾,但狎优伶。尝有友招饮,忽遭优伶所戏侮,为坐客姗笑,羞忿自经。其鬼求代。③……

里乘子曰:往予游京师,友人招饮,座客无不各召歌童侑酒,否则即不合时宜,举座皆为不欢。而歌童闻召即至者,主人意气洋洋,如膺九锡;脱有再三候之不至者,座客辄冷语相诮,主人颜色惨沮,坐立不安,观其盼望情切,直不减于秀才望榜。恶习相沿,牢不可破,真为咄咄怪事!至若太史为优伶死,尤为绝无仅有,可补《情史》之缺。予尝谓:烈士殉名,荡子殉情。情之所钟,正在我辈。古今忠孝节义,皆不外一"情"字,但恐人误用其情耳。以堂堂太史,屏妻妾而割骨肉之爱,昵优伶而乖阴阳之和。下流忘反,已属有玷清班;而一遭戏侮,即不惜以身殉之,亦何性命鸿毛乃尔耶!

---

① 道光二十二年,1842 年。
② 男风的谐音。
③ 参见《醒睡录初集》(二)、《越缦堂日记补》(咸丰十年七月二十日)、《柳弧》(一)、《小说考证》、《燕台花事录》(四)、《谈异》。

（二）卷四·圆光二则 第二则写一主仆同性恋故事。

（三）卷六·吾乡某太史 写及同性恋。

（四）卷十·小喜子 写及主仆同性恋。

扬州梦

（清·道光—同治）焦东周生撰
台湾世界书局1959年版

（一）卷四

琪花、菱花，一童一婢，垂髫无知。淫朋诱使狎琪花，琪花乐从，余念其良家子也，弗听。至今思之，觉五内清凉。初解人道，未知作何状，调菱花不成。至今思之，觉汗流浃背。

（二）卷四

鲍圣叔年四十矣，忽爱一优童，百金买之。年十三，取名连环。夜使侍寝，甘言诱之。淫语媟态，日以浸洪。连环聪慧，问鲍何乐境。鲍甚其词，媚连环。连环年十五，鲍方疲，熟眠。连环思鲍语，情不能遏，骤超身拥鲍背试之。坚瘦易入，鲍梦中痛醒，大怒。连环惧，猬缩，娇声乞饶。哀情媚人，转增怜惜，薄呵之曰："此可妄动乎？"跪曰："奴初谓上下一体，度亦家常事，实不知其不可也。"见鲍色霁，纵体入怀，鲍大动，遂不忍加责。明日鲍愈疲，眠愈熟。连环终思鲍语，恨昨试不畅，且窥鲍不忍过责，又轻轻试之。比惊醒，业无可如何，又薄呵之。以不能舍连环，因亦不能防连环。久且甚急需连环，但不能举以告人，止谓我狎顽童云尔。鲍有女且长，悦连环美。连环逆意承旨，即以鲍昔所以诱之者诱女。女从之，幸连环犹未通男女。女得嫁夫，事不泄，不至反目。后连环娶妻，恨当日失女交臂，尽以告妻。妻言不谨，又尝举以告所欢云。

金壶七墨

(清·道光—同治)黄钧宰撰
清同治十二年(1873)刻本

(一)遁墨卷一·金陵被围

贼①踞武昌久,向军门昼夜袭击,逆众不能安枕,乃定东下金陵之计。计自永安至此,所掳男妇近五十万人,船以万计。新旧贼步骑夹岸,旌旗蔽野,帆樯如云。诸伪王皆衣黄袍,伪侯以下衣红。时据船楼上,置酒会饮,悬灯张彩,夜半照耀如火龙。尽择男女姣好者,各傅脂粉,锦衣珠饰,俾执役于左右。后舱则鸣金播鼓,丝竹间作,如世俗之戏十番者。

(二)遁墨卷二·伶人

京师宴集,非优伶不欢而甚鄙女妓。士有出入妓馆者,众皆讪之。结纳雏伶,征歌侑酒,则扬扬得意,自鸣于人,以为某郎负盛名,乃独厚我。

(三)遁墨卷二·男妾

贼掳幼童年十二三以上者六千余人,尽行阉割,而误去外肾死者十六七。秀清②选其姿色秀丽者,傅粉裹足,着绣花衣,号为男妾。如侯裕宽、李寿春、钟启芳、王俊良等皆极妍美,有巧思,能以侧媚得诸逆欢。久而出入帘幕,渐与伪妃嫔通,狎亵几不堪言,诸逆纵之以为乐。

(四)戏墨·尾号 记同性恋亵语。

---

① 太平军。
② 太平天国东王杨秀清。

道咸宦海见闻录

(清·道光—光绪) 张集馨撰
中华书局 1981 年版

(一) 己酉①五十岁

犍为盐商王职员之子某，年十八岁，在塾将同学幼子某戳毙，尸亲具控，案无佐证。盐商又于院司叠控，分辨子冤。监禁数年，不能定谳。或告余曰："盐商之子，文弱无杀人状。"余阅卷后，委候补县盛朝辅悉心研鞫，且属曰："此案生死出入甚大，汝无躁心尝之，余必亲审也。"半月后，盛令将全案人证带司，余邀同在司审案委员详讯，始得其奸杀各情：先是幼子就傅王盐商家，年甫十三岁，与凶犯同屋居住，师亦在屋。塾楼三间，东则凶犯居住，西则犯弟所住。是日塾师归，凶犯持美人画一幅在榻前指示幼子曰："美人白晰，与汝相似。"幼子知其戏己，相与口角。凶犯探幼子被，以手摸其臀，因幼子撑拒，并抠伤其谷道。幼子跃起，跣足下床，乃大呼曰："我往诉五大爷去！"五大爷者，王盐商也。凶犯惧不能阻，顺手以书桌上裁纸尖刀吓刺幼子腹，倒地立毙。犯弟闻声逼视，惊愕无措，凶犯曰："汝无计相帮，仍自睡去！"犯弟见凶犯形声猛恶，即扃户自睡。凶犯入内室告其母，母至审视，埋怨不置，乃命婢桂秋埽涤地上血污。凶犯与工人将尸抬至后门外半里许，弃之深潭中。给工人银二百两，属勿声张。翌日，幼尸浮起，乡保赴县禀报，验有伤痕，苦无凶犯可问。尸兄具控，谓其弟本宿王盐商家，何以死于潭内？且身有刀伤，必王氏害也。王盐商叠控于院，以幼子实于是日回家，难保非失足落水，至伤痕则诿为不知。王盐商之岳，本犍邑老猾，惯走衙门，遂以重贿勾通书役，道路扬言，以幼子非王某所害，摇惑问官，案不能定。提省审办，又不能决。盛令将其弟开导，又责手板数十，严讯之曰："汝与凶犯对屋而居，岂无闻见？"其弟被逼至再，遂呼凶犯之名曰："我不耐受责，为汝隐瞒杀人事也。"又提婢女桂香并抬尸工人研讯，供词如绘，遂置凶犯于法。

(二) 乙卯②五十六岁

有长白某太守，见戈什哈生长白晰，系黑龙江人。太守帐房与彼相连，太守雅意殷

---

① 道光二十九年，1849 年。
② 咸丰五年，1855 年。

勤，与戈什结为兄弟。夜中太守淫兴勃发，欲将戈什鸡奸。戈什拒而不从，因之嚷闹，邻帐闻之，掩口窃笑。

（三）乙卯五十六岁①

[李开芳失败后，清将僧格林沁将他]连伙贼巨憨数名及李逆顽童，并地官正丞相伪木戳及黄风帽，一并交委员带京。狡童亦皆短衣绣袄，余贼皆披发如鬼。

（四）日记·同治三年②十月廿四日

周显承怒来诉冤，言成禄军门亲随杨广德，人素凶横不法，成禄进京穿孝，将杨广德交给纬堂，派当营官，不能带队，革去营官，充当戈什。曾因逼奸幼童不从，立将幼童砍毙，各营不服，禀知纬堂棍责。今已保至副将，乃并不当差，辄将营兵带十数人，在泾游荡，索面闹饷，行凶撒泼。欲禀纬堂及余处，余不能管也。

琐事闲录

（清·咸丰）张畇撰
清咸丰间刻本

（一）续编卷上·卫灵公墓

卫灵公墓在卫郡署中宅门之东，现为司阍之室，内间尚有石板堵闭，践之洞然。凡郡守有升迁之喜，恒服红裳出见。如遇丁忧病故，则见白衣方面黑须，如天官形。耿逊轩太守省修守此邦最久，因案撤任，旋即开复，曾屡见之。城墙内相传有南子墓在北门外，余曾偕袁六皆大令铭泰亲往验之，与他处炮台果有方圆之异，但不识果系南子墓否？

（二）续编卷下·袁子才

袁简斋枚太史名震一时，世所景仰。其实有才无德，真名教中之罪人也。赵云松观察与巴拙堂太守共制一词，虽系游戏，而随园一生之事实尽之矣。其词云："为妖法太狂，诛殛难缓事。窃有原任上元县袁某者……园偷宛委，占来好水好山；乡觅温柔，不论是男是女。盛名所至，轶事斯传……虽曰风流班首，实乃名教罪人。为此列款具呈，伏祈按律定罪。照

---

① 记太平天国北伐军首领李开芳有"顽童"、"狡童"。
② 1864年。

妖镜定无逃影,斩邪剑切勿留情。重则付之轮回,化蜂蝶以偿夙债;轻则递回巢穴,逐猕猴仍复原身。"

桐阴清话

(清·咸丰)倪鸿撰
清咸丰八年(1858)刻本

(一)卷二

天地之大,无奇不有。咸丰壬子,广州有人老而无子者,一女年十九矣,忽化为男。某作书贺其父,中有数语云:"由来雌霓本号美人,何意雄风竟吹少女。岂六爻之俱变,阴极阳生。将一气之能通,中藏外著。木兰老父喜欲掀髯,萱草宜男忽闻树背。凤将雏之一曲,良足轩渠。兔扑朔之两言,莫嫌唐突"云云。或曰书乃汪芙生作也。

(二)卷三

广州小优阿信者,姓洪氏,福建人,容色颇佳。向在怡园席上见之,捧觞侑客,铏击花气,当之者莫不魂与。余仿陈其年、徐紫云故事,绘成一册,名曰《冶春花影》,一时知名之士题赠盈卷。无锡杜季英隽诗云:

洪郎名似章台柳,梨园亦有闺房秀。
不信西方有美人,最怜南国多红豆。
洪郎生小住榕城,月姊相依并有名。
油壁忽迎苏小去,香桃瘦骨怨离情。
已无阿母怜婀娜,郎罢携来乘一舸。
比似闽娘十八时,秃襟小袖情无那。
盛名寻遍媚川都,声伎翻愁绝世无。
柳叶轻匀成八字,莲花凿出试双趺。
含商咀徵红牙按,一声入破肠堪断。
相见真怜太憨生,多情谁似风流旦。
闻道春风唱柘枝,广场人静笛声迟。
云鬟雪面娇妆束,委靡便娟绝一时。
弓弯舞态凌波步,流睇含情更无数。
笑领缠头一曲成,何惭怊怅秋娘妒。

经过赵李日如云，软玉香杯戏鄂君。
愁是五陵年少醉，花前笑把出金裙。
已知绝艺倾时世，顾曲有人怜拥髻。
只许云林共冶游，花田十里溪山丽。
芙蓉不续越人篇，香翰舟中几度眠。
写韵翻教勤子夜，定情正好是丁年。
情深转惜花开早，廿四番风吹易老。
欲留金粉驻红颜，颊上桃花不长好。
鸾手相逢亦有情，曲肩丰脸貌初成。
迷离错认乘鸾画，嫫妮真愁顾兔形。
倪郎一见频嗟赏，愿把沉香熏小像。
羞将宫样斗何绥，肯学环肥笑周昉。
长红小白称丰裁，不似当筵羯鼓催。
想见玉箫低唱夜，断人肠处为君来。
细视双瞳秋水剪，流恨君怀情不浅。
为看杨柳影婆娑，更惜樱桃歌宛转。
香奁犀钿重提携，更擘红笺索我题。
愁杀画眉人不见，庾郎门外玉骢嘶。

今季英已登鬼录，而洪郎不在仙城。重检遗诗，不胜人琴俱亡之叹。

（三）卷五

迩来宴会多以伶人妆饰侑酒，相习成风。山阴吴泰交编修寿昌观剧诗云："暂缀登场侍酒频，也知粉黛总非真。平生不解红裙醉，任尔擎杯奉别人。"金匮华植生少尹本桢观剧诗云："菊部头中子弟佳，清歌妙舞总开怀。痴情若许藏金屋，不数银屏十二钗。"一恶一好，盖性情各有不同也。

（四）卷六

翠琴者，京师伶人也，色艺冠绝一时，咸丰丁巳三月病死。其生也在花朝前一日，故某公挽以联云："生在百花先，万紫千红齐俯首。春归三月暮，人间天上总销魂。"[①]

---

① 参见《异辞录》（一）、《怀芳记》（四）、《余墨偶谈》（三）、《冷眼观》。

贼情汇纂

(清·咸丰)张德坚等编
民国二十一年(1932)国学图书馆石印本

(一) 卷二·剧贼事略上·伪春官正丞相黄启芳

启芳,广西博白县人。年约二十余,身长面白,美丽自喜,贼中之貌都者。稍通文墨,暴躁非常。先在韦贼①家教读,庚戌年洪贼②倡乱,韦贼挟以入伙。凡一切文案皆启芳与罗苾芬掌之,颇见信任。壬子八月,在长沙初封伪北殿簿书,后改为右二簿书。癸丑十月升为伪北殿吏部尚书,掌封伪官,颁发伪执照。甲寅四月,升春官正丞相,仍理韦北殿事。

(二) 卷二·剧贼事略下·伪东殿户部二尚书侯裕宽

裕宽,广西老贼,年约三十。身中面白,微髭,状类妇人,素不识字。初为萧朝贵③厨役,壬子八月,萧逆授首。其妇向充杨贼④婢媵,甚见宠幸,裕宽仍为厨役。癸丑二月至江宁⑤,封为典西厨职同将军,七月升职指挥。甲寅三月,调为东殿户部二尚书。

(三) 卷六·服饰

[贼]掳得幼童貌美者,伪官得之谓之公子,众贼得之谓之老弟。周身皆著花绣,以抄得香珠、玉佩、手镯、指环及荷囊、扇袋之类悬带于腰项襟袖之间。行动则金玉撞击,铿锵有声,且使之颠狂跳踯以为笑乐。

(四) 卷八·伪律诸条禁

凡强奸,经妇女喊冤,定即斩首示众,妇女释放。如系和奸,即属同犯天条,男女皆斩。

凡奸老弟,如十三岁以上皆斩,十三岁以下专斩行奸者,如系和奸皆斩。

---

① 北王韦昌辉。
② 天王洪秀全。
③ 西王。
④ 东王杨秀清。
⑤ 南京。

(五) 卷十一·童子兵

[粤匪] 掳胁良民，其视童子为至宝。每陷一城过一乡，避匿不及，举富贵贫贱之家、钝敏妍媸之童子悉一网打尽。当被掳之时，父母如燔肝肺痛哭牵护，而被掳之童子遽受非常惊恐，如醉如痴，任贼抱携而去，转茫然不知悲戚。大抵聪俊者贼目认为义子，辄从其姓，群下以公子、小大人呼之，陋劣者散卒带为老弟。然贼中章程，非发[长]五六寸，仍不得役使老弟也。童子初掳入馆，尚具天真，惊魂少定，未有不系念父母号泣求归者。贼乃大加楚毒鞭挞之，若稍倔强，必致身无完肤。更以血刃利剑，华服美食互置其前，谓顺从则衣食而抚育之，否则杀却。试思劫诱兼施，童子何堪，有不俯首乞怜任所欲为者乎？即有器识童子，贼欲狎玩之，甘受夏楚辗转抵拒，贼必衔恨折磨以死，或竟借事杀之。嗟乎！童子至此，舍慈母而就虎狼，耽耽皆是，谁可告诉者？亦惟有吞声饮泣，任其禽处兽畜而已。童子安有卓识定力，久之贼目曲尽调护且恣纵之，居然以贼中为乐土。耳闻目见无非邪说暴行，遂习而与之俱化，效其杀人放火无所不至。随贼愈久，残忍愈甚，竟忘其身之所出。其视贼亦不啻亲父兄，居则浣衣涤器，行则背负刀剑，谨步后尘。冬则为之拨火温衾，夏则为之扇凉拭浴。客至则捧茶，贼出则居守。日相偎，夜伴宿，虽妾媵无此殷勤卑贱。……或谓："先天畀赋亦有不同，岂无成人风之童子，不如以上所叙者乎？"对曰："尽有，然此等童子不数日即忧泣挫折以死，并不得厕公子、老弟之列也。"

(六) 卷十二·杂载

奸淫之禁贼令甚严，谓之犯天条。和奸骈诛，强奸则杀行奸者。贼匪非惜名节，特欲人人精壮耳。殊不知犯者自犯，尤多不可究诘。每踞一城，时有抬人头两颗鸣锣游行于市，斩犯天条某人示众。或一女牵一长发出首，指为强奸，一见伪官断无生理。然男子强奸、和奸之案则从无犯者。盖贼多无赖恶少，此风最甚。凡见俊美子弟如获至宝，或认为公子或带为老弟。同居一室，虽有分床之令，更深夜静，其谁察之？况夫比比皆然，互相回护耶？若遇有器识童子宛转拒之，贼亦不敢明害。必将某送于极苦极险之地，借刀杀之而后快。然孩幼何知？啖以果饵，劫以刀剑，其不从者几稀。坐是而行奸之贼又往往为童子所挟制，动云出首，甘与偕亡，则贼技穷而奉顺无不至矣。嗟乎！贼纵所至数千里，湘楚少年尤多朴素，若江宁、扬州一带，其傅粉玉貌之幼童何可胜计。乃一旦供虎狼犬豕之爱玩，略无顾惜，任意蹧踏。言念及此，有时怒眦欲裂，有时悄然而悲耳。

平定粤匪纪略

(清·同治) 杜文澜撰
清同治十年（1871）京都聚珍斋木活字本

（一）附记一

古之尚嬖幸久矣，女宠之外有男色焉。至若厨竖灶养，亦贱伎属也。执途人而奉，以为若韩嫣、若董贤、若续貂之中郎将、烂头侯、烂胃尉，鲜弗勃然怒骂者。盖稍具廉耻，羞比之，而况逆党蝶狎哉。黄启芳貌美丽自喜，初为韦逆①教读，诸逆皆嬖焉。封伪恩赏丞相，掌封伪官职，颁执照。宾福寿有奇思，少习审曲工，至江宁为逆构洞房、密闼、宫观，绵丽极鬼巧，亦伪封恩赏丞相。凡未专攻掠以技艺进者，皆授斯职焉。逆之掌机织者钟芳礼，充内医者何潮元、李俊良，率以便辟巧媚侍诸逆左右，供役使。其才貌兼优，出入帷幕，为间井害，凌侮良家者，则李寿晖、李寿春、侯谦芳、侯裕宽四人。裕宽貌尤妍，若美妇人。妻充杨逆②婢媵，身亦为掌庖，兄侯淑钱亦推恩伪恩赏丞相。谦芳有心计，通文墨，杨逆机密事必与议，权势倾韦［昌辉］、石［达开］。寿春亦然。

（二）附记三

贼掳幼童，或为子称曰公子，或为弟称曰老弟，皆不免以俳优畜之。最可恨者，遇拒敌必使随行，遇刑人必使刲刃，以练其胆。虽恂恂子弟，入贼中数年，无不变为凶悍者。

太平天国野史

(清末) 佚名撰
凌善清校补
巴蜀书社1993年影印
《中国野史集成》本③

（一）卷之十二首事诸王传·东王杨秀清

指挥鲁恭敬者，秀清遣往韦营中。已而私返天京，密传军情于天王，秀清不之知也。

---

① 韦昌辉。
② 杨秀清。
③ 据民国十二年（1923）铅印本影印。

恭敬有妾色美，私于童。恭敬归而败露，拔剑追童。童遁入东王府，秀清爱其姣好，惑之。童因告发，且曰："彼自云奉天王密旨，虽东府无如我何也。"秀清干笑，命部下掩恭敬宅，得之，处以极刑。

（二）卷之十四国宗传·洪仁发

洪仁发，天王长兄也，躯干魁梧，愚鲁不甚识字。先是，仁发、仁达与干王仁玕、邱王仁政相团结，号曰洪氏四王，排斥忠王李秀成甚力。会围城粮绝，有织营总制吴长崧者，约清军献城。期且及，仁玕闻之，囚长崧。搜其宅，得确证，乃奏上之，天王以长崧付仁发鞫讯。仁玕不悦，数请天王，欲以长崧归己。会天王忽染病，累日不视朝。仁发得长崧贿七万有奇，释不治。并谓仁玕嬖童栽赃诬害，仁玕讼之。天王以仁发年长，不忍使其与仁玕互讦，命寝其事不问。仁玕怒，手剑往安王府寻仁发，仁政助之。由是四王遂相哄，朝政益紊乱。太平十三年六月，天京陷，仁发被俘。七月，清曾国藩戮之于金陵。

（三）卷之十五列传·侯淑钱

侯淑钱，裕宽之族兄。初为萧朝贵卫兵，朝贵战死，与裕宽同事杨秀清。裕宽貌美有宠，累擢至丞相，而淑钱尚典东舆，经岁不获一迁。裕宽因合侯谦芳同请于秀清，授行军总圣库协理。

（四）卷之十九幸臣传·蒙得恩

蒙得恩，广西桂平人。初名得天，因避"天"字，改得恩。成童时貌颇姣好，尝与秦日纲侍从天王。

（五）卷之十九幸臣传·侯裕宽

侯裕宽，谦芳之族弟，与其妻均貌美，军中艳称之。裕宽初为萧朝贵掌庖厨，朝贵惑之，至图其貌而张之壁间。太平元年，朝贵战死于长沙。洪宣娇借事下裕宽狱，将杀之。杨秀清驰至，兼其军，索裕宽，使典东厨。而以其妻供使役，均有宠。太平二年克金陵，转东府侍卫，职同将军。七月，升职同指挥。太平三年，擢东殿户部二尚书。裕宽工心计，善逢迎，与侯谦芳揽权东府，势倾侯王。尝入女馆，择美姿色者携六人以去，四人不从，被搒掠以死。宣娇大怒，诣东府索裕宽。秀清不能庇，诡云已伏诛，而密遣裕宽如湖北。裕宽至鄂，会清军陷武昌，下窜田家镇。未几清军复陷田家镇，裕宽遁九江，依秦日纲。秀清念之不置，密召还京，供事如初。宣娇微闻之，亦不欲拂秀清意，不穷治。一日秀清小疾，宣娇临视之。至寝室，侍者以病辞之。宣娇曰："予东王奏请之天医也。"捆侍者，排闼入。秀清侧卧，裕宽伏足后，以手按其股而搯拍之，秀清闭目似甚适。裕宽妻踞床头，执拂以驱蝇。宣娇遽抽壁上剑刺裕宽，裕宽抱秀清足呼救。秀清以身格之，佯笑曰："天妹弗尔，请推乌屋爱而舍之。"宣娇厉声曰："身秉朝政而枉法匿奸，荒乱纵淫！何以治天下！"掷剑中裕宽妻，伤足，悻悻而出。北韦有幸臣曰黄启芳，貌尤美于裕宽。裕宽妒忌，辄假东杨之势以凌辱之，因有怨。至是启芳私诣宣娇，请合力以图裕宽，宣娇许之。会太平军败于曹县，有叛将降清，以其军迫统帅曾立昌投河死。已而复逃归天京，易姓名辇金入东府，夤缘裕宽，复得封列侯。启芳侦得其实，白宣娇，宣娇以闻。天王命捕叛将鞫之，并得纳贿状。秀清大惊，遽缚裕宽而枭其首于市。其妻颇怨怼，秀清泫然曰："奸掠事小，叛逆事大。不即杀之，而入北韦之狱，其能免点天灯乎？且司败周纳，祸必及汝，吾固怜之而不忍见汝之骈诛也。"

（六）卷之十九幸臣传·黄启芳

黄启芳，苏人，貌姣好如美女子。幼习歌，稍长弃而习儒。以犯奸亡命至郁林，因其友李风谷得识韦昌辉，遂馆其家为教读，昌辉悦之。金田起事，昌辉挟之与俱。怜其文弱不任战，使于军中宣圣教。太平元年大军次长沙，昌辉奏言将士信教，大半皆出启芳功，请授北殿簿书。报可，命至行在引见，天王亦悦之。太平二年建都于天京，改建北王府，擢启芳北殿吏部尚书，凡一切文牍、征收、颁发皆启芳一人主之。民间为之谣曰："一芳复一芳，醉倒海龙王。"谓启芳与东府之侯谦芳也。

金陵杂记

（清·咸丰）涤浮道人撰
上海人民出版社 1957 年
《中国近代史资料丛刊》本

自洪逆以下以至伪军帅、旅帅等贼，随身皆有跟随幼童，总名之曰打扇。无论冬夏，皆须执扇跟随也。其名不一，洪逆所用谓之伪侍臣，并分左右，约一二十人。杨、韦、石等逆所用谓之仆射，左右约十余人。伪丞相、检点、指挥、将军、侍卫等贼所用谓之官使，打军帅以下等贼谓之打扇。伪侍臣、仆射，广西幼童居多。伪官使、打扇，则两湖、安徽、江南各处掳来幼童眉目端好者为之。亦令其穿红袍，戴风帽，且有令着黄马褂者。孩童无知，误为贼害，殊恨恨也。

贼掳城中子女，如鹰鹯之逐鸟雀，其惨尤不可言。缘自洪逆以至伪旅帅，皆有幼童打扇。又自伪丞相以至伪卒长、圣兵，凡粤楚真贼，均准掳带幼童以为义子、义弟，总名为带娃崽。贼将娃崽眉目清秀者即为义子、义弟,为打扇。其次为之拉马执刑杖引导,再次即为其打伪执事,粗拙者即为之牧马,其丑陋有残疾者转可幸免不掳。初尚见面即带,继则挨馆搜求,凡城中所有之幼童,由十六七以至十一二岁者,无不被其掳尽矣。如被广西老贼掳去为义子、义弟者,名一入册,即可身着黄马褂并黄风帽,谓之功勋。其余娃崽,凡被掳者无不穿红着绿,珍爱逾于亲生。去春①群贼中多有犯鸡奸者,贼目审系用强,即将其人五马分尸,和即皆杀。嗣后有指被鸡奸者,遂将该童毒打,必致认诬而后已,从此即未闻有鸡奸之事矣。贼之掳带幼童到处如是,亦非江省为然。近来逃窜者多,其中甘心相随,染成贼性者亦有。

江南春梦庵笔记

(清·咸丰)沈懋良撰
巴蜀书社 1993 年影印
《中国野史集成》本②

侯裕宽者,湖北人。年十八,为洪逆掠,甚嬖之。妻曹氏为杨逆掠,洪逆乞出之。一见大悦,纳入伪宫,给四女为裕宽配。杨逆怒入伪宫,夺曹氏等十余人去。裕宽善迎杨逆意,掌伪宫事,出入不禁,秽声四布,洪逆甘之。

盾鼻随闻录

(清·咸丰)樗园退叟撰
巴蜀书社 1993 年影印
《中国野史集成》本③

(一)卷二楚寇纪略

[太平军攻占武昌后,]城中富室俱掘地窖,埋藏金银,并将妇女藏入地室。数日后有本地人赴贼营出首,遂逐家搜取,将油熬滚灌入地隙,被灼身死者无算。贼众争掠妇女幼童,当着大众恣意奸淫,毫不知耻。

---

① 咸丰五年,1855 年。
② 据清末民国间铅印本影印。
③ 据清末民国间铅印本影印。

[咸丰]三年正月初一日，洪逆在武昌城内拜天诵咒，放炮祭旗，预将各处掠得金银珠宝、洋货绸缎装运数百舟，幼女美童五六千人，尽载入船，令到江宁后分赏众贼。

（二）卷三两江纪略

[太平军进攻南京时，咸丰三年二月]十二日，贼扑满城，晡时城陷。将军、都统以下参领、协领、佐领、章京、笔帖式等三十余员均殉难，男妇六万余人杀戮无遗。只留未成年幼童四千余人，悉行阉割，连肾囊剜去，登时身死者十居其九。

[太平军攻占南京后，]各处搜取十二三岁以上幼童，粗者派令打扇执伞，面目秀丽者令敷脂粉，红鞋绣衣，随身服侍。

（三）卷五撼言纪略

杨逆喜渔男色，福建晋江人黄启芳、黄贻桢容貌美秀，并蒙嬖宠。又有侯裕宽色尤妍丽，充伪府掌庖，后封恩赏丞相。

杨逆因阉割幼童，十难活一，后挑择容色娇艳者，不复阉割，只令裹足穿耳，号为男妾。杨逆拣取四十余人，余分给各伪王、伪侯及伪丞相等。

伪指挥陈昆恕善打头敌，一眼为官军所伤。不喜女色，在镇江城内踞守，取美秀幼男数十人，绣衫红鞋，呼为大姑娘，其部下不准私藏一女。

湖北汉阳人张双喜善唱诸曲，取幼童二百余人教习演唱，各逆均喜之，赏给无算。

（四）卷六异闻纪略

[南京]城北邢姓一子，年十九，已娶妻室。忽下体溃烂，月余后竟变为女。声音顿改，乳亦高耸，其家恐骇听闻，祝发为尼。[汉代]京房云：男化为女，宫刑滥也。破城后幼童被阉割者数千人，讹言既起，怪异随生，机先兆矣。

金陵纪事杂咏

（清·咸丰）吴家桢著
民国二年（1913）扫叶山房
上海石印《清人说荟》本

谁使雄飞竟雌伏，难分扑朔与迷离。
血光涌处刀光灿，重到转轮殿上时。

贼取幼童十三岁以上者六千余人，尽行阉割，连肾囊剜去，得活者仅七百余人。

幺凤香尘步步莲，砑罗双幅绣行缠。

如钩新月纤纤样，纵不凌波亦可怜。

阉割幼童姿色粗笨者俱令服役，名为打扇。端丽者悉行裹足，有一童子不肯，即斩足示众。

幻缘忽现女人身，鸾镜蛾眉粄效颦。

踯躅街前分队立，黄罗帕子素罗巾。

裹足幼童俱作女装，杨逆先行挑选，合意给黄罗手帕，剩下者给素罗手帕，分赏群贼，蓄为男妾，丞相以上多者十余人。

前朝古刹号承恩，龙象庄严旧迹存。

一夜罡风吹劫火，风流剩有小桃园。

贼众焚烧承恩寺，附近道院小桃园独存，其中道士俱年轻貌美。①

金陵省难纪略

（清·咸丰）张汝南撰
巴蜀书社 1993 年影印
《中国野史集成》本②

[太平军攻占南京后，] 传男行女行之令。令男女分馆，驱迫即行。见人家小儿，抢去作义子，名曰带崽。

金陵癸甲摭谈补

（清·咸丰）沈隽曦撰
巴蜀书社 1993 年影印
《中国野史集成》本③

伪典炮将军李俊昌，国医之弟也，性残刻。有书吏湖北宋姓，并其幼子在馆。偶有

---

① 参见《寄蜗残赘》（二十）。
② 据清末民国间铅印本影印。
③ 据民国二十七年（1938）铅印《太平天国丛书十三种》本影印。

小过，打幼子二百。宋怨之，因迁伪天官丞相处。一日有小童逃出，宋见之问，以鸡奸难受故逃。宋即扬言于指挥，指挥禀东贼，即挈俊昌下东牢。国医为之谋，威迫小童供系宋姓指使，宋因被杀。

金陵癸甲纪事略

（清·咸丰）谢介鹤撰
清咸丰七年（1857）刻本

贼初入城①，犹未敢遽入人家，惧有官兵藏伏。路遇人必杀，十二日，见人则促使抬尸弃诸河，否则杀。其壮者则拖去为听使前后，衣著黄，补写贼衔，谓之招衣。幼童则抢去为假子，或为打扇。打扇乃贼子小仆名，常持马鞭、洋伞及扇随贼后。盖贼最爱童子，相与嬉戏而已，并无所谓童子兵也。

金陵癸甲新乐府五十首

（清·咸丰）马寿龄著
清抄本

带娃崽

男馆也搜，女馆也搜，斗见幼少撑双眸。
父母长跪求，儿哭声啾啾。
长发睁眝夺之去，短刀压背绳牵头。
饥进饭渴奉水，热挥扇寒熏被。
昼随马后夜床第，饱食暖衣恣游戏。
市井恶少渐欢喜，乃祖乃父，二百年快活世界无此比。
可怜良家子，含垢复忍耻。
既不欲生又不能死，间日省亲难仰视。

---

① 南京。

金陵城外新乐府三十首

(清·咸丰) 马寿龄著
清抄本

狎娈童[①]

人心不同各如面，水炮不如铜鼓便。
（奸淫妇女谓之打水炮，鸡奸谓之
打铜鼓。铜鼓者，童股也。）
招邀游荡两雄俱，玉貌朱唇大线辫。
噫嘻！老兄弟、带娃崽，甘言诱之娃崽悔。
少年莫逞好颜色，城外兵如城里贼。

粤匪杂录

(清) 佚名辑
民国间常熟县图书馆抄本

粤氛纪事诗[②]

扑朔迷离醉眼揉，锦衣玉貌逞风流。
狡谋枉自营三窟，瘕寄娄猪亦可羞。

贼皆红巾缠首，短衣跣足。兵则胸背各缀布一方，前写太平，后写圣兵。其贵者带风帽，服平袖长袍，亦穿短裤尖靴。女贼不梳头，曳裙。其妖童十余，扎绣花红巾，月青洋绉长衣，天青大呢珍珠毛短褂，红绉套裤，绣花裤带。貌皆俊美，贼中甚宠爱，恣所欲为。被胁难民始至，望之莫辨男女。贼中多挖煤矿丁，三城之内悉揩地道以为潜逃之计。贼首往来三城，假巡警为名，不常厥居。贼妇召妖童荐寝，亦不之禁也。

---

① 所写为清军情况。
② (清·咸丰) 海虞学钓翁著。

虎穴生还记

（清·咸丰—同治）顾深撰
上海人民出版社 1957 年
《中国近代史资料丛刊》本

刘贼、余共食。刘南向，何西向，余东向。细杯象箸，鱼肉满前。有俊童四五人，颇伶俐，皆衣红站立旁边，酌酒添饭。……［金裁缝］又告余："称呼江北老长毛，当以大人呼之。童子虽系江南人，贼掳为己子，名为父子，其实是龙阳君，当以公子呼之。"

越州纪略

（清·咸丰—同治）佚名撰
清光绪四年（1878）申报馆
上海铅印《申报馆丛书》本

［太平军攻陷越州（绍兴）后，］胁民为盗。有文者称先生，司笔札。有膂力者入行伍，幼而美者为龙阳君。掠女子以自妻，其不妻者妓蓄之。

平贼纪略

（清·咸丰—同治）佚名撰
中华书局 1961 年
《太平天国史料丛编简辑》本

（一）卷下·伪隐语

淫妇女曰打水泡，奸幼童曰打童股。

（二）卷下·贼刑状

掳幼童使装烟吹火，称小拜喜（把戏）。有姿色者奸之，或献其酋为假子。衣鲜艳衣，履花鞋，红辫线粗大而盘于首，不戴帽，不扎巾。行则背负腰刀或令旗，手执籐条，或拉马尾紧随马后。停则环侍左右，使习杀人，能杀多者宠冠其群。甚或以所掳之人缚而杀之，以练其胆。虽恂恂子弟，无不变为残忍。

解酲语

（清·咸丰—光绪）泖滨野客
（清·咸丰—光绪）鸥乡老人撰
清光绪间申报馆上海铅印《申报馆丛书》本

卷一野客谰语·秀才不屈死

野客曰：赭寇①乱时，余避地至崇明，桑麻沃若，鸡犬晏然，海外桃源，几不知中原有兵燹矣。乱后归来，闻二三父老谈及遇贼事，未尝不神为之悸而目为之眩也。一贼自打先锋回，掳得男女数人，将送与伪王。令其伪书记缮禀，中有"呈上美男几只，美女几只，伏乞赏收"等语。视人如畜，可发一噱。

邻女语

（清末）连梦青著
清末商务印书馆上海铅印
《绣像小说》本

第二回

［在太平天国时期的南京，］那家里烧得精光，抢得精光。一个个逃的逃，一个个降的降。还有那年青的世家少爷，更弄出奇怪样子来了。搽粉抹胭脂，包著头，蹁著跹，装著女人的模样，做长毛的小把戏。

---

① 太平军。

扫荡粤逆演义

（清末）醴泉居士著
清光绪二十三年（1897）
上海书局石印本

杨秀清像

铁玉钢（刚）像

据《扫荡粤逆演义》第六回所写，太平军将领铁玉刚在镇江掠获了美貌书生黄菊生，让他掌理往来函札。"每日候落了差使，便召菊生进内对坐饮酒，终日不离左右。菊生又好歌词，玉刚越喜，其情愈深愈密。竟与菊生同榻共枕，交接成趣，像夫妇一般知己知心。菊生自此丰衣足食，渐生骄态。玉刚百计趋奉，加意逢迎"。后来黄菊生被东王杨秀清召去，封为恩赏丞相。他与女丞相傅善祥相爱，二人乘间逃离了南京。

王（黄）菊生像

清洪战记革命胎

(清末民初) 峒道人著
清末民初稿本

(一) 第二十七回

[洪秀全定都南京后，]蒙得恩乃上奏道："臣闻自古帝王好色，虽太王、文王不能免。有宫室之美者，必有妻妾之奉。三宫六院七十二妃，创之古圣，他如充后陈备临幸者，美色何止千计。至于分桃断袖之嬖，游龙戏凤之举，虽非盛世宏模，亦属风流佳话。南朝金粉，自古称佳。臣请选之民家，纳于宫府，备万岁之游幸，慰三宫之寂寥。他如九千岁以下，皆当选赐，以锡恩宠。"伪天王准奏，即命蒙得恩按户按馆搜罗挑选，并传谕各省贼酋，无论狡童尤物，皆可进呈。此令一出，可怜贞女节妇，一时饮刃投河者不可胜记。

(二) 第三十六回

[咸丰四年正月，]天王升殿，对蒙得恩道："朕去年曾谕令卿等拣选天下女乐男优，以供宫中玩乐，现在可曾齐备？"蒙得恩回奏道："已据各路保送到京，候旨录用。但前奉天谕，女乐男优不但要色艺双绝，且须文理精通，以此颇难其选。积一年之久，合天下之征，除女乐众多不计外，男之美者只有十三人，谨将花名册呈请万岁天鉴。"蒙得恩遂双手将册捧上公案。天王一一翻阅，上面写道：

黄启芳，年廿七岁，貌美丽如秀女，肤白而腻。工文，善度曲，能画，尤善房中按摩诸术。初为北王府教读。

宾福寿，年二十岁，肥而秀美，人呼为妒杨妃。有奇思，精于弹唱。常为秦淮河妓师，善绘楼台图样。

钟芳礼，年十五，美婉如处女。本机房学徒，工曲善媚。

何潮元，年二十四岁，貌韶秀。工诗，善医术，好弹琴弄笛。

李俊良，年十九岁。便辟巧媚，喜作诙谐冷语，每逢人盛怒之下，得彼一言，无不转怒为笑。兼工医。

李寿晖，年十五岁，才貌兼优。

李寿春，年十四岁。寿晖之弟，美而秀，目如秋水。

侯谦芳，年二十岁，美而文。工心计，善度曲，本缝工也。

侯裕宽，年十九岁，貌极美。其妻现充东王府女侍，本人乃厨工。

侯淑戋，年十三岁，美丽善笑。

天王阅毕，命将此十人先行传宣上殿，候朕目睹加恩。蒙得恩奉了天谕，立刻将十人传到，排班侍立。天王一见大悦，均封恩赏丞相。侯谦芳文理通畅，且多诡谋，杨秀清甚嬖爱之。凡杨逆军机谋虑，皆出其手。自是杨秀清向洪秀全要此人为府官，洪秀全即命侯谦芳以原官兼东王府判官。看官，你请瞧瞧这贼王等，如此骄横。偏天不厌祸，反生出这一班无耻的囚徒，献媚助虐，岂非劫数使然？

(三) 第五十二回

东王骄奢淫佚，无所不至。自经烈女傅善祥发难之后，心胆皆寒，从不敢向民间搜索。及自己宫中所有声色，虽充满掖庭，亦未敢放荡无忌。独有男色，恩赏丞相侯谦芳年一十九岁，既有宋昭①之美，兼有祝鮀之佞。琴棋书画，件件皆工。歌赋诗词，行行出色。杨秀清深为嬖宠，言听计从。而侯谦芳心计颇工，每撼事，算无遗策。每设一计，所操必胜。且善诙谐，于稠人广众之中，宾朋宴会之际，或逢诸王盛怒之下，每发一言，则四座风生，云消雨散。以是从太平王以下没一个不喜欢他的，大有坐无顾公，使人不乐之概。因其位尊权重，诸邸信服，自杨秀清以下皆呼侯丞相而不名。这侯谦芳自恃生得一副子都脸子建才，无恶不作，色胆如天，良家妇女受其害者已不一而足。

(四) 第五十八回

俞少元乃是扬州府江都县人，起家是两淮盐运使衙门的书吏。咸丰三年被贼掳到南京，年方十六。生得眉清目秀，兼性聪明，而且字划端楷。杨秀清一见大□，收入府中充书记之职。办事勤能，渐升至冬官又副丞相，即工部右侍郎职也，故人皆呼为俞侍郎。杨秀清见他无家无室，特将府中爱婢选了四个，赏与少元为妻。其中最大一个年方十六，姓金名淑英，浙江人，乃名门闺秀。生得十分美貌，与俞少元成了夫妇。杨秀清既爱俞少元，便认金淑英为义女，出入内府，往来亲密。〔后来俞少元携妻逃出南京，光绪年间尚在扬州运署为书吏。〕

---

① 当为宋朝。

七克真训

（西洋）沙勿略·顾校订①
清咸丰七年（1857）刻本

卷下·论贞洁以克邪淫第四②

邪淫之罪狠大，最大者是男色之罪。凡罪都有一个罪名，单此罪叫作不可说之罪。所以行此罪者污秽身灵，言此罪者污秽口舌。天主虽恶各罪，但所最恶者是此罪。《圣经》曰：杀人、淫男两样罪，狠招天主降罚。男女夫妇乃人伦之道，淫他人之妇女是乱人伦之道，犯邪淫之罪。以男淫男者是反传生之道，是罪中之大罪。淫女色者是人学猪，淫男色者反不如猪。古经记载：昔有琐多玛府，地方丰厚，出产茂盛。府人富足，纵行男色。天主待其悔改，终迷不醒。然后对亚巴郎曰："琐多玛人之罪，恶声日大，招我降罚。"当时府内有一善人名禄德，天神催他出了府城，立刻天降大火，草木房屋、人类禽兽一齐灭尽。至今三千余年，地不生寸草，山上之石还有火迹，臭气远嗅。此地之海不生鳞甲，名叫死海，人伤海风就生瘟病。所以西国都知道天主重恶，重罚男色之罪。今人犯此罪者，天主不速降罚，是天主容他改过。若不悔不改，终必受天主义怒之罚。《圣经》曰：罪人不可自宽，说我已犯多罪，未见天主之罚。岂不知天主今容越宽，后罚越重。

辟邪纪实③

（清·咸丰—同治）天下第一伤心人辑撰
清同治十年（1871）刻本

（一）卷上·天主邪教集说④

天主教始自耶稣，乃西洋诸国通行之教。……其教分目实繁，难悉举。以意大里为

---

① 校订者系圣味增爵会修士，咸丰年间在华传教。
② 参见《七克》。
③ 本书所记多有不实之处。
④ （清·咸丰—同治）天下第一伤心人撰。

天主教之宗国,代有持世教皇。又令其大弟子数十人,分掌各国教事,曰法王。小部落掌教者号神父,神父多在童时受教,割去肾子,曰弥塞。从其教者与神父鸡奸不忌,曰益慧。……每七日礼拜,曰弥撒,又曰教会。此日百工悉罢,老幼男女齐集天主堂,群党喃喃诵经毕,互奸以尽欢,曰大公,曰仁会。……兄弟及戚友久不相见,见则互相奸狎,曰合初。……凡初入时,牧师以指取水微按其顶,曰领洗礼。(或牧师先为沐浴,曰净体,借此行奸。以后惟其所悦,而从者迷而不知,反以为快。)……凡夷中男妇与从教者交,均谙采战术,曰乞仙。以口吸成童精与处女经水,曰开天孔,又曰人剂。

(二) 卷中·杂引

洋夷通习天主教,皆弃绝人纪,下同禽兽。其尤诞者曰额利教,天主教之分名也,哦啰嘶、嘆咭唎诸国率行之。人初生三月,无论男女,均以小空管塞粪门,夜则取出,谓之留元。使粪门广大以为长大便于鸡奸。每春夏之交,男子取妇人经水涂面,入天主堂礼拜,谓之洁面朝圣,以为祀天主最敬之礼。父子兄弟互相奸淫,谓之连气。且谓不如是者,则父子兄弟之情疏矣。诸如此类,未能尽述。不知我中国人亦有从其教者,不诚禽兽之不如哉!(《风土广闻》)

天下第一伤心人曰:鸡奸已绝人理,况于初生即为长大鸡奸计,尤属可怪。经水本极秽物,以之涂面祀天主,反为洁敬之礼,义更何在?父子兄弟互相奸淫,伦理丧尽,偏美其名曰连气。如此种种之恶,真禽兽所不为,殊堪诧绝。(按"夜则取出""夜"字疑"昼"字之误,玩《荔室丛谈》"晨起拔出"之词便见,见下卷案证内。)

(三) 卷下·案证

黎伯春自西安归,言彼地士民多被西洋历士阳玛诺等以迷药诱入天主教。其教男女混乱上下不分,大致以宣淫采战为主。一入其教,则生死无异。记其最为可哂可怪者数事。……凡生子至三月后,每卧时以小竹管贯入谷道,晨起拔出。约十岁许则止,不识何故。……似此邪教,不知彼地士民果何乐而从之?(《荔室丛谈》)

(四) 卷下·案证

李竹溪广文,幼时曾读书某寺中。同寺有二客,不识何为。每晨起外出,午后始归,归即卧,二更时复起。辄引外客至,闭门絮语,不甚辨悉。适一日李如厕,闻隔屋微有声,就隙窥之,见二人偕外客数人,在隔屋墙下互相鸡奸,不觉失笑。二人闻之,惊曰:"我多年兄弟未会,在此合初,何物魔鬼来窥探耶?"李惧事,潜至书房。二人过问,李佯若不知,二人亦不深究。……按此即天主教之流,李广文亲为余言,甚愤切。(《芸窗余话》)

（五）卷下·案证

天主教匪吴某父子，浙江宁波府人，寄居汉口之后街。其邻某偶于壁隙窥伊父子互相鸡奸，奸毕以大被共蒙其头，相抱而卧。其父年约六十内外，子年约二十内外。此事粟都戎为予言之，甚为愤切。

（六）卷下·案证

长沙罗某忝列庠，为天主教匪某之嬖人，得其勾引邪术。道旁见有美女，能于前数十步画地诵咒，使美女自至，与之奸合。此事罗同窗某及胡某、柳某为予言，均如是。

（七）卷下·案证

某职某，北地人，年二十余，貌甚美。夷匪以利诱与鸡奸，居夷船二日，始得出。粪门肿痛，不能举步，继下血三日死。安徽整容子黄某，亦被此害。此李广文为予言。

（八）附卷·辟邪歌①

自古中国最称盛，教宗圣贤道至正。
异端邪说辟最深，到底行事顺天心。
惟有西洋绝人理，妖物耶稣把教起。
教中行事实难容，动人祸福诱人从。
纷纷夷党多被惑，名为行善实为恶。
……
可恨教皇奸淫贼，他要害人不可测。
又使徒弟走四方，分掌教事为法王。
神父专管小部落，割去肾子受教约。
徒弟奸他他喜欢，且将益慧把名安。
……
凡是初生三月间，无分男女有一关。
每到夜时方就睡，小空管塞粪门内。
要使广大好鸡奸，留元二字巧名颁。
每到春夏相交际，说起男子尤有趣。
妇女经水当清斋，涂在脸上都不揩。

---

① （清）天下第一伤心人作。

走入堂中把神敬，名为洁面来朝圣。
父子兄弟互奸淫，连气为名不若禽。
相逢但问妇安否？父母说是不足数。
兄弟戚友会面疏，见即同奸为合初。
……
要知邪教真痛痒，各自扪心想一想。
想到伤心泪自流，我非无故过多忧。
圣道原来须继接，莫使今此遭奇劫。
绅民合志共担承，大家指日庆中兴。

（九）附卷·哥老会说①

　　哥老会亦曰哥弟会，盗党名目也。……其结会或数十人数百人不等，共饮雄鸡血酒立誓。誓中有自结拜之后，再念及生身父母、同胞兄弟，必天诛地灭等词。以后称会首为老冒，会末为老幺。……各带小儿曰少侄兄，又曰太保。与鸡奸者曰黄龙，否者曰青龙，鸡奸曰畜驴。……强奸为竖毛。……红巾贼②之祸未平，而哥老会之祸继起。顾后瞻前，噬脐何及。斯人尚有安居之日哉！

反洋教书文揭帖选③

王明伦编
齐鲁书社 1984 年版

（一）遵义城乡合议④

　　百姓被洋人哄入伊教，吃了迷药，送去传针，与伊同歇，采补元阳元阴。（《教务档》第二辑，页 1612。）

（二）丽江府云州知州黄毓全等禀⑤

　　旧坪地方，僻在边隅，人民愚朴。自同治年间法人来坪传教，设立经堂。艾司铎始

---

① （清）天下第一伤心人撰。
② 太平军。
③ 本书所记多有不实之处。
④ 清同治八年六月初（1869年7月）。
⑤ 清光绪十年十二月二十日（1885年2月4日）。

则招集外来游棍,充其党翼。继则哄诱愚民入教,多方煽惑。早晚杂聚经堂,不分男女,多被暗计奸污,难以尽言。(中国科学院近代史研究所南京史料整理处编《清末云南教案档案史料选辑》(未刊稿),页102。)

(三) 讨西洋教匪檄文①

凡从教人所生之子女,任其选择,不准嫁人。现今奉教者,鲜不受其污辱,其子孙多半出于蛮种。(中国社会科学院近代史研究所藏,文物26号。)

(四) 兖州士民揭帖②

其传教者谓之牧士,愚民被其利诱入教时,引入暗室,不论男女,脱其衣裳,亲为洗濯。继令服药一丸,即昏迷不知人事,任其淫污。男则取其肾子,女则割其子肠,恃有药力,不至当时殒命。(《教务档》第五辑,页414。)

十诫③

(清末民初) 佚名撰
清末民国间抄本

毋行邪淫

夫妇之外,凡行邪淫之事,不问何色何样,或行男色,或行女色,或行手色,或娶妾或婚姻不诚实,或奸人妻女等情,天主台前一并皆属极恶极重之罪。

---

① 清咸丰十一年(1861年)。
② 清光绪十三年十二月七日(1888年1月19日)。
③ 本书系对基督教的十诫进行解释。

寄蜗残赘

(清·咸丰—同治) 葵愚道人撰
清同治十一年（1872）刻本

（一）卷四·剧盗破案

剧盗庄三矫健绝伦，生平大案甚多。后盗钱姓巨铤，在赌场内被一周某认识原赃，告知捕快，侦获伏法。在监时谓人曰："吾师一僧也，传徒十余，我为其季。每遣一人出，必戒之曰：'汝辈掠人财物，切勿伤人性命。至淫人妇女，尤当深戒。如若犯之，必不善终。'我守其戒十余年。后因暑月入一巨室，见纱帐中少年夫妇裸而好合。一时欲火难遏，缚夫于柱而逼淫其妇。事毕而出，妇解夫缚，夫即痛挞其妇。我复跃入，以刀拟夫之颈而强污之。未及半载案破被擒，悔无及矣。"言罢痛哭，未几伏法。

（二）卷五·苏州胡金庭

苏州胡金庭家居西小桥，历就州县幕聘。有山东孝廉李某大挑一等，分发江苏补授宝山县知县，延胡司刑席。县有叔嫂争产案，胡撞银二千两，被李查破，将案改断，辞胡出署。胡不自引咎，衔恨甚深。适伊师就枭署馆，听信肤诉，百端搜求，未一载李竟罢职。心知其故，意甚愤愤，誓之于神，不久即卒于省垣邸寓。同寅均为不平，无敢与胡为宾主者。吴时行方为昆山县，尤恶其人。后调任长洲，以吸食鸦片擒胡收监，照例充军河南。到配匝月瘾发而卒，棺置河堤，随流冲没。遗有一子，年甫十四，色极妖冶。伶人潘如意携入京都，傅粉登场，名动一时。交尽金夫，缠头甚富，即娶潘女为妻。其母来京，复为潘所据，往来如外妇，绝不避人。未几毒发于体，遂令其妻侍客。有西商杨姓兄弟狎其夫妇，挥金如土。复将妻售于粤东一令，另娶两妾，仍操故业，后疮毒大发而毙。其母遂与潘为夫妇，后嗣遂绝。其潜罢主人在道光甲午、乙未间，收监充军系戊戌年事，其子被诱入都系辛丑年事。负心反噬，狗彘不若，宜得此报。

（三）卷五·妇女羞愤自尽奇案

村居许姓家颇富厚，狎一娈童名陆福，为之娶妻成婚。甫匝月，其妻乘舟归母家，许即赴陆室行奸。不意其妻忘携梳具，返舟归取。径入房内奸所撞破，即赴厨下登时自缢。查定例从无妻见其夫被人奸污而羞愤自尽者，然其志则贞且烈矣。惜其事未彰，无人知之。

(四) 卷六·观音斗丽

乾隆三十二年，苏城内外赛会争胜，夸靡斗丽，穷工极巧。城中装饰观音者，系回龙阁前贫家女，秀丽堪称国色。城外思有以胜之，无从访求，遂觅一美童装扮，色亦美艳异常，见者称为双绝。哄动一时，观者如狂。三日而罢，所费不赀。后女为徽商以三千金购去，童入扬州盐商家，不知所终。

(五) 卷六·扬州雅观楼事

扬州钱某以负贩起家，积至数千金，遂开设银铺。有商家伙计吴姓来铺换银，匆匆而去，失一小包。中有万金银券一纸，钱即持券往兑。吴知为钱所取，其银乃历年侵蚀所得，不能白于主人者。郁郁病卒，钱遂成富室。年已五十，无子。是年除夕梦吴来索欠，明年八月生一子。知为冤孽，因年老无嗣，姑以自慰。子年十三四即淫荡无度，视钱财如粪土。耗费不赀，钱气结死。益无忌惮，淫朋狎友如蝇集膻。复构大讼一，以回禄家业荡然，妻入倡家。年甫二十，孑然一身矣。遂为群丐所诱，缚足穿耳，傅粉簪花，乔扮花鼓妓，沿街唱曲。遇登徒子，给青蚨数百即春风一度，群知为富室子也。苏人朱某司训扬州，曾目睹其人装女侑酒，恬不知耻。扬州人著有《雅观楼》小说，演述其事。

(六) 卷七·西方太岁

孙绍棠者名承，绍兴人。其母孀居，不夫而孕，里党羞之。孙年十余，夜入邻家窃衣物，赴博场被获送官。怜其年幼，薄责释放。有金某就幕入蜀，雇作童奴。貌颇白晳，遂擅龙阳之宠。性极凶狡，学习幕业，颇娴律例。道光初鄂制军莅任，司阍其同乡，力为引荐。各省幕友家眷俱住署外，从无携眷入署者。孙纵其幼女与制军娈童奸好，大得主人欢，尽搬家眷入居署内。一时幕友从而效之，师其故智，多携女妾进署，官亲门丁每被蛊惑。孙把持督署二十余年。

(七) 卷七·男变女

近年江宁城内邢姓子年十八，已授室矣。忽下体溃烂，医治不痊。数月后肾囊消缩，中露女形，声亦改变，两乳高耸，竟成女身。群讶为不详，不数年遂有粤匪踞城之事。

(八) 卷七·忘男忘女

云间姊弟二人，同母所生。姊力大声雄，广颡高额，足巨如箩。喜与人斗，壮夫数人不能近。性耽牧猪奴戏，时入赌场与无赖博。然绝无所染，三十余犹处子也。弟丰姿姣好，性甚柔婉。日坐室中调脂弄粉，时作妇人装。喜为人狎，逐臭之夫群趋之。姊若忘其为女,弟若忘其为男。而出自一母,亦奇闻也。

(九) 卷七·县令子被阉

闽中一令贪酷无比,向富人贷银万两不允,欲寻事陷之而无隙可乘。其子年甫成童,赴县应试,令吹求疵类,责以戒方,勒银五千两始释放。两手肿溃,愤郁自缢。富人控于上司,而令善逢迎,素为上游所庇,卒不得直。未几丁忧离任,赁居乡间以避暑,适与富人别墅相近。子年十六,姣丽殊甚。富人遂与讼师谋之,觅一幼妓伪作处女装,日伺门侧。邑令子经过,其女流目送盼,诱之入室,掩执而强污之。复令人送归,详告其事。令以为辱,欲置之死。忽有省垣委员持檄至,盖有亏帑未偿也。令浼其缓颊宽期,商酌良久而去。其子已乘隙遁,不知所之矣。令知中计,不一月羞愤病殁。其子之避死逃出也,时已昏黑,伏于草间。夜半有持灯觅之者,以为其父追索,噤不敢应。比至,则富人所遣也。引之归,藏于密室,日与之狎。后闻邑令已卒,遂乘其醉卧,傅以药而阉之。半载后创愈,发长靓妆,艳服宛如娇女矣。县人多知其事,因恶令所为,反以为快。富人每夸于人曰:"我用去五千金,买得一个男妾。"在此贪吏之报,亦酷矣哉!

(十) 卷八·金尾蜈蚣①

海寇蔡牵之祖,闽省同安县人。觅地于蜈蚣山,有陈道人者为之点穴,云为金尾蜈蚣形,先出武职掌握兵权,后有文职官至一品。临葬时嫌墓后地窄,移前丈许。陈复来,见之顿足曰:"败矣!穴在蜈蚣钳内,今移头上,将有奇祸。"后蔡聚众横行,为群盗巨擘,纵横海上者数十年。同时有另股海匪胡白龙,其党五人俱以龙为号。有晋江人黄旦号为宏龙者最凶悍,为总督富勒浑擒斩。其妻王氏携幼子念祖投入蔡牵伙内,蔡见王氏色丽,纳之后房。数年后念祖渐长,尤极妖冶。蔡本闽人,喜渔男色,遂蓄念祖为男妾,宠爱殊甚。蔡伙有矮牛者,掠得蛋妓郑亚妹以献,郑亦殊色,一夕蔡醉入后舱,见念祖与郑裸而私合。大怒缚之,比酒醒即令释放,向念祖云:"绿林无不败之理,官军四集,时事可知。郑已有娠,汝当为我留下一脉。祖坟风水甚佳,此子将来必贵,可善视之。"赆以黄金四十锭,珍宝无算。念祖于四月携郑归,八月生一子,即黄宗汉也。始附奸相,列穆②门十子之内,有黄八少爷之称。后党逆臣,有端肃③公绰号。而闺门淫乱,乡里羞称。父为寇盗,子沦逆党,道人之言应如影响。

(十一) 卷八·苗童美丽

贵州苗蛮共三十余种,独家苗通汉语,读汉书。其女之美者,中土所无,誓不与汉

---

① 参见《台案汇录辛集》等。
② 穆彰阿,道光朝权臣。
③ 端华、肃顺,同治初年权臣。

人结婚。幼童之美丽者姣好异常，每售人，须以牛马百头易。富户有购之为娈童者，但须离故土数百里，否则乘间逸去矣。

（十二）卷八·《春草堂笔记》中赤练蛇①

扬州谢塈有《春草堂杂著》各种，记其中一条云：广东顺德县生员练某幼读随园诗集，痛骂之，以为卑鄙无耻。后见《李郎曲》，不觉欣羡，几欲焚香下拜。每言成进士入翰苑不足为难，所难者遇李郎耳。有童奴李七，貌中人姿，笑问曰："视奴可为李郎否？"练遂狎之。李七性狡黠善媚，兼得内外宠。未几，练以选拔得知县，分发江苏。历任各邑，婪赃无算。一应公事，李行则行，李止则止，署中无不知有李七者。曾有事赴扬州，携幼童康姓随行，于舟中逼奸之。康力拒，练遽拥于怀，而以舌度入口中。康咬伤其舌，跃入水中死。明日甘泉令来相验，练语言模糊。询其何故，练云："康从舱中跳出投水，我从后拉救，适窗棂倒下，遂致受伤。"闻者皆笑。甘令以同寅故，不能深究。扬人竞抄其案卷而传观焉，有人在周孝侯祠内见有《赤练蛇》七古一首题于壁，即指练某也。

（十三）卷九·扬州美男结十姊妹

扬州较场茶铺内，有饰美童作女装弹唱觅钱者，名十姊妹。富商宴集，每唤之侑酒，如娼妓然。争妍献媚，习为故常，间有裹足者。后有数人逃至苏州，欲售其技。地保鸣官逐之，有流为丐者。后闻乞食至上海，有王姓购其一为童奴，亦有仍操故业者。

（十四）卷十·娈童连生两子

徽州富室某四十余无子，喜狎娈童。一童忽腹大受孕，弥月竟产一男。族众大哗，控于官，未决。数月后童又怀孕，其腹隆然赴官请验，临产时遍召族人使之监视。童呼号一昼夜，又举一男。族中商之讼师，复控奸生之子例不为嗣，娈童所生亦奸生也。官无律可引，断令将家产分半散给族众，案始结。友人钱竹孙游幕皖省，亲见案牍。男子怀胎世所未有，或云童本二形人，寔兼男女两体，其或然与？

（十五）卷十·刑部审假女案

浙江拔贡生靳某官工部主事，用五百金购一妾。容色靓丽，年甫破瓜，裙下莲钩瘦削如指。意甚欣惬，诸同年醵饮相贺。抵暮时女忽出立门外，举首翘望，如有所伺。为阍人所阻，唤婢媪掖之入，以为小家女不娴闺阁范也。客散后靳乘醉入房，促之登床，女抵死相拒。觉其有异，集众执持之。探其下体，乃男子也。立唤媒妪至，俱云事出意

---

① 参见《雨窗寄所记》（六）。

外,实所不防。其家在广顺门外,明当向之理论。明早偕人往寻,则乘夜逸去矣。靳诉之巡城察院,传讯时观者如堵。询其父母原籍,供称并非其子,于十岁时在梁家园育婴堂中抱得者,本名李四娃子。御史无可如何,移送刑部,所供无异。遂将媒媪薄责而释之,但既非真女,不能官卖又不便仍令领回。正在踌躇间,有人具呈言其外甥于八岁时被匪徒拐去,即此子也,具结请领,刑部允之。其人挈之赴天津,教以歌舞,登场演剧,倾动一时,获赀无算。当其具领时,刑部明知假托,因无从位置,借此发放以便了结耳,非真愦愦甘受人欺也。

(十六)卷十·海岛盗窟

苏伶集秀班最为著名,同时又有集芳班,声名稍逊而且色之妍丽过之。一日有人来,称狼山镇衙门太夫人庆寿,持五百金聘之往,以舟来迎。晚泊海口,中夜扬帆而去。三昼夜抵一岛,乃盗窟也。岛中屋宇相连,中有巨第,堂中设虎皮座五。令群优演剧三日,择旦色五人各据其一,余俱闭入空室,日给两餐。数月后呼出,择其晓事识字者分派执管,余则种地灌园而已。岛中货物山积,宰猪三十余只,每人给肉四两。每月逢朔望日,阖山人众均到绝顶庙内叩拜。中塑老人如道士状,髯长尺许,架上插大刀一柄,云系前明福王时高杰部下参将也。高被杀后,引兵数千人携取饷银从长江直下,欲于海岛觅一安身处。因素精地理,见此山风水绝佳,遂结营其上。义子五人,分作五房。相传山中不得有一妇女,有则必败。故如僧道收徒之法,每令其党扮作客商,采买未十岁之幼童派与群盗为子。自垦自种已百余年,所蓄甚富,从无劫掠之事,而财用不竭。旦色五人已为盗妇,班中人群相安之,不作归家想矣。其中有姚某向在班中弹弦子者,一日偶步山麓,见一海舟遇风泊其下。急登其舟,劝之速行,遂附舟归。初,班中人之去而不返也,群疑覆舟于海。姚归后遂向同班中送信,始知为盗所诱,计已七年矣。姚住胥门外由斯街,每逢人述之。

(十七)卷十·王太史家六云①

王梦楼太史书名冠海内,性喜伎乐。家蓄六云,俱妍丽幼童。蓄发裹足,艳服靓妆,宛如娇女。足迹所至,恒携以自随。毕秋帆官两湖制府时,王以名素云、翠云者赠之。毕以为女也,审视方知,笑谓之曰:"我为汝等开释。"命薙发放足,改作童奴。后赴辰州军营,携之以往,风闻言事者反劾以女奴作男装,殊未知其审也。毕殁后素云不知所往,翠云随其柩返吴中。有见之者,眉目秀媚,腰肢绰约,亦人妖也。金匮钱梅溪②曾见之,已载入笔记中。

---

① 参见《履园丛话》(四)。
② 钱泳,字梅溪。

（十八）卷十·二形人

有巨室生一子，幼视之女也，为之裹足穿耳。至十二三岁，下体骤长，上半月成男，下半月成女。父母深耻之，后遇闽中一医，投以药，仍为女身，不复现男形矣。父母欲为议婚，女不愿，削发尼庵以终。

（十九）卷十一·恶幕巧遇主人

[湖南永州知府王方聘包某为幕客，宾主不和，包某辞去。乃与其师诬害王方，]王竟被劾罢归。家居十余年，因事赴扬州。在戏园见一雏伶，色艺均绝。呼之侍饮，留荐枕席，贻赠丰厚。伶邀至其家，其妻亦少年倩丽，低眉见客，王遂留宿。左抱右拥，极尽床笫之乐。后见其妹年甫破瓜，色尤妍冶，议以五百金鬻为妾。倩媒书券，呼其父至。[其父竟是包某。原来包某因潜罢主人而无人敢聘，乃竟流落扬州，子为优女为娼。]王数之曰："我半生辛苦才得一官，与汝无仇，汝不过撞骗未遂挟愤自去耳。反恃汝师为上司信用之人，播造蜚语，致我无罪罢斥，冤不得伸。今汝子、汝媳、汝女俱荐我枕席，报亦惨矣，我不汝责也。"仍如数给银署券，挈其女去。

（二十）卷十二·小桃园道士

金陵承恩寺有明祖所赐庄田，赀产甚富。附近小桃园道院道童俱为僧人所私，平日饮食衣服均取给于僧。某僧与某童相昵，各有配偶，相处如夫妇焉。其童俱年少色美，每于夜间傅粉靓妆，与僧卧处。若平人到院，则避匿不见。数十年来淫风日甚，后于嘉庆年间忽被回禄，一夕化为灰烬，道童焚死者十余人，此风遂绝。

（二十一）卷十三·男子受一品夫人封

顺治年间天下初定，江湖大盗横行无忌。江浙连年荒歉，米价腾贵。有倪贾携银五万两，泛巨舟赴湖广贩米，挈其幼子以行。舟泊江中，夜被盗劫，席卷一空，并掠其子去。子年十五，色甚妍丽。盗魁乃海中巨跖也，海艘不能载妇女，醉其子以酒而阉之。穿耳蓄发，作女子装。贾子性本柔懦，听其所为，与盗相处如夫妇。未几郑氏①叛乱，王师进讨，因不习水战，屡出无功。盗首率其党数千、海艘百余投效军前，且献方略。大帅甚喜，令为前队，所向有功，不数年擢至闽省提督。倪贾之被劫也，子亡赀失，懊憹无聊。一日有材官登门，称某大人来认亲。自念并无此人，茫然不解。忽数十骑拥一肩舆至，婢媪如云，捧一丽人下舆径入，似熟其门径者。贾大惑，入内问之。丽人挥去从

---

① 郑成功。

人，自言即所劫之子，已被阉割作女矣，因嘱贾诡称所失本幼女。少顷提督至，竟执子婿礼焉。临行馈银十万，倍其所失。贾长子颇雄健，挈之赴任，署中呼为舅爷。窜名伍籍，官至都司。贾人子为提督正妻，得一品封焉，真自古奇事。推其命造，必有大异于人者。

（二十二）卷十三·睡中得道

曾见《明季纪事》云郑芝龙之嬖童得金紫光禄大夫，三代诰命。破格之事，于传有之。

（二十三）卷十三·汴省奇案

昔在汴中闻一奇案。云有富室孀妇徐朱氏，独居一楼，足不窥户，与邻妇张王氏相得。张亦寡居，时相往来。妇忽怀孕，姑穷诘其由，并无外人出入，遂致涉讼。毫无指实，而妇腹日衺然矣。研诘婢媪，始供张王氏来时，妇夜与同卧，遂疑以男装女。传张到案，年三十余，双钩纤窄，乳高声细，并无男相。令稳婆验之，实系女体，官愈不解。后闻老年仵作云：凡男女两体之人，平时与女无异，俟情兴勃发，方露男形。遂传秘方煎药水，令稳婆于密室中洗之，男形果露，案遂定。官以人妖，欲寘重典。臬司某公以为出于天生，乃人痾，非人妖也，仍科奸罪而已。此案奇绝，其谳词合省传观，余目击之。

（二十四）卷十四·苏垣纪事骈言①

掳童子之军纷如猬集（凡孩童无不被掳，面貌清秀者称为公子，恣其狎昵），傅粉簪花之幼竖万目含羞（贼踞张姓居屋设宴请客，将一幼童脂粉绣衫侑酒）。

（二十五）卷十四·庚申②遇变杂记

富室某年六十余，向有好善之名。亲丁男女二十余人，装作乞丐，在平江路遇贼③。有骑马开路者，用马鞭指令从娄门出去。贼已过尽，有骑马押队一贼亦已过去。马忽旋转不行，贼回首望见一女露出红衣一角，即下马拦住。搜出金珠甚多，并掳去妇女五人，幼男三人，壮仆二人。后一仆逃回，言男女并遭污辱，某翁愤郁而死。此君素无恶迹，不审何以至此？

忠酋④将吴园改造伪府，在远香堂上搭戏台，挑选幼童一百二十人教演唱戏。堂中悬挂大红绉纱三间大幔，忠酋于幔后设座，微露其面以看戏。其中旦脚多穿耳裹足者。荡

---

① 记太平军攻陷苏州之后的所作所为。
② 咸丰十年，1860年。
③ 太平军。
④ 太平天国忠王李秀成。

口华姓向在苏城①服役,据称曾到戏房看过,唱旦脚者双钩虽不纤小,而脚带缠缚,鞋衬木底,与女子无异。收复后在伪府内搜获戏箱七八十只,从未见过裹足幼童,其尽挈之以去耶?

贼掳幼童号为公子者有两等。一系强悍有力者,厚为抚养,教以拳勇,俟其稍长即为护身亲随。一系面目清秀者,涂脂抹粉,绣履红袴,蓄为男妾,令荐枕席而已。

有开衣庄张姓被掳,因其识字,号为先生。见一幼童面傅脂粉,身穿绣花女衫。乃其邻人子,父系生员,因向贼说情讨出。

新安迤北有一村,居民尽逃,贼在其处打馆子。十八所系护贼所领,其令甚严,不许私藏妇女。贼中称馆主者俱以幼童作女装,锦帕蒙头,绣鞋红袴。馆中呼为大姑娘,每馆有三四人。

(二十六)卷五·知县以莫春在命题 记官员与跟班的同性恋。

(二十七)卷六·合药忌戏旦 旦角优伶被认为与妇女无异。

(二十八)卷八·负心反噬报 记幕客同性恋。

(二十九)卷九·男女互易 记男作女养,女作男养。

(三十)卷九·男子弓足 记男子缠足。

(三十一)卷十·伶人预梦作女形

(三十二)卷十三·吉地漏失真种 记优伶同性恋。

醒睡录初集

(清·咸丰—同治)邓文滨撰
清光绪间申报馆上海铅印
《申报馆丛书》本

(一)卷三·京华二好二丑

或有问于余曰:"公游都门数年,以何物为最好?"余曰:"字好,相公好。"何谓字好?朝卷白摺,点画匀净。墨色晶莹,分行布白。横竖错综,看来无毫发憾。兼此地纸墨笔砚俱极精良,人争习之,故曰字好。何谓相公好?都中相公有二,一大学士,极贵

---

① 苏州。

也；一优童，极贱也，而其名相埒。余素不观剧，为同人强邀，某日某园演某班，皆有定局。辰巳前略观大意，歌喉舞技了不异人。至午正，众美咸聚，争妍取怜。其态度丰神，有飘飘欲仙之致。如入万花园中，令人目炫心惊，不觉神为之夺，意为之移也。都中诸贵显，筵燕以不招相公为寡兴，以能致著名相公为出色。即官太太、老师母，亦有我见犹怜之誉。都门最艳丽之衣服，惟相公能穿之；极宝玩之珍奇，惟相公能摆之；至阔大之房屋，惟相公能居之。且关防最严密也，相公能搭天桥；声气易隔阂也，相公能显神通；名士专家之书画多秘惜也，相公能致真笔。于是有狎相公而倾家败产者，有闹相公而参官罢职者，有包相公至金尽爱弛而雉经自亡者。非好何以致是？故曰相公好。又问以何物为最丑？余曰："白日大街遗屎丑，八股时文丑。"

（二）卷六·小甘罗

甘某天姿英敏，名噪文坛。髫龄登第，时有小甘罗之誉。年甫弱冠，奉视学典试差数次，门下士以百数。居京未婚，拟请假归娶。恋一优名宝珠，视若命。蓄优旧例，三年始出师。期未满，得资归师。既满，资仅半，名曰帮师。如是者六年，则色衰而爱弛矣，所得亦无几。甘怜优，欲豫赎之，非数千金不能。自蜀视学归，强力尚能支出师。后优自开馆买徒蓄优，陈设衣服复非数千金不可。甘囊已罄，颇形竭蹶，优亦淡然处之。一夕至优馆，优方应接不暇，置甘侧室。甘负气归寓，迁怒于仆，仆不敢近居。院内有巨桐，素纳凉所也。时甚暑，扃门戒勿喧。仆恐逢怒，愈不敢近。厥明优至，仆曰："我大人连日为君焦灼急矣，方熟睡耳，勿惊。"优闯其户，见桐枝上摇摇如悬旌者，则甘某已为挂角羚羊也。其家缚优欲首逼命，相知者戒曰："似此尚落得'干净'二字，若秽行上闻，反不能讨好。"遂释之。夫好生恶死人之恒情，而不爱生若此，致为名教之罪人，以玷辱衣冠，读书何为哉！

（三）卷六·冷金笺

某词曹以书法著名，尤工小楷，人求之惜墨如金。狎一优，亦善书。优曰："君写梅村诗集屏寿我，此身为君执箕帚矣。"欣然许之，以冷金笺作四幅缮完，昕夕从事无寸晷休。稍有一画不恰意，幅虽完犹必易之，以此致咯血疾。其友人谓宜节劳，劝而罢之，弗听。遂题三字额，戏悬其座右，曰孝忠斋。盖讽以孝当竭力，忠则尽命也。彼不悟自若，形神销索，强起完之，尚欠半幅而气奄奄绝矣。友人检其箧中，见冷金笺近百幅，皆屡易而未缮完者也。叹曰："有此苦心孤诣，而用之不甚爱惜之地。尤物之杀人，顾若是哉！"

（四）卷六·春明馁鬼

咸丰己未，某庶常长沙人，父逝祖存，家无次丁。弱冠登第，志得意满，无所不为。

在都与余间壁寓，时常过从，余甚厌之。客羡曰："其金华殿中神仙乎？"余笑曰："是铁佛寺内馁鬼耳。"客曰："何谓也？"余曰："一日挥百金，不馁何待？千斧斫孤木，不鬼何为？"盖日宿优而夜宿娼，茶馆进而酒馆出。榜后不百天，果亡矣。亡时汗血淋漓，脱阳于骡车内，怀中犹抱一优，优即揭其珊瑚朝珠而去。闻其妻兄为宛平令，云四五六等月花销现银千两，外欠衣市京蚨一万有奇，欠珠宝市京蚨二万有奇，欠食肆、银肆、杂物肆、首饰肆京蚨三万有奇，索债者户外屡满。令曰："候其少爷发达，来京还。"各吞声去。阎罗天子果有债还来生之说，不知庶常所变何物也。死者长已矣，堂上二老、闺中少妇将若之何？谚曰："科发少年大不幸。"是福从而败之也。

（五）卷六·鸡子寻骨头

邻邑某氏为楚北望族，一孝廉幼有才子之目。馆家塾，从者户外屡满，兼为人捉刀笔。彼族有美少年，性机警，螟蛉子也。家颇丰，无归路，欲附族谱。防孝廉拒之，纳厚赀受业拜为干父。孝廉觊其利并艳其貌，思狎昵而不能致。挑之曰："异日修谱，有我在无虑也。"少年打入心坎，从之诱，孝廉授以谱券。少年能诗，孝廉曾戏以诗，中多亵媟语。少年羞之，恐为人觉不雅，投其稿于字藏。孝廉窥其有不豫色，转而回护曰："诗稿授我，易一二字尤稳。"触少年生机心，绐曰："好笑话，吾已付丙丁矣。"孝廉以为然，不之察。少年急取诗稿于字藏，居为奇货，窃计曰："此诗稿与谱券即异日入谱不入谱之把鼻也，行将持其柄而摇之矣。"不遽反眼，情渐疏，孝廉遂恶之。及修谱，拒不入。少年白以券，犹冀幸焉。孝廉曰："此戏笔耳。不得以拜结受业私情，废异姓乱宗公议也。"少年怒曰："我不能为某姓子孙，尔即不能为中国人鬼也。"遂以诗稿呈诉于大吏，大吏奇孝廉才，欲平反之。少年呈稿时仅斜裁其半，问故，少年泣曰："小人辱身贱行，无非欲依草附木耳。今既身败名裂，不齿于群伦，大人为小人作主，自应全稿呈电。如果官官相卫，则冤沉海底矣。其半仍留，为通天耳。"大吏仰面叹曰："孝廉，孝廉，真尔冤家对头矣。尔始而贪污愚弄，继而反覆因循，岂非孽由自作耶？"按例戍边，后死塞外。又闻孝廉喜食鸡卵，一餐可饕百枚。领乡荐归来食鸡卵，浑沦中寓有骨者数枚。后当刀笔，每射影含沙，无中生有。人谓其鸡子寻骨头，岂知滥泥中亦有棘耶？即无此污劣事，亦宜投诸四裔矣。可鉴也夫！

（六）卷七·租筵置溺器

某豪右家有银仓，租以万计，极骄奢。以银制溺器，外饰龙凤，罩以绣花缎套。至佃收租，置田人租筵上。一侠汉见而怪之，问何物？绐曰："盛人参汤器也。"侠汉启视，闻臭味，知之。曰请饮，不从，就其口而灌之。乃直言曰："是溺耳。"侠士怒曰："尔以溺污人祖宗。彼即佃尔田，何狎视乃尔！况上有天地君亲师等字，岂不伤天害理耶？"即以此物击其头面，尿血并流，鼠窜而去。后生一儿，开贺百天。周岁时，一老仆抱至门前豆腐店嬉游。儿知跳跃，仆戏问曰："看你如许家赀，是怎样跳得了？"不三十年，即佣是宅为磨役。是儿荡败时，狎一优为干儿。优去，送至江干，立而望之。优欲壑未饱，在舟中露前阴而谩骂之。彼望而泣曰："孩子示我以下身，凉矣。"置绣花湖绉袴以遗之。变券书产不耐烦，刊一板，仅填字于空白。有某叟售其产，容甚朴陋。彼貌视曰："这厮能买我田，但以头顶砚而跪受，不索其值。"叟从之，即跪而顶砚。果书券而遗之，其痴呆如此！呜呼，未有满而不覆者，早于乃父置溺器时已知之矣。

(七) 卷九·观察迷人胜软坑

都中某会馆寓一人，自谓报捐道员者。携仆数人，车马、衣服、饮食俱极都雅。有最著名相公丰于财，宝玩以仓积，金玉以楼储。道员招待酒，以黄金真珠赏之。相公请至本堂，即优馆也。饮以酒，有留宿意。故迟迟其肴馔，阴挥其车马仆从去。盖将大有所图，若惟恐其不入软坑者。旋有仆寻至，云自会票局兑银，暂取数百。封印完固，请主人验收。道员呼相公代为收存，明日再秤银色，若不甚介意者。相公益喜，入席对酌。甫举杯，道员愀然曰："此酒吾不惯饮。"相公曰："愿借公酒以飨。"公唤仆取之，仆以一瓷至，香色气味果异常品。堂中诸听事者遍赏之，众跪曰："谢大人酒。"道员各赏以银。及夜半，堂中人皆昏迷不起。道员与相公同宿，恣意欢娱。及兴尽，仆党暗来接应，罄堂中所有，捆载席卷而去。至日中始醒，迹之会馆，人云："前三日已出城矣。"查吏户二部，并无此捐道人员者。始知为拐骗者流，制毒酒以迷人也。

(八) 卷九·堂窑可寒心

辱贱至妓、优极矣，均以色事人，亦有不相能之势。优见妓必下气，称妓为恩母亲娘妹。[妓]见优必抗颜，斥优为龟丁、兔子。间有亲近者，看老斗情面也。非必阳衰阴胜，恶其男拣女行故。都中妓欲图财，决不留优伴宿。优欲消遣，必不与妓同床。呼妓馆为窑子，呼优寓为堂儿，呼嫖客为老斗。入堂窑观看者为打茶围，出堂窑门户者为点灯笼。昔都中有床头金尽者，作《点灯笼赋》，以"伤心三字点灯笼"为韵，谓下逐客令也。予居都数年，相知者强予打茶围，予晓之曰："君等以为狎昵具耶？予以为可痛哭人也。"予岂性与人殊？觉有不胜寒心者。临之若子女然，惧轮报也。悯之若哀鸿然，嗟失所也。懔之若鸩毒然，防传染也。厌之若腐鼠然，嫌污秽也。善夫！蒋砺堂①相国之言曰："人言此是鸳鸯侣，我当哀鸿一例看。"诚仁义之人，言蔼如也。

---

① 蒋攸铦，号砺堂。

(九) 卷九·迷诱男童

同治年间，皖北省城有奸民董五等，见秀丽童男往来市肆间，诈为嬉谑，抢其帽及配挂等件以为戏。急行于前，逐之不即，舍之不离，延至僻巷或城隅小屋内。媚以甘言，饵以糕点，内藏迷药，至晚群恶少朋轮鸡奸。或留数日，或迟至五更，负至原处释之。有某官公子及某塾师学生堕其术中者，虽控诉而幼童不知其地，不识其人，久之遂寝。时臬宪闻而恨之，密遣亲信耳目，带领美幼童盛服于街衢试之。遇有此类，尾其后而拿之。一日果获数案，严讯，则董五一党得十数人。拘系以待，唤前被迷者视之，果其人也。按律，奸童男女在十二岁内者，问实斩立决，遂请令枭首云。

客座轩渠

（清·咸丰—同治）鹿野散人编
清同治四年（1865）刻本

(一) 卷二

有某人好狎娈童，至与其妻同卧起。邻里羞之，为诗以刺曰："翢字书成斗帐眠，让他贴腹我摩肩。江郎爱把便宜占，输却膏腴换石田。"

(二) 卷三

李容斋尚书居京师，有伶人新婚，戏为《贺新凉》词云："之子门楣异，却赢来娇羞事业，风流经济。一□乔妆身，请妾此举，差强人意。指山海香盟粉誓，笑煞逢场花烛假喜。今尝花烛真滋味，贪美酒恣尤殢。　个侬体作男儿，觑料无非铅华伴侣，裙钗班辈。正自难分姑与嫂，漫道燕如兄弟，恐还是赵家姊妹。儿女温存原自惯，愿乡乡怜妇如怜婿。今何夕，三星会。"此词可称绝唱。

(三) 卷四

梁晋竹先生有《燕台乐府》五章，描写极佳，录之助笑。一曰《梨园伶》：

软红十丈春风酣，不重美女重美男。
宛转歌喉袅金缕，美男妆成如美女。
楼台十二醉春风，过午花稍日影红。
此际香车飞巷陌，此时脆管出帘栊。

帘栊掩映娇装束，场屋频频滚弦索。
须臾花枝照眼明，飞上九天歌一声。
歌声未罢欢声满，就中谁得秋波转。
曲罢翩然下座旁，犹留粉晕与脂香。
凭将眉语通心语，好把歌场换酒场。
酒楼携得人如玉，自占藏春最高阁。
闲泛鹅儿弄斝尊，不容婴武窥帘幕。
承颜俟色最聪明，射覆藏钩靡不精。
欲即偏离抛又近，情无情处动人情。
情多不及黄金贵，几束吴绫谋一醉。
梦里温柔镜里人，甘心竟为他憔悴。
憔悴青衫兴已阑，一鞭又跨别人鞍。
试看花底秦宫活，谁念车傍范叔寒。
……

五曰《八角鼓》：

十捧花奴罢歌舞，新声乃有八角鼓。
一木一扇一氍毹，演说无是兼子虚。
虚中生实无生有，别是人间一谈薮。
操成北地土风音，生就东方滑稽口。
有时按曲苏昆生，有时说书柳敬亭。
有时郝隆作蛮语，有时公冶通鸟音。
有时双盘旋空际，公孙大娘舞剑器。
有时累丸掷空中，痀瘘丈人承蜩功。
须臾座中响弦索，引上雏儿一双玉。
不习梨园旧谱声，自调菊部新翻曲。
曲边人物尽风流，燕样身材莺样喉。
入局先输钱买笑，当筵又费锦缠头。
眼波眉语通消息，别有温柔描不得。
巧谑新谐倍有情，浓歌艳舞都无色。
由来此戏五方同，不及京师技最工。
此辈亦须官样好，马伶无怪客严公。

越缦堂日记补

(清·咸丰—光绪)李慈铭撰
民国二十五年（1936）
商务印书馆上海石印本

咸丰九年十月十七日

夜月甚清绮，偕啸篁、叔子步诣秋蘅、兰仙、兰生诸郎家茶话。觉趣与景生，意兴都洽，不自知在软红尘里也。

咸丰九年十二月十七日

子恂招同卣香、吴某舍人饮玉兰家，兰仙、兰卿、桂玲、瑄华诸郎侑樽，二更后归。予家居三十一年，未尝一尊醉花，半铢买笑，平康①过迹，不盈三周。迨入都门，端相鞫部。吴儿要绍，花次都卑。外舍便娟，尘根久绝。徒以时与鄂君之座，屡闯狎客之筵。强作解人，惭为祭酒。传杯赌唱，偶乱冠缨。往往数旬一举，亦复不厌。至于酒续通宵，月选连夕，辄□风景□裂，羁愁转深。今夜归后，尤□□不乐，梦寤局瘰，殊不能自言其故也。

咸丰十年三月二十六日

夜二鼓后豫庭来，同至福云堂寻子恂，门不及启，至联星堂，复诣福云，则子恂已归。遂便诣闻德堂，复过联星，四鼓归寓。五鼓子恂、豫庭及一杭人钟姓者来，联星、闻德诸郎继至，天明数刻始散。

咸丰十年七月二十日

昨闻有中书舍人吴某者，系歙县尚书椿之子，以举人入赀。及友狎歌郎全珍（全珍沈姓字芷秋，近年来名噪乐部，都中昆旦推为第一，而吴君暮草久宿矣），负缠头数百缗。嗣呼郎辄不至，而吴惑之益甚。数日前，吴偶过郎，郎适以事被师所笞。吴极以好语诱之遁，即挈郎上车去。吴时贫甚，不能居京师，遂谋同出都。未行，郎之师率人入吴室，启柜搜及郎，遂恶语侵吴。吴恸哭，谓郎曰："事不谐，吾必死矣。"郎归，吴是夕仰药死。闻其数月前题壁，有"堪羡多情甘太史"之句。甘太史者，名守先，道光间

---

① 女妓院。

为□歌郎宝珠债负巨万，自缢者也。盖早以死自期矣。吴年已四十余，予正月间曾两与饮曲中，貌寝陋，目斜视，其状甚鄙塞。记其所招者乃桂玲、珣华，未尝及全珍。不料其钟情至此也，闻之可为骇异。

咸丰十年十一月二十七日

钟来辞行。父为江西观察，积重赀，今年春以知县人都引见。日事冶游，尤惑歌郎梅莞，夜辄襥被就之宿。遂欲改捐京官，不三四月，所携二千余金已随手尽。其父贻书督之，迁延至今始戒行。每言及梅莞，嗒然若丧。略识字，喜为诗词，颇以风流自目。极推挹予辈，谬欲结文字契。尝见予《秋梦乐》稿，每诵出中二语云："去路漫漫，又独自凄凉消遣。"辄唏嘘泪下。治行有日，益讽此不去口云。其人颇狡黠，少随其父入闽中大吏幕，招致贿赂，累万余金，皆以供声色费也。

咸丰十一年七月初二日

叔、珊二君夜招歌郎二人来，予与采苓作象戏。

越缦堂日记

（清·咸丰—光绪）李慈铭撰
民国九年（1920）
商务印书馆上海石印本

同治二年五月十四日

德甫、芝友来，邀至四雅轩听四喜班。晚至时丰斋饮，德甫招添才，芝友招添宝，予招芷侬侑觞。予不近歌郎不听乐部几两年矣，前月偶一听戏，旧识诸郎翩然入座，皆询予以何日至京。足见温岐狎游，久入散愁之侣；顺郎话旧，谁知熟魏之名。阳五已成古人，方朔真为大隐。今日为德甫所胁，遂亦暂续昔欢。初更酒散，余兴盎然，近来客中之乐可首屈者矣。

同治三年四月十六日

赋赠芷侬绝句五首。

……

鹚鹊新开乞巧楼，枣花帘外月为钩。
当筵掩扇生疏意，三载人间许散愁。

同治三年正月二十日①

午诣文昌馆,与陕西司诸同官团拜,到者二十四人。演四喜班,昆伶毕集,芷秋演《惊梦》尤为擅场。惜接坐连茵,驴鸣犬吠,为可厌耳。五更而归。

同治三年正月二十七日

午诣东小市,赴仲京之召,与陈宝衣、星五及同部陶姓同席。演四喜部,当场多昆伶,极一时之选,芷侬、芷秋演《后亲》一出。傍晚归。

同治三年三月十一日

夜饭后偕至韩家潭福云堂采菱家饮。予招芷侬佐觞,坐有芷秋、秀兰、添财诸郎。四更归。付芷郎开发十千。

同治三年四月初八日

午诣广和楼听四喜部,芷侬、芷秋演《琴挑》,色剧并妙。夜邀硕卿、理庵饮芷侬家,硕卿招芷秋、采菱,理庵招秀兰、兰生。三鼓归。是日计所费一百十余千,付戏院官座钱十四千,棣华堂酒资三十千,下赏六千。

同治三年四月初九日

是日赋《点绛唇》一阕,书所见云:

小院回廊,抬头蓦被檀郎见。凤靴惊掩,略把裙花展。 熟意生情,尽在星星眼。槐阴转,杏衫红浅,人近东风远。

同治三年四月十二日

是日赋《浣溪沙》两阕云:

手叠红笺报玉郎,日长无那理残妆,恹恹瘦损过时光。 镜栏花沾螺篆重,绣帘风逗燕泥香。干卿何事费思量。

斜插犀翘凤尾钗,衣香暗度玉窗来。生憎一桁画帘垂。 漠漠树阴铺小院,愔愔栏曲上苍苔。斜阳立尽又徘徊。

---

① 所选同治三年正月二十日至光绪十一年五月十五日的日记,记与名优沈芷秋的交往。

同治三年四月十三日

上午诣德甫，遂偕刘慈民舍人、谭研孙工部同至三庆园听四喜部。芷侬、芷秋演《独占》，情态极妍，尚有旧院承平风韵。晚从德甫饮毓兴居，予呼芷秋，德甫呼添财，慈民呼芷侬佐酒。夜从德甫、慈民、研孙饮添财家，予呼芷侬，慈民呼新宝，又有秀兰、兰生、三元诸郎，及江西不识姓名者三人同座。行觞枚战，吴语依人，三年来无此痛饮局也。夜分后归。付芷秋开发十千。

同治三年四月二十六日

以素幅属友人画《沅江秋思图》，自制小序云："盖闻楚天为结恨之乡，秋水实怀人之物。白云无尽，苍波卷空。骚客所钟，胜流栖寄。况夫兰芷被泽，风露泫华。香丛丛而益幽，态僛僛以善敛。当其朝霞在岭，夕月临江。哀猿一鸣，棹讴间发。故将愁绝，谁曰能堪。仆本恨人，何时不忆。至若丹枫落华，朱橘迎霜。寒色片帆，客心千里。寒修既具，魂梦为劳。顾楚游之计未偕，而湘灵之思无歇。爰传尺素，绘此遥襟。庶几点缀骚容，流连墨雨。春风若采，谁寻白蘋之花；微波可通，永证斑竹之泪。"

同治三年四月二十九日

比日意有所牵，颇荒于学。

同治三年五月初十日

晡后访德甫，同慈民、研孙饭。饭毕偕至春华堂，是夕风月甚佳，复出小游坊曲间。人定后返饮芷秋室，慈民招芷侬。三更始散。付芷秋酒局三十千。未饮酒时倦甚，勉卧芷秋室，几不能起。为德甫、慈民所嬲而醒，此亦近年衰征也。强作童骏，殊可自笑。近日窘甚，无一钱，今日向莲舟借及银十两，一夕间已耗大半矣，当诫后人毋效我拙。

同治三年五月十五日

傍晚饮福兴居，予呼芷侬、芷秋，心泉呼秀兰。更余始散。

同治三年五月十九日

夜饮同兴居，予呼芷秋。黄昏后归。

同治三年五月二十日

晡后偕访连升店，同徐六晚饭。饭毕步至棣华堂，同德甫、硕卿饮酒。芷侬为主人，芷秋为酒纠。三更始散。

同治三年五月二十三日
作片致硕卿，邀夜饮春华堂。傍晚诣德甫，夜饭后即偕至芷秋家，硕卿及秦宜亭亦来。更初设饮，予呼芷侬，硕卿呼芷馨，德甫呼芷香，宜亭呼芷衫，皆春华子弟也。夜分始散。

同治三年六月初四日
午邀德甫诣广和园，听四喜部，芷秋演《惊梦》。傍晚饮同兴居，夜饮芷侬家。硕卿招芷馨，宜亭招芷秋，德甫招添财。二更后归。付芷侬酒局三十千。

同治三年六月初六日
晡后访德甫小谈，即邀同慈民饮同兴居。德甫招添财，慈民招芷侬，予招芷秋。酒散后更邀饮芷秋家，予与芷秋倚灯按曲，颇于此中得少佳趣。三鼓后归。付芷秋酒局三十千。

同治三年六月初八日
为芷侬购描金宣纸八言楹贴一副，价十一千六百文，为芷秋购蕉扇一事，价十八千文。芷侬更求纨扇，不能应之矣。

同治三年六月初九日
潘章芝邀饮福兴居，黄昏赴之，予招芷秋。坐有镇海李主事者，以所狎歌郎添宝于昨日逃去，痛哭不止。为之失笑。更余归。

同治三年六月十六日
得德甫书并所撰《沅江秋思图》后序，情辞极清绮。即复。

同治三年六月十七日
作书至德甫，多叙次秋怨之辞。以囊金已尽，不能再涉沅江也。

同治三年六月十九日
夜听雨声，凄苦不寐，成七律四首。

雨夜有忆四首

画帘疏雨隔微尘，独夜房栊易怆神。
淡墨罗巾灯畔字，小风铃佩梦中人。
难销瑞玉当年恨，留得文箫旧日贫。
除却小敷山下路，天涯何处更寻春？

潭水闲门倒影斜，金铺深掩玉窗纱。
骄骢日夕偏知路，乳燕春深未定家。
银烛惯侵三五月，铜壶低隔一分花。
江湖侧帽填词客，长夕年年减鬓华。

小别东风不自由，香车油壁几勾留。
难忘玉手搴帘笑，谁遣蛾眉满镜愁。
莺语画屏人倚瑟，蛛丝小幔月当楼。
银河有信谁相待，泻作潇潇暮雨秋。

咫尺青鸾便断闻，漫书花叶寄朝云。
灯前秋扇留残滴，雨后春衫发故熏。
杨柳常为牵恨物，蘼芜新著忏愁文。
多应终古沉湘水，翠被兰舟怨鄂君。

同治三年六月二十二日

下午诣戏园，同坐不识姓名者六七人，天热气蒸，甚不可耐。晤芷秋，付以前开发五十六千。

同治三年七月初七日

独诣广和楼，听芷秋演《鹊桥》。

同治三年七月初十日

吴松堂来邀饮闻德堂。晡后出赴饮，招芷秋久不至，及罢酒始来。予颇怪之，略不顾接。芷秋掩抑通辞，玉容寂寞，告予以倾饮龙树寺，见君一纸即驱车归，道泞行又不及速。甫及家，闻君车已驾，亟跟踪来。因举屦视予曰："街泥已污绚矣。"予转益怜之，与从容小坐而别。自惟此等嗔痴，有何真妄。顾眉间化佛，不辨蕉树之身，指上竖禅，未绝藕丝之痛。桃花有影,明月无香,带水拖泥,只博合眼一笑而已。

同治三年七月十一日
夜雨声凄沓,饭后瑟坐成乐府二首。

将进酒

将进酒,客不言。
蒲桃满醅白玉鲜,明妆翠羽列四筵。
所思不来心悄然,琵琶锦槽停莫弹。
帘外琤玞作风雨,楚天环佩泣秋语。
兰芷香近不可招,主人劝觞客弗举。
华灯皎皎月照堂,罗襟泪落珍珠光。
鸾扇回飙君在旁,欲即不即心彷徨。
百年此顷胡可常。
秋星落酒酒波绿,门外帆驹早结束。
主人留客客不回,堂上卷帘灭残烛。

东飞伯劳歌

东飞伯劳西飞燕,蛱蝶雌雄难可辨。
美人娟娟隔暮云,湘江秋水裁舞裙。
阳台一曲花缤纷,明珠百琲穿红缕。
快意倾家买君顾,愿君玉颜暂时驻。
双双鸡鹊填银河,鸳鸯队队游锦波。
人生会少离别多,伯劳飞燕奈尔何?

同治三年七月二十日
下午罢读,秋色黯然,雨窗多感,得五律一首。

秋日雨窗遣怀

薄雨侵幽幌,栏阴窣地长。
细商杯底语,愁见舞时妆。
研黛生微润,瓶花养宿香。
芷兰秋不歇,何日罢思量。

同治三年七月二十三日
出城诣广德楼听戏,摩肩踏臂,嘈杂不堪。予初独据一席,坐未几,芷秋来,予敛膝容之。历一时许，有旧识贱工名梅午者亦至，左右夹我，扇不及摇，热汗交下。①

同治三年八月初一日
诣春华堂，访芷秋不值。诣广和园听戏，芷秋演《断桥》，付芷秋开发七十千。同研孙至同兴居赴研盦之招。予招芷秋、芷衫，付芷衫开发八千。二更归。

同治三年八月二十六日
傍晚偕莲舟诣毓兴合，赴其门人葛俊卿之招。有无赖子两人同席，恶伶沓至，甚不能堪，此酒食之厄也。莲舟招采苓，予招芷秋，亦不过惊鸿一现而已。初更归。

同治三年八月二十九日
傍晚诣福兴居夜饮，予招芷侬，瑞山招心兰。夜邀心泉、梅卿饮芷秋家，付芷秋酒局三十千。

同治三年九月初十日
夜饭后允臣邀同莲舟、赵心泉饮梅五家。予招心兰、芷秋，心泉招恶伶二人。三更后归。

同治三年九月十五日
上午出西便门至天宁寺，同赵心泉、陈瑞山醵饮。予招芷秋，瑞山招心兰。日夕而归，付芷秋车饭四千。

同治三年九月二十四日
傍晚梅卿招饮景春堂，予招芷秋、心兰。

同治三年十月初四日
傍晚诣春华堂，邀徐介亭、胡梅卿、赵心泉夜饮，为芷秋请分子也。梅卿四金，介亭三金，心泉不至亦赠二金，予赠十二金，赏其长随二金。

同治三年十月十五日
夜月甚佳，颇思秋君。出游不得，灯下赋诗自遣。

---

① 此处有涂删。

冬夜看月感怀
归梦青山隐薜萝，天涯清泪月中多。
何当夜夜松林下，肠断桓郎一曲歌。

此诗有文外独绝处。

同治三年十月二十八日
午后独诣广德楼听四喜部，晚诣福兴居，邀徐介亭、李爽阶、王鼎丞、罗春浦、吴松堂、莲舟饮。座有歌郎采菱等五六人，予招芷秋。更余归。付芷秋、芷香车饭二千。

同治三年十月二十九日
吴松堂邀夜饮裕兴居，予招芷秋、芷衫、心兰。是日付心兰开发八千，芷衫开发八千，芷秋、心兰、芷衫车饭三千。

同治三年十一月初一日
得德夫书，馈乳油饼五枚，并以予连日狎饮，劝节游自爱。作复书谢之。客中爱予真至者惟德夫、晓湖两君而已。予待两君却远不及，甚自愧也。

同治三年十一月初二日
我辈读书，偶有解会处，不特放浪花月非可比似，即良友清谈之乐亦觉尚隔一尘。所恨者，生苦多病，又客居不恒，时被俗人聒扰耳。使家有二顷田，有十间屋，必当终身不出。比来无聊，偶出游戏。为欢无几，所损已多。生又善怒，或酒边花间，眉目小迕，辄数日不乐。而一饮之费，至倾脩脯廉俸以供之，犹曰不给。补苴筹画，致累餐寝。士友酬应，尤易失欢，每一出门，胸中时作恶不止。自惟浮湛随俗，未尝稍异于人。文字之事，绝口不言。而所至触碍，举足荆榛，诚不可解也。

同治三年十一月初六日
日来贫甚，生计为难。而沉思益深，楚歌不歇。旅窗风雪，惆怅遂多。赋四绝句，名之曰《惆怅》云：

……

浪说黄金铸等身，仙家十赉本非真。
钧天梦醒头都白，不忏多情只忏贫。

受蕲三生记最真，青山明月本无尘。

隃麋音乐俱禅悦，留得桃花悟后人。

同治三年十一月初七日

李生既生斯世，必不能复得佳友。惟当求鬓影琴声，拈花微会者，庶于此中得少趣耳。

同治三年十一月二十二日

晡后诣德夫小谈。诣芷秋不值。诣福兴居赴心泉之招，同坐者丁兰如、杨吉人两同司及给事中孙某、中书丁士彬、刑部郎崔某。孙久官台中，浮浪轻率，语言粪土。士彬儇佻无行，面目尖危，而顾影自媚，娈童崽子之名居之不疑。崔某市井少年，恶薄无赖。都中士夫风气扫地至此，弥可叹也。德夫尝言世人畏见我辈，正如魑魅罔两畏见青天白日耳。予谓此辈岂足为魑罔厮役，亦何尝畏见我辈。盖如蛣蜣，渠略辗转矢秽中，亦别有一光明世界。虽见神龙在空，亦觉目中无人。是日予招芷秋，心泉招心兰。还芷秋开发十金，心兰开发八千。二更归。

同治三年十一月二十三日

晚诣同兴居，研孙、迈夫、心泉已先在，遂邀吴松堂，招芷秋、心兰、添才、茜云、胖蕙仙、玉喜诸郎纵饮。吴瑜楚玉，一时毕来，亦客中乐事也。更余归。

同治三年十一月二十四日

丁兰如邀晚饮福兴居，畏寒不欲去。兰如再请，强应之。同坐者心泉及丁士彬、崔某三人。予招芷秋，心泉招心兰，兰如招小福，崔某招秀兰。弦歌嘈聒，二更始罢。芷秋前夕福兴之饮，两时始至，予谯让之。两日应召，皆独先，今日谑剧间作，一座尽靡。驭此辈固自有道耳。寒士无金钱骄人，又素性木石，不能结断袖之爱，非小作狡狯，则庚兰成①仰看萧韶面，不待至青油幕下矣。丁士彬丑媚之状更不可堪，至与心兰互脱其袴，相为以手出精。地狱变相，乃至于此！夜分后归。此等小人丑秽事，本不屑污吾笔。欲示后人以京师风气扫地至此，予之愤时嫉俗，固出于不得已也。士彬寒人下秩，其自为之，亦不足怪。而其人善媚，士夫与往还者颇众，尤足见一邱之貉，全不知是非羞恶事。

同治三年十一月二十九日

下午视德夫疾。予濒年偃蹇，稍欲跌荡自放。又性好色，时有罗襦芗泽之想。恐为

---

① 北周庾信，小字兰成，参见《南史》（四）。

德夫不容，辄自禁止。

同治三年十二月初一日
遣鹇儿问芷秋疾。

同治三年十二月初六日
迈夫邀夜饮同兴居，予招芷秋，戴少梅招添财，又有小福、心兰诸郎。① 初更散归。

同治三年十二月初十日
今夜二更时拥重裘独立庭中取凉，月色清绮，似元夜前后。风影尽息，颇动嬉春之思。屡欲呼车，出从秋君饮。既念年事太逼，债负如山，清兴忽消，羁愁遂集。仰视古槐，植立森然。思德夫病甚，默诵常尉"松际露微月，清光犹为君"二语，不觉凄然而罢。

同治三年十二月二十六日
夜饭后力疾诣桐云堂，赴吴松堂之招。予招芷秋，坐有小福、吉祥诸郎。三更归。陈遂已矣，并少虎贲；沈约分桃，徒添病中忏悔耳。

同治三年十二月二十九日
夜换户楣联额，然烛守岁，久客不聊，凄然泪下。

同治四年正月十一日
傍晚邀杨理庵、谭研孙饮同兴居，予招芷秋。② 是日付芷秋敬岁银四两，从人八千。

同治四年正月十二日
傍晚允臣邀同其群从饮同兴居，予招芷秋，周小田兵部招胖蕙仙。芷秋与蕙仙同度《思凡》一曲，又独度《游园》、《絮阁》两曲，清歌宠人，不啻九锡。二更始散。

同治四年正月十四日
夜，周文俊兵部邀同文杰解元、麟图工部及允臣兄弟宴于景和堂蕙仙家。予招芷秋，又有茜云、芷侬、梅五诸郎。抚笛征歌，三更而罢。芷侬见予若不相识，终席冰襟不交一言。芷秋失欢座客，恨恨有辞。此辈周旋，固亦甚难耳。

---

① 此处有涂删。
② 此处有涂删。

同治四年正月十五日

偕允臣诣文昌馆与诸同官团拜。演四喜班,芷秋演《鹊桥》、《后亲》两出。至更余归。

同治四年正月二十日

迈甫邀饮同兴居,研孙招小福,予招芷秋,迈甫招心兰。晡时命酌,二更始散。是日诸郎形迹蝶昵,颇异于常。芷秋倚予肩而歌,予虽亦酬答之,要仍凝然自处。此中风调非今日士夫所知,东山竹林,庶几可语。

同治四年正月二十二日

饮同兴居,予招芷秋,迈夫招心兰。初更后迈夫邀饮心兰家,予仍招芷秋。三更始归。是日付芷秋车饭三千(连前夕)。

同治四年正月二十三日

初更后允臣邀饮闻德堂,予招芷秋,张度主事招吉祥。① 四更回家,五更始睡。

同治四年正月二十四日

为芷秋作致其兄芷芬湖北书,又为作致李刺史书。上灯时得理庵片,招饮毓兴合,予招芷秋。芷秋歌吴歈小调数曲,谢主事和之,其乐令人忌老。二更后归。

同治四年正月二十六日

夜诣裕兴居,予招芷秋。予近日亟图南发,而芷秋益妮妮缠人,此亦命中小蝎也。

同治四年二月初四日

傍晚诣迈甫,同研孙小食。即邀二君同车至春华堂,从芷秋饮。三更散后,迈甫复邀同研孙饮心兰家,予招芷秋,五鼓始归。是夕还芷秋开发十金,酒局四十千。

同治四年二月初七日

夜访允臣。允臣言昨在酒家遇芷秋,言明日爨演《寻梦》,嘱必致予往。② 此郎搅人不已,正坐我命穷耳。因思去年四月识此郎时,德夫厉沮止予,谓芷秋性冷不可近,我辈以杖头博欢,何苦相瞷。予终不听,德夫知不可回,乃以他事激怒之,予亦不为止。

---

① 此处有涂删。
② 此处有涂删。

一日谓德夫曰:"人生今世,岂尚有行胸怀时?出门见人,辄生嗔怒。幸见一人而爱之,平生怀抱,便举以相付。君不肯以酒边片席地相饶耶?"德夫闻言,惝然自失,由是反从臾予,为之作《沅江秋思图》后序及寻秋诗。比试事将近,又劝止不出。试竣谓予曰:"君非此不欢,何忍相搅。但囊钱易罄,须有节制耳。"入冬后,德夫见芷秋待予渐异于前,又谓予曰:"彼既亲君,君宁能自远。君非流浪忌归者,何假人言?"嗣闻人有言及予者,辄曰:"彼所为非君辈所知。"或持以戏笑,则怒曰:"何伤尊客①者!"病危时与予言,犹时及芷秋。临殁前一日,谓迈夫曰:"明日可携尊客听戏,晚间可共娱秋色耳。"顾予曰:"计君三日不见彼矣。"呜呼,即此一事在予与德夫最为游戏无谓之举,然其迎距同异,相知以心,岂寻常朋友所能者耶?今沅江无恙,秋色益亲,谁与宣写微波,溯洄芳绪乎?因感允臣言,牵连记之。色相可销,因缘不灭,水枯石烂,澄此情根。

同治四年二月十一日
夜诣裕兴居,迈夫、研孙已先在,因招芷秋、芷香、心兰诸郎同饮。② 更余散归。

同治四年二月十三日
小极无聊,读书不妌。乃媟晏乐,渐致淫色而废日,贪媟厌常。神驰则病欲深,形嫚则欲益炽。急宜自警,勿为非人。

同治四年二月十五日
傍晚诣同兴居饮,予招芷秋,迈夫招心兰。更余饭毕,邀诸君饮春华堂,付芷秋酒局四十千。四更散归。

同治四年二月十六日
莲舟邀夜饮春华堂,饭后赴之。③ 二更先归。

同治四年二月二十日
松堂邀夜饮裕兴居,予招芷秋,历两时始至。酒疲人倦,遂生恚怒,谯责交加。顿觉坠欢喜于大空,变面目为罗刹矣。更余归家。

同治四年二月二十二日
夜诣子尊家,饭毕同子尊、莲舟、松堂至春华堂。莲舟先令芷香设饮,予再令芷秋

---
① 李慈铭,号尊客。
② 此处有涂删。
③ 此处有涂删。

设饮。鸡鸣始散。付芷秋酒局四十千。①

同治四年三月初三日
作书致子尊,托代购芷秋杂佩。

同治四年三月初四日
诣春华堂,与芷秋茶话,赠以杂佩六事。

同治四年三月初十日
清明节。松堂邀同莲舟晚饮裕兴合,予招芷秋。夜邀硕卿及松、莲二君饮芷秋家,二更后归。付芷秋酒局三十千。是日得词一阕。

念奴娇·乙丑清明夜从沅江君饮,和稼轩韵
病怀无赖又归期,耽误禁烟时节。黯黯轻阴留薄醉,罗袖夜来寒怯。烛底新妆,尊前私语,一日都难别。东风心事,流莺多半能说。　还记昔岁初逢,小庭今夜,正映濛濛月。弹指桃花回昨梦,恨事眉头重叠。燕子光阴,杜鹃乡里,愁把垂杨折。相怜南望吴山,天际如发。

同治四年三月十一日
作片致硕卿,为芷秋取香水。

同治四年三月十七日
傍晚诣毓兴合夜饮,予招芷秋,付芷秋银十两。初更散后诣春华堂,与芷秋茶话。

同治四年三月十九日
作书致芷秋,约二十一日至广德楼演《瑶台》。夜得芷秋书,坚廿一日之约。

同治四年三月二十一日
午后诣广德楼听四喜部,邀慎斋同坐。芷秋及芷衫、芷雯、芷侬演《花报》、《瑶台》,付芷秋爨演钱二十千,楼坐五千。晚同慎斋饮福兴居,招芷秋及芷衫、芷雯两郎。酒钱二十千,下赏二千,车饭三千。初更散后诣桐云堂赴田小洲孝廉之招,予招芷秋。夜分酒阑,松堂复令玉喜设饮,予再招芷秋,四鼓始归。是日付芷雯开发八千,送戏单

① 此处有涂删。

人二千，皆借之芷秋者。

同治四年三月二十二日
田孝廉招饮毓兴合，傍晚赴之。予招芷秋，还芷秋钱十千，并属寄还芷衫开发十六千。

同治四年三月二十四日
两日疾动，喉痛中恶，绵惙不堪。户外狂风卷地，连昼连夜。海棠初开，便已狼藉。前日芷秋约予游极乐寺看此花，未得酒钱，先牵花约，殊令人唤奈何耳。是日得赋《桂枝香》一阕。

桂枝香

家山甚处，又画舫夕阳，沿岸箫鼓。开尽缃桃粉李，菜花盈路。蘸丝绿遍渐裙水，问盈盈鸥波谁主。几时料理，渔蓑蜡屐，燕帘莺户。　叹一霎清明谷雨，正扶病将愁，难遣孤旅。雨日东风，添得黄昏凄楚。典衣赌曲金台侧，算了却伤春情绪。玉荷灯下，暂时消受，映尊低语。

同治四年三月二十七日
夜风不止，摄病无憀，得词两阕。

一枝花

小别成耽阁，叵耐连宵风恶。海棠开几日，又吹落。酒槛筝囊，辜负嬉春约，闲煞青丝络。燕子归来，为谁摇动铃索。　铸就黄金错，长是年年欢薄。舞裙歌扇底，恁飘泊。一样灯前，独自尊前，寂寞吹彻。梅花角阵阵余寒，晓来都在帘幕。

秋波媚

玉骢惯忆凤城东，春事梦云中。无端抛撇，昨朝微雨，今夜狂风。　多愁多病还多别，归计况匆匆。今年花落，明年花发，知复谁同？

同治四年三月二十八日
午起惫甚，畏寒避风，得词一阕。

琴调相思引

侧侧轻寒到被池，玉凫烟重卷帘迟。有谁怜惜，捱病过花时。　燕子泥香消永日，绿杨风软见游丝。小栏红煞，无地著相思。

莲舟邀饮春华堂，芷香醉不能出。予乃令芷秋设饮，天明始散。

同治四年三月二十九日

偕幼樵①同车至春华堂，芷秋、芷香皆不在。遂同饮福兴居，予招芷秋，幼樵招芷香，皆历两时许始去。幼樵谓入都来酝藉之饮此为第一，当令终身不忘。晚归。是日还芷秋昨夕酒局三十千。

同治四年四月初八日

胡梅卿邀夜饮闻德堂，予招芷秋。言病不能至，往视之。四更后自闻德借车归。

同治四年四月初十日

下午僦车出门，视芷秋疾。是日还芷秋开发六十千。

同治四年四月十三日

遣鹅儿问芷秋病。

同治四年四月十八日

下午偕幼翘诣春华堂，芷秋疾已愈，遂设酒邀幼翘饮。幼翘招芷香，予并招芷雯。芷秋出蜜果瀹面，食客清谈，至晚而归。

同治四年四月二十日

慎斋来，留之早饭。慎斋已定议廿四日航海南旋，予决计以秋时行。慎斋恐予不节于用，久益负责，将不得行，因讽予戒游自爱。自惟强仕之年，童心未化，至为朋友之忧，良可笑也。昔人谓人生不可行无益事，作无益语，用无益钱。予近日所为，盖不出此三无益者。岁月唐捐，深用愧悔。

同治四年四月二十二日

胡梅卿、梅仙兄弟邀饮福兴居，晚后赴之。芷秋来，予以其病新愈，不肯留之。梅卿招曼仙，梅仙招吉祥，叶封招琴香。三更散后，叶封更招饮春馥堂琴香家，予招芷香，梅卿、梅仙仍招曼仙、吉祥。昧爽始归。

同治四年四月二十三日

慎斋来，言将附标车于二十七日行，必欲载予俱返，恐予久将益困。已为称贷戚友，

---

① 周幼樵，或作幼翘。

得二百金，力任抵家后设法代偿。予始仓黄为行计矣。

同治四年四月二十五日
二更后子千邀同幼樵、小田饮联星堂桂兰家。予招芷秋，芷秋以小极不至。幼翘招芷香，小田招蕙仙。迫曙始归。

同治四年四月二十六日
得季弟三月二十三日书，促予星夜南归。初更后诣子尊家，胡梅卿邀同叶封饮景春堂曼仙家，予招芷秋。四更散。

同治四年四月二十七日
作书致星翁，迄画《沅江秋思图》、《绿暗红稀出凤城图》两便面，并为芷秋乞画《红豆将离》便面。

同治四年四月二十八日
下午诣广德楼观剧，芷秋演《琴挑》。戌刻诣芷秋话别，以十二金为赠，并馈芡实、益智各一苞，夜归。是日还芷秋酒局三十千，芷衫开发二十四千，芷雯八千，赏芷秋从人十二千。子千邀同幼翘夜饮春华堂，芷衫为主人，予招芷秋。天明醉归。

同治四年四月二十九日
得星翁书，还画扇三柄。

同治四年四月三十日
遣王福诣慎斋，议改由海道行。
夜幼翘邀饮春华堂，芷香为主人，予招芷秋，子千招桂兰。三更散后，子千再邀饮联星堂，桂兰为主人，予仍招芷秋。天明始归。

同治四年五月初一日
幼翘邀夜宴春华堂，为芷香作生日，予招芷秋，赠芷香二金。三鼓归。

同治四年五月初二日
子千邀夜宴联星堂，为桂兰作生日。予招芷秋，赠以金字折扇一柄，赏桂兰钱十千。三更后归。

同治四年五月初三日
诣芷秋话别,再赠六金。

同治四年五月初六日
初更后允臣邀至福云堂采菱家设酒饯行,予先偕幼翘诣春华堂与芷秋话别。芷秋言昨梦送君至窦店,鸡鸣而别,不图今日犹得见君。① 允臣自福云作片来催,即偕幼翘往。适童竹珊偕楚人周御史恒福在采菱卧室,亦邀予同饮。予招芷秋,幼翘招芷香、燕香。五更始散,芷秋约予明日往别。

同治四年五月初七日
午后诣芷秋、芷香话别,芷秋赠太乙丹四枚。硕卿邀饮,夜赴之。硕卿先为予招芷秋,又有芷侬、倩云。予先归,赠芷秋吴绣烟荷包一枚。二更后幼翘邀至春华堂置酒为饯,芷香主局,子千、芷衫作陪。昧爽返寓。②

同治四年五月初八日
[离京。]

同治十年二月二十三日
[还京。]

同治十年四月二十四日
晡后诣蓝洲不值,诣曲里晤梅仙及安仁轩。同步至福兴居,并招蓝洲、子虞夜饮,呼芷秋左觞。酒毕后从梅仙、子虞饮曲中,三更归。付曲钱十二千。

同治十年五月初九日

湘春夜月·孙彦清孝廉见题旧制乐府《秋梦》、
《舟觏》事各一词,雨夜桭触旧愁,赋此自忏并柬彦清
又天崖暮窗,疏雨潇潇。忍把旧恨新愁,都付与檀槽,谁分泪痕罗帊。自玉容人去,湿到今朝。只梦中指点荒坟,吊鹉暗户悬蛸。 何堪更忆,枇杷旧巷,凉月单宵。鬓影凄

---

① 此处有涂删。
② 此处有涂删。

凉，应只对空床尘积，破屋灯摇。沈郎老矣，忏人天绮语，都消算。赢得向长安倦旅，重翻恨谱，添诉无聊。

同治十年八月二十四日
夜饮蔚华室，予招芷秋。三更归。

同治十年八月二十九日
傍晚诣福兴居，子千、允臣、幼翘、松堂俱来，歌者六七人，予招芷秋。夜二鼓，子千邀饮宝善堂，予再招芷秋。四鼓反寓。是日成《台城路》词一阕。

台城路·秋夜偕周子千水部、允臣农部、幼翘解元饮，赠旧歌者
十年扶醉金门路，秋风又吹萍梗。绛烛围尊，银襟贮月，重话旧游轻俊。筵前漫省，看零落何戡，半凋青鬓。怕说更深，画帘斜堕桂花影。　江南燕归未准。天涯芳草远，谁寄愁信。庾赋佣金，清歌换米，同是随人消损。商量旧隐，待种树招莺，借它清荫。只恐年年露寒雅占稳。

同治十一年四月十四日
傍晚诣锡金馆，赴宜翁及子敬之招。宋雪帆阁学、潘星丈、绂丈及胡云楣等已先至，且为予呼芷秋矣。肴馔兼吴味，颇精。诸郎沓至，各抆笛度曲，更余而散。

同治十三年五月初二日
夜得子缜书，招饮桐仙家。二更时偕梅卿同车赴之，清谈甚乐。梅卿招琴香，予招芷秋不至，更招熙春秋菱。四鼓后归。付秋菱缠头十千。

同治十三年五月十三日
得仲修书，并题予《沅江秋思图》《绮罗香》词一阕，用梅溪韵。即复。

同治十三年五月二十七日
夜同梅卿填词，予得《一萼红》一阕。心似弹棋局，终朝自不平。非知本事者不能解也。

一萼红·旧乞潘星斋侍郎画《沅江秋思图》，寄意潇湘，实伤迟暮。今年春试，风影多奇，湘瑟无灵，焦桐已爨。恨弱水之无力，怨骞修之不良。偶逐吴歈，小延楚思。语拥楫以无欢，怀采蘋而何已。星丈复为作《菱花秋水》便面，因以曼声谱之。微波脉脉，孤鸿冥冥，不徒江上峰青之感也
记年时试凌波步屧，常自惜春迟。雁去西风，猿啼夜月，幽恨传遍江篱。渐开到红兰碧芷，费几许花叶琢新诗。露白舟空，峰青雾拥，那解相思。　肠断懊恢重唱，只潇湘意浅，不系蘩丝。绿绮搴帘，黄金解佩，心事都怕人知。忍偷换珍珠密约，便缄泪何处更通辞。胜有菱花镜中，画取空枝。

　　同治十三年八月十五日

　　钱秋菱来敬节。秋菱名青，小字桂蟾。貌不扬，而按曲妍静，能作小行书，有魏晋人风格，人亦闲雅，潘星丈、绂丈及秦宜亭皆极赏之。今年三月诸同年燕集安徽馆，秋菱演《惊梦》一出，赵桐孙叹为仅见。予曰："君未见沈芷秋耳，若令比艺，不止拔茅弃旌矣。"然潘凤洲遂因此惑之。其人亦颇知亲文士，近日都伶之秀出者也。是日付秋菱敬节钱二十千。

　　光绪二年六月初十日

　　夜同云门①坐庭中谈身世之恨，风月娟娟，言愁转绝，以一词写之。

　　　　雨霖铃·夏夜坐月，同茗麇感旧，言愁欲愁，且唤奈何矣

　　蛩声初咽，正尊前话。竹下凉夕，回头恨事如水。相怜倦旅，伤心愁说。等是巫山一现，奈云散愁结。望隐约天上银河，浅浅情澜几时竭。　瑶华分是伤摧折，更难堪未落人先别。秋千院落何处，萤火点晚花如雪。镜破珠沉，一样红笺芳讯都绝。只梦里还道相思，泪满罗襟月。

　　光绪二年七月初三日

　　是日得词一首。

　　　　渡江云·子缜、云门赋此，解纪十刹海之游。皆托兴芳华，结情巾舄。
　　　　将离恨裹，未落悲秋，雨窗诵之，有烟水迷离之感。因为继和，余愁则更深矣

　　宫墙斜抱处，盈盈一水，莲叶与天齐。几家楼阁好，隐隐垂帘，偏映绿杨堤。香车满路，怎凌波怯到湖西。烦唤取红裙荡桨，窄舫就烟栖。　依稀笙歌小队，翠罨银灯，有鸳鸯能记。谁为拭盘心露点，铅泪都迷。傍花莫愁汀洲冷，怕秋深难觅红衣。拼醉卧月明，自占鸥矶。

　　光绪二年七月二十八日

　　韬夫招饮霞芬家，下午偕仲彝、子缜、云门联步而往。道经且园，闻桂花香，入内游历一过。夜，子缜复命琴芬设饮，韬夫别具肴馔，征笛选歌，予招芷秋、秋菱。芷秋

---

①　樊增祥，号云门、樊山、茗麇。

自壬申①五月见之于秦宜亭坐上,今四年余矣。闻其闭门戒饮,不赴人召。今日作书与之,始为一出也。三更后归。是日为芷秋赋词一首。

永遇乐·闻歌感旧

纱幌银屏,今宵还醉。花影深处,钉坐菱香,缠襟芷老,总是伤心侣。当年风调,丝囊羽扇,问有几人能语?只筵前盈盈画烛,泪痕为我偷注。 一时莺燕,恁争持罗带,题遍伤春好句。谁分而今,白头萧飒,难卖黄金赋。只余横笛,米家歌里,略记贞元风度。还愁问,帘前月色,尚如旧否?

光绪十一年五月十五日

检羊辛楣昔年所寄其从母妹赵采芸十二岁所绘便面二事,其一《沅江秋思》,为题一绝句云:

满意潇湘采白蘋,秋风一起阻修鳞。
微波无限红兰思,却背归鸿唤榜人。

此诗寄托遥深,它人不能索解。

同治三年十月二十日

夜与莲舟数都中风物,戏录于此。三恶:臭虫、老雅、土妓。三可爱:歌郎、冰桶、卷席棚。

同治三年十二月十五日②

终日耷卧,支惙殊甚。命骈儿捶腿,以美言饵之。

同治四年正月二十九日

雪夜无俚,戏与骈儿象奕数局。

同治四年四月二十七日

作书致伯寅,荐骈儿充长随。骈儿年幼而便了,颇知书,能围棋,予甚意之。今以予将归,坚请随行,而其母不许。予今日赏以银四两,并为作书荐之伯寅及芍农、心泉诸君。骈儿受银泣下,予亦为之怆然。

---

① 同治十一年,1872年。
② 所选同治三年十月二十日至同治四年五月初十日的日记记与仆人骈儿的亲近关系。

同治四年五月初十日

作书致莲舟、致伯寅,以明日昧爽遣骈儿回京,属其携去。赏骈儿银二两四钱,食物一簏,夹裤一腰。骈儿涕泣叩辞,予甚为伤感。

同治三年十二月二十六日

邸钞。御史刘庆疏劾郑亲王承志狎优比匪,诏令步军统领存诚赴郑王府,名捕王得禄、高得宽等五人及优人王小一、崔景福等五人,交宗人府会同刑部严讯。

同治四年三月十八日①

夜同幼樵前烛深谈,历两时许。幼樵性情真至,为时流中所少见。其眷睐芷香几近痴癖。幼樵为相国从子,诸父皆贵显,尊公独不第早世。幼樵少孤贫,闻其母夫人教子甚严,节孝之报,政当未艾。

同治四年四月初一日

幼樵来谈曲中事,娓娓可听。自非深情人,那能为此语?

同治四年四月十一日

招幼樵夜谈。幼樵眷恋芷香殆无凡匹,惟盼一第以为永欢。近日将揭晓,一则质衣以极游,一则誓神以祷捷。几乎镂心作字,啮臂盟绡。昨夕幼樵洒泪偿资,豫为诀别。予之返馆已过三更,灭烛而瞑,盖将五鼓。幼樵排闼直入,告予此情。泪光荧然,犹浮醉颊。发言伊郁,若不自胜。信乎情缘,固招物忌者矣。

同治四年四月十二日

幼翘来夜谈。② 酒食之间小作游戏,乃至恐人移爱,再四致规。似此钟情,岂云多觊?特记其语,以见幼翘赋性真实,专壹不渝。或以为痴者,乃真痴人耳。

同治四年四月十四日

夜二更后幼翘来谈,至四鼓去。幼翘至以芷香故,欲留都待试教习,且拟捐京官。而力劝予归,以予省觐之议为必不可缓,可谓爱人以德者矣。

---

① 所选同治四年三月十八日至同治四年四月十四日日记记周幼樵对优伶芷香的眷恋。
② 此处有涂删。

同治四年五月十一日①

下午至庆芳园听重庆部，群优沓至，都不可堪。回首春明，不啻钧天之奏，霓裳之舞矣。

同治四年五月二十二日②

夜偕慎斋赴仲孚之招，饮毕后沈素庵苦邀，小游歌郎家。湫隘猥杂，人地相称。回首京华，不异九霄笙鹤矣。

同治十三年五月初五日

梅卿邀子缜、仲修同饮寓斋，晡后同游天宁寺。坐塔射山房，绿露如幄，槛外西山，修眉朗映。赏咏久之，复至花圃及塔下小作裴回。诸君皆携歌郎，缱绻甚至，各买末丽花而散。

同治十三年七月初三日③

夜为子缜题香草灵嬉册子。

> **解语花·子缜小住春明，屡寻欢队。初以琵琶佐饮，眷昵桐郎。**
> **近中微嗔，移情云侣。适持所缋香草灵嬉小册属题。其中托兴兰荃，**
> **寓言柘舞。骚情客感，殆不自胜。为赋此解写之，浪蕊迷离，微波绵邈。**
> **非寄怀于翠被，只触泪于青衫。杨柳曩愁，樱桃新宠，亦复谁能遣此也**

湘帘斗影，翠管留春。恨谱翻都遍，殢人星眼。无言处，不比往时相见。檀槽自暖，弄娇小乍弹还倦。知几时桐叶秋风，暗替团栾扇。　听取清歌宛转，觅微云山外，离绪难遣。蕙心深浅无由托，一例乱红波卷。珠尘梦短，问何处露华能恋？共收碎佩丛铃，写入骚兰怨。

光绪二年闰五月二十日

得子缜小启，招饮桐仙家，其辞隽丽如兰成。夜梅卿邀同云门、仲彝、子缜小饮，为子缜赋《尉迟杯》词。

---

① 此日是在天津。
② 此日是在天津。
③ 同治十三年七月初三日和光绪二年闰五月二十日是为陶子缜（名方琦）所写的两首词。

尉迟杯·子缜招饮桐花馆听琵琶,赋以调之,且辞芳勺

桐阴静,又悄地小扇穿花径。迟迟玉漏声中,消受纱窗双影。檀槽倦抱,怜拨损银搊有谁省?只横床约略如人,认来红泪犹凝。　多情翠鸟衔笺,长辜负金樽小槛同饮。月色云香相牵惹,偏爱看铢衣懒整。从春去,恹恹病后便强厾鸦青。怕对镜诉相思,夜雨灯前,玉凫孤守烟冷。

同治十三年九月十八日

杨翰臣来。此年少喜狎游,有其父叔之风。近窘甚,托予向人贷钱。日日来见,拒之不得。今日又来借冠服,不知何事,或恐其付质库矣。

同治十三年十二月初五日

上崩,年十九岁。上幼颖悟,有成人之度,天性浑厚。自去年亲政,每临大祀,容色甚庄。而弘德殿诸师傅皆帖括学究,惟知剿录讲章性理肤末之谈以为启沃。故上深厌之,不喜读书。狎近宦竖,遂争导以嬉戏游宴。莅政以后,内务府郎中贵宝、文锡与宦官日侍上,劝上兴土木,修园籞。户部侍郎桂清管内务府,好直言,先斥去之。耽溺男宠,日渐羸瘵。未及再祺,遂以不起。哀哉!

光绪二年五月初八日

长亭怨·云门见视新谱《蕙兰芳》引,感滇南李叔宝庶常所眷作也。绮情多触,言哀已深。庶常予同年,曾识之莲花寺。馆选假归,抵黔而殁。作此哀之,并调云门

恁弹出夜弦清怨,湘水巫云,谱成凄绝。泪湿青衫,寄情空自费花叶。碧梧吟罢,还怜惜芳兰未歇。可忆红楼,吹玉茗,东风如雪。(云门有《茗花春雨楼词》。)　愁说。昔年萧寺见,风貌莲花无别。蓬山路近,看纕佩尊前亲结。怎滇池啼到红鹃,便梦断竹王残月。只应罗袖黄昏,犹记旧时横笛。

光绪二年闰五月二十五日

某幼贫窭,未识一丁。……竟中进士,入翰林。……于是炫衣服饰舆马,日与满洲子弟及晋之伧、越之胥结兄弟逐酒肉,淫娼贱优,裸逐于市。

光绪三年四月初七日

出城赴天宁寺之集,到者宾主共十四人,余招秋菱、霞芬。酒边佐史,小寄闲情。老辈风流,贤者不免。今者衣冠扫地,争事冶游,乐部人才亦以日劣。风会颓靡,盖与

翰林不殊。其酒肉贵游，风尘热吏，皆改趋北里①，恣狎淫倡。挥霍之余，偶亦波及。而冷官朝隐，举子计偕，往往托兴春游，陶情夏客。酒垆时集，灯宴无虚。清浊不分，流品遂杂。其惑者，至于遍征断袖，不择艾豭，妍媸互淆，雌雄莫辨。其稍知自爱，谬附钟情。如江夏彭侍郎视学江左，岁以千金寄黎艳侬。而四川方臬使、江西李布政去年述职至都，皆彻夜笙歌，挥金巨万。其下此者，益无论焉。余以冗官病废，劳心著述。同人过爱，时以酒食相邀，冀为排遣。虽甚勉强，偶亦追从。秋、霞两郎，实所心赏。杖头稍足，花叶时招。而魑魅喜人，浮游撼树，遂疵瑕颜叔，瘢垢鲁男。增饰恶言，快弄利口。其相爱者，复劝泯其事迹，隐厥姓名。岂知野马满空，何伤白日。杂花乱倚，奚病孤松。既为之矣，讳之何益。若夫同集之友，所眷各殊。或隐讳于家庭，或嫌疑于风影。其下伎之名字，亦羞污于简编。故一概略之，非每集所召止此二人焉。

光绪七年七月二十五日

《左传》昭公九年："又饮外嬖嬖叔。"两嬖字文不成义，《檀弓》作李调，窃意下嬖字当作擘。《说文》："擘，治也。"引书："有能俾擘。"今《尧典》作乂，古文断乂为擘也。擘叔为调之字，调者，治也，名字相应。外嬖擘叔与外嬖梁五文法正同，因擘字少见，遂亦误为嬖也。外嬖对内宠言，当是近臣贽御之流，注谓外都大夫，亦非。

光绪十一年十月十一日

阅《战国策·楚策一》："是以嬖女不敝席，宠臣不避轩。"姚氏②续注谓："避是敝字无疑。"引《真诰》曰："女宠不弊席，男爱不尽轮。"案：姚说是也。宠臣者，贵宠之臣，非专指色。不敝轩谓所乘之轩未敝而恩已夺也。曹共公乘轩者三百人，卫懿公鹤有乘轩者，人臣以轩为重也。

光绪十一年十月十八日

《战国·楚策一》江乙所说之安陵君即《楚策四》庄辛所言之鄢陵君也。焉、安古通用，故鄢亦作安。鄢陵楚地，安陵魏地。（鲍彪、吴师道之说皆误，益由于徐广注《史记》以楚之召陵释魏之安陵，李奇注《汉书》谓鄢陵六国时为安陵，遂合楚魏安陵为一地。）《魏策四》安陵君曰："吾先君成侯受诏襄王以守此地。"《通鉴》注："安陵本魏地，魏襄王以封其弟。"又《魏策四》言秦王欲以五百里之地易安陵，安陵君使唐且入秦止之。韩魏灭亡而安陵以五十里之地存，是魏自有安陵。《史记·魏世家》公子无忌言："王之使者恶安陵氏于秦，秦欲诛之久矣。秦叶阳、昆阳与舞阳临，听使者之恶之，随安

---

① 女妓院。
② 南宋姚宏。

陵氏而亡之。绕舞阳之北，以东临许，南国必危。"盖安陵本春秋时郑之鄢邑，战国时属魏，与韩临，在今河南开封府鄢陵县西北十五里。楚之鄢陵即召陵，在今河南许州偃城县东四十五里。《太平御览》卷四百三十七引《新序》载秦王以五百里易地事，作鄢陵君，知安、鄢二字固通用也。

清代学者象传 叶衍兰绘
1953年番禺叶氏影印本

李慈铭像（第二集）

无聊斋杂记

(清·咸丰—光绪）无聊斋主人撰
清光绪九年（1883）刻本

（一）元集·断袖奇报

江夏绅士某以刻薄起家，性癖于淫，龙阳尤甚。曾有幼童受其轻薄，溃烂致死者，纳贿于童之父母，事乃寝。咸丰二年，发逆攻鄂城，某亦在城防守。城下枪炮齐施，某惧，背城立。忽大呼痛，身随倒。视之，裤后火焚一孔，炮子直入谷道，血流气绝。回视城墙，亦透一孔，大如鹅眼钱。某也中子之惨，较彼童溃烂之惨，厥惨惟均矣。国法可免而神鉴难逃，可胜惧哉！记之为有断袖之癖者戒。

（二）元集·马保

同治年，山右篦亭驿妇女独宿多受淫污，及觉，人不知其何往。又某新妇有姿色，夫出妇独宿。偷儿乘间往窃，拨门入，见妇仰卧在床作受淫状。欲动即就淫之，觉有人中隔不得近。抚之，臀尖耸动，温润而肥。如是遂止摘花之念，转动断袖之情。挺枪直入，大叫而逃。寻声逐之，至城皇庙而止。述其事，集村人入庙搜索。有泥皂名马保者身忽侧立，钉其足，血出。知怪由彼作也。祸淫之报，天道不爽。泥皂如此，何况人乎？

（三）亨集·穿花婆

咸丰初年，并垣来一穿花婆。口操吴音，作旗下装束，性极温柔，出入公廨无不称人意者。某公馆娶新妇，留其襄办喜事，夜与乳媪同宿。更深，乳媪叫号不已，询故乃知穿花婆非妇人也。送县究治，时吕九香明府为阳曲令，验明后不讯供，立毙杖下。如此办法顾及许多体面，厚德之至也。三姑六婆不准进门，此训尤宜戒守。

（四）亨集·妇人生须

予①少时就聘黄州府，道出阳洛镇。见店主人相貌魁梧，髭须满面，身著女衣，不解其故。移时来一小儿依膝下，店主人抚摩良久，解襟乳之，更觉诧异。询故，告曰："妾非男子也。于归后两腮时作痛痒，不弥月忽须长髭生，剃而复出，丑态难堪矣。幸不见

---

① 无聊斋主人。

弃夫婿，得育此子。"言之惭愧。男子无须世所常有，妇人生须此乃创见。谓之为巾帼丈夫，其孰曰不然？

（五）亨集・人妖

西安某设票号于汉镇，以二百金纳一妾。年近廿旬，丰姿清秀，鬓发光可鉴人，莲钩不盈一握，真天人也。某珍爱之，性柔顺，善事夫子，针黹之精巧尤非寻常女红所能及。及娶数年不孕，某亦不另置姬妾。后某病卒，妾以无子削发为尼，逾年亦病殂。更衣入殓，乃男子也，后庭花残矣。男作女态，原易装饰，但未闻父母生子即令其自幼裹足且学针黹者。此子动作云为全现女子身，其父母贪财而为之欤？抑身罹重罪，改装作此狡狯欤？均不可必。惟妙在娶之者不以告人，某死后彼竟削发为尼，不雄飞而甘雌伏，事亦奇矣。

（六）利集・换奸酿命

长子县申与蓟友善，朝夕不稍离。晨起同出贸易，不移时蓟返，询申何在，神色间似有紧急难缓之事。告未归，转身便走。至晚传蓟缢于城上，报官相验，遍体无伤，惟谷道红肿，人精外遗，信有奸情。以蓟归询申，疑为申害。出票缉拿，久不能获。后申在祁县以鸡奸幼童被控责处，后解回原籍。援讯前案，知申彼日与蓟出作换奸事，蓟以申长让先。事毕，申畏奸遂逃去。闻蓟死，不敢返。供录，置申于法。

见闻随笔

（清・同治）齐学裘撰
清同治间刻本

（一）卷八・伶人生子

任金宝之母，江西人，少时曾于省垣闻有伶人小旦怀胎十月，生下男孩如酒壶大。因无乳饿死，置之床下，观者不一而足。任母与余言此事，人多不信，谓其说谎。余曰："明季男人产子，女没生须，见诸《北略》久矣，何足怪？"众唯唯而退。

（二）卷八・董友爱女化为男

道光乙未年，婺源西阮农家张泰埕新妇董氏，年十八化为男。董氏为游山董珠桂之女，生甫两月，西阮张姓抱为子妇。姑黄氏乳哺成人，小字友爱。十四岁时，私处有物坟起如豆，其家疑为内瘤，初不介意。十五以后渐变男音，年十八为其子合婚，始知其异，远近轰传。明年丙申夏，先大夫梅麓公旋里扫墓修谱，西阮距吾村廿里，张姓亦有姻亲。七月廿六日，先大夫亲至其家，泰埠呼友爱，再三然后出见。高鬟纤趾，尚是村姑。腰直头昂，全非女态。廿八日，泰埠携友爱至舍，因谛视之。项有结喉，胸无突乳，下体真与男子无二。非世所传五不男、五不女及佛经所云值男成女、值女成男之比？先大夫作诗四律以纪其异。

（三）卷十·小香

无锡俞望之工写生，沈旭庭之同砚友也。八都为兵部司吏目，屡空，晏如也。有伶人小香者，色艺俱佳，驰名有日，慕俞风雅，因与契交。凡俞唤小香出局，终不言钱，交情愈深。无何俞疾作，小香勤事汤药无虚日，寻殁。小香哭之哀，衣棺后事皆小香一人承办。家人来京盘柩，小香又助多金，其高谊如此。视世之势利结盟、酒肉交友、财尽交疏、势去盟寒者，其相去何啻天渊？如斯类者，真小香之罪人也。俞君得遇小香，所谓得一知己，可以不恨。旭庭口述，乐为书之。

（四）卷十二·女化男

马启田明府言：吴家楣解元生一女，名吴红，字其甥庄某。女颇秀美，能诗文。年十五六，庄某已游泮矣，将订合卺。而其女忽一夕小腹痛甚，漏五下，始昏昏睡去。及旦惊醒，已化为男矣。遂退婚习举业，与庄某往来为诗文交，夫妇也而朋友焉，岂非千古奇事哉！后孝廉聘山左某氏女为媳，携其子走京华某达官家课读。余应试都门，曾遇孝廉及其子，朝夕诗文往来，大慰旅怀。丁雪符云。

（五）卷十四·姑嫂坟

卢①云：在南江下沙半路张宅东后即金姓宅，相传姑姓金氏，因嫂某氏孀居，不忍出嫁，伴嫂终身。上事父母以尽其天年，下抚幼孤俾至于成立。尝与嫂共誓曰："生前业已同操，死则尤愿同穴。"殁后其侄不敢违命，卒与兄嫂并葬。其墓忽生银杏二株，枝常连理。要之贞魂节魄所感，虽在草木亦有异于寻常之葱茂者，况其人其德原足不朽千秋乎？予于乾隆末年过其地，犹及见之。

（六）卷二十二·女变男

[咸丰十年，]荣邑②张筱泉偶见一男子汲于井，辟倚以行，似不良于足者。筱泉疑其

---

① 沪城卢殷辂蔚廷氏。
② 山东荣成。

受伤，欲予医药。一孙姓曰："是舍妹。事甚怪，容缓言之。"一日又谈及，孙曰："堂叔某同胞四人，敦睦宗族，以贸易养亲，乡里称善人。皆无子，惟季氏有一女，年十六矣，许嫁曲氏，已定婚期。忽告母曰：'下部如火热，痛甚。'母吓止，不许复言。女忍之。至次年遣嫁，母氏未之问，女亦不敢再说。合卺后，曲氏子仍独宿数日，群讶之。父母以问，子告曰：'新妇男身，请验之。'彼此皆至戚，曲祖母行有孙氏祖姑，问其故，女以对。因大归，曲亦庆孙之有后也，无他言，则为子另娶耳。孙母闻之，方忆去年事，亟问女，告曰：'自病后小腹下胀闷，至三日，势累累下垂，小解极难涩，五六日畅行甚适。初不知为男形也，因亦安之。成婚之夕，方自骇怪。'母喜甚，为易男装。惟足缠素紧，解其缚，骤难复元。是以行步不便，非有伤也。"筱泉曰："事固罕见。然孙氏孝义，天不绝其后。女也而变为男，非有至行，何以获此？"亟劝孙氏为论婚。今又数年，不知其已否生儿也？

见闻续笔

（清·同治）齐学裘撰
清光绪二年（1876）
天空海阔之居刻本

（一）卷六·假稳婆

京师有假稳婆者，初其母以收生为业，生儿溺爱，自小蓄发缠足，随身携带，不为人所疑。及长随皮匠，伪托夫妻，隐作龙阳矣。不数年匠死，冒称寡妇，往来京城，内外有年。忽被人识破，送部伏法。时李凤冈比部威主稿，禁其乱言，遂定谳。

（二）卷二十一·淫报

道光己酉科江南乡试，有一士子在场中。夜分或言或笑，时哭时骂，至四鼓不闻声矣。隔号往探，见其衣裹头，坐而不动，视之面上，被刀碎割已死。卷上有一诗云："孤魂漂渺十余年，今日相逢矮屋前。误我功名污我节，当初错认是良缘。"场内贴出示人，可为薄行之戒。

试场异闻录

（清·同治）吕相燮编
清同治九年（1870）
钱塘俞增光广州刻本

（一）直省科场异闻录卷二·林静庵

福建林静庵童年入泮，自号三乐先生。诗文俱妙，历十一科不中，子复夭亡。每泣诉于文昌宫，梦帝君责曰："汝命该少年登第，官至宪副。因酷好男风，犯鸡奸，动曰此事无关名节。斯言一倡，是率天下人丧廉耻也。罪在不赦，故削汝名而绝汝嗣，尚敢怨乎？"因叱退。惊汗而醒，悔恨无及。乃焚香忏罪，誓行善事，自录其罪以戒人。后登癸酉科，复生一子。则改过回天之语，诚可信矣。（《蕉窗十则》引证）

（二）直省科场异闻录卷四·韩敏溪

六桥韩敏溪，邑诸生。生平谦和待物，济困扶危，人咸称之。而试三科未中，后请乩示，乩批曰："韩子心地甚好，但男色一事未忘。果力戒此，并劝百人勿犯，科第无难也。"韩因誓改前非，另刻戒男色事以劝世，后竟中式。（《寡过编》）

（三）教学微言①

  五过 纵酒及乱。
  十过 喜看淫秽诗词小说，致学者效尤。
  二十过 恒好夜游。
  五十过 生徒有黉夜私出挟妓者，体察知之而不痛斥，不施扑责，不明告其父兄。
  一百过 自旷功课，编撰一淫秽词说。
  一千过 私狎生徒，作为男风。（所行若此，直衣冠禽兽矣，安复可谓之人哉！律以千过，究属轻纵。）

---

① 江南程氏求无愧我心斋撰，南海悟前非居士述。

科名宝鉴

(清·同治)陈心如辑
清同治间刻本

福州梁拱辰①观察云：甲辰会试，余于二场坐西阙字号。十一日，同号皆闻鬼叫。十二日戌刻，忽闻有人缢死。盖号字第六十号，即阙字前一号也。次日余交卷出闱，见西墙下拥挤多人，则其尸正由墙头吊出，而尚未详其所以缢死之由。后于三场遇吴硕夫骏昌，则即二场同在号字号内者。据云其人为阎某，甘肃人，年五十三岁。自入本号后，嗟叹之声不绝。自言联奎何必苦苦寻我，岂竟不能缓至场后云云。次日则神色惨沮，薄暮向号军云："我不久即死，你速请都老爷来。"话甫毕，即奔至巷末厕舍中，将带向颈上一套，登时气绝。同号者见其题纸上书一诗云："迢迢万里为何因，只为高堂有老亲。寄语三江诸旧友，休将戏笑认为真。"款云："一塘杨联奎未定草。"又见其卷上写四语云："刀笔杀人者三，鸡奸致死者一。此即经文，请大人正法。"又闻此人系惯放重债者，罪恶多端，一死不足以蔽辜。而天必死之于耳目昭彰之地，吁可畏矣！

夜雨秋灯录

(清·同治—光绪)宣鼎撰
时代文艺出版社1987年版

(一)卷四·上官生

上官生，字洞卿，名箫，洛阳人。貌姣好，善修饰。一夕膳毕，生倚胡床纳凉，月色昏黄，流萤上下，忽见一白袷少年手持纨篷，临风玉树，举世无俦，翩翩自西墙竹林中出，徘徊瞻眺，俯首吟哦，词曰：

玉漏乍停人乍定，仲子墙边，隔着罗敷径。薄薄纱窗何故俊，依稀闪个人儿影。

---

① 当为恭辰。

吟数次，苦无下阕。生戏为貂续，吟曰：

　　立遍银阶谁寄信，这搭苍苔，留下纤纤印。蓦地一声花下磬，回头好月圆如饼。

少年闻即姗姗来，喜曰："何图深夜尚有同调耶？"相将入座，互讯平生。少年自云查姓，字琴痕，小寓比邻，有径可越。生自起瀹茗供客，少年亦手捡树枝助薪。终夜清谭，鸡唱始去，生送至径边，殷殷订后约。琴曰："鄙俚之词，诚不足助霏屑，仆有拙技，明当奉献，不知许扰清课否？"曰："幸甚。"归而灭烛就枕，细想其风致，不灭南威。

明宵候之，久不至。三四夕始来，漫责负约。曰："候山荆眠熟始来耳。"生曰："携有仙眷，想亦绝代。"琴酡然曰："貌与仆等。"袖出玉笛曰："君善此乎？"曰："不能。"曰："请赓昨宵词，仆倚而和之可乎？"生喜，一唱一吹，风习习，如闻步虚。生遽偎琴坐，曰："弟如此表表，又慧而文，仆若巾帼，当为弟相思死。"曰："岂须眉即不为我相思死耶？然则犹非真情种也。"曰："实告弟，目睹玉容，已颠倒衣裳，辗转枕席两昼夜矣。"琴纵体入怀，戏嘲曰："龙阳君情急矣，然弟系天阉，不克救君急，奈何？"生喜，即狎抱摩挲后庭求欢。琴面赪，急拒以手，曰："相爱何必在此？"曰："两雄相逐，非此不能真个销魂。"曰："君能告我尻尾戏之原，即可。"曰："俗传起于黄帝征蚩尤时，其他则余桃断袖，翠被铜山，载史册者甚伙。"琴大笑，摇手力却。生哀曰："弟如见怜，请交易其事。"琴更笑不可仰，曰："仆客也，君主也。曷先尽东道谊？"生曰："诺。"入室下帷，解衣就榻。生恐其伟器，受枘凿之苦，先扪之，大骇，盖荳蔻含香，莲苞带露，一好女子也。不及详诘，遽与绸缪，妖艳动情，其乐无极。事已，以臂代枕，始询其奇。自云："某太史好以奇法淫，饰女为男作仆，饰男为女作婢，共三十余人，其最宠者己与伪婢白娟郎。知非常策，私挈娟郎遁于此处，慕郎君风雅，愿委身焉。若勿播扬，可图永好。"生详询娟郎，琴笑曰："痴郎子得陇望蜀耶？"曰："非也，卿恋仆则娟孤，恋娟则仆孤，合则均不孤耳。"曰："渠颇倔强，恐不能如妾之自献也，容徐图之。"听晓钟动，披衣下榻，生挽留，琴不可，曰："恐娟郎胆怯，醒又娇啼耳。"生更乞先容，诺而去。

明夕，生预市小肴馔，沽绿醑，布置整洁，早遣仆闭关以俟。更余，果携娟至，云鬟蓬松，莲钩瘦削，红巾掩口，宛转娇羞，见生欲前反退，袅娜可怜。甫上阶，几为碧莓滑倒，生起挽扶，体轻于叶。与生略叙述，即偎灯斜坐。生赞叹，琴谐谑，娟惟含笑酬应。进三爵后，琴抽笛劝娟歌，娟不肯。琴曰："我昨已出丑，妹何必讳？不过与郎君破寂耳。"生亦怂恿。娟轻点凤鞋，手击象箸，歌曰：

双蛱蝶，双双过墙东，剪彩善刻画，造化天元功。轻罗小扇扑入手，翻飞那许辨雌雄。雌耶雄耶何必辨？花须一霎精灵现。可怜压扁小书丛，犹向美人头上颤。

歌已，哽咽欲泣，珠泪轻弹。生抱而慰之曰："昨宵累卿独宿，小生之过也，乞勿悲怨。"娟曰："非也。奴两人得侍郎君，死且不朽，但感触往事，难制止耳。奴不胜杯酌，琴姊伴郎嬉，奴去休。"生急挽留，几致屈膝。是夕遂三人一枕。扪其下体，累累者伟男也，琴就其前，而生就其后，终夜翻腾，自古秘戏图无此花样。晨起匿于暗帏中，遣仆辞主人，诡云："性喜习静，自能操作，无烦纪纲也。"仆去，终日扃双扉，昼夜与共。书则代磨墨，餐则司烹饪，倦则互按摩，寝则共偎倚。琴犹佻达，娟则贞静温婉。琴仅善歌，娟更弦索、书画，无一不工。生喜曰："卿等得一已难，况兼得乎？"娟笑曰："痴生一箭射双雕，不怕折禄耶？"琴笑曰："妾等鬼狐也，久则乘郎醉，啖作糟粕肉，惧否？"生曰："若葬于美人腹中，终胜龌龊死，非惟不惧，且所心愿。"

〔几年以后，琴、娟忽然不辞而别，留一短函，谓：〕"萧郎玉展：妾等非人非妖，乃含冤负孽之鬼也。郎前生为三河富家子，妾等贫贱儿，与郎交最久，遂得郎周济。郎嗜声色，病垂危，弥留时托以幼子，妾等反诱其孤，蹈诸不义，卒攫籯金而破沃产，孤穷困，遂卒。讼于阎摩，罚俱投生京江，鬻于王梦楼太史家为婢仆，矫揉造作，同沾恩宠，侪辈妒嫉，杀之，瘗园中假山侧，太史觉，亦不甚追究。阎摩宰判俱付轮回，琴为郎妻，娟为郎子。旋以郎今世多善籍，谓不合以淫魄污清芬，窜妾等于露水司，仅许幽媾填报。至郎真眷属，月下老已另系红丝，好音不远。昨见阎摩，命投生金陵，琴孙家男，娟施家女，长即为配，先富后贫。本当拜辞，恐伤郎心，故留书以代面耳。幸毋以妾等为念也。"

（二）续录卷一·哑泉

昔有某甲，以训蒙为业，而能媚居停主人，人多邀之。主人婢颇丽，频承命送茶汤果饵于甲。甲艳之，每见婢至，必跻足拈髭，痴笑吟哦曰："春色恼人眠不得。"婢不解，然厌其频烦，潜告于主人曰："西宾可笑，诗究云何解？"曰："尔莫问究竟，若渠再如是，汝第对云：'月移花影上阑干。'"翌午，婢至，甲又吟前句，丑态毕呈。婢如主言，吟句而退。甲大喜，趋曳婢袖曰："尔有情耶？乞救吾命。尔绣榻设于何处？"婢以实告，返又以状白于主人。是夕，乃匿婢他处，主人裸体眠婢榻。甲果觊觎至榻畔曰："花影来矣，月安在耶？"主人捻鼻作娇声曰："月固在此，速上阑干。"甲掀帐抚摩，蓦触主人势。硬如铁，坚如杵矣。即腾起执之，问谁何？甲知为婢所赚，乃哀告曰："频年刍荛，报称殊难。知东君有断袖癖，愿以后庭奉献。"主人笑曰："先生休矣，仆病未能也。"

噫！师道最尊，亦何无耻？俗谚有云："钻天求弟子，遍地出先生。"言者寒心，闻者勿罪。

（三）续录卷五·香憨儿

江淮得丰岁，万宝成焉，里之小民必迎神赛会，以觊神庥。士女如云，踏歌联臂，鱼龙曼衍，杂戏竞陈。吾里恒以俊童子饰作娇娥，或高肩，或抬阁，或歌舞打秋千之戏，或轻盈行陆地之舟，诚能如兰香绿华自云中飞下，观者醉心。

时有贾氏，成衣之子，小字曰香憨儿，幼失父，姿首颇妍，其母又善加修饰，适三春有报赛事，董者告其母曰："是儿脆弱，恐惹病魔，曷供神役，博神欢，赐长命缕也。"母应曰："可。"携入香堂，为之梳云鬟，贴翠翘，着锦裙，尤能高趫。所谓趫者，乃雕木为纤纤，裹以绣袜，其翘翘者为人世所无，缚之足底，以锦裤弥缝，使无迹。董者因吾乡有岳武穆王团兵处，即命两健儿均伪作厉鬼，班联偕走，各执冥符，以儿饰作长舌妇，内红裳外缥经，两足各踏鬼之一肩，颈套丈许铁絚，其端以一极高伪无常牵之，更伪有太师纱帽红袍，而加绾縶。丛丛鬼卒阿旁牛头之流，钲鼓喧阗，游行长街，市人无不喝彩。又以吾乡有刖妖楼古迹，明年又以儿饰作钟小妹出嫁，艳服轻裾，画裙连舄，红纱冒首，珠翠满头，骑小乌犍，掩袖作羞涩状。伪进士执笏策蹇，得得后随。鬼卒三四，或捧镜奁，或握箕帚，或负箱笥，或挟溺器，鼓乐导之，见者莫不诧绝。又因吾乡有炀帝旧游落雁墩古迹，董即命儿饰作吴绛仙。再明年，儿年且十五岁矣，能着趫曲跃巨踊，便捷若猱。会中又以之饰柳翠，翩翩闹妇妆，艳更绝伦。一顽童肩与之齐者，戴假髡，颅大如蚌，饰作月明和尚，披袈裟，秉麈尾，导柳翠戏舞，或后或前，或左或右，或和尚仰天而嘻，柳翠必伏地而拜，或和尚负手而笑，翠即扼腕而悲，种种幻情，无不酷肖。一时朱门红粉，北里娇鬟，莫不高卷珠帘，竞窥娇靥，投果饵，掷金钱，人恐后焉。由是临风顾影，搔头弄姿，益效粉黛妆，绝无须眉气。

（四）续录卷七·柳声[①]

懊侬氏曰："余生平有三畏：畏贵人娈童，畏拦门恶犬，畏其家有极凶泼妇。有此三者，虽至亲、至戚、至友，愿终身不履其阈，不登其堂。间一误值，侘傺归来，则三日内魂梦为之不宁，畏可知矣。"

（五）续录卷七·秃尾龙阳

海滨某巨室家中，蹄躈豢以百计，犬豕麋兔之交合，恒不以时。尤奇者，厩中驴一

---

① 自称懊侬氏的宣鼎表明他对娈童的厌恶。

白一黑，其初两雄相偎，彼此舐痒，似极爱怜。旋白者腾前蹄登黑者之脊，观者意与之戏耳，而黑者竟以后庭迎凑，白者兴发，亦行所无事，而作园莽抽条矣。事已，带出驴粪累累如魁栗。黑者不以为忤，且扇耳摇尾，唇龛辟，意似乐甚。少顷，黑者亦翘其具甚伟，腾起登白者之背，白亦容之，乃具大颇枘凿，白者惟瞑目蹙额以忍受之，其意似非此不足以报琼也。某因作书与友人曰："昨见舍间两雄驴作叠股之戏，奇孰甚焉？"友复书曰："然则秃尾亦龙阳君耶？此驴而兔者也。"在昔五代，南汉刘龑①每令男女白昼裸淫，后苑相视为乐，名曰大体双。后苑中鸟兽鸡犬皆见惯，亦镇日交合。今巨室之驴又钟何气耶？噫，异矣！

（六）卷五·木孩童　写及同性恋。

（七）续录卷一·碧云　写鬼怪同性恋。

（八）续录卷一·哑泉　写师生同性恋。

（九）续录卷五·香憨儿　写及同性恋。

（十）续录卷五·货郎儿　写及同性恋。

（十一）续录卷八·韵小　写一同性恋故事。

灯余笔录

（清·同治—光绪）赵培元撰
清光绪间盱眙赵氏铅印本

（一）卷之二·兔冠

洪泽湖滨丹山即老子炼丹之所也，村落三五家。居民韩某业农，夏末秋初为看黍禾计，蓬芦苫风雨，藉以卧鸦片。一夕有孩提著红须冠，穿犊鼻裤，绕藜床戏曰："明日吃，明日吃。"韩不之介意，以为邻家子，未及辨。次晚短檠甫热，儿复来，仍嬉笑曰："明日吃。"韩厌之，抬手向之子脑后一挥，冠堕地硼然，旋一白兔四足蹀躞奔去。烛之，非冠也，乃冢畔之髑髅也，须亦梁穗结成。吁！世风靡靡，童而兔者多矣。今则兔而童也，斯欲于衣冠人物场中，改换面目者矣。宜其养晦涤污，缄默安素，奈何不自检束，

---

① 当为刘䶮。

而又取憎于人。无怪当头一喝，本相全露也。

（二）卷之三·绿鹦

尹公子其仁，淮右名士也。[遇到一位绿衣女子名凤瑛，二人成欢。]居无何，公子徘徊户外，一少年翩翩从墙角过。见公子，肃然前而拱手致词曰："仰慕光霁久矣，都人士莫不乐瞻丰采。今幸矣，足慰平生矣，不识玉树琼枝可容作蒹葭倚乎？"公子曰："唯唯，先生何左顾也？"邀之入塾，接谈之顷，颇觉麈尾风生，洵非柠腹者流。惟柔如处子，令人一见生怜。问名，曰如茎，姓白氏，沈阳其故里也。公子笑曰："斯真名实相副矣。"为具酒肴，作长夜饮，与之订倾盖交。座中绛蜡烧残，劝酬未已。白氏力不胜曲糵，倦态酡颜，恰如浓李夭桃浅白深红，互相掩映。公子强扶之榻上，为之解衣启衾，相与共寝。乍亲肌肤，殊觉腻滑动人，恐巾帼不足以媲美也。公子偶动龙阳之癖，潜就之。始则扪掤之不动，继则津润之亦不动。于焉以矛就盾，送入后庭，如抽茧如剥蕉，所谓魁文紧人一步者也。白乃耸体入怀，佯为之惊曰："君何禽处而兽爱，以醉梦欺人也。虽然，此身已为君有，夫复何言，但不愿对十鱼而致慨耳。"公子指天誓日，曲尽余欢，从此温柔乡中又添一重爱宠矣。逾数日，凤瑛掀帘而入，见生形神消瘦，惊曰："近以老母有采薪之忧，未获搅君清寐，抑别有所遇耶？"曰："未。"曰："妾窥之久矣，衣冠中不少禽兽鸟。兔之雌雄，谁为之辨也。"曰："卿误矣，不闻宁为鸡口，毋为牛后乎？"女微哂曰："口应作尸，后应作从。君读《汉书》不熟，乃妾作解事耶？"公子有惭色，曰："每与卿言，实深爱其滑稽耳。"女又笑曰："滑稽酒器，本传岂未之见耶？奈何徒以诙谐目之，真数典而忘祖也。"公子既艳其色，又怜其才，乃探手揽入怀抱。不禁口吻交接，胸臆抚摩，重敦旧好。曰："花径不曾连日扫。"答曰："蓬门今又为君开。"战罢，女忽掩袂而泣曰："妾之来非偶然也，为感君大德作还报耳。今凤缘已尽，行将别矣。"问何之，曰："家君客毗陵，昨竹报至，令尽室南旋也。妾无多赠言，但虫如吉丁，死令人爱者，为癖染之深，鸠其毒而不知耳。近来潘鬓改观，沈腰减瘦，只恐夜气牿亡，一点灵珠不复还耳。君之所谓乐境，妾之所谓危机也。前途当自勉，毋以斯说为河汉。"语讫，倏然不见。公子木立呆相，追寻至墙阴故处，惟栖鸟啾啾，花魂摇乱而已。嗳声缓步，诣床褥前曰："著甚支吾此夜长。"而白已在镫下，应声曰："南国不留红豆种，更于何处觅相思？"惊问来自何时，曰："当君受阄教时，仆已立蕉阴半响矣。"公子知此事宣泄，见生岳岳金华，亭亭玉立，不免狂态复作，曰："今而知余桃断袖不我欺也。"由是恣纵无度，老仆见公子日就尪羸，骨瘦一把，潜以告之主人。迨尊甫来审，晬已僵息，不能起立。焦灼万状，急为之买棹，送归原籍就医。[公子被一紫衣女子治好。原来此女和绿衣女都是鹦鹉精，公子曾经救过绿鹦一命，而白姓少年实为一狐妖。]

（三）卷之四·陆维熊①

陆维熊，浙产而长于苏者也。学申韩，游幕江安垂五十年矣。妻与子相继殂谢，殆孑然一鳏也。光绪九年就天长令严君席，夏四月，甫欹枕，颇形委顿。颔下髭蠕蠕然作奇痒，捋之若秋初黄叶应手而下。大骇异，忽昏昏睡去，不能转侧，似中酒状。越一夜方苏，突见胸臆坟如双乔并峙，铜雀春深锁不住矣。扪下体，觉昨之白鸟鹤鹤者，今则流水潺潺也。须眉也易而为巾帼，阖署哗然。陆自念生平造何罪孽而恶报如斯，呼天莫诉，无地能容。……于是买舟南下，不知所终。

事经数月，有某某者，陆之同幕友也，因公过泗城。众以为事属怪诞，几疑传闻失实，或不理于口耳。友曰："否否，以若所为遭若所受，犹法网之幸逃也。吾辈声华标榜，门户党援，似乎崖岸壁立，位置清流。而实则依光附末，突梯滑稽。阳博鱼头参政之名，阴作猪肝使君之累。而究不如陆之外事阴柔，内怀险嫉，虽妇人女子所不屑为不肯为者，而竟为之。心术之坏，人品之卑，至陆而尽矣，殊令我辈气短。今日者以一身而兼两世之报，菩萨亦煞费苦心矣。谓报延后世，而子女俱无，逮下者虚矣。谓报在来世，而轮回未卜堕落于何等。于是周天巡环，使者宏大。佛力即令作者受者现在说法，以其人之道还治其人之身，谁谓九幽十八狱无凭也哉！"吁！维熊命名男子之祥，今不维雄而为雌，其亦大负设矢悬弧之意也欤？窃观近世奸回之辈，窥意旨承色笑，唯唯诺诺，固宠希荣，皆妾妇之道也。如陆之一人，何足算哉？

见闻琐录

（清·同治—光绪）欧阳昱撰
民国间宜黄欧阳溱刻本

（一）前集卷四·散馆诗

有某翰林散馆诗，题为《薰风自南来》，其破题第二句云："南风句亦薰。"阅卷为旗下某公，见而斥之曰："此人必好男色。"人问其故，曰："以诗中言南风知之。"闻者不觉匿笑。盖都中好男色者，谓之好男风，乃男女之男，非南北之南也。某翰林素端方，竟因此散为知县。

---

① 参见《蜷庐随笔》（二）、《铁笛亭琐记》（二）。

(二) 后集卷三·观剧[①]

德晓峰中丞抚吾省,最喜观剧。章门无名优,由上海招二人至,曰双林、双凤,年轻而俊美。又有曰八斤旦者,中丞尤昵之。每日给钱九串为常,赏资在外。计一人一年所费何止三千串。而林、凤二人,闻每日所给亦不下十四五串。余稍次脚色甚多,每日又需数十串。大约中丞此款,每年不出二三万串之间。南昌县汪以诚亦以演剧为命。章门优伶中,略可人者曰四九,扮旦脚,汪极爱之。嗣是一抚一县,尝令四优递演,不问民事。某日,为中丞生辰,汪以茉莉花扎一戏台,费白金一千二百两。四优宠极而横,尝在城外争渡,打死二人,抚、县置若罔闻。后经控发,汪以钱贿和寝事。人因撰诗三十章,讥刺其事。流入都中,经御史奏参,中丞委过于汪,汪遂褫职去矣。中丞贪极,卖缺多平分,缺可二万金,每年分万金;缺可万金,每年分五千金;缺可五千金,每年分二千五百金,故囊橐甚富。

记闻类编

(清·同治—光绪)上海印书局主人编
清光绪三年(1877)
上海印书局铅印本

(一) 卷之五·男扮女装

北京城外某地方有一开剃头店者,生意甚热闹。何也?因店内有小座。入内座剃头者,价欲增至十倍,因以其小伙计人亦极秀美无比。辫子用大红丝线扎打,盘于顶额。所着之衣尽是绸绫,人皆称为小口店。虽非优伶,而实有更甚于优伶者。一日有无赖匪徒某某与小伙计计议云:"尔何不扮作女人,开设妓馆,生意必定闹热。"小伙曰:"不可。令人要识破,有许多不同之处。头发之不同,一也;耳坠之不同,二也;脚之不同,三也。"匪徒曰:"吾有生发。头发可留也,耳坠可穿也,脚可扮作南京式,为柳叶片也。"小伙又曰:"其如下体何?"匪徒默计而思,半晌曰:"有矣。用白绸札缚,若与同榻须如是如是。"小伙甚以为然。于是蓄发穿耳,藏于密室一年,余发已渐长,遂改扮为女子式样。秀丽动人,名曰阿秀,即在京都某地方择日开张矣。众人群以为南边新到一妓,凡踵其门者无不喝采。生意群集,至数月宿其家者不知凡几,均被掩饰而未知觉也。一日夏间,秀忽患病。请医生诊视服药无效,所投之药尽属阴分,不知其病系小肠疝气。

[①] 参见《栖霞阁野乘》(一)等。

是以所投之药不对病症,故不效也。复另延名医诊之,医曰:"不解其故,病与人不对,何以女子而生男人之疾乎?不治之病,吾不能医矣。"遽欲返焉。秀闻之,请医,转对医曰:"何妨作男人医之,可乎?"医曰:"若照男人医治之,若愈固无他说。倘有不测,岂非吾之咎乎?岂不为人所笑乎?"秀窃自私议,若不说明,性命攸关。倘经败露,又将何如?回思一想,性命究属要紧,谁不贪生怕死。只得直言说曰:"我是男子,并非女身,敢请医用药治之。"医亦不暇计及,遂开方用药,病渐痊好。众人纷纷议论,谓其为雌雄人者有之,谓其为石女者有之,然亦未确。既而有司衙门知之,出差访拿,到案用刑,一一实招。欲复拿匪徒,而已作黄鹤矣。阿秀定徒罪三年,众人始知其男扮女装也。甚矣,天下奇异之事,竟至于此!不可以不记。

(二) 卷之八・姑嫂同殉

男婚女嫁,人道之常。其或有矫情镇物而终老鸦角者,纵玉洁冰清,无当也。粤城西恩宁坊有陈氏女,本许字于望族。丁年待嫁,弱婿冥殂,父母欲改字之而女不愿也。浮沉两载,父母见女虽无怨绿愁红之态,惟红闺寂寞,老死无闻,究于向平之愿有歉。乃询其所志,女曰:"生不逢辰,死无安席,终属家门憾事。倘俯顺女志,其任适夫家终世可乎?"父母怜其苦志,不得已允其所请。使原日媒妁商之婿家,翁姑谓其有志也,许之。女于是过门守节,以性淑顺,上下皆安之。适有小姑甫受聘而夫婿徂逝,女叹曰:"今而知苦命人固无独有偶也。"乃密询小姑所志云何?姑曰:"予年少小,不知自处。但性成娇小,凡洗手作羹诸务略无所谙。今不幸望门而寡,则天所以位置我者,殆有在矣。然与其远适人门,追慕所天,则不如日傍椿萱,仍图孺慕。但虑风木凋零后,兄嫂辈或不见恤耳。"女曰:"一家骨肉,何所不容。况有薄命人相依为命,则不虞只影孤愁也。"遂为其婉通于父母。姑之母本有溺爱,所言无不听从。兹闻其姑嫂相依,之死靡适,叹曰:"蓬门不幸,失偶相形。然媳可无夫以存,女亦何不可无夫而守?"乃令姑嫂相盟,愿言终老,各相慰藉。姑嫂皆矢言无异,戚属咸以姑嫂坟将步武于后。岂意月之望后四日,姑嫂双双雉经。拯救无及,父母惨怜之。然察其行止,毫无可议。盖姑嫂皆重门寂守,不窥户庭,实不审何缘自尽也。闻拟将姑嫂合葬,然议者又谓陈女宜从夫葬庶为合礼,但未审其处置小姑者若何耳。

(三) 卷之九・鸳鸯错误[①]

沙头乡有一小户比邻而居,二人相齿相等,各已有室。此间风俗,凡女之出嫁而未抱子者,居夫家日少而归宁日多。况两婿俱出外谋生,娶室不久,故与其妻相见无多时

---

① 记因不落夫家而造成的误会。

也。一日两婿由省回家，伊母为之接妇回来，俾其子得尽人伦之乐。此皆人情之常，故两家亦同日往接，而妇亦同日而归。及返家时日已昏暮，彼此各认错门户，遂至有李代桃僵之异。不特其妇误而弗觉，即姑婿亦茫而不知，相安如己室。迨夜就寝，各聚闺房之乐，自不必言。及天晓取锁匙启箧拣故物，一无相合者，遂相诧异。仔细辨阅，始知一误而两误矣。明以告婿，幸二人素相识者，遂更换如初。彼二人者无端误合本属无心，而一宿之缘事由前定。不然者，何至鸳鸯倒乱，终还合浦之珠；鸾凤交栖，必返赵庭之璧哉？

（四）卷之十三·赠歌郎薛宝笙诗并引①

　　宝笙号瑶卿，年十八，苏州人，隶武林金玉部。鹿台丽质，鹫岭游踪。淑气吹花，柔肌削玉。梨涡浅晕，春醅芍药之天。檀板微鸣，艳夺樱桃之价。仿鸥陂之小笔，秀夺湘兰。和燕市之新吟，韵添觱栗。为问舞衫歌扇，知己伊谁。剧怜宠柳娇花，妮人不少。仆湖山雅兴，风月闲评。幸接兰芬，弥谐蕙性。目成前度，认绦脱之双双。心赏当场，听参差兮一一。看羊车之并载，潘果抛余。喜螺盏之交传，唐花开后。怜卿太弱，药里亲缄。愧我多情，杏衫过访。画船荡月，对倩影于初蓉。罗袖搴云，试温香于早桂。敢说比肩之好，真同把臂之游。聊作小诗，兼疏短引。岂真别有怀抱耶？亦觉情见乎词矣。

　　　　侧帽风标太俊生，唐鸡点缀惹闲情。
　　　　纤腰未合施金缕，暖液初宜炙玉笙。
　　　　殢我幽踪寻舞蝶，泥人芳气醉雏莺。
　　　　别来多少相思恨，并倚罗衾话旧盟。

　　　　吴越同舟却二年，歌场回首总如烟。
　　　　红灯绿酒怀人夜，稚柳雏花试暖天。
　　　　翠袖压云搜雨梦，青琴待月弄冰弦。
　　　　多卿读曲陪清课，一串明珠颗颗圆。

　　　　年时忆逐璧人车，女酒春灯问那家。
　　　　密坐传柑珠蜡艳，寒宵称药玉蝉斜。
　　　　燕台旧谱柚兰叶，吴苑新评续藕花。
　　　　我拟幔亭重启宴，翩翩小队梦宾霞。

---

① （清）梦瑶馆主作。

垂手词翻玉佩低,临风恰恰嫩莺啼。
樱吹细粒波生酒,椒爱新香壁碾泥。
半阕红云迷彩凤,一潭白月映灵犀。
歌尘缕缕谁收得,轻逐游丝漾处栖。

(五)卷之十四·都门新竹枝词①

桂枝老小各如仙,小凤轩云亦并妍。
毕竟抢才谁第一,艳侬早占百花先。

挥金买笑走雕轮,标客从来性不驯。
忽起酸风吹斗去,不知又落那家春。

石头巷与韩家潭,选色征歌乐兴酣。
时样铺陈新样曲,夸人多说出江南。

右台仙馆笔记

(清·同治—光绪)俞樾撰
齐鲁书社 1986 年版

(一)卷一

粤东之俗,有所谓慕清者,真出乎人情之外,为礼法之所不许矣。粤俗,未婚夫死不嫁,曰守清;原未许嫁而缔婚于已死之男子,往而守节,曰慕清。有许氏女,年逾摽梅,言于母,求慕清。母谋之父,父不可。女曰:"姊以遇人不淑,贻父母忧。倘女亦然,不重有忧乎?且女弱,亦不任中馈事。苟或遁迹空门,是废大伦,诚不可也。若女萝乔木,得托清门,无废大伦而克成素志,父母何病焉?"乃许之。适有陈氏子将婚而夭,所聘之妇不能守清。陈氏寡母止此一子,乃访求慕清者。媒妁以许女告,遂成二姓之好,迎娶如礼。许女既往,每日略循定省虚文,此外无一事。窗明几净,焚香静坐而已。有小姑已许嫁叶氏,与嫂极相得。每至嫂所共话,辄叹曰:"嫂几生修此清福?"许女曰:"止凭此一念之坚耳。"小姑曰:"嫂幸而未许嫁,不然,亦无如何矣。"许女曰:

---

① (清)醉里生作。

"未入其门,事犹在我也。"小姑乃日聒其母,亦求慕清。母溺爱,曲从之,言于叶氏。初不可,既而曰:"彼女既绝意于归,强之亦恐非福。"索还聘礼而已。于是二女同居,至于白首,亲族中或颇称焉。真所谓非礼之礼矣。

(二) 卷一

广东花县有一村聚,距城数十里,河水潆洄,清流如带,有桥甚巨。桥畔一石,形似老翁,村中咸呼为桥头土地神,香火颇盛。后有女子六人,守志不嫁,相约赴桥畔投水死,盖粤俗然也。父老谓神不能保卫,遂废其祀。

(三) 卷一①

黄冈县易家坂,有易翁者,夫妇二人,老而无子,止生三女,长次皆适人,惟幼女在室。翁死,母女相依为命,每抚女叹曰:"恨汝非男子也。"年十九而嫁,夫家甚贫,故恒居母家。癸酉十一月初十日,风雨大作,女偶立门前,为狂风卷去。母侦探无踪,三日后忽自返,问所往茫然也,而下体已化为男。母遍告族人,验之信,乃出钱七十千与夫,令别娶妻,女易钗而弁已聘王氏女为妇矣。

(四) 卷八

黄冈县易氏女子化为男,余已载在第一卷矣。有佣媪宋姓者,言河南兰仪县乡间某氏女子,已许嫁矣,某翁无子,性好善,其女病数日,忽化为男。言于父母,验之,信。乃使人告之夫家,其亲家翁曰:"此翁为善之报也。吾有弱女,愿即以嫁之,亲者无失为亲,不亦善乎?"某翁大喜,仍谐二姓之好。后生子女,而母故荏弱,凡衣缕缝纫之事,父辄任其劳。盖素习女红,虽为男子犹未忘故技也。

粤游小志②

(清·同治—光绪) 张心泰撰
清光绪十七年(1891)上海著易堂铅印
《小方壶斋舆地丛钞》本

(一)

若婢女不愿嫁,积资自赎开脸佣工者,广俗谓之自梳妹,实为物色尚未有属也。至

---

① 也见《耳邮》卷一。
② 本书亦名《粤游小识》。

广州女子多以拜盟结姊妹,名金兰会。女出嫁后归宁,恒不返夫家,至有未成夫妇礼,必俟同盟姊妹嫁毕然后各返夫家。若促之过甚,则众姊妹相约自尽。此等弊习为他省所无,近十余年风气又复一变,则竟以姊妹花为连理枝矣。且二女同居,必有一女俨若稿砧者。然此风起自顺德村落,后传染至番禺沙茭一带,效之更甚。即省会中亦不能免,又谓之拜相知。凡妇女定交后情好绸缪,逾于琴瑟,竟可终身不嫁,风气坏极矣。粤俗更有梳头妈所居之地曰斋堂,所奉之教曰大成教,其教所祀之神曰大圣爷。凡入教者须执弟子礼拜师傅,有男师女师之别。入教后师傅令食长斋,永不茹荤,谓之转肠。师傅死,弟子持服三年。

(二)

男扮女妆而狎邪,谓之赣妆会,或名减妆会,又名镜妆会。盖因其施朱傅粉,以男作女妆,故有是名。此风潮阳最甚。

清宫词

(清末民初)吴士鉴等著
北京古籍出版社 1986 年版

《前清宫词》[①]

　　殿前歌舞郑樱桃,《十粒金丹》别调高。
　　毕竟圣明持大体,曲阑花下摘倭刀。

余庄儿,京师名优也。歌喉宛转,兼功技击,供奉梨园,德宗颇赏之。一日在大内,演有排《十粒金丹》新剧,未解妆,德宗召之殿内,携手顾后曰:"此子可称文武全才。"后以其近御座,大怒,将诉之孝钦[②]。上惧,乃以余所佩倭刀为真者,将律以御前持械罪,挥之出,曰:"送刑部。"余遂报故,不复召。

---

① (清末民初)佚名著。
② 慈禧太后。

柳弧

(清·光绪) 丁柔克撰
中华书局 2002 年版

(一) 卷一·殉伶

宝珠，伶人也，某词林眷之甚。一日，宝珠死，词林恸极，竟缢以殉。时有送祭幛四字，云"珠斗光悬"，无不叹为工绝。

(二) 卷三·风俗浮薄

有极污之事而示以极洁者，如都中之优伶、狭邪之妓女、五谷虫之入药、妇女之鞋、洋烟之枪。

(三) 卷三·粤东女俗

粤东往往有女子终身不嫁，或约十人五人，要结盟誓，如痼疾然。虽百计诱之，三尺威之，弗从也。其意大半皆以修来世起见，可得男身云云。女子赋性本偏，坤为吝啬，然亦大半佛法误之也。……文章之偏锋，兵家之诡道，幸而中，幸而胜，非堂堂正正之象。揆之天理，亦祥难即降；揆之国法，更罪无可加；揆之人情，非言能禁。亦惟听其为所欲为而已。

(四) 卷四·鱼比妇人

龙阳，脚鱼也。脚鱼即鳖，四爪，更不类鱼而呼之曰鱼，以比龙阳本男子而亦如妇人之与人交也。

(五) 卷六·某太守

某太守世家子，喜滑稽，工口技，酷好龙阳。家畜长随数名，起居与共，俨如夫妇。其夫人怒而去，不恤也。尤背谬者，中年因男风得目疾，呼号中一切敷药调饮，非某仆不欢。愈后竟成眇目先生，从此悒郁寡欢，无复少年态矣。

艳异新编[①]

(清·光绪) 俞宗骏撰
清光绪九年（1884）
上海王氏刻本

（一）卷一·痴女钟情

沪邑杜家巷向有金、龚、冯、李四姓聚居其间，昕夕往来，不殊同室。四家各有一女，以所居密迩相聚，同习女红。数年来寝食必偕，不离跬步。齿貌相若，遂订同心。且恐将来各有婿家，因相约以不嫁为誓。盖闺房之好甚于画眉，姊妹情深直不知伉俪何乐焉。年来各家父母以年已及笄，亟图事毕向平，各遂有家之愿。四女姿态明艳，燕瘦环肥，并皆佳妙。闻有相攸之说，问名者相属。四女稔闻已久，虑爽前盟，又不敢以不嫁之约告其亲。计无复之，相率投河。为家人所觉，亟救之，死者二存者二。询其所苦，始以寔告。其亲恐复蹈前辙，均许勉从其志，遂得无恙，而死者已不可复生矣。闻者怜而哂之。

（二）卷三·旗妆女

发垂梅额，足衬莲翘。鬓影钏声，鸳帏颠倒。则双宿双飞之际，谁知乌之雌雄。此蔡甸刘顺儿男扮女装，而淦川刘巧姑女饰男服。天地间怪怪奇奇，乃竟有此颠倒衣裳之韵事，以供琐窗之剧谈。盖刘顺儿丈夫而巾帼者也，事阅五年，原无庸重弹旧调。只以巧姑巾帼而丈夫也者，即有奇必耦。为先经起义之文，欲记巧姑，不得不先谈顺儿矣。先是顺儿为某票号之小使，断袖堪怜，事发被逐。旋为某客所昵，遂蓄青丝缠白足，而脂泽撩人，裙钗混我，即居然二八女郎也。某以为妇而絜之归，邻媪探望，咸啧啧称羡，曰比舍新嫁娘，固姊妹花中之一捻红尔。自是襄王台畔，暮雨朝云，并无人知其为绥狐也。顺有妯也，素爱顺，以顺善迎人意。一日乘顺裸浴，薄而视之，事遂泄。琴堂就鞫，宛转娇啼，鞭背麻姑，太杀风景。从此假惺惺羞呼角角矣。不料步其后尘，巧翻新样，又有刘巧姑也。巧居于邑之西城，前廛而后室也。年十九，态浓意远，凝眸一笑，风致嫣然。父母以巧终鲜兄弟，钟爱似掌上明珠。年已及笄，酷好旗装。双趺盈尺，乌履蹁跹，虽发黑如云，仍薙半焉。结辫四尺有余，而又衣履修洁，意气轩昂，不作小家拘束态，直翩翩美少年也。父业沽，临邛道上唯女相如着犊鼻弹当垆。贳酒客有垂涎曲蘖，

[①] 本书亦名《新闻新里新》。

趋而视之。疑此少年若非傅粉何郎，何以晰白乃尔。正在举酌沉吟，而对座一翁就客耳语曰："君为过客，应不知店主为何许人也。"客诘之，翁曰："此刘家巧姑也，尚未字人。室中并肩而坐者，即巧闺中之知己。渠虽玉貌轻盈，终不及巧姑之姣好也。然好狭邪，每逐队于游蜂嬉蝶之中，几令垂帘少女看煞玉人矣。"呜呼，此二人者后先辉映，各擅胜场。惜造物生材不择人而畀，以致各抱天倾西北地陷东南之恨。倘好为女令为女，好为男者令为男，则阴阳顺时，天地不至易位矣。

（三）卷五·男新妇

僵李代桃，名伪物类。移花接木，巧夺天工。若夫奇偶区形，阴阳殊体。纵使有冠如髻，终难饰弁为钗。况画屏成中雀之媒，早谐凤卜。岂珠网为捕鱼而设，忽赋鸿离。乃有奸人顿生诡计，听求凰之曲，作么凤之声。戚施籧篨，虽非可憎面目。迷离扑朔，居然莫辨雌雄。亲迎羊牵，佳儿妇从今作耦。新婚燕尔，如兄弟直欲真呼。斯诚作伪之巧思，书空之怪事也。宜兴周某，世业躬耕，英年方壮。积蝇头于穰蓑，赋狐绥于淇梁。乃翁愿矢向平，生当有室。此处若无德耀，孰与持家。无何片叶浮来，一枝独秀。傍花圩而小住，作萍梗之生涯。对镜慵梳，时见青蛾掩映。拈针学绣，宛然碧玉年华。于是借重冰言，山可名为撮合。惊为天赐，簿先注夫因缘。江北江南，本来眷属。泰山泰水，将作通家。玳瑁筵开，座上方持樽劝客。芙蓉帐暖，床前则倚枕待郎。乃青庐之烛影未残，而红线之剑光已杳。忽然兔脱，遽尔豨奔。时有邻人为追新妇，审音容而已异，察举止之皆确。督亢图穷，匕首因而终现。缩阴术浅，裸身避以何从。于是荆楚横施，环珮纷卸。诘其所自，默不能言。言华堂之鼎沸方喧，幸小艇之橹摇未发。追取蚨银卅饼，聘钱认作赃钱。涂渠螺印一痕，伏帖翻同婚帖。呜呼，人姻缘之错嫁，佳话难逢。鳏丈夫之苦情，春宵谁遣。世之娶不得者，盍即周某以为前车之鉴乎？

聊摄丛谈

（清·光绪）须方岳撰
清光绪十二年（1886）
文英堂刻本

第五卷·泥鬼嬲人

山东某县署中上下内外约五六十人，其男也时有一物塞其肛门，其女也亦时有一物塞其阴户。薅之出，则寸许干泥钉也。县令夫妇被扰尤苦，合署惊皇无措，即延善敕勒术者禁咒之。术者至，方喃喃诵咒，倏反手猛掩其肛门，曰："谁戏我！"扣之，亦一泥钉也,见者为之绝倒。忽署中一小仆贸贸然出,谓术者曰:"大凡以父母遗体媚人者,只有娼优两途。彼既甘此,吾不足责。若乃名非倡优,而迹类倡优者,吾即以其人之道还治其人之身。如分而偿,不改不止。"言讫仆地,众仆扶之起,灌以姜汤,始苏。问其所言,不省也。术者度不能禁,遂敛其服物,踉跄而去。一日大厨房聘来一新饔子,年约五十左右。旧饔子告以署中之事,且曰:"君其留意,免得暮年失节。"新饔子笑置之。北人造饭,将米煮半熟,捞出入笼蒸透,然后取食。一日新饔子持器捞饭,笑谓同伙者曰:"卿等妙年,终日搔头弄姿,所以引邪入室。老子鹤发鸡皮,见之当退三舍。"言未讫,猝然大呼,曰:"不好,不好。"急以热饭向后倾之。但闻吱然一声,越墙而去。同伙者莫不粲然。逾日有人诣署旁社庙烧香,见泥鬼满头饭颗,始悟署中蹴人者即此物也。以告县令,县令遂率人椎碎泥鬼,怪乃绝。

据小仆之言,则鬼之蹴人,亦由人之自蹴也。呵呵。崔子逊。

醉茶志怪

（清·光绪）李庆辰撰
清光绪十八年（1892）津门刻本

（一）卷一

太仓富室有女貌美而慧,诗画棋枰罔不精妙。父母咸钟爱之,年及笄,婿家犹未娶。使居好楼,遣一媪一婢服役焉。适来一少尼募缘,女遇于母所,倾谈大说。尼亦粗知文字,善棋,与女对奕,胜负互分。益相亲爱,结为闺中良友,往来既稔,渐涉戏谑。一夕并枕谈心,媪婢皆倦寝。尼谓女曰:"处子亦动情乎?"连问之,女不答,乃探女怀云:"好个鹊巢,鸠将居之。"女亦笑曰:"痴姑子,尔颠耶?尔亦鹊巢,何鸠居之有?"尼曰:"我固有鸠在。"问在何处,曰在此。女笑曰:"如无鸠,当毁尔巢。"遂扪其私,则小鸡竦而待矣。大惊曰:"予以尔为尼,尔固僧耶?"欲遁,尼抱而哀之曰:"娘子勿忧。予二形人也,平时与女无殊,然感女则男,感男则女,人不能窥其奥也。且深夜无人知,何所患焉?"女许之入帏,事讫令女验之,则惟有鹊巢而已。女笑曰:"出没不测,真逢时之利器也。"从此益亲,往来无间。女之聘期已迫,腹彭彭而有娠矣。诡云病蛊,欺父母也。未几亲迎,礼毕三月居然生子。夫丑之,迫令大归,女未归而仰药死。父痛女之死也,健讼不休。宰未深察,收其婿于狱,将拟抵。越半载官迁,我公①接篆,阅是案,颇

---

① 李庆辰之七世祖李珏。

疑生冤。拘富室讯之云："汝女不贞，何得妄控尔婿？"富室云："女素楼居，终岁不见男子，何孕之有？果得奸夫，死自其分，敢赧颜诬告耶？"公令其退，阴遣卖花媪密访之，知与女最善者有一尼，然自女遭事，遂绝迹矣。拘尼到案，验之女僧也。尼惭，忿语诮公云："如此愦愦，尚作民父母焉？有二女同居而能生育者？"众俱愕然。公曰："汝之劣迹吾已勘破，尚强辩而不服耶！"遣官媒以小犬舐其阴，则蛰虫出户，阳见于外矣。尼恐惧变色，尽吐其实，叩头乞命。盖与女私交二载，并无人知也。遂置于法。

(二) 卷二·云素秋

　　云素秋，都中之优伶也。貌艺双绝，一时名重。以故富绅公侯家贵公子多踵其门，招饮者日数十处，秋率不往，而惑之者愈众。西贾王本通者，贩茶于都，颇称豪富。耳其名，以厚贽往。秋献一茶，略通一二语，匆匆入内。王大恚，不辞而返，誓与优人绝。有友人李月华邀王饮，言及素秋，犹带余忿。李云："卯金儿何太狂悖。请招来，吾为君泄此愤。"乃遣伴招之。素秋至，筵间媚态百端，王盛气都平，转有不能自持之势。求李代通殷勤，李固风流客，向秋宛转说辞，极言王诚心倾慕。秋大悦，邀二人至其寓，重开筵宴，水陆并陈，豹胎鲂腴，穷极奢侈。饮至三更始返。次日访李，思欲再往。李云素秋都中闻人，所交者皆侯王公卿。我辈何如人，而欲令彼青眼耶？如必欲强致之，非以利动不可。王乃出白镪三百两送李，烦为介绍，然后随李往。李先怀二十金与秋，私约曰："王某巨富，幸勿轻售。傥从我计，千金不难得也。"秋然之，乃邀王至秋寓。秋自内迎出，引至别业。雕梁画栋，松竹萧疏。院中嵌石成池，满引清水，朱鱼队队，游泳其中。池上异花奇草，芳冽扑人。南望有竹篱一带，女萝蔓草掩映其间。有小瓦亭红窗半启，碧槛弯环，袅袅茶烟出自廊下。甫至亭前，一小童揭帘延客入。片刻以玉碗献茶，瑙盘盛果，红菱白藕，堆积盈盈。三人谈笑方浓，忽有白某侯爷至，秋即随出，半晌不返。童云："主人今日恐不能归，二公盍明日再来惠顾？"二人自觉无趣，踟蹰庭前，与童絮语。童云："素秋徽人，有妹年二八，美丽无匹，名红亭。往往亦见客，然非与素秋莫逆，不能觌也。"王闻童言，便询李曾见之否？李云："铁杵磨针，但须功到耳。"王会意，因俱出。王归，冥想素秋，而更欲一睹倾城，俾阔眼界。次日邀李至，备厚贽将约同访。忽童自外入，则素秋来矣。王喜出望外，设筵痛饮。酒酣，秋歌《乔醋》一阕，心声手语，娓娓动人。王颠倒之态不可言状。秋故作媚容，蔼蔼与王语，且求其常至寓所，王唯唯如奉丹诏。筵终，怀金偕往。秋引入卧室，拂榻展衾，香流床障。为王缓带解履，王骨软欲酥，相将俱寝，其狎昵不待言矣。由是在秋寓，恒流连数十日不返。渐渐与秋亲近，乘间步入后院。见庭中有丽人立数花朵，粉晕朝霞，眉弯弱柳，洵属无双。见王来，笑问云："公得非王官人？妾素秋之妹红亭也，向慕久矣。"嫣然启齿，落雁沉鱼，王疑为仙，魄荡魂摇几乎颠踬。

〔王被红亭迷惑，结果荡产败家，沦为乞丐。乃杀李以泄愤，然后自杀。〕

〔素秋肛门生疮，刘生往医之。〕秋鞠躬出迎，呻吟颇苦。门庭冷落，大与昔殊。刘云："闻卿贵恙沉重，某有小术可医。倘脱然无累时，何以酬我？"秋以身许，怡然求治。刘使解衣视之，见尻际肿溃，下连尾闾。出囊中药屑白如粉敷之。秋觉痛顿减，急赞药良。刘云："若人精调药，顷刻可愈。"秋愁难得，刘云："卿蓄之久矣，何便言难？"秋笑云："昔日暴弃此物太多，宜今日无处觅也。"刘云："此药干敷，忍耐数日，可保无恙。"如其言，果大瘥。秋欣然曰："吾报刘有日矣。"使童延生至，云："蒙君整顿后庭，敢忘报德？兹特扫径相待。"生笑云："仆非穿窬之盗，区区必欲奉恳者。以子居为奇货，故不得不相迫耳。君既慨然，仆惟心领。"遂结为忘形交，而终不及乱，由是秋甚德生。

（三）卷二·女化男

邑有孝女某，已许字于人矣。其父母老而无子，以嗣续为忧。女抑郁不乐，遂日夜虔拜北斗，诚敬有年。一夕神降于庭，赤发朱髯，面貌狞恶，问何所求，女对以愿化男子以承宗祧。神领之，遂不见。次日觉腹中暖气蒸蒸，下达隐处，扪之则阳在下也，俨然丈夫矣。言其情于婿家，遂绝婚。好事者以其婿之妹妻之，生二子，奉亲终老焉。

（四）卷四·爱哥

杜翁，直隶人。家富于财而艰于嗣。五十余得一女，名爱哥，视同拱璧，溺爱过于常情。稍长，饰以男子装，呼为公子，人莫辨其雄与雌也。恐人见疑，使常酬酢于乡里间。而女亦自忘其为女，公然以丈夫自居。

凡酒楼茶馆，无不任意游荡。又结纳袴子弟四五辈，订为昆仲。奢侈斗富，征逐酒食，日无宁晷，众竟莫知其雄与雌也。有优伶才官者，技貌双绝，一时名重。哥悦之，而屡招不至。于是携厚赀往，才拒不纳，哥兴尽而返。适学宪案临，翁谓哥曰："凡人读书多年，文则辎辩青紫。今值考期，不登文场，恐贻人笑，奈何？"哥慨然无难色。补县郡试，投卷应考，阴使干仆以财贿当路，又以他人冒代，竟补博士弟子员。声名赫濯，世家求婚者踵相接。有同里王御史之女，美而慧，父钟爱之。见哥大悦，托戚党关说。翁不敢违，竟许其盟。居无何，王氏催聘甚迫。哥知之，颇自馁，乃谓翁曰："翁使我服女之服，行女之行，则是女而已矣。今使服男之服，且使行男之行，谓为男可乎？"翁错愕，莫知所对。哥郁郁无所为计，日惟优游散闷，于教坊东遇才官，握手与语。才红晕于颊，相将入寓，势不能避，不得已周旋尽欢。哥又以厚利诱其师，师令侍公子寝。才颦蹙曰："仰蒙高厚，侬岂不知。但生年十七，犹完璧也。从此凿破天真，寔非所愿。"哥笑应之。将就寝，才涕云："儿本世家子，幼为匪人所诱，作此贱役，一朝玷辱，九族蒙羞。"言毕，泣不能仰。哥大笑不禁，入帷代解袜履。童犹撑拒，咿哑之声达于户外。

师闻而呵之曰："儿勿如此。我日以珍羞之味，绮罗之衣供汝，非欲汝守贞节光门户而建贞童坊也。区区囊中物，皆诸郎博得来。汝坐食于此，于心安乎？如再抗违，鞭楚从事矣。"才见逼，默不敢语，听其所为。哥抱于怀，曰："儿勿悲，吾为尔择一佳妇，鬻尔出籍，而愿之乎？"才不语。再问之，才云："但乞稍全体面，于愿已足，尚敢有过望乎？"及扪其体，肤腻如脂，戏握其阳曰："好男儿！身有此物，何唏嘘学小女子耶？"才战栗惊悸，心戚戚然，默念鲁阳之戈，不知何以锋利。屏息既久，而按兵不动，心益惊疑，汗流浃背，伪睡以待。哥乘其睡，潜与同枕。片刻，哥亦朦胧。才私扪其阴，则坦坦平途，双峰对峙，大骇。哥笑曰："可放胆矣。"才亦笑曰："公子丰于财，何致穷无此物耶？"哥曰："无此尚破尔胆；若有，断尔魂矣。"哥以寔告。才甚喜，倒戈相向，大肆发挥。哥畅然满志，谓才曰："今而后切宜秘密，予不负尔。"由是往来无间。越两月余，才请其鬻身出籍，愿常侍左右。哥从其请，商诸其师。师素以此儿执拗，屡欲驱逐，但怜其艺，未忍遽绝。闻公子言，如脱重累，不争其直，使从公子去。至杜家，随诸童服役，慧过群仆，遂宠擅专房。杜翁亦喜，饰以女子妆，为爱哥纳诸小星，因蓄发钳耳，居于内室。人金谓公子喜南风，而不知阿翁选东床也。王御史闻婿纳妾，大愤，促其速娶。翁不得已，备青庐为哥完婚。哥谓才曰："今而知优孟衣冠，不可以久。倘王氏女来，何以待之？"才曰："是不难。迎娶之事，卿自任之；床笫之私，予代之可也。"公子闻之，大悦，从其计。……

拍案惊异

（清·光绪）程世爵编
民国元年（1912）
上海铸记书局石印本

（一）卷二·苏州巨猾施商余

康熙初年，苏州巨猾施商余豪横乡里，势焰熏灼。一日游支硎山，遇一少妇乘山轿摩肩过。其色绝丽，即令其党窜取归。妇固某生妻也，历控各官，俱不得直。适巡按李公莅任，往诉其事。李率兵役自往搜之，于地室中得某妻，并获积年强占妇女十余人，私阉幼童两人。并得其通海逆迹，遂置之法，籍其赀财盈百万。

（二）卷七·冢宰暴终

山左尚书某公，性甚贪黜。伶人名喜禄者，素为尚书所昵，出入卧内，与其妾女见面不避。妾本天津妓女，尚书体甚强健，一夕入妾房片刻即毙，大招物议。其妾三日后即携带重赀径入喜禄家，喜禄惧祸不敢纳，遂在石头胡同赁房居住，门庭如市。

（三）卷十四·牙牌数奇验

江宁孝廉甘熙于会试前占牙牌课云："大开围场，射鹿得獐。顾盼自喜，中必叠双。"是科成进士，以知县用，改捐郎中。与伶人名双喜者狎，未及三载，以中风亡。

菽园赘谈

（清·光绪）邱炜萲撰
清光绪二十三年（1897）
海澄邱氏香港铅印本

（一）卷之一·黑郎黑儿

直隶沧州李随轩郎中廷扬在京时，与伶人李翠官情妮。一日见其浴，遍体皆黑，乃遣之。随轩有友广东统制桂秀岩林，昔日工部同寅，常相狎也。随轩以下属见，桂握手笑问曰："颇忆黑郎否？"随轩闻之，且为面赪。呜呼，随轩非深于情者也。深于情者之用情，不以久暂为初终，自不以美恶为好恶。黑郎而不遇博罗韩珠船侍御重光耳，使遇侍御于广东，牡丹八诗安知不与黑儿平分此韵耶？初侍御家有侍史名黑儿，韩尝以黑牡丹呼之，赋诗云：

玉漏沉沉夜未央，遥闻青琐散天香。
锦屏十二开云母，香国三千拥墨王。

雾气晓迷鹓鹭观，御烟浓染衮龙裳。
一帘花影春阴驻，不事通明奏绿章。

草就清平笔未干，笔花开向玉栏干。
为留翰墨因缘在，莫作云烟富贵观。

知白何妨甘守黑，纯青谁道不成丹？
瑶台月下相逢处，愿得君王刮目看。

沉香亭北雾霏霏，重过华清了夕晖。
虢国朝天工浅黛，太真入道悟元机。

《霓裳》曲散边烽起，钿盒尘封旧誓非。
南内无人云压栏，不胜惆怅想仙衣。

含情独自倚黄昏，疑是亭亭倩女魂。
雨过淡云笼月影，日烘香玉长烟痕。

鸬鹚勺小倾春酿，蝴蝶丛深认漆园。
闻说繁华金谷地，至今犹有劫灰存。

卢家少妇出青楼，笔扫双眉漆点眸。
薄雾春衫裁燕尾，凌波罗袜着鸦头。

朝云暮雨浑如梦，淡月疏烟为锁愁。
莫遣夜深烧烛照，朦胧春睡倚香篝。

染就香罗制锦裾，踏春油壁软轮车。
香风回舞同飞燕，大体横陈笑媚猪。

鹊镜团圞当栏照，鸦鬟绥髻卷帘梳。
收将花片调松麝，远寄朝云一纸书。

深闺待字恰青年，谁捣元霜了宿缘。
姜女旧居原即墨，瑶妃小字称非烟。

泥中诗婢偏逢怒，镜里香鬟尚见怜。
隔着帘栊天样远，可堪春树暮云边。

江郎才调更清奇，直把花枝作笔枝。
早卜黑头当富贵，肯缘俗眼买胭脂。

素衣化尽留京洛，乌帽归来忆武夷。
春水一池朝洗砚，片云将雨又催诗。
一往情深，缠绵百转，侍御其情中之酣者乎？吾为黑儿幸，愈不禁为黑郎惜矣。

(二) 卷之七·续小说闲评

《品花宝鉴》追纪乾隆全盛之时，描缋京师梨园人物，细腻熨贴，得未曾有，固评话小说之别开生面者。其托名田春航以写灵岩山人，自得名士风流。特用侯石公以影仓山居士，直是无赖佻达，皮里阳秋，知非苟作。

京师狎优之风冠绝天下，朝贵名公，不相避忌，互成惯俗。其优伶之善修容饰貌，眉听目语者，亦非外省所能学步。是故梨园座满，客之来者，不仅为聆音赏技已也。忆乙未春在都，陈剑门孝廉招雏伶瑶卿纠觞，叶梅珊编修促席指示余曰："此花榜状元也，与吴肃堂①殿撰为同年。"余乍闻之，不觉破颜。彼中人得列花榜高选者，必更声价十倍，而非色艺兼擅，颇知自爱之伶，必不可得。花榜体裁，随人意拟，大约如《品花宝鉴》所载者是。此后词人游戏之作，有所谓《金台残泪记》、《燕兰小谱》，辞旨芊绵，风怀淡荡，尤为盛称于世。然皆弄花掬月，流水行云，不失雅人深致。若《宝鉴》中之奚十一、蓉官一流，风斯为下。夫访艳寻春，男女狂浪，选胜者辄侈美谈，犹人情耳。忽而为两雄相悦，私赠余桃之事，阅《宝鉴》者于此，见其满纸丑态，龌龊无聊，都难为他彩笔才人，细写市儿俗事也。

游戏报

(清·光绪) 该报编
清光绪间该报上海铅印本

(一) 光绪丁酉②六月十九日，第二十五号·龙阳君再世

有绰号卖屁股小王者，不知何许人，亦不详其名。惟其姣好如女子，顾影翩翩，每日面必傅粉，衣必熏香。且素有余桃之癖，是以龙阳君一流都嬖幸之。如蚁附膻，如蝇逐臭。而小王极意奉承，积得造孽钱，僦居沪北某里。其卧室中镜奁之美，脂粉之香，衾枕之华，不啻闺阁。出则香车宝马，绣衣花履，见之者群讶为羊车中人，而不知实燕京之兔子也。惟勾栏中姊妹花耻与往还，小王亦自觉惭愧，所以枇杷门巷，杨柳帘栊，皆无其踪迹。惜欲壑难填，恣淫无度。阅人既众，后庭花不禁狂风骤雨，大受摧残。遂

---

① 吴鲁，字肃堂，光绪十六年（1890）庚寅科状元。
② 光绪二十三年，1897年。

患毒疮，溃烂不能坐卧。医者云："染毒过深，恐难告痊。"是足为荒淫之炯戒矣。

（二）光绪丁酉六月二十八日，第三十四号·三卯词人

当驱车燕南赵北间，于逆旅睹壁间有《雄县道中口占》十二首，情词悱恻，盖忆都中像姑者。中有云："亲脱貂裘赠绮筵，袘衣换着贴身绵。车中昨夜西风急，不为吟诗也耸肩。"末署三卯词人，不解其命名之意。比游历下，始识词人：系贵公子，齐东旧族，业登贤书，有迦陵①之好者。歌童三人，一名卯官，一名卯郎，一名卯哥，遂自号为三卯词人云。

（三）光绪丁酉六月二十三日，第二十九号·太守狎客　写同性恋戏谑。

（四）光绪丁酉六月二十六日，第三十二号·书赵大人事　写上海优伶同性恋。

笑报

（清·光绪）该报编
清光绪间字林沪报上海铅印本

（一）光绪二十三年丁酉九月念七日，第三号·水旱码头

津郡北门外侯家后为妓寮萃集之区，其间名目不一，品类亦殊。其品之上者则有所谓小班大地界，其次则有中地界、小地界，所在皆属裙钗。而北方偏尚南风，征逐之徒每欲舍舟而登陆。则又有一种相公下处，均梨园子弟中之眉清目秀、顾影自怜者所居。若辈自忘其为须眉，亦习妓女之故智。出局侑酒，留宿茶园，居然易弁而钗。于是具断袖之癖者，趋之若鹜，每有此胜于彼之慨。乃近日人情厌故喜新，而相公又大有江河日下之势。于是别出心裁，于下处暗藏春色，待贾而沽，名曰水旱码头。凡往征逐者，或弁或钗，任其所择。惟值创新之始，不免昂其缠头，春风一度，辄需青蚨万翼云。

（二）光绪二十三年丁酉九月念九日，第五号·情种记②

窃尝谓好色一事，与淫大有不同。夫既好之，则必珍之护之怜之惜之，断不忍妄肆摧残也。若爱花然，当其惨绿嫣红，枝头灿烂，何忍折之。爱花亦犹爱色耳。然世之登徒子，每每以好色二字为解嘲之说，不知实为识者所笑。茫茫斯世，真好色者罕见其人，

---

① 陈维崧，号迦陵。
② （清·光绪）凤千作。

不意于陈某见之。嘻! 是真情种欤? 浙人陈某,不必道其名。旅处沪地,数更寒暑。平日持躬谨慎,克俭克勤。虽不能绝迹于酒地花天,然不过视如过眼烟云,逢场作兴。故惟樽酒言欢,曾未销魂真个。或有讥其吝者,陈曰:"否否。偎香倚玉,谁得无情。情之所钟,即粉骨碎身,亦所不惜,况区区阿堵耶? 试观风月场中,几曾有称吝者。即平日一毛不拔,既至此地,亦挥霍之不暇,其豪爽每不肯让人。但仆所遇无当意者,即或有之,亦不过促膝谈心,藉消情趣耳。若夫床笫之事,岂好色者所乐为哉?"朋辈闻其说,均以为解嘲之谈。相与笑谑之,而陈不较也。及陈近来竟心神恍惚,若有所思。既而食减形销,恹恹成病。梦中呓语,时作温存。友问所苦,陈始不言,再四诘之,始略吐其实云:"今夏某日无事,与友观剧于某茶园。入座未几,忽睹妙伶。年约封家姨左右,作女儿装束,姿容丽绝。当场一曲,直令听者魂销。骤睹容光,不禁心为之醉。无何剧场已散,惘惘而归。顿觉金粉三千,悉为尘土。"由是连日往观,久而情根绊结尤深。遍访所知,求素识伶者以为先容。相逢之际,彼此默对,竟无一言。友与伶调笑良多,陈惟旁坐,凝眸微笑而已。友初犹以陈初见羞颜也,既而数次共坐,无不皆然。友异而问之曰:"君平日私心殷慕,迨与意中人相见,反默无一语,岂情有所移哉?"陈曰:"恶! 是何言也。坐对芙蓉,即喘息偶粗,尚嫌唐突,乃敢以谑言相戏乎?"友闻此言,一笑置之。故陈与伶虽数月往来,终觉神合而貌离,未尝一谈衷曲。近其友人以事往苏城,月余未返。陈思伶情切,然以素罕交谈,不便径往。正如《西厢记》所云"只许心儿空想,口儿闲题,梦儿相逢"也者。由是积思成疾,日惟昏卧于枕席之中耳。陈致病之因如此,现友人方谋与之设法。未悉天边好月,能向人圆否? 或曰:"陈其别有肺肠者。两雄相偶,究何所乐? 且相识许久,并无一言之契。形如木偶,乃竟因而致病。此其痴戆诚蔑以加。"或曰:"不然。陈之所为,惟真好色者始能如是。夫色之丽者,即心之所慕。好其色而已矣,又何辨其扑朔迷离哉?"故识者谓陈是真情种也,鄙人闻之,为作《情种记》。

(三) 光绪二十三年丁酉十月初五日,第十一号·燕台花酒赋 (以伤心三字点灯笼为韵)[①]

余以弱冠宦游京师,菊部梨园,逢场领略。魂消真个,曾按谱以评花。情写无端,爰挑灯而起草。虽樱桃信杳,无非惆怅之词。而豆蔻吟成,何愧清流之目。爰录旧作,以当新闻。质之笑笑主人,以为何如?

妆残凤髻,舞罢霓裳。霞边掷锦,月下飞觞。契相投而易洽,欢片刻而难长。未经玉倚香偎,空中想慕。已到酒阑灯灺,暗里凄凉。新欢胜故欢,莫怨相公情薄。前客让后客,顿令老斗神伤。夫以京都梨园之甲于天下也,红腔谱笛,绿绮调琴。曲希雪和,

---

① (清·光绪) 鹤琴居士作。

歌遏云深。爰集彼都之佳士，共聆盛世之元音。银烛高烧，难得花枝似玉。锦屏罗列，不妨锅子销金。望若神仙中人，下风低首。如入芝兰之室，旧雨盟心。则有珠帘雾掩，玉蜡烟含。案排细果，炉爇香楠。或开颜而戏谑，或促膝而清谈。梦影双飞，幻作庄生粉蝶。情丝万缕，宛如吴女春蚕。发条子而红相未来，座还虚一。卧炕榻而乌烟告罄，钟已敲三。时或娇柳逞妍，余桃献媚。欢博缠头，盟深啮臂。几翻月旦兮闲评，别有风流之韵致。欲把尹邢细较，眼镜随身。何妨昼夜沉醉，皮杯将意。佯悲命薄，樽前闻太息之声。底事愁多，灯下写相思之字。尔乃芍药含情，芙蓉晕脸。芗泽袖黏，酒痕襟染。思缓缓而拳猜，索乖乖而口掩。三分醉态，漫嗤颠倒夫衣裳。一搦纤腰，未许欹斜夫枕簟。想像清流艳福，鸳梦三更。参回絮果兰因，犀心一点。未几蕉阴月转，茶灶烟腾。漏残声涩，烛短脂凝。曲罢幺红，情难自遣。杯浮大白，醉不能胜。脉脉深情而欲诉，空空妙手而何能。纵教慨解腰缠，私情已许。还要假装身分，密约未膺。具欲擒故纵之能，弗送则声随闭户。笑有客无车之苦，徒行而手自提灯。是盖柔情宛转，密意玲珑。身轻飞燕，影小惊鸿。摆一台而不菜不饭，花甘吊而非啬非丰。吉士诱之，最好及时行乐。先生休矣，那堪过后成空。也知路入他歧，绮罗队别添魔障。其奈情钟我辈，温柔乡甘受牢笼。

（四）光绪二十三年丁酉十月廿四日，第三十号·联雌偶迷离扑索

昔人咏花木兰诗云："雄兔脚扑索，雌兔眼迷离。两兔随地走，谁能别我是雄雌？"谓木兰女作男装，雌雄莫辨，非谓其阴阳混乱，以女子身而为丈夫居室之事也。若夫两雌相并，伉俪无殊，床笫之私较痴女情男而尤昵，此真迷离扑索，两不相分者矣。此种风气以粤妇最多，而有所谓梳佣者则尤甚焉，佣妇之中年者次之，闺阁相交丈夫远出者又次之。其名为金兰契，又曰手帕姊妹，名目不类。为雌与雄偶，若夫妇，新嘉坡人近有所习染。据友人言，真堪发一大噱。据云：某街有佣妇某氏，徐娘半老，风韵犹存，而深自敛迹，未尝为出墙红杏，一逗春光。与之同居者，嘉其能遏情苗以甘寂寞。讵该妇别有所癖，相与追欢者自有其人，盖以姊妹之花而为并蒂之莲也。妇有一闺中友，在某家为佣，相爱相怜甚于夫妇，每月必同宿七八夜，习以为常。而当其并寝之时，痴语颠声，达于户外。同居者已满腔疑案，而仍不解其云何也。近因偶尔失欢，形迹稍阔，乃别眷一佣妇，而将前所欢者脑后置之。不料故剑重来，酸风大起，前后两妇各逞雌威。其为争妇争夫虽不可辨，而彼则谓为夺衾枕爱，此则骂为破好姻缘。猜语哓声，各不相下。其为主之妇，则泫然垂涕，不敢为左右袒。入夜，新旧两妇同据一床，醋海腾波，彻夜不息。同居有轻薄子为之解纷曰："卿等不须争竞。如争夫而来也，则有我在，可以补之。如争妇而来也，则有我妻在，亦可以补之。卿等三人其无配者，祈审择而填缺焉可也。"三妇大惭，其争始息。翌日，新者去，旧者仍相好如初，而不复吃醋矣。

（五）光绪二十三年丁酉十月初五日，第十一号·南风不竞 写一同性恋事例。

（六）光绪二十三年丁酉十月十五日，第廿一号·戏为鸳鸯瓮中拨云雨 写主仆同性恋。

消闲报

（清·光绪）该报编
清光绪间字林沪报上海铅印本

（一）光绪二十三年十一月初二日，第二号·赠优隽语

　　中国地方辽阔，南北异音，方言在在不同。故不论何省之人，操乡音则外人一言不解，乃竟有以俗谚成谑者。粤东某孝廉性滑稽，喜冶游。于京师嬖一娈童，作"把酒话桑麻"五字额其室。粤人见之，无不绝倒，他人不知也。盖桑麻柚名，出粤中，而粤谚讳臀为柚云。按：柚，吴人又呼为文旦。

（二）光绪二十三年十一月十五日，第十五号·嫩道士

　　租界中某庙老道士，平日吃着嫖赌无所不贪，而尤喜嫖，女色之外兼及男色。所收幼徒，后庭花几无不被其采取。有爱徒年才十四，雅善调笑，貌亦韶秀绝伦。前晚又与之狎，衵衣既解，徒已翘然先举。因见其光滑与己之茸茸然者异，戏问曰："你我虽有尊卑之别，上下之分，究是一种，缘何那物也就不同？"徒笑曰："称呼两样，那得就同。"问何谓两样，曰："你的茸茸然，叫做老道士。我的光滑，叫做嫩道士。岂非称呼先已不同乎？"老道士闻之，不禁出神细玩，连赞曰："好一个嫩道士，好一个嫩道士。"

庄谐选录

（清·光绪）汪康年编撰
清光绪三十年（1904）
中外日报馆上海铅印本

（一）卷一·官谣

　　近年滇中官场，风传歌谣十首。近有友为诵其六，录登于下，亦足见彼中近政矣。

其著姓名处均缺之，存忠厚也。诗云：

一进头门脂粉香，妖童彩女坐穿堂。
□郎看到情深处，手拍签筒唱二簧。

小春玉凤两风流，主仆相争夜未休。
击破盐缸成醋海，酸风吹出撞钟楼。

……（《俟征录》）

（二）卷二·秘戏

法国有演秘戏者，其法为一室，聚少年男女数人，演各种淫媟之状，竟有意想所不及者。或两女相交，或相舐吮，并令人与犬交媾。室之四面各有房，才容三四人，看赀甚重。官虽严禁，然耳目所不及，仍不能尽禁也。

（三）卷三·妖人

都城有某童子貌甚姣好，黠者忽思一奇法，令装为女子，使为妓，一时声价甚重。已而年稍长，幸喉结未大，犹可掩饰。客有求宿者，咸拒不许。胯下缚以布，使人不觉。一日有客嬲之甚力，度不能脱，又贪其多金。乃潜以绫帛重叠裹札，润以脂泽。饮客极醉而与寝，客竟为所欺，前后给金帛无算。忽患小腹痛，就医，医骇曰："汝女子也，何此病大似疝气？"此人惧事发获罪，乃托辞出妓院，复为男子。（《俟征录》）

（四）卷七·贵州某知县

某甲知贵州某县，督臣某公过境时，甲揣意旨，伺某公尖宿时，特雇名优扮演戏剧。启节时，即选姣好优伶八人，妆饰前导。某公以不雅观，挥令去。诸优谓是谦辞，导行如故。某公乃拍轿板，喝令速行，否即拘治。诸小旦、花旦等，始相顾恶然鼠窜去。（《以俟录》）

（五）卷八·男女二则

广州顺德向有十姊妹之名，不知始何时。余意此盖由女子不愿受夫家辖制，故成此异俗。盖女子无不畏嫁人，每谓嫁人为再投胎，其畏惧之意可见。至若小家，则翁姑若夫，常有任意凌虐并致死之事，而童养媳尤甚。粤东风气强悍，虐婢虐新妇之事，亦甚于他省。常有小家妇被虐，反怨父母，何故不于己为婴孩时溺死己者。于是桀悍妇人，遂创为十姊妹，盖欲逃夫家之威虐，求一生之自由，致成此奇谬之事。其事可怪，其情则可悲矣。凡十姊妹规例，约共相扶济，不得嫁人，如有父母强嫁之者，必须自行设法逃脱。又各谋生业糊口，不须仰给他人。故凡娶十姊妹者，无论周防如何严密，必致逃脱，或其曹窜夺而后已。又相传谓此辈有邪术，每于阴雨之夜，至丛冢中曼声呼唤，久之辄有应者。乃迹得应者所在，开其棺，取其髑髅归。持之夫家，置床中。夫或犯己，必大呼头痛，遂得自保。如意或中变，必须俟余九人尽死，方得嫁人，或嫁至远方。否则己即肯嫁，亦必被余人阻止。近年此风稍戢，盖不近人情之举动，固不能历久不渝也。闻有娶十姊妹者，其人执役某缫丝厂中，阴使人通意夫家，谓己实欲嫁而碍于众论。惟遣人劫取乃可，并告己作工所在。至期，夫家遣众往劫，其曹在旁者，见之大呼曰："误矣！误矣！此非某女。"女惶急，亟呼曰："是我！是我！"众为粲然，至今传为笑谈。

（六）卷十一·割耳①

闽县林国奎妻郑氏，夫亡守志，与姑同卧起。其族有无赖子，造嫚书投氏扃室乱书中，欲污其名。氏得嫚书，泣取刀断左耳，合族讼于官，无赖子仅薄谴。氏曰："事不白，留一耳听龌龊语何为？"复取刀截右耳。巡抚卞公永誉闻其事，檄取县牍，设座辕门，许士民纵观。出两耳置案上，阅嫚书，连批无赖子颊，论成边卫。明年正月，氏两耳重生。左耳如故，右耳稍短。见毛会侯文集，冯山公有诗。

（七）卷十一·伶人②

桓元宠丁期，临死之日，期以身捍刃，若辈亦知报主耶？近杭嘉湖道王燧以贪婪伏法，亲友皆散，一所昵伶人为之殡殓。

拈花微笑

（清·光绪）散花使者撰
清光绪三十三年（1907）
广州总商会报铅印本

（一）卷五·龙阳君

城西富家子某，谈者隐其姓名。席父遗产，颇足温饱。而视钱如命，如谚所谓宁损一丁，不肯妄费一星。古称守财虏，不是过也。某既嗜利，略出绪余，营建生业。有所入则喜，有所出则吝。以故凡耳某名者，莫不重足立。有愿枵腹以从事者，则虽五体投

---

① 录自《小娜嬛福地随笔》。
② 录自《小娜嬛福地随笔》。

地，吮痈舐痔，无不为矣。顾某有龙阳癖，每当后庭花发，则出其所有，以博人欢。沽酒十千，略不芥蒂。知其隐者，辄乘隙箝之。十八甫故多骨董肆，某兴之所到，则厕足此地，窥诸美少年。虽未至如申江雏妓之揽袂牵裙，而眉目之含情，身体之偎傍，令人望而知为断袖分桃一流人物。其无嗜痂癖者，或望望而去之。至于逐臭之夫，见猎心喜。点首示意，某必趋前顾后，冀临存其家。客至，命小鬟瀹清泉，烹佳茗，款以苏点。然后出其香娘之斗，崖州之枪，几净窗明，点缀亦自不俗。客欹枕，某坐床沿为之烧烟，略如校书之伺客也者。人见其细意慰贴，备极周旋。既来则安，即亦不忍峻拒。以故非甚洁身自好者，临崖勒马，未足言也。某乘兴款洽，虽甚殷勤，然兴尽则反眼略不相识。缘是阅人数载，无稔交。凡思染指者，俟其疾发不可复遏时，始要挟之，必满所欲而已。某当此间不容发，悉恣取携，事已辄大懊悔，盖吝骨使然欤？某有母年五十余，膝下只此子，珍爱逾恒，固不悉其贴门户羞也。徒以客至，子必留宿，乃渐疑而伺之。已而窥见种种狎亵状，忿然曰："七尺须眉，何便作此勾当，尚得以人类齿耶？"于是悬巨资购求善医者，疾愈愿以千金为寿。俄有某西医应聘来，与母约曰："若假一暗室，廓而空之，所有空楾悉表缀，毋使微飔入。中贮浴槃一具，满注泉水，吾将试其技焉。设有不测，勿问也。姥愿乎？"母曰："愿。损耻丧检，玷及宗族，有子如此，不如无生矣。"乃如命扃某于室。医生以药蒙之，出匕首寸许，割其谷道，尽拔精虫出乃止。及启户，则蠕蠕于槃中者，盖不止恒河沙数。长者尺有咫，小者才寸余，喙皆作青红色。母亟命埋之，某病遂霍然若失。

忏痴氏曰："知入而不知出，造物之所忌也。乃至以奇丑之行，偿其吝焉。天之所以待刻啬者，何其酷哉！吁，可畏已。"

(二) 卷六·美人局

张冠甫，古冈州人。年弱冠，美丰仪，性复谨厚。父某，素业绸缎肆，家饶于财。父殁，张理店务，矢勤矢慎。肆前当孔道，时有梳佣往来，张心焉慕之。……［张悦梳佣亚七，而不知可否成事。］伴窥其隐，以言箝之曰："粤垣梳佣，辄矢口不嫁，实则周小彭奶妈（粤谚梳佣谓之奶妈）诗，脍炙人口，已道尽之。"张曰云何，伴举其描写逼真者诵之。张跃起，拍案叫绝，因曰："亚七如可图，愿破产致之。"……伴曰："亚七当十五六时，小家碧玉，乡人哄传其美，争欲委禽。七自顾生长蓬门，一旦委身事人，则儿女牵缠，米盐琐屑，毕生无自由趣。遂陈于母，矢不嫁。嗣有大腹贾艳其美，将置簉室。乃以重金啖母，母颔之。七侦悉，黄夜逃姑母家，诉所苦。姑母怜人，为请于母。母不得已，乃以次女庖代。贾不察，纳之，爱怜备至。事卒为冢妇闻，兴娘子军捣香巢，挟与俱归，罚作烛下婢。七闻耗，幸不堕陷井。而母以七梗命，时虐遇之。七弗能堪，逃省佣于某殷户，得主妇欢。主妇少寡，喜其慧，遂与订金兰谱。形影相伴，欢若伉俪。

前数年，主妇物故，尽以藏镪及衣饰付亚七，留作纪念。七枕畔不知流尽多少泪痕，故至今尤缟素，不知者以为丧所天也。"……伴曰："七自金兰逝后，茕茕只影，念母家既不可归，姑母亦溘逝。有劝之入大成教，收徒以作伴者。七曰：'吾素性不佞佛，不茹素，何能入教？吾性孤洁，徒侣亦岂能如我意？后顾茫茫，是可悲耳！'言已呜咽。嗣得九妈荐往某乡巨宅，即挈眷来城税屋嫁女者是。七订女于归后，将辞工。"……张觉一种芳馥，非兰非麝，直扑鼻观，不禁遍体酥融，因以软语调之曰："七姐，吾闻太太爱汝，欲与汝订金兰，有是事否？"七曰："谁告君者？"张曰九妈。七曰："侬福薄，安敢作是想？惟彼家小姐，爱侬真挚，顷刻弗忍离耳。"……张曰："汝下榻何所，是否与小姐同寝？"七闻言面微赤，秋波乍转。……张曰："吾闻女子既订金兰谱，便视男子如眼中钉。七有此密友，倘一近阳和，小姐必呵斥随之矣。"伴笑曰："人人谓君谙世故，以仆视之殊不然。君不闻小姐将下镜台乎？七不云俟小姐于归即辞工他适乎？"张跃起曰："诚然诚然，予真梦梦。"［张冠甫的同伴及亚七、九妈、太太、小姐等实是一伙，他们用女色骗张，最终骗取了他的大量家财。］

风流自赏

（清·光绪）李凤仪撰
清光绪三十四年（1908）铅印本

（一）卷之一·鬼惩不孝

余乡一荡无行者，名强子，马姓。年近三旬，无室。惟傲游赌场，寡廉鲜耻，饮之食之而已。家有父母，年且六十。任其缘门乞食，未尝一少恤也。［一日夜间途经墓地］，月明如昼。其人虽横逆不情，而独行踽踽，未免中心忐忑。忽乱葬丛中，似人非人，憧憧往来。俄而遮前蔽后，或呵气以喷其面，或扬尘以眯其目。互相揶揄，遂倒路上。一曰："是人不孝之甚，三日前打其父而夺之食。"一曰："伊役其母若婢，尤属可恶。我等今夜，盍为伊父母代惩此不肖儿。"因掬辙土塞其口，遍身捶楚，手交下如雨。呼救则苦于莫能声张，任其肆毒。食顷，众鬼曰："可矣，姑宥彼以为后图。"相与匿笑墓侧。倏一大鬼至，高丈余，踞坐荆棘丛，众鬼罗拜其下。问曰："偃卧莫非不孝强子否？"答曰："然。"又问何不祟彼以惩，答曰："已祟之矣。"又问祟之若何？众鬼历历以述。大鬼曰："是不足以蔽其辜。渠好为赌棍，充作龙阳。宜惩其后庭，使勿得安然猎食于赌局也。"众鬼曰："我辈几忘却。"群起往索，须臾持一枣木橛呈献。粗如巨卵，长约五六寸。大鬼命去其口中塞土，将代以埋儿败絮。可先褫其裤，纳橛于伊粪门。因大号，如屠猪然。

急以败絮塞口，使无声息，相与大笑而去。伊转侧路上，痛彻肺腑，而莫可如何，忍痛以待之而已。忽人语杂沓，自东方来。见卧者，审视曰："此强子也。"问何不言？但以手指其口。为之去其口中败絮，始言后庭有物，遂出其橛，几至血流漂杵。归家半年不愈，迨稍痊，始杖以行。问其后至三人，则皆邻村之嗜赌者也。强子从此较前日之于其父母稍愈云。

（二）卷之九·异祟

契友习易吕先生，言某村程哲者，淫赌无行，而素号伟男，里中人有嫪毐之目。每与妻媾，晨间惫不能起，以致井臼辄倩人为之。夜间房事，乃妻惧怯乞免。程亦稍怜其彳亍艰于行步，不肯竟尽其器。以故程言及此，每以不畅所欲为憾。爱邻家媳，年十六七，有姿色，辄思乘间以遂其淫欲。一日赌负家居，伺其嫡姑适菜园，推门入，作强奸。媳撑拒不从，然以弱质力不能胜，被程按之于榻，势将受侮。忽睹乃姑所供神祇有称猴祖师者，雅是沐猴而冠，冉冉下画，已附程身。于是程挺其阳茎，未及淫人，顿觉己之后庭已先被创。恍如有人以铁杵捣其粪门大肠，痛不可当。邪念顿消，释手蹩躠遁归，数日偃卧不能起。自此或三五日、六七日，必被猴淫。每伺其熟睡，贯革直入。以臀倚墙，则阳物自墙内伸。伏由空际下，仰从炕中出，不能避也。无何，妻弟自岳家来，程告以所苦。舅教以置身空棺，四外多通气息，偃卧其中，或可幸免。不料猴势穿木，殊若无隔。一夜客眠其侧，醒闻棺内呻吟。发其盖一视，则姊夫血液淋漓，沾湿褥上殆遍，相对莫可筹策。客归床就寝，睫甫交，大哗受创。披衣起，踉跄夜遁，从知猴怪惩其多言也。积四五年，程容色消瘦。然淫之虽伟岸不可堪，必俟数日平复始与一媾。媾时一任血流漂杵，不之惜也。迨程痔疮生，尤苦不可言。因念大士慈悲，普救世间苦难，哭诉乞施救护。夜梦有神告曰："必得某媳为之神前缓颊，方脱此厄。"而程自逞其强暴，与邻媳晤面辄遭詈骂，艰于乞请。央其妻，曲意交欢，使彼前嫌俱释而告以故。邻媳遂感其情，许之。因偕其妻于菩萨神前祈祷，祝其饬谕猴神勿得复尔，其患良已。

（三）卷之十五·人妖

莪亭李公讳璋，河南陈州之西华人。公以名进士称折狱良吏，一生历任州县凡二十余处。传其宰大城时，属下一富民孙姓，娶于吴，生一女。落草时稳婆未窥其异，盖胯下阴沟宛然，寓于目俨是女子，他人未便窥其底蕴之奇也。后来其母虽知，然未肯言论。此女阴户深邃，其内具有二窍。一窍下小水，与他女不异。一窍藏有男子势，中空如管，亦可下水，但不时吐露。吴舅广有奇方，饮其药势即立缩，见色方出。吴谋于舅，如法行之。业蓄为女，而又具有阴户，坦然不疑。六七岁即为缠足，十龄后尖瘦如指，亦且仪容秀美，见者生怜。北人议婚多早，结姻于某村之王姓子，年相若也。然女差长于其婿凡两岁,十七于归,男十五矣。夜与定情,男施女受,实能容之。而势与年进,虽缩以药,仍恐不时出没。以故交接之下,每作百般敛抑掩饰,以图苟且了局。女母吴亦不免心病,不令夫妻常聚。幸其婿出就外傅,辄蹈隙送迎。而王以乃子外读,不欲媳守空房,遣其诸女作轮流伴宿。孙家女初犹不敢放肆,积久渐稔渐狎,相与试作云雨。则以其具有阳茎,遇男子甘作女受,其势即退藏于密。若逢女子,便成动情佳丽。龟头顿然伸出,长四五寸,居然伟器。王女三人悉被污,而皆不肯言。后来王两侄女与共寝处,一已被污,一绝不再往。少子方娶而殇,媳寡居,使偕嫂寝。两人戏耍终宵,情拟火热。婿归家信宿,妇反厌之,盖作女不若作男之美满酣畅也。暗与寡妇议,欲贼其夫。寡妇大惊,归家以情白母。母使潜告其姑,姑不遽信,阴询其女。时三女已嫁其二,惟少女尚未出阁。惭对母言,坚不承。适次女归宁,母于宵分问及此事。则红涨于颊,言此事殊暗昧,万不可以对人言。母必欲询究,毋乃多事乎?母以寡媳之言告,次女忸怩言曰:"良有之。当时为渠引诱,春心荡漾不能自持。儿等非不自知不肖,时常戒饬三妹勿与伊尽情狎昵。今寡妇又为所污,事当奈何?且更将不利于二兄,虽欲隐忍不言,不可得也。"因为母述其遇男则女,遇女则男情形,无怪二哥之不能觉悟焉。母以情告王,王大为痛恨。会其子来家,父责其粗疏冒昧,致玷闺门。子言男女私情,虽夫妇之际未有明明白白以作事者。渠俨然女子阴户,于今三年,敦伦之下亦曾尽力抽提,实不解其中底蕴。遂于夜间仔细扪之,仍无物。次日,母子两人交褫其裤,详验之。阴虽异于他女,而阳茎以畏葱之故,愈形退藏,并无术可以出之。因而送往孙家,俾作大归不返。孙大不服,竟登王氏之门。始而辨论,继而诟骂,终以打楚。互有伤夷,以致涉讼公庭。李公视女子外貌,喉下平平乳际隆隆。荆布之饰,居然月貌花容。疑别有故,不与离断。王生托大绅委曲向公进言,始得判令归孙。而孙绝不肯受,则以其仍见瞒于乃妻吴氏也。竟成上控,批回,谕公验明覆审。公念稳婆无能为力,幕友皮君僻书异典多于涉猎,言于公曰:"某书载有缩阳不出,涂脂,以狗餂之,而其势立见,无稍刺谬。"公命役如法以试,果然挺劲而出。呼孙共视,默无一言,其案乃定,迫孙领回。而不女不男,亦女亦男,实无处可以容留安置也。莪亭牧定州时,闻此物年未三十,有见之者,言其风流俊俏,居然肥瘦适中,修短合度,绰约形容,凌波微步。洵是美人,确系人妖也。

(四)卷之十五·后户易粟

保安州吏目某,绛州人,以市井市侩捐赀长民。为人粗俗不韵,吝啬不堪。钱之所在,多方以期必得。虽甚污辱,致惹笑谈,亦所不惜。城南一戚家庄,富民宋姓颇丰饶,而其细已甚。倘非子女婚嫁,樽无酒,厨无肉,座无客,出无朋。构有别业,舍宇清幽,廊庑华好,但为狐所据。宿其中,抛砖掷瓦,终夜不堪其扰。以故旷无人居,惟前室留一老仆作守门。其年保安大水,吏目代州主验视水灾。天色曛暮,罔所投止。车马仆役来戚家庄村口,乡役出迎,导往宋家夜宿。宋雅不欲留,然系本州现任官长,殊不敢公然拒绝。又念别业中每睹怪异,倘得官府镇压,遂见逢凶化吉,尤是便宜。即遣奴仆数人启钥开门,大张灯火,兼备晚餐。虽非食以草具,而陈设不甚丰腆。食毕,即于正室当中为吏目下榻,仆役十余人俱由庑下宿。时虽七月既望,遗暑未收。官灭烛,赤体偃卧,面壁侧身。睫甫交,似有人以绝大挺劲阳茎插向后庭谷道。贯革直入,其痛难忍。且复尽力抽提多时,遂觉血液淋漓,沾湿床褥。连声大呼,诸役俱起。欲作烛照,而苦于无火,急唤前室守门者。其老仆承主人命,虑狐作祟,挑灯待至夜半未寝。闻变移灯至内,燃烛一照。吏目踞坐于床,怒气勃勃不可遏抑。见仆来,搥床大骂曰:"汝与主人天良丧尽,绝无人心。胆敢欺侮官长,作恶特甚,无礼已极。皆缘汝与通同,借守门为伊开门。乘我睡熟,潜入室,竟敢以绝大铁锥直刺我肠。且深入就里,任情乱搠,往来数次。以致痛苦难支,粪门损坏。将来大便之下,何以堪之!汝并非值钱好料,可急唤家主来前,看渠有何理说。"仆急白主人,主人大惊。瑟缩不敢遽往,而又不敢不往。遣老仆唤起里保乡长诸人,齐来别业。入室,长跪而哀之。且言己并不知,皆属狐之所为。此宅狐据以祟人,业经数年,百计驱遣,绝不肯去。今宵实借以苦害老爷,而嫁祸于我也。乞老爷怜而恕之,小人合家人众,胥感大德于无既矣。吏目嗔目厉声曰:"据汝所言,亦甚便宜。试问有人无故坏汝后户,归罪于狐,借以塞责。使汝自甘于无言,汝愿之否?今夜之事断难干休,汝等暂退,议所以处之可也。"三人俱出,潜谋于役,作通贿计。役请于官,非二百金不可。役与往复商榷,竟以百半定局,外以十二金与役作酬仪。值宋翁手头困乏,白金仅四十余。除与役,仅三十,并钱亦未足其数。议以输粟折算,须谷三十四石。乡役为派牛车六乘,替载归厅,并以送粟饮食之资责诸主人,其事乃息。

岭南即事杂咏

(清·光绪)佚名编
清光绪间刻本

(一) 初集·《无题曲》文并序①

粤自情天碧海,嫦娥也解相思。玉露金风,天女亦伤离别。从未有红妆少女,翻成碧草王孙。琴弹折柳之声,云空楚岫。度曲落梅之韵,月冷秦箫者也。乃自丁年结友,乙夜谈心。半伤镜匣分钗,雁南燕北。休说妆台倚玉,鹤别鸿离。任他宫筑水晶,难留

---

① (清·嘉庆) 何惠群作。慨叹广州地区的不落家现象。

赵燕。即令簪翘琥珀，莫说潘妃。好因翻作恶因，佳耦偏成怨耦。去日苦多来日少，安能漏买金钗。别时容易见时难，长是泪垂银烛。每欲身添凤翼，飞入篷山。俾得影伴蟾辉，同居蕊阙。我闻如是，辄唤奈何。骚客情伤，英雄气短。直恨笔非似剑，永断情波。究难字可成珠，平填怨海。为怜旧雨，略绘雌风。自笑雕虫，敢夸祭獭。雪张绪风流之恨，写江淹惜别之心。已知骂蝶嗔莺，徒为无益。对此羁凰旅鹤，未免有情。嗟呼，吾非好事，仆本恨人。琴断一弦，箫吹两度。心已灰而成烛，恨不织而如丝。自悲梦里烟花，珠沉玉碎。休管人间风月，藕断丝连。然而宫人谈天宝，不禁感慨系之。商女唱《后庭》，亦复谁能遣此。客中送客，同病未免相怜。愁里添愁，生离较悲死别。于是情伤比渭，编成长恨之歌。颦效东施，拟续无题之曲。若得诗传老媪，犀亦通心。赋诵宫娥，花能解语。遂令南都螺黛，骨换金丹。伫看北部胭脂，欢偕玉案。且歌下里，贻笑大家。雕草无才，拈花微笑。

盖闻吹箫阁上，宜栽称意之花。织锦楼头，共挽同心之带。梁横〔玳〕瑁，燕好双栖。网入珊瑚，鱼皆比目。既唱宜家之曲，应司中馈之劳。何以方欲乘鸾，偏唱离鸾之曲。本来跨凤，空弹求凤之琴。乃有姆训未娴，闺箴不守。金钗十二，尽属无情。红粉三千，半归薄幸。即令墨曹都统，难辞燕婉之悲。遂教文翰将军，直讨娥眉之罪。溯自雍伯求婚，始种蓝田之玉。云英将嫁，还求沧海之珠。乃汉苑云深，仙仗方迎鸿雁至。秦楼月落，玉箫难送凤凰来。既而南国春归，已是东方日出。桥难渡鹊，又虚一夕佳期。枕已闻鸡，空负十年春梦。魂空销于夜月，面未识于春风。然而人号夜来，竟似当年薛媛。或者期堪后会，再求前度刘郎。既而弦管风催，同浮大白。桑榆日暮，将近黄昏。拂袖而归，张弓以待。琼筵初散，便思巫峡之云。银烛高烧，重致迷香之洞。方谓腰还似柳，得亲袅娜芳姿。那知首竟如蓬，半失本来面目。已幸明珠入手，奚宜胶柱鼓琴。于是细语低声，未敢狂言惊芍药。含羞带怯，何妨低首拜梅花。不谓银釭背处，终宵而桃李无言。玉漏听残，竟夕而海棠不睡。徐牵红袖，搔来玉笋纤纤。强倚罗裙，步去金莲滴滴。方欲波传秋水，卿如怜我我怜卿。岂知眉锁春山，我不负卿卿负我。忽而浓情转淡，怒目空嗔。笔未画眉，戈先入室。双鸳枕上，同鹬蚌以相持。百蝶帐中，挟鸳鸯而入梦。于是蛾还蹙黛，虎竟负隅。倘逢剑士英姿，或胜裙钗智略。争奈书生弱质，竟输巾帼英雄。无何云曙妆台，星沉绣幕。东风无力，谁怜汗湿春衫。暮雨空歌，转令恨生眉黛矣。迨至与子同梦，未赓戒旦之诗。薄浣我衣，先命归宁之辇。竟似楼辞黄鹤，环佩无踪。翻如婿嫁金龟，香衾辜负。萧郎久别，竟同陌路之人。刘阮归来，永绝天台之约。方讶嫦娥奔月，难亲洛女凌波。寄情荳蔻，枝梢春风寂寞。盼断杏花消息，夜雨凄迷。忆从翡翠衾香，曾称蝶婿。自笑红罗帐冷，仍是鱼鳏。有妻不若无妻，之子宛然处子。将欲金闺永诀，而宝镜未可分鸾。将欲紫陌寻香，而明珠岂甘弹雀。愁难遣此，命也何如。依然依本无家，怨十年之弹铗。强说书中有女，安廿载之寒灯已矣。纵有素号慈亲，爱怜少子。每谓窗鸡独守，岂堪钗燕分飞。莫惜千金，犹欲文姬归汉。非关七夕，强邀织女渡河。乃万唤千呼，依本无情郎自苦。三推两却，来是空言去绝踪。佩不解于江皋，珠岂还于合浦。自说佳人薄命，讵图衾枕余欢。倘教使婢重来，惟与镜钗俱碎。迨至佳辰恰届，残腊催人。再命笋舆，接红颜于二八。屡担花信，恋玉貌于三千。兰户重扃，彩凤犹思遁世。草庐三顾，卧龙始许登车。由是一年一度，春风则燕垒归来。是色是空，秋雪则鸿泥白印。视君家为逆旅，等夫婿若仇雠。方欣宝剑有缘，重归故主。或者蓝桥得路，直会天孙。乃荔奴绕膝，常为护帐之兵。菊婢盈门，频作追逋之客。葫芦依样，又虚风月因缘。杨柳无情，未识苤花何事。骤令夭桃，再睹雀护。销魂徒悲，金缕歌残。秋娘笑我，乃未偕鹣鹣。又唱骊歌，方永今朝。或得徐亲碧玉，而未过信宿。已惊盗去，红绡于焉。柳往雪来，都是千金半刻。花憔月悴，无非一日三秋。安能一索得男，兰可征于侍女。总是十年不字，瓜未破于佳人。或言怨结衾裯，盍试鞭鸾而朴凤。究竟谊关琴瑟，何烦打鸭以惊鸳。纵令追入笠之豚，严加锁钥。叱丧家之狗，强入牢笼。然网欲罗鸿，条难栖凤。绝辞鹦粒，影更瘦于黄花。泣断猿肠，泪却抛于红豆。珠啼露怨，偏同班女之伤。秋鬓乱云松，竟似达磨之面壁。甚而形同槁木，命比杨花。三尺红绫，一泓绿水。飞琼化雪，怨教黄土送红颜。紫玉成烟，恼杀青山埋艳骨。于是惊传桑梓，远集葭莩。击婿水以生波，恃泰山而压卵。篷婆酒媪，认为床笫之亲。鸦舅雁奴，竟作登门之客。候咀候咒，大叩大鸣。声鼓雷霆，威同豺虎。若得返魂之草，免辱蒲鞭。倘无续命之丝，难逃法网。为婿者膝行请命，为翁者低首哀怜。而乃象被蛇吞，狐偏虎假。钱能使鬼，金作赎刑。沧海桑田，产业则千金一掷。灵璈法鼓，僧尼则九昼连宵。乡里共鉴为前车，闺阃转谈为盛事。由是须眉之气不钟于男子而钟于妇人，遂合风化之衰不关于女儿而关于父母，良可慨也，尚忍言哉！试思既定乾坤，总归奇耦。非关渔色，总属人伦。假令说到桑弧，凤毛莫继。悲生萱寝，鸠杖谁扶。则弹罗女之筝，空说使君有妇。终滞宜男之草，已伤伯道无儿。在彼簪缨华胄，金玉传家。非无皎齿青蛾，同欢夜月。尽教冰肌雪貌，咏作小星。争奈江州司马，只剩青衫。岭表诗人，空悲锦瑟。天难补石，谁偿买笑之金。甑已生尘，遑说藏娇有屋。小红安在，尽成镜里烟花。樊素多情，难作梦中云雨。然守株可能待兔，枯杨或亦生稊。缺后重圆，竟似月中栽桂。今非同昔，已成雾里看花。半伤鹤发鸡皮，青春负却。骤令鸾交凤战，白首增怜。与其后悔迷途，孰若先登觉路。盖由玉树枝交，金兰谱订。莲心莲子，遂成姊妹之花。桃叶桃根，误作雌雄之树。始则笑言相洽，继而形影同亲。于是指皎月以言心，对春风而结誓。莫被海棠之聘，同伴青春。倘欺梅柳之盟，有如白水。小姑居处本是无郎，二美相投何妨作婿。罗燕莺于帐底，曲唱知心。绣蝴蝶于闺中，丝牵连理。花花相对，恍似兰交。絮絮言情，休随杏嫁。遂怜野鹜，便弃家鸡。由是风流尽归云散，欲令秦娥赵女，革面洗心。除非月姊风姨，现身说法。

天下痴郎多有恨，世间闺女半无情。(尹翰如评。)

（二）四集·妈姐因由

你闹乜靓流，整乜风流，想起你番来真正愧羞。自小父母双亲辞世后，暂时不嫁学梳头。伏侍少奶随左右，衣裳浆洗更重要梳头。但系出入时常跟佢背后，有时轿尾跑得你汗流。但系朝晚两餐如果废手，待至主人食罢正到你轮流。夏天掌扇唔停手，但逢天冷要你叠好床头。晨早要在房中来等候，斟茶倒水两头游。论起你番来真正贱透，讲乜风流美貌闹排头。我劝你少年衬早寻佳偶，指望百年有靠免咁念愁。大抵打工下贱唔堪受，到底寻君配合免担忧。续尾不妨将字扣，市近门前口，书名叫做《闹绝妈姐情由》。日月相连真秀茂，听过光明到白头。

（三）四集·戒之在色赋①

美婢调来，狮吼之威教遍受。顽童比及，龙阳之丑更难知。……

（四）五集·颠犁赋（以顺德风气不同天下为韵）②

妇有居室反常，洞房拒峻。梦隔云山，谐休秦晋。出阁曾误青春，守宫尚留红印。花烛扫兴，同嗟有女忾离。锦带缠身，安望得男索震。生平守有夫之寡，讵曰夫子无违。敬戒忘吾母之箴，怎能父母其顺。原夫道重五伦，礼行万国。纳币欢迎，同案共乐。期内助以齐家，讵耽淫而好色。估话天长地久，将乐将安。谁知东避西回，不离不即。娶妻非为养，原思百子千孙。教妇在初来，尤望三从四德。尔乃阻鸡鸣以戒旦，按鸳梦以不通。床第之姻缘何在，琴瑟之好合难逢。方期半就半推，潜潜弄等。岂料三眠三起，色色空空。听得房里訇訇，吓昏大妗。问到闺中情事，恼煞新翁。几番同梦牵留，如行舟兮逆水。一话归宁问准，似飞剑兮剩风。况兹日夜防维，精神耗费。着甚来由，莫尝滋味。只慌誓背金兰，任尔帐开翡翠。捱到头昏眼倦，先生其休矣哉。何烦作样装模，丈夫非众之谓。表姑娘暂来数日，绝无儿女情长。美人关过了几天，由此英雄气短。尔时意欲欢谐，心殊抑郁。或怒目而狰狞，或握拳而盘屈。或演妖魔鬼怪，总总灵符。或食鸦片蝉苏，般般毒物。故意妆成骑马，情欲求原。纵然会到牵牛，巧亦难乞。丙子未垂青眼，好费踌躇。君师任请红须，也教域拂。未晓嫁出男卖出女，结契中想入非非。偏要你有狖人有人，枕席上频呼不不。但见蜂腰摆柳，螺鬓飞蓬。三翻四覆而无奈，理喻势禁之俱穷。五夜吹箫，难引无情之凤。三秋判袂，莫求失信之鸡。想当色落深红，顾影应羡风流之杜。何至路寻深黑，爱身不若拱把之桐。景得我意马心猿，予怀曷慰。

---

① （清）商尹佐作。
② （清）潘笔江作。

睇见人绿衣红粉，实命不同。其弊也，贼由慈母，纵自少年。契姊妹总无拘束，干夫妻暂且从权。任由一队群埋，不向衣裳颠倒。特遣数人窥伺，逼来情性颠连。甘为玉碎珠沉，剧怜闺秀。故作山盟海誓，迥出尘缘。亲家结成冤家，自居不情之地。嘉耦反成怨耦，鞭唤奈何之天。所望振起风移，提撕雨化。尽教夫唱妇随，奚必尔虞我诈。作记千祈切耳，心也休迷行路。荡人掘头，罪应难赦。若至牵连父母，问尔几衰。倘教告到官司，你都唔怕。勿待帖分鸾凤，此时恨错难翻。群思庆兆睢麟，无使世风日下。

一路写来，妇人之心事情景描摹殆尽，无意不抽。

（五）六集·戒男色文

男生女育，为天地之常经。夫倡妇随，乃阴阳之正配。彼偷香而窃玉，定已罹凶。岂断袖而分桃，竟无惨报。胡乃别种狂痴，惟男是好。舍正路而弗由，从下流而忘返。外借朋友之名，而欢同夫妇。内紊老少之序，而莫辨雌雄。如弟如兄，作无穷之秽孽。同形同体，创未有之奇淫。对临风兮玉树，梦绕巫山。结同气兮金兰，情牵楚峡。若优童若俊仆，称汝尔而冠履奚分。或门役或生徒，失廉耻而鼠猫竟混。问其年真堪为祖为父，淫其幼何异吾子吾孙。遂使雁琴举案，空寂寞于深闺。竟尔问柳寻花，独钟情于婉娈。岂知神鬼难容，天人共愤。国律莫宥夫鸡奸，冥报尤严于女孽。如胶投漆，顿忘瓜履之嫌。荡检逾闲，曷禁鸾凤之诱。雀穿屋而鼠穿墉，放水入墙，受其污于闺阃。鸡可鸣而狗可盗，乘风纵火，速其报于妻孥。况复恶迹偶彰，士林弗齿。廉隅已丧，没世含羞。玉楼削籍而终贫，金榜除名而忽贱。毕生福泽，折尽无余。屡世修行，空嗟莫补。与其痛哭于前途，胡弗惩创于末路。普望端人正士，硕彦名流，拔无穷之慧剑，断别出之淫机。风雨鸡鸣，连床而止谈道义。林泉月夜，把臂而常懔风愆。未犯者固防检之难宽，曾行者宜改图以自立。虽始迷而终悟，自殃去而福来。更愿震声觉瞆，训俗砭愚。挽孽海之狂澜，施艺林之药石。则恢恢天网，岂加悔罪之身。浩浩魔津，讵无回头之岸也哉！

遍阅善书，言戒女色则惟恐其弗详，言戒男色则多举其大略。不知淫孽之报，男女何分。伦纪之污，总归一辙。正不得谓淫女孽重而淫男罪轻也。兹读帝君《欲海回狂·戒女色宝训》，言言金玉，字字珠玑。其发人深省，洵可谓至极而无以复加者矣。因不惴固陋，仿其体作《戒男色文》一篇。极知鄙俗，亦聊效刍荛之一得云尔。（叙伦书室识）

（六）六集·远色赋

原夫道入圣贤，名登仙佛。绝嗜欲之沉迷，贵身心之湔袚……弱婢何辜，私纳遭悍妻之毒。顽童自恋，丧行惭儒者之林。……

吴友如画宝

(清·光绪)吴友如绘
清宣统元年(1909)
上海璧园会社石印本

小青像（《古今百美图》）

参见《新增百美图说》。

悔作男儿（《古今谈丛图》下）

原注："扬城某甲，髫年玉貌，楚楚可怜。酒地花天，时相征逐，不数年家产荡尽。计无所出，乃与蚁媒商串，易弁而钗，错杂妖姬队里，为人侑酒。足下双翘，则削木为之，如戏旦之有蹻者。袅娜娉婷，见者几讶姮娥仙子谪出广寒。一曲琵琶，红绡无数。彼欲向桃源深处真个销魂者，甲必多方以规避之，群益叹其声价之高。近忽为同院姊妹花识破，不知龟奴鸨子作何调停耳。"

花旦受骗（《古今谈丛图》下）

原注："花旦小桂凤，色艺俱佳。某杂职派委至都，往同春园观剧，见桂凤而悦之，遂与往来。侑酒征歌，殆无虚日，所费不下二千余金。既而亏空累累，无计弥缝，顿生拐骗之计，嘱桂凤代购金珠玉器、皮货绸缎等物。其时桂凤尚以某杂职为上等阔老，一日三餐殷勤供奉，并为赊购各物约计四千余金，言定某日归银。讵某杂职于前二日将赊得各物运往他处，即于是夜飘然远遁，翌晨桂凤知觉已杳无踪迹矣。现在铺户十一家控桂凤于北吏衙署，差传桂凤到案核夺。为花旦者以色艺骗人财物，乃更复为阔老所骗，衣冠败类可胜叹哉！"参见《梨园佳话》（三）。

贞男（《风俗志图说》上）

原注："某甲，粤之东莞人，酷好男风。数年前买得一童，年方二八，甲宠爱之不啻汉哀之于董贤也。前月甲爱水竭流，奄然物化。童哭之恸，遂以命殉。嗟乎，一阴一阳乃人生之正道，双飞双宿亦物理之固然。若夫舍正路而不由，别营兔窟。竟逆天以行事，遂彼鸡奸。稍存羞恶之心，必无降从之事。奈何恃余桃之宠，觍面承欢。忘断袖之嫌，死心塌地。都因六道轮中颠倒雌雄之谱，遂使三生石上结成禽兽之缘。是宜名之曰贞男，庶几忝附乎节女。"

香闺结契（《风俗志图说》上）

原注:"客有粤东来者,言该处有一种陋俗。凡人家小女子自幼结拜姊妹,以十人为率,结拜之后,誓以守贞不字。即父母夺而嫁之,亦必潜自逃回,俟十人者尽得所天而后赋虫飞而甘同梦。死后同葬一穴,或立一小庙供十人之位于其中,岁修祭祀,责之各家兄弟之子若孙。然此种恶习多出自世家大族,其女子类皆通文墨者。番禺县出示严禁,想贤有司执法如山,或不难挽回风化也。"

好梦难成（《风俗志图说》下）

原注："粤西陋俗，闺中少女往往金兰结契，不愿栖处成双。即父母夺而嫁之，彼必百计千方，致郎君于死地。樵蒳尾张乙自幼聘百滘村关姓女为妻，前月迎娶到门，参天拜地，送入洞房。讵料新妇见郎君至前，遽执其发辫，缠扯头项。以一手猝探下体，紧握前阴，如狮之搏兔者然。张大声呼救，翁姑闻之撞门而入，妇始释手。张已口不能言，面色如土，乃急令家人扶出，翌晨犹偃卧不起云。"

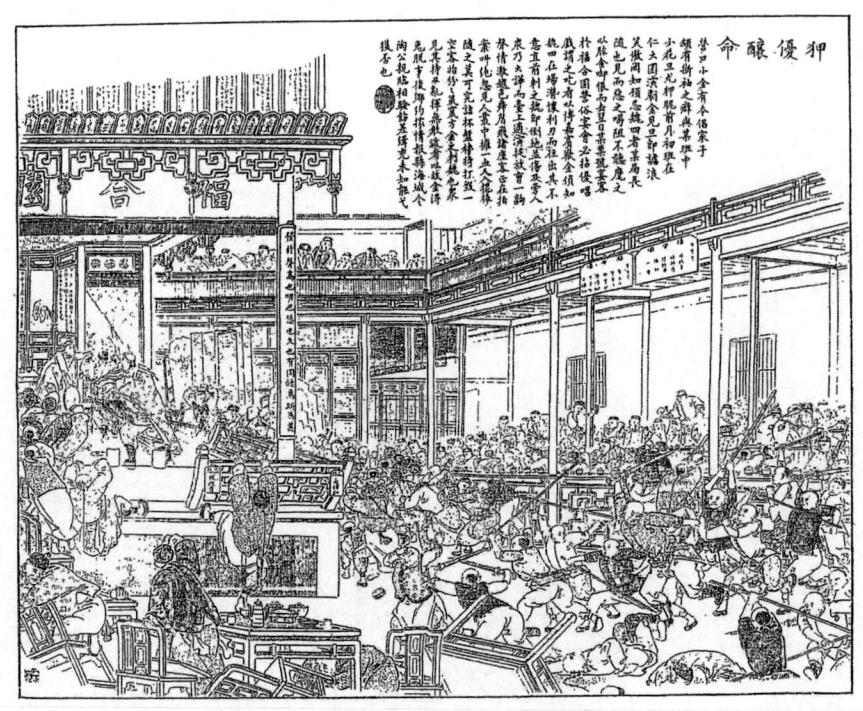

狎优酿命（《风俗志图说》下）

原注："营口小金有本倡家子，颇有断袖之癖，与某班中小花旦尤狎昵。前月初班在仁大园演剧，金见旦即谑浪笑傲，罔知顾忌。魏四者，某局长随也，见而恶之，喝阻不听，麾之以肱，金衔恨而去。翌日某票号宴客于福合园，金侦知魏四在场，潜怀利刃而往。出其不意，直前刺之，魏即倒地，并伤及旁人，众乃大哗。"

点石斋画报

(清末)点石斋编绘
台湾天一出版社 1978 年影印本①

魑魅喜人(丙集)

原注:"贞娘,张氏之女子也。一夕心有所感,方剪烛凭几,忽闻有女子声,笑而入。颧酒晕红,髻云堆墨,丰神真绝世也。询家世,曰邻右某绅之侍姬。聆吐属甚隽永,大相倾慰,恨相见之晚。清谭良久,绝不言去,贞娘亦不忍促之归,遂留伴宿。及登榻,忽化为伟丈夫,肥体怒压,声塞不通,任其颠倒而去。噫,是何妖与?近闻贞娘已削发不愿再字人。"

---

① 据清末点石斋上海石印本影印。

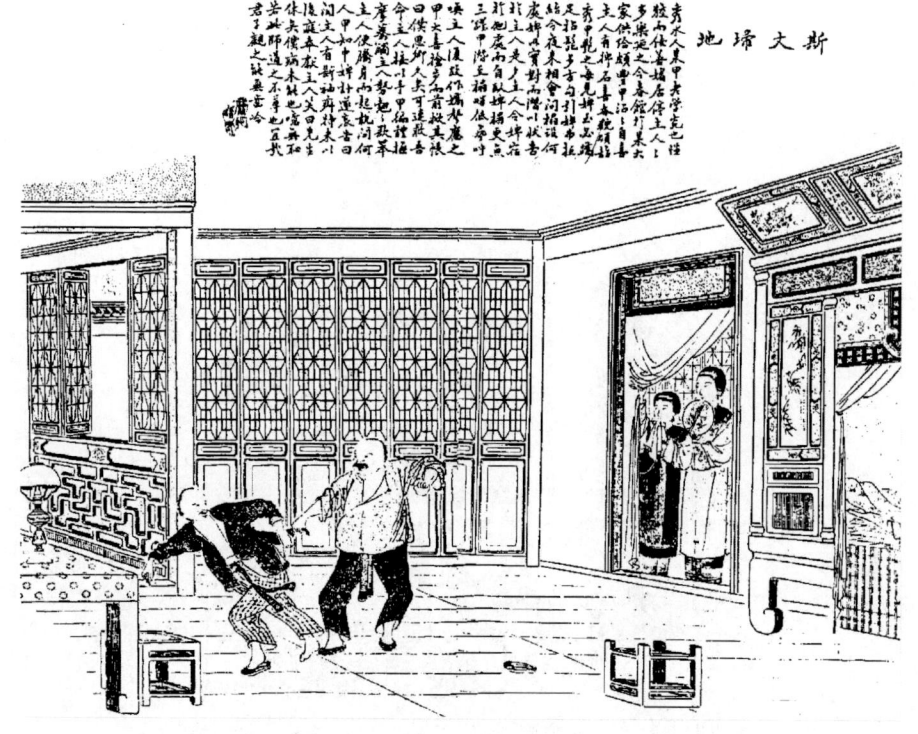

斯文扫地（金集）

原注："秀水人某甲，今春馆于某大家，供给颇丰。主人有婢名喜春，貌颇韶秀。甲艳之，多方勾引。婢弗拒，绐今夜来相会，而潜以状告于主人。是夕主人自卧婢榻，甲潜至榻畔，掀其帐，遍体抚摩。暮触主人势，翘翘欲举。主人便腾身而起，执问何人？甲知中婢计，遂哀告曰：'闻主人有断袖癖，特来以后庭奉献。'主人笑曰：'先生休矣，仆病未能也。'噫！无耻若此，师道之不尊也宜哉！"参见《夜雨秋灯录》（二）、《小豆棚（三）》。

误狐为兔（丝集）

原注："某公子美丰仪，雅有卫玠璧人之誉。每当夕阳西坠，命俦啸侣，散步芳郊，帽影鞭丝，风流自赏。有甲乙二人性情佻佽，一见公子，不明为雄狐之绥绥，而以为兔窟中之翘楚也。尾随其后，口讲指画，无非断袖余桃之故事。公子闻之大怒，立命人将甲乙擒送段卡。卡员某千戎饬将甲乙重责百板，然后释去，一时观者无不掩口葫芦。"

狎优龟鉴（丝集）

原注："福州南台某甲，性轻薄，酷有断袖癖。一日见优人某乙姿容美丽，心悦之，招至家，效陈后主唱一曲后庭花故事。乙自是出入甲家，罔知顾忌。遂乘甲外出见客，得其妻午梦方酣，入登其榻，欲以其人之道还治其人之妻。讵甲妻惊醒，大声呼救，邻人集而执之。迨甲归，大怒，命以秽器进，使乙饱尝木樨（粪便）香味，为妻解羞。"

畸阴畸阳（竹集）

原注："宁波石浦人王阿三，生有阴阳二体，即俗所谓雌哺雄也。年十三，父母爱其姣好，令作女郎装束。虽莲船盈尺，而丰致嫣然。至十七岁，佣于沪北荣锦里张彩云妓院，已二年于兹矣。近以附轮返里，被汪包探拘入捕房。葛同转一再研讯，令送仁济医馆验视，将阴阳二具考究详明。虑其女妆有伤风化，著俟送县递籍，改作男装。"

孝女化男（革集）

原注："建平杨翁务农为业，膝下止一女，年十七，性至孝。父病将不起，顾女叹曰：'汝诚孝，可惜终是女身，吾鬼其馁矣，奈何！'女闻之，日夜露祷，愿赐一子为父母嗣续计。是夜梦一白发媪以袙裹蔗四寸、橘二枚纳女衾中。既醒，觉私处坟起，大惊，急白母。母隔裤探之，则一伟男子也。欣喜过望，遍告邻里，为之易衣冠作男儿装束。后为娶妇，生二子。人皆谓为孝感所致，然闻者已骇然矣。"

鸳谱镌新(卯集)

原注:"某甲者九江人,年才二十许,娟好若处女,与同里某乙为断袖交。二人皆不事生产,日以饮食游戏相征逐。金尽床头,愁城坐困。适有何姓者欲娶妇,乙与甲谋,诡为弟也姊者,嘱媒妪说合,得财礼五十千。乔装遣嫁,而藏巾于箱,将于合卺后乘间赚脱。不料日间耳目众多,无从改装。一更之后新郎乘醉入温柔乡,甲无计,就之以背。而何非所好也,事遂决裂。"

装女骗钱（申集）

原注："某甲武昌人，风神秀雅，家计清贫。有某乙者与之善，笑而谓曰：'以子天生美质，何若易弁而钗，与我托言兄妹，求人物色，当必有登徒子来赏鉴者。届时乘机兔脱，彼此分财，岂不较为得计？'甲大喜，依计而行，数年来受其愚者甚众。一日又至某乡，有某丙见其美，出重价为其子丁纳之。至夜分，丁欲图欢会。甲极力撑拒，丁摸索良久，触手崩腾，乃大呼人妖。群起而欲送诸官，有止之者谓未免小题大做，盍于其面刺以'装女骗钱'四字，而复鞭背牵游四乡，然后释之？丙如其言，事遂已。"

时事报馆
戊申全年画报

(清末) 舆论时事报编绘
清宣统元年（1909）该报上海石印本

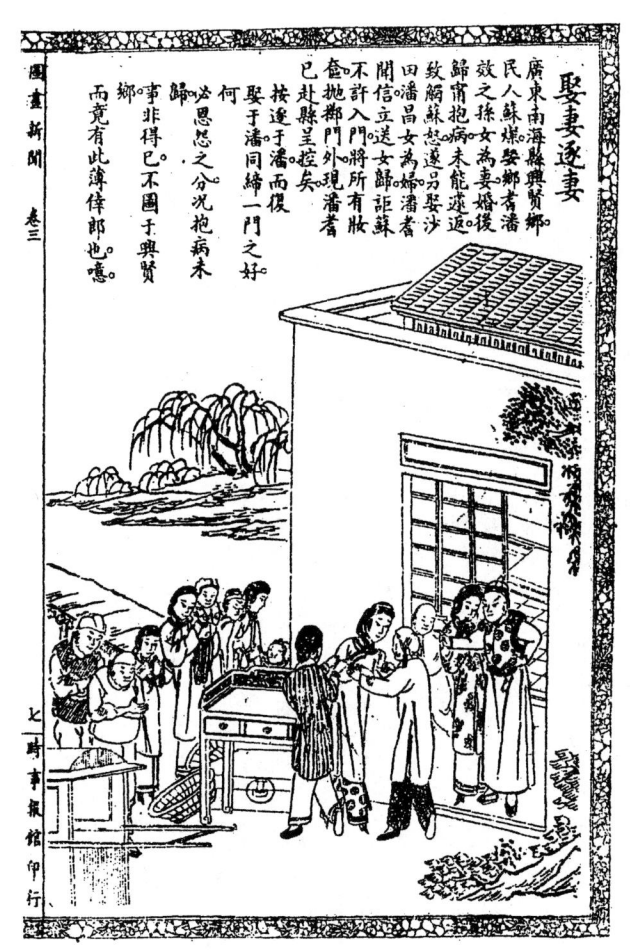

娶妻逐妻（《图画新闻》卷三，清光绪三十四年正月）

原注："南海县兴贤乡民人苏灿，娶乡耆潘效之孙女为妻，婚后归宁抱病，未能遽返。致触苏怒，遂另娶沙田潘昌女为妇。"

不肯作嫁（《图画新闻》卷七，清光绪三十四年五月）

原注："南海沙头乡有卢某者，已聘定李姓女为妻。李女不愿出嫁，其父兄当即通知卢姓。……卢遂于翌日纠集多人，出其不意，抢女回家成礼，观者不下数千人云。"

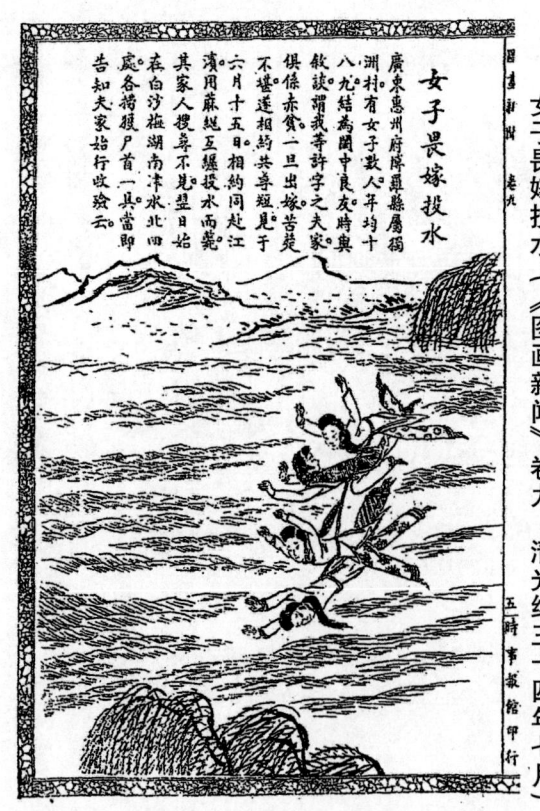

女子畏嫁投水（《图画新闻》卷九，清光绪三十四年七月）

原注："广东惠州府博罗县属独洲村，有女子数人，年约十八九，结为闺中良友。时与叙谈，谓我等许字之夫家俱系赤贫，一旦出嫁，苦楚不堪。遂相约共寻短见，用麻绳互缠，投水而毙。"

是真怨耦（《图画新闻》卷十二，清光绪三十四年十月）

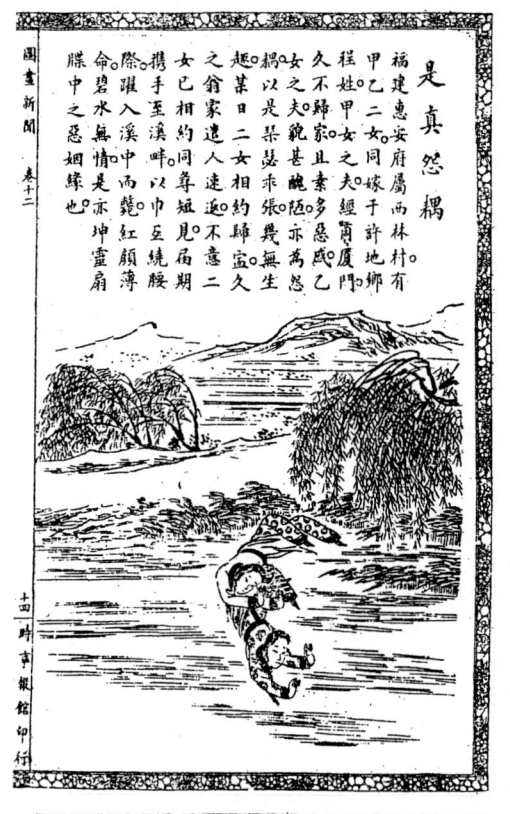

原注："福建惠安府属西林村，有甲乙二女，同嫁于许地乡程姓。甲女之夫经商厦门，久不归家，且素多恶感。乙女之夫貌甚丑陋，亦为怨耦。以是琴瑟乖张，几无生趣。某日二女相约归宁，久之翁家遣人速返，不意二女已相约同寻短见。届期携手至溪畔，以巾互绕腰际，跃入溪中而毙。"

龙阳学堂（《图画新闻》卷十二，清光绪三十四年十月）

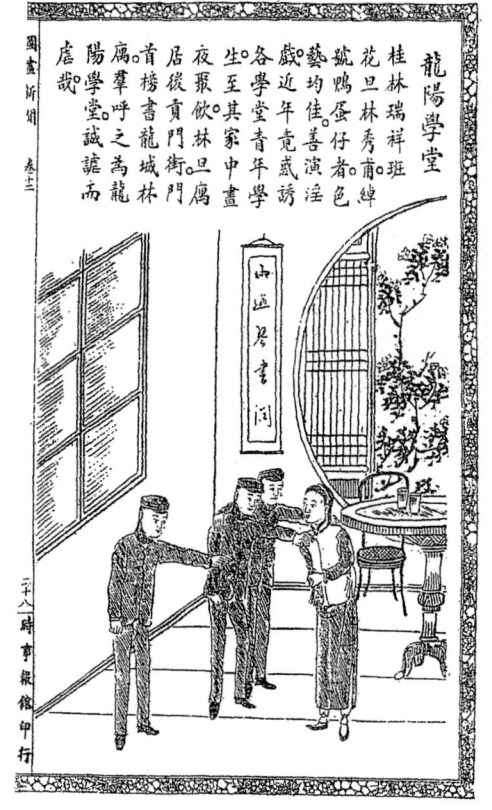

原注："桂林瑞祥班花旦林秀甫，绰号鸭蛋仔者，色艺均佳，善演淫戏。近年竟惑诱各学堂青年学生，至其家中昼夜聚饮。林旦寓居后贡门街，门首榜书龙城林寓，群呼之为龙阳学堂。诚谑而虐哉。"

舆论时事报图画

(清末)该报编绘
清末该报上海石印本

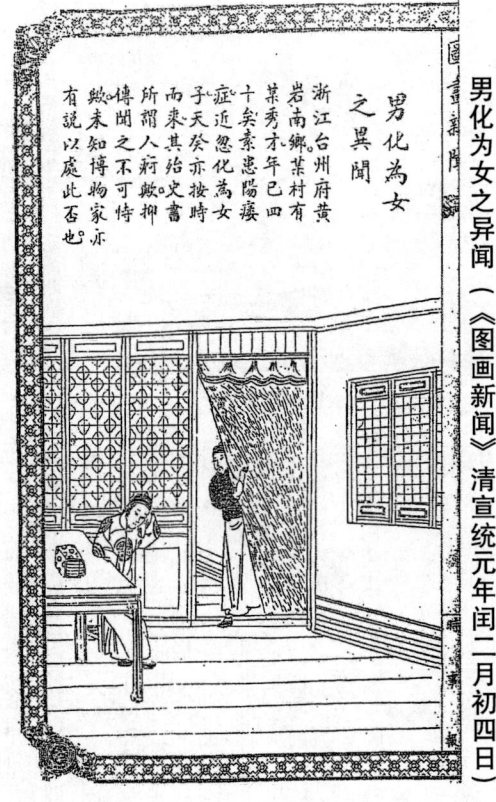

男化为女之异闻（《图画新闻》清宣统元年闰二月初四日）

男化為女之異聞

浙江台州府黃岩南鄉某村有某秀才年已四十矣素患陽痿症近忽化為女子天癸亦按時而來其始也史書所謂人痾歟抑傳聞之不可恃歟未知博物家亦有說以處此否也

原注:"浙江台州府黄岩某村有某秀才,年已四十矣,素患阳痿症。近忽化为女子,天癸亦按时而来。其殆史书所谓人痾欤？抑传闻之不可恃欤？未知博物家亦有说以处此否也。"

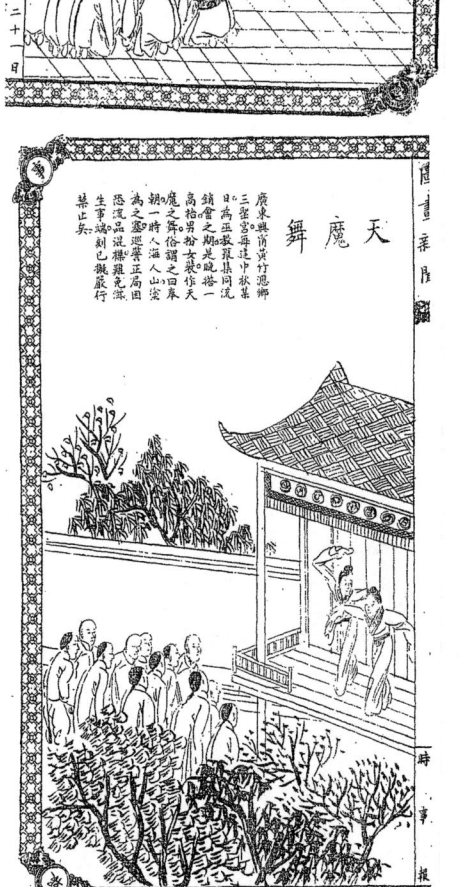

邪教惑人（《图画新闻》清宣统元年五月二十一日）

原注："福建汀州地方有夫人教者，以巫男扮女装，锣鼓喧阗，登坛说法，丑态万端。男女老少观者如堵，极为风化所关。当此举行宪政时代，尚迷信神权如是，有地方之责者，宜何如禁绝之耶？"

天魔舞（《图画新闻》清宣统元年九月十九日）

原注："广东兴宁三圣宫，每逢中秋某日，为巫教聚集，同流销会之期。是晚搭一高台，男扮女装，作天魔之舞，俗谓之曰奉朝。一时人海人山，涂为之塞。巡警正局因恐流品混杂，难免滋生事端，刻已拟严行禁止矣。"

塾师可恶（《图画新闻》清宣统元年九月二十九日）

原注："潮州澄属峰下乡林甲，现年六十二岁，素在本乡设塾课徒。生徒十数人，中有一生年十五岁，貌颇可人，竟为该师所诱。久之各年长学生知悉，亦步其师后尘。辗转轮流，倏将一载。昨该生忽成麻疯之疾，母诘其故，生至是不能隐瞒。母遂至该塾，向甲及各年长之学生理较，将鸣诸官。旋有和事老出而善为调停，其事乃息。"

厨役图奸幼童（《图画新闻》清宣统元年十月十二日）

原注："天津河北宝成栈空房，近有某署厨役四人，携二娈童至内，意欲鸡奸。被一局四区岗警查见，向前盘问，竟被凶殴。当经巡警扭获二名，送入警署讯究云。"

可怜一曲后庭花（《图画新闻》清宣统二年正月初十日）

原注："南洋巡警头班毕业兵生某，新由李总监委办西三区巡记。素好男风，因值班查岗，瞥见本局门岗某甲饶有风姿，触发旧癖，因即诱入房内，冀图鸡奸。甲大声呼救，始纵之出。区长闻声惊醒，急起查问。不敢容隐，即于翌早报告李总监。总监乃将该巡记暂行拘押，尚不知□何处究也。"

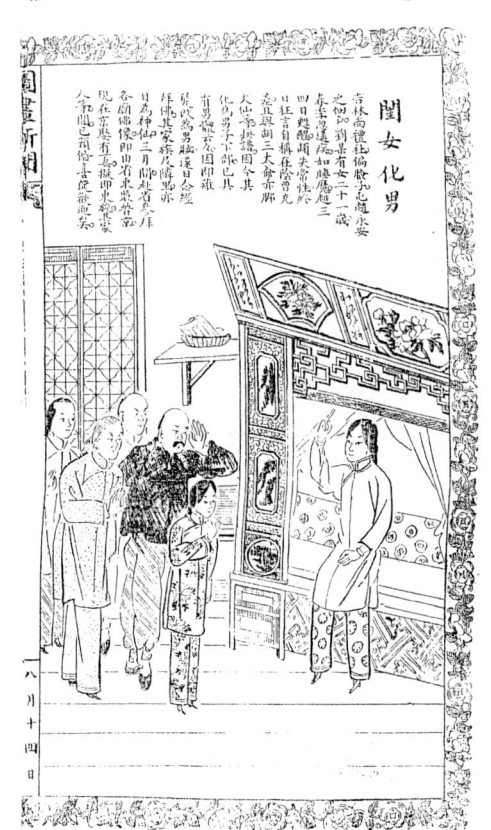

闺女化男（《图画新闻》清宣统二年八月十四日）

原注："吉林尚礼社刘某有女二十一岁，春季忽遘疾如睡魔。越三日苏醒，顿失常性，终日狂言。自称在阴曹充差，且与胡三太爷、赤脚大仙等换谱。因令其化为男子，下部已具有男体云云。因即薙发改为男妆，遂日念经拜佛，其家族及邻里亦目为神仙。三月间赴省参拜各庙佛像，即由省束装晋京。现在京娶有妻，拟即东旋，其家人等闻已预备喜筵欢迎矣。"参见《洞灵续志》。

断袖文案（《图画新闻》清宣统二年九月二十五日）

原注："某省抚辕文案某令，风姿楚楚，顾影自怜。所携多俊仆，脱去上下形迹，人皆疑其有龙阳癖。一日忽为上官窥破，大怒，哗逐之，曰：'若稍逗留，立登白简。'该令屏息不敢声，竟于当日只身赴江宁。及事后悉心调查，乃身为断袖人，而待仆以楚王也。哄传吴门，诧为怪事。"

官场三妖记（《图画新闻》清宣统二年九月二十九日）

原注："桂省仕途中人，群以挟妓昵优为事。景福戏园花旦宝珊，年少貌姣，官界昵之者众。近因触怒班主，驱逐出园，不准演唱。九月初十日晚演《斩三妖》一出，适警务公所副科长陈长侯、官报总编辑孔昭炎、西分驻所巡官周瑚等在座观剧，乃迫北区警官勒令园主寻回宝珊，登台扮演。陈等挟昵优伶，竟不畏上宪之禁令，奇矣。"

乔妆怪剧（《图画新闻》清宣统三年正月二十一日）

原注："江西樟树镇，每岁新正多有瑞州人，年或二十余或三十余，甚至有四十余者，男作女装，涂脂抹粉，沿街演唱花鼓戏。所唱之曲均系淫词，其一种丑态，足令观者解颐。合计通镇不下数十班，亦社会之恶习也。"

鹦歌戏（《图画新闻》清宣统三年正月二十三日）

原注："余姚俗例，每遇春令，各乡必群演鹦歌戏。本月初八日，县役获到串客二人，经县官讯明后，饬差押二人游街示众。二人仍着戏衣，一扮女尼，一扮老生，见者莫不发噱。说者谓近来鹦歌淫戏无地蔑有，无夜不有。惜地方官不能为余姚令之风雅，为社会一助兴趣耳。"

(《国朝名人政绩图》清宣统元年闰二月初二日)

任侍御杖王府优人

原注:"康熙中,任葵尊侍御在台垣颇著风节。巡视北城,时有锦衣骏马突其前,公叱呵之,众曰:'此某王所嬖千金旦也。'公愈怒,身逐之。抵王府,坐门外坚索旦,必得乃已。王问之曰:'是申申者何也,即出敢若何?'旦出,公叱缚之,予杖四十而去。"

(《国朝名人政绩图》清宣统元年十二月二十五日)

僧郡王生擒窟室中悍贼

原注:"粤逆洪秀全既陷金陵,遣其悍贼林凤翔(祥)等北犯畿辅。科尔沁郡王僧格林沁奉朝命统兵会剿。贼踞连镇坚守,僧邸以咸丰五年正月十九日攻克之。贼酋林凤翔方在窟室中,挟二美人宴饮欢呼。已将长发薙去,思乘间潜逃。乃就而擒之,与其党十一人一并解京置之法。"

《国朝名人政绩图》清宣统元年十二月二十六日

僧郡王不允贼酋伪降之英明

原注:"咸丰初年,粤逆洪秀全遣悍贼李开方(芳)北犯,据直隶之高唐州。僧王引运河水灌之,李逆势蹙,递禀乞降,僧王允许。李身穿月白绸短袄红绸裤,携两贼童各穿大红绣花衣裤、红鞋,年约十六七,美如女子,左右挥扇随李直入帐中。李称如能宽贷其罚,愿说金陵诸贼来降。僧王知其心叵测,立将李贼与八贼目解至京师,凌迟处死。"参见《道咸宦海见闻录》(三)。

图画日报

(清末)环球社图画日报馆编绘
清末该报上海石印本

犯妇苦中寻乐(第二号,清宣统元年七月初三日)

原注:"广东南海县女监犯妇刘李氏、陈汤氏,每于夜深人静,高声唱咸水歌(乃男女赠答之词)。"按两女之间对唱咸水歌,当然不会是男女之词而应是女女之词,至少也是以男女之词来表达女女之意。

十姊妹（第三十八号，清宣统元年八月初九日）

原注："沪上女风，间有闺侣缔结金兰者，谓之十姊妹。实滥觞于粤省，而盛行于顺德。顺德处女，往往十人结纳，焚香誓天，矢志不嫁。父兄出以强迫，则勉归夫族，草率成礼，抵死不乐为夫抱子。结束缜严，有类于防闲强暴，夫婿稍迩芗泽，则拒之惟恐不坚。三日庙见，归宁父母，辄一去如黄鹤。既归，所谓十姊妹者必踊跃欢迎，验其结束，稍觉弛缓，即与为难，痛恨其人等于仇雠。若辈号为长斋绣佛，自完太璞，或谓此中良有难宣之秘密，不得已而出此暧昧之地。固未敢肆意揣测，而其为陋习则已审矣。"

后庭火（第四十七号，清宣统元年八月十八日）

原注："广东惠来有蔡姓，人呼为张天师者，素有断袖癖。嬖一狡童林某，颇相契合。近因林别有所爱，与蔡之情稍觉冷淡。蔡知而恨之，遂生毒心。上月下旬二十八日之夜，适林在帝爷庙前纳凉，偶然睡去。蔡即用火油并硝磺引火之物，埋林身傍。久之不发，上前吹动，则轰然一身，火发焰冲。林受重伤，蔡亦与焉。"

原注："九江南门城内康王庙，系尼僧住持。内有小尼名春山者，有姿色，平时颇不利于人口。与铁路弹压委员之姨太相善，彼此往来甚密。二十夜，某姨太在该庙住宿，与春山共榻。次早日上三竿尚未启户，老尼即推户入视，则见某姨太已被刺死。惊问春山，春山即持刀自杀。不死，复奔入后园投井，经人救起，送往医院救治。至今早春山亦死，刻下死无对证，不知作何办理也。"

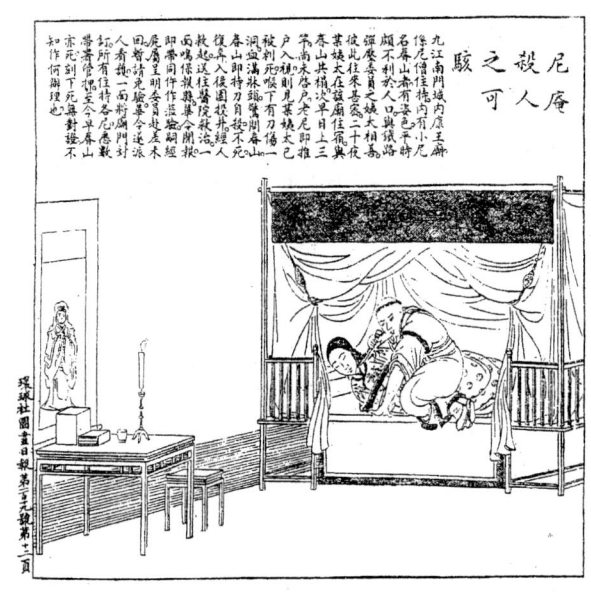

尼庵杀人之可骇

（第一百十九号，清宣统元年十月三十日）

原注："晚近以来，南风大竞。名公巨卿谈及余桃风趣，津津若有余味焉，是亦人心风俗之忧也。京师有某公者，起行伍致身通显，而雅好男风，时与某顽童比。日前坐马车外出，竟使童骖乘，游行街市，又同入某球房作球戏。旁观者咸谓以童之丽质，何之不可，而必求媚于鬈鬈之叟，诚为可惜。然吾谓若辈所持，皆是金钱主义，袖有黄白物，欲如何便应如何也。"

有叟多情竟使顽童骖乘

（第二百十二号，清宣统二年二月十四日）

想九霄之《斗牛宫》
（第二百三十四号，清宣统二年三月初六日）

原注："想九霄，姓田名际云，工串梆子花旦。貌丰腴，如春透牡丹，于妩媚中别具一种富丽之态，在京时颇见赏于名公巨卿。所演《拾玉镯》等戏，或以庄静胜而不掩其娇，或以幽媚胜而不流于荡。适合闺阁女郎态度，见者佥叹为得未曾有。光绪初年莅沪，创玉成班。与小生金红排演《斗牛宫》一剧，田扮仙女情入画，殊有飘飘欲仙之致。今田已返京多年，前岁曾遇之都门，已两颊鬓鬓，不复前之丰彩矣。"参见《燕归来簃随笔》（一）。

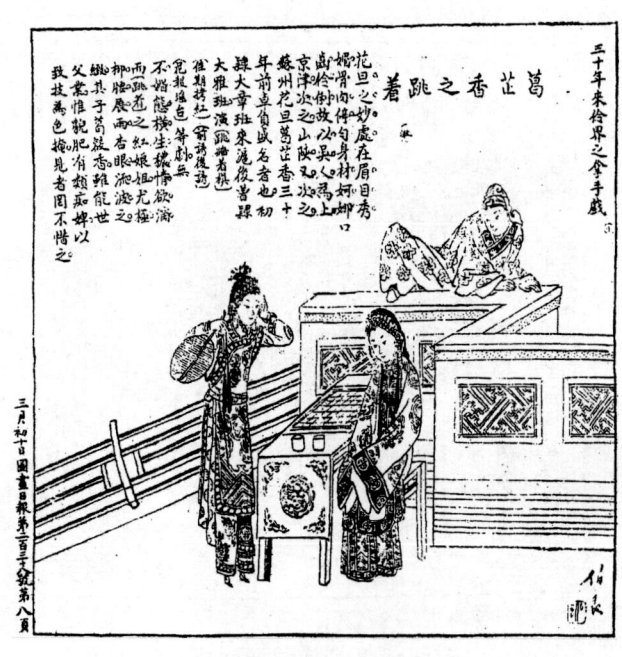

葛芷香之《跳着》
（第二百三十八号，清宣统二年三月初十日）

原注："苏州花旦葛芷香，三十年前卓负盛名者也，来沪后曾隶大雅班。演《跳墙着旗》、《前诱后诱》等剧，无不媚态横生，秋情欲滴。而《跳着》之红娘姐，尤极柳腰展雨、杏眼流波之致。其子葛筱香，虽能世父业，惟貌肥有类痴婢，以致技为色掩，见者罔不惜之。"

原注:"花旦小桂寿,绮年玉貌,妖冶绝伦。与小丑小金生最为投契,几于每剧皆与金生配合。所演《小荣归》《大补缸》等戏,或花含媚态,或柳绾柔情,无不并皆佳妙。而《大别妻》一出,描摹妒妇夺夫,犹足令人忍俊。惜年甫及冠,以瘵疾卒。未几,小金生亦抑郁成疾而殁。时人有以鸳鸯同命为比者,良有以也。"参见《粉墨丛谈》(一)。

小桂寿小金生之《大别妻》
(第二百六十二号,清宣统二年四月初五日)

原注:"童双喜,甬江人,小名阿三。幼时扮台阁中戏剧,冶眉媚目,无殊绝世佳人。生平擅长游戏各剧,如《大补缸》《荡湖船》《打面缸》等最为出色,亦能仿效京剧。当[上海]四马路群仙旧址开演甬班时,童双喜与徐云标寔为班中柱石。惜甬班武场不及京伶矫健,未几即停锣息鼓。嗣闻双喜因贪多金,为报恩寺某僧所狎。同类俱鄙薄之,故其名遂坠落不振云。"参见《民呼日报图画》。

童双喜之《大补缸》
(第二百八十三号,清宣统二年四月二十六日)

原注:"十三旦,直隶之定兴县人。柔肌玉润,娇态花嫣。度曲亦如天籁,发声既清且朗。工唱梆子花旦,兼串刀马旦。在京隶宝胜和班,名盛都下。"参见《清稗类钞》(二十一)、《伶史》(一)等。

十三旦之《新安驿》
(第二百八十六号,清宣统二年四月二十九日)

原注:"上月二十五夜,苏垣饮马桥双龙街交界之十字口,见一岗巡身著警服,手提警灯,于某店屋檐下支颐侧卧。旁有一十六七龄之小滑头,方持乐器曼声低唱。岗巡则以足点地,如按拍者然。且相视而笑,面目间不知含情几许。询之路人,始知唱者即某巡士所嬖之娈童。时方沽饮尽醉,乐极而狂,不复知此身之何属矣。真罕见之怪事也。"

站岗士醉恋娈童
(第二百九十号,清宣统二年五月初四日)

原注:"《贵妃醉酒》一剧,最难在饮酒时。三个软腰,非柔如无骨之身,易见坚硬,观者便觉索然无味。湖北花旦月月红,吴姓,轶其名。光绪初来申,虽面有微麻,而装束登场,不损其媚,演《醉酒》最臻绝技。"参见《粉墨丛谈》(二)。

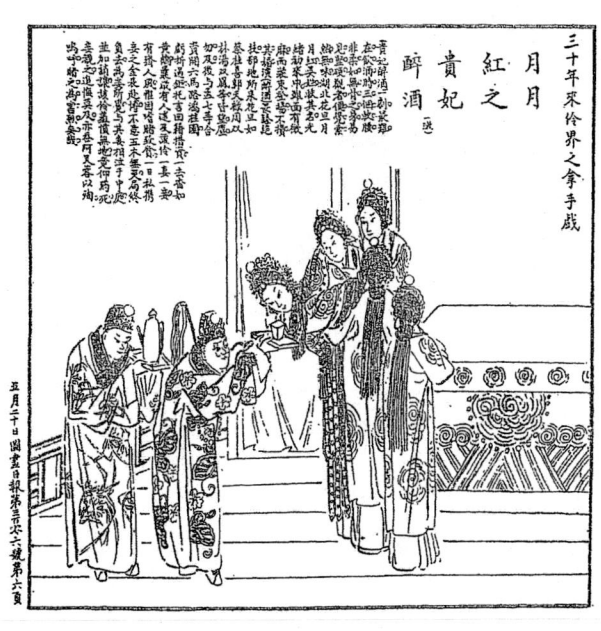

月月红之《贵妃醉酒》
(第三百零六号,清宣统二年五月二十日)

原注:"京津庚子年以前,冶游者俱尚男风,甚至公卿士大夫以狎妓为耻,故妓院中鲜有涉足者。自庚子匪乱之后,风气为之一变,于是南风始渐不竞。今则津地已无此污点,北京虽尚有之,然昵之者亦不复如昔日之盛,因作此种原来不是花图以嘲之。"

此种原来不是花
(第三百十八号,清宣统二年六月初二日)

此图描绘了南京妓院与北京相公堂的相似之处，原注："'伤心三字点灯笼'，前人咏像姑堂子送客诗也。不谓金陵钓鱼巷各妓院，恰可移咏。盖钓鱼巷一带，街道黑暗，故狎客之往游者，出院时必由龟奴点灯一盏，藉以相照。因作斯图，阅者勿误作北京之像姑堂子观也。"

伤心三字点灯笼

（第三百二十四号，清宣统二年六月初八日）

原注："颜观察，近日仕途中红人也。署中有男仆名小马者，丰姿绰约，颜以妾妇畜之。房闱之间，一任小马出入。讵小马见财起意，于月前窃去贵重物品多件。颜不予深究，仍令在署当差。吉林官场，一时称为奇事云。"

便宜小马

（第三百六十八号，清宣统二年七月二十三日）

原注："路三宝，号玉山，北京著名花旦也。辛丑冬，丹桂部以重金聘之南下，所演各戏若《花田错》、《拾玉镯》等无不脍炙人口。盖貌既艳丽，声尤清脆，台步身段亦臻绝顶，诚为花旦中不可多得之才。"参见《国闻备乘》（一）。

路三宝之《花田错》
（第三百七十七号，清宣统二年八月初二日）

原注："花旦小子和姓冯，名旭初，夏月珊之徒。初隶丹桂，唱青衫子，如初炙莺簧，恰到好处。后改花旦，京昆梆子无一不能。貌更如出水芙蕖，异常娇艳。以是观剧者皆赏识之，誉为南北近日第一花旦。"参见《中国黑幕大观》（二）。

小子和之《百宝箱》
（第四百零二号，清宣统二年八月二十七日）

民呼日报图画

(清末) 该报编绘
清末该报石印本

小旦与老僧同榻（清宣统元年六月初三日）

原注："甬上（宁波）新春台花旦童绰仙，于今春三月间走失。近有人见童在城南报恩禅院中，班主即往寻之。果在禅房内与和尚同榻，喁喁私语。断袖余桃之事，不问可知。班主询其何为逃此，绰仙答以为优乏趣，已在大佛前许愿为僧，决不再出寺门。班主无奈，许偿该僧饭资，亦不允。近班主拟控和尚以狎优之罪，僧则神通广大，遂挽某绅为护法云。"

都门识小录

(清末)蒋芷侪撰
巴蜀书社 1993 年影印
《中国野史集成》本①

（一）

八大胡同名称最久，当时皆相公下处，豪客辄于此取乐。庚子拳乱后，南妓麇集，相公失权，于是八大胡同又为妓女所享有。酒食之费，征逐之多，较之昔年奚啻十倍。有人咏八大胡同诗一首，将胡同细名包括在内，录之以为一般游客指迷。诗云：

八大胡同自古名，
陕西百顺石头城（陕西巷口、百顺胡同、石头胡同）。
韩家潭畔弦歌杂（韩家潭），
王广斜街灯火明（王广斜街）。
万佛寺前车辐辏（万佛寺湾系一小横巷，西通陕西巷，东通石头胡同），
二条营外路纵横（大外郎营、小外郎营）。
貂裘豪客知多少，
簇簇胭脂坡上行（胭脂胡同）。

按：八大胡同又名十条胡同，以该处大小巷计之，有十条也。

（二）

昨饮于上林春，言及近日员外郎之有别才者，皆戴红顶。名器之滥，莫此为甚。有客笑曰："此中却有分别。"余曰："不过一二品之间耳。"客曰："非也，乃红色名称之分别。由私函请托而得者名笺红，贿保及捐得者名银红，诬盗杀民者名血红，办交涉者名洋红，襄办大婚典礼者名喜红，循资格而得者名老红。"余赏其名称之层出不穷，戏问曰："近有充大帅娈童及妻拜亲贵为干女，妾与亲贵荐枕席而得者，当名何红？"客半响跃然曰："此可名之为肉红。"

---

① 据民国间成都昌福公司铅印《□清野史》本影印。

国闻备乘

（清末）胡思敬撰
重庆出版社 1988 年版

（一）卷二·京师梨园

京师人好听戏，正阳门外戏园七所，园各容千余人。以七园计，舍业以嬉者，日不下万人。时有路三宝妆束妖冶，善新声，立山嬖之。拳匪之难，立山被戮，亲故畏祸皆避匿。三宝携酒祭西市，哭泣甚哀。取头贮铜盘，吮其面血，闻者莫不义之。

（二）卷四·广东十姊妹

广东女子多结盟不嫁，同时结盟者有十人，群称为十姊妹。藏利刃于胸，或逼之嫁，则取刃自刺，其坚悍虽父母不顾也。

（三）卷四·天阉

凡男子不能近女色者谓之天阉。同时在位大臣若大学士翁同龢、礼部侍郎张亨嘉、吏部侍郎于式枚皆患此疾。三人在光绪时颇有文采风流之概，今亨嘉、同龢俱憔悴死，唯式枚尚存，亦孤立无助。予在南方，不闻有阉疾。来京师数年，始稍稍闻之。然此三人外亦别无所闻，岂奇疾独钟于方雅之士欤？闻德宗①亦系天阉，疑莫能明。或宫人因其无子而诬之，未可据为实录也。

（四）卷四·琐记

常州赵凤昌年少美姿容，鄂督张之洞嬖之，用为内巡捕，所言无不听。群呼为一品夫人赵氏。

---

① 光绪帝。

南亭笔记

(清末) 李伯元撰
民国十五年 (1926)
上海大东书局石印本

(一) 卷二

世之以情死者，大抵男女相悦，未有男遇男、女遇女而以情死者也。桐子霑太守泽，满洲人，守常州几十年。太守有女公子美而慧，太守极爱之。初莅苏任，女结一女友，及相得，形影不离。及太守之常州任，去苏二百里。二女相别，泣不可仰。既别，系念綦切。越数月，非桐女至苏，即彼女至常。然终嫌不便，不能往来，其女友竟以相思成疾而死。太守得其家函，秘不告女。女以久不得函，亦疑之。坚请至苏省视，太守许之。既至，知女友已死，一恸而绝。兹二女者，可谓痴于情矣。

(二) 卷三

吴三桂盛时，颇留意声伎，蓄歌童自教之。中六人最胜，称六燕班，因六人皆以燕名也。

(三) 卷五

阳湖孙星衍，工六书篆籀之学，其为诗似青莲、昌谷，亦足绝人，然性情甚僻。曾客陕西巡抚毕公使署也，尝眷优伶郭芍药者，固留之宿。至夜半，伶忽啼泣求归。时戟辕已锁，孙不得计，接以梯百尺，由高垣度过。出为逻者所获，白于节使。节使询知其故，急命释之去，惟恐孙之知也。后微闻凌肆益甚，同幕者不胜其忿，为公檄逐之，檄中有目无前辈，凌轹同人诸语。节使见而手裂之，更延孙别馆，有加礼焉。

(四) 卷十一

闽督许应骙与总兵钟紫云朋比纳贿。时有优人名紫云者，色艺极一时之选，钟紫云进诸该督，且谓该伶名与己同，使日侍老师左右，即与门生亲来无异。该伶终日女妆，出入督署，不以为怪。甚至不名紫云，竟以钟提督呼之。闻总兵、伶人，同为该督弄儿云。

谈笑奇观

(清末)佚名编
清宣统三年(1911)
上海文元书庄石印本

(一)卷上·三生

吴中有某甲,向在都中选养梨园子弟,而生角居多。积有资财,荣归故里。大起第宅,欲倩名人题一扁额。或题曰"三生堂",某不解所谓。有客见而哂之,某急问何意,客曰:"三生者,老生、正生、小生也。"某怒其奚落,欲寻评理。其人乃系过客,已不知所之矣。

(二)卷上·小脚男人

客有自芜湖来者,述及张某在洋关执役。家小康,无子,惟一女,颇端丽。年二十,已字于某氏,出阁有日矣。一夕忽变为男,父母大喜,奔告某氏,退其婚。并集族人,重开汤饼宴,令易装而出拜焉。逾年娶妻,居然生子。足锐而小,不类常人,共号为张小脚焉。

(三)卷上·逢劲敌 记一两性人事例。

妙香室丛话

(清末)张培仁撰
清光绪十年(1884)申报馆
上海铅印《申报馆丛书》本

(一)卷四·姊妹孝烈

咸丰四年五月,贼①破常德,杀戮淫掠之惨,天日俱昏。贼如见幼童清秀,无不掳去者。

---

① 太平军。

（二）卷八·义伶

徐牧斋记义伶兰官事云：阑珊百里之花，烂熳南薰之曲，每叹人之好尚有不同者。然而薰香傅粉中大有人在，如李桂官之俊眼，魏琬卿之侠肠，人尽知之。更有蒙宠爱于生前，全孤寡于生后，如某兰官者，其尤足传矣。兰官忘其姓，相传为川东人。幼隶梨园部，心性明慧，丰姿韶令，尤精度曲，为燕兰谱中后起之秀。时有楚南某孝廉充景山教习，于歌楼中一见心倾，遂订三生约，盖孝廉故饶于资而深于情者。未几教习满期，出宰河阳，携以俱去。以其办事了当，专派司阍。兰官虽艳如桃李而冷若冰霜，遇事每敢言直谏，渐为同事挤排。主人亦习爱成憎，遂幡然告假，并索千金之赠。泣拜而去，不通音问凡六七年。谁知樱桃不种，蔓草易滋。功名则如日烘花，事业亦如汤沃雪。旋因军需案牵涉，竟被瓜蔓之抄。遂撄苜苢之疾，抑郁以终。斯时也，奴星尽散，老仆仅存，茕茕八口，留滞省垣。虽饔飧不给，无有过而问者。一日忽有裘马翩翩，排闼而进者，则兰官也。入门大咤曰："繁华忽变，好梦难回，一至于此。"老仆叩见主人之母于堂下。孝廉只一子，甫垂髫，一见曰："此幼主耶？"执手滂滂泪下。遂出橐中金为之料理归计，整顿行装，偕老仆护家口扶灵柩间关千余里，自洛阳抵于长沙，择地安葬。就近置宅一区，买水田二百亩，俾老仆奉主母幼主以居焉。事毕，主母劳之，则曰："此皆老主故物，奴婢何力之与有？"遂泣拜其主之墓而去。初兰官挈千金资，并未回家，为浮梁贩茶客，权子母积赢余，若预为故主人身后家口计，其用心又何深且远也。嗟乎！金丸易冷，翠被尤温。祸虽惨于焚巢，情独深于完卵。以视世之盟寒车笠，誓负死生，其有愧于斯伶多矣。谓之曰义，谁曰不可？

清稗类钞

（清末民初）徐珂编
中华书局 1984 年版

（一）讥讽类·将家

张文襄①督蜀学时，有某生饶才艺，疏狂自喜，极承赏识，拔为某书院高材生。及张督鄂，某入幕府。一日，张见某使扇缋一非人非猴之物，盘辟双桂间，题李昌谷句云："吴质不眠倚桂树，露脚斜飞湿寒兔。"无下款，印曰将家。询知为某作，大怒，某亦负

---

① 张之洞，谥文襄。

气去，时人咸不解其故。旋闻使之妻名银桂，即张之宠婢，而以吴质譬文襄，以兔譬某使也。

（二）讥讽类·女魃女祸与男色

金奇中与姚宗舜同客沪，一日，宗舜诣奇中，以创设女校事就商之。奇中曰："沪地利交通，设校便，然独不可以设女校。"宗舜请其说，奇中不答，微笑而已。宗舜出，奇中送之门，适有男女哄于途，众围其旁，声嘈杂，不可闻，遥瞩之，觉此男女者装束皆类学生，揣其年，一及冠，一及笄也。宗舜曳奇中趋而谛听之，则闻男骂女曰："汝女魃也，女祸也。"奇中乃大笑。少顷，则闻女之骂男也，其言曰："尔亦男色耳，何自大为！"奇中又大笑，几为之绝缨。

宗舜以奇中大笑而质之，奇中曰："女魃见《北史》……女祸则见于《唐书》。……若'男色'二字，则以言男子之以美貌见宠者，《汉书·董贤传》赞云：'柔曼之倾意，非独女德，盖亦有男色焉。'此非言其为弥子瑕、郑樱桃之俦耶？"奇中言至此，太息不已。宗舜乃大悟而言曰："吾知之矣，宜君言上海之不可设女校也。"

（三）讥讽类·天良①

某太守，浙人，尝奉檄至沪，数作狭邪游，眷二女，妓院之女佣也，一曰阿毛，一曰阿土。旋入京，则与像姑名翠林、红湘者昕夕过从，文采风流，传播遐迩。尝为骈俪书，致其沪上友人云："食毛践土，具有天良。倚翠偎红，敢云至乐。"或谓某太守能作感恩语，亦饶有官气也。

（四）讥讽类·以身发财

有为龙阳君者，娶妇而美，不一载，亦卖淫矣。或以无业讥之，则曰："吾二人非坐食也，皆以身发财也。"

（五）诙谐类·朋友得夫妻之乐

太仓吴元朗暻、海宁查声山升、仁和汤西厓右曾，为康熙戊辰进士同年，并负诗名，同官京师，恒唱酬竟日夕。某夕，社集声山寓斋，时值初春，天寒雪甚，因下榻焉。漏已三商，声山、西厓同榻先寝，元朗犹推敲未已。声山戏于枕上属对云："孤吟午夜，文章有性命之忧。"元朗应声云："双宿春宵，朋友得夫妻之乐。"声山闻之，戏拍西厓肩云："汤婆子，吾侪速睡休，勿令若人搅清梦也。"三人皆为之轩渠。

---

① 参见《滑稽丛话》（三）。

（六）诙谐类·小童

"夫人自称曰小童"题时文二股云："凡物莫不有大小之分，吾大也乎哉？吾小也。吾今虽大，吾昔则小也。凡人莫不有童女之别，吾童也乎哉？吾女也。吾前虽女，吾后则童也。"

（七）诙谐类·乡试落卷批条

科场定例，凡朱卷之进内帘者，不中房考官程式，概不呈荐。卷批往往预为拟就，恒以笼统两三字如"欠妥"、"欠稳"之类了之。有一士子领落卷，批为"欠利"二字，于是题诗云："已去本洋三十圆，利钱还要欠三年。"又一卷批"粗"字，又题云："自怜拙作同嫫毐，一入卿房便觉粗。"

（八）诙谐类·隔江犹唱《后庭花》

忠州李芋仙大令有才名，工诗词，集成句对，不烦思索，脱口而出。尝客游河南，周翼庭太守方居祥符，因述在都时集句赠诸伶，皆暗藏其名。翼庭曰："吾号殊不易对。"李曰："何难？"即举《长恨歌》一语曰："在天愿作比翼鸟。"良久不言，客亟询之，李以手拍其股曰："尚有一句，'隔江犹唱《后庭花》'。"举座大笑。翼庭不悦，后李行时，所赠甚薄。李告人曰："为一联巧对，换我三百金也。"

（九）诙谐类·御挪指者发痔

有西藏喇嘛僧某初入京师，见王公大臣之指多御挪指。不解其故，以询译人。译人戏之曰："此间妇女经期到时，则御戒指以戒房事。而京中多重优伶，好男色，其御挪指者，乃发痔时也。"

（十）诙谐类·天而既厌周德矣①

吴县周伯苏太史兰，同治中，尝督学陕甘。既归，则囊有余蓄，乃倾资与伶人狎。有张天元者，与周尤昵，因从之习诗字，过从无虚日，周戏呼之曰"天儿"。后因事有违言，踪迹渐疏，而奉新许仙屏河帅振祎亦方自陕甘学差归京，天元遂弃周而事许。一日，有人戏问周曰："比亦见天儿否？"周太息曰："天而（儿、而同音）既厌周德矣！吾其能与许争乎？"

（十一）诙谐类·老斗高升

京伶扶云，瑞安黄漱兰通政体芳颇赏之。一日，在酒座中，有客指黄而言曰："扶云

---

① 语见《左传》隐公十一年。

老斗。"盖京谚称狎伶者为老斗，伶人又有相公之称，故目其客为老斗，即门斗之意也。黄应之曰："指日高升。"一客乃起立而大呼曰："老斗高升。"

（十二）诙谐类·君子自重

有龙阳君至京师，以为北人好男色，必不虚此行也。一日，就浴于澡塘，欲得利市。浴毕，随众裸坐，方薰香剃面，极意自炫，瞥见便旋处揭橥一纸，有"君子自重"四字。曰"休矣"，悒郁而出，盖误解也。

（十三）称谓类·粤人以契弟二字骂人

契弟之称，初唯师之于弟有之，言其衣钵相传，两两相契也。继而避嫌不用，则以闽粤之好男风者，每以此二字称其所欢耳。粤中骂人辄曰契弟，其音略同"开怠"，盖以龙阳譬之也。

（十四）方言类·广州方言

契弟（读作开代），男子卖淫者也。推石狮，骂人之作龙阳也。其源出于官署门外有石狮，两手推之，其后任人取乐也。烂棉胎换烂布，男子互相鸡奸也。

（十五）豪侈类·文某为伶脱籍

文某为内务府司员，暇则狎优。其在光绪中叶，伶之稍有声誉者，皆出资为之脱籍，每费必万金。又尝于同日为四像姑出师，四人皆以"颖"字名其堂，时人号称"四颖"。像姑为相公之音转，即伶人也。

（十六）优伶类·像姑

都人称雏伶为像姑，实即相公二字，或以其同于仕宦之称谓，故以像姑二字别之，望文知义，亦颇近理，而实非本字本音也。朝士之雅重像姑者，殆以涉迹花丛，大干例禁，无可遣兴，乃召像姑入席，为文酒之欢，然亦未必谓真个销魂，不食马肝，即为不知味。如王文简公、钱牧斋、龚芝麓、吴梅村辈，诗酒流连，皆眷王紫稼，毕秋帆且持状元夫人以去。动于情感，亦尚无伤大雅，固未可与断袖伧奴同日而语也。

伶人所居曰下处，其萃集之地为韩家潭，樱桃斜街亦有之，悬牌于门曰某某堂，并悬一灯。客入其门，门房之仆起而侍立，有所问，垂手低声，厥状至谨。俄而导客入，庭中之花木池石，室中之鼎彝书画，皆陈列井井。及出，则湘帘一桁，瀹茗清谈。门外仆从，环立静肃，无耳语声，无嗽声。至此者，俗念为之一清。

光绪中叶，士大夫好此者尤盛，韩潭月上，比户清歌，诚足为点缀升平之一助也。

伶互相语而指其所交之客，则曰老斗。

京师雏伶皆蹑靴，必离师独立始履，而仆亦称之曰主人矣。堂主之子曰少主人。伶出见老斗，凭其肩，致寒暄。资格深者，伶直呼其字。曰爷者，疏远之词也。

伶既出师而积有余资，得蓄雏以自立，而自身尚周旋于酬应场中者，固数数觏。然亦有侘傺无聊，几难存活者。或有诗咏之曰："万古寒渗气，都归黑相公。打围宵寂寂，下馆（戏馆也）昼匆匆。飞眼无专斗，翻身即软篷①。（相公之落拓至甚者，每至软篷为龙阳君。）陡然条子至，开发又成空。"孽海中而有如此苦恼，人不知也。

客饮于旗亭，召伶侑酒，曰叫条子。伶之应召，曰赶条子。光绪中叶之例赏，为京钱十千，就其中先付二千，曰车资，八千则后付。来时，面客而点头，就案取酒壶，遍向座客斟之，众必谦言曰："勿客气。"斟已，乃依老斗而坐，唱一曲以侑酒，亦有不唱者，猜拳饮酒，亦为老斗代之。

老斗在剧场，为台上素识之伶所见，戏毕下台，趋近老斗座，屈膝为礼，致寒暄，曰飞座儿。嘉庆时，或作《都门竹枝词》云："园中官座列西东，坐褥平铺一片红。双表对时交未正，到来恰已过三通。""坐时双脚一齐盘，红纸开来窄戏单。左右并肩人似玉，满园不向戏台看。""帘子才掀未出台，齐声喝彩震如雷。楼头飞上迷离眼，订下今宵晚饭来。"

老斗饮于下处，曰喝酒。酒可恣饮，无热肴，陈于案者皆碟，所盛为水果、干果、糖食、冷荤之类。酒罢，啜双弓米以充饥。光绪中叶，酒资当十钱四十缗，赏资十八缗，凡五十八缗耳。其后银价低，易以银五两。银币盛行，又易五金为七圆或八圆，数倍增矣，然犹有请益者。

老斗与伶相识，若已数数叫条子矣，则必喝酒于其家，大率必数次。或为诗以纪之，中四语云："得意一声拿纸片，伤心三字点灯笼。资格深时钞渐短，年光逼处兴偏浓。"拿纸片者，老斗至下处，即书笺，召其他下处之伶以侑酒也。点灯笼者，酒阑归去时之情景也。

老斗之饭于下处也，曰摆饭。则肆筵设席，珍错杂陈，贤主嘉宾，既醉且饱。一席之费，辄数十金，更益以庖人、仆从之犒赏，殊为不赀，非富有多金者，虽屡为伶所嬲，不一应也。

老斗之豪者，遇伶生日，必摆饭。主宾入门，伶之仆奉红氍毹而出，伶即跪而叩首。是日，于席费犒金外，必更以多金为伶寿。筵座之客，且赠贺仪，至少亦人各二金，伶亦向之叩首也。

---

① 剃头铺。

（十七）优伶类·伶有花榜

官署文告之揭示，俾众周知者，曰榜。若文武考试之中式者，其姓名亦次第列之，亦曰榜。就会试而言，则有状元、榜眼、探花诸名目。而京朝士大夫既醉心于科举，随时随地，悉有此念，流露于不自觉。于是评骘花事，亦以状元、榜眼、探花等名词甲乙之，谓之花榜。光绪壬寅①春季，蜀南萧龙友订壬寅杏谱，于菊部之俊秀者取十名，评其姿态，述其家世。谱中首选为安华堂主人王琴侬，次朱幼芬，次姜妙香。王温文尔雅，举止大方，朱俊伟，姜明丽。且朱能书，姜善画，并师吴根梅。根梅日必一至二伶家，抗颜据讲座，彬彬儒雅，方驾横渠矣。

（十八）优伶类·伶人蓄徒

京师伶人，辄购七八龄贫童，纳为弟子，教以歌舞。身价之至巨者，仅钱十缗。契成，于墨笔划一黑线于上，谓为一道河。十年以内，生死存亡，不许父母过问。

同光间，京师曲部每畜幼伶十余人，人习戏二三折，务求其精。其眉目美好，皮色洁白，则别有术焉。盖幼童皆买自他方，而苏、杭、皖、鄂为最，择五官端正者，令其学语、学视、学步。晨兴，以淡肉汁盥面，饮以蛋清汤，肴馔亦极秾粹，夜则敷药遍体，惟留手足不涂，云泄火毒。三四月后，婉娈如好女，回眸一顾，百媚横生。惟貌之妍媸，声之清浊，秉赋不同，各就其相近者习之。或曰，八九岁时，恒延师教曲于家，必先习须生而喊嗓子，每日黎明，至广漠之处，或林边水隈，随意发声，由丹田冲喉直呼，仿佛道家之炼呼吸。久之，愈喊愈宏，则登场发声，自能充满四座。若喉小，始习青衫，其次习小生，貌劣者习花脸，纤妍而嗓不高者习花旦。盖伶界最重须生，其次青衫，其次花旦，小生又其次也。

（十九）优伶类·魏长生为伶中子都②

魏三，名长生，字婉卿，四川金堂人，京伶中之子都也。幼习伶伦，困阨备至。乾隆己亥入都，时双庆部不为众赏，歌楼莫之齿及，长生告其部人曰："使吾入班两月，而不为诸君增价者，甘受罚无悔。"既而以《滚楼》一剧，名动京城，观者日千余人，六大班顿为之减色。其它杂剧子胄，无非科诨诲淫之状，使京腔旧本置之高阁，一时歌楼观者如堵。

长生尤工《葡萄架》、《销金帐》二出，广场说法，以色身示人，轻薄者至推为野狐教主。壬寅秋，奉禁入班，其风始息。

---

① 光绪二十八年，1902年。
② 据《燕兰小谱》、《梦华琐簿》的相关内容编写。

长生齿既长，物色陈银官为徒，传其媚态，以邀豪客。庚辛之际，征歌舞者，无不以双庆部为第一也。且为人豪侠好施，一振昔年委靡之气，乡人之旅困者多德之。未几归。及年六十余，复入京师，理旧业，鬖鬖有须矣。日携其十余岁之孙赴歌楼，众人属目，谓老成人尚有典型，登场一出，声价十倍。夏月自剧场归，暴卒。

（二十）优伶类·炉台子为程长庚配角①

程长庚②性傲，而独礼重读书人。有炉台子者，卢姓，因喜渔男色，人以其姓卢而呼之。或云为安徽举人，流落京师。其人夙有戏癖，尤崇拜长庚。日必至剧场，聆其戏，久之遂识长庚。长庚询得其状，颇怜之，遂留至寓中，供其衣食。炉亦以功名坎坷，无志上进，愿厕身伶界。长庚复为之延誉，凡演戏，非炉为配角不唱，炉因是得有啖饭地矣。

（二十一）优伶类·侯俊山顾盼自喜

侯俊山，即老十三旦，张家口人。同光间在京声震一时，穆宗殊嬖之。同治某科乡试，御拟试题《君子坦荡荡》，即隐十三旦。"坦"字为"十"为"一"为"旦"，"荡荡"则含有两"旦"字之音，合之为十三旦也。

（二十二）优伶类·五九为张樵野所眷③

五九为光绪时京师之美伶，张樵野侍郎荫桓嬖之甚。尝招之至家，使改妇人妆，侍左右，日酬以五十金，令家人仆役呼之为少奶奶。久之，亦遂视之为少主妇也。

（二十三）优伶类·想九霄屡受辱詈④

想九霄即田际云，色艺兼优，风流籍甚，而屡为士大夫所辱詈。工部郎中龚才杰口角锋利，偶于会馆堂会中，见九霄至筵前请安，辄呼之为兔儿。九霄闻之，反身即去。是日九霄应唱之堂会戏，竟排而未唱。遣人往催，则语来人曰："想九霄为供奉王爷之人，非尔等穷措大之玩具。"会馆中人竟无如之何。未几，龚竟为御史所劾，去官。文芸阁学士亦以其骄而恶之，尝詈之为忘八旦，闻者谓此语可为想九霄三字之的对。其后竟以弄权纳贿，怙恶纵淫，奉旨拿办，忘八旦三字不意成为考语矣。

（二十四）娼妓类·洪奶奶与妇女昵

沪妓有洪奶奶者，佚其名，居公共租界之恩庆里，为海上八怪之一。客有张某者与

---

① 参见《梨园佳话》（一）。
② 清末名优。
③ 参见《花随人圣盦摭忆》（二）。
④ 参见《燕归来簃随笔》（一）。

之昵,面首也。初订交,即流连经旬,不使归。张之父,短衣而秃帽者也,闻之,往叩其门,拘之去。然洪之怪不在此,所狎之男子绝少,而妇女喜与之昵,俗所谓磨镜党者是也,洪为之魁。两女相爱,较男女之狎媟为甚,因妒而争之事时有之,且或以性命相搏,乃由洪为之判断,党员唯唯从命,不敢违。

有妓曰金赛玉者,适人矣,与洪有同病,遂挟巨资出,易姓曰陈,居九江里。与洪衡宇相望,为洪所惑,尽表其资斧,几不能自存。洪之服御奢靡,挥霍甚豪,固皆取给于所欢之妇女,而得于陈者尤多也。

与洪昵者,初仅为北里中人,久之而巨室之妾女亦纷纷入其党,自是而即视男子为厌物矣。有花筱红者,初亦妓也,美而艳,名大噪,嫁万某为妾,颇相安。未几,即有人为之介绍,与洪为莫逆交,时诞子未弥月也,遂以此得病而死。

(二十五) 棍骗类・钱豁五终身行骗

……

豁五乃入都,日游金鱼池、下洼子,资复尽,夤缘入山西侍郎姚某门。侍郎喜蓄优,皆苏、扬俊童,延豁五主之,教之按拍。一日,侍郎与豁五夜宴,呼歌童侑酒。侍郎兴发,拥豁五所最爱者,豁五不悦。侍郎固不知,益媟狎。豁五乃大怒曰:"吾人费几许精神,教此上等色艺,未闻出一言谢,而乃恣意狼籍之,老西儿真蠢狗子。"侍郎亦大怒曰:"我费千万金教歌舞,乃不许我偶一自娱。我延汝教之耳,竟为汝有耶? 南蛮子真中山狼。"乃拳豁五。豁五方壮年,且曾习拳勇,奋臂敌之,殴侍郎。倒地昏晕,家人皆骇救,豁五乘间遁。侍郎主仆皆愤,伺豁五过,群殴之,至重伤。豁五乃为词首诸通政司,言侍郎私蓄歌童,延我教歌,许我岁俸如干金,数年不与,往索之,喝家人殴我,受重伤。验之而信。通政司骇,呼侍郎家人问之,得实,乃谓家人曰:"此岂可上闻,汝主不惟去官,且罹重谴矣。"乃谋与和,令侍郎设席款豁五,议以所教全部优伶赠之。豁五曰:"我餬口于人者,岂能有此! 无已,当并赠我以养优资。"侍郎唯唯,乃议赠数万金,而豁五于是赁官房蓄乐部矣。

不半载,豁五资复罄,优伶亦归别主,乃出游山左,夤缘与鲁抚国泰之阍人交,往来甚密。适乡人沈某为某邑宰,见豁五出入抚署,谋通关节。豁五曰:"中丞于黄白物,数见不鲜矣,所好者优伶。明府以数千金购而赠之,此我所能效力者,事半而功倍也。"沈信之,出金与豁五营办。豁五以半市优伶,进之阍人,而自主之,往来益密。沈信之不疑,一日见国,启曰:"卑职昨所进优伶,大人颇合意否?"国色然骇。沈以豁五介绍对,国更骇,讯阍人。阍人言固有南人钱豁五者,能书,奴才常召之办笔墨事,其人能歌,不知其能骗也。国曰:"岂有能歌而不能骗者耶?"立发锁封拘,而豁五已逸。追八十里,始获之。系之,责之,遂递解回籍。中途遇雨,解差怒曰:"我等食官食无几,频受此苦役，衙门饭诚无味。"豁五乘机进言曰："汝等为小差，诚苦，而我善脱骗，当亦闻之。我中途谋逸，汝等所不能防。第恐累汝等，故尚迟迟。"解者求免累，豁五曰："汝等欲我不遁，此断不能。为汝等计，不如从我遁，为我腹心手足，富贵可立致，与汝等共享之。我但骗他人，断不骗腹心手足也，汝等以为何如？"解差相与谋，皆言我等家累有限，诚可致富贵，何乐而不从乎？乃脱其杻械，乘夜相率遁，游两湖、江左，所至辄骗金为旅费。

豁五闻乡人某侍郎将视学江右，乃入豫章，赁大宅而居。某至，先交通其阍人左右及其舆夫，约以某日出，经豁五门，肩舆少停。豁五蓝顶盛服出，向舆揖。某问何来，答为同乡，自述姓名。某出舆扶之。豁五言此即敝寓，大人如不弃乡人，敢奉一茶。某乃携手入，则巍然大第，已肆筵设席，一呼百诺，曲意奉承。须臾，堂前设红氍毹，伶人以剧单进矣。某言邂逅相逢，何遽尔尔。豁五言此乃晚所亲教，尚未上场，大人为通省贵人，当先以为寿。某逊谢，实深惬所好。酒数巡，剧亦数出，呼二旦劝酒。某深好之，拥而加诸膝，乃大醉。酒阑剧止，某犹恋恋不能舍，豁五曰："大人爱之，即令入署伺起居，可乎？"某大喜，携之去。明日，某具彩舫候教帖邀豁五，由是往来颇密，通国皆知，谋关节者皆投豁五。豁五说某，某不肯，乃钩通其左右及幕宾，出而招摇罗致之，获金数万。

……

异辞录

(清末民初) 刘体智撰
中华书局1988年版

（一）卷二·挽某伶联

同治末有某伶者，相传曾为上所幸。伶生于二月初旬，而死于三月中，或挽之云："生在百花先，万紫千红齐俯首。春归三月暮，人间天上总消魂。"

（二）卷二·于式枚等狎游

于晦若侍郎、文芸阁学士、梁星海京卿[①]，少时至京，居同寓，卧同一土炕。人心与其面皆不相同，虽圆颅方趾而大小各别，三人冠履可以互易而无不合，人情无不妒。三

---

① 于式枚、文廷式与梁鼎芬。

人中惟学士如常,侍郎、京卿皆有暗疾,俗称天阉,不能御女,然三人狎游尽以恣学士一人之淫乐而无悔。及得交志伯愚①将军,益称莫逆,将军非惟嗜好与三人同,其暗疾亦同,可谓奇事。闻学士曾得一房中药方,治暗疾有奇验,以与将军一试而获同等之效,再试则不验矣。侍郎夫人早死,京卿夫人终身居学士家,盖三人者皆文学侍从之臣,礼教非为吾辈设也。

□清官场百怪录

云间颠公撰②
江苏广陵古籍刻印社 1992 年影印本③

(一)卷上

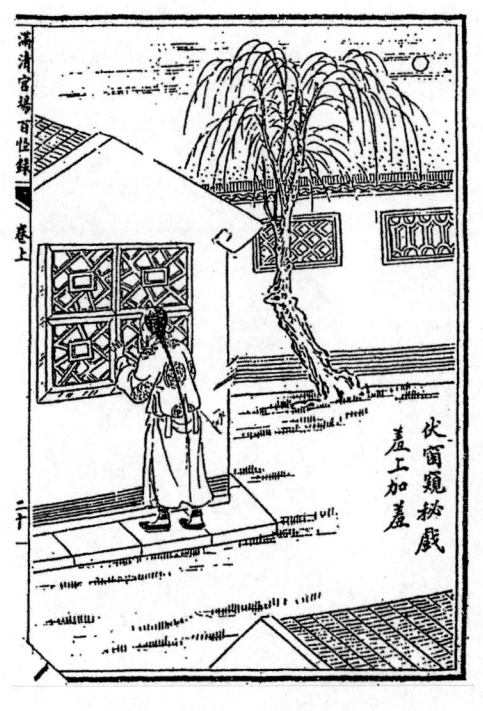

[直隶某县令夜自试场归,]至署,径造妾所。及户外,闻内有男子笑语声。伏窗窥之,则娄猪艾豭,并坐劝酬,狎昵之情难以言状者,正其妾与娈童某也。令大怒,呼仆众至,并执之。

---

① 志锐。
② 撰者即雷瑨。
③ 据民国二年(1913)扫叶山房上海石印本影印。

（二）卷下①

一串珠骗来小儿子

　　某邑令性极贪酷，一日有新任某中丞过境，夙著刚烈名，无敢干以私者。居民指陈令劣迹，列款讦控。中丞甚怒，欲穷治其事。日晡时独坐公馆，突一小童揭帘入，年约十五六，面目姣好若女子。与之语尤伶俐，徘徊身畔，如小鸟依人。不觉心动，拥于怀而偎其颊。中丞身有香珠一串，童取视啧啧称羡，因以赠之。明日令禀见，中丞尚未有言，令即叩首，称谢大人赏赐。中丞骇甚，问所谢何赏？令以香珠呈上，云卑职儿子伺候大人不周，乃蒙厚赏，敢不叩谢？中丞猝为所中，默无一言。所收之禀遂不批示，盖恐其有所挟持，一为人知必有累盛名也。

---

① 原载见《寄蜗残赘·卷八·贪令计免》。

（三）卷下①

脱朝靴当场验纤足

清乾隆季年，京曹官狎优之风甚炽。有雏伶胡幺四者，安徽人，年十四五，色艺超群。自幼弓其足如女子，结束登场，颇形妩媚。有贵州翰林某与之狎，未几外放道员，胡辞班随往。[胡依靠翰林某而捐官致富，一日为母祝寿，广招梨园，其师傅适在其中，乃]当场详言其戏旦、冒捐并当年各秽迹。众有斥其造言污蔑者，其人云："渠曾裹足，当场可验。"同寅中有曾受胡凌侮之人，竟前拉去其靴。则中寔棉絮，莲钩纤削，双行缠犹未去也。一堂哗然，[翰林]某匆匆命驾去。各官欲会衔通禀，胡竭赀行贿，某复力为调停，始准告病去其官。

（四）卷下

清光绪帝初年，吏部某尚书以清介自命。冰心铁面，居然包孝肃复生也。顾独与某伶狎，公暇辄往伶之寓所，或手谈或小酌，淋漓酣畅，彼此忘形。伶有所要求亦从，不拂其意。惟事甚秘密，且坚持独乐主义。虽至戚密友，有询其事者，必深讳之。人知其性情固执，亦未敢显揭其隐。时部中忽出有胥吏作弊案，牵连多人，将成大狱。中有某甲行贿得官，谋选某缺，事将成矣。案发，名籍显然，无可隐讳。正在狂窘无策之际，

---

① 原载见《寄蜗残赘·卷三·小脚官》。

有友人语之曰："此案若不能弥缝，吾子身家恐不保矣，奈何！"某甲苦苦问计，其友人曰："吾闻某伶为某尚书所昵，能得某伶一言，或可解围。惟为费非数千金不可，吾子能舍此巨金乎？"甲曰："苟可免祸，虽倾家不惜也。"于是由其友作介绍，得与某伶面晤，言明以六千金为之斡旋，且教以计画，令静候机会。一日尚书退值后又至某伶处，伶治肴酒极精，殷勤劝饮。酒半酣，尚书拥伶于怀，亲昵倍至。忽见一人掀帘入，衣冠整肃，执红柬拜伏于地，口称老师栽培。尚书大惊，欲推伶而起。伶故作娇态，坚不释。尚书惭怒不堪，大声问尔系何人，何为作此态。伶代答曰："此系奴之表亲，入都求官。慕公威望，故求执贽为弟子，无他意也。"语次代收其柬，令之起，曰："尚书已许子矣，子姑出外可也。"斯时尚书以秘密为人窥破，深恐外人知之，有损威名。且伶又宛转认罪，亦不能为煮鹤焚琴之举。乃姑取柬看之，则其名即卖官案之要犯，正欲按律拟办者也。乃谓伶曰："子误我矣。既若此，速令某出都，予不再追问其事可也。"伶叩头谢，尚书亦怏怏登车去。翌日某已从容束装出国门矣。

收红柬雏伶工设计

方言别录

张慎仪撰
清光绪至民国间刻
《籑园丛书》本

卷下之一

娈童，俗通谓之兔子，蜀人又谓之晏子。（近人《西康琐志》）

云郎小史[①]

冒广生辑撰
中国戏剧出版社1988年
《清代燕都梨园史料》本

《云郎出浴图》为五琅陈鹄画，雍正间为吴青原[②]所得，后以赠金棕亭[③]。乾隆间有一摹本，为罗两峰[④]画，陈曼生[⑤]手录题咏。原图归端午桥[⑥]，两峰摹本则余[⑦]少时在番禺叶台师[⑧]处见之。

乙丑[⑨]二月，余赴津门，从检讨[⑩]后人葆生大令家，见检讨手书词稿，凡八巨册。此词《清明感旧》[⑪]下自注："时九青新逝。"后附同人和词二十首，任绳隗云：

想当然徐娘老去，再来还是情种。深闺变调为男子，偏向外庭恩宠。花心动，曾记

---

① 本书记载清初著名文学家陈维崧与名优徐紫云之间的同性恋情。陈维崧（1625～1682），字其年，号迦陵，江苏宜兴人。徐紫云（1644～1675），字九青，号曼殊，江苏扬州人。其年曾以故交之子的身份长期在如皋冒襄家居住，因与紫云朝夕过从，结成了"缠绵生死一段公案"。康熙七年（1668），他携紫云北上京城，又南去中州，后返回家乡。康熙十四年，徐紫云逝于宜兴，四年后陈其年举鸿博入翰林，又三年没在京师。
② 青原当为青然，吴欒之字。
③ 金兆燕，号棕亭。
④ 罗聘，号两峰。
⑤ 陈鸿寿，号曼生。
⑥ 端方，字午桥。
⑦ 冒广生。
⑧ 叶衍兰。
⑨ 民国十四年，1925年。
⑩ 陈其年曾官翰林院检讨。
⑪ 见《迦陵词全集》（十三）。

得踏歌玉树娱张孔。红丝又控，爱叔宝风流，元龙湖海，夙世曾同梦。

谁知道，才把余桃亲捧，玉容一旦愁重。从今省识莲花面，生怕不堪供奉。诚耽恐，趁寒食，清明金碗埋青冢，陈郎休恸。从古少年行，回头及早，仿杀侍中董。

九青图咏[①]

张江裁辑
中国戏剧出版社 1988 年
《清代燕都梨园史料》本

濑水罗简：

　　元龙何幸结蒹葭，童竖青衣寓丽华。
　　莫怪君王勤割袖，漫同罗苎浣春纱。

松陵吴兆宽：

　　倚石沉吟有所思，画中人影果如斯。
　　鄂君绣被多情物，惆怅声残玉笛时。

孙枝蔚：

　　欲问依依柳，逢谁伴彩毫。
　　短襟和小鬟，羞杀郑樱桃。

水绘庵冒襄：

　　夜遣青童伴读书，老夫爱客胜璠玙。
　　六年别去心如海，画里逢人应问余。

　　陈生奇文乱典坟，陈生痴情痴若云。
　　世间知己无如我，不遣云郎竟与君。

宛上吴铤：

　　花底秦宫画里身，意态犹疑写未真。

---

① 此图题咏者前后共有78位，除吴㷭、金兆燕外均为康熙间人。

千年莫恨毛延寿，若使真时妒杀人。

姑山沈泌：

元来画也笑看差，挟弹风流未足夸。
堪爱云郎情似海，赠残芍药广陵花。

碌石超：

年少难忘割袖欢，相思尤作画图看。
吴绫半幅千行泪，翻使诗人不忍观。

筑岩沈寿国：

不必雌飞入紫宫，汉家金穴已难空。
携来枕畔时珍重，蓟北青齐在梦中。

杭南陆圻：

闻道前鱼泣此身，龙阳不减洛川神。
画图有貌能倾国，下令何须禁美人。

京□何絜：

名士风流四海传，花间尝伴紫云眠。
元龙尚自多情种，莫笑当年幸董贤。

虎耳山人黄生：

青翰舟中绣被闲，碧桃花下玉箫阑。
人间何事偏憎妒，小史于今斗小蛮。

冒丹书：

情死情生不自知，偶然情到系侬思。
欲知惆怅无端处，试看轻云一缕丝。

荔城余怀：

花底秦宫弄玉箫，樱桃红晕影迢迢。
天生俊骨横秋水，拼取腰肢斗小乔。

鄮湖吴骞:

《九青图》者,阳羡陈其年先生为徐郎所画小照也。徐郎名紫云,为如皋冒辟疆歌儿。先生负才落魄,冒尝馆之幸舍。居小三吾,进声伎以娱之。紫云儇巧明媚,吹箫度曲,分刌入神。先生嬖之,为画其小影,携之出入,遍索名人题句。其后云竟从先生归。云亡,先生睹物辄悲,若不自胜者。尤悔庵①、徐电发②、储同人③皆载其事,风流放达,仿佛晋人之遗。余读其诗若词,未尝不慨然想见其为人。先生后举鸿博,官检讨,康熙壬戌卒于京师,今且五十年矣。忽有贾人子,持此图售诸市。余购得之,图横一尺五寸,纵七寸,云郎可三寸许。著水碧衫,支颐坐石上。右置洞箫一,鬖发鬖鬖然,脸际轻红,似新浴,似薄醉。星眸慵睇,神情骀荡,若有所思,洵尤物也。画者为五琅陈鹄,题咏凡七十六人,诗一百六十首。而尤太史悔庵、王考功西樵④、司寇阮亭⑤诸绝尤妙。乃装潢而藏之,复为诗一章,书于卷末。时雍正辛亥夏五月也。

陈髯风雅蔼孤骞,东京钩党之子孙。
运丁百六市朝换,野雀荒寒翟尉门。
天教才大罹忧谴,飘零湖海违乡县。
世上何人拥八驺,陈平讵合长贫贱。
被酒颠狂一座惊,南朝北里旧知名。
夜月李谟偷抾笛,秋风谢尚笑弹筝。
如皋大夫爱结客,后堂丝管罗裙屐。
怜才独诧髯绝伦,留髡灭烛亲芗泽。
水绘园中洗钵池,小部樽前舞《柘枝》。
此际花开春冉冉,此时月上夜迟迟。
浓蛾秀髩诸郎丽,中有吴儿尤绝世。
狂言不减杜分司,凝睇紫云宜见惠。
紫云吹罢紫鸾箫,脸波晕处生红潮。
眉语目成侔刬曲,几年雨暮与云朝。
朝朝暮暮心相注,乌丝题遍销魂句。
不信男欢不敌轩,愿为共枕罗浮树。
断袖分桃无事无,缠头一曲千明珠。
吴绡三尺寻周昉,杀粉调铅画子都。

---

① 尤侗,号悔庵。
② 徐釚,字电发。
③ 储欣,字同人。
④ 王士禄,号西樵。
⑤ 王士禛,号阮亭。

画就琼枝羞粉黛，名流题咏倾当代。
漫道钟情我辈痴，可怜作达文人态。
一自髯公归道山，此希沉埋天地间。
何意忽落贾人手，遂使画里生愁颜。
乞金倍举始购得，重付装池加锦饰。
想像风流前辈人，把卷晴窗三太息。
彩毫往往遭坎坷，一饭千金意不磨。
伶儿崽子关何事，能多英雄热泪多。
云亡髯始沾微禄，中宵凄旧吹横竹。
空留金枕泣陈思，难寻瑶草归徐福。
阳羡香词千载新，云郎云郎尔传人。

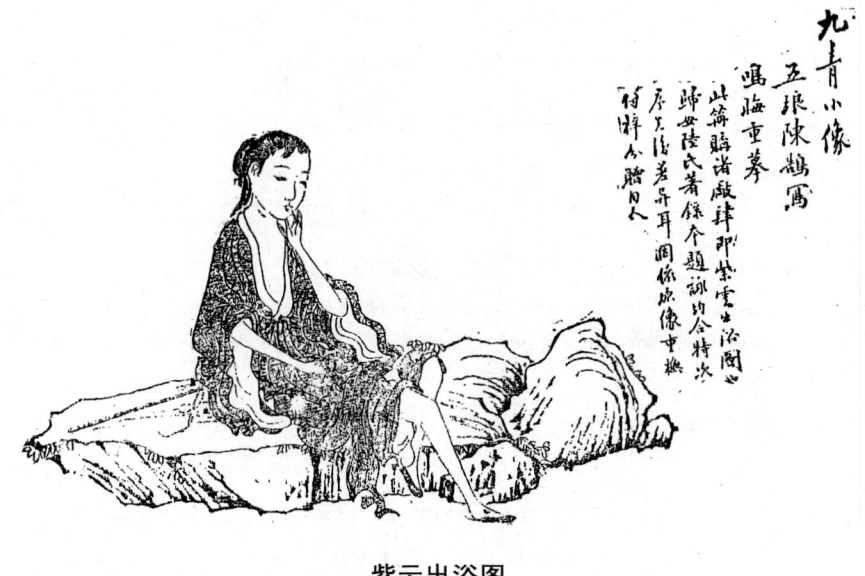

紫云出浴图

道咸以来朝野杂记

（清末民初）崇彝撰
北京古籍出版社 1982 年版

（一）

道光时，京城所称四大徽班，曰三庆，曰四喜，曰春台，曰和春。此四班实不起于道光朝。盖三庆最早，乾隆八旬万寿，自安徽来京，徽人多彼时所谓新腔，因以前多汉调也。四喜班起于嘉庆朝，专工昆曲，其中旦脚最好。直至光绪时，此班为私房[①]荟萃地，规矩太不严肃，每演至中场，台上私坊站满，专为招座客之目。和春称王府班，或谓和亲王所成者，恐不确也。专演联台彭公案、施公案中事迹，所谓短打戏也。春台部亦以武戏见长，专演三国及精忠说岳、水浒传、明英烈中诸剧，当年此班称盛。惟嵩祝成虽非大班，能与四大班抗衡，而持久不衰，光绪初尚存。盖约脚人活跃，每日调整戏码花梢，能使观众趋之若鹜也。

（二）

《品花宝鉴》一书，为陈少逸[②]所著。陈，常州人，在京师阀阅家处馆多年。此书作于道光中年，成于末年，凡六十卷。虽为章回说部，影射当年时局甚悉。凡书中人物皆暗有所指，如华公子者，譬之成亲王，徐度香指尹文端子庆某，怡园者，即王文靖花园，在南横街，田春航指毕秋帆，史竹君指朱笥河。惟梅子玉为书中主要人物，其父梅铁庵学士，似是铁梅庵；然又不似，因铁尚书并未作过学政，而子玉风流倜傥，亦不合乎瑞容堂先生身分。（梅庵之子，殉粤匪难者。）至颜仲清、王恂诸人，则不知所指。伶官十人似亦托名者，但不知当时有无似前之魏长生、后之田桂凤之大红大紫脚色。此书花样翻新，谑而不虐，士人多爱阅之，以作茶余酒间谈料。闻咸丰初有刻本，不知何人何省所刊。

曼陀罗华阁琐记

（清·咸丰）杜文澜撰
清咸丰十一年（1861）秀水杜氏刻本

卷下

都中歌郎桂喜字佩秋，工书能诗，隶三庆梨园部。年十七，娶妇甚美。有大豪艳之，啖其假父金，图一宿，郎与妇皆峻拒，将强之。郎素与一杨姓者善，一日取所赠物遣人持还。杨知有变，驰往视之，已双双仰药死。时道光乙未六月六日也，距三月三花烛之期不及百日。贱能立志，亦可哀已。家尺庄孝廉煦有七古纪其事，存集中未刊。

---

① 或作私坊，即相公。
② 陈森，字少逸。

鸥堂日记

(清·咸丰) 周星誉撰
河北教育出版社 2001 年版

(一) 卷二·咸丰六年六日二十三日①

张竹邻嘱季芳转邀听戏,乃同赴广德楼。园中游人极伙,楼上下几无隙地,季芳遍寻竹邻不获,乃诣已兰座上。珊士、卣香俱在,座前座后无非人者。天色酷暑,人气薰蒸,烦热殆不可过。申刻,演《嫖院》一出,名旦登场者约二十余人,艳妆冶服,争妍斗丽,亦歌场中仅事也。今日因演此剧,故倾城往观,上自缙绅先生,下至菜佣酒保,摩肩沓背,奔走若狂。方登场时,万目睽睽然,欢赏之声如雷霆怒潮,坐者若枯,立者若痴,惟见千百羽扇翕翕摇动而已。壮观哉!

(二) 卷三·咸丰九年九月初四日②

季贶偕秋江赴子恂联星堂之招,归为予言:子恂邀夏郎亦秋侑饮,久留不遣,其叔夏天喜自诣联星堂,强挟之去,子恂呵之,天喜竟报恶声,子恂虽不堪,然无如何也。此辈贱役,素以柔媚取容,从未有稍忤客意者。比来缙绅先生宠以殊礼,遂致跋扈,如此以行乐之场为忍辱之地,亦太觉其无谓矣。闻当道士夫风流脱略,往往与歌童通谱订昆弟交,近年相习成风,恬不为怪,歌童至有书帖先施者。此辈昏妄固不足责,特怪高门胜士行止不检,乃自辱而再辱及先人,为不可解耳。

---

① 记观剧情形。
② 记相公之骄。

昙波

(清·咸丰) 四不头陀撰
中国戏剧出版社 1988 年
《清代燕都梨园史料》本

小兰

小兰,姓萧氏,字者香,年十六,扬州人。双瞳秋水,两颊红晕,眉宇间饶俊爽气。素善上江某生,某生甚眷恋之。其脱籍①也,为之醵金。闻以数千计,亦可想见其声价矣。

怀芳记

(清·咸丰—光绪) 萝摩庵老人撰
(清·光绪) 谭献注
中国戏剧出版社 1988 年
《清代燕都梨园史料》本

(一)

张金兰,字倚香。有弟子妆花旦者,人目之曰狐狸精。艳不免俗,亦倾动一时。(咸丰丁巳、戊午间,有八十二者,妖冶动一时,人目之为狐。)

(二)

夏天喜,字秋芙,扬州人。长身玉立,回眸一笑,观者惝恍不能自持。王蕊仙与秋芙美艳相匹,蕊仙固是好女,秋芙则近于荡姬矣。苏长公谓食河鲀值得一死,余谓秋芙倘是女子,为我作妾,亦值得一死也。②

(三)

胡小金,字语山,苏州人。吟秀堂弟子,所居曰春秀堂。夏秋芙之后,论姣丽以语山为第一。一笑百媚,光采动人。如径寸珠,能照十二乘。当之者莫不神魂失据,甘为

---

① 离师自立。
② 参见《长安看花记》(二)。

之死。

（四）

周翠琴，字稚云，苏州人。质丽神清，有藐姑仙人之目。未久告殂，知与不知，莫不嗟惋。有挽之者曰："生在百花前，万紫千红齐俯首。春归三月暮，人间天上总消魂。"盖稚云以花朝前一日生，而其卒也正当春尽，故云。一时传诵，流闻禁中。

（五）

朱福寿，字莲芬。稚齿喜作字，后乃益工，得者珍如珠玉。度曲亦极精，亭亭物表，独步一时，无与抗者。潘侍郎①极赏之，莲芬遂谢却梨园，闭门种花临帖。若旧相知招邀，坚令偶持歌扇，观者亦瞪眙以为幸矣。（水芝已杜门数年，忽失潘侍郎意，不能自存，复上歌场，风情不减。）

（六）

沈芷秋，苏州人。朱韵秋弟子，所居曰丽华堂。举止洒落，矫矫不群。工昆曲，静细沉著，不作浮响。每一啭喉，座客无复喧呶者。一声初动物皆静，四座无言星欲稀。芷秋度曲有琴理焉。余见芷秋，年已二十余矣。其在春华堂稚齿时，有吴舍人悦之，欲购为侍史，力不能致，竟吞生鸦片以死，亦可谓情痴矣。②

（七）

或谓予："此辈北产固不如南产。顾常至苏州，见歌者率凡猥无可爱，则何也？"予曰："北人俊，病在生硬。南人婉，病在暗弱。必以南产置之北地，浚其性灵而振其骨采，则精神发越，不同奄奄无气者矣。倘以北产携入南中，导以和柔之词令，教以娴雅之举止，亦必远胜于苏州之庸庸者，在化南北之短，而集其长耳。且都中歌伶之教子弟，雅步媚行，绰有矩度。掉头掷眼，各具精神。虽雅俗不同，而一颦一笑，皆非苟作。苏州则但知度曲而已，于语言笑貌，绝无修饰，故不能致人爱也。

（八）

歌伶虽贱技，而品格不同。其为贤士大夫所亲近者，必皆能自爱好，不作诡容，不出亵语，其令人服媚，殆无形迹之可指。爱身如玉，尤如白鹤朱霞，不可即也。别有一派，但以容貌为工，谑浪蝶狎，无所不至。且如柳种章台，任人攀折。此则我辈所恶，而

---

① 潘祖荫。
② 参见《越缦堂日记》及《清代燕都梨园史料》第427、444、486、631、796页等处。

流俗所深喜者。(西讴①中有十三旦者,登场如惊风蛱蝶,所扮演皆淫佚之剧,广庭瞩目,如陈秘戏。江河日下,遂至于此。)

长安花品二十四联

(清末)潜荞六公子撰
清末稿本

(一) 英品

樱桃花。韩宝芬,字蕊珊,北人,琪树[堂]主人。眉宇射彩,漆睛涌波,豪爽不羁。好饮酒,有《水浒》花和尚之致。既醉,酣情绮语,痛快宜人,盖以真态胜也。

倚玉惯迷丹桂客,盍簪低唱《后庭花》。

(二) 韵品

玉簪花。桂庭,字秋元,吴人,春复[堂]弟子也。纨袴丰姿,文人口吻。虽无断袖工情,雅有品箫妙技。是以好客得名,专酬金斗。踏雪而至,竞赏红炉。见者涎垂,闻之心醉。

海燕双栖春夜永,棠舟联唱藕花香。

黔山采兰录

(清末)潜荞六公子撰
清末稿本

瑞庆薛小蓉字镜仙,玉屏人,故伶王素秋弟子也。素秋字湘玲,贵筑人,隶宝和。甫出台,为某故都转赏识,给资甚厚,遂有专寓曰绮兰堂。黔伶之有堂名,如佩湘之香

---

① 梆子秦腔。

海、芷吟之振和、镜香之安福、琴荪之春源、蘅云之邻香、冰香之种梅，实自壬子年①始于素秋。今镜仙之橘春乃素秋旧居也，在白沙井迤北巷内。锦绣鲜明，不减昔日。向工《卖弓记》、《薛仁贵》、《肉蒲团》、《赛崑崙》。镜仙素擅昌宗之才，妓者多饵争之。突为某将军知其密具，邀之入，久扃不纵。盖将军起家断袖，已成风流痼疾，非中医所能施效。询诸蘅云，据云镜仙真有《控鹤监》所载鲜荔枝鹅卵之实，曾亲验之云云。惜自癸西以后日形骨立，渐懒登场，酬客者仅弟子得官、芸官而已。②

道咸以来梨园系年小录

周明泰编
民国二十一年（1932）铅印本

道光十六年丙申，昆旦朱莲芬生。名福寿，苏州元和人，唱旦兼昆乱。出胞兄朱福喜之景春堂，自立紫阳堂，别号紫阳居士。为春台老生顾和祥之婿，子天祥、孙桂芬皆习老生。莲芬书画皆精，常为张文达③代绘，又常为潘文勤④代书，故有状元夫人之称。

梨园旧话

吴焘撰
中国戏剧出版社 1988 年
《清代燕都梨园史料》本

朱莲芬之书，师法襄阳，又参以诚悬体，劲挺有姿。其擘窠大字书，尤有怒猊抉石、渴骥奔泉之概。吴县潘文勤公时命其代笔，名噪都下。

---

① 咸丰二年，1852 年。
② 据此处所写，晚清贵阳优伶的媚客体制和北京优伶有诸多相似之处。
③ 张之万，谥文达，道光二十七年（1847）状元。
④ 潘祖荫，谥文勤，咸丰二年（1852）探花。按：祖荫祖父世恩，乾隆五十八年（1793）状元。

梦园丛说

(清·同治) 方浚颐撰
清同治光绪间定远方氏扬州刻本

内篇卷四

李星舫大令在京师日，以贫诸生眷歌者某。节省脩脯所入，月一相见，故出不乘车。肄业国子监，及应试金台书院，徒步往还十余里，同人姗笑之，弗顾也。不数年歌者死，大令痛之甚，得其遗像，什袭藏之。后又眷某之妻弟，一如其姊之夫。旋举乡试，之官长安，临歧缱绻，颇难为情。予作《醉秋吟》赠之。予与大令为忘形交，重其伉爽质直，无世俗唯阿之习，虽不拘小节，不害其为君子也。乃自度岭以后，音问阔绝，今则久归黄土矣。秋雨送凉，凄然感逝，走笔记之，以见大令之癖即大令之真也。

菊部群英

(清·同治) 小游仙客撰
清同治十二年（1873）刻本

保安主人鲍秋文，名翠玉。苏州人，丙戌生。前隶和春部，唱昆旦。出天保，住韩家潭。

少主人黑子，号兰笙。辛亥生。隶四喜，唱小生。永胜奎花面徐宝成之婿。

法龄，姓万，号□□。本京人，己未生。隶春台、四喜，唱胡子生。

喜儿，姓刘，号稚芩。本京人，辛酉三月初三日生。部同，唱老、小生，兼昆生，能书。前松保刘小凤之子，辛未出台。

树德主人孔元福，号莲卿。本京人，丙辰四月初二日生。隶三庆部，唱昆旦，兼青衫。出诒德，壬申新立，住韩家潭。

桂喜，姓沈，原名爱林，号韵秋，小名长顺。本京人，己未生。隶三庆，唱花旦。四喜武旦沈定儿之子，本师醇和罗巧福，辛未出台。

主人杨桂庆，前隶四喜部，唱旦。癸酉移附树德。

贵云，姓阎，号朵仙。本京人，辛酉生。隶四喜，唱花旦。壬申出台。

维新主人钱金福，号□□。苏州人。出日新，瑞春钱阿四之胞兄，住韩家潭。

双莲，姓钱，号莲仙。本京人，戊午生。隶四喜，唱花面。

双玉，姓孙，号梅仙，小名石头。本京人，己未生。部同，唱老旦。前春台青衫孙六之子。

中山主人汤金兰，正名延庆，号幼珊。苏州人，戊戌正月初一日生。传赞载《昙波》。前隶四喜部，唱昆旦，善画兰。出春福，堂名旧署春如，住韩家潭。

桐华主人任小凤，号仪仙，小名宝儿。本京人。前隶四喜部，唱旦。出桐义，传载《明童合录》，住韩家潭。

景秀主人张秀兰，号佩秋。前隶春台部，唱昆旦。出春秀，住韩家潭。

双玉，姓□。隶春台。双玉已去。

杏春主人宋福寿，号芝珊，顺天人。壬子九月初三日生。隶春台部，唱花旦。出青云，壬申自天津回立。三庆昆正旦宋兴福之婿，住韩家潭。

乐安主人孙彩珠，号绚华，又号芷沅。苏州人，甲辰生。隶永胜奎部，唱旦，兼昆乱。出西福云，堂名旧署梯云，庚午重立，住韩家潭。

闻德主人徐阿三，名金儿，正名盼，号芝仙，又号椒怀。苏州人，癸卯四月十五日生。前隶三庆部，唱昆旦。出兄本堂，岫云徐小香之胞弟，传载《明童合录》，住韩家潭。

桂林，姓汪，本姓王，号燕仙。本京人，戊午四月初四日生。隶四喜，唱昆旦。春台丑汪永泰之子。

桂官，姓王，号楞仙。本京人，己未四月初四日生。正名树荣。部同，唱昆生。怡道人有传。

桂芸，姓赵，号聘仙，小名恩赐。本京人，庚申生。部同，唱昆旦。

桂芝，姓薛，原名玉福，号□□，小名锁儿。本京人，庚申生。部同，唱昆旦。旧属盛安。桂芝已去。

崇德主人徐阿二，正名馥，号棣香，又号亦仙。苏州人，庚子九月二十四日生。唱昆生。岫云徐小香之弟，出兄堂，旧居闻德，传载《明童合录》，住韩家潭。

保身主人刘赶三，号宝山。天津人，□□六月二十六日生。隶永胜奎部，唱丑，兼胡子生。住韩家潭。

少主人金奎，号树仙，外号猴儿头。隶永胜奎，唱胡子生。

小辫儿，姓□。部同，唱花旦。辛未出台。

秋芙，姓□。部同，唱花旦。

保儿，姓□。部同，唱丑。

蕴华主人张芷芳，名蓉官。安徽合肥县人，辛亥八月二十二日生。隶四喜部，唱武旦。出春华，保身刘赶三暨前忠恕张二奎之婿，传载《明童合录》，住韩家潭。

菊秋，姓张，正名椿，号忆仙，小名利儿。本京人，庚申十二月初六日生。隶四喜，唱昆旦兼青衫。辛未出台。

韵秀主人尉迟喜儿，号韵卿。本京人，丁巳九月初六日生。隶四喜部，唱胡子生。壬申新立，出咏秀，前春台胡子生尉六之子，西安义胡喜禄之婿，住韩家潭。

韫山堂张，前主人名玉美。住韩家潭。

慧芳，姓郑，号月芬。本京人，丁巳生，正名元珍。隶四喜部，唱胡子生。堂名韫辉，主人现附盛安。

佩春主人章丽秋，名桂芬，小名小道士。苏州人，甲辰生。隶三庆部，唱青衫，曾善耍钵。出春复，住韩家潭。

蕙兰，姓乔，号纫仙，小名桂祺。冀州人，己未生。隶三庆、四喜，唱昆旦，善书。辛未出台。

声振堂陈，住韩家潭。

少主人鸿喜，号□□，小名保儿。癸亥生。隶三庆，唱花面。辛未出台。

鸿福，姓夏，号雪舫，小名来官。本京人，原籍扬州，丁巳十月十一日生。隶三庆、永胜奎，唱胡子生。前载福夏秋芙之子。

双喜，姓张，号□□，小名全儿。本京人，庚申生。隶三庆，唱胡子生。辛未出台。

国顺堂李，住韩家潭。

金兰，姓王，号俪笙。本京人，壬子十二月初五日生。隶三庆，唱青衫，善耍戏法。

双兰，姓张，号蒂香。本京人，己未生。部同，唱花旦。辛未出台。

春兰，姓胡，号□□。顺天人，庚申生。部同，唱胡子生。壬申出台。春兰已去。

连茂主人周长顺，正名玉辉，号韫山。山东聊城县人，庚戌正月十九日生。隶四喜部，唱武旦。出春茂，住韩家潭。

春华主人朱双喜，正名士敏，号韵秋，外号羊毛笔。苏州人，壬辰三月初五日生。前隶四喜部，唱昆旦。出净香，住韩家潭。

芷荪，姓顾，名长明，号筱农，行十。本京人，戊午十一月十一日生。隶四喜，唱昆生，兼昆旦，善鼓板。本师棣华万芷侬。

芷荃，姓张，名富官，号湘航，行十一。江苏吴县人，乙卯正月十四日生。部同，唱昆旦，善书奕，工管弦。昆老旦张云亭之子。

芷茵，茵一作蘅，姓吴，名杏官，原名鸿宝，号也秋，行十二。本京人，己未四月十二日生。部同，唱昆旦，善吹笙。本师春连朱莲桂。

芷湘，姓范，名蕊官，号秋贻，又号亦仙，行十三。本京人，原籍苏州，庚申四月初八日生。部同，唱昆旦，善弹弦。前余庆范小金之子，辛未出台。

宝善主人陈芷衫，名润官，小名磐声，外号小辫子。本京人，原籍安徽，壬子四月初二日生。唱昆生，兼武生，工隶书，善画兰、饮奕；出春华，清馥徐阿福之婿，传载《明童合录》。

二主人陈荔衫，小名连元。本京人，原籍安徽，辛酉五月二十四日生。隶四喜部，唱昆生兼武生。壬申出台，同胞兄弟同住韩家潭。

春连主人朱莲桂，号蕙仙。本京人，庚戌生。隶四喜部，唱青衫。前三庆丑朱三喜之子，自天津来，住韩家潭。

遇顺主人张桂兰，号蕙香。本京人，丁未生。前隶四喜部，唱旦。出国顺，住韩家潭。

春芳，姓□，号菊如。本京人，丙辰生。隶三庆，唱青衫。辛未出台。

春喜，姓陈，号小梅。本京人，戊午生。部同，唱花旦。辛未出台。遇顺两徒皆去。

闻意主人曹福寿，正名服畴，号韵仙。本京人，辛亥六月二十九日生。唱昆旦，善画兰。旧属双贵，出闻德，改署谯国，住韩家潭。

西安义主人胡喜禄，正名国樑，号艾卿，行二。扬州人，丁亥十一月初五日生。管春台部，前唱青衫。出敬义，前桐义胡庆福之胞弟，前东安义胡三来之胞兄，住韩家潭。

六儿，姓冯，名桂莲，号爱秋，小名群儿，行六。本京人，丙辰生。隶三庆、春台，唱武旦。旧属东安义。

来福，姓何，号玉珊，行八。淮安人，丙辰生。部同，唱昆旦。

财宝，姓刘，号笛仙，小名才儿，行九。本京人，甲寅十二月初六日生。部同，唱武生。旧出桐义。现已出京。

寿儿，姓翟，号佩芝，行十。本京人，丁巳生。部同，唱花旦。庚午出台。

馥森主人陆鸿福，号竹卿，外号肉丸子。苏州人，乙巳十月二十日生。前隶三庆部，唱昆旦。出诒德，住韩家潭。

琴芳，芳一作舫，姓周，号韵笙，小名二定。本京人，丁巳九月二十九日生。隶三庆、四喜，唱昆旦。怡道人有传。

瑞生，姓仲，号秀芳。本京人，辛酉十一月二十七日生。隶部同，唱昆旦。壬申出台。

韵芳，姓范，号□□，小名三儿。天津人，庚申生。部同，唱花旦。壬申出台。韵芳已去。

素芳，姓周，号馨秋。本京人，戊午十一月十六日生。部同，唱昆生。癸酉出台。

锡庆主人陆玉凤，号素仙，外号鹿尾儿。苏州人。隶春台部，唱昆旦，兼青衫。出忠恕。壬申新立。住韩家潭。

少主人小芬，号薇仙，小名福儿，丙辰五月二十九日生。隶春台，唱昆旦，兼青衫，善胡琴。出景春，怀新陆翠香之婿。

乐安主人孙心兰，号性香。本京人，己酉生。隶三庆部，唱青衫。出东安义，住韩家潭。

玉林，姓□，号□□。山西人，戊午生。隶三庆，唱昆旦。辛未出台。玉林已去。

诒德堂蒋，前主人名兰香。住百顺胡同。

长福，姓卢，号悦卿。本京人，原籍直隶昌平州，乙卯四月十七日生。隶三庆，唱昆旦，兼刀马旦。现住四箴。

双福,姓杨,号梅卿。本京人,戊午生,小名羊儿。部同,唱武生。

凤玲,姓戴,号仪云。本京人,辛酉生。部同,唱昆旦,兼花旦。本师醇和罗巧福,辛未出台。

金保,姓郑,号玉如。本京人,壬戌生。部同,唱昆旦,兼花旦。壬申出台。

丽华主人沈芷秋,正名全珍。苏州人,丁未十二月十一日生。唱昆旦。出春华,前净香郑莲桂之婿,传载《明童合录》,住百顺胡同。

金树堂张,前主人名旺儿。住百顺胡同。

金福,姓雷,号蓉仙。本京人,己未生。隶四喜、春台,唱花旦。

金林,姓汪,号燕仙。安徽人,丁巳生。部同,唱胡子生。金林已去。

金喜,姓胡,号莱仙。本京人,丙辰生。部同,唱花旦,兼青衫,善弹琵琶。

金凤,姓黄,号芸仙。本京人,原籍绍兴,丁巳生。隶四喜,唱花旦。壬申出台。金树现兼瑞和成。

瑞香主人张天元,号瑞香。天津人。隶三庆部,唱青衫,兼花旦、刀马旦。庚午自天津来立,住百顺胡同。

咏秀主人朱小元,号吉仙。苏州人,□□八月十五日生。隶四喜部,唱武旦。出吟秀,住百顺胡同。

玉儿,姓□。隶四喜,唱昆旦。辛未出台。玉儿已去。

四十儿,姓周,号丽卿。本京人,庚申生。部同,唱花旦,兼昆旦、青衫。辛未出台。

升儿,姓王,名喜云,号霱卿。本京人,辛酉七月十一日生。部同,唱胡子生。壬申出台。

珠润主人李小珍,号畹仙。苏州人。隶三庆部,唱武生。出吟秀,住百顺胡同。

敬善主人曹春山,名福林。安徽人。隶四喜部,唱昆老生。住百顺胡同。

敬福,姓张,号紫仙。顺天人,庚申二月初六日生。隶四喜,唱昆旦,兼青衫。旧属聚得。

敬禄,姓江,号荷仙。本京人,癸亥生。部同,唱昆旦。壬申出台。

敬喜,姓郭,号瀛仙,又号韵梅。本京人,庚申五月十三日生。部同,唱花旦。癸酉出台。

联星主人沈阿寿，号眉仙。苏州人，辛丑九月生。唱旦，兼昆乱。出兄本堂，前四喜名旦沈宝珠之胞弟，住石头胡同。

少主人小宝，正名振基，号燕香。壬子二月十八日生。唱昆生，兼武生，现隶春台。出西福云，前四喜名旦沈宝珠之子，闻馨王长桂之婿，传载《明童合录》。

桂喜，姓贾，号露香。本京人，庚申生。隶四喜，唱花旦。庚午出台。

蕉雪主人王顺福，正名琪，号佩仙，小名二歌。本京人，辛亥十月二十二日生。隶四喜部，唱青衫，兼花旦，识名人字画。出保身，闻馨王长桂之婿。

二主人王湘云，改名缃芸，号次潇。本京人，乙卯十月二十四日生。隶四喜部，唱昆旦。出景龢，同胞兄弟同住石头胡同。

春龢主人刘倩云，名增福，正名庆禄，小名龙儿。本京人，原籍安徽望江县，丙午六月十三日生。前隶四喜部，唱旦，工篆书。出景龢，本师福盛杨三喜，传载《明童合录》，住石头胡同。

梅清，姓张，号小倩。本京人，原籍苏州，辛酉十二月生。隶四喜，唱昆旦，兼青衫。张桂凤之子。

醇和主人罗巧福，号笑仙。本京人，原籍苏州，乙未十月十二日生。传赞载《昙波》。前隶四喜部，唱旦。出福盛，住羊毛胡同。

少主人百岁，己未生。隶四喜，唱丑。辛未出台。

保春主人张梅五，名福官。本京人。隶永胜奎部，唱花旦，兼青衫。出保身，住羊毛胡同。

近信主人陈四儿，名连元，号玉卿。本京人，原籍安徽，壬子二月二十二日生，正名庆元。隶永胜奎部，唱胡子生。庚午新立，出西安义，西安义胡喜禄之婿。

二主人陈五儿，名连珍，号佩珊。本京人，原籍安徽，乙卯正月二十二日生，正名庆芳。隶春台部，唱武旦。出西安义，同胞兄弟同住猪毛胡同。

玉奎，姓余，号瑶仙。本京人，戊午九月生。隶春台，唱胡子生。现附盛安。

金喜，姓孟，号如秋，又号珩仙、丽仙，小名月儿。直隶故城县人，庚申三月十四日生。部同，唱花旦。辛未出台。

春馥主人郑秀兰，号素香，小名寄生。苏州人，己酉十月十六日生。管四喜部，唱青衫，善饮，工管弦。出本堂，本师元春姚桂芳，传载《明童合录》，住猪毛胡同。

双喜，姓江，号俪云。河间人，庚申生。隶四喜，唱青衫。本师瑞香张天元，辛未出台。

双福，姓郑，号倚云。本京人，庚申二月二十二日生。部同，唱花旦，善弹琵琶。壬申出台。

绮春主人时小福，正名庆，号琴香，别号赞卿，小名阿庆。苏州人，丙午九月初九日生。唱旦，兼昆乱，善饮奕。出春馥，本师清馥徐阿福，传载《明童合录》，住猪毛胡同。

云仙，姓张，名连仲，号玉芬。江苏清河县人，丁巳生。隶三庆，唱青衫。本师春秀李银保。

凤宝，姓秦，正名宝鬲，号艳仙，外号小和尚。天津人，庚申四月初一日生。部同，唱老、小生，兼昆生。辛未出台。

春复主人陈兰初，名全林，苏州人。甲午二月二十一日生。前隶三庆部，唱昆生。出景春，本师三复。住猪毛胡同。

桂亭，姓陈，号秋园，园一作原。本京人，原籍苏州，丙辰生。隶三庆，唱昆生。名生陈金爵之孙，四喜昆生陈永年之子。

桂枝，姓诸，号秋芬。本京人，丙辰四月初一日生。部同，唱昆旦，善奕。诗词传赞载《别录》。

桂蟾主人，姓钱，号秋菱，又号苻香。本京人，原籍苏州，乙卯八月初四日生。前春和钱如兰之子。部同，唱昆旦，善画，工管弦。壬申出师。

桂凤，姓刘，原名小芳，号菱仙，又号秋芳。本京人，戊午生。部同，唱昆旦。前景春朱祖喜之徒，壬申移此。

盛安堂汪，辛未新立，住猪毛胡同。

玉官，姓张，号蓝田。本京人，己未十二月初二日生。隶四喜、春台，唱青衫。

郭全福主人，号雪香。本京人，乙卯生。隶春台部，唱青衫。出声振，壬申移附盛安。

嘉颖主人李艳侬，正名得华，小名套儿。顺天人，辛亥九月初九日生。唱青衫，兼昆生，善弹琴、吹笛、奕画。出嘉荫，瑞春钱阿四之婿，传载《明童合录》，住猪毛胡同。

琴官，姓崔，号桐仙。本京人，辛酉生。隶四喜、春台，唱昆旦，兼花旦，善弹琵琶。壬申出台。

顺儿，姓爱，号丽琴。本京人，癸亥生。唱昆生，兼武生。

松荫主人李福寿，名小韵，号□□。安徽人。前唱青衫。壬申重新住猪毛胡同。

玉寿，姓李，号菊仙。本京人，庚申生。隶春台，唱花旦。

嘉荫主人陈兰仙，名心宝。苏州人，甲辰八月二十四日生。前隶四喜部，唱昆旦。出维新，住陕西巷。

蔚华主人陈芷香，名全元。安庆人，□□五月初四日生。隶春台部，唱青衫。出春华，住陕西巷。

春林堂，壬申新立，住陕西巷。

登云，姓□。隶三庆、春台，唱花旦。

桐云主人陆金凤，医名廷章，号翼堂。苏州人，嘉庆庚午二月十一日生。前唱□□。业医外科，堂名同荫，住大外郎营。桐云现兼瑞和成。

少主人四儿，号□□，行□。壬戌生。隶春台，唱花旦，兼青衫、武旦。庚午出台。

桂喜，姓薛，号芹香，小名馨儿。本京人，丁巳生。部同，唱武生。

来喜，姓段，号紫香。本京人，丁巳生。部同，唱武旦。

三喜，姓王，号月香。本京人，丁巳生。部同，唱丑。

宝铃，姓赵，号鸾仙。本京人，丙辰生。部同，唱昆旦，兼青衫、花旦。庚午出台。

琪树主人韩宝芬，号蕊珊，小名山儿。本京人，壬子生。隶四喜部，唱青衫，善胡琴。壬申新立，住李铁拐斜街。

丹林堂李，前主人系西安义胡喜禄之妹丈。住李铁拐斜街。

玉祥主人，姓李，号佩秋。本京人，乙卯六月十五日生。隶四喜，唱青衫，兼花旦。

玉福，姓李，号侣秋。本京人，壬戌生。部同，唱昆旦。癸酉出台。

玉庆，姓曹，号□□。本京人，壬戌生。部同，唱花旦。癸酉出台。

景龢主人梅巧玲，正名芳，号慧仙，又号雪芬。苏州人，原籍泰州，壬寅八月二十一日生。掌四喜部，唱旦，兼昆乱，工隶书，精鉴金石。出醇和，本师福盛杨三喜，传载《明童合录》，名生陈金爵之婿，住李铁拐斜街。

　　紫云，姓余，正名金梁，号砚芬，小名昭儿，行五。湖北罗田县人，乙卯七月初七日生。隶四喜，唱昆旦、花旦，兼青衫，善弹琵琶。前胜春余三胜之子。

　　瑞云，姓张，号蔼青，小名五十，行六。本京人，戊午八月二十二日生。部同，唱武生。前四喜昆旦张多福之子，四喜武旦沈定儿之外甥，庚午出台。

　　福云，姓孙，原名财喜，号□□，小名有儿，行七。本京人，原籍天津，己未生。前四喜武旦孙玉兰之子。部同，唱武旦。前玉树王小玉之徒，辛未出台，壬申移此。

　　啸云，姓陈，号□□，小名拴儿，行八。本京人，原籍苏州，辛酉生。部同，唱老、小生，兼昆生。壬申出台，名生陈金爵之孙，前四喜昆生陈永林之子。

　　瑞春主人钱阿四，名玉寿。苏州人。隶四喜部，唱昆正旦。出南班，名生陈金爵之婿，住樱桃斜街。

　　少主人宝莲，号秀珊，小名文玉。甲寅生。隶四喜、春台，唱昆旦，兼花旦。

　　宝琳主人，姓田，号玉珊，小名德主。本京人，癸丑生。部同，唱青衫，善胡琴。旧属西福云。

　　宝香，姓姚，号妙珊，小名锁儿。本京人，戊午生。部同，唱花旦，兼青衫，善弹琵琶。庚午出台。

　　宝云，姓谢，号□□，小名昭儿。顺天人，庚申生。部同，唱昆旦、花旦，兼老旦、胡子生。辛未出台。

　　宝玉，姓刘，号□□。本京人，壬戌生。部同，唱胡子生。壬申出台。

　　文安主人范春桂，号葵仙。苏州人。隶四喜部，唱旦。出保安，四喜丑夏福保之婿，住樱桃斜街。

　　双寿，姓刘，号眉卿。本京人，己未生。隶四喜、春台，唱花旦，善弹琵琶。

　　紫阳主人朱莲芬，名福寿，正名延禧，行二。苏州人，丙申十二月十一日生。赞载《昙波》。唱旦，兼昆乱，工书，善管弦。出兄堂，前景春朱福喜之胞弟，旧居景春，春台胡子生顾合祥之婿，住樱桃斜街。

　　聚得堂薛，前主人名三桂。住樱桃斜街。

　　采兰主人，姓□，号畹秋。隶四喜，唱昆生，兼花旦，善画。本师怡云王彩琳。

　　采清，姓周，号兰芬。本京人，己未生。部同，唱花旦。

三元，姓张，号佩秋。江苏清河县人，庚申生。部同，唱花旦。绮春张云仙之胞弟，庚午出台。聚得诸徒皆无。

春茂堂陈，住樱桃斜街。
少主人桂宝，号丹仙，又号声凯。戊午十月二十八日生。隶三庆、四喜，唱武生。
桂寿，姓陈，号蟾仙，小名顺儿。本京人，己未七月二十七日生。部同，唱花旦，兼昆旦。庚午出台。
桂芬，姓汪，号美仙，又号艳秋。本京人，庚申生。部同，唱胡子生。前四喜武生汪年保之子，辛未出台。

岫云主人徐小香，正名炘，原名馨，号蝶仙。苏州人，原籍常州，辛卯十二月初十日生。唱小生，兼昆乱。出吟秀，旧主闻德，住小安南营。
少主人如云，名连馨，正名玉栋，号蓉秋。丁巳九月二十九日生。怡道人有传。隶四喜，唱昆旦，兼青衫。
度云，姓董，名连庆，号桂秋，小名钿儿。本京人，丁巳十月二十日生。怡道人有传。部同，唱昆旦，兼花旦。
多云，姓郑，名连福，号桐秋。本京人，原籍苏州，庚申生。部同，唱丑，兼胡子生、昆生。前净香郑莲桂之子。
五云，姓陈，名连保，号芙秋。本京人，己未生。部同，唱昆旦，前宝德陈宝云之子。
亦云，姓李，名连喜，号梓秋。本京人，甲子生。唱昆旦，兼小生、丑。四喜昆生李若云之胞弟，壬申出台。

嘉礼主人杜阿五，正名世荣，号步云。苏州人，甲辰生。隶四喜部，唱昆旦。前嘉树杜蝶云之胞兄，壬申新立。
二主人杜阿十，正名保荣，号季云。苏州人，辛亥生。隶四喜部，唱武生，兼刀马旦。前嘉树杜蝶云之胞弟，前净香郑莲桂之婿，同住小安南营。
少主人狗儿，隶四喜，唱昆生，兼武生。杜阿五之子，现隶小和春。

蕴玉主人石双贵，号桂仙。本京人。隶四喜、春台部，唱青衫。出维新，辛未新立，维新钱金福之婿，住小安南营。
洪福，姓□。隶四喜、春台，唱胡子生。壬申自天津来。
洪喜，姓□。部同，唱花旦。壬申出台。

评花新谱

<small>（清·同治—光绪）艺兰生辑撰
中国戏剧出版社 1988 年
《清代燕都梨园史料》本</small>

春华张芷荃，字湘航，吴人。善奕工书，貌仅中人，而天性纯厚，恂恂有文士风。常结束作内家装，意态娴幽，俨然闺秀。

宣南杂俎

<small>（清·同治—光绪）艺兰生辑
中国戏剧出版社 1988 年
《清代燕都梨园史料》本</small>

（一）《梨园竹枝词》①

老斗

挥霍金钱不厌奢，撩人莺蝶是京华。
名传"老斗"浑难解，唤向花间兀自夸。

像姑

脂柔粉腻近仙姝，两字驰名是"像姑"。
不信头衔臻绝贵，声声赢得相公呼。

学戏

自从乐籍挂芳衔，雏凤新声总不凡。
为问教坊何所尚，部居第一是青衫。

试喉

晓鸡未唱发清讴，面壁声声试玉喉。
一曲漫夸儿技熟，耐寒怜煞五更头。

---

① （清·同治—光绪）赋艳词人著。

出台
一声唱采打帘开，小凤谁家新出台。
喉似贯珠人似玉，芳名有客费疑猜。

站台
隐约帘栊半面窥，亭亭玉立雁行随。
秋波最是传情处，一笑瓠犀微露时。

唱戏
须眉巾帼偶无猜，装罢登场试一回。
离合悲欢浑未解，也从就里演将来。

上座
轻移玉趾步翩翩，数语寒暄对客前。
一握柔荑无限喜，好花相映各争妍。

赶条
天街辘辘斗香车，蝶使分传四大居。
最是莺花撩乱处，如松馆里上灯初。

斟酒
搴帘省识主和宾，遍酾当筵酒一巡。
斟到郎行杯更满，儿情浓似玉壶春。

搳拳
寂寞垆头少管弦，欣看钩弋乍张拳。
怪他慧黠知人意，葱指玲珑让客先。

代酒
一觥飞到手忙擎，生怕郎君困酒兵。
豪饮肯辞儿量浅，可人何处不多情。

飞座
青鸟何曾一束通，酒坛蓦地集飞鸿。
深心不肯多留恋，恐有新人在意中。

留条
人来不速静无哗，莫道蜂狂错认衙。
拼却十千沽美醉，樽前添得一枝花。

摆酒
何必珍羞列满筵，玉壶但送酒如泉。
生生几味蔬和果，飞去京蚨四十千。

装烟
莫负殷勤美意虔，纤纤亲送几筒烟。
笑他老大生涯贱，惯向人旁胁两肩。

清唱
清歌一曲任昆黄，绝好当筵侑酒觞。
把箸三挝浑合拍，不须檀板按宫商。

生日
先期密约去儿家，共赏芳辰醉碧霞。
嫌煞门庭春黯淡，故从星斗乞光华。

摆饭
日食万钱讵便奢，天台一饭贵胡麻。
酒能解渴充肠未，毕竟今番果腹夸。

拜节
佳节终须拜斗台，香车过处疾如雷。
可怜芳版空投遍，十叩高门九不开。

索靴
耳边细语听偏真，不索缠头更可人。
儿慕绿袍新进士，乌靴赐处宠殊伦。

听戏
酒佣定得座儿还，一柬相邀听别班。
雅集何当花似锦，满园春色不能关。

吃醋
花鸟相依两两欢，一枝别恋太无端。
鸟声怡悦花容妒，风送香来也带酸。

角口
齿牙即席逗玲珑，语斗新尖面透红。
恰似呢喃花底燕，双双相对骂春风。

隐语
别传隐语耐思寻，燕语翻成鴂舌音。
本是好花当解语，如何语语具深心。

结盟
菊部风行尚订盟，一般声气结群英。
金兰簿上生香色，玉笋班中序弟兄。

堂会
早是歌场擅盛名，差传堂会奏新声。
笑他几辈寻芳客，今日梨园见不成。

逛天宁寺
古寺天宁好景开，晚秋黄菊早春梅。
看花到此销魂定，有客携樽赴约来。

逛琉璃厂
新春相约踏琉璃，古玩琳琅列整齐。
但是玉人心爱物，解囊那计值高低。

下天津
歌场冷落几年春，觑得庐山面目真。
到底品花先品格，格低无奈下天津。

改籍
鸥鸟无心任所依，一枝暂寄莫高飞。
移花接叶分明是，出谷迁乔殆庶几。

出籍
身价千金客为偿，天空独鹤任翱翔。
而今不寄人篱下，秋月春花自主张。

老班
莺花队里称仙伯，风月场中作主人。
回首十年春绚烂，舞衫歌扇证前因。

娶妇
营得新巢稳碧梧，求凰古调入时无？
杏花笑怨东君误，遣嫁人间小丈夫。

师父

日责缠头俗老伶,夜来风雨不堪听。
种花人作摧花暴,谁向花间好系铃。

跟班

剧饮酣呼兴未阑,嗽声帘外促情欢。
问卿何畏花奴甚,香国渠居耳目官。

(二)

将赋归与赠姚郎宝香①

莫道归家喜气随,客途也怕说分离。
明知此别为时短,总觉将来见面迟。
两载赖君消旅况,一生证我是情痴。
阮囊愧乏千金赠,握手临歧只有诗。

题姚郎小影②

烟月韩潭第一家,芳名艳说遍京华。
偶然乞得徐熙草,描出瑶台富贵花。

绝妙丹青写素纨,画图真作璧人看。
生香活色风流态,只恐龙眠绘亦难。

何须鄂被暗生春,解得相思便是真。
最好含情相对处,画中爱宠意中人。

侧帽余谭

(清·同治—光绪) 艺兰生撰
中国戏剧出版社 1988 年
《清代燕都梨园史料》本

都门酒肆,向推四大居。近年煤市桥头,新起泰丰楼。地甫三弓,室近十座,皆精

---

① (清·同治—光绪) 香溪渔隐作。参见《凤城品花记》。
② 香溪渔隐作。

雅有致。正厅尤胜，厅旁植竹数枝，颜其堂曰"解虚心"。室中悬古画一、联一。置天然几上，供秘色瓷瓶一、镜一、炉一，他物称是。旁室置博古厨，杯箸酒具及招友之简，悉贮其中。游春余兴，且住为佳。顾客常满，座非豫订不得焉。中有小楼甚湫隘，说者谓鄂君覆被处也。余情未之信。

子弟教成歌舞，将出应客。先输钱于菊部，按节出费，谓之搭班。搭班之首日，例演剧敬神，且以动坐客。子弟无论学昆与黄，必隶三庆等三部。故昆曲之于三部，藉延一线耳。

搭班之前，歌扇舞衫，预为自制。其间唱昆者十之五。而五之中，唱旦者居其三，唱生者居其二。大约生旦之曲，宜于浅斟低唱。雏伶喉气未充，仅能随箫管声依约附和。而观此等剧者，亦以色不以声也。

雏伶昆剧，惟四喜最多，三庆次之，春台几如广陵散矣。

自挂籍乐部后，日日进园，立于戏台之东西房，谓之"站台"。蝶使分巡坐间，似曾相识者通眉语，使侍坐，坐时久暂不等。大抵铮铮有声者，略一周旋即便别去。护花尉故广交，每顾曲前后，左右纷然杂陈，艳之者拟于肉屏风云。

善材授徒，亦视其性之所近。如纯正明艳者宜旦，淡雅雄健者宜生，狡黠者宜贴、宜丑，顽蠢者宜净、宜末。习与性成，不可勉强。诸堂自配脚色，得成一戏者，向推岫云、春华、闻德。今则景和、瑞春、杏春也。

雏伶本曰"像姑"，言其貌似好女子也。今讹为"相公"。按此名古惟宰相得而称之，至大家子弟及茂才亦膺是称，然已嫌其滥。今竟加之至贱之伶，致京官子弟，其仆转不敢以此相称。以同音之故，而使冠履倒置，正不独"伍髭须"、"杜十姨"之足资人笑柄也。

若辈向系苏、扬小民，从粮艘载至者。嗣后近畿一带尝苦饥旱，贫乏之家，有自愿鬻其子弟入乐籍者；有为老优买绝，任其携去教导者。妙珊言："每一曲成，不知费多少心力，捱几许夏楚。人第见我辈赚人之易，而不知学歌之难也。"其言恳确，推之秦楼楚馆，何独不然？

乱弹中以青衫、须生为最难。盖上等脚色，唱处极多，非喉气充实则坐客不能动听。若辈之充是色者，往往于五更黎明时，面壁引吭，啾啾长啸。常止宿"五云深处"，东方未白，闻此声四起，远近响应，不知者几疑鬼啸。

明童称其居曰"下处"，一如南人之称"考寓"。向群集韩家潭，今渐扩广，宣南一带皆是。门外挂小牌，镂金为字，曰某某堂，或署姓其下，门内悬大门灯笼一。金乌西坠，绛蜡高燃，灯用明角，以别妓馆。过其门者无须问讯，望而知为姝子之庐矣。

觅醉花间，主人招邀胜侣五六人造之。仆辈入报，嘤然一声笑颜迎，侧足侍者不知几辈。寒暄数语，主人索纸笔。侍者磨墨隆隆然，坐者挥毫索索然，盖飞笺召各友所欢也。授急足去讫，须臾还报曰："条子就来，请主人更室坐。"团栾位置，排比已齐。山肴海物，纷纷罗列。方就坐，则搴帘一笑，似曾相识来也。由是或行令，或猜拳，或挥麈清谈，或竹肉并奏，一视其主人之所好。所识中有膺重名者，酒数巡，登车径去，余稍留片刻亦去。伶既去，酒亦阑矣。呼双弓米啜少许，而席撤。主人出，赏京蚨十千以授。若辈转递仆辈，内传呼曰："某老爷赏钱若干。"随有仆出磕头谢。于斯时也，主人微疲，客颜亦酡。一声呼灯，则已排班鹄立，各持其一以出。一席之费，除赏资外，计需京蚨三十千，旧例也。无名氏有句云："得意一声拿纸片，伤心三字点灯笼。"颇雄劲。后有人更其意曰："英雄末路拿稀饭，混沌初开灌米汤。"更觉声情激越。谚以若辈媚人赚取缠头为灌米汤。而于少年褦襶，初入京华者尤甚。

名誉稍起，即声价自高。当其全盛时，红笺飞去，非亲昵不至，非权贵不至。即至矣，而略叙寒暄，匆匆告去。故寒士之游京师者，非深自谦抑，先意趋承，招之每托故不赴。某孝廉适值此，寻至其堂，大肆咆哮，堂主人为之泥首乞怜而后已。若辈虽近于狡，孝廉亦不免于戆也。呵呵！

怡道人提倡风雅久矣。逢会试年，新进士胪唱后，品题群英，定为及第花三枝。填写花榜，鼓吹送至其堂，一时传为佳话。岁丙子，道人宦游洱海，某公踵而行之。取景和霞芬为状元，次韵秀莱卿，三德春朵仙。且以景和啸云胪唱，时论翕然。间有不满于朵仙之为探花郎者，以品逊也。

蕊榜发后，不知者以某公与梅慧仙有旧，故独厚于景和焉。不知霞芬之冠冕群芳，久已藉藉人口，虽欲置诸下乘，不可得也。至传胪一坐，本无足重轻。某公之意，殆以绿叶烘托牡丹耳。

菊部状头，例取旦脚，诚不欲负花榜之名也。如昆部不合式，则于乱弹中选之。榜探以次不论。霞芬榜出，闻有伧父谬加更易，以莱卿为首，非惟不洽众望，且不合例矣。

霞芬姓朱名霭云，小字恩子，景和诸云之翘楚也。多愁多病，弱不胜衣，咸以林黛玉称之。所居精舍二楹，为姑射仙人旧居。古雅绝尘，楸枰湘管，亦复安排得当。院落树夹竹桃数枝，金笼立葵花鸟一。竹影横窗，灵禽唤客，殆不减潇湘逸致云。

娟好如早秋花者，则近信之如秋是也。如秋名金喜，靥衬朝霞，眼澄嫩水，嫣然一笑，使人之意也消。寿眉生最先识之，视为腻友而不近。於戏！因赠以联云："如水雅宜君子淡，秋花怎比状元红。"秋以甲戌第二人登选，一时名下士争以玉轴投赠。

情犹水也，水无刻不流，情何时可阁。我辈志希风雅，安能如太上之忘情？然亦不宜涉于邪，如子朱子所谓得其情性之正者，斯可矣。吾友如平阳生、赋艳词人、香溪渔隐、披沙子、护花尉辈，皆能见得到此，故于秋菱、艳仙、妙珊、如秋，皆爱之重之而不忍亵之。夫亦谓彼既薄命如花，我虽不能供之几席，以恣赏玩，又不能遍护金铃，使不摧折。惟是兰之芳，菊之秀，莲花之清娇，芙蓉之淡艳，或生空谷，或寄东篱，或出淤泥而不染，或涉秋江而可采，而皆自成逸趣，对可忘饥。若有情若无情，而情乃弥永，何必褰裳涉洧，效狂且为？嗟乎！使秋菱辈情根牢固，亦如吾友之所以待之者，则热火坑中，讵必无青莲一朵哉？

夏鸿福，鸣于辛未、壬申间。歌声宏亮，直欲飞上九天。香溪始招之，以其性近和峤，稍稍厌去。洎重入都，知侍某达官出镇塞外。鸿飞冥冥，不少弋人之篡云。

余久耳景和梅主人名，意必嬬然一叟。及觌面，知年逾不惑，犹少艾如二十许人。登场尤明艳，慕名者争招致之。顾主人颇自高，悉待以闭门羹。或贵介招饮，则以其徒塞责，善言谢却，使望之如天际真人，可望而不可即。是可敬亦可恨也。惟旧相识招之即来，晋接蔼然。

京师于岁首例行团拜，以联年谊，以敦乡情，诚善举也。每岁由值年书红订客，饮食宴会，作竟日欢。是日盛聚，梨园若辈应召，谓之堂会。色伎俱优者，每点至多出，获缠头无算。遇所识，或于例赏外别有所赠。

以歌侑酒，欢场旧例也。而近时日下微有不同，必其可以奏技，方能强之。若仅熟口头语，不足入高人之听者，虽情有难却，亦终面赪音涩。其为乱弹名色，虽不吝其技，然亦视交之浅深，非贸然自献也。

同治辛未秋，初游京师，友人邀饮宝兴楼，为丽云所嬲而招梅卿。卿喜读谶及《三国演义》，与之谈，辄竟夜不倦。余秉觞政，有不胜酒者，许说掌故一则，以故梅卿恒不窘于欢伯。

香车一至，即须出京蚨二千。掷酒保转付，名曰"车饭钱"。其侑酒费，例取八千，则按节照算，不即掷付，存体统也。博盛名者，即车饭之资，日进百贯云。

若辈虽隶乐籍，亦喜观本人不隶之部，非特山陕诸班，有携玉人而至者。即如隶三庆者往四喜，隶四喜者往春台皆是。其侍坐也较久，必视所喜之剧演毕乃去，所费一如侍饮。

车饭钱一项，惟于酒肆招饮时取之，而下处则否。亦惟午晚时一取，而连局则否。如午时相招，已出此资，随携之观戏或赴下处，则无须重出。惟再赴酒楼，则仍须照付。初疑窒碍不通，询之老白相，谓各酒馆于车饭资皆有抽费，故应尔也。午时不招，仅约观剧，则此资仍付，以是日始相见也。至夜间跻堂欢饮，即是日并未一面，连应数条，亦不索此费。间有索者，乃充其仆私橐，非定例也。余之为是琐琐者，乃为问津人作武陵之棹。若挥霍自豪者，谅不屑例此。

三五同人雅座清饮，所欢即为他座所招，不能不入室周旋，谓之"飞座"。坐次窥主人意旨，如主人别有所属，故尔屏弃者，则冷语侵肌，酸风扑鼻。主人情难割舍，出车饭资慰藉之，名曰"留条"。果无他好，如主人之色不馁，若辈有以觇察，而亦径去。然仍须留条以安其心，否则谓之"挑眼"。挑眼，京谚，犹言吹毛求疵也。倘请尊客，而以若辈为嫌者，一闻履声橐橐，亟招其仆而告之故，则亦绝迹不来。

"飞座"非主人所招之人，即友人所欢，亦略来酬应。其时留条与否，若人不计较也。惟留之，益见屋乌之爱耳。

花间小醉，雅趣极矣。顾繁华之地，难免尘嚣。且数见不鲜，味同嚼蜡。赋艳词人于风清月白之宵，偕胜友访艳仙于梧桐庭院。或品茗、或赌棋，或闻香，或读画，各寻乐事。词人自拍昆曲，艳仙按笛和之。于时璧月璧人，争相辉映。庭中木樨，拂拂吐香气，与雅韵相间发。似此清游，窃谓如水如龙。碌碌长安市上者，皆念不及此。

飘茵堕溷，今古同悲。公暇顾曲梨园，见有衣衫褴褛，充场上下脚者；有为人送淡巴菰者；有胁肩谄笑，呈献戏单者，虽春蚕半老，而眉目之间，犹露一种柔媚之气。酒家佣保，皆得指而名之，且缕缕述其轶事甚详。又前门桥头一丐，有识者曰：此《明童小录》之某也，与小福齐名，闻小福时周恤之。

渔隐向疑招邀小史者，皆具断袖癖。入都后，始知为村学究见解，不尽其然。非特我辈，即有沉沦不返，亦惟性情融洽，极友朋之乐，真不自知其所以然者。时人戏脱胎李延年句云："一顾竭其绵，再顾竭其薄。非不知竭绵与竭薄，相公丢弗落。"

所恶于"跟兔"者，为其拘束之，使不得尽欢也。"跟兔"，即若辈随人之号。名为随人，实其师之羽翼，若辈畏之如虎。侍坐稍久，其人壁衣微嗽，即闻声而出。或互相口角，以致用武。一经知觉，面斥不少假借，甚且告于其师而夏楚之。

东、西四牌楼之隆福、护国两寺，月各得六日为赶会期。届时商贾麕集，珠玉锦绣，充牣其中。游人如入五都之市，目不暇接。豪富常携小史往，谓之逛庙。值当意之物，一诺千金，不吝其偿。

出师后，厚积余资，则娶妇不容缓也。同类自为婚姻，可谓门当户对。间有脱然畦封，竟以厚币聘小家碧玉者。亲迎之日，鼓吹喧阗，香车宝马，烂其盈门，所费或过中人产。风流喜事者，醵金集饮其家。方谈笑间，玉人双双出拜，金玉罽锦，各有所赠。

北地风沙极多，旋拂旋生，窗牖几案，日积寸许，致足厌也。惟登彼姝之堂，则窗明几净，一如琉璃世界，几忘其在软红尘土，诧叹不置。坐定，移时即有仆辈持尘尾处处拂拭去。其力众我寡，无惑其然。

程长庚掌三庆班，规例严整，明童之隶其下者，必使尊之曰爷。且不许站台，免蔽座客。故隶三庆部者，到园后只在帘内隐约偷觑。顾曲周郎，未免欲眼滋馋耳。

距永定门不远，有亭曰陶然，为汉阳江水部所建。亭基颇广，护以木栏。春秋佳日，微雨初过，槐柳滴翠，葱茜可爱，亦红尘中清凉世界也。好游者预飞笺订客，招邀小史，携具前往，征歌斗酒，作半日欢。迨日影西逝，牛羊下来，陌上游春者亦歌缓缓归矣。

《扬州竹枝词》云:"看他呼吸关情甚,步步相随云雾中。"咏俊仆装烟句也。此风天津盛行,若京师高品,则不屑也。不谓近日竟亦有之。余始见者为夏鸿福,继者纷纷。吹气如兰,侥幸不少君子,病其过于和易焉。然以视余桃,为之犹贤。

割友人所爱曰"割靴页",其义未详。意以京师偷儿,常割人靴页,以靴页喻歌童,以偷儿戏窃玉者。因是,二人同招一童曰"同靴"。竟有形之草札,类于同年同寅,一何可哂。

以若辈喻靴页,亦自有故。兄弟曰手足,时下常呼若辈为弟,曰侬弟、曰爱弟、曰小弟、曰我弟。弟者,足也。足不足云,若足旁至要之物如靴页者,其庶矣!且例诸"妻子衣服"之说,亦通。

艳仙之殁也,上舍生某哭之哀,诣绮春焚纸帛无算。且为之请于主人,取其生平所临得意帖及玩好尽焚之,涕洟而去。噫!生真多情种子哉。

都下例,于中秋家家祀月之兔,尊之为"兔儿爷"。逐利者肖其像如人状,有泥塑者、布扎者、纸绘者,堆积市上,几于小山。家人携小儿女购归,陈瓜果拜之。常问蓉秋,汝家亦祀此否?默不答。讵以语近于谑耶?

司坊称所爱者曰"老斗",未详所释。或强作解人曰:"老者尊称,如元老大老之类,斗者望如泰山北斗之意也。"细译其义,似非寒郊瘦岛所能堪此。即若辈亦不易出之口,故《都门竹枝词》有曰:"身无百万黄金锭,老斗名难买到家。"尝质之琴香,琴香曰:"不然。俗传我辈赚人缠头,必以斗受之,名曰金斗。富者输予多金,其斗当如绰楔上之大;贫者竭其绵薄,其斗如薙发担上之小。至若清贵名流,则如魁星所踢之斗;硕腹贾人,又如粟米所量之斗。此乃通称,非专指也。"琴香从事乐坊久,谅非妄言,姑记之。

乐坊至今日,滥竽极矣。梨园子弟赚得缠头数百金,即倩人为赎身,谓之"出师"。出师后,同辈尊之曰"老板",优游岁月,甚自适也。欲世其业者,蓄雏伶二三,己则推尊为师父。教之度曲三五出,为置衣饰,使出应客。面首稍佳,不匝月已有群空冀北之势。其困盐车者,师父扑责纂切,若辈计无所出,不能自秘,葳蕤然颇自文饰。坐间或述及某某效襄成故事,辄群相诽笑,则耻心犹存焉。每值令节,必具衣冠,袖芳版,乘车往老斗家敬贺。然接见者寡。一缘是日适值主人亲出贺节,一缘有所费也。其接见者,叩贺起,命坐谭,须臾随赏以红封,多寡一视主人云。

芳诞将逢,先约所亲爱者赐临,或饮一酒,或𩜋一饭。名盛者,三四日前即有客往,亦祝花长好意也。若人衣冠出,遍叩主客。受赏讫,随更衣入坐,各各举觞为寿,尽欢而散。至邀其摆饭者,亦预期订明,以备罗列珍错肴核,维旅烹饪亦调。所需约倍何曾一食之费。故除其诞日外,即甚膺重名者,胡麻亦不易设。慷慨为之,咸称豪举。于靡费之中寓撙节之道,犹古风也。

国丧例禁演戏,在词史辈各有其主,而倚此营生者不无仰屋之嗟,且有流为匪类。

故并为说白清唱名目，登场服时式衣冠，脚色不缺。武剧无刀枪箭戟，空拳徒搏，殊堪一哂。期月后，渐而借箸击案，以节繁音，渐而旦脚戴花，渐而老生带须，渐而丑、净涂面。期年以后，顿还旧观，惟不敢大鼓大吹而已。嗣为某侍御奏禁，稍稍杀其场面。演剧不在大栅栏著名各园，而于西城外之文昌馆、浙绍乡祠、财神馆。风景不殊，亦掩耳盗铃之举。尤可异者，内城向不准开场演剧。逢国孝，各大班转入城演之，得毋谓说白清唱在不禁之例乎？

词史辈虽有主者，然期月间生计较窘，发且种种亦不雅观。当此之时，惟有闭门学曲，无所于及。即艳播宣南者，亦不免门前冷落车马稀矣。

相君之面，虽不能尽似六郎，然白晰翩翩，鲜见黝黑。孟如秋言："凡新进一伶，静闭密室，令恒饥，旋以粗粝和草头相饷，不设油盐，格难下咽。如是半月，黝黑渐退，转而黄，旋用鹅油香胰勤加洗擦。又如是月余，面首转白，且加润焉。此法梨园子弟都以之。"余笑曰："卿之得有今日，亦正洗伐功深耳。"

粉郎一至，正如荀奉倩薰衣入坐，满室皆香。盖丽质出于天生者少，不得不从事容饰。芳泽勤施，久而久之，则肌肤自香。更佩以麝兰，薰以沉速，宜无之而不香矣。买香之肆，其施之膏沐者，别推桂林。余赁以佩带者，则数花汉冲。用以薰焚者，则有合香楼，皆著名老店也。

窄窄蛮靴，小步花砖面上，亦殊可观。小史例着乌靴，正所以昭其敬。盖羔裘退食，吉莫常拖。彼童也纳履而登，转邻于亵。此例不革，良有由也。惟出师后，则挖云鞋子任其曳蹀。

一笑搴帘，即宜遍敬坐客酒，次及主人及所识，去亦如之。今皆不拘形迹，入座时只以手提壶曰："斟酒、斟酒！"座客即群止之。及其去也，惟举碟示意而已。觚不觚，圣人所以叹也。

凤城品花记[①]

（清·同治—光绪）香溪渔隐撰
（清·同治—光绪）赋艳词人
（清·同治—光绪）艺兰生注
中国戏剧出版社 1988 年
《清代燕都梨园史料》本

辛未[②]秋九月，余偕诸君子被辟入都。从公之余，尚多暇日。都门素尚梨园，韵事颇

---

① 本书记作者在北京与几位相公的交往，尤其是与姚宝香（字妙珊）的交往，两人之间的关系可以说是一种精神同性恋。

② 同治十年，1871 年。

多。艺兰生为余言之津津，余耳熟已久。窃疑秦宫鄂渚，未必真有神仙；断袖分桃，亦姑妄听之耳。然亦不可不一领略。因与披沙子同往观三庆班，遍阅诸伶，无一妙人。惟一貂冠艳服者，演《秋胡子戏妻》一剧，作丈夫装，意态似佳，亦未甚惬怀也。归述诸艺兰生，并斥其言之妄。生笑置之。后复与同人至四喜部，见佳丽满前，似较三庆胜。中有雏伶，年可十二三。服饰不华，而顾盼生姿，娟好如美女。心窃爱之，（渐入彀矣。）而亦不知其为谁何也。越翌日，复同艺兰生听三庆，遇长白山人、泛月客两人携一伶在焉。睨之颇端好，询其名，知为丽云，隶四喜部者，因与俱坐。须臾，复有一童来就坐，即前日貂冠而艳服者也。私叩泛月客，悉其姓夏名鸿福字雪舫，以演剧雄于时，人无不知者。戏散后，长白山人力邀入酒肆小饮，且招丽云辈数人侑酒。余及艺兰生未折柬也，因恐不及入城，且在席诸伶，一无当意，遂与艺兰生逃席归。（观此，知香溪君非滥于用情者。）时正阳门方阖，仅容一身逡巡而入，窃笑诸君之嗜痂焉！（且休笑，窃恐笑人者笑于人。）

一日偕艺兰生出城，复遇山人、泛月客于途，拉往垆头小饮。未几，诸伶毕至，艺兰生为丽云怂恿，遂招梅卿。复强余，余以未识庐山真面为辞。山人固荐鸿福，余未首肯，而朱笺数行，已作青鸟使矣。无何，雪舫来（雪舫是宾），言论诙谐，飒爽不群，差强人意。嗣后遂屡屡招之，每值公退，辄造饮其庐。余非雪舫不醉，而坐客亦非雪舫不欢也。（浃洽乃尔，何意后日。）值冬至日，同人均听四喜。见二童演《荡湖船》，颇极夭冶之致。一齿稍长，一即日前所见者。或告余曰："长者名芷荪，少者名芷湘，皆属春华堂。"时诱春子方与芷荃善，荪、湘皆其师弟也，余始恍然。是日诱春子即招饮春华，至则窗明几净，壁上皆名人书画，案头设绿萼梅一盆，清芬扑人，无纤毫尘俗气。（初次入门，故叙述甚详。）谈次适芷湘归，遇于屏间，因招之来，一见如故。（凡一见如故者，往往鲜克有终。易合必易离，理所固然。此君子之交所以淡如水也。）湘字亦仙，年十三，柔情艳骨，尽得风流。第年太稚，罕有知之者，时余方与雪舫密，虽甚怜爱，而形迹颇疏。次年，以其有箫宏之癖，诛求无厌，不甚器之。（雪舫之见弃，实自为之。）因专意于亦仙一人。（雪舫绝矣，亦仙亦是宾。）亦仙情致缠绵，宛转可人，意甚相得，自是尊酒联欢，殆无虚夕。即荃、荪辈亦以亦仙故，数招致之。不数月，都人士颇闻亦仙名，长者车辙，时盈门外。（亦仙声价，香溪君增之也。是时都人士亦颇闻香溪君名。）顾亦仙天性孤僻，目无下尘。苟有不合，辄作白眼忤座客。群焉置喙，谮言盈耳，强余割爱。余诚不能忘情于亦仙，第重违友人请，稍稍疏之。而亦仙误会余意，颇有怼言，甚至路遇若秦越然。（因误会而生怨，亦是常情，何至路遇若秦越人之不相识。深于情者，顾如是耶？余亦不便以我本怜卿，卿其谅我之说告亦仙也，徒付诸一叹而已！自是与亦仙绝。（亦仙绝矣。）万虑俱消，杜门枯坐，而都门积习，文宴往来往往不能无此辈，未能免俗，聊复尔尔。然从此用情不能专矣！（激而为此，势所固然。）每预宴集，随意擘笺，妍媸不计，长安春色领略殆遍。艳仙、如秋、蓉秋、楞仙、纫仙、秋芬、梅卿等皆名重一时，咸经予品题焉。（楞仙以下数人，更是宾中之宾。）其中为余所最赏识者，惟艳仙、如秋、蓉秋三人而已。（三人是宾中主，主中宾。）艳仙隶三庆部，天真烂缦，秀外慧中，耽书史，喜读《三国志》，与论蜀魏吴事，辄凿凿道之。能书楷，工整有法，画写意人物，跃跃有生气，同辈中罕有其匹。如秋柳眉香颊，玉质仙姿，为群芳之冠耳。吐属清朗，绝无浮嚣习，故时誉咸归之。若蓉秋则风流秀逸，雅俗共赏，性善饮，用情尤挚，不以贫富区厚薄，轩冕韦布，款接如一。（赏识者三，而一以才胜，一以韵胜，一以度胜，是香国真管领，方不负"品花"二字。）三人皆与余最善，而余亦乐与之游，故半年来相偕良多。

于斯时也，花天月地，酒绿灯红。门巷认樱桃，楼台恋杨柳。有人皆玉，无地不春。红烧桦烛，筵开树玉之庭；绿泛瑶尊，香满金莲之地。当夫日暖风和，秋高气爽，清歌乍罢，逸兴遄飞。向菊部以倦游，指杏帘之在望。惊鸿下影，尽教蝶使传来；挞羯催花，又听莺声啭起。追夫楼头残照，酒家晚烟，人影已归，衣香渐散。既耳语之匆匆，犹情怀之眷眷。乃命高轩驾，或携夜光珠，醉眼迷离，几误吴娃之径；香风飘拂，遽登艳史之庭。于是弄笛敲棋，各寻韵事；高吟清话，悉惬素心。宿醒未醒，华宴再开；群芳重集，狂兴又迥。纤纤玉笋，喜看钩弋张拳；脉脉绮怀，敢负杯行到手。值斯良会，谢太傅自足怡情；对此芳辰，杜牧之亦应乐死。窃谓人生适意事，至此已臻其极，颇有观止之叹。只恨花宫月窟，亦销宋玉之悲；酒国诗坛，愧乏江郎之句耳。

讵知珊瑚铁网，尚遗沧海明珠；桃李春山，犹有芝兰空谷。至年余，而又识妙珊其人。（何珊珊其来迟也？）妙珊（妙珊是主。以起作结，绝似司马迁合传意境。）姚姓，宝香名，小字锁儿，十五龄童子也。父母皆燕人，操贱业，贫无依。鬻诸瑞春堂，隶四喜、春台籍。初习花旦，以性非所近，改青衫。时都下不尚昆曲，故所演多杂剧。歌裙舞袖，名动一时。其神静，其音清。艺兰生品为瑶天笙鹤，不具尘俗气者。性简默，若不屑角逐歌场，尤为町畦独辟。（至此方是作记正主，是通篇一大关键。故作者极意摹写，而句亦华贵绝伦。）先是泛月客与之游，不甚浃洽。余一见即奇之，而妙珊亦颇属意于余。（有缘无缘，分毫勉强不得。）会其父姚叟向瑞春主人索负不遂，复遭诟谇，且送官重笞焉！归而述诸姚媪，媪痛夫之受刑也，遽于昏夜潜缢于瑞春之门。（此姥亦太痴。）主人觉，大窘，阴咪姚叟及邻右重金，得罢讼。妙珊自母死后，娇啼宛转，痛不欲生，幸乃父力挽始止。然身隶乐籍，虽抱戴天之痛，亦惟吞声饮泣，无可奈何。从此玉容惨淡，笑涡顿收。每侍客饮，辄复向隅。虽艳如桃李，而冷如冰雪。（桃李而冰雪，乃想见其为人。）余弥怜其情，益敬爱之。或笑余痴，余亦不复置辨焉。（如何，笑人者果笑于人矣！）

时披沙子已南下，忽贻余书曰："闻足下与湘君忽尔参商，心窃怪焉。然以足下雅度，何遽薄幸若此，岂其中有故耶？刻下必当别选名花，以供清赏。梨园物色，定有知音。第酣红醉绿之场，非独具只眼，不能得其人。我辈素有雅癖，苟于若辈中得一知己，亦可以无憾。不当执流俗见，徒以粉桃郁李杂投也。愚意鞠部中，惟妙珊颇具清骨，似不食人间烟火者。然非足下与仆，鲜能识之深。若得与此君交，必能气味相投，未知足下已先得我心否？"余得书，（香溪君自得此书，而招妙珊之意始定，则披沙子可图画于瑞春堂中。）大喜曰："披沙子知我！"而招致之念遂决。（始而奇之，继而敬爱之，至是而招致之念遂决。何等纡曲，何等郑重，与遇于屏间，一见如故者固自有别。）翌日，即邀同人出城，至肆头，呼笔疾书一束，付酒佣去。窃喜半载神交，至此始偿宿愿，然犹恨相见晚矣！比妙珊来，相视无言，一笑而已。（无言一笑，若有情、若无情，是为至情。）由此三五日辄与妙珊叙，顾于艳仙、如秋、蓉秋辈未敢冷落，每饮除妙珊外必更致一以副之。深以寒士品评，黄金无色，未能兼顾为虑。一日，偶会云间古香居士于友人处，谈论甚欢。居士富于学，且深于情。闻其与如秋最相善，久而弥笃。我知如秋之遇居士，他日得有所托，固其幸也，而余亦从此可以息肩矣。（如秋息肩矣。）适同时，蓉秋名噪甚，骚人墨客，日接于门。余度其阅人既多，不难得一知音，因并从割爱。（蓉秋割爱矣。）而厥后所常偕者，惟妙珊、艳仙二人焉。自余得双璧，意愿良足。而妙珊与余用情尤渥，盖以神不以迹者。（神字、迹字，须细细咀嚼之，非个中人不能领会也。）其为人也，庄重不佻，或入以游词，则面赪不置一语。每与谈论，辄肃然相对，不自知其所以然。（妙妙，可谓相对忘形。）余尝谓落花无言，人淡如菊，于妙珊庶几近之。余豪于饮，每饮必醉，醉后辄病。妙珊恒劝余勿与曲生近，余不忍拂其意，故友人招饮，虽未能力戒酒，而自是总不作醉乡游矣。（幸亏如此，否则醉眼模糊，恐坐对名花而不能领略耳。）

犹记壬申之十一月十一日，始与妙珊款洽，（招致之时，未详日月。方疑作者疏忽，至此大书特书，眉目一醒，益服文笔之善于用曲也。）至除夕迄未一过其庐。新正四日，乃与同人往访于樱桃斜街。时妙珊方患嗽，扶病而出。春山带黛，秋波欲流。一种娇怯之态，令人可爱可怜。（宛如一幅《病美人图》。）不数语，珍重而别。归后思念颇切，或告余（"或"者何？香溪君之氤氲使，亦妙珊之天医星也）曰："海南新会橙可治嗽，惜都中少此物耳。"余百计求之不得。适闻人生自南粤来，携有佳果数种，橙亦与焉。亟往乞分惠。生故作难色，余笑揖之，（故作难色，趣。笑揖之，更趣。）且告之故，遂见赠。疾驰饷妙珊，嗽果渐瘳。（嗽之瘳非橙为之，香溪君至诚为之也。）于今思之，良可哂也。

先是艺兰生曾著《评花新谱》一卷，略加品题，未定甲乙。盖以花之中，秾艳如桃李，幽雅如兰蕙，富丽如牡丹，灼洁如芙蕖，芬芳如桂，清高如梅，要皆争奇竞秀，各擅胜场，有未可轩此而轻彼者。（具此藻鉴，方得品花真际。）至是，艺兰生坚欲定一花榜，（艺兰生多事。）余不以为然。而生即与泛月客逐一编次，以如秋弁冕，楞仙次之，丽云、妙珊、梅卿又次之。强余序名，拉出城，即席召如秋辈，出榜示之。群艳咸屈一膝道谢，独妙珊默不发声，似有悲戚意。余疑其屈居第四故，因慰解之。妙珊蹙然曰："余讵以是为荣辱哉！独念我辈沦落风尘，已属人生不幸事，即使声价顿增，亦犹是梨园子弟耳，何计名次之高下为？"（有如此志气，必非久困风尘者。）余闻之愀然动容，窃叹其志向之高。遂不欢而散。嗟乎！蹭蹬名场，头颅渐老。天涯落落，知己难逢。（无限凄凉。）于我且然，独妙珊也乎哉！特是妙珊抱出世之姿，孤芳自赏，宜其门庭寂寞，问津者鲜矣。（读至此，当为怀才不遇者同声一哭。）然士大夫往往争欲见之，车马之迹日益喧阗，盖其色艺之足以动人，（世所取者，以色艺耳！可叹、可叹！）而皮相者流，未必知余取妙珊之旨也。（取意殊旨，雅俗判然。妙珊之言曰："与我善者，或数日而交绝矣！或数月而爱替矣！久者亦不过半年耳。求如香溪君之用情弥深，始终如一者，我见亦罕。"）妙珊不解酬应，多脱略，以是不甚得人欢。盖自丧母后，无心于此也久矣！

时惟仲夏，炎暑逼人。寻芳韵事，极觉阑珊。会居易斋主、赋艳词人奉檄入都，披沙子亦来京谒选，同乡赴北闱者，又复络绎萃集。胜友如云，又添一番雅兴。披沙子知余与妙珊游，促作东道主，遂与诸君会饮于瑞春堂，并招艳仙焉。居易斋主素迂谨，一见妙珊，即啧啧称羡，许为群芳领袖。（正法眼藏。）赋艳词人则别垂青眼，独赏艳仙。（词人独赏艳仙，自是怜才，自是巨眼。凡他人推毂而得者，与亲眼物色得者，其赏心必有差。君相取士，何尝不然。）初，词人于燕，桌间意有所属。时如秋有状头之目，因金以如秋先容，且代擘笺焉。经数四招致，而不甚惬意。（所谓有缘无缘，分毫勉强不得。）至此，颇许艳仙可爱，不欲夺余所好。余会其意，因笑曰："实不相欺，昔余一睹其丰姿，甚惜其磊落聪明，而遭逢不偶，故特罗而致之，留待怜才者之真鉴耳。况仆既得陇，又安敢望蜀。"因力举之。甫数日，闻词人已招艳仙，两人情好，一如余与妙珊然。（艳仙又让美矣。）余心慰甚，窃喜我辈胸襟，可谓不谋而合。自是用情益专于妙珊焉。（看他一一出脱干净。前如新月，出未高，众星尚争光。至此如扫却浮云障雾，一轮明月皎然当空。）

七月中旬，偶与艺兰生访妙珊。言谈之间，妙珊牵余袂至静处，移坐近前，悄谓其师性贪，日责缠头不满欲壑，辄以指摇腕肤，不堪凌虐，因示之臂，爪痕宛然。且曰："局促辕下，火坑不可以久居。而所交多纨袴，难与吐肺肝。感君诚笃，能以千金脱籍否？"余曰："寒素之士，惟有一缕情丝堪献知己。年来所费，已竭棉薄。眙子荏弱，扼腕良深，其如力不逮心何！"（有力者心不副，有心者力不逮。真情种每出于寒素之士，为之三叹。）妙珊闻之凄然不乐，相对欷歔。时闱期已近，余因慰之曰："仆何吝千金之赠，只以世情炎凉，无从呼将伯耳。无已，倘今科得捷，必能措置数百金，竭力报子何如？"妙珊曰："诚然，则余且旦夕焚香，祝朱衣神暗点君头耳。"（惟有此焚香暗祝之人，故不可不售。亦惟有此焚香暗祝之人，故不必遽售。）相与一笑而罢。入闱后，三艺颇极经营，二三场亦不草草。录示同人，皆许以可售。心窃自幸，冀有以对妙珊也。揭晓日，中心彷徨，肠如辘轳。日暮，泛月客仓皇入曰："香溪君下第矣！"（文章既可售，又有焚香祷祝者，而朱衣卒靳一点头，殆妙珊所谓命耶。噫！）时方蒙被卧，闻言惊起，泫然流涕。（下第已不可堪，因下第而无以报妙珊，则愈难以为情。所以不以功名为念之香溪君，至是不觉泫然流涕也。）同人多方慰藉，始稍解。由是嗒焉若丧，愧不欲见妙珊，盖不出户庭者月余。或述诸妙珊，妙珊寄意劝慰，托友人（解愠风耶？撮合山耶？奇已）强余出城，见之对坐默然，殊不可堪。妙珊解之曰（他人于此，必作绮语曰："甚好风吹得到此。"）："功名自有前定，君文不得售，余志亦莫能遂，命也。（我未成名君未嫁，伤心者不独罗江东也。）且君既有此心，徐徐待之又奚害？"（解语花不当尔耶？）遂各释然。

妙珊有师弟二。一名宝云，字月珊。一名宝玉，字碧珊。各擅妙技，登场合演，名盛一时，人呼为"瑞春三宝"。（与"春华三芷"遥遥相映。）余每登其堂，咸出款客。三五日辄止宿其庐，欢然相接如家人。（此境殊不易到。）妙珊喜观剧，余时携往听他班。玉树亭亭，人皆称羡。尤嗜围棋，常与闻人生角胜负，旗鼓相当，而生故下之。（闻人生得"韵"字三昧矣。）余雅不善手谈，楸枰之间，但为之数黑论白而已。余与妙珊相处三年，其中韵事颇多，笔不胜述，惟择其可录者录之焉。

嗟呼！游子天涯，情人遥夜。方谓客途岑寂，无计浇愁；不图香国繁华，引人入胜。抛江南之鹤梦，恋冀北之莺花。纵彼美可慕，未许真个销魂；而余情信芳，但喜别开生面。是盖三生灵石，旧是因缘；遂使十丈情波，都成魔障。惜乎！琅嬛地方夸艳福，离恨天又惹新愁。（多情自古伤离别，更那堪冷落清秋节。）行将远别，知何年再踏软红？何以为情，聊此日共浮大白。盖余明春将着归鞭矣，而仆于是重有感焉！（下段如神龙入海，百川朝宗，足令读者神飞目眩。）

夫秋月春风，韶华易度；吴云燕树，芳信难通。我不知他年翱翔云路，以高车驷马上玉京游乎？抑青灯黄卷老牖下乎？而如妙珊辈，欢笑年年，幸而惜花有人，舞衫卸、歌扇捐矣！不幸而落花无主，朱颜改、青鬓摧矣！（情生文，文生情，使若辈读此，当为之泣数行下。）运会升沉，各有难定。兴言及此，忧从中来。转忆年来金屋寻娇，玉壶买醉；逸情雅兴，似醉如痴。其间乍离乍合，忽断忽续，与夫爱憎之异用，盛衰之迭乘，曾岁月之几何，而恍惚已如梦境矣。噫！其梦耶？其真耶？其真而以为梦，抑梦而以为真耶？（余为下一语曰："以是为梦，即便是梦。以是为真，即便是真。以为非真，即真亦梦。以为非梦，即梦亦真。本无取真，本无取梦。何者为梦，何者为真？何者非梦，何者非真？何者非非梦，何者非非真？"）此其故，问诸造物，造物不言。问诸花，花不能解语。即问诸品花者，亦不自名其妙也。（有此一段回抱，以作总束，于文机则圆，于文势则紧，于文情则斐，于文境则高，令满纸都化为云烟，其妙殆不可思议。）虽然，仆本恨人，尘缘未净。有难为太上之忘情，因叙其颠末如右。敢诩彩笔生花，聊作绀珠记事云尔。

赋艳词人曰：香溪君，洵多情者。其与雪舫也，则尝谓非舫不醉矣。与亦仙也，则樽酒联欢，殆无虚夕矣。与艳仙、如秋、蓉秋也，则有观止之叹矣。及其与妙珊也，则且爱之极而敬之畏之矣。向使舫也无萧宏之癖，则无有亦仙，何有于三人者。即舫绝矣，而亦仙不以白眼相加，则我本怜卿，虽至于今可也。至激而为不计妍媸，长安看遍，虽赏识者三，要亦无心得之耳。然非邂逅妙珊，则香溪君之情不足动，而三人之爱亦不分。无何，明珠获于沧海，芝兰出于空谷，而未敢冷落之心，犹有勉力兼顾之意。无如寒士品评，黄金无色。息肩有所，用爱始专。此时之香溪君，阅历渐深，前车可鉴，故虽脱略不能得人欢，而其情亦固而不摇矣！虽然，妙珊之于香溪君，非有夙缘不及此。

又曰：此作有三难。大凡纪述之书，事多傅会，易于求工，而此则所以纪实，一难也。寻常纪述，凡写一人一物，作者置身题外，不难设色描摹，而此则不啻自传，二难也。两年中，芳情韵事，头绪纷烦，而欲其详略得中，宾主分明，三难也。此作亦有三胜。叙事则用疏宕高古之笔，写景则用风华渲染之笔，描情则用飘逸蕴藉之笔。笔笔换，笔笔转，写来分外出色，一胜也。雪舫之合，人作之；而其散也，则舫自致之。亦仙之合，自作之；而其散也，则人致之。艳仙辈三人之合，于泛泛中自得之；其散也，则渐渐自遣之。至于妙珊之合，自主之而又人作之，则亦遂永好之。离奇变化，妙造自然，二胜也。他传必有结局，而此则溯洄既往，推思将来，不结而结，结而不结，令人引兴无穷，三胜也。非妙人不能有此妙事，非妙手不能有此妙文。

艺兰生曰：香溪君曷然而作《品花记》也？曰"为妙珊也"。则记中之妙珊，譬则珠也。作《品花记》之笔，譬诸龙也。乘风破雾，嘘云吸雨，而龙睛龙爪，总不离乎珠。作者有此巨手，观者安得不用巨眼？

燕台花事录

（清·同治—光绪）王曾祺撰
中国戏剧出版社 1988 年
《清代燕都梨园史料》本

（一）序

《燕台花事录》何为而作也？明人有言：穷措大抱床头黄面婆子，自云好色，岂不羞死？此言固也，而义未尽。人间真色，要不当于巾帼中求之。不则历遍青楼，亦只得赝物耳。京师女闾①，视临淄奚啻十倍。薈腾过眼，尤觉无花。而选笑征歌，必推菊部。其间不无粉饰，亦判媸妍。所谓天然美好者，岁要得一二人焉。岂西山多白樱桃花，秀气所钟，故生尤物耶？良由人间真色，固在此不在彼也。

（二）卷上·品花②

朱霭云字霞芬，京师人。年十五，丙子花榜状头。姿首如碧桃红杏，亭亭玉立，秀削可怜。性敏慧而蕴藉，士夫多自视弗如。吐词尤隽，每发一语，辄倾座人。花晨月夕，景酥门外，车马喧阗，大都为郎来。

（三）卷上·品花

范主人芷湘，字亦秋，江苏人。年十七，出春华，癸酉时正负盛名。予初入歌场，见其作《出塞》小鬟，手捧紫檀琵琶，侍王嫱侧。脂香粉腻，俏眼含波，不禁心醉。迨凤阳公子招来佐酒，细视双眸，略具雌雄，而妖冶之态，荡妇弗啻也。工弦索，能度《湖船》诸曲。乙亥重晤，尚询公子客死况，殆亦若辈中之有情者。

（四）卷下·嘲花

尝携诸郎游天宁禅院，指佛出句云："者和尚长伸手只想要钱。"某郎略解对而不对，为润色之云："那相公瞎淘神不会觅斗。"闻者大噱。

京师旧传一律，中四语云："得意一声拿纸片，伤心三字点灯笼。资格深时钞渐短，年光逼处兴偏浓。"写事最入妙。

又五言律云："万古寒碜气，都归黑相公。打围宵寂寂，下馆（戏馆也）昼匆匆。飞眼无专斗，翻身即软篷。陡然条子至，开发又成空。"孽海中尚有如此苦恼。

某溺于珠郎，约偕遁，格于郎傅不果。计无所出，遂就缢。时人悲之，挽以四字云："珠斗高悬。"可谓雅切。

诸郎间有浑号，如霞芬之小表嫂。最奇者，人呼朵仙（杨桂云）为山查糕。诘其故，则笑曰："所谓又红又甜也。"为之绝倒。

---

① 女妓院。
② 参见《孽海花》（一）及《清代燕都梨园史料》第506、519、541、564、604、642、656、674、795、1097页等处。

潜庵漫笔

(清·同治—光绪) 程畹撰
清光绪元年 (1875) 申报馆
上海铅印《申报馆丛书》本

卷六

世俗以相娱悦者为灌米汤,而欢场尤甚。甘泉李冰叔戏为诗曰:"英雄末路拿米饭,混沌初开灌米汤。"

柔桥文钞

(清·同治—光绪) 王棻撰
民国三年 (1914)
上海国光书局铅印本

卷十·书《伊训》后

始余读《商书·伊训》之篇,窃怪卿士邦君之尊必不至下与顽童比。而商先王官刑之儆,为轻量其臣子,而防其所不必防。及年稍长,闻京师士大夫颇狎优,虽甚惑之,然尚未之信也。逮逾强仕计偕入都,时见盛筵广坐中或招三数幼伶,与之并坐共酌。偃蹇姚佚,藐其坐人。甚则呼长者之字,或以物击其头。遭其侮者,或反快然意得。然后知先王制刑,若逆知有后世之变而预为之防者,抑何其虑之周而法之备耶!夫顽童既比,则耆德不亲,圣言必为所侮,忠直必不见容。恒舞酣歌,游畋货色,无所不至。是有一愆而十愆成,有一风而三风备,欲国家之无丧亡也,得乎?粤贼之变,回捻交讧,已然之明效也。及今不禁,后且不救。何则?风俗者,天下安危之本也;京师者,又天下风俗之本也。天下有达尊三,爵、齿、德是已。今以倡优下贱之人,泰然与士大夫相晋接。以齿则乳臭之童,以爵则厮役之贱,以德则宦寺之污。而搢绅先生忘分忘年,屈己下交,果何为者耶?非病狂丧心,奚以至于此极也!然后习俗相沿,历有年所,大臣不以为言,国人不以为非,四海观光之士靡然向风,不以为耻,是岂天下之细故哉!董子①有言:"为人君者,正心以正朝廷,正朝廷以正百官,正百官以正万民,正万民以正四方。"夫百官不正,而欲四方之克正,难已。是所望于用商之刑以变今之俗者。

---

① 汉儒董仲舒。

同治戊辰四月壬午书于杨梅竹斜街之寓斋。

谈异

(清·光绪)陈彝辑撰
清光绪十九年(1893)刻本

卷三·某太史

某太史,滇之白盐井人。弱冠登第,家又素封。顾嬖昵某伶,连主省试,所得皆付之,伶瓶且罄矣。太翁闻而忧之,贻书促之归。既恋恋不欲去,又适与某伶有违言(或曰与伶谋归赀,伶不应也),遂自缢,年才三十三。先是梦至神所,神以大秤量人,至太史曰三十二斤半,没时正八月云。其傲寓在米市胡同。

斯陶说林

(清·光绪)王用臣编撰
清光绪十八年(1892)深泽王氏刻本

卷八

朱茂才淦乳名和尚,大兴相国文正公①裔。体肥甚,群呼为朱九胖子。一生爱著方头靴,门荫既高,都中年家世谊极多,某官住某街某巷第几门悉知之。而性爱优伶,伶演剧来往,恒步行随其车后。伶之以事累者,必为宛转解释,故一时有护花铃之目。友人戏作一联,生挽之云:"似跟兔似长班,花谱搢绅断送一朝新掌故。作秀才作和尚,襕衫布袋空余两只大头靴。"额云:"块然物化。"亦可笑也。

---

① 朱珪,谥文正。

瑶台小录

(清·光绪) 王韬撰
中国戏剧出版社 1988 年
《清代燕都梨园史料》本

（一）上①

此中人才殊复难得，岂秀气独钟于男子，而风怀偏托之美人哉？顾其品汇，厥有数端：公子裼裘，佳人修竹，手玉同色，智珠孕胸。琪花照世，众芳皆歇，桃李成蹊，不言自馨。此一流也。清词霏屑，吹气胜兰，鸣琴在床，晴波生指。桓伊三弄，柳公双锁，文楸响答，时出疏帘。更或写黄筌之折枝，静女分香；学茂漪之笔法，仙娥顾影。此一流也。靡颜腻理，敷粉凝脂，望若璧人，宛如处子，夷妬自喜，昳丽可鉴。濯濯春柳，深色荡魂；娟娟秋荷，微波通款。此一流也。秦阳阿发激楚，唱曹子于兜铃。效少年为拍弹薛仿之声，潜气内转韩娥之讴。余音绕梁，不抗不幽，亦雅亦郑。此一流也。英姿飒爽，对酒当歌，星眸善窥，风气日上。作皮里之阳秋，笑目论之下士。羞同儿女徒解人颦，别具肺肝兼知援手。又一流也。借吹嘘以生翅，经盼睐而成饰，爱则加膝，口所偏肥。芙蓉镜下居然及第，樱桃宴中推为上宾。传观千佛之经，压倒群芳之谱。喜《霓裳》之同奏，异名纸之生毛。又一流也。至如柔曼倾意，寻梁契集，揭来城北，偷嫁汝南。灵狸之体，惆怅东平，共枕之树，托生上界。风斯下矣，亦一流也。

（二）中②

田际云，定州人，世所称"想九霄"者也。幼隶某巨公门下，为小优。巨公出镇滦阳，际云乃随其师某之上海，改习秦腔，时年甫十四五耳。姿韵幽娴，音调清脆，与凡为秦声者不同。顾南士多守雌，蔽所习见，寻常征逐，率诣事妖姬姹女，尽态极妍，反谓明童一流不足挂齿。际云愤甚，遂于弱冠后复之京师。至则结束登场，发吭引声，一座尽惊叹。于是贵人达官，下至贩夫驵卒，无不啧啧"想九霄"者。或偶觌一面、接一语，则视轩冕圭组之荣不啻过之。一时声誉所流，遂远胜沪渎十倍。呜呼盛矣！论者谓：际云设当盈盈十五时，即翩然以翔于日下，不知群公倾倒当更作何等状？乃骊齿未暮，而伯乐终逢；梁云早飞，而韩娥始叹。然则孰谓软红尘土中，无真衡鉴哉？

---

① 谈优伶的流品。
② 记名优田际云的情况。

椒生随笔

（清·光绪）王之春撰
清光绪七年（1881）上洋文艺斋刻本

卷三·黑相公

京伶之冷落者号"黑相公"，好事子咏之云："万古寒酸气，都归黑相公。打围何寂寂，应局故匆匆。飞眼无专斗，翻身即软篷。忽闻条子到，喜色上眉峰。"有湘兰者，亦黑流也。友人朱君独赏之，大为称美。后以其呼为老头儿，朱遂大愠，乃绝之。寄来一诗云："梨园声价重京师，南国人来罄旅资。夙债已偿清兴减，头衔博得老头儿。"此语蕴藉，不似前作之轻薄也。

申报图画

（清末）该报编绘
清末该报上海石印本

比拟不伦（清宣统元年十一月二十三日）

原注："都中向来设筵，倌人（妓女）、相公不能并召。因彼此界限甚严，同席必致不欢。近有楚人宴于醉琼林，同时并召，即席而歌，彼此毫无冲突。同席某君以此举罕见，当众宣言曰：'方今国家满汉不能融洽，执政者宵旰忧劳。君既有此融洽两界能力，不妨条陈政府，仿照施行'等语，满座哗然。"

北京白话画图日报

(清末)该报编绘
清末该报北京石印本

有伤风化图（第四百六十七号，清宣统二年正月二十日）

原注："西单市场春仙茶园，前日义务夜戏。内中有个小春林的《打面缸》，作出出出丑态，寔在令人难看。该园尚有巡长等在此照料，怎么就不拦拦呢？"

北京秘本戏曲图考

刘鸿声，杨小楼编
民国初年上海沈鹤记书局石印本

纺棉花

  本剧为淫粉之戏，内有同性恋科诨："（旦唱时调）姐在房中哭，姐在房中哭，哭来哭去哭他的丈夫。为什么真真哭，为什么真真哭？怕的是他丈夫卖了屁股。哎呀呀。（丑白）咦，我在外头卖了屁股，他怎么晓得的？"

余墨偶谈

(清末)孙枟撰
民国二年（1913）
中华艺文社上海铅印本

（一）续集卷三·公子行

京洛少年豪华相竞，或樗蒲一掷，避债高台。或狎昵雏伶，广求美宅。多营多辱，比比然矣。沈起凤《公子行》云："入门甲第五侯如，一掷樗蒲百万余。门客莫教纡薛债，雷家自有内尚书。""雏伶会奏《郁轮袍》，唤去尊前伴酒曹。何处通家旧遗第，将来买与郑樱桃。"二诗切中时弊，乃有为言之也。

（二）续集卷七·莲香

薛照南刺史云：在都时闻时伶莲香处有一集句嵌字佳联，极为人所传诵。词云："上有并蒂莲上有同心藕，欢作沉水香侬作博山炉。"秾丽无比，又极自然。

（三）续集卷八·挽歌伶联

京师歌伶名翠琴者，隶春台部，艳绝一时。倏染时疫殁，士夫惜之。嘉兴陆眉生挽以联云："生占百花朝（伶于花朝前一日生），万卉千芳齐俛首。春归三月暮（伶卒于三月杪），人间天上两消魂。"

李春来

(清末)石田太郎撰
清末学海书社石印本

（一）绪论

京师、天津者，中国上中下三等优人之大制造场也，亦中国最惨最痛之黑暗地狱也。呜呼！中国之以半教野蛮见称于世者，此亦其一端也。最奇者，中国之达官贵人，明明知之，明明见之，而从不思所以革之之道者，岂非咄咄怪事乎？

盖此等制造伶人之场，皆由老伶工之自为，而亦无人过问。其法如设下处一所，俗名之曰"堂名"云,盖人人莫不以"某某堂"三字标其门也。其中分设雅室,多或四处,少亦二三处不等。凡有入此室处者,即出稚年伶人,以为媚客之具,有一堂之中多至数十人者。以堂堂男子反而学为婢妾,以貌招以身荐,狐媚惑人,污秽卑贱。凡女子所不能为不肯为者,若辈皆能曲尽其道而为之。恬不以为怪,毫无羞耻。虽然,其岂得已而为之哉?盖有逼之使不得不然者在也。

不特入其室处为然也,抑且敷粉薰香、美衣丽服而四出招览,若沪上之稚妓焉。故每入戏园,触目皆是。知与不知,彼均竭力招呼,口背履历,以为勾引之计。凡曾至京津者,皆所耳熟而能详也。伤他人之廉耻,坏他人之皮肉,皆所不顾,而但为一己之私利是图,伤心害理,莫此为甚。而官不之禁,人不之怪。无怪乎堂名之多而陷溺之深,至于此极也已。

盖凡为伶人者,幼时既不学无术,则迨乎年老色衰,不能谋生之时,惟有相率而出于开设堂子之一途,亦势之所必至者矣。虽然,其初固莫不以教授戏学为揭橥也。四乡贫乏子弟,往往不知就里,甘奉为师。及至入其彀中,受逼挨责,万不得已,出而为皮肉生涯。狐媚惑人,抛弃廉耻。业已无可奈何,嗟何及矣。

余尝闻之老于京华道上者言:凡七八龄之童子,售于伶人作为弟子,每人身价不过制钱三五千而已。而身契成立之后,另用笔墨划一黑线于其上,其名谓之"一道河"。十年之内,存亡死生,父母皆不得过问焉。呜呼,惨矣!尔后北人皆知之者多,遂稍稍裹足,引以为戒。于是南人之贫家子弟遭其厄矣。其有从师学艺而为之诱骗以往,欲归不得者,盖不知凡几。而富家子弟之被骗而去者,亦不一而足。个中有相貌白晰而为人娇秀玲珑者,皆斯类也。然其中非无出类拔萃之流,但多在十余年以外,满师期后,方能稍稍自立,听其自由焉。

右之所述,皆京师、天津等处制造伶人之真相。凡有足迹曾经南北者,当无不知其梗概,非著者之杜撰也。其由自北而南,自称为京都新到内城府名角云云者,其自幼之出身,要皆不能出此范围也。

(二)李春来之生平梗概

相公者,北人呼堂子中人物之雅号也。京华道中往往有美少年,衣服丽都,踽踽于路,而后随一老伶工者,人皆称之曰:"此相公也,此相公也。"不知者几疑其为王孙公子。而相公之名,则不知何仿。或曰:"象姑也。以其身虽男子,而行动俨如女流也。"然此犹尊之之辞也。或有恶之者,相率而呼之为"兔子"。以其相貌白晰,诳人玩弄也。或曰:"实'图资'也。彼辈不顾廉耻,只图资财,故以此雅号奉之"云。亦莫能详其究竟耳。

畏庐漫录

(清末民初) 林纾撰
民国十一年 (1922)
商务印书馆上海铅印本

徐小郊

余生平未履妓寮,亦不甚悦梨园子弟。有时乡人招饮,走柬招某班某郎,至时玉貌锦衣,着小靴,向人引发挽须,嬉笑无度。余愀然座间,不交一语。而诸伶见余,亦蹙蹙生厌恶状。前数年为某公招饮,有贵要数人述贾郎色艺,津津不去口。余愕然问名,众咸大噱,谓贾郎名满都下,乃不之知,争以余为陋。余不惟不愧,转以为吾本分应如此也。因忆前三十年入都时,偶一往观剧,有所谓素云者、石头者、苏铃者,皆能为青衫。次则桂云、桂凤、十三旦、想九霄,均以花旦得名。今苏铃、紫云已死,存者年皆五十以外矣。尚忆苏铃唱《探窑》一阕,声颤而拖,余音袅袅然,将升复沉,与丝竹之声和协,入于飘渺而止。余虽非知音,亦心悦其艺。近居都下十四年,经年中观剧者不过一二次,未半已倦,意晚近色艺均不如前。堪人告余道咸间有徐桂林字听香者,为安徽之潜山人。负绝代之丽姿,入都时年甫十四,皮冠丽服,状如佳公子。无论诸王贝勒及墨客骚人,徐郎见之均有一番酬对。居都下五年,年十九矣,名益高,艺益精。每一登场,闻者倾靡。有某大令者,戏称之为小郊。徐亦去其旧名,亦自称曰小郊。都下酒座,每得小郊一临,虽佣保亦为色动。同时有吴蕙兰字碧湘者,安徽之十牌人。貌不如小郊,而演唱时情态宛肖女郎。年十八死,所善者大出资厚殓之,且为之礼佛于龙泉寺。一时都下诸伶大集,为吴郎祈冥福。丙戌冬十月,雪霰已集,诸伶咸衣轻裘,百色杂陈,如群花交媚,都下士夫亦云集。然小郊卓立群中,翛然若羽仙。是日松寥山人亦莅会,见之心动,而小郊者慕风雅,亦悦松寥才调,与之往还,靡有间日。松寥羁旅京师,名动公卿间。乡之大老建节于外者,岁有馈助,松寥亦颇挥霍。小郊厚松寥,初未尝向之陈乞。松寥心契小郊无已,因为《徐郎曲》曰:

> 徐郎家近龙眠山,问年十四来燕关。
> 龙眠彩云不可见,化作徐郎春风面。
> 瞳神皎皎双华星,额角如画长眉青。
> 桃花着露娇盈盈,欲笑未笑微分明。
> 高台曲馆欢娱地,苏扬子弟多佳丽。
> 争按《伊凉》宛转声,竹枝含怨柘枝媚。

徐郎未至众皆默，徐郎一至争叹息。
白袷轻衫步屡迟，满堂纨绮无颜色。
登场结束扬细喉，乳莺百转无其柔。
余情掩抑若有思，欢者忽作无端愁。
回眸半顾翦秋水，却使翻愁作欢喜。
同时吴郎亦擅名，可惜先为人看死。
徐郎徐郎真神仙，风尘流落宁非天。
飞车日侍豪家筵，几曾蕴藉真相怜。
我为徐郎歌，徐郎当奈何。
即今十月繁霜多，翠被易损朱颜酡。
江南肠断老姚合，平子四愁倍萧飒。
金刀玉案谁赠答，每见情深恨语杂。
语杂尚可寻，情深未敢道。
男儿致身将相若不早，激昂万事伤怀抱。
安得玻璃春葡萄醅，相逢痛饮三百杯。
醉后驱马黄金台，台端今古团圞月。
曾照英雄歌舞来，月不缺时何足哀。
我当为尔千徘徊，
徐郎徐郎，我当为尔千徘徊。

时小郄名既大盛，集资万金。有母在潜山、望江之间，小郄恋母，遂敛金南下。而松寥亦困，不能久居京师矣。呜呼！当嘉道间，士大夫处太平之世，而金田尚未起事，故得安居。下值后辈以文酒过从，亦颇自惜名节，无敢窥足于勾栏，防为御史论列。时五城指挥亦颇有权力，则变调纵酒，听歌于相公之堂。虽王侯卿相，而相公至则嫚媟无礼，虽须发皤然者，亦与调谑。当光绪癸未，余甫入都，见韩家潭中薄暮时，红车围麇集，侍者捧衣包入门，翎顶灿然。余初至，不知其为相公家也。既而思此巨公者，至彼家何图？不期为之失笑。

闻歌述忆

(清末民初)王立承撰
中国戏剧出版社 1988 年
《清代燕都梨园史料》本

（一）

余尚忆及一事，应补叙者。① 虽与闻歌无涉，亦一情话也。先是，吉蕴丈因拳乱避难来投，携其子若戚至。予课余，且喜有友。其子淑名，不学，肥而好渔，常偕予至市街闲行。一日薄暮，回至州署。时一小童持书包盈盈若自塾归者，容度秀彻，无五峤气习。著深蓝衣，赤其足，童发覆额。淑名曰："可儿来前。"余讶之。童竟趋至，曰："何事者？"淑名手足反无所措。余曰："汝读书耶？"童子曰："甫自塾返，何事见招？"余曰："不知吉君何以呼汝？"淑名面赪，肥白衬之逾绛。余讶之甚，故幹之曰："见汝慧，欲请所学耳。"童会旨，俯躬答曰："读《孟子》下篇甚谨。"余曰："佳，归矣。勤攻读，勿荒。"童彳亍遂行，不复顾。偷觑淑名，面绛仍未全消也。余曰："归矣！"淑名乃归。逾日，淑名曰："可儿真撩人愁哉。"余茫然不知所谓，而赪，竟返内室，薄怒曰："是家安知理学，生子蠢如彼，望绳武难矣。无端呼我可儿，何事见轻于彼，俟之仇必复。"遂数日未出，淑名倩女仆致声于予曰："少爷安否？何不出，深欲一谈。"余乃出见淑名，肥竟少减，陡曰："何事？"仍微嗔。余少娇惯，喜怒人，而淑名亦不之异也。曰："可儿撩人愁如许哉！"余薄怒曰："可儿何谓？"淑名曰："汝太无忆。"余遂爽然答曰："佳哉，读书种子。不期生于牖下，我辈当益加策矣。"淑名叹予为腐，乃不复言，更及他事。寝时无由，竟至辗转衾枕间，若睡魔距之甚远。私度曰："何事下睫不交上睫？《经义述闻》卷二，加朱竣矣。读书记读至《论语》，课未旷也。"而仍无寐。内子曰："明日当晨兴，有祀事，睡矣勿思。"抚予心令安，予始定。次日晨起，揽镜自照，容泽少减。又畏两大人觉，顾内子曰："如常否？"内子色微绛，曰："夜肃斋无事，何矜持？"为随祀如礼。余自责斋之日当敬，竟以琐事萦其心曲，所学无以益身心，犹之未也。复力籀经文，不外出。又旬余，复出散步，见童自外来，余曰："汝未学乎？"曰："课毕矣。"余曰："予略解绘事，汝学，当奖以扇子。"归遂凭窗作画，作茅屋疏篱，嫩竹环之，篱外夹小桥，傍曲流，上有小儿抱书行。翌日，约童至，赠焉。婉谢而去，眼波迅流，送情无限。余目注久之，始返。复自责曰："佳哉儿也，倘因爱玩余画，而芜其学业，咎将安归？"久

---

① 作者回忆自己在广西横州与某少年的交往。

之，童复来，微愠，非愠余也。急询之，曰："扇子夺诸侣矣。学侣见而爱，竟窃之奔，儿弱，弗任追也。何以教儿？"余曰："无伤，当更为之。"归而构思："此儿或非佳乎？盖妄言，冀多赠物乎？非是佳也。即冀赠，不过画耳，未违于雅。"遂为之再画老人抚松一扇，后面写《管子·弟子职》数语，将以励之。三日，童子来，珍重置其手曰："余画何足异，此前修语可珍也。"幸童非蛮语，略娴官话，复为绎其义。童深致感歉以去，曰："当秘之，不为外人见矣。"独居深念，以为予其入知慕少艾之时乎？既娶妻，复有刑于之责。匡生善说诗，使学者知节其情，非抑其情、秘其情也。夫抑情则郁，郁必伤，伤且流于感悼悲苦，偶遇离逝，必致莫遂其生。秘则隐，隐久反溢，溢则泛澜横流，无所底止。稚者为之，黠者师友方将扬掖其款诚。而枕席之间，歌巷之内，安知不鲜难逃晓夜钟声、深宵衾影之事哉？余但愿久而淡忘，莫留心恨，当知此非情也，惑也。沈约《忏悔》之章，岂云补过；僧达慈恤之逮，有乖友于。罪入泥犁，争此寸刻，吾人自牧，当耻不及圣贤，尚可勉为豪杰，不此之务，佣保何殊？兴思至此，汗下涔涔矣。既而思波再折，念苦学佳儿，出于蓬荜，恋膏村士，常累萱根。既契以情，当成其学。余也当不可有私之年，惕惟其疾忧之训。敢容积恋，无力多资。然任其翱翔，亦违初旨，弃之莫恤，更愧寸衷。思之又久，聪悟顿生。时两大人每月给之月钱，内子蓄之。余夜入室，见内子傍银烛绣履，余思当觅何词以索此物。微笑曰："纤些。"内子不答。又曰："窄些。"内子瞋以目。时夫人方在外室，素慈幼而治家严，无敢为亵语者。曰："叔母闻之矣，汝素庄，今何佻也，勿多外出。吉氏非佳士也，昵之无端行。"余思余计左矣，媚之无当，将勉之曰："君言佳，案头书已遍诵之矣。余喜读陈先生书，闻粤中广雅书院有《汉儒通义》价值六元，两大人所给月钱，拟取用之，敢请？"内子喜曰："当矣。"置覆帮银烛盘中，即走至罗帐左侧，启漆匣，而匙误，更觅匙无所得，曰："殆置诸厢房内间矣，姑待明日，何如？"余弗忍再以琐琐溷，兼恐知其情伪，遂又及他语，絮絮者良久。夫人唤内子，与乃出外室，卧榻侧说《儿女英雄传》。每入夜，夫人喜闻诵书中孝女事引睡。余随展衾先睡，而复无眠。自度曰："明日脱内子忘之，将若何？实则催之尽可，然不习作妄语，初犯未免自慊。"又思俟其作何语，倘变计，再运吾术可矣。枕侧闻其转喉清沥，婉溜如贯珠，又恍然曰："林下风气，属于吾家，何外索乎？"时予未见《品花宝鉴》一书，而微闻人间竟有奚、潘之行，涉想遂及于此，曰："狗弗为也，而人乐之，奚名为人？"既而又层折转去，曰："此亦情之挚耳。"乃思余爱此子，倘至于无可奈何之天，可试为之否？不觉两足柔茬无力，腹中作恶欲呕。意者无乃厕房内子忘未彻耶？非是，何以有背炉香之气？余钝而悟迟。闻内子已诵至何玉凤双美团圆一章，夫人曰："息矣。"内子为之展衾毕，回室曰："香不太甚耶？"盖每夜临寝，必息炉香。夜，内子因夫人命诵书，遽出。余复以此事萦回，竟忘其息未也。骤醒始悟，以香作臭，更责人之涉思不可及邪。将明堂廊庙，亦如禁狱桎梏之中；嘉令良辰，反堕愁雾惨云之际。处欢娱之岁月，而觉苦辛；当春嫩之年华，而伤老大。非原心幻，盖属魂离意，去岁抱疾之时，皆出于此。父母康乐健强，弟昆兰蕙并茂，室有佳妻，群儿女复玉雪可念，余天下之至有福人也。当纾性灵，以尽天职，求祜匪遥，余知勉矣。

会大人以勤恪奏调，报可，谕自南宁至。令侍母夫人率眷启程东下。蕴丈总其责，舅氏辅焉。行有日矣，六元尚储手箧中，度当用矣。一日，天微阴薄雨，市街中人往来如织，群曰："好官去矣！"中有一儿，额发，承其泪，颊白略含绛色。色非绛也，感离绪之无因，念治生之有藉，色故绛耳。初尚款步，渐近渐促，约略闻其口中自语曰："好官去矣，小官儿奈何亦行，盖随父乎？"匆匆面予曰："何遽行？若至桂林，侍者儿也。"予曰："将语汝。"邀之后园中，时入新秋，炎风仍炽。童立墙阴，余置钱襟内偕至。若万千情绪，无由纾理，总挈绪端，冲口而发曰："汝母婉娈，婉娈学乎？"前二字读者疑厥词未竟，实未竟也。但余时余语，至止即止。初未说出"我"字，追忆著笔，贵于写真，又何能强予横加一字，以顺文哉。童曰："耳提面命者，屡矣。为时太促，当简其挚者言之。"予曰："予不至桂林，至江西耳。江西路遥，汝侍亲，职也，不得随我行。但膏火足供乎？汝勿隐。"童曰："足矣。"余曰："且备之。"觇童面色，泪痕益莹，遂徐出手箧中物，一一与之，曰："怀而上所亲，莫私存。"童奉而怀礼甚恭，而莫之谢也。曰："少爷尚容儿有所请乎？"余曰："言之。"童曰："何时返者，当以信赐儿，若至桂林，谨如前言，即趋侍也。尤愿君珍重此言，须知此言非泛，亦非此时儿始组成是语，用以贡君，此言盖得瞻君时已预蓄之久久。夫无论官之好劣，无不行者。但劣官多久，好官去速。然好官升者鲜，而罢者多。幸老爷升任，差可喜耳。惟祝廉吏重来，公子再至，非仅儿之私幸，亦双亲及全郡父老所深喜也。敢奉君身，万千珍重！"言毕汍澜。余当此时，觉情波初若回还流转，曲折弥长。至此遂不禁如浪涌涛驰，不可遏止。终则又似中流触石，壁立阻行，江势过而又变。冒犯尊严，竟亲其腕，曰："行矣，再见！"童扬长而去，余仿佛尚私温"漓江九回，往而多复"二语也。

次日，随侍登舟，送者麇至，不意童亦杂稠人中，意欲上船。予扬其巾者再，非招之来，殆令其去耳。童子会意，当不遽去，俟解缆始行。余故为未见，至舱中索酥饼食，试问此时尚暇疗饥乎？有心人当问饼所自来矣。但吾书中自有正文，此节亦补叙之一事。已嫌词费，若于补叙中，更溯及琐事，将观者不耐，而作者亦虑词繁矣。简言之，与童往还，非只一日，读者知之矣。盖童之戚，卖饼家也，皮馅制之俱精，予初不知，童偶赠一枚尝之，美甚。临行购买颇夥，亦睹物怀人意耳。舟行无事，遂成怀古十章，绝句也。余不娴诗，诗亦非佳，竟为蕴丈之戚所见。戚姓余，字子贤，读其字当知其人之端矣。子贤盖端人也，读竟若素知者，曰："惜乎我弟，白璧微瑕。"余盛怒曰："何谓微瑕？自问无瑕，惟非白璧耳，兄过矣。"余又婉为譬喻，规之甚挚。余至今感之，而未尝弗恨其不知人也。彼不怪其甥诱我而咎予，情岂为平？度彼亦未尝不规其甥，特其甥蠢然罔觉，莫之恤耳。又余尝曰："大丈夫睚眦必报。"盖端人非纯士也。予谓"无瑕"二字，亦睚眦当报类也。但属于予则不复而复，使尝念此二字，惟恐侧诸壁间，则此仇复矣。著新衣，光洁自怜，且恐牵惹，微鹜，此第纤纤者耳。因为手足所依已若是，其珍惜而保持之也，况吾身乎？舟行流畅，琐事无叙，不觉至上海矣。

（二）

观毕，同至"醉琼林"饮。① 座中陆氏昆玉，及吉老二在焉。梅弟招群童优至，粉白黛绿，无一佳者。余坐而俯略一窥，视见一小伶，方抚吉二之臀，而吉亲其口。予面徐红，渐布颔下，及而复升诸额间，满面咸赤，汗下淙淙。心中自度："彼童也，予亦去童年未远，使人视我若是者，彼颊肿矣，何不恕也。况视男为女，且犹过之，是背违理，无此办法。何物吉二，狗豕性成，堕家声竟致此乎？"时有一童，而食不甘味，汗仍未敛。刘贵在帘外会予旨，又曾受两大人诰诫云："当善视郎君，毋习于邪。"故径至座中曰："少爷，车马饬矣。"余幸有此救星，闻言骤醒，遂与辞而出诸重围。登车返寓，遂寝。忖度曰："余亦非不知情者，特为人之用情耳。十二红，伶也，余深爱之，而不必亲与提携。此时虽在远方，无由相见，而爱实与年俱近，不因离异遂减其思。横州之童，学生也，余则爱而兼敬，以为后生可畏，方将如骐骥骏驰，一日千里，容术俱进。尚思济其贫乏，成其业行，尤非以爱十二红者爱之也。彼氓氓者，何殊鹿豕，且不及之。尝闻鹿挚而节，绝不乱匹。其俦人若檐猫春媾，篱犬日交，奚名人乎？吉二非我类也。"

（三）

桂凤②是时亦在园中扮演，身已秋娘，未忘搔首，面灰败而仍娇娜弄姿，十指日夜把玩芙蓉，鳖不复晰。扮装时，倩人洗濯，动须二三小时。而出场持扇牵巾，纤纤者仍欠莹润，自忘其丑也久矣。习气素大，经巨骗诳资后，仍不自束，以身媚客，技之惯者。人耻之，而己弗觉也。每与谭配《乌龙院》、《胭脂虎》、《御碑亭》诸作，尚须先高声价。至《战宛城》一剧，竟不肯演。闻故老言：谭在承庆时，桂凤方在妙序，复娴内媚，人多宠之，致唱压轴戏。花旦如此，至田始也。识者已预感世道之日凌，人心之就替矣。可胜慨哉！可胜慨哉！

---

① 当时作者是在北京。
② 田桂凤，参见《清代燕都梨园史料》第787、879页等处。

梨园佳话

(清末民初) 王梦生撰
民国四年（1915）商务印书馆上海铅印本

（一）垆台子

垆台子，不知其姓名，以别号称，或谓即卢姓也。京人谑为人男宠者曰垆子，卢色灰败而适姓卢，故人以垆台谑之，言不足为正宠也。

（二）何桂山

何桂山即何九，有铁喉之目者也。曾与［程］长庚配戏，庚亦服之。其喉之高响宽洪，伶界中无出其右者。随用随至，从无一时音闭或唱久稍疲者。其人为登徒一流，男女色靡不笃好。每日演剧毕，即挟资为狎游。或与同班旦、贴之流相期于南下洼（即陶然亭下旷地，苇荻甚多。采兰赠芍，人多会此，北京之溱洧也）之芦中以卜其昼。俗称伶与伶相偶者，谓之同单。"单"者，北人呼衾之谓也。桂山同单多至不可纪数，有财则散之，无则取诸其偶。人以其诚直，多乐就之。性又好酒，靡日不醉。酒色戕伐至甚，而喉固不失其佳。至老其好不衰，而其唱亦不衰，异材也。

（三）田桂凤

贴［旦］中巨子田桂凤最负盛名，每唱则举国若狂，奔走恐后。盖人情类好好色，故倾慕者多。其长处全在善于装束，每登场必数人肆应。梳发者，贴花者，著衣者，夏则挥扇冬则持炉者。其人亦笃嗜阿芙蓉，临剧非二人轮为装置不可。妙在其身材袅娜，秾纤修短，雅近妇人。而衣著钗钿，又至精绝华。盖以自出心裁，制从新式，故益动目。扮时一钗一发，加意安排。鬓若刀裁，眉经新画，衣裙合度，珠翠盈头。顾影自怜，真云鬓罢梳还对镜；千呼未出，岂花冠不整下堂来。女为悦己者容，田于一"容"字，备极工细，故人之好之者众。虽姗姗迟至，众颇耐之。其性最骄，与谭氏相伯仲。从前末剧皆演胄子，后则有老生作殿者。若贴则仅在中剧，自桂凤出，而贴乃为后劲焉。其睡起最迟，虽夏日亦仅及带昭阳日影。癸巳壬辰之际，与谭同主春台部，故多与谭配戏。谭到已晏，有时犹须待田。及剧止场终，往往柳梢月上矣。田以多得贵人眷，家颇致富。光绪中年以后久不登台，亦从事古董珍玩，为人牵合贸易，操奇计盈。并教演子弟出场应局，岁获不减于鬻技。某年为一局骗诈得珠玉宝器，重万金之值者以去，力遂不支。

论者谓其为婪索人财之报云。

（四）余庄

庄面整而意侈，矫矫不群，士大夫好与往还，颇负时誉，为武旦中色艺均备之材。闻颇见赏于清德宗，不知何由，一日自内廷归即报死不敢复出（谓之报黑人）。埋头燕市近二十年，至宣统间乃稍稍与人晋接。

（五）像姑

像姑一途（实即"相公"二字），亦人间风雅事。伧父实事求是，玷尽人间风月，致涉足于此者，人人以好渔男色为疑。此大煞风景，不能不深恶痛绝于一二作俑之伧父也。旧时士大夫涉迹花丛①，大干例禁。人无可遣兴，乃召歌郎入席，为文酒燕唱之欢。玉裹锦装，词兼雅谑，谓全无绮致，未免拘于冷猪头。然必谓真个消魂，则不识马肝，未为不知味，此不敢强作解人者也。光绪中年，京师此风尤盛。寒潭②月上，挨户清歌。当时如五九、小朵、瑶卿、二丽诸郎，皆翩翩有致。内除二丽夭死于色外，余均能以善唱名。舞扇歌喉，至今想像。其时颜色最丽者有宝姗，其人美秀天成，扮《卖饽饽》、《拾玉镯》等剧，唱做不必甚工，而能使人目注神痴，其丽可想。每出入园市，随而环视者集如蚁蝉。后闻其人得故旧提携，改节读书，为人记室。下场美满，大足令人称快者也。因此途与戏界相连，故因类并及。若求个中况味，则读《品花宝鉴》一书，思已过半。近日长安市上，烂缦花丛，达官贵人浪游无禁。此途虽不改革，恐亦无人问津。闻其人已立约合群，相率罢业，专主鬻技，不复以色事人。改而能良，斯亦快事。因说开元旧事，偶一陈述，殊惘然也。

春冰室野乘

(清末民初) 李岳瑞撰
民国二十五年（1936）陕西通志馆
铅印《关中丛书》本

都门词事汇录·咏雏伶五九事③

京师雏伶五九者，以色艺名，丁戊间南海张樵野侍郎昵之。侍郎之谴成也，门生故

---

① 妓院。
② 即韩家潭，集中了多家相公堂的一条胡同。
③ 参见《花随人圣盦摭忆》（二）。

吏无敢往送行者。五九独弃所业，追送至西安而后返都下，一时称为义伶。两家①集中各有《氏州第一》一首，即咏此事。王云：

何事干卿，笙凤唤起，当歌对酒情抱。舞扇留云，边筇诉月，凄绝荣华露草。三五年时，记旧约拢房深窈。张绪风前，秦宫花底，负春多少。　又试新声莺燕小。话前事，乱愁谁扫？迷蝶春心，闻蝉客思，甚梦醒人杳。乍开帘，惊见处，歌尘惹闲情绝倒。玉笛从今，定愁翻，《伊凉》别调。

朱云：

轻薄筝尘，零乱钿粉，当筵恨压眉小。密绪连环，清吭掩扇，凄隔秦天缥缈。蕃马屏风，有暗月窥人偷照。玉杵深盟，金钱浅掷，顿催欢老。　八九惊乌栖树少。定输与，鹨雌鸣绕。毳幕思新，珠田梦远，蓦并归愁抱。惹花前，闲泪落，停杯处相看一笑。谁打鸳鸯，锦塘空，孤眠到晓。

宣南零梦录

沈宗畸撰
中国戏剧出版社 1988 年
《清代燕都梨园史料》本

三庆、四喜、春台各班雏伶，日戏场三出开过后，咸骈立上下场门帘下向楼头瞻望，若楼上有熟客，即登楼侍坐，往往主客二三人，而侍坐雏伶多至二三十辈。旁观艳羡者有人，嫉妒者有人，当局亦扬扬自得。其实彼等心不在戏，大轴未上，已各携相好赴酒楼去矣。

---

① 王鹏运与朱祖谋。

鞠部丛谭

罗惇曧撰
中国戏剧出版社 1988 年
《清代燕都梨园史料》本

（一）

　　秦稚芬，小名五九，为张尚书荫桓所奇赏。尚书以戊戌党祸谴戍，稚芬送至张家口，挥涕而别。戊戌后，杜门匿影，不复与人晋接矣。稚芬能隽谈，熟谙宫禁亲贵掌故，余喜与之谈。光绪间，名流无不识稚芬者。其书学孙过庭《书谱》，殊逸秀。熟《通鉴》，常执卷询魏鲍公，鲍公笑曰："吾腹中久无字矣，若询戏曲，可详对也。"吾每过谈，见其笔砚纵横，恒作长幅书，惜当时未索取之。育化会成立，稚芬充文牍主任。后得狂易疾，不能见客矣。

（二）

　　杨小朵之父朵仙，以荡逸著，小朵承其风，有名一时。其姿容丰艳，固极动人也。《盘丝洞》一剧，杨小朵亦演之，他人不敢演也。盖是剧作露体装，非雪白丰肌不能肖耳。①

（三）

　　时小福有二弟子，曰王福儿，曰顾寿儿。寿儿字玉仙，有富豪汪韶九以九千金为之脱籍。易石甫②时以苏藩公子、少年名士赴试在都，甚昵爱之。尝偕于晦若③，与玉仙三人并骑，游圆明园。玉仙堕马折一齿，大为时人所诟厉。石甫旋以道员赴官汴梁，载玉仙以去，相依数年，颇有所获，买宅苏州终老焉。

（四）

　　朱莲芬唱昆旦，兼昆乱，为潘伯寅④尚书所赏。摹尚书甚肖，常作书署潘款，或不能辨也。

---

① 参见《清代燕都梨园史料》第 657、692、826、1195、1251 页等处。
② 易顺鼎，字石甫、实甫。
③ 于式枚，字晦若。
④ 潘祖荫，字伯寅。

旧剧丛谈

陈彦衡撰
中国戏剧出版社 1988 年
《清代燕都梨园史料》本

梨园出身，有科班，有私坊。私坊者私立教坊，亦梨园中人，自立堂名，广蓄弟子，教以戏曲，与科班无别。但出局侑酒，不知始于何人，遂为同行所轻鄙。庚子以来，此风已革。然当时酒肆灯红，韩潭月白，浅斟低唱，绮韵独绕，朝野名流主持风雅者，莫不涉足其间，为诗酒欢宴之会，蔚为一时风尚。呜呼！可谓盛矣。

梨园轶闻

许九埜撰
中国戏剧出版社 1988 年
《清代燕都梨园史料》本

京戏重科班，如科举时之重正途。然唱小旦者谓之"司坊"，品格最次，凡戏场中之谢赏及抱牙笏、请点戏诸事，皆以旦角为之，以其可以陪酒侍座也。司坊中习老生者绝少，后亦渐渐有之。

燕都名伶传

张江裁撰
中国戏剧出版社 1988 年
《清代燕都梨园史料》本

序①

伶人私其弟子，除公演外，于其私寓曰下处者，设堂招客，博缠头资，识者嗤焉。迨于同光，其风渐衰，伶人始以演剧为职业。

---

① 李大钊撰。

燕归来簃随笔

张江裁辑撰
中国戏剧出版社 1988 年
《清代燕都梨园史料》本

（一）请禁私寓

名伶田际云，于民元四月十五日，曾递呈于北京外城总厅，请查禁韩家潭像姑堂，以重人道。外城巡警总厅乃于同月二十日批准，其告示原文曾刊于《北京正宗爱国报》中，文曰："外城巡警总厅为出示严禁事：照得韩家潭、外廊营等处诸堂寓，往往有以戏为名，引诱良家幼子，饰其色相，授以声歌。其初由墨客骚人偶作文会宴游之地，沿流既久，遂为纳污藏垢之场。积习相仍，酿成一京师特别之风俗，玷污全国，贻笑外邦。名曰"像姑"，实乖人道。须知改良社会，戏曲之鼓吹有功；操业优伶，于国民之资格无损。若必以媚人为生活，效私倡之行为，则人格之卑，乃达极点。现当共和民国初立之际，旧染污俗，允宜咸与维新。本厅有整齐风俗、保障人权之责，断不容此种颓风尚现于首善国都之地。为此出示严禁，仰即痛改前非，各谋正业，尊重完全之人格，同为高尚之国民。自示之后，如再有阳奉阴违，典买幼龄子弟，私开堂寓者，国律具在，本厅不能为尔等宽也。切切特示，右谕通知。"

（二）伶名小录

卢胜奎①，又名垆台子。北平人谑为人男宠者曰垆子，垆色灰败，而适姓卢，故以垆台谑之。

朱莲芬②为潘文勤所赏，故人以状元夫人称之。

---

① 卢胜奎事参见《梨园史料》第 816、845 页等处。
② 朱莲芬事参见《梨园史料》第 394、439、498、588、635、659、669、676、796、804、808、821、822、830 页等处。

清代燕都梨园史料

张江裁编纂
中国戏剧出版社 1988 年版

（一）第 19、43、50、51、86、110、212、216、233、235、249、262、265、267、337、386、389、418、419、423、458、459、461、519、556、568、599、614、619、666、695、706、710、738、739、888、961、962、974、983、984、986、987、988、989、991、997、999、1014、1015、1172、1224、1249 页等处用到了同性恋的典故名词如分桃、龙阳、断袖、秦宫、鄂君绣被等。

（二）第 161、171、220、249、455、984、986、988、995、997、1012、1066、1224 页等处用到了郑樱桃的典故。

（三）第 258、259、1252 页等处写及王紫稼，参见《心史丛刊》。

（四）第 42、231、243、257、258、288、296、318、745、889 页等处写及李桂官，参见《随园诗话》（三）。

（五）第 483、586、638、822、824、1225 页等处写及胡喜禄，参见《梨园外史》（二）。

（六）第 595、786、823、1251 页等处写及侯俊山，参见《伶史》（一）。

（七）第 788、821、841、844、877、1250 页等处写及何桂山，参见《梨园佳话》（二）。

津门杂记

（清·同治—光绪）张焘撰
天津古籍出版社 1986 年版

（一）卷中·下处

优伶美其名曰相公，即像姑之讹音，言其男而像女也。向居侯家后，其寓所曰下处。

---

① 本书是一部丛书，重要的各子目已分立条目。

主人曰老板，多半亦梨园子弟出身。积有余资，遂蓄雏伶，自立堂名。教之歌舞，或唱老生，或作花旦，后来之翘楚，为本色之生涯。凡张宴请客，有以清宴不欢者，必书小红纸传唤歌童来侑觞，曰叫局。童应命赴局，谓之赶条子。来则执壶劝酒，情致缠绵，大有"翠袖殷勤捧玉钟"之概。或拇战，或高歌，谈笑诙谐，差强人意，令人如饮浓醪，醉不自觉。（按：京都狎优，不过征歌侑酒，逢场作戏，无伤风雅，彼此尚知自爱，不必实事求是。而天津私坊品格较低，供人狎昵，任所欲为，后庭一曲，真个魂消。其命薄无奈如此。）

叫局
搴帘省识主和宾，遍酌当筵酒一巡。
斟到郎行杯更满，儿情浓似玉壶春。

转局
拇战腔疑百啭莺，西皮唱罢意将行。
只因转局难终局，无限伤心落箸声。

（二）卷下·戏园

天津戏园有四，一名庆芳园，在东城外袜子胡同。一名金声园，在城内鼓楼北。一名协盛园，在北门外侯家后西首。一名袭胜园，在北门外大关桥口迤西。所有戏班向系轮演，有京二簧，有梆子腔，生、旦、净、丑，色艺俱佳，铙歌妙舞，响遏行云，是足动人观听。每日宾朋满座，尝有雏伶三五成群，周旋座客，秋波流媚，粉腻衣香，旁观者不觉延颈举踵，目光灼灼。昔人有咏官座云："左右并肩人似玉，满园不向戏台看。"概可想矣。惟座后看白戏者，人数壅塞，环绕如六曲屏山。挥之不去，致足厌也。各班角色，聚散靡恒，不能备载。

小伶上座　赋艳词人
轻移玉趾步翩翩，数语寒暄对客前。
一握柔荑无限喜，好花相映各争妍。

装烟
莫负殷勤美意虔，纤纤亲送几筒烟。
笑他老大生涯贱，惯向人旁胁两肩。

（三）卷下·杂耍馆子

津门茶肆，每于岁底新正，添设杂耍，招徕生意。其名目有弦子书、大鼓书、京子弟、八角鼓、相声、时新小曲等类。茶钱不过三五十文,小住为佳,亦足以消闲遣兴。但时新小曲有如《蓝桥会》、《十朵花》、《新五更》、《妓女自叹》、《妈母好糊涂》等牌名,皆淫亵粗鄙之词,留枕窥帘,铺排任口;断云零雨,摹拟尽情,未免少年情窦已开、血气未定者,易于移惑耳。更有两人合唱者,作为一男一女,彼既自居巾帼,不特淫声入耳,绝类妖鬟,抑且眼角含情,一如荡妇,诚朴者为之颜厚,轻狷者为之神驰。其引逗子弟,害有不可胜言者。

戡影述录

(清·咸丰—光绪)袁自超撰
清光绪十二年(1886)刻本

(一)卷一

尝闻人言男子之色美于妇人,予初不谓然。既思《论语》夫子言宋朝之美,孟子亦言子都之姣,皆男子也,而《商书》亦早有"比顽童"之语。今此风北省尤盛,大抵皆属于伶人。然其中颇有冶容冠玉,逸态欲仙,迥殊于脂粉中人,好事者美其名曰相公。庚申①客保阳②,同人约观戏剧,予不甚解。一日见台上横设一小几,前列香炉,一素衣女装者扶几悲唱,其歌喉之宛转,容色之光艳,洵足使人惊心动魄。予不觉耳与目并注,而神不啻摄以往焉。因询同人曰:"演此者何人?岂即所谓相公者非耶?"王君尔纯曰:"是也。此名钱宝,所演孙夫人祭江最为妙绝一时。"予乃憬然爽然,而叹人之称男子美者岂欺我哉!恐当日孙夫人其美尚未必如是,自是钱宝之名常萦于心,钱宝之貌常悬于目。暇日造访,始知故吴产,朱其姓仙琴其字也。因与阮孝廉吉人共撰一联以赠之,云:"钱唐何必怀苏小,宝树居然拟谢家。"又招以侑酒,即席赋赠《疏影》一阕云:"年华怊小喜绮筵,乍敲金尊同倒。醉薄宜颦,笑浅留涡,顾影更添娟妙。满前多少琼枝艳,待比似谁如伊好。算此生不负缠绵,犹幸得相逢早。 知否歌台舞榭,惊鸿只一见,魂梦牵绕。欲向灯前苦说,相思絮语,蝉嫣难了。亭亭玉树,临风倚爱,绛烛分明双照。最撩人,阿堵传神休恼,小名轻叫。"盖钱宝不独色美,影亦美,乃至语言颦笑无不美也。亦甚爱好予,谓予洒落无俗状。有教予为轻薄者,予曰:"凡相公人皆谓之花,若钱宝则兰花也。今子有兰花不静室置之,棐几供之,以玩赏其姿媚,领取其幽香,而乃抚之摩

---

① 咸丰十年,1860 年。
② 河北保定。

之，手折之而鼻嗅之，其可乎？吾于钱宝亦玩赏其姿媚，领取其幽香而已矣。"辛酉，予就馆永平，与钱宝别者一载，闻为劳槐卿司马辅之费多金取为侍者。司马固云贵总督劳公崇光之子也，旋以挟优为御史某所劾，钱宝逮讯谳局，坚不承事获解。而劳仍镌三级，遂携之归湖湘。逾年又来省，南北舟车无不同，曾不以被议而有所致憾。予既喜钱宝得所托，而观劳之为人其亦深于情而别具胸襟者，是可谓人间亦有痴于我矣。壬戌冬，予返自京东，嗣此时一见之，颇恋恋有故人之意。予时以里门未复，将援例出，而需次不欲久于依人。钱宝屡为予商度行止，殊可感也。同乡钟冕之孝廉铭工绘事，因其字仙琴为属作琴趣图以寄意。而征歌选胜之场，予亦不复有所物色矣。

(二) 卷一

予在永平时，民间祀神招客班演戏。其声调与徽班不同，俗所谓梆子腔也。偶出观望，适台上演《祭塔》一出，歌声嘹亮，真乃响遏行云。予听而好之，越日造访，见其人亦颇楚楚而未获交一言。既闻有龥龁之者，遂他往，殊为怅然。客窗孤寂，凉雨送寒，既触旧愁，又增新感，曾赋《春风袅娜》一阕以记之，云："怅相思多误，无那情牵花、窈窕柳，缠绵惯。撩人却在，歌台舞榭。淡装浓抹，生就娟婵。凤管清扬，霓裳婀娜，屈指芳龄刚少年。小字故宜呼秀秀，珠喉端不让怜怜。　同是天涯沦落，何须识面，叹相逢似有前缘。华堂侧、曲栏边，空教问讯，心事难传。我笑羁栖有同巢燕，伊翻遭妒最恼啼鹃。风流云散，恁凉宵疏雨，声声滴滴，偏警愁眠。"

粉墨丛谈[①]

(清·光绪) 梦畹生撰
清宣统三年（1911）国学扶轮社
上海铅印《香艳丛书》本

(一) 卷上·小桂寿

桂寿，淮甸人。肌理丰腴，身材窈窕。不必斤斤修饰，而临风一笑，足令色授魂消。善扮荡妇，啼妆龋齿，淫荡天然。其演《红鸾喜》、《双钉记》、《关王庙》、《卖饽饽》、《小上坟》，尤为妙绝一世。每演必与丑脚小金生俱，鸳鸯娇小，比翼情深。杏子阴假凤虚凰，恐亦无此缱绻。戊寅冬祀灶日桂寿遇祟暴亡，金生哭之恸，立誓不复登场，未几抑郁以死。噫！天下之负心人多矣。夕幕比肩，晨窗反目，得新忘故，闻者寒心。金生

---

① 本书所记为上海优伶。

一优伶耳，与桂寿既无琴瑟之名，安有衾裯之好。而能鹣鹣鲽鲽，生死不渝。千古痴情，岂独一藕官已哉？地下有知，应无遗憾。

（二）卷上·月月红

鄂伶月月红者，吴其姓，丽卿其名。初隶咏霓乐部，乙酉冬重来沪上，适六马路新开鸿桂茶园，遂改籍焉。年已二十六七，虽风尘转徙，马齿渐增，而江上兴奴，犹未致琵琶冷落。其演《贵妃醉酒》也，柔情憨态，婀娜无俦，颊晕娇红，眉凝惨绿。固应令李三郎魂销欲死，不复念宗祐安危矣。某巨公爱之甚，花晨月夕，座无红不欢。红亦肘后依依，缱绻备至。殆亦所谓"真个魂消，愿作鸳鸯常比翼。便因情死，化为蝴蝶也甘心"者欤？尝其扮《打樱桃》之平儿、《梅龙镇》之凤姊儿，《饽饽店》之大嫂子亦佳，盖以妖冶胜也。

（三）卷上·小金喜

义锦诸郎，俱以"金"为小字，金喜其翘楚也。年可十二三，面团团如满月。癸未甲申间屡见于咏霓席上，丹山雏凤，早已一鸣惊人。嗣随其师至苏台，不见者阅二载。去冬重来沪渎，访艳者争以一见为荣。顾金喜性恬静，不乐与纨绔少年交。尝自谓我辈既入梨园，登场献技，分也。若欲翠被薰香，余桃分液，伺人意旨，狐媚乞怜，虽死断不出此。嘻！今之世，一趋炎时势之场也。大丈夫功名赫濯，显奕扃巍，迹其发轫之初，孰不从依附脂韦而得！不料十余龄小妮子，竟能有此丰裁。醴泉无源，不洵然欤？工演《十八扯》、《合凤裙》二折，不屑描头画角，自能游戏传神。太痴生嬖之，屡偕我辈赋诗提倡。

淞南梦影录

（清·光绪）黄协埙撰
清光绪间申报馆上海铅印
《申报馆丛书》本

（一）卷三

小桂寿者，天仙部中名旦也。眸凝秋水，脸晕朝霞。謦笑皆工，诙谐间作，善演《红鸾喜》、《双钉记》、《小上坟》诸剧。甗甀贻地，倩影娉婷。舞态歌声，老技师自谓不及。诚如白香山所谓"曲罢常教善才服，妆成每被秋娘妒"者也。每演剧，辄与丑角小金生俱。虚凤假凤，不啻藕官之与文官①，以故羡之者多，妒之亦复不少。独我友梦蕉生心赏不置，谓其袅娜缠绵，无微不至，偶一倾听，令人意消。辛巳冬，桂寿病故。埋香之日，金生一恸几绝。嗣是屏迹苏垣，不复登场演唱，人有招之者辄托故告辞。未几亦郁郁以死。噫！假假真真，可否梦醒蝴蝶；生生死死，终教翼比鸳鸯。世有多情如金生者乎？海曲鲰生，敬爇心香以拜。

（二）卷四

小伶王翠喜隶大观乐部。如绮芳龄，恰合阑干之数。翩翩顾影，别具风流。卫洗马玉貌羊车，几欲令人看杀。迨虾帘低卷，装束登场，则又袅袅婷婷，不啻姑射仙人徐步玉梅花下。真六才子所谓"出落得精神，别样的风流"者也。辛巳春，予曾于绮筵一见之，虽灵犀一点，暗逗春情，而独茧丝抽，究未同功织就。至秋间重过歌场，则已人面桃花，无复旧时鸿印矣。

（三）卷四

新城顾竹城大令风雅多情，老而弥笃。喜昆曲，能唱。宰鹤沙几十载，栽花之暇时至沪上寻春。与姚倩卿校书②善，尤爱雏伶周凤林，文酒之筵必招使侑座。凤林吴门人，隶天仙乐籍。芳龄细数，才过碧玉瓜期。宛转娇羞，大有飞鸟依人之态。时十三旦方驰声菊部间，沪上人众口交称，几类附膻之蚁。而大令独提倡凤林，有"记取刺桐花发处，间携玉笛等卿来"及"分明一握圆灵镜，现出诸天称意花"之句。此诗一出，声价益增。团扇画屏，遍传佳话。今秋大令以罣误落职，凤林闻之，呜咽不欢，几忘寝馈。谁谓花底灵狸，独少多情种子哉！

（四）卷四

梨园子弟之享艳名者，不数年间大抵姬姜蕉萃，蕣华易谢，亦由斲丧过多欤？小桂凤至海上最后，貌亦最佳。婉丽苗条，无异弱柳，三眠三起。予尝见其演《双摇会》一剧，薄怒佯嗔，声情如绘，如绘真十五六绝妙女郎也。尝赠以诗曰："绮游如梦复如云，小阁呼灯夜乍分。桂府群仙乘月访，凤城旧曲隔花闻。秋边捩笛调琼尺，醉后题诗写练裙。我亦苏州狂刺史，柔肠恼乱半因君。"

（五）卷四

瘦鹤词人看花沪渎，每以青楼为安乐窝。粉墨登场，往往弃而不顾。独倾心于金桂

---

① 参见《红楼梦》（七），文官当为芳官。
② 校书是对妓女的一种称谓。

部吴兰仙，时或红帘月皎，黛阁秋深，携手并肩，了无避忌。甚至鄂君绣被，香染芙蓉。弥子余桃，甘回齿颊。人以《品花宝鉴》中田春航嘲之，夷然弗顾也。癸未秋，词人辑《春江花史》，备纪风月繁华，独兰仙摈不录入。予戏占一绝调之云："遍从沧海网珊瑚，紫诧红嫣细细摹。独有幽兰在空谷，秋风蕉萃泣遗珠。"不知词人见之，亦有感于中否也？

莲湖花榜[①]

（清·光绪）龙湖居士撰
清光绪二十五年（1899）刻本

《莲湖花榜》序。

夫郑风别解，芍药见于诗；赵记附书，樱桃传于史。《国策》志鄂君被，捧手以上庄辛；《选楼》录魏臣书，赏心而夸车子。考金元之南曲，古调不弹昆山；聆秦晋之西腔，悲歌犹忆燕市。论声容于菊部，定次序于梨园。妙舞合按夫梁州，艳名宜编诸花案。此昔人品藻，所为先树风声；今人采芳，所以续评月旦也。顾日下久沿陈迹，滇中则属创闻。议者□钟仪惯操土风，巴曲高非郢雪，何必银笺削稿，翠管霏香。饰绛树以珠喉，矜紫云之玉貌。莺娇燕姹，荣等泥金；凤笛鸾笙，奏同椠木。而不知顾曲江南，欢场若梦；空群冀北，真赏为谁。谢公中年，赖丝竹之陶写；白傅远谪，赋琵琶而自伤。彼龟年之遇少陵，何戡之逢禹锡，句拈七字，名附千秋。前贤不讳怜香，吾辈何妨染翰耶？嗟乎，刘蕡下第，李郃登科，溯取士于有唐，尚失人于文苑。区区游戏，又何足云。唤醒春梦之婆，江花久谢；寄语夏畦之客，柯竹休訾。戊戌中秋后一日，龙湖诗隐自题。

《莲湖花榜》。

第一名，潘巧云。

巧云字倩侬，昆明人，隶福寿班。本旧家子而式微矣，癸巳大饥，沦入歌场，雅非所愿。既树艳帜，乃迎养其出母，复赎女弟以归，信伶人中笃于内行者，不但色艺兼长也。每登场奏曲，明眸皓齿，秀外慧中。听莺声呖呖，不啻秦淮二八女郎。度杨柳岸晓风残月，令人魂消。尤工酬对，华筵侑酒，四座各得其欢。昔之解语花、如意君，一身擅之。定为大魁，足以领袖群芳，冠冕香国。持较曲台，花选元英，其在伯仲之间乎？

[①] 本书所记为云南昆明优伶。

赠以诗曰：

当筵曲奏《玉玲珑》，舞态歌容巧笑中。
寄语周郎休枉顾，百花终让牡丹红。

哀丝毫竹逗琼箫，初是《霓裳》后《六幺》。
难得妆成兼二美，小青风韵小红娇。

讵无诗笔继渔洋，安得名园借辟疆。
欲与迦陵分一席，花间捧砚倩云郎。

萧瑟江关两鬓丝，风怀非复少年时。
愿卿身化罗浮蝶，飞上梅花第一枝。

第二名，陈双喜。

双喜字媚卿，昆明人，隶荣华班。貌仅中姿，而声则妙绝一时，各班中无其匹也。尤善演青衫诸剧，余音绕梁，哀感顽艳，洵古所谓如泣如诉，如怨如慕者欤？定为第二，王后卢前，鼎立菊部，可云珠联璧合矣。赠以诗曰：

金尊檀板侑红牙，半醉城南小史家。
曾向燕台观乐部，娇音合媲杏林花。

云璈一曲曼声多，静按花阴红雪歌。
何以海棠春睡足，昵人临去转秋波。

第三名，刘彩云。

彩云字佩秋，巧家人，隶荣华班。滇伶有时名者，多非绮岁。倩侬、佩秋，则今之雏伶也，入《明童录》堪称二妙，未愆碧玉期矣。上妆身娇而小，凌波微步，姗姗来迟，令人想见李香君歌《玉茗》时。定为第三，或可充探花使耶？赠以诗曰：

小步登场百媚生，惊鸿顾影舞衣轻。
写真今日无周昉，绝代风姿画不成。

时世妆成水调新，宜嗔宜笑复宜颦。
春风省识倾城态，一样簪花得意人。

第四名,杨双兰。

双兰字佩香,陆凉人,隶福升班,弓马旦也。每戎装奏技,玉立亭亭,脂香粉腻中,时露英气,令人想见红线当年。能饮,拇战尤豪,在滇伶亦可谓铁中铮铮,庸中佼佼者。定为传胪,花榜有生色矣。赠以诗曰:

> 窄袖戎装战半酣,蛾眉花样月初三。
> 筑城倘使逢天女,娘子军应定日南。

> 日下征歌愿久违,莲湖春色客中归。
> 采香若化庄生蝶,合伴花阴小凤飞。

以上共取四名。滇中各班时艳,不尽于此,而兹则就耳目所及录之,不敢谓一愿空群,亦庶几拔其尤矣。倘有遗珠,安知将来不遇赏音,重罗珊网也。至于各班久负重名,如唐二喜、丁三凤、金兰芳、郑云芳、张四鸿、周洪官、周桂芳诸伶,人所共知。先进之英,不能与后起并列。别著有《梨园纪艳》一编,校刊期诸异日。己亥五月附识。

《莲湖花榜》后序。

在昔东海扬尘之会,西山压雪之辰,达逻骑于甘泉,警堠烽于乐浪。仆以羁旅,滞于上京。哀哀斫地之歌,黯黯忧天之色,则有延陵退叟,洛下清才,燕市同游,韩潭偶值。相与批风抹月,摘艳薰香,评史笔于情天,泛酒船于恨海。敦槃既晋,书剑乃归。息影衡茅,腐精豪楮,样摹鸾阁,津问麟洲。顶千佛之名经,习众仙之雅咏。劳深腕脱,事与心违。夜雨愁城,边声忽入,彩云净土,花事未阑。每怀隐忧,复萌故态。时则龙湖居士,螺岫寓公,暇召梨园,肇修芳谱。昔者昔者,广陵殿最之篇;左之左之,元献风怀之什。躔艳情于北地,鞠部罗英;补阙事于南邦,莲湖置榜。不淫其色,首推孝子之花;秉直司聪,妙选音声之木。书层霄之乔采,挹空谷之国香。雅意评量,豪垂秋露,苦心核校,髭染肃霜。俨如有为而言,抑亦无聊之极?嗟嗟!以马喻马,大都寄托之词;非鱼知鱼,试拟牢骚之旨。向使金闺早入,玉尺亲操,网得珊瑚,量来杞梓。识汾阳于裨将,拔信国为状头。必能和晏三灵,清怡九服。骍谤山公之楦,息讥水母之睛。而乃李广难对,刘蕡下第,池干绿水,屋破秋风。计已拙于谋身,诗遑咏夫荐士。兼以苕华寄慨,时事关怀。因而梅史持衡,科名借例。续伶官之小传,广曲燕之新评。征及鄙文,赞斯艳什。

君以美人迟暮,籍探杏谱写愁。我惭好丽殷勤,为撷华录作序。光绪己亥天贶节雪道人缀于周彝汉镜室。

题词:

草占科名花占魁，苴兰一样也抡才。
　　不殊日下传胪唱，檀板金尊动地来。

　　且看雾鬟与风鬟，漫说风流任任还。
　　果是迷楼称绝艳，从今许列凤池班。

　　彩云深处舞云翘，喜气迎人酌酒邀。
　　为问梨园谁乞巧，一分巧是一分娇。

　　舞衫歌扇不生尘，媚影姗姗亦可人。
　　与我周旋原是我，拈花一笑急抽身。
集翠轩主人题

题词：
　　湖山终古彩云乡，风月嘉时侑一觞。
　　不是江南落花节，岐王宅里亦寻常。

　　翠湖风飐闹红轻，难遣中年以后情。
　　料得东山谢安石，偏耽丝竹为苍生。
吴江冷客题

鳄渚摭谈[①] （清）王定镐撰

随棚恶少，三四成群，俗谓之交沙客。掷果抛衣，以博小旦一顾，谓之射目箭。……班中分缠头，谓之鸭仔钱，以其无父母照料也。

---

① 录自林淳钧撰：《潮剧闻见录》，中山大学出版社1993年版，第35页。

返性图辑要宝录

(清·咸丰—同治)洗心觉民校订
清宣统元年(1909)京都刻本

坤册·士人狎优恶报文

乾坤定位,夫妇之道以成;阴阳并生,男女之分以别。闺阃为内室,婚姻本常经,此纲纪人伦之大者也。何乃身列士林,名称儒雅,竟有惑于此而大反于常者,如狎优一事是也。若而人者,恋狡俊之狂童,肆行渔猎;迷优人之美少,情好龙阳。阴阳颠倒,曾何颜于室人;罪恶宏深,犹痴心于贱辈。扪怀曲想,惭何如乎?推心自思,果何谓也。况复报应循环,后代之卑贱不爽;冥法有定,地狱之苦恼何逃。铜人铜柱,铁锁铁枷,汝等之结局也。可不畏欤?世之狎优者,其快回头!

宦游随笔

(清·咸丰—同治)翁祖烈撰
清末侯官翁道鸿刻本

卷四·宿娼妓

优与妓相同,挟优之咎与挟妓等。其初为声而悦,其究渐为色而昏。至于出入衙门,干预公事。衣服佩饰,惟其所求。饮食杯盘,惟其所嗜。赏赉愈重,媚骨愈柔,并有以义父干子相称谓者。若朋友聚集一处,则更各道其私,不恤人言,彼此互相夸耀,其流极必至不堪闻问。所望同志清心寡欲,各顾声名,热闹之场悉以恬澹之心处之。所谓"目中有妓,心中无妓",自是极好持守。然既身登仕版,百姓观瞻所系,为柳下惠不若为鲁男子。李下瓜田,只有避之之一法。官吏宿娼,例有明文,可勿深戒?言娼而优,可知官与民声气最为相通。官既清正无疵,如地方有娼妓仍照例查禁驱逐,使良民不至罹于害也,则幸甚。

醒世捷言

（清·光绪）刘全德编
清光绪间刻本

上卷·要言戒淫歌

劝世人莫贪色要有志愿，
万恶中淫为首思量再三。
行的端走的正可钦可羡，
见此歌常讲念自己详参。
……
烟花院皆因他祖父淫乱，
娼优辈俱都是淫债报还。
也有的狎优童淫不顾脸，
诱人家少年子造孽无边。
……
贪邪淫好比那把账揭欠，
吃八升还一斗本利加还。
未犯者防失足立下志愿，
若行者早回头积德偿填。

无稽谰语续编

（清·光绪）佚名撰
清光绪二十二年（1896）
杏林山庄刻本

卷一·李侠客

李侠客与贵公子某友善。公子昵一伶，侠劝之不能绝。伶衣食车马、房舍妻室，无非取诸公子者。数年公子贫且病，侠客候之。公子曰："我与某伶狎，君所知也。今贫病，伶绝迹矣。吾恨且思之，力不能致，殆不起矣。"侠曰："我为汝致之。"抵宵，伶与妇方对酌，侠飞檐排闼而入。一剑自腰出，飞砍伶夫妇。首落地，括以囊，飞檐而出。至公子家，谓曰："伶来矣，且偕其妇来矣。"公子喜，侠倾囊，则二头滚于地。公子大骇，侠曰："足下可绝此一念矣。决不累汝，吾将逝也。"仍背二首而出。公子病渐愈，后十余年，或见李侠于大原府署。

外史氏曰："有钱则蚁附，无钱则鸟散，伶人常态，公子何见事之晚也。割鸡牛刀，侠客殆为天下负心人作榜样哉。"

闽杂记

（清·咸丰）施鸿保撰
清光绪四年（1878）申报馆
上海铅印《申报馆丛书》本

（一）卷七·胡天保胡天妹[①]

省中向有胡天保胡天妹庙，男女淫祀也。胡天保亦曰蝴蝶宝，其像二人，一稍苍一少晰，前后相偎而坐。凡有所悦姣童，祷其像，取炉中香灰暗撒所悦身上，则事可谐。谐后以猪肠油及糖涂像口外，俗呼其庙为小官庙。胡天妹像塑一美妇，一手解衣，一手作招人之状。凡有所悦女子，祷其像，亦取炉中香灰撒所悦身上。事谐后以烟丝、槟榔、光饼等祀之。道光甲午[②]，南海吴荷屋[③]方伯访得其像，悉毁之，仍出示严禁。然民间尚有私祀者，盖庙祝据为利薮也。伤化导淫，大为风俗人心之害。有司者置之不问，毋亦有韩香、鄂被之思欤？

（二）卷七·假男假女

自福州以上，延、建、邵诸处皆有小唱班。一班只数人，但唱昆曲及近时所编各种小曲，皆十四五岁女子。不梳头不裹足，长辫高履，衣饰皆如男子，亦作男子跪拜。其从女装者则皆年长色衰矣。此假女为男者也。福州以下，兴、泉、漳诸处有七子班，然有不止七人者，亦有不及七人者。皆操土音，唱各种淫秽之曲。其旦穿耳傅粉，并有裹足者。即不演唱，亦作女子装，往来市中。此假男为女者也。习俗好尚之不同如此。

[①] 参见《子不语》（五）。
[②] 道光十四年，1834年。
[③] 吴荣光，号荷屋。按："道光甲午"不确，吴荣光做福建布政使的时间是道光十七至二十年，参见道光《福建通志》（一）。

（三）卷七·扑翠雀

下府七子班，其旦在场上故以眼斜睨所识，谓之扑翠雀，亦曰放目箭曰飞眼来。其所识甫一见急提衣衿作兜物状，跃而承之。迟则为旁人接去，彼此互争，有至斗殴涉讼者。俚俗之可笑如此。道光甲午，昌黎魏丽泉元烺抚闽，曾严禁之。近来漳、泉各属此风复炽矣。

赌棋山庄笔记

（清·咸丰—光绪）谢章铤撰
清光绪间刻本

围炉琐忆

福清①之渔溪，孔道也，而风俗极靡。业薙发者，辄畜成童以下，教以按摩。客至进献其技，倚人身作昵昵态，其齷齪贪婪最甚，真恶习也。而流妓亦鲜佳者，且年多在三十以外。旅壁或题句云："老阴与少阳，乱掷金钱卜。"阅之堪发一大噱。夫红粉飘零，半是无可奈何。至男子则何艺不可学，而必此之为。弱岁习惯，廉耻丧尽，既长则奸盗邪匪，何所不至？此有关于世道人心甚巨，安得良有司为之厉禁哉！

谭瀛八种

（清·光绪）吴文藻编
清光绪二十二年（1896）
上海鸿宝斋石印本

（一）初集卷之三下·女化男②

来阳③薛姓女名雪妹，许字黄姓子，嫁有日矣。忽病危，昏瞆中有白须老人扪其身至下体，女羞涩支拒，白须翁迫以物纳之而去。女大啼，父母惊视之，已转为男身矣，病

---

① 属福建福州府。
② 原载见《子不语》（十九）。
③ 当为耒阳。

亦霍然。邹令张锡组署来阳篆，陶悔轩方伯以会审来唤，验之果然。面貌声音犹作女态，但肾囊微隙，宛然阴沟也。薛本二子，得此为三，改雪妹为雪徕。

（二）二集卷之四·化雌为雄[①]

江浦吴解元家楣，有女年十八，于归有日。忽下体肿痛，卧不能兴，翌晨自以手扪之，俨然变为伟男也。庸通和尚飞锡沪滨，曾亲见之。时年已及壮，且娶妻生子多年矣。并言其两耳尚有钏孔，二足以纤瘦不能纳履，终年当著其莫靴，中实以絮，大不过五寸许耳。予闻而异之，谓非作大善事不能致此。后闻解元家固临江，行人往来恒苦无渡，乃倡捐于两岸，各制舟楫，创设义渡，永占利涉，万口交颂。时解元齿已垂老，殊苦无子，一旦化雌为雄，足见天报善人为不爽也。

（三）初集卷之三下·女化男身

（四）初集卷之四·羊践前缘 涉及同性恋。

炳烛里谈

（清末）陈作霖撰
清宣统三年（1911）刻本

卷上·女变男

江浦吴孝廉嘉楣以乡试第一，大有文名。一女年已及笄，忽得危病。医治获愈，竟转男身。孝廉无子，欣然以为家庆。未几即遭粤寇之乱，城邑荡尽。试证以《五行传》，亦人痾也。

---

① 参见《见闻随笔》（四）。

新增百美图说

(清) 佚名绘
清光绪十三年(1887)
积山书局上海石印本

小青像

冯小青于明万历二十三年(1595)生于扬州,三十八年嫁与杭州冯生为妾,见妒于大妇,与丈夫难得一见。因而过度自恋,并与戚属杨夫人关系亲密。万历四十年,小青孤苦病瘵而亡。潘光旦先生认为:"小青欲力回流,最大部分以自我恋之段落为汇;其余力则有落后而不达自我恋之段落者,亦有突进而越过自我恋之段落者。不达者入同性恋之段落,突进者则波及母恋之段落。是亦不无可征者。

小青与杨夫人之关系,甚称密切。杨为有夫之妇,情感有所偏注,其关怀小青者或不若小青关怀彼之深。然元宵观灯谐谑,彼此至以'妖娆儿'及'狡鬟'相呼,则二人腻密之程度,亦可想见。在小青方面,殆不无少许同性恋之倾向乎?小青踏青诗有曰:

'杯酒自浇苏小墓,可知妾是意中人?'(绝诗九之四)则俨然以苏小之情人自况,同性之相慕,更情见乎辞矣。"见《冯小青——一件影恋之研究》之《小青之分析六·小青变态心理之余波》,民国十八年(1929)新月书店上海铅印本。

顺德县志

(清·咸丰)郭汝诚修
(清·咸丰)冯奉初等纂
清咸丰三年(1853)刻本

(一)卷之三舆地略·风俗

顺德分自南海,南俗即顺俗也。昔人所谓妇女恋金兰,归母家不时返者,穷村僻壤,囿于故习者有之。今则厥风大革矣。

旧志:俗娴轨物,气盛衣冠。质有其文,勤而不匮。男有专精之业,女多矫激之行。(乡中处女每与里女结为姊妹,相为依恋,不肯适人。强之适人,归宁久羁,不肯归夫家,甚或自缢自溺。至其夫家贫貌陋,偶有诟谇,从而轻生者不可胜数。此鉴于淫奢之失而矫枉过正也。夫妇为人伦之首,其亟规于礼义而戒其矫激可也。按妇女轻生之习各县皆有之,积习难返,化导之良方,洵非易易者也。)

(二)卷之二十一列传·李沄传

李沄字铁桥,浙之山阴人,举人起家。嘉庆十八年任,明敏熟通吏治。旧习,女子未嫁,与邻姊妹处,谓之金兰。嫁则视夫如仇敌,率数日返,岁以时节至,必食母之食。强之,则以死誓。非嫁三四年或孕,不守妇道也。父母畏其轻生贻讼累,亦即听之。沄出,有就舆前诉其子妇者,初以为琐屑,笑逐之去。以语邑绅龙廷槐,始畅悉其故。凡有诉者,亟逮其父兄至,墨涂其面以辱之,不以门第恕也。一时民俗警动,以被迫横死告,遽令殓埋不诣验。妇女知徒死无益,三十余年来不复有自弃其生者,皆沄力也。(按《爱莲堂笔记》:举人胡止山官阳江教谕,沄自阳江调顺德,访以利病,曰:"归宁不返实陋俗,盍止之?"故下车首申禁,说与此异。)

秀容扫琴南音① | 民国间广州醉经堂刻本

静坐深闺愁默默，我有满怀忧恨解开难。

近来心事如麻乱，我系秀容陈氏二十岁零三。

指望快乐风流光景到晚，唔想立意□□泪佢荡路过南。

父母主张我实系无乜可怨，插翼难飞脱得□□。

身中临难唔能脱，好似盼逢石责有脚难有。

我想为人出嫁好似人在囚笼内，就系珍珠财宝人在泥□。

奴奴正系一个风流女，点好话扭低弦线任人弹。

我想但系德为清净者，好似人在神仙队，独系嫁君如此困在新关。

我想嫁郎至好为官宦，富贵由天不过日月咁川。

重有嫁着淡薄个钧上□求乞赏，个场凄楚你话几咁交关。

小见□节共得□□为做盖者，我多系见佢拖男□女在□行。

叹到日沉西坠晚，百鸟埋巢鼓打静更。

一轮明月堪人赞，无心观看月云霞。

千愁万种难消散，情切惨，夜静孤寒冷，不若把瑶琴弄解开烦。

呼侍婢，妹你急前来，谓我绣房椅桌扫净尘埃。

地下铺毡还结彩，香案排开摆在棹台。

箫弦琴瑟俱存在，四边□门六放开。

于□净手焚香宝，三十六盏银灯放在台中。

佳人跪下参天地，伏呈灵神伟眼放开。

慈悲佛母临凡内，又请到□□□内个七位□台。

奴系秀容陈氏女，心中愁闷积成堆。

今晚正系风清明月朗，□补针指各自□呆。

不若把瑶琴辑引□，摆在台头十指放开。

---

① 封面题《秀容扫琴》。自《秀容扫琴南音》至《梳头妈自叹》，这批资料系属于岭南俗曲龙舟歌，作者大多是清末民初佚名之人，细致反映了珠江三角洲地区金兰姐妹之间的关系与情感。

娇姐扭准七条弦缐字,就将琴韵诉出情来。
琴初弄,叫做水仙花,鸡心柿,乱如麻。
桔性望中喉咽哑,望穿青眼我父持回家。
白菊分开难讲话,乌菱角,咬碎银牙。
海棠寂静警人怕,我甘心亡命死在陈家。
为人自古道合潇洒,弹崩指甲懒弄琵琶。
记得前年二十一岁答应嫁,清莲迈遇个份牡丹花。
意若花牛良计归□□,或者茉莉相逢□不顾家。
荔枝留嫂必定将奴望,含笑话,石榴未泪洒,琴音直上广寒家。
琴贰弄,叫做落水浮莲,好似中华人女送过番边。
困在紫微郎一个便,忽女韶光白果少年。
记得我母在观音兰许愿,偶遇媒婆嘴利句牙尖。
佢话桂花亭上就把鸳鸯造,我母知情蜜枣种落蓝田。
不晓得女在夜香兰苦怨,咬牙朝夕闷恹恹。
忧多食少芙蓉变,恼伤芦梢保命在全。
山茶白膳难沾食,泪滴蓝蹄洒落肩。
日开夜闭无言语,犹如哑仔食着黄莲。
琴音尽诉长和短,音韵随风上九天。
观音佛母曾听见,善娘指法得咁恹□。
琴三弄,叫做百鸟成群,世间难晓得今的外人心。
指望禾花姊妹凭爹贵,命薄何招却遇水君。
立意在雁山孤独枕,偶遇乌梅□□共得□地仝行。
我知道鸳鸯蝴蝶在花前□,我愿麦冬南杏两相分。
须则神沙辞实人的思缘局,总系桔梗得参各姓杏人。
我愿鹤群配合描鸾锦,硫磺西角共拈针。
画眉白面麻芝粉,沙心良玉桂皮陈。
莺哥快乐不晓得银蝉妹,琵琶和过共箫音。
谁人晓得我的琴音韵,枉奴百弄得咁芳神。
琴四弄,叫做陆地行舟,你休蔡杨天子爱耍风流。
程途尽种垂丝柳,八百宫娥两边抽。
同胞舍妹为皇后,污名万载远传流。
铁打江山神庇佑,纣王天子永无忧。
为拜女娲娘起祸,恃学才高戏女流。

明朝天子皇嘉靖，宠爱严嵩误命几条。

后至海瑞告佢奸贼恶，棺箱拿定载人头。

古人尽把琴音诉，丝弦校准韵悠悠。

琴五弄，月被云霞，讲不为娘娘走难祸相夸。

暂讲吓庶民周氏番头妹，五雷诛灭玉为霞。

为人做丑书留下，后来崔氏别朱家。

分书逼写番头嫁，后至买臣金榜得荣华。

马前覆水成虚想，丁山三弃樊梨花。

三官堂上个位逆涓姐，佢拖男带女抱琵琶。

日洪卖线寻夫子，后来被困在梁家。

你体襄阳公子又系因郎事，别爹辞母困在中华。

琴既罢，把香添，满天神佛听奴言。

一心指望投清静，未遂得我心头意立坚。

几番若想辞阳世。未得开眉展目放得愁开。

立意坚心无改变，意欲削发为尼入□□。

若言得到斋师观，一世排场有挂牵。

点得仙姑□□□山界，个阵放开怀抱□静愁□。

丫环即使将娇劝，姐呀未脱凡尸点样上天？

你话为神安乐处，有等欢怀有等虑□？

你体日月三娘咁辛苦切，不停莲步趋趋行天。

月府太阴游地狱，脚不停奔在九泉。

个两位灵神咁苦想，姐呀你在凡间快乐好过为神。

锦秀衣衫穿不尽，精通文墨绘描联。

或时无事吟诗对，个种风流快乐不得□无厌。

如你愿，月被云遮掩，就把新留下哩一套五弄琴弦。

十思起解心[①]

民国间广州以文堂刻本

一思起,煮饭时,无柴无米冇乜心机。
泪洒衣衫愁闷至,未知何日正得运通时。
二思起,个阵梳头,无油搽发散修修。
盆上种莲冤屈藕,亏奴日夕闷耽愁。
针黹工夫奴懒绣,咁好鲜花种在烂盆兜!
想我青春年有十九,未知何日正得意合情投。
三思起,实见艰难,四时苦楚泪潸潸。
呢种凄凉唔捱惯,今生难望得开颜。
出街睇见人千万,并肩携手一班班。
想我自嗟和自叹,见人快乐我艰难。
四思起,怨过天知,不堪回首个薄幸男儿。
妻凭夫贵从来事,恨我才郎不三思。
自古嫁夫真受气,拍壁无尘实恶持。
家计萧条无所倚,丢奴日夕冇心机。
一日三秋从古语,难望钟情快乐时。
五思起,月当中,肚饥颈渴怨郎穷。
想起番来心又痛,大骂媒婆冇阴功。
就把山鸡来配凤,亏奴无日得从容。
六思起,闷纷纷,思前想后愈伤神。
早知今日遭人困,罗帏独守更甘心。
免使奴奴空挂恨,风月骚人更断魂。
亏我妆台懒整青丝鬓,绣房奚愿黹和针。
追思往事何堪问,举头愁对月光神。
七思起,在家时,结拜金兰个位彩姬。

[①] 封面题《十思起》。

二人日夕同观戏，拖孖携手甚开眉。
今日嫁郎分两地，点能聚首见相知。
几番意欲宁归里，为郎留恋步难移。
八思起，望夫山，月光常照妹孤颜。
亏奴寂寞长思盼，为郎日夕挂心间。
点得月你为奴开令眼，照我郎君步转还。
九思起，镜破时，触起愁人越惨悲。
自古红颜薄命无挨倚，恨杀阳春未脱离。
今日春情满腹凭谁寄？仰天长叹月光知。
月呀你照人须要尽美，做乜半途而废为我抛离？
十思起，月当初，托腮流泪对银河。
月你不知人苦楚，屈气难伸点样切磋。
前世莫非奴做错，是以今生来折受此灾磨，正系乐少忧多难得夜过。
哎，心似火，有谁开解我？月呀你便拨开云路为我再结谐和。

十思起解心

民国间广州成文堂刻本

一思起，煮饭时，无柴无米冇乜心机。
洒湿衣衫愁闷起，未知何日正得运通时。
二思起，梳头时，无油搽发散修修。
盆上种莲冤屈藕，咁好鲜花种在烂盆兜。
三思起，寔见艰难，出街体见人千万，见人容易自己艰难。
四思起，想起做女时，在家万事有心机。
自古嫁夫真受气，难望番头做一时。
五思起，午时中，奴奴终日不从容。
想起番来心又痛，肚饥颈渴品郎穷。
六思起，怨过天知，夫君不过从天意，妻凭夫贵有心更移。
七思起，做女在家时，结契金兰叫亚葵，二人凭肩两相依。
丧了妹时唔寻得个合意，故此独自守罗帏。

八思起,月光照住人针线,亏奴容貌咁焦寥。
相思条病难凄惨,总为才郎日夕挂心间。
细想起来心内痛,望月为我带他还。
九思起,镜破时,触起愁人日夕叹伤悲。
自古话红颜薄命无差倚,恨杀阳春未脱离。
不若转心求别意,再效明月复圆时。
十思起,月当初,托腮流泪对住银河。
月呀彼做人间苦切谁似我,大抵屈气难伸冇奈何。
前世莫非奴做错,是以今生折挫受此灾磨,乐少忧多难得结果。
哎,心似火,有谁开解我?月呀你保佑奴奴拨开云路见尔嫦娥。

吴小姐忆母怨夫四季解心①

民国间广州以文堂刻本

冤屈了半世,你话有乜谁怜,春去春回又多岁添。
我想生长做着我地系女流原是命蹇,谁似我在呢处荆榛庄径度日如年。
春景婉然人事尽变,旧愁新恨上眉尖。
你体鸳鸯比翼个对穿帘燕,百花林外尽增妍。
丽日和风春正暖,柳绿桃红映晚烟。
我亦无心玩景寻消遣,恼怀重叠上依然。
虚生四九年将满,奈何人对在个奈何天。
亏心大底人稀见,心藏鬼诡性带歪偏。
花衢愁默常留变,色欲迷心灭却本原。
亏我衣衫褴褛佢亦唔提点,破烂铜钱不见个半边。
开口重讲话大家人体面,为有内中情事总不堪言。
个的助纣为殃真正可厌,藉势乘机架起祸端。
我想家内干戈无计可免,四边埋忧亏我独手单拳。
个阵好似孤舟一叶浮波面,亦似柳絮随风在佢倒颠。

---

① 封面题《吴小姐叹五更》。

辛辣苦酸愁历遍，我亦几番唔愿恋尘缘。

相逢莫问我愁深浅，死落黄泉做鬼亦冤。

幸得个契祖婆婆怜惜念，正系枯阳复秀赖尊前。

及时甘雨施恩点，愿佢他年福大广儿孙。

好似暗室微光生一线，故此我暂留残喘捱余年。

长安好景我亦不敢多留恋，偷自怨，束首无计算，须有至亲谁肯把我周全。

嗟命蹇，怨前生，闺中无日不驰神。

夏日炎炎多厌倦，烦闷无心理绣针。

偶在绿荷池畔立，只见一池清水映波纹。

鸳鸯对对池边宿，见景伤情泪满衾。

曾记得在家逢日午，同群姊妹乐芳辰。

春景同游芳草地，夏赏荷香纳闷心。

秋饮黄花新美酒，冬来白雪共联吟。

今朝忆起从前事，沧海桑田事变更。

步转堂前愁默默，一声长叹泪偷淋。

自从一九离闺阁，多少艰难到至今。

嫁夫指望凭高贵，点想人家把我当泥尘。

鸟阵投罗难脱网，百般无一遂平生。

自古有债方为亲父子，无缘不做枕边人。

况且伊人情态薄，并无慈爱半毫分。

我系自小娇生和贵养，亲娘择配费心神。

只图邻近常相伴，此是为娘爱女心。

因见我艰难无可奈，接回同伴免伤神。

指望同叙天伦乐，斯时略略放宽心。

两省诸侯家祖父，清正为官管方民。

祖母人慈兼淑德，常州通判系我父亲。

我母所生奴三姊妹，养育劬劳报未能。

须然姊妹人众众，都是同爹各母亲。

祸根原为夷人乱，祖父商量远处行。

[其后家庭叠遭变故，母亲重阳节后去世，料理完丧事只好返回夫家。]

自怨良人情性丑，花柳场中过日长。

结发恩情如纸薄，阴谋诡计利如枪。

害我几番无活路，我呢条残躯都在佢手中藏。

近因四德唔齐备,亦唔能宛转去事姑嫜。
曾记得我母临终多有致属,叫我小心防范待等改祸呈祥。
〔几年之内在夫家备受苦痛,父亲又不乐接纳。〕
不若早向佛前求忏悔,大底慈悲点化我痴呆。
洗足尘缘离苦海,回头是岸脱凡胎。
幸遇个契娘多慷慨,宽容四海又疏财。
相逢一面情如许,叫我暂将愁闷且丢开。
佛法皈依无挂碍,心如明镜朗天台。
冰炭永无观自在,荣辱唔沾几咁妙哉。
勘破世情须要忍耐,系体芝兰向日亦有暖春回。
爆竹一声除了旧岁,情瑞蔼,万户迎新彩,千祥云集福归来。

七嫁才郎

以文堂主人重订
民国间广州以文堂刻本

嗟命鄙,怨时乖,亏我七嫁夫君苦楚难捱。
……
三嫁才郎是姓盘,生男变女做堂倌。
花露水周身搽到满,恃住生涯大粪门。
后便发财唔使本,皮肉生涯妓妇一般。
婚姻丧祭人使唤,无论乡间共省垣。
伞灯拈来将轿伴,举止行为寔恶观。
斟茶倒水拈痰罐,揭帽除衫捧面盆。
嫁着咁样老公心更闷,全无识趣共我交欢。
立时改嫁休迟缓,劝人不可嫁爷们。
……

金叶菊

(清）西堠居士订
清末民国间广州丹桂堂刻本

初集卷之二

兰房结拜金兰契，表盟姊妹一双双。

七夕赞花

民国间广州以文堂刻本

时逢七夕初秋景，爽气凉风透月明。
一弯新月明如镜，照下人间一片清。
月缺还圆期有定，春光一去怎无情？
人生得乐须寻好，转眼经轮鬓似冰。
七夕人间穿乞巧，家家弦粉立心诚。
姊妹齐心斋戒定，无瑕美玉共冰清。
各物俱齐来奉敬，待我提壶酌酒奉上天庭。
初杯酒，极新鲜，低头下跪众同年。
好景一年逢一遍，姊妹诚心请家仙。
今夜七夕佳期展，虔诚稽首敬神贤。
虽知此地不是名山观，重有净水杨枝插在两边。
复望众仙离月殿，恩光垂照我的姊妹同年。
临凡点化娇慈善，沾恩典，逢仙面，永效长春不老年。
香炷上，实炉中，香花透上到九重。
请到蓬莱仙女众，乘槎驾鹤降凡中。
专心请到桃源洞，碧霞紫府女仙童。
三十三天神女一众，腾云驾雾别天宫。

惟愿众仙齐举动，临凡指教我的列位娇容。
虽无碧藕仙桃奉，些微贱物在台中。
复望仙人恩义宠，把我的深闺携上到苍穹。
香再上，净手来揸，广寒宫内众仙家。
嫦娥随伴移莲驾，早临中界染繁华。
待等家仙携住同潇洒，学习天庭教绣花。
装整颜容都要学吓，想必天堂打扮脱俗无瑕。
凡女话礼仪都系假，望乞仙姬教习正无差。
请到五岳真仙神降下，九霄云外泛仙槎。
到此把玉容来点化，行藏礼仪效仙家。
上界神仙俱请罢，齐乐酒，此夕真奇雅，又到神心花女奉香茶。
娇献茗，敬仙班，斗牛星女降尘凡。
惟愿众仙拈一盏，龙牙三凤在盏中间。
孟秋初七仙姬诞，花女诚心不是闲。
天边是必垂青眼，情顾盼，快乐逢今晚，点效得广寒宫内咁样波澜。
娇献果，敬上众仙，淋水槟榔摆在台前。
此样名为君子果，普天之下让佢为先。
冤家能解灾殃免，将来敬上众仙贤。
或有骂雨呵风常口便，或有对月消凉失礼天。
复望仙人将罪免，三光洪量恕奴言。
椰子切开分数行，百果称佢作至尊。
香牙蕉放银碟面，馨香奇味浸牙甜。
杨桃一碟俱齐便，凡人得食解心酸。
葡萄挑出杯来现，万寿果桃成一只彩莲船。
芝麻砌烛排两便，白米彩门挂在上边。
西瓜又把灯来点，挑出进瓜行孝乃系刘全。
香三炷，透天中，宫鞋八对甚英雄。
各色线绒□珠涌，鞋头绣出蝶和蜂。
两边交加龙与凤，重有□粮粟砌一只玉麒麟。
罗伞金牌真巧弄，写出恭迎圣驾甚威风。
鹊桥一度银河拱，牛郎织女隔岸相逢。
脂粉银簪和镜盒，碟碟香油臕腻攻。
象牙梳篦仙人用，三镶银练白缺烟筒。

二杯酒，再上沉檀，等我就把个的米砌古人唱一番。
一砌哩套观音来去卖饭，二砌哩个薛刚沉醉闹灯棚。
三星拱照声无限，四路周围困住小番。
五子连登真可赞，六郎斩子在白虎堂栏。
七姐仙姬还念孝，八妹杨娇武艺咁交关。
九泉哩个岳帅佢仇难挽，十殿阎王告佢咁峦。
三杯酒，献斋筵，金针芽菜敬神知。
荷咗豆砌来成福扇，冬瓜云耳甚清奇。
菠菜芥兰同结义，香信排来似蝶飞。
藤菜摆成蝴蝶尾，粉丝分明会腐皮。
会得棠蒿归报喜，各人洁净拜仙姬。
拜罢各人移步起，就把各花来赞甚清奇。
你睇珠柏素馨和茉莉，鹰爪偷完谓故知。
木西本乃真情义，莲笔偷闲懒画眉。
高挂吊兰齐贺起，玉簪斜插髻云飞。
腊梅唔肯把天书记，夜来唔望看荼薇。
瑞香虽小真奇味，米仔兰花膣腻稀。
七姊妹有情和义气，丽春弦杏锁双眉。
娇又赞，哩朵牡丹王，金菊芝兰喷鼻香。
夜合芙蓉堪玩赏，海棠金凤盒中藏。
琵琶玉笛皆欢畅，白蝉难及桂花香。
鸡冠灯盏人兴旺，百子莲登岁月长。
指甲弹崩空望想，百年同乐我的姊妹余双。
菊花朱锦诚心向，兰花相伴个位水仙娘。
佢初乞巧，学天聪，仙女恩传我的众女容。
乞赐绣花龙与凤，各人做事甚精通。
绣出绿水青山能压众，归巢百鸟闹花丛。
戏水金鱼池上涌，绣出明皇游月到广寒宫。
又绣仙姬将子送，状元亲接玉麒麟。
第一孝慈绘绣伦常重，孟宗泣竹笋成冬。
卧冰求鲤王祥冻，割股供亲孟日洪。
丁兰刻木传千古，郭巨埋儿有大功。
百里负粮哩个周子路，杨香救父打个只大虫。

闵子单衣原为后母，老莱戏彩只为父母年高。
父母天伦常要敬奉，书云淑女有四德三从。
二乞巧，愿心灵，特求指示我的众娇英。
堂上双亲虽要敬，知仁知义更知情。
姊妹上呼和下应，殷勤相敬嫂和兄。
莫说谗言兼歹佞，伯娘叔婶要和平。
朋友结交心立正，邪语非言切莫声。
唤奴呼婢休烈性，古云有恋得金成。
出街游玩须要静，切莫纵横失礼父兄。
刺绣孝慈仙教定，深闺日习得聪明。
吟诗作对能消永，女流要学玉洁冰清。
道韫习诗能赋咏，文姬琴辩史留名。
三乞巧，性情柔，万事欢容礼义周。
姊妹穿针齐对绣，绣成奇样万花楼。
八仙齐贺盘枕寿，状元红酒泛金瓯。
百花开放香凝透，双飞蝴蝶两头游。
重有宝鸭穿连分左右，鸳鸯交颈甚清幽。
宿柳黄莺穿叶透，争梅孔雀绕枝头。
石山上有云霞走，彩凤穿云意未收。
盘桃绣出真巧手，鹦鹉题诗不计筹。
花样百般传像绣，心灵手段赛苏州。
天姬尽把聪明授，佳人谨记在心头。
乞巧已完添福寿，胜似瑶池再复秋。
广种福田人盛茂，娇叩首，拜谢洪恩佑，明年七夕把神酬。
烛再点，又添香，台前花烛极排长。
砌到花草时兴样，又赞神前一炷香。
金杯银盏台中上，菜仁砌字两边傍。
赞过神前花蜡烛，望神庇佑我的平安。
奴系某年兼某月，某家人氏各等姑娘。
今夜各洞仙人来下降，求神庇佑我的姊妹安康。
一保爹娘无灾难，等佢寿如松柏日年长。
二保兄台人一众，早登龙榜继书香。
三来庇佑低年妹，云开月朗胜名扬。

四来庇佑高堂嫂，家和万事免心操。
五保婶娘无灾难，等佢头浑眼热带上天堂。
娇拜罢，大小来分，就把真衣鞋屐用火来焚。
重有首饰钗环和软扺，头绳七丈与共鹤容巾。
铰剪牙梳亦有团扇衬，写来诗赋又斯文。
连献宝，是大天罡，上请仙姬下广寒。
忽听天边鼓乐连声响，点想天门大放鉴佢红妆。
同行姊妹皆观望，有人看见亦有盲娘。
我的结拜同胞如一样，叫言姊妹听言章。
出入四方寻拜访，个个知心兰友百年长。
花赞罢，送仙姬，请回宫殿上瑶池。
拜过众人齐贺喜，清爽利，诚心神佑庇，待等明年七夕又至再会佳期。

打天九歌① 民国间广州五桂堂刻本

人生何必咁担忧，永日闲消可却愁。
记得个日与娇来打天九，若然讲起令人嬲。
一对长衫揸在手，至尊双人在后头。
重有单天单地真正巧凑，静坐沉吟把眼去瞅。
呢铺七只唔忧八全都会有，适值上家出个对系虎头。
我就双长打住连随将地走，个阵心惊胆震好似把物来偷。
佢话三张牌者各人饶下手，敢就齐全八只你话几咁风流。
点想佢话孤天打动来睇住下门口，好似黄连哑食暗自心忧。
复出鹅五又至无人斗，监定双人暗奠就火上加油。
个阵揸住至尊共一只天公来耐守，点想佢吟唵一对岂有话唔嬲。
至尊奠埋揸住只天来等候，估话佢手中文子咯我就把天留。
点想佢拈只八点出嚟，激到我有气冇地抖。

---

① 封面题《天九歌》。

重要输不两动被人收，想起番来真系嬲到够。
心想透，天九从今我唔去斗，作庆逢场又或者应酬。
良宵三五共姐拈香，谁知集八总不成长。
姐呀你大义高才人又渴想，长天孤月照纱窗。
七星陪伴全欢畅，言三语四祸起萧墙。
满地梅花花好样，哎，我思十样，四边陪伴唱，又只见天娥小姐倚在垂杨。
长江白日伴住海棠花，人生谁不想繁华？
屏风等候娇回话，联成四六寄往他家。
双眉锁住思娇挂，长三娇妹乱如麻。
有幸嫦娥天降下，高四马，但得今天娘共洒，待我两地相寻共姐你细查。
杯卜金钱问至尊，三鸡冲散共姐无缘。
七政算来娇带命短，许落金牌高脚保佑吓婵娟。
相连十四有思娇怨，应承二五你就回旋。
寒梅两度有风飘远，哎，偷自怨，四五一谁分断，十怕你九归唔望正得还原。
生来八字命孤单，红妆忆念为妹花颜。
亏煞五更肠想烂，私来拜会有两三番。
三三不尽有娇情恨，六载情深水面咁闲。
定是牛头来拆散，哎，得咁慢，义气难分散，等我两地移埋会姐玉颜。
移埋沃四共相亲，五位姑娘原是一个有义情人。
沃五到来谁采问？六丁神倦种情根。
孤单苟合有谁怜悯，皆因黄六去卖假茵陈。
孤灯独照梅花近，哎，我心愤愤，板二为光棍，只着丢开唔爱共姐拆散离群。
三四无心懒整装，宛如织女恨牛郎。
须则隔别一年七夕都阴会躺，愧我孤天怀恨转眼韶光。
十二点时钟长把娇姐望，仁义情娇到我的画堂。
双四全红脂粉面脑，二朵梅花衬住素妆。
三五成双全话讲，恩情广，谈笑精神爽，十五团圆应照我的绣房。
愁怀对住锦屏风，我十分难舍我妹花容。
姐话一日有十二个时辰心想痛，围棋双陆众地丢空。
半天半地难行动，七夕云开共姐再逢。
牛头山上就把梅花种，花气重，八首情诗送，可恨远隔关山叠叠重。
二三五妹弄秋波，清闲秋夜对住银河。
板凳担张来去坐，愧我二人结义极情多。

点想二四到来真正不妥,大头六姐拆散我的谐和。
沃二搭声来去架祸,迫于无奈就要抛疏。
但得双六天眼来开将佢折堕,嗳,难坐卧,灵神来辅助,
至好沃三逢见个个系姐娇娥。

逼结金兰 <small>民国间广州五桂堂刻本</small>

排设席,摆琼浆,又到方霞启口问句斋娘。
你先问说道两位娉婷女,做乜因何不见佢付霞触。
长老恭身忙便答,恐防愚拙礼貌疏狂。
既然小姐你情欢爱,待我请出两位佳人到此方。
转入后楼称句二表,今日魏门小姐两位到此斋堂。
只为追荐娘亲天欲晚,故此留为馆内合意相安。
万望佳人二位共我陪知客,况且相登年几说话合得你心肠。
太子并及丽春难以直却,只着随伴斋尼出到外厢。
二娇离位相迎接,你体娇姿行动更重纲常。
说道小人未晓□车到,愧我唔能亲近到姐身旁。
来迟失接心知罪,望为海量把我包藏。
姊妹答言称不敢,你个的贵语谦言岂敢当。
又到斋师摆酒台□放,请娇埋位正慢慢参详。
龙凤答言奴有坐□,酌酒提壶我正当。
又到方霞不管挽住陶家女,方玉妹殷勤挽住小王。
足席举杯谈肺腑,又到魏娘启齿说言章。
问娘贵姓兼花讳,伏乞金言示说详。
我体娇唔似槐安女,见你语音唔合我的本土音章。
做乜因何隐在呢处修清静,我问你两个交游不做有数月长。
承巧问,答娇颜,真情说出又怕弄破机关。
我本是杭州地面陶家女,父为国斋太守官员。
花讳叫做丽春年二八,父娘只独我亲生。

个位瑞联马表系我姑娘女,我共佢姑表情亲契合长。
比岁双亲归地府,并无手足又孤单。
相怜绣阁无挨倚,至此福无重至祸不单行。
事因七夕中元日,我的姊妹诚心把礼参。
凑着个的难星连累贤娇妹,倦卧楼中失了宝环。
岂知落在其生手,我的姊妹携埋只着去取番。
唔想觐面父台相会见,佢话我私通淫贱女去求男。
个阵家法十分□苦逼,不许我残生在世间。
故此我姊妹坚心泉下丧,粉骨宁归土麝兰。
幸遇皇天开慧眼,神风相送我入寺门关。
幸得长老恭身行性善,佢咁周全我姊妹在呢处斋坛。
今日过爱深恩如似海,我领佢人情大过泰山。
幸蒙小姐垂青眼,千祈怜念我呢姊妹艰难。
今宵诉尽凄和惨,你话有谁知道我呢薄命红颜?
娇听罢,叹句长声,寔系可怜你姊妹受个种冤情。
自怨家君无品性,亦该大事要透底查清。
天地知娇虔洁净,大显神通救你难刑。
他朝若得回乡井,留传千古表坚贞。
酒醉方霞心内酩酊,不停双眼看住娉婷。
方玉妹一见陶娘风韵胜,点得共佢拜为兰友覆枕同倾。
我的女流极爱个的金兰兴,舍得开言央佢料必顺情。
手携美酒来亲敬,我定要八方云路访到娇英。
方玉妹一见高年双眼定,待我秋波斜送卖弄风情。
方玉妹见了瑞联容貌唔端正,额堂饱满现出官星。
女生男相唔怪得系孤鸾命,知佢心中无主好似浪里浮萍。
斋师行近排香鳌,方玉妹酙茶即便就开声。
叫句马表你且将虔□净,风疏原本趁我的后生情。
你体姮娥殿上开明镜,万无一事冇愧娇英。
望娇呀你带我入桃源境,欲扳台驾与姐你枕伴真情。
奴足领,且看同衿鳌,免使我千莺求友苦苦孤零。
方霞行近称恭喜,咁好意味金兰点可推。
叫句马表你收心携带我妹,细扳陶姐理应该。
王听罢,越痴呆,几回憔悴泪湿香腮。

我意欲共佢结交为至爱,又怕惹出弥天大祸向身来。
又怕玉人知道将孤害,你个阵心中难舍佢惜玉怜才。
佢系馨香蚨蝶彩,又怕紫微失令不敢培栽。
丽春晓了娘心内,等我上前拦截把言开。
我妹单生一个村愚女,并无群伴结过埋堆。
今日却意自知奴有罪,大抵作乐交游事冇来。
情远耐,立意无更改,共姐双双盟誓礼拜天台。

金生挑盒 民国间广州以文堂刻本

[金生男扮女装挑盒前行。]
忙举步,过桥东,路途唔热见朦胧。
直出三丫和路口,哩条小路怕唔通。
不若大街村外去,远望山边一带松。
有几位姑娘在此抖热,贪图此处好南风。
一见金兰挑盒到,连忙扯住问妹娇容。
妹呀你今挑盒何方去,乜谁系你主人公?
去探谁家娇小姐,做乜有扇唔遮晒得面咁红。
放下大家来抖一阵,松阴树下把步嚟嵩。
金生听罢言称谢,就依娘语暂且从容。
言禀上,列位红妆,我小姐叫做琼婵身系姓王。
要探相知身姓麦,命吾担盒过南庄。
我见呢条途路远,别时陪伴列位姑娘。
一众娇姿齐口答,何须着急去他方。
今晚请回归我处,明朝早去重阴凉。
见你人才中极我意,共你拜为姊妹也应当。
金生答道称唔敢,我系丫环贱婢行。
古道草蛇难恋龙窝斗,山鸡难入凤凰岗。
连忙别却松阴地,免得痴缠事恶妨。
所为我系男儿将女扮,点能共佢结知相?

金兰寄书 民国间广州醉经堂刻本

自送贤娇归去后,举头不觉日将收。
夜来茶饭我亦难沾口,可惜一枝灯照几人愁。
记得昨宵欢乐处,与妹谈心论几筹。
一夜有余唔觉久,今日分离似九秋。
曾卜得往常如妹同携手,或把三弦弄一筹。
今朝想起从前事,物在人离寔可嘲。
点得共娇长日久,大众相交到白头。
岂知天地唔相就,思想透,为想贤娇友,等我分开时刻佼与泣楼。
坐到三更转子时,懒涂花粉自成痴。
犀角枕头长下泪,鹿茸消减病难医。
因娇户部难知企,独惜海阔洋参冇个度期。
薄荷水路难通处,点得杏仁传速一封书。
怕妹你薄情如白芷,丢我淮山望到□时。
暗想砂仁情与义,从有金银难买得妹你同居。
复想番思愁泪至,偷屈指,为妹难行企,我寔体娘□母付初时。
丑时不觉又鸡鸣,杜鹃啼血夜传声。
姐妹相分难玩景,任教蝴蝶绕凉亭。
独我偷闲但为桃花女,金钱问卜望妹归程。
又怕海棠心未定,指甲弹崩坐不宁。
木犀远隔天涯路,凭谁描画牡丹青。
美人娇艳堪奴敬,亏我剪春罗帐睡无成。
凌花丢冷无妆整,素心肠断怨离情。
为妹何日拈针线,芙蓉面上减神精。
嘱娘休绕荼薇镜,千万路头花女勿交情。
雁冠啼起人心醒,夜阑无伴冷清清。
暗地思娇情与性,愁寂影,叫极娘唔应,亏我为娘茉莉少收成。

寅时将近五更长，阵阵风传月桂香。

胭脂水粉我亦无心向，玉簪唔插为娇娘。

闷到紫微心想创，欲想葵花到你盛乡。

又怕素馨族令紧，至此我长春水路少行藏。

菊花美酒我亦无心尝，纵有山茶难入我口中尝。

记得当年初相会，使罢兰花唤瑞香。

今朝想起红莲妹，丽春无路到兰房。

腊梅花树花开放，点得与娇同到石榴旁。

寂寞倚栏空怅望，愁更上，想起娇形像，只薄水仙磨墨诉衷肠。

卯时天色白朦胧，阵阵烟霞罩绿葱。

荷花满沼香漂送，又见狗牙开口吠东红。

满行鹰水我亦唔堪用，听见白蝉叶下怨东风。

凤凰箫管我亦何曾弄，为娘鹤顶尽成空。

白莲乃是池中种，恼杀桃花满树红。

珠兰惊醒怀人梦，愁方种，金莲难走动，再怕生心百日红。

辰时红日照东街，娇妹同心共砌埋。

日字下头加个十，早早番来免我挂怀。

几字中间藏一个鸟，凤凰飞散隔天涯。

别娇何日门藏井，待我开心共娇绣鞋。

心字上头加巳夕，怨我时乖命又乖。

别娇未得门藏月，谁为解，未得闲心怪，但得三点水挽佳总冇□淮。

物件寄回常托赖，恩典大，知娇人来快，见你相交情性易开埋。

时转巳，恨难消，满台果子冇心瞧。

菠萝帐里难成梦，沙梨离恨见心焦。

白梘肝肠愁未了，石榴悬望姐多娇。

仁面未逢虚柱叫，望穿圆眼路遥遥。

槟榔满树我亦无心向，菱角分离有数朝。

纵有西瓜难解奴心事，独对黄皮懒绣描。

荔枝知姐留心事，总怨棠莺蔗一条。

杭仁枣子我亦无□了，瓜子将来把闷消。

常念葡萄妹尔窈窕，年闲少，担愁何日晓，人话古云山水亦有回朝。

举头不觉午时天，又见满海鲜鱼在眼前。

沉龙好极我亦唔曾见，又见化龙金丝鲤。

生须塘虱令人厌，总系□鱼美味见清甜。
又怕蟛蜞多爪去，蟹逅难逢实可怜。
意欲海鳅来接尔，把奇唔愿气冲天。
又怕贼鱼拦路径，就叫虾公随伴守池边。
腰带清鳞空对面，独惜江河无渡几虚言。
今朝要会唔由见，嗟命蹇，别后难逢面，点得残日重光月再圆。
时转未，越愁多，亏我别乡离井隔娇娥。
点学番禺南海长相顾，或者马宁顺德有相那。
怕妹尔别离从化归东莞，三水龙门路隔疏。
欲逢又怕香山阻，亏我满腹黄连苦更多。
体娘新会他乡久，在此江尾怀娇有奈何。
欲请桂洲来盛府，大雨淋头只着无。
前日得娇伦教会，深感朝连足领多。
知娇情性如甘露，极怕马江蛇仔青心婆。
你在海州古处相怜我，都因妹你难行坐。
故此一回音信堕，妹呀我亦未知何日正得复见娇娥。
我今回落西山日去，又见百鸟归巢抲闷烦。
高髻冠唔梳心事亦懒，英鸥题诗也是闲。
意欲西眉心□懒，勿学伯劳无义鸟奸顽。
欲传书信无鱼雁，鹧鸪檐边频着眼，看见鹌鹑离路隔关山。
乌鸡啼叫人心散，情意懒，不思茶与饭，又怕莺哥常□水般进。
时转酉，闷重加，因娇离别少繁华。
自妹回乡心事挂，懒开鸾镜粉无搽。
记得往常妹在此，与妹梳头共戴花。
或时高兴同游耍，一处唔嫌过别家。
携手与娇同讲话，谈今说古真正甚喧哗。
四德三从和上下，百事何曾有点差。
未晓心情真与假，牵我挂，点得娇来吓，免教肠断碎银牙。
时转戌，倚深闺，四孤无影日痴迷。
只话大家长久计，谁知今日各东西。
记得日前感妹蒙恩惠，万般如意已光辉。
尔个契妈知心人涉世，因此闲游几日就思归。
回乡讲及娘情事，点得仝妹在绣帏。

今朝人别情难别，爱阴难逢实惨凄。
夜间无事将书砌，付来贤妹望施为。
勿被知心人体见，恐休谈论笑吾亏。为娇恰柱何曾闭？
无所系，难设相逢计，手我几朝长短望谁携。
亥时不觉出更来，为妹分离手托腮。
催转难归罗帐内，未知何日正相随。
点想与娇离咁耐，辜负真情两拆开。
只着将书传与妹，佳逢书信就可番来。
此书莫被多才看，恐怵人笑我痴呆。
逢到盛乡才子众，将奴拙句勿闲开。
包藏万事将心载，勿教谈姐系疏才。
终日为娇无可奈，愁似海，姊妹相恩爱，望娘佳笔千万早日付番来。

日夜时辰

民国问广州以文堂刻本

催胜鼓，把扇来遮，待吾韵脚唱这嚹。
亏我锣鼓打成黎黎呜，好似打罗出水车。
字眼唱来真系歪，正系冇牛上树慢慢来挪。
有等听闻一步就扯，佢话情愿听吓吹啡啡。
话我声音唱得唔灵舍，真正彼人讲论笑口骑骑。
好咯待我书归正卷来剂野，不唱提江这一些。
此折乃系十二个时辰连日夜，亏我思娇成病哭得鼻涕呢呢。
自从兰友抽身扯，亏奴日夕短叹共长嗟。
正系画虎画皮难把筋骨写，知人口面怎晓佢心邪。
忽听谯楼击鼓有更夜，你体一轮明月被云遮。
待我分开时刻思娇姐，话罢担头把眼去邪。
时正子，辰宿列张，你体川流不息远传扬。
徘徊瞻眺在花园上，只见落叶风摇露飘结霜。
沉默寂寥无意玩赏，怎得散虑逍遥遂我肠。

心动神疲愁似海样,奏眠夕寐更悲伤。
具膳餐饭唔思想,四筵设席不愿适口充肠。
弦歌酒宴无心向,难望接杯共举觞。
当日同气连枝多逊让,交友投分气吐眉扬。
上和下睦共把荣华享,乃服衣裳系别款相,好似夫唱妇随地一样。
多欢畅,同埋蓝笋象,胜过孔怀兄弟共爹娘。
丑时转,四鼓频吹,亏我抱哥模样好似个只谷气禽渠。
不思白饭兼茶水,面似黄花血气衰。
思姐劳心常挂虑,鲭鱼咁眼两泪珠垂。
瘦如赤鳝多憔悴,黄如笋壳百体空虚。
纵有银鱼穿至佢家里,不能买得姐娇佢。
自系娇姐转归横闽去,意欲使个大头家仆到佢家居。
朱砂笔写情书句,差埋马母去跟随。
谁料大地路遥难觅佢,又似寻龙点穴远远来追。
挞沙咁薄情如水,心不遂,鳌□金钓去,枉我腰带金□赠送过佢。
寅五鼓,月照元参,光如水片白如银。
银河壹度如蚯蚓,南星北斗两相分。
丹参一片来怀恨,五桂身高变了贱人。
威灵仙佛我皆求恳,又拜大王保我身。
服尽鹿茸兼上品,桂费车前共药银。
意欲贝母辞爹来自刎,又想斑螯信石买来吞。
闷愁枳壳心中滚,惨过樟脑硫黄在肚内焚。
记得当初在八角亭中来叙饮,尔赠金钗合奴心。
连翘百步相随紧,姐呀你重话我提防滑石会闪亲人。
哎,尔回乡已月亦要当归紧,做乜半夏分离冇信音。
记系你情如白芷无缘份,大枣唔谈共我发誓盟。
正系画虎画皮难画虎骨个等,知人知面尔话怎晓人参?
亏我红花懒戴更不搽轻粉,花粉刀抛懒整鬓云。
闻得有个陀僧在山上隐,佢系答阄卜卦晓透乾坤。
待我远志常山来细问,凭指引,或者有缘份,个阵上炷沉香我就拜茯神。
天欲晓,卯时间,亏我梦兰无伴见担烦。
思量夜合情加惨,芙蓉帐底自孤单。
凄凉独对系银灯盏,弹崩指甲望姐娇还。

素心一片难留挽，惨过杜鹃啼血泪痕斑。
当日富贵相交情不淡，二人含笑共倾谈。
脱衣换锦欢无限，又到海棠寺内去把神参。
发誓就把金刀来拘烂，玉簪为托共结金兰。
谁想美人一别唔思返，令我剪边罗帐叹长更。
正所谓天上碧桃休望盼，日边红杏也虚闲。
又只见紫微拱照毫光灿，云幕散，鸡公频叫喊，你体明月西流鼓已残。
辰时转，日出东边，犹如夜鹤不思眠。
只见之朝禾雀飞得纷纷乱，你体一行白鹭上青天。
鸬鹚深水非为浅，双双宝鸭又穿莲。
触景更添愁与闷，惨过鹧鸪啼血泪洒腮边。
累累相思难斩断，并无鸿雁共我把书传。
思娇莺哥鼻壹管，鸭眉凤眼貌赛天仙。
扮得彩雀咁辉真可羡，恰似孔雀开屏五色全。
谁想佢鹩哥咁了唔复转，亏我高髻唔梳有十几天。
点得朱雀田挢逢姐面，情眷恋，遂得我心头愿，此时鹬蚌两相缠。
辰到巳，自怨当初，初时交结两相和。
和合二仙难学得我两个，个时快乐更情多。
多年结拜仝行坐，坐卧唔安未晓性命若何。
何日再逢相见过，过尽光阴日月似梭。
梳妆懒整心如火，火上加油怨一句折磨。
磨障灾星侵着我，我休条命丧南柯。
柯娇一去难留阻，阻不住腮边银泪洒湿衣罗。
罗帏独睡愁眉锁，所因贤姐付恩波。
波底月光难以摩，摩不众贤妳意若何。
何解多娇唔念我，我今忆姐泪如梭。
梳罢未知谁一个，个等定然狡计婆。
一到午时日正中，二八佳人不再逢。
三餐茶饭唔思用，四肢困倦又唔松。
五经坏了真沉重，六脉唔和减却玉容。
七分残命永永冻，八字生成在命中。
九泉之下将行动，十殿阎君也要逢。
十死一生如果重，九个医生不见功。

八十剂茶唔转动，七等三鸡一样同。
六月天时想雪如才梦，五味唔思肚内空。
四季周年愁万种，三衿湿了泪鲜红。
二家盟誓就把神惊动，一时分别各西东。
犹如拆散鸾和凤，心想痛，珠泪如泉涌，未知何日会姐娇容。
时转未，两点钟声，思娇莲子貌倾城。
樱桃笑口真真靓，香芽线露吐莺声。
凤眼鹅眉头发如镜，月里嫦娥比佢貌赛赢。
任你南华仙佛看见亦会心唔正，果然香荔步移轻。
不是话罗底柠檬再四正，重有琴棋诗画更重灵琼。
怎料分梨一旦离香井，令我王皮芦骨面青声。
想我往日未成干蔗病，重饮得葡萄酒一瓶。
欲使苹婆付信佢又唔知定，令我望穿圆眼忍气吞声。
又拜菩提来保命，又拜菠萝亦不灵。
怎能学得油柑命，愁怀满腹重讲乜谁听？
亏我胭脂脚带洗干净，这怨命，怒气加天顶，枉屈爹娘白杬养我唔能。
申时转，盼望娇英，惠爱桂香贤姐泪盈盈。
海味街刀成了病症，意欲清水濠中把命倾。
幸得濠畔有个王婆关住路径，佢话大新正月因甚丧阴灵。
只话与姐长乐太平仝宝庆，胜过桃园弟与兄。
当初新会成交颈，烧珠盟誓叩神明。
竹横沙庙参神圣，重话多宝我的金兰遇吉星。
福德兴隆长寿到晚景，宝仁五福乐清平。
重胜过状元高第还乡井，姐呀做也绣衣来换就把故衣倾？
枉尔经纶满腹高才咏，积金积玉挽姐你唔成。
亏我病似灯笼心火盛，又到宝华坊内礼斗禳星。
望神普济洪恩领，出于无奈转到湛露医灵。
顺母桥爹调理我病，逢福庆，但愿长庚星照正，亏我未知何日正得闭翳亭。
钟四点，酉时排，时值逢春雨又洒街。
又只见松柏茂林方有一派，你体草木荣生两边排。
九宫景致愁堪解，志高山上乌佳佳。
四边汉云多爽快，又只见青云两朵合同埋。
当日与姐同结拜，只话共享太平□咁佳。

谁想佢天良丧尽小肠歹，亏我思娇成病似三槐。

纵有万金难以买，使尽坤山银玉不遇姐群钗。

欲使月宝丫环将信带，总系有日山阻隔路远天涯。

泪似明珠哭到坏，冤孽债，愁怀谁为解？

又只见光明红日落山崖。

戌时转，忆念相知，惨过项羽共虞姬两分别离。

犹如山伯忆念个位英台女，恰似明皇哭个贵妃。

当初交结多情义，犹如廉颇共相如。

谁想佢效王灰陈世美，枉佢才如李白貌赛西施。

亏奴命薄如颜子，兼全三国这个周瑜。

亏我今日思娇成病难调治，将近死，扁鹊难医理，纵有再世华佗病恶脱离。

更二鼓，亥初交，亏我数月唔沾佳与肴。

服尽灵丹又唔应效，谁非明月水中捞。

文字左边加个孝，教人苦过系食斑蝥。

木字旁边加个卯，柳阴分别一旦丢抛。

果字上头有三个拗，犹如雀仔盼望母归巢。

支字旁边高字倚靠，闲中无事共姐你把象棋来敲。

两个交加真凑巧，我问尽灵龟卜周六爻。

车字下头有只艇任棹，连枝一对枉相交。

草花下头加个卯，我薄命残躯贱过草共茆。

一双木字唔同貌，相知一对似同胞。

一撇下头加个我，我今条命被姐收刨。

执笔写来无火炮，寿数今年不敢包。

谢字便将言寸勾，孤身零落似足犬海抛铙。

十二个时辰唔得睡觉，耳闻谯鼓是三敲。

坐卧不安无计较，立心如此弊过主巢。

奉劝女流不可乐，相知提起莫相交。

此折歌文新订考，串来句语带劳愁。

得听歌文添寿考，定然银币入满荷包。

基铺山票中到饱，滔滔利益重有滚滚财交。

十二时辰 | 民国间广州以文堂刻本

自从送别个位金清玉，亏我碧兰无日不担忧。
但到黄昏挨晚后，亏我思娇唔见面惹我添愁。
往往花下与妹仝携手，真正无忧快乐过春秋。
一则思娇容貌瘦，二则见佢吟诗句语说话温柔。
故此共娘结拜金兰友，情叙厚，点知唔耐久，待我分开时刻付与红楼。
时转子，泪洒罗衣，睇见一轮明月照住门楣。

细想我的结契金兰实系唔轻易,自系别娘无日不成痴。
满园鲜果无心理,沙梨离别冇个人知。
当日交结我的姊妹一个南华李,今日回归之后面转酸梨。
西瓜切碎难藏泪,欲使苹婆伯母共我寄封书。
荔枝知姐无恩义,香芽蕉闷妹呀你诈作唔知。
重有白杬与共油柑难下气,思想起,结拜金兰真野味,怪不得父兄严令故此逼我的分离。
时转丑,自担烦,罗帏无伴见孤单。
一夜唔曾合到吓眼,思娇成病只为拆散金兰。
金橘知娇金贵步,欲使青梅青竹两个丫环。
当初与姐同盟誓,共拜仙姬降下凡。
花生生死情唔散,谁知今日分离两地隔关山。
为娘芦橘多消减,亏我蜜桃唔采尽丢残。
菱角无情分各路,石榴流泪湿衣衫。
红枣早知妹你人情淡,香橼悬枕捱更残。
唔知几时捱得到呢个菠萝诞,情切惨,条肠都想烂,今生唔望再会娇颜。
寅时转,五更天,思娇一夜不成眠。
百步懒行唔见厌,相思积实唔知几时欢。
海阔洋参难见面,茯神消减为妹妆前。
被娇心事好比朝阳远,害得我苦心成病不久就要丧落黄泉。
人参难解我的相思苦,定要金兰陪伴可以脱病心欢。
麦冬难下心头火,请医调治枉费车前。
鹿茸亏我容貌变,薄荷何日得会婵娟。
欲使杏仁条路远,淮山阻隔有信难传。
麦芽咬碎肝肠断,结契金兰结得咁冤。
想后思前魂欲断,嗟命蹇,思娇魂痛断,亏我朴硝唔遂叹到呢个五更完。
时转卯,泪盈腮,茯苓伶俐变了痴呆。
当初交结都话无更改,谁料沙仁雪动开。
临行致嘱贤娇妹,回归不久使人来。
熟地金兰长久耐,别寻生地有百合相陪。
当初在八角凉亭同你咏对,只为花园广阔见景心开。
玉竹嘱娇唔好咁耐,点想阿胶贵步种种唔来。
我比党参看待贤娇妹,谁料一去化为灰。
犀角枕边长下泪,两头传递用个乌梅。

屈金惟有心唔悔，害得我黄皮骨瘦为忆妆台。
好似黄连吞入肚内，情似海，为娘肝胆碎，亏我今生唔望有娘陪。
举头日出在辰时，满怀情重寄封书。
开箱取出云笺纸，就将来历比吓鱼池。
磨了墨鱼拈朱笔，满腹衷情达过妹知。
金鱼一对对同游水，何况金兰一对对点舍得分离？
必定张莺纠计无廉耻，黄泽无端架起是非。
临别赠娘个对金耳坠，送还腰带共你分离。
白饭唔思单系忆你，终日鳝鳠珠泪湿罗衣。
为娘最怕个条黄花种，海河咁阔点样子传书？
当初与妹同则屐，最憎塘虱个堕马鲛鱼。
别后回归书冇一纸，须紧记，奴奴长念你，亏我相思成病都有百样难除。
时转巳，越添愁，对住太阳泪不收。
比奴心事如铁石，比娘情义好似水捞油。
斑鲸一去无踪迹，乌鱼为我把书收。
欲使三鲮前去问候，唔想海鳅拦住只着步转回头。
带子鲍鱼难入口，亏奴忘了百味珍羞。
白鳝个双为做爱友，嘉鱼咁大对两头游。
与妹分离难脱手，心苦透，条肠牵挂久，亏我今生唔望再会红楼。
时转午，十二点响钟声，亏我条肠寸断为忆多情。
当初交结如珠锦，谁料寒梅被雪倾。
脂粉懒搽眉亦懒整，鲜花满苑尽凋零。
往常夜合系妹心肝订，但逢花面更重伤情。
素馨茉莉多严令，行开三步话我守礼唔清。
牡丹监定我长春守，鹰爪兰花在锦上屏。
七姐妹有缘天注定，唔望求神拜佛共看经。
金菊紫微缘份浅，瑞香烧尽枉费心诚。
去了玉簪藏宝匣，鸡冠啼起令人惊。
指甲弹崩嗟怨命，愁满领，思娇成病症，亏我金银使尽为妹娉婷。
时转未，越凄凉，意欲携环到妹盛乡。
路途远涉唔会往，芙蓉消减面转菊花黄。
记得当初归罗帐，玉桂玉兰膣腻香。
欲使腊梅前去问候，观音拦住恶行藏。

今日吊兰孤寡在檐前上，日夜无陪自见惨伤。
估话老来娇意效得前时样，再冇忘恩付落海棠。
相思两字成根蒂，愁满量，锦屏空望怅，点得百年陪伴个位木樨娘。
申时日落正当消，杜鹃啼血寂寥寥。
鸿雁当头来乱叫，夜鹤唔眠有数朝。
白鸽便将人睇小，鹦鹉相陪把我撩。
平生最怕朱屎鸟，榨住金兰路一条。
禾鹊一群在天边叫，一唱百和系咁嘴叨叨。
至怕旁边山百鸟，半天将水吊，乌鸦口角极甚招撩。
惹人肠断至怕呢□□鹕鸟，高髻冠唔梳头有数朝。
笼中困住个只黄莺鸟，唔望笑，离多相会少，暂别贤娇误命一条。
时转酉，越加悲，暂别贤娇一载有余。
当初与娘参天地，誓拜天姬效古时。
两个穿衣同一样，相携出入总唔离。
自系别娘衣服无心理，青绸泛白都染洒泥湄。
唔着绫罗兼共汉府，唔着云纱与共哔叽。
唔着呢件红绫子，单单要着呢件碎爪狐狸。
洗白收藏归楻底，霎时一见好伤悲。
呢堂帐柜系妹亲手置，绣出红娘递束与共碧月收棋。
想娇心事真无义，情薄过纸，累奴长日记，今生无日得开眉。
时转戌，泪抛砂，亏奴心事乱如麻。
记得与娘游月下，或吟或咏共同夸。
清闲无事问枝瑶仙卦，吹枝横笛弄琵琶。
个晚与娘花下酒，赏完花景又烹茶。
武夷无有心唔挂，珍羞不及二龙芽。
六安安乐奴孤寡，甘露河南系妹外家。
我的贱省出人容貌丑，唔赛苏州娘女咁标家。
古劳难估人心事，想必有上香唔记我的曲江茶。
想来其实真正人情寡，心挂挂，愁肠难放下，好似樊阳城内困住萌牙。
时转亥，对银灯，思想贤娇减了精神。
咁好酸枝夹木台和凳，别娘唔坐半年新。
玉石紫檀都懒扫，无心打扫任佢生尘。
当日与娘斋甲子，都话二家同伴守庚申。

当初只估你真情义,唔曾知道咁样子收人。

呢回教精人一众,千祈唔好契同心。

当初交结甜如蜜,过后还须忆坏人。

越想越思心不忿,喉咽哽,害得我四肢无力,在此苦捱呢十二个时辰。

梦兰忆友龙舟歌① | 民国间广州以文堂刻本

莫言佳景人欢乐,乐极生愁度岁长。

长恨思娇心苦向,向来对景自悲伤。

伤情满腹都为贤娇姐,姐呀相逢何日遂我心肠?

奴系梦兰年二八,八字生成苦命一张。

张家结拜一位金兰友,有谁似我咁凄凉。

良辰吉日姐就回家去,去后全无信半张。

张纸薄情犹自可,可恨人情如纸恶商量。

良心空对孤明月,月呀尔有圆有缺做乜我的姊妹无双。

双飞燕子穿梁上,尚且雀鸟不能分离半日长。

长久不能从我想,想必前生烧错断头香。

香烟上炷万望灵神保,保佑贤姐回心念吓往常。

常时欲把情书寄,寄信艰难恶到姐盛乡。

乡中未晓姐尔有念吓多情妹,妹心苦切欲辞阳。

阳世若然唔遂愿,愿把一命归泉免受挂殃。

央人传递难思想,想起离情一夜咁长。

长抱愁怀空怅望,望见一轮明月照纱窗。

窗外乍闻更鼓响,更景无心赏,等我暂随玉漏忆念吓娇娘。

良夜静,一更清,独对银灯坐不宁。

枝子自嗟奴薄命,至阿胶情义当作浮萍。

命似薄荷前生注定,我都几回贝母为多情。

---

① 封面题《梦兰忆友》。

当日银花难买娘心性，丢我几年神哭事非轻。
姐尔花粉抛离须要省，莫话别妹苁蓉九里明。
嗟命蹇，好心伤，鸣正远志唔能到得姐乡。
亏我心事川椒愁绪憎，时常五味懒沾尝。
至此鹿茸近日成枯槁，总系为娘琥珀散他方。
指望共姐相交如百合，点想半夏谁知折雁行。
自系姐尔归身难再会，我就苦参无日不悲伤。
梦里云连尊姐尔，唔想起来独活自孤寒。
我有满腹胆矾无路诉，尔诉人参难晓我凄凉。
记得连翘分手后，犹如滑石碎心肝。
几回渣肉都话归泉路，不过丹参留恋忆娇娘。
尔妹好似青皮龙骨柴胡样，面如白芷一般看。
岂知甘草唔该尽，至此冰片留心望姐日长。
奴对茯神常诉苦，无奈天冬难保我的成双。
眼看金钗斛在人唔见，惨如角刺我心肠。
两地屈金谁为解，纵有茵陈难望共姐商量。
点得木通路顺从奴愿，泽泻移居近姐庄。
免得常山阻隔共姐难相会，亏我心头只实自见孤寒。
南星地骨空惆怅，加皮书奉上，桂枝奴枉想，我姐飘消容貌断人肠。
几番欲效防风样，化成蝉蜕到姐香房。
个阵百步相随心无别向，等我豆蔻莲心尽诉娘。
我的女贞唔怕桃仁讲，未必贤娇香付把情忘。
知姐尔身高和玉桂，岂有话我法制陈皮无大方？
当日杏仁情义咁广，做乜姐尔生地交由就把熟地忘。
咁就丢我□房冷落无倚向，川芎难射到姐身旁。
故此淮山积恨系咁胡□乱，怀人干葛重惨过砒礵。
姐尔槟榔若肯全奴食，望求黑枣到妹香房。
个阵红花带朵仝游苑，就把石脂明粉共姐梳妆。
自后二家茨实唔多想，麝香忙炷上，共姐携手拜过灵仙，保佑我的姊妹久长。
谯鼓转，二更传，夜静怀人似杜鹃。
自别姐尔画眉愁绪乱，犹如山百宿良缘。
白鹤颈长空挂念，好似失群燕子两头穿。
开屏孔雀无心恋，能言鹦鹉听佢唔全。

忆姐芳容如彩雀，又听听斑鸠啼起更心酸。
亏我思娇好似梅花骨，高髻唔梳懒绣凤鸾。
为姐相思肠寸断，第一怕闻鸦鹊叫声喧。
我姐百灵品性心通晓，做乜鸬鹚一别无日团圆。
古话禾雀和谐长久远，鸳鸯全宿立心专。
点想姐尔莺哥之后肝肠断，白头转眼就怕命归泉。
但听喜鹊叫声心事乱，想起鹬蚌相缠未必共姐结冤。
就系麻鹰亦要念吓鸡鬼嫩，勿学莺哥调咀不肯周旋。
尔妹山麻闷积无方寸，呀待我情书修一卷，雁呀若然唔共我就托白鸽来传。
闻击柝，又三更，拆成字意忆佳人。
奴心难解金兰恨，怒屈怀中未得申。
十字上头加个日，早知如此莫同行。
禾字旁边加个责，积埋怨恨为忆知心。
户佳添页须亲近，顾盼孤寒望姐贵人。
两点旁边加个令，冷透罗帏泪满襟。
今字上头心在下，念忆贤娇睡不能。
谢字丢开言共寸，正系别离南北叹孤身。
君字下骑羊一只，未知何日得埋群。
口字里头加个大，姐尔一去唔为乜甚因？
库斗担东谁采问，亏我满怀心事对乜谁陈？
八字下加刀一把，都为二家长久永不相分。
唔想门字里头加个耳，欲诉衷情我姐未闻。
正系担杆丢落地，一一情由记得真。
日月下头加个皿，当初同姐誓海山盟。
牛脚下头加一画，都话愿求同死不愿同生。
今日点画交加真不幸，再来言语当作闲文。
真正秋下加心丁傍火，愁怀寂寞对孤灯。
礼衣旁边申字衬，枉费当初共姐拜神。
越想越思心不忿，丑时今又近，双月情难忍，等我再将时果叹忆良朋。
乍闻四鼓暗伤悲，亏我知心贤姐好似淡水沙梨。
黄皮骨瘦因娇起，葡萄离核无心机。
人话香橼能下气，做乜我枕托香腮不解疑。
记得菩提庵内共姐谐连理，今日杨桃远隔事总唔知。

古话西瓜与姐缘份咁大，点想枉劳娇力自己操持。
姐尔樱桃小口实在人中意，第一个对凤眼翻朝世上稀。
香茅半露轻清齿，菱角金莲举步移。
言语温柔好似妃子笑，讲话行为实在荔枝。
你妹圆眼望穿嗟怨命鄙，鸡心辞别锁心眉。
花心上苑我亦都唔理，为忆金兰袖苦悲。
点能学得油柑子，味道甘甜后有期。
尔妹断不肯抛却蜜桃等过苦李，石榴坚志有天知。
愿姐大桔全终始，核桃敦节义，到尾橙黄橘绿时。
五更鼓，忆金兰，荼薇香汗湿落衣衫。
自系牡丹仝分散，夜兰香党妹担烦。
日里午时偷自叹，晚下鸡冠啼醒更交关。
窗外怎舒金凤眼，只见艳色梨花似姐玉颜。
我想日开夜闭情凄惨，剪边罗帐怨孤单。
忆姐美貌娉婷思夜合，就把胭脂粉碟就丢残。
百日红思心想烂，记得瑞香亭上把神参。
指望素心一点长留挽，向日葵娇不放闲。
点想脱衣换锦分离散，尔妹骨瘦梅花废寝餐。
呢阵玫瑰酒香无干酌，金盅唤望奉娇颜。
忆姐石榴花意重，今我懒采珠兰衬玉簪。
至此茉莉不思茶与饭，丢抛含笑泪偷弹。
亏我月桂暗思情更惨，可恨海棠开放隔关山。
霜菊近春仍秀茂，做乜金兰一别无书还？
罗帏冷落因娇减，就系芍药难医尔妹命全。
来拜佛桑神许愿，紫微庙内炷沉坛。
金钱卜卦问姐行人到，真正指甲弹崩怨命单。
记起芙蓉帐里将娇挽，切勿贪恋红莲把我当闲。
谁想素馨一别红花女，流水桃花不见翻。
尔妹夜来独对孤灯盏，木樨唔合眼，更尽叹，愿姐千万勿采山茶弃我玉兰。
鸡乱唱，月将收，想必今生难望共姐绸缪。
一夜思娇唔情透，二家情分付水东流。
三餐茶饭唔沾口，四时思念好担忧。
五更叹尽奴甘受，六女投江愿效尤。

七夕穿针唔望绣，八字生成命不周。
九九心烦思旧友，十分恩爱反成愁。
自系十年窗下无人问，九月重阳又老一秋。
八节请安奴欠问候，七星同看共姐未得登楼。
六合娇缘今不就，五味唔尝都系着姐忧。
四季花开添锦绣，三生有幸共姐仝游。
二气相交逢邂逅，一旦分离好似把命收。
愿姐切勿贪新忘了旧，嗳，心又想透，日出扶桑后，不若等我丢开烦闷对镜梳头。
呢阵思忆究，泪将收，倦倚深闺自解愁。
奉劝世间红粉女，千祈唔好学我梦兰忧。
结拜知心都是假柳，姊妹离开水面咁浮。
当初相与情何厚，尔来我往礼义周。
终须有日相分手，非长久，发誓神唔佑，想吓采俚心事重快活风流。

五想同心 | 民国间广州以文堂刻本

一想同心妹系亚金，金兰情义寔难寻。
当初与你同衾枕，我把玉簪斜插你髻云心。
在花底相交有香污浸，领妹多情似海样深。
今晚月明光凛凛，二家盟誓去拜个位天神。
只估话永远相交如似蜜浸，多蒙姐赐个件贴肉衣衿。
归家日久凄凉甚，今日见衣唔见姐，你话几咁闲文昌。
二想同心妹系亚英，你应该唔好得咁忘情。
指望多娇存正性，听奚人讲话尔败坏坚贞。
话你新契一个相知叫做陈亚定，在过当初盟誓共你拜个位医灵。
许落三牲小礼与及猪肠等，只话二家长久共你答谢吓神明。
谁知口话心唔正，我想山盟海誓事非轻。
尔咁样立心神吟报应，故此新交朋友总契唔成。
三想同心妹系桂仙，记得当初盟誓共尔拗碎金钱。

有晚我在梦中曾见姐面，相携玉手并香肩。
轻将指甲弹吓娇面，担抵情性共尔两相连。
我欲紧将娇来去咬面，醒来原是梦魂颠。
我心火盛思娇难得见面，罗帏夜夜得咁迍迍。
煲啖麦冬茶饮几变，免得我思娇夜夜得咁流连。
四想同心妹系亚容，记得旧年八月冷伤风。
揾好个张棉胎收入柜，偶然个晚又至番风。
岔张单被分明冻，至今冷着鼻总唔通。
感得贤娇将我刺痛，拈姜采帖我背晦中。
蜡丸开定就把姜汤送，嗳，幸得亚容亲手灌入我喉咙。
我知姐你十分情意重，冇乜好送金银非系敬奉。
有双湖丝脚带，染净花红。
〔"五想"原缺。〕

同心上半年① | 民国间广州以文堂刻本

□□□呖雁南飞，惹起佳人叹别离。
鸟因失喙等□□，人属无情可痛悲。
自从妹丧归阴府，不对菱花未小眉。
朱颜瘦损无调理，绿鬓蓬松欠整披。
终朝短叹中吁气，皱琐双眉面放堆。
阴阳阻隔难相会，心想碎，凤珍娇嘌妹，做乜你自归黄土永无回。
转眼阳回正月间，梅花结子李花繁。
士女观灯元夜惯，三群二队一班班。
又见锣鼓喧天随色扮，舞龙舞凤过灯棚。
箫管三弦声灿灿，昆腔弹唱下三关。
独我倚楼空自叹，低眉眼，触景愁何限，亏我思只唔见泪偷弹。

---

① 封面题《上半年同心》。

二月风和暖日中，只见满园娇绿斗鲜红。
鸟语花香情意重，乍开云敛见晴空。
绿水涓涓池浪涌，青山叠叠盼无穷。
触景越思情更动，黄泉无路可相通。
点得与娇同枕梦，愁方种，把我心哀痛，□我尽将情事剖与娇容。
三月清明景色幽，只见百般华丽惹我心愁。
树上枝头堆锦绣，檐前燕子语声啁。
日照海棠花秀茂，又见风吹杨柳叶柔□。
远远望见踏青携王子，惹奴心切恨难休。
欲往孤坟亲祝叩，独我难步走，辜负恩情厚，叫我怎生毛翼到妹坟头。
夏到江湖四月天，只见荷花镶白间红莲。
宝鸭双双浮水面，黄莺对对绕林边。
粉蝶交加临上苑，又见青蝶点水落河前。
百鸟寻巢声噪乱，归鸦成阵晚□□。
触起我伤心肠寸断，真可怨，古道红颜薄命蹇，自思前世共妹无缘。
五月端阳兴甚高，不浮艾酒从菖蒲。
丹荔杨梅新熟早，又见芝兰茂盛锦绒□。
瓶插芙蓉多秀茂，个只桌中焚着一个大铜炉。
满目繁华心内恼，叫我带愁见景有乜风骚。
怕看龙舟争竞渡，愁满肚，衷曲凭谁诉，亏我寸心悦念问妹知无？
如今六月暑难消，淡淡西风带热瞧。
残荷翠盖堆芳沼，嫩藕连枝恨折腰。
虽然藕断丝唔少，我愿死同娇路一条。
知音再谱琵琶调，暮景桑榆怎奈丢。
辜负生身原不肖，非罪少，等待天年了，我就舍身同妹□乐逍遥。

吹箫忆友

民国间广州以文堂刻本

轻举金莲离秀阁，唤婢跟随出到□。

步上万花楼上去，只见娟娟明月照住愁人。
好景风流无我分，为忆金兰妹系秀珍。
记得与娇仝快乐，娇采鲜花共我伴髻云。
今宵好景娘唔在，犹如利剑刺归心。
兰香开解贤娇主，姐呀暂且开怀过日辰。
知娇为忆金兰友，莫听人传假当真。
暂且放开愁与恨，不着将箫来弄解吓心神。
小姐见环言得有理，勉强开怀解闷心。
就把玉箫挈在手，待我将情逐一怨吓仝群。
初举指，韵清奇，箫音吹出为忆连枝。
自从妹别回归去，全无半纸传音回。
当日与娇仝发誓，尽诉嫦娥月老知。
□话二家心肠全终始，相交长久永不更移。
谁想娇回无传寄，深浅亏奴总未知。
昨宵忽听人言语，话我贤娇把世辞。
真假唔能亲同侍，若爱相逢水咁稀。
前日有娇还在世，清闲对面捉围棋。
春夏秋冬华丽美，姊妹仝穿一样衣。
不久重逢将近至，心斥起，拆散私情意，唔望仝心娇妹共我改眉时。
再举指，韵音清，今晚凄凉忆妹旧情。
节义也曾言再定，席中盟誓事非轻。
贤娇即日知人性，四德三从礼义明。
相辞别我回乡井，也曾惨切话过奴听。
只因父母多严令，再无负却我哩旧日交情。
真心一点纲常定，千年万载立坚贞。
人传别后娇无命，亏我阴阳阻隔路难成。
莫非八字唔端正，做乜为人在世得咁冷清清。
近来丢却梅花咏，想起当初坐不宁。
气死九回难救醒，宽坐定，懒观园内景，唔望仝心娇妹共我赏月明。
箫韵转，是扬州，亏我思娇唔见自加愁。
我妹娉婷人少有，更兼性情极甚温柔。
出入与娇携玉手，吟诗作对过春秋。
相交指望天长久，谁知一别冇番头。

心中记起端阳节，相携出外看龙舟。
数整花容仝㨋掠，幸得傍边娇妹共我梳头。
闺中相与却唔丑，如何丢我自己担忧。
不沾百味因朋友，难入口，针指无心绣，却话赏花唔望妹登楼。
箫怨毕，泪频飘，亏我在哩园中□寂寥。
怀念千金何日了，可惜唔好花容为妹尽丢。
金兰恰似阎王票，误我残生命一条。
愁听鸦鸣惊百鸟，凉亭四面有风飘。
太阳日出东边照，愁未了，烦恼娇唔晓。

妙容打斋附荐[①] 清末民国间广州以文堂刻本

愁寂寞，闷沉沉，深闺房内少知音。
奴系妙容张姓女，桂仙陈姐系我旧日同心。
自系金兰归世后，亏我□泪思娇有半个月旬。
不觉三旬将以近，步出所前拜见二亲。
作揖近前称叔婶，手执香茶递一勺。
愿你平安多纳福，教奴定省效晨昏。
夫妇接茶欢喜甚，娇女尔从容坐下听我言陈。
我个女儿不幸归泉早，至今侄女叹孤身。
早晚香灯蒙尔继代，又得来事奉我的老年人。
女尔忠孝两全堪我羡，世间难得女咁贤人。
想我夫妻命薄如张纸，体念贤良侄女□人。
小姐答言称不敢，何在谁信我客宾。
昨晚我姐回魂且报梦，叫我早付超度趁三旬。
所为侄女无银办，敢求叔婶为我大发慈心。
夫妇答言称甚好，早日超生女玉人。
若得三魂归正果，纵有夫妻□世□甘心。

---

① 封面题《妙容附荐》。

结交也有咁真情义，就系七昼连宵不计银。

说罢唤童传柬帖，请埋道士共斋僧。

高搭坛台门口外，品物诸般尽买匀。

坛上铺毡和结彩，提笼诗画及珠灯。

榜上列名张姓女，妙容追荐姐佳人。

陈氏桂仙排作正荐，又写阴阳死共生。

合宅女男齐沐浴，整头更衣礼拜神。

即日入坛来发奏，一坛道士一坛僧。

卦榜开光参拜佛，惊动隔□亲□到□□神。

牌位真容分两便，正面如来观世音。

僧家法飚通三界，道士文书奏鬼神。

左边真经求佛法，右边功曹奏事因。

小姐坚心来拜佛，下拜灵牌有己匀。

带泪扛幡同姐过□，人人羡佢好同心。

经过各坊人叹息，闻者伤心睹泪淋。

引姐入坛来拜祭，愁怀满腹达神恩。

娇下跪，苦凄凄，奉请满天神佛落下坛黎。

奴系尚书家小姐，父名显国邵氏慈帏。

我姊妹四人三个系女，妙兰、妙菊系我姐深闺。

我父有个仝僚名运际，无儿无女罢任回□。

到我家中同佢饯别，占想我个亲爹情重把女难为。

俾我送他为做育女，得来侍奉两夫妻。

蒙爹带我回乡井，打在黄河水面遇着风黎。

蒙家夫妇归泉世，丢奴水面叹孤栖。

幸得渔翁将我救，送奴入寺把身栖。

偶遇桂仙前去拜寺，相逢向起把我提携。

就在佛前与姐仝交契，自后此日带我回归。

陈家夫妇多相惠，作我系仝胞姊妹携。

不幸高年辞了世，丢奴终日叹孤栖。

今日三旬超度姐，望天怜悯把佢提携。

拜罢起来情惨切，又见真容牌位列西东。

娇举目，看姐真容，犹如利剑刺我心中。

见姐真容多出众，犹然在世一般同。

体态梳妆兼举动,犹如拜寺个日咁威风。
光梳一只□发卷缠凤,长鬓黑发写出原容。
彩蝶玉簪花衬凤,阵阵檀香似□□气攻。
耳带珠环镶八宝,柳眉粉面衬唇红。
里着白绫青缎桶,外着绉纱长□□系小呢绒。
膊肩上搭西洋帕,戒指时兴打珦葱。
牙千上扣柃头坠,左□金扇右边烟筒。
裙门绣出双飞凤,绉纱蓝带袋索威风。
裤系碧绸兼净骨,脚笼达锦线带花红。
左边戴只连珠钶,右边洋花尽凿通。
二寸金莲鞋满绣,西毡糊底步从容。
见鞍思马愁心动,姐你原来不孝忠。
白发双亲唔敬奉,心想痛,珠泪恰似如泉涌,见姐无声似哑聋。
娇净手,炷沉檀,姐尔泉□里毋回家。
拂椅与娇同坐下,灵前监纳我哩一杯茶。
佛到神来应接驾,待等□神携带尔入仙家。
白发椿萱唔在挂,功程顶力有妹共你稽查。
姐你身安奴恶下,得为仙女莫想风光。
凡尘世界丢开吓,天自有路享仙华。
娇祭罢,对住灵牌,姐你时衰我命歪。
高情留下谁消解,追思前日姐尔抒怀。
记得在生同姐结拜,犹如姊妹冇偏歪。
往常愁闷有妹开解,风骚长惯个段假和谐。
今日借衣吾望娇除带,独寝孤眠冇倚挨。
你我相交情义大,先甜后苦妹难捱。
咁好恩情娇负晒,不全忠孝死得唔佳。
品物诸般台上摆,请娘乐饮暂开怀。
古云一醉千愁解,今日三句打姐尔斋。
七昼连宵功果大,西天条路有安排。
衣楦从人齐备晒,鲜花时果及清斋。
西天条路有安排,阴阳阻隔恶行埋。
深闺物件俱齐备,衣衫裙裤及梳钗。
脂粉头绳些少买,把火焚烧姐受埋。

西天条路凭谁带？从容慢慢步上天阶。

冤孽债，愁闷凭谁解？纵有琴棋诗画尽丢埋。

酌酒开壶奠过结交，就将情义彼行□着。

高年死后凭谁教，好似浪涌舟船有侣把梢。

你我相交谁昔贺，好似夜里狂风□散鸟巢。

二杯酒，泪难收，叫娇唔应咽□□喉。

记得往常同尔饮酒，盏去杯回有尔玉手收。

今朝祭奠尔罢知心友，空见奴奴奠酒不见娇酬。

早知交结唔长久，不如入寺执斋修。

高年死后谁追究，留下知恩作并头。

三杯酒，泪盈盈，略表奴心一念宽。

美酒知娇难落领，念在主前昔日尔结契□情。

悲欢离合皆由命，不由人世古云听。

唔望娇姿还复世，中秋唔望赏华□。

三杯奠罢奴寥寥，万语千言气未消。

无奈将花来散了，恨无大叶衬牡丹苗。

愁怀百日何时了，谁为栽培千□娇？

白饭山茶奴食少，剪边罗帐久寥寥。

卷凤懒梳娇称晓，咁好芙蓉貌减消。

火起玉簪敲断了，九里香人叹久寥。

石榴花谢无含笑，可惜冬梅被雪消。

指甲弹崩将姐叫，海棠花谢叹无聊。

专心耐等鸡冠叫，观音兰下把姐□招。

你在未西天显耀，保佑爹娘系相寿元长。

灯盏开花连石竹，金银花买瑞香娇。

佛桑连念娇年少，待等紫微星带尔上度仙桥。

花共柳，柳朝阳，花柳栽培共一双。

一心指望同生长，种得花生姐又亡。

三枝白菊七枝兰，姐你三魂七魄□天关。

三上知娇你离大难，黄河水洗早埋坛。

知姐不沾茶与饭，担愁只有挨孤单。

左边真经右边拜忏，度仙桥上慢些行。

两枝月桂八枝桃，指望交情节节高。

想必前生修未到，至此拆散金兰在半途。
四枝夜合六枝梅，一心同种指望同栽。
可惜冬梅遭雪害，独亏夜合自徘徊。
九枝金菊十枝莲，九重地狱十重天。
知姐不须游地狱，神仙携带入桃源。
自别爹娘亲六眷，人人来贺你升仙。
劝姐早把凡心免，撺开尘世脱凡缘。
凡世夫妻休记念，父母为劳有妹力肩。
人生点效奇花朵，春来花发又依然。
世人一死难回转，犹如灯暗火无烟。
烧到各物，赠送金兰，道士僧人放下生。
七昼连宵功课已散，但结超升近禁坛。
先烧一个梳妆盒，后来烧件白绫衫。
只估生前丢此物，守尽纲常放下难。
死后不能同打扮，无奈至嘱丫环妹一番。
把火开光听我陈，姐呀春香兰彩系尔近身环。
服事姑娘休懒慢，但凡早起把茶烹。
与姐穿衣兼打扮，话言开解勿担烦。
得你聪明堪我质，抹开眉目过鬼门关。
衣楎内藏齐什物，每样俱全在食草篮。
柴米油盐和酱醋，淡中茶饭着时餐。
酌起三杯娇你饮盏，功程多得妹丫环。
□知辛苦难为你，姑娘携带尔入仙班。
把火烧了衣楎担，牌位真容付火焚。
阵阵清风吹火猛，滔滔红气扣天关。
飒时不见娇魂影，香烟相送似姐云行。
顿足捶胸喉咽哽，飘飘银泪洒衣衫。
吐出鲜红三两唊，几乎气死在地间。
婶娘一见情加惨，慌忙救女复翻生。
叫句侄儿须保重，专心宁耐解愁烦。
体念夫妻怕□寸横，不如共妹回家去。
拜辞道士共斋僧，经资相送休言慢。
娇步懒，七昼连宵散，小姐回归僧道结坛。

玉婵附荐金兰①

民国间广州以文堂刻本

□□友，不思餐，古云命薄是红颜。
一心只望长交挽，与娇长久誓盟山。
人愿不从今点赚，可惜贤娇命短早辞凡。
奴有满胸愁百结，凭谁开解免愁烦？
自系灵前哭别归香阁，时时含恨泪偷弹。
妆台针绣俱丢淡，夜来废寝日忘餐。
双陆围棋心意懒，琵琶箫管少吹弹。
人情近日多疏闲，自系新春怀念到盂兰。
明朝十五乃系中元旦，待我设坛招度姐出幽关。
暂放愁心舒泪眼，吩咐紫鹃秋燕两个丫环。
妹你时果办些和共烛帛，纸□表□与及四季真衫。
明早往西来庵内把魂□□，尔可堂前细禀达慈颜。
至紧告姑娘□礼唔亲自，都系□□忙速及心烦。
紫鹃领命言家主，秋燕从娇取定各色衣衫。
主婢小谈秋月夜，愁人怕见命婢早去关阑。
寂静无聊更五鼓，阴消阳长日出东山。
二婢殷勤排各物，玉人对镜淡妆环。
下着蓝鞋□出白□，套好麻裙衬住白衫。
携住紫鹃前去别母，安人叫女速回还。
小仆揭帘娇进轿，抽身如箭出城南。
路上纷纷来往客，玉人见景不思贪。
来到庵门忙下轿，千金携婵进斋坛。
只见哼哈二将在头门守，金钱狮子伴伽蓝。
韦陀对住慈悲佛，净瓶鹦鹉两三班。

---

① 封面及版心题《玉婵附荐》，版心或题《玉蝉附荐》。

九双罗汉真威猛，玉炉香万好似露湛番坛。
长老恭迎临客馆，命从讯问把茶烹。
合掌低头称小姐，荐度贤娇等我另设坛。
玉婵细语称师长，望你有灵幽法点化烟。
斋师笑答称从命，娘呀尔诚心一定法显伽蓝。
上写青婵袁姓娇灵位，玉婵裣衽北佛□参。
鸣钟擂鼓把□□鉴，轻敲鱼罄对经喃。
坛色庄严新罩眼，举头宝盖南幢幡。
色空飘绕三千界，一盘甘露洗尘凡。
娇裣衽，跪在蒲团，请到如来佛祖与及三尊。
奴系玉婵金姓女，故友青婵身姓袁。
未晓三魂飘渺在何方去，悠悠七魄觅无边。
三千法届神通现，伏乞慈光普照早赴坛前。
拜罢转身廊下去，姐死今朝逢百日，幸逢佳节万人缘。
妹在楚王殿□把尔魂追荐，愿尔□连佛力上西天。
金银烛帛心微敬，望娇魂影鉴斋筵。
腐卷子羌排正面，你妹□心无主咁眷恋情牵。
香信面筋台上敬，怨杀真情信恶传。
莲藕切湾兼百合，指望丝连藕合百载同欢。
石耳冬瓜台上献，姐话心如铁石不更言。
明笋排开兼腐竹，名香祝告上苍天。
再排木耳□及冬洋菜，姐尔莫负阳间妹少年。
发菜佛汤香枣伴，早凭佛法上西天。
捞酸一碗黄牙白，苦酸唔望再番甜。
苦瓜切薄芝麻酿，姐呀知奴孤苦早鉴香烟。
椒末芜茜遮盖面，朝夕怀思恨杀有缘。
香橼砌塔围莲米，唔望夗帷并蒂莲。
沙梨柚子兼菱角，兰友分离各一边。
元眼花生盘上载，再世番生结过大缘。
金瓜佛手与无花果，无望金兰两并肩。
石榴与及鸡心柿，心记贤娇铁石言。
樱桃柠檬与及菠萝片，望尔英灵罗帐梦魂边。
黄皮亦有青皮伴，皮黄骨瘦为忆□前。

福柿杨桃生枣子,点得早辞阳世伴婵娟。
杏仁砌出兰床样,早离地府赴兰盘。
京柿天冬藏小合,妹有灵□超度尔出生天。
白糖点住西瓜片,问你西方条路点安然?
木瓜生浸兼椰子,夜难闭目为婵娟。
山枯菩提排两便,只愁题起夜难眠。
斟起茗茶亲手献,肠欲断,料知难再见,美酒存杯□表言。
怀人初酌秋元红,想你父母功劳尽地化空。
雁行尽散如春梦,阴阳阻隔两难逢。
恩爱舍开唔挂念,四时怀念未知踪。
十二岁起交情咁重,四载风流枕伴仝。
指望百年恩爱宠,谁料妆台染病服药无功。
阴虚火盛加沉重,病入膏肓口吐红。
正系千金难买娇长寿,好似花开逢雨又逢风。
情性仅将知快乐,算定谁知命不从。
金兰二八登仙界,十六岁低年恨满腔。
咬碎银牙珠泪涌,愁万种,好□如卷□,解衣唔望与姐相逢。
二杯玫瑰双灵位,望娇魂影上天阶。
爹娘哭尽难开解,共娇人世做唔埋。
窈窕娉婷真体态,金莲细小十分佳。
行如杨柳随风摆,罗裙影衬小弓鞋。
满腹经纶才学大,情性温柔口角乖。
共姐无缘真冇解,欲访香魂艳土埋。
黄花美酒奠三杯,问娇曾否赴蓬莱?
梦魂早晚仝相会,免令恩爱化成灰。
相逢指望山长海,岂料花留木落恶栽培。
千金难买心头爱,圆圆珠泪湿香腮。
绣衾无伴难成睡,阴司条路尔妹不久跟随。
未晓病根何处去,满怀自怨姐时乖。
闭目黄泉抛下妹,难割爱,人死情犹在,骨化为灰未有来。
酒奠罢,把香添,低头化宝及烧钱。
清水香汤娇净沐,登坛沐浴把衣穿。
锦绣绸罗兼彩缎,四季衣裳尽做全。

白绸阔袖双飞钮，金莲花衬贴云肩。
春纱湖水蓝绸伴，香云纱服色金莲。
白绸短袖衿裁直，生绸袖阔挂乌边。
黑纱兼共乌绸裤，杏黄裤带付妆前。
更有宫粉青莲兰绿带，玉蓝裤带色新鲜。
绿纱八□裙金绣，另有黄蓝出贴边。
熟罗花绉西湖水，绉绸绉□付过仝年。
姐你生时深爱诸绸缎，哩件夹纱秋褂令人牵。
低头化匹西洋布，黑有绉褂遂心田。
又烧几件洋蓝布，闲时粗着亦光鲜。
哔吱羽缎蒲青色，烧几件元青花绉□个对小金莲。
玉蓝花绉银红袖，青莲金线贴双边。
窄袖短衿玫瑰紫，桃红花绉薄铺棉。
汗衫净绉双衿袖，银灰皆搭绣花边。
天□哆啰绒马褂，小儿连四件件都俱全。
锁龙皮褂狐狸纳，貂□□埋做□添。
三□打子花烟袋，杏黄苏白绿青莲。
各色花裙亲手献，响钏裙溜五彩绣肩。
怕我日间□物唔齐便，另有绫剪纱罗你便做添。
又烧一匹京□布，等你剪丝为带□金莲。
银线脚龙蓝绿带，呀咥丝带色新鲜。
雪白小衣丝扣软，鹤花屐各样齐全。
有物无人空对面，偷自怨，天不从人愿，依稀回望似见高年。
香再上，化被席铺床，哭向青婵爱友姐红妆。
化来一个蓝纱帐，红檐衬住几咁排场。
绣出美人兼山水，两进檐角宿鸳鸯。
就把五铢钱刀□符命，等你斩妖诛邪免付鬼王。
烧到红毡与及作□席，雪白棉胎化一张。
绣被红绒四角枕，枕当挡卧绣出博古藏赐。
罗帷唔望同欢畅，谁怜两地各分张。
往常近日秋风起，被角移开盖住娘。
今日鬼门关下嗟无伴，尔便已媒另讨过一个好知相。
或者佢伶俐聪明蒙指教，永结同欢天地久长。

他朝待妹辞阳世，佢共我结为三友亦心甘。

妹有一此言怨姐，免得你在冥司无伴几咁凄凉。

烧到呀哝金链扣，犀角烟筒玉嘴镶。

换转麦冬茶敬上，等尔清凉解火润吓心肠。

又来烧到哩把鹅毛扇，扇头玉坠把金镶。

珍珠砌出两朵江南菊，但见心中烦□尔便扇开凉。

化到佳绒巾一对，切莫嫌奴冲撞姐容妆。

尚有衷情言致阳，千祈早晚□重平安。

晚间莫在檐边立，恐怕风来感着寒。

在生有妹哀怜姐，姐心怜妹妹又怜娘。

二气尽倾波浪丧，情惨怆，哭到魂飘荡，十指弹崩寸断肠。

烧首饰，化梳妆，翠玉琴箫付过娘。

素馨茉莉穿花架，花管挑通字有两行。

与姐山盟为表记，冰心如水立坚刚。

灵枝宝玉连环环，足赤金环博古藏。

烧到碧牙西手串，□竹浮花钮一双。

小盒内藏金戒指，通玉花钱衬凤凰。

玉簪一对洋金网，花露香油里面藏。

紫檀镜盒台中献，万字栏杆列两行。

金盅象骨与及芙蓉木，牙梳竹篦衬灵香。

花油脂粉俱齐备，我姐平生爱在行。

烧来一面穿衣镜，等尔华室方便把衣穿。

烧化纸币卅六万，等尔买通黄土起楼房。

罗帏各物俱停当，无乜可想，与分离阻两，今生唔望再逢娘。

香三炷，是况也，堂娇魂影在其间。

玉杯金碟兼银盏，等尔阴司方便探仝班。

几张交椅花梨木，牙牌棋子兰管任吹弹。

我娇则日清闲惯，鼓瑟瑶琴照日番。

传埋针指工夫盒，等尔绣刺清闲解吓闷烦。

烧到家童兼纸轿，唤做至诚珍重礼二朝班。

候尔三餐早饭休运慢，等候青婵姐玉颜。

黄泉路险尔土唔经惯，壬落千祈仔细关。

汲水看门兼买办，托落工程勿当闲。

有四个丫环随姐左右，且听唤名同候玉金。
东彩下厨调理早饭，随伴梳头叫做彩兰。
柳玉咁粗为姐买办，春桃伶俐识羞颜。
雁翎扫地兼浆洗，至嘱叮咛妹再三。
思要精□伶俐知脾气，修札情书均感烦。
见信料知情切惨，尔便细语低言解主开烦。
夹万锁匙交过你，梘箱皮匣共携篮。
镜妆首饰兼衣梘，手帕袄皮尽上单。
焚烧宝帛多幢忏，情切惨，望娇魂早鉴，死别生离际会难。
烧解结，散仙花，银盘金盖再会仙茶。
罗帏唔望全潇洒，想必观音兰带姐入仙家。
亏妹衣含孤鸾无讲话，指甲弹崩圮余苟牙。
□□碎金不仝拜月下，姐妹长春又远家。
脱衣换锦仝含笑，西番莲□抱琵琶。
木樨好极开唔义，无缘友作绿葱花。
高堂萱草仝娇挂，玉绣兰闱减了饭茶。
□来一把梅花骨，美人娇死不知他。
想起愁心唔得下，待等黄泉姐妹正繁华。
喉咽哑，泪湿香罗帕，哭绝灵前咬佳牙。
娇气死，杳无音，两个丫环不断叫婵娟。
胆碎心惊魂欲断，师父慌忙取蜡丸。
二婢挽娇喉咽哑，叫声贤姐叹长天。
斋师行近将言劝，劝娘保重要心欢。
既死不能生复世，保身为孝待年尊。
曾记花笺书两句，姐你聪明亦晓端。
百年寿数终须满，点共阎王乞得岁添。
今晚满坛功德惊天地，想必菩提带姐去仙源。
小姐抱愁从众劝，几回蒙惠老师尊。
忽闻门外烧香帖，送圣传钟功果已完。
无奈含悲哭别烧化娇牌位，心寸断，黄泉多路□，姐呀阳台千万带妹共尔相联！

玉蝉叹五更[①]

民国间广州五桂堂刻本

自从荐别金兰后,亏我独守闺闱倍自愁。
终朝为忆青蝉友,三弦箫管尽丢抛。
针指一些难上手,茶饭唔思懒起头。
我近来容貌偷消瘦,好似黄花傲晚秋。
自系爱友归阴奴亦净守,花前月下懒去行游。
意欲舍命伴随娇左右,独系慈颜苍老唔知向已谁周。
况且雁行孤独单生我,尔话叫我乌能放得吓此心头。
不若等待慈亲归世后,为尼入寺把斋修。
亏我今夜料知难就枕,不若暂随花药叹吓更筹。
楼鼓响,一更潮,长春思念美人娇。
槐花月桂愁多少,米仔兰闺叹寂寥。
杜鹃啼血何时了,卧床朱锦泪流飘。
怀念海棠花貌肖,七姊妹兰闺叹寂寥。
记得脱衣换锦全欢笑,夜香兰伴到通宵。
绿葱情义知多少,并头花爱极甚逍遥。
玉簪为记泳情妙,红杏妆台切勿丢。
拗折金身为盟表,百载朱兰路个条。
自系素馨娘丧了,指甲弹崩为水蕉。
长春怀念娘唔晓,白饭山茶口懒沾。
剪边罗帐难成睡,梅花骨瘦为思娇。
常望观音兰普照,茉莉因娘叹寂寥。
日开夜闭何时了,真不肖,把鸡冠叫,切勿拗折连枝树个条。
亥时二鼓转谯更,香橼无伴见担烦。
洋桃姊妹分离散,白蔗丢奴怨份悭。

[①] 封面题《玉蝉叹五更》。

金身吉恨天长远，谁料扶桑先灭我的金兰。
岂知枣子无娘伴，白莲菱角尽丢删。
人面子反枝无可叹，波萝情义付波澜。
香牙蕉闷情加惨，亏我白杭私情日减餐。
沙梨与姐全分散，黄皮金橘变朱颜。
冬桔望娇阴庇佑，免奴闺阁日担烦。
圆眼望娇魂会面，洋梅思起尽忘飱。
葡萄日久孤寒冷，金橘如今见枕单。
荔枝知姐尔亦都魂应叹，逢大限，阴寿韶年减，点得菩提同姐尔入八仙坛。
三更谯鼓转随声，半夏淮山得遇茯苓。
熟地金兰生丧命，尔妹人参铁石立黄精。
玉竹细辛奴立定，川莲姊妹岂忘情。
金银花采来将娇敬，茵陈侍奉姐娇英。
记得交结川芎同夜永，姐话桔梗洋心共结成。
昔日柴胡江上全观景，把木香虔意祝神听。
立誓有大王亲耳听，茯神庇佑注公平。
乌梅对面全娇讲，都话不孝甘草黄芩冇正京。
丁香玉桂心肠正，唔效忘恩独耳苓。
点想麦冬舍心娘丧命，我亦言知贝母听。
白菊舒肝无话讲，咁就白及拈香送姐入幽冥。
当归个阵心如醉，生地留娇饮酒半醒。
付香玉烛台中摆，蝉蜕闻知叹一声。
是以马□问纸阴阳卦，苍术神机妙算灵。
话有一度恶星临木贼，半路金兰散菊精。
正系拗折一金将线拧，天注定，难续娇长命，亏我闺中憔悴叹孤零。
四鼓频敲星月移，月上怀人凤尾丝。
黄雀同娇无限苦，弹崩指甲为金鱼。
共姐沙鸥手归何处，林刀斩断我相思。
累得我花鱼咁跳何时了，点得姐尔摄入闺闱作伴吾。
白鲩相思难济遇，免我鲨鱼流泪湿罗衣。
横级门鱼关闭住，亏我黄花貌变似柴鱼。
无骨白饭唔思食，三鳓颠倒冇心机。
大头成病因娇起，青蛟共姐唱油鱼。

马母廉鱼真屈气,沉龙难转咁操持。
鲍鱼为姐长吁气,腰带与娇真情义,亏我为忆加鱼冇了期。
五鼓频敲闷更多,画眉憔悴为忆姐娇娥。
懒拈针指描花朵,清闲无事为娘操。
禾谷谷埋真懊恼,叠上愁心似伯劳。
点得与姐白头翁到老,黄莺青翠尽离疏。
莫话山丫雀旧情将姐负,孔雀开屏重富豪。
牛支乍住魂难到,命穷只怨亚婆呵。
与姐白鹤相交难估到,百鸽常会姐当初。
鹦鹉料知奴苦楚,到挂思娇冇奈何。
好似失群鸿雁真凄楚,鹧鸪流泪洒湿衣罗。
麻雀相思无路诉,野鹤孤眠忿恨多。
了哥无伴担烦恼,点得丫雀填桥架奈何。
今日白燕孤单无倚靠,凤凰离别怨当初。
欲想娇姿尔魂影到,不想金鸡唱日出扶桑。
百鸟开巢触起我,愁独坐,闷对愁眉锁。
不若明朝来问米,试体佢在地府如何。

玉蝉问觋[①]

民国间广州五桂堂刻本

谯鼓歇,日照纱窗,哎,我玉蝉愁闷坐在兰房。
一夜唔眠心又见朗荡,又见丫环捧水入到香房。
多娇洗面略见精神爽,坐下拈茶把蜜饯尝。
饮罢香茶频擩掠,忙开玉镜即梳妆。
照见杏脸含愁心自怆,颜容消瘦略见青黄。
自系青蝉爱友归阴府,哎,我兰房孤寂自见心伤。
佢在阴府料知同我一样,必定为奴长记胆和肝。

---

① 封面题《玉蝉问米》。

听为我共月容私结偷来往,至此心中长屈气咁命归亡。
今日我专心来问米,我请佢阴魂降不若将情禀上母萱堂。
就移莲步出到中堂上,体见嫂嫂共慈帏说短长。
开声叫句慈亲母,裣衽低头细问安。
再复开言称句大嫂,叶氏回声叫句玉娘。
将身坐在描金椅,又到夫人开口细问言章。
玉蝉便对慈颜语,因为青蝉爱友命归亡。
你女心中长挂望,梦魂夜夜睡总唔安。
今日欲到坛前相请佢,至此就将情节禀上亲娘。
夫人听得多娇语,果实难为化命丧伤。
你既有此心前去落米,就系老身仝去问端详。
叶氏答言将语道,我随伴家姑理亦当。
夫人听罢欢无限,咁话三人同去有商量。
转声吩咐家童仆,你速行请轿到门墙。
家童领命抽身往,厨内丫环办酒浆。
早膳已完刚轿到,三人上轿去忙忙。
两个丫环跟住轿尾,不离左右伴主行藏。
路上风光无眼看,直程不觉到了坛场。
三人下轿临坛上,社娘亲手递茶汤。
即便开言称句太太,共同奶奶与及姑娘。
今日乜风吹尔驾到,小坛蓬户尽生光。
夫人答道休嫌弃,等我就将来意说你知详。
轻启齿,说原因,社娘在上听我言陈。
我个契女青蝉天命尽,年方十八丧归阴。
我们心事思怀佢,至此到来相请佢个灵魂。
望求法力将他引,带娇魂魄上阳临。
社娘听得多欢喜,立时净手把香侵。
一请高真和力士,二请玄坛太岁共观音。
三请本坊神土地,本坛兵将列位尊神。
城隍社稷皆相请,恳求列圣降坛临。
今有青蝉闺阁女,少年不幸丧归阴。
契母金兰仝请佢,诚心请佢到坛临。
伏望众神将佢引,带娇坛内临三人。

忙再请，把香焚，社娘即便就抽身。

左手带兵三百六，右手相携十二神。

父母生奴十二姊妹，六个居阳六个在阴。

别却坛中身渺渺，轻轻移步落阴行。

先进鬼门关内去，要访青蝉女玉人。

忙举步，路飘飘，抬头体见奈何桥。

孤栖岭上冤魂叫，枉死城中怨魂消。

体见男女阴魂都不少，个个低头把眼瞧。

体见朱门屋内有个青年女，身材举动极漂消。

满面愁容眉懒笑。托腮愁闷系咁寂寥寥。

社娘举目凝神看，莫非此女或系青蝉？

开言便把阴魂叫，你□袁名字切勿心焦。

鬼魂听，就开言，三官在上听我言端。

名唤青蝉原是我，生长阳间十八年。

只因偷屈无开解，至令得病丧落黄泉。

三官听得无差错，或将言语对妆前。

阳间有位官家女，闺阁芳名叫做玉蝉。

今朝姑嫂仝来到，共同慈母一尊年。

三位到坛来请尔，尔就跟随我去切勿流连。

鬼魂听得忙移步，社娘左右伴在身边。

一路烧不无阻隔，阴魂一阵到坛前。

灵法语，待传言，来到坛前哭一句天。

降语社娘随口说，叫言表嫂妗母尊年。

尔二位咁有心来请我，领你深情似海天。

转声叫句无廉女，负义忘恩妹嘅玉蝉。

今日尔深闺须有伴，总系枉我归□落九泉。

我孤单夜夜偷含怨，当日共尔在花园点样对天？

都话二家无乜改变，双双仝效并头莲。

谁想尔半途心立变，私交兰友在房前。

我有书寄去尔尔又无书转，至此我偷屈□□愁病得咁□□。

你情义全无真正下贱，问尔□心何忍得咁安然！

今日我念着妗母共得表嫂尊年，唔系唔休得我到坛前。

叶氏闻言忙接语，表姑娘呀尔唔在咁捞拏。

君子古云唔念旧怨,你丢开愁闷勿记心田。
你系大量之人听吓我劝,正系一夜金兰百世缘。
夫人即便将言道,叫言甥女听我详端。
非系我女儿胆大将娇厌,所为月容□□到□门前。
偶遇尔个丫环亲体见,回家搬斗把是非传。
点知甥女尔信实个的丫环语,绝踪唔行到我宅门。
日夜咁担愁偷偷自怨,立染沉疴起病端。
服药求神兼卜算,难救贤甥得尔病痊。
后来尔命尽登仙界,老身□□地都搥穿。
几多忆恨尔嚟贤甥女,故此今日诚心相请尔到坛门。
鬼叫一声贤妗母,生时蒙教我万千千。
铭感心中常记念,总系今日背□忘恩负尔老年。
再复开言称句表嫂,有劳贵步到此坛边。
在世尔待奴恩不浅,此段恩情报答不前。
叶氏闻言肠寸断,两行珠泪湿腮边。
玉蝉似觉心难免,敢怒如今不敢言。
此事分明系奴浅见,至令屈尔咁青年。
待我开怀将姐劝,尖尖十指化沓银钱。
我开声叫一句青蝉姐,姐呀尔莫回前事就眉尖。
我昔日共娇如似蜜饯,总系尔环言语正别离缘。
至今两个唔逢面,离隔分开有大半年。
后闻姐病我就心肝恋,立刻移身到尔宅前。
谁料尔红颜天寿咁短,服药无功丧落黄泉。
问尔个阵衣衫谁共尔换转?江边谁为去买清泉?
沐浴梳头和剃面,我问娇谁个为尔周全?
鬼听得此言心意转,叫句同心妹玉蝉。
依尔咁话忖奴亦错怨,可恨我个丫环起祸端。
待我把他来擦炼,定要报还此恨正遂心田。
既得我个日临危肠寸断,话声唔出寔见捞挛。
丢离骨肉情难免,凄凉心内有口难言。
咁就舍割诸亲和六眷,又蒙娇妹尔咁心贤。
共我梳头拍粉把胭脂点,亲临沐浴汲清泉。
衣衫穿着真华丽,绣鞋亲换共我扎金莲。

事事亲身如我愿，打扮我身中几咁自然。
前日□搭坛将我附荐，绸缎衣裳有万千。
诸事有劳贤妹尔整便，待等来生报答妹尔妆前。
今□阴阳阻隔难相见，爱会除非在梦边。
我命短自知无可怨，今日风流□□过妹低年。
正系骨肉已归兰麝土，芳魂常拖白云边。
可惜我青春年又少嫩，金兰半路又拆离缘。
妹尔情乐沐游应久远，总系夜深唔好去游园。
怕你触景相思情未断，又防风雾感着婵娟。
言词讲尽我就抽身转，辞别表嫂共妗母高年。
三人听得肝肠断，合口齐声就启言。
夫人叫句贤甥女，非轻容易得尔到坛边。
尚有衷情犹未讲，你便欢留半刻添。
鬼叫一声尊妗母，尔体红轮西坠下山前。
各人及早回家转，切勿将奴咁日挂牵。
丢却心肠唔记念，怕捐精神忆坏老年。
我别却众人移步转，飒时寂静渺无言。
三人个阵情加惨，暗垂珠泪湿腮边。
侍婢两人同解劝，香茶频递到身边。
饮罢三人停下盏，又到社娘苏醒复还原。
叶氏把卦银忙递上，社娘接转喜欢天。
说道承蒙深感领，你地食餐便饭正回旋。
夫人答道话心麻乱，早些回宅□得心欢。
立即三人忙上轿，社娘相送出门前。
轿快一程归到屋，知意丫环揭起轿帘。
坐下欢容餐过晚膳，尔言我语笑声喧。
细思问觋真灵验，多应变，青蝉如对面，听佢声音言语似是生前。

打烂柜[①] 民国间广州以文堂刻本

夜后拈灯房内去,一声长叹坐在牙床。
只见脂粉花油香喷鼻,总系唔见我今娇妻在此方。
想佢自从番面回门后,屈指分离有半个月长。
亏我日里思妻容易过,独系夜来孤枕实唔安。
我想几多盼望正得成亲事,只估话风流快活百年长。
岂料成双方正一月,两下分离令我惨伤。
几次意欲差人来去接佢,又怕旁人笑我接妻房。
只怨我个母亲唔会做,枉自系做家娘冇主张。
就系婶母亦不知人意思,总唔起意钗盒槟榔。
点好任佢一去唔知□,不理我夜夜孤眠已咁切千。
思量一发难禁抵,今日娶妻如是未有妻房。
欲火不消难合吓眼,又闻鸡唱已天光。
无聊只着抽身起,就生条良计见亲娘。
母呀为何咁早中堂坐,做乜冇人服事尔茶汤?
细想媳妇各人情性大,总唔体念尔系家娘。
一个自从番面去,半月将来不转乡。
总系归与不归唔打紧,母呀恐妨纵惯佢心肠。
况且家头世务无人理,就系着过衣裳冇个洗浆。
点好任从他住久,又怕被人笑尔做乜家娘。
母亲知意称言好,就呼环立刻快梳妆。
使尔往亲家门上去,只有槟榔一盒去接相公娘。
尔话初去回归休住久,趁此良辰今日转回乡。
秋娟领命忙移步,手捧槟榔别本乡。
一路行来心似箭,不觉举头已到佢门墙。

---

① 封面题《打烂老婆柜》。

忙入屋，踏上檐边，只见几多娘女在所前。
我的孺人在此梳云髻，有个同心亚留妹在佢身边。
手拈花引共佢挽头路，拨开人字擤好鹅豚。
玉手拈花共佢插戴，笑口吟吟拎住膞肩。
抬头体见丫环到，妹呀此来必定接姐高年。
秋娟笑答称言系，特请孺人今日转归边。
仝心带笑将言答，妹呀尔来遂却姐心田。
若系来迟三五日，我的三大唔能眼望穿。
大嫂开言忙便答，足晓尔的安人礼法严。
独系我的几多盼望正得佢补番面，心头跌落脚跟前。
姑嫂亲事多眷恋，故此留佢宽容住几日添。
尔话这姑爷休性紧，大约回归就过年。
叫佢十方开怀休挂念，别离个几晚使乜咁啰恋。
说完带哄叫句三姑姐，尔把言辞着句落打发佢回旋。
众人都话分明系，再牙今日就俾尔回村。

〔三姑本欲回家，因众人留挽便告诉丫环要再住几月。秋娟归告，〕

我闻此语，气难当，登时发怒走归房。
细想个个贱人真可恶，全然不念我系夫纲。
开口就话相知留挽住，难道搅家泼妇垂惠得过才郎？
外母故知唔会教导，就系岳丈唔谈冇主张。
即系亲家来接尔，个女亦可即时打发佢转家堂。
咁样分明系丢我假，叫人何以得心安。
我想女人不识夫君意，想佢个的品性垂笑过豺狼。

〔一怒之下，丈夫把卧房里的椸箱毡帐打烂。岳家知道后怕出事端，便将女儿送回。临行之前，〕

知心大嫂共佢梳髻，亚留妹行埋把眼泪抹干。
姐呀此行点得心安乐，千万回归勿要就短长。
休念相知情意至，莫话四时屈气把身伤。
年少夫妻无乜紧要，犹如宾客两情长。
茶饭着时须要保重，一团和气自安康。
明年七月观音案，但系有时来接尔便转家行。
众人亦见难分舍，三姑无奈系咁泪汪汪。
大嫂相扶来上轿，丫环担盒别村乡。

［见妻子已返，丈夫倒也能刚柔相济，枕席之间鸾凤和谐。］

正系夫妻久别仝欢畅，我想今宵情景都垂好过做个晚新郎。

新婿上厅① | 民国间广州以文堂刻本

［穷困寒酸的新女婿来到岳家接妻，受到冷落讥斥。一怒之下，他声言若妻不返就将去公堂诉告岳家嫌贫爱富，逼女另嫁。］

临行未有相辞别，咁就恶言恶语闹出门墙。
安人气得滕滕振，无言体住眼光光。
忽见丫环座上报，撇路房中气死这位六姑娘。
安人忙入深闺去，叫人忙即灌姜汤。
安人抱住多娇女，叫声亚六我的苦命心肝。
好丑土头关你乜事，纵然弄出事自有父母担当。
为娘与你父仝斟酌，生系良计免女受凄凉。
话完步出所前去，六姐伤情泪未干。
低声叫句金兰姐，我把衷情私自说你知详。
我立心割舍回归去，拼条残命死在佢手中央。
人生自古谁无丧，免在外家连累天含娘。
为然恨到知我归阴府，姐你亲到我尸前另一炷香。
劝解我娘休过哭，我在冥灵感领你情长。
仝心居劝贤娇妹，切勿寻短见丧黄粱。
妹夫是必不敢难为你，色如我妹得平安。
愿你夫妻仝保守，自然到时地久天长。

---

① 封面题《女婿上厅》。

拆外母屋 民国间广州以文堂刻本

思想起，坐不宁，满怀愁闷怎能平。
自想我生来真正薄命，无兄无弟独我伶仃。
忆恨严亲辞世早，家业凭谁共守成。
萱堂年迈似风前烛，无人定省共温情。
指望娶妇持家来孝敬，盅茶盏水得佢调停。
自系归宁一别难逢面，亏吾孤枕冷清清。
意欲立妾栽培图嗣续，又恐怕佢话我弃妻宠妾欠公平。
左想右思无计定，等我请齐会友饮烧酎。
连忙步出街头去，邀齐会友到家庭。
茶罢众人同启齿，会兄何日出新丁？
好意通知来叩贺，送些薄物表微情。
休题起，越心嬲，挂衔娶妇似云浮。
自系归宁分袂后，时常接佢总唔偢。
过年过节虚闲事，有名无实几咁浮游。
屈指如今三载咁久，佢偏恋金兰不顾羞。
贪图交结个的同年友，尽把唱随情义付水东流。
我个外母居孀家富厚，定要挨凭此女过春秋。
不肯唤佢番我处，累得我鸾单凤寡点得埋球。
相思恼病成消瘦，梦魂颠倒捱更筹。
几番意欲拿砖石，抛佢屋瓦体佢点样出头。

〔女婿率一班会友各持砖石来到岳母门外，将屋瓦砸坏。众邻围观，均言男方有理，劝说将他招赘入门。岳母诉说了自己无儿的苦处，表示愿意。〕

姑爷听罢暂消愁，满心欢喜展眉头。
感得盛坊众位好友，良言劝化记心头。
但得佢招吾来入舍，送些薄物表微酬。
催佢卜吉须当早，恐怕有口无心总是浮。

待等数天和半月,若无实事另行求。

然后请差来押佢,勿怪我短情薄义结冤仇。

众位会兄忙步走,有劳相助解得吾愁。

夜谏金兰

民国间广州以文堂刻本

观音托梦　姊妹游春

春富贵,百花开,双双蝴蝶为花来。

飞入园中随意采,最好个的嫣然袅娜碧桃腮。

红绿青香谁不爱,你睇左边红杏右边梅。

有个银娇年少女,配夫何氏自幼凭媒。

父叫张奇娘姓吕,生得精乖伶俐一表人材。

惟是嫁了夫君唔归去,结拜金兰共处一堆。

是晚银娇成一梦,梦见观音菩萨下凡来。

行近床前开口话,归宁不返此例唔该。

夫若家穷多绝嗣,先人阴鬼哭声哀。

向往阎罗求处置,把你丢乔女子打落望乡台。

我见可怜开一网,特来托梦免你殃灾。

明日芳辰寒食节,你便约齐姊妹去踏青苔。

能劝金兰回转意,我庇佑你三星祥瑞一齐来。

话罢空中团结彩,亮光一闪上了天台。

银娇梦醒言犹在,心知菩萨好栽培。

起来命婢传娇意,即请金兰同去把花栽。

不久一班齐打扮,衣裳妆饰各逞人才。

步入花园无不可爱,桃红柳绿两边垂。

凑着鸳鸯浮一对,情投意合两相偎。

银娇看见心如醉,两脚登时立似呆。

叫句金兰同一看,你睇鸳鸯情义得咁徘徊。

做乜我的抛别夫君唔去倚向,想起番来理亦不该。

话未完时群驳嘴,金兰几个骂佢奴才。
记得从前曾发誓,同裙姊妹不得离开。
今日你去时由得你去,我的情愿在幽房清净不染尘埃。
同返步,出到园边,银娇被闹泪涟涟。
恐怕同裙相睇见,低头诈意捻金莲。
大家裙伴知佢意,拍掌齐哗笑佢颠。
笑罢一班携手去,银娇愁苦泪频添。
不若开怀思一妙算,免至颜容清减有乜谁怜。

银娇请酒　初劝同裙

归绣阁,理新妆,髻梳银锭换过绮罗裳。
待我今宵摆设和头酒,劝佢姊妹结双双。
佢欲孤零奴亦不想,两家无益独守空房。
况且观音曾托梦,不能承命炷乜名香。
吩咐家人排定酒,请客丫环听我主张。
先请月娥三小姐,后到莲姑与玉娘。
亚有小珍与及红梅姐,一齐请到莫遗忘。
你话我姑本欲亲来请,无人接驾亦唔当。
专在门前来等候,愿求列位去增光。
薄具酒肴非有别样,只欲与姑同□诉段肝肠。
句句千祈依我讲,婢领娇言趱路忙。
未几婢归回报主,话五位姑娘不久就束行装。
家人摆定佳肴馔,大步丫环列酒浆。
忽闻门外喧嘈响,裙钗环佩响叮当。
银娇知是金兰到,连忙移玉出兰房。
笑问因何得咁恰可,四人同到合室生光。
惟有莲姑因乜事为,咁久唔来点做主张。
话未完时姑又到,银娇迎接笑扬扬。
烟茶既毕开樽饮,排过年庚坐那方。
卑坐下时尊坐上,彼酬我劝各称觞。
相看尽改桃花样,玉娘开口问端详。
今晚银姑因乜贵干,请奴来饮有乜商量?
莫非昨日花前讲,劝奴归去丈夫乡。
小珍又话无差错,定必叫吾织女会牛郎。

你系想时奴亦不想，勿来说坏我的心肝。
银娇听罢微微笑，无言无语自思量。
举酒劝酬前事不讲，不觉天将沉黑不辨何方。
娇唤婢，上银灯，待奴谈论一篇文。
姊妹齐来都要记紧，讲出言来事有因。
各位话奴唔立品，如今直白讲你知闻。
世间男女为夫妇，犹如天上有乾坤。
月老为媒天注梗，一男一女结婚姻。
天地生成无乜可恨，为何不肯去见夫君？
你不信奴无乜要紧，不从天意恐你受屈难伸。
从前我亦都胡混，致使金兰结拜一群。
今日方知前事错，天地难容点处分。
奴奴不敢违天意，特为禀告列位知闻。
莲姑听罢呵呵笑，你撞乜邪魔得咁昏。
廿几岁人唔立品，好模好样得咁痴心。
自古女子贞心为至紧，岂可贪图快活失了斯文。
珍玉二人齐答口，莲姑言来句句真。
我想妇人真正系笨，点似得闲居静室不染凡尘。
你言我语唔知久，食饭刚完打二更。

自怨当初　自悲再劝

齐出席，饮清茶，银娇垂首泪飞花。
错在当初同你结拜，因为少年气性好嬉夸。
点想百年人易老，谁人拜扫我山呀。
越想越思喉若哑，心头恍惚乱如麻。
无奈从前曾发誓，不能自己去夫家。
唉，姊妹嘞，大众回家罢，顺从天意有好荣华。
齐答语，笑呵呵，你由你哭奈谁何。
你去夫家奴亦不阻，总怕有违盟誓惹灾罗。
想起当初同你结错，断唔估你咁心多。
劝你不须胡乱想，不若一条心事做老姑娘。
谯楼已打三更鼓，我亦无庸讲咁多。
话罢一班齐想去，银娇留挽扯住衣裳。
姑坐下，暂停留，金兰何必咁蒟周。

奴奴不是唔知丑，男婚女嫁亦有因由。
我亦也曾思想透，大条道理不必怀羞。
你不珍奴奴亦罢手，属在知心群伴想你回头。
齐坐落，听奴言，待奴来讲一段长篇。
一男一女成佳偶，不由人定寔由天。
好多女子违天意，不成双对自己孤眠。
快活优游贪得意，恐怕天公来罚实堪怜。
梅姐门明忙答语，做乜你好模好样得咁情牵。
试问你身从何处得？爹娘生你枉徒然。
不念劬劳亲父母，反来说地又谈天。
应当服事爹和妈，一刻唔离见志坚。
嫁未几年思想去，全无孝顺点得安然。
银娇笑答阿梅姐，听你言来性执偏。
为女须然应孝顺，女生外向古来然。
服事翁姑为紧要，孝顺爹娘已在先。
做女个时曾奉事，嫁去依然孝得添。
一载归宁三几次，仍然孝顺两相全。
莲姑笑话银娇姐，无人学你咁咸酸。
心心想着痴夫婿，反话回家服事□年。
我的心清对得灵神见，表白心肠铁石坚。
任你牙尖兼嘴利，说出天花亦枉然。

讲服莲姑　玉娘驳上

娇听罢，计上心来，你言铁石我定要敲开。
若能讲得姑心服，依从我讲不能推。
一言为定无更改，□□应承说出来。
莲姑答语都唔怕，断无输你姐妆台。
你若不能讲得奴家住，又要听奴主意得唔该。
同裙姊妹齐称是，佢系聪明你亦不呆。
你若讲输奴的驳上，纵然输去可能追。
更能讲得我的同裙服，大家情愿听佢施裁。
娇听语，见心焦，做乜同裙姊妹得咁丢乔。
劝你归去夫家无乜紧要，唔系送你入监房勒你腰。
不过想你有家和有室，陪奉翁姑免寂寥。

属在同裙应劝谏,断唔去把外人招。
你不听奴奴亦罢了,亏我斩不断情根换过一条。
莲姑听罢微微笑,轻移兰步叫一句银娇。
你且开怀来驳调,莫来忧坏话妹招撩。
自古也曾开此例,归宁不返自逍遥。
银娇气忿将言答,俗例言来一笔消。
省佛①何曾同此例,乡村娘女学咁丢乔。
你话为女不应回转去,因何常去把嫂来邀。
你嫂不回爹妈闹,你亦从旁帮口拣嫂根苗。
既知嫂要归来妙,你又岂可贪图快活不理夫招。
自己讲来还自驳,唔慌口响话得我银娇。
姑听罢,闷低头,讲出言来自觉羞。
叫一句银娇裙伴友,唉,我好似横吞杭核塞住咽喉。
做乜你得咁牙尖兼利口,数人入骨冇情留。
奴系果然曾闹嫂,为有爹娘年老把嫂央求。
佢不回来奴亦诅咒,点想俾娇闻着数我根由。
自此奴奴唔启口,任由娇命妹肯低头。
玉娘闻说言称是,一言既出驷马难收。
当初又恃牙尖利,讲输人的着乜来由。
转声叫句银娇姐,睇白你只烂泥花碗不敢撞我金瓯。
若然不怕来相斗,只管想齐八宝慢慢悠悠。

银娇讲理　化服二人

闻此语,自思量,大家坐落听我言章。
你话不应回转去,有何好处话妹知详。
玉娘笑答言唔了,好处言来写纸几张。
日与同裙言笑语,夜来同睡一张床。
优游快活无拘束,胜过池边宝鸭□双。
番去夫家常受气,得些唔着就闹喧扬。
点似外家安乐惯,无拘无束任我行。
银娇笑答虽然好,人生须要虑头长。
今日有钱人就赞赏,大家言笑几□潇□。

---

① 广州与佛山。

虑到世界变迁唔似样，此时各自叹悲凉。
你有你穷关乜痛痒，各人打算各商量。
明日娣妹亦有未相顾，亦难长久有相帮。
嫂厌你时哥又怨谤，问你此时凄惨倚靠何方？
或有生不逢时多病痛，谁人服事你茶汤？
万一难医危病重，不难一病见了阎王。
此时一旦归阴府，人人可惜丧了咁好红妆。
死在外家人又怨望，累得爹娘哥嫂几咁彷徨。
抬去夫家人亦不想，个阵死心唔服眼光光。
可怜又冇男和女，分明一个少年亡。
及至清明寒食节，断无裙伴拜扫你山冈。
归去夫家何等好，生存死葬使乜咁凄凉。
久住外家贪逸乐，金兰不过暂馨香。
点似夫妻情意重，福同安享祸同当。
归去生回男共女，百年之后拜你山旁。
试问玉娘心服否？算奴直白冇包藏。
玉娘听罢微微笑，无言默默倚向南窗。
月娥拍手呵呵笑，银娇果实系非常。
句句言来真有理，使奴佩服换转心肝。
惟有梅姐小珍唔顿，言三语四话喧扬。

节外生枝　伯婆取辱

银娇正欲将言答，惊动隔壁婆婆吓醒梦乡。
开窗便问因何事，做乜更深唔睡有乜商量？
小珍尽把情由讲，话娇情理太唔当。
劝得三人皆服佢，同痴夫婿别了爹娘。
凑着婆婆生女几个，常时爱女在身旁。
闻着此言心不服，大闹银娇理不当。
生身父母唔相顾，贪图倚近姓何郎。
养大女儿贪侍奉，谁知嫁后想去他乡。
你母闻知唔了得，定然嘈响闹喧扬。
我亦难为娇你出口，劝人学你咁荒唐。
可惜小珍唔听你讲，不然女子尽走精光。
娇答语，笑嬉嬉，为何老太得咁离奇。

几十岁人真蒙蔽，讲来受驳自己唔知。
你咁深闺闲道理，为何生女又生儿？
晓得话人唔话己，想人守寡自己情□。
世间女丑皆由母，唔好爹娘教坏女儿。
亲家来接娘包庇，话人逼得佢女□伤悲。
你亦有儿和有媳，做乜常谈媳妇是和非。
又话咁久唔归真可恼，常时推挡冇个归期。
将己比人同一理，为何由得女咁迷痴？
媳就要来女就不俾，损人利己得咁便宜。
你想生孙人亦想子，朦胧爱女诈作唔知。
忽嫌我劝金兰去，更愿你女儿归去勿迟迟。
莫话银娇无道理，将婆来骂不识尊卑。
劝你归房伸吓大气，勿来再讲得咁支离。

对天盟誓　　显出神通

伯婆羞辱无言去，小珍忙答话娇非。
讲极唔慌奴服你，自后唔同姐你结缡。
你等数人随得你，任由你去我独守清闺。
我心见得天和地，清清白白对得神祇。
话罢两行珠泪落，可怜滴滴湿罗衣。
大家姊妹齐来劝，银娇独自笑微微。
低声叫句听奴讲，妹呀你话对得神明不必惨凄。
待奴直白言知你，妹亦依从断不敢违。
昨晚三更奴得梦，见了观音菩萨下云梯。
行近床前吩咐我，叫我勿从俗例独守空帏。
兼之要劝相知契，勿学丢乔扭拧夫接唔归。
奴奴只着听神使，劝群姊妹去结夫妻。
当初自恃牙尖俐，自来辩驳不话神祇。
如今你不听奴劝，讲入唔服自见低辉。
故此今将神梦讲，妹呀观音菩萨你切莫相违。
小珍止泪将言答，娇呀你莫谈假话□我深闺。
奴奴最恼人奸计，莫将菩萨立乱难为。
归宁不返成乡例，并无做事有心亏。
女人小事谁闲理，为乜观音菩萨到你闺帏？

银娇答语真无伪,奴奴清正对得神威。
小珍闻说忙生计,轻信都唔抵,要你来盟誓,我就依从姐姐听你施为。
娇听罢,喜色融融,即焚香烛跪在当空。
婢取清茶来敬奉,玉杯浮载上好乌龙。
娇请三光神圣众,禀来名姓再表心衷。
奴系姓张人氏女,名唤银娇别字秀容。
昨晚观音来托梦,吩咐奴奴有几重。
叫我劝金兰回转□,毫无大话对得天公。
梅姐上前来揖拱,拈起玉杯□□□上苍穹。
果实观音曾托梦,玉杯唔烂显出神通。
话完即把杯□□,唔想叮当一响跌落石台中。
谁知照旧无崩损,大众惊骇个个鞠躬。
一齐欢喜参天地,叫句银娇姐秀容。
感动天神来显应,自此惟娇是命我的依从。

夜饮谈情　　观音再降

银娇笑答称唔敢,忽闻谯鼓响丁东。
虽未天光难以入梦,不若炙杯来饮状元红。
银娇执盏来相劝,大家饮盏润下喉咙。
算我唔该冲撞了,莫来执怪记在心胸。
奴奴尚有言三四,总系不应沉赘万千重。
金兰齐答皆欢听,肯来指点见你心忠。
银娇含笑忙开口,算奴直白有相冲。
大凡女子宜安分,听天由命莫厌贫穷。
第一翁姑常要敬奉,乡邻婶姆要谦恭。
处世最宜卑逊顺,待人接物又要雍容。
立品也应存厚重,丫环婢妾要融通。
莫因小事唔多懂,大拳大棍把佢相攻。
若然生得男和女,必须严束勿宽容。
生得女儿唔好放纵,免被同裙姊妹撑坏心衷。
养到出门还有一种,要佢夫妇早日相逢。
你亦不宜将饭送,勿留长住在家中。
要佢落家唔得放纵,渐渐有人□□世界唔同。
金兰听罢齐劝答,感娇提点我的朦胧。

你言我语唔知久，谯楼更散日升东。
各人饮罢思归去，拜谢银娇约日再逢。
裙脚丫环齐拥从，叮当环佩去匆匆。
人尽去，闷沉沉，银娇独坐闷加深。
眼倦神昏斜倚榻，一时不觉睡入香魂。
清风阵阵吹罗帐，谁知来得一位大士观音。
称句银娇真本事，果能劝服几位同裙。
劝得女娘归孝顺，居然会讲鬼神钦。
发誓之时神默佑，跌杯唔烂显你真心。
□□归去夫家生贵子，绵绵福禄报你丹忱。
说罢毫光如电闪，玉音余韵耳犹闻。

女对亲谈　酒言饯别

［银娇将回夫家，请来金兰姊妹饮酒饯别，再话衷肠。］

同裙共去　大乐团圆

［银娇、莲姑等人各返夫家，生活美满，儿孙争气，乡间俗例为之一变。］

打相知

民国间广州以文堂刻本

青兰白鸽两相挨，相与同心结契唔埋。
正系自小相看娘长大，边些唔着论到偏歪。
新交个阵好似痴金蟹，离开一晚就挂在心怀。
自古人生都有败坏，在过三年相契共佢行埋。
尽命尽心唔计带，几多咸苦正得行埋。
唔知边位姑娘狡计咁大，蜜语甜言日角乖。
把妹心肠来搅坏，佢就拆散我的金兰冇挂怀。
走街执到红丝带，薄行贤娇心事更歪。
昔日好似龙船标咁晒，两家出入着住红鞋。
海誓山盟天咁大，指望相交长久永结和谐。

点想多娇情变晒话,奴冇样合得心怀。
两家相契成朋败,他日嫁郎生个令乖乖。
哩阵拖仔翻归随处摆,佢把金兰二字尽地丢埋。
剪碎芙蓉,与及桂枝个的坏。
鬼姑娘不顾面皮,开口冇言遂得我意淫埋。
双眼笑嘻嘻,反心背誓无天理。
不记当初结契时,我受尽几多爹妈气。
唉,天眼唔开,待听几时重有槟榔与及青茧。
好言谏你反成愁,姐话嫁郎边个冇。
相交相契,也亦虚浮。
你系咁样子特来丢我丑,我世无俾你得咁丢羞。
大家念乜金兰友,听我数明数,白兔至心嫩。
记得你当初相与一位男朋友,走到花前月下把香偷。
你把金钗除下交过佢手,佢又送回脚铍你转回头。
我心火起面红痴,亚兰你真把我来欺。
我拼命唔留唔怕你,我世无俾你咁相欺。
亚贵登时咬住手臂,佢咬得亚兰寔首飞。
叫声救命无天理,父母听闻寔惨凄。
惊动街坊邻共里,做乜裙冇裤用咁身尸。
两个为因何事起,问来原是打相知。
引动人多无定企,好过眹戏。
劝谏你的姑娘须紧记,相知千万夸到尾,从今交契莫效前时。

梳头妈自叹 _{民国间广州以文堂刻本}

思想起,实见心嬲,今日终身无主逗乜风流。
自怨当初如果系咁,做乜赎身唔嫁去学梳头。
□日香港算我头一个讲究,三环一带改我做靓婆秋。
色水整成真正俏口,个逢猪肉重要加油。

事头①贪我腰枝容貌嫩口,锁匙交过我管所以不比妾侍来收。
佢话好过时常去私寨来闹酒,话我共佢耍乐更重风流。
使钱任我开科唔围到尾后,犹如关部把税项来收。
落街市买餸菜使烂钱兼共唔数够,有的贪便宜倾口角好似共事头有冤仇。
佢唔共我拣烂钱麻麻亦就,分明见佢大卖摊收。
出入排场交结个个都系好友,第一秋红秋桂共我意合情投。
个阵我想个粒明珠容易到手,花号人人叫我做老来秋。
香港出入打工都系大门口,人工一个月要十两正请得我共佢梳头。
个时银会做埋傍吓日后,欲想访个真情一个好科收。
岂料韶光难以拒久,正系岁月摧人容易白头。
点想面貌起癍形体又瘦,色水难妆重恶落豉油。
事头叫我抆箱等我寻过个嫩口,使奴煮饭不用我梳头。
佢话有食无工还正请我,好似天热蒲葵过了立秋。
今日银会挞清无定入手,果系月缺花残寔系可忧。
今日衣服穿孔鞋着到旧,出于无奈走去共老举②梳头。
细想起市十年都系凭在嫩口,古语话人无远虑必有近忧。
人老面黄无药可救,今日年将半百恃乜风流。
况且行前人讲后,家吓谁人识我系靓婆秋。
做乜一阵头发起花容貌又咁瘦,凌花怕对越添愁。
今日越舞越穷难以耐守,此后风流一笔尽勾。
不若情性减低把命来就,或者有食无工人肯收留。
奉劝个的少年唔好咁吽,唉,须要想透。
勿学个的残花柳,你睇有边个赎身唔嫁至尾点得风流?

① 雇主。
② 妓女。

时兴送嫁歌文[①]

(清末民初)闲清居士订
民国间广州五桂堂刻本

上卷·同心哭别

（对答果名、花名、药名、菜名、鸟名、虫名、字眼、鱼名。三姑哭）同心有好大姐呀，白果与娇逢面哑，只为柚柑子别梨嚷。（答）同心八妹呀，苦情蔗段难补别哑，亏姐心焦劳泪莲蓬嚷。（三姑叹花名）小凤同心二姐呀，难思夜合同含笑哑，亏妹芙蓉瘦损想芝兰嚷。（答）同心妹呀，姊妹石榴情意重哑，点想妹你绣球招赘紫微郎嚷。（三姑〔叹药〕名）亚玉同心三姑呀，唔望茯神甘草味哑，亏我黄连入口恶茵陈嚷。（答）同心八妹呀，今日我妹当归生地去哑，枣仁□子结连翘嚷。（三姑哭菜名）凤琼同心四姐呀，当日只望竹笋坚心长韭菜哑，点估青蒜无缘别□兰嚷。（答）同心八妹呀，知妹葱明有佳藕配哑，姐似香信难传面豆闻嚷。（三姑哭鸟名）同心秋月五姐呀，你妹五更啼尽相思泪哑，反舌无言叹伯劳嚷。（答）同心八妹呀，我妹好似宝鸭鸳鸯成对对哑，姐似鹧鸪含恨忆孤鸿嚷。（三姑哭虫蚁多）亚杏同心六姐呀，不想蛱蝶穿花萤火夜哑，秋蝉无妹七夕拜蜻蜓嚷。（答）同心八妹呀，妹你蟢蟟盒定蜘蛛约哑，本等灯蛾五夜会螳螂嚷。（三姑哭字眼）亚兰全心七姐呀，你妹门口人言私问信哑，终日禾火心愁火页烦嚷。（答）同心八妹呀，你姐门心日月分明闷哑，不识我妹可人女口意何如嚷。（三姑哭鱼名）亚喜同心九妹呀，唔望共你花鱼遮广被哑，今日脚鱼难上妹枟楼嚷。（答）同心〔八〕姐呀，亚姐生鱼塘虱散哑，亏我不思白饭恨鲢鱼嚷。（三姑哭兽名）双庆同心十妹呀，只为豺狼张主对哑，可怜白兔盼望牵牛嚷。（答）同心八姐呀，姐似骏马配鞍同鹿步哑，骆驼成孕麒麟哑。

---

① 封面题《三姑回门》。

奶妈二做侦探 民国间广州以文堂刻本

（女丑扮妈姐上，急口令）想起我而家，安闲一乐也。觉得己自由，一味无牵挂。想起十九岁个年，老母监我嫁。个只衰鬼豆，睇来鬼都怕。手指似蕉蕾，我情愿守生寡。自古都有话，女怕嫁错郎，实在唔系假。故此出省城，诈话探契妈。立实副心肠，一实揾工打。有乜大饭斗，同佢倾倾吓。睇过边个□，个条路嗱吗。你估真正系竹织呢哦，我地的梳头妈。老公唔使嫁成个，一味系散撑。契番个相知，得闲磨磨吓。

永明县志[①] （清·光绪）万发元等修
（清·光绪）周铣诒等纂
清光绪三十三年（1907）刻本

卷十一风俗

嫁女之家，先三日戚懿咸集，名曰愁屋，悲将离也。翌日男家送花烛花粉钱至，入夜，女冠凤冠衣红衣，扶坐中堂。两傍女伴艳妆列坐，红烛排筵，名坐歌堂，赴席者即以男家所致花粉钱分授之。

记曰：君子行礼，不求变俗。然风气因时而转移，亦天道人事之常。不有补救，则偏弊有不知所底止者，今略举其所当急者。……一曰嫁女毋失时也。邑中风气，嫁女多主于妻。妇人无不昵爱其女，又皆不知所以为爱。女年已二十，男家问吉，则曰："我女非当嫁之时也。"夫之明理者，旁赞一二语，则必勃豀相尚，以故有迟至三十而嫁者。此风桃川尤甚，其母亦为女计消遣，访他家之女年貌相若者，使其女结为内交。（桃川谓之行客，邑明经蒋祥南杂文《行客记》备详其弊。）彼此旦夕相处，以切磋针黹。其间即无他虑，而有用之年华已消磨于不觉。况有因此而含垢包羞者，是亟宜于族规中增此一条，以救其弊。

---

① 永明县位于湖南南部，1956年改名为江永县。

救生船

(清·咸丰—同治)佚名编
清光绪二年(1876)刻本

(一)卷三·张真君戒淫诗八首·戒淫娈童诗

> 双雄何物漫同槽,野兴公然别样豪。
> 那计亢阳摧槁木,偏尝异味爱余桃。
> 歌时不惜缠头锦,卧起还持断袖刀。
> 试看秦宫花里活,都因祸水作波涛。

解:男女相悦,犹曰各遂其情欲。若以雄狐求牡,咄咄怪事矣。凡事之不近人情者,鲜不为大奸慝。彼且不自爱其身,而何有于我?帷薄不修,内室无忌。中冓之言,必有不可道者。优施冯奴,足昭前鉴。

(二)卷四·贪淫十害

一 坏家风

蜂蝶情浓,只图快意。鸳鸯影照,相习成风。纵平日也讲些好榜样,到临时仍依著旧规模。狎歌姬,闹小旦,私乳媪,昵婢女,父子无知而聚麀,兄弟交迷而荐枕。甚至顽童共榻,俊仆同床,我既引水入墙,往来绣闼,彼必因风纵火,秽乱香闺。主仆男妇,同作偷情之客,庭厨廞厕,悉为纵欲之场。彻日夜以为常,犯天伦而不顾。丑声远播,正士羞言。

为人必读

(清·同治)豫鼎撰
清光绪二十九年(1903)
长白恭曾刻本

八 不邪淫

邪是邪僻,淫是奸淫。奸淫是上天最恨的,常言道淫人妻女,妻女人淫,报应不爽。……至于宿娼妓,好男风,坏人子弟,不可悉数。

玉历钞传警世

(清·同治)云和子序①
清同治间刻本

(一)《玉历钞传警世》原本

　　苦挣财物,搬运无存。男思再娶,妇想重婚。田产抽匿,分派难匀。……更有恶报。男受宫刑,妇生怪病。子被人嬲,女被人淫。业皆消败,房屋火焚。……

(二)纯阳祖师戒色诗·附

　　醒斋先生云:"淫书不可看也,淫童淫女不可近也,淫朋淫友不可交也,淫语不可说也。凡为父兄者,禁其子弟不看淫书,不近淫童淫女,不说淫语,何至起淫心乎?"

(三)希吕先生劝不淫男说

　　世有一种好男色之徒,不知暗中有神明鉴察,不顾生前阳世受报,不怕死后阴司受苦。每见幼童之有美色者,辄起淫心。其素为淫童之辈,被他多与银钱衣帽等物,以逞其淫行。即好户人家子弟,亦被他多方引诱,以遂其淫念。独不思人之子弟,如我之子弟。我之子弟被人淫戏,我即欲击之杀之。人之子弟被我淫戏,或席上陪酒,恣情玩弄,或夜间陪寝,俨若夫妇。纵或免人之击杀,而我之奸淫好色,罪大恶极,神鬼难容。终难逃脱生前六报,死后三途受苦,与淫女报同。且淫男之人,多瞎双目,其报更加淫女一等。吾不解无子孙者,犯此淫恶,贻祸于子孙,而不知悔。《书》曰:"比顽童,时惟巫风。"朱子云:"童子勿用俊美。"《戒淫说》曰:"淫童淫女,勿与亲也。"又云:"凡撩男掐女者,皆得惨极之报,况见诸实事耶?"人能不近女色,并不近男色,既不致有淫女之恶,又何从有淫男之罪?今劝未犯者,预防失足;已犯者,急早回头。上蔡先生云:"天道祸淫,不加悔罪之人也。"

---

① 云和子或即本书之增补者。

陶斋志果

(清·同治—光绪)郑观应辑撰
清光绪二十六年(1900)
香山郑炳勋皖江刻本

(一)卷五·男色惨报

湖州赵甲轶其名,纨袴子也。性佻佅,美仪容。祖若父皆为显宦,甲无兄弟,少又秀慧,父母绝怜爱之,百事顺从,无敢或拂其意。及长喜狭邪游,尤有断袖之癖,父母禁之不可。娈童俊仆,亵狎无度。每见人佳子弟,辄百计图污之。乡邻恶其兽行,见之侧目。一日甲方昼寝,忽辗转床蓐间,喃喃自语,不甚可辨。家人意其梦魇,方将抚问。而甲突跃起,科头跣足,直趋至厨,取砧上菜刀,返身奔出。家人皆错愕,阻之不可。甲窜至户外,跪通衢以手捫其面。且挞且骂曰:"畜类可杀!"连呼数四,乃自去其裤,以刀割其阴,肾囊、茎物应刃而落,鲜血淋漓道上。邻人环视,皆股栗色变。甲又纳其阴口中,大嚼而尽。食已,大叫曰:"甘哉!"一跃而绝。其乡人汤某亲为予①述如此,世之好男色者懔诸!

评曰:"男女相悦,人之恒情。独至俊仆姣童,虽为我役,亦人子也。即不必胞与视之,亦何忍污之?乃赵甲以娇宠之习,任性为此,故其受报较之淫女色者尤惨。且毒窜户外,跪通衢,天所以暴其罪于众,且亦以警众。夫余桃断袖,在古人不过嬖宠之深。不谓不肖之徒,乃从而日趋于下。作俑者,其无后乎?"

(二)卷八·叛奴戕主

有郑宧者,讳其名与字,鄂北沔阳州人也。年四十余,家称殷实。本为名诸生,自膺乡举后屡上春官不第。始就选,得县令,签发蜀中。到省后有僚友荐一青衣名孙贵者,仅二十四岁,眉目清婉,性亦敏慧,尤善伺主人意。以故郑宧倚重之,同寮中咸戏呼为君家樱桃种焉。积三四年,试署期满,例应请咨赴部以资引见。因挈孙绕道回乡,藉探眷属,即措资斧。室有一妻一妾,其妾某氏姿尤艳冶。贵本俊俏,庭中出入时业已司空见惯。难免眉语叮咛,而孰知谋杀郑宧之心即自此起耶。〔郑宧后在入都途中被孙贵杀死,孙返郑家,诡言主人命来迎妾。结果被看出破绽,〕举家切齿诘之,不言。首于官,乃历供其图害主命等情,乃置之于法。

---

① 郑观应。

劝善书[①]

(清)佚名辑
清抄本

(一) 首恶篇

　　为恶之首，莫甚于淫。淫则天地嫉之，鬼神怒之，父母责之，朋友鄙之，子女耻之，妻妾忌之，里巷传之，妇孺睨之，歌曲谱之，匪人缉之。所淫之祖宗怒目而视之，所淫之骨肉操刀而逐之，所淫之乡里设险而陷之，所淫之亲属痛心而噬之。甚至因淫而夺其科名，穷年潦倒；因淫而削其禄籍，毕世穷困；因淫而报在房帏，妻女偿风流之债；因淫而艰其子息，祖宗抱斩嗣之冤。天下之恶孰有甚于此乎？故行首恶之行者，必负首恶之名；怀首恶之心者，必受首恶之祸。恶居其首，故贫居其首，贱居其首，而不如意事亦居其首也。……若夫男色，律重鸡奸。乃有不肖师长，渔猎生徒。日中讲学，夜则行奸，斯文扫地，辱及同人。此天地所不容，神人所共愤，夺其纪算不足蔽辜，拟伊大辟夫复何疑？至外托朋友之名，阴图夫妇之实，奸人者固不具论，为之奸者禀乾刚之德而安地道之卑。嗟哉！蠢子枉作男儿。或乃狎俊童，昵美仆，屈无知之小子，为床上之佳人。父母有知，能不赫然震怒乎？又况室有子都，谁能蔽目。我既魂消，金闺肠断，偷香窃玉，理所宜然。此亦首恶之一也。

(二) 遏淫文

　　盖闻首恶为淫，报应不爽。徒流斩绞，惨遭显戮于王章；绝嗣夭亡，难逃冥诛于天鉴。……粉面儿郎，不过俊秀子弟，岂是娇娥美颜？童仆不堪役使庭闱，何况近狎？乃阳作友朋，阴为伉俪；名分主仆，实似夫妻。绝不问贵贱尊卑，竟认作鸾交凤友。因令外人而穿闺入室，丑态频生；以致下隶而犯上淫尊，祸根不浅。后悔靡及，遗臭何堪？

---

① 书名代拟。

文昌帝君功过格

(清) 佚名撰
清末民国间北京天华馆铅印本

(一) 励士二格·修身过格

　　淫良家妇一次，为二百过。
　　若室女、尼僧、寡妇，俱一次为三百过。
　　宿娼比顽，为十过。

(二) 节忍第三·色欲过格

　　因邪淫堕胎，千过。
　　诱奸幼女，五百过。
　　谋占人妻女，三百过。
　　淫一婢女，百过。
　　蓄一美妓、顽童在家，五十过。
　　宿一娼，三十过。
　　点邪淫戏，三十过。
　　口出淫词，一次一过。

万应灵方

(清) 高茂金编
清末刻本

禁用之方卷七·淫乱·晏奸现报

　　沈某，扬州富室，好养俊童。后生二子，俱流荡无耻，冶容诲淫，乡里传以为笑。某深丑之，与族长谋，欲将二子处死。族长斥之曰："汝平日奸污男色，不一而足，果报昭彰，恐受罚尚不止此。若处死二子，罪更大矣。"某懊悔无及，一日渡江，舟覆溺死。

劝世归真

（清·光绪）游观宪等编
巴蜀书社 1994 年影印
《藏外道书》本①

（一）卷三·孚佑帝君治家十则

循礼为居家之本。人生在世，本当循规蹈矩，不可荡检逾闲。吾叹时人，明知故作，任意肆行。干名犯义，不顾身家。富者蓄小旦，招妓女，逞彼日夜风流；贫者掷骨骰，扯花牌，图他亲朋戏耍。歪戴帽，斜穿衣，惯装浪荡子；高打躬，低作揖，反笑假斯文。改！改！改！莫以吾言为戏语也。

（二）卷三·瀛岛游仙训

少年欲窦，无所不至。得牛望马，厌故喜新，年少无知，大概如斯也。又有一等狂生，从欲任性。恃少年之豪士，染指良家，则阴谴祸杀可惧；恃血气之方刚，渔猎男色，则辱身贱行可耻。何不猛省回头，积些阴德以乐余年乎？

省躬录初集

（清·光绪）省躬草堂弟子编
清光绪二十九年（1903）
广州英华书局石印本

卷二·广祖师戒淫文

窃以万恶之中，以淫为首。……杀人者伤其一身，淫人者害其三世。破嫠妇，诱空门，好娈童，狎仆女。神人之所同嫉，天地之所不容。福善祸淫，显垂果报。此日路逢白眼，饮恨何穷；他年魂到黄泉，何颜相见。……

光绪二十四年九月初六夕成章广成子降著。

---

① 据清光绪间刻本影印。

回头是岸[①]

（清·光绪）佚名撰
民国三年（1914）
阿迷马氏铅印本

……至于俊俏儿郎，花容笑靥。他本是无识无知，你便觉可欣可爱。厚礼隆情，圈他来寄拜。他叫你干爹，你叫他干崽。父子夫妇，一般看待。全不想你家中，亦有那青娥少艾。俏相公，你好顽；美郎君，他亦爱。放火烧身，暗中还点风流债。呀，这都是你自家引鬼入宅来。细思量，该也不该？吁嗟乎！自古无不破家的荡子，无不填还的淫债。你倒说路柳墙花，尽人攀采。我只怕恶贯满盈，避债无台。到尔时膝下佳儿，绣阁裙钗，他人抱着唤乖乖。一顶绿头巾，今回该你戴，你都自在，只怕那三亲六戚难把头抬。先祖阴灵，忍辱到泉台。淫丑播乡街，句句褴襟。这都是自作自受将谁怪。细思量，该也不该？且不说好淫的天绝后代，且不说好淫的惹祸生灾。只你那无夜无明好嫖又将烟酒带，销尽聪明，混尽光阴，荡尽家财。到此时，精神消惫，骨瘦如柴，枯痨病害。眼睁睁，丢著妻儿没下台。细思量，该也不该！

天律纲纪

（清末）佚名撰
巴蜀书社1994年影印
《藏外道书》本[②]

（一）卷上·淫乱司灵佑帝君掌之

灵佑帝君曰："世人淫人妻女，皆为便宜，而不知天下人皆有贪此便宜之私心。种淫人妻女之种，不出三世，定生犯淫之花。余掌其职，随时注册。注后奏禀上帝，听候降罚。

第一条，淫人室女，三世内出女犯淫报。

第二条，淫人妇，三世内出妇犯淫报。

---

① 书名据书衣题，卷端题《戒淫词》。
② 据清宣统间天津聚文堂刻本影印。

......

第十条，淫造男色，三世内出女犯淫报。

以上十条，世人造有一条，余注册后跪奏上帝，听候降罚。旨降，余将案册移交东岳大帝处，余宫案册一清。另查注册，待奏天庭。

第一条，世人造淫室女孽一案，定三世淫女还偿。

第二条，世人造淫人妇孽一案，定三世犯淫妇还偿。

......

第十条，世人造淫男色孽一案，定五世犯男色还偿。

以上十条，世人造有一条，余定案后跪奏上帝，听候施罚。旨下，余将案册移交东岳大帝处，余宫案册一清，另查注册。

(二) 卷上·夺魄司灵妙帝君掌之

灵妙帝君曰："世人处世，有遇事心地灵明，揆度则中者，有遇事昏冒，舛错百端者。余膺其职，凡有善德，余注灵明册籍，以赐灵明。凡有恶孽，余注昏冒册籍，降施昏冒，不稍恕焉。

第一条，世人遇童幼，言讲孝敬，注善百，注灵明册籍。

......

第十条，世人遇童幼，言讲敬伯敬叔，注善五十，注灵明册籍。

以上十条，世人造有一条，心性仁慈，余注灵明册籍，入奏上帝，听候施赏。旨下，余将案册移交东岳大帝处，余宫案册一清，另查待奏。

第一条，世人遇童蒙，言讲女色，注恶百，注昏冒册籍。

第二条，世人遇童蒙，言讲淫乱，注恶百，注昏冒册籍。

第三条，世人遇童蒙，言讲男色，注恶百，注昏冒册籍。

......

第十条，世人遇童蒙，言讲背师，注恶百，注昏冒册籍。

以上十条，世人造有一条，心性昧良，余注昏冒册籍，入奏上帝，听候施罚。旨下，余将案册移交东岳大帝处，余宫案册一清，另查定案。

爽鸠要录

(清·同治) 蒋超伯 编
清同治五年（1866）刻本

卷之二

凡轮奸为从及强奸已成并诱奸幼童、幼女虽和同强之案，俱应入情实。

凡语言调戏致妇女及良人子弟羞忿自尽并污蔑奸情致妇女忿激自尽者，俱入情实。

凡男子被调奸羞忿自尽，比照强奸未成或比照本妇羞忿自尽例定拟，仅止空言调戏者可缓。

凡男子拒奸杀人照擅杀律绞候之案，如无谋、故别情，应入可矜。其先被鸡奸，悔过拒绝，复因逼奸而杀者，因和奸在先止入缓决。

刑案汇览续编

(清·同治—光绪) 吴潮等 编
法律出版社 2008 年
《刑案汇览全编》本

（一）卷十四刑律人命·杀死奸夫

（1）杀死图奸义子未成罪人

陕督　题王小八用刀扎伤童老十身死一案。职等查例载：本妇之父杀死奸夫者，其应拟罪名悉与本夫同科。又：本夫及有服亲属杀死图奸未成罪人，无论登时事后，俱照擅杀律拟绞监候。又律载：断罪无正条，比附定拟各等语。此案王小八因童老十向伊自幼抚养之义子八个子图奸未成，将童老十扎伤身死。查律例内虽无义父扎伤图奸伊义子未成罪人作何治罪明文，惟查例内义子恩养年久，有犯应同子孙取问如律。是义父名分原与亲父并重，自应即依本妇之父杀死奸夫悉与本夫同科，本夫杀死图奸未成罪人拟绞例一体问拟。检查成案，有道光十三年陕西省麻顺奸所获奸非登时杀死伊义媳奸夫一案，咨请部示，经本部议以应即照本夫之父捉奸杀死奸夫例问拟，咨覆在案。此案经该督比照有服亲属杀死图奸未成罪人照擅杀例拟绞监候，罪名尚无出入，惟以比照之义推之，似应比照本妇之父杀死奸夫悉与本夫同科，仍依本夫杀死图奸未成罪人例拟罪，庶援引较为亲切,亦与成案相符。是否仍祈钧定。咸丰元年说帖。

(2) 悔过拒奸毙命,必须确有证据

都统　奏:此案蒋得成因与朱明素识,朱明见蒋得成闲居,令其搬往居住,欲与鸡奸不允,经朱明许以钱物哄诱成奸。蒋得成因恐人窥破,潜行躲避。嗣与朱明撞遇,复被续奸数次,该犯常向婉言拒绝不允。后该犯与朱明途遇,朱明约令续奸,该犯托故辞去。迨复与相遇,朱明令与同行,该犯不肯,朱明辱骂,该犯回詈。朱明扑揪该犯衣袖,该犯拔刀冒扎,致伤朱明右肩甲等处殒命。该都统以该犯蒋得成实系拒奸杀人,死者虽无生供,将该犯依男子拒奸杀人,死者虽无生供而年长凶犯十岁以外,确系拒奸起衅,凶犯年在十六岁以上例拟绞监候等因。查男子拒奸杀人分别年岁定拟之条,系指未被奸污者而言,若先被鸡奸后经悔过拒绝,例系不论年岁,总须确有证据,方得照擅杀罪人律拟绞,所以示区别而杜狡饰也。今该犯蒋得成系已被朱明哄诱成奸,既不得与未被奸污者概照并无别故,死者年长十岁以上例问拟,则其两次途遇不允续奸,致毙其命,必须有死者生供及尸亲供认可凭或当场供证确凿,方可谓之确有证据,照擅杀罪人律科断。查阅该都统咨部供词,已死朱明系当时被扎身死,故无从录取生供,至此外有无尸亲及当场证佐供系拒奸,系属此案紧要关键,原咨均未叙及。以被奸悔过之案而援引未被奸污之条,又未声明是否确有证据,碍难悬揣拟断。应令该都统再行提集犯证,审明是否确有拒奸证据,或系他故致毙,分别按例定拟具奏,到日再议。道光二十二年说帖。

(3) 男子鸡奸商同自尽,遇救得生

山西司　此案僧人任英贤与同寺僧人张武经彼此鸡奸,被寺僧王英代窥破,告知住持李醇栋等,令杜修忍伴宿。张武经因被杜修忍每夜防范,难以鸡奸,向任英贤商允同死。嗣杜修忍有事出外,复令幼僧张武纬等搬至任英贤房内同宿。任英贤等因被防守严紧,决意乘隙自尽。至夜窃出烧酒在房共饮,哄令张武纬等饮醉睡熟,张武经取出剃刀,因手软未能自刎,递交任英贤,嘱令代抹。任英贤未肯下手,张武经仰面躺坑,再四催逼,任英贤接过剃刀,抹伤张武经咽喉,当即殒命。任英贤亦即用刀自抹咽喉,因恐伤轻未死,复用手指在于伤处抠挖,亦即昏晕。次早经李醇栋瞥见,将任英贤救醒,报验审供不讳。该抚将该犯任英贤比照奸夫奸妇因奸情败露商谋同死,奸妇当即殒命奸夫拟流之例,拟以满流等因咨部。本部查:奸夫奸妇因奸情败露商谋同死之案,或因顾颜面愧不欲生,或因控告到官情切畏罪,皆属情事所有。今该犯任英贤与张武经彼此鸡奸,因奸情败露被寺僧防范,不能续奸,并无愧惧难堪情状,何至一同自尽?且该犯与死者同一男子,非若男女内外有别可以设法防闲,该住持李醇栋果欲将其防范,自应令其分屋居住。乃仅令人伴宿,仍令同住一屋,旁人安能日久防范。所供俱不近情。详核原供,该犯年已二十四岁，死者年仅十八，该犯计长死者六岁，难保非因续奸不遂及另有起衅别情，将其致死，畏罪自戕，事后串嘱捏供，希图轻罪情案。种种支离，该抚并未确切究明，率行比例拟流，本部碍难率覆。应令该抚另委贤员，再行提集全案人证，研究确情，分别妥拟具报，到日再行核办。道光二十五年说帖。

(4) 本非良人子弟，拒毙图奸罪人

陕抚　题：乔马庄儿因张聚幅窥破该犯被王使富儿鸡奸，张聚幅亦欲与该犯奸好，该犯因其情性乖张，拒绝不允。嗣张聚幅酒醉复向求奸，该犯不允，致相争殴，该犯拔刀戳伤张聚幅左胳膊等处殒命。该抚将该犯乔马庄儿依男子拒奸杀人例，照擅杀罪人律拟绞监候等因具题。查男子拒奸杀人，必其人本系良人，因猝遭强暴将奸匪拒毙，故特原其忿激之情以擅杀论。至先被鸡奸后经改悔拒绝，复被逼奸将奸匪杀死，亦得照擅杀定拟者，系予人自新之意。今乔马庄儿被王使富儿鸡奸，本非良人子弟，其不欲与张聚幅奸好，不过嫌其情性乖张，非有悔过自新之意。张聚幅固系图奸罪人，该犯亦非善类，其将张聚幅殴伤身死，系以罪人致毙罪人，不得谓之擅杀，自应仍按斗杀本律问拟，斗殴杀人者不问手足、他物、金刃并绞律，拟绞监候，秋后处决。道光二十五年说帖。

(5) 既有起衅别情，难以拒奸定谳

都统　咨：姚河因王起向伊索欠央缓，王起声言欲行鸡奸抵欠，姚河不依，王起揪伊发辫揿按，并将自己袴子拉下，掉落小刀，又拉姚河之袴，姚河拾刀扎伤王起额颅等处倒地。王起声称将来伤痊定欲奸污，姚河欲割伤其茎物，免得日后被其欺侮，即用刀将其茎物头割落殒命。该都统以该犯姚河将王起致毙，据供拒奸起衅，并无证佐，将该犯仍按斗杀本律问拟，照例秋审入于缓决等因咨部。查男子拒奸杀人之案，必须审无别情，方得引例科断，秋审入于缓决。若衅起他故，即应究明谋、故、斗杀各实情，分别问拟，不得听凶犯捏供，率以拒奸杀人定论。此案姚河因已死王起向伊索欠无偿，互相争闹，以致扎伤王起身死，是以争斗之由实缘索欠而起。检阅原招，该犯年已三十七岁，迥非幼弱，即使死者果有以奸抵欠之言，并将己袴及该犯之袴拉下，亦无非因索欠争斗，一时气忿恣意侮辱所致，岂得谓之衅起图奸？该犯将王起扎伤后复将其茎物头割落致毙，显系因死者身受重伤，料其决无生理，复将其茎物毁败，预为捏奸地步。此等案件即使讯无谋、故别情，照斗杀律定拟，亦应俟秋审时分别实缓。承审之员并未切实究明，按律定拟，辄据凶犯狡饰供词，遽以拒奸定谳，声请入于缓决，实属轻纵。应令该都统另行提犯确审，妥拟具报，到日再议。道光二十六年说帖。

(6) 免死遣盗赦后复犯擅杀

陕西司　查道光三十年正月二十六日恭逢恩诏，本部奏明所有免死发遣盗犯应不准其援免，如于赦后在配另犯他罪，照寻常遣犯一律核办等因。此案免死发遣盗犯罗二沅因同配遣犯陈义向伊搂抱调奸不允，用刀向戳，该犯亦用刀戳伤陈义心坎殒命。查陈义向该犯搂抱时，既有王六供证可凭，实属拒奸起衅。该犯年在十六岁已上，应照擅杀律拟绞，系免死盗犯在配杀人，例应加拟斩决。惟恭逢恩诏，自应照免死发遣盗犯于赦后另犯他罪照寻常遣犯问拟章程，仍依擅杀本律问拟。应如该都统所奏，罗二沅合依男子拒奸杀人供证确凿，年在十六岁以上，无论登时与否均照擅杀罪人律拟绞监候例，拟绞监候。咸丰元年说帖。

（7）男子拒奸杀人情节未确驳审

四川司　查例载：男子拒奸杀人，审系因他故致毙人命，捏供拒奸狡饰者，仍分别谋、故、斗杀各本律定拟，秋审实缓照常办理。若供系拒奸，并无证佐及死者生供，审无起衅别情，仍按谋、故、斗杀各本律定拟，秋审入于缓决等语。此案冯新沅因向伊母杨氏后夫之叔成容索讨欠钱，成容央缓，冯新沅应允，经杨氏留冯新沅与成容同床歇宿。三更后成容抱住冯新沅估欲鸡奸，冯新沅气忿，将成容推跌在地，下床携刀向砍，成容双手夺刀，致伤其左手心右手指。成容嚷骂，辱及伊父母，冯新沅因被其蹧蹋，一时忿激，起意致死，即抓住成容发辫按地用刀乱砍，致将其咽喉连项颈骨、食气嗓砍断，当即殒命。冯新沅恐其未死，复用刀戳伤其脐肚、右腿、脊背，划伤其右脚䐐瞅。杨氏闻闹出房查问，冯新沅认将成容砍毙，即开门跑逃，旋被获案。该督将冯新沅依供系拒奸并无证佐及死者生供，审无起衅别情，仍按故杀定拟例，拟斩监候等因具题。查此条例文虽定案时仍依本律，秋审得以从宽入缓，必实系审无起衅别情，方可援例办理。若并未严究起衅根由，辄将捏供拒奸故杀人命重犯均得以狡饰空言幸免实抵，殊非明刑弼教之道。今冯新沅因往向成容索欠，至夜将成容故杀毙命，是其致死之由安知不即因索欠而起？检阅原揭，该宅系一向三间，左系该犯之母及其后夫卧室，右即系成容居住，其中仅隔堂屋一间。自图奸以至杀讫，事非俄顷，乃伊母成杨氏睡醒听闻嚷闹，当时并不喝阻，直至杀讫之后始行出屋查问，殊非情理。且该犯既认将死者砍毙，伊母自应究其杀人之由，乃查供招内伊母并无究问一言，即该犯亦不提及拒绝一语，其为到官捏饰，情事显然。又安保非伊母明知起衅情由，因袒护伊子透为不知，以遂其避重就轻之计？案中疑窦甚多，秋审攸关实缓，应令该督亲提犯证，严切根究，务得确情，另行妥拟具题，到日再议。咸丰七年说帖。

（8）男子拒奸杀人应究起衅别情

豫抚　题：李虾蟆与邻居同姓不宗之李小根常相玩耍，李虾蟆携带镰刀麻绳赴地割草，在树荫下侧卧乘凉，李小根走去扑压李虾蟆身上，称欲鸡奸，李虾蟆先当玩耍，并未理会。李小根即拉去李虾蚂裤子强欲鸡奸，李虾蚂不依推拒，李小根不肯起身，李虾蚂情急，顺用镰刀砍伤其左腋肷，李小根侧身欲起，李虾蚂又连砍伤其脑后连发际并右耳根倒地。李虾蚂起身欲走，李小根在地滚骂，并称告知众人，定说已被奸污，令李虾蚂出丑。李虾蚂忿极起意致死，乘李小根合面滚转，顺势揿按骑压背上，用麻绳由李小根咽喉绕转项颈，两手分执绳头用力拉勒，李小根即时气绝殒命。该抚将李虾蚂依男子拒奸杀人，如死者与凶犯年岁相当供系拒奸并无证佐及死者生供，审无起衅别情，仍按谋、故、斗杀定拟例故杀者斩律拟斩监候，照例秋审入于缓决等因具题。查男子拒奸杀人仍按故杀本律定拟案件，秋审例得入缓，必实系审无起衅别情，方可援照办理。详核此起案情，李虾蚂年长死者李小根一岁，李小根年甫十四，知识尚属未开，原题称其常相玩耍，其扑压戏谑不过孩童狎侮之常，谓为有意图奸，殊难凭信。况该犯身被扑压即能将死者叠砍致伤倒地，直至骑压拉勒，死者略未还手，可见该犯膂力较强，当死者扑压身上，仅可将其推落，从容避开，斯时有何急情遽尔持刀相向？至死者年方幼稚，谓为图奸已不近情，所称欲告众人已将该犯奸污令伊出丑之言，尤非孩童所能道及。且自图奸以至杀讫，事非俄顷，岂无一人见闻？揆其致死情由，难保非另挟别嫌或竟系该犯向死者图奸，到案捏供以为狡卸地步。承审官并未严究起衅确情，辄因供系拒奸，遽引审无起衅别情之例，幸免实抵，殊非慎重刑章之道。应令该抚再行提犯研鞫，务得确切供词，按例妥拟具题，到日再议。咸丰八年说帖。

（9）男子拒奸不引丁乞三仔之例

直隶司 此案白三先被马二鸡奸，系被逼勉从，讯非甘心受辱。迨马二欲与续奸，拒绝被殴，有地方张钰淋目睹可证。后因马二又欲逼奸，该犯悔忿交加，用刀将马二砍扎身死。马二生前曾向张钰淋等告知情由，其为悔过拒奸起衅，毫无疑义。将白三依先被鸡奸后经悔过拒绝确有证据，后被逼奸将奸匪杀死者，无论谋、故、斗杀不问凶犯与死者年岁若干，悉照擅杀律绞例拟绞监候，秋后处决。该督疏称，该犯到案时年仅十五，已死马二年在四十以上，自恃力大逼勒成奸，是死者年长凶犯四岁以上，而又恃长欺凌，理曲逞凶，核与丁乞三仔之案事异情同，应援照丁乞三仔之例，可否从宽免死减等发落，相应附疏陈明等语。查十五岁以下被长欺侮殴毙人命之案，照例必确查死者年岁长于凶犯四岁以上而又理曲逞凶或无心戏杀者，方准援照丁乞三仔之例声请恭候钦定。若先被鸡奸悔过拒绝擅杀逼奸罪人之案，例内则不问凶犯与死者年岁若干，即照擅杀科断。是定例各有指归，引断不容牵混。今白三先被马二鸡奸，复因被逼奸用刀将马二迭行砍扎致毙，该督既将该犯照擅杀罪人律拟绞监候，复以死者年长凶犯四岁以上，恃长欺凌逞凶，援照丁乞三仔之例声请可否免死减等，殊属一事两引，且核与丁乞三仔之案不符，应毋庸议。咸丰九年说帖。

(二) 卷二十二刑律斗殴·威力制缚人

主令割去幼孩茎物致毙驳审

湖广司　此案钟泳糠与年甫十二族弟钟汰来暨表弟刘景田同在山割草。钟泳糠卧地歇息睡熟，钟汰来瞥见，起意将其鸡奸顽耍，并令刘景田在旁观看。钟泳糠惊醒不依争闹，手按钟汰来用力挣起，致将钟汰来按扑跌地擦戳致伤。钟汰来坐起混骂，钟泳糠因其年小即知行奸，将来长成必致生事，起意割去下部。当向刘景田告知，即将钟汰来抓住仰按倒地，喝令刘景田帮割。刘景田先未应允，钟泳糠斥其见伊被奸不阻，如不帮割，断然不依。刘景田无奈允从，随取割草镰刀，将钟汰来下部割落。钟汰来负痛举脚乱蹬，移时殒命。钟泳糠畏罪，起意商同刘景田移尸灭迹。该抚将钟泳糠依主使人殴打致死以主使之人为首，同姓服尽亲属相殴至死以凡论，斗杀者绞律拟绞监候。刘景田照下手之人为从律于凡人斗杀绞罪上量等杖流，犯罪时年仅十五，照律收赎等因具题。臣等详核案情，已死钟汰来与该犯钟泳糠如果年岁相当，或彼此时常戏谑顽笑，该犯所供被死者鸡奸儿戏等语或可云情理所有。乃检查原揭，该犯年已二十一岁，死者年甫十二，尚属幼稚无知。平时既未时相戏谑，何以乘该犯卧地睡熟陡起鸡奸顽耍之心，绝不虑钟泳糠惊醒不依，并令刘景田在旁观看，刘景田亦并不向死者喝斥，殊出情理之外。即使实有其事，该犯系死者无服尊长，自应将其顺责，或投其家属管束，何以因被骂詈辄起意割去下部，并未自行下手，反喝令刘景田帮割？刘景田与死者并无仇隙，当钟泳糠向伊相商之时，如果无致死之心，尽可用言劝阻，即或不从亦无难自行走避。且并无逼迫情形，何以遽肯听从下手？所供被逼勉从殊难凭信。况查阅尸格，死者磕擦各伤，除右臀外，其余均在仰面部位。迹其下手致死情节，难保非该犯等另有起衅别情，起意将其致死灭口，事后捏词狡饰。承审之员于此等惨毙幼童之案并不详细研讯，率据狡避供词，遽照斗杀定拟，殊不足以成信谳。至死者与堂叔钟鼎是否同居，及死者父母尚存并该犯等行凶镰刀撩弃何处，原揭并未详晰叙明，亦属殊漏。案情既涉支离，罪名出入攸关，应令该抚再行提犯严鞫，务得确情，妥拟具题，到日再议。同治八年。

(三) 卷二十八刑律犯奸·犯奸

(1) 强奸未成刃伤男子，比例科断

刑部　奏为外省请示案内有强奸未成刃伤男子平复之案，谨按照向办成案，悉心核议，由咨改奏请旨事。据直隶总督讷咨称王良贵强奸男子张琢儿未成，刃伤张琢儿平复一案。缘王良贵与张琢儿素不认识，张琢儿因寻找胞兄未遇，独自走至该处。天时已黑，即向刘贵窝铺借宿。王良贵瞥见张琢儿年轻可爱，起意鸡奸，虑恐不从，携取菜刀以备恐吓。走进窝铺，捏称张琢儿偷伊柴火，令其前往质对，张琢儿分辩未肯同行。王良贵揪住发辫，拉至附近菜园空房，声言此处无人，欲与鸡奸。张琢儿未允，王良贵将其按倒强行拉裤。张琢儿翻身喊嚷，两脚乱蹬，被王良贵用刀砍伤左右膝、左胯、右臀。经地方巡至，张琢儿鸣悉前情，将王良贵拿获。张琢儿伤经平复。前据该督以例内男子拒奸杀人与妇女拒奸杀人罪名既不相同，则强奸男子未成执持金刃伤人自未便拟以缳首，将该犯比照凶恶棍徒无故扰害例，拟发极边足四千里充军等因咨部。经臣部查，男子拒奸杀人，固与妇女不同，而例内和奸以及强奸男子已成、未成，悉与妇女同论。则强奸未成刃伤男子，即应照强奸未成刃伤本妇例，问拟绞候等因咨驳。去后，兹据该督咨称，查例载：妇女拒奸登时杀死者，无论强奸、调奸，罪人均勿论。若杀非登时，系调奸罪人拟以满流，系强奸罪人拟以满徒，均照律收赎。而男子拒奸杀人必须死者年长凶犯十岁以上，而又当场供证确凿及死者生供足据或尸亲供认可凭三项兼备，登时杀死，始拟满徒，非登时而杀，拟以满流。至年长凶犯虽不及十岁，而三项中有一于此，年在十六岁以上者，无论登时与否，均照擅杀罪人律拟绞监候。是男子拒奸杀人与妇女犯者罪名悬殊。推之图奸、强奸男子未成，执持金刃戳伤，似未便即与刃伤妇女相提并论。援引道光四年河南省请示强奸男子未成刃伤未至残废笃疾，比照凶恶棍徒例拟军成案，并声明可否将该犯王良贵仍照原拟依棍徒扰害例拟军，抑即照强奸未成刃伤本妇例拟绞，咨部核示等因。查例载：强奸妇女执持金刃凶器戳伤本妇，未成奸者拟绞监候。又例载：断罪无正条援引他律比附定拟各等语。此案王良贵起意强奸张琢儿未允，用刀将其叠砍多伤。按照历办成案均比依强奸妇女刃伤本妇未成奸例拟绞监候。唯查道光四年河南省请示强奸男子未成刃伤未成残废笃疾一案，经臣部以检查远年成案有比照强奸妇女未成刃伤本妇问拟绞候者，唯男子拒奸杀人之罪较妇女拒奸杀人之罪为严，则强奸男子未成执持金刃戳伤未便与拒伤妇女并论，应比照凶恶棍徒例拟军，咨覆在案。是以该督援照办理。臣等查，男子拒奸杀人，其不与妇女同科者，诚以男子群相聚处无嫌可别，难保不另有起衅别情。故定罪量予从严，例意各有指归，何得曲为牵混。且律贵诛心，只当论凶犯之心是否因奸逞凶，不必又于被伤之人分别妇人男子。盖强奸男子与强奸妇女其图奸之心无以异，强奸男子未成而逞凶刃伤与强奸妇女未成而逞凶刃伤其淫凶之心亦无以异。衡情既无①一致，则定罪未便两歧。况例内强奸幼童与强奸幼女同载一条，强奸男子已成又与强奸妇女已成同引一律。在强奸案内既不能强为区分，自不得于强奸刃伤案内又复曲为开脱。从前议覆河南省请示一案，实未允协，且并未奏准通行，不可援以为据。臣等公同商酌，不敢因曾经咨驳存回护之心，亦不敢因成案在前存迁就之见，自应按照从前成案画一办理。王良贵一犯应令该督即比照强奸刃伤本妇未成奸者绞例拟绞监候，俟该督具奏，到日再由臣部核议，请旨施行。道光二十七年说帖。

---

① 当为既然。

(2) 强奸幼童已成，不得舍例援案

直督　题：段福祥子因见年甫八岁之幼童李万顺子貌秀可爱，辄萌淫念，诱骗成奸，即应按例问拟。段福祥子应依恶徒将未及十岁之幼童诱去强行鸡奸者，照光棍为首例拟斩立决。该督声称，段福祥子哄诱李万顺鸡奸时，一闻喊痛，即行中止，尚有畏法之心，与实在淫凶光棍有间。并声引该省刘二成诱奸八岁幼女刘三姐已成，并段四诱奸八岁幼女王金姐已成，又山东省孙小连诱奸八岁幼女孙了姐已成改拟斩候各案，声请听候部议等因。查诱奸幼童已成之案，例有专条，即不当舍例援案，致定例竟成虚设。且检查该督所引刘二成三案，各本犯或年仅十八，或年仅十六，皆因其年轻无知，故得原情声请。今段福祥子犯案时年已三十六岁，既非年轻无知，岂得曲为开脱？所有段福祥子一犯应照例斩决。该督援案声请之处应毋庸议。道光二十五年说帖。

(3) 诱奸七岁幼童已成，畏惧中止

直隶司　查例载：将未至十岁之幼童诱去强行鸡奸者，照光棍为首例斩决等语。又查乾隆十年直隶省题年甫十六之段四诱奸八岁幼女王金姐已成，因王金姐负痛，畏惧中止。经九卿核议，奉旨改为斩监候。又道光二年山东省年甫十八之孙小连诱奸八岁幼女孙了姐已成，因孙了姐哭喊中止。又十四年直隶省年甫十八之刘二成诱奸八岁幼女刘三姐已成，因刘三姐哭喊即行中止。又二十二年臣部审办年甫二十之秃小二诱奸九岁幼童辈儿，因辈儿负痛哭喊，畏惧中止。又二十六年河南省年甫十九之袁奴才诱奸八岁幼女燕女已成，因燕女负痛哭喊，畏惧中止。彼时办理均将各犯照例拟斩立决，并声明尚有畏惧之心，援案具题，奉旨均改为斩监候。各在案。此案赵双庆诱奸年甫七龄之无服族弟赵连魁子，甫经成奸，因赵连魁子负痛哭喊，该犯畏惧即行中止。查该犯与赵连魁子并无服制，应于该督所题赵双庆合依将未至十岁幼童诱去强行鸡奸，照光棍斩决例拟斩立决。惟查该犯年甫十九，与赵连魁子甫经行奸，因赵连魁子负痛哭喊，即行中止，尚有畏惧之心，核与段四等各案情事相同。既据该督援案声请，相应声明请旨。道光二十七年说帖。

(4) 强奸五岁幼童，畏惧中止

直隶司　此案康三琥诱奸年甫五龄之幼童张汰成已成，自应按例问拟。康三琥合依将未至十岁之幼童诱去强行鸡奸者，照光棍为首斩例拟斩立决。惟查该犯年仅十七，与张汰成甫经行奸，因张汰成负痛哭喊，即行中止，尚有畏惧之心，核与段四等各案情事相同。既据该督援案声请，相应声明请旨定夺。道光二十九年案。

(5) 强奸八岁幼童，因伤殒命

豫抚　题：谷生受雇与张居家佣工，并无主仆名分。张居年甫八岁之幼子张同中走至谷生屋内玩耍，谷生顿萌淫念，将张同中哄诱按地，强行鸡奸，致将张同中谷道受伤溃烂殒命。该抚将该犯照强奸未至十岁幼童例，拟斩立决等因具题。查强奸未至十岁幼童斩决之例，系指未经致死者而言。至将未至十岁幼童强行鸡奸因而致死，情节更惨，自应于斩决例上酌加枭示，以示惩警。今该犯谷生强奸年甫八岁之张同中已成，致令因伤身死。该抚将该犯仍照强奸未至十岁幼童例拟以斩决，未免置人命于不问，自应照例酌加问拟。谷生合依将未至十岁幼童诱去强行鸡奸，照光棍为首例斩决例上加拟枭示，传首犯事地方悬竿示众，以昭炯戒。道光二十七年说帖。

(6) 重犯承招后忽患疯迷

奉天司　查金瞎子即金尚得纠同其子金添保及张安、孙来子等轮奸旗妇那关氏并其子女已成。因该犯等供词翻异，咨送奉天府尹委员严审。嗣经派员传证质讯明确，均取具确供解部。该侍郎以会同审讯该犯等供，仍如前毫无疑义，委因畏罪翻异，并无别故。且据案犯张安、孙来子、金瞎子各将确供指画。惟金添保偶患疯迷，抽搐不醒人事，未能画供。系轮奸已成之重案，情罪重大，例限綦严。该犯病愈无期，可否即照前画供招定拟，咨部示覆等因。查疯病滋事之案，到案时或验系始终疯迷，或覆审时供出明晰，均以先经报案为凭，原以杜装疯捏饰之弊。若犯案后并无患疯情形，迨经成招时陡患疯迷，即应严究是否装捏，按例惩办，不得任令狡避，以重刑章。今金添保听从伊父金瞎子纠往轮奸那关氏等已成。该犯业经承认将幼童那庆沅子鸡奸，迨因翻供覆审，又复供认不讳。何以于画供时陡患疯迷，不省人事？且到案时又未供有疯病，显因所犯情罪重大，装疯捏饰，以为拖延地步。案关轮奸已成，岂容此等案犯饰词延宕，致令全案人犯久稽显戮，殊不足以示惩儆。应令该侍郎迅即提犯严鞫是否装疯捏饰，务得确供，按例妥拟具题，到日再行核覆。同治七年案。

（四）卷三十刑律捕亡·罪人拒捕

事后殴毙强奸未成罪人

直督　咨：秦黑儿因弟秦刁儿在村外拾柴，被杜虎儿吓诱欲与鸡奸。秦刁儿不依，杜虎儿将其按倒撕破裤子，欲行强奸。秦刁儿挣扎哭喊，并未成奸，即行松手。秦刁儿脱身跑回，向秦黑儿并伊父秦碌哭诉。秦黑儿气忿持棍往找杜虎儿殴打。行至村外，适杜虎儿走回，秦黑儿即用棍殴伤杜虎儿顶心等处。杜虎儿混骂，秦碌亦走至揪住杜虎儿发辫，将其摔倒。杜虎儿益肆辱骂，秦黑儿又踢殴伤其右乳等处殒命。该督将秦黑儿比依本妇有服亲属登时致死强奸未成罪人例，拟杖一百，徒三年。秦碌依正犯拟徒案内余人例，拟杖八十等因咨部。查本妇有服亲属登时杀死强奸未成罪人拟徒之例，重在"登时"二字。必其致死之时即在强奸之际，方可按例拟徒。若死者虽为强奸罪人，而本犯系事后捕殴致毙，即不得以登时论，自应照非登时拟绞之例定拟，引断不容牵混。今秦黑儿于伊弟秦刁儿被杜虎儿强奸未成，其时该犯并未在场，迨秦刁儿脱身回家向秦黑儿及伊父秦碌告知，始找见杜虎儿将其致毙。核其情节，系属事后捕殴不得谓之登时，自应将秦黑儿比照杀非登时例问拟绞候。秦碌按例亦应满杖。该督并不详核例意，即将秦黑儿比例拟徒，并将秦碌拟以杖八十，殊未允协。罪关生死出入，应令该督另行按例妥拟具题，到日再议。道光二十年说帖。

嗣据该督以有服亲属杀死强奸未成罪人之案，如事后告知，一经听闻即将罪人捕殴致死，因其忿激之心并未间断，仍作登时论。如闻知迁延不发，或彼此晤面忆及前情始行殴打致毙，则其忿激之心业已稍缓，应照非登时论。检查道光十二年该省路思山因族人路四片强奸伊妻王氏未成逃逸，路思山回归询悉情由，将路四片追殴身死，亦将路思山照登时论拟徒，经部照覆核与此案相似，可否仍照前议拟徒，抑或实须照非登时论改拟绞候，并以此后杀死强奸未成罪人其事虽未目击，其捕实在登时，应否一概以非登时论，咨部示覆等因。查杀死强奸未成罪人，例以登时、非登时分别拟罪。所谓登时，必事在顷刻，势出仓猝者方是。原以别于事后，断无论强奸则已在事后、论杀死则尚在登时之理。今秦黑儿既于杜虎儿强奸伊弟未成之时并未在场，迨事后闻知，始行殴毙，实属杀非登时，例应绞抵。若谓一经听闻即行捕殴致死，即不问是否事后皆得以登时论，是不以死者强奸之时为断，但以凶犯忿激之时为断。舍确有显迹之事后，而凭并无一定之登时，徒使残杀者易于卸罪，殊非慎重人命之道。至所引路思山一案，系本部随案核覆，未经通行之件，未便援以为据。所有秦黑儿一犯应令该督详核例文，妥议具报，到日再行核办。道光二十年说帖。

秋谳辑要

（清·光绪）刚毅辑
清光绪十五年（1889）
江苏书局刻本

（一）卷五 强奸幼孩已成，致令羞忿自尽。薛聪—陈迎椿，同治间案。

（二）卷六 男子先被鸡奸，后经悔过拒绝，复被逼奸，杀死奸匪。张二白娃—张欢狗，同治光绪间案。

审看拟式

(清·光绪)刚毅编
清光绪二十二年(1896)刻本

卷四 强奸幼童未成。李景则—陈三儿案。

樊山批判

(清末民初)樊增祥撰
民国初年石印
《樊山全集》本

(一)卷三·批贺天佑呈词

尔故父乃詹事府主簿,平日与优伶来往,将值银二百两之厨柜慨然借给唱戏之朱全荣使用,已属非是。尔以读书人跑到唱戏的家里,坐索此柜,尤为不自尊重。揆厥事情,必系尔父生前嬖爱朱全荣,要钱就给钱,要柜就给柜。与也,非借也。尔于尔父死后,突然向索已舍之物,朱全荣自然不给。尔即仗主簿少爷之势控告优伶,试问尔以少爷与戏子跪堂,有何体面。似此没出息的东西,若是我的学生,定将尔重责十板。不准,并饬。

(二)卷三·批贺天祐禀词

据称尔父该傅氏之债,托朱全荣卖柜清偿。伊骗柜到手,不卖不还,以致傅姓欠款至今未偿。果如所言,何以早不控究。戏子色衰代售古董,少爷情急乱打官司。琐屑离奇之案都出在本县任内,愈驳愈控,不准不休。姑候饬差,协约查明理处具覆,勿庸唤讯。

十大名家判牍

平襟亚编
秋痕廎主评
民国十三年（1924）
上海共和书局铅印本

（一）于成龙判牍菁华① 诱拐儿童之妙判。拐卖儿童，"男为相公，女为娼妓"。

（二）张船山判牍菁华② 鸡奸自首之妙判。朱刚木—章天亮案。

（三）李鸿章判牍菁华③ 鸡奸擅杀之妙判。许阿奎—夏敬观案。

（四）胡林翼判牍菁华④ 娈童叛主之妙判。经亨富—吴文海案。

刀笔菁华

平襟亚编
秋痕楼主评
民国十五年（1926）
上海共和书局铅印本

（一）讼师恶禀精华⑤ 肠血诬奸之恶禀。张甲有肠血之疾，以此诬告李乙鸡奸。

（二）讼师恶禀精华 龙阳诬控之恶辩。李乙反诬张甲系龙阳君，"青蚨三百，便可联断袖之欢"。

---

① （清·康熙）于成龙撰。
② （清·乾隆）张问陶撰。
③ （清末）李鸿章撰。
④ （清末）胡林翼撰。
⑤ （一）（二）均系（清）谢方樽撰。

各省审判厅判牍

(清·宣统)上海法学研究社编
民国元年（1912）
上海法学研究社石印本

判牍十二奸拐门·戳伤他人自行投首①

案准地方检察厅起诉王长贵戳伤谢炳五即谢文魁自行投首一案。缘王长贵年十六岁，籍隶贵州，与四川人谢炳五在籍认识。王长贵到滇投宿省城荣升栈，图谋跟官。谢炳五见其少艾势孤，意图鸡奸。本年三月二十九日，捏称有人带信，须王长贵还银四十元，以为挟制。王长贵答以向不负债，谢炳五由是纠缠调戏勾引，王长贵力拒不允。三十日，谢炳五呼其同游，王长贵仍不应允。是夜，王长贵在房解衣就寝，谢炳五逼令偕伊另屋同宿。王长贵见势危险，出言慢骂。谢炳五持刀向戳，王长贵执凳搅刀落地。谢炳五转身拖凳，王长贵拾刀戳伤其脊背。经仲纯武赶拢劝散，王长贵自往警所投首，转送检察厅。验伤保辜起诉，前来讯供前情不讳。谢炳五伤愈潜逃，复集人证研鞫不移，应即判决。查例载：本妇殴伤图奸、强奸未成罪人折伤以上者，无论登时、事后，概予勿论。又律载：断罪无正条，援引比附定拟各等语。此案谢炳五见羁旅孤客王长贵少艾，意图鸡奸。先之以欠债挟诈，继之以调戏勾引。屡拒不从，施之强迫，致被王长贵用刀戳伤，限内平复。核其情节，奸虽未成，情实窘辱。遍查律载，并无男子殴伤欲图鸡奸之人作何治罪明文。惟查鸡奸十二岁以下幼童例应比依强奸幼女治罪，则男子拒奸殴伤与妇人拒奸殴伤亦可隅反，自应比照问拟。王长贵合比依本妇殴伤图奸、强奸未成罪人折伤以上者，无论登时、事后，概予勿论例，应予勿论。移检察厅查照省释，此判。

---

① 云南地方审判厅案。

读律一得歌

(清·光绪)宗继曾撰
清光绪十六年(1890)
江苏书局刻本

卷四犯奸·犯奸

> 凡有伙强鸡奸良，斩决无论曾杀亡。
> 同奸为从俱拟绞，余犯改发烟瘴方。
> 如止一人奸行强，罪拟绞候人未伤。
> 强若未成三千里，和同杖枷断罪当。
> 倘诬鸡奸至斩决，反照恶徒发遣章。

读例存疑

(清·光绪)薛允升撰
清光绪三十一年(1905)北京刻本

（一）卷二十六刑律贼盗上

洋盗案内被胁在船为匪服役，或事后被诱上船及被胁鸡奸并未随行上盗者，自行投首照律免罪，如被拿获均杖一百，徒三年，年未及岁仍照律收赎。

此条系乾隆五十九年刑部议准定例，嘉庆六年、十八年修改，同治九年改定。

（二）卷三十刑律贼盗下

安徽省拿获水烟箱主匪徒，除审有抢劫、杀伤、强奸、拐卖等情，各照本律例从重定拟外，其但经携带烟童，或与鸡奸或纵令卖奸或遇事挺身架护者，俱发极边足四千里充军。

此条系道光七年刑部议覆安徽巡抚邓廷桢奏准定例。

（三）卷三十二刑律人命

男子拒奸杀人，如死者年长凶犯十岁以外，而又当场供证确凿及死者生供足据，或尸亲供认可凭，三项兼备，无论谋、故、斗杀，凶犯年在十五岁以下，杀系登时者，勿论，非登时而杀，杖一百，照律收赎。年在十六岁以上，登时杀死者，杖一百，徒三年，非登时而杀，杖一百，流三千里。至死者虽无生供，而年长凶犯十岁以外，确系拒奸起衅，别无他故，或年长凶犯虽不及十岁，而拒奸供证确凿及死者生供足据或尸亲供认可凭，三项中有一于此，凶犯年在十五岁以下，登时杀死者，杖一百，徒三年，非登时而杀，杖一百，流三千里，俱依律收赎。年在十六岁以上，无论登时与否，均照擅杀罪人律拟绞监候。如死者与凶犯年岁相当或仅大三五岁，审系因他故致毙人命，捏供拒奸狡饰者，仍分别谋、故、斗杀，各照本律定拟，秋审实缓亦照常办理。若供系拒奸并无证佐及死者生供，审无起衅别情，仍按谋、故、斗杀各本律定拟，秋审俱入于缓决。至先被鸡奸，后经悔过拒绝，确有证据，复被逼奸，将奸匪杀死者，无论谋、故、斗杀，不问凶犯与死者年岁若干，悉照擅杀罪人律拟绞监候。其因他故致毙者，仍依谋、故、斗杀各本律问拟。

此例原系二条，一系乾隆四十二年刑部奏准定例，四十八年修改。一系乾隆六十年刑部增纂之例，嘉庆六年修改，道光四年修并。

谨按：男子拒奸杀人之案，条分缕晰，颇极详细。惟并未分别强奸、图奸，自应不论强奸与否，一体科断矣。男子与妇女大相悬殊，本不得以奸情论，是以律无鸡奸治罪明文。即有犯者，科以不应可耳。《比引例》载："将肾茎放入人粪门内淫戏，比依秽物灌入人口律，杖一百。"康熙年间旧案，有照以秽物灌入口鼻定拟，亦有照他物置人孔窍定拟者，并不以奸情论。自定有拒奸杀人之例，遂与妇女同科，而犯奸门内亦有和同鸡奸照军民相奸问拟之成例。科条多而案牍益烦，是又多一擅杀名目矣。康熙年间定有秋审成例，凡命案内情节可原者，均酌量入于缓决。此等拒奸杀命之案，自可照办。纂为定例，殊嫌节外生枝。

（四）卷四十三刑律犯奸

恶徒伙众将良人子弟抢去强行鸡奸者，无论曾否杀人，仍照光棍例，为首者拟斩立决，为从若同奸者俱拟绞监候，余犯发遣黑龙江给披甲人为奴。其虽未伙众，因奸将良人子弟杀死及将未至十岁之幼童诱去强行鸡奸者，亦照光棍为首例斩决。如强奸十二岁以下十岁以上幼童者，拟斩监候，和奸者，照奸幼女虽和同强论律拟绞监候。若止一人强行鸡奸并未伤人，拟绞监候，如伤人未死，拟斩监候。其强奸未成并未伤人者，拟杖一百，流三千里。如刃伤未死，拟绞监候。如和同鸡奸者，照军民相奸例，枷号一个月，杖一百。倘有指称鸡奸诬害等弊，审实，依所诬之罪反坐，至死减一等。罪至斩决者，照恶徒生事行凶例发极边足四千里充军。

此条系康熙十八年、四十六年先后议准，雍正十二年又经刑部议准安徽巡抚徐本条奏，乾隆五年纂辑为例。嘉庆二十四年修改，咸丰二年改定。

　　谨按：此例似可并入前条①之内，无庸另立专条。"偿有"以下云云，似应删去，以有诬告本律也。至男子与妇女究有不同，和同鸡奸即与妇女同科，似嫌未尽允协。

（五）卷四十三刑律犯奸

　　凡强奸十二岁以下幼女、幼童未成，审有确据者，发黑龙江给披甲人为奴。

　　此条系乾隆十四年刑部审拟廖以仪强奸十一岁幼女未成一案，附请定例。乾隆三十二年、嘉庆十三年、十七年、二十四年修改，咸丰二年改定，同治九年又改为实发烟瘴充军，无庸以足四千里为限。

（六）卷四十三刑律犯奸

　　川省啯匪有犯轮奸之案，审实，照强盗律不分首从皆斩。其同行未成奸者，仍依轮奸本例拟绞监候。如因轮奸而杀死人命者，无论成奸与否，俱照强盗杀人例，奏请斩决枭示。

　　此条系乾隆二十三年刑部议覆四川按察使吴士端奏准定例。

（七）卷四十三刑律犯奸

　　凡强奸杀死妇女及良家子弟，仍按例问拟斩决外。其有先经和奸后因别故拒绝，致将被奸之人杀死者，俱仍照谋、故、斗殴本律定拟。

　　此条系乾隆四十年刑部奏准定例。

（八）卷四十三刑律犯奸

　　京城内外拿获窝娼并开设软棚月日经久之犯，除本犯照例治罪外，其租给房屋之房主，初犯杖八十，徒二年，再犯杖一百，徒三年，知情容留之邻保杖八十，房屋入官。若甫经窝娼及开设软棚即被拿获，知情租给之房主杖八十，知情容留之邻保笞四十，若房主、邻佑实不知情，不坐，房屋免其入官。如业主所置房屋交家人经手，有赁给窝娼、开设软棚，伊主实不知情者，罪坐经手之人。倘系官房，即将知情租给经手官房之人，亦照前例治罪。

　　此条系嘉庆十六年奉旨纂为定例。

　　谨按：男子拒奸杀人有例，和同鸡奸有例，而无男子卖奸之条。开设软棚，其即男子卖奸之处乎？特例未明言之耳。与窝娼并论，盖可知已。

---

① 轮奸良人妇女条。

（九）卷四十三刑律犯奸

若有私买良家之女为娼，及设计诱买良家之子为优者，俱枷号三个月，杖一百，徒三年。知情卖者与同罪，媒合人及串通说合之中保减一等。奸宿者，照抑勒妻女与人通奸奸夫杖八十律，拟杖八十。子女不坐，并发归宗。若妇女、男子自行起意为娼、为优卖奸者，照军民相奸例，枷号一个月，杖一百。宿娼、狎优之人亦照此例同拟枷杖。

此条系前明《问刑条例》，乾隆五年、嘉庆十四年修改，咸丰二年改定。

谨按：男子自行起意为优，若并未卖奸，则无罪可科矣。

优不禁而独禁娼，未见娼遂少于优也。

律有文武官员宿娼狎优之罪，而不及凡人，以无罪可科也。此例凡宿娼狎优之人均照凡奸例拟杖一百，枷号一月，是较官员科罪反重矣。且同系宿娼狎优，买自良人者拟杖八十，自行起意卖奸者满杖加枷。纵容亦同，尤觉参差。

犯奸罪名唐在杂律，不过寥寥数条耳。明律则较多矣，而例则较律为尤多。本门赅载不尽者，威逼致死门又不惮详晰言之。案牍之繁殆由于此，然亦可以观世情矣。

（十）卷五十二总类

谨按：前明律例之外又有《比附律》六十余条，系嘉靖年间奏准纂入。盖因例无专条，即可援此以定罪也。国朝屡次增删，只存三十条，仍其名为《比引律条》。

刺字集

（清末）沈家本
（清·光绪）郭安仁编
清光绪二十四年（1898）江苏书局刻本

（一）卷二刺字条例

伙众将良人子弟抢去强行鸡奸余犯拟遣者，强奸十二岁以下幼女、幼童未成者，面刺"改发"二字。（徒流迁徙地方例）

（二）卷四刺字备考

强奸十二岁以下幼童、幼女，左面刺"奸犯"二字。

恶徒将良人子弟强行鸡奸者，首从均刺"奸犯"二字。

图奸男子致令羞忿自尽者，均左面刺"奸犯"二字。

大清现行刑律

(清末)沈家本等编
清宣统二年(1910)铅印本

(一) 卷三十犯奸·犯奸

凡职官及军民奸职官妻者，奸夫、奸妇并流三千里。若职官奸军民妻及军民相奸者，奸夫、奸妇各处十等罚①。如男子合同鸡奸者，亦照此例办理。

恶徒鸡奸十二岁以下幼童者，酌量情形比依强奸幼女、轮奸妇女各本例分别治罪。

(二) 卷三十犯奸·买良为娼

私买良家之女为娼及设计诱买良家之子为优者，俱徒三年。知情卖者与同罪，媒合人及串通说合之中保减一等。奸宿者，照抑勒妻女与人通奸奸夫律治罪。子女不坐，并发归宗。

钦定大清刑律

(清末)沈家本等修
清宣统三年(1911)刻本

第二编第二十三章·奸非及重婚罪

第二百八十三条　对未满十二岁之男女为猥亵之行为者，处三等②至五等③有期徒刑或三百圆以下三十圆以上罚金。

以强暴、胁迫、药剂、催眠术或他法至使不能抗拒而为猥亵之行为者，处二等④或三等有期徒刑或五百圆以下五十圆以上罚金。

第二百八十四条　对十二岁以上男女以强暴、胁迫、药剂、催眠术或他法至使不能抗拒而为猥亵之行为者，处三等至五等有期徒刑或三百圆以下三十圆以上罚金。

---

① 罚银十五两。
② 五年未满，三年以上。
③ 一年未满，二月以上。
④ 十年未满，五年以上。

聊园诗存

(清·同治—光绪)王曾祺著[①]
清光绪十七年(1891)韩城刻本

后出门集卷第二·梨园曲

　　车马连翩宵过市,云是梨园佳子弟。
　　清歌婉转断人肠,笑语缠绵解人意。
　　自恃承恩忍负恩,长安酒客衣悬鹑。
　　谁知玉貌珠冠底,中有鞭笞爪掐痕。

聊园词存

(清·同治—光绪)王曾祺著
清光绪十七年(1891)韩城刻本

卷一·尉迟杯又一体·有赠

　　甚心情者时节,更有花事兴。当场顾影娉婷,浑未到十三龄。尊前试携取,爱个儿素口浅含樱。误认春燕重来,向人娇语生生。　我已旧梦都醒,问禅心泥紫,扑打何曾?一缕柔丝偏惹恨,几番横笛暗飞声。怪无端天与风流,任何戡绝倒乱呼伧,便从此烂醉芳丛。不须听说飘零。

[①] 参见《燕台花事录》。

樵说

(清·同治—光绪）王曾祺撰
清光绪十八年（1892）石泉刻本

（一）卷第三

华阴袁听涛有《可怜词》，为小伶绿儿作，云：

倾城花底唤秦宫，水上鸳鸯雪上鸿。
杨柳偶随燕市绿，樱桃不数郑家红。
颦如赵女愁俱好，曲顾周郎误亦工。
侬说可怜怜未得，如卿真个可怜虫。

茜纱裙束沈郎腰，不是柔肠骨亦销。
弱貌漫矜花窈窕，戎妆也学霍嫖姚。
歌翻杨柳声声慢，香印莲花步步娇。
一曲回波人似海，青灯红烛可怜宵。

牙根微转几声莺，低唱无声胜有声。
一缕情随眉语度，四条弦和指音清。
香分金钿增长恨，花堕珠楼认小名。
吟遍洛神都不称，只应唤作可怜生。

（二）卷第四①

嘉兴蒋充之浩《杨花辞》叙云："杨花，关中伶人也。年十五，从人过留坝。遇寇，杨花牵马让主，冒刃骂贼死。予壮其事，为之辞。"诗云：

东风吹汝到天涯，檀板声销起暮笳。
十载国殇招不得，白杨何处更飞花。
东望武关杀气秋，乌桕江水接天流。
伤心马首沾泥絮，又惹杨花万里愁。
非白杨花杨婆儿，乃是汉中烈丈夫。

---

① 参见《三异笔谈》。

小留坝去大留坝，羞杀霍家冯子都。

（三）卷第五

蝯叟晚入都门，风趣尤胜。每作书，必以雏伶拂纸。尝为人作八分楹联，已署款，为某伶攫去，叟以为快。一日入梨园，群美肩摩，如秾桃娇杏围古松一枝。时深秋，叟尤执纨扇。张温和公嘲之，叟和张诗，有云："自怜蝯叟真情种，团扇深秋到处圆。"

樵说续

（清·同治—光绪）王曾祺撰
清光绪二十七年（1901）成都聊园刻本

（一）卷六

什邡王春田光甸《茗余新话》载有绵竹侯桂林。侯隶会垣舒颐部，其部纯演院本。侯出自杨忠武公孙家乐二十五林之一，予尝见其演《游园》、《断桥》诸折，柔能写怨，静足移情，且闻乐从文士。后有马叟者，年近古稀，酷赏之，体恤周至。侯戊辰夏染疫死，其冬马忽缢于城楼，人咸疑异。《新话》盛言侯善学画，感马意，尝绘兰，自题绝句云："幽谷含香乐素寒，无端托迹傍阑干。灌园老子维持甚，只许时人作画看。"果尔廿八字，殊未可没也。

（二）卷十二

《温柔乡记》[①] 云："……若夫龙阳君招致弥子、子都辈，冒温柔之名而乡歌南薰，则风斯下矣。"

---

① （清）王有容作。

未能寡过斋诗初稿

（清·同治—光绪）杨叔怿著
民国二十三年（1934）刻本

歌者春莺二十年前旧识也，亭亭玉立色艺冠时，别后闻其所遇非人，流落失所，抑郁以殁，为之怅然①

> 往事低徊那忍说，旧游枨触最为情。
> 春如短梦初离影，惊到垂杨不惜声。
> （二语余赠春莺集句楹联也，抚今思昔，若为之怀。）
> 笛里暗飞明月老，酒边易散彩云轻。
> 桃花人面今犹在，我昔怜卿转负卿。

鬘天影事谱

（清·光绪）易顺鼎著
清光绪间上海机器印书局铅印本

（一）卷一·绛都春·为琴绮②赋

幺弦独理，把万古东风，赚成商意。灯畔梦痕，镜里年华，都如水。人天旧怨浑弹碎，算苦了粉郎葱指。鬘云夜堕，几番憔悴，萼华仙子。　应是。海山韵杳，尽愁心付与、断红鸾尾。冷到玉徽，便觉相思真无味。桐丝一寸秋魂死，更休向爨余飘泪。最怜兰恨将销，笼鹦唤起。

（二）卷一·新雁过妆楼·再为琴绮赋，时余将有海上之行矣

嫩指调冰，弹不破、人天绿意冥冥。弦畔东风，吹冷万古瑶情。春梦和他鹦鹉忏，

---

① 春莺较有可能是一位女妓，但也不能排除男优的可能性。杨叔怿，字豫庭，参见《越缦堂日记补》（咸丰十年三月二十六日）。

② 北京的一位优伶。

秋怀诉与凤凰听。漫销凝，催花羯鼓，弄月鹅笙。　相思水荒山远，料移船海上，别调凄清。见说文鸾，而今也叹飘零。禅心几回拖逗，初不为琵琶肠断声。兰因在，伴华年锦瑟，修到三生。

(三) 卷一·惜分飞

　　门外落红深一尺，梦逐玉骢难觅。今夜东风急，粉郎悬泪花前立。　愁到眉山遮寸碧，吹裂璇宫旧笛。酒醒歌尘寂，断魂犹绕旗亭壁。

(四) 卷一·金镂曲

　　小院桃花雨。镇销魂湘帘半卷，数声啼宇。门外斑骓勾留久，携手画阑私语。消受者酒边眉妩，绿鬓飘零维摩榻。算年来略解伤春苦，吹玉笛甚情绪。　筝堂夜按阳关谱。漫催成红凄翠怨，茜盟无主。十丈车尘宣南路，埋尽春愁几许。有多少云鸿失侣。一寸情天伤心碧，便微躯化石都难补。持此恨，竟终古。

(五) 卷一·前调

　　门外天涯路。憩香骢绿沉小院，艳宵初曙。草长红心江南岸，一片歌尘乍度。甚粉约脂期都误，但骂东风真无赖。送侬归不送愁归去，空望断凤城树。　年来春梦浑难据。又匆匆旗亭折柳，三生萍絮。宝瑟弦僵瑶情冷，漫把孤怀浪诉。怕少个周郎能顾。只道芳颜须珍重，料人间尚有相逢处。抵多少，断肠句。

樊山续集

（清末民初）樊增祥著
民国初年石印《樊山全集》本

卷十五·调石甫①

　　左顾文鸳倍有情，风怀全反竹垞生②。
　　幻为童子疑雄杏③，当作山妻亦牡荆。
　　幺凤几时集阿阁，前鱼曾记浴华清。
　　莫嫌居近公超市，雾里看花尚眼明。

---

① 易顺鼎，字石甫。
② 清人朱彝尊号竹垞，其《曝书亭集》所收《风怀二百韵》为男女风情之诗。
③ 参见《阅微草堂笔记》（九）。

二家词钞

(清·咸丰—光绪)李慈铭
(清末民初)樊增祥 著
民国初年石印《樊山全集》本

(一)卷五·洞仙歌·用前韵再调石甫①

生绡帕子,拭何郎珠汗,花气袭人袖香满。怕鄂君睡美,梅雨微寒,银烛下翠被一床抖乱。 绿笺书小字,唤作青萍,剑气英英烛星汉。(君所眷曰剑青。)绕指不胜柔,临去秋波,则学得崔娘一转。便当作明珠掌中擎,纵宝马千金,莫教轻换。

(二)卷五·鹧鸪天·雨夜易五②以车迓某郎,赋此调之

翠被温柔别有香,轻车油壁引仙郎。朝云颠倒襄王梦,夜雨消磨杜牧狂。 灯照泪袖携香,延平剑合两鸳鸯。酒边颇忆梅村语,难得今宵是乍凉。

(三)卷五·浣溪沙·昨以小词调石甫,今始知可人期不来也,再赠

闻唤云郎佐酒船,细匀鲫墨写青笺。翠衾孤负昨宵眠。 抬举好为凤凰地,荒唐无过鹧鸪天。哥哥行不得堪怜。

半是消磨杜牧狂,等闲无意近萧郎。(近人诗"等闲未许轻相见,半是消磨杜牧狂",昨偶用之,遂为语谶。)柱烧湘子庙中香。(君赁庑在湘子庙街。) 玉父背人呼小九,塞鸿何地觅无双。昨宵只为一人凉。

儿女神仙两有情,扶鸾跨凤一身并。连心花帐一窝云。 今岁秋来应白发,此曹夜半亦苍生。(石甫扶乩,顾五录其诗为一帙,题曰《夜半苍生》。)纵登宣室不忘卿。

消息愁中又病中,曲屏近底拟相逢。衔书青鸟若为通。 人在西厢羞不起,船如南漕惯回空。寇家烛泪为谁浓?

---

① (一)(二)(三)均为樊增祥作。
② 易顺鼎,他在自家叔伯兄弟中排行第五。

燕九竹枝词[①]

（清·康熙）孔尚任等著

（一）同咏[②]

小儿花鼓凤阳调，士女周遭拍手笑。
又有一班装更奇，十番车上诸年少。

（二）同咏[③]

秧歌初试内家装，小鼓花腔唱凤阳。
如蚁游人拦不住，纷纷挤过蹴球场。

（三）同咏[④]

早春戏馆换新腔，半杂秧歌侑客觞。
偏是醉归人似蚁，太平鼓闹蹴球场。

（四）同咏[⑤]

故意今朝装束俏，纤纤轻拨琵琶调。
一弹弹出有情声，哄尽相思恶年少。

[①] 转引自雷梦水等编《中华竹枝词》（一），北京古籍出版社1997年版。《中华竹枝词》分成（一）（二）（三）（四）（五）（六），共六册。引自该书的竹枝词主要以地域排序，有些打破了时间界限，特此说明。
[②] （清·康熙）陈于王著。
[③] （清·康熙）袁启旭著。
[④] （清·康熙）陆又嘉著。
[⑤] （清·康熙）周兹著。

燕游草[①] （清·乾隆）赵骏烈著

《燕城灯市竹枝词》

　　　　花帕缠头锦束腰，不施脂粉颇妖娆。
　　　　秧歌一曲声声媚，月色灯光转助娇。

　　　　华筵启处最奢豪，擎出优童不惮劳。
　　　　节届传柑歌更舞，排场忘却月儿高。

百戏竹枝词[②] （清·康熙）李振声著

花档儿

　　妙龄花档十三春，听到《边关》最怆神。
　　却怪老鹳飞四座，秦楼谁是意中人？

歌童也，初名秦楼小唱，年以十三四为率，曲中《边关调》至凄婉。好目挑坐客，以博缠头，为飞老鹳云。

踏谣

　　锦靴弟子惯登场，一样湘波六幅量。
　　只恐小红人识破，本来骨格太昂藏。

俗名假纤足小旦，屐以弓鞋，覆以裙裤，工者行步自然，不异妇人也。弋阳、秦腔，恒以此示媚。

---

① 转引自《中华竹枝词》（一）。
② 转引自《中华竹枝词》（一）。

都门竹枝词[①]

(清·乾隆—嘉庆) 杨米人[②] 著

同乐轩中乐最长，开来轴子未斜阳。
打完八角连环鼓，明庆新班又出场。

《滚楼》一出最多情，花鼓连相又打更。
谁品燕兰成小谱，耻居王后魏长生。

打来皮磕怪尖酸，蹁出跻来更受看。
怪得满园齐道好，今朝《烤火》是银官。

保和宜庆旧人非，又出名班三庆徽。
双凤遐龄新脚色，一双俊眼满园飞。

小旦亲来为执壶，两边官座碧纱厨。
日斜戏散归何处？宴乐居同六合居。

燕台口号一百首[③]

(清) 佚名[④] 著

深沟难得水流通，马足长年踏软红。

---

① 转引自《中华竹枝词》(一)。
② 据《日南随笔》卷六，杨米人名瑛昶。
③ 转引自《中华竹枝词》(一)。
④ 作者可能是海宁人查揆，作于嘉庆初年。

得意与人游二闸,春风荡漾小舟中。

连厢儿曲唱更阑,铁拨琵琶错杂弹。
笑博众中时一顾,受他指骂更颜欢。
歌童唱北音小曲,号连厢儿,亦曰凳子[①]。

都门竹枝词[②]

(清·嘉庆)张子秋著

和风荡荡艳阳天,自拨琵琶剧可怜。
北调南腔浑不辨,有人挽入《荡湖船》。

三庆琵琶数庆龄,《湖船》一曲动人听。
兰仙更有《吞舟》妙(徐秀龄号兰仙,善饮,多媚),
酒后偏饶狐媚形。

二双(双桂、双凤)三发(发宝、发庆、发龄)
戏偏嘉,俏演吴娘唤卖花。
更有《鹊桥》情切切,双星今夜落谁家?

樱桃铁拐两斜街,但看门牌字尽挖。
未必司坊无觉察,皆由惜玉在心怀。
(门牌填有唱戏字样者皆挖去之。)

斜跨车沿想事由,此人绰号唤"从优"。
行监坐守浑无赖,三窟经营仗尔谋。

---

① 即档子。
② 转引自《中华竹枝词》(一)。原作无题,书名是《中华竹枝词》编者所加。

　　　　宝丰无日不喧哗，庄子新开曲道斜。
　　　　五采三星县正室，款联真假认乌纱。
乙丑年此庄开设廊房三条胡同，雅座最多。

　　　　东兴如意面参差，别味尝鲜各有私。
　　　　毕竟前门听戏便，预先贴座最相宜。
近多称打磨厂东兴居面美。

　　　　时丰最好是汤团，雅座新添气象宽。
　　　　风韵犹存当日话，藏花剧饮足盘桓。
本名妈妈馆。

　　　　曰俭居名最爱听，枵肠食肉味福馨。
　　　　饶他曰俭何曾俭，隔座有人飞眼睛。
东坡肉专门。

　　　　档曲争传《节节高》，妖童三两拨檀槽。
　　　　但能赚得周郎顾，金尽还余客兴豪。

余园诗稿[①]

（清末）汪述祖著

《北京杂咏》

韩家潭谣

韩家潭边明月圆，韩家潭里笙歌繁。
金尊夜夜娱宾客，寂寞谁寻芥子园？

昔日樱桃芍药家，家家座上醉流霞。
梨园子弟今零落，半掩朱扉月未斜。

---

① 转引自《中华竹枝词》（一）。

京华百二竹枝词[①]

（清·宣统）兰陵忧患生著

牟利各行有秘传，剃头铺子最新鲜。
要他不惜工夫好，给了活钱又酒钱。

俗谓剃头为"做活"，剃头钱因名为"活钱"。如到铺中剃头，必须给活钱外另给酒钱，方不至草草了事。缘活钱为铺掌例得，酒钱归剃头匠自有。牟利之法，可谓一举两得。

饭馆倡窑次第排，万家灯市耀花街。
从知世界崇商战，八大胡同生意佳。

八大胡同为京师名花渊薮，饭馆多设其左近，生意遂发达异常。灯火楼台，万家繁盛，金钱如水，洋溢是乡。有心者过此，只有付之一叹而已。

像姑堂子久驰名，一旦沧桑有变更。
试看樱桃斜巷里，当门不见角灯明。

旧日像姑堂子，门内必悬角灯一盏。樱桃斜街素称繁盛之区，今已寂无一家。即韩家潭、陕西巷等处，亦落落晨星矣。

都门新竹枝词[②]

（清·咸丰）芝兰主人[③]著

（一）歌谣

词场雅调本堪夸，只为蝇头一念差。

---

① 转引自《中华竹枝词》（一）。
② 转引自《中华竹枝词》（一）。
③ 著者在《清代燕都梨园史料》中题为芝兰室主人，见该书第1175页。

寄语中台同社友,生财舍却后庭花。

(二)风俗

寸寸柔肠眷恋深,堂名来往觅知音。
少年纨绔多情甚,但得从良值万金。

车边人夸面如桃,公子王孙兴致高。
川马串铃相配合,韩家潭内走周遭。

颇有相知爱小郎,诸珄门外可飞觞。
黄坟配有干烧酒,绝胜华筵到饭庄。

念堂竹枝词[①]

(清·嘉庆—道光)崔旭著

大张囊橐竞多财,娇妾娈童锦绣堆。
歌舞未阑钱树倒,荒园败冢不堪哀。

贪胥。

清凉茶肆瀹汤初,座上盲翁讲法如。
一自梨园夸弟子,三弦冷落说唐书。

茶馆。

戏园七处赛京城,纨绔逢场各有情。
若问儿家住何处,家家门外有堂名。

戏园起于近年,伶人寓此者五十余家。

---

① 转引自《中华竹枝词》(一)。

丙寅天津竹枝词[①] 冯文洵著

迷离扑朔误雌雄,何物名称亵相公。
近日人心重生女,坤伶都比艺员红。
从前,雏伶谓之相公,即像姑之讹音。近日优伶,动称艺员。

古今词统[②] (明·崇祯)卓人月编

《江南竹枝》[③]

龙丘少年美丰姿,傅粉施朱抹口脂。
洛浦浑疑拾翠女,长安恐是卖珠儿。

先泽残存[④] 王元增辑

《练川杂咏》[⑤]

涂妆绾髻斗风姿,串客新来拜教师。

---

① 转引自《中华竹枝词》(一)。
② 转引自《中华竹枝词》(二)。
③ (明·万历)屠隆著。
④ 转引自《中华竹枝词》(二)。
⑤ (清·乾隆)王鸣盛著。

粗细十番听更好,便应狂杀冶游儿。

梨园子弟为串客,有乐器无人声,为打十番。

上海县竹枝词[①]

(清·同治—光绪)秦荣光著

花鼓淫词蛊少孀,村台淫戏诱乡郎。
安排种种迷魂阵,坏尽人心决大防。

最坏者,花鼓淫词、村台淫戏,引诱子弟游荡废业。

郝仲赵全集[②]

(明末)郝璧著

《广陵竹枝词》

肴馔苏人卖酒船,登歌小唱列筵前。
晴娇罗绮成花队,宝宝玲珑坐水天。

---

① 转引自《中华竹枝词》(二)。
② 转引自《中华竹枝词》(二)。

真州竹枝词[1]

(清·咸丰)惕斋主人[2]著

清音
歌喉宛转肖新莺,玉貌亭亭倍有情。
若但爱他吹笛好,牧童也有一枝横。

侑酒
屏上梅花三两枝,浅斟低唱况多姿。
举杯不用雏伶劝,正是天寒下酒时。

瘦松柏斋外集[3]

(清·乾隆—道光)陈文瑞著

《南安竹枝词》

淫哇小唱数营前,妆点风流美少年。
长日演来三脚戏,采茶歌到试茶天。

---

① 转引自《中华竹枝词》(二)。
② 即厉秀芳。
③ 转引自《中华竹枝词》(三)。

翠围山房诗集[①] （清·乾隆）谢攀云著

《蜀州中秋竹枝词》

梨园一曲好排当，绝妙歌声最擅场。
恼杀少年遮短箆，不听凤管看鸾妆。

笨拙俚言[②] （清·咸丰）吴好山著

《成都竹枝词》

川人终是爱高腔，几部丝弦住老郎。
彩凤不输陈四喜，泰洪班里黑娃强。

徙阳竹枝词[③] （清·咸丰）杨甲秀著

秦腔迭唱间三弦，荡桨人来望欲仙。
喜得一城狂拍手，大家随着采莲船。

元夜，采莲船灯用俊童妆船娘，杂唱秦腔。

---

① 转引自《中华竹枝词》（五）。
② 转引自《中华竹枝词》（五）。
③ 转引自《中华竹枝词》（五）。

乌鲁木齐杂诗

(清·乾隆)纪昀著

玉笛银筝夜不休,城南城北酒家楼。
春明门外梨园部,风景依稀忆旧游。

酒楼数处,日日演剧,数钱买座,略似京师。

越曲吴歈出塞多,红牙旧拍未全讹。
诗情谁似龙标尉,好赋流人水调歌。

《王昌龄集》有《听流人水调子》诗。梨园数部,遣户中能昆曲者,又自集为一部,以杭州程四为冠。

樊楼月满四弦高,小部交弹凤尾槽。
白草黄沙行万里,红颜未损郑樱桃。

歌童数部,初以佩玉、佩金一部为冠。近昌吉遣户子弟新教一部,亦与相亚。

逢场作戏又何妨,红粉青蛾闹扫妆。
仿佛徐娘风韵在,庐陵莫笑老刘郎。

刘木匠以旦擅场,年逾三旬,姿致尚在。

老去何戡出玉门,一声楚调最消魂。
低徊唱煞《红绫裤》,四座衣裳涴酒痕。

遣户何奇能以楚声为艳曲,其《红绫裤》一阕,尤妖曼动魄。

---

① 转引自《中华竹枝词》(五)。

澄碧斋诗抄[①]

(清·乾隆) 钱琦著

《台湾竹枝词》

  湘帘斜影照银釭，粉面何郎翠髻双。
  马上琵琶江上笛，喃喃低唱下南腔。

 闽以漳、泉二郡为下南，其腔别为声律。歌童挽髻垂珰，备极媚态。惜鴂舌蛮音，不能解听一字。

风物吟[②]

(清·乾隆) 郑大枢著

  花鼓俳优闹上元，管弦嘈杂并销魂。
  灯如飞盖歌如沸，半面佳人恰倚门。

 优童皆留顶发，粉扮生旦。演唱夜戏，台上争丢目采，郡人多以钱银玩物抛之为快，名曰花鼓戏。制纸灯如飞盖，箫鼓前导，谓之闹伞灯。

---

 ① 转引自《中华竹枝词》(六)。
 ② 转引自《中华竹枝词》(六)。

都门纪略

(清·道光)杨静亭撰
(清·同治)徐永年等补
清同治十三年(1874)刻本

都门杂咏·时尚门

挂像姑(俗名相公,非)[①]
捐班新到快嬉游,小旦连朝闹不休。
博得黄金买歌舞,终归潜夜渡芦沟。

打茶围[②]
薰香刮面换新衣,柳巷花街日叩扉。
借贷无门还典卖,偷闲先去打茶围。

增补都门纪略

(清·道光)杨静亭撰
(清·同治)李静山等补
清光绪五年(1879)刻本

都门汇纂·杂咏

(1)时尚

打茶围
看花客喜夜中行,到处灯笼蜡烛明。
羊角铁丝须细认,分他钗弁两堂名。

---

① (清·道光)杨静亭作。
② (清·同治)王嘉诚作。

(2) 市廛①

像姑车

斜街曲巷趁香车，隐约雏伶貌似花。

应怕路人争看杀，帘垂一幅子儿纱。

(3) 词场

老斗

老斗从来体贴周，雏伶偏自解风流。

不知果是朱衣未，上座居然也点头。

增补都门纪略②

（清·道光）杨静亭撰
（清·同治）李静山等补
清光绪间刻本

都门汇纂卷三·附竹枝词③

叫相公

厚底靴儿彳亍行（小旦穿靴出局），

入门一笑最关情。

三拳两胜匆匆去，十吊京钱改日清。

（如当时付局钱系短客，并且人谓外行也。）

名优

优伶早把姓名传，甫出场门叫好连。

若是无人来指道，任他绝技阿谁怜。

---

① 据《北平梨园竹枝词荟编》，(2)(3) 两首诗的作者是咸丰间人孙丹午。
② 书名页缺失，书名代拟。
③ （清·光绪）濮槐清作。

朝市丛载①

（清·光绪）李虹若编
北京古籍出版社 1995 年版

卷七 都门吟咏·技艺

髲髻赵

妆男扮女事荒唐，髲髻玲珑色有光。
看他袅袅人争讶，暗处相逢试龙阳。

北平梨园竹枝词荟编

张江裁编
中国戏剧出版社 1988 年
《清代燕都梨园史料》本

天宁寺院好楼台，每到深秋菊又开。
赢得倾城车马动，看花齐载玉人来。②

扑朔迷离雌忽雄，樱桃斜畔月瞳瞳。
金釭锦幪不归去，玉贝阑干琥珀笼。③

---

① 本书系据《都门纪略》重订。
② 选自（清·咸丰）孙丹五（名桂，或题枟、樗）《蝶花吟馆诗钞》。
③ 选自（清·光绪）李姚琴《诗钞》。

京华俗咏

(清·光绪)观棋道人著
清末民国间抄本

供事虽然厕末僚,停捐时节亦堪豪。
读书日浅功犹用,到馆年深照早销。
今岁倘将承发补,明春定与相公交。
逢人总怕人轻视,满嘴诗文杂邸钞。

戒坛间壁是司房,方丈偏居最后厢。
梵语似潮宵上殿,松阴满地午开梆。
雅通官事僧称小,俗重私亲客近堂。
难得法徒模样好,法师传法要同床。

温柔乡竟欠温柔,道是风流极下流。
窑调狼嗥夸妙曲,酒筵乌合叹浮沤。
鸳盟赚客迷难悟,雅片熏天死不休。
偶见可儿无恶习,纷纷同作楚人咻。

都门赘语

(清末)韩又黎著
清末民国间抄本

(一)街坊

堂名

门前灯火彻宵红,逐队寻幽曲径通。
老板呼声传见客,花枝拥出一<u>丛丛</u>。

相公下处

凉棚高耸接云楼，车马门前去似流。
早起觑觑惊鬼啸，伊家趁晓戥歌喉。

（二）游览

相公（一名像姑）

强将鸟道辟蚕丛，断袖分桃恋邓通。
只恐许田须璧假，男风顺便易南风。

条子

乌丫谁复辨雄雌，惟有筵前闹判宜。
催促多时条子去，故妆娇态到偏迟。

京都新竹枝词

<small>老羞校
民国二年（1913）老羞石印本</small>

网丝覆额斗平康，何物优伶扮女妆。
任尔南风呵不竞，了无价值总寻常。①

彭刚直公诗集

<small>（清·咸丰—光绪）彭玉麟著
清光绪十七年（1891）吴下刻本</small>

卷五·广州竹枝词

蕉叶青青蕉子黄，晓妆茉莉鬓边香。
双跌如雪通街走，黑辫红绳未嫁娘。

粤俗，未嫁女虽二十余，皆辫不梳头。

---

① （清末民初）友石子作。

金兰契结岂前因，姊妹恩情太认真。

结习闺中牢不破，不从夫婿不从亲。

俗重异姓姊妹，十余联络，生死相倚，父母夫婿不能曲其志。

岭南杂事诗钞

（清·咸丰—光绪）陈坤著
清光绪间钱塘陈氏粤东刻本

（一）卷四·尼庵附荐

浊泪清醪共一杯，双双蝴蝶纸钱灰。

不因生死交情绝，犹向尼庵附荐来。

粤省中元各尼庵建醮，妇女结相知有先下世者，俱得前往附荐。（自注）

粤俗妇女闺中结盟，其情谊有生死不渝者。因读此书，亦拟一绝曰："北邙山下草萋萋，生死交情任与黎。岁岁营斋复营奠，始知风义在红闺。"（溥臣）

热肠古道，情见乎词。（菊人）

（二）卷五·开叹瓩

嫁前一月叹瓩（音忱，叹瓩犹话箱，叹炭、话画俱转音为喻也）开，

多少亲朋赋别来。

不敢吞声还饮泪，女儿临去重徘徊。

粤俗，民家嫁女一月前坐女堂皇，族戚群集。女哭而歌以道别，谓之开叹瓩，又谓之歌堂。

（三）卷五·拜相知

香闺结友倍情痴，盟重金兰信不疑。

翻手作云覆手雨，芳心从此薄男儿。

广州顺德县属村落女子，多有结盟姊妹，名金兰会。出嫁后归宁，恒不返夫家。甚有合卺礼虽行，未成夫妇者，必俟同盟姊妹毕嫁始各返夫家而效于飞，谓之下帏。若促之过甚，则众姊妹相约自尽。此等恶习相沿已久，弗能禁也。近年传染至番禺沙荠一带，尤效更甚，即省会中亦不能免。又谓之拜相知，凡妇女订交后情好绸缪，逾于琴瑟，竟可终身不嫁。风气之坏，极矣！（自注）

儿女昵情至此，谁能唤醒痴迷？（南屏）

粤中最不可解者，此事也。（慕颜）

巧不伤谐。（菊人）

谐语似庄，读之失笑。（芙生）

粤东妇女同心结契，初名金兰会。近十余年风气又复一变，则竟以姊妹花为连理枝矣。且二女同居，必有一女俨若槁砧者，然大可异也。（溥臣）

诗不直作贬语，以蕴藉出之，故是雅人吐属。（镜河）

（四）卷五·髭妆会

迷离扑朔两难分，儿女情长日易曛。

何事髭妆寻雅会，巫山别有梦来云。

男扮女装而狎邪者，谓之髭妆会。（自注）

或谓名减妆会，又名镜妆会。盖因其施朱傅粉，以男子而作妇人妆，故有是名。蒋清容[①]太史咏京师梨园诗："不道衣冠乐贵游，官妓居然是男子。"移咏此事，尤为贴切。（溥臣）

（五）卷七·自梳妹

自家梳起古今无，眉䑛风流与众殊。

羞说梧桐待栖凤，阿侬原不似罗敷。

广州婢女有不愿嫁，积资自赎开脸佣工者，谓之自梳妹，实为物色尚未属也。（自注）

意诙谐而语庄重，诗律所难。（菊人）

广州竹枝词

胡子晋作
民国间铅印本

脂粉无须不绮罗，乌衣队里暗香多。

梳佣寥落今非昔，令我低头忆亚娥。

粤俗，女子持独身主义擅梳头术名曰梳佣，俗呼妈姐，点缀小品也。光绪末叶省垣

---

① 蒋士铨，号清容。

阿娥艳倾一时，后归三水邓沃泉，邓殁娥殉。女为悦己者容，士为知己者死，阿娥有焉。

新妇归来百不膺，每为穷袴峭锋棱。
近年始悟男人好，说话男朋胜女朋。

南海西樵、顺德大良等乡，处女多好结女朋友，名曰相知，事有甚于画眉。如父母逼其出嫁时，女朋友为之制穷袴，使不能近夫婿。此恶俗也，今则此风杀矣。

南汇县竹枝词

（清末民初）倪绳中著
上海书店出版社 2001 年
《上海历代竹枝词》本

生同操作死同穴，姑嫂坟前地也灵。
银杏二株枝连理，贞魂节魂感幽冥。

姑嫂坟在下沙东南。姑姓金，以嫂某孀居，不忍舍，自愿守贞佐嫂，有"生同操作死同穴"之誓。及殁同葬，墓生银杏二株，枝连理，盖贞魂节魂所感。乾隆间尚存。①

戏园竹枝词

（清末民初）佚名著
四川人民出版社 1982 年
《成都竹枝词》本

蛋青衫子叠香罗，纨扇轻摇气度和。
左右玉人频上座，不知宿债累如何？

京靴薄底尚时新，镶滚衣裳稳称身。
翡翠手珠兼手表，带来原为意中人。

---

① 参见《见闻随笔》（五）。

金瓶梅全图

(清)佚名绘
内蒙古文化出版社 1999 年版

书童儿作女妆媚客

苗员外一诺赠歌童

增评补像全图金玉缘

（清·乾隆）曹雪芹著
（清·乾隆）高鹗续
北京图书馆出版社 2002 年影印
《红楼梦评点本系列》本①

赴家宴宝玉会秦钟（第七回）

当贾宝玉初见宁府秦可卿之弟秦钟时，看到秦钟"清眉秀目，粉面朱唇，身材俊俏，举止风流。……只怯怯羞羞，有女儿之态"。于是宝玉"心中便如有所失，痴了半日，自己心中又起了呆意，自思道：'天下竟有这等人物，如此看来，我就成了泥猪癞狗了。'"

---

① 据清光绪十五年（1889）沪上石印本影印。

嗔顽童茗烟闹书房（第九回）

回名或作起嫌疑顽童闹学堂。

秦鲸卿得趣馒头庵（第十五回）

秦鲸卿夭逝黄泉路（第十六回）

秦钟得了重病，临终之际贾宝玉前去看望。

蒋玉函情赠茜香罗（第二十八回）

不肖种种大承笞挞(第三十三回)

呆霸王调情遭苦打(第四十七回)

增评绘图大观琐录[①]

(清·乾隆）曹雪芹著
(清·乾隆）高鹗续
北京图书馆出版社 2002 年影印
《红楼梦评点本系列》本[②]

嗔顽童茗烟闹书房（第九回）

---

① 卷端题《增评补图大观琐录》，本书即《增评补图石头记》。
② 据清光绪十二年（1886）铅印本影印。

杏子阴假凤泣虚凰（第五十八回）

王道士胡诌妒妇方（第八十回）

红楼梦写真

(清·光绪)王钊绘 民国间云声雨梦楼石印本

宁国府宝玉会秦钟

嗔顽童茗烟闹书房

秦鲸卿得趣馒头庵

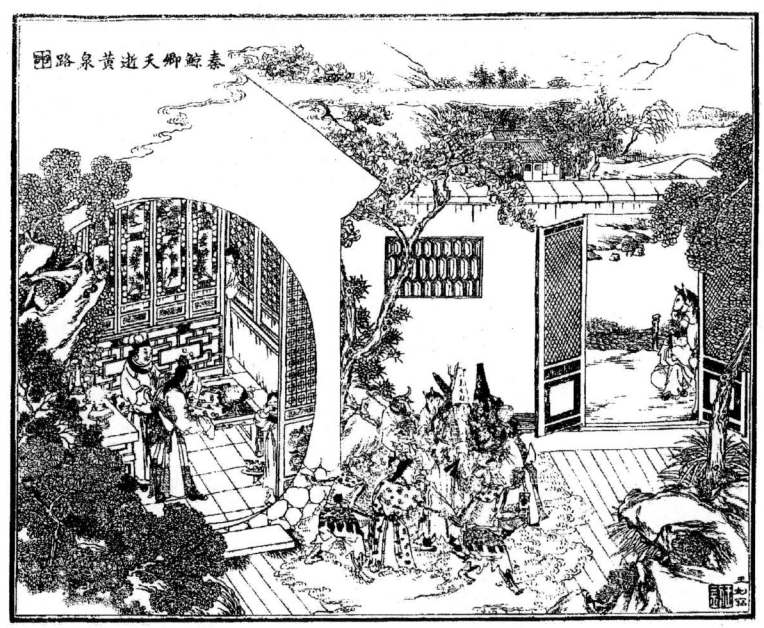

秦鲸卿夭逝黄泉路

蒋玉函情赠茜香罗

增刻红楼梦图咏

(清·光绪)王墀绘
清光绪八年(1882)
点石斋上海石印本

薛蟠像

秦钟像

柳湘莲像

蒋玉函像

红楼梦广义

（清）青山山农撰
清光绪二十八年（1902）
味青斋刻本

（一）卷上①

北静王丰姿美秀，德性谦和，殆古之贤王，好善而忘势者也。送丧之役，一见宝玉即深情无已。香串之赠，王其有龙阳之好乎？宜黛玉以臭男人目之也。

（二）卷上

秦钟美而不寿，其状貌殆如妇人女子，不特宝玉爱之，凤姐亦喜之矣。馒头庵之宿得趣智能，作书者其有微词乎？独是秦钟者，情钟也。情之所钟，岂真独在我辈？其钟情宝玉也，谓之后门进狼；其钟情智能也，谓之前门进虎。一人之身前后交攻，其情溺、其性伐矣。钟而有知，当为之咏曰："无情何必生斯世？"

（三）卷上

蒋玉函与柳湘莲同一美男子耳。乃湘莲可以成仙，而玉函终于作戏，莲奇而函俗，莲洁而函污也。仙凡之隔，纸判几微；清浊之区，遂分霄壤。袭人之娶，所以著下流之归，绝之非幸之也。

（四）卷下

问：秦钟少年美秀而竟钟情以死，然则情固不可钟乎？曰：情之所钟，独在我辈，此名士欺人之语，非有道之言也。夫人生美少年已为大不幸事，况复出以钟情？为钟情于人之人，即不得不为人所钟情之人。其钟情于人也，莫为之前，虽美不彰；其为人所钟情也，莫为之后，虽盛弗传。顾前不顾后，其象为夭，故不永所寿云。

（五）卷下

问：蒋玉函一男子耳，而宝玉直趋之如鹜，岂男色之移人，亦同于女色乎？曰：顽

---

① 事见《红楼梦》第十四、十五回。

童之比,《商书》戒之矣;少艾之慕,《孟子》言之矣①。后世此风盛行,啖桃恃宠,瑕矫君车,断袖留情,贤奸帝位。甚有沉溺歌童,以天子之尊而丧身于优伶之手者。美男之祸,不较女戎为更烈哉!宝玉恋玉函已非一日,甘受家庭之责,莫割情欲之私。罗巾之赠,天夺之魄矣。特不识紫檀堡上②,其亦尝瞻前顾后而自惭形秽否耶?

增评补图石头记

(清·乾隆)曹雪芹著
(清·乾隆)高鹗续
(清·嘉庆—道光)王希廉评
(清末)姚燮评③
清光绪二十四年(1898)上海铅印本

(一)第七回

秦鲸卿另是一流人物,男耶?女耶?吾不得而知之。
秦钟者,情种也。

(二)第九回④

然则亦可以论夫妇乎?

(三)第十五回

宝玉与秦钟睡下细细算帐,可想此帐非天亮不清也。
此烧饼帐也,吾已见其"真切",尚何疑之有?
吾知之矣,明言不必细说也。

(四)第二十八回

一条汗巾,竟作红丝之系。既定尔艾狎,盍归我娄猪⑤?

贾宝玉像

---

① 《孟子·万章上》:"知好色,则慕少艾。"
② 事见《红楼梦》第三十三回。
③ 王评已录于《新评绣像红楼梦全传》之中,此处所录是姚评。
④ 评宝玉想和秦钟不论叔侄,而论兄弟朋友。
⑤ 指蒋玉函后来娶了贾宝玉的侍婢袭人。

红楼梦抉隐

(清末)洪锡绶撰
民国十四年(1925)铅印本

(一)第七回

　　宝玉一见秦钟，十分爱慕，即约来家塾读书，其心事不问可知。秦钟一见宝玉，亦恨不能与之交接。岂怯怯羞羞有女儿之态者亦具女儿之痴耶？抑与宝玉同一怀抱耶？

(二)第七回

　　贾蔷贫无所倚，倚于贾珍，贾珍、贾蓉皆与狎昵。其穿房入户而为秦宫、冯子都，亦情事所有。

(三)第十五回

　　宝玉拆散人好事①而又藉为要挟，未免岂有此理。
　　宝玉与秦钟闹学堂时，想已得心应手矣，何待藉智能要挟乎？其必藉以要挟者，或前此数求一允，或既允复拒。今而后得畅所欲，无复手推足拒矣。
　　宝玉与秦钟算帐，作者偏说不知算何帐目，未见真切，不敢篡创。如此明显之事而亦必为含蓄之文，欲读者由此类推也。
　　秦钟与智能，宝玉与秦钟，事②则有之。

(四)第二十八回

　　优伶之名愈著，则断袖之好愈多。蒋玉函即琪官，名驰天下，其老斗必车载斗量。而况与宝玉初亲芝采，即解茜罗，其滥于纳交尤可想。

(五)第三十三回

　　琪官为忠顺王一日不可少之人，其恩遇自必非凡。乃三五日不见，又不告假，辄悄

---

①　指秦钟与庵尼智能的性事。
②　指性事。

然往紫檀堡居住，甘为宝玉等娈童，殊属辜恩忘义。谚云戏子无情，信然。

宝玉昵优伶，至敢与亲王争外宠，是真太岁头上去动土。

（六）第五十八回

男女相悦，王道也；男相悦，霸道也；女相悦，夷狄之道也。降王而霸而夷狄，事固有愈出而愈奇者。粤东顺德有十姊妹风，女及笄，广结姊妹如夫妇，固不必十人，而亦有不仅十人者，必待姊妹毕嫁而后为人妻。有先嫁者，则为穷袴以御之，或以利器自卫，防夫如防盗然，迫而污之，则羞愤自尽，以无面目见姊妹也，故莫敢问鼎。三朝回门，即留母家不复去，岁时庆吊，信宿即行，归必示完璧于姊妹，盖视姊妹情重而视伉俪情轻也。造化钟灵，何所不有；造化钟情，亦何所不有。藕官与药官因扮夫妇而认真，虽已物化而眷念，较之十姊妹风，似略得性情之正。

（七）第八十六回

蒋玉函能奉承得薛呆霸王视同姬妾之流，不准旁人偷看，不知如何狐媚而至此也。又能招惹得当槽儿的亦动龙阳之兴，致将小命轻倾，不知如何妖冶而至此也。

宝玉心想蒋玉函既不来看我，薛大哥又这般疼他，想已换过几次汗巾矣。此等公共弄童，原可不必介意。

宝玉回来问袭人道："那年没有系的那条红汗巾子还有没有？"非重之也，轻之耳。以其①于呆霸王而亦委身事之，卑贱污下，不足齿数。

（八）第九十三回

蒋玉函以色悦人，以身事人。

（九）第一百二十回

蒋玉函只道娶的是贾母的侍儿，第二日开箱看见猩红汗巾，方知是宝玉的丫头②，原来是宝二爷的内宠。内宠外宠，旗鼓相当。

蒋玉函念着宝玉待他的旧情，倒觉满心惶愧。蒋玉函尚有念旧之情，何物贱婢③，兔子④不如！

蒋玉函取松花汗巾给袭人看，方知这姓蒋的就是蒋玉函，原来就是薛大爷、宝二爷

---

① 蒋玉函。
② 袭人。
③ 袭人。
④ 蒋玉函。

相与的"混帐人"。

今夫至贱之类莫如优伶,而优伶之中莫如小旦。乔装美女,非同鲍老登场;献媚后庭,别阐男闾生面。女而不女,不齿于娼;夫而有夫,何堪为妇。袭人乃与斯人为配偶,共绸缪,抱衾裯,执箕帚。异哉!匪牝匪牡,同为以色悦人;伤哉!亦雌亦雄,大抵以郎为妾。所仰望者若此,对衾影兮何堪!虽貌似莲花,差胜奴面;奈臂如玉藕,别抱郎腰。伲跂其前,人毚其后。雄狐之绥工媚,乐不及卿;狡兔之性善营,窟将凿妇。或者明修栈道,暗度陈仓;甚至既辟蓬门,兼开花径。妇随夫唱,同谋夜合之资;门冷车稀,共作沟中之瘠。以此罚其恶,甚于僇其身。此作者之公心,亦天理之不爽也。

红楼梦抉微[①]

阚铎撰
民国十四年(1925)
无冰阁天津铅印本

秦钟与王经、书童

书童是西门[庆]外嬖,秦钟是宝玉契友。

秦钟为宝玉契弟,王经为西门契弟。

宝玉与秦钟、香怜等贴烧饼,似《金》书西门与书童在书房内所为。

石头记索隐

蔡元培撰
浙江教育出版社1997年
《蔡元培全集》本

史湘云,陈其年也。其年又号迦陵,史湘云佩金麒麟,当是"其"字、"陵"字之借音。氏以史者,其年尝以翰林院检讨纂修明史也。名以湘云,又号枕霞旧友,当皆以其狎紫云故。蒋永修所作《陈检讨迦陵先生传》曰:"尝嬖歌童云郎,云亡睹物辄悲,若不自胜者。"又蒋景祁所作《迦陵先生外传》曰:"先生寓水绘园,欲得紫云侍砚。冒母马

[①] 本书考索《红楼梦》与《金瓶梅》的相似之处,认为"著《红楼梦》者在当日不过病《金瓶》之秽亵,力矫其弊而撰此书"。

太夫人靳之，必得梅花百咏乃可。雪窗一夕走笔，遂成之。"可以见其年与紫云之关系也。

红楼梦索隐

（清·乾隆）曹雪芹著
（清·乾隆）高鹗续
王梦阮，沈瓶庵索隐
北京大学出版社1989年版

（一）第九回

【自己立门户过活去了。】（索隐）顺治初，诸王养子类此者甚多。多尔博即其一，肃王诸子，睿王常召射至邸，横被邸员詈骂，可见当时凌乱无章。

（二）第三十三回①

【不许动，回来有话问你。】（索隐）圣祖因废允礽，曾宣谕向不令姣好少年侍侧，颇致懑于太子所为。是其被废原因中，颇涉蓄优伶好男宠之事，概可想见。

（三）第四十七回

【你有这个哥哥，你要做官发财都容易。】（索隐）丑极。当时宗室王公颠预混浊，疑有此等口吻，作者盖深恶之。

（四）第七十五回

【薛蟠早已出名的呆大爷。】（索隐）傻大舅、呆大爷两徽号，必系指当时不法之宗室。

---

① 参见《清实录》（一）。

红楼梦释真

邓狂言撰
民国八年（1919）
民权出版部铅印本

第四十七回

　　此回正写三桂与李自成之交涉，而并及松山之败者也。盖松山之役，其父吴襄溃走，三桂当在行间。宁远之功，未必征实。圆圆一至，迟迟出部，譬之调情允矣，然而内外皆有劲敌。平西封伯，五十万入卫之兵皆溃。精锐殿后，甫至山海关门不敢前进。受此打击，已经狼狈不堪。文书约降，意已大动。固由素无忠心，亦以闯兵强盛。圆圆之掠，遂启关门。合中原本部十八省，铸不成此一大错。然其势不振，经闯兵痛击之役，父死家亡，爱妾属人。末路穷途，挺而走险。所谓一打便倒，再打三打者，意即指此。喊好兄弟，便是三桂称闯军为贼之意。继之以好哥哥，便是三桂称闯军好狠之意。继而曰好老爷，直是顿首称臣于贼矣。肮脏东西吃了又吐出了，是称臣之后之改图降清。吐出来又叫他吃，是降清又复叛清。贾珍命贾蓉带著小厮们寻踪问迹的情况，便是多尔衮得三桂借兵之书，许即进兵，遂统师入关之代名词。龙王爷，顺治也。招驸马，其子应熊尚主也。②碰到龙椅上去，封王也，称帝也，皆肮脏东西也，字字不空。作者实以三桂对顺治立论，书中决无一笔宽假，何其严欤。赖大家赴席，直以奴隶役之耳。三桂不自羞，作者代为之羞。盖其丑比奴隶还丑，直盗贼之最下者耳。

　　顾打之者之为何人？则作者又斟酌而出之。盖颠覆明社，屈抑三桂，非李自成之力所能及也。以意度之，当此者其惟李岩乎？《绥寇纪略》及各记载，李岩中牟人，逆案中尚书李精白子，家饶于财。时岁饥，督饷急，岩出家赀赈之，且代完国税。知县某索其赀不应，诬以收买人心欲反，将捕之。县民大闹，知县无如之何也。会有绳妓红娘子者，见岩美丰仪，劫至其寨，强委禽焉。岩居常不乐，私逃至县，令捕之下狱。红娘子与县民共劫之，遂从自成，教之以勿妄杀戮。自成亦重视之，军始强。岩乃为之画策，作谣曰："吃他娘，喝他娘，打开大门迎闯王，闯王来了不纳粮。"民又感岩之德而不知李闯之非岩也，遂杂呼之曰："李公子活我。"从之者如归市，而自成之势日张矣。既破京城僭大号，故态复萌，淫杀日盛。岩欲以自将一支抚收河南，牛金星谮之，谓其为放虎归

---

① 编者所见此书缺1册30回：第1~30回。
② 吴应熊，吴三桂之子，清太宗皇太极第十四女建宁公主之婿。

山，自树一敌，遂戕之于祖席之上。而内乱既作，人心离散，遂即于败。夫岩之才力实为可用，谁迫之以入于自成者，作者之所当深惜也。入河南而果能自立，以存汉族之一脉，亦作者之所不欲深恶也。三桂之恶，不欲打之以忠臣义士之手，而打之盗贼之有心人者之手，绝三桂甚于恶李岩云耳。书中所称世家子弟读书不成，父母早丧。岩之举人已被父累，素性爽侠，赈饥代完税是。耍枪舞剑等语，亦恰合身分。不知他身分的人误认作优伶，是即红娘子之所以委禽之故。惧祸走他乡，红娘子寨中一走而为囚，牢狱中一走而为贼，京师一走不成而为戮。"走"之一字既已确切，而弃妓复归，"冷"之一字又为的解。苦打一曲，实当为李公子尸之。

石头记真谛

景梅九撰
民国间铅印本

（一）卷上·附录

薛蟠本表示满人之横暴顽鄙一流人，然与贾政系亲，必与多尔衮有关系者。查有多尔博，本名扎布图，某觉罗子，为人粗鄙任性，刚狡敢为（直是薛蟠性质）。多尔衮喜其似己，养为子，改名多尔博（本书四回写薛蟠初至贾家，与族中子侄聚赌嫖娼，无所不为。乃从多尔博名字化出，博、蟠双声，不但写其性质）。多尔博尤喜男色，与肃亲王子富寿同狎一优伶名娱云。互有馈赠，娱云因是致富（与薛蟠好男色，爱蒋玉函，误认柳湘莲又拍合）。后因劫取娱云，至相奋斗，互致夷伤，娱云卒归薛（与薛蟠被打相影响。又写多尔博好乘骏马过市，亦与薛蟠乘马赶柳二相彷）。后多尔衮得罪，清帝念肃亲王无罪被陷，特封富寿为和硕显亲王，顷刻之间炎凉顿异。富寿思有以报复，置酒于信邸。既酣，命召娱云来，与之叠膝而坐，浅斟低唱。时多尔博罚拨信邸为奴，乃命多尔博行酒。娱云追忆往事，歌不成声。多尔博恬不以为忤，人多笑其顽顿无耻（本书二十八回写薛蟠醉拉云儿，命唱体己曲儿。云儿拿起琵琶（即琵琶别抱意）唱道："两个冤家都难丢下，想着你来又记挂着他。两个人形容俊俏都难描画，想昨宵幽期私订在茶蘼架。一个偷情，一个寻拿。拿住了三曹对案，我也无回话。"既写出多尔博与富寿争娱云，又写出前后信邸三对面，娱云歌不成声的情形，妙绝。且明写一云儿以影娱云，尤佳。至云儿说酒令第一句曰："女儿悲，想来终身倚靠谁？"薛蟠曰："我的儿，有你薛大爷在，你怕甚么？"（写出娱云先归薛后归富寿，真不知倚靠谁矣）。

（二）卷上·附录

宝玉既代表圣帝，而作者死于乾隆三十年，颇明四朝之事。故写宝玉之多情似顺治，写宝玉被魅拟允礽，写宝玉之参禅拟雍正，写宝玉之淫乱拟乾隆。如金钏投井一事，恰与乾隆为太子时戏某妃相合。相传雍正有一妃，貌姣艳。乾隆年将冠，以事入宫，过妃侧，见妃方对镜理发，遽自后以两手掩其目（书写金钏合眼打盹，暗照掩目），盖与之戏耳。妃不知为太子，大惊，遂持梳向后击之。中乾隆额，遂舍去（书写金钏将宝玉一推，而王夫人却对宝钗说原是前日他把我一件东西弄坏了，暗影伤乾隆额事）。及月朔，乾隆谒后，后见其额有伤痕，问之。隐不言，寻诘之始对。后大怒，疑妃之网太子也（按三十回王夫人骂金钏："下作小娼妇，好好爷们都叫你们教坏了。"即疑其网宝玉耳），立赐妃死（金钏投井）。乾隆大骇，欲白其冤，逡巡不敢发（三十二回写宝玉于金钏死后坐在王夫人旁边垂泪，是不敢言其冤光景）。乃亟过书斋，筹思再三不得策，迅往妃所。则妃已环帛，气垂绝。乃乘间以指染朱印妃项，且曰："我害尔矣，魂而有灵，使二十年后其复与吾相聚乎？"言已惨伤而返（书中写宝玉因金钏死十分感伤，几欲身殉。又于金钏生辰到井台设祭，焙茗代祝，有曰："你若有灵有圣，我们二爷这样想着你，你也时常来望候望候二爷，未尝不可。你在阴间保佑二爷来生也变个女儿，和你们一处玩耍，岂不两下都有趣了？"不但写出乾隆祝某妃魂灵再世，并从对面写出某妃来生变个美男，和珅与乾隆结缘，更妙）。

（三）卷下·评邓①

邓氏《释真》颇知注重真事隐三字，而摘录清朝掌故，亦较他人为详悉。独到之处，特列举于左方。

九回

评"皆有窃慕之意，将有不利于孺子之心"一段谓："当时（顺治之父皇太极去世时）主少国短，有推理王为帝者矣，有推郑王为帝者矣，并有欲推肃王、英王者矣。其最要者则睿王（多尔衮）已曾被推（应加一语以拍合皆有窃慕），而孝庄以身笼络之，顺治乃得立。威权日重，至于帝之后可以未经选择而强纳，与皇帝之母私通犹以为未足，必求下嫁而后已，此其为辱较龙阳奚若？公将有不利于孺子之心，正指是也。只惧薛蟠：以睿王之不敢轻动，是畏汉人。汉人据有兵权者莫如三桂，三桂后来之败，败于其名之不正者，亦惟其独一无二之大原因。设使清廷有废主之事，诸王分崩离析，篡位者独无惧乎？畏薛蟠者，畏其乘间而起。而顺治赖以不废者，反若三桂之力以延残喘。"此节甚

---

① 邓狂言。

精到。惟应增睿王自命为周公辅成王，故利用《金縢》篇中语。并畏三桂反而密通圆圆以制之，始能拍合惧薛蟠威势不敢谋篡之言。

四十七回

评薛蟠遭打为三桂与李自成之交涉。以龙王爷为顺治，招驸马应熊尚主，碰到龙椅上去、封王也、称帝也，皆肮脏东西也（自是胜义。惟以李岩代柳湘莲不如柳似烟之确切，但李柳性质颇相似，而绳妓红娘子劫李委禽岩私逃，与柳恋绳妓霍三娘相偕私逃亦大略相同。天下事无独有偶，若此何怪作者双管齐下耶？）。

红楼梦卷

一粟编①
中华书局1963年版

卷四②

和珅秉政时，内宠甚多，自妻以下，内嬖如夫人者二十四人，即《红楼梦》所指正副十二钗是也。有龚姬者，齿最稚，颜色妖艳，性冶荡，宠冠诸妾。顾奇妒，和爱而惮之，多方以媚其意。龚姬喜啖榛栗及熊白，和为百计致之，宰夫胹之失饪，往往致死。龚夏日晚浴后，著蝉纱雾縠，肌体依约可见。和少子玉宝，别姬所出，最佻佅。龚素爱之，遂私焉。每交接，不避婢媵，丑声四溢，不知者惟和与其妻耳。幕下有罗生者，质朴而能事，和倚之如左右手。一日，侍和闲谈，适玉宝趋过于前，衣服丽异，腰间杂佩累累。和顾而乐之，目逆而送，谓罗曰："诚翩翩美少年也。使宰河阳，当为万花主人。此间风俗不良，当防闲其出，勿使近娈童。"罗曰："服之不衷，身之灾也，子臧所以得罪于郑。今公子衣服炫异，是谓不衷；修饰仪容，是谓阶厉。臣恐秽德之彰，在萧墙之内，不在寝门之外也。"和大怒，选事杖杀之。玉宝好为冶游。时有柳参将者，新任城门校，立法严肃，伐鼓击柝，终宵戒严。适夜巡，玉宝微服过所欢，为柳所执，问何夜行，叱令通名，玉宝不以实告。柳怒，即街头褫衣笞二十，血肉狼藉，卧月余始瘥，人无知者。有婢倩霞，容貌姣好，姿色艳丽，觇齓入府，聪颖过人，喜学内家妆，手洁白，甲长二寸许，幼侍玉宝，玉宝嬖之。龚姬嫉其宠，逸于和妻，出倩霞。玉宝私往瞰之，倩霞断甲赠玉宝，誓不更事他人，郁郁而死。玉宝哭之恸，隐恨龚姬。龚姬多方媚之，玉

---

① 一粟是周绍良和朱南铣的共用笔名。
② 记有关《红楼梦》写作背景的一个异闻，情节与《夜谭随录》（九）相似。

宝终不释。和府故多梨园子弟，皆极一时之选，有贴旦名珍儿者，尤姣媚，昵昵依人，玉宝与结断袖之契，辄夜宿其家。龚姬廉知其事，大恨曰："儇薄子乃如此妄作耶？"亟率侍婢十数人，联灯列炬，潜出府后门，掩其不备。玉宝大惊，肘行以逆，叩头求免。珍儿伏地战栗，不敢仰视。龚姬叱令举首，烛之美，遽慰之曰："汝勿恐，吾非噬人者。"竟与偕归，亦留与乱。是夜，龚姬以暴疾死，死后恒为厉府中。和知之，以珍儿殉焉，乃不为厉。按此说见护梅氏《有清逸史》。龚姬即《红楼梦》中袭人，倩霞即晴雯，字义均有关合，而玉宝之为宝玉，尤为明显，不过颠倒其词耳。《红楼》一书，考之清乾、嘉时人记载，均言刺某相国家事。但所谓某相国者，他书均指明珠；护梅氏独以为刺和珅之家庭，言之凿凿，似亦颇有佐证者，录之亦足以广异闻也。（《谭瀛室笔记》，颠公《小说丛谭》引，载一九一四年《文艺杂志》第五期。）

红楼梦本事诗

（清·同治）西园主人著
杭州图书馆 1984 年
扫描油印《红学丛钞》本

藕官

火光一股雀飞惊，满面啼痕泪顿倾。
字纸还将油嘴硬，花神却见梦魂清。
糊涂倒像夫和妇，新旧偏言死共生。
回问芳官须悄悄，知他公子是多情。

秦钟

秦钟生小本情钟，此帐原来算已重。
闹馆都因金构衅，偷尼早被玉知踪。
友朋璧合无双契，姊弟珠联第一容。
何事宋朝年不永，秋风憔悴碧芙蓉。

蒋玉菡

醉归喝出小官秦，应解花魁占有人。
知尔藏踪遭痛打，惹他换带发嫌瞋。
多情玉玦聊持赠，表字琪官特问真。
酒令歌诗忘忌讳，怡红谁识宝和珍。

琧琈山房红楼梦词

(清·光绪) 何铺著
杭州图书馆 1984 年
扫描油印《红学丛钞》本

鹊桥仙·藕官焚纸

假疑真，真疑假，庐山面目何处？下场多，上场少，易分难聚也。衣冠虽是优孟，岂忍分鸳侣。恰不道把密意幽欢，竟归飞絮。　此日又逢令序。问当时同心，谁与蝶化纸飞？乌啼花去，痴情脉脉如故。看泪珠零雨，旧愁新恨，向东风低诉。

红楼梦本事诗

(清末) 李步青著
杭州图书馆 1984 年
扫描油印《红学丛钞》本

低声传语驻雕鞍，拥入青绫梦亦安。
不是同车偏爱惜，小郎[①]原当女儿看。

秦楼姊弟[②]总魂消，金粉摧残玉树凋。
三尺杖坟一卮酒，庾郎亲手奠箫韶。

---

① 秦钟。
② 秦可卿与秦钟。

四悔堂诗草别存

(清)朱瓣香著
杭州图书馆 1984 年
扫描油印《红学丛钞》本

《读红楼梦诗》二

藕官

翻得相思局局新,藕官煞是种情人。
蛾眉亦有怡红子,一样临风洒泪倾。

红楼梦本事诗

崔睫著
民国四年(1915)
上海有正书局石印本

花底秦宫窈窕身,温柔腽肭不胜春。
怜君①才折菩提果,又把余桃赠与人。

---

① 秦钟。

石头记题词

徐枕亚编
杭州图书馆 1984 年
扫描油印《红学丛钞》本

秦钟

大好宁馨数阿男,潘安对影亦怀惭。
弦调锦瑟声才鼓,食伴侯门味竟甘。
帘箔尚因孤□卷,禅机偏向野狐参。
香泥难种无根树,待到花开只现昙。①

怜人端合受人怜,如此深情别有缘。
两小意中相爱惜,一生花里总缠绵。
书斋帷护宜男草,禅室灯含并蒂莲。
巫峡巫山都入楚,忍教云雨损华年。②

贾政训子③

(清末民初)佚名著
民国间中华图书馆铅印《戏考》本

(丑上)(诗)自幼生来好顽皮,不知礼义不知耻。阖家俱长偏心病,供养宝玉是怎的。(白)在下贾环。我有一个哥哥,名叫宝玉,他作的那些奇巧事,说的那些奇巧话,不但我们中国的人想不到,就是德国、美国、英国、法国、印度国、日本国,无论那一国罢,大约也找不出第二个来。论起来他那个模样,长的比我可就差多了,等会他若出来,把列位要是吓不死,那算我姓贾的没有点真事。别看他长的不像样儿,却是男风女色,无一不好,真称得起一个水旱两路的大英雄。不知为了何故,阖府里人,上至老太

---

① 翟楚材作。
② 廿四桥边客作。
③ 参见《红楼梦》(十)。

太,下至三等的丫头小子,没有不合他好的,是没有一个合我好的,因此我可就吃了亏了。

红楼梦说唱鼓词

傅蓝坡著
民国六年（1917）
上海校经山房石印本

第十五、十六回①

自从那秦宝二人到学中,都生的花枝朵儿一般同。
秦钟偏腼腆温柔羞怯样,宝玉又作小服底贴体情。
内中有两个学生甚妩媚,外号叫香怜玉爱不正经。
见秦宝未免心中皆羡慕,时时的有意勾引逗眼风。
或咏桑寓柳遥遥以心照,或设言托意咳嗽与扬声。
这一日代儒有事回家去,命长孙贾瑞代理各事情。
秦钟同香怜走至后院内,正说话有一窗友名金荣。
大喝声今日被我拿住了,把秦香二人气的脸飞红。
忙进来齐向贾瑞去诉说,那贾瑞反说香怜太冶容。
金荣就因此得势更胡说,却不妨触怒一人动不平。
名贾蔷也是宁府的正派,着实气金荣贾瑞欺秦钟。
欲出头终觉恐怕伤脸面,我何不如此如此必成功。

贾蔷猛然心生一计,假做出小恭走至后面,把跟宝玉的小厮茗烟叫至身边,如此这般挑拨几句。茗烟乃宝玉第一个得用的,且又年轻不谙事。今听贾蔷说金荣欺负秦钟,连宝玉牵连在内。不给他个知道,下次更甚了。这茗烟无故就要欺人,如今得了这信,便一头进来,叫"姓金的是甚么东西",就一把揪住金荣问道:"我们臊屁股不管你巴巴相干,横竖没臊你的爹就是了。你是个好小子,出来动一动你茗大爷。"这时贾蔷早已告假走了,吓的满屋子弟都茫茫痴望。……

---

① 参见《红楼梦》(二)。

庚午老人修改本红楼梦[①]

吴克岐著
民国间抄本

第九回惹草粘花秦钟入塾，怜香惜玉金荣争风。○今本作训劣子李贵承申饬，嗔顽童茗烟闹书房。跟上学非李贵一人，闹书房非茗烟主动，此回标题极不妥惬。不如就家塾方面据事直书，为秦钟作正传，似尚扼要。

原来薛蟠自从在宁府见了秦钟，便动了龙阳的兴头，只碍著贾珍父子脸面不便轻薄。近来听说秦钟上学，心想我的机会到了。因此也假说上学读书，不过是三日打鱼，两日晒网，白送些束脩礼物与代儒，却不曾有一点进益，一心一意只想秦钟。谁知如今秦钟和宝玉寸步不离，较往常更难下手。而且他二人缱绻情形难描难画，薛蟠见了大动醋意，恨的咬牙切齿。心想除非打死宝玉不能如愿，等那天酒盖著脸一拳打死了他。又想不好不好，我这趟进京多亏珍老大们携带我，得了许多新鲜玩意法儿。我若打死宝玉，他们必不理我，剩我孤鬼儿似的怎么玩呢？伤了亲戚情谊事小，失了朋友交情事大。除了死法想活法儿，因寻了许多破落子弟，每日给他些银钱，叫他掩藏家塾左右，候宝玉来时或出来打死他，好趁心愿。众人都知道贾府的威势，谁敢惹祸？却满口答应著，骗呆子的钱用。只说过便下手，一天一天的挨下去。那薛蟠渐渐的心淡了，银钱也不用了。众破落户无银钱使用，大家商议了一篇鬼话去哄薛蟠。薛蟠听了大喜，取出一大包银子分给众人，自己坐在家里烫了一壶酒，自斟自酌，等候佳音。谁知竟酕醄大醉，倒在床上睡了半晌，忽然大叫道："宝玉死了，宝玉死了！"薛姨妈母女听见，慌忙过来叫唤。薛蟠还咋咋嘴儿，说道："小秦儿可是我的了。"薛姨妈问他什么小秦儿？他又哼哼的说道："宝玉今儿上庙烧香，我叫人在路上等他回来，趁天黑打死他，小秦儿还不是我的吗？"说罢一翻身，脸朝里睡的如死猪一般，再叫不醒。宝钗道："今儿虽是祃一宝玉，却未出门。我才在里头还看见他的，妈请放心，等哥哥醒了再问他罢。"次日一早薛姨妈叫起薛蟠来，问他昨日的话。薛蟠笑道："我昨儿梦见宝玉被人打死了，我只抢得秦钟回来。因此梦中叫出，妈你老人家听错了。"薛姨妈半信半疑，又狠狠的教训了薛蟠一顿。谁知这事被贾蔷知道了，生怕闹出事来。一面叫人吓散了众破落户，一面向薛蟠又哄又劝。薛蟠也自知受骗，从此死了这条心，也不去上学了。且说这家塾广有青年子弟，薛蟠虽和

[①] 书衣题《读红小识》。

秦钟无缘,却有好几个小学生。○考第三十六回①宝钗有"当日为一个秦钟,闹得天翻地覆"一语,前无明文,必系脱漏。故就"自来至王夫人处住后"至"谁想这学内的小学生"一段增改为"自从在宁"至"却有好几个小学生"一段,以与后文相应。

馒头庵②

俪凤楼主著
民国十二年(1923)
上海求石斋书局石印本

(一)第一回 许姓之女文纾被疯和尚、跛道士从家中度走,李姓之子慎之还愿烧香时被拐骗。

(二)第二回

那一日秦公有事乡下去,带了他同往乡间走一巡。
半路上经过贾府铁槛寺,便顺顺带他随喜到里边。
那住持僧道见是秦公到,都一齐含笑相迎入内边。
款待他父子茶点与酒饭,秦老爷坚持无奈僧道情。
偏偏的天公凑巧降大雨,他父子只得在庙住一天。
住持僧因见秦钟生得好,他早就生心不良在胸前。
假意儿殷勤款待他父子,将秦公灌醉睡在方丈内,
然后再骗了秦钟到后边。
先将他所谈书史从头问,然后再问他岁数有几年。
先谈的乃是一番正经话,到后来简直谈到风月情。
然后却说到男风这件事,问秦钟在家可曾听人言?
秦公子初本镇静能安守,这时间未免意惹情又牵。
暗暗说常闻父亲喜此道,但不知此道究竟是何缘。
因此便情不自禁开了口,说师父可知此中妙处缘?
住持僧见他心动又进言,引诱他暗室之中试其先。
这件事不可污了我的笔,故所以表过不提不细言。

---

① 应是第三十四回。
② 书名页题《馒头鼓词》,著者亦号凤俾生。本书是对《红楼梦》相关情节的改写,主要写贾宝玉、秦钟、智能事。

当彼时秦钟得了这个味，暗暗说原来其妙不可言。
到次日秦公父子回家内，那公子留恋和尚口难言。
回家内那有闲情读书史，简直是留情此事想非非。

（三）第三回 贾宝玉和秦钟初会，彼此都对对方有意。

（四）第四回

贾宝玉到了学内拜师傅，贾代儒从此又添两学生。
同学中谁不羡他二人貌，更无人不羡他俩均有钱。
贾宝玉自此每日会秦钟，两个人同桌读书同谈天。
他二人亲同手足厚要还，简直比如胶如漆恩还深。

（五）第五回

[薛蟠也来上学，]须知他的上学比宝玉、秦钟二人上学更加是醉翁之意不在酒。贾、秦二人是为的要会聚一处方才上学，他却是要想和秦钟及一班同学厮混方来就教。可是他有件外处，得新忘旧，而且又是个博爱之人，见一个爱一个。贾、秦二人都与他不十分对劲，他知道不成，却又在别人身上用功去了。不多几时，

居然的被他骗了好几个，寔行那分桃断袖故事由。
可惜他性马意猿难归一，所以竟抛下旧侣结新游。
因此上学中简直不常到，贾代儒年迈之人不苛求。
明知晓这班小子均纨袴，没有个可以真心书理求。
故所以也不十分去加紧，由他们来来去去各自由。
这时节长孙贾瑞去代馆，眷息着自己身体免病忧。
那贾瑞学问虽有糊涂甚，却只管鸡奸同学不必求。
所好的学生都是挂名者，故所以尚能勉强无甚忧。
那一日代儒乡间有事去，吩咐他代馆休得擅离守。
这贾瑞一见祖父不在此，他心中已念早念不自由。
原来他时时想念琏二嫂，更又因同学之中醋气流。
薛大爷当先奸过人几个，都是这贾瑞暗中作牵头。
因为他平时自己不尊重，故所以无人将他作口头。
这时节全学学生人数十，那有人怕他可以作管头。
正也是事有凑巧该有事，有一个学生名唤李华楼。
他平日本与薛蟠不干净，这今日又与秦钟有欢求。
两下里挤眉弄眼真正丑，到后面假装出恭到厕所。

〿有一个金荣乃是促狭鬼，立起身紧紧跟随到后头。
秦与李二人正欲说情话，却逢着金荣拉住不肯休。
说什么利益均沾方罢手，如不然叫起之后两下丑。
那秦钟老羞成怒翻了脸，说金荣好个小子小鬼头。
我二人后面谈了两句话，难道说有甚丑事怕你羞。
李华楼羞得无法可言语，径去告贾瑞请他判理由。
〔贾瑞不说金荣，反说李华楼不好，结果引发茗烟等大闹学堂。〕

（六）第七回

〔金荣等散布谣言，〕
说什么宝玉性好后庭乐，他与那唱戏小旦结了缘。
秦鲸卿因此也就入了党，水月庵便是他俩快乐天。
但彼等城内并非无处去，却故意郊外瞒人又瞒天。
这谣言来得风声更凶恶，贾宝玉听见不能无有言。
于是乎便欲追究造谣者，但无奈查究不出谁造言。
这一来宝玉心中甚不乐，便推病再也不入学里边。
秦鲸卿也就不到学塾内，因此上外面人人信谣言。
〔后经袭人劝解，宝玉仍旧上学，秦钟亦来，谣言方渐渐平息。〕

（七）第八回 疯和尚、跛道士将许姓女、李姓子送到警幻仙姑处，"教授二人云雨事，以及那一切男风女乐事"。三年后二人被僧道领回，许姓女入水月庵作尼姑，法名唤作智能。李姓子被荣国府陪房周瑞收养，改姓名为周祥。

（八）第十回 秦钟的姐姐秦可卿病亡。

（九）第十二回

咱且将出丧之事按一按，却要提那个孩子名周祥。
他自从周瑞收留作养子，他长得面貌丰盈甚堂皇。
在家中终日无事外边走，那时节正逢宁府要出丧。
他父母都到宁府帮忙去，他一人独自在家看空房。
不一会他到街上去逛逛，不料却巧逢薛蟠呆霸王。
一行人吆吆喝喝来到此，说小子可是周家小周祥。
那小子应了一声我正是，薛蟠说快快带他到上房。
一行人不由分说拉了走，说周祥你可别怕费周详。

说着话带了周祥向西去，那门上写的乃是南京王。

看官们可知这是什么府？这乃是王子腾家住城厢。

那时节簇拥大家到里面，薛大爷说声快快带周祥。

话说薛蟠性喜男风，故所以他前次有闹书房一事。及至此时，他听见人说周瑞买的儿子名唤周祥，模样儿生得好，况且也是个兔子。薛蟠一想，怎样会他一会才好。当即命手下一班人留心，如遇见周祥，不问如何快将他带到王子腾家中去。那王子腾乃是王夫人的兄弟，也是个现任将任。大家是亲戚，薛蟠在外面有甚不法举动，都是到那边去。那日到了里面，王子腾亦不在家，他将[周祥]带到东配院上房。

说周祥大爷带你来顽耍，你可要一一直说便无妨。

我闻你不是真正周家子，你从前本来不是唤周祥。

你今年究竟已有几岁了，人说你是个兔子可是真？

那周祥回说那可不是的，我从前据说本是镇海人。

镇海城李孟球房人人晓，我父母生我独子接香烟。

我名唤李慎之到杭州去，因进香被人拐骗到异乡。

拐我的乃是一道一和尚，他两人将我带着游四方。

他将我施与周瑞为儿子，故所以改名即刻唤周祥。

在周家今已将近半年了，我寔已今年十七岁当行。

人家因小子生得面貌好，才造谣说我是个兔子行。

其寔我不知兔子一件事，这乃是浮言大家切莫听。

那薛蟠看了周祥真正好，人听他巧言言语舌如簧。

说不得淫心大发动手了，免不了真个消魂事一桩。

这周祥他本本领仙传授，弄得个薛蟠乐得发了狂。

薛大爷只管要他弄又弄，可怜却苦了小子名周祥。

他人小力微寔在干不了，怒恼了大爷绰号呆霸王。

发了怒迎面一拳打了去，说你个不识抬举小周祥。

你大爷性犹未尽已如此，也称得仙传本领事一桩。

那周祥忘了利害回言骂，气坏了薛蟠大爷怒洋洋。

随盼咐手下帮闲人一众，快快的打死小子这周祥。

说着话自己已是用脚踏，却不道真个踢中致命伤。

这周祥当时呜呼哀哉了，方将才薛蟠后悔太孟浪。

但事已如此只得由他罢，收了尸命人悄悄葬东乡。

要知晓以后之事如何说，这事迹且待下文仔细详。

（十）第十三回

话说薛蟠奸了改名周祥的李慎之，虽说是因宝玉等闹书房余波受了此委曲，然而却不能补报得来，真所谓苦中有乐。至于后来如何结束，也无非是用些钱了事而已。

［贾宝玉和秦钟送殡时在馒头庵（水月庵）中同住一处，］两个人抵足而眠同一床。

（十一）第十四回

［馒头庵住持妙修求王熙凤帮忙了结一件官司，事情的原委是：］

    王员外三月他到南方去，余姚县买了一个小孩子。
    这孩子今年已是二十岁，据说他母亲生他姘西崽。
    他母亲姘了西崽及乱种，故所以这个孩子甚稀奇。
    他生后父亲即死兄又故，故所以卖他免得受寒饥。
    那知晓王员外将他收买，带回了京中方才免饥寒。
    这小子生性是个下贱货，到京内颇不安分过日子。
    因男风情愿去作男兔子，张玉昆像姑之名谁不知。
    因那日薛大公子去顽笑，巧巧的相遇玉昆讨便宜。
    却不料玉昆酒后失了检，薛大爷因而受伤玉茎边。
    因此上一怒挥拳将他打，张玉昆忍痛受打转家园。
    那薛蟠因此复又将他告，张玉昆逃走他乡自流连。
    王员外因此反而受了累，可怜他身入囹圄受苦刑。

［结果，王熙凤收了三千两银子后打通了薛蟠和衙门，很快将此事予以了解决。］

［秦钟与智能在庵中偷情，被贾宝玉撞见。］

（十二）第十五回　宝玉开玩笑要挟道："你从今以后那件事的权利归我，独有其余的事，晚上睡觉时我再慢慢的与你算账。"过了两天，宝玉、秦钟、王熙凤等回城，智能因思念秦钟而生病。

（十三）第十六回　秦公恨子不肖，病死。

（十四）第十七回　秦钟因思念智能而得病。

（十五）第十八回

［宝玉遣锄药去探问秦钟之病。］

    好半会方才见那锄药到，说二爷此差端的苦煞人。
    宝玉说你去探听秦公子，他的病现在如何已怎生？

　　　　　　　　锄药说秦公子害的奇病，他在家口口声声说智能。
　　　　　　　　他口中复又时时说父母，养下了不肖之子无收成。
　　　　　　　　看他像简直如得精神病，他家中齐说他是想思深。
　　　　　　　　贾宝玉说声锄药我问你，秦公子神智清明又怎生？
　　　　　　　　锄药说他的神志昏迷甚，简直说他已不能辨何人。
　　　　　　　　我入内传言奉了二爷命，特遣我到此相探公子身。
　　　　　　　　秦公子听言即便唤宝叔，说什么你我分桃子可分。
　　　　　　　　说着话他即赶着要动手，幸亏我小人立即转回身。
　　　　　　　　说罢话书童回身一声笑，贾宝玉不禁红云脸上生。

〔智能相思而死。〕

（十六）第十九回

〔宝玉携二仆到馒头庵，将自己改扮成智能的模样。〕

　　　　　　　　改扮好自己用镜照了照，不由的自己不识是何人。
　　　　　　　　便出外吩咐培茗与锄药，说你俩服侍我到秦府门。
　　　　　　　　入内去就说智能到尊府，乃是我主人极力请他身。
　　　　　　　　那时节我便入内去相会，骗一骗秦钟让他病废生。
　　　　　　　　两书童到此方才明本意，便服侍宝玉上马起了身。
　　　　　　　　一路上行人住足均注视，说好个天仙女子下凡尘。
　　　　　　　　贾宝玉主仆同到秦府门，那培茗果然入内报一声。
　　　　　　　　说智能今已被咱来请到，乃是我主人特地施的恩。
　　　　　　　　特恩准智能到此来冲喜，使得你公子性命废再生。
　　　　　　　　那秦府一门大小齐欢喜，迎智能送入秦钟卧房内。
　　　　　　　　那秦府上下不分真和假，暗地里笑得书童肚子疼。
　　　　　　　　这时候秦钟瘦得无人样，贾宝玉一见早就失了声。
　　　　　　　　秦公子听说他是智能到，这时节可就不分假与真。
　　　　　　　　将宝玉紧紧抱住不放手，满口中好智能与亲智能。
　　　　　　　　说智能你可将我想坏了，又是说你我梦中会不成。
　　　　　　　　贾宝玉假意含羞不开口，故意儿温言低语说了情。
　　　　　　　　你自己身体务必要保重，须知晓秦家后代你一人。
　　　　　　　　自古说不孝有三无后大，又说是男女之爱情欲根。
　　　　　　　　总要将淫欲屏去病可好，那时节百年好合事可成。
　　　　　　　　如像你这般急法世间少，况未曾守制终丧礼不成。

话说贾宝玉生来本是姣好如同女子，此时改了尼僧装束，别说秦钟是病人分别不出，便是秦府上下人等也都说好个美貌尼姑，难怪秦钟要如此放在心上了。以为这一次冲喜定然可以治病，不料此来宝玉费了心血，赔了身体，仍旧是劳而无功。原来秦钟此时已如一只饿虎，那里还分真假。及至听他那种温语柔言，早已心动，一把抱住便脱中衣。宝玉此来本不过是冲喜的俗套，却不道他如此。

　　原来他本来不过是冲喜，这时候姑且先与他充饥。
　　两个人从前本是好对子，这时候不啻鸾交与凤友。
　　这一来二人兴尽方才散，那秦钟事过方才辨真假。
　　仔细看原来却是宝二叔，不禁他说声哎哟呼二叔，
　　你怎么这般打扮干什么？
　　贾宝玉见他清醒忙回答，说我是特来冲喜方作假。
　　秦钟说宝叔如此费心意，教小侄死后有知感无涯。
　　宝玉说鲸卿何说如此话，咱料你决然不知有甚他。
　　秦钟说宝叔你原不知晓，小侄我此时性命如凋花。
　　我预料不久花谢即要落，那时节不能再见宝叔了。
　　宝玉说你可静心来调养，这身体焉能说是同落花。
　　秦钟说小侄思想智能甚，那姑子昨日与我会一巡。
　　他自称此时已为泉下物，他与我缘分已尽无一生。
　　如有心将来下世为夫妇，如不然咱俩立刻两离分。
　　我与他约定不久即相会，故所以此时已是知死生。
　　宝二叔我说此时你休怕，小侄我此时求死不愿生。
　　说到此欲哭无泪作干号，说宝叔你可快快转回程。
　　我自知身体已非昔日比，大约是不过再过一黄昏。
　　方才我与你嬉戏尽性散，这正是回光返照在我身。
　　说此言宝玉不禁毛骨耸，说鲸卿你怎如此便轻生。
　　秦钟说宝叔原来不知晓，待小侄死后言来你知道。
　　但是我目前不能即说出，且等到死后方能说根苗。
　　贾宝玉听他口音知无救，便只得告辞出门向外跑。
　　那时节秦府上下人不解，怎么这智能来后即回逃？
　　论时辰不过只有一二时，难道说鲸卿此时已完成？
　　忙打算追出门外去相送，那宝玉已是上马转回程。
　　他主仆三人加鞭到庵内，换回了自己衣服回进城。

〔宝玉走后秦钟愧悔自己的所为，在伤心痛苦中死去。〕

(十七) 第二十回 作者指责秦钟、宝玉，希望世人能认真体会"万恶淫为首，百善孝为先"这两句古训。贾宝玉祭奠秦钟、智能，且将二人合葬，树碑作文，内露悔意："情之为物，其道无似。惟心自造，惟孽自维。噫嘻世人，其共鉴之。读予此文，共祛情魔，共斩情丝。"秦钟亡魂托请作者，为此鼓词。

贾宝玉等像

秦钟等像

儿女英雄传

(清·道光—同治)文康著
上海古籍出版社 1991 年版

(一)缘起首回

这"儿女英雄"四个字,如今世上人大半把他看成两种人、两桩事:误把些使气角力、好勇斗狠的认作英雄,又把些调脂弄粉、断袖余桃的认作儿女。所以一开口便道是"某某英雄志短,儿女情长","某某儿女情薄,英雄气壮"。

(二)第三十二回

安老爷道:"我见城外头①好几处戏园子呢,那里听的?"邓九公道:"我也没那大工夫留这些闲心,横竖在前门西里一个胡同儿里头。街北是座红货铺,那园子门口儿总摆那么俩大筐,筐里堆着岗尖的瓜子儿。那不空和尚这秃孽障,这些事全在行,进去定要占下场门儿的两间官座儿楼。一问,说都有人占下了,只得在顺着戏台那间倒座儿楼上窝憋下。及至坐下,要想看戏,得看脊梁。一开场,唱的是《俞伯牙摔琴》,说这是个红脚色。我听他连哭带嚷的闹了那半天,我已经烦的受不得了。瞧了瞧那些听戏的,也有咂嘴儿的,也有点头儿的,还有从丹田里运着气往外叫好儿的,还有几个侧着耳朵不错眼珠儿的当一桩正经事在那里听的。看他们那些样子,比那书上说的闻《诗》闻《礼》,还听得入神儿!

"这个当儿,那占第二间楼的听戏的可就来了。一个是个高身量儿的胖子,白净脸儿,小胡子儿,嘴唇外头露着半拉包牙;又一个近视眼,拱着肩儿,是个瘦子。这俩人,七长八短球球蛋蛋的带了倒有他娘的一大群小旦!要讲到小旦这件东西,更不对老弟你的胃脘了。愚兄老颠狂,却不嫌他。为甚么呢?他见了人,请安磕头,低心小胆儿,咱们高了兴,打过来,骂过去,他还得没说强说没笑强笑的哄着咱们。在他只不过为那挣几两银子,怪可怜不大见儿的。及至我看了那个胖子的顽小旦,才知北京城小旦另有个顽法儿。只见他一上楼,就并上了两张桌子,当中一坐,那群小旦前后左右的也上了桌子,摆成这么一个大兔儿爷摊子。那个瘦子可倒躲在一边儿坐着。他们当着这班人,敢则不敢提'小旦'两个字,都称作'相公',偶然叫一声,一样的'二名不偏讳',不肯

---

① 在清代,北京正阳门以南、永定门以北属于外城。

提名道姓，只称他的号。

"我正在那里诧异，又上来了那么个水蛇腰的小旦，望着那胖子，也没个里儿表儿，只听见冲着他说了俩字，这俩字我倒听明白了，说是'肚香'。说了这俩字，也上了桌子，就尽靠着那胖子坐下。俩人酸文假醋的满嘴里喷了会子四个字儿的圌。这个当儿，那位近视眼的可呆呆的只望着台上。台上唱的正是《蝴蝶梦》里的'说亲回话'，一个浓眉大眼黑不溜偢的小旦，唧嚼了半天，下去了。不大的工夫卸了妆，也上了那间楼。那胖子先就嚷道：'状元夫人来矣！'那近视眼脸上那番得意，立刻就像真是他夫人儿来了。

"我只纳闷儿，怎么状元夫人到了北京城，也下戏馆子串座儿呢？问了问不空和尚，才知那个胖子姓徐，号叫作度香，内城还有一个在旗姓华的，这要算北京城城里城外属一属二的两位阔公子。水蛇腰的那个东西，叫作袁宝珠。我瞧他那个大锣锅子，哼哼哼哼的，真也像他妈的个'元宝猪'！原来他方才说那'肚香''肚香'，就是叫那个胖子呢！我这才知道小旦叫老爷也兴叫号，说这才是雅。我问不空：'那状元夫人又是怎么件事呢？'他说：'拱肩缩背的那个姓史，叫作史莲峰，是位状元公，是史虾米的亲侄儿。'我也不知这史虾米是谁。又说：'那个黑小旦是这位状元公最赏鉴的，所以称作状元夫人。'我只愁他这位夫人，倘然有别人叫他陪酒，他可去不去呢？"安老爷微微一笑，说："岂有此理。"

新编凤双飞

(清·同治—光绪) 程蕙英著
人民文学出版社 1996 年版

(一) 第三回①

一日晚凉风正好，香汤沐浴换衣衿。乌纱小帽笼玄发，素白罗袍遍体轻。呆呆正想心头事，忽听迟迟绣履声。掉转头来忙一看，原来正是意中人。乘凉步月飘然出，简便装修更觉精。乌云鬓，挽空心，横捎白玉气通簪。生平爱插鲜花朵，茉莉珠兰两下分。上截衣衫都脱去，轻纱艳色水红裤。冰肌映月浑如玉，金镯生光分外明。缓走下街挥白羽，真如仙子降凡尘。中书②一见无边喜，执手相看满面春。"贤弟今宵何兴致，此时还到外边行？"瑞官③笑道"无他意，只为刚才在内庭，浴罢又将烧酒吃，遍身发热火炎蒸。

---

① (一)(二)(三) 写书生张彩对美少年张逸少的不成功追求。
② 张彩。
③ 张逸少。

算来难向床中卧，信步寻凉到此行。幸喜吾兄还未睡，相陪正好坐三更"。〔张彩道："原来如此，愚兄当得奉陪。"就叫小厮携出交椅来，并肩坐下。瑞官在手帕内抖出一把莲子来，付与张彩道："这是家内荷花结的，兄也尝一个鲜。"张彩接了笑道："多谢贤弟，莲子赠人有一个古典，你可知道么？"瑞官道："不知。"张彩道："我讲与你听。汉时有一女子，自矜才貌绝伦，凡是有意与士人深结，私相燕好，尝以此物赠之曰：'我怜子也。'问：'何以不去心？'答曰：'正欲使郎知妾之苦心耳。'可是一个古典？"瑞官笑道："原来如此。然而我不是女人，也非有意。今后倒要学乖，再不把莲子赠人的了。"张彩道："别人自然不可，与我却也不妨。"因其时家内用人都到外边乘凉去了，这个小厮就是张彩带来的。〕随身服侍多周到，冷透香茶盏盏斟。秋七月，正中旬，碧天如水夜云轻。炎燠渐减新凉到，风透疏帘月满庭。砌下海棠凝露色，盆中茉莉吐清芬。二人对月开怀坐，啜茗闲谈笑语频。好色中书怀欲念，任他深夜意偏清。幼年公子无心事，爱饮烧刀已半醺。久坐风前凉透体，四肢委顿倦精神。迷离睡眼身斜靠，渐渐朦胧语不明。张彩见他如此样，心神飘荡欲消魂。低头附耳轻轻唤，手搭肩头玉体亲。贪睡张郎昏入梦，任他狎抱杳无闻。邪魔此刻非常快，四顾无人色胆横。悄唤家童"休要响，将他抱进我房门"。小童解得东人意，一笑颠头走近身。正待将他双手抱，忽听得一声大喝似雷鸣。外边走进何无敌①，吓得童儿放手奔。张彩仓皇朝后退，瑞官惊醒汗如淋。抬头细看呼"师傅，为甚无端吓死人？"〔世威笑道："我何曾吓你，还是你自己心虚害怕罢了。"瑞官道："睡梦之中那个不虚？"世威道："小官人家为甚么这般懒倦？也不管甚么所在，就这等睡了。"瑞官道："总是家里，睡睡何妨？"世威道："家里便怎么？若不是我看守着你，只怕身子也被贼子偷去了。"张彩道："你也刚才进来，又看守些甚么？"世威道："我是尊官说古典时候就在这里的，何谓才来？"张彩冷笑道："如此说来，还是你自家做贼了，还说那个？"世威大笑道："实不相瞒，小可原是个老贼，但如今已升了捕快，所以这些小贼走到身边就看得出的，那得许他在钟馗面前扮鬼？"〕张彩一时无可对，喉咙气噎眼睁睁。瑞官欲问何无敌，恰好丫鬟出外寻。高叫"官人何处耍，快些进去要关门"。惊慌只得抽身走，教习哈哈笑几声。也自进房安睡了，中书失意像无魂。

……

走进花园人寂寂，童儿顺手掩双扉。张郎见，更生疑，独自花街转过西。慢慢回身抄向北，赛六郎②久已候阶墀。看他远远行将到，阵阵风飘白绣衣。心内不知何快乐，春生满面笑迷迷。左回右顾池塘畔，又把秋花折一枝。举止风流描不就，三魂早向半空飞。中书带笑呼贤弟："为何前日太相欺？杳然一去无踪迹，弄我心焦满肚疑。做了人儿全没

---

① 何世威，张逸少的武教师。
② 张彩。

信，盟言转背就忘遗。负心爽约该何罪，难道是爱了他人弃了予？"逸少回言"非我罪，只因前日告家慈。果遭喝骂几乎打，不许回来倒尽脾。所以三天身不转，并非有意故相欺。"〔张彩笑道："这是我原料定不许的，你偏要去告禀，自然讨骂了，这都不必说他。今夜你原瞒着他来陪我睡了罢。"瑞官道："这又使不得，我与母亲是一房睡的，那里瞒得过他。"张彩道："如此说来，夜里是断断不能的了。也看为兄这般求你，你就此刻陪我睡了一回去罢。"瑞官听了心内虽是了然，偏装着一副呆脸道："你也说痴话了，青天白日，午饭也不吃多时，怎么就好闭着眼睛睡觉？我倒睡不着。"张彩笑道："我是不痴，你倒是痴的。难道上了床就没有别事，定要闭着眼睛去睡的么？这倒我也不会。"瑞官道："且住，人若不睡觉，何必上床？既上了床，不睡觉还有何事可做？你若说出来，我竟陪你上床就是了。"张彩跌脚道："你做便不曾做过，然而这等聪明，岂有不晓得之理？不过在这里诈呆。既然如此，我就到房内去讲与你听便了。"说罢，就把瑞官扯进卧房，坐在床上附耳低言："如此如此，你可明白否？"〕一头说，眼迷齐，好像黄狼见小鸡。色胆如天心似火，一厢情愿强宽衣。此番恼了张灵雀①，粉面登时变赤朱。正色开言称"住了！若然据你这言词。分明当我龙阳辈，此事为人岂不知！但我出身于富贵，并非下贱作歌儿。当时与你相交者，只道你年少登科广读书。品格超群心必好，因此上认为手足胜连枝。岂知一旦原形现，竟是个枉着衣冠兽不如。向日殷勤通是假，我虽年幼性情愚，也知父母遗躯重，怎肯飞雄变伏雌。任你甜言无所听，你今休得想心痴"。撇开意欲抬身起，张彩心慌手再携。笑脸还将贤弟叫："何须性急至于斯？耐烦且请安心坐，再听愚兄剖细微。若说优伶并小唱，一身常被众人骑。自然理合称为贱，但不可与今日之情一例批。你的门楣原是好，我身岂有不曾知？奈何造物将人弄，生你无双绝世姿。直把那万古娥眉俱压倒，令人一见便相思。初时岂敢分明说，幸喜相交到此时。承你待兄情极厚，也算得心投意合两无疑。方才大胆将情告，你是明人莫执迷。试且平心而一想，我和你既为好友最投机。才仿佛，貌依稀，秋水长天一色齐。若使冰肌亲玉骨，譬如一对好夫妻。鸾交凤友无穷乐，固漆投胶永不离。消受风流无限福，为兄已经立誓对神祇。把稳得百年偕老心无变，只要你从一而终志不移。我既未曾将你辱，你身也不损便宜。私情即使旁人晓，还是佳话风流万古遗。岂比优伶并小唱，谁人敢笑你低微？"口中说，头又低，深深作揖袖沾泥："为兄如此哀求告，铁打心肠也要慈。贤弟若然还不听，难道心肠更比铁坚些？"瑞官虽只心中恼，看了其形活像痴。不禁失声还一笑，开言又叫"贼中书！据你这等说来，竟像一篇道理，然而我总不信。你若必要这般，可与我同到街上去对众人讲讲。若果众人说你有理，我就依你罢了"。〔张彩跌脚道："你但知理之所必无，安知情之所必有？好兄好弟，何苦这等作难。若再不依，我只得要下跪了。"瑞官笑道：

---

① 张逸少。

"那管你跪折了腿也与我无干!"〕张公子,果然高,好色中书掮木梢。见他嬉笑如常身不动,以为心允故装娇。此时性命都忘却,遍体虫钻没处搔。两腿不由齐跪下,便将双手抱拦腰。魂飞天外低声唤:"你不要装尽风流卖尽骚。百计难人时已久,我今断断不相饶。劝你自省三分力,让我宽衣去了绦。趁此书斋人寂静,凉床玉枕共逍遥。方才不愧称兄弟,贴肉粘皮胜漆胶。使你饱尝风月味,自然的甘心伴我过今宵。"胡言语,细叨叨,秽状邪形难画描。此刻张郎方大怒,看来不打不开交。当时变转无情脸,竖起双眉喝骂高:"我用好言相劝你,你全不听半分毫。分明是个无知贼,枉读诗书烂草包。你既不仁我不义,这的是自寻痛苦莫悲号。"口中骂,袖儿捎,一个巴掌劈面超。张彩不防有此变,被他打得苦难熬。叫声阿唷松双手,眼花头晕跌翻交。逸少跳他身上过,走出书房竟往外边跑。花街一路如飞去,再不回头往后瞧。

……

(二)第四回

当时应诺抬身起,举步同行进小园。小厮随手将门闭,中书久已候门前。呼贤弟,喜无边,执手殷勤带笑看。不用香茶随入席,佳肴摆列最时鲜。亭前丹桂初开放,风送幽香扑鼻钻。宾主二人相对座,此时乐境赛神仙。中书笑谓张郎道:"莫负良辰必尽欢。"逸少已知言外意,执杯微笑不回言。痴心妄想贪花贼,稳道今番事已圆。虽有酒肠宽似海,难禁色胆大如天。十杯未满心先醉,脸泛桃花欲火炎。目视童儿呼取酒,童儿会意把头颠。提壶跑下亭心去,悉听他们盏内干。此刻奸人无所忌,抬身走过就来缠。低声笑,坐挨肩,忘了前番被跌翻。夺去金杯双手抱,要拖贤弟进书轩。张郎捺住心头火,只把身躯靠椅边。正是推摇拖扯处,忽闻门外闹盈天。园门打得声如鼓,吓得奸雄弱弱参。骨节酥麻忙放手,思量出外问情端。抬头早见何无敌,掳袖撩衣突进园。脚步踉跄如中酒,上亭一路喊声喧:"你们在此因何事?白日青天门大关。且等我来瞧一下,莫非做贼与行奸?"〔张彩见是他,只气得话也说不出来。瑞官立起来笑道:"你且看一看就知道了,何必这般胡闹?"世威仔细一看,哈哈的笑道:"原来在这里吃酒赏花。既如此,张老爷何不也请我吃一盏,竟要关着园门?"张彩气了半晌,方才开口道:"这些粗肴淡酒,只恐武师不要吃他,所以不敢奉屈。"世威道:"岂有此理!从来说'见食不抢,到老不长'。尊驾不肯请人,在下偏要闯席,看你怎样叉出了我!"〕说时自扯沉香椅,据席公然坐上边。拍案高呼亭震响,家人小使尽心寒。想来没法回他去,只得忙将杯箸添。热酒满壶重送上,小厮伏侍在旁观。张郎只把师尊问:"看你形容已半酣。想自何方先饮酒,莫非又在海棠轩?"世威笑道"何曾饮,不过场中把戏看。戏子新来真个好,苏州上等翠云班。明朝你也瞧瞧去,小旦姿容妙不可言"。〔瑞官道:"不知做些甚么戏?"世威道:"我只看得一出《借茶》,就往酒店里去了,也不知做些甚。"瑞官道:"可又来,还说不曾吃酒！"〕师徒闲谈相对饮，中书耳听好心烦。低头暗暗长吁气，费尽心机望眼穿。巴到今朝方到手，岂知又被贼强蛮。劈空打散风流事，眼看鲜花不敢攀。想到此间真切齿，恨不得一刀搠了这贼心肝。愁肠百结呆呆坐，酒冷金杯箸不拈。教习回头看见了，呵呵大笑叫尊官："你们必有私房事，以此上见我来时就不然。所幸我身无大志，此来不过闯华筵。杯盘到手心先足，以外闲文概不关。你两人要做之时只管去做，乐得我一身醉饱快无边。"奸人气极浑无话，灵雀回言"莫乱谈。我与他身常在此，有何事故把你来瞒？"〔世威道："若没有甚么隐情，为何你两个都是这副不耐烦的面孔？"〕"恨不得一时把我又将出，立不宁来坐不安。你既撇清推没有，可能与我豁三拳？"瑞官作色称"何说，怕你之时不值钱！"说罢举杯同吸尽，师徒攘袖共猜拳。老成客对年轻子，胜败分明在眼前。弄了贤徒张逸少，连输连罚再而三。赛六郎越发心中恼：既不能动手将他往外抬，不免与他拼一下，罚他几碗也心甘。那知狡猾何无敌，除了文才百事谙。又被他几次三番赢了去，〔自己倒吃了好几杯气酒，更有些〕眼花碌乱打头眩。家人小使旁边立，也恨蛮牛忒泛蛮。平白赶来鳅打混，冲开好事不成全。我们在此都无趣，那得同将盛会看。〔就背地里打个照会，等要酒时，只说没了。世威喝道："胡说！既请客人，那有酒多不备之理？我晓得你们不过是怕主人受罚，所以这等推头。如今就不罚他，快去取来，与我自罚可好？若必不肯，我那边还有几坛，劳你们去扛了来吃也使得。"家人没法，只得又去烫了一壶进来。张彩想道：退是断断退他不去的了，待我换个方法难难他。便说："我不猜拳了，与你们行令何如？"瑞官道："领教。但只好容易些，不要又罚了我。"张彩道："极是容易。今日是赏花，只要每人说古诗七句，句句皆有个'花'字。如第一句要在第一字，第二句要在第二字，说到第七句，就要在第七字。说得出者，坐饮三杯；说不出者，跪罚十碗。"瑞官说："使得，就请兄起令。"张彩不用思量，随口说出来道：〕

花迎剑佩星初落，彩花廊下映朱栏。今年花似去年好，人面桃花相映红。长乐钟声花外尽，西宫夜静百花香，江城五月落梅花。

张彩念完诗七句，举杯慢饮意欣然。次而轮着张公子，读过唐诗也不难。一盏醇醪先饮尽，轻轻出口自成篇：

花压栏杆春昼长，金花腊酒解荼蘼。年年花落无人见，洞口桃花满院香。晚来风起花如雪，无人不道看花回，冷露无声湿桂花。

瑞官说罢无他话，自把盘中细果拈。此际该轮何教习，低头袖手靠台沿。思量半响方开口："你每通文会弄楦。我是武夫焉得晓，甘心罚酒十杯完！"〔张彩道："既如此，请跪下来。"世威道："尊驾又不是我的浑家，如何肯跪？"张彩恼道："若不跪，揪着耳朵灌二十杯。"世威道："这倒通的，你若揪得我住，尽灌何妨！"瑞官道："他固然揪你不来，你也不可恃强发赖。《千家诗》上'花'字最多，就说几句，也算得的。"世威道："连那《千家诗》我也不曾读过，怎样说出来？"瑞官道："既如此，就随便只说三个'花'字，免免白，也就免跪罢了，难道还说不来？"世威又想了一回道："就说！就说！第一句'岂宜重问后庭花'，说得可好？"张彩道："这倒亏你挣出来的。第二句呢？"世威道："第二句倒有两个'花'字在此，'看花容易折花难'。"张彩道："这是句甚么诗？我从没有见过，你且把全首念出来与我听听。"世威道："我又不是蚕，肚里那有这许多丝？原是山歌上的，还亏我记得完全。也好，唱与你听听。"就唱道（山歌）：

结识私情山里山，团团多是乱茅残；好朵鲜花种在残窠里，看花容易折花难。

张彩大笑道："这等佳句，只有你说出来，我们委实说不出的。"瑞官道："就算他一句罢了。第三句须要说好些。"世威立起来，走出去折了一枝桂花，向张彩巾上一插，道："'头戴木樨花'，这个可是一句通不过的诗了，还有甚么批评？"瑞官道："我也不晓得是何出处？"世威笑道："你还不曾身当其境，自然不晓得这首诗。他是过来人必定晓得的。"瑞官真个不解，又问张彩道："到底是甚么话？"张彩拔下花来，往外一掷，道：'不要睬他，倒在这里放屁！"世威拍手道："少爷，你真个不解得么？这一首正是狎龙阳的诗。但全首念来未免太俗，只好说后来两句，是'一番云雨后，头戴木樨花'。虽然此头不比那头，我就借用用，料也不碍。"〕世威说罢哈哈笑，自举金杯一口干。不用罚，自家添，瑞官笑得四肢酸。中书手整乌纱帽，越越心焦满肚煎。暗想贼囚真可恼，外装粗莽内刁钻。言言说我心头事，分明识破幽情暗阻拦。究竟与他何所涉，这般无耻硬帮闲！又见他长鲸吸浪浑相似，十盏无差一气完。大叫一声真醉了，忽然跳起撒衣衫。短刀拔出皮靴桶，耀眼光华雪练般。立在筵前随手舞，低徊反仰势昂然。初如万点金星落，后似千条白蟒蟠。但听风声人没影，刮得那风尘四起散如烟。张郎见惯浑无惧，小使家人骨尽寒。奸贼心虚尤战栗，恐他有意欲伤残。慌忙避席抽身起，躲进屏风靠曲栏。小使家人俱退立，看他舞剑一时宽。红轮西下天将黑，谁敢移灯出外边？逸少连将师父叫："你虽本事出人间。此间不是鸿门会，显尽英雄也枉然。快快停刀同去罢，让他们点火撤残盘。"世威听得言如此，方始收刀入鞘间。放下衣襟身立定，回头举目看团团。〔见他主仆三个东躲西藏，不觉大笑道："我又不要杀人，你们何必这般害怕。天也晚了，张老爷请出来罢！今日多多搅扰，即此告辞，明日再来看你。"〕口中说着拱拱手，一把还将徒弟搀。大步撒开朝外走，匆匆竟是出花园。此番奸贼浑如失，心乱神迷意惘然。长叹一声无可奈,呼童秉烛进书轩。倒身便向牙床卧,气得浑如死一般。

(三) 第八回

〔张瑞官急欲进京,见这雨落得连绵不住,心里好生烦躁。停一回,送进饭来,瑞官问店小二道:"你这里可有甚么会唱的妇人,叫一个来与我解闷。"小二道:"少爷你年纪甚轻,就喜欢妇人陪酒的么?这里妇人虽有,只怕这等大雨,未必肯来。俺们店里倒有一个标致小官,只得十三岁,唱得好清曲,吹得好洞箫,又会穿着女衣与客官陪酒作乐,少爷可要他么?"瑞官笑道:"这也更加妙极了,你快去与我叫他来!"店小二答应一声,如飞奔去。不上半刻,果然领进一个小厮,身着女衣,手拿檀板,绝似女子模样。走上前来,打了一个半膝,立起来站在一边。瑞官再把他细细一看,怎见得他的相貌好处?有《西江月》为证:〕

绿发明欺黛色,朱颜艳夺桃花。盈盈秋水盼横斜,斗巧蛾眉如画。 纤指自同春笋,凌波不羡弓鞋。清喉唱彻《浣溪沙》,疑是西施未嫁。

张灵雀,最希奇,看了这童儿貌不低。一事无成心大悦,师徒对面坐东西。命他不肯将身坐,伶俐的歌童百事知。问了姓名先送酒,口称公子叫何爷。张郎也把他来问:"姓甚名谁住那方?"童子回言"身姓鲍,家居福建唤贞儿"。说完方始身归坐,手内忙将拍板携。开小口,露银犀,婉转姣喉唱曲儿。恍若雕梁鸣紫燕,还如绿柳啭黄鹂。轻蛾半敛增妖态,俊眼低垂似有思。曲罢一声檀板歇,余音袅袅令人迷。张郎喜极连声赞,一口而干放酒卮。就把碎银揸一把,约来十两有多余。赏他代作缠头锦,童子心欢不用辞。叩谢收藏重把盏,春生笑脸更丰姿。少停饭罢残肴撤,张瑞官人大有痴。还叫他坐在房中休出外,清茶当酒唱歌词。

〔鲍贞儿见逸少是个豪华性格,也是十分欢喜,加倍趋承。唱了一回,又坐着闲讲。何世威问道:"你既是闽中人氏,怎么小小年纪,就到这里来?既有了这付面容,又会弹唱,如今住在这村店里有何出息?何不还到家乡去住,生意必定还要好些。"瑞官笑道:"再不然,倒是跟我进京去罢,若只管在这里与那一班山东蛮子混账,我也替你不甘心。"贞儿大喜道:"若说这生意,我也不是情愿做他的,正所谓出于无奈耳!实意原要进京。少爷若肯带挈,我也愿跟随,若到了京,盘缠吃用一一算还便了。"何世威道:"这倒不论,只恐你来历不明,我们不便带你。你且把出身根脚细细说来,再待我们定夺。"贞儿道:"这有何难?我就说个明白便了。〕若然把我根源问,说起来时也不低。我父文忠①人

---

① 张彩舅父。

尽晓，医家国手有名驰。门楼大，有家私，仆妇成群大小妻。三个哥哥皆嫡出，我为侧室庶生儿。出胎享福人人赞，爱惜浑同掌上珠。不幸去年娘死了，父亲出外两相离。家中嫡母真凶狠，把我降磨当小厮。要报从前多少怨，朝朝打骂胜凌迟。饥无食，冷无衣，磨得来骨瘦如柴只剩了皮。要死不能生不可，亏得我嫡亲外祖最心慈。乘空带我同逃出，送到京中付与爹。不料命穷该受难，中途又被贼来欺。盘缠衣服都偷尽，正是初春寒冷时。外祖年高遭急坏，就在这店中一病竟归西。可怜举目无亲戚，典当铺程破旧衣。将就买棺成殓了，越弄得伶仃孤苦步难移。一身流落招商店，肩不能挑手不会提。只有娘亲身在日，曾经教我唱歌词。无可奈，且支持，唱得钱来救肚饥。夜里难逃陪客睡，虽然钱钞趁些微。日常只够零星用，又没恩人肯带携。混过光阴将一载，父亲京内几曾知。时时打算毫无策，天幸今朝遇少爷。若果仁心能带挈，我今情愿把鞭提。相随同到皇都地，寻着爹爹有靠依。免受饥寒并耻辱，此恩此德与天齐。"

……

〔瑞官走过来道："此间不是睡处，既要过夜，跟我到里面来。"张彩大笑，立起身来，双手搭在瑞官肩上。张福提了灯笼，直照到书轩之内。瑞官指着左边说道："这是师父的卧房，现今空着，借你住了罢。"张彩一声啐道："甚么倒运，要住何世威的床铺？"瑞官道："这等看来，只得要把我的床让你，我住在师父那边去的了。"说罢，就引领他去进自己的房内来。〕奸雄坐下方睁眼，细看房中摆设精。床帐鲜华衾枕美，金炉更有好香焚。此番意乐何堪比，平地登天身也轻。张福家人真细到，又将脸水送银盆。把香茶奉上方才去，听得谯楼转二更。逸少抬身将要走，中书着急就关门。拖牢两手低低笑："既已相留定有情。陪我同眠方是礼，何须再作假惺惺？"瑞官喝道"休缠账！我不过念你沉酣马不可行。方便相留容过宿，如何又起这条心？胡言乱语将人恼，难道你不怕床头宝剑横？"好一个大胆包身真色鬼，当时便把颈儿伸。笑迷迷说道"该如此，快把为兄了命根。免得相思常在骨，料来死也胜如生"。说时两手拦腰抱，双膝悠悠跪下尘。善口哀词难尽述，只求贤弟暂开恩。〔瑞官呆着脸儿，又延挨了半晌，方才笑道："想为人在世，何苦这般皮赖？我实在被你搅得心烦。如今不必说了，就赦你起来睡了罢。"一面说，就把他扯将起来。张彩这一欢喜，〕更像那死囚遇了皇恩赦，又好似花子平空得宝珍。遍体酥麻刚立起，那知灵雀果然灵。回头一口吹红烛，双手推开脱了身。慌得奸徒无计较，人生路陌暗黄昏。要寻火具无从觅，幸喜远闻脚步声。黑暗之中忙摸去，那晓得张郎已进后房门。贞儿悄悄挨身出，床上和衣只一横。张彩近床捞着了，只当他怕羞做起哄人寻。此时不暇重开口，急解长袍去了巾。又把他上下衣衫多脱去，拥持同入被红绫。桃源路熟通舟易，不使渔郎久问津。数载相思今日了，出于意外岂平平。香儿软，玉儿温，不是裙钗更可人。万卉千花何足道，余桃入口自消魂。枕边切切还调笑："提起当年恨转增。受尽许多磨与难，有几回气死又重生。今番到手难轻放，要把冤仇总算清。"加利偿还方歇手,贞儿暗暗笑难禁。幸亏不是合花蕊,何惧狂蜂浪蝶侵。开口无言浑似哑,任他施展畅平生。瑞官也是心中笑,后面推窗是小亭。跨出窗盘抄一转,东边房内见师尊。

世威笑问:"如何了?料想他们事已成。为甚你身还到此,不睡在贞儿房内听梆声?"〔瑞官道:"大概已知,还要听他怎的?只等天色明了,再去打发他们。"世威道:"这一出鲜戏,鲍文虽被你处得刻毒,张彩却还得了便宜,也只算两扯一直说了。"瑞官就在师父床上和衣而睡。一觉醒来,已是五鼓将尽。瑞官连忙起身下榻,点了一盏灯笼,走过去,就把房门敲了几下。张彩正是好睡,忽听叩门,惊醒朦胧,问道:"半夜三更,甚么人敲门打户?"瑞官道:"天也亮了,你的长班已在这里侍候,还说甚么半夜三更的?"张彩听是逸少的声音,倒吓得呆了。正不知怀里抱的是谁,慌忙放手,披了衣服,滚下床来。开门一看,早被瑞官一把扭住了。道:"你好受用!只是污了我的被褥,快些赔还我来!"那张彩红着脸,羞忿交集,说道:"又被你这恶贼骗了,床上睡的到底是甚么人?"瑞官大笑道:"决不是鬼,你暗头里摸不明白,再去看看清来。"说罢,就推他进内,提起灯笼,揭开帐子。贞儿也是醒了,不敢开口,只眯着眼儿好笑。张彩把他仔细一看,到底原是个披发的孩童,身材大小竟与瑞官一般,只是面容各别。幸喜也还生得俊俏,方才消了这口恶气。瑞官不待他开口,又一把拖了出来,直到花厅坐下。瑞官看他定了神,方才问道:"这人的面貌比我何如?"张彩笑道:"虽也可观,终久比不到你。你既实心不肯从我,只该好好说明,我自然也就罢了。〕何须使这金蝉计,弄得人儿倒又颠。拽来拖去如戏耍,分明是个活妖精。"张郎笑道"须该打,我为你歪缠像失魂。两次三番曾拒绝,怎奈你心顽似石几曾听。吵得我千思万想浑无策,只得出去钱银买替身。与你消愁除宿债,也算得十分要好近人情。你还未见三分好,反说我弄你头巾礼不应"。〔张彩道:"这个孩子是贤弟特为愚兄买来的么?"瑞官道:"若不为你,要他何用?"张彩听了,只得低头作揖,道:"若果然如此,原算贤弟的好心,倒是愚兄失言冒犯了。"瑞官道:"你既已明白,今后也该毕了这条念头。此时天色将明,快些梳洗了进衙去罢!我到午后,约莫你到了家,我就将孩子送来与你。他也是个良家子弟,你切不可当他奴仆看承。至于姓名籍贯,你问他,自然晓得,我也不来与你说了。"〕此际奸雄无可说,欢容惟有谢连声。当时就在花厅上,洗脸梳头用点心。恰好长班牵马到,相辞急急赴衙门。

……

(四)第五回[①]

喜跃如狂张起鹄,趋来急把帐帏搴。只见这合当倒运的亲兄弟,侧睡身躯向里床。

[①] (四)(五)(六)写小官白如玉复杂的同性恋经历。

媚态横生凶相少，分明是个玉婵娟。只恨乃绣衾遮盖消魂处，悄悄掀开细细观。看了不由魂不荡，遍身发热火来燃。慌忙就把衣衫脱，敛气无声往被内钻。一把抱来无捉摸，香肌嫩骨软如绵。天生性急淫凶贼，不用温存只用蛮。两下身躯生凑合，一厢情愿顿成奸。势如骤雨狂风恶，梦里惊回双庆官①。睡眼双睁魂尽失，灯光影里见凶顽。不知黑夜从何至，裸体登床更不堪。大叫一声双手撒，"你既然去了有何颜。三更半夜重来到，〔你快些走开去，〕我的床儿岂许你眠！"笑倒淫徒低叫道："乖乖老弟活心肝。我又不来毒手将伊杀，何必惊慌到这般！"白如玉自出娘胎年十二，此身真与玉同看。平等人从无亲近何消说，就是那黔国公爷②久爱怜。也不过执手牵衣而已矣，何尝真有这般顽。今朝忽受狂徒辱，只吓得魄散魂飞胆尽寒。夜静更深人又少，再不能威风奋发似从前。哀声说道："诚如此，到底你心中待怎般？"〔起鹄笑道："问出这等话来，你也不像内行了，可是你诈呆么？〕要我说，也不难，只要你耐心听我莫声喧。愚兄是自从见你莲花貌，百媚千娇赛女娟。顿然的入骨相思成了病，想杀了与伊相近共相欢。昨宵略露三分意，乃知你面铁铮铮就动蛮。声声骂，要送官，甚至于砚台击顶重如山。为兄是绝无怨恨熬疼痛，顷刻抽身别处潜。等到你过了一天消了气，重来见你用温言。实心实意无他事，不过要为雨为云乐一番。各出一般同畅快，可这等顺情顺理不欺偏。我看你喜时举动来言笑，原像个多义多情好小官。风月交关非不爱，既与乃沐雷相好已多年。他今与你分离去，待我这识趣为兄来把空填。你且细尝风月味，包管得旧人反不及新欢。"白如玉，听此言，置身无地好羞惭。没奈何又乃开言道："原来你总把这邪心腹内担。所以来两次三番威逼我，无奈我此心真可对苍天。与沐公爷并没阴私事，月意风情总不谙。委实今朝难奉命，情愿的送伊金帛与银钱。等你去别寻美貌知音者，休要糊涂把我缠。"〔起鹄笑道："这也不是我杜撰出来，原是你母亲说的。你若果不曾，更加妙及的了。正所谓〕一朵鲜花身价重，有心留待我先攀。这也是好兄好弟诚如此，即使风情尚未谙。自有为兄将你教，何愁苦尽不知甜。"白无双③见他哀告全不听，急得魂灵上九天。情极高声呼小使：〔"桂枝，不好了！有贼在此，快些起来！"〕这一喊把凶徒气得满心烟，怒容翻转睁睛喝："你也真是个不识高低贱小男！我倒有心怜惜你，你身反是闹盈天。既然这等无分晓，莫怪区区要用蛮。"

两下高声床上闹，方把个桂枝吓醒打身翻。依稀听得声呼贼，爬起身来衣不穿。跳到床前双手舞，"少爷"口内叫连连："不知贼往何方去？"恼得强徒气越添。大叫一声"在这里"，将他劈面一冲拳。无能小使难招架，仰面朝天跌去一丈宽。真打得鼻塌口歪眉骨损，加之脑后撞罗砖。霎时痛晕难开口，起鹄回头又对如玉言："这等拳头你可经得

---

① 白如玉。
② 沐雷。
③ 白如玉。

起?还劝你好生从顺免伤残!"无双目睹多清切,冷水浇身骨尽寒。欲待高声重喊叫,母亲带去了小丫鬟。伙夫又在厨房住,乳母遥遥在后边。料想无人能救应,白惹得老拳奉敬怎招担?思量尽命和他挣,无奈身姣力更孱。吓得慌来尤失措,四肢麻木两腰酸。如何跳得出他之掌,尤胜金枷玉锁缠。狗肺狼心张起鹄,良心天理两茫然。见他吓倒无推托,得意洋洋不再言。硬把他人比自己,可知今日似当年。垂涎数日如饥渴,一旦相逢上口沾。怎不要舍命拼生囊一饱,乃管他细肴美品未成盘。白如玉,最堪怜,出乳羔羊被饿虎攒。玉骨冰肌香馥馥,好比乃鲜花一朵蕊方含。金盆雅供多年久,常得东君带笑看。浪蝶游蜂谁敢惹,依稀锦帐玉为栏。那知忽有今朝祸,骤雨狂风刮小园。嫩叶柔条盆内景,今却被他摧枯拉朽当柴劙。上天入地皆无路,闭目蹲身死一般。尽着狂徒狂发透,真个是香飘粉褪不堪言。

……

[白如玉为躲张起鹄而误入张彩的住所。]〔张彩道:"虽然如此,但闻你家内之人现在满城寻觅,你若走到街上,倘被他们扯了回去,便如之奈何?我与沐公虽非至好,却也是一殿之臣。依我想来,莫若竟住在此处,等他班师之日,送你去见他,他也决不嗔责,这倒还觉稳便些。若说非亲非戚,打搅不安,我便与你结为兄弟,随茶便饭,不以客礼相待,何如?"无双听了他说话,便想了一回,果然有理,就说:"既如此,我便从命了。"张彩大喜,当时即与他对天八拜,认做了弟兄。少停,同吃夜饭,就把这包媚药化在酒内,送与无双,只说是香料浸的好酒,吃了有益的。无双那里得知。〕接杯在手闻香味,几口而干自己筛。慢慢饮来三五盏,似乎微醉脸生霞。用完夜饭归房内,净手宽衣又吃茶。奸贼留心两眼觑,合他消遣弄牙牌。无双酒量原来浅,又服奇丹送命砂。俗骨凡胎柔弱体,生来一似女姣娃。怎比那凤根颖异张公子,气质刚强可辟邪。只觉得万虑皆忘惟想睡,四肢无力体酥麻。摇头只说身躯倦,急急宽衣往上爬。钻进被中先睡了,中书目睹好开怀。忙收拾,放牙牌,解带除冠又脱靴。揭起鸾衾观仔细,分明一块玉无瑕。异香喷得人心醉,玉骨冰肌岂浪夸。此际心欢难细述,春宵一刻肯延捱?良缘天赐真非谬,唾手成功力不加。软玉温香消受尽,魂灵飞上碧天霞。无双似梦还如醒,身似浮云醉眼斜。睨视奸雄难出口,明知又作网中虾。无如已受妖狐术,比着前番天地差。苦境反而为乐境,又遇着这偷香妙手善攀花。作家自有风流技,不比乃莽撞淫徒乱劈柴。自然的搅乱真心消烈志,甘为雌伏变裙钗。温柔深入如痴醉,直到天明噪晓鸦。清气逼人方睡醒,相观面面把眼睛揩。无双惭愧容生赤,奸贼心欢嘴笑歪。又把他逃走之情穷诘问,无双到此丑难遮。衷情直吐从头告,"为此潜身往外逃。又谁知躲过雷公逢霹雳,依然被你手中拿"。〔张彩笑道:"我便是满腹疑心,原来果有这桩奇事。你也不要怪别人

不好,只该怪着自家,原不该生得这般美丽。前日若果问到张神州①家内,这张神州又不是孔孟复生,料想也饶你不过。"无双道:"如此说来,足见那天下姓张的多是淫棍了。"张彩道:"这也不然。但以卿之貌,若走到那里,无论赵钱孙李,大抵都要动心的。所以说冶容诲淫,古语到底不错。"无双道:"如此,我以后拼得不见人,看道还有那个来谋我。"〕中书喜道"诚如此,方保得不作随波逐浪沙"。一讲论多时情更昵,直到那满帘日色透窗纱。方才下榻同梳洗,自此情投两意谐。好比新婚夫与妇,同行同坐在书斋。夜来交颈同衾枕,犹胜鸳鸯在水涯。奴仆虽知皆畏主,谁人口内敢喧哗!无双既入迷魂阵,那有回心再忆家?

……

(五)第六回

〔白如玉自小是由黔国公沐雷抚养,沐雷将他从张彩处抢回。〕

〔沐都督定了心神,又把无双细细盘问。这位白公子正个公平正直,再不会口是心非。张起鹘是强做的,便恨恨之声;张彩是两厢情愿的,虽然瞒隐不过,也再不肯说他半句不好。沐都督见他迷失本心,愈加着恼。欲待赶他回去,想来必落下流;欲待送进书房,这位先生又极是高尚气节,料来不受。不必弄羞,只得把他禁闭房中,着两个小使严行看守。无双此时志气昏惰,飞黄腾达之望久已撇开,不进书房倒也合拍,就是幽囚一室也还不甚心焦。只有一件不惯,你道甚么不惯呢?只为他〕前生罪孽重三千,今世投胎女变了男。秉性姣痴原自幼,不能自立要仗人怜。近来又中妖邪蛊,亲近了淫徒好色奸。竭尽猖狂挑诱术,骗得个心如荡女复还原。芳香一任狂蜂采,意合情投软似绵。虽说道住久心焦思故主,痴迷那晓事如天。只思量相通两处常来往,又谁知故主生嗔忽动蛮。拆散欢娱无续理,犹如敲断了玉连环。恩情化作东流水,眼见今生会面难。几日昏昏胡闹过,如今事退已清闲。日间勉强还挨过,怕的是漏鼓初闻夜饭完。深锁房中真寂寞,孤灯相照影凄然。双栖惯,忽孤眠,兽炭铜炉总道寒。数尽更筹难入梦,只将张彩转胸前。从前多少恩和爱,软款温存难尽言。今日焉能重聚首,分明隔断了九重天。心切切,意悬悬,蹙损双眉泪不干。举目无亲形吊影,伤心万种对谁谈。朝啼暮哭如痴醉,坐立无依像软瘫。渐至于饥饿不知逢饭吐,玉容瘦减病恹恹。亏得个看房小使知他苦,细把情形告主前。沐都督日久已经消怒气,此时不觉又生怜。夜来亲到空房内,看问无双可否安?真有趣,白双官,见他怒解变和颜。料知不复加嗔责,况且是从幼相亲已数年。今日何妨重近狎,牵衣执手泪犹含。虽然不是妖狐女,怪气迷人有一团。媚态柔情描不得,把一个沐公爷弄得意昏然。自思昔日将他抚,也把心机费一番。只为怕伤

---

① 张景,张逸少之父。

阴鸷重，故而未忍动摧残。那晓得如今依旧身流下，多应是命里生来是这般。我既将他重豢养，何妨一室竟同眠？鲜花已让他人采，不算欺心逆了天。〔当下就竟不进内房，在这外边住了。无双是〕萍水相逢尚然成熟识，自家人岂有不从权。况兼正是凄凉处，幸有新恩续旧欢。数载虚名成实事，果然应了众人言。绸缪仿佛新婚后，闷解愁消病也痊。历尽风波腰一捻，柔肌弱骨指纤纤。谁知不怕将军势，说也希奇是笑谈。〔自此之后，沐都督便把他移到自己的书房内去住了。〕相近相亲尤胜昔，丰衣美食复如前。无双既脱相思苦，乐以忘忧不自惭。整理衣装偏自喜，相随心转古人言。姿容愈觉增妖媚，绝类裙钗岂是男。不读《四书》无所事，整日里深藏金屋似神仙。姣容犹恐风吹坏，步障重遮不卷帘。嬖宠新承谁得并，后房妒杀众婵娟。满门大小家人辈，见了他时吐舌尖。堂上一呼阶下诺，纷纷趋步汗流肩。还防触了他身怒，侧耳而听侧目观。

……

〔张逸少之父张景借住在沐府，自云不好美色。〕

〔都督暗暗想道："他恃着口才，把我批点得这般刻毒，又说得自己这等斩钢嚼铁，竟自甚么圣人了。我今夜倒要试他一试，看他可是柳下惠的后身？"当下就走过东边，只见白无双和衣而卧，用手推醒他道："起来，我有话讲。"白无双坐起来道："怎么直吃到这时候？张先生睡了么？"沐公道："正为这狂夫饮酒间把我百般取笑，说我是好色之徒，夸张自己一尘不染，此刻已醉倒了。我也气他不过，特来着你去陪伴他，看他真有那见色不迷的手段否？"无双听了，兜面一啐道："这等说来，你也是吃烂的了。平时每防我近了别人，今日为甚就这般慷慨起来？必是醉话，我倒不听你的指挥。"沐公笑道："若是平时，我岂肯如此。因为他说毒了我，所以倒要慷慨一遭。你今夜左右空闲，且替我去耍他一耍，不要这等做乔。"无双沉吟一回道："不是我做乔，只恐惹他不动，可不羞杀了我？"沐公道："他若不动，你就走了出来，何羞之有？"说罢，就把无双扯下床来。无双道："且慢，去便去了，他若醒来见了我，必要盘问，叫我怎生回答？难道自认去就他？还要你教我几句。"沐公道："这个容易。他若问时，你就说我着你陪他的，只不要说别样话就是了。快些去罢！"无双挣住了道："我到底不去。倘或他实是个正人，端的不动，叫我有何面目自己退缩出来？"沐公呸道："这等做不出，亏你与张彩睡了半年！你既不去，我就去弄了他过来，也不是甚么难事。"〕说罢回身重走过，小童正在撒残盘。张公兀是沉沉睡，都督撩衣走上前。一把拦腰轻抱起，如飞几步过东轩。将他放落床儿上，解带宽靴去了冠。遍体衣衫多剥尽，自家被褥让他眠。回身吩咐无双道："你且和衣睡一边。候这死囚苏醒了，不须做作假羞惭。放心施展平生技，我料他未必心如铁石坚。"无双是久慕张公才貌好，并非俗物可憎嫌。因而并不生嗔怪，媚眼斜睒笑且言："世上痴人谁似你，弄人要把自家拼。既然逼我同他睡，我要分明断在先：事若成时休怪我，原是你自家引鬼入门缠！"〔沐公道："这个自然，我决不怪你。"说罢，叫小使掌灯，

照进了中门,往姬妾房中去了。〕

　　无双目送公爷去,只得将门自己关。脱去长袍鞋与袜,止留短袄贴身穿。上床揭起鸳鸯被,自觉心慌意不安。侧转身躯朝外睡,踌躇不敢近尊官。一更过,二更残,听得更锣已转三。倦极无双将睡去,张公渐渐把身翻。欠身而睡犹无力,双手齐将绣被掀。口内糊涂呼小使:"取茶与我润喉干。"无双听说慌忙应,坐起来幸喜通宵烛未残。壶内筛茶双手奉,看他呷尽又重添。张公只道童儿在,直把香茗饮到完。醉眼蒙眬朝外觑,方见那可人儿盘膝坐床沿。花枝解语嫣然笑,此刻心中甚骇然。〔便问道:"你是白秀昆①吓,为何还在这里?"无双终觉不好意思,停了半晌,方低声答道:"公爷恐先生寂寞,故着我在此陪伴先生。"张公此刻虽是醒了,终究还是醉的,一时记不起席间之话,并且认不出别人卧房。便说:"原来如此。不知此刻有甚么时候了?"无双道:"已交三鼓了。"张公听说尤惊骇:"既已三更夜正寒。岂可灯前还久坐,我当让榻与卿眠。"无双听得言如此,料想无妨心暗欢。但觉难于轻答应,低头含笑并无言。张公心醉还如梦,注目频频向外观。但见那火照肌容光更美,妖姿丽质愈加妍。生来不是神仙体,怎能够意马心猿不被牵?席上之言浑不记,那知虑后与思前。眼光尽被芳容吸,心荡神迷意惘然。如玉见他神色异,抬身假做拂衣衫。〔说:"先生既已睡醒,如玉即此告辞。"张公惊道:"都督着你既来陪我,自然就要住在此间。半夜三更,还到那里去?"无双道:"我自有去处,非先生所知。"说罢就跨下床去要走。〕张公此际心中急,双手齐伸挽住了肩。一把拖来仍睡倒,好言温慰把衣宽。无双明晓他心事,也不多言再作难。任彼宽衣同入卧,遍身香雾自盘旋。红罗被底销金帐,掩映肌肤玉一团。张太爷既得温柔乡里趣,顿忘淫律戒三千。斯文变作猖狂态,越距逾规背圣贤。暗室神明浑不惧,更有这乐于从事的白双官。知情识趣能酬应,骗得个魄散魂飞死亦甘。真堪笑,张孝廉,信口嘲人弄舌尖。转眼谁知身落局,自家也去吃残盘。虽然不算弥天罪,毕竟是酒后猖狂出大言。自惹一场风月累,名伤德损在中年。

　　……

　　〔白如玉复被张彩诱出,张让他暂住在权监刘瑾的私宅,结果刘把如玉献给了皇太子,也就是后来的正德皇帝。〕

　　皇太子,笑迷迷,到此情怀不自持。佳境初逢心已荡,香温玉软抱姣肢。君臣贵贱同欢合,事已临头白少爷。一则势穷难躲闪,二来深受色妖迷。但叫身入风流境,便像金鱼上钩丝。看饼自贪逃不脱,聪明性格也成痴。欲情紊乱难收束,任是冤仇也不辞。太子初防他执拗,此一刻见他好好竟相依。不胜之喜如狂醉,正是蛟龙得水时。曲尽恩情难细说,恍如玉体到瑶池。饱尝仙液千杯足,醉得他魄散魂消软似泥。拥抱玉人交颈

---

① 白如玉。

睡，梦为蝴蝶绕花飞。鸡声三唱浑无觉，直到那日射珠帘满玉墀。众阍推门齐进内，方才惊醒眼迷离。

……

（六）第十三回

〔白无双被擒入番邦。〕

番奴听了多欢喜，恶贼开言又讲章："小元帅既有如君三四十，出军可也带身旁？"卫熊答道："多携带，〔俺家夫人把他们都教得〕骑射精工武艺强。随俺夫人常出阵，人人带剑著戎装。只因老父传呼急，单骑而来不用帮。所以都留在夫人的营内了，〔若带了来〕便与伊看看有何妨？"冲霄①不住颠头应："〔只是小元帅〕快乐风流习惯常。这两夜却是孤眠无伴侣，心中也可动思量？"卫熊笑道："虽思念，没有人儿怎主张？你也休来提动我，弄得个睡身不稳再难当。"〔起鹄笑道："既如此，小将讲讲别样闲语何如？"卫熊道："这倒也使得的。"于是张起鹄方才搭上正文来，说："小元帅日间吃酒时，走出来这个孩子，可认得他么？"卫熊道："某家从没有见过他，怎么会认得？"起鹄道："小元帅忘记了，这就是前番打破腾越州，与州官②一同解来的孩子呵！"卫熊道："那个是州官的儿子，彼时捉进来蓬头垢面，也看不出他口鼻眼眉；今日这个，却十分齐整，难道就是他洗刮出来的？"起鹄道："一些也不差。山飞虎将军立在帐上亲眼见的，难道不曾对小元帅讲过么？"卫熊道："他回到那边，急忙急促，那里讲到这些闲话。就是知州解往国王那边，也是某家到了此地才知道的吓！但是他〕老子既然囚了去，为何儿子肯投降？元帅又将他看待非常好，莫非是认作干儿赏面光？"起鹄闻言拍手笑："小元帅原来不晓这内中藏。那里做什么干儿子，〔这是老元帅〕爱彼风流俏面庞。留他住，强他降，藏在那后帐之中当女娘。只与你令弟将军同取乐，其余不许外人张。"说到此，卫熊睁著铜铃眼："〔吓！住了！〕你此话希奇怎么言？〔他到底是个女子么？"起鹄道："谁说是女子？"卫熊道："既是男人，你为何又说俺父亲与兄弟当他女子取乐呢？"〕起鹄又将元帅叫："你出身到底在番邦。只知女子堪取乐，那晓得中国男人比女更香。只要有标致小官陪著睡，何消费力娶妻房。"卫熊听了何曾信："你不要骗我番人见不长。那里有两个男人能取乐，你且说将何物件去配成双？"冲霄笑得几乎滚，〔这便才叫做〕魔钝非凡恶外行。左右老爷闲著口，且与他细细说端详。〔便说："小元帅不曾做过，自然不得知。小将说出来，还你一样绝妙的物件便了。"卫熊道："请教请教！快说快说！"列位须晓得起鹄有甚么事情做不出，甚么话儿讲不出。自然就如此如此，这般这般的指教了一个透彻，还

---

① 张起鹄。
② 张景。

要像村学先生讲那策其马曰一般，骑在板凳上做了势子与他看看，"可明白也否？"这番奴才得豁然大悟，道："原来世上还有这般妙事，你今夜若不说，某家明日也不知。"起鹘道："何如这等乖，又教会了你小元帅，把甚么礼物来谢小将？"卫熊道："且慢些讨谢。你说便说得天花乱坠，然而还是口说空言，知道做出来好也不好呢？"起鹘道："这个容易，明日索性待小将弄一个人来，与小元帅试试就见了。"〕

番奴本是淫凶性，又被他提动机关火一腔。心痒难熬连跌脚，"你这般作事好悠扬。既然把俺家说得多高兴，自然要立刻拿来试一场。怎么说要到明朝重打点，却叫我如何耐得夜儿长？"冲霄又道"虽如此，怎奈我此刻无人难抵装。没法也须熬一夜，明朝包管有商量"。番奴说"不用商，俺倒心中有抵装。你的面容生得好，身材伶俐不多长。况兼说话真知趣，惹我心中爱得忙。既已说知男子事，就口馒头岂不早些尝。你便为人为彻从来说，乐事何难先代当"。大笑一声身立起，犹如饿虎扑羔羊。张起鹘一惊尚未曾开口，早被他一把揸翻掀在床。及至连声"使不得"，其如番狗最强梁。况兼教法全依你，那怕高声叫地方。哈哈笑，剥衣裳，抖擞精神要试一枪。惹火烧身张起鹘，被他挺得直僵僵。要推手被先拿住，要骂还防性命伤。自己气来还好笑，幸亏是有些狡智不惊慌。忙陪笑脸呼"元帅！不用心焦这等忙。小将心中还有话，放松些与你再谈量"。〔卫熊道："俺又不掩著你的口，有话尽管说就是了。"起鹘道："不是别话，正是一句要紧之话还不曾说。大凡男风之乐，只有十几岁小厮可以供人作耍，所以叫做弄小官。一到满了二十岁，就断断不可的了。"卫熊道："这又是怎么讲？"起鹘道："大凡孩子家年轻体弱，阳气未升，原与女人一般，便好做那女人之事。一到年交二十，便是个伟然丈夫，若再与人做起这勾当来，是谓两阳相斗，二虎相争，未有不两败俱伤者也。故是〕今朝小将如从顺，只恐登时两命伤。小将亡身不打紧，若叫元帅也身亡，岂非倒了擎天柱，盖世英雄化渺茫？片刻欢娱成底事，焉能定国与安邦？故而劝你须尊重，〔并不是〕小将无情不伏降。"〔卫熊听了不觉吓呆了，道："原来还有这些分别，只怕还是你骗我也未可知。"起鹘道："小将平昔真诚，从不会说谎。小元帅若还不信，请去问问老元帅，到底有这个道理也否？"〕可笑番奴真信骗，恐防真个见阎王。登时欲念成灰烬，遍体如冰骨就凉。叹气连声称"罢了"，翻身即便卧胡床。

〔张起鹘见他不敢发动，又要归到正事上去说法了，便叫："小元帅不要著恼，如今还有句绝好的话在这里，说与你听听罢。"卫熊道："俺原不著恼，你若有好话尽说不妨。"〕贼因又把前文说："这个孩儿不姓张。乃是与小将同乡本姓白，遍传美号叫无双。在中华与同小将先相好，其后来落与诸人次第尝。小将无才兼少势，故而难与众人撑。至于被沐、张带到云南省，两下轮流取乐长。前者被擒身到此，蓬头垢面掩容光。幸而小将将他认，免了残生剑下亡。与老元帅细说根由留下了，彼时两下共相商。原说道事成主副须公用，再不料元帅生成恶肚肠。到夜里，他已降，父子成欢乐未央。只把那许我之言全赖了，眼睁睁只好看从旁。因而小将心中气，〔要求小元帅〕出力从中帮一帮。若果无双能到手，我和你三人一体过时光。只不知小元帅可把他身爱，若不爱他身就难主张。"〔卫熊道："这孩子美貌异常，某家岂有不爱之理。只是父亲用的人，怎好去夺他来么？"起鹄道："这个何妨！二公子也有分的吓！"卫熊道："你又忘了，兄弟是父亲所爱，故此肯与他通用；俺是失爱的，那里有分？即使父亲肯了，兄弟也是不肯的。"起鹄道："这等说来，小元帅你也太软弱了。你是哥哥他是弟，那里见哥哥反怕弟强梁。诚然快乐难同受，有苦还须他独当。为什么父被沐雷杀败了，他又不能报复要你来帮？"〕这几句把番奴激动无明火，细想无差理正当。大叫一声"说得是！明朝决意去要他娘"。〔起鹄道："但不知怎生要法？"卫熊道："就依你口内之言，再添上一句：'父亲若肯把这小厮与俺，俺便帮著父亲夺取大明天下；若不肯时，俺原往永昌去了，悉听父亲被沐雷杀了，也不关儿子之事。'这般要法，怕他不依？"起鹄摇手道："不稳！不稳！老元帅作事阴私，心不应口。小元帅若对他说，他纵不显然回绝，也会指东画西，断断没有放出来的。"卫熊道："依你便如何？"起鹄道："依小将，须要先到了手再说的。"〕卫熊又问"焉能够？"起鹄回言"不用忙！左右天阴难出战，明朝到了大天光。老元帅升坐之时候，小元帅只说宵来体欠康。参见完时就回本寨，小将便假装问候送茶汤。打从后面抄将去，直至元戎内帐房。唤了这、白无双，先来此处紧窝藏。到晚来再对元戎说，他便心中有恺怏。却不道奇货已经归我手，那能白布退青缸？怕他不肯均匀派，这才下手为先算计强"。莽撞番奴听此话，连声赞好乐非常："若然果得他身到，俺与你三人睡一床。"讲到投机心快极，筋舒骨散倦洋洋。双双睡去酣声动，〔列位听了张起鹄这条计策，〕原是粗浮不稳当。岂不知卫武焉能心就服，竟由儿子夺无双。盖因他自家还有奸心在，明要他们闹一场。好等卫熊将父杀，有这番奴竟把木梢扛。

一夜话，休再论，来朝红日透扶桑。赛魔王早起中军坐，众将排班立两旁。卫熊听了奸徒教，一回儿就把病来装。别了父亲就往前营去，卫武是不晓其情那备防。又因为不喜他身也无着急，停一回军中午饭熟黄粱。冲霄又告魔王道："〔不知小元帅〕此刻身躯可否康？小将前军宜问候"，颠头许可赛魔王。贼徒忙到前营里，卫熊在寝帐之中榻上横。一见冲霄忙立起，两相问答喜洋洋。烧刀子，火熏羊，大碗盛来尽量䜴。饭罢冲霄忙立起，中军不走走营旁。外边卫武焉知道，竟被他溜进藏姣后帐房。却好侍军收碗去，白如玉正当独坐意惶惶。抬头忽见奸徒到，贼忒嘻嘻甚么腔。〔正待问他，起鹄就一把挽住，道："小元帅叫你，快些去来！"无双呆了一呆，道："就是那卫熊么？他叫我只甚？"起鹄道："老弟！你这样人儿，怕道有谁要杀你害你么？自然有好处作成你的吓！"又低低说道："你若去了，要杀这老贼也容易，快些跟着我走。"〕如玉听他如此说，低头不语自思量：想是他对那番徒说，所以前来唤我行。若去料来无杀害，止不过又将风月罪来当。我今总是身流下，就去之时也不妨。拼得被他奸了去，就好回来哭诉赛魔王。现在他爹儿兄弟多嫌隙，老贼生嗔还有弟来帮。定把二囚加杀戮，张起鹄不消说是圈中羊。卫熊纵有通天手，儿子焉能与父撑。若把此人先杀去，老头儿便是狈无狼。眼观可被天朝灭，倒算得买卖便宜第一桩。想罢欣然而允诺，冲霄此刻喜如狂。更不多言扯著忙忙走，〔刚才出得帐房，只见〕两个番军捧著汤。从后而来逢劈面，一呆正要问端详。〔张起鹄抢先就说："这是小元帅差俺来唤他，去去就回来的。著你二人不许多话，若被老元帅得知，小元帅定把你们立时砍死，记好著这些！"番军那个不知小元帅利害，听了这句话，噤口寒心，连声答应，钻进帐房去了。起鹄领了无双，仍在旁边抄转，直到前军寝帐之内。〕

小元帅，等呆呆，看见无双走进来。喜得心花都大放，忙把那无双拖住叫乖乖。拖来便向床中坐，细看姣容真妙哉。捧住了面庞亲一口，卷胡须触损了香腮。无双虽有胸中计，到此刻不觉心惊头乱回。起鹄在旁把元帅叫："你观他这般姣怯小身材。犹如一朵鲜花样，受不得狂风急雨催。元帅爱他须要惜，若然就要赴阳台。使不得这拔山举鼎英雄力，须要软款温存才得两意随。"番将颠头称"晓得！你且到中军伺候免疑猜"。冲霄答应回身去，此际番奴乐满怀。拥抱玉人装在道，温言悄语体相偎："曾记得腾越州捉你之时节，披发蓬头血泪垂。面貌一些看不出，〔所以只道是〕州官生的小儿孩。糊涂打入囚车里，料必道一路风霜受了灾。到此地幸得有人来认识，又被俺父亲兄弟用强威。后营监禁身难脱，直到那张起鹄将情说出来。昨夜某家才晓得，懊悔杀从前瞎眼又痴呆。若然早识如花貌，留在身边把我陪。何至失身于元帅，然而事去已难追。今朝唤你非他意，也要相亲乐一回。虽只番人容欠雅，爱花情性总同胎。也曾出入风流阵，惜玉怜香有妙才。伏望美人从顺我，早成鱼水两和谐。"番奴得趣滔滔说，如玉低头口不开。俊眼含情斜睨视，海棠红晕透香腮。想来已是心情愿，趁此良时不用挨。便把他抱上胡床真得意，还恐怕和衣扭捏不成堆。就将上下衣衫脱，自己还须照式陪。看了这粉面身躯绵样软，香风阵阵逼人吹。魂灵飞入青天去，新法施行换旧规。搂少子，当裙钗，贪淫原是色中魁。纵然爱惜如花貌，也不过撺住三分狼虎威。马上沙场终要走，焉能歧路久徘徊。无双虽说知机变，今日难逃要倒霉。便想道自幼相从沐都督，终是那细心人物好施为。岂似这出奇凶恶真蛮子，铁骨铜皮火内煨。更有那遍体硬毛如猬刺，肌肤处处吃他亏。泰山压卵浑无二，螳臂当车怎主裁？又像初逢张起鹄，快刀劈竹斧樵柴。身难动，口难开，咬碎银牙蹙损眉。耐过狂风收急雨，依稀气绝命垂危。番奴细看方惊骇，急急穿衣口叫："咳！俺已万分怜惜你，你还这等不能挨！"忙呼军士拿汤到，强饮喉间只半杯。伤处流红无设法，掩上一把刀疮妙药象皮灰。著好衣襟抱在怀中坐，倦极无双头懒抬。

蛮狗正当无设法，忽闻小卒外边催。〔"启上小元帅，山老将军解送囚犯转来，见过了老元帅，问得小元帅身子不快，特来看望了。"卫熊听说吃了一惊，道："这等俺自然要出来，请外营相见了罢。"小番答应而去。这卫熊对无双道："好不凑巧，偏偏俺的丈人来了，俺须要出去接他，你且睡一睡，俺就来的。"无双听了，喜不自胜，颠颠头就睡了。卫熊走出外边，张起鹍同山中杰已到。卫熊与他见礼坐下。原来山中杰自后营进来，所以先见了卫武，此刻问问女婿为何身子不快？女儿、儿子景况何如？卫熊答说："因是昨日冒了冷雨，所以有些不快起来，料也不是大病。"其余诸话，一一回答。张起鹍估道他就去的，所以也不曾走进去。〕

〔白无双此时已觉精神稍复，就要算计他们，况且要图大事，难顾小羞。又想：若是好模好样单说被他奸了，却是犹恐老贼终有舐犊之心，便相信了，也未必十分动气。幸亏在沐园内与张瑞官结仇的底稿还在腹中，此番正好抄袭陈篇，再加新话，断无不中之理。就是这父母遗体，左右被人作贱，也不必要再顾惜他。当时就把头髻扯得精蓬，又把胸前肋下狠抓上几把，弄出几十条血路，像个被人硬捉，强剥衣衫致伤皮肉的样子。这条恶计用在恶人身上，真算万分切当的了。〕衣抖抖，眼揸揸，床上翻身滚下来。趁着无人飞也去，彼营出了帐皮围。一程直走中军帐，卫武观之陡一惊。何故他从前寨出？蓬松细发袖儿垂。泪流满面精神丧，脚走跟跄往后寨归。不知其中何事故，慌忙立起后边追。卫罴也便跟将进，如玉登时就放乖。顿足放声而大哭："恨你们一人不把我来陪。被张起鹍不知怎样潜身到，手执钢刀逞虎威。扯我不行就要杀，我身只得把他随。帐旁转到前营里，我还道不过单单吃彼亏。那晓得交与你家小元帅，自家躲在外边窥。我被那凶人捉去难逃遁，剥去衣襟往床上推。"〔说到此间喉咙咽住。〕赛魔王即把无双慰："你且安心坐下来。等待畜生身到此，定然处死不相饶。"无双涕泣交加说："不斩他身我恨不消。"卫武正当安慰处，忽然想起脚双跳："畜生撒泼如牛力，把兄弟欺凌有几遭。此去叫他焉肯动，我须自己去瞧瞧。"无双急欲诛蛮狗，巴不得立刻将他砍万刀。含泪颠头连称"是，不要被他欺负小儿曹"。魔王急急扶他睡，立起身来抖战袍。也望前边营内走，先说那卫罴公子气咆哮。一程赶到前军内，三个人儿正在讲絮叨。莽撞少年捺不住，对兄睁眼喊声高。〔"父亲唤你快些去了再来。"列位！卫熊虽然不让兄弟，却还不曾起到杀父之心。〕此时尚有三分馋，难免心虚弱一跳。便问"父亲有甚事？要你来这般喝六与呼么！"卫罴怒道"休多讲！去便分明速速跑"。卫熊是看了势头知事破，不敢就行两眼看冲霄。二将军越发心中气，〔"你不走么？"〕一把来拖勒甲绦。〔张起鹍看了就大声说道："即使老元帅有事呼唤，二将军也该好好说明。这等模样，是兄弟对哥哥的么？"这一句〕壮了卫熊凶泼样，圆睁怪眼竖眉梢。一拳便打亲兄弟，卫二无能立不牢。直跌去，几丈遥，挺直身躯仰面朝。拳打心窝伤得重，登时口内泛红潮。吃惊不小山中杰，虽晓他兄弟常常把气淘。却不知元帅唤他因甚事，开言正欲问根苗。外边却好魔王至，〔见了这个光景，〕便却是将油火上浇。大骂"畜生无道理！这般泼胆把身包。公然逆父还伤弟，没甚话儿说的了，且取伊行命一条"。不量力，拔腰刀，要把亲儿首级枭。那晓卫熊发了性,全无惧怯半丝毫。喝声"你且来来看!怕你些儿我就乔"。气极魔王刀就砍,卫熊举手向旁撩。钢刀早已揪将去,卫武翻身跌一交。高叫"畜生将杀父,合营众将快来瞧!"畜生听,更懊恼,索性兜头砍一刀。真是乱臣生贼子,驴头砍破血横标。呜呼老命顿时送,吓得个,山中杰,魄散魂飞两脚跳。〔极叫道:"这是那里说起!俺们虽居夷狄之邦,到底父母是生身之本,怎么一个父亲都好杀掉了的么!可也没了影儿。"卫熊睁著眼道:"我杀我的父亲,关你甚事!要晓得父亲尚且杀了,何况你只是个丈人,也要来多甚么嘴!"山中杰道:"你敢是连俺也要杀了!"卫熊杀得顺手,答应一声道:"差也不多!"照头就是一刀。山中杰要走也来不及,竟做了两片。〕尸骸跌倒鲜红滚,可怜他才得回营屈受刀。迟到片时还不死,这便是命中注定就不能逃。张起鹄此番好不心中快,走过旁边把卫二瞧。虽只痛昏还未死,祸根不绝恐生苗。拔刀也把头儿断,〔此时帐房之内,〕一片通红血浪滔。不遇敌兵先自乱,众军吓得胆摇摇。

　　……

　　真个是无父无君番蛮子,也不装腔著白袍。且是休兵图快乐,黄昏时候月儿高。便归寝帐之中去,拥抱无双用酒肴。倒说道"我待美人如此厚,因何背后就奔跑?以致老元帅发了冲天怒,白送他们命几条"。如玉见他蛮到此,无从口舌去徒劳。只怕他强横难挡抵,胆战心惊两泪抛。掩泪但求留性命,卫熊看了越魂销。口中爱惜连称是,吃紧关头原不饶。到明日起鹄又来提本意,卫熊不学父亲乔。既然许允遵前约,只不肯自己孤眠守寂寥。竟叫他住在帐中同取乐,张起鹄浑如久渴遇香醪。一宵滋味三年想,今夜才将账目消。两个贪淫无赖贼,心欢意足逞狂骚。白如玉上天入地皆无路,只好归于命所招。肠断泪枯心血尽,今生不想再超淘。任他们拖来拽去争顽耍,浪打浮萍水上飘。狼藉不堪拼一死,料来死了倒逍遥。

　　〔白如玉后被救出,自此洗心寡欲,变得温谨恭顺。〕

(七) 第九回

　　绝顶聪明张逸少,见这和尚贼头花脸笑嘻嘻。捕风捉影将人骗,断不是平常好意思。恰恰今朝逢着我,是一个包身大胆怕谁欺?东宫太子难相压,何惧伊行众秃厮。假做糊涂且跟你走,当时闻说笑微微:"果然如此诚为妙,引领而行倩老师。"和尚匆匆真有兴,连称"当得"把烛千移。领同逸少忙忙走,转过屏门佛殿西。穿进街堂长得很,弯兜曲折路跷蹊。跟着他急急奔跑将半刻,才到了一坐高楼火亮无。〔张郎立住问道:"家父真在这里么?"和尚道:"正在上边。"瑞官道:"真是大丛林,所以客房也这般深处。"〕秃驴口内胡支应,推挽青年上了梯。门上轻敲闻答应,又有个少年和尚启双扉。〔同来和尚指着瑞官道:"这位小舍就是李客人令郎,师弟可同他进去,与他令尊相会。"〕少年僧会意颠头笑,请进姣客胜子都①。随手将门关上了,外边落锁去扶梯。张郎心内明如水,假做欢然并不疑。走过三间来一室,灯明火亮不低微。内中有三人叙坐皆年少,两个齐长发尚披。一个约来十六七,都是那唇红面白好丰姿。见人不语惟呆看,灵雀②心中已备知。坐下身来开口问:"如何不见我爹爹?"少年和尚哈哈笑,叫一声"宝贝乖乖莫要痴。你的父亲谁见面?却去胡乱问僧爷"。〔瑞官道:"既不在此,为何你们要骗我进来?"和尚笑道:"老实对你说了罢,这是我家师兄要你做个靠胸贴肚的徒弟,所以骗你进来的。"瑞官道:"胡说!我是良家子弟,有吃有穿,怎么肯做和尚!"和尚笑道:"任你良家子弟,那有做和尚的逍遥?你且耐着性儿听我细讲究一回,自然就肯做起来了。"瑞官道:"我不要你讲究,你只好好放我出去便罢,不然我就喊起地方来。"和尚变了脸道:"你要喊地方,这里离街甚远,就喊破了喉咙,也没人应你。"瑞官道:"不喊我也会走。"立起来要往外跑。和尚拦门立着,喝道:"那里去!"就在衣裳里拔出一把戒刀来,指着道:"你要走,请吃这刀。"瑞官立定了道:"慢着!为甚又要杀起我来?"和尚道:"你若肯好好住在这里,原就不杀你了。你且去想一想,还是杀了快活,还是做和尚快活?"瑞官想了一想,倒笑起来道:"做了人,岂有愿死不愿活之理?只恐这把刀是木头的,未必杀得动人。"和尚大笑,道:"好眼力,我倒要送来与你看看清的了。"说罢就走近身来,把刀对着面门晃两晃,道:"这是木的,还是钢的?你那嫩生生的头颈,可吃得起一刀?"〕瑞官更不将他应,假做端详把刀背摩。夹柄一揸夺在手,飞来便砍秃头驴。小和尚出于意外魂飞散,两手遮头口内呜。要走实然来不及,快哉好比劈葫芦。瓢分两半身躯倒,迅疾堪夸胜子都。初次杀人如老手,血流遍地不沾襦。

三个少年一见惊慌了,跪倒旁边把"饶命"呼。逸少收刀方问道:"你们不像贼僧徒。可将姓名同来历,说个分明免受诛。"三个闻言齐叩首,年长的开言诉说泪流珠:"我身家住京城外,爱宝为名本姓苏。正月进城观佛会,被这般恶人骗住出门无。那一个芳官叶姓家居近,颇有家财怕读书。逃出街房也逢和尚拐,上楼四月有余多。那一个姚家阿秀是南京籍,其父跟官带入都。作寓寺中爹死了,被他留占要为徒。可怜总不是真情愿,误入牢笼只为性格愚。"〔瑞官道:"这是住持和尚的主意,还是那些小和尚的作为?"苏爱宝道:"主是大和尚作的,这几个小和尚都与他一党。"瑞官道:"留你们在此可也是轮流奸宿的么?"爱宝道:"正是。"瑞官又问:"可也有些妇女在内?这住持要到几时进来?"爱宝道:"妇女也有,听说还在后边。住持今夜在外面主坛,要到四五更天才歇,他不到此,别个也不来,只着这个徒弟看守我们的。只是杀了他,大和尚进来,便怎么处?"瑞官道:"不妨!此刻还只二更时候,他还不进来,待我去报了官,就来捉住这班贼秃,一齐搭救你们。"三个磕头便道:"好了!只是他把楼门反锁,掇去了扶梯,

---

① 张逸少。
② 张逸少。

怎生出去?"瑞官道:"我会屋上出去的。你们只不要做声,若怕死尸,可把房门曳上了,到外边来坐坐。"三人听了心才放,同出房门撇死尸。逸少将刀靴筒插,推开亮槅响声低。轻轻上屋朝前走,惊喜相连众小厮。疑是天神来搭救,且同等候硬头皮。

……

(八)本书第一、二、七、十、十一、十二、十五、十六、十八、二十至二十三、二十六、二十七、二十八、四十、四十三、四十四、五十二等回也有同性恋的情节内容。

绘芳录

(清·同治—光绪)西泠野樵著
北京大学出版社 1990 年版

(一)第七十四回①

　　小儒即向后楼来看龄官。刚走到明间里,听得房内有人说话。探身一望,见龄官倚在床上,下身搭着一条大红锦被,玉儿②光着头,坐在床沿上代龄官拍打着两腿。上身穿了银红薄棉短袄,下罩水绿底衣,却散着裤脚儿,足下趿着一双鹅黄三镶满堆云履,越觉得眉目如画,令人可爱。口内喊喊喳喳的与龄官说话。龄官面朝外睡,见房外人影一幌,即推玉儿说:"你看谁来了?"玉儿忙跳下床沿走出来,见是小儒,笑道:"陈大人来了,因何轻悄悄的走来,听我们说话?幸而没有说出你们什么来。"

　　小儒笑着,走进道:"我因玉儿素来嘴坏,怕的背后议论我们长短,特地来听着的。偏生又被你看见了。"龄官亦一翻身坐起,意在下床。小儒急上前按住道:"闻得你身子不爽,别要起来凉着,倒是睡着说话很好的。"龄官笑着,告了罪,仍然躺下。小儒亲自代他盖上了被,即一蹲身在玉儿的地方坐下。早有跟龄官的人,送上茶来。小儒即问龄官有何不爽?龄官道:"昨晚脱去大衣,在楼口与玉儿多站了一刻,似觉得身上寒噤起来。今早两腿酸痛,四肢无力,想是受了点风。适才有累玉儿代我拍打了一回,觉得松快了些。"小儒道:"现在天气虽日渐温和,究竟是春初的时候,或寒或暖,最宜保重。何况你们身体生来柔脆,又初到南方,水土向没有服得惯,更易生病。你可要医家来诊看?我吩咐人请去。"龄官忙摇手道:"我最怕吃那苦水儿,准备多饿这么两顿,明天自会好的。"

---

① (一)(二)描写官员陈小儒与其家优龄官之间的暧昧关系。
② 陈小儒的另一家优。

[后来玉儿离开，龄官想喝茶。]即便掀开被，欲自己起来。小儒道："你睡着罢。"便在桌上倒了一盏茶，送到床前。龄官忙欠身接过，笑着瞅了小儒一眼道："别要把我折煞了，现在我病病痛痛的。"小儒笑道："这又算什么呢？"将茶杯接过，仍放在桌上。转身见龄官上身只穿着薄棉鹦哥绿紧身小袄，外罩珍珠皮玄色比甲，腰内束了一条淡红色绦儿，下穿月白底衣。脸上略略黄瘦了一层，加以眉黛微颦，眼波斜溜，分外姣楚可人。小儒看到情浓，不觉神驰道："你身上薄薄的两件衣裳，又不盖被，若再凉着，更外难受。"便代龄官将被往上提了一提，又握住他双手道："你手尖儿多冻凉了，还要挣扎着起来，晚间须要多盖着一层，出身汗，可好了。"龄官见小儒握住他双手，又低声悄语的和他说话，不禁脸晕红潮，回眸一笑，忙洒脱了小儒的手。便道："若被玉儿那促狭小蹄子看见，又要说多少话儿。"小儒听说，反不好意思起来，亦随着龄官笑了一笑。

（二）第七十六回

这日小儒早起，方走过红香院前，见龄官坐在一丛芙蓉花前石凳上，痴痴出神。小儒走近道："你早在这露地上坐着想什么呢？"龄官抬头见是小儒，便笑吟吟将身子向旁边挪了一挪道："你坐下来，我正有件事和你商量。"小儒亦笑着坐下。龄官道："适才我与玉儿一同来看这芙蓉花的。他到祝大人那边去了，我懒得过去，在此坐一会儿。正欲寻你说话，恰好你又来了，可不是怪巧的？前日五官代我画了一个小照，琴官儿①他们见了，总说很相像。他们也高兴请他画了。又说什么我们六个人，皆画在一块纸上。我也没有理他们，特地来问你声，还是单画的好？还是画在一起的好？别要将我画成的脸，糟掉了。"小儒见龄官语言宛转，眉目含情，不由得心内又动了一动，笑道："自然是合画的好。一则人多，画上去倒不热闹些；再则也见得你们义气。如果你定要单画一轴儿，也使得，就是一个人，没甚情趣；将我画在一旁陪伴着你，免得你寂寞，可好么？"龄官抿着嘴笑道："你说的可希奇！我要你陪伴什么呢？你同你们太太、姨太太画在一起，才合宜呢。"小儒摇头道："我最怕画在一起。上年画了一轴，至今我总没有叫挂着。"又挨近身低低的笑道："我想和你画在一起，不是一般的么？"

龄官听说，脸一红，斜溜了小儒一眼，双手推开小儒，故作怒容道："别叫我清早的时候，啐着你罢。人家好意请问着你，却惹出你这些混话来！下次你再和我说这些混话，可是不依的！"说着，便在小儒腿上使劲的拧了一把，又扑嗤的一声笑了起来。小儒自前番去看龄官的病以后，却深爱他姣媚可人，在六人之中另眼相待。龄官亦知小儒待他甚厚，即有心日后依栖小儒，可以得所。今日故意的生气，试探小儒性格。此时小儒不觉心荡神驰，携住龄官的手笑道："你好意思认真啐我么？我这个腿上，被你拧了这一下

---

① 陈小儒家优。

儿，现在尚怪痛的。我恨不得也要拧你一把，不过你同我生气罢咧！"便伸手故意来拧他的腿。龄官见小儒全不介意，仍是低言悄语的和他说话。即趁势反闪躲小儒怀内笑道："我最怕痒的，你若碰我一下儿，那我可真要和你翻脸的！"小儒亦顺手将他搂住，正欲再同他戏谑，闻得花外一群人说笑而来，急忙松手起身走开。

〔后来龄官改作陈小儒的家人，陈给他娶了一位妻子。〕

（三）第二十六、二十九、三十三、三十八、七十四回 写及优伶同性恋。

十粒金丹

（清）佚名著
中州古籍出版社 1986 年版

第六十三回①

张家结拜盟兄弟，李家盒礼认亲戚。风月窝巢十几处，月月都去送银子。行围打猎放鹰犬，掷骰摸牌与斗鸡。戏班小旦把干儿认，不送镯子就送衣。那里有戏那里去看，跨马乘车把架子支。忠厚长者看不起，待理不理大憨皮。狎昵恶少如骨肉，意合言投惹是非。背地里从没听见人夸个好，他那个夫人更不用提。

永庆升平全传

（清·光绪）郭广瑞
（清·光绪）贪梦道人著
上海古籍出版社 1993 年版

（一）前传②第四十九回

三个人坐在一处谈闲话。只听那一边大喊一声，口中说："山东马，你原来是一个忘八，在水内住着。"三个人一听，回头一看，只见那花帐儿以内靠着东边有一人：年纪约有十七八岁，身穿着蓝洋绉短汗衫，雪青官纱中衣，漂白袜子，厚底蓝宁绸镶四框的鞋，桌上搁着一件银灰洋绉的大衫；面如傅粉，五短身材，五官俊秀，品貌不俗，身材凛凛，

---

① 写纨绔子弟的所作所为。
② 前传系郭广瑞著。

齿白唇红，笑嘻嘻的在那里说："山东马，你是一个忘八呀？"马成龙一瞧，说："好！"走到那少年跟前，用手一摸人家的脸儿，说："小如意儿，你怎么与我玩笑？我瞧你就是一个'龙阳生'！"那个少年男子说："顺心吗？别玩笑啦，我瞧你也是一个'龙阳生'。"

二人正在玩笑之际，又听得马梦太一瞧，说："山东马，还认识这些人哪！好，我瞧他像个唱花旦戏的，必是一个私房。我用话一诈他，就知道了。"遂说："好哇！你真有的，见了老太爷在这里，也不过来请安？大模大样的，连一句话也不说吗？过来陪着我们喝两盅酒吧！"那个少年之人说："你这个马寿儿，好大胆子，口出不逊。来，来，来！咱们去到外边去，分个高低上下、胜败输赢！"说罢，用手一扶桌子，蹿在花帐儿以外。马梦太跟随出去，二人站在那里动手。

（二）前传第五十三回

梦太说："我家住北京城安定门里国子监，你可知道有一个瘦马马梦太？他也是我们街坊。"那老头儿鼓掌大笑，说："好，好，好！我倒听传言，人说有一个胖马，名叫成龙；有个瘦马，名叫梦太。说他们两个人是拜兄弟，原来他两个人明着是拜兄弟，暗中是夫妻。"马成龙说："他两个人是夫妻？谁是公儿？谁是母儿？"老头说："马梦太是第一的好朋友。"山东马说："胖马呢？"那老头儿说："是个母。"山东马把眼一瞪，说："什么？"老头站起来，望外就走。山东马急了，说："你先等一等走！"老头儿出离上房，直奔东配房。山东马追到东配房门儿以外，说："你那个老鸡子进的！竟望我玩笑。"老头说："不可！我屋中可有女客。"山东马无奈转回上房屋中，坐在那里越怒越气。梦太在旁边直乐，说："这个老头儿是高眼，瞧你就像个母。"山东马说："你别装呆傻啦！"

彭公案

（清·光绪）贪梦道人著
上海古籍出版社 2005 年版

（一）第十一回

话说那彭公正在审问魏保英移尸之案，忽听有人喊冤："求大老爷替小的伸冤。"彭公举目一看，见那人年约六十有余，身穿月白布裤褂，白布袜青鞋，面皮微黄，两道重眉，一双大眼，准头端正，沿口黑胡须，跪倒在公案桌以前，说："老爷在上，小人冤枉！"彭公说："你有何冤枉之事，趁此实说。"那老儿说："小人姓赵名永珍，住家在夏店街上东头居住，务农为业。小的有一男一女，我夫妇四口人。我儿十八岁，在学房读书,我女儿二十岁,尚未娶聘。只因我儿赵景芳他常在外面学房内住,由本月十三日那一夜没有回家,到第二日也未曾回家。小人各处寻找,并不见面。听学房中小童说被左青龙大爷管家的胡铁钉强邀了去吃酒,小人找寻到左府上访问,他那里家人说不知道。我又各处寻找,并不知下落。今天听见这里老爷验尸,一瞧那死尸正是我儿子赵景芳,不知是被何人所害,甚是可怜。青天老爷在此验尸,小人斗胆冒犯虎威,叩老爷恩施格外,替小人拿获凶首,报仇雪恨!"彭公一听,说:"你起来,去把你儿的尸身领去,暂且停放一边,候本县拿获凶手,再替你报仇就是。"赵永珍领尸身下去。彭公说:"马清、杜明,急速锁拿胡铁钉到县听审。"二役答应下去。……

(二) 第十二回

话说那彭公升了二堂,马清、杜明把左青龙带至堂前。……彭公说:"左奎,你要想不说实话,焉能逃出本县之手?我自到任,就知道你的恶名素著。张永德之女,现在那里?余顺的银两,你竟敢吞?从实招来!"左奎本来无有受过官刑,倚仗银钱势力,在先结交官长,威镇一方,无人敢惹。今日这四十板打的他并不敢徇私,叫苦哀求说:"老爷,你不必打我,我有朋友来见你就是了。"彭公一听,说:"胡说!那里的朋友,给我再打他四十大板。"两旁衙役人等说:"快说,你要不说,又打你了。"左奎无奈,自己把所作之事从实招来,一概承认,说:"张永德之女,现在我家花园之内。余顺的银两,我家现有可以赔补。赵永珍之子,酒醉以后被我鸡奸,酒醒之后,他说要告我,我就把他捆上打死,叫了醉鬼张二与魏保英抬出去,埋在那乱葬岗上。霸占刘四的地五十亩,全都承认。"叫代书写了招供,他画了押。……彭公定了〔他〕一个立决斩罪。

(三) 第二十四回

且说白脸狼马九、笑话崔三这二人,施展飞檐走壁之能,进入衙门里面一看,瞧大堂后边,东西各有跨院,西院中丝弦之声,有唱曲词之人,声音嘹亮。二人暗进了西院中一瞧,北上房是三间,东西各有配房,北房之内灯光闪耀。二人纵身上房,在前房坡使一个夜叉探海之势,借灯光瞧见外间屋内灯光照耀,内有圆桌一张,上有烛台一支,桌上边摆着干鲜果品,各样菜蔬,正位坐着一个少年人,年有二旬,面皮微青,青中透亮,俊品人材,双眉带秀,二目有神,身穿蓝纱小汗褂,官纱中衣,白袜青云鞋。东边坐着两个人,一个三旬光景,又一个二旬以外。西边坐着两个小旦,手拿琵琶、弦子,唱的是马头调。这是门公洪升,他最能奉承少爷,今日他叫的两个小旦,也是奉承大少爷的。两个小旦,一个叫金福,一个叫春来,唱的是《叹烟花·带病的嫖客》、《叹十声·从良后悔摔多情》,一嘴嘎哒腔儿,实在好听。那狗子越听越爱听。笑话崔三有心要进去,又怕那人甚多,无奈在外边等候。里边洪升这厮,乃是总办,又是门公,他乃是一个破落户出身,少年不得地,现时得了这个差事。他从烟花中买了一个人,是个从良的,今年二十三岁,生的美貌,与大少爷私通。洪升他借着女人的光,他当这个门公总办。大少爷住在他家,与他女人睡觉,他躲在衙门,佯为不知道,真无廉耻。像这个样,真给跟官的现眼。

书中交待,吃油炒饭,跟官的有三六九等不能一样。有一种官家子弟,学而未成,因家道贫寒,不能出仕作官,托人跟官,借着官力量发财,求取功名,光宗耀祖。这个不叫长随,名叫暂随。还有一等不要廉耻之辈,少年不务正业,长的有几分姿色,投主跟官,殷勤献媚,遇见老爷心好男风,被他迷住,他巧言令色,借官之势招摇诈骗,不管官的前程。遇见老成正直的官府,一见此辈,即速斥退,必不用他;如遇品行不端之人,是必定入他的迷途。或者他有一个好妻室、好姐妹,献与本官作妾,倚着横行。这个不叫长随,名曰肉随,像洪升就是这等人品。

蜃楼外史

(清)八咏楼主述
(清)梦花居士编
清末字林沪报馆铅印本

(一)第十三回

[义盗青奇讲他的落草原因,为何只杀和尚、道士、赃官。]青奇道:"这却有个缘故。小人虽是籍隶本省①,却因住的所在是个山僻小县,风气极其不好,专讲那些将男作女的事。小人住在那里,实在看不上眼。后来不知那里来了一个和尚一个道士,和尚叫作极生,道士叫作化生。这道士的相貌却甚标致,同那个极生犹如夫妻一般。我们乡镇上的人都同他交好,常常将银两米谷布施他们。不上一年,他两个手中就弄了一二万金,竟然买块空地,盖造一个庙宇起来。庙中居然塑两个泥像,说是春秋时的卫灵公,一个是卫灵公驾下的宠臣弥子瑕。他说这个弥子瑕是男子中最美的人,他有本事弄得个卫灵公日则同坐,夜则同眠,一刻都少不得。他又把吃剩的桃子与卫灵公吃,卫灵公喜欢的了不得,每逢人夸说弥子爱吾。故此男风中要算他头儿脑儿顶儿尖儿,是一个上上等的屁眼大王。这两个和尚道士自盖了这座庙宇起见,那进香求愿的一天何止千百余人。都说这个弥子瑕灵感异常,有求必应。小人一知此信,因想这僧道来了风气更坏,又是这样的哄动乡愚,愈觉彰明较著,不成个世界了。因此更觉愤气填胸,要想把这个庙宇拆

---

① 江苏。

毁，再把那僧道两个送他们一同到阎罗殿上去，免得在那里贻害无穷。想便想了，只是没有下手之时，又恐犯了众怒。后来又听得说，僧道已商议着要择日赛一个盛会。村镇上的人又纷纷的助银钱下去，高兴非凡。小人晓得这事又气得要死，因此找着了这个黄兄弟，同他商量要除灭这两个僧道，挽回风气。我两个人便暗暗定计，待等赛会这一日，那会出庙游行的时候，庙中必然清静。又打听得那僧道两个自高身价，只在庙里享福，并不出来跟会。因此正中小人们计较，到了出会的那日，小人恐怕人家疑心，也是随着众人，暗暗的同黄兄弟带了傢伙，假作前去看会的模样，以便行事。"不道那会果然热闹非常，要知怎样热闹，且听下回分解。

(二) 第十四回

　　色即空兮固是，空兮即色皆然。人能解脱色空禅，便是英雄手段。　俊道后庭花艳，淫僧一意贪欢。算来都是恶姻缘，尽可一刀斩断。

　　却说青奇把以前的事说将出来，直讲到出会的那一日。说道："小人往看那会，果然齐整，不知要几万银子方能出得这里。但见那会出得庙时，头导的衔牌上面均写着'皆大欢喜'四字。随后便是逍遥伞数十顶，织锦旗数十面，又是甚么高跷并扮三百六十行的名目。后有台阁数只，均用七八龄之孩童扮成各戏名目。所穿的衣服均绫罗绸缎，异常讲究，约有数十起。又有衔牌几对，上面写的是甚么'泽布后庭，恩周旱路'、'德重龙阳，功开鸟道'等字样。又有二三十匹高头骏马，都是金鞍玉勒，上面坐着二三十个美童，手中均各执着或金或玉的奇巧玩物。随后又是一队步行的俊童，约摸也有三四十个，穿五色花袄，都是搽脂抹粉，描眉画眼，妆腔做势的扭捏而来。或则手拿香袋，或者手托香盘，或捧龙涎香斗的，或携八宝香珠的。身边都有自己相好的契哥，或一个或两个不等，都随在旁边伺候着整衣添香、打扇理发。小人看到那里，已是怒发冲冠，禁遏不住。要想上前发作，几乎露出马脚来。后被黄兄弟将小人止住，只得再看下去。又见几十个妆太保模样的人，各执着签筒、笔架、帽笼、香盒、花瓶、掌扇等物，一对一对的过去之后，方是那个甚么弥子瑕，又是甚么卫灵公两个小小泥像，均是十六个十六七岁的美童扛抬。小人细看那两个泥像的嘴脸，实不成个体统，再看后面还有无数仪仗。此时小人的无明火实在按捺不住了，故也并不再去细看，便同黄兄弟两个穿入小弄无人之处，蹿上房廊，从人家的房屋上飞跃过去。直到那庙之中，跳下一看，却见静悄悄的并无一人。小人只道这僧道两个也都出去了，正是懊悔自己莽撞。忽地听见一片丝竹之声，忙同黄兄弟两个也不声张，悄悄的在门缝中向里面一张，不觉大怒起来。相公你道为何？原来这个极生同化生两个都是赤条条的一丝不挂，在榻上干那无耻的勾当。"[青、黄二人杀死了僧道，烧掉了庙宇。被官府通缉，遂落草为寇。]

跻春台

(清·光绪) 刘省三著
江苏古籍出版社 1993年版

卷二·六指头①

> 立品终须成白璧，欺心即是兽禽。切莫造孽辱斯文。一旦天加谴，财空绝后根。

泸州廪生戴平湖，为人残刻，不端品行，学问至深，刀笔尤利，专爱武断唆讼，兼之最好男风，家贫，教学糊口。若那家子弟俊秀，他即挟势哄骗而奸之。常言道：师不正，徒乱行。谁知其徒亦效而为之，每在书房，以大奸小，以强淫弱。他并不经管，即明知之亦不打骂，遂将孔孟之堂，变成猪牛之圈矣。平日又爱滥酒，往往醉后发疯。

其妻吕氏，乃贫家女，貌丑嘴烈。时当四月，家中无粮，带信喊夫收钱买米。平湖收钱两串，拕回家去，吕氏见钱欢喜，接着说道："几回要钱，老爷都说莫得，今天这两串钱，又是那来的？"平湖有钱就央假起来了，答曰："娘子不知，我这钱是从'子曰学而时习之，不亦说乎'得来的。"吕氏即去办酒，与夫消夜。平湖吃得偏倒难行，吕氏扶进房去，坐在床上，甚么梗下，用手去摸，才是两串钱，醉中仿佛，遂问妻曰："你都说家中无钱买米，怎么这里又有两串？"吕氏见夫先前抛文，他也捡样，接他的下文答曰："老爷不知，我这钱是从'有朋自远方来，不亦乐乎'得来的。"平湖大怒曰："你到乐，老子就有些不乐！"吕氏笑曰："有钱你都不乐，要饿饭才乐吗？"平湖曰："我就饿死也不背你那个皮！"答："啥子皮，猪皮满狗皮？"平湖曰："你妈那张龟皮是这样，老子把你休了！"你一句，我一句，二人大闹起来。……这平湖听说此言，越加是气。睡到次日，把酒醒了，又羞又恼，想道："这妇人相貌又不扬，说话爱抵黄，从今到馆去，永不回家乡，要你守活寡，夜夜睡空床。"遂将七岁之子，名荷生，带进书房读书。这荷生性极灵颖，一读便熟，到十四岁文理通畅。屡试未准。

再说吕氏在家，见夫几年不归，心知夫好男风，淫债太多，家中又无钱用，只得暗地替夫还债，挣些银钱，度活光阴。

是年，荷生已十八岁，平湖欲与子完婚，于是归家与妻商量，请媒送期。他亲家姓

---

① 参见《刑案汇览》（十三）之（14）。

邵,名光复,亦是秀才,家称小康。此人品德兼优,善于教训,每日与徒弟讲书,必要先讲善言果报。生一女名素梅,人材秀丽,性极端庄,小时教他读书,素知孝敬。先后接了戴家的期单,备办嫁奁。此处风俗,兴送嫁酒,当未嫁之先,族亲都要请待晏。那日素梅到伯父家去,路遇一人,将他饱看,心中大怒,急趋而去。及至出阁之夜,亲朋把新郎送入洞房,就在房中以拳闹酒,新人把酒斟了,方才出去。荷生关门就寝,新人坐阵将欲去睡,忽见丈夫起来开门,出外许久,进房一个,偏偏关着抽屉,把灯关熄,即来与他取了首饰,脱去衣裳,双双携手而睡,鸡鸣见天,下床出外。

至天明素梅起来,不见衣饰,忙到箱中另取,心中惊疑:"若是贼盗,我未曾睡觉。"欲问丈夫,又不进来。忽听人说:"戴老爷呀,怎么新郎公被人杀死在毛房后?"平湖夫妇去看,果然是儿,脑浆流出,咽喉割断,只穿单衫,身已冷。便喊人抬到中堂,想:"我一生只有此子,如今死了,岂不把香烟都断绝了吗?看我夫妻老来又靠何人?"不禁伤心痛哭道:

父:姣儿死不由父肝肠痛断,母:不由娘心儿里好似箭穿。
……
父:你灵魂在阴司切莫散乱,母:寻着了杀人贼好把命填。

再说素梅听得丈夫死了,急忙去看,放声大哭,想起夜来之事,定是丈夫出外,被贼杀死,贼顶夫名,来坏我名节,不然如何失去衣饰?如今丈夫又死,名节也失,有何面目活在人世,不如寻一自尽,去到阴司,我寻仇人罢了。遂解下脚带,引颈自缢。忽然上宾进房看见,急忙解下,用姜汤来灌。平湖夫妇正在哭子,又听说媳缢,急得心胆俱裂,慌忙来看。见素梅渐渐苏醒,二老劝曰:"我儿既死,不能复生,媳妇何必性急怎的,须要宽想。"上宾因言夜来失去衣饰,二老再三细问,素梅泣告昨夜夫出,贼顶夫名进房同睡之事。平湖曰:"这也怪不得媳妇,切勿轻生,使我气上加气。"因问:"贼是何形像?"答:"进房便把灯火关熄,看不明白,只摸着他是个六指头。"平湖心想:"六指头只有门生丁兆麟才有,定然是他。当时只说他讲究道学,是个好人,谁知他做出这样欺天灭理之事。"即去问他。

合州官又到泸州催差严办。又过两月还是无影,二官心慌,商量作疏,叩恳城隍指示。逢朔至庙焚化,二官同寝庙中,梦见大小二雄鸡相戏,大鸡踩负小鸡背上。忽来一人,手执柳条打一大圈,将小鸡一阵拳头耳巴,旁挂一索,小鸡引颈自缢,那人解下小鸡,抱怀而哭,又执棒寻逐大鸡。地下忽现一张荷叶,那人将荷叶打了三棒,取刀将叶蒂割烂。正看间,忽被更锣惊醒,即叫合州官告之以梦,合州官曰:"我梦亦同。"即叫师爷详梦,师爷想了一阵曰:"此案莫非因鸡奸而起?其人打小鸡者,耻其被污也;抱缢鸡哭者,必其人之子也;棒打荷叶,刀割荷蒂者,此案被杀者名荷生,必其人杀之也。

其人拿柳条打大圈者，莫非叫柳大川乎？"二官点头称是，命差捉拿。一小差曰："柳大川居东山厂，与戴平湖只隔十多里。"遂去些差人拉进州来。

两官坐堂问曰："柳大川，你为甚打死戴平湖之子，顶名行奸？今见本州还不实诉！"大川曰："小民有满腹寒冤，久欲控诉，望大老爷详察：

大老爷在上容告禀，听小民从头表冤情。此一案非民把凶逞，是老天报应甚分明。民生来家中原贫困，生一子乳名叫长青。十四岁文章即通顺，只望他显亲去扬名。戴平湖教书有学问，令小儿从他去拜门。谁知他狗肝又狼性，暗地里奸污小儿身。

"既是师生岂有奸污之理？本州不信。"

喔呀大老爷呀！上淫下古来多得很，弥子瑕分桃喂卫君。况平湖自是一光棍，似禽兽论甚师弟情。

"既被奸污，你儿还从他不曾？"

从两年害儿成下品，到夜间出外丧品行。

"奸淫乃暗昧之事，你又怎能知道？"

民将儿责打来追问，才知道失身那段情。民忿极将儿来锁定，免得他出外羞先人。儿无奈悬梁寻自尽，想报仇怎奈是绅衿。

"你儿自寻短路，何得又怪他人？"

喔呀大老爷呀！莫得他儿不丢性命，莫得他民不成孤人。他奸淫我儿太过分，我奸他媳妇谅合情。他害我香烟都断损，我也要断绝他后根。此本是老天加报应，并非是小民胡乱行。

"你又用何计策把他儿子打死？"

闻平湖与子把亲定，见他媳容貌可倾城。与厨人挑担把身遮，将巴豆放在鸡内烹。先告辞后在厕边等，一巴锤送他命归阴。脱衣服穿起把名顶，又怕他不久要还魂。拿小刀割断他喉颈，与新人携手去同衾。闻鸡声盗物来逃遁，那知道冤屈丁兆麟。今日里法堂把供认，念小儿死得实伤心。祈青天先把他罪问，评论我二人罪重轻。民该杀他该斩首领，民该死他也难独存。

"衣服首饰你又放在何处？"

衣与饰尚在家藏隐，并未曾损坏半毫分。大老爷拿他来对审，民纵死九泉也闭睛。

柳大川把供招了，官想与梦相合，定是实情，遂谓合州官曰："戴平湖如此狂妄，奸淫徒弟，得罪斯文，若不究治，败坏风俗。"合州官曰："此人乃贵治出色人物，有名之士，任凭尊裁。"即告辞回州。只留刑书，候同详文，将大川丢卡。一面命差到柳家取衣服首饰，一面命差唤戴平湖上堂，问曰："尔身受朝廷顶戴，应宜培植人材，为何丧尽天良奸淫徒弟，今见本州还不招吗？"平湖曰："禀生教书，学规极严，品行端正，老父台何得平空白地说此伤风败俗之言？"官怒曰："尔奸污柳大川之子柳长青，害得他身成下流，因责废命，今在法堂供出实情，尔还强辩不认吗？"平湖曰："柳大川狂言妄语，丧败斯文，正宜打死，免害世人，老父台何得以虚诞之言，而诬功名之士？"官曰："尔的行为本州知道，若不招认，刑法难容。"平湖曰："老父台的刑法只可施于盗匪，怎能治我绅衿？是这样问法，我说是老父台奸淫我儿，杀伤性命，老父台肯认，禀生也就认了。"官大怒曰："胆大狂生，焉敢胡言，欺藐官长，左右拿去罚学。"平湖正要辩白，忽然眼睛一花，见柳长青立于面前，相顾而笑，不免心中迷乱，说道："我的好徒弟呀，你也舍不得为师，前来看吗？"官骂曰："你在说甚么？还不招认，要待何时！"长青在平湖耳边递言，喊平湖快讲。平湖不知不觉，将平日逼奸幼童与诱污长青之事，一一招认。官命罚学丢卡，提出丁兆麟释放，二官同名详于上司。上司见了大怒，批曰："戴平湖嗜好男风，实衣冠之禽兽；奸污徒弟，真名教之罪人。万死犹有余辜，断嗣难尽其责，宜加宫刑留身而受活罪，就地阉割出示，以警将来。柳大川为子报仇，情非得已，行凶毙命，罪有可原，但不宜奸淫新妇，坏人名节，姑念绝嗣，究治从轻，笞责一千，枷号三月。邵素梅摸六指以为夫，事非无偶；丁兆麟因六指而受屈，情有由来。宜娶邵氏，将就错中姻缘；使嫁丁生，可为天成佳偶。"

回文转来，提出戴平湖，命刘匠阉割，以外肾示众，观者人人咒骂，个个快心。叫丁兆麟上堂，告以上司之谕，婚配邵氏。兆麟喜允。官命媒婆传言，邵氏令嫁丁生。

再说素梅闻柳大川把案招了，始知丁兆麟受冤，心中不忍，想："因我一言，使他身居卡监,受尽苦刑,今生不能酬情,来世亦当报德。"又想:"嫁此禽兽之家,罪堕后人,不知如何结局?"及闻媒言甚喜。丁生看期迎娶,夫妇和偕,后生二子,一中乡选。柳大川回家,因无子嗣,削发为僧。戴平湖自阉割之后,人皆厌贱,火盗频临,家财荡尽,乞食而终。吕氏跟人逃走,后亦饿死。

从此案看来,人生在世,惟有男风是犯不得的。杀人三代,误人一生,纵是割头绝嗣,犹有余辜。上司加以宫刑,是亦姑念斯文,而特轻以治之也。嗜好男风者,胡弗以戴平湖为鉴焉!

冷眼观

(清·光绪)王璇卿著
中华书局1961年
《晚清文学丛钞》本

第五回

云卿一个最幼的兄弟,手里擎着一本花纸,口中乱嚷道:"哥哥看新闻呀!"云卿拿来一看,说道:"如今上海报馆里的消息真快,这件事还未出一礼拜,就已经印起画报来了!"我忙问他:"是件甚么事?可是你知道的吗?怎么总未见你提起呢?"云卿就在桌上将那一张画报展开来指与我看,我见上面画了一进极大的衙署,东西辕门、鼓乐亭、旗杆各式俱备,那仪门上的竖额,同旗布上写的官衔差不多,却是"钦命二品顶戴赏戴花翎江宁等处地方承宣布政使司布政使瑞"一行大字。我惊道:"这不是瑞方伯的藩台衙门么?如何画到这张画报上面来呢?"云卿道:"你再朝下一张张的看去,自会明白。报馆里人最喜捕风捉影,但是这件事却不比无影画《西厢》的。"我于是又揭过一张,见上面画了三间敞厅,悬灯挂彩,铺设得十分富丽。中间摆列了几桌酒席,类皆杯盘狼藉,是个残席的局面。内中只有两男一女,在那里厮打,扯碎了一地的茉莉花朵。再细看那男子面貌,两人大致相同,总是团猫脸,黑八字胡须,好像是弟兄一式。再去看那女子,倒还满头珠翠,遍体绫罗,容貌也很过得去。就是那裙拖八幅潇湘下,弄得男不男兮女不女,一只脚小如莲瓣,一只脚又硕大无朋。我看了莫名其妙。云卿笑道:"你看见了懂么?"我道:"大致儿懂一点,但是他那上面的注解,字迹过小,我一向有点近视,以致不过了了。"云卿又道:"这件事就是文大爷他们父子的笑话。"说着,用手指着那张画报第二页上图的那个妇人问我道:"你可认得他么?"我回说:"我不认识,怎么一个妇人两样的脚?"我正要请教是句甚么话,云卿不慌不忙的道:"这就是此案的祸水中心点,他名字叫做'佛动心',是新从北京来的一名花旦。他们戏园里的规矩,花旦不是一律可以陪酒出局的,其中却有个分别,我也不甚清晰他们的内容。但是听得人说,花旦未进班子之前,班头就得要问明他是清旦还是浑旦。那唱清旦的却没有人作伴,也不能出局陪酒,就是有人随了来,不过父兄师保而已。浑的却都姘有唱小生的同来。据他们说,大凡唱浑戏,必定用得着浑旦,同小生捉对儿演起来,才觉得有情趣呢。现在这个佛动心大约是个浑旦,所以藩台借传戏为名,就叫他侑酒。及至酒醉了,又要同他胡闹。他拿一个优人蒙藩台大人下顾,岂有不千肯万肯?但他却未曾学会《西游记》上孙行者的分身法,一只鼓不能敲两家戏,未免左支右绌,闹得连脚上假跷都弄松下来,这还成个道理么?"我此时才心中明白,怪不得他本来是个小旦,所以一只男脚,一只女脚。便对云卿道:"他倒合着一句《孟子》是:间于两大国之间,事齐乎?事楚乎?"云卿道:"月里嫦娥爱少年,他既是兔子,自然同嫦娥是一般目的,几个花胡闹,半推半就的,到底还是被文大爷拖了去。"我道:"就是文大爷不惧他父亲,难不成佛动心也不怕藩台动怒的么?"云卿道:"君子不重则不威,自己弄成父不父,何能再责备他人子不子呢?至于佛动心本来更是个小人中之小人,见他们父子已成势均力敌之势,他还怕甚么呢?再说句笑话,左右是肉烂在汤锅里,天掉下来有文大爷长人去挡。到了第二天上,藩台酒也醒了,他走过去大大方方的请上一个安,扯上一个谎,说:'昨晚本不情愿随大爷去的,经不起他力大如牛,硬拉了就走,一夜到天亮同他赌气,连话都没有讲一句。'"我说:"藩台回他甚么呢?"云卿道:"那种冷血东西,有甚么说得?纵是有点不舒服,当不起那佛动心一阵的假殷勤,只要低眸一盼,又复回嗔作喜,万事皆休。"我道:"这喜同戏子来往,是他们满洲人的特性,大约十个内中,不过半个不染此种恶习。你可知道,同治年间,为一个极有势力的旗人,同一个唱花旦的戏子交好,还几乎闹出大乱子来呢。那戏子生日是二月花朝前一天,刚刚死在三月底,当时京中有个好游戏笔墨的一位汉尚书,就赠了那戏子一副挽联是:'生在百花前,万紫千红齐俯首。春归三月暮,人间天上总销魂。'后来被那位极有势力的旗人知道了,这个汉尚书就由此黑了下来,终身不克大用。幸而那个极有势力的旗人自己天不假年,不然,这位汉尚书还怕不止于如此结果呢。这不是他们旗人喜交接戏子的铁据么?"云卿道:"古今以来,因笔墨贾祸的不一而足。但是别的旗人总没有像这位瑞方伯,闹得一衙门的兔子,好似开兔子会一般。除却稿门解大、解二,号房黄胖子,钱谷潘静斋这几只彰彰在人耳目的有名兔子不计外,还有许多时来时去,捉摸不定的。最奇的是大兔子名下还收了好些小兔子,名为传艺,小兔子称呼大兔子名曰先生,或曰干爷。藩台去年,忽然又奇想天开,在藩署里花园开设一座酒馆,无论何人,皆可以进去游玩。他衙门里有起无耻的书办,将女眷打扮的同娼妓一样,带进去吃酒,听说很有好几家清白的家小,被藩台赏识了,就即时补了正印呢。"我道:

"他们虽是不惜名誉,然要不干预公事,只在声色上闹点乱子,还算风流罪过,无足轻重。"云卿听了,作色对我道:"小雅,你是个聪明人,怎样也会说出这句糊涂话来?那起小人,你替他设身处地的想想,为着甚么事甘心拿着父母遗体来奉敬他?你不要误会了他们的目的,他们不是趋附他瑞璋,他们是趋附的那江宁布政司一颗冷铜。如今世风日薄,人心不古,那起无耻小人,若非贪图狐假虎威,窃权弄弊,这贪图甚么来呢?再者,这位藩台大人,更是明目张胆的卖缺,居然将那江宁藩司辖下的各府州县,开了手折,注明某缺若干,某缺若干,后面还写着'诚信无欺,不误主顾'八个大字,派了亲信家丁,出去四方兜售。前日有个人到藩署里去寻朋友谈天,打从藩台的签押房窗前经过,听他在里面高声嚷叫说:'这个缺要算冲、烦、难三字上中的缺分,兄弟照定价打了八五折,已是格外克己了,万难再让。你老兄回公馆商量了看,如果合算,不妨明日再谈。'圣人说:上有好之者,下必有甚焉者也。他们那起人要不为想影射在他名下弄钱,我怕叫老瑞反转身送与他们开心,还怕嫌他年纪老,有胡须搣嘴呢。所以早几天,那号房黄胖子为着撞一个响木钟,要不是他时运好,差一点儿被他撞翻了呢。"我说:"兔子俗说只会捣药,居然他又会撞起钟来,而且还会把木钟撞响,岂不是那世界上的兔子,比较天上的兔子,更文明的多了?"引得大家都笑了起来。我便问云卿:"那黄胖子的木钟如何撞法?"云卿道:"黄胖子本同藩台一日到夜在签押房里鬼混,一天,有一起请补铜山县的详稿被他看见了,独巧这起公事不是买卖来的。铜山县是徐州府属著名的优缺,俗说金铜山银如皋,每年稳有十万的进款。这位请补铜山的知县姓陶,本是做过上元县的,制台①因上元是个苦缺,所以当面吩咐藩台,补他一任铜山,去调剂他的意思。黄胖子得了这个消息,就连夜的跑到那陶知县的公馆里,先替他道喜,后来又密传藩台的意旨如此这般。大凡做官的人,听见得缺无一个不喜欢的,何况又是优缺?当时不问叫他许甚么,他都肯应承,就言明了一万两,先付五千,余五千出了一张钱店上条子,约定接到部覆,挂了饬赴新任的牌示,就立刻照付。这是去年年底下的话。一弄到前几天,那请补铜山的咨文已奉吏部核准,照例就挂牌下札,饬赴新任。这位陶知县大老爷接到这起公事,感恩无地,一面赶办这五千两银子的欠款,同那上任的各项使费,一面就预备了履历,赴各宪衙门禀谢。谁知见了藩台,行了礼起来,他又重复请了一个安,口中说道:'卑职此次蒙大人的栽培,感激不尽。前日所约的五……'他方说得半句,就被藩台接口说道:'某人,你补了这个优缺,是我在制帅面前极力的保举下来的,你转瞬就可以捐升道府,同我辈是平行的人了,很可以不必这样卑职、大人的称呼。但是老兄补了这样一个江北有名的美缺,你到了任,却如何谢我?'那位陶知县正在疑惑,又听藩台说

---

① 两江总督,江苏布政使即藩台受其节制。

道:'向来别人总须先说定了,才可以照办;如今你老兄这件喜事,可是我兄弟特别的情面,将来都要知道才好。'陶知县听到此处,才明白去年五千银子是遇骗了。但是他也深知那黄胖子是藩台的嬖人,他们神手通天,作出来的弊,都是可真可假的,因此不便当面揭出,只好回说了几句感恩戴德的套话,含糊着退了出来。却立意翻转脸皮,立刻就知照钱店,将五千银票止付。黄胖子跑了几次,付不到银子。往陶知县公馆里去,门上人又总回不在家。黄胖子心中已经猜着是撞木钟的机关败露了,要待发作几句,又恐闹出来,大家要分肥。不得已,走去同一个讼师姓吴的名唤吴鸣麒商议,要想设出法来去对付他。"[最终黄胖子把那五千两银钱还是弄到了手。]

二十年目睹之怪现状

(清·光绪)吴趼人著
文化艺术出版社 1995 年版

(一)第八十二回

这一位郧阳总镇姓朱,名叫阿狗,是福建人氏。那年有一位京官新放了福建巡抚,是姓侯的。这位侯中丞是北边人,本有北边的嗜好①;到了福建,闻说福建恰有此风②,那真是投其所好了。及至到任之后,却为官体所拘,不能放恣,因此心中闷闷不乐。到任半年之后,忽然他签押房里所糊的花纸霉坏了,便叫人重裱;叫了两个裱糊匠来,裱了两天,方才裱得妥当。到了第二天下午,两个裱糊匠走了,只留下一个学徒在那里收拾家伙。这位侯中丞进来察看,只见那学徒生得眉清目秀,唇红齿白,不觉动了怜惜之心。因问他:"姓甚名谁?有几岁了?"那学徒说道:"小人姓朱,名叫阿狗,人家都叫小的做朱狗,今年十三岁。"侯中丞见他说话伶俐,更觉喜欢。又问他道:"你在那裱糊店里,赚几个钱一月?"朱狗道:"不瞒大人说:小的们学生意是没有工钱的。到了年下,师傅喜欢,便给几百文鞋袜钱;若是不喜欢,一文也没有呢!"侯中丞眉花眼笑的道:"既是这么样,你何苦去当徒弟呢?"朱狗笑道:"大人不知道,我们穷人家都是如此。"侯中丞道:"我不信穷人家都是如此,我却叫你不如此。你不要当这学徒了,就在这里伺候我。我给你的工钱,总比师傅的鞋袜钱好看些。"那朱狗真是福至心灵,听了这话,连忙扒在地下,"咯嘣咯嘣"的磕了三个响头,说道:"谢大人恩典!"侯中丞大喜,便叫人

---

① 断袖之好。
② 男风。

带他去剃头、打辫、洗澡、换衣服。一会儿,他整个人便变了样子。穿了一身时式衣服,剃光了头,打了一条油松辫子,越显得光华夺目。侯中丞益发欢喜,把他留在身边伺候。坐下时,叫他装烟;躺下时,叫他捶腿。一边是福建人的惯家,一边是北直人的风尚,其中的事情,就有许多不堪闻问的了。两个的恩爱,日益加深。侯中丞便借端代他开了个保举,和他改了姓侯名虎,弄了一个外委把总,从此他就叫侯虎了。侯中丞把他派了辕下一个武巡捕的差使,在福建着实弄了几文。后来侯中丞调任广东,带了他去,又委他署了一任西关千总,因此更发了财。但只可怜他白天虽然出来当差做官,晚上依然要进去伺候。侯中丞念他一点忠心,便把一名鸦头指给他做老婆。侯虎却不敢怠慢,备了三书六礼,迎娶过来。夫妻两个,饮水思源,却还是常常进去伺候,所以侯中丞也一时少不了他夫妻两个。前两年升了两湖总督,仍然把他奏调过来。他一连几年,连捐带保的,弄到了一个总兵。侯制军爱他忠心,便代他设法补了郧阳镇;他却不去到任,仍旧跟着侯制军统带戈什哈。正是:

改头换面夸奇遇,浃髓沦肌感大恩。

(二)第三十二回 写及同性恋。

官场现形记

(清·光绪)李伯元著
上海古籍出版社 2005 年版

(一)第十二回①

文老爷是旗人,年纪又轻,脸蛋儿又标致,穿两件衣裳,又干净,又峭僻。不要说女人见了欢喜,就是男人见了也舍他不得。因为他排行第七,大家都尊他为文七爷。

(二)第十三回

〔文坐船随从上司去剿匪,因故受到上司讽诮,心中很不痛快,他〕回到自己船上,没有地方出气。齐巧一个贴身的小二爷②,一向是寸步不离的,这会子因见主人到大船上禀见统领,约摸一时不得回来,他就跟了船家到岸上玩耍去了。谁知文七爷回来,叫他

---

① (一)(二)写主仆之间非常可能的同性恋关系,行文虽然隐晦,但细读则含义显然。
② 侍仆。

不到，生气骂船家。一霎小二爷回来了，文七爷不免把他叫上来教训几句。偏偏这小二爷不服教训，在中舱里叽哩咕噜的说闲话，齐巧又被文七爷听见。因此又动了气，骂着就立刻逼他打铺盖，叫他搭船回省去。别位二爷齐来劝这小二爷道："老爷待你是与我们不同的，你怎么好撇了他走呢？我们带你到老爷跟前下个礼，服个软，把气一平，就无话说了。"小二爷道："他要我，他自然要来找我的，我不去！"说着，躲在后梢头去了。〔后来文老爷也并未对这位侍仆加以追究。〕

（三）第二十四回①

〔贾大少爷等人在北京便宜坊饭店吃饭，席间〕贾大少爷坐着无味，便做眉眼与黄胖姑。黄胖姑会意晓得他要叫条子，本来也觉着大家闷吃不高兴，遂把这话问众人。众人都愿意，黄胖姑便吩咐堂倌拿纸片。当下纸笔拿齐，溥四爷头一个抢着要写，先问："王老爷叫那一个？"王老爷说："二丽。"无奈溥四爷提笔在手，欲写而力不从心，半天画了两画，一个"丽"字写死写不对，后来还是王老爷提过笔来自己写好。当下拣熟人先写：于是刘厚守叫了一个景芬堂的小芬；黑伯果叫了一个老相公，名字叫绮云。白韬光说："我没有熟人，我免了罢。"主人黄胖姑倒也随随便便。不料溥四爷反不答应，拉着他一定要叫。白韬光道："如要我破例叫条子，对不住，我只好失陪了。"大家见他要走，只得随他。钱运通说："老前辈在这里，不敢放肆。"王老爷不去理他，早已替他写好了。溥四爷最高兴，叫了两个：一个叫顺泉，一个叫顺利。

末后，轮到贾大少爷。王老爷因为他是捐班，瞧他不起，不同他说话，只问得黄胖姑一声说："你这位朋友叫谁？"贾大少爷叫黄胖姑荐个条子。黄胖姑想了一回，忽然想到韩家潭喜春堂有个相公名叫奎官，他虽不叫这相公的条子，然而见面总请安，说："老爷有什么朋友，求你老赏荐赏荐！"因此常常记在心上，当时就把这人荐与贾大少爷。主人见在台的人都已写好，然后自己叫了一个小相公红喜作陪。霎时条子发齐，主人让菜敬酒。

不多一会，跑堂的把门帘一掀，走了进来，低着头回了一声道："老爷们条子到了。"众人留心观看：倒是钱太史的相好头一个来，这小子长的雪白粉嫩，见了人叫爷请安，在席的人倒有一大半不认得他。问起名字，王老爷代说："他是庄儿的徒弟，今年六月才来的，头一个条子就是我们这位钱运翁破的例。你们没瞧见，运翁新近送他八张泥金炕屏，都是楷书，足足写了两天工夫，另外还有一副对子，都是他一手报效的。送去之后，齐巧第二天徐尚书在他家请客，他写的八张屏挂在屋里，不晓得被那位王爷瞧见了，很

---

① 写官员贾大少爷、钱铺掌柜黄胖姑等人狎优的经过，按照文意，相公有留客夜宿的可能。

赏识。"说至此，钱太史连连自谦道："晚生写的字，何足以污大人先生之目！不过积习未除，玩玩罢了。"王占科道："这是他师傅庄儿亲口对我讲的，并不假。照庄儿说起来，运翁明年放差，大有可望。"大众又一齐向钱太史说"恭喜"。

正闹着，在席的条子都络绎来到，只差得贾大少爷的奎官没来。这时候，贾大少爷见人家的条子都已到齐，瞧着眼热，自己一个人坐在那里，甚觉没精打采。黄胖姑看出苗头，便说："奎官的条子并不忙，怎么还不来？"正待叫人去催，奎官已进来了，黄胖姑便把贾大少爷指给他。奎官过来请安坐下，说："今日是我妈过生日，在家里陪客，所以来的迟了些，求老爷不要动气。"溥四爷说道："你再不来，可把他急死了。"一头说话，一头喝酒。叫来的相公搳拳打通关，五魁、八马，早已闹的烟雾尘天。贾大少爷便趁空同奎官咬耳朵，问他："现在多大年纪？唱的甚么角色？出师没有？住在那一条胡同里？家里有甚么人？"奎官一一的告诉他："今年二十岁了，一直是唱大花脸的。十八岁上出的师，现在自己住家，家里止有一个老娘。去年腊月娶的媳妇，今年上春三死了。住在韩家潭，同小叫天谭老板斜对过。老爷吃完饭，就请过去坐坐。"贾大少爷满口答应。奎官从腰里摸出鼻烟壶来请老爷闻，又在怀里掏出一杆"京八寸"，装上兰花烟，自己抽着了，从嘴里掏出来，递给贾大少爷抽。

贾大少爷又要闻鼻烟，又要抽旱烟，一张嘴来不及，把他忙的了不得。一头吃烟，举目四下一看，只见合席叫来的条子，都没有像奎官如此亲热巴结的，自己便觉着得意，更把他兴头的了不得。黄胖姑都看在眼中，朝着贾大少爷点点头，又朝着奎官挤挤眼。奎官会意，等到大家散的时候，他偏落后迟走一步。黄胖姑连忙帮腔道："大爷，怎么样？可对劲？"贾大少爷笑而不答。溥四爷嚷着，一定要贾大少爷请他吃酒："齐巧今儿是奎官妈的生日，你俩如此要好，你不看朋友情分，你看他面上，今儿这一局还好意思不去应酬他吗？"白韬光道："润翁赏酒吃，兄弟一定奉陪。"黑伯果拍他一下道："不害臊的，条子不叫，酒倒会要着吃。"说的大家都笑了。

贾大少爷却不过情，只得答应同到奎官家去，又托黄胖姑代邀在席诸公。王老爷头一个回头说："明天有公事，要起早上衙门，谢谢罢。"刘厚守说："我不能磨夜，有时候的，九点钟总得回家。"黄胖姑道："不错，厚翁嫂夫人阃令极严，我不敢勉强。回来叫他顶灯吃苦头，是对他不住的。"又朝着钱太史说道："运翁明天没有甚么事情，可以同去走走。"贾大少爷因为他是翰林，要借他撑场面，便道："运翁是最好没有，我们一见如故，今天一定赏光的。"钱太史无奈，只得应允。王老爷起先还想拉住钱太史，做眼色给他，叫他不要去。后来见他答应，便也无法，他自己只得跟了刘厚守，先辞别众人，上车而去。

这里大家席散，约摸已有八点多钟。等到主人看过帐，大众作过揖，然后一齐坐了车，同往韩家潭而来。便宜坊到韩家潭有限的路，不多一会就到了。下车之后，贾大少爷留心观看：门口钉着一块黑漆底子金字的小牌子，上写着"喜春堂"三个字。大门底下悬了一盏门灯，有几个跟兔，一个个垂手侍立，口称"大爷来啦"。走进门来，虽是夜里，还看得清爽，仿佛是座四合厅的房子。沿大门一并排三间，便是客座书房，院子里隔着一道竹篱，地下摆着大大小小的花盆，种了若干的花。这一天是奎官妈的生日，隔着篱笆，瞧见里面设了寿堂，点了一对蜡烛，却不甚亮。有几个穿红着绿的女人，想是奎官的亲戚，此外并无别的客人，甚是冷冷清清。

当下奎官出来，把众人让进客堂。贾大少爷举目四看：字画虽然挂了几条，但是破旧不堪。烟榻床铺一切陈设，有虽有，然亦不甚漂亮。一面看，一面坐下。溥四爷、白韬光两个先吵着："快摆，让我们吃了好走。"主人无奈，只得吩咐预备酒。一声令下，把几个跟兔乐不可支，连爬带滚的，嚷到后面厨房里去了。霎时台面摆齐，主人让坐，拿纸片叫条子，以及条子到，搳拳敬酒，照例文章，不用细述。

这时候贾大少爷酒入欢肠，渐渐的兴致发作，先同朋友搳通关，又自己摆了十大碗的庄。不知不觉，有了酒意，浑身燥热起来，头上的汗珠子有绿豆大小。奎官让他脱去上身衣服，打赤了膊，又把辫子盘了两盘。谁知这位大爷有个毛病，是有狐骚气的，而且很利害，人家闻了都要呕的。当下在席的人都渐渐觉得，于是闻鼻烟的闻鼻烟，吃旱烟的吃旱烟。奎官更点了一把安息香，想要解解臭气。不料贾大少爷汗出多了，那股臭味格外难闻。在席的人被熏不过，不等席散，相率告辞，转眼间，只剩得黄胖姑一个。奎官怕近贾大少爷的身旁，贾大少爷一定要奎官靠着他坐，奎官不肯。贾大少爷伸出手去拖他，奎官无法，只得一只手拿袖子掩着鼻子。

贾大少爷是懂得相公堂子规矩的，此时倚酒三分醉，竟握住了奎官的手，拿自己的手指头在奎官手心里一连搯了两下。奎官为他骚味难闻，心上不高兴，然而又要顾黄胖姑的面子，不好直绝回复他不留他，只好装作不知，同他说别的闲话。贾大少爷一时心上抓拿不定。黄胖姑都已明白，只得起身告别，贾大少爷并不挽留。

奎官一见黄老爷要走，怕他走掉，贾大少爷更要缠绕不清，便说："求黄老爷等一等。我们大爷吃醉了，还是把车套好，一块儿把他送回家去的好。"贾大少爷听说套车，这一气非同小可！他手里正拿着一把酒壶，还在那里让黄胖姑吃酒，忽听这话，但听得"拍秃"一声，一个酒壶已朝奎官打来。虽然没有打着，已经洒了浑身的酒。又听得"拍"的一声，桌子上的菜碗乒乒乓乓，把吃剩的残羹冷炙翻的各处都是。幸亏台面没有翻转。

奎官一看情形不对，便说道："大爷，你可醉啦。"贾大少爷气的脸红筋涨，指着奎官大骂道："我毁你这小王八羔子！我大爷那一样不如人！你叫套车，你要赶着我走！还亏是黄老爷的面子,你不看僧面看佛面。如果不是黄老爷荐的,你们这起王八羔子,没良心的东西,还要吃掉我呢!"一头骂,一头在屋里踱来踱去。黄胖姑竭力的相劝,他也不听。奎官只得坐在底下不做声。歇了半天,熬不住,只得说道:"黄老爷,你想这是那里来的话。我怕的大爷吃醉,所以才叫人套车,想送大爷回去,睡得安稳些,为的是好意。"贾大少爷道:"你这个好意我不领情!"奎官又道:"不是我说句不害臊的话:就是有甚么意思,也得两相情愿才好。"贾大少爷听到这里,越发生气道:"放你妈的狗臭大驴屁!你拿镜子照照你的脑袋,一个冬瓜脸,一片大麻子,这副模样还要拿腔做势,我不稀罕!"奎官道:"老爷叫条子,原是老爷自己情愿,我总不能捱上门来。"贾大少爷气的要动手打他。

　　黄胖姑因怕闹的不得下台,只得奔过来,双手把贾大少爷捵住,说道:"我的老弟!你凡事总看老哥哥脸上。他算得什么!你自己气着了倒不值得!你我一块儿走。"贾大少爷道:"时候还早得很,我回去了没有事情做。"黄胖姑道:"我们去打个茶围好不好?"贾大少爷无奈,只得把小褂、大褂一齐穿好。奎官拗不过黄胖姑的面子,也只得亲自过来帮着张罗,又让大爷同黄老爷吃了稀饭再去。贾大少爷不理,黄胖姑说:"吃不下。"因为路近,黄胖姑说:"不用坐车,我们走了去。"于是奎官又叫跟兔点了一盏灯笼,亲自送出大门,照例敷衍了两句,方才回去。

官场现形记

(清·光绪) 李伯元著
清末民国间石印本

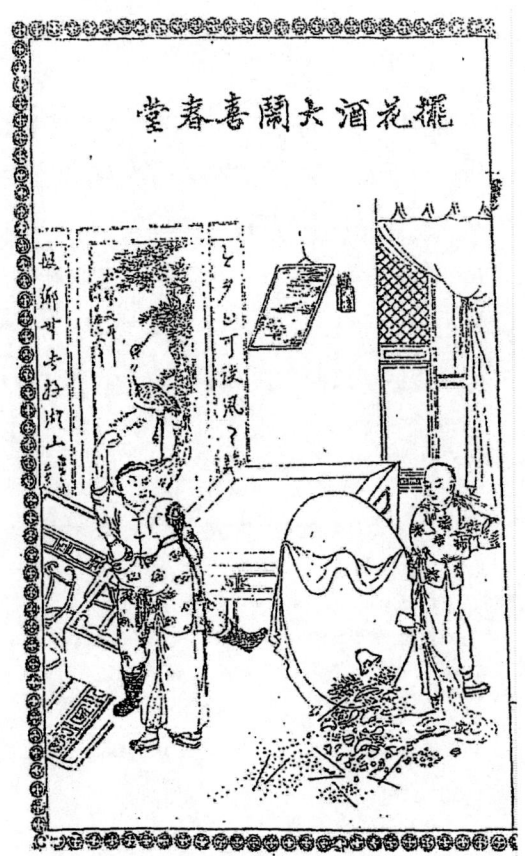

摆花酒大闹喜春堂（续编卷二十四）

负曝闲谈

(清·光绪) 欧阳巨源著
清光绪间商务印书馆上海铅印
《绣像小说》本

滥摆阔败子快游春（第二十八回）

杭州人汪老二捐官为知县，进京候选，日事嬉游。他赏识了韩家潭安华堂的相公顺林儿，去他家摆饭。

坐华筵像姑献狐媚（第二十九回）

汪老二在安华堂摆饭请客，顺林儿等相公陪侍。

饭后诸客又打牌抽鸦片，文中写道："顺林坐在汪老二身后，汪老二和他鬼混着，也不顾手内的牌了。"结果连送对家好牌，很输了一局。

入赌局狎友听鸡鸣（第二十九回）

割靴腰置酒天乐（禄）堂（第三十回）

顺林儿的老斗非只一位，户部刘理台刘四爷也赏识他。刘在酒楼天禄堂请客，顺林前来应条子，却见汪老二在座，情形不免有些尴尬。

海上尘天影

（清·光绪）邹弢著
百花洲文艺出版社 1993 年版

第十二章

光阴易过，已是黄菊开残，丹枫蒸烂，十月初六了。孔夫人尚望贾倚玉高捷，岂知倚玉进了京，因闹相公闹出一场大祸。当时有一个阔相公，与一个大员的公子极好，贾相公也赏识了，争起风来。你想一个穷秀才，如何能同他比较？后来觉得事事都减色起来，这个相公便看出他底细，渐渐的加以冷眼，他就迁怒在相公身上，召了一班混混去打架。公子就不依起来，立请坊官将贾倚玉拘获，说他是读书败类，革了功名，拘到刑部里去审讯。倚玉尚不知哀恳，出言挺撞，堂官大怒，恰值混混中有一人被强盗牵涉，堂官得了贿，遂说与盗为群，办他一个拘禁三年的罪。

九尾龟

(清末) 张春帆著
上海古籍出版社 1994 年版

(一) 第一百十七回

　　这个少年是京城里头数一数二的红相公。什么叫做红相公呢？就是那戏班子里头唱戏的。这少年便是四喜班里头唱花旦的佩芳。京城里头的风气，一班王公大人专逛相公，不逛妓女。这些相公也和上海的倌人①一样，可以写条子叫他的局，可以在他堂子里头摆酒。无论再是什么王侯大老，只要见了这些相公，就说也有，笑也有，好像是自己的同胞兄弟一般，成日成夜的都在相公堂子混搅。那窑子里头简直没有一个人去的，就是难得有一两个爱逛窑子的人，大家都说他下流脾气，不是个上等人干的事情。

(二) 第一百十八回

　　只见一个六十多岁的老头儿，穿着一身半新不旧的衣服，方面大耳，一部花白胡须，正搂着佩芳坐在身上说笑。原来这个老头儿，就是现任吏部堂官白礼仁白大人。这位白尚书别的都没有什么，只有个爱玩相公的毛病，见了相公们就如性命一般，一天不和相公在一起也是过不去的。这个佩芳更是向日最得意的人，天天完结了公事，一定要到佩芳寓里来顽的。

(三) 第一百五十二回

　　［姚观察请章秋谷、郑侍御等人在自己家吃饭。］大家寒暄了一回，姚观察便拱请众人入席。郑侍御便要姚观察去叫小兰，姚观察便问众人怎样，陆太史也点头说好。只有章秋谷没有相识的人，姚观察便荐了一个小兰的师弟小菊给他。一会儿，小兰同着小菊一起到来。秋谷举目看时，只见他们两个人一色的都穿着蝉翼纱衫，手中拿着雕翎扇，脚下踏着薄底靴。小兰是长长的一个鹅蛋脸儿，长眉俊目，白面朱唇，狠有些顾影翩翩的姿态。小菊却是一个圆圆的脸儿，骨格娇柔，风情流动，狠有些天然憨媚的样儿。小菊一走进来，便问姚观察那一位是章老爷，姚观察和他说了。小菊看了秋谷一眼，走过来就对秋谷请了一个安，秋谷一把拉住，细细的看了一看。小菊笑了一笑，回过身来招

---

① 妓女。

呼了席上众人,方才坐下。接着众人叫的,也都来了。秋谷一个一个的打量一番,觉得虽然也有好的在里头,却都不及小兰的身段玲珑,丰神婀娜,就是小菊也比小兰差些。秋谷看着,都放在心上,也不言语。大家吃了几杯酒,家人们送上菜来,做得甚是精美。

席间大家谈起北京人的闹相公来,秋谷便问姚观察道:"我听人说,以前的时候,那班京城里头的大老每逢宴会,一定要叫几个相公陪酒,方才高兴。那班窑子里头的妓女,却从没有人去叫他陪酒的,偶而有个人叫了妓女陪酒,大家就都要笑他是个下流社会里头的人。自从庚子那一年联军进京以后,京城里头却改了一个样儿,叫相公的狠少,叫妓女的却渐渐的多起来,究竟是怎么一个道理?我记得前几年在京城里的时候,闹相公的人还狠多,为什么如今丢掉了旱路①,忽然又去走起水路来呢?"姚观察听了,叠着指头说出一席话来。正是:

繁华如昨,春城罗绮之天;风月无边,冠盖京华之路。

不知姚观察说的什么,请待下回分解。

(四)第一百五十三回

且说姚观察听了秋谷的话,便对他说道:"你的话儿却是不错。京城里头自从庚子以后,果然变了一个风气。但是这个里头也有一个道理,你听我慢慢的和你讲就是了。你可知道以前的时候,他们那班大老,大家都叫相公,不叫妓女,是个什么道理?"秋谷道:"大约是为着那班相公,究竟是个男人,应酬狠是圆融,谈吐又狠漂亮,而且猜拳行令,样样事情都来得。既没有一些儿扭捏的神情,又没有一些儿蝶狎的姿态,大大方方的,陪着吃几杯酒,说说话儿,偎肩携手,促膝联襟,觉得别有一种飞燕依人的情味。不比那些窑子里头的妓女,一味的老着脸皮,丑态百出,大庭广众之地,他也不顾一些儿廉耻。别人讲不出来的话儿,他会讲得出来;别人做不出来的样儿,他会做得出来。若是面貌生得好些,或者身段谈吐漂亮些儿,也还罢了,偏偏的一个个都是生得个牛头马面,蠢笨非常,竟没有一个好的,那班大老那里看得中意?妓女既然是这个样儿,自然是万万叫不得的了。那班大老却又觉得不叫一个陪酒的人,席上又十分寂寞,提不起兴趣来,所以每逢宴会一定要叫个相公陪酒。这就是大家都叫相公,不叫妓女的原因了。"

姚观察听了道:"你的话儿虽然不错,却还有一层道理在里头。京城里头的妓女,自然断断叫不得。就是和上海的倌人一般,百倍娇柔,十分漂亮,这个里头也到底有些窒碍。为什么呢?做妓女的究竟是个女子,比不得当相公的是个男人,凭你叫到席上的时

---

① 男风肛交。

候,怎样的矜持,那般的留意,免不得总有些儿淫情冶态,在无心中流露出来。这班当大老的人,一个个都是国家的柱石、朝廷的大臣,万一个叫了个妓女陪酒,在席上露了些马脚出来,体统攸关,不是顽的。倒不如叫相公,大大方方的,没有什么奇形怪状的丑态发现出来。你想我的这一席话,可是不是?"秋谷拍手道:"是极是极!你的一番说话,正和我心上的意见相同,不过我放在心上没有讲出来就是了。"

姚观察又道:"庚子以前,京城里头的妓女,都是些本地方人,梳着个乾嘉以前的头,穿着件宋元以后的衣服,扎着个裤腿,挺着个胸脯。我们南边人见了他这个样儿,那一个敢去亲近他,那一个见了不要退避三舍?如今的妓女,却比那庚子以前大大的不同了。那些下等的妓女,依旧是本地人,不必去说他。那班上等的妓女,却大半都是南边人了,虽然扬州、镇江的人多,苏州、上海的人少,却究竟比本地人高了好些。所以以前不叫妓女的,如今也渐渐叫起妓女来。但是那班大人先生宴会的时候,叫了个妓女在席上,拉拉扯扯的,毕竟有些不雅。所以到了如今,叫妓女的人固然狠多,叫相公的人却也不少,但是像以前那般的实事求是,要想中阿行雨,陆地操舟的,却是绝无仅有的了。①"秋谷听了,低头想了一想道:"据这样的看起来,大约妓女里头是优长的占了胜点,劣陋的居于败点;相公里头却是上流的天演竞存,下流的就渐渐入于天然淘汰之列了。"姚观察听了笑道:"不错不错。妓女里头虽然给外路人占了胜点,那班本地人究竟还不至于到天然淘汰的地位;那班相公里头的下流,如今却当真没有一个人去请教的了。虽然是社会上风俗的迁移,却究竟逐膻的人多,附臭的人少,这也不是人力可以挽回的。"秋谷道:"既然如此,以前那些专做这个生意,开拓后庭、肉身布施的人,如今又怎么样呢?"

秋谷说到这里,只见那几个相公的脸上都不觉红了一红。小菊却拉了秋谷一把道:"章老爷,这些事情还去提他做什么,我们来猜拳罢。"说着把眼睛微微的向秋谷斜了一斜,伸出一个粉团一般的拳头来,和秋谷猜了五拳,秋谷倒输了三拳。小菊直打了一个通关,也吃了七八杯酒,吃得个两颊生红,星眸斜睇,觉得越添了几分风韵。秋谷趁着他们大家猜拳的时候,细细的打量这几个叫来的相公,觉得他们的一举一动,一言一语,都狠有些娟媚动人之处。暗想怪不得他们那班人,一个个都只叫相公,不叫妓女,原来相公也有相公的好处在里头。想着便不由得回过头来,看看小菊一眼。小菊见秋谷看他,便寻些说话出来,和秋谷讲论。两个人谈入了港,竟是密密切切的长谈起来,直至姚观察要打通关,方才打断了他们两个人的话。姚观察见他们两个人谈得津津有味,便哈哈的笑道:"你们两个人讲的什么话儿,讲到这般密切?"小菊道:"我们讲的都是些京城里头的事情,不是什么体己话。"姚观察大笑道:"我不过问了一句,并没有疑心你们讲的是体己话,你何必这样的心虚。"小菊听了一笑,也不言语。秋谷也只是微微的笑,不说

---

① "绝无仅有"太绝对,不大恰当。

什么。姚观察对着众人说道:"以前我同着秋谷住在上海的时候,不知怎样的,他做的倌人十个里头倒有九个和他要好的。你们只看今天小菊到来,和他并不相识,就是这般的谈谈说说,熟落非常,好像他身上含着电气的一般,有天然的吸引力,可以吸得动人。这个里头不知是怎么的一个道理?"众人听了,大家都笑起来,都争着要问秋谷究竟有什么秘诀。

秋谷道:"讲起这个里头的关节来,一时就讲也讲不尽许多,只好约略讲个大概就是了。"说着便把那些对付倌人的法儿,略略的说了几句:如何如何的逢场作戏,认不得真,一认了真,必定是自家吃苦;如何如何的随机应变,不必拘泥,看着倌人用出那一等的手段来,便是那一等的对付。众人听了,一个个都点头称是。小菊暗暗的把秋谷拉了一把,秋谷回过头来,小菊笑容满面的把一个大指对秋谷伸了一伸,秋谷倒觉得有些不得劲儿起来,也对着小菊摇一摇头。不提防被对座的金星精金部郎看见,对着姚观察笑道:"他们两个人果然有些意思,你的话儿委实不错。"大家听了,哄然一笑,大家都目不转睛的望着秋谷和小菊两个人。看得小菊脸上竟红起来,立起身来走到帘外去看花,只作不曾理会。大家又说笑了一回,吃过了饭,一班相公都要回去唱戏,便急急的告辞回去。

姚观察同着章秋谷等略停一停,便大家同到中和戏园来,拣了一间厢楼,大家坐下。看那戏目时,只见排着水仙花的《翠屏山》,金秀山、朱素云的《飞虎山》,龚处的《目莲救母》,王俊卿的《三岔口》,谭鑫培的《文昭关》,只有这几个人,都是狠负时望的。……等到叫天儿的《文昭关》唱完,已经差不多有六点多钟,姚观察便邀众人一直到小兰那里去。到了那里,小兰同着小菊都接出来,小兰便请众人到他房里坐下。众人进去看时,只见是一间大大的屋子,隔作一横两竖的三间,靠东首的一间是小兰的卧房,外面两间做了客座。壁上挂着许多条对,都是些大人先生的亲笔。屋中陈列着许多古玩,湘帘窣地,水簟当风,花气融融,篆香袅袅,别有一种潇洒的样儿。屋中间放着个大大的玻璃冰桶,冰桶里头浸着许多莲子和菱藕。章秋谷同着姚观察等刚刚从戏园里头出来,虽然北边天气六月里头不见得十分炎热,那稠人广众的地方,未免总有些儿汗香人气,大家心上都觉得有些烦躁,一到了这个地方,恍如到了清凉世界的一般。更兼小兰和小菊,亲自把冰桶里头剥现成的莲子取了许多出来,放在白磁碟子里头,请众人大家随意吃些。真个是凉溅齿牙,芳回肺腑。秋谷笑道:"怪不得如今那些大人先生,成天的爱在相公堂子里头混闹。这般的地方,委实是天上琼楼、人间瑶岛。"正是:

珠喉玉貌,云郎之风格何如;雪藕调冰,公子之豪情未已。

欲知后事如何,请听下回分解。

(五) 第一百五十四回

且说姚观察在小兰那里请客,相公堂子里头的菜本来是京城有名的,那些时鲜菜蔬,都是别处没有的。什么春不老炒冬笋、豌豆苗炒虾仁，都是在新鲜的时候藏在地窖里头的，到了这个时候还像鲜的一般，大家吃了都极口赞叹。这一席酒，差不多直吃到十二点钟方才散席。

无耻奴

（清末）苏同著
百花洲文艺出版社 1993 年版

第十二回①

京城里头的风气，只逛相公，不嫖窑子。无论什么王公大臣，上馆子吃饭，叫的都是相公。顽耍的地方，也是相公堂子。还有一班爱走旱路的，把相公就当作自家的妻妾一般。那琉璃厂、西厂，以及什么南顺胡同，这些地方的土窑子，都是那一班挑煤的脚子、赶车的车夫在那边顽耍，没有一个上流社会的人，肯到窑子里去闹顽意儿。只有南顺胡同的堂子，还略略觉得好些，也有几个体面些儿的人物在那边走动，但也是绝无仅有的事儿。若要在宾客宴会之地、大庭广众之中，叫了个班子里的姑娘，凭你再好些儿的面貌，再高些儿的身分，也没有人去理他。还要说这个人脾气下作，放着好好的相公不叫，却去叫那窑子里的下流。甚至有一班性格古怪的人，晓得这个人是爱逛窑子的，从此竟不肯与他同席，好像怕他身上有什么窑子的气味儿沾在他的身上一般。

这些风气起于乾嘉之前，盛于乾嘉之后。到得近十年来，有些南中名妓，到京城里去做这个生意，却一个个都是艳帜高标，香名远噪。列公试想：那京城里头的窑子，都是些本地妇人，挺着个胸脯子，扎着个裤腿儿。云鬟高盘，有如燕尾；金莲低蹴，全似驴蹄。更兼一身的狐骚臭儿，一嘴的葱蒜气味，那里有什么温柔情致、旖旎丰神。真是那裴谈家里的鸠盘茶，夜叉国中的罗刹鬼。这样的一个样儿，那有什么上流社会的人敢去请教？如今忽然来了个吴中名妓，谈吐既工，应酬又好。那一种的秾艳丰姿，妖娆态度，罗衫薄薄，莲步轻轻，鬟凤低垂，髻云高耸。夜深私语，暗传雀舌之香；晓起凝妆，自惜倾城之貌。这班人生长在北边，眼中何曾见过这般的人物，心上何曾受过这样的温存？自然就把这个人当作个合浦明珠、蓝田暖玉。一传十，十传百，大家都晓得他的名气，慢慢的车马盈门起来。久而久之，便也渐渐的把这个贵优贱娼的风俗，暗中移转过来。这都是庚子之前，联军还没有入京的时候，已经是这个样儿。后来联军据了京城，

---

① 写北京相公业、娼妓业的变迁。

差不多有一年光景，仍旧让还中国，皇太后、皇上也在西安，起驾回銮。就是这么的一来，京城里头大变了当时的风气，把那贵优贱娼的条例，竟翻了一个过儿。从前的王侯大臣是专逛相公，不嫖窑子。如今却是专嫖窑子，不逛相公。这也是风俗迁移、人心变换的证据。

孽海花

（清末民初）曾朴著
上海古籍出版社 1991 年版

（一）第四回[①]

且说那一年，又遇到秋试之期。那天是八月初旬，新秋天气，雯青[②]一人闷坐书斋，一阵拂拂的金风，带着浓郁的桂花香扑进湘帘。抬头一望，只见一丸凉月初上柳梢。忽然想起今天是公坊进场的日子，晓得他素性落拓，不亲细务，独身作客，考具一切，只怕没人料理。雯青待公坊是非常热心的，便立时预备了些笔墨纸张及零星需用的东西，坐了车，带了亲自去看公坊，想替他整备一下。

刚要到公寓门前，远远望见有一辆十三太保的快车，驾着一匹剪鬃的红色小川马，寓里飘飘洒洒跑出一个十五六岁、华装夺目的少年，跳上车，放下车帘，车夫几声"得得于于"，那车子飞快的往前走了。雯青一时没看清脸庞，看去好像是个相公模样，暗想是谁叫的呢？转念道："不对，今天谁还有工夫叫条子呢！嘎，不要是景龢堂花榜状元朱霞芬吧？他的名叫菱云，他的绰号叫小表嫂。肇廷曾告诉过我，就为和公坊的关系，朋友和他开玩笑，公坊名以表，大家就叫他一声"表嫂"，谁知从此就叫出名了。此刻或者也是来送场的。"雯青一头想着，一头下车往里走。长班要去通报，雯青说："不必。"说着，就一径向公坊住的那三间屋里去，跨上阶沿就喊道："公坊，你倒瞒着人在这里独乐！"公坊披着件夏布小衫，趿着鞋在卧室里懒懒散散的迎出来道："什么独乐不独乐的乱喊？"雯青笑道："才在你这里出去的是谁？"公坊哈哈一笑道："我道是什么秘事给你发觉，原来你说的是菱云！我并没瞒人。"雯青道："不瞒人，你为什么没请我去吃过一顿便饭？"公坊道："不忙，等我考完了，自然我要请你呢！"雯青笑道："到那时，我是要恭贺你和小表嫂的金榜挂名，洞房花烛了。"公坊道："连小表嫂的典故，你都知道了，

[①] （一）（二）写名士曹以表（号公坊）与名优朱霞芬之间的亲密关系。
[②] 金沟，号雯青，本书主人公。

还冤我瞒你！你不过金榜挂名是梦话，洞房花烛倒是实录。我说考完请你，就是请你吃菱云的喜酒。"雯青道："菱云已出了师吗？这个老斗是谁呢？老婆又谁给他讨的？"公坊只是微微的笑，顿了一顿道："发乎情，止乎礼，世上无伯牙，个中有红拂，行乎其所不得不行罢了。"雯青道："这么说，公坊兄就是个护花使者了。这个喜酒，我自然不客气的要吃定。现在且不说这个，明天一早你要进场，我是特地来送你的。你向来不会管这些事，考具理好了没有？不要临时缺长少短，不如让我来替你拾掇一下，总比你两位贵童要细腻熨贴些。我内人也替你做了几样干点小菜，也带了来。"说时，就喊仆人拿进一个小篮儿。

公坊再三的道谢，一面也叫小童松儿、桂儿搬了理好的一个竹考篮，一个小藤箱，送到雯青面前道："胡乱的也算理过了，请雯兄再替我检点检点吧。"雯青打开看时，见藤箱里放的是书籍和鸡鸣炉、号帘、墙围、被褥、枕垫、钉锤等。三屉槅考篮里，下层是笔墨、稿纸、挖补刀、浆糊等；中层是些精巧的细点，可口的小肴；上层都是米盐、酱醋、鸡蛋等食料。预备得整整有条，应有尽有，不觉诧异道："这是谁给你弄的？"公坊道："除了菱云，还有谁呢？他今儿个累了整一天，点心和菜都是他在这里亲手做的。雯兄，你看他不是无事忙吗？只怕白操心，弄得还是不对罢？"雯青道："罪过！罪过！照这种抠心挖胆的待你，不想出在堂名中人。我想迦陵的紫云、灵岩的桂官，算有此香艳，决无此亲切。我倒羡你这无双艳福！便回回落第，也是情愿。"公坊笑了一笑。当下雯青仍把考具归理好了，把带来的笔墨也加在里面。看看时候不早，怕耽搁了公坊的早睡，临行约好到末场的晚间再来接考，就走了。

在考期里头，雯青一连数日不曾来看公坊，偶然遇见肇廷，把在毗陵公寓遇见的事告诉了。肇廷道："霞芬是梅慧仙的弟子，也是我们苏州人。那妮子向来高着眼孔，不大理人。前月有个外来的知县，肯送千金给他师傅，要他陪睡一夜；师傅答应了，他不但不肯，反骂了那知县一顿跑掉了，因此好受师傅的责罚。后来听说有人给他脱了籍，倒想不到就是公坊。公坊名场失意，也该有个钟情的璧人，来弥补他的缺陷。"于是大家又慨叹了一回。

匆匆过了中秋，雯青屈指一算，那天正是出场的末日。到了上灯时候，就来约了肇廷，同向毗陵公寓而来。到了门口，并没见有前天的那辆车子，雯青低低对肇廷道："只怕他倒没有来接吧？你看门口没他的车。"肇廷道："不会不来吧？"两人一递一声的说话，已走进寓门。寓里看门的知是公坊熟人，也不敢拦挡。两人刚踹上一个方方的广庭，只见一片皎洁的月光，正照在两棵高出屋檐的梧桐顶上，庭中一半似银海一般的白，一半却迷离惝恍，摇曳着桐叶的黑影。在这一搭白一搭黑的地方，当天放着一张茶几，几上供着一对红烛、一炉檀香，几前地上伏着一个人。仔细一认，看他头上梳着淌三股乌油滴水的大松辫，身穿藕粉色香云纱大衫，外罩着宝蓝韦陀银一线滚的马甲，脚蹬着一双回文嵌花绿皮薄底靴,在后影中揣摩,已有遮掩不住的一种婀娜动人姿态。此时俯伏在一个拜垫上,嘴里低低的咕哝。肇廷指着道:"咦,那不是霞郎吗?"雯青摇手道:"我们别声张,看他做什么,为甚么事祷告来。"正是:

　　此生欲问光明殿,一样相逢沦落人。

不知霞郎为甚祷告,且听下回分解。

(二) 第五回

　　话说雯青看见霞芬伏在拜垫上,嘴里低低的祷告,连忙给肇廷摇手,叫他不要声张。谁知这一句话倒惊动了霞芬,疾忙站了起来,连屋里面的书童松儿也开门出来招呼。雯青、肇廷和霞芬,本来在酬应场中认识的,肇廷尤其热络。当下霞芬看见顾、金二人,连忙上前叫了声"金大人、顾大人",都请了安。雯青在月光下留心看去,果然好个玉媚珠温的人物,吹弹得破的嫩脸,钩人魂魄的明眸,眉翠含颦,靥红展笑,一张小嘴,恰似新破的榴实,不觉看得心旌摇曳起来。暗想:谁料到不修边幅的曹公坊,倒遇到这段奇缘;我枉道是文章魁首,这世里可有这般可意人来做我的伴侣!

　　雯青正在胡思乱想,肇廷早拉了霞芬的手笑问道:"你志志诚诚的烧天香,替谁祷告呀?"霞芬胀红脸笑着道:"不替谁祷告,中秋忘了烧月香,在这里补烧哩!"阶上站着一个小童松儿插嘴道:"顾大人,不要听朱相公瞎说,他是替我们爷求高中的!他说:'举人是月宫里管的,只要吴刚老爹修桂树的玉斧砍下一枝半枝,肯赐给我们爷,我们爷就可以中举,名叫蟾宫折桂。'从我们爷一进场,他就天天到这里对月碰头,头上都碰出桂圆大的疙瘩来。顾大人不信,你验验看。"霞芬瞪了松儿一眼,一面引着顾、金两人向屋里走,一面说道:"顾大人,别信这小猴儿的扯谎。我们爷今天老早出场,一出场就睡,直睡到这会儿还没醒。请两位大人书房候一会儿,我去叫醒他。"肇廷嘻着嘴,挨到霞芬脸上道:"是几时孟光接了梁鸿案,曹老爷变了你们的?我倒还不晓得呢!"霞芬知道失口,搭讪着强辩道:"我是顺着小猴儿嘴说的,顾大人又要挑眼儿了,我不开口了!"说着,已进了厅来。

　　肇廷好久不来,把屋宇看了一周遭,向雯青道:"你看屋里的图书字画、家伙器皿,布置得清雅整洁,不像公坊以前乱七八糟的样子了,这是霞郎的成绩。"雯青笑道:"不知公坊几生修得这个贤内助呀!"霞芬只做不听见,也不进房去叫公坊,倒在那里翻抽屉。雯青道:"怎么不去请你们的爷呢?"霞芬道:"我要拿曹老爷的场作给两位看。"肇廷道:"公坊的场作,不必看就知道是好的。"霞芬道:"不这么讲。每次场作,他自己说好,老是不中;他自己一得意,更糟了,连房都不出了。这回他却很懊恼,说做得臭不可当。我想他觉得坏，只怕倒合了那些大考官的胃口，倒大有希望哩！所以要请两位看一看。"说完话，正把手里拿着个红格文稿递到雯青手里。只听里边卧房里，公坊咳了声嗽，喊道："霞芬，你喊喊喳喳和谁说话？"霞芬道："顾大人、金大人在这里看你，来一会子了，你起来吧。"公坊道："请他们坐一坐，你进来，我有话和你说。"霞芬向金、顾两人一笑，一扭身进了房。只听一阵悉悉索索穿衣服的声音，又低低讲了一回话，霞芬笑眯眯的先出来，叫桂儿跟着一径往外去了。

这里公坊已换上一身新制芝麻地大牡丹花的白纱长衫，头光面滑的才走出卧房来，向金、顾两人拱拱手道："对不起，累两位久候了！"雯青道："我们正在这里拜读你的大作，奇怪得很，怎么你这回也学起烂污调来了？"公坊劈手就把雯青拿的稿子抢去，望字纸笼里一摔道："再不要提这些讨人厌的东西！我们去约唐卿、珏斋、拳如，一块儿上菱云那里去。"肇廷道："上菱云那里做什么？"雯青道："不差，前天他约定的，去吃霞芬的喜酒。"肇廷道："霞芬不是出了师吗？他自立的堂名叫什么？在那里呢？"公坊道："他自己的还没定，今天还借的景和堂梅家。"公坊一壁说，一壁已写好了三个小简，叫松儿交给长班分头去送，并吩咐雇一辆干净点儿的车来。松儿道："不必雇，朱相公的车和牲口都留在后头车厂里给爷坐的，他自己是走了去的。"公坊点了点头，就和雯青、肇廷说："那么我们到那边谈吧。"

于是一行人都出了寓门，来到景和堂。只见堂里敷设的花团锦簇，桂馥兰香，挂起五凤齐飞的彩绢宫灯，铺上双龙戏水的层绒地毯，饰壁的是北宋院画，插架的是宣德铜炉，一几一椅，全是紫榆水楠的名手雕工，中间已搬上一桌山珍海错的盛席，许多康彩干青的细磁。霞芬进进出出，招呼得十二分殷勤。那时唐卿、珏斋也都来，只有拳如姗姗来迟，大家只好先坐了。霞芬照例到各人面前都敬了酒，坐在公坊下肩。肇廷提议叫条子，唐卿、珏斋也只好随和了。肇廷叫了琴香，雯青叫了秋菱，唐卿叫了怡云，珏斋叫了素云。真是翠海香天，金樽檀板，花销英气，酒被清愁；尽旗亭画壁之欢，胜板桥寻春之梦。

……

［雯青］顺路去访曹公坊，见他正忙忙碌碌的在那里收拾归装。原来公坊那年自以为臭不可当的文章，竟被霞郎估着，居然掇了巍科。但屡踏槐黄，时嗟落叶，知道自己不是金马玉堂中人物，还是跌宕文史，啸傲烟霞，还我本来面目的好，就浩然有南行之志，不再留恋软红了。当下见了雯青，就把这意思说明。雯青说："只是丢了霞郎，如何是好？"公坊道："筵席无不散，风情留有余。果使厮守百年，到了白头相对，有何意味呢？"就拿出个手卷，上题《朱霞天半图》，请雯青留题道："叫他在龙汉劫中留一点残灰吧！"雯青便写了一首绝句，彼此说明，互不相送，就珍重而别。

（三）第三十五回

那时①京师的风气，还是盛行男妓，名为相公。士大夫懔于狎妓饮酒的官箴，帽影鞭丝，常出没于韩家潭畔。至于妓女，只有那三等茶室，上流人不能去。还没有南方书寓变相的清吟小班，有之，就从口袋底起，那妓院共有妓女四五人。

（四）第十回 写及同性恋。

（五）第二十回 写相公陪人游玩宴饮的情景。

十尾龟

（清末民初）陆士谔著
中国文史出版社 2003 年版

（一）第二十五回②

费太太从那日在醉芳楼③院中，公请了马太太一席酒，原柢桩在谢絮才、赵三宝、叶小月、十里红等几个倌人院中，车轮盘似的请转来。怎奈马太太出了这件意外事情，众人的豪兴只好暂时搁住。只那醉芳楼与费太太，交情竟异常浓厚，相待的殷勤，侍奉的周到，更是不容细说。费太太一天不见醉芳楼，心里便觉不快，好似有什么事情没有干掉似的，所以每天必要到醉芳楼院子里来走一遭。有时谈谈心事，时光晚了也就不回公馆，就与醉芳楼同床合被。费太太手面本是阔绰的，所有堂子里规矩，下脚等费，应有尽有，一概作正开销。两位姨太两位小姐跟着费太太落得快活快活，各人各攀了一个相好，居然玩得个恩情满美。害得这几位小报馆主笔，忙煞快，每天报纸上话头，一大半总是讲费家里事情。你也说磨镜党，我也说磨镜党，各家茶坊酒馆，所谈的也无非是费府历史。只有春泉④一个子装聋做哑，躲在家里头，百事不管。

这日，费太太到醉芳楼院子里，适值娘姨大阿巧在天井里浆洗衣裳，见了道："费太太倒来了，可曾碰着阿金？"费太太道："没有。"大阿巧道："我们先生差阿金来望你呀，因为你昨晚吃醉了酒，夜深了定要回去，先生不放心，叫他来的。"费太太道："先生

---

① 戊戌维新时期。
② 写女性同性恋。
③ 是一位妓女。
④ 费春泉，费太太之夫。

呢？"大阿巧道："先生还没有起身，太太进去便了。"说着，大阿巧去打起门帘，费太太放轻脚步，跨进房里。只见醉芳楼睡在大床上，垂着湖色线春帐子。大姐阿媛正在揩抹橱箱桌椅，费太太只道醉芳楼睡熟未醒，摇摇手，向椅子坐下。阿媛却低声告诉道："昨夜先生有点子寒热。"费太太忙问："现在可好些？"阿媛道："天亮时光要吃茶，我倒给他吃，摸摸额角上好似凉了点子。"费太太又摇摇手道："不要响了，让他多睡一会子。"不料大床上醉芳楼已经听得，问谁在讲话？费太太慌忙至大床前，揭起帐子，要瞧醉芳楼面色。醉芳楼回过头来，望着费太太，脉脉不作一语。费太太见他两颊绯红，浑如酒醉杨妃一般，心里愈觉不忍。忙问："昨晚有点子不适意，现在可好点子？"醉芳楼道："都是你害我的，倒还要来问。"费太太笑问："如何是我害你的？我昨晚不在这里呢。"醉芳楼道："皆为你不在这里，你在这里就没有这件事了。"费太太附着醉芳楼耳朵，悄悄说了几句，又笑问："我的话可对？"醉芳楼道："你这个人，说说就要缠到歪里去，这种话也是太太们说的？亏你羞也不羞。"费太太道："这样我可懂不出了，你自己讲给我听罢。"醉芳楼道："你走的时候，已有一点钟了。你去后，偏偏有人来叫断命堂唱。刚刚又是和局，代碰了四圈牌。直到三点多钟，方才回来。路上吹了点子风，到三叉路口，一个断命红头黑炭，从黑影里走过来，活像是个黑无常鬼，吓得我身上汗毛笔笔竖，转来就此发起烧来。快到天亮亏得吃了一杯烫茶，出了一身大汗，才凉快一点子。"费太太道："这样说来，是那叫堂唱的客人不好，如何反怪起我来。"醉芳楼道："怎么不要怪你？你住在这里，你我睡了，这种断命堂唱谁情愿再去理他。"费太太道："现在可大好了？"醉芳楼道："就不过头脑子还有点子昏沉沉。"说着，坐起身来。费太太道："你再睡一会子呢。"醉芳楼道："不要睡了。"费太太见他只穿一件雪青湖绉捆身子，遂道："仔细着寒，你刚刚好得一点子。"随取一件棉袄，亲自替他披上。

（二）第三十一回①

大小姐扶着阿素肩膊，冉冉下楼，才下扶梯，忽闻一阵香风，一个美少年劈面而来，费大小姐猛吃一惊。这少年见了大小姐，倒垂手侍立，恭恭敬敬叫了声大小姐。仔细瞧时，那里是甚么美少年，就是乃兄②的跟班王阿根。只见王阿根穿着身极时路极华丽的绸缎衣服，光着头，头上的刘海面前很短，脑后长到三寸开外，一斩斯齐，披在肩上，好像凉帽上雨缨一般。那根油松辫，精光滑脱，真是苍蝇都跌得煞，蚊虫都滑得脚。大小姐见了这副打扮，不觉诧异起来，坐上马车，就问阿素道："阿根装扮得什么似的，老爷为甚不说说他？他这副打扮，那里还像个底下人，认真公子哥儿还没有那么华丽呢。他

---

① 写主仆同性恋。
② 费春泉。

穿了这种衣服,叫公子哥儿穿点子什么?"阿素道:"大小姐,你还没有知道么,现在的阿根可比不得从前了。从前阿根,不过是老爷个跟班。"大小姐道,"现在呢?难道他不当跟班了么?"阿素道:"现在名分上原是个跟班,底里早和老爷做了朋友了。自从太太、姨太太在堂子里走动后,老爷就和阿根要好得一个身子似的,吃也在一桌,睡也在一床。阿根仗着老爷的势,要怎么就怎么,谁敢回他一声半句。前几天阿根坐着老爷马车,到张园去游玩,老爷自己要出去,马车倒没有了,查问起来,厨子阿保不敢隐瞒,实说根二爷坐了去,总道老爷要不答应,那知老爷竟然大度优容,回说不妨不妨,我就坐着包车出去罢,停会子马车回来,叫他到宁波总会接我是了。你想要好到这般地步,不是朋友是什么人?"大小姐听了阿素的话,方始恍然,暗想哥哥真也会玩,连个阿根都玩上了,这事叫嫂子得知了,不免又有一场是非口舌。因嘱阿素,太太、姨太太跟前再休提起。阿素道:"大小姐,我又不是呆子,这个话怎好向太太、姨太太讲,那是不用吩咐得的。大小姐,你叫没有晓得,现在个阿根,讲究得来,他的打扮在上海男人里头派起来,怕要算他第一呢。一起身,就用净面玉容散,擦去隔夜油腻,再用芝兰香皂洗脸,洗到那张面孔亮晶晶地发出光亮来,然后擦上玫瑰香蜜,再用香水粉纸,细细的揩拭,揩到个匀净,面孔上功课总算完毕了。第二就收拾那张嘴,拿象皮牙刷,蘸着皇后牌牙膏,洗刷牙齿,洗毕,就吃口香糖十二粒,所以走上前来,离着四五路,就闻着香喷喷地。他那个头,剃得精光雪亮,差不多是天天剃的,最迟最迟也不过隔得一日。那条松辫一天却要梳两回,梳起辫来,刨花水、茄露油、生发香油,用得比你我还要多。"费大小姐暗想,怪不的哥哥要着迷,这没廉耻忘八,这样的会作怪。

梼杌萃编[①]

(清末民初)诞叟著
上海古籍出版社 1997 年版

(一) 第八回

这时铁路公司方在初开,事体不多。我们中国向来遇到开办一事,总先位置多少闲人,好在以天下之利养天下之人,也未常不有个道理在内。

这天两人无事,各带着一位介在嫡庶的如夫人同去逛百花洲。看那残荷在沼,丝柳成荫,风景也颇不俗。顽了一会,正要回去,忽然碰着一位客,同王梦笙招呼道:"梦

[①] 本书亦名《宦海钟》,作者诞叟即钱锡宝。

翁，那里去？"又问："这位尊姓？"王梦笙代答了，章池客也回敬请教。原来，这位就是那年在上海同增朗之、范星圃他们聚会的叶勉湖，他已过了道班，现当着江西督销的差使，同王梦笙是很熟的。叶勉湖说道："两位不要走，停回同到我那里看戏。今儿有我们家乡带来的熊掌、鹿筋呢！"王梦笙晓得他的烹调最精，他那公馆里常唱戏，那戏台也收拾得绝好，心里也颇愿意去，却说道："我们都有内眷同来的，怎么呢？"叶勉湖道："让他们先回去，两位抵配晚上回去唱一出《滚灯》也就完了。"王梦笙同章池客只好吩咐家人送二［位］太太回去。

　　章、王两人同着叶勉湖又逛了一刻，就一齐到叶公馆。不多时，客已来齐。有南昌的亨太尊，新建县的华大令，派办处兼军械所提调全太尊，还有他本局的几位委员及书启、账房师爷，共坐了两桌。五点钟开锣，唱了两出。只见一个穿出炉银纺绸衫夹纱背心、绣花薄底镶鞋，留着全发的小旦，走了进来。年纪约有十八九岁，生得眉清目媚，齿白唇红，走到两席面前遍请了安，叶勉湖拉着他手道："艳香，你怎么这时候才来？七姨太太等了你半天，快些进去妆扮罢。"艳香说："我今天起来迟了些。"说着就走到上房里去。

　　这叶勉湖的七姨太太，就是从前贾端甫赏识的那个双铃。叶勉湖在秦淮时讨的他，也有四五年了。看见艳香进来，就说道："你怎么来的这么迟？把人家眼睛都盼穿了！"艳香赶紧走近两步，靠着膝前请了个安，道："劳姨太太久等，真对不住！"七姨太太就拉着他手，说："你坐着罢，不早了，我来替你梳头。"桌上妆具已经摆好，趁着丫头出去泡茶，两人脸靠着脸的照着镜子亲热了一会。然后，替他把头发打开，慢慢的替他梳好头，拿自己的珍珠软镶压发荷花别子，替他插好。艳香却自己洗了脸，扑了粉，微微的点了点胭脂。七姨太太开了衣橱，拿自己的衣服与他穿。艳香说："今天排的戏里头有出《庙会》，是要解怀的，连兜肚小衫都要呢！"七姨太太就拿了一个京城里带出来一面红纱、一面夹层里画着春宫的兜肚与他带。艳香脱了衣裳，露出一身雪白粉嫩的肌肤，七姨太太亲手替他把这兜肚结好。他就穿了这七姨太太的贴身小衫，坐到七姨太太的床上，套了七姨太太的一条纺绸镶脚的裤子，装了跷，然后加了外衣。收拾停当，照了照镜子，戴上七姨太太的耳环，望着七姨太太说道："我就要上台，你就来看罢。"七姨太太笑着应了，带了一个小丫头，走到厅旁边一间小书房里去看。这是他向来看惯的地方，叶大人特为替他收拾出来的。

　　艳香走到花厅，真是一个婷婷袅袅的佳人。不知道的，几乎当作叶大人的姨太太出来了。又在叶勉湖身边坐了一坐，然后上台。这里开席，又叫了几个档子班的倌人陪酒。这艳香先唱了一出昆曲的《偷诗》，做到那潘必正掀开帐子，看他那杏眸娇合、莲瓣斜倚，潘必正轻轻抱起，腰软肢庸，真令人心驰目眩。隔了两出，又唱《庙会》，解开襟扣，露出了红纱兜肚，映着那雪白的胸膛，任着那王三公子摩挲双乳，看的人皆羡这小生几生修到。那南昌府亨太尊，笑着问他那相好的倌人玉仙道："比你的不晓得如何？"玉仙把他打了一下，又低低的说道："你也去摩一摩，看好不好！"亨太尊就伸手来摩玉仙的，说："先摩摩你的看。"玉仙连忙推开他的手，又低低的笑着说道："我的你还没有摩够么？你去摩摩他的，就晓得了。"不一时，艳香下台，仍在叶大人身旁坐着。等到那"笙歌归别院，灯火下楼台"的时候，众人都已各归府第。这艳香是否就住在叶大人的上房里头，那就不得而知。叶勉湖本是富豪，又当阔差，不时邀了章、王两位过去选舞征歌，评花赌酒，往来甚欢。

又过了两个多月。有一天傍晚，王梦笙、章池客打公司回家，同着两位如君坐在一处闲谈。忽然接到叶勉湖一个条子，说是："今日拟为艳香消除乐籍，列入金钗，务乞两君速临，商酌此一篇花样翻新的文字。亨淡如太尊亦在坐，望即命驾，勿却为幸！"两人看了，说道："消除乐籍呢，倒也常见。至于列入金钗，可是从未听见过的。我两人生平的事已经要算出奇出格的了，若像这样新鲜文章，真是闻所未闻，倒不得不去领教领教呢。"两位如夫人也说："这事真正稀奇，你们去了，回来细细的讲与我们听罢。"

(二) 第九回

王梦笙、章池客两人坐了轿子，同到叶道台公馆，那南昌府亨太尊已先来了。见了叶勉湖，问其所以。原来，这上一天十月朝，街上出会，艳香刚在人家唱堂戏坐轿子回来，没有卸妆，就同着他师傅的小婆、媳妇，还有邻居家里一位姑娘，一齐走到街上看会。被一位警察局的副委看见，他说不应扮着女子，夹在妇女淘里，有伤风化，申斥了几句。这艳香是向来在抚台、藩台衙门上房里穿房入户，同大人、少爷、太太、小姐们平吃平坐惯了的，他那里把这种磕头虫的小老爷放在眼里。听他申斥，就顶撞了两句。这位老爷也是个少年初出山的，在官场阅历还浅，那腔子里还有点热血未曾化凉，登时大怒，就吩咐巡兵把他带到局里。这副委穿了公服，坐上公堂，叫："带过这戏子来！"艳香到这时候，也就只得跪下。问了几句，这艳香还仗着势同他辩驳回嘴，弄得这副委下不来台，就喝声："拉下去打！"那巡兵把他拉下，还是穿着女妆，就褪了裤子，露出那曾经供奉过各位贵官富商的香臀。这时候，幸亏那正委听见信赶了回来。见这副委正在堂上，不能上去拉他，一面叫家人请他下来，说总办有要话吩咐，一面叫人拦住行刑的巡兵，说先放他起来，停会再打。可怜那嫩皮肤上，却已经吃了十几片的毛竹笋了。这副委下来，那正委连忙抱怨道："这个人你怎么打得？他是抚台、藩台各位大人都赏识的。你打了他，不但你的功名保不住，连我还要被你带累呢！"正在说着，只见他家人拿了一封信，说是府里飞马送来的。这正委连忙拆开一看，说道："如何？府里已经来要人了，我同你一起送了去罢！"那副委到这时候，那腔子里未曾化尽的一点热血也渐渐的有些凉意，只得跟着他上府。

到了官厅，等了一会，说声"请两位进去"。见了首府，这亨太尊就向着那副委说道："做官的办事，总要审量审量，万万不可莽撞。这警察本是新政，处处要学着点外国的法子，本不该轻易用刑的。你不看见前回有位城上的御史，因为滥刑被参的么？你初出来做官，怎么这样任性？"一面又向着正委说道："老兄是这分局的正委，应该常川在局，怎么自己走开，以致这副委闹出事来？万一上头查问起来，我兄弟可担待不下。"这正委连忙说道："总要求大人栽培宽恕。"两人听了几句申斥，退了出来。这正委又埋怨了副委几句，副委也不敢回言。还是那艳香被副委拿到局里的时候，那跟兔的连忙到叶大人公馆送信，叶大人连忙写信到府里派人去要的。都是专马飞速，比那跑奏折的还要快些。

那亨太尊就拿轿子把艳香送到叶公馆。艳香下了轿子，走进上房，就扑到叶大人怀里，呜呜咽咽的痛哭，说道："我也是好人家的儿女。我老子、哥哥，不多几年前头还在衙门里做钱谷师爷。不幸我老子、哥哥死了，被人家骗了出来，卖在班子里唱戏，今儿还要丢这个脸，要望大人救我出这个火坑，我死也不做这个行业了！"

原来，这艳香就是那龙钟仁的公郎、龙伯青的介弟、贾端甫的高足，号叫研香的。龙伯青从通州搬到扬州，不久死了，被毛升把他家眷骗到上海。又哄他，说是送回绍兴进学堂，那知把他拐到九江卖在班子里唱了花旦，就改名艳香。他那生母、嫂子、姊姊的下落，他也不知道。这艳香在叶大人怀里哭个不住，七姨太太拿自己的手帕子替他揩着。叶勉湖道："救你不难，只是把你弄出来算个什么人呢？"艳香道："那随你，叫我做什么，我就做什么。只不要叫我再当堂吃板子就是了。"叶勉湖想了一想，道："这么罢，我们家乡①风气，常有娶小旦的，你就从此改了女妆，做我的八姨太太罢。"双铃也连忙说："甚好，甚好！"这艳香那有不愿的道理，双铃就留艳香住在上房。

第二天午后，叫了他师傅来。叶勉湖当面吩咐了，与他二千身价，他师傅也不敢不从。这叶勉湖就办了菜，请了亨太尊商量这事，并替艳香谢他昨日的情，又请了这王太史、章中翰作陪。叶勉湖当下向他两人说明缘故，两人心中觉得奇怪，嘴里却均极力赞成，说："这真是一段风流佳话。"停了一刻开席，就是宾主四人，也还叫艳香穿着女妆出来相陪。艳香替亨大人道了谢，王梦笙、章池客均向他安慰了两句，又替他道喜。这艳香也带笑含羞的，倒也有些闺阁态度。席间嚼着亨大人，定见要他把这副委参掉方才消得这口气，不然可就要寻死了。亨太尊满口答应说："总在我身上替你出气，八姨太太尽管放心，好好的服侍叶大人，明年早生贵子。"说得艳香红着脸，拿一把瓜子撒了过来，大家哈哈一笑。后来，这亨太尊到底借件事，不多几日就把这副委的差事撤去。可见这做官的人，万不可任性。不拘他龟奴贼屁，只要他势力大些，千万得罪不得的。席

---

① 叶勉湖是四川人。

间把办这事的法子商量定了,说:"这天必得要多请些客,唱一天戏,使大家知道,将来人家才没有话说。"就拿历本,拣了个初六日的佳期,说叫艳香先回家住两天,到这天再拿轿子、吹手接来,大家都说甚好。席散各自归家。

次日,艳香也回去收拾收拾自己的东西。他师傅也办了点酒菜请他,夜里还预备了一枝玉藕替他饯行。他也整顿了一个蒸豚,与师傅留别。

这天,叶公馆的客真不少。那王太史、章中翰、亨太尊、金太尊、华大令自然在座。还有那位任天然,从万安县撤任回省,住在叶公馆一条街上,也都请了。任天然因为这是旷古难逢的事体,也很愿意过来见识见识。此外的客,也不胜枚举,无非是些阔官巨商。

两点钟即已开戏,客人陆续到齐。到了五点多钟,只见四个纱灯,一班鼓乐,迎着一顶蓝呢四轿,玻璃窗都用绸幔子遮着,进了大门就鞭爆不绝,一直抬到上房院子里歇下。一个丫头、一个老妈,在轿子里搀了一位当年的少爷、前天的戏子、今日的新娘龙艳香八姨太太出来。慢移莲步,轻踏花毡,进了堂屋。这位叶观察,戴了红顶花翎,穿着蟒袍补褂,领着艳香敬了神,拜了祖宗。然后摆了两把椅子,叶观察靠着上首一把站着,下首一把是替他太太设的虚位。这艳香就端立红毡,敛衽下拜,叶观察立受了。然后,艳香向着双铃叫了一声"姊姊",拜了下去,双铃也回叫了一声"妹妹",并肩跪下同拜。一面请了抚台、藩台及各位客人进来见礼。抚台、藩台本来都是欢喜这艳香的,所以都送了些添妆,不过是衣料镜奁、脂粉香水等类,还有一封重重的见面礼。叶勉湖连忙道谢,又教艳香磕头谢了。

大家见过,都退到厅上坐席看戏。等到抚台、藩台走后,亨太尊又高兴重新叫起局来,把这席酒闹到三更后才罢。有些生客都悄悄逃去,那全似庄、任天然皆在逃席之列。

席散后,剩的都是几个常聚的熟人,吵着要闹新房。叶勉湖也欣然领道:"这新房,在七姨太太的里间。是七姨太太的意思,说这房间本来宽大,都有前后间,在一边住着诸事便当些。"大家进了新房,一看收拾得十分齐整,壁上挂着一副泥金对联。王梦笙走去,看是章池客送的,写的一笔好王字。对句是:

  鄂被新迎桃叶艳,寒簧应惹桂枝香。

连声赞道:"池客这副对子真好,浑融工切尽题,中妙有弦外音。"章池客笑着说道:"也不见得。"王梦笙道:"我也做了一副,因为太着色相,且是四个字的,不像新房对子,所以没送。"大家说:"请教,请教。"王梦笙道:"是'鱼熊兼美,龙凤同翔'。"章池客道:"其实也很工切。"那叶勉湖、亨淡如于文墨上都不甚了了,也跟着谬赞了两句。

叶勉湖又叫老妈子搀着八姨太太到各人面前敬了茶。大家又说:"还要闹闹老房,勉翁不可得新忘旧，撇得七姨太太太寂寞了。"一同走到外间。艳香也跟着出来，却同双铃坐在一张春凳上。王梦笙忽然站起来，走到这两位姨太太面前，深深一揖。这一雌一雄的姨太太，都吓得站了起来，问道："王大人，什么事体？"王梦笙道："晓得两位姨太太音律都是高明的，小曲琵琶，不敢亵渎，只求两位姨太太一位吹一位唱，替换着同唱一套昆曲，不知肯赏脸不肯？"说着，又作了两个揖。这两位姨太太拗他不过，只得答应了，商量着同唱一套《折柳》。先是双铃吹笛子，艳香唱了一支"怕奏阳关曲"。回来艳香吹笛子，双铃唱了一支"倒凤心无阻"。又是双铃吹笛子，艳香唱了一支"慢点悬清目"。然后又是艳香吹笛子，双铃唱了一支"和闷将闲度"。到底是双铃先进门，让他唱的生角，占点便宜。真是歌声清脆，余音绕梁。大家见已过四鼓，说："未免耽误了新人好梦，赶紧走罢。"一齐道谢上轿。这一夜，叶勉湖如何力搏玉兔，直捣黄龙，做书的生平未尝此味，无从摹拟。

到了三朝，叶勉湖又请了几个知己的吃酒，那王太史、章中翰、亨太尊、华大令都在座。各叫了相好的倌人，这些倌人都到上房里去请安。看见艳香，个个心里发笑。看见双铃，却羡他生成艳福，嫁得这么一位好大人，替他弄这么一个靓丽可人的深闺良伴。

（三）第二、十四回 写有柏义的情况，他先后至少和4个人存在同性恋关系。

广陵潮

（清末民初）李涵秋著
北岳文艺出版社 1986年版

（一）第二十四回①

适才同小喜子取笑的那个小伙子，本是田福恩的街邻，家里也开着杂货铺子，自己不务正业，专同那些三瓦两舍的人物干着些下流勾当。他家本来姓白，人便编他一个诨名叫做"白兔子"。这时候白兔子便又唤着田福恩问道："来，来，来！我有一句话久要想问你，只是一见面便忘记了，今日却好同你谈一谈。你们左首窑货铺子里可是有一个姓杨的？生得很是漂亮，年纪不过在三十岁左右，他同你家有什么瓜葛？"田福恩想了一想道："哦！不错。那姓杨的同我们也有些认识，你问着他干什么？可又是你老相好吗？"白兔子从鼻子"哼"了一声说："我却不会同他相好，他告诉我，他却相好了一个人呢！"田福恩听他话中有话，便忙问道："他说相好的人是谁？"白兔子笑道："我这却不能轻易

---

① （一）（二）写同性恋者"白兔子"在富家子田福恩面前搬弄是非。

(二) 第二十五回

田福恩拦道："不用闹罢！好哥哥，你快说那姓杨的怎么样？"白兔子道："有一天，我在城河旁边蹲着出恭，他悄悄的从背后来侮弄，被我一顿抢白。他哀告着我，便从袖里数出二百五十文滴大溜光的铜钱给我。我一眼瞧见他包钱的也不是手帕，也不是汗巾，是人家女眷带的一个双扣二蓝八结的粉红兜肚儿。我随后便追问他：'这是那里来的？'他先不肯说，后来我要不依他了，他才告诉我说：'不可说与旁人知道，这是绣货铺里小媳妇儿赠我的！'在先我也不理会他这些事，后来他又交结上那个姓黄的小厮，便不来理我了。我越想越气，所以告诉你，你赶紧回去先将你那小媳妇儿陪嫁过来的兜肚儿查一查，共有若干。若是缺了一个，你便审问着他是交给谁了，一经得了他的口供，你便拿出你那柄刀子给他一个鱼鳞剐。"小喜子骂道："你不用活作孽罢！教人家这些恶毒主意。我知道你的用心，你恨不得我们女人都死了，让你替我们陪人家睡觉。但是一层，幸亏兔子不会生产，若是兔子也会生产，那你可以在商部里挂个商标，让你专利二十年，只此一家并无分铺了。"说得众人拍掌大笑。田福恩被白兔子说了这一篇话，心中很是不乐。

(三) 第三十二回①

[林雨生携子去求富玉鸾，富见林子长相可爱便把他收为侍仆。一天，林又去富宅。]这个当儿，玉鸾叫人将他孩子稳子唤出来。雨生偷眼一看，打扮得十分精致，皮肤也转白了，不似先前干燥模样。见着雨生，只管笑嘻嘻跳跃，雨生却不敢拿正眼去瞧。早听见玉鸾笑道："林先生，你看令郎怎么样？可被咱修饰出来了？这个孩子很知好歹，咱想留在身边。林先生实告诉你，咱须不放他回去了，你可舍得不舍得？"雨生正色道："若少爷不弃，肯提拔这孩子，晚生感激不尽，焉有领回的道理？晚生还有一句肺腑的话，说出来少爷不用见疑：万一少爷果然爱着他，不妨叫他长远在此伺候少爷。只是求少爷温存着些，怕孩子还年轻。"玉鸾听见他说出这几句话，不禁羞得脸上红云一直泛到耳根，转一句回答不出。……

---

① 写落魄潦倒的林雨生为求得贵公子富玉鸾的帮扶而不惜让自己的儿子做富的男宠。

欢喜缘

（清末民初）寄依著
台湾大英百科股份有限公司
2000年《思无邪汇宝》本

（一）第二回 写僧人同性恋。

（二）第三、四、五、八、九、十回 写崔公子与表弟吴蕊、宠仆玉奴、妹妹粉英、侍妾可儿、依依等人的同性恋和异性恋。

（三）第七回 写女性同性恋，男扮女以勾女。

（四）第十一、十二回 写玉奴与将军陈蒨（也即南朝陈文帝陈蒨）的同性恋。

情海奇缘[①]

邓小秋著
民国间香港亚西亚书局石印本

第五回

［程耕生入京捐官。］只见首都之地真是气象堂皇，与别处不同。入城之后即忙找了一个寓所，房主姓曾名士闲，年纪已过了三十岁。家中却有万顷田产，生得身材伟大，为人甚是疏财仗义，常在外阜贩买货物。夫人王氏系继配，年方十八，姿色甚佳。只是曾士闲有一件毛病，不喜女色，最好男风。里中有个小童生得清秀过人，士闲与他绸缪，极其恩爱。反把年青貌美的姣妻放在一旁，使其独睡。当日一见耕生，暗暗喝采道："怎么捐官的人也有如此美色？"便令置酒相待。宾主对坐饮酒之间，士闲十分趋奉相劝，殷殷不却。夜深，席上士闲开口道："匆匆不恭，殊为抱歉，改日再行恭请。"耕生答道："弟与兄虽乃萍水相逢，已成知己。今已夜深了，不多能饮。"说完席散。士闲不进房去，就秉烛坐下客座，因而想道："我曾士闲平昔在只件上用功，也曾见了许多，那有今日程

[①] 本书是对《桃花影》的改写。

生如此之美貌。"又叹道："若是别人尚可以弄得到手，若程生来此捐官，家小事就不能设法，岂不愧杀！"又想了一回，忽然笑道："是了，是了。我想那生年少，必然好的美色。不如以美人计诱之，事必妥矣。倘若侥幸得成，那程生纵然大发其怒，不肯饶我，便舍生也可倾家也可，有什么怕呢！"便鼓掌大笑，立饮了几杯而睡。次日耕生换了一套新式衣服，带了家人钱有出外散步，来到那热闹之处，不却日已西斜，乃回至寓所。曾士闲已立在门前相迎，一直陪入后室，忙捧一杯清茶奉敬。停了一回，又走出几个仆妇，排开桌椅，罗列珍肴。布置已好，曾士闲道："你我既为知己，今日对酌不如设在内书房，颇甚清雅。"那些仆妇应了一声，连忙移去。又停了一回，又出来道："酒已完备了，请相公们入去坐席。"曾士闲笑吟吟的忙把耕生邀入，只见珍肴摆列，耕生道："昨夜已曾厚款，今日如何又要费事？"曾士闲笑容可掬，满面春风道："程君文才高广，如今捐资入官，必青云直上，但恐高官之后不肯再赏光来舍。"耕生听了士闲这几句灌迷汤的话，不却满面堆笑，满酌玉杯，一连饮十几杯。既而夜以继日，又秉起烛火猜枚行令，又一连吃了二三十杯，竟酣然大醉，重头轻足，坐立不住，跌倒桌上，昏迷而睡，推也推不动。士闲便叫几个妇女抬入上房而去。士闲随后而入，移灯照时，只见程生两颊晕红，如胭脂点染。乃叫婢女等出去，自己上床把耕生小衣脱下，现出两股，雪白似玉。士闲止不住欲火如焚，忙把自己裤子脱下，将津液涂抹肛门口，以那话款款掀入。耕生便把身子一闪，又弄了一会方入一寸多。幸而阳具不甚肥大，又值耕生大醉不知疼痛，所以耸动移时，慢慢入尽，遂急急提抽数百次。士闲自觉心醉神移，一生所遇未有此次之快活。又缓缓的往来抽送，足有一千之外，方才泄了。为耕生揩抹干净，仍把小衣与他穿好，连忙去到内房，笑向王氏道："今日得此，平生愿足。但所商量之美人计，还望贤妻不能反悔。"王氏道："平日视我如陌路之人，今日弄出了事，就来贤妻贤妻的叫起来了。且美人计是你酒后乱言，岂可相从。"士闲再三恳求，王氏笑道："你自己作的事，你自己去了，那有将妻与人偿债之理。"一头笑一头走出去了。王氏自叹道："只因房事稀少，久已渴想只事。耕生初来时，我已在屏后见了，知他是一个美貌少年，叫人怎不心动呢？"所以不大推却，依了丈夫之言而行。王氏来到书房，只见灯火已要灭，耕生尚在梦中。王氏在一旁照应，于他十分小心。又半晌耕生起来，似乎后面有些疼痛，自知被人污弄，不觉心火直冒。正欲起身根究，王氏便把茶送上。只见是一个年轻女人，雅俏异常在旁，便回嗔作喜道："你是何人，却在此处？"王氏道："拙夫曾士闲，吾乃其妻也。"耕生两目直竖，咬牙切齿道："我乃世代官宦，胆敢诱醉污辱，明日与他说理。"王氏一旁再三相劝道："拙夫只因醉后误犯，自知有罪，特命妾来肉袒，万乞恕他之过。"耕生听他娇音滴滴，加之醉眼看那王氏，更觉美貌非常，不觉心动，便一把搂了王氏，也不推却，即便解衣上床。……战罢天已大明，二人就交股而眠，中午方起。仍与士闲交好如初，似未有此事一般。一日士贤向耕生道："刻下我要出外作生意，你我既已至好，若不弃嫌，就住在舍下。"复向王氏吩咐了几句，便昂然而去。……自此耕生一面日与王氏同作房中之乐，一面又使人运动做官之事。[耕生捐资为安徽知县，几年后便辞官回家。曾士闲将王氏送来，做了他的第二位夫人。]

梨园外史

潘镜芙，陈墨香著
宝文堂书店 1989 年版

（一）第八回

孙甲①道："我听得人说，京里戏子有一种堂子里头出身的，到处陪人吃酒，只要给钱，便可以和人家睡觉，比窑姐儿差不多，可是有的吗？"小玉②红了脸道："堂子里的人，也是贤愚不等，不能一概而论。"孙甲道："岂但堂子，就拿我们军营里说，这宗事也多的很。那个最著名的什么九帅，他的营盘里兔儿都成了群了。每天争风吃醋，同小老婆一样。有个姓魏的，是个名士的后人，最生得好，人都叫他魏美人儿，最得宠，还有算命的说：'这魏美人的功名，将来要同九帅一般。'你道好笑不好笑？难道一个卯字号的还做得了皇上家的封疆大臣吗？那可真不成世界了。"

（二）第十二回③

喜禄沉吟一会道："我说句上当的话，我们唱旦的，跟窑姐也差不了多少，虽说是卖唱，卖玩艺儿，也搭一大半卖的脑袋核儿。"

（三）第十三回

喜禄道："本来我们唱旦的最不可同人亲近，只要沾一点边儿，就有闲话。就拿我说罢，本来前后台人缘都不错，和我好的太多。只是到了别人嘴里，便要编派我，我也不知做过多少人的媳妇了。"

---

① 太平天国时期的一个清军军官。
② 曾在北京做相公。
③ （二）（三）（四）写北京旦角名优喜禄的情况。

(四) 第十四回

孙春山①走出安义堂门首,抬起头来一看,只见墙上写着许多污秽言语,都嵌入喜禄的姓名。又画了一个不堪入目的物件,旁边有行小注是"胡喜禄家常便饭"。字写的如同蚯蚓一般,七歪八斜十分难看。春山由不得发笑,猛回头见喜禄也出来了,怕他僵了,忙把笑声敛住,同喜禄仍进去坐下。

春山道:"胡老板不消生气,这也不是街坊同你有岔儿,不过是小孩子闹着玩罢了。自古道见怪不怪其怪自败,大可以不必理它。"有个跟包的在旁道:"十爷不知道,这条街上住的内行很多,怎么单往我们门口胡画?总得想法子把它压下去。要不然,叫别的老板瞧着笑话。"春山道:"这全是小孩做的,你到各家知会他们家的大人一声,就算完了。"喜禄道:"不行,这宗办法已经试过,简直没用。"跟包道:"这儿左右邻的外行,不多几家,我都去遍了。他们都佯佯不睬,还有不讲理的说:'怕这些就别唱旦。'"春山道:"他能写,难道我们不能洗吗?"跟包道:"不是一次了,洗了再写,有十几次了。"

(五) 第二十四回

那年从无锡来了个伶人,唤作沈阿寿,也叫作眉仙,习的是刀马旦。本也是京里的徒弟,后来回南。因南方不靖,携眷北上。阿寿到京,也入了四喜班。他是个花明柳媚的人,声价渐隆。

这戏班中每逢演戏,差不多小旦戏里总少不得小生同小花面。后台有句行话,叫作"三小离不开"。那刀马旦虽专一扮演古来的女英雄,比那闺门旦才子佳人的风月戏文不同,只是那一员女将、一员小将临阵招亲,眉来眼去,艳丽玩艺儿却也不少。似那梁夫人擂鼓战金山的正大光明,不涉淫靡,反没得几出。他和曹春山一个名小生,一个名小旦,当然时常配演,上台夫妻,下台朋友,交情甚厚。这是生旦的通例,已成印板文章,也不止他两人。大约不分伶人,不分票友,都是如此。这里头颇有些道义之交,不能混给这个女角栽赃,任意污谤。所以他们把这种稍知自爱的旦角,唤作"清旦"。

(六) 第三十回 写及同性恋。

---

① 向胡喜禄学戏的票友。

桂枝香①

(清·咸丰—光绪) 杨恩寿著
清宣统二年（1910）国学扶轮社
上海铅印《香艳丛书》本

（一）第一出　拜尘　困境中的举人田春航对名优李桂芳特别迷恋，一次街头相遇，李对田也印象颇深。

（二）第二出　议宝②

【青玉案】（小旦男装上）蓦地心头人一个，没理会，情丝锁。一阵黄昏微雨过，柳意缠绵，桃花命薄。风激纱窗破。

（集句）花如罗绮柳如烟，检点春光又一年。此曲只应天上有，酒旗歌扇旧因缘。侬李桂芳字媚香，金陵人也。生长名门，浮沉蓟地。行年十七，混迹梨园。昨抵京师，隶联锦部。虽操贱业，恰抱冰心。上自王公，下迄负贩，无不临场叹赏，暗地揄扬。集朱履之三千，都为著眼；掷金钱之十万，广纳缠头。蓄积频年，囊中充足。欲得同心之侣，订以终身，便可跳出火坑，脱离苦海。每演戏至《独占》一出，窃叹彼此钟情，得人而事。我辈虽失足优伶，亦何不可做出一番事业。慧心只眼，留佳话于后人乎？

【渔镫儿】猛可的芳春易过，怕受的身世蹉跎。柳绵飘荡任风搓，平地情波澹沱。莽乾坤，何处著一个工愁我。

【前腔】暗伤怀长歌短歌，苦纠缠情魔爱魔。向人颠倒待如何，参不透三生果。广寒宫，谪降了秋香一朵。

数月来见有一人，衣裳破烂，常在车前车后徒步跟随。前日车夫将他碰跌，见是我的车，一毫声色也不动。我看他举止不俗，容貌端庄，必是一位才人流落至此。著人打听，才知道就是春航孝廉。此人曾刻《灵岩山馆诗钞》，我曾读过。才名藉甚，早已倾心。欲学花魁，这秦小官就在目前了。著人到他下处请来一谭，谅必来也。

【锦渔镫】识英雄慢延俄。迟呵，便乘风浪破。待登坛始识王孙，奈漂母笑人何。不独此君才貌双全，必能远到。就是他殷殷相待之意，也觉可感。难道是怜香的，他不负我。偏是怜才的，我不如他。

【锦上花】（丑随生上）眼澄澄末路逢他，意孜孜舒畅心窝。蓦担疑，怕的是传命差

---

① 本剧依《品花宝鉴》中田春航与苏蕙芳的故事改编，剧中李桂芳即苏蕙芳。
② 李邀田来访，二人订交。

讹。喜杀人也么哥,惊杀人也么哥。比张骞侥幸如何,被织女招入银河。

(丑入传报生,小旦相见介。生)自睹芳容,便萦寤寐,鄙怀钦慕,只可铭心。乃不加诃谴,反蒙见招。正是巨眼深情,使我田春航有一饭千金之感。(小旦)前日辱在泥涂,深感盛情原宥。屡蒙青眼,幸及三生。我辈神交,较胜肉朋酒友。但想你名门世宦,又有舅父可为将伯之呼,为何旅况萧条,一至于此?(生)我初到京师,客囊颇裕。一时孟浪,眼界未清。偶遇冶容,便当倾国。流连忘返,赤仄金消。及瞻仰玉容,才觉妙住菩萨见身,非凡人所能仿佛。前此盲修瞎拜,徒将岁月虚糜耳。

【锦中拍】禁不住犯风魔。指睁睁双眼,惯随声附和,那曾见花韵宜人颇。迨与卿相见,妙莲华宝相,仙呵佛呵。是何处彩云揾破,仿佛露霓裳翠娥。我只合香檀一握,幽兰一朵,供养着见男身的水月盘陀。

几生修到,才与卿这样宝友得共晨夕?(小旦)宝友二字甚奇,我辈有甚可宝处?(生)花浓雪艳,玉软香温,是为宝色。环肥燕瘦,肉腻骨香,是为宝体。巧笑工颦,明眸善睐,是为宝容。千娇侧聚,百媚横生,是为宝态。娇语喷花,憨啼泣露,是为宝情。金珮飞霞,珠钿刻翠,是为宝妆。再益以清歌妙舞,檀板金樽,宛转关生,轻盈欲堕,则又谓之宝艺、宝人。(小旦)你这议论虽觉太高,但我辈一经品题,身价十倍了。

【锦后拍】谢玉郎将宝鉴磨,敢便唱宏农得宝歌。叹剑沉珠堕,叹剑沉珠堕,抵多少荆山泣玉。算倾城名士,一样蹉跎。我虽堕落梨园,从不肯随波逐流,惟以贞洁自守。尘丝缚,则登场啼笑随人可,剩暗地泪下珍珠一斛多。

我和你今日订交,此生勿负。一切旅费,我自任之。如有虚言,有如皎日。我非早即晚每日来看一次,你须自己保重,努力前程。幸勿为我辈丧名,致令外人物议。想我媚香呵,

【骂玉郎带上小楼】十七年絮雪萍波,向热恼把岁月消磨。愿伴你一椽萧寺绝尘魔,再休提酒肉笙歌。我手中虽不甚充足,便蚊力无多,便蚊力无多。这米盐琐碎,敢一肩担荷。且载酒相过,且载酒相过。趁花露袭衣,和月卧;趁松韵入琴,支几坐。倚红腔唱答吟哦。纵不能倚红腔唱答吟哦,也学那小红侍砚,夜读添香炷麝螺。抖青衫,笼舞袖,不羡绮罗。则一轮淡淡如霜月,照见了素心人两个。

(生)知遇之恩,道义之交,似此侠骨柔情,竟是古今所仅见。媚香乃我之畏友,再不敢以宝友相待矣。(小旦)天气不早,就在我宅子里下榻罢。(生)我此时转爱为敬,惟有感激涕零而已。

【尾声】东风吹入花关卧,索醉狂倾金叵箩。尊前款语之时,你试看座中泣下谁最多。

（三）第三出　浪酒　李桂芳用计摆脱富商潘其观对自己的纠缠。

（四）第四出　流觞　李督促田备考。

（五）第五出　憨侦　李盼望田能会试得中。

（六）第六出　酸泼　田中状元。

（七）第七出　鼎宴　李得状元夫人之名。

（八）第八出　离筵　田任官陕西，李相随出京。

梅花缘
（清）佚名著
清稿本

第三出

（丑扮道士上）【字字双】一卷《黄庭》勉强读，未熟。半生花酒娼家宿，淫欲。年来打点图别局，还俗。只嫌手内无积蓄，踌蹰。（白）说来亦觉好笑，记得出家终有十岁，师父就要开我孔窍。我说实在太小，等过几年再礼（尊教）①。师父说我不学好，将来如何打醮。

二姐逛庙②
（清）佚名著
民国间中华图书馆铅印《戏考》本

此系秦腔剧中之打诨戏，纯以诨白打趣见长，毫无剧情可取。仅不过为上巳良辰，乡村举行赛会。有刘二姐者，在会场上遇见同村妇女，诉述家常事，乘间插入种种科诨，以描摹村妇鄙俚猥亵之丑状而已。是本彩旦之重头戏，余均配角也。……

---

① 页上原注："戏馆使得，堂会太粗。改此两字，活套之用，多抄上用。"
② 本剧科诨猥亵，其中有同性恋的内容。

（老旦上白）春前有雨花开早，秋后无霜叶落迟。老身赵门陈氏，今乃三月三日，我们这里起了会场，有心前去逛会，不知女儿心意如何，不免将他唤出商议。女儿走来。（小旦上白）绣阁绣鸳鸯，金簪别凤凰。参见母亲。（老旦）罢了，一傍坐下。（旦）谢坐。母亲将儿唤出，有何训教？（老旦）我儿非知。只因三月三日，此地起了广宁大会，有心带你前去逛会，女儿心意如何？（旦）就依母亲。（老旦）好，随娘走罢。（唱慢板梆子）昔日螳螂被鸟餐，路遇黄莺落树尖。黄鸟又被金弹打，（原板）打鸟的人儿被虎餐。算来一命抵一命，仇报仇来冤报冤。母女此处莫久站，一到会场逛会还。（留板下）（二姐上唱索板）年年有个三月三，家家户户逛会还。（白）我刘二姐，只因我们这里起了会场，我有心前去逛会，不知道我们当家的让我去不让我去。当家的昨天回来，我刻就问呢。我说当家的，咱们这里起了会场，我有心前去逛会，你可让我去不让我去？我们当家的是个老西儿，刻就说呢："呕，妇道人家，三天逛会，两天逛庙，呕鲁子。我不让你去，我不让你去。"我们当家的不让我去，我也不敢去。我就想了一个坏主意，打上二两烧酒，买了二两猴牛肉，把我们当家的刻就灌醉了。你们老爷们想，两口子睡觉，睡到半夜三更，我使这一个脚一勾他。他翻了一个身，又困着呢。我又使这一个脚，这么一勾。他好比天亮下雪，明明白白；好比蟊蟹吃高粱，顺着盖儿。他刻就扒上来了，我们娘们拿手戏，全在这一刻工夫。我刻又问呢："当家的，咱们这里起了会场，我有心前去逛会，你可让我去不让我去？"我们当家的，他刻就过不了呢，脚面一捌，小肚子一顶，"呕，你去罢你去罢"。我说这些老爷们，没有交头，过了河就拆桥。赶第二天，我刻又说呢："咱们这里起了会场，你可是让我去呢？"我们当家的刻就说了："从前那个会场，叫做会场，如今的会场，不叫会场，叫做他妈的混闹。从前有几个老会首在世，管的严紧，男的男的一群儿，女的女的一伙儿。如今出了几个新会首，不管闲事，是这样男女混杂。"我刻就说呢："不要紧，我带着保标的。"什么叫做保标的，我就是这一把锥子。无有人在我挨挨伸伸，还则罢了，若有人在我身傍挨挨伸伸，我叭哒就是只一锥子。你不要笑，你八成耐个这一锥子。儿吓儿吓，你不要哭，随着妈妈走罢。（唱元板）我在此处莫久站，一到会场逛会玩。（下）（老旦上唱元板，旦仝上梆子）母女二人往前趱，一到会场逛会还。行走来在中途路，歇歇以毕再登程。（上刘二姐唱索板）急急走来莫消停，两步并成一步行。正行走来用目睁，只见妈妈面前存。（白）哟你们瞧，前面走的那位老太太，好像我们做街坊的赵老太太，是不是？待我问他一声，老太太你贵姓？（老旦）老身姓操你。（刘）你说这话，我顽你。（老旦）哎什么话，老身姓操你。（刘）你又来呢。（老）你姓什么？（刘）老太太你连我都不认识了？（老）我看你面黄黄的，不敢下笊篱。（刘）想是不敢照应。（老）不错，不敢照应。你是那个？（刘）老太太，我就是那爱说爱笑的刘二姐。（老）好忘八蛋。（刘）这个老东西，你怎么骂人？（老）老身不骂的是你，骂的是我这两只眼睛。连刘二姐你这个忘八蛋，都认不得了。（刘）你又来了。我记得你跟前,还有一位姑娘。(老)不错,有一位姑娘。(刘)小时候常叫我顽。(老)在一块顽耍。(刘)顽到你那壳笼里边。(老)什么?(刘)顽到你家。老太太身后何人?(老)我的女儿。(刘)见个礼,使得使不得?(老)使得。女儿,见过刘二姐。(小旦)刘二姐请来见礼。(刘)还礼还礼。妈妈,姑娘多大了?(老)一十六岁了。(刘)试得了。(老)什么试得了?(刘)当家立计过日子,做针做线。你当做什么试得了?(老)你把话讲开了。(刘)老太太,你们娘儿两作什么去?(老)逛会去。(刘)哈哈哈,你好大胆子。(老找)(刘)老太太,你找什么?(老)老身找无有篮子。(刘)谁说你有篮子,我说你好大的胆子。(老)怎见得老身好大的胆子?(刘)从前那个会场,叫做会场,如今的会场,不叫会场。(老)叫做什么?(刘)叫做他妈的混闯。(老)什么叫做混闯?(刘)从前有几个老会首在世,管的严紧。如今出了几个新会首,不管闲事,是这样男女混杂。老太太,你我这么大年纪不要紧。单说操家姑娘,一朵花儿未开,岂不撑破了。(老)什么?(刘)那个衣服。(老)这等利害,咱母女回去罢。(刘)老太太你回来,老太太你回来,我把你们娘儿两个包下。(老)想是保下?(刘)不错保下。(老)你保我谁保你?(刘)不要紧,我带着保标的呢。(老找)(刘)老太太你找什么?(老)你的保标的在那里?(刘)我就是这一把锥子。无有人在我身傍挨挨擦擦,还则罢了,若有人在我身傍挨挨擦擦,我拍就是这一锥子。老太太,你怎么样了?(老)叫你把我老身扎了一个大窟笼了。(刘)你那一个窟笼,是一个原就儿的。(老)不要胡说霸道的,咱走罢。(刘)咱走罢。(唱双倒板)站在中途笑哈哈。(老白)刘二姐你笑什么?(刘)我笑的什么?我笑咱们娘儿们三走道儿,俱是他妈母子。(老)哎,俱是女子。(刘)不错,俱是女的,咱走罢。(唱元板)叫声妈妈听根芽。(白)老太太请来吃烟。(老)老身不会吃烟。(刘)姑娘请来吃烟。(老)女孩儿吃烟,无有什么好处。(刘)有好处。(老)有什么好处?(刘)老爷们吃烟,官上加官;学生们吃烟,文章几篇;姑娘们吃烟,描凤画兰。(老)有好处,如此让他吃。(刘)咱走罢。(唱元板)刘二姐,生来爱带花。(老白)刘二姐,你带的是金花银花,还是翠花?(刘)得呢。老太太,你们有钱人家,带的是金钻子、银帮子。我们无钱的人家,化化几个老钱,买上几朵纸花戴在头上,人前的风流。老太太,你看我这一个打扮,雅静不雅静,素净不素净,够朋友不够朋友?(老)够朋友不够朋友,刻不见奇。(刘)扎一锥子,摸黑血,几等加等的好朋友。(老)好朋友,钱少了你不干。(刘)不要胡说霸道,咱走罢。(唱元板)我的娘,他命我去出嫁。(老白)刘二姐出嫁那里?(刘)妈妈不知道?(老)不知道。(刘)妈妈听了。(唱元板)东庄里,有个张白顶。(老白)你们当家的,让人家白顶。(刘)你们当家的,让人家白顽。(老)你不是说你们当家的,叫人家白顶么?(刘)哎,我们当家的姓张,他有个白顶,人家送个绰号,就叫张白顶。(老)这就是了,咱走罢。(刘唱元板)我二人,天配就的有缘份。(老白)哦,你二人是先奸后娶。(刘)你们才是先奸后娶。(老)你不是说你二人,先有后娶？（刘）我说我二人是天配就的有缘份。（老）这就是了，但不知多少银子下的聘礼？（刘）妈妈听了。（唱元板）二十两银子下聘礼。（老白）二十两银子，你这个模样，到也不多。（刘）多了。（老）不多。（刘）多了。（唱元板）那吹吹打打，来到了奴家。（老白）吹吹打打，做什样来了？（刘）娶我来了。我正在大街上顽呢，我妈刻就说呢："孩子你还顽吓，你看花轿来到门上。"慌的我抓一把这个，也不是，抓一把那个，也不是。梳梳头，裹裹脚，穿上那个大红袄。给我妈一磕头，我刻就哭呢。（老）刘二姐，大好之日，你哭的什么？（刘）我哭的什么吓？我过的门去，当家的皮气好，还则罢了。当家的皮气不好，今天打过来，明天骂过去，你叫我怎么不哭？（老）如此说来，你就当哭。（刘）我坐在轿子里头，我又笑呢。（老）刘二姐，你方才哭，你又笑的什么？（刘）我笑的什么吓？我想过的门去，当家立记过日子，把一辈子大事，刻就了呢。我说这个老太太过的门，这头一宿，是怎么回事？哎呀说坏呢，姑娘害了羞了。姑娘，你不要扭扭捏捏的，你早晚脱不了这一家伙。（唱元板）下了花轿拜天地。（老白）哦，刘二姐下了花轿，拜了天地。（刘）不错，下了花轿，拜了天地，入了洞房，吃了长寿面，子孙合缘。（老）子孙饽饽。（刘）不错，子孙饽饽。我们当家的人客多，这个一杯，那个一盏，把我们当家的，刻就灌醉了。天气晚呢，人客刻就散了。我们当家的，他就回了房呢。我想看看我们当家的，又怪害羞的。可巧墙上挂着一面镜子，我接着镜子，这么一瞧，我们当家长的真真好看。（老）刘二姐，长的有多好看？（刘）雪白的脸膛儿，没有麻子。漆黑的头发，大辫根儿。不笑不说话，一笑两个酒窝儿。但此一件，没有个鼻子。（老）长的这么好看，怎么没有鼻子？（刘）我们当家的，在苏州城当铺里学买卖。掌柜的见他长的好看，搬着个脖子，叫了声乖乖，一口把鼻子刻就咬了去呢。（老）当铺里掌柜的，就有这样的下式篮。（刘）掌柜的说呢："你不要着急，我就苟你开了股份。"（老）哦，你们当家的，叫人家开了股封了。（刘）哎，乃是股份买卖。（老）这就是了。（刘）我们当家的，刻就说了："咓，你是甚等之人，来在我房里，还不与我脱。"（老）刘二姐，他叫你脱什么？（刘）他叫我脱裤子。（老）刘二姐，你苟他脱了没有？（刘）我才没有苟他脱。（老）你没有苟他脱，他年轻轻的，岂肯答应你？（刘）谁说他答应我，摸里摸迷，他就摸我的裤腰带了。（老）摸你裤腰带做什么？（刘）他解我的裤带来了。（老）你叫他解开了没有？（刘）我才没有叫他解开。临上轿之时，我妈替我在裤腰带上，结了七八十个咯哒儿。（老）结那么[多]咯哒儿做什么？（刘）叫他解咯哒儿摸工夫。他解开一个又一个，解来解去解不完。他急了，伸手床底下一摸，摸出一把剪子，照着裤腰带，一绞两截儿。他把我揣在床上，我们两。（老）不像话了，咱走罢。（刘唱元板）我二人全过三年正，所生一女三个娃娃。（老白）哎，刘二姐。你二人全过三年，所生一女三个娃娃，你刻是怎么养法？（刘）我们头一胎，是个双胞儿，乃一男一女，底下连做二胎，岂不是一女三个娃娃？（老）你大儿子做什么？（刘）大儿子你不知道，大儿子听了。（唱元板）大儿子深山把柴打。（老白）你二儿子作什么？（刘）二儿子，你又不知道。（老）二儿子你讲。（刘）二儿子你听。（唱元板）二儿子又把那东洋车拉。（老白）刘二姐，你三儿子作什么？（刘）三儿子听了。（唱元板）三儿子生来年轻小，身后头背着就是他。（白）老太太，你看我们三儿子，长的好看不好看？（老）长的白喷喷的，到也不错。（刘）老太太，你看长大了，叫他作什么好？（老）叫他开烟店。（刘）不好。（老）开钱店。（刘）也不好。（老）我猜不来了。（刘）老太太，如今我看戏班子这碗饭到也好吃，我想送他到戏班里去，学个老旦。（老）老旦不好，挣钱少，没有人带见。学个花旦好，挣钱多，有人带见，脸子好。（刘）唱老旦的，是我们唱小旦的干儿子。（老）唱小旦的，是我们唱老旦的干儿子。（刘）干儿子听了。（老）干儿子你讲。（刘）干儿子你听了。（唱元板）正行走来用目斜，又只见山水往下发。（白）老太太，你那沟里下来水了。（老）山水下来。儿吓，我母女回去罢。（刘）老太太你回来，我来垫垫，就好走了。老太太，咱们谁先过去？（老）你先过。（刘）哦，我先过。你刻不要嚷，你要嚷，绊在你那里头。（老）哎，泥里头。（刘）不错，泥里头。老太太我过来呢，小姑娘，我来搀你一把，你过来。老太太你过来，我来扶你。（老）老身我会荡水的，不要紧。（刘）老太太，咱们那里见？（老）刘二姐，咱们庙后见。（老旦、旦全下）（刘）走罢。（唱元板）我在此处莫久站，逛会已毕早回还。（下完）

卖草囤[①]

(清) 佚名著
清张聚贤刻本

（丑唱）师太那内末做子个王志贞[②]，我里乡下人做子申桂生。仝你拜拜堂来并并亲，青纱帐里赶私情。日也困夜也困，肚皮弄得勿能能。养出来，是个男，大得起来做屁精。（旦白）呸，做公卿！（丑白）嗳，勿讲个做公卿，我答内做个一对老封君。

---

① 旦是一位尼姑，丑是卖草囤的乡下人。
② 弹词《玉蜻蜓》里的尼姑，与公子申桂生有私。

卖橄榄苏滩[①]

(清末民初) 佚名著
清末民国间抄本

(一)

（丑）你去阿哥过歇，拉去卖屁股。（旦）卖皮货。（丑）哑去兄弟拉去卖毡。（旦）卖花。（丑）小喊里事，务说勿净，言你阿净主哑百歇。

(二)

（丑）我里个唱小旦，好得及面孔，生得能漂叶。前后滩一脚，两条眉毛湾湾成个双眼睛，悄得及瓦扒底下。即木须须出哑内，称个年记轻。我奴劝哑快点拿个先生，及落得同□残三十七，哑内巧起屁股让我入一入。俺点散堂，请哑吃在又个。

(三)

［净谓丑在调戏旦，以此相要挟。］（净）哑内有官司犯。（丑）官休那办。（净）送唔当官去打屁眼。（丑）只算得风流板，常打惯。（净）拿唔狗贼斩。（丑）碗大一个板，隔子廿年原是长大汉。（净）个张嘴好像铰刀片，私休罢。（丑）私休那哼办？（净）跟我转一个湾。（丑）我亦勿是白担。（净）裤子见见落，让我毡一个大屁眼。（丑）年纪活子卅三，个号事务勿情惯。

清蒙古车王府藏子弟书[②]

北京市民族古籍整理出版规划小组辑校
国际文化出版公司1994年版

(一) 老斗叹

圣世升平锦绣春，家家丰阜有余银。

---

① 丑是卖橄榄的小贩，旦是闺中女子，净是市井光棍。
② 子弟书是清代中叶以来流行于北京、东北等地的一种曲艺形式，其表演类似于京韵大鼓，对满族八旗子弟的生活有较多反映。

堆金善壮英雄胆，积玉还纷浪子心。

倚翠偎红景是假，坑家荡产事偏真。

试听那没钱的老斗频伤叹，知乞儿原是富豪人。

想当初八根柴的车儿绕街跑，半支蜂的顶马款样新。俊俏小幺儿两三个，压马骑骡步后尘。广和、中和与天乐①，把四喜、春台、三庆②寻。那些阿哥们一见都团团围住，官座内赏心悦目酒席自横陈。曾记得桂龄、遐龄得人意，哄得我心花撩乱五内欢欣。俏身躯歪在我的车儿上，到酒楼斜跨那五彩绣花墩。论月谈花添我三杯兴，携手同杯显我二人亲。一盏灯快乐半天鸦片，两皮杯采来一簇花心。消受了五更天气后庭花债，又到那三里河的水路握雨携云。才到了锦绣丛中百花深处，顿觉得鸟语花香处处可人。过了些杨花扑面曲弯径，领了些醉月飞花三月春。看了些金勒马嘶芳草地，赏了些玉楼人醉杏花阴。听了些十二金钗调弦索，一声声曲演钧天悦耳音。且到那五更五点消魂候，另有个九天仙娥展绣衾。可叹我三六年华不懂人事，整整的冤了十数春。一天的欢乐变为烦闷，十二时中无一刻安神。太来、东来代销前账，福全、会仙各欠十缗。一早五更都把门来叩，一行行全是堂号斋轩园馆居楼买卖人。宴会当引的八处账，东广信保的账目一大群。一个个都是虎背熊腰客，乱纷纷气的五官挪位二目生嗔。更有那七家钱铺催取长短，六处银楼已经闹了数辰。城外细局开了一篇花账，通共气除收下欠十万银。三街六巷大都来跻着看，又来了按契收房的一个人。他说道门内的东西急急搬去，限定我三日之内就要起身。只落得九族亲友无人理，十字街前排的我委实难禁。猛想起花柳丛中何妨借贷，天街园馆或念旧交深。过秦楼把往日的待承都改变，到楚馆咸言辣语好难禁。给过热车的小旦合声唾骂，就是那梳拢过的女子也个个含颦。方叹道柳性杨花我两眼看透，猛见那走邪道儿的一个郎君。俏身躯年纪不过十七八岁，娇滴滴粉面带余醺。美姿容妓女簇拥十几个，都一声声争唤我的俏郎君。我睁双眸看了大半天的豪兴，这就是我过来人行乐图儿画得有神。

（二）禄寿堂

肥马轻裘意气扬，膏粱子弟逞酸狂。

有生不解艰难况，没齿甘为酒饭囊。

日事声歌极所欲，始终服用甚轩昂。

近得断袖分桃癖，一曲千金禄寿堂。

这一日大爷有约前门逛，堂上一呼内外忙。小子们争先伺候听吩咐，大爷说宴会今朝在戏庄。套车备马速速打点，所用东西一切休忘。就只是近来苏造不堪口，快告诉伙食先去要自带厨房。侍儿传命把管家叫，一面请示包甚么衣裳。大爷说今早觉凉又怕饭

---

① 都是有名的戏楼。
② 都是有名的戏班。

后热，侍儿说包套中毛儿再带着草上霜。爷点头说想到些儿这奴才去打点，漱口盂儿小脸盆儿鼻烟壶儿水烟袋儿与九合儿香。还有鸦片烟全份器具收拾妥，荷包内是落风鲜缩砂豆蔻还有油绉槟榔。打点完请大爷过目交跟班的手，管事儿回车马业已预备停当。这大爷点头说知道了，又问套的是菊花青是干草黄。管事儿说干草黄大爷说略慢，管事儿说菊花青肚痛上了兽医桩。大爷说哦管事儿跄步说咪出来了，大门外十数个家丁列在两旁。这大爷手扶家丁将车来上，把车门小粉头一对国色天香。小跟班忙牵川马搬鞍认镫，半翅蜂紧贴着搭腰在车一旁。相衬着雪亮脸盘抛松的辫子，得胜马褂裤灰氆氇是大沿大厢。沙狐腿洋呢皮袄藏香紫，拉三水半时半古貂帽轩昂。武备院内造尖靴绷帮软底，摇玉珮阵阵风送兰麝香。把车门两个小儿犹苏调，衣服鲜艳加倍轻狂。真果是绿叶儿扶持花增媚，那辆车价值够买四合房。外围子洋呢塌绦沿倭缎，里衣子弓棚子一色掇纱花样儿辉煌。镀金的什件鞦镳是玲珑多剔透，山西交子振地咯当。那赶车的顾盼自雄直前勇往，那辆车狠像他自家置得意扬扬。大爷说车慢追的一声赶车的会意，尽所能干拧儿卧腿儿雁擎翅一炷香。闹市中人烟凑挤全不管，就是那白叟黄童你自躲在一旁。那行路之人遥闻车声谁不怕闯，免不得有许多的外号儿称赞传扬。他主仆旁若无人星飞电转，睄了睄表才半刻的工夫就到了正朝阳。大爷欢喜频夸奖，说好小子一会儿十里重赏该当。说话间跟班儿下马车站住，见几个家丁请安伺候在车旁。奴才们见别座对表交巳正，见爷不到刚要去请恰好来了咱的厨房。这大爷带笑下车说来迟了，一面走歌声盈耳一派笙簧。众朋友正在欢呼见大爷来了，齐站起乱说后到当罚不当？这大爷带笑说这车太慢，哎呀呀好个磨人的干草黄。到席前小妖儿跄步铺坐褥，俱推尊大爷居上位平素沾光。小旦们皆陆续席前参老斗，皆因是大爷近日酷好龙阳。小厮们献茶已毕爷说摆酒，实在是大家儿气派异乎寻常。吹口力盛馔列银盘香醪斟玉盏，奢华惊四座鱼肉喂群狼。公子性数巡酒后酣酣兴至，意思要别众友美味独尝。会席人谁不奉迎讨爷的喜，争说道大爷困倦先请何妨。我们也不让今朝又是大爷赏，另日再会宴会堂。话投机大爷说妙机会我的意，失陪了各家宾客簇拥送到车旁。小旦们陆续跟随将车上，大爷一执手车走风行进了正阳。一路儿暴土扬尘谁不恨，倚财仗势自为王。转眼间离家不远家丁们伺候，到门前大爷吩咐先到书房。齐下车大群外宠围随入内，这大爷恣情纵欲颠倒阴阳。

（三）拐棒楼

六月初旬雨后天，万卉芬芳景怡然。芜院何堪消永昼，荒郊聊可解蒸炎。独步关城情怀舒畅，闲游古渡兴致蹁跹。穿松拂柳到东郊外，不期而遇来至拐棒楼前。步入轩门到后院，见一座小小的平台盖在西边。虽设有洁净桌椅不卖座，为的是预备子弟众名贤。花帐儿外是林丰草鸡鸣犬吠，天棚下坐满了喝茶的老者青年。不多时那子弟陆续全来至，茶座内有那相识的亲友把他烦。少年郎故意的捏酸恐人轻贱，作足道连日该班两夜无眠。

在内廷巡更传筹精神耗尽，跟大人查城拜客手脚不闲。今日个目眩头晕喉咙哑，怕的是气短书长说不完。那求书的带笑作揖忙央告，说好兄弟赏一回罢不必闹谦。一面说亲捧香茗于桌上，那轻薄子上场端坐气象森严。弦响处气概从容排东韵，说的是遇吉别母的宁武关。真果是铿锵顿挫谁能比，韵雅音清讲尖团。听书之人谁不赞，一个个点头闭目手连圈。少年郎见多人赞美他十分得色，故作出悲惨的景况令人心内伤残。书演完亲朋拱手把劳音道，接场的也是个说书的美少年。还有几个风流子弟也把书曲演，看他们岁数儿子弟也把书曲演。生成的举止轻薄形容妩媚，最可人面如傅粉唇似染丹。有几个惯走男风的都直了眼，一个个心痒难挠满口垂涎。悄说道他们若要包头唱，从此后不挂装三儿把子弟缠。座一旁有几位老者也低声叹，说这些人因幼儿失教才学的不堪。满打着书称绝调又挂那块匾，就便是词的出奇也难立旗杆。近闻得子弟坟上出奇事，围荒冢荆棘丛中生了白兔白鼋。正说着场上换了个鸦片鬼，他的那须发苍白相貌不堪。说了回《后续戏姨》是他自己编的，把那男女的挑开的私情作了个全。招惹的在坐诸人生欲火，恨不得就把说书的当婵娟。

（四）捐纳大爷

　　　　堪叹繁华靡丽场，坏人品行丧人良。
　　　　春蚕作茧将身系，自取缠绵死亦忘。
　　　　衣好鲜妍着臭骨，食求甘美润俗肠。
　　　　陶情必是烟花风月，才算得时道当为纨袴膏粱。

有一个世家公子是名人的后，他的父也曾外任作过黄堂。这阿哥兄弟全无单单一个，况且是庶出扶了正又子母孤媚。自幼儿未免的姑息娇养惯，也曾请先生专馆进过书房。长了个里生外熟的聪明样，浑了个其笨如牛气死棚羊。这阿哥年交弱冠微晓人事，就有那琉璃鸡屎来把他狼。先不过茶坊酒肆将他勾引，渐渐的前门以外姓名香。每日里肥马轻裘将他驾弄，动不动就是浙绍乡祠燕喜堂。所有那有名的小旦他全都识认，捐了个老斗哥儿还得意洋洋。这一日正是坛辰斋戒的日，这大爷无处可去闷坐书房。没奈何拣了本闲书自己看，原来是金批绣像原本《西厢》。头一句惊艳借厢倒十分热闹，画的是有男女有和尚在中央。打量着此书已定堪可释闷，细看来一语不明到费思量。看了会覆去翻来全不解，并且有许多生字又辨不出是张王。最可厌者也之乎许多的文字，有白有唱不懂是什么腔。看起来又仿佛诗词又像是戏，可又不是梆子西皮又不是二簧。没奈何翻转头来还是看画，不提防朋友一群齐进了书房。齐嚷道是甚么新书也赏我们看看，也犯不上独自一人这样的珍藏。大略着不是《金瓶》就是《灯草和尚》，不然是名人的册页春宫儿几张。这大爷站起身形就将此书递，说你们瞧有什么新奇就这样的忙。众人睄假充识字说敢情是这个，谁奈烦看这样的东西撂在一旁。这起人顽顽笑笑齐都归了座，早有那宠童美婢侍立在一旁。大爷说今日是坛辰寂寞的狠,所以才拿书消遣这闷愁肠。有一个说戏也听俗有些个腻味,倒有个新鲜的所在其妙非常。齐问道甚么去处你快着些儿讲,那人说长巷儿中间的双桂堂。这起人齐声赞道真正是妙处,一个个喜出望外手舞足扬。这个说大爷管保不曾去过,难为你怎么就想到这个地方。那个说可巧今日是忌辰无戏,一定是相公们全在热闹非常。况且是水旱俱备凭爷所好,也好把那助兴提神的鸦片尝。这大爷听了这话开言问道,说到底甚么去处请道其详。听你们说来这般的热闹,想必是有些个趣味在里边厢。齐答道你老人家若要细问,提起了这个人来管保强。那就是全林、翠凤他们的下处,又叫作老斗的汤锅囤子房。这大爷听见是优童的下处心欢喜,立刻就抓耳挠腮意乱心忙。又搭着你言我语撺掇着要走,说天都未正有限的时光。大爷说左右今日是住在城外,就便是晚些前去也是无妨。忙吩咐套车备马咱们同去,等我去换上衣裳你们别忙。

(五) 续灵官庙[①]

> 大乘妙法回凡尘,白马驮来贝叶文。
> 自是金绳开觉路,从知宝筏渡迷津。
> 讲来秘谛天花落,悟彻无生龙象驯。
> 堪叹而今谁证果,僧尼大半是酒肉愚人。

茫茫欲海叹沉沦,惟有阳台入梦频。拯患扶危偏啬吝,追欢索笑愿挥金。狎近优伶倾家败产,吸食鸦片犯法伤身。韫楌氏闲中新谱灵官庙,写出那孽海情天红粉的丛林。这尼庵在北直顺天朝阳关外,有一个住持尼僧号广真。莲性不灰藕丝不断,贪心易动妄念常存。不务修持饭净业,爱将美色动人心。勾惹得放荡的情郎合风流子弟,恰便似恋花蜂蝶不离门。更兼着户对河水迎绿浪,清幽洒脱自无尘。门前嫩柳摇金影,苑内新竹碎碧阴。古柏参天苍松筜翠,春桃绚火秋菊堆金。四时景物怡情性,怎教人不恋恋难忘反复寻。况是那殿宇规模多富丽,禅堂制度更深沉。清高点缀无俗韵,雅淡铺陈有慧心。架上的古书墙头的名画,案头的棋局壁上的瑶琴。斑竹藤床梅花纸帐,仿佛是一尘不染清净的禅林。谁知道复壁曲廊藏艳冶,幽房秘阁隐钗裙。花娇柳媚庭除丽,玉软香温室内春。姹紫嫣红皆是友,嫩黄深碧若为邻。绿杨影里莺声巧,红杏枝头燕语频。这正是寻得桃源非避秦,天台丰韵绛都人。花飞故遣随流水,为引渔郎来问津。所以才曲谱新声红豆按,歌传雅调和阳春。无边韵事皆堪赏,真乃是打破愁城不二门。又育那倾城姝丽风流女,引人魂魄荡人心。一个个匏犀皓齿牙排玉,柳叶青蛾眉黛颦。螺髻凝膏乌云绾翠,朝霞和雪莲脸生春。神清秋水横波眼,色迈樱桃点绛唇。比蜻蜓粉香腻玉搓咽项,

---

[①] 写京城尼庵灵官庙中的淫行,其中既有女色也有男色。

弱柳迎风旖旎身。出浴太真冰作影,捧心西子雪为魂。堪餐秀色羞花貌,可喜庞儿别样神。不由人一见留情谁能心硬,又何须高悬莲瓣体横陈。还有那美丽姣童逾艳女,尽都是翩翩年少冠衫裙。分桃不羡卫弥子,断袖曾传董舍人。面如傅粉眉如画,花比姣香玉比温。鬻龙阳何用徽班的老板,骗老斗甘心被赚算如神。终日里耍笑讴歌吟风嘲月,偎红倚翠檀板金樽。狎姣的楚岫巫峰云雨乐,携优的促膝联袂后庭春。淡雅陶情轻歌舞,小调慢唱新诗微吟。豪华遣兴丝竹乱,迭奏清音酒慢斟。更备着流毒无穷烟鸦片,说能够延年益寿添助精神。论烟膏地道外洋真正黑土,锻炼煎熬火候匀。砂烟斗油透多年黑而且润,烟枪用久味添醇。随便开灯消闲过瘾,恰是名香欲还魂。助情不让房中药,动兴何殊舌下春。堪叹世人迷不返,谁看破竭髓枯精祸来临。

(六)灵官庙 写及优伶同性恋。

(七)路旁花 写主仆同性恋。

满族说唱文学:子弟书珍本百种

北京市民族古籍整理出版规划小组编
民族出版社 1999 年版

(一)梨园馆

头 回

逞强好胜属青年,到处声名赫赫然。

最喜五陵春色艳,更兼半世此身闲。

有事无非多作阔,无暇只为日寻欢。

瞧来不费些微力,花的是上代传留遗下的钱。

这一天纱窗挂日爷方起,姬妾们问安个个到床前。不多时门上的家人来回事,说奴才回爷话带着请爷安。今日是四喜班的于五讨爷的脸,梨园馆摆酒唱的是本班。大爷说我不最嫌这一个浪会馆,而况是这一个班子又厌烦。门上的说这个戏子有良心的很,门簿上每月常来十数番。他也算数一数二多年的丑,若不赏他脸倒像爷似缺典的一般。素年素月施恩典,今日何妨乐一天。大爷说你就外面盼咐去,把我那伙什盒子预备个全。不多时点心用毕又吃完了饭,丫环们服侍开灯吃几口烟。帘外面小厮来回车马齐备,饭盒子已经出门有好半天。丫环说知道了小厮仍往前边去,大爷说今朝用不着整套的衣衫。穿件纱衫儿他就禁当不起,随便不恭是羽缨子苇连。站起来来款款的把衣服换,丫环们把备带的东西往外传。先递过最离不开是吃大烟的一份，还有那马褥子包袱与饭单。大烟荷包烟袋芝麻雕的翎扇，扎斗儿手绢子与牙签。赛搬家多少东西难记的很，绝胜那小户人家儿的半分妆奁。霎时间小厮回话都齐备，丫头们打起湘妃细竹帘。大爷说你们对的是那一个表，大丫头连忙递与小跟班。说这个表是推把的莲花摆，骑牲口软着点腰儿怕的是颠。大爷行至仪门外，大门上许多的家丁雁翅排联。就着那马台石衬脚将车上，跟班的扫净了靴底儿递了袋烟。众家人即刻搬鞍忙认镫，顶马是个官坐儿希拉哈靠外手的车辕。一路上声如鼎沸流如水，但只见可着甬路一团烟。展眼就到了梨园馆，好快车一袋烟吃还没有完。小跟班的跳下车沿拿板凳，众家人弃镫离鞍似下蛋的一般。先递过高丽布手巾爷净净面，又递过西洋铜的折镜再整整冠。跟役垂手相随在后，铺垫先行带跑连颠。众戏子迎面请安说老爷赏脸，一齐随至酒席前。别位客连忙站起说来何迟也，大爷说差点儿工夫瘾才过完。指手含春齐让坐，马坐褥早已先铺在上边。先是那讨脸的磕头谢爷的赏，然后是相公们来请见面礼儿的安。挑拣着爱的留下三五个，皆因是投爷的缘分有牵连。又见那两个茶房擦桌摆酒，大爷说不用你乱三搅四的混往上端。我的家人都会摆饭，你放心漂不了茶资赏你的钱。摆酒罢家人都把袖子挽，但只见满桌设摆罗列杯盘。且不论凤髓龙肝佳肴美馔，讲究这一堂的家伙就奇古非凡。

二　回

　　一色铺陈摆酒席，偏生张致表新奇。
　　杯盘盛载无非馔，器具精工总是磁。
　　只向优人夸我富，恐教达者叹君痴。
　　这番宴乐梨园馆，众家人蹦跳嗔儿扎儿把眼都闹迷。

　　忽听得一声摆酒答应是，按款式许多层序有规矩。……摆齐了大爷举箸把宾朋让，说好不好众位须当依点儿实。相公们复又重斟压饭酒，转眼间大家吃饱未曾闹虚。撤残席又换新茶齐漱口，大爷说残戏还听没甚意思。不多时下吃已毕将车套，大爷说暂且失陪起身告辞。众宾客离席送至门儿外，眼看着轻车快马去如飞。沿途不管人拥挤，赶城的牲口脚最急。早过了棋盘街与交民巷，东单牌楼是大道通衢。到门前下车身入仪门内，更有那侍妾们围随款步轻移。上台阶打起帘栊到堂屋里，笑盈盈花枝招展美妾娇妻。略略的床厢炕上将神养，净净面脱去纱衫换便衣。晚点心微然备用天交初鼓，服侍他解衣入帐早安息。这便是纨绔之中真贤者，不似那惹事生非的不老实。也是他前世的修缘今生的福分，膏粱的气派冠带的英袭。若能够趁此青年向正途用力，就是那出将入相绰绰有余。皆因是上代的根基多厚重，愁什么伴驾随龙臣宰的位极。倘若是常日追欢以游荡为事，可不辜负了年青力壮的时。

（二）老斗叹

　　徽班老板鹫龙阳，敷粉熏香坐客傍。脸白头青娇娆体态，朱唇皓齿俏行藏。色艺超群清歌妙舞,语言伶俐哄骗开狼。不怕你富比石崇财过北斗,一入了迷局转眼就败亡。有一个浮华子弟家豪富,一心单爱二簧腔。时常会酒在梨园馆,每每寻欢上禄寿堂。帮客们趋承多热闹,相公们敬奉不寻常。怎知道乐不可极欲不可纵,一到了财尽交绝就散场。一旦间囊内钱空床头金尽,典净了庄田又卖房。车马奴仆归异姓,玩物铺陈在那厢。妻子饥寒心怎受,亲朋疏慢更难当。只落得两空吃穿无处奔,方知今日世态炎凉。无奈何把奶奶儿送往娘家去,儿女相随都撂给老娘。一个人搬到坟茔去,阴宅虽破可把身藏。左右邻居是荒坟败冢,终朝相对衰草白杨。想起了从前的势派和眼时光景,不亚如黄粱梦一场。恨当初出土儿没把好人遇,交了些狐群狗党作队成行。细局儿不亚如终身的乐地,堂名儿仿佛是外书房。听戏文论转儿听个够,说什么春台、四喜、萃秀、集芳。成年累月卖在前三门外,居楼园馆地久天长。全不想有限精神无限欲,人生一世萤火之光。又是什么翠凤咧、春兰咧、桂兰、兰凤、天福、天喜、小翠、兰香。吉秀、翠兰、全龄、元宝,这些人谁知都是恶魔王。下场门隔帘笑笑迷离眼,动魄惊魂的本事强。引得我骨软筋酥四肢无力,坍塌倒坏恰似皮糖。把那些各样的飘儿玛瑙翡翠,三针儿洋表是钢镶。单夹棉纱湖绉扣绉,天马云狐草上霜。全给了他们心中方快,真是个出了号的冤家惯受狼。到而今围着半个草帘子披着破毡屉,没有人瞧操我打着个过堂。想起来笑话上说的真不错,有一个落了弔的老斗赤体精光。有一个旧日的相公坐着热车临切近,见了他跳下车来请安在道旁。穷老斗到此时光无物给,尽剩下两片瓦遮羞还与他搽补房。想他冤还算冤着了,还有个请安的小旦没有丧尽天良。我那些酒肉宾朋和相公窑姐儿,那有个人影儿前来到这厢。我一个孤鬼儿每日拿土馒头混,到晚来不用关门倒了院墙。剩饭残茶何处去讨,喝一气凉水充饥倒洗净了肚肠。乐哥子想后思前勾起烟瘾,撅了根秫秸当当烟枪。可怜他把嘴抽歪不济事,鼻涕眼泪哈喇子拉拉了一炕箱。恨从前穷苦亲族我不知相顾,我而今现眼望谁帮?这老斗愧悔交加自怨自己,忽然间想起少欠填还他的丈母娘。额娘说这两日给我将钱送,还说与我件小衣裳。许下拉来半口袋口米,怎么不见小舅子他来想是差使忙。这阿哥穷极赶把心胸长,说短棒槌接起幡杆也不长。我不免挖些黄土给人去卖,强似求了爷爷又告娘。真乃是天地好生许人悔过,小舅子出城把姐夫帮。送来当十钱一吊几升口米,汗褟单裤鞋袜一双。穷老斗饱餐一顿精神长,动手先推破土墙。不提防用力太猛蹬塌了地,有一片石板盖定小鱼缸。揭起来内中满满藏白镪,郎舅俩慢慢收拾拿口袋装。运进城重新再把家园整,改过前非另是个行藏。

(三) 射鹄子 写及同性恋。

(四) 荡子叹 写及同性恋。

俗文学丛刊·说唱类子弟书

台湾"中央研究院"历史语言研究所
《俗文学丛刊》编辑小组编
台湾新文丰出版股份有限公司
2004年影印本

饭会①

　　主人说何不叫相公们唱他几句，大家推让不肯点先。好容易才叫他唱了《琴挑》中一支昆曲，众人齐赞渐带粘涎。又叫他唱了一落敬多情的马头调，到后来挟了一块闷鳝到顽笑了个难。……

灵官庙② （清）佚名著　清宝文堂刻本

　　如今世太炎凉，况男女不离鸦片烟枪。相公下处代着烟花柳巷，□门弟子行出不良。二闸有座灵官庙，出了家的僧人是些小姑娘。老尼姑广贞为方丈，不守清规败坏佛堂。他与那王侯结交，来往五府六部十三科道营城司坊。时常有大员子弟往庙里去进，相公、女档子、烟花妓娼夜晚全宿在客堂。〔一日巡城御史进庙私访，〕出了客堂往跨所里逛，只听划拳行令，热闹非常。琵琶丝弦把曲儿唱，出来进去厨茶房。见几个朝珠补褂官宦样，有几个随常便衣裳。一群相公敲着桌唱，俱是四大徽班万人狼。也有昆腔，也有二黄，也有梆子，一个个都是痔疮嗓，仿佛狼猫在那里嚎丧。〔御史看到了种种不法不轨表现，遂将灵官庙查抄。〕这才是男男女女齐锁上，个个儿改换行藏。锁到官衙将城上，奏送刑部去过堂。

---

① 据旧抄本影印。
② 据书名页，本书为带靶引大曲。

灯下劝夫

佚名著
民国初年宝文堂刻本

未从说话长吁短叹，勉强代笑尊声夫男。并非奴安心将你劝，听我几句醒事言。你想那智广才高英雄汉，惊天动地文武兼全。真乃是顶天立地一个男子汉，谁似你幼儿失学懒念书篇。你也不学那仁义道德存善论，礼义廉耻孝为先。……正经人情全不走动，相公要请分资人倒礼全。离开相公你吃不下去饭，爱睄他们那些瞎搅胡缠（起心里真喜欢）。招惹的那搅闹朋友来往不断，坐不静睡卧不安。相公下处常去留恋，烟花女子把你缠。你常说钱大儿的米汤稠把你灌，什么素兰的温存性格体态端严。打打骂骂你从没有翻过脸，你还说他们亲手打我我倒不嫌。衣裳给他们做了倒有好几件，皮棉夹单都是绣花边。打首饰总要全分头面，赤金耳挖如意簪。……东山的娘娘多有灵验，道路好走人马平安。人家是为父母行孝许下心愿，至至诚诚一秉心虔。谁似你摇车大辆带着几个小旦，烟花妓女车里头抽烟。不是烧香竟是作孽，耗费银钱作恶多端。……许多相公不计其数，你就望他们都有缘。进戏馆靠台桌子你也不坐，一心上楼靠着栏杆。一群相公团团围住，远睄好相个兔儿山。夫哇你是四性无净徒好看，远限你能有几年。我劝你这些个非为的事儿全割断，欢乐场中莫去流连。闲事生非必出祸端，要消遣莫流连，有谁人拴住你的驷马心猿？

孽姻缘[①]

佚名著
民国十二年（1923）
上海振圜小说社石印本

第十六回

西门庆见他[②]有酒色，脸上透出红光来，看见露出一口糯米牙儿。于是乎淫心顿起，

---

① 本书为鼓词，是对《金瓶梅》相关内容的改写。
② 书童。

搂在怀里，亲了嘴咂舌。那小厮身上薰得喷鼻香，西门庆撩起他衣服，退下花裤来，摸弄他屁股。只见画童在房外，见了平安摇手。平安就知道了，同立窗下。半日听得里边气呼呼扯了的一片声响。西门庆叫："咱的儿，身子调正，休要动。"就半日没听见动静。少待书童出来，见平安、画童窗下站，把脸飞红。

……

到次日西门回到书房内，书童是双手递茶上前来。
慢慢的走近站立在桌边，西门庆搂住亲了一个嘴。
后使他快将房门来关上，忙用手把他抱著在怀内。
又与那书童后庭弄起来，忙问道外边有人欺负你？
书童是乘机就说平安话，一节节细细告诉西门庆。
前日爷叫咱在这书房内，平安在窗外和画童儿听。
又在那外边骂咱蛮奴才，百般的欺咱无处把冤伸。
西门庆一听大怒还了得！咱定然将这奴才腿打断。
平安是专门打听书童事，就去向金莲一一告诉了。
潘金莲打听西门在书房，又与那书童做起只件事，
使春梅快点请爷来说话。
西门庆正在做得后庭花，忽听得外边裙子响叮叮。
连忙的推开小厮春梅到，推开了房门进来就说道：
你们是天天在此做好事，娘使咱请你快去有话说。
春梅是伸手来扯西门庆，死命的扯到金莲房里去。

金莲一见说道："贼没廉耻，清天白日和那一个小厮做混帐事么？"

笑林广记

(清·光绪) 程世爵编
长江文艺出版社 1993 年版

（一）老斗

一乡下老力田致富，酷慕城中人看戏、下馆子、叫相公，惟恐其不在行，逢人便领教。或告之曰："你要叫相公，先去下馆子，须要极贵之菜。至于如何看戏，怎样叫相公，他必一一告之。"乡下老如其言，先下馆子，堂官问："用何菜？"乡下老说什么贵拿什么。堂官拣一极贵之菜与之。又问如何看戏、怎样叫相公。堂官一闻此言即知是个中

老斗，诓之曰："你要看戏，我去占坐。你要叫相公，快跟我来。"把个老斗带至僻静之处，扒其裤，玩了一个不亦乐乎。乡下老甚觉高兴，说想不到叫相公如此舒服，会了钞，忙去看戏。看到下午，见人带相公去吃饭，他也带相公下馆子。觅一雅座，先要极贵之菜，后说要叫相公。相公在旁，甚觉诧异，说我就是相公，因何又叫？想必因我不应酬之故，忙脱裤以臀就之。乡下老大怒，说："你别来哄我，你当是我没叫过相公呢？我花钱不能叫你舒服。"

（二）斗铭

日用各物以斗名者甚多，都中挟优者亦谓之斗，且谓之老斗，不知何所取意。盖挟优之斗，人类不同；日用之斗，情形各异。今将日用之斗，撰以《斗铭》，竟有与挟优之斗相肖者，录之以博一粲：

旗杆斗，比假门极穷老斗。高高乎妄自尊，空空兮穷措大。望之不可及，有名而无实。

量米斗，比客商老斗。富贾大商，气概端方。满则终覆，倾尽糟糠。

熨衣斗，比跟官老斗。有钱热斗，执热怕凉。吹嘘用人，浮躁飞扬。

乌烟斗，比爱吹妆虚老斗。满腹尽屎，一窍不通。乌烟瘴气，执迷一生。

香斗，比吃镶边老斗。纸糊老斗，满腹尽灰。爱吃镶边，口是心非。

门上斗，比下等老斗，下等相公。抱关小吏，既卑且污。左右并肩，郁垒神荼。

魁星斗，比穷举人老斗。甫掇一第，暂借文光。空空妙手，傀儡戏场。

墨线斗，比各部经承老斗。虚有墨沈，吐丝抽毫。要人牵引，不拔一毛。

栳斗，比穷老斗。本不像斗，亦要妆虚。淋漓有限，点点滴滴。

剃头担上斗，比应试举子老斗。头戴金顶，东走西跑。局面不大，眼孔更小。

（三）怕雷

有一乡下老来芦沟桥卖货，被税局官人捉住，要罚漏税。乡下老害怕，问曰："你老怎样罚法？"官人与他玩笑说："我们要玩玩。"乡下老不肯，官人说："你不教玩，要天打雷劈的。"乡下老最怕雷，说："任凭你老。"官人将乡下老带至桥下，刚要动手，只听桥上车声震动。乡下老害怕，促之曰："你老快玩罢，雷来了。"

（四）不懂眼

一阉客狎优宿娼，纵情花柳。一日，跟兔与捞毛同来催请，阉客说："我一人如何到两处去？我出一对，那个对得上，我到那家去。"二人说："粗俗的尚可。"阉客说："肚脐眼。"跟兔的说："我对屁股眼。"阉客说："对不上。"跟兔的说："肚脐眼对屁股眼还说对不上，想来不好男风。"捞毛的说："我也对肚脐眼。"阙客说："更对不上。"捞毛说："肚脐眼对肚脐眼，那才真对上了呢。你还说对不上，你这个人不但没开过眼，简直的不懂眼。"

（五）嘲场官

《红楼》目"贾宝玉初试云雨情"，云雨情何以谓之试？盖试者用也，与捐班到者先试用者相似也。有一阔少酷好云雨，内宠外宠不一而足。先分十房，因宠多添至十二房，与金陵十二钗相似。其云雨之情岂止初试，竟至无日不试，无夜不试，无时不试。每于试之时，犹恐有人窥其试，必派二人监其试。一管试内宠，谓之内监试。一管试外宠，谓之外监试。如有新收之内外宠，归内外收掌官。如新收之宠不洽意，另调可心者，归提调官。如遇不试之期，又专派一人，亲临内外监司各房试眷，谓之监临焉。

（六）人情若鱼

物之形与人殊，物之性与人同。举其与人相类者，比而同之，以博一粲：
……
小旦比金鱼。并肩如玉，尤物移人。摇头摆尾，暮楚朝秦。
软棚子比刀鱼。巨口细腰，其形如刀。江南风味，令人魂消。

（七）兽医治喘

一富翁姓吴，得一喘症，百医罔效，请兽医以治牛之法治之，立愈。从此牛医之门多病人，遂自负为名医焉。一日昼寝，有持贴来请者，导至一堂，见面黄骨立者数十人，环求诊脉。医熟视之，愕然曰："此冥府耶？"众曰："然。"医曰："请我何意？"众曰："先生送我来，还望医我去。"医勉写一方，众曰："一剂恐不能见效，屈先生驾留此三五月再去。"医哀求欲归，众怒曰："此地你既不肯居，曷为送我辈来？"群起缚之，裸其裤，出其臀，轮奸之。医被创猛醒，得臀风之症。逐日觅人医治，无暇复作青囊之术①矣。

（八）犬象老爷

老爷好男风，所用娈童不一而足。一日署中母犬生了小狗，有一小狗甚象老爷，其嘴脸与老爷无二。大家诧异，不解其故，请教师爷。师爷沉吟良久，恍然大悟，说："是了。想必这母狗天天吃小跟班的屎生出来的。"

---

① 医术。

(九) 后庭博金①

流品之不齐难矣哉。商贩布衣，捐金纳粟，皆得与士大夫争衡。然犹有可原者，彼亦洁清之子也。乃溷淆日甚，竟有由优而仕者。一主簿筮仕多年，岁逾耳顺，虽系优伶出身，却亦酷好男风。然以精力衰耗之人，何其乐此不疲？想为昔日捞梢计耳。一日奉委下乡，馆于僧寺。僧见其所携门子俊俏，先以言调之，不肯。许以金，从之。事毕索金，僧曰："草草一度，那能便酬。必须同宿一宵，畅所欲为，方能厚谢。"门子知为其所欺，用指鹿为马之计诳之曰："本官卧西床，我卧东床（其实官卧东床也）。今夜请从窗上来，可尽一夜之欢。"僧喜甚，三更后僧悄然曳窗入，径趋东床。官方酣睡，轻探其臀，丰润犹存，熟路轻车，从而而入。老簿正在梦中，觉梦魂摇曳，恍如当年为人狎昵时也。谁知僧具甚坚，纵送太骤。老簿猛醒，危声以号。僧知其误，赤身而遁。簿且呼且骂曰："恶贼秃，大无礼！"众咸起，诘其故，簿又不好出诸口，惟喊快拘众僧惩治之。僧惧，请以百金为酬。簿少之，又益以钱五十贯，始允。将入城，属从者勿令堂上知。及竭见，令早知而笑谓之曰："三老官当此垂暮之年，犹能以后庭博多金。想当初妙龄时，不知如何高其声价也。"簿惭不能答，而其门子辞工去。

(十) 老民保养

圣上打江南围，传众老民来见。有两弟兄年逾百岁，鹤发童颜，精神矍铄。上问曰："你二人如此壮健，有何养法？"二人俯首不言。上曰："赦你无罪，自管实说。"二人对曰："小人别无养法，到晚间我二人同床，互相衔卵而眠，所以如此壮实。"上曰："我只道你二人有别样法，敢情是两个唆卵子的老头子。"

(十一) 这就难了

有两人最相好，一年老一年少。老者见少者清秀可爱，甚涎羡之。心虽动而口不敢言，然情不自禁，遂谓少年曰："我有一句话要对你说，又不好开口。"少年云："如此相契，自管请说。"老者云："我要说了，你可莫恼我。我要玩你一下。"少年云："这话从那里说起，如何使得？"老者又云："那么你玩我一下。"少年云："这更使不得。"老者云："这就难了。"

(十二) 述梦 似写同性恋。

---

① 参见《万历野获编》(十二)。

（十三）念书 写同性恋，嘲笑书生。

（十四）耳语 写及优伶同性恋。

（十五）疑卵 写相公同性恋。

（十六）戏谑 写同性恋。

（十七）嘲举子 写同性恋，嘲笑举人。

（十八）鬼怕色 写阴间同性恋。

（十九）嘲武弁 写同性恋，嘲笑武人。

（二十）嘲候补 写相公同性恋，嘲笑候补官。

（二十一）唆卵先生 写家主与塾师的同性恋。

（二十二）相约相诱 写及兄弟之间的同性恋。

（二十三）官场妙喻 写及官员同性恋。

（二十四）陶人生子 写同性恋。

（二十五）何至如此 写把兄弟之间的同性恋。

风月笑谈

（清）佚名编撰
清光绪三十年（1904）
姑苏刻本

嘲小官

昔丐者以弄猴为业，一日见山洞中众猴出入，常买鲜果置之洞口，引捉小猴。不意众猴又打掠，丐者去远，然后出来将果搬进。守候半月有余，不得一个到手。有猎者教以四面张开网罟，用烟来熏，众猴一齐跳出，都陷入网内。丐者捉住骂曰："畜生，不怕尔巧，也要与我弄一弄。"

天花乱坠

（清·光绪）寅半生辑
清光绪二十九年（1903）刻本

卷五时文·老而无妻①

……虽曰锦掷缠头，女间亦堪以遣兴。特恐青楼薄幸，未许携鸠杖而登。虽曰欢联断袖，少艾亦足以怡情。特恐白发萧疏，无处觅龙阳之宠。

痴婆子

（清末）佚名辑
清光绪三十一年（1905）
上海书局石印本

（一）卷一·戒之在色赋②

荡荡情天，昏昏欲界。知畏都迷，痴呆难卖。万恶以淫为首，曾榜森严。百殃悉将于身，非徒天瘵。削他桂籍，生前则穷巷空悲。斩尔椒条，死后之荒茔谁拜。……美婢调来，狮吼之威教遍受。顽童比及，龙阳之丑更难知。

（二）卷一·花旦满赋③

有伶人风流满者，迹寄梨园，名传海国。一笑婉妍，两眉秀特。人中仙品，寡二少双。忙里闲观，千金一刻。芙蓉卓女，定教秋水为神。杨柳小蛮，太息春风无力。铁石人未免有情，绮罗卿似曾相识。真个消魂，当行出色。原夫此旦之在天光彩也，翡翠楼巢，鸳鸯殿锁。眉添远黛三分，鬓插名花两朵。纤纤妙舞，一弯雪藕横施。的的随行，三寸金莲善裹。马面三无此娉婷，腰肢七输其袅娜。当局游行自乐，处处皆然。旁观喝彩频闻，声声曰可。落雁沉鱼之貌，阳春白雪之讴。错乱阴阳，假生涯于舞技。佯为笑

---

① （清）寅半生作。
② （清）商尹佐作。
③ （清）佚名作。

哭，教夫婿以封侯。大丈夫似李诂英雄，官曾挂印。小儿女是花魁本色，郎也卖油。剧怜姊妹相揄，为己一生雪耻。记得江湖大闹，向人半面含羞。彼夫换也神传收妖，标也善称爱家。最是卿卿倾国倾城，要诸子弟误尽人生。卖出胭脂，请相公共谐鱼水。装成模样，知大仙本是狐精。当时马上生擒，魂飞魄散。尔日床头大醉，鬓乱钗横。试问墨水观音，谁胜谁负。料得琼花会馆，有色有声。于是传其轶事，播为美谈。其知者谓空原是色，不知者曰女胜于男。王月英如此多情，幸遇小生亚七。玉堂春别来空恨，相思公子王三。任教为主为奴，身徒自苦。纵或行云行雨，梦亦难甘。真耶幻耶，低回欲绝。天也帝也，特赠差堪。况复轩轩霞举，穆桂英自尔清闲。凛凛威风，杨六郎几乎气煞。莫道红颜薄命，同慨祖祜沦亡。宛然素服淡妆，何必外江赏拔。添粉黛兮三分，约芳龄兮二八。后来居上，吾亦云云。技进于神，独造夐夐。迄今缅彼美之柔情，想伊人之芳躅。宿缘悟到三生，往事原同一局。遥忆隔江爆放，肠断良材。回思往日王游，神流大毒。西窗作赋，惭无倚马之才。南浦送君，嘲赠离鸾之曲。前因未了，幸其契似竹梅。后会有期，愿尔音毋金玉。

滑稽丛话

（清末民初）陈琰编撰
民国八年（1919）
上海大东书局石印本

（一）卷三①

前吴县令某，幼时为山东历城令厮养，卒潜取主人赀，纳粟为尹，夤缘得署首邑。值县试，幕僚题为"暮春者"三字，某误"者"为"在"，童生大哗，几至罢考。或作三绝嘲之曰：

赫然暮春在，题从何处来。
县官不会做，只好做奴才。

笑煞暮春在，童生做不来。
龙阳曹县令，那得拔真才。

差煞暮春在，倒运一齐来。

---

① 原载见《寄蜗残赘》（二十六）。

不及长洲县,居然老秀才。

(二)卷三

徐花农学士任广东学政,所拔士多取年少貌美者,人作诗嘲之曰:
> 花农太史喜花花,取遍黉宫尽世家。
> 但得容颜惊落雁,任教文字笑涂鸦。
> 若非小姐求佳婿,定是夫人择艾豭。
> 不有宋朝潘岳貌,劝君莫入学台衙。

(三)卷五

某太守浙人,曩奉檄留沪,眷青衣阿毛及侍王玉凤之阿土。旋客京华,则与像姑名翠林、红湘者昕夕过从,文采风流,传播遐迩。尝为骈俪书,致其沪上狎友。书曰:"食毛践土,具有天良。倚翠偎红,敢云至乐。"

(四)卷九

徐太史督学粤东,专取年少子弟中额。学界中哄之,彼都人作联而嘲之:"尔小子整整齐齐,或束带或抹粉或涂脂,三千人巧作嫦娥,好似西施同进越。这老瞎颠颠倒倒,不论文不通情不达理,十八省几多学士,为何粤东独来徐。"

滑稽杂志

雷瑨编
民国三年(1914)
扫叶山房上海铅印本

(一)卷六·滑稽诗话

前清某显宦,以善长二黄称。姬妾十余人,狡童数十辈,无一不尽态极妍,擅唱歌曲。某官以一人周旋其间,颇有南面王不与易之概。时人为七言诗讥之云:"一进头门脂粉香,妖童彩女坐穿堂。大人看到忘情处,手拍签筒唱二黄。"可谓形容尽致。

中国官场职愈卑官派愈足。每见佐杂人员开口必装足官腔,虽有讪诮者勿顾也。有咏七绝句嘲之云:"半肩行李无家眷,八品头衔信口夸。一个跟班兼煮饭,晚来还唱后庭花。"诗不免谑而近虐,然描写佐杂情形,可谓淋漓尽致矣。

（二）卷六·滑稽词话 涉及同性恋。

灯社嬉春集[①]

（清·咸丰—光绪）杨恩寿编制

（一）卷上之二四书类·第七条

　　仲突　一句　忽焉在后。

（二）卷上之三唐诗类·第六条

　　老龙阳　一句　岂宜重问后庭花。

（三）卷上之七《西厢记》类·第十七条

　　还唱《后庭花》　一句　怎生不掉过脸儿来。

（四）卷上之十戏名类·第三条

　　有断袖癖　《偷鸡》。

（五）卷上之十一《聊斋志异》篇名类·第十八条

　　鸡奸　造畜。

（六）卷上之十一《聊斋志异》篇名类·第二十六条

　　小官人　男妾。

---

① 转引自高伯瑜等编《中华谜书集成》，人民日报出版社，1991年版。

十五家妙契同岑集谜选[①]

（清末）李澍澎编

（一）《澹如菊室谜稿》[②]

　　故有郎之师　四书　忽焉在后。

（二）《亦嚣嚣堂谜稿》[③]

　　斗金　词牌　《后庭花》。

（三）《山椿吟馆谜稿》[④]

　　宋公子有美色　古诗（系铃[⑤]）　朝为媚少年。
　　与子路之妻兄弟也　《左》人　许瑕[⑥]。

（四）《海棠龛谜稿》[⑦]

　　谁知狎优客，竟没儿女情　六才[⑧]　斗起英雄胆。

---

① 转引自高伯瑜等编《中华谜书集成》。
② （清末）俞培元制。
③ （清末）古阶平制。
④ （清末）俞象观制。
⑤ 将谜底中的多音字读成其另音后扣合谜面。
⑥ 此人见《左传》哀公九年。
⑦ （清末）可亭制。
⑧ 《西厢记》。

春灯谜汇纂①   （清·同治—光绪）佚名编

打《志》② 目

  丈夫收了小二房　男妾

文虎③   （清·同治—光绪）葛元煦编

卷上·逸

  阿房　古人名一　秦宫。

隐语鲭腴④   （清·同治—光绪）徐宾华编

古人

  为儿补过　弥子瑕。

---

① 转引自《中华谜书集成》。
② 《聊斋志异》。
③ 转引自《中华谜书集成》，谜底在卷下。
④ 转引自《中华谜书集成》。

龙山社谜[①] （清·同治—光绪）赋笋斋主人编

煨芋社[②]

亳　古人名　子都。

绝妙集[③] （清·同治—光绪）杨春农编制

《聊斋》目

孙二娘　男妾。

余生虎口虎[④] （清·同治—光绪）葛牲制

（一）卷一·二字谜

未入　《聊斋》目一　小官。

---

① 转引自《中华谜书集成》。
② （清）餐霞客制。
③ 转引自《中华谜书集成》。
④ 转引自《中华谜书集成》。

（二）续补

十八传，南北混　四书人一　宋朝。

鹭江灯谜合刻[①]　（清·同治—光绪）王步蟾，周殿修制

《棣华仙馆谜稿》[②]

外交　四书　夫子与之游。
掩兔　《礼记》　旦毕中。
相公下处　《国策》　有旦宅。
老相公　唐文　一旦以年七十。
兔窟　千字文　微旦孰营。
上相公书　兽　白兔。

新灯合璧[③]　（清·光绪）管礼昌编制

（一）卷上·爱

果然兄弟形相似，细看方知弥子妻　四子[④]一句　非由[⑤]内也。

---

① 转引自《中华谜书集成》。
② （清·同治—光绪）周殿修制。
③ 转引自《中华谜书集成》。
④ 四书。
⑤ 仲由，字子路，弥子瑕的连襟。

(二) 卷下·盈

昌宗兄弟入侍　《志》目一　男妾。

谜拾① （清·光绪）唐景崧制

(一) 卷上

灌倒小相公　《诗》②　酌以大斗。

(二) 卷下

治狎优罪　虫名　科斗。

四子嗀音③ （清·光绪）章祖泰等制

(一) 初编卷六·《孟子》第七·《告子》上

弥子之姨（落帽格④）　非由内也。

(二) 续编卷上·《中庸》

后庭花　反求诸其身。

---

① 转引自《中华谜书集成》。
② 《诗经》。
③ 转引自《中华谜书集成》。
④ 将谜底的第一个字摒除后扣合谜面。

（三）三编下·《孟子》中

　　肉杯　而以餔啜也。

（四）四编卷之二·《论语》上第三

　　夫为寄豭，杀之无罪　而有宋朝之美，难乎免于今之世矣。

（五）《觳音连语》卷之一·《论语·为政》第二

　　美男破舌（语本《汲冢》）　子曰。

百二十家谜语[①]

（清·光绪）张玉森编

（一）《御湘谜语》

　　岂有相公此时出应客乎　《易》[②]　日中见斗。

（二）《俞选谜虎》

　　我以龙阳君为妻　《诗经》　予室翘翘。

（三）《灯谜集脞·余墨偶谈》

　　丑相公　物　斗见愁。

---

① 转引自《中华谜书集成》。
② 《周易》。

味腴草堂谜语集成[①]   （清末）张康圭等编制

将弃妾配娈童　四书　是之谓以其所不爱及其所爱。

味腴草堂谜语续集[②]   （清末）张康圭等编制

男妾　四书　乐其道而忘人之势。
弥子之妻　四书　非由内也。

蔼园谜剩   （清·光绪）蔼园主人制
清光绪间石印本

撇斗　《诗经》一句　谁与独旦。

---

① 转引自《中华谜书集成》。
② 转引自《中华谜书集成》。

隐林

（清·光绪）郑永禧编
清光绪十七年（1891）
三衢郑氏刻本

《秋浦隐书》①

霍家奴　四书人名一　子都。

谜稿

（清·光绪）韩子衡制
清光绪间抄本

龙阳眼大　《诗》②。

隅园隐语

（清末）王锡元制
清宣统二年（1910）
盱眙王氏刻本

（一）卷一·四子③

戒男色　无攻人之恶。

（二）卷二·《志》目④

贤郎　董公子。

---

① （清）郑桂金制。
② 未见谜底。
③ 谜底是在卷三。
④ 谜底是在卷四。

（三）卷二·俗语①

弥子之妻与子路之妻，兄弟也　因果。

二十四家隐语
（清末）刘玉才等制
清光绪八年（1882）刻本

（一）上卷·《反隅书屋谜稿》②

霍光爱幸冯奴　四书（落帽）　知子都之姣者。

（二）下卷·《聘梅仙馆谜稿》③

后其婢私泄之，盖使女而男淫耳④　《诗经》　娈彼诸姬。

古今灯谜大观
李向荣编制
民国十年（1921）
上海大陆图书公司铅印本

双字谜面

　　三九　男色《诗经》一。

双字谜底

　　三九　非女之为美。

---

① 谜底是在卷四。
② （清末）陈子明制。
③ （清末）匡树棠制。
④ 事见《阅微草堂笔记》（二十五）。

集西厢酒筹

(清·咸丰—光绪)吴兆麒制
清光绪间刻本

谁道你色胆天来大　有外宠者一杯。
从来斩钉截铁常居一　无外宠者一杯。

百花觞律

(清·光绪)纫芷氏制
清光绪间苏州刻本

(一)

蓬莱宫中花鸟使。
客带姣童侍酒者,带美婢,主仆各饮一杯。
　　　　　　　鸾枝花

(二)

隔江犹唱《后庭花》。
善吹弹者饮,龙阳癖者饮一觥,优伶饮一杯。
　　　　　　　抶篱花

酒令全篇

(清·光绪) 俞敦培辑
民国七年 (1918)
上海有正书局铅印本

(一) 卷四兖州八伯令

　　延伯　陈留阮孚字遥集　跟美仆者饮，执壶者饮。

(二) 卷四·花风令

　　樱桃　有妾者饮，喜优童者饮，点戏令。

(三) 卷四·红楼人镜

　　袭人　破题儿第一夜　自饮一大杯，能度一曲免饮，爱优伶者饮一杯。
　　春燕　管什么拘束亲娘　有俊仆者饮。
　　鲍二家的　尽人调戏　爱戏旦者饮。

附　卷

南巡秘纪[①]

（清末民初）许指严撰
上海书店出版社1997年
《民国史料笔记丛刊》本

（一）补编·黄角蜂

世传清高宗之宠和珅，实由于董贤之爱；又谓美男破老，十全天子之惭德率中于是，固不仅和相一人已也。顾事属暧昧，羌无佐证。嗣闻某公谈虎林掌故，因及南巡佚事，乃有夜食黄角蜂艳史，始信俗传断袖余桃之好不为无因也。予祖亦言高宗喜昵优伶，曾在西湖葛岭间有一秘密事迹。雪泥鸿爪，邦人士类能道之，惜当时未获聆其详，今参以某君所语，可知众口之有碑矣。

先是，杭绅某巨公，谢傅俦也，东山丝竹，藉娱暮年，养望苍生，不减清誉。凡治吏作宰是邦者罔不就私第与商治术，内廷追念勋旧，月赐珍帛，存问无缺，如前朝岁入都堂奉朝请故事焉。以故乡望甲东南，家蓄声伎，菊部优妙，皆一时上选。每奏演，远近播其新声，海内惟广陵鹾商家或可与之角，金阊昆阜、京津关陕咸不及也。乾隆某岁，南巡令下，官绅聚谋所以悦宸衷、博天笑者，佥曰"微某公之小樱官不可"。"小樱官"者，某公家乐所谓艳菊班中之青衣旦，东南第一名脚色也。某公宠之甚，非上客不出奏伎，余则惟名士及得意门生至，始许捧觞。有吴中玉魫生者，以惊才绝艳受知，公尝以比小樱官，谓平生二爱，筑玉樱仙馆，刻篆章曰"二爱老人"。以故玉魫生至，必出小樱官献绝艺，舞衫歌扇，诗酒流连，作十日欢，恒令小樱与玉魫俱游，曰："才色固宜使之沉瀣也。"玉魫生喜甚，岁必两游杭，春秋佳日，捧杖履跌宕画船箫鼓间，载檀板金尊、拥绮龄玉貌，望之若神仙。玉魫曾有词咏此事，调寄《百媚娘》，云："歌罢秋波微溜，媚态低垂鸾袖。善病工愁摹写透，越显庞儿消瘦。细蹴莲钩毡上走，腰袅风前柳。　称体舞衫金绣，一笑嫣然回首。燕掠莺梭箫管奏，记曲自拈红豆。婉转珠喉簧乍炙，浅笑轻颦逗。"又有《樱花诗》百首，中多狎语。某公非特不之罪，且笑诵之以取乐焉。自是樱官虽庇某公宇下，而与玉魫如鹣鲽，事某公如慈父焉。无何，某公受官绅属，归而以告小樱，小樱不肯，曰："妾是庶人，不乐宋王。侬知主公及玉郎而已，不知何者为帝王之尊。"某公嘉其傲骨而惧当事之相诘责，以恳玉魫使为计。玉魫方挟小樱与诸名士赏海棠花于西泠某诗社，骤闻之惊愕，既而从容言："事诚在我。"乃酌酒顾小樱而语曰："吾

[①] 本书记乾隆皇帝南巡事。

两人之因缘，渥恩厚泽，实惟某公为之天，古人所谓生死肉骨蔑以过之。然则感激知己，宜如何方足言报称？公日言天恩高厚，俾得优游林下、管领湖山，常自谓未有涓埃答圣朝。天子巡方，万方呼庆，公正欲藉此为献曝地，乃谋及于喁喁小儿女，亦可谓待吾侪不薄矣。纵知吾侪闲云野鹤，不为轩冕所束缚而安乐受其荫、临事掣其肘，公能海涵，吾侪独不愧于心乎？且吾闻子之名已达天听，一旦候骑临门，迫促就道，使公有欺罔隐匿之名而子失蒲轮币聘之誉，孰得孰失，聪慧人盍自辨之。苟子在风尘中，来去绝无牵挂，则有托而逃可耳，今非其伦也，不可不一为某公计。"小樱跃然起曰："某少失学，不能以才事贵人，乃承某公及吾君不弃，是以及此。今虽略经阅历，而童顽未化，微君言，几陷某公于罪以自取辱，无识甚矣！请自忏悔，愿竭菲才以俟春风之嘘植。苟有利于某公，则媚兹一人，侬自当糜顶踵以赴。蒙君启导，生死不忘，负斯言者有如日！"玉钆大喜，立罢宴遄返以候命。逾日驾至，警跸甫入行宫，而中旨已下，召艳菊班入供奉，并指名索小樱官。于是百官咸候于某公之门，推某公领班入觐祝禧，以锦障绣帨饰小樱官入。是晚即演《寿山福海》等剧，天颜大喜。

"花迎剑佩星初落，柳拂旌旗露未干"，早朝诗也，西湖行宫内亦有是景。而是日则于晨曦朝霭间官吏憧憧，更形忙碌，或俯首聚商，或流汗相属，或扼腕有难色，或矫首作遐思。中官传宣，急如星火；驿骑待发，联若驼城。中禁事秘，莫知其繇，但闻天子有命，选精骑一百人，用日夜六百里兼程往热河取物而已。及次晚，旨命某公入宫侍宴，并赐听剧，而小樱官之粉墨登场，大献厥艺，其公亦得躬逢其盛，帝意若许与主人同乐然者，又命特赐佳肴一簋，且亲谕之曰："尔所献之小樱官色艺俱称朕旨，当即留为供奉。据小樱言，尔待人和霭有恩，家中姬妾优伶无不各擅色艺、遵守规矩、体贴家主之心，此实尔教诲有方之验。朕于为善者咸有赏赐，独不及尔，岂得为平？故朕今日赐尔珍羞，俾获为暮年行乐之助。须知朕非以一人之私赏尔献小樱之功，乃为天下之公褒卿居乡有法、治家无恶之美。声色娱乐本以养耆旧，亦使后生小子知此乐非可幸几，则朕安老尊贤之意见矣。"某公稽首谢恩，雅不知此一肴何以如是之郑重也。及中官持下，又谓某公曰："此物珍奇，圣上向不赏赐臣下，虽枢近权贵，鲜能知此味。今乃于尔为此破格之特恩，尔之荣幸实非寻常。但宫禁有先例，凡中官持赐物颁下者，于常例百金或二百金，特恩则倍之。今乃特恩外之特恩，宜更倍其数，则千金不为多也。"某公知中涓颇有权，不敢违抗，惟笑应之，但私请曰："区区千金何敢吝？即日当自辇。尚惟私心有疑，愿总管为之剖晰，则当更益五百金为寿。"中官闻益金数，大喜，问所疑。某公曰："此一味耳，何故如许隆重？虽天颜咫尺，微物皆宝，而等威之辨原不能无，独此一肴居众宝上，是以疑之。"中官曰："恶，是何言欤！无论此物南方所无必取之东北万里外，驿骑二日而至，既鲜且美，其为珍异较唐时'一骑红尘妃子笑'故事什倍，即在热河地方，亦非易得之品。盖此系纯阴中之微阳所发生，皑皑冰雪之上有奇花蕾铺秀吐艳，则此物纷纷而来。其体翅颇巨，异于常种，采花、酿蜜色色皆同，特其尤异者则头有双角色黄，去其翅可入食品，味既鲜隽，而食者得其先阳之气，健脾胃、益心智、壮人道，功大于参茸、力雄乎龟鹿，盖经历试而不爽者。土人以其类蜂，故名之曰'蜂'。皇帝前岁猎于热河，发见此品，甚珍爱之，等于汉武之慎恤胶。顾此蜂不宜蓄于他所，纵生捕之，一二小时即毙，毙则性减、味亦立减。必于该地生致之，以小土盆藏弄，外覆树叶，中置冰块，方能留养一二日，急足至京师，犹恐其先时而殒也，往往十不得六七。嗣乃于热河至京师西苑间设特别驿传，选精骑急递，加紧求速，始减短一日至一日二三时，几如费长房之缩地术。于是乃能尽得生鲜之蜂，味美而功力完足，皇帝嘉之，赐名'仙蜂'。近年惟和相得数枚之赐，其后和相常讽有司及驿使私致之，终不获时时颁赏也。今子以一闲散之旧臣骤得膺此宠锡，其为异数可知。"某公曰："皇上每日必以此物具馔耶？"中官曰："否，否。必于行乐及时之际宸衷愉怿，或得美妃嫔入御，则发命致此物，一月中约四五及七八次不等。然纶言早出，异珍夕至，在有司不能不预储以待，故藏冰之室中悬筒累累者皆此物也。然此物之性，必雪与花俱，方得生活。热河之棒锤峰巅四时积雪，而其下生奇花，碧叶丹葩，如内地之宝珠茶，复有草如秋海棠、如芍药者殊伙，此蜂巢于峰巅而采蜜于丛花间，故栩栩自乐。今冰室中不能有花，采花以置其间，复感沍寒之气而萎，迨花萎则蜂亦僵，竟无他谬巧可以免此，但时时多捕之以备征取而已。顾捕蜂必于日未出时，峰下地极寒冽，虽春夏如隆冬，及日高则气渐温与他地无异，而蜂不来矣。盖棒锤峰既不可登，昧爽入山，时不可失，必夜宿森林中，虽重裘裹体，犹往往冻死，人都视为畏途。催科严迫，不得已而为之，如柳子厚《捕蛇者说》所述焉。以故预储之费亦不訾，民心尤以为病。然圣上嗜此物甚，和相亦嗜之，势不得罢也。"某公见中官娓娓不倦，知其得金心喜，乃进而密询曰："圣上行在不携妃嫔而必需此者何也？"中官笑曰："尔既自献艾豭矣，尚假惺惺作不知耶？"某公瞠目不解所谓。中官曰："尔一忠厚长者，故以情尽告。苟尔许报我以此间锦绣百纯，吾必举中禁事以释子惑。特宜秘之，泄则俱得祸，尔且族矣，守口如瓶，庶几可哉。"某公诺之。中官曰："自尔家小樱官入宫，奏对皆称旨，凡饮食坐卧必令其坐足前矮几上，或说故事，或奏小曲，或为胡旋舞，圣心悦豫，有逾恒态。是夕小樱已于侑酒后退宿外舍矣，忽宣召而入，命宿帐中。小樱官锦袄绣襦，颊映裉红、鬓发蜻领，美妇人无其丽也。无何，皇上命取石绵广褥，中涓皆惊愕，盖以行在久不御女，此褥竟未预备，相顾惶惶，莫知所措。嗣有某总管者乃于扬州画舫中留得此褥一二具。盖褥虽可经用数次，而遇压则渐薄，不能如原状之丰盈。皇上意取恬适，故不宜再进。惟某总管之所留者，则确未经御用，于是某总管乃独得圣眷，命在帐前伺候。予以与某总管契合，亦得汲引直帐前。久之，闻帐中吃吃作笑声，心灼烁不敢窥也。破晓，闻上语小樱：'除非此物可济事，子亦宜知此味。'小樱笑曰：'有此妙物，愿赐一尝。'后遂喁喁耳语不可闻，逾一小时而特遣加紧驿骑发热河取黄角蜂之命下矣。是日，小樱奏技益洽圣意，常加诸膝以表宠爱。比蜂至，天颜益喜，命先将冰盒内生蜂呈御览。上笑以示小樱，小樱诧曰：'此非蜂也，竟似小鸟，其巨可知。'予等遥视之，果巨如鹡鸰而有角。噫！予虽久闻此物，而目睹则始此也，诚眼福哉。上笑语小樱曰：'此味之隽永，非北方之驼与南方之江瑶柱所可比伦，而其功用又巨如此，故为可贵，以视卿之才色力俱备者，差足相拟。虽然，朕之得卿，实原于某某，亦有此乐乎？'小樱跪而奏曰：'奴才实感主恩，其为人慈爱而敦笃，岁晚无子，然精力已衰，虽姬妾满前，犹虚车也，何况奴辈。'上悠然曰：'据卿此奏，某实可悯。此蜂最宜养老，且能为健男，朕当与之同乐，且当时时周恤之，以慰卿意，卿其愿否？'小樱顿首再三曰：'如是则覆载之恩皆出望外。奴才不敢请耳，出自圣裁，欢跃莫喻。'奏罢，上命立赐某，并令明日入谢。"中官语毕，某公伏谢圣恩。既退，中官遥谓之曰："诘朝陛见，幸勿有语漏泄。"某公唯唯，归以告玉鈚。玉鈚阳若喜悦，而中多懊丧，然无如何，郁伊而已。某公既服食所赐之蜂，殊有奇验，及入见，上问："昨赐物如何？"某公奏"味既冠海陆之珍，气乃逾参茸之益。天厨贵供，颁入民家，实为亘古以来所未有之宠幸"云云。上命某公跪近案前，密询其状，某公不敢尽言，但云觉精神倍健，暖入丹田而已。上不复疑有中官泄语之事，但笑谓："朕他日当书此物来历以示尔也，今尚非其时。尔第以为仙家所产，尔家人当焚香顶礼，以谢天祐。苟得子，当告朕也。"某公顿首伏谢始出。自是小樱遂供奉御驾返京师，越三年始遣还，而玉鈚竟先一月以相思死。小樱哭之恸，闻某公获佳儿，破涕为笑曰："奴负玉生，尚幸得报主恩也。"

（二）补编・朱印孽缘

高宗虽内多欲而外施仁义，然天姿明敏，实有察奸之才，而始终蔽于和珅，损秽帝德，何也？且故事纪载、父老传言，常谓高宗能察和珅之奸，往往防其冒滥，故优礼刘文正不衰，未尝因和珅之谮而去也。然则高宗之视和珅殆供其俳优玩弄而已，顾又何位极人臣、私产至亿兆不能纪？此其故诚不可解。后闻个中人言，乃知高宗与和珅竟别有一段因果，殆佛家所谓孽缘欤？此事未必可信，世间独往往有其事，如近世小说《孽海花》之言金雯青与傅彩云，其事亦相类。乃知三千大千世界中，此等泥絮因缘固不少也，何独天家为不然耶？相传乾隆中叶，和珅尚仅一官学生，在銮仪卫当差，遣昇御轿。一日驾将出，仓猝求黄盖不得，高宗厉声云："是谁之过欤？"和珅应声曰："典守者不得辞其责。"高宗闻而视之，则似曾相识者，然思之于何处相遇竟不可得，而心不能忘。翌日，在宫中静坐，追忆自少至壮事，恍然得之。盖以弱冠曾调一妃，妃以是死，己曾以朱印其颈而祝之也。乃召珅入，令跪近御座，俯视其颈，朱印宛然。因知珅为妃之后身，倍加怜惜，遂如汉哀之爱董贤，不数年间遂由总管仪仗而骤跻相位。此事见于各家稗史记载甚伙，皆以为得和珅系偶然之数，而不知予所闻者乃高宗处心积虑欲求是人，固未始非孽由心造也。满人某君曾与予谈无发国母事（见前编），并言高宗南巡屡昵倡妓且贪多务得者，正出于不得已，非漫为渔色之比。予骇其言，乃为述少年时调妃事并后日搜求再世因缘以至于得和珅其人，殊曲折有味，绝似近世哀情小说，因笔之。

[细述某妃与乾隆的再世因缘。她先后投生为扬州一娼妓、德州一小家女，最后魂灵附于和珅之体。]逾数月，[高宗]偶有所触，觉心灵动荡，仿佛如前梦，见妃踞而告曰："妾告别矣，代妾者已在此。"言讫不见，而总管仪仗之内大臣和珅方入见请示卤簿新制，高宗眼中恍然犹见妃之前踞也，即呼之近御座，使其伸颈相示，则朱印宛然，抱之而泣曰："卿果在此耶！"和珅大惊，以为皇上有心疾，然转念之顷，已觉顿悟，谓皇上必与己有宿缘也。高宗亦不复言，曰："卿可归矣。"和珅归，使家人视其颈，不知朱印何来？濯之益明，于是常以绣龙之领衣护其颈，谓皇上亲手所印使然。是时和珅已由銮仪卫官学生升至总管未及十年，虽甚宠遇而奇缘未显，至是皇上无日不召见，每见必谈密事，傍及身世机缘，往往至晚不辍，或引之同卧起。凡有要事，必曰："尔等问和珅可耳。"或遇甚怒大戚，得和珅一言即解。和珅亦亲媚将顺，如贤妇人。会西边兵事起，每皇上画一策、建一谟，必按其语，令和珅猜想。和珅坐矮几上，望天颜咫尺，出手版以示上，相视而笑，虽家人妇子无此亲昵矣，故不三年而位极人臣。每南巡，必相顾语曰："扬州之乐可复得乎？虽然，朕以国事相付托，不能携卿漫汗游也，以待他日何如？"和珅亦笑，伏地谢恩。四方贡珍物至，上必以其什之二三赐和，曰："卿一家人，宜同享此乐。"以故和家珍异充斥，然犹不足，四出搜括，不盈贪壑不已。上若知之，或从容谓之曰："自古美人多爱财者，然'见金夫，不有躬'，卿宜慎之。"又曰："尔喜诵经，欲如西方尊者在舍卫国给孤独园黄金布地乎？"和珅有时觉悟，或免冠谢，然亦终不悛，上亦终不罪之也。一日，军书旁午，上与和商略至夜分，事粗定，乃欠伸笑谓和曰："子新纳妾望眼穿矣，速归告将息，毋令怨朕不情；朕亦忍俊不禁，倦极欲眠矣。"君臣辄相谑类此。最可异者，当准回大定时，既献馘受俘，立碑太学，上以为和珅赞画功高，亦封以公爵及金石之乐。和珅既膺宠锡，开筵受贺，第一日首请皇上幸其第，上竟许之。比晚，驾出宫门，烨如火城，及至和第，和出迎于道，门前皆铺绵罽，马足践其上如履床褥，礼部尚书为招待官，九门提督伏台前击鼓，而鼓吹亭中打吹者皆三品以上大员也。上入，宴开，上亲点剧，为尧舜禅让之故事。一座大惊，上笑语甚乐，和珅夷然不惊，行所无事。

……

十叶野闻

(清末民初)许指严撰
河南大学出版社 1991 年版

(一)下卷·磨盾秘闻①

皖人朱某者,读书应试,年逾冠不能青一衿,忿而弃去,从军为书记。辗转数年,随大军度关陇,隶统领陈姓麾下。统领系记名巴图鲁,饶具武勇者也。朱年少,貌翩翩,性秉和蔼,统领甚倚重之,为同僚所不及。一日,统领忽独召朱入,夜饮极欢。既醉,留与同榻,朱不可。拔刀将杀之,不得已勉从焉。及登席,始知统领为女子,且处女也。大乐。朱由是每夕必宿统领所,同僚咸鄙之,以朱必为龙阳矣。无何,统领腹渐大,将产矣。大惧,无策,又不敢冒昧堕胎。商于朱,朱怂恿直言禀大帅。时征回事急,左文襄②督陕甘。朱乃举木兰故事为言,谓必不见斥,从之。文襄得禀,大惊异,欲奏闻。幕僚止之,曰:"古今时势殊异,今朝廷方猜疑汉人,恐事涉欺罔,反因之得罪。不如其已,乃命朱袭陈名,统其军。陈于是易弁而钗矣。后朱从征回国,得功升提督,请归家,便纳二妾。陈大怒,挟其赀财与所生子居甘肃省城,遂与朱绝。初,将军多隆阿由湘入陕,道出荆子关,军中募长夫。有童子应募而来,面黧黑,且多痘斑,且硕大多力,人绝不料其雌也。初入营牧马,继拔为正目,得荐升至记名提督巴图鲁。雄飞十年,一旦雌伏,奇矣!江夏范啸云游戎,曾隶其麾下。言其为人豪爽,绝无巾帼气,独喜与文士谈。其以身事朱,殆即赏识于牝牡骊黄之外者也,洵奇人矣。

(二)下卷·磨盾秘闻

唐将军者,河南人,谈者忘其名。嘉庆初,川楚教匪③作乱,唐在军屡立战功。军中获贼妻女,每赏军士。一日,获贼头目妻,国色也。唐请于主帅,欲得之,主帅曰:"以赏兵则可,汝弁也不可!"唐曰:"不为弁可乎?"主帅曰:"不为弁乃可。"唐遂辞官,挈丽人还乡。年余无事,且病,病甚剧。时教匪有苟文明者,麾下有朱漆火枪三千杆,号无敌,杨宫保遇春亦患之。诸将聚谋曰:"我等殊血战,唐某独闲居。今病于家,病而死,可惜。不如劝之出,助我辈立功。"杨宫保及与唐素善者数人往迎唐,唐病甫痊,具

---

① 所记为清同治间事。
② 左宗棠,谥文襄。
③ 白莲教。

言文明难破状，因劝之出。唐曰："我出，不必至军中，诣贼中为间可耳！我谋文明必于夜。诸君归，视贼营号火起，即发兵援我。"诸将诺之。唐投贼营，文明爱其武勇，又机变能察文明喜怒。文明倚之如左右手，所卧室他人勿能入，惟唐与偕。文明好男色，唐掠美童献之，文明益喜。前后凡得娈童四，进文明。因醉文明以酒，令四童子侍寝。夜三鼓，唐察文明已睡熟，鼾声大作。试呼之不应，以手撼之不动。犹恐其醒，解衣入被，抱而撼之，文明仍熟寐。唐急起，取佩刀断其头，披衣潜出帐外，乘骏马遁归。唐去移时，贼营始觉，急来追。唐发号火，官军望见，来援，贼乃退。三千人遂皆哗散，唐之力也。

太平天国五王传

清史馆撰
民国间清史馆稿本

（一）杨秀清

指挥鲁恭敬者，秀清遣往韦营。及私返伪京，密传军情于秀全，秀清不知也。恭敬有妾色美，私于娈童。恭敬归而知之，拔剑逐童，童遁入伪东王府。秀清爱童姣好，惑之，童因发其私，且曰："彼自言奉天王密旨，东府无如我何也。"秀清命部下掩入恭敬宅，且获北韦与秀全密疏。秀清匿之，声言恭敬受命私返，视军事如儿戏，处以极刑。燕王秦日纲与恭敬善，救之不及。天王因使日纲诘秀清，秀清语不逊。日纲怒，亦怨秀清。秀清有心腹侯谦芳，悦秦淮妓红鸾，既克金陵，红鸾为韦昌辉所得。谦芳大恚，矫伪东王命往索之。昌辉不与，谦芳因绳红鸾之美于秀清。秀清信之，使谓昌辉，愿一见仍归汝。昌辉答之曰："易地以观，侯姬亦可来吾府中一供众览耶？"侯姬者，谦芳之妹也。使者归报，秀清将以兵往攻。昌辉惧，自诣秀清，以红鸾归女馆。秀清怒未息，出昌辉于外，昌辉与秀清愈积怨不相能。

至是昌辉归，秀清复以其败于江西也，诟詈备至。昌辉不能堪，因结［洪］宣娇、秦日纲、赖汉英、罗琼树诸怨秀清者共图之。昌辉使宣娇说秀清曰："北王新至自军，先至东府称贺，而后入朝。恭之至也，不可不假以词色。"秀清曰："我将取日宴北王。"傅善祥私谏曰："宣娇言甘而态媚，且闻与北韦频相过从，此有所图也，不可以不备。"秀清性刚，不欲示己怯，且疑善祥挟此以自重也，傲然曰："彼幼弟耳，吾卵翼之，敢图我乎？"善祥泣而退。届日，赖汉英先伏勇士万人于东府后，罗琼树裹甲备接应。昌辉饰死士为娈童，戒备以往，秦日纲从。酒酣，昌辉起白事，遽抽刃贯秀清胸，刃出于背。阶下死士举信号，汉英自后掩入，甲士断前门。伪府中相搏战，自日中至夜半方息。遂火东府，尽杀秀清家属及其党万人。昌辉醢秀清以为羹，遍啜诸怨家。

（二）韦昌辉

先是金陵有名妓曰红鸾，秀清嬖人侯谦芳昵之。迨克金陵，红鸾入伪北府。谦芳嗾绳红鸾之美于秀清，秀清索之不得，乃矫秀全命传红鸾入女馆，谦芳犹谮之不已。

昌辉有嬖人黄启芳者，与东党侯裕宽交恶。裕宽者，谦芳之弟也。启芳求助于秀全妹洪宣娇，宣娇以傅善祥、侯谦芳故衔秀清，因使启芳侦东府。会贼败于曹县，指挥罗大封执其统将降我军。既而逃归金陵，变姓名曰黄昌汉，辇金入东府，夤缘裕宽，封为侯。启芳闻之大喜，告昌辉。昌辉使人觇之信，因宣娇以奏于秀全。秀全命昌辉捕大封，鞫之信，并得裕宽受贿状。秀清大惊，不得已杀裕宽，由是益怒昌辉。

太平天国轶闻

进步书局编辑所编
巴蜀书社 1993 年影印
《中国野史集成》本①

（一）卷一·东王处鲁恭敬极刑

有指挥官鲁恭敬者，本北韦麾下人。洪氏遣之往韦营中，已而复私返天京，实为传递秘密消息计。洪氏固知之，而不令秀清知也。鲁有妾颇美，以鲁常外出，为其童某所私。鲁适归，形迹败露，鲁拔剑追童，欲杀之。童即遁入某天侯室，天侯固杨之爪牙也。得童匿之，爱其姣好，令充龙阳之选。童曲意媚之，侯大感失志。因问鲁之举动，童详以告，且故为信口开河，以证实其秘密。侯大诧曰："彼奉命从征，而可来去自由耶？"童曰："彼自云奉天王密旨，虽东府无如我何也。"侯笑曰："妄人竟敢蔑视九千岁，吾见其性命家室之不腊矣。"即日往报于杨，杨大喜，立赐天侯爵为王。乃命部下军士往搜鲁宅，果得鲁，且获其为北韦与洪氏秘密疏奏。中有刺目语，杨一一取藏之，暂不露布。而声言鲁某受命私返，视军事如儿戏，实背天父之意旨，宜置极刑。遂不待天王发令，即以东府手敕令典刑官处鲁某极刑。

（二）卷一·傅善祥力谏东王

东杨性好恢张，其府中以奢侈为诸王冠。凡太平诸将，皆尚娈童，处则近侍，出则

---

① 据民国间进步书局铅印本影印。

骖从，鲜衣肥马，扬扬不以为耻也。此实彼中陋习，而无敢言者，言之亦无益。北韦之娈童名黄启芳者，最美丽，即以遣逐之役为东杨所夺，然其存者尚不下十余人，若东杨则且至百余人。偶一出庭，门阶户席，皆此辈目迷五色之人也。

(三) 卷一·北翼二王灭杨氏

三王①叙旧，剑履盈庭。酒数巡，忽两家皆奔避，东杨呼卫士声震于外。北韦持刃插东杨胸，贯刃出于背，翼石挥其下格卫士。则北、翼二家之娈童，皆死士所伪饰者也，卫兵不能敌。……是日直战至于夜半方息，东杨党死者至二三万人。

(四) 卷一·钟芳礼

太平诸将最爱衣饰，凡一命之荣，无不文绣。至析圭儋爵者，悉衣锦绣纂组。金碧绚烂，红紫缤纷，间以珠玉臂钏，浑如妖女，以为必如此乃穷天下之美也。故其服章虽有阶级，而按之实际，惟以美富为最尊。盖与儒者之所谓以少为贵，以朴为尊者，绝对成反比例，此亦足以觇其人之思想程度矣。故太平军取人，大约以三等。一能作书禀充记室者，二能裁缝衣服者，三任力役为负担者。三等中除一为文人，三为粗人，贵贱本不相侔外，惟位居第二之中材，独为太平军中所极欢迎。则以上行下效，凡遇战胜攻取，军弁甫经休驻，必以裁制衣饰为第一事。红罗紫绮，纷映于枪林弹雨中。不必挟美人于马上，而五采炫耀，仿佛如娘子军。及近处谛视，则一片秾艳之花，皆健儿也。故凯歌声中，正举国裁锦之日。然裁缝虽可叱嗟立办，而齐纨蜀锦皆系略夺而来，未能花样翻新。自谋织造，及金陵建都既历有年所，则踵事增华，渐见进步，于是有织工之搜求。金陵本织锦产出地，清曾置满人织造官于此，云每岁织造龙衣若干袭。东杨闻之，首请求巧匠设典织官，天王许之。实则织成之锦，十之七输东府，天王与诸王仅占十之三耳。典织署工以男女分两部，每部至千余人。其长官曰钟芳礼，本织工，以善媚为诸王所赏，东杨尤嬖之。初以色进，既而以心计工巧，能织新样色锦特充是职。

(五) 卷一·何、李之献房中术

诸王好男色，故多病目。东杨晚岁则竟眇，然渔猎之欲不少减也。及精力不继，乃咸求媚药以为扶助。盖粤西人素不信医药，有病则祷于天主，以为遂无害。故天京所谓供奉之医官，皆操房中术以自谋者也。其中最著者，有何潮元及李俊良二人。何本疡医，以军士多昵狎顽童，其毒更甚于花柳。发时辄延何治之，或有效。及女馆散，牝牡杂收，花柳毒潜滋暗长。侯王多有不免者，何潮元遂得为诸王上客。李俊良向业妇女、儿科，

---

① 东王杨秀清、北王韦昌辉、翼王石达开。

能施避孕法。洪宣娇尊为上宾，荐入宫中，妇女皆欢迎之。后东杨目疾剧，使何、李二人合商方药，服之无效。李曰："吾有秘方，未识东王能否许一试用？"杨问何如，李曰："选童男女之未及冠笄者，每晨未饮食时预以甘露漱口，然后向目上䑛之，䑛三十六次而易。大约每日易十人，一月必奏效。"东杨许之。于是广征童男女充是役，有色者或狎之，不如意辄杀，因是致死者颇众。后卒无效，东杨怒，欲逐俊良，裕宽为之请求而止。及东杨败，二医俱死于乱兵中。

（六）卷一·仁发、仁达售帖渔利

仁发、仁达既得志，专务贪冒聚敛。舍饮酒食肉，昵比顽童外无它事。

（七）卷一·新进士朝仪

[太平天国开科取士，]榜眼①充东王之娈童。

（八）卷一·女馆设团如军制

馆制，统天京中妇女约十余万人，分前后左右中为五团，团如军制，东杨以兼衔为女馆总稽察。北韦所宠红莺竟闭入馆中，旋由队长荐升团帅，日出入东王府。而北韦之嬖仆某者，竟遭东党讦告，指为私入女馆，处以极刑。北韦恨之刺骨，后此计杀东杨之毒，自此始矣。

（九）卷一·蒙得恩为女馆新总管

[女馆]新总管者，洪氏之宠童蒙得恩是也。得恩姣晰如好女，东杨初亦欲之，后为洪氏所攫去。宣娇爱其貌，又面首蓄之。

（十）卷一·太平君臣多娈嬖

古书有言："美男破老。"试观历史中龙阳、余桃事，何一非昏骏败事之君所为？惜哉！太平天国之开国规模，不令遂室家之乐，而宁使易以娈嬖之羞。岂知俊仆狡童，恃宠逸佚。小则损私德，大则败公益，其患甚于女宠。而以彼易此，孰得孰失哉？彼太平天国之君臣，无论文武贤愚，无不广蓄顽童，遍征男色。驺从所经，必有幼稚数十辈喁喁马后，少者亦四五人。美其名曰公子，如闽人之契弟，如山门中之小沙弥。其为秽德，又何容讳。且其乱政偾事，尤指不胜屈。

---

① 此榜眼"妖丽如像姑，年仅成童。"

（十一）卷一·东杨宠幸侯裕宽

侯裕宽者，事东杨，即侯谦芳之族弟也。貌妍美妖丽，如娼家妇。长发鬖鬖，掠鬓分鸦，又如近今妇女之时妆。尤善媚术，东杨虽盛怒或不适，得其颦笑，辄颜为之霁，情为之怡。当女馆严禁时，虽以国家王侯之贵，不能出入。而裕宽衔东王命，竟得自由往来，常与宣娇并辔巡于馆中。衣饰非男非女，见者不能强指为男子也。彼既恃宠骄纵，于馆中妇女惟所欲，择肥选瘦，指燕调环。团帅及百长趋承惟谨，非绝美丽而韶年稚齿者，不足以供一顾也。凡初与妇女好，皆误以为彼亦女稽查，扪吻狎亵之态，虽羞而不至忿。及骤遭污辱，恒以不及预备，致失抵拒。反如陈仓栈道，畅行无阻矣。然守志者往往于事后捐生，以泄无穷之恨，如此者不知凡几。彼蹈隙必游女馆中，幸东杨非彼不欢，能离左右时殊鲜也。一日东王欲裕宽搔背，适裕宽不在侧，乃命李寿晖者进。裕宽之党飞报于裕宽，即疾返匿杨室后，俟寿晖出，手刃之。东杨闻之，仅借吸烟为名，荷校三日而已。盖裕宽以一乞怜，杨即不复问其杀人之罪也。其后有人求于杨者，但贿裕宽，无不如愿以偿。

（十二）卷一·侯裕宽、黄启芳陷张炳元

有廪生张炳元者，金陵世家。既陷太平军中，眷属尽闭于女馆，孑然一身，为东杨司笔札。恶裕宽之侧媚，不之礼，且时呵斥之，裕宽心不能平。后炳元为北韦索去，名曰过馆，遂不复与东府往来，裕宽亦忘之矣。旋炳元有献城反正意，密结党羽至数十人，并亲投江南大营，与满将军福兴相约。且邀清弁田玉梅等入城，议于咸丰四年新正投降，开城门纳清军，北韦府中无知之者。会北韦之嬖童黄启芳者，欲炳元书纨扇，炳元不许，启芳惭且怒。因事与裕宽遇，互斥炳元之短，裕宽嘱令注意炳元劣迹，允藉手诉于杨以害之。〔黄启芳发现了张炳元的密谋，〕适北韦外出，军士不听命，乃亟驰告裕宽。裕宽以白东杨，立命卫士往捕之。令黄玉昆天侯拷讯，榜掠备极惨毒，不吐实。乃言启芳私吸鸦片，恐己发其隐，故以是挟嫌。东杨命人搜启芳之室，果得芙蓉膏及呼吸具，将捕往治罪。北韦另使一人易之，始获免。于是启芳与裕宽合谋，必死炳元而后快。因使人谓炳元曰："子必诬指某某，吾当释汝。"炳元笑曰："吾借子手，以毒攻毒。多死一人则多除一害，宁不甚佳？"于是尽诬指忠于天国者以为同党，裕宽乃择其与己不睦及有资财可诈取者，悉敲剥之，前后不下数百人。反利用炳元为虎伥，而炳元亦利用之以杀太平旧党。久之，北韦大愤，请东杨治裕宽罪。东杨以诘裕宽，裕宽忿曰："彼自罹法网而蔑我耶！试问黄启芳朝夕在侧，将何以正国典？"东杨以问北韦，北韦始无言，然恨裕宽刺骨矣。且因之与东杨有隙，卒致互伤两败，皆裕宽为之。而炳元亦卒以裕宽故，受点天灯极刑，女馆中之眷属亦骈诛无遗类。其后裕宽卒为启芳所潜杀云。

（十三）卷一·韦昌辉嬖童黄启芳

黄启芳本苏人，寓金陵，父为某宦干仆。启芳生而白晰妍美，洪氏入金陵，初为天将某氏所得。以献赖天侯，北韦见而索之，遂从北韦。北韦嬖之，如宠妾专房，其他莫敢当夕也。启芳为人善媚巧言，举止能得人怜爱，而性狡毒。既以计陷害张炳元，复以相轧故憾侯裕宽，欲除之以快己意。会裕宽乘女馆遣散之际，窃据色美者数人，东杨不知也而宣娇知之，心不谓然而数其罪。裕宽虽投地自责，然浸忤宣娇意。嗣宣娇诉于杨，杨怒，欲杀之。裕宽族兄谦芳，为东杨参军记室，胞兄侯淑钱则掌膳夫，精烹调，东杨非淑钱所手制不适口也。二人均为裕宽祈请，继以涕泣，否则请俱死。且言裕宽甫娶妇无子，大可怜悯。东杨意稍解，令裕宽囚服入，将自诘问其状。裕宽乃泣诉冤苦，妻某氏色妖艳，亦从之入跽东杨膝下，愿为婢媵。东杨意大动，遂仍令给事如故，而纳其妻侍左右，蛊惑益甚。宣娇固疑之，东杨每闻宣娇来，辄匿裕宽不令相见，诡云已死。宣娇心不平，乃欲伺其侍东杨时突入以抉其隐。一日东杨小有疾，掩阁昼卧。宣娇揭帘走视，则裕宽伏足后，两手按东杨之股，间以搔拍。东杨闭目受之，态似甚适。而床头执拂驱蝇擎瓯进茗者，裕宽之艳妻亦与其役焉。宣娇大怒，狂呼东杨为兄，今日吾竟见鬼。东杨大惊，遽起问天妹何所见而云然。宣娇指裕宽厉声曰："彼非鬼耶？吾能击鬼。"语毕拔剑欲刺，裕宽觳觫万状，紧抱东杨之足呼救。东杨笑而起，翼之曰："吾已赦彼。终身执役于此，不准出门一步，天妹亦当怜其悔过而赦之。"宣娇持剑不释，亦无答语，势若不可两立。东杨忽色变声颤，闭目凝神，状如降神时天父初附其身，频频呵欠。此时裕宽伏其身后，裕宽之妻更伏宣娇之足下，崩角无算。东杨忽大声作语曰："宣娇听旨：尔兄诚心劝世，人能悔过，当赦则赦。此我特许彼之主权，尔岂可私心与之反对？速去速去。尔今所作所为，渐背圣旨。如此胡为，将来尔有何面目升天面主？尔须速自改悔。如尔所为某某事，不犯天条当诛戮耶？我尚赦尔，尔独不肯赦他人耶？须知侯裕宽能一心扶助尔兄身体强健，亦是将功折罪，何可强尔兄立时杀死。尔若不听，吾即使尔兄借手杀尔，尔时悔之晚矣。"语毕闭目片晌，宣娇额汗浸浸已无人色，手中剑不觉自落于地，铿然有声。此实太平军中独秘之催眠术，凡一降神，虽至狞恶不循礼者，无不五体如缚，肃然改容。迷信之心理固应如是，非尽作伪可致也。至此则宣娇妒杀裕宽之心，一天风雨消归无有。冰雪连朝，见日则解，其理诚有不可思议者。

（十四）卷一·宣娇、启芳谋陷侯裕宽

宣娇既归，不敢怨东杨之称天父以辱己，然不能不憾裕宽之权力复出己上。中心愤懑，莫可言宣，乃往诉于北韦。适北韦以事他出，启芳竭力逢迎，颇足解宣娇之怒，盖启芳本亦宣娇面首之一也。窥见宣娇之意，微以言**恬**之，宣娇尽举裕宽事以告。启芳扼

腕曰："以天妹之尊而见屈于若辈贱人，此诚世界颠倒事。奴才不敏，奋区区之愿力，或尚能为天妹泄忿。"宣娇瞿然曰："小子能尽忠若此耶？"启芳曰："何敢云忠，亦为天国除此毒害耳。试思北王有大勋劳于国，谁不奉为福音。乃裕宽细人，竟敢设心陷害，致使东北两府失和。王常言非杀裕宽，吾毕生之英武安在？故但与王计议，当无不如响斯应。而设有用奴才之处，则请冒死以从。"宣娇大悦，乃许以启芳为腹心，令随时侦察机宜，再定下手方法。既而北韦归，闻之，亦为宣娇大不平曰："此子罪恶已稔，东杨若再袒护，吾见伯有之门生荛也。"〔不久，韦昌辉、黄启芳等获知了侯裕宽的一项严重罪行，乃上告天王洪秀全。洪秀全命将侯裕宽枭首，东、北二王因此积怨更深。〕

〔太平天国〕论著题跋[①]

谢兴尧撰
民国二十七年（1938）铅印
《太平天国丛书十三种》本

李开芳在冯官屯被擒始末

抄本《蛮氛汇编》中有《粤匪纪略》一章，记当时北伐之事尚详，为群书所无。书中末记开芳受审讯时之情形，谓："单令开芳进见。戴黄绸绣花帽，穿月白袖短袄，红裤红鞋，约三十二三岁。伺候两童约十六七岁，穿大红绣花衣裤，红鞋，美如女子，左右挥扇，随开芳直入帐中。"

春晖草堂笔记

张元锡撰
民国间铅印本

卷一·宫禁纪闻

有友自都来者，谈清宫琐事甚详。据云德宗[②]性喜嬉戏，幸畏慈西太后。尝侍太后观剧，终日肃然无惰容。若太后转身入内，则趋入班中，或击板鼓数下，或骑于旦角背上，

---

① 书名部分代拟。
② 光绪帝。

以两手抚其面，作种种不堪之状。内监恐为太后所知，伊辈必受棍责。叩肯勿戏，终不可止，必呼老佛爷将至，始放手趋回，俨如乡塾顽童惧严师之状态。然帝年已壮而有如此举动，殊可慨矣。

清代野记

(清末民初) 梁溪坐观老人撰
山西古籍出版社 1996 年
《民国笔记小说大观》本

(一) 卷上·文宗[①]批答

咸丰季年，天下糜烂，几于不可收拾，故文宗以醇酒妇人自戕。其时有雏伶朱莲芬[②]者，貌为诸伶冠。善昆曲，歌喉娇脆无比。且能作小诗，工楷法。文宗嬖之，不时传召。有陆御史者（相传即常熟陆懋宗，不知是否）亦狎之，因不得常见，遂直言极谏，引经据典，洋洋数千言。文宗阅之，大笑曰："陆都老爷醋矣！"即手批其奏云："如狗啃骨，被人夺去，岂不恨哉！钦此。"不加罪也。文宗风流滑稽如此。予丙子在京，合肥龚引孙比部为予言。龚亦狎莲芬者。

(二) 卷上·词臣导淫

穆宗朝，有翰林侍读王庆祺者，顺天人。生长京师，世家子也。美丰仪，工度曲，擅谄媚之术。初直南书房，帝爱之。至以五品官加二品衔，毓庆宫行走。宠冠同侪，无与伦比。日者有一内监见帝与王狎坐一榻，共低头阅一小册。太监伪为进茶者，逼视之，则秘戏图，即丰润县所售之工细者。两人阅之，津津有味，旁有人亦不觉。此内监遂出而言于王之同列，同列羞之，相戒不与王齿。或又曰：帝竟与王同卧起，如汉哀董贤故事。是则未为人见，不能决也。

(三) 卷上·库兵[③]肛门纳银

相传库兵之业，各世其家。年少时，须觅嫪毐之具而淫之，继则用鸡卵裹麻油探讨之，以次易鸭易鹅，久之门户加大矣。更用铁丸塞之，能塞十两重之铁丸十枚，则〔窃〕百金不难矣。故凡库兵所盗，皆江西锭为多。江西锭光滑无棱，俗所谓粉泼锭是也。其

---

① 咸丰帝。
② 参见《道咸以来梨园系年小录》等。
③ 户部银库的守卫。

肛之嫩者，则用猪脬浸湿，裹银而塞之。故库兵至老年，无不患脱肛痔漏症，以其纳银太多也。

餐樱庑随笔

(清末民初) 况周颐撰
山西古籍出版社 1995 年
《民国笔记小说大观》本

妇人为夫失身而自刎①

徐容者，山阳陈某之娈童也，余桃之爱甚深，为之纳妇。成婚未久，值徐妇归宁。陈即蹈隙乘间，往为坠欢之拾。讵妇因忘携衾具，折回，有所见，则悲愤填膺，竟取厨刀自刎死。论者谓妇人因男子失身而羞忿自尽，殆未之前闻。此妇节烈，可以风矣。陈、徐故事，前有迦陵、云郎②，艺林播为美谈。迦陵亦为云郎娶妇，为赋《贺新郎》词，有句云："只我罗衾浑似铁，拥桃笙难得纱窗亮。"当时云郎之妇万一解此，当复何如？

眉庐丛话

(清末民初) 况周颐撰
山西古籍出版社 1995 年
《民国笔记小说大观》本

(一) 八旗会馆壁上谐诗

友人某君告余，光绪壬寅、癸卯间于役吴门，偶游八旗会馆，见壁间粘绝句二十首，惜记忆不全，仅记其较有风趣者。诗云：

　　银烛高烧签押房，牙牌端正未登场。
　　芙蓉香雾氤氲里，高唱时闻京二簧。

　　脸儿小白辫长青，袖窄腰纤态卿伶。

---

① 参见《寄蜗残赘》(三)。
② 陈维崧与徐紫云。

直恁风流似张绪，教人掩鼻是铜腥①。

（二）奇文《弥子之妻题》

从沤尹假观秀水王仲瞿昙《烟霞万古楼时文》，奇作也。其《弥子之妻题》一首尤藻采斑连，如古蕃锦。甚惜福州梁氏《制艺丛话》中乏此珍秘，亟录如左：

　　幸臣得其女妻，怨耦也。盖弥子嬖人，而妻则颜氏子也。妻者齐也，何其遇人不淑耶。尝谓妇人从夫，淑女而竟适弄臣，亦闺房不幸事哉。腐木不可以为柱，卑人不可以为主。伣子狡童，袒腹而登卯女之床，君子读《诗》至"雄鸣求牡"，鲜不叹静女化离，而乃有东家之子，且为蛮蛮駏虚，负而走者。卫灵公，炀灶之君也，狎比狡童，老而好色，爱弥子瑕者，一朝众蔽。而其时颜雏由，实有季妹，待年未嫁。瑕一美丈夫也，矫驾君车，入门布币，爱是御轮三周，居然牢食，终成妇礼。卫人丑之，以为聘则为妻。弥子瑕之乡里也，男子而行妇道，则淫而不交，人笑其臀无肤也。弥子私后车之情，岂不曰与为鸡口，宁为牛后耶？妇人吉而夫子凶，君子不与艾豭庆家人之卜。丈夫而荐男欢，则女而不妇，人笑其尻益高也。弥子恋前鱼之爱，岂不曰与为雄飞，宁为雌伏耶？子南夫而子皙美，君子且与娄猪伤归妹之穷。夫弥子，以色事人者也，万岁千秋之后，且乐得身蓐蝼蚁，于妻何爱。则鱼网鸿离，安知为弥子者，不巽在床下；而弥子妻者，不鹣鹣鲽鲽，东家食而西家宿也。乌鸟宠雌雄之爱，马牛奔臣妾之风，此狡兔三窟，所谓高枕而卧者，亦弥子莫须有之计，而妻亦危矣。拔茅茹以其汇征，使二难可并，何不贯鱼而并宠？况鳏寡筍敝，君妃亦爱少男，则尤物移人，臣敢独修其帷薄？而妻则愀然忧曰："是谓我不祥人也。妾自明诗习礼，以后绝未尝私邂狐绥，岂今日履两挦双，忽欲乞国母禁脔，分骊姬之夜半乎？"密云不雨，命蹇而遇其配主，则怒呼役夫。一与齐而终身不改，此贾氏如皋，三年不笑者也。太甲戒比顽之箴，而女欢尝不厌席，食含桃以其余进，使两美可合，何妨啮臂而同盟。况宋野人歌：君淫又多外嬖，则鸡晨家索，臣敢不献其祖衣。而妻则戚然悲曰："彼何其不丈夫也。妾自施衿结缡以来，绝未始偷干虓吠，岂今日苓黄桑落，复欲托雌兔迷离，续枯杨之衰稊乎。"童牛不牿，色荒而见此金夫，则泣汕良人。吾见怜而何况老奴，此息妫生子，三年不言者也。丹朱为朋淫之祖，而鸟兽犹不失俪。噫，连称媵仲妹于宫，而颜氏弃其良娣，则当日鸠媒不好，亦宜如向姜绝莒而归，而何以鹑雀无良，必欲同偕

---

① 系用汉文帝赐邓通铜山之典。

其老。声伯嫁从妹于人，而颜氏爱其商婿，则当日刲羊无衁，亦宜如纪姬宁鄫而去，而何以髧髦难弃，不能自下其堂。由此观之，宋司徒女赤而毛，尚得自求佳配；徐吾犯妹喜而艳，犹能自择良姻。颜非敝族，何至使静女包羞，失身箕帚，反不如婴儿子至死不嫁，为北宫氏之老女也。向使弥子瑕者，色不衰，爱不弛，灵公虎欲逐逐，蒙辇归阃，则亦若齐懿公纳阎职之妻，命其故夫骖乘。而弥妻脱簪珥待罪永巷，速蒯聩操刀之祸，乱岂不自婢子始哉。故曰："幸臣得其女妻，怨耦也，非嘉耦也。"或曰："弥子，贱臣也。室有伉俪，俨然与鸡冠剑佩之大贤，争良娣姪，夫亦何幸。"《诗》云："琐琐姻娅，则无膴仕。"妇人从夫，而后人伤其失身，此士君子不求巷遇，大丈夫不肯枉尺而直寻。（自识云：按《史记》：颜雠由浊邹①为子路妻兄。则弥子之妻自是颜公季妹，其明诗习礼何疑。然所适非人，士大夫出入门下，与女子从人一般，贵贱诡道遇合，即是弥郎眷属。）

燕南琐忆

（清末民初）李霖撰
民国间铅印本

卷上

《易》曰："男女构精，万物化生。"盖孤阴不生，孤阳不长，故人类不可无男女，男女不能不构精，所以顺天地之自然，敦人伦之正轨也。至分桃之爱断袖之癖，代有其人，不堪枚举，要皆反常之事。闲尝渊渊以思，究厥由来。殆溺情好色者流，贪欲无度，化生之本意全失，而不肖之邪淫遂起耳。何也？男女之感既动于中，或形隔势阻，不遂所欲。而狂念既炽，不可制止，则不得不另筹一法以为聊胜于无之计。男女之间动多拘束，而男之与男、女之与女，饮食起居，晋接周旋，礼法之所不禁。于是见景生情，想入非非，始则尚属尝试，继则渐觉可行，终则遂成习惯而乐此不疲矣。此娈童磨镜之风所以古今中外，日甚一日也。噫！

---

① 当为浊邹。

蜷庐随笔

(清末民初) 王伯恭撰
民国间无冰阁铅印本

(一) 清季两义伶

偶见近人所撰《常惺惺斋笔记》，中有清季两义伶事。一为路三宝收敛杨豫甫①，一为五九送别张樵野②。此两伶吾皆识之。五九秦姓，名稚芬，饰青衫，有名于时，张樵野尚书眷之，为其买屋娶妻。广收门徒，姚佩秋、唐采芝辈皆其弟子也。樵野得罪，稚芬往送，樵野强其同至戍所，稚芬以寡母无依，难于相从，又不欲显拒，乃送至正定府，只身潜返，闲居奉母。

(二) 天长县署之幕友男化为女

光绪癸未之春，余自朝鲜乞假旋里，道出扬州西乡之大仪镇。日尚未落，荒村无可与语，门外停小轿一乘，问其为谁，则天长县署之幕友陆姓，先我半刻至者。住对屋，门悬一帘，余意此可为暂时谈伴矣。甫掀帘，将与问讯，其人遽起闭户相拒。余愕然而退，以为世间乃有此不通情理之人。比至盱眙，轰传天长陆师爷男化为女事。据言此人年已五十，颇而有须。忽一日，须尽脱去，同署诸人皆以为其剃须也。后见厕中多天癸血纸，又见其不能植身便溺。遂哗然疑之，争欲逼其就浴验之。陆遂不能自安，寓书居停，自认天谴，即日告辞云云。其居停亦颇闻之，优给川赀，且言不便面别。是日吾所遇者，盖其出署之第一日也，怪事怪事。

---

① 即立山，参见《近代笔记过眼录》。
② 张荫桓，号樵野，戊戌政变后谴戍新疆。

铁笛亭琐记

(清末民初) 林纾撰
民国五年（1916）都门印书局铅印本

（一）幼童

洪军①得幼童，或以为子，称曰公子，或以为弟，称曰老弟。其称老弟、公子者，均以嬖宠畜之，非善意也。

（二）男化为女

浙江榆园许先生，年七十余，礼余甚厚。一日余填《凄凉犯》一解，取正于先生，先生言尚无讹。语次，先生忽谈及其戚李某，客皖城某公幕，年四十余，有须矣。一日晨盥，须忽随盥巾而落，二乳忽高，已化为女矣。李大哭，不知所措。居停怜之，为集数百金，令归。先生并出日记以示余，或不谬也。

洪门志

朱琳编撰
北京图书馆出版社 1999 年影印
《中国会党史料集成》本②

（一）三十六誓③

第三十三誓 如奸淫洪家兄弟之幼童少女，五雷诛灭。

（二）二十一则

第二则 奸淫兄弟之妻室，及与其子女私通者，处死刑，决不宽贷。

---

① 太平军。
② 据民国三十六年（1947）中华书局上海铅印本影印。
③ 洪门又称天地会、三合会等。据《江湖秘密规矩》，（一）（二）之誓规是由三合会制定。

海底[①]

李子峰编撰
北京图书馆出版社 1999 年影印
《中国会党史料集成》本[②]

（一）三十六誓

第六誓　入洪门之后，洪家兄弟不可恣辱洪门内之妻女，不可拐带兄弟之婢仆人口。如有不法之人奸淫兄弟之妻女，拐带婢仆人口者，死在江洋，虫蛇食肉而亡。（查出洗身。）

第八誓　入洪门之后，洪家兄弟不可相争妓女、美童。兄有兄份，弟有弟份，不得混乱通奸。如有不正之人，相争妓女、少友，混乱奸淫兄弟者，死在吐血而亡。（查出洗身。）

［原］注：同治本第八誓　自入洪门之后，毋得鸡奸洪家兄弟，以及洪家兄弟子仆与至亲一应在内。如有不依者，立去顺风一对。

（二）二十一则

第二则　奸淫兄弟之妻室，与兄弟之子女私通者，处死不恕。

近代秘密社会史料

萧一山编
民国二十四年（1935）国立北平
研究院总办事处出版课铅印本

卷三·三十六誓

第五誓　自入洪门之后，即路切莫贪淫，淫辱奸拐凷内兄弟母亲及妻妾子女姊妹，接以相爱之情，以及铺中伙伴等项不可亏心作动。如不依者，死在路上而亡。

---

① 《海底》系洪门秘籍。
② 据民国间铅印本影印。

北平风俗类征

李家瑞辑
上海文艺出版社 1985 年影印本[1]

(一) 岁时·上元灯市

倪启祚[2]《灯市篇》云：

> 律转太簇春之序，北京十日灯市聚。
> 五剧三条结队来，众口喧腾祝晴曙。
> ……
> 复有少年轻薄儿，秃袖窄袜随所之。
> 等闲游戏无一事，前吻后哨如有期。
> 东市东曲尘络绎，妖童冶女阑街立。
> 儿童跃跃鼓太平，挝鼓喧阗无剩隙。
> ……

(二) 游乐·小唱

梨园演戏，歌舞太平，诚盛事也。此外又有小唱，俱系年幼顽童，演成淫词邪曲。堕其局中，挥金如土，倾家败产，往往有之。至候选人员，至此者欢呼掷彩，争认干儿。因而七折八扣，负债累累，困顿旅邸而不能出京者，大半由此。且所典幼童，俱系民家子弟，始则隐瞒教曲，继则借获重利，因此争赎涉讼，不一而足。(《金吾事例》)

---

[1] 据民国二十六年（1937）商务印书馆上海铅印本影印。
[2] 明万历四十七年（1619）进士。

折狱奇闻

葛建初编
民国八年（1919）上海
会文堂书局石印本

（一）卷三·某中丞

彰德府出一邪教案，首犯某年止十九。始而诱人持斋，散财祈福。继云有密术，须同寝方授，幼男妇女胥被淫污。

（二）卷四·御史失篆

有御史罪其县令，县令密使嬖儿侍御史。御史昵之，遂乘机窃其箧中篆去。御史顾篆箧空，心疑县令所为而不敢发，因称疾不视事。尝闻某教谕有奇才，因其问疾，召之床头诉之。教谕教御史，夜半于厨中发火，火光烛天。郡县皆赴救，御史持篆箧授县令，他官各有所护。待火灭，县令上篆箧，则篆在矣。或云此教谕乃海瑞也，未详。①

（三）卷四·邱天民②

时有老瓜贼，出没山东、河东、直隶间，为行旅患。老瓜贼者，专伺孤客。一贼昵客同止宿，诳客早行。余贼为坎道旁，俟客至，蜂出缢客，破其腹，裸而埋诸坎，携赃以逸，惨毒甚于他盗。而地无尸迹，死者家不得死所，无可控。贼不巢聚，捕治不即得。

故都闻见录

瞿兑之撰
山西古籍出版社 1995 年
《民国笔记小说大观》本

光棍

都市社会中例有作奸犯科，憨不畏死之匪徒，自成团体，为社会之蠹，《汉书》所谓

---

① 参见《型世言》（三），张继良以此手段使何知县免受参纠。
② 所言之事发生在雍正至乾隆初年，参见《聊斋志异》（四）。

"长安恶少年"者也,北都谓之"光棍"。三十年前,其势尤横。王侯与之为伍,刑网所不能施。大抵其人亦分数等:家有资产而游手好闲,喜与人事,时复急人之难,若古游侠之为,此其上焉者,号曰"阳面字号人物";有恃血气之勇,睚眦小怨,则以白刃相加,断胆决腹而不悔者,号曰"乌儿鬼光棍";其专事窝娼聚赌,抗官拒捕者,俗谥之曰"手提脑袋找饭吃",盖等而愈下矣。

别有所谓"两个手指头"者,相传本为娈童之号。贵人多好男色,此辈挟其主之威势以横行于市井。市井中有欲设娼寮、开赌馆者,必先与一光棍联床笫之好,俨如夫妇,谓之保驾,则其营业可得保障。此种娼寮在西直门外之黄土坑、朝阳门外坛夹道、德胜门外校场边。赌局亦然,多在郊外。

光绪庚、辛之交,有"西城梁德宝,东城小松七"之谚。二人皆贵胄之娈童而兼娴武技,专以逼良拐卖为事,党徒如云,横行里巷,莫之敢诘。其服御至为诡异,以库金为衪衣,彩绣为襜褕,绣履罗袜,非男非女。其额际以指掐作小十字文,累累若贯珠,两鬓各贴小药膏而饰以蝴蝶。服之不衷若此,而可招摇于辇毂之下,妖由人兴,识者早知纪纲之扫地矣。民国以后,警政稍严,此辈光棍亦敛迹矣。

梵天庐丛录

柴萼编撰
民国十五年(1926)
中华书局上海石印本

(一) 卷二 · 穆宗病革原因①

穆宗杀安得海,母子遂不合。后穆宗生毒疮,西太后稔其好男色,特选少年美宦侍之,病遂革。崩后,阳根已腐烂过半矣。此范肯堂②闻诸李文忠③者。

(二) 卷六 · 陈国瑞六则

陈④后改戍黑龙江,将军遇之颇优。逮穆宗以恶疾崩,凡太监为所嬖幸者均获罪有差。重者刑至死,轻者亦发黑龙江给披甲为奴。(故事,给披甲为奴乃发予充军者执役也。)各太监出入宫闱,且为嬖幸,岂能操作?故均各挟巨资为行贿计。将军以一监予

---

① (一)(二)记清同治帝(穆宗)好男色。
② 范当世,字肯堂,曾为李鸿章幕僚。
③ 李鸿章,谥文忠。
④ 陈国瑞,少时曾入太平军,后降清,因事被充军,死于戍所。

陈，监闻陈性暴悍，栗栗危惧，未见即先呈巨金为寿。陈怒斥之曰："老子的皇上被他们弄死了，老子要替皇上报仇，要他的钱赶甚！"却巨金不受，及监既来，即令人褫其衣，痛鞭之，且数之曰："八大胡同逛得好么？"如是日令鞭一次，著为例。监急在将军处设法，改归他人始已。

（三）卷二·德宗①十六则

伶人余庄儿长于技击，供奉内庭，德宗颇赏之。尝在大内演《十粒金丹》新剧，未及卸妆辄与帝握手言笑，腰佩倭刀。隆裕后斥其无礼，将诉诸太后。德宗惧，逐之出，不复再召。余骤失宠，困顿无聊。会拳匪事起，两宫西狩。余走上海，时京师士大夫俱避难，络绎而至。沈子封太史与之相识，招之西餐，则丰采依然，惟不复如向之兴高采烈耳。

（四）卷八·樊增祥二则

樊樊山先生增祥，一代作者，然人品颇可议。樊山幼时美姿容，善词曲，游于公卿大夫之门，有断袖癖者咸趋之若鹜。一时北京所谓大名士者，竭全力以揄扬之，遂有苏蕙芳②之称。而李次岷③等与之唱和者，因有田状元④之目。樊果联捷入翰林，散馆知陕西渭南县。贪酷之声道路宣传，上峰将登诸白简。适荣禄作西安留守，赏其色，延作馆宾，朝夕共处。奔竞大起，陕人风气素朴，因是渐化为儇薄。而樊自此声势愈大，为恶多端，人未如之何也已矣。

（五）卷十四·北京四人妖四则

某福晋好以女作男，而小朵儿⑤好以男作女。小朵儿者，北京著名之花旦也。幼即为人所误，致有隐疾。及长，搔首弄姿，极尽妇女能事。其淫亵之状至有笔墨不能道者。夜间亦如河间妇，非有十数健男当夕则不欢。有名连仲者，亦优人也，日与小朵儿游，如夫妇。连仲瘦骨支离，至不能堪，乃避之上海。后与德珺如、想九宵⑥契，二人至交也，以小朵故而至以性命争，亦可谓怪事矣。（小朵儿供奉宫中，最蒙宠眷。演《卖胭脂》，慈禧太后大喜，戏未毕即就女装，太后执其问人曰："这个小孩儿，到底是女的男的？"）

十三旦，亦花旦也。幼以色艺独绝，穆宗宠之，一时矜贵无比。⑦及年六十余，齿豁

---

① 光绪帝。
② 《品花宝鉴》中的名优。
③ 当为李慈铭，参见《越缦堂日记》（光绪二年六月初十日）等。
④ 《品花宝鉴》中的田春航。
⑤ 杨小朵，参见《鞠部丛谭》（二）等。
⑥ 均为清末名优。
⑦ 参见《清稗类钞》（二十一）。

发秃，颓然一老翁也。然施粉黛，被纨罗，则又婷婷袅袅十三余矣。北京城荡妇之有资者喜昵之。

（六）卷十七·白玉顶戴

清宣宗①好男色，内监之有姿首者，颇得幸御。既复为娶妇，居南府中。万机之暇，时幸游焉。各内监恃宠而骄，时多非分之请，上悉涵容之。传闻清初定制，鉴于明朝内官专横，故事事加以裁抑，即章服亦不得过六品。一日南府诸监固请进秩，上既以情不可却，又不敢擅改祖制。乃特创一种白玉顶戴，凡幸御各监均得用之。事传于外，故一时浮梁子弟互相戏谑，有白玉顶戴之语。当时清廷家法尚严，虽宣宗亦不敢以爱幸之私变更祖制。迨后德宗朝，李莲英辈得太后意，竟晋至头品顶戴矣。

（七）卷十七·清季戏剧

武进庄纫秋先生曰："予居京师久，于京师之习俗颇知一二。上自王公卿相，下至厮养舆儓，均惟戏曲是好。京中士大夫废书不读，除习馆阁小楷外，仅知听戏而已。"君子曰：自戏剧盛行，而上下酣嬉，前清卒以戏亡其国。恫哉言乎！

（八）卷十七·清末南北称谓

清末南北称谓颇有不同，竟有某语在南方为尊称，以对北人则殴责随之矣。南方称秀才及富贵家子弟曰相公，又称父曰老相公，而北方之相公，则郑樱桃之类也。

（九）卷三十一·女子化男

同治十年，广东琼州琼山县丞某，晚年惟一女。及笄将嫁，忽化为男，亟退婚，未几娶妻生子。又同治十一年，高州府有一妇人具阴阳二体，以罪囚于狱。时长白瑞澄泉相国麟督粤，闻而异之，命解省察验，良信。予②幼居苏州阊门外之太子码头，有船户周长林者，其妻亦具阴阳二体，淫悍甚，群呼之曰雌婆雄，俊男荡妇往往昵之。盖其二具皆能媾合，一妇曾侍其枕席，阴以语人，谓其阳具即生于阴具之中，兴酣坚举，出阴具外三四寸，彻夜颠狂，不知休罢。

（十）卷三十六·嗜好不同

国人嗜好不同，述之颇饶趣味。盛世荃《近事异录》：田监生喜舐娼妓秽处，钱尔兴喜饮月经，张学究喜食遗精。

---

① 道光帝。
② 柴萼。

凌霄一士随笔

徐凌霄、徐一士撰
山西古籍出版社 1997 年
《民国笔记小说大观》本

（一）第二卷·张之洞与张彪之契合①

之洞在鄂，推行新政，以办学、练兵为两大端，故电中并以学生及营兵为言。办学之事，委之梁鼎芬；练兵之事，委之张彪。之洞检阅军队，例致训词，而不耐高声久语，则呼彪趋前领训，之洞口授训词纲要，然后由彪退向大众高声演绎，就之洞口授数语，为长时间之演说，颇能申明原委，有条不紊。彪夙以不通文义著，闻者莫不称异，盖其聪敏亦有过人处也。彪起家寒微，以受之洞之知，历末弁而洊擢大将，故事之洞甚谨。迨官湖北提督，与总督分为敌体，而之洞颐指气使，视之犹昔，彪亦卑逊不遑，自视犹昔也。

（二）第二卷·潘祖荫、翁同龢并为天阉

潘祖荫有洁癖，不与其妻同寝处。顷阅陈庆溎《归里清谈》②，则潘氏乃天阉也。据云："尚书天阉，与翁常熟同。一门生不知，初谒时，询问老师几位世兄，尚书曰：'汝不知我天阉乎？'"同光间潘翁齐名，号为京朝清流宗主而竟复同为天阉，斯亦奇矣。

（三）第三卷·清书吏之富

清代书吏之权最大，利最厚。经承之居要地者，每致巨富，次焉者亦多获素封。北京号为首善之区，人文宜盛，而土著科第起家者极罕。大宛两县魏科之士，类系侨寓入籍者。盖书吏一途，为之易而得钱多，远胜仕宦，故土著入塾读书之人，多趋于斯，不肯治举业以博难得之科第。其舍名取利，就物质上言之，固不可谓非得计也。陈恒庆《归里清谭》述书吏富厚之状云："六部书吏之富，莫如户部银库之经承。有史松泉者，家赀数十万。其取利之法，每月外省解饷必有费，兼有解汇票庄银券者，则仍暗存票庄生利。经承一任六年，则富甚。史松泉未满六年，以过被革。禁羁一年，释出后豪富自如。房屋连亘，院落数层，皆四面廊厢，雨雪不须张盖，日日有美伶为之烧烟。其酒食

---

① 参见《二十年目睹之怪现状》（一）。
② 即陈恒庆《归里清谭》。

之美尤异寻常。绍酒每坛百斤或五十斤，陈过十年而后开坛，醇如醴，甘如醴，饮至十杯则醉如泥，而不作酒恶，醒解时，喉润如酥。都中沿街酒帘飘扬门牌华丽者，无此佳酿。……又有国子监经承李秋宾者。自捐例开，捐官者必先捐贡监，每年照费计数万金，官得其半，经承得其半，家故大富。予初不识之，一日与郭虞琴表兄在戏园观剧，开戏半日后，忽见有仆数人，携豹皮坐褥，细瓷茶壶，白铜光亮水烟袋。尚有二三优伶，拥一肥胖老者登楼。少顷，年少名优，相继上楼陪侍。园主人周旋殷勤，送茶点者络绎不绝。虞琴瞪目视之，问予此何人也，曰不知。数日后邻家演戏邀客，此人在座，始知其详。饭后吸洋烟，优伶代烧，彼则坐而吸之。询之优伶，皆曰：'此人老而好色。有姬妾数人，疲于奔命，患喘不能卧吸。'予潜告优伶解诗者李灵芝、朱素云曰：'我有句赠此人：'庞然压到群花上，恰似吴牛喘月时。'两人笑不能仰。"此辈享用之厚可以略见。史松泉以户部银库经承获罪，其即孙诒经因以得谴之蠹吏史恩焘耶？家资数十万，盖尚非书吏中之最富者。

（四）第五卷·费行简辟帝[①]狎优之说

沃丘仲子（费行简）《慈禧传信录》于记戊戌政变后辟帝狎优等说之诬，谓："帝独冒群疑众谤，自图改革，而其亲政数年，恭勤守礼，未少游纵，实清代令辟。世或传其吸烟，或传其狎优，皆伪言也。伶人俞庄[②]以技击为帝所赏，给以金牌，时虽有浮议，而亦影响之谈。又谓帝令优人于装中杂西衣进，将变章服；康有为尝献房中药；后对诸臣即以鸩酒强帝饮者。是诸说，非传闻误，则恶异己者所造作，更不足信矣。"语甚允。

近代笔记过眼录

徐一士编撰
山西古籍出版社 1996 年
《民国笔记小说大观》本

《谏书稀庵笔记》[③]

（1）立山豪富妄为

京师官吏致富，以内务府为最易，庚子五忠中之立山，以富厚见称于时，即久官内务府者也。陈氏记其事云："立尚书山，字玉甫，汉军人，其先为杨姓，美仪容，慷慨好

---

① 光绪帝。
② 即余玉琴、余庄儿。
③ 本书即《归里清谭》，（清末民初）陈恒庆撰。原题陈庆淮撰，误。

施，交游至广，善鉴别古瓷古字画，收藏綦富。由奉宸苑郎中洊升户部尚书，为内务府大臣。邸内园林之胜，甲于京师诸府。予与之邻居，起园时，为之擘画，自园门至后院，可循廊而行，雨不能阻。山石亭榭，池泉楼阁，点缀煞费经营。演剧之厅，原为吾家厅事，后归尚书，予为布置，可坐四五百人。时鸦片烟盛行，设榻两侧，可卧餐烟霞，静听词曲。男伶如玉，女伶如花，迭相陪侍。戏剧有不雅驯不合故事者，予为改正之，群呼我为顾曲周郎。凡冠盖而来者，冬初则一色鸡心外褂，深冬则一色貂褂。王府女眷，珠翠盈头。小内监二人，扶掖而至，相见以摹鬟为礼，脂粉之香，馥郁盈室。复有时花列案，蓓蕾吐芳。春则牡丹、海棠、碧桃等卉，谓之唐花，夏则兰芷木香，秋则桂花满院。犹有沪上佳卉，来自海舶者。雕檐之下，鹦鹉、八哥、葵花等鸟，悬以铜架，喃喃作人语，与歌声互答。酒酣灯炧，时已四鼓，宾散戏止，优伶各驱快车出城而去，此可谓盛矣。无何，拳匪乱起……尚书园林被毁，故宅已改建专祠，庙食千秋焉。予于乱中携眷避居北城，兵变后偶过其地，惟望尚书专祠一拜。吾家赐第，岿然尚存，尚书邸之歌台舞榭，仅余老屋数椽，荒烟蔓草，不堪回首矣。尝有句云：'旧日邻家歌舞地，空余老树噪寒鸦。'"盛衰之感，言之有余喟焉。

陈氏又云："内务府大臣素姓者，先为内务府郎中，正逢大婚典礼，一切器皿陈设，归内务府采办。至奏销之日，先造草册，其中浮冒已多。素某阅毕，问同僚曰：'此中浮冒之数，诸君得之，可敷一生享用乎？'咸曰：'足矣。'素某曰：'君等足，吾不足也。请将十字上加一撇，改为千字，此项归我，有罪吾一人当之，与君等无干。'因此富甲京师，且由郎中洊升内务府大臣。日后风声渐露，有人奏参，行将查抄，乃以巨款贿要路得免，仅予革职。家居无事，乃起楼阁，修园林，以大理石铺地，紫肝碎石叠花径。一切器皿皆以银为之，至灶上之温水镣子，亦以银为之。吸鸦片则专购鹿作图（烟之至香美者），烟枪饰以宝石翡翠，每饭后吸二十口，用枪二十枝。都中极美优伶，为之烧烟，烧成，插于架上，床头横列，如绿营之枪架焉。夜则与群优同寝，所最宠之优王姓，美秀如处女，为之娶妻建大房。无何，风流病因之大作，小便一滴不能下。予论之曰：'爱龙阳必伤其阳，此一定之理也。'医者又误投以燥烈之剂，用上等肉桂，一两值五十金，煎成，其香盈室，服至一月，其病益剧。有徐小香者，名优也，往视其病，劝之曰：'行善则病愈。现京中米珠薪桂，饥民流离载道，胡弗发慈悲以济之？'乃予以银券两万，俾其路逢贫民则施之。小香怀之，甫出大门，闻宅内哭声已作，知其弃龙阳而归天矣，年才五十余岁。小香怀款急走，弃其业而归姑苏故里，易名留须，为其子捐一武职，而身为封翁矣。闻素某殁于书斋，诸优伶绕榻而哭。予赞之曰：'伟哉素某，不死于妇人女子之手。'"亦官内务府发财者之一也。改十为千之说，事太儿戏，盖传闻过甚之词，不足信也。

(2) 记京师名伶程长庚等演出之盛

又记京师伶剧事云:"咸同间京师名优曰程长庚,以文人不得志降为此业,持身严正,一介不苟取,名其室曰'四箴堂'。扮老生脚,喉音高亮,演昆曲则平上去入,字字能叶,予犹及见之,菊部称曰大老板。每逢戏园演剧,初开场时,十六七岁优伶,白面拭粉,华衣饰体,群立于场上,作倚门之态。于是纨绔子弟,轻薄狎客,神游目击,望眼欲穿。至四五出以后,后台呼曰'大老板到',则倚门之伶,潜身远避。"

清代佚闻

裘毓麐编
民国四年(1915)
中华书局上海铅印本

(一) 卷一·兔园①

毕秋帆沅开府秦中,幕下时彦,各挟龙阳,多负宠而骄,时与皂隶龃龉,仆从遂动辄得咎。公闻之,不胜其扰,而无如何。诸食客知公之同所好也,各纵之交争而不问,且阴观其赌胜以为乐。一日,公怒甚,于座上正色曰:"快传中军兵将来。"众不知其故,郑重以请。公曰:"署中兔子太多,唤中军与我全行打出,为诸君图清净也。"众默然,断袖之争因以小戢。后公移镇汴梁,幕下男风复竞。公怒如前,有老宿在座,徐曰:"是间恐非大帅兵威所能奏凯也。"公曰:"何故?"客曰:"此处本梁孝王兔园也。"语未终,举坐哗然,公怒亦霁。上有好者,下必甚焉。是故居高位者,不可以不慎。

(二) 卷十·樊樊山《贾郎曲》②

樊樊山《贾郎曲》,诚不免誉之过当,然是曲则诚诗史也。诗云:

> 相逢相识始相思,此人有情犹未痴。
> 澧州公子慕贾午,未见先赋香奁诗。
> 繁钦尺牍诶车子,元相长歌寄管儿。
> 月下如闻环佩响,梦中深费《衍波词》。
> 佩兰弱冠传名字,今也华年三十二。

---

① 参见《履园丛话》(三)。
② 歌咏名优贾璧云。

往日金梁桥畔游，宪王乐府从头记。
结交鼎鼎多胜流，书画英英饶士气。
雪苑春花五万枝，时人总道侬家媚。
流传名花入玉京，声华一日满都城。
公主第中催送酒，岐王宅里坐调笙。
长白山头王气歇，龙种人人亲粉墨。
大行在殡天下哀，二叔酣嬉预歌席。
白头当国一亲王，生子都如元显狂。
父为茄花蒙世诟（谓奶子嬷嬷），
儿因绿草挂弹章。
小年贝勒如獐鼠，心醉贾郎鸜鹆舞。
踪迹朝朝菊部头，优伶辈辈金兰谱。
夜深沉醉酒家楼，笑曳郎裾北里游。
欲得宿花双蝶喜，宁知掩镜一莺羞。
此时温郎绝裾去，小子侯犹色然恕。
身是扬州芍药花，难为斜巷樱桃树。
家有糟糠丑丑妻，肯将扑朔混迷离。
生非春草羞随马，心似莲花不染泥。
都人约略传其事，声价梨园增十倍。
试问中朝士大夫，几人敢拂王公意？
中丞簪花学美女，相公傅粉随歌妓。
十年妖孽满朝廷，不中与郎作奴隶。
可惜金台舞柘枝，说诗不遇鼎来时。
苏卿早日逢双渐，扫地添香定不辞。
沪上楼台绚金粉，郎来争掷缠头锦。
杨柳风吹缥渺音，梨花月照娉婷影。
此时公子抱琴归，消渴文园减带围。
毕竟江东逢卫玠，恍从画里识崔徽。
访素西楼犹有待，
求凤巧遇婺何害（是夕演《棠姜》一出）。
满月难争玉面光，剪淞不尽秋波泪。
老我重看海国春，红氍毹上怅前尘。
《伊凉》久已翻新调，娟态何曾是旧人。

三颗珠沉荀学赞（爱伯①师有《菊部三珠赞》），

五云门泐复堂文（甲戌会试，景和堂五云

最知名，仲修收入《群芳小集》）。

可怜朝市俱非故，忍复春明觅梦痕。

吁嗟乎！春申江上花无数，琉璃笼眼揩花雾。

老坡无复进歌头，吏部犹能商乐句。

小试花丛月旦评，歌台大有流连处。

君不见氤氲海上三朵云，

颜色鲜明青碧素（谓云青、碧云、素云）。

花随人圣盦摭忆

黄浚撰
上海书店出版社 1998 年影印
《民国史料笔记丛刊》本②

（一）易实甫③

汉寿易实甫先生，鼎革后再入都，与予相遘瘿庵④处。后此数年间，游衍之欢，文字之役，不可殚记。［其］辛亥后作，似未见刊行，其中为伶人作者甚多。然先生于诸伶非有何交昵，而诗中好作奇语昵语，世遂哗称龙阳才子，主持风月。以予所知，半非信史。至于寄情丝竹，则当时朝士，十九从同，不过不尽如先生之能文大胆耳。

（二）祁景颐记张樵野⑤

瘿公数为予言伶人秦稚芬锐身送张樵野事。稚芬者，五九也。癸丑春，予常与瘿公访五九于韩家潭，谈移晷。五九为清德宗所眷唯一之伶，予见之时，德宗殁已四年，国祚亦移，五九谈及景皇帝⑥喜自挝鼓诸事，涕犹荧荧然。不久病狂易，入医院矣。……传其祖秦某，亦伶人，五十九岁稚芬始生，故以为小名。饰青衣，为樵野所眷，置宅营娶，皆樵野任之。樵野既以康梁案遣戍新疆，以平日气焰甚高，又在六君子被戮后，亲戚朋

---

① 李慈铭，字爱伯。
② 据该社 1983 年影印民国间铅印本影印。
③ 参见《鞠部丛谭》（二）、《蜚天影事谱》等。
④ 罗惇曧，号瘿庵、瘿公。
⑤ 张荫桓，号樵野。
⑥ 光绪帝。

友,无敢送者,独稚芬送至正定府,故时人称之。其人顾而面微削,唯目美耳,而德宗与樵野皆悦之。

瘿庵《鞠部丛谈》志五九事,上有樊山眉批,所言与予记微有异同,今并节录为参考。"秦稚芬小名五九,为张尚书荫桓所奇赏。尚书以戊戌党祸遣戍,稚芬送至张家口,挥涕而别。戊戌后,杜门匿影,不复与人晋接矣。稚芬能隽谈,熟谙宫禁亲贵掌故,余喜与之谈。光绪间名流,无不识稚芬者。"樊山于其上加小评云:"张尚书并不赏识五九,其遣戍新疆也,由燕而晋,而陕,而甘,亦未至张家口也。至谓五九挥涕而别,更无其事。五九乃其子仲宅所眷,晨夕不离,日以三金畀九和兴饭馆,为秦郎膳费。"予案瘿公所记,唯樵野遣戍行程有误,信如樊山言,五九当时乃送至正定也。樊山所言,乃太武断。樵野与瘿同为粤人,五九与樵野事,众所周知,正不能以其子所喜,乃谓其父未尝识之。瘿公作《丛谈》时,去与予同访五九,约六七年。樊山评此在甲子后,年已八十,容有耄忘,其误亦不足怪矣。

(三)补篇·《慈禧传信录》①

晚清诸帝,以穆宗祚最短,童昏沉湎,遘恶疾以终。其十余年间国事,皆赖其母那拉后将持,帝德无足称也。予旧闻乡先辈某公,旦饮酒肆,闻隔座有歌者,醉中漫叫好,俗例所不许也。即有人掀帘责之曰:"尔何等人,敢漫叫好,欲寻死耶!"某穴隙视隔座歌者一少年,其旁二客,识一人为王庆祺,知必穆宗也,亟遁去,终清世不复入都,可知帝微行之数矣。近人沃丘仲子费君行简,所著《慈禧传信录》关于穆宗者云:"……"此言穆宗与慈禧忤事,至穆宗致病一节,则云:"穆宗虽不学,而敏锐悉朝野情伪,其清文谙达爱仁伊精阿,暇颇拾市井间情状与帝。同治中初,强符珍导之出游,珍荣安固伦公主夫婿,时亦行走内廷者也。珍胆薄,虑致祸,往往避帝。迨载澂入伴读,出少勤,然不过酒肆剧馆,未敢为狎邪游也。倭仁尝遇帝十刹海,爱仁尝遇帝崇效寺,广寿尝遇帝大宛试馆,其他小臣与帝值者,不可胜数也。倭仁每切谏之,广寿嗣值宏德,亦劝帝勿微行。虽纳其言,而事过辄思动。又有奄杜之锡者,状若少女,帝幸之。之锡有姊,固金鱼池倡也,更引帝与之狎,由是溺于色,渐致忘反,两后弗知也。奕谟窥其事,流涕固谏,帝素爱重谟,慨然曰:'朕非乐此,第政事裁于母后,吾已将冠,犹同闲散,特假此陶情耳。今闻忠告,既知过矣,与汝约,亲政后日理万机,非典礼不逾外闱矣。'谟舞蹈,称宗社天下幸。此同治十一年正月事也。已而为帝选昏,孝贞②属意侍讲崇绮女,后③属意将军凤秀女,不能决,令帝自择之。对如孝贞旨,遂立绮女为后,而秀女为妃,

---

① 反映同治帝(穆宗)的一些情况。
② 慈安太后。
③ 慈禧太后。

是年九月大婚。后阿鲁特氏，后谥孝哲者也，庄静端肃，不苟言笑，帝颇重之。后以帝己所生，立后当己为政，而绮女非己所选中，又睹其亦如帝旨，颇亲孝贞，益怒。孝哲体微丰，趋蹡弗便，乃故令奔走以劳苦之，复以其不娴仪节，责让之。尤异者，谓帝行亲政，国事繁赜，宜节欲，勿时宿内寝。帝既时外寝，忽忽不乐，群竖则更导为冶游。师保则倭仁、祁寯藻、绵愉已先死，䜣①自被谴后，惮帝褊急，务承顺，罔敢匡救。清瘇，令医官治之。拟方多温补，服之热且内蕴，继复染秽疮，遂困顿不起。再令医诊视，不敢指为肾毒，则谬以痘症对，然所进药，皆泻毒清燥者。浃月竟瘳，两宫大喜，诏举庆典，晋内外诸臣秩，赦重囚，崇神祀。帝亦以蒙太后调护，且病中承代阅章疏，宜崇上徽号，命各官敬谨预备。此十三年十一月甲寅事也。乃十二月甲戌，帝遂崩。盖疮毒虽除，而腹利泻不可止，适以祀神毕进枣糕，帝食逾量，觉胀，起更衣，微蹶，抚之气已绝矣。"

中国黑幕大观

路滨生编
民国七年（1918）铅印本

（一）初集卷上·军界之黑幕·某军队之趣史②

正于此时，标营中复演一怪剧，剧中主要脚色即蒋戍与陆某也。陆为蒋戍护兵，年可十七八，眉清目秀如好女儿。蒋戍雅爱好之，断袖分桃，情同夫妇。其余护兵有忤陆某者，恒受严谴。缘是陆某愈骄，目中乃无法纪。阅者听之，兵士在军队中位虽至卑，然为正式军人，虽官长不得役使之。乃陆某恃蒋戍爱，时复叱使士兵。有常胜者，军中呼为铁牛，以彼好勇而善斗也。有一日，常胜在兵舍外练习倒走。适陆某至，戏拍其臀曰："来，来。"常胜跃起，问何事。陆某笑曰："队官（指蒋戍言）公馆中有一衣箧，顷拟移置营中。汝既无事，盍即为我致之。"常胜大怒，力唾其面曰："汝以我为何人，乃受汝兔儿叱使耶？"陆闻惭忿交集，亦大叱曰："汝敢出言不逊，汝胆过量矣，吾誓请队官惩汝。"言已返身欲去，常胜拽而仆之曰："汝以队官吓谁？吾念汝年少，故不汝较。今若此，吾不能更恕汝矣。"言毕，提陆挟胁下，飞奔至山麓。缚陆于树，塞其口而褫其袴，以木痛捣其谷道，且捣且詈曰："汝无耻之兔儿，挟老斗以凌士卒，徒恃此方寸地

---

① 奕䜣，同治帝叔父，庆亲王，载澂之父。
② 马前卒撰，记清末新军中的同性恋。

耳，吾当捣碎之以除后患。"（马前卒曰："近来恃方寸地，挟老斗以凌人者多矣，安得铁牛兄一一捣而碎之？"）言时捣益力，血如泉涌。常度陆将死，急驰至家，易衣亡去。逾时有兵过山麓，见状大骇，急为解缚去塞，而陆已奄奄待毙矣。急抱至医官室，乞为疗治，复奔告蒋戍。戍往视之，心痛如割。医官知陆为蒋戍爱人，遂以贵价奇昂之吗啡饮之。陆饮吗啡后始稍清醒，蒋戍私叩所苦，陆低语之，蒋恨常胜彻骨。然彼既逃，无如何也。翌晨陆某死，蒋戍大悲，如丧考妣，千金为之治丧，至今军中犹艳称之。

（二）续编卷下·优伶之黑幕·冯夏之关系①

冯□□为夏□□大弟子，唱花旦，名满大江南北，不可谓非伶界杰出。而不知其与夏有段臭姻缘，非寻常师生所可比拟。冯髫龄，丰貌秀朗，眉目如绘，在群小中有鹤立鸡群之概。（夏之徒有小□□、小□□等，故曰群小。）夏独怜爱之，乃由爱而狎，由狎而玩弄。夏于冯名义上为师生，实则娈童蓄之。夏有季常癖，其与冯暧昧之行，妻氏微有所闻，然未征实不便发作。一日夏置冯于膝，接吻搂项，作种种亵狎状。妻大怒，有顷乃转怒为喜，指冯以语夏曰："是儿娇好如女子，我见犹怜，何况老奴。尔乃视为禁脔，竟不许他人染指耶？"冯知其意有所属，唯唯而已。冯斯时年已十七，肉欲方浓，乃闻夏妇作如是云，顿有所触，囊中之锥急欲脱颖而出。遂假师母为尝试之资，竟不惜以一顶绿头巾置诸先生顶上。尔爱吾娄猪，吾爱尔艾豭，中冓之言诚有不可以告人者。冯自是遂为夏妻专利品，夏再不敢作分我杯羹之想。卧榻之旁，一任孺子鼾睡。即有时目击狗男女猥亵情状，亦视若无睹，从未加以恶声。而夏妇又为之辞曰："吾视彼犹儿，彼年幼，未谙珍摄之术。使与吾寝处，亦聊尽调护之责耳。"故冯在□舞台动辄与夏龃龉，不奉调遣。论者咸谓冯辜恩溺职，而不知冯、夏之间有此一重黑幕在也。

（三）续集卷下·拆白之黑幕·名伶遇大偷②

都门妙伶应人征召，如沪上妓女之应堂差也。有某伶者，歌喉婉转，貌比子都。凡士大夫有筵宴，召侑觞政，殷勤献媚，剧动人怜。眷之者多，积之斯厚。一夕演剧归去，途遇修伟少年，衣服华丽，举动豪迈，俨然贵公子也。见某伶，目灼灼注视不稍瞬，遣仆问姓氏住址而去。翌日停午，某伶赴园演剧，昨夜之少年伺于酒楼之前，邀其登楼一叙。伶素应客，遂不拒却。开樽对酌，绵绵情话，始知少年系某制军之公子也。临别，命仆赠伶百金，伶叩其寓所，不遽告。曰："偶尔相逢，毋烦絮问。"伶转询诸仆，仆曰："公子系某中堂外孙也，中堂性殊严厉，最恶狎昵娼优。公子畏之，故不敢以居处告人。恐或往觅，事为中堂所闻，难免严谴也。"伶遂信之不疑。

---

① 冷眼撰。冯即冯子和，夏即夏月珊。
② 逸述忍涧撰。

阅旬日，复相遇于途。携入酒舍，临行又赠如前数，伶感之。约其至寓，少年谢之。如是三次，乃谓伶曰："某晚当造寓畅叙，惟请守秘密，毋使人知。"伶诺之。届期高车驷马，俊仆三五辈拥少年至。既入伶寓，少年出多金分赏诸人，遣之去。伶大喜，设筵畅饮。未几少年告辞，伶坚留之宿，少年低首踌躇，良久始允。伶大喜，既而解衣并枕，绸缪缱绻，备极温柔。伶举其所有，悉以告之。迨明日家人起，重门洞开，知有异。入伶卧室，伶犹酣睡，呼之不应，而少年已杳如黄鹤。室中箱笼锁皆开脱，始悟少年为大偷。于是设法将伶救醒，告以少年已逸，箧笥已空，伶懊丧悲痛而已。

（四）初集卷上·学界之黑幕·周某程某　云夫撰，记民国初年上海学生同性恋。

（五）初集卷下·优伶之黑幕·新剧家之罪恶　采风撰，记民国初年新剧艺人中的同性恋。

（六）初集卷下·优伶之黑幕·某青衣　冷眼撰，记民国初年京剧艺人与前清官僚之间的同性恋。

（七）初集卷下·优伶之黑幕·赵□□　冷眼撰，记民国初年优伶同性恋。

（八）续集卷上·会党之黑幕·党人　非我撰，记民国初年东京革命党人中的同性恋。

（九）续集卷下·优伶之黑幕·颜有为邹刀魄　乌衣撰，记民国初年新剧艺人中的同性恋。

中华全国风俗志

胡朴安辑撰
河北人民出版社 1986 年版

（一）下编·京兆·北京辇轩录·社会丛谈

北京于□清时代，像姑之风极盛，男操淫业，违背天理，伤风败德，莫此为甚。一般王公大臣，多流连其间，其所以喜逛像姑而不就妓女者，盖其不欲传后于人也。改革后，像姑营业遂干禁例，然阳奉阴违，秘密操此业者，仍所在多有。今之一般捧童伶者，皆醉翁之意不在酒，而将有所不利于孺子也。操此业者，大多为优伶。今之所谓伶界大王、第一青衫及汪派第一人物等辈，其幼时皆系像姑中之佼佼者也。

（二）下编·广东·广东之妈姐

粤俗，中人之家有所谓妈姐者，即佣妇之称，如苏沪之所谓杜姐是也。唯其性质，与别不同，每当黄昏，或夜阑人静，则常见有时装革履者，浑身黑服，头发光鲜（此等装束，粤谓之妈姐装），或三五成群，或独行踽踽，于西濠长堤十八甫一带，出没其间。此种人以一般青年寡妇居多，间或罗敷有夫，而为穷所迫者，亦有乡村少妇，既嫁而不肯归夫家者。闻此等妈姐，尝自立一行，其团体力甚大。有以月得之工资，储蓄为会，或畜少婢，以为货殖者，名之曰妈姐妹。然其中黑幕甚多，一入彀中，弊端百出。

妈姐之性质，不注重于月薪，别具一种思想。其有少年娟秀者，价值亦必较其他为昂。一入主人之家，莫不殷勤侍奉，逾于仆婢，务得主人之欢心。若主人年纪老迈而有少妾或小姐者，则必深得少奶奶及小姐之欢。于是由恋爱而信任，往往有席卷而逃者。否则多方引诱其少奶奶出外为非作歹，一般登徒子多借为引线。若其主人年尚轻而或有少主人者，妈姐必曲意奉承其主人或少主人，日久月累，于是桑间濮上，月夕花晨，而主人不可一日无此妈姐矣。甚或有名为佣妇，而阴为侍妾者。形形色色，不堪尽录。此妈姐对内之手段也。至若公余饭后之时，盛服靓妆，漫游于洋场僻道之中，一般轻薄者，或以语言调笑，作自荐之机，或明讥暗讽，为挑引之资，果属俊俏风流，不难另眼垂青。故粤之嗜此者，谓为淘古井（粤俗以人财两得为淘古井）。此妈姐对外之手段也。相沿既久，甚至有大家闺秀，亦效其装束，盖以其能惹起旁观者之特别注意也。

（三）下编·广东·番禺女子之不落家

大抵主张女子不嫁者，当以女子之生计为重要问题。盖女子确能自立生活，不需男子之扶助，即父母之力亦无依赖之必要，夫然后可言不嫁。番禺土地膏腴，居民多以蚕桑为业，家无贫富，其女子皆能采桑缫丝，一日所得，多则可七八角，小者亦三四角，乡间生活程度固不若城市之高，以此自给，绰然有余。彼辈既有所恃，又以嫁为人间最羞辱之事，于是遂相约不嫁。即为父母所强嫁，亦必不落家。不落家者，嫁后不与丈夫同寝处，越日仍归母家，与同党姊妹为伴，谓不失落于夫家之意也。闻彼辈同性相处，情若夫妻，对于背约嫁夫者，虽无一罚惩之专条，然设为同伴姊妹所知，则预先锢之别室，不令返家。故为父母者，对于其女子嫁期，必先守秘密，时期已近，然后预备密室，闭其女不使外出。女之伴侣必相率而来，仍欲劫之他所，使不得应期成礼。或向之声罪致讨，诘责之，殴击之，致嫁者每有哭叫寻死之举。顾此为朋辈私约，不敌其父母之威权、男婚女嫁之通例，于是彼辈之第一步不嫁主义已经失败，则进而行其第二步之不落家主义。于将成礼之日，先将嫁者之衣服脱去，用布袋将其上下体遍加束缚，更密缝之，以为符记。及次日新妇归母家，诸女伴乃验其带裹线缝之封识，若不符原式者，必相聚而痛殴之，虽父母无如何也。以故新婚之夕，新妇每因抗拒其夫之行使夫权，恒至用武，相视如仇，殊足令人捧腹也。虽然，彼辈若果以嫁夫为莫大羞耻，或以不嫁为免其生育之痛苦、室家之系累，则实行其独身主义亦是一种问题。乃彼于桑间濮上，男女杂作，每多自由恋爱之事，又或不愿嫁其父母代择之男子，而必嫁其自识之男子，亦是一种问题。乃彼既不告其父母以所欲嫁之人，又不愿意嫁其父母所代择之人，又非实行真正之独身主义，不过借不嫁之名，以便其桑间濮上、朝秦暮楚之多夫主义。及至春风暗度，豆蔻含胎，深恐泄漏春光，于己所宣示于人之不嫁主义有所矛盾，则不免有绝无人道之堕胎情事。我恐此种行为，虽持自由恋爱议论者亦当不取，尚有何言者！

至于既嫁而不落家之女子，虽居于母家，究因继续宗祧为我国人公认为人子莫大之责任，彼不落家之女子，不敢公然以个人私心，显违宗族社会通例，于是富者输款于夫，俾其娶妾（在别处娶非不落家之女子），然后一己可以自由。否则年时令节亦必裹粮归夫家，住宿一宵而去（粤俗女子既出嫁者不得在母家过节）。在此一宵间男女同处，未免有情，且距婚期已远，同伴之监督已疏，夜阑人静，事可自由，百炼钢或为绕指柔，固意中事。故不落家之女子，与其所天，经此数次之化合作用，往往发生肉体之关系，而成子姓。既成子姓，不得不正式宣告落家，至是所谓不嫁之贞女，遂一变而为已嫁之妇人，已嫁而不落家之妇人，又再变而为落家生儿之当家妇矣。

吾文至此，已无可述，兹再记一二实事，以为吾文之实证，并以助阅者兴趣。顺德某氏女，于田间妍一男子，爱恋有日，父母不知也，旋以女许配某氏子。新婚之夕，女坐洞房中，见夫来，俯首至膺，不敢迎视。久之，夫欲与合。女不从，夫强之，女悉力抗拒，竟至用武。正撑拒间，其夫忽大声曰："汝毋庸徒事拒抗，试观我为何人！"女闻声诧异，急偷视之，即素所恋爱之人也。又某氏女，嫁后即归外家。此女固多所恋爱，念一经落家，则相与行乐者唯丈夫一人，独乐之乐，不若与众共之，朝暮秦楚，政由己出，乐之至也，因亦不落家。而邻右飞短流长，丑声四播。夫闻而侦之，一日，遇女子林中，见与男子戏。夫亦不言，次日即遣人示意于女，索金娶妾。女积蓄富，立出八百金与之，其夫乃以五百金别纳处女焉。

(四) 下编·广东·顺德女子之金兰契

金兰契俗名夸相知，又名识朋友。其俗不知始于何时，或谓始于丝厂之女工。粤省业丝，以顺德为尤盛。其厂内纺茧缫丝，皆全用女工，其数常至数百人。女工之感情遂日洽，故有择其平日素相得之一人，结为金兰之契，其数仅为二，情同伉俪。后佣妇多效之，浸假而大家闺秀亦相率效尤，遂成风气矣。其内容男界或不能尽知者，其契约成立之手续，必须双方允洽，颇具法律之形式。如双方颇有意，其一方必先备花生糖、蜜枣等物为致敬品，以为意思之表示。若其他方既受纳，即为承诺，否则为拒绝。至履行契约时,如有积蓄者,或遍请朋侪作长夜饮,而其朋侪亦群往贺之。此后坐卧起居,无不形影相随,曾梁鸿、孟光不足比其乐也。契约既经成立,或有异志,即以为背约,必兴娘子军为问罪之师,常备殴辱,几成一种习惯法。按二女同居,虽不能具有男女之形式,实具有男女之乐趣,或云适用磨擦力,或云适用机械的,此言不雅驯,缙绅先生难言之。彼辈更择有后代(即嗣女)以承继其财产,后其嗣女复结一金兰契,若媳妇然,如血统之关系,亦云奇矣。

(五)下编·广东·顺德女子之不落家

不落家之风,与金兰契实有连带之关系。彼女子既有金兰契,遂共约不适人,后迫于父母之命,强为结婚,乃演成不落家之怪剧。不落家者,即云女子已嫁,不愿归男家也。金兰契之风,以顺德为最盛,故不落家之风亦以顺德为独多。女子嫁期有日(粤语谓之知日),必召集一群女子(粤谓之花枝群),作秦庭七日之哭,如丧考妣,其金兰友亦在焉。临过门之夕,嫁者必被带束缚,其状若死尸之将入殓,复饱喂以白果等物,使小便非常收缩。及归宁后,其兰友必亲自相验,若其束缚之物稍有移动,是为失节,群皆耻之,其女必受辱不堪。故顺邑常有娶妻数年,而不识其妻之面者。每岁翁姑寿辰,或度岁度节,非遣仆役至女家恭接数次,不能望其妇一来,即来亦数日即返;见其夫婿,若遇仇雠,夫妇之道苦矣。前十年尝有迷夫教,致其夫于死者,近年此风少戢,但娶妇非数年后,不能望其常来也。

南村草堂笔记

邬庆时撰
民国间番禺邬氏刻本

(一)卷一①

俗谓弟妹嫁娶,先于兄姊为跨头,兄姊不能嫁娶,致误弟妹之婚期者为阻头。阻头不便,跨头不祥,故通常十二三岁即定婚。然有因拣择过严致成阻头者,谓之拣大;父母心急,即草草为之结婚。谚曰:"千拣万拣,拣只烂灯盏。"盖指此也。女子自梳,多于此时为之。亦有伺他家男子夭折,往为服丧者,谓之冒贞。总之,自梳、冒贞以及归宁不返之俗,皆"阻头不便,跨头不祥"之说有以致之也。

---

① 记广东番禺的不落家等风俗。

乡间妇女，视"贞洁"二字最重，足称节妇、烈妇、贞女、烈女者，随处有之；而再醮者则百不一二，间有之，辄为姊妹所不齿，绝之终身；若淫奔更不经见。贞洁自守，相习成风，偶遇干戈，死者甚众。文献不足，乡人仅能言其事，而不能举其人，致轰轰贞烈，皆湮没而不彰，真一大憾事也。宁死不辱之风，今犹及见，间有过激者，因不愿与夫同室，或仰药以死，或乘隙而逃，或罄所积蓄为夫置妾。视居室为大辱，等生命于鸿毛。此为乡间妇女之特性，若能缓和之不使太过，风俗之美，何以尚之！顾自富人之势盛，而婢子之廉耻无存；自由之说行，而闺女之风纪渐坏。滔滔不息，流为江河，良用隐忧，曷胜浩叹！

乡间娶妇，大约过礼后三五年迎亲，迎亲后又三五年而新妇乐家，此固习俗使然，而老婆债亦为一重要原因也。盖贫家娶妇，亦须用数百金，其金多由息借或请会执会而来，是谓老婆债。过礼所用，以至迎亲，恰可清还。迎亲所用，以至乐家，又恰可清还。还清老婆债，然后谋所以养妻子。贫人生计，大都如是。

乡人因女子乐家迟，故早婚者多。中人之家，大约十七八岁便置家，盖待至新妇乐家，亦已二三十矣，不得不早为之所也。若贫寒之家，则娶者迟，嫁者亦迟，而乐家更迟，往往四十乃有子。此富家所以较贫家往往越过一二代也。

乡中多有为子娶妇，至满月后即使之过埠谋生者。夫无怼语，妇亦无怨言。盖徒有夫妇之名，而未有夫妇之实，故皆淡然若忘也。数年之后，其夫归里，而新妇恰亦乐家矣。顾往往有嫌其妇年老貌丑而买妾者，此则家庭之变，抑亦风俗之羞也！

女子出阁后，除过年过节，以在母家之日为多。必俟有子，始肯乐家，否则迟至十年八年者有之。若逼之太甚，则往往轻生服毒死。故为翁姑者，每托词姑病，接妇回家。妇留三两日，又常托词送嫁，仍返母家。谚曰："家婆多病痛，新妇多嫁送。"所谓多者，非真多也，皆托词耳。

乡中女子，习染归宁不返之风。回软即返母家，及将满月，再回夫家数日。此后则元旦、端午、中秋照例须回夫家过节。有不愿者，先时逃去，谓之走节。节后数日，便回母家。亦有终身避匿，不回夫家，亦不回母家者，谓之走密身。迨夫死，乃如常行动。又有为夫买妾，以遂其不返之愿者，谓之赔银，贫家多有之。

（二）卷二

俗呼像姑为契弟，故"契弟"二字，仅用之骂人，而契爷、契妈、契姐、契妹则彼此相呼，毫无忌讳。又谓姘头男女为老契，而契家相称，亦曰老契。习俗相沿，莫能自完其说。然偶或误用，则怒目相向，以为莫大之辱。

契弟为像姑之别名，而盗贼相呼以契弟。

小说考证

蒋瑞藻编　上海古籍出版社 1984 年版

卷八·《品花宝鉴》第一百四十四①

觉罗炳成，字集之，号半聋，因左耳重听也。博览群书，尤熟本朝掌故。工篆隶，善诙谐，世为显宦。而半聋不求仕进，鲜与人通问讯。余于光绪元年入都，居吾乡光侍御家。半聋故与光善，见予篆隶，深相契合，遂为忘年交。其时半聋已五十余矣。一日，与谈《品花宝鉴》中人物，半聋曰：华公子，予曾见之，其花园在平则门外，名可园。余见华公子时，公子已贫，无以自给，拆卖楠木梁柱、山石以糊口。时适夏令，公子留食瓜。少顷，雏婢捧大玻璃盘二，一贮黄色，一贮红色，瓜子皆剔净。瓜叉以黄金为之，柄则翠玉也，其侈犹如此。未几，公子死，几不能成丧礼。公子号华岩，父崇某，群呼之曰崇华岩，乃户部银库郎中玉某之子。玉某者，旗人呼之曰玉八爷。没后以亏空案查抄，家产荡然，仅存一园以自给，故收局如是。徐子云者，名锡，某侍郎也。左手六枝指，故别号锡六指头。其花园在南下凹，即名怡园，今野凫潭、太清观一带，皆其遗址也。萧静宜者，即吾皖江慎修先生也。至田春航、侯石翁，人皆知为毕秋帆、袁子才矣。史南湘即蒋苕生，屈道翁即张船山。梅学士为铁保，而梅子玉、杜琴言，实无其人，隐"寓言"二字之意。至如潘三，乃内城钱粮胡同内兴②靴铺掌柜，姓苏，诨号靴苏者是也。奚十一为孙尔准之子，孙为两广总督，拆孙字偏旁，尔字上截，而凑为奚字。从广东来，故称广东人。其来也，夹带大土无数，至京贩卖，故拆土字为十一，又呼之为老土也。姬亮轩为嵇文恭公后人，游幕者也，隐嵇为姬。宏济寺即后来之兴胜寺，庚子拳乱，曾设坛于此，故洋兵焚之，今改医局矣。寺中方丈善医花柳病，光绪初年余入都，犹见寺门大书专治毒门招牌。田春航与苏蕙芳之事，实有之，所谓状元夫人者。毕督两湖时，大权独揽，招摇纳贿，见诸参折中者，其真名则不能忆矣。魏聘才者，姓朱，号宣初，由一榜补内阁中书，截取同知，捐升知府，在京候选。诗画皆佳，至今其画价直甚昂。玉天仙者，实有其人，名亦未改。朱纳之为妾，后正室死，即以为继室。生子某（案：号雪塍），为名进士。时文最工，为江浙八名家之一，终于工部郎中。作者不知何故讥斥

---

① 引用《那罗延室笔记》的内容，谈《品花宝鉴》，参见《清代野记·卷下·满州老名士》。
② 《清代野记·湍洲老名士》作内兴隆。

之不遗余力，殆有私憾焉。至苏侯即琦侯，而硬扭为田春航外舅，则不可解。孙亮功即穆扬阿（按：即慈安后之父），曾任广西柳州知府，嗣徽、嗣元，即其二子穆四山、穆五山也。高品者，即陈森书[①]，常州名士，即作《品花宝鉴》者。金粟者，旗人桂竹孙也。道光末年，以同知署常州知府，出资刻《品花宝鉴》，后因案革职，贫不能自存。群旦中唯袁宝珠原姓原名，即云南甘太史为之自尽者。咸丰季年，其人尚存，然门前冷落车马稀，无人过问矣。其余如王文辉、王恂、颜仲清、李性全、王胡等，皆实有其人，不过姓名皆更易矣，不可枚举也。道光季年，《品花宝鉴》未出版时，陈森书挟钞本，持京师大老介绍书，遍游江浙诸大吏间，每至一处，作十日留。阅毕，更之他处。每至一处，至少赠以二十金，因是获资无算。半聋少时，随其父浙江粮道任。陈至，留阅十日，赠以二十四金，彼犹以为菲薄也。

春明梦录

（清末民初）何刚德撰
山西古籍出版社1997年版

卷下·京官挟妓挟优纪略

京官挟优挟妓，例所不许；然挟优尚可通融，而挟妓则人不齿之。妓寮在前门外八大胡同，麇集一隅，地极湫秽，稍自爱者绝不敢往。而优则不然，优以唱戏为生，唱青衣花旦者，貌美如好女，人以像姑名之，谐音遂呼为相公。其出色时，多在二十岁以下。其应召也，便衣穿小靴，唱曲侑酒。其家名为下处。下处者，京中指下朝憩息之所为下处，故借以名之也。若就饮其家，则备十二碟以下酒，酒后啜粥而散，名曰"排酒"。酒钱给京票四十千，又下走十千，按银价不及四金也。或在其家请客，名曰"吃饭"。吃饭则视排酒郑重，一席之费，多者廿四金，少者亦必在十金以外；下走之犒，则随席之丰啬而定。其馔较寻常酒馆为特别。余曾为龚蔼人方伯所约，在□□□之祖□巧玲家，食真珠笋一味为最美。盖取蜀黍初吐颖时，其小如珠，摘而烹之，鲜脆极可口。余在苏赣宴客，因署后有蔬圃，每仿制之；然一盂所需，已踏破半畦蜀黍矣。京官清苦，大概只能以排酒为消遣。因下处甚清雅，夏则清簟疏帘，可以观奕，冰碗冰盆，尤可供雪藕浮瓜之便；冬则围炉赏雪，一室烘烘，绕座唐花，清香扑鼻，入其中皆有乐而忘返之意。像姑或工画，或知书，或谈时事，或熟掌故，各有一长，故学士文人皆乐与之游，不仅

[①] 当为陈森。

以顾曲为赏音也。然此皆闲曹年少时为之，若官跻卿贰，年逾耆艾，则仍屏绝征逐，以避物议。尝闻潘文勤平时最喜一善唱昆曲、兼工绘事之朱莲芬，及任侍郎，便不与之相近。而莲芬年节前往叩贺，文勤必袖廿金银券，出而亲授之，一见而别，至老不衰，都下传为韵事。盖优之风雅，远胜妓之妖冶，故禁令虽同，而从违不必一致也。后来下处渐消灭，而妓寮则车马盈门，毫无忌惮，此亦世变之相因而至者也。

话梦集

（清末民初）何刚德著
北京古籍出版社 1995 年版

卷上·郎潜忆旧三十二首

风流置酒少年场，脆管帘栊梦未忘。
今日梅村萧瑟甚，吴趋无处觅王郎。

相公下处，京师伶人所居也。京伶名曰像姑，转音则曰相公，其居宅曰下处。朝官下朝憩息之所谓之下处，相公亦称下处，宠异之也。其址在八大胡同，与妓寮杂居而陈设独清雅，字画亦可观，京僚多于是寻乐焉。今则妓寮盛，而下处竟灭，斯亦可以觇世变也。

旧京琐记

（清末民初）夏仁虎撰
北京古籍出版社 1986 年版

梨园所供之神，群呼曰老爷，庙曰精忠。子弟分二派：曰"科班"，入班曰"坐科"，专门学戏者也；曰"私坊"，虽亦学戏，其本业则应招侑酒，所谓相公是也。而皆隶于庙，故同业相争而判曲直曰"上庙"。

伶史

穆辰公撰
民国六年（1917）铅印本

（一）卷一·侯俊山本纪

侯俊山者，名喜麟，张家口人也。幼时貌极姣好，聪颖绝伦，虽大家闺秀无其娟洁。以家贫，辍学而习优，角为小旦。十三岁即有声于时，号曰十三旦。或曰旦角为类十有三，俊山兼能之，故名。及长，声益震，因来京师。京师显贵见之，惊为仅有，大都颠倒迷离，忘其所以。有断袖癖者，则故饰美姬以饵俊山，冀遂所欲，顾夫人已赔而俊山终不可得。

（二）卷一·杨桂云世家

杨小朵者，桂云长子也，幼时为德春[堂]少主人，艳名满天下。小朵为人温婉有娇憨之态，承家学为花旦，所工剧为《盘丝洞》、《闺房乐》、《五彩舆》，有时演《双铃记》、《双钉记》等戏，其淫狠之状，亦复可畏，此则亲炙于乃父者也。当其少艾时，京师士大夫莫不趋之若鹜，以一亲芳泽为荣。有南客方候铨都门，偶见小朵，魂几消。因百方夤缘，得入其室。数年资产荡然，尤不忍去，日徘徊于小朵之门。会签分江西某县，友人为措资促其赴任，不听，且高吟曰："愿为小朵门前狗，不作江西七品官。"时人传为笑柄。又有某南客，雄于财，雅昵小朵。一日小朵告贷于客，客曰："卿需钱，不敢靳。特尔我交最久，顾无迹足以表此情者，若能与我合拍一照，虽千金不惜也。"小朵许之，照成，为状殊亵。客持遍示所知，小朵闻而大窘，卒以三千金赎还之。或曰：客江南巨骗也，知小朵富，故先诱以利而得其证，后乃以此猎取多金。为术虽工，然亦太毒矣。小朵自遭此创，遂不敢滥交。

（三）卷一·田际云世家

际云生平最恨私寓，以为是伶界羞，常蓄志革之。宣统三年，遂决计呈请禁止私寓。呈未上，适为私寓中之有力者所闻，以钱买某御史，上奏伶人田际云勾通革党，时编新戏，辱骂官府，宜科以应得之罪。三月十九日被步兵统领衙门官兵锁去，送交地方审判厅。查无实据，系狱百日释出。民国成立，仍请禁私寓，蒙内务部及外城总厅批准，于是私寓营业遂除。

清代野史

辜鸿铭,孟森等撰
巴蜀书社1998年版

《慧因室杂缀·某太史》[1]

都中士大夫,徜徉于像姑之门,好色不淫,自矜风雅。若马樱花下,胭脂坡前,偶有所眷,辄复笼灯夜走,讳莫如深。一则习尚所趋,众醒我醉,不免为人所讥。一则挟妓冶游,例须革职,巡城骢马,时有走避之虞,故咸、同以前,女闾营业极不发达。光绪中叶以后,禁网渐弛,趋之者众。于是北班、南班,艳帜高张,生涯鼎盛矣。旧例,于娼寮中为巡城御史械系以去者,无敢言真姓名,张三、李四,随口混供。诘朝模糊取保,或遣人顶替以出,否则朝上闻,夕褫职矣。同治季年,江西某太史,少年科第,翩翩自喜。又新自某省典试归,宦囊充牣,恣意冶游,哀丝豪竹,作长夜之欢。适某侍御巡城过之,见其服饰诡异,以为市井间浮薄少年,笞之三十。太史为保全功名计,隐忍受辱,讳不敢自承。比释归供职,则昨宵街头袒衣受杖者,固依然木天清秘之选也。太史虽受挫折,尚幸其事隐秘,外人莫知,比相黄粱一梦。而其近仆挟持其短,恣为需索,稍不遂意,则隐词廋语,侵陵及之。太史无可如何,愤郁辞职去,不知者方誉太史之襟期高尚也。

菊部丛谭

张肖伧撰
民国十五年(1926)
上海大东书局铅印本

(一)歌台摭旧录

名伶之以义声著者,颇不乏人。路玉珊、王楞仙、朱文英之哭殓立豫甫,当时亲戚故旧皆畏罪不敢收尸,而路伶等毅然为之。

---

[1] 星珊撰,谈清代北京的禁妓政策。

（二）歌台撼旧录

百顺胡同、石头胡同等处，为伶人私寓最密之所，该地几有一二百家之伙。余所知者，如武升对门为西安义堂主人胡喜禄所居，松瀛小班①为桐华堂主人任小凤所居，兰仙小班为保身堂主人刘赶三所居。此外如宝凤、双树、春华、山泉、江苏李寓、翠兰、春艳、武升等处，皆有名私寓之所。自南妓入都，伶人利房租之值，遂移居，以宅税于南妓。于是百顺、韩家潭、石头诸胡同，遂一变而为楚馆秦楼矣。即伶人私寓沧桑之变，亦随金钱为转移。吁，金钱之力可畏哉！

京华春梦录

陈莲痕撰
民国间广益书局铅印本

（一）第一章掌故

帝城春色，偏嗜余桃。胜朝②末叶，风靡寰宇。今之寒葭潭③、陕西巷等处，皆昔之私坊艳窟。鼎革后云散风流，都成往迹。于是倡家代兴，香巢栉比。南国佳人，慕首都风华，翩然莅至。越姬吴娃，长安道上，艳帜遍张矣。

小班所居之地，大半皆前之私坊旧址。如鸿畅阁即颖秀堂，春艳院即安华堂，素云班即韵春堂，红韵阁即复春堂，聚美园即国兴堂。举一反三，可得而寻。阴盛阳衰，其亦潮流之所趋乎？但在像姑极盛时代，伶终不敢谒妓。猝然相遇，必请安称姑姑。清末，伶渐纵恣，与妓会晤，请安称谓之例已不可见。民国初元，像姑风革，伶人以优隶贱质，一跃而为艺员。乃益放肆，日事冶游，妓亦不以前例相绳，并几视伶为客矣。迄于嗣倾，习尚放浪，妓之无耻而善胡调者，且以狎伶为荣。

（二）第五章丽品

绿云，沪妓，移帜来京，隶凤霓院。年逾花信，芳誉未减。所交多显宦，积赀颇不菲。某银行总裁马二先生，与姬有宿欢，遂贮姬于金屋焉。二酷嗜断袖癖，与名伶梅某夙有衾裯之好。纳绿云后，又唆令绿云与梅伶成欢。绿云固荡者，伊人如玉，宁不爱慕？

---

① 高等妓院称为小班。
② 清朝。
③ 韩家潭。

而梅亦利绿云色，因谐密盟。扑朔迷离，闺中多趣事焉。

(三) 第八章琐记

迨新世界开幕，邀吴秋琴、钱天吾、沈侬影等至。甋甀乍登，目成心语。卸场返寓，兼操神女生涯①。北里②姊妹，多与之结手帕交。或谓若辈擅秘术，即海上③之所谓磨镜党。以是游客艳姬，趋者麇集，而若辈乃大获其利。久之，有司微有闻，勒令出境，遂襆被长征，不复见诸京国矣。

戏班

齐如山撰
民国二十四年（1935）
北平国剧学会铅印本

第五章·起阁④

从前各大戏班皆有一大处所，在班之人同住同吃，以便每日排戏方便，不必再往各脚家中现约，此即名曰公寓。四大徽班以及他班皆有之，最初亦因大家一同来自南方，皆无住处，故须有公寓之组织。但有名脚进款较多，嫌公寓人多，饮食起居皆有拘束，故另租一房自己居住，此即名曰私寓。因北京居家，门口皆有堂号，故此亦曰某堂号或堂子，初非贬辞也。自住日久，又系好脚，自有友人介绍小孩前来拜师求学，此即名曰私寓的徒弟。因与师父同住，饮食较优，且徒弟较少，亦比公寓中公共教育者进步速，故人多乐入私寓。于是师傅挑选较严，聪明俊秀者方能入选。因此则私寓之徒弟，自然而然较公寓中之徒弟易出人才矣。偶有师傅之朋友来寓，亦皆如家人父子，同起同座，共桌而食。于是友人中因恭维师父，尊重徒弟之意，特呼之为相公。则"相公"二字不但非贬辞，且与官宦人家一样，极美称也。近人不知，书曰像姑，土气极矣。过从日久，交谊较深，偶请他客，亦得约来陪食，此与现在请特客须请陪客之情形亦同。至其中有不良份子，则又何界无之，又何必专罪戏界乎？此私寓之大致情形也。

---

① 卖淫。
② 妓院。
③ 上海。
④ 谈私寓、相公的情况。

齐如山回忆录

齐如山撰
宝文堂书店 1989 年版

（一）第六章

再谈谈言情的戏，前边说过，中国没有真正言情的戏，有之则是极端龌龊，说不到"言情"二字。按旧有言情的戏本不少，当初编演的时候，也不会象后来那样猥亵，后来所以那样不堪者，也有它的原因。一因乡间的人脑思都粗浮，作演戏的时候，若演的恰到好处，适可而止，那观众便以为不够看，且有许多人未看明了，他们不会欢迎。到演的过了火，文静人看着已经不堪了，可是大多数人高了兴，都喝起彩来，演员们为迎合观众的眼光，就越演越往猥亵里变化，所以演成这个样子。二是因为北京城内，自乾隆年间，禁止妇女入戏园后，则观剧者只是男人，于是演员便更肆无忌惮，遇有言情戏，则都竞争着往猥亵里演，一个比着一个粉。乡间演戏，演的太粉喽，还有人干涉，北京则倘官场不管，便无人干涉，于是各演员更是为所欲为，闹的真是不堪入目，岂止有伤风化而已。到了民国后，这些戏就一概被禁止了。

（二）第八章

私寓又名相公堂子，这是个怎么的来源呢？前边凡是大班都是公寓，同吃同住，以便大家排戏、对戏方便。但是起居饮食，人各有不同之点，非将就大家不可，自己当然觉着不方便，凡有钱的好角，都要自己租房居住，于是自己便要招收几个徒弟，以备将来得其资助。这种徒弟待遇较优，衣食住宿都与师傅差不了多少，有许多戏界子弟都愿入此，所以收徒弟时，较为严格。演戏天才薄弱者不收，面貌不美者不收，身材不合式者不收，他所收的，可以说都是优秀子弟，身材面貌多半是美的，演戏的天才也相当优越，所以也出来人才很多。不但出来的人才多，且多数都通点文墨，这也是个原因，因为面貌秀美，所以有许多文人愿同他们来往。在平常时候，翰詹、科道、六部等衙门，不敢逛相公堂子，与他们常来往的，多是经丞书办，或内务府人员，再就是大员家不自爱的子弟，这些人文墨都不深，于他们没什么益处。惟独到了乡会试的年头，各省来京应考的举子，无拘无束，他们爱干什么就干什么，他们最爱往相公堂子跑，而且文墨也较高，因为想在相公前献殷勤，所以常常给他们讲讲戏词，或改改戏词，或讲戏中的故事，那一出戏的来源等等，由此这些徒弟们自然就得了好处，念词念字，都比科班徒弟讲究一些。在光绪年间，这种私寓前后总有一百余处，光绪二十六年以前四五年中，就有五六十家之多，韩家潭一带，没有妓馆，可以说都是私寓。所以出来的人才较多，戏界的名角，由这种徒弟出身者，不到一半，也差不了多少。

（三）第十四章

庚子以前读书的规矩人，固然不同戏界人来往，就是六部九卿各衙门之真正官员，也难能到戏馆子中听回戏，翰林院、詹事府、科道御史等衙门之官员，更加谨慎。那么彼时与戏界来往的都是什么样的人呢？这才说到正文。一是来京会试各省的举人，二是经丞书办人等，三是内务府人员，四是不规矩的大员子弟，五是炉房、大银号之掌柜等等。

在光绪庚子以前，北平戏剧虽然极为兴盛，但看戏总算是不规矩的行为，所以彼时内城绝对不许开戏馆子，妇人女子绝对不许看戏。男子看戏虽不在禁例，然够一个学者资格的人，他自动就不会看戏（团拜庆贺之堂会戏除外），官员更不敢在戏馆子中请客看戏，不但怕御史参奏，而也怕古板的亲友议论，总于官箴有玷。惟独来会试的举人，则无拘无束，行动诸处自由，没人敢管。这也有他的来源，现在附带着谈几句。中国税关中的人员，向来是极骄横的，崇文门税关监督更甚。在乾隆年间，一次有一旗人在外省作总督回京，当然是发了财，到了芦沟桥（崇文门之分卡），大受勒索，把他的箱笼毁的不少，他气极了，蒙皇帝召见的时候，他就把崇文门税关的恶劣，在皇帝面前告了一状。结果乾隆说："你在外边剩几个钱回来，分给他们几个花，也没有什么关系。"他这一状算白告了，只好忍气吞声完事。可是这一来不要紧，这个崇文门衙门的差役，却越发没有人性了，但人民敢怒不敢言。次年适值会试之年，有南方来的赴考举子，也被他们大为留难勒索。在中国几百年来，凡应考的士子，无论会试、乡试、小考（考秀才），都是受优待的，会试的举人，更没受过这种虐待。于是口角，且至动武，把举人也打了，箱笼书籍也毁了。这些被害的举人，进了京跟御史一说，于是御史参了他们一本，说的当然很严厉，乾隆一看大怒，下了一道上谕说：对于崇文门之不法，早有所闻，不想对于国家之几个穷读书人，也这样侮辱，殊属目无法纪，着查明行凶之人，即行就地正法，枭首示众。于是杀了三个番役，而崇文门监督一堂官员也都担了处分。自此之后，无论大考小考，凡应试之士子，可以说是没有人敢得罪了。尤其是会试的举子，由本省起身进京，无论乘车乘船，上边都插一小黄旗，上写"奉旨会试"四字，沿路关津见到这个小旗，就得特别优待。最显明的是运河中的水闸，连国家的运粮船，也得等到照例放闸之时才能通过，唯独会试举子之船，叫闸就得开闸。到了北京以后，更是自由，他们不是官员，没有衙门管着他们，又不是本地人，而且是会试的举子，地面官也不敢得罪，尤其是中了进士，点了翰林，更为放纵。按中了进士分四级：一级为鼎甲，翰林；二级为主事；三级为知县；四级为中书。主事、知县、中书三种，一贴榜便算受了职，已有衙门管辖，唯独翰林，发榜之后还不算受职，就是入了翰林院，也不过是庶吉士，仍不算正式之官员，所以在这个短期间特别夸耀放纵。他们在这个期间用的名片，都是二尺长的梅花纸，最小者也有一尺多长，字则大的四寸见方，最小者也有二寸。这不但主事、知县等不敢用，连状元也不敢用，因为状元一发榜，便是翰林院修撰名分，总算是有了职务，是国家的官员了。因为这种种情形，所以会试的举子到了北平，多要大大的玩乐玩乐。玩乐的方式，多半是嫖妓及跟相公们来往，想要跟相公们来往，就难免多看戏。尤其是广东人最爱这一手，他们又多有钱，戏界人也多欢迎他们，其次就是江浙人。每科出榜之前，必有花榜、菊榜，这大多数是广东、江浙老爷们干的。他们借着这个来捧自己心爱之人，且可以拉拢认识许多相公，而相公因为想名列前茅，也特别与这些人近乎要好，于是两边便打成了一片。我们平常认识会试的举子，差不多也就是认识本省人，因为这种情形，有时候各省的人都可认识。这些人中，也有才子，也有名士，比方编《燕兰小谱》、《日下看花记》等书的人，多半都是这类人物，若认识他们也可以多知许多事情。

经丞、书办这个名词，现在有点陌生，总之是衙门中真正办公事的人，各衙门都得有他们，所有公事都归他们起稿经手。各部的堂官司官，如尚书、侍郎、郎中、员外郎、主事等等虽不下一百多人，但只是书押署名而已，所有公事公文等等，都归书办主持，有清二百多年，永远是如此。他们的拿手，就是熟于大清律，记的以往成案多，所以办出公事来，官员不易驳回，各衙门的大权都在他们手中，凡遇到公事，或准或驳，其权在他们手里。他们这一门的人物，我认识的很多，不但没有学问，而且文字都不深，只是可以能撰公事文就是了。身份亦相当卑，见官长回事之时，没有座位，永远立回。他们地位的名词，叫作吏，而不是官，他们有钱当然可以捐官，但无论捐了什么官，他到本部来则仍是吏的资格，虽见最低的官员（如主事等），也得站立回事。就是私下亲友间有婚丧事吃饭，他们也同官长不能坐到一起。这一行人，又没有学问，又没有地位，可是因公事批驳批准，权都归他们，这当然就是发财的机会，有人上一件公事，想请批准，就得在他们手里花钱，所以这行人都是很富的。学问固然没有，道德也不很严肃，而又有钱，那当然免不了玩乐了，所以他们认识的戏界人很多，且多有来往。由戏界人的关系，也可以认识他们许多人，我由戏界间接认识他们，固然不少，但因他们住在前门东西，庚子德国军队驻此时，他们常求我帮忙，所以由彼时就认识了不少，且有许多有相当的交情。认识这一门的人，可以知道许多特别事情。一是他们对于外城玩乐的事情多在行。二是可以知道许多公事的情形，比方认识吏部的书办，则于官场升迁调转各种手续过程可以知道很多。认识工部的书办，则于国家各种工程的情形多知道许多。

内务府与戏界的关系，前边已经谈过，兹不再赘。不但戏界归内务府管辖，连开戏馆子也一样的得报内务府，所以演戏的人及开戏馆子的人，对于内务府的官员，都是特别敷衍。内务府与其他所有的衙门，固然同是国家的官员，但所管的事体则完全两样。别的衙门所管，都是国家的公事，他所管的，都是皇室的私事。比方按礼节说，所有的大庆典，如万寿、大婚等等，都归礼部会同内务府办理，而宫中之各妃嫔、皇子等之小生日或满月等等这些礼节，则只是由内务府一个衙门办理了。再如工程，宫中大的工程，是由工部会同内务府办理，小的则只由内务府主办了。总之是宫中的事情都归它，国家大事如凯旋献俘等等大典，是没有它的事，但若演戏庆贺等等，就又离不开它了。若认识了他们，则宫中琐事，就可听到很多。但这个衙门的人员，都不大容易认识，因为内务府的旗人，在旗门中地位是很卑下的，见王爷都得自称奴才，旗门中的人多瞧不起他们，不愿多所来往。他们同汉人更少接触，所以与他们认识的机会更少，可是他们跟戏界人来往较多。因为戏界归他们管，演戏方便，特别好演堂会，所以每一位内务府大臣家中多有一个戏台。比方《红楼梦》与《儿女英雄传》，这两部小说作者都是汉军旗人，曹雪芹是内务府的人员，所以贾家有一点庆贺事情，总是唱戏。而文铁山乃读书人科第出身，所以安公子点了探花，提到演戏，就把安水心吓的那个样子，这是旗门中普通的情形。

　　大员子弟中，好的自然很多，坏的可也尽有。不过北平城内，总是车毂之下，与外边不同，又有御史一行的监视，所以北平的大员子弟，没什么伤天害理的事情，所谓坏者也不过吃喝玩乐，逛窑子听戏，与相公们来往而已。跟他们谈起话来，另是一个境界，他们不爱谈政治，而最爱谈人的私德，他自己家的事情，也往往说出来，就如同《红楼梦》中，贾蓉说"脏唐臭汉，何况咱们这样人家"等等的这些话。有的不说自己，而专爱谈别人家之私事，虽然谈的是私事，而往往牵涉到政治。有的一种公事或一件案子，在公文方面，常常是假的，而他们所谈，则往往是实情。于他们谈话中，可以听到各大员彼此间之暗潮，更可知政局的实际，因官场平常不肯说这些话，而他则谈的津津有味，且毫无顾忌。

　　大银号这个名词，人人知道，炉房二字知道的就很少了。以往不必说，在前清二百余年，握北平银钱业之实权者乃炉房。各省解交户部的帑银，运到北平，得先交炉房，由炉房化开另铸后，方能送户部交纳。否则任你银子成色多好，该省总监督努力有多大，你把银子送到户部，经银库中的人一验，必是成色不好，部中不能收。所以必须先送炉房，他们验收后，说成色欠多少，解运官员把银子所欠成色应用若干补足后，由炉房收足，解运官员就不用再管，他铸好就直接代你交到户部了。所得补成色的银子，当然是与户部银库上的人员分肥，所以开炉房是很发财的，不过北平只有七家（记得好象是此数），都在前门外街西珠宝市一带，再想多开是很难的了。所有汇票庄，是在全国有势力，因为全国的汇兑，都在他们手里，到了北平，倘与户部有接头的事情，则也非由炉房代办不可，所以票庄也得仰他们的鼻息。但这种炉房信用倒很好，他们所铸交户部银库的元宝，成色都靠的住，每一元宝都印有他们炉房的戳记，无论何种买卖，见了他们字号的元宝，都极相信。比方银号彼此有来往，或商家彼此有何款项的交涉，经炉房中间有一句话，便可照办。这与西洋国家银行的资格也差不了多少，所以买卖非常阔绰，每逢请客总是吃饭听戏，吃饭总招相公陪侍。在光绪年间有一个时期，如招妓女陪侍，仿佛不够阔绰，不够局面，所以必招相公，各省来京的解饷官，想得他们的帮助，于请他们吃饭时，也必招相公侑酒，所以他们与戏界多有相当的往来。我们若作大买卖，则当然会认识这行人，否则是难得看到的，由戏界间接认识，则很容易，不过我认识他们，则多半是光绪庚子以后几年认识的。他们虽没有学问，也不懂政治，但谈起国家金融的情形、财政的盈亏等等，则说的头头是道，而且说的是实际。

李家瑞先生通俗文学论文集

李家瑞撰
台湾学生书局 1982 年版

二十八·兔子考[①]

在北平年青貌美供人玩弄的优伶，通称为相公，俗称为兔子。有人说相公即是像姑，言其像姑娘们，这且不管他；俗称为兔子，那才实在不可解。《辞源》"兔"字下说：

> 俗称娈童为兔，取《木兰诗》迷离扑朔，雌雄莫辨之义，以男子而近于妇人也。

这解释我觉得太古雅了一点，引车卖浆的人口里说的一句俗话，恐怕不会有这样深的意思。据我所知道，"兔子"这个名词，有很长的历史，是从乾隆年间的档子变而为顿子，又由顿子变而为囤子，再由囤子变而为兔子。档、顿、囤、兔，都由音近而转变的。我们且看乾嘉时人所说的档子是甚么样人。汪启淑的《水曹清暇录》说：

> 曩年最行挡子，盖选十一二龄清童，教以淫词小曲，学本京妇人装束。人家宴客，呼之即至。席前施一氍毹，联臂踏歌，或溜秋波或投纤指。人争欢笑打彩，漫撒钱帛无算，为害非细，今幸已严禁矣。

[①] 原载于 1936 年 3 月《天地人》半月刊第 2 期。

这种人自然就是后来的相公，也就是俗呼的兔子。因为只有音而没有写定的字，所以各人写的不同。蒋士铨《京师乐府词》里有咏"唱档子"的诗一首，记的也是这种人，而"挡"字却写作"档"。那诗是：

作使童男变童女，窄袖弓腰态容与。
暗回青眼柳窥人，活现红妆花解语。
憨来低唱《想夫怜》，怨去微歌奈何许。
童心未解梦为云，客恨无端泪成雨。
尊前一曲一魂销，目成眉语师所教。
镫红酒绿声声慢，促柱移弦节节高。
富儿估客逞豪侠，铸银作钱金镂屑。
一歌脱口一缠头，买笑买嗔争狎亵。
夜阑卸妆收眼波，明朝酒客谁金多？
孩提羞恶已无有，父兄贪忍终如何！
君不见莺喉一变蛾眉麽，斜抱琵琶定场屋。
不然去作执鞭人，车前自理当年曲。

这种档子，装男作女卖唱酾歌而外，又供客人狎亵，岂非后来所谓的兔子？戴璐的《藤阴杂记》也说：

花档子散处前门左右，鲜衣美食，一无所能。色衰音变，则为弹手，教演幼童。若无资，即执鞭赶车，否则入鸡毛房矣。

大概这种档子在乾嘉时候最盛行，所以还有组成班的，有似后来相公堂子。杨懋建在《京尘杂录》[①]里说：

无为李少泉言："嘉庆初年，开戏甚迟，散戏甚早。大轴子散后，别有清音小队，曰档子班，登楼卖笑。浮梁子弟迷离若狂，金钱乱飞，所费不赀。"今日虽有档子班，但赴第宅清唱，如打软包之例，不复赴园般演矣。

这些都是文人，他们都称这种卖淫的童伶为"档子"，但当时的俗人都称这种人为

---

① 即《梦华琐簿》。

"顿子"。无名氏的《燕京杂记》说：

> 优童外又有剃头仔，名曰远蓬，又有顿子房，惑人者不一而足。常言男盗女娼，今则男娼女盗。

又一无名氏的《都门竹枝词》也说：

> 聚赌严拿与宿娼，软棚一律入弹章。
> 裤裆扯却当堂验，底事便宜顿子房。

"顿子"或又作"囤子"，自是一音之转。如得硕亭的《京都竹枝词》道：

> 徽班老板鬻龙阳，傅粉薰香座客傍。（甚于当年囤子。）
> 多少冤家冤到底，为伊争得一身疮。

这三书都是乾嘉时代出的最通俗的书，而称当时的档子，或作"顿子"，或作"囤子"，可知道他记的是人们口上的俗话，微与文人笔下的字略有不同，其实都是这种童伶男娼的外号。"中央研究院"藏百本张曲本有一本名《逛顿子房》，是马头调曲本，其中叙述的人，就是现在所谓的兔子。因为这书外面很不易得，我们把他钞在下面，用以证明古之所谓顿子，即今之所谓兔子。

> 有一个乡下的孩子，董村祖居。白莲教的徒弟，不知他的名字。年方十四他母已死，剩下他父子。皆因家寒难度日，少穿又无吃。无奈何奔京师，一路儿要钱讨饭吃。这一日来到了金鱼池，遇见了个亲戚。叫了声"太爷"拉住衣，眼泪汪汪苦苦的央唧。"总得赏我们碗饭吃"，闹的个捞毛的也无了主意。亏他的眼皮儿杂，荐到洞（顿）子房里。老头子管账，带买东西。他儿子甚有出息，换他套华丽衣。打了条抛松的辫子，学了些哄人的话语。排就了见人的规矩，拾掇的粉堂（团）花儿似的。真有趣！为的是崩银子。百合园的大掌柜的闲消遣，爱上了这个孩子。叫了桌酒席，猜拳行令，说话投机。筵席撤去，褪下裤子，紧紧搂着，小手儿摆弄东西。只觉得一阵疼起，不敢叫唤由他去。合了式就爱吃，不多时一连数次。事儿完了，大眼睁着，带着他到局儿里。见了鸨儿请安毕，赏了对荷包，两锭银子。夫妻俩商议，认他作干儿子。料理家里的事，将女儿配与他为妻。择选吉日请分子，局儿里摆筵席。从此后，舒心乐意过日子。

书目上题的是《逛顿子房》，而本文里却是《洞子房》，可见当时这男娼的外号，还没有写定，大家只在口头上有那个音就是了。后来这个音和十二属里兔子的名字相近，渐渐的就转变成兔子了。因为他便于记忆，又已有现成的字，所以就固定不变了，其实和兽类的兔子渺不相干。

枕流答问

周志辅撰
香港嘉华印刷公司 1955 年版

十二·谈相公

问：齐如山氏著《国剧漫谈》中，有《国剧中五种大戏之盛衰》一篇文字，中间述及当年"相公堂子"情形，未知确当否？

答：齐君所言，自是当日实在情形，惟君本北人，对于此中名称来源，尚未详尽，兹略述之，以补其未备。齐君云："相公堂子，又名私坊下处。"案"私坊"二字，本由俗语中"私房"二字蜕变而来，此两字在南方俗语中，根本并无恶意，到北方则因无此名词，遂为人联想到"教坊"而讹写为"私坊"，成为专门称呼，且与"相公"二字连带而变成坏名词。实则"相公"名称，在南方商贾人家，称小郎均如此，称少女则为姑娘，犹如北方官宦人家之呼少爷、小姐也。后来相公、姑娘，均沦为淫贱之称，而南北方称呼统一，无不惟少爷、小姐是尚矣。清末伶官多来自苏扬，到京落脚，临时寓所统称"下处"，其戏班人众群居之地，名曰"大下处"，其班中人称好角为"老板"，称其子侄、徒弟辈为"相公"，称其所居为"某某堂"，皆江淮间习俗惯例也。在清末同光年间，南方士大夫家亦多自立堂号，虽父子兄弟，堂名各异，以分立门户，此固一时风气也。当年伶人学艺，固有科班之设，惟老板所携来之子弟多为南籍，一因言语隔阂，不能入众，二因娇惯性成，不忍使之吃苦，故只好在家习艺。或自传授，或请名师，俟学成时即再另起堂号，以示能自树立，遂亦收徒授艺，展转衣钵相承。凡私房子弟，在未出师前，可以在某戏班中借台练习，至出师后，亦可搭班售技，法至良而意至善也。所以北京梨园子弟，以科班出身与私房出身为两大系统。当时私房子弟，以年青貌都，大多数习为旦角。后来子弟浮薄，行为不检，而达官贵人从而利诱，文人墨客又自命风雅，推波助澜。老板们以慑于官威，明知故纵，其不肖者亦不免因此博利，遂使人误以相公为像姑，迂强附会，直视相公堂子如妓薮矣。光绪四年有苕溪艺兰生著《侧帽余谭》，记当时雏伶生活甚详，惟此君乃浙人，对于"相公"称呼，亦不能道其来由。但全书修辞皆极绮丽，而且只知论色，而不知评艺，此颇足以代表当日一般士大夫之龌龊心理也。后来出身私房之旦角，欲自掩其丑，反斥科班中多秽行，其语实亦未可厚非。以科班中人多流杂，极难管辖，其旦角往往不能自保其身，而且每一旦角，有时必恃一净角或武行为之作护花使者，袒作禁脔，而后此旦角方免为大众所欺侮也。现在"私房"二字已极普遍，梨园中称个人独有之戏本为"私房本子"，个人独用之琴师为"私房胡琴"，大家司空见惯，不以为异，而岂知当初"私坊"二字，即本此而来耶？

几礼居杂著

周志辅撰
周肇良书画馆1984年影印手写本

卷六·老斗名称考源

梨园行素来对于出资捧角者，称之为"老斗"。光宣之交，在京中士大夫谈笑间，竟公开称某人为某伶之老斗，视若平常，余盖闻之屡矣，但若问"老斗"二字作何解释，则均瞠目不知所答也。查"老斗"二字，从前不见于说部中，其谈梨园琐事者，如《品花宝鉴》中，即无此称呼也。在嘉庆十九年刻本《都门竹枝词》中，有关于戏曲者若干首，其中有一首云："干爹爱吃南边菜，请到儿家仔细尝。每味上来夸不绝，那知依旧庆[云]堂。"可见此时捧角者，犹被人以干爹呼之也。

至嘉庆二十二年刻本《草珠一串》，又名《京都竹枝词》，共一○八首，作者得硕亭，当系京旗人，其中关于梨园者六首，其第一首云："茶园（演戏之所）楼上最销魂，老斗（小旦呼悦己者曰老斗）钱多气象浑。但得隔帘微献笑，千金难买下场门。"此诗提到老斗，已明言其多金而不吝挥霍矣。

又有《续都门竹枝词》，作者张子秋自号学秋氏，江苏苏州人，共一百首，作于嘉庆二十四年，其中关于梨园者十六首，其中有一首云："过年倩作不胜悲，角口京腔舒翠眉。手语传情人道好，须知吃尽哑吧亏。"可见人前道好，即不免有时背地吃亏也。

道光八年刻本福建张际亮著《金台残泪记》卷三云："狎旦色者曰斗，争坐下场门。"又云："余忆唐乐部称天子为崖公蚬斗，殆老客称斗之滥觞耶？"

道光二十五年刻本潞河杨静亭著《都门纪略》中，有《都门杂咏》一百首，其中关于梨园者八首，有咏"老斗"一首云："面目何分黑与麻，衣裳总是要豪华。身无百万黄金铤，老斗名难买到家。"此则对于"老斗"，已形容其仅为多金，而不计其伧俗如何矣。

光绪四年刻本苕溪艺兰生著《侧帽余谭》云："司坊称所爱者曰'老斗'，未详所释。

或强作解人曰：'老者尊称，如元老大老之类，斗者望如泰山北斗之意也。'细绎其义，似非寒郊瘦岛所能堪此。即若辈亦不易出之口，故《都门竹枝词》有曰：'身无百万黄金锭，老斗名难买到家。'尝质之琴香，琴香曰：'不然。俗传我辈赚人缠头，必以斗受之，名曰金斗。富者输予多金，其斗当如绰楔上之大；贫者竭其绵薄，其斗如薙发担上之小。至若清贵名流，则如魁星所踢之斗；硕腹贾人，又如粟米所量之斗。此乃通称，非专指也。'琴香从事乐坊久，谅非妄言，姑记之。"余以为此段言论，虽出自琴香之口，但仍似模棱含糊。若云以斗接受缠头，则是优伶应以斗自居，而不得呼施之者曰斗，不过"斗"字与缠头相关连，则是可以断言矣。

京都中市廛，柜台上俱贴有红方纸块，斜角向上，如斜斗方形，上书吉祥语，如"黄金万两"、"日进斗金"、"招财进宝"诸成语，例作相连写法，其形式如下：

此种春条，每年须更换新者，为当时之习惯，而不觉遂成为"老斗"名称之来源矣。都中土语，谓淫人为"日"，故曰日进斗金者，亦可读作斗日进金也。稚伶群居终日，言不及义，偶见街头此鲜红招贴，其狡黠者遂取此语以互相戏谑，而指其昵之者为某人之老斗矣。不过《金台残泪记》作者南人，虽与优伶相处，意者群童未必肯以实告，即告之，而南北习俗不同，亦未必能领悟耳。

至于"老斗"两字，在字面上实看不出含有轻佻之意。其时称吸鸦片烟瘾深者为"老枪"或"老斗"，有时显宦家中之门官，亦尝被人称为"门斗"，故"老斗"二字之称谓，毫无不雅之处也。

观《双沙河》一戏中，有两公主与丑角魏小生几句对白，其时魏小生俯身高耸其臀，两公主以次用手抚其臀曰："这是甚么东西呀？"魏答："这叫屁屁。"公主曰："怎么还有个窟窿呀？"魏答："你望那眼儿里头瞧，那里边儿有房子有地儿。"在当年唱两公主者，多为稚伶，故有此调侃之词，亦可作为"日进斗金"之一注解也。

由此综合观之，"老斗"名称，最早见于嘉庆末年，历道咸同光宣五朝而不衰。琴香即时小福，在光绪四年间方三十余岁，对于此一名称，是否已不能道其详，抑以其言不雅训而不肯公开于大庭广众之中，则不可得而知矣。余以积思之余，偶尔触机，联想到此春帖而得出结论，敢自诩为发前人所未发也。

切口大词典

吴汉痴主编
上海文艺出版社 1989 年版

（一）娼妓类·粤妓之切口

契弟：相公也。
男老举：犹上海之男堂子也，专供妇女冶游也。
烂棉胎换烂布：男子互相鸡奸也。

（二）娼妓类·相公堂子之切口

酥桃子：阔公子也。
琴头：有钱而不识世故人情之人也。
老相：相公之老者，如僧人中之退院僧。尊则似之，闲则未能似也。
酒码：嫖帐也。不名嫖帐，而酒码者，欲掩其羞也。
进皮酒：以嘴含酒，哺与客嘴也。
后庭窑：相公堂子也。
翻烧饼：互相鸡奸也。
收未曾：留宿相公处，相公至午夜始来就寝也。因前半夜，方应酬别客。
找户头：寻嫖客也。
打包底：如妓女之做包账也。
老肯：开相公堂子者，如妓院中之鸨儿也。
改江山：人秉天地之造化，男女有别。而老相能使雄性者，教化成雌性。
蜕壳：改造皮肤也。主其事者，以药使美童服后，遍体生疮。再内服珠粉犀黄等药品，外敷长肌生肉之药品。迨后疮结脱痂，则新肤白如雪润如玉矣。
捉秋波：人之传情，端在目间。秋波一那，最足销魂。老相教美童以目语，为第一步。
搕相：貌之黧黑者，彼能以药缚之，变成温润如玉，永不发糙也。
缚柳枝：以布缚束腰际也。恐身体发肥减损风姿，乃以寻丈小布紧缠腰际，使其纤削轻盈，如灵和殿前之弱柳也。
裹莲瓣：以布缠足也。因足趾一有约束，不致痴肥呆大，然亦不如妇女之尖尖玉瓣。其在长短度量，适合时宜耳。

放炮：泄气也。

身上来：痫疾也。

倒垂莲蓬：油臀也。

教眉言：美人之媚在眉端居半，如蹙也、颦也，皆足增其风姿，且有用以代口。老相教目语即教眉言也。

拌樱桃：教以应对之言语也。

练功夫：习媚术也。

放手段：行骗术也。

开口白：歌唱者。

哑吧：不能歌唱者。

中国戏曲

(日本) 辻听花撰
民国十四年（1925）
顺天时报社北京铅印本

（一）二黄与西皮

时内廷演剧，每在朔望两日。供奉之优伶，有福官、禄官、寿官、喜官四人，年少貌美，技皆惊人。就中禄官最蒙仁宗（即嘉庆）宠爱。

（二）像姑

像姑俗呼相公，乾隆间初兴之于北京（天津亦有，品格至卑），专以侑酒鬻色为营业。自道光至光绪中叶，营业最盛。相公年齿，多在十二三岁以上二十岁以下，十五岁前后者最多。眉目清秀，宛如处女。其住所曰私寓，或称堂子，向在前门外韩家潭附近。操是业者，有时登台演剧，其不善歌舞者，则每日侑酒陪客而已。其性质与娼寮殆无异也。当时王公富人，为之惑溺者颇属弗鲜。至民国二年，当局以像姑营业，认为有伤风化，遂下令禁止。

鞠部丛刊

周剑云主编
上海书店 1990 年影印
《民国丛书》本①

(一) 上编·剧学论坛·戏剧改良论②

自清代□□□入主中夏，部落野蛮之习，骄奢淫逸之行，挟以俱来。畜优伶如娈童，狎媟侮弄，等于青楼卖笑之流。身价于是乎一落千丈。

(二) 上编·剧学论坛·优伶之人格问题③

我国之视伶人，不啻类于倡伎，而伶人之自视，亦若分所应然。既供其声，复献其色。更有进者，则牺牲其肉身而不惜。呜呼！颓风至此，言之痛心。考伶官之设，实始于唐，供奉宫中以娱君王之耳目，殆夫后世，戏剧始见于民间。然各执一业，亦未尝为人所轻视。至清室末叶，而伶风大坏。士大夫之优游于京都者，困于官箴，不敢明目张胆，狎伎张乐。而饱暖思淫，人之恒态。乃假名风雅，以男为女，召伶人之业旦而韶秀者，侍酒取乐。彼伶人受此提倡，习于女性，有时亦遂送客留髠，恬不为怪。每出则傅粉施朱，非男非女，与娼妓争妍夺宠，然后像姑、相公之名即为此辈之头衔矣。

(三) 上编·歌台新史·志天华科班④

顾崇德，天津人，孔武有力，尤善驰马。自紫竹林辟为租界，西商云集，知顾能饲马，多厚遇之。历年赛马，唯顾之马屡获优胜。西商等后以赢余移赠，不数年遂成巨富。津埠戏班林立，顾见猎心喜，即团一科班名曰天华锦。未几与洋人涉讼，延及两载，仍归于负。颓年居积，皆变价以偿。无颜驻津，即带小班全部航海来申⑤，时光绪二十年也。抵申后在新马路赁屋暂居，次日逃去一青衣、一开口跳。进城到道署鸣冤，声言顾持刀恐吓，强欲鸡奸云云。县署承审是案，以顾能操西语，沪地洋商必与往还者，故不加穷诘，仅判二伶递解清江浦原籍。顾经此挫折，所费不赀。又以无戏馆基址，闲居一

---

① 据民国七年（1918）交通图书馆铅印本影印。
② 周剑云撰。
③ 秋星撰。
④ 切肤撰。
⑤ 上海。

年之久,始在张园演唱,久更不给。幸房主人为程麻皮,相处日久,与程商,恳以胡家宅一带市房略加修葺,改建戏园,名天华茶园。于丙申九月开锣,至戊戌春万难支持。由同业介绍至苏州大观园,招小班全部往演。不给包银,每日仅给饭食洋五元。顾值此穷途,计亦良得。惟顾自初到沪时即发生讼事,恐各童伶再为人计诱,故后台不准任人往观。又禁止各童伶出外剃头,班中仅制备一刀,互相代剃。此次赴苏,人给东洋剃刀一柄,命各童宝藏之。而顾至是饱暖思淫,遂演成极大之惨剧。班中有花旦名赛美仙者,其父吴某一金壬也。向例科班学徒,未满师前家属不得往来,虽父母之丧亦不得守制。吴某因家贫无立锥地,来沪投靠其子。顾念其年老,留之班中,令充杂职。讵吴时陵使各童与顾为难,有青衣名星明月,年少而胆大,亦受吴之蛊惑。一日竟以东洋剃刀割伤顾之肾囊,顾浴血奔逐,星明月甚急,意欲置之死地。幸星伶飞步逸去,众亦惊讶,遂由栈主顾松山送入天赐医院中医治,后竟致死。顾松山电津,促其子来苏。而医院之拍医生,又欲为顾复仇。顾子婉言谢之,谓反伤老父名誉,请其不必声张。摒挡就绪,即扶柩回籍,当众将各童伶字据一一火焚之。小班暂由松山代掌,俟将各债偿清,即任其星散云。

(四)上编·歌台新史·小金台班之内幕①

庚子以后,沪上戏园凡邀名角,身价较前已高。昔天仙园管事某伶,尝对园主赵殿臣言:"角色包银日见其大,将来不知伊于胡底。与其被人挟制,曷不集二三万圆团一科班。内中如得三数人能卖座,此后即可再续小班。岂非主权在己,利不外溢?"天仙主人深以为然,筹备措资本,烦某伶总司其事,团一小班。约得幼童五六十人,名曰小金台班。赁西新桥直街同福里为事务所,以其戚津人某为监管。某年逾半百,众皆以为老成可靠,乃竟有大谬不然者。时当夏五,天仙主人至丹桂访夏月恒。告以今晨到小班寓中,见某童送茶前来,步履艰涩,目有泪痕。异而诘之,初不敢言。迫之,始言某老以威力迫胁我等,夜深以捉臭虫为暗号,指明某人前往侍候,事完犒赏铜圆五枚。昨夜忽令我承值,不允则欲置之死地。不得已从之,故今晨尚觉痛楚也。似此胆大妄为,特来请为共商万全之策。倘再迁延,全班无噍类也。月恒嘱以不可声张,致毁小班名誉。使其父母闻之,事将不可收拾。为今之计,只有将全科迁入园中,另派他人管理,某老逐之可也。赵从其说。后小班毕业,竟无一特色者,马春樵、水上飘、七金子、张胜奎、赵春廷等皆出身此班者也。

① 睦公撰。

（五）上编·伶工小传·路三宝传①

路氏号玉珊，小字三宝，鲁人贫家子也。少失怙，鬻于某科班主薛振山家，与花面小根同习艺。薛力绌，不能竣全功。以全班让诸刘鹤坤，三宝遂为鹤坤之徒。三宝幼学须生，继改花旦，貌美而慧，登台未久，声誉雀起，大为当地士夫所赏识。有富翁孟洛川者，世业绸缎，设祥邦商号于京津一带。见三宝悦之，结不解缘，于是孟四（洛川小字）、路三形影不离矣。三宝非真爱孟四，羡其财也。其师鹤坤遂假此一段因缘赚得巨资，而起太平合班。老生大锁、武生小迟、文武老生邵寄舟后先辈出，与三宝称同冠（"同冠"二字，乃梨园术语，即师兄弟也）。坐科既满，出演于京师某园。赖孟四力联络京中各大商店，竭力捧场，三宝之名大震。数梨园名旦，殆无不知有三宝者。彼时都中像姑之风极盛，上自王公大臣下至州县末吏，无弗以狎优为风流韵事。三宝正当妙年，一般色鬼趋之若鹜，尤以理藩部尚书杨立山与三宝情最笃。金珠馈赆，略不吝惜。时端、庄两邸惑于义和拳左道，诬立山通敌。公报私仇，罪应处死。下谕拿办，将斩决矣。三宝知难挽回，急以重金贿田际云，伪称义和拳部首，押解立山赴菜市口法场。途中以安神水和酸梅汤进，立山遂晕绝，迨行刑时已不省人事矣。越日又于大风雨中殓其尸，事平后复为之择地安葬，一时京中人士无不钦其为人。今三宝殁矣，怀德报恩士夫犹难，三宝以一伶人独能冒险为之，信足贵也。其所擅长之戏为《花田错》、《红鸾禧》、《贵妃醉酒》、《儿女英雄传》等，晚近名旦梅兰芳、王蕙芳、黄润卿、冯子和、赵君玉皆宗之。

（六）下编·俳优轶事·云鹤馆主与时慧宝②

乙巳三月，赴檀太史游皖之约，寓吾乡云鹤馆主署中。小楼春雨，畅话生平。长夜挑灯，更谭风月。乃云鹤馆主似有无限感慨者，予异而询之，馆主曰："人生得一知己，死而无恨。悲感身世，负我故人。"予意以为必系列卿、御史、尚书郎也，馆主曰："不然，盖绮春少主人时慧宝也。"予愿闻其详，馆主曰："弱冠时赴试北闱，邂逅慧宝，一见即以春航见贶。迨秋闱报罢，慰藉百端，赠金解珮，一往情深，后复说项于周文勤家教读。次年南旋，临行握手曰：'来岁春明北风起时，我放慧字风筝。君若得见，可扳附北来，以慰殷勤。'风尘中有此解人，有此侠人。彼滞伶官，我沉宦海，那不教人一回首一肠断也？"翌日出慧宝所书屏条，则帖法汉魏，骨秀神清。余曰："此殆天地灵气之所钟耳，他日北游，愿一见之。"此曩时闲话，早成陈迹。辛亥以还，避居歇浦。而天涯海角，三五故人，犹复聚散无常。不料馆主亦就聘海上，日前过访，见案头有赠慧宝诗四章，曰："回忆京华听凤声（何威凤君赠慧宝联，有'修林且听凤皇叫'语），廿余年事

---

① 周剑云撰。
② 夬翁撰。

等前生。临歧解珮（此珮今犹保存）重持赠，记否都门送别情？""我滞京华汝状元（卿得状元三年，即予再柱秋闱三年），状元府竟作桃源（甲午秋闱报罢，卿父子给予至杨柳楼梧桐台庭院中，相处四阅月。次年仍由乃翁荐往周文勤公家教读，始移往）。结交似汝贤乔梓，世上黄金未足论。""频年北望费徜徉，慧字风筝放未尝？海上重逢但欢笑，管他世界几沧桑。""卿像冰霜英爽姿（卿少时虽艳如桃李，而冷若冰霜，是时士夫颇有称卿为侠伶者），年来纸上见须眉（别后共收过像片三次）。相逢睁大昏花眼，肖否当年问字时（相处四阅月中，卿无日不以临帖讲书等相问难也）？"读竟为之欣然曰："闻慧宝已来海上，予一生丝竹无缘，今当破四十年老例，一赏故人之知己也。"予愧无生花之笔，不能写此绝妙之文。谨投之《菊部丛刊》，俾世之识大惠、小慧者（当时都门士夫有大惠、小慧之称，大惠即云鹤馆主，小慧即慧宝也），各纡佳著，雅播风诗，是有厚望焉。

（七）下编·俳优轶事·萧孝廉之孽缘[①]

陈瑞麟混名大狗子，幼为像姑，美而艳，雅为士大夫赏识，芳名噪一时。擅长青衣，派宗余紫云，艺不在石头瑶卿下。云南萧少亭孝廉好男风，惑其色，缱绻情深，有如伉俪。所作赠陈诗多至成帙，忆其七律腹联云："栏前红豆相思树，镜里朱颜解语花。"倾倒之意，溢于言外。洎乎萧老精力就衰，二人仍效颠鸾倒凤故事。萧亦竟舍实缺道台不做，甘与陈终身厮守，形影不离，大有不可一日无此君之慨。丑声四播，路人皆知。陈妻某氏有烟瘾，性又奇淫。以夫为萧所缚，欲不得逞，因撚酸而欲宣布二人秘密。萧虽掩耳盗铃，究以颜面攸关，又恐有碍功名。大惧，出重金贿之始已。然而欲盖弥彰，越日《繁华报》已以彼妇之口标其题，揭而示人矣。现萧、陈年皆半百，仍寝食与偕，卜居鲁省，殆有死则同穴之意。天地间戾气所钟，无奇不有，若二人者，岂我佛所谓宿世之孽缘欤？

（八）下编·俳优轶事·小喜凤冲犯九龙口[②]

伶界忌讳最多，且角一行尤须自慎，稍一大意，即成众怨之丛。台上鼓吏座位名九龙口，未开锣前他人如私自落坐，或私动响器，演戏一有差错，必将归咎其人。彼辈信奉既笃，有时亦竟灵验。李春来与应桂馨合开春桂，时有花旦小喜凤者，名为桂馨义子，实则乃其弄儿。恃宠而骄，不守梨园规则。某夕时甫黄昏，尚未开唱，小喜凤跳跃上台，傲然自得。有黠者绐之曰："小老板，汝敢坐九龙口否？"喜凤曰："他人不敢，予何惧。"黠者更激之曰："坐九龙口不奇，敢动锣鼓否？"喜凤亦取而敲之。既而天色已暮，上灯启演，观者寥寥。及得探子回报（梨园同行，每晚均派人调查各家营业以资比较），果卖

[①] 周剑云撰。
[②] 菊园撰。

末块牌。春来不悦,问有人冲犯九龙口否?點者以实告,春来怒责之。喜凤反唇相讥,复撒娇撒痴,哭诉于桂馨。李、应二人几致失和,殊可怪也。

(九) 下编·俳优佚事·周蕙芳之秽史①

周蕙芳名广绍,吴人。父为八股老朽,辛苦半生,未青一衿,以耕读终其身。蕙芳幼失恃,及长,面目娟秀,姣美如处子。惟贱骨天生,顽劣成性,好从村儿游。而畏读书如蛇蝎,未终篇即弃席而逃。虽有严父监督,无效也。父不能耐,痛责之,泪痕未干,笑靥已承颊。父知孺子非读书种子,携赴邗江学钱业。而蕙芳黠傲不驯,顽钝如故,管事者无如之何也。时宝凤戏园有武丑飞飞飞者,本江湖卖艺人,善走绳索,以《三上吊》一剧鸣于时。蕙芳见而羡之,手攀足蹬,跃跃欲试。飞飞飞涎其美,诱之曰:"汝爱此乎?以汝之色,何必屈身习此。果有志于戏,曷拜吾为师从事花旦,必可大红。汝其有意乎?"蕙芳大喜,顿首受教。飞飞飞惊逢意外,率之归,实则彼除《三上吊》外皆不足观,焉能教授花旦剧。彼盖居心叵测,欲效禽兽之行耳。蕙芳年方十四,不解鬼蜮伎俩,竟弃正当职业,误从匪人。迨一入虎狼之口,遂无由摆脱矣。飞飞飞虽收蕙芳为徒,并不行拜跪礼,称以继父,作为螟蛉,延聘名人教授花旦应有之技。蕙芳敏而慧,举凡颦笑娇啼、痴媚憨趣诸要点,悉能参透个中三昧。两年艺成,飞飞飞视之曰:"可矣。"命名小桃红。初至湖南常德搭班,玲珑活泼,颇能哄动一时,邀顾曲者之赞赏。乃蕙芳恬不知耻,浸假与其师弟小顺通,又未几见爱于巡警局书吏陈某。祖此禁脔,人尽可尝,无分贵贱,有求必应。小桃红遂成烂桃子,绰号如此,其秽可知。有老生龙寿者,与蕙芳同隶一园。见其姿聪质慧,将来必可出人头地。又知蕙芳与飞飞飞不过名义上之师徒,暗唆蕙芳背师潜逃,蕙芳惑焉。某日随龙寿遁,事为小顺所知,中道追回。蕙芳直奔巡警局,求救于陈。师爷堂讯时谓飞飞飞鸡奸幼童,强迫认父拜师之举,实非所愿。局长大怒,杖责飞飞飞,肉飞血溅,几濒于死,并监禁龙寿三月,此事始寝。蕙芳遭此变故,恐飞飞飞欲得而甘心。夤夜至沪,投奔李春来,搭春仙茶园班。演唱一月,声誉平平。再赴镇江,改名一来香,与老妓老三姘识。相偕入长沙,搭盖金红班,老三则命其讨人仍操皮肉生涯。一倡一优,亦颇相得。讵知蕙芳本性浮薄,忽弃老三而与湘妓花素芳结不解缘。与素芳至沪,始改今名。此民国前该伶之秽史也。自是而后,不知蕙芳萍踪何往。民国四年,忽出现于京师。以其半新不旧之《杨乃武》、《新茶花》等剧号招观者,一时身价之隆,几欲压倒王蕙芳,并肩梅兰芳。后以奸案被逐,燕都遂无其立足地,今又不知流落何所矣。

---

① 菊园撰。

（十）下编·俳优轶事·林云飞之怪史①

　　林云飞，姓甘名从喜，鲁人。短小精悍，膂力过人。两臂红筋暴露，色黝而黑。擅开口跳，所至有声。某年在鄂搭班，印人某睹其衣服丽都，面目姣好，遂以指触其臀。从喜不拒，睨之以目。越数日，再至其地，印人复来，以从喜有意于己也。出秽语挑之，从喜颔首，向僻静处行。印人大喜，以为可达目的，随之去。至旷野，四望无人迹。躬身下伏，印人方举足，陡见寒光一闪，生殖器已堕地矣。印人大嚎，声如宰豕，倒地乱滚而死。从喜从容归，以石灰瘗之，遍示诸伶。谓今日取得肉手枪一枝，肉子弹两粒，可以陈列博物院中，任人观览也。其恶作剧如此。

（十一）下编·品菊余话·小织帘馆剧话②

　　京师各饭庄酒馆叫条子，一如南方妓女之叫局。此中雏伶甚多，然老大年华亦应召而至。猜拳对酌，尽兴方休。生旦净丑，色色俱全。名曰私坊，听人自择，特看各人交情何如耳。若门首无堂名招贴及琉璃灯者，则非是。都中昔年有四大名班，多昆腔，一曰四喜，二曰三庆，三曰春台，四曰嵩祝。余皆梆子班，约有十余处，称为小班。凡客叫梆子中条子，如为四大班人所见，即傲不为礼，以为下作。而梆子班中人见若辈至，亦若转促不安。直至近二十年来，田际云絷玉成班晋京，全部皆梆子，加一十三旦（即侯俊山），声誉日增，名驰遐迩。身价之高，几欲睥睨一切。经此二人撑持场面，小班遂一跃而与大班相并，四大班乃不敢轻视小班人物矣。嗣田际云被举为庙首（即梨园公所值年），大小班渐至平等。宣统初年，上海夏氏昆仲发起，函商田际云，又复经孙菊仙入京，多方劝导，继用全力压制，始将京津应条子侑酒一事永远蠲除。始恢复人格，不致受人鄙视。

栖霞阁野乘

孙静庵撰
山西古籍出版社 1997 年
《民国笔记小说大观》本

卷上·内务府某郎中妻之历史

　　德馨任江西巡抚，酷好声剧，署中除忌辰日，无日不箫管氍毹也。其女公子有国色，

---

① 菊园撰。
② 睦公撰。

嗜好尤过乃父，且极喜观演男女淫媟事，《翠屏山》、《也是斋》之属，无日不陈眼帘也。时官新建县者为汪以诚，汪故有能名，以武健严酷得大吏欢，历任优缺。至是，则益遣丁役，持重币，走四方，聘名伶来赣，躬为戏提调，日在抚署中。任内一切大小事，悉倩同僚代之。是时赣中有一联曰："以酒为缘，以色为缘，十二时买笑追欢，永朝永夕酣大梦。诚心看戏，诚意听戏，四九旦登场夺锦，双麟双凤共消魂。"额曰："汪洋欲海"。四九旦、双麟、双凤皆伶名也。后德败，汪亦褫职。德女当德宗①选后时，亦被选入宫，孝钦②极赏之，将正位中宫矣。德宗以其举动轻浮，深不喜之，竟落第。后为内务府某郎中妻。

东华琐录

沈宗畸撰
民国十七年（1928）
北洋广告公司天津铅印本

皖省汪以诚者，以纳赀来都，得为某省候补道，夤缘署三司。乃既耽曲糵，复癖芙蓉。有双鸾、双凤及四九旦者，名优也。某道寝处皆同，为之案牍俱废。抚军登之白简，揭一联于邸报，当时传诵。文曰："以酒为缘，以色为缘，十二辰肆志追欢，永夕永朝皆若梦。诚心听戏，诚意听戏，四九旦登场卖笑，双鸾双凤更消魂。"亦暗藏个人名字在也。

汉剧丛谈

杨铎撰
民国六年（1917）
椒山别墅铅印本

（一）廿二·品格之高

吾国向视优伶为贱业，以唱戏为卑品。故稍有身家者，鲜入此途。然考之于古，亦未曾贱视。他书不具论，即以汉剧中之一二名词证之，如议事则为上公堂，所居则为打官店，称戏子为优人，称小旦为相公，亦可概见。

---

① 光绪帝。
② 慈禧太后。

(二）五十八·论八贴

游华玉以刀马旦著名。姿容秀美，态度娉婷。若常服淡妆，轻描翠黛，几疑散花天女降下人间也。吾友孤愤子深爱之，曾题"半身男子美人头，压倒当今俏女流"之句。

余文艳初来汉，出演于新舞台，以《天开榜》享名。亦可人儿也，时装尤为艳绝。置诸群雌粥粥之中，几不辨乌之雌雄。

赛昭阳去年由刘园罗致来汉。身材苗条，面庞细腻。可作掌上举，可留镜中看，一完完全全美人小影而已。色既超群，艺亦不恶，故吾许其为后起之翘楚也。

梨园感旧录

陈秋舫撰
民国二十三年（1934）
成都有纪文华印字馆铅印本

（一）唐广体

初去丑角无可称道，以略诱青年，曾罹法网①。后经某公提倡改良戏曲，乃革面洗心，颇有善士之目。

举止颟顸胆气粗，达官奖借识之无。
缘何游戏通三昧，此际一龙昔一猪。

（二）周玉屏②

不详其身世，去闺门旦屏去丑俗，独臻细腻。表情之佳，得未曾有。且守身似玉，从不与纨绔周旋。其所演《奈何天》一折，尤能摹拟入微。

须眉能肖儿女妍，摹拟通微妙入玄。
叹息芳型难再世，只今徒唱《奈何天》。

---

① 当时大致是清末，接近民初。
② 大致是清末民初人。

福建通志

李厚基等修
沈瑜庆等纂
民国十一年（1922）刻本

清列传卷一

郑芝龙，小名一官，字飞黄，南安人。芝龙幼姣好，所居在郡衙后。十岁，戏掷石子，误中郡守蔡善继额。擒治之，见其貌而怒解曰："子相当大贵。"继而得罪于父而逃，为海盗所得，宠之，与同寝。见巨人数十披甲列侍，心异之，抚为义子。长而长躯伟干，倜傥善权变，历游海岛，交结豪杰，与海澄颜思齐、泉客杨天生等剽劫海中，积赀无算。

南安县志

戴希朱纂
《南安县志》编纂委员会1989年版

（一）卷之九·戒戏

戏即优伶之属。何其戏局一开，遂种无穷之祸耶？无他，情有所溺，则万事废弛也。士民各有职业，勤于其职，犹恐精神有所不及，功课有所不循，资财有所不足。一溺于戏，则日夜嬉游，戏谑无度，精神耗矣，功课荒矣，资财损矣，其害事非浅鲜也。

矧乎假饰其衣冠，傅粉其颜容，扮戏本有迷人之术；婉肖其冶容，曲摹其淫态，邪戏本易荡人之情。迷且荡，安得不坏其心术乎？兹之躬为戏闯，沉酣声色，恬不为羞者，焉得不为都乡所姗笑耶？

（二）卷之二十三·郑芝龙

郑芝龙，小名一官，字飞黄。天启五年，随大贾李习贩日本（或云母舅黄程）。习与同寝，见巨人数十披甲列侍，心异之，抚为义子。

洞灵续志

郭则沄撰
民国二十五年（1936）蛰园刻本

卷八

女之化男者，前人笔记屡见之。以余所闻，吉林偏脸子屯农户刘氏女年甫逾笄，忽昏睡三四日，及醒，举止顿异。自云在冥司充役，与胡三太爷通谱，胡令化身为男。验之果然，为薙发娶妇，后仍充冥役，每劝人持佛，谓功德最大。此宣统庚戌事也。又汴梁陈氏女名凤姝，诸生凤仪妹也。年十八，针黹绝工，字某氏，嫁有日矣。女自言不愿为妇，兄诘之，乃赧然曰："姝非雌，奈何？"兄使人窥之，果伟男。以为妖，虑宣播玷及家声，将潜鸩之。为嫂所知，纵以去。先是凤姝为人压针线，恒往来于某富室，与其二女昵。至是乃奔某家，乘里中斋醮，偕二女往观，俱遁。富室与婿家皆讼其兄，兄褫衿，累系死。凤姝与二女终不返，亦光绪季年事。

眉语

眉语社编
民国初年新学会社铅印本

第一卷第十一号·走马看花录·花雪南、林书昭合传①

［上海］三马路花雪南、林书昭二人，同隶刘爱珠，皆［磨］镜党也。去秋与洪寓②交恶，出居清和二衖，明非镜党。先是，洪寓狎刘爱珠，爱珠又狎广东阿哥，三人约为女伉俪。今春爱珠别营巢垒，冀扩张党事，排斥异己者。闻雪南早慧，且母事洪寓，使人招致入党。以院事委广东阿哥，假便宜行事权。自匿寿康里私第，研究党学。雪南化之，已与书昭沆瀣。洪寓闻之笑曰："孺子可教，如是方称我女。"顾书昭殊木木，弱不好弄，术棒猛进，得勿创耶？山阴诸贞壮宗元尤嬖雪南，尝曰："是儿眉长鬓青，明靓如画，当是老莲纳画中人物。假以岁年，当魁渠群牝。"

---

① 许啸天撰。
② 洪奶奶，参见《清稗类钞》（二十四）。

醒世钟

(清末民初) 许守德等编
民国二年（1913）刻本

康真人戒淫诗八首·娈童

女儿真薄命，犹自胜娈童。
错置阴阳位，伦丧造化功。
俨如姬妾辈，媚侍主人翁。
肆意恣淫欲，儿孙受报同。

天律圣典大全

种善园，复善园原本
李厚杰原校
李时品重校
民国二十二年（1933）北京天华馆铅印本

（一）卷六·色害章第九十六

室女、孀妇、尼姑，强奸破节五百过，计套成奸四百过，调和通奸三百过，未成减一等，狎戏一百过。

良妇离夫、倡妇从良、人妻乳妇、婢女仆妇，强奸三百过，计奸二百过，和奸一百过，未成减一等，狎戏五十过。

原失节妇，一次五十过。倡妓，一次二十过，未成减一等。

以男为女、良家子弟、幼童，强鸡五百过，计鸡四百过，和鸡三百过，狎戏二百过，未成减一等。

原失守淫男、优伶，一次一百过，狎戏五十过。

眼淫，一次五过。

耳淫，一次五过。

手淫，一次十过。

（二）卷十·渎神章第百有六十

一　奢比优伶，晦腊歌舞之罪。削其寿禄，注焚灭籍，以灾殃焚灭报。入屠割狱，转世声鸟文禽。

一　昵亵顽童，晦腊歌舞之罪。削其寿禄，注疾厄籍，以横耗死厄报。入铜柱狱，转世淫羊灵羊。

……

以上诸条，一次百过，满十大罪削一纪，如律施报。

（三）卷十一　将有"昵比顽童，嫖倡宿优"等行为者罚入地狱受严惩。

戒淫保寿录

陈参性编
民国二十一年（1932）
南京佛教慈幼院刻本

天律·冥罚淫律录

　　孚佑帝君云：从来恶孽，惟淫为大。阳罚甚重，冥罚尤严。为罚极多，姑撮其要，见此篇者，各宜戒勉。

　　诱奸处女律。诱奸处女，二世绝嗣。以上之劫，各二百五。再转为人，为疾病身。

　　诱奸室妇律。诱奸室妇，减寿二纪。以上之劫，各历一百。再转为人，为孤独身。

　　淫娼妓律。淫一娼妓，减寿半年。若能改悔，免去减寿。渔猎男色，与妇女同。十六以上，照处女论；十六以下，照室妇论；挟幼童者，照淫娼论。

邪淫法戒图说[①]

明善书局编
民国二十一年（1932）
上海明善书局石印本

（一）避嫌疑说[②]

　　礼别嫌疑，所以防淫也。古人同胞兄妹至八岁即异席而食，况其它耶？故齐家之法，莫善于别嫌疑。邪人远之，俊仆去之，使婢大者嫁之，三姑六婆绝之，子弟时时训诲之，

---

① 本书亦名《精绘邪淫法戒全集》。
② 注意"俊仆去之"。

务杜其根而泯其萌。

(二) 戒淫冰言十则·男色

> 配合原为正理,岂容颠倒阴阳。
> 污他清白暗羞怆,自己声名先丧。
> 浪费钱财无算,戕生更自堪伤。
> 请君回首看儿郎,果报昭昭不爽。

戒淫文辑证[①]

佚名辑
民国二十二年(1933)
上海明善书局石印本

(一) 吕祖谕士子戒淫文

儒者持躬,廉耻是尚。士人励志,正直为先。谨名节而惜身家,淫邪悉屏;从匪彝而图逸乐,嗜欲潜滋。踯足迷途,叹穷年其莫返;沉身苦海,悲浊浪之难平。若非舌吐青莲,怎得心开明镜,特宣大戒,用示群伦。……别有娈童饰貌,美少含情,举动可人,语言解事。捧金樽而送目,魂消桦烛之前;敲檀板以寄声,肠断梨园之曲。最忆食桃兮分爱,还愁拂袖兮惊眠。无如男女伦乖,名非佳偶;毕竟阴阳理背,气绝生机。丑矣!夫定尔娄猪,恐闺阃中亦知好色;戒之哉!请公入瓮,想郎君辈也属青年。苟明天道之好还,宜惕人心之易动。

(二) 辑古今事证·戒比顽童宠歌伶

蒋文恪公浦之父文肃公,常戒子孙不得近伶人。故终文肃之世,无演戏觞客之事。及殁后十余年,文恪间或演戏,而不敢蓄伶人。老奴顾升乘文恪燕坐,谈及梨园,怂恿曰:"家中奴产子甚多,何不延教师,择数奴演之,使便于传唤?"文恪心动未答,忽见顾升惊怖,面色顿异,两手如受桎梏,身倒地以头阄入椅脚中,穿至第二第三椅脚,自手至足,如纳于匣。公急召巫医,百计解救。一日始苏,曰:"怕杀,怕杀。方才言毕时,见一长人捽奴出,先老主人坐堂上,声色俱厉,骂曰:'尔为我家世仆,吾之遗训,尔岂不知,何得诱五郎蓄戏子!着捆打四十,活掩棺中。'奴闷绝不知所为,最后闻远远呼唤

[①] 本书亦名《冥罚戒淫文》。

奴声，奴在棺中欲应不能，后稍觉清快，亦不知何以得出。"脱其衣验之，两臂皆青黑。文恪悚然汗下，妄念顿止。从此愈加修省，家政如文肃之世。

许某性淫，喜挟优，悦一旦。其妻见旦美，私通之，生一子，酷似旦。邻里讥笑，为取浑名曰戏郎。或题其门云："分桃男有癖，赠芍女多情。传得风流种，相将度玉笙。"许见之，惭而自缢。旦后流落，亦不知所之。

同治嫖院

陈莲痕著
黄山书社 1997 年
《清宫四大奇案》本

（一）二十一

[同治帝出宫微游。]话说同治皇帝见少妇出了铺门，便向铺中伙计询问那少妇来历。伙计道："这是京城里最著名的私娼白芙蓉哩！现在因为是新年时节，来此购置应用的东西哩。"同治皇帝听着，心想："官娼的风流已是尝之殆遍，现在有了这块美味，何不别开生面的前去尝尝呢？"心中想着，忙的踱出绒线铺子，四下里一望，只见白芙蓉轻移莲步，在前面走着。同治皇帝这时认定是私娼，便大着胆子，抢步上前，挨近白芙蓉身边说道："姑娘奔跑太劳，何不同去息息哩！"白芙蓉听着，假装羞赧模样。同治皇帝何等内行，把吊膀子的手段都使了出来，白芙蓉果然欣欣喜喜的入了彀中。同治皇帝便和白芙蓉同坐在那辆骡车中间，直到西河沿下车。两人找了一家客店，名唤连升店，进内看定房间，好在被褥都是现成的。游子荡女凑在一起，那有他说，不过是如此这般了。

大凡京城里的私娼，都是借地作阳台的，大都一度春风，便是劳燕东西，从没有流连竟夜的。当时同治皇帝和白芙蓉事毕以后，白芙蓉也不客气，取过皮肉银子，先自走了。白芙蓉走了出来，少不得又去招蜂引蝶，所以这种私娼，实是脏得异常。因为一宵之间，不知要接到多少客人，因此十个私娼里面，到有十一个是有梅毒的。在外面看来，这般人生得也有很标致的，只是为了那个脏物，上流人都不敢去问津的。同治皇帝那天遇了白芙蓉，反以为千载奇遇，心中很是得意。出了连升店，心中又想道："私娼已尝过味了，惟有像姑却未曾见识，何不也去一游。"主意想定，趁着胡同的路径早已摸得很熟，便挨进大外郎营，进了一家私坊。

恰巧那私坊乃是三等货色。因为这时京城里卖淫生涯，窑姐儿远不及像姑的兴旺，但是像姑的规例，比较的高尚。头等私坊，生客不能进门，二等的虽是人人可以进去，但却不能立刻达到实行之目的，惟有三等却是随时可办到的。现在同治皇帝跨进那家私坊，也有王八迎着，引进一间小屋，屋里边坐着一名孩子，年可十五六岁，名唤小樱桃，生得也有几分可取。王八便自出来，把门掩着。同治皇帝心想："这里到是划一不二价的。"趁了一时狂兴，复做了一出特别武剧。歇了片时，天已将晓，便忙的开发像姑银子。出了那家私坊，匆匆忙忙的回进宫来，便上朝视事。

（二）二十三

［同治因嫖私娼而染毒。］自此以后，同治皇帝便在乾清宫安心静养。皇后也不常去探望，两宫太后却每天去问候一次。光阴迅速，忽过了一月，同治皇帝的隐疾，渐渐地痊愈起来。只是闷了月余光景，很觉无聊，况且染了这种风流疮毒，欲念更是浓厚。恰巧有一天，李莲英因他事离了乾清宫，只剩几名小宫监在旁，也没有别人在屋内。同治皇帝忍欲不过，也顾不得生死存亡，和小宫监干起那勾当来。同治皇帝自从领略像姑的风味以后，对于此道，也很内行。

［不久同治病剧驾崩。］

（三）二十六

又过了多时，慈禧太后才探得同治皇帝当初微服私幸，乃是乾清宫总管太监周道英引着的；又探听到同治皇帝的旧病复发，不是皇后的淫贱无耻，乃是小宫监的缘故。一时探得两种消息，心中不觉大怒，便传旨把周道英和小宫监们，一顿大板，统都打死。

心史丛刊

孟森撰
岳麓书社 1986 年版

二集·王紫稼考

易代之际，倡优之风，往往极盛。其自命风雅者，又借沧桑之感，黍麦之悲，为之点染其间，以自文其荡靡之习。数人倡之，同时几遍和之，遂成为薄俗焉。由近日之事，追配明清间事，颇多相类。偶举王紫稼一则，与时事相比差，亦论世之一慨也。清初文字之盛，以江左三大家为眉目。三大家者，钱牧斋、龚芝麓、吴梅村[①]是也。王郎之名，适盛传于三家笔墨中，读之令人神往，似亦胜于时下俳优之作。今考三家集，并采诸家

---

① 钱谦益、龚鼎孳、吴伟业。

记载，缀辑如左。

尤侗《艮斋杂说》："予幼所见王紫稼，妖艳绝世，举国趋之若狂。年已三十，游于长安，诸贵人犹惑之⋯⋯"

梅村《王郎曲》后自跋云："王郎名稼，字紫稼，于勿斋徐先生二株园中见之，髫而晳，明慧善歌。今秋遇于京师，相去已十六七载，风流僛巧，犹承平时故习。酒酣一出其伎，坐上为之倾靡。余此曲成，合肥龚公芝麓口占赠之曰：'蓟苑霜高舞柘枝，当年杨柳尚如丝。酒阑却唱梅村曲，肠断王郎十五时。'"

据上两则，王郎生长于吴，固为吴中士大夫所狎。三十而北游，然后以冶习动京师者也。其始出颠倒吴人，盖在崇祯十年左右。梅村《王郎曲》，编次在顺治甲午。据牧斋诗自注"王郎以辛卯北游"，西堂言"年已三十，游于长安"，即指辛卯时事。梅村言"遇于京师，相去已十六七载"，则当为甲午年语。十六七年前，王郎为十五时，则必在崇祯丁丑、戊寅之际，即十年、十一年间也。

《王郎曲》云："王郎十五吴趋坊，覆额青丝白晳长。孝穆园亭常置酒，风流前辈醉人狂。⋯⋯古来绝艺当通都，盛名肯放优闲多？王郎王郎可奈何！"

孝穆即指勿斋。《[吴诗]集览·清风使节图诗》注，引《艮斋杂说》言："勿斋之子昭法。昭法名枋，其父名汧，字九一。"然则勿斋即汧。汧殉国，投虎邱新塘桥死。枋济其美，操行极高。梅村之识王郎，在勿斋座中，忠孝大节之士不废风情如此。《集览》引《苏州府志》："徐文靖公汧，宅在周五郎巷。汧少以气节名，晚死国难，详《明史》本传。"

牧斋《有学集·辛卯春尽歌者王郎北游告别，戏题十四绝句，以当折柳赠别之外，杂有寄托，谐谈无端，讔谜间出，览者可以一笑也》："桃李芳年冰雪身，青鞋席帽走风尘。铁衣氇帐三千里，刀软弓欹为玉人。""官柳新栽辇路傍，黄衫走马映鹅黄。垂金曳缕千千树，也学梧桐待凤凰。（自注：'时闻燕京郊外，夹路栽柳。'）""红旗曳掣倚青霄，邺水繁花未寂寥。如意馆中春万树，一时齐让郑樱桃。"⋯⋯"春风作态楝花飞，清醥盈觞照别衣。我欲覆巾施梵咒，要他才去便思归。""左右风怀老旋轻，捉花留絮漫多情。白头歌叟今禅老，弥佛灯前诅汝行。（自注：'锡山云间徐叟。'）"

辛卯为顺治八年。是年春尽，芝麓尚未入都，盖已作行计；而王郎告别于虞山，亦未必即日俶装也。芝麓被谴，久居南中，至是北行，王郎遂倚以偕往。牧斋既赠其行，而时论非之，见董含《三冈识略》。

《三冈识略》云："海虞钱宗伯谦益，一代伟人，操海内文章之柄，一时名流奔走翕集。晚自号蒙叟，宾朋谐谑，觞咏风流。跻贵仕，享高年，迩来文人，罕见其比。然其大节，或多可议。本朝罢官南归，有无名氏题诗虎邱，以诮之云：'入洛纷纭兴太浓，莼鲈此日又相逢。黑头已是羞江总，青史何曾惜蔡邕。昔去幸宽沉白马，今归应悔卖卢龙。

最怜攀折章台柳，撩乱秋风问阿侬。'又尝作诗赠歌童入燕，缠绵哀艳。熊侍郎文举和韵以讽曰：'金台玉峡已沧桑，细雨梨花枉断肠。惆怅虞山老宗伯，浪垂清泪送王郎。'钱见之，不怿者累日。"

按虞山送王郎诗，为熊雪堂所讥，董氏《识略》谓"钱见之，不怿者累日"，观后来自定《有学集》，备载此十四首，则谓不怿累日者，未必确也。雪堂固亦《贰臣传》中人，且曾从贼，未尝非虞山一流人，五十步与百步之间，宜其亦不足相笑。清初汉人大官长于文字者，以陈百史名夏为领袖，雪堂、芝麓诸公，皆恃陈为援引。陈最得摄政王倚信，王薨数年，陈卒以党诛。雪堂先以丁艰归，丁酉芝麓使粤归，以门下士之谊，谒雪堂于里第。雪堂赠诗，有"何人当国愁孤掌，有客还山避老拳"之句，此辈宦味可想。然其后且再起补官，老而不已。故论出处大节，殊不足以人重其言也。

牧斋既以诗送王郎，芝麓即有和韵之作。《定山堂集·赠歌者王郎南归，和牧斋宗伯韵》："吴苑曾看蛱蝶身，行云乍绕曲江尘。不知洗马情多少，宫柳长条欲似人。""醉抛锦瑟落花傍，春过蜂须未褪黄。十里芙蕖珠箔卷，试歌一曲《凤求凰》。""香鞲紫络度烟霄，金管瑶笙起碧寥。谁唱凉州新乐府，旧人弹泪觅红桃。""渔阳鼓动雨铃喑，长乐萤流皓月沉。不信铜驼荆棘后，一枝瑶草秀中林。"……"韦公祠畔乳莺飞，花下闻歌《金缕衣》。细雨左安门外路，一行芳草送人归。""初衣快比五铢轻，越水吴山并有情。一舸便寻香粉去，不须垂泪祖君行。"

芝麓是诗，当作于顺治十一年甲午。盖梅村《王郎曲》，次于寿龚之后。龚以甲午寿四十，其时王郎犹在都。则送其出都，至早必在甲午。且知梅村之《王郎曲》，大约亦系送行之作。又王郎之出都，至迟亦不得过甲午。据褚人获《坚瓠集》，李森先访拿王子嘉，正为甲午，则一出都即见法，同在一年中也。龚生日为十一月十七，梅村寿诗，未必逼近芝麓诞辰；否则吴诗叙次，不过大概以年为次，并非细排月日之先后。

王郎以顺治八年辛卯北行，十一年甲午南返，其间三年，皆其在都之日。《定山堂集》有顺治九年一诗，题云《上巳，韩圣秋、丁野鹤、邓孝威、段雨岩、白仲调、赵友沂过集，听王子玠度曲》，题注："是为顺治九年。""碧窗樽酒聚繁弦，风日依稀玉溆边。韦曲气佳三纪月，永和代易九为年。招寻花事重游骑，浩荡春晴逼杜鹃。荃蕙勿忧赍槀损，当门已让野夫先。"子玠即紫稼，褚氏作子嘉，皆即其人。

李森先以明代国子监博士，受闯贼礼政府祠祭司从事之职。入清又为台谏，乃以风力著闻。盖亦色厉而内荏者也。森先字琳枝，或作琳芝，计六奇《明季北略·从逆诸臣单》国子监一单："李森先，山东掖县籍，平度人，崇祯庚辰进士。官博士，伪礼政府祠祭司从事。清《国史》无传，故不见贰臣之称。"李桓辑《耆献类征》，例不录贰臣，以不详森先本末，仍辑各家纪载，列森先于《耆献》。清初人事迹，类此者颇多。检从逆名单,入《耆献》者不一而足,至幸而不入从贼案者,当更不乏滥入《耆献》之人矣。
……

王郎为李森先所毙,芝麓又有挽诗,作于丙申以后。《定山堂集·丙申使粤迄辛丑邸舍稿·王郎挽歌》:"江左烟花盛绮罗,青春对酒复当歌。白门病死王郎杀,天宝风流已不多。""风急江城卷暮潮,银樽碧月尚春宵。王郎已死清歌歇,愁听东吴紫玉箫。""春风几日拂朱弦,玉骨生将麈尾填。云散画梁人未老,转伤红豆李龟年。"……"柳七春风蛱蝶飞,一声河满泪沾衣。虎邱石畔真娘墓,重与游人数落晖。""绵缆横塘系晚春,玉筝弹泪上罗巾。只愁卫玠应看杀,那得焚琴汝辈人!"

龚诗"落花时节"句,"风花重到海天舟"句,"春才半"句,似是使粤归途过苏州作。"那得焚琴汝辈人"句,词甚怨毒,若深恶李琳芝者。其实龚、李雅故,其患难相同,出处相类,可想见其臭味之近。《定山堂集》中诗,与李往还甚多。

"自梳女"与"不落家"

陈逦曾,黎思复,邬庆时撰
1964年3月《广东文史资料》第十二辑
广东人民出版社1964年版

"自梳"与"不落家",曾盛行于粤中的顺德、番禺、中山、南海等县,是封建制度下的畸形风俗。

在旧社会里,未婚少女均蓄辫,婚后始束髻。唯上述地区许多妇女,却通过一种特定的仪式,自行易辫而髻,以示决心不嫁,以独身终老,称为"自梳"或"梳起"。

另一种少女,迫于父母之命,不能"梳起",只好在举行婚礼后,长归母家,避免与丈夫履行两性生活。这种妇女,名曰已婚,实亦独处,与"自梳"名异而实同,粤中通称为"不落家"。

"不落家"与"大归"不同。前者不与丈夫共同生活;后者曾与丈夫共同生活,感觉不能相处,然后长居母家。虽同属归宁,实质各异。

"自梳"与"不落家"的风习始于何时,已难确考。番禺李氏所修《县志》据任氏所修《县志》谓:"国朝百年来,番禺一邑,其所称贞女者志不绝书,而其甚者,相约不嫁,联袂而死。"任志成书于乾隆卅九年(1774年),可见番禺一地,女子不嫁,在清初已成风气。"不落家"之成风,为时更早。据《屈翁山[①]年谱》载:"翁山因前妻仙岭乡刘

[①] 屈大均,字翁山。

氏不落家，而以王华姜为继室。"翁山娶刘氏，在康熙元年，故番禺妇女"不落家"之风，清初亦已盛行。光绪、宣统年间（1908年前后），笔者邬庆时的故乡番禺南村，人口多达数千人，一年之中，女子之出嫁者，不过数人，至1909年，甚至无一人出嫁，形成"有入无出"的畸形状态，"自梳"风气之浓，于此可见。民国以后，"自梳"与"不落家"的风气虽渐陵替，但直到广东解放初期，余风仍未全泯。据广东省妇女联合会1953年调查，番禺第四区大龙乡全乡2028名妇女中，仍有"自梳女"245人，占妇女人口总数12%。同一时期，中山的沙萠乡，仍有"不落家"的妇女46人。

笔者等的家乡，妇女辈自幼即常唱这样一支儿歌："鸡公仔，尾弯弯，做人媳妇甚艰难：早早起身都话晏，眼泪唔干入下间（厨房）。下间有个冬瓜仔，问过老爷（家翁）煮定（或）蒸？老爷话煮，安人（家姑）话蒸；蒸蒸煮煮都唔中意，拍起台头闹（骂）一番。三朝打烂三条夹木棍，四朝跪烂九条裙！"对妇女在家庭所受到的虐待，刻划得深入人心。每与乡中"自梳女"及"不落家"妇女谈，无不极言"自梳"及"不落家"的逸豫，远胜乡中姐妹已结婚"落家"者的备受虐苦。笔者黎思复族中，清末时曾有翰林黎荣翰者，为其继子寿南论婚。邻乡容奇有首富杨氏，慕其荣贵，以女妻之。寿南貌奇丑，面皮凹凸如潮州柑，举动语言，迟钝木讷，常被族人引为笑柄。杨女极痛苦，婚后翌晨即大归，以独身终老。族中"自梳女"，常以此为姐妹辈鉴戒。故当时顺德、南海、番禺、中山等"自梳"与"不落家"风气盛行的地区，妇女辈多视结婚为畏途。笔者陈遹曾的堂姑陈霭姑，由父母作主，订婚于邻乡沙涌江氏，直至"开缄"（出嫁前夕）之日，始由其姑母向她宣示。霭姑乍闻此事，惊惧至面无人色，浑身发抖，躲在床上哭了三天，直至花轿出门，仍号啕不绝，使人目不忍睹。故"自梳"与"不落家"，未始不是她们对封建婚姻及夫权压迫的不满与反抗的表现。

这种风气，只盛行于珠江三角洲一带，其他地区殊罕见。珠江三角洲经济作物繁富，手工业发达，妇女谋生门径较多。顺德蚕丝业隆盛时，缫丝女特多，"自梳"与"不落家"之风亦特炽。番禺一邑，"自梳"与"不落家"之风只见于较富庶的禺南，地土贫瘠，妇女不易独立谋生的禺北，即无此风气。

笔者等的诸姑姐妹及戚娅，"自梳"与"不落家"的比比皆是。兹就平日对她们观察所得，综述如后，供研究地方风俗参考。不备之处，请读者指正。

一 "梳起"的仪式

"梳起"是上述地区的女子宣示决心以丫角终老的一种特定仪式。一经"梳起"以后，即成铁案，终生不得翻悔。如有勾三搭四，即为乡党所不容，其甚者往往被捆缚塞入猪笼内，投于河涌将之浸死。清末时，黎思复曾有一位从嫂身故，其妹为一"自梳女"，因与姊夫接近，日久生爱，双宿时被乡人捉获。乡人故意纵去思复的从兄，只将其姨捆绑塞入猪笼内，扛至河边，坠以大石，拟投入河中。思复的从兄被释后，即遄返乃祖在东马宁墟所设的当楼上，以望远镜向河边窥视。见状急托人前往求情，卒以一千元白银作"利是"，才将其小姨救出。故女子对"梳起"仪式，向极重视。

一般父母，对女儿独身终老，无所归宿，殊感痛心疾首，多百般反对。陈遹曾家中第三房一个姑姐名芳姑，在乡中"梳起"后，回家禀告时，她的父母为之黯然下泪，食不下咽，阖家经旬不宁。但女儿"梳起"为众所周知后，父母即不能再强其出嫁，否则无异破坏她的贞操。故上述地区作父母的人，对防范女儿"梳起"，向极严密。欲"梳起"的女子，除个别已取得家庭同意外，为避免家庭阻挠，引起纠纷，"梳起"仪式，多在姐妹辈掩庇下秘密举行。

为了避过家庭的耳目，"梳起"仪式的筹备，多在"自梳女"及"不落家"妇女聚居的"姑婆屋"内进行。"梳起"时所需的物品如：新衣（包括内衣、底裤）、新鞋、新袜、梳子、红头绳、镜妆（又称"柬妆"，为梳妆用的小箱子，上嵌玻璃镜，下有小抽屉数个，内贮梳、篦、骨簪、粉、头绳等。）及祭品：烧肉、鸡、红包、大发、生果、线香、宝烛、茶、酒等，亦由"姑婆屋"内的姐妹协助暗地里陆续备办。

"梳起"的前夕，例必在"姑婆屋"内住宿，以香汤（黄皮叶煲水）沐浴后，即召齐志同道合的姐妹（包括已"梳起"及未"梳起"的）聚谈，由已"梳起"的姐妹传授"心法"，如：如何坚持独身、应付家庭阻挠，及如何在家庭里立身、独立谋生、互相扶持等。互相鼓励，至晨光曦微即趁路上未有行人，联同前往附近的神庙（陈遹曾童稚时随同前往参观的一次，是在本乡的"三踏庙"。）举行"梳起"仪式。

"梳起"的女子到神庙后，即在观音菩萨座前摆开携去的衣物和祭品，点起香烛，向神像三跪九叩。矢誓决心"梳起"，永不婚嫁。然后由事先约定的已"梳起"的妇女为她拆开原梳的辫子，改梳为云髻（亦有在先一晚将辫梳成髻的）。接着即将身上穿着的衣服脱下，换上新衣。这个"梳起"的女子再向观音菩萨叩拜后，即与同往的姊妹互拜、道贺。仪式至此便算结束。

"自梳女"在"梳起"仪式举行过以后，才回家告诉父母及家人。并将拜过菩萨的祭品分送亲友。稍富有的，还做酒席宴客，各姊妹（包括"老姑婆"——前一辈的"自梳"及"不落家"妇女。下同。）及女戚亦送礼祝贺。如果是家庭同意"梳起"的，就在家里宴客，一若男子之娶亲，认为是毕生一件大喜事；家庭不同意的，"梳起"后多不敢直接告诉家人，浼"老姑婆"代为转达；如家规极严，连"老姑婆"亦不敢出面代陈，就只好在暗中"梳起"后，与"老姑婆"及姐妹们相约保持秘密和私下互相紧密联系，预谋应付家庭责罚及强迫结婚。

二　"不落家"要经过顽强斗争

有些人家的女儿，自己蓄意要过独身生活，但父母防范甚严，无法"自梳"，或虽已秘密"自梳"，但不敢告诉父母及公开宣布，致被迫出嫁，就只好采取婚后"不落家"一途。

这些妇女为了达到"不落家"的目的，必须经过顽强的斗争，在结婚后设法自保其身，不与丈夫发生性关系。因为一经怀孕，俗例即需"落家"，从此便脱身不得。（过去人工流产之法极少，且极危险，又属违法，绝少采用。）

故决心"不落家"的妇女，临嫁时必由先辈姊妹，教以应付之法，并由"金兰姊妹"特制一套防御衣服给其穿着。这种衣服用厚布制成，上下衣相连，穿在身上以后，由"金兰姊妹"用麻线将所有夹口处密密缝固，务使新郎无法扯开。又随身携带剪刀，作自卫武器，不准其迫近自己的身体，如新郎以暴力相逼，达危急关头，即厉呼求助。当时习俗，新婚时娘家必遣"大妗"（陪侍新娘的妇女）伴随新娘过门，决心"不落家"的妇女，其"大妗"及仆从即以"金兰姊妹"乔充，闻声即群集护卫，帮助新娘渡过难关。

那时俗例：新娘在婚礼后，须在夫家住至"三朝"，才能回母家，俗称"回门"。但当晚仍须回夫家，住至满月，才许归宁，在母家小住。但"不落家"的妇女，便不尽依此习俗，仅在夫家住至"三朝"，"回门"后即不复返夫家。故新娘必须在婚后这两天两夜内，坚持不懈地顽强斗争，拒绝丈夫的性要求，才能达到"不落家"的目的。不过，要做到这一点，实在不容易。

笔者曾见山门乡李姓一女儿出嫁时，因夫家防范甚严，不许其返回娘家。她的姊妹们闻讯，结队前往吵闹交涉，仍不得出。结果，只好在深夜，由"大妗"作内应，从瓦面私逃。逃出后即匿居远离母家的"姑婆屋"，当时称为"走密身"。其夫家到来追讨，则由"金兰姊妹"出面代提出"不落家"的要求，自愿赔款给夫婿纳妾。夫家同意以后，李女才返回娘家。夫婿纳妾时，仅回夫家独宿一宵，受新妾叩头献茶，为新妾命名后，仍归母家长住。这是"不落家"妇女的斗争意志较坚强者。

一些意志不甚坚强的妇女，出嫁时戒备便不如此严密，亦不穿防御衣服，只靠自己的力量与新郎周旋；抗拒无效，便只好屈从。倘不怀孕，仍"不落家"。俟怀孕以后，然后"落家"。

除了上述斗争方式外，间亦有婚前预先订明在婚后三年或若干年始"落家"，以缓冲一时。到期如仍不欲"落家"，才正式提出"不落家"的要求，赔款给夫家纳妾；或在到期前出门远去，使夫家无以寻究。她们在逃出后若不幸被夫家缉获，或被父母缉获交回婿家，强迫其"落家"时，往往仍不肯屈从，甚至愤而自杀。遇到这种情况，她们的姊妹辈便会联群结队，到婿家问罪，俗称"闹人命"。故男家对女方提出"不落家"的要求，一般多不敢坚决拒绝，以免造成惨痛的后果。而"自梳"与"不落家"的妇女，由此便自然而然地形成了一股社会势力；"自梳"与"不落家"之风，更使人无可抗拒。

当时，有一些小康以上的家庭，既不愿女儿"梳起"，又拗不过女儿独身终老的决心,且恐女大不嫁"驮衰家"(在宗法迷信观念统治的社会里,一般人认为凡大年大节,有已长成的女儿留在家中,都不吉利,将招致财丁的损失),只好采取"买门口"的折衷方法,在替女儿找夫家时,订明女儿"不落家",宁愿花一笔钱,给女婿纳妾为代。以后,逢年过节,则由夫家迎回去;若迎而不去,则任由其往乡中姊妹处渡年、渡节。家资富有的,更由父母另拨房屋给她们居住,以免留在娘家。

上述"不落家"的妇女,虽不与夫家共同生活,但在夫家仍是主妇。夫家有红、白事,例必派人迎回去。尤其遇到翁姑及夫婿丧事,必须回去"上服"尽"孝"。除此以外,就只有待到她本人病重,无可救药时,才使人抬回婿家待毙。在弥留期间的饮食、医药以至身后的一切殓葬、招待费用,俱由女方自备,不用婿家破费一文,且多有遗产留给其妾及庶出子女,婿家亦必以主妇礼丧送。间中亦有不回婿家而死于"姑婆屋"或尼庵者。若死于母家,则为不祥,非有特殊情况,必为乡党不容。

只有少数"不落家"的妇女,在夫婿死亡后,应庶出子女的要求,回婿家主持家务,谓之"守清"。

三 "自梳"与"不落家"妇女的经济生活

"自梳"与"不落家"妇女的职业,因地区经济情况而异。"自梳"与"不落家"最盛的顺德,多以缫丝及作"妈姐"(女佣)为业;番禺、中山等县的"自梳"及"不落家"的妇女,则多以织布、织毛巾、刺绣等为生,间亦有饲养牲畜及耕种者。

顺德、南海两县,蚕丝业全盛时,年青的"自梳"及"不落家"妇女,大都在"丝偈"(丝厂)里缫丝,年老的则多从事采桑、养蚕等工作。"丝偈"的剥削虽很重,但"自梳"及"不落家"妇女多无家庭负担,以自己的辛勤劳动维持个人最低限度的生活,仍可略有盈余。黎思复少时(约1927年),顺德生丝在国际市场上已被日本人造丝所排挤,"丝偈"多已歇业,曾到硕果仅存的桂洲"丝偈"参观,偈内的缫丝女仍多达数百人。当顺德丝业全盛时,各"丝偈"所容纳的"自梳"及"不落家"妇女之多,便不难想见。

顺德的丝业衰落后,"自梳"和"不落家"的妇女,便不得不另谋生计。其中很大部分,流向广州、香港等大城市,在富家作"妈姐"。由于顺德的烹调技术素以精美驰名,如大良的炒牛奶、炒水鱼、水蒸鸡、野鸡卷、炆风鳝,以至切鱼生、炆狗肉等,都别具风格,很受各地人士赞赏。顺德的"自梳"及"不落家"妇女大都继承了这些传统的烹调技巧,且作事小心,体贴入微,很受雇主欢迎。豪商显宦之家,多雇她们作"干妈"(广州人俗称"乳娘"为"湿妈",保姆为"干妈")、"近身姐"(专替雇主料理精细的身边事务,如整理床铺、装烟递茶、摇扇盛饭、熨衣整履、出入随侍、送礼请安等的女佣)及厨娘等,甚至把全部家务,都委托她们照料。故"顺德妈姐"曾饮誉一时,佣用"顺德妈姐"便成为显贵人家的风尚。

不少"自梳"及"不落家"妇女，因长期在外雇工，而薄有积蓄。清末下九甫梁氏（其祖曾任浙江布政使，告休后在广州下九甫置产甚多，仅铺房一项即逾百栋，复强霸万顷沙的沙田百顷，夙称巨富，有"下九甫梁"之称）有一"近身姐"名莲姑，侍其孀媳数十年，积资逾万，晚年即在广州东华东路置屋娱老。陈遹曾的堂表姊邓亚莲，亦顺德龙山乡人，自少"梳起"。邓家经营银业，家道原很富裕。但"自梳女"多以独立谋生为时尚，亚莲不甘落后，故"梳起"后即离家赴广州，在一织造厂内佣工。后因织造厂倒闭，转佣于西关周家，并以作"大妗"或"近身姐"（广州旧俗，新婚头一个月，多雇用"近身姐"）为副业，因而薄有积蓄。其后邓家因所经营的银业失败，家道中落，时赖亚莲照顾。遹曾有一第九房的堂姑，亦在"梳起"后即赴香港佣工，以所积蓄的工资维持其母及妹的生活。及其母去世，妹亦婚嫁，所蓄更多，晚年即以所蓄在广州小东门购屋而居，仍时以余资补助其妹一家的生活。另一邻乡的"自梳女"黄玩心，数十年来亦以佣工及作"大妗"维生，现年已七十多岁，仍持故业不辍。生平积累，除用以在广州德政南路置屋自居外，并负担起教育侄儿，为侄儿成家立室，甚至为侄儿担负养儿育女的开支。像这样的"自梳"及"不落家"妇女，为数实在不少。

海运畅通以后，有些"自梳女"更远涉重洋，到海外佣工。据笔者所知，广州仓边路侧毓秀街口世代相传以专医痔漏为业的温天鹤医生，有一"自梳"的姑母温莲，于四十年前，其父逝世时突然失踪，直至抗日战争以后，仍渺无音讯，亲属均以为必已物故。广州解放后，突由南洋槟榔屿归来，始知她为求得晚年有所资借，不惜飘洋过海，佣于殷富的侨商家中；贮蓄渐丰，即自行在槟榔屿开设照相馆，并购置产业，积久遂成小康。番禺睦洲乡有一"自梳女"陈娟，年青时赴星架坡的妓寨佣工，一去卅余年，直至五六十岁始由星架坡归来，积资逾万，在广州置产。黎思复的第二个胞姊丽修，亦于四十年前，"自梳"后潜赴越南，后转佣于金边某富户，积资数千。1929年回国后，仍于上海纱商钟某家为佣。钟某亦顺德人，婚后所生五个子女，均由丽修为之抚育，以迄成人，故钟氏子女都事丽修如母。丽修虽有所蓄，但以一生在外谋食，不愿购置产业。故在国民党币值暴跌时，所蓄损失几尽。现年将七十，仍思自食其力，重出佣工。

"自梳"及"不落家"妇女之在外佣工较久的，不少深谙英、法等外国语言，在洋人家庭佣工及随洋人返国工作。故"自梳"及"不落家"妇女活动的范围，可说遍及中外，尤以用"顺德妈姐"的身份出现的"自梳女"的足迹最为广阔。

至番禺、中山等地的"自梳"及"不落家"妇女，则以从事刺绣、织布等较众。尤其在民国初年以前，妇女尚受缠足之累，在社会上谋生不易，大都只能在家庭内以针黹为活。黎思复先辈的"自梳"及"不落家"姑母，均以缝纫为生，二姑母直至八十高龄，仍从清晨至深夜，缝纫不辍。邻近各乡的人，凡须制置婚丧衣服，几无不经她的手，业务历数十年不衰。

针织业兴起以后,这些地区的"自梳"及"不落家"妇女,不少转而从事针织业。民国初年,广州丝业巨商周汉泉的侄女,"梳起"后即在广州西关厚德里开设织袜厂及线衫厂,独立谋生。丝业衰落后,周氏的后人多由这个侄女抚养。笔者邬庆时的两个胞妹及各从妹、再从妹等,皆"自梳"或"不落家"。二妹亦在广州自设永华织袜厂,织生数百人,无一非同乡的"自梳女";三妹在乡开设瑞初私塾,学生也有数百人,其中年稍长者,后来皆"自梳",其职业一如她们的先辈。

在乡从事耕作的"自梳"及"不落家"妇女,除自行耕种及饲养牲畜以外,多在农忙季节,出外作临时工,为人插秧、除草、割禾等。在番禺各多中,有一种特殊的乡例:在收割季节,凡遗留在田基及路上的禾稻(不包括遗留在田内的稻谷——这部分遗谷归承耕人及"耕人"即"二路地主"所得),统归"自梳女"捡拾;称为"执禾"。"执禾"的收入看来好像微乎其微,但积少成多,亦是当地"自梳女"的一笔为数不少的特有收入。

除了上述各项正常的职业活动以外,还有一些稍有积蓄的"自梳"及"不落家"妇女,以"埋月会"、"捻妹花"、放贵利等为业。

"做月会"原是一种传统的互通有无的互助形式,但那些从事剥削活动的"自梳"及"不落家"妇女却利用来作生财门路。例如:她们"埋"一份十人的五元月会,原应每月提供五元会款贷给其他需款的会友应用,但往往因须款用的会友多,例定只能由愿出重"标头"(利息)的会友标得。故须标取会款应用的人,只好不惜以一元至元余的"标头"来争标会款。如会款由"出标"一元五角的人标得的话,则其余九人只须每人拿出三元五角给标会的人,将来则可按定额五元十足收回;十人的月会如连续九个月均有会友以如此重的"标头"标会,则这个"自梳女"在这九个月内只须提供卅一元五角的资金,至第十个月即可收回四十五元现款,获得利息十三元五角(其余类推)。故有些手上持有一千数百资金的"自梳"及"不落家"妇女,通过"埋月会"的办法,年中便可得到三数百元的利息。如果她们是月会的发起人(即"会头"),更可得到无息、优先取得会款的特权,她们即可利用所取得的会款,从事各种剥削活动。"自梳"及"不落家"妇女因为职业关系,人事关系较复杂,交结亦广(包括富家少奶、宠姜,同行的"妈姐",尼庵的主持和比较富有的尼姑等)。对于"埋会"一事,大都很有门路。间有立心不良的,在埋得十元或廿元月会百余份,收得第一个月的会款数千元,即卷款远飏。但亦有一些比较老实的"自梳"及"不落家"妇女,因为自己作"会头"的月会中,有些会友(即"会仔")标了会款后,挞欠不供(按规定会友标了一次会后,即不能再标,并须在未满的会期内,每月按定额十足供纳会款,至月会满期为止,称为供"空壳会"),只好自己代为缴付会款,以维持自己——"会头"的信用。

"捻妹花"即专门培养女童供豪贵作妾，借以猎取巨利。黎思复有一从姊，即以"捻妹花"为业。卅五年前，曾养育女童一对，一名桃根（取"桃根桃叶镇相连"之义），貌颇美，年十七即被思复从姊嫁与顺德大良土著龙恩官作妾，索得身价银五千元。其后龙曾以桃根非处女将之退回，思复的从弟即乘机控龙诽谤，又索得龙赔款数千元始了结。从事"捻妹花"的"自梳女"，大抵都是饶有私蓄之辈。所"捻"的"妹花"，由三两朵至十朵、八朵不等。她们为猎取厚利，多设尽一切办法，把"妹花""捻"得肌肉润腻，手足纤细，"袅娜多姿"，不使"妹花"参加操重劳动，教她们终日涂脂抹粉，供她们以"锦衣玉食"，使她们适应豪商显宦的淫乐需要。故以"捻妹花"为业的"自梳女"，多自己置有房舍，所"捻"的"妹花"较多的，还须雇用"使妈"来服侍那些"妹花"。如果不具备这样的人力和财力，就必须与其他同行的"自梳女"合资协作。

"妹花"都须自幼"捻"起。但小孩的容貌、体态等常随年龄的增长而变异，往往有幼时姣好，长大后却变得很丑陋的。以"捻妹花"为业的"自梳女"，必须经得起这样的亏贴。

不独立谋生的"自梳女"，大抵都是出身于所谓"名门望族"的妇女。因为她们的父祖辈都拥有巨资，她们矢志"梳起"后，往往即由父母拨给一部分资财（等于富家女儿出嫁时妆奁之值），供她们维持生活。如顺德巨室龙氏（世代皆显宦，名园"清晖园"即龙氏的花园）的一些"自梳女"，除由父母拨给大量资财维持生活外，还虑她们索居寂寞，特为她们在大良城华盖里建筑大厦一座，使她们能结伴聚居。宅内一切厅房间隔，都是专供一群"自梳女"分户同居而设计的，单是厨房，即如一座大厅，炉灶多至十余通，以便她们分爨。这座大厦，即现在的华盖里廿一号大住宅。清代福建海关道黎召民之女倩初，亦顺德昌教乡人，其兄国廉在民国元年胡汉民督粤时，曾任民政司长。倩初"自梳"后，其家亦特为她在广州存善东街置三便过、几进深的大厦一座，并拨出巨款，给她作赡养之资。这类"自梳女"大都闲居终日，无所事事，最多只是"捻"几朵"妹花"，以资点缀而已。

四　"自梳女"的宗法继承和社会关系

一般"自梳女"及"不落家"妇女既勤劳，自奉又很薄，尽量把辛勤劳动所得积聚下来，以为晚年生活的资借。黎思复的姑母，"梳起"以后数十年，每日所食两餐，不外清茶淡饭。思复的父亲有一次孝敬她两罐鹰唛炼奶，她却珍藏起来，半年以后才舍得开一罐来吃。不料贮藏过久，炼奶已变质，使她痛惜不迭。

因此，大多数"自梳"及"不落家"妇女到晚年以后，都薄有积蓄。她们既无后代，身后遗产的继承，因而亦与常人略异。

"不落家"妇女的遗产，如有庶出子女，一般多遗赠其庶出子女或母家亲属。"自梳女"

的遗产，除指定遗给其兄弟、侄儿等亲属者外，则由其所收"徒弟"或"金兰姊妹"继承。

"自梳女""收徒"的仪式与习俗的拜神上契无异，稍富有的，则设宴遍请其亲友及"金兰姊妹"，但筵席都是斋点，宾客只限于女性。所收之徒，亦必为"自梳女"。

当"自梳女"的"徒弟"的人，事师必须唯孝唯敬；师傅有疾病，必须躬侍汤药；师傅去世后，必须上孝着服，承担殓葬、立（神）主供奉、春秋祭扫等义务。而师傅遗下的金钱、衣物、房屋等一切资财，亦统由"徒弟"继承。"自梳女"之"收徒"，纯为解决晚年生活的依靠与身后的祭祀而设，不一定有若何特殊的技艺可传，故没有一定财产的"自梳女"，便没有"收徒"的资格。

"自梳女"为了使自己的"后事"付托得人，对"徒弟"的选择，向极严格。非经过长期细致观察和多方考验，认为完全满意，不轻易接纳。

没有脱离母家外出谋生，或虽脱离母家，但母家有兄弟、侄儿等亲属，彼此又感情融洽的"自梳女"，则不一定收"徒"传后，而由其兄弟等亲属继承其产业。

一般女子长大不嫁，长居母家，乡俗便认为不祥，但"自梳女"则作别论。"自梳女"一经"梳起"后，即有权视母家为己家，以母家之事为自己之事，且可为母家操持家务，虽兄嫂、弟妇辈亦不敢非议，俗称为"把家姑婆"。这类"自梳女"，一般都具有较浓厚的传统的宗法观念，以弟、兄辈之"荣""辱"为荣辱，视弟、兄辈之子女为子女；——弟、兄辈举一男则笑口长开，弟、兄辈添一女则拂然不悦。往往由于她们对母家的家事过分关怀和专断，引起兄嫂或弟妇辈的不满。即使这样，母家的亲属一般仍宁愿忍隐相让，非万不得已，绝不使她们因难堪而离开家庭，否则，乡俗多认为其兄嫂、弟妇辈霸道强悍，不能容人，而加以指责。

"自梳女"及"不落家"妇女除可在母家与亲属同处外，还可与其他"金兰姊妹"合营一屋而居，称为"姑婆屋"。居住在"姑婆屋"的"自梳"及"不落家"妇女，除在生计上相互提携以外，在生活上亦互相关怀，甚至因此产生同性恋爱，即所谓"契相知"。俨同夫妇，出入相随。

"契相知"俨为夫妇，严格地限于一对一。如果任何一方与第三者（指女性）另恋，同样会引起争吵决裂。

同性相恋的"自梳女"形同夫妇，暇辄骈嬛哦唱《碧容探监》、《客途秋恨》等一类抒情的木鱼书；但借唱木鱼书以抒情的多是年青一辈的"自梳女"，中年以后仍唱此类木鱼书的都很少见。乡俗对"自梳女"在"梳起"后勾三搭四（对男性而言）惩处虽极残苛，但对她们"契相知"同性爱的一些猥亵行为，则从不干预。

"自梳女"们为了相互防止不能以独身终老，创奉了一种"迷夫教"，这种教据说与流行于南洋一带的"落降头"无异。谣传只要将某一妇女的丈夫的"八字"（出生年、月、日）写下来，由"自梳女"之懂得法术者披麻带孝，散发禹步拜祭，并书符念咒，边拜边念，经过一段时期，即可将这个妇女的丈夫魇死。因此，一些被迫出嫁的妇女曾以此作为达到"不落家"的手段，其后，更被"自梳女"辈用以互相恐吓不得中途变志，否则即以魇死其丈夫相要胁。陈遹曾在乡时，曾闻潭山乡有一男子在新婚洞房之夕，深夜忽闻如哭如诉之声。家人起而察看，见新妇披麻带孝，独自躲在墙隅暗处魇祭。新郎的家属睹状皆栗然惊呼，召集全家男女将之捕获，于翌晨将她绑赴"祠堂"交"父老"讯问——乡俗，族中有事均由"父老"集祠公断——始悉新娘为"迷夫教"徒，欲魇死其夫以达到"不落家"的目的。结果，只好将婚约取消，由女方"赔银"给男方另娶作罢。解放前二年，"迷夫教"仍在迷惑妇女。当时，广州市曾喧传西门口菜市有一菜贩的女儿，由父母作主与一青年男子订婚，男女双方原亦互相属意，但女方曾加入"迷夫教"，结婚则违反教规，恐丈夫被"教友"魇死；不结婚又情爱难舍，结果，只好潜往越秀山，双双自缢而死。故许多"自梳"及"不落家"妇女在相约加入"迷夫教"后，虽欲中途结婚或"落家"，但格于教规，都只好强自抑止；还有一些被"自梳"及"不落家"妇女包围，原不拟独身终老的少女，凛于"迷夫教"为害，卒不得不"自梳"或"不落家"。

五 "自梳"与"不落家"风气的消灭

由于"自梳"与"不落家"是封建制度下的一种反常现象，作父母的人固然反对，即妇女辈本身亦实迫处此。故在这种风气盛行的年代，许多作家长的人，已想尽许多防止女儿"自梳"及"不落家"的办法。最常见的是：家长在私下为女儿议婚时，即设法避过女儿的"金兰姊妹"的耳目，伪称探亲，潜将女儿携赴广州，使男方在茶楼或其他适当场合下"相攸"（俗称"相睇"，即女方约定男方家长来看他们的女儿的容貌之意），婚议定后，即在广州举行婚礼，并在市内居住一段时期（两三年左右），才返回乡中的祖居居住。这样，作为新娘的少女虽欲"自梳"或"不落家"，固不可得；她的"金兰姊妹"虽欲包围和压迫，亦无所施其技。但这种办法只能行于稍富裕的人家，赤贫之家即力有所不逮。对弥漫一时的"自梳"与"不落家"风气，作用并不大。

民国以后，风气渐开，男女婚姻较自由，"自梳"与"不落家"的风气已稍戢。以笔者等的家庭而论，转入民国以后，诸妹及女儿、侄女辈已绝鲜如笔者等的诸姑、诸姐辈的"梳起"不嫁或"不落家"。尤其是顺德蚕丝业在国际市场受帝国主义的打击、排挤而致崩溃以后，以缫丝为业的"自梳"及"不落家"妇女失去经济凭借，多四出佣工，停留在乡间的"自梳女"及"不落家"妇女的数量锐减，年轻一代较少受到她们的影响。加上国内经济受帝国主义侵略的影响，百业凋零，妇女独立谋生更不易，"自梳"与"不落家"的风气，遂更衰薄。抗日战争后，珠江三角洲的元气大伤，"自梳"与"不落家"的风气已不绝如缕。解放以后，这种畸形的风习已经废除，解放初期所能见到的，只是它的残余而已。

胡同自拍[①]

1. 西旧帘子胡同

此胡同已在近年的城市改造中被毁除。

2. 东旧帘子胡同

[①] 第1—5、7、8、17幅照片拍摄于1999年,第6、9、10、12—16幅拍摄于2005年,第11幅拍摄于2006年。参见《旧京遗事》(一)、《都门识小录》(一)等。

3. 西新帘子胡同

此胡同已在近年的城市改造中被毁除。

4. 东新帘子胡同

5. 樱桃斜街

6. 李铁拐斜街

今名铁树斜街。

7. 大外廊营胡同

8. 韩家潭
今名韩家胡同。

9. 小外廊营胡同

10. 皮条营 即东、西壁营，照片为西壁营。

11. 百顺胡同

12. 胭脂胡同

13. 陕西巷

14. **万佛寺湾**
   今名万福巷。

15. 石头胡同

16. 王广福斜街

今名棕树斜街。

17. 猪毛胡同

据《菊部群英》，沈芷秋曾在百顺胡同开设丽华堂。又据《鞠台集秀录》，丽华堂后来迁至猪毛（朱茅）胡同。沈芷秋事参见《越缦堂日记》等。

附录一　分类书目

综合编

先秦时期
尚书/3
钦定书经图说/1162
逸周书/3
左传/6
国语/10
诗经/11
续吕氏家塾读诗记/146
读诗质疑/515
管子/17
汲冢琐语/17
晏子春秋/18
韩非子/26
古今禅藻集/193
玉荷隐语/717
韩诗外传/39
孔子家语/68
孔门儒教列传/159
元宫词百章/160
论语/18
孔子圣迹图/191
圣迹图/159
圣迹图/192

淮南子/39
孟子/20
孟子圣迹图/718
懒真子/145
楚国人文宝善集/515
岭云编/516
缩本增选多宝船/1163
樊山时文/1163
荀子/21
孔丛子/69
礼记/22
大戴礼记/23
墨子/24
新序/27
说苑/29
战国策/30
真诰/84
郁离子/160
述古堂文集/719
楚辞/33

秦汉时期
史记/40
汉书/44

芥子园画谱/720
红藕花轩泉品/1164
论衡/61
风俗通义/63
瓮牖闲评/145
缺斋遗稿/1166
癸巳类稿/724
宛陵集/139
列史碧血录/1167
赵飞燕外传/76
昭阳趣史/357
潜夫论/62
仲长子昌言/63
初学记/64
西京杂记/73
拾遗记/78
博古叶子/517
陈洪绶集/519
太上感应篇图说/722
无双谱/519
无双谱排律/723
无双谱合刻/1168
小仓山房文集/981
勉行堂诗集/992
惜抱轩诗文集/1012
烟霞万古楼文集/1012
星宿论解/723
后汉书/59
酒家佣/370

三国两晋南北朝时期
三国志/67
晋书/70

宋书/78
南齐书/82
陈书/102
南史/103
裴子语林/72
晋阳秋/72
艺文类聚/76
世说新语/81
异苑/82
述异记/85
太平御览/77
俗说/83
沈隐侯集/84
颜氏家训/115
癸巳存稿/724
陈子高传/194
男王后/461
摘锦奇音/467
六臣注文选/85
玉台新咏/90
乐府诗集/94
阮步兵集/67
北史/104
魏书/105
北齐书/113
周书/116
十六国春秋/112
三十国春秋辑本/112
艳异编/197
眉公诗钞/193
雌木兰/459
水经注/113

附录一 | 1777

隋唐五代宋元时期
隋书/119
隋炀帝艳史/359
旧唐书/120
历代古人像赞/161
新唐书/122
全唐文/126
浓情快史/700
南唐演义全传/1031
朝野金载/127
明皇杂录/130
天地阴阳交欢大乐赋/128
全唐诗/124
李贺诗集/129
酉阳杂俎/130
幸蜀记/132
阿拉伯人东方文献一种/132
旧五代史/133
新五代史/134
资治通鉴/140
春明退朝录/140
帝鉴图说/195
太平广记/137
广艳异编/198
闽中摭闻/725
三楚新录/137
宋史/136
清异录/137
萍洲可谈/144
清尊录/145
癸辛杂识/148
金史/149

海陵佚史/360
元史/150
烬余录/150
词品/183
张生煮海/153

明代
明史/164
菽园杂记/171
猥谈/172
野记/172
明武宗外纪/520
南园漫录/173
暖姝由笔/174
庭闻述略/174
貂珰史鉴/204
渊鉴类函/520
鸿猷录/174
国榷/204
宪章录/206
弇山堂别集/205
矶园稗史/175
冶城客论/176
见只编/207
十二楼/645
十二楼/657
海公大红袍全传/1121
留青日札/177
琐闻别录/207
戒庵老人漫笔/208
王百穀集/283
见闻杂记/209
四友斋丛说/210

明实录/211
谷山笔麈/211
五杂组/212
耳谈/214
耳谈类增/217
狯园/219
皇明世说新语/220
亘史钞/220
三家村老委谈/228
广志绎/229
江西通志/527
画史会要/230
云间据目抄/230
锡金识小录/727
岐海琐谭集/231
粤剑编/231
拙斋笔记/232
东西洋考/232
汤显祖全集/288
珂雪斋集/296
快雪堂集/302
自娱集/306
檀园集/315
小窗自纪/233
梅花草堂笔谈/236
白石樵真稿/238
万历野获编/238
花营锦阵/244
疑耀/244
恬畅斋琐述/245
名医类案/177
遵生八笺/245
景岳全书/246

情史/199
绘图情史/203
明宫词/254
酌中志/256
罪惟录/525
列朝诗集小传/526
耳新/257
集异新抄/726
湖隐外史/257
文饭小品/322
琅嬛文集/258
西湖梦寻/259
陶庵梦忆/260
板桥杂记/262
明季北略/263

清代
明季南略/264
南渡录/527
枣林杂俎/528
秋室集/799
永历实录/529
鞑靼中国史/529
黄书/531
日知录/531
治家格言绎义/532
寓意草/532
闲情偶记/675
因树屋书影/533
见闻录/534
新刻江湖切要/535
康熙字典/536
言鲭/536

张氏卮言/537

桐叶偶书/537

稗说/538

词苑丛谈/539

分类尺牍新语二编/713

分类尺牍新语广编/714

聊斋志异/539

聊斋志异图咏/550

觚剩/554

坚瓠集/556

居易录/558

艮斋杂说/559

广阳杂记/560

清实录/562

清廷十三年/563

滇黔纪游/564

柳南随笔/564

读书堂西征随笔/565

清朝野史大观/1169

南巡秘纪/1681

我看乾隆盛世/769

郑板桥文集/961

随园轶事/1170

袁枚全集/1173

子不语/986

见闻杂录/1173

萤窗异草/734

谐铎/745

夜谭随录/748

秋灯丛话/751

柳崖外编/753

妄妄录/754

质直谈耳/757

广新闻/758

六合内外琐言/758

六合内外琐言/764

水曹清暇录/766

北平风俗类征/1701

丹午笔记/767

皇朝经世文编/768

茶余客话/770

西域闻见录/772

志异新编/773

薄海番域录/774

阅微草堂笔记/775

图像劝劝录/1174

小豆棚/786

梦厂杂著/789

寄闲斋杂志/792

霩楼逸志/793

陔余丛考/794

履园丛话/796

闻见晚录/797

正音撮要/797

官话汇解便览/798

聊斋续编/799

挑灯新录/800

耳食录/805

三异录/805

凉棚夜话/806

皆大欢喜/808

邝斋杂记/810

涂说/811

常谈/811

啸亭杂录/812

南浦秋波录/813

粤小记/813
粤屑/815
靖海氛记/816
广东通志/816
俚俗集/817
冶官记异/817
虫鸣漫录/818
香饮楼宾谈/819
雨窗寄所记/820
客窗闲话/823
两般秋雨盦随笔/826
埋忧集/830
常谈丛录/832
纸糊灯龙/832
雨窗消意录/1175
恐自逸轩琐录/834
篛廊琐记/836
道听途说/837
里乘/1175
扬州梦/1176
金壶七墨/1177
道咸宦海见闻录/1178
琐事闲录/1179
桐阴清话/1180
寄蜗残赘/1202
醒睡录初集/1209
客座轩渠/1213
越缦堂日记补/1215
越缦堂日记/1216
清代学者象传/1240
同治嫖院/1752
无聊斋杂记/1241
见闻随笔/1242

见闻续笔/1244
试场异闻录/1245
科名宝鉴/1246
夜雨秋灯录/1246
灯余笔录/1250
见闻琐录/1252
记闻类编/1253
樵说续/1513
右台仙馆笔记/1256
粤游小志/1257
洪门志/1699
海底/1700
近代秘密社会史料/1700
春晖草堂笔记/1693
清宫词/1258
柳弧/1259
艳异新编/1260
聊摄丛谈/1261
醉茶志怪/1262
拍案惊异/1265
菽园赘谈/1266
庄谐选录/1272
拈花微笑/1274
风流自赏/1276
岭南即事杂咏/1279
吴友如画宝/1284
点石斋画报/1291
时事报馆戊申全年画报/1299
舆论时事报图画/1302
图画日报/1309
都门识小录/1319
国闻备乘/1320
南亭笔记/1321

谈笑奇观/1322
妙香室丛话/1322
清稗类钞/1323
异辞录/1331
清代野记/1694
餐樱庑随笔/1695
眉庐丛话/1695
燕南琐忆/1697
蜷庐随笔/1698
铁笛亭琐记/1699
折狱奇闻/1702

故都闻见录/1702
梵天庐丛录/1703
凌霄一士随笔/1706
近代笔记过眼录/1707
清代佚闻/1709
花随人圣盦摭忆/1711
□清官场百怪录/1332
中国黑幕大观/1713
方言别录/1336
中华全国风俗志/1715
南村草堂笔记/1718

专题编

优伶

箧中集/128
玉泉子真录/131
乐府杂录/131
南汉记/726
东京梦华录/146
梦梁录/148
沙哈鲁遣使中国记/178
都公谭纂/179
治世余闻/179
松窗梦语/267
潘之恒曲话/222
小窗艳纪/235
敝箧集/294
锦帆集/294
解脱集/295
瓶史/296
始青阁稿/309
李太仆恬致堂集/318

味水轩日记/319
隐秀轩集/320
吴歈小草/320
祁忠敏公日记/321
名义考/268
漱石闲谈/268
物理小识/269
旧京遗事/269
刘蕺山集/274
雕丘杂录/565
查东山先生年谱/567
不下带编/567
心史丛刊/1753
吴郡名贤画像/731
北游录/566
研堂见闻杂记/566
梧桐影/702
女开科传/705
吴梅村全集/594
云郎小史/1336

九青图咏/1337
渔洋诗话/557
湖海楼全集/605
湖海楼诗稿/606
湖海楼诗集/609
迦陵词全集/611
正谊堂文集/617
正谊堂诗集/618
陈检讨填词图卷/615
迦陵先生填词图/616
读画斋偶辑/617
纳兰词/623
洪升集/623
定山堂诗集/596
定山堂诗余/599
同人集/599
二乡亭词/620
孔尚任诗文集/624
芦中集/626
消夏闲记摘抄/838
乡园忆旧/839
沪城备考/840
秦云撷英小谱/840
卷施阁文/1006
三异笔谈/843
歧路灯/1035
画舫余谭/845
秦淮画舫录/845
秦淮闻见录/846
扬州画舫录/846
南野堂笔记/847
天真阁集/1008
玉如意全传/847

杭俗遗风/848
春草堂集/1016
汉口丛谈/849
汉剧丛谈/1745
粤游吟/1015
鳄渚摭谈/1405
京师偶记/568
延芬室集/997
藤阴杂记/851
燕兰小谱/851
秋坪新语/853
海门诗选/1011
消寒新咏/855
梦华外录/856
檐曝杂记/857
花间笑语/858
春泉闻见录/858
日下看花记/859
众香国/859
听春新咏/860
燕京杂记/861
遣睡杂言/862
金台残泪记/863
燕台鸿爪集/866
辛壬癸甲录/867
长安看花记/868
丁年玉笋志/869
梦华琐簿/869
金屋小谱/873
谈异/1377
品花宝鉴/1134
品花宝鉴/1144
品花宝鉴/1146

小说考证/1720
桂枝香/1642
儿女英雄传/1574
灵台小补/873
业海扁舟/1148
道咸以来朝野杂记/1340
曼陀罗华阁琐记/1341
鸥堂日记/1342
昙波/1343
怀芳记/1343
长安花品二十四联/1345
道咸以来梨园系年小录/1346
梨园旧话/1346
梦园丛说/1347
菊部群英/1347
评花新谱/1358
宣南杂俎/1358
侧帽余谭/1362
凤城品花记/1368
燕台花事录/1374
聊园诗存/1511
聊园词存/1511
樵说/1512
未能寡过斋诗初稿/1514
鬘天影事谱/1514
樊山续集/1515
二家词钞/1516
潜庵漫笔/1376
柔桥文钞/1376
斯陶说林/1377
瑶台小录/1378
椒生随笔/1379
申报图画/1379

北京白话画图日报/1380
北京秘本戏曲图考/1381
余墨偶谈/1382
李春来/1382
畏庐漫录/1384
闻歌述忆/1386
梨园佳话/1390
春冰室野乘/1391
春明梦录/1721
话梦集/1722
旧京琐记/1722
宣南零梦录/1392
鞠部丛谭/1393
旧剧丛谈/1394
梨园轶闻/1394
燕都名伶传/1394
燕归来簃随笔/1395
清代燕都梨园史料/1396
伶史/1723
清代野史/1724
菊部丛谭/1724
京华春梦录/1725
戏班/1726
齐如山回忆录/1727
李家瑞先生通俗文学论文集/1731
枕流答问/1734
几礼居杂著/1735
中国戏曲/1738
胡同自拍/1766
负曝闲谈/1617
海上尘天影/1619
九尾龟/1620

无耻奴/1624
孽海花/1625
梨园外史/1640
绘芳录/1596
十粒金丹/1598
津门杂记/1396
戬影述录/1398
粉墨丛谈/1399
淞南梦影录/1400
切口大辞典/1737
鞠部丛刊/1739
栖霞阁野乘/1744
东华琐录/1745
梨园感旧录/1746
莲湖花榜/1402
黔山采兰录/1345
返性图辑要宝录/1406
宦游随笔/1406
醒世捷言/1407
无稽谰语续编/1407

宗教
水浒传/154
沙弥律仪要略增注/246
西窗摭余录/247
江湖奇闻杜骗新书/247
紫柏老人集/248
歌代啸/459
钝吟杂录/534
救狂后语/558
醒世姻缘传/626
捧腹集/1159
民呼日报图画/1318

韩湘子全传/357
水浒后传/627
十醋记/691
蜃楼外史/1601
梅花缘/1644
省迷录/774
中国报道/180
中国志/180
天主实义/249
程氏墨苑/250
利玛窦中国传教史/251
中国风物志/251
七克/252
七克真训/1197
职方外纪/253
涤罪正规/253
天主圣教十诫/254
天主十诫劝论圣迹/535
十诫/1201
耶稣会士中国书简集/768
辟邪纪实/1197
反洋教书文揭帖选/1200

福建
泉南杂志/270
闽书/270
纤言/569
野史无文/569
南疆逸史/570
海寇记/570
海峰文集/875
福建通志/1747
南安县志/1747

台湾外志/570

漫游纪略/571

台湾府志/571

连城璧/658

无声戏/671

闽政领要/875

闽都别记/1102

台案汇录辛集/876

剿平蔡牵奏稿/877

福建通志/877

闽俗录/879

闽杂记/1408

赌棋山庄笔记/1409

军队

郑桐庵笔记补逸/265

燕都日记/265

流寇志/265

万古愁曲/266

剿闯通俗小说/266

启桢野乘/267

甲申朝事小纪/730

雨韭盦笔记/833

十叶野闻/1686

贼情汇纂/1182

平定粤匪纪略/1184

太平天国野史/1184

太平天国轶闻/1688

太平天国五王传/1687

江南春梦庵笔记/1187

扫荡粤逆演义/1194

清洪战记革命胎/1195

〔太平天国〕论著题跋/1693

金陵杂记/1186

盾鼻随闻录/1187

金陵纪事杂咏/1188

金陵省难纪略/1189

金陵癸甲摭谈补/1189

金陵癸甲纪事略/1190

金陵癸甲新乐府五十首/1190

金陵城外新乐府三十首/1191

粤匪杂录/1191

虎穴生还记/1192

越州纪略/1192

平贼纪略/1192

解酲语/1193

邻女语/1193

二形

华阳国志/73

搜神记/74

褚氏遗书/142

括异志/143

绿窗新话/144

宣政杂录/143

疑狱集/147

真腊风土记/151

草木子/152

格致余论/151

庚巳编/181

七修类稿/181

广嗣纪要/182

本草纲目/271

贤博编/271

玉芝堂谈荟/272

稗史汇编/273

莼乡赘笔/571
旷园杂志/572
仁恕堂笔记/573
池北偶谈/557
述异记/573
峒溪纤志/574
教经堂谈薮/879
荒鹿偶谈/880
谭瀛八种/1409
炳烛里谈/1410
洞灵续志/1748

女性

汉武故事/75
百美新咏图传/721
教坊记/127
至正直记/152
新增百美图说/1411
玉娇梨/627
玉娇梨/629
玉娇梨/630
林兰香/643
笠翁一家言全集/676
怜香伴/676
怜香伴/686
奈何天/687
南汇县竹枝词/1537
痴人福/1127
浮生六记/880
三十六春小谱/882
明斋小识/885
番禺县志/882
赏雨茅屋诗集/1014

野语/883
南海县志/883
南越游记/884
劝戒二十四条/884
顺德县志/1412
彭刚直公诗集/1534
岭南杂事诗钞/1535
广州竹枝词/1536
秀容扫琴南音/1413
十思起解心/1416
十思起解心/1417
吴小姐忆母怨夫
四季解心/1418
七嫁才郎/1420
金叶菊/1421
七夕赞花/1421
打天九歌/1425
逼结金兰/1427
金生挑盒/1429
金兰寄书/1430
日夜时辰/1433
十二时辰/1438
梦兰忆友龙舟歌/1442
五想同心/1446
同心上半年/1447
吹箫忆友/1448
妙容打斋附荐/1450
玉婵附荐金兰/1455
玉婵叹五更/1461
玉婵问觋/1463
打烂榥/1468
新婿上厅/1470
拆外母屋/1471

夜谏金兰/1472

打相知/1480

梳头妈自叹/1481

时兴送嫁歌文/1483

奶妈二做侦探/1484

"自梳女"与"不落家"/1756

永明县志/1484

眉语/1748

道德

阴骘文像注/585

圣帝宝训像注/885

迪吉录/273

人谱/274

人谱类记/274

戒淫十八律/275

太上感应篇注证合编/579

宜麟策/580

续证人社约戒/574

传家宝/575

太上感应篇图说/580

增补愿体广类集/581

果报闻见录/582

吕祖全书/582

欲海回狂/583

蕉窗十则注解/584

太上感应篇集传/890

全人矩矱/891

不可录/892

劝孝戒淫宝箴/893

寿世慈航/584

文昌帝君阴骘文劝戒编/586

遏淫敦孝编/586

太上感应篇图说/887

太上感应篇图说/889

重订解人颐广集/893

立命功过格/895

劝孝戒淫录/896

远色编/897

远色编/899

增订丹桂籍/899

指淫断色篇/900

粤谐/902

家范辑要/902

闺律/904

身世金丹/905

人范需知/905

救生船/1485

为人必读/1485

玉历钞传警世/1486

陶斋志果/1487

劝善书/1488

文昌帝君功过格/1489

万应灵方/1489

劝世归真/1490

省躬录初集/1490

回头是岸/1491

天律纲纪/1491

醒世钟/1749

天律圣典大全/1749

戒淫保寿录/1750

邪淫法戒图说/1750

戒淫文辑证/1751

法律

大明律例附解/275

洪武正韵补笺/276
皇明诸司公案传/276
郭青螺六省听讼录
新民公案/280
官板律例临民宝镜/280
折狱新语/281
大清律集解附例/587
大清律集解附例/587
资治新书/588
巡城琐记/590
定例成案合钞/590
世宗宪皇帝上谕内阁/591
世宗宪皇帝朱批谕旨/592
定例续编/592
大清律例/906
大清律续纂条例/906
金吾事例/907
皇朝文献通考/907
大清律例通考/908
刺字会钞/910
刺字条款/910
刺字集/1509
读法图存/911
读律一得歌/1506
乾隆元年山东省刑事
案件文钞/911
〔清雍正至乾隆年〕条奏/912
〔奸案〕揭帖/912
事友录/912
驳案新编/913
驳案续编/913
北东园笔录/918
成案备考/913

〔例案〕说帖/914
成案/915
大清律例汇辑便览/915
雪心案牍/916
粤东成案初编/916
大清律例会通新纂/916
刑部说帖揭要/917
重刊补注洗冤录集证/917
洗冤录详义/925
伤痕/926
大清律例增修统纂集成/919
说帖类编/921
成案新编/921
律例采新全部/921
驳案集成/922
刑部比照加减成案/922
刑部比照加减成案续编/923
刑案汇览/926
续增刑案汇览/951
叙雪堂集/957
秋审实缓比较成案/958
爽鸠要录/1493
刑案汇览续编/1493
秋谳辑要/1502
审看拟式/1503
樊山批判/1503
十大名家判牍/1504
刀笔菁华/1504
各省审判厅判牍/1505
读例存疑/1506
大清现行刑律/1510
钦定大清刑律/1510

文学编

诗词

明诗纪事/282
少室山房集/284
潇碧堂集/293
幔亭集/302
处实堂集/304
静啸斋存草/310
识匡斋全集/312
媚幽阁文娱/312
中洲草堂遗集/323
闲情集/326
槜李诗系/593
安雅堂未刻稿/619
已畦集/621
本事诗/621
郑板桥全集/959
小仓山房诗集/962
随园诗话/977
忠雅堂诗集/993
忠雅堂词集/994
两当轩集/996
瓯北诗钞/999
赵翼诗编年全集/1002
卷施阁诗/1004
更生斋诗余/1007
古今词统/1524
先泽残存/1524
上海县竹枝词/1525
郝仲赵全集/1525
广陵古竹枝词/322

梦香词/1017
扬州竹枝词/1017
续扬州竹枝词/1018
邗江竹枝词/1018
真州竹枝词/1526
瘦松柏斋外集/1526
澄碧斋诗抄/1529
风物吟/1529
燕九竹枝词/1517
百戏竹枝词/1518
燕游草/1518
都门竹枝词/1519
燕台口号一百首/1519
都门竹枝词/1520
草珠一串/1019
都门竹枝词/1020
都门纪略/1021
都门纪略/1530
增补都门纪略/1530
增补都门纪略/1531
朝市丛载/1532
都门新竹枝词/1522
北平梨园竹枝词荟编/1532
京华俗咏/1533
都门赘语/1533
余园诗稿/1521
京华百二竹枝词/1522
京都新竹枝词/1534
念堂竹枝词/1523
丙寅天津竹枝词/1524
汉口竹枝词/1024

翠围山房诗集/1527
锦城竹枝词/1023
成都竹枝词/1023
笨拙俚言/1527
戏园竹枝词/1537
徙阳竹枝词/1527
乌鲁木齐杂诗/1528

小说
国色天香/338
醒世恒言/365
醒世恒言/368
警世通言/369
古今小说/369
十二笑/370
拍案惊奇/379
拍案惊奇/384
二刻拍案惊奇/386
二刻拍案惊奇/388
石点头/390
警世阴阳梦/403
禅真逸史/403
禅真后史/405
鼓掌绝尘/406
鼓掌绝尘/410
醋葫芦/411
醋葫芦/412
型世言/438
型世言/447
西湖二集/448
醉醒石/449
梼杌闲评/451
梼杌闲评/452

豆棚闲话/453
痴婆子传/326
金瓶梅词话/327
新刻绣像批评金瓶梅/674
金瓶梅全图/1538
孽姻缘/1658
续金瓶梅/692
三续金瓶梅/1132
绣榻野史/335
怡情阵/1126
浪史/337
僧尼孽海/356
欢喜冤家/360
别有香/365
宜春香质/413
弁而钗/421
龙阳逸史/428
玉闺红/438
载花船/454
一片情/634
肉蒲团/672
灯草和尚传/696
桃花影/697
情海奇缘/1638
春灯闹/700
闹花丛/700
醉春风/701
巫梦缘/701
巫山艳史/702
姑妄言/703
杏花天/1025
妖狐艳史/1124
桃花艳史/1124

欢喜缘/1638
人间乐/630
人间乐/632
画图缘/633
赛花铃/636
警寤钟/641
快心编/642
斩鬼传/710
儒林外史/1026
儒林外史/1030
泰然斋诗集/1031
平鬼传/1032
风流悟/1034
岭南逸史/1036
野叟曝言/1040
绿野仙踪/1042
金兰筏/1083
圣朝鼎盛万年青/1087
何典/1088
蟫史/1089
蟫史/1098
蜃楼志/1101
雅观楼全传/1127
善恶图全传/1129
海游记/1131
新编凤双飞/1575
永庆升平全传/1598
彭公案/1599
跻春台/1603
冷眼观/1607
二十年目睹之怪现状/1610
官场现形记/1611
官场现形记/1616

十尾龟/1629
梼杌萃编/1631
广陵潮/1636

《红楼梦》
红楼梦/1043
红楼梦/1052
红楼梦图咏/1053
增评补像全图金玉缘/1539
增评绘图大观琐录/1543
红楼梦写真/1545
增刻红楼梦图咏/1548
红楼梦说梦/1056
新评绣像红楼梦全传/1057
红楼梦论赞/1060
红楼梦偶说/1061
红楼梦广义/1550
增评补图石头记/1551
红楼梦抉隐/1552
红楼梦抉微/1554
石头记索隐/1554
红楼梦索隐/1555
红楼梦释真/1556
石头记真谛/1557
红楼梦卷/1559
红楼梦杂咏/1062
红楼梦杂咏/1062
红楼梦竹枝词/1063
红楼梦题词/1063
红楼梦诗/1063
松荫轩稿/1064
红楼梦本事诗/1560
璚珸山房红楼梦词/1561

红楼梦本事诗/1561
四悔堂诗草别存/1562
红楼梦本事诗/1562
石头记题词/1563
红楼梦传奇/1065
红楼梦全部滩簧/1065
红楼梦传奇/1066
绛蘅秋/1067
红楼梦传奇/1067
贾政训子/1563
红楼梦说唱鼓词/1564
馒头庵/1566
庚午老人修改本红楼梦/1565
续红楼梦/1069
续红楼梦/1073
后红楼梦/1074
绮楼重梦/1075
红楼圆梦/1076
红楼复梦/1079
红楼梦补/1081
补红楼梦/1081

戏曲
南西厢记/184
南西厢记/184
续西厢升仙记/474
明珠记/185
怀香记/186
陌花轩杂剧/186
牡丹亭/292
紫钗记/292
博笑记/468
红蕖记/470

修文记/470
玉簪记/471
玉合记/471
五闹蕉帕记/472
群音类选/472
醉菩提/474
西楼记/475
贤翁激婿/478
卖情扎囤/479
曲品/475
明曲品/476
明剧品/476
凰求凤/689
意中缘/690
比目鱼/691
长生殿/624
桃花扇/625
缀白裘/1147
二姐逛庙/1644
卖草囤/1648
卖橄榄苏滩/1649
滑稽余韵/173
太霞新奏/371
南音三籁/389
彩笔情辞/479
吴骚合编/480
挂枝儿/375
山歌/376
一夕话二刻/512
精选侉调时尚歌曲/715
霓裳续谱/1151
白雪遗音/1153
粤风/1154

清蒙古车王府藏子弟书/1649
满族说唱文学：
子弟书珍本百种/1654
俗文学丛刊·说唱类
子弟书/1657
灵官庙/1657
灯下劝夫/1658

尺牍
丰韵情书/491
洒洒篇/496
尺牍争奇/500
如面谈二集/502
尺牍青莲钵/502
明公翰墨林/503
增补如面谈新集/711
写心集/713
小仓山房尺牍/981
小仓山房外集/985
雪鸿轩尺牍/1015

戏谑作品
㐹丽情集/183
李卓吾先生批点四书笑/504
笑林评/507
续笑林评/508
笑海丛珠/508
笑府/376
古今谭概/379
笑林广记/1154
笑林广记/1659
风月笑谈/1663
博笑珠玑/508

大明天下春/509
大明春/511
开卷一笑/505
童婉争奇/481
童婉争奇/490
文章游戏/1155
游戏报/1268
笑报/1269
消闲报/1272
天花乱坠/1664
痴婆子/1664
滑稽丛话/1665
滑稽杂志/1666
增补一夕话/1159
灯社嬉春集/1667
春灯谜汇纂/1669
文虎/1669
隐语鲭腴/1669
龙山社谜/1670
绝妙集/1670
余生虎口虎/1670
鹭江灯谜合刻/1671
新灯合璧/1671
谜拾/1672
四子觳音/1672
百二十家谜语/1673
蔼园谜剩/1674
隐林/1675
谜稿/1675
十五家妙契同岑集谜选/1668
味腴草堂谜语集成/1674
味腴草堂谜语续集/1674
隅园隐语/1675

二十四家隐语/1676

古今灯谜大观/1676

安雅堂觥律/154

非想非想非非想/715

心斋杂组/715

唐诗酒筹/1160

集西厢酒筹/1677

百花觞律/1677

酒令全篇/1678

附录二　书名索引

A

阿拉伯人东方文献一种/132
蔼园谜剩/1674
霭楼逸志/793
安雅堂觚律/154
安雅堂未刻稿/619

B

白石樵真稿/238
白雪遗音/1153
百二十家谜语/1673
百花觞律/1677
百美新咏图传/721
百戏竹枝词/1518
稗史汇编/273
稗说/538
板桥杂记/262
北东园笔录/918
北京白话画图日报/1380
北京秘本戏曲图考/1381
北平风俗类征/1701
北平梨园竹枝词荟编/1532
北齐书/113
北史/104
北游录/566

本草纲目/271
本事诗/621
笨拙俚言/1527
逼结金兰/1427
比目鱼/691
敝箧集/294
弁而钗/421
别有香/365
丙寅天津竹枝词/1524
炳烛里谈/1410
驳案集成/922
驳案新编/913
驳案续编/913
博古叶子/517
博笑记/468
博笑珠玑/508
薄海番域录/774
补红楼梦/1081
不可录/892
不下带编/567

C

彩笔情辞/479
餐樱庑随笔/1695
草木子/152
草珠一串/1019

侧帽余谭/1362
茶余客话/770
拆外母屋/1471
禅真后史/405
禅真逸史/403
长安花品二十四联/1345
长安看花记/868
长生殿/624
常谈/811
常谈丛录/832
朝市丛载/1532
朝野佥载/127
陈洪绶集/519
陈检讨填词图卷/615
陈书/102
陈子高传/194
成案/915
成案备考/913
成案新编/921
成都竹枝词/1023
程氏墨苑/250
澄碧斋诗抄/1529
痴婆子/1664
痴婆子传/326
痴人福/1127
池北偶谈/557
尺牍青莲钵/502
尺牍争奇/500
虫鸣漫录/818
重订解人颐广集/893
重刊补注洗冤录集证/917
初学记/64
处实堂集/304

楚辞/33
楚国人文宝善集/515
褚氏遗书/142
传家宝/575
吹箫忆友/1448
春冰室野乘/1391
春草堂集/1016
春灯谜汇纂/1669
春灯闹/700
春晖草堂笔记/1693
春明梦录/1721
春明退朝录/140
春泉闻见录/858
莼乡赘笔/571
词品/183
词苑丛谈/539
雌木兰/459
刺字会钞/910
刺字集/1509
刺字条款/910
醋葫芦/411
醋葫芦/412
翠围山房诗集/1527

D

鞑靼中国史/529
打烂栴/1468
打天九歌/1425
打相知/1480
大戴礼记/23
大明春/511
大明律例附解/275
大明天下春/509

大清律集解附例/587
大清律集解附例/587
大清律例/906
大清律例会通新纂/916
大清律例汇辑便览/915
大清律例通考/908
大清律例增修统纂集成/919
大清律续纂条例/906
大清现行刑律/1510
丹午笔记/767
刀笔菁华/1504
道听途说/837
道咸宦海见闻录/1178
道咸以来朝野杂记/1340
道咸以来梨园系年小录/1346
灯草和尚传/696
灯社嬉春集/1667
灯下劝夫/1658
灯余笔录/1250
迪吉录/273
涤罪正规/253
帝鉴图说/195
滇黔纪游/564
点石斋画报/1291
貂珰史鉴/204
雕丘杂录/565
丁年玉笋志/869
定例成案合钞/590
定例续编/592
定山堂诗集/596
定山堂诗余/599
东华琐录/1745
东京梦华录/146

东西洋考/232
峒溪纤志/574
洞灵续志/1748
豆棚闲话/453
都公谭纂/179
都门纪略/1021
都门纪略/1530
都门识小录/1319
都门新竹枝词/1522
都门竹枝词/1020
都门竹枝词/1519
都门竹枝词/1520
都门赘语/1533
读法图存/911
读画斋偶辑/617
读例存疑/1506
读律一得歌/1506
读诗质疑/515
读书堂西征随笔/565
赌棋山庄笔记/1409
钝吟杂录/534
盾鼻随闻录/1187

E

遏淫敦孝编/586
鳄渚摭谈/1405
儿女英雄传/1574
耳食录/805
耳谈/214
耳谈类增/217
耳新/257
二家词钞/1516
二姐逛庙/1644

二刻拍案惊奇/386
二刻拍案惊奇/388
二十年目睹之怪现状/1610
二十四家隐语/1676
二乡亭词/620

F

梵天庐丛录/1703
樊山批判/1503
樊山时文/1163
樊山续集/1515
反洋教书文揭帖选/1200
返性图辑要宝录/1406
方言别录/1336
非想非想非非想/715
分类尺牍新语二编/713
分类尺牍新语广编/714
粉墨丛谈/1399
丰韵情书/491
风流悟/1034
风流自赏/1276
风俗通义/63
风物吟/1529
风月笑谈/1663
凤城品花记/1368
浮生六记/880
福建通志/877
福建通志/1747
负曝闲谈/1617

G

陔余丛考/794
歌代啸/459

格致余论/151
各省审判厅判牍/1505
亘史钞/220
艮斋杂说/559
更生斋诗余/1007
庚巳编/181
庚午老人修改本红楼梦/1565
姑妄言/703
觚剩/554
古今禅藻集/193
古今词统/1524
古今灯谜大观/1676
古今谭概/379
古今小说/369
谷山笔麈/211
鼓掌绝尘/406
鼓掌绝尘/410
故都闻见录/1702
挂枝儿/375
官板律例临民宝镜/280
官场现形记/1611
官场现形记/1616
官话汇解便览/798
管子/17
广东通志/816
广陵潮/1636
广陵古竹枝词/322
广嗣纪要/182
广新闻/758
广艳异编/198
广阳杂记/560
广志绎/229
广州竹枝词/1536

闺律/904
癸巳存稿/724
癸巳类稿/724
癸辛杂识/148
桂枝香/1642
郭青螺六省听讼录
新民公案/280
国榷/204
国色天香/338
国闻备乘/1320
国语/10
果报闻见录/582

H

海底/1700
海峰文集/875
海公大红袍全传/1121
海寇记/570
海陵佚史/360
海门诗选/1011
海上尘天影/1619
海游记/1131
邗江竹枝词/1018
韩非子/26
韩诗外传/39
韩湘子全传/357
汉剧丛谈/1745
汉口丛谈/849
汉口竹枝词/1024
汉书/44
汉武故事/75
杭俗遗风/848
郝仲赵全集/1525

何典/1088
红楼复梦/1079
红楼梦/1043
红楼梦/1052
红楼梦本事诗/1560
红楼梦本事诗/1561
红楼梦本事诗/1562
红楼梦补/1081
红楼梦传奇/1065
红楼梦传奇/1066
红楼梦传奇/1067
红楼梦广义/1550
红楼梦卷/1559
红楼梦抉微/1554
红楼梦抉隐/1552
红楼梦论赞/1060
红楼梦偶说/1061
红楼梦全部滩簧/1065
红楼梦诗/1063
红楼梦释真/1556
红楼梦说唱鼓词/1564
红楼梦说梦/1056
红楼梦索隐/1555
红楼梦题词/1063
红楼梦图咏/1053
红楼梦写真/1545
红楼梦杂咏/1062
红楼梦杂咏/1062
红楼梦竹枝词/1063
红楼圆梦/1076
红藕花轩泉品/1164
红蕖记/470
洪门志/1699

洪升集/623
洪武正韵补笺/276
鸿猷录/174
后汉书/59
后红楼梦/1074
胡同自拍/1766
湖海楼全集/605
湖海楼诗稿/606
湖海楼诗集/609
湖隐外史/257
虎穴生还记/1192
沪城备考/840
花间笑语/858
花随人圣盦摭忆/1711
花营锦阵/244
华阳国志/73
滑稽丛话/1665
滑稽余韵/173
滑稽杂志/1666
画舫余谭/845
画史会要/230
画图缘/633
话梦集/1722
怀芳记/1343
怀香记/186
淮南子/39
欢喜冤家/360
欢喜缘/1638
宦游随笔/1406
荒鹿偶谈/880
皇朝经世文编/768
皇朝文献通考/907
皇明世说新语/220

皇明诸司公案传/276
黄书/531
凰求凤/689
回头是岸/1491
绘芳录/1596
绘图情史/203

J

矶园稗史/175
跻春台/1603
汲冢琐语/17
戢影述录/1398
集西厢酒筹/1677
集异新抄/726
几礼居杂著/1735
记闻类编/1253
寄蜗残赘/1202
寄闲斋杂志/792
家范辑要/902
迦陵词全集/611
迦陵先生填词图/616
甲申朝事小纪/730
贾政训子/1563
〔奸案〕揭帖/912
坚瓠集/556
见闻录/534
见闻随笔/1242
见闻琐录/1252
见闻续笔/1244
见闻杂记/209
见闻杂录/1173
见只编/207
江湖奇闻杜骗新书/247

江南春梦庵笔记/1187
江西通志/527
绛蘅秋/1067
庋丽情集/183
椒生随笔/1379
蕉窗十则注解/584
剿闯通俗小说/266
剿平蔡牵奏稿/877
教坊记/127
教经堂谈薮/879
皆大欢喜/808
解酲语/1193
解脱集/295
芥子园画谱/720
戒庵老人漫笔/208
戒淫保寿录/1750
戒淫十八律/275
戒淫文辑证/1751
金壶七墨/1177
金兰筏/1083
金兰寄书/1430
金陵城外新乐府三十首/1191
金陵癸甲纪事略/1190
金陵癸甲新乐府五十首/1190
金陵癸甲摭谈补/1189
金陵纪事杂咏/1188
金陵省难纪略/1189
金陵杂记/1186
金瓶梅词话/327
金瓶梅全图/1538
金生挑盒/1429
金史/149
金台残泪记/863

金屋小谱/873
金吾事例/907
金叶菊/1421
津门杂记/1396
锦城竹枝词/1023
锦帆集/294
近代笔记过眼录/1707
近代秘密社会史料/1700
晋书/70
晋阳秋/72
烬余录/150
京都新竹枝词/1534
京华百二竹枝词/1522
京华春梦录/1725
京华俗咏/1533
京师偶记/568
精选侉调时尚歌曲/715
景岳全书/246
警世通言/369
警世阴阳梦/403
警痦钟/641
靖海氛记/816
静啸斋存草/310
九青图咏/1337
九尾龟/1620
酒家佣/370
酒令全篇/1678
旧京琐记/1722
旧京遗事/269
旧剧丛谈/1394
旧唐书/120
旧五代史/133
救狂后语/558

救生船/1485
居易录/558
鞠部丛刊/1739
鞠部丛谭/1393
菊部丛谭/1724
菊部群英/1347
卷施阁诗/1004
卷施阁文/1006
绝妙集/1670

K

开卷一笑/505
康熙字典/536
科名宝鉴/1246
珂雪斋集/296
客窗闲话/823
客座轩渠/1213
孔丛子/69
孔门儒教列传/159
孔尚任诗文集/624
孔子家语/68
孔子圣迹图/191
恐自逸轩琐录/834
快心编/642
快雪堂集/302
狯园/219
邝斋杂记/810
旷园杂志/572
括异志/143

L

懒真子/145
琅嬛文集/258

浪史/337
冷眼观/1607
梨园感旧录/1746
梨园佳话/1390
梨园旧话/1346
梨园外史/1640
梨园轶闻/1394
礼记/22
李春来/1382
李贺诗集/129
李家瑞先生通俗文学
论文集/1731
李太仆恬致堂集/318
李卓吾先生批点四书笑/504
里乘/1175
俚俗集/817
立命功过格/895
历代古人像赞/161
利玛窦中国传教史/251
笠翁一家言全集/676
〔例案〕说帖/914
连城璧/658
怜香伴/676
怜香伴/686
莲湖花榜/1402
凉棚夜话/806
两般秋雨盦随笔/826
两当轩集/996
聊摄丛谈/1261
聊园词存/1511
聊园诗存/1511
聊斋续编/799
聊斋志异/539

聊斋志异图咏/550
列朝诗集小传/526
列史碧血录/1167
邻女语/1193
林兰香/643
灵官庙/1657
灵台小补/873
伶史/1723
凌霄一士随笔/1706
岭南即事杂咏/1279
岭南逸史/1036
岭南杂事诗钞/1535
岭云编/516
刘蕺山集/274
留青日札/177
流寇志/265
柳弧/1259
柳南随笔/564
柳崖外编/753
六臣注文选/85
六合内外琐言/758
六合内外琐言/764
龙山社谜/1670
龙阳逸史/428
芦中集/626
鹭江灯谜合刻/1671
吕祖全书/582
履园丛话/796
律例采新全部/921
绿窗新话/144
绿野仙踪/1042
论衡/61
论语/18

M

埋忧集/830
卖草囤/1648
卖橄榄苏滩/1649
卖情扎囤/479
馒头庵/1566
鬘天影事谱/1514
满族说唱文学：
　子弟书珍本百种/1654
曼陀罗华阁琐记/1341
幔亭集/302
漫游纪略/571
眉公诗钞/193
眉庐丛话/1695
眉语/1748
梅花草堂笔谈/236
梅花缘/1644
媚幽阁文娱/312
孟子/20
孟子圣迹图/718
梦厂杂著/789
梦华琐簿/869
梦华外录/856
梦兰忆友龙舟歌/1442
梦梁录/148
梦香词/1017
梦园丛说/1347
谜稿/1675
谜拾/1672
勉行堂诗集/992
妙容打斋附荐/1450
妙香室丛话/1322

民呼日报图画/1318
闽都别记/1102
闽书/270
闽俗录/879
闽杂记/1408
闽政领要/875
闽中摭闻/725
名医类案/177
名义考/268
明公翰墨林/503
明宫词/254
明皇杂录/130
明季北略/263
明季南略/264
明剧品/476
明曲品/476
明诗纪事/282
明实录/211
明史/164
明武宗外纪/520
明斋小识/885
明珠记/185
陌花轩杂剧/186
墨子/24
牡丹亭/292

N

纳兰词/623
奶妈二做侦探/1484
奈何天/687
男王后/461
南安县志/1747
南村草堂笔记/1718

南渡录/527
南海县志/883
南汉记/726
南汇县竹枝词/1537
南疆逸史/570
南浦秋波录/813
南齐书/82
南史/103
南唐演义全传/1031
南亭笔记/1321
南西厢记/184
南西厢记/184
南巡秘纪/1681
南野堂笔记/847
南音三籁/389
南园漫录/173
南越游记/884
闹花丛/700
霓裳续谱/1151
拈花微笑/1274
念堂竹枝词/1523
孽海花/1625
孽姻缘/1658
浓情快史/700
女开科传/705
暖姝由笔/174

O

瓯北诗钞/999
鸥堂日记/1342

P

拍案惊奇/379

拍案惊奇/384
拍案惊异/1265
番禺县志/882
潘之恒曲话/222
裴子语林/72
彭刚直公诗集/1534
彭公案/1599
捧腹集/1159
辟邪纪实/1197
品花宝鉴/1134
品花宝鉴/1144
品花宝鉴/1146
平定粤匪纪略/1184
平鬼传/1032
平贼纪略/1192
评花新谱/1358
瓶史/296
萍洲可谈/144

Q

七嫁才郎/1420
七克/252
七克真训/1197
七夕赞花/1421
七修类稿/181
栖霞阁野乘/1744
齐如山回忆录/1727
祁忠敏公日记/321
岐海琐谭集/231
歧路灯/1035
启桢野乘/267
绮楼重梦/1075
乾隆元年山东省刑事
案件文钞/911
潜庵漫笔/1376
潜夫论/62
黔山采兰录/1345
遣睡杂言/862
樵说/1512
樵说续/1513
切口大辞典/1737
箧中集/128
钦定大清刑律/1510
钦定书经图说/1162
秦淮画舫录/845
秦淮闻见录/846
秦云撷英小谱/840
清稗类钞/1323
清朝野史大观/1169
清代学者象传/1240
清代燕都梨园史料/1396
清代野记/1694
清代野史/1724
清代佚闻/1709
清宫词/1258
□清官场百怪录/1332
清洪战记革命胎/1195
清蒙古车王府藏子弟书/1649
清实录/562
清廷十三年/563
清异录/137
〔清雍正至乾隆年〕条奏/912
清尊录/145
情海奇缘/1638
情史/199
秋灯丛话/751

秋坪新语/853
秋审实缓比较成案/958
秋室集/799
秋谳辑要/1502
曲品/475
全人矩矱/891
全唐诗/124
全唐文/126
泉南杂志/270
蜷庐随笔/1698
劝戒二十四条/884
劝善书/1488
劝世归真/1490
劝孝戒淫宝箴/893
劝孝戒淫录/896
缺斋遗稿/1166
群音类选/472

R

人范需知/905
人间乐/630
人间乐/632
人谱/274
人谱类记/274
仁恕堂笔记/573
日下看花记/859
日夜时辰/1433
日知录/531
柔桥文钞/1376
肉蒲团/672
如面谈二集/502
儒林外史/1026
儒林外史/1030

阮步兵集/67

S

洒洒篇/496
赛花铃/636
三楚新录/137
三国志/67
三家村老委谈/228
三十国春秋辑本/112
三十六春小谱/882
三续金瓶梅/1132
三异笔谈/843
三异录/805
扫荡粤逆演义/1194
僧尼孽海/356
沙哈鲁遣使中国记/178
沙弥律仪要略增注/246
山歌/376
善恶图全传/1129
伤痕/926
赏雨茅屋诗集/1014
上海县竹枝词/1525
尚书/3
少室山房集/284
申报图画/1379
身世金丹/905
沈隐侯集/84
审看拟式/1503
蜃楼外史/1601
蜃楼志/1101
圣朝鼎盛万年青/1087
圣帝宝训像注/885
圣迹图/159

圣迹图/192
诗经/11
十醋记/691
十大名家判牍/1504
十二楼/645
十二楼/657
十二时辰/1438
十二笑/370
十诫/1201
十粒金丹/1598
十六国春秋/112
十思起解心/1416
十思起解心/1417
十尾龟/1629
十五家妙契同岑集谜选/1668
十叶野闻/1686
石点头/390
石头记索隐/1554
石头记题词/1563
石头记真谛/1557
识匡斋全集/312
时事报馆戊申全年画报/1299
时兴送嫁歌文/1483
拾遗记/78
史记/40
始青阁稿/309
世说新语/81
世宗宪皇帝上谕内阁/591
世宗宪皇帝朱批谕旨/592
试场异闻录/1245
事友录/912
寿世慈航/584
瘦松柏斋外集/1526

菽园杂记/171
菽园赘谈/1266
梳头妈自叹/1481
述古堂文集/719
述异记/85
述异记/573
漱石闲谈/268
爽鸠要录/1493
水曹清暇录/766
水浒后传/627
水浒传/154
水经注/113
顺德县志/1412
说帖类编/921
说苑/29
斯陶说林/1377
四悔堂诗草别存/1562
四友斋丛说/210
四子酦音/1672
松窗梦语/267
松荫轩稿/1064
淞南梦影录/1400
宋史/136
宋书/78
搜神记/74
俗说/83
俗文学丛刊·说唱类
子弟书/1657
隋书/119
隋炀帝艳史/359
随园诗话/977
随园轶事/1170
缩本增选多宝船/1163

琐事闲录/1179
琐闻别录/207

T

台案汇录辛集/876
台湾府志/571
台湾外志/570
太平广记/137
〔太平天国〕论著题跋/1693
太平天国五王传/1687
太平天国野史/1184
太平天国轶闻/1688
太平御览/77
太上感应篇集传/890
太上感应篇图说/580
太上感应篇图说/722
太上感应篇图说/887
太上感应篇图说/889
太上感应篇注证合编/579
太霞新奏/371
泰然斋诗集/1031
昙波/1343
谈笑奇观/1322
谈异/1377
谭瀛八种/1409
檀园集/315
汤显祖全集/288
唐诗酒筹/1160
桃花扇/625
桃花艳史/1124
桃花影/697
陶庵梦忆/260
陶斋志果/1487

梼杌萃编/1631
梼杌闲评/451
梼杌闲评/452
藤阴杂记/851
天地阴阳交欢大乐赋/128
天花乱坠/1664
天律纲纪/1491
天律圣典大全/1749
天真阁集/1008
天主圣教十诫/254
天主十诫劝论圣迹/535
天主实义/249
恬畅斋琐述/245
挑灯新录/800
铁笛亭琐记/1699
听春新咏/860
庭闻述略/174
同人集/599
同心上半年/1447
同治嫖院/1752
桐叶偶书/537
桐阴清话/1180
童婉争奇/481
童婉争奇/490
璚琈山房红楼梦词/1561
图画日报/1309
图像劝劝录/1174
涂说/811
箨廊琐记/836

W

宛陵集/139
万古愁曲/266

万历野获编/238
万应灵方/1489
王百榖集/283
妾妾录/754
为人必读/1485
猥谈/172
未能寡过斋诗初稿/1514
味水轩日记/319
味腴草堂谜语集成/1674
味腴草堂谜语续集/1674
畏庐漫录/1384
魏书/105
文昌帝君功过格/1489
文昌帝君阴骘文劝戒编/586
文饭小品/322
文虎/1669
文章游戏/1155
闻歌述忆/1386
闻见晚录/797
瓮牖闲评/145
我看乾隆盛世/769
乌鲁木齐杂诗/1528
巫梦缘/701
巫山艳史/702
无耻奴/1624
无稽谰语续编/1407
无聊斋杂记/1241
无声戏/671
无双谱/519
无双谱合刻/1168
无双谱排律/723
吴郡名贤画像/731
吴梅村全集/594

吴骚合编/480
吴小姐忆母怨夫
四季解心/1418
吴友如画宝/1284
吴歈小草/320
梧桐影/702
五闹蕉帕记/472
五想同心/1446
五杂组/212
物理小识/269

X

西窗撺余录/247
西湖二集/448
西湖梦寻/259
西京杂记/73
西楼记/475
西域闻见录/772
惜抱轩诗文集/1012
锡金识小录/727
洗冤录详义/925
徙阳竹枝词/1527
戏班/1726
戏园竹枝词/1537
先泽残存/1524
纤言/569
闲情集/326
闲情偶记/675
贤博编/271
贤翁激婿/478
宪章录/206
乡园忆旧/839
香饮楼宾谈/819

消寒新咏/855
消夏闲记摘抄/838
消闲报/1272
潇碧堂集/293
小仓山房尺牍/981
小仓山房诗集/962
小仓山房外集/985
小仓山房文集/981
小窗艳纪/235
小窗自纪/233
小豆棚/786
小说考证/1720
笑报/1269
笑府/376
笑海丛珠/508
笑林广记/1154
笑林广记/1659
笑林评/507
啸亭杂录/812
邪淫法戒图说/1750
谐铎/745
写心集/713
心史丛刊/1753
心斋杂组/715
辛壬癸甲录/867
新编凤双飞/1575
新灯合璧/1671
新刻江湖切要/535
新刻绣像批评金瓶梅/674
新评绣像红楼梦全传/1057
新唐书/122
新五代史/134
新序/27

新婿上厅/1470
新增百美图说/1411
星宿论解/723
刑案汇览/926
刑案汇览续编/1493
刑部比照加减成案/922
刑部比照加减成案续编/923
刑部说帖揭要/917
型世言/438
型世言/447
省躬录初集/1490
省迷录/774
醒世恒言/365
醒世恒言/368
醒世捷言/1407
醒世姻缘传/626
醒世钟/1749
醒睡录初集/1209
杏花天/1025
幸蜀记/132
修文记/470
秀容扫琴南音/1413
绣榻野史/335
叙雪堂集/957
续红楼梦/1069
续红楼梦/1073
续金瓶梅/692
续吕氏家塾读诗记/146
续西厢升仙记/474
续笑林评/508
续扬州竹枝词/1018
续增刑案汇览/951
续证人社约戒/574

宣南零梦录/1392
宣南杂俎/1358
宣政杂录/143
雪鸿轩尺牍/1015
雪心案牍/916
巡城琐记/590
荀子/21

Y

雅观楼全传/1127
烟霞万古楼文集/1012
燕都名伶传/1394
燕都日记/265
燕归来簃随笔/1395
燕京杂记/861
燕九竹枝词/1517
燕兰小谱/851
燕南琐忆/1697
燕台鸿爪集/866
燕台花事录/1374
燕台口号一百首/1519
燕游草/1518
言鲭/536
延芬室集/997
研堂见闻杂记/566
颜氏家训/115
檐曝杂记/857
弇山堂别集/205
晏子春秋/18
艳异编/197
艳异新编/1260
扬州画舫录/846
扬州梦/1176

扬州竹枝词/1017
妖狐艳史/1124
瑶台小录/1378
耶稣会士中国书简集/768
冶城客论/176
冶官记异/817
野记/172
野史无文/569
野叟曝言/1040
野语/883
业海扁舟/1148
夜谏金兰/1472
夜谭随录/748
夜雨秋灯录/1246
一片情/634
一夕话二刻/512
宜春香质/413
宜麟策/580
怡情阵/1126
疑耀/244
疑狱集/147
已畦集/621
艺文类聚/76
异辞录/1331
异苑/82
逸周书/3
意中缘/690
因树屋书影/533
阴骘文像注/585
螏史/1089
螏史/1098
隐林/1675
隐秀轩集/320

隐语鲭腴/1669
萤窗异草/734
永历实录/529
永明县志/1484
永庆升平全传/1598
酉阳杂俎/130
游戏报/1268
右台仙馆笔记/1256
余墨偶谈/1382
余生虎口虎/1670
余园诗稿/1521
渔洋诗话/557
隅园隐语/1675
舆论时事报图画/1302
雨窗寄所记/820
雨窗消意录/1175
雨韭盦笔记/833
玉婵附荐金兰/1455
玉蝉叹五更/1461
玉蝉问觋/1463
玉闺红/438
玉合记/471
玉荷隐语/717
玉娇梨/627
玉娇梨/629
玉娇梨/630
玉历钞传警世/1486
玉泉子真录/131
玉如意全传/847
玉台新咏/90
玉簪记/471
玉芝堂谈荟/272
郁离子/160

欲海回狂/583
寓意草/532
渊鉴类函/520
元宫词百章/160
元史/150
袁枚全集/1173
远色编/897
远色编/899
乐府诗集/94
乐府杂录/131
阅微草堂笔记/775
越缦堂日记/1216
越缦堂日记补/1215
越州纪略/1192
粤东成案初编/916
粤匪杂录/1191
粤风/1154
粤剑编/231
粤小记/813
粤谐/902
粤屑/815
粤游小志/1257
粤游吟/1015
云间据目抄/230
云郎小史/1336

Z

载花船/454
枣林杂俎/528
贼情汇纂/1182
增补都门纪略/1530
增补都门纪略/1531
增补如面谈新集/711

增补一夕话/1159
增补愿体广类集/581
增订丹桂籍/899
增刻红楼梦图咏/1548
增评补图石头记/1551
增评补像全图金玉缘/1539
增评绘图大观琐录/1543
查东山先生年谱/567
摘锦奇音/467
斩鬼传/710
战国策/30
张生煮海/153
张氏卮言/537
昭阳趣史/357
赵飞燕外传/76
赵翼诗编年全集/1002
折狱奇闻/1702
折狱新语/281
真诰/84
真腊风土记/151
真州竹枝词/1526
枕流答问/1734
正谊堂诗集/618
正谊堂文集/617
正音撮要/797
郑板桥全集/959
郑板桥文集/961
郑桐庵笔记补逸/265
职方外纪/253
纸糊灯龙/832
指淫断色篇/900
至正直记/152
志异新编/773
治家格言绎义/532

治世余闻/179
质直谈耳/757
中国报道/180
中国风物志/251
中国黑幕大观/1713
中国戏曲/1738
中国志/180
中华全国风俗志/1715
中洲草堂遗集/323
忠雅堂词集/994
忠雅堂诗集/993
仲长子昌言/63
众香国/859
周书/116
庄谐选录/1272
缀白裘/1147
拙斋笔记/232
酌中志/256
资治通鉴/140
资治新书/588
子不语/986
紫柏老人集/248
紫钗记/292
"自梳女"与"不落家"/1756
自娱集/306
罪惟录/525
樵李诗系/593
醉茶志怪/1262
醉春风/701
醉菩提/474
醉醒石/449
遵生八笺/245
左传/6